三國志校箋

上

（晉）陳壽 著
（南朝宋）裴松之 注
趙幼文 校箋
趙振鐸 鄢先覺 黃峰 趙開 整理

巴蜀書社

圖書在版編目(CIP)數據

三國志校箋 /(晉)陳壽著;趙幼文校箋;趙振鐸等整理.
—成都:巴蜀書社,2024.6
ISBN 978-7-5531-2134-5

Ⅰ.①三… Ⅱ.①陳… ②趙… ③趙… Ⅲ.①《三國志》
—研究 Ⅳ.①K236.042

中國國家版本館CIP數據核字(2023)第241770號

三國志校箋
SANGUOZHI JIAOJIAN

(晉)陳壽 著 (南朝宋)裴松之 注
趙幼文 校箋
趙振鐸 鄢先覺 黄峰 趙開 整理

出 品 人	王祝英
策　　劃	王群栗
責任編輯	趙邦媛
特邀編輯	田程雨
責任印製	谷雨婷　田東洋
出版發行	巴蜀書社
	成都市錦江區三色路238號新華之星A座36樓
	總編室電話(028)86361843
	發行科電話(028)86361852
網　　址	www.bsbook.com
經　　銷	新華書店
排　　版	四川勝翔數碼印務設計有限公司
印　　刷	成都東江印務有限公司
版　　次	2024年6月第1版
印　　次	2024年6月第1次印刷
成品尺寸	210mm×148mm
印　　張	68.625
字　　數	1700千
書　　號	ISBN 978-7-5531-2134-5
定　　價	345.00圓(全三册)

本書若有印裝質量問題,請與本社發行科聯繫調换

前排左起：趙振鐸 趙幼文 譚瑩如 鄢先覺
後排左起：黃峰 趙開

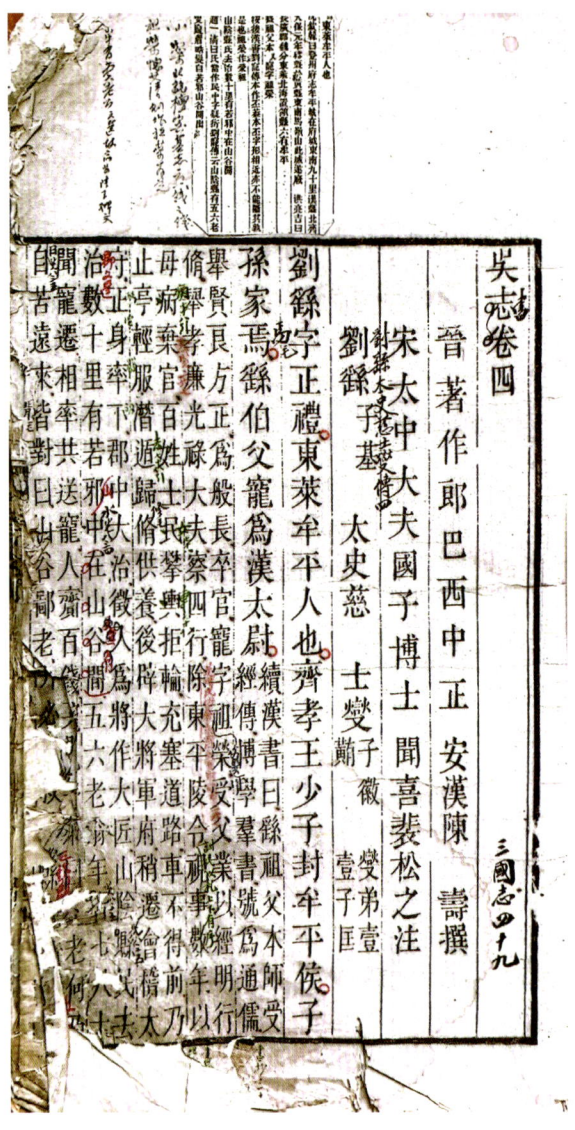

吳志卷四

晉著作郎巴西中正安漢陳　壽撰

宋太中大夫國子博士聞喜裴松之注

劉繇子基
太史慈　士燮弟壹子徽　燮子廞壹子匡

劉繇字正禮東萊牟平人也齊孝王少子封牟平侯子
孫家焉繇伯父寵為漢太尉
續漢書曰繇祖父本
平陵令祖父號為通
儒受經明行修舉
賢良方正遊太學修
母病棄官潛遁光
止亭歸東萊養卒官
後為東萊將作大匠山陽太守稍遷繪稽

趙幼文先生工作底稿

出版説明

　　《三國志校箋》是文史名家趙幼文先生（一九〇六—一九九三）未完稿的遺著，由其哲嗣著名訓詁學家趙振鐸及家屬共同整理完成，二〇〇一年由我社出版（獲得國家古籍整理出版專項經費資助）。該書以武英殿本《三國志》爲底本，以傳世各種版本及類書匯校，在繁難處常旁徵博引，進行嚴密考辨，論斷精審，頗多發明。出版二十餘年來，仍深受學術界好評，時見稱引。現在該書早已售罄，還有讀者咨詢如何購買，故我社決定予以修訂，重新出版。

　　由於趙振鐸先生年事已高，此次修訂，主要由我社編輯完成。限於當時條件，該書初版中不乏一些編排、校勘錯誤。現在可以利用的文獻資料遠超初版之時，我們核對了書中大量文獻，改正了明顯錯誤，並將版式改爲繁體橫排，以便閱讀。經過再次仔細校勘，本書質量更臻完善，特邀編輯田程雨、我社編輯王楠等貢獻尤多。本書獲得二〇二三年度四川省重點出版專項資助，特此致謝。

　　本書的責任編輯由趙振鐸先生孫女、我社編輯趙邦媛擔任，家學綿綿，亦爲書林佳話。

巴蜀書社編輯部
二〇二四年六月

前　言

　　《三國志》是西晉時期陳壽撰寫的一部史書。在二十四史裏面，有它自己的特點。它既不像《史記》那樣的通史，也不像《漢書》一類史書那樣的斷代史，它平行地敘述東漢末年魏、蜀、吳三國鼎峙的史實。雖然名之爲"志"，但是書裏面衹有紀和傳，沒有志。

　　陳壽（二三三—二九七），字承祚，巴西郡安漢（今四川南充）人。他少年時代曾經受學於同郡的譙周。在譙周的熏陶下，他從事古代歷史的研究，蜀後主劉禪時曾經任收集、整理史料的觀閣令史，更增長了自己的歷史知識。他寫過《古國志》五十篇、《益部耆舊傳》十篇。但是他的精心傑作還是《三國志》。

　　《三國志》一共六十五卷，包括《魏志》三十卷、《蜀志》十五卷、《吳志》二十卷。本來這三部分各自爲書，北宋時期雕版纔把三者合而爲一，稱爲《三國志》。三志之間有密切的聯繫。

　　《晉書·陳壽傳》稱陳壽有良史之才，善於敘事，從

《三國志》裏面完全證實了這點。《三國志》行文簡潔，深得當時學者贊許。文學家張華看到這部書的稿本，非常欣賞，把陳壽比作司馬遷和班固。當時夏侯湛正在寫《魏書》，讀到陳壽的《三國志》，心裏很佩服，便把自己的稿子毀掉，不再寫了。陳壽死後，梁州大中正尚書郎等人上書給晉惠帝，説陳壽的《三國志》"辭多勸誡，明乎得失，有益風化，雖文艷不若司馬相如，而質直過之，願垂採錄"。於是晉惠帝下詔與河南尹、洛陽令，就陳壽家鈔傳其書。正因爲這個原故，《三國志》一出，當時一批有關三國的史籍，如王沈《魏書》、韋昭《吳書》等都相繼亡佚。

《三國志》也有失之過簡的毛病。南朝宋文帝劉義隆曾經命裴松之（三七二—四五一）爲它作注。裴松之針對書的這個缺點，補充了許多史實，開創了史注新法，發展了史料考證學，與《三國志》相輔而行。今天研究三國史實，裴注還是一項重要的史料。

先父幼文公治《三國志》五十餘年，從二十世紀四十年代在四川大學任教的時候就開始從事此書的校理工作。他先用同治十年成都書局翻刻殿本《三國志》爲底本，用家藏馮夢楨本、毛氏汲古閣本和百衲本對校一過。抗戰勝利後，去西北大學爲中文系諸生講授此書，課餘之暇在西安圖書館得見陳仁錫刻本，又作了詳細校記。回成都後，又用類書古注裏面引用的材料，對《三國志》及裴注的文字進行校理，並將這些書裏面有關三國的史料鈔錄在書的眉端,由於對全書的熟悉,凡是能夠錄入的材料都錄入了。

先父對一些根據《三國志》材料寫成的著作也很留意。他曾經談到這些書編著的時代早,可能會看到一些善本,當然臆改的情況也有,但是它們有助於對《三國志》的理解。他經常利用的有蕭常的《續後漢書》、郝經的《續後漢書》、謝陛的《季漢書》和許嵩的《建康實錄》等。

五十年代中期,先父寫成《武英殿本三國志刊誤》。隨後即調科學院歷史所工作,研究魏晉南北朝史。當時盧弼的《三國志集解》出版,先父讀後,頗有心得,於是寫出《三國志集解獻疑》,並將其中部分條目在《中華文史論叢》一九八二年第二輯上發表,深得學界同行贊賞。

八十年代後期,先父退休在家,仍然筆耕不輟。他準備在有生之年撰寫《三國志裴注疏證》,可惜沒有完成。

一九九三年八月,先父謝世。清理遺物,發現《武英殿本三國志刊誤》《三國志集解獻疑》兩稿尚完整保存,晚年所寫《三國志裴注疏證》僅有蜀、吳二志部分殘稿。先父好友程千帆教授來信,建議整理遺稿出版。我家弟妹十人,祇有振鐸一房從事文史研究,一家人合議由振鐸完成此事。領受任務後,與妻兒共同研究,決定將所有遺稿合併編成《三國志校箋》一種。從閱讀原稿開始,並確定整理細則,查核資料,寫出初稿,前後用了近兩年時間。隨後寫成定稿並輸入微機,又用去一年時間。於一九九六年先父逝世三周年前夕完成全書。

先父幼承家學,從祖父少咸公治語言文字之學,對先秦諸子、三國歷史、六朝文學以及文字訓詁之學造詣尤深。治《三國志》多年,創獲極多,持論精當,頗有新意,能成一家之言。

這次整理,仍以同治十年成都書局翻刻的武英殿本爲底本,凡避清帝及孔子名諱之處作了改正,個別異體字作了規範。考慮到幾種遺稿完成的時間不同,根據的本子有異,做了一番統一工作。原稿每條前都冠有"謹案"二字,在鈔錄的時候除了補證或辨駁前人説法的地方保留這兩個字外,其餘一律不加。爲了避免重複,引書的篇卷,前條已經注明篇卷的,後面繼續引證時,在不影響理解的情況下,則删去篇名卷數,不再引出,這樣可以節省一些筆墨。其餘一切悉照原稿舊貌,不妄作改動。

振鐸承擔此次整理的主要工作,妻鄢先覺核對全書資料,功不可没,理應同署。兒媳黄峰編製引用書目,用功甚勤。兒子趙開,將部分書稿輸入微機,出力亦多,均列名於後。

振鐸謹志。

目　錄

上册

卷一　魏志卷一
　　武帝 ………………………………………………（1）
卷二　魏志卷二
　　文帝 ………………………………………………（77）
卷三　魏志卷三
　　明帝 ………………………………………………（132）
卷四　魏志卷四
　　齊王　高貴鄉公　陳留王 ………………………（166）
卷五　魏志卷五
　　武宣卞皇后　文昭甄皇后　文德郭皇后
　　明悼毛皇后　明元郭皇后 ………………………（217）
卷六　魏志卷六
　　董卓　袁紹　袁術　劉表 ………………………（238）
卷七　魏志卷七

　　　　呂布　張邈　臧洪 …………………………（304）
卷八　魏志卷八
　　公孫瓚　陶謙　張楊　公孫度　張燕　張繡
　　張魯 ……………………………………………（329）
卷九　魏志卷九
　　夏侯惇　夏侯淵　曹仁　曹洪　曹休　曹真
　　夏侯尚 …………………………………………（366）
卷十　魏志卷十
　　荀彧　荀攸　賈詡 ……………………………（423）
卷十一　魏志卷十一
　　袁渙　張範　涼茂　國淵　田疇　王脩　邴原
　　管寧 ……………………………………………（459）
卷十二　魏志卷十二
　　崔琰　毛玠　徐奕　何夔　邢顒　鮑勛　司馬芝
　　　……………………………………………（514）
卷十三　魏志卷十三
　　鍾繇　華歆　王朗 ……………………………（547）
卷十四　魏志卷十四
　　程昱　郭嘉　董昭　劉曄　蔣濟　劉放 ……（593）
卷十五　魏志卷十五
　　劉馥　司馬朗　梁習　張既　溫恢　賈逵 …（646）
卷十六　魏志卷十六
　　任峻　蘇則　杜畿　鄭渾　倉慈 ……………（684）
卷十七　魏志卷十七

張遼　樂進　于禁　張郃　徐晃 ………… (728)
卷十八　魏志卷十八
　　李典　李通　臧霸　文聘　呂虔　許褚　典韋
　　龐悳　龐淯　閻溫 ……………………………… (747)

中冊

卷十九　魏志卷十九
　　任城威王彰　陳思王植　蕭懷王熊 ………… (783)
卷二十　魏志卷二十
　　武文世王公 ……………………………………… (825)
卷二十一　魏志卷二十一
　　王粲　衛覬　劉廙　劉劭　傅嘏 …………… (848)
卷二十二　魏志卷二十二
　　桓階　陳羣　陳矯　徐宣　衛臻　盧毓 …… (897)
卷二十三　魏志卷二十三
　　和洽　常林　楊俊　杜襲　趙儼　裴潛 …… (929)
卷二十四　魏志卷二十四
　　韓暨　崔林　高柔　孫禮　王觀 …………… (967)
卷二十五　魏志卷二十五
　　辛毗　楊阜　高堂隆 ………………………… (994)
卷二十六　魏志卷二十六
　　滿寵　田豫　牽招　郭淮 …………………… (1033)
卷二十七　魏志卷二十七

　　　　徐邈　胡質　王昶　王基 ………………………… (1058)
卷二十八　魏志卷二十八
　　　　王淩　毌丘儉　諸葛誕　鄧艾　鍾會 ……… (1083)
卷二十九　魏志卷二十九
　　　　華佗　杜夔　朱建平　周宣　管輅 …………… (1146)
卷三十　魏志卷三十
　　　　烏丸　鮮卑　東夷 ………………………………… (1201)
卷三十一　蜀志卷一
　　　　二牧 …………………………………………………… (1261)
卷三十二　蜀志卷二
　　　　先主 …………………………………………………… (1271)
卷三十三　蜀志卷三
　　　　後主 …………………………………………………… (1311)
卷三十四　蜀志卷四
　　　　先主甘后　穆后　後主敬哀后　張后　劉永
　　　　劉理　後主太子璿 ………………………………… (1326)
卷三十五　蜀志卷五
　　　　諸葛亮 ………………………………………………… (1331)
卷三十六　蜀志卷六
　　　　關羽　張飛　馬超　黃忠　趙雲 ……………… (1376)
卷三十七　蜀志卷七
　　　　龐統　法正 ………………………………………… (1397)
卷三十八　蜀志卷八
　　　　許靖　麋竺　孫乾　簡雍　伊籍　秦宓 …… (1412)

卷三十九　蜀志卷九
　　董和　劉巴　馬良　陳震　董允　呂乂 …… (1435)
卷四十　蜀志卷十
　　劉封　彭羕　廖立　李嚴　劉琰　魏延　楊儀
　　……………………………………………… (1450)
卷四十一　蜀志卷十一
　　霍峻　王連　向朗　張裔　楊洪　費詩 …… (1475)
卷四十二　蜀志卷十二
　　杜微　周羣　杜瓊　許慈　孟光　來敏　尹默
　　李譔　譙周　郤正 ………………………… (1493)
卷四十三　蜀志卷十三
　　黄權　李恢　呂凱　馬忠　王平　張嶷 …… (1528)
卷四十四　蜀志卷十四
　　蔣琬　費禕　姜維 ………………………… (1547)
卷四十五　蜀志卷十五
　　鄧芝　張翼　宗預　楊戲 ………………… (1565)

下册

卷四十六　吳志卷一
　　孫堅　孫策 ………………………………… (1591)
卷四十七　吳志卷二
　　孫權 ………………………………………… (1623)
卷四十八　吳志卷三

孫亮　孫休　孫晧 …………………………（1679）
卷四十九　吳志卷四
　　劉繇　太史慈　士燮 ………………………（1734）
卷五十　吳志卷五
　　孫破虜吳夫人　吳主權謝夫人　權徐夫人
　　權步夫人　權王夫人　權王夫人　權潘夫人
　　孫亮全夫人　孫休朱夫人　孫和何姬　孫晧滕夫人
　　…………………………………………………（1754）
卷五十一　吳志卷六
　　孫靜　孫賁　孫輔　孫翊　孫匡　孫韶　孫桓
　　…………………………………………………（1766）
卷五十二　吳志卷七
　　張昭　顧雍　諸葛瑾　步騭 ………………（1784）
卷五十三　吳志卷八
　　張紘　嚴畯　程秉　闞澤　薛綜 …………（1822）
卷五十四　吳志卷九
　　周瑜　魯肅　呂蒙 …………………………（1843）
卷五十五　吳志卷十
　　程普　黃蓋　韓當　蔣欽　周泰　陳武　董襲
　　甘寧　凌統　徐盛　潘璋　丁奉 …………（1880）
卷五十六　吳志卷十一
　　朱治　朱然　呂範　朱桓 …………………（1912）
卷五十七　吳志卷十二
　　虞翻　陸績　張溫　駱統　陸瑁　吾粲　朱據

………………………………………………（1933）

卷五十八　吳志卷十三
　　陸遜 …………………………………………（1972）
卷五十九　吳志卷十四
　　孫登　孫慮　孫和　孫霸　孫奮 …………（1998）
卷六十　吳志卷十五
　　賀齊　全琮　呂岱　周魴　鍾離牧 ………（2015）
卷六十一　吳志卷十六
　　潘濬　陸凱 …………………………………（2043）
卷六十二　吳志卷十七
　　是儀　胡綜 …………………………………（2064）
卷六十三　吳志卷十八
　　吳範　劉惇　趙達 …………………………（2076）
卷六十四　吳志卷十九
　　諸葛恪　滕胤　孫峻　孫綝　濮陽興 ……（2088）
卷六十五　吳志卷二十
　　王蕃　樓玄　賀邵　韋曜　華覈 …………（2123）

附錄一 …………………………………………（2149）
附錄二 …………………………………………（2159）
附錄三 …………………………………………（2170）

三國志校箋卷一

魏志卷一〔一〕

武帝 操〔二〕

太祖武皇帝，沛國譙人也，姓曹，諱操，字孟德，漢相國參之後。太祖一名吉利〔三〕，小字阿瞞。王沈《魏書》曰：其先出於黄帝。當高陽世，陸終之子曰安，是爲曹姓。周武王克殷，存先世之後，封曹俠於邾〔四〕。春秋之世，與於盟會，逮至戰國，爲楚所滅。子孫分流，或家於沛。漢高祖之起，曹參以功封平陽侯，世襲爵土，絶而復紹，至今適嗣國於容城。桓帝世，曹騰爲中常侍、大長秋，封費亭侯。司馬彪《續漢書》曰：騰父節，字元偉〔五〕，素以仁厚稱。鄰人有亡豕者，與節豕相類，詣門認之，節不與争。後所亡豕自還其家，豕主人大慙，送所認豕，并辭謝節，節笑而受之。由是鄉黨貴歎焉〔六〕。長子伯興，次子仲興，次子叔興。騰字季興，少除黄門從官。永寧元年，鄧太后詔黄門令選中黄門從官年少温謹者配皇太子書，騰應其選。太子特親愛騰，飲食賞賜與衆有異。順帝即位，爲小黄門，遷至中常侍、大長秋。在省闥三十餘年，歷事四帝，未嘗有過。好進達賢能，終無所毀傷。其所稱薦，若陳留虞放、邊韶、南陽延固、張溫、弘農張奐、潁川堂谿典等，皆致位公卿，而不伐其善。蜀郡太守因計吏修敬於騰，益州刺史种暠於函谷關搜得其牋，上太守〔七〕，并奏騰內臣外交，所不當爲，請免官治罪。帝曰："牋自外來，騰書不出，非其罪也。"乃寢暠奏。騰不以介意，常稱歎暠，以爲暠得事上之節。暠後爲司徒，語人曰："今日爲公，乃曹常侍恩也。"騰之行事，皆此類也。桓帝即位，以騰先帝舊臣，忠孝彰著，封費亭侯，加位特進。太和三年，追尊騰曰高皇帝。養子嵩嗣，官至太尉，莫能審其生出本末。《續漢書》曰：嵩字巨高，質性敦慎，所在忠孝。爲司隸校尉，靈帝擢拜大司農、大鴻臚，代崔烈爲太尉。黃初元年，追尊嵩曰太皇帝。吳人作《曹瞞傳》及郭頒《世語》並云〔八〕：嵩，夏侯氏之子，夏侯惇之叔父。太祖於惇爲從父兄弟。嵩生太祖。

太祖少機警〔九〕，有權數，而任俠放蕩，不治行業，故世人未之奇也〔一〇〕。《曹瞞傳》云：太祖少好飛鷹走狗〔一一〕，游蕩無度，其叔父數言之於嵩。太祖患之，後逢叔父於路，乃陽敗面喎口。叔父怪而問其故〔一二〕，太祖曰："卒中惡風。"叔父以告嵩。嵩驚愕，呼太祖，太祖口貌如故。嵩問曰："叔父言汝中風，已差乎？"太祖曰："初不中風，但失愛於叔父，故見罔耳。"嵩乃疑焉。自後叔父有所告〔一三〕，嵩終不復信，太祖於是益得肆意矣。唯梁國橋玄、南陽何顒異焉。玄謂太祖曰："天下將亂，非命世之才不能濟也，能安之者，其在君乎！"《魏書》曰：太尉橋玄，世名知人，覩太祖而異之，曰："吾見天下名士多矣〔一四〕，未有若君者也！君善自持。吾老矣，願以妻子爲託。"由是聲名益重。《續漢書》曰：玄字公祖，嚴明有才略，長於人物〔一五〕。張璠《漢紀》曰：玄歷位中外，以剛斷稱，謙儉下士，不以王爵私親。光和中爲太尉，以久病策罷，拜太中大夫。卒，家貧乏產業，柩無所殯。當世以此稱爲名臣。《世語》曰：玄謂太祖曰："君未有名，可交許子將。"太祖乃造子將，子將納焉，由是知名。孫盛《異同雜語》云：太祖嘗私入中常侍張讓室〔一六〕，讓覺之，乃舞手戟於庭，踰垣而出。才武絕人，莫之能害。博覽羣書，特好兵法，鈔集諸家兵法，名曰《接要》〔一七〕，又注《孫武》十三篇，皆傳於世。嘗問許子將："我何如人？"子將不答。固問之，子將曰："子治世之能臣，亂世之姦雄。"太祖大笑。年二十，舉孝廉，爲郎，除洛陽北部尉，遷頓丘令，《曹瞞傳》曰：太祖初入尉廨，繕治四門。造五色棒，縣門左右各十餘枚，有犯禁者，不避豪彊，皆棒殺之〔一八〕。後數月，靈帝愛幸小黃門蹇碩叔父夜行，即殺之。京師斂迹，莫敢犯者。近習寵臣咸疾之，然不能傷，於是共稱薦之，故遷爲頓丘令。徵拜議郎。《魏書》曰：太祖從妹夫濦彊侯宋奇被誅，從坐免官。後以能明古學，復徵拜議郎。先是大將軍竇武、太傅陳蕃謀誅閹官，反爲所害。太祖上書陳武等正直而見陷害，姦邪盈朝，善人壅塞，其言甚切。靈帝不能用。是後詔書勅三府，舉奏州縣政理無效，民爲作謠言者免罷之。三公傾邪，皆希世見用，貨賂並行，彊者爲怨，不見舉奏，弱者守道，多被陷毀。太祖疾之。是歲以災異博問得失，因此復上書切諫，説三公所舉奏專回避貴戚之意。奏上，天子感寤，以示三府，責讓之，諸以謠言徵者皆拜議郎。是後政教日亂，豪猾益熾，多所摧毀。太祖知不可匡正，遂不復獻言。

　　光和末，黃巾起。拜騎都尉，討潁川賊。遷爲濟南相,國有十餘縣,長吏多阿附貴戚,贓污狼籍。於是奏免其八〔一九〕,禁斷淫祀,姦宄逃竄,郡界肅然。《魏書》曰:長吏受取貪饕,依倚貴勢,歷前相不見舉聞。太祖至,咸皆舉免,小大震怖,姦宄遁逃,竄入他郡,政教大行,一郡清平。初,城陽景王劉章以有功於漢,故其國爲立祠,青州諸郡轉相倣效,濟南尤盛,至六百餘祠。賈人或假二千石輿服導從作倡樂,奢侈日甚,民坐貧窮,歷世長吏無敢禁絕者。太祖到,皆毀壞祠屋,止絕官吏民不得祠祀。及至秉政,遂除姦邪鬼神之事,世之淫祀由此遂絕。久之,徵還爲東郡太守,不就,稱疾歸鄉里。《魏書》曰:於是權臣專朝,貴戚橫恣。太祖不能違道取容,數數干忤,恐爲家禍,遂乞留宿衛。拜議郎,常託疾病,輒告歸鄉里,築室城外〔二〇〕,春夏習讀書傳,秋冬弋獵,以自娛樂。

頃之,冀州刺史王芬、南陽許攸、沛國周旌等連結豪傑,謀廢靈帝,立合肥侯。以告太祖,太祖拒之,芬等遂敗。司馬彪《九州春秋》曰:於是陳蕃子逸與術士平原襄楷會於芬坐,楷曰:"天文不利宦者,黃門、常侍真族滅矣〔二一〕。"逸喜。芬曰:"若然者,芬願驅除。"於是與攸等結謀。靈帝欲北巡河間舊宅,芬等謀因此作難,上書言黑山賊攻劫郡縣,求得起兵。會北方有赤氣,東西竟天,太史上言"當有陰謀,不宜北行",帝乃止。勅芬罷兵,俄而徵之,芬懼,自殺。《魏書》載太祖拒芬辭曰:"夫廢立之事,天下之至不祥也。古人有權成敗、計輕重而行之者,伊尹、霍光是也。伊尹懷至忠之誠,據宰臣之勢,處官司之上,故進退廢置,計從事立。及至霍光,受託國之任,藉宗臣之位,內因太后秉政之重,外有羣卿同欲之勢,昌邑即位日淺,未有貴寵,朝乏讜臣,議出密近,故計行如轉圜,事成如摧朽。今諸君徒見囊者之易，未覩當今之難。諸君自度，結衆連黨，何若七國？合肥之貴，孰若吳、楚？而造作非常，欲望必克，不亦危乎！"

金城邊章、韓遂殺刺史郡守以叛，衆十餘萬，天下騷動。徵太祖爲典軍校尉。會靈帝崩，太子即位，太后臨朝。太將軍何進與袁紹謀誅宦官，太后不聽。乃召董卓，欲以脅太后，《魏書》曰：太祖聞而笑之曰："閹豎之官，古今宜有，但世主不當假之權寵，使至於此。既治其罪，當誅元惡，一獄吏足矣，何必紛紛召外將乎〔二二〕？欲盡誅之，事必宣露，吾見其敗也。"卓未至而進見殺。卓到，廢帝爲弘農王而立獻帝，京都大亂。卓表太祖爲驍騎校尉〔二三〕，欲與計事。太祖乃變易姓名，間行東歸。《魏書》曰：太祖以卓終必覆敗，遂不就拜，逃歸鄉里。從數騎過故人成皋呂伯奢，伯奢不在，其子與賓客共劫太祖，取馬及物，太祖手刃擊殺數人〔二四〕。《世語》曰：太祖過伯奢。伯奢出行，五子皆在〔二五〕，備賓主禮。太祖自以背卓命，疑其圖己，手劒夜殺八人而去。孫盛《雜記》曰：太祖聞其食器聲，以爲圖己，遂夜殺之。既而悽愴曰："寧我負人，無人負我！"遂行。出關，過中牟，爲亭長所疑，執詣縣邑中〔二六〕，或竊識之，爲請得解。《世語》曰：中牟疑是亡人，見拘於縣。時掾亦已被卓書，唯功曹心知是太祖，以世方亂，不宜拘天下雄儁，因白令釋之。卓遂殺太后及弘農王。太祖至陳留，散家財，合義兵，將以誅卓。冬十二月，始起兵於己吾，《世語》曰：陳留孝廉衛茲以家財資太祖，使起兵，衆有五千人〔二七〕。是歲中平六年也。

初平元年春正月，後將軍袁術、冀州牧韓馥、《英雄記》曰：馥字文節，潁川人。爲御史中丞，董卓舉爲冀州牧。於時冀州民人殷盛，兵糧優足。袁紹之在渤海，馥恐其興兵，遣數部從事守之，不得動搖。東郡太守橋瑁詐作京師三公移書與州郡，陳卓罪惡，云見逼迫，無以自救，企望義兵，解國患難。馥得移，請諸從事問曰："今當助袁氏邪，助董卓邪？"治中從事劉子惠曰："今興兵爲國，何謂袁、董！"馥自知言短而有慙色〔二八〕。子惠復言："兵者凶事，不可爲首。今宜往視他州，有發動者，然後和之。冀州於他州不爲弱也，他人功未有在冀州之右者也。"馥然之。馥乃作書與紹，道卓之惡，聽其舉兵。豫州刺史孔伷、《英雄記》曰：伷字公緒，陳留人。張璠《漢紀》載鄭泰說卓云："孔公緒能清談高論，嘘枯吹生。"兗州刺史劉岱、岱，劉繇之兄，事見《吴志》。河內太守王匡、《英雄記》曰：匡字公節，泰山人。輕財好施，以任俠聞。辟大將軍何進府進符使。匡於徐州發彊弩五百西詣京師，會進敗，匡還鄉里。起家，拜河內太守。謝承《後漢書》曰：匡少與蔡邕善。其年爲卓軍所敗，走還泰山，收集勁勇得數千人，欲與張邈合。匡先殺執金吾胡母班。班親屬不勝憤怒，與太祖并勢，共殺匡。渤海太守袁紹、陳留太守張邈、東郡太守橋瑁、《英雄記》曰：瑁字元偉，玄族子。先爲兗州刺史，甚有威惠。山陽太守袁遺、遺字伯業，紹從兄。爲長安令。河間張超嘗薦遺於太尉朱儁，稱遺"有冠世之懿，幹時之量。其忠允亮直，固天所縱。若乃包羅載籍，管綜百氏，登高能賦，覩物知名，求之今日，邈焉靡儔"。事在《超集》。《英雄記》曰：紹後用遺爲揚州刺史，爲袁術所敗。太祖稱"長大而能勤學者，惟吾與袁伯業耳"。語在文帝《典論》。濟北相鮑信信事見子勛傳。同時俱起兵〔二九〕，衆各數萬，推紹爲盟主。太祖行奮武將軍。

二月，卓聞兵起，乃徙天子都長安。卓留屯洛陽，遂焚宮室。是時紹屯河內，邈、岱、瑁、遺屯酸棗，術屯南陽，伷屯潁川，馥在鄴。卓兵彊，紹等莫敢先進。太祖曰："舉義兵以誅暴亂，大衆已合，諸君何疑？向使董卓聞山東兵起，倚王室之重，據二周之險，東向以臨天下，雖以無道行之，猶足爲患。今焚燒宮室，劫遷天子，海內震動，不知所歸，此天亡之時也。一戰而天下定矣，不可失也。"遂引兵西，將據成皋。邈遣將衞茲分兵隨太祖。到滎陽汴水，遇卓將徐榮，與戰不利，士卒死傷甚多。太祖爲流矢所中，所乘馬被創〔三〇〕，從弟洪以馬與太祖，得夜遁去。榮見太祖所將兵少，力戰盡日，謂酸棗未易攻也，亦引兵還。

太祖到酸棗，諸軍兵十餘萬，日置酒高會，不圖進取。太祖責讓之，因爲謀曰："諸君聽吾計，使渤海引河內之衆臨孟津，酸棗諸將守成皋，據敖倉，塞轘轅、太谷，全制其險；使袁將軍率南陽之軍軍丹、析，入武關，以震三輔。皆高壘深壁，勿與戰，益爲疑兵，示天下形勢，以順誅逆，可立定也。今兵以義動，持疑而不進，失天下之望，竊爲諸君恥之！"邈等不能用。

太祖兵少，乃與夏侯惇等詣揚州募兵，刺史陳溫、丹陽太守周昕與兵四千餘人。還到龍亢，士卒多叛。《魏書》曰：兵謀叛，夜燒太祖帳，太祖手劒殺數十人，餘皆披靡〔三一〕，乃得出營。其不叛者五百餘人。至銍、建平，復收兵得千餘人，進屯河内。

劉岱與橋瑁相惡，岱殺瑁，以王肱領東郡太守。

袁紹與韓馥謀立幽州牧劉虞爲帝，太祖拒之。《魏書》載太祖答紹曰："董卓之罪，暴於四海，吾等合大衆、興義兵，而遠近莫不響應，此以義動故也。今幼主微弱，制於奸臣，未有昌邑亡國之釁，而一旦改易，天下其孰安之？諸軍北面，我自西向。"紹又嘗得一玉印，於太祖坐中舉向其肘，太祖由是笑而惡焉。《魏書》曰：太祖大笑曰："吾不聽汝也！"紹復使人説太祖曰："今袁公勢盛兵強，二子已長，天下羣英，孰踰於此？"太祖不應。由是益不直紹，圖誅滅之。

二年春，紹、馥遂立虞爲帝，虞終不敢當。

夏四月，卓還長安。

秋七月，袁紹脅韓馥取冀州。

黑山賊于毒、白繞、眭固等眭，申隨反〔三二〕。十餘萬衆略魏郡、東郡，王肱不能禦，太祖引兵入東郡，擊白繞於濮陽，破之。袁紹因表太祖爲東郡太守，治東武陽。

三年春，太祖軍頓丘，毒等攻東武陽。太祖乃引兵西入山，攻毒等本屯。《魏書》曰：諸將皆以爲當還自救。太祖曰："孫臏救趙而攻魏，耿弇欲走西安攻臨菑。使賊聞我西而還，武陽自解也；不還，我能敗其本屯〔三三〕，虜不能拔武陽必矣。"遂乃行。毒聞之，棄武陽還。太祖要擊眭固，又擊匈奴於夫羅於内黃，皆大破之。《魏書》曰：於夫羅者，南單于子也。中平中，發匈奴兵，於夫羅率以助漢。會本國反，殺南單于，於夫羅遂將其衆留中國。因天下撓亂，與西河白波賊合，破太原、河内，鈔略諸郡爲寇。

夏四月，司徒王允與呂布共殺卓。卓將李傕、郭汜等殺允攻布，布敗，東出武關。傕等擅朝政。

青州黄巾衆百萬入兗州〔三四〕，殺任城相鄭遂，轉入東平。劉岱欲擊之，鮑信諫曰："今賊衆百萬，百姓皆震恐，士卒無鬭志，不可敵也。觀賊衆羣輩相隨，軍無輜重，唯以鈔略爲資，今不若畜士衆之力，先爲固守，彼欲戰不得，攻又不能，其勢必離散。後選精銳〔三五〕，據其要害，擊之可破也。"岱不從，遂與戰，果爲所殺〔三六〕。《世語》曰：岱既死，陳宮謂太祖曰："州今無主，而王命斷絶，宮請説州中〔三七〕，明府尋往牧之，資之以收天下，此霸王之業也。"宮説別駕、治中曰："今天下分裂而州無主〔三八〕，曹東郡，命世之才也，若迎以牧州，必寧生民。"鮑信等亦謂之然。信乃與州吏萬潛等至東郡迎太祖領兗州牧，遂進兵擊黄巾於壽張東。信力戰鬭死，僅而破之。《魏書》曰：太祖將步騎千餘人，行視戰地，卒抵賊營，戰不利，死者數百人，引還。賊尋前進。黄巾爲賊久，數乘勝，兵皆精悍。太祖舊兵少，新兵不習練，舉軍皆懼。太祖被甲嬰胄，親巡將士，明勸賞罰，衆乃復奮，承間討擊，賊稍折退。賊乃移書太祖曰："昔在濟南，毀壞神壇，其道乃與中黄太乙同〔三九〕，似若知道，今更迷惑。漢行已盡，黄家當立。天之大運，非君才力所能存也。"太祖見檄書，呵罵之〔四〇〕，數開示降路。遂設奇伏，晝夜會戰，戰輒禽獲，賊乃退走。購求信喪不得，衆乃刻木如信形狀〔四一〕，祭而哭焉。

追黄巾至濟北，乞降。冬，受降卒三十餘萬，男女百餘萬口，收其精鋭者，號爲青州兵。

袁術與紹有隙，術求援於公孫瓚，瓚使劉備屯高唐、單經屯平原、陶謙屯發干，以逼紹。太祖與紹會擊，皆破之。

四年春，軍鄄城。荆州牧劉表斷術糧道，術引軍入陳留，屯封丘，黑山餘賊及於夫羅等佐之。術使將劉詳屯匡亭。太祖擊詳，術救之，與戰，大破之。術退保封丘，遂圍之，未合，術走襄邑，追到太壽，決渠水灌城。走寧陵，又追之，走九江。夏，太祖還軍定陶。

下邳闕宣聚衆數千人，自稱天子。徐州牧陶謙與共舉兵，取泰山華、費，略任城。秋，太祖征陶謙，下十餘城，謙守城不敢出。

是歲，孫策受袁術使渡江，數年間遂有江東。

興平元年春，太祖自徐州還。初，太祖父嵩去官後還譙，董卓之亂，避難琅邪，爲陶謙所害，故太祖志在復讎東伐。《世語》曰：嵩在泰山華縣。太祖令泰山太守應劭送家詣兗州，劭兵未至，陶謙密遣數千騎掩捕〔四二〕。嵩家以爲劭迎，不設備。謙兵至，殺太祖弟德於門中。嵩懼，穿後垣，先出其妾，妾肥，不能得出，嵩逃於厠，與妾俱被害，闔門皆死。劭懼，棄官赴袁紹。後太祖定冀州，劭時已死。韋曜《吳書》曰：太祖迎嵩，輜重百餘兩。陶謙遣都尉張闓將騎二百衛送，闓於泰山華、費間殺嵩，取財物，因奔淮南。太祖歸咎於陶謙，故伐之。夏，使荀彧、程昱守鄄城，復征陶謙，拔五城，遂略地至東海。還過郯,謙將曹豹與劉備屯郯東,要太祖。太祖擊破之,遂攻拔襄賁,所過多所殘戮。孫盛曰:夫伐罪弔民,古之令軌。罪謙之由,而殘其屬部,過矣。

會張邈與陳宮叛,迎呂布,郡縣皆應。荀彧、程昱保鄄城,范、東阿二縣固守,太祖乃引軍還。布到,攻鄄城不能下,西屯濮陽。太祖曰:"布一旦得一州,不能據東平,斷亢父、泰山之道,乘險要我,而乃屯濮陽,吾知其無能爲也。"遂進軍攻之。布出兵戰,先以騎犯青州兵。青州兵奔,太祖陣亂,馳突火出,墜馬,燒左手掌。司馬樓異扶太祖上馬,遂引去〔四三〕。袁暐《獻帝春秋》曰:太祖圍濮陽,濮陽大姓田氏爲反間,太祖得入城。燒其東門,示無反意。及戰,軍敗。布騎得太祖而不知是,問曰:"曹操何在?"太祖曰:"乘黃馬走者是也。"〔四四〕布騎乃釋太祖而追黃馬者。門火猶盛,太祖突火而出。未至營止,諸將未與太祖相見,皆怖。太祖乃自力勞軍,令軍中促爲攻具,進復攻之〔四五〕。與布相守百餘日,蝗蟲起,百姓大餓,布糧食亦盡,各引去。

秋九月,太祖還鄄城。布到乘氏,爲其縣人李進所破,東屯山陽。於是紹使人説太祖,欲連和〔四六〕。太祖新失兗州,軍食盡,將許之,程昱止太祖,太祖從之。冬十月,太祖至東阿。

是歲穀一斛五十餘萬錢,人相食,乃罷吏兵新募者。陶謙死,劉備代之。

二年春,襲定陶。濟陰太守吳資保南城,未拔。會吕布至，又擊破之。夏，布將薛蘭、李封屯鉅野，太祖攻之，布救蘭，蘭敗，布走，遂斬蘭等。布復從東緍與陳宫將萬餘人來戰，時太祖兵少，設伏，縱奇兵擊，大破之。《魏書》曰：於是兵皆出取麥，在者不及千人〔四七〕，屯營不固。太祖乃令婦人守陣，悉兵拒之。屯西有大隄，其南樹木幽深。布疑有伏，乃相謂曰："曹操多譎，勿入伏中。"引軍屯南十餘里。明日復來，太祖隱兵隄裏，出半兵隄外。布益進，乃令輕兵挑戰，既合，伏兵乃悉乘隄，步騎並進，大破之，獲其鼓車，追至其營而還。布夜走。太祖復攻，拔定陶，分兵平諸縣。布東奔劉備，張邈從布，使其弟超將家屬保雍丘。秋八月，圍雍丘。冬十月，天子拜太祖兖州牧。十二月，雍丘潰，超自殺，夷邈三族。邈詣袁術請救，爲其衆所殺，兖州平，遂東略陳地。

是歲，長安亂，天子東遷，敗於曹陽，渡河幸安邑。

建安元年春正月，太祖軍臨武平，袁術所置陳相袁嗣降。

太祖將迎天子，諸將或疑，荀彧、程昱勸之，乃遣曹洪將兵西迎，衛將軍董承與袁術將萇奴拒險，洪不得進。

汝南、潁川黄巾何儀、劉辟、黄邵、何曼等，衆各數萬，初應袁術，又附孫堅。二月，太祖進軍討破之，斬辟、邵等，儀及其衆皆降。天子拜太祖建德將軍。夏六月，遷鎮東將軍，封費亭侯。秋七月，楊奉、韓暹以天子還洛陽，《獻帝春秋》曰：天子初至洛陽，幸城西故中常侍趙忠宅。使張楊繕治宮室[四八]，名殿曰揚安殿，八月，帝乃遷居。奉別屯梁。太祖遂至洛陽，衛京都，暹遁走。天子假太祖節鉞，錄尚書事。《獻帝紀》曰：又領司隸校尉。洛陽殘破，董昭等勸太祖都許。九月，車駕出轘轅而東，以太祖爲大將軍，封武平侯。自天子西遷，朝廷日亂，至是宗廟社稷制度始立。張璠《漢紀》曰：初，天子敗於曹陽，欲浮河東下。侍中、太史令王立曰：「自去春太白犯鎮星於牛斗，過天津，熒惑又逆行守北河，不可犯也。」由是天子遂不北渡河，將自軹關東出。立又謂宗正劉艾曰：「前太白守天關，與熒惑會；金火交會，革命之象也。漢祚終矣，晉、魏必有興者。」立後數言於帝曰：「天命有去就，五行不常盛，代火者土也，承漢者，魏也，能安天下者，曹姓也，唯委任曹氏而已。」公聞之，使人語立曰：「知公忠於朝廷，然天道深遠，幸勿多言。」

天子之東也，奉自梁欲要之，不及。冬十月，公征奉，奉南奔袁術，遂攻其梁屯，拔之。於是以袁紹爲太尉，紹恥班在公下，不肯受。公乃固辭，以大將軍讓紹。天子拜公司空，行車騎將軍[四九]。是歲用棗祇、韓浩等議，始興屯田。《魏書》曰：自遭荒亂，率乏糧穀。諸軍並起，無終歲之計，饑則寇略，飽則棄餘，瓦解流離，無敵自破者不可勝數[五〇]。袁紹之在河北，軍人仰食桑椹。袁術在江、淮，取給蒲蠃。民人相食，州里蕭條。公曰：「夫定國之術，在於彊兵足食，秦人以急農兼天下，孝武以屯田定西域，此先代之良式也[五一]。」是歲乃募民屯田許下，得穀百萬斛[五二]。於是州郡例置田官，所在積穀。征伐四方，無運糧之勞，遂兼滅羣賊[五三]，克平天下。

吕布襲劉備，取下邳。備來奔。程昱説公曰："觀劉備有雄才而甚得衆心，終不爲人下，不如早圖之。"公曰："方今收英雄時也，殺一人而失天下之心，不可。"張濟自關中走南陽。濟死，從子繡領其衆。

二年春正月，公到宛。張繡降，既而悔之，復反。公與戰，軍敗，爲流矢所中。長子昂、弟子安民遇害。《魏書》曰：公所乘馬名絶影，爲流矢所中，傷頰及足，并中公右臂。《世語》曰：昂不能騎，進馬於公，公故免，而昂遇害。公乃引兵還舞陰，繡將騎來鈔，公擊破之。繡奔穰，與劉表合。公謂諸將曰："吾降張繡等，失不便取其質，以至於此。吾知所以敗，諸卿觀之，自今已後不復敗矣。"遂還許。《世語》曰：舊制，三公領兵入見〔五四〕，皆交戟叉頸而前。初，公將討張繡，入覲天子，時始復此制。公自此不復朝見〔五五〕。

袁術欲稱帝於淮南，使人告吕布。布收其使，上其書。術怒，攻布，爲布所破。秋九月，術侵陳，公東征之。術聞公自來，棄軍走，留其將橋蕤、李豐、梁綱、樂就。公到，擊破蕤等，皆斬之。術走渡淮。公還許。

公之自舞陰還也，南陽章陵諸縣復叛爲繡，公遣曹洪擊之，不利。還屯葉，數爲繡、表所侵。冬十一月，公自南征，至宛。《魏書》曰：臨淯水，祠亡將士，歔欷流涕，衆皆感慟。表將鄧濟據湖陽。攻拔之，生禽濟，湖陽降。攻舞陰，下之。

三年春正月，公還許，初置軍師祭酒。三月，公圍張繡於穰。夏五月，劉表遣兵救繡〔五六〕，以絶軍後。《獻帝春秋》曰：袁紹叛卒詣公云："田豐使紹早襲許，若挾天子以令諸侯，四海可指麾而定。"公乃解繡圍。公將引還，繡兵來[五七]，公軍不得進，連營稍前。公與荀彧書曰："賊來追吾，雖日行數里，吾策之到安衆，破繡必矣。"到安衆，繡與表兵合守險，公軍前後受敵。公乃夜鑿險爲地道，悉過輜重，設奇兵。會明，賊謂公爲遁也，悉軍來追。乃縱奇兵，步騎夾攻，大破之。秋七月，公還許。荀彧問公："前以策賊必破，何也？"公曰："虜遏吾歸師，而與吾死地戰，吾是以知勝矣[五八]。"

呂布復爲袁術使高順攻劉備，公遣夏侯惇救之，不利。備爲順所敗。九月，公東征布。冬十月，屠彭城，獲其相侯諧。進至下邳，布自將騎逆擊。大破之，獲其驍將成廉。追至城下，布恐[五九]，欲降。陳宮等沮其計，求救於術，勸布出戰。戰又敗，乃還固守。攻之不下。時公連戰，士卒罷，欲還，用荀攸、郭嘉計，遂決泗、沂水以灌城。月餘，布將宋憲、魏續等執陳宮，舉城降。生禽布、宮，皆殺之。太山臧霸、孫觀、吳敦、尹禮、昌狶各聚衆[六〇]。布之破劉備也，霸等悉從布。布敗，獲霸等，公厚納待，遂割青、徐二州附於海以委焉。分琅邪、東海、北海爲城陽、利城、昌慮郡。

初，公爲兗州，以東平畢諶爲別駕。張邈之叛也，邈劫諶母弟妻子。公謝遣之，曰："卿老母在彼，可去。"諶頓首無二心[六一]，公嘉之，爲之流涕。既出，遂亡歸。及布破，諶生得[六二]，衆爲諶懼，公曰："夫人孝於其親者，豈不亦忠於君乎？吾所求也。"以爲魯相。《魏書》曰：袁紹宿與故太尉楊彪、大長秋梁紹、少府孔融有隙，欲使公以他過誅之。公曰："當今天下土崩瓦解，豪傑並起〔六三〕，輔相君長，人懷怏怏，各有自爲之心。此上下相疑之秋也，雖以無嫌待之，猶懼未信，如有所除，則誰不自危？且夫起布衣，在塵垢之間，爲庸人之所陵陷〔六四〕，可勝怨乎！高祖赦雍齒之讐而羣情以安，如何忘之？"紹以爲公外託公義，內實離異，深懷怨望。臣松之以爲：楊彪亦曾爲魏武所困，幾至於死，孔融竟不免於誅戮，豈所謂先行其言而後從之哉！非知之難，其在行之，信矣。

四年春二月，公還至昌邑。張楊將楊醜殺楊，眭固又殺醜，以其衆屬袁紹，屯射犬。夏四月，進軍臨河〔六五〕，使史渙、曹仁渡河擊之。固使楊故長史薛洪、河內太守繆尚留守〔六六〕，自將兵北迎紹求救，與渙、仁相遇犬城。交戰，大破之，斬固。公遂濟河，圍射犬。洪、尚率衆降，封爲列侯，還軍敖倉。

以魏种爲河內太守，屬以河北事。初，公舉种孝廉。兗州叛〔六七〕，公曰："唯魏种且不棄孤也。"及聞种走，公怒曰："种不南走越、北走胡，不置汝也！"既下射犬，生禽种，公曰："唯其才也！"釋其縛而用之。

是時袁紹既并公孫瓚，兼四州之地，衆十餘萬，將進軍攻許。諸將以爲不可敵，公曰："吾知紹之爲人，志大而智小，色厲而膽薄，忌克而少威，兵多而分畫不明，將驕而政令不一，土地雖廣，糧食雖豐，適足以爲吾奉也。"秋八月，公進軍黎陽，使臧霸等入青州，破齊、北海、東安，留于禁屯河上。九月，公還許，分兵守官渡。冬十一月，張繡率衆降，封列侯。十二月，公軍官渡。

袁術自敗於陳〔六八〕，稍困，袁譚自青州遣迎之。術欲從下邳北過，公遣劉備、朱靈要之。會術病死。程昱、郭嘉聞公遣備，言於公曰："劉備不可縱。"公悔，追之不及。備之未東也，陰與董承等謀反，至下邳，遂殺徐州刺史車冑，舉兵屯沛。遣劉岱、王忠擊之，不克。《獻帝春秋》曰：備謂岱等曰："使汝百人來，其無如我何；曹公自來，未可知耳！"《魏武故事》曰：岱字公山，沛國人。以司空長史從征伐，有功，封列侯。《魏略》曰：王忠，扶風人，少爲亭長。三輔亂，忠飢乏噉人，隨輩南向武關。值妻子伯爲荊州遣迎北方客人，忠不欲去，因率等伍逆擊之，奪其兵，聚衆千餘人以歸公。拜忠中郎將，從征討。五官將知忠嘗噉人，因從駕出行，令俳取冢間髑髏〔六九〕，繫著忠馬鞍，以爲歡笑〔七〇〕。

廬江太守劉勳率衆降，封爲列侯。

五年春正月，董承等謀泄，皆伏誅。公將自東征備，諸將皆曰："與公爭天下者，袁紹也。今紹方來而棄之東，紹乘人後，若何？"公曰："夫劉備，人傑也，今不擊，必爲後患。孫盛《魏氏春秋》云〔七一〕：答諸將曰："劉備，人傑也，將生憂寡人。"臣松之以爲：史之記言，既多潤色，故前載所述，有非實者矣，後之作者，又生意改之，於失實也，不亦彌遠乎！凡孫盛製書，多用《左氏》以易舊文，如此者非一。嗟乎，後之學者將何取信哉！且魏武方以天下勵志，而用夫差分死之言，尤非其類。袁紹雖有大志，而見事遲，必不動也。"

郭嘉亦勸公，遂東擊備，破之，生禽其將夏侯博。備走奔紹，獲其妻子。備將關羽屯下邳，復進攻之，羽降。昌豨叛爲備，又攻破之。公還官渡，紹卒不出。

二月，紹遣郭圖、淳于瓊、顏良攻東郡太守劉延於白馬。紹引兵至黎陽，將渡河。夏四月，公北救延。荀攸說公曰：“今兵少不敵，分其勢乃可。公到延津，若將渡兵向其後者，紹必西應之，然後輕兵襲白馬，掩其不備，顏良可禽也。”公從之。紹聞兵渡，即分兵西應之。公乃引軍兼行趣白馬，未至十餘里，良大驚，來逆戰。使張遼、關羽前登，擊破，斬良。遂解白馬圍，徙其民，循河而西。紹於是渡河追公軍，至延津南。公勒兵駐營南阪下，使登壘望之，曰：“可五六百騎。”有頃，復白：“騎稍多，步兵不可勝數。”公曰：“勿復白。”乃令騎解鞍放馬。是時，白馬輜重就道，諸將以爲敵騎多，不如還保營。荀攸曰：“此所以餌敵，如何去之！”紹騎將文醜與劉備將五六千騎前後至。諸將復白：“可上馬。”公曰：“未也。”有頃，騎至稍多，或分趣輜重。公曰：“可矣！”乃皆上馬。時騎不滿六百，遂縱兵擊，大破之，斬醜。良、醜皆紹名將也，再戰悉禽〔七二〕，紹軍大震。公還軍官渡。紹進保陽武。關羽亡歸劉備。

八月，紹連營稍前，依沙塠爲屯，東西數十里〔七三〕。公亦分營與相當，合戰不利。習鑿齒《漢晉春秋》曰：許攸說紹曰：“公無與操相攻也。急分諸軍持之，而徑從他道迎天子，則事立濟矣。”紹不從，曰：“吾要當先圍取之。”攸怒。時公兵不滿萬,傷者十二三。臣松之以爲:魏武初起兵,已有衆五千,自後百戰百勝,敗者十二三而已矣。但一破黄巾,受降卒三十餘萬,餘所吞并[七四],不可悉紀;雖征戰損傷,未應如此之少也。夫結營相守,異於摧鋒決戰。《本紀》云:"紹衆十餘萬,屯營東西數十里。"魏太祖雖機變無方,略不世出,安有以數千之兵,而得逾時相抗者哉?以理而言,竊謂不然。紹爲屯數十里,公能分營與相當,此兵不得甚少,一也。紹若有十倍之衆,理應當悉力圍守,使出入斷絕,而公使徐晃等擊其運車,公又自出擊淳于瓊等,揚旌往還,曾無抵閡,明紹力不能制,是不得甚少,二也。諸書皆云公坑紹衆八萬,或云七萬。夫八萬人奔散,非八千人所能縛,而紹之大衆皆拱手就戮,何緣力能制之?是不得甚少,三也。將記述者欲以少見奇,非其實錄也。按《鍾繇傳》云:公與紹相持,繇爲司隸,送馬二千餘匹以給軍。《本紀》及《世語》並云公時有騎六百餘匹,繇馬爲安在哉?紹復進臨官渡,起土山地道。公亦於内作之以相應。紹射營中,矢如雨下,行者皆蒙楯。衆大懼。時公糧少,與荀彧書,議欲還許。彧以爲"紹悉衆聚官渡,欲與公決勝敗。公以至弱當至彊,若不能制,必爲所乘,是天下之大機也。且紹,布衣之雄耳,能聚人而不能用。夫以公神武明哲而輔以大順,何向而不濟!"公從之。

孫策聞公與紹相持,乃謀襲許,未發,爲刺客所殺。

汝南降賊劉辟等叛應紹,略許下。紹使劉備助辟,公使曹仁擊破之。備走,遂破辟屯。

袁紹運穀車數千乘至,公用荀攸計,遣徐晃、史渙邀擊，大破之，盡燒其車。公與紹相拒連月，雖比戰斬將，然衆少糧盡，士卒疲乏，公謂運者曰："却十五日爲汝破紹，不復勞汝矣。"冬十月，紹遣車運穀[七五]，使淳于瓊等五人將兵萬餘人送之[七六]，宿紹營北四十里。紹謀臣許攸貪財，紹不能足[七七]，來奔，因説公擊瓊等。左右疑之，荀攸、賈詡勸公。公乃留曹洪守，自將步騎五千人夜往，會明至。瓊等望見公兵少，出陣門外。公急擊之，瓊退保營，遂攻之。紹遣騎救瓊。左右或言"賊騎稍近[七八]，請分兵拒之"。公怒曰："賊在背後，乃白！"士卒皆殊死戰，大破瓊等，皆斬之。《曹瞞傳》曰：公聞攸來，跣出迎之，撫掌笑曰："子卿遠來，吾事濟矣！"既入坐，謂公曰："袁氏軍盛，何以待之？今有幾糧乎？"公曰："尚可支一歲。"攸曰："無是，更言之！"又曰："可支半歲。"攸曰："足下不欲破袁氏邪，何言之不實也！"公曰："向言戲之耳。其實可一月，爲之奈何？"攸曰："公孤軍獨守，外無救援而糧穀已盡，此危急之日也。今袁氏輜重有萬餘乘，在故市、烏巢，屯軍無嚴備。今以輕兵襲之，不意而至，燔其積聚，不過三日，袁氏自敗也。"公大喜，乃選精鋭步騎，皆用袁軍旗幟[七九]，銜枚縛馬口，夜從間道出，人抱束薪[八〇]。所歷道有問者，語之曰[八一]："袁公恐曹操鈔略後軍，遣兵以益備[八二]。"聞者信以爲然[八三]，皆自若。既至圍屯[八四]，大放火，營中驚亂。大破之，盡燔其糧穀寶貨。斬督將眭元進、騎督韓莒子、呂威璜、趙叡等首，割得將軍淳于仲簡鼻，未死。殺士卒千餘人，皆取鼻，牛馬割脣舌，以示紹軍。將士皆怛懼[八五]。時有夜得仲簡，將以詣麾下，公謂曰："何爲如是？"仲簡曰："勝負自天，何用爲問乎！"公意欲不殺。許攸曰：

"明旦鑒於鏡，此益不忘人。"乃殺之。紹初聞公之擊瓊，謂長子譚曰："就彼攻瓊等[八六]，吾攻拔其營，彼固無所歸矣！"乃使張郃、高覽攻曹洪。郃等聞瓊破，遂來降。紹衆大潰[八七]，紹及譚棄軍走，渡河。追之不及，盡收其輜重圖書珍寶，虜其衆。《獻帝起居注》曰：公上言："大將軍鄴侯袁紹前與冀州牧韓馥立故大司馬劉虞，刻作金璽，遣故任長畢瑜詣虞，爲說命錄之數。又紹與臣書曰：'可都鄄城，當有所立。'擅鑄金銀印，孝廉、計吏，皆往詣。紹從弟濟陰太守敍與紹書云：'今海內喪敗，天意實在我家，神應有徵，當在尊兄。南兄臣下欲使即位，南兄言，以年則北兄長，以位則北兄重。便欲送璽，會曹操斷道。'紹宗族累世受國重恩，而凶逆無道，乃至於此。輒勒兵馬，與戰官渡，乘聖朝之威，得斬紹大將淳于瓊等八人首，遂大破潰。紹與子譚輕身逆走。凡斬首七萬餘級，輜重財物巨億。"公收紹書中，得許下及軍中人書，皆焚之。《魏氏春秋》曰：公云："當紹之彊，孤猶不能自保，而況衆人乎[八八]！"冀州諸郡多舉城邑降者。初，桓帝時有黃星見於楚、宋之分，遼東殷馗馗，古逵字，見《三蒼》。善天文，言後五十歲，當有真人起於梁、沛之間，其鋒不可當。至是凡五十年，而公破紹[八九]，天下莫敵矣。

六年夏四月，揚兵河上，擊紹倉亭軍，破之。紹歸，復收散卒，攻定諸叛郡縣。九月，公還許。紹之未破也，使劉備略汝南，汝南賊共都等應之[九〇]。遣蔡揚擊都，不利，爲都所破。公南征備。備聞公自行，走奔劉表，都等皆散。

七年春正月，公軍譙，令曰："吾起義兵，爲天下除暴亂。舊土人民，死喪略盡，國中終日行，不見所識，使吾悽愴傷懷。其舉義兵已來，將士絶無後者，求其親戚以後之。授土田〔九一〕，官給耕牛，置學師以教之。爲存者立廟，使祀其先人〔九二〕。魂而有靈，吾百年之後何恨哉！"遂至浚儀，治睢陽渠，遣使以太牢祀橋玄。褒賞令載公祀文曰："故太尉橋公〔九三〕，誕敷明德，汎愛博容。國念明訓，士思令謨〔九四〕。靈幽體翳，邈哉晞矣！吾以幼年，逮升堂室，特以頑鄙之姿，爲大君子所納。增榮益觀，皆由獎助。猶仲尼稱不如顏淵，李生之厚歎賈復。士死知己，懷此無忘。又承從容約誓之言：'殂逝之後，路有經由，不以斗酒隻雞過相沃酹，車過三步，腹痛勿怪！'雖臨時戲笑之言，非至親之篤好，胡肯爲此辭乎！匪謂靈忿，能詒己疾，懷舊惟顧，念之悽愴。奉命東征，屯次鄉里，北望貴土，乃心陵墓。裁致薄奠，公其尚饗！"進軍官渡。紹自軍破後，發病歐血，夏五月死。小子尚代，譚自號車騎將軍，屯黎陽。秋九月，公征之，連戰。譚、尚數敗退，固守。

八年春三月，攻其郭，乃出戰，擊，大破之，譚、尚夜遁。夏四月，進軍鄴。五月還許，留賈信屯黎陽。

己酉，令曰："《司馬法》'將軍死綏'，《魏書》云：綏，却也。有前一尺，無却一寸。故趙括之母，乞不坐括。是古之將者〔九五〕，軍破於外，而家受罪於內也。自命將征行，但賞功而不罰罪，非國典也。其令諸將出征，敗軍者抵罪，失利者免官爵。"《魏書》載庚申令曰："議者或以軍吏雖有功能，德行不足堪任郡國之選〔九六〕，所謂'可與適道，未可與權〔九七〕'。管仲曰：'使賢者食於能，則上尊；鬬士食於功，則卒輕於死〔九八〕。二者設於國，則天下治。'未聞無能之人、不鬬之士，並受祿賞，而可以立功興國者也。故明君不官無功之臣〔九九〕，不賞不戰之士；治平尚德行，有事賞功能〔一〇〇〕。論者之言〔一〇一〕，一似管窺虎歟！"

秋七月，令曰："喪亂已來，十有五年，後生者不見仁義禮讓之風，吾甚傷之。其令郡國各修文學，縣滿五百戶置校官，選其鄉之俊造而教學之。庶幾先王之道不廢，而有以益於天下。"

八月，公征劉表，軍西平。公之去鄴而南也，譚、尚爭冀州，譚爲尚所敗，走保平原。尚攻之急，譚遣辛毗乞降請救。諸將皆疑，荀攸勸公許之。《魏書》曰：公云："我攻呂布，表不爲寇，官渡之役，不救袁紹，此自守之賊也，宜爲後圖。譚、尚狡猾，當乘其亂。縱譚挾詐不終，束手使我破尚，偏收其地，利自多矣。"乃許之。公乃引軍還。冬十月，到黎陽，爲子整與譚結婚。臣松之案：紹死至此，過周五月耳。譚雖出後其伯，不爲紹服三年，而於再朞之內以行吉禮，悖矣。魏武或以權宜與之約言；今云結婚，未必便以此年成禮。尚聞公北，乃釋平原還鄴。東平呂曠、呂翔叛尚〔一〇二〕，屯陽平，率其衆降，封爲列侯。《魏書》曰：譚之圍解，陰以將軍印綬假曠。曠受印送之，公曰："我固知譚之有小計也。欲使我攻尚，得以其間略民聚衆，比尚之破，可得自彊以乘我弊也。尚破我盛，何弊之乘乎？"

九年春正月，濟河，遏淇水入白溝以通糧道。二月，尚復攻譚，留蘇由、審配守鄴。公進軍到洹水，由降。既至，攻鄴，爲土山、地道。武安長尹楷屯毛城，通上黨糧道。夏四月，留曹洪攻鄴，公自將擊楷，破之而還。尚將沮鵠守邯鄲，沮音菹，河朔間今猶有此姓。鵠，沮授子也〔一〇三〕。又擊拔之。易陽令韓範、涉長梁岐舉縣降，賜爵關內侯。五月，毁土山、地道，作圍塹，決漳水灌城，城中餓死者過半。秋七月，尚還救鄴，諸將皆以爲此歸師，人自爲戰，不如避之。公曰："尚從大道來，當避之〔一〇四〕。若循西山來者，此成禽耳。"尚果循西山來，臨滏水爲營。《曹瞞傳》曰：遣候者數部前後參之，皆曰定從西道，已在邯鄲。公大喜，會諸將曰："孤已得冀州，諸君知之乎？"皆曰："不知。"公曰："諸君方見不久也。"夜遣兵犯圍，公逆擊破走之，遂圍其營。未合，尚懼〔一〇五〕，故豫州刺史陰夔及陳琳乞降。公不許，爲圍益急〔一〇六〕。尚夜遁，保祁山，追擊之。其將馬延、張顗等臨陣降，衆大潰，尚走中山。盡獲其輜重，得尚印綬節鉞〔一〇七〕，使尚降人示其家，城中崩沮。八月，審配兄子榮夜開所守城東門内兵。配逆戰敗，生禽配，斬之，鄴定。公臨祀紹墓〔一〇八〕，哭之流涕。慰勞紹妻，還其家人寶物，賜雜繒絮，廩食之。孫盛云：昔者先王之爲誅賞也，將以懲惡勸善，永彰鑒戒。紹因世艱危，遂懷逆謀，上議神器，下干國紀。薦社污宅，古之制也，而乃盡哀於逆臣之冡，加恩於饕餮之室，爲政之道，於斯躓矣。夫匿怨友人，前哲所恥；稅驂舊館，義無虛涕。苟道乖好絶，何哭之有！昔漢高失之於項氏，魏武遵謬於此舉，豈非百慮之一失也。

初，紹與公共起兵，紹問公曰："若事不輯，則方面何所可據？"公曰："足下意以爲何如？"紹曰："吾南據河，北阻燕、代，兼戎狄之衆，南向以争天下，庶可以濟乎？"公曰："吾任天下之智力，以道御之，無所不可。"《傅子》曰：太祖又云："湯、武之王，豈同土哉？若以險固爲資，則不能應機而變化也〔一〇九〕。"

九月，令曰："河北罹袁氏之難，其令無出今年租賦。"重豪彊兼并之法，百姓喜悦。《魏書》載公令曰："有國有家者，不患寡而患不均，不患貧而患不安。袁氏之治也，使豪彊擅恣，親戚兼并；下民貧弱，代出租賦，衒鬻家財，不足應命〔一一〇〕。審配宗族，至乃藏匿罪人，爲逋逃主，欲望百姓親附，甲兵彊盛，豈可得邪〔一一一〕！其收田租〔一一二〕，畝四升〔一一三〕，户出絹二匹〔一一四〕、綿二斤而已〔一一五〕，他不得擅興發〔一一六〕。郡國守相明檢察之，無令彊民有所隱藏，而弱民兼賦也。"天子以公領冀州牧，公讓還兖州。

公之圍鄴也，譚略取甘陵、安平、渤海、河間。尚敗，還中山。譚攻之，尚奔故安〔一一七〕，遂并其衆。公遺譚書，責以負約，與之絶婚，女還，然後進軍。譚懼，拔平原，走保南皮。十二月，公入平原，略定諸縣。

十年春正月，攻譚，破之。斬譚，誅其妻子，冀州平。《魏書》曰：公攻譚，旦及日中不决，公乃自執桴鼓，士卒咸奮，應時破陷。下令曰："其與袁氏同惡者，與之更始。"

令民不得復私任讐，禁厚葬，皆一之於法。是月，袁熙大將焦觸、張南等叛攻熙、尚，熙、尚奔三郡烏丸。觸等舉其縣降，封爲列侯。初討譚時，民亡椎冰，臣松之以爲：討譚時，川渠水凍〔一一八〕，使民椎冰以通舡，民憚役而亡。令不得降。頃之，亡民有詣門首者，公謂曰："聽汝則違令，殺汝則誅首，歸深自藏，無爲吏所獲。"民垂泣而去。後竟捕得。

夏四月，黑山賊張燕率其衆十餘萬降，封爲列侯。故安趙犢、霍奴等殺幽州刺史、涿郡太守。三郡烏丸攻鮮于輔於獷平。《續漢書·郡國志》曰：獷平，縣名，屬漁陽郡。秋八月，公征之，斬犢等，乃渡潞河救獷平，烏丸奔走出塞。

九月，令曰："阿黨比周，先聖所疾也。聞冀州俗，父子異部，更相毀譽。昔直不疑無兄，世人謂之盜嫂；第五伯魚三娶孤女，謂之撾婦翁；王鳳擅權，谷永比之申伯；王商忠議，張匡謂之左道。此皆以白爲黑，欺天罔君者也。吾欲整齊風俗，四者不除，吾以爲羞。"冬十月，公還鄴。

初，袁紹以甥高幹領并州牧，公之拔鄴，幹降，遂以爲刺史。幹聞公討烏丸，乃以州叛，執上黨太守，舉兵守壺關口。遣樂進、李典擊之，幹還守壺關城。

十一年春正月，公征幹。幹聞之，乃留其別將守城，走入匈奴，求救於單于，單于不受。公圍壺關三月，拔之。幹遂走荆州，上洛都尉王琰捕斬之。

秋八月，公東征海賊管承，至淳于，遣樂進、李典擊破之，承走入海島。割東海之襄賁、郯、戚以益琅邪，省昌慮郡。《魏書》載十月乙亥令曰："夫治世御衆，建立輔弼，誠在面從，《詩》稱'聽用我謀，庶無大悔'，斯實君臣懇懇之求也。吾充重任，每懼失中，頻年已來，不聞嘉謀，豈吾開延不勤之咎邪？自今以後，諸掾屬治中、別駕，常以月旦各名其失〔一一九〕，吾將覽焉。"

三郡烏丸承天下亂，破幽州，略有漢民合十餘萬戶。袁紹皆立其酋豪爲單于，以家人子爲己女妻焉。遼西單于蹋頓尤彊，爲紹所厚，故尚兄弟歸之，數入塞爲害。公將征之，鑿渠，自呼沲入泒水，泒音孤。名平虜渠。又從泃河口泃音句。鑿入潞河，名泉州渠，以通海。

十二年春二月，公自淳于還鄴。丁酉，令曰："吾起義兵誅暴亂，於今十九年，所征必克，豈吾功哉，乃賢士大夫之力也。天下雖未悉定，吾當要與賢士大夫共定之；而專饗其勞，吾何以安焉！其促定功行封。"於是大封功臣二十餘人，皆爲列侯，其餘各以次受封，及復死事之孤，輕重各有差。《魏書》載公令曰："昔趙奢、竇嬰之爲將也，受賜千金，一朝散之，故能濟成大功，永世流聲。吾讀其文，未嘗不慕其爲人也。與諸將士大夫共從戎事，幸賴賢人不愛其謀，羣士不遺其力，是以夷險平亂，而吾得竊大賞，戶邑三萬。追思竇嬰散金之義〔一二〇〕，今分所受租與諸將掾屬及故戍於陳、蔡者，庶以疇答衆勞，不擅大惠也。宜差死事之孤，以租穀及之。若年殷用足，租奉畢入，將大與衆人悉共饗之。"

將北征三郡烏丸，諸將皆曰："袁尚，亡虜耳，夷狄貪而無親，豈能爲尚用？今深入征之，劉備必説劉表以襲許。萬一爲變，事不可悔。"惟郭嘉策表必不能任備，勸公行。夏五月〔一二一〕，至無終。秋七月，大水，傍海道不通，田疇請爲鄉導，公從之。引軍出盧龍塞，塞外道絶不通，乃塹山堙谷五百餘里，經白檀〔一二二〕，歷平剛〔一二三〕，涉鮮卑庭，東指柳城〔一二四〕。未至二百里，虜乃知之。尚、熙與蹋頓、遼西單于樓班、右北平單于能臣抵之等〔一二五〕，將數萬騎逆軍。八月，登白狼山〔一二六〕，卒與虜遇，衆甚盛。公車重在後，被甲者少，左右皆懼。公登高，望虜陣不整，乃縱兵擊之，使張遼爲先鋒，虜衆大崩，斬蹋頓及名王已下，胡、漢降者二十餘萬口。遼東單于速僕丸及遼西、北平諸豪棄其種人，與尚、熙奔遼東，衆尚有數千騎。初，遼東太守公孫康恃遠不服，及公破烏丸，或説公遂征之，尚兄弟可禽也。公曰："吾方使康斬送尚、熙首，不煩兵矣。"九月，公引兵自柳城還，《曹瞞傳》曰：時寒且旱，二百里無復水，軍又乏食，殺馬數千匹以爲糧，鑿地入三十餘丈乃得水。既還，科問前諫者，衆莫知其故，人人皆懼。公皆厚賞之，曰："孤前行，乘危以徼倖，雖得之，天所佐也，故不可以爲常〔一二七〕。諸君之諫，萬安之計，是以相賞，後勿難言之。"康即斬尚、熙及速僕丸等，傳其首。諸將或問："公還而康斬送尚、熙，何也？"公曰："彼素畏尚等，吾急之則并力，緩之則自相圖，其勢然也。"十一月至易水，代郡烏丸行單于普富盧、上郡烏丸行單于那樓將其名王來賀。

十三年春正月，公還鄴，作玄武池以肄舟師。肄，以四反。《三蒼》曰："肄，習也。"〔一二八〕漢罷三公官，置丞相、御史大夫。夏六月，以公爲丞相。《獻帝起居注》曰：使太常徐璆即授印綬。御史大夫不領中丞，置長史一人。《先賢行狀》曰：璆字孟平，廣陵人。少履清爽，立朝正色。歷任城、汝南、東海三郡，所在化行。被徵當還，爲袁術所劫。術僭號，欲授以上公之位，璆終不爲屈。術死後，璆得術璽，致之漢朝，拜衛尉太常。公爲丞相，以位讓璆焉。

秋七月，公南征劉表。八月，表卒，其子琮代，屯襄陽，劉備屯樊。九月，公到新野，琮遂降，備走夏口。公進軍江陵，下令荆州吏民，與之更始。乃論荆州服從之功，侯者十五人，以劉表大將文聘爲江夏太守，使統本兵，引用荆州名士韓嵩、鄧義等。衛恒《四體書勢序》曰：上谷王次仲善隸書，始爲楷法。至靈帝好書，世多能者。而師宜官爲最，甚矜其能，每書，輒削焚其札。梁鵠乃益爲版而飲之酒，候其醉而竊其札，鵠卒以攻書至選部尚書。於是公欲爲洛陽令，鵠以爲北部尉。鵠後依劉表。及荆州平，公募求鵠，鵠懼，自縛詣門〔一二九〕，署軍假司馬，使在祕書，以勒書自効〔一三〇〕。公嘗懸著帳中，及以釘壁玩之，謂勝宜官。鵠字孟黃〔一三一〕，安定人。魏宮殿題署，皆鵠書也。皇甫謐《逸士傳》曰：汝南王儁，字子文，少爲范滂、許章所識，與南陽岑晊善。公之爲布衣，特愛儁，儁亦稱公有治世之具。及袁紹與弟術喪母，歸葬汝南，儁與公會之，會者三萬人。公於外密語儁曰："天下將亂，爲亂魁者必此二人也。欲濟天下，爲百姓請命，不先誅此二子，亂今作矣。"儁曰:"如卿之言,濟天下者,舍卿復誰?"相對而笑。儁爲人外靜而内明,不應州郡三府之命。公車徵,不到,避地居武陵,歸儁者一百餘家。帝之都許,復徵爲尚書,又不就。劉表見紹彊,陰與紹通,儁謂表曰:"曹公,天下之雄也,必能興霸道,繼桓文之功者也。今乃釋近而就遠,如有一朝之急,遥望漠北之救,不亦難乎!"表不從。儁年六十四,以壽終於武陵,公聞而哀傷。及平荆州,自臨江而迎喪〔一三二〕,改葬於江陵,表爲先賢也。益州牧劉璋始受徵役,遣兵給軍。十二月,孫權爲備攻合肥。公自江陵征備,至巴丘,遣張憙救合肥。權聞憙至,乃走。公至赤壁,與備戰,不利。於是大疫,吏士多死者,乃引軍還。備遂有荆州江南諸郡。《山陽公載記》曰:公船艦爲備所燒,引軍從華容道步歸,遇泥濘,道不通,天又大風,悉使羸兵負草填之,騎乃得過。羸兵爲人馬所蹈藉,陷泥中,死者甚衆。軍既得出,公大喜,諸將問之,公曰:"劉備,吾儔也。但得計少晚,向使早放火,吾徒無類矣!"備尋亦放火而無所及。孫盛《異同評》曰:按《吴志》劉備先破公軍,然後權攻合肥,而此記云權先攻合肥,後有赤壁之事。二者不同,《吴志》爲是。

十四年春三月,軍至譙,作輕舟,治水軍。秋七月,自渦入淮,出肥水,軍合肥。辛未,令曰:"自頃已來,軍數征行,或遇疫氣,吏士死亡不歸,家室怨曠,百姓流離,而仁者豈樂之哉?不得已也。其令死者家無基業不能自存者,縣官勿絶廩,長吏存卹撫循,以稱吾意。"置揚州郡縣長吏,開芍陂屯田。十二月,軍還譙。

十五年春,下令曰:"自古受命及中興之君,曷嘗不得賢人君子與之共治天下者乎！及其得賢也，曾不出閭巷，豈幸相遇哉？上之人不求之耳。今天下尚未定〔一三三〕，此特求賢之急時也。'孟公綽爲趙、魏老則優，不可以爲滕、薛大夫。'若必廉士而後可用，則齊桓其何以霸世〔一三四〕！今天下得無有被褐懷玉而釣於渭濱者乎〔一三五〕？又得無盜嫂受金〔一三六〕，而未遇無知者乎？二三子其佐我明揚仄陋，唯才是舉，吾得而用之。"冬，作銅爵臺。《魏武故事》載公十二月己亥令曰："孤始舉孝廉，年少，自以本非巖穴知名之士，恐爲海内人之所見凡愚〔一三七〕，欲爲一郡守，好作政教，以建立名譽，使世士明知之。故在濟南，始除殘去穢，平心選舉，違迕諸常侍。以爲彊豪所忿，恐致家禍，故以病還。去官之後，年紀尚少，顧視同歲中，年有五十，未名爲老，内自圖之，從此却去二十年，待天下清，乃與同歲中始舉者等耳。故以四時歸鄉里，於譙東五十里築精舍，欲秋夏讀書，冬春射獵，求底下之地，欲以泥水自蔽，絶賓客往來之望，然不能得如意。後徵爲都尉，遷典軍校尉，意遂更欲爲國家討賊立功，欲望封侯作征西將軍，然後題墓道言'漢故征西將軍曹侯之墓'，此其志也。而遭值董卓之難，興舉義兵。是時合兵能多得耳，然常自損，不欲多之。所以然者，多兵意盛，與彊敵争，倘更爲禍始。故汴水之戰數千，後還到揚州更募，亦復不過三千人，此其本志有限也。後領兗州，破降黄巾三十萬衆。又袁術僭號於九江，下皆稱臣，名門曰建號門，衣被皆爲天子之制，兩婦預争爲皇后。志計已定，人有勸術使遂即帝位，露布天下，答言'曹公尚在，未可也'。後孤討禽其四將，獲其人衆，遂使術窮亡解沮，發病而死。及至袁紹據河北，兵勢彊盛，孤自度勢，實不敵之，但計投死爲國，以義滅身，足垂於後。幸而破紹，梟其二子。又劉表自以爲宗室，包藏奸心，乍前乍却，以觀世事，據有荆州，孤復定之，遂平天下。身爲宰相〔一三八〕，人臣之貴已極，意望已過矣。今孤言此，若爲自大，欲人言盡，故無諱耳。設使國家無有孤，不知當幾人稱帝，幾人稱王。或者人見孤彊盛，又性不信天命之事，恐私心相評，言有不遜之志，妄相忖度，每用耿耿。齊桓、晉文所以垂稱至今日者，以其兵勢廣大，猶能奉事周室也。《論語》云：'三分天下有其二，以服事殷，周之德可謂至德矣〔一三九〕。'夫能以大事小也。昔樂毅走趙，趙王欲與之圖燕，樂毅伏而垂泣，對曰：'臣事昭王，猶事大王，臣若獲戾，放在他國，没世然後已。不忍謀趙之徒隸，況燕後嗣乎！'胡亥之殺蒙恬也，恬曰：'自吾先人及至子孫，積信於秦三世矣，今臣將兵三十餘萬，其勢足以背叛，然自知必死而守義者，不敢辱先人之教以忘先王也。'孤每讀此二人書，未嘗不愴然流涕也〔一四〇〕。孤祖父以至孤身，皆當親重之任，可謂見信者矣，以及子桓兄弟〔一四一〕，過於三世矣。孤非徒對諸君説此也，常以語妻妾〔一四二〕，皆令深知此意。孤謂之言：'顧我萬年之後，汝曹皆當出嫁，欲令傳道我心，使他人皆知之。'孤此言皆肝鬲之要也。所以勤勤懇懇敍心腹者，見周公有《金縢》之書以自明，恐人不信之故。然欲孤便爾委捐所典兵衆以還執事，歸就武平侯國，實不可也。何者？誠恐己離兵爲人所禍也。既爲子孫計，又己敗則國家傾危，是以不得慕虚名而處實禍，此所不得爲也〔一四三〕。前朝恩封三子爲侯，固辭不受，今更欲受之，非欲復以爲榮，欲以爲外援，爲萬安計。孤聞介推之避晉封〔一四四〕，申胥之逃楚賞，未嘗不舍書而歎，有以自省也。奉國威靈，仗鉞征伐，推弱以克彊，處小而禽大，意之所圖，動無違事，心之所慮，何向不濟？遂蕩平天下，不辱主命，可謂天助漢室，非人力也。

然封兼四縣，食戶三萬，何德堪之！江湖未靜，不可讓位，至於邑土，可得而辭。今上還陽夏、柘、苦三縣戶二萬，但食武平萬戶，且以分損謗議，少減孤之責也。"

十六年春正月，《魏書》曰：庚辰，天子報：減戶五千，分所讓三縣萬五千封三子，植爲平原侯，據爲范陽侯，豹爲饒陽侯，食邑各五千戶。天子命公世子丕爲五官中郎將〔一四五〕，置官屬，爲丞相副。太原商曜等以大陵叛，遣夏侯淵、徐晃圍破之〔一四六〕。張魯據漢中，三月，遣鍾繇討之。公使淵等出河東與繇會。

是時關中諸將疑繇欲自襲，馬超遂與韓遂、楊秋、李堪、成宜等叛。遣曹仁討之。超等屯潼關，公勑諸將："關西兵精悍，堅壁勿與戰。"秋七月，公西征，《魏書》曰：議者多言"關西兵彊，習長矛，非精選前鋒，則不可以當也"。公謂諸將曰："戰在我，非在賊也。賊雖習長矛，將使不得以刺，諸君但觀之耳。"與超等夾關而軍。公急持之，而潛遣徐晃、朱靈等夜渡蒲阪津，據河西爲營。公自潼關北渡，未濟，超赴船急戰。校尉丁斐因放牛馬以餌賊，賊亂取牛馬，公乃得渡，《曹瞞傳》曰：公將過河，前隊適渡，超等奄至〔一四七〕，公猶坐胡床不起〔一四八〕。張郃等見事急，共引公入船。河水急，比渡〔一四九〕，流四五里，超等騎追射之，矢下如雨。諸將見軍敗，不知公所在，皆惶懼，至見，乃悲喜，或流涕。公大笑曰："今日幾爲小賊所困乎！"循河爲甬道而南。賊退，拒渭口。公乃多設疑兵，潛以舟載兵入渭，爲浮橋，夜，分兵結營於渭南。賊夜攻營，伏兵擊破之。超等屯渭南，遣信求割河以西請和，公不許。九月，進軍渡渭。《曹瞞傳》曰：時公軍每渡渭，輒爲超騎所衝突，營不得立，地又多沙，不可築壘〔一五〇〕。婁子伯説公曰："今天寒，可起沙爲城，以水灌之，可一夜而成。"公從之，乃多作縑囊以運水〔一五一〕，夜渡兵作城〔一五二〕，比明，城立，由是公軍盡得渡渭。或疑於時九月，水未應凍。臣松之案：《魏書》公軍八月至潼關，閏月北渡河，則其年閏八月也，至此容可大寒耶？超等數挑戰，又不許。固請割地，求送任子，公用賈詡計，僞許之。韓遂請與公相見，公與遂父同歲孝廉，又與遂同時儕輩，於是交馬語移時，不及軍事，但説京都舊故，拊手歡笑。既罷，超等問遂："公何言？"遂曰："無所言也。"超等疑之。《魏書》曰：公後日復與遂等會語，諸將曰："公與虜交語，不宜輕脱，可爲木行馬以爲防過。"公然之〔一五三〕。賊將見公，悉於馬上拜，秦、胡觀者，前後重沓，公笑謂賊曰："汝欲觀曹公邪〔一五四〕？亦猶人也，非有四目兩口，但多智耳！"胡前後大觀。又列鐵騎五千爲十重陣，精光曜日，賊益震懼。他日，公又與遂書，多所點竄，如遂改定者。超等愈疑遂。公乃與尅日會戰。先以輕兵挑之，戰良久，乃縱虎騎夾擊〔一五五〕，大破之，斬成宜、李堪等。遂、超等走涼州，楊秋奔安定，關中平。諸將或問公曰："初賊守潼關，渭北道缺，不從河東擊馮翊，而反守潼關，引日而後北渡，何也？"公曰："賊守潼關，若吾入河東，賊必引守諸津〔一五六〕，則西河未可渡。吾故盛兵向潼關，賊悉衆南守，西河之備虛，故二將得擅取西河，然後引軍北渡。賊不能與吾爭西河者，以有二將之軍也。連車樹栅,爲甬道而南,臣松之案:漢高祖二年,與楚戰滎陽、京、索之間,築甬道屬河以取敖倉粟。應劭曰:"恐敵鈔輜重,故築垣墻如街巷也。"今魏武不築垣墻,但連車樹栅以扞兩面。既爲不可勝,且以示弱。渡渭爲堅壘,虜至不出,所以驕之也。故賊不爲營壘而求割地,吾順言許之,所以從其意,使自安而不爲備。因畜士卒之力,一旦擊之,所謂疾雷不及掩耳,兵之變化,固非一道也。"始,賊每一部到,公輒有喜色。賊破之後,諸將問其故。公答曰:"關中長遠,若賊各依險阻,征之,不一二年不可定也。今皆來集,其衆雖多,莫相歸服,軍無適主,一舉可滅,爲功差易,吾是以喜。"

冬十月,軍自長安北征楊秋,圍安定。秋降,復其爵位,使留撫其民人。《魏略》曰:楊秋,黃初中遷討寇將軍,位特進,封臨涇侯,以壽終。十二月,自安定還,留夏侯淵屯長安。

十七年春正月,公還鄴。天子命公贊拜不名,入朝不趨,劍履上殿,如蕭何故事。馬超餘衆梁興等屯藍田,使夏侯淵擊平之。割河內之蕩陰、朝歌、林慮,東郡之衛國、頓丘、東武陽、發干,鉅鹿之廮陶、曲周、南和,廣平之任城,趙之襄國、邯鄲、易陽以益魏郡。

冬十月,公征孫權。

十八年春正月,進軍濡須口,攻破權江西營,獲權都督公孫陽,乃引軍還。詔書并十四州復爲九州。夏四月,至鄴。

五月丙申，天子使御史大夫郗慮持節策命公爲魏公。《續漢書》曰：慮字鴻豫，山陽高平人。少受業於鄭玄，建安初爲侍中。虞溥《江表傳》曰：獻帝嘗特見慮及少府孔融，問融曰："鴻豫何所優長？"融曰："可與適道，未可與權。"慮舉笏曰："融昔宰北海，政散民流，其權安在哉〔一五七〕！"遂與融互相長短，以致不睦〔一五八〕。公以書和解之。慮從光禄勳遷爲大夫〔一五九〕。曰：

朕以不德，少遭愍凶，越在西土，遷於唐、衞。當此之時，若綴旒然，《公羊傳》曰：君若贅旒然。贅猶綴也〔一六〇〕。何休云：旒，旌旒也。以旒譬者，言爲下所執持東西也。宗廟乏祀，社稷無位，羣凶覬覦，分裂諸夏，率土之民，朕無獲焉，即我高祖之命將墜於地。朕用夙興假寐，震悼于厥心，曰："惟祖惟父，股肱先正，《文侯之命》曰：亦惟先正。鄭玄云：先正，先臣，謂公卿大夫也。其孰能恤朕躬？"乃誘天衷，誕育丞相，保乂我皇家，弘濟于艱難，朕實賴之。今將授君典禮，其敬聽朕命。

昔者董卓初興國難，羣臣釋位〔一六一〕，以謀王室，《左氏傳》曰：諸侯釋位，以間王政。服虔曰：言諸侯釋其私政而佐王室。君則攝進，首啓戎行，此君之忠於本朝也。後及黄巾，反易天常，侵我三州，延及平民，君又翦之，以寧東夏，此又君之功也。韓暹、楊奉專用威命，君則致討，克黜其難，遂遷許都，造我京畿，設官兆祀〔一六二〕，不失舊物，天地鬼神於是獲义，此又君之功也。袁術僭逆，肆於淮南，懾憚君靈，用丕顯謀。蘄陽之役，橋蕤授首，稜威南邁，術以隕潰，此又君之功也。迴戈東征，呂布就戮，乘轅將返，張楊殂斃，眭固伏罪，張繡稽服，此又君之功也。袁紹逆亂天常，謀危社稷，馮恃其衆，稱兵內侮，當此之時，王師寡弱，天下寒心，莫有固志。君執大節，精貫白日，奮其武怒，運其神策，致屆官渡，大殲醜類，《詩》曰：致天之屆，于牧之野。鄭玄曰：屆，殛也〔一六三〕。《鴻範》曰：鯀則殛死。俾我國家拯於危墜，此又君之功也。濟師洪河，拓定四州，袁譚、高幹，咸梟其首，海盜奔迸，黑山順軌，此又君之功也。烏丸三種，崇亂二世，袁尚因之，逼據塞北〔一六四〕，束馬縣車，一征而滅，此又君之功也。劉表背誕，不供貢職，王師首路，威風先逝，百城八郡，交臂屈膝，此又君之功也。馬超、成宜，同惡相濟，濱據河潼，求逞所欲，殄之渭南，獻馘萬計，遂定邊境，撫和戎狄，此又君之功也。鮮卑、丁零，重譯而至，單于、白屋，請吏率職，此又君之功也。君有定天下之功，重之以明德，班敘海內，宣美風俗，旁施勤教，恤慎刑獄，吏無苛政，民無懷慝。敦崇帝族，表繼絕世，舊德前功，罔不咸秩。雖伊尹格于皇天，周公光于四海，方之蔑如也。

朕聞先王並建明德，胙之以土，分之以民，崇其寵章，備其禮物，所以藩衛王室，左右厥世也。其在周成，管蔡不靜，懲難念功，乃使邵康公賜齊太公履，東至于海，西至于河，南至于穆陵，北至于無棣，五侯九伯，實得征之，世祚太師，以表東海。爰及襄王，亦有楚人不供王職，又命晉文登爲侯伯，錫以二輅、虎賁、鈇鉞、秬鬯、弓矢，大啓南陽，世作盟主。故周室之不壞，繄二國是賴。今君稱丕顯德，明保朕躬，奉答天命，導揚弘烈，綏爰九域[一六五]，莫不率俾，《盤庚》曰：綏爰有衆。鄭康成曰[一六六]：爰，於也，安隱於其衆也。《君奭》曰：海隅出日，罔不率俾。率，循也。俾，使也。四海之隅，日出所照，無不循度而可使也。功高于伊、周，而賞卑於齊、晉，朕甚恧焉。朕以眇眇之身，託于兆民之上，永思厥艱，若涉淵冰，非君攸濟，朕無任焉。今以冀州之河東、河内、魏郡、趙國、中山、常山、鉅鹿、安平、甘陵、平原凡十郡，封君爲魏公[一六七]。錫君玄土，苴以白茅，爰契爾龜，用建冢社。昔在周室，畢公、毛公，入爲卿佐，周、邵師保，出爲二伯，外内之任，君實宜之。其以丞相領冀州牧如故，又加君九錫，其敬聽朕命[一六八]。以君經緯禮律，爲民軌儀，使安職業，無或遷志，是用錫君大輅、戎輅各一，玄牡二駟。君勸分務本，穡人昏作[一六九]，《盤庚》曰：墮農自安，不昏作勞。鄭玄云：昏，勉也。粟帛滯積，大業惟興，是用錫君袞冕之服，赤舄副焉。君敦尚謙讓，俾民興行，少長有禮，上下咸和，是用錫君軒縣之樂，六佾之舞。君翼宣風化[一七〇]，爰發四方〔一七〕，遠人革面，華夏充實，是用錫君朱戶以居。君研其明哲，思帝所難，官才任賢，羣善必舉，是用錫君納陛以登。君秉國之鈞，正色處中，纖毫之惡，靡不抑退，是用錫君虎賁之士三百人。君糾虔天刑，章厥有罪，糾虔天刑，語出《國語》〔一七二〕，韋昭注曰：糾，察也。虔，敬也。刑，法也。犯關干紀，莫不誅殛，是用錫君鈇鉞各一。君龍驤虎視，旁眺八維，掩討逆節，折衝四海，是用錫君彤弓一，彤矢百，玈弓十，玈矢千。君以溫恭爲基，孝友爲德，明允篤誠，感於朕思，是用錫君秬鬯一卣，圭瓚副焉。魏國置丞相已下羣卿百寮，皆如漢初諸侯王之制。往欽哉，敬服朕命！簡恤爾衆，時亮庶功，用終爾顯德，對揚我高祖之休命！後漢尚書左丞潘勗之辭也。勗字元茂，陳留中牟人。《魏書》載公令曰：「夫受九錫，廣開土宇，周公其人也。漢之異姓八王者，與高祖俱起布衣，刱定王業，其功至大，吾何可比之？」前後三讓。於是中軍師王淩、謝亭侯荀攸、前軍師東武亭侯鍾繇、左軍師涼茂、右軍師毛玠、平虜將軍華鄉侯劉勳、建武將軍清苑亭侯劉若、伏波將軍高安侯夏侯惇、揚武將軍都亭侯王忠、奮威將軍樂鄉侯劉展、建忠將軍昌鄉亭侯鮮于輔、奮武將軍安國亭侯程昱、太中大夫都鄉侯賈詡、軍師祭酒千秋亭侯董昭、都亭侯薛洪、南鄉亭侯董蒙、關內侯王粲、傅巽、祭酒王選、袁渙、王朗、張承、任藩、杜襲、中護軍國明亭侯曹洪、中領軍萬歲亭侯韓浩、行驍騎將軍安平亭侯曹仁、領護軍將軍王圖、長史萬潛、謝奐、袁霸等勸進曰："自古三代，胙臣以土，受命中興，封秩輔佐，皆所以襃功賞德，爲國藩衛也。往者天下崩亂，羣凶豪起，顛越跋扈之險，不可忍言。明公奮身出命，以徇其難，誅二袁篡盜之逆，滅黃巾賊亂之類，殄夷首逆，芟撥荒穢，沐浴霜露二十餘年，書契已來，未有若此功者。昔周公承文武之迹，受已成之業，高枕墨筆，拱揖羣后，商、奄之勤，不過二年，吕望因三分有二之形，據八百諸侯之勢，暫把旄鉞，一時指麾，然皆大啟土宇，跨州兼國。周公八子，並爲侯伯，白牡騂剛，郊祀天地，典策備物，擬則王室，榮章寵盛如此之弘也。逮至漢興，佐命之臣，張耳、吴芮，其功至薄，亦連城開地，南面稱孤。此皆明君達主行之於上，賢臣聖宰受之於下，三代令典，漢帝明制。今比勞則周、吕逸，計功則張、吴微，論制則齊、魯重，言地則長沙多，然則魏國之封，九錫之榮，況於舊賞，猶懷玉而被褐也。且列侯諸將，幸攀龍驥，得竊微勞，佩紫懷黃，蓋以百數，亦將因此傳之萬世。而明公獨辭賞於上，將使其下懷不自安，上違聖朝歡心，下失冠帶至望，忘輔弼之大業，信匹夫之細行，攸等所大懼也。"於是公勑外爲章，但受魏郡。攸等復曰："伏見魏國初封，聖朝發慮，稽謀羣察，然後策命，而明公久違上指，不即大禮。今既虔奉詔命，副順衆望，又欲辭多當少，讓九受一，是猶漢朝之賞不行，而攸等之請未許也。昔齊魯之封，奄有東海，疆域幷賦，四百萬家，基隆業廣，易以立功，故能成翼戴之勳，立一匡之績。今魏國雖有十郡之名，猶減於曲阜，計其户數，不能參半，以藩衛王室，立垣樹屏，猶未足也。且聖上覽亡秦無輔之禍，懲曩日震蕩之艱，託建忠賢，廢墜是爲，願明公恭承帝命，無或拒違。"公乃受命。《魏略》載公上書謝曰："臣蒙先帝厚恩，致位郎署，受性疲怠〔一七三〕，意望畢足，非敢希望高位〔一七四〕，庶幾顯達。會董卓作亂，義當死難，故敢奮身出命，摧鋒率衆，遂值千載之運，奉役目下。當二袁炎沸侵侮之際，陛下與臣寒心同憂，顧瞻京師，進受猛敵，常恐君臣俱陷虎口，誠不自意能全首領。賴祖宗靈祐，醜類夷滅，得使微臣竊名其間。陛下加恩，授以上相，封爵寵祿，豐大弘厚，生平之願，實不敢望也〔一七五〕。口與心計，幸且待罪，保持列侯，遺付子孫，自託聖世，永無憂責。不意陛下乃發盛意，開國備錫，以貺愚臣，地比齊魯，禮同藩王，非臣無功所宜膺據。歸情上聞，不蒙聽許，嚴詔切至，誠使臣心俯仰逼迫。伏自惟省，列在大臣，命制王室，身非己有，豈敢自私，遂其愚意，亦將黜退，令就初服。今奉疆土，備數藩翰〔一七六〕，非敢遠期，慮有後世，至於父子相誓終身，灰軀盡命，報塞厚恩。天威在顏，悚懼受詔。"

秋七月，始建魏社稷宗廟。天子聘公三女爲貴人〔一七七〕，少者待年於國。《獻帝起居注》曰：使使持節行太常大司農安陽亭侯王邑，齎璧、帛、玄纁、絹五萬匹之鄴納聘，介者五人，皆以議郎行大夫事，副介一人。九月，作金虎臺，鑿渠引漳水入白溝以通河。冬十月，分魏郡爲東西部，置都尉。十一月，初置尚書、侍中、六卿。《魏氏春秋》曰：以荀攸爲尚書令，涼茂爲僕射，毛玠、崔琰、常林、徐奕、何夔爲尚書，王粲、杜襲、衛覬、和洽爲侍中。

馬超在漢陽，復因羌、胡爲害，氐王千萬叛應超，屯興國。使夏侯淵討之。

十九年春正月，始耕籍田。南安趙衢、漢陽尹奉等討超，梟其妻子，超奔漢中。韓遂徙金城入氐王千萬部〔一七八〕，率羌、胡萬餘騎與夏侯淵戰，擊，大破之，遂走西平。淵與諸將攻興國，屠之。省安東、永陽郡。

安定太守毌丘興將之官〔一七九〕，公戒之曰：“羌、胡欲與中國通，自當遣人來，慎勿遣人往。善人難得，必將教羌、胡妄有所請求，因欲以自利，不從便爲失異俗意，從之則無益事。”興至〔一八〇〕，遣校尉范陵至羌中，陵果教羌，使自請爲屬國都尉。公曰：“吾預知當爾，非聖也，但更事多耳。”《獻帝起居注》曰：使行太常事大司農安陽亭侯王邑與宗正劉艾〔一八一〕，皆持節，介者五人，齎束帛駟馬，及給事黃門侍郎、掖庭丞、中常侍二人，迎二貴人於魏公國。二月癸亥，又於魏公宗廟授二貴人印綬。甲子，詣魏公宮延秋門，迎貴人升車。魏遣郎中令，少府、博士、御府乘黃廄令、丞相掾屬侍送貴人。癸酉，二貴人至洧倉中，遣侍中丹將冗從虎賁前後駱驛往迎之。乙亥，二貴人入宮，御史大夫、中二千石將大夫、議郎會殿中，魏國二卿及侍中、中郎二人，與漢公卿並升殿宴。

三月，天子使魏公位在諸侯王上，改授金璽、赤綬、遠遊冠。《獻帝起居注》曰：使左中郎將楊宣、亭侯裴茂持節、印授之。

秋七月，公征孫權。《九州春秋》曰：參軍傅幹諫曰：“治天下之大具有二，文與武也，用武則先威，用文則先德，威德足以相濟，而後王道備矣。往者天下大亂，上下失序，明公用武攘之，十平其九。今未承王命者，吳與蜀也〔一八二〕，吳有長江之險，蜀有崇山之阻，難以威服，易以德懷。愚以爲可且按甲寢兵，息軍養士，分土定封，論功行賞，若此則內外之心固，有功者勸，而天下知制矣。然後漸興學校，以導其善性而長其義節。公神武震於四海，若修文以濟之，則普天之下，無思不服矣。今舉十萬之衆，頓之長江之濱，若賊負固深藏，則士馬不能逞其能，奇變無所用其權，則大威有屈，而敵心未能服矣。唯明公思虞舜舞干戚之義，全威養德，以道制勝。"公不從，軍遂無功。幹字彥材，北地人，終於丞相倉曹屬。有子曰玄。

初，隴西宋建自稱河首平漢王，聚衆枹罕，改元，置百官，三十餘年。遣夏侯淵自興國討之。冬十月，屠枹罕，斬建，涼州平。

公自合肥還。

十一月，漢皇后伏氏坐昔與父故屯騎校尉完書，云帝以董承被誅怨恨公，辭甚醜惡，發聞，后廢黜死，兄弟皆伏法。《曹瞞傳》曰：公遣華歆勒兵入宮收后，后閉户匿壁中。歆壞户發壁，牽后出。帝時與御史大夫郗慮坐，后被髮徒跣過，執帝手曰："不能復相活邪？"帝曰："我亦不自知命在何時也。"帝謂慮曰："郗公，天下寧有是乎！"遂將后殺之，完及宗族死者數百人〔一八三〕。

十二月，公至孟津。天子命公置旄頭，宮殿設鍾虡。乙未，令曰："夫有行之士〔一八四〕，未必能進取；進取之士，未必能有行也。陳平豈篤行，蘇秦豈守信邪〔一八五〕？而陳平定漢業，蘇秦濟弱燕。由此言之，士有偏短，庸可廢乎！有司明思此義，則士無遺滯，官無廢業矣。"又曰:"夫刑,百姓之命也。而軍中典獄者或非其人,而任以三軍死生之事,吾甚懼之。其選明達法理者,使持典刑。"於是置理曹掾屬。

二十年春正月,天子立公中女爲皇后。省云中、定襄、五原、朔方郡,郡置一縣領其民,合以爲新興郡。

三月,公西征張魯,至陳倉,將自武都入氐,氐人塞道,先遣張郃、朱靈等攻破之。夏四月,公自陳倉以出散關,至河池。氐王竇茂衆萬餘人,恃險不服,五月,公攻屠之。西平、金城諸將麹演、蔣石等共斬送韓遂首。《典略》曰:遂字文約,始與同郡邊章俱著名西州。章爲督軍從事〔一八六〕。遂奉計詣京師,何進宿聞其名,特與相見。遂説進使誅諸閹人,進不從,乃求歸。會涼州宋揚、北宮玉等反〔一八七〕,舉章、遂爲主,章尋病卒。遂爲揚等所劫,不得已,遂阻兵爲亂,積三十二年,至是乃死,年七十餘矣。劉艾《靈帝紀》曰:章,一名元。秋七月,公至陽平。張魯使弟衛與將楊昂等據陽平關,橫山築城十餘里,攻之不能拔,乃引軍還。賊見大軍退,其守備解散〔一八八〕。公乃密遣解慓、高祚等乘險夜襲,大破之,斬其將楊任,進攻衛,衛等夜遁,魯潰奔巴中。公軍入南鄭,盡得魯府庫珍寶。《魏書》曰:軍自武都山行千里,升降險阻,軍人勞苦;公於是大饗,莫不忘其勞。巴、漢皆降。復漢寧郡爲漢中,分漢中之安陽、西城爲西城郡,置太守,分錫、上庸郡,置都尉。

八月,孫權圍合肥,張遼、李典擊破之。

九月,巴七姓夷王朴胡、賨邑侯杜濩舉巴夷、賨民來附，孫盛曰：朴音浮。濩音户。於是分巴郡，以胡爲巴東太守，濩爲巴西太守，皆封列侯。天子命公承制封拜諸侯守相。孔衍《漢魏春秋》曰：天子以公典任於外，臨事之賞，或宜速疾，乃命公得承制封拜諸侯守相。詔曰："夫軍之大事，在兹賞罰，勸善懲惡，宜不旋時，故《司馬法》曰賞不踰日者〔一八九〕，欲民速觀爲善之利也。昔在中興，鄧禹入關，承制拜軍祭酒李文爲河東太守，來歙又承制拜高峻爲通路將軍，察其本傳，皆非先請，明臨事刻印也〔一九〇〕。斯則世祖神明，權達損益，蓋所用速示威懷而著鴻勳也〔一九一〕。其《春秋》之義〔一九二〕，大夫出疆，有專命之事，苟所以利社稷安國家而已。況君秉任二伯，師尹九有，實征夷夏，軍行藩甸之外，失得在於斯須之間〔一九三〕，停賞俟詔，以滯世務，固非朕之所圖也。自今已後，臨事所甄，當加寵號者，其便刻印章假授，咸使忠義得相獎勵〔一九四〕，勿有疑焉。"

冬十月，始置名號侯至五大夫，與舊列侯、關內侯凡六等，以賞軍功。《魏書》曰：置名號侯爵十八級，關中侯爵十七級，皆金印紫綬；又置關內外侯十六級，銅印龜紐墨綬；五大夫十五級，銅印環紐，亦墨綬，皆不食租，與舊列侯、關內侯凡六等。臣松之以爲：今之虛封蓋自此始。

十一月，魯自巴中將其餘衆降。封魯及五子皆爲列侯。劉備襲劉璋，取益州，遂據巴中。遣張郃擊之。

十二月，公自南鄭還，留夏侯淵屯漢中。是行也〔一九五〕，侍中王粲作五言詩以美其事曰："從軍有苦樂，但問所從誰。所從神且武，安得久勞師？相公征關右，赫怒振天威。一舉滅獯虜，再舉服羌夷。西收邊地賊，忽若俯拾遺。陳賞越山嶽，酒肉踰川坁。軍中多饒飫，人馬皆溢肥。徒行兼乘還，空出有餘資。拓土三千里，往返速如飛。歌舞入鄴城，所願獲無違。"

二十一年春二月，公還鄴。《魏書》曰：辛未，有司以太牢告至，策勳於廟。甲午始春祠，令曰："議者以爲祠廟上殿當解履。吾受錫命，帶劍不解履上殿。今有事於廟而解履〔一九六〕，是尊先公而替王命，敬父祖而簡君王〔一九七〕，故吾不敢解履上殿也〔一九八〕。又臨祭就洗，以手擬水而不盥。夫盥以潔爲敬，未聞擬向不盥之禮〔一九九〕，且祭神如神在，故吾親受水而盥也。又降神禮訖，下階就幕而立〔二〇〇〕，須奏樂畢竟，似若不惄烈祖〔二〇一〕，遲祭不速訖也，故吾坐俟樂闋送神乃起也。受胙納神〔二〇二〕，以授侍中，此爲敬恭不終實也，古者親執祭事，故吾親納於神，終抱而歸也。仲尼曰'雖違衆，吾從下'，誠哉斯言也。"三月壬寅，公親耕籍田。《魏書》曰：有司奏："四時講武於農隙。漢承秦制，三時不講，唯十月都試車馬，幸長水南門，會五營士爲八陣進退，名曰乘之。今金革未偃，士民素習，自今已後，可無四時講武，但以立秋擇吉日大朝車騎，號曰治兵，上合禮名，下承漢制。"奏可。夏五月，天子進公爵爲魏王。《獻帝傳》載詔曰："自古帝王，雖號稱相變，爵等不同，至乎褒崇元勳，建立功德，光啓氏姓，延於子孫，庶姓之與親，豈有殊焉。昔我聖祖受命，剏業肇基，造我區夏，鑒古今之制，通爵等之差，盡封山川以立藩屏，使異姓親戚，並列土地，據國而王，所以保乂天命〔二〇三〕，安固萬嗣。歷世承平，臣主無事。世祖中興而時有難易，是以曠年數百，無異姓諸侯王之位。朕以不德，繼序弘業，遭率土分崩，羣兇縱毒，自西徂東，辛苦卑約。當此之際，唯恐溺入於難，以羞先帝之聖德〔二〇四〕。賴皇天之靈，俾君秉義奮身，震迅神武，捍朕於艱難，獲保宗廟，華夏遺民，含氣之倫，莫不蒙焉〔二〇五〕。君勤過稷、禹，忠侔伊、周，而掩之以謙讓，守之以彌恭。是以往者初開魏國，錫君土宇，懼君之違命，慮君之固辭，故且懷志屈意，封君爲上公，欲以欽順高義，須俟勳績。韓遂、宋建，南結巴蜀，羣逆合從，圖危社稷。君復命將，龍驤虎奮，梟其元首，屠其窟栖。暨至西征，陽平之役，親擐甲冑，深入險阻，芟夷蝥賊，殄其凶醜，盪定西陲，懸旌萬里，聲教遠振，寧我區夏〔二〇六〕。蓋唐虞之盛，三后樹功，文武之興，旦奭作輔，二祖成業，英豪佐命。夫以聖哲之君，事爲己任，猶錫土班瑞以報功臣，豈有如朕寡德，仗君以濟，而賞典不豐，將何以答神祇、慰萬方哉？今進君爵爲魏王，使使持節、行御史大夫、宗正劉艾奉策璽玄土之社，苴以白茅，金虎符第一至第五，竹使符第一至十。君其正王位，以丞相領冀州牧如故，其上魏公璽綬符策，敬服朕命，簡恤爾衆，克綏庶績，以揚我祖宗之休命。"魏王上書三辭，詔三報不許。又手詔曰："大聖以功德爲高美，以忠和爲典訓，故祧業垂名，使百世可希，行道制義，使力行可效，是以勳烈無窮，休光茂著。稷契載元首之聰明，周邵因文武之智用，雖經營庶官，仰歎俯思，其對豈有若君者哉！朕惟古人之功，美之如彼，思君忠勤之績，茂之如此，是以每將鏤符析瑞，陳禮命冊，寤寐慨然，自忘守文之不德焉。今君重違朕命，固辭懇切，非所以稱朕心而訓後世也。其抑志撙節，勿復固辭。"《四體書勢序》曰：梁鵠以公爲北部尉。《曹瞞傳》曰：爲尚書右丞司馬建公所舉。及公爲王，召建公到鄴，與歡飲，謂建公曰："孤今日可復作尉否？"建公曰："昔舉大王時，適可作尉耳。"王大笑。建公名防，司馬宣王之父。臣松之案：司馬彪《序傳》，建公不爲右丞，疑此不然。而王隱《晉書》云趙王篡位，欲尊祖爲帝，博士馬平議稱京兆府君昔舉魏武帝爲北部尉,賊不犯界,如此則爲有徵。代郡烏丸行單于普富盧與其侯王來朝。天子命王女爲公主,食湯沐邑。秋七月,匈奴南單于呼厨泉將其名王來朝,待以客禮,遂留魏,使右賢王去卑監其國。八月,以大理鍾繇爲相國。《魏書》曰:始置奉常宗正官。

冬十月,治兵,《魏書》曰:王親執金鼓以令進退。遂征孫權,十一月至譙。

二十二年春正月,王軍居巢,二月,進軍屯江西郝谿。權在濡須口築城拒守,遂逼攻之,權退走。三月,王引軍還,留夏侯惇、曹仁、張遼等屯居巢〔二〇七〕。

夏四月,天子命王設天子旌旗,出入稱警蹕。五月,作泮宫。六月,以軍師華歆爲御史大夫。《魏書》曰:初置衛尉官。秋八月,令曰:"昔伊摯、傅說出於賤人,管仲,桓公賊也,皆用之以興。蕭何、曹參,縣吏也,韓信、陳平負污辱之名,有見笑之恥,卒能成就王業,聲著千載。吳起貪將,殺妻自信,散金求官,母死不歸,然在魏,秦人不敢東向,在楚則三晉不敢南謀。今天下得無有至德之人放在民間,及果勇不顧,臨敵力戰,若文俗之吏,高才異質,或堪爲將守,負污辱之名,見笑之行,或不仁不孝而有治國用兵之術,其各舉所知,勿有所遺。"冬十月,天子命王冕十有二旒,乘金根車,駕六馬,設五時副車,以五官中郎將丕爲魏太子。

劉備遣張飛、馬超、吳蘭等屯下辯。遣曹洪拒之。

二十三年春正月,漢太醫令吉本與少府耿紀、司直韋晃等反,攻許,燒丞相長史王必營,《魏武故事》載令曰:

"領長史王必,是吾披荊棘時吏也。忠能勤事,心如鐵石,國之良吏也。蹉跌久未辟之,捨騏驥而弗乘,焉遑遑而更求哉〔二〇八〕?故教辟之〔二〇九〕,已署所宜,便以領長史統事如故。"必與潁川典農中郎將嚴匡討斬之。《三輔決錄注》曰:時有京兆金禕〔二一〇〕,字德禕〔二一一〕,自以世爲漢臣,自日磾討莽何羅,忠誠顯著,名節累葉。覩漢祚將移,謂可季興,乃喟然發憤,遂與耿紀、韋晃、吉本、本子邈、邈弟穆等結謀。紀字季行,少有美名,爲丞相掾,王甚敬異之,遷侍中,守少府。邈字文然,穆字思然。以禕慷慨有日磾之風,又與王必善,因以聞之〔二一二〕,若殺必,欲挾天子以攻魏,南援劉備。時關羽彊盛,而王在鄴,留必典兵督許中事。文然等率雜人及家僮千餘人夜燒門攻必,禕遣人爲內應,射必中肩。必不知攻者爲誰,以素與禕善,走投禕,夜喚德禕,禕家不知是必,謂爲文然等,錯應曰:"王長史已死乎?卿曹事立矣!"必乃更他路奔。或曰〔二一三〕:必欲投禕,其帳下督謂必曰:"今日事竟知誰門而投入乎?"扶必奔南城。會天明,必猶在,文然等衆散,故敗。後十餘日,必竟以創死。《獻帝春秋》曰:收紀、晃等,將斬之,紀呼魏王名曰:"恨吾不自生意,竟爲堅兒所誤耳!"晃頓首搏頰,以至於死。《山陽公載記》曰:王聞王必死,盛怒,召漢百官詣鄴,令救火者左,不救火者右。衆人以爲救火者必無罪,皆附左。王以爲不救火者非助亂〔二一四〕,救火乃實賊也〔二一五〕,皆殺之。

曹洪破吳蘭,斬其將任夔等。五月,張飛、馬超走漢中〔二一六〕,陰平氐強端斬吳蘭,傳其首。夏四月,代郡、上谷烏丸無臣氐等叛,遣鄢陵侯彰討破之。《魏書》載王令曰:"去冬天降疫癘,民有凋傷,軍興於外,墾田損少,吾甚憂之。其令吏民男女，女年七十已上無夫子，若年十二已下無父母兄弟，及目無所見，手不能作，足不能行，而無妻子父兄產業者，廩食終身。幼者至十二止，貧窮不能自贍者，隨口給貸。老耄須待養者〔二一七〕，年九十已上，復不事，家一人。"

六月，令曰："古之葬者，必居瘠薄之地。其規西門豹祠西原上爲壽陵，因高爲基，不封不樹。《周禮》冢人掌公墓之地，凡諸侯居左右以前，卿大夫居後，漢制亦謂之陪陵。其公卿大臣列將有功者，宜陪壽陵，其廣爲兆域，使足相容。"

秋七月，治兵，遂西征劉備，九月至長安。

冬十月，宛守將侯音等反，執南陽太守，劫略吏民保宛。初，曹仁討關羽，屯樊城，是月使仁圍宛。

二十四年春正月，仁屠宛，斬音。《曹瞞傳》曰：是時南陽間苦繇役，音於是執太守東里褒〔二一八〕，與吏民共反，與關羽連和。南陽功曹宗子卿往說音曰："足下順民心，舉大事，遠近莫不望風。然執郡將，逆而無益，何不遣之。吾與子共戮力，比曹公軍來，關羽兵亦至矣。"音從之，即釋遣太守。子卿因夜踰城亡出，遂與太守收餘民圍音，會曹仁軍至，共滅之。

夏侯淵與劉備戰於陽平，爲備所殺。三月，王自長安出斜谷，軍遮要以臨漢中，遂至陽平。備因險拒守〔二一九〕。《九州春秋》曰：時王欲還，出令曰"雞肋"，官屬不知所謂。主簿楊修便自嚴裝，人驚問修："何以知之？"修曰："夫雞肋，棄之如可惜，食之無所得，以比漢中，知王欲還也。"

夏五月，引軍還長安。

秋七月，以夫人卞氏爲王后。遣于禁助曹仁擊關羽。八月，漢水溢，灌禁軍，軍没，羽獲禁，遂圍仁。使徐晃救之。

九月，相國鍾繇坐西曹掾魏諷反免。《世語》曰：諷字子京，沛人，有惑衆才，傾動鄴都，鍾繇由是辟焉。大軍未反，諷潛結徒黨，又與長樂衛尉陳禕謀襲鄴。未及期，禕懼，告之太子，誅諷，坐死者數十人。王昶《家誡》曰"濟陰魏諷"，而此云沛人，未詳。

冬十月，軍還洛陽。《曹瞞傳》曰：王更修治北部尉廨，令過於舊。孫權遣使上書，以討關羽自效。王自洛陽南征羽，未至，晃攻羽，破之，羽走，仁圍解。王軍摩陂。《魏略》曰：孫權上書稱臣，稱説天命。王以權書示外曰："是兒欲踞吾著爐火上邪！"〔二〇〕侍中陳羣、尚書桓階奏曰："漢自安帝已來，政去公室，國統數絕，至於今者，唯有名號，尺土一民，皆非漢有，期運久已盡，曆數久已終，非適今日也。是以桓、靈之間，諸明圖緯者，皆言'漢行氣盡，黄家當興'。殿下應期，十分天下而有其九，以服事漢，羣生注望，遐邇怨歎，是故孫權在遠稱臣，此天人之應，異氣齊聲。臣愚以爲虞、夏不以謙辭，殷、周不吝誅放，畏天知命，無所與讓也。"《魏氏春秋》曰：夏侯惇謂王曰："天下咸知漢祚已盡，異代方起。自古已來，能除民害爲百姓所歸者，即民主也〔二一〕。今殿下即戎三十餘年，功德著於黎庶，爲天下所依歸，應天順民，復何疑哉！"王曰："'施於有政，是亦爲政。'若天命在吾，吾爲周文王矣。"《曹瞞傳》及《世語》並云桓階勸王正位，夏侯惇以爲宜先滅蜀，蜀亡則吳服，二方既定，然後遵舜、禹之軌，王從之。及至王薨，惇追恨前言，發病卒。孫盛《評》曰：夏侯惇恥爲漢官，求受魏印，桓階方惇有義直之節，考其傳記，《世語》爲妄矣。

二十五年春正月，至洛陽。權擊斬羽，傳其首。

庚子，王崩於洛陽，年六十六。《世語》曰：太祖自漢中至洛陽，起建始殿，伐濯龍祠而樹血出〔二二二〕。《曹瞞傳》曰：王使工蘇越徙美梨，掘之根傷盡〔二二三〕，出血〔二二四〕。越白狀〔二二五〕，王躬自視而惡之〔二二六〕，以爲不祥，還遂寢疾。遺令曰："天下尚未安定，未得遵古也，葬畢皆除服。其將兵屯戍者，皆不得離屯部。有司各率乃職。斂以時服，無藏金玉珍寶。"諡曰武王。二月丁卯，葬高陵。《魏書》曰：太祖自統御海内，芟夷羣醜，其行軍用師，大較依孫吳之法，而因事設奇，譎敵制勝〔二二七〕，變化如神。自作兵書十萬餘言，諸將征伐，皆以新書從事。臨事又手爲節度，從令者克捷，違教者負敗。與虜對陳，意思安閒〔二二八〕，如不欲戰然，及至決機乘勝〔二二九〕，氣勢盈溢，故每戰必克，軍無幸勝。知人善察，難眩以僞，拔于禁、樂進於行陳之間，取張遼、徐晃於亡虜之内〔二三〇〕，皆佐命立功，列爲名將〔二三一〕，其餘拔出細微，登爲牧守者，不可勝數。是以剏造大業，文武並施，御軍三十餘年〔二三二〕，手不捨書，晝則講武策〔二三三〕，夜則思經傳。登高必賦，及造新詩〔二三四〕，被之管弦，皆成樂章。才力絶人，手射飛鳥，躬禽猛獸，常於南皮〔二三五〕，一日射雉獲六十三頭。及造作宮室，繕制器械〔二三六〕，無不爲之法則，皆盡其意。雅性節儉，不好華麗，後宮衣不錦繡，侍御履不二采，帷帳屏風，壞則補納〔二三七〕，茵蓐取溫，無有緣飾。攻城拔邑，得美麗之物，則悉以賜有功，勳勞宜賞，不吝千金，無功望施，分毫不與，四方獻御，與羣下共之。常以送終之制〔二三八〕，襲稱之數，繁而無益，俗又過之，故預自制終亡衣服〔二三九〕，四篋而已。《傅子》曰：太祖愍嫁娶之奢僭，公女適人，皆以皂帳，從婢不過十人。張華《博物志》曰：漢世，安平崔瑗、瑗子寔、弘農張芝、芝弟昶並善草書，而太祖亞之。桓譚、蔡邕善音樂，馮翊山子道、王九真、郭凱等善圍棋，太祖皆與埒能。又好養性法，亦解方藥，招引方術之士，廬江左慈、譙郡華佗、甘陵甘始、陽城郤儉無不畢至。又習啖野葛至一尺〔二四〇〕，亦得少多飲鴆酒。《傅子》曰：漢末公王，多委王服，以幅巾爲雅，是以袁紹、崔豹之徒，雖爲將帥，皆著縑巾。魏太祖以天下凶荒，資財乏匱，擬古皮弁〔二四一〕，裁縑帛以爲恰，合於簡易隨時之義，以色別其貴賤，於今施行，可謂軍容，非國容也。《曹瞞傳》曰：太祖爲人佻易無威重〔二四二〕，好音樂，倡優在側，常以日達夕。被服輕綃，身自佩小鞶囊〔二四三〕，以盛手巾細物。時或冠恰帽以見賓客。每與人談論戲弄誦言〔二四四〕，盡無所隱，及歡悅大笑，至以頭沒杯案中〔二四五〕，肴膳皆沾污巾幘，其輕易如此。然持法峻刻，諸將有計畫勝出己者〔二四六〕，隨以法誅之，及故人舊怨〔二四七〕，亦皆無餘。其所刑殺，輒對之垂涕嗟痛之，終無所活。初，袁忠爲沛相，嘗欲以法治太祖，沛國桓邵亦輕之。及在兗州，陳留邊讓言議頗侵太祖，太祖殺讓，族其家。忠、邵俱避難交州，太祖遣使就太守士燮盡族之。桓邵得出首，拜謝於庭中，太祖謂曰："跪可解死邪！"遂殺之。常出軍〔二四八〕，行經麥中，令"士卒無敗麥，犯者死"。騎士皆下馬，付麥以相持〔二四九〕，於是太祖馬騰入麥中〔二五〇〕，勑主簿議罪。主簿對以《春秋》之義，罰不加於尊〔二五一〕。太祖曰："制法而自犯之，何以帥下？然孤爲軍帥，不可自殺〔二五二〕，請自刑。"因援劍割髮以置地〔二五三〕。又有幸姬常從晝寢，枕之臥，告之曰："須臾覺我。"姬見太祖臥安，未即寤，及自覺，棒殺之。常討賊[二五四]，廩穀不足，私謂主者曰："如何[二五五]？"主者曰："可以小斛以足之[二五六]。"太祖曰："善。"後軍中言太祖欺衆，太祖謂主者曰："特當借君死以厭衆[二五七]，不然事不解。"乃斬之[二五八]，取首題徇曰："行小斛，盜官穀[二五九]，斬之軍門。"其酷虐變詐，皆此之類也[二六〇]。

評曰：漢末天下大亂，雄豪並起，而袁紹虎眎四州，彊盛莫敵。太祖運籌演謀，鞭撻宇内，擥申、商之法術，該韓、白之奇策，官方授材，各因其器，矯情任算，不念舊惡，終能總御皇機，克成洪業者，惟其明略最優也。抑可謂非常之人，超世之傑矣。

【校箋】

〔一〕汲古閣本（以下省稱"毛本"）作"魏書一"。李慈銘《三國志札記》："此書字及後蜀下、吳下書字皆後人所妄加，非承祚本有。"盧弼《三國志集解》："《蜀志・楊戲傳》：'其所頌述今多載於《蜀書》。'《董允傳》注：'《魏書》名《諸夏侯傳》。'又陸雲與兄書：'陳壽《吳書》有《魏九錫文》及《分天下文》。'《華陽國志》：'壽乃鳩合三國史著魏吳蜀三書六十五篇，號《三國志》。'是承祚本有'書'字，李說非是。又按：宋、元本、馮（夢楨）本均作'魏書'，北監本始改爲'魏志'，官本承其誤。"

謹案：盧君證承祚本有"書"字是也。然舉《楊戲傳》之《蜀書》以證，蓋未得。姚振宗《三國藝文志》曰："王崇嘗取資於《輔臣傳》，而陳《志》亦取資於《蜀書》。"如姚氏説，則《楊戲傳》之《蜀書》乃王崇所著，而盧君謂即陳《志》，恐失之。

〔二〕毛本作"武帝紀第一"。

〔三〕殿本《三國志考證》（以下省稱"《官本考證》"）："《太平御覽》（以下省稱"《御覽》"）'太祖'上有'《曹瞞傳》曰'四字。李龍官曰：'裴注所引皆有書名，此爲脱落無疑。'"盧弼曰："裴注無書名者爲自注，如《吳志·張昭傳》注論舊君諱事即不引書名也。"

謹案：盧君引《張昭傳》以駁《官本考證》據《太平御覽》"太祖"句上應補"曹瞞傳"三字之説，疑奪"臣松之案"四字，未確。案裴氏注例，徵引故實則加"臣松之案"，評論史實則曰"臣松之以爲"，其未有録書名者，蓋傳刻譌脱。如《魏志》卷二十一《劉劭傳》注"晉永和中"云云，未引書名。考《御覽》卷二十九引此文作《晉起居注》，今本脱"起居注"三字。《世説新語·假譎篇》（以下省稱"《世説·某篇》"）劉孝標注引此文正冠有"曹瞞傳"三字，梁章鉅《三國志旁證》稱《御覽》卷九十三引"太祖"上有"《曹瞞傳》曰"四字，而《御覽》卷五百一十二引同。則此注之奪書名灼然可見，《官本考證》是也。

〔四〕百衲本（以下統稱"紹興本"）、馮本、陳仁錫本（以下省稱"陳本"）、《册府元龜》（以下省稱"《册府》"）卷一引同，《通志·世族略》"俠"作"挾"。

〔五〕盧弼曰："《通典》卷七十二：'魏明帝太和三年六月詔曰：自我魏室，上承天序，既發跡於高皇，高皇之父處士君，精神幽遠，號稱罔記，其令公卿會議號謚。'所云處士君即節也。餘見《陳留王紀》景元元年。"

謹案：此詔具見《魏志》卷十四《劉曄傳》。如需引證，似不應近捨曄傳而遠徵《通典》也。又云"餘見《陳留王紀》景元元年"，"年"下應增"集解"二字，庶無混淆不明之失。《藝文類聚》(以下省稱"《類聚》")卷九十四引《續漢書》"節"作"萌"。陳垣《史諱舉例》云:"當以萌爲正,因字形相似而譌也。"

〔六〕郝經《續後漢書》(以下省稱"郝書")苟宗道注(以下省稱"苟注")引"貴"字作"贄"。

〔七〕盧弼曰:"函谷關在弘農郡,非益州刺史轄地,當以斜谷爲是。'上太守'亦當從范書作'上奏太守',蓋上奏蜀郡太守賂遺内臣之事也。"

謹案:張熷《讀史舉正》云:"《後漢書》騰傳作'斜谷間'爲是。函谷非益州至長安道也。"徐紹楨《三國志質疑》曰:"按《釋名》:'下言於上曰表,又曰上。'此云上太守,蓋謂上太守之事於天子,省其文但曰'上'耳。漢人奏事有不敢直達帝所而因尚書以聞者,亦謂之'上尚書',此則與'上太守'文相類而事不同也。"盧君失引。

〔八〕郝書苟注引"吳"上有"裴松之曰"四字。依裴氏注例,疑此奪"臣松之案"四字,似應增。《水經注·陰溝水》:"渦水四周城側,城南有曹嵩冢,冢北有碑,碑北有廟堂,餘基尚存,柱礎仍在。廟北有二石闕雙跱,高一丈六尺,榱櫨及柱皆雕鏤云炬,上罦罳已碎。闕北有圭碑,題云'漢故中常侍長樂太僕特進費亭侯曹君之碑',延熹三年立。碑陰又刊石策,二碑文同。夾碑東西,列對兩石馬,高八尺五寸,石作麤拙,不匹光武隧道所表象馬也。有兄騰冢,冢東有碑,題云'漢故潁川太守曹君碑',延熹九年卒,而不刊樹碑年月。墳北有其元子熾冢,冢東有碑,題云'漢故長水校尉曹君之碑',歷太中大夫、司馬、長史、侍中,遷長水,年三十九卒,熹平六年造。熾弟胤冢,冢東有碑,題云'漢謁者曹君之碑',熹平六年立。城東有曹太祖舊宅。"

〔九〕《御覽》卷四百三十六引劉劭《幼童傳》:"魏太祖幼而

智勇,年十歲,嘗浴於譙水,有蛟來逼,自水奮擊,蛟乃潛退。於是浴畢而還,弗之言也。後有人見大蛇奔逐,太祖笑之曰:'吾爲蛟所擊而未懼,斯畏他而恐耶!'衆問乃知,咸驚異焉。"

〔一〇〕《御覽》卷四百四十二引袁山松《後漢書》:"李膺子瓚,位至東平相。初,曹操微時,瓚異其才。將没,謂其子宣等曰:'世將亂矣,天下英雄無過曹操。張孟卓與吾善,袁本初汝外親,雖爾勿依,必歸曹氏。'諸子從之,並免亂。"

〔一一〕盧文弨曰:"太祖之稱,非《曹瞞傳》本文如此。此傳作於吴人,直斥其小字,豈肯稱曰太祖?此以下稱公稱王皆裴注隨正文爲稱耳。"

謹案:《御覽》卷九十三、卷三百六十七、卷五百一十二引"太祖"二字俱作"操"。疑作"操"者,乃傳舊文也。盧説是。

〔一二〕《御覽》卷九十三、卷五百一十二引"怪"下俱無"而"字。

〔一三〕《御覽》卷三百六十七、卷七百四十三引"告"字俱作"言"。

〔一四〕《世説·識鑒篇》注引無"天下名"三字。

〔一五〕《世説》注引作"長於知人"。

〔一六〕毛本"室"作"宅"。《世説·假譎篇》注引"讓"下無"室"字,有"宅中"二字。

〔一七〕盧弼曰:"《官本考證》盧明楷曰:'接似應作節,或以祖名節而諱之與?'何焯曰:'曹氏諱節,故作接。'弼按:周壽昌謂爲不然,説見前。侯康曰:'《隋志》作《接要》,《唐志》作《捷要》,《御覽》作《輯要》。'姚振宗曰:'《御覽》經史圖書綱目有《魏武兵書輯略》。'潘眉曰:'《御覽》引《魏武兵書接要》,多占驗語。'"

謹案：《官本考證》多襲何陳校語而隱沒其名，盧君已事糾彈，是也。《唐志》作《捷要》，"捷""接"古通用。《御覽》卷八又卷十一引均作《接要》，侯氏謂作《輯要》未確。考《四部叢刊》三編影宋本《御覽》經史圖書綱目一作《節要》，復作"按（疑爲"接"之形誤）要"，未有作《輯略》者，姚説似亦失之。據《文選·魏都賦》張載注《魏武兵（疑脱"書"字）接要》，《隋書·李德林傳·霸朝雜集序》："漢光數行之札，魏武《接要》之書，濟時拯物，無以加也。"可知隋代以前俱作《接要》矣。曹植《求自試表》云："撮風后之奇，接孫吳之要。""接"有集取之意，與"撮"意近，疑不當云"接"爲"節"之借字也。何説似非。

〔一八〕《北堂書鈔》（以下省稱"《書鈔》"）卷一百二十四、《御覽》卷三百五十七引"皆"字俱作"輒"。

〔一九〕盧弼曰："《御覽》'八'下有'九'字。"

謹案：盧書《序例》云："各家采録羣籍悉冠以某氏所云，其未加者，皆不佞所徵引也。"竊惟著述之體，徵録前賢考證，必於篇中注明，此恒例也。盧君於集解多引《官本考證》，然或注或否。考此校語已見於《官本考證》，當明著之。盧君不僅於《官本考證》如此，徵引他書，亦有類乎是者。

〔二〇〕盧弼曰："馮本作'外城'。"

謹案：梁章鉅曰："《太平寰宇記》卷十二引《魏略》曰：'太祖於譙東十五里澤中築起精舍，讀書射獵，閉絶賓客，即謂之譙東。'《水經注·陰溝水》云：'譙城東有魏太祖舊宅，所在負郭對廛，側隍臨水。'"據此則作"城外"者是，馮本誤乙。

〔二一〕各本"真"原作"貴"，成都書局本作"真"。盧弼曰："《通鑑》'貴'作'真'。"

謹案：郝書"貴"亦作"真"，作"真"字是。《淮南子·淑真訓》"真，誠也"注："真，實也。"

〔二二〕《通鑑》、《後漢紀》、郝書"外將"俱作"外兵"。

〔二三〕《册府》卷五、《御覽》卷二百三十八引"校尉"作"將軍"。趙一清曰："此時無驍騎將軍。曹公蓋以校尉典營兵也。其後乃置驍騎將軍。"竊疑操前已爲典軍校尉，卓欲操與共計事，必當寵以將軍之職，無緣獨以校尉命之也。

〔二四〕毛本"刃"字作"刀"。

〔二五〕馮本、陳本均無"皆"字。

〔二六〕郝書"縣"字下無"邑中"二字。

〔二七〕《册府》卷五引"衆有"二字乙。

〔二八〕盧弼曰："'而'疑作'面'。"

謹案：而猶乃也，見王引之《經傳釋詞》。盧君謂作'面'，疑非。

〔二九〕《文選》潘元茂《册魏公九錫文》李善注、《御覽》卷九十三引"起"下俱無"兵"字。

〔三〇〕《御覽》卷九十三引"乘"上無"所"字。

〔三一〕盧弼曰："《史記·項羽紀》：'項王大呼馳下，漢軍皆披靡。'正義云：'靡，言精體低垂也。'"

謹案：《説文·㫃部》："旇，旌旗披靡也。"徐鍇曰："披靡，四散貌也。"段玉裁注："披靡，疊韵字。"

〔三二〕盧弼曰："原注：申隨反。趙一清曰：此裴注音釋，後同。"

謹案：盧君於《志》注音釋俱標以"原注"二字，又引趙一清説，自相抵迕。裴氏之注《國志》，確有注音。《文選》阮元瑜《爲曹公作書與孫權》李善注引裴松之《吳志》注"繅，租了切"，可證。

〔三三〕郝書"敗"字作"拔"。

〔三四〕《文選·册魏公九錫文》李善注引作"青州黃巾衆有百餘萬入兗州"。《御覽》卷九十三引作"青州黃巾衆百餘萬",卷二百九十引《通典》亦作"百餘萬"。疑此"百"下脱"餘"字。下文"冬受降卒三十餘萬,男女百餘萬口",可證。

〔三五〕《御覽》卷二百九十引《通典》"後"上有"然"字。

〔三六〕此句語意不足。《御覽》卷九十三、《册府》卷五五引"爲"下有"賊"字,此脱,似應據補。郝書作"爲賊所殺"亦有"賊"字,可證。

〔三七〕郝書"州中"下有"紀綱"二字,此奪,則語意不完,似應補。紀綱,指下文之别駕、治中而言。

〔三八〕毛本無"今"字。

〔三九〕紹興本、馮本、陳本"乙"字俱作"一"。郝書"黃"字作"皇","乙"字亦作"一"。

〔四〇〕紹興本作"呵之罪",郝書作"呵數其罪"。

〔四一〕盧弼曰:"馮本無'衆'字,《通鑑》同。"

謹案:陳本亦無"衆"字。《白帖》卷五十二,《御覽》卷三百九十六、又卷四百七十八引俱無"衆"字。又《御覽》卷三百九十六引"形"下無"狀"字。郝書作"刻木如信狀",疑"形""狀"二字當衍其一。

〔四二〕《御覽》卷三百七十八引"千"字作"十",是也。

〔四三〕《文選·袁紹檄豫州文》李注引謝承《後漢書》:"操圍吕布於濮陽,爲布所破。投紹,紹哀之,乃給兵五千人,還取兗州。"

〔四四〕《御覽》卷八百九十四引作"答曰騎黃馬者是也"。《事類賦》卷二十一引作"繆曰騎黃馬者是也"。疑此"乘"當作

"騎","馬"下衍"走"字。

〔四五〕《册府》引作"復進攻之"。

〔四六〕盧弼曰:"王鳴盛曰:'紹,宋本誤同,元修本作爲,疑僞字。一云當作紿,亦通。'盧文弨曰:'紹,疑作紿。'朱邦衡曰:'紹上疑脫袁字。'弼按:'紹'字不誤。《程昱傳》:'袁紹使人説太祖連和,欲使太祖遣家居鄴。'(《通鑑》同)姚範曰:'紹是時蓋欲招操而臣之也,云連和者,舊史諱之,而承祚仍其文耳。袁、曹是時未搆兵,何連和之有!'弼按:姚説是。《臧洪傳》'衆以爲袁、曹方睦',自無連和之可言。《程昱傳》昱謂操慮之不深,自度不能爲袁紹之下。則紹之欲置操於鄴,當日情勢可見。"

謹案:徐紹楨曰:"案:紹即本初也。紹使人説太祖連和,欲使遣家居鄴,程昱諫,太祖乃止。事詳《程昱傳》。王氏以太祖方與呂布戰,上文適云'布東屯山陽',疑布欲與連和,故爲此説,失之疏矣!然此志方敘太祖擊劉詳,征陶謙,攻呂布,忽及紹事,自宜明著其語曰袁紹,庶乎易明。意傳寫或奪失歟?觀王氏所云宋本作'同',元修本作'爲',則古刻多譌亂,讀史者不可不詳審也。"

〔四七〕紹興本、馮本、陳本、毛本"及"字俱作"能",郝書同。"及""能"古通用。《淮南子・修務訓》"不能被德承澤"注:"能猶及也。"

〔四八〕毛本作"張揚"。

〔四九〕《後漢書・獻帝紀》"軍"下有"事"字,《通鑑》同。

〔五〇〕盧弼曰:"錢儀吉曰:'宋本自上有而字。'弼按:宋、元本無'而'字。"

謹案:錢氏所云宋本蓋謂北宋本,盧君所云宋本則是南宋紹興刊本,當區別言之,庶免眩惑之失矣。

〔五一〕郝書"先"字作"前"。

〔五二〕《御覽》卷八百二十一引"百"上有"數"字。《元和郡縣志》卷八引無"數"字。

〔五三〕《御覽》引"賊"字作"凶",郝書作"雄"。

〔五四〕《書鈔》卷一百二十四引"見"下有"者"字,此脱。

〔五五〕盧弼曰:"《後漢書·伏后紀》:'自帝都許,守位而已。'"

謹案:此已見梁章鉅《三國志旁證》,依序例當補"梁章鉅曰"四字。盧君多引"旁證",或不著其所自,非是。考范書此節本習鑿齒《漢晉陽秋》,見《御覽》卷九十二引。

〔五六〕郝書"救繡"句下有"屯於安衆"四字,疑此奪。

〔五七〕《御覽》卷九十三引"來"下有"追"字,是也。與下文"賊來追吾"意正相承,郝書作"攻",疑臆改。

〔五八〕《御覽》卷九十三引作"吾以是知勝矣",語意較勝。

〔五九〕郝書無"恐"字。

〔六〇〕毛本"豨"字作"狶"。

〔六一〕《御覽》二百六十三引《曹操別傳》:"武帝爲兗州,以畢諶爲別駕。兗州亂,張孟卓劫諶母弟。帝見諶曰:'孤綏撫失和,聞卿母弟爲張邈所執。人情不相遠,卿可去孤自遣,不爲相棄。'諶涕泣曰:'當以死自效!'帝亦垂涕答之。諶明日便走,後破下邳,得諶,還以爲掾。"

〔六二〕《御覽》卷二百四十八引作"生得諶"。

〔六三〕紹興本、毛本"豪傑"作"雄豪",郝書同。又郝書"起"字作"逐"。

〔六四〕盧弼曰:"各本'蹈'作'陷'。何焯曰:'宋本作蹈。'"

謹案:作"蹈"字是。《説文·足部》:"蹈,踐也。"陵蹈猶陵籍。《史記·周本紀》"不脩籍於千畝"集解引臣瓚曰："籍，蹈籍也。"

〔六五〕《册府》作"太祖進軍臨河"。《文選·檄吴將校部曲文》引"進"上有"公"字，疑"進"上有脱文。

〔六六〕盧弼曰："潘眉曰：'繆當爲樛。'《文選》荀或《檄吴將校部曲》云：'薛洪、樛尚，開城就化。'字正作樛，從木旁。李善注：'樛音留。'弼按：《董昭傳》作'繆'。"

謹案：潘説是。《通志·氏族略》："魏有河內太守樛尚。樛，居求切，音六。"《董昭傳》作"繆"，亦爲"樛"字之誤。

〔六七〕《册府》卷一百四十九"兖"上有"及"字。

〔六八〕《文選·檄吴將校部曲文》李注引"術"下無"自"字。

〔六九〕《類聚》卷十七、《御覽》卷三百七十四引《魏略》作"過冢間，無何令取道邊死人髑髏"。

〔七〇〕《類聚》卷十七、《御覽》卷三百七十四引"歡"字俱作"戲"。

〔七一〕盧弼曰："《隋書·經籍志》：《魏氏春秋》二十卷，孫盛撰。新舊《唐志》卷同，惟'魏氏'作'魏武'。"

謹案：沈濤《銅熨斗齋隨筆》卷五云："案：盛避鄭太后諱，改'春秋'爲'陽秋'，則'魏氏春秋'亦當改爲'陽秋'。今仍作'春秋'，《隋書·經籍志》亦作'春秋'，當是後人追改。"

〔七二〕馮本、陳本"再"作"每"。

〔七三〕《後漢書·袁紹傳》注引作"依沙塠東西四十里爲屯"。

〔七四〕郝書無"餘"字。

〔七五〕郝書"紹"下有"復"字。

〔七六〕《御覽》卷九十三引"送"字作"逆"，是也。本志

《袁紹傳》："會紹遣淳于瓊等將兵萬餘北上迎軍車。"則此"送"字實或爲"逆"字之誤，"逆""迎"義同。

〔七七〕盧弼曰："《御覽》'足'作'用'。"

謹案：盧氏所據《御覽》似爲鮑刻本，疑未當。宋本《御覽》仍作"足"。

〔七八〕《御覽》卷九十二引無"賊"字。案：下文"公怒曰賊在背後"，則此"騎"字不當有。

〔七九〕《後漢書·袁紹傳》注、《御覽》卷三百一十五引"用"字俱作"執"。

〔八〇〕《後漢書·袁紹傳》注、《通典·兵五》、《御覽》引"抱"字俱作"把"。二字形近易誤。

〔八一〕《通典·兵十三》引"語"字作"紿（音怠）"。紿，欺也。當作"紿"爲是。《袁術傳》注引《九州春秋》曰"諸婦害其寵，紿之曰"，今本亦作"語"。

〔八二〕《通典·兵七》、《御覽》引"遣"字作"還"。

〔八三〕《後漢書》注、《御覽》引"聞"字俱作"問"。

〔八四〕《御覽》引"至"下有"紹"字。

〔八五〕《後漢書》注、《御覽》引"怛"字俱作"惶"。

〔八六〕《御覽》卷九十三引"攻"字作"破"。

〔八七〕《御覽》卷一百七十七引戴延之《西征記》："官渡，去青口澤六十里。魏武造也，破袁紹於此。"

〔八八〕《羣書治要》（以下省稱"《治要》"）卷二十五引無"衆"字。

〔八九〕《類聚》卷十、《御覽》卷七引"紹"上俱有"袁"字，《文選·永明九年策秀才文》李注引同。

〔九〇〕《蜀志》"共"字作"冀"。郝書同。

〔九一〕紹興本、毛本"土"字作"上",《御覽》卷六百三十七引同。應據改。

〔九二〕盧弼曰:"馮本'祀'作'視'。"

謹案:"視其先人"語不可解,字應作"祀"。"視""祀"蓋以草書形近而譌。

〔九三〕馮本、陳本、毛本"公"字作"玄"。

〔九四〕毛本"土"作"上"。

〔九五〕《白帖》卷五十六引"是"下有"知"字,語氣較備。

〔九六〕《文館詞林》卷六百九十五引"德"字作"患"。

〔九七〕《文館詞林》引"權"下有"者也"二字。

〔九八〕《文館詞林》引"輕"下無"於"字。

〔九九〕《文館詞林》引"故"上有"是"字。

〔一〇〇〕《文館詞林》引"賞"字作"貴"。

〔一〇一〕《文館詞林》引"論"字作"議"。正與上文"議者或以軍吏雖有功能"句意相承。

〔一〇二〕馮本、陳本、毛本"翔"字作"詳"。

〔一〇三〕郝書"鵠"上有"裴松之曰"四字,疑此脱"臣松之案"四字,應據增。

〔一〇四〕《白帖》卷五十二引"當"下有"則"字。

〔一〇五〕錢大昕曰:"尚懼"下應有"遣"字。

謹案:郝書"懼"下有"遣"字,當據補,文意乃足。《文選·檄吳將校部曲文》李注引亦有"遣"字,可證。

〔一〇六〕《文選》李注引"圍"字上無"爲"字。

〔一〇七〕《文選》李注引無"得尚"二字。

〔一〇八〕《御覽》卷九十三、卷八百一十九引"祀"字作"祠"。

〔一〇九〕盧弼曰："《郭嘉傳》注引《傅子》'語在《武紀》'。此所云云，當即《傅子》之《武紀》中語也。"

謹案：考《郭嘉傳》注所云"語在《武紀》"，係裴注中之子注，而非《傅子》語也。《傅子》非史書，何得有紀傳之目乎？裴注所云"語在《武紀》"者，即指《武紀》"建安五年，公將自征備。諸將皆曰：'與公爭天下者袁紹也，今紹方來而棄之東，紹乘人後若何？'公曰：'夫劉備人傑也，今不擊，必爲後患'"等語而言。盧君謂此爲《傅子》之《武紀》中語，蓋本嚴可均《全晉文》校語，然未審嚴語有誤而妄據之耳。

〔一一〇〕《文館詞林》引"應命"作"畢負"。

〔一一一〕《文館詞林》引"邪"字作"也"。

〔一一二〕《文館詞林》引"其"下有"令"字。

〔一一三〕《御覽》卷六百二十六引"畝"下有"收粟"二字。《晉書·食貨志》、《册府》卷四百八十七引有"粟"字。

〔一一四〕《晉書》《御覽》引無"出"字。

〔一一五〕《册府》引無"而已"二字。

〔一一六〕《御覽》《册府》引"他"字作"餘"，《晉書》"他"字作"皆"。

〔一一七〕《御覽》卷九十三引"故"字作"固"。

〔一一八〕馮本、陳本、毛本"水"字作"冰"。

〔一一九〕《文館詞林》、《御覽》卷二百六十三引"名"字俱作"言"。

〔一二〇〕《文館詞林》、《御覽》卷六百三十三引"賽嬰"作"趙賽"，疑當據改，方與上文相承。

〔一二一〕郝書"五月"作"四月"。

〔一二二〕《水經注·濡水》"經"字作"逕"。

〔一二三〕毛本"剛"字作"岡",《御覽》卷六百一十二引同,《水經注·濡水》、郝書引亦作"岡"。

〔一二四〕《書鈔》卷一百一十八引《零陵先賢傳》:"曹操攻柳城不下,圖畫形勢,爲難計策,周不疑進十計,攻城即下也。"

〔一二五〕《文選·册魏公九錫文》李注引"臣"作"巨","能""之"二字無。

〔一二六〕《水經注·大遼水》引句下有"望柳城"三字。

〔一二七〕郝書"故"字作"顧","故""顧"古通用。

〔一二八〕孫星衍輯《蒼頡篇》曰:"歸作肄,非。"

〔一二九〕《册府》卷八百六十一引"門"上有"軍"字。

〔一三〇〕馮本、陳本、毛本"勒"字作"勤"。《册府》引同。

〔一三一〕紹興本"孟黄"作"孟皇",與張懷瑾《書斷》、《水經注·洛水》同。

〔一三二〕紹興本"江"下無"而"字。

〔一三三〕《文館詞林》引"定"上有"安"字。本傳注引《魏武遺令》曰"天下尚未安定",亦有"安"字。應據補。

〔一三四〕《文館詞林》引"世"作"也"。

〔一三五〕《文館詞林》引"玉"上有"珠"字。

〔一三六〕《文館詞林》引"無"下有"有"字。

〔一三七〕《册府》卷四十八引"凡愚"作"嗤思",疑"思"爲"愚"字殘體。

〔一三八〕盧弼曰:"錢大昭曰:'御史大夫亦稱宰相。'"

謹案:宰相即丞相。本紀"建安十三年夏六月以公爲丞相"。操未爲御史大夫,而御史大夫復與丞相有別,何可云御史大夫亦稱丞相也!況時爲御史大夫者乃郗慮,錢説誤矣。盧君從之亦未當。

〔一三九〕《册府》引"可"上有"其"字,與《論語》合。

〔一四〇〕紹興本"嘗"作"曾"。

〔一四一〕紹興本"植"作"桓"。

〔一四二〕毛本"常"字作"嘗"。《册府》引同。

〔一四三〕郝書作"此所以不得爲也"。《册府》引"所"下有"以"字。

〔一四四〕《御覽》卷六百一十六引《魏武本紀》"孤聞"作"吾讀",疑當據改,乃與下文"未嘗不舍書而歎"句義承。

〔一四五〕《書鈔》卷六十二引《魏武令》曰:"告子文:汝等悉爲侯,而子桓獨不封侯,而爲五官將,此是太子制可知也。"

〔一四六〕郝書"圍"字作"攻"。

〔一四七〕毛本"奄"字作"掩",《書鈔》卷二十五、《類聚》卷七十引同。

〔一四八〕《書鈔》卷一百二十五、《類聚》引"公"下俱有"恚"字。

〔一四九〕紹興本"比"字作"北"。

〔一五〇〕《白帖》卷九、《御覽》卷一百九十引"壘"字俱作"城"。《水經注·渭水》引同。

〔一五一〕《水經注》引"運"字作"湮"。《御覽》卷一百九十二作"以盛土堰水"。"堙""堰"義同。

〔一五二〕《水經注》作"夜汲作城"。

〔一五三〕《册府》卷一百"爲"字作"設","公"下有"甚"字。

〔一五四〕毛本"汝"字作"爾",《册府》卷四十四引同。

〔一五五〕"虎"字,《文選·檄吴將校部曲文》注引作"繡",

《御覽》卷二百八十五引作"驍"。

〔一五六〕郝書"引"下有"軍"字。

〔一五七〕毛本"哉"字作"也"。

〔一五八〕毛本"致"作"至"。

〔一五九〕紹興本"從"字作"徒",是也。

〔一六〇〕盧弼曰:"'贅猶綴也'四字,各本皆在'何休云'之上,誤。局本改正。《文選》注在'何休云'之下。"

謹案:錢儀吉《三國志證聞》引孫志祖説"四字當在'何休'之下",盧君失引。陳立《公羊義疏》曰:"孔氏音義云:《文選·西都賦》注引《公羊傳》曰:'贅猶綴也。'疑別本此文之下傳有自釋贅旒之義,與僖九年傳'震而矜之'下復出'震之者何'云云相似。按《文選》劉越石《勸進表》'有若贅旒'注:'贅猶綴也。'又《褚淵碑文》注:'贅猶綴也。'皆不以爲《公羊傳》語,蓋《西都賦》注有衍文,或《公羊傳》下有脱文也。陸德明與李善同時,陸氏所見本有作'綴',則傳文不得有是語矣。"竊疑"贅猶綴也"四字非何氏注,以《公羊傳》作"贅",而此文作"綴",故裴松之曰"贅猶綴也"以釋之,當在"何休云"之上。孫氏誤據《文選·西都賦》李注,局本又從而改之,蓋未檢《公羊傳》注之失也。

〔一六一〕梁章鉅曰:"《文選》'臣'作'后'。"

謹案:毛本"臣"字作"后"。《後漢紀》、《類聚》卷五十三引同。

〔一六二〕盧弼曰:"李善注:'《周禮》曰:兆五帝於四郊。'鄭玄曰:'兆爲壇之營域也。'"

謹案:胡紹煐《文選箋證》曰:"按《大雅·生民》'后稷肇祀',《禮記·表記》作'兆祀',潘當用此。蓋《韓詩》作'兆',

故爲所據歟？'以歸肇祀'箋：'肇，郊之神位也。'孔疏：'肇宜作兆。'《說文》：'垗，畔也。爲田時界，祭其中。'《周禮》曰：'垗五帝於四郊。'"

〔一六三〕毛本"殛"字作"極"，二字通用。

〔一六四〕《後漢紀‧靈帝紀》"據"字作"處"。

〔一六五〕《後漢紀》"爰"作"寧"。

〔一六六〕紹興本、馮本、毛本俱作"鄭玄曰"。考前注俱稱鄭玄，此無緣獨稱康成，或清人避玄燁諱改，當據正。

〔一六七〕毛本無"君"字。

〔一六八〕盧弼曰："《文選》'朕'作'後'。李注引《左傳》宰孔曰'且有後命'。"

謹案："朕"字疑當從《文選》作"後"。李注引《左傳》宰孔語以證，其作"後命"可知。考《吳志‧孫權傳》載《魏賜九錫文》曰："今又加君九錫，其敬聽後命。"又《孫權傳》注引《江表傳》載公孫淵《九錫文》亦曰："今加君九錫，其敬聽後命。"是當時策文如此，其用語應相同，此作"朕命"，或臆改也。

〔一六九〕馮本、陳本、毛本"昬"字作"昏"。

〔一七〇〕《後漢紀》"翼宣"二字互乙。

〔一七一〕《後漢紀》"發"字作"及"。

〔一七二〕毛本"出"字作"在"。

〔一七三〕郝書"怠"字作"懦"。

〔一七四〕郝書"望"字作"冀"。

〔一七五〕郝書"不"字作"非"。

〔一七六〕郝書"翰"字作"王"。

〔一七七〕毛本"聘"字作"娉"。《御覽》卷九十三引同。

〔一七八〕郝書"徙"字作"從"，"從"字是，當據改。

〔一七九〕毛本"毌丘"作"毋丘",《治要》卷二十五引同。

〔一八〇〕蕭常《續後漢書》(以下省稱"蕭書")"至"下有"郡"字。

〔一八一〕《官本考證》曰:"'安陽'下疑脱'亭'字。"

謹案:陳本"侯"上有"亭"字。考本紀建安十八年"少者待年於國"句注引《獻帝起居注》"使使持節行太常大司農安陽亭侯王邑"。"侯"上正有"亭"字,應據捕。

〔一八二〕郝書"也"字作"爾"。

〔一八三〕梁章鉅曰:"按:注中'完'字衍。完死在十四年,疑當作'典'。典,完之子也。《後漢書·皇后紀》:'伏皇后父完建安元年拜輔國將軍,上印綬,拜中散大夫,十四年卒,子典嗣。'是也,今本'完'作'兄弟'二字。"

謹案:郝書作"后兄弟及宗族死者百餘人"。

〔一八四〕《文館詞林》引"有"字作"育",下文"未必能有行也"句"有"亦作"育"。

〔一八五〕《文館詞林》引"豈"字作"寧"。

〔一八六〕毛本作"都督從事"。

〔一八七〕《後漢書·靈帝紀》"玉"上有"伯"字。

〔一八八〕《通典·兵七》"示退乘懈掩襲條"下引作"其守備懈",是也。《御覽》卷三百一十五引作"其守備懈",無"解散"二字。

〔一八九〕《御覽》卷六百三十三引"日"字作"月"。《吴志·吕岱傳》亦有"賞不踰月,軍之常典"之語。《晉書·劉弘傳》引《司馬法》作"賞不踰時"。

〔一九〇〕《白帖》卷五十四、《御覽》引"事"字作"時"。

〔一九一〕《御覽》引作"而克成鴻勳者也"。

〔一九二〕《御覽》引"其"字作"且",是也。

〔一九三〕《御覽》引"失得"二字乙。

〔一九四〕《御覽》引"相"字作"共"。

〔一九五〕"是行也"上奪書名。考《文選》王仲宣《從軍詩》李注引作《魏志》,疑爲《魏書》之誤。則此似脱"《魏書》曰"三字。

〔一九六〕《文館詞林》引"履"下有"上殿"二字。

〔一九七〕毛本"王"字作"主",《御覽》卷六百九十七引同。

〔一九八〕《文館詞林》引無"上殿"二字。

〔一九九〕《文館詞林》引"向"字作"而"。

〔二〇〇〕盧弼曰:"《文館詞林》'幕'作'坐'。盧文弨曰:'宋本作蕞。'"

謹案:宋本作"蕞"是。《説文·艸部》"朝會束茅表位曰蕝",字或作"蕞"。"就蕞而立"猶言就位而立也。"蕞""幕"蓋涉形近而誤。《文館詞林》作"坐",疑爲"位"字之譌。

〔二〇一〕《文館詞林》引"愆"字作"衍"。

〔二〇二〕《文館詞林》引"神"字作"袖"。

〔二〇三〕紹興本、毛本"又"字作"乂",郝書同。

〔二〇四〕毛本"聖"字作"盛"。

〔二〇五〕郝書"焉"字作"賴"。

〔二〇六〕紹興本"夏"字作"宇",郝書同。

〔二〇七〕郝書"留"字作"使","惇"下有"都督"二字。

〔二〇八〕盧弼曰:"《杜襲傳》有'釋騏驥而不乘,焉皇皇而更索'二語,蓋兩令皆有之。"

謹案:此語蓋本諸宋玉《九辯》,雖文詞有歧,而旨趣實同。

盧君此注於義了無說明，不詳其意之所在。

〔二〇九〕《御覽》卷二百四十八引"故"上有"今"字。

〔二一〇〕毛本"禕"字作"禕"，《初學記》卷十八引同，下同。

〔二一一〕蕭書"禕"字作"偉"，疑作"偉"字是。考《蜀志》"費禕字文偉"可證。

〔二一二〕紹興本"聞"字作"閒"。

〔二一三〕紹興本"或"字作"一"。竊疑作"一"字是也。按此文上下文意當爲兩說，《蜀志·鄧芝傳》注有此例。毛本"或"字作"王"，似非。馮本、陳本引同，《册府》卷七百六十引同。

〔二一四〕蕭書兩句"以"字下俱無"爲"字。

〔二一五〕毛本"乃"字作"者"。《册府》卷七百六十引作"救火者乃實賊也"。則此脱"者"字。

〔二一六〕紹興本、馮本、毛本"五"字作"三"，郝書同。考下文"夏四月"，則作"三"字是也。

〔二一七〕郝書"待"字作"侍"。

〔二一八〕何焯曰："'襃'當作'衮'，從《三少帝紀》改。"

謹案：郝書"襃"字作"衮"，《册府》卷一百三十七引同。

〔二一九〕盧弼曰："'因'一作'固'。"

謹案：《文選》陸士衡《弔魏武帝文》李注引"因"字作"故"。

〔二二〇〕盧弼曰："胡三省曰：'蓋言漢以火德王，權欲使操加其上也。然操必以權書示外者，正欲以觀衆心耳。'"

謹案：《晉書·宣帝紀》"火"字作"炭"，《御覽》卷七百五十七引亦作"炭"，疑作"炭"字是。著爐炭上喻至危，操之作此語，鑒於內有魏諷、吉本之難，外有漢中、樊城之急，若於此時，驟立帝位，則招禍必速，譬之置身於爐炭上，唯焦爛而已。胡氏以五德相勝之理釋之，或未識"火"爲"炭"字之殘脫而誤也。疑非操語本意。

〔二二一〕郝書"民"字作"其"。

〔二二二〕郝書"而樹"二字乙。

〔二二三〕《御覽》卷九百六十九引"根"下無"傷"字。

〔二二四〕《類聚》卷八十五引"出血"二字乙。

〔二二五〕《御覽》引作"越以狀聞"。

〔二二六〕《御覽》引無"而惡"二字。

〔二二七〕《金樓子·興王》、《御覽》卷九十三引"譎"字作"量"。

〔二二八〕毛本"閒"字作"閑"，《御覽》引同。

〔二二九〕《金樓子》"勝"字作"利"。

〔二三〇〕《金樓子》"內"字作"中"。

〔二三一〕《御覽》引"爲"字作"於"。

〔二三二〕《金樓子》"軍"字作"事"。

〔二三三〕《金樓子》"武"字作"軍"，《治要》、《御覽》卷九十三、卷五百九十一引"武"字俱作"軍"。

〔二三四〕《金樓子》無此四字。

〔二三五〕《金樓子》"常"字作"嘗"。

〔二三六〕紹興本"制"字作"製"。《金樓子》"制"字作"治"，《御覽》卷九十三引同。

〔二三七〕《治要》引"納"字作"綴"。

〔二三八〕《御覽》引"送"上有"禮"字。

〔二三九〕《金樓子》作"自制送終"。

〔二四〇〕《初學記》卷九、《御覽》引"唊"字作"噭"。

〔二四一〕《晉書·五行志》"擬"上有"始"字。

〔二四二〕《御覽》卷三百九十一引"佻"字作"輕","重"字作"儀"。

〔二四三〕《御覽》卷六百九十一引"身"下無"自"字。

〔二四四〕《御覽》卷九十三引"誦"字作"辭"。

〔二四五〕《御覽》卷九十三、卷三百九十一引"没"字俱作"投"。

〔二四六〕《御覽》卷九十三引"將"下無"有"字。

〔二四七〕《御覽》引"怨"字作"惡"。

〔二四八〕紹興本、毛本"常"字作"嘗",《御覽》卷九十三、卷三百七十三引同,郝書亦作"嘗"。

〔二四九〕紹興本作"持麥以相付",《類聚》卷十七、卷八十五、《白帖》卷五十一、《御覽》卷三百七十三、卷六百四十九引同。《御覽》卷九十三引作"指麥以相付","指"當爲"持"字之誤。

〔二五〇〕《類聚》卷十七、卷八十五、《白帖》卷五十一、《御覽》卷九十三、卷三百七十三引"於是"二字作"時"。

〔二五一〕《白帖》卷五十一、《御覽》卷九十三俱無"於"字。

〔二五二〕《類聚》卷十七、卷八十五、《白帖》卷五十一、《御覽》卷九十三、卷三百七十三、卷六百四十九、卷八百三十八引"可"下俱無"自"字。

〔二五三〕毛本"援"字作"拔",《白帖》卷五十一、《御覽》卷九十三、卷六百四十九引同。

〔二五四〕《類聚》卷八十五、《白帖》卷五十七、《御覽》卷八百三十、卷八百三十七引"常"下無"討"字，"賊"字作"賦"。

〔二五五〕《世說·假譎》注引"謂"字作"語"，"如何"二字乙。

〔二五六〕《類聚》、《御覽》卷八百三十、《蒙求注》卷十六引俱作"以小斛量之"。

〔二五七〕《類聚》卷八十五、《御覽》卷七百六十五、卷八百三十、卷八百三十七引"君"字俱作"汝"，《世說》注引同，"衆"字下有"心"字。

〔二五八〕《世說》注引"乃"字作"遂"，《御覽》卷七百六十五引同。

〔二五九〕《世說》注引"官"字作"軍"，《御覽》引同。

〔二六〇〕《世說》注引"此"下無"之"字。

三國志校箋卷二

魏志卷二〔一〕

文帝 丕〔二〕

文皇帝諱丕，字子桓，武帝太子也。中平四年冬，生於譙。《魏書》曰：帝生時，有云氣青色而圜如車蓋當其上，終日，望氣者以爲至貴之證，非人臣之氣。年八歲，能屬文，有逸才，遂博貫古今經傳諸子百家之書。善騎射，好擊劒。舉茂才〔三〕，不行。《獻帝起居注》曰：建安十五年，爲司徒趙温所辟。太祖表"温辟臣子弟，選舉故不以實"，使侍中守光禄勳郗慮持節奉策免温官。建安十三年〔四〕，爲五官中郎將、副丞相。二十二年，立爲魏太子。《魏略》曰：太祖不時立太子，太子自疑。是時有高元吕者，善相人，乃呼問之，對曰："其貴乃不可言。"問〔五〕："壽幾何？"元吕曰："其壽至四十當有小苦，過是無憂也。"後無幾而立爲王太子，至年四十而薨。太祖崩，嗣位爲丞相、魏王〔六〕。袁宏《漢紀》載漢帝詔曰："魏太子丕：昔皇天授乃顯考以翼我皇家,遂攘除羣凶,拓定九州〔七〕,弘功茂績,光於宇宙,朕用垂拱負扆二十有餘載〔八〕。天不憖遺一老,永保余一人,早世潛神,哀悼傷切。丕奕世宣明,宜秉文武,紹熙前緒。今使使持節御史大夫華歆奉策詔授丕丞相印綬、魏王璽綬,領冀州牧。方今外有遺虜,遐夷未賓,旗鼓猶在邊境,干戈不得韜刃,斯乃播揚洪烈,立功垂名之秋也。豈得修諒闇之禮〔九〕,究曾閔之志哉?其敬服朕命,抑弭憂懷,旁祗厥緒〔一〇〕,時亮庶功,以稱朕意。於戲,可不勉與!"尊王后曰王太后。改建安二十五年爲延康元年。

元年二月,《魏書》載庚戌令曰:"關津所以通商旅,池苑所以禦災荒〔一一〕,設禁重稅,非所以便民;其除池籞之禁,輕關津之税,皆復什一。"辛亥,賜諸侯王將相已下大將粟萬斛,帛千匹,金銀各有差等。遣使者循行郡國,有違理掊克暴虐者,舉其罪。壬戌,以太中大夫賈詡爲太尉,御史大夫華歆爲相國,大理王朗爲御史大夫。置散騎常侍、侍郎各四人〔一二〕,其宦人爲官者不得過諸署令。爲金策著令,藏之石室。

初,漢熹平五年,黃龍見譙,光禄大夫橋玄問太史令單颺:"此何祥也?"颺曰:"其國後當有王者興,不及五十年,亦當復見。天事恒象,此其應也。"内黃殷登默而記之。至四十五年,登尚在。三月,黃龍見譙〔一三〕,登聞之曰:"單颺之言,其驗兹乎!"《魏書》曰:王召見登,謂之曰:"昔成風聞楚丘之繇而敬事季友,鄭晨信少公之言而自納光武。登以篤老,服膺占術,記識天道,豈有是乎!"賜登穀三百斛〔一四〕,遣歸家。

己卯，以前將軍夏侯惇爲大將軍。濊貊、扶餘單于、焉耆、于闐王皆各遣使奉獻。《魏書》曰：丙戌，令史官奏修重、黎、羲、和之職，欽若昊天，曆象日月星辰，以奉天時。臣松之案：《魏書》有是言而不聞其職也。丁亥令曰："故尚書僕射毛玠、奉常王脩、涼茂、郎中令袁渙、少府謝奐、萬潛、中尉徐奕、國淵等，皆忠直在朝，履蹈仁義，並早即世，而子孫陵遲，惻然愍之，其皆拜子男爲郎中。"

夏四月丁巳，饒安縣言白雉見。《魏書》曰：賜饒安田租，渤海郡百戶牛酒，大酺三日。太常以太牢祠宗廟。庚午，大將軍夏侯惇薨。《魏書》曰：王素服幸鄴東城門發哀。孫盛曰：在禮，天子哭同姓於宗廟門之外。哭於城門，失其所也。

五月戊寅，天子命王追尊皇祖太尉曰太王[一五]，夫人丁氏曰太王后，封王子叡爲武德侯。《魏略》曰：以侍中鄭稱爲武德侯傅，令曰："龍淵太阿，出昆吾之金，和氏之璧，由井里之田，礱之以砥礪，錯之以他山，故能致連城之價，爲命世之寶。學亦人之砥礪也，稱篤學大儒，勉以經學輔侯，宜旦夕入侍，曜明其志。"是月，馮翊山賊鄭甘、王照率眾降，皆封列侯。《魏書》曰：初，鄭甘、王照及盧水胡率其屬來降，王得降書以示朝曰："前欲有令吾討鮮卑者，吾不從而降；又有欲使吾及今秋討盧水胡者，吾不聽，今又降。昔魏武侯一謀而當，有自得之色，見譏李悝。吾今說此，非自是也，徒以爲坐而降之，其功大於動兵革也。"

酒泉黃華、張掖張進等各執太守以叛。金城太守蘇則討進，斬之。華降。華後爲兗州刺史，見《王淩傳》。

六月辛亥，治兵於東郊，《魏書》曰：公卿相儀，王御華蓋，視金鼓之節[一六]。庚午，遂南征。《魏略》曰：王將出征，度支中郎將新平霍性上疏諫曰[一七]："臣聞文王與紂之事，是時天下括囊無咎，凡百君子，莫肯用訊。今大王體則乾坤，廣開四聰，使賢愚各建所規。伏惟先王功無與比，而今能言之類，不稱爲德。故聖人曰'得百姓之歡心'，兵書曰'戰，危事也'。是以六國力戰，彊秦承弊，齗王不爭，周道用興。愚謂大王且當委重本朝而守其雌，抗威虎卧，功業可成。而今䊸基，便復起兵，兵者凶器，必有凶擾，擾則思亂，亂出不意。臣謂此危，危於累卵。昔夏啓隱神三年，《易》有'不遠而復'，《論》有'不憚改'。誠願大王揆古察今，深謀遠慮，與三事大夫算其長短。臣沐浴先王之遇，又初改政，復受重任，雖知言觸龍鱗，阿諛近福，竊感所誦，危而不持。"奏通，帝怒，遣刺奸就考，竟殺之。既而悔之，追原不及。

秋七月庚辰，令曰："軒轅有明臺之議，放勛有衢室之問，皆所以廣詢於下也。《管子》曰：黃帝立明臺之議者，上觀於兵也；堯有衢室之問者，下聽於民也。舜有告善之旌，而主不蔽也；禹立建鼓於朝，而備訴訟也。湯有總街之廷，以觀民非也；武王有靈臺之囿，而賢者進也。此古聖帝明王所以有而勿失，得而勿忘也。百官有司，其務以職盡規諫，將率陳軍法，朝士明制度，牧守申政事，縉紳考六藝，吾將兼覽焉。"

孫權遣使奉獻。蜀將孟達率衆降。武都氐王楊僕率種人内附，居漢陽郡。《魏略》載王自手筆令曰："吾前遣使宣國威靈，而達即來。吾惟《春秋》褒儀父，即封拜達，使還領新城太守。近復有扶老攜幼首向王化者。吾聞夙沙之民自縛其君以歸神農，齫國之衆襁負其子而入豐鎬，斯豈驅略迫脅之所致哉？乃風化動其情，而仁義感其衷，歡心內發使之然也。以此而推，西南將萬里無外，權、備將與誰守死乎？」

甲午，軍次於譙，大饗六軍及譙父老百姓於邑東。《魏書》曰：設伎樂百戲，令曰：「先王皆樂其所生[一八]，禮不忘其本。譙，霸王之邦，真人本出[一九]，其復譙租稅二年。」三老吏民上壽，日夕而罷。丙申，親祠譙陵。孫盛曰：昔者先王之以孝治天下也，內節天性，外施四海，存盡其敬，亡極其哀，思慕諒闇，寄政冢宰，故曰「三年之喪，自天子達於庶人」。夫然，故在三之義惇，臣子之恩篤，雍熙之化隆，經國之道固，聖人之所以通天地，厚人倫，顯至教，敦風俗，斯萬世不易之典。百王服膺之制也。是故喪禮素冠，郕人著庶見之譏；宰予降期，仲尼發不仁之歎；子頹忘戚，君子以為樂禍；魯侯易服，《春秋》知其不終。豈不以墜至痛之誠心，喪哀樂之大節者哉？故雖三季之末，七雄之弊，猶未有廢縗斬於旬朔之間，釋麻杖於反哭之日者也。逮於漢文，變易古制，人道之紀，一旦而廢，縗素奪於至尊，四海散其遇密，義感闕於羣后，大化墜於君親。雖心存貶約，慮在經綸，至於樹德垂聲，崇化變俗，固以道薄於當年，風頹於百代矣。且武王載主而牧野不陣，晉襄墨縗而三帥為俘，應務濟功，服其焉害？魏王既追漢制，替其大禮，處莫重之哀，而設饗宴之樂，居貽厥之始[二〇]，而墜王化之基[二一]；及至受禪，顯納二女，忘其至恤，以誣先聖之典，天心喪矣，將何以終！是以知王齡之不遐，卜世之期促也。八月，石邑縣言鳳皇集。

冬十月癸卯[二二]，下令曰：「諸將征伐，士卒死亡者或未收斂，吾甚哀之。其告郡國給槥櫝殯斂，送致其家，官爲設祭。"櫬音衛。《漢書》高祖八月令曰:"士卒從軍死,爲櫬。"應劭曰:"櫬,小棺也,今謂之槥。"應璩《百一詩》曰:"櫬車在道路,征夫不得休。"陸機《大墓賦》曰:"觀細木而悶遲,覩洪櫬而念櫬。"

丙午,行至曲蠡。漢帝以衆望在魏,乃召羣公卿士,袁宏《漢紀》載漢帝詔曰:"朕在位三十有二載,遭天下荡覆,幸賴祖宗之靈,危而復存。然仰瞻天文,俯察民心,炎精之數既終,行運在乎曹氏。是以前王既樹神武之績,今王又光曜明德以應其期,是曆數昭明,信可知矣。夫大道之行,天下爲公,選賢與能,故唐堯不私於厥子,而名播於無窮。朕羨而慕焉,今其追踵堯典,禪位於魏王。"告祠高廟。使兼御史大夫張音持節奉璽綬,禪位,册曰:"咨爾魏王,昔者帝堯禪位於虞舜,舜亦以命禹,天命不於常,惟歸有德。漢道陵遲,世失其序,降及朕躬,大亂兹昏,羣凶肆逆,宇内顛覆。賴武王神武,拯兹難於四方,惟清區夏,以保綏我宗廟,豈予一人獲乂,俾九服實受其賜。今王欽承前緒,光於乃德,恢文武之大業,昭爾考之弘烈。皇靈降瑞,人神告徵,誕惟亮采,師錫朕命,僉曰爾度克協於虞舜,用率我唐典,敬遜爾位。於戲!天之曆數在爾躬,允執其中,天禄永終。君其祗順大禮〔二三〕,饗兹萬國,以肅承天命。"《獻帝傳》載禪代衆事曰:左中郎將李伏表魏王曰:"昔先王初建魏國,在境外者聞之未審,皆以爲拜王。武都李庶、姜合羈旅漢中,謂臣曰:'必爲魏公,未便王也。定天下者,魏公子桓,神之所命,當合符讖,以應天人之位。'臣以合辭語鎮南將軍張魯,魯亦問合知書所出,合曰:'孔子《玉版》也。天子曆數,雖百世可知。'是後月餘,有亡人來,寫得册文,卒如合辭。合長於內學,關右知名。魯雖有懷國之心,沈溺異道變化,不果竊合之言。後密與臣議策質,國人不協,或欲西通,魯即怒曰:'寧爲魏公奴,不爲劉備上客也!'言發惻痛,誠有由然。合先迎王師,往歲病亡於鄴。自臣在朝,每爲所親宣說此意,時未有宜,弗敢顯言。殿下即位初年,禎祥衆瑞,日月而至,有命自天,昭然著見。然聖德洞達,符表豫明,實乾坤挺慶,萬國作孚。臣每慶賀,欲言合驗,事君盡禮,人以爲諂。況臣名行穢賤,入朝日淺,言爲罪尤,自抑而已。今洪澤被四表,靈恩格天地,海內翕習,殊方歸服,兆應並集,以揚休命,始終允臧。臣不勝喜舞,謹具表通。"王令曰:"以示外。薄德之人,何能致此,未敢當也。斯誠先王至德通於神明,固非人力也。"魏王侍中劉廙、辛毗、劉曄、尚書令桓階、尚書陳矯、陳羣、給事黃門侍郎王毖、董遇等言:"臣伏讀左中郎將李伏上事,考圖緯之言,以效神明之應,稽之古代,未有不然者也。故堯稱曆數在躬,璇璣以明天道〔二四〕,周武未戰而赤烏銜書,漢祖未兆而神母告符。孝宣仄微,字成木葉;光武布衣,名已勒讖。是天之所命,以著聖哲,非有言語之聲,芬芳之臭,可得而知也,徒縣象以示人,微物以效意耳〔二五〕。自漢德之衰,漸染數世,桓靈之末,皇極不建,暨於大亂,二十餘年。天之不泯,誕生明聖,以濟其難,是以符讖先著,以彰至德。殿下踐阼未朞〔二六〕,而靈象變於上,羣瑞應於下,四方不羈之民,歸心向義,唯懼在後,雖典籍所傳,未若今之盛也。臣妾遠近,莫不鳧藻。"王令曰:"犂牛之駮似虎,莠之幼似禾,事有似是而非者,今日是已。覿斯言事,良重吾不德。"於是尚書僕射宣告官寮,咸使聞知。辛亥,太史丞許芝條魏代漢見讖緯於魏王曰:"《易傳》曰:'聖人受命而王,黃龍以戊己日見。'七月四日戊寅,黃龍見,此帝王受命之符瑞最著明者也。又曰：'初六，履霜，陰始凝也。'[二七]又有積蟲大穴天子之宮，厥咎然，今蝗蟲見，應之也。又曰：'聖人以德親比天下，仁恩洽普，厥應麒麟以戊己日至，厥應聖人受命。'又曰：'聖人清淨行中正，賢人福至民從命，厥應麒麟來。'《春秋漢含孳》曰：'漢以魏，魏以徵。'《春秋玉版讖》曰：'代赤眉者魏公子。'《春秋佐助期》曰：'漢以許昌失天下。'故白馬令李雲上事曰：'許昌氣見於當塗高，當塗高者，當昌於許。'當塗高者，魏也；象魏者，兩觀闕是也。當道而高大者魏，魏當代漢。今魏基昌於許，漢徵絕於許，乃今效見，如李雲之言，許昌相應也。《佐助期》又曰：'漢以蒙孫亡。'說者以蒙孫，漢二十四帝，童蒙愚昏，以弱亡。或以雜文爲蒙其孫，當失天下，以爲漢帝非正嗣，少時爲董侯，名不正，蒙亂之荒惑，其子孫以弱亡。《孝經中黃讖》曰：'日載東，絕火光。不橫一，聖聰明。四百之外，易姓而王。天下歸功，致太平，居八甲。共禮樂，正萬民，嘉樂家和雜。'此魏王之姓諱，著見圖讖。《易運期讖》曰：'言居東，西有午，兩日並光日居下。其爲主，反爲輔。五八四十，黃氣受，真人出。'言午，許字。兩日，昌字。漢當以許亡，魏當以許昌。今際會之期在許，是其大效也。《易運期》又曰：'鬼在山，禾女連，王天下。'臣聞帝王者，五行之精，易姓之符，代興之會，以七百二十年爲一軌。有德者遇之，至於八百，無德者不及，至四百載。是以周家八百六十七年，夏家四百數十年，漢行夏正，迄今四百二十六歲。又高祖受命，數雖起乙未，然其兆徵始於獲麟。獲麟以來七百餘年，天之曆數將以盡終。帝王之興，不常一姓。太微中黃帝坐常明，而赤帝坐常不見，以爲黃家興而赤家衰，凶亡之漸。自是以來四十餘年，又熒惑失色不明十有餘年。建安十年，彗星先除紫微，二十三年，復埽太微。新天子氣見東南以來，二十三年，白虹貫日，月蝕熒惑，比年己亥、壬子、丙午日蝕，皆水滅火之象也。殿下即位，初踐阼，德配天地，行合神明，恩澤盈溢，廣被四表，格於上下。是以黃龍數見，鳳皇仍翔，麒麟皆臻，白虎效仁，前後獻見於郊甸；甘露醴泉，奇獸神物，眾瑞並出。斯皆帝王受命易姓之符也。昔黃帝受命，風后受《河圖》。舜、禹有天下，鳳皇翔，洛出書。湯之王，白鳥為符。文王為西伯，赤鳥銜丹書。武王伐殷，白魚升舟。高祖始起，白蛇為徵。巨跡瑞應，皆為聖人興。觀漢前後之大災，今茲之符瑞，察圖讖之期運，揆河洛之所甄，未若今大魏之最美也。夫得歲星者，道始興。昔武王伐殷，歲在鶉火，有周之分野也。高祖入秦，五星聚東井，有漢之分野也。今茲歲星在大梁，有魏之分野也。而天之瑞應，並集來臻，四方歸附，襁負而至，兆民欣戴，咸樂嘉慶。《春秋大傳》曰：'周公何以不之魯？蓋以為雖有繼體守文之君，不害聖人受命而王。'周公反政，《尸子》以為孔子非之，以為周公不聖，不為兆民也。京房作《易傳》曰：'凡為王者，惡者去之，弱者奪之。易姓改代，天命應常，人謀鬼謀，百姓與能。'伏惟殿下體堯舜之盛明〔二八〕，膺七百之禪代，當湯武之期運，值天命之移受，河洛所表，圖讖所載，坦然明白〔二九〕，天下學士所共見也。臣職在史官，考符察徵，圖讖效見，際會之期，謹以上聞。"王令曰："昔周文三分天下有其二，以服事殷，仲尼歎其至德；公旦履天子之籍，聽天下之斷，終然復子明辟，《書》美其人。吾雖德不及二聖，敢忘高山景行之義哉？若夫唐堯、舜、禹之蹟，皆以聖質茂德處之，故能上和靈祇，下寧萬姓，流稱今日。今吾德至薄也，人至鄙也，遭遇際會，幸承先王餘業〔三〇〕，恩未被四海，澤未及天下，雖傾倉竭府以振魏國百姓，猶寒者未盡煖，饑者未盡飽。夙夜憂懼，弗敢遑寧，庶欲保全髮齒,長守今日,以没於地,以全魏國,下見先王,以塞負荷之責。望狹志局,守此而已。雖屢蒙祥瑞,當之戰惶,五色無主,若芝之言,豈所聞乎?心慄手悼〔三一〕,書不成字,辭不宣口〔三二〕。吾間作詩曰:'喪亂悠悠過紀,白骨從橫萬里,哀哀下民靡恃,吾將佐時整理,復子明辟致仕。'庶欲守此辭以自終,卒不虛言也。宜宣示遠近,使昭赤心。"於是侍中辛毗、劉曄、散騎常侍傅巽、衞臻、尚書令桓階、尚書陳矯、陳羣、給事中博士騎都尉蘇林、董巴等奏曰:"伏見太史丞許芝上魏國受命之符,令書懇切,允執謙讓,雖舜、禹、湯、文,義無以過。然古先哲王所以受天命而不辭者,誠急遵皇天之意,副兆民之望,弗得已也。且《易》曰:'觀乎天文,以察時變,觀乎人文,以化成天下。'又曰:'天垂象,見吉凶,聖人則之;河出圖,洛出書。聖人效之。'以爲天文因人而變,至於河洛之書,著於《洪範》,則殷、周效而用之矣。斯言誠帝王之明符,天道之大要也。是以由德應錄者代興於前,失道數盡者迭廢於後,《傳》譏萇弘欲支天下之所壞,而說蔡墨'雷乘乾'之說,明神器之存亡,非人力所能逮也。今漢室衰替,帝綱墮墜,天子之詔,歇滅無聞,皇天將捨舊而命新,百姓既去漢而爲魏,昭然著明,是可知也。先王撥亂平世,將建洪基。至於殿下,以至德當曆數之運,即位以來,天應人事,粲然大備,神靈圖籍,兼仍往古,休徵嘉兆,跨越前代。是芝所取《中黄》《運期》姓緯之讖,斯文乃著於前世,與漢並見。由是言之,天命久矣,非殿下所得而拒之也。神明之意,候望禋享,兆民顒顒,咸注嘉願,惟殿下覽圖籍之明文,急天下之公義,輒宣令外內,布告州郡,使知符命著明,而殿下謙虛之意。"令曰:"下四方,以明孤欵心是也。至於覽餘辭,豈余所謂哉?寧所堪哉?諸卿指論,未若孤自料之審也。夫虛談謬稱,鄙薄所弗當也。且聞比來東征，經郡縣，歷屯田，百姓面有饑色，衣或裋褐不完〔三三〕，罪皆在孤，是以上慚衆瑞，下愧士民。由斯言之，德尚未堪偏王，何言帝者也！宜止息此議，無重吾不德，使逝之後，不愧後之君子。"癸丑，宣告羣寮。督軍御史中丞司馬懿、侍御史鄭渾、羊祕、鮑勛、武周等言："令如左。伏讀太史丞許芝上符命事，臣等聞有唐世衰，天命在虞，虞氏世衰，天命在夏。然則天地之靈，曆數之運，去就之符，惟德所在。故孔子曰：'鳳鳥不至，河不出圖，吾已矣夫！'今漢室衰，自安、和、沖、質以來，國統屢絕，桓、靈荒淫，祿去公室，此乃天命去就，非一朝一夕，其所由來久矣。殿下踐阼，至德廣被，格於上下，天人感應，符瑞並臻，考之舊史，未有若今日之盛。夫大人者，先天而天弗違，後天而奉天時，天時已至而猶謙讓者，舜、禹所不爲也，故生民蒙救濟之惠，羣類受育長之施。今八方顒顒，大小注望，皇天乃眷，神人同謀，十分而九以委質，義過周文，所謂過恭也。臣妾上下，伏所不安。"令曰："世之所不足者道義也，所有餘者苟妄也，常人之性，賤所不足，貴所有餘，故曰'不患無位，患所以立'。孤雖寡德，庶自免於常人之責。夫石可破而不可奪堅，丹可磨而不可奪赤〔三四〕。丹石微物，尚保斯質，況吾託士人之末列，曾受教於君子哉？且於陵仲子以仁爲富，柏成子高以義爲貴，鮑焦感子貢之言，棄其蔬而槁死，薪者譏季札失辭，皆委重而弗視。吾獨何人？昔周武，大聖也，使叔旦盟膠鬲於四內，使召公約微子於共頭，故伯夷、叔齊相與笑之曰：'昔神農氏之有天下，不以人之壞自成，不以人之卑自高。'以爲周之伐殷以慙也〔三五〕。吾德非周武而義慙夷、齊，庶欲遠苟妄之失道，立丹石之不奪，邁於陵之所富，蹈柏成之所貴，執鮑焦之貞至，遵薪者之清節。故曰：'三軍可奪帥，匹夫不可奪志。'吾之斯志，豈可奪哉？"乙卯，册詔魏王禪代天下曰："惟延康元年十月乙卯，皇帝曰：咨爾魏王，夫命運否泰，依德升降，三代卜年，著於《春秋》，是以天命不於常，帝王不一姓，由來尚矣。漢道陵遲，爲日已久，安、順已降，世失其序，沖、質短祚，三世無嗣，皇綱肇虧，帝典頽沮。暨於朕躬，天降之災，遭無妄厄運之會[三六]，值炎精幽昧之期。變興輦轂，禍由閹宦。董卓乘釁，惡甚澆、獍，劫遷省御，太僕宮廟[三七]，遂使九州幅裂，彊敵虎爭，華夏鼎沸，蝮蛇塞路。當斯之時，尺土非復漢有，一夫豈復朕民？幸賴武王德膺符運，奮揚神武，芟夷凶暴，清定區夏，保乂皇家。今王纘承前緒，至德光昭，御衡不迷[三八]，布德優遠，聲教被四海，仁風扇鬼區，是以四方效珍，人神響應，天之曆數，實在爾躬。昔虞舜有大功二十，而放勳禪以天下；大禹有疏導之績[三九]，而重華禪以帝位。漢承堯運，有傳聖之義，加順靈祇[四〇]，紹天明命，釐降二女，以嬪於魏。使使持節行御史大夫事太常音，奉皇帝璽綬，王其永君萬國，敬御天威，允執其中，天祿永終，敬之哉！"於是尚書令桓階等奏曰："漢氏以天子位禪之陛下，陛下以聖明之德，曆數之序，承漢之禪，允當天心。夫天命弗可得辭，兆民之望弗可得違，臣請會列侯諸將、羣臣陪隸，發璽書，順天命，具禮儀列奏。"令曰："當議孤終不當承之意而已。猶獵，還方有令。"尚書令等又奏曰："昔堯、舜禪於文祖，至漢氏，以師征受命，畏天之威，不敢怠遑，便即位行在所之地。今當受禪代之命，宜會百寮羣司，六軍之士，皆在行位，使咸覩天命。營中促狹，可於平敞之處設壇場，奉答休命。臣輒與侍中常侍會議禮儀，太史官擇吉日詔，復奏。"令曰："吾殊不敢當之，外亦何豫事也！"侍中劉廙、常侍衛臻等奏議曰："漢氏遵唐堯公天下之議，陛下以聖德膺曆數之運，天人同忻，靡不得所，宜順靈符，速踐皇阼。問太史丞許芝，今月十七日己未宜成，可受禪命，輒治壇場之處，所當施行別奏。"令曰："屬出見外，便設壇場，斯何謂乎？今當辭讓不受詔也。但於帳前發璽書，威儀如常，且天寒，罷作壇士使歸。"既發璽書，王令曰："當奉還璽綬爲讓章。吾豈奉此詔承此眖邪？昔堯讓天下於許由、子州支甫，舜亦讓於善卷、石户之農、北人無擇，或退而耕潁之陽，或辭以幽憂之疾，或遠入山林，莫知其處，或攜子入海，終身不反，或以爲辱，自投深淵。且顏闔懼太璞之不完〔四一〕，守知足之明分，王子搜樂丹穴之潛處，被薰而不出〔四二〕，柳下惠不以三公之貴易其介〔四三〕，曾參不以晉、楚之富易其仁。斯九士者，咸高節而尚義，輕富而賤貴，故書名千載，於今稱焉。求仁得仁，仁豈在遠？孤獨何爲不如哉？義有蹈東海而逝，不奉漢朝之詔也。亟爲上章還璽綬，宣之天下，使咸聞焉。"己未，宣告羣僚，下魏，又下天下。輔國將軍清苑侯劉若等百二十人上書曰："伏讀令書，深執克讓，聖意懇惻，至誠外昭，臣等有所不安。何者？石户、北人，匹夫狂狷，行不合義，事不經見者，是以史遷謂之不然，誠非聖明所當希慕。且有虞不逆放勛之禪，夏禹亦無辭位之語，故《傳》曰：'舜陟帝位，若固有之。'斯誠聖人知天命不可逆，曆數弗可辭也。伏惟陛下應乾符運，至德發聞，升昭於天，是三靈降瑞，人神以和，休徵雜沓，萬國響應，雖欲勿用，將焉避之？而固執謙虛，違天逆衆，慕匹夫之微分，背上聖之所蹈，違經讖之明文，信百氏之穿鑿，非所以奉答天命，光慰衆望也。臣等昧死以請，輒整頓壇場，至吉日受命，如前奏，分別寫令宣下。"王令曰："昔柏城子高辭夏禹而匿野〔四四〕，顏闔辭魯幣而遠跡，夫以王者之重，諸侯之貴，而二子忽之，何則？其節高也。故列士徇榮名，義夫高貞介，雖蔬食瓢飲，樂在其中。是以仲尼師王駘，而子産嘉申徒。今諸卿皆孤股肱腹心，足以明孤，而今咸若斯，則諸卿遊於形骸之內，而孤求爲形骸之外，其不相知，未足多怪。亟爲上章還璽綬，勿復紛紛也。"輔國將軍等一百二十人又奏曰："臣聞符命不虛見，衆心弗可違，故孔子曰：'周公其爲不聖乎？以天下讓。是天地日月輕去萬物也。'是以舜嚮天下，不拜而受命。今火德氣盡，炎上數終，帝遷明德，祚隆大魏。符瑞昭晳〔四五〕，受命既固，光天之下，神人同應，雖有虞儀鳳，成周躍魚，方今之事，未足以喻。而陛下違天命以飾小行，逆人心以守私志，上忤皇穹眷命之旨，中忘聖人達節之數，下孤人臣翹首之望，非所以揚聖道之高衢，乘無窮之懿勳也。臣等聞事君有獻可替否之道，奉上有逆鱗固爭之義，臣等敢以死請。"令曰："太古聖王之治也〔四六〕，至德合乾坤，惠澤均造化，禮教優乎昆蟲，仁恩洽乎草木，日月所照，戴天履地，含氣有生之類，靡不被服清風，沐浴玄德，是以金革不起，苛慝不作，風雨應節，禎祥觸類而見。今百姓寒者未暖，饑者未飽，鰥者未室，寡者未嫁；權、備尚存，未可舞以干戚，方將整以齊斧；戎役未息於外，士民未安於內，耳未聞康哉之歌，目未覩擊壤之戲，嬰兒未可託於高巢，餘糧未可以宿於田畝，人事未備，至於此也。夜未曜景星，治未通真人，河未出龍馬，山未出象車，蓂莢未植階庭，萐莆未生庖廚，王母未獻白環，渠搜未見珍裘，靈瑞未效，又如彼也。昔東戶季子、容成、大庭、軒轅、赫胥之君，咸得以此就功勒名。今諸卿獨不可少假孤精心竭慮，以和天人，以格至理，使彼衆事備，羣瑞效，然後安乃議此乎，何遽相愧相迫之如是也？速爲讓章，上還璽綬，無重吾不德也。"侍中劉廙等奏曰："伏惟陛下以大聖之純懿，當天命之曆數，觀天象則符瑞著明，考圖緯則文義煥炳，察人事則四海齊心，稽前代則異世同歸。而固拒禪命，未踐尊位，聖意懇惻，臣等敢不奉詔？輒具章遣使者奉。"令曰:"泰伯三以天下讓,人無得而稱爲焉,仲尼歎其至德,孤獨何人?"庚申,魏王上書曰:"皇帝陛下:奉被今月乙卯璽書,伏聽册命,五内驚震,精爽散越,不知所處。臣前上還相位,退守藩國,聖恩聽許。臣雖無古人量德度身自定之志,保己存性,實其私願。不窹陛下猥損過謬之命,發不世之詔,以加無德之臣。且聞堯禪重華,舉其克諧之德,舜授文命,采其齊聖之美,猶下咨四嶽,上觀璿璣。今臣德非虞、夏,行非二君〔四七〕,而承曆數之咨,應選授之命,内自揆撫,無德以稱。且許由匹夫,猶拒帝位,善卷布衣,而逆虞詔。臣雖鄙蔽,敢忘守節以當大命。不勝至願,謹拜章陳情,使行相國永壽少府糞土臣毛宗奏,並上璽綬。"辛酉,給事中博士蘇林、董巴上表曰:"天有十二次以爲分野,王公之國,各有所屬,周在鶉火。魏在大梁。歲星行歷十二次國,天子受命,諸侯以封。周文王始受命,歲在鶉火,至武王伐紂十三年,歲星復在鶉火,故《春秋傳》曰:'武王伐紂,歲在鶉火。歲之所在,即我有周之分野也。'昔光和七年,歲在大梁,武王始受命,爲時將討黄巾,是歲改年爲中平元年。建安元年,歲復在大梁,始拜大將軍。十三年復在大梁,始拜丞相。今二十五年,歲復在大梁,陛下受命。此魏得歲與周文王受命相應。今年青龍在庚子,《詩推度災》曰:'庚者更也,子者滋也,聖命天下治。'又曰:'王者布德於子,治成於丑。'此言今年天更命聖人制治天下,布德於民也。魏以改制天下,與時協矣。顓頊受命,歲在豕韋,衛居其地,亦在豕韋,故《春秋傳》曰:'衛,顓頊之墟也。'今十月斗之建,則顓頊受命之分也,始魏以十月受禪,此同符始祖受命之驗也。魏之氏族,出自顓頊,與舜同祖,見於《春秋》世家。舜以土德承堯之火,今魏亦以土德承漢之火,於行運會於堯舜授受之次。臣聞天之去就,固有常分,聖人當之,昭然不疑。

故堯捐骨肉而禪有虞,終無怪色,舜發隴畝而君天下,若固有之,其相授受〔四八〕,間不替漏。天下已傳矣,所以急天命,天下不可一日無君也。今漢期運已終,妖異絶之已審,陛下受天之命,符瑞告徵〔四九〕,丁寧詳悉,反覆備至,雖言語相喻,無以代此。今既發詔書,璽綬未御,固執謙讓,上逆天命,下違民望。臣謹案古之典籍,參以圖緯,魏之行運及天道所在,即尊之驗,在於今年此月,昭晰分明。唯陛下遷思易慮,以時即位,顯告天帝而告天下,然後改正朔,易服色,正大號,天下幸甚。"令曰:"凡斯皆宜聖德,故曰'苟非其人,道不虛行'。天瑞雖彰,須德而光,吾德薄之人,胡足以當之? 今讓,冀見聽許,外内咸使聞知。"壬戌,册詔曰:"皇帝問魏王言:遣宗奉庚申書到,所稱引,聞之。朕惟漢家世踰二十,年過四百,運周數終,行祚已訖,天心已移,兆民望絶,天之所廢,有自來矣。今大命有所底止,神器當歸聖德,違天不順,逆衆不祥,王其體有虞之盛德,應曆數之嘉會,是以禎祥告符〔五〇〕,圖讖表録,神人同應,受命咸宜。朕畏上帝,致位於王。天不可違,衆不可拒。且重華不逆堯命,大禹不辭舜位,若夫由、卷匹夫,不載聖籍,固非皇材帝器所當稱慕。今使音奉皇帝璽綬,王其陟帝位,無逆朕命,以祗奉天心焉。"於是尚書令桓階等奏曰:"今漢使音奉璽書到,臣等以爲天命不可稽,神器不可瀆。周武中流〔五一〕,有白魚之應,不待師期,而大號已建,舜受大麓〔五二〕,桑蔭未移,而已陟帝位,皆所以祗承天命,若此之速也。故無固讓之義,不以守節爲貴,必道信於神靈〔五三〕,符合於天地而已〔五四〕。《易》曰:'其受命如響,無有遠近幽深,遂知來物,非天下之至精〔五五〕,其孰能與於此?'今陛下應期運之數,爲皇天所子,而復稽滯於辭讓,低回於大號,非所以則天地之道,副萬國之望。臣等敢以死請,輒勑有司脩治壇場,擇吉日,受禪命,發璽綬。"令曰:"冀三讓而不見聽,何汲汲於斯乎?"甲子,魏王上書曰:"奉今月戊戌璽書,重被聖命,伏聽册告,肝膽戰悸,不知所措。天下神器,禪代重事,故堯將禪舜,納於大麓,舜之命禹,玄圭告功,烈風不迷,九州攸平,詢事考言,然後乃命,而猶執謙讓,於德不嗣。况臣頑固,質非二聖,乃應天統,受終明詔,敢守微節,歸志箕山,不勝大願。謹拜表陳情,使并奉上璽綬。"侍中劉廙等奏曰:"臣等聞聖帝不違時,明主不逆人,故《易》稱通天下之志,斷天下之疑。伏惟陛下體有虞之上聖,承土德之行運,當亢陽明夷之會,應漢氏祚終之數,合契皇極,同符兩儀。是以聖瑞表徵,天下同應,曆運去就,深切著明。論之天命,無所與議,比之時宜,無所與爭。故受命之期,時清日晏,曜靈施光,休氣云蒸。是乃天道悅懌,民心欣戴,而仍見閉拒,於禮何居?且羣生不可一日無主[五六],神器不可以斯須無統,故臣有違君以成業,下有矯上以立事,臣等敢不重以死請。"王令曰:"天下重器,王者正統,以聖德當之,猶有懼心,吾何人哉?且公卿未至乏主,斯豈小事,且宜以待固讓之後,乃當更議其可耳。"丁卯,册詔魏王曰:"天訖漢祚,辰象著明,朕祇天命,致位於王,仍陳曆數於詔册,喻符運於翰墨;神器不可以辭拒,皇位不可以謙讓,稽於天命,至於再三。且四海不可以一日曠主,萬幾不可以斯須無統[五七],故建大業者不拘小節,知天命者不繫細物,是以舜受大業之命而無遜讓之辭,聖人達節,不亦遠乎!今使音奉皇帝璽綬,王其欽承,以答天下嚮應之望焉。"相國華歆、太尉賈詡、御史大夫王朗及九卿上言曰:"臣等被召到,伏見太史丞許芝、左中郎將李伏所上圖讖、符命,侍中劉廙等宣敍衆心,人靈同謀。又漢朝知陛下聖化通於神明,聖德參於虞、夏,因瑞應之備至,聽曆數之所在,遂獻璽綬,固讓尊號。能言之倫，莫不抃舞，《河圖》《洛書》，天命瑞應，人事協於天時，民言協於天敘。而陛下性秉勞謙，體尚克讓，明詔懇切，未肯聽許，臣妾小人，莫不伊邑。臣等聞自古及今，有天下者不常在乎一姓，考以德勢，則盛衰在乎彊弱，論以終始，則廢興在乎期運。唐、虞曆數，不在厥子，而在舜、禹。舜、禹雖懷克讓之意，迫羣后執玉帛而朝之，兆民懷欣戴而歸之，率土揚謳謠而詠之，故其守節之拘，不可得而常處，達節之權，不可得而久避。是以或遜位而不怍，或受禪而不辭，不怍者未必厭皇寵，不辭者未必渴帝祚，各迫天命而不得以已。既禪之後，則唐氏之子爲賓於有虞，虞氏之胄爲客於夏代，然則禪代之義，非獨受之者實應天福，授之者亦與有餘慶焉。漢自章、和之後，世多變故，稍以陵遲，洎乎孝靈，不恒其心，虐賢害仁，聚斂無度，政在嬖豎，視民如讐，遂令上天震怒，百姓從風如歸〔五八〕，當時則四海鼎沸，既没則禍發宮庭，寵勢並竭，帝室遂卑。若在帝舜之末節，猶擇聖代而授之，荆人抱玉璞，猶思良工而刊之，況漢國既往，莫之能匡，推器移君，委之聖哲，固其宜也。漢朝委質，既願禪禮之速定也，天祚率土，必將有主，主率土者，非陛下其孰能任之？所謂論德無與爲比，考功無推讓矣。天命不可久稽，民望不可久違，臣等慺慺，不勝大願。伏請陛下割撝謙之志，修受禪之禮，副人神之意，慰外内之願。”令曰：“以德則孤不足，以時則戎虜未滅。若以羣賢之靈，得保首領，終君魏國，於孤足矣。若孤者，胡足以辱四海？至乎天瑞人事，皆先王聖德遺慶，孤何有焉？是以未敢聞命。”己巳，魏王上書曰：“臣聞舜有賓於四門之勳，乃受禪於陶唐，禹有存國七百之功，乃承禄於有虞。臣以蒙蔽，德非二聖，猥當天統，不敢聞命。敢屢抗疏，略陳私願，庶章通紫庭，得全微節，情達宸極，永守本志。而音重復銜命，申制詔臣，臣實戰惕，不發璽書，而音迫於嚴詔，不敢復命。願陛下馳傳聘驛，召音還臺。不勝至誠，謹使宗奉書。"相國歆、太尉詡、御史大夫朗及九卿奏曰："臣等伏讀詔書，於悒益甚。臣等聞《易》稱聖人奉天時，《論語》云君子畏天命，天命有去就，然後帝者有禪代。是以唐之禪虞，命在爾躬，虞之順唐，謂之受終。堯知天命去己，故不得不禪舜，舜知曆數在躬，故不敢不受。不得不禪，奉天時也，不敢不受，畏天命也。漢朝雖承季末陵遲之餘，猶務奉天命以則堯之道，是以願禪帝位而歸二女。而陛下正於大魏受命之初，抑虞、夏之達節，尚延陵之讓退，而所枉者大，所直者小，所詳者輕，所略者重，中人凡士猶爲陛下陋之。沒者有靈，則重華必忿憤於蒼梧之神墓，大禹必鬱悒於會稽之山陰，武王必不悅於商陵之玄宮矣。是以臣等敢以死請。且漢政在閹官，祿去帝室七世矣，遂集矢石於其宮殿，而二京爲之丘墟。當是之時，四海蕩覆，天下分崩，武王親衣甲而冠冑，沐雨而櫛風，爲民請命則活萬國，爲世撥亂則致升平，鳩民而立長，築宮而置吏，元元無過，罔干前業〔五九〕，而始有造於華夏。陛下即位，光昭文德，以翊武功，勤恤民隱，視之如傷，懼者寧之，勞者息之，寒者以暖，饑者以充，遠人以德服〔六○〕，寇敵以恩降，邁恩種德，光被四表；稽古篤睦，茂於放勳，綱漏吞舟，弘乎周文。是以布政未朞，人神並和，皇天則降甘露而臻四靈，后土則挺芝草而吐醴泉，虎豹鹿兔，皆素其色，雉鳩燕雀，亦白其羽，連理之木，同心之瓜，五采之魚，珍祥瑞物，雜沓於其間者，無不畢備。古人有言：'微禹，吾其魚乎！'微大魏，則臣等之白骨交橫於曠野矣。伏省羣臣外內前後章奏，所以陳敘陛下之符命者，莫不條河洛之圖書，據天地之瑞應，因漢朝之款誠，宣萬方之景附，可謂信矣著矣〔六一〕，三王無以及，五帝無以加。民命之懸於魏政，三十有餘年矣，此乃千世時至之會,萬載一遇之秋。達節廣度,宜昭於斯際,拘牽小節,不施於此時。仰稽天命[六二],罪在臣等。輒營壇場,具禮儀,擇吉日,昭告昊天上帝,秩羣神之禮,須禋祭畢,會羣寮於朝堂,議年號、正朔、服色當施行,上復。"令曰:"昔者大舜飯糗茹草,將終身焉,斯則孤之前志也。及至承堯禪,被袗裘[六三],妻二女,若固有之,斯則順天命也。羣公卿士誠以天命不可拒,民望不可違,孤亦曷以辭焉?"庚午,冊詔魏王曰:"昔堯以配天之德,秉六合之重,猶觀曆運之數,移於有虞,委讓帝位,忽如遺跡。今天既訖我漢命,乃眷北顧,帝皇之業,實在大魏[六四]。朕守空名以竊古義,顧視前事,猶有慚德,而王遜讓至於三四[六五],朕用懼焉。夫不辭萬乘之位者,知命達節之數也,虞、夏之君,處之不疑,故勳烈垂於萬載,美名傳於無窮。今遣守尚書令侍中顗喻,王其速陟帝位,以順天人之心,副朕之大願。"於是尚書令桓階等奏曰:"今漢氏之命已四至[六六],而陛下前後固辭,臣等伏以為上帝之臨聖德,期運之隆大魏,斯豈數載?《傳》稱周之有天下,非甲子之朝,殷之去帝位,非牧野之日也。故《詩》序商湯,追本玄王之至,述姬周,上錄后稷之生,是以受命既固,厥德不回。漢氏衰廢,行次已絕,三辰垂其徵,史官著其驗,耆老記先古之占,百姓協謌謠之聲。陛下應天受禪,當速即壇場,柴燎上帝,誠不宜久停神器,拒億兆之願。臣輒下太史令擇元辰,今月二十九日,可登壇受命,請詔王公羣卿[六七],具條禮儀別奏。"令曰:"可。"乃為壇於繁陽。庚午,王升壇即阼,百官陪位。事訖,降壇,視燎成禮而反。改延康為黃初,大赦。《獻帝傳》曰:辛未,魏王登壇受禪,公卿、列侯、諸將、匈奴單于、四夷朝者數萬人陪位,燎祭天地、五嶽、四瀆,曰:"皇帝臣丕敢用玄牡昭告於皇皇后帝：漢歷世二十有四，踐年四百二十有六，四海困窮，王綱不立〔六八〕，五緯錯行，靈祥並見，推術數者慮之古道，咸以爲天之曆數，運終茲世，凡諸嘉祥民神之意，比昭有漢數終之極，魏家受命之符。漢主以神器宜授於臣，憲章有虞，致位於丕。丕震畏天命，雖休勿休。羣公庶尹六事之人，外及將士，洎於蠻夷君長，僉曰：'天命不可以辭拒，神器不可以久曠，羣臣不可以無主，萬幾不可以無統。'丕祗承皇象，敢不欽承。卜之守龜，兆有大橫，筮之三易，兆有革兆，謹擇元日，與羣寮登壇受帝璽綬，告類於爾大神，唯爾有神，尚饗永吉，兆民之望，祚於有魏世享。"遂制詔三公："上古之始有君也，必崇恩化以美風俗，然百姓順教而刑辟厝焉。今朕承帝王之緒，其以延康元年爲黃初元年，議改正朔，易服色，殊徽號，同律度量，承土行，大赦天下。自殊死以下，諸不當得赦，皆赦除之。"《魏氏春秋》曰：帝升壇禮畢，顧謂羣臣曰："舜、禹之事，吾知之矣。"干寶《搜神記》曰：宋大夫邢史子臣明於天道，周敬王之三十七年，景公問曰："天道其何祥？"對曰："後五十年五月丁亥，臣將死；死後五年五月丁卯，吳將亡；亡後五年，君將終；終後四百年，邾王天下。"俄而皆如其言。所云邾王天下者〔六九〕，謂魏之興也。邾，曹姓，魏亦曹姓，皆邾之後。其年數則錯，未知邢史失其數邪，將年代久遠，注記者傳而有謬也？

　　黃初元年十一月癸酉，以河內之山陽邑萬户奉漢帝爲山陽公，行漢正朔，以天子之禮郊祭，上書不稱臣，京都有事於太廟，致胙。封公之四子爲列侯。追尊皇祖太王曰太皇帝，考武王曰武皇帝，尊王太后曰皇太后。賜男子爵人一級，爲父後及孝悌力田人二級。以漢諸侯王爲崇德侯，列侯爲關中侯。以潁陰之繁陽亭爲繁昌縣。封爵增位各有差。改相國爲司徒，御史大夫爲司空，奉常爲太常，郎中令爲光祿勳，大理爲廷尉，大農爲大司農。郡國縣邑，多所改易。更授匈奴南單于呼廚泉魏璽綬，賜青蓋車、乘輿、寶劍、玉玦。十二月，初營洛陽宮，戊午幸洛陽。臣松之案：諸書記是時帝居北宮，以建始殿朝羣臣，門曰承明，陳思王植詩曰"謁帝承明廬"是也。至明帝時，始於漢南宮崇德殿處起太極、昭陽諸殿。《魏書》曰：以夏數爲得天，故即用夏正，而服色尚黃。《魏略》曰：詔以漢火行也，火忌水〔七〇〕，故"洛"去"水"而加"隹"。魏於行次爲土，土，水之牡也〔七一〕，水得土而乃流〔七二〕，土得水而柔，故除"隹"加"水"，變"雒"爲"洛"。

是歲，長水校尉戴陵諫不宜數行弋獵，帝大怒。陵減死罪一等。

二年春正月，郊祀天地、明堂。甲戌，校獵至原陵，遣使者以太牢祠漢世祖。乙亥，朝日於東郊。臣松之以爲：禮天子以春分朝日，秋分夕月。尋比年正月郊祀〔七三〕，有月無日，乙亥朝日，則有日無月，蓋文之脫也。案明帝朝日夕月，皆如禮文，故知此紀爲脫者也〔七四〕。初令郡國口滿十萬者，歲察孝廉一人。其有秀異，無拘戶口。辛巳，分三公戶邑，封子弟各一人爲列侯。壬午，復潁川郡一年田租。《魏書》載詔曰："潁川，先帝所由起兵征伐也。官渡之役，四方瓦解，遠近顧望，而此郡守義，丁壯荷戈，老弱負糧。昔漢祖以秦中爲國本，光武恃河內爲王基，今朕復於此登壇受禪，天以此郡，翼成大魏。"改許縣爲許昌縣。以魏郡東部爲陽平郡,西部爲廣平郡。《魏略》曰:改長安、譙、許昌、鄴、洛陽爲五都。立石表,西界宜陽,北循太行,東北界陽平,南循魯陽,東界郯,爲中都之地。令天下聽內徙,復五年,後又增其復。

詔曰:"昔仲尼資大聖之才,懷帝王之器,當衰周之末,無受命之運,在魯、衛之朝〔七五〕,教化乎洙、泗之上,棲棲焉〔七六〕,遑遑焉,欲屈已以存道,貶身以救世。於時王公〔七七〕,終莫能用之〔七八〕,乃退考五代之禮〔七九〕,修素王之事,因魯史而制《春秋》,就太師而正《雅》《頌》,俾千載之後,莫不宗其文以述作〔八〇〕,仰其聖以成謀咨,可謂命世之大聖,億載之師表者也〔八一〕。遭天下大亂,百祀墮壞,舊居之廟,毀而不修,褒成之後,絕而莫繼,闕里不聞講頌之聲〔八二〕,四時不覩烝嘗之位,斯豈所謂崇禮報功〔八三〕,盛德百世必祀者哉!其以議郎孔羨爲宗聖侯,邑百戶,奉孔子祀。"令魯郡修起舊廟,置百戶吏卒以守衛之〔八四〕,又於其外廣爲室屋以居學者〔八五〕。

春三月,加遼東太守公孫恭爲車騎將軍。初復五銖錢。夏四月,以車騎將軍曹仁爲大將軍。五月,鄭甘復叛,遣曹仁討斬之。六月庚子,初祀五嶽四瀆,咸秩羣祀。《魏書》:甲辰,以京師宗廟未成,帝親祠武皇帝於建始殿,躬執饋奠,如家人之禮。丁卯,夫人甄氏卒。戊辰晦,日有食之,有司奏免太尉,詔曰:"災異之作,以譴元首,而歸過股肱,豈禹、湯罪己之義乎?其令百官各虔厥職,後有天地之眚,勿復劾三公〔八六〕。"

秋八月，孫權遣使奉章，並遣于禁等還。丁巳，使太常邢貞持節拜權爲大將軍，封吳王，加九錫。冬十月，授楊彪光祿大夫。《魏書》曰：己亥，公卿朝朔旦[八七]，并引故漢太尉楊彪，待以客禮[八八]，詔曰："夫先王制几杖之賜[八九]，所以賓禮黃耈襃崇元老也。昔孔光、卓茂皆以淑德高年[九〇]，受茲嘉賜[九一]。公故漢宰臣，乃祖已來，世著名節[九二]，年過七十，行不逾矩，可謂老成人矣，所宜寵異以章舊德。其賜公延年杖及馮几，謁請之日，便使杖入，又可使著鹿皮冠。"彪辭讓，不聽，竟著布單衣、皮弁以見。《續漢書》曰：彪見漢祚將終，自以累世爲三公，恥爲魏臣，遂稱足攣，不復行，積十餘年。帝即王位，欲以爲太尉，令近臣宣旨。彪辭曰："嘗以漢朝爲三公[九三]，值世衰亂，不能立尺寸之益，若復爲魏臣，於國之選，亦不爲榮也。"帝不奪其意。黃初四年，詔拜光祿大夫，秩中二千石，朝見位次三公，如孔光故事。彪上章固讓，帝不聽，又爲門施行馬，致吏卒[九四]，以優崇之。年八十四，以六年薨。子修，事見《陳思王傳》。以穀貴，罷五銖錢。《魏書》曰：十一月辛未，鎮西將軍曹真命衆將及州郡兵討破叛胡治元多、盧水[九五]、封賞等，斬首五萬餘級，獲生口十萬，羊一百一十一萬口，牛八萬，河西遂平。帝初聞胡決水灌顯美，謂左右諸將曰："昔隗囂灌洛陽[九六]，而光武因其疲弊，進兵滅之。今胡決水灌顯美，其事正相似，破胡事今至不久。"旬日，破胡告檄到，上大笑曰[九七]："吾策之於帷幕之内，諸將奮擊於萬里之外，其相應若合符節[九八]。前後戰克獲虜，未有如此也。"己卯，以大將軍曹仁爲大司馬。十二月，行東巡。是歲築陵雲臺。

三年春正月丙寅朔，日有蝕之。庚午，行幸許昌宮。

詔曰："今之計考,古之貢士也。十室之邑,必有忠信,若限年然後取士,是呂尚、周晉不顯於前世也。其令郡國所選,勿拘老幼,儒通經術,吏達文法,到皆試用。有司糾故不以實者。"《魏書》曰:癸亥,孫權上書,說:"劉備支黨四萬人,馬二三千匹,出秭歸,請往掃撲,以克捷爲效。"帝報曰:"昔隗囂之弊,禍發栒邑;子陽之禽,變起扞關。將軍其亢厲威武,勉蹈奇功,以稱吾意。"

二月,鄯善、龜玆、于闐王各遣使奉獻,詔曰:"西戎即敘,氐羌來王,《詩》《書》美之。頃者西域外夷並款塞內附,應劭《漢書注》曰:款,叩也,皆叩塞門來服從。其遣使者撫勞之。"是後西域遂通,置戊己校尉。

三月乙丑,立齊公叡爲平原王,帝弟鄢陵公彰等十一人皆爲王。初制封王之庶子爲鄉公,嗣王之庶子爲亭侯,公之庶子爲亭伯。甲戌,立皇子霖爲河東王。甲午,行幸襄邑。夏四月戊申,立鄄城侯植爲鄄城王。癸亥,行還許昌宮。五月,以荊、揚、江表八郡爲荊州,孫權領牧故也。荊州江北諸郡爲郢州。

閏月,孫權破劉備於夷陵。初,帝聞備兵東下,與權交戰,樹柵連營七百餘里,謂羣臣曰:"備不曉兵,豈有七百里營可以拒敵者乎!'苞原隰險阻而爲軍者爲敵所禽',〔九九〕,此兵忌也。孫權上事今至矣。"後七日〔一〇〇〕,破備書到。

秋七月,冀州大蝗,民饑,使尚書杜畿持節開倉廩以振之。八月,蜀大將黃權率衆降。《魏書》曰:權及領南郡太守史郃等三百一十八人，詣荊州刺史奉上所假印綬、棨戟、幢麾、牙門、鼓車。權等詣行在所，帝置酒設樂，引見於承光殿。權、郃等人人前自陳，帝爲論説軍旅成敗去就之分，諸將無不喜悦。賜權金帛、車馬、衣裘、帷帳、妻妾，下及偏裨皆有差。拜權爲侍中鎮南將軍，封列侯，即日召使驂乘，及封史郃等四十二人皆爲列侯，爲將軍、郎將百餘人。

九月甲午，詔曰："夫婦人與政，亂之本也。自今以後，羣臣不得奏事太后，后族之家不得當輔政之任，又不得橫受茅土之爵。以此詔傳後世，若有背違，天下共誅之。"孫盛曰：夫經國營治，必憑俊喆之輔，賢達令德，必居參亂之任，故雖周室之盛，有婦人與焉。然則坤道承天，南面罔二，三從之禮，謂之至順。至於號令自天子出，奏事專行，非古義也。昔在申、呂，實匡有周。苟以天下爲心，惟德是杖，則親疏之授，至公一也，何至后族而必斥遠之哉？二漢之季世，王道陵遲，故令外戚憑寵，職爲亂階。於此自時昏道喪，運祚將移，縱無王、呂之難，豈乏田、趙之禍乎？而後世觀其若此，深懷酸毒之戒也。至於魏文，遂發一概之詔，可謂有識之爽言，非帝者之宏議。庚子，立皇后郭氏。賜天下男子爵人二級〔一〇〕。鰥寡篤癃及貧不能自存者賜穀。

冬十月甲子，表首陽山東爲壽陵，作終制曰："禮，國君即位爲椑，存不忘亡也。椑音扶歷反。臣松之按：禮，天子諸侯之棺各有重數，棺之親身者曰椑。昔堯葬穀林，通樹之，禹葬會稽，農不易畝，《呂氏春秋》：堯葬於穀林，通樹之；舜葬於紀，市廛不變其肆；禹葬會稽，不變人徒。故葬於山林，則合乎山林。封樹之制，非上古也，吾無取焉。壽陵因山爲體，無爲封樹，無立寢殿，造園邑，通神道。夫葬也者，藏也，欲人之不得見也。骨無痛痒之知，冢非棲神之宅，禮不墓祭，欲存亡之不黷也，爲棺槨足以朽骨，衣衾足以朽肉而已。故吾營此丘墟不食之地，欲使易代之後不知其處。無施葦炭〔一〇二〕，無藏金銀銅鐵，一以瓦器，合古塗車、芻靈之義。棺但漆際會三過〔一〇三〕，飯含無以珠玉〔一〇四〕，無施珠襦玉匣，諸愚俗所爲也。季孫以璵璠斂，孔子歷級而救之，譬之暴骸中原〔一〇五〕。宋公厚葬，君子謂華元、樂莒不臣，以爲棄君於惡。漢文帝之不發，霸陵無求也；光武之掘，原陵封樹也。霸陵之完，功在釋之；原陵之掘，罪在明帝。是釋之忠以利君，明帝愛以害親也。忠臣孝子，宜思仲尼、丘明、釋之之言，鑒華元、樂莒、明帝之戒，存於所以安君定親，使魂靈萬載無危，斯則賢聖之忠孝矣。自古及今，未有不亡之國，亦無不掘之墓也〔一〇六〕。喪亂以來，漢氏諸陵無不發掘，至乃燒取玉匣金縷，骸骨並盡，是焚如之刑也，豈不重痛哉！禍由乎厚葬封樹。桑、霍爲我戒，不亦明乎？其皇后及貴人以下，不隨王之國者，有終没皆葬澗西，前又以表其處矣。蓋舜葬蒼梧，二妃不從〔一〇七〕；延陵葬子，遠在嬴博。魂而有靈，無不之也，一澗之間，不足爲遠。若違今詔，妄有所變改造施，吾爲戮尸地下〔一〇八〕，戮而重戮〔一〇九〕，死而重死。臣子爲蔑死君父，不忠不孝，使死者有知，將不福汝。其以此詔藏之宗廟，副在尚書、祕書、三府〔一一〇〕。」

是月，孫權復叛。復郢州爲荆州。帝自許昌南征，諸軍兵並進，權臨江拒守。十一月辛丑，行幸宛。庚申晦，日有食之。是歲，穿靈芝池。

四年春正月，詔曰："喪亂以來，兵革未戢，天下之人，互相殘殺〔一一〕。今海内初定，敢有私復讎者皆族之。"築南巡臺於宛。三月丙申，行自宛還洛陽宫。癸卯，月犯心中央大星。《魏書》載丙午詔曰："孫權殘害民物，朕以寇不可長，故分命猛將三道並征。今征東諸軍與權黨吕範等水戰，則斬首四萬，獲船萬艘。大司馬據守濡須，其所禽獲亦以萬數。中軍、征南，攻圍江陵，左將軍張郃等舳艫直渡，擊其南渚，賊赴水溺死者數千人，又爲地道攻城，城中外雀鼠不得出入，此几上肉耳。而賊中癘氣疾病，夾江塗地，恐相染污。昔周武伐殷，旋師孟津，漢祖征隗囂，還軍高平，皆知天時而度賊情也。且成湯解三面之網，天下歸仁。今開江陵之圍，以緩成死之禽。且休力役，罷省縣戍，畜養士民，咸使安息。"丁未，大司馬曹仁薨。是月大疫。

夏五月，有鵜鶘鳥集靈芝池，詔曰："此詩人所謂污澤也。《曹詩》刺恭公遠君子而近小人，今豈有賢智之士處於下位乎〔一二〕？否則斯鳥何爲而至〔一三〕？其博舉天下雋德茂才、獨行君子，以答曹人之刺。"《魏書》曰：辛酉，有司奏造二廟，立太皇帝廟，大長秋特進侯與高祖合祭，親盡以次毁。特立武皇帝廟，四時享祀，爲魏太祖，萬載不毁也。

六月甲戌，任城王彰薨於京都。甲申，太尉賈詡薨。太白晝見。是月大雨，伊、洛溢流，殺人民，壞廬宅。

《魏書》曰：十月乙未〔一一四〕，大軍當出，使太常以特牛一告祠於郊。臣松之按：魏郊祀奏中，尚書盧毓議祀厲殊事云〔一一五〕："具犧牲祭器，如前後師出告郊之禮。"如此，則魏氏出師，皆告郊也。秋八月丁卯，以廷尉鍾繇爲太尉。《魏書》曰：有司奏改漢氏宗廟安世樂曰正世樂，嘉至樂曰迎靈樂，武德樂曰武頌樂，昭容樂曰昭業樂，云翹舞曰鳳翔舞，育命舞曰靈應舞，武德舞曰武頌舞，文昭舞曰大昭舞，五行舞曰大武舞。辛未，校獵於滎陽，遂東巡。論征孫權功，諸將已下進爵增戶各有差。九月甲辰，行幸許昌宮。《魏書》曰：十二月丙寅，賜山陽公夫人湯沐邑，公女曼爲長樂郡公主，食邑各五百戶。是夕〔一一六〕，甘露降芳林園。臣松之按：芳林園即今華林園，齊王芳即位，改爲華林。

五年春正月，初命謀反大逆乃得相告〔一一七〕，其餘皆勿聽治，敢妄相告，以其罪罪之。三月，行自許昌還洛陽宮。夏四月，立太學，制五經課試之法，置《春秋穀梁》博士。五月，有司以公卿朝朔望日，因奏疑事，聽斷大政，論辨得失。秋七月，行東巡，幸許昌宮。八月，爲水軍，親御龍舟，循蔡、潁，浮淮，幸壽春。揚州界將吏士民，犯五歲刑已下，皆原除之。九月，遂至廣陵，赦青、徐二州，改易諸將守。冬十月乙卯，太白晝見。行還許昌宮。《魏書》載癸酉詔曰："近之不綏，何遠之懷？今事多而民少，上下相弊以文法，百姓無所措其手足。昔泰山之哭者，以爲苛政甚於猛虎，吾佩儒者之風〔一一八〕，服聖人之遺教，豈可以目翫其辭，行違其誠者哉？廣議輕刑，以惠百姓。"十一月庚寅，以冀州饑，遣使者開倉廩振之。戊申晦，日有食之。

十二月，詔曰："先王制禮，所以昭孝事祖，大則郊社〔一一九〕，其次宗廟，三辰五行，名山大川，非此族也，不在祀典。叔世衰亂，崇信巫史，至乃宮殿之內，戶牖之間，無不沃酹，甚矣其惑也。自今其敢設非祀之祭〔一二〇〕，巫祝之言，皆以執左道論。著於令典〔一二一〕。"是歲穿天淵池。

六年春二月，遣使者循行許昌以東盡沛郡，問民所疾苦，貧者振貸之。《魏略》載詔曰："昔軒轅建四面之號，周武稱予有亂臣十人，斯蓋先聖所以體國君民，亮成天工，多賢為貴也。今內有公卿以鎮京師，外設牧伯以監四方，至於元戎出征，則軍中宜有柱石之賢帥，輜重所在，又宜有鎮守之重臣，然後車駕可以周行天下，無內外之慮。吾今當征賊，欲守之積年。其以尚書令潁鄉侯陳羣為鎮軍大將軍，尚書僕射西鄉侯司馬懿為撫軍大將軍。若吾臨江授諸將方略，則撫軍當留許昌，督後諸軍，錄後臺文書事。鎮軍隨車駕，當董督眾軍，錄行尚書事。皆假節鼓吹，給中軍兵騎六百人。吾欲去江數里，築宮室，往來其中，見賊可擊之形，便出奇兵擊之。若或未可，則當舒六軍以游獵，饗賜軍士。"三月，行幸召陵，通討虜渠。乙巳，還許昌宮。并州刺史梁習討鮮卑軻比能，大破之。辛未，帝為舟師東征。五月戊申，幸譙。壬戌，熒惑入太微。

六月，利成郡兵蔡方等以郡反〔一二二〕，殺太守徐質。遣屯騎校尉任福、步兵校尉段昭與青州刺史討平之。其見脅略及亡命者，皆赦其罪。

秋七月，立皇子鑒爲東武陽王。八月，帝遂以舟師自譙循渦入淮，從陸道幸徐[一二三]。九月，築東巡臺。冬十月，行幸廣陵故城，臨江觀兵，戎卒十餘萬，旌旗數百里。《魏書》載帝於馬上爲詩曰："觀兵臨江水，水流何湯湯！戈矛成山林，玄甲耀日光。猛將懷暴怒，膽氣正從橫。誰云江水廣，一葦可以航！不戰屈敵虜[一二四]，戢兵稱賢良。古公宅歧邑，實始翦殷商。孟獻營虎牢，鄭人懼稽顙。充國務耕殖，先零自破亡。興農淮泗間[一二五]，築室都徐方。量宜運權略，六軍咸悅康。豈如《東山詩》，悠悠多憂傷[一二六]。"是歲大寒，水道冰，舟不得入江，乃引還。十一月，東武陽王鑒薨。十二月，行自譙過梁，遣使以太牢祀故漢太尉橋玄。

七年春正月，將幸許昌，許昌城南門無故自崩，帝心惡之，遂不入。壬子，行還洛陽宮。三月，築九華臺。夏五月丙辰，帝疾篤，召中軍大將軍曹真、鎮軍大將軍陳羣、征東大將軍曹休、撫軍大將軍司馬宣王，並受遺詔輔嗣主。遣後宮淑媛、昭儀已下歸其家。丁巳，帝崩於嘉福殿，時年四十。《魏書》曰：殯於崇華殿前[一二七]。六月戊寅，葬首陽陵。自殯及葬，皆以終制從事。《魏氏春秋》曰：明帝將送葬，曹真、陳羣、王朗等以暑熱固諫，乃止。孫盛曰：夫窀穸之事，孝子之極痛也，人倫之道，於斯莫重。故天子七月而葬，同軌畢至。夫以義感之情，猶盡臨隧之哀，況乎天性發中，敦禮者重之哉！魏氏之德，仍世不基矣。昔華元厚葬，君子以爲棄君於惡，羣等之諫，棄孰甚焉！鄄城侯植爲誄曰："惟黃初七年五月七日，大行皇帝崩，嗚呼哀哉！於時天震地駭，崩山隕霜，陽精薄景，五緯錯行。百姓吁嗟〔一二八〕，萬國悲傷，若喪考妣〔一二九〕，恩過慕唐，擗踊郊野，仰想穹蒼〔一三〇〕，僉曰何辜，早世殞喪，嗚呼哀哉！悲夫大行，忽焉光滅，永棄萬國，云往雨絕。承問荒忽，悁憒哽咽，袖鋒抽刃，歎自僵斃，追慕三良，甘心同穴。感惟南風，惟以鬱滯，終於偕沒，指景自誓。考諸先記，尋之哲言，生若浮寄，唯德可論〔一三一〕，朝聞夕逝，孔志所存。皇雖一沒〔一三二〕，天祿永延。何以述德？表之素旂。何以詠功？宣之管絃。乃作誄曰：皓皓太素，兩儀始分，中和產物，肇有人倫。爰暨三皇，實秉道真〔一三三〕，降逮五帝，繼以懿純，三代制作，踵武立勳。季嗣不維，網漏於秦，崩樂滅學，儒坑禮焚，二世而殲，漢氏乃因，弗求古訓，嬴政是遵，王綱帝典，闃爾無聞。求光幽昧〔一三四〕，道究運遷，乾坤迴曆〔一三五〕，簡聖授賢，乃眷大行，屬以黎元。龍飛啟祚，合契上玄，正行定紀〔一三六〕，改號革年，明明赫赫，受命於天〔一三七〕。風偃物化〔一三八〕，德以禮宣；祥惟聖質，嶷在幼妍。庶幾六典〔一三九〕，學不過庭，潛心無罔，抗志青冥。才秀藻朗，如玉之瑩，聽察無嚮〔一四〇〕，瞻覩未形。其剛如金，其貞如瓊，如水之潔〔一四一〕，如砥之平。爵功無私，戮違無輕，心鏡萬機，攬照下情〔一四二〕。思良股肱，嘉昔伊、呂，搜揚側陋，舉湯代禹；拔才巖穴，取士蓬戶，唯德是縈〔一四三〕，弗拘禰祖。宅土之表〔一四四〕，道義是圖，弗營厥險，六合是虞〔一四五〕。齊契共遵〔一四六〕，下以純民〔一四七〕，恢拓規矩，克紹前人。科條品制，褒貶以因。乘殷之輅，行夏之辰。金根黃屋，翠葆龍鱗，絑冕崇麗，衡紞維新，尊肅禮容，矚之若神〔一四八〕。方牧妙舉，欽於恤民，虎將荷節，鎮彼四鄰；朱旗所剿，九壤被震〔一四九〕。疇克不若，孰敢不臣？縣旌海表，萬里無塵。虜備凶轍〔一五〇〕，鳥殪江岷，權若涸魚，乾腊矯鱗，肅慎納貢，越裳效珍，條支絕域，侍子內賓〔一五一〕。

德儕先皇，功侔大古[一五二]。上靈降瑞，黃初叔祜[一五三]：河龍洛龜，淩波游下；平鈞應繩，神鷖翔舞；數莢階除，系風扇暑；皓獸素禽，飛走郊野；神鐘寶鼎，形自舊土；云英甘露，瀸塗被宇[一五四]；靈芝冒沼，朱華蔭渚。回回凱風，祁祁甘雨，稼穡豐登，我稷我黍[一五五]。家佩惠君[一五六]，戶蒙慈父。圖致太和，浴德全義[一五七]。將登介山，先皇作儷。鐫石紀勳，兼録衆瑞，方隆封禪，歸功天地，賓禮百靈，勳命視規[一五八]，望祭四嶽，燎封奉柴，肅於南郊，宗祀上帝。三牲既供，夏禘秋嘗，元侯佐祭，獻璧奉璋。鸞輿幽藹，龍旂太常，爰迨太廟，鐘鼓鍠鍠，頌德詠功，八佾鏘鏘。皇祖既饗，烈考來享，神具醉止，降茲福祥。天地震蕩，大行康之；三辰暗昧，大行光之；皇紘絕維，大行綱之；神器莫統，大行當之；禮樂廢弛，大行張之；仁義陸沈，大行揚之；潛龍隱鳳，大行翔之；疏狄遐康，大行匡之。在位七載，元功仍舉[一五九]，將承太和[一六〇]，絕跡三五，宜作物師，長爲神主，壽終金石，等算東父。如何奄忽，摧身后土，俾我煢煢，靡瞻靡顧！嗟嗟皇穹，胡寧忍務[一六一]？嗚呼哀哉！明監吉凶，體遠存亡[一六二]，深垂典制，申之嗣皇。聖上虔奉，是順是將，乃翔玄宇[一六三]，基爲首陽，擬迹穀林，追堯慕唐[一六四]，合山同陵[一六五]，不樹不疆，塗車芻靈，珠玉靡藏。百神警侍，來賓幽堂[一六六]，耕禽田獸，望魂之翔。於是俟大隧之致功兮，練元辰之淑禎[一六七]。潛華體於梓宮兮，馮正殿以居靈。顧望嗣之號咷兮[一六八]，存臨者之悲聲。悼晏駕之既疾兮[一六九]，感容車之速征。浮飛魂於輕霄兮，就黃墟以滅形[一七〇]。背三光之昭晰兮，歸玄宅之冥冥。嗟一往之不反兮，痛閟閨之長扃。咨遠臣之眇眇兮，感凶諱以怛驚[一七一]。心孤絕而靡告兮，紛流涕而交頸。思恩榮以橫奔兮，閡關塞之嶢崢。顧衰絰以輕舉兮，迫關防之我嬰。欲高飛而遙逝兮〔一七二〕，憚天網之遠經。遙投骨於山足兮，報恩養於下庭。慨拊心而自悼兮，懼施重而命輕。嗟微軀之是效兮，甘九死而忘生。幾司命之役籍兮〔一七三〕，先黃髮而隕零。天蓋高而察卑兮，冀神明之我聽。獨鬱伊而莫愬兮，追顧景而憐形〔一七四〕。奏斯文以寫思兮，結翰墨以敷誠。嗚呼哀哉！"

初，帝好文學，以著述為務，自所勒成垂百篇。又使諸儒撰集經傳，隨類相從，凡千餘篇，號曰《皇覽》。《魏書》曰：帝初在東宮，疫癘大起〔一七五〕，時人彫傷〔一七六〕，帝深感歎，與素所敬者大理王朗書曰〔一七七〕："生有七尺之形〔一七八〕，死唯一棺之土〔一七九〕。唯立德揚名，可以不朽，其次莫如著篇籍。疫癘數起，士人彫落，余獨何人，能全其壽？"故論撰所著《典論》、詩賦，蓋百餘篇，集諸儒於肅城門內〔一八〇〕，講論大義，侃侃無倦。常嘉漢文帝之為君，寬仁玄默，務欲以德化民，有賢聖之風。時文學諸儒，或以為孝文雖賢，其於聰明，通達國體，不如賈誼。帝由是著《太宗論》曰："昔有苗不賓，重華舞以干戚。尉佗稱帝，孝文撫以恩德，吳王不朝，錫之几杖以撫其意，而天下賴安。乃弘三章之教，愷悌之化，欲使曩時累息之民，得闊步高談，無危懼之心。若賈誼之才敏，籌畫國政，特賢臣之器，管、晏之資〔一八一〕，豈若孝文大人之量哉？"三年之中，以孫權不服，復頒《太宗論》於天下，明示不願征伐也。他日又從容言曰："顧我亦有所不取於漢文帝者三：殺薄昭，幸鄧通，慎夫人衣不曳地，集上書囊為帳帷。以為漢文儉而無法，舅后之家，但當養育以恩，而不當假借以權，既觸罪法，又不得不害矣。"其欲秉持中道，以為帝王儀表者如此。胡沖《吳曆》曰：帝以素書所著《典論》及詩賦餉孫權，又以紙寫一通與張昭〔一八二〕。

評曰：文帝天資文藻，下筆成章，博聞彊識，才藝兼該。《典論》帝《自敘》曰：初平之元，董卓殺主鴆后，蕩覆王室。是時四海既困中平之政，兼惡卓之凶逆，家家思亂，人人自危。山東牧守，咸以《春秋》之義"衛人討州吁于濮"，言人人皆得討賊。於是大興義兵，名豪大俠，富室強族，飄揚云會，萬里相赴，兗、豫之師，戰於滎陽，河內之甲，軍於孟津。卓遂遷大駕，西都長安。而山東大者連郡國，中者嬰城邑，小者聚阡陌，以還相吞滅〔一八三〕。會黃巾盛於海嶽〔一八四〕，山寇暴於并、冀，乘勝轉攻，席卷而南，鄉邑望烟而奔，城郭覩塵而潰，百姓死亡，暴骨如莽。余時年五歲，上以世方擾亂，教余學射，六歲而知射，又教余騎馬，八歲而知騎射矣〔一八五〕。以時之多故，每征，余常從。建安初，上南征荊州，至宛，張繡降。旬日而反，亡兄孝廉子修、從兄安民遇害。時余年十歲〔一八六〕，乘馬得脫。夫文武之道，各隨時而用，生於中平之季，長於戎旅之間，是以少好弓馬，於今不衰；逐禽輒十里，馳射常百步〔一八七〕，日夕體倦〔一八八〕，心每不厭。建安十年，始定冀州，濊、貊貢良弓，燕、代獻名馬。時歲之暮春，勾芒司節，和風扇物，弓燥手柔，草淺獸肥，與族兄子丹獵於鄴西，終日手獲麞鹿九，雉兔三十〔一八九〕。後軍南征次曲蠡，尚書令荀彧奉使犒軍，見余談論之末，或言："聞君善左右射，此實難能。"余言："執事未覩夫頂發口縱〔一九〇〕，俯馬蹄而仰月支也。"或喜笑曰："乃爾！"余曰："埒有常徑，的有常所，雖每發輒中，非至妙也。若馳平原〔一九一〕，赴豐草，要狡獸，截輕禽，使弓不虛彎，所中必洞，斯則妙矣。"時軍祭酒張京在坐，顧彧拊手曰善。余又學擊劒〔一九二〕，閱師多矣，四方之法各異，唯京師為善。桓靈之間，有虎賁王越善斯術，稱於京師。河南史阿言昔與越遊，具得其法，余從阿學之精熟〔一九三〕。嘗與平虜將軍劉勳、奮威將軍鄧展等共飲，宿聞展善有手臂〔一九四〕，曉五兵，又稱其能空手入白刃。余與論劍良久，謂言將軍法非也，余顧嘗好之，又得善術，因求與余對。時酒酣耳熱，方食竿蔗，便以爲杖，下殿數交，三中其臂，左右大笑。展意不平，求更爲之。余言吾法急屬，難相中面，故齊臂耳。展言願復一交，余知其欲突以取交中也，因僞深進，展果尋前，余却脚鄛，正截其顙，坐中驚視。余還坐，笑曰：＂昔陽慶使淳于意去其故方，更授以秘術，今余亦願鄭將軍捐棄故技，更受要道也。＂一坐盡歡。夫事不可自謂已長，余少曉持複，自謂無對，俗名雙戟爲坐鐵室，鑲楯爲蔽木户。後從陳國袁敏學，以單攻複〔一九五〕，每爲若神，對家不知所出，先日若逢敏於狹路〔一九六〕，直決耳！余於他戲弄之事少所喜，唯彈棊略盡其巧〔一九七〕，少爲之賦〔一九八〕。昔京師先工有馬〔一九九〕，合鄉侯東方安世〔二〇〇〕、張公子，常恨不得與彼數子者對〔二〇一〕。上雅好詩書文籍〔二〇二〕，雖在軍旅，手不釋卷，每每定省從容〔二〇三〕，常言人少好學則思專，長則善忘，長大而能勤學者，唯吾與袁伯業耳。余是以少誦詩、論，及長而備歷五經、四部，史、漢、諸子百家之言，靡不畢覽〔二〇四〕。《博物志》曰：帝善彈棊，能用手巾角〔二〇五〕。時有一書生，又能低頭以所冠著葛巾角撇棊〔二〇六〕。若加之曠大之度，勵以公平之誠，邁志存道，克廣德心，則古之賢主，何遠之有哉！

【校箋】

〔一〕毛本作＂魏書二＂。

〔二〕毛本作＂文帝紀第二＂。

〔三〕《御覽》卷九十三引"舉"上有"州"字。

〔四〕馮本、毛本"三"字作"六"。考本書《武帝紀》云："十六年春正月，天子命公世子丕爲五官中郎將，置官屬，爲丞相副。"此作"三"，誤，當據改。《初學記》卷十、《册府》卷五引"三"字亦作"六"，蕭書、《通志》同。

〔五〕《類聚》卷十六、《御覽》卷一百四十八引"問"上俱有"因"字。

〔六〕《御覽》卷四、《事類賦》卷一引《談藪》："魏文帝爲王時，夢日墜地，分爲三分，已得一分，而納懷中。"

〔七〕《後漢紀》"拓"作"戡"。

〔八〕盧弼曰："《書·武成》：'垂拱而天下治。'謂垂衣拱手也。"

謹案：《尚書·武成》正義曰："《説文》：'拱，斂手也。'垂拱而天下治，謂所任得人，人皆稱職，手無所營，下垂其拱，故美其垂拱而天下治也。"雖本《畢命》正義，然"垂拱"與"負扆"語正相儷，故"垂拱"不應分釋爲二，盧君注疑未得。

〔九〕盧弼曰："周壽昌曰：'丕居操喪而詔謂爲諒闇，蓋當時秉筆者已無一漢臣矣！後晉武帝詔山濤曰"山太常雖居諒闇"，則直以君詔其臣矣。'"

謹案：陳立《白虎通疏證》曰："《史記》注引鄭氏《無逸》注云：'諒闇轉作梁闇。楣謂之梁，闇謂廬也。小乙崩，武丁立，憂喪三年之禮，居倚廬柱楣，不言政事。'然則諒闇即《喪服傳》之'倚廬'，彼云'居倚廬，寢苫枕塊'。又云'既虞，剪屏柱楣'。鄭注云：'楣謂之梁，柱楣所謂梁闇。'又注《既夕禮》：'倚木爲廬，在中門外東方北户。'蓋始喪時，倚東壁爲廬，户北向，簷著於地，用草爲屏，不剪，至虞後，乃以楣柱及地之簷令高，剪其餘而西向開户也。"據此則諒闇之禮猶云喪禮,初無關於天子與臣下也。自杜預本馬融之釋,引爲短喪之據,而後諒闇乃爲天子喪禮專用之詞,蓋失古義矣!周所疑未是也。

〔一〇〕毛本"衹"字作"祇"。《後漢紀》同。

〔一一〕紹興本"荒"下有"也"字。

〔一二〕《御覽》卷二百二十四引《桓氏家傳》:"延康元年初置散騎之官,皆選親舊文武之才以爲賓宴之臣,遷桓範爲散騎侍郎。"

〔一三〕《類聚》卷九十八引《魏略》曰:"文帝欲受禪,郡國奏黄龍十三見。"

〔一四〕紹興本"三"字作"二"。

〔一五〕毛本"皇"字作"王"。

〔一六〕《册府》卷一百二十四引"視"字作"親"。《通典·禮三》引作"親持金鼓之節"。疑此"親"誤作"視",又脱"持"字。

〔一七〕盧弼曰:"洪飴孫曰:'度支中郎將一人,掌諸軍兵田。《書鈔》《御覽》引《魏略》云:司農度支校尉掌諸軍兵田,則度支中郎將職亦應同。'"

謹案:《魏略》:"司農度支校尉,黄初四年置,比二千石,掌諸軍兵田。"

〔一八〕盧弼曰:"盧文弨曰:'皆疑作樂。'"

謹案:《禮記·檀弓上》:"君子曰樂樂其所自生。"是孫盛所本。《御覽》卷五百三十九引作"先王云'樂其所生'"。疑此脱"云"字、"自"字,"皆"當從盧氏作"樂"。

〔一九〕《御覽》卷五百三十九引"出"字作"土"。

〔二〇〕盧弼曰:"《夏書》曰:'有典有則,貽厥子孫。'"

謹案：盧君引僞古文《五子之歌》語以明其源，非是。考"貽厥"之詞，蓋出自《詩經·大雅·文王》"貽厥孫謀"句。《五子之歌》後出，或非孫盛之所本也。"貽厥"爲孫之代語。

〔二一〕《通鑑·魏紀》"墜"字作"墮"。

〔二二〕馮本、陳本、毛本"十"下有"一"字，"卯"下無"下"字。

〔二三〕毛本"祇"字作"祇"，《通志》同。

〔二四〕紹興本"璇"字作"璿"。

〔二五〕馮本、陳本、毛本"徵"字作"微"。

〔二六〕毛本"阼"字作"祚"。

〔二七〕盧弼曰："何焯曰：'此可無堅冰二字之證。'姚範曰：'本義已引此證加初六二字。何指郭京《易舉正》言之耳。'"

謹案：徐紹楨曰："郭氏京《周易舉正》謂古本象傳無'堅冰'二字，説蓋本此。後朱子作《周易本義》亦引此志以正傳文。然《後漢書·魯恭傳》引象傳已有'履霜堅冰，陰始凝也'之語。恭在和帝時，先於魏晉，所見必非無據。毛氏奇齡謂此所引偶然遺脱，殆或有然也。說詳《周易質疑》。"

〔二八〕毛本"盛"字作"聖"。

〔二九〕盧弼曰："元本、馮本'坦'作'昭'。"

謹案：《禮記·祭法》鄭注："坦，明貌也。"疑作"坦"字是。

〔三〇〕毛本"餘"字作"遺"。

〔三一〕盧弼曰："何焯曰：'悼疑作掉。'孫志祖曰：'悼，震悚也。似不應作掉。'"

謹案："悼"疑當從何氏作"掉"。《説文·手部》："掉，搖也。"如孫説作"悼"，與手義似不相協，或非。

〔三二〕紹興本、毛本"口"字作"心"。

〔三三〕紹興本、毛本"裋"字作"短"。

〔三四〕盧弼曰："《劉子》卷七《大質章》：'故丹可磨而不可奪其色，蘭可燔而不可滅其馨，玉可碎而不可改其白，金可銷而不可易其剛，各抱自然之性，非可強變者也。'義亦本此。"

謹案：《呂氏春秋·誠廉》："石可破也，而不可奪堅；丹可磨也，而不可奪赤。堅與赤，性之有也。"此乃曹丕語所本，《劉子》後出，當亦本之。凡引證當推源其始，似不可引後人之文以爲證，斯有乖注釋之例矣。

〔三五〕《全三國文》"恭"字作"暴"，《史記·伯夷列傳》："以暴易暴兮，不知其非。"疑作"暴"字爲得。

〔三六〕盧弼曰："'無'應作'无'。"

謹案："无"，"無"之古文奇字。《易·屯》"即鹿无虞"，《風俗通·山澤》"无"作"無"。二字通用，不煩改字。

〔三七〕盧弼曰：《官本考證》朱良裘曰："太僕二字，於義無取，或爲火撲之譌。"

謹案：魏晉著述未見"火撲"二字爲辭者，朱說恐非。考《後漢書·郡國志》引《帝王世紀》曰"火焚官廟"。疑此"太僕"二字或爲"火焚"之譌。

〔三八〕盧弼曰："《漢書·律曆志》云：'佐助旋機，斟酌建指，以齊七政，故曰玉衡。'《論語》云：'立則見其參於前也，在車則見其倚於衡也。'《書·舜典》：'烈風雷雨弗迷。'孔傳云：'不有迷錯愆伏也。'"

謹案：竊疑此句蓋以舜事爲喻也。《尚書大傳·唐傳》云："堯推尊舜而尚之，屬諸侯焉，納之大麓之野，烈風雷雨不迷。"雷學淇《古經天象考》曰："夫天之有璣衡，猶國之有君相，天懸象而斗建指之，君建極而相贊治之，其理一也。"以天象喻事，衡以喻相，則御衡猶執行相之職務，爲政清明而無愆，是以言不迷也。

〔三九〕紹興本、毛本"績"字作"蹟"。

〔四〇〕毛本"祇"字作"祇"，誤。

〔四一〕紹興本"璞"字作"撲"，馮本、陳本、毛本、《全三國文》同。又"臅"字諸本俱作"燭"，《全三國文》作"歜"。

〔四二〕盧弼曰："各本'熏'作'重'，誤。《莊子·讓王篇》：'越人三世弒其君，王子搜患之，逃乎丹穴而越國無君，求王子搜不得，從之丹穴，王子搜不肯出。越人熏之以艾，乘之王輿，王子搜仰天而呼曰：君乎！君乎！獨不可以捨我乎！'"

謹案：《官本考證》李龍官曰："'被薰'諸本俱作'被重'，非。據《莊子·讓王篇》改正。"此與《集解》文字雖有詳略，然《考證》在前，似不能捨而不事稱引也。

〔四三〕毛本"貴"字作"位"。

〔四四〕紹興本、馮本、毛本"柏城"作"伯成"。

〔四五〕紹興本"晢"字作"晢"。《説文·日部》："晢，昭明也。"作"晢"是。

〔四六〕馮本、陳本"太"字作"夫"。

〔四七〕《類聚》卷十三引"君"字作"后"。

〔四八〕毛本"授受"二字乙。

〔四九〕盧弼曰："'告'疑作'吉'。"

謹案："告"非誤字。《荀子·禮論》："輿藏而馬反，告不用也。"注："告，示也。"若作"吉"，"符瑞吉徵"語意重複，疑乖原旨。盧君説蓋非。

〔五〇〕盧弼曰："宋本'告'作'吉'。"

謹案：作"告"字是。"告符表録"，語正相儷。宋本作"吉"，疑誤。

〔五一〕《類聚》引"周"上有"昔"字。

〔五二〕《類聚》引"受"下有"禪"字。

〔五三〕《類聚》引"必"下無"道"字。

〔五四〕《類聚》引"符"上有"而"字，"而已"作"也"。

〔五五〕紹興本、陳本"精"字作"𪿞"。馮本仍作"精"。

〔五六〕盧弼曰："宋本'可'下有'以'字。"

謹案：有"以"字者是。下文"神器不可以斯須無統"，語相儷成文。下同。

〔五七〕紹興本"無"字作"乏"。

〔五八〕盧弼曰："'風'疑作'亂'。"

謹案："百姓"下疑有脱文，盧君疑"風"作"亂"，未的。

〔五九〕紹興本、馮本"干"字作"於"，陳本、毛本作"于"。

〔六〇〕紹興本、馮本、陳本、毛本"德服"作"恩服"。

〔六一〕盧弼曰："《隸釋》作'可謂信矣，著矣，□矣，裕矣，高矣，邵矣'。'省'字當爲'著'字之誤。"

謹案：梁章鉅曰："按'省'字似'著'字筆誤，今碑作'可謂信矣，著矣，□矣，裕矣，高矣，邵矣'。"依序例當補"梁章鉅曰"四字。

〔六二〕紹興本、毛本"仰"字作"久"。

〔六三〕紹興本、馮本、陳本"袗"字作"珍"。梁同書曰："袗即《孟子》所云袗衣也。袗訓單，又訓同，皆無盛服之義。當以珍裘爲正。"上文《禪讓表》亦有"珍裘"語。

〔六四〕紹興本、馮本、陳本"在"字作"有"。

〔六五〕馮本、陳本作"而王遜位"。

〔六六〕紹興本"四"字作"曰",非。

〔六七〕紹興本"王公"作"三公"。

〔六八〕毛本"王"字作"三"。

〔六九〕毛本"云"字作"謂"。

〔七〇〕《初學記》卷六、《御覽》卷五十八引俱無"也""火"二字。《水經注·洛水》、郝書苟注引俱作"漢火行忌水"。

〔七一〕《初學記》《御覽》引"牡"字俱作"母"。

〔七二〕《書鈔》卷六十一、《初學記》引俱無"乃"字。《水經注》引同。

〔七三〕紹興本、毛本"比"字作"此",是也。

〔七四〕紹興本、毛本"脱"字作"誤"。

〔七五〕《隸釋》卷十九無"在"字,作"□生於魯衛之朝"。

〔七六〕《隸釋》"悽悽"字作"栖栖"。

〔七七〕《隸釋》"於"字作"當"。

〔七八〕《隸釋》無"之"字。

〔七九〕《隸釋》"退"字作"追"。

〔八〇〕《隸釋》"宗"字作"采"。《宋書·禮志》同。

〔八一〕《隸釋》"也"字作"已"。

〔八二〕《隸釋》"頌"字作"誦"。

〔八三〕《隸釋》"禮"字作"化",《宋書》同。

〔八四〕《隸釋》"吏卒"二字乙。"吏"字疑作"史"。

〔八五〕《隸釋》"屋"字作"宇"。

〔八六〕盧弼曰:"何焯曰:'自此遂無水旱劾三公之事,燮理之意微矣!'弼按:日月之蝕,推算可得,與政治無涉。魏文下詔罪己,不劾三公,誠爲卓識,然亦不失敬天戒懼之意。至水旱之災，則人事未盡，實爲三公之責，不能諉諸天時也。"

謹案：曹丕之頒此詔，蓋有它因，不得如何、盧二君所云也。考《魏志·賈詡傳》："文帝爲五官將，而臨菑侯才名方盛，各有黨羽，有奪宗之議。文帝使人問詡自固之術。詡曰：'願將軍恢崇德度，躬素士之業，朝夕孜孜，不違子道，如此而已。'文帝從之，深自砥礪。太祖又嘗屏除左右問詡，詡嘿然不對。太祖曰：'與卿言而不答，何也？'詡曰：'屬適有所思，故不即對也。'太祖曰：'何思？'詡曰：'思袁本初、劉景升父子也。'太祖大笑，於是太子遂定。"裴注引《魏略》曰："文帝德詡之對太祖，故即位，首登上司。"有司以日蝕沿例請罷賈詡之職，曹丕爲酬德報恩，不便聽許，故頒此詔以示其公，究其實質，徒欲答塞私惠而然也。

〔八七〕紹興本"旦"字作"日"。

〔八八〕《御覽》卷七百一十引句下有"賜之几杖"四字。

〔八九〕《御覽》引"賜"字作"錫"。

〔九〇〕《御覽》引"皆"字作"竝"。

〔九一〕紹興本"賜"字作"錫"，《御覽》引同。

〔九二〕《後漢書》注引"節"字作"績"。

〔九三〕《通鑑·魏紀》"以"字作"爲"，"三"上無"爲"字。

〔九四〕《通鑑·魏紀》"致"字作"置"。二字通用。

〔九五〕紹興本"盧"字作"蘆"。

〔九六〕紹興本"洛"字作"略"。《册府》卷一百二十五引同。梁章鉅謂"洛陽"當作"略陽"，從《後漢書》校改，甚是。

〔九七〕《册府》卷一百二十五引"上"字作"帝"，是也，與上文"帝初聞"相應。

〔九八〕紹興本、毛本"節"字作"契"。《册府》卷一百二十五引同。

〔九九〕《御覽》卷三百三十五引"苞"字作"包"。《通典·兵十一》同。

〔一〇〇〕毛本"七"字作"十"。

〔一〇一〕《通志》"二"字作"一"。

〔一〇二〕盧弼曰："《左傳·成公二年》：'八月，宋文公卒，始厚葬，用蜃炭。君子謂華元、樂舉於是乎不臣。'杜預曰：'燒蛤爲炭，以瘞壙。'《周禮·掌蜃》：'掌斂互物、蜃物，以共闉壙之蜃。'鄭司農説以'《春秋傳》曰始用蜃言僭天子也'。"

謹案：盧君僅釋"炭"未及"葦"，注不賅備。《周禮·地官·稻人》云："喪紀共七葦事。"鄭注："葦以闉壙禦濕之物。"賈疏云："禦水之物，則在棺下用之。"孫詒讓曰："葦即今之蘆。"

〔一〇三〕盧弼曰："《禮記·喪大記》曰：'君大棺八寸，屬六寸，椑四寸。君裏棺用朱緑，用雜金鐕。君蓋用漆，三衽三束。'"

謹案：盧君引《喪大記》以釋，於傳中"際會"之義則未爲注。《禮記·檀弓》正義："衽，小要也。其形體兩頭廣中央小也。既不用棺釘，但先鑿棺邊及兩頭合際處作坎形，則以小要連之，令固棺立相對。每束之處，以一衡之衽連之。若豎束之處，則豎著七衽，以連棺蓋及底之木，使與棺頭尾之材相固。"此云際會，《周禮·夏官·弁師》鄭注："會，縫中也。""際會"漢魏間語，即正義之合際處也。意謂僅於棺木合縫處塗漆三次，而不遍髹也。

〔一〇四〕盧弼曰："《周禮·天官·冢宰》曰：'太宰之職，大喪贊贈玉含玉。'《説文》曰：'含，送死口中玉也。'《釋名》曰：'含以米，具含其口中也。'《禮記·雜記下》曰：'天子飯九貝，諸侯七，大夫五，士三。飯含也。'此蓋夏制。周禮飯含用玉。"

謹案：傳文并言珠玉，集解僅釋玉而不及珠，詮解不備。《續漢書・禮儀志》注引《禮緯稽命徵》曰："天子飯以珠，含以玉。"《周禮・春官・典瑞》"大喪共飯玉含玉"，鄭注："飯玉，碎玉以雜米也。含玉，柱左右齻及在口中者。"惠士奇曰："珠者，玉之圜好如珠，即玉府之珠玉也。"

〔一〇五〕盧弼曰："《孔子家語・子貢問篇第十三》季平子卒，將以君之璵璠斂，贈以珠玉。孔子初爲中都宰，聞之，歷級而救焉（歷級，遽登階不聚足），曰：'送而以寶玉，是猶曝尸於中原也，其示民以姦利之端，而有害於死者，安用之！且孝子不順情以危親，忠臣不兆姦以陷君。'乃止。"

謹案：《呂氏春秋・安死篇》曰："魯季孫有喪，孔子往弔之，入門而左，從客也。主人以璵璠收，孔子徑庭而趨，歷級而上曰：'以寶玉收，譬之猶曝骸中原也。'"曹丕詔蓋本此。《家語》晚出，非曹丕所本，盧君引以爲證，蓋非。

〔一〇六〕盧弼曰："此真千古通論。"

謹案：此見《呂氏春秋・安死篇》，盧君失考，意謂之爲曹丕語，蓋非。又《治要》卷二十五引"亦"字作"是"，"墓"下無"也"字。

〔一〇七〕盧弼曰："《禮記・檀弓上》云：'舜葬於蒼梧之野，蓋三妃未之從也。'"

謹案：此作二妃，《檀弓》作三妃，盧君引之而未有解說，非是。考鄭注："舜不告而娶，不立正妃，但三妃而已。"疏曰："《帝王世紀》：長妃娥皇，無子；次妃女英，生商均；次妃癸比，生二女，霄明、燭光是也。"是《檀弓》作三妃，曹丕本之，或當以之作"三妃"乃得。

〔一〇八〕《治要》引"尸"字作"死"。

〔一〇九〕《治要》引無此句。

〔一一〇〕盧弼曰："盧文弨曰：'《文類》書作省。'"

謹案：作"省"者蓋誤。考本志《陳思王植傳》有尚書、中書、祕書三府句，則"書"字爲是，"尚省"不詞。又"尚書"下疑奪"中書"二字。

〔一一一〕《類聚》卷三十三、《御覽》卷四百八十二引"互"字作"多"。

〔一一二〕《全三國文》"位"下有"者"字。

〔一一三〕《晉書·五行志》引"至"下有"哉"字。

〔一一四〕紹興本、毛本"十月"作"七月"，與《晉書·禮志》同。《册府》卷三十二引亦作"七月"。

〔一一五〕盧弼曰："宋本、元本、吳本作'祀厲殃事'。何焯曰：'作祀厲殃事，於文義較顯。'沈家本曰：'《通典·吉禮門》魏祀五郊、六宗及厲殃，亦其證。'"

謹案：郝書"告郊"下苟注引"殊"亦作"殃"。段玉裁《說文解字注》："厲殃謂厲鬼凶害。"

〔一一六〕馮本、陳本"是夕"作"是冬"。

〔一一七〕紹興本、毛本"命"字作"令"，《册府》卷六百一十、《通志》同。

〔一一八〕紹興本、馮本、毛本"佩"字俱作"備"。《册府》卷六十二"佩"字作"被"。

〔一一九〕《宋書·禮志》、《册府》卷一百九十五"社"俱作"禮"。萬斯大《學禮質疑》曰：郊祀取社祭地，則"社"字不誤。《國語·魯語》展禽曰：凡禘、郊、宗、祖、報，此五者國之典祀也。加之以社稷山川之神，皆有功烈於民者也。及前哲令德之人，所以爲明質也。及天之三辰，民所以瞻仰也；及地之五行，所以生殖也；及九州名山川澤，所以出財用也。非是不在祀典。"

〔一二〇〕《通典·禮十五》"祀"字作"禮"。《宋書》同。

〔一二一〕毛本無此四字。《治要》亦無。

〔一二二〕《册府》卷一百二十一"反"字作"叛"。

〔一二三〕《初學記》卷九引"徐"下有"州"字。

〔一二四〕《御覽》卷五百九十一引作"不戰能屈敵"。

〔一二五〕《御覽》引"泗"字作"甸"。

〔一二六〕《御覽》引"憂"字作"悲"。

〔一二七〕紹興本、毛本"殿前"作"前殿"。考《明帝紀》引《魏書》"殯於九龍前殿"，作"前殿"是。

〔一二八〕毛本"吁"字作"呼"。

〔一二九〕《類聚》卷十三引作"哀殊考妣"。

〔一三〇〕《類聚》引"想"字作"愬"。

〔一三一〕《類聚》引作"德貴長傳"。

〔一三二〕《韵補》卷二引"雖"字作"維"，《類聚》卷十三引"一"字作"殪"。

〔一三三〕毛本"實"字作"寔"，宋本《曹子建集》（以下省稱"《曹子建集》"）同。

〔一三四〕紹興本"求"字作"末"，與《曹子建集》合。《類聚》卷十三引"求"字作"元"。

〔一三五〕《類聚》引作"乾迴曆數"。

〔一三六〕紹興本"正"字作"五"，《曹子建集》同。

〔一三七〕《類聚》引"於"字作"自"。

〔一三八〕紹興本、馮本、陳本、毛本俱作"仁風偃物"。《曹子建集》同。

〔一三九〕《類聚》引作"岐嶷幼齡,研幾六典"。《曹子建集》同。

〔一四〇〕盧弼曰:"《藝文類聚》'嚮'作'饗'。《曹子建集》同。"

謹案:《類聚》《曹子建集》均作"響",不作"饗"。"聽察無響",猶聽察於無聲也,與下"瞻睹未形"儷句。

〔一四一〕馮本、陳本、毛本"水"字俱作"冰"。《曹子建集》同。"水"字似誤。

〔一四二〕《類聚》引"攬"字作"鑒"。疑此"攬"字當作"鑒"。

〔一四三〕盧弼曰:"'縈'一作'索',一作'榮'。"

謹案:明刊本《子建集》作"索",宋本作"縈"。《書鈔》卷一百五十八引作"營"。盧君云一作"榮",不知何本也?竊疑作"縈"字是。《說文·糸部》:"縈,收也。"是"縈"有收義。

〔一四四〕盧弼曰:"各本'土'作'士',誤。宋本作'土',《子建集》同。'表'一作'中'。"

謹案:《類聚》、《御覽》卷一引"表"字作"中","宅土之中",謂建都於洛陽也。"表"疑爲"衷"字之形誤。又《御覽》引此下有"率民以建"四字。

〔一四五〕《御覽》引"是虞"作"通同"。

〔一四六〕《御覽》引作"齊契共檢"。

〔一四七〕《御覽》引作"導下以純,民由樸儉"。

〔一四八〕《類聚》引作"瞻之若神"。

〔一四九〕盧弼曰:"《藝文類聚》'被'作'披'。"

謹案:引見《類聚》卷十三。曹植《責躬詩》"朱旗所拂,九土披攘"與此句義同。當從《類聚》作"披"字爲是。

〔一五〇〕紹興本、馮本、陳本、毛本"轍"字作"徹"。

〔一五一〕《曹子建集》"侍"字作"衆"。

〔一五二〕毛本"大"字作"太"。《曹子建集》同。

〔一五三〕《御覽》引"叔"字作"俶"。

〔一五四〕盧弼曰："《爾雅·釋水》：'泉一見一否爲瀸。'"

謹案：盧君引《爾雅·釋水》以釋"瀸"，似有未當。《説文·水部》："瀸，漬也。""瀸塗"猶云浸漬道路。

〔一五五〕《類聚》引作"稼惟歲豐，登我黍稷"。

〔一五六〕《類聚》引"君"作"尹"。

〔一五七〕紹興本、馮本、陳本、毛本"浴"字作"洽"。《曹子建集》同。

〔一五八〕盧弼曰："此四字疑誤。"

謹案：《尚書·堯典》曰："肆覲東后，協時月正日，同律度量衡，修五禮五玉三帛二生一死贄，如五器，卒乃復。"戴震《尚書義考》曰："鄭説爲公侯伯子男朝聘之禮，率羣后行之，即所以修明之也。時月正日，布政之大者，正日謂正朔也。律度衡量，法制之大者。公侯伯子男各依其命數之儀，爵秩等威之大者，於巡守協之同之修之，皆一時所能徧之大端，不可使之或失之也。"竊謂此句"勑命"，蓋指公侯伯子男，而"視規"如示之以禮儀法度也。曹植或本《尚書》爲説。

〔一五九〕盧弼曰："《藝文類聚》'元'作'九'。"

謹案：當從《類聚》卷十三引作"九"。《左傳·文公七年》郤缺曰："六府三事謂之九功，水火金木土穀謂之六府，正德、利用、厚生謂之三事。"據左氏傳則作"九功"爲是。

〔一六〇〕紹興本、馮本、陳本、毛本"承"字俱作"永"。

《曹子建集》同。

〔一六一〕《類聚》引"務"字作"予"。

〔一六二〕盧弼曰："《藝文類聚》'遠'作'達'。"

謹案：《類聚》引"遠"字作"達"。《小爾雅·廣詁》："通，達也。""體達存亡"謂洞明生死之理。蓋指曹丕所終制而言，則作"達"字爲是，"遠"字疑涉形近而譌。

〔一六三〕《類聚》引"朔"字作"啓"。

〔一六四〕盧弼曰："《藝文類聚》'慕'作'纂'。"

謹案：當從《類聚》卷十三引作"纂"，《御覽》引同。《禮記·祭統》注："纂，繼也。""慕"字於此無義，當爲"纂"字之形誤。

〔一六五〕盧弼曰："《藝文類聚》'陵'作'阪'。"

謹案：《御覽》卷一引同。《說文·阜部》："阪，一曰山脅。"疑作"阪"字是。

〔一六六〕《類聚》引作"賓於幽堂"。

〔一六七〕《類聚》引"練"字作"陳"。

〔一六八〕盧弼曰："'望'一作'皇'。"

謹案：張溥《漢魏百三名家集》本《曹子建集》"望"字作"皇"。疑"望"爲"聖"字傳寫之誤。"聖嗣"謂曹叡。

〔一六九〕紹興本"疾"字作"修"，《類聚》引同。

〔一七〇〕盧弼曰："'滅'一作'藏'。"

謹案：《類聚》引"滅"作"藏"。作"藏"爲是。又"墟"字疑當作"壚"。《郭后哀策》曰："就黃壚而安厝。"《淮南子·覽冥篇》："上際九天，下契黃壚。"注："黃壚，黃泉下壚土也。""墟""壚"形近。

〔一七一〕"感"紹興本作"咸"，馮本、陳本作"成"。

〔一七二〕紹興本、馮本、陳本、毛本"逝"字作"憩"。

〔一七三〕盧弼曰："元本'伇'作'役'。宋本、馮本、毛本作'伇'。吳本作'没'。沈家本曰：'《説文》《類篇》《韻會》無伇字，《集韻》同役。'"

謹案：《説文·殳部》："役，古文從人。"沈云《説文》無伇字，非是。古時傳說謂司命掌人生死之籍。役籍，服役名籍，司命注其役籍，則謂人當死亡也。吳本作"没"，或傳寫之誤。

〔一七四〕《御覽》引"追"字作"迫"。

〔一七五〕《初學記》卷二十一引作"癘氣數起"。《御覽》卷九十三引作"氣疫"，卷六百一十五引作"氛癘大起"，卷七百四十二引同。疑本作"疫氣"。

〔一七六〕《初學記》引"時人"作"士人"。下文有"士人彫落"語，疑或作"士"。又《初學記》、《御覽》卷九十三引"彫"字俱作"凋"。

〔一七七〕《御覽》引"敬"字作"善"。

〔一七八〕《御覽》卷九十三、卷六百一十五、卷七百四十二引"生"上俱有"人"字。

〔一七九〕盧弼曰："宋本、元本、吳本、監本'唯'作'爲'。《御覽》'棺'作'抔'。《淮南子·精神訓》：'吾生也有七尺之形，吾死也有一棺之土。'"

謹案：《初學記》卷十四、《御覽》卷九十三、卷六百一十五、卷七百四十二、《册府》卷四十引俱作"爲"，作"爲"字是。盧君謂《御覽》"棺"作"抔"，考上引《御覽》各卷俱無作"抔"字者，蓋盧君誤引。《淮南子·精神訓》語，已見梁章鉅《三國志旁證》引。

〔一八〇〕《殿本考證》："《太平御覽》作'肅成門内'。"

謹案：《書鈔》卷九十八、《初學記》卷二十二、《御覽》卷九十三、卷六百一十五引"城"字俱作"成"。

〔一八一〕紹興本、馮本、陳本"資"字俱作"姿"，蕭書同。

〔一八二〕盧弼曰："潘眉曰：'注引《吳曆》帝以素書所著《典論》及詩賦餉孫權，後於《孫權傳》中又引之。《蜀先主傳》兩引《江表傳》備立營於油口，改名公安。《明帝紀》及《關羽傳》兩載羽乞娶秦宜禄妻。皆是重複不檢之病。'弼按：《孫權傳》注引《吳曆》餉孫權《典論》及詩賦事，乃序他事連類及之。《蜀先主傳》兩引《江表傳》，當爲傳鈔之譌。《明帝紀》及《關羽傳》所載乞秦妻事，一引《魏氏春秋》，一引《蜀記》，明爲兩書，不爲重複，潘說失之。"

謹案：盧君駁潘說是也，惜尚有未盡。考《三國志》之爲書，原魏、蜀、吳《志》蓋別行，至宋世始合之。裴氏作注時尚未也。故其作注，已見於《魏志》，而復於蜀、吳二《志》載之者，蓋以此故。潘氏指爲重複不檢之病，若就合編言之或是，然若推究其朔，則潘氏或未得也。

〔一八三〕馮本、陳本"滅"字作"併"。

〔一八四〕紹興本、毛本"嶽"字作"岱"。

〔一八五〕紹興本、毛本"知"字作"能"。《御覽》卷九十三、卷五百九十二引同，應據改。

〔一八六〕《御覽》引無"年"字。

〔一八七〕《類聚》卷七十四引"射"下有"出"字，《御覽》卷七百四十六引"常"下有"出"字，疑當從《御覽》，語意乃足。

〔一八八〕紹興本、馮本、陳本、毛本作"日多體健"。

〔一八九〕《類聚》、《御覽》卷九十三、卷七百四十六引"三"

字俱作"二"。

〔一九〇〕馮本、陳本"頂"字作"項"。

〔一九一〕《御覽》卷七百四十六引"若"下有"夫"字。

〔一九二〕《初學記》卷九引"又"字作"幼"。《御覽》卷九十三引"學"字作"好"。

〔一九三〕《御覽》卷五百九十二引"精"上有"甚"字，下無"熟"字。

〔一九四〕《初學記》、《類聚》卷八十七、《御覽》卷七百一十引俱無"善"字。

〔一九五〕盧弼曰："《吳志・周魴傳》：'魴密表曰：臣知無古人單複之術。'《呂蒙傳》注引《江表傳》曰：'當有單複。'"

謹案：此"單複"二字蓋指武器數量而言，複即注云雙戟鑲盾也。《周魴傳》及《呂蒙傳》注之"單複"，則謂計謀之多少也，義微有別。

〔一九六〕盧弼曰："'先'一作'告'，'曰'一作'日'。"

謹案："先"一作"告"蓋誤。"曰"作"日"字是。"先日"謂從袁敏學技之前也。直，但也。決，《淮南子・說山篇》"故決指而身死"注："傷也。"句意謂在從袁敏學之前，若逢敏於狹路，惟有受傷而已。

〔一九七〕《册府》卷四十引"巧"字作"妙"，《世說・巧藝篇》注引同。

〔一九八〕《世說》注引作"少時嘗爲之賦"。

〔一九九〕《世說》注引作"昔京師少工有二焉"。

〔二〇〇〕《類聚》卷七十四、《世說》注引"安世"二字互乙。

〔二〇一〕《類聚》引"常"上有"予"字。

〔二〇二〕《御覽》卷九十三、卷五百九十二引作"好書籍",無"詩""文"二字。

〔二〇三〕《御覽》卷五百九十二引作"每定省"。

〔二〇四〕《御覽》卷九十三引句下有"所著詩賦凡六十篇,至若知而能愚,勇而能怯,仁以接物,恕以及下,以付後之良史"。

〔二〇五〕《書鈔》卷一百三十六引"角"下有"揮之黃門跪授"六字。

〔二〇六〕《御覽》卷六百八十七引"冠"下無"著"字,《世說》注引同。

三國志校箋卷三

魏志卷三〔一〕

明帝 叡〔二〕

　　明皇帝諱叡，字元仲，文帝太子也。生而太祖愛之，常令在左右。《魏書》曰：帝生數歲而有岐嶷之姿，武皇帝異之，曰："我基於爾三世矣。"每朝宴會同，與侍中近臣並列帷幄。好學多識，特留意於法理。年十五，封武德侯，黄初二年爲齊公，三年爲平原王。以其母誅，故未建爲嗣。《魏略》曰：文帝以郭后無子，詔使子養帝。帝以母不以道終，意甚不平。後不獲已，乃敬事郭后，旦夕因長御問起居。郭后亦自以無子，遂加慈愛。文帝始以帝不悦，有意欲以他姬子京兆王爲嗣，故久不拜太子。《魏末傳》曰：帝常從文帝獵，見子母鹿。文帝射殺鹿母，使帝射鹿子，帝不從，曰："陛下已殺其母，臣不忍復殺其子。"因涕泣。文帝即放弓箭，以此深奇之，而樹立之意定。七年夏五月，帝病篤，乃立爲皇太子。丁巳，即皇帝位，大赦。尊皇太后曰太皇太后，皇后曰皇太后。諸臣封爵各有差。《世語》曰：帝與朝士素不接，即位之後，羣下想聞風采。居數日，獨見侍中劉曄，語盡日。衆人側聽，曄既出，問："何如？"曄曰："秦始皇、漢孝武之儔，才具微不及耳。"癸未，追諡母甄夫人曰文昭皇后。壬辰，立皇弟蕤爲陽平王。

八月，孫權攻江夏郡，太守文聘堅守。朝議欲發兵救之，帝曰："權習水戰，所以敢下船陸攻者，冀掩不備也。今已與聘相持，夫攻守勢倍，終不可久也〔三〕。"先時遣治書侍御史荀禹慰勞邊方，禹到，於江夏發所經縣兵及所從步騎千人乘山舉火，權退走。

辛巳，立皇子冏爲清河王。吳將諸葛瑾、張霸等寇襄陽，撫軍大將軍司馬宣王討破之，斬霸，征東大將軍曹休又破其別將於尋陽。論功行賞各有差。冬十月，清河王冏薨。十二月，以太尉鍾繇爲太傅，征東大將軍曹休爲大司馬，中軍大將軍曹真爲大將軍，司徒華歆爲太尉，司空王朗爲司徒，鎮軍大將軍陳羣爲司空，撫軍大將軍司馬宣王爲驃騎大將軍。

太和元年春正月〔四〕，郊祀武皇帝以配天，宗祀文皇帝於明堂以配上帝。分江夏南部，置江夏南部都尉。西平麴英反，殺臨羌令、西都長，遣將軍郝昭、鹿磐討斬之。二月辛未，帝耕於籍田。辛巳，立文昭皇后寢廟於鄴。丁亥，朝日於東郊。夏四月乙亥，行五銖錢。甲申，初營宗廟。秋八月，夕月於西郊。冬十月丙寅，治兵於東郊。焉耆王遣子入侍。十一月，立皇后毛氏。賜天下男子爵人二級，鰥寡孤獨不能自存者賜穀。十二月，封后父毛嘉爲列侯。新城太守孟達反，詔驃騎將軍司馬宣王討之。《三輔決錄》曰：伯郎，涼州人，名不令休。其注曰：伯郎姓孟，名他，扶風人〔五〕。靈帝時，中常侍張讓專朝政，讓監奴典護家事。他仕不遂，乃盡以家財賂監奴，與共結親，積年家業爲之破盡。衆奴皆慚，問他所欲，他曰："欲得卿曹拜耳。"奴被恩久，皆許諾。時賓客求見讓者，門下車常數百乘，或累日不得通。他最後到，衆奴伺其至，皆迎車而拜，徑將他車獨入。衆人悉驚，謂他與讓善，爭以珍物遺他。他得之，盡以賂讓，讓大喜。他又以蒲桃酒一斛遺讓，即拜涼州刺史。他生達，少入蜀。其處蜀事迹在《劉封傳》。《魏略》曰：達以延康元年率部曲四千餘家歸魏。文帝時初即王位，既宿知有達，聞其來，甚悅，令貴臣有識察者往觀之，還曰將帥之才也，或曰卿相之器也，王益欽達。逆與達書曰："近日有命，未足達旨，何者？昔伊摯背商而歸周，百里去虞而入秦，樂毅感鷗夷以蟬蛻，王遵識逆順以去就，皆審廢興之符效〔六〕，知成敗之必然，故丹青畫其形容，良史載其功勳。聞卿姿度純茂，器量優絕，當聘能明時，收名傳記。今者翻然濯鱗清流，甚相嘉樂，虛心西望，依依若舊，下筆屬辭，歡心從之。昔虞卿入趙，再見取相，陳平就漢，一覲參乘，孤今於卿，情過於往，故致所御馬物以昭忠愛。"又曰："今者海內清定，萬里一統，三垂無邊塵之警〔七〕，中夏無狗吠之虞，以是弛岡闓禁，與世無疑，保官空虛，初無資任。卿來相就，當明孤意，慎勿令家人繽紛道路，以親駭疏也。若卿欲來相見，且當先安部曲，有所保固，然後徐徐輕騎來東。"達既至譙，進見閑雅，才辨過人〔八〕，衆莫不屬目。又王近出，乘小輦，執達手，撫其背戲之曰〔九〕："卿得無爲劉備刺客邪？"遂與同載。又加拜散騎常侍，領新城太守，委以西南之任。時衆臣或以爲待之太猥，又不宜委以方任。王聞之曰："吾保其無他，亦譬以萬箭射萬中耳。"達旣爲文帝所寵，又與桓階、夏侯尚親善，及文帝崩，時階、尚皆卒，達自以羈旅久在疆場，心不自安。諸葛亮聞之，陰欲誘達，數書招之，達與相報答。魏興太守申儀與達有隙，密表達與蜀潛通，帝未之信也。司馬宣王遣參軍梁幾察之，又勸其入朝。達驚懼，遂反。干寶《晉紀》曰：達初入新城，登白馬塞，歎曰："劉封、申耽，據金城千里而失之乎！"

二年春正月，宣王攻破新城，斬達，傳其首。《魏略》曰：宣王誘達將李輔及達甥鄧賢，賢等開門納軍〔一〇〕。達被圍旬有六日而敗，焚其首於洛陽四達之衢。分新城之上庸、武靈〔一一〕、巫縣爲上庸郡，錫縣爲錫郡。

蜀大將諸葛亮寇邊，天水、南安、安定三郡吏民叛應亮。《魏書》曰：是時朝臣未知計所出，帝曰："亮阻山爲固，今者自來，旣合兵書致人之術，且亮貪三郡，知進而不知退，今因此時，破亮必也。"乃部勒兵馬步騎五萬拒亮。遣大將軍曹真都督關右，並進兵。右將軍張郃擊亮於街亭，大破之。亮敗走，三郡平。丁未，行幸長安。《魏略》載帝露布天下並班告益州曰："劉備背恩，自竄巴蜀。諸葛亮棄父母之國，阿殘賊之黨，神人被毒，惡積身滅。亮外慕立孤之名，而內貪專擅之實，劉升之兄弟守空城而已。亮又侮易益土，虐用其民，是以利狼、宕渠、高定、青羌莫不瓦解，爲亮讎敵。而亮反裘負薪，裏盡毛殫，刖趾適屨，刻肌傷骨，反更稱說，自以爲能。行兵於井底，游步於牛蹄。自朕卽位，三邊無事，猶哀憐天下數遭兵革，且欲養四海之耆老,長後生之孤幼,先移風於禮樂,次講武於農隙,置亮畫外,未以爲虞。而亮懷李熊愚勇之志〔二〕,不思荆邯度德之戒,驅略吏民,盜利祁山。王師方振,膽破氣奪,馬謖、高祥,望旗奔敗。虎臣逐北,蹈尸涉血,亮也小子,震驚朕師。猛鋭踊躍,咸思長驅。朕惟率土,莫非王臣,師之所處,荆棘生焉,不欲使千室之邑忠信貞良,與夫淫昏之黨,共受塗炭。故先開示,以昭國誠,勉思變化,無滯亂邦。巴蜀將吏士民諸爲亮所劫迫,公卿已下皆聽束手。"夏四月丁酉,還洛陽宮。《魏略》曰:是時讹言云帝已崩,從駕羣臣迎立雍丘王植。京師自下太后羣公盡懼,及帝還,皆私察顏色。卞太后悲喜,欲推始言者,帝曰:"天下皆言,將何所推?"赦繫囚非殊死以下。乙巳,論討亮功,封爵增邑各有差。五月,大旱。六月,詔曰:"尊儒貴學,王教之本也。自頃儒官或非其人,將何以宣明聖道?其高選博士,才任侍中、常侍者。申勑郡國,貢士以經學爲先。"秋九月,曹休率諸軍至皖〔三〕,與吳將陸議戰於石亭〔四〕,敗績。乙酉,立皇子穆爲繁陽王。庚子,大司馬曹休薨。冬十月,詔公卿近臣舉良將各一人。十一月,司徒王朗薨。十二月,諸葛亮圍陳倉,曹真遣將軍費曜等拒之。《魏略》曰:先是,使將軍郝昭築陳倉城,會亮至,圍昭,不能拔。昭字伯道,太原人,爲人雄壯,少入軍爲部曲督,數有戰功,爲雜號將軍,遂鎮守河西十餘年,民夷畏服。亮圍陳倉,使昭鄉人靳詳於城外遥說之。昭於樓上應詳曰:"魏家科法,卿所練也;我之爲人,卿所知也。我受國恩多而門户重,卿無可言者〔五〕,但有必死耳。卿還謝諸葛,便可攻也。"詳以昭語告亮,亮又使詳重說昭,言人兵不敵,無爲空自破滅。昭謂詳曰："前言已定矣。我識卿耳，箭不識也。"詳乃去。亮自以有衆數萬，而昭兵纔千餘人，又度東救未能便到，乃進兵攻昭，起云梯衝車以臨城。昭於是以火箭逆射其云梯，梯然，梯上人皆燒死。昭又以繩連石磨壓其衝車，衝車折。亮乃更爲井闌百尺以射城中[一六]，以土瓦填塹[一七]，欲直攀城，昭又於內築重牆。亮又爲地突，欲踊出於城裏[一八]，昭又於城內穿地橫截之[一九]。晝夜相攻拒二十餘日，亮無計，救至，引退。詔嘉昭善守，賜爵列侯。及還，帝引見慰勞之，顧謂中書令孫資曰："卿鄉里乃有爾曹快人，爲將灼如此，朕復何憂乎？"仍欲大用之。會病亡，遺令戒其子凱曰："吾爲將，知將不可爲也。吾數發塚，取其木以爲攻戰具，又知厚葬無益於死者也。汝必斂以時服[二〇]。且人生有處所耳[二一]，死復何在耶？今去本墓遠，東西南北，在汝而已。"遼東太守公孫恭兄子淵，劫奪恭位，遂以淵領遼東太守。

三年夏四月，元城王禮薨。六月癸卯，繁陽王穆薨。戊申，追尊高祖大長秋曰高皇帝，夫人吳氏曰高皇后。

秋七月，詔曰："禮：皇后無嗣，擇建支子以繼大宗，則當纂正統而奉公義，何得復顧私親哉！漢宣繼昭帝後，加悼考以皇號；哀帝以外藩援立，而董宏等稱引亡秦，或誤時朝[二二]，既尊恭皇，立廟京都，又寵藩妾，使比長信，敘昭穆於前殿，並四位於東宮，僭差無度，人神弗祐，而非罪師丹忠正之諫，用致丁、傅焚如之禍。自是之後，相蹤行之。昔魯文逆祀，罪由夏父；宋國非度，譏在華元。其令公卿有司，深以前世行事爲戒。後嗣萬一有由諸侯入奉大統，則當明爲人後之義；敢爲佞邪導諛時君，妄建非正之號，以干正統，謂考爲皇，稱妣爲后，則股肱大臣，誅之無赦。其書之金策，藏之宗廟，著於令典。"

冬十月，改平望觀曰聽訟觀。帝常言"獄者，天下之性命也"，每斷大獄，常幸觀臨聽之。

初，洛陽宗廟未成，神主在鄴廟。十一月，廟始成，使太常韓暨持節迎高皇帝、太皇帝、武帝、文帝神主於鄴，十二月己丑至，奉安神主於廟。臣松之按：黃初四年，有司奏立二廟，太皇帝大長秋與文帝之高祖共一廟，特立武帝廟，百世不毀。今此無高祖神主，蓋以親盡毀也。此則魏初唯立親廟，祀四室而已。至景初元年，始定七廟之制。孫盛曰：事亡猶存，祭如神在，迎遷神主，正斯宜矣。

癸卯，大月氏王波調遣使奉獻，以調爲親魏大月氏王。

四年春二月壬午，詔曰："世之質文，隨教而變。兵亂以來，經學廢絕，後生進趣[二三]，不由典謨。豈訓導未洽[二四]，將進用者不以德顯乎？其郎吏學通一經[二五]，才任牧民。博士課試，擢其高第者亟用，其浮華不務道本者，皆罷退之。"戊子，詔太傅三公以文帝《典論》刻石，立於廟門之外。癸巳，以大將軍曹真爲大司馬，驃騎將軍司馬宣王爲大將軍，遼東太守公孫淵爲車騎將軍。夏四月，太傅鍾繇薨。六月戊子，太皇太后崩。丙申，省上庸郡。秋七月，武宣卞后祔葬於高陵[二六]。詔大司馬曹真、大將軍司馬宣王伐蜀。八月辛巳，行東巡，遣使者以特牛祠中嶽。《魏書》曰：行過繁昌，使執金吾臧霸行太尉事，以特牛祠受禪壇。臣松之按：《漢紀》章帝元和三年，詔高邑縣祠即位壇，五成陌，比臘祠門戶。此雖前代已行故事，然為壇以祀天，而壇非神也。今無事於上帝，而致祀於虛壇，求之義典，未詳所據。乙未，幸許昌宮。九月，大雨，伊、洛、河、漢水溢，詔真等班師。冬十月乙卯，行還洛陽宮。庚申，令："罪非殊死聽贖各有差。"十一月，太白犯歲星。十二月辛未，改葬文昭甄后於朝陽陵。丙寅，詔公卿舉賢良。

五年春正月，帝耕於籍田。三月，大司馬曹真薨。諸葛亮寇天水，詔大將軍司馬宣王拒之。自去冬十月至此月不雨，辛巳，大雩。夏四月，鮮卑附義王軻比能率其種人及丁零大人兒禪詣幽州貢名馬。復置護匈奴中郎將。秋七月丙子，以亮退走，封爵增位各有差。《魏書》曰：初，亮出，議者以為亮軍無輜重，糧必不繼，不擊自破，無為勞兵。或欲自芟上邽左右生麥以奪賊食，帝皆不從。前後遣兵增宣王軍，又勅使護麥。宣王與亮相持，賴得此麥以為軍糧。乙酉，皇子殷生，大赦。

八月，詔曰："古者諸侯朝聘，所以敦睦親親、協和萬國也。先帝著令，不欲使諸王在京都者，謂幼主在位，母后攝政，防微以漸，關諸盛衰也。朕惟不見諸王十有二載，悠悠之懷，能不興思！其令諸王及宗室公侯各將適子一人朝。後有少主、母后在宮者，自如先帝令，申明著於令。"十一月乙酉，月犯軒轅大星。戊戌晦，日有蝕之。十二月甲辰，月犯鎮星。戊午，太尉華歆薨。

六年春二月，詔曰："古之帝王，封建諸侯，所以藩屏王室也。《詩》不云乎：'懷德維寧，宗子維城。'秦、漢繼周，或彊或弱，俱失厥中。大魏創業，諸王開國，隨時之宜，未有定制，非所以永爲後法也。其改封諸侯王，皆以郡爲國。"三月癸酉，行東巡，所過存問高年鰥寡孤獨，賜穀帛。乙亥，月犯軒轅大星。夏四月壬寅，行幸許昌宮。甲子，初進新果於廟。五月，皇子殷薨，追封諡安平哀王。秋七月，以衛尉董昭爲司徒。九月，行幸摩陂，治許昌宮，起景福、承光殿。冬十月，殄夷將軍田豫帥衆討吳將周賀於成山，殺賀。十一月丙寅，太白晝見。有星孛於翼，近太微上將星。庚寅，陳思王植薨。十二月，行還許昌宮。

青龍元年春正月甲申，青龍見郟之摩陂井中。二月丁酉，幸摩陂觀龍，於是改年[二七]，改摩陂爲龍陂，賜男子爵人二級，鰥寡孤獨無出今年租賦。三月甲子，詔公卿舉賢良篤行之士各一人。夏五月壬申，詔祀故大將軍夏侯惇、大司馬曹仁、車騎將軍程昱於太祖廟庭。《魏書》載詔曰："昔先王之禮，於功臣存則顯其爵祿[二八]，沒則祭於大烝[二九]，故漢氏功臣，祀於廟庭[三〇]。大魏元功之臣功勳優著，終始休明者，其皆依禮祀之。"於是以惇等配享之[三一]。戊寅，北海王蕤薨。閏月庚寅朔，日有蝕之。丁酉，改封宗室女非諸王女皆爲邑主。詔諸郡國山川不在祠典者勿祠。六月，洛陽宮鞠室災。

保塞鮮卑大人步度根與叛鮮卑大人軻比能私通，并州刺史畢軌表，輒出軍以外威比能，內鎮步度根。帝省表曰：「步度根以爲比能所誘，有自疑心。今軌出軍，適使二部驚合爲一，何所威鎮乎？」促勑軌，以出軍者慎勿越塞過句注也。比詔書到，軌已進軍屯陰館，遣將軍蘇尚、董弼追鮮卑。比能遣子將千餘騎迎步度根部落，與尚、弼相遇，戰於樓煩，二將沒。步度根部皆叛出塞，與比能合寇邊。遣驍騎將軍秦朗將中軍討之，虜乃走漠北。

秋九月，安定保塞匈奴大人胡薄居姿職等叛，司馬宣王遣將軍胡遵等追討，破降之。

冬十月，步度根部落大人戴胡阿狼泥等詣并州降，朗引軍還。《魏氏春秋》曰：朗字元明，新興人。《獻帝傳》曰〔三二〕：朗父名宜祿，爲呂布使詣袁術，術妻以漢宗室女。其前妻杜氏留下邳，布之被圍，關羽屢請於太祖，求以杜氏爲妻。太祖疑其有色，及城陷，太祖見之，乃自納之。宜祿歸降，以爲銍長。及劉備走小沛，張飛隨之，過謂宜祿曰：「人取汝妻，而爲之長，乃蚩蚩若是邪〔三三〕！隨我去乎？」宜祿從之數里，悔欲還，飛殺之。朗隨母氏畜於公宮，太祖甚愛之，每坐席，謂賓客曰：「世有人愛假子如孤者乎〔三四〕？」《魏略》曰：朗游遨諸侯間，歷武、文之世而無尤也。及明帝即位，授以內官，爲驍騎將軍、給事中，每車駕出入，朗常隨從。時明帝喜發舉，數有以輕微而致大辟者，朗終不能有所諫止，又未嘗進一善人，帝亦以是親愛，每顧問之，多呼其小字阿蘇[三五]，數加賞賜，爲起大第於京城中。四方雖知朗無能爲益，猶以附近至尊，多賂遺之，富均公侯。《世語》曰：朗子秀，勁厲能直言，爲晉武帝博士。《魏略》以朗與孔桂俱在《佞倖篇》。桂字叔林，天水人也。建安初，數爲將軍楊秋使詣太祖，太祖表拜騎都尉。桂性便辟[三六]，曉博弈、蹹鞠[三七]，故太祖愛之，每在左右，出入隨從。桂察太祖意，喜樂之時，因言次曲有所陳，事多見從，數得賞賜，人多餽遺，桂由此侯服玉食。太祖既愛桂，五官將及諸侯亦皆親之。其後桂見太祖久不立太子，而有意於臨菑侯，因更親附臨菑侯，而簡於五官將，將甚銜之。及太祖薨，文帝即王位，未及致其罪。黄初元年，隨例轉拜駙馬都尉。而桂私受西域貨賂，許爲人事。事發，有詔收問，遂殺之。魚豢曰：爲上者不虛授，處下者不虛受，然後外無伐檀之歎，內無尸素之刺，雍熙之美著，太平之律顯矣。而佞倖之徒，但姑息人主，至乃無德而榮，無功而祿，如是焉得不使中正日朘，傾邪滋多乎！以武皇帝之慎賞，明皇帝之持法，而猶有若此等人，而況下斯者乎？

十二月，公孫淵斬送孫權所遣使張彌、許晏首，以淵爲大司馬、樂浪公。《世語》曰：并州刺史畢軌送漢故度遼將軍范明友鮮卑奴，年三百五十歲，言語飲食如常人。奴云："霍顯，光後小妻。明友妻，光前妻女。"《博物志》曰：時京邑有一人，失其姓名，食啖兼十許人，遂肥不能動。其父曾作遠方長吏，官徒送彼縣，令故義傳供食之[三八]，一二年中，一鄉中輒爲之儉。《傅子》曰：時太原發冢破棺，棺中有一生婦人，將出與語，生人也。送之京師，問其本事，不知也。視其冢上樹木可三十歲，不知此婦人三十歲常生於地中邪？將一朝欻生，偶與發冢者會也？

二年春二月乙未，太白犯熒惑。癸酉，詔曰："鞭作官刑，所以糾慢怠也，而頃多以無辜死。其減鞭杖之制，著於令。"三月庚寅，山陽公薨，帝素服發哀，遣使持節典護喪事。己酉，大赦。夏四月，大疫。崇華殿災。丙寅，詔有司以太牢告祠文帝廟。追諡山陽公爲漢孝獻皇帝，葬以漢禮。《獻帝傳》曰：帝變服，率羣臣哭之，使使持節行司徒太常和洽弔祭，又使持節行大司空大司農崔林監護喪事。詔曰："蓋五帝之事尚矣，仲尼盛稱堯、舜巍巍蕩蕩之功者，以爲禪代乃大聖之懿事也。山陽公深識天祿永終之運，禪位文皇帝以順天命。先帝命公行漢正朔，郊天祀祖以天子之禮，言事不稱臣，此舜事堯之義也。昔放勛殂落，四海如喪考妣，遏密八音，明喪葬之禮同於王者也。今有司奏喪禮比諸侯王，此豈古之遺制而先帝之至意哉？今諡公漢孝獻皇帝。"使太尉具以一太牢告祠文帝廟，曰："叡聞夫禮也者，反本修古，不忘厥初。是以先代之君，尊尊親親，咸有尚焉。今山陽公寢疾棄國，有司建言喪紀之禮視諸侯王。叡惟山陽公昔知天命永終於己，深觀曆數允在聖躬，傳祚禪位，尊我民主，斯乃陶唐懿德之事也。黃初受終，命公於國行漢正朔，郊天祀祖禮樂制度率乃漢舊，斯亦舜、禹明堂之義也。上考遂初，皇極攸建，允熙克讓，莫朗於茲。蓋子以繼志嗣訓爲孝，臣以配命，欽述爲忠，故《詩》稱'匪棘其猶，聿追來孝'，《書》曰'前人受命，茲不忘大功'。叡敢不奉承徽典，以昭皇考之神靈。今追諡山陽公曰孝獻皇帝，冊贈璽綬〔三九〕。命司徒、司空持節弔祭護喪，光祿、大鴻臚爲副，將作大匠〔四〇〕、復土將軍營成陵墓，及置百官羣吏，車旗服章喪葬禮儀，一如漢氏故事。喪葬所供羣官之費，皆仰大司農。立其後嗣爲山陽公，以通三統，永爲魏賓。"於是贈册曰:"嗚呼!昔皇天降戾於漢,俾逆臣董卓,播厥凶虐,焚滅京都,劫遷大駕。於時六合云擾,姦雄熛起。帝自西京,徂唯求定,臻兹洛邑。疇咨聖賢,聿改乘轅,又遷許昌,武皇帝是依。歲在玄枵,皇師肇征,迄於鶉尾,十有八載,羣寇殲殄,九域咸乂。惟帝念功,祚兹魏國,大啓土宇。爰及文皇帝,齊聖廣淵,仁聲旁流,柔遠能邇,殊俗向義,乾精承祚,坤靈吐曜,稽極玉衡〔四一〕,允膺曆數,度於軌儀,克厭帝心。乃仰欽七政,俯察五典,弗采四嶽之謀,不俟師錫之舉,幽贊神明,承天禪位。祚建朕躬,統承洪業。蓋聞昔帝堯,元、愷既舉,凶族未流,登舜百揆,然後百揆時序,内平外成,授位明堂,退終天禄,故能冠德百王,表功嵩嶽〔四二〕。自往迄今,彌歷七代,歲暨三千,而大運來復,庸命底績,篡我民主,作建皇極。念重光,紹咸池,繼韶夏,超羣后之遐蹤,邈商、周之慚德,可謂高朗令終,昭明洪烈之懿盛者矣。非夫漢、魏與天地合德,與四時合信,動和民神,格於上下,其孰能至於此乎?朕惟孝獻享年不永,欽若顧命,考之典謨,恭述皇考先靈遺意,闡崇弘諡,奉成聖美,以章希世同符之隆,以傳億載不朽之榮。魂而有靈,嘉兹弘休。嗚呼哀哉!"八月壬申,葬於山陽國,陵曰禪陵,置園邑。葬之日,帝制錫衰弁絰,哭之慟。適孫桂氏鄉侯康,嗣立爲山陽公。

是月,諸葛亮出斜谷,屯渭南,司馬宣王率諸軍拒之。詔宣王:"但堅壁拒守以挫其鋒,彼進不得志,退無與戰,久停則糧盡,虜略無所獲,則必走矣。走而追之,以逸待勞,全勝之道也。"《魏氏春秋》曰:亮既屢遣使交書,又致巾幗婦人之飾,以怒宣王。宣王將出戰,辛毗杖節奉詔,勒宣王及軍吏已下,乃止。宣王見亮使,唯問其寢食及其事之煩簡,不問戎事。使對曰："諸葛公夙興夜寐，罰二十已上，皆親覽焉。所啖食不過數升。"宣王曰："亮體斃矣〔四三〕，其能久乎？"

五月，太白晝見。孫權入居巢湖口，向合肥新城，又遣將陸議、孫韶各將萬餘人入淮、沔。六月，征東將軍滿寵進軍拒之。寵欲拔新城守，致賊壽春，帝不聽，曰："昔漢光武遣兵縣據略陽，終以破隗囂，先帝東置合肥，南守襄陽，西固祁山，賊來輒破於三城之下者，地有所必爭也。縱權攻新城，必不能拔。勑諸將堅守，吾將自往征之，比至，恐權走也。"秋七月壬寅，帝親御龍舟東征，權攻新城，將軍張穎等拒守力戰，帝軍未至數百里，權遁走，議、韶等亦退。羣臣以爲大將軍方與諸葛亮相持未解，車駕可西幸長安。帝曰："權走，亮膽破，大將軍以制之〔四四〕，吾無憂矣。"遂進軍幸壽春，錄諸將功，封賞各有差。八月己未，大曜兵，饗六軍，遣使者持節犒勞合肥、壽春諸軍。辛巳，行還許昌宮。

司馬宣王與亮相持，連圍積日，亮數挑戰，宣王堅壘不應。會亮卒，其軍退還。

冬十月乙丑，月犯鎮星及軒轅。戊寅，月犯太白。十一月，京都地震，從東南來，隱隱有聲，搖動屋瓦。十二月，詔有司刪定大辟，減死罪。

三年春正月戊子，以大將軍司馬宣王爲太尉。己亥，復置朔方郡。京都大疫。丁巳，皇太后崩。乙亥，隕石於壽光縣。三月庚寅，葬文德郭后，營陵於首陽陵澗西，如終制。顧愷之《啓蒙注》曰：魏時人有開周王冢者，得殉葬女子，經數日而有氣，數月而能語，年可二十。送詣京師，郭太后愛養之。十餘年，太后崩，哀思哭泣，一年餘而死。

是時，大治洛陽宮，起昭陽、太極殿，築總章觀。百姓失農時，直臣楊阜、高堂隆等各數切諫，雖不能聽，帝優容之〔四五〕。《魏略》曰：是年起太極諸殿，築總章觀，高十餘丈，建翔鳳於其上；又於芳林園中起陂池，楫櫂越歌；又於列殿之北，立八坊，諸才人以次序處其中〔四六〕，貴人、夫人以上，轉南附焉，其秩石擬百官之數〔四七〕。帝常游宴在内，乃選女子知書可付信者六人〔四八〕，以爲女尚書，使典省外奏事，處當畫可。自貴人以下至尚保，及給掖庭灑掃，習伎歌者，各有千數。通引穀水過九龍殿前〔四九〕，爲玉井綺欄，蟾蜍含受，神龍吐出。使博士馬均作司南車，水轉百戲。歲首建巨獸，魚龍曼延，弄馬倒騎，備如漢西京之制，築闔闓諸門闕外罘罳。太子舍人張茂以吳、蜀數動，諸將出征，而帝盛興宮室，留意於玩飾，賜與無度，帑藏空竭。又録奪士女前已嫁爲吏民妻者，還以配士〔五〇〕，既聽以生口自贖，又簡選其有姿色者內之掖庭〔五一〕，乃上書諫曰："臣伏見詔書，諸士女嫁非士者，一切録奪，以配戰士，斯誠權時之宜，然非大化之善者也。臣請論之〔五二〕。陛下，天之子也〔五三〕，百姓吏民，亦陛下之子也。禮賜君子小人不同日，所以殊貴賤也。吏屬君子，士爲小人，今奪彼以與此，亦無以異於奪兄之妻妻弟也，於父母之恩偏矣。又詔書聽得以生口年紀、顔色與妻相當者自代，故富者則傾家盡産，貧者舉假貸貰〔五四〕，貴買生口以贖其妻。縣官以配士爲名而實内之掖庭，其醜惡者乃出與士。得婦者未必有懽心，而失妻者必有憂色，或窮或愁，皆不得志。夫君有天下而不得萬姓之懽心者，尠不危殆。且軍師在外數千萬人〔五五〕，一日之費非徒千金，舉天下之賦以奉此役，猶將不給，況復有宮庭非員無錄之女，椒房母后之家，賞賜橫興，內外交引，其費半軍。昔漢武帝好神仙，信方士，掘地爲海，封土爲山，賴是時天下爲一，莫敢與爭者耳。自衰亂以來，四五十載，馬不捨鞍，士不釋甲，每一交戰，血流丹野，創痍號痛之聲，於今未已。猶彊寇在疆，圖危魏室。陛下不兢兢業業，念崇節約，思所以安天下者，而乃奢靡是務，中尚方純作玩弄之物，炫燿後園，建承露之盤，斯誠快耳目之觀，然亦足以騁寇讎之心矣。惜乎，舍堯舜之節儉，而爲漢武之侈事，臣竊爲陛下不取也。願陛下沛然下詔，萬幾之事有無益而有損者悉除去之〔五六〕，以所除無益之費，厚賜將士父母妻子之飢寒者〔五七〕，問民所疾而除其所惡，實倉廩，繕甲兵，恪恭以臨天下。如是，吳賊面縛，蜀虜輿櫬，不待誅而自服，太平之路可計日而待也。陛下可無勞神思於海表，軍師高枕，戰士備員。今羣公皆結舌，而臣所以不敢不獻瞽言者，臣昔上《要言》，散騎奏臣書，以《聽諫篇》爲善，詔曰'是也'，擢臣爲太子舍人。且臣作書譏爲人臣不能諫諍，今有可諫之事而臣不諫，此爲作書虛妄而不能言也。臣年五十，常恐至死無以報國，是以投軀沒命〔五八〕，冒昧以聞，惟陛下裁察。"書通，上顧左右曰："張茂恃鄉里故也。"以事付散騎而已。茂字彥林，沛人。

秋七月，洛陽崇華殿災。八月庚午，立皇子芳爲齊王，詢爲秦王。丁巳，行還洛陽宮。命有司復崇華〔五九〕，改名九龍殿。冬十月己酉，中山王袞薨。壬申，太白晝見。十一月丁酉，行幸許昌宮。《魏氏春秋》曰：是歲張掖郡刪丹縣金山玄川溢涌，寶石負圖，狀象靈龜，廣一丈六尺，長一丈七尺一寸，圍五丈八寸，立於川西。有石馬七，其一仙人騎之，其一羈絆〔六〇〕，其五有形而不善成。有玉匣關蓋於前〔六一〕，上有玉字，玉玦二，璜一〔六二〕。麒麟在東〔六三〕，鳳鳥在南〔六四〕，白虎在西，犧牛在北，馬自中布列四面，色皆蒼白。其南有五字〔六五〕，曰"上上三天王"；又曰"述大金，大討曹，金但取之〔六六〕，金立中，大金馬一匹在中，大告開壽〔六七〕，此馬甲寅述水"。凡"中"字六，"金"字十。又有若八卦及列宿孛彗之象焉。《世語》曰：又有一鷄象。《搜神記》曰：初，漢元、成之世，先識之士有言曰：魏年有和，當有開石於西三千餘里〔六八〕，繫五馬，文曰"大討曹"。及魏之初興也，張掖之柳谷，有開石〔六九〕，始見於建安，形成於黃初，文備於太和，周圍七尋，中高一仞，蒼質素章，龍馬、麟鹿、鳳皇、仙人之象，粲然咸著，此一事者，魏、晉代興之符也。至晉泰始三年，張掖太守焦勝上言，以留郡本國圖校今石文，文字多少不同，謹具圖上。按其文有五馬象，其一有人平上幘，執戟而乘之，其一有若馬形而不成，其字有"金"，有"中"，有"大司馬"，有"王"，有"大吉"，有"正"，有"開壽"，其一成行，曰"金當取之"。《漢晉春秋》曰：氐池縣大柳谷口夜激波涌溢〔七〇〕，其聲如雷，曉而有蒼石立水中，長一丈六尺，高八尺，白石畫之，爲十三馬，一牛，一鳥，八卦玉玦之象，皆隆起，其文曰"大討曹，適水中，甲寅"。帝惡其"討"也，使鑿去爲"計"，以蒼石室之，宿昔而白石滿焉〔七一〕。至晉初，其文愈明，馬象皆煥徹如玉焉〔七二〕。

四年春二月，太白復晝見，月犯太白，又犯軒轅一星，入太微而出。夏四月，置崇文觀，徵善屬文者以充之。五月乙卯，司徒董昭薨。丁巳，肅慎氏獻楛矢。

六月壬申，詔曰："有虞氏畫象而民弗犯，周人刑錯而不用。朕從百王之末，追望上世之風，邈乎何相去之遠？法令滋章，犯者彌多，刑罰愈衆，而姦不可止。往者按大辟之條，多所蠲除，思濟生民之命，此朕之至意也。而郡國蔽獄，一歲之中尚過數百，豈朕訓導不醇，俾民輕罪，將苛法猶存，爲之陷井乎？有司其議獄緩死，務從寬簡，及乞恩者，或辭未出而獄已報斷，非所以究理盡情也。其令廷尉及天下獄官，諸有死罪具獄已定，非謀反及手殺人，亟語其親治，有乞恩者，使與奏當文書俱上，朕將思所以全之。其布告天下，使明朕意〔七三〕。"

秋七月，高句驪王宮斬送孫權使胡衛等首，詣幽州。甲寅，太白犯軒轅大星。冬十月己卯，行還洛陽宮。甲申，有星孛於大辰，乙酉，又孛於東方。十一月己亥，彗星見，犯宦者天紀星。十二月癸巳，司空陳羣薨。乙未，行幸許昌宮。

景初元年春正月壬辰，山茌縣言黃龍見〔七四〕。茌音仕狸反。於是有司奏以爲魏得地統，宜以建丑之月爲正。三月，定曆改年爲孟夏四月。《魏書》曰：初，文皇帝即位，以受禪於漢，因循漢正朔弗改。帝在東宮著論，以爲五帝三王雖同氣共祖，禮不相襲，正朔自宜改變，以明受命之運。及即位，優游者久之，史官復著言宜改，乃詔三公、特進、九卿、中郎將、大夫、博士、議郎、千石、六百石博議，議者或不同。帝據古典，甲子詔曰："夫太極運三辰五星於上，元氣轉三統五行於下，登降周旋，終則又始。故仲尼作《春秋》，於三微之月，每月稱王，以明三正迭相爲首。今推三統之次，魏得地統，當以建丑之月爲正月。考之羣藝[七五]，厥義章矣。其改青龍五年三月爲景初元年四月。"服色尚黃，犧牲用白，戎事乘黑首白馬，建大赤之旗，朝會建大白之旗。臣松之按：魏爲土行，故色尚黃。行殷之時，以建丑爲正，故犧牲旌旗一用殷禮。《禮記》云："夏后氏尚黑，故戎事乘驪，牲用玄；殷人尚白，戎事乘翰，牲用白；周人尚赤，戎事乘騵，牲用騂。"鄭玄云："夏后氏以建寅爲正，物生色黑；殷以建丑爲正，物牙色白；周以建子爲正，物萌色赤。翰，白色馬也，《易》曰'白馬翰如'。"《周禮·巾車》職"建大赤以朝，大白以即戎"。此則周以正色之旗以朝，先代之旗即戎。今魏用殷禮，變周之制，故建大白以朝，大赤即戎。改太和曆曰景初曆。其春夏秋冬孟仲季月雖與正歲不同，至於郊祀、迎氣、祐祠、烝嘗[七六]、巡狩、蒐田、分至啓閉、班宣時令、中氣早晚、敬授民事，皆以正歲斗建爲曆數之序。

五月己巳，行還洛陽宮。己丑，大赦。六月戊申，京都地震。己亥，以尚書令陳矯爲司徒，尚書左僕射衞臻爲司空。丁未，分魏興之魏陽、錫郡之安富、上庸爲上庸郡。省錫郡，以錫縣屬魏興郡。

有司奏[七七]：武皇帝撥亂反正，爲魏太祖，樂用武始之舞。文皇帝應天受命，爲魏高祖，樂用咸熙之舞。帝制作興治，爲魏烈祖，樂用章武之舞[七八]。三祖之廟，萬世不毀。其餘四廟，親盡迭毀，如周后稷、文、武廟祧之制。孫盛曰：夫諡以表行，廟以存容，皆於既沒然後著焉，所以原始要終，以示百世也。有當年而逆制祖宗，未終而豫自尊顯，昔華樂以厚斂致譏，周人以豫凶違禮，魏之羣司，於是乎失正。

秋七月丁卯，司徒陳矯薨。孫權遣將朱然等二萬人圍江夏郡，荊州刺史胡質等擊之，然退走。初，權遣使浮海與高句驪通，欲襲遼東。遣幽州刺史毌丘儉率諸軍及鮮卑、烏丸屯遼東南界，璽書徵公孫淵。淵發兵反，儉進軍討之，會連雨十日，遼水大漲，詔儉引軍還。右北平烏丸單于寇婁敦、遼西烏丸都督王護留等居遼東，率部衆隨儉內附。己卯，詔遼東將吏士民爲淵所脅略不得降者，一切赦之。辛卯，太白晝見。淵自儉還，遂自立爲燕王，置百官，稱紹漢元年。

詔青、兗、幽、冀四州大作海船。九月，冀、兗、徐、豫四州民遇水，遣侍御史循行沒溺死亡及失財產者，在所開倉賑救之。庚辰，皇后毛氏卒。冬十月丁未，月犯熒惑。癸丑，葬悼毛后於愍陵。乙卯，營洛陽南委粟山爲圜丘。《魏書》載詔曰："蓋帝王受命，莫不恭承天地以章神明，尊祀世統以昭功德，故先代之典既著，則禘郊祖宗之制備也。昔漢氏之初，承秦滅學之後，采摭殘缺，以備郊祀，自甘泉后土、雍宮、五時，神祇兆位，多不見經[七九]，是以制度無常[八〇]，一彼一此，四百餘年，廢無禘祀[八一]。古代之所更立者，遂有闕焉。曹氏系世，出自有虞氏，今祀圜丘，以始祖帝舜配，號圜丘曰皇皇帝天；方丘所祭曰皇皇后地，以舜妃伊氏配；天郊所祭曰皇天之神，以太祖武皇帝配；地郊所祭曰皇地之祇，以武宣后配[八二]；宗祀皇考高祖文皇帝於明堂，以配上帝。"至晉泰始二年，并圜丘、方丘二至之祀於南北郊。十二月壬子冬至，始祀。丁巳，分襄陽臨沮、宜城、旍陽、邔邔音其已反。四縣，置襄陽南部都尉。己未，有司奏文昭皇后立廟京都。分襄陽郡之郲葉縣屬義陽郡。《魏略》曰：是歲，徙長安諸鐘簴、駱駝、銅人、承露盤。盤折，銅人重，不可致，留於霸城。大發銅鑄作銅人二，號曰翁仲，列坐於司馬門外。又鑄黃龍、鳳凰各一〔八三〕，龍高四丈，鳳高三丈餘，置內殿前。起土山於芳林園西北陬，使公卿羣僚皆負土成山，樹松竹雜木善草於其上，捕山禽雜獸置其中。《漢晉春秋》曰：帝徙盤，盤折，聲聞數十里，金狄或泣，因留於霸城。《魏略》載司徒軍議掾河東董尋上書諫曰〔八四〕："臣聞古之直士，盡言於國，不避死亡。故周昌比高祖於桀、紂，劉輔譬趙后於人婢，天生忠直，雖白刃沸湯，往而不顧者，誠爲時主愛惜天下也。建安以來，野戰死亡，或門殫戶盡〔八五〕，雖有存者，遺孤老弱。若今宮室狹小，當廣大之，猶宜隨時，不妨農務。況乃作無益之物，黃龍、鳳凰、九龍、承露盤、土山、淵池，此皆聖明之所不興也〔八六〕，其功參倍於殿舍。三公九卿、侍中尚書，天下至德，皆知非道而不敢言者，以陛下春秋方剛，心畏雷霆。今陛下既尊羣臣，顯以冠冕，被以文繡，載以華輿，所以異於小人，而使穿方舉土〔八七〕，面目垢黑，沾體塗足，衣冠了鳥〔八八〕，毀國之光以崇無益，甚非謂也。孔子曰：'君使臣以禮，臣事君以忠。'無忠無禮，國何以立！故有君不君，臣不臣，上下不通，心懷鬱結，使陰陽不和，災害屢降，凶惡之徒，因間而起，誰當爲陛下盡言事者乎〔八九〕？又誰當千萬乘以死爲戲乎〔九〇〕！臣知言出必死〔九一〕，而臣自比於牛之一毛〔九二〕，生既無益，死亦何損？秉筆流涕〔九三〕，心與世辭。臣有八子，臣死之後，累陛下矣！"將奏，沐浴。既通，帝曰："董尋不畏死邪！"主者奏收尋，有詔勿問。後爲貝丘令，清省得民心。

二年春正月，詔太尉司馬宣王帥衆討遼東。干寶《晉紀》曰：帝問宣王："度淵將何計以待君[九四]？"宣王對曰："淵棄城預走，上計也；據遼水拒大軍[九五]，其次也；坐守襄平，此爲成禽耳。"帝曰："然則三者何出？"對曰："唯明智審量彼我，乃預有所割棄，此既非淵所及，又謂今往縣遠，不能持久[九六]，必先拒遼水後守也[九七]。"帝曰："往還幾日？"對曰："往百日，攻百日，還百日，以六十日爲休息，如此，一年足矣。"《魏名臣奏》載散騎常侍何曾表曰："臣聞先生制法，必於全慎[九八]，故建官授任，則置假輔，陳師命將，則立監貳，宣命遣使，則設介副，臨敵交刃，則參御右，蓋以盡謀思之功，防安危之變也。是以在險當難，則權足相濟，隕缺不預，則手足相代，其爲固防[九九]，至深至遠。及至漢氏，亦循舊章。韓信伐趙，張耳爲貳；馬援討越，劉隆副軍。前世之迹，著在篇志。今懿奉辭誅罪，步騎數萬，道路迴阻[一〇〇]，四千餘里，雖假天威，有征無戰，寇或潛遁，消散日月[一〇一]，命無常期，人非金石，遠慮詳備，誠宜有副。今北邊諸將及懿所督，皆爲僚屬，名位不殊，素無定分，卒有變急，不相鎮攝。存不忘亡，聖達所戒[一〇二]，宜選大臣名將咸重宿著者，盛其禮秩，遣詣懿軍，進同謀略，退爲副佐。雖有萬一不虞之災[一〇三]，軍主有儲，則無患矣。"《毌丘儉志記》云，時以儉爲宣王副也。

二月癸卯，以太中大夫韓暨爲司徒。癸丑，月犯心距星，又犯心中央大星。夏四月庚子，司徒韓暨薨。壬寅，分沛國蕭、相、竹邑、符離、蘄、銍、龍亢、山桑、洨、虹洨音胡交反。虹音絳。十縣爲汝陰郡。宋縣、陳郡苦縣皆屬譙郡。以沛、杼秋、公丘、彭城豐國、廣戚，并五縣爲沛王國。庚戌，大赦。五月乙亥，月犯心距星，又犯中央大星。《魏書》載戊子詔曰："昔漢高祖創業，光武中興，謀除殘暴，功昭四海，而墳陵崩頹，童兒牧竪踐蹈其上，非大魏尊崇所承代之意也。其表高祖、光武陵四圍百步〔一〇四〕，不得使民耕牧樵采。"六月，省漁陽郡之狐奴縣，復置安樂縣。

秋八月，燒當羌王芒中、注詣等叛，涼州刺史率諸郡攻討，斬注詣首。癸丑，有彗星見張宿。《漢晉春秋》曰：史官言於帝曰："此周之分野也，洛邑惡之。"於是大修禳禱之術以厭焉。《魏書》曰：九月，蜀陰平太守廖惇反，攻守善羌侯宕蕈營〔一〇五〕。雍州刺史郭淮遣廣魏太守王贇、南安太守游奕將兵討惇。淮上書："贇、奕等分兵夾山東西，圍落賊表，破在旦夕。"帝曰："兵勢惡離。"促詔淮勅奕諸別營非要處者，還令據便地。詔勅未到，奕軍爲惇所破，贇爲流矢所中死。

丙寅，司馬宣王圍公孫淵於襄平，大破之，傳淵首於京都，海東諸郡平。冬十一月，録討淵功，太尉宣王以下增邑封爵各有差。初，帝議遣宣王討淵，發卒四萬人。議臣皆以爲四萬兵多，役費難供。帝曰："四千里征伐，雖云用奇，亦當任力，不當稍計役費。"遂以四萬人行。及宣王至遼東，霖雨不得時攻，羣臣或以爲淵未可卒破，宜詔宣王還。帝曰："司馬懿臨危制變，擒淵可計日待也。"卒皆如所策。

壬午，以司空衛臻爲司徒，司隸校尉崔林爲司空。閏月，月犯心中央大星。十二月乙丑，帝寢疾不豫。辛巳，立皇后。賜天下男子爵人二級，鰥寡孤獨穀。以燕王宇爲大將軍，甲申免，以武衛將軍曹爽代之。《漢晉春秋》曰：帝以燕王宇爲大將軍，使與領軍將軍夏侯獻、武衛將軍曹爽、屯騎校尉曹肇、驍騎將軍秦朗等對輔政。中書監劉放、令孫資久專權寵，爲朗等素所不善，懼有後害，陰圖間之，而宇常在帝側，故未得有言。甲申，帝氣微，宇下殿呼曹肇有所議，未還，而帝少間，惟曹爽獨在。放知之，呼資與謀。資曰："不可動也。"放曰："俱入鼎鑊，何不可之有？"乃突前見帝，垂泣曰："陛下氣微，若有不諱，將以天下付誰？"帝曰："卿不聞用燕王耶？"放曰："陛下忘先帝詔勅，藩王不得輔政。且陛下方病，而曹肇、秦朗等便與才人侍疾者言戲。燕王擁兵南面，不聽臣等入，此即豎刁、趙高也。今皇太子幼弱，未能統政，外有強暴之寇，内有勞怨之民，陛下不遠慮存亡，而近係恩舊。委祖宗之業，付二三凡士，寢疾數日，外内擁隔，社稷危殆，而已不知，此臣等所以痛心也。"帝得放言，大怒曰："誰可任者？"放、資乃舉爽代宇，又白"宜詔司馬宣王使相參"，帝從之。放、資出，曹肇入，泣涕固諫，帝使肇勅停。肇出戶，放、資趣而往，復說止帝，帝又從其言。放曰："宜爲手詔。"帝曰："我困篤，不能。"放即上床，執帝手強作之，遂齎出，大言曰："有詔免燕王宇等官，不得停省中。"於是宇、肇、獻、朗相與泣而歸第。

初，青龍三年中，壽春農民妻自言爲天神所下，命爲登女，當營衛帝室，蠲邪納福。飲人以水，及以洗瘡，或多愈者。於是立館後宮，下詔稱揚，甚見優寵。及帝疾，飲水無驗，於是殺焉。

三年春正月丁亥，太尉宣王還至河内，帝驛馬召到，引入卧內,執其手謂曰:"吾疾甚,以後事屬君,君其與爽輔少子。吾得見君,無所恨〔一〇六〕!"宣王頓首流涕。《魏略》曰:帝既從劉放計,召司馬宣王,自力爲詔,既封,顧呼宮中常所給使者曰:"辟邪來,汝持我此詔授太尉也。"辟邪馳去。先是,燕王爲帝畫計,以爲關中事重,宜便道遣宣王從河內西還,事以施行。宣王得前詔,斯須復得後手筆,疑京師有變,乃馳到入見。帝勞問訖,乃召齊、秦二王以示宣王,別指齊王謂宣王曰:"此是也,君諦視之,勿誤也!"又教齊王令前抱宣王頸。《魏氏春秋》曰:時太子芳年八歲,秦王九歲,在於御側。帝執宣王手,目太子曰:"死乃復可忍,朕忍死待君,君其與爽輔此。"宣王曰:"陛下不見先帝屬臣以陛下乎?"即日,帝崩於嘉福殿,《魏書》曰:殯於九龍前殿。時年三十六。臣松之按:魏武以建安九年八月定鄴,文帝始納甄后,明帝應以十年生,計至此年正月,整三十四年耳。時改正朔,以故年十二月爲今年正月,可彊名三十五年,不得三十六也。癸丑,葬高平陵。《魏書》曰:帝容止可觀,望之儼然〔一〇七〕。自在東宮,不交朝臣,不問政事,唯潛思書籍而已。即位之後,褒禮大臣,料簡功能,真僞不得相貿〔一〇八〕,務絕浮華譖毀之端,行師動衆,論決大事,謀臣將相,咸服帝之大略。性特彊識,雖左右小臣官簿性行,名跡所履,及其父兄子弟,一經耳目,終不遺忘。含垢藏疾,容受直言,聽受吏民士庶上書,一月之中至數十百封,雖文辭鄙陋,猶覽省究竟,意無厭倦。孫盛曰〔一〇九〕:聞之長老,魏明帝天姿秀出,立髮垂地〔一一〇〕,口吃少言,而沉毅好斷。初,諸公受遺輔導,帝皆以方任處之,政自己出。而優禮大臣,開容善直,雖犯顏極諫,無所摧戮,其君人之量如此之偉也。然不思建德垂風,不固維城之基,至使大權偏據，社稷無衛，悲夫！

評曰：明帝沉毅斷識，任心而行，蓋有君人之至槩焉。於時百姓彫弊，四海分崩，不先聿修顯祖，闡拓洪基，而遽追秦皇、漢武，宮館是營，格之遠猷，其殆疾乎！

【校箋】
〔一〕毛本作"魏書三"。
〔二〕毛本作"明帝紀第三"，《書鈔》卷一百零六引作"明帝紀"。
〔三〕紹興本"久"字作"敢"，《册府》卷一百二十五引同。《通志》同。
〔四〕侯康曰："此有月無日，而晉、宋《禮志》及《通典》皆作'丁未'。"
謹案：《册府》卷二十九、卷五百六十二引"月"下有"丁未"二字。
〔五〕《類聚》卷三十五、《御覽》卷五百引作"扶風平陵人"。
〔六〕毛本"廢興"二字乙。
〔七〕紹興本"邊"字作"風"。
〔八〕馮本、陳本、毛本"辨"字作"辯"。
〔九〕《書鈔》卷一百四十、《御覽》卷三百七十二引"撫"字作"附"。
〔一〇〕紹興本"納"字作"内"。
〔一一〕錢大昕曰："'武靈'當作'武陵'。"

謹案：紹興本"武靈"正作"武陵"，《通志》同。

〔一二〕毛本"志"作"智"，《册府》卷一百六十三引同。

〔一三〕《文選·求自試表》李注引"曹"字上有"大司馬"三字。

〔一四〕《文選》李注引"議"字作"遜"。

〔一五〕《册府》卷三百七十引"可"作"他"。

〔一六〕紹興本"射"字作"付"，"城"下無"中"字，疑"付"字爲"附"字之誤。

〔一七〕盧弼曰："宋本'瓦'作'丸'，《通鑑》同。錢儀吉曰：'作瓦亦通。'"

謹案：何焯校本改"瓦"爲"丸"。《册府》卷二百二十九引作"丸"。疑"丸"字是。土丸猶土塊也。漢開通襃斜道石刻"瓦"字作"凡"，唐梁守謙功德銘"瓦"字作"凡"，《干禄字書》"瓦"俗作"瓦"，是"瓦"與"丸"形近。"瓦"或爲"丸"之形誤。錢云"作瓦亦通"，説誤。

〔一八〕《册府》卷三百九十九引"踊"字作"涌"。

〔一九〕《册府》引"地"字作"池"。

〔二〇〕《御覽》卷五百五十四引"汝"字作"没"。

〔二一〕馮本、陳本"所"下無"耳"字。

〔二二〕錢儀吉曰："'或'即'惑'字。"

謹案：《通志》"或"字作"惑"。

〔二三〕《類聚》卷五十三引"趣"字作"趨"。

〔二四〕盧弼曰："《御覽》'豈'下有'朕'字。"

謹案：《類聚》卷五十三、《御覽》卷二百一十五引"豈"下有"朕"字。考青龍四年六月壬申詔曰："豈朕訓導不醇。"語意相同，亦有"朕"字。此顯有脱文，當據補。

〔二五〕《類聚》引"其"下有"令"字，是也。

〔二六〕毛本"祔"字作"袝"。

〔二七〕《御覽》卷九十四、《册府》卷一十五引"年"字作"元"。

〔二八〕盧弼曰："馮本無'祿'字。"

謹案：《册府》卷一百三十二引"祿"字作"位"。

〔二九〕紹興本"烝"字作"蒸"，《治要》卷二十五引同。

〔三〇〕馮本、陳本"祀"字作"祠"，《治要》、《册府》卷三十二引同。

〔三一〕盧弼曰："何焯曰：'之'字疑衍。"

謹案：《玉海》卷一百二十五引無"之"字。《治要》卷二十五引"之"字作"也"。又馮本、陳本、毛本"享"字作"饗"，《册府》引同。

〔三二〕盧弼曰："裴注引書名各本皆空格，此注未空，當係《魏氏春秋》引《獻帝傳》也。《蜀志·關羽傳》注引《蜀記》載此事云此與《魏氏春秋》所説無異，可證。"

謹案：史籍雖記述故實出自他書，然於文中未有逕録徵引之書名者，此著述之準則。考《關羽傳》注惟曰《魏氏春秋》而不稱《獻帝傳》，足證此《獻帝傳》三字或屬衍文。

〔三三〕紹興本"乃"字作"何"。

〔三四〕紹興本"世"字作"豈"。

〔三五〕紹興本"蘇"字作"穌"。

〔三六〕盧弼曰："《御覽》作'便姸'。"

謹案：《類聚》卷三十三、《御覽》卷七百五十四、《册府》卷八百六十九引俱作"便姸"。張翰《周小史詩》："顧盻便姸。""便辟"以習見而誤改也。

〔三七〕紹興本"喝"字作"蹋"。《類聚》引同。毛本作"蹋"。

〔三八〕盧弼曰："'傳'疑作'從'。"

謹案："傳"字不誤。《後漢書·申徒蟠傳》："從事義之，爲封傳護送。"李賢注："傳謂符牒使人監送之。"則"傳供食之"蓋謂以牒通告鄉人輪遞給其飲食也。以其啖兼人，故下文云"一鄉輒爲之儉"。若從盧君改"傳"爲"從"，則文義實扞格難通，説似未的。

〔三九〕紹興本、陳本、毛本"綏"字作"絞"，惟馮本作"綏"。

〔四〇〕毛本"太"字作"大"。

〔四一〕盧弼曰："《尚書·舜典》：'在璿璣玉衡，以齊七政。'孔傳云：'璿，美玉；璣衡，玉者正天文之器可運轉者。七政，日月五星各異政。舜察天文，齊七政以審己當天心與否。'"

謹案：戴震《尚書義考》曰："按璿璣玉衡，先儒徒據漢以後之渾天儀爲説，皆失之。揚雄《法言》：'或人問渾天於雄，雄曰：洛下閎營之，鮮于妄人度之，耿中丞象之，幾幾乎莫之違也。'渾天之器創於此三人，遂以其轉旋名之曰璿璣，以其中之窺管名之曰玉衡。雖襲取古名，非唐虞時所謂璣衡也。"盧君引僞孔傳"正天文之器"以釋玉衡，若如僞孔傳所説，則《高堂隆傳》之"玉衡耀精"能以"正天文之器"釋之乎？其於義扞格難通可知，故戴君所説爲允。

〔四二〕紹興本、馮本、陳本"嶽"字作"高"。

〔四三〕"斃"字疑當作"弊"。

〔四四〕趙一清曰："'以'上疑脱'足'字。"李慈銘説同。

謹案：《册府》卷一百一十六引"以"上有"足"字是也，當據補。

〔四五〕馮本、毛本"帝"字作"常",《通志》同。

〔四六〕《御覽》卷九十四引"次"下有"弟"字。《金樓子·箴戒》引同。

〔四七〕盧弼曰:"沈家本曰:《御覽》'石'作'名'。"

謹案:《御覽》卷九十四引作"名",又卷一百四十五引作"石",考《治要》引"石"作"名",《金樓子》同。《吕氏春秋·務本篇》"其名無不榮者"高注:"名者,爵位名也。"此言才人、貴人、夫人俸禄名位一準外廷百官之數,作"名"字是,"石"爲"名"之形誤。

〔四八〕盧弼曰:"《御覽》卷二百四十五作'可傳信者'。"

謹案:《御覽》卷二百四十五無此文。考《御覽》卷九十四引作"附",卷一百四十五、卷二百一十四引作"付",未見如盧君說有引作"傳"者,或誤記未檢而然也。竊疑"付信"當作"保信"。郭璞《方言注》:"保,言可保信也。"《後漢書·桓譚傳》注:"保役,可保信也。"保信猶今言信任。《周禮·地官·大司徒》"使之相保"注:"保猶任也。""保"之作"付",或以字形殘脱而譌。

〔四九〕毛本無"殿"字,《御覽》卷九十二、《金樓子》引均無"殿"字。

〔五〇〕蕭書"士"上有"戰"字。

〔五一〕紹興本"色"字作"首",《册府》卷五百三十九引同。

〔五二〕《册府》"論"字作"議"。

〔五三〕《治要》引無"子"字。

〔五四〕《册府》引"者"下有"則"字。

〔五五〕盧弼曰："元本'千'作'十'。"
謹案：《治要》引"千"字作"十"，是也。

〔五六〕《治要》《册府》引"無"上無"有"字，是也。

〔五七〕毛本"飢"字作"饑"，《治要》引同。

〔五八〕毛本"命"字作"身"。

〔五九〕《御覽》一百七十五引"華"下有"殿"字。《册府》卷十三"復"下有"築"字，"華"下亦有"殿"字。

〔六〇〕《類聚》卷十引"絆"下有"之"字。

〔六一〕《類聚》、《御覽》卷六百九十一引"關"字俱作"開"。《册府》卷二十一引"於"下有"其"字。

〔六二〕《類聚》、《御覽》卷八百七十三引"璜"上俱有"玉"字。

〔六三〕《類聚》《御覽》引"麒"上有"又有"二字。

〔六四〕《類聚》引"鳥"字作"皇"，《御覽》引作"凰"。

〔六五〕《類聚》《御覽》引"南"下俱有"方"字。

〔六六〕《類聚》《御覽》引句下俱有"此司馬氏革運之徵"八字。

〔六七〕《册府》卷二十一引"告"字作"吉"。

〔六八〕毛本"三"字作"二"。

〔六九〕紹興本、馮本、陳本、毛本"石"下有"焉"字。《册府》引作"馬"，蓋形譌。

〔七〇〕《初學記》卷八引"谷"下無"口"字，"涌"字作"滿"。

〔七一〕盧弼曰："'昔'疑作'夕'。"
謹案：《莊子·齊物論》"今日適我而昔至也"釋文引崔譔曰："昔，夕也。"蓋二字古通用，非誤字。

〔七二〕《册府》引無"馬"字。

〔七三〕《册府》卷五十二引作"使民知朕意"。

〔七四〕《御覽》卷九十四引"山"上有"泰"字,"茌"作"茬"。考孫奕《示兒篇》卷二十一:"明帝景初元年:山茌,仕之切。漢泰山郡有茌縣,茌山在縣東北,或音淄,東漢爲茌侯國,入三國屬魏。"應據增改。

〔七五〕《册府》卷一十五引"藝"字作"議"。

〔七六〕毛本"烝"字作"蒸"。《書鈔》卷一百零六、《册府》卷四引同。

〔七七〕《書鈔》、《御覽》卷五百六十六引"有"上俱有"時"字。

〔七八〕《初學記》卷十五、《御覽》、《册府》卷五百二十五引"武"字俱作"斌"。

〔七九〕《御覽》卷五百二十七、《册府》卷三十二引"見經"二字乙。

〔八〇〕盧弼曰:"《宋書·禮志三》作'多不經見,以興廢無常'。"

謹案:此見梁章鉅《三國志旁證》引。依序例"宋"字上應增"梁章鉅曰"四字。

〔八一〕《御覽》卷五百二十七、《册府》卷三十二引"祀"字作"禮"。

〔八二〕《御覽》、《册府》卷二十九引"宣"下有"皇"字。

〔八三〕毛本"凰"字作"皇",《治要》引同,下同。

〔八四〕《御覽》卷二百四十九引"議"字作"謀"。

〔八五〕盧弼曰:"《御覽》'殫'作'單'。"

謹案:《廣雅·釋詁一》:"殫,盡也。"《詩經·小雅·天保》

"俾爾單厚"鄭箋："單，盡也。"《史記·春申君傳》"王之威亦單矣"集解引徐廣曰："單亦作殫。"是"單""殫"二字古通用。

〔八六〕《御覽》卷四百五十三引無"不"字、"也"字。

〔八七〕盧弼曰："胡三省曰：'方，穴土爲方也。'《漢書》所謂方中亦此義。"

謹案：《太玄·玄摛》"圜方之相研"注："方，地也。"穿方即掘地。《漢書·張湯傳》"調茂陵尉，治方中"注："古謂掘地爲阬曰方。"蓋胡注所本。

〔八八〕盧弼曰："胡三省曰：'了鳥，衣冠摧敝之貌。'"

謹案："了鳥"或作"了佻"。《方言》第七"燕趙之郊懸物於臺上謂之佻"郭注："了佻，懸物貌。"此蓋形容衣冠藍縷懸垂。

〔八九〕紹興本"事"字作"是"。

〔九〇〕盧弼曰："盧文弨曰：'千當作干。'"

謹案：紹興本"千"字作"干"，《治要》引同。作"干"字是。《楚辭·謬諫》"恐犯忌而干諱。"注："干，觸也。"

〔九一〕《御覽》卷二百四十九引作"今知"，《册府》卷五百二十九引亦有"今"字。

〔九二〕盧弼曰："胡三省曰：'司馬遷《答任安書》：假令僕伏法受誅，若九牛亡一毛，與螻蟻何異。'"

謹案：《册府》卷五百三十九引"牛"上有"九"字，此蓋本司馬遷語，則當有"九"字爲是。胡注引《答任安書》以證，疑《通鑑》今本亦有佚文也。

〔九三〕《御覽》卷二百四十九、卷四百五十三引"秉"字作"發"。

〔九四〕陳本"度"上有"卿"字，是也。《晉書·宣帝紀》作"君度其作何計"。

〔九五〕《晉書》"拒"上有"以"字。

〔九六〕《晉書》作"今縣軍遠征，將謂不能持久"。語意較備。

〔九七〕《晉書》"後"上有"而"字。

〔九八〕《晉書·何曾傳》"全慎"二字互乙。

〔九九〕《晉書》"固"字作"國"。

〔一〇〇〕《晉書》"迴"字作"迥"，是也。

〔一〇一〕《晉書》"散"字作"引"。

〔一〇二〕《晉書》"戒"字作"裁"。

〔一〇三〕《晉書》"災"字作"變"。

〔一〇四〕紹興本、馮本、陳本、毛本"圍"字作"面"，《冊府》卷一百七十四引同。

〔一〇五〕《冊府》卷一百二十五引"宕"字作"巖"。

〔一〇六〕《御覽》卷九十四引"恨"下有"矣"字。

〔一〇七〕《御覽》引"然"字作"恪"。

〔一〇八〕盧弼曰："馮本'得'作'許'。監本、官本'貿'作'貿'。弼按：'貿'與'貿'同，《爾雅·釋言》：'貿，市也。'"

謹案：《小爾雅·廣詁》："貿，易也。"玄應《一切經音義》卷九引《三蒼》："貿，換易也。"

〔一〇九〕《書鈔》卷一、《御覽》卷九十四、卷三百七十三引俱作《魏氏春秋》。

〔一一〇〕《御覽》引"垂"字俱作"委"。

魏志校箋卷四

魏志卷四〔一〕

齊王 芳　高貴鄉公 髦　陳留王 奐〔二〕

齊王諱芳，字蘭卿。明帝無子，養王及秦王詢，宮省事秘，莫有知其所由來者。《魏氏春秋》曰：或云任城王楷子〔三〕。青龍三年，立爲齊王。景初三年正月丁亥朔，帝病甚，乃立爲皇太子。是日，即皇帝位，大赦。尊皇后曰皇太后。大將軍曹爽、太尉司馬宣王輔政。詔曰："朕以眇身，繼承洪業，煢煢在疚，靡所控告。大將軍、太尉奉受末命，夾輔朕躬，司徒、司空、冢宰、元輔總率百寮，以寧社稷，其與羣卿大夫勉勖乃心，稱朕意焉。諸所興作宮室之役，皆以遺詔罷之。官奴婢六十已上，免爲良人。"二月，西域重譯獻火浣布，詔大將軍、太尉臨試以示百寮。《異物志》曰：斯調國有火洲〔四〕，在南海中。其上有野火，春夏自生，秋冬自死。有木生於其中而不消也，枝皮更活〔五〕，秋冬火死則皆枯瘁。其俗常冬采其皮以爲布〔六〕，色小青黑，若塵垢污之，便投火中，則更鮮明也。《傅子》曰〔七〕：漢桓帝時，大將軍梁冀以火浣布爲單衣〔八〕，常大會賓客，冀陽爭酒〔九〕，失杯而汙之，僞怒，解衣曰〔一〇〕："燒之。"布得火，煒燁赫然〔一一〕，如燒凡布，垢盡火滅，粲然潔白，若用灰水焉〔一二〕。《搜神記》曰：昆侖之墟，有炎火之山，山上有鳥獸草木，皆生於炎火之中，故有火浣布，非此山草木之皮枲，則其鳥獸之毛也。漢世西域舊獻此布，中間久絕，至魏初，時人疑其無有〔一三〕。文帝以爲火性酷烈，無含生之氣〔一四〕，著之《典論》，明其不然之事〔一五〕，絕智者之聽〔一六〕。及明帝立，詔三公曰："先帝昔著《典論》，不朽之格言，其刊石於廟門之外及太學，與石經並，以永示來世。"至是西域使至而獻火浣布焉〔一七〕，於是刊滅此論，而天下笑之。臣松之昔從征西至洛陽，歷觀舊物，見《典論》石在太學者尚存，而廟門外無之，問諸長老，云晉初受禪，即用魏廟，移此石於太學，非兩處立也。竊謂此言爲不然〔一八〕。又東方朔《神異經》曰〔一九〕：南荒之外〔二〇〕，有火山〔二一〕，長三十里〔二二〕，廣五十里，其中皆生不燼之木，晝夜火燒〔二三〕，得暴風不猛，猛雨不滅〔二四〕。火中有鼠，重百斤，毛長二尺餘，細如絲〔二五〕，可以作布。常居火中〔二六〕，色洞赤，時時出外而色白，以水逐而沃之即死，續其毛，織以爲布〔二七〕。

丁丑詔曰："太尉體道正直，盡忠三世，南擒孟達，西破蜀虜，東滅公孫淵，功蓋海內。昔周成建保傅之官，近漢顯宗崇寵鄧禹，所以優隆儁乂，必有尊也。其以太尉爲太傅，持節統兵都督諸軍事如故。"三月，以征東將軍滿寵爲太尉。夏六月，以遼東東沓縣吏民渡海居齊郡界，以故縱城爲新沓縣以居徙民。秋七月，上始親臨朝，聽公卿奏事。八月，大赦。冬十月，以鎮南將軍黃權爲車騎將軍。

十二月，詔曰："烈祖明皇帝以正月棄背天下，臣子永惟忌日之哀，其復用夏正，雖違先帝通三統之義，斯亦禮制所由變改也。又夏正於數爲得天正，其以建寅之月爲正始元年正月，以建丑月爲後十二月。"

正始元年春二月乙丑，加侍中中書監劉放、侍中中書令孫資爲左、右光祿大夫。丙戌，以遼東汶、北豐縣民流徙渡海，規齊郡之西安、臨菑、昌國縣界爲新汶、南豐縣，以居流民。

自去冬十二月至此月不雨。丙寅[二八]，詔令獄官亟平冤枉，理出輕微；擧公卿士讜言嘉謀，各悉乃心。夏四月，車騎將軍黃權薨。秋七月，詔曰："《易》稱損上益下，節以制度，不傷財，不害民。方今百姓不足而御府多作金銀雜物，將奚以爲？今出黃金銀物百五十種，千八百餘斤，銷冶以供軍用。"八月，車駕巡省洛陽界秋稼，賜高年力田各有差。

二年春二月，帝初通《論語》，使太常以太牢祭孔子於辟雍，以顏淵配。

夏五月，吳將朱然等圍襄陽之樊城，太傅司馬宣王率衆拒之。干寶《晉紀》曰[二九]：吳將全琮寇芍陂，朱然、孫倫五萬人圍樊城，諸葛瑾、步騭寇柤中。琮已破走而樊圍急，宣王曰："祖中民夷十萬，隔在水南，流離無主，樊城被攻，歷月不解，此危事也，請自討之。"議者咸言："賊遠圍樊城不可拔，刨於堅城之下〔三〇〕，有自破之勢，宜長策以御之。"宣王曰："軍志有之：將能而御之，此爲縻軍〔三一〕；不能而任之，此爲覆軍。今疆埸騷動〔三二〕，民心疑惑，是社稷之大憂也。"六月，督諸軍南征，車駕送津陽城門外。宣王以南方暑濕，不宜持久，使輕騎挑之，然不敢動。於是乃令諸軍休息洗沐，簡精銳，募先登，申號令，示必攻之勢。然等聞之，乃夜遁。追至三州口，大殺獲。六月辛丑，退。己酉〔三三〕，以征東將軍王凌爲車騎將軍。冬十二月，南安郡地震。

三年春正月，東平王徽薨。三月，太尉滿寵薨。秋七月甲申，南安郡地震。乙酉，以領軍將軍蔣濟爲太尉。冬十二月，魏郡地震。

四年春正月，帝加元服，賜羣臣各有差。夏四月乙卯，立皇后甄氏，大赦。五月朔，日有蝕之〔三四〕，既。秋七月，詔祀故大司馬曹真、曹休、征南大將軍夏侯尚、太常桓階、司空陳羣、太傅鍾繇、車騎將軍張郃、左將軍徐晃、前將軍張遼、右將軍樂進、太尉華歆、司徒王朗、驃騎將軍曹洪、征西將軍夏侯淵、後將軍朱靈、文聘、執金吾臧霸、破虜將軍李典、立義將軍龐德、武猛校尉典韋於太祖廟庭。冬十二月，倭國女王俾彌呼遣使奉獻。

五年春二月，詔大將軍曹爽率衆征蜀。夏四月朔，日有蝕之。五月癸巳，講《尚書》經通〔三五〕，使太常以太牢祀孔子於辟雍，以顏淵配。賜太傅、大將軍及侍講者各有差。丙午，大將軍曹爽引軍還。秋八月，秦王詢薨。九月，鮮卑內附，置遼東蜀國，立昌黎縣以居之。冬十一月癸卯，詔祀故尚書令荀攸於太祖廟庭。臣松之以爲：故魏氏配饗不及荀彧，蓋以其末年異議，又位非魏臣故也。至於升程昱而遺郭嘉，先鍾繇而後荀攸，則未詳厥趣也。徐佗謀逆而許褚心動，忠誠之至遠同於日磾，且潼關之危，非褚不濟，褚之功烈有過典韋，今祀韋而不及褚，又所未達也。己酉，復秦國爲京兆郡。十二月，司空崔林薨。

六年春二月丁卯，南安郡地震。丙子，以驃騎將軍趙儼爲司空。夏六月〔三六〕，儼薨。八月丁卯，以太常高柔爲司空。癸巳，以左光祿大夫劉放爲驃騎將軍，右光祿大夫孫資爲衛將軍。冬十一月，祫祭太祖廟，始祀前所論佐命臣二十一人。十二月辛亥，詔故司徒王朗所作《易傳》，令學者得以課試。乙亥，詔曰："明日大會羣臣，其令太傅乘輿上殿。"

七年春二月，幽州刺史毌丘儉討高句驪，夏五月，討濊貊，皆破之。韓那奚等數十國各率種落降。秋八月戊申，詔曰："屬到市觀見所斥賣官奴婢，年皆七十，或癃疾殘病，所謂天民之窮者也。且官以其力竭而復鬻之，進退無謂，其悉遣爲良民。若有不能自存者，郡縣振給之。"臣松之案：帝初即位，有詔"官奴婢六十以上免爲良人"。既有此詔，則宜遂爲永制。七八年間，而復貨年七十者，且七十奴婢及癃疾殘病，並非可售之物，而鬻之於市，此皆事之難解。

己酉，詔曰："吾乃當以十九日親祠，而昨出已見治道，得雨當復更治，徒棄功夫。每念百姓力少役多，夙夜存心。道路但當期於通利，聞乃撾捶老小，務崇修飾，疲困流離，以至哀歎，吾豈安乘此而行，致馨德於宗廟邪？自今已後，明申勑之。"冬十二月，講《禮記》通，使太常以太牢祀孔子於辟雍，以顏淵配。習鑿齒《漢晉春秋》曰：是年，吳將朱然入柤中，斬獲數千，柤中民吏萬餘家渡沔。司馬宣王謂曹爽曰："若便令還，必復致寇，宜權留之。"爽曰："今不脩守沔南〔三七〕，留民沔北，非長策也。"宣王曰："不然。凡物置之安地則安，危地則危，故兵書曰：成敗，形也，安危，勢也，形勢御衆之要，不可不審。設令賊二萬人斷沔水，三萬人與沔南諸軍相持，萬人陸鈔柤中，君將何以救之？"爽不聽，卒令還。然後襲破之。袁淮言於爽曰〔三八〕："吳楚之民脆弱寡能〔三九〕，英才大賢不出其土，比技量力，不足與中國相抗，然自上世以來常為中國患者，蓋以江漢為池，舟楫為用，利則陸鈔，不利則入水，攻之道遠，中國之長技無所用之也。孫權自十數年以來，大畋江北，繕治甲兵，精其守禦，數出盜竊，敢遠其水，陸次平土，此中國所願聞也。夫用兵者，貴以飽待饑，以逸擊勞，師不欲久，行不欲遠，守少則固，力專則彊。當今宜損淮、漢以南〔四〇〕，退却避之。若賊能入居中央，來侵邊境，則隨其所短，中國之長技得用矣。若不敢來，則邊境得安，無鈔盜之憂矣。使我國富兵彊，政脩民一，陵其國不足為遠矣。今襄陽孤在漢南，賊循漢而上，則斷而不通，一戰而勝，則不攻而自服，故置之無益於國，亡之不足為辱。自江夏已東，淮南諸郡，三后已來，其所亡幾何，以近賊疆界易鈔掠之故哉！若徙之淮北，遠絕其間，則民人安樂，何鳴吠之驚乎？"遂不徙〔四一〕。

八年春二月朔，日有蝕之。夏五月，分河東之汾北十縣爲平陽郡。

秋七月，尚書何晏奏曰："善爲國者必先治其身，治其身者慎其所習。所習正則其身正，其身正則不令而行；所習不正則其身不正，其身不正則雖令不從。是故爲人君者，所與游必擇正人，所觀覽必察正象，放鄭聲而弗聽，遠佞人而弗近，然後邪心不生而正道可弘也。季末闇主，不知損益，斥遠君子，引近小人，忠良疏遠，便辟褻狎，亂生近暱，譬之社鼠，考其昏明，所積以然，故聖賢諄諄以爲至慮。舜戒禹曰'鄰哉鄰哉'，言慎所近也，周公戒成王曰'其朋其朋'，言慎所與也。《詩》云：'一人有慶，兆民賴之。'可自今以後〔四二〕，御幸式乾殿及游豫後園，皆大臣侍從，因從容戲宴，兼省文書，詢謀政事，講論經義，爲萬世法。"冬十二月，散騎常侍諫議大夫孔晏乂奏曰："禮，天子之宫，有斲礱之制，無朱丹之飾，宜循禮復古。今天下已平，君臣之分明，陛下但當不懈於位，平公正之心，審賞罰以使之。可絕後園習騎乘馬，出必御輦乘車，天下之福，臣子之願也。"晏、乂咸因闕以進規諫。

九年春二月，衛將軍中書令孫資，癸巳，驃騎將軍中書監劉放，三月甲午，司徒衛臻，各遜位，以侯就第，位特進。四月，以司空高柔爲司徒，光祿大夫徐邈爲司空，固辭不受。秋九月，以車騎將軍王淩爲司空。冬十月，大風發屋折樹。

嘉平元年春正月甲午，車駕謁高平陵。孫盛《魏世籍》曰：高平陵在洛水南大石山，去洛城九十里。太傅司馬宣王奏免大將軍曹爽、爽弟中領軍羲、武衛將軍訓、散騎常侍彥官，以侯就第。戊戌，有司奏收黃門張當付廷尉，考實其辭，爽與謀不軌。又尚書丁謐、鄧颺、何晏、司隸校尉畢軌、荊州刺史李勝、大司農桓範皆與爽通姦謀，夷三族。語在《爽傳》。丙午，大赦。丁未，以太傅司馬宣王爲丞相，固讓乃止。孔衍《漢魏春秋》曰：詔使太常王肅册命太傅爲丞相，增邑萬戶，羣臣奏事不得稱名，如漢霍光故事。太傅上書辭讓曰：「臣親受顧命，憂深責重，憑賴天威，摧敝姦凶〔四三〕，贖罪爲幸，功不足論。又三公之官，聖王所制，著之典禮。至於丞相，始自秦政，漢氏因之，無復變改。今三公之官皆備，橫復寵臣，違越先典，革聖明之經，襲秦漢之路，雖在異人，臣所宜正，況當臣身而不固爭，四方議者將謂臣何！」書十餘上，詔乃許之，復加九錫之禮。太傅又言：「太祖有大功大德，漢氏崇重，故加九錫，此乃歷代異事，非後代之君臣所得議也。」又辭不受。

夏四月乙丑，改年。丙子，太尉蔣濟薨。冬十二月辛卯，以司空王淩爲太尉。庚子，以司隸校尉孫禮爲司空。

二年夏五月，以征西將軍郭淮爲車騎將軍。冬十月，以特進孫資爲驃騎將軍。十一月，司空孫禮薨。十二月甲辰，東海王霖薨。乙未，征南將軍王昶渡江掩攻吳，破之。

三年春正月，荆州刺史王基、新城太守陳泰攻吳，破之，降者數千口。二月，置南郡之夷陵縣以居降附。三月，以尚書令司馬孚爲司空。四月甲申，以征南將軍王昶爲征南大將軍。壬辰，大赦。丙午，聞太尉王淩謀廢帝，立楚王彪，太傅司馬宣王東征淩。五月甲寅，淩自殺。六月，彪賜死。秋七月壬戌，皇后甄氏崩。辛未，以司空司馬孚爲太尉。戊寅，太傅司馬宣王薨，以衛將軍司馬景王爲撫軍大將軍，錄尚書事。乙未，葬懷甄后於太清陵。庚子，驃騎將軍孫資薨。十一月，有司奏諸功臣應饗食於太祖廟者，更以官爲次，太傅司馬宣王功高爵尊，最在上。十二月，以光祿勳鄭沖爲司空。

四年春正月癸卯，以撫軍大將軍司馬景王爲大將軍。二月，立皇后張氏，大赦。夏五月，魚二見於武庫屋上。《漢晉春秋》曰：初，孫權築東興隄以遏巢湖。後征淮南，壞不復修。是歲諸葛恪帥軍更於隄左右結山挾築兩城，使全端、留略守之，引軍而還。諸葛誕言於司馬景王曰："致人而不致於人者[四四]，此之謂也。今因其內侵，使文舒逼江陵，仲恭向武昌，以羈吳之上流，然後簡精卒攻兩城，比救至，可大獲也。"景王從之。冬十一月，詔征南大將軍王昶、征東將軍胡遵、鎮南將軍毌丘儉等征吳。十二月，吳大將軍諸葛恪拒戰，大破衆軍於東關。不利而還。《漢晉春秋》曰：毌丘儉、王昶聞東軍敗，各燒屯走。朝議欲貶黜諸將，景王曰："我不聽公休，以至於此。此我過也，諸將何罪？"悉原之。時司馬文王爲監軍，統諸軍，惟削文王爵而已。是歲，雍州刺史陳泰求勒并州并力討恪〔四五〕，景王從之。未集，而鴈門、新興二郡以爲將遠役，遂驚反。景王又謝朝士曰："此我過也，非玄伯之責！"於是魏人愧悦，人思其報。習鑿齒曰：司馬大將軍引二敗以爲己過，過消而業隆，可謂智矣。夫民忘其敗，而下思其報，雖欲不康，其可得邪？若乃諱敗推過，歸咎萬物，常執其功而隱其喪，上下離心，賢愚解體，是楚再敗而晉再克也，謬之甚矣！君人者，苟統斯理而以御國，則朝無秕政，身靡留愆，行失而名揚，兵挫而戰勝，雖百敗可也，況於再乎！

五年夏四月，大赦。五月，吳太傅諸葛恪圍合肥新城，詔太尉司馬孚拒之。《漢晉春秋》曰：是時姜維亦出圍狄道。司馬景王問虞松曰："今東西有事，二方皆急，而諸將意沮，若之何？"松曰："昔周亞夫堅壁昌邑而吳楚自敗，事有似弱而彊，或似彊而弱，不可不察也。今恪悉其銳衆，足以肆暴，而坐守新城，欲以致一戰耳。若攻城不拔，請戰不得，師老衆疲，勢將自走，諸將之不徑進，乃公之利也。姜維有重兵而縣軍應恪，投食我麥，非深根之寇也。且謂我并力於東，西方必虛，是以徑進。今若使關中諸軍倍道急赴，出其不意，殆將走矣。"景王曰："善！"乃使郭淮、陳泰悉關中之衆，解狄道之圍。勅毌丘儉等案兵自守，以新城委吳。姜維聞淮進兵，軍食少，乃退至隴西界〔四六〕。秋七月，恪退還。是時，張特守新城。《魏略》曰：特字子產，涿郡人。先時領牙門，給事鎮東諸葛誕，誕不以爲能也，欲遣還護軍。會毌丘儉代誕，遂使特屯守合肥新城。及諸葛恪圍城，特與將軍樂方等三軍衆合有三千人，吏兵疾病及戰死者過半〔四七〕，而恪起土山急攻，城將陷，不可護。特乃謂吳人曰："今我無心復戰也。然魏法,被攻過百日而救不至者,雖降,家不坐也。自受敵以來,已九十餘日矣。此城中本有四千餘人,而戰死者已過半,城雖陷,尚有半人不欲降[四八],我當還爲相語之,條名別善惡[四九],明日早送名,且持我印綬去以爲信。"乃投其印綬以與之。吳人聽其辭而不取印綬,不攻[五〇]。頃之,持還,乃夜徹諸屋材柵,補其缺爲二重。明日,謂吳人曰:"我但有鬭死耳!"吳人大怒,進攻之,不能拔,遂引去。朝廷嘉之,加雜號將軍,封列侯,又遷安豐太守。

八月,詔曰:"故中郎西平郭脩,砥節厲行,秉心不回。乃者蜀將姜維寇鈔脩郡,爲所執略。往歲僞大將軍費禕驅率羣衆[五一],陰圖闚覦,道經漢壽,請會衆賓,脩於廣坐之中手刃擊禕,勇過聶政,功逾介子,可謂殺身成仁,釋生取義者矣。夫追加褒寵,所以表揚忠義;祚及後胤,所以獎勸將來。其追封脩爲長樂鄉侯,食邑千戶,謚曰威侯。子襲爵,加拜奉車都尉。賜銀千餅,絹千匹,以光寵存亡,永垂來世焉。"《魏氏春秋》曰:脩字孝先,素有業行,著名西州。姜維劫之,脩不爲屈。劉禪以爲左將軍,脩欲刺禪而不得親近,每因慶賀,且拜且前,爲禪左右所遏,事輒不克,故殺禕焉。臣松之以爲:古之舍生取義者,必有理存焉,或感恩懷德,投命無悔,或利害有機,奮發以應會,詔所稱聶政、介子是也。事非斯類,則陷乎妄作矣。魏之與蜀,雖爲敵國,非有趙襄滅智之仇,燕丹危亡之急,且劉禪凡下之主,費禕中才之相,二人存亡,固無關於興喪。郭脩在魏,西州之男子耳,始獲於蜀,既不能抗節不辱,於魏又無食祿之責,不爲時主所使,而無故規規然糜身於非所,義無所加,功無所立,可謂"折柳樊圉"，其狂也且，此之謂也。

自帝即位至於是歲，郡國縣道多所置省，俄或還復，不可勝紀。

六年春二月己丑，鎮東將軍毌丘儉上言："昔諸葛恪圍合肥新城，城中遣士劉整出圍傳消息，爲賊所得，考問所傳，語整曰〔五二〕：'諸葛公欲活汝，汝可具服。'整罵曰：'死狗，此何言也！我當必死爲魏國鬼，不苟求活，逐汝去也。欲殺我者，便速殺之。'終無他辭。又遣士鄭像出城傳消息，或以語恪，恪遣馬騎尋圍跡索〔五三〕，得像還。四五人的頭面縛〔五四〕，將繞城表，勑語像，使大呼，言'大軍已還洛，不如早降'。像不從其言，更大呼城中曰：'大軍近在圍外，壯士努力！'賊以刃築其口〔五五〕，使不得言〔五六〕，像遂大呼，令城中聞知。整、像爲兵，能守義執節，子弟宜有差異。"詔曰："夫顯爵所以褒元功，重賞所以寵烈士。整、像召募通使〔五七〕，越蹈重圍，冒突白刃，輕身守信，不幸見獲，抗節彌厲，揚六軍之大勢，安城守之懼心，臨難不顧，畢志傳命。昔解揚執楚，有隕無貳，齊路中大夫以死成命，方之整、像，所能不加〔五八〕。今追賜整、像爵關中侯，各除士名，使子襲爵，如部曲將死事科。"

庚戌，中書令李豐與皇后父光禄大夫張緝等謀廢易大臣，以太常夏侯玄爲大將軍。事覺，諸所連及者皆伏誅。辛亥，大赦。三月，廢皇后張氏〔五九〕。夏四月，立皇后王氏，大赦。五月，封后父奉車都尉王夔爲廣明鄉侯、光禄大夫，位特進，妻田氏爲宣陽鄉君。秋九月，大將軍司馬景王將謀廢帝，以聞皇太后。《世語》及《魏氏春秋》並云：此秋，姜維寇隴右。時安東將軍司馬文王鎮許昌，徵還擊維，至京師，帝於平樂觀以臨軍過。中領軍許允與左右小臣謀，因文王辭，殺之，勒其衆以退大將軍。已書詔於前。文王入，帝方食栗，優人云午等唱曰："青頭鷄，青頭鷄。"青頭鷄者，鴨也。帝懼不敢發。文王引兵入城，景王因是謀廢帝。臣松之案：《夏侯玄傳》及《魏略》，許允此年春與李豐事相連。豐旣誅，即出允爲鎮北將軍，未發，以放散官物收付廷尉，徙樂浪，追殺之。允此秋不得故爲領軍而建此謀。甲戌，太后令曰："皇帝芳春秋已長，不親萬幾[六〇]，耽淫内寵，沈漫女德，日延倡優，縱其醜謔；迎六宮家人留止内房[六一]，毁人倫之敘，亂男女之節，恭孝日虧，悖慠滋甚，不可以承天緒，奉宗廟。使兼太尉高柔奉策，用一元大武告於宗廟，遣芳歸藩於齊，以避皇位。"《魏書》曰：是日，景王承皇太后令，詔公卿中朝大臣會議，羣臣失色。景王流涕曰："皇太后令如是，諸君其若王室何！"咸曰："昔伊尹放太甲以寧殷，霍光廢昌邑以安漢，夫權定社稷，以濟四海，二代行之於古，明公當之於今，今日之事，亦唯公命。"景王曰："諸君所以望師者重，師安所避之？"於是乃與羣臣共爲奏永寧宮曰："守尚書令太尉長社侯臣孚、大將軍武陽侯臣師、司徒萬歲亭侯臣柔、司空文陽亭侯臣沖、行征西安東將軍新城侯臣昭、光禄大夫關内侯臣邕、太常臣晏、衛尉昌邑侯臣偉、太僕臣巖、廷尉定陵侯臣繁、大鴻臚臣芝、大司農臣祥、少府臣褎、永寧衛尉臣禎、永寧太僕臣閎、大長秋臣模、司隸校尉潁昌侯臣曾、河南尹蘭陵侯臣肅、城門校尉臣慮、中護軍永安亭侯臣望、武衛將軍安壽亭侯臣演、中堅將軍平原侯臣德、中壘將軍昌武亭侯臣廙、屯騎校尉關內侯臣陔、步兵校尉臨晉侯臣建、射聲校尉安陽鄉侯臣溫、越騎校尉睢陽侯臣初、長水校尉關內侯臣超、侍中臣小同、臣顗、臣鄧、博平侯臣表、侍中中書監安陽亭侯臣誕、散騎常侍臣瓌、臣儀、關內侯臣芝、尚書僕射光祿大夫高樂亭侯臣毓、尚書關內侯臣觀、臣嘏、長合鄉侯臣亮、臣贊、臣騫、中書令臣康、御史中丞臣鈐、博士臣範、臣峻等稽首言：臣等聞天子者，所以濟育羣生，永安萬國。三祖勳烈，光被六合。皇帝即位，纂繼洪業，春秋已長，未親萬機，耽淫內寵，沈漫女色，廢損講學〔六二〕，棄辱儒士，日延小優郭懷、袁信等於建始芙蓉殿前裸袒游戲，使與保林、女尚等爲亂，親將後宮瞻觀。又於廣望觀上，使懷、信等於觀下作遼東妖婦，嬉褻過度，道路行人掩目，帝於觀上以爲讙笑。於陵云臺曲中施帷〔六三〕，見九親婦女，帝臨宣曲觀，呼懷、信使入帷共飲酒。懷、信等更行酒，婦女皆醉，戲侮無別。使保林李華、劉勳等與懷、信等戲。清商令令狐景呵華、勳曰：'諸女，上左右人，各有官職，何以得爾？'華、勳數讒毀景。帝常喜以彈彈人，以此憎景，彈景不避目面。景語帝曰：'先帝持門戶急，今陛下日將妃后游戲無度，至乃共觀倡優，裸袒爲亂，不可令皇太后聞。景不愛死，爲陛下計耳。'帝言：'我作天子，不得自在耶？太后何與我事！'使人燒鐵灼景，身體皆爛。甄后崩後，帝欲立王貴人爲皇后。太后更欲外求，帝志，語景等：'魏家前後立皇后，皆從所愛耳，太后必違我意，知我當往不也？'後卒待張皇后疏薄。太后遭合陽君喪，帝日在後園，倡優音樂自若，不數往定省。清商丞龐熙諫帝：'皇太后至孝，今遭重憂，水漿不入口，陛下當數往寬慰，不可但在此作樂。'帝言：'我自爾，誰能奈我何？'皇太后還北宮，殺張美人及禺婉，帝恚望，語景等：'太后橫殺我所寵愛，此無復母子恩。'數往至故處啼哭，私使暴室厚殯棺，不令太后知也。每見九親婦女有美色，或留以付清商。帝至後園竹間戲，或與從官攜手共行。熙白〔六四〕：'從官不宜與至尊相提挈。'帝怒，復以彈彈熙。日游後園，每有外文書入，帝不省，左右日出，帝亦不索視。太后令帝常在式乾殿上講學，不欲，使行來，帝徑去。太后來問，輒詐令黃門答言在耳。景、熙等畏恐，不敢復止，更共諂媚。帝肆行昏淫，敗人倫之敘，亂男女之節，恭孝彌頹，凶德浸盛。臣等憂懼，恐覆天下，危墜社稷，雖殺身斃命，不足以塞責。今帝不可以承天緒，臣請依漢霍光故事，收帝璽綬。帝本以齊王踐祚，宜歸藩於齊。使司徒臣柔持節，與有司以太牢告祀宗廟。臣謹昧死以聞。"奏可。是日遷居別宮，年二十三。使者持節送衛，營齊王宮於河內重門，制度皆如藩國之禮。《魏略》曰：景王將廢帝，遣郭芝入白太后，太后與帝對坐。芝謂帝曰："大將軍欲廢陛下，立彭城王據。"帝乃起去。太后不悅。芝曰："太后有子不能教，今大將軍意已成，又勒兵於外以備非常〔六五〕，但當順旨〔六六〕，將復何言！"太后曰："我欲見大將軍，口有所說。"芝曰："何可見邪？但當速取璽綬。"太后意折，乃遣傍侍御取璽綬著坐側。芝出報景王，景王甚歡。又遣使者授齊王印綬，當出就西宮。帝受命，遂載王車，與太后別，垂涕，始從太極殿南出，羣臣送者數十人，太尉司馬孚悲不自勝，餘多流涕。王出後，景王又使使者請璽綬。太后曰："彭城王，我之季叔也，今來立，我當何之！且明皇帝當絕嗣乎？吾以為高貴鄉公者，文皇帝之長孫，明皇帝之弟子，於禮，小宗有後大宗之義，其詳議之。"景王乃更召羣臣，以皇太后令示之，乃定迎高貴鄉公。是時太常已發二日，待璽綬於温。事定，又請璽綬。太后令曰："我見高貴鄉公，小時識之，明日我自欲以璽綬手授之[六七]。"

丁丑，令曰："東海王霖，高祖文皇帝之子。霖之諸子，與國至親，高貴鄉公髦有大成之量，其以為明皇帝嗣。"《魏書》曰：景王復與羣臣共奏永寧宮曰："臣等聞人道親親故尊祖，尊祖故敬宗。禮，大宗無嗣，則擇支子之賢者。為人後者，為之子也。東海定王子高貴鄉公，文皇帝之孫，宜承正統，以嗣烈祖明皇帝後。率土有賴，萬邦幸甚，臣請徵公詣洛陽宮。"奏可。使中護軍望、兼太常河南尹肅持節，與少府褒、尚書亮、侍中表等奉法駕，迎公於元城。《魏世譜》曰：晉受禪，封齊王為邵陵縣公。年四十三，泰始十年薨，諡曰厲公。

高貴鄉公諱髦，字彥士，文帝孫，東海定王霖子也。正始五年，封郯縣高貴鄉公。少好學夙成。齊王廢，公卿議迎立公。十月己丑，公至於玄武館，羣臣奏請舍前殿，公以先帝舊處，避止西廂。羣臣又請以法駕迎，公不聽。庚寅[六八]，公入於洛陽，羣臣迎拜西掖門南，公下輿將答拜，儐者請曰："儀不拜。"公曰："吾人臣也。"遂答拜。至止車門下輿。左右曰："舊乘輿入。"公曰："吾被皇太后徵，未知所為！"遂步至太極東堂，見於太后。其日即皇帝位於太極前殿，百僚陪位者欣欣焉。《魏氏春秋》曰：公神明爽儁，德音宣朗。罷朝，景王私曰："上何如主也？"鍾會對曰："才同陳思，武類太祖。"景王曰："若如卿言，社稷之福也。"詔曰："昔三祖神武聖德，應天受祚。齊王嗣位，肆行非度，顛覆厥德。皇太后深惟社稷之重，延納宰輔之謀，用替厥位，集大命於余一人。以眇眇之身，託於王公之上，夙夜祗畏〔六九〕，懼不能嗣守祖宗之大訓，恢中興之弘業，戰戰兢兢，如臨於谷。今羣公卿士股肱之輔，四方征鎮宣力之佐，皆積德累功，忠勤帝室，庶憑先祖先父有德之臣，左右小子，用保乂皇家，俾朕蒙闇，垂拱而治。蓋聞人君之道，德厚侔天地，潤澤施四海，先之以慈愛，示之以好惡，然後教化行於上，兆民聽於下。朕雖不德，昧於大道，思與宇內共臻茲路。《書》不云乎：'安民則惠，黎民懷之。'"大赦，改元。減乘輿服御，後宮用度，及罷尚方御府百工技巧靡麗無益之物。

　　正元元年冬十月壬辰，遣侍中持節分適四方，觀風俗，勞士民，察冤枉失職者。癸巳，假大將軍司馬景王黃鉞，入朝不趨，奏事不名，劍履上殿。戊戌，黃龍見於鄴井中。甲辰，命有司論廢立定策之功，封爵增邑進位班賜各有差。

　　二年春正月乙丑，鎮東將軍毌丘儉、揚州刺史文欽反。戊戌，大將軍司馬景王征之。癸未，車騎將軍郭淮薨。閏月己亥，破欽於樂嘉。欽遁走，遂奔吳。甲辰，安風淮津都尉斬儉，傳首京都。《世語》曰：大將軍奉天子征儉，至項，儉既破，天子先還。臣松之檢諸書都無此事，至諸葛誕反，司馬文王始挾太后及帝與俱行耳。故發詔引漢二祖及明帝親征以為前比，知明帝已後始有此行也。案張璠、虞溥、郭頒皆晉之令史，璠、頌出爲官長，溥，鄱陽內史。璠撰《後漢紀》，雖以未成[七〇]，辭藻可觀。溥著《江表傳》，亦粗有條貫。惟頌撰《魏晉世語》，蹇乏全無宮商，最爲鄙劣，以時有異事，故頗行於世。干寶、孫盛等多采其言以爲《晉書》，其中虛錯如此者，往往而有之。壬子，復特赦淮南士民諸爲儉、欽所詿誤者。以鎮南將軍諸葛誕爲鎮東大將軍。司馬景王薨於許昌。二月丁巳，以衛將軍司馬文王爲大將軍，錄尚書事。

甲子，吳大將孫峻等衆號十萬至壽春，諸葛誕拒擊破之，斬吳左將軍留贊，獻捷於京都。三月，立皇后卞氏，大赦。夏四月甲寅，封后父卞隆爲列侯。甲戌，以征南大將軍王昶爲驃騎將軍。秋七月，以征東大將軍胡遵爲衛將軍，鎮東大將軍諸葛誕爲征東大將軍。

八月辛亥，蜀大將軍姜維寇狄道，雍州刺史王經與戰洮西，經大敗，還保狄道城。辛未，以長水校尉鄧艾行安西將軍，與征西將軍陳泰并力拒維。戊辰，復遣太尉司馬孚爲後繼。九月庚子，講《尚書》業終，賜執經親授者司空鄭沖、侍中鄭小同等各有差。甲辰，姜維退還。冬十月，詔曰："朕以寡德，不能式遏寇虐，乃令蜀賊陸梁邊陲[七一]。洮西之戰，至取負敗，將士死亡，計以千數，或沒命戰場，冤魂不反，或牽掣虜手，流離異域，吾深痛愍，爲之悼心。其令所在郡典農及安撫夷二護軍各部大吏慰卹其門戶，無差賦役一年，其力戰死事者，皆如舊科，勿有所漏。"

十一月甲午，以隴右四郡及金城，連年受敵，或亡叛投賊，其親戚留在本土者不安，皆特赦之。癸丑，詔曰："往者洮西之戰，將吏士民或臨陣戰亡，或沈溺洮水，骸骨不收，棄於原野，吾常痛之。其告征西將軍〔七二〕、安西將軍，各令部人於戰處及水次鉤求屍喪，收斂藏埋，以慰存亡。"

甘露元年春正月辛丑，青龍見軹縣井中。乙巳，沛王林薨。《魏氏春秋》曰：二月丙辰，帝宴羣臣於太極東堂，與侍中荀顗、尚書崔贊、袁亮、鍾毓、給事中中書令虞松等並講述禮典，遂言帝王優劣之差。帝慕夏少康，因問顗等曰："有夏既衰，后相殆滅〔七三〕，少康收集夏衆，復禹之績，高祖拔起隴畝〔七四〕，驅帥豪儁，芟夷秦、項，包舉宇內，斯二主可謂殊才異略，命世大賢者也。考其功德，誰宜為先〔七五〕？"顗等對曰："夫天下重器，王者天授，聖德應期〔七六〕，然後能受命創業。至於階緣前緒，興復舊績，造之與因，難易不同。少康功德雖美，猶為中興之君，與世祖同流可也〔七七〕。至如高祖，臣等以為優。"帝曰："自古帝王，功德言行，互有高下，未必創業者皆優，紹繼者咸劣也。湯、武、高祖雖俱受命，賢聖之分，所覺縣殊。少康、殷宗中興之美〔七八〕，夏啓、周成守文之盛，論德較實〔七九〕，方諸漢祖，吾見其優，未聞其劣，顧所遇之時殊，故所名之功異耳。少康生於滅亡之餘〔八〇〕，降為諸侯之隸，崎嶇逃難，僅以身免，能布其德而兆其謀，卒滅過、戈，克復禹績〔八一〕，祀夏配天，不失舊物，非至德弘仁，豈濟斯勳？漢祖因土崩之勢，仗一時之權，專任智力，以成功業，行事動靜，多違聖檢。為人子則數危其親，為人君則囚繫賢相，為人父則不能衛子，身沒之後，社稷幾傾，若與少康易時而處，或未能復大禹之績也。推此言之，宜高夏康而下漢祖矣。諸卿具論詳之〔八二〕。"翌日丁巳，講業既畢，顗、亮等議曰："三代建國，列土而治，當其衰弊，無土崩之勢，可懷以德，難屈以力。逮至戰國，強弱相兼，去道德而任智力。故秦之弊可以力爭。少康布德，仁者之英也；高祖任力，智者之儁也，仁智不同，二帝殊矣。《詩》《書》述殷中宗、高宗，皆列《大雅》，少康功美過於二宗，其爲《大雅》明矣。少康爲優，宜如詔旨。"贊、毓、松等議曰："少康雖積德累仁，然上承大禹遺澤餘慶，內有虞、仍之援，外有靡、艾之助，寒浞讒慝，不德於民，澆、豷無親，外內棄之，以此有國，蓋有所因。至於漢祖，起自布衣，率烏合之士〔八三〕，以成帝者之業。論德則少康優，課功則高祖多，語資則少康易，校時則高祖難。"帝曰："諸卿論少康因資，高祖創造，誠有之矣，然未知三代之世，任德濟勳如彼之難，秦、項之際，任力成功如此之易。且太上立德，其次立功，漢祖功高〔八四〕，未若少康盛德之茂也。且夫仁者必有勇，誅暴必用武，少康武烈之威，豈必降於高祖哉？但夏書淪亡，舊文殘缺，故勳美闕而罔載，唯有伍員粗述大略，其言復禹之績，不失舊物，祖述聖業，舊章不愆，自非大雅兼才，孰能與於此。向令墳典具存，行事詳備，亦豈有異同之論哉？"於是羣臣咸悅服。中書令松進曰："少康之事，去世久遠，其文昧如，是以自古及今，議論之士莫有言者，德美隱而不宣。陛下既垂心遠鑒，考詳古昔，又發德音，贊明少康之美，使顯於千載之上，宜錄以成篇，永垂於後。"帝曰："吾學不博，所聞淺狹，懼於所論，未獲其宜，縱有可采，億則屢中，又不足貴，無乃致笑後賢，彰吾闇昧乎！"於是侍郎鍾會退論次焉。

夏四月庚戌，賜大將軍司馬文王袞冕之服，赤舃副焉。

丙辰，帝幸太學，問諸儒曰："聖人幽贊神明，仰觀俯察，始作八卦，後聖重之爲六十四，立爻以極數，凡斯大義，罔有不備，而夏有《連山》，殷有《歸藏》，周曰《周易》，《易》之書，其故何也？"《易》博士淳于俊對曰："包羲因燧皇之圖而制八卦，神農演之爲六十四，黃帝、堯、舜通其變，三代隨時質文，各繇其事。故《易》者，變易也，名曰《連山》，似山出內氣[八五]，連天地也；《歸藏》者，萬事莫不歸藏於其中也。"帝又曰："若使包羲因燧皇而作《易》，孔子何以不云燧人氏沒包羲氏作乎？"俊不能答。帝又問曰："孔子作彖、象，鄭玄作注，雖聖賢不同，其所釋經義一也。今彖、象不與經文相連，而注連之，何也？"俊對曰："鄭玄合彖、象於經者，欲使學者尋省易了也。"帝曰："若鄭玄合之，於學誠便，則孔子曷爲不合以了學者乎？"俊對曰："孔子恐其與文王相亂，是以不合，此聖人以不合爲謙。"帝曰："若聖人以不合爲謙，則鄭玄何獨不謙邪？"俊對曰："古義弘深，聖問奧遠，非臣所能詳盡。"帝又問曰："《繫辭》云'黃帝、堯、舜垂衣裳而天下治'，此包羲、神農之世爲無衣裳。但聖人化天下，何殊異爾邪？"俊對曰："三皇之時，人寡而禽獸衆，故取其羽皮而天下用足。及至黃帝，人衆而禽獸寡，是以作爲衣裳以濟時變也。"帝又問："乾爲天，而復爲金，爲玉，爲老馬，與細物並邪？"俊對曰："聖人取象，或遠或近，近取諸物，遠則天地。"

講《易》畢，復命講《尚書》。帝問曰："鄭玄云'稽古同天，言堯同於天也'。王肅云'堯順考古道而行之'。二義不同，何者爲是？"博士庾峻對曰："先儒所執，各有乖異，臣不足以定之。然《洪範》稱'三人占，從二人之言'。賈、馬及肅皆以爲'順考古道'。以《洪範》言之，肅義爲長。"帝曰："仲尼言'唯天爲大，唯堯則之'。堯之大美，在乎則天，順考古道，非其至也。今發篇開義，以明聖德，而舍其大，更稱其細，豈作者之意邪？"峻對曰："臣奉遵師說，未喻大義，至於折中[八六]，裁之聖思。"次及四嶽舉鯀，帝又問曰："夫大人者，與天地合其德，與日月合其明，思無不周，明無不照，今王肅云'堯意不能明鯀，是以試用'，如此，聖人之明有所未盡邪？"峻對曰："雖聖人之弘，猶有所未盡，故禹曰'知人則哲，惟帝難之'，然卒能改授聖賢，緝熙庶績，亦所以成聖也。"帝曰："夫有始有卒，其唯聖人。若不能始，何以爲聖？其言'惟帝難之'，然卒能改授，蓋謂知人，聖人所難，非不盡之言也。《經》云：'知人則哲，能官人。'若堯疑鯀，試之九年，官人失敘，何得謂之聖哲？"峻對曰："臣竊觀經傳，聖人行事不能無失，是以堯失之四凶，周公失之二叔，仲尼失之宰予。"帝曰："堯之任鯀，九載無成，汨陳五行，民用昏墊。至於仲尼失之宰予，言行之間，輕重不同也。至於周公、管、蔡之事，亦《尚書》所載，皆博士所當通也。"峻對曰：

"此皆先賢所疑,非臣寡見所能究論。"次及"有鰥在下曰虞舜",帝問曰:"當堯之時,洪水爲害,四凶在朝,宜速登賢聖濟斯民之時也。舜年在既立,聖德光明,而久不進用,何也?"峻對曰:"堯咨嗟求賢,欲遜己位,嶽曰'否德忝帝位'。堯復使嶽揚舉仄陋,然後薦舜。薦舜之本,實由於堯,此蓋聖人欲盡衆心也。"帝曰:"堯既聞舜而不登用,又時忠臣亦不進達,乃使嶽揚仄陋而後薦舉,非急於用聖恤民之謂也。"峻對曰:"非臣愚見所能逮及。"

於是復命講《禮記》。帝問曰:"'太上立德,其次務施報'。爲治何由而教化各異,皆修何政而能致於立德、施而不報乎?"博士馬照對曰:"太上立德,謂三皇五帝之世以德化民,其次報施〔八七〕,謂三王之世以禮爲治也。"帝曰:"二者致化薄厚不同,將主有優劣邪?時使之然乎?"照對曰:"誠由時有樸文,故化有薄厚也。"《帝集》載帝自敍始生禎祥曰:"昔帝王之生,或有禎祥,蓋所以彰顯神異也。惟予小子,支胤末流,謬爲靈祇之所相祐也,豈敢自比於前喆,聊記錄以示後世焉。其辭曰:惟正始三年九月辛未朔,二十五日乙未直成,予生。於時也,天氣清明,日月暉光,爰有黃氣,烟熅於堂,照曜室宅,其色煌煌。相而論之曰:未者爲土,魏之行也;厥日直成,應嘉名也;烟熅之氣,神之精也;無災無害,蒙神靈也。齊王不弔〔八八〕,顛覆厥度,羣公受予,紹繼皇祚。以眇眇之身,質性頑固,未能涉道,而遵大路,臨深履冰,涕泗憂懼。古人有云,懼則不亡。伊予小子,曷敢怠荒?庶不忝辱,永奉烝嘗。"傅暢《晉諸公贊》曰〔八九〕：帝常與中護軍司馬望、侍中王沈、散騎常侍裴秀、黃門侍郎鍾會等講宴於東堂，并屬文論。名秀爲儒林丈人，沈爲文籍先生，望、會亦各有名號。帝性急，請召欲速。秀等在內職〔九〇〕，到得及時，以望在外，特給追鋒車〔九一〕，虎賁卒五人，每有集會，望輒奔馳而至。

五月，鄴及上谷並言甘露降。夏六月丙午，改元爲甘露。乙丑，青龍見元城縣界井中。秋七月己卯，衛將軍胡遵薨。

癸未，安西將軍鄧艾大破蜀大將姜維於上邽，詔曰："兵未極武，醜虜摧破，斬首獲生，動以萬計，自頃戰克，無如此者。今遣使者犒賜將士，大會臨饗，飲宴終日，稱朕意焉。"

八月庚午，命大將軍司馬文王加號大都督，奏事不名，假黃鉞。癸酉，以太尉司馬孚爲太傅。九月，以司徒高柔爲太尉。冬十月，以司空鄭沖爲司徒，尚書左僕射盧毓爲司空。

二年春二月，青龍見溫縣井中。三月，司空盧毓薨。

夏四月癸卯，詔曰："玄菟郡高顯縣吏民反叛，長鄭熙爲賊所殺。民王簡負擔熙喪，晨夜星行，遠致本州，忠節可嘉。其特拜簡爲忠義都尉，以旌殊行。"

甲子，以征東大將軍諸葛誕爲司空。

五月辛未，帝幸辟雍，會命羣臣賦詩。侍中和逌、尚書陳騫等作詩稽留〔九二〕，有司奏免官，詔曰："吾以暗昧，愛好文雅，廣延詩賦，以知得失，而乃爾紛紜，良用反仄〔九三〕。其原迪等。主者宜勅〔九四〕，自今以後，羣臣皆當玩習古義，修明經典，稱朕意焉。"

乙亥，諸葛誕不就徵，發兵反，殺揚州刺史樂綝。丙子，赦淮南將吏士民爲誕所詿誤者。丁丑，詔曰："諸葛誕造爲凶亂，盪覆揚州。昔黥布逆叛，漢祖親戎，隗囂違戾，光武西伐，及烈祖明皇帝躬征吳、蜀，皆所以奮揚赫斯，震耀威武也。今宜皇太后與朕暫共臨戎，速定醜虜，時寧東夏。"己卯，詔曰："諸葛誕造構逆亂，迫脅忠義，平寇將軍臨渭亭侯龐會、騎督偏將軍路蕃，各將左右，斬門突出，忠壯勇烈，所宜加異。其進會爵鄉侯，蕃封亭侯。"

六月乙巳，詔："吳使持節都督夏口諸軍事鎮軍將軍沙羨侯孫壹，賊之枝屬，位爲上將，畏天知命，深鑒禍福，翻然舉衆，遠歸大國，雖微子去殷，樂毅遁燕，無以加之。其以壹爲侍中車騎將軍、假節、交州牧、吳侯，開府辟召儀同三司，依古侯伯八命之禮，袞冕赤舄，事從豐厚。"臣松之以爲：壹畏逼歸命，事無可嘉，格以古義，欲蓋而彌彰者也〔九五〕。當時之宜，未得遠遵式典，固應量才受賞，足以酬其來情而已〔九六〕。至乃光錫八命，禮同台鼎，不亦過乎！於招攜致遠，又無取焉。何者？若使彼之將守，與時無嫌，終不悅於殊寵，坐生叛心，以叛而愧，辱孰甚焉？如其憂危將及，非奔不免，則必逃死苟存，無希榮利矣，然則高位厚祿何爲者哉？魏初有孟達、黃權，在晉有孫秀、孫楷。達、權爵賞，比壹爲輕，秀、楷禮秩，優異尤甚。及至吳平，而降黜數等，不承權輿，豈不緣在始失中乎？

甲子，詔曰："今車駕駐項，大將軍恭行天罰，前臨淮浦。昔相國大司馬征討，皆與尚書俱行，今宜如舊。"乃令散騎常侍裴秀、給事黃門侍郎鍾會咸與大將軍俱行。秋八月，詔曰："昔燕剌王謀反，韓誼等諫而死，漢朝顯登其子。諸葛誕創造凶亂，主簿宣隆、部曲督秦絜秉節守義，臨事固爭，爲誕所殺，所謂無比干之親而受其戮者。其以隆、絜子爲騎都尉，加以贈賜，光示遠近，以殊忠義。"

九月，大赦。冬十二月，吳大將全端、全懌等率衆降。

三年春二月，大將軍司馬文王陷壽春城，斬諸葛誕。三月，詔曰："古者克敵，收其屍以爲京觀，所以懲昏逆而章武功也。漢孝武元鼎中，改桐鄉爲聞喜，新鄉爲獲嘉，以著南越之亡。大將軍親總六戎，營據丘頭，內夷羣凶，外殄寇虜，功濟兆民，聲振四海。克敵之地，宜有令名，其改丘頭爲武丘，明以武平亂，後世不忘，亦京觀二邑之義也。"

夏五月，命大將軍司馬文王爲相國，封晉公，食邑八郡，加之九錫，文王前後九讓乃止。六月丙子，詔曰："昔南陽郡山賊擾攘，欲劫質故太守東里袞，功曹應余獨身捍袞，遂免於難。余顛沛殞斃，殺身濟君。其下司徒，署余孫倫吏，使蒙伏節之報。"《楚國先賢傳》曰：余字子正，天姿方毅，志尚仁義，建安二十三年爲郡功曹。是時吳、蜀不賓，疆場多虞。宛將侯音扇動山民，保城以叛。余與太守東里袞當擾攘之際，逬竄得出。音即遣騎追逐，去城十里相及，賊便射袞，飛矢交流。余前以身當箭，被七創，因謂追賊曰："侯音狂佞[九七]，造爲凶逆，大軍尋至，誅夷在近。謂卿曹本是善人，素無惡心，當思反善，何爲受其指揮？我以身代君，以被重創，若身死君全，隕没無恨。"因仰天號哭泣涕，血淚俱下[九八]。賊見其義烈，釋袞不害。賊去之後，余亦命絶。征南將軍曹仁討平音，表余行狀，并修祭醊。太祖聞之，嗟歎良久，下荆州復表門閭，賜穀千斛。袞後爲于禁司馬。見《魏略》《游説傳》。

辛卯，大論淮南之功，封爵行賞各有差。

秋八月甲戌，以驃騎將軍王昶爲司空。丙寅，詔曰："夫養老興教，三代所以樹風化垂不朽也，必有三老、五更以崇至敬，乞言納誨，著在惇史，然後六合承流，下觀而化。宜妙簡德行，以充其選。關内侯王祥，履仁秉義，雅志淳固。關内侯鄭小同，温恭孝友，帥禮不忒。其以祥爲三老，小同爲五更。"車駕親率羣司，躬行古禮焉。《漢晉春秋》曰：帝乞言於祥，祥對曰："昔者明王禮樂既備，加之以忠誠，忠誠之發，形於言行。夫大人者，行動乎天地，天且弗違，況於人乎？"祥事别見《吕虔傳》。小同，鄭玄孫也。《玄别傳》曰："玄有子，爲孔融吏，舉孝廉。融之被圍，往赴，爲賊所害。有遺腹子，以丁卯日生，而玄以丁卯歲生，故名曰小同。"《魏名臣奏》載太尉華歆表曰："臣聞勵俗宣化，莫先於表善，班禄敍爵，莫美於顯能，是以楚人思子文之治，復命其胤，漢室嘉江公之德，用顯其世。伏見故漢大司農北海鄭玄，當時之學[九九]，名冠華夏，爲世儒宗。文皇帝旌録先賢，拜玄適孫小同以爲郎中，長假在家。小同年踰三十，少有令質，學綜六經，行著鄉邑，海、岱之人，莫不嘉其自然，美其氣量〔一〇〇〕。迹其所履，有質直不渝之性，然而恪恭靜默，色養其親，不治可見之美，不競人間之名，斯誠清時所宜式敘，前後明詔所斟酌而求也。臣老病委頓，無益視聽，謹具以聞。"《魏氏春秋》曰：小同詣司馬文王，文王有密疏，未之屏也。如廁還，謂之曰："卿見吾疏乎？"對曰："否。"文王猶疑而鴆之，卒。鄭玄注《文王世子》曰："三老、五更各一人，皆年老更事致仕者也。"注《樂記》曰："皆老人更知三德五事者也。"蔡邕《明堂論》曰："更"應作"叟"。叟，長老之稱〔一〇一〕，字與"更"相似，書者遂誤以爲"更"。"嫂"字"女"傍"叟"，今亦以爲"更"，以此驗知應爲"叟"也。臣松之以爲：邕謂"更"爲"叟"，誠爲有似，而諸儒莫之從，未知孰是〔一〇二〕。

是歲，青龍、黃龍仍見頓丘、冠軍、陽夏縣界井中。

四年春正月，黃龍二，見寧陵縣界井中。《漢晉春秋》曰：是時龍仍見，咸以爲吉祥。帝曰："龍者，君德也。上不在天，下不在田，而數屈於井，非嘉兆也。"仍作《潛龍》之詩以自諷〔一〇三〕，司馬文王見而惡之。夏六月，司空王昶薨。秋七月，陳留王峻薨。冬十月丙寅，分新城郡，復置上庸郡。十一月癸卯，車騎將軍孫壹爲婢所殺。

五年春正月朔，日有蝕之。夏四月，詔有司率遵前命，復進大將軍司馬文王位爲相國，封晉公，加九錫。

五月己丑，高貴鄉公卒，年二十。《漢晉春秋》曰：帝見威權日去，不勝其忿。乃召侍中王沈〔一〇四〕、尚書王經、散騎常侍王業，謂曰："司馬昭之心，路人所知也。吾不能坐受廢辱，今日當與卿自出討之。"王經曰："昔魯昭公不忍季氏[一〇五]，敗走失國，爲天下笑。今權在其門，爲日久矣[一〇六]，朝廷四方皆爲之致死，不顧逆順之理，非一日也。且宿衛空闕，兵甲寡弱，陛下何所資用，而一旦如此，無乃欲除疾而更深之邪！禍殆不測，宜見重詳。"帝乃出懷中版令投地[一〇七]，曰："行之決矣。正使死，何所懼[一〇八]？況不必死邪！"於是入白太后，沈、業奔走告文王，文王爲之備。帝遂帥僮僕數百，鼓譟而出。文王弟屯騎校尉伷入，遇帝於東止車門，左右呵之，伷衆奔走。中護軍賈充又逆帝，戰於南闕下，帝自用劍[一〇九]。衆欲退，太子舍人成濟問充曰："事急矣。當云何？"充曰："畜養汝等[一一〇]，正謂今日[一一一]。今日之事，無所問也。"濟即前刺帝，刃出於背。文王聞，大驚，自投於地曰："天下其謂我何！"太傅孚奔往，枕帝股而哭哀甚，曰："殺陛下者，臣之罪也。"臣松之以爲：習鑿齒書，雖最後出，然述此事差有次第。故先載習語，以其餘所言微異者次其後。《世語》曰：王沈、王業馳告文王，尚書王經以正直不出，因沈、業申意。《晉諸公贊》曰：沈、業將出，呼王經。經不從，曰："吾子行矣！"干寶《晉紀》曰：成濟問賈充曰："事急矣。若之何？"充曰："公畜養汝等，爲今日之事也。夫何疑！"濟曰："然。"乃抽戈犯蹕。《魏氏春秋》曰：戊子夜，帝自將冗從僕射李昭、黃門從官焦伯等下陵云臺，鎧仗授兵，欲因際會，自出討文王。會雨，有司奏却日[一一二]，遂見王經等，出黃素詔於懷曰："是可忍也，孰不可忍也！今日便當決行此事[一一三]。"入白太后，遂拔劍升輦，帥殿中宿衛蒼頭官僮擊戰鼓，出云龍門。賈充自外而入，帝師潰散，猶稱天子[一一四]，手劍奮擊，衆莫敢逼。充帥屬將士，騎督成倅、弟成濟以矛進，帝崩於師。時暴雨雷霆[一一五]，晦冥。《魏末傳》曰：賈充呼帳下督成濟謂曰："司馬家事若敗，汝等豈復有種乎？何不出擊！"倩兄弟二人乃帥帳下人出，顧曰："當殺邪？執邪？"充曰："殺之。"兵交，帝曰："放仗！"大將軍士皆放仗。濟兄弟因前刺帝，帝倒車下。皇太后令曰："吾以不德，遭家不造，昔援立東海王子髦，以爲明帝嗣，見其好書疏文章，冀可成濟，而情性暴戾，日月滋甚。吾數呵責，遂更忿恚，造作醜逆不道之言以誣謗吾，遂隔絕兩宮。其所言道，不可忍聽，非天地所覆載。吾即密有令語大將軍，不可以奉宗廟，恐顛覆社稷，死無面目以見先帝。大將軍以其尚幼，謂當改心爲善，殷勤執據。而此兒忿戾，所行益甚，舉弩遙射吾宮，祝當令中吾項，箭親墜吾前。吾語大將軍，不可不廢之，前後數次〔一六〕。此兒具聞，自知罪重，便圖爲弑逆，賂遺吾左右人，令因吾服藥，密行酖毒，重相設計。事已覺露，直欲因際會舉兵入西宮殺吾，出取大將軍，呼侍中王沈、散騎常侍王業、《世語》曰：業，武陵人，後爲晉中護軍。尚書王經，出懷中黃素詔示之，言今日便當施行。吾之危殆，過於累卵。吾老寡，豈復多惜餘命邪？但傷先帝遺意不遂，社稷顛覆爲痛耳。賴宗廟之靈，沈、業即馳語大將軍，得先嚴警，而此兒便將左右出云龍門，雷戰鼓，躬自拔刃，與左右雜衛共入兵陣間，爲前鋒所害。此兒既行悖逆不道，而又自陷大禍，重令吾悼心不可言。昔漢昌邑王以罪廢爲庶人，此兒亦宜以民禮葬之，當令内外咸知此兒所行。又尚書王經，凶逆無狀，其收經及家屬皆詣廷尉。"

庚寅，太傅孚、大將軍文王、太尉柔、司徒冲稽首言:"伏見中令,故高貴鄉公悖逆不道,自陷大禍,依漢昌邑王罪廢故事,以民禮葬。臣等備位,不能匡救禍亂,式遏姦逆,奉令震悚,肝心悼慄。《春秋》之義,王者無外,而書'襄王出居於鄭',不能事母,故絕之於位也。今高貴鄉公肆行不軌,幾危社稷,自取傾覆,人神所絕,葬以民禮,誠當舊典。然臣等伏惟殿下仁慈過隆,雖存大義,猶垂哀矜,臣等之心,實有不忍,以爲可加恩以王禮葬之。"太后從之。《漢晉春秋》曰:丁卯,葬高貴鄉公於洛陽西北三十里瀍澗之濱。下車數乘,不設旌旐〔一一七〕,百姓攢聚而觀之〔一一八〕,曰:"是前日所殺天子也。"或掩面而泣,悲不自勝。臣松之以爲:若但下車數乘,不設旌旐,何以爲王禮葬乎?斯蓋惡之過言,所謂不如是之甚者。

使使持節行中護軍中壘將軍司馬炎北迎常道鄉公璜嗣明帝後。辛卯,羣公奏太后曰:"殿下聖德光隆,寧濟六合,而猶稱令,與藩國同。請自今殿下令書皆稱詔制,如先代故事。"

癸卯,大將軍固讓相國、晉公、九錫之寵。太后詔曰:"夫有功不隱,《周易》大義,成人之美,古賢所尚。今聽所執,出表示外,以章公之謙光焉。"

戊申,大將軍文王上言:"高貴鄉公率將從駕人兵拔刃,鳴金鼓向臣所止,懼兵刃相接,即勅將士不得有所傷害,違令以軍法從事。騎督成倅、弟太子舍人濟,橫入兵陣傷公,遂至隕命,輒收濟行軍法。臣聞人臣之節,有死無二,事上之義,不敢逃難。前者變故卒至,禍同發機，誠欲委身守死，唯命所裁。然惟本謀乃欲上危皇太后，傾覆宗廟。臣忝當大任，義在安國，懼雖身死，罪責彌重。欲遵伊、周之權，以安社稷之難，即駱驛申勅，不得迫近輦輿，而濟遽入陣間，以致大變。哀怛痛恨，五内摧裂，不知何地可以隕墜？科律大逆無道，父母妻子同産皆斬。濟凶戾悖逆，干國亂紀，罪不容誅。輒勅侍御史收濟家屬，付廷尉，結正其罪。"《魏氏春秋》曰：成濟兄弟不即伏罪，袒而升屋，醜言悖慢；自下射之，方殪。太后詔曰："夫五刑之罪，莫大於不孝。夫人有子不孝，尚告治之，此兒豈復成人主邪？吾婦人不達大義，以謂濟不得便爲大逆也。然大將軍志意懇切，發言惻愴，故聽如所奏。當班下遠近，使知本末也。"《世語》曰：初，青龍中，石苞鬻鐵於長安，得見司馬宣王，宣王知焉。後擢爲尚書郎，歷青州刺史、鎮東將軍。甘露中入朝，當還，辭高貴鄉公，留中盡日。文王遣人要令過。文王問苞："何淹留也？"苞曰："非常人也。"明日發至滎陽，數日而難作。

六月癸丑，詔曰："古者人君之爲名字，難犯而易諱。今常道鄉公諱字甚難避，其朝臣博議，改易列奏。"

陳留王諱奂，字景明，武帝孫，燕王宇子也〔一一九〕。甘露二年〔一二○〕，封安次縣常道鄉公。高貴鄉公卒，公卿議迎立公。六月甲寅，入於洛陽，見皇太后，是日即皇帝位於太極前殿，大赦，改年，賜民爵及穀帛各有差。

景元元年夏六月丙辰，進大將軍司馬文王位爲相國，封晉公，增封二郡，并前滿十，加九錫之禮，一如前奏。諸羣從子弟，其未有侯者皆封亭侯，賜錢千萬，帛萬匹，文王固讓乃止。己未，故漢獻帝夫人節薨，帝臨於華林園，使使持節追諡夫人爲獻穆皇后。及葬，車服制度皆如漢氏故事。癸亥，以尚書右僕射王觀爲司空，冬十月，觀薨。

十一月，燕王上表賀冬至，稱臣。詔曰：“古之王者，或有所不臣，王將宜依此義。表不稱臣乎！又當爲報。夫後大宗者，降其私親，況所繼者重邪！若便同之臣妾，亦情所未安。其皆依禮典處，當務盡其宜。”有司奏，以爲：“禮莫崇於尊祖，制莫大於正典。陛下稽德期運，撫臨萬國，紹大宗之重，隆三祖之基。伏惟燕王體尊戚屬，正位藩服，躬秉虔肅，率蹈恭德。以先萬國。其於正典，闡濟大順，所不得制。聖朝誠宜崇以非常之制，奉以不臣之禮。臣等平議以爲燕王章表，可聽如舊式。中詔所施，或存好問，準之義類，則宴覿之族也，可少順聖敬，加崇儀稱，示不敢斥，宜曰皇帝敬問大王侍御。至於制書，國之正典，朝廷所以辨章公制，宣昭軌儀於天下者也，宜循法，故曰制詔燕王。凡詔命、制書、奏事、上書諸稱燕王者，可皆上平。其非宗廟助祭之事，皆不得稱王名，奏事、上書、文書及吏民皆不得觸王諱，以彰殊禮，加於羣后。上遵正典尊祖之制〔一二〕，俯順聖敬烝烝之心，二者不愆，禮實宜之，可普告施行。”

十二月甲申，黃龍見華陰縣井中。甲午，以司隸校尉王祥爲司空。

二年夏五月朔，日有蝕之。秋七月，樂浪外夷韓、濊貊各率其屬來朝貢。八月戊寅，趙王幹薨。甲寅，復命大將軍進爵晉公，加位相國，備禮崇錫，一如前詔。又固辭乃止。

三年春二月，青龍見於軹縣井中。夏四月，遼東郡言肅慎國遣使重譯入貢，獻其國弓三十張，長三尺五寸，楛矢長一尺八寸，石砮三百枚，皮骨鐵雜鎧二十領，貂皮四百枚。冬十月，蜀大將姜維寇洮陽，鎮西將軍鄧艾拒之，破維於侯和，維遁走。是歲，詔祀故軍祭酒郭嘉於太祖廟庭。

四年春二月，復命大將軍進位爵賜一如前詔，又固辭乃止。

夏五月，詔曰："蜀，蕞爾小國，土狹民寡，而姜維虐用其衆，曾無廢志，往歲破敗之後，猶復耕種沓中，刻剝衆羌，勞役無已，民不堪命。夫兼弱攻昧，武之善經，致人而不致於人〔一二〕，兵家之上略。蜀所恃賴，唯維而已，因其遠離巢窟，用力爲易。今使征西將軍鄧艾督帥諸軍，趣甘松、沓中以羅取維，雍州刺史諸葛緒督諸軍趣武都、高樓，首尾蹙討。若擒維，便當東西並進，掃滅巴蜀也。"又命鎮西將軍鍾會由駱谷伐蜀。

秋九月，太尉高柔薨。冬十月甲寅，復命大將軍進位爵賜一如前詔。癸酉〔一三〕，立皇后卞氏，十一月，大赦。

自鄧艾、鍾會率衆伐蜀，所至輒克。是月，蜀主劉禪詣艾降，巴蜀皆平。十二月庚戌，以司徒鄭沖爲太保。壬子，分益州爲梁州。癸丑，特赦益州士民，復除租賦之半五年〔一二四〕。

乙卯，以征西將軍鄧艾爲太尉，鎮西將軍鍾會爲司徒。皇太后崩。

咸熙元年春正月壬戌，檻車徵鄧艾。甲子，行幸長安。壬申，使使者以璧幣祀華山。是月，鍾會反於蜀，爲衆所討。鄧艾亦見殺。二月辛卯，特赦諸在益土者。庚申，葬明元郭后。三月丁丑，以司空王祥爲太尉，征北將軍何曾爲司徒，尚書左僕射荀顗爲司空。己卯，進晉公爵爲王，封十郡，并前二十。《漢晉春秋》曰：晉公既進爵爲王，太尉王祥、司徒何曾、司空荀顗並詣王。顗曰〔一二五〕："相王尊重，何侯與一朝之臣皆已盡敬，今日便當相率而拜，無所疑也。"祥曰："相國位勢，誠爲尊貴，然要是魏之宰相，吾等魏之三公，公、王相去一階而已，班列大同，安有天子三公可輒拜人者〔一二六〕！損魏朝之望〔一二七〕，虧晉王之德，君子愛人以禮，吾不爲也。"及入，顗遂拜，而祥獨長揖。王謂祥曰："今日然後知君見顧之重！"丁亥，封劉禪爲安樂公。夏五月庚申，相國晉王奏復五等爵。甲戌，改年。癸未，追命舞陽宣文侯爲晉宣王，舞陽忠武侯爲晉景王。六月，鎮西將軍衛瓘上雍州兵於成都縣獲璧玉印各一，印文似"成信"字，依周成王歸禾之義，宣示百官，藏於相國府。孫盛曰：昔公孫述自以起成都，號曰成。二玉之文，殆述所作也。

初，自平蜀之後，吳寇屯逼永安，遣荊、豫諸軍掎角赴救。七月，賊皆遁退。八月庚寅，命中撫軍司馬炎副貳相國事，以同魯公拜後之義。

癸巳，詔曰："前逆臣鍾會構造反亂，聚集征行將士，劫以兵威，始吐姦謀，發言桀逆，逼脅衆人，皆使下議，倉卒之際，莫不驚懾。相國左司馬夏侯和、騎士曹屬朱撫時使在成都，中領軍司馬賈輔、郎中羊琇各參會軍事，和、琇、撫皆抗節不撓，拒會凶言，臨危不顧，詞指正烈。輔語散將王起，説'會姦逆凶暴，欲盡殺將士'，又云'相國已率三十萬衆西行討會'，欲以稱張形勢，感激衆心。起出，以輔言宣語諸軍，遂使將士益懷奮勵。宜加顯寵，以彰忠義。其進和、輔爵爲鄉侯，琇、撫爵關內侯。起宣傳輔言，告令將士，所宜賞異。其以起爲部曲將。"

癸卯，以衛將軍司馬望爲驃騎將軍。九月戊午，以中撫軍司馬炎爲撫軍大將軍。

辛未，詔曰："吳賊政刑暴虐，賦斂無極。孫休遣使鄧句，勅交阯太守鎖送其民，發以爲兵。吳將呂興因民心憤怒，又承王師平定巴蜀，即糾合豪傑，誅除句等，驅逐太守長吏，撫和吏民，以待國命。九真、日南郡聞興去逆即順，亦齊心響應，與興協同。興移書日南州郡，開示大計，兵臨合浦，告以禍福，遣都尉唐譜等詣進乘縣，因南中都督護軍霍弋上表自陳。又交阯將吏各上表，言'興創造事業，大小承命。郡有山寇，入連諸郡，懼其計異，各有攜貳。權時之宜，以興爲督交阯諸軍事、上大將軍、定安縣侯，乞賜襃奬，以慰邊荒'。乃心款誠，形於辭旨。昔儀父朝魯，《春秋》所美，竇融歸漢，待以殊禮。今國威遠震，撫懷六合，方包舉殊裔，混一四表。興首向王化，舉衆稽服，萬里馳義，請吏帥職，宜加寵遇，崇其爵位。既使興等懷忠感悅，遠人聞之，必皆競勸。其以興爲使持節、都督交州諸軍事、南中大將軍，封定安縣侯，得以便宜從事，先行後上。"策命未至，興爲下人所殺。

冬十月丁亥，詔曰："昔聖帝明王，靖亂濟世，保大定功，文武殊塗，勳烈同歸。是故或舞干戚以訓不庭，或陳師旅以威暴慢。至於愛民全國，康惠庶類，必先修文教，示之軌儀，不得已然後用兵，此盛德之所同也。往者季漢分崩，九土顛覆，劉備、孫權乘間作禍。三祖綏寧中夏，日不暇給，遂使遺寇，僭逆歷世。幸賴宗廟威靈，宰輔忠武，爰發四方，拓定庸、蜀，役不浹時，一征而克。自頃江表衰弊，政刑荒閻，巴、漢平定，孤危無援，交、荊、揚、越，靡然向風。今交阯僞將呂興已帥三郡，萬里歸命；武陵邑侯相嚴等糾合五縣，請爲臣妾；豫章廬陵山民舉衆叛吳，以助北將軍爲號。又孫休病死，主帥改易，國內乖違，人各有心。僞將施績，賊之名臣，懷疑自猜，深見忌惡。衆叛親離，莫有固志，自古及今，未有亡徵若此之甚。若六軍震曜，南臨江、漢，吳會之域必扶老攜幼以迎王師，必然之理也。然興動大衆，猶有勞費，宜告喻威德，開示仁信，始知順附和同之利。相國參軍事徐紹、水曹掾孫彧，昔在壽春，並見虜獲。紹本僞南陵督，才質開壯；彧，孫權支屬，忠良見事。其遣紹南還，以彧爲副，宣揚國命，告喻吳人，諸所示語，皆以事實，若其覺悟，不損征伐之計，蓋廟勝長算，自古之道也。其以紹兼散騎常侍，加奉車都尉，封都亭侯；彧兼給事黃門侍郎，賜爵關內侯。紹等所賜妾及男女家人在此者，悉聽自隨，以明國恩，不必使還，以開廣大信。"

丙午，命撫軍大將軍新昌鄉侯炎爲晉世子。是歲，罷屯田官以均政役，諸典農皆爲太守，都尉皆爲令長。勸募蜀人能內移者，給廩二年，復除二十歲。安彌、福祿縣各言嘉禾生。

二年春二月甲辰，朐䏰縣獲靈龜以獻〔一二八〕，歸之於相國府。庚戌，以虎賁張脩昔於成都馳馬至諸營言鍾會反逆，以至沒身，賜脩弟倚爵關內侯。夏四月，南深澤縣言甘露降。吳遣使紀陟、弘璆請和。

五月，詔曰："相國晉王誕敷神慮，光被四海；震燿武功，則威蓋殊荒，流風邁化，則旁洽無外。愍岬江表，務存濟育，戢武崇仁，示以威德。文告所加，承風嚮慕，遣使納獻，以明委順，方寶纖珍，歡以效意。而王謙讓之至，一皆簿送，非所以慰副初附，從其款願也。孫晧諸所獻致，其皆還送，歸之於王，以協古義。"王固辭乃止。又命晉王冕十有二旒，建天子旌旗，出警入蹕，乘金根車、六馬，備五時副車，置旄頭云罕，樂舞八佾，設鐘簴宮縣。進王妃爲王后，世子爲太子，王子、王女、王孫，爵命之號如舊儀。癸未，大赦。秋八月辛卯，相國晉王薨。壬辰，晉太子炎紹封襲位，總攝百揆，備物典册，一皆如前。是月，襄武縣言有大人見三丈餘〔一二九〕，跡長三尺二寸，白髮，著黃單衣，黃巾，拄杖〔一三〇〕，呼民王始語云："今當太平。"九月乙未，大赦。戊午，司徒何曾爲晉丞相。癸亥，以驃騎將軍司馬望爲司徒，征東大將軍石苞爲驃騎將軍，征南大將軍陳騫爲車騎將軍。乙亥，葬晉文王。閏月庚辰，康居、大宛獻名馬，歸於相國府，以顯懷萬國致遠之勳。

十二月壬戌，天祿永終，曆數在晉。詔羣公卿士具儀設壇於南郊，使使者奉皇帝璽綬册，禪位於晉嗣王，如漢魏故事。甲子，使使者奉策。遂改次於金墉城，而終館於鄴，時年二十。《魏世譜》曰：封帝爲陳留王。年五十八〔一三一〕，太安元年崩，謚曰元皇帝。

評曰：古者以天下爲公，唯賢是與。後代世位，立子以適；若適嗣不繼，則宜取旁親明德，若漢之文、宣者，斯不易之常準也。明帝既不能然，情繫私愛，撫養嬰孩，傳以大器，託付不專，必參枝族，終於曹爽誅夷，齊王替位。高貴公才慧夙成〔一三二〕，好問尚辭，蓋亦文帝之風流也，然輕躁忿肆〔一三三〕，自蹈大禍。陳留王恭己南面，輔宰統政〔一三四〕，仰遵前式，揖讓而禪，遂饗封大國，作賓於晉，比之山陽，斑寵有加焉。

【校箋】

〔一〕毛本作"魏書四"。

〔二〕趙一清曰："此卷陳承祚本題云'三少帝紀'，故《史通》云天子見黜者，漢魏以後謂之少帝是也，今刻失其義矣。"

謹案：趙說是也。毛本作"□□帝紀第四"，據目錄蓋脫去"三少"二字。

〔三〕《御覽》卷九十四引"子"下有"也"字。

〔四〕紹興本"洲"字作"州"。

〔五〕《御覽》卷八百二十引"活"字作"滑"。

〔六〕《御覽》引"常"下有"以"字。

〔七〕《御覽》引"曰"下有"長老說"三字。

〔八〕《御覽》引"以"字作"作"，"布"下無"為"字。

〔九〕《御覽》引"客"字下有"行酒公卿朝臣前"七字，"陽"上無"冀"字。

〔一〇〕《御覽》引"曰"字作"而"。

〔一一〕《御覽》引"然"下有"而熾"二字。

〔一二〕《御覽》引作"如水瀚焉"。

〔一三〕《御覽》引作"疑其文無實"，"無"下無"有"字。

〔一四〕《白帖》卷八、《御覽》引"生"字俱作"育"。

〔一五〕《御覽》引作"明其不然，曰不然之事"。此脫"曰不然"三字，語意不完。

〔一六〕盧弼曰："何焯曰：'以魏文之多識，豈未讀《列子·

湯問篇》，乃著論以明其不然邪！'"

謹案：《列子》本晉人張湛所依託而爲之者，曹丕自無因見之，何説非。然以曹丕之博覽洽聞，而未見稱述，則《列子》之非先秦舊籍，出於西晉之世益信而有徵矣！

〔一七〕《御覽》引"來"字作"後"，"是"作"此"。

〔一八〕《御覽》引"爲"下無"不"字。

〔一九〕盧弼曰："毛本'又'字上不空格，'經'作'記'。"

謹案：《御覽》卷八百二十引此在上引《傅子》文後，疑是傳鈔者誤移於此，不可從，當據《御覽》訂正。

〔二〇〕《類聚》卷八十五作"南方"，無"之外"二字。

〔二一〕《水經注·㶟水》"山"下有"焉"字。

〔二二〕《類聚》、《御覽》卷八百二十、卷八百六十九引"三"字俱作"四"。《水經注·㶟水》引亦同。

〔二三〕《初學記》卷二十、《類聚》、《御覽》卷八百六十九引"燒"字俱作"然"，《水經注·㶟水》引同。

〔二四〕《類聚》引上"猛"字作"熾"。《御覽》卷八百二十引無一"猛"字。《水經注》作"得雨狂風不滅"。

〔二五〕《水經注》"絲"下有"色白"二字，疑下文"而色白"當移於此。

〔二六〕《初學記》《御覽》引"常"字俱作"恒"。

〔二七〕《初學記》引作"取緝其毛織以爲布"。《類聚》引"績"作"取"。《水經注·㶟水》作"取其毛緝以爲布"。疑此"績"字當作"績"，上脱"取"字。

〔二八〕盧弼曰："潘眉曰：'自去冬十二月至三月不雨也。陳志以此句屬之二月之下，讀者誤以爲二月，不知二月既是正月之譌，又乙丑與丙寅相距六十一日，丙寅乃三月十八日也。平冤枉，求讜言，正爲不雨。'沈家本曰：'《宋書·五行志》：齊王正始元年二月，自去冬十二月至此月不雨。然則上文二月不誤，丙寅上奪三月耳。'"

謹案：《册府》卷一百零二引魏正始元年三月以歲旱云云。又卷一百四十三引齊王正始元年三月以歲旱詔令云云。則此"丙寅"上脱"三月"二字，沈説是。

〔二九〕紹興本"干"字作"於"，誤。

〔三〇〕紹興本、馮本、陳本、毛本"剉"字作"挫"。《晉書·宣帝紀》亦作"挫"。

〔三一〕盧弼曰："宋本'縻'作'縻'。"

謹案：馮本、陳本"縻"字俱作"縻"。《季漢書》同。考《孫子·謀攻篇》曰："不知軍之不可進而謂之進，不知軍之不可退而謂之退，是謂之縻軍。"則作"縻"者是也。

〔三二〕紹興本"塲"字作"埸"。

〔三三〕紹興本、馮本、陳本"己酉"作"己卯"。

〔三四〕毛本"蝕"字作"食"。

〔三五〕《宋書·禮志》無"經"字，下文正始七年"冬十二月講《禮記》通"，無"經"字，此"經"字爲衍文。

〔三六〕馮本、陳本"六"字作"四"。

〔三七〕《晉書·宣帝紀》"脩"字作"能"。

〔三八〕"淮"字當作"准"，袁焕之第四子，"淮""准"形近易誤。

〔三九〕盧弼曰："《後漢書·循吏傳》：'許荆遷桂陽太守，郡濱南州，風俗脆薄。'章懷注：'脆薄猶輕薄也。'"

謹案：《廣雅·釋詁一》："脆，弱也。"脆弱複語，謂不堅强也，盧君釋爲輕薄，似未當。

〔四〇〕紹興本、毛本"損"字作"捐",《册府》卷八百七十九引同,作"捐"字是。

〔四一〕《册府》引"徙"字作"從"。

〔四二〕《治要》卷二十五引"自"上無"可"字。

〔四三〕紹興本、馮本、陳本、毛本"敝"字作"弊"。

〔四四〕紹興本"致"字作"至"。

〔四五〕孫志祖曰:"'恪'《通鑑》作'胡'。"

謹案:紹興本"恪"字作"胡",《册府》卷一百七十五同。

〔四六〕紹興本、毛本"至"字作"屯",《季漢書》同。

〔四七〕《册府》卷三百九十九引"吏"上有"是時"二字。

〔四八〕《册府》引"降"下有"者"字。

〔四九〕盧弼曰:"《通鑑》無'名'字。"

謹案:郝書"條"下亦無"名"字。《册府》引作"條名别著善惡",疑有"名"字是。下文"明日早送名"正承此而言。條名猶造名册,而别著善惡謂分别注明其善惡也,"名"字非衍文。"别"字下似應據《册府》補"著"字。

〔五〇〕《册府》引作"而不攻,印綬亦不復取"。

〔五一〕毛本"褌"字作"褌"。

〔五二〕《御覽》卷四百一十七引"整"上有"賊謂"二字,應補,文義乃承。

〔五三〕《御覽》卷四百一十七、卷六百三十三引"騎"上無"馬"字。

〔五四〕盧弼曰:"'旳'宋本作'的'。或疑作'拘'。潘眉曰:'似當爲靮,言羈靮其頭。'"

謹案:"旳"古作"旳"。《文選·七發》"九寡之珥以爲約"李注:"《字書》曰:約亦旳字也,都狹切。"是"旳""約"古通。《説文》："約，纏束也。"則"的頭"謂以繩聯繫其首。盧君云或疑作"拘"，蓋不知"的"字之義而妄說也，潘云當作"靮"，亦失之。

〔五五〕毛本"刃"字作"刀"，《季漢書》同，《御覽》卷四百一十七、卷六百三十三、《册府》卷七百六十三引同。

〔五六〕《御覽》卷四百一十七、卷六百三十三引"言"字作"語"。

〔五七〕《御覽》卷六百三十三引"召"字作"占"。

〔五八〕毛本作"所不能加"，《册府》卷一百二十七引同。

〔五九〕盧弼曰："胡三省曰：'曹操殺漢后伏氏，而司馬師殺魏后張氏，此不惟天道，亦操之有以教之也。'弼按：廢與殺異，不能謂廢即殺也，胡注'殺魏后張氏'，'殺'字疑誤。"

謹案：洪亮吉《三國志發伏》曰："案：文欽與郭淮書言師放主弑后，則后蓋因廢而死。《毌丘儉傳》注載儉表亦云'張緝無罪而誅夷其妻子并及母后'。是張氏實為師所殺而史諱之也。"胡注不誤，盧君考未及也。

〔六〇〕毛本"幾"字作"機"，《御覽》卷九十四引同。

〔六一〕《御覽》引"迎"字作"延"。

〔六二〕紹興本"損"字作"捐"。

〔六三〕《御覽》卷七引"曲"下有"室"字。

〔六四〕紹興本"白"字作"曰"，是也，當據改。

〔六五〕《御覽》卷九十四引"於"字作"在"。

〔六六〕《御覽》引"順"字作"從"。

〔六七〕《御覽》卷六百八十二引"授"字作"付"。

〔六八〕《御覽》卷九十四引作"丙寅"。

〔六九〕"祗"當作"祇"。《說文·示部》："祇，敬也。"毛本作"衹"亦"祇"字之誤。

〔七〇〕紹興本、毛本"以"字作"似"。

〔七一〕盧弼曰:"《史記·秦始皇紀》'略取陸梁地'正義云:'嶺南之人,多處山陸,其性強梁,故曰陸梁。'"

謹案:盧君惟見"陸梁"見於《史記》,致引正義以釋,而不核考上下文義之不相應也。考《文選·西京賦》"怪獸陸梁"李注引薛琮注:"陸梁,東西倡佯也。"《莊子·馬蹄篇》"翹足而陸"釋文引司馬彪曰:"陸,跳也。"則陸梁猶跳梁,跳梁形容往來奔突之貌。

〔七二〕毛本"征西"下無"將軍"二字,《册府》卷一百三十五引同。

〔七三〕盧弼曰:"《官本考證》曰:'《御覽》殄作殄。'"

謹案:《類聚》卷十二作"殄",《御覽》作"殄",見卷四百四十五,作"殄"字是。《詩經·邶風·新臺》傳:"殄,絕也。"

〔七四〕《類聚》、《御覽》卷九十四、卷四百四十五引"隴"字作"壠"。

〔七五〕《御覽》卷九十四、卷四百四十五引"先"字作"優"。與下文"臣等以爲優"語正相應,疑作"優"者是。

〔七六〕《御覽》卷九十四引作"德應期運"。

〔七七〕《類聚》《御覽》引"世"上俱有"漢"字。

〔七八〕《御覽》卷四百四十五引"殷"字作"中"。

〔七九〕《御覽》引"較"字作"覈"。

〔八〇〕盧弼曰:"'後'一本作'餘'。"

謹案:諸本及類書俱作"後",惟官本作"餘"。

〔八一〕《類聚》《御覽》引作"復禹之績"。

〔八二〕《册府》卷四十引"具"字作"且"。

〔八三〕《册府》引"士"字作"衆"。

〔八四〕《御覽》卷八十二引"漢"字上有"就令"二字。

〔八五〕《御覽》卷九十四引"氣"上有"云"字。

〔八六〕《御覽》引作"至於文質折中"，多"文質"二字。

〔八七〕《御覽》引"報施"二字乙。

〔八八〕盧弼曰："官本'弔'作'弟'，誤。周壽昌曰：'不弔猶言不矜恤國家之意。'"

謹案：蜀覆官本作"弔"。《家語·終記》注："弔，善也。"不弔即不善，周説似迂。

〔八九〕盧弼曰："《晉書·傅玄傳》：'暢作《晉諸公敘讚》二十二卷，又爲《公卿故事》九卷。'《隋書·經籍志》：'《晉諸公讚》二十一卷，晉祕書監傅暢撰。'《唐志》作'二十二卷'。沈家本曰：'《唐志》與本傳卷合，疑《隋志》一字誤。'"

謹案：沈濤《銅熨斗齋隨筆》卷五曰："《晉書·傅暢傳》作《晉諸公敘讚》二十二卷，卷數不同，蓋《隋志》不數其敘之一卷。"

〔九〇〕《晉書·司馬望傳》"在"字作"居"。

〔九一〕《晉書》"車"下有"一乘"二字。

〔九二〕盧弼曰："潘眉曰：'詩下脱賦字，《御覽》九十四引《魏志》云作詩賦稽留。宋本有賦字。下言廣延詩賦，則此句有賦字是也。'沈家本曰：'《金樓子》高貴鄉公賦詩，給事中甄歆、陶成嗣各不能著詩，受罰酒。'即此事也。"

謹案：考上文會命羣臣賦詩，是僅作詩不言作賦也。若從《御覽》，是詩賦並作矣，疑與史實有違。竊謂此當作"作詩稽留"，"賦"字或誤衍。下文"廣延詩賦"，"詩賦"二字疑當互乙。《初學記》卷十一引魏高貴鄉公集曰："幸華林賜羣臣酒，酒酣，上援筆賦詩，羣臣以此作，二十五人不能著詩受罰酒，黃門侍郎鍾會爲上。"此亦不言作賦也。潘説或誤。

〔九三〕《御覽》卷六百引"反仄"作"惻然"。

〔九四〕《御覽》卷九十四引"宜"字作"宜"。

〔九五〕盧弼曰:"'名'官本作'彌'。"

謹案:《左傳·昭公三十一年》:"或欲蓋而名彰,懲不義也。"裴注本此,當作"名"字爲是。

〔九六〕盧弼曰:"'疇'官本作'醻',當作'酬'。"

謹案:《説文·酉部》:"醻,從酉壽聲,醻或從州。"是"醻""酬"同字,不必改"醻"爲"酬"也。

〔九七〕何焯曰:"佞"當作"狡"。

謹案:紹興本"佞"字作"狡"。《册府》卷七百六十四引同,郝書亦同。《左傳·僖公十五年》"亂其狡憤"杜注:"狡,戾也。"何説是。

〔九八〕《御覽》卷四百二十作"因仰天號泣,涕血俱下如雨"。郝書作"仰天號哭,涕血俱下"。《册府》卷七百六十四引作"仰天號泣,涕血俱下"。疑"如雨"二字不當有。

〔九九〕《册府》卷三百二十四引"學"字作"季"。

〔一〇〇〕《册府》引"氣"字作"器"。

〔一〇一〕毛本"老"字作"年"。

〔一〇二〕盧弼曰:"周壽昌曰:'更疑作叟,且引俗書作嫂字以證之,此恐後人僞造,中郎未必如此淺陋也。裴氏以諸儒莫從,似亦無識。'弼按:三老五更以《白虎通》所釋於義爲長,叟與老義同,宜孔疏不取也。"

謹案:周説疑非蔡邕所云,且謂裴氏爲無識,然未引證以辨明其謬誤,似未得也。唐人之疏,例不破注,《禮記》鄭注,孔氏因之作疏,當不能取蔡邕義而捨鄭注也。且疏明云非鄭義,今所不取，則不可云因叟老同義而捨之也。盧君說亦未審。

〔一〇三〕"仍"當作"乃"。

〔一〇四〕《御覽》卷九十四引"沈"字作"沉"。

〔一〇五〕《世說·賢媛篇》注引"昭"下無"公"字。

〔一〇六〕《御覽》引無"爲日"二字，《世說》注引同。

〔一〇七〕《史通·直言篇》引"帝"下有"不德"二字。

〔一〇八〕《御覽》引"懼"字作"恨"，《世說·方正篇》注引同。

〔一〇九〕《御覽》引"劒"下有"揮"字。《史通》引亦同。

〔一一〇〕《世說》注、《史通》引"畜"上有"公"字。

〔一一一〕《世說》注引"謂"字作"爲"。

〔一一二〕《世說》注引作"會雨而却明日"，無"有司奏"三字，多"而"字、"明"字。

〔一一三〕《世說》注引無"日便"二字。

〔一一四〕《世說》注引"猶"上有"帝"字。

〔一一五〕《世說》注引"霆"字作"電"。

〔一一六〕紹興本"次"字作"十"。

〔一一七〕毛本"旌旂"作"旌旐"。

〔一一八〕紹興本、毛本"擁"字作"相"，《御覽》卷九十四、卷五百五十四引同。

〔一一九〕《御覽》卷九十四、《册府》卷九引"字"下有"之"字。

〔一二〇〕《御覽》《册府》引"二"字作"三"。

〔一二一〕紹興本、毛本"正"字作"王"，《通典》同，《册府》卷三十八引同。

〔一二二〕紹興本下"致"字作"至"。

〔一二三〕馮本、陳本、毛本"酉"字作"卯"。

〔一二四〕盧弼曰:"李慈銘曰:'五年二字誤衍,當以乙卯接半字下。'弼按:《鄧艾傳》:'十二月詔以艾爲太尉。'《鍾會傳》:'十二月詔以會爲司徒。'《明元郭后傳》:'后於景元四年十二月崩。'此皆四年十二月事,無可疑者。《晉書·文帝紀》'表鄧艾爲太尉,鍾會爲司徒',亦係於景元四年。《通鑑》亦同。平吳之後,將吏渡江復十年,百姓及百工復二十年,則此復五年之半猶爲少也。李説誤。景元本有五年,《鍾會傳》會以五年正月十五日至。《蜀志·後主傳》'景元五年三月丁亥策命劉禪爲安樂縣公',可證。至五月甲戌始改元咸熙,諸説謂景元無五年,亦誤。"

謹案:張熷曰:"案:五年即咸熙元年也。鄧艾、鍾會及《晉書·文帝紀》皆在四年十二月,況乙卯在壬子、癸丑之下,此文不書月,明當屬上段,五年二字誤也。"張宗泰《質疑删存》曰:"乙卯乃即四年十二月二十四日(四年十二月壬辰朔),而鄧艾以四年冬平蜀,於次年春見收,中間未嘗隔一年,細繹文之上下,當作復租賦五年。乙卯是承上壬子、癸丑連敘(壬子十二月二十一日,癸丑二十二日),緣租賦二字在上行末,而五年二字在下行首,校者不計咸熙元年仍自正月起,以改元在五月,以爲已前尚有五年,五年二字又恰似提行,且租賦無永復之理,遂臆增之半二字以足上文,便五年另起,而不知誤滋甚矣,特爲正之。"竊考《册府》卷四百八十九引衍"五年"二字。《通考》卷二十七《國用篇》引同。疑"五年"二字實衍文耳。盧君作"復租賦五年之半",且引"吳將吏渡江復十年,百姓百工復二十年"爲説,然未考上下文有"勸募蜀人能内徙者,給廩二年,復除二十歲"之文也。此之復除爲勵民之樂徙也。而復租賦之半者,以初定巴蜀,爲示惠於民,免其當年租賦之半耳。《漢書·文帝紀》:"二年,其賜天下民今年田租之半。"《景帝紀》："元年五月，令田半租。"是古有減租之半之制也。視此則"之半"二字或非衍文。而"五年"乃無識者所增，是張氏宗泰所說，似未盡得矣。

〔一二五〕《御覽》卷五百四十二引作"顗謂祥曰"。

〔一二六〕《御覽》引"者"下有"耶"字。

〔一二七〕《御覽》引"望"字作"美"。

〔一二八〕盧弼曰："錢大昭曰：'《郡國志》、曹全碑並作朐忍，顏音朐爲劬，是也。闞駰《十三州志》乃云：朐音春，腮音閏，其地下溼，多朐腮蟲，因以名縣。既有春音，則字已近朐。然《玉篇》尚無腮字。《通典·州郡門》作朐腮，朐音如順切，腮音如尹切，讀如閏蠢。杜雖用闞音，字猶未變。至徐鉉校定《說文》，竟於《肉部》附入朐、腮二字，可謂好信異說矣！'盧文弨曰：'當作朐。'徐友蘭曰：'古無朐，小顏音劬，是朐確矣！先儒謂朐腮蟲，見《十三州志》，即蚯蚓轉音，丘區聲近。鄭君道之區句古音同部，皆確證。'"

謹案：段玉裁《經韵樓集》曰："蚯蠖，高誘曰：'一名朐腮。'《古今注》曰：'一名曲蟺。'蚯、朐、曲一聲之轉。顏注《地理志》'音劬'，章懷注《吳漢傳》'音劬'，唐初本無異說。而《吳漢傳》注引《十三州志》者"朐音春"，闞駰在唐已前，不宜有誤。蓋《十三州志》者見'朐'譌爲'朐'，不知改正，妄爲此音。自後杜佑撰《通典》，徐鉉校《說文》，並以爲字應作'朐'，承譌襲繆，形聲俱舛，而李燾、楊慎等從之，非也。"吳承仕《經籍舊音辨證》曰："案：段說近之，然謂'朐'字從旬音春，爲唐以後之誤，說則非也。闞駰當晉宋間，音朐爲春（《水經注·河水二》：閣門水又東迤浩亹縣故城南。闞駰曰：浩讀閣也。此闞駰自下音讀之證。段欲自護其説,遂謂闞不專作音,近於專斷)。裴松之當宋元嘉之末,亦音朐爲蠢,此皆唐以前人,下距師古之卒,蓋二百有餘年矣!《晉書·宣帝紀》'泝沔西上至朐䏰'何超音義引如淳曰:'上音蠢,下音如允反。'如淳魏人也,音與闞、裴同,然則以'朐'爲'朐',蓋漢魏相承舊讀,非唐宋人所能妄作明矣!今疑朐䏰疊韻,地名本有此讀,或不關蚯蟥義也。"

〔一二九〕《書鈔》卷一百二十八、《初學記》卷十八、《白帖》卷二十一、《御覽》卷三百七十七、卷六百五十二、卷八百七十二引"見"下俱有"長"字,《晉書·五行志》同。

〔一三〇〕毛本"拄"字作"柱"。《御覽》卷三百七十七引"黄"上有"戴"字。《晉書·五行志》作"髮白著黄巾黄單衣柱杖"。

〔一三一〕《御覽》卷九十四引"五"字作"二"。

〔一三二〕《御覽》引"貴"下有"鄉"字,"慧"字作"惠"。

〔一三三〕《御覽》引"忿肆"二字乙。

〔一三四〕盧弼曰:"宋元本作'宰輔',各本作'輔宰'。"

謹案:《御覽》引作"宰輔",考《后妃傳》亦有"宰輔統政"之語,則作"宰輔"者是也。

三國志校箋卷五

魏志卷五〔一〕

武宣卞皇后　文昭甄皇后　文德郭皇后　明悼毛皇后　明元郭皇后〔二〕

《易》稱"男正位乎外，女正位乎内。男女正，天地之大義也"。古先哲王，莫不明后妃之制，順天地之德，故二妃嬪媯，虞道克隆，任、姒配姬，周室用熙，廢興存亡，恒此之由。《春秋説》云天子十二女，諸侯九女，考之情理，不易之典也。而末世奢縱，肆其侈欲，至使男女怨曠，感動和氣，惟色是崇，不本淑懿，故風教陵遲而大綱毁泯，豈不惜哉！嗚呼，有國有家者，其可以永鑒矣！

漢制：帝祖母曰太皇太后，帝母曰皇太后，帝妃曰皇后，其餘内官十有四等。魏因漢法，母后之號，皆如舊制，自夫人以下，世有增損。太祖建國，始命王后，其下五等：有夫人，有昭儀，有婕妤，有容華，有美人。文帝增貴嬪、淑媛、脩容、順成、良人。明帝增淑妃、昭華、脩儀，除順成官。太和中始復命夫人，登其位於淑妃之上。自夫人以下爵凡十二等：貴嬪、夫人，位次皇后，爵無所視；淑妃位視相國，爵比諸侯王；淑媛位視御史大夫，爵比縣公；昭儀比縣侯；昭華比鄉侯；脩容比亭；脩儀比關內侯；婕妤視中二千石；容華視真二千石；美人視比二千石〔三〕；良人視千石。

武宣卞皇后，琅邪開陽人，文帝母也。本倡家，《魏書》曰：后以漢延熹三年十二月己巳生齊郡白亭〔四〕，有黄氣滿室，移日〔五〕。父敬侯怪之，以問卜者王旦，旦曰："此吉祥也。"年二十，太祖於譙納后爲妾。後隨太祖至洛。及董卓爲亂，太祖微服東出避難。袁術傳太祖凶問，時太祖左右至洛者皆欲歸〔六〕，后止之曰："曹君吉凶未可知，今日還家，明日若在，何面目復相見也？正使禍至，共死何苦〔七〕！"遂從后言。太祖聞而善之。建安初，丁夫人廢，遂以后爲繼室。諸子無母者，太祖皆令后養之。《魏略》曰：太祖始有丁夫人，又劉夫人生子脩及清河長公主。劉早終，丁養子脩。子脩亡於穰，丁常言："將我兒殺之，都不復念！"遂哭泣無節。太祖忿之，遣歸家，欲其意折。後太祖就見之，夫人方織，外人傳云"公至"，夫人踞機如故。太祖到，撫其背曰："顧我共載歸乎！"夫人不顧，又不應。太祖卻行，立於户外，復云："得無尚可邪！"遂不應，太祖曰："真訣矣。"遂與絶，欲其家嫁之，其家不敢。初，丁夫人既爲嫡，加有子脩，丁視后母子不足。後爲繼室，不念舊惡，因太祖出行，常四時使人餽遺，又私迎之，延以正坐而己下之，迎來送去，有如昔日。丁謝曰："廢放之人，夫人何能常爾邪！"其後丁亡，后請太祖殯葬，許之，乃葬許城南。後太祖病困，自慮不起，歎曰："我前後行意，於心未曾有所負也。假令死而有靈，子脩若問'我母所在'，我將何辭以答！"《魏書》曰：后性約儉[八]，不尚華麗，無文繡珠玉，器皆黑漆。太祖常得名璫數具[九]，命后自選一具，后取其中者[一〇]，太祖問其故，對曰："取其上者爲貪，取其下者爲僞，故取其中者。"文帝爲太子，左右長御賀后曰："將軍拜太子，天下莫不歡喜，后當傾府藏賞賜。"后曰："王自以丕年大[一一]，故用爲嗣，我但當以免無教導之過爲幸耳，亦何爲當重賜遺乎！"長御還，具以語太祖。太祖悅曰："怒不變容，喜不失節[一二]，故是最爲難[一三]。"

二十四年，拜爲王后，策曰："夫人卞氏，撫養諸子，有母儀之德。今進位王后，太子諸侯陪位，羣卿上壽，減國內死罪一等。"二十五年，太祖崩，文帝即王位，尊后曰王太后，及踐阼，尊后曰皇太后，稱永壽宮。《魏書》曰：后以國用不足，減損御食，諸金銀器物皆去之。東阿王植，太后少子，最愛之。後植犯法，爲有司所奏，文帝令太后弟子奉車都尉蘭持公卿議白太后，太后曰："不意此兒所作如是，汝還語帝，不可以我故壞國法。"及自見帝，不以爲言。臣松之案：文帝夢磨錢，欲使文滅而更愈明，以問周宣。宣答曰："此陛下家事，雖意欲爾，而太后不聽。"則太后用意，不得如此書所言也。《魏書》又曰：太后每隨軍征行，見高年白首，輒住車呼問，賜與絹帛，對之涕泣曰："恨父母不及我時也。"太后每見外親，不假以顏色，常言："居處當務節儉，不當望賞賜，念自佚也。外舍常怪吾遇之太薄，吾自有常度故也。吾事武帝四五十年，行儉日久，不能自變爲奢，有犯科禁者，吾且能加罪一等耳，莫望錢米恩貸也。"帝爲太后弟秉起第，第成，太后幸第請諸家外親，設下厨，無異膳。太后左右，菜食粟飯，無魚肉。其儉如此〔一四〕。明帝即位，尊太后曰太皇太后。

黃初中，文帝欲追封太后父母，尚書陳羣奏曰〔一五〕："陛下以聖德應運受命，創業革制，當永爲後式。案典籍之文，無婦人分土命爵之制〔一六〕。在禮典〔一七〕，婦因夫爵。秦違古法〔一八〕，漢氏因之，非先王之令典也。"帝曰："此議是也，其勿施行。以作著詔下藏之臺閣，永爲後式。"至太和四年春，明帝乃追諡太后祖父廣曰開陽恭侯，父遠曰敬侯，祖母周封陽都君及恭侯夫人，皆贈印綬。其年五月〔一九〕，后崩。七月，合葬高陵。

初，太后弟秉，以功封都鄉侯，黃初七年進封開陽侯，邑千二百戶，爲昭烈將軍。《魏略》曰：初，卞后弟秉，當建安時得爲別部司馬，后常對太祖怨言，太祖答言："但得與我作婦弟，不爲多邪？"后又欲太祖給其錢帛，太祖又曰："但汝盜與，不爲足邪？"故訖太祖世，秉官不移，財亦不益。秉薨，子蘭嗣。少有才學，《魏略》曰：蘭獻賦贊述太子德美，太子報曰："賦者，言事類之所附也，頌者，美盛德之形容也，故作者不虛其辭，受者必當其實。蘭此賦，豈吾實哉？昔吾丘壽王一陳寶鼎，何武等徒以歌頌，猶受金帛之賜，蘭事雖不諒，義足嘉也。

今賜牛一頭。"由是遂見親敬。爲奉車都尉、游擊將軍,加散騎常侍。蘭薨,子暉嗣。《魏略》曰:明帝時,蘭見外有二難,而帝留意於宮室,常因侍從,數切諫。帝雖不能從,猶納其誠款。後蘭苦酒消渴,時帝信巫女用水方〔二〇〕,使人持水賜蘭,蘭不肯飲。詔問其意,蘭言治病自當以方藥,何信於此!帝爲變色,而蘭終不服。後渴稍甚,以至於亡。故時人見蘭好直言〔二一〕,謂帝面折之而蘭自殺,其實不然。又分秉爵,封蘭弟琳爲列侯,官至步兵校尉。蘭子隆女爲高貴鄉公皇后,隆以后父爲光祿大夫,位特進,封睢陽鄉侯,妻王爲顯陽鄉君。追封隆前妻劉爲順陽鄉君,后親母故也。琳女又爲陳留王皇后,時琳已沒,封琳妻劉爲廣陽鄉君。

文昭甄皇后,中山無極人,明帝母,漢太保甄邯後也,世吏二千石。父逸,上蔡令。后三歲失父。《魏書》曰:逸娶常山張氏,生三男五女:長男豫,早終;次儼,舉孝廉,大將軍掾、曲梁長;次堯,舉孝廉;長女姜,次脫,次道,次榮,次即后。后以漢光和五年十二月丁酉生。每寢寐,家中髣髴見如有人持玉衣覆其上者〔二二〕。常共怪之。逸薨,加號慕〔二三〕,內外益奇之。後相者劉良〔二四〕,相后及諸子〔二五〕,良指后曰:"此女貴乃不可言。"后自少至長,不好戲弄。年八歲,外有立騎馬戲者〔二六〕,家人諸姊皆上閣觀之,后獨不行。諸姊怪問之,后答言:"此豈女人之所觀耶?"年九歲,喜書,視字輒識,數用諸兄筆硯,兄謂后言〔二七〕:"汝當習女工。用書爲學,當作女博士邪?"后答言〔二八〕:"聞古者賢女〔二九〕,未有不學前世成敗〔三〇〕,以爲己誡〔三一〕。不知書,何由見之?"後天下兵亂,加以饑饉,百姓皆賣金銀珠玉寶物，時后家大有儲穀，頗以買之。后年十餘歲，白母曰："今世亂而多買寶物，匹夫無罪，懷寶爲罪〔三二〕。又左右皆饑乏，不如以穀賑給親族鄰里，廣爲恩惠也。"舉家稱善，即從后言。《魏略》曰：后年十四，喪中兄儼，悲哀過制，事寡嫂謙敬，事處其勞，撫養儼子〔三三〕，慈愛甚篤。后母性嚴，待諸婦有常，后數諫母："兄不幸早終，嫂年少守節，顧留一子，以大義言之，待之當如婦，愛之宜如女。"母感后言流涕，便令后與嫂共止，寢息坐起常相隨，恩愛益密。

建安中，袁紹爲中子熙納之。熙出爲幽州，后留養姑。及冀州平，文帝納后於鄴，有寵，生明帝及東鄉公主。《魏略》曰：熙出在幽州〔三四〕，后留侍姑。及鄴城破，紹妻及后共坐室堂上〔三五〕。文帝入紹舍，見紹妻及后，后怖，以頭伏姑膝上，紹妻兩手自搏。文帝謂曰："劉夫人云何如此〔三六〕？令新婦舉頭！"姑乃捧后令仰，文帝就視，見其顏色非凡，稱歎之。太祖聞其意，遂爲迎取。《世語》曰：太祖下鄴，文帝先入袁尚府，有婦人披髮垢面〔三七〕，垂涕立紹妻劉後，文帝問之，劉答是熙妻，顧擥髮髻，以巾拭面〔三八〕，姿貌絕倫。既過，劉謂后〔三九〕："不憂死矣〔四〇〕！"遂見納〔四一〕，有寵。《魏書》曰：后寵愈隆而彌自抑損，後宮有寵者勸勉之，其無寵者慰誨之，每因閒宴〔四二〕，常勸帝，言："昔黃帝子孫蕃育，蓋由妾媵衆多，乃獲斯祚耳。所願廣求淑媛，以豐繼嗣。"帝心嘉焉。其後帝欲遣任氏，后請於帝曰："任既鄉黨名族，德色妾等不及也，如何遣之？"帝曰："任性狷急不婉順，前後忿吾非一，是以遣之耳。"后流涕固請曰："妾受敬遇之恩，衆人所知，必謂任之出，是妾之由。上懼有見私之譏，下受專寵之罪，願重留意！"帝不聽，遂出之。十六年七月〔四三〕，太祖征關中，武宣皇后從，留孟津，帝居守鄴。時武宣皇后體小不安，后不得定省，憂怖，晝夜泣涕。左右驟以差問告，后猶不信，曰："夫人在家，故疾每動，輒歷時，今疾便差，何速也？此欲慰我意耳！"憂愈甚。後得武宣皇后還書，說疾已平復，后乃懽悦。十七年正月，大軍還鄴，后朝武宣皇后，望幄座悲喜，感動左右。武宣皇后見后如此，亦泣，且謂之曰："新婦謂吾前病如昔時困邪？吾時小小耳，十餘日即差，不當視我顏色乎！"歎嗟曰："此真孝婦也。"二十一年十月，太祖東征，武宣皇后、文帝及明帝、東鄉公主皆從，時后以病留鄴。二十二年九月，大軍還，武宣皇后左右侍御見后顏色豐盈，怪問之曰："后與二子別久，下流之情，不可為念，而后顏色更盛，何也？"后笑答之曰："譚等自隨夫人，我當何憂！"后之賢明以禮自持如此。延康元年正月，文帝即王位，六月，南征，后留鄴。黃初元年十月，帝踐阼。踐阼之後，山陽公奉二女以嬪於魏，郭后、李、陰貴人並愛幸，后愈失意，有怨言。帝大怒，二年六月，遣使賜死，葬於鄴。《魏書》曰：有司奏建長秋宮，帝璽書迎后詣行在所，后上表曰："妾聞先代之興，所以饗國久長，垂祚後嗣，無不由后妃焉。故必審選其人，以興內教。今踐阼之初，誠宜登進賢淑，統理六宮。妾自省愚陋，不任粢盛之事，加以寢疾，敢守微志。"璽書三至而后三讓，言甚懇切。時盛暑，帝欲須秋涼乃更迎后。會后疾遂篤，夏六月丁卯，崩於鄴。帝哀痛咨嗟，策贈皇后璽綬。臣松之以為：《春秋》之義，內大惡諱，小惡不書。文帝之不立甄氏，及加殺害，事有明審。魏史若以為大惡邪，則宜隱而不言，若謂為小惡邪，則不應假為之辭，而崇飾虛文乃至於是，異乎所聞於舊史。推此而言，其稱下、甄諸后言行之善，皆難以實論。陳氏刪落，良有以也。

　　明帝即位，有司奏請追諡，使司空王朗持節奉策以太牢告祠於陵，又別立寢廟。《魏書》載三公奏曰："蓋孝敬之道，篤乎其親，乃四海所以成化〔四四〕，天地所以明察，是謂生則致其養，歿則光其靈，誦述以盡其美，宣揚以顯其名者也。今陛下以聖懿之德，紹承洪業，至孝烝烝，通於神明，遭罹殷憂〔四五〕，每勞謙讓。先帝遷神山陵，大禮既備，至於先后，未有顯諡。伏惟先后恭讓著於幽微，至行顯於不言，化流邦國，德侔《二南》，故能膺神靈嘉祥，爲大魏世妃。雖鳳年登遐，萬載之後，永播融烈，后妃之功莫得而尚也。案諡法：'聖聞周達曰昭〔四六〕。德明有功曰昭。'昭者，光明之至盛，久而不昧者也。宜上尊諡曰文昭皇后。"是月，三公又奏曰："自古周人始祖后稷，又特立廟以祀姜嫄。今文昭皇后之於萬嗣〔四七〕，聖德至化，豈有量哉！夫以皇家世祀之尊〔四八〕，而克讓允恭，固推盛位，神靈遷化，而無寢廟以承享禮，非所以報顯德，昭孝敬也。稽之古制，宜依《周禮》，先妣別立寢廟。"並奏可之〔四九〕。太和元年三月，以中山魏昌之安城鄉戶千，追封逸〔五〇〕，諡曰敬侯，適孫像襲爵。四月，初營宗廟，掘地得玉璽，方一寸九分，其文曰"天子羨思慈親"，明帝爲之改容，以太牢告廟。又嘗夢見后，於是差次舅氏親疏高下，敘用各有差，賞賜累鉅萬，以像爲虎賁中郎將〔五一〕。是月，后母薨，帝制緦服臨喪，百僚陪位。四年十一月，以后舊陵庫下，使像兼太尉，持節詣鄴，昭告后土，十二月，改葬朝陽陵。像還，遷散騎常侍。青龍二年春，追諡后兄儼曰安城鄉穆侯。夏，吳賊寇揚州，以像爲伏波將軍，持節監諸將東征,還,復爲射聲校尉。三年薨,追贈衛將軍,改封魏昌縣,謚曰貞侯,子暢嗣。又封暢弟溫、韡、豔皆爲列侯。四年,改逸、儼本封皆曰魏昌侯,謚因故〔五二〕。封儼世婦劉爲東鄉君,又追封逸世婦張爲安喜君。

景初元年夏,有司議定七廟。冬,又奏曰:"蓋帝王之興,既有受命之君,又有聖妃協於神靈,然後克昌厥世,以成王業焉。昔高辛氏卜其四妃之子皆有天下,而帝摯、陶唐、商、周代興。周人上推后稷,以配皇天,追述王初,本之姜嫄,特立宮廟,世世享嘗,《周禮》所謂'奏夷則,歌中呂,舞大濩,以享先妣'者也。詩人頌之曰:'厥初生民,時維姜嫄。'言王化之本,生民所由。又曰:'閟宮有侐,實實枚枚,赫赫姜嫄,其德不回。'《詩》《禮》所稱姬宗之盛,其美如此。大魏期運,繼於有虞,然崇弘帝道,三代彌隆〔五三〕,廟祧之數,實與周同。今武宣皇后、文德皇后各配無窮之祚,至於文昭皇后,膺天靈符,誕育明聖,功濟生民,德盈宇宙,開諸後嗣,乃道化之所興也。寢廟特祀,亦姜嫄之閟宮也,而未著不毀之制,懼論功報德之義,萬世或闕焉,非所以昭孝示後世也。文昭廟宜世世享祀,奏樂與祖廟同,永著不毀之典,以播聖善之風。"於是與七廟議並勒金策,藏之金匱。

帝思念舅氏不已。暢尚幼,景初末,以暢爲射聲校尉,加散騎常侍,又特爲起大第,車駕親自臨之。又於其後園爲像母起觀廟,名其里曰渭陽里,以追思母氏也。

嘉平三年正月，暢薨，追贈車騎將軍，諡曰恭侯，子紹嗣。太和六年，明帝愛女淑薨，追封諡淑爲平原懿公主，爲之立廟。取后亡從孫黄與合葬，追封黄列侯，以夫人郭氏從弟悳爲之後，承甄氏姓，封悳爲平原侯[五四]，襲公主爵。孫盛曰：於禮，婦人既無封爵之典，況於孩末，而可建以大邑乎？悳自異族，援繼非類，匪功匪親，而襲母爵，違情背典，於此爲甚。陳羣雖抗言，楊阜引事比並，然皆不能極陳先王之禮，明封建繼嗣之義，忠至之辭，猶有闕乎！《詩》云："赫赫師尹，民具爾瞻。"宰輔之職，其可略哉！《晉諸公贊》曰：悳字彦孫。司馬景王輔政，以女妻悳。妻早亡，文王復以女繼室，即京兆長公主。景、文二王欲自結於郭后，是以頻繁爲婚。悳雖無才學，而恭謹謙順。甄溫字仲舒，與郭建及悳等皆后族，以事宜見寵。咸熙初，封郭建爲臨渭縣公，悳廣安縣公，邑皆千八百戶。溫本國侯，進爲輔國大將軍，加侍中，領射聲校尉，悳鎮軍大將軍。泰始元年，晉受禪，加建、悳、溫三人位特進。悳爲人貞素，加以世祖姊夫，是以遂貴當世。悳暮年官更轉爲宗正，遷侍中。太康中，大司馬齊王攸當之藩，悳與左衛將軍王濟共諫請，時人嘉之。世祖以此望悳，由此出悳爲大鴻臚，加侍中、光祿大夫，尋疾薨，贈中軍大將軍，開府、侍中如故，諡恭公，子喜嗣。喜精粹有器美，歷中書郎、右衛將軍、侍中，位至輔國大將軍，加散騎常侍。喜與國姻親，而經趙王倫、齊王冏事故，能不豫際會，良由其才短，然亦以退靜免之。青龍中，又封后從兄子毅及像弟三人，皆爲列侯。毅數上疏陳時政，官至越騎校尉。嘉平中，復封暢子二人爲列侯。后兄儼孫女爲齊王皇后，后父已没，封后母爲廣樂鄉君。

文德郭皇后，安平廣宗人也。祖世長吏。《魏書》曰：父永，官至南郡太守，諡敬侯。母姓董氏，即堂陽君，生三男二女：長男浮，高唐令，次女昱，次即后，后弟都，弟成。后以漢中平元年三月乙卯生，生而有異常。后少而父永奇之曰："此乃吾女中王也。"遂以女王爲字。早失二親，喪亂流離，没在銅鞮侯家。太祖爲魏公時，得入東宫。后有智數，時時有所獻納。文帝定爲嗣，后有謀焉。太子即王位，后爲夫人，及踐阼，爲貴嬪。甄后之死，由后之寵也。黄初三年，將登后位，文帝欲立爲后〔五五〕，中郎棧潛上疏曰："在昔帝王之治天下〔五六〕，不惟外輔，亦有内助，治亂所由，盛衰從之。故西陵配黄，英娥降媯，並以賢明，流芳上世。桀奔南巢，禍階妹喜〔五七〕；紂以炮烙，怡悦妲己。是以聖哲慎立元妃，必取先代世族之家，擇其令淑以統六宫，虔奉宗廟，陰教聿脩。《易》曰：'家道正而天下定。'由内及外，先王之令典也。《春秋》書宗人釁夏云，無以妾爲夫人之禮。齊桓誓命於葵丘，亦曰'無以妾爲妻〔五八〕'。今後宫嬖寵，常亞乘輿。若因愛登后，使賤人暴貴，臣恐後世下陵上替，開張非度，亂自上起也。"文帝不從，遂立爲皇后。《魏書》曰：后上表謝曰："妾無皇、英鼇降之節，又非姜、任思齊之倫，誠不足以假充女君之盛位，處中饋之重任。"后自在東宫，及即尊位，雖有異寵，心愈恭肅，供養永壽宫，以孝聞。是時柴貴人亦有寵，后教訓獎導之。後宫諸貴人時有過失，常彌覆之，有譴讓，輒爲帝言其本末，帝或大有所怒，至爲之頓首請罪，是以六宮無怨。性儉約，不好音樂，常慕漢明德馬后之爲人。

后蚤喪兄弟，以從兄表繼永後，拜奉車都尉。后外親劉斐與他國爲婚，后聞之，勑曰："諸親戚嫁娶，自當與鄉里門户匹敵者，不得因勢彊與他方人婚也。"后姊子孟武還鄉里，求小妻，后止之。遂勅諸家曰："今世婦女少，當配將士，不得因緣取以爲妾也。宜各自慎，無爲罰首。"《魏書》曰：后常勅戒表、武等曰："漢氏椒房之家，少能自全者，皆由驕奢[五九]，可不慎乎！"

五年，帝東征，后留許昌永始臺。時霖雨百餘日，城樓多壞，有司奏請移止。后曰："昔楚昭王出游，貞姜留漸臺，江水至，使者迎而無符，不去，卒没。今帝在遠，吾幸未有是患，而便移止，奈何？"羣臣莫敢復言。六年，帝東征吳，至廣陵，后留譙宫。時表留宿衛，欲遏水取魚。后曰："水當通運漕，又少材木，奴客不在目前，當復私取官竹木作梁遏[六〇]。今奉車所不足者豈魚乎？"

明帝即位，尊后爲皇太后，稱永安宫。太和四年，詔封表安陽亭侯，又進爵鄉侯，增邑并前五百户，遷中壘將軍。以表子詳爲騎都尉。其年，帝追謚太后父永爲安陽鄉敬侯，母董爲都鄉君。遷表昭德將軍，加金紫，位特進，表第二子訓爲騎都尉。及孟武母卒，欲厚葬，起祠堂，太后止之曰："自喪亂以來，墳墓無不發掘，皆由厚葬也，首陽陵可以爲法。"青龍三年春，后崩於許昌，以終制營陵，三月庚寅，葬首陽陵西。《魏略》曰：明帝既嗣立，追痛甄后之葬[六一]，故太后以憂暴崩。甄后臨沒，以帝屬李夫人。及太后崩，夫人乃說甄后見譖之禍，不獲大斂，被髮覆面，帝哀恨流涕，命殯葬太后，皆如甄后故事。《漢晉春秋》曰：初，甄后之誅，由郭后之寵[六二]，及殯，令被髮覆面，以糠塞口，遂立郭后，使養明帝。帝知之，心常懷忿，數泣問甄后死狀。郭后曰：「先帝自殺[六三]，何以責問我？且汝爲人子，可追讐死父，爲前母枉殺後母邪？」明帝怒，遂逼殺之，勑殯者使如甄后故事[六四]。《魏書》載哀策曰：「維青龍二年三月壬申[六五]，皇太后梓宮啓殯，將葬於首陽之西陵。哀子皇帝叡親奉册祖載，遂親遣奠，叩心擗踊[六六]，號咷仰訴，痛靈魂之遷幸，悲容車之向路，背三光以潛翳，就黃墟而安厝。嗚呼哀哉！昔二女妃虞，帝道以彰，三母嬪周，聖善彌光，既多受祉[六七]，享國延長。哀哀慈妣，興化閨房，龍飛紫極，作合聖皇，不虞中年，暴離災殃。惄予小子，煢煢摧傷，魂雖永逝，定省曷望？嗚呼哀哉！」帝進表爵爲觀津侯，增邑五百，并前千戶。遷詳爲駙馬都尉。四年，追改封永爲觀津敬侯，世婦董爲堂陽君。追封諡后兄浮爲梁里亭戴侯，都爲武城亭孝侯，成爲新樂亭定侯，皆使使者奉策，祠以太牢。表薨，子詳嗣，又分表爵封詳弟述爲列侯。詳薨，子釗嗣。

明悼毛皇后，河內人也。黃初中，以選入東宮，明帝時爲平原王，進御有寵，出入與同輿輦。及即帝位[六八]，以爲貴嬪。太和元年，立爲皇后。后父嘉，拜騎都尉，后弟曾，郎中。

初，明帝爲王，始納河内虞氏爲妃，帝即位，虞氏不得立爲后，太皇卞太后慰勉焉。虞氏曰："曹氏自好立賤，未有能以義舉者也。然后職内事，君聽外政，其道相由而成，苟不能以善始，未有能令終者也。殆必由此亡國喪祀矣！"虞氏遂絀還鄴宮。進嘉爲奉車都尉，曾騎都尉，寵賜隆渥。頃之，封嘉博平鄉侯，遷光禄大夫，曾駙馬都尉。嘉本典虞車工，卒暴富貴，明帝令朝臣會其家飲宴[六九]，其容止舉動甚蚩騃[七〇]，語輒自謂"侯身"，時人以爲笑。孫盛曰：古之王者，必求令淑以對揚至德，恢王化於《關雎》，致淳風於《麟趾》。及臻三季，並亂兹緒，義以情溺，位由寵昏，貴賤無章，下陵上替，興衰隆廢，皆是物也。魏自武王，暨於烈祖，三后之升，起自幽賤，本既卑矣，何以長世？詩云："絺兮綌兮，淒其以風。"其此之謂矣[七一]！後又加嘉位特進，曾遷散騎侍郎。青龍三年，嘉薨，追贈光禄大夫，改封安國侯，增邑五百，并前千户，謚曰節侯。四年，追封后母夏爲野王君。

帝之幸郭元后也，后愛寵日弛[七二]。景初元年，帝游後園，召才人以上曲宴極樂。元后曰："宜延皇后。"帝弗許，乃禁左右，使不得宣。后知之，明日帝見后，后曰："昨日游宴北園，樂乎？"帝以左右泄之，所殺十餘人。賜后死，然猶加謚，葬愍陵。遷曾散騎常侍，後徙爲羽林虎賁中郎將、原武典農。

明元郭皇后，西平人也，世河右大族。黄初中，本郡反叛，遂没入宫。明帝即位，甚見愛幸，拜爲夫人。叔父立爲騎都尉，從父芝爲虎賁中郎將。帝疾困，遂立爲皇后。齊王即位，尊后爲皇太后，稱永寧宮。追封諡太后父滿爲西都定侯，以立子建紹其爵。封太后母杜爲郃陽君。芝遷散騎常侍、長水校尉，《魏略》曰：諸郭之中，芝最壯直。先時自以他功封爵〔七三〕。立，宣德將軍，皆封列侯。建兄悳，出養甄氏。悳及建俱爲鎮護將軍，皆封列侯，並掌宿衞。值三主幼弱，宰輔統政，與奪大事，皆先咨啓於太后而後施行。毌丘儉、鍾會等作亂，咸假其命而以爲辭焉。景元四年十二月崩，五年二月，葬高平陵西。《晉諸公贊》曰：建字叔始，有器局而彊問，泰始中疾薨。子蝦嗣，爲給事中。

評曰：謂后妃之家〔七四〕，雖云富貴，未有若衰漢乘非其據，宰割朝政者也。鑒往易軌，於斯爲美。追觀陳羣之議，棧潛之論，適足以爲百王之規典，垂憲範乎後葉矣。

【校箋】

〔一〕毛本作"魏書五"。

〔二〕毛本作"后妃傳第五"。《高堂隆傳》曰："潛上疏諫，語在《后妃傳》。"

〔三〕《御覽》卷一百四十五引"視"下無"比"字，應據刪。"視""比"義複。

〔四〕《初學記》卷十、《御覽》卷八百七十二引"三"俱作"二"。

〔五〕《御覽》卷九百一十四引"日"字下有"不散"二字。

〔六〕《御覽》卷一百三十八引"至"字作"在"。郝書同。

〔七〕盧弼曰:"'苦'疑作'害'。"

謹案:《廣雅‧釋詁四》:"患,苦也。"《法言‧先知篇》"或苦亂"注:"苦,患。"苦、患互訓,則何苦猶何患也。《左傳‧隱公元年》:"君何患焉!"盧君疑"苦"作"害",似未確。

〔八〕《初學記》卷十、《御覽》卷八百零二引"約儉"二字乙,郝書同。

〔九〕《御覽》卷八百零二引"常"字作"嘗"。

〔一〇〕《御覽》卷七百一十八引"者"下有"耳"字。

〔一一〕《通志》"大"字作"長"。

〔一二〕《御覽》卷一百三十八引"失"字作"改"。

〔一三〕《御覽》卷三百一十八引無"故"字,郝書同。

〔一四〕《御覽》卷八百四十七引"儉"下有"約"字。

〔一五〕《類聚》卷五十一引"奏"字作"議",是。與下文"此議是也"義正相承。

〔一六〕《治要》卷二十五引"分"字作"裂"。

〔一七〕《通志》無"典"字。

〔一八〕《治要》引"違"字作"遺","法"字作"制"。

〔一九〕盧弼曰:"《明帝紀》作'六月戊子崩',說見《明帝紀》太和四年。侯康曰:'魏收《魏書‧禮志二》云:魏武宣后以太和四年六月崩,其月既葬,除服即吉,四時行事,而猶未禘。王肅、韋誕并以爲今除即吉,故特時祭,至於禘祫,宜存古禮。高堂隆亦如肅議。於是停不殷祭。'"

謹案：徐紹楨曰："案：《明帝紀》云云。又《通典》載王肅《禘祫議》有云：'去四年六月武宣王后崩，二十六日既葬，除服即吉，四時之祭，皆親行事。'以此徵之，后實崩於六月，傳言五月誤也。其葬事以七月辛亥，蓋距崩時二十六日耳（《魏書·禮志》云云，此亦言葬在崩一月之內，非崩葬同在六月也）。"郝書亦作"六月"。

〔二〇〕盧弼曰："《御覽》'用'下有'咒'字。"

謹案：《御覽》卷七百四十三引作"帝信咒水"，無"巫女用方"四字，非"用"下有"咒"字也。盧君校疑誤。

〔二一〕《御覽》引"時"上無"故"字。

〔二二〕《類聚》卷八十三、《御覽》卷一百三十八、卷六百八十九、卷七百二十九引"見"下俱無"如"字。

〔二三〕郝書"逸薨"句上有"后三歲"三字，"加號慕"作"號慕如成人"。

〔二四〕《御覽》引"者"字作"工"。

〔二五〕《御覽》卷七百二十九引"子"字作"姊"。

〔二六〕《初學記》卷十、《御覽》卷一百三十八引俱作"立騎戲馬者"。

〔二七〕《白帖》卷二十引"言"字作"曰"。

〔二八〕《初學記》卷二十一、《白帖》、《事類賦》卷十五俱引作"后曰"。《通志》同。

〔二九〕《類聚》卷五十八、《初學記》引無"聞""者"二字，《事類賦》卷十五引亦無"聞"字，但"古"字下有"者"字。

〔三〇〕盧弼曰："《御覽》'學'作'覽'。"

謹案：《類聚》《初學記》《白帖》《御覽》《事類賦》"學"字俱作"覽"，"覽"字義長，作"覽"字是。

〔三一〕《初學記》引"誠"字作"戒"。

〔三二〕《御覽》卷八百三十七引"寶"字作"璧",《通志》同,語見《左傳》。

〔三三〕盧弼曰:"宋本、馮本'捬'作'拊',馮本、官本作'撫'。"

謹案:《漢書·趙充國傳》"選擇良吏知其俗者,捬循和輯"注:"捬古撫字。"二字古通用。《國語·晉語八》"叔向見司馬侯之子,撫而泣之"注:"撫,拊也。"

〔三四〕郝書苟注引"出"下無"在"字,《御覽》卷三百八十引作"出奔"。

〔三五〕盧弼曰:"宋本'室'作'皇'。"

謹案:《類聚》卷十八、《御覽》卷三百八十引俱作"堂皇",疑作"堂皇"者是。《漢書·胡建傳》:"監御史與護軍諸校列坐堂皇上。"注:"室無四壁曰皇。"《廣雅·釋宮》:"堂皇,殿也。"《玉燭寶典》引《蒼頡篇》:"榭,今堂皇也。"是"室堂"當作"堂皇",宋本誤乙。

〔三六〕《御覽》卷三百八十引"謂"字作"語"。又《類聚》卷十八、《御覽》卷三百七十三、卷三百八十引"劉"字作"袁",《世說·溺惑篇》注引亦作"袁"。

〔三七〕毛本"披"字作"被",郝書、《通志》同。《世說》注引"有"字作"見","披"字亦作"被"。

〔三八〕《世說》注引作"使令攬髮,以袖拭面"。《通志》"巾"字亦作"袖"。

〔三九〕郝書"劉"下有"曰"字,《世說》注引同。

〔四〇〕《世說》注引"憂"字作"復"。

〔四一〕盧弼曰:"宋本'內'作'納'。"

謹案：《荀子·臣道》"時關内之"楊注："内與納同。"

〔四二〕毛本"閒"字作"閑"。《御覽》卷一百三十八引同。

〔四三〕郝書"七"字作"十"。

〔四四〕紹興本、毛本"成"字作"承"，郝書苟注同。

〔四五〕盧弼曰："宋本、馮本'罹'字作'離'。"

謹案：紹興本、馮本、陳本"罹"字作"離"，郝書苟注引同。"罹""離"古通。《史記·管蔡世家》"無離曹禍"索隱："離即罹。"《後漢書·郭伋傳》"漁陽既離王莽之亂"注："離猶遭也。"遭、罹複義詞。

〔四六〕紹興本"盛"字作"聖"，郝書同。考《逸周書·諡法解》字正作"聖"。

〔四七〕盧弼曰："《宋書·禮志》'萬'作'後'。"

謹案：梁章鉅《三國志旁證》曰："《宋書·禮志》'萬'作'後'，'祀'作'妃'。"據此"宋"字上依例應增"梁章鉅曰"四字。考《通典·禮七》引作"後"，《册府》卷二十九引同，當據改。

〔四八〕盧弼曰："《宋書·禮志》'祀'作'妃'。"

謹案：此已見《旁證》，亦應增"梁章鉅曰"四字。《通典·禮七》、《册府》卷二十九引同。此承上文大魏世妃而言，"祀"當是"妃"字之形誤，應據以訂正。

〔四九〕盧弼曰："'之'字疑衍。"

謹案：《册府》卷二十九引無"之"字，是也。

〔五〇〕《御覽》卷一百九十四引"逸"下有"爲上蔡侯"四字。

〔五一〕盧弼曰："《宋書·百官志》：'《周官》有虎賁氏，漢武帝微行出遊，選才力之士執兵從送，期之諸門，故名期門。無員，多至千人。'虎賁'舊作'虎奔'，言如虎之奔也。王莽以古有勇士孟賁，故以奔爲賁。'"

謹案：《書鈔》卷六十三引《漢官儀》與《宋志》略同，蓋沈約所本。盧文弨曰："虎賁氏掌先後王而趨，凡祭祀會同賓客則服而趨，軍旅則介而趨，皆以趨爲言者，以賁即奔也。古字本通用。《詩‧邶風》'鶉之奔奔'，襄十二年《左氏傳》、《禮記‧表記》俱作'賁賁'。《宋志》乃以'王莽輔政，以古有勇士孟賁，故以奔爲賁'，說殊無據。"餘詳孫詒讓《周禮‧夏官‧虎賁氏》正義。

〔五二〕郝書"因"字作"如"，是也。

〔五三〕紹興本"代"字作"世"，馮本、陳本同，郝書亦作"世"。

〔五四〕郝書無"意"字。

〔五五〕《治要》卷二十五引無此句。

〔五六〕《治要》、《初學記》卷十引"治"字作"有"。疑避唐高宗諱改。

〔五七〕紹興本、毛本"妹"字作"末"，《治要》引同。

〔五八〕盧弼曰："見《孟子》。"

謹案：《穀梁傳‧僖公八年》："九月戊辰，諸侯盟於葵丘。曰毋以妾爲妻。"棧潛之疏蓋本此。盧君於齊桓誓命於葵丘，則引《左傳》以證，於此句又注曰"見《孟子》"，是將一句而割裂爲二，祇見考索之疏，且未詳審文義之失也。

〔五九〕郝書"奢"下有"取禍"二字。

〔六〇〕《御覽》卷八百三十四引"遏"下有"水"字。

〔六一〕紹興本、毛本"葬"字作"薨"，《御覽》卷三百七十三引同。

〔六二〕《通志》引"寵"字作"譖"。

〔六三〕郝書"殺"字下有"之"字。

〔六四〕郝書"使"字作"皆"。

〔六五〕紹興本"二"字作"三",郝書同。

〔六六〕盧弼曰:"吳本'擗'作'蹕',誤。'蹕'或書作'躃',跛躃也。《禮記·檀弓下》云:'辟踊,哀之至也。'鄭注:'辟,拊心也。'《孝經》:'擗踊哭泣。'"

謹案:《孝經釋文》:"擗,本作蹕。"《爾雅·釋訓》:"辟,拊心也。"釋文:"辟本作擗。"是蹕、辟、擗三字古通。

〔六七〕郝書苟注引作"既受多祉"。

〔六八〕《御覽》卷一百三十八引"即"下無"帝"字,郝書同。

〔六九〕《御覽》卷七百三十九、《册府》卷九百五十四引"帝"上無"明"字。

〔七〇〕《御覽》卷三百九十一、卷七百三十九引"蚩"字作"癡"。

〔七一〕毛本"矣"字作"乎",郝書同。

〔七二〕《御覽》卷一百二十八、卷八百二十四引"弛"字俱作"衰"。

〔七三〕毛本"爵"字作"侯",郝書同。

〔七四〕紹興本、馮本、陳本、毛本"謂"字作"魏",郝書苟注引同,應據改。

三國志校箋卷六

魏志卷六〔一〕

董卓 李傕 郭汜 袁紹 子譚 尚 袁術 劉表〔二〕

董卓字仲穎,隴西臨洮人也。《英雄記》曰:卓父君雅,由微官爲潁川綸氏尉。有三子:長子擢,字孟高,早卒;次即卓;卓弟旻,字叔穎。少好俠〔三〕,嘗游羌中,盡與諸豪帥相結。後歸耕於野,而豪帥有來從之者,卓與俱還,殺耕牛與相宴樂。諸豪帥感其意,歸相斂得雜畜千餘頭以贈卓。《吴書》曰:郡召卓爲吏,使監領盜賊。胡嘗出鈔,多虜民人,涼州刺史成就辟卓爲從事,使領兵騎討捕,大破之,斬獲千計。并州刺史段熲薦卓公府,司徒袁隗辟爲掾。漢桓帝末,以六郡良家子爲羽林郎。卓有材武,膂力少比〔四〕,雙帶兩鞬,左右馳射。爲軍司馬,從中郎將張奐征并州有功,拜郎中,賜縑九千匹,卓悉以分與吏士〔五〕。遷廣武令,蜀郡北部都尉,西域戊己校尉,免。徵拜并州刺史、河東太守,

《英雄記》曰：卓數討羌、胡，前後百餘戰。遷中郎將，討黃巾[六]，軍敗抵罪。韓遂等起涼州，復爲中郎將，西拒遂。於望垣硤北，爲羌、胡數萬人所圍，糧食乏絕。卓僞欲捕魚，堰其還道，當所渡水爲池，使水渟滿數十里，默從堰下過其軍而決堰。比羌、胡聞知追逐，水已深，不得渡。時六軍上隴西，五軍敗績，卓獨全衆而還，屯住扶風。拜前將軍，封斄鄉侯，徵爲并州牧。《靈帝紀》曰：中平五年，徵卓爲少府，勑以營吏士屬左將軍皇甫嵩，詣行在所。卓上言："涼州擾亂，鯨鯢未滅，此臣奮發效命之秋。吏士踴躍，戀恩念報，各遮臣車，辭聲懇惻，未得即路也。輒且行前將軍事，盡心慰卹，效力行陣。"六年，以卓爲并州牧，又勑以吏兵屬皇甫嵩。卓復上言："臣掌戎十年，士卒大小，相狎彌久，戀臣畜養之恩，樂爲國家奮一旦之命，乞將之州，效力邊陲。"卓再違詔勑，會爲何進所召。

靈帝崩，少帝即位[七]。大將軍何進與司隸校尉袁紹謀誅諸閹官，太后不從。進乃召卓，使將兵詣京師，并密令上書曰："中常侍張讓等竊幸乘寵，濁亂海內。昔趙鞅興晉陽之甲，以逐君側之惡。臣輒鳴鐘鼓如洛陽，即討讓等。"欲以脅迫太后。卓未至，進敗。《漢記》曰[八]：進字遂高，南陽人，太后異母兄也。進本屠家子，父曰真。真死後，進以妹倚黃門得入掖庭，有寵，光和三年立爲皇后，進由是貴幸。中平元年，黃巾起，拜進大將軍。《典略》載卓表曰："臣伏惟天下所以有逆不止者，各由黃門常侍張讓等侮慢天常，操擅王命[九]，父子兄弟並據州郡，一書出門，便獲千金，京畿諸郡數百萬[一〇]，膏腴美田皆屬讓等，至使怨氣上蒸，妖賊蠢起。臣前奉詔討於扶羅，將士饑乏，不肯渡河，皆言欲詣京師，先誅閹豎以除民害，從臺閣求乞資直。臣隨慰撫，以至新安。臣聞揚湯止沸，不如滅火去薪；潰癰雖痛，勝於養肉〔一一〕，及溺呼船，悔之無及。"中常侍段珪等劫帝走小平津，卓遂將其衆迎帝於北芒，還宮。張璠《漢記》曰：帝以八月庚午爲諸黄門所劫，步出穀門，走至河上。諸黄門既投河死，時帝年十四，陳留王年九歲，兄弟獨夜步行欲還宮，闇暝，逐螢火而行，數里，得民家以露車載送。辛未，公卿以下與卓共迎帝於北芒阪下。《獻帝春秋》曰：先是童謡曰："侯非侯，王非王，千乘萬騎走北芒。"卓時適至，屯顯陽苑。聞帝當還，率衆迎帝〔一二〕。《典略》曰：帝望見卓兵涕泣。羣公謂卓曰："有詔却兵。"卓曰："公諸人爲國大臣，不能匡正王室，至使國家播蕩，何却兵之有！"遂俱入城。《獻帝紀》曰：卓與帝語，語不可了。乃更與陳留王語，問禍亂由起，王答，自初至終，無所遺失。卓大喜，乃有廢立意。《英雄記》曰：河南中部掾閔貢扶帝及陳留王上至雒舍止。帝獨乘一馬，陳留王與貢共乘一馬，從雒舍南行。公卿百官奉迎於北芒阪下，故太尉崔烈在前導。卓將步騎數千來迎，烈呵使避，卓罵烈曰："晝夜三百里來，何云避，我不能斷卿頭邪？"前見帝曰："陛下令常侍小黄門作亂乃爾，以取禍敗，爲負不小邪？"又趨陳留王，曰："我董卓也，從我抱來。"乃於貢抱中取王。《英雄記》曰〔一三〕：一本云王不就卓抱，卓與王併馬而行也。時進弟車騎將軍苗爲進衆所殺，《英雄記》云：苗，太后之同母兄，先嫁朱氏之子。進部曲將吴匡，素怨苗不與進同心，又疑其與宦官同謀〔一四〕，乃令軍中曰："殺大將軍者，車騎也。"遂引兵與卓弟旻共攻殺苗於朱爵闕下。進、苗部曲無所屬，皆詣卓。卓又使呂布殺執金吾丁原，并其衆，故京都兵權唯在卓。《九州春秋》曰：卓初入洛陽，步騎不過三千，自嫌兵少，不爲遠近所服，率四五日，輒夜遣兵出四城門，明日陳旌鼓而入，宣言云"西兵復入至洛中"。人不覺，謂卓兵不可勝數。

先是，進遣騎都尉太山鮑信所在募兵，適至，信謂紹曰："卓擁彊兵，有異志，今不早圖，將爲所制。及其初至疲勞，襲之可禽也。"紹畏卓，不敢發，信遂還鄉里。

於是以久不雨，策免司空劉弘而卓代之，俄遷太尉，假節鉞虎賁。遂廢帝爲弘農王。尋又殺王及何太后。立靈帝少子陳留王，是爲獻帝。《獻帝紀》曰：卓謀廢帝，會羣臣於朝堂，議曰："大者天地，次者君臣，所以爲治。今皇帝闇弱，不可以奉宗廟，爲天下主。欲依伊尹、霍光故事，立陳留王，何如？"尚書盧植曰："案《尚書》太甲既立不明，伊尹放之桐宮。昌邑王立二十七日，罪過千餘，故霍光廢之。今上富於春秋，行未有失，非前事之比也。"卓怒，罷坐，欲誅植〔一五〕，侍中蔡邕勸之得免。九月甲戌，卓復大會羣臣曰："太后逼迫永樂太后，令以憂死，逆婦姑之禮，無孝順之節。天子幼質，軟弱不君。昔伊尹放太甲，霍光廢昌邑，著在典籍，僉以爲善。今太后宜如太甲，皇帝宜如昌邑。陳留王仁孝，宜即皇帝祚〔一六〕。"《獻帝起居注》載策曰："孝靈皇帝不究高宗眉壽之祚，早棄臣子。皇帝承紹，海內側望，而帝天姿輕佻，威儀不恪，在喪慢惰，衰如故焉。凶德既彰，淫穢發聞，損辱神器，忝汙宗廟。皇太后教無母儀，統政荒亂。永樂太后暴崩，衆論惑焉。三綱之道，天地之紀，而乃有闕，罪之大者。陳留王協，盛德偉茂〔一七〕，規矩邈然，豐下兑上，有堯圖之表〔一八〕;居喪哀戚,言不及邪,岐嶷之性,有周成之懿。休聲美稱,天下所聞,宜承洪業,爲萬世統,可以承宗廟。廢皇帝爲弘農王。皇太后還政。"尚書讀册畢,羣臣莫有言,尚書丁宮曰:"天禍漢室,喪亂弘多。昔祭仲廢忽立突,《春秋》大其權。今大臣量宜爲社稷計,誠合天人,請稱萬歲。"卓以太后見廢,故公卿以下不布服,會葬,素衣而已。卓遷相國,封郿侯,贊拜不名,劍履上殿,又封卓母爲池陽君,置家令、丞。卓既率精兵來,適值帝室大亂,得專廢立,據有武庫甲兵,國家珍寶,威震天下。卓性殘忍不仁,遂以嚴刑脅衆,睚眦之隙必報,人不自保。《魏書》曰:卓所願無極,語賓客曰:"我相貴無上也。"《英雄記》曰:卓欲震威,侍御史擾龍宗詣卓白事,不解劍,立撾殺之,京師震動。發何苗棺,出其尸,枝解節棄於道邊。又收苗母舞陽君殺之,棄尸於苑枳落中,不復收斂。嘗遣軍到陽城。時適二月社〔一九〕,民各在其社下,悉就斷其男子頭,駕其車牛,載其婦女財物,以所斷頭繫車轅軸,連軫而還洛,云攻賊大獲,稱萬歲。入開陽城門,焚燒其頭〔二〇〕,以婦女與甲兵爲婢妾。至於姦亂宮人公主。其凶逆如此。

初,卓信任尚書周毖、城門校尉伍瓊等,用其所舉韓馥、劉岱、孔伷、張咨、張邈等出宰州郡。而馥等至官,皆合兵將以討卓。卓聞之,以爲毖、瓊等通情賣己,皆斬之。《英雄記》曰:毖字仲遠,武威人。瓊字德瑜,汝南人。謝承《後漢書》曰:伍孚字德瑜,少有大節,爲郡門下書佐。其本邑長有罪,太守使孚出教,勑曹下督郵收之〔二一〕。孚不肯受教,伏地仰諫曰："君雖不君，臣不可不臣，明府奈何令孚受教，勑外收本邑長乎？乞更授他吏。"太守奇而聽之。後大將軍何進辟爲東曹屬，稍遷侍中、河南尹、越騎校尉。董卓作亂，百僚震慄。孚著小鎧，於朝服裏挾佩刀見卓，欲伺便刺殺之。語闋辭去，卓送至閤中，孚因出刀刺之。卓多力，退卻不中，即收孚。卓曰："卿欲反邪？"孚大言曰："汝非吾君，吾非汝臣，何反之有？汝亂國篡主，罪盈惡大，今是吾死日，故來誅姦賊耳，恨不車裂汝於市朝以謝天下。"遂殺孚〔二二〕。謝承記孚字及本郡，則與瓊同，而致死事乃與孚異也，不知孚爲瓊之別名，爲別有伍孚也？蓋未詳之。

河南太守王匡〔二三〕，遣泰山兵屯河陽津，將以圖卓。卓遣疑兵，若將於平陰渡者，潛遣銳衆從小平北渡，繞擊其後，大破之津北，死者略盡。卓以山東豪傑並起，恐懼不寧。初平元年二月，乃徙天子都長安。焚燒洛陽宮室〔二四〕，悉發掘陵墓，取寶物〔二五〕。華嶠《漢書》曰：卓欲遷都長安，召公卿以下大議。司徒楊彪曰："昔盤庚五遷，殷民胥怨，故作三篇以曉天下之民。今海內安穩〔二六〕，無故移都，恐百姓驚動，麋沸蟻聚爲亂〔二七〕。"卓曰："關中肥饒，故秦得并吞六國。今徙西京，設令關東豪彊敢有動者，以我強兵蹴之，可使詣滄海。"彪曰："海內動之甚易，安之甚難。又長安宮室壞敗，不可卒復。"卓曰："武帝時居杜陵南山下，有成瓦窰數千處〔二八〕，引涼州材木東下以作宮室，爲功不難。"卓意不得，便作色曰："公欲沮我計邪？邊章、韓約有書來，欲令朝廷必徙都。若大兵來下，我不能復相救，公便可與袁氏西行。"彪曰："西方自彪道徑也，顧未知天下何如耳！"議罷。卓勑司隸校尉宣璠以災異劾奏，因策免彪。《續漢書》曰：太尉黃琬、司徒楊彪、司空荀爽俱詣卓，卓言："昔高祖都關中，十一世後中興，更都洛陽。從光武至今復十一世，案《石苞室讖》，宜復還都長安。"坐中皆驚愕，無敢應者。彪曰："遷都改制，天下大事，皆當因民之心，隨時之宜。昔盤庚五遷，殷民胥怨，故作三篇以曉之。往者王莽篡逆，變亂五常，更始赤眉之時，焚燒長安，殘害百姓，民人流亡，百無一在。光武受命，更都洛邑，此其宜也。今方建立聖主，光隆漢祚，而無故捐宮廟，棄園陵，恐百姓驚愕，不解此意，必麋沸蟻聚以致擾亂。《石苞室讖》，妖邪之書，豈可信用？"卓作色曰："楊公欲沮國家計邪？關東方亂，所在賊起。崤函險固，國之重防。又隴右取材，功夫不難。杜陵南山下有孝武故陶處，作塼瓦，一朝可辦。宮室官府，蓋何足言。百姓小民，何足與議。若有前卻，我以大兵驅之，豈得自在。"百寮皆恐怖失色。琬謂卓曰："此大事，楊公之語，得無重思！"卓罷坐，即日令司隸奏彪及琬，皆免官。大駕即西。卓部兵燒洛陽城外面百里。又自將兵燒南北宮及宗廟、府庫、民家，城內掃地殄盡。又收諸富室，以罪惡沒入其財物，無辜而死者，不可勝計。《獻帝記》曰：卓獲山東兵，以猪膏塗布十餘匹，用纏其身，然後燒之，先從足起。獲袁紹豫州從事李延，煮殺之。卓所愛胡，恃寵放縱，爲司隸校尉趙謙所殺。卓大怒曰："我愛狗，尚不欲令人呵之，而況人乎！"乃召司隸都官撾殺之。卓至西京，爲太師，號曰尚父。乘青蓋金華車，爪畫兩轓[二九]，時人號曰竿摩車[三〇]。《魏書》曰：言其逼天子也。《獻帝記》曰[三一]：卓既爲太師，復欲稱尚父，以問蔡邕。邕曰："昔武王受命，太公爲師，輔佐周室，以伐無道，是以天下尊之，稱爲尚父。今公之功德誠爲巍巍，宜須關東悉定，車駕東還，然後議之。"乃止。京師地震，卓又問邕。邕對曰：

"地動陰盛，大臣踰制之所致也。公乘青蓋車，遠近以爲非宜。"卓從之，更乘金華皂蓋車也。卓弟旻爲左將軍，封鄠侯，兄子璜爲侍中中軍校尉，典兵〔三二〕，宗族內外並列朝廷。《英雄記》曰：卓侍妾懷抱中子，皆封侯，弄以金紫。孫女名白，時尚未筓，封爲渭陽君。於郿城東起壇，從廣二丈餘，高五六尺，使白乘軒金華青蓋車〔三三〕，都尉、中郎將、刺史二千石在郿者，各令乘軒簪筆，爲白導從，之壇上，使兄子璜爲使者授印綬。公卿見卓，謁拜車下，卓不爲禮。召呼三臺尚書以下自詣卓府啓事。《山陽公載記》曰：初，卓爲前將軍，皇甫嵩爲左將軍，俱征韓遂，各不相下。後卓徵爲少府并州牧，兵當屬嵩，卓大怒。及爲太師，嵩爲御史中丞，拜於車下。卓問嵩："義真服未乎？"嵩曰："安知明公乃至於是！"卓曰："鴻鵠固有遠志，但燕雀自不知耳。"嵩曰："昔與明公俱爲鴻鵠，不意今日變爲鳳凰耳。"卓笑曰："卿早服，今日可不拜也。"張璠《漢紀》曰：卓抵其手謂皇甫嵩曰："義真怖未乎？"嵩對曰："明公以德輔朝廷，大慶方至，何怖之有？若淫刑以逞，將天下皆懼，豈獨嵩乎？"卓默然，遂與嵩和解。築郿塢，高與長安城埒，積穀爲三十年儲，《英雄記》曰：郿去長安二百六十里。云事成，雄據天下，不成，守此足以畢老。嘗至郿行塢，公卿已下祖道於橫門外。橫音光。卓豫施帳幔，飲誘降北地反者數百人，於坐中先斷其舌，或斬手足，或鑿眼，或鑊煮之，未死，偃轉杯案間，會者皆戰慄亡失匕箸〔三四〕，而卓飲食自若。太史望氣，言當有大臣戮死者。故太尉張溫時爲衛尉，素不善卓，卓心怨之，因天有變，欲以塞咎，使人言溫與袁術交關，遂笞殺之。《傅子》曰：靈帝時賣門賣官，於是太尉段熲、司徒崔烈、太尉樊陵、司空張溫之徒，皆入錢上千萬下五百萬以買三公。熲數征伐有大功，烈有北州重名，溫有傑才，陵能偶時，皆一時顯士，猶以貨取位，而況於劉囂、唐珍、張顥之黨乎！《風俗通》曰：司隸劉囂，以黨諸常侍，致位公輔。《續漢書》曰：唐珍，中常侍唐衡弟。張顥，中常侍張奉弟。法令苛酷，愛憎淫刑，更相被誣，冤死者千數。百姓嗷嗷，道路以目。《魏書》曰：卓使司隸校尉劉囂籍吏民有爲子不孝，爲臣不忠，爲吏不清，爲弟不順，有應此者皆身誅，財物没官。於是愛憎互起〔三五〕，民多冤死。悉椎破銅人、鐘虡，及壞五銖錢。更鑄爲小錢，大五分，無文章，肉好無輪郭〔三六〕，不磨鑢。於是貨輕而物貴，穀一斛至數十萬。自是後錢貨不行。

三年四月，司徒王允、尚書僕射士孫瑞、卓將吕布共謀誅卓。是時，天子有疾新愈，大會未央殿。布使同郡騎都尉李肅等，將親兵十餘人，僞著衛士服守掖門。布懷詔書，卓至，肅等格卓。卓驚呼布所在，布曰"有詔"，遂殺卓〔三七〕，夷三族。主簿田景前趨卓尸，布又殺之。凡所殺三人，餘莫敢動。《英雄記》曰：時有謠言曰："千里艸，何青青，十日卜，猶不生。"又作《董逃》之歌。又有道士書布爲"吕"字以示卓〔三八〕，卓不知其爲吕布也，卓當入會，陳列步騎，自營至宫，朝服導引行其中。馬蹎不前，卓心怪欲止，布勸使行，乃裹甲而入。卓既死，當時日月清淨，微風不起。旻、璜等及宗族老弱悉在郿，皆還，爲其羣下所斫射。卓母年九十，走至塢門曰"乞脫我死",即斬首〔三九〕。袁氏門生故吏,改殯諸袁死於郿者,斂聚董氏尸於其側而焚之。暴卓尸於市,卓素肥,膏流浸地,草爲之丹。守尸吏暝以爲大炷〔四〇〕,置卓臍中以爲燈,光明達旦,如是積日。後卓故部曲收所燒者灰,并以一棺棺之,葬於郿。卓塢中金有二三萬斤,銀八九萬斤,珠玉錦綺奇玩雜物皆山崇阜積,不可知數。長安士庶咸相慶賀,諸阿附卓者皆下獄死。謝承《後漢書》曰:蔡邕在王允坐,聞卓死,有歎惜之音。允責邕曰:"卓,國之大賊,殺主殘臣〔四一〕,天地所不祐,人神所同疾。君爲王臣,世受漢恩〔四二〕,國主危難,曾不倒戈,卓受天誅,而更嗟痛乎?"便使收付廷尉。邕謝允曰:"雖以不忠,猶識大義,古今安危,耳所厭聞,口所常玩〔四三〕,豈當背國而向卓也?狂瞽之詞,謬出惠入,願黥首爲刑,以繼漢史。"公卿惜邕才,咸共諫允。允曰:"昔武帝不殺司馬遷,使作謗書,流於後世。方今國祚中衰,戎馬在郊,不可令佞臣執筆在幼主左右,後令吾徒並受謗議。"遂殺邕。臣松之以爲:蔡邕雖爲卓所親任,情必不黨。寧不知卓之姦凶,爲天下所毒,聞其死亡,理無歎惜。縱復令然,不應反言於王允之坐。斯殆謝承之妄記也。史遷紀傳,博有奇功於斯世,而云王允謂孝武應早殺遷,此非識者之言。但遷爲不隱孝武之失,直書其事耳,何謗之有乎?王允之忠正,可謂內省不疚者矣,既無懼於謗,且欲殺邕,當論邕應死與不,豈可慮其謗己而枉戮善人哉!此皆誣罔不通之甚者。張璠《漢紀》曰:初,蔡邕以言事見徙,名聞天下,義動志士。及還,內寵惡之。邕恐,乃亡命海濱,往來依太山羊氏,積十年。卓爲太尉,辟爲掾,以高第爲侍御史治書,三日中遂至尚書。後遷巴東太守,卓上留拜侍中,至長安爲左中郎將。卓重其才,厚遇之,每有朝廷事，常令邕具草。及允將殺邕時，名士多爲之言，允悔欲止，而邕已死。

初，卓女壻中郎將牛輔典兵別屯陝，分遣校尉李傕、郭汜、張濟略陳留、潁川諸縣。卓死，呂布使李肅至陝，欲以詔命誅輔。輔等逆與肅戰，肅敗走弘農，布誅肅。《魏書》曰：輔恇怯失守，不能自安。常把辟兵符，以鐵鎖致其旁〔四四〕，欲以自彊。見客，先使相者相之，知有反氣與不，又筮知吉凶，然後乃見之。中郎將董越來就輔，輔使筮之，得兌下離上，筮者曰："火勝金，外謀內之卦也。"即時殺越。《獻帝記》云：筮人常爲越所鞭，故因此以報之。其後輔營兵有夜叛出者，營中驚，輔以爲皆叛，乃取金寶，獨與素所厚友胡赤兒等五六人相隨〔四五〕，踰城北渡河，赤兒等利其金寶，斬首送長安。

比傕等還，輔已敗，衆無所依，欲各散歸。既無赦書，而聞長安中欲盡誅涼州人，憂恐不知所爲。用賈詡策，遂將其衆而西，所在收兵，北至長安〔四六〕，衆十餘萬，《九州春秋》曰：傕等在陝，皆恐怖〔四七〕，急擁兵自守。胡文才、楊整修皆涼州大人，而司徒王允素所不善也。及李傕之叛，允乃呼文才、整修使東解釋之，不假借以溫顏，謂曰："關東鼠子欲何爲邪？卿往呼之。"於是二人往，實召兵而還。與卓故部曲樊稠、李蒙、王方等合圍長安城。十日城陷，與布戰城中，布敗走。傕等放兵略長安，老少殺之悉盡，死者狼籍。誅殺卓者，尸王允於市。張璠《漢紀》曰：布兵敗，駐馬青瑣門外〔四八〕，謂允曰："公可以去。"允曰："安國家，吾之上願也，若不獲，則奉身以死。朝廷幼主恃我而已，臨難苟免，吾不爲也。努力謝關東諸公，以國家爲念〔四九〕。"傕、汜入長安城，屯南宮掖門，殺太僕魯馗、大鴻臚周奐、城門校尉崔烈、越騎校尉王頎。吏民死者不可勝數。司徒王允挾天子上宣平城門避兵，傕等於城門下拜，伏地叩頭。帝謂傕等曰："卿無作威福，而乃放兵縱橫，欲何爲乎？"傕等曰："董卓忠於陛下，而無故爲呂布所殺〔五〇〕。臣等爲卓報讎，弗敢爲逆也。請事竟，詣廷尉受罪。"允窮逼出見傕，傕誅允及妻子宗族十餘人。長安城中男女大小莫不流涕。允字子師，太原祁人也。少有大節，郭泰見而奇之，曰："王生一日千里，王佐之才也。"泰雖先達，遂與定交。三公並辟，歷豫州刺史，辟荀爽、孔融爲從事，遷河南尹、尚書令。及爲司徒，其所以扶持王室，甚得大臣之節，自天子以下，皆倚賴焉。卓亦推信之，委以朝廷。華嶠曰：夫士以正立，以謀濟，以義成。若王允之推董卓而分其權，伺其間而弊其罪，當此之時，天下之難解矣。本之皆主於忠義也，故推卓不爲失正，分權不爲不義，伺間不爲狙詐，是以謀濟義成，而歸於正也。葬卓於郿〔五一〕，大風暴雨震卓墓，水流入藏，漂其棺槨。傕爲車騎將軍、池陽侯，領司隸校尉、假節。汜爲後將軍、美陽侯。稠爲右將軍、萬年侯。傕、汜、稠擅朝政。《英雄記》曰：傕，北地人。汜，張掖人，一名多。濟爲驃騎將軍、平陽侯，屯弘農。

是歲，韓遂、馬騰等降，率衆詣長安。以遂爲鎮西將軍，遣還涼州，騰征西將軍，屯郿。侍中馬宇與諫議大夫种邵、左中郎將劉範等謀，欲使騰襲長安，己爲內應，以誅傕等。騰引兵至長平觀，宇等謀泄，出奔槐里。

稠擊騰，騰敗走，還涼州。又攻槐里，宇等皆死。時三輔民尚數十萬户，傕等放兵劫略，攻剽城邑，人民饑困，二年間相啖食略盡。《獻帝記》曰：是時新遷都，宮人多亡衣服，帝欲發御府繒以與之[五二]。李傕弗欲，曰："宮中有衣[五三]，胡爲復作邪？"詔賣廄馬百餘匹，御府大司農出雜繒二萬匹，與所賣廄馬直，賜公卿以下及貧民不能自存者。李傕曰："我邸閣儲偫少。"乃悉載置其營。賈詡曰："此上意，不可拒。"傕不從之[五四]。

諸將爭權，遂殺稠，并其衆。《九州春秋》曰：馬騰、韓遂之敗，樊稠追至陳倉。遂語稠曰："天地反覆，未可知也。本所爭者非私怨，王家事耳。與足下州里人，今雖小違，要當大同，欲相與善語以別。邂逅萬一不如意，後可復相見乎！"俱却騎，前接馬，交臂相加，共語良久而別。傕兄子利隨稠，利還告傕，韓、樊交馬語，不知所道，意愛甚密。傕以是疑稠與韓遂私和而有異意。稠欲將兵東出關，從傕索益兵。因請稠會議，便於坐殺稠。汜與傕轉相疑，戰鬬長安中。《典略》曰：傕數設酒請汜，或留汜止宿。汜妻懼傕與汜婢妾[五五]，而奪己愛，思有以離間之。會傕送饋，妻乃以豉爲藥，汜將食，妻曰："食從外來，儻或有故！"遂摘藥示之[五六]，曰："一棲不二雄，我固疑將軍之信李公也。"他日傕復請汜，大醉。汜疑傕藥之，絞糞汁飲之乃解。於是遂生嫌隙，而治兵相攻。傕質天子於營，燒宮殿城門，略官寺，盡收乘輿服御物置其家。《獻帝起居注》曰：初，汜謀迎天子幸其營，夜有亡告傕者，傕使兄子暹將數千兵圍宮，以車三乘迎天子。楊彪曰："自古帝王無在人臣家者。舉事當合天下心，諸君作此，非是也。"暹曰："將軍計定矣。"於是天子一乘，貴人伏氏一乘，賈詡、左靈一乘，其餘皆步從。是日，傕復移乘輿幸北塢，使校尉監塢門，內外隔絕。諸侍臣皆有饑色，時盛暑熱，人盡寒心。帝求米五斛、牛骨五具以賜左右，傕曰："朝餔上飯，何用米爲？"乃與腐牛骨，皆臭不可食。帝大怒，欲詰責之。侍中楊琦上封事曰："傕，邊鄙之人，習於夷風，今又自知所犯悖逆，常有怏怏之色，欲輔車駕幸黃白城以紓其憤〔五七〕。臣願陛下忍之，未可顯其罪也。"帝納之。初，傕屯黃白城，故謀欲徙之。傕以司徒趙溫不與己同，乃内溫塢中。溫聞傕欲移乘輿，與傕書曰："公前託爲董公報讐，然實屠陷王城，殺戮大臣，天下不可家見而户釋也。今爭睚眦之隙，以成千鈞之讐，民在塗炭，各不聊生，曾不改寤，遂成禍亂。朝廷仍下明詔，欲令和解，詔命不行，恩澤日損，而復欲輔乘輿於黃白城，此誠老夫所不解也。於《易》，一過爲過，再爲涉，三而弗改，滅其頂，凶。不如早共和解，引兵還屯，上安萬乘，下全生民，豈不幸甚！"傕大怒，欲遣人害溫。其從弟應，溫故掾也，諫之數日乃止。帝聞溫與傕書，問侍中常洽曰："傕弗知臧否，溫言太切，可爲寒心。"對曰："李應已解之矣。"帝乃悦。**傕使公卿詣汜請和，汜皆執之。**華嶠《漢書》曰：汜饗公卿，議欲攻傕。楊彪曰："羣臣共鬬，一人劫天子，一人質公卿，此可行乎？"汜怒，欲手刃之，中郎將楊密及左右多諫，汜乃歸之。**相攻擊連月，死者萬數。**《獻帝起居注》曰：傕性喜鬼怪左道之術，常有道人及女巫歌謳擊鼓下神，祠祭六丁，符劾厭勝之具，無所不爲。又於朝廷省門外，爲董卓作神坐〔五八〕，數以牛羊祠之，訖，過省閤問起居〔五九〕，求入見。傕帶三刀，手復與鞭合持一刃。侍中、侍郎見傕帶仗，皆惶恐，亦帶劍持刀，先入在帝側。傕對帝，或言"明陛下"，或言"明帝"，爲帝説郭汜無狀，帝亦隨其意答應之。傕喜，出言"明陛下真賢聖主"，意遂自信，自謂良得天子歡心也[六〇]。雖然，猶不欲令近臣帶劍在帝邊，謂人言"此曹子將欲圖我邪？而皆持刀也"。侍中李禎，傕州里，素與傕通，語傕"所以持刃者，軍中不可不爾，此國家故事"。傕意乃解。天子以謁者僕射皇甫酈涼州舊姓，有專對之才，遣令和傕、汜。酈先詣汜，汜受詔命。詣傕，傕不肯，曰："我有呂布之功[六一]，輔政四年，三輔清靜，天下所知也。郭多，盜馬虜耳，何敢乃欲與吾等邪？必欲誅之[六二]。君爲涼州人，觀吾方略士衆，足辨多不？多又劫質公卿，所爲如是，而君苟欲利郭多，李傕有膽自知之。"酈答曰："昔有窮后羿恃其善射，不思患難，以至於斃。近董公之彊[六三]，明將軍目所見，內有王公以爲內主[六四]，外有董旻、承、璜以爲鯁毒，呂布受恩而反圖之，斯須之間，頭縣竿端，此有勇而無謀也。今將軍身爲上將，把鉞仗節，子孫握權，宗族荷寵，國家好爵而皆據之。今郭多劫質公卿，將軍脅至尊，誰爲輕重邪？張濟與郭多、楊定有謀，又爲冠帶所附。楊奉，白波帥耳，猶知將軍所爲非是，將軍雖拜寵之，猶不肯盡力也。"傕不納酈言，而呵之令出。酈出，詣省門，白傕不肯從詔，辭語不順。侍中胡邈爲傕所幸，呼傳詔者令飾其辭。又謂酈曰："李將軍於卿不薄，又皇甫公爲太尉，李將軍力也。"酈答曰："胡敬才，卿爲國家常伯，輔弼之臣也，語言如此，寧可用邪？"邈曰："念卿失李將軍意，恐不易耳！我與卿何事者？"酈言："我累世受恩，身又常在悼帷，君辱臣死，當坐國家，爲李傕所殺，則天命也。"天子聞酈答語切，恐傕聞之，便勅遣酈。酈裁出營門，傕遣虎賁王昌呼之。昌知酈忠直，縱令去，還答傕，言追之不及。天子使左中郎將李固持節拜傕爲大司馬[六五]，在三公之右。傕自以爲得鬼神之力[六六]，乃厚賜諸巫。

傕將楊奉與傕軍吏宋果等謀殺傕，事泄，遂將兵叛傕。傕衆叛〔六七〕，稍衰弱。張濟自陝和解之，天子乃得出，至新豐、霸陵間。《獻帝起居注》曰：初，天子出到宣平門，當度橋，汜兵數百人遮橋問"是天子邪"〔六八〕，車不得前。傕兵數百人皆持大戟在乘輿車左右，侍中劉艾大呼云："是天子也。"使侍中楊琦高舉車帷。帝言諸兵："汝不却〔六九〕，何敢迫近至尊邪？"汜等兵乃却。既度橋，士衆咸呼萬歲。郭汜復欲脅天子還都郿。天子奔奉營，奉擊汜，破之。汜走南山，奉及將軍董承以天子還洛陽。傕、汜悔遣天子，復相與和〔七〇〕，追及天子於弘農之曹陽。奉急招河東故白波帥韓暹、胡才、李樂等合，與傕、汜大戰。奉兵敗，傕等縱兵殺公卿百官，略宮人入弘農〔七一〕。《獻帝記》曰：時尚書令士孫瑞爲亂兵所害。《三輔決錄注》曰：瑞字君榮，扶風人，世爲學門。瑞少傳家業，博達無所不通，仕歷顯位。卓既誅，遷大司農，爲國三老〔七二〕。每三公缺，瑞常在選中。太尉周忠、皇甫嵩，司徒淳于嘉、趙溫，司空楊彪、張喜等爲公，皆辭拜讓瑞。天子都許，追論瑞功，封子萌澹津亭侯。萌字文始，亦有才學，與王粲善。臨當就國，粲作詩以贈萌，萌有答，在《粲集》中〔七三〕。天子走陝，北渡河，失輜重，步行，唯皇后、貴人從，至大陽，止人家屋中。《獻帝記》曰：初，議者欲令天子浮河東下，太尉楊彪曰："臣弘農人，從此已東，有三十六灘，非萬乘所當從也。"劉艾曰："臣前爲陝令，知其危險，有師猶有傾覆，况今無師，太尉謀是也〔七四〕。"乃止。及當北渡，使李樂具船。天子步行趨河岸，岸高不得下，董承等謀欲以馬羈相續以繫帝腰。時中宮僕伏德扶中宮，一手持十疋絹，乃取德絹連續爲輦。行軍校尉尚弘多力，令弘居前負帝，乃得下登船。其餘不得渡者甚衆，復遣船收諸不得渡者，皆爭攀船，船上人以刃櫟斷其指，舟中之指可掬。奉、暹等遂以天子都安邑，御乘牛車。太尉楊彪、太僕韓融近臣從者十餘人。以暹爲征東、才爲征西、樂征北將軍，並與奉、承持政。遣融至弘農，與傕、汜等連和，還所略宮人公卿百官，及乘輿車馬數乘。是時蝗蟲起，歲旱無穀，從官食棗菜。《魏書》曰：乘輿時居棘籬中，門户無關閉。天子與羣臣會，兵士伏籬上觀，互相鎮壓以爲笑。諸將專權，或擅笞殺尚書。司隸校尉出入，民兵抵擲之。諸將或遣婢詣省閤，或自齎酒啖，過天子飲[七五]，侍中不通，喧呼罵詈，遂不能止。又競表拜諸營壁民爲部曲，求其禮遺。醫師、走卒皆爲校尉，御史刻印不供，乃以錐畫，示有文字，或不時得也。諸將不能相率，上下亂，糧食盡。奉、暹、承乃以天子還洛陽。出箕關，下軹道，張楊以食迎道路，拜大司馬。語在《楊傳》。天子入洛陽，宮室燒盡，街陌荒蕪，百官披荊棘，依丘墻間。州郡各擁兵自衛[七六]，莫有至者。饑窮稍甚，尚書郎以下，自出樵采，或饑死墻壁間。

太祖乃迎天子都許。暹、奉不能奉王法，各出奔，寇徐、揚間，爲劉備所殺。《英雄記》曰：備誘奉與相見，因於坐上執之。暹失奉，勢孤，時欲走還并州，爲杼秋屯帥張宣所邀殺。董承從太祖歲餘[七七]，誅。建安二年，遣謁者僕射裴茂率關西諸將誅傕[七八]，夷三族。《典略》曰：傕頭至，有詔高縣[七九]。汜爲其將伍習所襲[八○]，死於郿。濟饑餓，至南陽寇略，爲穰人所殺，從子繡攝其衆。才、樂留河東,才爲怨家所殺,樂病死。遂、騰自還涼州,更相寇。後騰入爲衛尉,子超領其部曲。十六年,超與關中諸將及遂等反,太祖征破之。語在《武紀》。遂奔金城,爲其將所殺。超據漢陽,騰坐夷三族。趙衢等舉義兵討超,超走漢中從張魯,後奔劉備,死於蜀。

袁紹字本初,汝南汝陽人也。高祖父安,爲漢司徒。自安以下四世居三公位,由是勢傾天下。華嶠《漢書》曰:安字邵公,好學有威重。明帝時爲楚郡太守,治楚王獄,所申理者四百餘家,皆蒙全濟,安遂爲名臣。章帝時至司徒。生蜀郡太守京,京弟敞爲司空。京子湯〔八一〕,太尉。湯四子:長子平,平弟成,左中郎將,並早卒;成弟逢,逢弟隗,皆爲公。《魏書》曰:自安以下,皆博愛容衆,無所揀擇,賓客入其門,無賢愚皆得所欲,爲天下所歸。紹即逢之庶子,術異母兄也〔八二〕,出後成爲子。《英雄記》曰:成字文開,壯健有部分,貴戚權豪自大將軍梁冀以下皆與結好〔八三〕,言無不從。故京師爲作諺曰:"事不諧,問文開〔八四〕。"紹有姿貌威容〔八五〕,能折節下士,士多附之,太祖少與交焉。以大將軍掾爲侍御史,《英雄記》曰:紹生而父死,二公愛之。幼使爲郎,弱冠除濮陽長,有清名〔八六〕。遭母喪,服竟,又追行父服,凡在冢廬六年。禮畢,隱居洛陽,不妄通賓客,非海內知名,不得相見。又好游俠,與張孟卓、何伯求、吳子卿、許子遠、伍德瑜等皆爲奔走之友,不應辟命。中常侍趙忠謂諸黃門曰:"袁本初坐作聲價,不應呼召而養死士,不知此兒欲何所爲乎?"紹叔父隗聞之,責數紹曰:"汝且破我家!"紹於是乃起應大將軍之命。臣松之案:《魏書》云:"紹,逢之庶子,出後伯父成。"如此記所言，則似實成所生。夫人追服所生，禮無其文，況於所後而可以行之！二書未詳孰是。稍遷中軍校尉，至司隸。

靈帝崩，太后兄大將軍何進與紹謀誅諸閹官，《續漢書》曰：紹使客張津說進曰："黃門、常侍秉權日久，又永樂太后與諸常侍專通財利，將軍宜整頓天下，爲海內除患。"進以爲然，遂與紹結謀。太后不從。乃召董卓，欲以脅太后。常侍、黃門聞之，皆詣進謝，唯所錯置。時紹勸進便可於此決之，至於再三，而進不許。令紹使洛陽方略武吏，檢司諸宦者。又令紹弟虎賁中郎將術選溫厚虎賁二百人，當入禁中，代持兵黃門陛守門戶。中常侍段珪等矯太后命，召進入議，遂殺之，宮中亂。《九州春秋》曰：初，紹說進曰："黃門、常侍累世太盛，威服海內，前竇武欲誅之而反爲所害，但坐言語漏泄，以五營士爲兵故耳。五營士生長京師，服畏中人，而竇氏反用其鋒，遂果叛走歸黃門，是以自取破滅。今將軍以元舅之尊，二府並領勁兵，其部曲將吏，皆英雄名士，樂盡死力，事在掌握，天贊其時也〔八七〕。今爲天下誅除貪穢，功勳顯著，垂名後世，雖周之申伯，何足道哉？今大行在前殿，將軍以詔書領兵衛守，可勿入宮。"進納其言，後更狐疑。紹懼進之改變，脅進曰："今交構已成，形勢已露，將軍何爲不早決之？事留變生，後機禍至。"進不從，遂敗。術將虎賁燒南宮嘉德殿青瑣門，欲以迫出珪等。珪等不出，劫帝及帝弟陳留王走小平津。紹既斬宦者所署司隸校尉許相，遂勒兵捕諸閹人，無少長皆殺之。或有無鬚而誤死者，至自發露形體而後得免。宦者或有行善自守而猶見及。其濫如此。死者二千餘人。急追珪等，珪等悉赴河死。帝得還宮。

董卓呼紹，議欲廢帝〔八八〕，立陳留王。是時紹叔父隗爲太傅，紹僞許之，曰："此大事，出當與太傅議。"卓曰："劉氏種不足復遺。"紹不應，橫刀長揖而去〔八九〕。《獻帝春秋》曰：卓欲廢帝，謂紹曰："皇帝沖闇，非萬乘之主。陳留王猶勝，今欲立之。人有少智，大或癡，亦知復何如，爲當且爾。卿不見靈帝乎，念此令人憤毒！"紹曰："漢家君天下四百許年，恩澤深渥，兆民戴之來久〔九〇〕。今帝雖幼沖，未有不善宣聞天下，公欲廢適立庶，恐衆不從公議也。"卓謂紹曰："豎子！天下事豈不決我？我今爲之，誰敢不從？爾謂董卓刀爲不利乎！"紹曰："天下健者，豈惟董公〔九一〕？"引佩刀橫揖而出〔九二〕。臣松之以爲：紹於時與卓未搆嫌隙，故卓與之諮謀。若但以言議不同，便罵爲豎子，而有推刃之心，及紹復答，屈彊爲甚，卓又安能容忍而不加害乎？且如紹此言，進非亮正，退違詭遜，而顯其競爽之旨，以觸哮闞之鋒，有志功業者，理豈然哉！此語妄之甚矣。紹既出，遂亡奔冀州。侍中周毖、城門校尉伍瓊、議郎何顒等，皆名士也，卓信之，而陰爲紹，乃説卓曰："夫廢立大事，非常人所及。紹不達大體，恐懼故出奔，非有他志也。今購之急，勢必爲變。袁氏樹恩四世，門生故吏徧於天下，若收豪傑以聚徒衆，英雄因之而起，則山東非公之有也。不如赦之，拜一郡守，則紹喜於免罪，必無患矣。"卓以爲然，乃拜紹渤海太守，封邟鄉侯。

紹遂以渤海起兵，將以誅卓。語在《武紀》。紹自號車騎將軍，主盟，與冀州牧韓馥立幽州牧劉虞爲帝，遣使奉章詣虞，虞不敢受。後馥軍安平，爲公孫瓚所敗。瓚遂引兵入冀州，以討卓爲名，内欲襲馥。馥懷不自安。《英雄記》曰：逢紀説紹曰："將軍舉大事而仰人資給，不據一州，無以自全。"紹答云："冀州兵彊，吾士饑乏，設不能辦，無所容立。"紀曰："可與公孫瓚相聞，導使來南，擊取冀州。公孫必至而馥懼矣，因使説利害，爲陳禍福，馥必遜讓。於此之際，可據其位。"紹從其言而瓚果來。會卓西入關，紹還軍延津，因馥惶遽，使陳留高幹、潁川荀諶等説馥曰："公孫瓚乘勝來向南〔九三〕，而諸郡應之。袁車騎引軍東向，此其意不可知，竊爲將軍危之。"馥曰："爲之奈何？"諶曰："公孫提燕、代之卒，其鋒不可當。袁氏一時之傑，必不爲將軍下。夫冀州，天下之重資也，若兩雄并力，兵交於城下，危亡可立而待也。夫袁氏，將軍之舊，且同盟也，當今爲將軍計，莫若舉冀州以讓袁氏。袁氏得冀州，則瓚不能與之争，必厚德將軍。冀州入於親交，是將軍有讓賢之名，而身安於泰山也。願將軍勿疑！"馥素恇怯，因然其計。馥長史耿武、别駕閔純、治中李歷諫馥曰〔九四〕："冀州雖鄙，帶甲百萬，穀支十年。袁紹孤客窮軍，仰我鼻息，譬如嬰兒在股掌之上，絶其哺乳，立可餓殺。奈何乃欲以州與之？"馥曰："吾，袁氏故吏，且才不如本初，度德而讓，古人所貴，諸君獨何病焉！"從事趙浮、程奐請以兵拒之，馥又不聽。乃讓紹，《九州春秋》曰：馥遣都督從事趙浮、程奐將彊弩萬張屯河陽。浮等聞馥欲以冀州與紹，自孟津馳東下。時紹尚在朝歌清水口，浮等從後來，船數百艘，眾萬餘人，整兵鼓夜過紹營〔九五〕，紹甚惡之。浮等到，謂馥曰："袁本初軍無斗糧，各已離散〔九六〕，雖有張楊、於扶羅新附，未肯爲用，不足敵也。小從事等請自以見兵拒之，旬日之間，必土崩瓦解，明將軍但當開閤高枕〔九七〕，何憂何懼！"馥不從，乃避位，出居趙忠故舍。遣子齎冀州印綬於黎陽與紹。紹遂領冀州牧。

從事沮授沮音菹。說紹曰："將軍弱冠登朝，則播名海内；值廢立之際，則忠義奮發；單騎出奔，則董卓懷怖；濟河而北，則渤海稽首。振一郡之卒〔九八〕，撮冀州之眾，威震河朔，名重天下。雖黃巾猾亂，黑山跋扈，舉軍東向，則青州可定；還討黑山，則張燕可滅；回眾北首〔九九〕，則公孫必喪〔一〇〇〕；震脅戎狄，則匈奴必從。橫大河之北，合四州之地，收英雄之才〔一〇一〕，擁百萬之眾，迎大駕於西京，復宗廟於洛邑，號令天下，以討未復〔一〇二〕，以此爭鋒，誰能敵之？比及數年，此功不難。"紹喜曰："此吾心也。"即表授爲監軍、奮威將軍〔一〇三〕。《獻帝傳》曰：沮授，廣平人，少有大志，多權略。仕州別駕，舉茂才，歷二縣令，又爲韓馥別駕，表拜騎都尉。袁紹得冀州，又辟焉。《英雄記》曰：是時年號初平，紹字本初，自以爲年與字合，必能克平禍亂。卓遣執金吾胡母班、將作大匠吳修齎詔書喻紹，紹使河内太守王匡殺之。《漢末名士錄》曰：班字季皮，太山人，少與山陽度尚、東平張邈等八人，並輕財赴義，振濟人士，世謂之八厨。謝承《後漢書》曰：班，王匡之妹夫，董卓使班奉詔到河內，解釋義兵。匡受袁紹旨，收班繫獄，欲殺之以徇軍。班與匡書云："自古以來，未有下土諸侯舉兵向京師者。《劉向傳》曰'擲鼠忌器'，器猶忌之，況卓今處宮闕之內，以天子爲藩屏，幼主在宮，如何可討？僕與太傅馬公、太僕趙岐、少府陰修俱受詔命。關東諸郡，雖實嫉卓，猶以銜奉王命，不敢玷辱。而足下獨囚僕於獄，欲以釁鼓，此悖暴無道之甚者也。僕與董卓有何親戚，義豈同惡？而足下張虎狼之口，吐長蛇之毒，恚卓遷怒，何甚酷哉！死，人之所難，然恥爲狂夫所害。若亡者有靈，當訴足下於皇天。夫婚姻者禍福之機，今日著矣。囊爲一體，今爲血讎。亡人子二人，則君之甥，身沒之後，慎勿令臨僕尸骸也。"匡得書，抱班二子而泣。班遂死於獄。班嘗見太山府君及河伯，事在《搜神記》，語多不載。卓聞紹得關東，乃悉誅紹宗族太傅隗等。當是時，豪俠多附紹，皆思爲之報，州郡鋒起，莫不假其名。馥懷懼，從紹索去，往依張邈。《英雄記》曰：紹以河內朱漢爲都官從事。漢先時爲馥所不禮，內懷怨恨[一〇四]，且欲邀迎紹意，擅發城郭兵圍守馥第，拔刃登屋。馥走上樓，收得馥大兒，槌折兩脚。紹亦立收漢，殺之。馥猶憂怖，故報紹索去。後紹遣使詣邈，有所計議，與邈耳語。馥在坐上，謂見圖構，無何，起至溷自殺。《英雄記》曰：公孫瓚擊青州黃巾賊，大破之，還屯廣宗，改易守令，冀州長吏無不望風響應，開門受之。紹自往征瓚，合戰於界橋南二十里。瓚步兵二萬餘人爲方陣[一〇五]，騎爲兩翼，左右各五千餘匹，白馬義從爲中堅，亦分作兩校，左射右，右射左，旌旗鎧甲，光照天地。紹令麴義以八百兵爲先登，彊弩千張夾承之，紹自以步兵數萬結陣於後。義久在涼州，曉習羌鬬，兵皆驍銳。瓚見其兵少[一〇六]，便放騎欲陵蹈之。義兵皆伏楯下不動，未至數十步，乃同時俱起，楊塵大叫〔一〇七〕，直前衝突，彊弩雷發，所中必倒，臨陣斬瓚所署冀州刺史嚴綱甲首千餘級。瓚軍敗績，步騎奔走，不復還營。義追至界橋；瓚殿兵還戰橋上〔一〇八〕，義復破之，遂到瓚營，拔其牙門，營中餘衆皆復散走。紹在後，未到橋十數里，下馬發鞍，見瓚已破，不爲設備，惟帳下彊弩數十張，大戟士百餘人自隨。瓚部逆騎二千餘匹卒至，便圍紹數重，弓矢雨下〔一〇九〕。別駕從事田豐扶紹欲却入空垣，紹以兜鍪撲地曰〔一一〇〕："大丈夫當前鬬死，而入墻間〔一一一〕，豈可得活乎？"彊弩乃亂發，多所殺傷。瓚騎不知是紹，亦稍引却，會麴義來迎，乃散去。瓚每與虜戰，常乘白馬，追不虛發，數獲戎捷，虜相告云"當避白馬"。因虜所忌，簡其白馬數千匹，選騎射之士，號爲白馬義從。一曰胡夷健者常乘白馬，瓚有健騎數千，多乘白馬，故以號焉。紹既破瓚，引軍南到薄落津〔一一二〕，方與賓客諸將共會，聞魏郡兵反，與黑山賊于毒共覆鄴城，遂殺太守栗成〔一一三〕。賊十餘部，衆數萬人，聚會鄴中。坐上諸客有家在鄴者〔一一四〕，皆憂怖失色，或起啼泣〔一一五〕，紹容貌不變，自若也。賊陶升者，故內黃小吏也，有善心，獨將部衆踰西城入，閉守州門，不內他賊，以車載紹家及諸衣冠在州內者，身自扞衛，送到斥丘乃還。紹到，遂屯斥丘，以陶升爲建義中郎將。乃引軍入朝歌鹿場山蒼巖谷討于毒〔一一六〕，圍攻五日，破之，斬毒及長安所署冀州牧壺壽〔一一七〕。遂尋山北行，薄擊諸賊左髭丈八等，皆斬之。又擊劉石、青牛角、黃龍、左校、郭大賢、李大目、於氐根等，皆屠其屯壁，奔走得脫，斬首數萬級。紹復還屯鄴。初平四年，天子使太傅馬日磾、太僕趙岐和解關東。岐別詣河北，紹出迎於百里上，拜奉帝命。岐住紹營，移書告瓚。瓚遣使具與紹書曰："趙太僕以周召之德，銜命來征，宣揚朝恩，示以和睦,曠若開云見日,何喜如之?昔賈復、寇恂亦爭士卒,欲相危害,遇光武之寬,親俱陛見,同輿共出,時人以爲榮。自省邊鄙,得與將軍共同此福,此誠將軍之眷,而瓚之幸也。"鞠義後恃功而驕恣,紹乃殺之。

初,天子之立,非紹意,及在河東,紹遣潁川郭圖使焉。圖還,説紹迎天子都鄴,紹不從。《獻帝傳》曰:沮授説紹云:"將軍累葉輔弼,世濟忠義。今朝廷播越,宗廟毁壞,觀諸州郡外託義兵,內圖相滅,未有存主卹民者[一一八]。且今州城粗定[一一九],宜迎大駕[一二〇],安宮鄴都[一二一],挾天子而令諸侯,畜士馬以討不庭,誰能禦之!"紹悦,將從之。郭圖、淳于瓊曰:"漢室陵遲,爲日久矣,今欲興之,不亦難乎!且今英雄據有州郡,衆動萬計,所謂秦失其鹿,先得者王。若迎天子以自近,動輒表聞,從之則權輕,違之則拒命,非計之善者也。"授曰:"今迎朝廷,至義也,又於時宜大計也,若不早圖,必有先人者也[一二二]。夫權不失機,功在速捷,將軍其圖之!"紹弗能用。案此書稱郭圖之計[一二三],則與本傳違也。會太祖迎天子都許,收河南地,關中皆附。紹悔,欲令太祖徙天子都鄄城,以自密近,太祖拒之。天子以紹爲太尉,轉爲大將軍,封鄴侯,《獻帝春秋》曰:紹恥班在太祖下,怒曰:"曹操當死數矣,我輒救存之,今乃背恩,挾天子以令我乎!"太祖聞,而以大將軍讓於紹。紹讓侯不受。頃之,擊破瓚於易京,并其衆。《典略》曰:自此紹貢御希慢,私使主簿耿苞密白曰[一二四]:"赤德衰盡,袁爲黄胤,宜順天意。"紹以苞密白事示軍府將吏。議者咸以苞爲妖妄宜誅,紹乃殺苞以自解。《九州春秋》曰:紹延徵北海鄭玄而不禮,趙融聞之曰:"賢人者,君子之望也。不禮賢,是失君子之望也。夫有爲之君，不敢失萬民之歡心，況於君子乎？失君子之望，難乎以有爲矣。"《英雄記》載太祖作《董卓歌》，辭云："德行不虧缺，變故自難常。鄭康成行酒，伏地氣絕，郭景圖命盡於園桑。"如此之文，則玄無病而卒。餘書不見，故載錄之。

出長子譚爲青州，沮授諫紹："必爲禍始。"紹不聽，曰："孤欲令諸兒各據一州也。"《九州春秋》載授諫辭曰："世稱一兔走衢，萬人逐之，一人獲之，貪者悉止，分定故也。且年均以賢，德均則卜，古之制也。願上惟先代成敗之戒，下思逐兔分定之義。"紹曰："孤欲令四兒各據一州〔一二五〕，以觀其能。"授出曰："禍其始此乎！"譚始至青州，爲都督，未爲刺史，後太祖拜爲刺史。其土自河而西，蓋不過平原而已。遂北排田楷，東攻孔融，曜兵海隅，是時百姓無不欣戴之矣〔一二六〕。然信用羣小，好受近言，肆志奢淫，不知稼穡之艱難。華彥、孔順皆姦佞小人也，信以爲腹心；王脩等備官而已。然能接待賓客，慕名敬士。使婦弟領兵在內，至令草竊，市井而外，虜掠田野。別使兩將募兵下縣，有賂者見免，無者見取，貧弱者多，乃至於竄伏丘野之中，放兵捕索，如獵鳥獸。邑有萬戶者，著籍不盈數百，收賦納稅，參分不入一。招命賢士，不就，不趨〔一二七〕，赴軍期〔一二八〕，安居族黨，亦不能罪也。又以中子熙爲幽州，甥高幹爲并州。衆數十萬，以審配、逢紀統軍事，田豐、荀諶、許攸爲謀主，顏良、文醜爲將軍〔一二九〕，簡精卒十萬，騎萬匹，將攻許。《世語》曰：紹士卒五萬〔一三〇〕，騎八千。孫盛評曰：案魏武謂崔琰曰"昨案貴州戶籍，可得三十萬衆"。由此推之，但冀州勝兵已如此，況兼幽、并及青州乎？紹之大舉，必悉師而起，十萬近之矣。《獻帝傳》曰：紹將南師，沮授、田豐諫曰："師出歷年,百姓疲弊,倉庚無積,賦役方殷,此國之深憂也。宜先遣使獻捷天子,務農逸民。若不得通,乃表曹氏隔我王路,然後進屯黎陽,漸營河南,益作舟船,繕治器械,分遣精騎,鈔其邊鄙,令彼不得安,我取其逸。三年之中,事可坐定也。"審配、郭圖曰:"兵書之法:十圍五攻,敵則能戰。今以明公之神武,跨河朔之彊衆〔一三一〕,以伐曹氏,譬若覆手,今不時取,後難圖也。"授曰:"蓋救亂誅暴,謂之義兵;恃衆憑彊,謂之驕兵。兵義無敵,驕者先滅。曹氏迎天子安宮許都,今舉師南向,於義則違。且廟勝之策,不在彊弱。曹氏法令既行,士卒精鍊〔一三二〕,非公孫瓚坐受圍者也。今棄萬安之術,而興無名之兵,竊爲公懼之!"圖等曰:"武王伐紂,不曰不義,況兵加曹氏而云無名!且公師武臣竭力,將士憤怒,人思自騁,而不及時早定大業,慮之失也。夫天與弗取,反受其咎,此越之所以霸,吳之所以亡也。監軍之計,計在持牢,而非見時知機之變也。"紹從之。圖等因是譖授:"監統內外,威震三軍,若其浸盛,何以制之?夫臣與主不同者昌,主與臣同者亡,此《黃石》之所忌也。且御衆於外,不宜知內。"紹疑焉,乃分監軍爲三都督,使授及郭圖、淳于瓊各典一軍,遂合而南。

先是,太祖遣劉備詣徐州拒袁術。術死,備殺刺史車冑,引軍屯沛。紹遣騎佐之。太祖遣劉岱、王忠擊之,不克。建安五年,太祖自東征備。田豐說紹襲太祖後,紹辭以子疾,不許。豐舉杖擊地曰:"夫遭難遇之機,而以嬰兒之病失其會,惜哉!"太祖至,擊破備。備奔紹。《魏氏春秋》載紹檄州郡文曰:"蓋聞明主圖危以制變,忠臣慮難以立權。曩者彊秦弱主,趙高執柄,專制朝命,威福由己,終有望夷之禍，污辱至今。及臻呂后，祿、產專政，擅斷萬機，決事省禁，下陵上替，海內寒心。於是絳侯、朱虛興威奮怒，誅夷逆亂，尊立太宗，故能道化興隆，光明顯融，此則大臣立權之明表也。司空曹操，祖父騰，故中常侍，與左悺、徐璜並作妖孽，饕餮放橫，傷化虐民。父嵩，乞匃攜養，因贓假位〔一三三〕，輿金輦璧，輸貨權門，竊盜鼎司，傾覆重器。操贅閹遺醜，本無令德，僄狡鋒俠，好亂樂禍。幕府昔統鷹揚，掃夷凶逆。續遇董卓侵官暴國，於是提劍揮鼓，發命東夏。方收羅英雄，棄瑕錄用，故遂與操參咨策略，謂其鷹犬之才，爪牙可任。至乃愚佻短慮，輕進易退，傷夷折衄，數喪師徒。幕府輒復分兵命銳，修完補輯，表行東郡太守、兗州刺史，被以虎文，授以偏師，獎就威柄〔一三四〕，冀獲秦師一克之報。而操遂乘資跋扈，肆行酷烈，割剝元元，殘賢害善。故九江太守邊讓，英才俊逸，天下知名，以直言正色，論不阿諂，身被梟縣之戮，妻孥受灰滅之咎。自是士林憤痛，民怨彌重，一夫奮臂，舉州同聲，故躬破於徐方，地奪於呂布，彷徨東裔，蹈據無所。幕府唯彊幹弱枝之義，且不登叛人之黨，故復援旌擐甲，席卷赴征，金鼓響震，布眾破沮，拯其死亡之患，復其方伯之任，是則幕府無德於兗土之民，而有大造於操也。後會鑾駕東反，羣虜亂政。時冀州方有北鄙之警，匪遑離局，故使從事中郎徐勛就發遣操，使繕修郊廟，翼衛幼主。而便放志專行，脅遷省禁〔一三五〕，卑侮王宮，敗法亂紀，坐召三臺，專制朝政，爵賞由心，刑戮在口〔一三六〕，所愛光五宗，所惡滅三族，羣談者蒙顯誅，腹議者蒙隱戮，道路以目，百寮鉗口，尚書記朝會，公卿充員品而已。故太尉楊彪，歷典三司，享國極位，操因睚眦，被以非罪，榜楚並兼，五毒俱至，觸情放慝，不顧憲章。又議郎趙彥，忠諫直言，議有可納，故聖朝含聽，改容加錫，操欲迷奪時權，杜絕言路，擅收立殺，不俟報聞。又梁孝王，先帝母弟，墳陵尊顯，松柏桑梓，猶宜恭肅，而操率將校吏士親臨發掘〔一三七〕，破棺裸尸，略取金寶，至令聖朝流涕，士民傷懷。又署發丘中郎將、摸金校尉，所過墮突，無骸不露。身處三公之官，而行桀虜之態，殄國虐民，毒流人鬼。加其細政苛慘，科防互設，繒繳充蹊，坑穽塞路，舉手挂網羅，動足蹈機陷，是以兗、豫有無聊之民，帝都有嗟吁之怨。歷觀古今書籍，所載貪殘虐烈無道之臣，於操爲甚。幕府方詰外姦，未及整訓，加意含覆，冀可彌縫。而操豺狼野心，潛包禍謀，乃欲撓折棟梁，孤弱漢室，除滅中正，專爲梟雄。往歲伐鼓北征，討公孫瓚，彊禦桀逆，拒圍一年。操因其未破，陰交書命，欲託助王師，以相掩襲，故引兵造河，方舟北濟。會其行人發露〔一三八〕，瓚亦梟夷，故使鋒芒坐縮〔一三九〕，厥圖不果。屯據敖倉，阻河爲固，乃欲以螳螂之斧，禦隆車之隧。幕府奉漢威靈，折衝宇宙，長戟百萬，胡騎千羣，奮中黃、育、獲之材，騁良弓勁弩之勢，并州越太行，青州涉濟、漯，大軍汎黃河以角其前，荊州下宛、葉而掎其後，雷震虎步，並集虜庭，若舉炎火以炳飛蓬〔一四〇〕，覆滄海而沃熛炭，有何不消滅者哉？當今漢道陵遲，綱弛紀絕。操以精兵七百，圍守宮闕，外稱陪衛，內以拘執〔一四一〕，懼其篡逆之禍，因斯而作。乃忠臣肝腦塗地之秋，烈士立功之會也，可不勖哉！"此陳琳之辭。

　　紹進軍黎陽，遣顏良攻劉延於白馬。沮授又諫紹："良性促俠，雖驍勇不可獨任。"紹不聽。太祖救延，與良戰，破斬良。《獻帝傳》曰：紹臨發，沮授會其宗族，散資財以與之曰："夫勢在則威無不加〔一四二〕，勢亡則不保一身，哀哉！"其弟宗曰："曹公士馬不敵，君何懼焉！"授曰："以曹兗州之明略,又挾天子以爲資,我雖克公孫,衆實疲弊,而將驕主怊,軍之破敗,在此擧也。楊雄有言,'六國蚩蚩,爲嬴弱姬〔一四三〕',今之謂也。"紹渡河,壁延津南,使劉備、文醜挑戰。太祖擊破之,斬醜,再戰,禽紹大將。紹軍大震。《獻帝傳》曰:紹將濟河,沮授諫曰:"勝負變化,不可不詳。今宜留屯延津,分兵官渡,若其克獲,還迎不晚,設其有難,衆弗可還。"紹弗從。授臨濟歎曰:"上盈其志,下務其功〔一四四〕,悠悠黃河,吾其不反乎〔一四五〕!"遂以疾辭。紹恨之,乃省其所部兵屬郭圖。太祖還官渡。沮授又曰:"北兵數衆而果勁不及南,南穀虛少而貨財不及北。南利在於急戰,北利在於緩搏〔一四六〕。宜徐持久,曠以日月。"紹不從。連營稍前,逼官渡合戰,太祖軍不利,復壁。紹爲高櫓,起土山,射營中,營中皆蒙楯,衆大懼。太祖乃爲發石車,擊紹樓皆破,紹衆號曰霹靂車。《魏氏春秋》曰:以古有矢石,又《傳》言"檣動而鼓〔一四七〕",《說》曰"檣,發石也",於是造發石車〔一四八〕。紹爲地道,欲襲太祖營。太祖輒於内爲長塹以拒之,又遣奇兵襲擊紹運車,大破之,盡焚其穀。太祖與紹相持日久,百姓疲乏,多叛應紹,軍食乏。會紹遣淳于瓊等將兵萬餘人北迎運車,沮授說紹:"可遣將蔣奇別爲支軍於表,以斷曹公之鈔。"紹復不從〔一四九〕。瓊宿烏巢,去紹軍四十里。太祖乃留曹洪守,自將步騎五千候夜潛往攻瓊。紹遣騎救之,敗走。破瓊等,悉斬之。太祖還,未至營,紹將高覽、張郃等率其衆降。紹衆大潰,紹與譚單騎退渡河。餘衆僞降,盡坑之。張璠《漢紀》云:殺紹卒凡八萬人。沮授不及紹渡，爲人所執，詣太祖，《獻帝傳》云：授大呼曰："授不降也，爲軍所執耳〔一五〇〕！"太祖與之有舊，逆謂授曰："分野殊異，遂用圮絶〔一五一〕，不圖今日乃相禽也〔一五二〕！"授對曰："冀州失策，以取奔北。授智力俱困，宜其見禽耳。"太祖曰："本初無謀，不用君計，今喪亂過紀，國家未定，當相與圖之。"授曰："叔父母弟，縣命袁氏，若蒙公靈，速死爲福。"太祖歎曰："孤早相得，天下不足慮。"太祖厚待之。後謀還袁氏，見殺。

初，紹之南也，田豐説紹曰："曹公善用兵，變化無方，衆雖少，未可輕也，不如以久持之。將軍據山河之固，擁四州之衆，外結英雄，内修農戰，然後簡其精鋭，分爲奇兵，乘虛迭出，以擾河南，救右則擊其左，救左則擊其右，使敵疲於奔命，民不得安業，我未勞而彼已困，不及二年，可坐克也。今釋廟勝之策，而決成敗於一戰，若不如志，悔無及也。"紹不從。豐懇諫，紹怒甚〔一五三〕，以爲沮衆，械繫之。紹軍既敗，或謂豐曰："君必見重。"豐曰："若軍有利，吾必全，今軍敗，吾其死矣。"紹還，謂左右曰："吾不用田豐言，果爲所笑。"遂殺之。《先賢行狀》曰：豐字元皓，鉅鹿人，或云勃海人。天姿瓌傑〔一五四〕，權略多奇，少喪親，居喪盡哀，日月雖過，笑不至矧。博覽多識，名重州黨。初辟太尉府，舉茂才，遷侍御史。閹官擅朝，英賢被害，豐乃棄官歸家。袁紹起義，卑辭厚幣以招致豐，豐以王室多難，志存匡救，乃應紹命，以爲别駕。勸紹迎天子，紹不納。紹後用豐謀，以平公孫瓚。逢紀憚豐亮直，數讒之於紹，紹遂忌豐。紹軍之敗也，土崩奔北，師徒略盡，軍皆拊膺而泣曰〔一五五〕："向令田豐在此，不至於是也。"紹謂逢紀曰："冀州人聞吾軍敗，皆當念吾，惟田別駕前諫止吾，與衆不同，吾亦慚見之。"紀復曰："豐聞將軍之退，拊手大笑，喜其言之中也。"紹於是有害豐之意。初，太祖聞豐不從戎，喜曰："紹必敗矣。"及紹奔遁，復曰："向使紹用田別駕計〔一五六〕，尚未可知也。"孫盛曰：觀田豐、沮授之謀，雖良、平何以過之？故君貴審才，臣尚量主。君用忠良，則伯王之業隆，臣奉闇后，則覆亡之禍至。存亡榮辱，常必由茲。豐知紹將敗，敗則己必死，甘冒虎口以盡忠規，烈士之於所事，慮不存己。夫諸侯之臣，義有去就，況豐與紹非純臣乎！《詩》云"逝將去汝，適彼樂土"，言去亂邦，就有道可也。紹外寬雅有局度，憂喜不形於色，而內多忌害，皆此類也。

冀州城邑多叛，紹復擊定之。自軍敗後發病，七年，憂死〔一五七〕。

紹愛少子尚，貌美，欲以爲後而未顯。《典論》曰：譚長而惠，尚少而美。而紹妻劉氏愛尚〔一五八〕，數稱其才，紹亦奇其貌，欲以爲後，未顯，而紹妻劉氏性酷妒〔一五九〕，紹死，僵尸未殯，寵妾五人，劉盡殺之。以爲死者有知，當復見紹於地下，乃髡頭墨面以毀其形。尚又爲盡殺死者之家。審配、逢紀與辛評、郭圖爭權，配、紀與尚比，評、圖與譚比。衆以譚長，欲立之。配等恐譚立而評等爲己害，緣紹素意，乃奉尚代紹位。譚至，不得立，自號車騎將軍。由是譚、尚有隙。太祖北征譚、尚。譚軍黎陽，尚少與譚兵，而使逢紀從譚。譚求益兵，配等議不與。譚怒，殺紀。《英雄記》曰：紀字元圖。初，紹去董卓出奔，與許攸及紀俱詣冀州，紹以紀聰達有計策，甚親信之，與共舉事。後審配任用，與紀不睦。或有讒配於紹，紹問紀，紀稱："配天性烈直，古人之節，不宜疑之。"紹曰："君不惡之邪？"紀答曰："先日所爭者私情，今所陳者國事。"紹善之，卒不廢配。配由是更與紀爲親善。太祖渡河攻譚，譚告急於尚。尚欲分兵益譚，恐譚遂奪其衆，乃使審配守鄴，尚自將兵助譚，與太祖相拒於黎陽。自二月至九月，大戰城下，譚、尚敗走〔一六〇〕，入城守。太祖將圍之，乃夜遁。追至鄴，收其麥，拔陰安，引軍還許。太祖南征荊州，軍至西平。譚、尚遂舉兵相攻，譚敗奔平原。尚攻之急，譚遣辛毗詣太祖請救。太祖乃還救譚，十月至黎陽。《魏氏春秋》載劉表遺譚書曰："天篤降害，禍難殷流，尊公徂殞，四海悼心。賢胤承統，遐邇屬望，咸欲展布旅力，以投盟主，雖亡之日，猶存之年也〔一六一〕。何寤青蠅飛於干旄，無極游於二壘，使股肱分爲二體，背膂絕爲異身〔一六二〕！昔三王五伯，下及戰國，父子相殘，蓋有之矣；然或欲以成王業，或欲以定霸功，或欲以顯宗主，或欲以固家嗣，未有棄親即異，拔其本根〔一六三〕，而能崇業濟功，垂祚後世者也。若齊襄復九世之讐，士匄卒荀偃之事，是故《春秋》美其義，君子稱其信。夫伯游之恨於齊，未若文公之忿曹；宣子之承業〔一六四〕，未若仁君之繼統也。且君子之違難不適讐國，豈可忘先君之怨，棄至親之好，爲萬世之戒，遺同盟之恥哉！冀州不弟之慼，既已然矣；仁君當降志辱身，以匡國爲務。雖見憎於夫人，未若鄭莊之於姜氏，兄弟之嫌，未若重華之於象傲也。然莊公有大隧之樂，象受有庳之封。願棄捐前忿，遠思舊義，復爲母子昆弟如初。"又遺尚書曰："知變起辛、郭，禍結同生，追闋伯、實沈之蹤，忘《棠棣》死喪之義，親尋干戈，僵尸流血，聞之哽咽，雖存若亡。昔軒轅有涿鹿之戰，周武有商、奄之師[一六五]，皆所以翦除穢害而定王業，非彊弱之事爭[一六六]，喜怒之忿也。故雖滅親不爲尤，誅兄不傷義。今二君初承洪業，纂繼前軌，進有國家傾危之慮，退有先公遺恨之負，當唯義是務，唯國是康。何者？金木水火以剛柔相濟，然後克得其和，能爲民用。今青州天性峭急，迷於曲直。仁君度數弘廣，綽然有餘，當以大包小，以優容劣，先除曹操以卒先公之恨，事定之後，乃議曲直之計，不亦善乎！若留神遠圖，克己復禮，當振旆長驅，共獎王室，若迷而不反，違而無改，則胡夷將有誚讓之言，況我同盟，復能戮力爲君之役哉？此韓盧、東郭自困於前而遺田父之獲者也。憤踊鶴望，冀聞和同之聲。若其泰也，則袁族其與漢升降乎！如其否也，則同盟永無望矣。"譚、尚盡不從。《漢晉春秋》載審配獻書於譚曰："《春秋》之義，國君死社稷，忠臣死王命。苟有圖危宗廟，敗亂國家，王綱典律，親疏一也。是以周公垂泣而蔽管、蔡之獄，季友歔欷而行鍼叔之鴆。何則？義重人輕，事不得已也。昔衛靈公廢蒯聵而立輒，蒯聵爲不道，入戚以篡，衛師伐之。《春秋傳》曰：'以石曼姑之義，爲可以拒之。'是以蒯聵終獲叛逆之罪，而曼姑永享忠臣之名。父子猶然，豈況兄弟乎！昔先公廢絀將軍以續賢兄，立我將軍以爲適嗣，上告祖靈，下書譜牒，先公謂將軍爲兄子，將軍謂先公爲叔父，海內遠近，誰不備聞？且先公即世之日，我將軍斬衰居廬，而將軍齋於堊室[一六七]，出入之分，於斯益明。是時凶臣逢紀，妄畫蛇足，曲辭諂媚，交亂懿親，將軍奮赫然之怒[一六八]，誅不旋時[一六九]，將軍亦奉命承旨，加以淫刑。自是之後，癰疽破潰，骨肉無絲髮之嫌，自疑之臣，皆保生全之福。故悉遣彊胡，簡命名將,料整器械,選擇戰士,殫府庫之財,竭食土之實,其所以供奉將軍,何求而不備?君臣相率,共衞旌麾,戰爲鴈行,賦爲幣主,雖傾倉覆庫,翦剥民物,上下欣戴,莫敢告勞。何則?推戀戀忠赤之情,盡家家肝腦之計,脣齒輔車,不相爲賜〔一七〇〕。謂爲將軍心合意同,混齊一體,必當并威偶勢,禦寇寧家。何圖凶險讒慝之人,造飾無端,誘導姦利,至令將軍翻然改圖,忘孝友之仁,聽豺狼之謀,誣先公廢立之言,違近者在喪之位,悖紀綱之理,不顧逆順之節,横易冀州之主,欲當先公之繼。遂放兵鈔撥〔一七一〕,屠城殺吏,交尸盈原,裸民滿野,或有髡剔髮膚,割截支體,冤魂痛於幽冥,創痍號於草棘。又乃圖獲鄴城,許賜秦、胡,財物婦女,豫有分界〔一七二〕。或聞告令吏士云〔一七三〕:'孤雖有老母,輒使身體完具而已。'聞此言者,莫不驚愕失氣,悼心揮涕,使太夫人憂哀憤懣於堂室〔一七四〕,我州君臣士友假寐悲歎,無所措其手足。念欲靜師拱默以聽執事之圖,則懼違《春秋》死命之節,貽太夫人不測之患,隕先公高世之業。且三軍憤慨,人懷私怒,我將軍辭不獲已〔一七五〕,以及館陶之役。是時外爲禦難〔一七六〕,内實乞罪,既不見赦,而屠辱各二三其心〔一七七〕,臨陣叛戾。我將軍進退無功,首尾受敵,引軍奔避,不敢告辭。亦謂將軍當少垂親親之仁,覬以緩追之惠,而乃尋蹤躡軌,無所逃命。困獸必鬭,以干嚴行〔一七八〕,而將軍師旅,土崩瓦解,此非人力,乃天意也。是後又望將軍改往修來,克己復禮,追還孔懷如初之愛,而縱情肆怒〔一七九〕,趣破家門,企踵鶴立,連結外讐,散鋒放火,播增毒螫,烽烟相望,涉血千里,遺城厄民,引領悲怨,雖欲勿救,惡得已哉!故遂引軍東轅,保正疆場,雖近郊壘,未侵境域,然望旌麾,能不永歎?配等備先公家臣,奉廢立之命。而圖等干國亂家,禮有常刑。故奮敝州之賦,以除將軍之疾,若乃天啓於心〔一八〇〕,早行其誅,則我將軍蔔蔔悲號於將軍股掌之上,配等亦袒躬布體以待斧鉞之刑〔一八一〕。若必不悛,有以國斃,圖頭不縣,軍不旋踵。願將軍詳度事宜,錫以環玦。"《典略》曰〔一八二〕:譚得書悵然,登城而泣。既劫於郭圖,亦以兵鋒累交,遂戰不解。尚聞太祖北,釋平原還鄴。其將呂曠、呂翔叛尚歸太祖〔一八三〕,譚復陰刻將軍印假曠、翔。太祖知譚詐,與結婚以安之,乃引軍還。尚使審配、蘇由守鄴,復攻譚平原。太祖進軍將攻鄴,到洹水,去鄴五十里,由欲為內應,謀泄,與配戰城中,敗,出奔太祖。太祖遂進攻之,為地道,配亦於內作塹以當之。配將馮禮開突門〔一八四〕,內太祖兵三百餘人,配覺之,從城上以大石擊突中柵門,柵門閉,入者皆沒〔一八五〕。太祖遂圍之,為塹,周四十里,初令淺,示若可越。配望而笑之,不出爭利〔一八六〕。太祖一夜掘之,廣深二丈,決漳水以灌之,自五月至八月,城中餓死者過半。尚聞鄴急,將兵萬餘人還救之,依西山來,東至陽平亭,去鄴十七里,臨滏水,舉火以示城中,城中亦舉火相應。配出兵城北,欲與尚對決圍。太祖逆擊之,敗還,尚亦破走,依曲漳為營,太祖遂圍之。未合,尚懼,遣陰夔、陳琳乞降,不聽。尚還走濫口〔一八七〕,進復圍之急,其將馬延等臨陣降,衆大潰,尚奔中山。盡收其輜重,得尚印綬、節鉞及衣物,以示其家〔一八八〕,城中崩沮。配兄子榮守東門,夜開門內太祖兵,與配戰城中,生禽配。配聲氣壯烈〔一八九〕,終無撓辭,見者莫不歎息。遂斬之。《先賢行狀》曰:配字正南,魏郡人,少忠烈慷慨,有不可犯之節。袁紹領冀州,委以腹心之任,以爲治中、別駕,并總幕府。初,譚之去,皆呼辛毗、郭圖家得出,而辛評家獨被收。及配兄子開城門内兵,時配在城東南角樓上,望見太祖兵入,忿辛、郭壞敗冀州,乃遣人馳詣鄴獄,指殺仲治家。是時,辛毗在軍,聞門開,馳走詣獄,欲解其兄家,兄家已死。是日生縛配,將詣帳下,辛毗等逆以馬鞭擊其頭,罵之曰:"奴,汝今日真死矣!"配顧曰:"狗輩,正由汝曹破我冀州,恨不得殺汝也!且汝今日能殺生我邪[一九〇]?"有頃,公引見,謂配[一九一]:"知誰開卿城門?"配曰:"不知也。"曰:"自卿文榮耳[一九二]。"配曰:"小兒不足用乃至此!"公復謂曰:"曩日孤之行圍[一九三],何弩之多也?"配曰:"恨其少耳!"公曰:"卿忠於袁氏父子,亦自不得不爾也。"有意欲活之。配既無撓辭,而辛毗等號哭不已,乃殺之。初,冀州人張子謙先降,素與配不善,笑謂配曰:"正南,卿竟何如我?"配厲聲曰:"汝爲降虜,審配爲忠臣,雖死,豈若汝生邪[一九四]!"臨行刑,叱持兵者令北向,曰:"我君在北[一九五]。"樂資《山陽公載記》及袁暐《獻帝春秋》並云太祖兵入城,審配戰於門中,既敗,逃於井中,於井獲之。臣松之以爲:配一代之烈士,袁氏之死臣,豈當數窮之日,方逃身於井,此之難信,誠爲易了。不知資、暐之徒竟爲何人,未能識別然否,而輕弄翰墨,妄生異端,以行其書。如此之類,正足以誣罔視聽,疑誤後生矣。寔史籍之罪人,達學之所不取者也。高幹以并州降,復以幹爲刺史。

太祖之圍鄴也,譚略取甘陵、安平、勃海、河間,攻尚於中山。尚走故安從熙[一九六],譚悉收其衆。太祖將討之,譚乃拔平原,并南皮,自屯龍湊。十二月,太祖軍其門,譚不出,夜遁奔南皮,臨清河而屯。十年正月,攻拔之,斬譚及圖等。熙、尚爲其將焦觸、張南所攻,奔遼西烏丸。觸自號幽州刺史,驅率諸郡太守令長,背袁向曹,陳兵數萬,殺白馬盟,令曰:"違命者斬!"衆莫敢語,各以次歃。至別駕韓珩,曰:"吾受袁公父子厚恩,今其破亡,智不能救,勇不能死,於義闕矣,若乃北面於曹氏,所弗能爲也。"一坐爲珩失色。觸曰:"夫興大事,當立大義,事之濟否,不待一人,可卒珩志,以勵事君。"高幹叛,執上黨太守,舉兵守壺口關。遣樂進、李典擊之,未拔。十一年,太祖征幹。幹乃留其將夏昭、鄧升守城,自詣匈奴單于求救,不得,獨與數騎亡,欲南奔荆州,上洛都尉捕斬之。《典略》曰〔一九七〕:上洛都尉王琰獲高幹,以功封侯。其妻哭於室,以爲琰富貴,將更娶妾媵而奪己愛故也。十二年,太祖至遼西擊烏丸。尚、熙與烏丸逆軍戰,敗走奔遼東,公孫康誘斬之,送其首。《典略》曰:尚爲人有勇力,欲奪取康衆,與熙謀曰:"今到,康必相見,欲與兄手擊之,有遼東猶可以自廣也。"康亦心計曰:"今不取熙、尚,無以爲說於國家。"乃先置其精勇於廐中,然後請熙、尚。熙、尚入,康伏兵出,皆縛之,坐於凍地。尚寒,求席,熙曰:"頭顱方行萬里,何席之爲!"遂斬首。譚,字顯思。熙,字顯奕〔一九八〕。尚,字顯甫。《吳書》曰:尚有弟名買,與尚俱走遼東。《曹瞞傳》云:買,尚兄子。未詳。太祖高韓珩節,屢辟不至,卒於家。《先賢行狀》曰:珩字子佩,代郡人,清粹有雅量。少喪父母,奉養兄姊,宗族稱孝悌焉。

袁術字公路，司空逢子，紹之從弟也。以俠氣聞[一九九]。舉孝廉，除郎中，歷職内外，後爲折衝校尉、虎賁中郎將。董卓之將廢帝，以術爲後將軍。術亦畏卓之禍，出奔南陽。會長沙太守孫堅殺南陽太守張咨，術得據其郡。南陽户口數百萬，而術奢淫肆欲，徵斂無度，百姓苦之。既與紹有隙，又與劉表不平而北連公孫瓚；紹與瓚不和而南連劉表。其兄弟攜貳，舍近交遠如此。《吳書》曰：時議者以靈帝失道，使天下叛亂，少帝幼弱，爲賊臣所立，又不識母氏所出。幽州牧劉虞宿有德望，紹等欲立之以安當時，使人報術。術觀漢室衰陵，陰懷異志，故外託公義以拒紹。紹復與術書曰："前與韓文節共建永世之道，欲海内見再興之主。今西名有幼君，無血脉之屬，公卿以下皆媚事卓，安可復信！但當使兵往屯關要，皆自鑠死於西。東立聖君，太平可冀，如何有疑！又室家見戮，不念子胥，可復北面乎？違天不祥，願詳思之。"術答曰："聖主聰叡，有周成之質。賊卓因危亂之際，威服百寮，此乃漢家小厄之會。亂尚未厭，復欲興之，乃云今主'無血脉之屬'，豈不誣乎！先人以來，奕世相承，忠義爲先。太傅公仁慈惻隱，雖知賊卓必爲禍害，以信徇義，不忍去也。門户滅絶，死亡流漫，幸蒙遠近來相赴助，不因此時上討國賊，下刷家恥，而圖於此[二〇〇]，非所聞也。又曰'室家見戮，可復北面'，此卓所爲，豈國家哉？君命，天也，天不可讐，況非君命乎！懇懇赤心，志在滅卓，不識其他。"引軍入陳留。太祖與紹合擊，大破術軍。術以餘衆奔九江，殺揚州刺史陳溫，領其州。臣松之案《英雄記》：陳溫字元悌，汝南人。先爲揚州刺史，自病死。袁紹遣袁遺領州，敗散，奔沛國，爲兵所殺[二〇一]。袁術更用陳瑀爲揚州。瑀字公瑋，下邳人。瑀既領州，而術敗於封丘，南向壽春，瑀拒術不納。術退保陰陵，更合軍攻瑀，瑀懼走歸下邳。如此，則温不爲術所殺，與本傳不同。以張勳、橋蕤等爲大將。李傕入長安，欲結術爲援，以術爲左將軍，封陽翟侯，假節，遣太傅馬日磾因循行拜授。術奪日磾節，拘留不遣。《三輔决録注》曰：日磾字翁叔，馬融之族子。少傳融業，以才學進。與楊彪、盧植、蔡邕等典校中書，歷位九卿，遂登臺輔。《獻帝春秋》曰：術從日磾借節觀之，因奪不還，備軍中千餘人〔二〇二〕，使促辟之。日磾謂術曰："卿家先世諸公，辟士云何，而言促之，謂公府掾可劫得乎！"從術求去，而術留之不遣。既以失節屈辱，憂恚而死。

時沛相下邳陳珪，故太尉球弟子也。術與珪俱公族子孫，少共交游，書與珪曰："昔秦失其政，天下羣雄爭而取之，兼智勇者卒受其歸。今世事紛擾，復有瓦解之勢矣，誠英乂有爲之時也。與足下舊交，豈有左右之乎？若集大事，子實爲吾心膂。"珪中子應時在下邳，術並脅質應，圖必致珪。珪答書曰："昔秦末世，肆暴恣情，虐流天下，毒被生民，下不堪命，故遂土崩。今雖季世，未有亡秦苛暴之亂也。曹將軍神武應期，興復典刑，將撥平凶慝，清定海内，信有徵矣。以爲足下當戮力同心，匡翼漢室，而陰謀不軌，以身試禍，豈不痛哉！若迷而知反，尚可以免。吾備舊知，故陳至情，雖逆於耳，骨肉之惠也〔二〇三〕。欲吾營私阿附，有犯死不能也。"

興平二年冬，天子敗於曹陽。術會羣下謂曰："今劉氏微弱，海內鼎沸。吾家四世公輔，百姓所歸，欲應天順民，於諸君意如何？"衆莫敢對。主薄閻象進曰[二〇四]："昔周自后稷至於文王，積德累功，參分天下有其二，猶服事殷。明公雖奕世克昌，未若有周之盛，漢室雖微，未若殷紂之暴也。"術嘿然不悅。用河內張炯之符命，遂僭號。《典略》曰：術以袁姓出陳，陳，舜之後，以土承火，得應運之次。又見讖文云："代漢者，當塗高也。"自以名字當之，乃建號稱仲氏。以九江太守爲淮南尹。置公卿，祠南北郊。荒侈滋甚，後宮數百，皆服綺縠，餘粱肉，《九州春秋》曰：司隸馮方女，國色也，避亂揚州，術登城見而悅之，遂納焉，甚愛幸。諸婦害其寵，語之曰[二〇五]："將軍貴人有志節，當時時涕泣憂愁，必長見敬重。"馮氏以爲然，後見術輒垂涕，術以有心志，益哀之。諸婦人因共絞殺[二〇六]，懸之厠梁，術誠以爲不得志而死，乃厚加殯斂。而士卒凍餒[二〇七]，江淮間空盡，人民相食。術前爲呂布所破，後爲太祖所敗，奔其部曲雷薄、陳蘭於灊山，復爲所拒，憂懼不知所出。將歸帝號於紹，欲至青州從袁譚，發病道死。《魏書》曰：術歸帝號於紹曰："漢之失天下久矣，天子提挈，政在家門，豪雄角逐，分裂疆宇，此與周之末年七國分勢無異，卒彊者兼之耳。加袁氏受命當王，符瑞炳然。今君擁有四州，民戶百萬，以彊則無與比大，論德則無與比高。曹操欲扶衰拯弱，安能續絶命救已滅乎？"紹陰然之。《吳書》曰：術既爲雷薄等所拒，留住三日，士衆絶糧，乃還至江亭，去壽春八十里。問厨下，尚有麥屑三十斛。時盛暑，欲得蜜漿，又無蜜。坐櫺牀上[二〇八]，歎息良久，乃大咤曰："袁術至於此乎!"因頓伏牀下,嘔血斗餘遂死〔二〇九〕。妻子依術故吏廬江太守劉勳,孫策破勳,復見收視。術女入孫權宮,子燿拜郎中,燿女又配於權子奮。

劉表字景升,山陽高平人也。少知名,號八俊。張璠《漢紀》曰〔二一〇〕:表與同郡人張隱、薛郁、王訪、宣靖、公褚恭、劉祇、田林爲八交〔二一一〕,或謂之八顧。《漢末名士録》云:表與汝南陳翔字仲麟〔二一二〕、范滂字孟博、魯國孔昱字世元、渤海苑康字仲真、山陽檀敷字文友、張儉字元節、南陽岑晊字公孝爲八友〔二一三〕。謝承《漢書》曰:表受學於同郡王暢。暢爲南陽太守,行過乎儉。表時年十七,進諫曰:"奢不僭上,儉不逼下,蓋中庸之道,是故蘧伯玉恥獨爲君子。府君若不師孔聖之明訓,而慕夷齊之末操,無乃皎然自遺於世!"暢答曰:"以約,失之者鮮矣。且以矯俗也。"長八尺餘,姿貌甚偉〔二一四〕。以大將軍掾爲北軍中候。靈帝崩,代王叡爲荆州刺史。是時山東兵起,表亦合兵軍襄陽。司馬彪《戰略》曰:劉表之初爲荆州也,江南宗賊盛,袁術屯魯陽,盡有南陽之衆。吴人蘇代領長沙太守,貝羽爲華容長,各阻兵作亂〔二一五〕。表初到,單馬入宜城,而延中廬人蒯良、蒯越、襄陽人蔡瑁與謀。表曰:"宗賊甚盛,而衆不附,袁術因之〔二一六〕,禍今至矣〔二一七〕!吾欲徵兵,恐不集〔二一八〕,其策安出?"良曰:"衆不附者,仁不足也。附而不治者,義不足也。苟仁義之道行,百姓歸之,如水之趨下,何患所至之不從,而問興兵與策乎?"表復問越〔二一九〕,越曰:"治平者先仁義,治亂者先權謀。兵不在多,在得人也。袁術勇而無斷,蘇代、貝羽皆武人,不足慮。宗賊帥多貪暴,爲下所患。越有所素養者,使示之以利，必以衆來。君誅其無道[二二〇]，撫而用之。一州之人，有樂存之心，聞君盛德，必襁負而至矣。兵集衆附，南據江陵，北守襄陽，荆州八郡可傳檄而定。術等雖至，無能爲也。"表曰："子柔之言，雍季之論也。異度之計，舅犯之謀也。"遂使越遣人誘宗賊，至者五十五人，皆斬之。襲取其衆，或即授部曲。唯江夏賊張虎、陳生擁衆據襄陽，表乃使越與龐季單騎往說降之，江南遂悉平。袁術之在南陽也，與孫堅合從，欲襲奪表州，使堅攻表。堅爲流矢所中死，軍敗，術遂不能勝表。李傕、郭汜入長安，欲連表爲援，乃以表爲鎮南將軍、荆州牧，封成武侯，假節。天子都許[二二一]，表雖遣使貢獻，然北與袁紹相結。治中鄧羲諫表，表不聽，《漢晉春秋》曰：表答羲曰："内不失貢職，外不背盟主，此天下之達義也。治中獨何怪乎？"羲辭疾而退，終表之世[二二二]。張濟引兵入荆州界，攻穰城，爲流矢所中死。荆州官屬皆賀，表曰："濟以窮來，主人無禮，至於交鋒，此非牧意，牧受弔，不受賀也。"使人納其衆。衆聞之喜，遂服從。長沙太守張羨叛表，《英雄記》曰：張羨南陽人。先作零陵、桂陽長，甚得江、湘間心，然性屈彊不順。表薄其爲人，不甚禮也。羨由是懷恨，遂叛表焉。表圍之連年不下。羨病死，長沙復立其子懌，表遂攻并懌，南收零、桂，北據漢川，地方數千里，帶甲十餘萬。《英雄記》曰：州界羣寇既盡，表乃開立學宮[二二三]，博求儒士，使綦毋闓、宋忠等撰定《五經章句》[二二四]，謂之《後定》。

太祖與袁紹方相持於官渡，紹遣人求助，表許之而不至，亦不佐太祖，欲保江漢間，觀天下變。從事中郎韓嵩、別駕劉先說表曰："豪傑並爭，兩雄相持，天下之重，在於將軍。將軍若欲有爲〔二二五〕，起乘其弊可也。若不然，固將擇所從。將軍擁十萬之衆，安坐而觀望，夫見賢而不能助，請和而不得，此兩怨必集於將軍，將軍不得中立矣。夫以曹公之明哲，天下賢俊皆歸之，其勢必舉袁紹，然後稱兵以向江漢，恐將軍不能禦也。故爲將軍計者，不若舉州以附曹公，曹公必重德將軍，長享福祚，垂之後嗣，此萬全之策也。"表大將蒯越亦勸表，表狐疑，乃遣嵩詣太祖以觀虛實。嵩還，深陳太祖威德，說表遣子入質。表疑嵩反爲太祖說，大怒，欲殺嵩，考殺隨嵩行者〔二二六〕，知嵩無他意，乃止。《傅子》曰：初，表謂嵩曰："今天下大亂，未知所定，曹公擁天子都許，君爲我觀其釁。"嵩對曰："聖達節，次守節。嵩，守節者也。夫事君爲君，君臣名定，以死守之。今策名委質，唯將軍所命，雖赴湯蹈火，死無辭也。以嵩觀之，曹公至明，必濟天下。將軍能上順天子，下歸曹公，必享百世之利，楚國實受其祐，使嵩可也。設計未定，嵩使京師，天子假嵩一官，則天子之臣〔二二七〕，而將軍之故吏耳。在君爲君，則嵩守天子之命，義不得復爲將軍死也。唯將軍重思，無負嵩。"表遂使之，果如所言，天子拜嵩侍中，遷零陵太守，還稱朝廷、曹公之德也。表以爲懷貳，大會寮屬數百人，陳兵見嵩，盛怒，持節將斬之，數曰："韓嵩敢懷貳邪！"衆皆恐，欲令嵩謝。嵩不動，謂表曰："將軍負嵩，嵩不負將軍！"具陳前言。表怒不已，其妻蔡氏諫之曰："韓嵩，楚國之望也，且其言直，誅之無辭。"表乃弗誅而囚之。表雖外貌儒雅,而心多疑忌,皆此類也。

劉備奔表,表厚待之,然不能用。《漢晉春秋》曰:太祖之始征柳城,劉備說表使襲許,表不從。及太祖還,謂備曰:"不用君言,故失此大會也。"備曰:"今天下分裂,日尋干戈,事會之來,豈有終極乎?若能應之於後者,則此未足爲恨也。"建安十三年,太祖征表,未至,表病死。

初,表及妻愛少子琮,欲以爲後,而蔡瑁、張允爲之支黨,乃出長子琦爲江夏太守,衆遂奉琮爲嗣,琦與琮遂爲讎隙〔二二八〕。《典略》曰:表疾病,琦還省疾。琦性慈孝,瑁、允恐琦見表,父子相感,更有託後之意,謂曰:"將軍命君撫臨江夏,爲國東藩,其任至重,今釋衆而來,必見譴怒,傷親之歡心以增其疾,非孝敬也。"遂過於户外,使不得見,琦流涕而去。越、嵩及東曹掾傅巽等說琮歸太祖,琮曰:"今與諸君據全楚之地,守先君之業,以觀天下,何爲不可乎?"巽對曰:"逆順有大體,彊弱有定勢。以人臣而拒人主,逆也;以新造之楚而禦國家,其勢弗當也;以劉備而敵曹公,又弗當也。三者皆短,欲以抗王兵之鋒,必亡之道也。將軍自料何與劉備〔二二九〕?"琮曰:"吾不若也。"巽曰:"誠以劉備不足禦曹公乎,則雖保楚之地〔二三〇〕,不足以自存也;誠以劉備足禦曹公乎,則備不爲將軍下也。願將軍勿疑。"太祖軍到襄陽,琮舉州降。備走奔夏口。

《傅子》曰:巽字公悌,瓌偉博達〔二三一〕,有知人鑒〔二三二〕。辟公府,拜尚書郎,後客荆州,以說劉琮之功,賜爵關内侯。文帝時爲侍中，大和中卒。巽在荆州，目龐統爲半英雄，證裴潛終以清行顯[二三三]。統遂附劉備，見待次於諸葛亮，潛位至尚書令，並有名德。及在魏朝，魏諷以才智聞，巽謂之必反，卒如其言。巽弟子嘏，別有傳。《漢晉春秋》曰：王威說劉琮曰："曹操得將軍既降，劉備已走，必解弛無備[二三四]，輕行單進，若給威奇兵數千，徼之於險，操可獲也。獲操即威震天下，坐而虎步，中夏雖廣，可傳檄而定，非徒收一勝之功，保守今日而已。此難遇之機，不可失也。"琮不納。《搜神記》曰：建安初，荆州童謠曰："八九年間始欲衰，至十三年無孑遺。"言自中興以來，荆州獨全，及劉表爲牧，民又豐樂，至建安八年九年當始衰。始衰者，謂劉表妻死，諸將並零落也。十三年無孑遺者，表當又死，因以喪破也。是時，華容有女子忽嚎呼云："荆州將有大喪。"言語過差，縣以爲妖言，繫獄月餘，忽於獄中哭曰："劉荆州今日死。"華容去州數百里，即遣馬吏驗視，而劉表果死，縣乃出之。續又歌吟曰："不意李立爲貴人。"後無幾，太祖平荆州，以涿郡李立字建賢爲荆州刺史。

太祖以琮爲青州刺史、封列侯。《魏武故事》載令曰："楚有江、漢山川之險，後服先彊，與秦爭衡，荆州則其故地。劉鎮南久用其民矣，身沒之後，諸子鼎峙，雖終難全，猶可引日。青州刺史琮，心高志潔，智深慮廣，輕榮重義，薄利厚德，蔑萬里之業，忽三軍之衆，篤中正之體[二三五]，敦令名之譽，上耀先君之遺塵，下圖不朽之餘祚，鮑永之棄并州，竇融之離五郡，未足以喻也。雖封列侯一州之位，猶恨此寵未副其人，而比有牋求還州。監史雖尊，秩祿未優。今聽所執，表琮爲諫議大夫，參同軍事。"蒯越等侯者十五人。越爲光祿勳；《傅子》曰：越，蒯通之後也，深中足智，魁傑有雄姿。大將軍何進聞其名，辟爲東曹掾。越勸進誅諸閹官,進猶豫不決。越知進必敗,求出爲汝陽令,佐劉表平定境內,表得以彊大。詔書拜章陵太守,封樊亭侯。荊州平,太祖與荀彧書曰:"不喜得荊州,喜得蒯異度耳。"建安十九年卒。臨終,與太祖書,託以門戶。太祖報書曰:"死者反生,生者不愧。孤少所舉,行之多矣。魂而有靈,亦將聞孤此言也。"嵩,大鴻臚;《先賢行狀》曰:嵩字德高,義陽人。少好學,貧不改操。知世將亂,不應三公之命[二三六],與同好數人隱居於酈西山中。黃巾起,嵩避難南方,劉表逼以爲別駕,轉從事中郎。表郊祀天地,嵩正諫不從,漸見違忤。奉使到許,事在前註。荊州平,嵩疾病,就在所拜授大鴻臚印綬。羲,侍中;羲,章陵人。先,尚書令,其餘多至大官。《零陵先賢傳》曰:先字始宗,博學彊記,尤好黃老言,明習漢家典故。爲劉表別駕,奉章詣許,見太祖。時賓客並會,太祖問先:"劉牧如何郊天也?"先對曰:"劉牧託漢室肺腑,處牧伯之位,而遭王道未平,羣凶塞路,抱玉帛而無所聘頫,修章表而不獲達御,是以郊天祀地,昭告赤誠。"太祖曰:"羣凶爲誰?"先曰:"舉目皆是。"太祖曰:"今孤有熊羆之士,步騎十萬,奉辭伐罪,誰敢不服?"先曰:"漢道陵遲,羣生憔悴,既無忠善之士[二三七],翼戴天子,綏寧海內,使萬邦歸德,而阻兵安忍,曰莫己若,即蚩尤、智伯復見於今也。"太祖嘿然。拜先武陵太守。荊州平,先始爲漢尚書,後爲魏國尚書令。先甥同郡周不疑,字元直[二三八],零陵人。《先賢傳》稱不疑幼有異才,聰明敏達,太祖欲以女妻之,不疑不敢當。太祖愛子倉舒夙有才智,謂可與不疑爲儔。及倉舒卒,太祖心忌不疑,欲除之。文帝諫以爲不可,太祖曰:"此人非汝所能駕御也。"乃遣刺客殺之。摯虞《文章志》曰:不疑死時年十七,著《文論》

四首。《世語》曰：表死後八十餘年，至晉太康中，表冢見發，表及妻身形如生，芬香聞數里。

評曰：董卓狼戾賊忍，暴虐不仁，自書契已來，殆未之有也。《英雄記》曰：昔大人見臨洮而銅人鑄，臨洮生卓而銅人毀；世有卓而大亂作，大亂作而卓身滅，抑有以也。袁術奢淫放肆，榮不終己，自取之也。臣松之以爲：桀、紂無道，秦、莽縱虐，皆多歷年所，然後衆惡乃著。董卓自竊權柄，至於隕斃，計其日月，未盈三周，而禍崇山岳，毒流四海。其殘賊之性，寔豺狼不若。書契未有，斯言爲當。但評既曰"賊忍"，又云"不仁"，賊忍、不仁，於辭爲重。袁術無豪芒之功，纖介之善，而猖狂於時〔二三九〕，妄自尊立，固義夫之所扼腕，人鬼之所同疾。雖復恭儉節用，而猶必覆亡不暇，而評但云"奢淫不終"，未足見其大惡。袁紹、劉表，咸有威容器觀，知名當世。表跨蹈漢南，紹鷹揚河朔，然皆外寬内忌，好謀無決，有才而不能用，聞善而不能納，廢嫡立庶，舍禮崇愛，至於後嗣顛蹷，社稷傾覆，非不幸也。昔項羽背范增之謀，以喪其王業，紹之殺田豐，乃甚於羽遠矣！

【校箋】

〔一〕毛本作"魏書六"。

〔二〕毛本作"董卓二袁劉表傳第六"。

〔三〕袁宏《後漢紀》作"少好任俠"。《漢書·季布欒布田叔傳》"爲任俠有名"注引如淳曰："相與信爲任，同是非爲俠。"

〔四〕盧弼曰："宋本、元本'臂'作'旅'。臂，脊骨也。"

285

谨案：《广雅·释诂二》："膂，力也。"王念孙疏证曰："《方言》：'膂，力也。宋鲁魏曰膂，膂，用力也。'戴先生《方言疏证》曰：'膂通作旅。'案：膂、力一声之转。今人犹呼力为膂力，是古之遗语也。"卢君以脊骨释之，虽据《说文》，然非传意。

〔五〕《御览》卷四百七十七引《董卓别传》："太常张奂将师北征，表卓为军司马，从军行。卓手斩购募羌酋，拜五官中郎。赐缣九十匹，卓叹曰：'为者则己，有者则士。'悉以缣分与兵吏。"

〔六〕《御览》卷四百九十六引《江表传》："郭典，字君业，为钜鹿太守，与中郎将董卓攻黄巾贼张宝于阳曲。典作围堑，卓不肯。典独于西当贼之衝，昼夜进攻，宝由是城守不敢出。时人为语曰：'郭君围堑，董将不许。几令狐狸，化为豺虎。赖我郭君，不畏强禦。转机之间，敌为穷虏。猗猗惠君，保全疆土。'"

〔七〕《御览》卷九十二引《献帝春秋》："灵皇帝何太后生太子辩。帝数失子，不敢正名，养于道人史子眇家，号曰史侯。"

〔八〕绍兴本、冯本、陈本、毛本、《汉记》俱作"续汉书"。

〔九〕《后汉书》注引《典略》作"擅操王命"。疑当乙。

〔一〇〕《后汉书》注引《典略》作"高获千金，下数百万"。

〔一一〕卢弼曰："范书作'胜于内食'。《通鉴》胡注：'言瘫疽蕴结，破之虽痛，胜于内食肌肉，浸淫滋大也。'"

谨案：潘眉曰："内食犹言内陷。"此"养肉"疑当从《后汉书》作"内食"。《左传·僖公十五年》"我食吾言"注："食，消也。"或不识"内食"之义，而改为"养肉"，意难通矣。

〔一二〕《御览》卷九十三引《献帝春秋》"还"字作"至"，"衆"作"兵"，"帝"下有"于北邙"三字。

〔一三〕依例"英雄记曰"四字当是衍文。

〔一四〕紹興本"同"字作"通"。

〔一五〕《御覽》卷二百一十九引《魏明帝先賢傳》："盧植字子幹，拜侍中，逆臣董卓議欲廢帝，羣僚之士，唯卓是順。獨植正色，卓遂大怒，欲害植。議郎彭伯羣與卓親，入爲卓議曰：'夫善人者，天下之紀。盧侍中海内大儒，天下之望。今先害之，則天下怖。'卓遂止。"

〔一六〕紹興本作"宜即尊皇祚"。

〔一七〕紹興本、毛本"盛"字作"聖"。

〔一八〕盧弼曰："《帝王世紀》：'堯豐下鋭上。'"

謹案：盧君引《帝王世紀》以證，而於堯圖之義則未及。考《御覽》卷八十引《春秋合誠圖》曰："有赤龍負圖出，慶都讀之，赤受天運，下有圖，人衣赤，光面八彩，鬚鬢長七尺二寸，兑上豐下，足履翼翼，署曰赤帝起，誠天下寶。奄然陰風雨，赤龍與慶都合婚，有娠，龍消不見。既乳，視堯如圖表。及堯有知，慶都以圖予堯。"注："如圖之儀表也。"此本緯書而言，《帝王世紀》蓋亦出自緯書也。

〔一九〕毛本"適"字作"值"。

〔二〇〕《御覽》三百六十四引《董卓別傳》："卓知所爲不得遠近意，欲以力服之，遣兵於雒陽城。時遇二月社，民在社下飲食，悉就斷頭，駕其車馬，載其婦女財物，以斷頭繋車轅軸還雒。云攻敗大獲，稱萬歲入。開雒陽城門，焚燒其頭。"

〔二一〕紹興本"勅"字作"就"。

〔二二〕《御覽》卷三百五十六引《獻帝春秋》："越騎校尉汝南伍孚以董卓無道，欲身自殺之，内貫小鎧，挾佩刀詣卓，卓送出閣，執手告別。孚引刀刺卓，卓多力，却不中。即殺孚，夷其族。"

〔二三〕毛本"南"字作"內",是。

〔二四〕《文選·西征賦》"劫宮廟而遷迹"李注引"焚"字作"燔"。

〔二五〕《續漢書·禮儀志》劉昭注引《董卓傳》:"卓使呂布發諸帝陵及公卿以下冢墓,收其珍寶。"

〔二六〕馮本、陳本"今"字作"而"。

〔二七〕盧弼曰:"章懷注:'如糜粥之沸也。《詩》云:如沸如羹。'"

謹案:"糜"字當作"縻"。《釋名·釋飲食》:"縻,煮水使縻爛也。""糜"字於此無義。

〔二八〕盧弼曰:"局本'窑'作'窯'。"

謹案:《說文·穴部》:"窯,燒瓦竈也。字亦作窑。"則"窑"為"窯"之或體。

〔二九〕《御覽》卷七百七十三引"轓"字作"輻"。卷四百九十引《董卓別傳》作"畫兩輪",卷七百七十六引同,俱無"爪"字。

〔三〇〕《御覽》卷四百九十引《董卓別傳》:"卓遂僭擬車服,乘金華青蓋,畫兩輪,時號竿摩車,言其服飾近天子也。"

〔三一〕《御覽》卷七百七十三引作《獻帝傳》。

〔三二〕《後漢書》作"皆典兵事"。

〔三三〕《御覽》卷二百零二引"乘"下無"軒"字。

〔三四〕盧弼曰:"匕音比。《說文》'相與比敘也'。亦用以取飯。"《蜀志·先主傳》:"先主方食,失匕箸。"

謹案:《說文·匕部》:"匕,從反人,人亦所以(用)比(匕)取飯。"段玉裁注曰:"蘇林注《漢書》曰:'北方名匕曰匙。'今江蘇所謂匙,湯匙也,亦謂之調羹。"

〔三五〕盧弼曰："吳本、毛本'互'作'立'。"

謹案："立"蓋"互"字之形誤。互，交錯也。

〔三六〕盧弼曰："《爾雅》：'肉倍好謂之璧。'郭注：'肉，邊也。好，孔也。'"

謹案：盧君以"肉好"句絶，而以"無輪郭"三字屬下讀，非也。考此文當以"無文章"爲一句，"肉好無輪郭"爲一句。如盧君讀，是謂錢無文字與邊孔，恐與史實有違也，且"無輪郭"三字意亦不具。"肉好無輪郭"，言錢之邊與孔無輪郭也。盧君失其句讀，遂使語意不瞭矣。

〔三七〕《御覽》卷五十五引《典略》："董卓雖親愛呂布，然時（卷四百九十七引作"醉酒"）則罵之，以刀劍擊之不中而後止。布恐終被害，乃私與司徒王允及尚書令士孫端謀養死士於窟室。三年四月，天子疾瘳，卓詣宮賀，布先置死士以邀之。卓嚴賀出，馬躓不肯行，心怪之，欲還，布勸使行，到宮門，入掖門，死士交戟刺卓墮車，顧布所在（卷四百九十七引作"卓曰：'布何在？'"）布下馬曰：'有詔。'遂殺之。"

〔三八〕《御覽》卷三百四十一引《獻帝春秋》："董卓未誅，有書三尺巾幡上作兩口相銜之字負之於道，歌曰：'布乎！'及布殺卓，負布者不復見。"

〔三九〕《後漢書》注引"即"下有"時"字。

〔四〇〕盧弼曰："胡三省曰：'炷，燈也。爐所著者。'"

謹案：《説文・丶部》："主，燈中火主也。"段玉裁注曰："主、炷古今字。炷猶今語之燈芯也。"

〔四一〕《後漢紀》"殺"作"弑"。

〔四二〕《後漢紀》"漢"字作"國"。

〔四三〕《後漢紀》"玩"作"説"。

〔四四〕紹興本、毛本"鐵"字作"鈌",蓋"鐵"字或作"鉄",與"鈌"形近致誤。

〔四五〕何焯曰:"'友'當爲'支',支胡,胡號也。"

謹案:《後漢書》注引《獻帝紀》作"輔帳下支胡兒等"。則"友"字誤。

〔四六〕馮本、陳本"北"字作"比",《後漢書》同。作"比"是也,《廣雅·釋詁三》:"比,近也。"

〔四七〕紹興本、馮本、陳本、毛本"悑"字作"怖",當正。

〔四八〕紹興本"駐"字作"住"。

〔四九〕《後漢紀》"以"上有"當"字。

〔五〇〕《後漢紀》"故"字作"辜"。

〔五一〕《御覽》卷五百五十一引"鄩"字下有"并收所焚之灰,合斂於棺而葬之。是日大風暴雨,霆震卓墓"。

〔五二〕《御覽》卷八百一十四引"與"字作"作"。

〔五三〕《御覽》引"衣"下有"服"字。

〔五四〕《御覽》引"拒"下有"也"字,"催"下有"終"字,"從"下無"之"字。

〔五五〕《後漢紀》作"汜妻懼與催婢妾私"。

〔五六〕盧弼曰:"《通鑑》'摘'作'擿'。胡三省曰:'擿,挑也。'"

謹案:《說文·手部》:"摘,摭果樹實也。"《通鑑》作"擿",疑爲"摘"之借。胡注云挑,或失之。

〔五七〕《後漢紀》"輔"字作"轉"。

〔五八〕《御覽》卷三百五十六引"作"字作"設",《後漢紀》引同。

〔五九〕《御覽》引"問"下有"帝"字,《後漢紀》亦作"問帝起居"。

〔六〇〕盧弼曰："胡三省曰：'良，信也。'"

謹案：《後漢書·公孫述傳》"良失斬將吊人之義"注："良猶甚也。"是良得猶甚得。

〔六一〕盧弼曰："《册府元龜》'呂'上有'討'字。"

謹案：此已見《官本考證》，依序例"册"上應補"官本考證"四字。

〔六二〕《後漢紀》無"欲"字。

〔六三〕謹案：《後漢紀》"近"下有"者"字。

〔六四〕《後漢紀》"王"字作"三"。

〔六五〕《御覽》卷七百三十四引"固"字作"國"，《後漢書》注引同。

〔六六〕《御覽》引"力"字作"助"，《後漢書》注引同。

〔六七〕《文選》潘安仁《西征賦》"望玉輅而縱鏑"李注引無"叛"字。

〔六八〕《後漢書》注引"問"字作"曰"。

〔六九〕《後漢書》注引"汝"下無"不"字。

〔七〇〕《文選·西征賦》李注引"與"下無"和"字。

〔七一〕《御覽》卷三百七十三引謝承《後漢書》："獻帝幸弘農，郭汜虜略百官婦女，有美髮者，皆斷取之。"

〔七二〕紹興本無"國"字。

〔七三〕盧弼曰："《三輔別錄》趙岐注：'萌年十五，能屬文。父瑞知王允必敗，京都不可居，乃命萌將家屬至荊州依劉表，去無幾，果爲李傕等所殺。及天子都許昌，追論誅卓之功，封萌爲澹津亭侯。'"

謹案：盧君節錄《文選》王仲宣《贈士孫文始詩》李善注以

入《集解》，而於"趙岐"二字之爲衍文，則未引昔賢校語以正其譌。胡克家《文選考異》曰："陳云'趙岐'二字衍。岐著《三輔決錄》，晉摯虞作注。下云'今詩猶存'，即虞自謂作注之時耳。"

〔七四〕袁宏《漢紀》作"太尉所慮是也"。

〔七五〕《後漢書》注引無"唊"字，"過"字作"送"。

〔七六〕紹興本、馮本、陳本"衛"字俱作"爲"。

〔七七〕盧弼曰："按：承召操在建安元年，承死在建安五年，不止歲餘也。"

謹案：徐紹楨曰："案：太祖以建安元年迎天子許都，董承從之，蓋在其時。據《武帝紀》建安五年承始爲太祖所殺，距此時四五載矣，不得云歲餘也。"

〔七八〕《後漢書》"關西"作"關中"。

〔七九〕《後漢書》注引"縣"下有"之"字。《御覽》卷三百六十三引《典略》："李傕移保黃白城，梁與張橫等破之，送其首。初，傕兄子循及利等侍上無禮，及傕頭到，有詔高懸之。"

〔八〇〕《後漢書》"五習"作"伍習"。

〔八一〕郝書"陽"字作"湯"，是也。

〔八二〕盧弼曰："宋本、元本、馮本'弟'作'兄'。"

謹案：本志《袁術傳》"術爲紹之從弟"，則宋、元、馮本作"兄"字是也。

〔八三〕《御覽》卷三百八十六引作"皆與交結恩好"，卷四百九十六引"與"下亦有"交"字。

〔八四〕《御覽》卷四百九十六引"問"字作"詣"。

〔八五〕盧弼曰："宋本、元本、馮本'貌'作'皃'。"

謹案："皃"古"貌"字。

〔八六〕《御覽》卷三百八十九引"清"下有"能"字。

〔八七〕《後漢書》"天"上有"此"字,"其"字作"之"。

〔八八〕《文選》陳孔璋《爲袁紹檄豫州文》"棄瑕取用"李注引無"議"字。

〔八九〕《文選》李注引"橫"上有"因"字。

〔九〇〕郝書無"來久"二字。

〔九一〕紹興本"惟"字作"唯"。

〔九二〕盧弼曰:"范書作'橫刀長揖徑出'。《通鑑》引作'引佩刀橫揖徑出'。"

謹案:《説文・手部》"揖"段玉裁注:"顏師古云:'長揖者,手至上而下也。'《左傳》:'間蒙甲胄,不敢拜命,敢肅使者。'肅者,立而低頭下手,如今之揖也。"長揖蓋軍禮。《書鈔》卷八十五引舊注:"橫揖,不爲禮也。"疑長揖、橫揖義有别。

〔九三〕《後漢書》無"向"字。

〔九四〕《後漢紀》"歷"字下有"騎都尉沮授"五字。

〔九五〕《後漢書・袁紹傳》注引"鼓"上有"駭"字。

〔九六〕《後漢書》注引"已"字作"欲"。

〔九七〕《後漢書》注引"開閤"作"閉户"。

〔九八〕盧弼曰:"范書'振'作'擁'。"

謹案:《後漢紀》"振"字亦作"擁"。

〔九九〕《後漢紀》"衆"作"師"。

〔一〇〇〕郝書"喪"字作"禽"。

〔一〇一〕盧弼曰:"范書'才'作'士'。"

謹案:《册府》卷四百四十二引作"士",《季漢書》同。疑作"士"字義較切。

〔一〇二〕盧弼曰:"范書'以'作'誅'。"

謹案:"復"字誤。考《御覽》卷四百六十二、《册府》卷四百二十一引"復"字作"服"。《後漢紀》、《後漢書》、郝書、《季漢書》亦均作"服",盧君校未及,爲補正之。

〔一〇三〕趙一清曰:"按《後漢書》紹傳以劉馥爲奮威將軍,則不得表授爲奮威也。紹傳作'奮武'爲是。"

謹案:《後漢紀》、郝書"威"字俱作"武"。

〔一〇四〕《後漢書》注引"怨"字作"忿"。

〔一〇五〕紹興本"二"字作"三",《後漢書》、郝書同。《季漢書》"爲"上有"列"字。

〔一〇六〕《御覽》卷三百八十四引"見"字作"輕",《後漢書》、郝書同。

〔一〇七〕紹興本、馮本、陳本、毛本"楊"字俱作"揚",是。

〔一〇八〕郝書"殿"字作"斂",疑是。

〔一〇九〕郝書"弓"字作"亂",疑是。

〔一一〇〕《御覽》卷三百五十六引"以"字作"脱","撲"作"抵",與《後漢書》同。

〔一一一〕《御覽》引作"而反逃入墻間",與郝書同。

〔一一二〕紹興本"落"字作"洛"。

〔一一三〕《董昭傳》作"粟舉",《廣韵·沃韵》有"袁紹,魏郡太守粟舉"。《通志·氏族略四》:"漢有治粟都尉,因以爲氏。《魏志》袁紹,魏郡太守粟舉。"

〔一一四〕《類聚》卷四、《御覽》卷三十、卷七百五十三引"上"字俱作"中"。

〔一一五〕盧弼曰:"宋本'以'作'起'。"

謹案:《類聚》、《御覽》卷三十引作"或起而立"。《御覽》卷七百五十三引作"或起而啼泣"。疑此"以"字當作"起"。據

《類聚》《御覽》"起"下脫"而"字。作"立"者蓋爲"泣"字之殘脫。

〔一一六〕《後漢書》作"鹿腸山"。考《續漢志》曰："朝歌有鹿腸山。"《文選》六臣注引"場"亦作"腸"。

〔一一七〕盧弼曰："馮本'壺'作'壼'。"

謹案：《廣韵·模韵》："壺亦姓。《風俗通》云：'漢有諫議大夫壺遂。'"壼，古無是姓，馮本作"壼"誤。

〔一一八〕《後漢紀》"者"下有"也"字。

〔一一九〕盧弼曰："《通鑑》作'州域'。胡注：'謂冀州之域也。'"

謹案：《後漢紀》"城"字亦作"域"，作"域"字是。范書作"城"，亦爲"域"字之形誤，當訂正。

〔一二〇〕《後漢書》、郝書"宜"字作"西"。

〔一二一〕《後漢書》、郝書"安"字作"即"。

〔一二二〕郝書作"必有先之者矣"，語意較勝。

〔一二三〕盧弼曰："陳景云曰：'郭圖當作沮授。此書謂《獻帝傳》。'"

謹案：郝書苟注曰："裴松之曰：'案《獻帝傳》畫帝都鄴策，而圖沮之，此稱國圖之計，與傳違也。'"竊謂"案"字上據苟注疑脫"臣松之"三字。

〔一二四〕"薄"字爲"簿"字之誤，《通志》正作"簿"。

〔一二五〕梁章鉅曰："紹三子譚、尚、熙，連外甥高幹數之，故云四兒。"

謹案：《後漢紀》"四"字作"三"。

〔一二六〕紹興本"不"字作"主"。

〔一二七〕紹興本、馮本、陳本"趨"字作"彊"。

〔一二八〕紹興本、馮本、陳本"赴"字作"棄"。

〔一二九〕盧弼曰："宋本、元本、馮本'軍'作'率'。"

謹案：郝書"軍"作"帥"。"率""帥"古通，則作"率"字是。"率""軍"或以形近而譌。

〔一三〇〕紹興本、馮本、陳本、毛本"士"字作"步"，《後漢書》、郝書茍注引同。

〔一三一〕《後漢書》、郝書、《通志》"跨"字作"連"。

〔一三二〕紹興本"鍊"字作"練"，《通志》同。

〔一三三〕《後漢書》"假"字作"買"。

〔一三四〕紹興本、馮本、陳本、毛本"就"字作"蹴"，《册府》卷四百一十五引同。

〔一三五〕《治要》卷二十六引作"威劫省禁"。

〔一三六〕《治要》引"在"字作"由"。

〔一三七〕《治要》引無"校""吏"二字。

〔一三八〕紹興本、馮本、陳本、毛本"露"字作"路"，當據正。

〔一三九〕盧弼曰：范書、《文選》皆作"挫縮"。

謹案：梁章鉅曰："'坐'字乃'挫'字之誤。"《後漢書·馮異傳》"異輒摧挫之"注"賈逵注《國語》曰：折其鋒曰挫"。作"挫"字是也。

〔一四〇〕盧弼曰："范書'炳'作'焚'。《聲類》曰：'炳，燒也。'"

謹案：《類聚》卷五十六引"炳"作"爇"。《一切經音義》卷十一："炳，古文爇，而悅反。"《通俗文》："然火曰炳。"亦燒也。《魏志》作"炳"，范書作"焚"，焚、燒義同。

〔一四一〕盧弼曰："局本'以'作'肆'。"

謹案：《文選》"以"作"實"，《册府》卷四百一十五引同。

〔一四二〕《後漢紀》《通志》"在"字俱作"存"。

〔一四三〕盧弼曰："章懷注：'《法言》之文也。嬴，秦姓；姬，周姓。《方言》：蠱，悖也。六國悖惑，侵弱周室，遂爲秦所併也。'"

謹案：見《法言·重黎篇》，注曰："蠱蠱，惑亂之義也。"

〔一四四〕《册府》卷七百一十七、《事類賦》卷六引"務"字作"矜"是也。考上文注沮授有恃驕主之語，"矜"正與"驕"義相應。

〔一四五〕盧弼曰："范書作'吾其濟乎'，惠棟曰：'言不反也。'"

謹案：紹興本無"不"字，《後漢紀》同。據下文"以疾辭"，是授臨河欲還而發此歎也。"吾其反乎"，猶言吾其歸乎。疑無"不"字爲是。

〔一四六〕盧弼曰："范書'搏'作'師'。"

謹案：《通典·兵十三》"絶糧道及輜重"條引作"緩持"。據上文"南利在於急戰"，則此作"緩持"爲是。

〔一四七〕《書鈔》卷一百二十六引作"上念傳語，儋動而鼓"。《御覽》卷三百三十七引作"上令傳言"，疑當從《書鈔》正。

〔一四八〕《書鈔》、《御覽》卷三百三十七引無"於是"二字，有"乃"字。

〔一四九〕《後漢書·袁紹傳》："許攸進曰：'曹操兵少而悉師拒我，許下餘守勢必空弱。若分遣輕軍，星行掩襲，許拔則操成擒；如其未潰，可令首尾奔命，破之必也。'紹又不能用。"考《魏志·崔琰傳》注引《魏略》攸諫紹勿與太祖相攻，語在《紹傳》。按紹傳無此語，必脫無疑。

〔一五〇〕《册府》卷七百二十五引無"軍"字，《後漢紀》《通志》同。

〔一五一〕盧弼曰："'圮'當作'否'，否，隔也。"

謹案："圮"字不誤，《文選·幽通賦》"將圮絕而罔階"李注引曹大家曰："圮，毀也。"

〔一五二〕《後漢書》、郝書"禽"字作"得"，《通志》作"不圖今日乃得相見也"。疑當作"得"，與下文"孤早相得，天下不足慮"語正相應。

〔一五三〕《治要》引無"甚"字。

〔一五四〕馮本、陳本"天"上有"豐"字。"資"紹興本、馮本、陳本、毛本俱作"姿"。

〔一五五〕《册府》卷七百九十二引作"徒衆略盡，軍將皆拊膺而泣曰"。

〔一五六〕紹興本"田"字作"其"，《後漢書》注引同。

〔一五七〕盧弼曰："潘眉曰：'此傳云七年憂死，憂乃夏字之譌。紹以夏五月死，見《武帝紀》。'周壽昌曰：'案《後漢書》作七年夏薨。潘氏謂憂死之憂爲夏字之誤，然紹以兵敗發病憂死，亦合情事，觀《劉表傳》只稱表病死，亦未詳何月，若書夏，則五月二字不可省。又按《獻帝紀》書七年夏五月庚戌袁紹薨。不獨紀年月，並詳其日矣。'"

謹案：《後漢書》注引《魏志》作"紹自軍破後，發病歐血死"。疑此脫"歐血"二字，而"七年憂"三字或後人旁注而誤入正文也。

〔一五八〕毛本"紹"上無"而"字。

〔一五九〕紹興本、馮本、陳本、毛本無"而"字。

〔一六〇〕紹興本"走"字作"退"。《通志》同。

〔一六一〕盧弼曰："宋本、元本、馮本'年'作'願'。"

謹案："日"與"年"意相應，作"年"字是。

〔一六二〕盧弼曰："范書'背膂'作'胃膂'。"

謹案：《通志》、郝書"背"俱作"胃"，疑作"胃膂"者是。"膂"爲"吕"之借，吕，脊骨也。若作背膂，文意重複，且與股肱不相應。胃膂可絶爲異身，背膂則不得如是云也。《尚書·君牙》"股肱心膂"，心與胸同。"胃"之爲"背"，或以形近而誤。

〔一六三〕馮本、陳本"拔"字作"扐"。《通志》作"兀"。

〔一六四〕《王仲宣集》"承"下有"臣"字，《通志》同。

〔一六五〕郝書"武"字作"公"。

〔一六六〕盧弼曰："范書衍'事'字。"

謹案：錢儀吉、李慈銘均已先言之。

〔一六七〕盧弼曰："《禮·雜記》：'三年之喪，廬堊室之中。'"

謹案：《釋名·釋宮室》："堊，惡也，次也。先泥之，次以白灰飾之也。"《周禮·天官·宮正》："大喪則授廬舍，辨其親疏貴賤之居。"鄭注："廬，倚廬也。舍，堊室也。親者、貴者居倚廬，疏者、賤者居堊室。"審配舉此以證尚爲紹繼嗣，位尊而親，故居廬。譚出嗣其伯父，位卑而疏，故居堊室。則譚之稱兵與尚爲敵，公是斥其名義之不正也。盧君引證，未能發明注義。

〔一六八〕郝書"將"上有"我"字。

〔一六九〕郝書"時"字作"踵"。

〔一七〇〕郝書"賜"字作"傷"。

〔一七一〕郝書"撥"字作"突"。

〔一七二〕《後漢書》、郝書"界"字作"數"。

〔一七三〕郝書"或"字作"又",下無"聞"字。

〔一七四〕郝書無"於堂室"三字。

〔一七五〕《後漢書》、郝書"已"字作"命"。

〔一七六〕郝書"難"字作"侮"。

〔一七七〕郝書"而"下有"加"字。

〔一七八〕郝書"行"字作"刑"。

〔一七九〕郝書"肆"字作"重"。

〔一八〇〕《續漢書》、郝書"於"字作"尊"。

〔一八一〕郝書"袒"字作"敷","待"字作"聽"。

〔一八二〕盧弼曰:"范書注作《典論》,宋本、元本、馮本、官本同。"

謹案:作《典論》是。

〔一八三〕梁章鉅曰:"吕翔《後漢書》作'高翔'是也,此誤。"

謹案:《通志》亦作"高翔"。

〔一八四〕《書鈔》卷一百一十八、《御覽》卷三百一十七引《英雄記》"禮"字下有"爲内應"三字。

〔一八五〕《書鈔》《御覽》引《英雄記》"没"字作"死"。

〔一八六〕《御覽》引《英雄記》"望"下有"見"字,無"而"字,"不"上有"而"字。

〔一八七〕《御覽》引《英雄記》"濫"字作"藍"。

〔一八八〕《御覽》引《英雄記》作"以示城中"。

〔一八九〕《册府》卷八百七十七引"聲"字作"意"。

〔一九〇〕郝書"殺生"二字乙。

〔一九一〕郝書"配"下有"曰"字。

〔一九二〕郝書"文"字作"子"。

〔一九三〕郝書"孤"下無"之"字。

〔一九四〕郝書"若"字作"羨"。

〔一九五〕《册府》卷七百六十四引"北"作"此"。

〔一九六〕郝書"尚"下有"敗"字，《通志》同。

〔一九七〕郝書"論"字作"略"，誤。文見《全三國文》。

〔一九八〕盧弼曰："范書作'顯雍'。惠棟云：'案《王粲集》粲爲劉表與尚書云：得賢兄貴弟顯雍及審別駕書。熙爲尚兄，不應稱貴弟。《吳書》云尚有弟名買，或字顯雍。然則熙字當從《魏書》也。'潘眉曰：'雍、熙字相應，奕字誤。'"

謹案：《册府》卷九百四十二引"奕"字作"雍"，或本范書，疑當如潘説爲是。

〔一九九〕《後漢書》、《季漢書》、郝書、《通志》"以"上俱有"少"字。

〔二〇〇〕郝書"於"字作"爲"。

〔二〇一〕郝書"爲"下有"亂"字。

〔二〇二〕盧弼曰："范書《孔融傳》注引此作'條軍中十餘人'，《通鑑》同。"

謹案：《御覽》卷六百八十二引"備"作"條"，"千"作"十"，郝書同，應據正。

〔二〇三〕陳本"肉骨"二字乙，《後漢紀》同。

〔二〇四〕《季漢書》"薄"字作"簿"，是也。二字形近易譌。

〔二〇五〕《御覽》卷三百八十一引"語"字作"給"，郝書同。

〔二〇六〕《御覽》、《蒙求》卷十注引"婦"下俱無"人"字。

〔二〇七〕《書鈔》卷一百四十四引《吳書》："袁術在壽春，百姓饑貧，以桑椹、蝗蟲爲乾飯。"

〔二〇八〕盧弼曰："范書術傳作'坐簀牀'。"

謹案：櫺牀即笒牀。《釋名·釋船》："舟中牀以薦物者曰笒，言但有簀如笒牀也。南方謂之笒突，言濕漏之水突然從下過也。"王先謙疏證補曰："今牀底上有襯板，水或浸淫而入，其最低者曰水倉，常時去之，名曰刮潮，與此誼合。"

〔二〇九〕馮本、陳本、毛本"遂"字俱作"而"。盧弼曰："宋本'而'作'遂'，范書術傳'因憤慨結病，歐血死'。"

謹案：《册府》卷九百四十二引作"因而遂死"，疑此有脫文。

〔二一〇〕毛本"紀"字作"記"。

〔二一一〕郝書作"劉祇、田林爲友"。

〔二一二〕盧弼曰："范書《黨錮傳》'翔字子麟'。"

謹案：徐紹楨曰："案《後漢書》陳翔字子麟，《三君八俊錄》亦謂翔字子麟，與此注不同。"疑作"子麟"者是。

〔二一三〕郝書"友"字作"及"。

〔二一四〕《後漢書》《通志》"甚"作"溫"。

〔二一五〕郝書"作"字作"爲"。

〔二一六〕《後漢書》、郝書"袁"上有"若"字。

〔二一七〕郝書"今"字作"必"。

〔二一八〕《後漢書》、郝書"集"上有"能"字。

〔二一九〕《册府》卷八百七十八引"復"字作"顧"。

〔二二〇〕《後漢書》、郝書"君"上有"使"字。

〔二二一〕《册府》卷四百四十六引"天"上有"時"字。

〔二二二〕《後漢書》、郝書"世"下有"不仕"二字。

〔二二三〕紹興本、陳本、毛本"宮"字作"官"，馮本作"宮"。考作"官"字是。胡鳴玉《訂譌雜錄》卷八"學官"條云："世以學舍爲學官，於理亦通，然與出處不合。漢《賈誼傳》云：'及太子少長知妃色，則入於學。學者，所以學之官也。'顏師古云：'官謂官舍。'又《藝文志》：'《易》有施、孟、梁丘、京氏列於學官,《書》有大、小夏侯氏列於學官,《詩》有齊、魯、韓三家列於學官,《禮》有戴德、戴勝、慶普列於學官,《春秋》有公羊、穀梁立於學官。'無作學宮者。"

〔二二四〕《後漢書》、郝書"定"字作"立"。

〔二二五〕《後漢書》、郝書無"將軍"二字。

〔二二六〕《册府》卷七百二十"殺"字作"究",疑"究"爲"竟"之譌。

〔二二七〕《後漢書》、郝書"則"下有"成"字。

〔二二八〕紹興本"遂"字作"還"。

〔二二九〕盧弼曰:"趙一清曰:'與疑作如。'"

謹案:"與""如"古通用。《史記・司馬相如傳》"何與寡人"集解引郭璞曰:"與猶如也。"是其證,不煩改字。

〔二三〇〕紹興本"楚"下無"之"字。

〔二三一〕《後漢書》"偉"字作"瑋"。

〔二三二〕《後漢書》注、郝書苟注引"鑒"下有"識"字。

〔二三三〕《册府》卷八百四十二引"證"字作"謂",是。

〔二三四〕毛本"解"字作"懈"。盧弼曰:"馮本、官本'懈'作'解',誤。"

謹案:《詩・烝民》箋"不解於位",釋文"解"本作"懈",是"懈""解"古通用。作"解"者非誤字也。

〔二三五〕郝書"體"字作"禮"。

〔二三六〕郝書"命"字作"辟"。

〔二三七〕紹興本、馮本"善"字作"義",郝書同。

〔二三八〕《御覽》卷三百八十五、卷五百八十八引"元"字作"文"。

〔二三九〕紹興本"於"字作"于"。

三國志校箋卷七

魏志卷七〔一〕

呂布　　張邈陳登　　臧洪〔二〕陳容

　　呂布字奉先，五原郡九原人也。以驍武給并州。刺史丁原爲騎都尉，屯河內，以布爲主簿，大見親待。靈帝崩，原將兵詣洛陽。《英雄記》曰：原字建陽。本出自寒家，爲人麤略，有武勇，善騎射。爲南縣吏，受使不辭難，有警急，追寇虜，輒在其前。裁知書，少有吏用。與何進謀誅諸黃門，拜執金吾。進敗，董卓入京都，將爲亂，欲殺原，并其兵衆。卓以布見信於原，誘布令殺原。布斬原首詣卓，卓以布爲騎都尉，甚愛信之，誓爲父子。

　　布便弓馬，膂力過人〔三〕，號爲飛將。稍遷至中郎將，封都亭侯。卓自以遇人無禮，恐人謀己，行止常以布自衛。然卓性剛而褊，忿不思難，嘗小失意，拔手戟擲布〔四〕。布拳捷避之，《詩》曰："無拳無勇，職爲亂階。"注：

"拳，力也。"爲卓顧謝，卓意亦解。由是陰怨卓。卓常使布守中閤，布與卓侍婢私通，恐事發覺，心不自安。

先是，司徒王允以布州里壯健，厚接納之。後布詣允，陳卓幾見殺狀。時允與僕射士孫瑞密謀誅卓，是以告布使爲內應。布曰："奈如父子何！"允曰："君自姓呂，本非骨肉。今憂死不暇，何謂父子？"布遂許之，手刃刺卓。語在《卓傳》。允以布爲奮威將軍，假節，儀比三司，進封溫侯，共秉朝政。布自殺卓後，畏惡涼州人，涼州人皆怨。由是李傕等遂相結還攻長安城。《英雄記》曰：郭汜在城北。布開城門，將兵就汜，言"且卻兵，但身決勝負"。汜、布乃獨共對戰，布以矛刺中汜，汜後騎遂前救汜，汜、布遂各兩罷。布不能拒，傕等遂入長安。卓死後六旬，布亦敗。臣松之案：《英雄記》曰：諸書，布以四月二十三日殺卓，六月一日敗走，時又無閏，不及六旬。將數百騎出武關，欲詣袁術。

布自以殺卓爲術報讎，欲以德之。術惡其反覆，拒而不受。北詣袁紹，紹與布擊張燕於常山。燕精兵萬餘，騎數千。布有良馬曰赤兔。《曹瞞傳》曰：時人語曰[五]："人中有呂布，馬中有赤兔。"常與其親近成廉、魏越等陷鋒突陣，遂破燕軍。而求益兵衆，將士鈔掠，紹患忌之。布覺其意，從紹求去。紹恐還爲己害，遣壯士夜掩殺布，不獲。事露，布走河內，《英雄記》曰：布自以有功於袁氏，輕傲紹下諸將，以爲擅相署置，不足貴也。布求還洛，紹假布領司隸校尉。外言當遣，內欲殺布[六]。明日當發，紹遣甲士三十人,辭以送布。布使止於帳側,僞使人於帳中鼓箏。紹兵卧,布無何出帳去,而兵不覺。夜半兵起,亂斫布牀被,謂爲已死。明日紹訊問[七],知布尚在,乃閉城門。布遂引去。與張楊合。紹令衆追之,皆畏布,莫敢逼近者。《英雄記》曰:楊及部曲諸將,皆受傕、汜購募,共圖布。布聞之,謂楊曰:"布,卿州里也。卿殺布,於卿弱。不如賣布,可極得汜、傕爵寵。"楊於是外許汜、傕,内實保護布。汜、傕患之,更下大封詔書,以布爲潁川太守。

張邈字孟卓,東平壽張人也。少以俠聞,振窮救急,傾家無愛,士多歸之。太祖、袁紹皆與邈友。辟公府,以高第拜騎都尉,遷陳留太守。董卓之亂,太祖與邈首舉義兵。汴水之戰,邈遣衛兹將兵隨太祖。袁紹既爲盟主,有驕矜色,邈正議責紹。紹使太祖殺邈,太祖不聽,責紹曰:"孟卓,親友也,是非當容之。今天下未定,不宜自相危也。"邈知之,益德太祖。太祖之征陶謙,勅家曰:"我若不還,往依孟卓。"後還,見邈,垂泣相對。其親如此。

吕布之捨袁紹從張楊也,過邈臨别,把手共誓。紹聞之,大恨。邈畏太祖終爲紹擊己也,心不自安。興平元年,太祖復征謙,邈弟超,與太祖將陳宫、從事中郎許汜、王楷共謀叛太祖。宫說邈曰:"今雄傑並起,天下分崩,君以千里之衆,當四戰之地,撫劍顧眄[八],亦足以爲人豪,而反制於人,不以鄙乎!今州軍東征,其處空虚，吕布壯士，善戰無前，若權迎之，共牧兖州，觀天下形勢，俟時事之變通，此亦縱橫之一時也。"邈從之。太祖初使宮將兵留屯東郡，遂以其衆東迎布爲兖州牧，據濮陽。郡縣皆應，唯鄄城、東阿、范爲太祖守。太祖引軍還，與布戰於濮陽，太祖軍不利，相持百餘日。是時歲旱、蟲蝗、少穀，百姓相食，布東屯山陽。二年間，太祖乃盡復收諸城，擊破布於鉅野。布東奔劉備。《英雄記》曰：布見備，甚敬之，謂備曰："我與卿同邊地人也。布見關東起兵，欲誅董卓。布殺卓東出，關東諸將無安布者，皆欲殺布耳。"請備於帳中坐婦牀上，令婦向拜，酌酒飲食，名備爲弟。備見布語言無常，外然之而内不說。邈從布，留超將家屬屯雍丘。太祖攻圍數月，屠之，斬超及其家。邈詣袁術請救未至，自爲其兵所殺。《獻帝春秋》曰：袁術議稱尊號，邈謂術曰："漢據火德，絕而復揚，德澤豐流，誕生明公。公居軸處中，入則享於上席，出則爲衆目之所屬，華、霍不能增其高，淵泉不能同其量，可謂巍巍蕩蕩，無與爲貳。何爲捨此而欲稱制？恐福不盈眥，禍將溢世。莊周之稱郊祭犧牛，養飼經年，衣以文繡，宰執鸞刀，以入廟門，當此之時，求爲孤犢不可得也！"按《本傳》，邈詣術，未至而死。而此云諫稱尊號，未詳孰是。

備東擊術，布襲取下邳，備還歸布。布遣備屯小沛。布自稱徐州刺史。《英雄記》曰：布初入徐州，書與袁術。術報書曰："昔董卓作亂，破壞王室，禍害術門户，術舉兵關東，未能屠裂卓。將軍誅卓，送其頭首，爲術掃滅讎恥，使術明目於當世，死生不愧，其功一也。昔將金元休向兖州，甫詣封部，爲曹操逆所拒破[九]，流離迸走，幾至滅亡。將軍破兖州，術復明目於遐遍，其功二也。術生年已來，不聞天下有劉備，備乃舉兵與術對戰，術憑將軍威靈，得以破備，其功三也。將軍有三大功在術，術雖不敏，奉以生死。將軍連年攻戰，軍糧苦少，今送米二十萬斛，迎逢道路，非直此止，當駱驛復致。若兵器戰具，佗所乏少，大小唯命。"布得書大喜，遂造下邳。《典略》曰：元休名尚，京兆人也。尚與同郡韋休甫、第五文休俱著名，號爲三休。尚，獻帝初爲兗州刺史，東之郡，而太祖已臨兗州。尚南依袁術。術僭號，欲以尚爲太尉，不敢顯言，私使人諷之，尚無屈意，術亦不敢彊也。建安初，尚逃還，爲術所害。其後尚喪與太傅馬日磾喪俱至京師，天子嘉尚忠烈，爲之咨嗟，詔百官弔祭，拜子瑋郎中，而日磾不與焉。《英雄記》曰：布水陸東下，軍到下邳西四十里。備中郎將丹陽許耽夜遣司馬章誑來詣布，言："張益德與下邳相曹豹共爭，益德殺豹，城中大亂，不相信。丹陽兵有千人屯西白門城內，聞將軍來東，大小踴躍，如復更生。將軍兵向城西門，丹陽軍便開門內將軍矣。"布遂夜進，晨到城下。天明，丹陽兵悉開門內布兵。布於門上坐，步騎放火，大破益德兵，獲備妻子軍資及部曲將吏士家口。建安元年六月夜半時，布將河內郝萌反，將兵入布所治下邳府，詣廳事閤外，同聲大呼攻閤，閤堅不得入。布不知反者爲誰，直牽婦，科頭袒衣，相將從溷上排壁出，詣都督高順營，直排順門入。順問："將軍有所隱不？"布言"河內兒聲"。順言："此郝萌也"。順即嚴兵入府，弓弩並射萌衆。萌衆亂走，天明還故營。萌將曹性反萌，與對戰，萌刺傷性，性斫萌一臂。順斫萌首，床輿性，送詣布。布問性，言："萌受袁術謀。""謀者悉誰？"性言："陳宮同謀。"時宮在坐上，面赤，傍人悉覺之。布以宮大將，不問也。性言："萌常以此問，性言呂將軍大將有神，不可擊也，不意萌狂惑不止。"布謂性曰："卿健兒也！"善養視之。創愈，使安撫萌故營，領其衆。術遣將紀靈等步騎三萬攻備〔一〇〕，備求救於布。布諸將謂布曰："將軍常欲殺備，今可假手於術。"布曰："不然。術若破備，則北連太山諸將，吾爲在術圍中，不得不救也。"便嚴步兵千、騎二百，馳往赴備。靈等聞布至，皆斂兵不敢復攻。布於沛西南一里安屯，遣鈴下請靈等〔一一〕，靈等亦請布共飲食。布謂靈等曰："玄德，布弟也。弟爲諸君所困，故來救之。布性不喜合鬭，但喜解鬭耳。"布令門候於營門中舉一隻戟，布言："諸軍觀布射戟小支，一發中者，諸君當解去〔一二〕，不中可留決鬭。"布舉弓射戟，正中小支。諸將皆驚，言："將軍天威也！"明日復歡會，然後各罷。

術欲結布爲援，乃爲子索布女，布許之。術遣使韓胤以僭號議告布，并求迎婦。沛相陳珪恐術、布成婚，則徐、揚合從，將爲國難，於是往說布曰："曹公奉迎天子，輔贊國政，威靈命世，將征四海，將軍宜與協同策謀，圖太山之安。今與術結婚，受天下不義之名，必有累卵之危。"布亦怨術初不己受也，女已在塗，追還絕婚，械送韓胤，梟首許市。珪欲使子登詣太祖，布不肯遣。會使者至，拜布左將軍。布大喜，即聽登往，并令奉章謝恩。《英雄記》曰：初，天子在河東，有手筆版書召布來迎。布軍無畜積，不能自致，遣使上書。朝廷以布爲平東將軍，封平陶侯。使人於山陽界亡失文字，太祖又手書厚加慰勞布，說起迎天子，當平定天下意，並詔書購捕公孫瓚、袁術、韓暹、楊奉等。布大喜，復遣使上書於天子曰："臣本當迎大駕，知曹操忠孝，奉迎都許。臣前與操交兵，今操保傅陛下，臣爲外將，欲以兵自隨，恐有嫌疑，是以待罪徐州，進退未敢自寧。"答太祖曰："布獲罪之人，分爲誅首，手命慰勞，厚見褒獎。重見購捕袁術等詔書，布當以命爲效。"太祖更遣奉車都尉王則爲使者，齎詔書，又封平東將軍印綬來拜布。太祖又手書與布曰："山陽屯送將軍所失大封，國家無好金，孤自取家好金更相爲作印，國家無紫綬，自取所帶紫綬以籍心。將軍所使不良。袁術稱天子，將軍止之，而使不通章。朝廷信將軍，使復重上，以相明忠誠。"布乃遣登奉章謝恩，并以一好綬答太祖。登見太祖，因陳布勇而無計〔一三〕，輕於去就，宜早圖之。太祖曰："布狼子野心，誠難久養，非卿莫能究其情也〔一四〕。"即增珪秩中二千石，拜登廣陵太守。臨別，太祖執登手曰："東方之事，便以相付。"令登陰合部衆以爲内應。

始，布因登求徐州牧〔一五〕，登還，布怒，拔戟斫机曰："卿父勸吾協同曹公，絕婚公路，今吾所求無一獲，而卿父子並顯重，爲卿所賣耳〔一六〕！卿爲吾言，其說云何？"登不爲動容，徐喻之曰："登見曹公言：'待將軍譬如養虎，當飽其肉，不飽則將噬人〔一七〕。'公曰：'不如卿言也。譬如養鷹，饑則爲用，飽則揚去〔一八〕。'其言如此。"布意乃解。

術怒，與韓暹、楊奉等連勢，遣大將張勳攻布。布謂珪曰："今致術軍，卿之由也，爲之奈何？"珪曰："暹、奉與術，卒合之軍耳，策謀不素定，不能相維持，子登策之，比之連雞，勢不俱棲，可解離也。"布用珪策，遣人説暹、奉,使與己并力共擊術軍,軍資所有,悉許暹、奉。於是暹、奉從之,勳大破敗。《九州春秋》載布與暹、奉書曰:"二將軍拔大駕來東,有元功於國,當書勳竹帛,萬世不朽。今袁術造逆,當共誅討,奈何與賊臣還共伐布?布有殺董卓之功,與二將軍俱爲功臣,可因今共擊破術,建功於天下,此時不可失也。"暹、奉得書,即迴計從布。布進軍,去勳等營百步,暹、奉兵同時並發,斬十將首,殺傷墮水死者不可勝數。《英雄記》曰:布後又與暹、奉二軍向壽春,水陸並進,所過虜略。到鍾離,大獲而還。既渡淮北,留書與術曰:"足下恃軍彊盛,常言猛將武士,欲相吞滅,每抑止之耳!布雖無勇,虎步淮南,一時之間,足下鼠竄壽春,無出頭者。猛將武士,爲悉何在?足下喜爲大言以誣天下,天下之人安可盡誣?古者兵交,使在其間,造策者非布先唱也〔一九〕。相去不遠,可復相聞。"布渡畢,術自將步騎五千揚兵淮上,布騎皆於水北大哈笑之而還。時有東海蕭建爲瑯邪相,治莒,保城自守,不與布通。布與建書曰:"天下舉兵,本以誅董卓爾〔二〇〕。布殺卓,來詣關東,欲求兵西迎大駕,光復洛京,諸將自還相攻,莫肯念國。布,五原人也,去徐州五千餘里,乃在天西北角,今不來共爭天東南之地。莒與下邳相去不遠,宜當共通。君如自遂以爲郡郡作帝,縣縣自王也!昔樂毅攻齊,呼吸下齊七十餘城,唯莒、即墨二城不下,所以然者,中有田單故也。布雖非樂毅,君亦非田單,可取布書與智者詳共議之。"建得書,即遣主簿齎牋上禮,貢良馬五匹。建尋爲臧霸所襲破,得建資實。布聞之,自將步騎向莒。高順諫曰:"將軍躬殺董卓,威震夷狄,端坐顧盼,遠近自然畏伏〔二一〕,不宜輕自出軍,如或不捷,損名非小。"布不從。霸畏布引還抄暴,果登城拒守。布不能救〔二二〕,引還下邳。霸後復與布和。

建安三年,布復叛爲術,遣高順攻劉備於沛,破之。太祖遣夏侯惇救備,爲順所敗。太祖自征布,至其城下〔二三〕,遺布書,爲陳禍福。布欲降,陳宮等自以負罪深,沮其計。《獻帝春秋》曰:太祖軍至彭城。陳宮謂布:"宜逆擊之,以逸擊勞,無不克也。"布曰:"不如待其來攻,蹙著泗水中。"及太祖軍攻之急,布於白門樓上謂軍士曰:"卿曹無相困,我自首當明公。"陳宮曰:"逆賊曹操,何等明公!今日降之,若卵投石,豈可得全也!"布遣人求救於術,術自將千餘騎出戰,敗走,還保城,不敢出。《英雄記》曰:布遣許汜、王楷告急於術。術曰:"布不與我女,理自當敗,何爲復來相聞邪?"汜、楷曰:"明上今不救布,爲自敗耳!布破,明上亦破也。"術時僭號,故呼爲明上。術乃嚴兵爲布作聲援。布恐術爲女不至,故不遣兵救也,以綿纏女身,縛著馬上,夜自送女出與術,與太祖守兵相觸,格射不得過,復還城。布欲令陳宮、高順守城,自將騎斷太祖糧道。布妻謂曰:"將軍自出斷曹公糧道是也。宮、順素不和,將軍一出,宮、順必不同心共城守也,如有蹉跌〔二四〕,將軍當於何自立乎?願將軍諦計之,無爲宮等所誤也。妾昔在長安,已爲將軍所棄,賴得龐舒私藏妾身耳,今不須顧妾也。"布得妻言,愁悶不能自決。《魏氏春秋》曰:陳宮謂布曰:"曹公遠來,勢不能久。若將軍以步騎出屯,爲勢於外,宮將餘衆閉守於內,若向將軍,宮引兵而攻其背,若來攻城,將軍爲救於外。不過旬日,軍食必盡,擊之可破。"布然之。布妻曰:"昔曹氏待公臺如赤子,猶舍而來。今將軍厚公臺不過於曹公,而欲委金城〔二五〕,捐妻子,孤軍遠出,若一旦有變,妾豈得爲將軍妻哉!"布乃止。

術亦不能救。布雖驍猛，然無謀而多猜忌，不能制御其黨，但信諸將。諸將各異意自疑，故每戰多敗。太祖塹圍之三月，上下離心，其將侯成、宋憲、魏續縛陳宮，將其衆降。《九州春秋》曰：初，布騎將侯成遣客牧馬十五匹，客悉驅馬去向沛城，從歸劉備。成自將騎逐之，悉得馬還。諸將合禮賀成，成釀五六斛酒，獵得十餘頭豬，未飲食，先持半豬五斗酒自入詣布前，跪言："間蒙將軍恩，逐得所失馬，諸將來相賀，自釀少酒，獵得豬，未敢飲食，先奉上微意。"布大怒曰："布禁酒，卿釀酒，諸將共飲食作兄弟，共謀殺布邪？"成大懼而去，棄所釀酒，還諸將禮。由是自疑，會太祖圍下邳，成遂領衆降。布與其麾下登白門樓。兵圍急，乃下降。遂生縛布，布曰："縛太急，小緩之。"太祖曰："縛虎不得不急也。"布請曰："明公所患不過於布，今已服矣，天下不足憂。明公將步，令布將騎，則天下不足定也。"太祖有疑色。劉備進曰："明公不見布之事丁建陽及董太師乎！"太祖頷之。布因指備曰〔二六〕："是兒最叵信者！"〔二七〕《英雄記》曰：布謂太祖曰："布待諸將厚也，諸將臨急皆叛布耳。"太祖曰："卿背妻，愛諸將婦，何以爲厚？"布默然。《獻帝春秋》曰：布問太祖："明公何瘦？"太祖曰："君何以識孤？"布曰："昔在洛，會溫氏園。"太祖曰："然。孤忘之矣。所以瘦，恨不早相得故也。"布曰："齊桓舍射鉤，使管仲相。今使布竭股肱之力，爲公前驅，可乎？"布縛急，謂劉備曰："玄德，卿爲坐客，我爲執虜，不能一言以相寬乎？"太祖笑曰："何不相語，而訴明使君乎？"意欲活之，命使寬縛。主簿王必趨進曰："布，勍虜也。其衆近在外，不可寬也。"太祖曰："本欲相緩，主簿復不聽，如之何？"於是縊殺布。布與宮、順等皆梟首送許，然後葬之。《英雄記》曰：順爲人清白有威嚴，不飲酒，不受饋遺。所將七百餘兵，號爲千人，鎧甲鬭具皆精練齊整，每所攻擊無不破者，名爲陷陣營。順每諫布，言："凡破家亡國，非無忠臣明智者也，但患不見用耳。將軍舉動，不肯詳思，輒喜言誤，誤不可數也。"布知其忠，然不能用。布從郝萌反後，更疏順。以魏續有內外之親〔二八〕，悉奪順所將兵以與續。及當攻戰，故令順將續所領兵，順亦終無恨意。

太祖之禽宮也，問宮欲活老母及女不，宮對曰："宮聞孝治天下者不絕人之親，仁施四海者不乏人之祀，老母在公，不在宮也。"太祖召養其母終其身，嫁其女。魚氏《典略》曰：陳宮字公臺，東郡人也。剛直烈壯〔二九〕，少與海內知名之士皆相連結。及天下亂，始隨太祖，後自疑，乃從呂布，爲布畫策，布每不從其計。下邳敗，軍士執布及宮，太祖皆見之，與語平生，故布有求活之言。太祖謂宮曰："公臺，卿平常自謂智計有餘，今竟何如？"宮顧指布曰："但坐此人不從宮言，以至於此。若其見從，亦未必爲禽也。"太祖笑曰："今日之事當如何〔三〇〕？"宮曰："爲臣不忠，爲子不孝，死自分也。"太祖曰："卿如是，奈卿老母何？"宮曰："宮聞將以孝治天下者不害人之親，老母之存否，在明公也。"太祖曰："若卿妻子何？"宮曰："宮聞將施仁政於天下者不絕人之祀，妻子之存否，亦在明公也。"太祖未復言。宮曰："請出就戮，以明軍法。"遂趨出，不可止。太祖泣而送之，宮不還顧。宮死後，太祖待其家皆厚於初。

陳登者，字元龍，在廣陵有威名。又掎角呂布有功，加伏波將軍，年三十九卒。後許汜與劉備並在荊州牧劉表坐,表與備共論天下人,汜曰:"陳元龍湖海之士〔三一〕,豪氣不除。"備謂表曰:"許君論是非?"表曰:"欲言非,此君爲善士,不宜虛言;欲言是,元龍名重天下。"備問汜:"君言豪,寧有事邪?"汜曰:"昔遭亂過下邳,見元龍。元龍無客主之意,久不相與語,自上大牀臥,使客臥下牀。"備曰:"君有國士之名,今天下大亂,帝主失所,望君憂國忘家,有救世之意〔三二〕,而君求田問舍,言無可采,是元龍所諱也,何緣當與君語?如小人,欲臥百尺樓上,臥君於地〔三三〕,何但上下牀之間邪?"表大笑。備因言曰:"若元龍文武膽志,當求之於古耳,造次難得比也。"《先賢行狀》曰:登忠亮高爽,沈深有大略,少有扶世濟民之志。博覽載籍,雅有文藝,舊典文章,莫不貫綜。年二十五,舉孝廉,除東陽長,養耆育孤,視民如傷。是時世荒民饑,州牧陶謙表登爲典農校尉,乃巡土田之宜,盡鑿溉之利,秔稻豐積。奉使到許,太祖以登爲廣陵太守,令陰合衆以圖呂布。登在廣陵,明審賞罰,威信宣布。海賊薛州之羣萬有餘户,束手歸命。未及期年,功化以就,百姓畏而愛之〔三四〕。登曰:"此可用矣。"太祖到下邳,登率郡兵爲軍先驅。時登諸弟在下邳城中,布乃質執登三弟,欲求和同。登執意不撓,進圍日急。布刺姦張弘懼爲後累〔三五〕,夜將登三弟出就登。布既伏誅,登以功加拜伏波將軍,甚得江、淮間歡心,於是有吞滅江南之志。孫策遣軍攻登於匡琦城。賊初到,旌甲覆水,羣下咸以:"今賊衆十倍於郡兵,恐不能抗,可引軍避之,與其空城。水人居陸,不能久處,必尋引去。"登厲聲曰:"吾受國命,來鎮此土。昔馬文淵之在斯位,能南平百越,北滅羣狄,吾既不能遏除凶慝,何逃寇之爲邪〔三六〕!吾其出命以報國,仗義以整亂,天道與順,克之必矣。"乃閉門自守,示弱不與戰,將士銜聲,寂若無人。登乘城望形勢,知其可擊。乃申令將士,宿整兵器〔三七〕,昧爽,開南門,引軍詣賊營〔三八〕,步騎抄其後。賊周章,方結陣,不得還船。登手執軍鼓,縱兵乘之,賊遂大破,皆棄船迸走。登乘勝追奔,斬虜以萬數。賊忿喪軍,尋復大興兵向登。登以兵不敵,使功曹陳矯求救於太祖。登密去城十里治軍營處所,令多取柴薪,兩束一聚,相去十步,縱橫成行,令夜俱起火,火然其聚〔三九〕,城上稱慶,若大軍到。賊望火驚潰,登勒兵追奔,斬首萬級。遷登為東城太守。廣陵吏民佩其恩德,共拔郡隨登,老弱襁負而追之。登曉語令還,曰:"太守在卿郡,頻致吳寇,幸而克濟。諸卿何患無令君乎?"孫權遂跨有江外。太祖每臨大江而歎,恨不早用陳元龍計,而令封豕養其爪牙。文帝追美登功,拜登息肅為郎中。

臧洪字子源,廣陵射陽人也。父旻,歷匈奴中郎將、中山、太原太守,所在有名。謝承《漢書》曰:旻有幹事才,達於從政,為漢良吏。初從徐州從事辟司徒府,除盧奴令,冀州舉尤異,遷揚州刺史、丹陽太守。是時邊方有警,羌、胡出寇,三府舉能,遷旻匈奴中郎將。討賊有功,徵拜議郎,還京師。見太尉袁逢,逢問其西域諸國土地、風俗、人物、種數。旻具答言西域本三十六國,後分為五十五,稍散至百餘國。其國大小,道里近遠,人數多少,風俗燥溼,山川、草木、鳥獸、異物各種〔四○〕,不與中國同者,悉口陳其狀,手畫地形。逢奇其才,歎息言:"雖班固作《西域傳》,何以加此〔四一〕?"旻轉拜長水校尉,終太原太守。洪體貌魁梧,有異於人,舉孝廉為郎。時選三署郎以補縣長，琅邪趙昱爲莒長，東萊劉繇下邑長，東海王朗菑丘長，洪即丘長。靈帝末，棄官還家，太守張超請洪爲功曹。

董卓殺帝，圖危社稷，洪説超曰："明府歷世受恩，兄弟並據大郡，今王室將危，賊臣未梟，此誠天下義烈報恩效命之秋也。今郡境尚全，吏民殷富，若動枹鼓，可得二萬人，以此誅除國賊，爲天下倡先，義之大者也。"超然其言，與洪西至陳留，見兄邈計事。邈亦素有心，會於酸棗，邈謂超曰："聞弟爲郡守，政教威恩，不由己出，動任臧洪，洪者何人？"超曰："洪才略智數優超〔四二〕，超甚愛之，海內奇士也。"邈即引見洪，與語大異之。致之於劉兗州公山、孔豫州公緒，皆與洪親善。乃設壇場，方共盟誓，諸州郡更相讓，莫敢當，咸共推洪。洪乃升壇操槃歃血而盟曰："漢室不幸，皇綱失統，賊臣董卓乘釁縱害，禍加至尊，虐流百姓，大懼淪喪社稷，翦覆四海。兗州刺史岱、豫州刺史伷、陳留太守邈、東郡太守瑁、廣陵太守超等，糾合義兵，並赴國難。凡我同盟，齊心戮力，以致臣節，殞首喪元，必無二志。有渝此盟，俾墜其命，無克遺育。皇天后土，祖宗明靈，實皆鑒之！"洪辭氣慷慨，涕泣橫下，聞其言者，雖卒伍厮養，莫不激揚，人思致節。臣松之案：於時此盟止有劉岱等五人而已。《魏氏春秋》橫內劉表等數人，皆非事實。表保據江、漢，身未嘗出境，何由得與洪同壇而盟乎？頃之，諸軍莫適先進，而食盡衆散。

超遣洪詣大司馬劉虞謀，值公孫瓚之難，至河間，遇幽、冀二州交兵，使命不達。而袁紹見洪，又奇重之，與結分合好。會青州刺史焦和卒，紹使洪領青州以撫其衆。《九州春秋》曰：初平中，焦和爲青州刺史。是時英雄並起，黄巾寇暴，和務及同盟，俱入京畿，不暇爲民保障，引軍踰河而西。未久而袁、曹二公與卓將戰於滎陽，敗績。黄巾遂廣，屠裂城邑。和不能禦，然軍器尚利，戰士尚衆，而耳目偵邏不設，恐動之言妄至，望寇奔走，未嘗接風塵交旗鼓也。欲作陷冰丸沈河，令賊不得渡，禱祈羣神，求用兵必利，蓍筮常陳於前，巫祝不去於側；入見其清談干云，出則渾亂，命不可知〔四三〕。州遂蕭條，悉爲丘墟也。洪在州二年，羣盗奔走。紹歎其能，徙爲東郡太守，治東武陽。

太祖圍張超於雍丘，超言："唯恃臧洪，當來救吾。"衆人以爲袁、曹方睦，而洪爲紹所表用，必不敗好招禍，遠來赴此。超曰："子源，天下義士，終不背本者，但恐見禁制，不相及逮耳。"洪聞之，果徒跣號泣，並勒所領兵，又從紹請兵馬，求欲救超，而紹終不聽許。超遂族滅。洪由是怨紹，絶不與通。紹興兵圍之，歷年不下。紹令洪邑人陳琳書與洪，喻以禍福，責以恩義。洪答曰：

隔闊相思，發於寤寐。幸相去步武之間耳，而以趣舍異規，不得相見，其爲愴恨，可爲心哉！前日不遺，比辱雅貺，述敘禍福，公私切至。所以不即奉答者，既學薄才鈍，不足塞詰；亦以吾子攜負側室，息肩主人，家在東州，僕爲仇敵。以是事人，雖披中情，墮肝膽，猶身疏有罪，言甘見怪，方首尾不救，何能恤人？且以子之才，窮該典籍，豈將闇於大道，不達余趣哉！然猶復云云者，僕以是知足下之言，信不由衷，將以救禍也。必欲算計長短，辯咨是非，是非之論，言滿天下，陳之更不明，不言無所損。又言傷告絕之義，非吾所忍行也，是以捐棄紙筆，一無所答。亦冀遙忖其心，知其計定，不復渝變也。重獲來命，援引古今，紛紜六紙，雖欲不言，焉得已哉！

僕小人也，本因行役，寇竊大州，恩深分厚，寧樂今日自還接刃！每登城勒兵，望主人之旗鼓，感故友之周旋，撫弦搦矢，不覺流涕之覆面也。何者？自以輔佐主人，無以爲悔〔四四〕。主人相接，過絕等倫。當受任之初，自謂究竟大事，共尊王室。豈悟天子不悅，本州見侵，郡將逼廁里之厄，陳留克創兵之謀，謀計棲遲，喪忠孝之名，杖策攜背，虧交友之分。揆此二者，與其不得已，喪忠孝之名，與虧交友之道，輕重殊塗，親疏異畫，故便收淚告絕。若使主人少垂故人，住者側席，去者克己，不汲汲於離友，信刑戮以自輔，則僕抗季札之志，不爲今日之戰矣。何以效之？昔張景明親登壇歃血，奉辭奔走，卒使韓牧讓印，主人得地。然後但以拜章朝主，賜爵獲傳之故，旋時之間，不蒙觀過之貸，而受夷滅之禍。臣松之案：《英雄記》云：袁紹使張景明、郭公則、高元才等説韓馥，使讓冀州。然馥之讓位，景明亦有其功。其餘之事未詳。吕奉先討卓來奔，請兵不獲，告去何罪？復見斫刺，濱於死亡。劉子璜奉使踰時，辭不獲命，畏威懷親，以詐求歸，可謂有志忠孝，無損霸道者也；然輒僵斃麾下，不蒙虧除。臣松之案：公孫瓚表列紹罪過云："紹與故虎牙將軍劉勳首共造兵，勳仍有效，而以小忿枉害於勳，紹罪七也。"疑此是子璜也。僕雖不敏，又素不能原始見終，覩微知著，竊度主人之心，豈謂三子宜死，罰當刑中哉？實且欲一統山東，增兵討讐，懼戰士狐疑，無以沮勸，故抑廢王命以崇承制，慕義者蒙榮，待放者被戮，此乃主人之利，非游士之願也。故僕鑒戒前人，困窮死戰。僕雖下愚，亦嘗聞君子之言矣。此實非吾心也，乃主人招焉。凡吾所以背棄國民，用命此城者，正以君子之違，不適敵國故也。是以獲罪主人，見攻踰時，而足下更引此義以爲吾規，無乃辭同趨異，非吾子所爲休戚者哉！

吾聞之也，義不背親，忠不違君，故東宗本州以爲親援，中扶郡將以安社稷，一舉二得，以徼忠孝，何以爲非？而足下欲使吾輕本破家，均君主人。主人之於我也，年爲吾兄，分爲篤友，道乖告去，以安君親，可謂順矣。若子之言，則包胥宜致命於伍員，不當號哭於秦庭矣。苟區區於攘患，不知言乖乎道理矣。足下或者見城圍不解，救兵未至，感婚姻之義，惟平生之好，以屈節而苟生，勝守義而傾覆也。昔晏嬰不降志於白刃，南史不曲筆以求生，故身著圖象，名垂後世。況僕據金城之固，驅士民之力，散三年之畜，以爲一年之資，匡困補乏，以悦天下，何圖築室反耕哉！但懼秋風揚塵，伯珪馬首南向，張楊、飛燕，膂力作難，北鄙將告倒縣之急，股肱奏乞歸之誠耳〔四五〕。主人當鑒我曹輩，反旌退師，治兵鄴垣，何宜久辱盛怒，暴威於吾城下哉？足下譏吾恃黑山以爲救，獨不念黃巾之合從邪！加飛燕之屬悉以受王命矣。昔高祖取彭越於鉅野，光武創基兆於绿林，卒能龍飛中興，以成帝業，苟可輔主興化，夫何嫌哉！況僕親奉承璽書，與之從事。

　　行矣孔璋！足下徼利於境外，臧洪授命於君親；吾子託身於盟主，臧洪策名於長安。子謂余身死而名滅，僕亦笑子生死而無聞焉，悲哉！本同而末離，努力努力，夫復何言！

紹見洪書，知無降意，增兵急攻。城中糧穀以盡，外無彊救，洪自度必不免，呼吏士謂曰："袁氏無道，所圖不軌，且不救洪郡將。洪於大義，不得不死，念諸君無事空與此禍！可先城未敗，將妻子出。"將吏士民皆垂泣曰："明府與袁氏本無怨隙，今爲本朝郡將之故〔四六〕，自致殘困，吏民何忍當舍明府去也！"初尚掘鼠煮筋角，後無可復食者。主簿啓内厨米三斗〔四七〕，請中分稍以爲糜粥，洪歎曰："獨食此何爲！"使作薄粥，衆分歠之。殺其愛妾以食將士,將士咸流涕,無能仰視者。男女七八千人相枕而死,莫有離叛。

城陷,紹生執洪。紹素親洪,盛施帷幔,大會諸將見洪,謂曰:"臧洪,何相負若此!今日服未?"洪據地瞋目曰〔四八〕:"諸袁事漢,四世五公,可謂受恩。今王室衰弱,無扶翼之意,欲因際會,希冀非望,多殺忠良以立姦威。洪親見呼張陳留爲兄,則洪府君亦宜爲弟,同共戮力,爲國除害,何爲擁衆觀人屠滅!惜洪力劣,不能推刃爲天下報仇〔四九〕,何謂服乎!"紹本愛洪,意欲令屈服,原之,見洪辭切,知終不爲己用,乃殺之〔五〇〕。徐衆《三國評》曰:洪敦天下名義,救舊君之危,其恩足以感人情,義足以勵薄俗。然袁亦知己親友,致位州郡,雖非君臣,且實盟主,既受其命,義不應貳。袁、曹方睦,夾輔王室,呂布反覆無義,志在逆亂,而邈、超擅立布爲州牧,其於王法,乃一罪人也。曹公討之,袁氏弗救,未爲非理也。洪本不當就袁請兵,又不當還爲怨讐。爲洪計者,苟力所不足,可奔他國以求赴救,若謀力未展以待事機,則宜徐更觀釁,効死於超。何必誓守窮城而無變通,身死殄民,功名不立,良可哀也!洪邑人陳容少爲書生,親慕洪,隨洪爲東郡丞,城未敗,洪遣出。紹令在坐,見洪當死,起謂紹曰:"將軍舉大事〔五一〕,欲爲天下除暴,而專先誅忠義,豈合天意!臧洪發舉爲郡將,奈何殺之!"紹慙,左右使人牽出,謂曰:"汝非臧洪儔,空復爾爲!"容顧曰:"夫仁義豈有常〔五二〕,蹈之則君子,背之則小人。今日寧與臧洪同日而死,不與將軍同日而生!"

復見殺〔五三〕。在紹坐者無不歎息，竊相謂曰："如何一日殺二烈士！"先是，洪遣司馬二人出，求救於呂布，比還，城已陷，皆赴敵死。

評曰：呂布有虓虎之勇，而無英奇之略，輕狡反覆，唯利是視，自古及今，未有若此不夷滅也。昔漢光武謬於龐萌，近魏太祖亦蔽於張邈。知人則哲，唯帝難之，信矣！陳登、臧洪並有雄氣壯節，登降年夙隕，功業未遂，洪以兵弱敵彊，烈志不立，惜哉！

【校箋】

〔一〕毛本作"魏書七"。

〔二〕毛本作"呂布張邈臧洪傳第七"。

〔三〕盧弼曰："胡三省曰：'膂，脊骨也。'"

謹案：《廣雅‧釋詁二》："膂，力也。"胡注失其義，說詳《董卓傳》校箋四"膂力少比"條下。

〔四〕《御覽》卷三百五十二引"擲"字作"擿"。

〔五〕《事類賦》卷二十一引作"時人爲之語曰"。《通志》亦有"爲之"二字。

〔六〕《御覽》卷五百七十六、卷六百九十九引"布"字作"之"。

〔七〕《御覽》卷六百九十九引"日"字作"旦"。

〔八〕盧弼曰："《通鑑》'盼'作'盼'。"

謹案：《一切經音義》卷一引《倉頡篇》曰："旁視曰盼。"則作"盼"字是。《詩‧衛風‧碩人》"美目盼兮"毛傳："盼，黑白分。""盼"字於此無義,《通鑑》作"盼"誤。

〔九〕《册府》卷四百五十三引無"逆"字。

〔一〇〕《御覽》卷七百四十六引《英雄記》"等"字作"率"。

〔一一〕《御覽》引"等"下有"饗飲"二字。

〔一二〕毛本"軍"字作"君"。《書鈔》卷一百二十四、《御覽》卷三百五十二引《英雄記》"軍"字俱作"君"。

〔一三〕《御覽》卷七百一十、《册府》卷九百五十二引"計"字俱作"謀"。

〔一四〕《册府》引無"能"字,"情"下有"偽"字。

〔一五〕盧弼曰:"范書布傳'牧'下有'不得'二字。"

謹案:《御覽》卷三百五十二引亦有"不得"二字,疑此脱,當據補。

〔一六〕《御覽》《册府》引《英雄記》"爲"上俱有"但"字。

〔一七〕《類聚》卷九十一、《事類賦》卷十八、《草堂詩箋》卷四引俱無"飽""將"二字。

〔一八〕《御覽》《册府》引"揚"字俱作"颺",《草堂詩箋》卷二引同。

〔一九〕《殿本考證》:"'造策'元本作'告策'。"

謹案:紹興本"造"字作"告"。

〔二〇〕馮本、陳本、毛本"爾"字作"耳"。

〔二一〕馮本、陳本"伏"字作"服"。

〔二二〕紹興本、馮本、陳本、毛本"救"字俱作"拔"。

〔二三〕盧弼曰:"趙一清曰:'《寰宇記》卷十五:吕布城在徐州彭城縣東南五十里。'弼案:《武紀》建安三年九月公東征,十月屠彭城,進至下邳。傳言至城下者,則下邳城也。"

謹案:《初學記》卷八引伏滔《北征記》:"下邳城韓信所都

也。中城吕布所守，南臨白門樓。"傳所言城下即下邳城下。

〔二四〕紹興本、馮本、陳本、毛本"如"字俱作"於"。

〔二五〕紹興本、馮本、陳本、毛本"金"字俱作"全"，《後漢書·吕布傳》同。

〔二六〕趙一清曰："布傳曰：'布目備曰：大耳兒最叵信。'一清按：此言得之，布已受縛，不得用手指也。"

謹案：《類聚》卷十七、《御覽》卷三百六十六、卷四百三十四引"因"字作"目"，無"指"字。趙説是。

〔二七〕《類聚》、《御覽》卷三百六十六引作"大耳兒最叵信"。

〔二八〕馮本、陳本、毛本"内外"二字乙。外，母族之親也。"外内"蓋連及之辭，因外而連用之也，"内"字於此無實義。

〔二九〕《册府》卷八百七十七引"烈壯"二字乙。

〔三〇〕紹興本、馮本、陳本、毛本"如"字俱作"云"。《册府》引同，是。

〔三一〕盧弼曰："潘眉曰：'《世説補》引云：陳元龍淮海之士，疑明人所見善本《三國志》湖海爲淮海，故所引如此。元龍下邳人，作淮海是也。'周壽昌曰：'湖海之士猶今俗言江湖之士，蓋輕之之辭也。氾豈尚慮昭烈不識爲下邳人乎！'"

謹案：孫志祖《讀書脞録》曰："《後漢書·陳球傳》注引《魏志》作'淮海'，蓋以登淮浦人故云，今作'湖海'疑誤。文人習用湖海元龍之語，亦不加察爾，當據《後漢書》注正之。"

〔三二〕《御覽》卷七百零六引"救"字作"濟"。

〔三三〕《御覽》引"地"下有"下"字。

〔三四〕盧弼曰："趙一清曰：'《寰宇記》卷百二十三愛敬陂在江都縣西十五里（謝鍾英曰：今江都縣西五十里），陳登初開此陂，百姓愛而敬之，因以爲名，亦號陳登塘。'《方輿紀要》卷二十三：'陳公塘在揚州府西，週迴九十餘里，散爲三十六汊，爲利甚溥。'唐《食貨志》：'揚州疏太子港、陳登塘凡三十四陂，以益漕河。'又《紀要》卷二十二：'高家堰在淮安府西南四十里，陳登築堤防淮，此其故址。'"

謹案：惠世奇《九曜齋筆記》："《博湖掌錄》曰：'案：山陽西南四十里曰高加堰，堰不見史而僅見郡志，爲漢建安五年廣陵太守陳登所築。'余因考《三國志》注：'登曾任典農校尉，乃巡土田之宜，盡鑿溉之利。'蓋精於水利者。當時廣陵太守《江表傳》以爲治射陽，則此堰猶爲密邇，爲登築復奚疑！獨怪自建安五年至明永樂平江陳瑄修志時，凡一千二百十五六年，中間並無有人云及高堰者，豈湮廢無迹與？抑堰止受淮，黃尚未合，而未聞其有潰決之患與？及讀《宋史》荊楚司戶參軍《李孟傳》：'加葺境內徐積墓，修復陳公塘，有灌溉之利。'陳公塘即今高堰也。堰固不乏修治，第史文不備耳。同時真州東有陳公塘，一名愛敬陂，漕臣錢沖之修復，門下李道傳爲作記，何一時而並舉與！"

〔三五〕紹興本"爲"字作"於"，《册府》卷四百一十七、卷八百七十引同，是。

〔三六〕紹興本"爲"字作"謂"。《册府》卷三百六十一引同，是。

〔三七〕《册府》引"宿整"作"整肅"。

〔三八〕局本"詣"作"指"。盧弼曰："元本'指'作'詣'。"

謹案：《御覽》卷二百九十四、《册府》引俱作"指"。《淮南子‧原道篇》"然而趨捨指湊"注："指，所之也。"疑作"指"字是。

〔三九〕《御覽》引《通典》"火"字作"牙",武英殿本《通典》作"互"。"互""牙"古今字,作"互"者是也,當據改。

〔四〇〕紹興本"各"字作"名",是。

〔四一〕《御覽》卷二百七十八引"加"字作"過"。

〔四二〕《書鈔》卷七十七引"優"下有"於"字。

〔四三〕郝書作"出觀其政,賞罰淆亂"。

〔四四〕盧弼曰:"劉攽曰:'案文悔字無義,未詳何字?或曰悔當作益。'陸宗楷曰:'案:無以爲悔猶言内省不疚也,義本明顯,解者失之。'"

謹案:《易·乾卦》上九爻辭:"賢人在下位而無輔,是以動而有悔也。""悔"字或本於此。以,用也;爲,謂也。《詩·大雅·云漢》"宜無悔怒"毛傳:"悔,恨也。"

〔四五〕《後漢紀》"誠"字作"記"。

〔四六〕《後漢紀》作"今一朝爲郡將之故"。

〔四七〕《類聚》卷七十二、《御覽》卷四百一十八引《英雄記》、卷八百五十九引《九州春秋》"斗"字俱作"升"。

〔四八〕盧弼曰:"范書作'瞋目',《通鑑》從之。"

謹案:"瞋"當作"瞋"。紹興本、官本俱作"瞋"。《御覽》卷四百八十引《魏志》,又卷四百二十二引《英雄記》亦皆作"瞋"。《說文·目部》:"瞋,張目也。""瞑,翕目也。""瞑"字於此與情勢不協,或以形近致誤。

〔四九〕盧弼曰:"《公羊傳》曰:'事君猶事父也。父受誅,子復仇,推刃之道。'"

謹案:《公羊傳·定公四年》何休注:"子復仇非當復討其子,一往一來曰推刃。"又案:《季漢書》無"下"字,是也。《爾雅·釋詁》:"天,君也。"爲天報仇,猶爲君報仇也。君指張超,是與

《公羊》復仇推刃之義協，若作"天下"，則與傳意乖違矣。或傳刻者未細繹傳意，而妄增"下"字，致失原旨，蓋不可從。

〔五〇〕《書鈔》卷一百四十四、《御覽》卷四百一十八引"之"字作"焉"。

〔五一〕《御覽》卷四百二十二引《英雄記》"舉"上有"今"字。

〔五二〕《御覽》卷四百一十八引"常"下有"所"字。

〔五三〕《御覽》引"復"上有"遂"字，《後漢書》同。

三國志校箋卷八

魏志卷八〔一〕

公孫瓚　陶謙　張楊　公孫度 子康　康子晃　淵　康弟恭　張燕　張繡　張魯〔二〕

公孫瓚字伯珪，遼西令支人也。令音郎定反。支音其兒反。爲郡門下書佐。有姿儀，大音聲，侯太守器之，以女妻焉。《典略》曰：瓚性辯慧〔三〕，每白事不肯稍入，常總說數曹事，無有忘誤，太守奇其才。遣詣涿郡盧植讀經〔四〕。後復爲郡吏〔五〕。劉太守坐事，徵詣廷尉，瓚爲御車，身執徒養。及劉徙日南〔六〕，瓚具米肉，於北芒上祭先人，舉觴祝曰："昔爲人子，今爲人臣，當詣日南。日南瘴氣〔七〕，或恐不還，與先人辭於此。"再拜慷慨而起，時見者莫不歔欷。劉道得赦還〔八〕。瓚以孝廉爲郎，除遼東屬國長史。嘗從數十騎出行塞，見鮮卑數百騎，瓚乃退入空亭中，約其從騎曰："今不衝之，則死盡矣。"瓚乃自持矛，兩頭施刃，馳出刺胡，殺傷數十人，亦亡其從騎半，遂得免。鮮卑懲艾，後不敢復入塞。遷爲涿令。光和中，涼州賊起，發幽州突騎三千人，假瓚都督行事，傳使將之〔九〕。軍到薊中，漁陽張純誘遼西烏丸丘力居等叛，劫略薊中，自號將軍，《九州春秋》曰：純自號彌天將軍安定王。略吏民攻右北平、遼西屬國諸城，所至殘破。瓚將所領，追討純等有功，遷騎都尉。屬國烏丸貪至王率種人詣瓚降。遷中郎將，封都亭侯，進屯屬國，與胡相攻擊五六年。丘力居等鈔略青、徐、幽、冀，四州被其害，瓚不能禦。

朝議以宗正東海劉伯安既有德義，昔爲幽州刺史，恩信流著，戎狄附之，若使鎮撫，可不勞衆而定，乃以劉虞爲幽州牧。《吴書》曰：虞，東海恭王之後也。遭世衰亂，又與時主疏遠，仕縣爲户曹吏。以能治身奉職，召爲郡吏，以孝廉爲郎，累遷至幽州刺史，轉甘陵相，甚得東土戎狄之心。後以疾歸家，常降身隱約，與邑黨州閭同樂共卹，等齊有無，不以名位自殊，鄉曲咸共宗之。時鄉曲有所訴訟，不以詣吏，自投虞平之，虞以情理爲之論制〔一〇〕，皆大小敬從，不以爲恨。嘗有失牛者，骨體毛色，與虞牛相似，因以爲是，虞便推與之，後主自得本牛，乃還謝罪。會甘陵復亂，吏民思虞治行，復以爲甘陵相，甘陵大治。徵拜尚書令、光禄勳，以公族有禮，更爲宗正。《英雄記》曰：虞爲博平令，治正推平〔一一〕，高尚純樸，境内無盜賊，災害不生。時鄰縣接壤，蝗蟲爲害，至博平界，飛過不入。《魏書》曰：虞在幽州，清静儉約，以禮義化民。靈帝時，吏遷補州郡者，皆責助治宫錢，或一千萬，或二千萬〔一二〕，富者以私財辦，或發民錢以備之〔一三〕，貧而清慎者，無以充調，或至自殺。靈帝以虞清貧，特不使出錢。虞到，遣使至胡中，告以利害，責使送純首。丘力居等聞虞至，喜，各遣譯自歸。瓚害虞有功，乃陰使人徼殺胡使。胡知其情，間行詣虞。虞上罷諸屯兵，但留瓚將步騎萬人屯右北平。純乃棄妻子，逃入鮮卑，爲其客王政所殺，送首詣虞。封政爲列侯。虞以功即拜太尉，封襄賁侯。《英雄記》曰：虞讓太尉，因薦衛尉趙謨、益州牧劉焉、豫州牧黄琬、南陽太守羊續，並任爲公。會董卓至洛陽，遷虞大司馬，瓚奮武將軍，封薊侯。

關東義兵起，卓遂劫帝西遷，徵虞爲太傅，道路隔塞，信命不得至。袁紹、韓馥議，以爲少帝制於姦臣，天下無所歸心。虞，宗室知名，民之望也，遂推虞爲帝。遣使詣虞，虞終不肯受。紹等復勸虞領尚書事，承制封拜，虞又不聽，然猶與紹等連和。《九州春秋》曰：紹、馥使故樂浪太守甘陵張岐齎議詣虞，使即尊號。虞厲聲呵岐曰："卿敢出此言乎！忠孝之道，既不能濟。孤受國恩，天下擾亂，未能竭命以除國恥，望諸州郡烈義之士戮力西面，援迎幼主，而乃妄造逆謀，欲塗污忠臣邪！"《吴書》曰：馥以書與袁術，云帝非孝靈子，欲依絳、灌誅廢少主，迎立代王故事，稱虞功德治行，華夏少二，當今公室枝屬，皆莫能及。又云："昔光武去定王五世，以大司馬領河北，耿弇、馮異勸即尊號，卒代更始。今劉公自恭王枝别，其數亦五，以大司馬領幽州牧，此其與光武同。"是時有四星會於箕尾，馥稱讖云："神人將在燕分。"又言濟陰男子王定得玉印，文曰"虞爲天子"。又見兩日出於代郡，謂虞當代立。紹又別書報術。是時術陰有不臣之心,不利國家有長主,外託公義以答拒之。紹亦使人私報虞,虞以國有正統,非人臣所宜言,固辭不許,乃欲圖奔匈奴以自絶,紹等乃止。虞於是奉職脩貢,愈益恭肅,諸外國羌、胡有所貢獻,道路不通,皆爲傳送,致之京師。虞子和爲侍中,在長安。天子思東歸,使和僞逃卓,潛出武關詣虞,令將兵來迎。和道經袁術,爲説天子意。術利虞爲援,留和不遣,許兵至俱西,令和爲書與虞。虞得和書,乃遣數千騎詣和。瓚知術有異志,不欲遣兵,止虞,虞不可。瓚懼術聞而怨之,亦遣其從弟越將千騎詣術以自結,而陰教術執和,奪其兵。由是虞、瓚益有隙。和逃術來北,復爲紹所留。

是時,術遣孫堅屯陽城拒卓,紹使周昂奪其處。術遣越與堅攻昂,不勝,越爲流矢所中死。瓚怒曰:"余弟死,禍起於紹。"遂出軍屯磐河,將以報紹。紹懼,以所佩渤海太守印綬授瓚從弟範,遣之郡,欲以結援。範遂以渤海兵助瓚,破青、徐黄巾,兵益盛,進軍界橋。《典略》載瓚表紹罪狀曰:"臣聞皇、羲以來,始有君臣上下之事,張化以導民,刑罰以禁暴。今行車騎將軍袁紹,託其先軌,寇竊人爵,旣性暴亂,厥行淫穢。昔爲司隸校尉,會國家值喪禍之際〔一四〕,太后承攝,何氏輔政,紹專爲邪媚,不能舉直,至令丁原焚燒孟津,招來董卓,造爲亂根,紹罪一也。卓旣入雒而主見質,紹不能權謀以濟君父〔一五〕,而棄置節傳,迸竄逃亡,忝辱爵命,背上不忠,紹罪二也。紹爲渤海太守,默選戎馬,當攻董卓,不告父兄,至使太傅門户,太僕母子,一旦而斃,不仁不孝,紹罪三也。紹旣興兵,涉歷二年,不卹國難,廣自封殖,乃多以資糧，專爲不急，割剥富室，收考責錢，百姓吁嗟，莫不痛怨，紹罪四也。韓馥之迫，竊其虛位，矯命詔恩，刻金印玉璽，每下文書，皁囊施檢〔一六〕，文曰'詔書一封，邟邟，口浪反。鄉侯印'。昔新室之亂，漸以即真，今紹所施，擬而方之，紹罪五也。紹令崔巨業候視星日，財貨賂遺，與共飲食，克期會合，攻鈔郡縣，此豈大臣所當宜爲？紹罪六也。紹與故虎牙都尉劉勳首共造兵，勳仍有劾，又降伏張楊，而以小忿枉害於勳，信用讒慝，殺害有功，紹罪七也。紹又上故上谷太守高焉、故甘陵相姚貢，橫責其錢，錢不備畢，二人并命，紹罪八也。《春秋》之義，子以母貴。紹母親爲婢使，紹實微賤，不可以爲人後，以義不宜，乃據豐隆之重任，悉污王爵，損辱袁宗，紹罪九也。又長沙太守孫堅，前領豫州刺史，驅走董卓，掃除陵廟，其功莫大。紹令周昂盜居其位，斷絕堅糧，令不得入，使卓不被誅，紹罪十也。臣又每得後將軍袁術書，云紹非術類也。紹之罪戾，雖南山之竹不能載。昔姬周政弱，王道陵遲，天子遷都，諸侯背叛，於是齊桓立柯亭之盟，晉文爲踐土之會，伐荊楚以致菁茅，誅曹、衛以彰無禮。臣雖闒茸，名非先賢，蒙被朝恩，當此重任，職在鈇鉞，奉辭伐罪，輒與諸將州郡兵討紹等。若事克捷，罪人斯得，庶續桓、文忠誠之效，攻戰形狀，前後續上。"遂興兵與紹對戰〔一七〕，紹不勝。以嚴綱爲冀州，田楷爲青州，單經爲兗州，置諸郡縣。紹軍廣川〔一八〕，令將麴義先登與瓚戰，生禽綱。瓚軍敗走渤海，與範俱還薊，於大城東南築小城，與虞相近，稍相恨望。

　　虞懼瓚爲變，遂舉兵襲瓚。虞爲瓚所敗，出奔居庸。瓚攻拔居庸，生獲虞，執虞還薊。會卓死，天子遣使者段訓增虞邑,督六州,瓚遷前將軍,封易侯。瓚誣虞欲稱尊號,脅訓斬虞。《魏氏春秋》曰:初,劉虞和輯戎狄,瓚以胡夷難禦,當因不賓而討之,今加財賞,必益輕漢,効一時之名,非久長深慮。故虞所賞賜,瓚輒抄奪。虞數請會,稱疾不往。至是戰敗,虞欲討之,告東曹掾右北平人魏攸。攸曰:"今天下引領,以公爲歸,謀臣爪牙,不可無也。瓚,文武才力足恃,雖有小惡,固宜容忍。"乃止。後一年,攸病死。虞又與官屬議,密令衆襲瓚。瓚部曲放散在外,自懼敗,掘東城門欲走。虞兵無部伍,不習戰,又愛民屋,勒令勿燒。故瓚得放火,因以精銳衝突,虞衆大潰,奔居庸城。瓚攻及家屬以還,殺害州府,衣冠善士殆盡。《典略》曰:瓚曝虞於市而祝曰:"若應爲天子者,天當降雨救之。"時盛暑〔一九〕,竟日不雨,遂殺虞。《英雄記》曰:虞之見殺,故常山相孫瑾、掾張逸、張瓚等忠義憤發,相與就虞,罵瓚極口,然後同死。瓚上訓爲幽州刺史。瓚遂驕矜,記過忘善,多所賊害。《英雄記》曰:瓚統内外,衣冠子弟有材秀者,必抑困使在窮苦之地。問或其故,答曰:"今取衣冠家子弟及善士富貴之,皆自以爲職當得之,不謝人善也。"所寵遇驕恣者,類多庸兒,若故卜數師劉緯臺〔二〇〕、販繒李移子、賈人樂何當等三人,與之定兄弟之誓,自號爲伯,三人者爲仲叔季〔二一〕,富皆巨億,或取其女以配己子,常稱古者曲周、灌嬰之屬以譬也。虞從事漁陽鮮于輔、齊周、騎都尉鮮于銀等,率州兵欲報瓚,以燕國閻柔素有恩信,共推柔爲烏丸司馬。柔招誘烏丸、鮮卑,得胡、漢數萬人,與瓚所置漁陽太守鄒丹戰於潞北,大破之,斬丹。袁紹又遣麴義及虞子和,將兵與輔合擊瓚。瓚軍數敗,乃走還易京固守。《英雄記》曰:先是有童謠曰："燕南垂，趙北際，中央不合大如礪，惟有此中可避世。"瓚以易當之〔二二〕，乃築京固守。瓚別將有爲敵所圍，義不救也。其言曰："救一人，使後將恃救不力戰；今不救此，後將當念在自勉。"是以袁紹始北擊之時，瓚南界上別營自度守則不能自固，又知必不見救，是以或自殺其將帥，或爲紹兵所破，遂令紹軍徑至其門。臣松之以爲：童謠之言，無不皆驗，至如此記，似若無徵。謠言之作，蓋令瓚終始保易，無事遠略。而瓚因破黃巾之威，意志張遠，遂置三州刺史，圖滅袁氏，所以致敗也。爲圍塹十重，於塹裏築京，皆高五六丈，爲樓其上。中塹爲京，特高十丈，自居焉，積穀三百萬斛。《英雄記》曰：瓚諸將家家各作高樓，樓以千計。瓚作鐵門，居樓上，屛去左右，婢妾侍側，汲上文書。瓚曰："昔謂天下事可指麾而定，今日視之，非我所決，不如休兵，力田畜穀。兵法：百樓不攻。今吾樓櫓千重，食盡此穀，足知天下之事矣。"欲以此弊紹。紹遣將攻之，連年不能拔。《漢晉春秋》曰：袁紹與瓚書曰："孤與足下，既有前盟舊要，申之以討亂之誓，愛過夷、叔，分著丹青，謂爲勠力同仇，足踵齊、晉，故解印釋綬，以北帶南，分割膏腴，以奉執事，此非孤赤情之明驗邪？豈寤足下棄烈士之高義，尋禍亡之險蹤，輒而改慮，以好易怨，盜遣士馬，犯暴豫州。始聞甲卒在南，親臨戰陣，懼於飛矢迸流，狂刃橫集，以重足下之禍，徒增孤子之咎釁也，故爲薦書懇惻，冀可改悔。而足下超然自逸，矜其威詐，謂天罔可吞，豪雄可滅，果令貴弟殞於鋒刃之端。斯言猶在於耳，而足下曾不尋討禍源，克心罪己，苟欲逞其無疆之怒，不顧逆順之津，匿怨害民，聘於余躬。遂躍馬控弦，處我疆土，毒徧生民，辜延白骨。孤辭不獲已，以登界橋之役。是時足下兵氣霆震，駿馬電發；僕師徒肇合，機械不嚴，彊弱殊科，衆寡異論，假天之助，小戰大克，遂陵躡奔背，因壘館穀，此非天威棐諶〔二三〕，福豐有禮之符表乎？足下志猶未厭，乃復糾合餘燼，率我蚌賊，以焚爇渤海。孤又不獲寧，用及龍河之師。羸兵前誘，大軍未濟，而足下膽破衆散，不鼓而敗，兵衆擾亂，君臣並奔，此又足下之爲，非孤之咎也。自此以後，禍隙彌深，孤之師旅，不勝其忿，遂至積尸爲京，頭顱滿野，愍彼無辜，未嘗不慨然失涕也。後比得足下書，辭意婉約，有改往脩來之言。僕既欣於舊好克復，且愍兆民之不寧，每輒引師南駕，以順簡書。弗盈一時，而北邊羽檄之文，未嘗不至。孤是用痛心疾首，靡所錯情。夫處三軍之帥，當列將之任，宜令怒如嚴霜，喜如時雨，臧否好惡，坦然可觀。而足下二三其德，彊弱易謀，急則曲躬，緩則放逸，行無定端，言無質要，爲壯士者固若此乎！既乃殘殺老弱，幽士憤怨，衆叛親離，孑然無黨。又烏丸、濊貊，皆與足下同州〔二四〕，僕與之殊俗，各奮迅激怒，爭爲鋒銳。又東西鮮卑，舉踵來附。此非孤德所能招，乃足下驅而致之也。夫當荒危之世，處干戈之險，內違同盟之誓，外失戎狄之心，兵興州壞，禍發蕭墻，將以定霸，不亦難乎！前以西山陸梁，出兵平討，會麴義餘殘，畏誅逃命，故遂住大軍，分兵撲蕩，此兵孤之前行，乃界橋搴旗拔壘，先登制敵者也。始聞足下鑠金紆紫，命以元帥，謂當因茲奮發，以報孟明之恥，是故戰夫引領，竦望旌旆，怪遂含光匿影，寂爾無聞，卒臻屠滅，相爲惜之。夫有平天下之怒，希長世之功，權御師徒，帶養戎馬，叛者無討，服者不收，威懷並喪〔二五〕，何以立名？今舊京克復，天罔云補，罪人斯亡，忠幹翼化，華夏儼然，望於穆之作，將戢干戈，放散牛馬，足下獨何守區區之土，保軍內之廣，甘惡名以速朽，亡令德之久長，壯而篝之，非良策也。宜釋憾除嫌，敦我舊好。若斯言之玷，皇天是聞。"瓚不答，而增修戎備。謂關靖曰："當今四方虎爭，無有能坐吾城下相守經年者明矣。袁本初其若我何！"建安四年，紹悉軍圍之。瓚遣子求救於黑山賊，復欲自將突騎直出，傍西南山[二六]，擁黑山之衆，陸梁冀州，橫斷紹後。長史關靖説瓚曰："今將軍將士，皆已土崩瓦解，其所以能相守持者[二七]，顧戀其居處老小，以將軍爲主耳。將軍堅守曠日，袁紹要當自退，自退之後，四方之衆必復可合也。若將軍今舍之而去，軍無鎮重，易京之危，可立待也。將軍失本，孤在草野，何所成邪！"瓚遂止不出。《英雄記》曰：關靖字士起，太原人。本酷吏也，諂而無大謀，特爲瓚所信幸。救至，欲内外擊紹。遣人與子書，刻期兵至，舉火爲應。《典略》曰：瓚遣行人文則齎書告子續曰："袁氏之攻，似若神鬼，鼓角鳴於地中，梯衝舞吾樓上。日窮月蹙，無所聊賴。汝當碎首於張燕，速致輕騎，到者當起烽火於北，吾當從内出。不然，吾亡之後，天下雖廣，汝欲求安足之地，其可得乎！"《獻帝春秋》曰：瓚夢薊城崩，知必敗，乃遣間使與續書。紹候者得之，使陳琳更其書曰："蓋聞在昔衰周之世，僵尸流血，以爲不然，豈意今日身當其衝！"其餘語與《典略》所載同。紹候者得其書，如期舉火。瓚以爲救兵至，遂出欲戰。紹設伏擊，大破之，復還守。紹爲地道，突壞其樓，稍至中京。《英雄記》曰：袁紹分部攻者掘地爲道，穿穴其樓下，稍稍施木柱之，度足達半，便燒所施之柱，樓輒傾倒。瓚自知必敗，盡殺其妻子，乃自殺。《漢晉春秋》曰：關靖曰："吾聞君子陷人於危,必同其難,豈可獨生乎!"乃策馬赴紹軍而死。紹悉送其首於許。

　　鮮于輔將其衆奉王命[二八]。以輔爲建忠將軍,督幽州六郡。太祖與袁紹相拒於官渡,閻柔遣使詣太祖受事,遷護烏丸校尉。而輔身詣太祖,拜左度遼將軍[二九],封亭侯,遣還鎮撫本州。《魏略》曰:輔從太祖於官渡。袁紹破走,太祖喜,顧謂輔曰:"如前歲本初送公孫瓚頭來,孤自視忽然耳,而今克之。此既天意,亦二三子之力。"太祖破南皮,柔將部曲及鮮卑獻名馬以奉軍,從征三郡烏丸,以功封關內侯。《魏略》曰:太祖甚愛閻柔,每謂之曰:"我視卿如子,亦欲卿視我如父也。"柔由此自託於五官將,如兄弟。輔亦率其衆從。文帝踐阼,拜輔虎牙將軍,柔度遼將軍,皆進封縣侯,位特進。

　　陶謙字恭祖,丹陽人[三〇]。《吳書》曰:謙父,故餘姚長。謙少孤,始以不羈聞於縣中。年十四,猶綴帛爲幡,乘竹馬而戲,邑中兒僮皆隨之。故蒼梧太守同縣甘公出遇之塗[三一],見其容貌,異而呼之,住車與語,甚悦,因許妻以女。甘公夫人聞之[三二],怒曰:"妾聞陶家兒教戲無度,如何以女許之?"公曰:"彼有奇表,長必大成。"遂妻之[三三]。少好學,爲諸生,仕州郡,舉茂才,除盧令,《吳書》曰:謙性剛直,有大節,少察孝廉,拜尚書郎,除舒令。郡守張磐[三四],同郡先輩,與謙父友,意殊親之,而謙恥爲之屈。與衆還城,因以公事進見,坐罷,磐常私還,入與謙飲宴[三五],或拒不爲留[三六]。常以舞屬謙[三七],謙不爲起，固彊之，及舞，又不轉〔三八〕。磐曰："不當轉邪？"曰："不可轉，轉則勝人。"由是不樂，卒以構隙。謙在官清白，無以糾舉，祠靈星，有贏錢五百，欲以贓之〔三九〕。謙委官而去。遷幽州刺史，徵拜議郎，參車騎將軍張溫軍事，西討韓遂。《吳書》曰：會西羌寇邊，皇甫嵩爲征西將軍，表請武將。召拜謙揚武都尉，與嵩征羌，大破之。後邊章、韓遂爲亂，司空張溫銜命征討，又請謙爲參軍事，接遇甚厚，而謙輕其行事，心懷不服。及軍罷還，百寮高會，溫屬謙行酒，謙衆辱溫。溫怒，徙謙於邊。或說溫曰："陶恭祖本以材略見重於公，一朝以醉飲過失，不蒙容貸，遠棄不毛，厚德不終，四方人士安所歸望！不如釋憾除恨，克復初分，於以遠聞德美。"溫然其言，乃追還謙。謙至，或又謂謙曰："足下輕辱三公，罪自己作，今蒙釋宥，德莫厚矣，宜降志卑辭以謝之。"謙曰："諾。"又謂溫曰："陶恭祖今深自罪責，思在變革。謝天子禮畢，必詣公門。公宜見之，以慰其意。"時溫於宮門見謙，謙仰曰："謙自謝朝廷，豈爲公邪？"溫曰："恭祖癡病尚未除邪？"遂爲之置酒，待之如初。會徐州黃巾起，以謙爲徐州刺史，擊黃巾，破走之。董卓之亂，州郡起兵，天子都長安，四方斷絕，謙遣使間行致貢獻，遷安東將軍、徐州牧，封溧陽侯。是時，徐州百姓殷盛，穀米封贍，流民多歸之。而謙背道任情，廣陵太守琅邪趙昱，徐方名士也，以忠直見疏。謝承《漢書》曰：昱年十三，母嘗病，經涉三月。昱慘戚消瘠，至目不交睫，握粟出卜，祈禱泣血，鄉黨稱其孝。就處士東莞綦毋君受《公羊傳》，兼該羣業。至歷年潛志，不闚園圃，親疏希見其面。時入定省父母，須臾即還。高潔廉正，抱禮而立，清英儼恪，莫干其志，旌善以興化，彈邪以矯俗。州郡請召，常稱病不應。國相檀謨、陳遵共召不起〔四〇〕，或興盛怒，終不迴意。舉孝廉，除莒長，宣揚五教，政爲國表。會黃巾作亂，陸梁五郡，郡縣發兵，以爲先辦。徐州刺史巴祗表功第一，當受遷賞，昱深以爲恥，委官還家。徐州牧陶謙初辟別駕從事，辭疾遜遁。謙重令揚州從事會稽吳範宣旨，昱守意不移，欲威以刑罰，然後乃起。舉茂才，遷廣陵太守。賊笮融從臨淮見討，迸入郡界，昱將兵拒戰，敗績見害〔四一〕。曹宏等讒慝小人也，謙親任之。刑政失和，良善多被其害，由是漸亂。下邳闕宣自稱天子，謙初與合從寇鈔〔四二〕，後遂殺宣〔四三〕，并其衆。

初平四年，太祖征謙，攻拔十餘城，至彭城大戰，謙兵敗走，死者萬數，泗水爲之不流。謙退守郯，太祖以糧少引軍還。《吳書》曰：曹公父於泰山被殺，歸咎於謙。欲伐謙而畏其彊，乃表令州郡一時罷兵。詔曰："今海內擾攘，州郡起兵，征夫勞瘁，寇難未弭。或將吏不良，因緣討捕，侵侮黎民，離害者衆。風聲流聞，震蕩城邑，丘墻懼於橫暴〔四四〕，貞良化爲羣惡，此何異乎抱薪救焚，扇火止沸哉！今四民流移，託身他方，攜白首於山野，棄稚子於溝壑，顧故鄉而哀歎，向阡陌而流涕，飢厄困苦，亦曰甚矣〔四五〕。雖悔往者之迷謬，思奉教於今日，然兵連衆結，鋒鏑布野，恐一朝解散，夕見係虜〔四六〕，是以阻兵屯據，欲止而不敢散也。詔書到，其各罷遣甲士，還親農桑，惟留常員吏以供官署，慰示遠近，咸使聞知。"謙被詔，乃上書曰："臣聞懷遠柔服，非德不集；克難平亂，非兵不濟。是以涿鹿、阪泉、三苗之野，有五帝之師，有扈、鬼方、商、奄四國，有王者之伐，自古在昔，未有不揚威以弭亂，震武以止暴者也。臣前初以黃巾亂治，受策長驅，匪遑啓處。雖憲章勒戒，奉宜威靈，敬行天誅，每伐輒克。然妖寇類衆，殊不畏死，父兄殲殪，子弟羣起，治屯連兵，至今爲患。若承命解甲，弱國自虛，釋武備以資亂，損官威以益寇，今日兵罷，明日難必至〔四七〕，上忝朝廷寵授之本，下令羣凶日月滋蔓，非所以彊幹弱枝、遏惡止亂之務也。臣雖愚蔽，忠恕不昭，抱恩念報，所不忍行。輒勒部曲，申令警備。出芟彊寇，惟力是視，入宣德澤，躬奉職事，冀効微勞，以贖罪負。"又曰："華夏沸擾，於今未弭，包茅不入，職貢多闕，寤寐憂歎，無日敢寧。誠思貢獻必至，薦羞獲通，然後銷鋒解甲，臣之願也。臣前調穀百萬斛，已在水次，輒勒兵衛送。"曹公得謙上事，知不罷兵。乃進攻彭城，多殺人民。謙引兵擊之，青州刺史田楷亦以兵救謙。公引兵還。臣松之案：此時天子在長安，曹公尚未秉政。罷兵之詔，不得由曹氏出。興平元年，復東征，略定琅邪、東海諸縣。謙恐，欲走歸丹陽。會張邈叛迎呂布，太祖還擊布。是歲，謙病死。《吳書》曰：謙死時，年六十三，張昭等爲之哀辭曰："猗與使君，君侯將軍，膺秉懿德，允武允文，體足剛直，守以溫仁。令舒及盧，遺愛於民；牧幽暨徐，甘棠是均。憬憬夷、貊，賴侯以清；蠢蠢妖寇，匪侯不寧。唯帝念績，爵命以章，既牧且侯，啓土溧陽。遂升上將，受號安東，將平世難，社稷是崇。降年不永，奄忽徂薨，喪覆失恃，民知困窮。曾不旬日，五郡潰崩，哀我人斯，將誰仰馮？追思靡及，仰叫皇穹。嗚呼哀哉！"謙二子：商、應，皆不仕。

張楊字稚叔，云中人也。以武勇給并州，爲武猛從事。靈帝末，天下亂，帝以所寵小黃門蹇碩爲西園上軍校尉,軍京都,欲以禦四方,徵天下豪傑以爲偏裨。太祖及袁紹等皆爲校尉,屬之。《靈帝紀》曰:以虎賁中郎將袁紹爲中軍校尉,屯騎校尉鮑鴻爲下軍校尉,議郎曹操爲典軍校尉,趙融、馮芳爲助軍校尉,夏牟、淳于瓊爲左右校尉。幷州刺史丁原遣楊將兵詣碩,爲假司馬。靈帝崩,碩爲何進所殺。楊復爲進所遣,歸本州募兵得千餘人,因留上黨,擊山賊。進敗,董卓作亂。楊遂以所將攻上黨太守於壺關,不下,略諸縣,衆至數千人。山東兵起,欲誅卓。袁紹至河內,楊與紹合,復興匈奴單于於夫羅屯漳水。單于欲叛,紹、楊不從。單于執楊與俱去,紹使將麴義追擊於鄴南,破之。單于執楊至黎陽,攻破度遼將軍耿祉軍,衆復振。卓以楊爲建義將軍、河內太守。天子之在河東,楊將兵至安邑,拜安國將軍,封晉陽侯。楊欲迎天子還洛,諸將不聽,楊還野王。建安元年,楊奉、董承、韓暹挾天子還舊京,糧乏。楊以糧迎道路,遂至洛陽。謂諸將曰:"天子當與天下共之,幸有公卿大臣,楊當捍外難,何事京都?"遂還野王。即拜爲大司馬。《英雄記》曰:楊性仁和,無威刑。下人謀反,發覺,對之涕泣,輒原不問。楊素與呂布善,太祖之圍布〔四八〕,楊欲救之,不能。乃出兵東市,遙爲之勢。其將楊醜,殺楊以應太祖。楊將眭固殺醜,將其衆,欲北合袁紹。太祖遣史渙邀擊,破之於犬城,斬固,盡收其衆也。《典略》曰:固字白兔,既殺楊醜,軍屯射犬。時有巫誡固曰:"將軍字兔,而此邑名犬,兔見犬,其勢必驚,宜急移去。"固不從,遂戰死。

公孫度字升濟，本遼東襄平人也。度父延，避吏居玄菟，任度爲郡吏〔四九〕。時玄菟太守公孫琙，子豹，年十八歲，早死。度少時名豹，又與琙子同年，琙見而親愛之，遣就師學，爲取妻。後舉有道，除尚書郎，稍遷冀州刺史，以謠言免。同郡徐榮爲董卓中郎將，薦度爲遼東太守。度起玄菟小吏，爲遼東郡所輕。先時，屬國公孫昭守襄平令，召度子康爲伍長。度到官，收昭，笞殺於襄平市。郡中名豪大姓田韶等宿遇無恩，皆以法誅，所夷滅百餘家，郡中震慄。東伐高句驪，西擊烏丸，威行海外。初平元年，度知中國擾攘，語所親吏柳毅、陽儀等曰："漢祚將絶，當與諸卿圖王耳。"《魏書》曰：度語毅、儀："讖書云孫登當爲天子，太守姓公孫，字升濟，升即登也。"時襄平延里社生大石，長丈餘，下有三小石爲之足。或謂度曰："此漢宣帝冠石之祥〔五〇〕，而里名與先君同〔五一〕。社主土地，明當有土地，而三公爲輔也〔五二〕。"度益喜〔五三〕。故河内太守李敏，郡中知名，惡度所爲，恐爲所害，乃將家屬入於海。度大怒，掘其父冢，剖棺焚屍，誅其宗族。《晉陽秋》曰：敏子追求敏，出塞，越二十餘年不娶。州里徐邈責之曰："不孝莫大於無後，何可終身不娶乎！"乃娶妻，生子胤而遣妻。常如居喪之禮，不勝憂，數年而卒。胤生不識父母，及有識，蔬食哀戚，亦如三年之喪。以祖父不知存亡，設主奉之。由是知名，仕至司徒。臣松之案：《本傳》云敏將家入海，而復與子相失，未詳其故。分遼東郡爲遼西、中遼郡〔五四〕，置太守。越海收東萊諸縣，置營州刺史。自立爲遼東侯、平州牧，追封父延爲建義侯。立漢二祖廟，承制設壇墠於襄平城南，郊祀天地，籍田治兵〔五五〕，乘鸞路，九旒，旄頭羽騎。太祖表度爲武威將軍，封永寧鄉侯，度曰："我王遼東，何永寧也！"藏印綬武庫。度死，子康嗣位，以永寧鄉侯封弟恭。是歲建安九年也。

十二年，太祖征三郡烏丸，屠柳城。袁尚等奔遼東，康斬送尚首。語在《武紀》。封康襄平侯，拜左將軍。康死，子晃、淵等皆小，衆立恭爲遼東太守。文帝踐阼，遣使即拜恭爲車騎將軍、假節，封平郭侯。追贈康大司馬。

初，恭病陰消爲閹人，劣弱不能治國。太和二年，淵脅奪恭位。明帝即位，拜淵揚烈將軍〔五六〕、遼東太守。淵遣使南通孫權，往來賂遺。《吳書》載淵表權曰："臣伏惟遭天地反易，遇无妄之運，王路未夷，傾側擾攘。自先人以來，歷事漢、魏，階緣際會，爲國效節，繼世享任，得守藩表，猶知符命未有攸歸。每感厚恩，頻辱顯使，退念人臣交不越境，是以固守所執，拒違前使。雖義無二信，敢忘大恩！陛下鎮撫，長存小國，前後裴校尉、葛都尉等到，奉被勅誡，聖旨彌密，重紈累素，幽明備著，所以申示之事，言提其耳。臣晝則謳吟，宵則發夢，終身誦之，志不知足。季末凶荒，乾坤否塞，兵革未戢，人民蕩析。仰此天命將有眷顧，私從一隅，永瞻云日。今魏家不能采錄忠善，褒功臣之後，乃令讒諂得行其志〔五七〕，聽幽州刺史、東萊太守詿誤之言，猥興州兵，圖害臣郡。臣不負魏，而魏絶之。

蓋聞人臣有去就之分；田饒適齊，樂毅走趙，以不得事主，故保有道之君。陳平、耿況，亦覩時變，卒歸於漢，勒名帝籍。伏惟陛下德不再出，時不世遇，是以悽悽懷慕自納，望遠視險，有如近易。誠願神謨蚤定洪業，奮六師之勢[五八]，收河、洛之地，爲聖代宗。天下幸甚！"《魏略》曰：國家知淵兩端，而恐遼東吏民爲淵所誤。故公文下遼東，因赦之曰："告遼東、玄菟將校吏民：逆賊孫權遭遇亂階，因其先人，劫略州郡，遂成羣凶，自擅江表，含垢藏疾。冀其可化，故割地王權，使南面稱孤，位以上將，禮以九命。權親叉手，北向稽顙。假人臣之寵，受人臣之榮[五九]，未有如權者也。狼子野心，告令難移，卒歸反覆，背恩叛主，滔天逆神，乃敢僭號。恃江湖之險阻，王誅未加。比年已來，復遠遣船[六〇]，越渡大海，多持貨物，詐誘邊民。邊民無知，與之交關，長吏以下，莫肯禁止。至使周賀浮舟百艘，沈滯津岸，貿遷有無。既不疑拒，齎以名馬，又使宿舒隨賀通好。十室之邑，猶有忠信，陷君於惡，《春秋》所書也。今遼東、玄菟奉事國朝，紆青拖紫，以千百爲數[六一]，戴纚垂纓，咸佩印綬，曾無匡正納善之言。龜玉毀於匱，虎兕出於柙，是誰之過歟？國朝爲子大夫羞之！昔狐突有言：'父教子貳，何以事君？策名委質，貳乃辟也。'今乃阿順邪謀，脅從姦惑，豈獨父兄之教不詳，子弟之舉習非而已哉！若苗穢害田，隨風烈火，芝艾俱焚，安能白別乎[六二]？且又此事固然易見，不及鑒古成敗，書傳所載也。江南海北有萬里之限，遼東君臣無怵惕之患，利則義所不利[六三]，貴則義所不貴，此爲厭安樂之居，求危亡之禍，賤忠貞之節，重背叛之名。蠻、貊之長，猶知愛禮，以此事人，亦難爲顏！且又宿舒無罪，擠使入吳，奉不義之使，始與家訣，涕泣而行。及至賀死之日，覆衆成山，舒雖脫死，魂魄離身。何所逼迫，乃至於此！今忠臣烈將，咸忿遼東反覆攜貳,皆欲乘桴浮海,期於肆意。朕爲天下父母,加念天下新定,既不欲勞動干戈,遠涉大川,費役如彼,又悼邊陲遺餘黎民,迷誤如此,故遣郎中衛慎、邵瑁等且先奉詔示意。若股肱忠良,能效節立信以輔時君,反邪就正以建大功,福莫大焉。儻恐自嫌已爲惡逆所見染汙,不敢倡言,永懷伊戚。其諸與賊使交通,皆赦除之,與之更始。"權遣使張彌、許晏等,齎金玉珍寶,立淵爲燕王。淵亦恐權遠不可恃,且貪貨物,誘致其使,悉斬送彌、晏等首,《魏略》載淵表曰:"臣前遣校尉宿舒、郎中令孫綜,甘言厚禮,以誘吳賊。幸賴天道福助大魏,使此賊虜暗然迷惑,違戾羣下,不從衆諫,承信臣言,遠遣舩使,多將士卒,來致封拜。臣之所執,得如本志,雖憂罪釁,私懷幸甚。賊衆本號萬人,舒、綜伺察,可七八千人,到沓津。偽使者張彌、許晏與中郎將萬泰、校尉裴潛將吏兵四百餘人,齎文書命服什物,下到臣郡。泰、潛別齎致遺貨物,欲因市馬。軍將賀達、虞咨領餘衆在舩所。臣本欲須涼節乃取彌等,而彌等人兵衆多,見臣不便承受吳命,意有猜疑。懼其先作[六四],變態妄生,即進兵圍取,斬彌、晏、泰、潛等首級。其吏從兵衆,皆士伍小人,給使東西,不得自由,面縛乞降,不忍誅殺,輒聽納受,徙充邊城。別遣將韓起等率將三軍,馳行至沓。使領長史柳遠設賓主禮誘請達、咨,三軍潛伏以待其下,又驅羣馬貨物,欲與交市。達、咨懷疑不下,使諸市買者五六百人下欲交市。起等金鼓始震,鋒矢亂發,斬首三百餘級,被創赴水沒溺者可二百餘人,其散走山谷,來歸降及藏竄饑餓死者,不在數中。得銀印、銅印、兵器、資貨,不可勝數。謹遣西曹掾公孫珩奉送賊權所假臣節、印綬、符策、九錫、什物,及彌等僞節、印綬、首級。"又曰:

"宿舒、孫綜前到吳，賊權問臣家內小大，舒、綜對臣有三息，修別屬亡弟。權敢姦巧，便擅拜命。謹封送印綬、符策。臣雖無昔人洗耳之風，慹爲賊權汙損所加，既行天誅，猶有餘忿。"又曰："臣父康，昔殺權使，結爲讐隙。今乃譎欺，遣使誘致，令權傾心，虛國竭祿，遠命上卿，寵授極位，震動南土，備盡禮數。又權待舒、綜，契闊委曲，君臣上下，畢歡竭情。而令四使見殺，梟示萬里，士衆流離，屠戮津渚，慚恥遠布，痛辱彌天。權之怨疾，將刻肌骨。若天衰其業，使至喪隕，權將內傷憤激而死。若期運未訖，將播毒螫，必恐長虵，來爲寇害。徐州諸屯及城陽諸郡，與相接近，如有舩衆後年向海門，得其消息，乞速告臣，使得備豫。"又曰："臣門户受恩，實深實重，自臣承攝即事以來，連被榮寵，殊特無量，分當隕越，竭力致死。而臣狂愚，意計迷闇，不即禽賊，以至見疑。前章表所陳情趣事勢，實但欲罷弊此賊，使困自絕，誠不敢背累世之恩，附僭盜之虜也。而後愛憎之人，緣事加誣，偽生節目，辛令明聽疑於市虎，移恩改愛，興動威怒，幾至沈沒，長爲負忝。幸賴慈恩猶垂三宥，使得補過，解除愆責。如天威遠加，不見假借，早當麋碎，辱先廢祀，何緣自明，建此微功。臣既喜於事捷，得自申展，悲於疇昔，至此變故，餘怖踴躍，未敢便寧。唯陛下既崇春日生全之仁，除忿塞隙，抑弭纖介，推今亮往，察臣本心，長令抱戴，銜分三泉。"又曰："臣被服光榮，恩情未報，而以罪釁，自招譴怒，分當即戮，爲衆社戒。所以越典詭常，僞通於吳，誠自念窮迫，報效未立，而爲天威督罰所加，長恐奄忽，不得自洗。故敢自闕替廢於一年，遣使誘吳，知其必來。權之求郡，積有年歲，初無倡答一言之應，今權得使，來必不疑。至此一舉，果如所規，上卿大衆，翕赫豐盛，財貨賂遺，傾國極位，到見禽取，流離死亡，千有餘人，滅絕不反。此誠暴猾賊之鋒，摧矜夸之巧，昭示天下，破損其業，足以懲之矣。臣之悽悽念効於國，雖有非常之過，亦有非常之功，願陛下原其踰闕之愆，采其毫毛之善，使得國恩，保全終始矣。"明帝於是拜淵大司馬，封樂浪公，持節、領郡如故。《魏名臣奏》載中領軍夏侯獻表曰："公孫淵昔年敢違王命，廢絕計貢者，實挾兩端，既恃阻險，又怙孫權，故敢跋扈，恣睢海外。宿舒親見賊權軍衆府庫，知其弱少不足憑恃，是以決計斬賊之使。又高句麗、濊貊與淵爲仇，並爲寇鈔。今外失吳援，內有胡寇，心知國家能從陸道，勢不得不懷惶懼之心。因斯之時，宜遣使示以禍福。奉車都尉酅弘，武皇帝時始奉使命，開通道路。文皇帝即位，欲通使命，遣弘將妻子還歸鄉里，賜其車、牛，絹百匹〔六五〕。弘以受恩，歸死國朝，無有還意，乞留妻子，身奉使命。公孫康遂稱臣妾。以弘奉使稱意，賜爵關內侯。弘性果烈，乃心於國，夙夜拳拳，念自竭効。冠族子孫，少好學問，博通書記，多所關涉，口論速捷，辯而不俗，附依典誥，若出胷臆，加仕本郡，常在人右，彼方士人素所敬服。若當遣使，以爲可使弘行。弘乃自舊土，習其國俗，爲說利害，辯足以動其意，明足以見其事，才足以行之，辭足以見信。若其計從，雖酈生之降齊王，陸賈之說尉佗，亦無以遠過也。欲進遠路，不宜釋騏驥；將已篤疾，不宜廢扁鵲。願察愚言也。"使者至，淵設甲兵爲軍陣，出見使者，又數對國中賓客出惡言。《吳書》曰：魏遣使者傅容、聶夔拜淵爲樂浪公。淵計吏從洛陽還，語淵曰："使者左駿伯，使皆擇勇力者，非凡人也。"淵由是疑怖。容、夔至，住學館中。淵先以步騎圍之，乃入受拜。容、夔大怖，由是還洛言狀。景初元年，乃遣幽州刺史毌丘儉等齎璽書徵淵。淵遂發兵，逆於遼隧，與儉等戰。儉等不利而還。淵遂自立爲燕王，置百官有司。遣使者持節，假鮮卑單于璽，封拜邊民，誘呼鮮卑，侵擾北方。《魏書》曰：淵知此變非獨出儉，遂爲備。遣使謝吳，自稱燕王，求爲與國。然猶令官屬上書自直於魏曰："大司馬長史臣郭昕、參軍臣柳浦等七百八十九人言：奉被今年七月己卯詔書，伏讀懇切，精魄散越，不知身命所當投措！昕等伏自惟省，螻蟻小醜，器非時用，遭值千載，被受公孫淵祖考以來光明之德，惠澤沾渥，滋潤榮華，無寸尺之功〔六六〕，有負乘之累，遂蒙襃獎，登名天府，並以駑蹇附龍託驥，紆青拖紫，飛騰云梯，感恩惟報，死不擇地。臣等聞明君在上，聽政采言，人臣在下，得無隱情，是以因緣訴讓，冒犯懇冤。郡在藩表，密邇不羈，平昔三州，轉輸費調，以供賞賜，歲用累億，虛耗中國。然猶跋扈，虔劉邊陲，烽火相望，羽檄相逮，城門晝閉，路無行人，州郡兵戈，奔散覆沒。淵祖父度初來臨郡，承受荒殘，開日月之光，建神武之略，聚烏合之民，掃地爲業，威震燿於殊俗，德澤被於羣生。遼土之不壞，實度是賴。孔子曰：'微管仲，吾其被髮左袵。'向不遭度，則郡早爲丘墟，而民係於虜廷矣。遺風餘愛，永存不朽。度既薨殂，吏民感慕，欣戴子康，尊而奉之。康踐統洪緒，克壯徽猷，文昭武烈，邁德種仁。乃心京輦，翼翼虔恭，佐國平亂，效績紛紜，功隆事大，勳藏王府。度、康當值武皇帝休明之會，合策明之計〔六七〕，夾輔漢室，降身委質，卑己事魏。匪虛小厭大，畏而服焉，乃慕託高風，懷仰盛懿也。武皇帝亦虛心接納，待以不次，功無巨細，每不見忘。又命之曰：'海北土地，割以付君，世世子孫，實得有之。'皇天后土，實聞德音。臣庶小大，豫在下風，奉以周旋，不敢失墜。淵生有蘭石之姿，少含愷悌之訓，允文允武，忠惠且直，生民欽仰，莫弗懷愛。淵纂戎祖考，君臨萬民，爲國以禮，淑化流行，獨見先覩，羅結遐方，勤王之義，視險如夷，世載忠亮，不隕厥名。孫權慕義，不遠萬里，連年遣使，欲自結援，雖見絕殺，不念舊怨，纖纖往來，求成恩好。淵執節彌固，不爲利迴，守志匪石，確乎彌堅。猶懼丹心未見保明，乃卑辭厚幣，誘致權使，梟截獻馘，以示無二。吳雖在遠，水道通利，舉帆便至，無所隔限。淵不顧敵讐之深，念存人臣之節，絕彊吳之歡，昭事魏之心，靈祇明鑒，普天咸聞。陛下嘉美洪烈，懿茲武功，誕錫休命，寵亞齊、魯，下及陪臣，普受介福。誠以天覆之恩，當卒終始，得竭股肱，永保祿位，不虞一旦，橫被殘酷。惟育養之厚，念積累之效，悲思不遂，痛切見棄，舉國號咷，拊膺泣血。夫三軍所伐，蠻夷戎狄，驕逸不虔，於是致武，不聞義國反受誅討。蓋聖王之制，五服之域，有不供職，則脩文德，而又不至，然後征伐。淵小心翼翼，恪恭於位，勤事奉上，可謂勉矣。盡忠竭節，還被患禍。《小弁》之作，《離騷》之興，皆由此也。就或佞邪，盜言孔甘，猶當清覽〔六八〕，憎而知善。讒巧似直，惑亂聖聽，尚望文告，使知所由。若信有罪，當垂三宥；若不改寤，計功減降，當在八議。而潛軍伺襲，大兵奄至，舞戈長驅，衝擊遼土。犬馬惡死，況於人類！吏民昧死，挫辱王師。淵雖冤枉，方臨危殆，猶恃聖恩，悵然重奔，冀必姦臣矯制，妄肆威虐，乃謂臣等曰：'漢安帝建光元年，遼東屬國都尉龐奮，受三月乙未詔書〔六九〕，曰收幽州刺史馮煥、玄菟太守姚光。推案無乙未詔書，遣侍御史幽州牧考姦臣矯制者。今刺史或儻謬承矯制乎？'臣等議以爲刺史興兵，搖動天下，殆非矯制，必是詔命。淵乃俛仰歎息，自傷無罪。深惟土地所以養人，竊慕古公杖策之岐，乃欲投冠釋綬，逝歸林麓。臣等維持，誓之以死，屯守府門，不聽所執。而七營虎士，五部蠻夷，各懷素飽，不謀同心，奮臂大呼，排門遁出。近郊農民，釋其耰鎛，伐薪制梃，改案爲櫓，奔馳赴難，軍旅行成，雖蹈湯火，死不顧生。淵雖見孤棄[七〇]，怨而不怒，比遣勑軍，勿得干犯，及手書告語，懇惻至誠。而吏士凶悍，不可解散，期於畢命，投死無悔。淵懼吏士不從教令，乃躬馳騖[七一]，自往化解，僅乃止之。一飯之惠，匹夫所死，況淵累葉信結百姓，恩著民心。自先帝初興，爰暨陛下，榮淵累葉，豐功懿德，策名褒揚，辯著廊廟，勝衣舉履，誦詠明文，以爲口實。埋而掘之，古人所恥。小白、重耳，衰世諸侯，猶慕著信，以隆霸業。《詩》美文王作孚萬邦，《論語》稱仲尼去食存信，信之爲德，固亦大矣。今吳、蜀共帝，鼎足而居，天下搖蕩，無所統一，臣等每爲陛下懼此危心。淵據金城之固，仗和睦之民，國殷兵彊，可以橫行。策名委質，守死善道，忠至義盡，爲九州表。方今二敵闞闞[七二]，未知孰定，是之不戒，而淵是害。茹柔吐剛，非王者之道也。臣等雖鄙，誠竊恥之。若無天乎，臣一郡吉凶，尚未可知；若云有天，亦何懼焉！臣等聞仕於家者，二世則主之，三世則君之。臣等生於荒裔之土，出於圭竇之中，無大援於魏，世隸於公孫氏，報生與賜，在於死力。昔蒯通言直，漢祖赦其誅；鄭詹辭順，晉文原其死。臣等頑愚，不達大節，苟執一介，披露肝膽，言逆龍鱗，罪當萬死。惟陛下恢崇撫育，亮其控告，使疏遠之臣，永有保恃。"二年春，遣太尉司馬宣王征淵。六月，軍至遼東。《漢晉春秋》曰：公孫淵自立，稱紹漢元年。聞魏人將討，復稱臣於吳，乞兵北伐以自救。吳人欲戮其使，羊衜曰："不可，是肆匹夫之怒，而捐霸王之計也。不如因而厚之，遣奇兵潛往以要其成。若魏伐淵不克，而我軍遠赴，是恩結遐夷，義蓋萬里。若兵連不解，首尾離隔，則我虜其傍郡，驅略而歸，亦足以致天之罰，報雪曩事矣。"權曰："善。"乃勒兵大出。謂淵使曰："請俟後問，當從簡書，必與弟同休戚，共存亡，雖隕於中原，吾所甘心也。"又曰："司馬懿所向無前，深爲弟憂也。"淵遣將軍卑衍〔七三〕、楊祚等，步騎數萬屯遼隧〔七四〕，圍塹二十餘里。宣王軍至，令衍逆戰。宣王遣將軍胡遵等擊破之。宣王令軍穿圍，引兵東南向，而急東北，即趨襄平。衍等恐襄平無守，夜走。諸軍進至首山〔七五〕，淵復遣衍等迎軍殊死戰。復擊，大破之，遂進軍造城下，爲圍塹。會霖雨三十餘日，遼水暴長，運船自遼口徑至城下。雨霽，起土山、修櫓，爲發石，連弩射城中。淵窘急，糧盡，人相食，死者甚多。將軍楊祚等降。八月丙寅夜，大流星長數十丈，從首山東北墜襄平城東南。壬午，淵衆潰，與其子脩將數百騎突圍東南走。大兵急擊之，當流星所墜處，斬淵父子。城破，斬相國以下首級以千數，傳淵首洛陽，遼東、帶方、樂浪、玄菟悉平。

　　初，淵家數有怪，犬冠幘絳衣上屋，炊有小兒蒸死甑中。襄平北市生肉，長圍各數尺，有頭目口喙，無手足而動搖。占曰："有形不成，有體無聲，其國滅亡。"始度以中平六年據遼東，至淵三世，凡五十年而滅。《魏略》曰：始淵兄晃爲恭任子，在洛，聞淵劫奪恭位，謂淵終不可保，數自表聞，欲令國家討淵。帝以淵已秉權，故因而撫之。及淵叛，遂以國法繋晃。晃雖有前言，冀不坐，然内以骨肉，知淵破則己從及。淵首到，晃自審必死，與其子相對啼哭。時上亦欲活之，而有司以爲不可，遂殺之。

張燕，常山真定人也，本姓褚。黃巾起，燕合聚少年爲羣盜，在山澤間，轉攻還真定，衆萬餘人。博陵張牛角亦起衆，自號將兵從事，與燕合。燕推牛角爲帥，俱攻廮陶。牛角爲飛矢所中，被創且死，令衆奉燕，告曰："必以燕爲帥。"牛角死，衆奉燕，故改姓張。燕剽捍捷速過人，故軍中號曰飛燕。其後人衆寖廣，常山、趙郡、中山、上黨、河內諸山谷皆相通，其小帥孫輕、王當等，各以部衆從燕，衆至百萬，號曰黑山。靈帝不能征，河北諸郡被其害。燕遣人至京都乞降，拜燕平難中郎將。《九州春秋》曰：張角之反也，黑山、白波、黃龍、左校、牛角、五鹿、羝根、苦蝤、劉石、平漢、大洪、司隸、緣城、羅市、雷公、浮雲、飛燕、白爵、楊鳳、于毒等各起兵，大者二三萬，小者不減數千。靈帝不能討，乃遣使拜楊鳳爲黑山校尉，領諸山賊，得舉孝廉計吏。後遂彌漫，不可復數。《典略》曰：黑山、黃巾諸帥，本非冠蓋，自相號字，謂騎白馬者爲張白騎，謂輕捷者爲張飛燕，謂聲大者爲張雷公，其饒鬚者則自稱於羝根，其眼大者自稱李大目。張璠《漢記》云：又有左校、郭大賢、左髭丈八三部也。是後，董卓遷天子於長安，天下兵數起，燕遂以其衆與豪傑相結。袁紹與公孫瓚爭冀州，燕遣將杜長等助瓚，與紹戰，爲紹所敗，人衆稍散。太祖將定冀州〔七六〕，燕遣使求佐王師〔七七〕，拜平北將軍，率衆詣鄴，封安國亭侯，邑五百户。燕薨，子方嗣。方薨，子融嗣。陸機《晉惠帝起居注》曰：門下通事令史張林，飛燕之曾孫。林與趙王倫爲亂，未及周年，位至尚書令、衛將軍，封郡公。尋爲倫所殺。

張繡，武威祖厲人，驃騎將軍濟族子也。邊章、韓遂爲亂涼州，金城麴勝襲殺祖厲長劉雋。繡爲縣吏，間伺殺勝，郡内義之。遂招合少年，爲邑中豪傑。董卓敗，濟與李傕等擊吕布，爲卓報仇。語在《卓傳》。繡隨濟，以軍功稍遷至建忠將軍，封宣威侯。濟屯弘農，士卒饑餓，南攻穰，爲流矢所中死。繡領其衆，屯宛，與劉表合。太祖南征，軍淯水，繡等舉衆降。太祖納濟妻，繡恨之。太祖聞其不悦，密有殺繡之計。計漏，繡掩襲太祖。太祖軍敗，二子没。繡還保穰，《傅子》曰：繡有所親胡車兒，勇冠其軍。太祖愛其健，手以金與之。繡聞之疑太祖欲因左右刺之〔一八〕，遂反。《吴書》曰：繡降，淩統用賈詡計〔一九〕，乞徙軍就高道，道由太祖屯中。繡又曰："車少而重，乞得使兵各被甲。"太祖信繡，皆聽之。繡乃嚴兵入屯，掩太祖。太祖不備，故敗。太祖比年攻之，不克。太祖拒袁紹於官渡，繡從賈詡計，復以衆降。語在《詡傳》。繡至，太祖執其手，與歡宴，爲子均取繡女，拜揚武將軍。官渡之役，繡力戰有功，遷破羌將軍。從破袁譚於南皮，復增邑凡二千户。是時天下户口減耗，十裁一在，諸將封未有滿千户者，而繡特多。從征烏丸於柳城，未至，薨，諡曰定侯。《魏略》曰：五官將數因請會，發怒曰[八〇]："君殺吾兄，何忍持面視人邪！"繡心不自安，乃自殺。子泉嗣，坐與魏諷謀反，誅，國除。

　　張魯字公祺[八一]，沛國豐人也。祖父陵，客蜀，學道鵠鳴山中[八二]，造作道書，以惑百姓，從受道者出五斗米，故世號米賊。陵死，子衡行其道。衡死，魯復行之。益州牧劉焉以魯爲督義司馬，與別部司馬張脩將兵擊漢中太守蘇固，魯遂襲脩殺之，奪其衆。焉死，子璋代立，以魯不順，盡殺魯母家室。魯遂據漢中，以鬼道教民，自號師君。其來學道者，初皆名鬼卒。受本道已信，號祭酒。各領部衆，多者爲治頭大祭酒。皆教以誠信不欺詐，有病自首其過[八三]，大都與黃巾相似。諸祭酒皆作義舍，如今之亭傳。又置義米肉，懸於義舍，行路者量腹取足。若過多，鬼道輒病之。犯法者三原然後乃行刑[八四]。不置長吏，皆以祭酒爲治，民夷便樂之。雄據巴、漢垂三十年。《典略》曰：熹平中，妖賊大起，三輔有駱曜。光和中，東方有張角，漢中有張脩。駱曜教民緬匿法，角爲太平道，脩爲五斗米道。太平道者，師持九節杖爲符祝，教病人叩頭思過，因以符水飲之，得病或日淺而愈者，則云此人信道，其或不愈，則爲不信道。脩法略與角同，加施靜室，使病者處其中思過。又使人爲姦令祭酒，祭酒主以《老子》五千文使都習，號爲姦令。爲鬼吏，主爲病者請禱。請禱之法，書病人姓名，說服罪之意。作三通，其一上之天，著山上，其一埋之地，其一沈之水，謂之三官手書。使病者家出米五斗以爲常，故號曰五斗米師。實無益於治病，但爲淫妄，然小人昏愚，競共事之。後角被誅，脩亦亡。及魯在漢中，因其民信行脩業，遂增飾之。教使作義舍，以米肉置其中以止行人。又教使自隱，有小過者，當治道百步，則罪除。又依月令，春夏禁殺。又禁酒。流移寄在其地者，不敢不奉。臣松之謂：張脩應是張衡，非《典略》之失，則傳寫之誤〔八五〕。漢末，力不能征，遂就寵魯爲鎮民中郎將，領漢寧太守，通貢獻而已。民有地中得玉印者，羣下欲尊魯爲漢寧王。魯功曹巴西閻圃諫魯曰："漢川之民，户出十萬，財富土沃，四面險固，上匡天子，則爲桓、文，次及竇融，不失富貴。今承制署置，勢足斬斷，不煩於王。願且不稱，勿爲禍先。"魯從之。韓遂、馬超之亂，關西民從子午谷奔之者數萬家。

建安二十年，太祖乃自散關出武都征之，至陽平關。魯欲舉漢中降，其弟衛不肯，率衆數萬人拒關堅守。太祖攻破之，遂入蜀。《魏名臣奏》載董昭表曰："武皇帝承涼州從事及武都降人之辭，説張魯易攻，陽平城下南北山相遠，不可守也，信以爲然。及往臨履，不如所聞，乃歎曰：'他人商度，少如人意。'攻陽平山上諸屯，既不時拔，士卒傷夷者多。武皇帝意沮，便欲拔軍截山而還，遣故大將軍夏侯惇、將軍許褚呼山上兵還。會前軍未還，夜迷惑，誤入賊營，賊便退散。侍中辛毗、劉曄等在兵後，語惇、褚，言'官兵已據得賊要屯，賊已散走'。猶不信之。惇前自見，乃還白武皇帝，進兵定之，幸而克獲。此近事，吏士所知。"又楊暨表曰："武皇帝始征張魯，以十萬之衆，身親臨履，指授方略，因就民麥以爲軍糧。張衛之守，蓋不足言。

地險守易，雖有精兵虎將，勢不能施。對兵三日，欲抽軍還，言'作軍三十年，一朝持與人，如何'。此計已定，天祚大魏，魯守自壞，因以定之。"《世語》曰：魯遣五官掾降，弟衛橫山築陽平城以拒，王師不得進。魯走巴中。軍糧盡，太祖將還。西曹掾東郡郭諶曰："不可。魯已降，留使既未反，衛雖不同，偏攜可攻。縣軍深入，以進必克，退必不免。"太祖疑之。夜有野麋數千突壞衛營，軍大驚。夜，高祚等誤與衛衆遇，祚等多鳴鼓角會衆。衛懼，以爲大軍見掩，遂降。魯聞陽平已陷，將稽顙，圃又曰："今以迫往，功必輕。不如依杜濩赴朴胡相拒，然後委質，功必多。"於是乃奔南山入巴中。左右欲悉燒寶貨倉庫，魯曰："本欲歸命國家，而意未達。今之走，避銳鋒，非有惡意。寶貨倉庫，國家之有。"遂封藏而去。太祖入南鄭，甚嘉之。又以魯本有善意，遣人慰喻。魯盡將家出，太祖逆拜魯鎮南將軍，待以客禮，封閬中侯，邑萬户。封魯五子及閻圃等皆爲列侯。臣松之以爲：張魯雖有善心，要爲敗而後降，今乃寵以萬户，五子皆封侯，過矣。習鑿齒曰：魯欲稱王，而閻圃諫止之，今封圃爲列侯。夫賞罰者，所以懲惡勸善也，苟其可以明軌訓於物，無遠近幽深矣。今閻圃諫魯勿王，而太祖追封之，將來之人孰不思順！塞其本源而末流自止，其此之謂與！若乃不明於此，而重燋爛之功，豐爵厚賞止於死戰之士，則民利於有亂，俗競於殺伐，阻兵仗力，干戈不戢矣。太祖之此封，可謂知賞罰之本，雖湯武居之，無以加也。《魏略》曰：黃初中，增圃爵邑，在禮請中。後十餘歲病死。《晉書》云：西戎司馬閻纘，圃孫也。爲子彭祖取魯女。魯薨，謚之曰原侯。子富嗣。《魏略》曰：劉雄鳴者，藍田人也。少以采藥射獵爲事〔八六〕，常居覆車山下，每晨夜，出行云霧中，以識道不迷〔八七〕，而時人因謂之能爲云霧〔八八〕。郭、李之亂，人多就之。建安中，附屬州郡，州郡表薦爲小將。馬超等反，不肯從，超破之。後詣太祖，太祖執其手謂之曰："孤方入關，夢得一神人，即卿邪〔八九〕！"乃厚禮之〔九〇〕，表拜爲將軍，遣令迎其部黨。部黨不欲降，遂劫以反，諸亡命皆往依之，有衆數千人，據武關道口。太祖遣夏侯淵討破之，雄鳴南奔漢中。漢中破，窮無所之，乃復歸降。太祖捉其鬚曰："老賊，真得汝矣！"復其官，徙渤海。時又有程銀、侯選、李堪，皆河東人也，興平之亂，各有衆千餘家。建安十六年，並與馬超合。超破走，堪臨陣死。銀、選南入漢中，漢中破，詣太祖降，皆復官爵。

評曰：公孫瓚保京，坐待夷滅。度殘暴而不節，淵仍業以載凶，祇足覆其族也。陶謙昏亂而憂死，張楊授首於臣下，皆擁據州郡，曾匹夫之不若，固無可論者也。燕、繡、魯舍羣盜，列功臣，去危亡，保宗祀，則於彼爲愈焉。

【校箋】

〔一〕毛本作"魏書八"。

〔二〕毛本作"二公孫陶四張傳第八"。

〔三〕盧弼曰："范書作'言事辯慧'。"

謹案：章懷注引《典略》作"瓚性辯慧"，此作"惠"，"慧""惠"古字通用。盧君捨章懷所錄《典略》而不著，反徵范書爲證，失校讎之準則矣。

〔四〕盧弼曰："宋本'遣'作'適'。"

謹案：瓚時爲郡吏，何可自往從師讀經，必奉太守命而後能。據本志《袁渙傳》注引《魏書》："穀熟長呂岐善朱淵、袁津，遣史行學，還召用之。"又《國淵傳》淵勑功曹曰："此郡既大，今在都輦而少學問者，其簡開年少，欲遣就師。功曹差三人，臨遣引見。"據此，作"遣"字者是，宋本作"適"，蓋誤。

〔五〕《御覽》卷四百二十二、卷六百八十七引作"爲上計吏"。

〔六〕《御覽》卷四百二十二引作"基將徙日南"。

〔七〕《御覽》、《册府》卷八百零一引"南"下有"多"字。又毛本"瘴"字作"障"，《御覽》引同。"障""瘴"通。

〔八〕《御覽》引"劉"字作"在"，"赦"下有"俱"字。

〔九〕盧弼曰："潘眉曰：'《釋名》：傳，轉也。轉移所在，執以爲信也。《後漢書·申屠蟠傳》：爲封傳護送。注：傳謂符牒。《陳蕃傳》：投傳而去。注：傳，符也。'"

謹案：《御覽》卷三百引《魏志》作"假瓚都督行軍事討之，傳使將之軍"。今本疑有脫文，語意不瞭。盧君於"傳"字斷句，恐誤。"傳"字據《御覽》當屬下句。

〔一○〕紹興本、馮本、陳本"制"字俱作"判"。

〔一一〕《册府》卷七百零二引"正"字作"政"。

〔一二〕《御覽》卷八百三十六引"二"字作"三"。

〔一三〕《御覽》引無"以"字。

〔一四〕紹興本、馮本、陳本、毛本"值"字在"會"字下。

〔一五〕紹興本、馮本、陳本、毛本"謀"字作"譎"。

〔一六〕盧弼曰："章懷云：'《漢官儀》曰：凡章表皆啓封，其言密事得皁囊。'《說文》曰：'檢，書署也。今俗謂之排，其字從木。'"

謹案：段玉裁《說文·木部》"檢"注曰："排如今言標簽也。"

〔一七〕馮本、陳本、毛本"興"字作"舉"。

〔一八〕盧弼曰："《郡國志》：'冀州清河國廣川，故屬信都。'《文選》應璩有《與廣傳悵岑文瑜書》，即此。闞駰云：'縣有長河爲流，故曰廣川。'《一統志》：'廣川故城，今直隸冀州棗強縣東。'姚範曰：'以《袁紹傳》校，當作廣宗。'"

謹案：《御覽》卷七十三引《英雄記》曰："公孫瓚擊青州黃巾賊，大破之，還屯廣宗。袁本初自往征瓚，合戰於界橋南二十里。紹將鞠義破瓚於界城橋，斬瓚冀州刺史嚴綱（原作'綱嚴'，誤乙）。又破瓚殿兵於橋上，即此梁也。"據此則作"廣宗"爲是。姚校是也。

〔一九〕紹興本"暑"下有"熱"字。

〔二〇〕陳本"卜"字作"舊"。

〔二一〕紹興本"三"上有"謂"字。

〔二二〕《御覽》卷七百六十七引"易"字作"己"。

〔二三〕盧弼曰："《詩·大雅·蕩》：'天生烝民，其命匪諶。'毛傳云：'諶，誠也。'"

謹案：《尚書·康誥》曰："天畏棐忱。"鄭注："畏一作威。"孫星衍《尚書今古文注疏》曰："'畏'與'威'通。棐者，《說文》云'輔也'。忱者，《釋詁》云'誠也'。畏忱，郭注《爾雅·釋詁》引作'威忱'。《文選》班孟堅《幽通賦》'實棐忱而相訓'李善注：'《尚書》天威棐諶，諶與忱古文通也。'是今文作'天威棐諶'，古文作'天畏棐諶'。"盧君引《大雅·蕩》及毛傳以釋，是未推尋此實原本今文《尚書》也。

〔二四〕紹興本無"與"字,《册府》卷四百一十四引亦無。

〔二五〕《册府》引"懷"字作"德"。

〔二六〕《通鑑》《漢紀》無"南"字,《册府》卷三百六十八引亦無。

〔二七〕《册府》引無"持"字。

〔二八〕紹興本"將"字作"持",《册府》卷七百二十五引同。

〔二九〕紹興本、毛本"度"字作"渡",《册府》引同。

〔三〇〕紹興本、馮本、陳本、毛本"陽"字俱作"楊"。郝書"人"下有"也"字。

〔三一〕《御覽》卷四百四十二引"之"下有"於"字。

〔三二〕盧弼曰:"章懷注作'甘夫人'。"

謹案:《白帖》卷二十引無"甘公"二字。《御覽》卷四百四十二、卷五百四十一引無"公"字,與章懷注引同。

〔三三〕盧弼曰:"章懷注'妻'作'與'。"

謹案:《御覽》卷四百四十二、又卷五百四十一引"妻"字俱作"與"。

〔三四〕《白帖》卷六十一、《御覽》卷六十六引"磐"字作"盤"。

〔三五〕《白帖》引"飲宴"作"燕飲"。

〔三六〕《白帖》引"或"上有"謙"字。

〔三七〕《御覽》卷二百二十六、《册府》卷八百七十七引"常"字作"嘗",是。

〔三八〕盧弼曰:"《御覽》卷五百七十四引作'乃舞,舞不轉'。章懷注引此作'乃舞,舞又不轉'。"

謹案:《類聚》卷四十三、《白帖》、《御覽》卷二百六十六、

《册府》卷七百零一、《事類賦》卷十一引"及"字俱作"乃"。又《白帖》《御覽》引"又"上有"舞"字,與章懷注引同。

〔三九〕紹興本、馮本、陳本、毛本"贓"字作"臧"。

〔四〇〕紹興本"共"字作"比"。

〔四一〕盧弼曰:"范書謙傳'謙同郡人笮融聚衆數百人往依於謙'云云。何焯曰:'此與《魏志》注引謝承書互異。'"

〔四二〕《通鑑考異》引"初"字作"始",郝書同。

〔四三〕《通鑑考異》引"宣"字作"之",郝書同。

謹案:范曄《後漢書》所載笮融禮佛事,見《吳志·劉繇傳》。

〔四四〕郝書"丘墻"作"丘園"。《易·賁卦》正義:"丘謂丘墟,園謂園圃。"指隱士所居。

〔四五〕盧弼曰:"宋本'曰'作'已'。"

謹案:郝書"曰"字亦作"已",當據改。

〔四六〕郝書"夕"字作"並"。

〔四七〕郝書無"必"字。

〔四八〕《蒙求》卷三引無"之"字。

〔四九〕《後漢書·王烈傳》李賢注引《魏志》"任"下無"度"字。下文"度起玄菟小吏",則有"度"字爲得。章懷注引無"度"字,疑有誤。

〔五〇〕《書鈔》卷一百引"祥"下有"也"字。

〔五一〕《書鈔》引"君"字作"公",蓋自稱曰先君,他人則曰先公也。此或度語,以作"先公"爲得其實。

〔五二〕《書鈔》引"三"上無"而"字。

〔五三〕《書鈔》引"益"字作"大"。

〔五四〕郝書無"中遼"二字。

〔五五〕馮本、陳本、毛本"籍"字作"藉",《季漢書》同。

〔五六〕錢大昕曰:"明帝以皇初七年即位,其明年改元太和。傳以明帝即位承太和二年之下,誤也。'位'字當是衍文。"

謹案:錢說是也。郝書作"叡因拜淵揚烈將軍",足證的無"位"字,此當作"明帝即拜淵揚烈將軍"。

〔五七〕盧弼曰:"詔"作"譌"。

謹案:作"詔"字是也。《禮記·儒行》:"讒詔之民。"《史記·屈原傳》:"讒詔之蔽明也。"《莊子·漁父篇》:"好言人之惡謂之讒,希意導言謂之詔。"宋本作"譌",疑誤。

〔五八〕郝書"勢"字作"威"。

〔五九〕郝書作"受封爵之榮"。

〔六〇〕《册府》卷一百六十三引"船"上有"樓"字。

〔六一〕《册府》引無"以"字。

〔六二〕盧弼曰:"宋本'白'作'自'。"

謹案:《册府》引"百"亦作"自"。

〔六三〕紹興本"義"字作"利"。

〔六四〕郝書"先"字作"亂"。

〔六五〕郝書"牛"字作"馬"。《册府》卷四百一十三引"百"上有"五"字。

〔六六〕毛本"寸尺"二字乙。《册府》卷四百五十三引同。

〔六七〕郝書"明"字作"名"。

〔六八〕《册府》引"清"字作"親"。

〔六九〕郝書"三"字作"二"。

〔七〇〕《册府》引無"孤"字。

〔七一〕郝書"躬"下有"身"字。

〔七二〕盧弼曰:"元本'閽'作'闕'。"

謹案："闚闞"或作"窺窬",《文選·魏都賦》"距遠關以闚闞"注:"望尊位也。"即竊伺間隙之義,作"闞"字誤。

〔七三〕盧弼曰:"胡三省曰:'《姓譜》:卑,卑耳國之後。或云鮮卑之後。蔡邕《胡太傅碑》有太傅掾鴈門卑登。'"

謹案:《水經注·大遼水》引"卑"字作"畢"。唐鈔本《文選集注》(以下省稱"《文選集注》")·爲石仲容與孫晧書》引《鈔》"卑"字亦作"畢",《御覽》卷二百八十五引同,是北宋以前"卑"字俱作"畢"也。或曰鮮卑之後,蓋臆説無據。

〔七四〕《水經注》引"隧"字作"隊"。

〔七五〕郝書無"進"字。

〔七六〕《御覽》卷二百三十九引作"太祖征冀州"。

〔七七〕《御覽》引作"求佐軍",無"王師"二字。

〔七八〕紹興本上"之"字作"而"。

〔七九〕淩統爲吳臣,而繡保穰與淩統不相接。且統本傳及《賈詡傳》俱未載,疑此淩統爲另一人,俟考。

〔八〇〕郝書作"因會發怒",無"請"字。

〔八一〕盧弼曰:"范書《劉焉傳》:'魯字公旗。'《華陽國志》及宋濂《漢天師世家序》均作'公祺'。"

謹案:《廣弘明集·釋法琳〈對傅奕廢佛僧事〉》引《魏志》"祺"字作"旗",與《後漢書》合。

〔八二〕盧弼曰:"本傳作'鵠鳴',范書、《水經注》作'鶴鳴',《御覽》作'鳴鵠',互異。"

謹案:"鶴鳴"即"鵠鳴"。古"鶴""鵠"通用。如"鵠立"之作"鶴立","鵠望"之作"鶴望"也。《御覽》作"鳴鵠",疑誤乙。

〔八三〕盧弼曰:"范書《劉焉傳》'首'作'眥','眥'音式救切。何若瑤曰：'《西域傳》注：眥猶服也。'"

謹案："眥"古"首"字。沈銘彝《後漢書注又補》曰："首過之首音狩，《廣韻》：'自首前罪。'《正字通》：'有咎自陳及告人罪曰首。'前書《梁平王傳》'驕慢不首'師古曰：'不首謂不服其罪也。'《晉書·王獻之傳》：'獻之疾，家人上章道家法應首過。問其有何得失，對曰：不覺餘事，惟憶與郗家離昏。'考《晉書·王羲之傳》，王氏世事張氏五斗米道，是本張氏遺法也。"

〔八四〕盧弼曰："宋本'神'作'道'，'法'下有'者'字。"

謹案：官本與宋本同。《後漢書》"法"下亦有"者"字。沈銘彝曰："即《王制》'王三宥，然後制刑'之意。"

〔八五〕盧弼曰："錢大昭曰：'按張魯本傳，魯即張衡之子。又云：益州牧劉焉以魯為督義司馬，與別部司馬張修將兵擊漢中太守蘇固。'《典略》所云漢中張修，即劉焉之別部司馬，亦習五斗米道。《後漢書·靈帝紀》所謂巴郡妖巫是也。安得以魯之父當之？裴說非是。"

謹案：錢說近是。然謂靈紀所云巴郡妖巫即劉焉所遣之別部司馬則非。據《典略》云："角被誅，修亦亡。及魯在漢中，因其民信行修業，遂增飾之"，故知所謂巴郡妖巫之張修，與焉之別部司馬張修，實為二人。因二人同名，錢氏偶失檢，遂未加釐別而致誤也。

〔八六〕郝書"事"字作"業"。

〔八七〕《類聚》卷二、《御覽》卷十五引"迷"下有"惑"字。

〔八八〕《類聚》引"時"上無"而"字，"謂"下無"之"字。郝書同。

〔八九〕《御覽》卷三百七十、三百七十四引"卿"字作"汝"。

〔九〇〕《御覽》卷三百七十四引"禮"字作"賜"。

三國志校箋卷九

魏志卷九〔一〕

夏侯惇 韓浩 史渙　夏侯淵　曹仁 弟純　曹洪　曹休　子肇　曹真 子爽 羲 彥 訓　何晏　鄧颺　丁謐　畢軌　李勝　桓範　夏侯尚 子玄〔二〕

夏侯惇字元讓，沛國譙人，夏侯嬰之後也。年十四，就師學，人有辱其師者，惇殺之，由是以烈氣聞。太祖初起，惇常爲裨將，從征伐。太祖行奮武將軍，以惇爲司馬，別屯白馬，遷折衝校尉，領東郡太守。太祖征陶謙，留惇守濮陽。張邈叛迎呂布，太祖家在鄄城，惇輕車往赴〔三〕，適與布會，交戰。布退，還遂入濮陽，襲得惇軍輜重。遣將僞降，共執持惇，責以寶貨，惇軍中震恐。惇將韓浩乃勒兵屯惇營門，召軍吏諸將，皆案甲當部不得動，諸營乃定。遂詣惇所，叱持質者曰："汝等凶逆，乃敢執劫大將軍〔四〕，復欲望生邪！且吾受命討賊，寧能以一將軍之故而縱汝乎？"因涕泣謂惇曰："當奈國法何！"促召兵擊持質者。持質者惶遽叩頭，言："我但欲乞資用去耳！"浩數責，皆斬之。惇既免，太祖聞之，謂浩曰："卿此可爲萬世法。"乃著令，自今已後有持質者，皆當并擊，勿顧質。由是劫質者遂絕。孫盛曰[五]：案《光武紀》，建武九年，盜劫陰貴人母弟，吏以不得拘質迫盜，盜遂殺之也。然則合擊者，乃古制也。自安、順已降，政教陵遲，劫質不避王公，而有司莫能遵奉國憲者，浩始復斬之，故魏武嘉焉。

太祖自徐州還，惇從征呂布，爲流矢所中，傷左目。《魏略》曰：時夏侯淵與惇俱爲將軍，軍中號惇爲盲夏侯。惇惡之，每照鏡恚怒，輒撲鏡於地[六]。復領陳留、濟陰太守，加建武將軍，封高安鄉侯。時大旱，蝗蟲起，惇乃斷太壽水作陂[七]，身自負土，率將士勸種稻[八]，民賴其利。轉領河南尹。太祖平河北，爲大將軍後拒。鄴破，遷伏波將軍，領尹如故，使得以便宜從事，不拘科制。建安十二年，錄惇前後功，增封邑千八百户，并前二千五百户。二十一年，從征孫權還，使惇都督二十六軍，留居巢。賜伎樂名倡，令曰："魏絳以和戎之功，猶受金石之樂，況將軍乎！"二十四年，太祖軍擊破呂布軍於摩陂[九]，召惇常與同載，特見親重，出入臥內，諸將莫得比也。拜前將軍，《魏書》曰：時諸將皆受魏官號，惇獨漢官，乃上疏自陳不當不臣之禮。太祖曰："吾聞太上師臣，其次友臣，夫臣者，貴德之人也，區區之魏，而臣足以屈君乎？"惇固請，乃拜爲前將軍。督諸軍還壽春，徙屯召陵。文帝即王位，拜惇大將軍〔一〇〕,數月薨。

惇雖在軍旅,親迎師受業。性清儉,有餘財輒以分施,不足資之於官,不治產業。謚曰忠侯。子充嗣。帝追思惇功,欲使子孫畢侯,分惇邑千戶,賜惇七子二孫爵皆關內侯。惇弟廉及子楙素自封列侯。初,太祖以女妻楙,即清河公主也。楙歷位侍中尚書、安西鎮東將軍,假節。《魏略》曰:楙字子林,惇中子也。文帝少與楙親,及即位,以爲安西將軍、持節,承夏侯淵處都督關中。楙性無武略,而好治生。至太和二年,明帝西征,人有白楙者,遂召還爲尚書。楙在西時,多畜伎妾,公主由此與楙不和。其後羣弟不遵禮度,楙數切責,弟懼見治,乃共搆楙以誹謗,公主奏之〔一一〕,有詔收楙。帝意欲殺之,以問長水校尉京兆段默,默以爲〔一二〕:"此必清河公主與楙不睦,出於譖搆,冀不推實耳〔一三〕。且伏波與先帝有定天下之功,宜加三思。"帝意解,曰:"吾亦以爲然。"乃發詔推問爲公主作表者〔一四〕,果其羣弟子臧、子江所搆也〔一五〕。充薨,子廙嗣。廙薨,子劭嗣。《晉陽秋》曰:泰始二年,高安鄉侯夏侯佐卒,惇之孫也,嗣絕。詔曰:"惇,魏之元功,勳書竹帛。昔庭堅不祀,猶或悼之,況朕受禪於魏〔一六〕,而可以忘其功臣哉!宜擇惇近屬劭封之〔一七〕。"

韓浩者,河內人。及沛國史渙與浩俱以忠勇顯。浩至中護軍,渙至中領軍,皆掌禁兵,封列侯。《魏書》曰:韓浩字元嗣。漢末起兵,縣近山藪,多寇,浩聚徒衆爲縣藩衛。太守王匡以爲從事,將兵拒董卓於盟津。時浩舅杜陽爲河陰令,卓執之,使招浩,浩不從。袁術聞而壯之,以爲騎都尉。夏侯惇聞其名,請與相見,大奇之,使領兵從征伐。時大議損益,浩以爲當急田。太祖善之，遷護軍。太祖欲討柳城，領軍史渙以爲道遠深入，非完計也，欲與浩共諫。浩曰："今兵勢彊盛，威加四海，戰勝攻取，無不如志，不以此時遂除天下之患，將爲後憂。且公神武，舉無遺策，吾與君爲中軍主，不宜沮衆。"遂從破柳城，改其官爲中護軍〔一八〕，置長史、司馬。從討張魯〔一九〕，魯降。議者以浩智略足以綏邊，欲留使都督諸軍，鎮漢中。太祖曰："吾安可以無護軍？"乃與俱還。其見親任如此〔二〇〕。及薨，太祖愍惜之。無子，以養子榮嗣。史渙字公劉。少任俠，有雄氣。太祖初起，以客從，行中軍校尉，從征伐，常監諸將，見親信，轉拜中領軍。十四年薨。子靜嗣。

夏侯淵字妙才，惇族弟也。太祖居家，曾有縣官事，淵代引重罪，太祖營救之，得免。《魏略》曰：時兗、豫大亂，淵以饑乏，棄其幼子，而活亡弟孤女。太祖起兵〔二一〕，以別部司馬、騎都尉從，遷陳留、潁川太守。及與袁紹戰於官渡，行督軍校尉。紹破，使督兗、豫、徐州軍糧，時軍食少，淵傳饋相繼，軍以復振。昌豨反，遣于禁擊之，未拔，復遣淵與禁并力，遂擊豨〔二二〕，降其十餘屯，豨詣禁降。淵還，拜典軍校尉。《魏書》曰：淵爲將，赴急疾，常出敵之不意，故軍中爲之語曰："典軍校尉夏侯淵，三日五百，六日一千。"濟南、樂安黃巾徐和、司馬俱等攻城，殺長吏，淵將泰山、齊、平原郡兵擊，大破之，斬和，平諸縣，收其糧穀以給軍士。十四年，以淵爲行領軍。太祖征孫權還，使淵督諸將擊廬江叛者雷緒，緒破，又行征西護軍，督徐晃擊太原賊，攻下二十餘屯，斬賊帥商曜，屠其城。從征韓遂等，戰於渭南。又督朱靈平隃糜、汧氐。與太祖會安定，降楊秋。

十七年，太祖乃還鄴，以淵行護軍將軍，督朱靈、路招等屯長安，擊破南山賊劉雄，降其衆。圍遂、超餘黨梁興於鄠，拔之，斬興，封博昌亭侯。馬超圍涼州刺史韋康於冀，淵救康，未到，康敗。去冀二百餘里，超來逆戰，軍不利。汧氐反，淵引軍還。十九年，趙衢、尹奉等謀討超，姜敘起兵鹵城以應之。衢等譎說超，使出擊敘，於後盡殺超妻子。超奔漢中，還圍祁山。敘等急求救，諸將議者欲須太祖節度。淵曰："公在鄴，反覆四千里，比報，敘等必敗，非救急也。"遂行，使張郃督步騎五千在前，從陳倉狹道入，淵自督糧在後。郃至渭水上，超將氐羌數千逆郃。未戰，超走，郃進軍收超軍器械。淵到，諸縣皆已降。韓遂在顯親，淵欲襲取之，遂走。淵收遂軍糧，追至略陽城，去遂二十餘里，諸將欲攻之，或言當攻興國氐。淵以爲遂兵精，興國城固，攻不可卒拔，不如擊長離諸羌。長離諸羌多在遂軍，必歸救其家。若羌獨守則孤，救長離則官兵得與野戰，可必虜也。淵乃留督將守輜重，輕兵步騎到長離，攻燒羌屯，斬獲甚衆。諸羌在遂軍者，各還種落。遂果救長離，與淵軍對陣。諸將見遂衆，惡之，欲結營作塹乃與戰。淵曰："我轉鬭千里，今復作營塹，則士衆罷弊，不可久。賊雖衆，易與耳。"乃鼓之，大破遂軍，得其旌麾，還略陽，進軍圍興國。氐王千萬逃奔馬超，餘衆降。轉擊高平屠各，皆散走，收其糧穀牛馬。乃假淵節。

初，枹罕宋建因涼州亂，自號河首平漢王〔二三〕。太祖使淵帥諸將討建〔二四〕。淵至，圍枹罕，月餘拔之，斬建及所置丞相已下。淵別遣張郃等平河關，渡河入小湟中，河西諸羌盡降，隴右平。太祖下令曰："宋建造爲亂逆三十餘年，淵一舉滅之，虎步關右，所向無前。仲尼有言：吾與爾不如也〔二五〕。"二十一年，增封三百戶，并前八百戶。還擊武都氐羌下辯，收氐穀十餘萬斛。太祖西征張魯，淵等將涼州諸將侯王已下，與太祖會休亭。太祖每引見羌、胡，以淵畏之。會魯降，漢中平，以淵行都護將軍，督張郃、徐晃等平巴郡。太祖還鄴，留淵守漢中，即拜淵征西將軍。二十三年，劉備軍陽平關，淵率諸將拒之，相守連年。二十四年正月，備夜燒圍鹿角。淵使張郃護東圍，自將輕兵護南圍。備挑郃戰，郃軍不利。淵分所將兵半助郃，爲備所襲，淵遂戰死。謚曰愍侯。

初，淵雖數戰勝，太祖常戒曰："爲將當有怯弱時，不可但恃勇也。將當以勇爲本，行之以智計，但知任勇，一匹夫敵耳。"

淵妻，太祖內妹。長子衡，尚太祖弟海陽哀侯女，恩寵特隆。衡襲爵，轉封安寧亭侯。黃初中，賜中子霸，太和中，賜霸四弟，爵皆關內侯。霸，正始中爲討蜀護軍右將軍，進封博昌亭侯，素爲曹爽所厚。聞爽誅，自疑，亡入蜀。以淵舊勳，赦霸子，徙樂浪郡。《魏略》曰：

霸字仲權。淵爲蜀所害，故霸常切齒，欲有報蜀意。黄初中爲偏將軍[二六]。子午之役，霸占爲前鋒[二七]，進至興世圍，安營在曲谷中。蜀人望知其是霸也，指下兵攻之。霸手戰鹿角間，賴救至，然後解。後爲右將軍，屯隴西，其養士和戎，並得其歡心。至正始中，代夏侯儒爲征蜀護軍，統屬征西。時征西將軍夏侯玄，於霸爲從子，而玄於曹爽爲外弟。及司馬宣王誅曹爽，遂召玄，玄來東。霸聞曹爽被誅而玄又徵，以爲禍必轉相及，心既内恐，又霸先與雍州刺史郭淮不和，而淮代玄爲征西，霸益不安[二八]，故遂奔蜀。南趣陰平而失道，入窮谷中，糧盡，殺馬步行，足破，卧巖石下，使人求道，未知何之[二九]。蜀聞之，乃使人迎霸。初，建安五年，時霸從妹年十三四，在本郡，出行樵采，爲張飛所得。飛知其良家女，遂以爲妻，産息女，爲劉禪皇后。故淵之初亡，飛妻請而葬之。及霸入蜀，禪與相見，釋之曰："卿父自遇害於行間耳，非我先人之手刃也。"指其兒子以示之曰："此夏侯氏之甥也。"厚加爵寵。霸弟威，官至兗州刺史。《世語》曰：威字季權，任俠。貴歷荆、兗二州刺史。子駿，并州刺史。次莊，淮南太守。莊子湛，字孝若，以才博文章，至南陽相、散騎常侍。莊，晉景陽皇后姊夫也。由此一門侈盛於時。威弟惠，樂安太守。《文章敘録》曰：惠字稚權，幼以才學見稱，善屬奏議。歷散騎黄門侍郎，與鍾毓數有辨駁[三〇]，事多見從。遷燕相、樂安太守。年三十七卒。惠弟和，河南尹。《世語》曰：和字義權，清辯有才論。歷河南尹、太常。淵第三子稱，第五子榮。從孫湛爲其序曰："稱字叔權。自孺子而好合聚童兒，爲之渠帥，戲必爲軍旅戰陳之事，有違者輒嚴以鞭捶，衆莫敢逆。淵陰奇之[三一]，使讀《項羽傳》及兵書，不肯，曰：'能則自爲耳，安能學人？'年十六,淵與之田,見奔虎,稱驅馬逐之〔三二〕,禁之不可,一箭而倒。名聞太祖,太祖把其手喜曰:'我得汝矣〔三三〕!'與文帝爲布衣之交,每讌會,氣陵一坐,辯士不能屈〔三四〕。世之高名者多從之游。年十八卒。弟榮,字幼權。幼聰惠,七歲能屬文,誦書日千言,經目輒識之。文帝聞而請焉。賓客百餘人,人人一奏刺,悉書其鄉邑名氏〔三五〕,世所謂爵里刺也〔三六〕,客示之,一寓目〔三七〕,使之遍談,不謬一人。帝深奇之。漢中之敗,榮年十三,左右提之走,不肯,曰:'君親在難,焉所逃死!'乃奮劍而戰,遂没陣中〔三八〕。"衡薨,子績嗣,爲虎賁中郎將。績薨,子褒嗣。

曹仁字子孝,太祖從弟也。《魏書》曰:仁祖褒,潁川太守。父熾,侍中、長水校尉。少好弓馬弋獵。後豪傑並起〔三九〕,仁亦陰結少年,得千餘人,周旋淮、泗之間〔四〇〕,遂從太祖爲別部司馬,行厲鋒校尉。太祖之破袁術,仁所斬獲頗多。從征徐州,仁常督騎,爲軍前鋒。别攻陶謙將吕由,破之,還與大軍合彭城,大破謙軍。從攻費、華、即墨、開陽,謙遣別將救諸縣,仁以騎擊破之。太祖征吕布,仁別攻句陽,拔之,生獲布將劉何。太祖平黄巾,迎天子都許,仁數有功,拜廣陽太守。太祖器其勇略,不使之郡,以議郎督騎。太祖征張繡,仁別徇旁縣,虜其男女三千餘人。太祖軍還,爲繡所追,軍不利,士卒喪氣,仁率厲將士甚奮,太祖壯之,遂破繡。

太祖與袁紹久相持於官渡,紹遣劉備徇濦彊諸縣,多舉衆應之。自許以南,吏民不安,太祖以爲憂。仁曰:"南方以大軍方有目前急,其勢不能相救,劉備以彊兵臨之,其背叛固宜也〔四一〕。備新將紹兵,未能得其用,擊之可破也。"太祖善其言,遂使將騎擊備,破走之,仁盡復收諸叛縣而還。紹遣別將韓荀鈔斷西道〔四二〕,仁擊荀於鷄洛山,大破之。由是紹不敢復分兵出。復與史渙等鈔紹運車,燒其糧穀。

河北既定,從圍壺關。太祖令曰:"城拔,皆坑之。"連月不下〔四三〕。仁言於太祖曰:"圍城必示之活門〔四四〕,所以開其生路也。今公告之必死,將人自爲守。且城固而糧多,攻之則士卒傷,守之則引日久〔四五〕,今頓兵堅城之下,以攻必死之虜,非良計也。"太祖從之,城降〔四六〕。於是錄仁前後功,封都亭侯。

從平荆州,以仁行征南將軍,留屯江陵,拒吴將周瑜。瑜將數萬衆來攻〔四七〕,前鋒數千人始至,仁登城望之,乃募得三百人,遣部曲將牛金逆與挑戰。賊多,金兵少〔四八〕,遂爲所圍。長史陳矯俱在城上,望見金等垂没,左右皆失色。仁意氣奮怒甚〔四九〕,謂左右取馬來,矯等共援持之。謂仁曰:"賊衆盛,不可當也。假使棄數百人何苦,而將軍以身赴之!"仁不應,遂被甲上馬,將其麾下壯士數十騎出城。去賊百餘步,迫溝,矯等以爲仁當住溝上,爲金形勢也,仁徑渡溝,直前衝入賊圍,金等乃得解。餘衆未盡出,仁復直還突之,拔出金兵,亡其數人,賊衆乃退。矯等初見仁出,皆懼,及見仁還,乃歎曰："將軍真天人也！"三軍服其勇。太祖益壯之，轉封安平亭侯。

太祖討馬超，以仁行安西將軍，督諸將拒潼關，破超渭南。蘇伯、田銀反，以仁行驍騎將軍，都督七軍討銀等，破之。復以仁行征南將軍，假節，屯樊，鎮荊州。侯音以宛叛，略傍縣，衆數千人，仁率諸軍攻破音，斬其首，還屯樊，即拜征南將軍。關羽攻樊，時漢水暴溢，于禁等七軍皆沒，禁降羽。仁人馬數千人守城〔五〇〕，城不沒者數板。羽乘船臨城，圍數重，外內斷絕，糧食欲盡，救兵不至。仁激厲將士，示以必死，將士感之，皆無二〔五一〕。徐晃救至，水亦稍減，晃從外擊羽，仁得潰圍出，羽退走。

仁少時不脩行檢，及長爲將，嚴整奉法令〔五二〕，常置科於左右，案以從事。鄢陵侯彰北征烏丸，文帝在東宮，爲書戒彰曰："爲將奉法，不當如征南邪！"及即王位，拜仁車騎將軍，都督荊、揚、益州諸軍事，進封陳侯，增邑二千，并前三千五百戶。追賜仁父熾諡曰陳穆侯，置守冢十家。後召還屯宛。孫權遣將陳邵據襄陽，詔仁討之。仁與徐晃攻破邵，遂入襄陽，使將軍高遷等徙漢南附化民於漢北，文帝遣使即拜仁大將軍。又詔仁移屯臨潁，遷大司馬，復督諸軍據烏江，還屯合肥。黃初四年薨，諡曰忠侯。《魏書》曰：仁時年五十六。《傅子》曰：曹大司馬之勇，賁、育弗加也。張遼其次焉。子泰嗣，官至鎮東將軍，假節，轉封寧陵侯。泰薨，子初嗣。又分封泰弟楷、範，皆爲列侯，而牛金官至後將軍。

仁弟純，《英雄記》曰：純字子和。年十四而喪父[五三]，與同產兄仁別居。承父業，富於財，僮僕人客以百數，純綱紀督御，不失其理，鄉里咸以爲能。好學問[五四]，敬愛學士，學士多歸焉[五五]，由是爲遠近所稱。年十八[五六]，爲黃門侍郎。二十，從太祖到襄邑募兵，遂常從征戰[五七]。初以議郎參司空軍事，督虎豹騎從圍南皮。袁譚出戰，士卒多死。太祖欲緩之，純曰："今千里蹈敵，進不能克，退必喪威。且懸師深入，難以持久。彼勝而驕，我敗而懼，以懼敵驕，必可克也。"太祖善其言，遂急攻之，譚敗。純麾下騎斬譚首。及北征三郡，純部騎獲單于蹋頓。以前後功封高陵亭侯，邑三百戶。從征荆州，追劉備於長坂，獲其二女輜重，收其散卒。進降江陵，從還譙。建安十五年薨。文帝即位，追諡曰威侯。《魏書》曰：純所督虎豹騎，皆天下驍銳，或從百人將補之，太祖難其帥。純以選爲督，撫循甚得人心。及卒，有司白選代，太祖曰："純之比，何可復得！吾獨不中督邪？"遂不選。子演嗣，官至領軍將軍，正元中進封平樂鄉侯。演薨，子亮嗣。

曹洪字子廉，太祖從弟也。《魏書》曰：洪伯父鼎爲尚書令，任洪爲蘄春長。太祖起義兵討董卓，至滎陽，爲卓將徐榮所敗。太祖失馬，賊追甚急，洪下，以馬授太祖，太祖辭讓，洪曰："天下可無洪，不可無君。"遂步從到汴水，水深不得渡，洪循水得船，與太祖俱濟[五八]，還奔譙。揚州刺史陳溫素與洪善，洪將家兵千餘人，就溫募兵，得廬江上甲二千人，東到丹陽，復得數千人，與太祖會龍亢。太祖征徐州，張邈舉兗州叛迎呂布。時大饑荒，洪將兵在前，先據東平、范，聚糧穀以繼軍。太祖討邈、布於濮陽，布破走，遂據東阿，轉擊濟陰、山陽、中牟、陽武、京、密十餘縣，皆拔之。以前後功拜鷹揚校尉，遷揚武中郎將。天子都許，拜洪諫議大夫。別征劉表，破表別將於舞陽、陰葉、堵陽、博望，有功，遷厲鋒將軍，封國明亭侯。累從征伐，拜都護將軍。文帝即位，爲衛將軍，遷驃騎將軍，進封野王侯，益邑千戶，并前二千一百戶，位特進。後徙封都陽侯。

始，洪家富而性吝嗇，文帝少時假求不稱，常恨之，遂以舍客犯法，下獄當死。羣臣並救莫能得。卞太后謂郭后曰：「令曹洪今日死，吾明日勅帝廢后矣〔五九〕。」於是泣涕屢請〔六〇〕，乃得免官削爵土。《魏略》曰：文帝收洪，時曹真在左右，請之曰：「今誅洪，洪必以真爲譖也。」帝曰：「我自治之，卿何豫也？」會卞太后責怒帝，言「梁、沛之間，非子廉無有今日」。詔乃釋之。猶尚沒入其財產。太后又以爲言，後乃還之。初，太祖爲司空時，以己率下，每歲發調，使本縣平賞。於時譙令平洪貲財與公家等，太祖曰：「我家貲那得如子廉耶！」文帝在東宮〔六一〕，嘗從洪貸絹百匹，洪不稱意。及洪犯法，自分必死，既得原，喜，上書謝曰：「臣少不由道，過在人倫，長竊非任，遂蒙含貸。性無檢度知足之分，而有豺狼無厭之質，老悖倍貪，觸突國網，罪迫三千，不在赦宥，當就辜誅，棄諸市朝，猶蒙天恩,骨肉更生。臣仰視天日,愧負靈神,俯惟怨闕,憋愧怖悸,不能雄經,以自裁割。謹塗顏闕門,拜章陳情。"洪先帝功臣,時人多爲觖望。明帝即位,拜後將軍,更封樂城侯〔六二〕,邑千戶,位特進,復拜驃騎將軍。太和六年薨,諡曰恭侯。子馥嗣侯。初,太祖分洪戶封子震列侯。洪族父瑜,脩慎篤敬,官至衛將軍,封列侯。

曹休字文烈,太祖族子也。天下亂,宗族各散居鄉里〔六三〕。休年十餘歲,喪父,獨與一客擔喪假葬,攜將老母,渡江至吳。《魏書》曰:休祖父嘗爲吳郡太守。休於太守舍,見壁上祖父畫像,下榻拜涕泣〔六四〕,同坐者皆嘉歎焉。以太祖舉義兵,易姓名轉至荆州,間行北歸,見太祖。太祖謂左右曰〔六五〕:"此吾家千里駒也。"使與文帝同止〔六六〕,見待如子。常從征伐〔六七〕,使領虎豹騎宿衛。劉備遣將吳蘭屯下辯,太祖遣曹洪征之,以休爲騎都尉,參洪軍事。太祖謂休曰:"汝雖參軍,其實帥也。"洪聞此令,亦委事於休〔六八〕。備遣張飛屯固山,欲斷軍後。衆議狐疑,休曰:"賊實斷道者,當伏兵潛行。今乃先張聲勢,此其不能也。宜及其未集,促擊蘭,蘭破則飛自走矣。"洪從之,進兵擊蘭,大破之,飛果走。太祖拔漢中,諸軍還長安,拜休中領軍。文帝即王位,爲領軍將軍,錄前後功,封東陽亭侯。夏侯惇薨,以休爲鎮南將軍,假節都督諸軍事,車駕臨送,上乃下輿執手而別。孫權遣將屯歷陽,休到,擊破之,又別遣兵渡江,燒賊蕪湖營數千家。遷征東將軍,領揚州刺史,進封安陽鄉侯。《魏書》曰:休喪母至孝。帝使侍中奪喪服,使飲酒食肉。休受詔而形體益憔悴,乞歸譙葬母,帝復遣越騎校尉薛喬奉詔節其憂哀,使歸家治喪,一宿便葬,葬訖詣行在所。帝見,親自寬慰之。其見愛重如此。帝征孫權,以休爲征東大將軍,假黃鉞,督張遼等及諸州郡二十餘軍,擊權大將呂範等於洞浦,破之。拜揚州牧。明帝即位,進封長平侯。吳將審悳屯皖,休擊破之,斬悳首,吳將韓綜、翟丹等前後率衆詣休降。增邑四百,并前二千五百户,遷大司馬,都督揚州如故。太和二年,帝爲二道征吳,遣司馬宣王從漢水下,督休諸軍向尋陽。賊將僞降,休深入,戰不利,退還宿石亭。軍夜驚,士卒亂,棄甲兵輜重甚多。休上書謝罪,帝遣屯騎校尉楊暨慰諭,禮賜益隆。休因此癰發背薨,諡曰壯侯。子肇嗣。《世語》曰:肇字長思。

肇有當世才度,爲散騎常侍、屯騎校尉。明帝寢疾,方與燕王宇等屬以後事,帝意尋變,詔肇以侯歸第。正始中薨,追贈衛將軍。子興嗣。初,文帝分休戸三百封肇弟纂爲列侯,後爲殄吳將軍,薨,追贈前將軍。張隱《文士傳》曰:肇孫攄,字顏遠,少厲志操,博學有才藻。仕晉,辟公府,歷洛陽令,有能名。大司馬齊王冏輔政,攄與齊人左思俱爲記室督。從中郎出爲襄陽太守、征南司馬。值天下亂,攄討賊向吳,戰敗死。

曹真字子丹,太祖族子也。太祖起兵,真父邵募徒衆，爲州郡所殺。《魏略》曰：真本姓秦，養曹氏。或云其父伯南夙與太祖善。興平末，袁術部黨與太祖攻劫[六九]，太祖出，爲寇所追，走入秦氏，伯南開門受之。寇問太祖所在，答云："我是也。"遂害之[七〇]。由此太祖思其功，故變其姓。《魏書》曰：邵以忠篤有才智，爲太祖所親信。初平中，太祖興義兵，邵募徒衆，從太祖周旋。時豫州刺史黃琬欲害太祖[七一]，太祖避之而邵獨遇害。太祖哀真少孤，收養與諸子同[七二]，使與文帝共止。常獵爲虎所逐[七三]，顧射虎，應聲而倒。太祖壯其鷙勇，使將虎豹騎。討靈丘賊，拔之，封靈壽亭侯。以偏將軍將兵擊劉備別將於下辯，破之，拜中堅將軍。從至長安，領中領軍。是時，夏侯淵沒於陽平，太祖憂之。以真爲征蜀護軍，督徐晃等破劉備別將高詳於陽平。太祖自至漢中，拔出諸軍，使真至武都迎曹洪等還屯陳倉。文帝即王位，以真爲鎮西將軍，假節都督雍、涼州諸軍事。錄前後功，進封東鄉侯。張進等反於酒泉，真遣費耀討破之，斬進等[七四]。黃初三年還京都，以真爲上軍大將軍[七五]，都督中外諸軍事，假節鉞。與夏侯尚等征孫權，擊牛渚屯，破之。轉拜中軍大將軍[七六]，加給事中。七年，文帝寢疾，真與陳羣、司馬宣王等受遺詔輔政。明帝即位，進封邵陵侯，臣松之案：真父名邵。封邵陵侯，若非書誤，則事不可論。遷大將軍。

諸葛亮圍祁山，南安、天水、安定三郡反應亮。帝遣真督諸軍軍郿，遣張郃擊亮將馬謖，大破之。安定民楊條等略吏民保月支城，真進軍圍之。條謂其衆曰："大將軍自來，吾願早降耳。"遂自縛出。三郡皆平。真以亮懲於祁山，後出必從陳倉，乃使將軍郝昭、王生守陳倉，治其城。明年春，亮果圍陳倉，已有備而不能克。增邑，并前二千九百戶。四年，朝洛陽，遷大司馬，賜劍履上殿，入朝不趨。真以"蜀連出侵邊境，宜遂伐之，數道並入，可大克也"。帝從其計。真當發西討，帝親臨送。真以八月發長安，從子午道南入。司馬宣王泝漢水，當會南鄭。諸軍或從斜谷道，或從武威入，會大霖雨三十餘日，或棧道斷絕〔七七〕，詔真還軍。

真少與宗人曹遵〔七八〕、鄉人朱讚並事太祖。遵、讚早亡，真愍之，乞分所食邑封遵、讚子〔七九〕。詔曰："大司馬有叔向撫孤之仁，篤晏平久要之分。君子成人之美，聽分真邑賜遵、讚子爵關內侯，各百戶。"真每征行，與將士同勞苦，軍賞不足，輒以家財班賜，士卒皆願為用。真病還洛陽，帝自幸其第省疾。真薨，謚曰元侯。子爽嗣。帝追思真功，詔曰："大司馬蹈履忠節，佐命二祖，內不恃親戚之寵，外不驕白屋之士，可謂能持盈守位〔八〇〕，勞謙其德者也。其悉封真五子羲、訓、則、彥、皚皆為列侯。"初，文帝分真邑二百戶〔八一〕，封真弟彬為列侯。

爽字昭伯，少以宗室謹重，明帝在東宮，甚親愛之。及即位，為散騎侍郎，累遷城門校尉，加散騎常侍，轉武衛將軍，寵待有殊。帝寢疾，乃引爽入臥內，拜大將軍，假節鉞，都督中外諸軍事，錄尚書事，與太尉司馬宣王並受遺詔輔少主。明帝崩，齊王即位，加爽侍中，改封武安侯，邑萬二千户，賜劍履上殿，入朝不趨，贊拜不名。丁謐畫策，使爽白天子，發詔轉宣王爲太傅，外以名號尊之，内欲令尚書奏事，先來由己，得制其輕重也。《魏書》曰：爽使弟羲爲表曰："臣亡父真，奉事三朝，入備冢宰，出爲上將。先帝以臣肺腑遺緒，獎飭拔擢〔八二〕，典兵禁省，進無忠恪積累之行，退無羔羊自公之節。先帝聖體不豫，臣雖奔走，侍疾嘗藥，曾無精誠翼日之應，猥與太尉懿俱受遺詔，且慚且懼，靡所底告。臣聞虞舜序賢，以稷、契爲先，成湯褒功，以伊、呂爲首，審選博舉，優劣得所，斯誠輔世長民之大經，錄勳報功之令典，自古以來，未之或闕。今臣虛闇，位冠朝首，顧惟越次，中心愧惕，敢竭愚情，陳寫至實。夫天下之達道者三〔八三〕，謂德、爵、齒也。懿本以高明中正，處上司之位，名足鎮衆，義足率下，一也。包懷大略，允文允武，仍立征伐之勳，返邇歸功，二也。萬里旋旆，親受遺詔，翼亮皇家，内外所向，三也。加之耆艾，紀綱邦國，體練朝政。論德則過於吉甫、樊仲，課功則踰於方叔、召虎，凡此數者，懿實兼之。臣抱空名而處其右，天下之人將謂臣以宗室見私，知進而不知退。陛下岐嶷，克明克類，如有以察臣之言，臣以爲宜以懿爲太傅、大司馬，上昭陛下進賢之明，中顯懿身文武之實，下使愚臣免於謗誚。"於是帝使中書監劉放、令孫資爲詔曰："昔吳漢佐光武，有征定四方之功，爲大司馬，名稱於今。太尉體履正直，功蓋海内，先帝本以前後欲更其位者輒不彌久，是以遲遲不施行耳。今大將軍薦太尉宜爲大司馬，既合先帝本旨，又放推讓，進德尚勳，乃欲明賢良、辨等列、順少長也。雖旦、奭之屬，宗師呂望，念在引領以處其下，何以過哉！朕甚嘉焉。朕惟先帝固知君子樂天知命，纖芥細疑，不足爲忌，當顧柏人彭亡之文，故用低佪，有意未遂耳！斯亦先帝敬重大臣，恩愛深厚之至也。昔成王建保傅之官，近漢顯宗以鄧禹爲太傅，皆所以優崇儁乂，必有尊也。其以太尉爲太傅。"爽弟羲爲中領軍，訓武衛將軍，彥散騎常侍侍講，其餘諸弟，皆以列侯侍從，出入禁闥，貴寵莫盛焉。南陽何晏、鄧颺、李勝、沛國丁謐、東平畢軌咸有聲名，進趣於時，明帝以其浮華，皆抑黜之。及爽秉政，乃復進敘，任爲腹心。颺等欲令爽立威名於天下，勸使伐蜀，爽從其言，宣王止之不能禁。正始五年，爽乃西至長安，大發卒六七萬人，從駱谷入。是時，關中及氐、羌轉輸不能供，牛馬騾驢多死，民夷號泣道路。入谷行數百里，賊因山爲固，兵不得進。爽參軍楊偉爲爽陳形勢，宜急還，不然將敗。《世語》曰：偉字世英，馮翊人。明帝治宮室，偉諫曰："今作宮室，斬伐生民墓上松柏，毀壞碑獸石柱，辜及亡人，傷孝子心，不可以爲後世之法則。"颺與偉爭於爽前，偉曰："颺、勝將敗國家事，可斬也。"爽不悅，乃引軍還。《漢晉春秋》曰：司馬宣王謂夏侯玄曰："《春秋》責大德重，昔武皇帝再入漢中，幾至大敗，君所知也。今興平路勢至險[八四]，蜀已先據，若進不獲戰，退見徼絕，覆軍必矣。將何以任其責！"玄懼，言於爽，引軍退。費禕進兵據三嶺以截爽，爽爭嶮苦戰，僅乃得過。所發牛馬運轉者，死失略盡，羌、胡怨歎，而關右悉虛耗矣。

初，爽以宣王年德並高，恒父事之，不敢專行。及晏等進用，咸共推戴，説爽以權重不宜委之於人。乃以晏、颺、謐爲尚書，晏典選舉，軌司隸校尉，勝河南尹，諸事希復由宣王。宣王遂稱疾避爽。初，宣王以爽魏之肺腑，每推先之，爽以宣王名重，亦引身卑下，當時稱焉。丁謐、畢軌等既進用，數言於爽曰："宣王有大志而甚得民心，不可以推誠委之。"由是爽恆猜防焉。禮貌雖存，而諸所興造，皆不復由宣王。宣王力不能爭，且懼其禍，故避之。晏等專政，共分割洛陽、野王典農部桑田數百頃，及壞湯沐地以爲產業，承勢竊取官物，因緣求欲州郡。有司望風，莫敢忤旨。晏等與廷尉盧毓素有不平，因毓吏微過，深文致毓法，使主者先收毓印綬，然後奏聞。其作威如此。爽飲食車服，擬於乘輿；尚方珍翫，充牣其家；妻妾盈後庭，又私取先帝才人七八人，及將吏、師工、鼓吹、良家子女三十三人，皆以爲伎樂。詐作詔書，發才人五十七人送鄴臺，使先帝婕妤教習爲伎。擅取太樂樂器，武庫禁兵。作窟室，綺疏四周[八五]，數與晏等會其中，飲酒作樂。羲深以爲大憂[八六]，數諫止之。又著書三篇，陳驕淫盈溢之致禍敗，辭旨甚切，不敢斥爽，託戒諸弟以示爽。爽知其爲己發也，甚不悦。羲或時以諫喻不納，涕泣而起。宣王密爲之備。九年冬，李勝出爲荆州刺史，往詣宣王。宣王稱疾困篤，示以羸形。勝不能覺，謂之信然。《魏末傳》曰：爽等令勝辭宣王，并伺察焉。宣王見勝，勝自陳無他功勞[八七]，橫蒙時恩[八八]，當爲本州，詣閤拜辭，不悟加恩，得蒙引見。宣王令兩婢侍邊[八九]，持衣，衣落，復上指口，言渴求飲〔九〇〕，婢進粥，宣王持盃飲粥，粥皆流出沾胸。勝愍然，爲之涕泣，謂宣王曰："今主上尚幼，天下恃賴明公。然衆情謂明公方舊風疾發〔九一〕，何意尊體乃爾！"宣王徐更寬言〔九二〕，才令氣息相屬，説："年老沈疾〔九三〕，死在旦夕。君當屈并州，并州近胡，好善爲之〔九四〕，恐不復相見，如何！"勝曰："當還忝本州，非并州也。"宣王仍復陽爲昏謬，曰："君方到并州，努力自愛！"錯亂其辭，狀如荒語〔九五〕。勝復曰："當忝荆州，非并州也。"宣王乃若微悟者，謂勝曰："懿年老，意荒忽〔九六〕，不解君言。今還爲本州刺史，盛德壯烈〔九七〕，好建功勳。今當與君别，自顧氣力轉微，後必不更會，因欲自力，設薄主人，生死共别。令師、昭兄弟結君爲友，不可相舍去，副懿區區之心。"因流涕哽咽。勝亦長歎，答曰："輒當承教，須待勅命。"勝辭出，與爽等相見，説："太傅語言錯誤，口不攝盃，指南爲北。又云吾當作并州，吾答言當還爲荆州，非并州也。徐徐與語，有識人時，乃知當還爲荆州耳。又欲設主人祖送。不可舍去，宜須待之。"更向爽等垂淚云："太傅患不可復濟〔九八〕，令人愴然。"

　　十年正月，車駕朝高平陵，爽兄弟皆從。《世語》曰：爽兄弟先是數俱出游，桓範謂曰："總萬機，典禁兵，不宜並出，若有閉城門，誰復内入者〔九九〕？"爽曰："誰敢爾邪！"由此不復並行。至是乃盡出也。宣王部勒兵馬，先據武庫，遂出屯洛水浮橋。奏爽曰："臣昔從遼東還，先帝詔陛下、秦王及臣升御牀，把臣臂〔一〇〇〕，深以後事爲念。臣言'二祖亦屬臣以後事爲念，此自陛下所見，無所憂苦，萬一有不如意，臣當以死奉明詔'。黄門令董箕等，才人侍疾者，皆所聞知。今大將軍爽背棄顧命〔一〇一〕，敗亂國典，内則僭擬，外專威權；破壞諸營，盡據禁兵，羣官要職，皆置所親；殿中宿衞，歷世舊人皆復斥出，欲置新人以樹私計；根據槃牙〔一〇二〕，縱恣日甚。外既如此，又以黃門張當爲都監，專共交關，看察至尊，候伺神器，離間二宮，傷害骨肉。天下汹汹，人懷危懼，陛下但爲寄坐，豈得久安！此非先帝詔陛下及臣升御牀之本意也。臣雖朽邁，敢忘往言？昔趙高極意，秦氏以滅；呂、霍早斷，漢祚永世。此乃陛下之大鑒〔一〇三〕，臣受命之時也〔一〇四〕。太尉臣濟、尚書令臣浮等，皆以爽爲有無君之心，兄弟不宜典兵宿衞，奏永寧宮。皇太后令勅臣如奏施行。臣輒勅主者及黃門令罷爽、羲、訓吏兵，以侯就第，不得逗留以稽車駕，敢有稽留，便以軍法從事。臣輒力疾將兵屯洛水浮橋，伺察非常。"《世語》曰：初，宣王勒兵從闕下趨武庫，當爽門，人逼車住。爽妻劉怖，出至廳事，謂帳下守督曰："公在外。今兵起，如何？"督曰："夫人勿憂。"乃上門樓，引弩注箭欲發。將孫謙在後牽止之曰："天下事未可知！"如此者三〔一〇五〕，宣王遂得過去〔一〇六〕。

爽得宣王奏事，不通，迫窘不知所爲。干寶《晉紀》曰：爽留車駕宿伊水南，伐木爲鹿角，發屯甲兵數千人以爲衞〔一〇七〕。《魏末傳》曰：宣王語弟孚〔一〇八〕："陛下在外，不可露宿。"促送帳幔、太官食具詣行在所。大司農沛國桓範聞兵起，不應太后召，矯詔開平昌門，拔取劒戟，略將門候，南奔爽。宣王知，曰："範畫策，爽必不能用範計。"範說爽使車駕幸許昌，招外兵。爽兄弟猶豫未決，範重謂羲曰："當今日，卿門户求貧賤復可得乎？且匹夫持質一人，尚欲望活，今卿與天子相隨，令於天下，誰敢不應者？"羲猶不能納。侍中許允、尚書陳泰説爽，使早自歸罪。爽於是遣允、泰詣宣王，歸罪請死，乃通宣王奏事。干寶《晉書》曰〔一〇九〕：桓範出赴爽，宣王謂蔣濟曰："智囊往矣。"濟曰："範則智矣，駑馬戀棧豆，爽必不能用也。"《世語》曰：宣王使許允、陳泰解語爽，蔣濟亦與書達宣王之旨，又使爽所信殿中校尉尹大目謂爽，唯免官而已，以洛水爲誓。爽信之，罷兵。《魏氏春秋》曰：爽既罷兵，曰："我不失作富家翁。"範哭曰："曹子丹佳人，生汝兄弟，犢耳，何圖今日坐汝等族滅矣！"遂免爽兄弟，以侯還第。《魏末傳》曰：爽兄弟歸家。勅洛陽縣發民八百人，使尉部圍爽第四角，角作高樓，令人在上望視爽兄弟舉動。爽計窮愁悶，持彈到後園中，樓上人便唱言："故大將軍東南行〔一一〇〕！"爽還廳事上，與兄弟共議，未知宣王意深淺，作書與宣王曰："賤子爽哀惶恐怖，無狀招禍，分受屠滅。前遣家人迎糧，於今未反，數日乏匱，當煩見餉〔一一一〕，以繼旦夕。"宣王得書大驚，即答書曰："初不知乏糧，甚懷踧踖。令致米一百斛，并肉脯、鹽豉、大豆。"尋送。爽兄弟不達變數，即便喜歡，自謂不死。

初，張當私以所擇才人張、何等與爽。疑其有姦，收當治罪。當陳爽與晏等陰謀反逆，並先習兵，須三月中欲發，於是收晏等下獄。會公卿朝臣廷議，以爲"《春秋》之義，'君親無將，將而必誅'。爽以支屬，世蒙殊寵，親受先帝握手遺詔，託以天下，而包藏禍心，蔑棄顧命，乃與晏、颺及當等謀圖神器，範黨同罪人，皆爲大逆不道"。於是收爽、羲、訓、晏、颺、謐、軌、勝、範、當等,皆伏誅,夷三族。《魏略》曰:鄧颺字玄茂,鄧禹後也。少得士名於京師。明帝時爲尚書郎,除洛陽令,坐事免,拜中郎,又入兼中書郎。初,颺與李勝等爲浮華友,及在中書,浮華事發,被斥出,遂不復用。正始初,乃出爲潁川太守,轉大將軍長史,遷侍中尚書。颺爲人好貨,前在内職,許臧艾授以顯官,艾以父妾與颺,故京師爲之語曰:"以官易婦鄧玄茂。"每所薦達,多如此比。故何晏選舉不得人,頗由颺之不公忠,遂同其罪,蓋由交友非奇才〔一二〕。《魏略》曰:丁謐,字彦靖。父斐,字文侯。初,斐隨太祖,太祖以斐鄉里,特饒愛之。斐性好貨,數請求犯法,輒得原宥。爲典軍校尉,總攝内外,每所陳説,多見從之。建安末,從太祖征吴。斐隨行,自以家牛羸困,乃私易官牛,爲人所白,被收送獄,奪官。其後太祖問斐曰〔一三〕:"文侯,印綬所在〔一四〕?"斐亦知見戲〔一五〕,對曰:"以易餅耳。"太祖笑〔一六〕,顧謂左右曰:"東曹毛掾數白此家,欲令我重治,我非不知此人不清,良有以也。我之有斐,譬如人家有盜狗而善捕鼠,盜雖有小損,而完我囊貯〔一七〕。"遂復斐官,聽用如初。後數歲,病亡。謐少不肯交游,但博觀書傳。爲人沈毅,頗有才略。太和中,常住鄴〔一八〕,借人空屋,居其中。而諸王亦欲借之,不知謐已得,直開門入。謐望見王,交脚卧而不起,而呼其奴客曰:"此何等人?促呵使去。"王怒其無禮,還具上言〔一九〕。明帝收謐,繋鄴獄,以其功臣子,原出。後帝聞其有父風,召拜度支郎中。曹爽宿與相親,時爽爲武衛將軍,數爲帝稱其可大用〔二〇〕。會帝崩,爽輔政,乃拔謐爲散騎常侍,遂轉尚書。謐爲人外似疏略,而内多忌。其在臺閣,有所彈駁〔二一〕,臺中患之,事不得行。又其意輕貴，多所忽略，雖與何晏、鄧颺等同位〔一二二〕，而皆少之，唯以勢屈於爽〔一二三〕。爽亦敬之，言無不從。故於時謗書，謂："臺中有三狗，二狗崖柴不可當，一狗憑默作疽囊。"三狗，謂何、鄧、丁也。默者，爽小字也。其意言三狗皆欲噬人，而謐尤甚也。奏使郭太后出居別宮，及遣樂安王使北詣鄴，又遣文欽令還淮南，皆謐之計。司馬宣王由是特深恨之。畢軌，字昭先。父字子禮，建安中爲典農校尉。軌以才能，少有名聲。明帝在東宮時，軌在文學中。黃初末，出爲長史。明帝即位，入爲黃門郎〔一二四〕，子尚公主，居處殷富。遷并州刺史。其在并州，名爲驕豪。時雜虜數爲暴，害吏民，軌輒出軍擊鮮卑軻比能，失利。中護軍蔣濟表曰："畢軌前失，既往不咎，但恐是後，難可以再。凡人材有長短，不可彊成〔一二五〕。軌文雅志意〔一二六〕，自爲美器。今失并州，換置他州，若入居顯職，不毀其德，於國事實善。此安危之要，唯聖恩察之〔一二七〕。"至正始中，入爲中護軍，轉侍中尚書，遷司隸校尉。素與曹爽善，每言於爽，多見從之。李勝，字公昭。父休，字子朗，有智略。張魯前爲鎮北將軍，休爲司馬，家南鄭。時漢中有甘露降，子朗見張魯精兵數萬人〔一二八〕，有四塞之固，遂建言赤氣久衰，黃家當興，欲魯舉號，魯不聽。會魯破，太祖以其勸魯內附，賜爵關內侯，署散官騎從，詣鄴。至黃初中，仕歷上黨、鉅鹿二郡太守，後以年老還，拜議郎。勝少游京師，雅有才智，與曹爽善。明帝禁浮華，而人白勝堂有四窗八達，各有主名。用是被收，以其所連引者多，故得原，禁錮數歲。帝崩，曹爽輔政，勝爲洛陽令。夏侯玄爲征西將軍，以勝爲長史。玄亦宿與勝厚。駱谷之役，議從勝出，由是司馬宣王不悅於勝。累遷滎陽太守、河南尹。勝前後所宰守，未嘗不稱職，爲尹歲餘，廳事前屠蘇壞，令人更治之，小材一枚激墜，正摑受符吏石虎頭，斷之。後旬日，遷爲荊州刺史，未及之官而敗也。桓範字元則，世爲冠族。建安末，入丞相府。延康中，爲羽林左監。以有文學〔一二九〕，與王象等典集《皇覽》。明帝時爲中領軍尚書，遷征虜將軍、東中郎將，使持節都督青、徐諸軍事，治下邳。與徐州刺史鄭岐爭屋〔一三〇〕，引節欲斬岐，爲岐所奏，不直，坐免還。復爲兖州刺史，怏怏不得意。又聞當轉爲冀州牧〔一三一〕。是時冀州統屬鎮北，而鎮北將軍呂昭才實仕進，本在範後。範謂其妻仲長曰："我寧作諸卿，向三公長跪耳，不能爲呂子展屈也。"其妻曰："君前在東，坐欲擅斬徐州刺史，衆人謂君難爲作下，今復羞爲呂屈，是復難爲作上也。"範忿其言觸實，乃以刀環撞其腹。妻時懷孕，遂墜胎死。範亦竟稱疾，不赴冀州。正始中拜大司農。範前在臺閣，號爲曉事，及爲司農，又以清省稱。範嘗抄撮《漢書》中諸雜事，自以意斟酌之，名曰《世要論》。蔣濟爲太尉，嘗與範會社下，輩卿列坐有數人，範懷其所撰，欲以示濟，謂濟當虛心觀之。範出其書以示左右，左右傳之示濟，濟不肯視，範心恨之。因論他事，乃發怒謂濟曰："我祖薄德，公輩何似邪？"濟性雖彊毅，亦知範剛毅〔一三二〕，睌而不應，各罷。範於沛郡，仕次在曹真後。於時曹爽輔政，以範鄉里老宿，於九卿中特敬之，然不甚親也。及宣王起兵，閉城門，以範爲曉事，乃指召之，欲使領中領軍。範欲應召，而其子諫之，以爲車駕在外，不如南出。範疑，有頃，兒又促之。範欲去，而司農丞吏皆止範。範不從，乃突出至平昌城門，城門已閉。門候司蕃，故範舉吏也，範呼之，舉手中版以示之，矯曰："有詔召我，卿促開門！"蕃欲求見詔書，範呵之，言"卿非我故吏邪，何以敢爾？"乃開之。範出城，顧謂蕃曰："大傅圖逆，卿從我去！"蕃徒行不能及，遂避側。範南見爽，勸爽兄弟以天子詣許昌，徵四方以自輔。爽疑，羲又無言。範自謂義曰："事昭然，卿用讀書何爲邪！於今日卿等門户倒矣！"俱不言。範又謂義曰："卿別營近在闕南，洛陽典農治在城外，呼召如意。今詣許昌，不過中宿，許昌別庫，足相被假，所憂當在穀食，而大司農印章在我身。"義兄弟默然不從，中夜至五鼓〔一三三〕，爽乃投刀於地，謂諸從駕羣臣曰："我度太傅意，亦不過欲令我兄弟向己也。我獨有以不合於遠近耳！"遂進謂帝曰："陛下作詔免臣官，報皇太后令。"範知爽首免而己必坐唱義也。範乃曰〔一三四〕："老子今兹坐卿兄弟族矣！"爽等既免，帝還宫，遂令範隨從。到洛水浮橋北，望見宣王，下車叩頭而無言。宣王呼範姓曰："桓大夫何爲爾邪！"車駕入宫，有詔範還復位。範詣闕拜章謝，待報。會司蕃詣鴻臚自首，具説範前臨出所道。宣王乃忿然曰："誣人以反，於法何應？"主者曰："科律，反受其罪。"乃收範於闕下。時人持範甚急，範謂部官曰："徐之，我亦義士耳。"遂送廷尉。《世語》曰〔一三五〕：初，爽夢二虎銜雷公，雷公若二升椀，放著庭中。爽惡之，以問占者〔一三六〕，靈臺丞馬訓曰："憂兵。"訓退，告其妻曰："爽將以兵亡，不出旬日。"《漢晉春秋》曰：安定皇甫謐以九年冬夢至洛陽，自廟出，見車騎甚衆，以物呈廟云："誅大將軍曹爽。"寤而以告其邑人，邑人曰："君欲作曹人之夢乎！朝無公孫彊如何？且爽兄弟典重兵，又權尚書事，誰敢謀之？"謐曰："爽無叔振鐸之請，苟失天機則離矣，何恃於彊？昔漢之閻顯，倚母后之尊，權國威命，可謂至重矣，閹人十九人一旦尸之，況爽兄弟乎？"《世語》曰：初，爽出，司馬魯芝留在府，聞有事，將營騎斫津門出赴爽。爽誅，擢爲御史中丞。及爽解印綬，將出，主簿楊綜止之曰："公挾主握權，捨此以東市乎？"爽不從。有司奏綜導爽反，宣王曰："各爲其主也。"宥之，以爲尚書郎。芝字世英，扶風人也。以後仕進至特進光禄大夫。綜字初伯，後爲安東將軍司馬文王長史。臣松之案：夏侯湛爲芝銘及干寶《晉紀》並云爽既誅，宣王即擢芝爲并州刺史，以綜爲安東參軍。與《世語》不同。嘉平中，紹功臣世，封眞族孫熙爲新昌亭侯，邑三百戶，以奉眞後。干寶《晉紀》曰：蔣濟以曹眞之勳力，不宜絕祀，故以熙爲後。濟又病其言之失信於爽，發病卒。

晏，何進孫也。母尹氏，爲太祖夫人。晏長於宮省，又尚公主，少以才秀知名，好老莊言，作《道德論》及諸文賦著述凡數十篇。晏字平叔。《魏略》曰：太祖爲司空時，納晏母并收養晏，其時秦宜祿兒阿蘇亦隨母在公家，並見寵如公子。蘇即朗也。蘇性謹愼，而晏無所顧憚，服飾擬於太子，故文帝特憎之，每不呼其姓字，嘗謂之爲假子〔一三七〕。晏尚主，又好色，故黃初時無所事任。及明帝立，頗爲冗官。至正始初，曲合於曹爽，亦以才能，故爽用爲散騎侍郎，遷侍中尚書。晏前以尚主，得賜爵爲列侯，又其母在內，晏性自喜，動靜粉白不去手，行步顧影。晏爲尚書，主選舉，其宿與之有舊者，多被拔擢。《魏末傳》曰：晏婦金鄉公主，即晏同母妹。公主賢〔一三八〕，謂其母沛王太妃曰："晏爲惡日甚，將何保身〔一三九〕？"母笑曰："汝得無妬晏邪！"俄而晏死。有一男，年五六歲，宣王遣人錄之。晏母歸藏其子王宮中〔一四〇〕，向使者搏頰，乞白活之，使者具以白宣王。宣王亦聞晏婦有先見之言，心常嘉之，且爲沛王故，特原不殺。《魏氏春秋》曰：初，夏侯玄、何晏等名盛於時，司馬景王亦預焉。晏嘗曰："唯深也，故能通天下之志，夏侯泰初是也；唯幾也，故能成天下之務，司馬子元是也；惟神也，不疾而速，不行而至，吾聞其語，未見其人。"蓋欲以神況諸己也。初，宣王使晏典治爽等獄〔一四一〕。晏窮治黨與，冀以獲宥。宣王曰："凡有八族。"晏疏丁、鄧等七姓。宣王曰："未也。"晏窮急〔一四二〕，乃曰："豈謂晏乎！"宣王曰："是也。"乃收晏。臣松之案：《魏末傳》云晏取其同母妹爲妻，此搢紳所不忍言，雖楚王之妻嫂，不是甚也已。設令此言出於舊史，猶將莫之或信，況底下之書乎！案《諸王傳》〔一四三〕，沛王出自杜夫人所生。晏母姓尹，公主若與沛王同生，焉得言與晏同母？皇甫謐《列女傳》曰：爽從弟文叔，妻譙郡夏侯文寧之女〔一四四〕，名令女。文叔早死，服闋，自以年少無子，恐家必嫁己，乃斷髮以爲信〔一四五〕。其後，家果欲嫁之〔一四六〕，令女聞，即復以刀截兩耳，居止常依爽。及爽被誅，曹氏盡死。令女叔父上書與曹氏絶婚，彊迎令女歸。時文寧爲梁相，憐其少，執義，又曹氏無遺類，冀其意沮，迺微使人諷之。令女歎且泣曰："吾亦惟之〔一四七〕，許之是也。"家以爲信，防之少懈。令女於是竊入寢室，以刀斷鼻，蒙被而卧。其母呼與語，不應，發被視之，血流滿牀席。舉家驚惶，奔往視之，莫不酸鼻。或謂之曰："人生世間，如輕塵棲弱草耳，何至辛苦迺爾〔一四八〕！且夫家夷滅已盡，守此欲誰爲哉？"令女曰："聞仁者不以盛衰改節，義者不以存亡易心。曹氏前盛之時，尚欲保終，況今衰亡〔一四九〕，何忍棄之！禽獸之行〔一五〇〕，吾豈爲乎？"司馬宣王聞而嘉之，聽使乞子字養，爲曹氏後，名顯於世。

夏侯尚字伯仁，淵從子也。文帝與之親友。《魏書》曰：尚有籌畫智略，文帝器之，與爲布衣之交。太祖定冀州，尚爲軍司馬，將騎從征伐，後爲五官將文學。魏國初建，遷黃門侍郎。代郡胡叛，遣鄢陵侯彰征討之，以尚參彰軍事，定代地，還。太祖崩於洛陽，尚持節，奉梓宮還鄴。并録前功，封平陵亭侯，拜散騎常侍，遷中領軍。文帝踐阼，更封平陵鄉侯，遷征南將軍，領荆州刺史，假節都督南方諸軍事。尚奏：「劉備別軍在上庸，山道險難，彼不我虞，若以奇兵潛行，出其不意，則獨克之勢也。」遂勒諸軍擊破上庸，平三郡九縣，遷征南大將軍。孫權雖稱藩，尚益脩攻討之備，權後果有貳心。黄初三年，車駕幸宛，使尚率諸軍與曹真共圍江陵。權將諸葛瑾與尚軍對江，瑾渡入江中渚，而分水軍於江中。尚夜多持油船，將步騎萬餘人，於下流潛渡攻瑾，諸軍夾江燒其舟船，水陸並攻，破之。城未拔，會大疫，詔勅尚引諸軍還。益封六百户，并前千九百户，假鉞，進爲牧。荆州殘荒，外接蠻夷，而與吴阻漢水爲境，舊民多居江南。尚自上庸通道，西行七百餘里，山民蠻夷多服從者，五六年間，降附數千家。五年，徙封昌陵鄉侯。尚有愛妾嬖幸，寵奪適室，適室，曹氏女也，故文帝遣人絞殺之。尚悲感，發病恍惚，即葬埋妾，不勝思見，復出視之。文帝聞而恚之曰：「杜襲之輕薄尚，良有以也。」然以舊臣，恩寵不衰。六年，尚疾篤，還京都，帝數臨幸，執手泣〔一五〕。尚薨，諡曰悼侯。《魏書》載詔曰：「尚自少侍從，盡誠竭節，雖云異姓，其猶骨肉，是以入爲腹心，出當爪牙。智略深敏，謀謨過人，不幸早殞，命也奈何！贈征南大將軍、昌陵侯印綬。」子玄嗣。又分尚户三百，賜尚弟子奉爵關内侯。

玄字太初。少知名，弱冠爲散騎黄門侍郎〔一六〕。嘗進見，與皇后弟毛曾並坐，玄恥之〔一五三〕，不悅形之於色〔一五四〕。明帝恨之，左遷爲羽林監〔一五五〕。正始初，曹爽輔政。玄，爽之姑子也。累遷散騎常侍、中護軍。《世語》曰：玄世名知人，爲中護軍，拔用武官，參戟牙門，無非俊傑，多牧州典郡。立法垂教，於今皆爲後式。

太傅司馬宣王問以時事，玄議以爲："夫官才用人，國之柄也，故銓衡專於臺閣，上之分也；孝行存乎閭巷〔一五六〕，優劣任之鄉人，下之叙也。夫欲清教審選，在明其分叙，不使相涉而已。何者？上過其分，則恐所由之不本，而干勢馳騖之路開；下踰其叙，則恐天爵之外通，而機權之門多矣。夫天爵下通，是庶人議柄也；機權多門，是紛亂之原也。自州郡中正品度官才之來，有年載矣，緬緬紛紛，未聞整齊，豈非分叙參錯，各失其要之所由哉！若令中正但考行倫輩，倫輩當行均，斯可官矣。何者？夫孝行著於家門，豈不忠恪於在官乎？仁恕稱於九族，豈不達於爲政乎？義斷行於鄉黨，豈不堪於事任乎？三者之類，取於中正，雖不處其官名，斯任官可知矣。行有大小，比有高下，則所任之流，亦渙然明別矣。奚必使中正干銓衡之機於下，而執機柄者有所委仗於上，上下交侵，以生紛錯哉？且臺閣臨下，考功校否，衆職之屬，各有官長，旦夕相考，莫究於此。閭閻之議，以意裁處，而使匠宰失位，衆人驅駭，欲風俗清靜，其可得乎？天臺縣遠，衆所絕意。所得至者，更在側近，孰不脩飾以要所求？所求有路，則脩己家門者，已不如自達於鄉黨矣〔一五七〕。自達鄉黨者，已不如自求之於州邦矣。苟開之有路，而患其飾真離本，雖復嚴責中正，督以刑罰，猶無益也。豈若使各帥其分，官長則各以其屬能否獻之臺閣，臺閣則據官長能否之第，參以鄉閭德行之次，擬其倫比，勿使偏頗。中正則唯考其行迹，別其高下，審定輩類，勿使升降。臺閣總之，如其所簡，或有參錯，則其責負自在有司。官長所第，中正輩〔一五八〕，擬比隨次，率而用之，如其不稱，責負在外。然則內外相參，得失有所，互相形檢，孰能相飾？斯則人心定而事理得，庶可以靜風俗而審官才矣。"又以爲："古之建官，所以濟育羣生，統理民物也，故爲之君長以司牧之。司牧之主，欲一而專，一則官任定而上下安，專則職業脩而事不煩。夫事簡業脩，上下相安而不治者，未之有也。先王建萬國，雖其詳未可得而究，然分疆畫界，各守土境，則非重累覊絆之體也。下考殷、周五等之敘，徒有小大貴賤之差，亦無君官臣民而有二統互相牽制者也。夫官統不一，則職業不脩；職業不脩，則事何得而簡？事之不簡，則民何得而靜？民之不靜，則邪惡並興，而姦僞滋長矣。先王達其如此，故專其職司而一其統業。始自秦世，不師聖道，私以御職，姦以待下；懼宰官之不脩，立監牧以董之，畏督監之容曲，設司察以糾之。宰牧相累，監察相司，人懷異心，上下殊務。漢承其緒，莫能匡改。魏室之隆，日不暇及，五等之典，雖難卒復，可粗立儀準以一治制。今之長吏，皆君吏民，橫重以郡守，累以刺史。若郡所攝，唯在大較，則與州同，無爲再重。宜省郡守，但任刺史，刺史職存則監察不廢，郡吏萬數，還親農業，以省煩費，豐財殖穀，一也。大縣之才，皆堪郡守，是非之訟，每生意異，順從則安，直己則爭。夫和羹之美，在於合異，上下之益，在能相濟，順從乃安，此琴瑟一聲也，蕩而除之，則官省事簡，二也。又幹郡之吏，職監諸縣，營護黨親，鄉邑舊故，如有不副，而因公掣頓，民之困弊，咎生於此，若皆并合，則亂原自塞，三也。今承衰弊，民人彫落，賢才鮮少，任事者寡，郡縣良吏，往往非一，郡受縣成，其劇在下，而吏之上選，郡當先足，此爲親民之吏，專得底下，吏者民命，而常頑鄙，今如并之，吏多選清良者造職，大化宣流，民物獲寧，四也。制使萬戶之縣，名之郡守，五千以上，名之都尉，千戶以下，令長如故，自長以上，考課遷用，轉以能升，所牧亦增，此進才效功之敘也，若經制一定，則官才有次，治功齊明，五也。若省郡守，縣皆徑達，事不擁隔，官無留滯，三代之風，雖未可必，簡一之化，庶幾可致，便民省費，在於此矣。"又以爲："文質之更用，猶四時之迭興也，王者體天理物，必因弊而濟通之，時彌質則文之以禮，時泰侈則救之以質。今承百王之末，秦漢餘流，世俗彌文，宜大改之，以易民望。今科制自公、列侯以下，位從大將軍以上，皆得服綾錦、羅綺、紈素、金銀飾鏤之物，自是以下，雜綵之服，通於賤人。雖上下等級，各示有差，然朝臣之制，已得侔至尊矣，玄黃之采，已得通於下矣。欲使市不鬻華麗之色，商不通難得之貨，工不作雕刻之物，不可得也。是故宜大理其本，準度古法，文質之宜，取其中則，以爲禮度。車輿服章，皆從質樸，禁除末俗華麗之事，使幹朝之家，有位之室，不復有錦綺之飾，無兼采之服，纖巧之物，自上以下，至於樸素之差，示有等級而已，勿使過一二之覺。若夫功德之賜，上恩所特加，皆表之有司，然後服用之。夫上之化下，猶風之靡草。樸素之教，興於本朝，則彌侈之心，自消於下矣。"

宣王報書曰："審官擇人，除重官，改服制，皆大善。禮鄉間本行，朝廷考事，大指如所示。而中間一相承習，卒不能改。秦時無刺史，但有郡守長吏。漢家雖有刺史，奉六條而已，故刺史稱傳車，其吏言從事，居無常治，吏不成臣，其後轉更爲官司耳。昔賈誼亦患服制，漢文雖身服弋綈，猶不能使上下如意。恐此三事，當待賢能然後了耳。"玄又書曰："漢文雖身衣弋綈，而不革正法度，內外有僭擬之服，寵臣受無限之賜，由是觀之，似指立在身之名，非篤齊治制之意也。今公侯命世作宰，追蹤上古，將隆至治，抑末正本，若制定於上，則化行於衆矣。夫當宜改之時，留殷勤之心，令發之日，下之應也猶響尋聲耳，猶垂謙謙，曰待賢能，此伊周不正殷姬之典也。竊未喻焉。"

頃之，爲征西將軍，假節都督雍、涼州諸軍事。《魏略》曰：玄旣遷，司馬景王代爲護軍[一五九]。護軍總統諸將，任主武官選舉〔一六〇〕，前後當此官者，不能止貨賂，故蔣濟爲護軍時，有謠言〔一六一〕"欲求牙門，當得千匹〔一六二〕；百人督，五百匹"。宣王與濟善，間以問濟〔一六三〕，濟無以解之，因戲曰："洛中市買，一錢不足則不行。"遂相對歡笑。玄代濟，故不能止絕人事。及景王之代玄，整頓法令，人莫犯者。與曹爽共興駱谷之役，時人譏之。爽誅，徵玄爲大鴻臚，數年徙太常。玄以爽抑絀，內不得意。中書令李豐雖宿爲大將軍司馬景王所親待，然私心在玄，遂結皇后父光祿大夫張緝謀，欲以玄輔政。豐既內握權柄，子尚公主，又與緝俱馮翊人，故緝信之。豐陰令弟兗州刺史翼求入朝，欲使將兵入，并力起。會翼求朝，不聽。嘉平六年二月，當拜貴人，豐等欲因御臨軒，諸門有陛兵，誅大將軍，以玄代之，以緝爲驃騎將軍。豐密語黃門監蘇鑠、永寧署令樂敦、冗從僕射劉賢等曰："卿諸人居內，多有不法，大將軍嚴毅，累以爲言，張當可以爲誡。"鑠等皆許以從命。《魏書》曰：玄素貴，以爽故廢黜，居常怏怏不得意。中書令李豐與玄及后父光祿大夫張緝陰謀爲亂，緝與豐同郡，傾巧人也，以東莞太守召，爲后家，亦不得意，故皆同謀。初，豐自以身處機密，息韜又以列侯給事中，尚齊長公主，有內外之重，心不自安。密謂韜曰："玄既爲海內重人，加以當大任，年時方壯而永見廢，又親曹爽外弟，於大將軍有嫌。吾得玄書，深以爲憂。緝有才用，棄兵馬大郡，還坐家巷。各不得志，欲使汝以密計告之。"緝嘗病創卧，豐遣韜省病，韜屏人語緝曰："韜尚公主，父子在機近，大將軍秉事，常恐不見明信，太常亦懷深憂。君侯雖有後父之尊，安危未可知，皆與韜家同慮者也，韜父欲與君侯謀之。"緝默然良久曰："同舟之難，吾焉所逃？此大事，不捷即禍及宗族。"韜於是往報豐。密語黃門監蘇鑠等，蘇鑠等答豐："惟君侯計。"豐言曰："今拜貴人，諸營兵皆屯門。陛下臨軒，因此便共迫脅，將羣寮人兵，就誅大將軍。卿等當共密白此意。"鑠等曰："陛下儻不從人，柰何？"豐等曰："事有權宜，臨時若不信聽，便當劫將去耳。那得不從？"鑠等許諾。豐曰："此族滅事，卿等密之。事成，卿等皆當封侯常侍也。"豐復密以告玄、緝。緝遣子邈與豐相結，同謀起事。《世語》曰：豐遣子韜以謀報玄，玄曰："宜詳之耳。"而不以告也。大將軍微聞其謀，請豐相見，豐不知而往，即殺之。《世語》曰：大將軍聞豐謀，舍人王羕請以命請豐〔一六四〕："豐若無備，情屈勢迫，必來，若不來，羕一人足以制之。若知謀泄，以衆挾輪，長戟自衛，逕入云龍門，挾天子登凌云臺，臺上有三千人仗，鳴鼓會衆，如此，羕所不及也。"大將軍乃遣羕以車迎之。豐見劫迫，隨羕而至。《魏氏春秋》曰：大將軍責豐，豐知禍及，遂正色曰："卿父子懷姦，將傾社稷，惜吾力劣，不能相禽滅耳！"大將軍怒，使勇士以刀環築豐腰〔一六五〕，殺之。《魏略》曰：豐字安國，故衛尉李義子也。黃初中，以父任召隨軍。始爲白衣時，年十七八〔一六六〕，在鄴下名爲清白，識別人物，海內翕然，莫不注意。後隨軍在許昌，聲稱日隆。其父不願其然，遂令閉門，勅使斷客。初，明帝在東宮，豐在文學中。及即尊位，得吳降人，問："江東聞中國名士爲誰？"降人云："聞有李安國者是"。時豐爲黃門郎〔一六七〕，明帝問左右安國所在，左右以豐對〔一六八〕。帝曰："豐名乃被於吳越邪？"後轉騎都尉、給事中。帝崩後，爲永寧太僕，以名過其實，能用少也。正始中，遷侍中尚書僕射。豐在臺省〔一六九〕，常多託疾，時臺制，疾滿百日當解禄，豐疾未滿數十日〔一七〇〕，輒暫起，已復卧〔一七一〕，如是數歲。初，豐子韜以選尚公主，豐雖外辭之，内不甚憚也。豐弟翼及偉，仕數歲間，並歷郡守。豐嘗於人中顯誡二弟，言當用榮位爲〔一七二〕。及司馬宣王久病〔一七三〕，偉爲二千石，荒於酒，亂新平、扶風二郡而豐不召，衆人以爲恃寵。曹爽專政〔一七四〕，豐依違二公間〔一七五〕，無有適莫〔一七六〕，故於時有謗書曰〔一七七〕："曹爽之勢熱如湯，太傅父子冷如漿，李豐兄弟如游光。"其意以爲豐雖外示清淨，而内圖事，有似於游光也〔一七八〕。及宣王奏誅爽，住車闕下，與豐相聞，豐怖遽氣索，足委地不能起。至嘉平四年宣王終後，中書令缺，大將軍諮問朝臣："誰可補者？"或指向豐。豐雖知此非顯選，而自以連婚國家，思附至尊，因伏不辭，遂奏用之。豐爲中書二歲，帝比每獨召與語，不知所說。景王知其議己〔一七九〕，請豐，豐不以實告，乃殺之。其事祕。豐前後仕歷二朝，不以家計爲意，仰俸廩而已。韜雖尚公主，豐常約勒不得有所侵取，時得賜錢帛，輒以外施親族；及得賜宮人，多與子弟，而豐皆以與諸外甥。及死後，有司籍其家，家無餘積。《魏氏春秋》曰：夜送豐尸付廷尉，廷尉鍾毓不受，曰："非法官所治也。"以其狀告，且勅之，乃受。帝怒，將問豐死意，太后懼，呼帝入，乃止。遣使收翼。《世語》曰：翼後妻，散騎常侍荀廙姊，謂翼曰："中書事發，可及書未至赴吳，何爲坐取死亡！左右可共同赴水火者誰？"翼思未答，妻曰："君在大州，不知可與同死生者，去亦不免。"翼曰："二兒小，吾不去。今但從坐，身死，二兒必免。"果如翼言。翼子斌，楊駿外甥也。晉惠帝初，爲河南尹，與駿俱死，見《晉書》。事下有司，收玄、緝、鑠、敦、賢等送廷尉。《世語》曰：玄至廷尉，不肯下辭。廷尉鍾毓自臨治玄。玄正色責毓曰："吾當何辭〔一八〇〕？卿爲令史，貴人也〔一八一〕，卿便爲吾作。"毓以其名士〔一八二〕，節高不可屈，而獄當竟，夜爲作辭，令與事相附，流涕以示玄。玄視，領之而已。毓弟會，年少於玄，玄不與交，是日於毓坐狎玄，玄不受。孫盛《雜語》曰：玄在囹圄，會因欲狎而友玄，玄正色曰："鍾君何相偪如此也！"廷尉鍾毓奏："豐等謀迫脅至尊，擅誅冢宰，大逆無道，請論如法。"於是會公卿朝臣廷尉議，咸以爲"豐等各受殊寵，典綜機密，緝承外戚椒房之尊，玄備世臣，並居列位，而包藏禍心，構圖凶逆，交關閹豎，授以姦計，畏憚天威，不敢顯謀，乃欲要君脅上，肆其詐虐，謀誅良輔，擅相建立，將以傾覆京室，顛危社稷。毓所正皆如科律〔一八三〕，報毓施行"。詔書："齊長公主，先帝遺愛，原其三子死命〔一八四〕。"於是豐、玄、緝、敦、賢等皆夷三族，《魏書》曰：豐子韜，以尚主，賜死獄中。其餘親屬徙樂浪郡。玄格量弘濟，臨斬東市，顏色不變，舉動自若〔一八五〕，時年四十六。《魏略》曰：玄自從西還，不交人事，不蓄華妍〔一八六〕。《魏氏春秋》曰：初，夏侯霸將奔蜀，呼玄欲與之俱。玄曰："吾豈苟存自容於寇虜乎〔一八七〕？"遂還京師。太傅薨，許允謂玄曰："無復憂矣〔一八八〕。"玄歎曰："士宗，卿何不見事乎？此人猶能以通家年少遇我，子元、子上不吾容也。"玄嘗著《樂毅》《張良》及《本無肉刑論》，辭旨通遠，咸傳於世。玄之執也，衛將軍司馬文王流涕請之，大將軍曰："卿忘會趙司空葬乎？"先是，司空趙儼薨，大將軍兄弟會葬，賓客以百數，玄時後至，衆賓客咸越席而迎〔一八九〕，大將軍由是惡之。臣松之案：曹爽以正始五年伐蜀，時玄已爲關中都督，至十年，爽誅滅後，方還洛耳。案《少帝紀》，司空趙儼以六年亡，玄則無由得會儼葬，若云玄入朝，紀、傳又無其事。斯近妄不實。正元中，紹功臣世，封尚從孫本爲昌陵亭侯，邑三百户，以奉尚後。

初，中領軍高陽許允與豐、玄親善。先是有詐作尺一詔書，以玄爲大將軍，允爲太尉，共錄尚書事。有何人天未明乘馬以詔版付允門吏〔一九〇〕，曰"有詔"，因便馳走〔一九一〕。允即投書燒之，不以開呈司馬景王〔一九二〕。後豐等事覺，徙允爲鎮北將軍，假節督河北諸軍事〔一九三〕。未發，以放散官物，收付廷尉，徙樂浪，道死。《魏略》曰：允字士宗，世冠族。父據，仕歷典農校尉、郡守。允少與同郡崔贊俱發名於冀州，召入軍。明帝時爲尚書選曹郎，與陳國袁侃對，同坐職事，皆收送獄，詔旨嚴切，當有死者，正直者爲重。允謂侃曰："卿，功臣之子，法應八議，不憂死也。"侃知其指，乃爲受重。允刑竟復吏，出爲郡守，稍遷爲侍中尚書、中領軍。允聞李豐等被收，欲往見大將軍，已出門，回遑不定，中道還取袴，豐等已收訖。大將軍聞允前遽，怪之曰："我自收豐等，不知士大夫何爲恩恩乎？"是時朝臣遽者多耳〔一九四〕，而衆人咸以爲意在允也。會鎮北將軍劉靜卒，朝廷以允代靜。已受節傳，出止外舍。大將軍與允書曰："鎮北雖少事，而都典一方，念足下震華鼓，建朱節，歷本州，此所謂著繡晝行也。"允心甚悦，與臺中相聞，欲易其鼓吹旌旗。其兄子素頗聞衆人説允前見嫌意，戒允"但當趣耳，用是爲邪"！允曰："卿俗士不解，我以榮國耳，故求之〔一九五〕。"帝以允當出，乃詔會羣臣，羣臣皆集，帝特引允以自近；允前爲侍中，顧當與帝别，涕泣歔欷。會訖，罷出，詔促允令去。會有司奏允前擅以厨錢穀乞諸俳及其官屬故〔一九六〕，遂收送廷尉，考問竟，故減死徙邊[一九七]。允以嘉平六年秋徙，妻子不得自隨，行道未到，以其年冬死。《魏氏春秋》曰：允爲吏部郎，選郡守。明帝疑其所用非次，召入，將加罪。允妻阮氏跳出，謂曰："明主可以理奪，難以情求。"允領之而入。帝怒詰之，允對曰："某郡太守雖限滿文書先至，年限在後[一九八]，日限在前。"帝前取事視之[一九九]，乃釋遣出。望其衣敗，曰："清吏也。"賜之[二〇〇]。允之出爲鎮北也，喜謂其妻曰："吾知免矣！"妻曰："禍見於此，何免之有？"允善相印[二〇一]，將拜，以印不善，使更刻之，如此者三。允曰："印雖始成而已被辱。"問送印者，果懷之而墜於厠。《相印書》曰："相印法本出陳長文，長文以語韋仲將，印工楊利從仲將受法，以語許士宗。利以法術占吉凶，十可中八九。仲將問長文從誰得法？長文曰：'本出漢世，有《相印》《相笏經》，又有《鷹經》《牛經》《馬經》。印工宗養以法語程申伯，是故有一十二家相法傳於世[二〇二]。'"允妻阮氏賢明而醜[二〇三]，允始見愕然，交禮畢，無復入意。妻遣婢覘之，云"有客姓桓"，妻曰："是必桓範，將勸使入也。"既而範果勸之。允入，須臾便起，妻捉裾留之。允顧謂婦曰："婦有四德，卿有其幾？"婦曰："新婦所乏唯容[二〇四]。士有百行，君有其幾？"許曰："皆備。"婦曰："士有百行，以德爲首，君好色不好德，何謂皆備？"允有慙色，知其非凡，遂雅相親重。生二子，奇、猛，少有令聞。允後爲景王所誅，門生走入告其婦，婦正在機，神色不變，曰："早知爾耳。"門生欲藏其子，婦曰："無預諸兒事。"後移居墓所，景王遣鍾會看之，若才藝德能及父，當收。兒以語母，母答[二〇五]："汝等雖佳，才具不多，率胸懷與會語，便自無憂[二〇六]，不須極哀，會止便止。又可多少問朝事[二〇七]。"兒從之。會反命，具以狀對，卒免其禍，皆母之教也。雖會之識鑒，而輸賢婦之智也。果慶及後嗣，追封子孫而已。《世語》曰：允二子，奇字子泰，猛字子豹，並有治理才學。晉元康中，奇爲司隸校尉，猛幽州刺史。傅暢《晉諸公贊》曰：猛禮樂儒雅〔二〇八〕，當時最優。奇子遜，字思祖，以清尚稱，位至侍中。猛子式，字儀祖，有才幹，至濮陽內史、平原太守。

　　清河王經亦與允俱稱冀州名士，甘露中爲尚書，坐高貴鄉公事誅。始經爲郡守，經母謂經曰："汝田家子，今仕至二千石，物太過不祥，可以止矣。"經不能從，歷二州刺史，司隸校尉，終以致敗。《世語》曰：經字彥偉〔二〇九〕，初爲江夏太守。大將軍曹爽附絹二十匹令交市於吳〔二一〇〕，經不發書，棄官歸。母問歸狀，經以實對。母以經典兵馬而擅去〔二一一〕，對送吏杖經五十，爽聞，不復罪。經爲司隸校尉，辟河內向雄爲都官從事，王業之出，不申經竟以及難。經刑於東市，雄哭之，感動一市。刑及經母，雍州故吏皇甫晏以家財收葬焉。《漢晉春秋》曰：經被收，辭母。母顏色不變，笑而應曰〔二一二〕："人誰不死？往所以不止汝者〔二一三〕，恐不得其所也。以此并命，何恨之有哉？"晉武帝太始元年詔曰："故尚書王經，雖身陷法辟，然守志可嘉。門戶堙沒，意常愍之，其賜經孫郎中。"允友人同郡崔贊，亦嘗以處世太盛戒允云。荀綽《冀州記》曰〔二一四〕：贊子洪，字良伯，清恪有匪躬之志，爲晉吏部尚書、大司農。

　　評曰：夏侯、曹氏，世爲婚姻，故惇、淵、仁、洪、休、尚、真等並以親舊肺腑，貴重於時，左右勳業，咸有効勞〔二一五〕。爽德薄位尊，沈溺盈溢，此固《大易》所著，道家所忌也。玄以規格局度，世稱其名，然與曹爽中外繾綣；榮位如斯，曾未聞匡弼其非，援致良才，舉茲以論，焉能免之乎！

【校箋】

〔一〕毛本作"魏書九"。

〔二〕毛本作"諸夏侯曹傳第九"。

〔三〕盧弼曰："趙一清曰：'車當作軍。'"

謹案：紹興本、毛本、局本均作"軍"。考下文"襲得惇軍輜重"，則作"輕軍"爲得，而上下文義乃相應。

〔四〕盧弼曰："錢大昭曰：'是時惇爲折衝校尉，非大將軍也。爲大將軍在文帝即位之後，安得先以大將軍稱之。大字疑衍。'沈家本曰：'下文寧能以一將軍之故，亦稱將軍，錢說是。'"

謹案：《白帖》卷九十一引無"軍"字是也。下文"一將軍之故"，"軍"亦似蒙上而衍。錢、沈說疑未確。

〔五〕盧弼曰："孫盛所引未詳何人。《後漢紀》、范書《光武紀》未載此事，惟《皇后紀·陰后紀》：'建武九年，有盜劫后母鄧氏及弟訢，帝甚傷之。'"

謹案：孫盛在袁宏與范曄前，當不見《後漢紀》與范書也。其所紀述，蓋出自《東觀漢紀》及謝承書耶？

〔六〕《御覽》卷四百八十三、卷七百一十七、卷七百四十引"於"字俱作"着"。

〔七〕《書鈔》卷七十四引"陂"下有"塘"字。

〔八〕《書鈔》引作"勸種稻田"。

〔九〕此與史實不符。疑作"太祖軍於摩陂"，餘皆衍文。

〔一〇〕盧弼曰："北宋本'惇'下有'爲'字。"

謹案：盧君未見北宋本，此出錢儀吉《三國志證聞》，依序例"北"字上當補"錢儀吉曰"四字。《文帝紀》："以惇爲大將軍。"有"爲"字。

〔一一〕盧弼曰："《官本考證》曰：'公主宋本作令主。'"

謹案：《御覽》卷五百一十五引作"令公主奏之"。考上下文俱作"公主"，不曰"主"，疑宋本脫"公"字也。

〔一二〕《御覽》引句下有"誹謗之言，不與實相應"九字。

〔一三〕《御覽》引"推"字作"待"。

〔一四〕《御覽》引無"推"字，"問"下有"本"字。

〔一五〕《御覽》引"江"字作"佐欲疏使不見信"，無"所構也"三字。

〔一六〕《類聚》卷五十一引"禪"字作"終"。

〔一七〕盧弼曰："宋本'劭'作'紹'。"

謹案：《類聚》引"宜"字作"其"，《玉海》卷一百三十五引"劭"字亦作"紹"，此誤，當據改。"其"字蓋漢魏詔令用語。

〔一八〕《御覽》卷二百四十引句下有"掌禁兵"三字。

〔一九〕《書鈔》卷六十四、《御覽》引"從"上有"太祖"二字。

〔二〇〕《書鈔》引"親"作"重"，無"任"字。《御覽》引亦無"任"字。疑當作"其見親如此"。

〔二一〕《册府》卷三百七十六引"祖"下有"初"字。前傳亦作"太祖初起"。

〔二二〕《册府》卷三百四十二引"遂"字在"狶"字下。

〔二三〕《册府》卷一百三十二引"首"字作"西"。

〔二四〕《册府》卷三百四十二引"將"字作"軍"。

〔二五〕盧弼曰："周壽昌曰：'《論語》何注引包咸曰：既然

子貢不如，復云吾與汝俱不如者，蓋欲以慰子貢也。《論衡·問孔篇》：吾與汝俱弗如也。《鄭康成別傳》馬季長謂盧子幹曰：吾與汝皆不如也。是皆與操語相合，可徵漢經師讀法，亦以見後世作兩句讀義例俱失也。'"

謹案：曹操此語既本《論語》，則"爾"字下當脫"俱"字。考《御覽》卷二百引"爾"下有"俱"字，應據增。

〔二六〕《御覽》卷三百三十七引句下有"太和中在長安及"七字。

〔二七〕紹興本、毛本"占"字作"召"。《册府》卷三百九十四引同。

〔二八〕毛本"益"字作"尤"。《御覽》卷四百九十、《册府》卷四百三十八引同。

〔二九〕《御覽》引"何"字作"所"。

〔三〇〕毛本"辨"字作"辯"。

〔三一〕《御覽》卷三百八十五引"淵"上有"父"字。

〔三二〕《御覽》卷八百三十一引"驅"上有"執楯"二字。

〔三三〕《御覽》引"汝"字作"將"。

〔三四〕《御覽》卷三百八十五、卷四百零九引"屈"字作"答"。

〔三五〕《白帖》卷二十六、《御覽》卷六百零六引"名氏"作"姓名"。

〔三六〕盧弼曰："趙一清曰：'《御覽》卷六百六引《魏名臣奏議》黃門侍郎荀攸奏曰：今吏初除刺有二，一刺通爵，二刺條疏行狀。'"

謹案：《御覽》引"攸"字作"俣"，"爵"下有"里"字，趙引《御覽》有挩誤，當訂正。

〔三七〕《御覽》卷三百八十五、卷六百零六引"寓目"作"過而"。

〔三八〕紹興本、毛本無"中"字。《册府》卷七百六十二引作"遂没於陣",亦無"中"字。

〔三九〕《御覽》卷二百三十九引"後"字作"俊",下無"傑"字。

〔四〇〕《御覽》引"旋"字作"游"。

〔四一〕盧弼曰:"元本'故'作'固'。"

謹案:"固""故"古通用。《國語·周語》:"而咨於故實。"《史記·魯世家》引作"固",是其證。

〔四二〕盧弼曰:"'荀'當作'萁',見《荀攸傳》。"

謹案:梁章鉅云:"'荀'當作'萁',韓萁見《荀攸傳》,此誤。"

〔四三〕《通典·兵十三》引"下"上有"能"字。

〔四四〕《通典》引作"圍城必開之"。

〔四五〕《通典》引作"曠日持久"。

〔四六〕《通典》引作"遂降其城"。

〔四七〕《御覽》卷四百三十四、《册府》卷三百四十二引"衆"字作"人"。

〔四八〕毛本"兵"字作"衆"。《書鈔》卷一百一十八、《御覽》卷四百三十四、《册府》卷三百九十四引"兵"字亦作"衆"。郝書、《季漢書》同,應據改。

〔四九〕《御覽》卷三百一十四、卷四百三十三引俱無"意"字。

〔五〇〕郝書"仁"下有"已"字,無"人馬"二字。

〔五一〕盧弼曰:"梁章鉅曰:'二'下當有'心'字。"

謹案：《册府》卷三百九十九引作"皆無二志"，此脱，應據補。

〔五二〕《類聚》卷五十九、《御覽》卷二百九十六引無"令"字。

〔五三〕《御覽》卷三百八十四引"四"下無"而"字。

〔五四〕《御覽》引"好"下有"樂"字。

〔五五〕郝書作"士多歸之"。

〔五六〕《類聚》卷四十六、《御覽》卷三百二十一、卷三百八十四引"八"字俱作"六"。

〔五七〕郝書"戰"字作"伐"。下《曹洪傳》"累從征伐"，作"伐"疑是，不必從郝書也。

〔五八〕《初學記》卷十七、《册府》卷二百八十五引"俱"字作"共"。

〔五九〕郝書、《季漢書》"后"字作"汝"。

〔六〇〕郝書"於"上有"后"字，是也。當據補。

〔六一〕《御覽》卷四百三十一引"帝"下有"前"字。

〔六二〕《御覽》卷二百引"城"作"成"。《郡國志》"冀州河間國治樂成"。《晉志》"成"作"城"。

〔六三〕紹興本"居"字作"去"，《季漢書》同，當據改。

〔六四〕《白帖》卷二十九引"下"字上有"恭敬非息"四字。《御覽》卷七百五十引"拜"下有"而"字。

〔六五〕《御覽》卷三百引"祖"字下有"指休"二字。

〔六六〕《御覽》引"同"下有"居"字。

〔六七〕《御覽》卷三百八十四引"伐"字作"討"。

〔六八〕《御覽》卷二百四十九引"亦"字作"恒"。

〔六九〕《御覽》卷三百九十四引"攻"上有"相"字。

〔七〇〕《御覽》引"也"字作"寇",是也。郝書作"寇殺之",亦有"寇"字。可證。

〔七一〕盧弼曰:"范書《黃琬傳》:'中平初爲豫州牧,政績爲天下表。及董卓秉政,以琬名臣,徵爲司徒。'《獻帝紀》:'中平六年九月,豫州牧黃琬爲司徒。'據此是琬爲豫州牧在中平時,至初平三年琬已爲李傕所殺矣。此云初平中豫州刺史黃琬欲害魏武,全與事實相左,或'初平中'易爲'中平中',其說尚可通,蓋魏武變易姓名間行東歸,在中平六年也。"

謹案:洪亮吉曰:"琬以中平六年九月自豫州牧爲司徒,安得有初平中琬尚爲刺史欲殺操之事。又操起義兵亦在中平六年十二月,俱非初平中。注復引《魏略》云:'興平末,袁術部黨與太祖攻劫。'案:操紀:興平二年圍雍丘,張邈詣袁術請救,未至見殺,未嘗聞術出兵,不得有與術部黨攻劫之事,邵之死當在中平六年起義兵之時無疑,《魏略》《魏書》所紀皆妄也。"

〔七二〕《御覽》卷三百引"收"字作"占",卷四百三十四引作"召"。"占""召"形近致誤。

〔七三〕《御覽》引"常"字作"嘗"。

〔七四〕盧弼曰:"討破張進爲蘇則之功,見則傳。《文紀》:'延康元年五月,酒泉黃華、張掖張進等叛,金城太守蘇則討進斬之,華降。'"

謹案:徐紹楨曰:"案:《文帝紀》云:'金城太守討進斬之。'《蘇則傳》亦未載真遣費耀討進一事,恐此傳有誤。"楊守敬《壬癸金石跋》曰:"《文帝紀》則言金城太守蘇則討平之,當是蘇爲主兵,費耀爲客兵也。"

〔七五〕盧弼曰:"洪飴孫曰:'上軍大將軍一人,第二品,黃初三年置,後不常設。'"

謹案：《通典·職官十一》曰："魏黃初中，又有上大將軍，以曹真爲之。吳亦以陸遜爲上大將軍。"此"上"字下之"軍"字疑衍。

〔七六〕《御覽》卷二百三十九引"軍"下無"大"字。

〔七七〕盧弼曰："此'或'字疑涉上文而衍，《通鑑》無'或'字。"

謹案：《御覽》卷十、《册府》卷四百三十八引無"或"字。蕭書、郝書亦無，當刪去。

〔七八〕《御覽》卷二百引無"曹"字。考上文已明曰宗人，則"曹"字未可重贅也，疑應據《御覽》删。

〔七九〕《類聚》卷五十、《御覽》引作"遵子等"，無"讚"字，下同。

〔八〇〕《册府》卷二百七十五引"位"作"成"。

〔八一〕郝書"二"字作"三"。

〔八二〕紹興本"飭"字作"飾"。

〔八三〕盧弼曰："趙一清曰：'道一作尊。'"

謹案：梁章鉅曰："'道'字是'尊'字之誤。"梁說是也。《孟子·公孫丑》："天下有達尊三，爵一、齒一、德一。"趙岐注："三者天下之通尊也。"此本《孟子》，"道"實爲"尊"字之誤。

〔八四〕盧弼曰："趙一清曰：'此語疑有錯誤。是時魏軍入漢中，蜀已先據興勢圍之，後主、王平兩傳極爲分明，於文當是今興勢山路至險。顧景範亦云爾。'弼案：《通鑑》引此作'興勢'。"

謹案：湯球《漢晉春秋輯本》云："'平路'二字疑衍，只作'興勢'。"

〔八五〕盧弼曰："賢曰：'綺疏謂縷（當作鏤）爲綺文。'"

謹案：《史記·禮書》"疏房牀第几席"索隱："疏謂窗也。"

《文選》孫興公《遊天台山賦》"日炯晃於綺疏"注云："刻爲綺文謂之綺疏。""賢曰"當作"李賢曰"。此見《後漢書·梁冀傳》注，盧君既不錄書名，復省"李"字，則不易知爲何人矣。

〔八六〕《御覽》卷四百五十八引無"大"字。

〔八七〕《御覽》卷四百九十四引"勞"字作"效"。

〔八八〕《御覽》八百五十九引"時"字作"聖"。

〔八九〕《晉書·宣帝紀》無"邊"字。

〔九〇〕《書鈔》卷一百四十四、《御覽》卷四百九十六、卷八百五十九引"求"字俱作"主"。

〔九一〕《御覽》卷四百九十九引"疾"字作"病"。《晉書》"發"下有"動"字。

〔九二〕《御覽》引無"寬"字。

〔九三〕《晉書》"沈"字作"枕"，張熷說"沈"字是。

〔九四〕《晉書》"之"下有"備"字。

〔九五〕郝書"語"字作"噡"。

〔九六〕《御覽》引無"忽"字，《晉書》同。

〔九七〕郝書"烈壯"二字乙。

〔九八〕郝書"患"字作"病"，於義爲切。

〔九九〕紹興本"入"字作"人"。

〔一〇〇〕《晉書》"臂"下有"曰"字。

〔一〇一〕盧弼曰："陸德明曰：'顧曰古。'"

謹案：《史記·周本紀》作"顧命"，集解引鄭玄曰："臨終出命故謂之顧，顧，將去之意也。"回首曰顧。盧君引陸德明曰"顧曰古"，莫審其旨。

〔一〇二〕盧弼曰："宋本'乓'作'牙'。各本同。局本作'乓'，潘眉曰：'牙字誤，當作乓，即互字。《吳志·陸瑁傳》九域槃牙同。經史中牙字每誤作牙字甚多。'弼案：《通鑑》作'根據盤互'。"

謹案：《能改齋漫錄》卷四："唐人書'互'字作'牙'，'牙'字似'牙'，因轉爲牙。"盤互交錯，糾結之意。

〔一〇三〕《晉書》"大"字作"殷"。

〔一〇四〕盧弼曰："《宣紀》'受'作'綬'。即上以死奉詔意，《官本考證》同。"

謹案："受"當作"授"。《論語·憲問篇》"見危授命"皇疏云："若見其君之危，則當授命竭身，不苟免也。"盧君云即上"以死奉詔意"，是不知"受命"之當作"授命"也，疏矣！

〔一〇五〕《御覽》卷五百二十引"三"字作"一二"。

〔一〇六〕《御覽》引作"宣王遂過"，無"得""去"二字。

〔一〇七〕"甲"疑爲"田"字之誤。《晉書》無此字，《通鑑》字作"田"。

〔一〇八〕《御覽》卷六百九十九引"孚"下有"曰"字。

〔一〇九〕《類聚》卷九十三、《事類賦》卷二十一引"書"字作"紀"，是。

〔一一〇〕《書鈔》卷一百二十四、《御覽》卷三百五十引"人"上俱有"使"字，又《御覽》同卷引"東"下有"行"字。

〔一一一〕《册府》卷九百五十四引"當"字作"尚"。

〔一一二〕毛本"奇"字作"其"。

〔一一三〕《類聚》卷二十五、《御覽》卷六百八十三引"問"字作"啁"。

〔一一四〕《書鈔》、《御覽》卷六百八十二引"所"字作"何"。

〔一一五〕《御覽》引"戲"下有"也"字。

〔一一六〕《書鈔》、《類聚》卷五引"笑"上俱有"大"字。

〔一一七〕《御覽》卷四百九十二引作"狗雖有小損而鼠不切我囊貯"。"切"疑爲"竊"之譌字。

〔一一八〕《御覽》卷四百九十八引"住"字作"於"。《册府》卷一百二十四引"住"字作"家"。

〔一一九〕《御覽》引"言"字作"聞"。

〔一二〇〕毛本"稱"字作"説",《册府》卷四百八十二、卷九百二十九引同。

〔一二一〕毛本"有"上有"數"字,《書鈔》卷六十、《御覽》卷二百一十二、《册府》卷九百三十九引同。

〔一二二〕《類聚》卷九十四引"位"作"列"。

〔一二三〕《類聚》卷九十七引"勢"上有"聲"字。

〔一二四〕《御覽》卷二百四十一引句下有"拜騎都尉"四字。

〔一二五〕郝書"成"字作"爲"。

〔一二六〕盧弼曰:"宋本、吴本、毛本作'智意',元本、監本、馮本、官本作'志意'。"

謹案:作"智意"者是。智意猶智慧也。本志《鄧哀王沖傳》"智意所及","智意"連文是其證。

〔一二七〕郝書"恩"字作"明"。

〔一二八〕郝書無"人"字。

〔一二九〕《書鈔》卷六十三、《御覽》卷二百四十二引作"以才學",無"有"字。

〔一三〇〕毛本"鄭"字作"鄒",《御覽》卷五百二十引同。卷六百八十一引作"芻",疑爲"鄒"字之誤。

〔一三一〕《御覽》卷三百二十引"牧"作"刺史"。

〔一三二〕盧弼曰:"馮本'毅'誤作'殼'。"

謹案：紹興本"毅"作"穀"，《季漢書》同。考《禮記·禮器》"致誠慤"，釋文"字亦作愨"，正義："愨謂質愨"。是"殼"爲"愨"之借字，非誤文。盧君謂"愨"誤作"殼"，疑未審。

〔一三三〕紹興本"中"字作"甲"。《通鑑》作"甲夜"，注："甲夜，初夜也。"

〔一三四〕紹興本"範"字作"上"。

〔一三五〕沈家本曰："《御覽》十三引《世說》。"

謹案：《書鈔》卷一百五十二引亦作"《世說》"。

〔一三六〕《書鈔》引"占"下有"夢"字。

〔一三七〕毛本"嘗"字作"常"，《世說·夙慧篇》注引同。

〔一三八〕《類聚》卷十六、《初學記》卷十、《御覽》卷一百五十二引"賢"下有"明"字。

〔一三九〕《書鈔》《類聚》《初學記》引"何"字俱作"不"。

〔一四〇〕盧弼曰："'母'疑作'婦'。"

謹案：《類聚》、《御覽》卷一百五十三引俱無"母"字，"歸"字作"婦"，是也。蓋"婦"譌爲"歸"字，校者不察，遂於"晏"字下妄增"母"字。盧君疑"母"字當作"婦"，蓋未詳考耳。

〔一四一〕馮本、陳本"典"字作"與"。

〔一四二〕郝書"窮"字作"窘"。

〔一四三〕紹興本"王"下有"公"字，郝書同。是。

〔一四四〕《御覽》卷三百六十六、卷四百四十引"郡"字俱作"國"。

〔一四五〕《御覽》引作"斷髮自誓"，無"以爲信"三字。

〔一四六〕《御覽》引"家"下俱無"果"字。

〔一四七〕郝書"之"字作"命"。

〔一四八〕郝書"至"字作"自"。

〔一四九〕《御覽》卷四百四十引"亡"字作"滅"。

〔一五〇〕紹興本"之"字作"不"。

〔一五一〕馮本、陳本、毛本"泣"上有"涕"字。

〔一五二〕《御覽》卷二百四十二引無"散騎"二字，《世說·容止篇》注引同。

〔一五三〕《世說》注引"玄"下有"甚"字。

〔一五四〕《御覽》引無"之"字，《世說》注引同。

〔一五五〕《世說》注引"遷"下有"玄"字，無"爲"字，是。

〔一五六〕《通典·選舉二》《通考·選舉一》引"存"字作"考"。

〔一五七〕《治要》卷二十五引"不"上無"已"字，下句"已不如自求之於州邦矣"，"已"字亦無。

〔一五八〕此句語意不完。《通典》"輩"字上有"所"字，是也。"官長所第，中正所輩"，語正平列。"擬比隨次"爲句，"擬比"即上文之"擬其倫比"，"隨次"即"勿使升降"也。今脫"所"字，而以"中正輩擬比"爲句，則失其讀矣。

〔一五九〕《御覽》卷九十六引"護"上有"中"字。

〔一六〇〕《書鈔》卷二十六、《通典》引"主"上無"任"字。

〔一六一〕《書鈔》卷六十四"言"字作"曰"，《通典》同。

〔一六二〕郝書"得"字作"行"。郁氏札記謂作"行"字者是。

〔一六三〕《書鈔》引"間"字作"聞"，下有"此聲"二字。《通典》同。郝書"間"亦作"聞"。

〔一六四〕《御覽》卷九十六引《晉書》、卷三百七十一引干寶《晉紀》"萘"字作"羑",《文選·晉紀總論》李注引同,下同。

〔一六五〕盧弼曰:"胡三省曰:'刀把上有鐶。'"

謹案:《釋名·釋兵》:"其本曰環,形似環也。"曹植《寶刀賦》:"規圓景以定環。"蓋刀柄末作環形,因謂之環,非刀把上另有環也,胡注似非。

〔一六六〕《御覽》卷二百四十一引無"八"字。

〔一六七〕《世說》注引"郎"下有"改名宣,上問安國所在"。

〔一六八〕《世說》注引作"左右公卿即具以豐對"。

〔一六九〕《書鈔》卷五十九、《御覽》卷二百一十、《册府》卷四百七十八引"省"字作"閣"。

〔一七〇〕《書鈔》《御覽》引"豐"下無"疾"字,"數十日"作"百日",《册府》亦作"百日"。

〔一七一〕《御覽》《册府》引"已"下有"而"字。

〔一七二〕郝書"當"作"何"。

〔一七三〕《書鈔》、《御覽》卷二百一十一引作"太傅久病"。

〔一七四〕《書鈔》《御覽》引"專"字作"攝"。

〔一七五〕《册府》卷九百三十九引"二"字作"三"。

〔一七六〕《册府》引"無"上有"皆"字,"適莫"作"是非"。

〔一七七〕《書鈔》《御覽》引"故"下無"於"字,"時"下有"人"字。

〔一七八〕《書鈔》《御覽》引"似"字下俱無"於"字。

〔一七九〕郝書"知"字作"疑"。

〔一八〇〕馮本"辭"字作"罪"。

〔一八一〕紹興本、馮本、陳本"貴"字作"責",《世説·方正篇》注引同,郝書亦作"責"。

〔一八二〕《世説》注引"其"字作"玄"。

〔一八三〕郝書"正"字作"上"。

〔一八四〕盧弼曰:"宋本'原'作'匄'。"

謹案:《册府》卷一百五十二亦作"匄"。匄,《廣雅·釋詁三》:"求也。"

〔一八五〕《世説》注引"變"字作"異","動"字作"止"。

〔一八六〕盧弼曰:"梁章鉅曰:'《藝文類聚》卷五十八引《魏末傳》云:夏侯太初見召還洛陽,絶人道,不畜筆研。案:華妍恐是筆研之誤。'侯康曰:'筆研、華研字形相似,未詳孰是?'弼按:'筆研'二字與'畜'字不聯屬,太初方事著述,豈有無筆研之理,當爲《類聚》之誤。"

謹案:《書鈔》卷一百零四引《魏末傳》亦作"不復畜筆硯"。考《世説》注引作"不畜筆研"。而《事類賦》卷十五"筆"條引云:"夏侯太初見召,路(此有脱文,'路'疑爲'洛'字之形誤)絶人事,不蓄筆,其謹慎如此。"《文房四譜》引同,雖文有佚落,然列於本條,足證北宋以前所見本俱作"筆研"也。盧君謂"筆研"與"畜"字不相聯屬,竊以"畜"與"蓄"通,皆蓄積之義,安得云不相聯屬耶?又云"玄方事著述",而不知玄處正始之際,司馬氏與曹王朝争奪政權爲禍方烈,玄處此時,不畜筆研,避嫌疑以保其身耳,當據諸書以"筆研"爲是。

〔一八七〕紹興本"容"字作"客",疑誤。

〔一八八〕毛本"無"字作"吾",疑非。《世説》注引作"子無復憂矣",似此脱"子"字,應補,乃與下文語意相接。

〔一八九〕《册府》卷一百八十一引無"客"字。

〔一九〇〕盧弼曰："《漢書·雋不疑傳》：'廷尉驗治何人，竟得姦詐。'師古曰：'凡不知姓名及所從來者，皆曰何人。'范書《來歙傳》：'爲何人所賊傷。'章懷注：'何人，謂不知何人也。'"

謹案：盧君引顏、李注以釋何人之義誠是也。然傳云"有何人天未明乘馬以詔版付允門吏"，則句語意不明。《世說·賢媛篇》注引作"無何有人"，語意完整，疑此脫"無"字，而"有何"二字又誤乙。"無何"猶言無幾時，"有人"謂有不知姓名之人，似應據《世說新語》注補。盧君失於校正，從而爲之說，疑誤。

〔一九一〕《世說》注引"馳"字作"驅"。

〔一九二〕盧弼曰："《世說》注引'開'作'關'。"

謹案：作"關"字是。"開"字於此無義，或涉形近而譌。

〔一九三〕《書鈔》卷六十引"督"上有"都"字。

〔一九四〕郝書"遽"下有"悤"字。

〔一九五〕郝書"故"字作"固"。

〔一九六〕郝書"屬"下無"故"字。

〔一九七〕盧弼曰："'故'字衍。"

謹案：《世說》注引無"故"字，郝書同。盧君未事引證，非。

〔一九八〕盧弼曰："《御覽》二百十六此句下有'某守雖後'四字。"

謹案：《官本考證》曰："《太平御覽》引'日限在前'上多'某守雖後'四字。"考《書鈔》卷六十引作"年限在後，某官雖後，年限在前"。《御覽》引"年"字作"日"。又卷六百八十九引又作"月"，疑唐時本或作"年"，後誤作"月"，因誤作"日"也。

〔一九九〕《御覽》二百一十六、卷五百二十、卷六百八十九引"帝"字下俱無"前"字。《書鈔》卷二十八引"取"下無

"事"字,"乃"上增"事"字。

〔二〇〇〕《御覽》卷五百二十引"之"下有"衣"字。

〔二〇一〕《書鈔》卷三十八、《御覽》卷六百三十八引句下有"出爲鎮北將軍"六字。

〔二〇二〕紹興本"二"字作"三"。

〔二〇三〕《初學記》卷十八、《御覽》卷三百八十二引俱作《郭子》語。

〔二〇四〕郝書"容"下有"耳"字,《世說》同,疑此脫。

〔二〇五〕《世說》"答"字作"曰"。

〔二〇六〕《世說》作"便無所憂"。

〔二〇七〕《世說》無"多"字。

〔二〇八〕《世說》注引作"禮學儒博"。

〔二〇九〕盧弼曰:"錢大昕曰:'《管輅傳》注:字彥緯,當從糸旁。'"

謹案:《文選》袁彥伯《三國名臣贊序》:"王經字承宗。"李善注:"裴松之曰:'經字彥緯,今云承宗,蓋有二名也。'"足證裴注作"緯"不作"偉"。《白帖》卷四十一亦作"緯",是唐時所見本如是也。作"偉"蓋涉形近而誤。

〔二一〇〕郝書"十"字作"千"。《白帖》引"二"字作"三"。

〔二一一〕《白帖》"去"下有"官"字。

〔二一二〕句下《白帖》卷二十六引有"爲子則孝,爲臣則忠"二句。

〔二一三〕盧弼曰:"《世說》注引此無'不'字。"

謹案:李慈銘曰:"'不止','不'字當衍。"考傳文:"經母謂經曰:'汝田家子,今仕至二千石,物太過不祥,可以止矣!'"

"往所以止汝"即指此事,"不"字應刪去。《文選集注》注引《鈔》曰引以下無"不"字,蕭書同,蓋李説是也。

〔二一四〕盧弼曰:"又有《九州記》,見本志《袁涣傳》注,冀州、兖州當爲《九州記》之二篇。沈家本曰:'《九州記》隋、唐《志》不著録,其書分州爲記,與司馬彪書之例同。《譙周傳》注引荀綽評,所評者譙周之事,其爲《九州記》之評可知,但不知益州屬何州耳?以《禹貢》言之,當爲梁州也。'"

謹案:《魏志·袁涣傳》注之《九州記》,據《世説·文學篇》注、《類聚》卷四十八、《初學記》卷十二引俱作《兖州記》。作"九"字者,蓋由"兖"字之殘缺而誤,誠非荀綽有《九州記》也。沈氏據《蜀志·譙周傳》注引孫綽評輒謂爲《九州記》之評,不知何據。且裴注明言"孫綽評",而《御覽》卷四百四十七引此作《孫子》,沈氏謂爲荀綽,其謬誤可知矣。

〔二一五〕《御覽》卷五百四十引"効勞"二字乙。

三國志校箋卷十

魏志卷十〔一〕

荀彧 子惲　孫甝 霬　荀攸　賈詡〔二〕

荀彧字文若,潁川潁陰人也。祖父淑,字季和,朗陵令〔三〕。當漢順、桓之間,知名當世。有子八人,號曰八龍。彧父緄,濟南相。叔爽,司空。《續漢書》曰:淑有高才,王暢、李膺皆以爲師,爲朗陵侯相,號稱神君。張璠《漢紀》曰:淑博學有高行,與李固、李膺同志友善,惡李昭於小吏,友黃叔度於幼童。以賢良方正徵,對策譏切梁氏,出補朗陵侯相,卒官。八子:儉、緄、靖、燾、汪、爽、肅、專〔四〕音敷。爽字慈明,幼好學,年十二,通《春秋》《論語》,耽思經典,不應徵命,積十數年。董卓秉政,復徵爽,爽欲遁去,吏持之急。詔下郡,即拜平原相。行至苑陵,又追拜光祿勳。視事三日,策拜司空。爽起自布衣,九十五日而至三公。淑舊居西豪里,縣令苑康曰:昔高陽氏有才子八人,署其里爲高陽里。靖字叔慈,亦有至德,名幾亞爽,隱居終身。皇甫謐《逸士傳》:或問許子將,靖與爽孰賢？子將曰："二人皆玉也，慈明外朗，叔慈內潤。"

或年少時，南陽何顒異之，曰："王佐才也。"《典略》曰：中常侍唐衡欲以女妻汝南傅公明，公明不娶，轉以與彧。父緄慕衡勢，爲彧娶之。彧爲論者所譏。臣松之案：《漢紀》云唐衡以桓帝延熹七年死，計彧於時年始二歲，則彧婚之日，衡之没久矣。慕勢之言爲不然也。臣松之又以爲：緄八龍之一，必非苟得者也，將有逼而然，何云慕勢哉？昔鄭忽以違齊致譏，雋生以拒霍見美，致譏在於失援，見美嘉其慮遠，並無交至之害，故得各全其志耳。至於閹豎用事，四海屏氣；左悺、唐衡，殺生在口。故於時諺云"左迴天，唐獨坐"，言威權莫二也。順之則六親以安，忤違則大禍立至，斯誠以存易亡，蒙恥期全之日。昔蔣詡姻於王氏，無損清高之操，緄之此婚，庸何傷乎！永漢元年，舉孝廉，拜守宫令。董卓之亂〔五〕，求出補吏。除亢父令，遂棄官歸，謂父老曰："潁川，四戰之地也，天下有變，常爲兵衝，宜亟去之〔六〕，無久留。"鄉人多懷土猶豫，會冀州牧同郡韓馥遣騎迎之，莫有隨者，彧獨將宗族至冀州。而袁紹已奪馥位，待彧以上賓之禮。彧弟諶及同郡辛評、郭圖，皆爲紹所任。彧度紹終不能成大事，時太祖爲奮武將軍，在東郡，初平二年，彧去紹從太祖。太祖悅曰〔七〕："吾之子房也。"以爲司馬，時年二十九。是時，董卓威陵天下，太祖以問彧，彧曰："卓暴虐已甚，必以亂終，無能爲也。"卓遣李傕等出關東，所過虜略，至潁川、陳留而還。鄉人留者多見殺略。明年，太祖領兗州牧，後爲鎮東將軍，彧常以司馬從。興平元年，太祖征陶謙，任彧留事。會張邈、陳宮以兗州反，潛迎呂布。布既至，邈乃使劉翊告彧曰："呂將軍來助曹使君擊陶謙，宜亟供其軍食。"衆疑惑。彧知邈爲亂，即勒兵設備，馳召東郡太守夏侯惇，而兗州諸城皆應布矣。時太祖悉軍攻謙，留守兵少，而督將大吏多與邈、宮通謀。惇至，其夜誅謀叛者數十人，衆乃定。豫州刺史郭貢帥衆數萬來至城下，或言與呂布同謀，衆甚懼。貢求見彧，彧將往。惇曰[八]："君一州鎮也，往必危，不可。"彧曰："貢與邈等，分非素結也，今來速，計必未定，及其未定說之，縱不爲用，可使中立，若先疑之，彼將怒而成計。"貢見彧無懼意，謂鄄城未易攻，遂引兵去。又與程昱計，使說范、東阿，卒全三城，以待太祖。太祖自徐州還擊布濮陽，布東走。二年夏，太祖軍乘氏，大饑，人相食。

陶謙死，太祖欲遂取徐州，還乃定布。彧曰："昔高祖保關中，光武據河內，皆深根固本以制天下，進足以勝敵[九]，退足以堅守[一〇]，故雖有困敗而終濟大業。將軍本以兗州首事，平山東之難，百姓無不歸心悅服。且河、濟，天下之要地也，今雖殘壞，猶易以自保，是亦將軍之關中、河內也，不可以不先定。今以破李封、薛蘭，若分兵東擊陳宮，宮必不敢西顧，以其閒勒兵收熟麥，約食畜穀，一舉而布可破也。破布，然後南結揚州，共討袁術，以臨淮、泗。若舍布而東，多留兵則不足用，少留兵則民皆保城，不得樵采。布乘虛寇暴，民心益危，唯鄄城、范、衛可全，其餘非已之有，是無兗州也。若徐州不定，將軍當安所歸乎？且陶謙雖死，徐州未易亡也。彼懲往年之敗，將懼而結親，相爲表裏。今東方皆以收麥，必堅壁清野以待將軍，將軍攻之不拔，略之無獲，不出十日，則十萬之衆未戰而自困耳。臣松之以爲：於時徐州未平，兗州又叛，而云十萬之衆，雖是抑抗之言，要非寡弱之稱。益知官渡之役，不得云兵不滿萬也。前討徐州，威罰實行，《曹瞞傳》云：自京師遭董卓之亂，人民流移東出，多依彭城間。遇太祖至，坑殺男女數萬口於泗水，水爲不流。陶謙帥其衆軍武原，太祖不得進。引軍從泗南攻取慮、睢陵、夏丘諸縣，皆屠之，雞犬亦盡，墟邑無復行人。其子弟念父兄之恥，必人自爲守，無降心，就能破之，尚不可有也。夫事固有棄此取彼者，以大易小可也，以安易危可也，權一時之勢，不患本之不固可也。今三者莫利，願將軍熟慮之。"太祖乃止。大收麥，復與布戰，分兵平諸縣。布敗走，兗州遂平。

建安元年，太祖擊破黃巾。漢獻帝自河東還洛陽。太祖議奉迎都許，或以山東未平，韓暹、楊奉新將天子到洛陽，北連張楊，未可卒制。或勸太祖曰："昔，高祖東伐，爲義帝縞素〔一〕，而天下歸心。自天子播越，將軍首唱義兵，徒以山東擾亂，未能遠赴關右，然猶分遣將帥，蒙險通使，雖禦難於外，乃心無不在王室，是將軍匡天下之素志也。今車駕旋軫〔二〕，義士有存本之思，百姓感舊而增哀〔三〕。誠因此時，奉主以從民望〔四〕，大順也；秉至公以服雄傑，大略也；扶弘義以致英俊〔一五〕，大德也。天下雖有逆節，必不能爲累明矣。韓暹、楊奉其敢爲害！若不時定，四方生心，後雖慮之無及。"太祖遂至洛陽，奉迎天子都許。天子拜太祖大將軍，進彧爲漢侍中，守尚書令。常居中持重，《典略》曰：彧折節下士，坐不累席。其在臺閣，不以私欲撓意。彧有羣從一人，才行實薄，或謂彧〔一六〕："以君當事，不可不以某爲議郎邪〔一七〕？"彧笑曰："官者所以表才也，若如來言，眾人其謂我何邪！"其持心平正皆類此。太祖雖征伐在外，軍國事皆與彧籌焉〔一八〕。《典略》曰：彧爲人偉美。又平原《禰衡傳》曰：衡字正平，建安初，自荆州北游許都，恃才傲逸，臧否過差，見不如己者不與語，人皆以是憎之。唯少府孔融高貴其才，上書薦之曰："淑質貞亮，英才卓犖〔一九〕。初涉藝文，升堂覩奧；目所一見，輒誦於口，耳所暫聞〔二〇〕，不忘於心。性與道合，思若有神。弘羊心計，安世默識，以衡準之，誠不足怪。"衡時年二十四。是時許都雖新建，尚饒人士。衡嘗書一刺懷之，字漫滅而無所適。或問之曰："何不從陳長文、司馬伯達乎？"衡曰："卿欲使我從屠沽兒輩也〔二一〕！"又問曰："當今許中，誰最可者？"衡曰："大兒有孔文舉，小兒有楊德祖。"又問："曹公、荀令君、趙盪寇皆足蓋世乎？"衡稱曹公不甚多；又見荀有儀容，趙有腹尺，因答曰："文若可借面弔喪，稚長可使監厨請客〔二二〕。"其意以爲荀但有貌，趙健啖肉也〔二三〕。於是眾人皆切齒。衡知眾不悦，將南還荆州。裝束臨發，眾人爲祖道，先設供帳於城南，自共相誡曰："衡數不遜，今因其後到，以不起報之。"及衡至，眾人皆坐不起，衡乃號咷大哭〔二四〕。眾又問其故〔二五〕，衡曰："行屍柩之間，能不悲乎？"衡南見劉表，表甚禮之。將軍黃祖屯夏口，祖子射與衡善，隨到夏口。祖嘉其才，每在坐，席有異饌，介使與衡談。後衡驕蹇，答祖言俳優饒言，祖以爲罵己也，大怒，顧伍伯捉頭出。左右遂扶以去，拉而殺之。臣松之以本傳不稱或容貌，故載《典略》與《衡傳》以見之。又潘勖爲或碑文，稱或瓌姿奇表。張衡《文士傳》曰：孔融數薦衡於太祖，欲與相見，而衡疾惡之，意常憤懣，因狂疾不肯往，而數有言論。太祖聞其名，圖欲辱之，乃録爲鼓吏〔二六〕。後至八月朝，大宴，賓客並會。時鼓吏擊鼓過，皆當脱其故服，易着新衣。次衡，衡擊爲漁陽參撾〔二七〕，容態不常〔二八〕，音節殊妙。坐上賓客聽之，莫不慷慨。過不易衣，吏呵之，衡乃當太祖前，以次脱衣，裸身而立，徐徐乃著褌帽畢，復擊鼓參撾，而顔色不怍〔二九〕。太祖大笑，告四坐曰：" 本欲辱衡，衡反辱孤。" 至今有漁陽參撾，自衡造也。融深責數衡，并宣太祖意，欲令與太祖相見。衡許之，曰：" 當爲卿往。" 至十月朝，融先見太祖，説衡欲求見。至日晏，衡著布單衣，疏巾履〔三〇〕，坐太祖營門外，以杖捶地，數罵太祖。太祖勅外廄急具精馬三匹，并騎二人，謂融曰：" 禰衡豎子，乃敢爾！孤殺之無異於雀鼠，顧此人素有虚名〔三一〕，遠近所聞，今日殺之，人將謂孤不能容。今送與劉表，視卒當何如？" 乃令騎以衡置馬上，兩騎扶送至南陽。《傅子》曰：衡辯於言而剋於論，見荆州牧劉表曰，所以自結於表者甚至，表悦之以爲上賓，衡稱表之美盈口，而論表左右不廢繩墨，於是左右因形而譖之，曰："衡稱將軍之仁，西伯不過也，唯以爲不能斷，功不濟者〔三二〕，必由此也。" 是言實指表智短，而非衡所言也。表不詳察，遂疏衡而逐之。衡以交絶於劉表，智窮於黃祖，身死名滅，爲天下笑者，譖之者有形也。

太祖問或："誰能代卿爲我謀者？"或言荀攸、鍾繇。先是，或言策謀士，進戲志才。志才卒，又進郭嘉。太祖以彧爲知人，諸所進達皆稱職，唯嚴象爲揚州，韋康爲涼州，後敗亡。《三輔決録》曰：象字文則，京兆人。少聰博，有膽智。以督軍御史中丞詣揚州討袁術，會術病卒，因以爲揚州刺史。建安五年，爲孫策廬江太守李術所殺，時年三十八。象同郡趙岐作《三輔決録》，恐時人不盡其意，故隱其書，唯以示象。康字元將，亦京兆人。孔融與康父端書曰："前日元將來，淵才亮茂，雅度弘毅，偉世之器也。昨日仲將又來，懿性貞實，文愍篤誠，保家之主也。不意雙珠，近出老蚌，甚珍貴之。"端從涼州牧徵爲太僕，康代爲涼州刺史，時人榮之。後爲馬超所圍，堅守歷時，救軍不至，遂爲超所殺。仲將名誕，見《劉邵傳》。

自太祖之迎天子也，袁紹內懷不服。紹既并河朔〔三三〕，天下畏其彊。太祖方東憂呂布，南拒張繡，而繡敗太祖軍於宛。紹益驕，與太祖書，其辭悖慢。太祖大怒，出入動靜變於常，眾皆謂以失利於張繡故也。鍾繇以問彧，彧曰："公之聰明，必不追咎往事，殆有他慮。"則見太祖問之，太祖乃以紹書示彧，曰："今將討不義，而力不敵，何如？"彧曰："古之成敗者，誠有其才，雖弱必彊，苟非其人，雖彊易弱，劉、項之存亡〔三四〕，足以觀矣。今與公爭天下者，唯袁紹爾。紹貌外寬而內忌，任人而疑其心，公明達不拘，唯才所宜，此度勝也。紹遲重少決，失在後機，公能斷大事，應變無方，此謀勝也。紹御軍寬緩，法令不立，士卒雖眾，其實難用，公法令既明，賞罰必行，士卒雖寡，皆爭致死，此武勝也。

紹憑世資，從容飾智，以收名譽，故士之寡能好問者多歸之，公以至仁待人，推誠心不爲虛美，行己謹儉，而與有功者無所悋惜，故天下忠正效實之士咸願爲用，此德勝也。夫以四勝輔天子，扶義征伐，誰敢不從？紹之彊其何能爲！"太祖悅。或曰："不先取呂布，河北亦未易圖也。"太祖曰："然。吾所惑者，又恐紹侵擾關中，亂羌、胡[三五]，南誘蜀漢，是我獨以兗、豫抗天下六分之五也。爲將奈何？"或曰："關中將帥以十數，莫能相一，唯韓遂、馬超最彊[三六]。彼見山東方爭，必各擁衆自保。今若撫以恩德，遣使連和相持，雖不能久安，比公安定山東，足以不動。鍾繇可屬以西事。則公無憂矣。"

三年，太祖既破張繡，東禽呂布，定徐州，遂與袁紹相拒。孔融謂彧曰："紹地廣兵彊；田豐、許攸，智計之士也，爲之謀；審配、逢紀，盡忠之臣也，任其事；顏良、文醜，勇冠三軍，統其兵，殆難克乎！"彧曰："紹兵雖多而法不整。田豐剛而犯上，許攸貪而不治。審配專而無謀，逢紀果而自用，此二人留知後事，若攸家犯其法，必不能縱也，不縱，攸必爲變。顏良、文醜，一夫之勇耳[三七]，可一戰而禽也。"五年，與紹連戰。太祖保官渡，紹圍之。太祖軍糧方盡，書與彧，議欲還許以引紹。彧曰："今軍食雖少，未若楚、漢在滎陽、成皋間也。是時劉、項莫肯先退，先退者勢屈也。公以十分居一之衆，畫地而守之，扼其喉而不得進，已半年矣。情見勢竭，必將有變，此用奇之時，不可失也。"太祖乃住。遂以奇兵襲紹別屯，斬其將淳于瓊等，紹退走。審配以許攸家不法，收其妻子，攸怒叛紹，顏良、文醜臨陣授首，田豐以諫見誅，皆如彧所策。

六年，太祖就穀東平之安民，糧少，不足與河北相支，欲因紹新破，以其間擊討劉表。彧曰："今紹敗，其衆離心，宜乘其困，遂定之。而背兗、豫，遠師江、漢，若紹收其餘燼，承虛以出人後，則公事去矣。"太祖復次於河上。紹病死。太祖渡河，擊紹子譚、尚，而高幹、郭援侵略河東，關右震動，鍾繇帥馬騰等擊破之。語在《繇傳》。八年，太祖錄彧前後功，表封彧爲萬歲亭侯。《彧別傳》載太祖表曰："臣聞慮爲功首，謀爲賞本，野績不越廟堂，戰多不踰國勳。是故曲阜之錫，不後營丘，蕭何之土，先於平陽。珍策重計，古今所尚。侍中守尚書令彧，積德累行，少長無悔，遭世紛擾，懷忠念治。臣自始舉義兵，周游征伐，與彧戮力同心，左右王略，發言授策，無施不効。彧之功業，臣由以濟，用披浮雲，顯光日月。陛下幸許，彧左右機近，忠恪祗順，如履薄冰，拊精極銳，以撫庶事。天下之定，彧之功也。宜享高爵，以彰元勳。"彧固辭無野戰之勞，不通太祖表。太祖與彧書曰〔三八〕："與君共事已來，立朝廷，君之相爲匡弼，君之相爲舉人，君之相爲建計，君之相爲密謀，亦以多矣。夫功未必皆野戰也〔三九〕，願君勿讓。"彧乃受。九年，太祖拔鄴，領冀州牧。或說太祖宜復古置九州，則冀州所制者廣大，天下服矣。太祖將從之，彧言曰："若是，則冀州當得河東、馮翊、扶風、西河、幽、并之地，所奪者衆。前日公破袁尚，禽審配,海内震駭,必人人自恐不得保其土地,守其兵衆也,今使分屬冀州,將皆動心。且人多説關右諸將以閉關之計,今聞此,以爲必以次見奪。一旦生變,雖有善守者,轉相脅爲非,則袁尚得寬其死,而袁譚懷貳,劉表遂保江、漢之間,天下未易圖也。願公急引兵先定河北,然後修復舊京,南臨荆州,責貢之不入,則天下咸知公意。人人自安。天下大定,乃議古制,此社稷長久之利也。"太祖遂寢九州議。

是時荀攸常爲謀主。彧兄衍以監軍校尉守鄴,都督河北事。太祖之征袁尚也,高幹密遣兵謀襲鄴,衍逆覺,盡誅之,以功封列侯。《零陵先賢傳》曰〔四〇〕:衍字休若,彧第三兄。彧第四兄諶,字友若,事見《袁紹傳》。陳羣與孔融論汝、潁人物,羣曰:"荀文若、公達、休若、友若、仲豫,當今並無對。"衍子紹,位至太僕。紹子融,字伯雅,與王弼、鍾會俱知名,爲洛陽令,參大將軍軍事,與弼、會論《易》、《老》義,傳於世。諶子閎,字仲茂,爲太子文學掾。時有甲乙疑論,閎與鍾繇、王朗、袁涣議各不同。文帝與繇書曰:"袁、王國士,更爲脣齒,荀閎勁悍,往來鋭師,真君侯之勍敵,左右之深憂也。"終黄門侍郎。閎從孫惲,字景文,太子中庶子,亦知名。與賈充共定音律,又作《易集解》。仲豫名悦,朗陵長儉之少子,彧從父兄也。張璠《漢紀》稱悦清虚沈静,善於著述。建安初爲祕書監侍中,被詔删《漢書》作《漢紀》三十篇,因事以明臧否,致有典要,其書大行於世。太祖以女妻彧長子惲,後稱安陽公主。

彧及攸並貴重,皆謙沖節儉,禄賜散之宗族知舊,家無餘財。十二年，復增彧邑千戶，合二千戶。《彧別傳》曰：太祖又表曰："昔袁紹侵入郊甸，戰於官渡。時兵少糧盡，圖欲還許，書與彧議，彧不聽臣。建宜住之便，恢進討之規，更起臣心，易其愚慮，遂摧大逆，覆取其衆。此彧覩勝敗之機，略不世出也。及紹破敗，臣糧亦盡，以爲河北未易圖也，欲南討劉表。彧復止臣，陳其得失，臣用反斾，遂吞凶族，克平四州。向使臣退於官渡，紹必鼓行而前，有傾覆之形，無克捷之勢。後若南征，委棄兗、豫，利既難要，將失本據。彧之二策，以亡爲存，以禍致福，謀殊功異，臣所不及也。是以先帝貴指縱之功，薄搏獲之賞，古人尚帷幄之規，下攻拔之捷。前所賞錄，未副彧巍巍之勳，乞重平議，疇其戶邑。"彧深辭讓，太祖報之曰："君之策謀，非但所表二事。前後謙沖，欲慕魯連先生乎？此聖人達節者所不貴也。昔介子推有言，'竊人之財，猶謂之盜'，況君密謀安衆，光顯於孤者以百數乎！以二事相還而復辭之，何取謙亮之多邪！"太祖欲表彧爲三公，彧使荀攸深讓，至於十數，太祖乃止。

太祖將伐劉表，問彧策安出，彧曰："今華夏已平，南土知困矣。可顯出宛、葉而間行輕進，以掩其不意。"太祖遂行。會表病死，太祖直趨宛、葉如彧計，表子琮以州逆降。

十七年，董昭等謂太祖宜進爵國公，九錫備物，以彰殊勳，密以諮彧〔四一〕。彧以爲太祖本興義兵以匡朝寧國，秉忠貞之誠，守退讓之實，君子愛人以德，不宜如此。太祖由是心不能平。會征孫權，表請彧勞軍於譙，因輒留彧〔四二〕，以侍中光祿大夫持節，參丞相軍事。太祖軍至濡須，彧疾留壽春，以憂薨〔四三〕，時年五十。諡曰敬〔四四〕。明年，太祖遂爲魏公矣。《魏氏春秋》曰：太祖饋彧食，發之乃空器也，於是飮藥而卒。咸熙二年，贈彧太尉。《彧別傳》曰：彧自爲尚書令，常以書陳事，臨薨，皆焚毀之，故奇策密謀不得盡聞也。是時征役草創，制度多所興復，彧嘗言於太祖曰："昔舜分命禹、稷、契、皋陶以揆庶績，教化征伐，並時而用。及高祖之初，金革方殷，猶舉民能善教訓者，叔孫通習禮儀於戎旅之間，世祖有投戈講藝、息馬論道之事，君子無終食之間違仁。今公外定武功，內興文學，使干戈戢睦，大道流行，國難方弭，六禮俱洽，此姬旦宰周之所以速平也。既立德立功，而又兼立言，誠仲尼述作之意。顯制度於當時，揚名於後世，豈不盛哉！若須武事畢而後制作，以稽治化，於事未敏。宜集天下大才通儒，考論六經，刊定傳記，存古今之學，除其煩重，以一聖真，並隆禮學，漸敦教化，則王道兩濟。"彧從容與太祖論治道，如此之類甚衆，太祖常嘉納之。彧德行周備〔四五〕，非正道不用心，名重天下，莫不以爲儀表，海內英儁咸宗焉。司馬宣王常稱書傳遠事，吾自耳目所從聞見，逮百數十年間，賢才未有及荀令君者也。前後所舉者，命世大才〔四六〕，邦邑則荀攸、鍾繇、陳羣，海內則司馬宣王，及引致當世知名郗慮、華歆、王朗、荀悅、杜襲、辛毗、趙儼之儔，終爲卿相，以十數人。取士不以一揆，戲志才、郭嘉等有負俗之譏，杜畿簡傲少文，皆以智策舉之，終各顯名。荀攸後爲魏尚書令，亦推賢進士。太祖曰："二荀令之論人，久而益信，吾沒世不忘〔四七〕。"鍾繇以爲顏子既沒，能備九德，不貳其過，唯荀或然〔四八〕。或問繇曰："君雅重荀君〔四九〕，比之顏子，自以不及，可得聞乎？"曰〔五〇〕："夫明君師臣，其次友之〔五一〕。以太祖之聰明，每有大事，常先諮之荀君，是則古師友之義也。吾等受命而行，猶或不盡，相去顧不遠邪〔五二〕！"《獻帝春秋》曰：董承之誅，伏后與父完書，言司空殺董承，帝方爲報怨。完得書以示彧，彧惡之，久隱而不言。完以示妻弟樊普，普封以呈太祖，太祖陰爲之備。彧後恐事覺，欲自發之，因求使至鄴，勸太祖以女配帝。太祖曰："今朝廷有伏后，吾女何得以配上，吾以微功見錄，位爲宰相，豈復賴女寵乎！"彧曰："伏后無子，性又凶邪，往常與父書，言辭醜惡，可因此廢也。"太祖曰："卿昔何不道之？"彧陽驚曰："昔已嘗爲公言也。"太祖曰："此豈小事而吾忘之！"彧又驚曰："誠未語公邪！昔公在官渡與袁紹相持，恐增內顧之念，故不言爾。"太祖曰："官渡事後何以不言？"彧無對，謝闕而已。太祖以此恨彧，而外含容之，故世莫得知。至董昭建立魏公之議，彧意不同，欲言之於太祖。及齎璽書犒軍，飲饗禮畢，彧留請間。太祖知彧欲言封事，揖而遣之，彧遂不得言。彧卒於壽春，壽春亡者告孫權，言太祖使彧殺伏后，彧不從，故自殺。權以露布於蜀，劉備聞之，曰："老賊不死，禍亂未已。"臣松之案《獻帝春秋》云：彧欲發伏后事而求使至鄴，而方誑太祖云昔已嘗言。言既無徵，迴託以官渡之虞，俛仰之間，辭情頓屈，雖在庸人，猶不至此，何以玷累賢哲哉！凡諸云云，皆出自鄙俚，可謂以吾儕之言而厚誣君子者矣。袁暐虛罔之類，此最爲甚也。

子惲嗣侯，官至虎賁中郎將。初，文帝與平原侯植並有擬論，文帝曲禮事彧。及彧卒，惲又與植善，而與夏侯尚不穆，文帝深恨惲。惲早卒，子甝、霬，霬音翼。以外甥故猶寵待。惲弟俁，御史中丞，俁弟詵，大將軍從事中郎，皆知名，早卒。《荀氏家傳》曰：惲字長倩，俁字叔倩，詵字曼倩，俁子寓，字景伯。《世語》曰：寓少與裴楷、王戎、杜默俱有名京邑,仕晉,位至尚書,名見顯著[五三]。子羽嗣,位至尚書。詵弟顗,咸熙中爲司空[五四]。《晉陽秋》曰:顗字景倩,幼爲姊夫陳羣所異。博學洽聞,意思慎密。司馬宣王見顗,奇之,曰:"荀令君之子也。近見袁侃,亦曜卿之子也。"擢拜散騎侍郎。顗佐命晉室,位至太尉,封臨淮康公。嘗難鍾會"《易》無互體",見稱於世。顗弟粲,字奉倩。何劭爲粲傳曰:粲字奉倩。粲諸兄並以儒術論議,而粲獨好言道,常以爲子貢稱夫子之言[五五],性與天道,不可得聞[五六],然則六籍雖存,固聖人之糠粃。粲兄俣難曰:"《易》亦云聖人立象以盡意,繫辭焉以盡言,則微言胡爲不可得而聞見哉?"粲答曰:"蓋理之微者,非物象之所舉也。今稱立象以盡意,此非通於意外者也,繫辭焉以盡言,此非言乎繫表者也,斯則象外之意,繫表之言,固蘊而不出矣。"及當時能言者不能屈也。又論父彧不如從兄攸。或立德高整,軌儀以訓物,而攸不治外形,慎密自居而已。粲以此言善攸,諸兄怒而不能迴也。太和初,到京邑與傅嘏談。嘏善名理而粲尚玄遠,宗致雖同,倉卒時或有格而不相得意。裴徽通彼我之懷,爲二家騎驛,頃之,粲與嘏善。夏侯玄亦親。常謂嘏、玄曰:"子等在世塗間,功名必勝我,但識劣我耳!"嘏難曰:"能盛功名者,識也。天下孰有本不足而末有餘者邪?"粲曰:"功名者,志局之所獎也。然則志局自一物耳,固非識之所獨濟也。我以能使子等爲貴,然未必齊子等所爲也。"粲常以婦人者[五七],才智不足論,自宜以色爲主。驃騎將軍曹洪女有美色[五八],粲於是聘焉,容服帷帳甚麗,專房歡宴[五九]。歷年後,婦病亡,未殯,傅嘏往喭粲[六〇],粲不哭而神傷。嘏問曰:"婦人才色並茂爲難。子之娶也,遺才而好色[六一]。此自易遇,今何哀之甚?"粲曰:"佳人難再得!"顧逝者不能有傾國之色，然未可謂之易遇。痛悼不能已，歲餘亦亡，時年二十九。粲簡貴〔六二〕，不能與常人交接，所交皆一時俊傑〔六三〕。至葬夕，赴者裁十餘人〔六四〕，皆同時知名士也〔六五〕，哭之，感慟路人。惲子甝，嗣爲散騎常侍，進爵廣陽鄉侯，年三十薨。子頵嗣。《荀氏家傳》曰：頵字溫伯，爲羽林右監，早卒。頵子崧，字景猷。《晉陽秋》稱崧少有志操，雅好文學，孝義和愛，在朝恪勤，位至左右光祿大夫、開府儀同三司。崧子羨，字令則，清和有才。尚公主，少歷顯位，年二十八爲北中郎將，徐、兗二州刺史，假節都督徐、兗、青三州諸軍事。在任十年，遇疾解職，卒於家，追贈驃騎將軍。羨孫伯子，今御史中丞也。霬官至中領軍，薨，謚曰貞侯，追贈驃騎將軍。子愷嗣。霬妻，司馬景王、文王之妹也，二王皆與親善。咸熙中，開建五等，霬以著勳前朝，改封愷南頓子。《荀氏家傳》曰：愷，晉武帝時爲侍中。干寶《晉紀》曰：武帝使侍中荀顗、和嶠俱至東宮，觀察太子。顗還稱太子德識進茂，而嶠云聖質如初。孫盛曰"遺荀勗"，其餘語則同。臣松之案：和嶠爲侍中，荀顗亡沒久矣。荀勗位亞台司，不與嶠同班，無緣方稱侍中。二書所云，皆爲非也。考其時位，愷寔當之。愷位至征西大將軍。愷兄儁，少府。弟悝，護軍將軍〔六六〕，追贈車騎大將軍。

荀攸字公達，彧從子也。祖父曇，廣陵太守。《荀氏家傳》曰：曇字元智。兄昱，字伯脩。張璠《漢紀》稱昱、曇並傑俊有殊才。昱與李膺、王暢、杜密等號爲八俊，位至沛相。攸父彝，州從事。彝於彧爲從祖兄弟。攸少孤。及曇卒，故吏張權求守曇墓。攸年十三，疑之，謂叔父衢曰："此吏有非常之色，殆將有姦！"衢寤，乃推問，果殺人亡命。由是異之。《魏書》曰：攸年七八歲，衢曾醉[六七]，誤傷攸耳，而攸出入遊戲，常避護不欲令衢見。衢後聞之，乃驚其夙智如此。《荀氏家傳》曰：衢子祈，字伯旗，與族父愔俱著名。祈與孔融論肉刑，愔與孔融論聖人優劣，並在《融集》。祈位至濟陰太守，愔後徵有道，至丞相祭酒。何進秉政，徵海內名士攸等二十餘人。攸到，拜黃門侍郎。董卓之亂，關東兵起，卓徙都長安。攸與議郎鄭泰、何顒、侍中种輯、越騎校尉伍瓊等謀曰："董卓無道，甚於桀紂，天下皆怨之，雖資彊兵，實一匹夫耳。今直刺殺之以謝百姓，然後據殽、函，輔王命，以號令天下，此桓文之舉也。"事垂就而覺，收顒、攸繫獄，顒憂懼自殺，張璠《漢紀》曰：顒字伯求，少與郭泰、賈彪等遊學洛陽，泰等與同風好。顒顯名太學，於是中朝名臣太傅陳蕃、司隸李膺等皆深接之。及黨事起，顒亦名在其中，乃變名姓亡匿汝南間，所至皆交結其豪桀。顒既奇太祖而知荀彧，袁紹慕之，與爲奔走之友。是時天下士大夫多遇黨難，顒常歲再三私入洛陽，從紹計議，爲諸窮窘之士解釋患禍。而袁術亦豪俠，與紹爭名。顒未常造術，術深恨之。《漢末名士錄》曰：術常於衆坐數顒三罪，曰："王德彌先覺儁老，名德高亮，而伯求疏之，是一罪也。許子遠凶淫之人，性行不純，而伯求親之，是二罪也。郭、賈寒窶，無他資業，而伯求肥馬輕裘，光曜道路，是三罪也。"陶丘洪曰："王德彌大賢而短於濟時，許子遠雖不純而赴難不憚濡足。伯求舉善則以德彌爲首，濟難則以子遠爲宗。且伯求嘗爲虞偉高手刃復仇，義名奮發。其怨家積財巨萬，文馬百駟，而欲使伯求贏牛疲馬，頓伏道路，此爲披其骭而假仇敵之刃也。"術意猶不平。後與南陽宗承會於闕下,術發怒曰:"何伯求,凶德也,吾當殺之。"承曰:"何生英俊之士,足下善遇之,使延令名於天下。"術乃止。後黨禁除解,辟司空府。每三府掾屬會議,顒策謀有餘,議者皆自以爲不及。遷北軍中候,董卓以爲長史。後荀彧爲尚書令,遣人迎叔父司空爽喪,使并置顒尸,而葬之於爽冢傍。攸言論飲食自若〔六八〕,會卓死得免。《魏書》云:攸使人說卓得免,與此不同。棄官歸,復辟公府,舉高第,遷任城相,不行。攸以蜀漢險固,人民殷盛,乃求爲蜀郡太守〔六九〕,道絶不得至,駐荊州。

太祖迎天子都許,遺攸書曰:"方今天下大亂,智士勞心之時也,而顧觀變蜀漢,不已久乎!"於是徵攸爲汝南太守,入爲尚書。太祖素聞攸名,與語大悅〔七〇〕,謂荀彧、鍾繇曰:"公達,非常人也,吾得與之計事,天下當何憂哉〔七一〕!"以爲軍師。建安三年,從征張繡。攸言於太祖曰:"繡與劉表相恃爲彊,然繡以遊軍仰食於表,表不能供也,勢必離。不如緩軍以待之,可誘而致也。若急之,其勢必相救。"太祖不從,遂進軍之穰,與戰。繡急,表果救之。軍不利。太祖謂攸曰:"不用君言至是。"乃設奇兵復戰,大破之。

是歲,太祖自宛征吕布,《魏書》曰:議者云表、繡在後而還襲吕布〔七二〕,其危必也。攸以爲表、繡新破,勢不敢動。布驍猛,又恃袁術,若縱横淮、泗間,豪傑必應之。今乘其初叛,衆心未附〔七三〕,往可破也。太祖曰:"善。"比行,布以敗劉備,而臧霸等應之。至下邳,布敗退固守,攻之不拔,連戰,士卒疲,太祖欲還。攸與郭嘉説曰〔七四〕:"吕布勇而無謀,今三戰皆北,其鋭氣衰矣〔七五〕。三軍以將爲主,主衰則軍無奮意。夫陳宫有智而遲,今及布氣之未復,宫謀之未定,進急攻之,布可拔也。"乃引沂、泗灌城,城潰,生禽布。

後從救劉延於白馬,攸畫策斬顔良。語在《武紀》。太祖拔白馬還,遣輜重循河而西。袁紹渡河追〔七六〕,卒與太祖遇。諸將皆恐,説太祖還保營,攸曰:"此所以禽敵,奈何去之!"太祖目攸而笑。遂以輜重餌賊,賊競奔之,陣亂。乃縱步騎擊,大破之,斬其騎將文醜,太祖遂與紹相拒於官渡。軍食方盡,攸言於太祖曰:"紹運車旦暮至,其將韓莫鋭而輕敵〔七七〕,擊可破也。"臣松之案:諸書韓莫或作韓猛,或云韓若,未詳孰是。太祖曰:"誰可使?"攸曰:"徐晃可。"乃遣晃及史渙邀擊破走之,燒其輜重。會許攸來降,言紹遣淳于瓊等將萬餘兵迎運糧,將驕卒惰,可要擊也。衆皆疑,唯攸與賈詡勸太祖。太祖乃留攸及曹洪守。太祖自將攻破之,盡斬瓊等。紹將張郃、高覽燒攻櫓降,紹遂棄軍走。郃之來,洪疑不敢受,攸謂洪曰:"郃計不用,怒而來,君何疑?"乃受之。

七年,從討袁譚、尚於黎陽。明年,太祖方征劉表,譚、尚争冀州。譚遣辛毗乞降請救,太祖將許之,以問羣下。羣下多以爲表彊,宜先平之,譚、尚不足憂也。攸曰:"天下方有事,而劉表坐保江、漢之間,其無四方志可知矣。袁氏據四州之地，帶甲數萬〔七八〕，紹以寬厚得衆，借使二子和睦以守其成業，則天下之難未息也。今兄弟遘惡〔七九〕，此勢不兩全〔八〇〕。若有所并則力專，力專則難圖也。及其亂而取之，天下定矣，此時不可失也。"太祖曰："善。"乃許譚和親，遂還擊破尚。其後譚叛，從斬譚於南皮。冀州平，太祖表封攸曰："軍師荀攸，自初佐臣，無征不從，前後克敵，皆攸之謀也。"於是封陵樹亭侯。十二年，下令大論功行封，太祖曰："忠正密謀，撫寧內外，文若是也。公達其次也。"增邑四百，并前七百戶，《魏書》曰：太祖自柳城還，過攸舍，稱述攸前後謀謨勞勳，曰："今天下事略已定矣，孤願與賢士大夫共饗其勞。昔高祖使張子房自擇邑三萬戶〔八一〕，今孤亦欲君自擇所封焉。"轉為中軍師。魏國初建，爲尚書令〔八二〕。

攸深密有智防，自從太祖征伐，常謀謨帷幄，時人及子弟莫知其所言。《魏書》曰：攸姑子辛韜曾問攸說太祖取冀州時事。攸曰："佐治爲袁譚乞降，王師自往平之〔八三〕，吾何知焉？"自是韜及內外莫敢復問軍國事也。太祖每稱曰："公達外愚內智，外怯內勇，外弱內彊，不伐善，無施勞，智可及，愚不可及，雖顏子、甯武不能過也。"文帝在東宮，太祖謂曰："荀公達，人之師表也，汝當盡禮敬之。"攸曾病〔八四〕，世子問病，獨拜牀下，其見尊異如此。攸與鍾繇善，繇言："我每有所行，反覆思惟，自謂無以易；以咨公達，輒復過人意。"公達前後凡畫奇策十二，唯繇知之。繇撰集未就，會薨，故世不得盡聞也。臣松之案：攸亡後十六年，鍾繇乃卒，撰攸奇策，亦有何難？而年造八十，猶云未就，遂使攸從征機策之謀不傳於世，惜哉！攸從征孫權，道薨。太祖言則流涕。《魏書》曰：時建安十九年〔八五〕，攸年五十八。計其年大或六歲。《魏書》載太祖令曰："孤與荀公達周遊二十餘年〔八六〕，無毫毛可非者。"又曰："荀公達真賢人也，所謂温良恭儉讓以得之。孔子稱晏平仲善與人交，久而敬之，公達即其人也。"《傅子》曰：或問近世大賢君子，答曰："荀令君之仁，荀軍師之智，斯可謂近世大賢君子矣。荀令君仁以立德，明以舉賢，行無諂黷，謀能應機。孟軻稱五百年而有王者興，其間必有命世者〔八七〕，其荀令君乎！太祖稱荀令君之進善，不進不休，荀軍師之去惡，不去不止也。"

長子緝，有攸風，早没。次子適嗣，無子，絶。黄初中，紹封攸孫彪爲陵樹亭侯，邑三百户，後轉封丘陽亭侯。正始中，追諡攸曰敬侯。

賈詡字文和〔八八〕，武威姑臧人也。少時人莫知，唯漢陽閻忠異之，謂詡有良、平之奇。《九州春秋》曰：中平元年，車騎將軍皇甫嵩既破黄巾，威震天下。閻忠時罷信都令，説嵩曰："夫難得而易失者時也，時至而不旋踵者機也，故聖人常順時而動，智者必因機以發。今將軍遭難得之運，蹈易解之機，而踐運不撫，臨機不發，將何以享大名乎？"嵩曰："何謂也？"忠曰："天道無親，百姓與能，故有高人之功者，不受庸主之賞。今將軍授鉞於初春，收功於末冬，兵動若神，謀不再計，旬日之間〔八九〕，神兵電掃，攻堅易於折枯，摧敵甚於湯雪，七州席卷，屠三十六萬方，夷黄巾之師，除邪害之患，或封户刻石，南向以報德，威震本朝，風馳海外。是以羣雄迴首，百姓企踵，雖湯武之舉，未有高於將軍者。身建高人之功，北面以事庸主，將何以圖安？"嵩曰："心不忘忠，何爲不安？"忠曰："不然。昔韓信不忍一飧之遇，而棄三分之利，拒蒯通之忠，忽鼎跱之勢，利劒已揣其喉，乃歎息而悔，所以見烹於兒女也。今主勢弱於劉、項，將軍權重於淮陰，指麾可以振風云，叱咤足以興雷電，赫然奮發，因危抵頹，崇恩以綏前附，振武以臨後服，徵冀方之士，動七州之衆，羽檄先馳於前，大軍震響於後，蹈蹟漳河，飲馬孟津，舉天網以網羅京都〔九〇〕，誅閹官之罪〔九一〕，除羣怨之積忿，解久危之倒懸。如此則攻守無堅城，不招必影從，雖兒童可使奮空拳以致力，女子可使其褰裳以用命，況厲智能之士，因迅風之勢，則大功不足合，八方不足同也。功業已就，天下已順，乃燎於上帝，告以天命，混齊六合，南面以制，移神器於已家，推亡漢以定祚，實神機之至決，風發之良時也。夫木朽不彫，世衰難佐，將軍雖欲委忠難佐之朝，彫畫朽敗之木，猶逆坂而走丸，必不可也。方今權宦羣居，同惡如市，主上不自由，詔命出左右。如有主聰不察〔九二〕，機事不先，必嬰後悔，亦無及矣。"嵩不從，忠乃亡云。《英雄記》曰：涼州賊王國等起兵，共劫忠爲主，統三十六部，號車騎將軍。忠感慨發病而死。察孝廉爲郎，疾病去官，西還至汧，道遇叛氐，同行數十人皆爲所執。詡曰："我段公外孫也，汝別埋我，我家必厚贖之。"時太尉段熲昔久爲邊將〔九三〕，威震西土，故詡假以懼氐。氐果不敢害，與盟而送之，其餘悉死。詡實非段甥，權以濟事，咸此類也。

　　董卓之入洛陽，詡以太尉掾爲平津都尉，遷討虜校尉。卓壻中郎將牛輔屯陝，詡在輔軍。卓敗，輔又死，衆恐懼，校尉李傕、郭汜、張濟等欲解散，間行歸鄉里。詡曰："聞長安中議欲盡誅涼州人，而諸君棄衆單行，即一亭長能束君矣。不如率衆而西，所在收兵，以攻長安，爲董公報仇，幸而事濟，奉國家以征天下，若不濟，走未後也。"衆以爲然。傕乃西攻長安。語在《卓傳》。臣松之以爲：《傳》稱"仁人之言，其利溥哉"。然則不仁之言，理必反是。夫仁功難著，而亂源易成，是故有禍機一發而殃流百世者矣。當是時，元惡既梟，天地始開，致使厲階重結，大梗殷流，邦國遘珍悴之哀，黎民嬰周餘之酷，豈不由賈詡片言乎？詡之罪也，一何大哉！自古兆亂，未有如此之甚。後詡爲左馮翊，傕等欲以功侯之，詡曰："此救命之計，何功之有！"固辭不受。又以爲尚書僕射，詡曰："尚書僕射，官之師長，天下所望，詡名不素重，非所以服人也。縱詡昧於榮利，奈國朝何〔九四〕！"乃更拜詡尚書，典選舉，多所匡濟，傕等親而憚之。《獻帝記》曰〔九五〕：郭汜、樊稠與傕等相違戾〔九六〕，欲鬭者數矣。輒以道理責之〔九七〕，頗受詡言。《魏書》曰：詡典選舉，多選舊名以爲令僕〔九八〕，論者以此多詡。會母喪去官。拜光祿大夫。傕、汜等鬭長安中，《獻帝記》曰：傕等與詡議，迎天子置其營中。詡曰："不可。脅天子，非義也。"傕不聽。張繡謂詡曰："此中不可久處，君胡不去？"詡曰："吾受國恩，義不可背。卿自行，我不能也。"傕復請詡爲宣義將軍。《獻帝記》曰：傕時召羌、胡數千人，先以御物繒綵與之，又許以宮人婦女，欲令攻郭汜。羌、胡數來闚省門，曰："天子在中邪！李將軍許我宮人美女，今皆安在？"帝患之，使詡爲之方計。詡乃密呼羌、胡大帥飲食之，許以封爵重寶〔九九〕，於是皆引去。傕由此衰弱。傕等和，出天子，祐護大臣，詡有力焉。《獻帝記》曰：天子既東，而李傕來追，王師敗績。司徒趙温、太常王偉、衛尉周忠、司隸榮邵皆爲傕所嫌〔一〇〇〕，欲殺之。詡謂傕曰："此皆天子大臣，卿奈何害之？"傕乃止。天子既出，詡上還印綬。是時將軍段煨屯華陰，《典略》稱煨在華陰時，脩農事，不虜略。天子東還，煨迎道貢遺周急。《獻帝記》曰：後以煨爲大鴻臚、光祿大夫。建安十四年，以壽終。與詡同郡，遂去傕託煨。詡素知名，爲煨軍所望。煨内恐其見奪，而外奉詡禮甚備，詡愈不自安。

　　張繡在南陽，詡陰結繡，繡遣人迎詡。詡將行，或謂詡曰："煨待君厚矣，君安去之？"詡曰："煨性多疑，有忌詡意，禮雖厚，不可恃，久將爲所圖。我去必喜，又望吾結大援於外，必厚吾妻子。繡無謀主，亦願得詡，則家與身必俱全矣。"詡遂往，繡執子孫禮，煨果善視其家。詡説繡與劉表連和。《傅子》曰：詡南見劉表，表以客禮待之。詡曰〔一〇一〕："表，平世三公才也。不見事變，多疑無決，無能爲也。"太祖比征之，一朝引軍退，繡自追之。詡謂繡曰："不可追也，追必敗。"繡不從，進兵交戰，大敗而還。詡謂繡曰："促更追之，更戰必勝。"繡謝曰："不用公言，以至於此。今已敗，奈何復追？"詡曰："兵勢有變，亟往必利。"繡信之，遂收散卒赴追，大戰，果以勝還。問詡曰："繡以精兵追退軍，而公曰必敗；退以敗卒擊勝兵〔一〇二〕，而公曰必尅〔一〇三〕。悉如公言，何其反而皆驗也〔一〇四〕?"詡曰:"此易知耳。將軍雖善用兵,非曹公敵也。軍雖新退〔一〇五〕,曹公必自斷後,追兵雖精,將既不敵,彼士亦銳,故知必敗。曹公攻將軍無失策,力未盡而退,必國內有故。已破將軍,必輕軍速進,縱留諸將斷後〔一〇六〕,諸將雖勇,亦非將軍敵,故雖用敗兵而戰必勝也。"繡乃服〔一〇七〕。是後,太祖拒袁紹於官渡,紹遣人招繡,并與詡書結援。繡欲許之,詡顯於繡坐上謂紹使曰:"歸謝袁本初,兄弟不能相容,而能容天下國士乎?"繡驚懼曰:"何至於此!"竊謂詡曰:"若此,當何歸?"詡曰:"不如從曹公。"繡曰:"袁彊曹弱,又與曹爲讐,從之如何?"詡曰:"此乃所以宜從也。夫曹公奉天子以令天下,其宜從一也。紹彊盛,我以少衆從之,必不以我爲重。曹公衆弱,其得我必喜,其宜從二也。夫有霸王之志者,固將釋私怨,以明德於四海,其宜從三也。願將軍無疑!"繡從之,率衆歸太祖。太祖見之喜,執詡手曰:"使我信重於天下者,子也!"表詡爲執金吾,封都亭侯,遷冀州牧。冀州未平,留參司空軍事。袁紹圍太祖於官渡,太祖糧方盡,問詡計焉出,詡曰:"公明勝紹,勇勝紹,用人勝紹,決機勝紹,有此四勝而半年不定者,但顧萬全故也。必決其機,須臾可定也。"太祖曰:"善。"乃并兵出圍,擊紹三十餘里營,破之。紹軍大潰,河北平。太祖領冀州牧,徙詡爲太中大夫。

建安十三年,太祖破荊州,欲順江東下。詡諫曰:"明公昔破袁氏,今收漢南,威名遠著,軍勢既大,若乘舊楚之饒，以饗吏士，撫安百姓，使安土樂業，則可不勞衆而江東稽服矣。"太祖不從，軍遂無利。臣松之以爲：詡之謀〔一〇八〕，未合當時之宜。於時韓、馬之徒尚狼顧關右，魏武不得安坐郢都以威懷吳會，亦已明矣。彼荆州者，孫、劉之所必爭也。荆人服劉主之雄姿，憚孫權之武略，爲日既久，誠非曹氏諸將所能抗禦。故曹仁守江陵，敗不旋踵，何撫安之得行，稽服之可期？將此既新平江、漢，威懾揚、越，資劉表水戰之具，藉荆楚檝櫂之手，實震蕩之良會，廓定之大機。不乘此取吳，將安俟哉？至於赤壁之敗，蓋有運數。實由疾疫大興，以損淩厲之鋒，凱風自南，用成焚如之勢，天實爲之，豈人事哉？然則魏武之東下，非失算也。詡之此規，爲無當矣。魏武後克平張魯，蜀中一日數十驚，劉備雖斬之不能止〔一〇九〕，由不用劉曄之計，以失席卷之會，斤石既差，悔無所及，即亦此事之類也。世咸謂劉計爲是，即愈見賈言之非也。太祖後與韓遂、馬超戰於渭南，超等索割地以和，并求任子。詡以爲可僞許之。又問詡計策，詡曰："離之而已。"太祖曰："解。"一承用詡謀。語在《武紀》。卒破遂、超，詡本謀也。

是時，文帝爲五官將，而臨菑侯植才名方盛，各有黨與，有奪宗之議〔一一〇〕。文帝使人問詡自固之術，詡曰："願將軍恢崇德度，躬素士之業，朝夕孜孜，不違子道。如此而已。"文帝從之，深自砥礪。太祖又嘗屏除左右問詡，詡嘿然不對。太祖曰："與卿言而不答，何也？"詡曰："屬適有所思，故不即對耳。"太祖曰："何思？"詡曰："思袁本初、劉景升父子也。"太祖大笑，於是太子遂定。詡自以非太祖舊臣，而策謀深長，懼見猜疑，闔門自守，退無私交，男女嫁聚，不結高門，天下之論智計者歸之。

文帝即位，以詡爲太尉，《魏略》曰：文帝德詡之對太祖〔一一一〕，故即位首登上司。《荀勖別傳》曰：晉司徒闕，武帝問其人於勖。答曰："三公具瞻所歸，不可用非其人。昔魏文帝用賈詡爲三公〔一一二〕，孫權笑之。"進爵魏壽鄉侯〔一一三〕，增邑三百，并前八百戶。又分邑二百，封小子訪爲列侯。以長子穆爲駙馬都尉。帝問詡曰："吾欲伐不從命，以一天下，吳、蜀何先？"對曰："攻取者先兵權，建本者尚德化。陛下應期受禪，撫臨率土，若綏之以文德而俟其變，則平之不難矣。吳、蜀雖蕞爾小國，依阻山水，劉備有雄才，諸葛亮善治國，孫權識虛實，陸遜見兵勢，據險守要，汎舟江湖，皆難卒謀也。用兵之道，先勝後戰，量敵論將，故舉無遺策。臣竊料羣臣，無備、權對，雖以天威臨之，未見萬全之勢也。昔舜舞干戚而有苗服〔一一四〕，臣以爲當今宜先文後武。"文帝不納。後興江陵之役，士卒多死。詡年七十七，薨，諡曰肅侯。子穆嗣，歷位郡守。穆薨，子模嗣。《世語》曰：模，晉惠帝時爲散騎常侍、護軍將軍，模子胤，胤弟龕，從弟疋，皆至大官，並顯於晉也。

評曰：荀彧清秀通雅，有王佐之風，然機鑒先識，未能充其志也。世之論者〔一一五〕，多譏彧協規魏氏，以傾漢祚，君臣易位，實或之由。雖晚節立異，無救運移，功既違義，識亦疚焉。陳氏此評，蓋亦同乎世識。臣松之以爲：斯言之作，誠未得其遠大者也。或豈不知魏武之志氣，非衰漢之貞臣哉？良以於時王道既微，橫流已極，雄豪虎視，人懷異心，不有撥亂之資，杖順之略，則漢室之亡忽諸，黔首之類殄矣。夫欲翼讚時英，一匡屯運，非斯人之與而誰與哉？是故經綸急病，若救身首，用能動於嶮中，至於大亨，蒼生蒙舟航之接〔一一六〕，劉宗延二紀之祚，豈非荀生之本圖，仁恕之遠致乎？及至霸業既隆，翦漢迹著，然後亡身殉節，以申素情〔一一七〕，全大正於當年，布誠心於百代，可謂任重道遠，志行義立。謂之未充，其殆誣歟！荀攸、賈詡，庶乎算無遺策，經達權變，其良、平之亞歟。臣松之以爲：列傳之體，以事類相從。張子房青雲之士，誠非陳平之倫。然漢之謀臣，良、平而已。若不共列，則餘無所附，故前史合之，蓋其宜也。魏氏如詡之儔，其比幸多。詡不編程、郭之篇，而與二荀並列，失其類矣。且攸、詡之爲人，其猶夜光之與蒸燭乎！其照雖均，質則異焉。今荀、賈之評，共同一稱，尤失區別之宜也。

【校箋】

〔一〕毛本作"魏書十"。

〔二〕毛本作"荀彧荀攸賈詡傳第十"。

〔三〕錢大昕曰："朗陵侯國，臧宫所封，當從司馬彪書、張璠紀作'朗陵侯相'。"

謹案：洪頤煊《諸史考異》曰："案下文注《荀氏家傳》：悅，朗陵侯長儉之少子，（洪亮吉《三國志發伏》曰：'案：《後漢書·荀悅傳》云：儉造卒。此云朗陵相，疑儉因父淑之官而誤也。'）

儉即淑子。《田預傳》：太祖詔除朗陵令。其時朗陵侯國已廢爲縣，故稱朗陵令，《後漢書·荀彧傳》亦作'朗陵令淑之孫也'。"

〔四〕盧弼曰："弼按：荀淑八子'詵'應從范書作'汪'，或子亦名'詵'。若淑子名'詵'，或子決不名'詵'，可證淑子名'詵'之誤。"

謹案：洪亮吉曰："'詵'范書作'汪'。案：或子名'詵'，字曼倩，不應與世父同名。《漢紀》'詵'字應從范史作'汪'爲是。"

〔五〕《御覽》卷四百四十九引此句在"除亢父令"句下。

〔六〕《御覽》卷一百五十九引"去"下無"之"字。

〔七〕紹興本"悦"上有"大"字。

〔八〕馮本、陳本、毛本"惇"下有"等"字，郝書同。

〔九〕《御覽》卷四百五十三引"足以"作"可以"，下"足以"同。

〔一〇〕《御覽》卷一百六十、卷四百五十三引"堅"字俱作"自"。

〔一一〕《册府》卷七百二十引"昔"下有"晉文公納周襄王而諸侯景從，漢高爲義帝縞素"，無"祖東伐"三字。

〔一二〕《御覽》卷四百四十九、《册府》卷七百二十引句下有"東京榛蕪"四字。

〔一三〕《御覽》引作"兆人懷感舊之哀"。

〔一四〕馮本、陳本"主"下有"上"字。《後漢紀》同。《御覽》《册府》卷七百二十引同。

〔一五〕《御覽》引"扶"字作"仗"。《説文·木部》："杖，持也。"疑"仗"當作"杖"。

〔一六〕《書鈔》卷三十七引"或"下有"曰"字。

〔一七〕《書鈔》引"可"下無"不"字,郝書同。

〔一八〕《書鈔》卷五十九引"事"上有"大"字。

〔一九〕《文選》孔文舉《薦禰衡表》作"卓礫",李注:"卓礫,絕異也。"

〔二〇〕盧弼曰:"范書'暫'作'瞥'。"

謹案:葛洪《抱朴子‧彈禰篇》亦云"耳所瞥聞",在范書之前。《說文‧目部》:"瞥,一曰財見也。"作"瞥"字是。

〔二一〕《類聚》卷二十二、《御覽》卷四百四十五引"也"字作"邪"。

〔二二〕《御覽》引無"使"字。

〔二三〕盧弼曰:"章懷注引《典略》曰:'衡見荀儀容,但有貌耳,故可弔喪;趙有腹大健噉肉,故可監廚也。'"劉攽曰:"注有腹大,案舊作腹尺。"

謹案:盧君引劉攽說以證章懷注"腹大"爲"腹尺"之譌,然於腹尺之義未及詮釋。考"尺"爲"斥"字之借。《文選》曹子建《七啓》"山鷄斥鷃"李注:"斥與尺古字通。"斥有廣大之義。《史記‧司馬相如傳》"關益斥"索隱引張揖曰:"斥,廣也。"

〔二四〕盧弼曰:"元本、吳本、毛本'咷'作'跳'。"

謹案:《易‧同人》:"先號咷而後笑。"號咷即今語之嚎啕也。作"跳"者實乃"咷"字之形誤。盧君未加訂正,失之。

〔二五〕毛本"又"字作"人"。

〔二六〕《世說‧言語篇》注引"乃"下有"令"字。

〔二七〕《御覽》卷三十引"擊"下有"鼓"字,《世說》注引同。

〔二八〕《御覽》引句上有"蹋地來躡足歧脚",《世說》注引"來"下有"前"字,餘均同。

〔二九〕《御覽》引"而"下有"去"字，《世説》注引同。

〔三〇〕《官本考證》："北宋本作疏布履。"

謹案：《後漢書·禰衡傳》云："衡乃著布單衣疏布。"《御覽》四百六十六引同。考《蜀志·諸葛亮傳》注引《魏略》云："更疏巾單衣。"蓋疏巾單衣爲漢魏貧賤者之服。北宋本疑誤。今本"巾"下當删"履"字。"疏巾"，《後漢書》作"練巾"，鄭珍《説文新附考》曰："《類篇》'練'下引《後漢書》'禰衡著練巾'。傳文本作'疎巾'，疎巾者，以疎布作巾也。'疎'是'疏'之俗字，改正爲系更俗，'練'當出六朝以降。"鄭説是也。

〔三一〕盧弼曰："'數'宋本、元本作'素'。"

謹案：作"素"字是，《後漢書·吕布傳》"謀無素定"李賢注："素，舊也。"

〔三二〕紹興本、馮本、陳本、毛本"功"字俱作"終"，郝書同。

〔三三〕《御覽》卷四百四十九引"并"字作"兼"，"朔"字作"北"。

〔三四〕《御覽》"項"下無"之"字。

〔三五〕《後漢紀》作"西羌"，無"胡"字，疑是。與下文屬以西事義正相承。

〔三六〕盧弼曰："《通鑑》作'馬騰'，是。"

謹案：《後漢紀》亦作"馬騰"。

〔三七〕《御覽》卷二百七十二引"一"字作"匹"。

〔三八〕《類聚》卷五十一引"祖"下有"又"字。

〔三九〕《類聚》引"夫"字作"大"，郝書同。

〔四〇〕紹興本、馮本、陳本、毛本作"荀氏家傳"，郝書苟注引同。

〔四一〕《官本考證》："北宋本作'密以詔諮彧'。"沈家本曰："范書作'密以訪彧'。此時董昭等建議，未有詔也，不當有'詔'字。"

謹案：紹興本無"詔"字，《後漢紀》、《文選·三國名臣贊》李注均無"詔"字，北宋本或無也。

〔四二〕《御覽》卷二百四十九引"因"字作"國"，無"輒"字。

〔四三〕《文選集注·三國名臣傳》引《鈔》作"以夏憂薨"。

〔四四〕紹興本、馮本、陳本、毛本"敬"下有"侯"字，郝書同，應據補。

〔四五〕《類聚》卷二十一、《御覽》卷四百零三引此爲《荀氏家傳》文。

〔四六〕《治要》卷二十五引作"前後所舉佐命大才"。無"者"字、"世"字，增"佐"字。

〔四七〕《治要》引"忘"下有"也"字，《書鈔》卷五十九引同。

〔四八〕《御覽》引"過"下有"者"字，"然"字作"乎"。

〔四九〕《御覽》引"雅"字作"推"。案：《史記·張耳陳餘列傳》"張耳雅游"集解引韋昭曰："雅，素也。""推"字誤。

〔五〇〕《御覽》引"可"上有"其"字，"曰"上有"繇"字。

〔五一〕盧弼曰："毛本'友'誤'有'。"

謹案："友""有"通用。《荀子·大略篇》："友者所以相有也。"《釋名·釋言語》："友，有也。相保有也。"是其證。

〔五二〕《御覽》引"顧"字作"固"。

〔五三〕《册府》卷七百八十三引"見"字作"甚"。

〔五四〕《初學記》卷十一引《荀氏家傳》："顗爲司空，文帝平蜀，議復五等，表魏朝，使公定禮儀，中護軍賈充正法律，尚書僕射裴秀議官制。公遂删定舊文，行正式，爲一代之典，書成奏上，藏於秘府。其服色旗幟法駕之式，禮樂犧牲柴燎之典，袷禘遷毁配食之制，及明堂辟雍之儀，皆公所議定，朝廷稱其美。公既爲臺輔，德望清重，加以留心禮教，以年耆多疾，不數朝見，詔使侍中任愷咨問改化所宜行否。"

〔五五〕《册府》卷八百二十九引"常"字作"嘗"。

〔五六〕《世説》注引作"不可得而聞也"。

〔五七〕《世説·溺惑篇》注引"人"下無"者"字。

〔五八〕《世説》注引《粲别傳》無"美"字。

〔五九〕《世説》注引"歡宴"作"燕婉"。

〔六〇〕盧弼曰："官本'喭'作'唁'。'喭'與'唁'通。《集韵》唁或作諺。"

謹案：梁章鉅曰："《集韵》唁或作喭。"潘眉曰："喭與唁通。"考潘眉之書，固盧君所習見，且於《集解》屢事徵引矣。然於此條則不著其名，若出諸己者，實有違著述之恒例，非是也。

〔六一〕《世説》注引"好"字作"存"。

〔六二〕《御覽》卷五百五十四引"貴"字作"實"。

〔六三〕毛本"皆"字作"者"，《御覽》卷四百零九、卷五百五十四引同。《世説》注引"皆"字亦作"者"。

〔六四〕《世説》注引"赴"下有"期"字。

〔六五〕《御覽》卷四百零九引"時"字作"年"。《世説》注引作"同年相知名士也"。

〔六六〕《御覽》卷二百四十七引《荀氏家傳》："車騎將軍悝，字茂中，山濤舉之爲太子右衛率，稱君清和履正，從容顧問，動可觀采，眞侍衞之美者。"

〔六七〕《類聚》卷十七、《御覽》卷五百一十二引"衛"上有"父"字。

〔六八〕《文選集注》引《鈔》"論"字作"語"，《文選》李注引同。

〔六九〕《文選集注》引《鈔》"守"上無"太"字。

〔七〇〕《御覽》卷二百一十引"與"上有"召"字，《蒙求》注引同。

〔七一〕《文選集注》引《鈔》"當何"二字乙。

〔七二〕盧弼曰："馮本'還'作'遠'，《通鑑》引此亦作'遠'。"

謹案：紹興本"還"字作"走"，郝書同。疑作"走"字是，走，往也。

〔七三〕盧弼曰："監本、官本一作'附'，《通鑑》作'一'。"

謹案：紹興本、毛本俱作"一"，郝書、《季漢書》同。當作"一"字爲是。

〔七四〕《御覽》卷二百九十三引"說"下有"公"字。

〔七五〕《册府》卷三百零八引"衰"字作"索"。

〔七六〕郝書"追"下有"之"字。

〔七七〕盧弼曰："趙一清曰：'《武紀》注引《曹瞞傳》曰：斬騎督韓莒子。豈即莫乎？'弼按：《通鑑》作'韓猛'。"

謹案：洪頤煊《諸史考異》曰："案：字書無'莫'字。《曹仁傳》'紹別遣將韓荀鈔斷西道'，'莫'即'荀'之異文。"

〔七八〕紹興本、馮本、陳本"數"字作"十"，郝書、《季漢書》、《通志》同，《册府》引亦作"十"。

〔七九〕盧弼曰："胡三省曰：'遘當作構。'或曰：'遘，遇也，謂以惡相遇也。'"

　　謹案：《文選》王仲宣《七哀詩》"豺虎方遘患"注："遘與構同，古字通也。"

　　〔八〇〕毛本"此"作"其"，郝書同。

　　〔八一〕《書鈔》卷四十七、《類聚》卷五十一、《御覽》卷二百引"邑"字俱作"齊"，疑是。

　　〔八二〕《書鈔》卷五十九引《魏氏春秋》："荀攸爲魏尚書令，推賢進士，太祖曰：'二荀今之論人而亦信，後世不忘也。'"

　　〔八三〕郝書"之"下有"耳"字。

　　〔八四〕《初學記》卷十八引"曾"字作"嘗"，郝書同。

　　〔八五〕馮本、陳本無"時"字。

　　〔八六〕《御覽》卷四百零六引"遊"字作"旋"。

　　〔八七〕盧弼曰："趙一清曰：'命當作名。'"

　　謹案：沈濤《銅熨斗齋隨筆》卷三曰："《文選》潘岳《西征賦》'杖命世之英蔄'注引《孟子》'名世'作'命世'，又引《廣雅》曰：'命，名也。'李陵曰：'命世之才。'是崇賢所見《孟子》作'命世'，與趙注不同，當是據劉熙本也。"如沈説，劉熙本作"命"，趙岐本作"名"。此作"命"蓋從劉本，似不必改"命"作"名"也。

　　〔八八〕《書鈔》卷五十九引《先賢行狀》"詡"字作"翊"。

　　〔八九〕郝書"日"字作"月"，毛本同。

　　〔九〇〕盧弼曰："元本作'舉天綱'。"

　　謹案：紹興本亦作"綱"，竊疑作"綱"字者是。曹植與楊修書云："舉天網以賅之。"與此義同。"綱"字蓋誤。"羅"上"網"字，疑蒙上"網"字而衍。

　　〔九一〕紹興本"宦"字作"官"。

〔九二〕紹興本、毛本"主"字作"至"。

〔九三〕郝書"潁"下無"昔"字。

〔九四〕盧弼曰："劉家立曰：'朝字疑係家字。'"

謹案：《後漢書·楊賜傳》："今妾媵嬖人閹尹之徒，共專國朝，欺罔日月。"是"國朝"古有此語，不必改"朝"爲"家"也。國朝猶言朝廷。

〔九五〕毛本"記"字作"紀"，郝書苟注引同。

〔九六〕紹興本、馮本"等"字作"牙"，毛本、郝書苟注引作"互"。"牙"即"互"字。盧弼謂馮本作"乎"，是稽檢未審也。

〔九七〕馮本、陳本、毛本"輒"上俱有"詡"字，郝書同。

〔九八〕郝書"名"字作"臣"。

〔九九〕郝書"寶"字作"賞"。

〔一〇〇〕盧弼曰："《通鑑》作'司隸校尉管邰'。《續百官志》注：'獻帝分置左右僕射，建安四年以榮邵爲尚書右僕射。'是也。《獻帝起居注》曰：'邵卒，贈執金吾。'"

謹案：《文選》任彥升《王文憲集序》"營邰分司"李注："應劭《漢官儀》云：'獻帝建始（當作"建安"）四年始置左右僕射，以執金吾營邰爲左僕射，衛臻爲右僕射。'今以策劭爲營邰，誤也。"胡克家《考異》引陳景雲曰："注中'策劭'當作'營邰'，《後漢書·百官志》及《魏志·賈詡傳》注皆可證。而《晉書》采應語亦作'營邰'。又《廣韻》'營''榮'二字下有'營邰'無'榮邵'。竊疑'榮邵'當從《晉書》《廣韻》作'營邰'。《通鑑》作'管邰'，蓋'營''管''邰''邵'形近而致誤耳。此當據《晉書》《廣韻》訂正。"

〔一〇一〕郝書作"詡歸與繡曰"。

〔一〇二〕《通典·兵七》引"退"字作"及"。

〔一〇三〕《通典》引"尅"作"勝"。

〔一〇四〕《通典》引無"反而"二字。

〔一〇五〕《通典》引無"雖"字。

〔一〇六〕《通典》引無"縱"字。

〔一〇七〕《通典》引"乃"字作"大"。

〔一〇八〕郝書苟注引"謀"上有"此"字。

〔一〇九〕紹興本"不"上有"而"字。

〔一一〇〕《册府》卷五百二十六引"議"作"思"。

〔一一一〕紹興本、馮本、陳本"德"字作"得"，《治要》引同。"德""得"字通。

〔一一二〕《御覽》卷二百零八、卷三百九十一引"公"上無"三"字。

〔一一三〕《册府》卷一百三十、卷三百零八引俱無"魏"字。

〔一一四〕盧弼補"舜誕敷文德，舞干羽於兩階，七旬有苗格"。

謹案：盧君引文而不言出自何書，非是。考盧君所引爲《尚書·大禹謨》文，是乃晚書，非賈詡所得見。《韓非子·五蠹》："當堯之時，有苗不服，禹將伐之，舜曰：'不可。上德不厚而行武，非道也。'乃修教三年，執干戚舞，有苗乃服。"此或詡語所本。

〔一一五〕郝書苟注引句上有"裴松之曰"四字，疑此脱"臣松之案"四字。

〔一一六〕郝書"航"字作"船"。《文選·吳都賦》："舟航於彭蠡。"注："船別名。"

〔一一七〕郝書"情"字作"志"。

三國志校箋卷十一

魏志卷十一〔一〕

袁渙　張範弟承　涼茂　國淵　田疇　王脩　邴原　管寧胡昭　王烈　張臶　焦先〔二〕

袁渙字曜卿〔三〕，陳郡扶樂人也。父滂，爲漢司徒。袁宏《漢紀》曰：滂字公熙〔四〕，純素寡欲，終不言人之短。當權寵之盛，或以同異致禍，滂獨中立於朝，故愛憎不及焉。當時諸公子多越法度，而渙清靜，舉動必以禮。郡命爲功曹，郡中姦吏皆自引去。後辟公府，舉高第，遷侍御史。除譙令，不就。劉備之爲豫州，舉渙茂才。後避地江、淮間，爲袁術所命。術每有所咨訪，渙常正議，術不能抗〔五〕，然敬之不敢不禮也。頃之，呂布擊術於阜陵，渙往從之〔六〕，遂復爲布所拘留。布初與劉備和親，後離隙。布欲使渙作書詈辱備，渙不可，再三彊之，不許。布大怒，以兵脅渙曰："爲之則生，不爲則死。"渙顔色不變，笑而應之曰："涣聞唯德可以辱人，不聞以罵。使彼固君子邪，且不恥將軍之言〔七〕，彼誠小人邪，將復將軍之意，則辱在此，不在於彼。且涣他日之事劉將軍，猶今日之事將軍也，如一旦去此，復罵將軍，可乎？"布乃止。

布破，涣得歸太祖〔八〕。《袁氏世紀》曰：布之破也，陳羣父子時亦在布之軍〔九〕，見太祖皆拜。涣獨高揖不爲禮，太祖甚嚴憚之。時太祖又給衆官車各數乘，使取布軍中物，唯其所欲。衆人皆重載，唯涣取書數百卷，資糧而已。衆人聞之，大慙。涣謂所親曰："脫我以行陳，令軍發足以爲行糧而已，不以此爲我有。由是屬名也，大悔恨之。"太祖益以此重焉。涣言曰〔一〇〕："夫兵者，凶器也，不得已而用之。鼓之以道德，征之以仁義〔一一〕，兼撫其民而除其害。夫然，故可與之死而可與之生。自大亂以來，十數年矣，民之欲安，甚於倒縣，然而暴亂未息者，何也？意者政失其道歟！涣聞明君善於救世，故世亂則齊之以義，時僞則鎮之以樸；世異事變，治國不同，不可不察也。夫制度損益，此古今之不必同者也。若夫兼愛天下而反之於正，雖以武平亂而濟之以德，誠百王不易之道也。公明哲超世，古之所以得其民者，公既勤之矣〔十二〕，今之所以失其民者，公既戒之矣，海内賴公，得免於危亡之禍，然而民未知義，其惟公所以訓之〔一三〕，則天下幸甚！"太祖深納焉。拜爲沛南部都尉。

是時新募民開屯田，民不樂，多逃亡。涣白太祖曰："夫民安土重遷，不可卒變，易以順行，難以逆動，宜順其意，樂之者乃取，不欲者勿彊。"太祖從之，百姓大悅。遷爲梁相。渙每勑諸縣："務存鰥寡高年，表異孝子貞婦〔一四〕。常談曰'世治則禮詳，世亂則禮簡'，全在斟酌之間耳。方今雖擾攘，難以禮化，然在吾所以爲之。"爲政崇教訓，恕思而後行，外溫柔而内能斷。《魏書》曰：穀熟長呂岐善朱淵、袁津〔一五〕，遣使行學，還召用之，與相見，出署淵師友祭酒，津決疑祭酒。淵等因各歸家，不受署。岐大怒，將吏民收淵等，皆杖殺之，議者多非焉。渙教勿劾，主簿孫徽等以爲"淵等罪不足死，長吏無專殺之義，孔子稱'唯器與名，不可以假人'。謂之師友而加大戮，刑名相伐，不可以訓"。渙教曰："主簿以不請爲罪，此則然矣。謂淵等罪不足死，則非也。夫師友之名，古今有之。然有君之師友，有士大夫之師友。夫君置師友之官者，所以敬其臣也；有罪加於刑焉，國之法也。今不論其罪而謂之戮師友，斯失之矣。主簿取弟子戮師之名，而加君誅臣之實，非其類也。夫聖哲之治，觀時而動，故不必循常，將有權也。間者世亂，民陵其上，雖務尊君卑臣，猶或未也，而反長世之過，不亦謬乎！"遂不劾。以病去官，百姓思之。後徵爲諫議大夫、丞相軍祭酒〔一六〕。前後得賜甚多，皆散盡之，家無所儲，終不問產業，乏則取之於人，不爲儌察之行〔一七〕，然時人服其清。

魏國初建，爲郎中令，行御史大夫事，渙言於太祖曰："今天下大難已除，文武並用，長久之道也。以爲可大收篇籍，明先聖之教，以易民視聽，使海内斐然向風，則遠人不服可以文德來之。"太祖善其言。時有傳劉備死者,羣臣皆賀;涣以嘗爲備舉吏,獨不賀。居官數年卒,太祖爲之流涕,賜穀二千斛,一教"以太倉穀千斛賜郎中令之家〔一八〕",一教"以垣下穀千斛與曜卿家",外不解其意。教曰:"以太倉穀者,官法也;以垣下穀者,親舊也。"〔一九〕又帝聞涣昔拒吕布之事〔二〇〕,問涣從弟敏:"涣勇怯何如?"敏對曰:"涣貌似和柔,然其臨大節,處危難,雖賁育不過也。"涣子侃,亦精粹閑素,有父風,歷位郡守尚書。《袁氏世紀》曰:涣有四子,侃、寓、奥、準。侃字公然,論議清當,柔而不犯,善與人交。在廢興之間〔二一〕,人之所趣務者,常謙退不爲也。時人以是稱之。歷位黃門選部郎〔二二〕,號爲清平。稍遷至尚書,早卒。寓字宣厚,精辯有機理,好道家之言,少被病,未官而卒。奥字公榮,行足以厲俗,言約而理當,終於光禄勳。準字孝尼,忠信公正,不恥下問,唯恐人之不勝己〔二三〕。以世事多險,故常恬退而不敢求進〔二四〕。著書十餘萬言,論治世之務,爲《易》《周官》《詩》傳及論五經滯義,聖人之微言,以傳於世。此準之自序也。荀綽《九州記》稱準有儁才〔二五〕,泰始中爲給事中。袁氏子孫世有名位,貴達至今。

初,涣從弟霸,公恪有功幹,魏初爲大司農,及同郡何夔並知名於時。而霸子亮,夔子曾,與侃復齊聲友善。亮貞固有學行,疾何晏、鄧颺等,著論以譏切之,位至河南尹、尚書。《晉諸公贊》曰:亮子粲,字儀祖,文學博識,累爲儒官,至尚書。霸弟徽,以儒素稱。遭天下亂,避難交州。司徒辟不至。袁宏《漢紀》曰:初,天下將亂,涣慨然歎曰:"漢室陵遲,亂無日矣。苟天下擾攘,逃將安之?若天未喪道，民以義存，唯彊而有禮，可以庇身乎！"徽曰："古人有言，'知幾其神乎'！見幾而作，君子所以元吉也。天理盛衰，漢其亡矣！夫有大功必有大事，此又君子之所深識，退藏於密者也。且兵革既興，外患必衆，徽將遠迹山海，以求免身。"及亂作，各行其志。徽弟敏，有武藝而好水功，官至河隄謁者。

張範，字公儀，河内脩武人也。祖父歆，爲漢司徒。父延，爲太尉。太傅袁隗欲以女妻範，範辭不受。性恬靜樂道，忽於榮利，徵命無所就。弟承，字公先，亦知名[二六]，以方正徵拜議郎，遷伊闕都尉。董卓作亂，承欲合徒衆與天下共誅卓。承弟昭時爲議郎，適從長安來，謂承曰："今欲誅卓，衆寡不敵，且起一朝之謀，戰阡陌之民，士不素撫，兵不練習，難以成功。卓阻兵而無義，固不能久；不若擇所歸附[二七]，待時而動，然後可以如志。"承然之，乃解印綬間行歸家，與範避地揚州，袁術備禮招請，範稱疾不往，術不彊屈也。遣承與相見，術問曰："昔周室陵遲，則有桓、文之霸；秦失其政，漢接而用之[二八]。今孤以土地之廣，士民之衆，欲徼福齊桓，擬迹高祖，何如？"承對曰："在德不在彊。夫能用德以同天下之欲[二九]，雖由匹夫之資，而興霸王之功，不足爲難。若苟僭擬，干時而動，衆之所棄，誰能興之？"術不悦。是時，太祖將征冀州，術復問曰："今曹公欲以弊兵數千，敵十萬之衆，可謂不量力矣！子以爲何如？"承乃曰："漢德雖衰，天命未改，今曹公挾天子以令天下，雖敵百萬之衆可也。"術作色不懌,承去之。

太祖平冀州,遣使迎範。範以疾留彭城,遣承詣太祖,太祖表以爲諫議大夫〔三〇〕。範子陵及承子戩,爲山東賊所得〔三一〕,範直詣賊請二子,賊以陵還範,範謝曰:"諸君相還兒厚矣。夫人情雖愛其子,然吾憐戩之小,請以陵易之。"賊義其言〔三二〕,悉以還範。太祖自荆州還,範得見於陳,以爲議郎,參丞相軍事,甚見敬重。太祖征伐,常令範及邴原留,與世子居守。太祖謂文帝〔三三〕:"舉動必諮此二人。"世子執子孫禮。救恤窮乏〔三四〕,家無所餘,中外孤寡皆歸焉。贈遺無所逆,亦終不用,及去,皆以還之。建安十七年卒。魏國初建,承以丞相參軍祭酒領趙郡太守,政化大行。太祖將西征,徵承參軍事,至長安,病卒。《魏書》曰:文帝即位,以範子參爲郎中。承孫劭,晉中護軍,與舅楊駿俱被誅。事見《晉書》。

涼茂字伯方,山陽昌邑人也。少好學,論議常據經典,以處是非。太祖辟爲司空掾,舉高第,補侍御史。時泰山多盜賊,以茂爲泰山太守,旬月之間,襁負而至者千餘家。《博物記》曰:襁,織縷爲之,廣八寸,長尺二,以約小兒於背上,負之而行。轉爲樂浪太守。公孫度在遼東,擅留茂,不遣之官,然茂終不爲屈。度謂茂及諸將曰:"聞曹公遠征,鄴無守備,今吾欲以步卒三萬,騎萬匹,直指鄴,誰能禦之?"諸將皆曰:"然。"臣松之案:此傳云公孫度聞曹公遠征,鄴無守備,則太祖定鄴後也。案《度傳》,度以建安九年卒，太祖亦以此年定鄴，自後遠征，唯有北征柳城耳。征柳城之年，度已不復在矣。又顧謂茂曰："於君意何如？"茂答曰："比者海內大亂，社稷將傾，將軍擁十萬之衆，安坐而觀成敗，夫爲人臣者，固若是邪！曹公憂國家之危敗，愍百姓之苦毒，率義兵爲天下誅殘賊，功高而德廣，可謂無二矣。以海內初定，民始安集，故未責將軍之罪耳！而將軍乃欲稱兵西向，則存亡之效，不崇朝而決。將軍其勉之！"諸將聞茂言，皆震動。良久，度曰："涼君言是也。"後徵還，爲魏郡太守、甘陵相，所在有績〔三五〕。文帝爲五官將，茂以選爲長史，遷左軍師。魏國初建，遷尚書僕射，後爲中尉奉常。文帝在東宮，茂復爲太子太傅，甚見敬禮。卒官。《英雄記》曰：茂名在八友中。

國淵字子尼，樂安蓋人也。師事鄭玄。《玄別傳》曰：淵始未知名，玄稱之曰："國子尼，美才也，吾觀其人，必爲國器。"後與邴原、管寧等避亂遼東。《魏書》曰：淵篤學好古，在遼東，常講學於山巖，士人多推慕之，由此知名。既還舊土，太祖辟爲司空掾屬，每於公朝論議，常直言正色，退無私焉。太祖欲廣置屯田，使淵典其事。淵屢陳損益，相土處民，計民置吏，明功課之法，五年中倉廩豐實，百姓競勸樂業。太祖征關中，以淵爲居府長史，統留事。田銀、蘇伯反河間，銀等既破，後有餘黨，皆應伏法。淵以爲非首惡，請不行刑。太祖從之，賴淵得生者千餘人。破賊文書,舊以一爲十,及淵上首級,如其實數。太祖問其故,淵曰:"夫征討外寇,多其斬獲之數者,欲以大武功,且示民聽也。河間在封域之内,銀等叛逆,雖克捷有功,淵竊恥之。"太祖大悦,遷魏郡太守。

時有投書誹謗〔三六〕,太祖疾之,欲必知其主。淵請留其本書,而不宣露。其書多引《二京賦》,淵勑功曹曰:"此郡既大,今在都輦,而少學問者〔三七〕。其簡開解年少,欲遣就師。"功曹差三人,臨遣引見,訓以"所學未及,《二京賦》,博物之書也,世人忽略,少有其師,可求能讀者從受之"。又密喻旨。旬日得能讀者,遂往受業。吏因請使作箋,比方其書,與投書人同手。收攝案問,具得情理。遷太僕。居列卿位,布衣蔬食〔三八〕,禄賜散之舊故宗族,恭儉自守〔三九〕,卒官。《魏書》曰:太祖以其子泰爲郎。

田疇字子泰〔四〇〕,右北平無終人也。好讀書,善擊劒〔四一〕。初平元年,義兵起,董卓遷帝於長安。幽州牧劉虞歎曰:"賊臣作亂,朝廷播蕩,四海俄然,莫有固志。身備宗室遺老,不得自同於衆。今欲奉使,展效臣節,安得不辱命之士乎?"衆議咸曰:"田疇,雖年少,多稱其奇。"疇時年二十二矣。虞乃備禮,請與相見,大悦之,遂署爲從事,具其車騎。將行,疇曰:"今道路阻絶,寇虜縱横,稱官奉使,爲衆所指名。願以私行,期於得達而已。"虞從之。疇乃歸,自選其家客與年少之勇壯募從者二十騎俱往〔四二〕。虞自出祖而遣之。《先賢行狀》曰：疇將行，引虞密與議。疇因說虞曰："今帝主幼弱，奸臣擅命，表上須報，懼失事機。且公孫瓚阻兵安忍，不早圖之，必有後悔。"虞不聽。既取道，疇乃更上西關，出塞，傍北山，直趣朔方，循閒徑去，遂至長安致命。詔拜騎都尉。疇以爲天子方蒙塵未安，不可以荷佩榮寵，固辭不受。朝廷高其義。三府並辟，皆不就。得報馳還，未至，虞已爲公孫瓚所害。疇至，謁祭虞墓，陳發章表，哭泣而去。瓚聞之大怒，購求獲疇，謂曰："汝何自哭劉虞墓，而不送章報於我也？"疇答曰："漢室衰頹，人懷異心，唯劉公不失忠節。章報所言，於將軍未美，恐非所樂聞，故不進也。且將軍方舉大事以求所欲，既滅無罪之君，又讐守義之臣，誠行此事，則燕、趙之士將皆蹈東海而死耳，豈忍有從將軍者乎！"〔四三〕瓚壯其對，釋不誅也。拘之軍下〔四四〕，禁其故人莫得與通。或說瓚曰："田疇義士，君弗能禮，而又囚之，恐失衆心。"瓚乃縱遣疇。

疇得北歸，率舉宗族他附從數百人〔四五〕，埽地而盟曰："君仇不報，吾不可以立於世！"遂入徐無山中。營深險平敞地而居，躬耕以養父母。百姓歸之，數年間至五千餘家。疇謂其父老曰："諸君不以疇不肖，遠來相就。衆成都邑，而莫相統一，恐非久安之道，願擇其賢長者以爲之主。"〔四六〕皆曰："善。"同僉推疇。疇曰："今來在此，非苟安而已，將圖大事，復怨雪恥。竊恐未得其志，而輕薄之徒，自相侵侮，偷快一時，無深計遠慮。

疇有愚計，願與諸君共施之，可乎？"皆曰："可。"疇乃爲約束相殺傷、犯盜、諍訟之法〔四七〕，法重者至死，其次抵罪二十餘條。又制爲婚姻嫁娶之禮，興舉學校講授之業，班行其衆，衆皆便之，至道不拾遺。北邊翕然服其威信，烏丸、鮮卑並各遣譯使致貢遺，疇悉撫納，令不爲寇。袁紹數遣使招命〔四八〕，又即授將軍印〔四九〕，因安輯所統，疇皆拒不留〔五〇〕。紹死，其子尚又辟焉，疇終不行。

　　疇常忿烏丸昔多賊殺其郡冠蓋，有欲討之意，而力未能。建安十二年，太祖北征烏丸，未至，先遣使辟疇，又命田豫喻指〔五一〕。疇戒其門下趣治嚴。門人謂曰："昔袁公慕君，禮命五至，君義不屈；今曹公使一來而君若恐弗及者，何也？"疇笑而應之曰："此非君所識也。"遂隨使者到軍，署司空戶曹掾，引見諮議。明日出令曰："田子泰非吾所宜吏者。"即舉茂才，拜爲蓚令，不之官，隨軍次無終。時方夏水雨〔五二〕，而濱海洿下，濘滯不通，虜亦遮守蹊要，軍不得進。太祖患之，以問疇。疇曰："此道，秋夏每常有水，淺不通車馬，深不載舟船，爲難久矣。舊北平郡治在平岡，道出盧龍，達於柳城；自建武以來，陷壞斷絶，垂二百載，而尚有微徑可從。今虜將以大軍當由無終〔五三〕，不得進而退，懈弛無備。若嘿回軍，從盧龍口越白檀之險，出空虛之地，路近而便，掩其不備，蹋頓之首可不戰而禽也。"太祖曰："善。"乃引軍還，而署大木表於水側路傍曰："方今暑夏〔五四〕，道路不通，且俟秋冬，乃復進軍。"虜候騎見之，誠以爲大軍去也。太祖令疇將其衆爲鄉導，上徐無山，出盧龍，歷平岡，登白狼堆，去柳城二百餘里，虜乃驚覺。單于身自臨陣，太祖與交戰，遂大斬獲，追奔逐北，至柳城。軍還入塞，論功行封，封疇亭侯，邑五百户。《先賢行狀》載太祖表論疇功曰："文雅優備，忠武又著，和於撫下，慎於事上，量時度理，進退合義。幽州始擾，胡、漢交萃，蕩析離居，靡所依懷。疇率宗人避難於無終山，北拒盧龍，南守要害，清靜隱約，耕而後食，人民化從，咸共資奉。及袁紹父子咸力加於朔野，遠結烏丸，與爲首尾，前後召疇，終不陷撓。後臣奉命，軍次易縣，疇長驅自到，陳討胡之勢，猶廣武之建燕策，薛公之度淮南。又使部曲持臣露布，出誘胡衆，漢民或因亡來，烏丸聞之震蕩。王旅出塞，塗由山中九百餘里，疇帥兵五百，啓導山谷，遂滅烏丸，蕩平塞表。疇文武有效，節義可嘉，誠應寵賞，以旌其美。"疇自以始爲居難〔五五〕，率衆遁逃，志義不立，反以爲利，非本意也〔五六〕，固讓。太祖知其至心〔五七〕，許而不奪。《魏書》載太祖令曰："昔伯成棄國，夏后不奪，將欲使高尚之士，優賢之主，不止於一世也。其聽疇所執。"

遼東斬送袁尚首，令"三軍敢有哭之者斬"。疇以嘗爲尚所辟，乃往弔祭。太祖亦不問。臣松之以爲：田疇不應袁紹父子之命，以其非正也。故盡規魏祖，建盧龍之策。致使袁尚奔迸，授首遼東，皆疇之由也。既已明其爲賊，胡爲復弔祭其首乎？若以嘗被辟命，義在其中，則不應爲人設謀，使其至此也〔五八〕。疇此舉止，良爲進退無當，與王脩哭袁譚貌同而心異也。疇盡將其家屬及宗人三百餘家居鄴。太祖賜疇車馬穀帛，皆散之宗族知舊。從征荊州還,太祖追念疇功殊美,恨前聽疇之讓,曰:"是成一人之志,而虧王法大制也。"於是乃復以前爵封疇。《先賢行狀》載太祖命曰〔五九〕:"蓚令田疇,至節高尚〔六〇〕,遭值州里戎夏交亂,引身深山,研精味道,百姓從之,以成都邑。袁賊之盛,命召不屈。慷慨守志,以徼真主。及孤奉詔征定河北,遂服幽都,將定胡寇,時加禮命。疇即受署,陳建攻胡蹊路所由,率齊山民,一時向化,開塞導送,供承使役,路近而便,令虜不意。斬蹋頓於白狼,遂長驅於柳城,疇有力焉。及軍入塞,將圖其功,表封亭侯,食邑五百,而疇懇惻,前後辭賞。出入三載,歷年未賜,此爲成一人之高,甚違王典,失之多矣。宜從表封,無久留吾過。"疇上疏陳誠,以死自誓。太祖不聽,欲引拜之,至於數四,終不受。有司劾疇狷介違道,苟立小節,宜免官加刑。太祖重其事,依違者久之。乃下世子大臣博議〔六一〕,世子以疇同於子文辭禄〔六二〕,申胥逃賞,宜勿奪以優其節。尚書令荀彧、司隸校尉鍾繇亦以爲可聽。《魏書》載世子議曰:"昔薳敖逃禄〔六三〕,傳載其美,所以激濁世,勵貪夫,賢於尸禄素餐之人也。故可得而小,不可得而毀。至於田疇,方斯近矣。免官加刑,於法爲重。"《魏略》載教曰:"昔夷、齊棄爵而譏武王,可謂愚闇,孔子猶以爲'求仁得仁'。疇之所守,雖不合道,但欲清高耳。使天下悉如疇志,即墨翟兼愛尚同之事,而老聃使民結繩之道也。外議雖善,爲復使令司隸以決之。"〔六四〕《魏書》載荀彧議,以爲"君子之道,或出或處,期於爲善而已。故匹夫守志,聖人各因而成之"。鍾繇以爲"原思辭粟,仲尼不與,子路拒牛,謂之止善,雖可以激清勵濁,猶不足多也。疇雖不合大義,有益推讓之風,宜如世子議"。臣松之案:《呂氏春秋》:"魯國之法,魯人有爲臣妾於諸侯,有能贖之者,取其金於府。子貢贖人而辭不取金〔六五〕,孔子曰:'賜失之矣。自今以來魯人不贖矣。'子路,拯溺者,其人拜之以牛,子路受之。孔子曰:'魯人必拯溺矣。'"案此語不與繇所引者相應,未詳爲繇之事誤邪,而事將別有所出耳〔六六〕?太祖猶欲侯之。疇素與夏侯惇善,太祖語惇曰:"且往以情喻之,自從君所言,無告吾意也。"惇就疇宿,如太祖所戒。疇揣知其指,不復發言。惇臨去,乃拊疇背曰:"田君,主意殷勤,曾不能顧乎!"疇答曰:"是何言之過也!疇,負義逃竄之人耳,蒙恩全活,爲幸多矣。豈可賣盧龍之塞,以易賞祿哉?縱國私疇,疇獨不愧於心乎?將軍雅知疇者,猶復如此,若必不得已,請願效死刎首於前。"言未卒,涕泣橫流。惇具答太祖。太祖喟然知不可屈,乃拜爲議郎。年四十六卒。子又早死。文帝踐阼,高疇德義,賜疇從孫續爵關內侯,以奉其嗣〔六七〕。

王脩字叔治,北海營陵人也。年七歲喪母。母以社日亡,來歲鄰里社,脩感念母,哀甚〔六八〕。鄰里聞之,爲之罷社。年二十,游學南陽,止張奉舍。奉舉家得疾病,無相視者,脩親隱恤之,病愈乃去。初平中,北海孔融召以爲主簿〔六九〕,守高密令。高密孫氏素豪俠,人客數犯法。民有相劫者〔七〇〕,賊入孫氏,吏不能執〔七一〕。脩將吏民圍之,孫氏拒守,吏民畏憚不敢近。脩令吏民:"敢有不攻者與同罪。"孫氏懼,乃出賊。由是豪彊懾服。舉孝廉，脩讓邴原，融不聽。《融集》有融答脩教曰："原之賢也，吾已知之矣。昔高陽氏有才子八人，堯不能用，舜實舉之。原可謂不患無位之士。以遺後賢，不亦可乎！"脩重辭，融答曰："掾清身絜己，歷試諸難，謀而鮮過，惠訓不倦。余嘉乃勳，應乃懿德，用升爾於王庭，其可辭乎！"時天下亂，遂不行。頃之，郡中有反者。脩聞融有難，夜往奔融。賊初發，融謂左右曰："能冒難來〔七二〕，唯王脩耳！"言終而脩至。復署功曹。時膠東多賊寇，復令脩守膠東令。膠東人公沙盧宗彊，自爲營塹，不肯應發調。脩獨將數騎徑入其門，斬盧兄弟，公沙氏驚愕莫敢動。脩撫慰其餘，由是寇少止。融每有難，脩雖休歸家〔七三〕，無不至。融常賴脩以免。

袁譚在青州，辟脩爲治中從事，別駕劉獻數毀短脩。後獻以事當死，脩理之，得免。時人益以此多焉。袁紹又辟脩除即墨令，後復爲譚別駕。紹死，譚、尚有隙。尚攻譚，譚軍敗，脩率吏民往救譚。譚喜曰："成吾軍者，王別駕也。"譚之敗，劉詢起兵漯陰，諸城皆應。譚歎息曰："今舉州背叛〔七四〕，豈孤之不德邪！"脩曰："東萊太守管統雖在海表，此人不反，必來。"後十餘日統果棄其妻子來赴譚，妻子爲賊所殺，譚更以統爲樂安太守。譚復欲攻尚，脩諫曰："兄弟還相攻擊，是敗亡之道也。"譚不悅，然知其忠節。後又問脩："計安出？"脩曰："夫兄弟者，左右手也。譬人將鬬而斷其右手，而曰'我必勝'，若是者可乎？夫棄兄弟而不親，天下其誰親之！屬有讒人，固將交鬬其間，以求一朝之利，願明使君塞耳勿聽也〔七五〕。若斬佞臣數人，復相親睦，以禦四方，可以橫行天下。"譚不聽，遂與尚相攻擊〔七六〕，請救於太祖。太祖既破冀州，譚又叛。太祖遂引軍攻譚於南皮。脩時運糧在樂安，聞譚急，將所領兵及諸從事數十人往赴譚。至高密，聞譚死〔七七〕，下馬號哭曰："無君焉歸？"遂詣太祖，乞收葬譚屍。太祖欲觀脩意，默然不應。脩復曰："受袁氏厚恩〔七八〕，若得收斂譚屍，然後就戮，無所恨。"太祖嘉其義，聽之。《傅子》曰：太祖既誅袁譚，梟其首，令曰："敢哭之者戮及妻子〔七九〕。"於是王叔治、田子泰相謂曰："生受辟命，亡而不哭，非義也。畏死亡義〔八〇〕，何以立世？"遂造其首而哭之，哀動三軍。軍正白行其戮，太祖曰："義士也。"赦之。臣松之案：《田疇傳》，疇爲袁尚所辟，不被譚命。《傅子》合而言之，有違事實。以脩爲督軍糧，還樂安。譚之破，諸城皆服，唯管統以樂安不從命。太祖命脩取統首，脩以統亡國之忠臣，因解其縛，使詣太祖。太祖悅而赦之。袁氏政寬，在職勢者多畜聚。太祖破鄴，籍沒審配等家財物貨以萬數〔八一〕。及破南皮，閱脩家，穀不滿十斛，有書數百卷。太祖歎曰："士不妄有名。"乃禮辟爲司空掾〔八二〕，行司金中郎將，遷魏郡太守。爲治，抑彊扶弱，明賞罰，百姓稱之。《魏略》曰：脩爲司金中郎將，陳黃白異議，因奏記曰："脩聞枳棘之林〔八三〕，無梁柱之質；涓流之水，無洪波之勢。是以在職七年，忠讜不昭於時〔八四〕，功業不見於事，欣於所受，俯憼不報，未嘗不長夜起坐，中飯釋餐。何者？力少任重〔八五〕，不堪而懼也〔八六〕。謹貢所議如左。"太祖甚然之，乃與脩書曰：

"君澡身浴德,流聲本州,忠能成績,爲世美談,名實相副,過人甚遠。孤以心知君,至深至熟,非徒耳目而已也。察觀先賢之論,多以鹽鐵之利,足贍軍國之用。昔孤初立司金之官,念非屈君,餘無可者。故與君教曰:'昔遏父陶正,民賴其器用,及子嬀滿,建侯於陳;近桑弘羊,位至三公。此君元龜之兆先告者也。'是孤用君之本言也,或恐衆人未曉此意。自是以來,在朝之士,每得一顯選,常擧君爲首,及聞袁軍師衆賢之議,以爲不宜越君。然孤執心將有所底,以軍師之職,閑於司金,至於建功,重於軍師。孤之精誠,足以達君;君之察孤,足以不疑。但恐傍人淺見,以蠡測海,爲蛇畫足,將言前後百選,輒不用之,而使此君沉滯冶官。張甲李乙,尚猶先之,此主人意待之不優之效也。孤懼有此空聲冒實,淫嚚亂耳。假有斯事,亦庶鍾期不失聽也;若其無也,過備何害?昔宣帝察少府蕭望之才任宰相,故復出之,令爲馮翊。從正卿往,似於左遷。上使侍中宣意曰:'君守平原日淺,故復試君三輔,非有所聞也。'孤揆先主中宗之意,誠備此事。既君崇勳業以副孤意。公叔文子與臣俱升,獨何人哉!"後無幾而遷魏郡太守。魏國既建,爲大司農郎中令〔八七〕。太祖議行肉刑,脩以爲時未可行,太祖采其議。徙爲奉常。其後嚴才反,與其徒屬數十人攻掖門。脩聞變,召車馬未至,便將官屬步至宮門。太祖在銅爵臺望見之,曰:"彼來者必王叔治也。"相國鍾繇謂脩〔八八〕:"舊,京城有變,九卿各居其府。"脩曰:"食其祿,焉避其難?居府雖舊〔八九〕,非赴難之義〔九〇〕。"頃之,病卒官。子忠,官至東萊太守、散騎常侍。初,脩識高柔於弱冠,異王基於幼童,終皆遠至,世稱其知人。王隱《晉書》曰:脩一子,名儀,字朱表〔九一〕,高亮雅直。司馬文王爲安東，儀爲司馬。東關之敗，文王曰："近日之事，誰任其咎？"儀曰："責在軍帥。"文王怒曰："司馬欲委罪於孤邪？"遂殺之〔九二〕。子袠，字偉元。少立操尚，非禮不動。身長八尺四寸，容貌絶異。痛父不以命終，絶世不仕。立屋墓側，以教授爲務。旦夕常至墓前拜，輒悲號斷絶。墓前有一柏樹，袠常所攀援，涕泣所著，樹色與凡樹不同。讀詩至"哀哀父母，生我勞悴"，未嘗不反復流涕，泣下沾襟〔九四〕。家貧躬耕，計口而田。度身而蠶。諸生有密爲袠刈麥者，袠遂棄之；自是莫敢復佐刈者。袠門人爲本縣所役，求袠爲屬，袠曰："卿學不足以庇身，吾德薄不足以蔭卿，屬之何益？且吾不捉筆已四十年〔九五〕。"乃步擔乾飯，兒負鹽豉〔九六〕，門徒從者千餘人。安丘令以爲見己〔九七〕，整衣出迎之於門。袠乃下道至土牛磬折而立〔九八〕。云："門生爲縣所役，故來送別。"執手涕泣而去〔九九〕。令即放遣諸生，一縣以爲恥。同縣管彦，少有才力〔一〇〇〕，未知名，袠獨以爲當自達〔一〇一〕，常友愛之，男女各始生，共許爲婚。彦果爲西夷校尉〔一〇二〕。袠後更以女嫁人，彦弟馥問袠，袠曰："吾薄志畢願，山藪自處，姊妹皆遠，吉凶斷絶，以此自誓。賢兄子葬父於帝都〔一〇三〕，此則洛陽之人也，豈吾欲婚之本指邪？"馥曰："嫂，齊人也。當還臨淄。"袠曰："安有葬父河南，隨妻還齊〔一〇四〕！用意如此，何婚之有？"遂不婚。邴春者，根矩之後也。少立志操，寒苦自居，負笈游學，身不停家，鄉邑翕然，以爲能係其先也〔一〇五〕。袠以爲春性險狹〔一〇六〕，慕名意多，終必不成，及後春果無學業，流離遠外，有識以此歸之。袠常以爲人所行〔一〇七〕，其當歸於善道〔一〇八〕，不可以己所能而責人所不能也。有致遺者，皆不受。及洛都傾覆，寇賊蠹起，袠宗親悉欲移江東，袠戀墳壠。賊大盛，乃南達泰山郡。袠思土不肯去，賊害之。《漢晉春秋》曰：袠與濟南劉兆字延世，俱以不仕顯名。袁以父爲文王所濫殺，終身不應徵聘，未嘗西向坐，以示不臣於晉也。《魏略·純固傳》以脂習、王脩、龐淯、文聘、成公英、郭憲、單固七人爲一傳。其脩、淯、聘三人自各有傳，成公英別見《張既傳》，單固見《王淩傳》，餘習、憲二人列於《脩傳》後也。脂習字元升，京兆人也。中平中仕郡，公府辟，舉高第，除太醫令。天子西遷及東詣許昌，習常隨從。與少府孔融親善。太祖爲司空，威德日盛，而融故以舊意〔一〇九〕，書疏倨傲。習常責融，欲令改節，融不從。會融被誅，當時許中百官先與融親善者，莫敢收恤，而習獨往撫而哭之曰：「文舉，卿捨我死〔一一〇〕，我當復與誰語者？」哀歎無已。太祖聞之，收習，欲理之，尋以其事直見原，徙許東土橋下。習後見太祖，陳謝前愆。太祖呼其字曰：「元升卿故慷慨！」〔一一一〕因問其居處，以新移徙，賜穀百斛。至黃初，詔欲用之〔一一二〕，以其年老，然嘉其敦舊，有欒布之節，賜拜中散大夫。還家，年八十餘卒。郭憲字幼簡，西平人〔一一三〕，爲其郡右姓。建安中爲郡功曹，州辟不就，以仁篤爲一郡所歸。至十七年，韓約失衆，從羌中還，依憲。衆人多欲取約以徼功，而憲皆責怒之，言：「人窮來歸我，云何欲危之？」遂擁護厚遇之。其後約病死，而田樂、陽逵等就斬約頭〔一一四〕，當送之。逵等欲條疏憲名〔一一五〕，憲不肯在名中，言：「我尚不忍生圖之〔一一六〕，豈忍取死人以要功乎？」逵等乃止。時太祖方攻漢中，在武都，而逵等送約首到。太祖宿聞憲名，及視條疏〔一一七〕，怪不在中，以問逵等，逵具以情對。太祖歎其志義，乃并表列與逵等並賜爵關內侯，由是名震隴右。黃初元年病亡。正始初，國家追嘉其事，復賜其子爵關內侯。

邴原字根矩，北海朱虛人也。少與管寧俱以操尚稱，州府辟命皆不就。黃巾起，原將家屬入海，住鬱洲山中。時孔融爲北海相，舉原有道。原以黃巾方盛，遂至遼東，與同郡劉政俱有勇略雄氣。遼東太守公孫度畏惡欲殺之，盡收捕其家，政得脱。度告諸縣："敢有藏政者與同罪。"政窘急，往投原，《魏氏春秋》曰：政投原曰："窮鳥入懷。"原曰："安知斯懷之可入邪？"〔一八〕原匿之月餘，時東萊太史慈當歸，原因以政付之。既而謂度曰："將軍前日欲殺劉政，以其爲己害。今政已去，君之害豈不除哉！"度曰："然。"原曰："君之畏政者，以其有智也。今政已免，智將用矣，尚奚拘政之家？不若赦之，無重怨。"度乃出之，原又資送政家，皆得歸故郡。原在遼東，一年中往歸原居者數百家，游學之士，教授之聲，不絶。

後得歸，太祖辟爲司空掾。原女早亡，時太祖愛子倉舒亦没，太祖欲求合葬，原辭曰："合葬，非禮也。原之所以自容於明公〔一九〕，公之所以待原者，以能守訓典而不易也。若聽明公之命，則是凡庸也，明公焉以爲哉？"太祖乃止，徙署丞相徵事。《獻帝起居注》曰：建安十五年，初置徵事二人，原與平原王烈俱以選補。崔琰爲東曹掾，記讓曰："徵事邴原、議郎張範，皆秉德純懿，志行忠方，清靜足以厲俗，貞固足以幹事，所謂龍翰鳳翼，國之重寶。舉而用之，不仁者遠。"代涼茂爲五官將長史，閉門自守，非公事不出。太祖征吳，原從行，卒。《原別傳》曰：原十一而喪父〔二〇〕，家貧，早孤。鄰有書舍，原過其旁而泣。師問曰："童子何悲？"〔一二一〕原曰："孤者易傷，貧者易感。夫書者，必皆具有父兄者，〔一二二〕一則美其不孤〔一二三〕，二則美其得學，心中惻然而爲涕零也。"師亦哀原之言而爲之泣曰："欲書可耳！"答曰："無錢資。"師曰："童子苟有志，我徒相教，不求資也。"〔一二四〕於是遂就書〔一二五〕。一冬之間，誦《孝經》、《論語》。自在童齓之中，嶷然有異。及長，金玉其行。欲遠游學，詣安丘孫崧。崧辭曰："君鄉里鄭君，君知之乎？"原答曰："然。"崧曰："鄭君學覽古今，博文彊識〔一二六〕，鉤深致遠，誠學者之師模也。君乃舍之，躡屣千里，所謂以鄭爲東家丘者也〔一二七〕。君似不知而曰然者，何？"原曰："先生之說，誠可謂苦藥良鍼矣；然猶未達僕之微趣也。人各有志，所規不同，故乃有登山而采玉者，有入海而采珠者，豈可謂登山者不知海之深，入海者不知山之高哉！君謂僕以鄭爲東家丘，君以僕爲西家愚夫邪〔一二八〕？"崧辭謝焉。又曰："兖、豫之士，吾多所識，未有若君者，當以書相分。"原重其意，難辭之，持書而別。原心以爲求師啓學，志高者通，非若交游待分而成也。書何爲哉？乃藏書於家而行。原舊能飲酒，自行之後，八九年間，酒不向口。單步負笈，苦身持力，至陳留則師韓子助，潁川則宗陳仲弓，汝南則交范孟博，涿郡則親盧子幹〔一二九〕。臨別，師友以原不飲酒，會米肉送原。原曰："本能飲酒，但以荒思廢業，故斷之耳。今當遠別，因見貺餞，可一飲燕〔一三〇〕。"於是共坐飲酒，終日不醉。歸以書還孫崧，解不致書之意。後爲郡所召，署功曹主簿。時魯國孔融在郡，教選計當任公卿之才，乃以鄭玄爲計掾，彭璆爲計吏，原爲計佐。融有所愛一人，常盛嗟歎之。後恚望欲殺之，朝吏皆請。時其人亦在坐，叩頭流血，而融意不解。原獨不爲請。融謂原曰："衆皆請而君何獨不？"原對曰："明府於某，本不薄也，常言歲終當舉之，此所謂'吾一子'也。如是，朝吏受恩未有在某前者矣，而今乃欲殺之。明府愛之，則引而方之於子，憎之，則推之欲危其身。原愚，不知明府以何愛之？以何惡之？"融曰："某生於微門，吾成就其兄弟，拔擢而用之；某今孤負恩施。夫善則進之，惡則誅之，固君道也。往者應仲遠爲泰山太守，舉一孝廉，旬月之間而殺之。夫君人者，厚薄何常之有！"原對曰："仲遠舉孝廉，殺之，其義焉在？夫孝廉，國之俊選也。舉之若是，則殺之非也；若殺之是，則舉之非也。詩云：'彼己之子，不遂其媾。'蓋譏之也。語云：'愛之欲其生，惡之欲其死。既欲其生，又欲其死，是惑也。'仲遠之惑甚矣。明府奚取焉？"融乃大笑曰："吾直戲耳！"〔一三一〕原又曰："君子於其言，出乎身，加乎民；言行，君子之樞機也。安有欲殺人而可以爲戲者哉。"〔一三二〕融無以答。是時漢朝陵遲，政以賄成，原乃將家人入鬱洲山中。郡舉有道，融書喻原曰："脩性保貞，清虛守高，危邦不入，久潛樂土。王室多難，西遷鎬京。聖朝勞謙，疇咨儁乂。我徂求定，策命懇惻。國之將隕，嫠不恤緯，家之將亡，緹縈跋涉，彼匹婦也，猶執此義。實望根矩，仁爲己任，授手援溺，振民於難。乃或晏晏居息，莫我肯顧，謂之君子，固如此乎！根矩，根矩，可以來矣！"原遂到遼東〔一三三〕。遼東多虎，原之邑落獨無虎患。原嘗行而得遺錢，拾以繫樹枝，此錢既不見取，而繫錢者愈多。問其故〔一三四〕，答者謂之神樹〔一三五〕。原惡其由己而成淫祀，乃辯之〔一三六〕，於是里中遂斂其錢以爲社供。後原欲歸鄉里，止於三山。孔融書曰："隨會在秦，賈季在翟，諮仰靡所，歎息增懷。頃知來至，近在三山。詩不云乎：'來歸自鎬，我行永久。'今遣五官掾，奉問榜人舟楫之勞，禍福動靜告慰。亂階未已，阻兵之雄，若棊弈爭梟。"原於是遂復反還〔一三七〕。積十餘年，後乃遁還。南行已數日，而度甫覺。度知原之不可復追也,因曰:"邴君所謂云中白鶴,非鶉鷃之網所能羅矣。又吾自遣之,勿復求也。"遂免危難。自反國土〔一三八〕,原於是講述禮樂,吟咏詩書,門徒數百,服道數十。時鄭玄以博學洽聞,注解典籍,故儒雅之士集焉。原亦以高遠清白,頤志澹泊,口無擇言,身無擇行,故英偉之士向焉。是時海內清議,云青州有邴、鄭之學。魏太祖爲司空,辟原署東閣祭酒。太祖北伐三郡單于,還住昌國〔一三九〕,燕士大夫。酒酣,太祖曰:"孤反,鄴守諸君必將來迎,今日明旦,度皆至矣。其不來者,獨有邴祭酒耳!"〔一四〇〕言訖未久,而原先至。門下通謁,太祖大驚喜,摰履而起,遠出迎原曰:"賢者誠難測度!孤謂君將不能來,而遠自屈,誠副饑虛之心。"謁訖而出,軍中士大夫詣原者數百人。太祖怪而問之,時荀文若在坐,對曰:"獨可省問邴原耳!"太祖曰:"此君名重,乃亦傾士大夫心?"文若曰:"此一世異人,士之精藻,公宜盡禮以待之。"太祖曰:"固孤之宿心也。"自是之後,見敬益重。原雖在軍歷署,常以病疾,高枕里巷,終不當事,又希會見。河內張範,名公之子也,其志行有與原符,甚相親敬。令曰:"邴原名高德大,清規邈世,魁然而峙,不爲孤用。聞張子頗欲學之,吾恐造之者富,隨之者貧也。"魏太子爲五官中郎將,天下向慕,賓客如云,而原獨守道持常,自非公事不妄舉動。太祖微使人從容問之,原曰:"吾聞國危不事冢宰,君老不奉世子,此典制也。"於是乃轉五官長史,令曰:"子弱不才,懼其難正,貪欲相屈,以匡勵之,雖云利賢,能不惡惡!"太子燕會,眾賓百數十人,太子建議曰:"君父各有篤疾,有藥一丸,可救一人,當救君邪、父邪?"眾人紛紜,或父或君。時原在坐,不與此論。太子諮之於原,原勃然對曰:"父也。"太子亦不復難之。

是後大鴻臚鉅鹿張泰、河南尹扶風龐迪以清賢稱〔一四一〕，苟綽《冀州記》曰：鉅鹿張貔，字邵虎。祖父泰，字伯陽，有名於魏。父邈，字叔遼，遼東太守。著名《自然好學論》，在《嵇康集》。爲人弘深有遠識，恢恢然，使求之者莫之能測也。宜歷二官，元康初爲城陽太守，未行而卒。永寧太僕東郡張閣以簡質聞。杜恕著《家戒》稱閣曰："張子臺，視之似鄙樸人，然其心中不知天地間何者爲美，何者爲好，敦然似如與陰陽合德者〔一四二〕。作人如此，自可不富貴，然而患禍當何從而來？世有高亮如子臺〔一四三〕，皆多力慕，體之不如也。"

管寧字幼安，北海朱虛人也。《傅子》曰：齊相管仲之後也。昔田氏有齊而管氏去之，或適魯，或適楚。漢興有管少卿爲燕令，始家朱虛，世有名節〔一四四〕，九世而生寧。年十六喪父，中表愍其孤貧，咸共贈賻，悉辭不受，稱財以送終。長八尺，美須眉〔一四五〕。與平原華歆、同縣邴原相友，俱游學於異國，並敬善陳仲弓。天下大亂，聞公孫度令行於海外，遂與原及平原王烈等至於遼東。度虛館以候之〔一四六〕。既往見度，乃廬於山谷。時避難者多居郡南，而寧居北，示無遷志，後漸來從之。太祖爲司空，辟寧，度子康絕命不宣。《傅子》曰：寧往見度，語惟經典，不及世事。還乃因山爲廬，鑿坏爲室〔一四七〕。越海避難者，皆來就之而居，旬月而成邑。遂講詩、書，陳俎豆，飾威儀，明禮讓，非學者無見也〔一四八〕。由是度安其賢，民化其德。邴原性剛直，清議以格物，度已下心不安之。寧謂原曰："潛龍以不見成德，言非其時，皆招禍之道也。"密遣令西還。度庶子康代居郡外[一四九]，以將軍太守爲號，而內實有王心，卑己崇禮，欲官寧以自鎮輔，而終莫敢發言，其敬憚如此。皇甫謐《高士傳》曰：寧所居屯落，會井汲者[一五〇]，或男女雜錯，或爭井鬪鬩。寧患之，乃多買器[一五一]，分置井傍，汲以待之，又不使知。來者得而怪之，問知寧所爲[一五二]，乃各相責，不復鬪訟。鄰有牛暴寧田者，寧爲牽牛著涼處，自爲飲食，過於牛主。牛主得牛，大慙，若犯嚴刑。是以左右無鬪訟之聲，禮讓移於海表。

王烈者，字彥方[一五三]，於時名聞在原、寧之右。辭公孫度長史，商賈自穢。太祖命爲丞相掾，徵事，未至，卒於海表。《先賢行狀》曰：烈通識達道，秉義不回。以潁川陳太丘爲師，二子爲友。時潁川荀慈明、賈偉節、李元禮、韓元長皆就陳君學，見烈器業過人，歎服所履，亦與相親。由是英名著於海內。道成德立，還歸舊廬，遂遭父喪，泣淚三年。遇歲饑饉，路有餓殍，烈乃分釜庾之儲，以救邑里之命。是以宗族稱孝，鄉黨歸仁。以典籍娛心，育人爲務，遂建學校，敦崇庠序。其誘人也，皆不因其性氣，誨之以道，使之從善遠惡。益者不自覺，而大化隆行，皆成寶器。門人出入，容止可觀，時在市井，行步有異，人皆別之。州閭承風，咸競爲善。時國中有盜牛者，牛主得之。盜者曰："我邂逅迷惑，從今已後將爲改過。子既已赦宥，幸無使王烈聞之。"人有以告烈者，烈以布一端遺之。或問："此人既爲盜，畏君聞之，反與之布[一五四]，何也？"烈曰："昔秦穆公，人盜其駿馬食之，乃賜之酒。盜者不愛其死，以救穆公之難。今此盜人能悔其過，懼吾聞之，是知恥惡。知恥惡，則善心將生，故與布勸爲善也。"間年之中，行路老父擔重，人代擔行數十里，欲至家，置而去，問姓名，不以告。頃之，老父復行，失劒於路。有人行而遇之，欲置而去，懼後人得之，劒主於是永失，欲取而購募，或恐差錯，遂守之。至暮，劒主還見之，前者代擔人也〔一五五〕。老父擥其袂，問曰："子前者代吾擔，不得姓名，今子復守吾劒於路，未有若子之仁，請子告吾姓名，吾將以告王烈。"乃語之而去。老父以告烈，烈曰："世有仁人，吾未之見。"遂使人推之，乃昔時盜牛人也。烈歎曰："韶樂九成，虞賓以和；人能有感，乃至於斯也！"遂使國人表其閭而異之。時人或訟曲直，將質於烈，或至塗而反，或望廬而還，皆相推以直，不敢使烈聞之。時國主皆親驂乘，適烈私館，疇諮政令。察孝廉，三府並辟，皆不就。會董卓作亂，避地遼東，躬秉農器，編於四民，布衣蔬食，不改其樂。東域之人，奉之若君。時衰世弊，識真者少，朋黨之人，互相譏謗。自避世在東國者，多爲人所害，烈居之歷年，未嘗有患。使遼東強不凌弱，衆不暴寡，商賈之人，市不二價。太祖累徵召，遼東爲解而不遣。以建安二十三年寢疾，年七十八而終。

　　中國少安，客人皆還，惟寧晏然若將終焉。黃初四年，詔公卿舉獨行君子，司徒華歆薦寧〔一五六〕。文帝即位，徵寧〔一五七〕，遂將家屬浮海還郡，公孫恭送之南郊，加贈服物。自寧之東也，度、康、恭前後所資遺，皆受而藏諸。既已西渡〔一五八〕，盡封還之。《傅子》曰：是時康又已死，嫡子不立而立弟恭，恭懦弱，而康孽子淵有雋才。寧曰："廢嫡立庶，下有異心，亂之所由起也。"乃將家屬乘海即受徵。寧在遼東，積三十七年乃歸，其後淵果襲奪恭位，叛國家而南連吳，僭號稱王，明帝使相國宣文侯征滅之〔一五九〕。遼東之死者以萬計，如寧所籌。寧之歸也，海中遇暴風，舡皆沒〔一六〇〕，唯寧乘舡自若。時夜風晦冥，舡人盡惑，莫知所泊。望見有火光〔一六一〕，輒趣之，得島。島無居人，又無火爐，行人咸異焉，以爲神光之祐也。皇甫謐曰："積善之應也。"詔以寧爲太中大夫，固辭不受。《傅子》曰：寧上書天子，且以疾辭，曰："臣聞傅說發夢，以感殷宗，呂尚啓兆，以動周文，以通神之才悟於聖主，用能匡佐帝業，克成大勳。臣之器朽，實非其人。雖貪清時，釋體蟬蛻。内省頑病，日薄西山。惟陛下聽野人山藪之願，使一老者得盡微命。"書奏，帝親覽焉。明帝即位，太尉華歆遜位讓寧，《傅子》曰：司空陳羣又薦寧曰："臣聞王者顯善以消惡，故湯舉伊尹，不仁者遠。伏見徵士北海管寧，行爲世表，學任人師，清儉足以激濁，貞正足以矯時。前雖徵命，禮未優備。昔司空荀爽，家拜光祿，先儒鄭玄，即授司農，若加備禮，庶必可致。至延西序，坐而論道，必能昭明古今，有益大化。"遂下詔曰："太中大夫管寧，耽懷道德，服膺六藝，清虛足以侔古，廉白可以當世。曩遭王道衰缺，浮海遁居，大魏受命，則襁負而至，斯蓋應龍潛升之道，聖賢用舍之義。而黃初以來，徵命屢下，每輒辭疾，拒違不至。豈朝廷之政，與生殊趣，將安樂山林，往而不能反乎！夫以姬公之聖，而耇德不降，則鳴鳥弗聞。《尚書·君奭》曰："耇造德不降，我則鳴鳥不聞，矧曰其有能格。"鄭玄曰："耇，老也。造，成也。《詩》云：'小子有造。'老成德之人，不降志與我並在位，則鳴鳥之聲不得聞，況乃曰有能德格於天者乎！言必無也。鳴鳥謂鳳也。"以秦穆之賢，猶思詢乎黃髮。況朕寡德，曷能不願聞道於子大夫哉！今以寧爲光祿勳。禮有大倫，君臣之道，不可廢也。望必速至，稱朕意焉。"又詔青州刺史曰："寧抱道懷真，潛翳海隅，比下徵書，違命不至，盤桓利居，高尚其事。雖有素履幽人之貞[一六二]，而失考父兹恭之義，使朕虛心引領歷年，其何謂邪？徒欲懷安必肆其志，不惟古人亦有翻然改節以隆斯民乎！日逝月除，時方已過，澡身浴德，將以曷爲？仲尼有言：'吾非斯人之徒與而誰與哉！'其命別駕從事郡丞掾，奉詔以禮發遣寧詣行在所，給安車、吏從、茵蓐、道上廚食，上道先奏。"寧稱草莽臣上疏曰："臣海濱孤微，罷農無伍，祿運幸厚。横蒙陛下纂承洪緒，德侔三皇，化溢有唐。久荷渥澤，積祀一紀，不能仰答陛下恩養之福。沈委篤痾，寢疾彌留，逋違臣隸顛倒之節，夙宵戰怖，無地自厝。臣元年十一月被公車司馬令所下州郡，八月甲申詔書徵臣，更賜安車、衣被、茵蓐，以禮發遣，光寵並臻，優命屢至，征營竦息，悼心失圖。思自陳聞，申展愚情，而明詔抑割，不令稍修章表，是以鬱滯，訖於今日。誠謂乾覆，恩有紀極，不意靈潤，彌以隆赫。奉今年二月被州郡所下三年十二月辛酉詔書，重賜安車、衣服，別駕從事與郡功曹以禮發遣，又特被璽書，以臣爲光祿勳，躬秉勞謙，引喻周、秦，損上益下。受詔之日，精魄飛散，靡所投死。臣重自省揆，德非園、綺而蒙安車之榮，功無竇融而蒙璽封之寵，桼柀駑下，荷棟梁之任，垂没之命，獲九棘之位，懼有朱博鼓妖之眚。又年疾日侵，有加無損，不任扶輿進路以塞元責。望慕闈闥，徘徊闕庭，謹拜章陳情，乞蒙哀省，抑恩聽放，無令骸骨填於衢路。"自黃初至於青龍，徵命相仍，常以八月賜牛酒。詔書問青州刺史程喜："寧為守節高乎，審老疾尫頓邪？[一六三]"喜上言："寧有族人管貢為州吏，與寧鄰比[一六四]，臣常使經營消息。貢說：'寧常著皂帽、布襦袴、布裙，隨時單複，出入閨庭，能自任杖[一六五]，不須扶持。四時祠祭，輒自力彊，改加衣服，著絮巾，故在遼東所有白布單衣，親薦饌饋，跪拜成禮。寧少而喪母，不識形象，常特加觴，泫然流涕。又居宅離水七八十步，夏時詣水中澡灑手足，闚於園圃。'臣揆寧前後辭讓之意，獨自以生長潛逸，耆艾智衰，是以栖遲，每執謙退。此寧志行所欲必全，不為守高。"《高士傳》曰：管寧自越海及歸，常坐一木榻，積五十餘年，未嘗箕股，其榻上當膝處皆穿。

正始二年，太僕陶丘一、永寧衛尉孟觀、侍中孫邕、中書侍郎王基薦寧曰：

臣聞龍鳳隱耀，應德而臻，明哲潛遁，俟時而動。是以鷟鷟鳴岐，周道隆興，四皓為佐，漢帝用康。伏見太中大夫管寧，應二儀之中和，總九德之純懿，含章素質，冰絜淵清，玄虛澹泊，與道逍遙；娛心黃老，游志六藝，升堂入室，究其閫奧，韜古今於胷懷，包道德之機要。中平之際，黃巾陸梁，華夏傾蕩，王綱弛頓。遂避時難，乘桴越海，羈旅遼東三十餘年。在乾之姤，匿景藏光，嘉遯養浩，韜韞儒墨，潛化傍流，暢於殊俗。

　　黃初四年，高祖文皇帝疇諮羣公，思求儁乂，故司徒華歆舉寧應選，公車特徵，振翼遐裔，翻然來翔。行遇屯厄，遭罹疾病，即拜太中大夫。烈祖明皇帝嘉美其德，登爲光禄勳。寧疾彌留，未能進道。今寧舊疾已瘳，行年八十，志無衰倦。環堵蓽門，偃息窮巷，飯鬻餬口，并日而食，吟詠《詩》《書》，不改其樂。困而能通，遭難必濟，經危蹈險，不易其節，金聲玉色，久而彌彰。揆其終始，殆天所祚，當贊大魏，輔亮雍熙。袞職有闕，羣下屬望。昔高宗刻象，營求賢哲，周文啓龜，以卜良佐。況寧前朝所表，名德已著，而久栖遲，未時引致，非所以奉遵明訓，繼成前志也。陛下踐阼，纂承洪緒。聖敬日躋，超越周成。每發德音，動諮師傅。若繼二祖招賢故典，賓禮儁邁，以廣緝熙，濟濟之化，侔於前代。

　　寧清高恬泊，擬跡前軌，德行卓絕，海内無偶。歷觀前世玉帛所命，申公、枚乘、周黨、樊英之儔，測其淵源，覽其清濁，未有厲俗獨行若寧者也。誠宜束帛加璧，備禮徵聘，仍授几杖，延登東序，敷陳墳索[一六六]，坐而論道[一六七]，上正璇璣[一六八]，協和皇極，下阜羣生，彝倫攸敘，必有可觀，光益大化。若寧固執匪石，守志箕山，追迹洪崖，參蹤巢、許。斯亦聖朝同符唐、虞，優賢揚歷，垂聲千載。

《今文尚書》曰"優賢揚歷",謂揚其所歷試。左思《魏都賦》曰"優賢著於揚歷"也[一六九]。雖出處殊塗,俯仰異體,至於興治美俗,其揆一也。

於是特具安車蒲輪,束帛加璧聘焉。會寧卒,時年八十四。拜子邈郎中,後爲博士。初,憲妻先卒,知故勸更娶,寧曰:"每省曾子、王駿之言,意常嘉之,豈自遭之而違本心哉?"《傅子》曰:寧以衰亂之時,世多妄變氏族者,違聖人之制,非禮命姓之意,故著《氏姓論》以原本世系,文多不載。每所居姻親、知舊、鄰里有困窮者,家儲雖不盈擔石,必分以贍救之。與人子言,教以孝;與人弟言,訓以悌;言及人臣,誨以忠。貌甚恭,言甚順,觀其行,逸然若不可及,即之熙熙然,甚柔而溫,因其事而導之於善,是以漸之者無不化焉。寧之亡,天下知與不知,聞之無不嗟歎。純德之所感若此,不亦至乎[一七〇]!

時鉅鹿張臶,字子明,潁川胡昭,字孔明,亦養志不仕。臶少游太學,學兼内外,後歸鄉里。袁紹前後辟命,不應,移居上黨。并州牧高幹表除樂平令[一七一],不就,徙遁常山,門徒且數百人,遷居任縣。太祖爲丞相,辟,不詣。太和中,詔求隱學之士能消災復異者,郡累上臶,發遣,老病不行。廣平太守盧毓到官三日,綱紀白承前致版謁臶。毓教曰:"張先生所謂上不事天子,下不友諸侯者也。此豈版謁所可光飾哉!"但遣主簿奉書致羊酒之禮。青龍四年辛亥詔書[一七二]:"張掖郡玄川溢涌,激波奮蕩,寶石負圖,狀像靈龜,宅於川西[一七三],巍然磐峙，倉質素章，麟鳳龍馬，煥炳成形，文字告命，粲然著明。太史令高堂隆上言：古皇聖帝所未嘗蒙，實有魏之禎命，東序之世寶。"《尚書·顧命篇》曰："大玉、夷玉、天球、《河圖》在東序。"注曰："《河圖》，圖出於河，帝王聖者之所受。"事班天下。任令于綽連齎以問臶〔一七四〕，臶密謂綽曰："夫神以知來，不追已往，禎祥先見而後廢興從之。漢已久亡，魏已得之，何所追興徵祥乎〔一七五〕！此石，當今之變異而將來之禎瑞也。"正始元年，戴鵀之鳥，巢臶門陰。臶告門人曰："夫戴鵀陽鳥，而巢門陰，此凶祥也。"乃援琴歌詠，作詩二篇，旬日而卒，時年一百五歲。是歲，廣平太守王肅至官，教下縣曰："前在京都，聞張子明，來至問之，會其已亡，致痛惜之。此君篤學隱居，不與時競，以道樂身。昔絳縣老人屈在泥塗，趙孟升之，諸侯用睦。愍其耄勤好道，而不蒙榮寵，書到，遣吏勞問其家，顯題門户，務加殊異，以慰既往，以勸將來。"

胡昭始避地冀州，亦辭袁紹之命，遁還鄉里，太祖爲司空丞相，頻加禮辟。昭往應命，既至，自陳一介野生，無軍國之用，歸誠求去。太祖曰："人各有志，出處異趣，勉卒雅尚，義不相屈。"〔一七六〕昭乃轉居陸渾山中，躬耕樂道，以經籍自娛。閭里敬而愛之。《高士傳》曰：初，晉宣帝爲布衣時，與昭有舊。同郡周生等謀害帝〔一七七〕，昭聞而步陟險〔一七八〕，邀生於崤、澠之間，止生，生不肯。昭泣與結誠〔一七九〕，生感其義，乃止。昭因與斫棗樹共盟而別。昭雖有陰德於帝，口終不言，人莫知之〔一八〇〕。信行著於鄉黨〔一八一〕。建安十六年，百姓聞馬超叛，避兵入山者千餘家，饑乏，漸相劫略，昭常遜辭以解之，是以寇難消息，衆咸宗焉。故其所居部落中，三百里無相侵暴者。建安二十三年，陸渾長張固被書調丁夫，當給漢中。百姓惡憚遠役，並懷擾擾。民孫狼等因興兵殺縣主簿，作爲叛亂，縣邑殘破。固率將十餘吏卒，依昭住止，招集遺民，安復社稷。狼等遂南附關羽。羽授印給兵〔一八二〕，還爲寇賊，到陸渾南長樂亭，自相約誓，言：「胡居士賢者也，一不得犯其部落。」一川賴昭，咸無怵惕。天下安輯，徙宅宜陽。《高士傳》曰：幽州刺史杜恕嘗過昭所居草廬之中，言事論理，辭意謙敬〔一八三〕，恕甚重焉。太尉蔣濟辟，不就。正始中，驃騎將軍趙儼、尚書黃休、郭彝、散騎常侍荀顗、鍾毓、太僕庾嶷、案《庾氏譜》〔一八四〕：嶷字勁然，潁川人。子黼字玄默，晉尚書、陽翟子。嶷弟遁，字德先，太中大夫。遁胤嗣克昌，爲世盛門。侍中峻、河南尹純，皆遁之子，豫州牧長史顗，遁之孫，太尉文康公亮、司空冰，皆遁之曾孫，貴達至今。弘農太守何楨等《文士傳》曰：楨字元幹，廬江人，有文學器幹，容貌甚偉。歷幽州刺史、廷尉，入晉爲尚書光祿大夫。楨子龕，後將軍；勖，車騎將軍；惲，豫州刺史；其餘多至大官。自後累世昌阜，司空文穆公充，惲之孫也，貴達至今。遞薦昭曰：「天真高絜，老而彌篤。玄虛靜素，有夷、皓之節。宜蒙徵命，以勵風俗。」《高士傳》曰：朝廷以戎車未息，徵命之事，且須後之，昭以故不即徵。後顗、休復與庾嶷薦昭，有詔訪於本州評議。侍中韋誕駁曰：「禮賢徵士，王政之所重也，古者考行於鄉。今顗等位皆常伯納言，嶷爲卿佐〔一八五〕，足以取信。附下罔上，忠臣之所不行也。昭宿德耆艾，遺逸山林，世所高尚〔一八六〕，誠宜嘉異。"乃從誕議也。至熹平二年〔一八七〕，公車特徵，會卒，年八十九。拜子纂郎中。初，昭善史書，與鍾繇、邯鄲淳、衛覬〔一八八〕、韋誕並有名，尺牘之迹，動見模楷焉。《傅子》曰：胡徵君怡怡無不愛也，雖僕隸，必加禮焉。外同乎俗，內秉純絜，心非其好，王公不能屈，年八十而不倦於書籍者，吾於胡徵君見之矣。時有隱者焦先，河東人也。《魏略》曰：先字孝然。中平末，白波賊起。時先年二十餘，與同郡侯武陽相隨。武陽年小，有母，先與相扶接，避白波，東客揚州取婦。建安初來西還，武陽詣大陽占户，先留陝界。至十六年，關中亂。先失家屬，獨竄於河渚間，食草飲水，無衣履。時大陽長朱南望見之，謂爲亡士，欲遣舩捕取。武陽語縣："此狂癡人耳！"遂注其籍。給廩，日五升。後有疫病，人多死者，縣常使埋藏，童兒豎子皆輕易之。然其行不踐邪徑，必循阡陌；及其捃拾，不取大穗；饑不苟食，寒不苟衣，結草以爲裳，科頭徒跣。每出，見婦人則隱翳，須去乃出。自作一瓜牛廬，淨掃其中。營木爲牀，布草薦其上。至天寒時，搆火以自炙，呻吟獨語。饑則出爲人客作，飽食而已，不取其直。又出於道中，邂逅與人相遇，輒下道藏匿。或問其故，常言"草茅之人，與狐兔同羣"。不肯妄語。太和、青龍中，嘗持一杖南渡淺河水，輒獨云未可也，由是人頗疑其不狂。至嘉平中，太守賈穆初之官，故過其廬。先見穆再拜。穆與語，不應；與食，不食。穆謂之曰："國家使我來，爲卿作君，我食卿，卿不肯食，我與卿語，卿不應我，如是，我不中爲卿作君，當去耳！"先乃曰："寧有是邪？"遂不復語。其明年，大發卒將伐吳。有竊問先："今討吳何如？"先不肯應，而謠歌曰:"祝䖟祝䖟,非魚非肉,更相追逐,本心爲當殺羫羊,更殺其羖羺邪!"〔一八九〕郡人不知其謂。會諸軍敗,好事者乃推其意,疑羫羊謂吳,羖羺謂魏,於是後人僉謂之隱者也。議郎河東董經特嘉異節,與先非故人,密往觀之。經到,乃奮其白鬚,爲如與之有舊者,謂曰:"阿先闓乎!念共避白波時不?"先熟視而不言。經素知其昔受武陽恩,因復曰:"念武陽不邪?"先乃曰:"已報之矣。"經又復挑欲與語,遂不肯復應。後歲餘病亡,時年八十九矣。《高士傳》曰:世莫知先所出。或言生乎漢末,自陝居大陽,無父母兄弟妻子,見漢室衰,乃自絶不言。及魏受禪,常結草爲廬於河之湄,獨止其中。冬夏恒不着衣〔一九〇〕,卧不設席,又無草蓐,以身親土,其體垢污皆如泥漆〔一九一〕,五形盡露,不行人間。或數日一食,欲食則爲人賃作,人以衣衣之,乃使限功受直,足得一食輒去,人欲多與,終不肯取,亦有數日不食時。行不由邪徑,目不與女子逆視。口未嘗言,雖有驚急,不與人語。遺以食物皆不受。河東太守杜恕嘗以衣服迎見,而不與語。司馬景王聞而使安定太守董經因事過視,又不肯語,經以爲大賢。其後野火燒其廬,先因露寢。遭冬雪大至,先袒卧不移,人以爲死,就視如故〔一九二〕,不以爲病,人莫能審其意。度年可百歲餘乃卒。或問皇甫謐曰:"焦先何人?"曰:"吾不足以知之也。考之於表,可略而言矣。夫世之所常趣者榮味也,形之所不可釋者衣裳也,身之所不可離者室宅也〔一九三〕,口之所不能已者言語也,心之不可絶者親戚也。今焦先棄榮味,釋衣服,離室宅,絶親戚,閉口不言,曠然以天地爲棟宇,闇然合至道之前,出羣形之表,入玄寂之幽,一世之人不足以挂其意,四海之廣不能以回其顧,妙乎與夫三皇之先者同矣。結繩已來,未及其至也,豈羣言之所能髣髴,常心之所得測量哉!彼行人所不能行,堪人所不能堪,犯寒暑不以傷其性，居曠野不以恐其形，遭驚急不以迫其慮，離榮愛不以累其心，損視聽不以汙其耳目〔一九四〕，舍足於不損之地，居身於獨立之處，延年歷百，壽越期頤，雖上識不能尚也。自羲皇已來，一人而已矣！"《魏氏春秋》曰：故梁州刺史耿黼以先爲"仙人也"，北地傅玄謂之"性同禽獸"，並爲之傳，而莫能測之。《魏略》又載焦累及寒貧者。累字伯重，京兆人也。初平中，山東人有青牛先生〔一九五〕，字正方，客三輔。曉知星歷、風角、鳥情。常食青葙芫華。年似如五六十者，人或親識之，謂其已百餘歲矣。初，累年四十餘，隨正方游學，人謂之得其術。有婦，無子。建安十六年，三輔亂，又隨正方南入漢中。漢中壞，正方入蜀，累與相失，隨徙民詣鄴，遭疾疫喪其婦。至黃初元年，又徙詣洛陽，遂不復娶婦。獨居道側，以甌瓴爲障〔一九六〕，施一廚床，食宿其中。晝日潛思，夜則仰視星宿，吟詠內書。人或問之，閉口不肯言。至嘉平中，年八九十，裁若四五十者。縣官以其孤老，給廩日五升。五升不足食，頗行傭作以裨糧，糧盡復出，人與不取。食不求美，衣弊縕，故後一二年病亡。寒貧者，本姓石，字德林，安定人也。建安初，客三輔。是時長安有宿儒欒文博者，門徒數千〔一九七〕，德林亦就學，始精《詩》《書》。後好內事，於眾輩中最玄默。至十六年，關中亂，南入漢中。初不治產業，不畜妻孥，常讀《老子》五千文及諸內書，晝夜吟詠。到二十五年，漢中破，隨眾還長安，遂癡愚不復識人。食不求味，冬夏常衣弊布連結衣。體如無所勝，目如無所見。獨居窮巷小屋，無親。里人與之衣食，不肯取。郡縣以其鰥窮，給廩日五升，食不足，頗行乞，乞不取多。人問其姓字〔一九八〕，又不肯言〔一九九〕，故因號之曰寒貧也。或素有與相知者，往存恤之，輒拜跪，由是人謂其不癡〔二〇〇〕。車騎將軍郭淮以意氣呼之，問其所欲，亦不肯言。淮因與脯糒及衣，不取其衣〔二〇一〕，取其脯一朐〔二〇二〕、糒一升而止。臣松之案：《魏略》云：焦先及楊沛，並作瓜牛廬，止其中。以爲瓜當作蝸；蝸牛，螺蟲之有角者也，俗或呼爲黃犢。先等作圜舍，形如蝸牛蔽，故謂之蝸牛廬〔二〇三〕。《莊子》曰："有國於蝸之左角者曰觸氏，有國於右角者曰蠻氏，時相與爭地而戰，伏尸數萬，逐北旬有五日而後反。"謂此物也。

評曰：袁渙、邴原、張範躬履清蹈，進退以道，臣松之以爲：蹈猶履也，"躬履清蹈"，近非言乎！蓋是貢禹、兩龔之匹。涼茂、國淵亦其次也。張承名行亞範，可謂能弟矣。田疇抗節，王脩忠貞，足以矯俗；管寧淵雅高尚，確然不拔；張臶、胡昭闔門守靜，不營當世：故并錄焉。

【校箋】

〔一〕毛本作"魏書十一"。

〔二〕毛本作"袁張涼國田王邴管第十一"。

〔三〕《文選集注・三國名臣贊》引《鈔》"渙"字作"煥"。《御覽》卷六百三十三、《册府》卷六百七十六引同。又《鈔》引"曜"字作"耀"。《御覽》卷一百九十、卷六百三十三、《册府》卷六百二十、《通志》引同。

〔四〕盧弼曰："李賢曰：'滂字公喜。'"

謹案：潘眉曰："《後漢書》袁滂以'光和元年爲司徒，二年免'。章懷云：'滂字公喜。'"考"熙""喜"古通，《尚書・堯典》："庶績咸熙。"漢膠東令王君碑作"庶績咸喜"，是其證。

〔五〕盧弼曰："錢儀吉曰：'抗疑悦之譌。'弼按：對正議言，不誤。"

謹案：本志《鮑勛傳》云："勛前在東宮，守正不撓，太子固不能悦。"上言守正，下云不能悦，與此語正相類，足徵"抗"字誤也。盧君説疑未審，當從錢氏爲得。

〔六〕《文選·三國名臣贊》李注引"涣"字作"焕"。

〔七〕《册府》卷八百零二引"且"字作"正"。

〔八〕紹興本、馮本、陳本、毛本作"布憖而止。布誅，乃得歸太祖"。《治要》卷二十五、《册府》、《文選》李注、《後漢紀》、《通志》亦均有"憖"字。"布破"，《通志》作"布敗"。

〔九〕盧弼曰："趙一清曰：'之字衍。'"

謹案：《册府》卷七百八十一引無"之"字，"軍"下有"中"字。《通志》亦無"之"字，趙説是。

〔一〇〕此句語義不完。考《後漢紀》作"涣説操曰"。《通志》作"涣言於太祖曰"，《季漢書》同。則此疑脱"於太祖"三字，似應據補。

〔一一〕《文選集注》注引《鈔》"征"字作"正"。

〔一二〕盧弼曰："袁宏紀'勤'作'動'。"

謹案：《左傳·僖公二十八年》"令尹其不勤民"杜注："盡心盡力，無所愛惜曰勤。"作"勤"字是。"動"蓋"勤"字之誤。

〔一三〕《文選集注》"惟"字作"唯"，毛本、《後漢紀》、《通志》同。

〔一四〕《書鈔》卷七十四引作"旌表異行，孝子貞婦"。

〔一五〕盧弼曰："何焯校改'袁'爲'爰'。"

謹案：紹興本"袁"字作"爰"，何校是。

〔一六〕《文選集注·三國名臣贊》引《鈔》"軍"下有"謨"字。《後漢紀》作"軍諮祭酒"。疑此有脱文。

〔一七〕《文選集注》引《鈔》"皦"字作"激",陸善經注引同。

〔一八〕《類聚》卷八十五、《御覽》卷二百四十八、卷六百三十三、卷八百二十七、《册府》卷七百一十一引"令"下俱無"之"字,《通志》同。

〔一九〕盧弼曰:"趙一清曰:'《水經注・阪水》:倉垣城即大梁之倉垣亭也。'"

謹案:《南史・劉善明傳》:"高帝聞其清貧,賜滁家葛塘屯穀五百斛。曰:'葛屯亦吾之垣下也。令其後世知其見異。'"疑垣下蓋曹操之私業也。以親舊,故以私粟饋遺之,以示其見異耳。

〔二〇〕盧弼曰:"各本'文'作'又',誤。何焯曰:'北宋本作文。'"

謹案:《通志》亦作"文",作"文"字是。文帝,曹丕也。

〔二一〕毛本"廢興"二字乙。

〔二二〕《册府》卷六百三十七引"郎"下有"中"字。

〔二三〕《世說・文學篇》注引"人"下無"之"字,"己"下有"也"字。

〔二四〕盧弼曰:"'恬'各本作'治',誤。"

謹案:紹興本、馮本、陳本、毛本"恬"字作"治"。《世說》注引同。治退與求進義相承。《墨子・經上》:"治,求得也。"官本作"恬",或以臆改,盧說未得。

〔二五〕《世說》注引"九"字作"尢"。《初學記》卷十二引荀綽《兗州記》:"袁準字孝尼,有俊才,太始中拜爲給事中。"《類聚》卷四十八引同。則此"九"字實爲"尢"字之誤。

〔二六〕《書鈔》卷五十六引"亦"字作"少"。

〔二七〕《册府》卷七百八十九引無"附"字。

〔二八〕《御覽》卷四百二十七引作"則高祖接而用之"，無"漢"字。下文"擬迹高祖，何如"正承此而言，當據刪。

〔二九〕《御覽》引"同"字作"從"。

〔三〇〕郝書"表"下無"以"字。

〔三一〕《御覽》卷五百一十二引"山"下無"東"字。

〔三二〕《御覽》引"言"字作"志"。

〔三三〕《御覽》卷二百四十九引作"太祖常謂文帝曰"。

〔三四〕郝書"救"上有"範所得禄給"五字。

〔三五〕《通志》"績"上有"治"字。

〔三六〕"投書誹謗"，語義不完。紹興本"謗"下有"者"字。《册府》卷六百九十五引同，《通志》"謗"下亦有"者"字。

〔三七〕《御覽》引無"問"字，是。

〔三八〕盧弼曰："宋本'蔬'作'蓛'。"

謹案："蓛"字爲"蔬"之俗體。《書鈔》卷三十八引"布"上有"常"字，疑此脱。

〔三九〕毛本"恭"上有"以"字，《書鈔》卷五十六、《初學記》卷十二、《御覽》卷二百三十、《册府》卷六百二十二引同。

〔四〇〕盧弼曰："趙一清曰：'《後漢書·劉虞傳》注引《魏志》云：字子春。'王鳴盛曰：'陶潛《擬古》詩：辭家夙嚴駕，當往至無終。聞有田子春，節義爲士雄。春字下注：一作泰，此係宋紹熙壬子冬贛川曾及刻本。觀此則知或作子泰，或作子春，宋人已不能定，然畢竟以春爲正也。'"

謹案：孫志祖《讀書脞録》曰："田疇字子春，疇與春義相協。《後漢書·劉虞傳》注引《魏志》正作'子春'，則今本《魏志》'泰'字譌也。梁曜北曰：'《水經注·鮑丘水》亦作子泰，《通雅》以爲史避諱作泰。'"

〔四一〕盧弼曰："《官本考證》：'宋本無善字。'何焯校本北宋本有'善'字。"

謹案：《後漢紀》有"善"字，南宋本無，郝書同。是"善"字至南宋刊刻時始脫也。

〔四二〕盧弼曰：監本、毛本、官本"慕"作"募"，宋本、元本、馮本、吳本作"慕"。

謹案：蕭書、《通志》、《季漢書》俱作"慕"，作"慕"字是。《一切經音義》引《蒼頡篇》曰："慕，問求也。""募"字於此義不相協。

〔四三〕《後漢紀》"忍有"作"有思"。

〔四四〕蕭書作"猶拘之軍中"。

〔四五〕《册府》卷八百零二、卷八百四十九引無"舉"字。

〔四六〕《册府》卷八百零六引"擇"上有"推"字，《後漢紀》《通志》《季漢書》同。

〔四七〕郝書"諍"字作"爭"。

〔四八〕郝書"命"字作"之"。

〔四九〕《後漢紀》"印"下有"綬"字。

〔五〇〕盧弼曰："監本'當'作'留'。《官本考證》云：'元本當作受。'"

謹案：紹興本、馮本、陳本、毛本"留"字俱作"當"，《册府》卷七百八十九引同。《後漢紀》作"皆拒而不當之"，《通志》同。郝書"當"作"受"，與元本同。疑作"當"字是。《吕氏春秋·無義篇》"魏使公子卬將而當之"高注："當，應也。"

〔五一〕《御覽》卷四百七十四引"預"字作"豫"，本書正作"豫"。

〔五二〕盧弼曰："劉家立曰：'應作雨水。'"

謹案：《册府》卷八百四十九引"水雨"二字乙，劉説是也。

〔五三〕郝書"虜"下有"衆"字。

〔五四〕盧弼曰："《通鑑》作'夏暑'。郝經《續後漢書》作'暑雨。'"

謹案：蕭書作"夏暑"，與《通鑑》同，疑是。

〔五五〕盧弼曰："錢大昕曰：'居當作君。'"

謹案：《通志》作"自以爲始救君難"。郝書作"始爲劉公報仇"。據二書則君即劉公，謂劉虞也。作"君"字是。"居""君"蓋以形近而誤。錢説是也。

〔五六〕郝書"意"字作"志"。

〔五七〕《册府》卷八百四十九引"至"字作"志"，是也。本書"志""至"二字常互譌。下注引《先賢行狀》"令田疇至節高尚"。"至"，毛本作"志"。

〔五八〕郝書"至"下有"於"字。

〔五九〕"命"當作"令"。

〔六〇〕紹興本、毛本"至"作"志"，郝書同。

〔六一〕紹興本、毛本"子"下有"及"字。

〔六二〕盧弼曰："《左傳·莊公三十年》：'鬬穀於菟（字子文），爲令尹，自毁其家，以紓楚國之難。'"

謹案：盧君引《左傳》子文毁家紓難，與傳文"辭禄"之義無涉。考《後漢書·何敞傳》"子文逃禄"章懷注引《國語·楚語》："昔楚鬬子文登令尹，無一日之積，成王聞子文之朝不及夕也，於是乎每朝設脯七束、糗一筐，以羞子文。成王每出子文之禄必逃，王止而後復。"此云"辭禄"，以下文有"逃賞"，故變易其字耳。此本《楚語》。盧君誤引《左傳》，非是。

〔六三〕盧弼曰："蒍敖即蒍敖，又即孫叔敖。如蒍啓彊爲蒍啓彊是也。《韓非子》：莊公賞孫叔敖，叔敖請漢間之地，地瘠故九世而祀不絕。"

謹案：注蒍敖逃祿，即傳之子文辭祿。蒍敖即子文，蒍姓。敖，楚官名。盧君未明傳注相承之理，遂分別釋之，引《韓非子》孫叔敖請漢間地以爲證，而未細究逃祿之義。若斯之注，殊失實矣。

〔六四〕紹興本"決"上無"以"字，郝書同。

〔六五〕紹興本"取"字作"受"。

〔六六〕紹興本、馮本、陳本、毛本"出"下無"耳"字。

〔六七〕《通志》"嗣"作"祀"。

〔六八〕《類聚》卷五、《御覽》卷三十引"哀"上有"悲"字，"甚"作"其"。

〔六九〕《册府》卷七百二十六引"海"下有"相"字，《通志》同。又《册府》引無"以"字。

〔七〇〕蕭書"相"字作"被"。是也。

〔七一〕《御覽》卷二百六十七引"執"字作"得"。

〔七二〕《册府》卷八百零二引"來"下有"者"字，此脱，當據補，語意乃足。下文"彼來者必王叔治也"，語意同，可證。

〔七三〕紹興本、馮本、陳本、毛本"家"上有"在"字，《通志》同，《册府》引亦有"在"字。

〔七四〕紹興本、毛本"背"字作"皆"，《通志》同。《册府》引亦作"皆"字。

〔七五〕《治要》引"勿"上有"而"字。

〔七六〕《通志》無"擊"字。

〔七七〕《治要》引"死"上有"已"字，《通志》同。

〔七八〕《册府》引"氏"字作"君"，"厚恩"作"恩厚"。

〔七九〕《御覽》卷四十三引"敢"下有"有"字。

〔八〇〕紹興本"亡"字作"忘"。

〔八一〕盧弼曰："宋本'貨'作'貲'。"

謹案：《御覽》卷八百二十七引作"貲"，是宋時作"貲"不作"貨"也。應據改。

〔八二〕《治要》引無"禮"字。

〔八三〕《御覽》卷二百四十一引"林"字作"材"。是也。

〔八四〕《御覽》引"讜"字作"謹"。

〔八五〕盧弼曰："宋本'小'作'少'。"

謹案：王引之《經義述聞》曰："錢氏《養新錄》曰：'德薄而位尊，知小而謀大，力小而任重。'兩'小'字似覺重叠，當從唐石經作'力少而任重'為正。《後漢書·朱馮虞鄭周傳贊》注引《易》與石經同。《三國志·王脩傳》注引《魏略》'力少任重'。（《漢書·王莽傳》'自知德薄位尊，力少任大'，今本'少'作'小'，唯北宋景祐本是'少'字。引之案：明汪文盛本亦作'少'。）家大人曰：錢說是也。'少'與'小'形聲皆相似，又涉上句'知小'而誤耳。集解本作'力少'（今本作"力小"，乃後人依俗本改之，而虞注尚未改），引虞注曰：'五至初體大過，本末弱，故力少也。'又《潛夫論·貴忠篇》及《群書治要》、顏師古《漢書敘傳》注引《易》作'力少而任重'（《荀子·儒效篇》'是猶力之少而任重也'。《淮南子·主術篇》'夫舉重鼎者力少而不能勝也'）。《鹽鐵論·毀學篇》：'故德薄而位高，力少而任重，鮮不及矣'（明涂禎本如是，張之象本復改少為小），即本《辭傳》文。"考此"力小"蓋或據今本《易辭》改，當據紹興本作"少"字為是。

〔八六〕《御覽》引"而"字作"為"。

〔八七〕《類聚》卷二十、《御覽》卷四百一十七引"大"下無"司"字。

〔八八〕《類聚》《御覽》引"脩"下有"曰"字,《通志》同。

〔八九〕蕭書"舊"下有"制"字。

〔九〇〕《類聚》《御覽》引"義"下有"也"字。

〔九一〕蕭書"朱"字作"文"。

〔九二〕《御覽》卷二百四十八引《魏略》曰:"諸葛誕伐吳,戰於東關。上欲速進,軍司馬王儀諫曰:吳賊必有伏,宜持重不可進。上不聽,果爲吳人所覆。儀曰:今日之敗,誰當其咎?帝曰:司馬欲委罪孤耶,遂法儀。"

〔九三〕《類聚》卷八十八、《御覽》卷五百五十六引無"有"字。

〔九四〕紹興本"襟"字作"衿"。

〔九五〕《册府》卷六百"年"下有"矣"字,《晉書·王裒傳》同。

〔九六〕《晉書》句下有"草送所役生到縣"七字,文義較備。

〔九七〕《晉書》引"見"字作"詣"。

〔九八〕《晉書》"牛"下有"旁"字。

〔九九〕《晉書》"執"上有"因"字。

〔一〇〇〕《晉書》"力"字作"而"。

〔一〇一〕《晉書》"當"上有"必"字。

〔一〇二〕《晉書》"尉"下有"卒"字,《册府》卷八百五十三引同。

〔一〇三〕《白帖》卷十七、《御覽》卷五百四十一引"帝都"作"洛陽",《晉書》同。

〔一〇四〕盧弼曰:"《晉書》'隨'上有'而'字,'妻'作'母'。沈家本曰:'此妻字誤也。上文云賢兄子葬父於帝都,是管彥卒而彥子葬之洛陽。馥爲彥弟,則馥之嫂,彥之妻,而彥子之母也，故云隨母還齊。此注上文奪卒而葬於洛陽句，又謂母爲妻，遂不可通，當從《晉書》改正。'吳士鑑《晉書斠注》云'當作妻'，説誤。"

謹案：《白帖》卷十七引"兄"下無"子"字，"母"作"妻"。又卷六十五引亦無"子"字，《御覽》卷五百四十一引同，疑是也。此謂彥葬父於洛陽，而隨其妻還臨淄，語意本明，因"兄"下衍"子"字，"妻"字遂不可通，乃改"妻"爲"母"以彌縫之，蓋未得也！疑從吳説爲允。

〔一〇五〕盧弼曰："吳本'係'作'繼'。"

謹案：《爾雅·釋詁》："係，繼也。"《易·坎卦》："係用徽纆。"《穀梁傳·宣公二年》注引作"繼"。《一切經音義》卷一："係古文作繫、繼二形。"是"係"即"繼"。

〔一〇六〕紹興本"狹"字作"狄"，郝書同。

〔一〇七〕《晉書》、郝書"人"下有"之"字。

〔一〇八〕《晉書》、郝書、《通志》"其"字作"期"。

〔一〇九〕盧弼曰："'意'應作'誼'。"

謹案："意"字似不誤。本志《崔琰傳》裴注引張璠《漢紀》曰："又天性氣爽，頗推平生之意，狎侮太祖。"與此意同。盧君謂"意應作誼"，疑非。

〔一一〇〕《御覽》卷四百二十引"死"上有"而"字。

〔一一一〕毛本"故"字作"固"。

〔一一二〕盧弼曰："'黃初'下當更有'初'字。"

謹案：《御覽》卷二百二十九引《魏略》："黃初中，以習有樂布之節，賜拜中散大夫。"則此"初"字下脫"中"字。盧君謂當有"初"字，無據，不可從。又《册府》卷七十六引無"詔"字。

〔一一三〕《治要》卷二十五引"人"下有"也"字。

〔一一四〕盧弼曰："《官本考證》：'宋本逵作達。'下同。"

謹案：《白帖》卷二十六、《御覽》卷四百二十二、《册府》卷八百零二引"逵"舉作"達"，應據以訂正。

〔一一五〕《御覽》引"疏"下有"着"字。

〔一一六〕《御覽》引"尚"字作"常"。

〔一一七〕"條"字蒙上而衍，《治要》卷二十五、《白帖》卷二十六引俱無"條"字。

〔一一八〕紹興本"斯"字作"此"，《通志》同。

〔一一九〕《書鈔》卷六十八引"自"字作"見"。

〔一二〇〕《册府》卷七百七十三引"原"下有"年"字。

〔一二一〕《白帖》卷八十八引"悲"字作"泣"，《世説·賞譽篇》注引同，句下有"也"字。

〔一二二〕《類聚》卷三十五引作"夫子者皆有父母也"。《白帖》卷八十八、《御覽》卷三百八十七引"書"字作"學"，"兄"作"母"，卷七百四十七引"兄"亦作"母"。《世説》注引云"凡得學者有親也"。《册府》卷八百一十一引作"夫讀書者"。據此"書"字當作"學"，《類聚》作"子"，蓋由"學"字殘落致誤，"兄"字當作"母"。《世説》注引作"親"，指父母而言，應據改。

〔一二三〕《御覽》卷三百八十五、卷四百八十五引"羨"字作"願"。《世説》注引同。

〔一二四〕《御覽》卷三百八十五、卷三百八十七、卷六百一十一引"資"字作"費"。

〔一二五〕《御覽》引《魏略》作"就師學"，無"書"字。

〔一二六〕《白帖》卷八十八、《册府》卷八百一十一引"文"字作"聞"。

〔一二七〕《册府》引"鄭"下有"君"字。《文選》陳孔璋

《爲曹洪與魏文帝書》李注、《草堂詩箋》卷二引同。

〔一二八〕《白帖》"君"字作"亦"。

〔一二九〕《事類賦》卷十七引"幹"字作"榦"。

〔一三〇〕《御覽》卷四百零四、《册府》卷八百一十一引"一"上有"以"字；《御覽》卷八百四十三引"一"字作"以"。

〔一三一〕紹興本"直"字作"但"，《册府》卷八百三十一、卷九百零一引亦作"但"，《通志》同。"直""但"義通。

〔一三二〕《通志》"有"下無"欲"字。

〔一三三〕《書鈔》卷八十七、《御覽》卷五百三十二、卷八百三十六引俱作"避地"。

〔一三四〕《御覽》卷五百三十二、卷八百三十六、《事類賦》卷十引"問"上俱有"原"字。

〔一三五〕《御覽》卷五百三十二引"神"字作"社"，疑作"社"者是也。考《書鈔》卷八十七引"里人爲之誦曰：邴君行路樹無社"，是作"神"者，疑後人妄改。

〔一三六〕紹興本、毛本"辯"字作"辨"。

〔一三七〕盧弼曰："此句亦有誤。"

謹案："亦"字紹興本作"於"，局本、官本同。"還"字疑衍。

〔一三八〕《通志》"自"字作"得"。

〔一三九〕盧弼曰："弼按：《武紀》建安十二年九月公引兵自柳城還，十一月至易水，十三年正月還鄴，似無道經昌國之理，昌國或爲昌平之誤。昌平爲由遼東還鄴必經之道也。"

謹案：陳琳《神武賦序》："建安十有二年，大司空武平侯曹公東征烏丸，六軍被介，云輜萬乘，治兵易水，次於北平。"楊守敬《水經注疏證·鮑丘水》云："北平在今玉田縣西北燕山南。"據《田疇傳》云："疇曰舊北平郡治在平剛，道出盧龍，達於柳城。自建武以來，陷壞斷絶。"是西漢去遼之路，東漢而後已不通行，改由無終傍海出塞。曹操東征爲雨水所阻，從田疇策，經盧龍，越白檀，登白狼堆。故陳琳《神武賦》云"旆既軼乎白狼，殿未出於盧龍"也。按其地理似無經昌平之理。且漢魏之昌平在今蔚州北關外（見楊守敬《水經注疏證·灅水》）。曹操東趨柳州，何能迂回而至乎？盧君謂昌平爲赴遼東必經之路，豈誤以北魏之昌平爲漢魏昌平之故乎？昌平既非赴遼必經之路，曹操自無屯住饗燕戰士之理。況下文云太祖曰："孤反，鄴守諸君必來迎，今日明旦，度皆至矣！"細繹此言，則住地必去鄴不遠，若謂在昌平，似不能作此語也！疑仍作"昌國"爲是。不必如盧君所説改"國"爲"平"也。

〔一四〇〕《御覽》卷四百六十七引無"有"字。

〔一四一〕盧弼曰："《張既傳》：'扶風龐延，終有名位。'未知'延'即'迪'字之誤否？'迪'一本作'沺'。《鍾會傳》'兄子沺'注：'勅連切。'"

謹案：紹興本"迪"字作"沺"，《册府》卷七百七十引同。郝書、《季漢書》亦俱作"沺"。

〔一四二〕《御覽》卷五百九十三引無"似"字，《金樓子·戒子篇》引同。《册府》七百九十一引無"如"字，有"似"字。

〔一四三〕紹興本、毛本"臺"下有"者"字，《册府》引同。《通志》、郝書亦有"者"字。

〔一四四〕郝書"節"字作"德"。

〔一四五〕《御覽》卷三百六十三引《管寧别傳》："寧身長八尺，龍顔秀眉。"

〔一四六〕盧弼曰："'候'北宋本作'俟'，吳本同。"

謹案：《類聚》卷六十四引作"俟"。俟，待也。

〔一四七〕盧弼曰："坏，普杯切，《爾雅·釋山》：'山再成曰坏。'"

謹案：《爾雅·釋山》："山三襲陟，再成英，一成坏。"郝懿行義疏曰："《説文》云：'坏，丘再成者也。''再'蓋'一'字之誤。《水經注·河水》引許慎、吕忱以爲丘一成可證。"盧君謂《爾雅》作"再成曰坏"，誤以《説文》爲《爾雅》矣。

〔一四八〕郝書"無"字作"弗"。

〔一四九〕《册府》卷八百零六引"度"下有"庶"字。

〔一五〇〕《白帖》卷九、《事類賦》卷八引無"井"字。

〔一五一〕盧弼曰："吴本、毛本'多'作'各'。"

謹案：《事類賦》引"買"下有"汲"字。郝書同。吴、毛本作"各"，蓋"多"字形近而誤。

〔一五二〕盧弼曰："北宋本'問'作'聞'。"

謹案：紹興本亦作"聞"，"聞"字較勝。

〔一五三〕盧弼曰："宋本、元本'方'作'考'。范書《獨行傳》'王烈字元方，太原人'，章懷注引《魏志》'烈字彦考'。周壽昌曰：'今《魏志》亦作彦方，不作彦考，殆後改也。'何焯曰：'本爲彦考，《後漢書》注可據，方字寡學者所定也，北宋本正作考。'"

謹案：紹興本"方"字作"考"，《御覽》卷三百四十三、卷四百九十九、卷八百二十、卷八百二十九引皆作"考"，當據正。

〔一五四〕《御覽》卷二百四十三、《册府》卷八百零六引無"之"字。

〔一五五〕《册府》引"前"上有"乃"字。郝書同。

〔一五六〕盧弼曰："《世説·德行》注引《魏略》：'寧少恬靜，常笑邴原、華子魚有仕宦意。及歆爲司徒，上書讓寧。寧聞之笑曰：子魚本欲作老吏，故榮之耳！'"

謹案：此已見侯康《三國志補注》引，依序例"世"上應增"侯康曰"三字。

〔一五七〕上文已云"黃初四年"，何可云"文帝即位乎"？語意重複，或原作"文帝即徵寧"，"位"字當刪。

〔一五八〕盧弼曰："《官本考証》曰：'宋本無既字。'"

謹案：郝書無"既"字，紹興本同，疑"既"字或衍文也。

〔一五九〕盧弼曰："潘眉曰：'司馬懿初謚文貞，改謚文宣，此作宣文侯，字倒誤也。宣王未爲相國，此亦《傅子》之誤。'"

謹案：《册府》卷七百九十六引作"明帝使相國宣王往滅之"。

〔一六〇〕盧弼曰："《御覽》'没'作'破'。"

謹案：紹興本、陳本、馮本"舡"字作"船"。《御覽》卷八百六十九引《傅子》作"餘舡皆波"，《事類賦》卷八引作"餘船皆没"。疑此"船"上脱"餘"字，"波"爲"没"之形誤。盧君謂《御覽》作"破"，不知何據。

〔一六一〕《册府》卷八百一十五、《事類賦》引無"有"字。

〔一六二〕盧弼曰："錢大昭曰：'《易》履道坦坦，幽人貞吉。'虞翻謂履自訟來，時時在坎獄中，故稱幽人之貞。惠棟曰：幽人，幽繫之人。《尸子》曰：文王幽於羑里。《荀子》曰：公侯失禮則幽。俗謂高士爲幽人，非也。"

謹案：《後漢書·李陳龐陳橋傳論》曰："任棠、姜岐，世著其清，結瓮牖而辭亡命，殆漢陽之幽人乎！"又《逸民傳論》曰："光武側帝幽人，求之若不及。"如惠説，謂爲幽繫之人，恐非傳意，疑仍當釋爲高尚之士，於義爲允。

〔一六三〕盧弼曰："'尪'馮本作'尫'，音汪，廢疾之人也。"

謹案：《説文·尢部》："尢作尣，從人，象偏曲之形，古文從呈。"《一切經音義》引《通俗文》："短小曰尪，羸也。"盧君釋雖本《荀子·正論》注，以當從《通俗文》以羸弱釋之較切。

〔一六四〕《册府》卷七百七十八"鄰比"二字乙，《通志》同。

〔一六五〕《御覽》卷五百二十六、卷六百八十九、《事類賦》卷十二引"任"字作"柱"。

〔一六六〕盧弼曰："監本、官本'素'作'索'。"

謹案：《釋名·釋典藝》："八索，索，素也。墳謂三墳。素謂八索。"疑原作"素"，監本、官本少見"素"，因改爲"索"也。

〔一六七〕盧弼曰："宋本'問'作'論'。"

謹案：官本亦作"論"，作"論"字是。《周禮·考工記·序官》"坐而論道謂之王公"爲此語所本。

〔一六八〕盧弼曰："官本'琁'作'璇'。《尚書·舜典》：'在璿璣玉衡以齊七政。'孔傳曰：'璿，美玉也。璣衡，王者正天文之器可運轉者。七政，日月五星各異政。'師古曰：'璿，美玉也。璣轉而衡平，以玉爲璣，衡謂渾天儀也。七政，日月五星也。言舜觀察璣衡，以齊同日月五星之政。'"

謹案：《說苑·辯物篇》："璿璣，謂北辰勾陳樞星也。以其魁杓之所指二十八宿爲吉凶禍福天文列舍盈縮之占，各以類爲驗。"是漢時不以璿璣爲正天文之器。雷學淇《古經天象考》曰：按："璿璣即北辰，玉衡爲北斗，此唐虞以來相傳古義，當緯書未出已前，無不作如是解者。太史公作《天官書》，首敘中宮，獨詳北辰北斗，其近於辰斗者，止略及之耳，即虞舜在璣衡之遺義。至漢之洛下閎作渾儀，用之當時有效，於是緯書之出乃附會之。以機巧之制上疑古聖之經，謂書之璣衡即儀象之器，此亦重誣虞帝矣！"此蓋謂觀測天象以正曆法，使民得以不違農時而協和皇極也。盧君引僞孔傳爲説,恐非傳意。

〔一六九〕盧弼曰:"梁章鉅曰:'《文選·魏都賦》注《盤庚》云:優賢揚歷。此是鄭康成所注古文《盤庚》。'"

謹案:段玉裁《古文尚書撰異》曰:"度裴所引即《魏都賦》注,故兼引賦語以足之。賦注:'歷,試也。'此今文家語。裴演之曰:'謂揚其所歷試。'或系諸鄭注,誤矣。"如段説則梁氏蓋誤。

〔一七〇〕盧弼曰:"胡三省曰:'華歆、邴原、管寧三人號爲一龍,歆爲龍頭,原爲龍腹,寧爲龍尾,歆所爲乃爾,原亦爲操爵所縻,高尚其事,獨管寧耳!當時頭尾之論,蓋以名位言也,嗚呼!'"

謹案:洪亮吉曰:"案時人號三人爲一龍,其頸腹尾則蓋以齒之長幼而定。考歆卒於太和五年,《魏書》云:'年七十五。'寧卒於正始二年,年八十四,是歆長寧一年,雖無可考,以時人之稱謂及寧傳中三人次序度之,原當幼於歆長於寧也。時人以三人相善而齊名,不當即分優劣,故以年之前後爲定。"

〔一七一〕《御覽》卷五百零二引句下有"辟不至"三字。

〔一七二〕"四"字當作"三"。本志《明帝紀》青龍三年裴注引《魏氏春秋》可證。

〔一七三〕《明帝紀》裴注引"宅"字作"立"。

〔一七四〕盧弼曰:"胡三省曰:'連齋者,連詔書及班下石圖齋以問張臶也。'"

謹案:"連"讀如輦。《周禮·地官·鄉師》鄭司農注:"故書輦作連。"《文選·東京賦》"下雕輦於東廂"李注引薛琮曰:"輦,人挽車。"于綽乘以往,蓋屏騶從私行也,故臶亦密語之。胡注似不審"連"爲"輦"之借,乃以"連"爲"聯",遂謂連詔書及石圖以釋之，則與當時情勢不相應，於傳義或有違悟矣。

〔一七五〕《册府》卷八百零六引"徵"字作"禎"。

〔一七六〕盧弼曰："《抱朴子·逸民篇》：'魏武乃心用乎孔明云云。'"

謹案：盧君所引，實已見於梁章鉅《三國志旁證》。則此"抱"字上似應有"梁章鉅曰"四字爲是，不得没其名也。

〔一七七〕《御覽》卷四百零三、卷四百八十、《事類賦》卷二十六引"生"字作"士"，下同。

〔一七八〕《御覽》卷四百零三、四百八十引作"而涉險"。《册府》卷八百七十引"陟"作"涉"。

〔一七九〕《御覽》《事類賦》引作"昭泣以示誠"。

〔一八〇〕《御覽》卷四百八十引"人"上有"時"字。

〔一八一〕紹興本、馮本、陳本"鄉鄰"作"鄉黨"。

〔一八二〕郝書"印"下有"綬"字。

〔一八三〕紹興本"論"字作"倫"，"意"作"義"，疑非。

〔一八四〕《庾氏譜》上脱"臣松之"三字，郝書苟注"案"上有"裴松之曰"可證。

〔一八五〕《册府》引"佐"字作"士"，疑作"士"爲是。嶷爲太僕，居九卿之列，不得云卿佐也。

〔一八六〕盧弼曰："《官本考證》云：'宋本無世所高尚四字'。"

謹案：錢儀吉曰："北宋本、宋本俱無此四字。"考紹興本同。《册府》卷四百六十九、郝書亦俱無此四字，應據删。

〔一八七〕紹興本"熹"字作"嘉"，是。郝書同。

〔一八八〕盧弼曰："毛本'覬'作'顗'。"

謹案：毛本誤，衛覬見本志卷二十一。

〔一八九〕盧弼曰:"《爾雅·釋畜》:'牝羒夏羊。'郭注:'《詩》曰:羒羊墳首。夏羊,黑羖䍽也。'陸德明音義:'羒',子郎反。《字林》云:'三歲曰羒,夏黑羖羊也,'羖音古,䍽音歷。"

謹案:顔師古《急就篇》注:"羒,吴羊之牝也。羖,夏羊之牝也。"《本草衍義》:"羖羊出陝西河東,謂之羖䍽。"焦先蓋以夏羊喻魏,吴羊喻吴。故下文云:"好事者乃推其意,疑羒羊謂吴,羖䍽謂魏也。"不言羖而言羖䍽,先河東人,好事者從其方言耳。盧君似未瞭此義,致雜引郭、陸諸注及《字林》爲説,殊浮泛不切。

〔一九〇〕《類聚》卷六十四引作"冬夏袒露",《御覽》卷五百零九引"恒"字作"袒",《博物志》作"裸而不衣","裸""袒"義近。疑當作"袒"。

〔一九一〕《御覽》"漆"字作"淬"。

〔一九二〕毛本"如故"作"知生"。《官本考證》云:"宋本作'就視如故'。"

謹案:《類聚》卷六十四作"就視如故",《御覽》卷一百八十一引及郝書同,《白帖》卷三作"視之如故"。據此"知生"蓋爲"如故"二字之誤也。

〔一九三〕《册府》卷八百零九引"宅"字作"家"。

〔一九四〕盧弼曰:"宋本'損'作'捐'。"

謹案:《册府》引作"捐",郝書同,作"捐"字是。捐,棄也。"損""捐"形近。

〔一九五〕毛本:"生"字下有"也"字。《册府》、郝書、《通志》俱有"也"字。

〔一九六〕盧弼曰:"瓴音鹿,甎音專。《爾雅》'瓵瓿謂之甓'郭注:'瓴甎也,今江東呼爲瓴甓。'《漢書·酷吏傳·尹賞傳》'賞修長安獄,穿地方深各數丈,致令辟爲郭',師古曰:'令辟,甂甎也。'《六書故》:'瓴,牝瓦仰蓋者,仰瓦受覆之流,所謂瓦溝。'"

謹案:盧君既釋甂甎即甎矣,然復引戴侗《六書故》以瓦溝爲説,是未思爲障之義也。郝懿行《爾雅義疏》曰:"《詩正義》引李巡曰:'瓴,一名甓。'《爾雅釋文》引《詩傳》作'令適',後人傳寫作'瓴'。瓴,瓶名也,非瓦名也。《匠人》注云:'堂涂謂階前,若今令甓裓也。'賈疏:'漢時名堂涂爲令甓裓,令甓,則今之甂也,裓則甎道也。'"此云以甂甎爲障,即用甎爲障耳,與瓦溝之義無涉。

〔一九七〕郝書"千"字作"十"。

〔一九八〕《御覽》七百三十九引"字"作"名",《通志》同。

〔一九九〕盧弼曰:"元本'口'作'又'。"

謹案:毛本"又"字作"口",《御覽》《册府》引同,《通志》亦作"口"。

〔二〇〇〕《御覽》引"人"下有"復"字。

〔二〇一〕《御覽》卷八百六十引無此四字,《通志》同。

〔二〇二〕盧弼曰:"朐音俱,屈曰朐,乾肉之屈者。"

謹案:《儀禮·士虞禮》"薦脯醢,設俎於薦東,朐在南",鄭注:"朐脯及乾肉之屈也。"《公羊傳·昭公二十五年》"與四脡脯"何休解詁:"屈曰朐。"

〔二〇三〕盧弼曰:"《官本考證》云:'宋本作形如蝸牛廬,無蔽字及故謂之蝸牛五字。'何焯校本云:'北宋本有之。'劉家立曰:'蔽字疑衍文,宋本並下五字無之,亦非是。'弼按:毛本作'故爲之瓜牛廬',誤。"

謹案:蝸牛蔽猶言蝸牛之殼也。

三國志校箋卷十二

魏志卷十二〔一〕

崔琰 孔融 許攸 婁圭 毛玠 徐奕 何夔 邢顒 鮑勛 司馬芝〔二〕

　　崔琰字季珪，清河東武城人也。少樸訥，好擊劍，尚武事〔三〕。年二十三，鄉移爲正，始感激讀《論語》《韓詩》。至年二十九〔四〕，乃結公孫方等就鄭玄受學。學未朞，徐州黃巾賊攻破北海，玄與門人到不其山避難。時穀糴縣乏，玄罷謝諸生。琰既受遣，而寇盜充斥，西道不通。於是周旋青、徐、兗、豫之郊，東下壽春，南望江、湖。自去家四年乃歸，以琴書自娛。
　　大將軍袁紹聞而辟之。時士卒橫暴，掘發丘隴，琰諫曰：“昔孫卿有言：‘士不素教，甲兵不利，雖湯武不能以戰勝。’今道路暴骨，民未見德，宜勑郡縣掩骼埋胔，示憯怛之愛，追文王之仁。”紹以爲騎都尉。後紹治兵黎陽，次於延津，琰復諫曰："天子在許，民望助順，不如守境述職，以寧區宇。"紹不聽，遂敗於官渡。及紹卒，二子交爭，爭欲得琰。琰稱疾固辭，由是獲罪，幽於囹圄，賴陰夔、陳琳營救得免。

太祖破袁氏，領冀州牧，辟琰爲別駕從事，謂琰曰："昨案戶籍，可得三十萬衆，故爲大州也。"琰對曰："今天下分崩，九州幅裂，二袁兄弟親尋干戈〔五〕，冀方蒸庶，暴骨原野。未聞王師仁聲先路，存問風俗，救其塗炭，而計校甲兵〔六〕，唯此爲先，斯豈鄙州士女所望於明公哉！"太祖改容謝之。於時賓客皆伏失色。

太祖征并州，留琰傅文帝於鄴。世子仍出田獵，變易服乘〔七〕，志在驅逐〔八〕。琰書諫曰："蓋聞盤於游田，《書》之所戒，魯隱觀魚，《春秋》譏之，此周、孔之格言，二經之明義〔九〕。殷鑒夏后，《詩》稱不遠，子卯不樂，《禮》以爲忌，此又近者之得失，不可不深察也。袁族富彊，公子寬放，盤游滋侈，義聲不聞，哲人君子，俄有色斯之志〔一〇〕，熊羆壯士，墮於吞噬之用，固所以擁徒百萬，跨有河朔〔一一〕，無所容足也。今邦國殄瘁，惠康未洽，士女企踵，所思者德。況公親御戎馬，上下勞慘，世子宜遵大路，慎以行正，思經國之高略，內鑒近戒，外揚遠節，深惟儲副，以身爲寶。而猥襲虞旅之賤服，忽馳騖而陵險，志雉兔之小娛，忘社稷之爲重，斯誠有識所以惻心也。唯世子燔翳捐褶〔一二〕，以塞衆望，不令老臣獲罪於天。"世子報曰："昨奉嘉命，惠示雅數，欲使燔翳捐褶。翳已壞矣,褶亦去焉。後有此比,蒙復誨諸。"

太祖爲丞相,琰復爲東西曹掾屬徵事〔一三〕。初授東曹時,教曰:"君有伯夷之風,史魚之直,貪夫慕名而清,壯士尚稱而厲,斯可以率時者已。故授東曹,往踐厥職。"魏國初建,拜尚書。時未立太子,臨菑侯植有才而愛。太祖狐疑,以函令密訪於外。唯琰露板答曰:"蓋聞《春秋》之義,立子以長,加五官將仁孝聰明,宜承正統。琰以死守之。"植,琰之兄女婿也。太祖貴其公亮,喟然歎息,《世語》曰:植妻衣繡,太祖登臺見之,以違制命,還家賜死。遷中尉。

琰聲姿高暢,眉目疏朗,鬚長四尺,甚有威重,朝士瞻望,而太祖亦敬憚焉〔一四〕。《先賢行狀》曰:琰清忠高亮,雅識經遠,推方直道〔一五〕,正色於朝。魏氏初載,委授銓衡,總齊清議,十有餘年。文武羣才,多所明拔。朝廷歸高,天下稱平〔一六〕。琰嘗薦鉅鹿楊訓,雖才好不足,而清貞守道,太祖即禮辟之。後太祖爲魏王,訓發表稱贊功伐,褒述盛德。時人或笑訓希世浮僞,謂琰爲失所舉。琰從訓取表草視之,與訓書曰:"省表,事佳耳!時乎時乎,會當有變時。"琰本意譏論者好譴呵而不尋情理也。有白琰此書傲世怨謗者,太祖怒曰:"諺言'生女耳','耳'非佳語〔一七〕。'會當有變時',意指不遜。"於是罰琰爲徒隸,使人視之,辭色不撓〔一八〕。太祖令曰:"琰雖見刑,而通賓客,門若市人,對賓客虬鬚直視,若有所瞋。"遂賜琰死。魏略曰：人得琰書，以裹幘籠。持其籠〔一九〕，行都道中。時有與琰宿不平者，遙見琰名著幘籠，從而視之，遂白之太祖，以爲琰腹誹心謗。乃收付獄，髡刑輸徒。前所白琰者又復白之云：「琰爲徒，虬鬚直視，心似不平。」時太祖亦以爲然，遂欲殺之。乃使清公大吏往經營琰，勑吏曰〔二〇〕：「三日期消息。」琰不悟，後數日，吏故白琰平安。公忿然曰：「崔琰必欲使孤行刀鋸乎！」吏以是教告琰，琰謝吏曰：「我殊不宜，不知公意至此也！」遂自殺。

　　始琰與司馬朗善，晉宣王方壯，琰謂朗曰：「子之弟，聰哲明允，剛斷英跱〔二一〕，殆非子之所及也。」臣松之案：「跱」或作「特」，竊謂「英特」爲是也。朗以爲不然，而琰每秉此論。琰從弟林，少無名望，雖姻族猶多輕之，而琰常曰：「此所謂大器晚成者也，終必遠至。」涿郡孫禮、盧毓始入軍府，琰又名之曰：「孫疏亮亢烈，剛簡能斷，盧清警明理，百鍊不消，皆公才也。」後林、禮、毓咸至鼎輔。及琰友人公孫方、宋階早卒，琰撫其遺孤，恩若己子。其鑒識篤義，類皆如此。《魏略》曰：明帝時，崔林嘗與司空陳羣共論冀州人士，稱琰爲首。羣以「智不存身」貶之。林曰：「大丈夫爲有邂逅耳，即如卿諸人，良足貴乎！」

　　初，太祖性忌，有所不堪者，魯國孔融、融字文舉。《續漢書》曰：融，孔子二十世孫也。高祖父尚，鉅鹿太守。父宙，太山都尉。融幼有異才。時河南尹李膺有重名，勑門下簡通賓客，非當世英賢及通家子孫弗見也。融年十餘歲，欲觀其爲人，遂造膺門，語門者曰：「我，李君通家子孫也。」膺見融，問曰：「高明父祖，嘗與僕周旋乎？」融曰：「然。先君孔子與君先人李老君,同德比義而相師友,則融與君累世通家也。"眾坐奇之,僉曰:"異童子也。"太中大夫陳煒後至〔二二〕,同坐以告煒,煒曰:"人小時了了者,大亦未必奇也。"融答曰:"即如所言,君之幼時,豈實慧乎!"膺大笑,顧謂曰〔二三〕:"高明長大,必爲偉器。"山陽張儉,以中正爲中常侍侯覽所忿疾〔二四〕,覽爲刊章〔二五〕,下州郡捕儉。儉與融兄襃有舊,亡投襃。遇襃出,時融年十六〔二六〕,儉以其少,不告也〔二七〕。融知儉長者,有窘迫色,謂曰:"吾獨不能爲君主邪〔二八〕!"因留舍藏之。後事泄〔二九〕,國相以下密就掩捕,儉得脱走,登時收融及襃送獄。融曰:"保納藏舍者融也,融當坐之。"襃曰:"彼來求我〔三〇〕,罪我之由,非弟之過,我當坐之。"兄弟爭死,郡縣疑不能決,乃上讞,詔書令襃坐焉。融由是名震遠近,與平原陶丘洪、陳留邊讓,並以俊秀,爲後進冠蓋。融持論經理不及讓等,而逸才宏博過之。司徒大將軍辟舉高第,累遷北軍中候、虎賁中郎將、北海相,時年三十八〔三一〕。承黄巾殘破之後,修復城邑,崇學校,設庠序,舉賢才,顯儒士。以彭璆爲方正,邴原爲有道,王脩爲孝廉。告高密縣爲鄭玄特立一鄉,名爲鄭公鄉。又國人無後,及四方游士有死亡者,皆爲棺木以殯葬之。郡人甄子然孝行知名,早卒,融恨不及之〔三二〕,乃令配食縣社。其禮賢如此。在郡六年,劉備表融領青州刺史。建安元年,徵還爲將作大匠,遷少府。每朝會訪對,輒爲議主,諸卿大夫寄名而已。司馬彪《九州春秋》曰:融在北海,自以智能優贍,溢才命世,當時豪俊皆不能及〔三三〕。亦自許大志,且欲舉軍曜甲,與羣賢要功,自於海岱結殖根本,不肯碌碌如平居郡守事,方伯赴期會而已。然其所任用,好奇取異,皆輕剽之才。至於稽古之士,謬爲恭敬,禮之雖備,不與論國事也〔三四〕。高密鄭玄,稱之鄭公,執子孫禮。及高談教令,盈溢官曹,辭氣温雅,可玩而誦。

論事考實，難可悉行。但能張磍網羅，其自理甚疏〔三五〕。租賦少稽，一朝殺五部督郵〔三六〕。姦民污吏，猾亂朝市，亦不能治。幽州精兵，亂至徐州，卒到城下，舉國皆恐。融直出說之，令無異志。遂與別校謀夜覆幽州，幽州軍敗，悉有其衆。無幾時，還復叛亡。黃巾將至，融大飲醇酒，躬自上馬，禦之淶水之上。寇令上部與融相拒，兩翼徑涉水，直到所治城。城潰，融不得入，轉至南縣，左右稍叛。連年傾覆，事無所濟，遂不能保障四境，棄郡而去。後徙徐州，以北海相自還領青州刺史，治郡北陲。欲附山東，外接遼東，得戎馬之利，建樹根本，孤立一隅，不與共也。於時曹、袁、公孫共相首尾，戰士不滿數百，穀不至萬斛。王子法、劉孔慈凶辯小才，信爲腹心。左丞祖〔三七〕、劉義遜清儁之士，備在坐席而已，言此民望，不可失也。丞祖勸融自託彊國，融不聽而殺之。義遜棄去。遂爲袁譚所攻，自春至夏，城小寇衆，流矢雨集。然融憑几安坐，讀書論議自若。城壞衆亡，身奔山東，室家爲譚所虜。張璠《漢紀》曰：融在郡八年，僅以身免。帝初都許，融以爲宜略依舊制，定王畿，正司隸所部爲千里之封，乃引公卿上書言其義。是時天下草創，曹、袁之權未分，融所建明，不識時務。又天性氣爽，頗推平生之意，狎侮太祖。太祖制酒禁，而融書啁之曰：「天有酒旗之星，地列酒泉之郡〔三八〕，人有旨酒之德，故堯不飲千鍾，無以成其聖。且桀紂以色亡國，今令不禁婚姻也。」太祖外雖寬容，而內不能平。御史大夫郗慮知旨，以法免融官。歲餘，拜太中大夫。雖居家失勢，而賓客日滿其門，愛才樂酒，常歎曰〔三九〕：「坐上客常滿，樽中酒不空，吾無憂矣。」虎賁士有貌似蔡邕者，融每酒酣，輒引與同坐，曰：「雖無老成人，尚有典刑。」其好士如此。《續漢書》曰：太尉楊彪與袁術婚姻，術僭號，太祖與彪有隙，因是執彪，將殺焉。融聞之，不及朝服，往見太祖曰:"楊公累世清德,四葉重光,《周書》'父子兄弟,罪不相及',況以袁氏之罪乎?《易》稱'積善餘慶',但欺人耳。"太祖曰:"國家之意也〔四〇〕。"融曰:"假使成王欲殺召公,則周公可得言不知邪?今天下纓緌搢紳之士所以瞻仰明公者,以明公聰明仁智,輔相漢朝,舉直措枉,致之雍熙耳。今橫殺無辜,則海內觀聽,誰不解體?孔融魯國男子,明日便當褰衣而去〔四一〕,不復朝矣。"太祖意解,遂理出彪。《魏氏春秋》曰:袁紹之敗也〔四二〕,融與太祖書曰:"武王伐紂,以妲己賜周公。"太祖以融學博,謂書傳所紀。後見問之,對曰:"以今度之,想其當然耳!"十三年,融對孫權使,有訕謗之言,坐棄市。二子年八歲〔四三〕,時方弈棊,融被收,端坐不起。左右曰:"而父見執,不起何也?"二子曰:"安有巢毀而卵不破者乎!"遂俱見殺。融有高名清才,世多哀之。太祖懼遠近之議也,乃令曰:"太中大夫孔融既伏其罪矣,然世人多采其虛名,少於覈實,見融浮豔,好作變異,眩其誑詐,不復察其亂俗也。此州人說平原禰衡受傳融論,以為父母與人無親,譬若甀器,寄盛其中,又言若遭饑饉,而父不肖,寧贍活餘人。融違天反道,敗倫亂理,雖肆市朝,猶恨其晚。更以此事列上,宣示諸軍將校掾屬,皆使聞見。"《世語》曰:融二子,皆齠齔。融見收,顧謂二子曰:"何以不辭〔四四〕?"二子俱曰:"父尚如此,復何所辭!"以為必俱死也。臣松之以為:《世語》云融二子不辭,知必俱死,猶差可安。如孫盛之言,誠所未譬。八歲小兒,能玄了禍福〔四五〕,聰明特達,卓然既還,則其憂樂之情,宜其有過成人〔四六〕,安有見父收執而曾無變容,弈棊不起,若在暇豫者乎?昔申生就命,言不忘父,不以己身將死〔四七〕,而廢念父之情也。父安猶尚若茲,而況於顛沛哉?盛以此為美談,無乃賊夫人之子與！蓋由好奇情多，而不知言之傷理〔四八〕。南陽許攸、《魏略》曰：攸字子遠，少與袁紹及太祖善。初平中隨紹在冀州，嘗在坐席言議官渡之役，諫紹勿與太祖相攻，語在《紹傳》。紹自以彊盛，必欲極其兵勢。攸知不可爲謀，乃亡詣太祖。紹破走，及後得冀州，攸有功焉〔四九〕。攸自恃勳勞，時與太祖相戲，每在席不自限齊，至呼太祖小字，曰："某甲，卿不得我，不得冀州也。"太祖笑曰："汝言是也。"然內嫌之。其後從行出鄴東門，顧謂左右曰："此家非得我，則不得出入此門也。"人有白者，遂見收之〔五〇〕。婁圭，皆以恃舊不虔見誅。《魏略》曰：婁圭字子伯，少與太祖有舊。初平中在荊州北界合衆，後詣太祖。太祖以爲大將，不使典兵，常在坐席言議。及河北平定，隨在冀州。其後太祖從諸子出游，子伯時亦隨從。子伯顧謂左右曰："此家父子，如今日爲樂也。"人有白者，太祖以爲有腹誹意，遂收治之。《吳書》曰：子伯少有猛志，嘗歎息曰："男兒居世，會當得數萬兵千匹騎著後耳！"儕輩笑之。後坐藏亡命〔五一〕，被繫當死，得踰獄出〔五二〕，捕者追之急，子伯乃變衣服如助捕者，吏不能覺，遂以得免。會天下義兵起，子伯亦合衆與劉表相依。後歸曹公，遂爲所用〔五三〕，軍國大計常與焉。劉表亡，曹公向荊州。表子琮降，以節迎曹公，諸將皆疑詐〔五四〕，曹公以問子伯。子伯曰："天下擾攘，各貪王命以自重〔五五〕，今以節來，是必至誠。"曹公曰："大善。"〔五六〕遂進兵。寵秩子伯，家累千金。曰〔五七〕："妻子伯富樂於孤，但勢不如孤耳！"從破馬超等，子伯功爲多。曹公常歎曰："子伯之計，孤不及也。"後與南郡習授同載，見曹公出，授曰："父子如此，何其快耶！"子伯曰："居世間，當自爲之，而但觀他人乎！"授乃白之，遂見誅。魚豢曰：古人有言曰："得鳥者，羅之一目也,然張一目之羅,終不得鳥矣。鳥能遠飛,遠飛者,六翮之力也,然無衆毛之助,則飛不遠矣。"以此推之,大魏之作,雖有功臣,亦未必非茲輩骨附之由也〔五八〕。而琰最爲世所痛惜,至今冤之。《世語》曰:琰兄孫諒,字士文,以簡素稱,仕晉爲尚書大鴻臚。荀綽《冀州記》云諒即琰之孫也〔五九〕。

毛玠字孝先,陳留平丘人也〔六〇〕。少爲縣吏,以清公稱。將避亂荆州,未至,聞劉表政令不明,遂住魯陽〔六一〕。太祖臨兗州,辟爲治中從事。玠語太祖曰:"今天下分崩,國主遷移,生民廢業,饑饉流亡,公家無經歲之儲,百姓無安固之志,難以持久。今袁紹、劉表,雖士民衆彊,皆無經遠之慮,未有樹基建本者也。夫兵義者勝,守位以財,宜奉天子以令不臣,修耕植,畜軍資,如此則霸王之業可成也。"太祖敬納其言,轉幕府功曹。太祖爲司空丞相,玠嘗爲東曹掾,與崔琰並典選舉,其所舉用〔六二〕,皆清正之士,雖於時有盛名而行不由本者,終莫得進。務以儉率人,由是天下之士莫不以廉節自勵,雖貴寵之臣〔六三〕,輿服不敢過度。太祖歎曰:"用人如此,使天下人自治,吾復何爲哉!"〔六四〕文帝爲五官將,親自詣玠,屬所親眷。玠答曰:"老臣以能守職,幸得免戾,今所說人非遷次,是以不敢奉命。"大軍還鄴,議所并省。玠請謁不行,時人憚之,咸欲省東曹。乃共白曰:"舊西曹爲上,東曹爲次,宜省東曹。"太祖知其情,令曰:"日出於東,月盛於東,凡人言方,亦復先東，何以省東曹？"遂省西曹。初，太祖平柳城，班所獲器物〔六五〕，特以素屏風素馮几賜玠，曰："君有古人之風，故賜君古人之服。"〔六六〕玠居顯位，常布衣蔬食，撫育孤兄子甚篤，賞賜以振施貧族，家無所餘。遷右軍師。魏國初建，爲尚書僕射，復典選舉。《先賢行狀》曰：玠雅亮公正，在官清恪。其典選舉，拔貞實，斥華僞，進遜行，抑阿黨。諸宰官治民功績不著而私財豐足者〔六七〕，皆免黜停廢，久不選用。於時四海翕然，莫不勵行。至乃長吏還者，垢面羸衣，常乘柴車。軍吏入府，朝服徒行。人擬壺飱之絜，家象濯纓之操，貴者無穢欲之累，賤者絕姦貨之求，吏潔於上，俗移乎下，民到於今稱之。時太子未定，而臨菑侯植有寵，玠密諫曰："近者袁紹以嫡庶不分，覆宗滅國。廢立大事，非所宜聞。"後羣僚會，玠起更衣，太祖目指曰〔六八〕："此古所謂國之司直，我之周昌也。"

崔琰既死，玠內不悅。後有白玠者："出見黥面反者〔六九〕，其妻子沒爲官奴婢〔七〇〕，玠言曰'使天不雨者蓋此也'"〔七一〕。太祖大怒，收玠付獄。大理鍾繇詰玠曰："自古聖帝明王，罪及妻子。《書》云：'左不共左，右不共右，予則孥戮女。'〔七二〕司寇之職，男子入於罪隸，女子入於舂稾。漢律，罪人妻子沒爲奴婢，黥面。漢法所行黥墨之刑，存於古典。今真奴婢祖先有罪，雖歷百世，猶有黥面供官，一以寬良民之命，二以宥并罪之辜。此何以負於神明之意，而當致旱？案典謀〔七三〕，急恆寒若，舒恆燠若〔七四〕，寬則亢陽，所以爲旱。玠之吐言，以爲寬邪，以爲急也？急當陰霖，何以反旱？成湯聖世，野無生草，周宣令主，旱魃爲虐。亢旱以來，積三十年，歸咎黥面，爲相值不？衞人伐邢，師興而雨，罪惡無徵，何以應天？玠譏謗之言，流於下民，不悦之聲，上聞聖聽。玠之吐言，勢不獨語，時見黥面，凡爲幾人？黥面奴婢，所識知邪？何緣得見，對之歎言？時以語誰？見答云何？以何日月？於何處所？事已發露，不得隱欺，具以狀對。"玠曰："臣聞蕭生縊死，困於石顯；賈子放外，譖在絳、灌；白起賜劍於杜郵；晁錯致誅於東市；伍員絶命於吳都：斯數子者，或妬其前，或害其後。臣垂韜執簡〔七五〕，累勤取官，職在機近，人事所竄。屬臣以私，無勢不絶，語臣以冤，無細不理。人情淫利，爲法所禁，法禁於利，勢能害之。青蠅橫生，爲臣作謗，謗臣之人，勢不在他。昔王叔、陳生争正王廷，宣子平理，命舉其契，是非有宜，曲直有所，《春秋》嘉焉，是以書之。臣不言此無有，時人説臣此言，必有徵要。乞蒙宣子之辨，而求王叔之對。若臣以曲聞，即刑之日，方之安馴之贈；賜劍之來，比之重賞之惠。謹以狀對。"時桓階、和洽進言救玠。玠遂免黜，卒於家。孫盛曰：魏武於是失政刑矣。《易》稱"明折庶獄"，《傳》有"舉直措枉"，庶獄明則國無怨民〔七六〕，枉直當則民無不服，未有徵青蠅之浮聲，信浸潤之譖訴，可以允釐四海，惟清緝熙者也。昔者漢高獄蕭何，出復相之，玠之一責，永見擯放，二主度量，豈不殊哉！太祖賜棺器錢帛，拜子機郎中。

徐奕字季才，東莞人也。避難江東，孫策禮命之。奕改姓名，微服還本郡。太祖爲司空，辟爲掾屬，從西征馬超〔七七〕。超破，軍還。時關中新服，未甚安，留奕爲丞相長史，鎮撫西京，西京稱其威信。轉爲雍州刺史，復還爲東曹屬。丁儀等見寵於時，並害之，而奕終不爲動。《魏書》曰：或謂奕曰："夫以史魚之直，孰與蘧伯玉之智？丁儀方貴重，宜思所以下之。"奕曰："以公明聖，儀豈得久行其偽乎！且姦以事君者，吾所能禦也，子寧以他規我。"《傅子》曰：武皇帝，至明也。崔琰、徐奕，一時清賢，皆以忠信顯於魏朝；丁儀間之，徐奕失位而崔琰被誅。出爲魏郡太守。太祖征孫權，徙爲留府長史，謂奕曰："君之忠亮，古人不過也，然微太嚴。昔西門豹佩韋以自緩，夫能以柔弱制剛彊者，望之於君也。今使君統留事，孤無復還顧之憂也。"魏國既建，爲尚書，復典選舉，遷尚書令。

太祖征漢中，魏諷等謀反，中尉楊俊左遷。太祖歎曰："諷所以敢生亂心，以吾爪牙之臣無遏姦防謀者故也。安得如諸葛豐者，使代俊乎！"桓階曰："徐奕其人也。"太祖乃以奕爲中尉，手令曰："昔楚有子玉，文公爲之側席而坐〔七八〕；汲黯在朝，淮南爲之折謀。《詩》稱'邦之司直'，君之謂與！"在職數月，疾篤乞退，拜諫議大夫，卒。《魏書》曰：文帝每與朝臣會同，未嘗不嗟歎，思奕之爲人。奕無子，詔以其族子統爲郎，以奉奕後。

何夔字叔龍，陳郡陽夏人也。曾祖父熙，漢安帝時官至車騎將軍。華嶠《漢書》曰：熙字孟孫，少有大志，不拘小節。身長八尺五寸，體貌魁梧，善爲容儀。舉孝廉，爲謁者，贊拜殿中，音動左右。和帝佳之[七九]，歷位司隸校尉、大司農。永初三年，南單于與烏丸俱反，以熙行車騎將軍征之，累有功。烏丸請降，單于復稱臣如舊。會熙暴疾卒。夔幼喪父，與母兄居，以孝友稱。長八尺三寸，容貌矜嚴。《魏書》曰：漢末閹宦用事，夔從父衡爲尚書，有直言，由是在黨中，諸父兄皆禁錮。夔歎曰："天地閉，賢人隱。"故不應宰司之命。避亂淮南。後袁術至壽春，辟之，夔不應，然遂爲術所留。久之，術與橋蕤俱攻圍蘄陽，蘄陽爲太祖固守。術以夔彼郡人，欲脅令説蘄陽。夔謂術謀臣李業曰："昔柳下惠聞伐國之謀而有憂色，曰'吾聞伐國不問仁人，斯言何爲至於我哉'！"遂遁匿灊山。術知夔終不爲己用，乃止。術從兄山陽太守遺母，夔從姑也，是以雖恨夔而不加害。

建安二年，夔將還鄉里，度術必急追，乃閒行得免，明年到本郡。頃之，太祖辟爲司空掾屬。時有傳袁術軍亂者，太祖問夔曰："君以爲信不？"夔對曰："天之所助者順，人之所助者信。術無信順之實，而望天人之助，此不可以得志於天下。夫失道之主，親戚叛之，而况於左右乎！以夔觀之，其亂必矣。"太祖曰："爲國失賢則亡。君不爲術所用；亂，不亦宜乎！"太祖性嚴[八〇]，掾屬公事[八一]，往往加杖；夔常畜毒藥，誓死無辱，是以終不見及。孫盛曰：夫君使臣以禮，臣事君以忠，是以上下休嘉，道光化洽。公府掾屬，古之造士也，必擢時雋，搜揚英逸，得其人則論道之任隆，非其才則覆餗之患至。苟有疵釁，刑黜可也。加其捶扑之罰，肅以小懲之戒，豈"道之以德，齊之以禮"之謂與！然士之出處，宜度德投趾；可不乏節〔八二〕，必審於所蹈〔八三〕。故高尚之徒，抗心於青云之表，豈王侯之所能臣，名器之所羈紲哉！自非此族，委身世塗，否泰榮辱，制之由時，故箕子安於孥戮，柳下夷於三黜，蕭何、周勃亦在縲紲，夫豈不辱，君命故也。爕知時制，而甘其寵，挾藥要君，以避微恥。《詩》云"唯此褊心"，何爕其有焉。放之，可也；宥之，非也。出爲城父令。《魏書》曰：自劉備叛後，東南多變。太祖以陳羣爲酇令，爕爲城父令，諸縣皆用名士以鎮撫之，其後吏民稍定。遷長廣太守。郡濱山海，黃巾未平，豪傑多背叛，袁譚就加以官位。長廣縣人管承，徒衆三千餘家，爲寇害。議者欲舉兵攻之。爕曰："承等非生而樂亂也，習於亂，不能自還，未被德教，故不知反善。今兵迫之急，彼恐夷滅，必并力戰。攻之既未易拔，雖勝，必傷吏民。不如徐喻以恩德，使容自悔，可不煩兵而定。"乃遣郡丞黃珍往，爲陳成敗，承等皆請服。爕遣吏成弘領校尉，長廣縣丞等郊迎奉牛酒，詣郡。牟平賊從錢衆亦數千〔八四〕，爕率郡兵與張遼共討定之。東牟人王營衆三千餘家，脅昌陽縣爲亂。爕遣吏王欽等，授以計略，使離散之。旬月皆平定。

是時太祖始制新科下州郡，又收租稅綿絹。爕以郡初立，近以師旅之後，不可卒繩以法，乃上言曰："自喪亂已來，民人失所，今雖小安，然服教日淺。所下新科，皆以明罰勅法，齊一大化也。所領六縣，疆域初定，加以饑饉，若一切齊以科禁，恐或有不從教者。有不從教者不得不誅，則非觀民設教隨時之意也。先王辨九服之賦以殊遠近，制三典之刑以平治亂，愚以爲此郡宜依遠域新邦之典，其民間小事，使長吏臨時隨宜，上不背正法，下以順百姓之心。比及三年，民安其業，然後齊之以法，則無所不至矣。"太祖從其言。徵還，參丞相軍事。海賊郭祖寇暴樂安、濟南界，州郡苦之。太祖以夔前在長廣有威信，拜樂安太守。到官數月，諸城悉平。

入爲丞相東曹掾。夔言於太祖曰："自軍興以來，制度草創，用人未詳其本，是以各引其類，時忘道德。夔聞以賢制爵，則民慎德；以庸制祿，則民興功。以爲自今所用，必先核之鄉閭，使長幼順敘，無相踰越。顯忠直之賞，明公實之報，則賢不肖之分，居然別矣。又可修保舉故不以實之令，使有司別受其負[八五]。在朝之臣，時受教與曹並選者，各任其責。上以觀朝臣之節，下以塞爭競之源，以督羣下，以率萬民，如是則天下幸甚。"太祖稱善。魏國既建，拜尚書僕射。《魏書》曰：時丁儀兄弟方進寵，儀與夔不合。尚書傅巽謂夔曰："儀不相好已甚[八六]，子友毛玠，玠等儀已害之矣。子宜少下之！"夔曰："爲不義適足害其身，焉能害人？且懷姦佞之心，立於明朝，其得久乎！"夔終不屈志，儀後果以凶偪敗。文帝爲太子，以涼茂爲太傅，夔爲少傅；特命二傅與尚書東曹並選太子諸侯官屬。茂卒，以夔代茂。每月朔，太傅入見太子，太子正法服而禮焉〔八七〕；他日無會儀〔八八〕。夔遷太僕，太子欲與辭，宿戒供〔八九〕，夔無往意；乃與書請之，夔以國有常制，遂不往。其履正如此。然於節儉之世，最爲豪汰。文帝踐阼，封成陽亭侯〔九〇〕，邑三百戶。疾病，屢乞遜位。詔報曰："蓋禮賢親舊，帝王之常務也〔九一〕。以親則君有輔弼之勳焉，以賢則君有醇固之茂焉。夫有陰德者必有陽報，今君疾雖未瘳，神明聽之矣。君其即安，以順朕意。"夔，謚曰靖侯。子曾嗣，咸熙中爲司徒。干寶《晉紀》曰：曾字穎考。正元中爲司隸校尉。時毌丘儉孫女適劉氏，以孕繫廷尉。女母荀，爲武衛將軍荀顗所表活，既免，辭詣廷尉，乞爲官婢以贖女命。曾使主簿程咸爲議〔九二〕，議曰："大魏承秦、漢之弊，未及革制。所以追戮已出之女，誠欲殄醜類之族也。若已產育，則成他家之母〔九三〕。於法則不足懲奸亂之源〔九四〕，於情則傷孝子之思〔九五〕，男不禦罪於他族，而女獨嬰戮於二門，非所以哀矜女弱，均法制之大分也。臣以爲在室之女，可從父母之刑〔九六〕，既醮之婦，使從夫家之戮〔九七〕。"朝廷從之，乃定律令。《晉諸公讚》曰：曾以高雅稱，加性純孝，位至太宰，封朗陵縣公。年八十餘薨，謚曰元公。子邵嗣。邵字敬祖，才識深博，有經國體儀。位亦至太宰，謚康公。子蕤嗣。邵庶兄遵，字思祖，有幹能。少經清職，終於太僕。遵子綏，字伯蔚，亦以幹事稱。永嘉中爲尚書，爲司馬越所殺。《傅子》稱曾及荀顗曰："以文王之道事其親者，其潁昌何侯乎！其荀侯乎！古稱曾、閔，今曰荀、何。內盡其心以事其親，外崇禮讓以接天下。孝子，百世之宗；仁人，天下之令也。有能行仁孝之道者，君子之儀表矣。"

邢顒字子昂，河間鄚人也。舉孝廉，司徒辟，皆不就。易姓字，適右北平，從田疇游。積五年，而太祖定冀州。顒謂疇曰："黃巾起來二十餘年，海內鼎沸，百姓流離。今聞曹公法令嚴。民厭亂矣，亂極則平。請以身先。"遂裝還鄉里。田疇曰："邢顒，民之先覺也。"乃見太祖，求爲鄉導以克柳城。

太祖辟顒爲冀州從事，時人稱之曰："德行堂堂邢子昂。"除廣宗長，以故將喪棄官。有司舉正，太祖曰："顒篤於舊君，有一致之節。"勿問也。更辟司空掾，除行唐令，勸民農桑，風化大行。入爲丞相門下督，遷左馮翊，病，去官。是時，太祖諸子高選官屬，令曰："侯家吏，宜得淵深法度如邢顒輩。"遂以爲平原侯植家丞。顒防閑以禮，無所屈撓，由是不合。庶子劉楨書諫植曰："家丞邢顒，北土之彦，少秉高節，玄靜澹泊，言少理多，真雅士也。楨誠不足同貫斯人，並列左右。而楨禮遇殊特，顒反疏簡，私懼觀者將謂君侯習近不肖，禮賢不足，采庶子之春華，忘家丞之秋實。爲上招謗，其罪不小，以此反側。"後參丞相軍事，轉東曹掾。初，太子未定，而臨菑侯植有寵，丁儀等並贊翼其美。太祖問顒，顒對曰："以庶代宗，先世之戒也。願殿下深重察之！"太祖識其意，後遂以爲太子少傅，遷太傅。文帝踐阼，爲侍中尚書僕射，賜爵關內侯，出爲司隸校尉，徙太常。黃初四年薨。子友嗣。《晉諸公贊》曰：顒曾孫喬，字魯伯[九八]。有體量局幹，美於當世。歷清職。元康中，與劉渙俱爲尚書吏部郎，稍遷至司隸校尉。

鮑勛字叔業，泰山平陽人也，漢司隸校尉鮑宣九世孫。宣後嗣有從上黨徙泰山者，遂家焉。勛父信，靈帝時爲騎都尉，大將軍何進遣東募兵。後爲濟北相，協規太祖，身以遇害。語在《董卓傳》《武帝紀》〔九九〕。《魏書》曰：信父丹，官至少府侍中，世以儒雅顯。少有大節，寬厚愛人，沈毅有謀。大將軍何進辟拜騎都尉，遣歸募兵，得千餘人，還到成皋而進已遇害。信至京師，董卓亦始到。信知卓必爲亂，勸袁紹襲卓，紹畏卓不敢發。語在《紹傳》。信乃引軍還鄉里，收徒衆二萬，騎七百，輜重五千餘乘。是歲，太祖始起兵於己吾，信與弟韜以兵應太祖。太祖與袁紹表信行破虜將軍，韜裨將軍〔一○○〕。時紹衆最盛，豪傑多向之。信獨謂太祖曰：“夫略不世出，能總英雄以撥亂反正者，君也。苟非其人，雖彊必斃。君殆天之所啓！”遂深自結納，太祖亦親異焉。汴水之敗，信被創，韜在陣戰亡。紹劫奪韓馥位，遂據冀州。信言於太祖曰：“奸臣乘釁，蕩覆王室，英雄奮節，天下嚮應者，義也。今紹爲盟主，因權專利，將自生亂，是復有一卓也。若抑之，則力不能制，祇以遘難〔一○一〕，又何能濟？且可規大河之南，以待其變。”太祖善之。太祖爲東郡太守，表信爲濟北相。會黃巾大衆入州界，劉岱欲與戰，信止之，岱不從，遂敗。語在《武紀》。太祖以賊恃勝而驕，欲設奇兵挑擊之於壽張。先與信出行戰地，後步軍未至，而卒與賊遇，遂接戰。信殊死戰，以救太祖，太祖僅得潰圍出，信遂没，時年四十一。雖遭亂起兵，家本修儒，治身至儉，而厚養將士，居無餘財，士以此歸之。建安十七年，太祖追録信功，表封勛兄邵新都亭侯。《魏書》曰：邵有父風，太祖嘉之，加拜騎都尉，使持節。邵薨，子融嗣。辟勳丞相掾。《魏書》曰：勳清白有高節，知名於世。

二十二年，立太子，以勳爲中庶子。徙黃門侍郎，出爲魏郡西部都尉。太子郭夫人弟爲曲周縣吏，斷盜官布，法應棄市。太祖時在譙，太子留鄴，數手書爲之請罪[一〇二]。勳不敢擅縱，具列上。勳前在東宮，守正不撓[一〇三]，太子固不能悦，及重此事，恚望滋甚。會郡界休兵有失期者，密勅中尉奏免勳官。久之，拜侍御史。延康元年，太祖崩，太子即王位，勳以駙馬都尉兼侍中。

文帝受禪，勳每陳："今之所急，唯在軍農，寬惠百姓。臺榭苑囿，宜以爲後。"文帝將出游獵，勳停車上疏曰："臣聞五帝三王，靡不明本立教，以孝治天下。陛下仁聖惻隱，有同古烈。臣冀當繼蹤前代，令萬世可則也。如何在諒闇之中，修馳騁之事乎！臣冒死以聞，唯陛下察焉。"帝手毁其表而竟行獵[一〇四]，中道頓息，問侍臣曰："獵之爲樂，何如八音也！"侍中劉曄對曰："獵勝於樂。"勳抗辭曰："夫樂，上通神明，下和人理，隆治致化，萬邦咸乂。故移風易俗，莫善於樂。況獵，暴華蓋於原野，傷生育之至理，櫛風沐雨，不以時隙哉？昔魯隱觀漁於棠，《春秋》譏之。雖陛下以爲務，愚臣所不願也。"因奏："劉曄佞諛不忠，阿順陛下過戲之言。昔梁丘據取媚於遄臺，曄之謂也。請有司議罪以清皇朝。"帝怒作色，罷還[一〇五]，即出勳爲右中郎將。

黄初四年，尚書令陳羣、僕射司馬宣王並舉勛爲宫正，宫正即御史中丞也。帝不得已而用之，百寮嚴憚，罔不肅然。六年秋，帝欲征吳，羣臣大議，勛面諫曰："王師屢征而未有所克者，蓋以吳、蜀脣齒相依，憑阻山水，有難拔之勢故也。往年龍舟飄蕩，隔在南岸，聖躬蹈危，臣下破膽。此時宗廟幾至傾覆，爲百世之戒。今又勞兵襲遠，日費千金，中國虛耗，令黠虜玩威，臣竊以爲不可。"帝益忿之，左遷勛爲治書執法。

帝從壽春還，屯陳留郡界。太守孫邕見，出過勛。時營壘未成，但立標埒，邕邪行不從正道，軍營令史劉曜欲推之，勛以塹壘未成，解止不舉。大軍還洛陽，曜有罪，勛奏絀遣，而曜密表勛私解邕事。詔曰："勛指鹿作馬，收付廷尉。"廷尉法議："正刑五歲。"三官駁："依律罰金二斤。"帝大怒曰："勛無活分，而汝等敢縱之！收三官已下付刺姦，當令十鼠同穴。"太尉鍾繇、司徒華歆、鎮軍大將軍陳羣、侍中辛毗、尚書衛臻、守廷尉高柔等並表"勛父信有功於太祖"，求請勛罪。帝不許，遂誅勛。勛内行既修，廉而能施，死之日，家無餘財。後二旬，文帝亦崩，莫不爲勛歎恨。

司馬芝字子華，河内溫人也。少爲書生，避亂荊州，於魯陽山遇賊，同行者皆棄老弱走，芝獨坐守老母。賊至，以刃臨芝，芝叩頭曰："母老，唯在諸君！"賊曰："此孝子也，殺之不義。"遂得免害，以鹿車推載母。居南方十餘年，躬耕守節。

太祖平荆州，以芝爲菅長〔一〇六〕。時天下草創，多不奉法。郡主簿劉節，舊族豪俠，賓客千餘家，出爲盜賊，入亂吏治。頃之，芝差節客王同等爲兵，掾史據白：「節家前後未嘗給繇，若至時藏匿，必爲留負。」芝不聽，與節書曰：「君爲大宗，加股肱郡，而賓客每不與役，既衆庶怨望，或流聲上聞。今條同等爲兵，幸時發遣。」兵已集郡，而節藏同等，因令督郵以軍興詭責縣，縣掾史窮困，乞代同行。芝乃馳檄濟南，具陳節罪。太守郝光素敬信芝，即以節代同行，青州號芝「以郡主簿爲兵」。遷廣平令。征虜將軍劉勳，貴寵驕豪，又芝故郡將，賓客子弟在界數犯法。勳與芝書，不著姓名，而多所屬託，芝不報其書，一皆如法。後勳以不軌誅，交關者皆獲罪，而芝以見稱。《魏略》曰：勳字子臺，琅邪人。中平末，爲沛國建平長，與太祖有舊。後爲廬江太守，爲孫策所破，自歸太祖，封列侯，遂從在散伍議中。勳兄爲豫州刺史，病亡。兄子威，又代從政。勳自恃與太祖有宿，日驕慢，數犯法，又誹謗。爲李申成所白，收治，並免威官。

遷大理正。有盜官練置都厠上者，吏疑女工，收以付獄。芝曰：「夫刑罪之失，失在苛暴。今贓物先得而後訊其辭，若不勝掠，或至誣服。誣服之情，不可以折獄。且簡而易從，大人之化也。不失有罪，庸世之治耳。今宥所疑，以隆易從之義，不亦可乎！」太祖從其議。歷甘陵、沛、陽平太守，所在有績。黃初中，入爲河南尹，抑彊扶弱，私請不行。會內官欲以事託芝[一〇七]，不敢發言，因芝妻伯父董昭。昭猶憚芝，不爲通。芝爲教與羣下曰："蓋君能設教，不能使吏必不犯也。吏能犯教，而不能使君必不聞也。夫設教而犯，君之劣也；犯教而聞，吏之禍也。君劣於上，吏禍於下，此政事所以不理也。可不各勉之哉！"於是下吏莫不自勵[一〇八]。門下循行嘗疑門幹盜簪，幹辭不符，曹執爲獄。芝教曰："凡物有相似而難分者，自非離婁，鮮能不惑。就其實然，循行何忍重惜一簪，輕傷同類乎！其寢勿問。"

明帝即位，賜爵關內侯。頃之，特進曹洪乳母當與臨汾公主侍者共事無澗神，臣松之案：無澗，山名，在洛陽東北。繫獄。卞太后遣黃門詣府傳令，芝不通，輒敕洛陽獄考竟，而上疏曰："諸應死罪者，皆當先表須報。前制書禁絕淫祀以正風俗，今當等所犯妖刑，辭語始定，黃門吳達詣臣，傳太皇太后令。臣不敢通，懼有救護，速聞聖聽，若不得已，以垂宿留。由事不早竟，是臣之罪，是以冒犯常科，輒敕縣考竟，擅行刑戮，伏須誅罰。"帝手報曰："省表，明卿至心，欲奉詔書，以權行事，是也。此乃卿奉詔之意，何謝之有？後黃門復往，慎勿通也。"芝居官十一年，數議科條所不便者。其在公卿間，直道而行。會諸王來朝，與京都人交通，坐免。

後爲大司農。先是諸典農各部吏民，末作治生[一〇九]，以要利入。芝奏曰[一一〇]："王者之治，崇本抑末，務農重穀。《王制》：'無三年之儲，國非其國也。'《管子・區言》以積穀爲急。方今二虜未滅,師旅不息,國家之要,唯在穀帛。武皇帝特開屯田之官,專以農桑爲業。建安中,天下倉廩充實,百姓殷足。自黃初以來,聽諸典農治生,各爲部下之計,誠非國家大體所宜也。夫王者以海內爲家,故《傳》曰:'百姓不足,君誰與足!'富足之由,在於不失天時而盡地力。今商旅所求,雖有加倍之顯利,然於一統之計,已有不貲之損,不如墾田益一畝之收也。夫農民之事田,自正月耕種,耘鋤條桑〔一一〕,耕爐種麥,穫刈築場,十月乃畢。治廩繫橋,運輸租賦,除道理梁,墐塗室屋,以是終歲,無日不爲農事也。今諸典農,各言'留者爲行者宗田〔一二〕,計課其力,勢不得不爾。不有所廢,則當素有餘力'。臣愚以爲不宜復以商事雜亂,專以農桑爲務,於國計爲便。"明帝從之。

每上官有所召問,常先見掾史,爲斷其意故,教其所以答塞之狀,皆如所度。芝性亮直,不矜廉隅。與賓客談論,有不可意,便面折其短,退無異言。卒於官,家無餘財,自魏迄今爲河南尹者莫及芝。

芝亡,子岐嗣,從河南丞轉廷尉正,遷陳留相。梁郡有繫囚,多所連及,數歲不決。詔書徙獄於岐屬縣,縣請豫治牢具。岐曰:"今囚有數十,既巧詐難符,且已倦楚毒,其情易見。豈當復久處囹圄邪!"及囚至,詰之,皆莫敢匿詐,一朝決竟,遂超爲廷尉。是時大將軍爽專權,尚書何晏、鄧颺等爲之輔翼。南陽圭泰嘗以言迕指,考繫廷尉。颺訊獄,將致泰重刑。岐數颺曰:"夫樞機大臣，王室之佐，既不能輔化成德，齊美古人，而乃肆其私忿，枉論無辜。使百姓危心，非此焉在！"颺於是憨怒而退。岐終恐久獲罪，以疾去官。居家未期而卒，年三十五，子肇嗣。肇，晉太康中爲冀州刺史、尚書，見《百官志》。

評曰：徐奕、何夔、邢顒貴尚峻厲，爲世名人。毛玠清公素履，司馬芝忠亮不傾，庶乎不吐剛茹柔。崔琰高格最優，鮑勛秉正無虧，而皆不免其身，惜哉！《大雅》貴"既明且哲"，《虞書》尚"直而能溫"，自非兼才，疇克備諸！

【校箋】

〔一〕毛本作"魏書十二"。

〔二〕毛本作"崔毛徐何邢鮑司馬傳第十二"。

〔三〕《御覽》卷四百六十四引崔琰《遂初賦》："琰性頑，口訥，年十九不能會問，好擊劍，尚武事。"

〔四〕《文選集注·三國名臣贊》引《鈔》"至"下無"年"字。《類聚》卷二十七引崔琰《遂初賦》亦無"年"字，考上文已言"年二十三"，此不必重贅"年"字也，應據删。

〔五〕《文選集注》引《鈔》"親"字作"日"。是也。《左傳·昭公元年》"子産以日尋干戈"，此語本之。

〔六〕毛本"計校"二字乙。盧弼曰："《御覽》作'計校甲兵'。"

謹案：《御覽》卷六百二十三、《册府》卷七百一十九引作

"校計",《通志》同,《季漢書》亦作"校計"。《文選集注》引《鈔》作"授計甲兵","授"當爲"校"字之誤。盧君謂《御覽》作"計校",疑誤。而"甲兵",《御覽》引作"兵甲",校復未及,豈稽檢不周耶?

〔七〕《御覽》卷四百五十二引"易服"二字乙。

〔八〕《御覽》引"在"字作"存"。

〔九〕《治要》卷二十五引"義"下有"也"字。

〔一〇〕盧弼曰:"《論語》'色斯舉矣'。集解云:'見顏色不善則去之。'"

謹案:王引之《經義述聞》曰:"色斯者,狀鳥舉之疾也。斯猶然也。色斯猶色然,驚飛貌也。《吕氏春秋・審知篇》曰:'蓋聞君子猶鳥也,駭則舉。'哀六年《公羊傳》'諸大夫皆色然而駭',何注:'色然,驚駭貌。'與此相近。"

〔一一〕盧弼曰:"沈家本曰:'《荀攸傳》袁氏據四州之地,帶甲十萬,而此云百萬者,彼舉帶甲而言,此言其民數之衆。上文言冀州得三十萬,則四州之衆不過如此。'"

謹案:曹植《武王誄》曰:"袁與我王,兵交如神。張陳背誓,傲帝虐民。擁徒百萬,虎視朔濱。"是當時謂袁紹擁有此衆也。

〔一二〕盧弼曰:"錢大昭曰:'《晉書・輿服志》云:袴褶之制,未詳所起。近世凡單駕親戎,中外戒嚴服之。'"

謹案:顏師古《急就篇》注云:"褶重衣前在上者也。其形如袍,短身而廣袖。"王國維《袴褶考》考證甚詳,見《觀堂集林》,可參閱。

〔一三〕《通志》無"西"字,《册府》卷七十五引無"掾屬徵事"四字,疑是。

〔一四〕《書鈔》卷五十四、《御覽》卷三百七十四、《册府》卷六百二十七引"敬"字作"嚴"。

〔一五〕《册府》卷六百三十七引"推"字作"端"。

〔一六〕《治要》卷二十五引"平"下有"矣"字。

〔一七〕盧弼曰:"王鳴盛曰:'《谷音》柯芝詩:耳耳非佳語,陸陸難爲顏。以耳耳連讀,此宋季人讀,恐不可據,按文當以生女耳爲句。'"

謹案:王氏以"生女耳"爲句,是也。段玉裁《說文解字注》"耳"篆:"凡語而已者,急言之耳。曹操曰:'俗語:生女耳。''耳'是不足之詞,此古說之存者。"

〔一八〕《治要》、《御覽》卷三百七十、《文選集注》引《鈔》"不"字俱作"無"。

〔一九〕紹興本無"持其籠"三字。

〔二〇〕毛本"勑"字作"教",是與下文"吏以是教交告"相承。

〔二一〕盧弼曰:"《通鑑》作'君弟聰亮明允,剛斷英特'。"

謹案:《御覽》卷九十五引《晉書》作"聰亮明允,剛斷英特"。《通鑑》蓋本之,與此傳文異。

〔二二〕盧弼曰:"《世說》'煒'作'韙'。"

謹案:《後漢紀》"煒"作"禕"。

〔二三〕《世說·言語篇》注引"謂"下有"融"字。

〔二四〕紹興本"中正"作"忠正",《初學記》卷十七、《御覽》卷四百一十六引同。

〔二五〕《初學記》《御覽》引"刊"字作"刑"。

〔二六〕《初學記》《御覽》引"六"上有"五"字。

〔二七〕《初學記》《御覽》引作"少之,不下告也"。

〔二八〕《初學記》《御覽》引"邪"字作"乎"。

〔二九〕《初學記》《御覽》引作"後以客(《御覽》'客'上有'人'字)發泄覺之"。

〔三〇〕《初學記》《御覽》引"求"字作"投"。

〔三一〕紹興本、毛本"三"字作"二",《後漢紀》同。

〔三二〕郝書"及"下有"見"字。

〔三三〕紹興本"俊"字作"傑"。

〔三四〕紹興本"事"字作"政"。

〔三五〕郝書作"而目理甚疏"。

〔三六〕《御覽》卷二百四十八引《九州春秋》作"一朝殺部督郵"。

〔三七〕盧弼曰:"范書融傳作'左丞黃祖'。趙一清曰:'時有兩黃祖。'錢大昕曰:'黃祖非融所殺,承、丞古通同。'"

謹案:《御覽》卷九百六十五引《英雄記》曰:"孔文舉爲東萊賊所攻,城欲破,治中左承祖請('請'字據《事類賦》卷二十六引補)以官棗賦與戰士。"是左承祖融之治中也,左姓,承祖名。《後漢書》"丞"下有"黃"字,蓋"承"作"丞",或以左丞爲官名,遂於"祖"字上妄增"黃"字,疑非范書之舊文也。趙說非是。

〔三八〕《書鈔》卷一百四十八引"列"字作"有"。

〔三九〕《御覽》卷四百零五引作"愛才樂士,常若不足。每歎曰"。此疑有脫文。

〔四〇〕郝書"國"上有"此"字。

〔四一〕郝書"褰"字作"拂"。

〔四二〕《世說·溺惑篇》注引此下有"五官將納熙妻"六字。

〔四三〕《世說》注作"二子方八歲,九歲"。

〔四四〕《世說》注引"辭"字作"辟"。"辟"爲"避"之省借。

〔四五〕毛本"元"作"玄"。盧弼曰："玄了，或云'疑作懸了'。"《世説》注引此作"懸"。

謹案：作"玄"字是。《後漢書·張衡傳贊》注："玄猶深也。""玄"與"懸"古字通。《釋名·釋天》："天又謂之玄，玄，懸也，如懸在上也。"是其證。

〔四六〕《世説》注引"宜"字作"固"。

〔四七〕《世説》注引"身"字作"之"。

〔四八〕《世説》注引"理"下有"也"字。

〔四九〕《通志》"功"字作"力"。

〔五〇〕毛本"之"作"治"。盧弼曰："宋本'治'作'之'。"

謹案：錢儀吉云："何改'治'字，原作'之'。"

〔五一〕毛本"藏"字作"贓"。黄生《義府》曰："'藏'乃'贓'之誤。古'藏''贓'字皆作'臧'，後人傳寫誤加'貝'耳。《左傳》'掩賊爲臧'，言得賊之物而隱庇其父，猶今窩主之謂。段玉裁曰：凡物之善者必隱於内也。以從'貝'之藏爲臧匿字，始於漢末，故改易經典不可從也。又贓私字古亦用'臧'。"

謹案：毛本作"贓"，蓋俗體易舊文，而義當從之。此曰謂婁圭以貪污盗竊而犯罪，非謂其藏慝亡命而罹刑。

〔五二〕盧弼曰："宋本'偷'作'踰'。"

謹案：作"踰"字是，踰，越也。"偷""踰"形近而誤。

〔五三〕紹興本"用"字作"待"。

〔五四〕《御覽》卷四百七十一引"詐"上有"其"字。

〔五五〕《御覽》引"各"字作"皆"。

〔五六〕《御覽》引無"曰"字，"善"字作"喜"。

〔五七〕郝書"曰"上有"操"字，疑此奪"曹公"二字。

〔五八〕盧弼曰："錢大昭曰：'此用《詩》予曰有疏附，胥、疏聲相近。'"

謹案：《詩·大雅·綿》"予曰有疏附"毛傳："率下親上曰疏附。"陳奐《毛詩傳疏》曰："《書大傳》作'胥附'，'疏''胥'同。"此作"胥附"，本《書大傳》也。

〔五九〕盧弼曰："潘眉曰：'二說不同，未知孰是？《唐書·宰相世系表》：琰生諒，字士文。又以諒爲琰子。'"

謹案：《魏書·崔逞傳》曰："崔逞字叔祖，清河武城人也。魏中尉琰之六世孫，曾祖諒，晉中書令。"據此則諒非琰之兄孫，亦非琰子，而是琰之孫也。與荀綽《冀州記》同，疑是。《世語》《唐書·宰相世系表》所云不足信。

〔六〇〕毛本"邱"字作"丘"，《御覽》卷二百六十二引同。

〔六一〕紹興本"住"字作"往"，郝書、《通志》同。

〔六二〕《治要》卷二十五引無"舉"字。《册府》卷六百三十七引無"其所舉"三字。

〔六三〕《白帖》卷四十三引"臣"字作"家"。

〔六四〕盧弼曰："《御覽》卷二百一十四引《傅咸集表》曰云云。"

謹案：此見梁章鉅《三國志旁證》引，依序例"御"字上應補"梁章鉅曰"四字。

〔六五〕《初學記》卷二十五、《御覽》卷四百三十一、《事類賦》卷十四引"班"字俱作"頒"。

〔六六〕《白帖》卷十四"服"字作"器"，《事類賦》卷十九引作"物"。作"物"者是也，《南齊書·傅昭傳》"勑曰：'卿有古人之風，故賜卿古人之物'"可證。

〔六七〕郝書"財"字作"貯"。

〔六八〕《初學記》卷十一引作"太祖謂曰"。《御覽》卷二百一十一引"謂"下有"左右"二字。

〔六九〕《御覽》卷二十五引"面"下無"反"字。

〔七〇〕《治要》《御覽》引"妻"上無"其"字。

〔七一〕《治要》《御覽》引"此"上有"由"字。

〔七二〕盧弼曰："《尚書·甘誓篇》：'左不攻於左，汝不恭命，右不攻於右，汝不恭命，用命賞於祖，弗用命戮於社，予則孥戮汝。'孔傳云：'孥，子也，非但止汝身，辱及汝子。'"

謹案：段玉裁《古文尚書撰異》曰："考《墨子·明鬼下篇》作'共'，其義蓋亦訓供奉，如《柴誓》'無敢不共'也。又唐初孔傳本或作'帑'，尚屬六書之假借，至衛包改作'孥'，則斷不可從矣！古時字少，《尚書》同一'御'字而或訓迎，或如字，或訓禦。同一'奴'字而或訓奴婢，或訓子息，皆一字可包眾說。後人因孔傳訓迎，則改'御'為'迓'；因孔傳訓子，則改'帑'為'孥'。"

〔七三〕盧弼曰："'謀'應作'謨'。"

謹案：典謀即典謨。《史記·陳杞世家》"題公生謀聚公"集解引徐廣："謀一作謨。"謀、謨一聲之轉，古多通用，不煩改字也。

〔七四〕盧弼曰："《尚書·洪範》曰：'豫恒燠若，曰急恒寒若。'"

謹案：《尚書》作"豫"，此作"舒"。正義曰："鄭、王本作'舒'。鄭注：'舒，舉遲也。'《爾雅·釋地》'河南曰豫州'釋文引李注：'豫，舒也。'"是"舒""豫"義同。

〔七五〕《册府》卷六百一十九引"齠"字作"髫"，作"髫"字者是也。《後漢書·伏湛傳》"厲志髫髮"注："謂童子垂髮也。"

陶潛《桃花源記》"黃髮垂髫"，是其證。

〔七六〕《治要》引"怨"字作"冤"。

〔七七〕《書鈔》卷六十八引《魏志·武帝紀》作"太祖征張魯，留奕爲丞相長史"。與此不同。

〔七八〕盧弼曰："《史記·晉世家》：'晉焚楚軍，火數日不息。文公歎。左右曰：勝楚而君憂何？文公歎曰：子玉猶在，庸可喜乎！'"

謹案：《左傳·宣公十二年》："士貞子諫曰：'不可！城濮之役，晉師三日穀，文公猶有憂色，左右曰：有喜而憂，如有憂而喜乎？公曰：得臣猶在，憂未歇也，困獸猶鬬，況國相乎！'"《禮記·曲禮》："有憂者側席而坐。"鄭注："側猶特也。"

〔七九〕盧弼曰："何焯校改'佳'爲'偉'。弼按：范書《梁懂傳》亦作'偉'。"

謹案：《書鈔》卷六十二、《白帖》卷五十九引俱作"帝偉之"。作"偉"字者是。《漢書·東方朔傳》"上偉之"注："以爲大奇也。"

〔八〇〕《類聚》卷八十一、《白帖》卷三十三引"嚴"下有"毅"字，是也。曹植《武帝誄》曰"聖性嚴毅"，可證。

〔八一〕《白帖》引"屬"下有"以"字。

〔八二〕紹興本、毛本"乏"作"之"。

〔八三〕郝書"審"下有"之"字。

〔八四〕郝書"數千"作"千數"。

〔八五〕紹興本"負"字作"具"。

〔八六〕紹興本"儀"字作"人"。"儀"蓋後人所改。儀時貴寵，似不得直稱爲儀也。作"人"字是。

〔八七〕《御覽》卷二百二十四引"太子"二字不重。當斷句爲："太傅入見，太子正法服而禮焉。"

〔八八〕盧弼曰："官僚無私會。"

謹案：《後漢書·鄭衆傳》："衆謂松曰：'太子儲君，無外交之義，漢有舊防，蕃主不宜私通賓客。'"此承襲漢制，非謂官僚無私會也。況曹丕請之，何可云爲官僚乎？盧君臆爲之說，疑未當。

〔八九〕郝書"供"下有"具"字。

〔九〇〕盧弼曰："《晉書·何曾傳》：'爨封陽武亭侯。'"

謹案：錢大昭曰："《晉書·何曾傳》作'陽武亭侯'。"依序例"晉"字上應補"錢大昭曰"四字。

〔九一〕《册府》卷一百七十一引"常"字作"當"。

〔九二〕《御覽》卷六百三十七引《晉書》"程咸"作"程盛"。《類聚》卷五十四引仍作"程咸"。

〔九三〕《御覽》引"家"字作"族"。

〔九四〕紹興本、馮本、陳本"法"字俱作"防"。

〔九五〕《御覽》、《册府》卷六百一十四引"思"字作"心"。

〔九六〕《御覽》引"可"字作"宜"，"父"下無"母"字。

〔九七〕《御覽》引作"可隨夫之罰"。

〔九八〕紹興本、馮本、陳本"魯"字作"曾"。

〔九九〕"董卓傳"及"帝"字俱後人妄加，承祚舊本必無是。鮑信協規太祖，事惟見《武紀》，《董卓傳》無之，故知"董卓傳"當屬衍文。承祚行文事見他傳者，如《華歆傳》"語在《武紀》"。則"帝"字非承祚舊文也，俱應刪除，惟云"語在《武紀》"而已。

〔一〇〇〕毛本"裨"字作"禆"。

〔一〇一〕《通志》"遘"字作"構"。

〔一〇二〕《治要》引"請"下無"罪"字。

〔一〇三〕《書鈔》卷六十六、《御覽》卷二百四十四引"守正"作"正色"。

〔一〇四〕《類聚》卷六十六引"表"字作"疏",上文"停車上疏"。作"疏"字是。

〔一〇五〕《治要》引無"罷"字。

〔一〇六〕錢大昕曰:"'管'當作'菅'。濟南有菅縣,故下文有'馳檄濟南'之語。"

謹案:紹興本"管"字正作"菅"。

〔一〇七〕盧弼曰:"宋本'曹'作'曾',官本作'會'。"

謹案:何焯曰:"'會'當作'曹'。"考蕭書作"中官嘗欲以事託芝"。"曾""嘗"義同。疑蕭常所見本"曾"字在"官"字下,似應據乙,則文從而意順矣。何焯所校未可從。内官謂宦官有職位者。

〔一〇八〕《書鈔》卷七十六引無"下"字,"吏"下有"民"字。

〔一〇九〕《書鈔》卷五十四引無"各部吏末作"五字,"民"下有"各求"二字。考《合璧事類》後集卷三十五、《翰苑新書》卷五引《北堂書鈔》皆作"民各求治生",與舊抄印合,足訂今本《魏志》之譌。

〔一一〇〕《書鈔》作"以要利,芝入諫曰"。

〔一一一〕紹興本、毛本"耘"字作"芸"。

〔一一二〕盧弼曰:"錢儀吉曰:'宗田未詳。'"

謹案:《左傳·昭公二年》"禮之宗也"注:"宗猶主也。"主有典領之義,見《文選·甘泉賦》注。句謂行者遺留之耕田,由留者典領之,而代其種植也,故曰"留者爲行者宗田"。

三國志校箋卷十三

魏志卷十三〔一〕

鍾繇 子毓　華歆　王朗 子肅　周生烈　董遇　隗禧〔二〕

　　鍾繇字元常，潁川長社人也。《先賢行狀》曰：鍾皓字季明，溫良篤慎，博學《詩》律，教授門生千有餘人，爲郡功曹。時太丘長陳寔爲西門亭長，皓深獨敬異。寔少皓十七歲，常禮待與同分義。會辟公府，臨辭，太守問："誰可代君？"皓曰："明府欲必得其人，西門亭長可用。"寔曰："鍾君似不察人爲意，不知何獨識我？"皓爲司徒掾，公出，道路泥濘，導從惡其相灑，去公車絕遠。公椎軾言："司徒今日爲獨行耳！"還府向閤，鈴下不扶，令揖掾屬，公奮手不顧。時舉府掾屬皆投劾出，皓爲西曹掾，即開府門分布曉語已出者，曰："臣下不能得自直於君，若司隸舉繩墨，以公失宰相之禮，又不勝任，諸君終身何所任邪？"掾屬以故皆止。都官果移西曹掾，問空府去意〔三〕，皓召都官吏，以見掾屬名示之，乃止。前後九辟三府，遷南鄉林慮長，不之官。時郡中先輩爲海内所歸者〔四〕，蒼梧太守定陵陳稺叔、故黎陽令潁陰荀淑及皓。少府李膺常宗此三人，曰："荀君清識難尚，陳、鍾至德可師。"膺之姑爲皓兄之妻〔五〕，生子覬，與膺年齊，並有令名。覬又好學慕古，有退讓之行。爲童幼時，膺祖太尉修言："覬似我家性，國有道不廢，國無道免於刑戮者也。"復以膺妹妻之。覬辟州宰，未嘗屈就。膺謂覬曰："孟軻以爲人無好惡是非之心，非人也。弟於人何太無皂白邪！"覬嘗以膺之言白皓，皓曰："元禮，祖公在位，諸父並盛，韓公之甥，故得然耳。國武子好昭人過，以爲怨本，今豈其時！保身全家，汝道是也。"覬早亡，膺雖荷功名，位至卿佐，而卒隕身世禍。皓年六十九，終於家。皓二子迪、敷，並以黨錮不仕。彧則迪之孫。嘗與族父瑜俱至洛陽，道遇相者，曰："此童有貴相，然當厄於水，努力慎之！"行未十里，度橋，馬驚，墮水幾死。瑜以相者言中，益貴彧，而供給資費，使得專學。舉孝廉，謝承《漢書》曰：南陽陰修爲潁川太守，以旌賢擢俊爲務，舉五官掾張仲方正，察功曹鍾繇、主簿荀彧、主記掾張禮、賊曹掾杜祐、孝廉荀攸、計吏郭圖爲吏，以光國朝。除尚書郎、陽陵令，以疾去。辟三府，爲廷尉正、黃門侍郎。是時，漢帝在西京，李傕、郭汜等亂長安中，與關東斷絶。太祖領兖州牧，始遣使上書。《世語》曰：太祖遣使從事王必致命天子。傕、汜等以爲"關東欲自立天子，今曹操雖有使命，非其至實"，議留太祖使，拒絶其意。彧説傕、汜等曰："方今英雄並起，各矯命專制，唯曹兖州乃心王室，而逆其忠款，非所以副將來之望也。"傕、汜等用彧言，厚加答報，由是太祖使命遂得通。太祖既數聽荀彧之稱彧，又聞其説傕、汜，益虚心。後傕脅天子，繇與尚書郎韓斌同策謀。天子得出長安，繇有力焉。拜御史中丞，遷侍中尚書僕射，并錄前功封東武亭侯。

時關中諸將馬騰、韓遂等，各擁彊兵相與爭。太祖方有事山東，以關右爲憂。乃表繇以侍中守司隸校尉，持節督關中諸軍，委之以後事，特使不拘科制。繇至長安，移書騰、遂等，爲陳禍福，騰、遂各遣子入侍。太祖在官渡，與袁紹相持，繇送馬二千餘匹給軍〔六〕。太祖與繇書曰："得所送馬，甚應其急。關右平定，朝廷無西顧之憂，足下之勳也。昔蕭何鎮守關中，足食成軍，亦適當爾。"其後匈奴單于作亂平陽，繇率諸軍圍之，未拔；而袁尚所置河東太守郭援到河東，衆甚盛。諸將議欲釋之去，繇曰："袁氏方彊，援之來，關中陰與之通，所以未悉叛者，顧吾威名故耳。若棄而去，示之以弱，所在之民，誰非寇讎？縱吾欲歸，其得至乎！此爲未戰先自敗也。且援剛愎好勝，必易吾軍，若渡汾爲營，及其未濟擊之，可大克也。"張既説馬騰會擊援，騰遣子超將精兵逆之。援至，果輕渡汾，衆止之，不從。濟水未半，擊，大破之〔七〕，司馬彪《戰略》曰：袁尚遣高幹、郭援將兵數萬人，與匈奴單于寇河東，遣使與馬騰、韓遂等連和，騰等陰許之。傅幹説騰曰："古人有言'順道者昌，逆德者亡'。曹公奉天子誅暴亂，法明國治，上下用命，有義必賞，無義必罰，可謂順道矣。袁氏背王命，驅胡虜以陵中國，寬而多忌，仁而無斷，兵雖彊，實失天下心，可謂逆德矣。今將軍既事有道，不盡其力，陰懷兩端，欲以坐觀成敗，吾恐成敗既定，奉辭責罪，將軍先爲誅首矣。"於是騰懼。幹曰："智者轉禍爲福。今曹公與袁氏相持，而高幹、郭援獨制河東，曹公雖有萬全之計，不能禁河東之不危也。將軍誠能引兵討援，內外擊之，其勢必舉。是將軍一舉，斷袁氏之臂，解一方之急，曹公必重德將軍。將軍功名，竹帛不能盡載也。唯將軍審所擇！"騰曰："敬從教。"於是遣子超將精兵萬餘人，并將逄等兵，與繇會擊援等，大敗之〔八〕。斬援，降單于。語在《既傳》。其後河東衛固作亂，與張晟、張琰及高幹等並爲寇，繇又率諸將討破之。《魏略》曰：詔徵河東太守王邑。邑以天下未定，心不願徵，而吏民亦戀邑，郡掾衛固中郎將范先等各詣繇求乞邑〔九〕。而詔已拜杜畿爲太守，畿已入界。繇不聽先等，促邑交符。邑佩印綬，徑從河北詣許自歸。繇時治在洛陽，自以威禁失督司之法，乃上書自劾曰："臣前上言故鎮北將軍領河東太守安陽亭侯王邑巧辟治官，犯突科條，事當推劾，檢實姦詐。被詔書當如所糾。以其歸罪，故加寬赦。又臣上言吏民大小，各懷顧望，謂邑當還，拒太守杜畿，今皆反悔，共迎畿之官。謹按文書，臣以空虛，被蒙拔擢，入充近侍，兼典機衡，悉膺重任，總統偏方。既無德政以惠民物，又無威刑以檢不恪〔一〇〕，至使邑違犯詔書，郡掾衛固誑迫吏民，訟訴之言，交驛道路，漸失其禮，不虔王命。今雖反悔，醜聲流聞，咎皆由繇威刑不攝。臣又疾病，前後歷年，氣力日微，尸素重祿，曠廢職任，罪明法正。謹按侍中守司隸校尉東武亭侯鍾繇，幸得蒙恩，以斗筲之才，仍見拔擢，顯從近密，銜命督師。明知詔書深疾長吏政教寬弱，檢下無刑，久病淹滯，衆職荒頓，法令失張。邑雖違科，當必繩正法，既舉文書，操彈失理〔一一〕，至乃使邑遠詣闕廷。隳悉使命，挫傷爪牙。而固誑迫吏民，拒繳連月，今雖反悔，犯順失正，海內兇赫，罪一由繇：威刑闇弱。又繇久病，不任所職，非繇大臣當所宜爲。繇輕慢憲度，不畏詔令，不與國同心，爲臣不忠，無所畏忌，大爲不敬。又不承用詔書，奉詔不謹。又聰明蔽塞，爲下所欺，弱不勝任。數罪謹以劾，臣請法車徵詣廷尉治繇罪，大鴻臚削爵土。臣久嬰篤疾，涉夏盛劇，命縣呼吸，不任部官。輒以文書付功曹從事馬適議，免冠徒跣，伏須罪誅。"詔不聽。自天子西遷，洛陽人民單盡，繇徙關中民，又招納亡叛以充之，數年間民戶稍實。太祖征關中，得以爲資，表繇爲前軍師。

魏國初建，爲大理，遷相國。文帝在東宮，賜繇五熟釜，爲之銘曰："於赫有魏，作漢藩輔。厥相惟鍾，實幹心膂。靖恭夙夜，匪遑安處。百寮師師，楷茲度矩。"《魏略》曰：繇爲相國，以五熟釜鼎範因太子鑄之，釜成，太子與繇書曰："昔有黃三鼎〔一二〕，周之九寶，咸以一體使調一味，豈若斯釜，五味時芳？蓋鼎之烹飪，以饗上帝，以養聖賢，昭德祈福，莫斯之美。故非大人，莫之能造；故非斯器，莫宜盛德。今之嘉釜，有逾茲美。夫周之尸臣，宋之考父，衛之孔悝，晉之魏顆，彼四臣者，並以功德勒名鍾鼎。今執事寅亮大魏，以隆聖化。堂堂之德，於斯爲盛。誠太常之所宜銘，彝器之所宜勒。故作斯銘，勒之釜口，庶可贊揚洪美，垂之不朽。"臣松之案：《漢書·郊祀志》，孝宣時，美陽得鼎，京兆尹張敞上議曰："按鼎有刻書曰：'王命尸臣，官此栒邑。尸主事之臣栒音荀，䣙地〔一三〕。賜爾鸞旂，黼黻琱戈。尸臣拜手稽首曰：敢對揚天子丕顯休命！'此殆周之所以襃賜大臣子孫，〔一四〕大臣子孫刻銘其先功，藏之於宮廟也。"

考父銘見《左氏傳》，孔悝銘在《禮記》，事顯故不載。《國語》曰：昔克潞之役，秦來圖敗晉功，魏顆以其身追秦師於輔氏，親止杜回；其勒銘於景鐘，至於今不遺類，其子孫不可不興也。太子所稱四銘者也。《魏略》曰：後太祖征漢中，太子在孟津，聞繇有玉玦，欲得之而難公言〔一五〕。密使臨菑侯轉因人說之，繇即送之。太子與繇書曰："夫玉以比德君子，見美詩人。晉之垂棘，魯之璵璠，宋之結綠，楚之和璞，價越萬金，貴重都城，有稱疇昔，流聲將來。是以垂棘出晉，虞、虢雙禽；和璧入秦，相如抗節。竊見玉書，稱美玉白若截肪，黑譬純漆，赤擬雞冠，黃侔蒸栗。側聞斯語，未覩厥狀。雖德非君子，義無詩人，高山景行，私所慕仰。然四寶邈焉以遠，秦、漢未聞有良匹。是以求之曠年，未遇厥真，私願不果，飢渴未副。近見南陽宗惠叔稱君侯昔有美玦，聞之驚喜，笑與忭俱〔一六〕。當自白書，恐傳言未審，是以令舍弟子建因荀仲茂轉言鄙旨〔一七〕。乃不忽遺，厚見周稱，鄴騎既到，寶玦初至，捧跪發匣〔一八〕，爛然滿目。猥以矇鄙之姿〔一九〕，得觀希世之寶〔二〇〕，不煩一介之使，不損連城之價，既有秦昭章臺之觀，而無藺生詭奪之誑。嘉貺益腆，敢不欽承！"繇報書曰："昔忝近任，并得賜玦。尚方者老，頗識舊物。名其符采，必得處所。以爲執事有珍此者，是以鄙之，用未奉貢。幸而紆意，實以悅懌。在昔和氏，殷勤忠篤，而繇待命，是懷愧恥。"數年，坐西曹掾魏諷謀反，策罷就第。《魏略》曰：孫權稱臣，斬送關羽。太子書報繇，繇答書曰："臣同郡故司空荀爽言：'人當道情，愛我者一何可愛！憎我者一何可憎！'顧念孫權，了更嫵媚。"〔二一〕太子又書曰："得報，知喜南方。至於荀公之清談，孫權之嫵媚，執書嗢噱，不能離手。若權復點，當折以汝南許劭月旦之評。權優游二國，俯仰荀、許，亦已足矣。"文帝即王位，復爲大理。及踐阼，改爲廷尉，進封崇高鄉侯。遷太尉，轉封平陽鄉侯。時司徒華歆、司空王朗，並先世名臣。文帝罷朝〔二二〕，謂左右曰："此三公者，乃一代之偉人也，後世殆難繼矣！"陸氏《異林》曰〔二三〕：繇嘗數月不朝會，意性異常，或問其故，云："常有好婦來，美麗非凡。"問者曰："必是鬼物，可殺之。"婦人後往，不即前，止戶外。繇問何以，曰："公有相殺意。"繇曰："無此。"乃勤勤呼之，乃入。繇意恨，有不忍之心，然猶斫之傷髀。婦人即出，以新綿拭血竟路。明日使人尋迹之，至一大冢，木中有好婦人，形體如生人，著白練衫，丹繡裲襠，傷左髀，以裲襠中綿拭血。叔父清河太守說如此。清河，陸雲也。明帝即位，進封定陵侯，增邑五百，并前千八百戶，遷太傅。繇有膝疾，拜起不便。時華歆亦以高年疾病，朝見皆使載輿車，虎賁舁上殿就坐。是後三公有疾，遂以爲故事。

初，太祖下令，使平議死刑可宮割者。繇以爲："古之肉刑，更歷聖人，宜復施行，以代死刑。"議者以爲非悅民之道，遂寢。及文帝臨饗羣臣，詔謂"太祖欲復肉刑，此誠聖王之法。公卿當善共議"。議未定，會有軍事，復寢。太和中，繇上疏曰："大魏受命，繼蹤虞、夏。孝文革法，不合古道。先帝聖德，固天所縱，墳典之業，一以貫之。是以繼世仍發明詔，思復古刑，爲一代法。連有軍事，遂未施行。陛下遠追二祖遺意，惜斬趾可以禁惡，恨入死之無辜，乃明習律令〔二四〕，與羣臣共議。出本當右趾而入大辟者，復行此刑。《書》云：'皇帝清問下民，鰥寡有辭於苗。'此言堯當除蚩尤、有苗之刑，先審問於下民之有辭者也。若今蔽獄之時，訊問三槐、九棘、羣吏、萬民，使如孝景之令，其當棄市，欲斬右趾者許之。其黥、劓、左趾、宮刑者，自如孝文，易以髡、笞。能有姦者，率年二十至四五十，雖斬其足，猶任生育。今天下人少於孝文之世，下計所全，歲三千人。張蒼除肉刑，所殺歲以萬計。臣欲復肉刑，歲生三千人。子貢問能濟民可謂仁乎？子曰〔二五〕：'何事於仁，必也聖乎，堯、舜其猶病諸！'又曰：'仁遠乎哉？我欲仁，斯仁至矣。'若誠行之，斯民永濟。"書奏，詔曰："太傅學優才高，留心政事，又於刑理深遠。此大事，公卿羣僚善共平議。"司徒王朗議，以爲："繇欲輕減大辟之條，以增益刖刑之數，此即起偃爲豎〔二六〕，化屍爲人矣。然臣之愚，猶有未合微異之意。夫五刑之屬，著在科律，科律自有減死一等之法，不死即爲減。施行已久，不待遠假斧鑿於彼肉刑，然後有罪次也。前世仁者，不忍肉刑之慘酷，是以廢而不用。不用已來，歷年數百。今復行之，恐所減之文，未彰於萬民之目；而肉刑之問，已宣於寇讎之耳。非所以來遠人也。今可按繇所欲輕之死罪，使減死之髡、刖。嫌其輕者，可倍其居作之歲數。内有以生易死不訾之恩，外無以刖易鈇鉞耳之聲。"議者百餘人，與朗同者多。帝以吴、蜀未平，且寢。袁宏曰〔二七〕：夫人心樂全而不能常全〔二八〕，蓋利用之物縣於外，而嗜欲之情動於內也。於是有進取貪競之行，希求放肆之事。進取不已，不能充其嗜欲，則苟且僥倖之所生也；希求無厭，無以愜其欲，則姦偽忿怒之所興也。先王知其如此，而欲救其弊，或先德化以陶其心〔二九〕；其心不化，然後加以刑辟。《書》曰："百姓不親，五品不遜。汝作司徒而敬敷五教。蠻夷猾夏，寇賊姦宄。汝作士，五刑有服。"然則德、刑之設，參而用之者也。三代相因，其義詳焉。《周禮》："使墨者守門，劓者守關，宮者守內，刖者守囿。"此肉刑之制可得而論者也。荀卿亦云，殺人者死，傷人者刑，百王之所同，未有知其所由來者也。夫殺人者死，而相殺者不已，是大辟可以懲未殺，不能使天下無殺也。傷人者刑，而害物者不息，是黥、劓可以懼未刑，不能使天下無刑也。故將欲止之，莫若先以德化。夫罪過彰著，然後入於刑辟，是將殺人者不必死，欲傷人者不必刑。縱而弗化〔三〇〕，則陷於刑辟。故刑之所制，在於不可移之地。禮教則不然，明其善惡，所以潛勸其情，消之於未殺也〔三一〕；示之恥辱，所以內愧其心，治之於未傷也。故過微而不至於著，罪薄而不及於刑。終入罪辟者，非教化之所得也，故雖殘一物之生，刑一人之體，是除天下之害，夫何傷哉！率斯道也，風化可以漸淳，刑罰可以漸少，其理然也。苟不能化其心，而專任刑罰，民失義方，動罹刑網，求世休和，焉可得哉？周之成、康，豈按三千之文而致刑錯之美乎？蓋德化漸漬致〔三二〕，斯有由也。漢初懲酷刑之弊，務寬厚之論，公卿大夫，相與恥言人過。文帝登朝，加以玄默。張武受賂，賜金以愧其心；吳王不朝，崇禮以訓其失。是以吏民樂業，風流篤厚〔三三〕，斷獄四百，幾致刑錯，豈非德刑兼用已然之效哉？世之欲言〔三四〕刑罰之用，不先德教之益，失之遠矣。今大辟之罪，與古同制。免死已下，不過五歲，既釋鉗鎖，復得齒於人倫。是以民無恥惡〔三五〕，數為姦盜，故刑徒多而亂不治也。苟教之所去，罰當其罪，一離刀鋸，沒身不齒，鄰里且猶恥之，而況於鄉黨乎？而況朝廷乎？如此，則夙沙、趙高之儔，無施其惡矣[三六]。古者察其言，觀其行，而善惡彰焉。然則君子之去刑辟，固已遠矣。過誤不幸[三七]，則八議之所宥也。若夫卞和、史遷之冤，淫刑之所及也。苟失其道，或不免於大辟，而況肉刑哉！《漢書》："斬右趾及殺人先自言告，吏坐受賕，守官物而即盜之，皆棄市。"此班固所謂當生而令死者也。今不忍刻截之慘，而安剸絶之悲，此最治體之所先，有國所宜改者也。

太和四年，繇薨[三八]。帝素服臨弔，諡曰成侯。《魏書》曰：有司議諡，以爲繇昔爲廷尉，辨理刑獄，決嫌明疑，民無怨者，猶於、張之在漢也。詔曰："太傅功高德茂，位爲師保，論行賜諡，常先依此，兼敘廷尉於、張之德耳。"乃策諡曰成侯。子毓嗣。初，文帝分毓户邑，封繇弟演及子劭、孫豫列侯。

毓字稚叔。年十四爲散騎侍郎，機捷談笑，有父風。太和初，蜀相諸葛亮圍祁山，明帝欲西征[三九]，毓上疏曰："夫策貴廟勝，功尚帷幄，不下殿堂之上，而決勝千里之外。車駕宜鎮守中土，以爲四方威勢之援。今大軍西征，雖有百倍之威，於關中之費，所損非一。且盛暑行師，詩人所重，實非至尊動軔之時也。"遷黃門侍郎。時大興洛陽宮室，車駕便幸許昌，天下當朝正許昌。許昌偪狹，於城南以氈爲殿，備設魚龍曼延，民罷勞役。毓諫，以爲"水旱不時，帑藏空虛，凡此之類，可須豐年"，又上"宜復關內開荒地，使民肆力於農"，事遂施行。正始中，爲散騎侍郎。大將軍曹爽盛夏興軍伐蜀，蜀拒守，軍不得進。爽方欲增兵，毓與書曰："竊以爲廟勝之策，不臨矢石，王者之兵，有征無戰。誠以干戚可以服有苗，退舍足以納原寇，不必縱吳漢於江關，騁韓信於井陘也。見可而進，知難而退，蓋自古之政。惟公侯詳之！"爽無功而還。後以失爽意，徙侍中〔四○〕，出爲魏郡太守。爽既誅，入爲御史中丞、侍中廷尉。聽君父已没，臣子得爲理謗，及士爲侯，其妻不復配嫁〔四一〕，毓所創也。

　　正元中，毌丘儉、文欽反，毓持節至揚、豫州班行赦令，告諭士民，還爲尚書。諸葛誕反，大將軍司馬文王議自詣壽春討誕。會吳大將孫壹率衆降，或以爲"吳新有釁，必不能復出軍。東兵已多，可須後問"。毓以爲："夫論事料敵，當以己度人。今誕舉淮南之地以與吳國，孫壹所率，口不至千，兵不過三百。吳之所失，蓋爲無幾。若壽春之圍未解，而吳國之内轉安，未可必其不出也。"大將軍曰："善。"遂將毓行。臣松之以爲：諸葛誕舉淮南以與吳，孫壹率二百人以歸魏〔四二〕，謂吳有釁，本非有理之言。毓之此議，蓋何足稱耳！淮南既平，爲青州刺史，加後將軍，遷都督徐州諸軍事，假節，又轉都督荊州。景元四年薨，追贈車騎將軍，諡曰惠侯。子駿嗣。毓弟會，自有傳。

　　華歆字子魚，平原高唐人也。高唐爲齊名都，衣冠無不游行市里。歆爲吏,休沐出府,則歸家闔門。議論持平,終不毀傷人。《魏略》曰:歆與北海邴原、管寧俱游學,三人相善〔四三〕,時人號三人爲"一龍",歆爲龍頭,原爲龍腹,寧爲龍尾。臣松之以爲:邴根矩之徽猷懿望,不必有愧華公,管幼安含德高蹈,又恐弗當爲尾。《魏略》此言,未可以定其先後也。同郡陶丘洪亦知名,自以明見過歆。時王芬與豪傑謀廢靈帝。語在《武紀》。《魏書》稱芬有大名於天下。芬陰呼歆、洪共定計,洪欲行,歆止之曰:"夫廢立大事,伊、霍之所難。芬性疏而不武,此必無成,而禍將及族。子其無往!"洪從歆言而止。後芬果敗,洪乃服。舉孝廉〔四四〕,除郎中,病,去官。靈帝崩,何進輔政,徵河南鄭泰、潁川荀攸及歆等。歆到,爲尚書郎。董卓遷天子長安,歆求出爲下邽令,病不行,遂從藍田至南陽。華嶠《譜敘》曰:歆少以高行顯名。避西京之亂,與同志鄭泰等六七人〔四五〕,閒步出武關〔四六〕。道遇一丈夫獨行,願得俱,皆哀欲許之〔四七〕。歆獨曰:"不可。今已在危險之中,禍福患害,義猶一也。無故受人〔四八〕,不知其義。既以受之,若有進退,可中棄乎!"衆不忍,卒與俱行。此丈夫中道墮井,皆欲棄之。歆曰:"已與俱矣,棄之不義。"相率共還出之〔四九〕,而後別去。衆乃大義之。時袁術在穰,留歆。歆説術使進軍討卓,術不能用。歆欲棄去,會天子使大傅馬日磾安集關東,日磾辟歆爲掾。東至徐州,詔即拜歆豫章太守,以爲政清靜不煩〔五〇〕,吏民感而愛之。《魏略》曰:揚州刺史劉繇死,其衆願奉歆爲主。歆以爲因時擅命,非人臣之宜。衆守之連月,卒謝遣之,不從。孫策略地江東,歆知策善用兵,乃幅巾奉迎。策以其長者，待以上賓之禮。胡沖《吳曆》曰：孫策擊豫章，先遣虞翻說歆。歆答曰："久在江表，常欲北歸；孫會稽來，吾便去也。"翻還報策，策乃進軍。歆葛巾迎策，策謂歆曰："府君年德名望，遠近所歸；策年幼稚，宜修子弟之禮。"便向歆拜。華嶠《譜敘》曰：孫策略有揚州，盛兵徇豫章，一郡大恐。官屬請出郊迎，歆曰〔五一〕："無然。"策稍進，復白發兵，又不聽。及策至，一府皆造閤，請出避之。乃笑曰："今將自來，何遽避之？"有頃，門下白曰："孫將軍至。"請見，乃前與歆共坐，談議良久，夜乃別去。義士聞之，皆長歎息而心自服也〔五二〕。策遂親執子弟之禮，禮爲上賓。是時四方賢士大夫避地江南者甚衆，皆出其下，人人望風。每策大會〔五三〕，坐上莫敢先發言，歆時起更衣，則論議譁譁。歆能劇飲，至石餘不亂，衆人微察，常以其整衣冠爲異，江南號之曰"華獨坐"。虞溥《江表傳》曰：孫策在椒丘，遣虞翻說歆。翻既去，歆請功曹劉壹入議。壹勸歆住城，遣檄迎軍。歆曰："吾雖劉刺史所置，上用，猶是剖符吏也。今從卿計，恐死有餘責矣。"壹曰："王景興既漢朝所用，且爾時會稽人衆盛彊，猶見原恕，明府何慮？"於是夜逆作檄〔五四〕，明旦出城，遣吏齎迎。策便進軍與歆相見，待以上賓，接以朋友之禮。孫盛曰：夫大雅之處世也，必先審隱顯之期，以定出處之分，否則括囊以保其身，泰則行義以達其道。歆既無夷、皓韜逸之風，又失王臣匪躬之操，故撓心於邪儒之說，交臂於陵肆之徒，位奪於一豎，節墮於當時。昔許、蔡失位，不得列於諸侯；州公實來，魯人以爲賤恥〔五五〕。方之於歆，咎孰大焉！後策死。太祖在官渡，表天子徵歆。孫權欲不遣，歆謂權曰："將軍奉王命，始交好曹公，分義未固，使僕得爲將軍效心，豈不有益乎？今空留僕，是爲養無用之物，非將軍之良計也。"權悅，乃遣歆。

賓客舊人送之者千餘人，贈遺數百金。歆皆無所拒，密各題識，至臨去，悉聚諸物，謂諸賓客曰："本無拒諸君之心，而所受遂多。念單車遠行，將以懷璧爲罪，願賓客爲之計。"衆乃各留所贈，而服其德。

歆至，拜議郎，參司空軍事，入爲尚書，轉侍中，代荀彧爲尚書令。太祖征孫權，表歆爲軍師。魏國既建，爲御史大夫。文帝即王位，拜相國，封安樂鄉侯。及踐阼，改爲司徒。《魏書》曰：文帝受禪，歆登壇相儀，奉皇帝璽綬，以成受命之禮。華嶠《譜敘》曰：文帝受禪，朝臣三公已下並受爵位，歆以形色忤時，徙爲司徒，而不進爵。魏文帝久不懌，以問尚書令陳羣曰："我應天受禪〔五六〕，百辟羣后，莫不人人悦喜，形於聲色，而相國及公獨有不怡者，何也？"羣起離席長跪曰："臣與相國曾臣漢朝〔五七〕，心雖悦喜，義形其色，亦懼陛下實應且憎〔五八〕。"帝大悦，遂重異之。歆素清貧，禄賜以振施親戚故人，家無擔石之儲。公卿嘗並賜没入生口，唯歆出而嫁之。帝歎息〔五九〕，孫盛曰：盛聞慶賞威刑，必宗於主，權宜宥恕，出自人君。子路私饋，仲尼毀其食器；田氏盜施，《春秋》著以爲譏。斯襃貶之成言，已然之顯義也。孥戮之家，國刑所肅，受賜之室，乾施所加，若在哀矜，理無偏宥。歆居股肱之任，同元首之重，則當公言皇朝，以彰天澤，而默受嘉賜，獨爲君子，既犯作福之嫌，又違必去之義，可謂匹夫之仁，蹈道則未也。《魏書》曰：歆性周密，舉動詳慎。常以爲人臣陳事，務以諷諫合道爲貴，就有所言，不敢顯露，故其事多不見〔六○〕。華嶠《譜敘》曰：歆淡於財欲，前後寵賜，諸公莫及，然終不殖產業。陳羣常歎曰："若華公，可謂通而不泰，清而不介者矣。"《傅子》

曰：敢問今之君子？曰："袁郎中積德行儉，華太尉積德居順，其智可及也，其清不可及也。事上以忠，濟下以仁，晏嬰、行父何以加諸？"下詔曰："司徒，國之儁老，所與和陰陽理庶事也。今大官重膳〔六一〕，而司徒蔬食，甚無謂也。"特賜御衣，及爲其妻子男女皆作衣服〔六二〕。《魏書》曰：又賜奴婢五十人。三府議："舉孝廉，本以德行，不復限以試經。"歆以爲"喪亂以來，六籍墮廢，當務存立，以崇王道。夫制法者，所以經盛衰。今聽孝廉不以經試，恐學業遂從此而廢。若有秀異，可特徵用。患於無其人，何患不得哉？"帝從其言。

黃初中，詔公卿舉獨行君子，歆舉管寧，帝以安車徵之。明帝即位，進封博平侯，增邑三百戶〔六三〕，并前千三百戶，轉拜太尉。《列異傳》曰：歆爲諸生時，嘗宿人門外。主人婦夜產。有頃，兩吏詣門，便辟易卻，相謂曰："公在此。"躊躇良久，一吏曰："籍當定，奈何得住？"乃前向歆拜，相將入。出，並行共語曰："當與幾歲？"一人曰："當三歲。"天明，歆去。後欲驗其事〔六四〕，至三歲，故往問兒消息，果已死。歆乃自知當爲公。臣松之案：《晉陽秋》說魏舒少時寄宿事，亦如之。以爲理無二人俱有此事，將由傳者不同。今寧信《列異》。歆稱病〔六五〕，乞退，讓位於寧。帝不許。臨當大會，乃遣散騎常侍繆襲奉詔喻指曰〔六六〕："朕新蒞庶事，一日萬幾，懼聽斷之不明。賴有德之臣，左右朕躬，而君屢以疾辭位。夫量主擇君，不居其朝，委榮棄祿，不究其位，古人固有之矣，顧以爲周公、伊尹則不然。潔身徇節，常人爲之，不望之於君。君其力疾就會，以惠予一人。將立席机筵，命百官總己，以須君到，朕然後御坐。"又詔襲："須歆必起，乃還。"歆不得已，乃起。

太和中，遣曹真從子午道伐蜀，車駕東幸許昌。歆上疏曰："兵亂以來，過踰二紀。大魏承天受命，陛下以聖德當成康之隆，宜弘一代之治，紹三王之迹。雖有二賊負險延命，苟聖化日躋，遠人懷德，將襁負而至。夫兵不得已而用之，故戢而時動。臣誠願陛下先留心於治道，以征伐爲後事。且千里運糧，非用兵之利；越險深入，無獨克之功。如聞今年徵役，頗失農桑之業。爲國者以民爲基，民以衣食爲本。使中國無飢寒之患，百姓無離土之心，則天下幸甚，二賊之釁，可坐而待也。臣備位宰相，老病日篤，犬馬之命將盡，恐不復奉望鑾蓋，不敢不竭臣子之懷，唯陛下裁察！"帝報曰："君深慮國計，朕甚嘉之。賊憑恃山川，二祖勞於前世，猶不克平，朕豈敢自多，謂必滅之哉！諸將以爲不一探取，無由自弊，是以觀兵以闚其釁。若天時未至，周武還師，乃前事之鑒，朕敬不忘所戒。"時秋大雨，詔真引軍還。太和五年，歆薨，諡曰敬侯。《魏書》云：歆時年七十五。子表嗣。初，文帝分歆戶邑，封歆弟緝列侯。表，咸熙中爲尚書。華嶠《譜敘》曰：歆有三子。表字偉容，年二十餘爲散騎侍郎。時同僚諸郎共平尚書事，年少，並兼屬鋒氣〔六七〕，要君名譽〔六八〕。尚書事至，或有不便，故遺漏不視，及傳書者去，即入深文論駁。惟表不然，事來有不便〔六九〕，輒與尚書共論盡其意，主者固執，不得已，然後共奏議〔七〇〕。司空陳泰等以此稱之。仕晉，歷太子少傅、太常。稱疾致仕，拜光祿大夫。性清淡，常慮天下退理。司徒李胤、司隸王密〔七一〕等常稱曰："若此人者，不可得而貴，不可得而賤〔七二〕，不可得而疏。"中子博，歷三縣內史，治有名跡。少子周，黃門侍郎、常山太守，博學有文思。中年遇疾，終於家。表有三子。長子廙，字長駿。《晉諸公贊》曰：廙有文翰，歷位尚書令、太子少傅，追贈光祿大夫開府。嶠字叔駿，有才學，撰《後漢書》世稱爲良史。爲祕書監、尚書。澹字玄駿，最知名，爲河南尹。廙三子，昆字敬倫〔七三〕，清粹有檢，爲尚書。蒼字敬叔。《世語》稱蒼貴正。恒字敬則，以通理稱。昆，尚書；蒼，河南尹；恒，左光祿大夫開府。澹子軼，字彥夏。有當世才志，爲江州刺史。

王朗字景興，東海郡人也〔七四〕。以通經，拜郎中，除菑丘長。師太尉楊賜，賜薨，棄官行服。舉孝廉，辟公府，不應。徐州刺史陶謙察朗茂才。時漢帝在長安，關東兵起〔七五〕，朗爲謙治中，與別駕趙昱等說謙曰："《春秋》之義，求諸侯莫如勤王。今天子越在西京，宜遣使奉承王命。"謙乃遣昱奉章至長安。天子嘉其意，拜謙安東將軍。以昱爲廣陵太守，朗會稽太守。《朗家傳》曰：會稽舊祀秦始皇，刻木爲像，與夏禹同廟。朗到官，以爲無德之君，不應見祀，於是除之。居郡四年，惠愛在民。孫策渡江略地。朗功曹虞翻以爲力不能拒，不如避之。朗自以身爲漢吏，宜保城邑，遂舉兵與策戰，敗績，浮海至東冶。策又追擊，大破之。朗乃詣策。策以儒雅〔七六〕，詰讓而不害。

《獻帝春秋》曰：孫策率軍如閩、越討朗。朗泛舟浮海，欲走交州，爲兵所逼，遂詣軍降。策令使者詰朗曰："問逆賊故會稽太守王朗：朗受國恩當官，云何不惟報德，而阻兵安忍？大軍征討，幸免梟夷，不自埽屏，復聚黨衆，屯住郡境。遠勞王誅，卒不悟順。捕得云降，庶以欺詐，用全首領，得爾與不，具以狀對。"朗稱禽虜，對使者曰："朗以瑣才，誤竊朝私，受爵不讓，以遘罪網。前見征討，畏死苟免。因治人物，寄命須臾。又迫大兵，惶怖北引。從者疾患，死亡略盡。獨與老母，共乘一欐。流矢始交，便棄欐就俘，稽顙自首於征役之中。朗惶惑不達，自稱降虜。緣前迷謬，被詰慚懼。朗愚淺篤怯，畏威自驚。又無良介，不早自歸。於破亡之中，然後委命下隸〔七七〕。身輕罪重，死有餘辜。申脰就鞅，蹴足入絆，叱咤聽聲，東西惟命。"雖流移窮困，朝不謀夕，而收卹親舊，分多割少，行義甚著。

太祖表徵之，朗自曲阿展轉江海，積年乃至。朗被徵未至〔七八〕。孔融與朗書曰："世路隔塞，情問斷絕，感懷增思。前見章表，知尋湯武罪己之迹，自投東裔同鮌之罰，覽省未周，涕隕潸然。主上寬仁，貴德宥過。曹公輔政，思賢並立。策書屢下，殷勤款至。知櫂舟浮海，息駕廣陵，不意黃能突出羽淵也。談笑有期，勉行自愛！"《漢晉春秋》曰：孫策之始得朗也，譴讓之。使張昭私問朗，朗誓不屈，策忿而不敢害也，留置曲阿。建安三年，太祖表徵朗，策遣之。太祖問曰："孫策何以得至此邪？"朗曰："策勇冠一世，有儁才大志。張子布，民之望也，北面而相之。周公瑾，江淮之傑，攘臂而爲其將。謀而有成，所規不細，終爲天下大賊，非徒狗盜而已。"拜諫議大夫，參司空軍事。《朗家傳》曰：朗少與沛國名士劉陽交友。陽爲莒令，年未三十而卒，故後世鮮聞。初，陽以漢室漸衰，知太祖有雄才，恐爲漢累，意欲除之而事不會。及太祖貴，求其嗣子甚急。其子惶窘，走伏無所。陽親舊雖多，莫敢藏者。朗乃納受積年，及從會稽還，又數開解。太祖久乃赦之，陽門户由是得全。魏國初建，以軍祭酒領魏郡太守，遷少府、奉常、大理。務在寬恕，罪疑從輕。鍾繇明察當法，俱以治獄見稱。《魏略》曰：太祖請同會，嘲朗曰：「不能效君昔在會稽折秔米飯也。」〔七九〕朗仰而歎曰：「宜適難值〔八〇〕！」太祖問：「云何？」朗曰：「如朗昔者，未可折而折；如明公今日，可折而不折也。」〔八一〕太祖以孫權稱臣遣貢諮朗，朗答曰：「孫權前賤，自詭躬討虜以補前愆，後疏稱臣，以明無二。牙獸屈膝，言鳥告歡，明珠、南金，遠珍必至。情見乎辭，效著乎功。三江五湖，爲沼於魏，西吳東越，化爲國民。鄢、郢既拔，荆門自開。席卷巴、蜀，形勢已成。重休累慶，雜沓相隨。承旨之日，撫掌擊節。情之畜者，辭不能宣。」

文帝即王位，遷御史大夫，封安陵亭侯。上疏勸育民省刑曰：「兵起已來三十餘年，四海盪覆，萬國殄瘁。賴先王芟除寇賊，扶育孤弱，遂令華夏復有綱紀。鳩集兆民，於茲魏土，使封鄙之内，雞鳴狗吠，達於四境，蒸庶欣欣，喜遇升平。今遠方之寇未賓，兵戎之役未息，誠令復除足以懷遠人，良宰足以宣德澤，阡陌咸修，四民殷熾，必復過於曩時而富於平日矣。《易》稱勑法，《書》著祥刑，一人有慶，兆民賴之，慎法獄之謂也。昔曹相國以獄市爲寄，路温舒疾治獄之吏。夫治獄者得其情，則無冤死之囚；丁壯者得盡地力，則無饑饉之民；

窮老者得仰食倉廩，則無餒餓之殍；嫁娶以時，則男女無怨曠之恨；胎養必全，則孕者無自傷之哀；新生必復，則孩者無不育之累；壯而後役，則幼者無離家之思；二毛不戎，則老者無頓伏之患。醫藥以療其疾，寬繇以樂其業，威罰以抑其彊，恩仁以濟其弱，賑貸以贍其乏。十年之後，既笄者必盈巷。二十年之後，勝兵者必滿野矣。"

及文帝踐阼，改爲司空，進封樂平鄉侯。《魏名臣奏》載朗節省奏曰："詔問所宜損益，必謂東京之事也。若夫西京云陽、汾陰之大祭，千有五百之羣，祀通天之臺，入阿房之宮，齋必百日，養犧五載，牛則三千其重，玉則七千其器；文綺以飾重席，童女以蹈舞綴；釀酎必貫三時而後成，樂人必三千四百而後備；內宮美人數至近千，學官博士七千餘人[八二]；中厩則騑駵駬馬六萬餘匹，外牧則匜養三萬而馬十之[八三]；執金吾從騎六百，走卒倍焉；太常行陵幸車千乘[八四]，太官賜官奴婢六千，長安城內治民爲政者三千，中二千石蔽罪斷刑者二十有五獄。政充事猥，威儀繁富，隆於三代，近過禮中。夫所以極奢者[八五]，大抵多受之於秦餘。既違蘭粟懇誠之本，埽地簡易之指，又失替質而損文[八六]、避泰而從約之趣。豈夫當今隆興盛明之時，祖述堯舜之際，割奢務儉之政，除繁崇省之令，詳刑慎罰之教，所宜希慕哉？及夫寢廟日一太牢之祀，郡國並立宗廟之法，丞相御史大夫官屬吏從之數，若此之輩[八七]，既已屢改於哀、平之前，不行光武之後矣。謹按圖牒所改，奏在天地[八八]及五帝、六宗、宗廟、社稷，既已因前代之兆域矣。夫天地則埽地而祭，其餘則皆壇而垺之矣。明堂所以祀上帝，靈臺所以觀天文，辟雍所以修禮樂，太學所以集儒林，高禖所以祈休祥，又所以察時務，揚教化。稽古先民，開誕慶祚，舊時皆在國之陽，並高棟夏屋，足以肆饗射，望云物。七郊雖尊祀尚質，猶皆有門宇便坐，足以避風雨。可須軍罷年豐，以漸修治。舊時虎賁羽林五營兵，及衛士并合，雖具萬人〔八九〕，或商賈惰游子弟，或農野謹鈍之人；雖有乘制之處，不講戎陣，既不簡練，又希更寇，雖名實不副〔九〇〕，難以備急。有警而後募兵，軍行而後運糧，或乃兵既久屯，而不務營佃，不修器械，無有貯聚，一隅馳羽檄，則三面並荒擾，此亦漢氏近世之失而不可式者也。當今諸夏已安，而巴蜀在畫外。雖未得偃武而弢甲，放馬而戢兵，宜因年之大豐，遂寄軍政於農事。吏士小大，並勤稼穡，止則成井里於廣野，動則成校隊於六軍，省其暴繇，贍其衣食。《易》稱'悅以使民，民忘其勞，悅以犯難，民忘其死'，今之謂矣。糧畜於食，勇畜於勢，雖坐曜烈威而衆未動，畫外之蠻，必復稽顙以求改往而效用矣。若畏威效用，不戰而定，則賢於交兵而後威立，接刃而後功成遠矣。若姦凶不革，遂迷不反，猶欲以其所虐用之民，待大魏投命報養之士，然後徐以前歌後舞樂征之衆，臨彼倒戟折矢樂服之羣，伐腐摧枯，未足以爲喻〔九一〕。"時帝頗出游獵〔九二〕，或昏夜還宮。朗上疏曰："夫帝王之居，外則飾周衛，內則重禁門，將行則設兵而後出幄，稱警而後踐墀，張弧而後登輿，清道而後奉引，遮列而後轉轂，靜室而後息駕，皆所以顯至尊，務戒慎，垂法教也。近日車駕出臨捕虎，日昃而行，及昏而反，違警蹕之常法，非萬乘之至慎也。"帝報曰："覽表，雖魏絳稱虞箴以諷晉悼，相如陳猛獸以戒漢武〔九三〕，未足以喻。方今二寇未殄，將帥遠征，故時入原野，以習戎備。至於夜還之戒,已詔有司施行[九四]。"《王朗集》載朗爲大理時上"主簿趙郡張登,昔爲本縣主簿,值黑山賊圍郡,登與縣長王儁帥吏兵七十二人直往赴救,與賊交戰,吏兵散走。儁殆見害,登手格一賊[九五],以全儁命。又守長夏逸,爲督郵所枉,登身受考掠,理逸之罪。義濟二君,宜加顯異。"[九六]太祖以所急者多,未遑擢敍[九七]。至黄初初,朗又與太尉鍾繇連名表聞,兼稱登在職勤勞。詔曰:"登忠義彰著,在職功勤。名位雖卑,直亮宜顯。饔膳近任,當得此吏。今以登爲太官令。"

初,建安末,孫權始遣使稱藩,而與劉備交兵。詔議"當興師與吴并取蜀不"?朗議曰:"天子之軍,重於華、岱,誠宜坐曜天威,不動若山。假使權親與蜀賊相持,搏戰曠日,智均力敵,兵不速決,當須軍興以成其勢者,然後宜選持重之將,承寇賊之要,相時而後動,擇地而後行,一舉可無餘事。今權之師未動,則助吴之軍無爲先征。且雨水方盛,非行軍動衆之時。"帝納其計。黄初中,鶖鵲集靈芝池,詔公卿舉獨行君子。朗薦光禄大夫楊彪,且稱疾,讓位於彪。帝乃爲彪置吏卒,位次三公。詔曰:"朕求賢於君而未得,君乃翻然稱疾[九八],非徒不得賢,更開失賢之路,增玉鉉之傾。無乃居其室出其言不善,見違於君子乎!君其勿有後辭。"朗乃起。

孫權欲遣子登入侍,不至。是時車駕徙許昌,大興屯田,欲舉軍東征。朗上疏曰:"昔南越守善,嬰齊入侍,遂爲冢嗣,還君其國。康居驕黠,情不副辭,都護奏議以爲宜遣侍子，以黜無禮。且吳濞之禍，萌於子入，隗囂之叛，亦不顧子。往者聞權有遣子之言而未至，今六軍戒嚴，臣恐輿人未暢聖旨，當謂國家慍於登之逋留，是以爲之興師。設師行而登乃至，則爲所動者至大，所致者至細，猶未足以爲慶。設其傲很，殊無入志，懼彼輿論之未暢者，並懷伊邑。臣愚以爲宜勑別征諸將，各明奉禁令，以慎守所部。外曜烈威，内廣耕稼，使泊然若山，澹然若淵，勢不可動，計不可測。"是時，帝以成軍遂行，權子不至〔九九〕，車駕臨江而還〔一〇〇〕。《魏書》曰：車駕既還，詔三公曰："三世爲將，道家所忌。窮兵黷武，古有成戒。况連年水旱，士民損耗，而功作倍於前，勞役兼於昔，進不滅賊，退不和民〔一〇一〕。夫屋漏在上，知之在下，然迷而知反，失道不遠，過而能改，謂之不過。今將休息，樓備高山，沉權九淵，割除擯棄，投之畫外。車駕當以今月中旬到譙、淮、漢衆軍，亦各還反，不臘西歸矣。"

明帝即位，進封蘭陵侯，增邑五百，并前千二百戶。使至鄴省文昭皇后陵，見百姓或有不足。是時方營修宮室，朗上疏曰："陛下即位以來，恩詔屢布，百姓萬民莫不欣欣。臣頃奉使北行，往反道路，聞衆徭役，其可得蠲除省減者甚多。願陛下重留日昃之聽，以計制寇。昔大禹將欲拯天下之患，故乃先卑其宮室，儉其衣食，用能盡有九州，弼成五服。句踐欲廣其御兒之疆，御兒，吳界邊戍之地名〔一〇二〕。賊夫差於姑蘇，故亦約其身以及家，儉其家以施國，用能囊括五湖，席卷三江，取威中國，定霸華夏。漢之文、景亦欲恢弘祖業，增崇洪緒，故能割意於百金之臺，昭儉於弋綈之服，內減太官而不受貢獻，外省徭賦而務農桑，用能號稱升平，幾致刑錯。孝武之所以能奮其軍勢，拓其外境，誠因祖考畜積素足，故能遂成大功。霍去病，中才之將，猶以匈奴未滅，不治第宅。明卹遠者略近，事外者簡內。自漢之初及其中興，皆於金革略寢之後，然後鳳闕猥閱〔一〇三〕，德陽並起。今當建始之前，足用列朝會；崇華之後，足用序內官；華林、天淵，足用展游宴。若且先成閶闔之象魏，使足用列遠人之朝貢者，修城池，使足用絕踰越成國險，其餘一切，且須豐年。一以勤耕農爲務，習戎備爲事，則國無怨曠，戶口滋息，民充兵強，而寇戎不賓，緝熙不作，未之有也。"轉爲司徒。

時屢失皇子，而後宮就館者少，朗上疏曰："昔周文十五而有武王，遂享十子之祚，以廣諸姬之胤。武王既老而生成王，成王是以鮮於兄弟。此二王者，各樹聖德，無以相過，比其子孫之祚，則不相如。蓋生育有早晚，所產有衆寡也。陛下既德祚兼彼二聖，春秋高於姬文育武之時矣，而子發未舉於椒蘭之奧房，藩王未繁於掖庭之衆室。以成王爲喻，雖未爲晚，取譬伯邑則不爲夙。《周禮》六宮內官百二十人，而諸經常說，咸以十二爲限，至於秦漢之末，或以千百爲數矣。然雖彌猥，而就時於吉館者或甚鮮，明'百斯男'之本，誠在於一意，不但在於務廣也。老臣悾悾，願國家同祚於軒轅之五五，而未及周文之二五，用爲伊邑。且少小常苦被褥泰温，泰温則不能便柔膚弱體，是以難可防護，而易用感慨。若常令少小之緼袍，不至於甚厚，則必咸保金石之性，而比壽於南山矣。"帝報曰："夫忠至者辭篤，愛重者言深。君既勞思慮，又手筆將順，三復德音，欣然無量。朕繼嗣未立，以爲君憂，欽納至言，思聞良規。"朗著《易》《春秋》《孝經》《周官》傳，奏議論記，咸傳於世。《魏略》曰：朗本名嚴，後改爲朗。《魏書》曰：朗高才博雅，而性嚴整慷慨，多威儀，恭儉節約，自婚姻中表禮贄無所受。常譏世俗有好施之名，而不卹窮賤，故用財以周急爲先。太和二年薨，諡曰成侯。子肅嗣。初，文帝分朗户邑，封一子列侯，朗乞封兄子詳。

肅字子雍。年十八，從宋忠讀《太玄》，而更爲之解。肅父朗與許靖書云：肅生於會稽。黃初中，爲散騎黃門侍郎。太和三年，拜散騎常侍。四年，大司馬曹真征蜀，肅上疏曰："前志有之，'千里饋糧，士有饑色，樵蘇後爨，師不宿飽'，此謂平塗之行軍者也。又況於深入阻險，鑿路而前，則其爲勞必相百也。今又加之以霖雨，山坂峻滑，衆逼而不展，糧縣而難繼，實行軍者之大忌也。聞曹真發已踰月而行裁半谷，治道功夫，戰士悉作。是賊偏得以逸而待勞，乃兵家之所憚也。言之前代，則武王伐紂，出關而復還；論之近事，則武、文征權，臨江而不濟。豈非所謂順天知時，通於權變者哉！兆民知聖上以雨水艱劇之故，休而息之，後日有釁，乘而用之，則所謂悅以犯難,民忘其死者矣。"於是遂罷。又上疏:"宜遵舊禮,為大臣發哀,薦果宗廟。"事皆施行。又上疏陳政本曰:"除無事之位,損不急之祿,止浮食之費,并從容之官;使官必有職,職任其事,事必受祿,祿代其耕,乃往古之常式,當今之所宜也。官寡而祿厚,則公家之費鮮,進仕之志勸。進仕之志勸[一〇四],各展才力,莫相倚杖。敷奏以言,明試以功,能之與否,簡在帝心。是以唐、虞之設官分職,申命公卿,各以其事,然後惟龍為納言,猶今尚書也,以出內帝命而已。夏、殷不可得而詳。《甘誓》曰'六事之人',明六卿亦典事者也。《周官》則備矣,五日視朝,公卿大夫並進,而司士辨其位焉。其《記》曰:'坐而論道,謂之王公;作而行之,謂之士大夫。'及漢之初,依擬前代,公卿皆親以事升朝。故高祖躬追反走之周昌,武帝遙可奉奏之汲黯,宣帝使公卿五日一朝,成帝始置尚書五人。自是陵遲,朝禮遂闕。可復五日視朝之儀,使公卿尚書各以事進。廢禮復興,光宣聖緒,誠所謂名美而實厚者也。"

青龍中,山陽公薨,漢主也。肅上疏曰:"昔唐禪虞,虞禪夏,皆終三年之喪,然後踐天子之尊。是以帝號無虧,君禮猶存。今山陽公承順天命,允答民望,進禪大魏,退處賓位。公子奉魏,不敢不盡節。魏之待公,優崇而不臣。既至其薨,欉斂之制,輿徒之飾,皆同於王者,是故遠近歸仁,以為盛美。且漢總帝皇之號,號曰皇帝。有別稱帝,無別稱皇,則皇是其差輕者也。

故當高祖之時，士無二王，其父見在而使稱皇，明非二王之嫌也。況今以贈終，可使稱皇以配其諡。"明帝不從，使稱帝〔一〇五〕，乃追諡曰漢孝獻皇帝。孫盛曰：化合神者曰皇，德合天者曰帝。是故三皇創號，五帝次之。然則皇之爲稱，妙於帝矣。肅謂爲輕，不亦謬乎！臣松之以爲：上古謂皇皇后帝，次言三、五，先皇後帝，誠如盛言。然漢氏諸帝，雖尊父爲皇，其實則貴而無位，高而無民，比之於帝，得不謂之輕乎！魏因漢禮，名號無改。孝獻之崩，豈得遠考古義？肅之所云，蓋就漢制而爲言耳。謂之爲謬，乃是譏漢，非難肅也。

後肅以常侍領祕書監，兼崇文觀祭酒。景初間，宮室盛興，民失農業，期信不敦，刑殺倉卒。肅上疏曰："大魏承百王之極，生民無幾，干戈未戢，誠宜息民而惠之以安靜遐邇之時也。夫務畜積而息疲民，在於省徭役而勤稼穡。今宮室未就，功業未訖，運漕調發，轉相供奉。是以丁夫疲於力作，農者離其南畝〔一〇六〕，種穀者寡，食穀者衆，舊穀既没，新穀莫繼。斯則有國之大患，而非備豫之長策也。今見作者三四萬人，九龍可以安聖體，其內足以列六宮，顯陽之殿，又向將畢，惟泰極已前〔一〇七〕，功夫尚大，方向盛寒，疾疢或作〔一〇八〕。誠願陛下發德音，下明詔，深愍役夫之疲勞，厚矜兆民之不贍，取常食稟之士，非急要者之用，選其丁壯，擇留萬人，使一朞而更之，咸知息代有日，則莫不悅以即事，勞而不怨矣。計一歲有三百六十萬夫，亦不爲少。當一歲成者，聽且三年。分遣其餘，使皆即農，無窮之計也。倉有溢粟,民有餘力:以此興功,何功不立?以此行化,何化不成?夫信之於民,國家大寶也。仲尼曰:'自古皆有死,民非信不立。'夫區區之晉國,微微之重耳,欲用其民,先示以信,是故原雖將降,顧信而歸,用能一戰而霸,於今見稱。前車駕當幸洛陽,發民爲營,有司命以營成而罷。既成,又利其功力,不以時遣。有司徒營其目前之利,不顧經國之體〔一〇九〕。臣愚以爲自今以後,儻復使民,宜明其令,使必如期。若有事以次,寧復更發,無或失信。凡陛下臨時之所行刑,皆有罪之吏,宜死之人也。然衆庶不知,謂爲倉卒。故願陛下下之於吏而暴其罪。鈞其死也,無使汙於宮掖而爲遠近所疑。且人命至重,難生易殺,氣絶而不續者也,是以聖賢重之〔一一〇〕。孟軻稱殺一無辜以取天下,仁者不爲也。漢時有犯蹕驚乘輿馬者,廷尉張釋之奏使罰金,文帝怪其輕,而釋之曰:'方其時,上使誅之則已。今下廷尉。廷尉天下之平也,一傾之,天下用法皆爲輕重,民安所措其手足?'〔一一一〕臣以爲大失其義,非忠臣所宜陳也。廷尉者,天子之吏也,猶不可以失平,而天子之身,反可以惑謬乎?斯重於爲己,而輕於爲君,不忠之甚也。周公曰:'天子無戲言;言則史書之,工誦之,士稱之。'言猶不戲,而況行之乎?故釋之之言不可不察,周公之戒不可不法也。"又陳"諸鳥獸無用之物,而有芻穀人徒之費,皆可蠲除"。

帝嘗問曰:"漢桓帝時,白馬令李云上書言:'帝者,諦也。是帝欲不諦。'當何得不死？"肅對曰："但爲言失逆順之節。原其本意，皆欲盡心，念存補國。且帝者之威，過於雷霆，殺一匹夫，無異螻蟻。寬而宥之，可以示容受切言，廣德宇於天下。故臣以爲殺之未必爲是也。"帝又問："司馬遷以受刑之故，內懷隱切，著《史記》非貶孝武，令人切齒。"對曰："司馬遷記事，不虛美，不隱惡。劉向、揚雄服其善敍事，有良史之才，謂之實錄。漢武帝聞其述《史記》，取孝景及己本紀覽之，於是大怒，削而投之。於今此兩紀有錄無書〔一二〕。後遭李陵事，遂下遷蠶室。此爲隱切在孝武，而不在於史遷也。"

正始元年，出爲廣平太守。公事徵還，拜議郎。頃之，爲侍中，遷太常。時大將軍曹爽專權，任用何晏、鄧颺等。肅與太尉蔣濟、司農桓範論及時政，肅正色曰："此輩即弘恭、石顯之屬，復稱說邪！"爽聞之，戒何晏等曰："當共慎之！公卿已比諸君前世惡人矣。"坐宗廟事免。後爲光祿勳。時有二魚長尺，集於武庫之屋，有司以爲吉祥。肅曰〔一三〕："魚生於淵而亢於屋〔一四〕，介鱗之物〔一五〕失其所也。邊將其殆有棄甲之變乎？"其後果有東關之敗。徙爲河南尹。嘉平六年，持節兼太常，奉法駕，迎高貴鄉公於元城。是歲，白氣經天，大將軍司馬景王問肅其故，肅答曰："此蚩尤之旗也，東南其有亂乎？君若脩己以安百姓，則天下樂安者歸德，唱亂者先亡矣。"明年春，鎮東將軍毌丘儉、揚州刺史文欽反，景王謂肅曰："霍光感夏侯勝之言，始重儒學之士，良有以也。安國寧主，其術焉在？"肅曰："昔關羽率荊州之衆，降于禁於漢濱，遂有北向爭天下之志。後孫權襲取其將士家屬，羽士衆一旦瓦解。今淮南將士父母妻子皆在內州，但急往禦衞，使不得前，必有關羽土崩之勢矣。"景王從之，遂破儉、欽。後遷中領軍，加散騎常侍，增邑三百，并前二千二百戶。甘露元年薨〔一一六〕，門生縗絰者以百數。追贈衞將軍，諡曰景侯。子惲嗣。惲薨，無子，國絕。景元四年，對肅子恂爲蘭陵侯。咸熙中，開建五等，以肅著勳前朝，改封恂爲承子。《世語》曰：恂字子良大〔一一七〕，有通識，在朝忠正。歷河南尹、侍中，所居有稱。乃心存公，有匪躬之節。冏令袁毅餽以駿馬，知其貪財，不受。毅竟以贓貨而敗。建立二學，崇明五經，皆恂所建。卒時年四十餘，贈車騎將軍。肅女適司馬文王，即文明皇后，生晉武帝、齊獻王攸。《晉諸公贊》曰：恂兄弟八人。其達者，虔字恭祖，以功幹見稱〔一一八〕，位至尚書。弟愷，字君夫，少有才力而無行檢，與衞尉石崇友善，俱以豪侈競於世，終於後將軍。虔子康、隆，仕亦宜達，爲後世所重。

初，肅善賈、馬之學，而不好鄭氏，采會同異〔一一九〕，爲《尚書》《詩》《論語》《三禮》《左氏》解，及撰定父朗所作《易傳》，皆列於學官。其所論駁朝廷典制、郊祀、宗廟、喪紀、輕重，凡百餘篇。時樂安孫叔然，臣松之案：叔然與晉武帝同名，故稱其字。授學鄭玄之門，人稱東州大儒。徵爲祕書監，不就。肅集《聖證論》以譏短玄，叔然駮而釋之，及作《周易》《春秋》例，《毛詩》《禮記》《春秋三傳》《國語》《爾雅》諸注，又著書十餘篇。自魏初徵士燉煌周生烈，臣松之案：此人姓周生，名烈。何晏《論語集解》有烈《義例》，餘所著述，見晉武帝《中經簿》。明帝時大司農弘農董遇等，亦歷注經傳，頗傳於世。《魏略》曰：遇字季直，性質訥而好學。興平中，關中擾亂，與兄季中依將軍段煨。采稆負販，而常挾持經書，投閒習讀〔一二〇〕。其兄笑之而遇不改。及建安初，王綱小設，郡舉孝廉，稍遷黃門侍郎。是時，漢帝委政太祖，遇旦夕侍講，爲天子所愛信。至二十二年，許中百官矯制，遇雖不與謀，猶被録詣鄴，轉爲冗散。常從太祖西征，道由孟津，過弘農王冢。太祖疑欲謁，顧問左右，左右莫對，遇乃越第進曰："《春秋》之義，國君即位未踰年而卒，未成爲君。弘農王即阼既淺，又爲暴臣所制，降在藩國，不應謁。"太祖乃過。黃初中，出爲郡守。明帝時，入爲侍中、大司農。數年，病亡。初，遇善治《老子》，爲《老子》作訓註。又善《左氏傳》，更爲作朱墨別異。人有從學者，遇不肯教，而云"必當先讀百徧"〔一二一〕。言"讀書百徧而義自見"〔一二二〕。從學者云："苦渴無日。"〔一二三〕遇言"當以三餘"〔一二四〕。或問三餘之意，遇言"冬者歲之餘，夜者日之餘，陰雨者時之餘也"〔一二五〕。由是諸生少從遇學，無傳其朱墨者。《世語》曰：遇子綏，位至祕書監，亦有才學。齊王同功臣董艾，即綏之子也。《魏略》以遇及賈洪、邯鄲淳、薛夏、隗禧、蘇林、樂詳等七人爲儒宗，其序曰〔一二六〕："從初平之元，至建安之末，天下分崩，人懷苟且，綱紀既衰，儒道尤甚。至黃初元年之後，新主乃復始埽除太學之灰炭，補舊石碑之缺壞，備博士之員録，依漢甲乙以考課。申告州郡，有欲學者，皆遣詣太學。太學始開，有弟子數百人。至太和、青龍中，中外多事，人懷避就。雖性非解學，多求詣太學。太學諸生有千數，而諸博士率皆麤疏，無以教弟子。弟子本亦避役，竟無能習學，冬來春去，歲歲如是。又雖有精者，而臺閣舉格太高，加不念統其大義，而問字指墨法點注之間，百人同試，度者未十。是以志學之士，遂復陵遲，而末求浮虛者各競逐也。正始中，有詔議圜丘，普延學士。是時郎官及司徒領吏二萬餘人，雖復分布，見在京師者尚且萬人，而應書與議者略無幾人。又是時朝堂公卿以下四百餘人，其能操筆者未有十人〔一二七〕，多皆相從飽食而退。嗟夫！學業沉隕，乃至於此。是以私心常區區貴乎數公者，各處荒亂之際，而能守志彌敦者也。"賈洪字叔業，京兆新豐人也。好學有才〔一二八〕，而特精於《春秋左傳》〔一二九〕。建安初，仕郡，舉計掾，應州辟。時州中自參軍事以下百餘人，唯洪與馮翊嚴苞交通，才學最高〔一三〇〕。洪歷守三縣令，所在輒開除廐舍〔一三一〕，親授諸生。後馬超反，超劫洪，將詣華陰，使作露布。洪不獲已，爲作之。司隸鍾繇在東，識其文，曰："此賈洪作也。"及超破走，太祖召洪署軍謀掾。猶以其前爲超作露布文，故不即敍。晚乃出爲陰泉長。延康中，轉爲白馬王相。善能談戲。王彪亦雅好文學，常師宗之，過於三卿。數歲病亡，亡時年五十餘，時人爲之恨仕不至二千石。而嚴苞亦歷守二縣，黃初中，以高才入爲祕書丞，數奏文賦，文帝異之〔一三二〕。出爲西平太守，卒官。薛夏字宣聲，天水人也。博學有才。天水舊有姜、閻、任、趙四姓，常推於郡中，而夏爲單家，不爲降屈。四姓欲共治之，夏乃游逸，東詣京師。太祖宿聞其名，甚禮遇之。後四姓又使囚遙引夏，關移潁川〔一三三〕，收捕繫獄。時太祖已在冀州，聞夏爲本郡所質，撫掌曰："夏無罪也。漢陽兒輩直欲殺之耳！"乃告潁川使理出之，召署軍謀掾。文帝又嘉其才，黃初中爲祕書丞，帝每與夏推論書傳，未嘗不終日也。每呼之不名，而謂之薛君。夏居甚貧，帝又顧其衣薄，解所御服袍賜之〔一三四〕。其後征東將軍曹休來朝，時帝方與夏有所咨論，而外啓休到，帝引入。坐定，帝顧夏言之於休曰〔一三五〕："此君，祕書丞天水薛宣聲也，宜共談〔一三六〕。"其見遇如此。尋欲用之，會文帝崩。至太和中，嘗以公事移蘭臺〔一三七〕。蘭臺自以臺也，而祕書署耳，謂夏爲不得儀也〔一三八〕，推使當有坐者。夏報之曰："蘭臺爲外臺，祕書爲內閣，臺、閣，一也，何不相移之有？"蘭臺屈無以折〔一三九〕。自是之後，遂以爲常。後數歲病亡，勑其子無還天水。隗禧字子牙，京兆人也。世單家〔一四〇〕。少好學。初平中，三輔亂，禧南客荊州，不以荒擾，擔負經書，每以采稆餘日，則誦習之。太祖定荊州，召署軍謀掾。黃初中，爲譙王郎中。王宿聞其儒者，常虛心從學。禧亦敬恭以授王，由是大得賜遺。以病還，拜郎中。年八十餘，以老處家，就之學者甚多。禧既明經，又善星官，常仰瞻天文，歎息謂魚豢曰："天下兵戈尚猶未息，如之何？"豢又常從問《左氏傳》，禧答曰："欲知幽微莫若《易》，人倫之紀莫若《禮》，多識山川草木之名莫若《詩》左氏直相斫書耳，不足精意也。"豢因從問《詩》，禧說齊、韓、魯、毛四家義，不復執文，有如諷誦。又撰作諸經解數十萬言，未及繕寫而得聾〔一四一〕，後數歲病亡也。其邯鄲淳事在《王粲傳》，蘇林事在《劉邵》《高堂隆傳》，樂詳事在《杜畿傳》魚豢曰：學之資於人也，其猶藍之染於素乎！故雖仲尼，猶曰"吾非生而知之者"，況凡品哉！且世人所以不貴學者，必見夫有"誦詩三百而不能專對於四方"故也。余以爲是則下科耳，不當顧中庸以上，材質適等，而加之以文乎！今此數賢者，略余之所識也。檢其事能，誠不多也。但以守學不輟，乃上爲帝王所嘉，下爲國家名儒，非由學乎？

由是觀之，學其胡可以已哉！

評曰：鍾繇開達理幹，華歆清純德素，王朗文博富贍，誠皆一時之俊偉也。魏氏初祚，肇登三司，盛矣！夫王肅亮直多聞，能析薪哉！劉實以爲肅方於事上〔一四二〕而好下佞己，此一反也。性嗜榮貴而不求苟合，此二反也。吝惜財物而治身不穢，此三反也。

【校箋】

〔一〕毛本作"魏書十三"。

〔二〕毛本作"鍾繇華歆王朗傳第十三"。

〔三〕紹興本"去"字作"志"。

〔四〕《世說・德行篇》注引"歸"字作"師"。

〔五〕《御覽》卷五百一十三引《先賢行狀》以晧妻爲李膺之姑，然《後漢紀・桓紀》晧之嫂膺之姑也，則《先賢行狀》脫"兄"字。

〔六〕毛本"二"作"一"，誤。《武帝紀》裴注引"匹"下有"以"字。

〔七〕盧弼曰："'半'下疑有脫字。"

謹案："半"字逗，下文"擊，大破之"爲句。盧君既引《通鑑》"擊"上有"繇"字，何云"'半'下疑有脫字"也？"擊"上當據《通鑑》補"繇"字，《通志》亦有"繇"字，可證。

〔八〕馮本、陳本、毛本"敗"字作"破"。

〔九〕紹興本、馮本、陳本"固"下有"及"字。

〔一〇〕紹興本"恪"字作"格"。

〔一一〕紹興本"理"字作"禮"。

〔一二〕盧弼曰:"曹植《三鼎贊》:'以象太上。'"

謹案:"太上"之"上"爲"乙"字之誤。《類聚》卷十一引"上"作"一",張溥《漢魏百三名家集》正作"乙"。太乙,天神。《漢書·郊祀志》:"黄帝作寶鼎三,象天地人。"

〔一三〕盧弼曰:"原注:'尸主事之臣。栒音荀,幽地也。'宋本無'也'字。宋本此十字與注文相連,誤。"

謹案:此十一字乃顏師古注,見《漢書·郊祀志》。《御覽》卷七百五十六引此無之。竊疑此不出自裴氏,蓋後人援顏注而識於側,遂誤入注中也。

〔一四〕紹興本"之"下無"所以"二字。

〔一五〕紹興本、馮本、陳本"公"下無"言"字。《文選》魏文帝《與鍾大理書》李注引"公"字作"索"。

〔一六〕《御覽》卷六百九十二引《魏略》"俱"字作"會"。《文選》作"笑與抃會",李注:"《説文》曰:'抃,拊手也。'"作"抃"字是。

〔一七〕《御覽》引《魏略》作"是從容喻鄙指",與《文選》同。

〔一八〕《御覽》引《魏略》作"捧柙跪五内震駭,繩窮柙開"。今本《國志》脱"五内震駭繩窮柙開"八字。

〔一九〕《御覽》引"矇"字作"蒙",《文選》同。

〔二〇〕《御覽》引"觀"字作"覩",《文選》同。

〔二一〕紹興本"斌"字作"侮"。

〔二二〕《御覽》卷二百零七引無"文"字,是。依例應據刪。

〔二三〕盧弼曰:"沈家本曰:'是書隋、唐《志》不著録,裴所引鬼婦亦搜神之屬。陸氏不詳何人。'"

謹案：裴注曰："清河陸云也。"則此書作者當爲陸云之兄子。故丁國鈞《補晉書藝文志》"陸氏《異林》"條下："案《陸機傳》二子蔚、夏，則不知蔚與夏與？"丁説似可參證。

〔二四〕《類聚》卷五十四、《御覽》卷六百四十八引"乃"字作"使"。

〔二五〕《類聚》、《册府》卷六百一十六引"子"上俱有"孔"字，《通志》同。

〔二六〕《御覽》卷六百四十八、《册府》卷六百一十四引"豎"字作"竪"。"竪"爲"豎"之俗。

〔二七〕盧弼曰："此未署書名，當采自宏集。《隋書·經籍志》：'晉東陽太守袁宏集十五卷，梁二十卷，録一卷。'宏事見《文紀》卷首。嚴可均《全晉文》采輯最富，竟失載此文。"

謹案：盧君云"此未著書名"。試檢裴氏注，其采掇史家議論者，惟著作者姓名。至於徵引史實，原本何書，乃題書名。如所引孫盛、習鑿齒諸家書，或著姓名，或署書名，較然可知，蓋其注例則然也。此乃袁宏論刑之言，何可著其書名耶？盧君之誤一也。又云此文"當采自宏集"。考此文見袁宏《後漢紀》卷三十《孝獻紀》，非出自宏集也。盧君失於稽檢，而即謂爲出自宏集，了無參驗，其誤二也。復云嚴氏"《全晉文》采輯最富，竟失載此文"。據嚴氏書義例："《史記》、兩漢、三國、宋、齊、後魏及《漢紀》《後漢紀》《華陽國志》之論贊，全本見存，不録。"此文既見《後漢紀》，而全書猶存，依義例自不見録，安能直斥嚴氏失采哉！且《後漢紀》習見之書耳，盧君竟未及檢，其誤三也。總此三誤，足徵盧君考索之疏，乃有此愚誣之論矣。

〔二八〕毛本"人"作"民"，《後漢紀》同。

〔二九〕《後漢紀》"或"字作"故"。

〔三〇〕《後漢紀》"化"字作"死"。

〔三一〕《後漢紀》"殺"字作"然"。

〔三二〕《後漢紀》"致"上有"所"字。

〔三三〕《後漢紀》"流"字作"化"。

〔三四〕《後漢紀》"之"下有"論者"二字。

〔三五〕《後漢紀》"無"字作"不"。

〔三六〕《後漢紀》"無"下有"所"字。

〔三七〕《後漢紀》作"設而不幸"。

〔三八〕《世說·言語篇》注引《魏志》云："繇家貧好學，爲《周易》《老子》訓。"今《志》無此語。

〔三九〕盧弼曰："何焯曰：'欲下《御覽》有親字。'陳浩曰：'毓疏皆係止帝親征之辭，疑監本脫親字。'"

謹案：《通志》"欲"下有"親"字。《季漢書》作"欲自征拒之"。是鄭、謝二氏所見《魏志》或未脫"親"字也。《御覽》卷二百二十一引有"親"字，應據增。

〔四〇〕盧弼曰："陳少章曰：'徙字誤，當作從。侍中在常侍上，不應失爽意而反得美遷，當是解其近職，出典外郡。不書毓爲侍中，史省文。'"

謹案：何焯說同。徐紹楨曰："如何說，則毓忤爽時已爲侍中矣。竊疑承祚本文'徙侍中'三字當在'正始中爲散騎常侍'之下，後人傳錄於後，非史省文也。"

〔四一〕盧弼曰："觀此可知當時改嫁之風極盛。毓雖創禁例，然士之不侯而妻改嫁者，尚不在此例。蓋自魏武廢弛禮教，東漢節義之風掃地盡矣。"

謹案：士即所謂士家也。士家身份低於平民，故其妻乃由國家配嫁也。盧說迂且未確。

〔四二〕紹興本、馮本、陳本"二"字作"三"。下文云"孫壹所率，口不至千，兵不過三百"。則"三"字是也。

〔四三〕《世說·德行篇》注引作"俱游學相善"，疑此"三人"二字當刪。

〔四四〕《通志》"舉"上有"歆"字。

〔四五〕《世說》注引"泰"字作"太"。

〔四六〕《册府》卷八百零二引"閒"字作"間"。

〔四七〕《册府》引作"願得俱，北衆欲許之"。

〔四八〕《世說》注引"人"字作"之"。

〔四九〕《世說》注引"相率"二字作"卒"。

〔五〇〕《通志》"以"字作"歆"，疑臆改。《後漢書·徐穉傳》注引無"以"字，當是。

〔五一〕紹興本、馮本、陳本"歆"字作"教"。

〔五二〕《通鑑考異》引無"息"字。

〔五三〕郝書"每策"二字乙。

〔五四〕《册府》卷七百二十二引"逆"作"遂"。

〔五五〕盧弼曰："《春秋·桓公五年》：'冬，州公如曹。六年春正月寔來。'《左傳·桓公五年》：'冬，淳于公如曹，度其國危，遂不復。六年春，自曹來朝，書曰寔來，不復其國也。'"

謹案：盧君引《左氏傳》以證，而未明魯人以爲賤恥之義，蓋非。《公羊傳·桓公六年》："春正月，寔來。寔來者何？猶曰是人來也。孰謂？謂州公也。曷爲謂之寔來？慢之也。曷爲慢之？化我也。"何注："行過無禮謂之化。"孫盛語或本此。

〔五六〕《世說·方正篇》注引"禪"字作"命"。

〔五七〕《世說》注引"臣"字作"事"。

〔五八〕《世說》注引"且"字作"見"，是。應據改。

〔五九〕《通志》作"帝聞而歎息"。

〔六〇〕陳本"見"下有"載"字。

〔六一〕毛本"大"字作"太",《御覽》卷二百零七引同。

〔六二〕《御覽》引無"爲"字。

〔六三〕紹興本、毛本"三"字作"五",《通志》同。考鍾繇、王朗俱增邑五百户,歆與之俱爲文帝所稱一代偉人者,則增邑不應獨異也,當據改。

〔六四〕《御覽》卷三百六十、卷四百六十七引作"後故事往視之",下無"至三歲,故往問兒消息"九字。

〔六五〕《書鈔》卷五十一、《御覽》卷二百零七引"病"字作"疾"。

〔六六〕《書鈔》《御覽》引"指"字作"旨"。

〔六七〕《御覽》卷二百二十四引無"兼"字。

〔六八〕盧弼曰:"一本校改'君'作'召'。"

謹案:《御覽》引無"君"字,是也。"厲鋒氣,要名譽"相儷成文。一本改"君"作"召",要召名譽,殊不辭矣,疑非。

〔六九〕《御覽》引"事"下無"來"字。

〔七〇〕《御覽》引"奏"下無"議"字。

〔七一〕《晉書·華表傳》作"司隸王宏",郝書同。

〔七二〕《册府》卷七百八十七引有"不可得而親"五字,應據補。

〔七三〕《晉書》"昆"字作"混"。

〔七四〕《殿本考證》:"北宋本作'東海郯人',《通志略》同。"梁章鉅曰:"按:《世説·德行篇》注亦作'東海郯人'。"

謹案:《册府》卷六百引"郡"字作"郯",蕭書同。此"郡"字實爲"郯"字之形誤,當據改。

〔七五〕《通志》引"時漢帝在長安,關東兵起"在"辟公府不應"句下。

〔七六〕盧弼曰:"沈家本曰:'以下當有朗字'。"

謹案:《通志》"以"下有"其"字,是也。"其"字即"朗"字之代詞。

〔七七〕郝書苟注引"命"下有"於"字。

〔七八〕郝書苟注引句上有"裴松之曰"四字,疑此脱。

〔七九〕《類聚》卷二十五、《御覽》卷八百五十引"秔"字作"粳"。"折"爲"浙"字之形誤。《説文·水部》:"浙,汰米也。"猶今之淘米。《淮南子·要略篇》:"浙米而儲之。"高誘注:"浙,清也。"《南齊書·崔祖恩傳》:"王景興以浙米見誚。"是其證。

〔八〇〕《初學記》卷二十六引作"適宜實難"。

〔八一〕《初學記》引"而"字作"乃"。

〔八二〕郝書"千"字作"十"。

〔八三〕盧弼曰:"元本'三'作'二'。"

謹案:《漢舊儀》:"太僕牧師諸苑,分養馬三十萬頭,擇取教習給六廄。"是馬爲三十萬頭矣。下文云"而馬十之",馬爲廄養者之十倍,馬三十萬頭,則廄養者之數亦當爲三萬矣。元本"三"作"二",蓋誤,當從諸本作"三"。

〔八四〕紹興本"幸"字作"赤"。《書鈔》卷五十三、《類聚》卷四十九、《白帖》卷七十四、《册府》卷三百一十二引同,當據改。

〔八五〕紹興本、馮本、陳本"者"字俱作"吝",毛本仍作"者"。

〔八六〕《册府》引"替"作"贊"。

〔八七〕郝書"繁"字作"煩"。

〔八八〕紹興本"奏"字作"秦"。

〔八九〕郝書"具"字作"且",《册府》引同,當據改。

〔九〇〕盧弼曰:"沈家本曰:'雖字於上下文語意不合,疑有誤。'"

謹案:"雖"字疑爲"唯"字之借。《禮記·少儀》"雖有召賜"注:"'雖'或作'唯'。"《廣雅·釋詁四》:"唯,詞也。"

〔九一〕紹興本"喻"下有"也"字。

〔九二〕盧弼曰:"一本'頗'作'頻'。"

謹案:《御覽》卷四百五十三引"頗"作"頻"。

〔九三〕盧弼曰:"《漢書·司馬相如傳》:'相如曰:請爲天子游獵之賦,其卒章歸之於節儉,因以風諫。'"

謹案:司馬相如上書諫獵曰:"今陛下好淩岨險,射猛獸,卒然遇軼才之獸,駭不存之地,犯屬車之清塵,輿不及還轅,人不暇施功,雖有烏獲、逢蒙之伎,力不得用,枯木朽株,盡爲難矣。"此傳文猛獸所本。曹丕曾以此以答王朗,盧君乃以游獵之賦當之,其謬誤可知矣。

〔九四〕《治要》卷二十五引"已"字作"輒"。

〔九五〕盧弼曰:"宋本'一'作'二'。"

謹案:《御覽》卷二百二十九、《册府》卷一百三十七"一"俱作"二",郝書同,作"二"字者是。

〔九六〕盧弼曰:"互見《御覽》卷二百二十九。"

謹案:王朗此奏而《御覽》引之,何得云爲"互見"也。豈盧君别有意耶?

〔九七〕《册府》卷一百三十七作"獎擢"。

〔九八〕《書鈔》卷五十三引"翻"字作"幡"。二字義通。

〔九九〕《通志》"子"下有"竟"字。

〔一〇〇〕盧弼曰："北宋本'而'作'西'。"

謹案："西"字疑誤。盧君未曾見北宋本，所云北宋本多據錢儀吉《證聞》，而不云出自錢氏，非是。

〔一〇一〕《册府》卷一百四十二引"和"字作"利"。

〔一〇二〕郝書苟注引"句"上有"裴松之曰"四字，疑此奪"臣松之案"一句。馮本"廣"下無"其"字，毛本有。

〔一〇三〕《册府》卷三百二十六引"閱"字作"開"。

〔一〇四〕《治要》引"進仕之志勸"句不重。《季漢書》同。疑此當删。

〔一〇五〕紹興本、馮本、陳本、毛本"帝"字俱作"皇"，郝書作"使稱皇帝"。

〔一〇六〕《治要》引"其"字作"於"。

〔一〇七〕《治要》引"泰"字作"太"，郝書同。

〔一〇八〕郝書"疢"字作"疫"。

〔一〇九〕《治要》引"不"上有"而"字。

〔一一〇〕《治要》引"賢"字作"王"。

〔一一一〕《治要》引"足"下有"哉"字。

〔一一二〕盧弼曰："《漢書·司馬遷傳》：'十篇缺，有録無書。'張晏曰：'遷没之後，亡《景紀》《武紀》。'司馬貞索隱曰：'《景紀》取班書補之，《武紀》專取《封禪書》。'"

謹案：桂馥《晚學集·書〈史記·孝武、孝景本紀〉後》曰："案：《後漢書·蔡邕傳》王允謂'武帝不殺司馬遷，使作謗書，以遺後世'。據此則《史記》不盡作於腐刑之前，亦未聞削而投之。史遷《報任安書》，受刑之後，始成《史記》，與蕭説不合。《吳志·韋曜傳》：'昔李陵爲漢將，軍敗不還，而降匈奴。司馬遷不加疾惡，爲陵游説。漢武帝以遷有良史之才，欲使畢成所撰，忍不加誅，書卒成立，垂之無窮。'此説與王允無異。今《史記・禮書》《樂書》《日者》《龜策》諸篇，褚少孫所補，豈皆孝武削而投之者耶？斯不然矣。班固《典引》永平七年詔曰：'司馬遷著書，成一家之言，揚名後世，至以身陷刑之故，反微文刺譏，貶損當世，非誼士也！'則武帝削投之説，未爲實據。又曰：張晏曰：'遷没之後，亡《景紀》《武紀》。不言遷生時爲武帝所削。裴駰於史遷自序末引衛宏《漢舊儀》云：司馬遷作《景帝本紀》極言其短及武帝過，武帝怒而削去之。後坐舉李陵，李陵降匈奴，故下遷蠶室，有怨言，下獄死。'案：此與王肅説同。考遷《報任安書》下蠶室後仍在朝，《漢書》亦不言下獄事。其下蠶室在天漢初，其卒在昭帝初，未嘗死於獄中也。衛宏之説不足信據，即此可見。"

〔一一三〕《初學記》卷十二、《册府》卷六百二十四引作"肅辯之曰"，此脱。

〔一一四〕《書鈔》卷五十三、《初學記》、《御覽》卷二百二十九引"覞"字作"見"。

〔一一五〕《御覽》、《册府》卷六百二十三引"介鱗"二字乙。

〔一一六〕盧弼曰："潘眉曰：'肅年六十四歲。'弼按：潘説不知何據？《蜀志・許靖傳》注：'王朗與許靖書：大男名肅，年二十九歲。'按：此書當在黄初四年也。"

謹案：朗與許靖書曰："自天子在東宫，及即位後，每會羣賢論天下俊髦之見者。"如此，疑此書蓋作於曹丕爲帝不久之時。又與靖書云："前夏有書而未達，今重有書，而並致前問。皇帝既深悼劉將軍之早世。"則前書之作，或作於劉備生前可知。劉備卒於章武三年，即黄初之四年，是以前書寫作之時，其在黄初二年之際乎？黄初二年，肅年二十九，則甘露元年肅年當爲六十四。此即潘眉立論之所據也。盧君謂此書當在黃初四年，似據吳承仕《經典釋文敘録疏證》，然準上文所述，或恐不實。

〔一一七〕盧弼曰："潘眉曰：'子良《晉書》作良夫。疑此子字衍文，大字即夫字之譌。弟愷字君夫。'"

謹案：潘説是，紹興本無"子"字。

〔一一八〕郝書"功"字作"公"。

〔一一九〕《書鈔》卷九十六引"同異"二字乙。

〔一二〇〕《類聚》卷五十五、《御覽》卷六百一十六引"讀"字作"誦"。

〔一二一〕《類聚》卷三、《御覽》引"當"上無"必"字。

〔一二二〕《類聚》卷三、卷五十五、《白帖》卷八十八、《御覽》卷六百一十六引俱無"言讀書百徧"五字。

〔一二三〕盧弼曰："《御覽》三六引《魏略》作'苦難得暇日'。"

謹案：《文選》任彦昇《天監三年策秀才文》注引作"若渴無日"。考異曰："'若'當爲'苦'。"則《御覽》引或不足據。

〔一二四〕《類聚》、《御覽》卷二十六引"言"字作"曰"。

〔一二五〕盧弼曰："'時'一作'晴'。"

謹案：《類聚》引"時"字作"晴"。《文選·天監三年策秀才文》注引作"雨者月之餘"。"月"字誤，或當作"晴"。

〔一二六〕盧弼曰："各本'《魏略》'上均未空格，似嫌與上文相蒙，惟宋本空格，今從之。"

謹案：此云裴松之語，據裴注例，疑"魏"字上或脱"臣松之案"四字，當補，乃與上文相蒙也。

〔一二七〕盧弼曰："弼按：就本志王粲、衛覬、劉劭諸傳所載，詞藻之士，已數十人，而裴注所引不與焉，俊彦閎儒，一時稱盛。此云操筆者未有十人，其誰信之。"

謹案：魚豢所述乃正始中議圜丘禮時事也。議禮之所非殫見洽聞洞悉典制者不能爲也。文章之士，雖詞藻麗贍，或有拱手謝不敏焉。是以魚豢乃有學業沉隕之歎也！盧君謂諸傳所載詞藻之士已數十人，考此諸人多在建安、黃初之世，與正始議禮無涉也。且豢所云乃議禮之人，非謂詞藻之士，盧君之爲是言，似未究明其意，以此詰責，曾不足以難魚豢矣。

〔一二八〕盧弼曰："何焯校本'好學'上增'家貧'二字，從《御覽》補。"

謹案：此見《御覽》卷三百六十五引《魏略》。

〔一二九〕《册府》卷五百九十八引"左"下有"氏"字，是也。應據增。

〔一三〇〕《御覽》卷六百二十五、卷四百九十五引句下"故衆爲之語曰：州中嘩嘩賈叔業，辯論汹汹嚴文通"。疑此"交通"二字蓋"文通"之誤。文通，苞之字。

〔一三一〕《通志》"厩"作"羹"，《季漢書》同。

〔一三二〕《御覽》卷二百三十三引作"帝甚異之"，無"文"字。

〔一三三〕盧弼曰："周壽昌曰：'今有司越境拘人謂之關捕，其文書謂之關文。《韵會》：關，要會也。《博雅》：關，驛也。移文從驛遞，使人會捕不得遁也。關亦有索義。《史記·封禪書》：因巫爲主人關飲是也。'"

謹案：《史記·佞倖傳》："公卿皆因關説。"索隱："關，通也。"朱駿聲《説文通訓定聲》曰："按事不覿面相隔而由中人以通達謂之關。"

〔一三四〕《御覽》卷六百九十二引"御"下無"服"字。

〔一三五〕盧弼曰："《御覽》'言'作'目'。"

謹案：《御覽》卷二百三十三、《册府》卷六百二十二引"言"字俱作"目"。

〔一三六〕郝書"談"下有"論"字。

〔一三七〕《書鈔》卷五十七、《御覽》引"嘗"下有"祕書"二字，應據補。

〔一三八〕《書鈔》、《册府》卷六百二十引"儀"字作"移"，郝書同，下無"也"字，《御覽》引同，《通志》亦無"也"字。

〔一三九〕盧弼曰："何焯校本'折'下增'之'字。"

謹案：《書鈔》卷七十、《御覽》卷二百三十三引"折"下有"之"字，何校是。

〔一四〇〕《御覽》卷八百二十九、《册府》卷七百九十八引"家"下有"貧"字。

〔一四一〕盧弼曰："《書鈔》九九引'聾'下有'疾'字。"

謹案：盧君於《魏略》，所引類書以資勘校者，悉本之張鵬一《魏略輯本》。然不署張名，非是。考郝書"聾"下亦有"疾"字。

〔一四二〕毛本"實"字作"寔"，《世説·品藻篇》注引同。"方"，《白帖》卷四十三引作"忠"。

三國志校箋卷十四

魏志卷十四〔一〕

程昱 孫曉　郭嘉　董昭　劉曄　蔣濟　劉放 孫資〔二〕

　　程昱字仲德,東郡東阿人也。長八尺三寸,美鬚髯。黃巾起,縣丞王度反應之,燒倉庫。縣令踰城走,吏民負老幼東奔渠丘山。昱使人偵視度,度等得空城不能守,出城西五六里止屯。昱謂縣中大姓薛房等曰:"今度等得城郭不能居,其勢可知。此不過欲虜掠財物,非有堅甲利兵攻守之志也。今何不相率還城而守之?且城高厚,多穀米,今若還求令共堅守,度必不能久攻,可破也。"房等以爲然。吏民不肯從,曰:"賊在西,但有東耳。"昱謂房等:"愚民不可計事。"乃密遣數騎舉幡於東山上,令房等望見,大呼言"賊已至",便下山趣城,吏民奔走隨之,求得縣令,遂共城守。度等來攻城,不能下,欲去。昱率吏民開城門急擊之，度等破走。東阿由此得全。

初平中，兗州刺史劉岱辟昱，昱不應。是時岱與袁紹、公孫瓚和親，紹令妻子居岱所，瓚亦遣從事范方將騎助岱。後紹與瓚有隙。瓚擊破紹軍，乃遣使語岱，令遣紹妻子，使與紹絕。別勑范方："若岱不遣紹家，將騎還。吾定紹，將加兵於岱。"岱議連日不決，別駕王彧白岱："程昱有謀，能斷大事。"岱乃召見昱，問計，昱曰："若棄紹近援而求瓚遠助，此假人於越以救溺子之説也。夫公孫瓚，非袁紹之敵也。今雖壞紹軍，終爲紹所禽〔三〕。夫趣一朝之權而不慮遠計，將軍終敗。"岱從之。范方將其騎歸，未至，瓚大爲紹所破。岱表昱爲騎都尉，昱辭以疾。

劉岱爲黃巾所殺。太祖臨兗州，辟昱。昱將行，其鄉人謂曰："何前後之相背也！"昱笑而不應。太祖與語，説之，以昱守壽張令。太祖征徐州，使昱與荀彧留守鄄城。張邈等叛迎呂布，郡縣響應，惟鄄城、范、東阿不動。布軍降者，言陳宮欲自將兵取東阿，又使汜嶷取范，吏民皆恐。彧謂昱曰："今兗州反，惟有此三城。宮等以重兵臨之，非有以深結其心，三城必動。君，民之望也，歸而説之，殆可！"昱乃歸，過范，説其令靳允曰："聞呂布執君母弟妻子，孝子誠不可爲心！今天下大亂，英雄並起，必有命世能息天下之亂者，此智者所詳擇也。得主者昌，失主者亡。陳宮叛迎呂布而百城皆應，似能有爲，然以君觀之，布何如人哉！夫布，麤中少親，剛而無禮，匹夫之雄耳。宮等以勢假合，不能相君也。兵雖衆，終必無成。曹使君智略不世出，殆天所授！君必固范，我守東阿，則田單之功可立也。孰與違忠從惡而母子俱亡乎？唯君詳慮之！」允流涕曰：「不敢有二心。」時汜嶷已在縣，允乃見嶷，伏兵刺殺之，歸勒兵守。徐衆評曰：允於曹公，未成君臣。母，至親也，於義應去。昔王陵母爲項羽所拘，母以高祖必得天下，因自殺以固陵志。明心無所係，然後可以成事人盡死之節。衛公子開方仕齊，積年不歸，管仲以爲不懷其親，安能愛君，不可以爲相。是以求忠臣必於孝子之門，允宜先救至親。徐庶母爲曹公所得，劉備乃遣庶歸，欲爲天下者恕人子之情也。曹公亦宜遣允。昱又遣別騎絶倉亭津，陳宮至，不得渡。昱至東阿，東阿令棗祗已率屬吏民，拒城堅守。又兗州從事薛悌與昱協謀，卒完三城，以待太祖。太祖還，執昱手曰：「微子之力，吾無所歸矣。」乃表昱爲東平相，屯范。《魏書》曰：昱少時常夢上泰山〔四〕，兩手捧日。昱私異之，以語荀彧。及兗州反，賴昱得完三城。於是彧以昱夢白太祖。太祖曰：「卿當終爲吾腹心。」昱本名立，太祖乃加其上「日」，更名昱也。

太祖與呂布戰於濮陽，數不利。蝗蟲起，乃各引去。於是袁紹使人説太祖連和，欲使太祖遣家居鄴。太祖新失兗州，軍食盡，將許之。時昱使適還，引見，因言曰：「竊聞將軍欲遣家，與袁紹連和，誠有之乎？」太祖曰：「然。」昱曰：「意者將軍殆臨事而懼，不然何慮之不深也？夫袁紹據燕、趙之地，有并天下之心，而智不能濟也。將軍自度能爲之下乎？將軍以龍虎之威，可爲韓、彭之事邪？今兗州雖殘，尚有三城。能戰之士，不下萬人。以將軍之神武，與文若、昱等，收而用之，霸王之業可成也。願將軍更慮之！"太祖乃止。《魏略》載昱説太祖曰："昔田橫，齊之世族，兄弟三人更王，據千里之齊，擁百萬之衆，與諸侯並南面稱孤。既而高祖得天下，而橫顧爲降虜。當此之時，橫豈可爲心或！"太祖曰："然。此誠丈夫之至辱也。"昱曰："昱愚，不識大旨，以爲將軍之志，不如田橫。田橫，齊一壯士耳，猶羞爲高祖臣。今聞將軍欲遣家往鄴，將北面而事袁紹。夫以將軍之聰明神武，而反不羞爲袁紹之下，竊爲將軍恥之！"其後語與本傳略同。

天子都許，以昱爲尚書。兗州尚未安集〔五〕，復以昱爲東中郎將，領濟陰太守，都督兗州事。劉備失徐州，來歸太祖。昱説太祖殺備，太祖不聽。語在《武紀》。後又遣備至徐州要擊袁術，昱與郭嘉説太祖曰："公前日不圖備，昱等誠不及也。今借之以兵，必有異心。"太祖悔，追之不及。會術病死，備至徐州，遂殺車冑，舉兵背太祖。頃之，昱遷振威將軍。袁紹在黎陽，將南渡。時昱有七百兵守鄄城，太祖聞之，使人告昱，欲益二千兵。昱不肯，曰："袁紹擁十萬衆，自以所向無前。今見昱兵少，必輕易不來攻。若益昱兵，過則不可不攻，攻之必克，徒兩損其勢。願公無疑！"太祖從之。紹聞昱兵少，果不往。太祖謂賈詡曰："程昱之膽，過於賁、育。"昱收山澤亡命，得精兵數千人，乃引軍與太祖會黎陽，討袁譚、袁尚。譚、尚破走，拜昱奮武將軍，封安國亭侯[六]。太祖征荊州，劉備奔吳。論者以爲孫權必殺備，昱料之曰：「孫權新在位[七]，未爲海內所憚。曹公無敵於天下，初舉荊州，威震江表，權雖有謀，不能獨當也。劉備有英名，關羽、張飛皆萬人之敵也[八]，權必資之以禦我。難解勢分，備資以成，又不可得而殺也。」權果多與備兵，以禦太祖。是後中夏漸平，太祖拊昱背曰：「兗州之敗，不用君言，吾何以至此？」宗人奉牛酒大會，昱曰：「知足不辱，吾可以退矣。」乃自表歸兵，闔門不出。《魏書》曰：太祖征馬超，文帝留守，使昱參軍事。田銀、蘇伯等反河間，遣將軍賈信討之。賊有千餘人請降，議者皆以爲宜如舊法，昱曰：「誅降者，謂在擾攘之時，天下雲起，故圍而後降者不赦，以示威天下，開其利路，使不至於圍也。今天下略定，且在邦域之中，此必降之賊，殺之無所威懼，非前日誅降之意。臣以爲不可誅也；縱誅之，宜先啓聞。」衆議者曰：「軍事有專，無請。」昱不答。文帝起入，特引見昱曰：「君有所不盡邪？」昱曰：「凡專命者，謂有臨時之急，呼吸之間者耳。今此賊制在賈信之手，無朝夕之變，故老臣不願將軍行之也。」文帝曰：「君慮之善。」即白太祖，太祖果不誅。太祖還，聞之甚說，謂昱曰：「君非徒明於軍計，又善處人父子之間。」

昱性剛戾，與人多忤。人有告昱謀反，太祖賜待益厚。魏國既建，爲衞尉，與中尉邢貞爭威儀，免。文帝踐阼，復爲衞尉，進封安鄉侯，增邑三百戶，并前八百戶。分封少子延及孫曉列侯。方欲以爲公，會薨，帝爲流涕，追贈車騎將軍，謚曰肅侯。《魏書》曰：昱時年八十。《世語》曰：初，太祖乏食，昱略其本縣，供三日糧，頗雜以人脯，由是失朝望，故位不至公〔九〕。子武嗣。武薨，子克嗣。克薨，子良嗣。

曉，嘉平中爲黃門侍郎。《世語》曰：曉字季明，有通識。時校事放橫，曉上疏曰："《周禮》云：'設官分職，以爲民極。'《春秋傳》曰：'天有十日，人有十等。'愚不得臨賢，賤不得臨貴。於是並建聖哲，樹之風聲。明試以功，九載考績。各修厥業，思不出位。故欒書欲拯晉侯，其子不聽；死人橫於街路，邴吉不問。上不責非職之功，下不務分外之賞，吏無兼統之勢，民無二事之役，斯誠爲國要道，治亂所由也。遠覽典志，近觀秦漢，雖官名改易，職司不同，至於崇上抑下，顯明分例，其致一也。初無校事之官干與庶政者也。昔武皇帝大業草創，衆官未備，而軍旅勤苦，民心不安，乃有小罪，不可不察，故置校事，取其一切耳，然檢御有方，不至縱恣也。此霸世之權宜，非帝王之正典。其後漸蒙見任，復爲疾病，轉相因仍，莫正其本。遂令上察宮廟〔一〇〕，下攝衆司，官無局業，職無分限，隨意任情，唯心所適。法造於筆端，不依科詔；獄成於門下，不顧覆訊。其選官屬，以謹慎爲粗疏，以譖詷爲賢能。其治事，以刻暴爲公嚴，以循理爲怯弱。外則託天威以爲聲勢，内則聚羣奸以爲腹心。大臣恥與分勢，含忍而不言，小人畏其鋒芒，鬱結而無告。至使尹模公於目下〔一一〕，肆其奸慝；

罪惡之著，行路皆知，纖惡之過，積年不聞。既非《周禮》設官之意，又非《春秋》十等之義也。今外有公卿將校總統諸署，內有侍中尚書綜理萬機，司隸校尉督察京輦，御史中丞董攝宮殿，皆高選賢才以充其職，申明科詔以督其違。若此諸賢猶不足任，校事小吏，益不可信。若此諸賢各思盡忠，校事區區，亦復無益。若更高選國士以爲校事，則是中丞司隸重增一官耳。若如舊選，尹模之姦今復發矣。進退推算，無所用之。昔桑弘羊爲漢求利，卜式以爲獨烹弘羊，天乃可雨。若使政治得失必感天地，臣恐水旱之災，未必非校事之由也。曹恭公遠君子，近小人，《國風》託以爲刺。衛獻公舍大臣，與小臣謀，定姜謂之有罪。縱令校事有益於國，以禮義言之，尚傷大臣之心，況姦回暴露，而復不罷，是袞闕不補，迷而不返也。"於是遂罷校事官。曉遷汝南太守，年四十餘薨。《曉別傳》曰：曉大著文章多亡失，今之存者不能十分之一。

郭嘉字奉孝，潁川陽翟人也。《傅子》曰：嘉少有遠量〔一二〕。漢末天下將亂。自弱冠匿名迹，密交結英儁，不與俗接，故時人多莫知，惟識達者奇之。年二十七，辟司徒府。初，北見袁紹，謂紹謀臣辛評、郭圖曰："夫智者審於量主，故百舉百全而功名可立也。袁公徒欲效周公之下士，而未知用人之機。多端寡要，好謀無決，欲與共濟天下大難，定霸王之業，難矣！"於是遂去之。先是時，潁川戲志才,籌畫士也,太祖甚器之。早卒。太祖與荀彧書曰:"自志才亡後,莫可與計事者。汝、潁固多奇士,誰可以繼之?"彧薦嘉。召見,論天下事〔一三〕。太祖曰:"使孤成大業者,必此人也。"嘉出,亦喜曰:"真吾主也。"表爲司空軍祭酒〔一四〕。《傅子》曰:太祖謂嘉曰:"本初擁冀州之衆,青、并從之,地廣兵彊,而數爲不遜。吾欲討之,力不敵,如何?"對曰:"劉、項之不敵,公所知也。漢祖唯智勝;項羽雖彊,終爲所禽。嘉竊料之,紹有十敗,公有十勝,雖兵彊,無能爲也。紹繁禮多儀,公體任自然,此道勝一也。紹以逆動,公奉順以率天下,此義勝二也。漢末政失於寬,紹以寬濟寬,故不懾〔一五〕,公糾之以猛而上下知制,此治勝三也。紹外寬內忌,用人而疑之,所任唯親戚子弟,公外易簡而內機明,用人無疑,唯才所宜,不間遠近,此度勝四也。紹多謀少決,失在後事,公策得輒行,應變無窮,此謀勝五也。紹因累世之資,高議揖讓以收名譽,士之好言飾外者多歸之,公以至心待人,推誠而行,不爲虛美,以儉率下,與有功者無所吝,士之忠正遠見而有實者皆願爲用,此德勝六也。紹見人饑寒,恤念之形於顏色,其所不見,慮或不及也,所謂婦人之仁耳,公於目前小事,時有所忽,至於大事,與四海接,恩之所加,皆過其望,雖所不見,慮之所周,無不濟也,此仁勝七也。紹大臣爭權,讒言惑亂,公御下以道,浸潤不行,此明勝八也。紹是非不可知〔一六〕,公所是進之以禮,所不是正之以法,此文勝九也。紹好爲虛勢,不知兵要,公以少克衆,用兵如神,軍人恃之,敵人畏之,此武勝十也。"太祖笑曰:"如卿所言,孤何德以堪之也!"嘉又曰:"紹方北擊公孫瓚,可因其遠征,東取呂布。不先取布,若紹爲寇,布爲之援,此深害也。"太祖曰:"然。"

征吕布，三戰破之，布退固守。時士卒疲倦，太祖欲引軍還，嘉説太祖急攻之，遂禽布。語在《荀攸傳》。《傅子》曰：太祖欲引軍還，嘉曰："昔項籍七十餘戰，未嘗敗北，一朝失勢而身死國亡者，恃勇無謀故也。今布每戰輒敗，氣衰力盡，内外失守。布之威力不及項籍，而困敗過之，若乘勝攻之，此成禽也。"太祖曰："善。"《魏書》曰：劉備來奔，以爲豫州牧。或謂太祖曰："備有英雄志，今不早圖，後必爲患。"太祖以問嘉，嘉曰："有是。然公提劒起義兵，爲百姓除暴，推誠仗信以招俊傑，猶懼其未也。今備有英雄名，以窮歸己而害之，是以害賢爲名，則智士將自疑〔一七〕，回心擇主，公誰與定天下，夫除一人之患，以沮四海之望，安危之機，不可不察！"太祖笑曰："君得之矣。"《傅子》曰：初，劉備來降，太祖以客禮待之，使爲豫州牧。嘉言於太祖曰："備有雄才而甚得衆心。張飛、關羽者，皆萬人之敵也，爲之死用。嘉觀之，備終不爲人下，其謀未可測也。古人有言：'一日縱敵，數世之患。'宜早爲之所。"時太祖奉天子以號令天下〔一八〕，方招懷英雄以明大信，未得從嘉謀。會太祖使備要擊袁術，嘉與程昱俱駕而諫太祖曰："放備，變作矣！"時備已去，遂舉兵以叛。太祖恨不用嘉之言。案《魏書》所云，與《傅子》正反也。

孫策轉鬭千里，盡有江東，聞太祖與袁紹相持於官渡，將渡江北襲許。衆聞皆懼，嘉料之曰："策新并江東，所誅皆英豪雄傑，能得人死力者也。然策輕而無備，雖有百萬之衆，無異於獨行中原也〔一九〕。若刺客伏起，一人之敵耳。以吾觀之，必死於匹夫之手。"策臨江未濟，果爲許貢客所殺。《傅子》曰：太祖欲速征劉備，議者懼軍出，袁紹襲其後，進不得戰而退失所據。語在《武紀》。太祖疑，以問嘉。嘉勸太祖曰："紹性遲而多疑，來必不速。備新起，衆心未附，急擊之必敗。此存亡之機，不可失也。"太祖曰："善。"遂東征備。備敗奔紹，紹果不出。臣松之案：《武紀》，決計征備〔二〇〕，量紹不出，皆出自太祖。此云用嘉計，則爲不同。又本傳稱自嘉料孫策輕佻〔二一〕，必死於匹夫之手，誠爲明於見事。然自非上智，無以知其死在何年也。今正以襲許年死，此蓋事之偶合。

從破袁紹，紹死，又從討譚、尚於黎陽，連戰數克。諸將欲乘勝遂攻之，嘉曰："袁紹愛此二子，莫適立也。有郭圖、逢紀爲之謀臣，必交鬬其間，還相離也。急之則相持，緩之而後争心生。不如南向荆州若征劉表者，以待其變；變成而後擊之，可一舉定也。"太祖曰："善。"乃南征。軍至西平，譚、尚果争冀州。譚爲尚軍所敗，走保平原，遣辛毗乞降。太祖還救之，遂從定鄴。又從攻譚於南皮，冀州平。封嘉洧陽亭侯〔二二〕。《傅子》曰：河北既平，太祖多辟召青、冀、幽、并知名之士，漸臣事之，以爲省事掾屬〔二三〕。皆嘉之謀也。

太祖將征袁尚及三郡烏丸，諸下多懼劉表使劉備襲許以討太祖〔二四〕，嘉曰："公雖威震天下，胡恃其遠，必不設備。因其無備，卒然擊之，可破滅也。且袁紹有恩於民夷，而尚兄弟生存。今四州之民，徒以威附，德施未加，舍而南征，尚因烏丸之資，招其死主之臣，胡人一動，民夷俱應，以生蹋頓之心，成覬覦之計，恐青、冀非己之有也。表，坐談客耳，自知才不足以御備，重任之則恐不能制，輕任之則備不爲用，雖虛國遠征，公無憂矣。」太祖遂行。至易，嘉言曰：「兵貴神速。今千里襲人，輜重多，難以趨利，且彼聞之，必爲備；不如留輜重，輕兵兼道以出，掩其不意。」太祖乃密出盧龍塞，直指單于庭。虜卒聞太祖至，惶怖合戰。大破之，斬蹋頓及名王已下。尚及兄熙走遼東。

嘉深通有算略，達於事情。太祖曰：「惟奉孝爲能知孤意。」年三十八〔二五〕，自柳城還，疾篤，太祖問疾者交錯〔二六〕。及薨，臨其喪，哀甚，謂荀攸等曰：「諸君年皆孤輩也，唯奉孝最少。天下事竟，欲以後事屬之，而中年夭折，命也夫！」乃表曰：「軍祭酒郭嘉，自從征伐，十有一年。每有大議，臨敵制變。臣策未決，嘉輒成之。平定天下，謀功爲高。不幸短命，事業未終。追思嘉勳，實不可忘。可增邑八百戶，并前千戶。」《魏書》載太祖表曰：「臣聞褒忠寵賢〔二七〕，未必當身，念功惟績，恩隆後嗣。是以楚宗孫叔，顯封厥子；岑彭既没，爵及支庶〔二八〕。故軍祭酒郭嘉〔二九〕，忠良淵淑，體通性達。每有大議，發言盈庭，執中處理，動無遺策。自在軍旅，十有餘年，行同騎乘，坐共幄席，東禽呂布，西取眭固，斬袁譚之首，平朔土之衆，踰越險塞，盪定烏丸，震威遼東，以梟袁尚。雖假天威，易爲指麾，至於臨敵，發揚誓命，凶逆克殄〔三〇〕，勳實由嘉。方將表顯〔三一〕，短命早終。上爲朝廷悼惜良臣〔三二〕，下自毒恨喪失奇佐〔三三〕。宜追增嘉封，并前千戶，褒亡爲存，厚往勸來也。」諡曰貞侯。子奕嗣。《魏書》稱奕通達見理。奕字伯益，見王昶《家誡》。

後太祖征荆州還，於巴丘遇疾疫，燒船，歎曰："郭奉孝在〔三四〕，不使孤至此。"《傅子》曰：太祖又云："哀哉奉孝！痛哉奉孝！惜哉奉孝！"初，陳羣非嘉不治行檢，數廷訴嘉〔三五〕，嘉意自若。太祖愈益厚之〔三六〕，然以羣能持正，亦悦焉。《傅子》曰：太祖與荀彧書，追傷嘉曰："郭奉孝年不滿四十，相與周旋十二年〔三七〕，阻險艱難，皆共罹之。又以其通達，見世事無所疑滯，欲以後事屬之，何意卒爾失之〔三八〕，悲痛傷心。今表增其子滿千户，然何益亡者，追念之感深。且奉孝乃知孤者也，天下人相知者少，又以此痛惜。奈何奈何！"又與彧書曰："追惜奉孝，不能去心。其人見時事兵事，過絶於人。又人多畏病，南方有疫，常言'吾往南方，則不生還'。然與共論計，云當先定荆。此爲不但見計之忠厚〔三九〕，必欲立功分，棄命定事，人心乃爾，何得使人忘之〔四〇〕！"奕爲太子文學，早薨。子深嗣。深薨，子獵嗣。《世語》曰：嘉孫敞，字泰中，有才識，位散騎常侍。

董昭字公仁，濟陰定陶人也。舉孝廉，除廮陶長、柏人令，袁紹以爲參軍事。紹逆公孫瓚於界橋，鉅鹿太守李邵及郡冠蓋以瓚兵彊，皆欲屬瓚。紹聞之，使昭領鉅鹿。問："禦以何術？"對曰："一人之微，不能消衆謀，欲誘致其心，唱與同議，及得其情，乃當權以制之耳。計在臨時，未可得言。"時郡右姓孫伉等數十人專爲謀主，驚動吏民。昭至郡，僞作紹檄告郡云："得賊羅候安平張吉辭，當攻鉅鹿，賊故孝廉孫伉等爲應，檄到收行軍法，惡止其身，妻子勿坐。"昭案檄告令，皆即斬之。一郡惶恐，乃以次安慰，遂皆平集。事訖白紹，紹稱善。會魏郡太守栗攀爲兵所害〔四一〕，紹以昭領魏郡太守。時郡界大亂，賊以萬數，遣使往來，交易市買。昭厚待之，因用爲間，乘虛掩討，輒大克破。二日之中，羽檄三至。

昭弟訪，在張邈軍中。邈與紹有隙，紹受讒將致罪於昭。昭欲詣漢獻帝〔四二〕，至河內，爲張楊所留。因楊上還印綬，拜騎都尉。時太祖領兗州，遣使詣楊，欲令假塗西至長安，楊不聽。昭説楊曰："袁、曹雖爲一家，勢不久羣。曹今雖弱，然實天下之英雄也，當故結之。況今有緣，宜通其上事，并表薦之；若事有成，永爲深分。"楊於是通太祖上事，表薦太祖。昭爲太祖作書與長安諸將李傕、郭汜等，各隨輕重致殷勤。楊亦遣使詣太祖。太祖遺楊犬馬金帛，遂與西方往來。天子在安邑，昭從河內往，詔拜議郎。

建安元年，太祖定黄巾於許，遣使詣河東。會天子還洛陽，韓暹、楊奉、董承及楊各違戾不和。昭以奉兵馬最彊而少黨援，作太祖書與奉曰："吾與將軍聞名慕義，便推赤心。今將軍拔萬乘之艱難，反之舊都，翼佐之功，超世無儔，何其休哉！方今羣凶猾夏，四海未寧，神器至重，事在維輔；必須衆賢以清王軌，誠非一人所能獨建。心腹四肢〔四三〕，實相恃賴，一物不備，則有闕焉。將軍當爲内主，吾爲外援。今吾有糧，將軍有兵，有無相通，足以相濟，死生契闊，相與共之。"奉得書喜悅，語諸將軍曰："兗州諸軍近在許耳，有兵有糧，國家所當依仰也。"遂共表太祖爲鎮東將軍，襲父爵費亭侯；昭遷符節令。

太祖朝天子於洛陽，引昭並坐，問曰："今孤來此，當施何計？"昭曰："將軍興義兵以誅暴亂，入朝天子，輔翼王室，此五霸之功也。此下諸將，人殊意異，未必服從，今留匡弼，事勢不便，惟有移駕幸許耳〔四四〕。然朝廷播越，新還舊京，遠近跂望，冀一朝獲安。今復徙駕，不厭衆心。夫行非常之事，乃有非常之功，願將軍算其多者〔四五〕。"太祖曰："此孤本志也〔四六〕。楊奉近在梁耳，聞其兵精，得無爲孤累乎？"昭曰："奉少黨援，將獨委質。鎮東、費亭之事，皆奉所定，又聞書命申束，足以見信。宜時遣使厚遺答謝，以安其意。說'京都無糧，欲車駕暫幸魯陽，魯陽近許〔四七〕，轉運稍易，可無縣乏之憂'。奉爲人勇而寡慮，必不見疑，比使往來，足以定計。奉何能爲累！"太祖曰："善。"即遣使詣奉。徙大駕至許。奉由是失望，與韓暹等到定陵鈔暴。太祖不應，密往攻其梁營，降誅即定。奉、暹失衆，東降袁術。三年，昭遷河南尹。時張楊爲其將楊醜所殺，楊長史薛洪、河內太守繆尚城守待紹救〔四八〕。太祖令昭單身入城，告喻洪、尚等，即日舉衆降。以昭爲冀州牧。

太祖令劉備拒袁術，昭曰："備勇而志大，關羽、張飛爲之羽翼，恐備之心未可得論也！"太祖曰："吾已許之矣。"備到下邳，殺徐州刺史車冑，反。太祖自征備，徙昭爲徐州牧。袁紹遣將顏良攻東郡，又徙昭爲魏郡太守，從討良。良死，後進圍鄴城。袁紹同族春卿爲魏郡太守，在城中，其父元長在揚州，太祖遣人迎之。昭書與春卿曰："蓋聞孝者不背親以要利，仁者不忘君以狥私，志士不探亂以徼幸，智者不詭道以自危。足下大君，昔避内難，南游百越，非疏骨肉，樂彼吳會，智者深識，獨或宜然。曹公愍其守志清恪，離羣寡儔，故特遣使江東，或迎或送，今將至矣。就令足下處偏平之地，依德義之主，居有泰山之固，身爲喬松之偶，以義言之，猶宜背彼向此，舍民趣父也。且邾儀父始與隱公盟，魯人嘉之，而不書爵，然則王所未命，爵尊不成，《春秋》之義也。況足下今日之所託者乃危亂之國，所受者乃矯誣之命乎？苟不逞之與羣，而厥父之不恤，不可以言孝。忘祖宗所居之本朝，安非正之奸職，難可以言忠。忠孝並替，難以言智。又足下昔日爲曹公所禮辟，夫戚族人而疏所生，内所寓而外王室，懷邪禄而叛知己，遠福祚而近危亡，棄明義而收大恥，不亦可惜邪！若能翻然易節，奉帝養父，委身曹公，忠孝不墜，榮名彰矣。宜深留計，早決良圖。"鄴既定，以昭爲諫議大夫。後袁尚依烏丸蹋頓，太祖將征之。患軍糧難致，鑿平虜、泉州二渠入海通運，昭所建也。太祖表封千秋亭侯，轉拜司空軍祭酒。

後昭建議："宜修古建封五等。"太祖曰："建設五等者,聖人也,又非人臣所制,吾何以堪之?"昭曰:"自古以來,人臣匡世,未有今日之功。有今日之功,未有久處人臣之勢者也。今明公恥有慙德而未盡善,樂保名節而無大責,德美過於伊、周,此至德之所極也。然太甲、成王未必可遭,今民難化,甚於殷、周,處大臣之勢,使人以大事疑己,誠不可不重慮也。明公雖邁威德,明法術,而不定其基,爲萬世計,猶未至也。定基之本,在地與人,宜稍建立,以自藩衛。明公忠節穎露,天威在顏,耿弇牀下之言,朱英無妄之論,不得過耳。昭受恩非凡,不敢不陳。"《獻帝春秋》曰:昭與列侯諸將議,以丞相宜進爵國公,九錫備物,以彰殊勳;書與荀彧曰:"昔周旦、呂望,當姬氏之盛,因二聖之業,輔翼成王之幼,功勳若彼,猶受上爵,錫土開宇。末世田單,驅疆齊之衆,報弱燕之怨,收城七十,迎復襄王;襄王加賞於單,使東有掖邑之封,西有菑上之虞。前世録功,濃厚如此。今曹公遭海内傾覆,宗廟焚滅,躬擐甲冑,周旋征伐,櫛風沐雨,且三十年,芟夷羣凶,爲百姓除害,使漢室復存,劉氏奉祀。方之曩者數公,若太山之與丘垤,豈同日而論乎?今徒與列將功臣,並侯一縣,此豈天下所望哉!"後太祖遂受魏公、魏王之號,皆昭所創〔四九〕。

及關羽圍曹仁於樊,孫權遣使辭以"遣兵西上,欲掩取羽。江陵、公安累重〔五○〕,羽失二城,必自奔走,樊軍之圍,不救自解。乞密不漏,令羽有備"。太祖詰羣臣,羣臣咸言宜當密之。昭曰:"軍事尚權,期於合宜。宜應權以密,而内露之。羽聞權上,若還自護,圍則速解，便獲其利。可使兩賊相對銜持，坐待其弊。祕而不露，使權得志，非計之上。又，圍中將吏不知有救，計糧怖懼，儻有他意，爲難不小。露之爲便。且羽爲人彊梁，自恃二城守固，必不速退。"太祖曰："善。"即勅救將徐晃以權書射著圍裏及羽屯中，圍裏聞之，志氣百倍。羽果猶豫。權軍至，得其二城，羽乃破敗。

文帝即王位，拜昭將作大匠。及踐阼，遷大鴻臚，進封右鄉侯。二年，分邑百戶，賜昭弟訪爵關內侯，徙昭爲侍中。三年，征東大將軍曹休臨江在洞浦口，自表："願將銳卒，虎步江南，因敵取資，事必克捷；若其無臣〔五〕，不須爲念。"帝恐休便渡江，驛馬詔止。時昭侍側，因曰："竊見陛下有憂色，獨以休濟江故乎？今者渡江，人情所難，就休有此志，勢不獨行，當須諸將。臧霸等既富且貴，無復他望，但欲終其天年，保守祿祚而已，何肯乘危自投死地，以求徼倖？苟霸等不進，休意自沮。臣恐陛下雖有勅渡之詔，猶必沈吟，未便從命也。"是後無幾，暴風吹賊船，悉詣休等營下，斬首獲生，賊遂迸散。詔勅諸軍促渡。軍未時進，賊救船遂至。

大駕幸宛，征南大將軍夏侯尚等攻江陵，未拔。時江水淺狹，尚欲乘船將步騎入渚中安屯，作浮橋，南北往來，議者多以爲城必可拔。昭上疏曰："武皇帝智勇過人，而用兵畏敵，不敢輕之若此也。夫兵好進惡退，常然之數。平地無險，猶尚艱難，就當深入，還道宜利，兵有進退，不可如意。今屯渚中，至深也；浮橋而濟，至危也；一道而行，至狹也：三者兵家所忌，而今行之。賊頻攻橋，誤有漏失[五二]，渚中精銳，非魏之有，將轉化爲吳矣。臣私惑之，忘寢與食，而議者怡然不以爲憂；豈不惑哉！加江水向長，一旦暴增，何以防禦？就不破賊，尚當自完。奈何乘危，不以爲懼？事將危矣，惟陛下察之！"帝悟昭言，即詔尚等促出。賊兩頭並前[五三]，官兵一道引去，不時得泄，將軍石建、高遷僅得自免。軍出旬日，江水暴長。帝曰："君論此事，何其審也！正使張、陳當之，何以復加。"五年，徙封成都鄉侯[五四]，拜太常。其年，徙光祿大夫、給事中。從大駕東征，七年還拜太僕。明帝即位，進爵樂平侯，邑千戶，轉衛尉。分邑百戶，賜一子爵關內侯。

太和四年，行司徒事，六年，拜真。昭上疏陳末流之弊曰："凡有天下者，莫不貴尚敦樸忠信之士，深疾虛偽不真之人者，以其毀教亂治，敗俗傷化也。近魏諷則伏誅建安之末，曹偉則斬戮黃初之始。伏惟前後聖詔，深疾浮偽，欲以破散邪黨，常用切齒；而執法之吏皆畏其權勢[五五]；莫能糾擿，毀壞風俗，浸欲滋甚。竊見當今年少，不復以學問爲本，專更以交游爲業；國士不以孝悌清修爲首，乃以趨勢游利爲先。合黨連羣，互相褒歎，以毀訾爲罰戮，用黨譽爲爵賞，附己者則歎之盈言，不附者則爲作瑕釁[五六]。至乃相謂'今世何憂不度邪，但求人道不勤，羅之不博耳，又何患其不知己矣[五七]，但當吞之以藥而柔調耳'。又聞或有使奴客名作在職家人，冒之出入，往來禁奧，交通書疏，有所探問。凡此諸事，皆法之所不取〔五八〕，刑之所不赦，雖諷、偉之罪，無以加也。"帝於是發切詔，斥免諸葛誕、鄧颺等。昭年八十一薨，諡曰定侯。子冑嗣。冑歷位郡守、九卿。

劉曄字子揚，淮南成悳人也，悳音德。漢光武子阜陵王延後也。父普，母修，產渙及曄。渙九歲，曄七歲，而母病困。臨終，戒渙、曄以"普之侍人，有諂害之性〔五九〕。身死之後，懼必亂家。汝長大能除之，則吾無恨矣"。曄年十三，謂兄渙曰："亡母之言，可以行矣。"渙曰："那可爾！"曄即入室殺侍者〔六〇〕，徑出拜墓。舍內大驚，白普。普怒，遣人追曄。曄還拜謝曰："亡母顧命之言，敢受不請擅行之罰。"普心異之，遂不責也。汝南許劭名知人，避地揚州，稱曄有佐世之才。

揚士多輕俠狡桀，有鄭寶、張多、許乾之屬，各擁部曲。寶最驍果，才力過人，一方所憚。欲驅略百姓越赴江表，以曄高族名人，欲彊逼曄使唱導此謀。曄時年二十餘，心內憂之，而未有緣。會太祖遣使詣州，有所案問。曄往見，為論事勢，要將與歸，駐止數日。寶果從數百人齎牛酒來候使〔六一〕，曄令家僮將其衆坐中門外，為設酒飯；與寶於內宴飲。密勒健兒，令因行觴而斫寶。寶性不甘酒，視候甚明，觴者不敢發。曄因自引取佩刀斫殺寶〔六二〕，斬其首，以令其軍，云："曹公有令，敢有動者，與寶同罪。"衆皆驚怖，走還營。營有督將精兵數千,懼其爲亂,曄即乘寶馬,將家僮數人,詣寶營門,呼其渠帥,喻以禍福,皆叩頭開門内曄。曄撫慰安懷,咸悉悦服,推曄爲主。曄覩漢室漸微,已爲支屬,不欲擁兵,遂委其部曲與廬江太守劉勳。勳怪其故,曄曰:"寶無法制其衆,素以鈔略爲利,僕宿無資,而整齊之,必懷怨難久,故相與耳。"時勳兵彊於江、淮之間。孫策惡之,遣使卑辭厚幣,以書説勳曰:"上繚宗民[六三],數欺下國,忿之有年矣。擊之路不便,願因大國伐之。上繚甚實,得之可以富國,請出兵爲外援。"勳信之,又得策珠寶、葛越[六四],喜悦。外内盡賀,而曄獨否。勳問其故,對曰:"上繚雖小,城堅池深,攻難守易,不可旬日而舉,則兵疲於外,而國内虛。策乘虛而襲我後則不能獨守[六五]。是將軍進屈於敵,退無所歸。若軍必出,禍今至矣。"勳不從。興兵伐上繚,策果乘其後[六六]。勳窮踧,遂奔太祖。

太祖至壽春,時廬江界有山賊陳策,衆數萬人,臨險而守。先時遣偏將致誅,莫能禽克。太祖問羣下,可伐與不?咸云:"山峻高而谿谷深隘,守易攻難,又無之不足爲損,得之不足爲益。"曄曰:"策等小豎,因亂赴險,遂相依爲彊耳,非有爵命威信相服也[六七]。往者偏將資輕,而中國未夷,故策敢據險以守。今天下略定,後伏先誅[六八],夫畏死趨賞,愚知所同,故廣武君爲韓信畫策,謂其威名足以先聲後實而服鄰國也。豈況明公之德,東征西怨,先開賞募,大兵臨之,令宣之日,軍門啓而虜自潰矣。"太祖笑曰："卿言近之！"遂遣猛將在前，大軍在後，至則克策，如曄所度。太祖還，辟曄爲司空倉曹掾。《傅子》曰：太祖徵曄及蔣濟、胡質等五人，皆揚州名士。每舍亭傳，未曾不講，所以見重；内論國邑先賢，禦賊固守、行軍進退之宜，外料敵之變化、彼我虛實、戰爭之術，夙夜不解。而曄獨臥車中，終不一言。濟怪而問之，曄答曰："對明主非精神不接，精神可學而得乎？"及見太祖，太祖果問揚州先賢，賊之形勢。四人爭對，待次而言，再見如此，太祖每和悅，而曄終不一言。四人笑之。後一見太祖止無所復問，曄乃設遠言以動太祖，太祖適知便止。若是者三。其旨趣以爲遠言宜徵精神，獨見以盡其機，不宜於猥坐説也。太祖已探見其心矣，坐罷，尋以四人爲令，而授曄以心腹之任；每有疑事，輒以函問曄，至一夜數十至耳。

太祖征張魯，轉曄爲主簿。既至漢中，山峻難登，軍食頗乏。太祖曰："此妖妄之國耳，何能爲有無？吾軍少食，不如速還。"便自引歸，令曄督後諸軍，使以次出。曄策魯可克，加糧道不繼，雖出軍猶不能皆全[六九]，馳白太祖："不如致攻。"遂進兵，多出弩以射其營。魯奔走[七〇]，漢中遂平。曄進曰："明公以步卒五千，將誅董卓，北破袁紹，南征劉表，九州百郡，十并其八，威震天下，勢慴海外[七一]。今舉漢中，蜀人望風破膽失守，推此而前，蜀可傳檄而定[七二]。劉備，人傑也，有度而遲[七三]，得蜀日淺，蜀人未附也[七四]。今舉漢中[七五]，蜀人震恐，其勢自傾。以公之神明，因其傾而壓之，無不克也。若小緩之，諸葛亮明於治而爲相〔七六〕，關羽、張飛勇冠三軍而爲將，蜀民既定，據險守要，則不可犯矣。今不取，必爲後憂。"太祖不從，《傅子》曰：居七日，蜀降者說："蜀中一日數十驚〔七七〕，備雖斬之而不能安也。"太祖迺問曄曰〔七八〕："今尚可擊否？"曄曰："今已小定，未可擊也。"大軍遂還。曄自漢中還，爲行軍長史，兼領軍。延康元年，蜀將孟達率眾降。達有容儀才觀〔七九〕，文帝甚器愛之，使達爲新城太守，加散騎常侍。曄以爲："達有苟得之心，而恃才好術，必不能感恩懷義。新城與吳、蜀接連，若有變態，爲國生患。"文帝竟不易，後達終於叛敗。《傅子》曰：初，太祖時，魏諷有重名，自卿相以下，皆傾心交之。其後孟達去劉備歸文帝，論者多稱有樂毅之量。曄一見諷、達而皆云必反，卒如其言。

　　黃初元年，以曄爲侍中，賜爵關內侯。詔問羣臣令料劉備當爲關羽出報吳不。眾議咸云："蜀，小國耳，名將唯羽。羽死軍破，國內憂懼，無緣復出。"曄獨曰："蜀雖狹弱，而備之謀欲以威武自彊，勢必用眾以示其有餘。且關羽與備，義爲君臣，恩猶父子；羽死不能爲興軍報敵，於終始之分不足〔八〇〕。"後備果出兵擊吳。吳悉國應之，而遣使稱藩。朝臣皆賀，獨曄曰："吳絕在江、漢之表，無內臣之心久矣。陛下雖齊德有虞，然醜虜之性，未有所感。因難求臣，必難信也。彼必外迫內困，然後發此使耳，可因其窮，襲而取之。夫一日縱敵，數世之患，不可不察也。"備軍敗退，吳禮敬轉廢，帝欲興眾伐之，曄以爲"彼新得志，上下齊心，而阻帶江湖，必難倉卒"。帝不聽。《傅子》曰：孫權遣使求降，帝以問曄，曄對曰："權無故求降，必内有急。權前襲殺關羽，取荆州四郡，備怒，必大興師伐之。外有彊寇，衆心不安，又恐中國承其釁而伐之[八一]，故委地求降，一以却中國之兵，二則假中國之援[八二]，以彊其衆而疑敵人[八三]。權善用兵，見策知變，其計必出於此。今天下三分，中國十有其八。吳、蜀各保一州，阻山依水，有急相救，此小國之利也。今還自相攻，天亡之也。宜大興師，徑渡江襲其内[八四]。蜀攻其外，我襲其内，吳之亡不出旬月矣。吳亡則蜀孤。若割吳半[八五]，蜀固不能久存，況蜀得其外，我得其内乎！"帝曰："人稱臣降而伐之[八六]，疑天下欲來者心，必以爲懼，其殆不可[八七]！孤何不且受吳降，而襲蜀之後乎？"對曰："蜀遠吳近，又聞中國伐之，便還軍，不能止也。今備已怒，故興兵擊吳，聞我伐吳，知吳必亡，必喜而進與我爭割吳地，必不改計抑怒救吳必然之勢也。"帝不聽，遂受吳降，即拜權爲吳王。曄又進曰："不可。先帝征伐，天下兼其八[八八]，威震海内，陛下受禪言真，德合天地，聲暨四遠，此實然之勢，非卑臣頌言也。權雖有雄才，故漢驃騎將軍南昌侯耳，官輕勢卑。士民有畏中國心，不可彊逼與成所謀也[八九]。不得已受其降，可進其將軍號，封十萬戶侯，不可即以爲王也。夫王位，去天子一階耳，其禮秩服御相亂也。彼直爲侯，江南士民未有君臣之義也[九〇]。我信其僞降，就封殖之，崇其位號，定其君臣，是爲虎傅翼也。權既受王位，却蜀兵之後，外盡禮事中國[九一]，使其國内皆聞之，内爲無禮以怒陛下。陛下赫然發怒，興兵討之，乃徐告其民曰：'我委身事中國，不愛珍貨重寶，隨時貢獻，不敢失臣禮也，無故伐我[九二]，必欲殘我國家，俘我民人子女以爲僮隸僕妾。'吳民無緣不信其言也。信其言而感怒，上下同心，戰加十倍矣。"又不從。遂即拜權爲吳王。權將陸議大敗劉備，殺其兵八萬餘人，備僅以身免。權外禮愈卑，而内行不順，果如曄言。五年，幸廣陵泗口，命荆、揚州諸軍並進。會君臣，問："權當自來不？"咸曰："陛下親征，權恐怖，必舉國而應。又不敢以大衆委之臣下，必自將而來。"曄曰："彼謂陛下欲以萬乘之重牽已，而超越江湖者在於別將，必勒兵待事，未有進退也。"大駕停住積日，權果不至，帝乃旋師。云："卿策之是也。當念爲吾滅二賊，不可但知其情而已。"

明帝即位，進爵東亭侯，邑三百户。詔曰："尊嚴祖考，所以崇孝表行也；追本敬始，所以篤教流化也。是以成湯、文、武實造商周，《詩》《書》之義，追尊稷、契，歌頌有娀、姜嫄之事，明盛德之源流，受命所由興也。自我魏室之承天序，既發迹於高皇、太皇帝，而功隆於武皇、文皇帝。至於高皇之父處士君，潛修德讓，行動神明，斯乃乾坤所福饗，光靈所從來也。而精神幽遠，號稱罔紀〔九三〕，非所謂崇孝重本也。其令公卿已下，會議號謚。"曄議曰："聖帝孝孫之欲褒崇先祖，誠無量已。然親疏之數，遠近之降，蓋有禮紀，所以割斷私情，克成公法，爲萬世式也。周王所以上祖后稷者，以其佐唐有功，名在祀典故也。至於漢氏之初，追謚之義，不過其父。上比周室，則大魏發迹自高皇始；下論漢氏，則追謚之禮不及其祖。此誠往代之成法，當今之明義也。

陛下孝思中發，誠無已已，然君舉必書，所以慎於禮制也。以爲追尊之義，宜齊高皇而已。」尚書衞臻與曄議同，事遂施行。遼東太守公孫淵奪叔父位，擅自立，遣使表狀。曄以爲公孫氏漢時所用，遂世官相承，水則由海，陸則阻山，故胡夷絕遠難制，而世權日久。今若不誅，後必生患。若懷貳阻兵，然後致誅，於事爲難。不如因其新立，有黨有仇，先其不意，以兵臨之，開設賞募，可不勞師而定也。後淵竟反。

曄在朝，略不交接。時人或問其故，曄答曰：「魏室即阼尚新，智者知命，俗或未咸。僕在漢爲支葉，於魏備腹心，寡偶少徒，於宜未失也。」太和六年，以疾拜太中大夫。有間，爲大鴻臚，在位二年遜位，復爲太中大夫，薨。諡曰景侯。子寓嗣。《傅子》曰：曄事明皇帝，又大見親重。帝將伐蜀，朝臣内外皆曰「不可」〔九四〕。曄入與帝議，因曰「可伐」；出與朝臣言，因曰「不可伐」。曄有膽智，言之皆有形。中領軍楊暨，帝之親臣，又重曄，持不可伐蜀之議最堅，每從内出，輒過曄，曄講不可之意〔九五〕。後暨從駕行天淵池，帝論伐蜀事，暨切諫。帝曰：「卿書生，焉知兵事！」暨謙謝曰：「臣出自儒生之末，陛下過聽，拔臣羣萃之中，立之六軍之上，臣有微心，不敢不盡言。臣言誠不足采，侍中劉曄先帝謀臣，常曰蜀不可伐。」帝曰：「曄與吾言蜀可伐。」暨曰：「曄可召質也。」詔召曄至，帝問曄〔九六〕，終不言。後獨見，曄責帝曰：「伐國，大謀也，臣得與聞大謀，常恐昧夢漏泄以益臣罪〔九七〕，焉敢向人言之？夫兵，詭道也，軍事未發，不厭其密也。陛下顯然露之，臣恐敵國已聞之矣。"於是帝謝之。曅見出[九八]，責暨曰："夫釣者中大魚，則縱而隨之，須可制而後牽，則無不得也。人主之威，豈徒大魚而已！子誠直臣，然計不足采，不可不精思也。"暨亦謝之。曅能應變持兩端如此。或惡曅於帝曰："曅不盡忠，善伺上意所趨而合之。陛下試與曅言，皆反意而問之，若皆與所問反者[九九]，是曅常與聖意合也。復每問皆同者，曅之情必無所復逃矣[一〇〇]。"帝如言以驗之，果得其情，從此疏焉，曅遂發狂，出為大鴻臚，以憂死。諺曰"巧詐不如拙誠"，信矣。以曅之明智權計，若居之以德義，行之以忠信，古之上賢，何以加諸？獨任才智，不與世士相經緯，內不推心事上，外困於俗，卒不能自安於天下，豈不惜哉！少子陶，亦高才而薄行，官至平原太守。《王弼傳》曰：淮南人劉陶，善論縱橫，為當時所推尚[一〇一]。《傅子》曰：陶字季冶，善名稱，有大辯。曹爽時為選部郎，鄧颺之徒稱之以為伊呂。當此之時，其人意陵青云，謂玄曰："仲尼不聖。何以知其然？智者圖國；天下羣愚，如弄一丸於掌中，而不能得天下。"玄以其言大惑，不復詳難也。謂之曰："天下之質變無常也[一〇二]。今見卿窮！"爽之敗，退居里舍，乃謝其言之過。干寶《晉紀》曰：毋丘儉之起也，大將軍以問陶，陶答依違。大將軍怒曰："卿平生與吾論天下事，至於今日而更不盡乎？"乃出為平原太守，又追殺之。

蔣濟字子通，楚國平阿人也。仕郡計吏、州別駕。建安十三年，孫權率眾圍合肥。時大軍征荊州，遇疾疫，唯遣將軍張喜單將千騎，過領汝南兵以解圍，頗復疾疫。濟乃密白刺史偽得喜書，云步騎四萬已到雩婁，遣主簿迎喜。三部使齎書語城中守將，一部得入城，二部爲賊所得。權信之，遽燒圍走，城用得全。明年使於譙，太祖問濟曰："昔孤與袁本初對官渡，徙燕、白馬民，民不得走，賊亦不敢鈔。今欲徙淮南民，何如？"濟對曰："是時兵弱賊彊，不徙必失之。自破袁紹，北拔柳城，南向江、漢，荆州交臂，威震天下，民無他志。然百姓懷土，實不樂徙，懼必不安。"太祖不從，而江、淮間十餘萬衆，皆驚走吳。後濟使詣鄴，太祖迎見大笑曰："本但欲使避賊，乃更驅盡之。"拜濟丹陽太守。大軍南征還，以溫恢爲揚州刺史，濟爲別駕。令曰："季子爲臣，吳宜有君。今君還州，吾無憂矣。"民有誣告濟爲謀叛主率者，太祖聞之，指前令與左將軍于禁、沛相封仁等曰〔一〇三〕："蔣濟寧有此事〔一〇四〕！有此事，吾爲不知人也。此必愚民樂亂，妄引之耳。"促理出之。辟爲丞相主簿西曹屬。令曰："舜舉皋陶，不仁者遠；臧否得中，望於賢屬矣。"關羽圍樊、襄陽。太祖以漢帝在許，近賊，欲徙都。司馬宣王及濟説太祖曰："于禁等爲水所没，非戰攻之失，於國家大計未足有損。劉備、孫權，外親内疏，關羽得志，權必不願也。可遣人勸躡其後〔一〇五〕，許割江南以封權，則樊圍自解。"太祖如其言。權聞之，即引兵西襲公安、江陵。羽遂見禽。

　　文帝即王位，轉爲相國長史。及踐阼，出爲東中郎將。濟請留，詔曰："高祖歌曰'安得猛士守四方'！天下未寧，要須良臣以鎮邊境。如其無事，乃還鳴玉，未爲後也。"濟上《萬幾論》[一〇六]，帝善之。入爲散騎常侍。時有詔，詔征南將軍夏侯尚曰："卿腹心重將，特當任使。恩施足死，惠愛可懷。作威作福[一〇七]，殺人活人。"尚以示濟。濟既至，帝問曰："卿所聞見天下風教何如？"濟對曰："未有他善，但見亡國之語耳。"帝忿然作色而問其故，濟具以答，因曰："夫'作威作福'，《書》之明誡。'天子無戲言'[一〇八]，古人所慎，惟陛下察之！"於是帝意解[一〇九]，遣追取前詔。黄初三年，與大司馬曹仁征吴，濟别襲羡溪。仁欲攻濡須洲中[一一〇]，濟曰："賊據西岸，列船上流，而兵入洲中，是爲自内地獄，危亡之道也。"仁不從，果敗。仁薨，復以濟爲東中郎將，代領其兵。詔曰："卿兼資文武，志節忼慨[一一一]，常有超越江湖吞吴會之志，故復授將率之任。"頃之，徵爲尚書。車駕幸廣陵，濟表水道難通，又上《三州論》以諷帝[一一二]。帝不從，於是戰船數千皆滯不得行。議者欲就留兵屯田，濟以爲東近湖，北臨淮，若水盛時，賊易爲寇，不可安屯。帝從之，車駕即發。還到精湖，水稍盡，盡留船付濟。船本歷適數百里中[一一三]，濟更鑿地作四五道，蹴船令聚；豫作土豚遏斷湖水，皆引後船，一時開遏入淮中。帝還洛陽，謂濟曰："事不可不曉。吾前決謂分卒燒船於山陽池中[一一四]，卿於後致之，略與吾俱至譙。又每得所陳，實入吾意。自今討賊計畫，善思論之。"

明帝即位，賜爵關内侯。大司馬曹休帥軍向皖，濟表以爲"深入虜地，與權精兵對，而朱然等在上流，乘休後，臣未見其利也"。軍至皖，吳出兵安陸，濟又上疏曰："今賊示形於西，必欲并兵圖東，宜急詔諸軍往救之。"會休軍已敗，盡棄器仗輜重退還。吳欲塞夾石，遇救兵至，是以官軍得不沒。遷爲中護軍。時中書監、令號爲專任，濟上疏曰："大臣太重者國危，左右太親者身蔽，古之至戒也。往者大臣秉事，外內扇動。陛下卓然自覽萬幾，莫不祗肅。夫大臣非不忠也，然威權在下，則衆心慢上，勢之常也。陛下既已察之於大臣，願無忘於左右。左右忠正遠慮，未必賢於大臣，至於便辟取合〔一一五〕，或能工之。今外所言，輒云中書，雖使恭慎不敢外交，但有此名，猶惑世俗。況實握事要，日在目前，儻因疲倦之間有所割制，衆臣見其能推移於事，即亦因時而向之。一有此端，因當內設自完，以此衆語，私招所交，爲之內援。若此，臧否毀譽，必有所興，功負賞罰，必有所易；直道而上者或壅，曲附左右者反達〔一一六〕。因微而入，緣形而出，意所狎信，不復猜覺。此宜聖智所當早聞，外以經意，則形際自見〔一一七〕。或恐朝臣畏言不合，而受左右之怨，莫適以聞。臣竊亮陛下潛神默思，公聽並觀，若事有未盡於理，而物有未周於用，將改曲易調，遠與黃、唐角功，近昭武、文之迹，豈近習而已哉！然人君猶不可悉天下事以適己，明當有所付。三官任一臣，非周公旦之忠，又非管夷吾之公，則有弄機敗官之弊〔一一八〕。當今柱石之士雖少，至於行稱一州，智效一官，忠信竭命，各奉其職，可並驅策，不使聖明之朝有專吏之名也。"詔曰:"夫骨鯁之臣,人主之所仗也。濟才兼文武,服勤盡節,每軍國大事,輒有奏議,忠誠奮發,吾甚壯之。"就遷為護軍將軍,加散騎常侍。司馬彪《戰略》曰:太和六年,明帝遣平州刺史田豫乘海渡,幽州刺史王雄陸道,并攻遼東。蔣濟諫曰:"凡非相吞之國,不侵叛之臣,不宜輕伐。伐之而不制,是驅使為賊〔一一九〕。故曰:'虎狼當路,不治狐狸。先除大害,小害自已。'今海表之地,累世委質,歲選計考,不乏職貢,議者先之,正使一舉便克,得其民不足益國,得其財不足為富;儻不如意,是為結怨失信也。"帝不聽,豫行竟無成而還。

　　景初中,外勤征役,內務宮室,怨曠者多,而年穀飢儉。濟上疏曰:"陛下方當恢崇前緒,光濟遺業,誠未得高枕而治也。今雖有十二州,至於民數,不過漢時一大郡。二賊未誅,宿兵邊陲,且耕且戰,怨曠積年。宗廟宮室,百事草創,農桑者少,衣食者多,今其所急務〔一二〇〕,唯當息耗百姓,不至甚弊。弊敝之民〔一二一〕,儻有水旱,百萬之眾,不為國用。凡使民必須農隙,不奪其時。夫欲大興功之君,先料其民力而燠休之〔一二二〕。勾踐養胎以待用,昭王恤病以雪仇,故能以弱燕服彊齊,羸越滅勁吳。今二敵不攻不滅,不事即侵,當身不除,百世之責也。以陛下聖明神武之略,舍其緩者,專心討賊,臣以為無難矣。又歡娛之躭〔一二三〕,害於精爽;神太用則竭,形太勞則弊。願大簡賢妙,足以充'百斯男'者。其冗散未齒,且悉分出,務在清靜。"詔曰:"微護軍，吾弗聞斯言也。"《漢晉春秋》曰：公孫淵聞魏將來討，復稱臣於孫權，乞兵自救。帝問濟："孫權其救遼東乎？"濟曰："彼知官備以固，利不可得，深入則非力所能，淺入則勞而無獲；權雖子弟在危，猶將不動，況異域之人，兼以往者之辱乎！今所以外揚此聲者，譎其行人疑於我，我之不克，冀折後事已耳。然沓渚之間，去淵尚遠，若大軍相持，事不速決，則權之淺規，或能輕兵掩襲，未可測也。"

齊王即位，徙爲領軍將軍，進爵昌陵亭侯，《列異傳》曰：濟爲領軍，其婦夢見亡兒涕泣曰："死生異路，我生時爲卿相子孫，今在地下爲泰山伍伯，憔悴困辱，不可復言。今太廟西謳士孫阿，今見召爲泰山令，願母爲白侯，屬阿令轉我得樂處。"言訖，母忽然驚寤，明日以白濟。濟曰："夢爲爾耳，不足怪也。"明日暮，復夢曰："我來迎新君，止在廟下。未發之頃，暫得來歸。新君明日日中當發，臨發多事，不復得歸，永辭於此。侯氣彊，難感悟，故自訴於母，願重啓侯，何惜不一試驗之？"遂道阿之形狀，言甚備悉。天明，母重啓侯[一二四]："雖云夢不足怪，此何太適？適亦何惜不一驗之？"濟乃遣人詣太廟下，推問孫阿，果得之，形狀證驗悉如兒言。濟涕泣曰："幾負吾兒！"於是乃見孫阿，具語其事，阿不懼當死，而喜得爲泰山令，惟恐濟言不信也。曰："若如節下言，阿之願也。不知賢子欲得何職？"濟曰："隨地下樂者與之。"阿曰："輒當奉教。"乃厚賞之，言訖遣還。濟欲速知其驗，從領軍門至廟下，十步安一人，以傳阿消息[一二五]。辰時傳阿心痛，巳時傳阿劇，日中傳阿亡。濟泣曰："雖哀吾兒之不幸，且喜亡者有知。"後月餘，兒復來語母曰："已得轉爲錄事矣。"遷太尉。初，侍中高堂隆論郊祀事，以魏爲舜後，推舜配天。濟以爲舜本姓嬀,其苗曰田,非曹之先[一二六],著文以追詰隆。臣松之案:蔣濟《立郊議》稱曹騰碑文云"曹氏族出自邾",《魏書》述曹氏胤緒亦如之。魏武作《家傳》,自云曹叔振鐸之後。故陳思王作《武帝誄》曰:"於穆武皇[一二七],胄稷胤周。"此其不同者也。及至景初,明帝從高堂隆議,謂魏爲舜後,後魏爲《禪晉文》,稱"昔我皇祖有虞",則其異彌甚。尋濟難隆,及與尚書繆襲往反,並有理據,文多不載。濟亦未能定氏族所出,但謂"魏非舜後而横祀非族,降黜太祖,不配正天,皆爲繆妄"。然於時竟莫能正。濟又難鄭玄注《祭法》云"有虞以上尚德,禘郊祖宗,配用有德,自夏已下,稍用其姓氏"。濟曰:"夫虯龍神於獺,獺自祭其先,不祭虯龍也。騏麟白虎仁於豺,豺自祭其先,不祭騏虎也。如玄之説,有虞已上,豺獺之不若邪?"臣以爲祭法所云,見疑學者久矣,鄭玄不考正其違而就通其義。濟豺獺之譬,雖似俳諧,然其義旨,有可求焉。是時,曹爽專政,丁謐、鄧颺等輕改法度。會有日蝕變,詔羣臣問其得失,濟上疏曰:"昔大舜佐治,戒在比周;周公輔政,慎於其朋;齊侯問災,晏嬰對以布惠;魯君問異,臧孫答以緩役。應天塞變,乃實人事。今二賊未滅,將士暴露已數十年,男女怨曠,百姓貧苦。夫爲國法度,惟命世大才,乃能張其綱維以垂於後,豈中下之吏所宜改易哉?終無益於治,適足傷民,望宜使文武之臣各守其職,率以清平,則和氣祥瑞可感而致也。"以隨太傅司馬宣王屯洛水浮橋,誅曹爽等,進封都鄉侯,邑七百户。濟上疏曰:"臣忝寵上司,而爽敢包藏禍心,此臣之無任也。

太傅奮獨斷之策，陛下明其忠節，罪人伏誅，社稷之福也。夫封寵慶賞，必加有功。今論謀則臣不先知，語戰則非臣所率，而上失其制，下受其弊。臣備宰司，民所具瞻，誠恐冒賞之漸自此而興〔一二八〕，推讓之風由此而廢。"固辭，不許。孫盛曰：蔣濟之辭邑，可謂不負心矣。語曰"不爲利回，不爲義疚"，蔣濟其有焉。是歲薨，謚曰景侯。《世語》曰：初，濟隨司馬宣王屯洛水浮橋，濟書與曹爽，言宣王旨"惟免官而已"，爽遂誅滅。濟痛其言之失信〔一二九〕，發病卒。子秀嗣。秀薨，子凱嗣。咸熙中，開建五等，以濟著勳前朝，改封凱爲下蔡子。

　　劉放字子棄，涿郡人，漢廣陽順王子西鄉侯宏後也〔一三〇〕。歷郡綱紀〔一三一〕，舉孝廉。遭世大亂，時漁陽王松據其土，放往依之。太祖克冀州，放説松曰："往者董卓作逆，英雄並起，阻兵擅命，人自封殖，惟曹公能拔拯危亂，翼戴天子，奉辭伐罪，所向必克。以二袁之彊，守則淮南冰消，戰則官渡大敗；乘勝席卷，將清河朔，威刑既合，大勢以見。速至者漸福，後服者先亡，此乃不俟終日馳騖之時也。昔黥布棄南面之尊，仗劍歸漢，誠識廢興之理，審去就之分也。將軍宜投身委命，厚自結納。"松然之。會太祖討袁譚於南皮，以書招松，松舉雍奴、泉州、安次以附之。放爲松答太祖書，其文甚麗。太祖既善之，又聞其説，由是遂辟放。建安十年，與松俱至。太祖大悦，謂放曰："昔班彪依竇融而有河西之功,今一何相似也!"乃以放參司空軍事,歷主簿記室,出爲郃陽、祋祤〔一三二〕、祋音都詁反〔一三三〕;祤音詡。贊令。

魏國既建,與太原孫資俱爲祕書郎。先是,資亦歷縣令,參丞相軍事。《資別傳》曰:資字彥龍。幼而岐嶷,三歲喪二親,長於兄嫂。講業太學,博覽傳記,同郡王允一見而奇之。太祖爲司空,又辟資。會兄爲鄉人所害,資手刃報讎,乃將家屬避地河東,故遂不應命。尋復爲本郡所命,以疾辭。友人河東賈逵謂資曰:"足下抱逸羣之才,值舊邦傾覆,主將殷勤,千里延頸,宜崇古賢桑梓之義。而久盤桓,拒違君命,斯猶曜和璧於秦王之庭,而塞以連城之價耳。竊爲足下不取也!"資感其言,遂往應之。到署功曹,舉計吏。尚書令荀彧見資,歎曰:"北州喪亂已久,謂其賢智零落,今日乃復見孫計君乎!"表留以爲尚書郎。辭以家難,得還河東。文帝即位〔一三四〕,放、資轉爲左右丞。數月,放徙爲令。黃初初,改祕書爲中書,以放爲監,資爲令,各加給事中;放賜爵關內侯,資爲關中侯,遂掌機密〔一三五〕。三年,放進爵魏壽亭侯,資關內侯。明帝即位,尤見寵任,同加散騎常侍;進放爵西鄉侯,資樂陽亭侯。《資別傳》曰:諸葛亮出在南鄭,時議者以爲可因大發兵,就討之,帝意亦然,以問資。資曰:"昔武皇帝征南鄭,取張魯,陽平之役,危而後濟。又自往拔出夏侯淵軍,數言'南鄭直爲天獄中,斜谷道爲五百里石穴耳',言其深險,喜出淵軍之辭也。又武皇帝聖於用兵,察蜀賊棲於山巖,視吳虜竄於江湖,皆撓而避之,不責將士之力,不爭一朝之忿,誠所謂見勝而戰,知難而退也。今若進軍就南鄭討亮,道既險阻,計用精兵,又轉運鎮守南方四州,遏禦水賊,凡用十五六萬人,必當復更有所發興。

天下騷動，費力廣大，此誠陛下所宜深慮。夫守戰之力。力役參倍。但以今日見兵，分命大將據諸要險，威足以震懾疆寇〔一三六〕，鎮靜疆埸，將士虎睡，百姓無事。數年之間，中國日盛，吳蜀二虜必自罷弊〔一三七〕。"帝由是止。時吳人彭綺又舉義江南，議者以爲因此伐之，必有所克。帝問資，資曰："鄱陽宗人前後數有舉義者，衆弱謀淺，旋輒乖散。昔文皇帝嘗密論賊形勢，言洞浦殺萬人，得船千萬〔一三八〕，數日間船人復會〔一三九〕；江陵被圍歷月，權裁以千數百兵住東門，而其土地無崩解者。是有法禁，上下相奉持之明驗也。以此推綺，懼未能爲權腹心大疾也。"綺果尋敗亡。太和末，吳遣將周賀浮海詣遼東，招誘公孫淵。帝欲邀討之，朝議多以爲不可。惟資決行策，果大破之，進爵左鄉侯。《魏氏春秋》曰：烏丸校尉田豫帥西部鮮卑泄歸尼等出塞，討軻比能、智鬱築鞬，破之，還至馬邑故城，比能帥三萬騎圍豫。帝聞之，計未有所出，如中書省以問監、令。令孫資對曰〔一四〇〕："上谷太守閻志，柔弟也，爲比能素所歸信。令馳詔使說比能，可不勞師而自解矣。"帝從之，比能果釋豫而還。放善爲書檄，三祖詔命有所招喻，多放所爲。青龍初，孫權與諸葛亮連和，欲俱出爲寇。邊候得權書，放乃改易其辭，往往換其本文而傅合之，與征東將軍滿寵，若欲歸化，封以示亮。亮騰與吳大將步騭等，騭等以見權。權懼亮自疑，深自解說。是歲，俱加侍中、光禄大夫〔一四一〕。《資別傳》曰：是時孫權、諸葛亮號稱劇賊，無歲不有軍征。而帝總攝羣下，內圖禦寇之計，外規廟勝之畫，資皆管之。然自以受腹心，常讓事於帝曰："動大衆，舉大事，宜與羣下共之；既以示明，且於探求爲廣〔一四二〕。"既朝臣會議，資奏當其是非，擇其善者推成之,終不顯己之德也。若衆人有譴過及愛憎之説,輒復爲請解,以塞譖潤之端。如征東將軍滿寵、涼州刺史徐邈,並有譖毀之者,資皆盛陳其素行,使卒無纖介。寵、邈得保其功名者,資之力也。初,資在邦邑,名出同類之右。鄉人司空掾田豫、梁相宗豔皆妬害之,而揚豐黨附豫等,專爲資構造謗端,怨隙甚重。資既不以爲言,而終無恨意。豫等慙服,求釋宿憾,結爲婚姻。資謂之曰:"吾無憾心,不知所釋。此爲卿自薄之,卿自厚之耳!"乃爲長子宏取其女。及當顯位,而田豫老疾在家。資遇之甚厚,又致其子於本郡,以爲孝廉。而揚豐子後爲尚方吏,帝以職事譴怒,欲致之法,資請活之。其不念舊惡如此。景初二年,遼東平定,以參謀之功,各進爵,封本縣,放方城侯,資中都侯。

其年,帝寢疾,欲以燕王宇爲大將軍,及領軍將軍夏侯獻、武衛將軍曹爽、屯騎校尉曹肇、驍騎將軍秦朗共輔政。宇性恭良,陳誠固辭。帝引見放、資,入卧内,問曰:"燕王正爾爲?"放、資對曰:"燕王實自知不堪大任故耳。"帝曰:"曹爽可代宇不?"放、資因贊成之。又深陳宜速召太尉司馬宣王,以綱維皇室。帝納其言,即以黄紙授放作詔。放、資既出,帝意復變,詔止宣王勿使來〔一四三〕。尋更見放、資曰:"我自召太尉,而曹肇等反使吾止之,幾敗吾事!"命更爲詔,帝獨召爽與放、資俱受詔命,遂免宇、獻、肇、朗官。太尉亦至,登牀受詔,然後帝崩。《世語》曰:放、資久典機任〔一四四〕,獻、肇心内不平。殿中有鷄棲樹〔一四五〕,二人相謂:"此亦久矣,其能復幾?"指謂放、資。放、資懼，故勸帝召宣王。帝作手詔，令給使辟邪至，以授宣王。宣王在汲，獻等先詔令於軹關西還長安，辟邪又至，宣王疑有變，呼辟邪具問，乃乘追鋒車馳至京師。帝問放、資："誰可與太尉對者？"放曰："曹爽。"帝曰："堪其事不？"爽在左右，流汗不能對。放蹴其足，耳之曰："臣以死奉社稷。"曹肇弟纂為大將軍司馬，燕王頗失指。肇出，纂見，驚曰："上不安，云何悉共出？宜還。"已暮，放、資宣詔宮門，不得復內肇等，罷燕王。肇明日至門。不得入，懼，詣廷尉，以處事失宜免。帝謂獻曰："吾已差，便出。"獻流涕而出，亦免。案《世語》所云樹置先後，與本傳不同。《資別傳》曰：帝詔資曰："吾年稍長，又歷觀書傳中，皆歎息無所不念。圖萬年後計，莫過使親人廣據職勢，兵任又重。今射聲校尉缺，久欲得親人，誰可用者？"資曰："陛下思深慮遠，誠非愚臣所及。書傳所載，皆聖聽所究，向使漢高不知平、勃能安劉氏，孝武不識金、霍付屬以事，殆不可言！文皇帝始召曹真還時，親詔臣以重慮，及至晏駕，陛下即阼，猶有曹休外內之望，賴遭日月，御勒不傾〔一四六〕，使各守分職，纖介不間。以此推之，親臣貴戚，雖當據勢握兵，宜使輕重素定。若諸侯典兵，力均衡平，寵齊愛等，則不相為服；不相為服，則意有異同。今五營所領見兵，常不過數百，選授校尉，如其輩類，為有疇匹。至於重大之任，能有所維綱者，宜以聖意簡擇，如平、勃、金、霍、劉章等一二人，漸殊其威重，使相鎮固，於事為善。"帝曰："然。如卿言，當為吾遠慮所圖。今日可參平、勃，俟金、霍，雙劉章者，其誰哉？"資曰："臣聞知人則哲，惟帝難之。唐虞之聖，凡所進用，明試以功。陳平初事漢祖，絳、灌等謗平有受金盜嫂之罪。周勃以吹簫引彊，始事高祖，亦未知名也；高祖察其行跡，然後知可付以大事。霍光給侍中二十餘年〔一四七〕，小心謹慎，乃見親信。日磾夷狄，以至孝質直，特見擢用，左右尚曰'妄得一胡兒而重貴之'。平、勃雖安漢嗣，其終，勃被反名，平劣自免於呂須之讒。上官桀、桑弘羊與霍光爭權，幾成禍亂。此誠知人之不易，爲臣之難也。又所簡擇，當得陛下所親，當得陛下所信，誠非愚臣之所能識別。"臣松之以爲：孫、劉於時號爲專任，制斷機密，政事無不綜。資、放被託付之問，當安危所斷，而更依違其對，無有適莫。受人親任，理豈得然？案本傳及諸書並云放、資稱贊曹爽，勸召宣王，魏室之亡，禍基於此。資之別傳，出自其家，欲以是言掩其大失，然恐負國之咎，終莫能磨也。齊王即位，以放、資決定大謀，增邑三百，放并前千一百，資千戶；封愛子一人亭侯，次子騎都尉，餘子皆郎中。正始元年，更加放左光祿大夫，資右光祿大夫，金印紫綬，儀同三司。六年，放轉驃騎，資衛將軍，領監、令如故。七年，復封子一人亭侯，各年老遜位，以列侯朝朔望，位特進。《資別傳》曰：大將軍爽專事，多變易舊章。資歎曰："吾累世蒙寵，加以豫聞屬託，今縱不能匡弼時事，可以坐受素餐之祿邪？"遂固稱疾。九年二月，乃賜詔曰："君掌機密三十餘年，經營庶事，勳著前朝。暨朕統位，動賴良謀。是以曩者增崇寵章，同之三事，外帥羣官，內望讜言。屬以年者疾篤，上還印綬，前後鄭重，辭旨懇切。天地以大順成德，君子以善恕成仁，重以職事，違奪君志；今聽所執，賜錢百萬，使兼光祿勳少府親策詔君養疾於第。君其勉進醫藥，頤神和氣以永無疆之祚。置舍人官騎，加以日秩肴酒之膳焉。"曹爽誅後，復以資爲侍中，領中書令。嘉平二年，放薨，諡曰敬侯。子正嗣。臣松之案：《頭責子羽》曰：士卿劉許字文生，正之弟也。與張華六人，並稱文辭可觀〔一四八〕，意思詳序。晉惠帝世，許爲越騎校尉。資復遜位歸第，就拜驃騎將軍，轉侍中，特進如故。三年薨，謚曰貞侯。子宏嗣。

放才計優資，而自修不如也。放、資既善承順主上，又未嘗顯言得失，抑辛毗而助王思，以是獲譏於世。然時因羣臣諫諍，扶贊其義，并時密陳損益，不專導諛言云。及咸熙中，開建五等，以放、資著勳前朝，改封正方城子，宏離石子。案《孫氏譜》：宏爲南陽太守。宏子楚，字子荊。《晉陽秋》曰：楚鄉人王濟，豪俊公子也，爲本州大中正。訪問關求楚品狀，濟曰："此人非卿所能名。"自狀之曰："天才英博，亮拔不羣。"楚位至討虜護軍、馮翊太守。楚子洵，潁川太守。洵子盛，字安國，給事中，祕書監。盛從父弟綽，字興公，廷尉正〔一四九〕。楚及盛、綽，並有文藻，盛又善言名理，諸所論著，並傳於世。

評曰：程昱、郭嘉、董昭、劉曄、蔣濟才策謀略，世之奇士，雖清治德業，殊於荀攸，而籌畫所料，是其倫也。劉放文翰，孫資勤慎，並管喉舌，權聞當時，雅亮非體，是故譏諛之聲，每過其實矣。

【校箋】

〔一〕毛本作"魏書十四"。

〔二〕毛本作"程郭董劉蔣劉傳第十四"。

〔三〕紹興本"終"上有"然"字。《册府》卷八百七十九引同，《通志》亦同。

〔四〕《御覽》卷四、卷三百六十二、《事類賦注》卷一引"上"字作"登"。

〔五〕紹興本"尚未"作"未苦"。

〔六〕盧弼曰："沈家本曰：'張燕封安國亭侯，傳子方，孫融在昱之先，同時侯者而亭名相同，未詳其故？'弼按：續《百官志》劉昭注引《風俗通》曰：'漢家因秦大率十里一亭。'又按：《百官志》：'列侯功大者食縣，小者食鄉亭。'漢制十里一亭，則有同縣名之亭侯，不足異也。"

謹案：盧君謂安國亭爲安國縣之亭，一縣之亭均可冠以其縣名，故張燕封安國亭侯，程昱亦得此封爵也。竊疑盧君說誤。安國亭名，似與縣之名安國者無涉也，非亭皆得以其縣名冠之。盧君於此不瞭，而輒謂亭名有與縣同者皆是縣之亭也，立說無徵，蓋不可從。當承沈說存疑爲是。

〔七〕盧弼曰："《御覽》作'孫權新立'。"

謹案：《官本考證》曰："《太平御覽》作'孫權新立'。"此襲考證，"御"字上當增"《官本考證》曰"五字。考此見《御覽》卷二百七十二。徐紹楨曰："案：孫權甫據江東，乃云在位，於義似有未安，當從《太平御覽》作'孫權新立'爲是。"《季漢書》亦作"孫權新立"，與《御覽》同。似宜據以訂正。

〔八〕紹興本"人"下無"之"字。

〔九〕盧弼曰："或曰：'《世語》之妄不可信。'"

謹案：或說無據，似不可從。考《武紀》："興平元年冬十月太祖至東阿，是歲穀一斛五十餘萬錢，人相食。"則糧中雜有人脯，或有可能也。若謂由此失朝望，位不至公，是可存疑。

〔一〇〕盧弼曰："'廟'疑作'寮'。"

謹案：宮寮似不能謂之上察，仍以作宮廟爲是。如下文"御史中丞董攝宮殿"耳。

〔一一〕盧弼曰："'模'宋本作'摸'，下同。"

謹案：《晉書・何曾傳》："校事尹模，憑寵作威，利盈私，朝野畏憚，莫敢言者，曾奏劾之。""摸"當爲"模"字之形誤。

〔一二〕郝書"遠"字作"識"。

〔一三〕《御覽》卷四百四十九、卷六百三十一引"論"上有"與"字。

〔一四〕《御覽》卷四百六十七引"軍"下有"謀"字。

〔一五〕盧弼曰："北宋本'懾'作'攝'。"

謹案：盧君未見北宋本，此説本諸錢儀吉。《册府》卷七百一十七引"懾"字作"攝"。《通志》同。作"攝"字是，《儀禮・士冠禮》"攝酒"注："攝猶整也。"

〔一六〕《通志》無"知"字。

〔一七〕盧弼曰："北宋本'智'作'志'。"

謹案：此見錢儀吉《三國志證聞》，盧君不著所自而没其名，非是。

〔一八〕紹興本、馮本、陳本"時"上有"是"字。

〔一九〕《御覽》卷四百四十九引"於"字在"行"字下。

〔二〇〕盧弼曰："北宋本'武紀'下有'太祖'二字。"

謹案：錢儀吉《三國志證聞》"紀"下有"太祖"二字，"計"作"策"，曰"從北宋本"。此亦盧君所本，未言所出者。

〔二一〕紹興本"自"作"臣"。"臣"字於此無義，據文中語，疑"自"字是衍文。

〔二二〕盧弼曰："《水經注》洧水云云。"

謹案：此沈欽韓説，盧君未署其名。下引《一統志》已見梁章鉅《三國志旁證》，盧君亦不稱出自梁氏，俱非也。

〔二三〕盧弼曰："省事未詳，或爲從事、徵事之譌？然徵事止二員，置在建安十五年，見《邴原傳》注。此時辟召四州知名之士，決不止二人也。"

謹案：盧君謂省事爲徵事、從事之譌。然徵事僅二員，非徵事之誤，則係從事之誤也。竊謂"從"與"省"形聲俱遠，無緣致誤也。《文選・魏都賦》注引《魏武集》曰："漢制諸公所居曰省中。"省事掾屬或即所謂公府掾屬也。

〔二四〕盧弼曰："'諸下'疑爲'諸將'或'羣下'之誤。《通鑑》作'諸將皆曰'。"

謹案：《禮記・中庸》"下焉者，無善不尊"鄭注："下謂臣也。"諸下猶言諸臣。

〔二五〕盧弼曰："毛本、局本作'年二十八'誤。觀本傳裴注引《傅子》云'年二十七辟司徒府'及魏武與荀彧書云'郭奉孝年不滿四十'可證。建安三年初置軍師祭酒，奉孝即爲是官，至建安十二年從征柳城，還死，適十一年，故武表云'自從征伐十有一年'也。"

謹案：張宗源曰："傳末注又《傅子》太祖與荀彧書曰：'郭奉孝年不滿四十，相與周旋十一年。'據此則前引《傅子》年二十七不誤，傳之二十八當爲三十八也。"

〔二六〕《通志》"交錯"下有"於道"二字。

〔二七〕《類聚》卷五十一引"寵賢"作"示寵"。

〔二八〕《類聚》引句下有"誠賢君殷勤於清良，聖祖敦篤於明勳也"二句。

〔二九〕《類聚》引"軍祭酒"下有"洧陽侯潁川"五字，"嘉"下有"立身著行，稱成鄉邦，與臣參事，盡節爲國"四句。

〔三〇〕《類聚》引句下有"臣今日所以免戾，嘉與其功"。

〔三一〕《類聚》引句下有"使實足以報效,薄命夭隕,不終美志"。

〔三二〕《類聚》引"朝廷"作"陛下"。

〔三三〕《類聚》引句下有"昔霍去病蚤死,孝武爲之咨嗟,祭尊不究功業,世祖望柩悲慟。仁恩降下,念發五內,今嘉殞命,誠足憐傷"。

〔三四〕《御覽》卷七百六十八引"在"上有"若"字。

〔三五〕郝書"訴"字作"斥"。

〔三六〕馮本、陳本"厚"字作"重",郝書同。

〔三七〕紹興本、馮本、陳本、毛本"二"字俱作"一",郝書同。據傳文"軍祭酒郭嘉自從征伐,十有一年",則作"一"字爲是。

〔三八〕紹興本"卒"字作"忽",郝書同。

〔三九〕盧弼曰:"一本校改作'當先定荊州,此行不憚見計之忠厚'。"

謹案:一本校改非是。不但猶言不特,若作"不憚",語意不順,且與下文"必欲立功分棄命定事"不相承接矣。

〔四〇〕盧弼曰:"姚範曰:'余疑命定絕句,事字屬下。'"

謹案:棄命即上文所云"吾往南方,則不生還"。定事謂平定荊州之事,即上文云"當先定荊州"也。如姚説"事"字屬下讀,則"棄命定"三字殊不詞矣,非是。

〔四一〕《廣韵·沃韵》《通志·氏族略》引"粟攀"俱作"粟䌰"。

〔四二〕《季漢書》"漢獻帝"作"帝所"。

謹案:時劉協未薨,不得稱其諡號。疑"獻帝"當作"長安",下文"欲令假塗西至長安"可證。

〔四三〕毛本"肢"作"支"。

〔四四〕《後漢紀》"駕"上有"車"字。

〔四五〕《後漢紀》"算"字作"策"。

〔四六〕《後漢紀》《通志》"孤"下俱有"之"字。

〔四七〕紹興本"魯陽"二字不重,誤。

〔四八〕《通志·氏族略》:"魏有河內太守摎尚。摎,居求切,音留。"

〔四九〕《通志》引"創"下有"也"字,語意乃足。

〔五〇〕盧弼曰:"'累重'二字,一本改作'二城'。"

謹案:作"累重"是。《漢書·匈奴傳》:"悉遠其累重於余吾水北。"顏注:"累重,謂妻子資產也。"一本妄改非是,觀《吳志·呂蒙傳》可知。

〔五一〕梁章鉅曰:"'無成'當作'無臣'。"

謹案:《季漢書》"成"字作"臣"。無臣,休謂決戰死也,故下云"不須為念"也。作"成"則失其義矣。

〔五二〕《册府》卷五百三十八引"誤"字作"設",《通志》同,是也。

〔五三〕毛本"前"作"進"。

〔五四〕盧弼曰:"此當為荊州南陽郡之成都,非益州蜀郡之成都也。"

謹案:南陽成都鄉不知盧君何據?蓋臆說也。考蕭書無"成"字,是也。昭前進封右鄉侯,今封都鄉侯,故曰徙。見蔣濟、張既、張郃等傳,則此"成"字應刪去。

〔五五〕毛本"權"字作"威"。

〔五六〕《册府》卷三百一十六引"為"字作"偽"。

〔五七〕《册府》引無"矣"字。

〔五八〕"不"字疑當作"必"。

〔五九〕郝書"諂"字作"譎"。

〔六〇〕《白帖》卷四十七引"者"字作"人",與上文"以普之侍人"相應。

〔六一〕《御覽》卷四百三十四、《册府》卷七百八十九引脫"果"字。

〔六二〕盧弼曰:"《御覽》'佩'作'使'。"

謹案:《御覽》卷四百三十四引作"使"。"使"字於此不詞,仍作"佩"字爲是。

〔六三〕盧弼曰:"上繚屬揚州豫章郡海昏縣,今江西南康府建昌縣南十七里。《水經·贛水注》:'繚水又徑海昏縣,謂之上繚水。'謝鍾英曰:'海昏上繚宗民,不受發召即此。'何焯曰:'此宗民亦賨賊,即當時山越也。'"

謹案:梁章鉅曰:"《水經·贛水注》:'繚水東逕新吳縣,又逕海昏縣,謂之上繚水,又謂之海昏江。'顧祖禹曰:'上繚營在南康府建昌縣南十七里,相傳昌邑王賀所築。按:此宗民亦賨賊,即山越也。'"盧君本之梁氏《三國志旁證》,而未言所自出,非是。

〔六四〕盧弼曰:"《文選》注曰:'葛越,草布也。今葛布謂之葛越,白布謂之白越。'"

謹案:《文選·吳都賦》曰:"蕉葛升越,弱於羅紈。"李注:"蕉葛,葛之細者;升越,越之細者。"盧君引《文選注》不得所出。段玉裁《〈吳都賦〉"蕉葛升越"解》曰:"越者何也?紵布也。其字古作'越',今作'𣰠'。《廣韻》:'𣰠,紵布也。'《集韻》:'𣰠,一曰紵布。'"説詳《經韻樓集》卷十二。

〔六五〕紹興本"後則"二字乙。《册府》卷七百九十六引同,

《季漢書》同。

〔六六〕紹興本"乘"字作"襲"。《册府》卷四百五十二、卷七百六十九引同。《御覽》卷三百一十五引《曹瞞傳》："其廬江果爲策所襲。"亦作"襲"。

〔六七〕紹興本、陳本、毛本"服"作"伏",《白帖》卷五十二引同。馮本仍作"服"。伏,服也。

〔六八〕《通志》"伏"字作"服"。

〔六九〕盧弼曰："毛本'全'作'前'。"

謹案:作"前"字是。《説文·止部》："不行而進謂之前。"

〔七〇〕《通鑑考異》"魯"下有"乃"字。

〔七一〕盧弼曰："北宋本'外'作'内'。"

謹案:《通典·兵十五》引作"勢慴内外",《御覽》卷三百一十四引同,疑是。

〔七二〕《通典》引"定"下有"也"字。

〔七三〕《御覽》引"有"下有"智"字,《通典》引同。蕭書"遲"上有"思"字。

〔七四〕紹興本、馮本、陳本、毛本"附"字作"恃"。《册府》引同,《季漢書》同。疑作"恃"字是。

〔七五〕盧弼曰："北宋本'舉'作'破',《通鑑》同。"

謹案:《通典》《通志》引作"破",《御覽》、《册府》卷七百二十引同,則作"破"字者是也。

〔七六〕郝書、蕭書"治"下俱有"國"字,《通鑑》亦有,疑此脱。

〔七七〕《通志》"中"字下有"聞蜀中破"四字。

〔七八〕紹興本、毛本"迺"字作"延",《册府》引同,《通志》亦作"延"。

〔七九〕紹興本、陳本、毛本"儀"字俱作"止",蕭書、郝書、《通志》、《通鑑·魏紀》同,惟馮本作"儀"。

〔八〇〕《通鑑》"足"下有"也"字。

〔八一〕《通鑑》作"往乘其釁而伐之"。

〔八二〕紹興本無"則"字。

〔八三〕《通鑑》"人"下有"耳"字,《通志》同。

〔八四〕《通鑑》作"渡江襲之"。疑此"其内"二字當删,蓋蒙下文"我襲其内"而衍。《通志》亦無"其内"二字,有"之"字,與《通鑑》同。

〔八五〕此語意不完,《通鑑》作"若割吴之半以與蜀",應據補。

〔八六〕《通志》句下有"不祥且"三字。

〔八七〕紹興本、馮本、陳本、毛本"殆"字俱作"一",《册府》卷四百七十七引同。

〔八八〕盧弼曰:"《通鑑》作'十兼其八'。"

謹案:"兼其八"語意不完,《通鑑》有"十"字是也。上文亦有"十并其八"之語。郝書、《通志》"兼"上俱有"十"字。《册府》引作"九兼其八"。

〔八九〕毛本"逼"字作"迫",《册府》引同,《通鑑》、郝書、《通志》同。

〔九〇〕《通鑑》"義"字作"分",下無"也"字。

〔九一〕《通鑑》"事"上有"以"字,郝書同。

〔九二〕《通鑑》"無"上有"而"字,郝書同。

〔九三〕紹興本、毛本"紀"字作"記"。

〔九四〕《册府》卷四百七十九引"可"下有"伐"字。

〔九五〕《治要》卷二十五引"可"下有"伐"字,《通志》同。

〔九六〕《治要》引"至"上有"曄"字,"問"下有"之"字,《通志》亦有"之"字。

〔九七〕紹興本"昧"字作"眯",郝書、《通志》同。

〔九八〕《治要》引"曄"下無"見"字,郝書同。

〔九九〕郝書"反"上有"相"字。

〔一〇〇〕紹興本"所"下無"復"字。

〔一〇一〕紹興本"推"下無"尚"字。

〔一〇二〕郝書"質"字作"勢"。

〔一〇三〕盧弼曰:各本作"指有令",官本改作"前有令",《通志》作"指令"。盧明楷曰:"此蓋太祖謂蔣濟無謀叛之事,而信前令之不虛,作前令爲是。"趙一清曰:"指字衍。"

謹案:《册府》卷一百四十九引作"有令",無"指"字,《季漢書》同。趙説是也,當從之。

〔一〇四〕《册府》引"有"上有"如"字,應補,語氣方足。

〔一〇五〕蕭書、郝書"勸"下俱有"權"字。

〔一〇六〕"幾"毛本作"機",郝書同,考本志"機"多作"幾"。

〔一〇七〕盧弼曰:"《御覽》此句上有'可'字。"

謹案:《御覽》卷四百二十七引有"可"字,又卷五百九十二則無。《文心雕龍·詔策篇》曰:"魏文帝下詔,辭義多偉,至於作威作福,其萬慮之一乎!"

〔一〇八〕《御覽》卷四百二十七、卷五百九十三引俱無"言"字。

〔一〇九〕《御覽》卷四百二十七引"意"下有"乃"字,《通志》同。

〔一一〇〕"洲中"二字當乙。《吳志·孫權傳》："曹仁遣將軍常雕等以兵五千乘油舡晨渡濡須中洲。"可證。

〔一一一〕盧弼曰："或疑作'忼慨'。"

謹案："忼愾"即"忼慨"。《説文·心部》："忼，慨也。"漢安柔相孫根碑"節操忼慨"，綏民校尉熊君碑"質性忼慨"，俱未見作"忼慨"者。盧君引或説疑非。

〔一一二〕紹興本"洲"字作"州"。

〔一一三〕盧弼曰："歷適猶疏闊也。一作適歷，見《周禮》鄭注，《通鑑》作'船連延在數百里中'。"

謹案："適歷"見《周禮·地官·遂師》。孫詒讓《周禮正義》引孔廣森曰："《魏書·蔣濟傳》云'船本歷適數百里中'。歷適猶適歷，疏密均布之謂。"朱駿聲《説文通訓定聲》曰："適麻者，疊韵讔語，均匀之貌"，是與《通鑑》作"連延"義近。

〔一一四〕紹興本、馮本、陳本、毛本"卒"字俱作"半"，《册府》卷四百七十七引同，《通鑑》、蕭書、郝書、《通志》亦作"半"。

〔一一五〕盧弼曰："馮本'合'作'舍'。"

謹案：《吕氏春秋·似順篇》："無順令以取容者。"高注："容，悦也。"《論語·季氏篇》"友便辟"集解："馬曰：便辟巧辟，人之所忌，以求容媚。"疑此"合"字當作"容"，"舍""合"或為"容"字之誤。

〔一一六〕郝書"附"字作"阿"。

〔一一七〕《册府》卷五百二十六引"際"字作"察"。

〔一一八〕紹興本、馮本、陳本、毛本"敝"字俱作"弊"。

〔一一九〕郝書"賊"下有"也"字。

〔一二〇〕盧弼曰："宋本無'務'字。"

謹案：《册府》卷五百三十八引無"務"字，郝書同。

〔一二一〕紹興本、馮本、毛本"敳"字作"劼"。盧弼曰："劼，官本作'敳'，或校改作'勉'。盧明楷曰：'劼音貴，力乏也；敳音溪，險也。似應作劼。'又《顏氏・書證篇》曰：'劼即敳倦之敳。'或者敳其敳字之譌與？何焯曰：'劼，居胃切。'潘眉曰：'葛洪《要用字苑》云：敳音九僞反，字見《廣雅》及《陳思王集》。'錢大昭曰：'劼，居僞切。'沈家本曰：'《顏氏家訓》是。此傳本作劼，其作敳者，當是或據顏説改敳，又譌爲敳耳！敳，《説文》隑也，不安也（盧引即隑也，云險也，誤文）。劼，《説文》尤極也。義與此不相比附，恐皆不可從。'"

謹案：盧君云"或校改作勉"，恐誤。沈欽韓曰："《説文》'劼，尤極也'，《玉篇》'枯勒切'，此作'支'旁蓋譌，是又謂劼應作劼也。徐紹楨曰："按：顏黃門以'劼'字不見於當時字書，故云蔣氏自造。然濟上書陳事，乃用臆撰之文，人主何由識之？理恐不然！且濟造此字別無考證，顏氏何又知其爲'敳倦'之'敳'？此亦不得其説而爲之辭耳！竊疑'劼'字必是傳寫譌文。考《説文》有'勌'字云'尤劇也'。'勌''劼'形近，豈即'勌'字之譌歟？上文云'景初中，外勤征役，内務宫室'，所以其民尤劇，按之文義，似亦甚順，惜無善刻可證之也。"

〔一二二〕盧弼曰："'燠休'古通'噢咻'。"

謹案：古本作"燠休"，"噢咻"後出字。《左傳・昭公三年》云："民人痛疾而或燠休之。"正義曰："服虔云：'燠休痛其痛，而念之，若今時小兒痛，父母以口就之曰燠休，代其痛也。'"洪亮吉《春秋左傳詁》曰："或云燠休依注讀爲'嫗昫'。毛若虛以爲溫煦安息之意，讀如本字，亦通。今考《考工記》弓人'麋於刲而休於氣',鄭康成注:'休讀爲煦。'則毛説是也。"

〔一二三〕毛本"訧"字作"耽"。

〔一二四〕《册府》卷八百九十二引"侯"字作"濟",下有"曰"字,是也。

〔一二五〕紹興本無"阿"字,郝書同。

〔一二六〕蕭書"曹"下有"氏"字。

〔一二七〕毛本"皇"字作"王",郝書同。

〔一二八〕毛本"誠"字作"臣"。

〔一二九〕馮本、陳本、毛本"痛"字俱作"病"。考本志《曹爽傳》注引《晉紀》亦作"病",《通志》同。作"病"是。

〔一三〇〕郝書"順"字作"頃",是。

〔一三一〕盧弼曰:"歷郡綱紀如梁習爲陳郡綱紀,徐宣、陳矯廣陵綱紀也。"

謹案:《文選》李善注引虞預《晉君》曰:"東平主簿王豹白事齊王曰:況豹雖陋,固天州之綱紀也。"《文選》傅亮《爲宋公修張良廟教》與《爲宋公修楚元王墓教》注俱云:"綱紀,謂主簿。"盧君於綱紀只事徵引,未及詮釋,爲補釋之。

〔一三二〕毛本"祋祤"作"祋祤",郝書同。《江鄰幾雜志》:"疑亦是一兵械,其秦鑄兵之所乎?"

〔一三三〕馮本、陳本、毛本"沽"作"活"。

〔一三四〕"即"下疑脱"王"字。

〔一三五〕《御覽》卷二百二十引"遂"下有"並"字,《通志》同。

〔一三六〕紹興本、馮本、陳本"懾"字作"攝"。

〔一三七〕紹興本作"必能自弊"。

〔一三八〕盧弼曰:"趙一清曰:'千疑作十。'"

謹案：郝書作"萬艘"，考本志《文帝紀》注引《魏書》："斬首四萬級，獲船萬艘。"不作十萬也。趙説或未確。竊疑此句原作"得船萬个"，《史記·貨殖列傳》"竹竿萬个"，《儀禮·郊特牲饋食禮》"俎釋三个"鄭注："个猶枚也。""个"誤作"千"，又誤乙，遂作"千萬"也。

〔一三九〕紹興本無"間"字，郝書同。

〔一四〇〕盧弼曰："毛本'對'作'等'。或云下'令'字衍。弼按：'如中書省以問監令'爲句，蓋并問監令也。'令孫資對曰'爲句，下'令'字非衍文。"

謹案：《册府》卷四百七十七引作"資對曰"，無"令孫"二字，《季漢書》同。"令孫"二字似應刪。

〔一四一〕紹興本"俱"字作"皆"。

〔一四二〕盧弼曰："北宋本作'且爲探求於廣'。"

謹案："且於探求爲廣"，詞義較順，疑北宋本"於""爲"二字互易，恐非是。

〔一四三〕《通鑑考異》無"使"字。

〔一四四〕《初學記》卷十一、《御覽》卷九百一十八引"久"字俱作"共"，"機任"皆作"樞要"。

〔一四五〕盧弼曰："王鳴盛曰：'顔師古《急就篇注》：皂莢樹一名鷄栖。'胡三省曰：'殿中畜鷄以司晨，栖於樹上，因謂之鷄栖樹。'"

謹案：王説是。《廣志》曰："鷄栖子，皂莢也。"《御覽》卷九百六十引《洛陽宮殿簿》云："建始殿前槐及皂莢二十株。"夏侯獻、曹肇或謂此。胡説望文生訓，不足據。盧君兩引之，不加釐別，亦非。

〔一四六〕《册府》卷四百六十五引"御"字作"衘"，是也。

"御勒"不詞。

〔一四七〕馮本、陳本、毛本"侍"字作"事",《册府》引同。

〔一四八〕《世說·排調篇》"辭"字作"采",《類聚》卷十七引同。

〔一四九〕《晉書·孫楚傳》"正"字作"卿"。

三國志校箋卷十五

魏志卷十五〔一〕

劉馥　司馬朗　梁習　張既　温恢　賈逵 子充
李孚　楊沛〔二〕

　　劉馥字元穎，沛國相人也。避亂揚州，建安初，説袁術將戚寄、秦翊，使率衆與俱詣太祖。太祖悦之，辟爲司徒掾〔三〕。後孫策所置廬江太守李述攻殺揚州刺史嚴象〔四〕，廬江梅乾、雷緒、陳蘭等聚衆數萬在江、淮間，郡縣殘破。太祖方有袁紹之難，謂馥可任以東南之事，遂表爲揚州刺史。
　　馥既受命，單馬造合肥空城，建立州治〔五〕，南懷緒等，皆安集之，貢獻相繼。數年中恩化大行，百姓樂其政，流民越江山而歸者以萬數。於是聚諸生，立學校，廣屯田，興治芍陂及茹陂〔六〕、七門、吳塘諸堨以溉稻田，官民有畜〔七〕，又高爲城壘，多積木石，編作草苫數千萬枚，益貯魚膏數千斛，爲戰守備。

建安十三年卒。孫權率十萬衆攻圍合肥城百餘日，時天連雨，城欲崩，於是以苫蓑覆之，夜然脂照城外，視賊所作而爲備，賊以破走。揚州士民益追思之，以爲雖董安於之守晉陽，不能過也。及陂塘之利，至今爲用。

馥子靖，黃初中從黃門侍郎遷廬江太守，詔曰："卿父昔爲彼州，今卿復據此郡〔八〕，可謂克負荷者也。"轉任河內〔九〕，遷尚書，賜爵關內侯，出爲河南尹。散騎常侍應璩書與靖曰："入作納言，出臨京任。富民之術，日引月長。藩落高峻，絶穿窬之心。五種別出，遠水火之災。農器必具，無失時之闕。蠶麥有苦備之用〔一〇〕，無雨湒之虞。封符指期，無流連之吏。鰥寡孤獨，蒙虞振之賚。加之以明摘幽微，重之以秉憲不撓，有司供承王命，百里垂拱仰辦。雖昔趙、張三王之治，未足以方也。"靖爲政類如此。初雖如碎密，終於百姓便之，有馥遺風。母喪去官，後爲大司農衛尉，進封廣陸亭侯，邑三百戶。上疏陳儒訓之本曰："夫學者，治亂之軌儀，聖人之大教也。自黃初以來，崇立太學二十餘年，而寡有成者，蓋由博士選輕，諸生避役，高門子弟，恥非其倫，故夫學者〔一一〕，雖有其名而無其人〔一二〕，雖設其教而無其功。宜高選博士，取行爲人表，經任人師者，掌教國子。依遵古法，使二千石以上子孫，年從十五，皆入太學。明制黜陟榮辱之路，其經明行修者，則進之以崇德；荒教廢業者，則退之以懲惡；舉善而教不能則勸，浮華交游，不禁自息矣。闡弘大化，以綏未賓；六合承風，遠人來格。此聖人之教，致治之本也。"後遷鎮北將軍〔一三〕，假節都督河北諸軍事。靖以爲"經常之大法，莫善於守防，使民夷有別"。遂開拓邊守〔一四〕，屯據險要。又修廣戾渠陵大堨〔一五〕，水漑灌薊南北；三更種稻〔一六〕，邊民利之。嘉平六年薨，追贈征北將軍，進封建成鄉侯，謚曰景侯。子熙嗣。《晉陽秋》曰：劉弘字叔和，熙之弟也。弘與晉世祖同年，居同里，以舊恩屢登顯位。自靖至弘，世不曠名，而有政事才。晉西朝之末，弘爲車騎大將軍開府，荆州刺史，假節都督荆、交、廣州諸軍事，封新城郡公。其在江、漢，值王室多難，得專命一方，盡其器能。推誠羣下，屬以公義，簡刑獄，務農桑。每有興發，手書郡國，丁寧款密，故莫不感悅，顛倒奔赴，咸曰"得劉公一紙書，賢於十部從事也"。時帝在長安，命弘得選用宰守。徵士武陵伍朝高尚其事，牙門將皮初有勳江漢，弘上朝爲零陵太守，初爲襄陽太守。詔書以襄陽顯郡，初資名輕淺，以弘壻夏侯陟爲襄陽。弘曰："夫統天下者當與天下同心，治一國者當與一國推實。吾統荆州十郡，安得十女壻，然後爲治哉！"乃表陟姻親，舊制不得相監臨事，初勳宜見酬報。聽之，衆益服其公當。廣漢太守辛冉以天子蒙塵，四方云擾，進從橫計於弘。弘怒斬之，時人莫不稱善。《晉諸公讚》曰：於時天下雖亂，荆州安全。弘有劉景升保有江漢之志，不附太傅司馬越。越甚銜之。會弘病卒。子璠，北中郎將。

司馬朗字伯達，河人溫人也。司馬彪《序傳》曰：朗祖父雋，字元異，博學好古，倜儻有大度。長八尺三寸，腰帶十圍，儀狀魁岸，與衆有異，鄉黨宗族咸景附焉。位至潁川太守。父防，字建公，性質直公方，雖閒居宴處，威儀不忒。雅好《漢書》名臣列傳，所諷誦者數十萬言。少仕州郡，歷官洛陽令、京兆尹，以年老轉拜騎都尉。養志閭巷，闔門自守。諸子雖冠成人，不命曰進不敢進，不命曰坐不敢坐，不指有所問不敢言，父子之間肅如也。年七十一，建安二十四年終。有子八人，朗最長，次即晉宣皇帝也。九歲，人有道其父字者，朗曰："慢人親者，不敬其親者也。"客謝之。十二，試經爲童子郎，監試者以其身體壯大，疑朗匿年，劾問。朗曰："朗之內外，累世長大，朗雖穉弱，無仰高之風，損年以求早成，非志所爲也。"監試者異之。後關東兵起，故冀州刺史李邵家居野王，近山險，欲徙居溫。朗謂邵曰："脣齒之喻，豈唯虞、虢、溫與野王即是也；今去彼而居此，是爲避朝亡之期耳。且君，國人之望也，今寇未至而先徙，帶山之縣必駭，是搖動民之心而開姦宄之原也，竊爲郡內憂之。"邵不從。邊山之民果亂，內徙，或爲寇鈔。

是時董卓遷天子都長安，卓因留洛陽。朗父防爲治書御史，當徙西，以四方云擾，乃遣朗將家屬還本縣。或有告朗欲逃亡者，執以詣卓，卓謂朗曰："卿與吾亡兒同歲[一七]，幾大相負！"朗因曰："明公以高世之德，遭陽九之會，清除羣穢，廣舉賢士，此誠虛心垂慮，將興至治也。威德以隆，功業以著，而兵難日起，州郡鼎沸，郊境之內，民不安業，捐棄居產[一八]，流亡藏竄，雖四關設禁，重加刑戮，猶不絕息，此朗之所以於邑也。願明公監觀往事，少加三思，即榮名並於日月，伊、周不足侔也。"卓曰："吾亦悟之，卿言有意！"臣松之案：朗此對，但爲稱述卓功德，末相箴誨而已〔一九〕。了不自申釋，而卓便云"吾亦悟之，卿言有意"！客主之辭如爲不相酬塞也。

　　朗知卓必亡，恐見留，即散財物以賂遺卓用事者，求歸鄉里。到謂父老曰："董卓悖逆，爲天下所讎，此忠臣義士奮發之時也。郡與京都境壤相接，洛東有成皋，北界大河，天下興義兵者若未得進，其勢必停於此。此乃四分五裂戰爭之地，難以自安，不如及道路尚通，舉宗東到黎陽。黎陽有營兵，趙威孫鄉里舊婚，爲監營謁者，統兵馬，足以爲主。若後有變，徐復觀望未晚也。"父老戀舊，莫有從者，惟同縣趙咨，將家屬俱與朗往焉。後數月，關東諸州郡起兵，衆數十萬，皆集滎陽及河內〔二○〕。諸將不能相一，縱兵鈔略，民人死者且半。久之，關東兵散，太祖與呂布相持於濮陽，朗乃將家還溫。時歲大饑，人相食，朗收恤宗族，教訓諸弟，不爲衰世解業〔二一〕。

　　年二十二，太祖辟爲司空掾屬，除成皋令，以病去〔二二〕，復爲堂陽長。其治務寬惠，不行鞭杖，而民不犯禁。先時，民有徙充都內者，後縣調當作船，徙民恐其不辦，乃相率私還助之，其見愛如此。遷元城令，入爲丞相主簿。朗以爲天下土崩之勢，由秦滅五等之制，而郡國無蒐狩習戰之備故也。今雖五等未可復行，可令州郡並置兵，外備四夷，內威不軌，於策爲長。又以爲宜復井田。往者以民各有累世之業〔二三〕，難中奪之，是以至今。今承大亂之後，民人分散，土業無主，皆爲公田，宜及此時復之。議雖未施行，然州郡領兵，朗本意也。遷兖州刺史，政化大行，百姓稱之。雖在軍旅，常麤衣惡食〔二四〕，儉以率下。雅好人倫典籍，鄉人李覿等盛得名譽，朗常顯貶下之，後覿等敗，時人服焉。鍾繇、王粲著論云："非聖人不能致太平。"朗以爲"伊、顏之徒雖非聖人〔二五〕，使得數世相承，太平可致"。《魏書》曰：文帝善朗論，命祕書錄其文。孫盛曰：繇既失之，朗亦未爲得也。昔湯舉伊尹，而不仁者遠矣。《易》稱"顏氏之子，其殆庶幾乎！有不善未嘗不知，知之未嘗復行"。由此而言，聖人之與大賢，行藏道一，舒卷斯同，御世垂法〔二六〕，理無降異；升泰之美，豈俟積世哉？"善人爲邦百年，亦可以勝殘去殺"。又曰"不踐跡，亦不入於室"。數世之論，其在斯乎！方之大賢，固有間矣。建安二十二年，與夏侯惇、臧霸等征吳。到居巢，軍士大疫，朗躬巡視〔二七〕，致醫藥。遇疾卒，時年四十七。遺命布衣幅巾，斂以時服，州人追思之。《魏書》曰：朗臨卒，謂將士曰："刺史蒙國恩厚〔二八〕，督師萬里〔二九〕，微功未效，而遭此疫癘，既不能自救，辜負國恩。身沒之後，其布衣幅巾，斂以時服，勿違吾志也。"明帝即位，封朗子遺昌武亭侯，邑百戶。朗弟孚又以子望繼朗後。遺薨，望子洪嗣。《晉諸公贊》曰：望字子初，孚之長子。有才識，早知名。咸熙中位至司徒，入晉封義陽王，遷太尉、大司馬。時孚爲太宰，父子居上公位，自中代已來未之有也。洪字孔業，封河間王。

初朗所與俱徙趙咨，官至太常，爲世好士。咨字君初。子酇字子，晉驃騎將軍，封東平陵公。並見《百官名》志。

梁習字子虞，陳郡柘人也，爲郡綱紀。太祖爲司空，辟召爲漳長〔三〇〕，累轉乘氏、海西、下邳令，所在有治名〔三一〕。還爲西曹令吏，遷爲屬。并土新附，習以別部司馬領并州刺史。時承高幹荒亂之餘，胡狄在界，張雄跋扈，吏民亡叛，入其部落，兵家擁衆，作爲寇害，更相扇動，往往棊跱。習到官，誘諭招納，皆禮召其豪右，稍稍薦舉，使詣幕府，豪右已盡，乃次發諸丁彊以爲義從；又因大軍出征，分請以爲勇力。吏兵已去之後，稍移其家，前後送鄴，凡數萬口；其不從命者，興兵致討，斬首千數，降附者萬計。單于恭順，名王稽顙，部曲服事供職，同於編戶。邊境肅清，百姓布野，勤勸農桑，令行禁止。貢達名士，咸顯於世，語在《常林傳》。太祖嘉之，賜爵關內侯，更拜爲真。長老稱詠，以爲自所聞識，刺史未有及習者。建安十八年，州并屬冀州，更拜議郎、西部都督從事，統屬冀州，總故部曲，又使於上黨取大材供鄴宮室，習表置屯田都尉二人，領客六百夫，於道次耕種菽粟，以給人牛之費。後單于入侍，西北無虞，習之績也〔三二〕。《魏略》曰：鮮卑大人育延，常爲州所畏，而一旦將其部落五千餘騎詣習，求互市。習念不聽則恐其怨，若聽到州下，又恐爲所略，於是乃許之往與會空城中交市。遂勒郡縣，自將治中以下軍往就之。市易未畢，市吏收縛一胡。延騎皆驚，上馬彎弓圍習數重，吏民惶怖不知所施。習乃徐呼市吏，問縛胡意，而胡實侵犯人。習乃使譯呼延，延到，習責延曰："汝胡自犯法，吏不侵汝，汝何爲使諸騎驚駭邪？"遂斬之，餘胡破膽不敢動。是後無寇虜〔三三〕。至二十二年，太祖拔漢中，諸軍還到長安，因留騎督太原烏丸王魯昔，使屯池陽，以備盧水。昔有愛妻，住在晉陽。昔既思之，又恐遂不得歸，乃以其部五百騎叛還并州，留其餘騎置山谷間，而單騎獨入晉陽，盜取其妻。已出城，州郡乃覺；吏民又畏昔善射，不敢追。習乃令從事張景，募鮮卑使逐昔。昔馬負其妻〔三四〕，重騎行遲，未及與其衆合，而爲鮮卑所射死。始太祖聞昔叛，恐其爲亂於北邊，會聞已殺之，大喜，以習前後有策略，封爲關內侯。文帝踐阼，復置并州，復爲刺史，進封申門亭侯，邑百户；政治常爲天下最〔三五〕。太和二年，徵拜大司農。習在州二十餘年，而居處貧窮，無方面珍物，明帝異之，禮賜甚厚。四年，薨，子施嗣。

初，濟陰王思與習俱爲西曹令史。思因直日白事〔三六〕，失太祖指。太祖大怒，教召主者，將加重辟。時思近出，習代往對，已被收執矣，思乃馳還，自陳己罪，罪應受死。太祖歎習之不言，思之識分〔三七〕，曰："何意吾軍中有二義士乎？"〔三八〕臣松之以爲：習與王思，同寮而已，親非骨肉，義非刎頸，而以身代思，受不測之禍。以之爲義，無乃乖先哲之雅旨乎！史遷云"死有重於太山，有輕於鴻毛"，故君子不爲苟存，不爲苟亡。若使思不引分，主不加怒，則所謂自經於溝瀆而莫之知也。習之死義者，豈其然哉！後同時擢爲刺史，思領豫州。思亦能吏，然苛碎無大體，官至九卿，封列侯。《魏略·苛吏傳》曰：思與薛悌、却嘉俱從微起，官位略等。三人中，悌差挾儒術，所在名爲閑省。嘉與思事行相似。文帝詔曰："薛悌駁吏，王思、却嘉純吏也，各賜關內侯，以報其勤。"思爲人雖煩碎，而曉練文書，敬賢禮士，傾意形勢，亦以是顯名。正始中，爲大司農，年老目瞑，嗔怒無度，下吏嗷然不知何據〔三九〕。性少信，時有吏父病篤，近在外舍，自白求假。思疑其不實，發怒曰："世有思婦病母者，豈此謂乎！"遂不與假。吏父明日死，思無恨意。其爲刻薄類如此。思又性急，嘗執筆作書，蠅集筆端，驅去復來，如是再三。思恚怒，自起〔四〇〕，逐蠅不能得〔四一〕，還取筆擲地，蹋壞之。時有丹陽施畏、魯郡倪顥、南陽胡業亦爲刺史、郡守，時人謂之苛暴。又有高陽劉類，歷位宰守，苛慝尤甚〔四二〕，以善修人事，不廢於世。嘉平中，爲弘農太守。吏二百餘人，不與休假，專使爲不急〔四三〕。過無輕重，輒捽其頭，又亂杖捆之，牽出復入，如是數四。乃使人掘地求錢，所在市里，皆有孔穴。又外託簡省，每出行，陽勒督郵不得使官屬曲修禮敬，而陰識不來者，輒發怒中傷之。性又少信，每遣大吏出，輒使小吏隨覆察之，白日嘗自於墙壁間闚閃〔四四〕，夜使幹廉察諸曹，復以幹不足信，又遣鈴下及奴婢使轉相檢驗〔四五〕。嘗按行，宿止民家。民家二狗逐猪，猪驚走，頭插柵間，號呼良久。類以爲外之吏〔四六〕，擅共飲食〔四七〕，不復徵察，便使伍伯曳五官掾孫彌入，頓頭責之。彌以實對，類自愧不詳，因託問以他事。民尹昌年垂百歲，聞類出行，當經過，謂其兒曰："扶我迎府君，我欲陳恩。"兒扶昌在道左，類望見，呵其兒曰："用是死人〔四八〕，使來見我。"其視人無禮，皆此類也。舊俗，民謗官長者有三不肯，謂遷、免與死也。類在弘農，吏民患之乃題其門曰："劉府君有三不肯。"

類雖聞之猶不能自改。其後安東將軍司馬文王西征，路經弘農，弘農人告類荒耄不任宰郡，乃召入爲五官中郎將〔四九〕。

張既字德容，馮翊高陵人也。年十六，爲郡小吏。《魏略》曰：既世單家富〔五〇〕，爲人有容儀。少小工書疏，爲郡門下小吏，而家富。自惟門寒，念無以自達，乃常畜好刀筆及版奏〔五一〕，伺諸大吏有乏者輒給與〔五二〕，以是見識焉。後歷右職，舉孝廉，不行。太祖爲司空，辟，未至，舉茂才，除新豐令，治爲三輔第一。袁尚拒太祖於黎陽，遣所置河東太守郭援〔五三〕，并州刺史高幹及匈奴單于取平陽，發使西與關中諸將合從。司隸校尉鍾繇遣既說將軍馬騰等，既爲言利害，騰等從之。騰遣子超將兵萬餘人，與繇會擊幹、援，大破之，斬援首。幹及單于皆降。其後幹復舉并州反。河内張晟衆萬餘人無所屬，寇崤、澠間，河東衛固、弘農張琰各起兵以應之。太祖以既爲議郎，參繇軍事，使西徵諸將，馬騰等皆引兵會擊晟等，破之。斬琰、固首，幹奔荆州。封既武始亭侯。太祖將征荆州，而騰等分據關中。太祖復遣既喻騰等，令釋部曲求還。騰已許之而更猶豫，既恐爲變，乃移諸縣促儲偫，二千石郊迎。騰不得已，發東。太祖表騰爲衛尉，子超爲將軍，統其衆。後超反，既從太祖破超於華陰，西定關右。以既爲京兆尹，招懷流民，興復縣邑，百姓懷之。魏國既建，爲尚書，出爲雍州刺史。太祖謂既曰："還君本州〔五四〕，可謂衣繡晝行矣〔五五〕。"從征張魯，別從散關入討叛氐，收其麥以給軍食。魯降，既說太祖拔漢中民數萬户以實長安及三輔。其後與曹洪破吳蘭於下辯，又與夏侯淵、宋建，别攻臨洮、狄道，平之。是時，太祖徙民以充河北，隴西、天水、南安民相恐動，擾擾不安，既假三郡人爲將吏者休課，使治屋宅，作水碓，民心遂安。太祖將拔漢中守，恐劉備北取武都氐以逼關中，問既。既曰：“可勸使北出就穀以避賊，前至者厚其寵賞，則先者知利，後必慕之。”太祖從其策，乃自到漢中引出諸軍，令既之武都，徙氐五萬餘落出居扶風、天水界。《三輔決錄注》曰：既爲兒童，爲郡功曹游殷察異之〔五六〕，引既過家，既敬諾。殷先歸，勅家具設賓饌。及既至，殷妻笑曰：“若其悖乎〔五七〕！張德容童昏小兒，何異客哉！”殷曰：“卿勿怪，乃方伯之器也。”殷遂與既論霸王之略。饗訖，以子楚託之；既謙不受，殷固託之。既以殷邦之宿望，難違其旨，乃許之。殷先與司隸校尉胡軫有隙，軫誣構殺殷。殷死月餘，軫得疾患，自說但言“伏罪，伏罪，游功曹將鬼來”。於是遂死。於時關中稱曰〔五八〕：“生有知人之明，死有貴神之靈。”子楚字仲允，爲蒲阪令。太祖定關中，時漢興郡缺，太祖以問既，既稱楚才兼文武，遂以爲漢興太守。後轉隴西。《魏略》曰：楚爲人慷慨，歷位宰守，所在以恩德爲治，不好刑殺。太和中，諸葛亮出隴右，吏民騷動。天水、南安太守各棄郡東下，楚獨據隴西，召會吏民，謂之曰：“太守無恩德。今蜀兵至，諸郡吏民皆已應之，此亦諸卿富貴之秋也。太守本爲國家守郡，義在必死，卿諸人便可取太守頭持往。”吏民皆涕淚，言“死生當與明府同，無有二心”。楚復言：“卿曹若不願，我爲卿畫一計。今東二郡已去，必將寇來，但可共堅守。若國家救到，寇必去，是爲一郡守義，人人獲爵寵也。若官救不到，蜀攻日急，爾乃取太守以降，未爲晚也。"吏民遂城守。而南安果將蜀兵，就攻隴西。楚聞賊到，乃遣長史馬顒出門設陣，而自於城上曉諭蜀帥，言："卿能斷隴，使東兵不上，一月之中，則隴西吏人不攻自服；卿若不能，虛自疲弊耳。"使顒鳴鼓擊之，蜀人乃去。後十餘日，諸軍上隴，諸葛亮破走。南安、天水皆坐應亮破滅，兩郡守各獲重刑，而楚以功封列侯，長史掾屬皆賜拜。帝嘉其治，詔特聽朝，引上殿。楚爲人短小而大聲，自爲吏，初不朝覲，被詔登階，不知儀式。帝令侍中贊引，呼"隴西太守前"，楚當言"唯"，而大應稱"諾"〔五九〕。帝顧之而笑，遂勞勉之。罷會，自表乞留宿衞，拜駙馬都尉。楚不學問，而性好游遨音樂。乃畜歌者，琵琶、箏、簫〔六〇〕，每行來將以自隨〔六一〕。所在樗蒲、投壺，歡欣自娛，數歲，復出爲北地太守，年七十餘卒。

是時，武威顏俊、張掖和鸞、酒泉黃華、西平麴演等並舉郡反，自號將軍。更相攻擊。俊遣使送母及子詣太祖爲質，求助。太祖問既，既曰："俊等外假國威，內生傲悖，計定勢足，後即反耳。今方事定蜀，且宜兩存而鬬之，猶卞莊子之刺虎，坐收其斃也。"太祖曰："善。"歲餘，鸞遂殺俊，武威王祕又殺鸞。是時不置涼州，自三輔距西域，皆屬雍州。文帝即王位，初置涼州，以安定太守鄒岐爲刺史。張掖張進執郡守舉兵拒岐，黃華、麴演各逐故太守，舉兵以應之。既進兵爲護羌校尉蘇則聲勢，故則得以有功。既進爵都鄉侯。涼州盧水胡伊健妓妾、治元多等反，河西大擾。帝憂之，曰："非既莫能安涼州。"乃召鄒岐，以既代之。詔曰："昔賈復請擊郾賊，光武笑曰：'執金吾擊郾，吾復何憂？'卿謀略過人，今則其。以便宜從事〔六二〕，勿復先請。"遣護軍夏侯儒、將軍費曜等繼其後。既至金城，欲渡河，諸將守以爲"兵少道險，未可深入"〔六三〕。既曰："道雖險，非井陘之隘，夷狄烏合，無左車之計，今武威危急，赴之宜速。"遂渡河。賊七千餘騎逆拒軍於鸇陰口，既揚聲軍從鸇陰，乃潛由且次出至武威。胡以爲神，引還顯美。既已據武威，曜乃至，儒等猶未達。既勞賜將士，欲進軍擊胡。諸將皆曰："士卒疲倦，虜衆氣銳，難與爭鋒。"既曰："今軍無見糧，當因敵爲資。若虜見兵合，退依深山，追之則道險窮餓，兵還則出候寇鈔。如此，兵不得解，所謂'一日縱敵，患在數世'也。"遂前軍顯美。胡騎數千，因大風欲放火燒營，將士皆恐。既夜藏精卒三千人爲伏，使參軍成公英督千餘騎挑戰，勅使陽退。胡果爭奔之，因發伏截其後，首尾進擊，大破之，斬首獲生以萬數。《魏略》曰：成公英，金城人也。中平末，隨韓約爲腹心。建安中，約從、華陰破走，還湟中，部黨散去，唯英獨從。《典略》曰：韓遂在湟中，其壻閻行欲殺遂以降，夜攻遂，不下。遂歎息曰："丈夫困厄〔六四〕，禍起婚姻乎！"謂英曰："今親戚離叛，人衆轉少，當從羌中西南詣蜀耳。"英曰："興軍數十年，今雖罷敗，何有棄其門而依於人乎！"遂曰："吾年老矣，子欲何施？"英曰："曹公不能遠來，獨夏侯爾。夏侯之衆，不足以追我，又不能久留，且息肩於羌中，以須其去。招呼故人，綏會羌、胡〔六五〕，猶可以有爲也。"遂從其計，時隨從者男女尚數千人。遂宿有恩於羌，羌衛護之。及夏侯淵還，使閻行留後。乃合羌、胡數萬將攻行，行欲走，會遂死，英降太祖。太祖見英甚喜，以爲軍師，封列侯。從行出獵，有三鹿走過前，公命英射之，三發三中，皆應弦而倒。公抵掌謂之曰："但韓文約可爲盡節，而孤獨不可乎？"英乃下馬而跪曰："不欺明公。假使英本主人在，實不來在此也。"遂流涕哽噎。公嘉其敦舊，遂親敬之。延康、黃初之際，河西有逆謀。詔遣英佐涼州平隴右，病卒。《魏略》曰：閻行，金城人也，後名豔，字彥明，少有健名，始爲小將，隨韓約。建安初，約與馬騰相攻擊。騰子超亦號爲健。行嘗刺超，矛折，因以折矛撾超項，幾殺之。至十四年，爲約所使詣太祖，太祖厚遇之，表拜犍爲太守。行因請令其父入宿衞，西還見約，宣太祖教云："謝文約：卿始起兵時，自有所逼，我所具明也。當早來，共匡輔國朝。"行因謂約曰："行亦爲將軍興軍以來三十餘年，民兵疲瘁，所處又狹，宜早自附，是以前在鄴自啓，當令老父詣京師，誠謂將軍亦宜遣一子，以示丹赤。"約曰："且可復觀望數歲中！"後遂遣其子，與行父母俱東。會約西討張猛，留行守舊營，而馬超等結反，謀舉約爲都督。及約還，超謂約曰："前鍾司隸任超使取將軍，關東人不可復信也。今超棄父，以將軍爲父，將軍亦當棄子，以超爲子。"行諫約，不欲令與超合。約謂行曰："今諸將不謀而同，似有天數。"乃東詣華陰。及太祖與約交馬語，行在其後，太祖望謂行曰："當念作孝子。"及超等破走，行隨約還金城。太祖聞行前意，故但誅約子孫在京師者。乃手書與行曰："觀文約所爲，使人笑來。吾前後與之書，無所不說，如此何可復忍！卿父諫議，自平安也。雖然，牢獄之中，非養親之處，且又官家亦不能久爲人養老也。"約聞行父獨在，欲使并遇害，以一其心，乃強以少女妻行，行不獲已。太祖果疑行。會約使行別領西平郡。遂勒其部曲,與約相攻擊。行不勝,乃將家人東詣太祖。太祖表拜列侯。帝甚悦,詔曰:"卿踰河歷險,以勞擊逸,以寡勝衆,功過南仲,勤踰吉甫。此勳非但破胡〔六六〕,乃永寧河右,使吾長無西顧之念矣。"徙對西鄉侯,增邑二百,并前四百户。

酒泉蘇衡反,與羌豪鄰戴及丁令胡萬餘騎攻邊縣。既與夏侯儒擊破之,衡及鄰戴等皆降。遂上疏請與儒治左城,築障塞,置烽候、邸閣以備胡。《魏略》曰:儒字俊林,夏侯尚從弟。初爲鄢陵侯彰驍騎司馬,宣王爲征南將軍,都督荆、豫州〔六七〕。正始二年,朱然圍樊城,城中守將乙修等求救甚急。儒進屯鄧塞,以兵少不敢進,但作鼓吹,設導從〔六八〕,去然六七里,翱翔而還,使修等遥見之,數數如是,月餘,及太傅到,乃俱進,然等走。時謂儒爲怯,或以爲曉以少疑衆,得聲救之宜。儒猶以此召還,爲太僕。西羌恐,率衆二萬餘落降。其後西平麴光等殺其郡守,諸將欲擊之,既曰:"唯光等造反,郡人未必悉同。若便以軍臨之,吏民羌胡必謂國家不別是非,更使皆相持著,此爲虎傳翼也。光等欲以羌胡爲援,今先使羌胡鈔擊,重其賞募,所虜獲者〔六九〕,皆以畀之。外沮其勢,内離其交,必不戰而定。"乃檄告諭諸羌〔七〇〕,爲光等所註誤者原之;能斬賊帥送首者當加封賞。於是光部黨斬送光首,其餘咸安堵如故。

既臨二州十餘年,政惠著聞,其所禮辟扶風龐延、天水楊阜、安定胡遵、酒泉龐淯、燉煌張恭、周生烈等,終皆有名位。《魏略》曰:初,既爲郡小吏,功曹徐英嘗自鞭既三十。英字伯濟，馮翊著姓，建安初爲蒲阪令。英性剛爽，自見族氏勝旣，於鄉里名行在前，加以前辱旣，雖知旣貴顯，終不肯求於旣〔七一〕。旣雖得志，亦不顧計本原，猶欲與英和。嘗因醉欲親狎英，英故抗意不納。英由此遂不復進用。故時人善旣不挾舊怨，而壯英之不撓。黃初四年薨。詔曰："昔荀桓子立勳翟土，晉侯賞以千室之邑；馮異輸力漢朝，光武封其二子。故涼州刺史張旣，能容民畜衆，使羣羌歸土，可謂國之良臣。不幸薨隕，朕甚愍之，其賜小子翁歸爵關內侯。"明帝即位，追諡曰肅侯。子緝嗣。

緝以中書郎稍遷東莞太守。嘉平中，女爲皇后，徵拜光祿大夫，位特進，妻向爲安城鄉君。緝與中書令李豐同謀，誅。語在《夏侯玄傳》。《魏略》曰：緝字敬仲，太和中爲温令，名有治能。會諸葛亮出，緝上便宜，詔以問中書令孫資，資以爲有籌略，遂召拜騎都尉，遣參征蜀軍。軍罷，入爲尚書郎，以稱職爲明帝所識。帝以爲緝之才能，多所堪任，試呼相者相之〔七二〕。相者云："不過二千石。"帝曰："何材如是而位至二千石乎〔七三〕？"及在東莞，領兵數千人。緝性吝於財而矜於勢，一旦以女徵去郡，還坐里舍〔七四〕，悒悒躁擾。數爲國家陳擊吳、蜀形勢，又嘗對司馬大將軍料諸葛恪雖得勝於邊土〔七五〕，見誅不久。大將軍問其故，緝云："威震其主，功蓋一國，欲不死可得乎？"及恪從合肥還，吳果殺之。大將軍聞恪死，謂衆人曰："諸葛恪多輩耳！近張敬仲縣論恪，以爲必見殺，今果然如此。敬仲之智，爲勝恪也。"緝與李豐通家，又居相側近。豐時取急出，子䢷往見之〔七六〕，有所咨道。豐被收，事與緝連，遂收送廷尉，賜死獄中，其諸子皆并誅。緝孫殷，晉永興中爲梁州刺史，見《晉書》。

温恢字曼基，太原祁人也。父恕，爲涿郡太守，卒。恢年十五，送喪還歸鄉里，内足於財。恢曰："世方亂，安以富爲？"一朝盡散，振施宗族，州里高之，比之郇越。舉孝廉[七七]，爲廩丘長，鄢陵、廣川令，彭城、魯相，所在見稱。入爲丞相主簿，出爲揚州刺史。太祖曰："甚欲使卿在親近，顧以爲不如此州事大。故《書》云：'股肱良哉！庶事康哉！'得無當得蔣濟爲治中邪？"時濟見爲丹陽太守，乃遣濟還州。又語張遼、樂進等曰："揚州刺史曉達軍事，動靜與共咨議。"

　　建安二十四年，孫權攻合肥，是時諸州皆屯戍。恢謂兗州刺史裴潛曰："此間雖有賊，不足憂，而畏征南方有變。今水生而子孝縣軍，無有遠備，關羽驍銳，乘利而進，必將爲患。"於是有樊城之事。詔書召潛及豫州刺史吕貢等，潛等緩之。恢密語潛曰："此必襄陽之急欲赴之也。所以不爲急會者，不欲驚動遠衆。一二日必有密書促卿進道，張遼等又將被召。遼等素知王意，後召前至，卿受其責矣！"潛受其言，置輜重，更爲輕裝速發，果被促令。遼等尋各見召，如恢所策。

　　文帝踐阼，以恢爲侍中，出爲魏郡太守。數年，遷涼州刺史，持節領護羌校尉。道病卒，時年四十五。詔曰："恢有柱石之質，服事先帝，功勤明著[七八]，及爲朕執事，忠於王室，故授之以萬里之任，任之以一方之事。如何不遂，吾甚愍之！"賜恢子生爵關内侯。生早卒，爵絕。

恢卒後，汝南孟建爲涼州刺史，有治名，官至征東將軍。魏略曰：建字公威，少與諸葛亮俱游學。亮後出祁山，答司馬宣王書，使杜子緒宣意於公威也。

賈逵字梁道，河東襄陵人也。自爲兒童戲弄，常設部伍，祖父習異之，曰："汝大必爲將率。"口授兵法數萬言。《魏略》曰：逵世爲著姓，少孤家貧〔七九〕，冬常無袴〔八〇〕，過其妻兄柳孚宿，其明無何，著孚袴去，故時人謂之通健〔八一〕。初爲郡吏，守絳邑長。郭援之攻河東，所經城邑皆下，逵堅守，援攻之不拔，乃召單于并軍急攻之。城將潰，絳父老與援要，不害逵。絳人既潰，援聞逵名，欲使爲將，以兵劫之，逵不動。左右引逵使叩頭，逵叱之曰："安有國家長吏爲賊叩頭！"援怒，將斬之，絳吏民聞將殺逵，皆乘城呼曰："負要殺我賢君〔八二〕，寧俱死耳！"左右義逵，多爲請，遂得免。《魏略》曰：援捕得逵，逵不肯拜，謂援曰："王府君臨郡積年，不知足下曷爲者也？"援怒曰："促斬之。"諸將覆護，乃囚於壺關，閉著土窖中，以車輪蓋上，使人固守。方將殺之，逵從窖中謂守者曰："此間無健兒邪，而當使義士死此中乎？"時有祝公道者，與逵非故人，而適聞其言，憐其守正危厄，乃夜盜往，引出折械遣去，不語其名姓〔八三〕。初，逵過皮氏，曰："爭地先據者勝。"及圍急，知不免，乃使人間行送印綬歸郡，且曰"急據皮氏"。援既并絳衆，將進兵。逵恐其先得皮氏，乃以他計疑援謀人祝奧，援由是留七日。郡從逵言，故得無敗。《孫資別傳》曰：資舉河東計吏，到許，薦於相府曰："逵在絳邑，帥屬吏民，與賊郭援交戰，力盡而敗，為敗所俘，挺然直志，顏辭不屈；忠言聞於大衆，烈節顯於當時，雖古之直髮據鼎，罔以加也。其才兼文武，誠時之利用。"《魏略》曰：郭援破後，逵乃知前出己者為祝公道。公道，河南人也。後坐他事，當伏法，逵救之，力不能解，為之改服焉。

後舉茂才，除澠池令。高幹之反，張琰將舉兵以應之。逵不知其謀，往見琰。聞變起，欲還，恐見執，乃為琰畫計，如與同謀者，琰信之。時縣寄治蠡城，城壘不固，逵從琰求兵修城。諸欲為亂者皆不隱其謀，故逵得盡誅之。遂修城拒琰。琰敗，逵以喪祖父去官，司徒辟為掾，以議郎參司隸軍事。太祖征馬超，至弘農曰"此西道之要"，以逵領弘農太守。召見計事，大悅之，謂左右曰："使天下二千石悉如賈逵，吾何憂[八四]？"其後發兵，逵疑屯田都尉藏亡民[八五]。都尉自以不屬郡，言語不順。逵怒，收之，數以罪，搊折脚，坐免。然太祖心善逵，以為丞相主簿。《魏略》曰：太祖欲征吳而大霖雨，三軍多不願行。太祖知其然[八六]，恐外有諫者，教曰："今孤戒嚴，未知所之，有諫者死。"逵受教，謂其同寮三主簿曰："今實不可出，而教如此，不可不諫也。"乃建諫草以示三人，三人不獲已，皆署名，入白事。太祖怒，收逵等。當送獄，取造意者[八七]，逵即言"我造意"，遂走詣獄。獄吏以逵主簿也，不即著械。謂獄吏曰[八八]："促械我[八九]。尊者且疑我在近職[九〇]，求緩於卿，今將遣人來察我。"逵著械適訖，而太祖果遣家中人就獄視逵。既而教曰："逵無惡意，原復其職。"始，逵爲諸生，略覽大義，取其可用。最好《春秋左傳》，及爲牧守，常自課讀之，月常一遍。逵前在弘農，與典農校尉爭公事，不得理，乃發憤生瘿，後所病稍大，自啓願欲令醫割之〔九一〕。太祖惜逵忠〔九二〕，恐其不活，教"謝主簿，吾聞'十人割瘿九人死'"。逵猶行其意，而瘿愈大〔九三〕。逵本名衢，後改爲逵。太祖征劉備，先遣逵至斜谷觀形勢〔九四〕。道逢水衡，載囚人數十車〔九五〕，逵以軍事急，輒竟重者一人，皆放其餘。太祖善之，拜諫議大夫，與夏侯尚並掌軍計。太祖崩洛陽，逵典喪事。《魏略》曰：時太子在鄴，鄢陵侯未到，士民頗苦勞役，又有疾癘，於是軍中騷動，羣察恐天下有變，欲不發喪。逵建議爲不可秘，乃發哀，令内外皆入臨，臨訖，各安叙不得動。而青州軍擅擊鼓相引去〔九六〕。衆人以爲宜禁止之，不從者討之。逵以爲"方大喪在殯，嗣王未立，宜因而撫之"。乃爲作長檄〔九七〕，告所在給其廩食。時鄢陵侯彰行越騎將軍，從長安來赴，問逵先生璽綬所在。逵正色曰："太子在鄴，國有儲副。先王璽綬，非君侯所宜問也。"遂奉梓宮還鄴。

　　文帝即王位，以鄴縣户數萬在都下，多不法，乃以逵爲鄴令。月餘，遷魏郡太守。《魏略》曰：初，魏郡官屬頗以公事期會有所急切，會聞逵當爲郡，舉府皆詣縣門外，及遷書到，逵出門，而郡官屬悉當門，謁逵於車下，逵抵掌曰："詣治所，何宜如是!"大軍出征，復爲丞相主簿祭酒。逵嘗坐人爲罪，王曰："叔向猶十世宥之，況逵功德親在其身乎？"從至黎陽，津渡者亂行，逵斬之，乃整。至譙，以逵爲豫州刺史。《魏略》曰：逵爲豫州。逵進曰："臣守天門，出入六年，天門始開，而臣在外。唯殿下爲兆民計，無違天人之望。"是時天下初復州，郡多不攝[九八]。逵曰："州本以御史出監諸郡，以六條詔書察長吏二千石已下，故其狀皆言嚴能鷹揚有督察之才，不言安靜寬仁有愷悌之德也。今長吏慢法，盜賊公行，州知而不糾，天下復何取正乎？"兵曹從事受前刺史假，逵到官數月，乃還；考竟其二千石以下阿縱不如法者，皆舉奏免之。帝曰："逵真刺史矣。"布告天下，當以豫州爲法。賜爵關內侯。

州南與吳接，逵明斥候，繕甲兵，爲守戰之備，賊不敢犯。外修軍旅，内治民事，遏鄢、汝，造新陂，又斷山溜長谿水，造小弋陽陂，又通運渠二百餘里，所謂賈侯渠者也。黄初中，與諸將並，征吳，破吕範於洞浦，進封陽里亭侯[九九]，加建威將軍。明帝即位，增邑二百户，并前四百户。時孫權在東關，當豫州南，去江四百餘里。每出兵爲寇，輒西從江夏，東從廬江。國家征伐，亦由淮、沔[一〇〇]。是時州軍在項，汝南、弋陽諸郡，守境而已。權無北方之虞，東西有急，并軍相救，故常少敗。逵以爲宜開直道臨江，若權自守，則二方無救；若二方無救，則東關可取。乃移屯潦口，陳攻取之計，帝善之。

吳將張嬰、王崇率衆降。太和二年，帝使逵督前將軍滿寵、東莞太守胡質等四軍，從西陽直向東關，曹休從皖，司馬宣王從江陵。逵至五將山，休更表賊有請降者，求深入應之。詔宣王駐軍，遣東與休合進。遼度賊無東關之備，必併軍於皖；休深入與賊戰，必敗。乃部署諸將，水陸並進，行二百里，得生賊，言休戰敗，權遣兵斷夾石。諸將不知所出，或欲待後軍。遼曰："休兵敗於外，路絕於內，進不能戰，退不得還，安危之機，不及終日。賊以軍無後繼，故至此；今疾進，出其不意，此所謂先人以奪其心也，賊見吾兵必走。若待後軍，賊已斷險，兵雖多何益！"乃兼道進軍，多設旗鼓爲疑兵，賊見遼軍，遂退。遼據夾石，以兵糧給休，休軍乃振。初，遼與休不善。黃初中，文帝欲假遼節，休曰："遼性剛，素侮易諸將，不可爲督。"帝乃止。及夾石之敗，微遼，休軍幾無救〔一〇一〕。《魏略》曰：休怨遼進遲，乃呵責遼，遂使主者勒豫州刺史往拾棄仗。遼恃心直，謂休曰："本爲國家作豫州刺史，不來相爲拾棄仗也。"乃引軍還。遂與休更相表奏，朝廷雖知遼直，猶以休爲宗室任重，兩無所非也。《魏書》云：休猶挾前意，欲以後期罪遼，遼終無言，時人亦以此多遼〔一〇二〕。習鑿齒曰：夫賢人者，外身虛己，內以下物，嫌忌之名，何由而生乎？有嫌忌之名者，必與物爲對，存勝負於己身者也。若以其私憾敗國殄民，彼雖傾覆，於我何利？我苟無利，乘之曷爲？以是稱說，臧獲之心耳。今忍其私忿而急彼之憂，冒難犯危而免之於害，使功顯於明君，惠施於百姓，身登於君子之塗，義愧於敵人之心，雖豺虎猶將不覺所復，而況於曹休乎？然則濟彼之危，所以成我之勝，不計宿憾，所以服彼之心，公義既成，私利亦弘，可謂善爭矣。在於未能忘勝之流，不由於此而能濟勝者，未之有也。

會病篤，謂左右曰："受國厚恩，恨不斬孫權以下見先帝。喪事一不得有所修作。"薨，謚曰肅侯。《魏書》曰：逵時年五十五。子充嗣。豫州吏民追思之，爲刻石立祠。青龍中，帝東征，乘輦入逵祠，詔曰："昨過項，見賈逵碑像，念之愴然。古人有言，患名之不立，不患年之不長。逵存有忠勳，没而見思，可謂死而不朽者矣。其布告天下，以勸將來。"《魏略》曰：甘露二年，車駕東征，屯項，復入逵祠下，詔曰："逵没有遺愛，歷世見祀。追聞風烈，朕甚嘉之。昔先帝東征，亦幸於此，親發德音，褒揚逵美，徘徊之心，益有慨然！夫禮賢之義，或掃其墳墓，或修其門閭，所以崇敬也。其掃除祠堂，有穿漏者補治之。"充，咸熙中爲中護軍。《晉諸公贊》曰：充字公閭，甘露中爲大將軍長史。高貴鄉公之難，司馬文王賴充以免。爲晉室元功之臣，位至太宰，封魯公。謚曰武公。《魏略列傳》以逵及李孚、楊沛三人爲一卷，今列孚、沛二人繼逵後耳。孚字子憲，鉅鹿人也。興平中，本郡人民饑困。孚爲諸生，嘗種薤〔一〇三〕，欲以成計。有從索者，亦不與一莖，亦不自食，故時人謂能行意。後爲吏。建安中，袁尚領冀州，以孚爲主簿。後尚與其兄譚爭鬬，尚出軍詣平原，留別駕審配守鄴城，孚隨尚行。會太祖圍鄴，尚還欲救鄴，行未到，尚疑鄴中守備少，復欲令配知外動止，與孚議所遣。孚答尚言："今使小人往，恐不足以知外内，且恐不能自達。孚請自往。"尚問孚："當何所得？"〔一〇四〕孚曰："聞鄴圍甚堅，多人則覺，以爲直當將三騎足矣。"尚從其計。孚自選溫信者三人，不語所之，皆勅使具脯糧，不得持兵仗，各給快馬。遂辭尚來南，所在止亭傳。及到梁淇，使從者斫問事杖三十枚，繫著馬邊，自著平上幘，將三騎，投暮詣鄴下。是時大將軍雖有禁令,而芻牧者多。故孚因此夜到,以鼓一中,自稱都督,歷北圍,循表而東,從東圍表,又循圍而南,步步呵責守圍將士,隨輕重行其罰。遂歷太祖營前,徑南過,從南圍角西折,當章門,復責怒守圍者,收縛之。因開其圍,馳到城下,呼城上人,城上人以繩引,孚得入。配等見孚,悲喜,鼓譟稱萬歲。守圍者以狀聞,太祖笑曰:"此非徒得入也,方且復得出。"孚事訖欲得還,而顧外圍必急,不可復冒。謂已使命當速反,乃陰心計,請配曰:"今城中穀少,無用老弱爲也,不如驅出之以省穀也。"配從其計,乃復夜簡別得數千人,皆使持白幡〔一〇五〕,從三門並出降。又使人人持火,孚乃無何將本所從作降人服,隨輩夜出。時守圍將士,聞城中悉降,火光照躍。但共觀火,不復視圍。孚出北門,遂從西北角突圍得去。其明,太祖聞孚已得出,抵掌笑曰:"果如吾言也。"孚北見尚,尚甚歡喜。會尚不能救鄴,破走至中山,而袁譚又追擊尚,尚走。孚與尚相失,遂詣譚復爲譚主簿,東還平原。太祖進攻譚,譚戰死。孚還城,城中雖必降,尚擾亂未安。孚權宜欲得見太祖,乃騎詣牙門,稱冀州主簿李孚欲口白密事。太祖見之,孚叩頭謝。太祖問其所白,孚言"今城中彊弱相陵,心皆不定,以爲宜令新降爲內所識信者,宣傳明教"。公謂孚曰:"卿便還宣之。"孚跪請教,公曰:"便以卿意宣也。"孚還入城,宣教"各安故業,不得相侵陵"。城中以安,乃還報命,公以孚爲良足用也。會爲所間〔一〇六〕,裁署冗散。出守解長,名爲嚴能。稍遷至司隸校尉,時年七十餘矣,其於精斷無衰,而術略不損於故。終於陽平太守。孚本姓馮,復改爲李〔一〇七〕。楊沛字孔渠,馮翊萬年人也。初平中,爲公府令史,以牒除爲新鄭長。興平末,人多饑窮,沛課民益畜乾椹〔一〇八〕,收䝁豆,閱其有餘以補不足,如此積得千餘斛〔一〇九〕,藏在小倉。會太祖爲兗州刺史，西迎天子，所將千餘人皆無糧〔一一〇〕，過新鄭，沛謁見，乃皆進乾椹〔一一一〕。太祖甚喜。及太祖輔政，遷沛爲長社令。時曹洪賓客在縣界，徵調不肯如法，沛先搤折其脚，遂殺之。由此太祖以爲能。累遷九江、東平、樂安太守，並有治迹。坐與督軍爭鬭，髡刑五歲。輸作未竟，會太祖出征在譙，聞鄴下頗不奉科禁，乃發教選鄴令，當得嚴能如楊沛比，故沛從徒中起爲鄴令。已拜，太祖見之，問曰："以何治鄴？"沛曰："竭盡心力，奉宜科法。"太祖曰："善。"顧謂坐席曰〔一一二〕："諸君，此可畏也。"賜其生口十人，絹百匹〔一一三〕，既欲以勵之，且以報乾椹也。沛辭去，未到〔一一四〕，而軍中豪右曹洪、劉勳等畏沛，各遣家馳騎告子弟，使各自檢勅。沛爲令數年，以功能轉爲護羌都尉〔一一五〕。十六年馬超反，大軍西討，沛隨軍，都督孟津渡事。太祖已南過，其餘未畢，而中黃門前渡，忘持行軒，私北還取之，從吏求小船，欲獨先渡，吏呵不肯，黃門與吏爭言。沛問黃門："有疏邪？"黃門云："無疏。"沛怒曰："何知汝不欲逃邪？"遂使人捽其頭，與杖欲捶之，而逸得去，衣幘皆裂壞，自訴於太祖。太祖曰："汝不死爲幸矣。"由是聲名益振。及關中破，代張既領京兆尹。黃初中，儒雅並進，而沛本以事能見用，遂以議郎冗散里巷。沛前後宰歷城守，不以私計介意，又不肯以事責人〔一一六〕，故身退之後，家無餘積。治疾於家，借舍從兒，無他奴婢。後占河南夕陽亭部荒田二頃，起瓜牛廬，居止其中，其妻子凍餓。沛病亡，鄉人親友及故吏民爲殯葬也。

評曰：自漢季以來，刺史總統諸郡〔一一七〕，賦政於外，非若曩時司察之而已。太祖創基，迄終魏業，此皆其流稱譽有名實者也。咸精達事機，威恩兼著，故能肅齊萬里，見述於後也。

【校箋】

〔一〕毛本作"魏書十五"。

〔二〕毛本作"劉司馬梁張溫賈傳第十五"。

〔三〕盧弼曰："宋本、元本、馮本、吳本、毛本皆作'司徒辟爲掾'。監本、官本作'辟爲司徒掾'。趙一清曰：'曹公時爲司空，令三府辟之，作辟爲司徒掾者非。'沈家本曰：'《賈逵傳》亦有司徒辟爲掾語，恐趙説未是。'"

謹案：郝書作"辟爲司徒掾"。《賈逵傳》"司徒辟爲掾"，《册府》卷二百七十六引"司徒"作"司空"，趙説是也。

〔四〕盧弼曰："《官本考證》曰：'《吳志》作術。'"

謹案：本志《荀彧傳》"述"作"術"，《通志》同，《季漢書》亦作"術"。

〔五〕盧弼曰："揚州刺史先治歷陽，後治壽春，後又徙治曲阿。孫策攻殺嚴象，江淮間郡縣殘破。劉馥爲刺史，乃治合肥，曹魏以此爲重鎮。魏明帝云：'先帝東置合肥，南守襄陽，西固祁山，賊來輒破於三城之下者，地必有所争也。'"

謹案：洪頤煊曰："《續漢志》：'九江郡歷陽刺史治。'《孫討逆傳》：'先是劉繇爲揚州刺史，舊治在壽春。'此建立在合肥，皆隨時所置。"

〔六〕盧弼曰："《御覽》'茹'作'茄'。"

謹案：《官本考證》云："《太平御覽》'茹陂'作'茄陂'。"依序例，"御"字上當補"《官本考證》曰"五字。考此見《御覽》

卷二百五十六引。郝書"茹"字亦作"茄"。竊疑作"茄"字是也。"茹""茄"形近致誤。

〔七〕盧弼曰："趙一清曰：'《方輿紀要》卷二十一：芍陂在南直壽州安豐城南百步，亦曰安豐塘，亦曰期思陂，周圍二百二十四里，與陽泉大葉陂並叔敖所開。溝引淠水爲子午渠，開六門，灌田萬頃。建安十四年開芍陂屯田即此也。《寰宇記》卷百二十七：茹陂在光州固始縣東南四十八里，劉馥興築以水溉田。又卷百二十六：七門堰在廬州廬江縣南百一十里，劉馥修築，斷龍舒水灌田千五百頃。宋劉敞《七門廟記》曰：嘉祐二年予爲廬州從事，始以事至舒城，觀所謂七門三堰者。問其居人，其溉田幾何？對曰：凡二萬頃。考於圖書，實魏揚州刺史劉馥所造，自魏迄今七百有餘歲云。予於是歎美其功。後二年校書郎包君廓爲縣主簿，嘗與予語及之。包君謂予曰：馥信有功，然吾聞於耆老而得羹頡侯信焉。初漢以龍舒之地封信爲列侯，信乃爲民畎澮舒得以廣溉浸，信爲基始，至馥時廢而復修耳。'"

謹案：《隋書‧循吏趙軌傳》云："尋轉壽州總管長史。芍陂舊有五門堰，蕪穢不修，軌於是勸課人吏更開三十六門，灌田五千餘頃，人賴其利。"考錢泳《履園叢話》曰："芍陂在壽州南八十里，陂周圍三百二十里，橫徑百里。陂有五門，上承淠水，吐納川流。西北爲香門，陂水北流經孫叔敖廟下，謂之芍陂瀆。又北分爲二水，一水東注爲黎漿；一水曰葛瀆。又北流壽春城中，又北逕相國城東，又北出城注肥水。"

〔八〕盧弼曰："《御覽》'據'作'爲'。"

謹案：見《御覽》卷二百五十九引，《通志》作"典"。

〔九〕馮本、陳本、毛本"任"字俱作"在"。

〔一〇〕《册府》卷六百七十七引"麥"下有"充備"二字，

下復有脱文，無據以證之。

〔一一〕毛本無"夫"字，《册府》卷六百一十二、《通典·禮十二》引同。

〔一二〕盧弼曰："《宋書·禮志一》、《册府元龜》'人'作'實'。"

謹案：錢儀吉曰："《宋書·禮志》'人'作'實'。"《官本考證》："《册府元龜》引'無其人'作'無其實'。"考《通典·禮十三》、《册府》卷六百零二、《玉海》卷一百一十引俱作"實"。是唐宋人所見本固作"實"也。

〔一三〕《水經·鮑丘水注》"鎮"字作"征"。

〔一四〕《册府》卷四百二十九引"守"字作"宇"。《文選·東京賦》李注引《蒼頡篇》："宇，邊也。"《左傳·昭公四年》"失其守宇"杜注："於國則四垂爲宇。"是邊宇猶言邊垂。

〔一五〕盧弼曰："潘眉曰：'戾陵乃地名。傳言戾渠陵當作戾陵渠，文誤倒耳。修廣戾陵渠大堨與碑稱戾陵堨之文合。大堨猶《陸抗傳》大堰，《諸葛恪傳》大堤也。何義門欲以戾陵大堨水六字依《水經注》改戾陵車箱渠，以他書羼入陳《志》，不可從。修廣戾陵渠大堨句絶。何氏以大堨水三字爲句，亦失之。'李慈銘曰：'此文當曰修廣戾陵渠立堨於水，以陵渠二字誤倒，立字誤作大，水上又脱於字耳。遏即古堨字，亦作閼。'"

謹案：《北史·裴延儁傳》曰："漁陽燕郡有故戾陵諸堨，廣袤三十里（中略）。漑田百萬餘畝，爲利十倍，百姓至今賴之。"據此疑潘說是。李釋"堨"爲阻遏，且改"大"爲"立"，説無依據，或非傳意。

〔一六〕盧弼曰："三更或三歲更耕之意。"

謹案：《御覽》卷八百二十一引作"三百里使種稻"。疑此

"三"字下脱"百里"二字。"更"或爲"使"字之形誤。當以"水溉灌薊南北三百里"爲句,與碑所載"灌田二千頃,凡所封地百餘萬畝"意近也。

〔一七〕盧弼曰:"姚範曰:'同歲未詳,疑同歲舉也。'"

謹案:《武紀》注:《魏武故事》載操十二月己亥令曰:"顧視同歲中,年有五十未名爲老。內自圖之,從此卻去二十年,待天下清,乃與同歲中始舉者等耳。"是同歲謂同年被舉也,姚說是。

〔一八〕紹興本"捐"字作"損",非。

〔一九〕盧弼曰:"宋本'末'作'未'。"

謹案:"末"字是。末有終義,見《儀禮·少牢饋食禮》鄭注。此云"末相箴誨",指朗語"願明公監觀往事,少加三思"而言,作"未",則失其意矣。

〔二〇〕紹興本、毛本"熒"字作"熒",非。

〔二一〕盧弼曰:"'解'疑作'懈'。"

謹案:《釋名·釋疾病》:"懈,解也,骨節解緩也。"《詩·大雅·烝民》"不解於位"釋文"解本作懈"。"解""懈"古通,不煩改字。

〔二二〕《通志》"去"下有"官"字。

〔二三〕紹興本"往"字作"任",非。

〔二四〕盧弼曰:"《御覽》'麤'作'惡'。"

謹案:此見《官本考證》。考《書鈔》卷七十一引作"惡衣食"。《御覽》卷二百五十六引亦作"惡"。《論語·里仁》:"志士於道而恥惡衣惡食。"疑作"惡"字是。

〔二五〕盧弼曰:"宋本'以朗'作'朗以'。馮本、毛本作'以朗'誤。錢大昕曰:'伊顏以下乃朗駁鍾繇、王粲之論,當云朗以爲,今本誤顛倒兩字。'"

謹案：徐紹楨曰："此監本、毛本之誤，殿本已改正之矣！郝書朗傳已逸，而其議尚存。有云'鍾繇、王粲謂非聖人不能致太平。司馬朗以伊顔之徒，雖非聖人，使數世相承，太平可致'。然則郝氏所據陳《志》，固猶未誤也。"

〔二六〕紹興本、馮本、陳本"法"字作"風"。《册府》卷八百二十九引同。毛本作"訓"。作"風"字是，《詩大序》："風，教也。"是其義。

〔二七〕《御覽》卷七百二十二引"士"字作"中"，"躬"下有"親"字。

〔二八〕紹興本"恩厚"二字乙。

〔二九〕盧弼曰："監本、官本'司'作'師'，各本皆作'司'。"

謹案：刺史以御史出監諸郡，以六條詔書察長吏二千石以下，故其狀皆言嚴能鷹揚有督察之才（《賈逵傳》語）。則當以"司"字爲是。作"師"者，蓋緣傳文有與夏侯惇、臧霸等征吴而誤改也。

〔三〇〕盧弼曰："趙一清曰：'漳字誤。'"

謹案：梁章鉅曰："《後漢書·郡國志》：'東平國有章縣。'此'漳'字恐誤。"錢儀吉《三國志證聞》"漳"改作"章"云："從宋本。"

〔三一〕紹興本、馮本、陳本"治"下俱無"名"字。

〔三二〕郝書"習"上有"皆"字。

〔三三〕郝書"無"下有"復"字。

〔三四〕郝書無"馬"字。

〔三五〕《書鈔》卷五十四、《類聚》卷四十九、《御覽》卷二百三十二、《册府》卷六百二十引此句在"習在州二十年"句下，疑當乙正。

〔三六〕《白帖》卷二十六、《御覽》卷四百二十引俱無"因"字。

〔三七〕《御覽》引"思"上有"嗟"字。

〔三八〕《書鈔》卷六十、《白帖》、《御覽》引作"有義士二人"，疑"義"上"二"字當移下，增"人"字。

〔三九〕盧弼曰："《書鈔》五十四引《魏略》'嗔'作'善'，'何據'作'何知'。"

謹案：《書鈔》作"而喜怒無度"，"何據"作"何如"。郝書"何"亦作"所"，疑作"所據"是也。

〔四〇〕《白帖》卷二十六、卷九十五引"自"上有"拔劍"二字。

〔四一〕《類聚》卷五十六、《蒙求注》卷八引"得"字作"去"。

〔四二〕《御覽》卷四百九十二引"慝"字作"虐"。

〔四三〕《御覽》引"急"下有"事"字。

〔四四〕盧弼曰："《白氏六帖》四一作'闚門'。"

謹案：《說文·門部》："閃，窺頭門中也。"郝書作"闚覘"。《說文·見部》："覘，窺也。"是"覘""閃"義同。盧君云《白帖》作"門"，或爲"閃"字之殘脫而誤。

〔四五〕紹興本無"轉"字。

〔四六〕盧弼曰："'之'以意改作'舍'。"

謹案："之""舍"字形聲俱遠，無緣致誤。

〔四七〕郝書作"擅屠豕飲食"，似以意增。

〔四八〕《册府》卷六百九十七引"用"上有"安"字，是。

〔四九〕郝書句下有"卒"字。

〔五〇〕盧弼曰："何焯云'富字衍'。錢儀吉曰：'單家之文，前後屢見。'劉家立曰：'所衍富字，乃涉下文家富而誤。'"

謹案：《通志》"家"下有"富"字。下文無"而家富"三字。竊疑"而家富"三字與上文意不承接，或當作"世單家而家富"，語意較順。今本"而家富"三字在"吏"字下，蓋傳抄誤耳。

〔五一〕盧弼曰："小竹爲簡，木版爲牘。《說文》云：'牘，書板也。'蓋長一尺，故名尺牘。"

謹案："版奏"疑當作"奏版"，此誤乙。《論衡·量知篇》曰："斷木爲槧，析之爲版，力加刮削，乃成奏牘。"奏牘即奏版也。

〔五二〕《書鈔》卷一百零四、《白帖》卷四十二引"與"字作"之"

〔五三〕毛本"置"作"署"，《通志》同。

〔五四〕《御覽》卷二百五十四引"還君"二字乙。

〔五五〕盧弼曰："《漢書·朱買臣傳》：'買臣吳人，拜會稽太守。上謂買臣曰：富貴不歸故鄉，如衣繡夜行，今子何如？'"

謹案：《史記·項羽本紀》："項王見秦宮室皆以燒殘破，又心懷思欲東歸，曰：'富貴不歸故鄉，如衣繡夜行，誰知之者？'"盧君引《朱買臣傳》以證，尚未溯其源也。

〔五六〕盧弼曰："'爲'字疑衍，或作'時'字。"

謹案：《類聚》卷五十三引作"游子殷爲郡功曹，有童子張既爲書佐，殷察異之"。《御覽》卷四百零五引作"頻陽游殷字季齊，初爲郡功曹，有童子張既者，時未知名，爲郡書佐，殷察異之"。疑裴注所引《決錄》注有佚文，當從《御覽》訂補。

〔五七〕毛本"若"字作"君"。《御覽》卷四百四十四、《册府》卷八百四十二引同。郝書、《季漢書》亦作"君"，當據改。

〔五八〕《御覽》卷四百四十四、卷四百九十六引"稱"字俱作"諺"。

〔五九〕郝書"應"作"聲"。

〔六〇〕"簫"字疑當作"笛"。《書鈔》卷十一引《魏略》："游楚好音樂，畜笛。"《類聚》卷四十四、《御覽》卷五百八十三引亦作"笛"。考《初學記》卷十六："古之善吹笛者，有馬融、游楚（見《魏志》）。"然則唐代所見《魏志》正作"笛"也。當據改。

〔六一〕《册府》卷八百五十五引"來"字作"悉"。此"來"字當作"悉"，兩字形近而誤。

〔六二〕盧弼曰："宋本、馮本作'今則其時，以便宜從事'。一本校改'則'作'到'，或去'則'字。"

謹案：《通志》"其"下有"時"字，張采《三國文》同。一本改"則"爲"到"，無據不足信。去"則"字亦非。"則"猶"即"也。

〔六三〕《通志》"守"字作"皆"。《册府》卷三百六十二引"守"字作"等"。《廣雅·釋詁四》："等，齊也。"

〔六四〕毛本"困"字作"危"。本志《賈逵傳》注："憐其守正危厄。"

〔六五〕盧弼曰："綏，却也。見《武紀》建安八年注。"

謹案：綏，《廣雅·釋言》"撫也"。盧君以却釋"綏"，疑非。

〔六六〕《書鈔》卷四十七、《御覽》卷二百引"此"字作"卿"。

〔六七〕盧弼曰："陳景云曰：'驍騎司馬句絶。鄢陵北征，以北中郎將行驍騎將軍，時儒從兄尚爲長史，儒則爲司馬從征也。宣王二字有誤。爲南征上兼有脱文。'"

謹案：陳說是也。"宣王"二字應刪。考《書鈔》卷一百三

十、《册府》卷四百一十四引俱無"宣王"二字,"爲"字上脱文。

〔六八〕《書鈔》引"導"字作"驅"。

〔六九〕盧弼曰:"北宋本作'虜所獲者'。"

謹案:北宋本誤乙。此云使羌胡鈔擊,其俘虜掠得者,皆以畀之,語意明顯。若如北宋本作"虜所",虜何所指乎?似於文義有舛牾矣!

〔七〇〕《通鑑·魏紀一》"乃"下有"移"字。

〔七一〕紹興本"肯"字作"有",《册府》卷八百七十七引同。

〔七二〕紹興本"者"字作"工"。

〔七三〕紹興本、馮本、陳本"至"字作"止",郝書同。

〔七四〕盧弼曰:"宋本'在'作'坐'。"

謹案:"在"字是也。"坐""在"或涉形近而譌。

〔七五〕盧弼曰:"元本、監本、吳本'土'作'上'。"

謹案:邊土猶言邊境,邊上不詞。元本、監本、吳本誤。

〔七六〕郝書"藐"字作"邈"。

〔七七〕《蒙求注》卷六引"舉"上有"後"字。

〔七八〕毛本"明"字作"名",是也。

〔七九〕《書鈔》卷一百二十九、《御覽》卷六百九十五引"家"字作"居"。

〔八〇〕盧弼曰:"宋本'袴'作'絝',下同。"

謹案:《漢書·司馬相如傳》"絝白虎"注:"絝,古袴字。"《釋名·釋衣服》:"絝,跨也。兩股各跨別也。"段玉裁《說文解字注·衣部》:"袴今所謂套袴,左右各一分,衣兩脛。"

〔八一〕盧弼曰:"《白孔六帖》卷十二'柳孚'作'柳季'。《御覽》'無何'作'無可','通健'作'通達'。"

謹案：《書鈔》卷一百二十九引"孚"亦作"季"，或唐人所見本如此。《御覽》卷六百九十五引仍作"無何"，盧君謂"何"作"可"，蓋誤記。同卷"通健"作"通達"，《册府》卷九百三十九引同。

〔八二〕盧弼曰："《通鑑》作'負約'。"

謹案：要，《廣雅·釋言》："約也。"原作"要"，《通鑑》易字耳，非異文也。

〔八三〕《御覽》卷四百七十九、《册府》卷八百零二引"名姓"二字乙，郝書同。

〔八四〕《御覽》卷二百六十一引作"則吾何憂"。

〔八五〕盧弼曰："趙一清曰：'傳作都尉，注引《魏略》作校尉，微有不同。'弼按：傳作屯田都尉，注作典農校尉。又按：《陳留王紀》咸熙元年'罷屯田官，諸典農皆爲太守，都尉皆爲令長'。是典農與都尉爲兩官。詳見《任峻傳》。"

謹案：《續漢志》注引《魏志》（"志"係"略"字之誤）："曹公置典農中郎將秩二千石，典農都尉秩六百石，或四百石，典農校尉比二千石，所主如中郎將。"蓋郡設中郎將或校尉，而縣則都尉也，俱掌屯田事，故是官或稱屯田，或稱典農，其職別則有中郎將校尉與都尉之分也。考傳作都尉，注作校尉，本爲二事，非微有不同，趙説未得。盧君謂典農與都尉爲兩官亦非。當云典農中郎將與都尉爲兩官，乃符史實，因都尉其全稱亦云典農都尉故也。

〔八六〕《書鈔》卷六十九引"然"字作"狀"。

〔八七〕盧弼曰："《御覽》四百五十三'取'上有'教'字。"

謹案：此已見梁章鉅《三國志旁證》。"御"字上依序例當補"梁章鉅曰"四字。又案：《書鈔》卷六十九引亦有"教"字，有

"教"字者是。

〔八八〕盧弼曰："《御覽》'謂'上有'遂'字。"

謹案：此亦見《三國志旁證》，如例亦當補"梁章鉅曰"四字。考《書鈔》卷六十九引"謂"上有"遂"字。《初學記》卷二十引作"遂曰"，郝書引同，俱有"遂"字可證，當據補。

〔八九〕《初學記》引作"促著我械"，《御覽》卷六百四十四引作"促我械"似奪"著"字。應據《初學記》引補。

〔九〇〕盧弼曰："'尊者'《御覽》作'王'。"

謹案：《御覽》卷四百五十三仍作"尊者"，《初學記》卷二十乃作"王"。盧君謂《御覽》作"王"，疑誤。時操尚未封王，不得曰王也，作"尊者"是。

〔九一〕盧弼曰："《御覽》無'願'字。"

謹案：《御覽》卷七百四十引無"願令醫"三字，非僅無"願"字也。

〔九二〕《冊府》卷九百零六引無"忠"字。

〔九三〕《白帖》卷三十三作"遂猶割竟愈"，無"大"字。

〔九四〕《御覽》卷六百四十二引"觀"作"視"，與《通志》同。

〔九五〕《御覽》卷二百二十三、卷六百四十二引"囚"下俱無"人"字。

〔九六〕《通鑑·魏紀》"軍"字作"兵"。《武帝紀》："收其精銳者，號為青州兵。"又《臧霸傳》注引《魏略》："會太祖崩，霸所部及青州兵以為天下將亂，皆鳴鼓散去。"則此"軍"字當為"兵"字之誤，應據改。

〔九七〕盧弼曰："胡三省曰：'長檄，猶今軍行所至幫券也。'"

謹案：《後漢書·安帝紀》曰："若欲規本郡，在所為封長橄。"章懷注："長橄猶今長牒，欲歸者皆給以長牒爲驗。"胡注疑非。

〔九八〕盧弼曰："《御覽》'攝'作'懾'。"

謹案：《御覽》卷二百五十四引作"懾"，"懾"蓋"攝"之形誤。

〔九九〕盧弼曰："潘眉曰：'《水經注》：瓠子水北有都關縣故城，縣有羊里亭。黃初中賈逵封爲羊里亭侯，邑四百户，即斯亭也。羊、陽古字通。'"

謹案：《寰宇訪碑録》曰："魏故建威將軍豫州刺史陽里亭侯賈君之碑，篆額，在項城縣本廟内。"據此則本作"陽里"，後乃借"羊"作"陽"耳。

〔一〇〇〕紹興本"沔"字作"沛"。蕭書、郝書、《通志》同。

〔一〇一〕馮本、陳本、毛本"救"下有"也"字，郝書同。

〔一〇二〕盧弼曰："北宋本'亦'作'益'。"

謹案：錢儀吉亦改作"益"。《册府》卷四百三十一引"亦"字亦作"益"，是也，當據改。

〔一〇三〕毛本"嘗"作"當"。盧弼曰："趙一清曰：'當宜作嘗。'"

謹案：《御覽》卷九百七十七引作"常"，"常"當爲"嘗"字之形誤。

〔一〇四〕盧弼曰："《御覽》'得'作'辨'。"

謹案：《御覽》卷三百一十四引作"辨"，《通典·兵十四》引同。《通志》作"將"，《周禮·考工記總目》"以辨民器"鄭注："辨猶具也。"

〔一〇五〕盧弼曰："《御覽》有'持脂燭'三字。"

謹案：見《御覽》卷三百一十四引，文作"皆令乘白幡，持脂燭"。盧君徵引不詳盡，尚有異文。

〔一〇六〕《通志》"爲"下有"人"字。

〔一〇七〕盧弼曰："北宋本'復'作'後'。"

謹案：此見《官本考證》。"北"字上當補"《官本考證》曰"五字。

〔一〇八〕《類聚》卷三十三、《御覽》卷四百七十九、《事類賦》卷二十五引"乾"字作"桑"。

〔一〇九〕《類聚》《御覽》引"積"下有"浸"字。

〔一一〇〕《類聚》引"皆"字作"軍"。

〔一一一〕《類聚》引無"皆"字。

〔一一二〕郝書"席"字作"客"。

〔一一三〕《類聚》引"十"下有"六"字，"百"上有"五"字。

〔一一四〕馮本、陳本"到"下有"鄴"字。

〔一一五〕紹興本"功"字作"公"。

〔一一六〕紹興本、毛本"責"字作"貴"。《册府》卷六百七十九、卷九百零二引同，郝書亦作"貴"。

〔一一七〕盧弼曰："宋本'統'作'部'。"

謹案：錢儀吉《三國志證聞》改"統"字作"部"，云："從北宋本。"

三國志校箋卷十六

魏志卷十六〔一〕

任峻　蘇則　杜畿　鄭渾　倉慈〔二〕

任峻字伯達〔三〕，河南中牟人也。漢末擾亂，關東皆震。中牟令楊原愁恐，欲棄官走。峻説原曰："董卓首亂，天下莫不側目，然而未有先發者，非無其心也，勢未敢耳。明府君能唱之〔四〕，必有和者。"原曰："爲之奈何？"峻曰："今關東有十餘縣，能勝兵者不減萬人，若權行河南尹事，總而用之，無不濟矣。"原從其計，以峻爲主簿。峻乃爲原表行尹事，使諸縣堅守，遂發兵。會太祖起關東，入中牟界，衆不知所從，峻獨與同郡張奮議，舉郡以歸太祖。峻又別收宗族及賓客家兵數百人，願從太祖。太祖大悦，表峻爲騎都尉，妻以從妹，甚見親信。太祖每征伐，峻常居守以給軍。是時歲饑旱，軍食不足，羽林監潁川棗祗建置屯田，太祖以峻爲典農中郎將〔五〕，數年中所在積粟，倉廩皆滿。官渡之戰，太祖使峻典軍器糧運。賊數寇鈔絕糧道，乃使千乘爲一部，十道方行爲複陳，以營衛之，賊不敢近。軍國之饒，起於棗祗而成於峻。《魏武故事》載令曰："故陳留太守祗，天性忠能。始共舉義兵，周旋征討。後袁紹在冀州，亦貪祗，欲得之。祗深附託於孤，使領東阿令。呂布之亂，兗州皆叛，惟范、東阿完在，由祗以兵據城之力也。後大軍糧乏，得東阿以繼，祗之功也。及破黃巾定許，得賊資業，當興立屯田，時議者皆言當計牛輸穀，佃科以定施行。後祗白以爲儻牛輸穀，大收不增穀，有水旱災除，大不便。反覆來說，孤猶以爲當如故，大收不可復改易。祗猶執之，孤不知所從，使與荀令君議之。時故軍祭酒侯聲云：'科取官牛，爲官田計。如祗議，於官便，於客不便。'聲懷此云云，以疑令君。祗猶自信，據計畫還白，執分田之術。孤乃然之，使爲屯田都尉，施設田業，其時歲則大收，後遂因此大田，豐足軍用，摧滅羣逆，克定天下，以隆王室。祗興其功，不幸早沒，追贈以郡，猶未副之。今重思之，祗宜受封，稽留至今，孤之過也。祗子處中，宜加封爵，以祀祗爲不朽之事〔六〕。"《文士傳》曰：祗本姓棘，先人避難，易爲棗。孫據，字道彥，晉冀州刺史。據子嵩，字臺產，散騎常侍，並有才名，多所著述。嵩兄腆，字玄方，襄陽太守〔七〕，亦有文采。太祖以峻功高，乃表封爲都亭侯，邑三百戶，遷長水校尉。

峻寬厚有度而見事理，每有所陳，太祖多善之。於饑荒之際，收卹朋友孤遺，中外貧宗，周急繼乏，信義見稱。建安九年薨，太祖流涕者久之。子先嗣。先薨，無子，國除。文帝追錄功臣，謚峻曰成侯。復以峻中子覽爲關內侯。

蘇則字文師，扶風武功人也。少以學行聞，舉孝廉茂才，辟公府，皆不就。起家爲酒泉太守，轉安定、武都，《魏書》曰：則剛直疾惡，常慕汲黯之爲人。《魏略》曰：則世爲著姓，興平中，三輔亂，饑窮，避難北地。客安定，依富室師亮。亮待遇不足，則慨然歎曰："天下會安，當不久爾，必還爲此郡守，折庸輩士也〔八〕。"後與馮翊吉茂等隱於郡南太白山中，以書籍自娛。及爲安定太守，而師亮等皆欲逃走〔九〕。則聞之，豫使人解語〔一〇〕，以禮報之。所在有威名。太祖征張魯，過其郡，見則悅之，使爲軍導。魯破，則綏定下辯諸氐，通河西道，徙爲金城太守。是時喪亂之後，吏民流散饑窮，戶口損耗，則撫循之甚謹。外招懷羌胡，得其牛羊，以養貧老。與民分糧而食，旬月之間，流民皆歸，得數千家。乃明爲禁令，有干犯者輒戮，其從教者必賞。親自教民耕種，其歲大豐收，由是歸附者日多。李越以隴西反，則率羌胡圍越，越即請服。太祖崩，西平麴演叛，稱護羌校尉。則勒兵討之。演恐，乞降。文帝以其功，加則護羌校尉，賜爵關內侯。《魏名臣奏》載文帝令問雍州刺史張既曰："試守金城太守蘇則，既有綏民平夷之功，聞又出軍西定湟中，爲河西作聲勢，吾甚嘉之。則之功效，爲可加爵邑未邪？封爵重事，故以問卿。密白意，且勿宣露也。"既答曰："金城郡，昔爲韓遂所見屠剝，死喪流亡，或竄戎狄，或陷寇亂，戶不滿五百。則到官，內撫彫殘，外鳩離散，今見戶千餘。又梁燒雜種羌，昔與遂同惡，遂斃之後，越出障塞。則前後招懷。歸就郡者三千餘落，皆卹以威恩，爲官効用。西平麴演等倡造邪謀，則尋出軍，臨其項領，演即歸命送質，破絕賊糧。則既有卹民之效，又能和戎狄，盡忠効節。遭遇聖明，有功必錄。若則加爵邑，誠足以勸忠臣，勵風俗也。"

後演復結旁郡爲亂，張掖張進執太守杜通，酒泉黃華不受太守辛機，進、華皆自稱太守以應之。又武威三種胡並寇鈔，道路斷絕。武威太守毌丘興告急於則。時雍、涼諸豪皆驅略羌胡以從進等，郡人咸以爲進不可當。又將軍郝昭、魏平先是各屯守金城，亦受詔不得西度。則乃見郡中大吏及昭等與羌豪帥謀曰："今賊雖盛，然皆新合，或有脅從，未必同心；因釁擊之，善惡必離，離而歸我，我增而彼損矣。既獲益眾之實，且有倍氣之勢，率以進討，破之必矣。若待大軍，曠日持久，善人無歸，必合於惡，善惡既合，勢難卒離。雖有詔命，違而合權，專之可也。"於是昭等從之，乃發兵救武威，降其三種胡，與興擊進於張掖。演聞之，將步騎三千迎則，辭來助軍，而實欲爲變。則誘與相見，因斬之，出以徇軍，其黨皆散走。則遂與諸軍圍張掖，破之，斬進及其支黨，衆皆降。演軍敗，華懼，出所執乞降，河西平，乃還金城。進封都亭侯，邑三百戶。

徵拜侍中，與董昭同寮。昭嘗枕則膝臥，則推下之，曰："蘇則之膝，非佞人之枕也。"初，則及臨菑侯植聞魏氏代漢，皆發服悲哭，文帝聞植如此，而不聞則也。

帝在洛陽，嘗從容言曰："吾應天受禪，而聞有哭者，何也？"則謂爲見問，鬚髯悉張，欲正論以對。侍中傅巽掐則曰〔一〕："不謂卿也。"於是乃止。《魏略》曰：舊儀，侍中親省起居，故俗謂之執虎子〔二〕。始則同郡吉茂者，是時仕甫歷縣令，遷爲冗散。茂見則，嘲之曰："仕進不止執虎子。"則笑曰："我誠不能效汝蹇蹇驅鹿車馳也。"初，則在金城，聞漢帝禪位，以爲崩也，乃發喪；後聞其在，自以不審，意頗默然。臨菑侯植自傷失先帝意，亦怨激而哭。其後文帝出游，追恨臨菑，顧謂左右曰："人心不同，當我登大位之時，天下有哭者。"時從臣知帝此言有爲而發也，而則以爲爲己，欲下馬謝。侍中傅巽目之，乃悟。孫盛曰：夫士不事其所非，不非其所事，趣舍出處，而豈徒哉！則既策名新朝，委質異代，而方懷二心生怨，欲奮爽言，豈大雅君子去就之分哉？《詩》云："士也罔極，二三其德。"士之二三，猶喪妃偶，況人臣乎？文帝問則曰："前破酒泉、張掖，西域通使，燉煌獻徑寸大珠，可復求市益得不〔一三〕？"則對曰："若陛下化洽中國，德流沙漠，即不求自至；求而得之，不足貴也。"帝默然。後則從行獵，槎桎拔失鹿〔一四〕，帝大怒，踞牀拔刀〔一五〕，悉收督吏，將斬之。則稽首曰："臣聞古之聖王。不以禽獸害人，今陛下方隆唐堯之化，而以獵戲多殺羣吏，愚臣以爲不可。敢以死請！"帝曰："卿，直臣也。"遂皆赦之。然以此見憚。黄初四年，左遷東平相〔一六〕。未至，道病薨，謚曰剛侯。子怡嗣〔一七〕。怡薨，無子，弟愉襲封。愉，咸熙中爲尚書。愉字休豫，歷位太常光祿大夫，見《晉百官名》。山濤《啓事》稱愉忠篤有智意〔一八〕。臣松之案：愉子紹，字世嗣，爲吳王師。石崇妻，紹之兄女也〔一九〕。紹有詩在《金谷集》。紹弟慎，左衛將軍。

杜畿字伯侯，京兆杜陵人也。《傅子》曰：畿，漢御史大夫杜延年之後。延年父周，自南陽徙茂陵，延年徙杜陵，子孫世居焉。少孤，繼母苦之，以孝聞。年二十，爲郡功曹，守鄭縣令。縣囚繫數百人〔二〇〕，畿親臨獄，裁其輕重，盡決遣之，雖未悉當，郡中奇其年少而有大志也〔二一〕。

舉孝廉，除漢中府丞。會天下亂，遂棄官客荊州，建安中乃還。荀彧進之太祖，《傅子》曰：畿自荊州還，後至許，見侍中耿紀，語終夜〔二二〕。尚書令荀彧與紀比屋〔二三〕，夜聞畿言，異之，旦遣人謂紀曰〔二四〕：「有國士而不進，何以居位？」既見畿，知之如舊相識者，遂進畿於朝。太祖以畿爲司空司直，遷護羌校尉，使持節，領西平太守。《魏略》曰：畿少有大志。在荊州數歲，繼母亡後，以三輔開通，負其母喪北歸。道爲賊所劫略，衆人奔走，畿獨不去。賊射之，畿謂賊曰：「卿欲得財耳，今我無物用〔二五〕，射我何爲邪？」賊乃止。畿到鄉里，京兆尹張時，河東人也。與畿有舊，署爲功曹。嘗嫌其闊達，不助留意於諸事，言此家疏誕，不中功曹也。畿竊云：「不中功曹，中河東太守也。」

太祖既定河北，而高幹舉并州反。時河東太守王邑被徵，河東人衛固、范先外以請邑爲名，而內實與幹通謀。太祖謂荀彧曰：「關西諸將，恃險與馬，征必爲亂。張晟寇殽、澠間，南通劉表，固等因之，吾恐其爲害深。

河東被山帶河，四鄰多變，當今天下之要地也。君爲我舉蕭何、寇恂以鎮之。"或曰："杜畿其人也。"《傅子》曰：或稱畿勇足以當大難，智能應變，其可試之。於是遂拜畿爲河東太守[二六]。固等使兵數千人絕陝津，畿至不得渡。太祖遣夏侯惇討之，未至。或謂畿曰："宜須大兵。"畿曰："河東有三萬户，非皆欲爲亂也。今兵迫之急，欲爲善者無主，必懼而聽於固。固等勢專，必以死戰。討之不勝，四鄰應之，天下之變未息也[二七]；討之而勝，是殘一郡之民也。且固等未顯絕王命，外以請故君爲名，必不害新君。吾單車直往，出其不意。固爲人多計而無斷，必僞受吾。吾得居郡一月，以計縻之，足矣。"遂詭道從郖津度[二八]。郖音豆。《魏略》曰：初，畿與衛固少相侮狎[二九]，固常輕畿。畿嘗與固博而爭道，畿嘗謂固曰[三〇]："仲堅，我今作河東也。"固褰衣罵之。及畿之官，而固爲郡功曹。張時故任京兆[三一]。畿迎司隸，與時會華陰，時、畿相見，於儀當各持版。時歎曰："昨日功曹，今爲郡將軍也！"范先欲殺畿以威衆。《傅子》曰：先云："既欲爲虎而惡食人肉，失所以爲虎矣。今不殺，必爲後患。"且觀畿去就，於門下斬殺主簿已下三十餘人，畿舉動自若。於是固曰："殺之無損，徒有惡名；且制之在我。"遂奉之。畿謂衛固、范先曰："衛、范河東之望也，吾仰成而已。然君臣有定義，成敗同之，大事當共平議。"以固爲都督，行丞事，領功曹；將校吏兵三千餘人，皆范先督之。固等喜，雖陽事畿，不以爲意，固欲大發兵，畿患之，說固曰："夫欲爲非常之事，不可動衆心。今大發兵，衆必擾，不如徐以貲募兵。"固以爲然，從之，遂爲貲調發，數十日乃定，諸將貪多應募而少遣兵。又入喻固等曰〔三二〕："人情顧家，諸將掾史，可分遣休息，急緩召之不難〔三三〕。"固等惡逆衆心，又從之。於是善人在外，陰爲己援；惡人分散，各還其家，則衆離矣〔三四〕。會白騎攻東垣〔三五〕，高幹入濩澤，上黨諸縣殺長吏，弘農執郡守，固等密調兵未至。畿知諸縣附己，因出，單將數十騎，赴張辟拒守，吏民多舉城助畿者，比數十日，得四千餘人，固等與幹、晟共攻畿，不下，略諸縣，無所得。會大兵至，幹、晟敗，固等伏誅，其餘黨與皆赦之，使復其居業。

是時天下郡縣皆殘破，河東最先定，少耗減。畿治之，崇寬惠，與民無爲。民嘗辭訟，有相告者〔三六〕，畿親見爲陳大義，遣令歸諦思之，若意有所不盡，更來詣府。鄉邑父老自相責怒曰："有君如此，奈何不從其教？"自是少有辭訟。班下屬縣，舉孝子、貞婦、順孫，復其繇役，隨時慰勉之。漸課民畜牸牛、草馬，下逮雞豚犬豕，皆有章程。百姓勤農，家家豐實。畿乃曰："民富矣，不可不教也。"於是冬月脩戎講武，又開學宮〔三七〕，親自執經教授〔三八〕，郡中化之〔三九〕。《魏略》曰：博士樂詳，由畿而升，至今河東特多儒者，則畿之由矣。

韓遂、馬超之叛也，弘農、馮翊多舉縣邑以應之。河東雖與賊接，民無異心。太祖西征至蒲阪，與賊夾渭爲軍，軍食一仰河東。及賊破，餘畜二十餘萬斛。太祖下令曰:"河東太守杜畿,孔子所謂'禹,吾無間然矣'。增秩中二千石。"太祖征漢中,遣五千人運,運者自率勉曰:"人生有一死,不可負我府君。"終無一人逃亡,其得人心如此。《杜氏新書》曰:平虜將軍劉勳,爲太祖所親,貴震朝廷。嘗從畿求大棗,畿拒以他故。後勳伏法,太祖得其書,歎曰:"杜畿可謂'不媚於竈'者也。"稱畿功美,以下州郡,曰:"昔仲尼之於顏子,每言不能不歎,既情愛發中,又宜率馬以驥。今吾亦冀衆人仰高山,慕景行也。"魏國既建,以畿爲尚書。事平,更有令曰:"昔蕭何定關中,寇恂平河內,卿有其功〔四〇〕,間將授卿以納言之職;顧念河東吾股肱郡,充實之所〔四一〕,足以制天下,故且煩卿卧鎮之〔四二〕。"畿在河東十六年,常爲天下最〔四三〕。

文帝即王位,賜爵關內侯,徵爲尚書。及踐阼,進封豐樂亭侯,邑百户,《魏略》曰:初畿在郡,被書錄寡婦。是時他郡或有已相配嫁,依書皆録奪,啼哭道路。畿但取寡者,故所送少;及趙儼代畿而所送多。文帝問畿:"前君所送何少,今何多也?"畿對曰:"臣前所録皆亡者妻,今儼送生人婦也。"帝及左右顧而失色。守司隸校尉。帝征吴,以畿爲尚書僕射,統留事。其後帝幸許昌,畿復居守。受詔作御樓船,於陶河試船,遇風没。帝爲之流涕,《魏氏春秋》曰:初,畿嘗見童子謂之曰:"司命使我召子。"畿固請之,童子曰:"今將爲君求相代者。君其慎勿言!"言卒,忽然不見。至此二十年矣,畿乃言之。其日而卒,時年六十二。詔曰:"昔冥勤其官而水死,稷勤百穀而山死。韋昭《國語注》稱《毛詩傳》曰:"冥,契六世孫也，爲夏水官，勤於其職而死於水。稷，周棄也，勤播百穀，死於黑水之山。"故尚書僕射杜畿，於孟津試船，遂至覆没，忠之至也。朕甚愍焉。"追贈太僕，諡曰戴侯。子恕嗣。《傅子》曰：畿與太僕李恢、東安太守郭智有好。恢子豐交結英儁，以才智顯於天下。智子沖有内實而無外觀，州里弗稱也。畿爲尚書僕射，二人各脩子孫禮見畿。既退，畿歎曰："孝懿無子，非徒無子，殆將無家。君謀爲不死也，其子足繼其業〔四四〕。"時人皆以畿爲誤。恢死後，豐爲中書令，父子兄弟皆誅；沖爲代郡太守，卒繼父業，世乃服畿知人。《魏略》曰李豐父名義，與此不同，義蓋恢之別名也。

恕字務伯，太和中爲散騎黃門侍郎。《杜氏新書》曰：恕少與馮翊李豐俱爲父任，總角相善。及各成人，豐砥礪名行以要世譽，而恕誕節直意，與豐殊趣。豐竟馳名一時，京師之士多爲之游說。而當路者或以豐名過其實，而恕被褐懷玉也。由此爲豐所不善。恕亦任其自然，不力行以合時。豐已顯仕朝廷，恕猶居家自若。明帝以恕大臣子，擢拜散騎侍郎，數月轉補黃門侍郎。恕推誠以質，不治飾，少無名譽。及在朝，不結交援，專心向公。每政有得失，常引綱維以正言，於是侍中辛毗等器重之。

時公卿以下大議損益，恕以爲"古之刺史，奉宣六條，以清淨爲名〔四五〕，威風著稱，今可勿令領兵，以專民事"。俄而鎮北將軍呂昭又領冀州，《世語》曰：昭字子展，東平人。長子巽，字長悌，爲相國掾，有寵於司馬文王。次子安，字仲悌，與嵇康善，與康俱被誅。次子粹，字季悌，河南尹。粹子預，字景虞，御史中丞。乃上疏曰：

帝王之道，莫尚乎安民；安民之術，在於豐財。豐財者，務本而節用也。方今二賊未滅，戎車亟駕，此自熊虎之士展力之秋也。然搢紳之儒，橫加榮慕，搤腕抗論，以孫、吳爲首，州郡牧守，咸共忽恤民之術，脩將率之事。農桑之民。競干戈之業，不可謂務本。帑藏歲虛而制度歲廣，民力歲衰而賦役歲興，不可謂節用。今大魏奄有十州之地，而承喪亂之弊，計其戶口，不如往昔一州之民〔四六〕，然而二方僭逆，北虜未賓，三邊遘難，繞天略帀〔四七〕；所以統一州之民，經營九州之地，其爲艱難，譬策羸馬以取道里，豈可不加意愛惜其力哉？以武皇帝之節儉，府藏充實，猶不能十州擁兵；郡且二十也〔四八〕。今荊、揚、青、徐、幽、并、雍、涼緣邊諸州皆有兵矣，其所恃內充府庫，外制四夷者，惟兗、豫、司、冀而已。臣前以州郡典兵，則專心軍功，不勤民事，宜別置將守，以盡治理之務；而陛下復以冀州寵秩吕昭。冀州戶口最多，田多墾闢，又有桑棗之饒，國家徵求之府，誠不當復任以兵事也。若以北方當須鎮守，自可專置大將以鎮安之。計所置吏士之費，與兼官無覺〔四九〕。然昭於人才尚復易〔五〇〕；中朝苟乏人，兼才者勢不獨多。以此推之，知國家以人擇官，不爲官擇人也。官得其人，則政平訟理；政平故民富實，訟理故囹圄虛空〔五一〕。陛下踐阼，天下斷獄百數十人，歲歲增多，至五百餘人矣。民不益多，法不益峻。以此推之，非政教陵遲，牧守不稱之明效歟？往年牛死，通率天下十能損二；麥不半收，秋種未下。若二賊游魂於疆場，飛芻輓粟，千里不及。究此之術，豈在彊兵乎？武士勁卒愈多，愈多愈病耳。夫天下猶人之體，腹心充實，四支雖病，終無大患；今兗、豫、司、冀亦天下之腹心也。是以愚臣悽悽實願四州之牧守，獨脩務本之業，以堪四支之重。然孤論難持，犯欲難成，衆怨難積，疑似難分，故累載不爲明主所察。凡言此者，類皆疏賤；疏賤之言，實未易聽。若使善策必出於親貴，固不犯四難以求忠愛，此古今之所常患也。

時又大議考課之制，以考內外衆官。恕以爲用不盡其人，雖才且無益〔五二〕，所存非所務，所務非世要。上疏曰：

《書》稱"明試以功，三考黜陟"，誠帝王之盛制。使有能者當其官，有功者受其祿，譬猶烏獲之舉千鈞，良、樂之選驥足也。雖歷六代而考績之法不著〔五三〕，閱七聖而課試之文不垂〔五四〕，臣誠以爲其法可粗依，其詳難備舉故也。語曰："世有亂人，而無亂法。"若使法可專任，則唐、虞可不須稷、契之佐，殷、周無貴伊、呂之輔矣。今奏考功者，陳周、漢之法爲〔五五〕，綴京房之本旨〔五六〕，可謂明考課之要矣。於以崇揖讓之風，興濟濟之治，臣以爲未盡善也。其欲使州郡考士，必由四科〔五七〕，皆有事效，然後察舉，試辟公府，爲親民長吏，轉以功次補郡守者，或就增秩賜爵，此最考課之急務也。臣以爲便當顯其身，用其言，使其爲課州郡之法〔五八〕，法具施行，立必信之賞，施必行之罰。至於公卿及内職大臣，亦當俱以其職考課之也。

古之三公，坐而論道〔五九〕，内職大臣，納言補闕，無善不紀，無過不舉。且天下至大，萬機至衆，誠非一明所能徧照。故君爲元首，臣爲股肱〔六〇〕，明其一體相須而成也。是以古人稱廊廟之材，非一木之支〔六一〕；帝王之業，非一士之略。由是言之，焉有大臣守職辨課可以致雍熙者哉〔六二〕！且布衣之交，猶有務信誓而蹈水火，感知己而披肝膽，徇聲名而立節義者；況於束帶立朝，致位卿相，所務者非特匹夫之信，所感者非徒知己之惠，所徇者豈聲名而已乎。

諸蒙寵禄受重任者，不徒欲舉明主於唐、虞之上，而己身亦欲廁稷、契之列。是以古人不患於念治之心不盡，患於自任之意不足，此誠人主使之然也。唐、虞之君，委任稷、契、夔、龍而責成功，及其罪也，殛鯀而放四凶〔六三〕。今大臣親奉明詔，給事目下，其有夙夜在公，恪勤特立，當官不撓貴勢，執平不阿所私，危言危行以處朝廷者，自明主所察也。若尸禄以爲高，拱默以爲智，當官苟在於免負，立朝不忘於容身，絜行遜言以處朝廷者，亦明主所察也。誠使容身保位，無放退之辜，而盡節在公，抱見疑之勢，公義不脩而私議成俗，雖仲尼爲謀〔六四〕，猶不能盡一才，又況於世俗之人乎！今之學者，師商、韓而上法術〔六五〕，競以儒家爲迂闊不周世用，此最風俗之流弊，創業者之所致慎也。後考課竟不行。《杜氏新書》曰：時李豐爲常侍，黃門郎袁侃見轉爲吏部郎，荀俁出爲東郡太守，三人皆恕之同班友善。

樂安廉昭以才能拔擢，頗好言事〔六六〕。恕上疏極諫曰：

伏見尚書郎廉昭奏左丞曹璠以罰當關不依詔，坐判問。又云"諸當坐者別奏"。尚書令陳矯自奏不敢辭罰，亦不敢以處重爲恭，意至懇惻。臣竊愍然爲朝廷惜之！夫聖人不擇世而興，不易民而治，然而生必有賢智之佐者，蓋進之以道，帥之以禮故也。古之帝王之所以能輔世長民者，莫不遠得百姓之懽心，近盡羣臣之智力。誠使今朝任職之臣皆天下之選，而不能盡其力，不可謂能使人〔六七〕；若非天下之選，亦不可謂能官人〔六八〕。陛下憂勞萬機，或親燈火，而庶事不康，刑禁日弛，豈非股肱不稱之明效歟？原其所由，非獨臣有不盡忠，亦主有不能使〔六九〕。百里奚愚於虞而智於秦，豫讓苟容中行而著節智伯，斯則古人之明驗矣。今臣言一朝皆不忠，是誣一朝也；然其事類，可推而得。陛下感帑藏之不充實，而軍事未息，至乃斷四時之賦衣，薄御府之私穀,帥由聖意,舉朝稱明,與聞政事密勿大臣,寧有懇懇憂此者乎?

騎都尉王才,幸樂人孟思所爲不法,振動京都,而其罪狀發於小吏,公卿大臣初無一言。自陛下踐阼以來,司隸校尉、御史中丞寧有舉綱維以督姦宄,使朝廷肅然者邪?若陛下以爲今世無良才,朝廷乏賢佐,豈可追望稷、契之遐蹤,坐待來世之儁乂乎〔七〇〕!今之所謂賢者,盡有大官而享厚祿矣,然而奉上之節未立,向公之心不一者,委任之責不專,而俗多忌諱故也。臣以爲忠臣不必親,親臣不必忠。何者以其居無嫌之地而事得自盡也。今有疏者,毁人不實其所毁,而必曰私報所憎,譽人不實其所譽,而必曰私愛所親,左右或因之以進憎愛之説。非獨毁譽有之,政事損益,亦皆有嫌。陛下當思所以闡廣朝臣之心,篤厲有道之節,使之自同古人,望與竹帛耳。反使如廉昭者擾亂其間,臣懼大臣遂將容身保位,坐觀得失,爲來世戒也!

昔周公戒魯侯曰"無使大臣怨乎不以"〔七一〕,不言賢愚,明皆當世用也。堯數舜之功,稱去四凶,不言大小,有罪則去也。今者朝臣不自以爲不能,以陛下爲不任也;不自以爲不智,以陛下爲不問也。陛下何不遵周公之所以用,大舜之所以去?使侍中尚書坐則侍帷幄,行則從華輦〔七二〕,親對詔問,所陳必達,則羣臣之行,能否皆可得而知;忠能者進,闇劣者退，誰敢依違而不自盡？以陛下之聖明，親與羣臣論議政事，使羣臣人得自盡〔七三〕，人自以爲親，人思所以報，賢愚能否，在陛下之所用〔七四〕。以此治事，何事不辦？以此建功，何功不成？每有軍事，詔書常曰："誰當憂此者邪？吾當自憂耳。"近詔又曰："憂公忘私者必不然，但先公後私即自辦也。"伏讀明詔，乃知聖思究盡下情，然亦怪陛下不知其本而憂其末也〔七五〕。人之能否，實有本性，雖臣亦以爲朝臣不盡稱職也。明主之用人也，使能者不敢遺其力，而不能者不得處非其任。選舉非其人，未必爲有罪也；舉朝共容非其人，乃爲怪耳。陛下知其不盡力也，而代之憂其職，知其不能也，而教之治其事，豈徒主勞而臣逸哉？雖聖賢並世，終不能以此爲治也。

陛下又患臺閣禁令之不密，人事請屬之不絶，聽伊尹作迎客出入之制〔七六〕，選司徒更惡吏以守寺門，威禁由之，實未得爲禁之本也。昔漢安帝時〔七七〕，少府竇嘉辟廷尉郭躬無罪之兄子，猶見舉奏，章劾紛紛。近司隸校尉孔羨辟大將軍狂悖之弟，而有司嘿爾，望風希指，甚於受屬。選舉不以實，人事之大者也。臣松之案：大將軍，司馬宣王也。《晉書》云："宣王第五弟，名通，爲司隸從事。"疑恕所云狂悖者。通子順，封龍陽亭侯。晉初受禪，以不達天命，守節不移，削爵土，徙武威。嘉有親戚之寵，躬非社稷重臣，猶尚如此；以今況古，陛下自不督必行之罰以絕阿黨之原耳。伊尹之制，與惡吏守門，非治世之具也。使臣之言少蒙察納，何患於姦不削滅，而養若昭等乎！

夫糾擿姦宄，忠事也，然而世憎小人行之者，以其不顧道理而苟求容進也。若陛下不復考其終始，必以違衆迕世爲奉公，密行白人爲盡節，焉有通人大才而更不能爲此邪？誠顧道理而弗爲耳。使天下皆背道而趨利，則人主之所最病者，陛下將何樂焉，胡不絕其萌乎！夫先意承旨，以求容美，率皆天下淺薄無行義者，其意務在於適人主之心而已，非欲治天下安百姓也。陛下何不試變業而示之，彼豈執其所守以違聖意哉？夫人臣得人主之心，安業也，處尊顯之官，榮事也；食千鍾之禄，厚實也。人臣雖愚，未有不樂此而喜干迕者也，迫於道，自彊耳。誠以爲陛下當憐而佑之〔七八〕，少委任焉，如何反録昭等傾側之意，而忽若人者乎？今者外有伺隙之寇，内有貧曠之民，陛下當大計天下之損益，政事之得失，誠不可以怠也。

恕在朝八年，其論議亢直〔七九〕，皆此類也。

出爲弘農太守，數歲轉趙相。《魏略》曰：恕在弘農，寬和有惠愛。及遷，以孟康代恕爲弘農。康字公休，安平人。黄初中，以於郭后有外屬，并受九親賜拜，遂轉爲散騎侍郎。是時，散騎皆以高才英儒充其選，而康獨緣妃嬙雜在其間，故於時皆共輕之,號爲阿九。康既無才敏[八〇],因在冗官,博讀書傳,後遂有所彈駁,其文義雅而切要,眾人乃更加意。正始中,出爲弘農[八一],領典農校尉。康到官,清己奉職[八二],嘉善而矜不能,省息獄訟,緣民所欲,因而利之。郡領吏二百餘人,涉春遣休,常四分遣一。事無宿諾,時出案行,皆豫勑督郵平水[八三],不得令屬官遣人探候,脩設曲敬。又不欲煩損吏民,常豫勑吏卒[八四],行各持鎌,所在自刈馬草,不止亭傳,露宿樹下,又所從常不過十餘人。郡帶道路,其諸過賓客,自非公法無所出給;若知舊造之,自出於家。康之始拜,眾人雖知其有志量,以其未嘗宰牧,不保其能也;而康恩澤治能乃爾,吏民稱歌焉。嘉平末,徙渤海太守,徵入爲中書令,後轉爲監。以疾去官。《杜氏新書》曰:恕遂去京師,營宜陽一泉塢[八五],因其墨漆之固,小大家焉。明帝崩時,人多爲恕言者。起家爲河東太守,歲餘,遷淮北都督護軍,復以疾去。恕所在,務存大體而已,其樹惠愛,益得百姓歡心,不及於畿。頃之,拜御史中丞。恕在朝廷,以不得當世之和,故屢在外任。復出爲幽州刺史,加建威將軍,使持節,護烏丸校尉。時征北將軍程喜屯薊,尚書袁侃等戒恕曰:"程申伯處先帝之世,傾田園讓於青州。足下今俱杖節,使共屯一城[八六],宜深有以待之[八七]。"而恕不以爲意。至官未期,有鮮卑大人兒,不由關塞,徑將數十騎詣州,州斬所從來小子一人,無表言上。喜於是劾奏恕,下廷尉,當死。以父畿勤事水死,免爲庶人,徙章武郡,是歲嘉平元年。《杜氏新書》曰:喜欲恕折節謝己,諷司馬宋權示之以微意。恕答權書曰:"況示委曲。夫法天下事[八八],以善意相待,無不致快也,以不善意相待,無不致嫌隙也。而議者言，凡人天性皆不善，不當待以善意，更墮其調中，僕得此輩，便欲歸蹈滄海乘桴耳[八九]，不能自諧在其間也。然以年五十二，不見廢棄，頗亦遭明達君子亮其本心[九〇]；若不見亮，使人剖心著地，正與數斤肉相似，何足有所明，故終不自解說。程征北功名宿著，在僕前甚多，有人出征北乎！若令下官事無大小，咨而後行，則非上司彈繩之意；若咨而不從，又非上下相順之宜。故推一心，任一意，直而行之耳。殺胡之事，天下謂之是邪，是僕諧也；呼為非邪，僕自受之，無所怨咎。程征北明之亦善，不明之亦善，諸君子自共為其心耳，不在僕言也。"喜於是遂深文劾恕。恕侗儻任意，而思不防患，終致此敗。

初，恕從趙郡還，陳留阮武亦從清河太守徵，俱自薄廷尉[九一]。謂恕曰："相觀才性可以由公道而持之不厲，器能可以處大官而求之不順，才學可以述古今而志之不一，此所謂有其才而無其用。今向閒暇[九二]，可試潛思，成一家言。"在章武，遂著《體論》八篇。《杜氏新書》曰：以為人倫之大綱，莫重於君臣；立身之基本，莫大於言行；安上理民，莫精於政法；勝殘去殺，莫善於用兵。夫禮也者，萬物之體也，萬物皆得其體，無有不善，故謂之體論。又著《興性論》一篇，蓋興於為己也。四年，卒於徙所[九三]。

甘露二年，河東樂詳年九十餘，上書訟畿之遺績，朝廷感焉。詔封恕子預為豐樂亭侯，邑百戶。《魏略》曰：樂詳字文載。少好學，建安初，詳聞公車司馬令南郡謝該善《左氏傳》，乃從南陽步詣該問疑難諸要，今《左氏樂氏問七十二事》，詳所撰也。所問既了而歸鄉里，時杜畿為太守，亦甚好學，署詳文學祭酒,使教後進,於是河東學業大興。至黃初中,徵拜博士。於時太學初立,有博士十餘人,學多偏狹〔九四〕,又不熟悉,略不親教〔九五〕,備員而已。惟詳五業並授,其或難解〔九六〕,質而不解,詳無慍色,以杖畫地,牽譬引類,至忘寢食,以是獨擅名於遠近。詳學既精悉,又善推步三五,別授詔與太史典定律曆。太和中,轉拜騎都尉。詳學優能少,故歷三世,竟不出爲宰守。至正始中,以年老罷歸於舍,本國宗族歸之,門徒數千人。

恕奏議論駁皆可觀,掇其切世大事著於篇。《杜氏新書》曰:恕弟理,字務仲。少而機察精要,畿奇之,故名之曰理。年二十一而卒。弟寬,字務叔。清虛玄靜,敏而好古。以名臣門户,少長京師,而篤志博學,絕於世務,其意欲探賾索隱,由此顯名,當塗之士多交焉。舉孝廉,除郎中。年四十二而卒。經傳之義,多所論駁,皆草創未就〔九七〕,惟删集《禮記》及《春秋左氏傳》解,今存於世。預字元凱,司馬宣王女壻。王隱《晉書》稱預智謀淵博〔九八〕,明於理亂〔九九〕,常稱"德者〔一〇〇〕,非所以企及〔一〇一〕,立功立言,所庶幾也〔一〇二〕"。大觀羣典,謂公羊、穀梁,詭辯之言。又非先儒説《左氏》未究丘明意,而橫以二傳亂之。乃錯綜微言,著《春秋左氏經傳集解》,又參考衆家,謂之釋例,又作盟會圖、《春秋長曆》,備成一家之學,至老乃成。尚書郎摯虞甚重之,曰:"左丘明本爲《春秋》作傳,而《左傳》遂自孤行;《釋例》本爲傳設,而所發明何但《左傳》,故亦孤行。"預有大功名於晉室,位至征南大將軍,開府,封當陽侯,食邑八千户。子錫,字世嘏,尚書左丞。《晉諸公贊》曰:"嘏有器局。預從兄斌,字世將,亦有才望,爲黃門郎,爲趙王倫所枉殺。嘏子乂,字洪治。少有令名,爲丹陽丞,早卒。阮武者,亦拓落大才也。案《阮氏譜》：武父諶，字士信，徵辟無所就，造《三禮圖》傳於世。《杜氏新書》曰：武字文業，闊達博通，淵雅之士。位止清河太守。武弟炳，字叔文，河南尹。精意醫術，撰藥方一部。炳子坦，字弘舒，晉太子少傅，平東將軍。坦弟柯，字士度。荀綽《兗州記》曰：坦出紹伯父，亡，次兄當襲爵。父愛柯，言名傳之，遂承封，時幼小，不能讓，及長悔恨，遂幅巾而居，後雖出身，未嘗釋也。性純篤閑雅，好禮無違，存心經誥，博學洽聞。選爲濮陽王文學，遷領軍長史，喪官。王衍時爲領軍，哭之甚慟。

鄭渾字文公，河南開封人也。高祖父衆，衆父興，皆爲名儒。《續漢書》曰：興字少贛，諫議大夫。衆字子師，大司農。渾兄泰，與荀攸等謀誅董卓，爲揚州刺史，卒。張璠《漢紀》曰：泰字公業。少有才略，多謀計，知天下將亂，陰交結豪傑。家富於財，有田四百頃，而食常不足，名聞山東。舉孝廉，三府辟，公車徵，皆不就。何進輔政，徵用名士，以泰爲尚書侍郎，加奉車都尉。進將誅黃門，欲召董卓爲助，泰謂進曰："董卓彊忍寡義，志欲無饜，若借之朝政，授之大事，將肆其心以危朝廷。以明公之威德，據阿衡之重任，秉意獨斷，誅除有罪，誠不待卓以爲資援也。且事留變生，其鑒不遠。"又爲陳時之要務，進不能用，乃棄官去。謂潁川人荀攸曰："何公未易輔也。"進尋見害，卓果專權，廢帝。關東義兵起，卓會議大發兵〔一〇三〕，羣寮咸憚卓，莫敢忤旨。泰恐其彊，益將難制，乃曰："夫治在德，不在兵也。"卓不悦曰："如此，兵無益邪？"衆人莫不變容，爲泰震慄。泰乃詭辭而對曰〔一〇四〕："非以無益〔一〇五〕，以山東不足加兵也。今山東議欲起兵，州郡相連，人衆相動，非不能也。然中國自光武以來，無雞鳴狗吠之驚，百姓忘戰日久；仲尼有言'不教民戰，是謂棄之'，雖衆不能爲害，一也。明公出自西州，少爲國將，閑習軍事，數踐戰場，名稱當世；以此威民，民懷懾服，二也。袁本初公卿子弟，生處京師，體長婦人；張孟卓東平長者，坐不窺堂；孔公緒能清談高論，噓枯吹生，無軍帥之才〔一〇六〕，負霜露之勤；臨鋒履刃，決敵雌雄，皆非明公敵，三也。察山東之士，力能跨馬控弦，勇等孟賁，捷齊慶忌，信有聊城之守，策有良平之謀；可任以偏師，責以成功，未聞有其人者，四也。就有其人，王爵不相加，婦姑位不定，各恃衆怙力，將人人棊峙，以觀成敗，不肯同心共膽，率徒旅進〔一〇七〕，五也。關西諸郡，北接上黨、太原、馮翊、扶風、安定，自頃以來，數與胡戰，婦女載戟挾矛，弦弓負矢〔一〇八〕，況其悍夫；以此當山東忘戰之民，譬驅羣羊向虎狼，其勝可必，六也。且天下之彊勇〔一〇九〕，今見在者不過并、涼、匈奴屠各、湟中義從、八種西羌，皆百姓素所畏服，而明公擁以爲爪牙〔一一〇〕，壯夫震悚〔一一一〕，況小醜乎！七也。又明公之將帥，皆中表腹心，周旋日久，自三原、狹口以來，恩信醇著，忠誠可遠任，智謀可特使，以此當山東解合之虛誕〔一一二〕，實不相若，八也。夫戰有三亡：以亂攻治者亡，以邪攻正者亡，以逆攻順者亡。今明公秉國政平，討夷凶宜，忠義克立；以三德待於三亡，奉辭伐罪，誰人敢禦？九也。東州有鄭康成，學該古今，儒生之所以集；北海邴根矩，清高直亮，羣士之楷式。彼諸將若詢其計畫，案典校之彊弱，燕、趙、齊、梁非不盛〔一一三〕，終見滅於秦，吳、楚七國非不衆〔一一四〕，而不敢踰滎陽〔一一五〕，況今德政之赫赫，股肱之邦良〔一一六〕，欲造亂以徼不義者，必不相然，讚成其凶謀，十也。若十事少有可采，無事徵兵以驚天下，使患役之民，相聚爲非，棄德恃衆，以輕威重。"卓乃悦，以泰爲將軍，統諸軍擊關東。或謂卓曰："鄭泰智略過人，而結謀山東，今資之士馬，使就其黨，竊爲明公懼之。"卓收其兵馬，留拜議郎。後又與王允謀共誅卓，泰脫身自武關走，東歸。後將軍袁術以爲揚州刺史，未至官，道卒，時年四十一〔一一七〕。渾將泰小子袤避難淮南，袁術賓禮甚厚。渾知術必敗。時華歆爲豫章太守，素與泰善，渾乃渡江投歆。太祖聞其篤行，召爲掾，復遷下蔡長、邵陵令。天下未定，民皆剽輕，不念産殖；其生子無以相活，率皆不舉。渾所在奪其漁獵之具，課使耕桑〔一一八〕，又兼開稻田，重去子之法。民初畏罪，後稍豐給，無不舉贍〔一一九〕；所育男女，多以鄭爲字〔一二○〕。辟爲丞相掾屬，遷左馮翊。

時梁興等略吏民五千餘家爲寇鈔，諸縣不能禦，皆恐懼，寄治郡下。議者悉以爲當移就險，渾曰："興等破散，竄在山阻〔一二一〕。雖有隨者，率脅從耳。今當廣開降路，宣喻恩信。而保險自守，此示弱也。"乃聚斂吏民，治城郭，爲守禦之備。遂發民逐賊，明賞罰，與要誓，其所得獲，十以七賞。百姓大悦，皆願捕賊，多得婦女、財物。賊之失妻子者，皆還求降。渾責其得他婦女，然後還其妻子，於是轉相寇盜，黨與離散。又遣吏民有恩信者，分布山谷告喻，出者相繼，乃使諸縣長吏各還本治以安集之。興等懼，將餘衆聚鄜城。太祖使夏侯淵就助郡擊之，渾率吏民前登，斬興及其支黨。又賊靳富等，脅將夏陽長、邵陵令并其吏民入礛山，渾復討擊破富等，獲二縣長吏，將其所略還。及趙青龍者，殺左內史程休，渾聞，遣壯士就梟其首。前後歸附四千餘家，由是山賊皆平，民安產業。轉為上黨太守。

太祖征漢中，以渾為京兆尹。渾以百姓新集，為制移居之法，使兼複者與單輕者相伍〔一二二〕，溫信者與孤老為比〔一二三〕，勤稼穡，明禁令，以發奸者。由是民安於農，而盜賊止息。及大軍入漢中，運轉軍糧為最。又遣民田漢中，無逃亡者。太祖益嘉之，復入為丞相掾。文帝即位，為侍御史，加駙馬都尉，遷陽平、沛郡二太守。郡界下溼，患水潦〔一二四〕，百姓饑乏。渾於蕭、相二縣界，興陂遏〔一二五〕，開稻田。郡人皆以為不便，渾曰："地勢洿下，宜溉灌，終有魚稻經久之利〔一二六〕，此豐民之本也。"遂躬率吏民，興立功夫，一冬間皆成。比年大收，頃畝歲增，租入倍常，民賴其利，刻石頌之，號曰鄭陂。轉為山陽、魏郡太守，其治放此。又以郡下百姓，苦乏材木〔一二七〕，乃課樹榆為籬〔一二八〕，並益樹五果；榆皆成藩，五果豐實。入魏郡界，村落齊整如一，民得財足用饒。明帝聞之，下詔稱述，布告天下。遷將作大匠。渾清素在公，妻子不免於饑寒。及卒，以子崇為郎中〔一二九〕。《晉陽秋》曰：泰子袤，字材叔〔一三〇〕。泰與華歆、荀攸善。見袤曰："鄭公業為不亡矣。"初為臨菑侯文學，稍遷至光祿大夫。泰始七年，以袤為司空，固辭不受，終於家。子默，字思玄。《晉諸公贊》曰：默遵守家業，以篤素稱，位至太常。默弟質、舒、詡，皆為卿。默子球，清直有理識，尚書右僕射、領選。球弟豫，為尚書。

倉慈字孝仁，淮南人也。始爲郡吏。建安中，太祖開募屯田於淮南，以慈爲綏集都尉。黃初末，爲長安令，清約有方，吏民畏而愛之。太和中，遷燉煌太守。郡在西陲，以喪亂隔絕，曠無太守二十歲，大姓雄張[一三一]，遂以爲俗。前太守尹奉等，循故而已，無所匡革，慈到，抑挫權右，撫恤貧羸，甚得其理。舊大族田地有餘，而小民無立錐之土；慈皆隨口割賦，稍稍使畢其本直[一三二]。先是屬城獄訟衆猥，縣不能決，多集治下；慈躬往省閱，料簡輕重，自非殊死，但鞭杖遣之[一三三]，一歲決刑曾不滿十人[一三四]。又常日西域雜胡欲來貢獻[一三五]，而諸豪族多逆斷絕；既與貿遷，欺詐侮易，多不得分明。胡常怨望，慈皆勞之。欲詣洛者，爲封過所[一三六]，欲從郡還者，官爲平取，輒以府見物與共交市，使吏民護送道路，由是民夷翕然稱其德惠。數年卒官，吏民悲感如喪親戚，圖畫其形，思其遺像[一三七]，及西域諸胡聞慈死，悉共會聚於戊己校尉及長吏治下發哀，或有以刀畫面，以明血誠，又爲立祠，遙共祠之。《魏略》曰：天水王遷，承代慈，雖循其迹，不能及也。金城趙基承遷後，復不如遷。至嘉平中，安定皇甫隆代基爲太守。初，燉煌不甚曉田，常灌溉滀水，使極濡洽，然後乃耕。又不曉作耬犂，用水及種，人牛功力既費，而收穀更少。隆到，教作耬犂[一三八]，又教衍溉[一三九]，歲終率計，其所省庸力過半，得穀加五。又燉煌俗，婦人作裙[一四〇]，攣縮如羊腸，用布一匹；隆又禁改之，所省復不訾。故燉煌人以爲隆剛斷嚴毅不及於慈，至於勤恪愛惠，爲下興利，可以亞之。

自太祖迄於咸熙，魏郡太守陳國吳瓘、清河太守樂安任燠、京兆太守濟北顏斐、弘農太守太原令狐邵、濟南相魯國孔乂，或哀矜折獄，或推誠惠愛，或治身清白，或摘姦發伏，咸爲良二千石。瓘、燠事行無所見。《魏略》曰：顏斐字文林。有才學〔一四一〕。丞相召爲太子洗馬，黃初初轉爲黃門侍郎，後爲京兆太守。始，京兆從馬超破後，民人多不專於農殖，又歷數四二千石，取解目前，亦不爲民作久遠計。斐到官，乃令屬縣整阡陌，樹桑果。是時民多無車牛。斐又課民以閒月取車材，使轉相教匠作車〔一四二〕。又課民無牛者，令畜豬狗，賣以買牛〔一四三〕。始者民以爲煩，一二年間，家家有丁車、大牛。又起文學，聽吏民欲讀書者，復其小徭。又於府下起菜園，使吏役閒鉏治〔一四四〕。又課民當輸租時，車牛各因便致薪兩束，爲冬寒冰炙筆硯。於是風化大行〔一四五〕，吏不煩民，民不求吏。京兆與馮翊、扶風接界，二郡道路既穢塞，田疇又荒萊，人民飢凍，而京兆皆整頓開明〔一四六〕，豐富常爲雍州十郡最〔一四七〕。斐又清己，仰奉而已，於是吏民恐其遷轉也。至青龍中，司馬宣王在長安立軍市，而軍中吏士多侮侵縣民〔一四八〕，斐以白宣王。宣王乃發怒召軍市候，便於斐前杖一百。時長安典農與斐共坐，以爲斐宜謝，乃私推築斐。斐不肯謝，良久乃曰："斐意觀明公受分陝之任，乃欲一齊衆庶，必非有所左右也。而典農竊見推築，欲令斐謝；假令斐謝，是更爲不得明公意也。"宣王遂嚴持吏士。自是之後，軍營、郡縣各得其分。後數歲，遷爲平原太守，吏民啼泣遮道，車不得前，步步稽留，十餘日乃出界〔一四九〕，東行至崤而疾困，斐素心戀京兆，其家人從者見斐病甚，勸之，言："平原當自勉勵作健。"斐曰："我心不願平原，汝曹等呼我，何不言京兆邪？"遂卒，還平原〔一五〇〕。

京兆聞之，皆爲流涕，爲立碑，於今稱頌之也〔一五一〕。令狐邵字孔叔。父仕漢，爲烏丸校尉。建安初，袁氏在冀州，邵去本郡家居鄴。九年，暫出到武安毛城中〔一五二〕。會太祖破鄴，遂圍毛城。城破，執邵等輩十餘人，皆當斬。太祖閱見之，疑其衣冠也，問其祖考，而識其父，乃解放〔一五三〕，署軍謀掾。仍歷宰守，後徙丞相主簿，出爲弘農太守。所在清如冰雪，妻子希至官省〔一五四〕；舉善而教，恕以待人，不好獄訟，與下無忌。是時，郡無知經者，乃歷問諸吏，有欲遠行就師，輒假遣，令詣河東就樂詳學經，粗明乃還，因設文學。由是弘農學業轉興。至黃初初，徵拜羽林郎，遷虎賁中郎將，三歲〔一五五〕，病亡。始，邵族子愚，爲白衣時，常有高志，衆人謂愚必榮令狐氏，而邵獨以爲"愚性儻傥，不修德而願大，必滅我宗"。愚聞邵言，其心不平。及邵爲虎賁郎將〔一五六〕，而愚仕進已多所更歷，所在有名稱。愚見邵，因從容言次，微激之曰："先時聞大人謂愚爲不繼，愚今竟云何邪？"邵熟視而不答也。然私謂其妻子曰："公冶性度猶如故也。以吾觀之，終當敗滅。但不知我久當坐之不邪？將逮汝曹耳！"邵沒之後，十餘年間，愚爲兗州刺史，果與王淩謀廢立，家屬誅滅。邵子華，時爲弘農郡丞，以屬疏得不坐。案《孔氏譜》：孔乂字元儁，孔子之後。曾祖疇，字元矩，陳相。漢桓帝立老子廟於苦縣之賴鄉，畫孔子像於壁；疇爲陳相，立孔子碑於像前，今見存。乂父祖皆二千石，乂爲散騎常侍，上疏規諫。語在《三少帝紀》。至大鴻臚。子恂字士信，晉平東將軍衛尉也。

評曰：任峻始興義兵，以歸太祖，闢土殖穀，倉庾盈溢，庸績致矣。蘇則威以平亂，既政事之良，又矯矯剛直，風烈足稱。杜畿寬猛克濟，惠以康民。鄭渾、倉慈，恤理有方。抑皆魏代之名守乎！恕屢陳時政，經論治體〔一五七〕，蓋有可觀焉。

【校箋】

〔一〕毛本作"魏書十六"。

〔二〕毛本作"任蘇杜鄭倉傳第十六"。

〔三〕盧弼曰："《御覽》二百四十一作'字伯遠'。"

謹案：此見梁章鉅《三國志旁證》，"御"字上應增"梁章鉅曰"四字。又案：《書鈔》卷六十一、卷六十三、《類聚》卷五十一、《御覽》卷二百引"達"字俱作"遠"。

〔四〕郝書"君"字作"若"。

〔五〕盧弼曰："胡三省曰：'《魏志》曰：曹公置典農中郎將，秩二千石。典農都尉秩六百石，或四百石。典農校尉秩比二千石。'"

謹案："志"字當係"略"字之誤。《文選》潘安仁《楊荊州誄》注引《魏略》："典農中郎將太祖置，秩二千石。"可證。《水經·潁水注》："潁陰縣故城在東北，舊許昌典農都尉治也。"

〔六〕郝書句下有"遂賜處中爵關內侯"。

〔七〕紹興本、毛本"陽"字作"城"，《晉書》、郝書同。

〔八〕郝書"輩"下無"士"字。

〔九〕郝書"走"字作"匿"。

〔一〇〕郝書"語"字作"止"。

〔一一〕《御覽》卷三百七十四引"巽"字作"選"。紹興本、馮本、陳本、毛本"掐"字作"搯"，下有"音苦洽反"四字，

《御覽》卷四百八十七引同。據《説文·手部》，音苦洽切，當是"掐"字。

〔一二〕盧弼曰："《西京雜記》：'漢朝以玉爲虎子，以爲便器。'"

謹案：《漢官儀》："侍中左蟬右貂，本秦丞相史，往來殿内，故謂之侍中。分掌乘輿服物，下至褻器虎子之屬。武帝時孔安國爲侍中，以其儒者，特聽掌御唾壺，朝廷榮之。"

〔一三〕《御覽》卷八百零二引"巿"下無"益"字。

〔一四〕盧弼曰："《御覽》作'槎挂失鹿'。"

謹案：《御覽》卷八百三十一引作"蹉跎"不作"槎挂"也。《書鈔》卷一百三十五引作"槎挂"。盧君謂《御覽》作"槎挂"蓋誤記。梁章鉅曰："《庶物異名疏》云：'槎桎，檻獸之具。'"

〔一五〕盧弼曰："宋本'踞'下有'胡'字，《御覽》同。"

謹案：《書鈔》、《類聚》卷九十五、《治要》卷二十五、《御覽》卷八百三十一、卷九百零六、《册府》卷一百零一引俱有"胡"字。蕭書、郝書、《通志》"踞"下亦俱有"胡"字，應據諸書引補。

〔一六〕盧弼曰："《御堪》四百五十三引《魏略》云：'蘇則爲侍中，文帝時人多饑困而軍數出，又兼治宫室。則又數面諫，由此上頗不悦，其後出以爲河東相。'弼按：《御覽》引《魏略》云蘇則'出爲河東相'，與傳文左遷東平相不合。又按：《武文世王公傳》'黄初三年立曹霖爲河東王'，'太和六年封壽張王曹徽爲東平王'，是東平王立國在後。蘇則爲相在黄初四年。'東平'當爲'河東'之譌。又按：《世説·賞譽篇》注引《魏書》亦云'則爲河東相'。"

謹案：盧君説是也。考《治要》卷二十五、《册府》卷一百八十一引俱作"河東相"。《世説·品藻篇》注引《魏書》亦云"河東相"是也。蘇則爲侍中改任王相故曰"左遷"。

〔一七〕盧弼曰："《唐書·宰相世系表》'怡'作'恬'。"

謹案：此見梁章鉅《三國志旁證》。"唐"字上依序例應補"梁章鉅曰"四字。

〔一八〕盧弼曰："嚴可均《全晉文》輯存五十餘事。《文選》注十六、又四十二、又五十六引賈弼之《山公表注》，或即是書。"

謹案：山濤《啓事》與賈弼之《山公表注》當係二書，不得混同爲一書也。

〔一九〕盧弼曰："《官本考證》云：'兄女，宋本作女兄。'《世説·品藻篇》云'金谷中蘇紹最勝，紹是石崇姊夫，蘇則孫愉子也'。此與裴氏所云相反。"

謹案：郝書亦作"女兄"，宋本是也。《説文·女部》："姊，女兄也"。此句疑原作"紹妻，石崇之女兄也。"傳寫者誤倒，遂與《世説》相反。應據以乙正。則與《世説》紹爲石崇姊夫之説合。

〔二〇〕盧弼曰："《御覽》作'縣内繫囚數百'。"

謹案：見《御覽》卷二百六十四引。

〔二一〕《册府》卷七百零五引"志"字作"意"，與毛本及《季漢書》同。《説文·心部》："意，志也。從心察言而知意也。"據上文意，疑作"意"字爲是。

〔二二〕盧弼曰："《御覽》作'共語終夜'。"

謹案：此見《御覽》卷四百零九引。

〔二三〕《御覽》引"或"下有"家"字，"與紀比屋"作"與紀屋相比"。

〔二四〕毛本"旦"字作"且"。盧弼曰："宋本'且'作

‘旦’。《御覽》作‘詰旦’。"

謹案：《御覽》卷四百零九引作"至旦"，不作"詰旦"也，盧君誤。

〔二五〕《季漢書》删"用"字。《戰國策・魏策四》"吾用多"高注："用，資也。"用字句絶。

〔二六〕紹興本、馮本、陳本"遂"字作"追"，蕭書同。

〔二七〕盧弼曰："《通鑑》作'討之不勝，爲難未已'。"

謹案：《通鑑》改易舊文。《季漢書》"未"下有"易"字，疑此脱也。

〔二八〕盧弼曰："潘眉曰：'郖津在弘農，見許氏《説文》。《漢武故事》作竇津，《穆天子傳》作洍津。'"

謹案：《水經・河水注》曰："門水又北逕農縣故城東，城即故函谷關校尉舊治處也。水側城北流，而注於河。河水於此有洍津之名。以河北有洍水南入於河，故有洍津之名也。"段玉裁《説文解字注》曰："丁亥人於南鄭，考其沿歷所躔，路直斯津，是知袁豹之徒竇津之説非矣。在今河南陝州靈寶縣縣西十里。"

〔二九〕盧弼曰："馮本作'狎侮'。"

謹案：陳本亦作"狎侮"，《御覽》卷七百五十四引同。

〔三〇〕"甞"字疑衍。

〔三一〕盧弼曰："宋本'任'作'在'。"

謹案：《册府》卷九百五十五引亦作"在"，作"在"字是。

〔三二〕《通志》作"畿又喻固等曰"，無"人"字。

〔三三〕《册府》卷六百五十一引"急緩"二字乙。

〔三四〕盧弼曰："'則'或作'賊'。"

謹案：錢儀吉"則"改"賊"，云"從《通鑑》"。

〔三五〕盧弼曰："胡三省曰：'垣縣屬河東郡，東字衍。《續漢志・垣縣》注云：山在東，狀如垣，蓋此時已有東垣之名。'謝鍾英曰：'東上脱河字。'"

謹案：徐紹楨曰："案：《說文》：'沇水出河東東垣王屋山，東爲沛。'《周禮・職方氏》：'其川熒雒。'鄭注：'熒，沇水也，出東垣，入於河，泆爲熒。'賈疏云：'出東垣者，《地理志》文也。以《地理志》《郡國志》考之，則皆無東字。'賈疏既謂'出東垣'爲《地理志》文，疑其所見《漢志》尚有'東'字，後人傳寫奪之耳！'東垣'字見於此志及《說文》、《周禮》鄭注。又《左傳・襄公元年》杜注：'河東東垣縣東南有壺丘山。'《山海經》注：'沇水出東垣。'均有'東'字，或者乃據《漢志》謂諸書'東'字概屬衍文，吾誠不敢信也。"

〔三六〕《書鈔》卷七十四"有"字在"嘗"字下，應據乙。

〔三七〕紹興本"宮"字作"官"，《書鈔》卷三十九、卷七十四引同。蕭書作"官學"，疑誤倒。

〔三八〕《御覽》卷一百六十三引無"自"字。

〔三九〕《御覽》引句下有"自後河東多儒者，間閻之間，習於程法"十五字。

〔四〇〕紹興本無"其"字。《御覽》卷二百六十一引"其"字作"奇"。

〔四一〕盧弼曰："《御覽》無'所'字。"

謹案：《御覽》卷二百六十一引無"所"字。"充實之足以制天下"作一句讀。

〔四二〕盧弼曰："《御覽》'臥'下有'而'字。"

謹案：錢儀吉曰："'臥'下何增'而'字。"考《漢書・汲黯傳》曰："吾徒得君重臥而治之。"曹操之語蓋倣此。《御覽》卷二百六十一引亦有"而"字，何增"而"字是也。

〔四三〕"常"字上疑奪"政治"二字，考本志《梁習傳》云："習在州二十餘年，政治常爲天下最。"語例正同，似應據補。

〔四四〕盧弼曰："郭沖條諸葛亮五事見亮傳注，即此人。"

謹案：郭沖與杜恕同時儕輩，爲代郡太守。而條諸葛亮隱没五事之郭沖，當晉扶風王司馬駿鎮關中時，且爲金城人。似未能以同姓名之故，即決其爲一人也。

〔四五〕紹興本"净"字作"静"，是。

〔四六〕盧弼曰："《蔣濟傳》濟上疏言'今雖十有二州，民數不過漢一大郡'。此言不如一州，皆約計之詞，非確數也。"

謹案：皇甫謐《帝王世紀》曰："昔漢永和五年南陽户五十餘萬，汝南户四十餘萬。景元四年與蜀通計，民户九十四萬三千四百二十三，口五百三十七萬二千八百九十一人。"除去蜀領户二十八萬男女九十四萬餘人外，則魏當時所有人户，固不及漢一州之民也。

〔四七〕毛本"帀"作"市"。盧弼曰："'市'宋本作'帀'。"

謹案："市"字於此無義，當從宋本作"帀"。《説文・帀部》："帀，周也。"《廣雅・釋詁三》："帀，徧也。"

〔四八〕盧弼曰："宋本'二十'作'十二'。"

謹案：錢儀吉云："'二十'當爲'十二'，從宋本。"

〔四九〕盧弼曰："官本'異'作'覺'。《考證》曰：'覺，宋本作異。'弼案：各本皆作'覺'，惟局本作'異'。"

謹案：《册府》卷四百七十引作"異"，蕭書同。是宋人所見本作"異"也。

〔五〇〕《通志》"易"下有"得"字，語意乃足。

〔五一〕毛本"虛空"二字乙，《通志》同。

〔五二〕盧弼曰："何焯曰：'宋本才具作文具。'"

謹案：錢儀吉曰："案'才具'爲長。"考《通典・選舉三》亦作"文具"，疑作"文具"爲是。文具猶言條文具備也。錢説或未確。

〔五三〕盧弼曰："宋本'不'作'以'。"

謹案：作"以"字者是，"以""已"古通用，故下文云"其法可粗依也"。若作"不著"，何可云粗依乎？

〔五四〕紹興本、馮本、陳本、毛本"閱"字舉作"關"，《治要》卷二十五引同。

〔五五〕盧弼曰："《通鑑》'法'作'云'。"

謹案：錢儀吉曰："志祖案：《通鑑》'法'作'云'。"

〔五六〕紹興本"綴"字作"終"。

〔五七〕《治要》引"科"下有"者"字。

〔五八〕紹興本"其"字作"具"。

〔五九〕盧弼曰："《周官・考工記》曰：'古之三公，坐而論道。'"

謹案：《考工記》作"坐而論道，謂之王公"。鄭注："天子諸公。"阮元校勘記曰："注以天子釋王，諸侯釋公也。"盧君引作"三公"，蓋誤記。

〔六〇〕盧弼曰："宋本'臣爲'作'臣作'，《通鑑》同。"

謹案：《册府》卷六百三十五引作"臣作"，《通志》同。是宋時字作"作"，不作"爲"也。

〔六一〕紹興本、毛本"支"字作"枝"，《册府》引同。

〔六二〕《白帖》卷四十四引"守"上有"但"字。

〔六三〕盧弼曰："'四凶'宋本作'驩兜'。趙一清曰：'以鯀不在四凶之内，與先儒説異。'沈家本曰：'四凶見《左傳》，渾敦、窮奇、檮杌、饕餮，杜預以驩兜、共工、鯀當之，而務伯之言如此，是父子異説也。'弼按：《尚書·舜典》言'四罪而天下咸服'，亦舉共工、驩兜、三苗、鯀。陸氏音義亦引杜預注《左傳》以證之，是鯀在四凶之列，從無異説。竊謂'放四凶'三字當從宋本作'放驩兜'，《尚書》亦云'放驩兜殛鯀'也。"

謹案：梁玉繩曰："堯之放四凶，共、驩、苗、鯀也，事出《尚書》。舜之流四凶族，不才子也，事出《左傳》太史克語。事既各出，時亦相縣，史公分載堯、舜兩紀，未嘗言四罪即四凶族。後儒察見人數之同，遂并八慝爲一，豈非賈、服、杜、孔之大謬哉！"說詳《史記志疑》。

〔六四〕盧弼曰："《通鑑》'謀'作'課'。"

謹案：作"課"者是也。《廣雅·釋言》："課，試也。"此篇論考課利弊，作"課"字於義爲長。"課""謀"或以形近而誤。

〔六五〕蕭書"上"字作"任"。

〔六六〕盧弼曰："宋本無'言'字。"

謹案：此見《官本考證》。紹興本有"言"字。考下文"伏見尚書郎廉昭奏云云"，即傳所謂"言事"也，"言"字非衍文。

〔六七〕《治要》引"人"下有"也"字。

〔六八〕《治要》引"人"下有"也"字。

〔六九〕《治要》引"使"下有"也"字，《季漢書》同。

〔七〇〕《意林》卷五引杜恕《篤論》云："豈可追前世之稷契，坐待後來之俊乂，可得治乎？"

〔七一〕紹興本"以"字作"已"，下無"不"字。《治要》、《册府》卷五百三十八引俱無"不"字，《通志》同。

〔七二〕《治要》引"華"字作"輿"，《册府》引作"車"。

〔七三〕盧弼曰："宋本'進'作'盡'，《通鑑》同。"

謹案：官本亦作"盡"。考上文"誰敢依違而不自盡"，此句承之而言，則作"盡"者是也。

〔七四〕《治要》引"用"下有"也"字。

〔七五〕盧弼曰："宋本'知'作'治'，《通鑑》同。"

謹案：錢儀吉《三國志證聞》"知"作"治"，云："從宋本。"考《册府》卷五百三十八引"知"作"理"，蓋唐人書避高宗諱改"治"爲"理"，《册府》承之而未更正，是原作"治"也。《通志》亦作"治"。

〔七六〕盧弼曰："孫志祖曰：'聽伊尹三字不可解。'"

謹案：俞正燮《癸巳存稿》云："細審之，伊尹當是人名。"竊疑"伊"字或是"門"字之殘譌。《國語·周語》："敵國賓至，門尹除門。"韋昭注："門尹，司門也。"

〔七七〕盧弼曰："梁章鉅曰：'安帝當作和帝。《後漢書·竇融傳》郭躬爲廷尉，卒於和帝永元六年，不及安帝時也。'"

謹案：此本見侯康《三國志補注續》，而梁氏引之，盧君誤謂梁氏説，失考。

〔七八〕盧弼曰："宋本'佑'作'祐'。"

謹案："佑""祐"古通。"祐"借爲"宥"。《尚書·舜典》"流宥五刑"馬融注："宥，寬也。"

〔七九〕《治要》引"亢"字作"抗"。

〔八〇〕盧弼曰："《御覽》作'康既才敏'。"

謹案：此見《御覽》卷二百二十四。考《書鈔》卷七十五引作"康既有才，敏而好學"，疑"康既有才"句絶。康既有才又好學，故下文乃云"因在冗官，博讀書傳，後遂有所彈駁，其文義雅而切要"。文義正相密附。若如今本，則與下文違戾而不可解矣。似當據《書鈔》所引訂正。

〔八一〕《御覽》卷十九、《册府》卷六百八十引"農"下有

"守"字。《御覽》卷二百六十一引作"太守"。

〔八二〕盧弼曰:"《書鈔》七十四引《魏略》'清己'下有'平賦'二字。"

謹案:《書鈔》卷七十四引作"清己平賦",無"奉職"二字。《白帖》卷四十引同。是唐時所見本固如是也,當從之。

〔八三〕盧弼曰:"《百官志》'有水池及魚利多者,置水官,主平水,收漁稅'。"

謹案:《册府》卷六百七十九引"平水"作"卒吏",或臆改。考《吐魯番出土文書》高昌郡有三部督郵,東部督郵、西部平水之官分部以治民,故下有屬官。孟康出巡,不欲煩擾吏民,遂豫飭督郵平水,不得令屬官遣人探候,修設曲敬也。若如盧君説,則與"不得遣人探候,修設曲敬"之意何關乎?而平水以收漁稅,更與本文無涉。"平水"見《文物》七七年三期《吐魯番晉唐墓葬出土文書概述》引,則督郵、平水並列爲官名可知矣。

〔八四〕《白帖》卷四十、《御覽》卷二百六十一引無"吏"字。

〔八五〕盧弼曰:"趙一清曰:《水經·洛水注》:洛水又東逕一合塢南。城在川北原上,高二十丈。南北東三箱,天險峭絶,唯築西面,即爲合固。一合之名,起於是矣。"

謹案:楊守敬《水經注疏》曰:"朱'全'作'合','全',趙、戴並同。守敬案:'合'當作'全','泉''全'音同。足見此注四'合'字本皆作'全'。《通典》與《元和志》作'一合塢'亦以形近致誤。"

〔八六〕《御覽》卷二百三十九、《册府》卷四百四十引"共"上無"使"字。

〔八七〕《御覽》引"待"字作"禮"。

〔八八〕《册府》引"夫"字作"奉"。

〔八九〕紹興本"便"字作"隨"。

〔九〇〕紹興本"頗"下無"亦"字。

〔九一〕盧弼曰："趙一清曰：'薄當作簿，謂對簿也。'"

謹案：《通志》"薄"正作"簿"，趙說是也。

〔九二〕紹興本、毛本"閒"字作"閑"。

〔九三〕盧弼曰："《通典·州郡七》'河南福昌縣北有杜畿、杜恕墓'。"

謹案：此已見梁章鉅《三國志旁證》，"通"字上當補"梁章鉅曰"四字。

〔九四〕毛本"偏"作"褊"，《册府》卷七百六十七引同。

〔九五〕《御覽》卷二百三十六引作"不敢親教"。

〔九六〕紹興本"解"字作"教"，《册府》引同。

〔九七〕毛本無"皆"字，是。

〔九八〕紹興本"謀"字作"謨"。

〔九九〕《世說·方正篇》注引"理"字作"治"。疑是。

〔一〇〇〕《世說》注引"德"上有"立"字。

〔一〇一〕《世說》注引"所"下無"以"字。

〔一〇二〕《册府》卷七百七十二引"所"字作"可"。

〔一〇三〕《册府》卷八百三十三引作"卓會公卿議"，多"公卿"二字，《季漢書》同。

〔一〇四〕紹興本"辭"下無"而"字。

〔一〇五〕《册府》引"以"字作"謂"，是。《後漢書·鄭泰傳》作"非謂無用"，可證。

〔一〇六〕盧弼曰："宋本'軍'作'將'。"

謹案：《册府》引"帥"字作"旅"，《後漢書·鄭泰傳》同。疑作"軍旅"者是。盧君所云宋本即紹興本，而此本仍作"軍"，不作"將"，盧君誤記。

〔一〇七〕紹興本"率"字作"牽"，疑誤。

〔一〇八〕盧弼曰："'弦弓'應作'挾弓'，應從范書。"

謹案：《册府》作"載戟操矛挾弓負矢"。

〔一〇九〕紹興本、馮本、陳本、毛本"彊"字俱作"權"。盧弼曰："'權'疑作'彊'。"

謹案：竊疑"權"借爲"拳"。《左傳・莊公九年》"鬻拳"，《後漢書・孔融傳》作"鬻權"，是其證。《國語・齊語》"有拳勇肱股之力"。韋昭注："人勇爲拳。"《文選・吴都賦》"覽將帥之拳勇"李注："拳與權同。"

〔一一〇〕紹興本、馮本、陳本、毛本"擁"字俱作"權"。盧弼曰："范書'權'作'擁'，是。"

謹案：官本"權"正作"擁"。

〔一一一〕紹興本"悚"字作"慄"。

〔一一二〕盧弼曰："'解'疑作'假'。"

謹案：吴承仕《檢齋讀書記》曰："按'解合'當爲'解后'，字正作'遱'，通作'逅'。《詩・綢繆》'見此邂逅'釋文引《韓詩》云'邂逅，不固之貌'。此言'解后'與'腹心'對文，正與《韓詩》義同。"吴説是也，盧君謂"解疑作假"，蓋非。

〔一一三〕《册府》引"盛"下有"也"字。

〔一一四〕《册府》引"衆"下有"也"字。

〔一一五〕盧弼曰："'熒'當作'滎'。"

謹案：段玉裁《周禮漢讀考》曰："熒者，光不定之兒。沸水出没不常，故《尚書》'洪爲熒'作此字。《周禮》'熒雒'，《左傳》閔二年、宣十二年、杜預後序、《詩・鄘風》箋'熒澤'，《左傳》杜注'熒陽'。《玉篇》'熒'下曰：'亦熒陽縣。'漢韓勑後碑、劉寬碑陰、鄭烈碑、唐盧藏用紀信碑亦作'熒陽'。《隋書·王劭傳》上表言符命曰：'龍鬭於熒陽者，熒字三火，明火德之盛也。'然則熒澤、熒陽，古無作'滎'者。《尚書·禹貢》釋文經宋開寶中妄改'熒'爲'滎'，而經典、《史記》《漢書》《水經》皆爲淺人任意竄易，以爲水名當作'滎'，不知泲水名熒，自有本義，於絶小水之義無涉也。"

〔一一六〕《册府》引"邦"字作"惟"。

〔一一七〕紹興本"一"字作"二"。

〔一一八〕《御覽》卷二百六十七引"桑"字作"種"。

〔一一九〕《御覽》引"贍"字作"育"，是。

〔一二〇〕盧弼曰："《御覽》'字'作'名'。"

謹案：《御覽》卷二百六十七引"字"作"名"，作"名"者是也。《南齊書·武帝紀》永明七年正月辛亥詔曰："鄭渾宰邑，因姓立名。"是其證。

〔一二一〕盧弼曰："監本'阻'作'陽'。"

謹案：《官本考證》曰："監本'山阻'誤作'山陽'，今改正。"考紹興本作"山阻"，山阻猶山險也。

〔一二二〕《白帖》卷四十一、《御覽》卷二百五十二引"複"作"復"，《季漢書》同。

〔一二三〕《御覽》引"信"下無"者"字。

〔一二四〕盧弼曰："《御覽》二百六十一'患'上有'常'字。"

謹案：錢儀吉云："從《御覽》'患'上增'常'字。"《通志》"常"作"每"，"常""每"義近，"患"上脱"常"字，尤可明矣。

〔一二五〕盧弼曰："錢大昭曰：'《晉書·食貨志》遏作堨，

疑與堰同。'"

謹案：《文選》沈休文《三月三日率爾成篇》李注："《廣雅》曰：'堰，潛堰也。'謂潛築土以壅水也。一作'堨'，音竭。亦作塢，烏古切。堰，一建切，然三字義同而音則異也。"

〔一二六〕盧弼曰："《御覽》'有'作'成'。"

謹案：錢儀吉《三國志證聞》"有"作"成"，云："'成'字今改。"考《御覽》卷二百六十一引作"終成稻田經久之利"。"有"字作"成"，無"魚"字，"稻"下有"田"字。疑此是也，與上文"開稻田"語正相承。

〔一二七〕《書鈔》卷七十四引"材"字作"林"。

〔一二八〕《書鈔》、《類聚》卷八十八引"樹"字俱作"種"。

〔一二九〕盧弼曰："趙一清曰：'《宋書·鄭鮮之傳》高祖渾，魏將作大匠。曾祖襲，大司農。《南史》同。豈崇有二名邪？'弼按：或渾有二子，一名崇，一名襲，亦未可知。"

謹案：《金石錄》載《晉右軍將軍鄭烈碑》云："君諱烈，字休林。"又云："曾祖先生，皇祖徵君，顯考將作大匠，寔有茂德，載在國策。"烈，晉史無傳，以碑考之，嘗為文帝參佐。武帝時仕為兗州刺史，封東莞男。以疾徵拜議郎，卒於太康二年。追贈右將軍，諡曰僖侯。則渾尚有子名烈者矣。

〔一三〇〕紹興本"材"字作"林"，《御覽》卷四百零七引王隱《晉書》"材"亦作"林"。作"林"字是，鄭烈碑"君諱烈，字休林"，可證。

〔一三一〕盧弼曰："《御覽》'張'作'豪'。"

謹案：見《御覽》卷二百六十一。考《册府》卷六百九十六引仍作"張"，作"張"字是。雄張，《後漢書·班超傳》注："猶熾盛也。"

〔一三二〕盧弼曰："'畢'疑作'畍'。"

謹案：畢，盡也。謂求分得田地者，漸次全部償還所得田之原價也。"畢"與"畍"形聲俱遠，無由致誤，盧君所釋非傳意也。

〔一三三〕《御覽》引作"便杖而遺之"。

〔一三四〕《册府》卷六百九十引"曾"字作"曹"。

〔一三五〕《册府》卷四百二十九引"常"字作"當"。

〔一三六〕盧弼曰："范書《光武紀》十三年詔曰：'煩擾道上，疲廢過所。'《古今注》云：'凡傳皆以木爲之，長五寸，書符信於上，又以一板封之，皆封以御史印章，如今之過所也。'按過所若今之路文引。"

謹案：此見梁章鉅《三國志旁證》。而"按過所若今之路文引"句，乃梁氏按語。盧君既未言其所自出，於按語復不書梁氏名，非是。

〔一三七〕《白帖》卷七十七引"像"字作"愛"，是也。既已圖畫其形，則不當復云思其遺像。思其遺愛猶云懷念其遺惠也。"像"係誤字，當改作"愛"。

〔一三八〕《御覽》卷八百二十三引"教"上有"乃"字，《晉書·食貨志》《齊民要術序》引同。

〔一三九〕《晉書》作"又教使灌溉"。

〔一四〇〕《齊民要術序》"人"字作"女"。

〔一四一〕《書鈔》卷六十六引"有"字作"以"。

〔一四二〕《齊民要術序》作"使轉相告戒教匠作車"。《御覽》卷二百六十一引脫"匠"字，非。《說文·匚部》："匠，木工也。"

〔一四三〕盧弼曰："《御覽》作'令畜豬，貴時賣以買牛'。"

謹案：此已見《官本考證》，依序例"御"字上應增"《官本考證》曰"五字。又案：《晉書·食貨志》作"令養豬投貴賣以買牛"。《齊民要術序》引作"令畜豬投貴時賣以買牛"。據諸書所引，則此注"狗"字或"投"字之誤，且奪"貴時"二字，遂致文義不可解矣，似應訂補。

〔一四四〕盧弼曰："《御覽》八百二十四作'使吏民投閒灌治之'。"

謹案：《白帖》卷十一引亦作"投閒"，《王肅傳》注引《魏略》"采稆負販，而常挾持經書，投閒習讀"。投閒猶言乘暇，此蓋魏晉間恒言。"役"當爲"投"字之形誤也。

〔一四五〕《書鈔》卷七十五引"是"字下有"勤厲禮學"一句。

〔一四六〕《書鈔》引"明"字作"闢"，是。此句正承上文"道路穢塞，田疇荒萊"而言，"開闢"蓋對"荒萊"言之，"明"字於此無義。

〔一四七〕《書鈔》引"最"上有"之"字。

〔一四八〕盧弼曰："北宋本'侮侵'作'侵侮'。"

謹案：紹興本"侮侵"二字乙。《御覽》卷八百二十七、《册府》卷六百七十四引同。郝書及《通志》亦作"侵侮"。

〔一四九〕《書鈔》卷七十六引"乃"下有"得"字。

〔一五〇〕郝書無"還平原"三字，疑此應删。

〔一五一〕紹興本"之"下無"也"字。

〔一五二〕《御覽》卷二百四十九引"武安"作"安邑"。

〔一五三〕毛本"放"字作"於"，《御覽》引同。

〔一五四〕盧弼曰："宋本'至'作'到'。"

謹案：《御覽》卷二百六十一、《册府》卷六百七十九引"至"俱作"到"，《通志》同。

〔一五五〕盧弼曰："元本、監本、官本作'二歲'。"

謹案：蜀覆官本"二"字作"三"。

〔一五六〕郝書、《通志》"賁"下有"中"字。案：上文"遷虎賁中郎將"，此"中"字脱，應據補。

〔一五七〕盧弼曰："宋本'論'作'綸'。張昭曰：'經綸本《易·屯》象傳，而古本《易》有作經論字者，綸亦可作論。'"

謹案："張昭"當作"張照"，見《官本考證》。考《易·屯》"君子以經論"釋文："'論'本作'綸'。"

三國志校箋卷十七

魏志卷十七〔一〕

張遼　樂進　于禁　張郃　徐晃〔二〕

張遼字文遠，鴈門馬邑人也。本聶壹之後，以避怨變姓。少爲郡吏，漢末，并州刺史丁原以遼武力過人，召爲從事，使將兵詣京都。何進遣詣河北募兵，得千餘人。還，進敗〔三〕，以兵屬董卓。卓敗，以兵屬呂布，遷騎都尉。布爲李傕所敗，從布東奔徐州，領魯相，時年二十八。太祖破呂布於下邳，遼將其衆降，拜中郎將，賜爵關內侯。數有戰功，遷裨將軍。袁紹破，別遣遼定魯國諸縣。與夏侯淵圍昌豨於東海，數月糧盡，議引軍還，遼謂淵曰："數日已來，每行諸圍，豨輒屬目視遼。又其射矢更稀，此必豨計猶豫，故不力戰。遼欲挑與語，儻可誘也？"乃使謂豨曰〔四〕："公有命，使遼傳之。"豨果下與遼語，遼爲説"太祖神武，方以德懷四方，先附者受大賞"。豨乃許降。遼遂單身上三公山，入豨家，拜妻子。豨歡喜，隨詣太祖。太祖遣豨還，責遼曰："此非大將法也。"遼謝曰："以明公威信著於四海，遼奉聖旨，豨必不敢害故也。"從討袁譚、袁尚於黎陽，有功，行中堅將軍。從攻尚於鄴，尚堅守不下。太祖還許，使遼與樂進拔陰安，徙其民河南。復從攻鄴，鄴破，遼別徇趙國、常山，招降緣山諸賊及黑山孫輕等。從攻袁譚，譚破，別將徇海濱，破遼東賊柳毅等。還鄴，太祖自出迎遼，引共載，以遼爲盪寇將軍。復別擊荊州，定江夏諸縣，還屯臨潁，封都亭侯。從征袁尚於柳城，卒與虜遇，遼勸太祖戰，氣甚奮，太祖壯之，自以所持麾授遼。遂擊，大破之，斬單于蹋頓。《傅子》曰：太祖將征柳城，遼諫曰："夫許，天下之會也。今天子在許[五]，公遠北征，若劉表遣劉備襲許，據之以號令四方，公之勢去矣[六]。"太祖策表必不能任備，遂行也。

時荊州未定，復遣遼屯長社。臨發，軍中有謀反者，夜驚亂起火，一軍盡擾。遼謂左右曰："勿動。是不一營盡反，必有造變者，欲以動亂人耳[七]。"乃令軍中，其不反者安坐。遼將親兵數十人，中陣而立。有頃定，即得首謀者殺之。陳蘭、梅成以氐六縣叛，太祖遣于禁、臧霸等討成，遼督張郃、朱蓋等討蘭[八]。成僞降禁，禁還。成遂將其衆就蘭，轉入灊山。灊中有天柱山，高峻二十餘里，道險狹，步徑纔通，蘭等壁其上。遼欲進，諸將曰："兵少道險，難用深入。"遼曰："此所謂一與一，勇者得前耳。"遂進到山下安營,攻之,斬蘭、成首,盡虜其衆。太祖論諸將功,曰:"登天山,履峻險,以取蘭、成,盪寇功也。"增邑,假節。

太祖既征孫權,還使遼與樂進、李典等將七千餘人屯合肥[九]。太祖征張魯,教與護軍薛悌,署函邊曰"賊至乃發"。俄而權率十萬衆圍合肥,乃共發教,教曰:"若孫權至者,張、李將軍出戰;樂將軍守,護軍勿得與戰。"諸將皆疑。遼曰:"公遠征在外[一〇],比救至,彼破我必矣。是以教指及其未合逆擊之[一一],折其盛勢[一二],以安衆心,然後可守也。成敗之機,在此一戰,諸君何疑?"李典亦與遼同。於是遼夜募敢從之士得八百人[一三],椎牛饗將士,明日大戰。平旦,遼被甲持戟,先登陷陣,殺數十人,斬二將,大呼自名,衝壘入,至權麾下。權大驚,衆不知所爲,走登高冢,以長戟自守。遼叱權下戰,權不敢動,望見遼所將衆少,乃聚圍遼數重。遼左右麾圍,直前急擊,圍開,遼將麾下數十人得出,餘衆號呼曰:"將軍棄我乎!"遼復還突圍,拔出餘衆。權人馬皆披靡,無敢當者。自旦戰至日中[一四],吳人奪氣,還修守備,衆心乃安,諸將咸服。權守合肥十餘日[一五],城不可拔,乃引退。遼率諸軍追擊[一六],幾復獲權。太祖大壯遼,拜征東將軍。孫盛曰:夫兵固詭道,奇正相資,若乃命將出征,推轂委權,或賴率然之形,或憑掎角之勢,羣帥不和[一七],則棄師之道也。至於合肥之守,縣弱無援,專任勇者則好戰生患,專任怯者則懼心難保。且彼衆我寡,必懷貪墮[一八];

以致命之兵,擊貪墮之卒,其勢必勝;勝而後守,守則必固。是以魏武推選方員,參以同異,爲之密教,節宣其用;事至而應,若合符契,妙矣夫〔一九〕!建安二十一年,太祖復征孫權,到合肥,循行遼戰處,歎息者良久。乃增遼兵,多留諸軍,徙屯居巢。

關羽圍曹仁於樊,會權稱藩,召遼及諸軍悉還救仁。遼未至,徐晃已破關羽,仁圍解。遼與太祖會摩陂。遼軍至,太祖乘輦出勞之,還屯陳郡。文帝即王位,轉前將軍。《魏書》曰:王賜遼帛千匹,穀萬斛。分封兄汎及一子列侯。孫權復叛,遣遼還屯合肥,進遼爵都鄉侯。給遼母輿車,及兵馬送遼家詣屯,勅遼母至,導從出迎。所督諸軍將吏皆羅拜道側,觀者榮之。文帝踐阼,封晉陽侯,增邑千戶,并前二千六百戶。黃初二年,遼朝洛陽宮,文帝引遼會建始殿,親問破吳軍意狀。帝歎息顧左右曰:"此亦古之召虎也。"爲起第舍,又特爲遼母作殿,以遼所從破吳軍應募步卒,皆爲虎賁。孫權復稱藩。遼還屯雍丘,得疾。帝遣侍中劉曄將太醫視疾,虎賁問消息,道路相屬。疾未瘳,帝迎遼就行在所,車駕親臨,執其手,賜以御衣,太官日送御食。疾小差,還屯。孫權復叛,帝遣遼乘舟,與曹休至海陵,臨江。權甚憚焉,勅諸將:"張遼雖病,不可當也。慎之!"是歲,遼與諸將破權將呂範。遼病遂篤,薨於江都。帝爲流涕,諡曰剛侯。子虎嗣。六年,帝追念遼、典在合肥之功,詔曰:"合肥之役,遼、典以步卒八百,破賊十萬,自古用兵,未之有也。使賊至今奪氣，可謂國之爪牙矣。其分遼、典邑各百戶，賜一子爵關內侯。"虎爲偏將軍，薨。子統嗣。

樂進字文謙，陽平衛國人也。容貌短小，以膽烈從太祖，爲帳下吏。遣還本郡募兵，得千餘人，還爲軍假司馬、陷陳都尉。從擊呂布於濮陽，張超於雍丘，橋蕤於苦，皆先登有功，封廣昌亭侯。從征張繡於安衆，圍呂布於下邳，破別將，擊眭固於射犬，攻劉備於沛，皆破之，拜討寇校尉。渡河攻獲嘉，還，從擊袁紹於官渡，力戰，斬紹將淳于瓊。從擊譚、尚於黎陽，斬其大將嚴敬，行游擊將軍。別擊黃巾，破之，定樂安郡。從圍鄴，鄴定，從擊袁譚於南皮，先登，入譚東門。譚敗，別攻雍奴，破之。建安十一年，太祖表漢帝，稱進及于禁、張遼曰："武力既弘，計略周備，質忠性一，守執節義，每臨戰攻，常爲督率，奮彊突固，無堅不陷，自援枹鼓，手不知倦。又遣別征，統御師旅，撫衆則和，奉令無犯，當敵制決，靡有遺失。論功紀用，宜各顯寵。"於是禁爲虎威；進，折衝；遼，盪寇將軍。

進別征高幹，從北道入上黨，回出其後。幹等還守壺關，連戰斬首。幹堅守未下，會太祖自征之，乃拔。太祖征管承，軍淳于，遣進李典擊之[二〇]。承破走，逃入海島，海濱平。荆州未服，遣屯陽翟。後從平荆州，留屯襄陽，擊關羽、蘇非等，皆走之，南郡諸縣山谷蠻夷詣進降。又討劉備臨沮長杜普、旌陽長梁太，皆大破之。後從征孫權，假進節。太祖還，留進與張遼、李典屯合肥，增邑五百，并前凡千二百戶。以進數有功，分五百戶，封一子列侯；進遷右將軍。建安二十三年薨，諡曰威侯。子綝嗣。綝果毅有父風，官至揚州刺史。諸葛誕反，掩襲殺綝，詔悼惜之，追贈衛尉，諡曰愍侯。子肇嗣。

　　于禁字文則，泰山鉅平人也。黃巾起，鮑信招合徒衆，禁附從焉。及太祖領兗州，禁與其黨俱詣爲都伯，屬將軍王朗〔二一〕。朗異之，薦禁才任大將軍〔二二〕。太祖召見與語，拜軍司馬，使將兵詣徐州，攻廣戚，拔之，拜陷陳都尉。從討呂布於濮陽，別破布二營於城南，又別將破高雅於須昌。從攻壽張、定陶、離狐〔二三〕，圍張超於雍丘，皆拔之。從征黃巾劉辟、黃邵等，屯版梁，邵等夜襲太祖營，禁帥麾下擊破之，斬辟邵等，盡降其衆。遷平虜校尉。從圍橋蕤於苦，斬蕤等四將。從至宛，降張繡。繡復叛，太祖與戰不利，軍敗，還舞陰。是時軍亂，各間行求太祖，禁獨勒所將數百人，且戰且引，雖有死傷不相離。虜追稍緩，禁徐整行隊，鳴鼓而還。未至太祖所，道見十餘人被創裸走，禁問其故，曰：「爲青州兵所劫。」初，黃巾降，號青州兵，太祖寬之，故敢因緣爲略。禁怒，令其衆曰：「青州兵同屬曹公，而還爲賊乎！」乃討之，數之以罪。青州兵遽走詣太祖自訴。禁既至,先立營壘,不時謁太祖。或謂禁:"青州兵已訴君矣,宜促詣公辨之〔二四〕。"禁曰:"今賊在後,追至無時,不先爲備,何以待敵?且公聰明,譖訴何緣〔二五〕!"徐鑿塹安營訖,乃入謁,具陳其狀。太祖悅,謂禁曰:"淯水之難,吾其急也,將軍在亂能整,討暴堅壘,有不可動之節,雖古名將,何以加之!"於是錄禁前後功,封益壽亭侯。復從攻張繡於穰,禽呂布於下邳,別與史渙、曹仁攻眭固於射犬,破斬之。

太祖初征袁紹,紹兵盛,禁願爲先登。太祖壯之,乃選步騎二千人,使禁將,守延津以拒紹,太祖引軍還官渡。劉備以徐州叛,太祖東征之。紹攻禁,禁堅守,紹不能拔。復與樂進等將步騎五千,擊紹別營,從延津西南緣河至汲、獲嘉二縣,焚燒保聚三十餘屯,斬首獲生各數千,降紹將何茂、王摩等二十餘人。太祖復使禁別將屯原武,擊紹別營於杜氏津,破之。遷裨將軍,後從還官渡。太祖與紹連營,起土山相對。紹射營中,士卒多死傷,軍中懼。禁督守土山,力戰,氣益奮。紹破,遷偏將軍。冀州平。昌豨復叛,遣禁征之。禁急進攻豨;豨與禁有舊,詣禁降。諸將皆以爲豨已降,當送詣太祖,禁曰:"諸君不知公常令乎!圍而後降者不赦〔二六〕。夫奉法行令,事上之節也。豨雖舊友〔二七〕,禁可失節乎!"自臨與豨訣,隕涕而斬之〔二八〕。是時太祖軍淳于,聞而歎曰:"豨降不詣吾而歸禁,豈非命邪!"益重禁。臣松之以爲:圍而後降,法雖不赦;囚而送之,未爲違命。禁曾不爲舊交希冀萬一，而肆其好殺之心，以戾衆人之議，所以卒爲降虜，死加惡謚，宜哉。東海平，拜禁虎威將軍。後與臧霸等攻梅成，張遼、張郃等討陳蘭。禁到，成舉衆三千餘人降。既降復叛，其衆奔蘭。遼等與蘭相持，軍食少，禁運糧前後相屬，遼遂斬蘭、成。增邑二百戶，并前千二百戶。是時，禁與張遼、樂進、張郃、徐晃俱爲名將，太祖每征伐，咸遞行爲軍鋒，還爲後拒；而禁持軍嚴整，得賊財物，無所私入，由是賞賜特重。然以法御下，不甚得士衆心。太祖常恨朱靈，欲奪其營。以禁有威重，遣禁將數十騎，齎令書，徑詣靈營奪其軍，靈及其部衆莫敢動；乃以靈爲禁部下督，衆皆震服，其見憚如此。遷左將軍，假節鉞，分邑五百戶，封一子列侯。

建安二十四年，太祖在長安，使曹仁討關羽於樊，又遣禁助仁。秋，大霖雨，漢水溢，平地水數丈，禁等七軍皆没。禁與諸將登高望水，無所回避，羽乘大船就攻禁等，禁遂降，惟龐悳不屈節而死。太祖聞之，哀歎者久之，曰：「吾知禁三十年，何意臨危處難，反不及龐悳邪！」會孫權禽羽，獲其衆，禁復在吳。文帝踐阼，權稱藩，遣禁還。帝引見禁，鬚髮皓白，形容憔悴，泣涕頓首。帝慰喻以荀林父、孟明視故事，《魏書》載制曰：「昔荀林父敗績於邲，孟明喪師於殽，秦、晉不替，使復其位。其後晉獲狄土，秦霸西戎，區區小國，猶尚若斯，而況萬乘乎？樊城之敗，水災暴至〔二九〕，非戰之咎〔三〇〕，其復禁等官。」拜爲安遠將軍。欲遣使吳，先令北詣鄴謁高陵。帝使豫於陵屋畫關羽戰克〔三一〕、龐悳憤怒、禁降服之狀。禁見，慙恚發病薨。子圭嗣，封益壽亭侯。謚禁曰厲侯。

張郃字儁乂，河間鄚人也。漢末應募討黃巾，爲軍司馬，屬韓馥。馥敗，以兵歸袁紹。紹以郃爲校尉，使拒公孫瓚。瓚破，郃功多，遷寧國中郎將。太祖與袁紹相拒於官渡，《漢晉春秋》曰：郃說紹曰："公雖連勝，然勿與曹公戰也，密遣輕騎鈔絶其南，則兵自敗矣。"紹不從之。紹遣將淳于瓊等督運屯烏巢，太祖自將急擊之〔三二〕。郃說紹曰："曹公兵精，往必破瓊等；瓊等破，則將軍事去矣，宜急引兵救之。"郭圖曰："郃計非也。不如攻其本營，勢必還，此爲不救而自解也〔三三〕。"郃曰："曹公營固，攻之必不拔，若瓊等見禽，吾屬盡爲虜矣。"紹但遣輕騎救瓊，而以重兵攻太祖營，不能下。太祖果破瓊等，紹軍潰。圖慙，又更譖郃曰："郃快軍敗，出言不遜。"郃懼，乃歸太祖。臣松之案：《武紀》及《袁紹傳》並云袁紹使張郃、高覽攻太祖營，郃等聞淳于瓊破，遂來降，紹衆於是大潰。是則緣郃等降而後紹軍壞也。至如此傳，爲紹軍先潰，懼郭圖之譖，來歸太祖〔三四〕，爲參錯不同矣。

太祖得郃甚喜，謂曰："昔子胥不早寤，自使身危，豈若微子去殷、韓信歸漢邪？"拜郃偏將軍，封都亭侯。授以衆，後攻鄴，拔之。又從擊袁譚於渤海，別將軍圍雍奴〔三五〕，大破之。從討柳城〔三六〕，與張遼俱爲軍鋒，以功遷平狄將軍。別征東萊，討管承，又與張遼討陳蘭、梅成等，破之。從破馬超、韓遂於渭南。圍安定，降楊秋。與夏侯淵討鄜賊梁興及武都氐。又破馬超，平宋建。太祖征張魯，先遣郃督諸軍討興和氐王竇茂。太祖從散關入漢中，又先遣郃督步卒五千於前通路。至陽平，魯降，太祖還，留郃與夏侯淵等守漢中，拒劉備。郃別督諸軍，降巴東、巴西二郡，徙其民於漢中。進軍宕渠，爲備將張飛所拒，引還南鄭。拜盪寇將軍。劉備屯陽平，郃屯廣石。備以精卒萬餘，分爲十部，夜急攻郃。郃率親兵搏戰，備不能克。其後備於走馬谷燒都圍，淵救火，從他道與備相遇，交戰，短兵接刃。淵遂沒，郃還陽平。《魏略》曰：淵雖爲都督，劉備憚郃而易淵。及殺淵，備曰："當得其魁，用此何爲邪[三七]！"當是時，新失元帥，恐爲備所乘，三軍皆失色。淵司馬郭淮乃令衆曰："張將軍，國家名將，劉備所憚；今日事急，非張將軍不能安也。"遂推郃爲軍主，郃出，勒兵安陣，諸將皆受郃節度，衆心乃定。太祖在長安，遣使假郃節。太祖遂自至漢中，劉備保高山不敢戰。太祖乃引出漢中諸軍，郃還屯陳倉。

文帝即王位，以郃爲左將軍，進爵都鄉侯。及踐阼，進封鄚侯。詔郃與曹真討安定盧水胡及東羌，召郃與真並朝許宮，遣南與夏侯尚擊江陵。郃別督諸軍渡江，取洲上屯塢。明帝即位，遣南屯荊州，與司馬宣王擊孫權別將劉阿等，追至祁口，交戰，破之。諸葛亮出祁山。加郃位特進，遣督諸軍，拒亮將馬謖於街亭。謖依阻南山，不下據城。郃絕其汲道，擊，大破之。南安、天水、安定郡反應亮，郃皆破平之。詔曰："賊亮以巴蜀之衆，當虓虎之師。將軍被堅執銳，所向克定，朕甚嘉之。益邑千户，并前四千三百户。"司馬宣王治水軍於荆州，欲順沔入江伐吴，詔郃督關中諸軍往受節度。至荆州會冬水淺，大船不得行，乃還屯方城。諸葛亮復出，急攻陳倉，帝驛馬召郃到京都。帝自幸河南城，置酒送郃，遣南北軍士三萬及分遣武衛、虎賁使衛郃，因問郃曰："遲將軍到，亮得無已得陳倉乎！"郃知亮縣軍無穀，不能久攻，對曰："比臣未到，亮已走矣；屈指計亮糧不至十日。"郃晨夜進至南鄭，亮退。詔郃還京都，拜征西車騎將軍。

郃識變數，善處營陣，料戰勢地形，無不如計，自諸葛亮皆憚之。郃雖武將而愛樂儒士，嘗薦同鄉卑湛經明行修〔三八〕，詔曰："昔祭遵爲將，奏置五經大夫，居軍中，與諸生雅歌投壺。今將軍外勒戎旅〔三九〕，内存國朝。朕嘉將軍之意，今擢湛爲博士。"

諸葛亮復出祁山，詔郃督諸將西至略陽〔四〇〕，亮還保祁山，郃追至木門，與亮軍交戰，飛矢中郃右膝，薨，《魏略》曰：亮軍退，司馬宣王使郃追之，郃曰："軍法〔四一〕，圍城必開出路〔四二〕，歸軍勿追。"宣王不聽。郃不得已，遂進。蜀軍乘高布伏，弓弩亂發，矢中郃髀〔四三〕。謚曰壯侯。子雄嗣。郃前後征伐有功，明帝分郃户，封郃四子列侯。賜小子爵關内侯。

徐晃字公明，河東楊人也。爲郡吏，從車騎將軍楊奉討賊有功，拜騎都尉。李傕、郭汜之亂長安也，晃說奉，令與天子還洛陽，奉從其計。天子渡河至安邑，封晃都亭侯。及至洛陽，韓暹、董承日争鬭，晃說奉令歸太祖；奉欲從之，後悔。太祖討奉於梁，晃遂歸太祖。

太祖授晃兵，使擊卷卷音墟權反、原武賊，破之，拜裨將軍。從征吕布，别降布將趙庶、李鄒等。與史渙斬眭固於河内。從破劉備，又從破顏良，拔白馬，進至延津，破文醜，拜偏將軍。與曹洪擊澷彊賊祝臂，破之，又與史渙擊袁紹運車於故市，功最多，封都亭侯。太祖既圍鄴，破邯鄲，易陽令韓範僞以城降而拒守，太祖遣晃攻之。晃至，飛矢城中，爲陳成敗。範悔，晃輒降之。既而言於太祖曰：“二袁未破，諸城未下者傾耳而聽，今日滅易陽，明日皆以死守，恐河北無定時也。願公降易陽以示諸城，則莫不望風〔四四〕。”太祖善之。别討毛城，設伏兵掩擊，破三屯。從破袁譚於南皮，討平原叛賊，克之。從征蹋頓，拜横野將軍。從征荆州，别屯樊，討中廬、臨沮、宜城賊。又與滿寵討關羽於漢津，與曹仁擊周瑜於江陵。十五年，討太原反者，圍太陵，拔之，斬賊帥商曜。韓遂、馬超等反關右，遣晃屯汾陰以撫河東，賜牛酒，令上先人墓。太祖至潼關，恐不得渡，召問晃。晃曰：“公盛兵於此，而賊不復别守蒲阪，知其無謀也。今假臣精兵，臣松之云：案晃於時未應稱臣，傳寫者誤也。渡蒲坂津，爲軍先置，以截其裏〔四五〕，賊可禽也。”

太祖曰："善。"使晃以步騎四千人渡津。作塹柵未成，賊梁興夜將步騎五千餘人攻晃，晃擊走之，太祖軍得渡。遂破超等，使晃與夏侯淵平鄃麋、汧諸氐，與太祖會安定。太祖還鄴，使晃與夏侯淵平鄜、夏陽餘賊，斬梁興，降三千餘戶。從征張魯。別遣晃討攻櫝、仇夷諸山氐，皆降之。遷平寇將軍。解將軍張順圍。擊賊陳福等三十餘屯，皆破之。

太祖還鄴，留晃與夏侯淵拒劉備於陽平。備遣陳式等十餘營絕馬鳴閣道，晃別征破之，賊自投山谷，多死者。太祖聞，甚喜，假晃節，令曰："此閣道，漢中之險要咽喉也〔四六〕。劉備欲斷絕外內，以取漢中。將軍一舉，克奪賊計，善之善者也。"太祖遂自至陽平，引出漢中諸軍。復遣晃助曹仁討關羽，屯宛。會漢水暴隘，于禁等沒。羽圍仁於樊，又圍將軍呂常於襄陽。晃所將多新卒，以羽難與爭鋒，遂前至陽陵陂屯。太祖復還〔四七〕，遣將軍徐商、呂建等詣晃，令曰："須兵馬集至，乃俱前。"賊屯偃城。晃到，詭道作都塹，示欲截其後，賊燒屯走。晃得偃城，兩面連營，稍前，去賊圍三丈所。未攻，太祖前後遣殷署、朱蓋等凡十二營詣晃。賊圍頭有屯，又別屯四冢。晃揚聲當攻圍頭屯，而密攻四冢。羽見四冢欲壞，自將步騎五千出戰，晃擊之，退走〔四八〕，遂追陷與俱入圍，破之，或自投沔水死。太祖令曰："賊圍塹鹿角十重，將軍致戰全勝，遂陷賊圍，多斬首虜。吾用兵三十餘年，及所聞古之善用兵者，未有長驅徑入敵圍者也。

且樊、襄陽之在圍，過於莒、卽墨，將軍之功，踰孫武、穰苴。"晃振旅還摩陂，太祖迎晃七里，置酒大會。太祖舉巵酒勸晃，且勞之曰："全樊、襄陽，將軍之功也。"時諸軍皆集，太祖案行諸營，士卒咸離陣觀，而晃軍營整齊，將士駐陣不動。太祖歎曰："徐將軍可謂有周亞夫之風矣〔四九〕。"

文帝卽王位，以晃爲右將軍，進封逯鄉侯。及踐阼，進封楊侯。與夏侯尚討劉備於上庸，破之。以晃鎭陽平，徙封陽平侯。明帝卽位，拒吳將諸葛瑾於襄陽。增邑二百，并前三千一百戶。病篤，遺令斂以時服。

性儉約畏愼，將軍常遠斥候，先爲不可勝，然後戰，追奔爭利，士不暇食。常歎曰："古人患不遭明君，今幸遇之，當以功自効，何用私譽爲！"終不廣交援。太和元年薨，諡曰壯侯。字蓋嗣。蓋薨，子霸嗣。明帝分晃戶，封晃子孫二人列侯。

初，清河朱靈爲袁紹將。太祖之征陶謙，紹使靈督三營助太祖，戰有功。紹所遣諸將各罷歸，靈曰："靈觀人多矣，無若曹公者，此乃眞明主也。今已遇，復何之？"遂留不去。所將士卒慕之，皆隨靈留。靈後遂爲好將，名亞晃等〔五〇〕，至後將軍，封高唐亭侯〔五一〕。《九州春秋》曰：初，清河季雍以鄃叛袁紹而降公孫瓚，瓚遣兵衞之。紹遣靈攻之。靈家在城中，瓚將靈母弟置城上〔五二〕，誘呼靈。靈望城涕泣曰〔五三〕："丈夫一出身與人，豈復顧家邪！"遂力戰拔之，生禽雍而靈家皆死。《魏書》曰：靈字文博。太祖旣平冀州，遣靈將新兵五千人騎千匹守許南。太祖戒之曰："冀州新兵，數乘寬緩[五四]，暫見齊整，意尚怏怏。卿名先有威嚴，善以道寬之，不然即有變。"靈至陽翟，中郎將程昂等果反，即斬昂，以狀聞。太祖手書曰："兵中所以爲危險者，外對敵國，内有姦謀不測之變。昔鄧禹中分光武軍西行，而有宗歆、馮愔之難，後將二十四騎還洛陽[五五]，禹豈以是減損哉？來書懇惻，多引咎過，未必如所云也。"文帝即位，封靈鄃侯，增其戶邑。詔曰："將軍佐命先帝，典兵歷年，威過方、邵，功踰絳、灌。圖籍所美，何以加焉？朕受天命，帝有海内[五六]，元功之將，社稷之臣，皆朕所與同福共慶，傳之無窮者也。今封鄃侯。富貴不歸故鄉，如夜行衣繡。若平常所志，願勿難言。"靈謝曰："高唐，宿所願。"於是更封高唐侯，薨，謚曰威侯，子術嗣。

評曰：太祖建兹武功，而時之良將，五子爲先。于禁最號毅重，然弗克其終。張郃以巧變爲稱，樂進以驍果顯名，而鑒其行事，未副所聞。或注記有遺漏，未如張遼、徐晃之備詳也。

【校箋】

〔一〕毛本作"魏書十七"。

〔二〕毛本作"張樂于張徐傳第十七"。

〔三〕《通志》作"而還值進敗"。

〔四〕《通志》"使"下有"人"字。

〔五〕郝書"許"字作"焉"，疑是。上文已言"夫許天下之會也"，此不必重出"許"字，於文爲順。

〔六〕郝書作"則公之事去矣"。蕭書"勢"字亦作"事"。

〔七〕蕭書"動亂"二字乙。

〔八〕盧弼曰:"宋本'朱'作'牛'。"

謹案:《官本考證》曰:"朱,宋本作牛。"紹興本同。

〔九〕《御覽》卷三百零九引無"七"字,《文選》陳孔璋《檄吳將校部曲文》注、《通典·兵一》同。

〔一〇〕《通典》無"遠"字。

〔一一〕《通典》無"指"字。

〔一二〕蕭書"盛"字作"威"。

〔一三〕《御覽》卷三百零九、卷四百三十四、《册府》卷三百九十四引"從"字俱作"死",《通典》同。

〔一四〕《御覽》卷三百零九引"旦"字作"朝",《通典》同。

〔一五〕《御覽》、《册府》卷三百四十二引"守"字作"攻",《通典》同。作"攻"字是,守合肥者乃張遼、李典、樂進,作"攻"字與下文"城不可拔"義正相承。

〔一六〕《御覽》引"擊"下有"之"字,《通典》同。

〔一七〕紹興本"羣帥"作"羣師",非。

〔一八〕《通典》"墮"字作"惰",郝書同。

〔一九〕紹興本"矣"下無"夫"字。

〔二〇〕盧弼曰:"何焯曰:'宋本進下有及字,一作有與字。'"

謹案:紹興本作"遣進與李典擊之"。

〔二一〕盧弼曰:"周壽昌曰:'按:《王朗傳》朗未爲將軍,此蓋朗以諫議大夫參司空軍事之時,史隨筆以將軍二字屬之,非事實也。'弼按:《王朗傳》注引《漢晉春秋》'建安三年,表徵朗'。《武紀》初平三年,太祖領兖州牧。是魏武領兖州之時,尚未表徵王朗也。此時爲將軍者或別一王朗,周氏未細審也。"

謹案：盧君説是。考《御覽》卷二百四十引"朗"字作"服"，疑是。"朗""服"蓋以形近而誤。

〔二二〕盧弼曰："'軍'字疑衍。大將軍位次最高，豈此時之王朗所能薦乎？"

謹案：《御覽》引無"軍"字，《通志》同。

〔二三〕毛本"狐離"作"離狐"，《册府》卷三百四十二引同。考《晉書・地理志》正作"離狐"。

〔二四〕《册府》卷四百一十引"辨"字作"辯"。

〔二五〕《通志》"緣"下有"而入"二字。

〔二六〕《御覽》卷六百四十六引"圍"上有"先"字。

〔二七〕《御覽》引"友"字作"交"。

〔二八〕《御覽》引句下有"郡中震慄，無求不獲"八字。

〔二九〕《册府》卷一百四十九引"至"字作"長"。

〔三〇〕《御覽》卷三百二十三引"咎"下有"也"字。

〔三一〕《御覽》卷三百七十三引"畫"字作"圖"，卷四百九十一引作"圖畫關羽"云云，疑此句"畫"上脱"圖"字。

〔三二〕《册府》卷四百二十八引無"急"字。

〔三三〕《册府》引"爲"字作"謂"。

〔三四〕毛本作"然後歸太祖"，無"來"字。

〔三五〕《御覽》卷一百六十一引"將"下無"軍"字，郝書同。考《張遼傳》"別將徇海濱"，《于禁傳》"又別將破高雅於昌須"，疑無"軍"字者是。

〔三六〕盧弼曰："宋本'後'作'從'。"

謹案：《册府》卷三百四十二"後"亦作"從"，郝書同。《張遼傳》亦云"從征袁尚於柳城"，則作"從"字爲是。

〔三七〕盧弼曰："淵爲元帥，非魁邪？"

謹案：魁義非謂官位，蓋指才能言也。上文云"劉備憚郃而易淵"。張郃才出於淵，故備謂之爲魁。備於此役，本擬殺郃而反殺淵，乃有此歎息不滿之語。盧君以淵爲元帥，當謂之爲魁，以是詰備，或未明瞭備意也。

〔三八〕盧弼曰："何焯校'卑'作'畢'。"

謹案：《白帖》卷五十二引"鄉"子作"郡"。古未有稱"同鄉"者，疑作"郡"字是。《御覽》卷六百三十一引"卑"字作"畢"，郝書、《通志》及張采《三國文》亦俱作"畢"。

〔三九〕《御覽》、《册府》卷四百一十三引"勒"字作"勤"，作"勤"字是。

〔四〇〕《御覽》卷三百一十引"將"字作"軍"。

〔四一〕郝書"軍法"作"兵法"。

〔四二〕《御覽》卷三百七十一引作"圍城必闕"，無"開出路"三字，疑此"開"字爲"闕"字之誤，"出路"二字應衍。

〔四三〕《御覽》引"髀"下有"股"字。

〔四四〕《册府》卷四百零二引"風"下有"歸矣"二字，詞意乃備。

〔四五〕《册府》卷三百六十二引"裏"字作"衆"。

〔四六〕盧弼曰："宋本、元本、吳本、毛本作'喉咽'。"

謹案：《御覽》卷一百六十七引《蜀志》："先主使陳戒（式）絕馬鳴閣。魏武聞之喜曰：'此閣過漢中之平陰，乃咽喉之要路（今《蜀志》無此文，疑字有誤）。'"

〔四七〕盧弼曰："'還'字疑衍。"

謹案：本志《武帝紀》："建安二十四年冬十月，軍還洛陽。"疑此"復還"二字乙，"還"字下有脫文。

〔四八〕《通志》引"退"上有"羽"字。

〔四九〕盧弼曰："《御覽》卷七百五十七引《魏略》云：'徐晃性嚴，驅使將士不得閒。於是軍中爲之語曰：不得餉，屬徐晃。晃聞此語，笑曰：我捶破汝鎢銷邪！'"

謹案：梁章鉅《三國志旁證》引此，以證"士不暇食"，意較密切。而盧君移於此句下，與傳文不聯屬矣，當從梁氏爲是。

〔五〇〕盧弼曰："'等'字疑衍。"

謹案：晃等謂張、樂、於、張、徐五將也。"等"字疑非衍文。

〔五一〕盧弼曰："'亭'字衍。注引《魏書》以鄃侯更封高唐，乃縣侯也。"

謹案：梁章鉅曰："按本節下注引《魏書》：'文帝即位封靈鄃侯。靈謝曰：高唐宿所願，於是更封高唐侯。'乃縣侯也，是'亭'字疑衍。"徐紹楨曰："按：郝書亦無'亭'字。"

〔五二〕《御覽》卷三百一十引"將"字作"以"。

〔五三〕《御覽》引"涕"字作"上"。

〔五四〕《册府》卷四百一十七引"乘"字作"承"。郝書"數乘"作"久習"。

〔五五〕《後漢書·鄧禹傳》"洛陽"作"宜陽"。

〔五六〕盧弼曰："'帝有'二字疑誤。"

謹案：《爾雅·釋詁》："帝，君也。""帝"字或不誤。

三國志校箋卷十八

魏志卷十八〔一〕

李典　李通　臧霸 孫觀　文聘　呂虔　許褚　典韋　龐悳　龐淯 母娥親　閻温 張恭　恭子就〔二〕

　　李典字曼成，山陽鉅野人也。典從父乾，有雄氣，合賓客數千家在乘氏。初平中，以衆隨太祖，破黄巾於壽張，又從擊袁術，征徐州。吕布之亂，太祖遣乾還乘氏，慰勞諸縣。布別駕薛蘭、治中李封招乾，欲俱叛，乾不聽，遂殺乾。太祖使乾子整將乾兵，與諸將擊蘭、封。蘭、封破，從平兗州諸縣有功，稍遷青州刺史。整卒，典徙潁陰令，爲中郎將，將整軍，《魏書》曰：典少好學，不樂兵事，乃就師讀《春秋左氏傳》，博觀羣書。太祖善之，故試以治民之政。遷離狐太守。

　　時太祖與袁紹相拒官渡，典率宗族及部曲輸穀帛供軍。紹破，以典爲裨將軍，屯安民。太祖擊譚、尚於黎陽，使典與程昱等以船運軍糧。會尚遣魏郡太守高蕃將兵屯河上，絕水道，太祖勅典、昱："若船不得過，下從陸道。"典與諸將議曰："蕃軍少甲而恃水，有懈怠之心，擊之必克。軍不內御；苟利國家，專之可也，宜亟擊之。"昱亦以為然。遂北渡河，攻蕃，破之，水道得通。劉表使劉備北侵，至葉[三]，太祖遣典從夏侯惇拒之。備一旦燒屯去，惇率諸軍追擊之，典曰："賊無故退，疑必有伏。南道窄狹，草木深，不可追也。"惇不聽，與于禁追之，典留守。惇等果入賊伏裏，戰不利，典往救，備望見救至，乃散退[四]。從圍鄴，鄴定，與樂進圍高幹於壺關，擊管承於長廣，皆破之。遷捕虜將軍，封都亭侯。典宗族部曲三千餘家，居乘氏，自請願徙詣魏郡。太祖笑曰："卿欲慕耿純邪？"典謝曰："典駑怯功微，而爵寵過厚，誠宜舉宗陳力；加以征伐未息，宜實郊遂之內，以制四方，非慕純也。"遂徙部曲宗族萬三千餘口居鄴。太祖嘉之，遷破虜將軍。與張遼、樂進屯合肥，孫權率眾圍之，遼欲奉教出戰。進典、遼皆素不睦，遼恐其不從，典慨然曰："此國家大事，顧君計何如耳，吾可以私憾而忘公義乎[五]！"乃率眾與遼破走權。增邑百戶，并前三百戶。

典好學問，貴儒雅，不與諸將爭功。敬賢士大夫，恂恂若不及，軍中稱其長者。年三十六薨，子禎嗣。文帝踐阼，追念合肥之功，增禎邑百戶，賜典一子爵關內侯，邑百戶；諡典曰愍侯。

李通字文達，江夏平春人也。《魏略》曰：通小字萬億。以俠聞於江、汝之間〔六〕。與其郡人陳恭共起兵於朗陵，衆多歸之。時有周直者，衆二千餘家，與恭、通外和内違。通欲圖殺直而恭難之。通知恭無斷，乃獨定策，與直克會〔七〕，酒酣殺直。衆人大擾〔八〕，通率恭誅其黨帥，盡并其營。後恭妻弟陳郃，殺恭而據其衆。通攻破郃軍。斬郃首以祭恭墓。又生禽黄巾大帥吳霸而降其屬。遭歲大饑，通傾家振施，與士分糟糠，皆争爲用，由是盜賊不敢犯。

　　建安初，通舉衆詣太祖於許。拜通振威中郎將，屯汝南西界。太祖討張繡，劉表遣兵以助繡〔九〕，太祖軍不利。通將兵夜詣太祖，太祖得以復戰，通爲先登，大破繡軍。拜裨將軍，封建功侯。分汝南二縣，以通爲陽安都尉〔一〇〕。通妻伯父犯法，朗陵長趙儼收治〔一一〕，致之大辟。是時殺生之柄，決於牧守，通妻子號泣以請其命。通曰：「方與曹公戮力，義不以私廢公。」嘉儼執憲不阿，與爲親交。太祖與袁紹相拒於官渡。紹遣使拜通征南將軍，劉表亦陰招之，通皆拒焉。通親戚部曲流涕曰：「今孤危獨守，以失大援，亡可立而待也，不如亟從紹。」通按劒以叱之曰：「曹公明哲，必定天下。紹雖彊盛，而任使無方，終爲之虜耳。吾以死不貳。」即斬紹使，送印綬詣太祖。又擊羣賊瞿恭、江宮、沈成等，皆破殄其衆〔一二〕，送其首。遂定淮、汝之地。改封都亭侯，拜汝南太守。時賊張赤等五千餘家聚桃山,通攻破之。劉備與周瑜圍曹仁於江陵,別遣關羽絕北道。通率衆擊之,下馬拔鹿角入圍,且戰且前,以迎仁軍,勇冠諸將。通道得病薨,時年四十二。追增邑二百戶,并前四百戶。文帝踐阼,諡曰剛侯。詔曰:"昔袁紹之難,自許、蔡以南,人懷異心。通秉義不顧,使攜貳率服,朕甚嘉之。不幸早薨,子基雖已襲爵,未足酬其庸勳〔一三〕。基兄緒,前屯樊城,又有功。世篤其勞,以基爲奉義中郎將〔一四〕,緒平虜中郎將,以寵異焉。"王隱《晉書》曰:緒子秉〔一五〕,字玄胄,有儁才,爲時人所貴〔一六〕,官至秦州刺史。秉嘗答司馬文王問,因以爲《家誡》曰:"昔侍坐於先帝〔一七〕,時有三長吏俱見〔一八〕。臨辭出,上曰:'爲官長當清、當愼、當勤,修此三者,何患不治乎?'並受詔。既出,上顧謂吾等曰:'相誡勅正當爾不?'侍坐衆賢,莫不贊善。上又問〔一九〕:'必不得已〔二〇〕,於斯三者何先?'或對曰:'清固爲本。'次復問吾,對曰:'清愼之道,相須而成,必不得已,愼乃爲大〔二一〕。夫清者不必愼,愼者必自清,亦由仁者必有勇,勇者不必有仁,是以《易》稱括囊無咎,藉用白茅,皆愼之至也。'上曰:'卿言得之耳〔二二〕。可舉近世能愼者誰乎?'諸人各未知所對,吾乃舉故太尉荀景倩、尚書董仲連〔二三〕、僕射王公仲並可謂爲愼。上曰:'此諸人者,溫恭朝夕,執事有恪,亦各其愼也。然天下之至愼,其惟阮嗣宗乎!每與之言,言及玄遠,而未曾評論時事〔二四〕,臧否人物,真可謂至愼矣。'吾每思此言,亦足以爲明誡。凡人行事,年少立身,不可不愼,勿輕論人,勿輕說事,如此則悔吝何由而生,患禍無從而至矣。"秉子重,字茂曾。少知名,歷位吏部郎、平陽太守。《晉諸公贊》

曰：重以清尚稱。相國趙王倫以重望取爲右司馬〔二五〕。重以倫將爲亂，辭疾不就。倫逼之不已，重遂不復自活，至於困篤，扶曳受拜，數日卒，贈散騎常侍。重二弟，尚字茂仲，矩字茂約，永嘉中並典郡；矩至江州刺史。重子式，字景則，官至侍中。

臧霸字宣高，泰山華人也。父戒〔二六〕，爲縣獄掾，據法不聽太守欲所私殺。太守大怒，令收戒詣府，時送者百餘人。霸年十八，將客數十人〔二七〕，徑於費西山中要奪之，送者莫敢動，因與父俱亡命東海，由是以勇壯聞。黃巾起，霸從陶謙擊破之，拜騎都尉。遂收兵於徐州，與孫觀、吳敦、尹禮等並聚衆，霸爲帥，屯於開陽。太祖之討呂布也，霸等將兵助布。既禽布，霸自匿。太祖募索得霸〔二八〕，見而悅之，使霸招吳敦、尹禮、孫觀、觀兄康等，皆詣太祖。太祖以霸爲琅邪相，敦利城、禮東莞、觀北海、康城陽太守，割青、徐二州〔二九〕，委之於霸。太祖之在兗州，以徐翕、毛暉爲將。兗州亂，翕、暉皆叛。後兗州定，翕、暉亡命投霸。太祖語劉備，令語霸送二人首。霸謂備曰："霸所以能自立者，以不爲此也〔三〇〕。霸受公生全之恩〔三一〕，不敢違命。然王霸之君可以義告，願將軍爲之辭。"備以霸言白太祖，太祖歎息，謂霸曰："此古人之事而君能行之，孤之願也。"乃皆以翕、暉爲郡守。時太祖方與袁紹相拒，而霸數以精兵入青州，故太祖得專事紹，不以東方爲念。太祖破袁譚於南皮，霸等會賀。霸因求遣子弟及諸將父兄家屬詣鄴，太祖曰：「諸君忠孝，豈復在是〔三二〕！昔蕭何遣子弟入侍，而高祖不拒，耿純焚室輿櫬以從，而光武不逆，吾將何以易之哉！」東州擾攘，霸等執義征暴，清定海岱，功莫大焉，皆封列侯。霸爲都亭侯，加威虜將軍。又與于禁討昌豨，與夏侯淵討黃巾餘賊徐和等，有功，遷徐州刺史。沛國公武周爲下邳令，霸敬異周，身詣令舍。部從事諰詗不法，周得其罪，便收考竟，霸益以善周。從討孫權，先登，再入巢湖，攻居巢，破之。張遼之討陳蘭，霸別遣至皖〔三三〕，討吳將韓當，使權不得救蘭。當遣兵逆霸，霸與戰於逢龍〔三四〕，當復遣兵邀霸於夾石，與戰破之，還屯舒。權遣數萬人乘船屯舒口，分兵救蘭，聞霸軍在舒，遁還。霸夜追之，比明，行百餘里，邀賊前後擊之。賊窘急，不得上船，赴水者甚眾。由是賊不得救蘭，遼遂破之。霸從討孫權於濡須口，與張遼爲前鋒，行遇霖雨，大軍先及，水遂長，賊船稍進〔三五〕，將士皆不安。遼欲去，霸止之曰：「公明於利鈍，寧肯捐吾等邪？」明日果有令。遼至，以語太祖。太祖善之，拜揚威將軍〔三六〕，假節。後權乞降，太祖還，留霸與夏侯惇等屯居巢。

文帝即王位，遷鎮東將軍，進爵武安鄉侯，都督青州諸軍事。及踐阼，進封開陽侯，徙封良成侯。與曹休討吳賊，破呂範於洞浦，徵爲執金吾，位特進。每有軍事，帝常咨訪焉。《魏略》曰：霸一名奴寇。孫觀名嬰子。吳敦名黯奴。尹禮名盧兒。建安二十四年，霸遣別軍在洛。會太祖崩，霸所部及青州兵，以爲天下將亂，皆鳴鼓擅去。文帝即位，以曹休都督青、徐，霸謂休曰："國家未肯聽霸耳！若假霸步騎萬人，必能橫行江表。"休言之於帝，帝疑霸軍前擅去，今意壯乃爾！遂東巡，因霸來朝而奪其兵。明帝即位，增邑五百，并前三千五百戶。薨，諡曰威侯。子艾嗣。《魏書》曰：艾少以才理稱，為黃門郎，歷位郡守。艾官至青州刺史、少府。艾薨，諡曰恭侯。子權嗣。霸前後有功，封子三人列侯，賜一人爵關內侯。霸一子舜〔三七〕，字太伯，晉散騎常侍，見《武帝百官名》。此《百官名》，不知誰所撰也，皆有題目，稱舜"才穎條暢，識贊時宜"也。

而孫觀亦至青州刺史，假節，從太祖討孫權，戰被創，薨。子毓嗣，亦至青州刺史。《魏書》曰：孫觀字仲臺，泰山人。與臧霸俱起，討黃巾，拜騎都尉。太祖破呂布，使霸招觀兄弟，皆厚遇之。與霸俱戰伐，觀常為先登，征定青、徐羣賊，功次於霸，封呂都亭侯。康亦以功封列侯。與太祖會南皮，遣子弟入居鄴，拜觀偏將軍，遷青州刺史。從征孫權於濡須口，假節。攻權，為流矢所中，傷左足〔三八〕，力戰不顧，太祖勞之曰："將軍被創深重，而猛氣益奮，不當為國愛身乎？"轉振威將軍，創甚〔三九〕，遂卒。

文聘字仲業，南陽宛人也，為劉表大將，使禦北方。表死，其子琮立。太祖征荊州，琮舉州降，呼聘欲與俱，聘曰："聘不能全州，當待罪而已。"太祖濟漢，聘乃詣太祖，太祖問曰："來何遲邪？"聘曰："先日不能輔弼劉荊州以奉國家，荊州雖沒，常願據守漢川，保全土境，生不負於孤弱,死無愧於地下,而計不得已,以至於此。實懷悲慙,無顏早見耳。"遂歔欷流涕。太祖爲之愴然,曰:"仲業,卿眞忠臣也。"厚禮待之。授聘兵,使與曹純追討劉備於長阪。太祖先定荊州,江夏與吳接,民心不安,乃以聘爲江夏太守,使典北兵,委以邊事,賜爵關內侯。孫盛曰:資父事君,忠孝道一。臧霸少有孝烈之稱,文聘著垂涕之誠,是以魏武一面,委之以二方之任,豈直壯武見知於倉卒之間哉!與樂進討關羽於尋口,有功,進封延壽亭侯,加討逆將軍。又攻羽輜重於漢津,燒其船於荊城。文帝踐阼,進爵長安鄕侯,假節。與夏侯尚圍江陵,使聘別屯沔口,止石梵,自當一隊,禦賊有功,遷後將軍,封新野侯。孫權以五萬衆自圍聘於石陽,甚急,聘堅守不動,權住二十餘日乃解去。聘追擊破之。《魏略》曰:孫權嘗自將數萬衆卒至。時大雨,城柵崩壞,人民散在田野,未及補治。聘聞權到,不知所施,乃思惟莫若潛默可以疑之。乃勑城中人使不得見,又自臥舍中不起。權果疑之,語其部黨曰:"北方以此人忠臣也,故委之以此郡,今我至而不動,此不有密圖,必當有外救。"遂不敢攻而去。《魏略》此語,與本傳反〔四〇〕。增邑五百戶,并前千九百戶。

聘在江夏數十年,有威恩,名震敵國,賊不敢侵。分聘戶邑封聘子岱爲列侯,又賜聘從子厚爵關內侯。聘薨,諡曰壯侯。岱又先亡,聘養子休嗣。卒,子武嗣。

嘉平中,譙郡桓禺爲江夏太守,清儉有威惠,名亞於聘。

吕虔字子恪，任城人也。太祖在兖州，聞虔有膽策，以爲從事，將家兵守湖陸。襄陵校尉杜松部民炅母等作亂，與昌豨通。太祖以虔代松。虔到，招誘炅母渠率及同惡數十人，賜酒食。簡壯士伏其側，虔察炅母等皆醉，使伏兵盡格殺之。撫其餘衆，羣賊乃平。太祖以虔領泰山太守。郡接山海，世亂，聞民人多藏竄。袁紹所置中郎將郭祖、公孫犢等數十輩，保山爲寇，百姓苦之。虔將家兵到郡，開恩信〔四一〕，祖等黨屬皆降服，諸山中亡匿者盡出安土業。簡其彊者補戰士，泰山由是遂有精兵，冠名州郡。濟南黃巾徐和等，所在劫長吏，攻城邑。虔引兵與夏侯淵會擊之，前後數十戰，斬首獲生數千人。太祖使督青州諸郡兵以討東萊羣賊李條等，有功。太祖令曰："夫有其志，必成其事，蓋烈士之所徇也。卿在郡以來，禽姦討暴，百姓獲安，躬蹈矢石，所征輒克。昔寇恂立名於汝、潁，耿弇建策於青、兖，古今一也。"舉茂才，加騎都尉，典郡如故。虔在泰山十數年，甚有威惠。文帝即王位，加裨將軍，封益壽亭侯，遷徐州刺史，加威虜將軍。請琅邪王祥爲別駕，民事一以委之，世多其能任賢。孫盛《雜語》曰：祥字休徵。性至孝，後母苛虐，每欲危害祥，祥色養無怠。盛寒之月，後母曰："吾思食生魚。"祥脫衣，將剖冰求之，有少〔四二〕，堅冰解，下有魚躍出，因奉以供，時人以爲孝感之所致也。供養三十餘年，母終乃仕，以淳誠貞粹見重於時。王隱《晉書》曰：祥始出仕，年過五十矣，稍遷至司隸校尉。高貴鄉公入學，以祥爲三老，遷司空太尉。司馬文王初爲晉王，司空荀顗要祥盡敬，祥不從。語在《三少帝紀》。晉武踐阼，拜祥爲太保，封睢陵公。泰始四年，年八十九薨。祥弟覽，字玄通，光祿大夫。《晉諸公贊》稱覽率素有至行。覽子孫繁衍，頗有賢才相繼，奕世之盛，古今少比焉。討利城叛賊，斬獲有功。明帝即位，徙封萬年亭侯，增邑二百，并前六百户。虔薨，子翻嗣。翻薨，子桂嗣。

許褚字仲康，譙國譙人也。長八尺餘，腰大十圍〔四三〕，容貌雄毅〔四四〕，勇力絕人。漢末，聚少年及宗族數千家，共堅壁以禦寇。時汝南葛陂賊萬餘人攻褚壁，褚衆少不敵，力戰疲極。兵矢盡，乃令壁中男女，聚治石如杅斗者置四隅。褚飛石擲之，所值皆摧碎。賊不敢進。糧乏，僞與賊和，以牛與賊易食，賊來取牛，牛輒奔還。褚乃出陳前，一手逆曳牛尾，行百餘步。賊衆驚，遂不敢取牛而走。由是淮、汝、陳、梁間，聞皆畏憚之。

太祖徇淮、汝，褚以衆歸太祖。太祖見而壯之曰："此吾樊噲也。"〔四五〕即日拜都尉，引入宿衛。諸從褚俠客，皆以爲虎士。從征張繡，先登，斬首萬計，遷校尉。從討袁紹於官渡。時常從士徐他等謀爲逆，以褚常侍左右，憚之不敢發。伺褚休下日，他等懷刀入。褚至下舍心動，即還侍。他等不知，入帳見褚，大驚愕。他色變〔四六〕，褚覺之，即擊殺他等。太祖益親信之，出入同行，不離左右。從圍鄴，力戰有功，賜爵關內侯。從討韓遂、馬超於潼關。太祖將北渡，臨濟河，先渡兵，獨與褚及虎士百餘人留南岸斷後。超將步騎萬餘人，來奔太祖軍，矢下如雨。褚白太祖，賊來多，今兵渡已盡，宜去，乃扶太祖上船。賊戰急，軍争濟船，船重欲没〔四七〕。褚斬攀船者，左手舉馬鞍蔽太祖。船工爲流矢所中死，褚右手並泝船，僅乃得渡。是日〔四八〕，微褚幾危。其後太祖與遂、超等單馬會語，左右皆不得從，唯將褚。超負其力，陰欲前突太祖〔四九〕，素聞褚勇，疑從騎是褚〔五〇〕。乃問太祖曰："公有虎侯者安在？"太祖顧指褚，褚瞋目盼之〔五一〕。超不敢動，乃各罷。後數日會戰，大破超等，褚身斬首級，遷武衞中郎將。武衞之號，自此始也。軍中以褚力如虎而癡〔五二〕，故號曰虎癡；是以超問虎侯，至今天下稱焉，皆謂其姓名也。

褚性謹慎奉法，質重少言。曹仁自荆州來朝謁，太祖未出，入與褚相見於殿外。仁呼褚入便坐語，褚曰："王將出。"便還入殿，仁意恨之。或以責褚曰："征南宗室重臣，降意呼君，君何故辭？"褚曰："彼雖親重，外藩也。褚備内臣，衆談足矣，入室何私乎？"太祖聞，愈愛待之，遷中堅將軍。太祖崩，褚號泣歐血。文帝踐阼，進封萬歲亭侯，遷武衞將軍，都督中軍宿衞禁兵，甚親近焉。初，褚所將爲虎士者從征伐，太祖以爲皆壯士也，同日拜爲將，其後以功爲將軍封侯者數十人，都尉、校尉百餘人，皆劍客也。明帝即位，進牟鄉侯，邑七百户，賜子爵一人關内侯。褚薨，謚曰壯侯。子儀嗣。褚兄定，亦以軍功封爲振威將軍〔五三〕，都督徼道虎賁。太和中，帝思褚忠孝,下詔襃贊,復賜褚子孫二人爵關內侯。儀爲鍾會所殺。泰始初,子綜嗣。

典韋,陳留己吾人也。形貌魁梧,旅力過人,有志節任俠〔五四〕。襄邑劉氏與睢陽李永爲讐〔五五〕,韋爲報之。永故富春長,備衛甚謹〔五六〕。韋乘車載雞酒,僞爲候者,門開,懷匕首入殺永,并殺其妻,徐出,取車上刀戟,步出〔五七〕。永居近市,一市盡駭。追者數百,莫敢近。行四五里,遇其伴,轉戰得脫。由是爲豪傑所識。初平中,張邈舉義兵,韋爲士,屬司馬趙寵。牙門旗長大〔五八〕,人莫能勝〔五九〕,韋一手建之,寵異其才力。後屬夏侯惇,數斬首有功,拜司馬。太祖討呂布於濮陽。布有別屯在濮陽西四五十里,太祖夜襲,比明破之。未及還,會布救兵至,三面掉戰。時布身自搏戰。自旦至日昳數十合,相持急。太祖募陷陣〔六〇〕,韋先占,將應募者數千人〔六一〕,皆重衣兩鎧〔六二〕,棄楯,但持長矛撩戟〔六三〕。時西面又急,韋進當之,賊弓弩亂發,矢至如雨,韋不視,謂等人曰〔六四〕:"虜來十步,乃白之。"等人曰:"十步矣。"又曰:"五步乃白。"等人懼,疾言"虜至矣"!韋手持十餘戟,大呼起,所抵無不應手倒者。布衆退。會日暮,太祖乃得引去。拜韋都尉,引置左右,將親兵數百人,常繞大帳〔六五〕。韋既壯武,其所將皆選卒,每戰鬭,常先登陷陣。遷爲校尉。性忠至謹重,常晝立侍終日,夜宿帳左右,稀歸私寢。好酒食,飲噉兼人,每賜食於前，大飲長歠，左右相屬，數人益乃供，太祖壯之。韋好持大雙戟與長刀等，軍中爲之語曰："帳下壯士有典君，提一雙戟八十斤〔六六〕。"

太祖征荊州，至宛，張繡迎降。太祖甚悅，延繡及其將帥，置酒高會。太祖行酒，韋持大斧立後，刃徑尺，太祖所至之前，韋輒舉斧目之。竟酒，繡及其將帥莫敢仰視。後十餘日，繡反，襲太祖營，太祖出戰不利，輕騎引去。韋戰於門中，賊不得入。兵遂散從他門並入〔六七〕。時韋校尚有十餘人，皆殊死戰，無不一當十。賊前後至稍多，韋以長戟左右擊之，一叉入輒十餘矛摧〔六八〕。左右死傷者略盡。韋被數十創，短兵接戰，賊前搏之。韋雙挾兩賊擊殺之，餘賊不敢前。韋復前突賊，殺數人，創重發，瞋目大罵而死。賊乃敢前，取其頭，傳觀之，覆軍就視其軀。太祖退住舞陰，聞韋死，爲流涕，募間取其喪，親自臨哭之，遣歸葬襄邑，拜子滿爲郎中。車駕每過，常祠以中牢。太祖思韋，拜滿爲司馬，引自近。文帝即王位，以滿爲都尉，賜爵關內侯。

龐悳字令明，南安狟道人也。狟音桓。少爲郡吏州從事。初平中，從馬騰擊反羌叛氐，數有功，稍遷至校尉。建安中，太祖討袁譚、尚於黎陽，譚遣郭援、高幹等略取河東，太祖使鍾繇率關中諸將討之。悳隨騰子超拒援、幹於平陽，悳爲軍鋒，進攻援、幹，大破之，親斬援首。《魏略》曰：悳手斬一級，不知是援。戰罷之後，衆人皆言援死而不得其首。援，鍾繇之甥。惠晚後於韝中出一頭，繇見之而哭。惠謝繇，繇曰："援雖我甥，乃國賊也。卿何謝之？[六九]"拜中郎將，封都亭侯。後張白騎叛於弘農，惠復隨騰征之，破白騎於兩殽間。每戰，常陷陣却敵，勇冠騰軍。後騰徵爲衛尉，惠留屬超。太祖破超於渭南，惠隨超亡入漢陽，保冀城。後復隨超奔漢中，從張魯。太祖定漢中，惠隨衆降[七〇]。太祖素聞其驍勇[七一]，拜立義將軍，封關門亭侯，邑三百户。

　　侯音、衛開等以宛叛，惠將所領與曹仁共攻拔宛，斬音、開，遂南屯樊，討關羽。樊下諸將以惠兄在漢中，頗疑之。《魏略》曰：其從兄名柔，時在蜀。惠常曰[七二]："我受國恩，義在効死。我欲身自擊羽。今年我不殺羽，羽當殺我。"後親與羽交戰，射羽中額。時惠常乘白馬，羽軍謂之白馬將軍[七三]，皆憚之。仁使惠屯樊北十里，會天霖雨十餘日，漢水暴溢，樊下平地五六丈，惠與諸將避水上隄[七四]。羽乘船攻之，以大船四面射隄上。惠被甲持弓，箭不虛發。將軍董衡、部曲將董超等欲降[七五]，惠皆收斬之。自平旦力戰至日過中，羽攻益急，矢盡，短兵接戰[七六]。惠謂督將成何曰："吾聞良將不怯死以苟免，烈士不毀節以求生，今日，我死日也。"戰益怒，氣愈壯，而水浸盛，吏士皆降。惠與麾下將一人，五伯二人[七七]，彎弓傅矢，乘小船欲還仁營。水盛船覆，失弓矢，獨抱船覆水中，爲羽所得，立而不跪。羽謂曰："卿兄在漢中，我欲以卿爲將，不早降何爲？"惠罵羽曰：

"豎子，何謂降也！魏王帶甲百萬，威振天下。汝劉備庸才耳，豈能敵耶！我寧爲國家鬼，不爲賊將也。"遂爲羽所殺。太祖聞而悲之，爲之流涕，封其二子爲列侯。文帝即王位，乃遣使就悳墓賜謚，策曰："昔先軫喪元，王蠋絕脰，隕身徇節，前代美之。惟侯式昭果毅[七八]，蹈難成名，聲溢當時，義高在昔，寡人愍焉，謚曰壯侯。"又賜子會等四人爵關內侯，邑各百户。會勇烈有父風，官至中衛將軍，封列侯。王隱《蜀記》曰：鍾會平蜀，前後鼓吹，迎悳屍喪還葬鄴，冢中身首如生。臣松之案：悳死於樊城，文帝即位，又遣使至悳墓所，則其屍喪不應在蜀。此王隱之虛說也。

龐淯[七九]，字子異[八〇]，酒泉表氏人也。初以涼州從事守破羌長[八一]，會武威太守張猛反，殺刺史邯鄲商，猛令曰："敢有臨商喪[八二]，死不赦。"淯聞之，棄官，晝夜奔走，號哭喪所訖，詣猛門，衷匕首[八三]，欲因見以殺猛。猛知其義士，勑遣不殺，由是以忠烈聞。《魏略》曰：猛兵欲來縛淯，猛聞之，歎曰："猛以殺刺史爲罪。此人以至忠爲名，如又殺之，何以勸一州履義之士邪！"遂使行服。《典略》曰：張猛，字叔威，本燉煌人也。猛父奐，桓帝時仕歷郡守、中郎將、太常，遂居華陰，終因葬焉。建安初，猛仕郡爲功曹，是時河西四郡以去涼州治遠，隔以河寇，上書求別置州。詔以陳留人邯鄲商爲雍州刺史，別典四郡。時武威太守缺，詔又以猛父昔在河西有威名，乃以猛補之。商、猛俱西。初，猛與商同歲，每相戲侮〔八四〕,及共之官,行道更相責望。暨到,商欲誅猛。猛覺之,遂勒兵攻商。商治舍與猛側近〔八五〕,商聞兵至,恐怖登屋,呼猛字曰:"叔威,汝欲殺我耶?然我死者有知〔八六〕,汝亦族矣。請和解,尚可乎?"猛因呼曰:"來。"商踰屋就猛,猛因責數之,語畢,以商屬督郵。督郵錄商,閉置傳舍。後商欲逃,事覺,遂殺之。是歲建安十四年也。至十五年,將軍韓遂自上討猛,猛發兵遣軍東拒。其吏民畏遂,乃反共攻猛。初奐爲武威太守,時猛方在孕。母夢帶奐印綬,登樓而歌,旦以告奐。奐訊占夢者,曰:"夫人方生男,後當復臨此郡,其必死官乎!"及猛被攻,自知必死,曰:"使死者無知則已矣,若有知,豈使吾頭東過華陰歷先君之墓乎?"乃登樓自燒而死。太守徐揖請爲主簿。後郡人黃昂反,圍城。涓棄妻子,夜踰城出圍,告急於張掖、燉煌。二郡初疑,未肯發兵,涓欲伏劒,二郡感其義,遂爲興兵。軍未至而郡城邑已陷〔八七〕,揖死。涓乃收斂揖喪,送還本郡,行服三年乃還。太祖聞之,辟爲掾屬。文帝踐阼,拜駙馬都尉,遷西海太守,賜爵關內侯。後徵拜中散大夫,薨。子曾嗣。

初,涓外祖父趙安爲同縣李壽所殺,涓舅兄弟三人同時病死,壽家喜。涓母娥自傷父讎不報,乃幃車袖劒〔八八〕,白日刺壽於都亭前,訖,徐詣縣,顏色不變,曰:"父讎已報,請受戮。"禄福長尹嘉解印綬縱娥,娥不肯去,遂彊載還家。會赦得免,州郡歎賞〔八九〕,刊石表閭。皇甫謐《烈女傳》曰〔九〇〕:酒泉烈女龐娥親者〔九一〕,表氏龐子夏之妻,禄福趙君安之女也。君安爲同縣李壽所殺,娥親有男弟三人，皆欲報讐，壽深以爲備。會遭災疫，三人皆死。壽聞大喜，請會宗族，共相慶賀，云："趙氏強壯已盡，唯有女弱，何足復憂！"防備懈弛。娥親子淯出行，聞壽此言，還以啓娥親。娥親既素有報讐之心，及聞壽言，感激愈深，愴然隕涕曰："李壽，汝莫喜也。終不活汝！戴履天地，爲吾門户，吾三子之羞也。焉知娥親不手刃殺汝，而自儌倖邪？"陰市名刀〔九二〕，挾長持短，晝夜哀酸，志在殺壽。壽爲人凶豪，聞娥親之言，更乘馬帶刀，鄉人皆畏憚之。比鄰有徐氏婦，憂娥親不能制，恐逆見中害，每諫止之，曰："李壽，男子也，凶惡有素，加今備衛在身。趙雖有猛烈之志〔九三〕，而彊弱不敵。邂逅不制，則爲重受禍於壽，絶滅門户，痛辱不輕也。願詳舉動，爲門户之計。"娥親曰："父母之讐，不同天地共日月者也。李壽不死，娥親視息世間，活復何求！今雖三弟早死，門户泯絶，而娥親猶在，豈可假手於人哉！若以卿心況我，則李壽不可得殺；論我之心，壽必爲我所殺明矣。"夜數磨礪所持刀訖，扼腕切齒，悲涕長歎，家人及鄉里咸共笑之。娥親謂左右曰："卿等笑我，直以我女弱不能殺壽故也。要當以壽頸血污此刀刃，令汝輩見之。"遂棄家事，乘鹿車伺壽。至光和二年二月上旬，以白日清時，於都亭之前，與壽相遇，便下車扣壽馬，叱之。壽驚愕，迴馬欲走。娥親奮刀斫之，並傷其馬。馬驚，壽擠道邊溝中。娥親尋復就地斫之，探中樹蘭，折所持刀。壽被創未死，娥親因前欲取壽所佩刀殺壽，壽護刀瞋目大呼，跳梁而起。娥親迺挺身奮手，左抵其額，右椿其喉，反覆盤旋，應手而倒。遂拔其刀以截壽頭，持詣都亭，歸罪有司，徐步詣獄，辭顔不變。時禄福長尹嘉不忍論娥親〔九四〕，即解印綬去官，弛法縱之。娥親曰："讐塞身死〔九五〕，妾之明分也。治獄制刑，君之常典也。何敢貪生以枉官法？"鄉人聞之，傾城奔往，觀者如堵焉，莫不爲之悲喜慷慨嗟歎也。守尉不敢公縱，陰語使去，以便宜自匿。娥親抗聲大言曰："枉法逃死，非妾本心。今讐人已雪，死則妾分，乞得歸法以全國體。雖復萬死，於娥親畢足，不敢貪生爲明廷負也。"尉故不聽所執，娥親復言曰："匹婦雖微，猶知憲制。殺人之罪，法所不縱。今既犯之，義無可逃。乞就刑戮，隕身朝市，肅明王法，娥親之願也。"辭氣愈屬，面無懼色。尉知其難奪，彊載還家。涼州刺吏周洪、酒泉太守劉班等並共表上，稱其烈義，刊石立碑，顯其門閭。太常弘農張奐貴尚所履，以束帛二十端禮之。海内聞之者，莫不改容贊善，高大其義。故黃門侍郎安定梁寬追述娥親，爲其作傳。玄晏先生以爲父母之讐，不與共天地，蓋男子之所爲也。而娥親以女弱之微，念父辱之酷痛，感讐黨之凶言，奮劍仇頸，人馬俱摧，塞亡父之怨魂，雪三弟之永恨，近古以來，未之有也。《詩》云"脩我戈矛，與子同仇"，娥親之謂也。

閻溫字伯儉，天水西城人也。以涼州別駕守上邽令。馬超走奔上邽〔九六〕，郡人任養等舉衆迎之。溫止之，不能禁，乃馳還州。超復圍州所治冀城甚急，州乃遣溫密出，告急於夏侯淵。賊圍數重，溫夜從水中潛出。明日，賊見其迹，遣人追遮之，於顯親界得溫，執還詣超。超解其縛，謂曰："今成敗可見，足下爲孤城請救而執於人手，義何所施？若從吾言，反謂城中，東方無救，此轉禍爲福之計也。不然，今爲戮矣。"溫僞許之，超乃載溫詣城下。溫向城大呼曰："大軍不過三日至，勉之！"城中皆泣，稱萬歲。超怒數之曰："足下不爲命計邪？"溫不應。時超攻城久不下，故徐誘溫，冀其改意。復謂溫曰："城中故人，有欲與吾同者不？"溫又不應。遂切責之，溫曰："夫事君有死無貳，而卿乃欲令長者出不義之言，吾豈苟生者乎？"超遂殺之。

先是，河右擾亂，隔絶不通，燉煌太守馬艾卒官，府又無丞。功曹張恭素有學行，郡人推行長史事，恩信甚著，乃遣子就東詣太祖，請太守。時酒泉黃華、張掖張進各據其郡，欲與恭艾并勢〔九七〕。就至酒泉，爲華所拘執，劫以白刃。就終不回，私與恭疏曰："大人率厲燉煌，忠義顯然，豈以就在困厄之中而替之哉？昔樂羊食子，李通覆家，經國之臣，寧懷妻孥邪？今大軍垂至，但當促兵以掎之耳；願不以下流之愛〔九八〕，使就有恨於黃壤也。"恭即遣從弟華攻酒泉沙頭、乾齊二縣。恭又連兵尋繼華後，以爲首尾之援。別遣鐵騎二百，迎吏官屬，東緣酒泉北塞，徑出張掖北河，逢迎太守尹奉。於是張進須黃華之助；華欲救進，西顧恭兵，恐急擊其後，遂詣金城太守蘇則降。就竟平安。奉得之官。黃初二年，下詔褒揚，賜恭爵關内侯，拜西域戊己校尉〔九九〕。數歲徵還，將授以侍臣之位，而以子就代焉。恭至燉煌，固辭疾篤。太和中卒，贈執金吾。就後爲金城太守，父子著稱於西州。《世語》曰：就子戩，字祖文，弘毅有幹正，晉武帝世爲廣漢太守。王濬在益州，受中制募兵討吳，無虎符，戩收濬從事列上，由此召戩還。帝責戩："何不密啓而便收從事？"戩曰："蜀漢絶遠，劉備嘗用之。輒收，臣猶以爲輕。"帝善之。官至匈奴中郎將。毀子固,字元安,有毀風,爲黃門郎,早卒。毀,一本作勃。《魏略‧勇俠傳》載孫賓碩[一〇〇]、祝公道、楊阿若、鮑出等四人,賓碩雖漢人,而魚豢編之《魏書》,蓋以其人接魏,事義相類故也。論其行節[一〇一],皆龐、閻之流。其祝公道一人,已見《賈逵傳》。今列賓碩等三人於後。孫賓碩者,北海人也,家素貧。當漢桓帝時,常侍左悺、唐衡等權倖人主。延熹中,衡弟爲京兆虎牙都尉[一〇二],秩比二千石,而統屬郡。衡弟初之官,不修敬於京兆尹,入門不持版,郡功曹趙息呵廊下曰:"虎牙儀如屬城,何得放臂入府門?"促收其主簿。衡弟顧促取版,既入見尹[一〇三],尹欲修主人,勑外爲市買。息又啓云:"左悺子弟,來爲虎牙,非德選,不足爲特酤買,宜隨中舍菜食而已。"及其到官,遣吏奉牋謝尹,息又勑門,言"無常見此無陰兒輩子弟邪,用其牋記爲通乎[一〇四]?"晚乃通之,又不得即令報,衡弟皆知之,甚恚,欲滅諸趙。因書與衡,求爲京兆尹,旬月之間,得爲之。息自知前過,乃逃走。時息從父仲臺,見爲涼州刺史,於是衡爲詔徵仲臺,遣歸。遂詔中都官及郡部督郵,捕諸趙尺兒以上,及仲臺皆殺之,有藏者與同罪。時息從父岐爲皮氏長,聞有家禍,因從官舍逃,走之河間,變姓字,又轉詣北海,著絮巾布袴,常於市中販胡餅。賓碩時年二十餘,乘犢車,將騎入市。觀見岐,疑其非常人也。因問之曰:"自有餅邪,販之邪?"岐曰:"販之。"賓碩曰:"買幾錢?賣幾錢?"岐曰:"買三十,賣亦三十。"賓碩曰:"視處士之望[一〇五],非似賣餅者,殆有故!"乃開車後户,顧所將兩騎,令下馬扶上之。時岐以爲是唐氏耳目也,甚怖,面失色。賓碩閉車後户,下前襜,謂之曰:"視處士狀貌,既非販餅者,加今面色變動[一〇六],即不有重怨,則當亡命。我北海孫賓碩也,闔門百口,又有百歲老母在堂,勢能相度者也。終不相負,必語我以實。"岐乃具告之。賓碩遂載岐驅歸。住車門外,先入白母,言:"今日出〔一〇七〕,得死友在外,當來入拜。"乃出,延岐入,椎牛鍾酒,快相娛樂。一二日,因載著別田舍,藏置複壁中。後數歲,唐衡及弟皆死。岐乃得出,還本郡。三府並辟,展轉仕進,至郡守、刺史、太僕,而賓碩亦從此顯名於東國,仕至豫州刺史。初平末,賓碩以東方饑荒,南客荆州。至興平中,趙岐以太僕持節使安慰天下,南詣荆州,乃復與賓碩相遇,相對流涕。岐爲劉表陳其本末,由是益禮賓碩。頃之,賓碩病亡;岐在南,爲行喪也。楊阿若後名豐,字伯陽,酒泉人。少游俠,常以報仇解怨爲事,故時人爲之號曰:"東市相斫楊阿若,西市相斫楊阿若。"至建安年中〔一〇八〕,太守徐揖誅郡中彊族黃氏。時黃昂得脱在外,乃以其家粟金數斛,募衆得千餘人以攻揖。揖城守。豐時在外,以昂爲不義,乃告揖,捐妻子走詣張掖求救。會張掖又反,殺太守,而昂亦陷城殺揖,二郡合勢。昂恚豐不與己同,乃重募取豐,欲令張掖以麻繫豐頭〔一〇九〕,生致之。豐遂逃走。武威太守張猛假豐爲都尉,使齎檄告酒泉,聽豐爲揖報讐。豐遂單騎入南羌中,合衆得千餘騎,從樂浪南山中出〔一一〇〕,指趣郡城〔一一一〕。未到三十里,皆令騎下馬,曳柴揚塵。酒泉郡人望見塵起,以爲東大兵到,遂破散。昂獨走出,羌捕得昂,豐謂昂曰:"卿前欲生繫我頸,今反爲我所繫,云何?"昂謝憨〔一一二〕,豐遂殺之。時黃華在東,又還領郡。豐畏華,復走依燉煌。至黃初中,河西興復,黃華降,豐乃還郡。郡舉孝廉,州表其義勇,詔即拜駙馬都尉。後二十餘年,病亡。鮑出字文才,京兆新豐人也。少游俠。興平中,三輔亂,出與老母兄弟五人家居本縣,以饑餓,留其母守舍,相將行采蓬實,合得數升,使其二兄初、雅及其弟成持歸,爲母作食,獨與小弟在後采蓬。初等到家,而噉人賊數十人已略其母,以繩貫其手掌,驅去。初等怖恐,不敢追逐〔一一三〕。須臾,出從後到〔一一四〕,知母爲賊所略,欲追賊。兄弟皆云:"賊衆,當如何?"出怒曰:"有母而使賊貫其手,將去煮噉之,用活何爲?"乃攘臂結袵獨追之〔一一五〕,行數里及賊。賊望見出,乃共布列待之。出到,回從一頭〔一一六〕,斫賊四五人〔一一七〕。賊走,復合聚圍出〔一一八〕,出跳越圍斫之,又殺十餘人。時賊分布,驅出母前去。賊連擊出,不勝,乃走與前輩合。出復追擊之,還見其母與比舍嫗同貫相連,出遂復奮擊賊。賊問出曰:"卿欲何得?"出責數賊,指其母以示之,賊乃解還出母。比舍嫗獨不解,遙望出求哀。出復斫賊,賊謂出曰:"已還卿母,何爲不止?"出又指求哀嫗:"此我嫂也。"賊復解還之。出得母還,遂相扶侍〔一一九〕,客南陽。建安五年,關中始開,出來北歸,而其母不能步行,兄弟欲共輿之。出以輿車歷山險危,不如負之安穩,乃以籠盛其母,獨自負之,到鄉里。鄉里士大夫嘉其孝烈,欲薦州郡,郡辟召出,出曰:"田民不堪冠帶。"至青龍中,母年百餘歲乃終,出時年七十餘,行喪如禮,於今年八九十,才若五六十者。魚豢曰〔一二〇〕:昔孔子歎顏回,以爲三月不違仁者,蓋觀其心耳〔一二一〕,孰如孫、祝菜色於市里,顛倒於牢獄,據有實事哉?且夫濮陽周氏不敢匿迹,魯之朱家不問情實,是何也?懼禍之及,且心不安也。而太史公猶貴其竟脱季布,豈若二賢,厥義多乎?今故遠收孫、祝,而近錄楊、鮑,既不欲其泯滅,且敦薄俗。至於鮑出,不染禮教,心痛意發〔一二二〕,起於自然,跡雖在編户,與篤烈君子何以異乎?若夫楊阿若,少稱任俠,長遂蹈義,自西徂東,摧討逆節,可謂勇力而有仁者也〔一二三〕。

評曰:李典貴尚儒雅,義忘私隙,美矣。李通、臧霸、文聘、吕虔鎮衛州郡，並著威惠。許褚、典韋折衝左右，抑亦漢之樊噲也。龐惪授命叱敵，有周苛之節。龐淯不憚伏劒，而誠感鄰國。閻温向城大呼，齊解、路之烈焉。

【校箋】

〔一〕毛本作"魏書十八"。

〔二〕毛本作"二李臧文吕許典二龐閻傳第十八"。

〔三〕盧弼曰："葉見《武帝紀》建安二年。"

謹案：徐紹楨曰："案：《先主傳》云云。據此則博望之役爲惇來侵，而先主拒之，與典傳不同。以典傳考之，此事書於曹公破紹之後，圍鄴之前。《武帝紀》載有'建安八年秋九月，公征劉表，軍西平'之語，正在此時。意此役實爲曹公征表，而遣惇等先之，《先主傳》當得其實。是時葉及博望均屬南陽郡，爲劉表所有，亦不得云劉備侵葉也。"

〔四〕紹興本"乃"字作"軍"。

〔五〕盧弼曰："各本皆有'不'字，官本無之。《通鑑》無'不'字，見建安二十年。姜宸英曰：'不字衍。'"

謹案：郝書無"不"字，有"豈"字。《通志》亦無"不"字，有"其"字。考《白帖》卷五十四引作"吾不可以私憾忘義"，"義"上脱"公"字，下無"乎"字。以典語氣驗之，《白帖》所引或是也。

〔六〕盧弼曰："《御覽》'俠'上有'游'字。"

謹案：《御覽》卷二百四十引，疑作"游俠"是也。荀悦《漢紀》曰："立氣勢，作威福，結私交，以力强於時者，謂之游俠。"

〔七〕盧弼曰："'克'或作'剋'。"

謹案：《通志》"克"字作"恭"，下文"通率恭誅其黨帥"則作"恭"疑是也。"剋會"不詞。

〔八〕《通志》無"人"字，是。

〔九〕《通志》無"以"字。

〔一〇〕盧弼曰："錢大昕曰：'《魏略》稱通領陽安太守，蓋以都尉行太守事也。《趙儼傳》袁紹遣使招誘諸郡，惟陽安郡不動。蓋當時都尉別領縣者，亦稱郡矣。'"

謹案：洪頤煊曰："案：《武帝紀》'建安二十年分漢中之安陽、西城爲西城郡，置太守。分錫、上庸郡置都尉'。當時置郡，亦有專置都尉而不置太守者。都尉兼領太守，故亦得稱太守。《魏略》曰：'儼與領陽安太守李通同治。'是時儼爲朗陵長，朗陵爲陽安屬縣。同治一郡之地，故云然。"

〔一一〕盧弼曰："錢大昕曰：'漢制大縣置令，小縣置長。此與《趙儼傳》稱朗陵長，而《田豫傳》稱除朗陵令，當有一誤。'"

謹案：儼爲朗陵長在建安二年，田豫爲令在建安十三年，曹操爲丞相後，相距已十有餘年矣。考制漢制縣大小之分，一以户口之多寡爲準。則朗陵改長爲令，其以户口增益之故乎？不當輒謂爲誤也。

〔一二〕盧弼曰："宋本'殲'作'殘'。"

謹案：《季漢書》"殲"字亦作"殘"。

〔一三〕盧弼曰："宋本'酬'作'疇'。"

謹案："疇"當作"醻"。《説文·酉部》："醻，從酉壽聲，或從州聲。"是"醻""酬"同。《詩·小雅·彤弓》"一朝醻之"疏引王肅説："醻，報也。"

〔一四〕盧弼曰："馮本'以'上有'其'字。"

謹案：有"其"字者是。其，發語詞。

〔一五〕《晉書・李重傳》"秉"字作"景"。蓋《晉書》避唐高祖之父李昞諱也。

〔一六〕紹興本無"人"字。

〔一七〕《世說・德行篇》注引"昔"下有"嘗"字。

〔一八〕《世說》注引"吏"字作"史"，《御覽》卷四百三十引同，郝書亦作"史"。

〔一九〕紹興本"問"下有"曰"字。

〔二〇〕《世說》注引句下有"而去"二字。

〔二一〕《御覽》卷三百四十引"大"字作"先"。

〔二二〕《世說》注引"耳"字作"矣"，《御覽》卷四百三十引同。

〔二三〕《世說》注引"連"字作"達"。

〔二四〕《世說》注引"曾"字作"嘗"。

〔二五〕郝書"重"下有"人"字。

〔二六〕《白帖》卷四十五引"戒"字作"式"。

〔二七〕《白帖》、《御覽》卷四百三十四引"數"下無"十"字。

〔二八〕盧弼曰："馮本'募'作'慕'。"

謹案：《說文・力部》："募，廣求也。""慕"字於此無義，馮本誤。

〔二九〕《册府》卷九十九引"州"下有"附於海"三字。

〔三〇〕紹興本"為"字作"謂"。

〔三一〕蕭書"公"上有"曹"字。《册府》卷八百零二引"生"字作"成"。

〔三二〕《册府》卷七百六十五引"在"字作"任"。

〔三三〕《文選》陸士衡《辯亡論》李注引作"別遣霸",應據乙。

〔三四〕《文選》李注引"逢龍"作"蓬龍"。

〔三五〕盧弼曰："《官本考證》云：'《太平御覽》先及作先反,稍進作稍近。'"

謹案：見《御覽》卷二百四十引。

〔三六〕盧弼曰："'拜'下當有'霸'字。"

謹案：《御覽》引"拜"下有"霸"字,應據增。

〔三七〕郝書苟注引"霸"上有"裴松之曰"四字。疑此脫"臣松之案"一句。

〔三八〕《御覽》卷七百四十二引"傷"字作"穿"。

〔三九〕《御覽》引"創"上有"及"字。

〔四〇〕郝書苟注作"與本傳不同"。

〔四一〕《册府》六百九十二引"開"下有"示"字。

〔四二〕盧弼曰："宋本'有少'下多'頃'字。"

謹案：此見《官本考證》,"宋"字上應增"《官本考證》曰"五字。

〔四三〕盧弼曰："《莊子·人間世》篇'絜之百圍'釋文引李注：'徑尺爲圍。'又云'三圍四圍',釋文引崔注：'圍環八尺爲一圍。'《韵會》云：'五寸曰圍,一抱曰圍。'《吴越春秋》：'伍子胥身長一丈,腰十圍。'范書《虞延傳》：'延長八尺六寸,要帶十圍。'按：古今之釋圍者有八尺至五寸之差,即同爲陸氏《釋文》所引亦有八尺、徑尺之異,未知孰是。雖古尺小於今尺,亦不能相懸如是之甚也！"

謹案：程瑶田《通藝録》曰："圍皆具數於人之把是也。《喪服傳》'苴絰大搹'注云：'盈手曰搹。搹,扼也。中人之扼九寸。'"《吴越春秋》言伍子胥腰十圍，則十圍即十把也。

〔四四〕《御覽》卷三百七十七引"毅"字作"異"，疑作"異"者是也。考《典略》有馬騰"面鼻雄異"之語，《魏書·高昂傳》亦云"姿作雄異"，"毅"以形容性格，而"異"乃刻畫體態也。《晉書·王育傳》及王衷"容貌他異"，《路雄傳》"容貌偉異"，《唐書·馬燧傳》"姿度魁異"。故知"毅"實誤字，當據《御覽》改正。

〔四五〕盧弼曰："宋本、元本'吾'作'君'。"

謹案：《通志》亦作"君"。然《御覽》卷四百三十四引《魏書》，又卷四百三十六引孔演《漢魏春秋》俱作"此樊噲也"。疑是"君"字或後人妄增，又譌爲"吾"也。

〔四六〕《册府》卷六百二十七引"他"下有"等"字，應據補，與上下文相應。

〔四七〕盧弼曰："宋本無下'船'字，馮本空一字。"

謹案：《御覽》卷三百五十八、《册府》卷三百四十二、又卷八百四十五引"船"字均不重，《通志》同。此當以"軍爭濟"爲句。盧君云"宋本無下'船'字"，其意以"軍爭濟船"爲句乎？非是不可云無下船字也。且"濟船"亦不詞，故二"船"字當衍其一。

〔四八〕盧弼曰："《御覽》'是曰'作'太祖曰'。"

謹案：《御覽》卷三百五十八引仍作"是日"，此乃陳氏述語。盧君云"《御覽》作'太祖曰'"，未詳卷數，不知所出。

〔四九〕《珮玉集》卷十二引作"欲突提魏武"。疑此"突"下脫"提"字。《蜀志·馬超傳》"陰欲突前捉曹公"。"捉"當爲"提"之誤。

〔五〇〕《御覽》卷三百六十六引"是"下無"褚"字，語意已足，無緣重贅"褚"字。

〔五一〕盧弼曰："何校改'盼'爲'眄'。"

謹案：眄，《説文·目部》曰："目偏合也。一曰謝視也。"與瞋目義不相應，字當作"盼"。《説文》曰："盼，恨視也。"考《珮玉集》卷十二引《魏志》作"許褚怒目盼之"，《御覽》卷三百八十六引《江表傳》作"許褚瞋目瞪盼"，皆不作"眄"。惟《通鑑考異》引作"眄"，《册府》卷二百九十四、卷三百四十二與《通志》皆同，蓋何氏之所本。惜未推尋字義，致以是者爲誤也。

〔五二〕《書鈔》卷六十四、《御覽》卷三百八十六、卷四百九十、卷七百三十九、《珮玉集》卷十二引並作"癡虎"。

〔五三〕盧弼曰："將軍非國邑，不當言封，此'封'字或即上文所脱。"

謹案：梁章鉅曰："案：將軍乃官號，非國邑，不當言封。而上文進牟鄉侯當作'進封'，蓋'功'下衍字，正前所脱也。"盧君所注，顯本諸梁氏，又節錄其文，亦未署梁氏名，殊非。

〔五四〕《御覽》卷三百四十五、卷三百四十六、卷四百八十四引俱作"好節俠"。《蜀志·諸葛亮傳》注引《魏略》"庶先名福，少好任俠擊劍"，《吳志·甘寧傳》"好游俠"，疑此"任"上脱"好"字。《册府》卷八百九十二引作"好俠"，脱"節"字。

〔五五〕盧弼曰："《御覽》'永'作'禮'。"

謹案：《御覽》卷三百四十五、卷四百七十三、卷四百八十一、《册府》卷八百九十六引"永"字俱作"禮"。蓋"禮"或作"礼"，因誤爲"永"也。

〔五六〕《御覽》卷四百七十六、卷四百八十一、《册府》卷八百九十六引"衛"字俱作"怨"。

〔五七〕盧弼曰："《御覽》'出'作'去'。"

〔五七〕謹案：《官本考證》曰："《太平御覽》'步出'作'步去'。"考《御覽》卷三百四十五、卷四百七十六、卷八百二十七引"出"俱作"去"。

〔五八〕《類聚》卷六十、《白帖》卷五十六引無"旗"字。

〔五九〕《書鈔》卷一百二十、《類聚》、《御覽》卷三百三十九引"莫"字上俱無"人"字。

〔六〇〕《御覽》卷三百五十二引王沈《魏書》"陷"字作"隱"。

〔六一〕盧弼曰："《御覽》'千'作'十'。"

謹案：《官本考證》曰："《太平御覽》作'數十人'。"見《御覽》卷三百七十五引。

〔六二〕《御覽》引無"重"字。

〔六三〕盧弼曰："宋本'戰'作'戟'。"

謹案：《御覽》卷三百五十七、《册府》卷三百九十四引"戰"俱作"戟"，《御覽》卷三百五十二引王沈《魏書》亦作"戟"。"戰""戟"形近而誤。撩戟或即摘戟，用以投摘者。下文"手持十餘戟"，即此戟也。

〔六四〕盧弼曰："胡三省曰：'等人者，立等以募人及等者，謂之等人。'或曰：'等人者，一等應募之人也。'"

謹案：胡注與或曰俱非。考《禮記·文王世子》"乃進其等"疏："等，輩類也。"等人，猶言同輩，謂應募者。

〔六五〕《書鈔》卷六十三、《類聚》卷二十、《御覽》卷四百一十八、卷六百九十九引俱無"大"字。

〔六六〕《琱玉集》作"手持雙戟一百斤"，《書鈔》卷一百一十八引《江表傳》、《御覽》卷四百三十四引《魏書》俱作"手提雙戟八十斤"。

〔六七〕《初學記》卷十七引《魏國統》"從"上有"賊"字，疑此脱，則語意不完。

〔六八〕盧弼曰："《御覽》'矛'作'釾'，即矛也。"

謹案：上文"韋以長戟擊之，擊之一叉入，輒十餘"。此言矛摧，則矛亦當爲戟。《御覽》卷三百五十二引作"釾"。考《一切經音義》卷二："戟，古文䵈、釾二形同。"是"釾"爲"戟"字之古文。《周書·王會》注："矛，戟也。"即"釾"字之省文。盧君謂"釾"即"矛"，非是。

〔六九〕《御覽》卷三百六十三引"之"字作"焉"。

〔七〇〕《御覽》卷二百引"隨"字作"以"。

〔七一〕《御覽》卷二百、二百四十引俱無"素"字。

〔七二〕《册府》卷三百九十二引作"嘗言曰"。

〔七三〕《類聚》卷五十九、《御覽》卷二百七十九引無"軍"字。

〔七四〕蕭書、《通志》"上隄"二字乙。

〔七五〕盧弼曰："《御覽》'董'作'統'。"

謹案：《官本考證》："'董超等'《太平御覽》作'統超等'。"此見《御覽》卷三百一十二引。

〔七六〕《治要》引無"戰"字。

〔七七〕《御覽》、《册府》卷三百七十一引"五"字作"伍"，《通志》同。

〔七八〕盧弼曰："馮本'戎'作'式'。"

謹案：紹興本"式"字作"戎"，《通志》同。考《左傳·宣公二年》曰"戎昭果毅，殺敵爲果，致果爲毅"，疏："戎事當昭明果毅之命。"此本《左傳》，字當作"戎"，馮本誤。

〔七九〕《類聚》卷三十三引《列女傳》"洧"字作"涓"，《御覽》卷二百六十五、卷四百三十八引亦作"渭",下同。

〔八〇〕盧弼曰:"宋本、馮本'冀'作'異'。《御覽》卷四百三十八引《魏志》作'子異'。"

謹案:梁章鉅曰:"《太平御覽》卷四百三十八引《魏志》作'子異'。"考《御覽》卷二百六十五、又卷四百二十、《册府》卷八百零二引俱作"異",《通志》同。作"異"字是。

〔八一〕盧弼曰:"弼按:《一統志》:'破羌故城在今甘肅西寧府碾伯縣西。'"

謹案:梁章鉅曰:"《一統志》:'破羌故城在西寧府碾伯縣西。'"此既先見於《旁證》,當署梁氏名爲是。

〔八二〕《通志》"喪"下有"者"字。

〔八三〕盧弼曰:"康發祥曰:'服之不衷,謂表不稱裹也。'弼按:匕首劍屬,其頭類匕,短而便用,故曰匕首。"

謹案:《左傳·宣公九年》"皆衷其衵服以戲於朝"注:"衷,懷也。"衷匕首猶言懷匕首。康氏云:"服之不衷,謂表不稱裹。"考《左傳·僖公二十四年》"服之不衷"注:"衷猶適也。"適猶今語恰當之義,何可釋之爲"表不稱里"乎?違傳意矣!《漢書·鄒陽傳》"而匕首竊發"注:"匕首,短劍也,其首類匕,便於用也。"盧君此注,似據之而不言其所自,揆之著述之準則,蓋失之矣。

〔八四〕郝書"戲"字作"狎"。

〔八五〕郝書"側"字作"居"。

〔八六〕郝書無"然我"二字。

〔八七〕盧弼曰:"'邑'字疑衍。"

謹案:《御覽》卷二百六十五引"郡"下無"城"字。《册府》卷八百零二引無"邑"字。疑衍"邑"字爲是。

〔八八〕紹興本"幰"字作"帷"。《御覽》卷四百四十引作"推車袖劍",疑"推"爲"帷"之形譌。

〔八九〕紹興本"賞"字作"貴"。

〔九〇〕《類聚》三十三引"烈"字作"列"。

〔九一〕盧弼曰:"姜宸英曰:'據世安作傳,娥親是其名。而志但云娥,豈傳寫之譌,或娥是女子之通稱乎?'趙一清曰:'傳云趙君安,亦與陳志不同。'弼按:范書《列女傳》亦云龐淯母字娥。"

謹案:《書鈔》卷一百二十三、《類聚》卷三十三引《列女傳》、《御覽》卷四十引孔演《漢晉春秋》,卷四百八十一引《東觀漢紀》,"娥"下俱無"親"字。惟《御覽》卷四百一十五引《列女後傳》作"娥親"。是諸家書均作"娥",惟皇甫謐書作"娥親"也。

〔九二〕《御覽》卷三百四十五引作"乃陰市刀",無"名"字,有"乃"字。

〔九三〕郝書作"爾雖有志"。

〔九四〕盧弼曰:"宋本'壽'作'漢'。"

謹案:馮本、陳本、陳本"壽"亦作"漢"。漢陽,即天水縣也。

〔九五〕《御覽》卷四百八十一引《東觀漢紀》"讐"字作"怨"。

〔九六〕《御覽》卷四百二十、《册府》卷八百零二引無"走"字。

〔九七〕盧弼曰:"錢大昭曰:'太守馬艾已卒,故功曹張恭行長史事,艾字衍。'何焯曰:'《册府》引此無艾字。'"

謹案:《册府》見卷七百六十,《通志》同。

〔九八〕盧弼曰："胡三省曰：'《論語》云：君子惡居下流，天下之惡皆歸焉。謂下流當惡居不當愛也。一曰：流，輩也。牽於父子之愛，而廢君臣之義，是常人之流下一等見識，故曰下流之愛。'弼按：本志《武文世王公傳·樂陵王茂傳》：'封茂爲聊城王，以慰太皇太后下流之念。'意亦同此。"

謹案："下流"蓋本《詩·邶風·凱風》"爰有寒泉，在浚之下"之意。正義："此孝子問責無益於母，使母不安也。"

〔九九〕盧弼曰："洪飴孫曰：'戊己校尉一人，比二千石，第四品。黃初三年西域內附始置，治高昌。'弼按：《董卓傳》：'卓遷西域戊己校尉。'漢有是官，不始於魏也。"

謹案：戊己校尉之設，史籍所載，始於漢元帝初元元年。揆洪氏之意，謂魏黃初三年始置此官，不云此官始於魏也。盧君辨之，似未審洪氏意。

〔一〇〇〕郝書茍注引"魏"字上有"裴松之曰"四字，疑此脫"臣松之案"句。

〔一〇一〕郝書"節"字作"跡"。

〔一〇二〕《後漢書·趙岐傳》："先是中常侍唐衡兄玹爲京兆虎牙都尉。"

〔一〇三〕《御覽》卷八百四十七引"見"字作"謁"。

〔一〇四〕盧弼曰："姚範曰：'邪未詳。言不常見此等人以爲異邪？'弼按：'邪'字疑屬下句讀。《漢書·外戚傳下》：'內邪若不私府小取，將安所仰乎！'師古曰：'內邪言內中所須者也。邪，語辭也。'此'邪'字作焉字解，亦可通。"

謹案："邪"與"也"用。《顏氏家訓·音辭篇》："'邪'者未定之詞，北人即呼爲也。""也"爲語尾助辭，表命令禁戒用之（說見楊樹達《詞詮》），此以"邪"字斷句。盧君謂"邪"屬下讀，而以"邪"字作焉字解，俱非。

〔一〇五〕《類聚》卷七十二引"望"字作"狀"。

〔一〇六〕盧弼曰："監本'加'作'乃'。"

謹案：《官本考證》曰："監本加今譌作乃。今改正。"各本俱作"加"，"加"字是。《論語·子路篇》"又何加焉"皇疏："加，益也。"

〔一〇七〕《册府》卷八百零一引"出"下有"行"字。《後漢書·趙岐傳》同。

〔一〇八〕《御覽》卷四百八十一引"安"下無"年"字。

〔一〇九〕毛本"豐"作"其"，《册府》卷八百四十八引同。郝書"頭"字作"項"。

〔一一〇〕盧弼曰："樂浪郡爲幽州地，此誤。當作樂涫。《一統志》：'樂涫故城在肅州高臺縣西北。'"

謹案：梁章鉅曰："樂浪當作樂涫。《一統志》樂涫故城在肅州高臺縣北，此作樂浪係筆誤。"考此已見《三國志旁證》，當署梁氏名。

〔一一一〕《册府》引"指"字作"詣"。

〔一一二〕盧弼曰："疑作'憨謝'。"

謹案：《册府》引"謝憨"二字乙，今本誤倒，應據正。

〔一一三〕《册府》卷七百五十一引"追逐"作"逐之"。

〔一一四〕《册府》引"到"作"至"。

〔一一五〕盧弼曰："《御覽》作'獨持楯追之'。"

謹案：《官本考證》曰："《太平御覽》作'獨持楯追之'。"則"御"字上應增"《官本考證》曰"五字。此見《御覽》卷三百五十七引。《廣韻》："揎袂出臂曰攘。"攘臂謂收紾衣袖，使臂露於外也。

〔一一六〕盧弼曰："'回'字未詳。"

謹案：《詩·大雅·云漢》"昭回于天"傳："回，轉也。"回從一頭即轉從一頭也。

〔一一七〕《册府》卷七百五十一、卷八百四十七引"賊"上有"殺"字。

〔一一八〕《册府》引"復"下有"相"字。

〔一一九〕盧弼曰："宋本'侍'作'持'。一曰作'將'。"

謹案：《册府》卷八百四十七引作"持"，又卷七百五十四引作"將"，"扶將"漢魏間語。

〔一二〇〕郝書苟注引"曰"上有"論"字。

〔一二一〕郝書苟注引"蓋"字作"善"。

〔一二二〕郝書苟注引"意"字作"義"。

〔一二三〕郝書苟注引"勇"下無"力"字。

三國志校箋

（晉）陳壽 著
（南朝宋）裴松之 注
趙幼文 校箋
趙振鐸 鄢先覺 黃峰 趙開 整理

中

巴蜀書社

三國志校箋卷十九

魏志卷十九〔一〕

任城威王彰　陳思王植　蕭懷王熊〔二〕

　　任城威王彰，字子文。少善射御，膂力過人，手格猛獸，不避險阻。數從征伐，志意慷慨。太祖常抑之曰："汝不念讀書慕聖道，而好乘汗馬擊劍〔三〕，此一夫之用〔四〕，何足貴也！"課彰讀《詩》《書》，彰謂左右曰："丈夫一爲衛、霍〔五〕，將十萬騎馳沙漠，驅戎狄，立功建號耳，何能作博士邪？"太祖嘗問諸子所好，使各言其志。彰曰："好爲將。"太祖曰："爲將奈何？"對曰："被堅執銳，臨難不顧，爲士卒先；賞必行，罰必信。"太祖大笑。建安二十一年，封鄢陵侯。
　　二十三年，代郡烏丸反〔六〕，以彰爲北中郎將，行驍騎將軍。臨發，太祖戒彰曰："居家爲父子，受事爲君臣，動以王法從事，爾其戒之！"彰北征，入涿郡界，叛胡數千騎卒至。時兵馬未集，唯有步卒千人，騎數百匹。用田豫計，固守要隙〔七〕，虜乃退散〔八〕。彰追之，身自搏戰，射胡騎，應弦而倒者前後相屬。戰過半日，彰鎧中數箭，意氣益厲，乘勝逐北，至於桑乾，臣松之案：桑乾縣屬代郡，今北虜居之，號爲索干之都〔九〕。去代二百餘里。長史諸將皆以爲新涉遠，士馬疲頓，又受節度，不得過代，不可深進，違令輕敵〔一〇〕。彰曰："率師而行〔一一〕，唯利所在，何節度乎？胡走未遠，追之必破。從令縱敵，非良將也。"遂上馬，令軍中："後出者斬。"一日一夜與虜相及，擊，大破之，斬首獲生以千數。彰乃倍常科大賜將士，將士無不悅喜。時鮮卑大人軻比能將數萬騎觀望彊弱，見彰力戰，所向皆破，乃請服。北方悉平。時太祖在長安，召彰詣行在所。彰自代過鄴，太子謂彰曰："卿新有功，今西見上，宜勿自伐，應對常若不足者。"彰到，如太子言，歸功諸將。太祖喜，持彰鬚曰："黃鬚兒竟大奇也！"《魏略》曰：太祖在漢中，而劉備栖於山頭，使劉封下挑戰。太祖罵曰："賣履舍兒，長使假子拒汝公乎〔一二〕！待呼我黃鬚來，令擊之。"乃召彰。彰晨夜進道，西到長安而太祖已還，從漢中而歸。彰鬚黃，故以呼之。

太祖東還，以彰行越騎將軍，留長安。太祖至洛陽，得疾，驛召彰，未至，太祖崩。《魏略》曰：彰至，謂臨菑侯植曰："先王召我者，欲立汝也。"植曰："不可。不見袁氏兄弟乎！"文帝即王位，彰與諸侯就國。《魏略》曰：太子嗣立，既葬，遣彰之國。始彰自以先王見任有功，冀因此遂見授用，而聞當隨例，意甚不悦，不待遣而去。時以鄢陵塉薄，使治中牟。及帝受禪，因封爲中牟王。是後大駕幸許昌，北州諸侯上下，皆畏彰之剛嚴；每過中牟，不敢不速。詔曰："先生之道，庸勳親親，並建母弟，開國承家，故能藩屏大宗，禦侮厭難。彰前受命北伐，清定朔土，厥功茂焉。增邑五千，并前萬户。"黃初二年，進爵爲公。三年，立爲任城王。四年，朝京都，疾薨於邸，諡曰威。《魏氏春秋》曰：初，彰問璽綬，將有異志，故來朝不即得見。彰忿怒暴薨。至葬，賜鑾輅、龍旂，虎賁百人，如漢東平王故事。子楷嗣，徙封中牟。五年，改封任城縣。太和六年，復改封任城國，食五縣二千五百户。青龍三年，楷坐私遣官屬詣中尚方作禁物，削縣二千户。正始七年，徙封濟南，三千户。正元、景元初，連增邑，凡四千四百户。楷泰始初爲崇化少府〔一三〕，見《百官名》。

陳思王植字子建〔一四〕。年十歲餘〔一五〕，誦讀《詩》《論》及辭賦數十萬言〔一六〕，善屬文。太祖嘗視其文，謂植曰："汝倩人邪？"植跪曰〔一七〕："言出爲論〔一八〕，下筆成章，顧當面試〔一九〕，奈何倩人？"時鄴銅爵臺新成，太祖悉將諸子登臺〔二〇〕，使各爲賦。植援筆立成，可觀，太祖甚異之。陰澹《魏紀》載植賦曰："從明后而嬉游兮，登層臺以娛情〔二一〕。見太府之廣開兮〔二二〕，觀聖德之所營。建高門之嵯峨兮〔二三〕，浮雙闕乎太清。立中天之華觀兮，連飛閣乎西城〔二四〕。臨漳水之長流兮〔二五〕，望園果之滋榮。仰春風之和穆兮，聽百鳥之悲鳴。天云垣其既立兮[二六]，家願得而獲逞[二七]。揚仁化於宇内兮，盡肅恭於上京。惟桓文之爲盛兮，豈足方乎聖明！休矣美矣！惠澤遠揚。翼佐我皇家兮，寧彼四方。同天地之規量兮[二八]，齊日月之暉光。永貴尊而無極兮，等年壽於東王"云云。太祖深異之。性簡易，不治威儀。輿馬服飾，不尚華麗。每進見難問，應聲而對，特見寵愛。建安十六年，封平原侯。十九年，徙封臨菑侯。太祖征孫權，使植留守鄴，戒之曰："吾昔爲頓丘令，年二十三。思此時所行，無悔於今。今汝年亦二十三矣，可不勉與！"植既以才見異，而丁儀[二九]、丁廙、楊脩等爲之羽翼。太祖狐疑，幾爲太子者數矣。而植任性而行，不自彫勵[三〇]，飲酒不節。文帝御之以術，矯情自飾，宫人左右，並爲之説，故遂定爲嗣。二十二年，增植邑五千，并前萬户。植嘗乘車行馳道中，開司馬門出。太祖大怒，公車令坐死[三一]。由是重諸侯科禁[三二]，而植寵日衰。《魏武故事》載令曰："始者謂子建，兒中最可定大事。"又令曰："自臨菑侯植私出，開司馬門至金門[三三]，令吾異目視此兒矣。"又令曰："諸侯長史及帳下吏，知吾出輒將諸侯行意否？從子建私開司馬門來，吾都不復信諸侯也。恐吾適出，便復私出，故攝將行。不可恒使吾爾誰爲心腹也！"太祖既慮終始之變，以楊脩頗有才策，而又袁氏之甥也，於是以罪誅脩。植益内不自安。《典略》曰：楊脩字德祖，太尉彪子也。謙恭才博[三四]。建安中，舉孝廉，除郎中，丞相請署倉曹屬主薄。是時，軍國多事，脩總知外内，事皆稱意。自魏太子已下，並争與交好。又是時臨菑侯植以才捷愛幸，來意投脩〔三五〕，數與脩書，書曰："數日不見，思子爲勞；想同之也。僕少好辭賦，迄至於今二十有五年矣。然今世作者，可略而言也。昔仲宣獨步於漢南，孔璋鷹揚於河朔，偉長擅名於青土，公幹振藻於海隅，德璉發迹於大魏，足下高視於上京。當此之時，人人自謂掘靈蛇之珠〔三六〕，家家自謂抱荆山之玉也。吾王於是設天網以該之，頓八紘以掩之，今盡集兹國矣。然此數子，猶不能飛翰絶迹，一舉千里也。以孔璋之才，不閑辭賦，而多自謂與司馬長卿同風，譬畫虎不成還爲狗者也。前爲書嘲之，反作論盛道僕贊其文。夫鍾期不失聽，於今稱之。吾亦不敢妄歎者，畏後之嗤餘也。世人著述，不能無病。僕常好人譏彈其文；有不善者，應時改定。昔丁敬禮嘗作小文，使僕潤飾之，僕自以才不能過若人，辭不爲也。敬禮云：'卿何所疑難乎！文之佳麗〔三七〕，吾自得之。後世誰相知定吾文者邪？'吾常歎此達言，以爲美談。昔尼父之文辭，與人通流；至於制《春秋》，游、夏之徒不能錯一字。過此而言不病者，吾未之見也。蓋有南威之容，乃可以論於淑媛；有龍淵之利〔三八〕，乃可以議於割斷。劉季緒才不逮於作者，而好詆訶文章，掎摭利病，昔田巴毀五帝，罪三王，訾五伯於稷下，一旦而服千人，魯連一説，使終身杜口。劉生之辯未若田氏，今之仲連求之不難，可無歎息乎〔三九〕！人各有所好尚。蘭茞蓀蕙之芳，衆人之所好，而海畔有逐臭之夫；《咸池》《六英》之發，衆人所樂，而墨翟有非之之論：豈可同哉！今往僕少小所著辭賦一通相與。夫街談巷説，必有可采，擊轅之歌，有應風雅，匹夫之思，未易輕棄也。辭賦小道，固未足以揄揚大義，彰示來世也。昔揚子云，先朝執戟之臣耳，猶稱'壯夫不爲'也；吾雖薄德，位爲藩侯，猶庶幾戮力上國，流惠下民，建永世之業，流金石之功〔四〇〕，豈徒以翰墨爲勳績，辭頌爲君子哉？若吾志不果，吾道不行，亦將采史官之實録，辨時俗之得失，定仁義之衷，成一家之言，雖未能藏之名山，將以傳之同好，此要之白首，豈可以今日論乎！其言之不怍〔四一〕，恃惠子之知我也。明早相迎，書不盡懷。"脩答曰："不侍數日，若彌年載，豈獨愛顧之隆，使係仰之情深邪！損辱來命，蔚矣其文。誦讀反覆，雖風〔四二〕、雅、頌不復過也。若仲宣之擅江表，陳氏之跨冀域，徐、劉之顯青、豫，應生之發魏國，斯皆然矣。至如脩者，聽采風聲，仰德不眠，目周章於省覽〔四三〕，何惶駭於高視哉〔四四〕？伏惟君侯，少長貴盛，體旦、發之質，有聖善之教，遠近觀者，徒謂能宣昭懿德，光贊大業而已，不謂復能兼覽傳記，留思文章。今乃含王超陳，度越數子；觀者駭視而拭目，聽者傾首而聳耳；非夫體通性達，受之自然，其誰能至於此乎〔四五〕？又嘗親見執事握牘持筆，有所造作，若成誦在心，借書於手，曾不斯須少留思慮。仲尼日月，無得踰焉〔四六〕。脩之仰望，殆如此矣。是以對鶡而辭，作《暑賦》彌日而不獻，見西施之容，歸憎其貌者也。伏想執事不知其然，猥受顧賜，教使刊定。《春秋》之成，莫能損益。《呂氏》《淮南》，字直千金；然而弟子鉗口，市人拱手者，聖賢卓犖，固所以殊絶凡庸也。今之賦頌，古詩之流，不更孔公，風雅無別耳。脩家子云，老不曉事，彊著一書，悔其少作。若此，仲山、周旦之徒，則皆有怨乎！君侯忘聖賢之顯迹，述鄙宗之過言，竊以爲未之思也。若乃不忘經國之大美，流千載之英聲，銘功景鐘，書名竹帛，此自雅量素所蓄也，豈與文章相妨害哉？輒受所惠，竊備矇瞍歌誦而已。敢忘惠施，以忝莊氏！季緒瑣瑣，何足以云。"其相往來，如此甚數。植後以驕縱見疏，而植故連綴脩不止，脩亦不敢自絶。至二十四年秋，公以脩前後漏泄言教，交關諸侯，乃收殺之。脩臨死，謂故人曰："我固自以死之晚也。"其意以爲坐曹植也。脩死後百餘日而太祖薨，太子立，遂有天下。初，脩以所得王髦劍奉太子，太子常服之。及即尊位，在洛陽，從容出宮，追思脩之過薄也，撫其劍，駐車顧左右曰："此楊德祖昔所說王髦劍也。髦今焉在？"及召見之，賜髦穀帛。摯虞《文章志》曰：劉季緒名脩，劉表子。官至東安太守〔四七〕。著詩、賦、頌六篇。臣松之案：《呂氏春秋》曰："人有臭者，其兄弟妻妾皆莫能與居，其人自若而居海上。海上人有悅其臭者，晝夜隨之而不能去。"此植所云"逐臭之夫"也。田巴事出《魯連子》，亦見《皇覽》，文多故不載。《世語》曰：脩年二十五，以名公子有才能，爲太祖所器，與丁儀兄弟，皆欲以植爲嗣。太子患之〔四八〕，以車載廢簏，内朝歌長吳質與謀〔四九〕。脩以白太祖，未及推驗。太子懼，告質，質曰："何患？明日復以簏受絹車内以惑之，脩必復重白，重白必推，而無驗，則彼受罪矣。"世子從之，脩果白，而無人〔五〇〕，太祖由是疑焉。脩與賈逵、王淩並爲主薄，而爲植所友。每當就植，慮事有闕〔五一〕，忖度太祖意，豫作答教十餘條，勅門下，教出以次答。教裁出，答已入，太祖怪其捷，推問始泄。太祖遣太子及植各出鄴城一門，密勅門不得出〔五二〕，以觀其所爲。太子至門，不得出而還。脩先戒植："若門不出侯，侯受王命，可斬守者。"植從之。故脩遂以交搆賜死。脩子囂，囂子準〔五三〕，皆知名於晉世。囂，泰始初爲典軍將軍，受心膂之任，早卒。準字始丘〔五四〕，惠帝末爲冀州刺史。荀綽《冀州記》曰：準見王綱不振，遂縱酒，不以官事爲意，逍遙卒歲而已。成都王知準不治，猶以其爲名士，惜而不責，召以爲軍謀祭酒。府散停家，關東諸侯議欲以準補三事，以示懷賢尚德之舉。事未施行而卒。準子嶠字國彥〔五五〕，髦字士彥，並爲後出之俊。準與裴頠、樂廣善，遣往見之。頠性弘方，愛嶠之有高韻，謂準曰："嶠當及卿，然髦小減也。"廣性清淳，愛髦之有神檢，謂準曰："嶠自及卿，然髦尤精出。"準歎曰："我二兒之優劣，乃裴、樂之優劣也。"評者以爲嶠雖有高韻，而神檢不逮，廣言爲得。傅暢云："嶠似準而疏。"嶠弟俊，字惠彦，最清出。嶠、髦皆爲二千石。俊，太傅掾。二十四年，曹仁爲關羽所圍。太祖以植爲南中郎將，行征虜將軍，欲遣救仁，呼有所勑戒。植醉不能受命。於是悔而罷之。《魏氏春秋》曰：植將行，太子飲焉，偪而醉之。王召植，植不能受王命，故王怒也。

文帝即王位，誅丁儀、丁廙并其男口。《魏略》曰：丁儀字正禮，沛郡人也。父沖，宿與太祖親善，時隨乘輿。見國家未定，乃與太祖書曰："足下平生常喟然有匡佐之志，今其時矣。"是時張楊適還河內，太祖得其書，乃引軍迎天子東詣許，以沖爲司隸校尉，後數來過諸將飲〔五六〕，酒美不能止，醉爛腸死。太祖以沖前見開導，常德之。聞儀爲令士，雖未見，欲以愛女妻之，以問五官將。五官將曰："女人觀貌，而正禮目不便，誠恐愛女未必悦也。以爲不如與伏波子楙。"太祖從之。尋辟儀爲掾，到與論議，嘉其才朗，曰："丁掾，好士也，即使其兩目盲，尚當與女，何況但眇〔五七〕？是吾兒誤我。"時儀亦恨不得尚公主，而與臨菑侯親善，數稱其奇才。太祖既有意欲立植，而儀又共贊之。及太子立，欲治儀罪，轉儀爲右刺姦掾，欲儀自裁而儀不能。乃對中領軍夏侯尚叩頭求哀，尚爲涕泣而不能救。後遂因職事收付獄，殺之。廙字敬禮，儀之弟也〔五八〕。《文士傳》曰：廙少有才姿，博學洽聞。初辟公府，建安中爲黄門侍郎。廙嘗從容謂太祖曰："臨菑侯天性仁孝，發於自然，而聰明智達，其殆庶幾。至於博學淵識，文章絕倫。當今天下之賢才君子，不問少長，皆願從其游而爲之死,實天之所以鍾福於大魏[五九],而永授無窮之祚也[六〇]。"欲以勸動太祖。太祖答曰:"植,吾愛之,安能若卿言!吾欲立之爲嗣,何如?"廙曰:"此國家之所以興衰,天下之所以存亡,非愚劣瑣賤者所敢與及。廙聞知臣莫若於君,知子莫若於父。至於君不論明闇,父不問賢愚,而能常知其臣子者何?蓋由相知非一事一物,相盡非一旦一夕。況明公加之以聖哲,習之以人子。今發明達之命,吐永安之言,可謂上應天命,下合人心,得之於須臾,垂之於萬世者也。廙不避斧鉞之誅,敢不盡言!"太祖深納之。植與諸侯並就國。黃初二年,監國謁者灌均希指,奏"植醉酒悖慢,劫脅使者"。有司請治罪,帝以太后故,貶爵安鄉侯。《魏書》載詔曰:"植,朕之同母弟。朕於天下無所不容,而況植乎?骨肉之親,捨而不誅[六一],其改封植。"其年改封鄄城侯。三年,立爲鄄城王,邑二千五百戶。

四年,徙封雍丘王。其年,朝京都。上疏曰:

臣自抱釁歸藩,刻肌刻骨,追思罪戾,晝分而食,夜分而寢。誠以天網不可重罹[六二],聖恩難可再恃。竊感《相鼠》之篇,無禮遄死之義,形影相弔,五情愧赧。以罪棄生,則違古賢"夕改"之勸,忍活苟全,則犯詩人"胡顏"之譏[六三]。伏惟陛下德象天地,恩隆父母,施暢春風,澤如時雨。是以不別荆棘者,慶雲之惠也;七子均養者,鳲鳩之仁也;舍罪責功者,明君之舉也;矜愚愛能者,慈父之恩也:是以愚臣徘徊於恩澤而不能自棄者也。

前奉詔書,臣等絶朝,心離志絶,自分黃耇無復執珪之望。不圖聖詔猥垂齒召[六四]，至止之日，馳心輦轂。僻處西館，未奉闕廷，踊躍之懷，瞻望反仄。謹拜表獻詩二篇，其辭曰："於穆顯考，時惟武皇。受命於天，寧濟四方。朱旗所拂，九土披攘。玄化滂流，荒服來王。超商越周，與唐比蹤。篤生我皇，奕世載聰[六五]。武則肅烈，文則時雍。受禪炎漢[六六]，臨君萬邦[六七]。萬邦既化，率由舊則[六八]；廣命懿親，以藩王國。帝曰爾侯，君茲青土。奄有海濱，方周於魯。車服有輝，旗章有敘。濟濟雋乂，我弼我輔。伊予小子，恃寵驕盈。舉挂時網，動亂國經。作藩作屏，先軌是墜[六九]。傲我皇使，犯我朝儀。國有典刑，我削我絀。將寘於理，元兇是率。明明天子，時篤同類。不忍我刑，暴之朝肆。違彼執憲，哀予小子[七〇]。改封兗邑，於河之濱。股肱弗置，有君無臣。荒淫之闕，誰弼予身？煢煢僕夫，於彼冀方。嗟予小子，乃罹斯殃。赫赫天子，恩不遺物。冠我玄冕，要我朱紱。朱紱光大，使我榮華[七一]。剖符授玉[七二]，王爵是加。仰齒金璽，俯執聖策。皇恩過隆，祗承怵惕。咨我小子，頑凶是嬰。逝慚陵墓，存愧闕廷。匪敢僭德，寔恩是恃。威靈改加，足以沒齒。昊天罔極，性命不圖。常懼顛沛，抱罪黃壚。願蒙矢石，建旗東嶽。庶立豪氂[七三]，微功自贖。危軀授命，知足免戾。甘赴江、湘，奮戈吳、越。天啓其衷，得會京畿。遲奉聖顏[七四]，如渴如饑。心之云慕,愴矣其悲。天高聽卑,皇肯照微!"又曰:"肅承明詔,應會皇都。星陳夙駕,秣馬脂車。命彼掌徒,肅我征旅。朝發鸞臺,夕宿蘭渚。芒芒原隰,祁祁士女。經彼公田,樂我稷黍。爰有樛木,重陰匪息;雖有餱糧,饑不遑食。望城不過,面邑匪游。僕夫警策〔七五〕,平路是由。玄駟藹藹,揚鑣瀏沫;流風翼衡,輕云承蓋。涉澗之濱,緣山之隈。遵彼河滸,黃阪是階〔七六〕。西濟關谷,或降或升。騑驂倦路,再寢再興。將朝聖皇,匪敢晏寧。弭節長鶩,指日遄征。前驅舉燧,後乘抗旌。輪不輟運,鸞無廢聲。爰暨帝室,稅此西墉。嘉詔未賜,朝覲莫從。仰瞻城閾,俯惟闕廷。長懷永慕,憂心如醒。"

帝嘉其辭義,優詔答勉之〔七七〕。《魏略》曰:初植未到關,自念有過,宜當謝帝。乃留其從官著關東,單將兩三人微行〔七八〕,入見清河長公主,欲因主謝。而關吏以聞,帝使人逆之,不得見〔七九〕。太后以為自殺也,對帝泣〔八〇〕。會植科頭負鈇鑕,徒跣詣闕下,帝及太后乃喜。及見之,帝猶嚴顏色,不與語,又不使冠履。植伏地泣涕,太后為不樂。詔乃聽復王服。《魏氏春秋》曰:是時待遇諸國法峻。任城王暴薨,諸王既懷友于之痛。植及白馬王彪還國,欲同路東歸,以敘隔闊之思,而監國使者不聽。植發憤告離而作詩曰:"謁帝承明廬,逝將歸舊疆。清晨發皇邑,日夕過首陽。伊洛曠且深,欲濟川無梁。汎舟越洪濤,怨彼東路長。回顧戀城闕,引領情內傷。大谷何寥廓,山樹鬱蒼蒼。霖雨泥我塗，流潦浩從橫。中逵絕無軌[八一]，改轍登高岡。修阪造云日，我馬玄以黃。玄黃猶能進，我思鬱以紆。鬱紆將何念？親愛在離居。本圖相與偕，中更不克俱。鴟梟鳴衡軛，豺狼當路衢；蒼蠅間白黑，讒巧反親疏[八二]。欲還絕無蹊，攬轡止踟躕。踟躕亦何留，相思無終極。秋風發微涼，寒蟬鳴我側。原野何蕭條，白日忽西匿。孤獸走索羣，銜草不遑食。歸鳥赴高林，翩翩厲羽翼。感物傷我懷，撫心長歎息。歎息何所爲[八三]，天命與我違。奈何念同生，一往形不歸！孤魂翔故域，靈柩寄京師。存者勿復過，亡沒身自衰。人生處一世，忽若朝露晞。年在桑榆間，影響不能追。自顧非金石，咄唶令心悲[八四]。心悲動我神，棄置莫復陳。丈夫志四海，萬里猶比鄰。恩愛苟不虧，在遠分日親。何必同衾幬，然後展殷勤。倉卒骨肉情，能不懷苦辛？苦辛何慮思，天命信可疑。虛無求列仙，松子久吾欺。變故在斯須[八五]，百年誰能持？離別永無會，執手將何時？王其愛玉體，俱享黃髮期。收淚即長塗，援筆從此辭。"

六年，帝東征，還過雍丘，幸植宮，增戶五百。太和元年，徙封浚儀。二年，復還雍丘。植常自憤怨，抱利器而無所施，上疏求自試曰：

臣聞士之生世，入則事父，出則事君；事父尚於榮親，事君貴於興國。故慈父不能愛無益之子，仁君不能畜無用之臣。夫論德而授官者，成功之君也；量能而受爵者，畢命之臣也。故君無虛授，臣無虛受；虛授謂之謬舉，虛受謂之尸祿，《詩》之"素餐"所由作也。昔二虢不辭兩國之任，其德厚也；且、奭不讓燕、魯之封，其功大也。今臣蒙國重恩，三世於今矣。正值陛下升平之際，沐浴聖澤，潛潤德教，可謂厚幸矣。而竊位東藩[八六]，爵在上列，身被輕煖，口厭百味，目極華靡，耳倦絲竹者，爵重禄厚之所致也。退念古之授爵禄者，有異於此，皆以功勤濟國，輔主惠民。今臣無德可述，無功可紀，若此終年無益國朝，將挂風人"彼己"之譏。是以上慙玄冕，俯愧朱紱。

方今天下一統，九州晏如，而顧西有違命之蜀，東有不臣之吴，使邊境未得脱甲，謀士未得高枕者，誠欲混同宇内以致太和也。故啓滅有扈而夏功昭，成克商、奄而周德著。今陛下以聖明統世，將欲卒文武之功，繼成康之隆，簡賢授能，以方叔、召虎之臣鎮御四境，爲國爪牙者，可謂當矣。然而高鳥未挂於輕繳，淵魚未縣於鈎餌者，恐釣射之術或未盡也。昔耿弇不俟光武，亟擊張步，言不以賊遺於君父。故車右伏劍於鳴轂，雍門刎首於齊境，若此二士，豈惡生而尚死哉？誠忿其慢主而陵君也。劉向《説苑》曰：越甲至齊，雍門狄請死之。齊王曰："鼓鐸之聲未聞，矢石未交，長兵未接，子何務死？知爲人臣之禮邪？"雍門狄對曰："臣聞之，昔者王田於囿，左轂鳴，車右請死之，王曰：'子何爲死？'車右曰：'爲其鳴吾君也。'王曰：'左轂鳴者，此工師之罪也。子何事之有焉？'車右對曰：'吾不見工師之乘，而見其鳴吾君也。'遂刎頸而死。有是乎？"王曰："有之。"雍門狄曰："今越甲至，其鳴吾君，豈左轂之下哉？車右可以死左轂，而臣獨不可以死越甲邪？」遂刎頸而死。是日，越人引軍而退七十里，曰：「齊王有臣，鈞如雍門狄，疑使越社稷不血食。」遂歸。齊王葬雍門狄以上卿之禮。夫君之寵臣，欲以除患興利；臣之事君，必以殺身靖亂〔八七〕，以功報主也。昔賈誼弱冠，求試屬國，請係單于之頸而制其命；終軍以妙年使越，欲得長纓纓其王，羈致北闕。此二臣，豈好爲誇主而燿世哉？志或鬱結，欲逞其才力，輸能於明君也。昔漢武爲霍去病治第，辭曰：「匈奴未滅，臣無以家爲！」固夫憂國忘家，捐軀濟難，忠臣之志也。今臣居外，非不厚也。而寢不安席，食不遑味者，伏以二方未克爲念〔八八〕。

伏見先武皇帝武臣宿將〔八九〕，年耆即世者有聞矣。雖賢不乏世，宿將舊卒，猶習戰陣，竊不自量，志在效命，庶立毛髮之功，以報所受之恩。若使陛下出不世之詔，效臣錐刀之用，使得西屬大將軍，當一校之隊，若東屬大司馬，統偏舟之任〔九〇〕，必乘危蹈險，騁舟奮驪，突刃觸鋒，爲士卒先。雖未能禽權馘亮，庶將虜其雄率，殲其醜類，必效須臾之捷，以滅終身之愧，使名挂史筆，事列朝策〔九一〕。雖身分蜀境，首縣吳闕，猶生之年也。如微才弗試，沒世無聞。徒榮其軀而豐其體，生無益於事，死無損於數，虛荷上位而忝重祿，禽息鳥視，終於白首，此徒圈牢之養物，非臣之所志也。流聞東軍失備〔九二〕,師徒小衂,輟食棄餐,奮袂攘衽,撫劒東顧,而心已馳於吳會矣。

臣昔從先武皇帝南極赤岸,東臨滄海,西望玉門,北出玄塞〔九三〕,伏見所以行軍用兵之勢,可謂神妙矣。故兵者不可豫言〔九四〕,臨難而制變者也〔九五〕。志欲自效於明時,立功於聖世。每覽史籍,觀古忠臣義士,出一朝之命,以徇國家之難,身雖屠裂,而功銘著於鼎鐘,名稱垂於竹帛〔九六〕,未嘗不扸心而歎息也。臣聞明主使臣,不廢有罪。故奔北敗軍之將用,秦、魯以成其功;臣松之案:秦用敗軍之將,事顯,故不注。魯連與燕將書曰:"曹子爲魯將,三戰三北而亡地五百里,向使曹子計不反顧,義不旋踵,刎頸而死,則亦不免爲敗軍之將矣。曹子棄三北之恥,而退與魯君計。桓公朝天子,會諸侯,曹子以一劒之任,披桓公之心於壇坫之上,顏色不變,辭氣不悖。三戰之所亡,一朝而復之。天下震動,諸侯驚駭,威加吳、越。"若此二士者,非不能成小廉而行小節也。絕纓盜馬之臣赦,楚、趙以濟其難。臣松之案:楚莊掩絕纓之罪,事亦顯,故不書。秦穆公有赦盜馬事,趙則未聞。蓋以秦亦趙姓,故互文以避上"秦"字也。臣竊感先帝早崩,威王棄世,臣獨何人,以堪長久!常恐先朝露,填溝壑,墳土未乾,而身名並滅。臣聞騏驥長鳴,則伯樂照其能;盧狗悲號,則韓國知其才。是以效之齊、楚之路,以逞千里之任;試之狡兔之捷,以驗搏噬之用。今臣志狗馬之微功,竊自惟度，終無伯樂、韓國之舉，是以於邑而竊自痛者也。

夫臨博而企竦，聞樂而竊抃者，或有賞音而識道也。昔毛遂，趙之陪隸，猶假錐囊之喻，以寤主立功，何況巍巍大魏多士之朝，而無慷慨死難之臣乎！夫自衒自媒者，士女之醜行也。干時求進者，道家之明忌也。而臣敢陳聞於陛下者，誠與國分形同氣，憂患共之者也。冀以塵霧之微補益山海，熒燭末光增輝日月，是以敢冒其醜而獻其忠。《魏略》曰：植雖上此表，猶疑不見用，故曰："夫人貴生者，非貴其養體好服，終竟年壽也，貴在其代天而理物也。夫爵祿者，非虛張者也，有功德然後應之，當矣。無功而爵厚，無德而祿重，或人以爲榮，而壯夫以爲恥。故太上立德，其次立功，蓋功德者所以垂名也。名者不滅，士之所利，故孔子有夕死之論，孟軻有棄生之義，彼一聖一賢，豈不願久生哉？志或有不展也。是用喟然求試，必立功也。嗚呼！言之未用，欲使後之君子知吾意者也。"

三年，徙封東阿。五年，復上疏求存問親戚，因致其意曰〔九七〕：

臣聞天稱其高者，以無不覆；地稱其廣者，以無不載；日月稱其明者，以無不照；江海稱其大者，以無不容。故孔子曰："大哉堯之爲君！惟天爲大，惟堯則之。"夫天德之於萬物，可謂弘廣矣。蓋堯之爲教，先親後疏，自近及遠，其《傳》曰："克明峻德[九八]，以親九族；九族既睦，平章百姓。"及周之文王亦崇厥化，其《詩》曰："刑于寡妻，至于兄弟，以御于家邦。"是以雍雍穆穆，風人詠之。昔周公弔管、蔡之不咸，廣封懿親以藩屏王室，《傳》曰："周之宗盟，異姓爲後。"誠骨肉之恩爽而不離，親親之義寔在敦固，未有義而後其君，仁而遺其親者也。

伏惟陛下資帝唐欽明之德[九九]，體文王翼翼之仁，惠洽椒房，恩昭九族[一〇〇]，羣后百寮，番休遞上，執政不廢於公朝，下情得展於私室，親理之路通，慶弔之情展，誠可謂恕己治人，推惠施恩者矣。至於臣者，人道絶緒，禁錮明時，臣竊自傷也。不敢過望交氣類[一〇一]，脩人事，敍人倫。近且婚媾不通，兄弟乖絶，吉凶之問塞，慶弔之禮廢，恩紀之違，甚於路人，隔閡之異，殊於胡越。今臣以一切之制，永無朝覲之望，至於注心皇極，結情紫闥，神明知之矣，然天實爲之，謂之何哉！退惟諸王常有戚戚具爾之心，願陛下沛然垂詔，使諸國慶問，四節得展，以敍骨肉之歡恩，全怡怡之篤義。妃妾之家，膏沐之遺，歲得再通，齊義於貴宗，等惠於百司，如此，則古人之所歎，風雅之所詠，復存於聖世矣。

臣伏自惟省[一〇二]，無錐刀之用。及觀陛下之所拔授，若以臣爲異姓，竊自料度，不後於朝士矣。

若得辭遠遊，戴武弁，解朱組，佩青紱，駙馬、奉車，趣得一號〔一〇三〕，安宅京室，執鞭珥筆，出從華蓋，入侍輦轂，承答聖問，拾遺左右，乃臣丹誠之至願，不離於夢想者也。遠慕《鹿鳴》君臣之宴，中詠《常棣》匪他之誠〔一〇四〕，下思《伐木》友生之義，終懷《蓼莪》罔極之哀；每四節之會，塊然獨處，左右惟僕隸，所對惟妻子，高談無所與陳，發義無所與展，未嘗不聞樂而拊心，臨觴而歎息也。臣伏以爲犬馬之誠不能動人，譬人之誠不能動天。崩城、隕霜，臣初信之，以臣心況，徒虛語耳。若葵藿之傾葉，太陽雖不爲之回光〔一〇五〕，然向之者誠也〔一〇六〕。竊自比於葵藿〔一〇七〕，若降天地之施，垂三光之明者，實在陛下。

臣聞文子曰："不爲福始，不爲禍先。"今之否隔，友于同憂，而臣獨倡言者，竊不願於聖世使有不蒙施之物。有不蒙施之物，必有慘毒之懷，故《柏舟》有天只之怨，《谷風》有"棄予"之歎。故伊尹恥其君不爲堯舜〔一〇八〕，孟子曰："不以舜之所以事堯事其君者，不敬其君者也。"臣之愚蔽，固非虞、伊，至於欲使陛下崇光被時雍之美，宣緝熙章明之德者，是臣慺慺之誠，竊所獨守，實懷鶴立企佇之心。敢復陳聞者，冀陛下儻發天聰而垂神聽也。

詔報曰："蓋教化所由，各有隆弊，非皆善始而惡終也，事使之然。故夫忠厚仁及草木，則《行葦》之詩作；

恩澤衰薄，不親九族，則《角弓》之章刺。今令諸國兄弟，情禮簡怠，妃妾之家，膏沐疏略，朕縱不能敦而睦之，王援古喻義備悉矣〔一〇九〕，何言精誠不足以感通哉？夫明貴賤，崇親親，禮賢良，順少長，國之綱紀，本無禁固諸國通問之詔也。矯枉過正，下吏懼譴以至於此耳。已勅有司，如王所訴。"

植復上疏陳審舉之義，曰：

臣聞天地協氣而萬物生，君臣合德而庶政成，五帝之世非皆智，三季之末非皆愚，用與不用，知與不知也。既時有舉賢之名，而無得賢之實，必各援其類而進矣。諺曰："相門有相，將門有將。"夫相者，文德昭者也；將者，武功烈者也。文德昭則可以匡國朝，致雍熙，稷、契、夔、龍是也；武功烈則可以征不庭，威四夷，南仲、方叔是矣。昔伊尹之為媵臣，至賤也，呂尚之處屠釣，至陋也，及其見舉於武湯、周文〔一一〇〕，誠道合志同，玄謨神通，豈復假近習之薦，因左右之介哉。《書》曰："有不世之君，必能用不世之臣；用不世之臣，必能立不世之功。"殷周二王是矣。若夫齷齪近步，遵常守故，安足為陛下言哉？故陰陽不和，三光不暢，官曠無人，庶政不整者，三司之責也。疆場騷動，方隅內侵，沒軍喪眾，干戈不息者，邊將之憂也。豈可虛荷國寵而不稱其任哉？故任益隆者負益重，位益高者責益深，《書》稱"無曠庶官"，《詩》有"職思其憂",此其義也。

　　陛下體天真之淑聖,登神機以繼統,冀聞"康哉"之謌,偃武行文之美[一一]。而數年以來,水旱不時,民困衣食,師徒之發,歲歲增調,加東有覆敗之軍,西有殪没之將,至使蚌蛤浮翔於淮、泗[一二],䴏鼬讙譁於林木。臣每念之,未嘗不輟食而揮餐,臨觴而搤腕矣。昔漢文發代,疑朝有變,宋昌曰:"内有朱虚、東牟之親,外有齊、楚、淮南、琅邪,此則磐石之宗,願王勿疑。"臣伏惟陛下遠覽姬文二虢之援,中慮周成召、畢之輔,下存宋昌磐石之固。昔騏驥之於吳阪,可謂困矣,及其伯樂相之,孫郵御之,形體不勞而坐取千里。蓋伯樂善御馬,明君善御臣;伯樂馳千里,明君致太平;誠任賢使能之明效也。若朝司惟良,萬幾内理,武將行師,方難克弭。陛下可得雍容都城,何事勞動鑾駕,暴露於邊境哉?

　　臣聞羊質虎皮,見草則悦,見豺則戰,忘其皮之虎也。今置將不良,有似於此。故語曰:"患爲之者不知,知之者不得爲也。"昔樂毅奔趙,心不忘燕;廉頗在楚,思爲趙將。臣生乎亂,長乎軍,又數承教於武皇帝,伏見行師用兵之要,不必取孫、吳而闇與之合。竊揆之於心,常願得一奉朝覲,排金門,蹈玉陛,列有職之臣,賜須臾之問[一三],使臣得一散所懷,攄舒蘊積[一四],死不恨矣。

被鴻臚所下發士息書[一五]，期會甚急。又聞豹尾已建，戎軒鶩駕，陛下將復勞玉躬，擾挂神思。臣誠竦息，不遑寧處。願得策馬執鞭，首當塵露，撮風后之奇[一六]，接孫、吳之要，追慕卜商起予左右，効命先驅，畢命輪轂。雖無大益，冀有小補。然天高聽遠，情不上通，徒獨望青云而拊心，仰高天而歎息耳。屈平曰："國有驥而不知乘，焉皇皇而更索！"昔管、蔡放誅，周、召作弼；叔魚陷刑，叔向匡國。三監之釁，臣自當之；二南之輔，求必不遠。華宗貴族，藩王之中，必有應斯舉者。故《傳》曰："無周公之親，不得行周公之事。"惟陛下少留意焉。

近者漢氏廣建藩王，豐則連城數十，約則饗食祖祭而已，未若姬周之樹國，五等之品制也。若扶蘇之諫始皇，淳于越之難周青臣，可謂知時變矣。夫能使天下傾耳注目者，當權者是矣，故謀能移主，威能懾下[一七]。豪右執政，不在親戚；權之所在，雖疏必重，勢之所去，雖親必輕，蓋取齊者田族，非呂宗也。分晉者趙、魏，非姬姓也。唯陛下察之。苟吉專其位，凶離其患者，異姓之臣也。欲國之安，祈家之貴，存共其榮，沒同其禍者，公族之臣也。今反公族疏而異姓親，臣竊惑焉。

臣聞孟子曰："君子窮則獨善其身，達則兼善天下。"今臣與陛下踐冰履炭，登山浮澗，寒溫燥溼，高下共之，豈得離陛下哉？不勝憤懣，拜表陳情。若有不合，乞且藏之書府，不便滅棄[一一八]，臣死之後，事或可思。若有豪氂少挂聖意者，乞出之朝堂，使夫博古之士。糾臣表之不合義者。如是，則臣願足矣。

帝輒優文答報。《魏略》曰：是後大發士息，及取諸國士。植以近前諸國士息已見發，其遺孤稚弱，在者無幾，而復被取，乃上書曰："臣聞古者聖君[一一九]，與日月齊其明，四時等其信，是以戮凶無重，賞善無輕，怒若驚霆，喜若時雨，恩不中絕，教無二可，以此臨朝，則臣下知所死矣。受任在萬里之外，審主之所以受官，必己之所以投命，雖有構會之徒，泊然不以為懼者，蓋君臣相信之明效也。昔章子為齊將，人有告之反者，威王曰：'不然。'左右曰：'王何以明之？'王曰：'聞章子改葬死母；彼尚不欺死父，顧當叛生君乎？'此君之信臣也。昔管仲親射桓公，後幽囚從魯檻車載，使少年挽而送齊。管仲知桓公之必用己，懼魯之悔，謂少年曰：'吾為汝唱，汝為和，聲和聲，宜走。'於是管仲唱之，少年走而和之，日行數百里，宿昔而至。至則相齊，此臣之信君也。臣初受封，策書曰：'植受茲青社，封於東土，以屏翰皇家，為魏藩輔。'而所得兵百五十人，皆年在耳順，或不踰矩，虎賁官騎及親事凡二百餘人。正復不老，皆使年壯，備有不虞，檢校乘城，顧不足以自救，況皆復耄耋罷曳乎？而名為魏東藩，使屏翰王室，臣竊自羞矣。就之諸國，國有士子，合不過五百人，伏以為三軍益損，不復賴此。方外不定，必當須辦者，臣願將部曲倍道奔赴，夫妻負繦，子弟懷糧，蹈鋒履刃，以徇國難，何但習業小兒哉？愚誠以揮涕增河，鼱鼠飲海，於朝萬無損益，於臣家計甚有廢損。又臣士息前後三送，兼人已竭。惟尚有小兒，七八歲已上，十六七已還，三十餘人。今部曲皆年耆，臥在牀席，非糜不食〔一二〇〕，眼不能視，氣息裁屬者，凡三十七人；疲瘵風靡，疣盲聾聵者，二十三人。惟正須此小兒，大者可備宿衞，雖不足以禦寇，粗可以警小盜；小者未堪大使，爲可使耘鉏穢草，驅護鳥雀。休候人則一事廢，一日獵則衆業散，不親自經營則功不攝；常自躬親，不委下吏而已。陛下聖仁，恩詔三至，士子給國，長不復發。明詔之下，有若曒日，保金石之恩，必明神之信，畫然自固，如天如地。定習業者並復見送，奄若晝晦，悵然失圖。伏以爲陛下既爵臣百寮之右，居藩國之任，爲置卿士，屋名爲宮，家名爲陵，不使其危居獨立，無異於凡庶。若柏成欣於野耕，子仲樂於灌園；蓬戶茅牖，原憲之宅也；陋巷簞瓢，顏子之居也：臣才不見効用，常慨然執斯志焉。若陛下聽臣悉還部曲，罷官屬，省監官，使解璽釋紱，追柏成、子仲之業，營顏淵、原憲之事，居子臧之廬，宅延陵之室。如此，雖進無成功，退有可守，身死之日，猶松、喬也。然伏度國朝終未肯聽臣之若是，固當羈絆於世繩，維繫於祿位，懷屑屑之小憂，執無已之百念，安得蕩然肆志，逍遙於宇宙之外哉？此願未從，陛下必欲崇親親，篤骨肉，潤白骨而榮枯木者，惟遂仁德以副前恩詔〔一二一〕。"皆遂還之。

其年冬，詔諸王朝六年正月〔一二二〕。其二月，以陳四縣封植爲陳王，邑三千五百戶。植每欲求別見獨談，論及時政，幸冀試用，終不能得。既還，悵然絕望。時法制，待藩國既自峻迫，寮屬皆賈豎下才，兵人給其殘老，大數不過二百人。又植以前過，事事復減半〔一二三〕，十一年中而三徙都，常汲汲無歡，遂發疾薨，時年四十一。植常爲瑟瑟調,歌辭曰:"吁嗟此轉蓬,居世何獨然!長去本根逝,夙夜無休閒。東西經七陌[一二四],南北越九阡。卒遇回風起,吹我入雲間。自謂終天路,忽焉下沈淵。驚飆接我出,故歸彼中田[一二五]。當南而更北,謂東而反西。宕宕當何依,忽亡而復存。飄颻周八澤,連翩歷五山。流轉無恒處,誰知吾苦艱?願爲中林草,秋隨野火燔。糜滅豈不痛,願與林葉連[一二六]。"孫盛曰:異哉,魏氏之封建也!不度先王之典,不思藩屏之術,違敦穆之風,背維城之義。漢初之封,或權侔人主,雖云不度,時勢然也。魏氏諸侯,陋同匹夫,雖懲七國,矯枉過也[一二七]。且魏之代漢,非積德之由,風澤既微,六合未一,而彫翦枝幹,委權異族,勢同瘣木,危若巢幕,不嗣忽諸,非天喪也。五等之制,萬世不易之典。六代興亡,曹冏論之詳矣。遺令薄葬。以小子志,保家之主也,欲立之。初,植登魚山,臨東阿,喟然有終焉之心[一二八],遂營爲墓[一二九]。子志嗣,徙封濟北王。景初中詔曰:"陳思王昔雖有過失,既克己慎行,以補前闕,且自少至終,篇籍不離於手,誠難能也。其收黃初中諸奏植罪狀,公卿已下議尚書、中書、祕書三府、大鴻臚者皆削除之。撰録植前後所著賦頌詩銘雜論凡百餘篇[一三〇],副藏内外。"志累增邑,并前九百九十戶。《志別傳》曰:志字允恭,好學有才行。晉武帝爲中撫軍,迎常道鄉公於鄴,志夜與帝相見,帝與語,從暮至旦,甚器之。及受禪,改封鄄城公。發詔以志爲樂平太守,歷章武、趙郡,遷散騎常侍、國子博士,後轉博士祭酒。及齊王攸當之藩,下禮官議崇錫之典,志歎曰:"安有如此之才,如此之親,而不得樹本助化,而遠出海隅者乎?"乃建議以諫,辭旨甚切。帝大怒,免志官。後復爲散騎常侍。志遭母憂，居喪盡哀，因得疾病，喜怒失常，太康九年卒，諡曰定公。

蕭懷王熊，早薨。黃初二年追封諡蕭懷公。太和三年，又追進爵爲王。青龍二年，子哀王炳嗣，食邑二千五百戶，六年薨，無子，國除。

評曰：任城武藝壯猛，有將領之氣。陳思文才富豔，足以自通後葉，然不能克讓遠防，終致攜隙。《傳》曰"楚則失之矣，而齊亦未爲得也"，其此之謂歟！魚豢曰：諺言"貧不學儉，卑不學恭"，非人性分也〔一三〕，勢使然耳。此實然之勢，信不虛矣。假令太祖防遏植等，在於疇昔，此賢之心，何緣有窺望乎？彰之挾恨，尚無所至。至於植者，乃令楊脩以倚注遇害，丁儀以希意族滅，哀夫！余每覽植之華采，思若有神。以此推之，太祖之動心，亦良有以也。

【校箋】

〔一〕毛本作"魏書十九"。

〔二〕毛本作"任城陳蕭王傳第十九"。

〔三〕《金樓子·說蕃篇》作"而好乘馬擊劍"，無"汗"字。《類聚》卷四十五引亦無"汗"字。

〔四〕蕭書、郝書"用"字俱作"勇"。

〔五〕《類聚》、《御覽》卷一百五十引"丈"上有"大"字。

〔六〕《御覽》卷三百一十二、《蒙求注》卷九引"丸"字俱作"桓"。

〔七〕盧弼曰："何焯校改'隙'作'隟'。"

謹案："隟"爲"隙"之俗體。

〔八〕《書鈔》卷一百一十八引《魏書》"退散"二字乙。《御覽》引同。

〔九〕盧弼曰："《魏土地記》：'代城北九十里有桑乾城。'《方輿紀要》卷四十四：'桑乾城在大同府東百五十里，漢縣，爲代郡治，後廢。黃初二年徙郡陘南，其縣亦廢也。'"

謹案：《御覽》引"縣"下有"名"字。《南齊書·魏虜傳》："平城南有干水，出定襄界，流入海，去城五十里，世號爲索干都。"

〔一〇〕《書鈔》卷六十三、《白帖》卷五十四引"令"俱作"命"。

〔一一〕《白帖》《御覽》引"而"字俱作"專"。

〔一二〕郝書"長"字作"乃"。

〔一三〕郝書荀注引"楷"上有"裴松之曰"一語，疑此脫"臣松之案"四字。

〔一四〕《世說·文學篇》注引《魏志》句下有"文帝同母弟也"六字。

〔一五〕盧弼曰："按：下文魏武視植文，疑其倩作，悉將諸子登臺，使各爲賦，語氣連綴，似爲一時事。《武紀》建安十五年作銅爵臺，時植年十九歲。登臺作賦在建安十七年，見魏文《登臺賦序》，植已二十一歲矣。本傳'年十歲餘'，似應作'年十餘歲'。若解作十歲餘已能誦讀詩論及辭賦數十萬言爲一時事，善屬文登臺作賦又爲一時事，亦可通。"

謹案：《世說》注引作"年十餘歲"。《書鈔》卷七十、《類聚》卷四十五、《御覽》卷一百五十一、卷四百五十九、卷六百引俱作

"年十餘歲",是也,今"餘歲"二字互乙。盧君於此而依違其説,且云善屬文登臺作賦爲一時事。考此文概述曹植少時事,不可分割,而善屬文與上文誦讀詩論及辭賦數十萬言,密切相承,似不能如盧君説割裂爲二時也。"歲餘"二字當乙正。

〔一六〕《世説》注引"數"下無"十"字,《御覽》卷六百、又六百零二引《文選人名録》引亦俱無"十"字,應據删。

〔一七〕《書鈔》卷九十八、《御覽》卷六百零二引"跪"下俱有"對"字。

〔一八〕《書鈔》卷九十八引作"出言爲論",同卷引《曹植集序》同。《御覽》卷六百、《世説》注引亦同,此疑誤倒,似應據乙。

〔一九〕《類聚》卷五十六、《御覽》卷六百、六百零二引"顧"字俱作"願",蕭書同。

〔二〇〕《世説》注引"臺"字作"之"。

〔二一〕《類聚》卷六十二載植此賦文字與裴注引略異。此句作"聊登臺以娛情"。

〔二二〕《類聚》引"開"字作"浦"。

〔二三〕《類聚》引"門"字作"殿"。《水經·濁漳水注》:"魏武封於鄴,爲北宫,宫有文昌殿。……城有七門,南曰鳳陽門,……鳳陽門三臺洞開,高三十五丈。"

〔二四〕《類聚》引"連"字作"臨"。《水經注》:"城之西北有三臺,皆因城爲之基,巍然崇舉,其高若山。"

〔二五〕《類聚》引"水"字作"川"。《水經注》:"魏武又以郡國之舊,引漳流自城西東入,逕銅爵臺下。"

〔二六〕《類聚》引"云垣"作"工垣"。

〔二七〕盧弼曰:"梁章鉅曰:'《子建集》逞作呈,與上下韵是也，此逞字恐誤。'沈家本曰：'古韵不分平仄，逞字不誤，論文義逞字爲長。'"

謹案："逞"字不誤。張衡《思玄賦》"逞"與"禎""鳴""榮"等字協。章懷注："'逞'協韵，音丑貞切。"梁説或未得。

〔二八〕《類聚》引"規"字作"矩"。

〔二九〕郝書無"而"字。

〔三〇〕盧弼曰："《通鑑》作'不自彫飾'。"

謹案："勵"字或爲"飭"字之形誤。《抱朴子·均世篇》："且夫古者，事事醇素，今則莫不彫飭。"或作"彫飾"。《晉書·樂志》："昔日貴彫飾，今尚儉與素。"則作"彫飾"者是。彫飾猶言修飾，作"彫勵"者誤。

〔三一〕盧弼曰："李祖楙曰：'公車門名，公車所在，因以名焉。公車門或即南闕門也。'洪飴孫曰：'案官品無司馬二字，《通典》云晉江左以來始直云公車令耳。'"

謹案：《漢官儀》："公車司馬掌殿司馬門。"《續漢書·百官志》注引《獻帝起居注》："建安八年議郎衛林爲公車司馬令，位隨將大夫。舊公車令與都長史，位從將大夫自林始。"此曰公車令，蓋省稱也。

〔三二〕盧弼曰："《崔琰傳》注引《世語》云：'植妻衣繡，太祖登臺見之，以違制命，還家賜死。'胡三省曰：'以違制命罪植妻，則當時禁衣錦繡也。'弼按：《武紀》建安二十五注引《魏書》云'後宮衣不錦繡'。《衛覬傳》：'覬上疏曰：武皇帝之時，後宮食不過一肉，衣不用錦繡，茵褥不緣飾。'蓋當時之制如此。《崔琰傳》：'植兄琰之兄女婿也。'是植妻崔氏女也。"

謹案：傳言"諸侯科禁"，即《武文世王公傳》所謂"諸侯賓客交通之禁，重者乃使與犯妖惡同也"。盧君引《崔琰傳》注植妻衣繡事以證，與傳文無涉，或非。

〔三三〕盧弼曰："潘眉曰：'金門疑即金明門。《水經注》：鄴城有七門，南曰鳳陽門，中曰中陽門，次曰廣陽門，東曰建春門，北曰廣德門，次曰厩門。西曰金明門，一曰白門。'弼案：范書《趙孝王良傳》：'白衣出司馬門，坐削中丘縣。'章懷注：'王宮門有兵衛，亦爲司馬門。'據潘氏所云，似植所開者爲鄴城之司馬門，然據《水經・穀水注》，則爲洛城之司馬門也。當以酈注爲是。"

謹案：盧君據酈氏《水經・穀水注》以司馬門爲洛陽之司馬門，是也。然於金門則未論及。考《御覽》卷一百八十三引《洛陽宮殿名》曰："洛陽有司馬門、北闕門、玄武門、南掖門、北掖門、南端門、金門。"是洛陽自有金門，潘氏以鄴之金明門當之，或非。

〔三四〕郝書"才"字作"辯"。

〔三五〕《文選》楊德祖《答臨淄侯牋》及《與楊德祖書》李注引"來"字俱作"秉"。

〔三六〕紹興本、馮本、陳本"掘"字作"握"，《初學記》卷二十五引同。郝書同。《文選》亦作"握"。

〔三七〕盧弼曰："《文選》'麗'作'惡'。"何焯曰："自得佳麗，則受彈者之益。傳之後世，但以佳麗見稱，亦誰知因改定而佳麗乎。今人多誤會。"

謹案：胡紹煐曰："《容齋隨筆》說同，正作'佳麗'。"

〔三八〕盧弼曰："《文選》'淵'作'泉'（六臣本作'淵'）。"

謹案：胡紹煐曰："按：作'淵'字不誤。注引《戰國策》作'龍淵'可證。此蓋因避諱改。"考唐高祖諱淵，故李善本改"淵"爲"泉"也。

〔三九〕盧弼曰："宋本《子建集》無'歎'字。六臣本《文選》注曰：'善本無歎。'又引《詩傳》：'息，止也。'梁章鉅曰：'以無歎字爲是。'"

謹案：孫志祖《文選李注補正》曰："注引《毛萇傳》'息，止也'，則非歎息明矣。"竊疑"歎"字蓋後人習見"歎""息"連文，以"息"上脱"歎"字而妄增，與子建書本意違矣。

〔四〇〕盧弼曰："六臣本《文選》注云：'善本作留。'"

謹案："流""留"古通用。《莊子・天地篇》"留動而生"釋文："留"或作"流"，是其證。

〔四一〕盧弼曰："《子建集》'怍'作'慼'。毛本誤作'作'。"

謹案：《論語・憲問篇》："其言之不怍，則其爲之也難。"馬融曰："怍，慙也。内有其實，則言之不慙，積其實者爲之難。"子建蓋本《論語》，則作"怍"字爲是。

〔四二〕紹興本"風"字作"諷"，是，《說文・言部》曰："誦也。"

〔四三〕盧弼曰："《文選》作'自周章於省覽。'"

謹案：紹興本亦作"自"，考"目"字義長。謂目用於省覽，實有應接不暇之勢也。故下文云"何遑高視哉"。胡克家曰："袁本、茶陵本'自'作'目'，是也。何校云：'《魏志》自作目。'"

〔四四〕《文選》無"遑駭"二字。

〔四五〕紹興本"誰"字作"言"。

〔四六〕盧弼曰："宋本'所'作'得'，《文選》同。"

謹案：《論語・子張篇》："子貢曰：'仲尼日月也，無得而踰焉。'"皇疏："仲尼聖知，高如日月，日月麗天，豈有人得踰踐者乎！"此本《論語》，則作"得"字爲是。

〔四七〕《文選·與楊德祖書》李注引"東安"作"樂安"，是也。

〔四八〕盧弼曰："嗣尚未定，不得稱'太子'，當爲'世子'之誤，下文'世子從之'可證。胡玉縉曰：'《禮記·曲禮》：不敢與世子同名。鄭注：世或爲太。桓九年《春秋經》：曹伯使其世子射姑來朝。孔疏諸經稱世子及衛世叔申經作世字，傳皆爲大，然則古者世之與大字義通也。據此則此處太字似不誤。'"

謹案：本志《武帝紀》"二十三年冬十月以五官中郎將丕爲魏太子"。蓋公侯之嫡嗣曰世子，王之稱太子，此古制也。崔琰與曹丕書稱世子（見《崔琰傳》），時操已爲魏公也。及魏國既建，遂稱太子（見《何夔傳》），雖其間有奪宗之議，而丕究未嘗被絀也。盧君謂嗣尚未定，不得稱太子，或考索未審歟！胡氏謂此"太"字不誤，恐非。即據此注言，前稱世子，後稱太子，蓋以時日不同，情勢有殊，故其稱謂亦隨之而易也。"太""世"二字雖義古通，然於此究不能混一而不加釐別。《御覽》卷七百零五引"太"字作"世"，足徵"太"實誤字。

〔四九〕《御覽》卷七百零五引"內"下有"詣"字。

〔五〇〕此句語意不足，紹興本"白"下有"推"字，《御覽》引同，應據補，與上文"未及推驗""重白必推而無驗"語意相承。

〔五一〕盧弼曰："馮本、官本'闕'作'關'。"

謹案：紹興本、毛本"關"字作"闕"。錢儀吉曰："孫志祖曰：'案：《通鑑》作闕，是。'"

〔五二〕門下疑脫"者"字。

〔五三〕《世説·賞譽篇》注"準"字作"淮"，《品藻篇》同。傳是樓本仍作"準"。

〔五四〕盧弼曰："弼按：《世語》'準'作'淮'。"

謹案："淮"爲"准"字之誤，而"准"爲"準"之六朝俗體，字當作"準"，傳寫或誤爲"淮"也。

〔五五〕《世說·賞譽篇》"嶠"字作"喬"，《品藻篇》同。

〔五六〕《書鈔》卷六十一、《御覽》卷三百七十六引"來過"作"歲遇"。

〔五七〕《御覽》卷七百四十、《册府》卷九百零六引"眇"下有"乎"字，郝書作"何況但眇耶"。"眇"下似應增"乎"字，語氣乃足。

〔五八〕盧弼曰："趙一清曰：'《陳思王集》有《贈丁翼詩》，即廙也。《隋書·經籍志》：後漢黃門郎《丁廙集》一卷，梁二卷，錄一卷。馮氏《詩紀》作丁翼，嚴可均輯存丁廙《蔡伯喈女賦》《彈碁賦》二篇。'"

謹案：段玉裁《說文》"廙"字注云："魏晉後用爲'翼'字，如丁廙字敬禮，是用爲小心翼翼字也。"

〔五九〕毛本"鍾"作"種"。盧弼曰："馮本無'下'字，官本作'之'。宋本'種'作'鍾'。"

謹案：當從官本及宋本訂正。"之"之爲"下"，蓋以草書形近而譌。《左傳·昭公二十一年》"器以鍾之"注："鍾，聚也。""種"誤字。

〔六〇〕毛本"授"字作"受"。盧弼曰："宋本'受'作'授'。"

謹案："受"字是，宋本誤。《廣雅·釋詁三》："受，得也。"

〔六一〕盧弼曰："《文選》李注引此作'舛而不誅'。"

謹案：《漢書·昌邑王傳》"析而不殊"，曹丕詔蓋本此。"捨""誅"二字或爲"析""殊"之形譌。又《宣帝紀》云："骨肉之親，粲而不殊。""粲"爲"粊"字之隸變，《説文》："粊，散之也。"析、散義同。顔注："殊，絶也。"析而不殊，猶言分離而不斷絶也。李注作"舛"，《文選考異》曰："此'舛'與'爽''粲''散''析'互異而義相同。"

〔六二〕紹興本、馮本、陳本、毛本"罹"字俱作"離"，《册府》卷二百七十四引同。"離"與"罹"同義。《詩・王風・兔爰》："雉離於羅。"《漢書注》："'離'作'罹'。"《淮南子・氾論篇》"離者必病"注："離，遭也。"

〔六三〕盧弼曰："《困學紀聞》云：'《詩》無此句。李善引《毛詩》曰：何顔而不速死也。今《相鼠》注無之。'趙一清曰：'黄初四年始立《毛詩》於學官，此與《文帝紀》引曹人之刺詔書正同。'"

謹案：胡紹煐曰："丁廙《蔡伯喈女賦》'忍胡顔之重恥'。丁與曹同時，亦承用此語，究未詳所出也。"

〔六四〕盧弼曰："李善曰：'猥猶曲也。'"

謹案：朱駿聲《説文通訓定聲》曰："猥，注皆訓曲，實亦發聲之詞。"

〔六五〕《曹子建集》"再"作"在"。

〔六六〕錢儀吉曰："'炎'《文選》作'於'。"

謹案：《曹子建集》"炎"字作"於"。

〔六七〕盧弼曰："《文選》'臨君'作'君臨'。宋本《曹子建集》同。朱琦曰：'作臨君是，與今《書・顧命》合，是也。'"

謹案：李善注引《尚書》作"君臨周邦"，是善所見本不作"臨君"也。《穀梁傳・哀公七年》"春秋有臨天下之言焉"注："臨，撫有之也。"

〔六八〕《曹子建集》"則"字作"章"。

〔六九〕紹興本、馮本、陳本"墜"字作"墮"，《曹子建集》同。"墮"字與下文"儀"字爲韵。

〔七〇〕盧弼曰："梁章鉅曰：'《文選》子作臣，恐誤，與下文臣韵。'"

謹案：胡紹煐曰："按：善本作'臣'，故注引《儀禮》曰：'小臣正辭。'此與下'於河之濱'韵，下'臣''身'自爲韵，作'子'則失其韵矣。"

〔七一〕盧弼曰："《文選》作'光光大使，我榮我華'。"

謹案："朱紱光大"語疑有誤。《文選》作"光光大使"，句亦不可解。竊疑此當作"光光大魏，使我榮華"。《御覽》卷二百六十二引《桓楷別傳》有"光光大魏"之語可證。此"朱紱"蓋蒙上文而衍。"大"下補"魏"字，"榮"下增"我"字，則句意可曉矣。

〔七二〕盧弼曰："《文選》李善注本'玉'作'土'，五臣本作'玉'。"

謹案：梁章鉅曰："按：'土'字誤。彼注引'剖符析珪'自是注授玉也。"

〔七三〕盧弼曰："毛本'髦'字作'犛'。"

謹案：朱駿聲《説文通訓定聲》曰："按：毫氂字今以'釐'字爲之。古作'氂'，實當作'犛'。豪，長毛豕；犛，長毛牛也。或作'氂'亦可。'髦'從'犛'省，從'毛'，會意，'毛'亦聲，與'氂'音隔，作'髦'者形聲誤耳。"

〔七四〕盧弼曰："黄節注：'遲，待也。'"

謹案：胡紹煐曰："遲，待也。《易·歸妹九四》：'遲歸有時。'釋文引陸績曰：'遲，待也。'此謂侍奉聖顔耳。"

〔七五〕盧弼曰："宋本《子建集》'策'作'筴'。"

謹案：《説文・竹部》："策，馬箠也。"《易・繫辭》釋文："策，本作筴。"宋本《子建集》作"筴"，疑"筴"字之形誤。

〔七六〕盧弼曰："趙一清曰：'黃阪即黃卷坂，一作黃卷。《水經・河水注》：河水自潼關東北流，水側有長坂，謂之黃卷坂。坂傍絕澗，涉此坂以升潼關。所謂泝黃卷以濟潼關矣。'梁章鉅説同。弼按：潼關在洛陽之西，植由鄴城朝京都，鄴城在洛陽之東，無由越洛陽而至潼關之理，殆沿下文'西濟關谷'之語而誤，趙、梁説均非。胡玉縉曰：'所辯良是。惟涉澗之濱四句與《水經・河水注》所述情形合。《文選》潘安仁《西征賦》發閿鄉而警策，愬黃卷以濟潼。李善注引《述征記》亦云：河自關北東流，水側有坂，故謂之黃卷坂。是詩首言應會皇都，下文言將朝聖皇，豈中間有事於潼歟？趙、梁二説似可推求，果爾，則'西濟關谷'句李注引《洛陽記》非矣！'"

謹案：趙、梁説疑未確。考植傳四年徙封雍丘，其年朝京師，則植去洛非由鄴城往，盧君説誤。據曹植《贈白馬王彪詩》自敘由洛東歸途路所經甚悉，意來時亦當沿此路行也。其詩曰："太谷何寥廓。"又曰："修坂造云日。"是歸途先經太谷，後涉修坂，與來時先階黃坂，後濟關谷正同。李注引陸機《洛陽記》："洛陽有西關南伊闕，谷即太谷也。"勢不至潼關與黃卷坂明矣。竊疑黃坂非專名，蓋泛指黃土原也。且詩曰："將朝聖皇，匪敢晏寧。彌節長騖，指日遄征。"則急於至洛心情可見，何能繞道潼關然後乃赴洛耶？於史實有不可通者，則胡氏之説亦有未當者矣！

〔七七〕梁章鉅曰："《文選・魏都賦》注：文帝答曹植詔曰：'所獻詩六篇，微顯成章。此猶機事之先見者也。'"

謹案："此猶機事之先見者也"，"此"字原作"兆"，下文已釋兆字義。丕詔只有"所獻詩六篇，微顯成章"二句，梁氏誤稱。

〔七八〕《御覽》卷一百五十二引"將"上無"單"字。

〔七九〕《御覽》引無"見"字。

〔八〇〕《御覽》引"泣"下有"下"字。

〔八一〕紹興本、毛本"迨"字作"田"。

〔八二〕盧弼曰："《文選》'反'作'令'。"

謹案：《詩·齊風·猗嗟》："四矢反兮。"韓詩"反"作"變"，是"反"有變義。則反親疏猶言變親爲疏也。

〔八三〕紹興本"何"字作"亦"。

〔八四〕盧弼曰："《文選》'咄咤'作'咄嗟'。李善注：'《説文》曰：咄，叱也。丁兀切。《聲類》曰：嗟，大呼也。子夜切。言人命叱呼之間或至夭喪也。'"

謹案：咄咤猶咄嗟。《世説·汰侈篇》："石崇爲客作豆粥，咄嗟便辨。"《文選》左太冲《詠史詩》："咄嗟便彫枯。"《説文·口部》"咄"字，段玉裁注曰："凡言咄嗟、咄喋、咄咄怪事者，皆取猝乍相驚之義。"

〔八五〕盧弼曰："宋本《子建集》'斯須'作'須臾'。"

謹案："斯須""須臾"義同。《禮記·祭義》"禮樂不可斯須去身"鄭注："斯須猶須臾也。"

〔八六〕盧弼曰："《文選》作'位竊'。"

謹案：《論語·衛靈公篇》："臧文仲其竊位者與。"作"竊位"是。

〔八七〕紹興本"靖"字作"静"。

〔八八〕盧弼曰："一本校改'伏'作'恒'。《子建集》無'伏'字。"

謹案：錢儀吉曰："'伏'改作'恒'。"《曹子建集》"伏"正作"恒"。

〔八九〕盧弼曰："《子建集》作'伏見先帝武臣宿兵'。《文選》同。"

謹案：作"武臣宿將"疑是。下文"宿將"疑當作"宿兵"。此言舊將衰老，死亡者日有所聞，然舊卒猶習戰鬥也。語意明豁。若作"宿兵"，則上文既云"武臣宿將，年老死亡"，下句又言"宿將舊卒，猶習戰陣"，語意矛盾，疑非曹植原文如是也。

〔九〇〕盧弼曰："《文選》'舟'作'師'。太和二年大司馬曹休率諸軍至皖。"

謹案：五臣本《文選》作"舟"。《子建集》作"師"。潘眉曰："當依《文選》作'偏師之任'。"

〔九一〕盧弼曰："《文選》'策'作'榮'。"

謹案："榮"爲"策"字之形誤。《顏氏家訓·書證篇》云："簡策字竹下施束，末代隸書似杞宋之宋。"是"策"字六朝或作"築"，因誤爲"榮"也。朝策猶言國史。

〔九二〕盧弼曰："呂延濟曰：'流，傳也。'"

謹案：《荀子·致仕篇》"凡流言、流説、流事、流謀、流譽、流愬"楊注："流者，無根源之謂也。"

〔九三〕盧弼曰："趙一清曰：'赤圻，赤壁也。謂征劉表。滄海，東海也。謂平定青充冀三州。玉門城在今肅州衛西二百里，漢屬酒泉郡。玉門謂削平韓遂、馬超、宋建之屬。玄塞，盧龍之塞也。謂柳城之役。皆魏武親歷之事。又赤壁一作赤圻，則圻字或圻之誤。'沈家本曰：'南極赤岸，指操征孫權時事，不必定是赤壁之役。'林暢園曰：'植所征本傳俱不載。按：《魏武紀》建安二年東征吕布，植方六歲，度未必能從。十二年北征烏丸。十四年南征劉表。十六年西征馬超。十九年南征孫權，時植年二十二，太祖命守鄴。所云東臨滄海，疑破袁譚在建安十年也。'弼按：建安二年應作三年，植方六歲應作七歲。十四年應作十三年。時植年二十二應作二十三。林氏俱誤。"

謹案：胡紹煐曰："《南兖州記》：'瓜步山東五里，江有赤岸。濤水自海入江，激衝六七百里，至此岸側，其勢始衰（見《御覽》）。'則赤岸在廣陵無疑。'南極赤岸'蓋指建安十八年征孫權事也。曹操《步出東門行》云：'東臨碣石，以觀滄海。'碣石蓋在今山東無棣縣（《肇城志》）。若謂碣石在昌黎縣，乃征烏丸所經，而下文'北出玄塞'是述同一戰役，恐非曹植原意。況表明云東復有方位之異乎？則'東臨滄海'疑指建安十二年東征管承之役也。曹操征管承至淳于（山東安丘），或曾至碣石而觀滄海耳。建安十六年操征楊秋，圍安定。安定距玉門遠，故曰'西望玉門'。至於'北出玄塞'，指柳城之役，凡此諸役，曹植隨操以行，惟於此表見之。"

〔九四〕《書鈔》卷十三引"言"字作"圖"。

〔九五〕《書鈔》引"難"字作"敵"。

〔九六〕紹興本"垂"字作"著"。

〔九七〕《文選・求通親親表》李注引"因"字作"自"。

〔九八〕紹興本"峻"字作"俊"。

〔九九〕《文選》"資"字作"咨"。

〔一〇〇〕《治要》卷二十六、《曹子建集》"族"字作"親"，與《文選》同。五臣作"族"。

〔一〇一〕紹興本"過"字作"乃"。

〔一〇二〕《治要》引"惟省"作"思惟"。

〔一〇三〕盧弼曰："濟注：'趣，疾也。'言將立功績取一勳號也。胡三省曰：'駙馬奉車都尉及騎都尉皆漢武帝置，魏晉以下多以宗室及外戚爲之。'"

謹案：《曹子建集》"趣"字作"輒"。《陳書·袁樞傳》曰："駙馬都尉置由漢武，或以假諸功臣，或以加於親屬，是以曹植表云：'駙馬奉車，趣爲一號。'"

〔一〇四〕紹興本"誠"字作"諴"，《治要》引作"戒"。

〔一〇五〕《治要》引無"雖"字。

〔一〇六〕《治要》引無"之"字。

〔一〇七〕紹興本無"於"字，《治要》引同。

〔一〇八〕《治要》引"爲"字作"如"。

〔一〇九〕《治要》引"備"下有"矣"字。

〔一一〇〕紹興本、毛本"武湯"作"湯武"，《册府》卷一百七十三同。

謹案：《詩·商頌·玄鳥》"古帝命武湯"孔疏："天帝令有威武之德者成湯。"是成湯名曰"武湯"，後人習見湯武，而不知武湯爲成湯，遂妄乙"武湯"爲"湯武"，與表意相違，致扞格難通矣。

〔一一一〕盧弼曰："《册府》'行'作'修'。"

謹案：此見《官本考證》。依序例應增"《官本考證》曰"五字。《册府》卷二百七十三引"行"字作"修"，作"修"字是。《漢書·禮樂志》載《郊祀歌》云"興文匽武"。"興""修"義近。

〔一一二〕《御覽》卷五十七引"蚌"字作"蜂"。

〔一一三〕盧弼曰："《册府》'問'作'間'。"

謹案：此已見《官本考證》。依序例應增"《官本考證》曰"五字。考《治要》、《册府》卷二百七十三義俱作"間"。《漢書·李尋傳》"惟棄須臾之間"注："間謂空隙之時也。"

〔一一四〕《治要》引"舒"字作"盡"。

〔一一五〕《册府》引"被"字作"披"。

〔一一六〕盧弼曰："潘眉曰：'撮當爲握。'弼按：《漢書·藝文志》：'風后十三篇，圖二卷，黄帝臣依托也。'《四庫提要》云：'《握奇經》一卷。舊本題風后撰。《漢志》無《握奇經》之名，其依託更不待辨。'"

謹案：《漢書·司馬遷傳》"撮名法之要"注："撮，總取也。""撮"非誤字，不必改。

〔一一七〕《治要》引"懾"字作"慴"。《説文·心部》："慴，懼也。"

〔一一八〕盧弼曰："'便'疑作'使'。"

謹案：不便猶言不即，"便"非誤字。盧君疑作"使"，或非。

〔一一九〕《治要》引"者"作"之"。

〔一二〇〕《治要》、《册府》卷二百九十三引"麋"字作"糜"，是也。《釋名·釋飲食》："糜，煮米使糜爛也。"此作"麋"。麋，鹿屬。於此無義，當據改。

〔一二一〕《治要》引"詔"上有"有"字。

〔一二二〕《明帝紀》："太和五年八月詔諸王朝。"

〔一二三〕盧弼曰："宋本無下'事'字。"

謹案：郝書及《通志》"事"字俱不重，與宋本同，應據删。

〔一二四〕盧弼曰："宋本'十'作'七'。"

謹案：官本亦作"七"，古字"十"與"七"以形近，易譌。詳端方《匋齋藏石記跋》。

〔一二五〕盧弼曰："'故'疑作'放'。"

謹案：《禮記·禮運》"故政者疏"注："故，因上起下之辭。"

〔一二六〕盧弼曰："宋本《子建集》作'願與株荄連'。"

謹案：《説文·木部》："株，根也。"又《艸部》："荄，草根也。""株荄"複義詞。"林葉"或屬"株荄"二字之形誤，當據《子建集》校正。

〔一二七〕盧弼曰："'也'疑作'正'。"

謹案：也，決定之詞，作"也"字是，盧説非。

〔一二八〕盧弼曰："'終'宋本作'歸'。"

謹案：郝書作"歸焉之志"。錢儀吉從宋本改作"歸"。考《易·説卦傳》虞注："規藏也。"則歸焉謂埋藏於此，作"歸"字爲得。

〔一二九〕盧弼曰："《名勝志》'曹子建墓在開封通許縣之七里岡。成化九年大水，墓崩二穴，居民入視隧表碣曰曹子建墓。'杭世駿曰：'植曾徙封雍丘王，雍丘今之杞縣，距通許四十里而近，豈植真葬斯地邪？'弼按：此説與魚山營墓之事不合，與《寰宇記》亦異。"

謹案：汪之昌《青學齋集·書杭大宗〈三國志補注〉後》曰："陳思王卒葬魚山，隋碑具存，乃曲徇《名勝志》墓在通許之説，以爲陳思曾封雍丘爲今杞縣，距通許四十里，附會之。"考《御覽》卷五百五十六引《述征記》曰："魚山東清河（《西征記》無'清'字，見《御覽》卷四十二），舊屬東阿。東阿王曹植每升此山，有終焉之志。植之所游，池沼溝渠悉存。即葬於山西，有二石柱猶存也。地今割并穀城。"據此植墓不在通許，蓋得其實，杭説誤，而汪説是也。

〔一三○〕盧弼曰："《隋書·經籍志》：'《列女傳頌》一卷，曹植撰。魏陳思王《曹植集》三十卷。'唐《經籍志》：'魏《陳思王集》二十卷，又三十卷。'《四庫總目提要》云：'《曹子建集》十卷。《唐志》云二十，復云三十者，蓋隋時舊本二十卷，合併重編，實無兩集。'鄭樵《通志略》亦並載二本。焦竑《國史經籍志》合二本爲五十卷，謬甚。此本目録後有嘉定六年癸酉字，猶從宋寧宗時本翻雕，凡賦四十四篇，詩七十七篇，雜文九十二篇，合二百十篇。殘篇斷句，錯出其間。《棄婦篇》見《玉臺新詠》，《鏡銘》八字反覆顛倒，皆叶韵成文，實爲回文之祖，見《藝文類聚》。皆未收入，亦不免有所舛漏。姚振宗曰：'陳思王文章有前後錄，景初詔撰稱前後所著百餘篇，亦似指前錄、後錄而言。除前錄自定七十八篇，後錄當二十餘。疑前錄三十卷，後錄二十卷，隋時但有前錄，唐代乃前後錄並出。《通志略》以三十卷在前，二十卷列後，似亦以爲前錄、後錄，所以別於《唐志》之顛倒歟？然是否景初原本，不可知已。'胡玉縉曰：'植自定前錄七十八篇，有見文；後錄定否不可知？景初中詔撰植前後所著，前後猶先後耳，各爲一事，否則前詔撰，詎有仍其所定者。以此知《通志略》所載兩本，非景初本，其三十卷本非自定前錄。《唐志》先二十，後三十亦無所謂顛倒也。姚説殊牽合傅會。'"

謹案：史籍所載，竊謂植集魏世蓋有二本，一爲景初所撰，另一爲植所自定。考景初撰集賦頌詩銘雜論凡百餘篇，持較植手定前錄，如賦已七十八篇，而頌詩銘雜論不予焉，其不備可知。司馬炎問《六代論》作者，曹志規檢植自定目錄，乃定非植作，則目錄較景初撰爲詳，可推見矣。疑景初所集不啻撰本，植所自定庶幾其全集乎！撰集藏於中秘，手定目錄則藏於家。胡氏云詎有仍其所自定者，似未察乎實情也。五代之季，隋時三十卷舊本已亡佚，或收拾叢殘爲二十卷耳。《唐志》所載三十卷，本蓋承《隋志》，非當時本尚存也。而所見者乃二十卷本耳。今所存古本，則爲常熟瞿氏所藏南宋刊本，所錄文章得二百十篇。《文選》李注所引，尚多溢於兹本之外者，是非唐人所見之本也。姚説固誤，胡氏説亦未周，故爲概述如此。匪謂能盡其致也。

〔一三一〕《通鑑・魏紀一》"分"下有"殊"字。

三國志校箋卷二十

魏志卷二十〔一〕

武文世王公 豐愍王昂　相殤王鑠　鄧哀王沖　彭城王據　燕王宇　沛穆王林　中山恭王袞　濟陽懷王玹　陳留恭王峻　范陽閔王矩　趙王幹　臨邑殤公子上　楚王彪　剛殤公子勤　穀城殤公子乘　郿戴公子整　靈殤公子京　樊安公均　廣宗殤公子棘　東平靈王徽　樂靈王茂　贊哀王協　北海悼王蕤　東武陽懷王鑒　東海定王霖　元城哀王禮　邯鄲懷王邕　清河悼王貢　廣平哀王儼〔二〕

　　武皇帝二十五男：卞皇后生文皇帝、任城威王彰、陳思王植、蕭懷王熊，劉夫人生豐愍王昂、相殤王鑠，環夫人生鄧哀王沖、彭城王據、燕王宇，杜夫人生沛穆王林、中山恭王袞，秦夫人生濟陽懷王玹、陳留恭王峻，尹夫人生范陽閔王矩，王昭儀生趙王幹，孫姬生臨邑觴公子上、楚王彪、剛殤公子勤，李姬生穀城殤公子乘、郿戴公子整、靈殤公子京，周姬生樊安公均，劉姬生廣宗殤公子棘，宋姬生東平靈王徽，趙姬生樂陵王茂。

豐愍王昂字子脩。弱冠舉孝廉。隨太祖南征，爲張繡所害。無子。黃初二年追封，諡曰豐悼公。三年，以樊安公均子琬奉昂後，封中都公。其年徙封長子公。五年，追加昂號曰豐悼王。太和三年改昂諡曰愍王。嘉平六年，以琬襲昂爵爲豐王。正元、景元中，累增邑，并前二千七百戶。琬薨，諡曰恭王。子廉嗣。

相殤王鑠，早薨，太和三年追封諡。青龍元年，子愍王潛嗣，其年薨。二年，子懷王偃嗣，邑二千五百戶，四年薨。無子，國除。正元二年，以樂陵王茂子陽都鄉公竦繼鑠後。

鄧哀王沖字倉舒。少聰察岐嶷，生五六歲，智意所及〔三〕，有若成人之智。時孫權曾致巨象，太祖欲知其斤重，訪之羣下，咸莫能出其理。沖曰：〝置象大船之上，而刻其水痕所至，稱物以載之，則校可知矣〔四〕。〞太祖大悅，即施行焉。時軍國多事，用刑嚴重。太祖馬鞍在庫，而爲鼠所齧〔五〕，庫吏懼必死，議欲面縛首罪〔六〕，猶懼不免。沖謂曰：〝待三日中，然後自歸。〞沖於是以刀穿單衣，如鼠齧者，謬爲失意，貌有愁色。太祖問之，沖對曰：〝世俗以爲鼠齧衣者，其主者不吉〔七〕。今單衣見齧，是以憂戚。〞太祖曰：〝此妄言耳，無所苦也。〞俄而庫吏以齧鞍聞，太祖笑曰：〝兒衣在側，尚齧，況鞍縣柱乎〔八〕？〞一無所問。沖仁愛識達，皆此類也。凡應罪戮，而爲沖微所辨理〔九〕，賴以濟宥者，前後數十。《魏書》曰：沖每見當刑者，輒探覩其冤枉之情而微理之。及勤勞之吏，以過誤觸罪，常爲太祖陳説，宜寬宥之。辨察仁愛，與性俱生，容貌姿美，有殊於衆，故特見寵異。臣松之以"容貌姿美"一類之言，而分以爲三，亦敍屬之一病也。太祖數對羣臣稱述，有欲傳後意。年十三，建安十三年疾病，太祖親爲請命。及亡，哀甚。文帝寬喻太祖，太祖曰："此我之不幸，而汝曹之幸也。"孫盛曰：《春秋》之義，立嫡以長不以賢。沖雖存也，猶不宜立，況其既没，而發斯言乎？《詩》云："無易由言。"魏武其易之也。言則流涕，爲聘甄氏亡女與合葬〔一〇〕，贈騎都尉印綬〔一一〕，命宛侯據子琮奉沖後。二十二年，封琮爲鄧侯。黄初二年，追贈謚沖曰鄧哀侯，又追加號爲公。《魏書》載策曰："惟黄初二年八月丙午，皇帝曰：咨爾鄧哀侯沖，昔皇天鍾美於爾躬，俾聰哲之才，成於弱年。當永享顯祚，克成厥終。如何不禄，早世夭昏！朕承天序，享有四海，並建親親，以藩王室，惟爾不逮斯榮，且葬禮未備。追悼之懷，愴然攸傷。今遷葬於高陵，使使持節兼謁者僕射郎中陳承，追賜號曰鄧公，祠以太牢，魂而有靈，休兹寵榮。嗚呼哀哉！"《魏略》曰：文帝常言："家兄孝廉，自其分也。若使倉舒在，我亦無天下。"三年，進琮爵，徙封冠軍公。四年，徙封己氏公。太和五年，加沖號曰鄧哀王。景初元年，琮坐於中尚方作禁物，削户三百，貶爵爲都鄉侯。三年，復爲己氏公。正始七年，轉封平陽公。景初、正元、景元中，累增邑，并前千九百户。

彭城王據，建安十六年封范陽侯。二十二年，徙封宛侯。黃初二年，進爵爲公。三年，爲章陵王，其年徙封義陽。文帝以南方下溼，又以環太妃彭城人，徙封彭城。又徙封濟陰。五年，詔曰："先王建國，隨時而制。漢祖增秦所置郡，至光武以天下損耗，并省郡縣。以今比之，益不及焉。其改封諸王，皆爲縣王。"據改封定陶縣。太和六年，改封諸王，皆以郡爲國，據復封彭城。景初元年，據坐私遣人詣中尚方作禁物，削縣二千户。《列書》載璽書曰[一二]："制詔彭城王：有司奏，王遣司馬董和，齎珠玉來到京師中尚方，多作禁物，交通工官，出入近署，踰侈非度，慢令違制，繩王以法。朕用憮然，不寧於心。王以懿親之重，處藩輔之位，典籍日陳於前，勤誦不輟於側。加雅素奉脩，恭肅敬慎，務在蹈道，孜孜不衰，豈忘率意正身，考終厥行哉？若然小疵，或謬於細人，忽不覺悟，以斯爲失耳。書云：'惟聖罔念作狂，惟狂克念作聖。'古人垂誥，乃至於此，故君子思心無斯須遠道焉。常慮所以累德者而去之，則德明矣；開心所以爲塞者而通之，則心夷矣；慎行所以爲尤者而修之，則行全矣：三者，王之所能備也。今詔有司宥王，削縣二千户，以彰八柄與奪之法。昔羲、文作易，著休復之語[一三]，仲尼論行，既過能改。王其改行，茂昭斯義，率意無怠。"三年，復所削户邑。正元、景元中累增邑，并前四千六百户。

燕王宇字彭祖。建安十六年，封都鄉侯。二十二年，改封魯陽侯。黃初二年，進爵爲公。三年，爲下邳王。五年，改封單父縣。太和六年，改封燕王。明帝少與宇同止，常愛異之。及即位，寵賜與諸王殊。青龍三年，徵入朝。景初元年，還鄴。二年夏，復徵詣京都。冬十二月，明帝疾篤，拜宇爲大將軍，屬以後事。受署四日，宇深固讓；帝意亦變，遂免宇官，三年夏，還鄴。景初、正元、景元中，累增邑，并前五千五百户。常道鄉公奐，宇之子，入繼大宗。

沛穆王林，建安十六年封饒陽侯。二十二年，徙封譙。黃初二年，進爵爲公。三年，爲譙王。五年，改封譙縣。七年，徙封鄄城。太和六年，改封沛。景初、正元、景元中，累增邑，并前四千七百户。林薨，子緯嗣。案《嵇氏譜》[一四]：嵇康妻，林子之女也。

中山恭王袞[一五]，建安二十一年封平鄉侯。少好學，年十餘歲能屬文[一六]。每讀書，文學左右常恐以精力爲病，數諫止之，然性所樂，不能廢也。二十二年，徙封東鄉侯，其年又改封贊侯。黃初二年，進爵爲公，官屬皆賀，袞曰："夫生深宫之中，不知稼穡之艱難，多驕逸之失。諸賢既慶其休，宜輔其闕。"每兄弟游娛，袞獨譚思經典[一七]。文學防輔相與言曰："受詔察公舉錯，有過當奏，及有善，亦宜以聞，不可匿其美也。"遂共表稱陳袞美。袞聞之，大驚懼[一八]，責讓文學曰："脩身自守，常人之行耳，而諸君乃以上聞，是適所以增其負累也。且如有善，何患不聞，而遽共如是，是非益我者。"其戒慎如此。三年，爲北海王。其年，黃龍見鄴西漳水，袞上書贊頌。詔賜黃金十斤，詔曰："昔唐叔歸禾，東平獻頌，斯皆骨肉贊美，以彰懿親。王研精墳典，耽味道真，文雅煥炳，朕甚嘉之。王其克慎明德，以終令聞[一九]。"四年，改封贊王。七年，徙封濮陽。太和二年就國，尚約儉[二〇]，教勅妃妾紡績織絍[二一]，習爲家人之事。五年冬，入朝。六年，改封中山。

初，袞來朝，犯京都禁。青龍元年，有司奏袞。詔曰："王素敬慎，邂逅至此，其以議親之典議之。"有司固執。詔削縣二，户七百五十。《魏書》載璽書曰："制詔中山王：有司奏，王乃者來朝，犯交通京師之禁。朕惟親親之恩，用寢吏議。然法者，所與天下共也，不可得廢。今削王縣二，户七百五十。夫克己復禮，聖人稱仁，朝過夕改，君子與之。王其誡諸，無貳咎悔也。"袞憂懼，戒勅官屬愈謹。帝嘉其意，二年，復所削縣。三年秋，袞得疾病，詔遣太醫視疾，殿中、虎賁齎手詔、賜珍膳相屬，又遣太妃、沛王林並就省疾。袞疾困[二二]，勅令官屬曰："吾寡德忝寵，大命將盡。吾既好儉，而聖朝著終誥之制，爲天下法。吾氣絕之日，自殯及葬，務奉詔書。昔衛大夫蘧瑗葬濮陽，吾望其墓，常想其遺風，願託賢靈以弊髮齒，營吾兆域，必往從之。《禮》：男子不卒婦人之手。亟以時成東堂。"堂成，名之曰遂志之堂，輿疾往居之。又令世子曰："汝幼少[二三]，未聞義方，早爲人君，但知樂，不知苦；不知苦，必將以驕奢爲失也。接大臣，務以禮。雖非大臣，老者猶宜答拜。事兄以敬，恤弟以慈，兄弟有不良之行，當造膝諫之。諫之不從，流涕喻之；喻之不改，乃白其母。若猶不改，當以奏聞，并辭國土。與其守寵罹禍，不若貧賤全身也。此亦謂大罪惡耳，其微過細故〔二四〕，當掩覆之。嗟爾小子，慎脩乃身，奉聖朝以忠貞，事太妃以孝敬。閨闈之內，奉令於太妃；闉閾之外，受教於沛王。無怠乃心，以慰予靈。"其年薨。詔沛王林留訖葬，使大鴻臚持節典護喪事，宗正弔祭，贈賵甚厚。凡所著文章二萬餘言，才不及陳思王而好與之侔〔二五〕。子孚嗣。景初、正元、景元中，累增邑，并前三千四百戶。

濟陽懷王玹，建安十六年封西鄉侯。早薨，無子。二十年，以沛王林子贊襲玹爵邑，早薨，無子。文帝復以贊弟壹紹玹後。黃初二年，改封濟陽侯。四年，進爵爲公。太和四年，追進玹爵，諡曰懷公。六年，又進號曰懷王，追諡贊曰西鄉哀侯。壹薨，諡曰悼公。子恆嗣。景初、正元、景元中，累增邑，并前千九百戶。

陳留恭王峻字子安，建安二十一年封郿侯。二十二年，徙封襄邑。黃初二年，進爵爲公。三年，爲陳留王。五年，改封襄邑縣。太和六年，又封陳留。甘露四年薨。子澳嗣。景初、正元、景元中，累增邑，并前四千七百戶。

范陽閔王矩，早薨，無子。建安二十二年，以樊安公均子敏奉矩後，封臨晉侯。黃初三年追封諡矩爲范陽閔公。五年，改封敏范陽王。七年，徙封句陽，太和六年，追進矩號曰范陽閔王，改封敏琅邪王。景初、正元、景元中，累增邑，并前三千四百戶。敏薨，諡曰原王。

子焜嗣。

趙王幹，建安二十年封高平亭侯。二十二年，徙封賴亭侯。其年改封弘農侯。黃初二年，進爵，徙封燕公。《魏略》曰：幹一名良。良本陳妾子，良生而陳氏死，太祖令王夫人養之。良年五歲而太祖疾困，遺令語太子言："此兒三歲亡母，五歲失父，以累汝也。"太子由是親待，隆於諸弟。良年小，常呼文帝爲阿翁，帝謂良曰："我，汝兄耳。"文帝又愍其如是，每爲涕淚。臣松之案：此傳以母貴賤爲次，不計兄弟之年，故楚王彪年雖大，傳在幹後。尋《朱建平傳》，知彪大幹二十歲。三年，爲河間王。五年，改封樂城縣。七年，徙對鉅鹿。太和六年，改封趙王。幹母有寵於太祖。及文帝爲嗣，幹母有力。文帝臨崩，有遺詔，是以明帝常加恩意。青龍二年，私通賓客，爲有司所奏，賜幹璽書誡誨之，曰："《易》稱'開國承家，小人勿用'，《詩》著'大車惟塵'之誡。自太祖受命創業，深覩治亂之源，鑒存亡之機，初封諸侯，訓以恭慎之至言，輔以天下之端士，常稱馬援之遺誡，重諸侯賓客交通之禁，乃使與犯妖惡同。夫豈以此薄骨肉哉？徒欲使子弟無過失之愆，士民無傷害之悔耳。高祖踐阼，祗慎萬幾，申著諸侯不朝之令。朕感詩人《常棣》之作，嘉《采菽》之義，亦緣詔文曰'若有詔得詣京都'，故命諸王以朝聘之禮。而楚、中山並犯交通之禁，趙宗、戴捷咸伏其辜。近東平王復使屬官歐壽張吏[二六]，有司舉奏，朕裁削縣。令有司以曹纂、王喬等因九族時節，集會王家，或非其時，皆違禁防。

朕惟王幼少有恭順之素〔二七〕，加受先帝顧命，欲崇恩禮，延乎後嗣，況近在王之身乎？且自非聖人，孰能無過？已詔有司宥王之失。古人有言：'戒慎乎其所不覩，恐懼乎其所弗聞，莫見乎隱，莫顯乎微，故君子慎其獨焉〔二八〕。'叔父茲率先聖之典〔二九〕，以纂乃先帝之遺命，戰戰兢兢，靖恭厥位，稱朕意焉。"景初、正元、景元中，累增邑，并前五千戶。

臨邑殤公子上，早薨。太和五年，追封諡。無後。

楚王彪字朱虎。建安二十一年，封壽春侯。黃初二年，進爵，徙封汝陽公。三年，封弋陽王。其年徙封吳王。五年，改封壽春縣。七年，徙封白馬。太和五年冬，朝京都。六年，改封楚。初，彪來朝，犯禁，元年〔三〇〕，為有司所奏，詔削縣三，戶千五百。二年，大赦，復所削縣。景初三年，增戶五百，并前三千戶。嘉平元年，兗州刺史令狐愚與太尉王淩謀迎彪都許昌。語在《淩傳》。乃遣傅及侍御史就國案驗，收治諸相連及者。廷尉請徵彪治罪。於是依漢燕王旦故事，使兼廷尉大鴻臚持節賜彪璽書切責之，使自圖焉。孔衍《漢魏春秋》載璽書曰："夫先王行賞不遺仇貪食饟，用戮不違親戚，至公之義也。故周公流涕而決三叔之罪，孝武傷懷而斷昭平之獄，古今常典也。惟王，國之至親，作藩於外，不能祗奉王度，表率宗室，而謀於奸邪，乃與太尉王淩、兗州刺吏令狐愚構通逆謀，圖危社稷，有悖忒之心，無忠孝之意。宗廟有靈，王其何面目以見先帝？朕深痛王自陷罪辜，既得王情，深用憮然。有司奏王當就大理，朕惟公族旬師之義，不忍肆王市朝，故遣使者賜書。王自作孽，匪由於他，燕刺之事，宜足以觀。王其自圖之！"彪乃自殺。妃及諸子皆免爲庶人，徙平原。彪之官屬以下及監國謁者，坐知情無輔導之義，皆伏誅。國除爲淮南郡。正元元年詔曰："故楚王彪，背國附姦，身死嗣替，雖自取之，猶哀矜焉。夫含垢藏疾，親親之道也，其封彪世子嘉爲常山真定王〔三一〕。"景元元年，增邑，并前二千五百戶。臣松之案：嘉入晉，封高邑公。元康中，與石崇俱爲國子博士。嘉後爲東莞太守，崇爲征虜將軍，監青、徐軍事，屯於下邳。嘉以詩遺崇曰："文武應時用，兼才在明哲。嗟嗟我石生，爲國之俊傑。入侍於皇闥，出則登九列。威檢肅青、徐，風發宣吳裔。疇昔謬同位，情至過魯、衛。分離踰十載，思遠心增結。願子鑒斯誠，寒暑不踰契。"崇答曰："昔常接羽儀，俱游青云中，敦道訓胄子，儒化浹以融，同聲無異響〔三二〕，故使恩愛隆。豈惟敦初好，款分在令終。孔不陋九夷，老氏適西戎。逍遙滄海隅，可以保王躬〔三三〕。世事非所務，周公不足夢。玄寂令神王，是以守至沖。"王隱《晉書》載吏部郎李重啓云："魏氏宗室屈滯，每聖恩所存。東莞太守曹嘉，才幹學義，不及志、翕，而良素脩潔，性業踰之；又已歷二郡。臣以爲優先代之後〔三四〕，可以嘉爲員外散騎侍郎。"

剛殤公子勤，早薨。太和五年追封謚。無後。

穀城殤公子乘，早薨。太和五年追封謚。無後。

郿戴公子整，奉從叔父郎中紹後，建安二十二年，封郿侯。二十三年薨。無子。黃初二年追進爵，謚曰戴公。以彭城王據子範奉整後。三年，封平氏侯。四年，徙封成武。太和三年，進爵爲公。青龍三年薨。謚曰悼公。無後。四年，詔以範弟東安鄉公闡爲郿公，奉整後。正元、景元中，累增邑，并前千八百戶。

靈殤公子京，早薨。太和五年追封諡。無後。

樊安公均，奉叔父薊恭公彬後。建安二十二年，封樊侯。二十四年薨。子抗嗣。黃初二年，追進公爵，諡曰樊安公。三年，徙封抗薊公〔三五〕。四年，徙封屯留公。景初元年薨，諡曰定公。子諶嗣。景初、正元、景元中，累增邑，并前千九百戶。

廣宗殤公子棘，早薨。太和五年追封諡。無後。

東平靈王徽，奉叔父朗陵哀侯玉後〔三六〕。建安二十二年，封歷城侯。黃初二年，進爵爲公。三年，爲廬江王。四年，徙封壽張王。五年，改封壽張縣。太和六年，改封東平。青龍二年，徽使官屬撾壽張縣吏〔三七〕，爲有司所奏。詔削縣一，戶五百。其年復所削縣。正始三年薨。子翕嗣。景初、正元、景元中，累增邑，并前三千四百戶。臣松之案：翕入晉，封廩丘公。魏宗室之中，名次鄄城公至〔三八〕。泰始二年，翕遣世子琨奉表來朝。詔曰："翕秉德履道，魏宗之良。今琨遠至，其假世子印綬，加騎都尉，賜服一具〔三九〕，錢十萬，隨才敘用。"翕撰《解寒食散方》，與皇甫謐所撰並行於世。

樂陵王茂，建安二十二年封萬歲亭侯。二十三年，改封平輿侯。黃初三年，進爵，徙封乘氏公。七年，徙封中丘〔四〇〕。茂性傲很，少無寵於太祖。及文帝世，又獨不王。太和元年徙封聊城公，其年爲王。詔曰："昔象之爲虐至甚，而大舜猶侯之有鼻[四一]。近漢氏淮南、阜陵，皆爲亂臣逆子，而猶或及身而復國，或至子而錫土。有虞建之於上古，漢文、明、章行之乎前代[四二]，斯皆敦敍親親之厚義也。聊城公茂少不閑禮教，長不務善道。先帝以爲古之立諸侯也，皆命賢者，故姬姓有未必侯者[四三]，是以獨不王茂。太皇太后數以爲言。如聞茂頃來少知悔昔之非[四四]，欲脩善將來。君子與其進，不保其往也。合封茂爲聊城王[四五]，以慰太皇太后下流之念。"六年，改封曲陽王。正始三年，東平靈王薨，茂稱嗌痛，不肯發哀，居處出入自若。有司奏除國土，詔削縣一，户五百。五年，徙封樂陵，詔以茂租奉少，諸子多，復所削户，又增户七百。嘉平、正元景元中，累增邑，并前五千户。

文皇帝九男：甄氏皇后生明帝，李貴人生贊哀王協，潘淑媛生北海悼王蕤，朱淑媛生東武陽懷王鑒，仇昭儀生東海定王霖，徐姬生元城哀王禮，蘇姬生邯鄲懷王邕，張姬生清河悼王貢，宋姬生廣平哀王儼。

贊哀王協，早薨。太和五年追封，謚曰經殤公。青龍二年，更追改號謚。三年，子殤王尋嗣。景初三年，增户五百，并前三千户。正始九年薨。無子。國除。

北海悼王蕤，黃初七年，明帝即位，立爲陽平縣王。太和六年，改封北海。青龍元年薨。二年，以琅邪王子贊奉蕤後，封昌鄉公。景初二年，立爲饒安王。正始七年，徙封文安。正元、景元中，累增邑，并前三千五百户。

東武陽懷王鑒，黃初六年立。其年薨。青龍三年賜謚。無子。國除。

東海定王霖，黃初三年立爲河東王。六年，改封館陶縣。明帝即位，以先帝遺意，愛寵霖異於諸國。而霖性麤暴，閨門之内〔四六〕，婢妾之間，多所殘害。太和六年，改封東海。嘉平元年薨〔四七〕。子啓嗣。景初、正元、景元中，累增邑，并前六千二百户。高貴鄉公髦，霖之子也，入繼大宗。

元城哀王禮，黃初二年封秦公，以京兆郡爲國。三年，改爲京兆王。六年，改封元城王。太和三年薨。五年，以任城王楷子悌嗣禮後。六年，改封梁王。景初、正元、景元中，累增邑，并前四千五百户。

邯鄲懷王邕，黃初二年封淮南公，以九江郡爲國。三年，進爲淮南王。四年，改封陳。六年，改封邯鄲。太和三年薨。五年，以任城王楷子温嗣邕後。六年，改封魯陽。景初、正元、景元中，累增邑，并前四千四百户。

清河悼王貢，黃初三年封。四年薨。無子。國除。

廣平哀王儼，黃初三年封。四年薨。無子。國除。

評曰：魏氏王公，既徒有國土之名〔四八〕，而無社稷之實，又禁防壅隔，同於囹圄；位號靡定，大小歲易；骨肉之恩乖,《常棣》之義廢〔四九〕。爲法之弊,一至於此乎!
《袁子》曰:魏興,承大亂之後,民人損減,不可則以古始〔五〇〕。於是封建侯王,皆使寄地空名,而無其實。王國使有老兵百餘人,以衞其國。雖有王侯之號,而乃儕於匹夫。縣隔千里之外,無朝聘之儀,鄰國無會同之制。諸侯游獵不得過三十里,又爲設防輔監國之官以伺察之。王侯皆思爲布衣而不能得。既違宗國藩屏之義,又虧親戚骨肉之恩。《魏氏春秋》載宗室曹冏上書曰:"臣聞古之王者,必建同姓以明親親,必樹異姓以明賢賢。故《傳》曰'庸勳親親,昵近尊賢';《書》曰'克明峻德,以親九族';《詩》云'懷德維寧,宗子維城'。由是觀之〔五一〕,非賢無與興功,非親無與輔治〔五二〕。夫親親之道,專用則其漸也微弱;賢賢之道,偏任則其弊也劫奪。先聖知其然也,故博求親疏而並用之;近則有宗盟藩衞之固,遠則有仁賢輔弼之助,盛則有與共其治,衰則有與守其土,安則有與享其福,危則有與同其禍。夫然,故能有其國家,保其社稷,歷紀長久,本支百世也。今魏尊尊之法雖明,親親之道未備。《詩》不云乎:'鶺鴒在原,兄弟急難。'以斯言之,明兄弟相救於喪亂之際,同心於憂禍之間,雖有鬩牆之忿,不忘禦侮之事。何則?憂患同也〔五三〕。今則不然,或任而不重,或釋而不任,一旦疆埸稱警,關門反拒,股肱不扶,胷心無衞。臣竊惟此,寢不安席,思獻丹誠,貢策朱闕〔五四〕。謹撰合所聞,敍論成敗。論曰:昔夏、殷、周歷世數十,而秦二世而亡。何則?三代之君,與天下共其民,故天下同其憂〔五五〕。秦王獨制其民,故傾危而莫救。夫與民共其樂者,人必憂其憂;與民同其安者,人必拯其危。先王知獨治之不能久也,故與人共治之;知獨守之不能固也,故與人共守之。兼親疏而兩用,參同異而並建。是以輕重足以相鎮，親疏足以相衞，並兼路塞，逆節不生。及其衰也，桓、文帥禮；苞茅不貢，齊師伐楚；宋不城周，晉戮其宰。王綱弛而復張，諸侯慠而復肅。二霸之後，浸以陵遲。吳、楚憑江〔五六〕，負固方城，雖心希九鼎，而畏迫宗姬，姦情散於胷懷，逆謀消於脣吻；斯豈非信重親戚，任用賢能，枝葉碩茂，本根賴之與？自此之後，轉相攻伐；吳并於越，晉分爲三，魯滅於楚，鄭兼於韓。暨於戰國，諸姬微矣，惟燕、衞獨存，然皆弱小，西迫彊秦，南畏齊、楚，憂懼滅亡，匪遑相卹。至於王赧，降爲庶人，猶枝幹相持，得居虛位，海内無主，四十餘年，秦據勢勝之地〔五七〕，騁譎詐之術，征伐關東，蠶食九國，至於始皇，乃定天位。曠日若彼，用力若此，豈非深固根蔕不拔之道乎〔五八〕？《易》曰：‘其亡其亡，繫於苞桑。’周德其可謂當之矣。秦觀周之弊，以爲小弱見奪，於是廢五等之爵，立郡縣之官，棄禮樂之教，任苛刻之政；子弟無尺寸之封，功臣無立錐之地，内無宗子以自毗輔，外無諸侯以爲藩衞，仁心不加於親戚，惠澤不流於枝葉；譬猶芟刈股肱，獨任胷腹，浮舟江海，捐棄楫櫂，觀者爲之寒心，而始皇晏然自以爲關中之固，金城千里，子孫帝王萬世之業也，豈不悖哉！是時淳于越諫曰：‘臣聞殷、周之王，封子弟功臣千有餘城〔五九〕。今陛下君有海内而子弟爲匹夫，卒有田常六卿之臣，而無輔弼，何以相救？事不師古而能長久者，非所聞也。’始皇聽李斯偏說而絀其議，至於身死之日，無所寄付，委天下之重於凡夫之手，託廢立之命於奸臣之口，至令趙高之徒，誅鉏宗室。胡亥少習刻薄之教，長遵凶父之業，不能改制易法，寵任兄弟，而乃師譚申、商〔六〇〕，諮謀趙高；自幽深宮，委政讒賊，身殘望夷，求爲黔首，豈可得哉？遂乃郡國離心，衆庶潰叛，勝、廣倡之於前，劉、項斃之於後。向使始皇納淳于之策，抑李斯之論，割裂州國〔六一〕，分王子弟，封三代之後，報功臣之勞，士有常君，民有定主，枝葉相扶，首尾爲用，雖使子孫有失道之行，時人無湯、武之賢，奸謀未發，而身已屠戮，何區區之陳、項而復得措其手足哉？故漢祖奮三尺之劍，驅烏集之衆〔六二〕，五年之中，遂成帝業。自開闢以來，其興立功勳〔六三〕，未有若漢祖之易也〔六四〕。夫伐深根者難爲功，摧枯朽者易爲力，理勢然也。漢監秦之失，封殖子弟，及諸呂擅權，圖危劉氏，而天下所以不傾動，百姓所以不易心者，徒以諸侯彊大，盤石膠固，東牟、朱虛受命於內，齊、代、吳、楚作衛於外故也。向使高祖踵亡秦之法，忽先王之制，則天下已傳〔六五〕，非劉氏有也。然高祖封建，地過古制，大者跨州兼郡，小者連城數十，上下無別，權偪京室，故有吳、楚七國之患。賈誼曰：'諸侯彊盛，長亂起姦。夫欲天下之治安，莫若衆建諸侯而少其力，令海內之勢，若身之使臂，臂之使指，則下無背叛之心，上無誅伐之事。'文帝不從。至於孝景，猥用鼂錯之計，削黜諸侯，親者怨恨，疏者震恐，吳、楚倡謀，五國從風。兆發高帝，釁鍾文、景，由寬之過制，急之不漸故也。所謂末大必折，尾大難掉。尾同於體，猶或不從，況乎非體之尾，其可掉哉？武帝從主父之策，下推恩之令，自是之後，齊分爲七，趙分爲六，淮南三割，梁、代五分，遂以陵遲，子孫微弱，衣食租稅，不預政事，或以酎金免削，或以無後國除。至於成帝，王氏擅朝。劉向諫曰：'臣聞公族者，國之枝葉，枝葉落則本根無所庇廕。方今同姓疏遠，母黨專政，排擯宗室，孤弱公族，非所以保守社稷，安固國嗣也。'其言深切，多所稱引，成帝雖悲傷歎息而不能用。至於哀、平，異姓秉權，假周公之事，而爲田常之亂，高拱而竊天位，一朝而臣四海。漢宗室王侯，解印釋綬〔六六〕，貢奉社稷，猶懼不得爲臣妾，或乃爲之符命，頌莽恩德，豈不哀哉！由斯言之，非宗子獨忠孝於惠、文之間，而叛逆於哀、平之際也，徒權輕勢弱，不能有定耳。賴光武皇帝挺不世之姿，禽王莽於已成，紹漢嗣於既絕，斯豈非宗子之力耶。而曾不監秦之失策，襲周之舊制，踵亡國之法，而徼倖無疆之期。至於桓、靈，閹豎執衡，朝無死難之臣，外無同憂之國，君孤立於上，臣弄權於下，本末不能相御，身首不能相使。由是天下鼎沸，姦凶並爭，宗廟焚爲灰燼，宮室變爲榛藪，居九州之地，而身無所安處，悲夫！魏太祖武皇帝躬聖明之資，兼神武之略，恥王綱之廢絕，愍漢室之傾覆，龍飛譙、沛，鳳翔兗、豫，掃除凶逆，翦滅鯨鯢，迎帝西京，定都潁邑，德動天地，義感人神。漢氏奉天，禪位大魏。大魏之興，於今二十有四年矣，觀五代之存亡而不用其長策，覩前車之傾覆而不改於轍迹〔六七〕；子弟王空虛之地，君有不使之民〔六八〕，宗室竄於閭閻，不聞邦國之政，權均匹夫，勢齊凡庶；內無深根不拔之固，外無盤石宗盟之助，非所以安社稷，爲萬世之業也〔六九〕。且今之州牧、郡守，古之方伯、諸侯，皆跨有千里之土，兼軍武之任，或比國數人，或兄弟並據；而宗室子弟曾無一人間廁其間，與相維持，非所以彊幹弱枝，備萬一之虞也。今之用賢，或超爲名都之主，或爲偏師之帥，而宗室有文者必限小縣之宰〔七〇〕，有武者必置百人之上〔七一〕，使夫廉高之士，畢志於衡軛之內，才能之人，恥與非類爲伍，非所以勸進賢能襃異宗室之禮也。夫泉竭則流涸，根朽則葉枯；枝繁者蔭根，條落者本孤。故語曰'百足之蟲，至死不僵'，以扶之者衆也〔七二〕。此言雖小，可以譬大。且墉基不可倉卒而成，威名不可一朝而立，皆爲之有漸，建之有素。譬之種樹，久則深固其本根，茂盛其枝葉，若造次徙於山林之中，植於宮闕之下，雖壅之以黑墳，煖之以春日，猶不救於枯槁，而何暇繁育哉？夫樹猶親戚，土猶士民，建置不久，則輕下慢上，平居猶懼其離叛，危急將若之何〔七三〕？是以聖王安而不逸，以慮危也，存而設備，以懼亡也。故疾風卒至而無摧拔之憂，天下有變而無傾危之患矣。"同，中常侍兄叔興之後，少帝族祖也。是時天子幼稚〔七四〕，同冀以此論感悟曹爽，爽不能納。

【校箋】

〔一〕毛本作"魏書二十"。

〔二〕毛本作"武文世王公傳第二十"。

〔三〕《官本考證》："'意'元本作'慧'。"

謹案：《御覽》卷一百五十引"意"字作"惠"，"意""惠"形近，"惠""慧"古通。《論語・衛靈公篇》："好行小慧。"鄭注："魯讀慧爲惠，今從古。"是其證。考《類聚》卷四十五、又卷七十一引無"之智"二字。《御覽》卷七百六十八、《事類賦》卷十六引作"智若成人"。郝書作"智意若成人"。疑此"之智"二字應衍。上文已云"智意所及"，則此句不必重出"智"字也，當據諸書校刪。

〔四〕盧弼曰："'則'字下應從吳曾《漫錄》增'不'字。"

謹案：《御覽》卷一百五十、《事類賦》引俱無"不"字，吳說疑不足據。《漢書・揚雄傳》注："校，計量也。"增"不"字反不詞。

〔五〕《類聚》卷九十五、《初學記》卷二十二、《御覽》卷三百五十八引無"而"字。

〔六〕郝書無"議"字。

〔七〕《類聚》卷四十五、卷九十五、《初學記》、《御覽》卷一百五十一、卷三百五十八引俱無"者"字。郝書作"其主不吉"，亦無"者"字。

〔八〕《初學記》卷二十九、《白帖》卷九十八"柱"上有"手"字。

〔九〕郝書無"微"字。《禮記·坊記》正義："微謂幽隱不著。"

〔一〇〕毛本"聘"字作"娉"。

〔一一〕《晉書·王導傳》："倉舒愛子之寵，贈不過別部司馬。"

〔一二〕《官本考證》："'列書'當作'《魏書》'。"

謹案：紹興本"列"字作"魏"。

〔一三〕毛本"語"字作"誥"，《册府》卷二百九十七引同。郝書作"戒"。

〔一四〕郝書苟注引"案"上有"裴松之曰"一句，疑此奪"臣松之"三字。

〔一五〕《類聚》卷六十五、《御覽》卷二百四十八、卷五百八十八引"裒"字作"褒"，下同。

〔一六〕盧弼曰："《藝文》'年'作'生'。"

謹案：《類聚》卷四十五引"年"字作"生"。《曹植傳》"年十餘歲"，疑"生"爲"年"字之形誤。

〔一七〕盧弼曰："宋本'覃'作'譚'。《官本考證》曰：'譚'疑當作'覃'。"

謹案：《書鈔》卷七十、《册府》卷二百七十四引作"覃"，郝書同。僞《書》孔安國序"研精覃思"釋文："覃，深也。"宋本作"譚"誤。

〔一八〕《類聚》、《御覽》卷二百四十八引"驚"下俱無"懼"字。

〔一九〕毛本"聞"作"問"。盧弼曰："官本'問'作

'聞'。"

謹案：《詩‧大雅‧卷阿》"令聞令望"釋文："'聞'本作'問'。"《文王有聲》"文王有聲"鄭箋："文王有令聞之聲者。"釋文："'聞'本作'問'。""問""聞"古通。

〔二〇〕《類聚》卷六十五引"約儉"二字乙，《御覽》卷四百三十一引《魏武別傳》同。

〔二一〕毛本"紝"字作"絍"，《治要》卷二十六、《類聚》引同。《漢書‧嚴助傳》"婦人不得紡績織紝"注："綫縷曰紝。"

〔二二〕《治要》引"疾"字作"病"。

〔二三〕《册府》卷八百七十九引"少"字作"小"。

〔二四〕《治要》引"細"下有"愆"字，"故"字屬下讀。《禮記‧曲禮》正義："故，承上起下之辭。"

〔二五〕盧弼曰："郝書'好'下有'學'字。"

謹案：有"學"字者是，今本脱。張采《三國文》引亦有"學"字。

〔二六〕錢大昕曰："'歐'當作'毆'，《東平靈王傳》作'摳'。"

謹案：錢説是也。郝書正作"毆"。

〔二七〕《册府》卷二百九十七引"少"字作"小"。

〔二八〕《册府》引"慎"上有"必"字。

〔二九〕《册府》引"典"上有"要"字，疑當據增，與下句"遺命"相儷。

〔三〇〕何焯曰："'元年'上脱'青龍'二字。"

謹案：《通志》作"青龍初爲有司所奏"，則此"元"上似脱"青龍"二字。

〔三一〕盧弼曰："錢大昭曰：'嘉以罪人之子紹封，不應獨得二大郡，疑有衍文。'弼按：漢魏時眞定爲常山國之一縣，非郡也。錢說誤。"

謹案：盧君謂眞定非郡名是也。然考本志所載之例，未有郡縣連屬而書者。嘉以罪人之子，或封縣王，則"常山"二字疑衍。

〔三二〕盧弼曰："馮本'響'作'嚮'。"

謹案：馮本作"嚮"，誤。"聲響"語正相應，作"響"字是。郝書亦作"響"。

〔三三〕郝書"躬"字作"公"。

〔三四〕郝書"爲"下有"宜"字。

〔三五〕盧弼曰："'抗'字未詳。疑誤。"

謹案：上文"子抗嗣"。是抗爲樊安公均子之名，此句言抗徙封薊公，何可云"抗字未詳，疑誤"也？疏矣！

〔三六〕郝書、《通志》"王"字俱作"玉"。

〔三七〕"樞"郝書作"摳"。

〔三八〕"至"字當爲"志"之誤。考《陳思王植傳》注引《志別傳》"及受禪改封鄄城公"，郝書"至"字正作"志"。

〔三九〕紹興本"服"上有"朝"字。

〔四〇〕《册府》卷二百六十三引"丘"字作"山"。

〔四一〕《御覽》卷一百五十一引"舜"上無"大"字，"鼻"字作"庳"。《册府》引亦作"庳"。《孟子·萬章上》："象至不仁，封之有庳。"則作"庳"爲是。

〔四二〕《御覽》引"章"字作"帝"，疑誤。

〔四三〕《御覽》引作"故姬姓未有不爲侯者"，《册府》卷二百七十四引作"有未爲侯者"，疑《御覽》衍"不"字。

〔四四〕盧弼曰："錢大昭曰：'如疑當作加。'周壽昌曰：'如聞猶恍惚聞之也。此二字唐以後詩文多用之。《五代史》梁末帝賜劉鄴詔：如聞寇敵兵不多；唐莊宗詔：如聞前例各有進獻，皆詔中語，疑亦本此。'"

謹案："如疑當作加"，見錢大昕《考異》，作"昭"字誤。《吴書·先主傳》注曰："加聞先哲知命舊説。"是"加聞"爲當時恒言，不如周氏説也。

〔四五〕盧弼曰："宋本'合'作'今'。"

謹案：《御覽》、《册府》卷二百六十三、卷二百七十四引"合"字俱作"今"，郝書同，疑"今"字是。

〔四六〕盧弼曰："宋本'闈'作'閨'。"

謹案：官本"闈"字亦作"閨"。《禮記·樂記》："在閨門之内。"本傳："閨闥之内，奉令於太妃。"《爾雅·釋宫》："宫中之門謂之闈，其小者謂之閨。"是作"闈"者誤。

〔四七〕盧弼曰："《齊王紀》'嘉平二年十一月甲辰東海王霖薨'，此作'元年'誤。"

謹案：此見梁章鉅《三國志旁證》，依序例當補"梁章鉅曰"四字。徐紹楨亦有是説，不具引録。

〔四八〕《治要》引無"既"字。

〔四九〕毛本"常"字作"棠"，《治要》引同。

〔五〇〕《全晉文》卷五十五引"始"字作"治"。

〔五一〕《治要》引"是"字作"斯"。

〔五二〕《治要》引"治"下有"也"字。

〔五三〕《册府》卷二百八十五引"同"下有"心"字。

〔五四〕《册府》引"朱"作"天"。

〔五五〕《治要》引"憂"下有"也"字。

〔五六〕《治要》引"江"下有"漢"字。

〔五七〕《治要》引"勢"字作"形"。

〔五八〕《類聚》卷十一引作"深根固蒂",郝書同。

〔五九〕郝書"城"字作"歲"。

〔六〇〕《官本考證》:"'譚'《文選》作'談'。"

謹案:郝書"譚"字作"謨"。

〔六一〕郝書"國"字作"郡"。

〔六二〕《類聚》引作"騁烏合之衆"。

〔六三〕《類聚》引作"興功立勳",郝書同。

〔六四〕《類聚》《治要》引"易"下俱有"者"字,郝書同。

〔六五〕盧弼曰:"'已'疑作'一'。"

謹案:《類聚》引"已"字作"以","以""已"本同。見《禮記·檀弓》鄭注。盧君疑當作"一",無據,恐非。

〔六六〕《治要》引"紱"字作"綬"。

〔六七〕《類聚》引"於"字作"其"。

〔六八〕《治要》引"君"下無"有"字。

〔六九〕《治要》引"安"上有"保"字,"業"字作"策"。

〔七〇〕郝書"限"下有"以"字。

〔七一〕《治要》引"置"下有"於"字,郝書同。

〔七二〕《治要》引"扶"上無"以"字,郝書同。

〔七三〕《治要》引"若"字作"如"。

〔七四〕毛本"稚"字作"弱"。作"幼弱"者是也。《王粲傳》"年既幼弱"可證,"幼稚"非當時語。

三國志校箋卷二十一

魏志卷二十一〔一〕

王粲 徐幹 陳琳 阮瑀 應瑒 劉楨 邯鄲淳 繁欽 路粹 丁儀 丁廙 楊脩 荀緯 應璩 應貞 阮籍 嵇康 桓威 吳質 衛覬 潘勖 王象 覬子瓘 劉廙 劉劭 繆襲 仲長統 蘇林 韋誕 夏侯惠 孫該 杜摯 傅嘏〔二〕

王粲字仲宣，山陽高平人也。曾祖父龔，祖父暢，皆爲漢三公。張璠《漢紀》曰：龔字伯宗，有高名於天下。順帝時爲太尉。初，山陽太守薛勤喪妻不哭，將殯，臨之曰："幸不爲夭，復何恨哉？"及龔妻卒，龔與諸子並杖行服，時人或兩譏焉。暢字叔茂，名在八俊。靈帝時爲司空，以水災免，而李膺亦免歸故郡，二人以直道不容當時。天下以暢、膺爲高士，諸危言危行之徒皆推宗之，願涉其流，惟恐不及。會連有災異，而言事者皆言三公非其人，宜因其變，以暢、膺代之，則禎祥必至。由是宦豎深怨之，及膺誅死，而暢遂廢，終於家。父謙，爲大將軍何進長史。進以謙名公之胄，欲與爲婚，見其二子，使擇焉。謙弗許。以疾免，卒於家。

獻帝西遷，粲徙長安，左中郎將蔡邕見而奇之。時邕才學顯著，貴重朝廷，常車騎填巷，賓客盈坐。聞粲在門，倒屣迎之。粲至，年既幼弱，容狀短小，一坐盡驚。邕曰："此王公孫也，有異才，吾不如也。吾家書籍文章，盡當與之〔三〕。"年十七，司徒辟，詔除黃門侍郎，以西京擾亂，皆不就。乃之荊州依劉表。表以粲貌寢而體弱通侻，不甚重也。臣松之曰：貌寢，謂貌負其實也。通侻者〔四〕，簡易也。表卒，粲勸表子琮，令歸太祖。《文士傳》載粲說琮曰："僕有愚計，願進之於將軍，可乎？"琮曰："吾所願聞也。"粲曰："天下大亂，豪傑並起，在倉卒之際，彊弱未分，故人各各有心耳。當此之時，家家欲爲帝王，人人欲爲公侯。觀古今之成敗，能先見事機者，則恆受其福。今將軍自度，何如曹公邪？"琮不能對。粲復曰："如粲所聞，曹公故人傑也。雄略冠時，智謀出世，摧袁氏於官渡，驅孫權於江外，逐劉備於隴右，破烏丸於白登，其餘梟夷蕩定者，往往如神，不可勝計。今日之事，去就可知也。將軍能聽粲計，卷甲倒戈，應天順命，以歸曹公，曹公必重德將軍。保己全宗，長享福祚，垂之後嗣，此萬全之策也。粲遭亂流離，託命此州，蒙將軍父子重顧，敢不盡言！"琮納其言。臣松之案：孫權自此以前，尚與中國和同，未嘗交兵，何云"驅權於江外"乎？魏武以十三年征荊州，劉備却後數年方入蜀，備身未嘗涉於關、隴。而於征荊州之年，便云"逐備於隴右"，既已乖錯；又白登在平城，亦魏武所不經。北征烏丸與白登永不相豫。以此知張騭假僞之辭，而不覺其虛之自露也。凡騭虛偽妄作，不可覆疏，如此類者，不可勝紀。太祖辟爲丞相掾，賜爵關內侯。太祖置酒漢濱，粲奉觴賀曰："方今袁紹起河北，仗大衆〔五〕，志兼天下，然好賢而不能用，故奇士去之。劉表雍容荆楚，坐觀時變，自以爲西伯可規。士之避亂荆州者，皆海內之儁傑也；表不知所任，故國危而無輔。明公定冀州之日，下車即繕其甲卒，收其豪傑而用之，以橫行天下，及平江、漢，引其賢儁而置之列位，使海內回心，望風而願治，文武並用，英雄畢力，此三王之舉也。"後遷軍謀祭酒。魏國既建，拜侍中。博物多識，問無不對。時舊儀廢弛，興造制度，粲恒典之。摯虞《決疑要注》曰：漢末喪亂，絕無玉珮。魏侍中王粲識舊珮，始復作之。今之玉珮，受法於粲也。

初，粲與人共行，讀道邊碑，人問曰："卿能闇誦乎？"曰："能。"因使背而誦之，不失一字。觀人圍棊，局壞，粲爲覆之。棊者不信，以帊蓋局〔六〕，使更以他局爲之。用相比校，不誤一道。其彊記默識如此。性善算，作算術，略盡其理。善屬文，舉筆便成，無所改定，時人常以爲宿構；然正復精意覃思，亦不能加也。《典略》曰：粲才既高，辯論應機。鍾繇、王朗等雖各爲魏卿相〔七〕，至於朝廷奏議，皆閣筆不能措手。著詩、賦、論、議垂六十篇。建安二十一年，從征吳。二十二年春，道病卒，時年四十一〔八〕。粲二子，爲魏諷所引，誅。後絕。《文章志》曰：太祖時征漢中，聞粲子死，歎曰："孤若在，不使仲宣無後。"

始文帝爲五官將，及平原侯植皆好文學。粲與北海徐幹字偉長、廣陵陳琳字孔璋、陳留阮瑀字元瑜、汝南應瑒字德璉、瑒，音徒哽反，一音暢也。東平劉楨字公幹並見友善。

幹爲司空軍謀祭酒掾屬，五官將文學。《先賢行狀》曰：幹清玄體道六行脩備，聰識洽聞，操翰成章，輕官忽祿，不耽世榮。建安中，太祖特加旌命，以疾休息。後除上艾長，又以疾不行。

琳前爲何進主簿。進欲誅諸宦官，太后不聽，進乃召四方猛將，並使引兵向京城，欲以劫恐太后。琳諫進曰："《易》稱'即鹿無虞'〔九〕。諺有'掩目捕雀'。夫微物尚不可欺以得志，況國之大事，其可以詐立乎？今將軍總皇威，握兵要，龍驤虎步，高下在心；以此行事，無異於鼓洪爐以燎毛髮。但當速發雷霆，行權立斷，違經合道〔一〇〕，天人順之；而反釋其利器，更徵於他〔一一〕。大兵合聚，彊者爲雄。所謂倒持干戈，授人以柄；必不成功，祇爲亂階。"進不納其言，竟以取禍。琳避難冀州，袁紹使典文章。袁氏敗，琳歸太祖。太祖謂曰："卿昔爲本初移書，但可罪狀孤而已，惡惡止其身，何乃上及父祖邪？"琳謝罪，太祖愛其才而不咎。

瑀少受學於蔡邕。建安中都護曹洪欲使掌書記，瑀終不爲屈。太祖並以琳、瑀爲司空軍謀祭酒，管記室。《文士傳》曰：太祖雅聞瑀名，辟之，不應，連見偪促，乃逃入山中。太祖使人焚山，得瑀，送至，召入。太祖征長安〔一二〕，大延賓客，怒瑀不與語，使就技人列。瑀善解音，能鼓琴，遂撫弦而歌，因造歌曲曰："奕奕天門開，大魏應期運。青蓋巡九州，在東西人怨。士爲知己死，女爲悅者玩。恩義苟敷暢，他人焉能亂？"爲曲既捷，音聲殊妙，當時冠坐，太祖大悅。臣松之案：魚氏《典略》、摯虞《文章志》並云瑀建安初辭疾避役，不爲曹洪屈。得太祖召，即投杖而起。不得有逃入山中，焚之乃出之事也。又《典略》載太祖初征荊州，使瑀作書與劉備，及征馬超，又使瑀作書與韓遂，此二書今具存。至長安之前，遂等破走，太祖始以十六年得入關耳。而張騭云初得瑀時，太祖在長安，此又乖戾。瑀以十七年卒，太祖十八年策爲魏公，而云瑀歌舞辭稱"大魏應期運"，愈知其妄。又其辭云"他人焉能亂"，了不成語。瑀之吐屬，必不如此。軍國書檄，多琳、瑀所作也。《典略》曰：琳作諸書及檄，草成呈太祖。太祖先苦頭風[一三]，是日疾發，臥讀琳所作，翕然而起曰："此愈我病[一四]。"數加厚賜。太祖嘗使瑀作書與韓遂，時太祖適近出，瑀隨從，因於馬上具草，書成呈之。太祖攬筆欲有所定，而竟不能增損。琳徙門下督，瑀爲倉曹掾屬。

瑒、楨各被太祖辟爲丞相掾屬。瑒轉爲平原侯庶子，後爲五官將文學[一五]。華嶠《漢書》曰：瑒祖奉，字世叔。才敏善諷誦，故世稱"應世叔讀書，五行俱下"。著《後序》十餘篇，爲世儒者。延熹中，至司隸校尉。子劭，字仲遠，亦博學多識，尤好事。諸所撰述《風俗通》等，凡百餘篇，辭雖不典，世服其博聞。《續漢書》曰：劭又著《中漢輯敘》《漢官儀》及《禮儀故事》，凡十一種，百三十六卷。朝廷制度，百官儀式，所以不亡者，由劭記之。官至泰山太守。劭弟珣，字季瑜，司空掾，即瑒之父。楨以不敬被刑，刑竟署吏。《文士傳》曰：楨父名梁，字曼山，一名恭。少有清才，以文學見貴，終於野王令。《典略》曰：文帝常賜楨廓落帶，其後師死，欲借取以爲像，因書嘲楨云："夫物因人爲貴。故在賤者之手，不御至尊之側。今雖取之，勿嫌其不反也。"楨答曰："楨聞荊山之璞，曜元后之寶；隨侯之珠，燭衆士之好〔一六〕；南垠之金，登窈窕之首；鼪貂之尾，綴侍臣之幘；此四寶者，伏朽石之下，潛汙泥之中，而揚光千載之上，發彩疇昔之外，亦皆未能初自接於至尊也。夫尊者所服，卑者所脩也；貴者所御，賤者所先也。故夏屋初成而大匠先立其下，嘉禾始熟而農夫先嘗其粒。恨楨所帶，無他妙飾，若實殊異，尚可納也。"楨辭旨巧妙皆如是，由是特爲諸公子所親愛。其後太子嘗請諸文學，酒酣坐歡，命夫人甄氏出拜。坐中衆人咸伏，而楨獨平視。太祖聞之，乃收楨，減死輸作。咸著文賦數十篇。

瑀以十七年卒。幹、琳、瑒、楨二十二年卒。文帝書與元城令吳質曰："昔年疾疫，親故多離其災，徐、陳、應、劉，一時俱逝。觀古今文人，類不護細行，鮮能以名節自立。而偉長獨懷文抱質，恬淡寡欲，有箕山之志，可謂彬彬君子矣。著《中論》二十餘篇，辭義典雅，足傳於後。德璉常斐然有述作意，其才學足以著書，美志不遂，良可痛惜！孔璋章表殊健，微爲繁富。公幹有逸氣，但未遒耳。元瑜書記翩翩，致足樂也。仲宣獨自善於辭賦，惜其體弱，不起其文〔一七〕；至於所善，古人無以遠過也。昔伯牙絕弦於鍾期，仲尼覆醢於子路，痛知音之難遇，傷門人之莫逮也。諸子但爲未及古人，自一時之儁也。《典論》曰：今之文人，魯國孔融、廣陵陳琳、山陽王粲、北海徐幹、陳留阮瑀、汝南應瑒、東平劉楨,斯七子者,於學無所遺,於辭無所假,咸自以騁騄驥於千里,仰齊足而並馳。粲長於辭賦。幹時有逸氣,然非粲匹也。如粲之《初征》《登樓》《槐賦》《征思》,幹之《玄猨》《漏巵》《圓扇》《橘賦》,雖張、蔡不過也,然於他文未能稱是。琳、瑀之章、表、書、記,今之儁也。應瑒和而不壯;劉楨壯而不密。孔融體氣高妙,有過人者,然不能持論,理不勝辭,至於雜以嘲戲;及其所善〔一八〕,揚、班之儔也。

自潁川邯鄲淳、《魏略》曰:淳一名竺,字子叔〔一九〕。博學有才章,又善《蒼》、《雅》、蟲、篆、許氏字指。初平時〔二〇〕,從三輔客荆州。荆州內附,太祖素聞其名,召與相見,甚敬異之。時五官將博延英儒,亦宿聞淳名,因啓淳欲使在文學官屬中。會臨菑侯植亦求淳,太祖遣淳詣植。植初得淳甚喜,延入坐,不先與談。時天暑熱,植因呼常從取水自澡訖,傅粉〔二一〕。遂科頭拍袒,胡舞五椎鍛〔二二〕,跳丸擊劍,誦俳優小說數千言訖,謂淳曰:"邯鄲生何如邪?"於是乃更着衣幘,整儀容,與淳評說混元造化之端,品物區別之意,然後論羲皇以來賢聖名臣烈士優劣之差,次頌古今文章賦誄及當官政事宜所先後,又論用武行兵倚伏之勢。乃命厨宰,酒炙交至,坐席默然,無與忼者。及暮,淳歸,對其所知歎植之材〔二三〕,謂之"天人"。而於時世子未立。太祖俄有意於植,而淳屢稱植材。由是五官將頗不悅。及黃初初,以淳為博士給事中。淳作《投壺賦》千餘言奏之,文帝以為工,賜帛千匹〔二四〕。繁欽、繁,音婆。《典略》曰:欽字休伯,以文才機辯,少得名於汝、潁。欽既長於書記,又善為詩賦。其所與太子書,記喉轉意,率皆巧麗〔二五〕。為丞相主簿。建安二十三年卒。陳留路粹、《典略》曰:粹字文蔚,少學於蔡邕。初平中,隨車駕至三輔。建安初，以高才與京兆嚴像擢拜尚書郎[二六]。像以兼有文武，出爲揚州刺史。粹後爲軍謀祭酒，與陳琳、阮瑀等典記室。及孔融有過，太祖使粹爲奏，承指數致融罪，其大略言："融昔在北海，見王室不寧，招合徒衆，欲圖不軌，言'我大聖之後也，而滅於宋。有天下者何必卯金刀'？"又云："融爲九列，不遵朝儀，秃巾微行，唐突宮掖。又與白衣禰衡言論放蕩，衡與融更相贊揚。衡謂融曰：'仲尼不死也。'融答曰：'顏淵復生。'"凡説融諸如此輩[二七]，辭語甚多。融誅之後，人覩粹所作，無不嘉其才而畏其筆也。至十九年，粹轉爲祕書令，從大軍至漢中，坐違禁賤請驢伏法。太子素與粹善，聞其死，爲之歎惜。及即位，特用其子爲長史。魚豢曰：尋省往者，魯連、鄒陽之徒，援譬引類，以解締結，誠彼時文辯之儁也。今覽王、繁、阮、陳、路諸人前後文旨，亦何昔不若哉[二八]？其所以不論者，時世異耳。余又竊怪其不甚見用，以問大鴻臚卿韋仲將。仲將云："仲宣傷於肥戇，休伯都無格檢，元瑜病於體弱，孔璋實自麤疏，文蔚性頗忿鷙，如是彼爲，非徒以脂燭自煎糜也，其不高蹈[二九]，蓋有由矣。然君子不責備於一人，譬之朱漆，雖無楨幹，其爲光澤亦壯觀也。"沛國丁儀、丁廙、弘農楊脩、河内荀緯等，亦有文采，而不在此七人之例。儀、廙、脩事並在《陳思王傳》。荀勖《文章敍錄》曰：緯字公高。少喜文學。建安中，召署軍謀掾、魏太子庶子，稍遷至散騎常侍、越騎校尉。年四十二，黃初四年卒。

瑒弟璩，璩子貞，咸以文章顯。璩官至侍中。貞咸熙中參相國軍事。《文章敍錄》曰：璩字休璉，博學好屬文，善爲書記。文、明帝世，歷官散騎常侍。齊王即位，稍遷侍中、大將軍長史。曹爽秉政，多違法度，璩爲詩以諷焉。其言雖頗諧合，多切時要，世共傳之。復爲侍中，典著作。嘉平四年卒，追贈衛尉。貞字吉甫，少以才聞，能談論。正始中，夏侯玄盛有名勢，貞嘗在玄坐，作五言詩，玄嘉玩之。舉高第，歷顯位。晉武帝爲撫軍大將軍，以貞參軍事。晉室踐阼，遷太子中庶子、散騎常侍。又以儒學與太尉荀顗撰定新禮，事未施行。泰始五年卒。貞弟純。純子紹，永嘉中爲黃門侍郎，爲司馬越所殺。純弟秀。秀子詹，鎮南大將軍、江州刺史。

瑀子籍，才藻豔逸，而倜儻放蕩，行己寡欲，以莊周爲模則。官至步兵校尉。籍字嗣宗。《魏氏春秋》曰：籍曠遠不羈，不拘禮俗。性至孝，居喪雖不率常檢，而毀幾至滅性。兗州刺史王昶請與相見，終日不得與言，昶歎賞之〔三〇〕，自以不能測也。太尉蔣濟聞而辟之，後爲尚書郎、曹爽參軍，以疾歸田里。歲餘，爽誅，太傅及大將軍乃以爲從事中郎。後朝論以其名高，欲顯崇之。籍以世多故，祿仕而已，聞步兵校尉缺，廚多美酒，營人善釀酒〔三一〕，求爲校尉，遂縱酒昏酣，遺落世事。嘗登廣武，觀楚、漢戰處，乃歎曰："時無英才，使豎子成名乎！"時率意獨駕〔三二〕，不由徑路，車迹所窮，輒慟哭而反。籍少時嘗遊蘇門山，蘇門山有隱者〔三三〕，莫知姓名〔三四〕，有竹實數斛、臼杵而已。籍從之〔三五〕，與談太古無爲之道，及論五帝三王之義，蘇門生肅然曾不經聽〔三六〕。籍乃對之長嘯〔三七〕，清韻響亮〔三八〕，蘇門生逌爾而笑〔三九〕。籍既降，蘇門生亦嘯，若鸞鳳之音焉〔四〇〕。至是，籍乃假蘇門先生之論以寄所懷〔四一〕。其歌曰："日沒不周西，月出丹淵中，陽精蔽不見〔四二〕，陰光代爲雄。亭亭在須臾，厭厭將復隆。富貴俯仰間，貧賤何必終。"又歎曰："天地解兮六合開，星辰隕兮日月頹，我騰而上將何懷？"籍口不論人過，而自然高邁，故爲禮法之士何曾等深所讎疾。大將軍司馬文王常保持之，卒以壽終。子渾字長成。《世語》曰：渾以閒澹寡欲〔四三〕，知名京邑。爲太子庶子〔四四〕。早卒。

時又有譙郡嵇康，文辭壯麗，好言老、莊，而尚奇任俠。至景元中，坐事誅。康字叔夜。案《嵇氏譜》：康父昭，字子遠，督軍糧治書侍御史。兄喜，字公穆，晉揚州刺史、宗正。喜爲康傳曰："家世儒學，少有儁才，曠邁不羣，高亮任性〔四五〕，不脩名譽，寬簡有大量。學不師授，博洽多聞，長而好老、莊之業，恬靜無欲。性好服食，常采御上藥。善屬文論，彈琴詠詩，自足於懷抱之中。以爲神仙者，稟之自然，非積學所致。至於導養得理，以盡性命，若安期、彭祖之倫，可以善求而得也；著《養生篇》。知自厚者所以喪其所生，其求益者必失其性，超然獨達，遂放世事，縱意於塵埃之表。撰録上古以來聖賢、隱逸、遁心、遺名者，集爲傳贊，自混沌至於管寧，凡百一十有九人，蓋求之於宇宙之內，而發之乎千載之外者矣。故世人莫得而名焉。"虞預《晉書》曰：康家本姓奚，會稽人。先自會稽遷於譙之銍縣，改爲嵇氏，取稽字之上，"山"以爲姓，蓋以志其本也。一曰銍有嵇山，家於其側，遂氏焉。《魏氏春秋》曰：康寓居河內之山陽縣，與之遊者，未嘗見其喜慍之色。與陳留阮籍、河內山濤、河南向秀、籍兄子咸、琅邪王戎、沛人劉伶相與友善，游於竹林，號爲七賢。鍾會爲大將軍所昵，聞康名而造之。會名公子，以才能貴幸，乘肥衣輕，賓從如雲。康方箕踞而鍛，會至，不爲之禮。康問會曰："何所聞而來？何所見而去？"會曰："有所聞而來，有所見而去。"會深銜之。大將軍嘗欲辟康。康既有絕世之言，又從子不善，避之河東，或云避世。及山濤爲選曹郎，舉康自代，康答書拒絕，因自說不堪流俗，而非薄湯、武。大將軍聞而怒焉。初，康與東平呂昭子巽及巽弟安親善。會巽淫安妻徐氏，而誣安不孝，囚之。安引康爲證，康義不負心，保明其事，安亦至烈〔四六〕，有濟世志力。鍾會勸大將軍因此除之，遂殺安及康。康臨刑自若，援琴而鼓，既而歎曰："雅音於是絕矣！"時人莫不哀之。初，康采藥於汲郡共北山中，見隱者孫登。康欲與之言，登默然不對。踰時將去，康曰："先生竟無言乎？"登乃曰："子才多識寡，難乎免於今之世。"及遭呂安事，爲詩自責曰："欲寡其過，謗議沸騰。性不傷物，頻致怨憎。昔慚柳下，今愧孫登。內負宿心，外恧良朋〔四七〕。"康所著諸文論六七萬言，皆爲世所玩詠。《康別傳》云：孫登謂康曰："君性烈而才儁，其能免乎？"稱康臨終之言曰："袁孝尼嘗從吾學《廣陵散》，吾每固之不與。《廣陵散》於今絕矣！"與盛所記不同。又《晉陽秋》云：康見孫登，登對之長嘯，踰時不言。康辭還，曰："先生竟無言乎？"登曰："惜哉！"此二書皆孫盛所述，而自爲殊異如此。《康集目錄》曰〔四八〕：登字公和，不知何許人，無家屬，於汲縣北山土窟中得之〔四九〕。夏則編草爲裳，冬則被髮自覆。好讀《易》鼓琴〔五〇〕，見者皆親樂之。每所止家，輒給其衣服飲食，得無辭讓。《世語》曰：毌丘儉反，康有力，且欲起兵應之，以問山濤，濤曰："不可。"儉亦已敗。臣松之案：本傳云康以景元中坐事誅，而干寶、孫盛、習鑿齒諸書皆云，正元二年，司馬文王反自樂嘉，殺嵇康、呂安。蓋緣《世語》云康欲舉兵應毌丘儉，故謂破儉便應殺康也。其實不然。山濤爲選官，欲舉康自代，康書告絕，事之明審者也。案《濤行狀》：濤始以景元二年除吏部郎耳。景元與正元相較七八年，以《濤行狀》檢之，如本傳爲審〔五一〕。又《鍾會傳》亦云會作司隸校尉時誅康；會作司隸，景元中也。干寶云呂安兄巽善於鍾會，巽爲相國掾,俱有寵於司馬文王,故遂抵安罪。尋文王以景元四年鍾、鄧平蜀後,始授相國位;若巽爲相國掾時陷安,焉得以破毌丘儉年殺嵇、呂?此又干寶之疏謬,自相違伐也。康子紹,字延祖,少知名。山濤啓以爲祕書郎,稱紹平簡溫敏,有文思,又曉音當成濟者。帝曰:"紹如此,便可以爲丞,不足復爲郎也。"遂歷顯位。《晉諸公贊》曰:紹與山濤子簡、弘農楊準同好友善,而紹最有忠正之情。以侍中從惠帝北伐成都王,王師敗績,百官奔走[五二],惟紹獨以身扞衛,遂死於帝側。故累見襃崇,追贈太尉,謚曰忠穆公。

景初中,下邳桓威出自孤微,年十八而著《渾輿經》,依道以見意。從齊國門下書佐、司徒署吏,後爲安成令。

吳質,濟陰人,以文才爲文帝所善,官至振威將軍,假節都督河北諸軍事,封列侯。《魏略》曰:質字季重,以才學通博,爲五官將及諸侯所禮愛;質亦善處其兄弟之間,若前世樓君卿之游五侯矣。及河北平定,大將軍爲世子,質與劉楨等並在坐席。楨坐譴之際,質出爲朝歌長,後遷元城令。其後大將軍西征,太子南在孟津小城,與質書曰:"季重無恙!途路雖局,官守有限,願言之懷,良不可任。足下所治僻左、書問致簡,益用增勞。每念昔日南皮之游,誠不可忘。既妙思六經,逍遙百氏,彈棊間設,終以博弈,高談娛心,哀箏順耳。馳騖北場,旅食南館,浮甘瓜於清泉,沈朱李於寒水。皦日既沒,繼以朗月,同乘並載,以游後園,輿輪徐動,賓從無聲,清風夜起,悲笳微吟,樂往哀來,悽然傷懷。余顧而言,茲樂難常,足下之徒,咸以爲然。今果分別,各在一方。元瑜長逝,化爲異物,每一念至,何時可言?方今蕤賓紀辰,景風扇物,天氣和暖,衆果具繁。時駕而游,北遵河曲,從者鳴笳以啓路,文學託乘於後車,節同時異,物是人非,我勞如何!今遣騎到鄴,故使枉道相過。行矣,自愛!"二十三年,太子又與質書曰:"歲月易得,別來行復四年。三年不見,《東山》猶歎其遠,況乃過之,思何可支?雖書疏往反,未足解其勞結。昔年疾疫,親故多離其災,徐、陳、應、劉,一時俱逝,痛何可言邪!昔日游處,行則同輿,止則接席,何曾須臾相失!每至觴酌流行,絲竹並奏,酒酣耳熱,仰而賦詩。當此之時,忽然不自知樂也。謂百年已分,長共相保,何圖數年之間,零落略盡,言之傷心。頃撰其遺文,都爲一集。觀其姓名,已爲鬼錄,追思昔游,猶在心目,而此諸子化爲糞壤,可復道哉!觀古今文人,類不護細行,鮮能以名節自立。而偉長獨懷文抱質,恬淡寡欲,有箕山之志,可謂彬彬君子矣。著《中論》二十餘篇,成一家之業,辭義典雅,足傳於後,此子爲不朽矣。德璉常斐然有述作意,才學足以著書,美志不遂,良可痛惜。間歷觀諸子之文,對之抆淚,既痛逝者,行自念也。孔璋章表殊健,微爲繁富。公幹有逸氣,但未遒耳,至其五言詩,妙絶當時。元瑜書記翩翩,致足樂也。仲宣獨自善於辭賦,惜其體弱,不足起其文,至於所善,古人無以遠過也。昔伯牙絶弦於鍾期,仲尼覆醢於子路,愍知音之難遇,傷門人之莫逮也。諸子但爲未及古人,自一時之儁也,今之存者已不逮矣。後生可畏,來者難誣,然吾與足下不及見也。行年已長大,所懷萬端,時有所慮,至乃通夕不瞑。何時復類昔日!已成老翁,但未白頭耳。光武言'年已三十,在軍十年,所更非一',吾德雖不及,年與之齊。以犬羊之質,服虎豹之文,無衆星之明,假日月之光,動見瞻觀,何時易邪?恐永不復得爲昔日游也。少壯真當努力,年一過往,何可攀援?古人思秉燭夜游，良有以也。頃何以自娛？頗復有所造述不？東望於邑，裁書敘心。」臣松之以本傳雖略載太子此書，美辭多被刪落，今故悉取《魏略》所述以備其文。太子即王位，又與質書曰：「南皮之游，存者三人，烈祖龍飛，或將或侯。今惟吾子，棲遲下仕[五三]，從我游處，獨不及門。觝䱷纍恥[五四]，能無懷愧[五五]。路不云遠，今復相聞。」初，曹真、曹休亦與質等俱在渤海游處，時休、真亦以宗親並受爵封，出爲列將，而質故爲長史。王顧質有望，故稱二人以慰之。始質爲單家，少游遨貴戚間，蓋不與鄉里相沈浮。故雖已出官，本國猶不與之士名。及魏有天下，文帝徵質，與車駕會洛陽。到，拜北中郎將，封列侯，使持節督幽、并諸軍事，治信都。太和中，入朝。質自以不爲本郡所饒，謂司徒董昭曰：「我欲溺鄉里耳。」昭曰：「君且止，我年八十，不能老爲君溺攢也。」《世語》曰：魏王嘗出征，世子及臨菑侯植並送路側。植稱述功德，發言有章，左右屬目，王亦悅焉。世子悵然自失，吳質耳曰：「王當行，流涕可也。」及辭，世子泣而拜，王及左右咸歔欷，於是皆以植辭多華，而誠心不及也。《質別傳》曰：帝嘗召質及曹休歡會，命郭后出見質等。帝曰：「卿仰諦視之。」其至親如此。質黃初五年朝京師，詔上將軍及特進以下皆會質所[五六]，太官給供具。酒酣，質欲盡歡。時上將軍曹真性肥[五七]，中領軍朱鑠性瘦，質召優，使說肥瘦，真負貴，恥見戲，怒謂質曰：「卿欲以部曲將遇我邪？」驃騎將軍曹洪、輕車將軍王忠言：「將軍必欲使上將軍服肥，即自宜爲瘦。」真愈恚，拔刀瞋目，言：「俳敢輕脫[五八]，吾斬爾。」遂罵坐。質案劍曰：「曹子丹，汝非屠机上肉，吳質吞爾不搖喉，咀爾不搖牙，何敢恃勢驕邪？」鑠因起曰：「陛下使吾等來樂卿耳，乃至此邪！」質顧叱之曰：「朱鑠，敢壞坐！」諸將軍皆還坐。鑠性急，愈恚，還拔劍斬地。遂便罷也。及文帝崩,質思慕作詩曰:"愴愴懷殷憂,殷憂不可居。徙倚不能坐,出入步踟躕。念蒙聖主恩,榮爵與衆殊。自謂永終身,志氣甫當舒。何意中見棄,棄我歸黃壚。煢煢靡所恃,淚下如連珠。隨没無所益,身死名不書。慷慨自俛仰,庶幾烈丈夫。"太和四年,入爲侍中。時司空陳羣録尚書事,帝初親萬幾,質以輔弼大臣,安危之本,對帝盛稱"驃騎將軍司馬懿,忠智至公,社稷之臣也。陳羣從容之士,非國相之才,處重任而不親事"。帝甚納之。明日,有切詔以督責羣,而天下以司空不如長文,即羣,言無實也。質其年夏卒。質先以怙威肆行,謚曰醜侯。質子應仍上書論枉,至正元中乃改謚威侯。應字溫舒,晉尚書。應子康,字子仲,知名於時,亦至大位。

衛覬字伯儒,河東安邑人也。少夙成,以才學稱。太祖辟爲司空掾屬,除茂陵令、尚書郎。太祖征袁紹,而劉表爲紹援,關中諸將又中立。益州牧劉璋與表有隙,覬以治書侍御史使益州,令璋下兵以綴表軍。至長安,道路不通,覬不得進,遂留鎮關中。時四方大有還民,關中諸將多引爲部曲,覬書與荀彧曰:"關中膏腴之地,頃遭荒亂,人民流入荆州者十萬餘家,聞本土安寧,皆企望思歸。而歸者無以自業,諸將各競招懷,以爲部曲。郡縣貧弱,不能與争,兵家遂彊。一旦變動,必有後憂。夫鹽,國之大寶也,自亂來放散〔五九〕,宜如舊置使者監賣〔六〇〕,以其直益市犂牛。若有歸民,以供給之。勤耕積粟,以豐殖關中。遠民聞之,必日夜競還〔六一〕。又使司隸校尉留治關中，以爲之主，則諸將日削，官民日盛，此彊本弱敵之利也〔六二〕。」或以白太祖。太祖從之，始遣謁者僕射監鹽官，司隸校尉治弘農。關中服從，乃白召覬還，稍遷尚書。《魏書》曰：初，漢朝遷移，臺閣舊事散亂。自都許之後，漸有綱紀，覬以古義多所正定〔六三〕。是時關西諸將，外雖懷附，內未可信。司隸校尉鍾繇求以三千兵入關，外託討張魯，內以脅取質任。太祖使荀彧問覬，覬以爲「西方諸將，皆豎夫屈起〔六四〕，無雄天下意，苟安樂目前而已。今國家厚加爵號，得其所志，非有大故，不憂爲變也。宜爲後圖。若以兵入關中，當討張魯，魯在深山，道徑不通，彼必疑之；一相驚動，地險衆彊，殆難爲慮！」或以覬議呈太祖。太祖初善之，而以繇自典其任，遂從繇議。兵始進而關右大叛〔六五〕，太祖自親征，僅乃平之，死者萬計。太祖悔不從覬議，由是益重覬。魏國既建，拜侍中，與王粲並典制度。文帝即王位，徙爲尚書。頃之，還漢朝爲侍郎〔六六〕，勸贊禪代之義，爲文誥之詔〔六七〕。文帝踐阼，復爲尚書，封陽吉亭侯。

明帝即位，進封閺鄉侯，三百戶。閺音閿。覬奏曰：「九章之律，自古所傳，斷定刑罪，其意微妙。百里長吏，皆宜知律。刑法者，國家之所貴重，而私議之所輕賤；獄吏者，百姓之所縣命，而選用者之所卑下。王政之弊，未必不由此也。請置律博士，轉相教授。」事遂施行。時百姓凋匱而役務方殷，覬上疏曰：「夫變情厲性，彊所不能，人臣言之既不易，人主受之又艱難。且人之所樂者富貴顯榮也，所惡者貧賤死亡也，然此四者，君上之所制也,君愛之則富貴顯榮,君惡之則貧賤死亡;順指者愛所由來〔六八〕,逆意者惡所從至也。故人臣皆爭順指而避逆意,非破家爲國,殺身成君者,誰能犯顔色,觸忌諱,建一言,開一説哉?陛下留意察之,則臣下之情可見矣。今議者多好悦耳,其言政治則比陛下於堯舜〔六九〕,其言征伐則比二虜於貍鼠。臣以爲不然。昔漢文之時,諸侯彊大,賈誼累息以爲至危〔七〇〕。況今四海之内,分而爲三,羣士陳力,各爲其主。其來降者,未肯言舍邪就正,咸稱迫於困急,是與六國分治,無以爲異也。當今千里無烟,遺民困苦,陛下不善留意,將遂凋弊,難可復振。禮,天子之器。必有金玉之飾,飲食之肴,必有八珍之味,至於凶荒,則徹膳降服。然則奢儉之節,必視世之豐約也。武皇帝之時,後宮食不過一肉,衣不用錦繡,茵褥不緣飾,器物無丹漆,用能平定天下,遺福子孫。此皆陛下之所親覽也。當今之務,宜君臣上下,並用籌策,計校府庫,量入爲出。深思句踐滋民之術,由恐不及〔七一〕,而尚方所造金銀之物,漸更增廣,工役不輟,侈靡日崇,帑藏日竭。昔漢武信求神仙之道〔七二〕,謂當得云表之露以餐玉屑,故立僊掌以承高露。陛下通明〔七三〕,每所非笑。漢武有求於露,而由尚見非〔七四〕,陛下無求於露,而空設之;不益於好,而糜費功夫,誠皆聖慮所宜裁制也。"覬歷漢、魏,時獻忠言,率如此。

受詔典著作,又爲《魏官儀》,凡所撰述數十篇,好古文、鳥篆、隸草，無所不善。建安末，尚書右丞河南潘勖，《文章志》曰：勖字元茂，初名芝，改名勖，後避諱。或曰勖獻帝時爲尚書郎，遷右丞。詔以勖前在二千石曹，才敏兼通，明習舊事，勑並領本職，數加特賜。二十年，遷東海相。未發，留拜尚書左丞。其年病卒，時年五十餘。魏公九錫策命，勖所作也。勖子滿，平原太守，亦以學行稱。滿子尼，字正叔。《尼別傳》曰：尼少有清才，文辭温雅。初應州辟，後以父老歸供養，居家十餘年，父終，晚乃出仕。尼嘗贈陸機詩，機答之，其四句曰：「猗歟潘生，世篤其藻，仰儀前文，丕隆祖考。」位終太常。尼從父岳，字安仁。《岳別傳》曰：岳美姿容，夙以才穎發名。其所著述，清綺絕倫。爲黄門侍郎，爲孫秀所殺。尼、岳文翰，並見重於世。尼從子滔，字湯仲。《晉諸公贊》：滔以博學才量爲名。永嘉末，爲河南尹，遇害。黄初時，散騎常侍河内王象，亦與覬並以文章顯。王象事別見《楊俊傳》。覬薨，謚曰敬侯。子瓘嗣。瓘咸熙中爲鎮西將軍。《晉陽秋》曰：瓘字伯玉。清貞有名理，少爲傅嘏所知。弱冠爲尚書郎，遂歷位内外，爲晉尚書令、司空、太保。惠帝初輔政，爲楚王瑋所害。《世語》曰：瓘與扶風内史燉煌索靖，並善草書。瓘子恒，字巨山，黄門侍郎。恒子玠，字叔寳，有盛名，爲太子洗馬，早卒。

劉廙字恭嗣，南陽安衆人也。年十歲，戲於講堂上〔七五〕，潁川司馬德操拊其頭曰：「孺子，孺子，『黄中通理』，寧自知不？」廙兄望之有名於世，荆州牧劉表辟爲從事。而其友二人，皆以讒毀，爲表所誅。望之又以正諫不合，投傳告歸。廙謂望之曰：「趙殺鳴犢，仲尼回輪。劉向《新序》曰：趙簡子欲專天下，謂其相曰："趙有犢犨，晉有鐸鳴，魯有孔丘，吾殺三人者，天下可王也。"於是乃召犢犨、鐸鳴而問政焉，已即殺之。使使者聘孔子於魯，以胖牛肉迎於河上。使者謂船人曰："孔子即上船，中河必流而殺之。"孔子至，使者致命，進胖牛之肉。孔子仰天而歎曰："美哉水乎，洋洋乎，使丘不濟此水者，命也夫！"子路趨而進曰："敢問何謂也？"孔子曰："夫犢犨、鐸鳴，晉國之賢大夫也，趙簡子未得意之時，須而後從政，及其得意也，殺之。黃龍不反於涸澤，鳳皇不離其蔚羅。故刳胎焚林，則麒麟不臻；覆巢破卵，則鳳皇不翔；竭澤而漁，則龜龍不見。鳥獸之於不仁，猶知避之，況丘乎？故虎嘯而谷風起，龍興而景云見，擊庭鐘於外，而黃鐘應於內。夫物類之相感，精神之相應，若響之應聲，影之象形，故君子違傷其類者。今彼已殺吾類矣，何爲之此乎？"於是遂回車不渡而還。今兄既不能法柳下惠和光同塵於內，則宜模范蠡遷化於外。坐而自絕於時，殆不可也！"望之不從，尋復見害。廙懼，奔揚州，《廙別傳》載廙道路爲牋謝劉表曰："考茍過蒙分遇榮授之顯，未有管、狐、桓、文之烈，孤德隕命，精誠不遂。兄望之見禮在昔，既無堂構昭前之績，中規不密，用墜禍辟。斯乃明神弗祐，天降之災。悔吝之負，哀號靡及。廙之愚淺，言行多違，懼有浸潤三至之間。考茍之愛已衰，望之之責猶存，必傷天慈既往之分，門戶殄滅，取笑明哲。是用逬竄，永涉川路，即日到廬江尋陽。昔鍾儀有南音之操，椒舉有班荊之思，雖遠猶邇，敢忘前施？"《傅子》曰：表既殺望之，荊州士人皆自危也。夫表之本心，於望之不輕也，以直迕情，而讒言得入者，以無容直之度也。據全楚之地，不能以成功者，未必不由此也。夷、叔迕武王以成名，丁公順高祖以受戮，二主之度遠也。若不遠其度，惟禍心是從，難乎以容民畜衆矣。遂歸太祖。太祖辟爲丞相掾屬，轉五官將文學。文帝器之，命廙通草書。廙答書曰："初以尊卑不踰，禮之常分也。是以貪守區區之節，不敢脩草。必如嚴命，誠知勞謙之素，不貴殊異若彼之高，而惇白屋如斯之好，苟使郭隗不輕於燕，九九不忽於齊，樂毅自至，霸業以隆。《戰國策》曰：有以九九求見齊桓公，桓公不納。其人曰："九九小術，而君納之，況大於九九者乎？"於是桓公設庭燎之禮而見之。居無幾，隰朋自遠而至，齊遂以霸。虧匹夫之節，成巍巍之美，雖愚不敏，何敢以辭？"魏國初建，爲黃門侍郎。

太祖在長安，欲親征蜀，廙上疏曰："聖人不以智輕俗，王者不以人廢言。故能成功於千載者，必以近察遠，智周於獨斷者，不恥於下問，亦欲博采，必盡於衆也。且韋弦非能言之物，而聖賢引以自匡。臣才智闇淺，願自比於韋弦。昔樂毅能用弱燕破大齊，而不能以輕兵定即墨者〔七六〕，夫自爲計者雖弱必固，欲自潰者雖彊必敗也。自殿下起軍以來，三十餘年，敵無不破，彊無不服。今以海内之兵，百勝之威，而孫權負險於吳，劉備不賓於蜀。夫夷狄之臣，不當冀州之卒，權、備之籍，不比袁紹之業，然本初以亡，而二寇未捷，非闇弱於今而智武於昔也。斯自爲計者，與欲自潰者異勢耳。故文王伐崇，三駕不下，歸而脩德，然後服之。秦爲諸侯，所征必服，及兼天下，東向稱帝，匹夫大呼而社稷用隳。是力斃於外〔七七〕,而不卹民於内也。臣恐邊寇非六國之敵,而世不乏才,土崩之勢,此不可不察也。天下有重得,有重失:勢可得而我勤之,此重得也;勢不可得而我勤之,此重失也。於今之計,莫若料四方之險,擇要害之處而守之,選天下之甲卒,隨方面而歲更焉。殿下可高枕於廣夏,潛思於治國;廣農桑〔七八〕,事從節約,脩之旬年,則國富民安矣。"太祖遂進前而報廙曰:"非但君當知臣,臣亦當知君。今欲使吾坐行西伯之德,恐非其人也。"

魏諷反,廙弟偉爲諷所引,當相坐誅。太祖令曰:"叔向不坐弟虎,古之制也。"特原不問,《廙別傳》曰:初,廙弟偉與諷善,廙戒之曰:"夫交友之美,在於得賢,不可不詳。而世之交者,不審擇人,務合黨衆,違先聖人交友之義〔七九〕,此非厚己輔仁之謂也〔八〇〕。吾觀魏諷,不脩德行〔八一〕,而專以鳩合爲務,華而不實,此直攪世沽名者也〔八二〕。卿其慎之,勿復與通。"偉不從〔八三〕,故及於難。徙署丞相倉曹屬。廙上疏謝曰:"臣罪應傾宗,禍應覆族。遭乾坤之靈,值時來之運,揚湯止沸,使不燋爛;起煙於寒灰之上,生華於已枯之木。物不答施於天地,子不謝生於父母,可以死效,難用筆陳。"《廙別傳》載廙表論治道曰:"昔者周有亂臣十人〔八四〕,有婦人焉,九人而已,孔子稱'才難,不其然乎'!明賢者難得也。況亂弊之後,百姓凋盡,士之存者蓋亦無幾。股肱大職,及州郡督司〔八五〕,邊方重任,雖備其官,亦未得人也。此非選者之不用意,蓋才匱使之然耳。況於長吏以下〔八六〕,羣職小任,能皆簡練備得其人也〔八七〕?其計莫如督之以法〔八八〕。不爾而數轉易,往來不已,送迎之煩,不可勝計。轉易之間,輒有姦巧,既於其事不省〔八九〕,而爲政者亦以其不得久安之故,知惠益不得成於己,而苟且之可免於患,皆將不念盡心於卹民,而夢想於聲譽,此非所以爲政之本意也。今之所以爲黜陟者,近頗以州郡之毁譽,聽往來之浮言耳。亦皆得其事實而課其能否也〔九〇〕?長吏之所以爲佳者,奉法也,憂公也,卹民也。此三事者,或州郡有所不便,往來者有所不安。而長吏執之不已,於治雖得計,其聲譽未爲美;屈而從人〔九一〕,於治雖失計,其聲譽必集也。長吏皆知黜陟之在於此也,亦何能不去本而就末哉?以爲長吏皆宜使少久,足使自展。歲課之能,三年總計,乃加黜陟。課之皆當以事,不得依名〔九二〕。事者,皆以戶口率其墾田之多少,及盜賊發興,民之亡叛者,爲得負之計〔九三〕。如此行之,則無能之吏,脩名無益;有能之人,無名無損。法之一行,雖無部司之監,姦譽妄毁,可得而盡〔九四〕。"事上,太祖甚善之。廙著書數十篇,及與丁儀共論刑禮皆傳於世。文帝即王位,爲侍中,賜爵關內侯。黃初二年卒。《廙別傳》云:時年四十二。無子。帝以弟子阜嗣。案《劉氏譜》:阜字伯陵,陳留太守。阜子喬,字仲彥。《晉陽秋》曰:喬有贊世志力。惠帝末,爲豫州刺史。喬胄胤丕顯,貴盛至今。

劉劭字孔才,廣平邯鄲人也。建安中,爲計吏,詣許。太史上言:"正旦當日蝕。"劭時在尚書令荀彧所,坐者數十人〔九五〕,或云當廢朝,或云宜却會。劭曰:"梓慎、裨竈,古之良史,猶占水火,錯失天時,《禮記》曰諸侯旅見天子,及門不得終禮者四〔九六〕,日蝕在一。然則聖人垂制，不爲變豫廢朝禮者〔九七〕，或災消異伏，或推術謬誤也〔九八〕。"或善其言。勅朝會如舊，日亦不蝕。晉永和中〔九九〕，廷尉王彪之與揚州刺史殷浩書曰："太史上元日合朔，談者或有疑，應却會與不？昔建元元年，亦元日合朔，庾車騎寫劉孔才所論以示八座。於時朝議有謂孔才所論爲不得禮議〔一〇〇〕，苟令從之，是勝人之一失也。何者？《禮》云，諸侯旅見天子，入門不得終禮而廢者四：太廟火，日蝕，后之喪，雨霑服失容。尋此四事之指，自謂諸侯雖已入門而卒暴有之，則不得終禮。非爲先存其事，而徼倖史官推術錯謬，故不豫廢朝禮也。夫三辰有災，莫大日蝕，史官告譴，而無懼容，不脩豫防之禮，而廢消救之術，方大饗華夷，君臣相慶，豈是將處天災罪己之謂〔一〇一〕？且檢之事實，合朔之儀，至尊靜躬殿堂，不聽政事，冕服御坐門闈之制，與元會禮異。自不得兼行，則當權其事宜。合朔之禮，不輕於元會。元會有可却之準，合朔無可廢之義〔一〇二〕。謂應依建元故事，却元會。"浩從之，竟却會。

御史大夫郗慮辟劭，會慮免，拜太子舍人，遷祕書郎。黃初中，爲尚書郎、散騎侍郎。受詔集五經羣書，以類相從，作《皇覽》。明帝即位，出爲陳留太守，敦崇教化，百姓稱之。徵拜騎都尉，與議郎庾嶷、荀詵等定科令，作《新律》十八篇，著《律略論》。遷散騎常侍。時聞公孫淵受孫權燕王之號，議者欲留淵計吏，遣兵討之。劭以爲"昔袁尚兄弟歸淵父康，康斬送其首，是淵先世之效忠也。又所聞虛實，未可審知。古者要荒未服，脩德而不征，重勞民也。宜加寬貸，使有以自新"。後淵果斬送權使張彌等首。劭嘗作《趙都賦》，明帝美之，詔劭作《許都》《洛都賦》。時外興軍旅，内營宫室，劭作二賦，皆諷諫焉。

青龍中，吴圍合肥，時東方吏士皆分休，征東將軍滿寵表請中軍兵，并召休將士，須集擊之。劭議以爲"賊衆新至，心專氣鋭。寵以少人自戰其地〔一〇三〕，若便進擊，不必能制。寵求待兵，未有所失也。以爲可先遣步兵五千，精騎三千軍前發，揚聲進道，震曜形勢。騎到合肥，疏其行隊，多其旌鼓，曜兵城下，引出賊後，擬其歸路，要其糧道。賊聞大軍來，騎斷其後，必震怖遁走，不戰自破賊矣"。帝從之。兵比至合肥，賊果退還。

時詔書博求衆賢。散騎侍郎夏侯惠薦劭曰："伏見常侍劉劭，深忠篤思，體周於數，凡所錯綜，源流弘遠，是以羣才大小，咸取所同而斟酌焉。故性實之士服其平和良正〔一〇四〕，清静之人慕其玄虚退讓，文學之士嘉其推步詳密，法理之士明其分數精比，意思之士知其沈深篤固，文章之士愛其著論屬辭〔一〇五〕，制度之士貴其化略較要，策謀之士贊其明思通微，凡此諸論，皆取適己所長而舉其支流者也。臣數聽其清談，覽其篤論，漸漬歷年，服膺彌久，實爲朝廷奇其器量。以爲若此人者，宜輔翼機事，納謀幃幄，當與國道俱隆，非世俗所常有也。惟陛下垂優游之聽，使劭承清閑之歡，得自盡於前，則德音上通，輝燿日新矣。"臣松之以爲：凡相稱薦，率多溢美之辭，能不違中者或寡矣。惠之稱劭云"玄虚退讓"及"明思通微"，近於過也。

景初中，受詔作《都官考課》。劭上疏曰："百官考課，王政之大較，然而歷代弗務，是以治典闕而未補，能否混而相蒙。陛下以上聖之宏略，愍王綱之弛頽，神慮内鑒，明詔外發。臣奉恩曠然，得以啓矇，輒作《都官考課》七十二條，又作《説略》一篇[一〇六]。臣學寡識淺，誠不足以宣暢聖旨，著定典制。"又以爲宜制禮作樂，以移風俗，著《樂論》十四篇，事成未上。會明帝崩，不施行。正始中，執經講學，賜爵關内侯。凡所撰述，《法論》《人物志》之類百餘篇。卒，追贈光禄勳。子琳嗣。

劭同時東海繆襲亦有才學，多所述敘，官至尚書、光禄勳。《先賢行狀》曰：繆斐字文雅。該覽經傳，事親色養。徵博士，六辟公府。漢帝在長安，公卿博舉名儒。時舉斐任侍中，並無所就。即襲父也。《文章志》曰：襲字熙伯。辟御史大夫府，歷事魏四世。正始六年，年六十卒。子悦字孔懌，晉光禄大夫。襲孫紹、播、徵、胤等，並皆顯達。

襲友人山陽仲長統，漢末爲尚書郎，早卒。著《昌言》，詞佳可觀省。襲撰統《昌言》表，稱統字公理，少好學，博涉書記，贍於文辭。年二十餘，游學青、徐、并、冀之間，與交者多異之。并州刺史高幹素貴有名，招致四方游士，多歸焉。統過幹，幹善待遇之，訪以世事。統謂幹曰："君有雄志而無雄才，好士而不能擇人，所以爲君深戒也。"幹雅自多[一〇七]，不納統言。統去之，無幾而幹敗。并、冀之士，以是識統[一〇八]。大司農常林與統共在上黨爲臣，道統性倜儻，敢直言，不矜小節，每列郡命召〔一〇九〕，輒稱疾不就。默語無常，時人或謂之狂。漢帝在許，尚書令荀彧領典樞機，好士愛奇，聞統名，啓召以爲尚書郎。後參太祖軍事，復還爲郎。延康元年卒，時年四十餘。統每論説古今世俗行事，發憤歎息，輒以爲論，名曰《昌言》，凡二十四篇。

散騎常侍陳留蘇林、《魏略》曰：林字孝友，博學，多通古今字指，凡諸書傳文間危疑，林皆釋之。建安中，爲五官將文學，甚見禮待。黃初中，爲博士給事中。文帝作《典論》，所稱蘇林者是也。以老歸第，國家每遣人就問之〔一一〇〕，數加賜遺。年八十餘卒。光禄大夫京兆韋誕、《文章敍録》曰：誕字仲將，太僕端之子。有文才，善屬辭章〔一一一〕。建安中，爲郡上計吏，特拜郎中，稍遷侍中中書監，以光禄大夫遜位，年七十五卒於家。初，邯鄲淳、衛覬及誕並善書，有名。覬孫恒撰《四體書勢》，其序古文曰："自秦用篆書，焚燒先典，而古文絶矣。漢武帝時，魯恭王壞孔子宅，得《尚書》《春秋》《論語》《孝經》，時人已不復知有古文，謂之科斗書，漢世祕藏，希得見之。魏初傳古文者，出於邯鄲淳。敬侯寫淳《尚書》，後以示淳，而淳不別。至正始中，立三字石經，轉失淳法。因科斗之名，遂效其法〔一一二〕。太康元年，汲縣民盜發魏襄王冢，得策書十餘萬言。案敬侯所書，猶有彷彿。"敬侯謂覬也。其序篆書曰："秦時李斯號爲工篆，諸山及銅人銘皆斯書也。漢建初中，扶風曹喜少異於斯而亦稱善。邯鄲淳師焉，略究其妙。韋誕師淳而不及也。太和中，誕爲武都太守，以能書留補侍中，魏氏寶器銘題皆誕書云〔一一三〕。漢末又有蔡邕采斯、喜之法，爲古今雜形，然精密簡理不如淳也〔一一四〕。"其序録隸書，已略見《武紀》。又曰："師宜官爲大字，邯鄲淳爲小字。

梁鵠謂淳得次仲法,然鵠之用筆盡其勢矣。"其序草書曰:"漢興而有草書,不知作者姓名。至章帝時,齊相杜度號善作篇,後有崔瑗、崔寔亦皆稱工。杜氏結字甚安而書體微瘦,崔氏甚得筆勢而結字小疏。弘農張伯英者因而轉精其巧〔一一五〕。凡家之衣帛,必書而後練之〔一一六〕,臨池學書,池水盡黑。下筆必爲楷,則號'悤悤不暇草',寸紙不見遺,至令世人尤寶之,韋仲將謂之草聖。伯英弟文舒者,次伯英。又有姜孟穎、梁孔達、田彥和及韋仲將之徒,皆伯英弟子,有名於世,然殊不及文舒也。"樂安太守譙國夏侯惠、惠,淵子。事在《淵傳》。陳郡太守任城孫該、《文章敘錄》曰:"該字公達。彊志好學。年二十,上計掾,召爲郎中。著《魏書》。遷博士司徒右長史,復還入著作。景元二年卒官。郎中令河東杜摯等亦著文賦,頗傳於世。《文章敘錄》曰:摯字德魯。初上《笳賦》,署司徒軍謀吏〔一一七〕。後舉孝廉,除郎中,轉補校書。摯與毌丘儉鄉里相親,故爲詩與儉,求仙人藥一丸,欲以感切儉求助也。其詩曰:"騏驥馬不試,婆娑槽櫪間。壯士志未伸,坎軻多辛酸。伊摯爲媵臣〔一一八〕,呂望身操竿〔一一九〕;夷吾困商販〔一二○〕,甯戚對牛歎〔一二一〕;食其處監門〔一二二〕,淮陰飢不餐〔一二三〕;買臣老負薪〔一二四〕,妻畔呼不還,釋之宦十年,位不增故官〔一二五〕。才非八子倫,而與齊其患。無知不在此〔一二六〕,袁盎未有言。被此篤病久,榮衛動不安,聞有韓衆藥,信來給一丸。"儉答曰:"鳳鳥翔京邑,哀鳴有所思。才爲聖世出,德音何不怡!八子未遘遇,今者遭明時。胡康出壟畝,楊偉無根基,飛騰沖云天,奮迅協光熙。駿驥骨法異,伯樂觀知之,但當養羽翮,鴻舉必有期。體無纖微疾,安用問良醫?聯翩輕栖集,還爲燕雀嗤。韓衆藥雖良,或更不能治。悠悠千里情,薄言答嘉詩。信心感諸中,中實不在辭。"摯竟不得遷,卒於祕書。《廬江何氏家傳》曰:明帝時,有譙人胡康,年十五,以異才見送〔一二七〕,又陳損益,求試劇縣。詔特引見。衆論翕然,號爲神童。詔付祕書,使博覽典籍。帝以問祕書丞何禎〔一二八〕:"康才何如?"禎答曰:"康雖有才,性質不端,必有負敗。"後果以過見譴。臣松之案:魏朝自微而顯者,不聞胡康;疑是孟康。康事見《杜恕傳》。楊偉見《曹爽傳》。

傅嘏字蘭石〔一二九〕,北地泥陽人,傅介子之後也。伯父巽,黃初中爲侍中尚書。《傅子》曰:嘏祖父睿,代郡太守。父充,黃門侍郎。嘏弱冠知名,《傅子》曰:是時何晏以材辯顯於貴戚之間〔一三○〕,鄧颺好變通〔一三一〕,合徒黨,鬻聲名於閭閻,而夏侯玄以貴臣子少有重名,爲之宗主〔一三二〕,求交於嘏而不納也〔一三三〕。嘏友人荀粲,有清識遠心〔一三四〕,然猶怪之。謂嘏曰:"夏侯泰初一時之傑〔一三五〕,虛心交子〔一三六〕,合則好成〔一三七〕,不合則怨至〔一三八〕。二賢不睦,非國之利〔一三九〕,此藺相如所以下廉頗也。"嘏答之曰:"泰初志大其量,能合虛聲而無實才。何平叔言遠而情近,好辯而無誠,所謂利口覆邦國之人也。鄧玄茂有爲而無終,外要名利,內無關鑰,貴同惡異,多言而妬前;多言多釁,妬前無親。以吾觀〔一四○〕。此三人者〔一四一〕,皆敗德也。遠之猶恐禍及,況昵之乎?"司空陳羣辟爲掾。時散騎常侍劉劭作考課法,事下三府。嘏難劭論曰:"蓋聞帝制宏深,聖道奧遠,苟非其才,則道不虛行,神而明之,存乎其人。暨乎王略虧頹而曠載罔綴,微言既沒,六籍泯玷。何則?道弘致遠而衆才莫晞也。案劭考課論,雖欲尋前代黜陟之文，然其制度略以闕亡。禮之存者，惟有周典，外建侯伯，藩屏九服，內立列司，筦齊六職，士有恒貴〔一四二〕，官有定則，百揆均任，四民殊業，故考績可理而黜陟易通也。大魏繼百王之末，承秦、漢之烈，制度之流，靡所脩采。自建安以來，至於青龍，神武撥亂，肇基皇祚，埽除凶逆，芟夷遺寇，旌旗卷舒，日不暇給。及經邦治戎，權法並用，百官羣司，軍國通任，隨時之宜，以應政機，以古施今，事雜義殊，難得而通也。所以然者，制宜經遠，或不切近，法應時務，不足垂後。夫建官均職，清理民物，所以立本也；循名考實，糾勵成規，所以治末也。本綱未舉而造制未呈〔一四三〕，國略不崇而考課是先，懼不足以料賢愚之分，精幽明之理也。昔先王之擇才，必本行於州閭，講道於庠序，行具而謂之賢，道脩則謂之能。鄉老獻賢能於王，王拜受之，舉其賢者，出使長之，科其能者，入使治之，此先王收才之義也。方今九州之民，爰及京城，未有六鄉之舉，其選才之職，專任吏部。案品狀則實才未必當，任簿伐則德行未爲敘〔一四四〕，如此則殿最之課，未盡人才。述綜王度，敷贊國式，體深義廣，難得而詳也。"

正始初，除尚書郎，遷黃門侍郎。時曹爽秉政，何晏爲吏部尚書，嘏謂爽弟羲曰："何平叔外靜而內銛巧，好利，不念務本。吾恐必先惑子兄弟，仁人將遠，而朝政廢矣。"晏等遂與嘏不平，因微事以免嘏官〔一四五〕。起家拜滎陽太守，不行。太傅司馬宣王請爲從事中郎。曹爽誅,爲河南尹,《傅子》曰:河南尹內掌帝都,外統京畿,兼古六鄉六遂之士[一四六]。其民異方雜居,多豪門大族,商賈胡貊,天下四方會[一四七],利之所聚,而姦之所生[一四八]。前尹司馬芝,舉其綱而太簡;次尹劉靜,綜其目而太密;後尹李勝,毀常法以收一時之聲。嘏立司馬氏之綱統,裁劉氏之綱目[一四九],以經緯之,李氏所毀以漸補之。郡有七百吏,半非舊也。河南俗黨五官掾功曹典選職,皆授其本國人,無用異邦人者,嘏各舉其良而對用之[一五〇],官曹分職[一五一],而後以次考核之。其治以德教爲本[一五二],然持法有恒,簡而不可犯[一五三],見理識情,獄訟不加夏楚而得其實[一五四]。不爲小惠,有所薦達及大有益於民事[一五五],皆隱其端迹,若不由己出。故當時無赫赫之名,吏民久而後安之[一五六]。遷尚書。嘏常以爲:"秦始罷侯置守,設官分職,不與古同。漢、魏因循,以至於今。然儒生學士,咸欲錯綜以三代之禮,禮弘致遠[一五七],不應時務,事與制違,名實未附[一五八],故歷代而不至於治者,蓋由是也。欲大改定官制,依古正本,今遇帝室多難[一五九],未能革易。"

時論者議欲自伐吳,三征獻策各不同。詔以訪嘏,嘏對曰:"昔夫差陵齊勝晉[一六〇],威行中國,終禍姑蘇。齊閔兼土拓境,闢地千里,身蹈顛覆。有始不必善終,古之明效也。孫權自破關羽并荊州之後,志盈欲滿,凶究以極,是以宣文侯深建宏圖大舉之策。今權已死,託孤於諸葛恪。若矯權苛暴,蠲其虐政,民免酷烈,偷安新惠,外內齊慮,有同舟之懼,雖不能終自保完,猶足以延期挺命於深江之外矣。而議者或欲汎舟徑濟,橫行江表；或欲四道並進，攻其城壘；或欲大佃疆埸，觀釁而動；誠皆取賊之常計也。然自治兵以來，出入三載，非掩襲之軍也。賊之爲寇，幾六十年矣，君臣僞立，吉凶共患，又喪其元帥，上下憂危，設令列船津要，堅城據險，橫行之計，其殆難捷，惟進軍大佃，最差完牢隱〔一六〕。兵出民表，寇鈔不犯；坐食積穀，不煩運士；乘釁討襲，無遠勞費：此軍之急務也。昔樊噲願以十萬之衆，橫行匈奴，季布面折其短。今欲越長江，涉虜庭，亦向時之喻也。未若明法練士，錯計於全勝之地，振長策以禦敵之餘燼，斯必然之數也。"司馬彪《戰略》載嘏此對，詳於本傳，今悉載之以盡其意。彪曰：嘉平四年四月，孫權死。征南大將軍王昶、征東將軍胡遵、鎮南將軍毌丘儉等表請征吳。朝廷以三征計異，詔訪尚書傅嘏，嘏對曰："昔夫差勝齊陵晉，威行中國，不能以免姑蘇之禍〔一六二〕；齊閔辟土兼國，開地千里，不足以救顛覆之敗〔一六三〕：有始不必善終，古事之明效也。孫權自破蜀兼平荊州之後，志盈欲滿，罪戮忠良，誅及胤嗣，元凶已極。相國宣文侯先識取亂侮亡之義，深建宏圖大舉之策。今權已死，託孤於諸葛恪。若矯權苛暴〔一六四〕，蠲其虐政，民免酷烈，偷安新惠，外内齊慮，有同舟之懼，雖不能終自保完，猶足以延期挺命於深江之表矣。昶等或欲汎舟徑渡，橫行江表，收民略地，因糧於寇；或欲四道並進，臨之以武，誘間攜貳，待其崩壞；或欲進軍大佃，偪其項領，積穀觀釁，相時而動；凡此三者，皆取賊之常計也。然施之當機，則功成名立，苟不應節，必貽後患。自治兵以來，出入三載，非掩襲之軍也。賊喪元帥，利存退守，若撰飾舟楫，羅船津要，堅城清野，以防卒攻，橫行之計，殆難必施。賊之爲寇,幾六十年,君臣僞立,吉凶同患,若恪蹋其弊,天去其疾,崩潰之應,不可卒待。今邊壤之守,與賊相遠,賊設羅落,又持重密〔一六五〕,間諜不行,耳目無聞。夫軍無耳目,校察未詳,而舉大衆以臨巨險,此爲希幸徼功,先戰而後求勝,非全軍之長策也。唯有進軍大佃最差完牢。可詔昶、遵等擇地居險,審所錯置,及令三方一時前守。奪其肥壤,使還耕塉土,一也;兵出民表,寇鈔不犯,二也;招懷近路,降附日至,三也;羅落遠設,間構不來,四也;賊退其守,羅落必淺,佃作易乏,五也;坐食積穀,士不運輸,六也;釁隙時聞,計襲速決,七也:凡此七者,軍事之急務也。不據則賊擅便資,據之則利歸於國,不可不察也。夫屯壘相偪,形勢已交,智勇得陳,巧拙俱用〔一六六〕,策之而知得失之計,角之而知有餘不足,虜之情僞將焉所逃?夫以小敵大,則役煩力竭,以貧敵富,則斂重財匱〔一六七〕。故'敵逸能勞之,飽能飢之',此之謂也。然後盛衆屬兵以震之,參惠倍賞以招之,多方廣似以疑之。由不虞之道,以間其不戒;比及三年,左提右挈〔一六八〕,虜必冰散瓦解,安受其弊,可坐算而得也。昔漢氏歷世常患匈奴,朝臣謀士早朝晏罷,介胄之將則陳征伐,搢紳之徒咸言和親〔一六九〕,勇奮之士思展搏噬。故樊噲願以十萬之衆橫行匈奴,季布面折其短。李信求以二十萬獨舉楚人,而果辱秦軍〔一七〇〕。今諸將有陳越江陵險,獨步虜庭,即亦向時之類也。以陛下聖德,輔相忠賢,法明士練,錯計於全勝之地,振長策以禦之,虜之崩潰,必然之數。故兵法曰:'屈人之兵,而非戰也;拔人之城,而非攻也。'若釋廟勝必然之理,而行萬一不必全之路,誠愚臣之所慮也。故謂大佃而偪之計最長。"時不從嘏言。其年十一月,詔昶等征吳。五年正月,諸葛恪拒戰,大破衆軍於東關。

後吳大將諸葛恪新破東關，乘勝揚聲欲向青、徐，朝廷將爲之備。嘏議以爲：「淮海非賊輕行之路，又昔孫權遣兵入海，漂浪沈溺，略無孑遺，恪豈敢傾根竭本，寄命洪流，以徼乾没乎？《漢書·張湯傳》曰：湯始爲小吏，乾没，與長安富賈田甲、魚翁叔之屬交私。服虔說曰：「乾没，射成敗也。」如淳曰：「得利爲乾，失利爲没。」臣松之以虔直以乾没爲射成敗，而不說乾没之義，於理猶爲未暢。淳以得利爲乾，又不可了。愚謂乾讀宜爲乾燥之乾。蓋謂有所徼射，不計乾燥之與沈没而爲之。恪不過遣偏率小將素習水軍者，乘海泝淮，示動青、徐，恪自并兵來向淮南耳。」後恪果圖新城，不克而歸。

嘏常論才性同異，鍾會集而論之。《傅子》曰：嘏既達治好正，而有清理識要，好論才性，原本精微，尟能及之。司隸校尉鍾會年甚少，嘏以明智交會。臣松之案：《傅子》前云嘏了夏侯之必敗，不與之交，而此云與鍾會善。愚以爲夏侯玄以名重致患，釁由外至；鍾會以利動取敗，禍自己出。然則夏侯之危兆難覩，而鍾氏之敗形易照也。嘏若了夏侯之必危，而不見鍾會之將敗，則爲識有所蔽，難以言通；若皆知其不終，而情有彼此，是爲厚薄由於愛憎，奚豫於成敗哉？以愛憎爲厚薄，又虧於雅體矣。《傅子》此論，非所以益嘏也。嘉平末，賜爵關内侯。高貴鄉公即尊位，進封武鄉亭侯。正元二年春，毌丘儉、文欽作亂。或以司馬景王不宜自行，可遣太尉孚往，惟嘏及王肅勸之。景王遂行。《漢晉春秋》曰：嘏固勸景王行，景王未從。嘏重言曰：「淮、楚兵勁，而儉等負力遠鬭，其鋒未易當也。若諸將戰有利鈍，大勢一失，則公事敗矣。」是時景王新割目瘤，創甚，聞嘏言，蹶然而起曰〔一七一〕："我請輿疾而東。"以嘏守尚書僕射，俱東〔一七二〕。儉、欽破敗，嘏有謀焉。及景王薨，嘏與司馬文王徑還洛陽，文王遂以輔政。語在《鍾會傳》。《世語》曰：景王疾甚，以朝政授傅嘏，嘏不敢受。及薨，嘏祕不發喪，以景王命召文王於許昌，領公軍焉。孫盛評曰：晉宣、景、文王之相魏也，權重相承，王業基矣。豈叢爾傅嘏所宜間厠？《世語》所云，斯不然矣。會由是有自矜色。嘏戒之曰："子志大其量〔一七三〕，而勳業難爲也，可不慎哉！"嘏以功進封陽鄉侯，增邑六百户，并前千二百户。是歲薨，時年四十七，追贈太常，諡曰元侯。《傅子》曰：初，李豐與嘏同州，少有顯名，早歷大官，内外稱之，嘏又不善也。謂同志曰："豐飾偽而多疑，矜小失而昧於權利〔一七四〕，若處庸庸者可也，自任機事遭明者必死〔一七五〕。"豐後爲中書令，與夏侯玄俱禍，卒如嘏言。嘏自少與冀州刺史裴徽、散騎常侍荀甝善，徽、甝早亡。又與鎮北將軍何曾、司空陳泰、尚書僕射荀顗、後將軍鍾毓並善，相與綜朝事，俱爲名臣。子祗嗣。咸熙中開建五等，以嘏著勳前朝，改封祗涇原子。《晉諸公贊》曰：祗字子莊，嘏少子也。晉永嘉中至司空。祗子宣，字世弘。《世語》稱宣以公正知名，位至御史中丞。宣弟暢，字世道，祕書丞，没在胡中。著《晉諸公贊》及《晉公卿禮秩故事》。

評曰：昔文帝、陳王以公子之尊，博好文采，同聲相應，才士並出，惟粲等六人最見名目。而粲特處常伯之官，興一代之制，然其沖虛德宇，未若徐幹之粹也。

衛覬亦以多識典故，相時王之式。劉劭該覽學籍，文質周洽。劉廙以清鑒著，傅嘏用才達顯云。臣松之以爲：傅嘏識量名輩，寔當時高流。而此評但云"用才達顯"，既於題目爲拙，又不足以見嘏之美也。

【校箋】

〔一〕毛本作"魏書二十一"。

〔二〕毛本作"王衛二劉傅傳第二十一"。

〔三〕《白帖》卷二十七引"盡當"二字乙。

〔四〕盧弼曰："沈欽韓曰：'《淮南子·本經訓》其行悦而順情，注：悦，簡易也。魏文帝云：仲宣善於詞賦，惜其體弱不足起其文。此實言體羸。然韋仲將云：仲宣傷於肥戇，又非體弱也。'弼按：韋語亦論文，沈説誤。"

謹案：傳文："表以粲貌寢而體弱通悦，不甚重也。""體弱"二字疑爲後旁注而闌入正文者。考裴注惟釋"貌寢通悦"而不及"體弱"，《册府》卷八百三十五引無"體弱"二字，《世説·傷逝篇》注引同，是其證。《漢書·田蚡傳》顔注："短小曰寢。"貌寢謂其形容，通悦指其性格，無緣再加"體弱"二字，而句意已足矣。曹丕謂粲體弱，指其文章而言。故下文云"不足起其文"也。韋誕謂粲傷於肥戇，是指其形容。盧君謂此爲論文之語，考韋氏所評大抵俱論品質，盧君或誤解原意也。

〔五〕盧弼曰："馮本'仗'作'杖'，誤。"

謹案：《説文·木部》："杖，持也。"《漢書·李尋傳》"近臣已不足杖矣"注："杖謂倚任也。"《風俗通》："仗，刀戟之總名也。"則此應作"杖"字爲是，盧説非。

〔六〕盧弼曰："《説文》：'帛二幅曰帊。'《通俗文》：'帊，衣襟也。'"

謹案：《廣雅·釋器》："帊，幞也。"王念孫疏證："此皆巾屬，所以覆物者也。"

〔七〕盧弼曰："《官本考證》云：'各，宋本作名。'"

謹案：紹興本"各"字作"名"。《御覽》卷五百九十四、《册府》卷八百三十七引同。《國語·楚語》"辨之以名"注："名，號也。"今語曰號稱。

〔八〕盧弼曰："粲當生於熹平六年乙巳。曹子建誄云：'建安二十二年正月二十四日戊申，魏故侍中關內侯王君卒。'"

謹案：建安二十二年正月朔日爲丁未，則戊申當爲十四日。此作二十四日，誤。此余友嚴敦傑君説。

〔九〕盧弼曰："《易·屯卦》六三爻辭也。虞掌山澤之官，即鹿猶從禽也，無虞言不可得也。"

謹案：王念孫《廣雅疏證》曰："《淮南子·繆稱訓》引《屯》六三'即鹿無虞'高誘注：'虞，欺也。'高誘、陳琳皆以'無虞'爲無欺，蓋漢時師説如此。"考李賢據王弼注爲説，與琳本義有違。如下文云"夫微物尚不可欺以得志，況國之大事其可以詐立乎"，正承此句而言。若釋虞爲掌山澤之官，失琳原意矣。

〔一○〕《册府》卷七百二十三引"違"字作"遵"。

〔一一〕《御覽》卷四百五十二、《册府》引"於他"作"外助"。

〔一二〕紹興本"征"字上有"時"字，馮本、陳本同。《御覽》卷五百七十二引同。

〔一三〕《御覽》卷七百四十一引無"頭"字，"風"下有"眩"字。

〔一四〕《御覽》、《草堂詩箋補遺》卷十引"病"字作"疾"。

〔一五〕《初學記》卷十引"後"字作"俱"。

〔一六〕《類聚》卷二十五、《御覽》卷六百九十六引"士"字作"女"。

〔一七〕盧弼曰："元本'起'作'知'，誤。"

謹案：錢儀吉"不"下增"足"字。《文選》曹丕《與吳質書》"不"下有"足"字，此脫，當據增。

〔一八〕《册府》卷八百三十七引"及"字作"乃"。

〔一九〕盧弼曰："《御覽》八百十八作'元淑'。"

謹案：《御覽》卷七百五十三引作"元淑"，卷八百一十八無之。此盧君誤記也。考《類聚》卷四十八、又卷七十四引作"子淑"。

〔二〇〕郝書"時"字作"中"。

〔二一〕盧弼曰："范書《華佗傳》：'怡而汗出，因以著粉。'沈欽韓曰：'恐汗出風反入毛孔，著粉使燥也。'"

謹案：《書鈔》卷三十五引作"以粉自傅之"，《御覽》卷七百一十九引無"之"字。

〔二二〕紹興本、毛本"稚"字作"椎"，《册府》卷二百六十八引同。郝書亦作"椎"。《御覽》卷八百三十三引《韓子》曰："椎鍛者，所以平不夷也。"

〔二三〕《草堂詩箋》卷五引"材"字作"才"。

〔二四〕盧弼曰："《御覽》八百十八引此作'賜帛十匹'。"

謹案：《類聚》卷五十六、《御覽》卷五百八十七、又卷七百五十三、《册府》卷五百五十引"千"字俱作"十"，"千"字蓋誤。

〔二五〕盧弼曰："何焯曰：'記字下疑有脫文，當是薛訪車子喉轉能與筱同音事,而注脫其文也。'孫志祖曰:'四字爲句,謂記述薛訪車子喉轉之意,非有脫文也。'沈家本曰:'注文云皆巧麗,則非指一事而言,疑此注當以書字句絶。喉轉即薛訪車子事,而意率別一事,故曰皆,其書不傳,無可考矣。'"

謹案:《册府》卷七百一十八引"喉"上有"發"字。"意"疑爲"音"字之譌。孫氏謂無脫文,似非。此當以"書"字句絶。《文選》繁休伯《與魏文帝牋》云"潛氣内轉,哀音外激",即轉音所本。沈氏以"書"字句絶,是。而以"率"字句絶則未的,率字屬下爲句。率猶類也,見《史記·老莊申韓列傳》正義。

〔二六〕本志《荀彧傳》作"嚴象",《文選》孔文舉《薦禰衡表》注引亦作"象"。

〔二七〕盧弼曰:"《官本考證》云:'宋本輩作章。'"

謹案:作"章"字是,此章謂路粹所爲章奏也。

〔二八〕紹興本"昔"字作"肯",郝書作"有",疑作"肯"者誤。

〔二九〕盧弼曰:"高蹈謂擢用高位也。"

謹案:《左傳·哀公二十一年》"使我高蹈"注:"高蹈猶遠行也。"《晉書·賀循傳》:"或有遐栖高蹈,輕舉絶俗。"則高蹈蓋謂遺世而遠舉不入仕途也。盧君以擢用高位釋之,與原義正相反,殊非。

〔三〇〕紹興本"賞"字作"貴"。《世説·德行篇》注引作"昶愧歎之"。

〔三一〕《書鈔》卷六十一引"釀"下無"酒"字,是也。"善釀"語意已足,無緣重贅"酒"字,《晉書·阮籍傳》亦作"營人善釀",可證。

〔三二〕《世説·棲逸篇》注引"時"字作"常"。

〔三三〕《世説》注引無"蘇門山"三字,《御覽》卷三百九十二、卷五百零二引無"蘇門"二字。

〔三四〕《御覽》卷三百九十二引"姓"上有"其"字。

〔三五〕《世説》注引作"籍聞而從之"。

〔三六〕《世説》注引作"蘇門先生翛然曾不眄之"。

〔三七〕《世説》注引"對之"二字作"嘐然"。

〔三八〕《世説》注引作"韻響寥亮"。

〔三九〕《世説》注引作"蘇門先生乃逌爾而笑"。

〔四〇〕《世説》注引作"先生喟然高嘯有如鳳音"。

〔四一〕《世説》注引"籍"字下有"素知音"三字。

〔四二〕《世説》注引"蔽"字作"晦"。

〔四三〕《世説·賞譽篇》注引"閒澹"作"清虛"。

〔四四〕《世説》注引"子"下有"中"字,《書鈔》卷六十六引同。

〔四五〕毛本"性"字作"信"。盧弼曰:"宋本'信'作'性'。"

謹案:官本亦作"性",作"性"字是。《陳思王植傳》"而植任性而行","信"字於此無義。

〔四六〕毛本"至"字作"性",下文孫登謂康曰:"君性烈而才儁。"則此作"性"爲是。

〔四七〕《晉書·嵇康傳》"赧"字作"惡"。

〔四八〕《世説·棲逸篇》注引作"康集序曰"。

〔四九〕《世説》注引"縣"字作"郡","窟"下有"住"字,無"中得之"三字。《御覽》卷六百九十六引"縣"字亦作"郡",又作"北山中爲土窟",《晉書·隱逸傳》作"無家屬,於郡北山爲土窟居之"。

〔五〇〕《世説》注引作"皷一弦琴"，《晉書・隱逸孫登傳》同。

〔五一〕盧弼曰："何焯校改'如'作'知'。"

謹案：錢儀吉云：知，一清以意改。

〔五二〕毛本"奔走"作"皆走"。盧弼曰："宋本'皆'作'奔'。"

謹案：《晉書・忠義傳》云："百官及侍衛莫不潰散。"則作"皆"字是，宋本疑誤。

〔五三〕盧弼曰："何焯曰：'宋本仕作士。'弼按：宋本作'土'。"

謹案：紹興本"仕"作"土"，《册府》卷一百七十一引同。竊疑作"下土"爲是。下土指任濟陰郡長吏而言。

〔五四〕盧弼曰："宋本'缾'作'瓴'。"

謹案："缾"與"瓴"同。《詩・小雅・蓼莪》："缾之罄矣，爲罍之恥。"曹丕語本此。

〔五五〕《册府》卷一百七十一引"懷愧"作"愧懷"。

〔五六〕《御覽》卷八百四十六引"上"字作"大"。考《曹真傳》，黄初三年還京都，以真爲上大將軍。疑此"上"字下脱"大"字，《御覽》脱"上"字。當補乃與史合。

〔五七〕盧弼曰："周壽昌曰：'本謂體有肥瘦，兹易體爲性，蓋性猶生也。又真拜大將軍，非上將軍，上字誤。'"

謹案：周氏釋性爲生，是。惟以"上"爲誤字，則非。《御覽》卷八百四十六引"上"作"大"。考本志《曹真傳》"黄初三年還京都，以真爲上大將軍"，《通典・職官十一》"黄初中始有上大將軍，以曹真爲之"。是真此時爲上大將軍，而非大將軍或上將軍也。此注脱"大"字，《御覽》脱"上"字，周氏考之木審矣。

〔五八〕《御覽》卷四百六十六、卷八百四十六引作"俳敢説"。

〔五九〕《晉書·食貨志》"亂"上有"喪"字,"來"上有"以"字,此脱則語意不相屬,當據增。《御覽》卷八百六十三引"來"上亦有"以"字,可證。

〔六〇〕《晉書》"宜"上有"今"字。

〔六一〕《晉書》"日夜"作"多"。

〔六二〕蕭書"敵"字作"枝","利"字作"訓"。

〔六三〕《册府》卷四百六十七引"正定"作"訂正"。

〔六四〕《册府》卷四百七十七引"屈"字作"崛"。郝書同。《文選·西京賦》"神明崛其特起"注引《埤蒼》:"崛,特起也。"

〔六五〕郝書"大"字作"皆"。

〔六六〕《御覽》卷二百引"郎"字作"中"。

〔六七〕《御覽》引"詔"字作"命",蕭書作"辭"。

〔六八〕《治要》卷二十六引"來"下有"也"字。《初學記》卷十八引"來"字作"生"。《册府》卷五百三十九引"所"上有"之"字,下文"惡"下亦有"之"字。

〔六九〕《册府》引"政治"二字乙。

〔七〇〕郝書"息"下有"大"字。

〔七一〕盧弼曰:"《通鑑》'由'作'猶'。"

謹案:郝書、《通志》"由"俱作"猶",應據改。

〔七二〕《治要》引無"求"字。

〔七三〕《治要》引"通明"作"至通"。

〔七四〕郝書"由"字作"猶",是。竊疑"猶尚"二字應乙。

〔七五〕《御覽》卷三百八十四引"十"字作"七","戲"下無"於"字。

〔七六〕《册府》卷五百二十七引"輕"字作"齊"。

〔七七〕"斃"疑爲"弊"字之形誤。

〔七八〕盧弼曰:"李慈銘曰:'廣下當脱一勸字。'"

謹案:郝書"廣"下有"務"字。

〔七九〕郝書"違"上有"有"字。

〔八〇〕《册府》卷八百一十六引"己"字作"德"。

〔八一〕郝書"行"字作"義"。

〔八二〕《册府》引"沽"字作"治"。

〔八三〕《册府》引此下有"復爲諷所引"五字。

〔八四〕《治要》引"昔"下無"者"字。

〔八五〕《治要》引"股"上有"其"字,"及"下有"至"字。《册府》卷六百三十五引"郡"字作"都"。

〔八六〕《治要》引"況"下無"於"字。

〔八七〕盧弼曰:"何焯校改'也'作'邪'。"

謹案:《治要》引"也"字作"乎"。

〔八八〕《治要》引"法"下有"也"字。

〔八九〕《治要》引"於"下無"其"字。

〔九〇〕盧弼曰:"'亦'當作'非'。"

謹案:《治要》引"亦"字作"非"。"亦""非"蓋涉形近而誤。

〔九一〕盧弼曰:"宋本'屈'作'闚',元本作'闖',官本作'屈'。"

謹案:作"屈"字是。宋本、元本俱誤。考上文"有所不安而長吏執之不已"之語,則"屈"字義長。

〔九二〕《治要》引"名"下有"也"字。

〔九三〕毛本"討"字作"計"。《治要》《册府》引同。

〔九四〕《治要》引"盡"下有"也"字。

〔九五〕蕭書"坐"上有"在"字。

〔九六〕梁章鉅曰："《宋書·禮志》'及門'作'入門'。"

謹案：《晉書·禮志》"及"字亦作"入"。裴注引王彪之《與殷浩書》"及"亦作"入"，是也，當據改。

〔九七〕盧弼曰："《宋書·禮志一》'變'下有'異'字，《通典》同。"

謹案：梁章鉅曰："《宋書·禮志》'變'下有'異'字。"考《册府》卷七百八十八引亦有"異"字，當據補。

〔九八〕明正統刊本《人物志》"術"字作"衍"，注："'推術'錯謬。"《册府》卷五百七十二引亦作"衍"。《後漢書·安帝紀》"博衍幽隱"注："衍猶引也。"

〔九九〕此注脱書名。考《御覽》卷二十九引《晉起居注》與此文同，疑此"晉"字下脱"起居注曰"四字。

〔一〇〇〕《晉書》"議"字作"意"。

〔一〇一〕盧弼曰："監本'處'作'虔'，誤。"

謹案：《御覽》、《册府》卷一百零七引亦作"虔"。虔，《詩·商頌·殷武》"方斵是虔"傳："虔，敬也。"敬天災與罪己義相應，作"處"似失其義，盧説或非。

〔一〇二〕《御覽》引"準"字作"禮"，"合"上有"唯"字。

〔一〇三〕盧弼曰："'戰'應作'守'。"

謹案：《孫子·九地篇》云："凡諸侯自戰其地爲散地。"杜佑注："戰其境内之地，士卒意不專，有潰散之心，故曰散地。"此本《孫子》，作"戰"字爲是。盧君似未瞭傳意，故以"戰"爲誤字，無據，不可從。

〔一〇四〕盧弼曰："'性'疑作'信'。"

謹案："性""信"聲形俱不相近，無緣致誤。《漢書·董仲舒傳》："質樸謂之性。"

〔一〇五〕盧弼曰："古人文學與文章有別，即言語、文學分科之意。"

謹案：《薦劭表》云："文學之士，嘉其推步詳密。"此文學、文章與言語、文學有別，似不得以彼例此也。疑文學猶今言學術之意。

〔一〇六〕《通志》"又"作"及"，明正德刊本《人物志序》亦作"及"。

〔一〇七〕盧弼曰："胡三省曰：'自己爲多才也。'"

謹案：《呂氏春秋·謹聽篇》"聽者自多"注："自多，自賢也。"

〔一〇八〕《册府》卷八百四十二引"識"字作"異"。

〔一〇九〕《御覽》卷七百三十九引"列"字作"州"，是也，當據正。

〔一一〇〕郝書作"國有大議遣人就諮之"。疑此有脱文。

〔一一一〕《世説·巧藝篇》注引"才"字作"學"，"辭"下無"章"字。

〔一一二〕《晉書·衛恒傳》"法"字作"形"，郝書同。《册府》卷八百六十一引亦作"形"。

〔一一三〕《類聚》卷七十四、《册府》引"云"字作"也"，郝書同。

〔一一四〕《晉書》"簡"字作"閑"。

〔一一五〕《晉書》"其"字作"甚"，郝書同。

〔一一六〕《類聚》卷七十四、《白帖》卷三十二引"必"下有"先"字。

〔一一七〕郝書"吏"字作"掾"。

〔一一八〕《史記·殷本紀》:"伊尹名阿衡。阿衡欲奸湯而無由,乃爲有莘氏媵臣。"索隱:"《孫子兵書》:伊尹名摯。"

〔一一九〕《史記·齊太公世家》:"呂尚蓋嘗窮困,年老矣,以魚釣奸周西伯。西伯將出獵,卜之,曰:'所獲非龍非彲,非虎非羆;所獲霸王之輔。'於是周西伯獵,果遇太公於渭之陽。"

〔一二〇〕《史記·管晏列傳》:"管仲夷吾者,潁上人也。少時常與鮑叔牙游,鮑叔知其賢。管仲貧困,常欺鮑叔。"索隱:"《吕氏春秋》:'管仲與鮑叔同賈南陽,及分財利,而管仲常欺鮑叔,多自取。鮑叔知其有母而貧,不以爲貪也。'"

〔一二一〕應劭曰:"齊桓公夜初迎客,甯戚疾擊其牛角,高歌曰:'南山矸,白石爛。生不逢堯與舜禪,短布衣單適至骭。從昏飯牛薄夜半,長夜曼曼何時旦。'桓公召與語,悦之,以爲大夫。"

〔一二二〕《史記·酈生陸賈列傳》:"酈生食其者,陳留高陽人也。好讀書,家貧落魄,無以爲衣食業,爲里監門吏。"

〔一二三〕《史記·淮陰侯列傳》:"(韓信)始爲布衣時,貧無行,不得推擇爲吏,又不能治生商賈,常從人寄食飲,人多厭之者。"

〔一二四〕《漢書·朱買臣傳》:"朱買臣字翁子,吳人也。家貧好讀書,不治產業,常艾薪樵,賣以給食,擔束薪,行且誦書。"

〔一二五〕《史記·張釋之馮唐列傳》:"張廷尉釋之者,堵陽人也,字季。有兄同居。以訾爲騎郎,事孝文帝,十歲不得調,無所知名。釋之曰:'久宦減仲之產,不遂。'欲自免歸。"

〔一二六〕無知,魏無知。《史記·丞相世家》:"平遂至修武降漢,因魏無知求見漢王,漢王召入。"

〔一二七〕《册府》卷八百四十二引"送"作"選"。

〔一二八〕"禎"字應作"楨"。

〔一二九〕盧弼曰:"《世説新語·文學篇》注引《魏志》作'字蘭碩'。《御覽》卷三百八十五引《嘏别傳》'一字昭光'。姚範曰:'王厚齋云:蘭石本《淮南子》蘭生而芳,石生而堅。'沈家本曰:'《釋詁》:嘏,碩大也。則作碩爲是。'"

謹案:《匋齋藏石記》三:《曹真碑陰碑殘碑陰》"囗空茂材北地傅芬蘭石",跋云:"是惟名不同,且亦司空茂材,當即係陳羣所舉,或其時尚少,後更名嘏與?"蓋嘏初名芬,故字曰蘭石,是名與字義相應也。後易名而字未改,宜其想應矣,不必牽合而爲之説也。考《御覽》所引《嘏别傳》乃《任嘏别傳》,已見本志卷二十六《王昶傳》注。盧君誤以任嘏爲傅嘏,謂其一字昭光,疏矣!

〔一三〇〕《世説·識鑒篇》注引"材"字作"才"。

〔一三一〕《世説》注引"變"字作"交",是也。交通猶交游。

〔一三二〕毛本"主"作"子",誤。《後漢書·黨錮傳》"言其能導人追宗者"注:"宗謂所宗仰也。"則宗主猶今云爲之領袖也。

〔一三三〕《世説》注引"求"上有"皆"字,"而"字作"嘏"。

〔一三四〕《世説》注引"心"字作"志"。

〔一三五〕《世説》注引"傑"下有"士"字。

〔一三六〕《世説》注引"交"字作"於"。

〔一三七〕《世説》注引句上有"而卿意懷不可交"七字。

〔一三八〕《世説》注引"怨至"作"致隙"。

〔一三九〕《世説》注引作"二賢若睦，則國之休"。

〔一四〇〕《世説》注引"觀"下有"之"字，《通志》同。

〔一四一〕紹興本無"者"字。《御覽》卷四百四十七引有"者"字。

〔一四二〕盧弼曰："宋本作'士有恒貢'。"

謹案：《尚書大傳》云："古諸侯之於天子者，年一貢士。一適謂之攸好德，再適謂之賢賢，三適謂之有功。"據此疑當作"士有恒貢"爲得。蕭書作"常員"，或臆改也。

〔一四三〕盧弼曰："'未呈'《通鑑》作'末呈'。"

謹案：作"末"字是。《周書·皇門》孔注："末，終。"《列子·天瑞》"而昧昧者未嘗是"釋文："呈，示見也。"

〔一四四〕盧弼曰："何焯曰：'薄伐疑作簿伐，官簿閥閲也，古字或通。'梁章鉅曰：'伐，勞也。薄伐謂微勞也，似不必改字而可通。'"

謹案：《册府》卷六百三十五引"薄"字作"簿"，何説是。《文選》沈修文《奏彈王源》云："王源見告窮盡，即索璋之簿閥。"此作"伐"，"伐"與"閥"通。簿伐即後世所謂譜牒也。梁氏不審"薄"爲"簿"字之誤，而釋之以微勞，蓋非。

〔一四五〕郝書無"以"字。

〔一四六〕《御覽》卷二百五十二引"古"字作"主"。

〔一四七〕《官本考證》："《太平御覽》引'四'下無'方'字。"

謹案：《御覽》見卷二百五十二。《白帖》卷七十六引"四"下亦無"方"字。

〔一四八〕《書鈔》卷七十六引"姦"下有"宄"字，郝書同。"生"字又作"彙"。

〔一四九〕《册府》卷六百八十引"綱"字作"細"。

〔一五〇〕《御覽》引無"對"字。

〔一五一〕《御覽》引作"分官曹之職"。

〔一五二〕《書鈔》引"教"字作"化"。

〔一五三〕《御覽》引無"有恒簡"三字。《書鈔》引無"可"字。

〔一五四〕毛本"夏"作"檟"。盧弼曰:"《書鈔》'加'作'任','檟'作'捶'。宋本'檟'作'賈',馮本作'榎'。"

謹案:《書鈔》卷七十八、《類聚》卷六、《御覽》卷二百五十二引"加"字作"任"。"檟"《書鈔》《類聚》同,惟《御覽》引作"榎"。《說文·木部》:"檟,楸也。"字當作"檟"。郝懿行《爾雅義疏》曰:"榎與檟同,字之或體。"《禮記·學記》"夏楚二物"鄭玄注:"夏,榎也。楚,荊也。二者所以撲撻。"

〔一五五〕《類聚》引作"及有大益於民"。"大有"二字乙,"民"下無"事"字。《御覽》引"大"下亦無"有"字。

〔一五六〕《書鈔》引無"後"字,"之"下有"也"字。《御覽》引"之"字作"者",下亦有"也"字。

〔一五七〕蕭書"禮"字作"理"。

〔一五八〕蕭書"附"字作"副",是也。

〔一五九〕盧弼曰:"似應以'今'字斷句,'本'字或衍。"

謹案:《册府》卷四百六十五引無"本"字。盧氏未引。

〔一六〇〕本傳裴注引《戰略》作"勝齊陵晉"。

〔一六一〕裴注引《戰略》"牢"下無"隱"字。

〔一六二〕郝書"能"下無"以"字。

〔一六三〕郝書無"以"字。

〔一六四〕郝書"若"上有"恪"字。

〔一六五〕盧弼曰:"《通鑑》'持'作'特'。"

謹案："持"字義長，"特"蓋"持"之形誤。

〔一六六〕毛本"俱"作"得"。《册府》卷四百七十引同。

〔一六七〕《册府》引"斂"字作"費"。

〔一六八〕紹興本"提"字作"持"。

〔一六九〕盧弼曰："毛本'搢'作'縉'。"

謹案：朱駿聲《説文通訓定聲》曰："'縉'爲'搢'之借。"孫詒讓《周禮正義》曰："搢紳釋作薦申。段玉裁據彼改爲'晉'，讀如薦申之薦，云薦申即俗云搢紳也。'薦''搢'正俗字，'申''紳'古今字。"

〔一七〇〕盧弼曰："《史記·李將軍傳》：'李將軍廣者，隴西成紀人也。其先曰李信，秦時爲將，逐得燕太子丹者也。'"

謹案：《史記·王翦傳》曰："始皇問李信：'吾欲攻取荆，於將軍度用幾何人而足？'李信曰：'不過用二十萬人。'（中略）遂使李信及蒙恬將二十萬南伐荆。（中略）於是引兵而西，與蒙恬會城父。荆人因隨之，三日三夜不頓舍，大破李信軍，入兩壁，殺七都尉，秦軍走。始皇聞之大怒，自馳入頻陽見謝王翦曰：'寡人以不用將軍計，李信果辱秦軍。'"盧君見有"李信"二字，遂引《李廣傳》以實之，而未細究全句之義，疏矣！

〔一七一〕盧弼曰："胡三省曰：'蹶然，急遽而起之貌。'"

謹案：《漢書·陸賈傳》"於是佗乃蹶起坐"顏注："蹶然，驚起之貌也。"

〔一七二〕蕭書"俱"上有"與"字。

〔一七三〕《御覽》卷四百五十八引作"子志大量小"，無"其"字。《册府》卷八百四十二引作"子志大而量小"。

〔一七四〕郝書"失"字作"智"。

〔一七五〕《册府》引"事"下有"而"字。

三國志校箋卷二十二

魏志卷二十二〔一〕

桓階　陳羣 子泰　陳矯　徐宣　衛臻　盧毓〔二〕

桓階字伯緒，長沙臨湘人也。《魏書》曰：階祖父超，父勝，皆歷典州郡。勝爲尚書，著名南方。仕郡功曹。太守孫堅舉階孝廉，除尚書郎。父喪還鄉里。會堅擊劉表戰死，階冒難詣表乞堅喪，表義而與之。後太祖與袁紹相拒於官渡，表舉州以應紹。階説其太守張羨曰："夫舉事而不本於義，未有不敗者也。故齊桓率諸侯以尊周，晉文逐叔帶以納王。今袁氏反此，而劉牧應之，取禍之道也。明府必欲立功明義，全福遠禍，不宜與之同也。"羨曰："然則何向而可？"階曰："曹公雖弱，仗義而起〔三〕，救朝廷之危，奉王命而討有罪，孰敢不服？今若舉四郡保三江以待其來，而爲之内應，不亦可乎！"羨曰："善。"乃舉長沙及旁三郡以拒表，遣使詣太祖。太祖大悦。會紹與太祖連戰，軍未得南。而表急攻羨，羨病死。城陷，階遂自匿。久之，劉表辟爲從事祭酒，欲妻以妻妹蔡氏。階自陳已結婚，拒而不受，因辭疾告退。

太祖定荆州，聞其爲張羨謀也，異之，辟爲丞相掾主簿〔四〕，遷趙郡太守〔五〕。魏國初建，爲虎賁中郎將侍中〔六〕。時太子未定，而臨菑侯植有寵。階數陳文帝德優齒長〔七〕，宜爲儲副，公規密諫，前後懇至。《魏書》稱階諫曰："今太子位冠羣子〔八〕，名昭海內，仁聖達節，天下莫不聞；而大王甫以植而問臣，臣誠惑之。"於是太祖知階篤於守正，深益重焉。又毛玠、徐奕以剛塞少黨〔九〕，而爲西曹掾丁儀所不善，儀屢言其短，賴階左右以自全保〔一〇〕。其將順匡救，多此類也。遷尚書，典選舉。曹仁爲關羽所圍，太祖遣徐晃救之，不解。太祖欲自南征，以問羣下。羣下皆謂："王不亟行，今敗矣。"階獨曰："大王以仁等爲足以料事勢不也？"曰："能。""大王恐二人遺力邪？"曰："不。""然則何爲自往？"曰："吾恐虜衆多，而晃等勢不便耳。"階曰："今仁等處重圍之中而守死無貳者，誠以太王遠爲之勢也〔一一〕。夫居萬死之地，必有死爭之心；内懷死爭，外有彊救，大王案六軍以示餘力，何憂於敗而欲自往？"太祖善其言，駐軍於摩陂。賊遂退。

文帝踐阼，遷尚書令，封高鄉亭侯，加侍中。階疾病，帝自臨省，謂曰："吾方託六尺之孤，寄天下之命於卿。勉之！"徙封安樂鄉侯，邑六百户，又賜階三子爵關内侯。祐以嗣子不封，病卒，又追贈關内侯。後階疾篤，遺使者即拜太常，薨，帝爲之流涕，諡曰貞侯。子嘉嗣。以階弟纂爲散騎侍郎，賜爵關內侯。嘉尚升遷亭公主，會嘉平中，以樂安太守與吳戰於東關，軍敗，沒，諡曰壯侯。子翊嗣。《世語》曰：階孫陵，字元徹，有名於晉。武帝世，至滎陽太守，卒。

陳羣字長文，潁川許昌人也。祖父寔，父紀，叔父諶，皆有盛名。寔字仲弓，紀字元方，諶字季方。《魏書》曰：寔德冠當時，紀、諶並名重於世。寔爲太丘長，遭黨錮，隱居荊山，遠近宗師之。靈帝崩，何進輔政，引用天下名士，徵寔，欲以爲參軍，以老病，遂不屈節。諶爲司空掾，早卒。紀歷位平原相、侍中、大鴻臚，著書數十篇，世謂之《陳子》。寔之亡也，司空荀爽、太僕令韓融並制緦麻，執子孫禮。四方至者車數千乘，自太原郭泰等無不造門。《傅子》曰：寔亡，天下致弔，會其葬者三萬人，制縗麻者以百數。《先賢行狀》曰：大將軍何進遣屬弔祠，諡曰文範先生。於時，寔、紀高名並著，而諶又配之，世號曰三君。每宰府辟命，率皆同時，羔鴈成羣，丞掾交至。豫州百姓皆圖畫寔、紀、諶之形象。羣爲兒時，寔常奇異之，謂宗人父老曰："此兒必興吾宗。"魯國孔融高才倨傲，年在紀、羣之間，先與紀友，後與羣交，更爲紀拜，由是顯名。劉備臨豫州，辟羣爲別駕。時陶謙病死，徐州迎備，備欲往，羣說備曰："袁術尚彊，今東，必與之爭。呂布若襲將軍之後，將軍雖得徐州，事必無成。"備遂東，與袁術戰。布果襲下邳，遣兵助術，大破備軍，備恨不用羣言。舉茂才，除柘令，不行，隨紀避難徐州〔一二〕。屬吕布破〔一三〕，太祖辟羣爲司空西曹掾屬。時有薦樂安王模、下邳周逵者，太祖辟之。羣封還教，以爲模、逵穢德，終必敗，太祖不聽。後模、逵皆坐姦宄誅，太祖以謝羣。羣薦廣陵陳矯、丹陽戴乾，太祖皆用之。後吳人叛，乾忠義死難，矯遂爲名臣，世以羣爲知人。除蕭、贊、長平令，父卒去官。後以司徒掾舉高第，爲治書侍御史，轉參丞相軍事。魏國既建，遷爲御史中丞。

時太祖議復肉刑，令曰：“安得通理君子達於古今者，使平斯事乎！昔陳鴻臚以爲死刑有可加於仁恩者〔一四〕，正謂此也。御史中丞能申其父之論乎？”羣對曰：“臣父紀以爲漢除肉刑而增加笞，本興仁惻而死者更衆，所謂名輕而實重者也。名輕則易犯，實重則傷民。《書》曰：‘惟敬五刑，以成三德。’《易》著劓、刖、滅趾之法，所以輔政助教，懲惡息殺也。且殺人償死，合於古制；至於傷人，或殘毀其體而裁剪毛髮，非其理也。若用古刑〔一五〕，使淫者下蠶室，盗者刖其足，則永無淫放穿窬之姦矣〔一六〕。夫三千之屬，雖未可悉復，若斯數者〔一七〕，時之所患〔一八〕，宜先施用。漢律所殺殊死之罪，仁所不及也，其餘逮死者，可以刑殺〔一九〕。如此，則所刑之與所生足以相貿矣。今以笞死之法易不殺之刑，是重人支體而輕人軀命也。”時鍾繇與羣議同，王朗及議者多以爲未可行。太祖深善繇、羣言，以軍事未罷，顧衆議，故且寢。

羣轉爲侍中，領丞相東西曹掾。在朝無適無莫，雅仗名義〔二〇〕，不以非道假人。文帝在東宮，深敬器焉，待以交友之禮，常歎曰："自吾有回，門人日以親。"及即王位，封羣昌武亭侯，徙爲尚書。制九品官人之法，羣所建也。及踐阼，遷尚書僕射〔二一〕，加侍中，徙尚書令，進爵潁鄉侯。帝征孫權，至廣陵，使羣領中領軍。帝還，假節，都督水軍。還許昌，以羣爲鎮軍大將軍，領中護軍，錄尚書事。帝寢疾，羣與曹真、司馬宣王等並受遺詔輔政。明帝即位，進封潁陰侯，增邑五百，并前千三百戶，與征東大將軍曹休、中軍大將軍曹真、撫軍大將軍司馬宣王並開府。頃之，爲司空故錄尚書事〔二二〕。

是時，帝初蒞政，羣上疏曰："《詩》稱'儀刑文王，萬邦作孚'；又曰'刑於寡妻，至於兄弟，以御於家邦'。道自近始，而化洽於天下。自喪亂已來，干戈未戢，百姓不識王教之本，懼其陵遲已甚。陛下當魏之盛隆，荷二祖之業，天下想望至治，唯有以崇德布化，惠恤黎庶，則兆民幸甚。夫臣下雷同，是非相蔽，國之大患也。若不和睦則有讎黨，有讎黨則毀譽無端，毀譽無端則真僞失實，不可不深防備，有以絕其源流。"太和中，曹真表欲數道伐蜀，從斜谷入。羣以爲"太祖昔到陽平攻張魯，多收豆麥以益軍糧，魯未下而食猶乏。今既無所因，且斜谷阻險，難以進退，轉運必見鈔截，多留兵守要，則損戰士，不可不熟慮也"。帝從羣議。真復表從子午道。羣又陳其不便，并言軍事用度之計。詔以羣議下真，真據之遂行。會霖雨積日，羣又以爲宜詔真還，帝從之。

後皇女淑薨，追封諡平原懿公主。羣上疏曰："長短有命，存亡有分。故聖人制禮，或抑或致，以求厥中。防墓有不脩之儉，嬴、博有不歸之魂。夫大人動合天地，垂之無窮，又大德不踰閑，動爲師表故也。八歲下殤，禮所不備，況未朞月，而以成人禮送之，加爲制服，舉朝素衣，朝夕哭臨，自古已來，未有此比。而乃復自往視陵，親臨祖載。願陛下抑割無益有損之事，但悉聽羣臣送葬，乞車駕不行，此萬國之至望也。聞車駕欲幸摩陂，實到許昌，二宮上下，皆悉俱東，舉朝大小，莫不驚怪。或言欲以避衰，或言欲於便處移殿舍〔二三〕，或不知何故。臣以爲吉凶有命，禍福由人，移徙求安，則亦無益。若必當移避，繕治金墉城西宮，及孟津別宮，皆可權時分止。可無舉宮暴露野次，廢損盛節蠶農之要。又賊地聞之，以爲大衰。加所煩費，不可計量。且由吉士賢人〔二四〕，當盛衰，處安危，秉道信命，非徙其家以寧鄉邑，從其風化，無恐懼之心。況乃帝王萬國之主，靜則天下安，動則天下擾；行止動靜，豈可輕脫哉！"帝不聽。

　　青龍中，營治宮室，百姓失農時，羣上疏曰："禹承唐、虞之盛，猶卑宮室而惡衣服，況今喪亂之後，人民至少，比漢文、景之時，不過一大郡。臣松之案：《漢書·地理志》云：元始二年，天下户口最盛，汝南郡爲大郡，有三十餘萬户。則文、景之時不能如是多也。案《晉太康三年地記》，晉户有三百七十七萬，吳、蜀户不能居半。以此言之，魏雖始承喪亂，方晉亦當無乃大殊。長文之言，於是爲過。加邊境有事，將士勞苦，若有水旱之患，國家之深憂也。且吳、蜀未滅，社稷不安。宜及其未動，講武勸農，有以待之。今舍此急而先宮室，臣懼百姓遂困，將何以應敵？昔劉備自成都至白水，多作傳舍，興費人役，太祖知其疲民也。今中國勞力，亦吳、蜀之所願。此安危之機也，惟陛下之慮之。"帝答曰："王者宮室[一五]，亦宜並立。滅賊之後，但當罷守耳，豈可復興役邪？是故君之職，蕭何之大略也。"羣又曰："昔漢祖唯與項羽爭天下，羽已滅，宮室燒焚，是以蕭何建武庫、太倉，皆是要急，然猶非其壯麗。今二虜未平，誠不宜與古同也。孫盛曰：周禮，天子之宮，有斲礱之制。然質文之飾，與時推移。漢承周、秦之弊，宜敦簡約之化，而何崇飾宮室，示侈後嗣。此乃武帝千門萬戶所以大興，豈無所復增之謂邪？況乃魏氏方有吳、蜀之難，四海罹塗炭之艱，而述蕭何之過議，以爲令軌，豈不惑於大道而昧得失之辨哉？使百代之君，眩於奢侈之中，何之由矣。《詩》云："斯言之玷，不可爲也。"其斯之謂乎！夫人之所欲，莫不有辭，況乃天王，莫之敢違。前欲壞武庫，謂不可不壞也；後欲置之，謂不可不置也。若必作之，固非臣下辭言所屈，若少留神，卓然回意，亦非臣下之所及也。漢明帝欲起德陽殿，鍾離意諫，即用其言，後乃復作之；殿成，謂羣臣曰：'鍾離尚書在，不得成此殿也。'夫王者豈憚一臣，蓋爲百姓也。今臣曾不能少凝聖聽，不及意遠矣。"帝於是所有減省。

初，太祖時，劉廙坐弟與魏諷謀反，當誅。羣言之太祖，太祖曰："廙名臣也，吾亦欲赦之。"乃復位。廙深德羣，羣曰："夫議刑爲國，非爲私也，且自明主之意，吾何知焉？"其弘博不伐，皆此類也。青龍四年薨，謚曰靖侯。子泰嗣。帝追思羣功德，分羣户邑，封一子列侯。《魏書》曰：羣前後數密陳得失，每上封事，輒削其草，時人及其子弟莫能知也。論者或譏羣居位拱默，正始中詔撰羣臣上書，以爲《名臣奏議》，朝士乃見羣諫事，皆歎息焉。《袁子》曰：或云"故少府楊阜豈非忠臣哉？見人主之非，則勃然怒而觸之，與人言未嘗不道也，豈非所謂'王臣謇謇，匪躬之故'者歟"！答曰："然可謂直士，忠則吾不知也。夫仁者愛人，施於君謂之忠，施於親謂之孝。忠孝者，其本一也。故仁愛之至者，君親有過，諫而不入，求之反覆，不得已而言，不忍宣也。今爲人臣[二六]，見人主失道，直訐其非而播揚其惡[二七]，可謂直士，未爲忠臣也。故司空陳羣則不然，其談論終日，未嘗言人主之非；書數十上而外人不知。君子謂羣於是乎長者矣。"

泰字玄伯。青龍中，除散騎侍郎。正始中，徙游擊將軍，爲并州刺史，加振威將軍，使持節，護匈奴中郎將，懷柔夷民[二八]，甚有威惠。京邑貴人多寄寶貨[二九]，因泰市匈奴婢[三〇]，泰皆挂之於壁，不發其封，及徵爲尚書，悉以還之。嘉平初，代郭淮爲雍州刺史，加奮威將軍。蜀大將軍姜維率衆依麴山築二城[三一]，使牙門將句安、李歆等守之[三二]，聚羌胡質任等寇偪諸郡[三三]。征西將軍郭淮與泰謀所以禦之，泰曰："麴城雖固，去蜀險遠，當須運糧。羌夷患維勞役，必未肯附。今圍而取之，可不血刃而拔其城；雖其有救〔三四〕，山道阻險〔三五〕，非行兵之地也。"淮從泰計，使泰率討蜀護軍徐質、南安太守鄧艾等進兵圍之，斷其運道及城外流水。安等挑戰，不許，將士困窘，分糧聚雪以稽日月。維果來救，出自牛頭山〔三六〕，與泰相對。泰曰："兵法貴在不戰而屈人。今絕牛頭，維無反道，則我之禽也。"勅諸軍各堅壘勿與戰，遣使白淮，欲自南渡白水，循水而東，使淮趣牛頭，截其還路〔三七〕，可并取維，不惟安等而已。淮善其策，進率諸軍軍洮水。維懼，遁走，安等孤縣，遂皆降。

淮薨，泰代爲征西將軍，假節都督雍、涼諸軍事。後年，雍州刺吏王經白泰，云姜維、夏侯霸欲三道向祁山、石營、金城，求進兵爲翅，使涼州軍至枹罕，討蜀護軍向祁山。泰量賊勢終不能三道，且兵勢惡分，涼州未宜越境，報經："審其定問，知所趣向，須東西勢合乃進。"時維等將數萬人至枹罕，趣狄道。泰勅經進屯狄道，須軍到，乃規取之。泰進軍陳倉。會經所統諸軍於故關與賊戰不利，經輒渡洮。泰以經不堅據狄道，必有他變，並遣五營在前，泰率諸軍繼之。經已與維戰，大敗，以萬餘人還保狄道城，餘皆奔散。維乘勝圍狄道。泰軍上邽，分兵守要，晨夜進前。鄧艾、胡奮、王祕亦到，即與艾、祕等分爲三軍，進到隴西。艾等以爲"王經精卒破衄於西，賊衆大盛，乘勝之兵既不可當，而將軍以烏合之卒，繼敗軍之後，將士失氣，隴右傾蕩。古人有言：

'蝮蛇螫手,壯士解其腕〔三八〕。'《孫子》曰:'兵有所不擊,地有所不守。'蓋小有所失而大有所全故也。今隴右之害,過於蝮蛇,狄道之地,非徒不守之謂。姜維之兵,是所辟之鋒。不如割險自保,觀釁待弊,然後進救,此計之得者也"。泰曰:"姜維提輕兵深入,正欲與我爭鋒原野,求一戰之利。王經當高壁深壘,挫其銳氣,今乃與戰,使賊得計,走破王經,封之狄道。若維以戰克之威,進兵東向,據櫟陽積穀之實,放兵收降,招納羌、胡,東爭關、隴,傳檄四郡,此我之所惡也〔三九〕。而維以乘勝之兵,挫峻城之下,銳氣之卒,屈力致命,攻守勢殊,客主不同。兵書云'脩櫓橾榲,三月乃成,拒堙三月而後已'。誠非輕軍遠入,維之詭謀倉卒所辦。縣軍遠僑,糧穀不繼,是我速進破賊之時也,所謂疾雷不及掩耳,自然之勢也。洮水帶其表,維等在其內,今乘高據勢,臨其項領,不戰必走。寇不可縱,圍不可久,君等何言如此?"遂進軍度高城嶺,潛行,夜至狄道東南高山上,多舉烽火,鳴鼓角。狄道城中將士見救者至,皆憤踊。維始謂官救兵當須衆集乃發,而卒聞已至,謂有奇變宿謀,上下震懼。自軍之發隴西也,以山道深險,賊必設伏。泰詭從南道,維果三日施伏。臣松之案:此傳云"謂救兵當須衆集,而卒聞已至,謂有奇變,上下震懼",此則救至出於不意。若不知救至,何故伏兵深險乃經三日乎?設伏相伺,非不知之謂。此皆語之不通也。定軍潛行,卒出其南。維乃緣山突至,泰與交戰,維退還。涼州軍從金城南至沃於阪。泰與經共密期,當共向其還路,維等聞之,遂遁,城中將士得出。經歎曰:"糧不至旬,向不應機,舉城屠裂,覆喪一州矣。"泰慰勞將士,前後遣還,更差軍守,並治城壘,還屯上邽。

初,泰聞經見圍,以州軍將士素皆一心,加得保城,非維所能卒傾。表上進軍晨夜速到還。衆議以經奔北,城不足自固,維若斷涼州之道,兼四郡民夷,據關、隴之險,敢能没經軍而屠隴右。宜須大兵四集,乃致攻討。大將軍司馬文王曰:"昔諸葛亮常有此志,卒亦不能。事大謀遠,非維所任也。且城非倉卒所拔,而糧少爲急,征西速救,得上策矣。"泰每以一方有事,輒以虚聲擾動天下,故希簡白上事,驛書不過六百里。司馬文王語荀顗曰:"玄伯沈勇能斷,荷方伯之重,救將陷之城,而不求益兵,又希簡上事,必能辦賊故也。都督大將,不當爾邪!"

後徵泰爲尚書右僕射,典選舉,加侍中光祿大夫。吳大將孫峻出淮、泗。以泰爲鎮軍將軍,假節都督淮北諸軍事,詔徐州監軍已下受泰節度。峻退,軍還,轉爲左僕射。諸葛誕作亂壽春,司馬文王率六軍軍丘頭,泰總署行臺。司馬景王、文王皆與泰親友,及沛國武陔亦與泰善。文王問陔曰:"玄伯何如其父司空也?"陔曰:"通雅博暢,能以天下聲教爲己任者,不如也;明統簡至〔四〇〕,立功立事,過之。"泰前後以功增邑二千六百户,賜子弟一人亭侯,二人關内侯。景元元年薨,追贈司空,諡曰穆侯。干寶《晉紀》曰：高貴鄉公之殺，司馬文王會朝臣謀其故〔四一〕。太常陳泰不至，使其舅荀顗召之。顗至，告以可否。泰曰：「世之論者，以泰方於舅，今舅不如泰也。」子弟內外咸共逼之，垂涕而入。王待之曲室，謂曰：「玄伯，卿何以處我？」對曰：「誅賈充以謝天下〔四二〕。」文王曰：「爲吾更思其次。」泰曰：「泰言惟有進於此，不知其次。」文王乃不更言。《魏氏春秋》曰：帝之崩也，太傅司馬孚、尚書右僕射陳泰枕帝尸於股，號哭盡哀。時大將軍入於禁中〔四三〕，泰見之悲慟，大將軍亦對之泣，謂曰：「玄伯，其如我何〔四四〕？」泰曰：「獨有斬賈充，少可以謝天下耳。」大將軍久之曰：「卿更思其他。」泰曰：「豈可使泰復發後言。」遂歐血薨。臣松之案：本傳泰不爲太常，未詳干寶所由知之。孫盛改易泰言，雖爲小勝。然檢盛言諸所改易，皆非別有異聞，率更自以意制，多不如舊。凡記言之體，當使若出其口。辭勝而違實，固君子所不取，況復不勝而徒長虛妄哉？案《博物記》曰：太丘長陳寔、寔子鴻臚紀、紀子司空羣、羣子泰四世，於漢、魏二朝並有重名，而其德漸漸小減。時人爲其語曰：「公慚卿，卿慚長。」子恂嗣。恂薨，無嗣。弟溫紹封。咸熙中開建五等，以泰著勳前朝，改封溫爲慎子。案《陳氏譜》：羣之後，名位遂微。諶孫佐，官至青州刺史。佐弟坦，廷尉。佐子準，太尉，封廣陵郡公。準弟戴、徵及從弟堪，並至大位。準孫逵，字林道，有譽江左，爲西中郎將，追贈衛將軍。

陳矯字季弼，廣陵東陽人也。避亂江東及東城，辭孫策、袁術之命，還本郡。太守陳登請爲功曹，使矯詣許，謂曰：「許下論議，待吾不足〔四五〕；足下相爲觀察，還以見誨。"矯還曰："聞遠近之論，頗謂明府驕而自矜。"登曰："夫閨門雍穆，有德有行，吾敬陳元方兄弟〔四六〕；淵清玉潔〔四七〕，有禮有法，吾敬華子魚；清脩疾惡，有識有義，吾敬趙元達；博聞彊記，奇逸卓犖〔四八〕，吾敬孔文舉；雄姿桀出，有王霸之略，吾敬劉玄德；所敬如此，何驕之有！餘子瑣瑣，亦焉足錄哉？"登雅意如此，而深敬友矯。

郡爲孫權所圍於匡奇，登令矯求救於太祖。矯說太祖曰："鄙郡雖小，形便之國也，若蒙救援，使爲外藩，則吳人剉謀〔四九〕，徐方永安，武聲遠震，仁愛滂流，未從之國，望風景附，崇德養威，此王業也。"太子奇矯，欲留之〔五〇〕。矯辭曰："本國倒縣，本奔走告急，縱無申胥之效，敢忘弘演之義乎？"劉向《新序》曰：齊桓公求婚於衛，衛不與，而嫁於許。衛爲狄所伐，桓公不救，至於國滅君死。懿公屍爲狄人所食，惟有肝在。懿公有臣曰弘演，適使反，致命於肝曰："君爲其內，臣爲其外。"乃剖腹內肝而死。齊桓公曰："衛有臣若此而尚滅，寡人無有，亡無日矣！"乃救衛，定其君。太祖乃遣赴救。吳軍既退，登多設間伏，勒兵追奔，大破之。

太祖辟矯爲司空掾屬，除相令，征南長史，彭城、樂陵太守，魏郡西部都尉。曲周民父病，以牛禱，縣結正棄市。矯曰："此孝子也。"表赦之。遷魏郡太守。時繫囚千數，至有歷年。矯以爲周有五典之制〔五一〕，漢約三章之法，今惜輕重之理，而忽久繫之患，可謂謬矣。悉自覽罪狀，一時論決。大軍東征，入爲丞相長史。軍還，復爲魏郡[五二]，轉西曹屬。從征漢中，還爲尚書。行前未到鄴，太祖崩洛陽，羣臣拘常，以爲太子卽位，當須詔命。矯曰："王薨於外，天下惶懼。太子宜割哀卽位，以繫遠近之望。且又愛子在側[五三]，彼此生變，則社稷危矣。"卽具官備禮，一日皆辦[五四]。明旦，以王后令，策太子卽位，大赦蕩然。文帝曰："陳季弼臨大節，明略過人，信一時之俊傑也。"帝旣踐阼，轉署吏部，封高陵亭侯，遷尚書令。明帝卽位，進爵東鄉侯，邑六百戶。車駕嘗卒至尚書門，矯跪問帝曰："陛下欲何之？"帝曰："欲案行文書耳。"矯曰："此自臣職分，非陛下所宜臨也。若臣不稱其職，則請就黜退。陛下宜還。"帝慙，回車而反。其亮直如此。《世語》曰：劉曄以先進見幸，因譖矯專權。矯懼，以問長子本，本不知所出。次子騫曰："主上明聖，大人大臣，今若不合[五五]，不過不作公耳。"後數日，帝見矯，矯又問二子，騫曰："陛下意解，故見大人也。"旣入，盡日，帝曰："劉曄搆君，朕有以迹君；朕心故已了。"以金五餅授之，矯辭。帝曰："豈以爲小惠？君已知朕心，顧君妻子未知故也。"帝憂社稷，問矯："司馬公忠正，可謂社稷之臣乎？"矯曰："朝廷之望；社稷，未知也。"加侍中光祿大夫，遷司徒。景初元年薨，諡曰貞侯。《魏氏春秋》曰：矯本劉氏子，出嗣舅氏而婚於本族。徐宣每非之，庭議其闕[五六]。太祖惜矯才量，欲擁全之，乃下令曰："喪亂已來，風教彫薄，謗議之言，難用褒貶。自建安五年已前，一切勿論。其以斷前誹議者，以其罪罪之。"

子本嗣，歷位郡守、九卿。所在操綱領，舉大體，能使羣下自盡。有統御之才〔五七〕，不親小事，不讀法律而得廷尉之稱，優於司馬岐等，精練文理。遷鎮北將軍，假節都督河北諸軍事。薨，子粲嗣。本弟騫，咸熙中爲車騎將軍。案《晉書》曰：騫字休淵，爲晉佐命功臣，至太傅，封高平郡公。

　　初，矯爲郡功曹，使過泰山。泰山太守東郡薛悌異之，結爲親友。戲謂矯曰："以郡吏而交二千石，鄰國君屈從陪臣游〔五八〕，不亦可乎！"悌後爲魏郡及尚書令，皆承代矯云。《世語》曰：悌字孝威。年二十二，以兗州從事爲泰山太守。初，太祖定冀州，以悌及東平王國爲左右長史，後至中領軍，並悉忠貞練事，爲世吏表。

　　徐宣字寶堅，廣陵海西人也。避亂江東，又辭孫策之命，還本郡。與陳矯並爲綱紀，二人齊名而私好不協，然俱見器於太守陳登，與登並心於太祖。海西、淮浦二縣民作亂，都尉衛彌、令梁習夜奔宣家，密送免之。太祖遣督軍扈質來討賊，以兵少不進。宣潛見責之，示以形勢，質乃進破賊。太祖辟爲司空掾屬，除東緡、發干令，遷齊郡太守，入爲門下督，從到壽春。會馬超作亂，大軍西征，太祖見官屬曰："今當遠征，而此方未定，以爲後憂，宜得清公大德以鎮統之。"乃以宣爲左護軍，留統諸軍。還，爲丞相東曹掾，出爲魏郡太守。太祖崩洛陽，羣臣入殿中發哀。或言易諸城守，用譙、沛人。宣厲聲曰:"今者遠近一統,人懷效節,何必譙、沛,而沮宿衞者心。"文帝聞曰:"所謂社稷之臣也。"帝既踐阼,爲御史中丞,賜爵關內侯,徙城門校尉,旬月遷司隸校尉,轉散騎常侍。從至廣陵,六軍乘舟,風浪暴起,帝船回倒〔五九〕,宣病在後〔六〇〕,陵波而前,羣寮莫先至者。帝壯之,遷尚書。

明帝即位,封津陽亭侯,邑二百户。中領軍桓範薦宣曰:"臣聞帝王用人,度世授才,爭奪之時,以策略爲先,分定之後,以忠義爲首。故晉文行舅犯之計而賞雍季之言,《吕氏春秋》曰:昔晉文公將與楚人戰於城濮,召咎犯而問曰:'楚衆我寡,奈何而可?'咎犯對曰:'臣聞繁禮之君,不足於文,繁戰之君,不足於詐,君亦詐之而已。'文公以咎犯言告雍季,雍季曰:'竭澤而漁,豈不得魚,而明年無魚。焚藪而田,豈不得獸,而明年無獸。詐僞之道,雖今偷可,後將無復,非長術也。'文公用咎犯之言,而敗楚人於城濮。反而爲賞,雍季在上。左右諫曰:'城濮之功,咎犯之謀也。君用其言而後其身,或者不可乎!'文公曰:'雍季之言,百代之利也;咎犯之言,一時之務也。焉有以一時之務,先百代之利乎?'高祖用陳平之智而託後於周勃也。竊見尚書徐宣,體忠厚之行,秉直亮之性;清雅特立,不拘世俗〔六一〕;確然難動,有社稷之節;歷位州郡,所在稱職。今僕射缺,宣行掌後事;腹心任重,莫宜宣者〔六二〕。"帝遂以宣爲左僕射,後加侍中光禄大夫。車駕幸許昌,總統留事〔六三〕。帝還,主者奏呈文書。詔曰:"吾省與僕射何異?"竟不視。尚方令坐猥見考竟，宣上疏陳威刑大過，又諫作宮殿窮盡民力，帝皆手詔嘉納。宣曰："七十有縣車之禮，今已六十八，可以去矣。"乃固辭疾遜位，帝終不許。青龍四年薨，遺令布衣疏巾，斂以時服。詔曰："宣體履至實，直内方外，歷在二朝，公亮正色，有託孤寄命之節，可謂柱石臣也。常欲倚以云輔，未及登之，惜乎大命不永！其追贈車騎將軍，葬如公禮。"諡曰貞侯。子欽嗣。

衛臻字公振，陳留襄邑人也。父茲，有大節，不應三公之辟。太祖之初至陳留，茲曰："平天下者，必此人也。"太祖亦異之，數詣茲議大事。從討董卓，戰於滎陽而卒。太祖每涉郡境，輒遣使祠焉。《先賢行狀》曰：茲字子許。不爲激詭之行，不徇流俗之名；明慮淵深，規略宏遠。爲車騎將軍何苗所辟，司徒楊彪再加旌命。董卓作亂，漢室傾蕩，太祖到陳留，始與茲相見，遂同盟，計興武事。茲答曰："亂生久矣，非兵無以整之。"且言："兵之興者，自今始矣"。深見廢興，首讚弘謀。合兵三千人，從太祖入滎陽，力戰終日，失利，身殁。《郭林宗傳》曰：茲弱冠與同郡爲文生俱稱盛德〔六四〕。林宗與二人共至市，子許買物，隨價售直〔六五〕，文生訾呵，減價乃取〔六六〕。林宗曰："子許少欲，文生多情，此二人非徒兄弟，乃父子也。"後文生以穢貨見損〔六七〕，茲以烈節垂名。夏侯惇爲陳留太守，舉臻計吏，命婦出宴，臻以爲"末世之俗，非禮之正"。惇怒，執臻，既而赦之。後爲漢黄門侍郎。東郡朱越謀反，引臻。太祖令曰："孤與卿君同共舉事，加欽令問。始聞越言，固自不信。及得荀令君書，具亮忠誠。"會奉詔命，聘貴人於魏，因表留臻參丞相軍事。追録臻父舊勳，賜爵關内侯，轉爲户曹掾。文帝即王位，爲散騎常侍。及踐阼，封安國亭侯。時羣臣並頌魏德，多抑損前朝。臻獨明禪授之義，稱揚漢美。帝數目臻曰："天下之珍，當與山陽共之。"遷尚書，轉侍中吏部尚書。帝幸廣陵，行中領軍，從。征東大將軍曹休表得降賊辭，"孫權已在濡須口"。臻曰："權恃長江，未敢亢衡，此必畏怖僞辭耳。"考核降者，果守將詐所作也。

明帝即位，進封康鄉侯，後轉爲右僕射，典選舉如前，加侍中。中護軍蔣濟遺臻書曰："漢祖遇亡虜爲上將[六八]，周武拔漁父爲太師；布衣厮養[六九]，可登王公，何必守文，試而後用？"臻答曰："古人遺智慧而任度量，須考績而加黜陟；今子同牧野於成、康，喻斷蛇於文、景，好不經之舉，開拔奇之津[七〇]，將使天下馳騁而起矣。"諸葛亮寇天水，臻奏："宜遣奇兵入散關，絶其糧道。"乃以臻爲征蜀將軍，假節督諸軍事，到長安，亮退。還，復職，加光禄大夫。是時，帝方隆意於殿舍，臻數切諫。及殿中監擅收蘭臺令史，臻奏案之。詔曰："殿舍不成，吾所留心，卿推之何？"臻上疏曰："古制侵官之法，非惡其勤事也，誠以所益者小，所墮者大也。臣每察校事，類皆如此，懼羣司將遂越職，以至陵遲矣[七一]。"亮又出斜谷；征南上朱然等軍已過荆城。臻曰："然，吴之驍將，必下從權且爲勢以綴征南耳。"權果召然入居巢，進攻合肥。帝欲自東征，臻曰："權外示應亮，內實觀望。且合肥城固，不足爲慮。車駕可無親征，以省六軍之費。"帝到尋陽而權竟退。

幽州刺史毌丘儉上疏曰："陛下即位已來，未有可書。吳、蜀恃險，未可卒平，卿可以此方無用之士克定遼東。"臻曰："儉所陳皆戰國細術，非王者之事也。吳頻歲稱兵，寇亂邊境，而猶案甲養士，未果尋致討者〔七二〕，誠以百姓疲勞故也。且淵生長海表，相承三世，外撫戎夷，內脩戰射，而儉欲以偏軍長驅，朝至夕卷，知其妄矣。"儉行軍遂不利。

臻遷爲司空，徙司徒。正始中，進爵長垣侯，邑千户，封一子列侯。初，太祖久不立太子，而方奇貴臨菑侯。丁儀等爲之羽翼，勸臻自結，臻以大義拒之。及文帝即位，東海王霖有寵，帝問臻："平原侯何如？"臻稱明德美而終不言。曹爽輔政，使夏侯玄宣指，欲引臻入守尚書令，及爲弟求婚，皆不許。固乞遜位。詔曰："昔干木偃息，義壓彊秦〔七三〕；留侯頤神，不忘楚事。讜言嘉謀，望不吝焉。"賜宅一區，位特進，秩如三司。薨，追贈太尉，諡曰敬侯。子烈嗣，咸熙中爲光祿勳。臣松之案：舊事及《傅咸集》，烈終於光祿勳。烈二弟京、楷，皆二千石。楷子權，字伯輿。晉大司馬汝南王亮輔政，以權爲尚書郎。傅咸與亮牋曰："衛伯輿貴妃兄子，誠有才章，應作臺郎，然未得東宮官屬。東宮官屬，前患楊駿，親理塞路，今有伯輿，復越某作郎。一犬吠形，羣犬吠聲，懼於羣吠，遂至回聽〔七四〕。"權作左思《吳都賦》敘及注,敘粗有文辭,至於爲注,了無所發明,直爲塵穢紙墨,不合傳寫也。

盧毓字子家,涿郡涿人也。父植,有名於世。《續漢書》曰:植字子幹。少事馬融,與鄭玄同門相友。植剛毅有大節,常唔然有濟世之志,不苟合取容,不應州郡命召。建寧中,徵博士,出補九江太守,以病去官。作《尚書章句》《禮記解詁》。稍遷侍中、尚書。張角起,以植爲北中郎將征角,失利抵罪。頃之,復以爲尚書。張讓劫少帝奔小平津,植手劍責數讓等,讓等皆放兵,垂泣謝罪,遂自殺。董卓議欲廢帝,衆莫敢對,植獨正言,語在《卓傳》。植以老病去位〔七五〕,隱居上谷軍都山,初平三年卒。太祖北征柳城,過涿郡,令告太守曰:"故北中郎將盧植,名著海内,學爲儒宗,士之楷模,乃國之楨幹也〔七六〕。昔武王入殷,封商容之閭,鄭喪子產而仲尼隕涕。孤到此州,嘉其餘風。《春秋》之義,賢者之後,有異於人。敬遣丞掾脩墳墓〔七七〕,并致薄醊,以彰厥德。"植有四子,毓最小。毓十歲而孤,遇本州亂,二兄死難。當袁紹、公孫瓚交兵,幽冀饑荒,養寡嫂孤兄子,以學行見稱。文帝爲五官將,召毓署門下賊曹。崔琰舉爲冀州主簿。時天下草創,多逋逃,故重士亡法,罪及妻子。亡士妻白等,始適夫家數日,未與夫相見,大理奏棄市。毓駁之曰:"夫女子之情,以接見而恩生,成婦而義重。故《詩》云'未見君子,我心傷悲;亦既見止,我心則夷'。又《禮》'未廟見之婦而死,歸葬女氏之黨,以未成婦也'。今白等生有未見之悲,死有非婦之痛,而吏議欲肆之大辟,則若同牢合巹之後,罪何所加？且《記》曰'附從輕'，言附人之罪，以輕者爲比也。又《書》云'與其殺不辜，寧失不經'，恐過重也。苟以白等皆受禮聘，已入門庭，刑之爲可，殺之爲重。"太祖曰："毓執之是也〔七八〕。又引經典有意，使孤歎息。"由是爲丞相法曹議令史，轉西曹議令史。

魏國既建，爲吏部郎。文帝踐阼，徙黃門侍郎，出爲濟陰相，梁、譙二郡太守。帝以譙舊鄉，故大徙民充之，以爲屯田。而譙土地墝瘠，百姓窮困，毓愍之，上表徙民於梁國就沃衍，失帝意。雖聽毓所表，心猶恨之，遂左遷毓，使將徙民爲睢陽典農校尉。毓心在利民，躬自臨視，擇居美田，百姓賴之。遷安平、廣平太守，所在有惠化。

青龍二年，入爲侍中。先是，散騎常侍劉劭受詔定律，未就。毓上論古今科律之意〔七九〕，以爲法宜一正，不宜有兩端，使姦吏得容情。及侍中高堂隆數以宮室事切諫，帝不悅，毓進曰："臣聞君明則臣直，古之聖王恐不聞其過，故有敢諫之鼓。近臣盡規，此乃臣等所以不及隆。隆諸生，名爲狂直，陛下宜容之。"在職三年〔八〇〕，多所駁爭〔八一〕。詔曰："官人秩才，聖帝所難，必須良佐，進可替否。侍中毓稟性貞固，心平體正，可謂明試有功，不懈於位者也。其以毓爲吏部尚書。"使毓自選代，曰："得如卿者乃可。"毓舉常侍鄭沖，帝曰："文和，吾自知之，更舉吾所未聞者。"乃舉阮武、孫邕，帝於是用邕。

前此諸葛誕、鄧颺等馳名譽，有四窗八達之誚〔八二〕，帝疾之[八三]。時舉中書郎，詔曰："得其人與否，在盧生耳。選舉莫取有名，名如畫地作餅[八四]，不可啖也[八五]。"毓對曰："名不足以致異人，而可以得常士。常士畏教慕善，然後有名，非所當疾也。愚臣既不足以識異人，又主者正以循名案常爲職[八六]，但當有以驗其後。故古者敷奏以言，明試以功。今考績之法廢，而以毀譽相進退，故真僞渾雜，虛實相蒙。"帝納其言，即詔作考課法。會司徒缺，毓舉處士管寧，帝不能用。更問其次，毓對曰："敦篤至行，則太中大夫韓暨；亮直清方，則司隸校尉崔林；貞固純粹，則太常常林。"帝乃用暨。毓於人及選舉，先舉性行[八七]，而後言才。黃門李豐嘗以問毓，毓曰："才所以爲善也，故大才成大善，小才成小善。今稱之有才而不能爲善[八八]，是才不中器也。"豐等服其言。

　　齊王即位，賜爵關內侯。時曹爽秉權，將樹其黨，徙毓僕射，以侍中何晏代毓。頃之，出毓爲廷尉，司隸畢軌又枉奏免官。衆論多訟之，乃以毓爲光祿勳。爽等見收，太傅司馬宣王使毓行司隸校尉，治其獄。復爲吏部尚書，加奉車都尉，封高樂亭侯，轉爲僕射，故典選舉，加光祿大夫。高貴鄉公即位，進封大梁鄉侯。封一子高亭侯。毌丘儉作亂，大將軍司馬景王出征，毓綱紀後事，加侍中。正元三年，疾病，遜位。遷爲司空，固推驃騎將軍王昶、光祿大夫王觀、司隸校尉王祥。詔使使者即授印綬，進爵封容城侯，邑二千三百戶。甘露二年薨，謚曰成侯。孫藩嗣。毓子欽、珽，咸熙中欽爲尚書,斑泰山太守。《世語》曰:欽字子若,斑字子篤。欽泰始中爲尚書僕射,領選,咸寧四年卒,追贈衞將軍,開府。虞預《晉書》曰:欽少居名位,不顧財利,清虛淡薄〔八九〕,勤修禮典〔九〇〕。同郡張華,家單少孤〔九一〕,不爲鄉邑所知,惟欽貴異焉。欽子浮,字子云。《晉諸公贊》曰:張華博識多聞,無物不知。浮高朗經博,有美於華,起家太子舍人,病疽,截手,遂廢。朝廷器重之,就家以爲國子博士,遷祭酒。永平中爲祕書監。斑及子皓、志並至尚書。志子諶,字子諒。溫嶠表稱諶清飭有文思〔九二〕。《諶別傳》曰:諶善著文章。洛陽傾覆,北投劉琨,琨以爲司空從事中郎。琨敗,諶歸段末波。元帝之初,累召爲散騎中書侍郎,不得南赴。永和六年,卒於胡,胡中〔九三〕,子孫過江。妖賊帥盧循,諶之曾孫。

　　評曰:桓階識覩成敗,才周當世。陳羣動仗名義,有清流雅望;泰弘濟簡至,允克堂構矣。魏世事統臺閣,重内輕外,故八座尚書,即古六卿之任也。陳、徐、衞、盧,久居斯位,矯、宣剛斷骨鯁,臻、毓規鑒清理,咸不忝厥職云。

【校箋】

〔一〕毛本作"魏書二十二"。
〔二〕毛本作"桓二陳徐衞盧傳第二十二"。
〔三〕盧弼曰:"馮本'仗'作'杖',誤。"
　　謹案:《御覽》卷四百六十二引王沈《魏書》"仗"作"扶"。《漢書·高帝紀》"不如更遣長者扶義而西"顏注:"扶,助也,以義自助也。""扶"字或作"杖",杖亦倚任之意。盧君謂"杖"爲誤字,非是。説見《王粲傳》。

〔四〕《書鈔》卷六十九引《桓階別傳》:"上平荆州,乃引桓階入爲主簿。内經社稷百度之規,外諮廣勝千里之策。"

〔五〕《書鈔》卷七十五引《桓階別傳》:"階爲趙郡太守,在郡,俸盡,食醬麨,上聞之曰:'朕富有四海,使棟宇大臣而疏食,朕無禮賢之德也。'其賜射鹿二人并弩。"

〔六〕盧弼曰:"《魏都賦》注:'建安十八年,魏國初置侍中。'"

謹案:本志《武帝紀》:建安十八年十一月,初置尚書、侍中、六卿。

〔七〕盧弼曰:"監本'齒'作'且'。"

謹案:作"齒"字是。齒,年也。見《禮記·坊記》鄭注。

〔八〕盧弼曰:"馮本'位'字作'仁'。"

謹案:下文已云"仁聖達德",則此似不應有"仁"字。當仍作"位"字爲是。位指位爲五官中郎將也。

〔九〕盧弼曰:"'蹇'或作'謇'。"

謹案:"蹇""謇"二字古通。

〔一〇〕《册府》卷四百六十引"全保"二字乙。

〔一一〕紹興本、馮本、陳本、毛本"太"字俱作"大"。考上下文均作"大王",如:"大王以仁等爲足以料事勢不也","大王恐二人遺力邪","大王按六軍以示餘力"。則作"大"字是也。應據改。

〔一二〕《文選集注·三國名臣贊》引《鈔》"紀"上有"父"字。《册府》卷九百四十八亦有"父"字,當據增。

〔一三〕《文選集注》引《鈔》重"布"字。

〔一四〕《文選集注》引《鈔》"加"下無"於"字。

〔一五〕《文選集注》引《鈔》作"公乃用古刑"。

〔一六〕《文選集注》引《鈔》無"則"字，"永"字作"令"。

〔一七〕《文選集注》引《鈔》"數"字作"類"。

〔一八〕《文選集注》引《鈔》"患"字作"急"。

〔一九〕《文選集注》引《鈔》作"其餘遠死者，不可刑殺"。

〔二〇〕盧弼曰："監本、馮本'雅'作'推'。"

謹案：作"雅"字者是。《史記·張耳陳餘列傳》"張耳雅游"集解引韋昭曰："雅，素也。""推""雅"以形近而譌。監本、馮本誤。《書鈔》卷六十八引作"惟"，《文選集注》引《鈔》仍作"雅"，是"惟"亦或"雅"之誤也。

〔二一〕《文選集注》引《鈔》"書"下有"左"字。

〔二二〕盧弼曰："《通志》'故'作'改'。郝經《續後漢書》作'共'。"

謹案：《治要》卷二十六、《文選集注》引《鈔》"録"上俱無"故"字，或唐人所見本無"故"字也。《通志》作"改"，郝書作"共"，疑臆改。考《王粲傳》注引《吳質別傳》"時司空陳羣録尚書事"，亦無"故"字。且録尚書事爲兼職，不可云改，當時未有同任斯職，亦不得云共也。

〔二三〕紹興本"於"字作"以"。

〔二四〕盧弼曰："或曰：'且由'二字，疑作'自古'。"

謹案：《通鑑》無"由"字，疑是。或説無據，蓋臆改。

〔二五〕盧弼曰："《通鑑》'王者'作'王業'。"

謹案：郝書亦作"王業"。"王業"承上文"講武勸農"而言。下文"亦宜並立"，即謂此兩事也。"者"字當爲"業"字之誤。

〔二六〕《類聚》卷二十二、《御覽》卷四百四十七引"今"字作"夫"。

〔二七〕《類聚》引"詆"字作"斥"。《御覽》引"直"字作"指"。

〔二八〕《御覽》卷二百五十六引"夷民"二字乙。

〔二九〕盧弼曰："毛本'寄'作'奇'。"

謹案：毛本誤，"寄"字是。《書鈔》卷三十七、《御覽》卷四百二十七引"寄"字作"致"。《說文》："致，送詣也。"與"寄"義近。作"奇"者，蓋由字體殘奪而誤。

〔三〇〕紹興本、毛本無"匈"字。《書鈔》卷三十七、卷七十二、《類聚》卷五十、《白帖》卷三十五、《御覽》卷二百五十六、卷四百二十七、卷五百、卷八百零二、《册府》卷六百七十四引同，當據刪。

〔三一〕《御覽》卷三百三十二引"衆"下有"侵魏"二字。《通典·兵十三》引同。

〔三二〕《御覽》、《册府》卷三百六十八引"歆"字作"韶"。《通典》同。考《蜀志·後主傳》正作"李韶"，當據正。

〔三三〕《御覽》引"任"下無"等"字。

〔三四〕《御覽》引"救"字作"來"。《册府》引作"雖其救之"。《通典·兵十三》作"雖其有救"。

〔三五〕《御覽》《册府》引"阻險"二字乙。

〔三六〕《御覽》《册府》引"頭"下無"山"字，《通典》同。

〔三七〕《御覽》《册府》引作"使諸將截其還路"，考上文維"出自牛頭山與泰相對"，無緣再使諸將趣牛頭也。下文"淮善其策，進率諸軍洮水"，則非趣牛頭更可知。

〔三八〕《册府》卷三百六十二引無"其"字。

〔三九〕《册府》引"惡"作"患"。

〔四〇〕盧弼曰："《世說》'統'作'練'。"

謹案：《世說》見《品藻篇》，《季漢書》同。

〔四一〕《世說‧方正篇》注引"會"字作"召"。

〔四二〕《世說》注引"誅"上有"可"字。

〔四三〕《通鑑考異》引無"時"字、"於"字。

〔四四〕《御覽》卷九十六引《晉書》"伯"下有"天下"二字，此脫，當補，與下文"少可以謝天下耳"相應。

〔四五〕盧弼曰："何焯校'足'下補'者'字。"

謹案：《御覽》卷二百六十四引有"者"字。

〔四六〕《御覽》卷四百四十六引《華陽國志》"兄弟"作"父子"。

〔四七〕《御覽》引"淵"字作"冰"。

〔四八〕《冊府》卷六百八十七引"逸"子作"異"。

〔四九〕蕭書"剉"字作"挫"，二字通用。《莊子‧山木篇》"廉則剉"釋文："剉本作挫。"《國語‧吳語》"而未嘗有所挫也"注："挫，毀折也。"

〔五〇〕《冊府》卷四百三十引"子"字作"祖"，《通志》同。作"祖"是，蕭書作"操奇矯，欲留之"，可證。

〔五一〕《冊府》卷六百九十引"五"字作"三"。考《周禮》大司寇之職掌建邦之三典。則此"五"字當爲"三"字之形誤。

〔五二〕紹興本無"郡"字。謹案："郡"字當衍，爲魏西朝屬謂爲魏王之西朝屬也。

〔五三〕盧弼曰："胡三省曰：'愛子謂鄢陵侯彰也。'"

謹案：《文選》陸士衡《弔魏武帝文》云："持姬女而指季豹以示四子，曰：以累汝。因泣下。"李善注："蓋太祖崩時，四子在側。"據本志《賈逵傳》注引《魏略》，曹操病於洛陽，時曹丕尚在鄴，曹彰自長安未到，當時在洛者惟曹植耳。植爲操之第四子，以示四子，四子當謂曹植，不得如李注謂文帝以下四王也。陳矯所謂愛子，亦指曹植（曹操愛植，見植本傳）。

〔五四〕盧弼曰："宋本作'辨'，《通鑑》同。胡三省曰：'辨與辦同。'蜀本作辦。"

謹案：《説文·刀部》："辨，判也。"或作"辨"，《周禮·考工記·總敘》"以辨民器"鄭注："辨猶具也。"

〔五五〕《晉書·陳騫傳》"合"下有"意"字。

〔五六〕《御覽》卷五百四十一引"庭"字作"廷"，是也。

〔五七〕《世説》注引"統"字作"率"。

〔五八〕《御覽》卷二百六十四引無"屈"字。

〔五九〕盧弼曰："何焯曰：'回即桅也，古字通用。'梁章鉅曰：'邵晉涵亦同此説。竊謂回倒不過回旋顛倒之意，以回通桅未見所出。且以舟中挂帆之木爲桅，本係俗稱，初不知所據也。'《説文》：桅，黃木可染者。與舟木何涉乎？"

謹案：《御覽》卷七十一、卷二百五十引作"迴"，又卷七百六十八引作"洄"，《事類賦》卷十六引同。梁説是。

〔六〇〕《御覽》卷七十一、卷二百五十引"病"字作"船"，是也。《事類賦》卷十六引作"舟"，"船""舟"義同，"病"實誤字。

〔六一〕盧弼曰："《御覽》'拘'作'隨'。"

謹案：此見《御覽》卷六百三十一。

〔六二〕《御覽》引"宜"字作"如"。

〔六三〕《類聚》卷四十八引作"宣摠留事"，《通典·職官四》作"宣統留事"。

〔六四〕盧弼曰："毛本無'圈'字，作空格。成都局本'圈'作'爲'，誤。《廣韻》：'圈，姓也。漢末圈稱字幼舉。'"

謹案：《白帖》卷八十三引"圈"作"周"，"周"當爲"圈"字之形誤。紹興本、馮本俱作"圈"。《通志・氏族略》有圈文宣。郝書、《季漢書》亦作"圈"。

〔六五〕毛本"售"作"酬"，"售"後出字。《毛詩・大雅・仰》"無言不酬"釋文："酬，謂酬物價也。"

〔六六〕盧弼曰："毛本'呵'作'阿'，'價'作'償'。"

謹案：毛本作"阿"，誤。《禮記・喪服四制》"訾之者是不知禮之所由生也"鄭注："口毀曰訾。"《說文・言部》："訶，大言而怒也。"桂馥義證："訶俗作呵。"因誤爲"阿"也。訾呵猶言怒聲斥罵。

〔六七〕盧弼曰："監本'損'作'捐'。盛德以穢貨見損，則聖德直虛聲耳！"

謹案：紹興本"損"亦作"捐"，疑作"捐"字是。見捐謂爲世所棄也。"捐""損"形近致誤。

〔六八〕《白帖》卷四十二引"遇"字作"以"。

〔六九〕盧弼曰："吳本、毛本'厮'作'廁'。"

謹案：吳、毛本誤，字當作"厮"。《漢書・路溫舒傳》："願給厮養。"《後漢書・馬融傳》"昔搏毛遂厮養"注："厮養，賤人也。"《公羊傳・宣十二年》"厮役扈養死者數百人"注："艾草爲防者曰厮，炊烹者曰養。"

〔七〇〕《白帖》"津"作"律"。盧弼曰："宋本'律'作'津'。"

謹案：《說文・水部》："津，水渡也。"作"津"字是。

〔七一〕盧弼曰："《通鑑》'遲'作'夷'。"

謹案：錢大昕《二十二史考異》曰："《史記・張釋之馮唐列傳》'陵遲而至於二世'，《漢書》作'陵夷'。《平準書》'選舉陵遲'，《漢志》亦作'夷'。《司馬相如傳》'陵夷衰微'，《漢書》作'遲'。古文'夷'與'遲'通。《詩》'周道倭遲'，《韓詩》作'鬱夷'。《淮南·原道訓》'馮夷大丙之御'，高誘云：'夷或作遲。'婁壽碑'徲徥衡門'，即栖遲也。《説文》：'遲或作迡，從尼，尼即古文夷字。'"盧文弨曰："陵遲，猶迆邐陂陀之謂。"

〔七二〕盧弼曰："趙一清曰：'上云吳蜀恃險，此不得單舉吳，疑傳寫脱蜀字。尋字衍。'李慈銘曰：'吳下當有蜀字。尋字當衍。'弼按：《通鑑》無'蜀'字，亦無'尋'字。"

謹案：錢儀吉曰："何去'尋'字。"郝書亦無"尋"字。"尋"字當删。

〔七三〕盧弼曰："《吕氏春秋》魏文侯過段干木之閭而軾之。秦興兵欲攻魏。司馬唐諫秦君曰（《淮南子》作'司馬庚'）：'段干木賢者也，而魏禮之，天下莫不聞，無乃不可加兵乎？'秦君以爲然，乃按兵，輟不敢攻之（《淮南子》《新序》所載略同）。《高士傳》：'段干木，晉人，治清節，遊西河，師事卜子夏，守道不仕。魏文侯就造其門，干木踰墻而避文侯，文侯以客禮待之。'"

謹案：《文選》班孟堅《幽通賦》"木偃息以蕃魏"李注："木，段干木也。《吕氏春秋》曰：'田贊説荆王曰：若夫偃息之義，則未之識也。'高誘曰：'段干木偃息以安魏也。'"《莊子·徐无鬼》"偃兵其可乎"釋文："偃，息也。""偃息"複語。

〔七四〕盧弼曰："《晉書·傅咸傳》'回聽'作'叵聽'。"

謹案：《漢書·禮樂志》注："回，亂也。"《晉書》"回"作"叵"。叵，不可也，疑非傳意。"回""叵"或形近而誤。

〔七五〕《册府》卷一百三十七引"位"字作"官"。

〔七六〕《類聚》卷四十引無"乃"字，張采《三國文》同。

〔七七〕《類聚》、《御覽》卷四百七十四引"敬"字作"亟"。

此蓋當時公文憑用語。

〔七八〕盧弼曰："或校改作'毓之所執是也'。"

謹案：《御覽》卷二百六十五引作"毓之所執是也"。此或校所據。

〔七九〕盧弼曰："《御覽》'科'作'制'。"

謹案：此見《御覽》卷二百一十九引。

〔八〇〕《御覽》引"在"上有"毓"字。

〔八一〕盧弼曰："《御覽》'争'作'易'。"

謹案：此已見《官本考證》。考《書鈔》卷六十、《類聚》卷四十八、《御覽》卷二百一十四、卷二百一十九引"争"字俱作"易"。

〔八二〕盧弼曰："'窗'當作'聰'，見《諸葛誕傳》注《世語》。"

謹案：蕭書音義曰："陳志作'四窗'，《通鑑》作'四聰'，對'八達'而言，當作'四聰'。若比八厨之類，則作'四窗'。時諸葛誕、鄧颺等更相標目，以夏侯玄等四人書四聰，誕等八人爲八達。《新論》曰：'明堂八聰四達。'八聰法八風，四達法四時，此言四聰亦取其明達。"徐紹楨曰："按：《文選・東京賦》'八達九房'薛注：'八達謂室有八窗也。'是對八達而言，亦當作'四窗'。明堂八聰四達，正作'窗'也。《釋名・釋宮室》云：'窗，聰也。於内窺外爲聰明也。'陳志作'四聰'，無煩改易。然《諸葛誕傳》注引《世語》亦作'四聰'，則二字古自通用矣。"又"誚"，《白帖》卷四十三引作"謠"，蕭書作"目"。考"誚"具責讓之義，於此不合，疑作"謠"字是。《國語・越語下》"諺有之"注："諺，俗之善語。"是"謠""諺"義近。

〔八三〕《治要》卷二十六引"疾"上有"深"字。

〔八四〕盧弼曰:"《御覽》下'名'上多'者'字。"

謹案:《初學記》卷十一、《御覽》卷二百二十引下"名"上有"有"字,蕭書同。盧君謂下"名"上多"者"字,疑誤記。

〔八五〕盧弼曰:"胡三省曰:'啖,徒覽反,食也。'"

謹案:《類聚》卷四十八、《初學記》、《御覽》"啖"字俱作"噉","噉"爲"啖"之或體。《說文·口部》:"啖,噍啖也。"《廣雅·釋詁二》:"啖,食也。"

〔八六〕《白帖》卷四十三引"案常"作"責實"。

〔八七〕《世說·方正篇》注引無"舉"字,《書鈔》卷五十七引同。

〔八八〕蕭書"之"字作"其"。

〔八九〕紹興本、馮本、陳本、毛本"薄"字俱作"泊"。

〔九〇〕紹興本、毛本"勤"字作"動"。《晉書》作"動循禮典",是也。應據改。

〔九一〕"家單"疑應作"單家"。考《張既傳》注引《魏略》"既世單家",《王肅傳》注引《魏略》"而夏爲單家",《蜀志·諸葛亮傳》注引《魏略》"庶先名福,本單家子",是"單家"蓋魏晉間常語,今此作"家單",當是誤倒,應乙正。單,獨也。

〔九二〕紹興本、馮本、陳本、毛本"飭"俱作"出"。盧弼曰:"官本'出'作'飭'。"

謹案:《晉書·盧欽傳》作"清敏有文思"。

〔九三〕盧弼曰:"梁章鉅曰:'兩胡字衍一字。'沈家本曰:'卒於胡句絕,胡中下屬,非衍。'"

謹案:此當以"胡中"句絕,"子孫過江"句絕。若如沈讀,則字複意贅矣!二"胡"字當刪其一,梁說是。

三國志校箋卷二十三

魏志卷二十三〔一〕

和洽　常林　楊俊　杜襲　趙儼　裴潛 子秀〔二〕

　　和洽字陽士，汝南西平人也。舉孝廉，大將軍辟，皆不就。袁紹在冀州，遣使迎汝南士大夫。洽獨以"冀州土平兵彊〔三〕，英桀所利，四戰之地。本初乘資雖能彊大，然雄豪四起〔四〕，全未可必也。荆州劉表無他遠志，愛人樂士，土地險阻，山夷民弱，易依倚也"。遂與親舊俱南從表，表以上賓待之〔五〕。洽曰："所以不從本初，辟爭地也。昏世之主，不可親近〔六〕，久而玷危，臣松之案：《漢書·文紀》曰"玷於死亡"，《食貨志》曰"玷危若是"，注曰"玷音鹽，如屋簷，近邊易墮之意也"〔七〕。一曰"臨危曰玷"。必有讒慝間其中者。"遂南度武陵。
　　太祖定荆州，辟爲丞相掾屬。時毛玠、崔琰並以忠清幹事，其選用先尚儉節。洽言曰："天下大器，在位與人,不可以一節儉也〔八〕。儉素過中,自以處身則可,以此節格物〔九〕,所失或多。今朝廷之議,吏有著新衣、乘好車者,謂之不清;長吏過營,形容不飾,衣裘弊壞者,謂之廉絜。至令士大夫故污辱其衣,藏其輿服;朝府大吏,或自挈壺飡以入官寺〔一〇〕。夫立教觀俗,貴處中庸,爲可繼也。今崇一概難堪之行,以檢殊塗,勉而爲之,必有疲瘁。古之大教,務在通人情而已。凡激詭之行,則容隱偽矣。"孫盛曰:昔先王御世,觀民設教,雖質文因時,損益代用,至於車服禮秩,貴賤等差,其歸一揆。魏承漢亂,風俗侈泰,誠宜仰思古制,訓以約簡,使奢不陵肆,儉足中禮,進無蜉蝣之刺,退免採莫之譏;如此則治道隆而頌聲作矣。夫矯枉過正則巧偽滋生,以克訓下則民志險隘,非聖王所以陶化民物〔一一〕,閑邪存誠之道。和洽之言,於是允矣。

魏國既建,爲侍中。後有白毛玠謗毀太祖,太祖見近臣怒甚。洽陳玠素行有本,求案實其事。罷朝,太祖令曰:"今言事者白玠不但謗吾也,乃復爲崔琰觖望〔一二〕。此損君臣恩義〔一三〕,妄爲死友怨歎〔一四〕,殆不可忍也。昔蕭、曹與高祖並起微賤,致功立勳。高祖每在屈笮,二相恭順,臣道益彰,所以祚及後世也。和侍中比求實之,所以不聽,欲重參之耳。"洽對曰:"如言事者,言玠罪過深重,非天地所覆載。臣非敢曲理玠,以枉大倫也〔一五〕,以玠出羣吏之中,特見拔擢,顯在首職,歷年荷寵,剛直忠公,爲衆所憚,不宜有此。然人情難保,要宜考覈,兩驗其實。今聖恩垂含垢之仁,不忍致之於理,更使曲直之分不明,疑自近始。"太祖曰:"所以不考,欲兩全玠及言事者耳。"洽對曰:"玠信有謗上之言〔一六〕,當肆之市朝;若玠無此,言事者加誣大臣以誤主聽〔一七〕;二者不加檢覈,臣竊不安。"太祖曰:"方有軍事,安可受人言便考之邪?狐射姑刺陽處父於朝,此爲君之誡也。"

太祖克張魯,洽陳便宜以時拔軍徙民,可省置守之費。太祖未納,其後竟徙民棄漢中。出爲郎中令。文帝踐阼,爲光祿勳,封安城亭侯。明帝即位,進封西陵鄉侯,邑二百戶。

太和中,散騎常侍高堂隆奏:"時風不至,而有休廢之氣,必有司不勤職事以失天常也。"詔書謙虛引咎,博諮異同。洽以爲"民稀耕少,浮食者多〔一八〕。國以民爲本,民以穀爲命。故費一時之農〔一九〕,則失育命之本。是以先王務蠲煩費,以專耕農。自春夏以來,民窮於役,農業有廢,百姓嚚然,時風不至,未必不由此也。消復之術〔二〇〕,莫大於節儉。太祖建立洪業,奉師徒之費,供軍賞之用,吏士豐於資食,倉府衍於穀帛,由不飾無用之宮,絕浮華之費。方今之要,固在息省勞煩之役,損除他餘之務,以爲軍戎之儲。三邊守禦,宜在備豫。料賊虛實,蓄士養衆,算廟勝之策,明攻取之謀,詳詢衆庶,以求厥中。若謀不素定,輕弱小敵,軍人數舉,舉而無庸,所謂'悅武無震'〔二一〕,古人之誡也。"

轉爲太常,清貧守約,至賣出宅以自給。明帝聞之,加賜穀帛。薨，謚曰簡侯。子禽嗣。禽音離[二二]。禽弟適[二三]，才爽開濟，官至廷尉、吏部尚書。《晉諸公贊》曰：和嶠字長輿，適之子也。少知名，以雅重稱[二四]。常慕其舅夏侯玄之爲人，厚自封植，嶷然不羣。於黃門郎遷中書令，轉尚書。愍懷太子初立，以嶠爲少保，加散騎常侍。家產豐富，擬於王公，而性至儉吝。嶠同母弟郁，素無名，嶠輕侮之，以此爲損。卒於官，贈光禄大夫。郁以公彊當世，致位尚書令。

洽同郡許混者，許劭子也。清純有鑒識，明帝時爲尚書。劭字子將。《汝南先賢傳》曰[二五]：召陵謝子微[二六]，高才遠識，見劭年十八時，乃歎息曰："此則希世出衆之偉人也。"劭始發明樊子昭於鬻幘之肆，出虞永賢於牧豎[二七]，召李叔才鄉閭之間[二八]，擢郭子瑜鞍馬之吏，援楊孝祖，舉和陽士，茲六賢者，皆當世之令懿也。其餘中流之士，或舉之於淹滯，或顯之於童齒，莫不賴劭顧歎之榮[二九]。凡所拔育，顯成令德者，不可殫記。其探摘僞行[三〇]，抑損虛名，則周之單襄，無以尚也。劭宗人許栩，沉没榮利，致位司徒。舉宗莫不匍匐栩門，承風而驅，官以賄成，惟劭不過其門。廣陵徐孟本來臨汝南[三一]，聞劭高名，請爲功曹[三二]。饕餮放流，絜士盈朝。袁紹公族好名，爲濮陽長，棄官來還，有副車從騎[三三]，將入郡界，紹乃歎曰："吾之輿服，豈可使許子將見之乎[三四]？"遂單車而歸。辟公府掾，拜鄢陵令，方正徵，皆不就。避亂江南[三五]，所歷之國，必翔而後集。終於豫章，時年四十六[三六]。有子曰混，顯名魏世。

常林字伯槐，河內温人也。年七歲，有父黨造門，問林[三七]："伯先在否？汝何不拜！"林曰："雖當下客，臨子字父，何拜之有？"於是咸共嘉之。《魏略》曰：林少單貧。雖貧，自非手力，不取之於人〔三八〕。性好學，漢末爲諸生，帶經耕鉏。其妻常自饋餉之〔三九〕，林雖在田野，其相敬如賓。太守王匡起兵討董卓，遣諸生於屬縣，微伺吏民罪負便收之，考責錢穀贖罪，稽遲則夷滅宗族，以崇威嚴。林叔父撾客〔四〇〕，爲諸生所白，匡怒收治，舉宗惶怖，不知所責多少，懼繫者不救。林往見匡同縣胡母彪曰："王府君以文武高才，臨吾鄙郡。鄙郡表裏山河，土廣民殷，又多賢能，惟所擇用。今主上幼沖，賊臣虎據，華夏震慄，雄才奮用之秋也。若欲誅天下之賊，扶王室之微，智者望風，應之若響，克亂在和，何征不捷。苟無恩德，任失其人，覆亡將至，何暇匡翼朝廷，崇立功名乎？君其藏之〔四一〕！"因説叔父見拘之意。彪即書責匡，匡原林叔父。林乃避地上黨，耕種山阿。當時旱蝗，林獨豐收，盡呼比鄰，升斗分之。依故河間太守陳延壁。陳、馮二姓，舊族冠冕。張楊利其婦女，貪其資貨。林率其宗族，爲之策謀。見圍六十餘日，卒全堡壁。

并州刺史高幹表爲騎都尉，林辭不受。後刺史梁習薦州界名士林及楊俊、王淩、王象、荀緯，太祖皆以爲縣長。林宰南和，治化有成，超遷博陵太守、幽州刺史，所在有績〔四二〕。文帝爲五官將，林爲功曹。太祖西征，田銀、蘇伯反，幽、冀扇動。文帝欲親自討之〔四三〕，林曰："昔忝博陵，又在幽州，賊之形勢，可料度也。北方吏民，樂安厭亂，服化已久，守善者多。銀、伯犬羊相聚，智小謀大，不能爲害。方今大軍在遠，外有彊敵，將軍爲天下之鎮也，輕動遠舉，雖克不武。"文帝從之，遣將往伐，應時克滅。

出爲平原太守、魏郡東部都尉，入爲丞相東曹屬。魏國即建，拜尚書。文帝踐阼，遷少府，封樂陽亭侯，《魏略》曰："林性既清白，當官又嚴。少府寺與鴻臚對門。時崔林爲鴻臚。崔性闊達[四四]，不與林同，數數聞林捶吏聲，不以爲可。林夜捶吏，不勝痛[四五]，叫呼敖敖徹曙。明日，崔出門，與林車相遇，乃啁林曰："聞卿爲廷尉，爾邪？"林不覺答曰："不也。"崔曰："卿不爲廷尉，昨夜何故考囚乎？"林大憨，然不能自止。轉大司農。明帝即位，進封高陽鄉侯，徙光祿勳太常。晉宣王以林鄉邑耆德[四六]，每爲之拜。或謂林曰："司馬公貴重，君宜止之[四七]。"林曰："司馬公自欲敦長幼之序，爲後生之法[四八]。貴非吾之所畏，拜非吾之所制也。"言者踧踖而退。《魏略》曰：初，林少與司馬京兆善。太傅每見林，輒欲跪。林止之曰："公尊貴矣，止也！"及司徒缺，太傅有意欲以林補之。案《魏略》此語，與本傳反。臣松之以爲：林之爲人，不畏權貴者也。論其然否，謂本傳爲是。時論以林節操清峻，欲致之公輔，而林遂稱疾篤。拜光祿大夫。年八十三，薨，追贈驃騎將軍，葬如公禮，諡曰貞侯。子耆嗣，爲泰山太守，坐法誅。耆弟靜紹封。案《晉書》，諸葛誕反，大將軍東征，耆坐稱疾，爲司馬文王所法[四九]。《魏略》以林及吉茂、沐並、時苗四人爲《清介傳》。吉茂字叔暢，馮翊池陽人也，世爲著姓。好書，不恥惡衣惡食，而恥一物之不知。

建安初，關中始平，茂與扶風蘇則共入武功南山，隱處精思數歲。州舉茂才，除臨汾令，居官清淨[五○]，吏民不忍欺。轉爲武德侯庶子。二十二年，坐其宗人吉本等起事被收。先是科禁內學及兵書，而茂皆有，匿不送官。及其被收當坐，不知本等[五一]，顧謂其左右曰：「我坐書也。」會鍾相國證茂、本服第已絕[五二]，故得不坐。後以茂爲武陵太守，不之官。轉鄴相，以國省，拜議郎。景初中病亡。自茂脩行，從少至長，冬則被裘，夏則裋褐[五三]，行則步涉，食則茨藿，臣役妻子，室如懸磬。其或饋遺，一不肯受。雖不以此高人，亦心疾不義而貴且富者。先時國家始制九品，各使諸郡選置中正，差敍自公卿以下，至於郎吏，功德材行所任。茂同郡護羌校尉王琰，前數爲郡守，不名爲清白。而琰子嘉仕歷諸縣，亦復爲通人。嘉時還爲散騎郎，馮翊郡移嘉爲中正。嘉敍茂雖在上第，而狀甚下，云：「德優能少。」茂慍曰：「痛乎，我效汝父子冠幘劫人邪！」初，茂同產兄黃，以十二年中從公府掾爲長陵令。是時科禁長吏擅去官，而黃聞司徒趙溫薨，自以爲故吏，違科奔喪，爲司隸鍾繇所收，遂伏法。茂時爲白衣，始有清名於三輔，以爲兄坐追義而死，怨怒不肯哭。至歲終，縣舉茂。議者以爲茂必不就，及舉既到而茂就之，故時人或以茂爲畏繇，或以茂爲髦士也[五四]。沐並字德信，河間人也。少孤苦，袁紹父子時，始爲名吏[五五]。有志介，嘗過姊，姊爲殺雞炊黍而不留也。然爲人公果，不畏彊禦，丞相召署軍謀掾。黃初中，爲成皋令[五六]。校事劉肇出過縣，遣人呼縣吏，求索槀穀。是時蝗旱，官無有見。未辨之間[五七]，肇人從入並之閤下[五八]，呴呼罵吏。並怒，因躡履提刀而出，多從吏卒，欲收肇。肇覺知驅走，具以狀聞。有詔：「肇爲牧司爪牙吏，而並欲收縛，無所忌憚，自恃清名邪？」遂收欲殺之。肇髡決減死，刑竟復吏，由是放散十餘年。至正始中，爲三府長史。時吳使朱然、諸葛瑾攻圍樊城，遣船兵於峴山東斫材牂柯[五九]，人兵作食[六〇]，有先熟者呼後熟者，言："共食來。"後熟者答言："不也[六一]。"呼者曰："汝欲作沐德信邪？"其名流布播於異域如此。雖自華夏[六二]，不知者以爲前世人也。爲長史八年，晚出爲濟陰太守，召還，拜議郎。年六十餘，自慮身無常，豫作終制，戒其子以儉葬，曰："告云、儀等：夫禮者，生民之始教，而百世之中庸也。故力行者則爲君子，不務者終爲小人，然非聖人莫能履其從容也。是以富貴者有驕奢之過，而貧賤者譏於固陋，於是養生送死，苟竊非禮。由斯觀之，陽虎璵璠，甚於暴骨，桓魋石椁，不如速朽。此言儒學撥亂反正、鳴鼓矯俗之大義也，未是夫窮理盡性[六三]、陶冶變化之實論也。若能原始要終，以天地爲一區，萬物爲芻狗，該覽玄通，求形景之宗，同禍福之素，一死生之命，吾有慕於道矣。夫道之爲物，惟恍惟惚，壽爲欺魄，夭爲鳧没，身淪有無，與神消息，含悦陰陽，甘夢太極。奚以棺椁爲牢，衣裳爲纏？屍繫地下，長幽桎梏，豈不哀哉！昔莊周闊達，無所適莫；又楊王孫裸體，貴不久容耳。至夫末世，緣生怨死之徒，乃有含珠鱗柙，玉㯃象袥，殺人以殉；壙穴之内，錮以紵絮，藉以蜃炭，千載僵燥，託類神仙。於是大教陵遲，競於厚葬，謂莊子爲放蕩，以王孫爲戮屍，豈復識古有衣薪之鬼，而野有狐狸之豺乎哉？吾以材質滓濁，汙於清流。昔忝國恩，歷試宰守，所在無效，代匠傷指，狼跋首尾，無以雪恥。如不可求，從吾所好。今年過耳順，奄忽無常，苟得獲没，即以吾身襲於王孫矣。上冀以贖市朝之遺罪，下以親道化之靈祖。顧爾幼昏，未知臧否，若將逐俗，抑廢吾志，私稱從令，未必爲孝；而犯魏顆聽治之賢，爾爲棄父之命，誰或矜之！使死而有知，吾將屍視。"至嘉平中，病甚。臨困，又勑豫掘埳。戒氣絶，令二人舉屍即埳，絶哭泣之聲，止婦女之送，禁弔祭之賓，無設搏治粟米之奠〔六四〕。又戒後亡者不得入藏，不得封樹。妻子皆遵之。時苗字德冑，鉅鹿人也。少清白，爲人疾惡。建安中，入丞相府。出爲壽春令，令行風靡。揚州治在其縣，時蔣濟爲治中。苗以初至往謁濟，濟素嗜酒，適會其醉，不能見苗，苗志恨還，刻木爲人，署曰"酒徒蔣濟"，置之牆下〔六五〕，旦夕射之。州郡雖知其所爲不恪，然以其履行過人，無若之何。又其始之官，乘薄軬〔音飯〕車〔六六〕，黃牸牛，布被囊。居官歲餘，牛生一犢。及其去〔六七〕，留其犢，謂主簿曰："令來時本無此犢，犢是淮南所生有也〔六八〕。"羣吏曰："六畜不識父，自當隨母。"苗不聽，時人皆以爲激，然由此名聞天下。還爲太官令〔六九〕，領其郡中正，定九品，於敍人才不能寬〔七〇〕，然紀人之短，雖在久遠，銜之不置。如所忿蔣濟者，仕進至太尉，濟不以苗前毀己爲嫌，苗亦不以濟貴更屈意。爲令數歲，不肅而治。遷典農中郎將。年七十餘，以正始中病亡也。

楊俊字季才，河內獲嘉人也。受學陳留邊讓，讓器異之。俊以兵亂方起，而河內處四達之衢，必爲戰場，乃扶持老弱詣京、密山間，同行者百餘家。俊振濟貧乏，通共有無。宗族知故爲人所略作奴僕者凡六家，俊皆傾財贖之。司馬宣王年十六七，與俊相遇，俊曰："此非常之人也〔七一〕。"又司馬朗早有聲名，其族兄芝，衆未之知，惟俊言曰："芝雖夙望不及朗〔七二〕，實理但有優耳。"俊轉避地并州。本郡王象少孤特〔七三〕，爲人僕隸，年十七八，見使牧羊〔七四〕，而私讀書〔七五〕，因被箠楚〔七六〕。俊嘉其才質〔七七〕，即贖象著家〔七八〕，聘娶立屋，然後與別。

太祖除俊曲梁長，入爲丞相掾屬，舉茂才，安陵令，遷南陽太守。宣德教，立學校，吏民稱之。徙爲征南軍師。魏國既建，遷中尉。太祖征漢中，魏諷反於鄴，俊自劾詣行在所。俊以身方罪免[七九]，牋辭太子。太子不說，曰：「楊中尉便去，何太高遠邪[八〇]！」遂被書左遷平原太守。文帝踐阼，復在南陽[八一]。時王象爲散騎常侍，薦俊曰：「伏見南陽太守楊俊，秉純粹之茂質，履忠肅之弘量，體仁足以育物，篤實足以動衆，克長後進，惠訓不倦，外寬內直，仁而有斷。自初彈冠，所歷垂化，再守南陽，恩德流著，殊鄰異黨，襁負而至。今境守清靜，無所展其智能，宜還本朝，宣力輦轂，熙帝之載。」

俊自少及長，以人倫自任。同郡審固、陳留衛恂本皆出自兵伍，俊資拔獎致，咸作佳士；後固歷位郡守，恂御史、縣令，其明鑒行義多此類也。初，臨菑侯與俊善，太祖適嗣未定，密訪羣司。俊雖並論文帝、臨菑才分所長，不適有所據當，然稱臨菑猶美[八二]，文帝常以恨之。黃初二年[八三]，車駕至宛，以市不豐樂，發怒收俊。尚書僕射司馬宣王、常侍王象、荀緯請俊，叩頭流血，帝不許。俊曰：「吾知罪矣。」遂自殺。衆冤痛之。《世語》曰：俊三孫[八四]：覽字公質，汝陰太守；猗字公彥，尚書；晉東海王越舅也。覽子沈，字宣弘，散騎常侍。《魏略》曰：王象字義伯。既爲俊所知拔，果有才志。建安中，與同郡荀緯等俱爲魏太子所禮待。及王粲、陳琳、阮瑀、路粹等亡後，新出之中，惟象才最高。魏有天下，拜象散騎侍郎，遷爲常侍，封列侯。受詔撰

《皇覽》，使象領祕書監。象從延康元年始撰集，數歲成，藏於祕府，合四十餘部，部有數十篇，通合八百餘萬字。象既性器和厚，又文采溫雅，用是京師歸美，稱為儒宗。車駕南巡，未到宛，有詔百官不得干豫郡縣。及車駕到，而宛令不解詔旨，閉市門。帝聞之，忿然曰：「吾是寇邪？」乃收宛令及太守楊俊。詔問尚書：「漢明帝殺幾二千石？」時象見詔文，知俊必不免。乃當帝前叩頭，流血竟面，請俊減死一等。帝不答，欲釋入禁中〔八五〕。象引帝衣，帝顧謂象曰：「我知楊俊與卿本末耳。今聽卿，是無我也。卿寧無俊邪？無我邪？」象以帝言切，乃縮手。帝遂入，決俊法，然後乃出。象自恨不能濟俊，遂發病死。

杜襲字子緒，潁川定陵人也。曾祖父安，祖父根，著名前世。《先賢行狀》曰：安年十歲，名稱鄉黨。至十三入太學〔八六〕，號曰神童。既名知人，清高絕俗。洛陽令周紆數候安，安常逃避不見。時貴戚慕安高行，多有與書者，輒不發，以慮後患，常鑿壁藏書。後諸與書者果有大罪，推捕所與交通者，吏至門，安乃發壁出書，印封如故，當時皆嘉其慮遠。三府並辟，公車特徵，拜宛令。先是宛有報讎者，其令不忍致理，將與俱亡。縣中豪彊有告其處者，致捕得。安深疾惡之，到官治戮，肆之於市。懼有司繩彈，遂自免。後徵拜巴郡太守，率身正下，以禮化俗。以病卒官，時服薄斂，素器不漆，子自將車。州郡賢之，表章墳墓。根舉孝廉，除郎中。時和熹鄧后臨朝，外戚橫恣，安帝長大，猶未歸政。根乃與同時郎上書直諫，鄧后怒，收根等伏誅。誅者皆絹囊盛〔八七〕，於殿上撲地。執法者以根德重事公，默語行事人，使不加力。誅訖，車載城外，根以撲輕得蘇息，遂閉目不動搖。經三日，乃密起逃竄，爲宜城山中酒家客，積十五年，酒家知其賢，常厚敬待。鄧后崩，安帝謂根久死。以根等忠直，普下天下，錄見誅者子孫。根乃自出，徵詣公車，拜符節令。或問根："往日遭難，天下同類知故不少，何至自苦歷年如此？"根答曰："周旋人間，非絕迹之處。邂逅發露，禍及親知，故不爲也。"遷濟陰太守，以德讓爲政，風移俗改。年七十八以壽終，棺不加漆，斂以時服。長吏下車，常先詣安、根墓致祠。襲避亂荆州，劉表待以賓禮。同郡繁欽數見奇於表，襲喻之曰："吾所以與子俱來者，徒欲龍蟠幽藪，待時鳳翔。豈謂劉牧當爲撥亂之主，而規長者委身哉〔八八〕？子若見能不已，非吾徒也。吾其與子絕矣！"欽慨然曰："請敬受命。"襲遂南適長沙。

建安初，太祖迎天子都許。襲逃還鄉里，太祖以爲西鄂長。縣濱南境，寇賊縱橫。時長吏皆斂民保城郭，不得農業。野荒民困，倉庾空虛。襲自知恩結於民，乃遣老弱各分散就田業，留丁彊備守，吏民歡悅。會荆州出步騎萬人來攻城，襲乃悉召縣吏民任拒守者五十餘人，與之要誓。其親戚在外欲自營護者，恣聽遣出；皆叩頭願致死。於是身執矢石，率與戮力。吏民感恩，咸爲用命。臨陣斬數百級，而襲衆死者三十餘人，其餘十八人盡被創，賊得入城。襲帥傷痍吏民決圍得出，死喪略盡，而無反背者。遂收散民徙至摩陂營〔八九〕，吏民慕而從之如歸。《九州春秋》曰：建安六年，劉表攻西鄂，西鄂長杜子緒帥縣男女嬰城而守。時南陽功曹柏孝長亦在城中，聞兵攻聲，恐懼，入室閉户，牽被覆頭。相攻半日，稍敢出面。其明，側立而聽。二日，往出户問消息。至四五日，乃更負楯親鬭，語子緒曰："勇可習也。"

司隸鍾繇表拜議郎參軍事。荀彧又薦襲，太祖以爲丞相軍祭酒。魏國既建，爲侍中，與王粲、和洽並用。彊識博聞〔九〇〕，故太祖游觀出入，多得參乘，至其見敬不及洽。襲嘗獨見〔九一〕，至於夜半。粲性躁競，起坐曰："不知公對杜襲道何等也？"洽笑答曰："天下事豈有盡邪？卿晝侍可矣，悒悒於此，欲兼之乎！"後襲領丞相長史，隨太祖到漢中討張魯。太祖還，拜襲駙馬都尉，留督漢中軍事。綏懷開導，百姓自樂出徙洛、鄴者八萬餘口。夏侯淵爲劉備所沒〔九二〕，軍喪元帥，將士失色。襲與張郃、郭淮糾攝諸軍事，權宜以郃爲督，以一衆心，三軍遂定。太祖東還，當選留府長史，鎮守長安，主者所選皆不當〔九三〕，太祖令曰："釋騏驥而不乘，焉皇皇而更索？"遂以襲爲留府長史，駐關中。

時將軍許攸擁部曲〔九四〕，不附太祖而有慢言。太祖大怒，先欲伐之〔九五〕。羣臣多諫："可招懷攸，共討彊敵。"太祖橫刀於膝，作色不聽。襲入欲諫，太祖逆謂之曰："吾計已定，卿勿復言。"襲曰："若殿下計是邪，臣方助殿下成之；或殿下計非邪，雖成宜改之〔九六〕。殿下逆臣，令勿言之〔九七〕，何待下之不闡乎〔九八〕？"太祖曰："許攸慢吾，如何可置乎〔九九〕？"襲曰："殿下謂許攸何如人邪？"太祖曰："凡人也。"襲曰："夫惟賢知賢，惟聖知聖，凡人安能知非凡人邪？方今豺狼當路而狐狸是先，人將謂殿下避彊攻弱，進不爲勇，退不爲仁。臣聞千鈞之弩不爲鼷鼠發機，萬石之鐘不以莛撞起音〔一〇〇〕，今區區之許攸，何足以勞神武哉？"太祖曰："善。"遂厚撫攸，攸即歸服。時夏侯尚暱於太子，情好至密。襲謂尚非益友，不足殊待，以聞太祖。文帝初甚不悅，後乃追思。語在《尚傳》。其柔而不犯，皆此類也。

文帝即王位，賜爵關內侯。及踐阼，爲督軍糧御史，封武平亭侯，更爲督軍糧執法，入爲尚書。明帝即位，進封平陽鄉侯。諸葛亮出秦川，大將軍曹真督諸軍拒亮，徙襲爲大將軍軍師，分邑百户賜兄基爵關內侯。真薨，司馬宣王代之，襲復爲軍師，增邑三百户〔一〇一〕，并前五百五十户。以疾徵還，拜太中大夫。薨，追贈少府，諡曰定侯。子會嗣〔一〇二〕。

趙儼字伯然，潁川陽翟人也。避亂荆州，與杜襲、繁欽通財同計，合爲一家。太祖始迎獻帝都許，儼謂欽曰："曹鎮東應期命世，必能匡濟華夏，吾知歸矣。"建安二年，年二十七，遂扶持老弱詣太祖，太祖以儼爲朗陵長。縣多豪猾，無所畏忌。儼取其尤甚者，收縛案驗，皆得死罪。儼既囚之，乃表府解放，自是威恩並著。時袁紹舉兵南侵，遣使招誘豫州諸郡，諸郡多受其命。惟陽安郡不動，而都尉李通急錄户調。儼見通曰："方今天下未集，諸郡並叛，懷附者復收其綿絹，小人樂亂，能無遺恨！且遠近多虞，不可不詳也。"通曰："紹與大將軍相持甚急〔一〇三〕，左右郡縣背叛乃爾〔一〇四〕。若綿絹不調送，觀聽者必謂我顧望，有所須待也。"儼曰："誠亦如君慮；然當權其輕重，小緩調，當爲君釋此患。"乃書與荀彧曰："今陽安郡當送綿絹，道路艱阻，必致寇害。百姓困窮，鄰城並叛，易用傾蕩，乃一方安危之機也。且此郡人執守忠節，在險不貳。微善必賞，則爲義者勸。善爲國者，藏之於民。以爲國家宜垂慰撫，所斂綿絹，皆俾還之。"彧報曰："輒白曹公，公文下郡，綿絹悉以還民。"上下歡喜，郡內遂安。

入爲司空掾屬主簿。《魏略》曰：太祖北拒袁紹，時遠近無不私遺牋記，通意於紹者。儼與領陽安太守李通同治，通亦欲遣使。儼爲陳紹必敗意，通乃止。及紹破走，太祖使人搜閱紹記室，惟不見通書疏，陰知儼必爲之計，乃曰："此必趙伯然也。"臣松之案：《魏武紀》：破紹後，得許下軍中人書，皆焚之。若故使人搜閱，知其有無，則非所以安人情也。疑此語爲不然。時于禁屯潁陰，樂進屯陽翟，張遼屯長社，諸將任氣，多共不協；使儼并參三軍，每事訓喻，遂相親睦。太祖征荊州，以儼領章陵太守，徙都督護軍，護于禁、張遼、張郃、朱靈、李典、路招、馮楷七軍。復爲丞相主簿，遷扶風太守。太祖徙出故韓遂、馬超等兵五千餘人，使平難將軍殷署等督領，以儼爲關中護軍，盡統諸軍。羌虜數來寇害，儼率署等追到新平，大破之。屯田客呂並自稱將軍，聚黨據陳倉，儼復率署等攻之，賊即破滅。

時被書差千二百兵往助漢中守，署督送之。行者卒與室家別，皆有憂色。署發後一日，儼慮其有變，乃自追至斜谷口，人人慰勞，又深戒署。還宿雍州刺史張既舍。署軍復前四十里，兵果叛亂，未知署吉凶。而儼自隨步騎百五十人，皆與叛者同部曲，或婚姻，得此問，各驚，被甲持兵，不復自安。儼欲還，既等以爲"今本營黨已擾亂，一身赴之無益，可須定問"。儼曰："雖疑本營與叛者同謀，要當聞行者變，乃發之。又有欲善不能自定，宜及猶豫，促撫寧之。且爲之元帥，既不能安輯，身受禍難，命也。"遂去。行三十里止，放馬息〔一〇五〕，盡呼所從人，喻以成敗，慰勵懇切〔一〇六〕。皆慷慨曰："死生當隨護軍，不敢有二。"前到諸營，各召料簡諸姦結叛者八百餘人，散在原野，惟取其造謀魁率治之，餘一不問。郡縣所收送，皆放遣，乃即相率還降。儼密白："宜遣將詣大營，請舊兵鎮守關中。"太祖遣將軍劉柱將二千人〔一〇七〕，當須到乃發遣，而事露，諸營大駭，不可安喻。儼謂諸將曰："舊兵既少，東兵未到〔一〇八〕，是以諸營圖爲邪謀。若或成變，爲難不測。因其狐疑，當令早決。"遂宣言當差留新兵之溫厚者千人鎮守關中，其餘悉遣東。便見主者内諸營兵名籍，案累重，立差別之。留者意定，與儼同心。其當去者，亦不敢動，儼一日盡遣上道，因使所留千人分布羅落之。東兵尋至，乃復脅喻，并徙千人，令相及共東，凡所全致二萬餘口。孫盛曰：盛聞爲國以禮，民非信不立。周成不棄桐葉之言，晉文不違伐原之誓，故能隆刑措之道，建一匡之功。儼既詐留千人，使效心力，始雖權也，宜以信終。兵威既集，而又逼徙。信義喪矣，何以臨民？

關羽圍征南將軍曹仁於樊[一〇九]。儼以議郎參仁軍事南行，遷平寇將軍徐晃俱前。既到，羽圍仁遂堅，餘救兵未到。晃所督不足解圍，而諸將呵責晃促救。儼謂諸將曰："今賊圍素固，水潦猶盛。我徒卒單少，而仁隔絕不得同力，此舉適所以弊內外耳。當今不若前軍偪圍，遣諜通仁，使知外救，以勵將士。計北軍不過十日，尚足堅守。然後表裏俱發，破賊必矣。如有緩救之戮，余為諸軍當之[一一〇]。"諸將皆喜，便作地道，箭飛書與仁[一一一]，消息數通，北軍亦至，并勢大戰。羽軍既退，舟船猶據沔水，襄陽隔絕不通，而孫權襲取羽輜重，羽聞之即走南還。仁會諸將議，咸曰："今因羽危懼，必可追禽也。"儼曰："權邀羽連兵之難，欲掩制其後，顧羽還救，恐我承其兩疲，故順辭求效，乘釁因變，以觀利鈍耳。今羽已孤，迸更宜存之，以為權害。若深入追北，權則改慮於彼，將生患於我矣。王必以此為深慮。"仁乃解嚴。太祖聞羽走，恐諸將追之，果疾勅仁，如儼所策。

文帝即王位，為侍中。頃之，拜駙馬都尉，領河東太守，典農中郎將。黃初三年，賜爵關內侯。孫權寇邊，征東大將軍曹休統五州軍禦之，徵儼為軍師。權衆退，軍還，封宜土亭侯，轉為度支中郎將，遷尚書。從征吳，到廣陵，復留為征東軍師。明帝即位，進封都鄉侯，邑六百户,監荆州諸軍事,假節。會疾不行,復爲尚書,出監豫州諸軍事,轉大司馬軍師,入爲大司農。齊王即位,以儼監雍、涼諸軍事,假節,轉征蜀將軍,又遷征西將軍,都督雍、涼。正始四年,老疾求還,徵爲驃騎將軍,《魏略》曰:舊故四征有官厨財籍[一一二],遷轉之際,無不因緣。而儼叉手上車[一一三],發到霸上,忘持其常所服藥。雍州聞之,乃追送雜藥材數箱,儼笑曰:"人言殊不易,我偶問所服藥耳,何用是爲邪?"遂不取。遷司空。薨,謚曰穆侯。子亭嗣。初,儼與同郡辛毗、陳羣、杜襲並知名,號曰辛、陳、杜、趙云。

裴潛字文行,河東聞喜人也。《魏略》曰:潛世爲著姓。父茂,仕靈帝時,歷縣令、郡守、尚書。建安初,以奉使率導關中諸將討李傕有功,封列侯[一一四]。潛少不脩細行,由此爲父所不禮。避亂荆州,劉表待以賓禮[一一五]。潛私謂所親王粲、司馬芝曰:"劉牧非霸王之才,乃欲西伯自處[一一六],其敗無日矣。"遂南適長沙[一一七]。太祖定荆州,以潛参丞相軍事,出歷三縣令,入爲倉曹屬[一一八]。太祖問潛曰:"卿前與劉備俱在荆州[一一九],卿以備才略何如[一二〇]?"潛曰:"使居中國,能亂人而不能爲治也。若乘間守險[一二一],足以爲一方主[一二二]。"

時代郡大亂,以潛爲代郡太守。烏丸王及其大人,凡三人,各自稱單于,專制郡事。前太守莫能治正,太祖欲授潛精兵以鎮討之。潛辭曰:"代郡户口殷衆,士馬控弦，動有萬數。單于自知放橫日久，內不自安。今多將兵往，必懼而拒境，少將則不見憚。宜以計謀圖之，不可以兵威迫也。」遂單車之郡。單于驚喜。潛撫之以靜。單于以下脫帽稽顙，悉還前後所掠婦女、器械、財物。潛案誅郡中大吏與單于為表裏者郝溫、郭端等十餘人，北邊大震，百姓歸心。在代三年，還為丞相理曹掾，太祖襃稱治代之功，潛曰：「潛於百姓雖寬，於諸胡為峻。今計者必以潛為理過嚴，而事加寬惠；彼素驕恣，過寬必弛，既弛又將攝之以法，此訟爭所由生也〔一二三〕。以勢料之，代必復叛。」於是太祖深悔還潛之速。後數十日，三單于反問至，乃遣鄢陵侯彰為驍騎將軍征之。

潛出為沛國相，遷兗州刺史。太祖次摩陂，歎其軍陳齊整，特加賞賜。文帝踐阼，入為散騎常侍。出為魏郡、潁川典農中郎將，奏通貢舉，比之郡國，由是農官進仕路泰。遷荊州刺史，賜爵關內侯。明帝即位，入為尚書。出為河南尹，轉太尉軍師、大司農，封清陽亭侯，邑二百戶。入為尚書令，奏正分職，料簡名實，出事使斷官府者百五十餘條。喪父去官，拜光祿大夫〔一二四〕。正始五年薨，追贈太常，諡曰貞侯。《魏略》曰：時遠近皆云當為公，會病亡。始潛自感所生微賤，無舅氏，又為父所不禮，即折節仕進，雖多所更歷，清省恪然。每之官，不將妻子。妻子貧乏，織藜芘以自供〔一二五〕。又潛為兗州時，嘗作一胡牀，及其去也，留以掛柱。又以父在京師，出入薄軬車；輩弟之田廬，常步行；家人小大或并日而食；其家教上下相奉，事有似於石奮。其履檢校度，自魏興少能及者。潛爲人材博，有雅要容〔一二六〕，然但如此而已，終無所推進，故世歸其潔而不宗其餘。子秀嗣。遺令儉葬，墓中惟置一坐，瓦器數枚，其餘一無所設。秀，咸熙中爲尚書僕射。《文章敍錄》曰：秀字季彥。弘通博濟，八歲能屬文，遂知名。大將軍曹爽辟。喪父服終，推財與兄弟。年二十五，遷黃門侍郎。爽誅，以故吏免。遷衛國相，累遷散騎常侍、尚書僕射令、光祿大夫。咸熙中，晉文王始建五等，命秀典爲制度，封廣川侯。晉室受禪，進左光祿大夫，改封鉅鹿公〔一二七〕，遷司空。著《易》及《樂》論，又畫《地域圖》十八篇，傳行於世。《盟會圖》及《典治官制》皆未成。年四十八，泰始七年薨，諡元公，配食宗廟。少子顗，字逸民，襲封。荀綽《冀州記》曰：顗爲人弘雅有遠識〔一二八〕，博學稽古〔一二九〕，履行高整，自少知名。歷位太子中庶子、侍中尚書。元康末，爲尚書左僕射。趙王倫以其望重，畏而惡之，知其不與賈氏同心，猶被枉害。臣松之案：陸機《惠帝起居注》稱"顗雅有遠量，當朝名士也"，又曰"民之望也"。顗理具淵博〔一三〇〕，贍於論難，著《崇有》《貴無》二論，以矯虛誕之弊〔一三一〕，文辭精富，爲世名論。子嵩，字道文。荀綽稱嵩有父祖風。爲中書郎，早卒。顗從父弟遨，字景聲，有儁才，爲太傅司馬越從事中郎，假節監中外營諸軍事。潛少弟徽，字文季，冀州刺史。有高才遠度，善言玄妙。事見荀粲、傅嘏、王弼、管輅諸傳。徽長子黎，字伯宗，一名演，遊擊將軍。次康，字仲豫，太子左衛率。次楷，字叔則，侍中中書令、光祿大夫、開府。次綽，字季舒，黃門侍郎，早卒，追贈長水校尉。康、楷、綽皆爲名士，而楷才望最重。《晉諸公贊》曰：康有弘量，綽以明達爲稱，楷少與琅邪王戎俱爲掾發名，鍾會致之大將軍司馬文王曰："裴楷清通，王戎簡要。"文王即辟爲掾〔一三二〕，進歷顯位。謝鯤爲《樂廣傳》，稱楷雋朗有識具，當時獨步。黎子芑，秦州刺史。康子純，黃門侍郎。次盾，徐州刺史。次邵，有器望。晉元帝爲安東將軍，邵爲長史，侍中王曠與司馬越書曰："裴邵在此，雖不治事，然識量弘達，此下人士大敬附之。"次廓，中壘將軍。楷子瓚，中書郎。次憲，豫州刺史。綽子遐，太傅主簿。瓚、遐並有盛名，早卒。《晉諸公贊》稱憲有清識。《魏略列傳》以徐福、嚴幹〔一三三〕、李義、張既、游楚、梁習、趙儼、裴潛、韓宣、黃朗十人共卷，其既、習、儼、潛四人自有傳，徐福事在《諸葛亮傳》，游楚事在《張既傳》。餘幹等四人載之於後。嚴幹字公仲，李義字孝懿，皆馮翊東縣人也。馮翊東縣舊無冠族，故二人並單家〔一三四〕，其器性皆重厚。當中平末，同年二十餘，幹好擊劒，義好辨護喪事。馮翊甲族桓、田、吉、郭及故侍中鄭文信等，頗以其各有器實，共紀識之。會三輔亂，人多流宕，而幹、義不去，與諸知故相浮沈，采樵自活。逮建安初，關中始開。詔分馮翊西數縣爲左內史郡，治高陵；以東數縣爲本郡，治臨晉。義於縣分當西屬，義謂幹曰："西縣兒曹，不可與爭坐席，今當共作方牀耳。"遂相附結，皆仕東郡爲右職。司隸辟幹，不至。歲終，郡舉幹孝廉，義上計掾。義留京師，爲平陵令，遷冗從僕射，遂歷顯職。逮魏封十郡，請義以爲軍祭酒，又爲魏尚書左僕射。及文帝即位，拜諫議大夫、執金吾衛尉，卒官。義子豐，字宣國，見《夏侯玄傳》。幹以孝廉拜蒲阪令，病，去官。復舉至孝，爲公車司馬令。爲州所請，詔拜議郎，還參州事。會以建策捕高幹，又追錄前討郭援功，封武鄉侯，遷弘農太守。及馬超反，幹郡近超，民人分散。超破，爲濮陽太守〔一三五〕。遷益州刺史，以道不通，黃初中，轉爲五官中郎將。明帝時，遷永安太僕，數歲卒。始李義以直道推誠於人，故於時陳羣等與之齊好。雖無他材力，而終仕進不頓躓。幹從破亂之後，更折節學問，特善《春秋公羊》。司隸鍾繇不好《公羊》而好《左氏》[一三六]，謂《左氏》爲大官[一三七]，而謂《公羊》爲賣餅家，故數與幹共辨析長短[一三八]。繇爲人機捷，善持論，而幹訥口，臨時屈無以應。繇謂幹曰："公羊高竟爲左丘明服矣。"幹曰："直故吏爲明使君服耳，公羊未肯也。"韓宣字景然[一三九]，渤海人也。爲人短小。建安中[一四〇]，丞相召署軍謀掾，冗散在鄴。嘗於鄴出入宮[一四一]，於東掖門內與臨菑侯植相遇。時天新雨，地有泥潦。宣欲避之，閡潦不得去。乃以扇自障，住於道邊。植嫌宣既不去，又不爲禮，乃駐車，使其常從問宣何官[一四二]？宣云："丞相軍謀掾也。"植又問曰："應得唐突列侯否？"宣曰："《春秋》之義，王人雖微，列於諸侯之上，未聞宰士而爲下土諸侯禮也。"植又曰："即如所言，爲人父吏，見其子應有禮否？"宣又曰："於禮，臣、子一例也，而宣年又長。"植知其枝柱難窮，乃釋去，具爲太子言，以爲辯。黃初中，爲尚書郎，嘗以職事當受罰於殿前，已縛，束杖未行。文帝輦過，問："此爲誰[一四三]？"左右對曰[一四四]："尚書郎勃海韓宣也。"帝追念前臨菑侯所說，乃寤曰："是子建所道韓宣邪！"特原之[一四五]，遂解其縛。時天大寒，宣前以當受杖，豫脫袴，纏禪面縛；及其原，禪腰不下，乃趨而去。帝目而送之，笑曰："此家有瞻諦之士也。"後出爲清河、東郡太守。明帝時，爲尚書大鴻臚，數歲卒。宣前後當官，在能否之間，然善以己恕人。始南陽韓暨以宿德在宣前爲大鴻臚，暨爲人賢，及宣在後亦稱職[一四六]，故鴻臚中爲之語曰："大鴻臚，小鴻臚，前後治行曷相如。"案本志，宣名都不見，惟《魏略》有此傳，而《世語》列於名臣之流。黃朗字文達，沛郡人也。爲人弘通有性實。父爲本縣卒，朗感其如此，抗志游學，由是爲方國及其郡士大夫所禮異。特與東平右姓王惠陽爲碩交，惠陽親拜朗母於牀下。朗始仕黃初中，爲長吏〔一四七〕，遷長安令，會喪母不赴，復爲魏令，遷襄城典農中郎將、涿郡太守。以明帝時疾病卒〔一四八〕。始朗爲君長，自以父故，常忌不呼鈴下伍伯，而呼其姓字，至於忿怒，亦終不言。朗既仕至二千石，而惠陽亦歷長安令、酒泉太守。故時人謂惠陽外似麤疏而內堅密，能不顧朗之本末，事朗母如己母，爲通度也。魚豢曰：世稱君子之德其猶龍乎，蓋以其善變也。昔長安市儈有劉仲始者，一爲市吏所辱，乃感激，蹋其尺折之，遂行學問，經明行脩，流名海內。後以有道徵，不肯就，衆人歸其高。余以爲前世偶有此耳，而今徐、嚴復參之，若皆非似龍之志也，其何能至於此哉？李推至道，張工度主，韓見識異，黃能拔萃，各著根於石上，而垂陰乎千里，亦未爲易也。游翁慷慨，展布腹心，全軀保郡，見延帝王，又放陸生，優游宴戲，亦一賢也〔一四九〕。梁、趙及裴，雖張、楊不足，至於檢己，老而益明，亦難能也。

評曰：和洽清和幹理，常林素業純固，楊俊人倫行義，杜襲溫粹識統，趙儼剛毅有度，裴潛平恒貞幹，皆一世之美士也。至林能不繫心於三司，以大夫告老，美矣哉！

【校箋】

〔一〕毛本作"魏書二十三"。

〔二〕毛本作"和常楊杜趙裴傳第二十三"。

〔三〕紹興本、馮本、陳本、毛本"兵"字作"民"。《册府》

卷七百八十九引同。

〔四〕紹興本、馮本、陳本、毛本"四"字作"方"。《册府》引同。

〔五〕紹興本、馮本、陳本、毛本"賓"字作"客"。《册府》引同。

〔六〕紹興本、陳本、毛本"親"字作"覿"。《册府》引同。惟馮本作"親"。

〔七〕紹興本、馮本、陳本"易"字作"欲"。

〔八〕盧弼曰："《通鑑》作'不可以一節取也'。《册府》'儉'作'論'。錢大昭曰：'下文今崇一概難堪之行，以檢殊途，即此意。儉當作檢。'"

謹案：《官本考證》曰："《册府》作'不可以一節論也'。"錢儀吉曰："原作'儉'，疑'檢'之誤。"徐紹楨曰："一節即指儉言。故下文曰：'儉素過中，自以處身則可，以節格物所失或多矣！'"竊謂作"檢"字是。本志《胡質傳》："性誠實內察，不以其節檢物。"《廣雅·釋言》："檢，括也。"王念孫疏證曰："檢、括一聲之轉。"《文選》劉越石《答盧諶詩》"未嘗檢括"注引薛君章句云："括，約束也。"《書鈔》卷三十八引作"儉"，亦當爲"檢"字之誤。

〔九〕盧弼曰："《通鑑》無'節'字，胡三省曰：'格，正也。'"

謹案：《治要》卷二十六、《通典·選舉二》引俱無"節"字，考"此"字即指儉而言，無庸重贅"節"字也。"節"字蓋蒙上文"節檢"而衍。"格"，《蒼頡篇》云："量度也。"與"檢"義近。胡注云"正也"，或非。

〔一〇〕"餐"字當作"飧"。《左傳·僖公二十五年》："昔趙衰以壺飧從。"《韓非子·外儲說左下》："箕鄭挈壺飧而從。"《說文·食部》："飧，餔也。《左傳》：自執食曰飧。"又"餐，吞也"段注："'飧'與'餐'其義異，其音異，其形則'飧'或作'飱'，'餐'或作'湌'。"

〔一一〕《治要》引"民"字作"萬"。

〔一二〕盧弼曰："胡三省曰：'覬有二音。音窺端翻者，望也，言有所冀望也；音古穴翻者，怨望也。此當從入聲。'"

謹案：朱駿聲《說文通訓定聲》曰："覬借為覛，《史記·盧綰傳》'為羣臣覬望'索隱：'猶怨望也。'"胡注強以聲分冀望或怨望，似不確。

〔一三〕盧弼曰："《通鑑》'損'作'捐'。"

謹案：作"捐"字是，捐，棄也。

〔一四〕盧弼曰："胡三省曰：'言其背公而相為死也。'"

謹案：崔琰為曹操所殺。毛玠與崔琰深交，故稱琰為玠之死友。

〔一五〕盧弼曰："胡三省曰：'《孟子》曰：內則父子，外則君臣，人之大倫也。'"

謹案：《論語·微子篇》："子曰：'長幼之節不可廢也，君臣之義如之何其廢之！欲潔其身而亂大倫。'"皇疏："大倫，謂君臣之道理也。"胡注引《孟子》疑誤。

〔一六〕盧弼曰："馮本'主'作'上'。"

謹案：除馮本及蜀覆官本外，各本俱作"主"。作"主"字者是。時曹操為魏公，則志似不應稱之為上也，且下文云"以誤主聽"，亦稱操為主。馮本作"上"，疑非。

〔一七〕盧弼曰："《通鑑》'言'下又有'言'字。"

謹案："若玠無此"句絕，"言"字屬下爲句。"此"字承上"謗主之言"而言，似不必重贅"言"字也。《說文·言部》："誣，加也。"是"誣""加"義同。戴震《方言疏證》曰："凡無實而虛加皆爲誣。"《潛夫論·述赦篇》："隱逸行士，淑人君子，爲讒佞利口所加誣。"《晉書·孟觀傳》："頗加誣其事。""加誣"蓋當常語。

〔一八〕盧弼曰："宋本'人'作'浮'。"

謹案：蜀覆官本亦作"浮"。《廣雅·釋言》："浮，游也。"浮食猶游食。《荀子·成相篇》："臣下職，莫游食。"楊倞注："謂不勤於事，素餐游手也。"

〔一九〕盧弼曰："宋本'費'作'廢'。"

謹案：作"廢"字是。考下文"自春秋以來民窮於役，農業有廢"正承此而言。廢有弛壞之義，見《禮記·學記》鄭注、《吕氏春秋·壹行》高注。

〔二〇〕蕭書"復"字作"伏"。

〔二一〕盧弼曰："張照曰：'《册府》悅作玩。《國語》：武不可覿，文不可匿。覿武無震，匿文不祥。此必引此語，自當作覿。悅、玩二字俱非。'"

謹案：《國語·周語中》："臣聞之曰：'武不可覿，文不可匿，覿武無烈，匿文不昭。'"與張氏所引文辭有殊，不審張氏所據何本如是也？考本書上文有云"君之武震，無乃玩而頓乎！"韋注："震，威也。玩，黷也。言舉非義兵，誅罰失當，故君之武威將見慢黷而頓弊也。"《册府》卷五百二十六引"悅"字作"玩"，蓋玩武無震，本君之武震，無乃玩而頓乎也。張氏說非。

〔二二〕盧弼曰："梁章鉅曰：'禽當作离，蓋字形相近而誤，注音離，可證。'"

謹案：錢大昕《廿二史考異》曰："'禽'當爲'离'字之譌。"吳承仕《經籍舊音辨證》曰："禽無離音，應作'离'，形近之譌也。《廣韵》离、離同，呂知切。"

〔二三〕盧弼曰："陳景雲曰：'適當爲逎。《高貴鄉公紀》侍中和逎作詩稽留，即是此人。《晉書·和嶠傳》父逎，魏吏部尚書。字並作逎。'"

謹案：陳說是。《世說·方正篇》注亦作"逎"，當據正。

〔二四〕《世說》注引"重"字作"量"。

〔二五〕《世說·賞譽篇》注引作"《海內先賢傳》"。

〔二六〕《世說》注引"召"字作"邵"。

〔二七〕《世說》注引"永"字作"承"，疑此句有脫文，於上下文不相儷。考《賞善》注引作"拔樊子昭於市肆，出虞承賢於客舍，召李叔才於無聞，擢郭子瑜於小吏"，句正相儷，可證也。

〔二八〕紹興本"叔"字作"淑"。

〔二九〕毛本"歎"字作"采"。

〔三〇〕紹興本、馮本、陳本"摘"字作"擿"。

〔三一〕"本"疑當作"玉"。《後漢書》徐字孟玉。

〔三二〕傳是樓本《世說》注引"請"字作"辟"。

〔三三〕《世說》注引"副"上無"有"字。

〔三四〕《世說》注引作："許子將秉持清格，豈可以吾輿服見之邪！"

〔三五〕《世說》注引"亂"字作"地"。

〔三六〕盧弼曰："《寰宇記》卷一百六：'許子將墓在洪州南昌縣南六里。'雷次宗《豫章記》云：'劭就劉繇於曲阿。繇敗，隨繇奔豫章，中路，疾卒，因焚屍柩。吳天紀中，太守沈吳興法秀招魂，葬劭於此。'"

謹案：《豫章記》：“許子將墓在郡南四里。昔子將以中國大亂，遠來渡江，隨劉繇而卒，葬於昌門。於時漢興平二年也。”盧君失引。

〔三七〕《御覽》卷三百八十四、卷五百四十二引"林"下有"曰"字。《白帖》卷二十一引作"問曰"，卷三十五引亦有"曰"字。

〔三八〕《書鈔》卷九十七引"力"下有"作"字，"不"下有"敢"字。

〔三九〕盧弼曰："《書鈔》九十七'自'下有'擔'字。"

謹案：《御覽》卷四百三十二、卷四百八十四、卷六百一十六、卷八百八十二引"自"下俱有"擔"字，應據增。

〔四〇〕《說文·竹部》："笮，迮也。"字亦作"搨"。《後漢書·陳球傳》"太守怒而搨督郵"注："搨，擊也。"段玉裁注："笮、搨古今字。字本從木，後人又改從手。"

〔四一〕盧弼曰："'藏'疑'識'之譌。"

謹案："藏"有思義，字疑不誤。

〔四二〕盧弼曰："《御覽》卷四百三十一引《魏略》曰：'林歷宰守刺史，所在儉身節用。其家常飢乏，糟糠緼蔽。'"

謹案：此見《三國志旁證》，依序例當補"梁章鉅曰"四字。

〔四三〕《冊府》卷七百二十引無"自"字，《季漢書》同。

〔四四〕《類聚》卷四十九引"性"上無"崔"字。

〔四五〕《類聚》引作"林嘗夜搨吏，吏不勝痛"。

〔四六〕"耆德"，《初學記》卷十二引作"耆老"，《御覽》卷二百二十八引作"耆耆"，《晉書·宣帝紀》引作"耆齒"。

〔四七〕《初學記》《御覽》引"宜"下有"且"字。

〔四八〕《初學記》《御覽》引"為"上有"以"字。

〔四九〕盧弼曰："宋本'誅'作'法'。"

謹案：官本亦作"法"。考傳文云"坐法誅"，疑作"誅"字爲是。

〔五〇〕《册府》卷七百零二、卷七百零四引"居"字作"在"。

〔五一〕紹興本、馮本、陳本俱作"不知當坐"。

〔五二〕紹興本"第"字作"弟"。

〔五三〕紹興本、毛本"裋"字作"短"，《御覽》卷二十引同。

〔五四〕盧弼曰："李慈銘曰：'髦士疑冒仕之音誤。'"

謹案：郝書"髦士"作"冒進"，疑臆改。竊謂"髦"借爲"冒"，《釋名·釋形體》："髦，冒也。""髦""冒"一聲之轉。《左傳·襄公四年》"冒於原獸"杜注："冒，貪也。""士"與"仕"同，是則冒士猶貪仕也。

〔五五〕《御覽》卷四百二十五、八百四十七引"名吏"二字乙。

〔五六〕《書鈔》卷七十八引《魏略》句下有"在位有清名，爲衆所許"九字。應補，乃與下文"自恃清名邪"相應。

〔五七〕盧弼曰："'辨'當作'辦'。"

謹案："辨"爲"辦"之俗體，盧君説非，辨證已見前《陳矯傳》。

〔五八〕《三國文》"並"下無"之"字。

〔五九〕盧弼曰："'牂柯'宋本作'牂舸'。潘眉曰：'斫材下疑脱爲字，牂舸，繫船杙也。'弼按：下文'七名流布播於異域'之語，應作'牂柯'，且屬下讀。"

謹案：《御覽》卷七百七十一引作"斫牂舸材"。考本志《王觀傳》"大將軍曹爽使材官張達斫家屋材"，與此語式相同。《玉篇》："牂牁，繫船大杙也。"《廣韻》云："船纜所繫也。"盧君據下文"布播異域"一語，便以牂牁爲地名，而強分"繫船杙"字作"牂牁"，不知地之名爲牂牁以莊蹻於其地製繫船杙故（見《華陽國志》），況是時牂牁屬蜀。《蜀志·後主傳》"建興元年夏牂牁太守朱褒反"，"三年春三月丞相諸葛亮又分建寧、牂牁爲興古郡"。則吳軍中安得有牂牁兵邪？而異域指吳，非謂牂牁也。是盧君以牂牁爲地名，蓋未確。牂牁既非地名，則其以"牂牁人兵作食"句絕，不足爲據。然則盧君匪僅注釋有誤，且復失其句讀矣。潘氏未瞭語有誤乙，而輒增"爲"字，亦非是。

〔六〇〕《御覽》引無"人"字。

〔六一〕盧弼曰："《御覽》'不'下有'往'字，蕭常書本傳同。"

謹案：《御覽》卷四百二十五、卷七百七十一、卷八百四十七引俱無"往"字。未詳盧君何據？疑有誤。蕭書作"後熟者不往"句意有歧，似未可云同也。

〔六二〕《御覽》卷七百七十一引無"自"字。

〔六三〕盧弼曰："《册府》'是'作'臻'。"

謹案：此見《官本考證》，依序例當於"册"字上補"《官本考證》"四字。

〔六四〕盧弼曰："《一切經音義》：'搏飯也。'"

謹案：《一切經音義》卷二引《三蒼》："搏飯也。"盧君"搏"作"博"，或胥錄之誤？紹興本"博"字作"搏"。考搏飯之義雖據《三蒼》，然釋此搏治之意則不協。疑此句"搏"字聚集之義，《管子·霸言篇》"不搏不聽"注："搏，聚也。"

〔六五〕《白帖》卷十五、《御覽》卷四百九十七、卷八百四十七引作"豎之於墻下"。

〔六六〕盧弼曰："沈家本曰：'《釋名》：箄，藩也。藩蔽水雨也。'"

謹案：《周禮・春官・巾車》"漆車藩蔽"注："藩，今時小車，藩漆席爲之。"孫詒讓正義曰："漢時小車，蓋貴者所乘，則以銅爲耳，所謂軝也。賤者所乘，則不得有車耳，而以箄席爲蔽謂之藩。"

〔六七〕《書鈔》卷三十八、卷七十八、《類聚》卷九十四、《白帖》卷七十七引"及"下俱無"其"字。

〔六八〕《書鈔》卷五十五、《類聚》、《御覽》卷二十二引"生"下無"有"字。

〔六九〕盧弼曰："《百官志》：'太官令一人，六百石，掌御飲食。'"

謹案：應劭《漢官儀》："太官令，兩梁冠，秩千石。丞四人。郡孝廉年五十清修聰明者，光祿上名，乃召拜，皆秩四百石。三歲爲令。"《漢舊儀》："太官主飯肉湯酒，有令、丞。"

〔七〇〕盧弼曰："《御覽》作'至於敘人才，不能寬大'。"

謹案：《官本考證》曰："《太平御覽》作'至於敘人才，不能寬大'。"此已見《官本考證》，應增"《官本考證》曰"五字。梁章鉅曰："《太平御覽》卷二百六十五引《魏略》。"考《冊府》卷六百三十八引與《御覽》同，應據增。

〔七一〕《御覽》卷四百四十二引"常"下無"之"字。

〔七二〕紹興本"夙"字作"風"。《冊府》卷八百四十二引同。

〔七三〕《類聚》、《御覽》卷一百一十一、卷三百八十四、卷四百四十二、卷八百三十三引"本"字俱作"同"。

〔七四〕紹興本"使"上無"見"字。

〔七五〕《書鈔》卷九十九引"私"下有"自"字。

〔七六〕《類聚》、《御覽》三百八十四、卷六百一十一引"被"字作"獲"。

〔七七〕《類聚》、《御覽》卷三百八十四、卷四百四十二、卷六百一十一引"嘉"字作"美"，卷八百三十三引作"嘉美"。

〔七八〕《御覽》卷四百四十二、卷六百一十一引"家"下有"中"字。

〔七九〕《書鈔》卷七十引"罪免"二字乙。

〔八〇〕《書鈔》引"遠"下有"罪"字。

〔八一〕蕭書"在"字作"守"。考下文有"再守南陽"之句，疑"在"字應作"守"。

〔八二〕盧弼曰："宋本'猶'作'尤'。"

謹案：錢儀吉曰："志祖按：'猶'當作'尤'。"

〔八三〕盧弼曰："宋本'二'作'三'。"

謹案：馮本、陳本、毛本俱作"三"。考本志《文帝紀》"三年十一月辛丑行幸宛"，作"三年"是。

〔八四〕紹興本、馮本、陳本、毛本"三"字俱作"二"，是也。

〔八五〕郝書無"釋"字。

〔八六〕紹興本"三"字作"五"。《後漢書·杜根傳》作"三"。

〔八七〕"皆"下疑脫"以"字。《後漢書·杜根傳》作"盛以縑囊"，《後漢紀》作"以絹囊盛根"。

〔八八〕盧弼曰："或謂'長'字從本音，去'者'字。"

謹案：或謂蓋誤。"長"從本音，去"者"字，則句殊不詞。

考《韓非子·詭使篇》："重厚自尊謂之長者。"長者蓋杜襲自謂。長去聲，知養切。

〔八九〕盧弼曰："摩陂在今河南汝州郟縣南，汝水支流所在。"

謹案：盧君於《武帝紀》"王軍摩陂"引胡三省曰："據《水經注》摩陂在潁川郟縣，縱橫可十五里。魏青龍元年有龍見於陂，於是改曰龍陂。"《一統志》："摩陂在河南汝州郟縣東南。"而《明帝紀》："九月行幸摩陂。"盧君復引《通鑑》胡注："史炤釋文云：'摩陂地名，在郟鄏，即漢之河南縣。'今按：《水經注》'摩陂潁川郟縣縱橫可十五里'此豈河南之郟鄏哉？以下文'治許昌宮'觀之，可知史炤之謬矣。"而於此文又曰"在今河南汝州郟縣南，汝水支流所在"。同一地名，而注若是，且述方位或曰南，或曰東南，此注文又不言所據何書，爲注若斯信乖著述之體也。

〔九〇〕盧弼曰："宋本'彊'上有'粲'字。"

謹案：《官本考證》曰："元本'彊'上有'粲'字。"考《册府》卷四百八十一引亦有"粲"字。

〔九一〕盧弼曰："宋本'嘗'上多一'襲'字。"

謹案：《官本考證》曰："元本'嘗'上多一'襲'字。"考《册府》引重"襲"字。

〔九二〕蕭書"没"字作"殺"。

〔九三〕毛本"皆"字作"多"。《册府》卷七百一十六引同，《季漢書》亦作"多"。

〔九四〕《御覽》卷四百五十三、卷四百八十三引"攸"字作"遊"。

〔九五〕《治要》《御覽》引"伐"字俱作"討"。

〔九六〕《御覽》卷四百五十三引"改"字作"敗"。

〔九七〕《治要》、《御覽》卷四百五十三、卷四百八十三引"言"下無"之"字。

〔九八〕盧弼曰："胡三省曰：'闡，開也，大也，明也。'"

謹案：《册府》卷七百二十三引"闡"字作"閌"。《楚辭·九歎·怨思》"遂曾閌而迫身"王逸注："閌，大也。"

〔九九〕《御覽》卷四百五十三引作"何言可致乎"。

〔一〇〇〕《治要》、《御覽》卷四百五十三、卷四百五十八引"石"字俱作"鈞"。

〔一〇一〕馮本、陳本、毛本俱無"户"字，應删。

〔一〇二〕馮本、陳本"祠"字作"嗣"。《通志》同，是也，應據改。

〔一〇三〕盧弼曰："趙一清曰：'將字衍。'弼按：《武紀》'建安元年九月以魏武爲大將軍。'又按：《通鑑》作'公與袁紹相持甚急'。公者，魏武也。仍以作'大將軍'爲是。"

謹案：《御覽》卷八百一十七引"大"下無"將"字。考本志《武帝紀》："建安元年漢帝以操爲大將軍，封武平侯。"又："於是以袁紹爲太尉，紹恥班在公下，不肯受，公乃固辭，以大將軍讓紹。天子拜公司空行軍車騎將軍。"是操不曾爲大將軍也。《通鑑》作"公與袁紹"，而此作"紹與大軍"，是大軍謂操軍。"將"字實衍文，盧說失考，未確。

〔一〇四〕《御覽》引"背"字作"皆"。

〔一〇五〕盧弼曰："或曰：'息上疑少一字。'"

謹案：《禮記·樂記》"著不息者天也"鄭注："息猶休止也。""放馬息"謂放馬休止也。語意已足，似無脱文。

〔一〇六〕《册府》卷六百九十一引"勵"字作"勞"。

〔一〇七〕盧弼曰："《通鑑》'人'下有'往'字。"

謹案：《官本考證》曰："'二千人'下《通鑑》有'往'字。"既見《官本考證》，則"通"字上應增"《官本考證》曰"五字。錢儀吉"人"下增"往"字，云"從《通鑑》"。

〔一〇八〕盧弼曰："監本'東'作'策'，誤。"

謹案：《官本考證》曰："'東兵'監本誤作'策兵'。"此應於"監"字上增"《官本考證》曰"五字。考下文"東兵尋至"正承此而言，"東"字是。

〔一〇九〕《御覽》卷三百二十八引"征"上有"行"字。

〔一一〇〕盧弼曰："《通鑑》'軍'作'君'。"

謹案：此已見《官本考證》，應於"通"字上增"《官本考證》曰"五字。考上文"儼謂諸將曰"，應以作"君"字爲是。

〔一一一〕盧弼曰："《御覽》三百八十二引此'箭'上有'射'字。"

謹案：《官本考證》曰："'箭'字上《太平御覽》多'射'字。"此見《御覽》卷三百二十八，盧君所記卷數或有誤。

〔一一二〕《書鈔》卷六十四、《册府》卷四百零六引"故"下有"事"字。

〔一一三〕盧弼曰："《書鈔》三十八引'又'上有'自征西徵爲驃騎'七字。"

謹案：《書鈔》引作"無不因緣取之，趙儼自征西徵爲驃騎"。盧君徵引不備，當補。

〔一一四〕盧弼曰："《唐書·宰相世系表》：'子茂字巨光，靈帝時歷郡守、尚書，率諸將討李傕有功，封陽吉平侯。'本志《武帝紀》建安十九年注引《獻帝起居注》作'左中郎將楊宣亭侯'。"

謹案：梁章鉅曰："潘眉曰：'茂封陽吉亭侯，見《唐書·宰相世系表》。'按：《武紀》注引《獻帝起居注》作'陽宣亭侯'。"

盧君據潘眉而沒其名，且引《世系表》作"陽吉平侯"蓋誤。

〔一一五〕《世說·識鑒篇》注引作"劉表待之賓客禮"。

〔一一六〕《世說》注引作"而欲以西伯自處"。

〔一一七〕《世說》注引"南"下有"渡"字。

〔一一八〕《册府》卷七百二十六引"曹"下有"掾"字。

〔一一九〕《世說》注引"前"字作"昔"，"俱"字作"共"。

〔一二〇〕《世說》注引"何如"二字乙。

〔一二一〕《世說》注引"間"字作"邊"。

〔一二二〕《世說》注引"主"上有"之"字。

〔一二三〕盧弼曰："《通鑑》'訟爭'作'怨叛'。"

謹案：《册府》卷七百九十六引作"此怨讟之所由生也"。

〔一二四〕郝書"光"上有"右"字。

〔一二五〕盧弼曰："官本'藜'作'藜'。《御覽》四百八十四引《典略》作'荆苊'，又七百六十六引《魏略》作'筣笓'。上音貍，下音毗。"

謹案：《類聚》卷三十五引作"荆笓"。劉師培《古類書殘卷之二跋》引《魏略》作"織荆籬而賣"。《御覽》卷七百六十六引傅咸劾事曰："令史張濟案行城東，見有新立屋間筣笓障二十丈，推問是少府夏侯駿所作，請免駿官。"筣笓即樊籬也。

〔一二六〕盧弼曰："《官本考證》曰：'要字疑衍。'"

謹案：《通志》"要"字作"姿"。疑此句當作"潛爲人，博雅有姿容"。"材"字或屬衍文，而"有雅"二字又互乙也。

〔一二七〕《晉書·裴秀傳》"公"上有"郡"字。

〔一二八〕《世說·言語篇》注引作"弘濟有清識"。

〔一二九〕《世說》注引句下有"善言名理"四字。

〔一三〇〕《世說·賞譽篇》注引"具"字作"甚"。

〔一三一〕《世説·言語篇》注引"矯"字作"規"。

〔一三二〕《世説·德行篇》注引"即"下有"俱"字。

〔一三三〕盧弼曰："《書鈔》九十七引作'嚴韓'。《御覽》五百四十二引作'嚴翰'。"

謹案：《白帖》卷八十八、《御覽》卷三百四十二、卷六百零一引"幹"字俱作"翰"。盧君引《御覽》卷數有誤字，"五"應作"三"。

〔一三四〕盧弼曰："單家。單，寒也。"

謹案：遍考字書，"單"無寒義，盧君注誤。"單家"見前。

〔一三五〕紹興本、馮本、陳本、毛本"濮"字俱作"漢"。

〔一三六〕《書鈔》卷九十六引"羊"字下有"傳時"二字，《御覽》卷六百一十引亦有"時"字。

〔一三七〕《書鈔》、《白帖》卷八、《御覽》引"官"下有"廚"字。

〔一三八〕《御覽》卷四百六十四引"故"下有"常"字，卷六百一十引作"嘗"。疑作"常"爲是，乃與"數"字義相應。

〔一三九〕盧弼曰："《書鈔》五十四作'字子然'。"

謹案：《書鈔》卷六十仍作"景然"。又卷一百二十九引同。卷六十八又引作"景仁"。

〔一四〇〕《書鈔》卷六十八引"中"字下有"太祖爲"三字。

〔一四一〕盧弼曰："《御覽》'出'作'步行'。"

謹案：《書鈔》引"鄴"下無"出"字，有"步"字，《御覽》卷七百零一引同。又卷四百六十三引作"步行入宫"，亦無"出"字。疑"出"爲"步"字之殘誤。或此句原作"步入宫"，語意已備，著"行"字反贅矣。

〔一四二〕《書鈔》引"宣"字作"曰"。

〔一四三〕《書鈔》卷六十、《御覽》二百一十五引作"是誰",無"此爲"二字。

〔一四四〕《書鈔》《御覽》引作"左右以實對"。

〔一四五〕《書鈔》引"原"字作"宥"。

〔一四六〕《書鈔》卷五十四、《御覽》卷二百三十二引"後"字作"官"。

〔一四七〕紹興本"吏"字作"史"。

〔一四八〕疑當作"明帝時病卒"。

〔一四九〕紹興本、馮本、陳本、毛本"賢"字作"實"。

三國志校箋卷二十四

魏志卷二十四〔一〕

韓暨　崔林　高柔　孫禮　王觀〔二〕

韓暨字公至，南陽堵陽人也。《楚國先賢傳》曰：暨，韓王信之後。祖術，河東太守。父純，南郡太守。同縣豪右陳茂，譖暨父兄，幾至大辟。暨陽不以爲言，庸賃積資，陰結死士，遂追呼尋禽茂〔三〕，以首祭父墓，由是顯名。舉孝廉，司空辟，皆不就。乃變名姓，隱居避亂魯陽山中〔四〕。山民合黨，欲行寇掠。暨散家財以供牛酒，請其渠帥，爲陳安危。山民化之，終不爲害。避袁術命召，徙居山都之山。荆州牧劉表禮辟，遂遁逃，南居孱陵界，所在見敬愛，而表深恨之。暨懼，應命，除宜城長。

太祖平荆州，辟爲丞相士曹屬。後遷樂陵太守，徙監冶謁者。舊時冶作馬排，蒲拜反。爲排以吹炭。每一熟石用馬百匹；更作人排，又費功力〔五〕；暨乃因長流爲水排[六]，計其利益，三倍於前。在職七年[七]，器用充實。制書褒歎，就加司金都尉，班亞九卿。文帝踐阼，封宜城亭侯。黃初七年，遷太常，進封南鄉亭侯，邑二百戶。

時新都洛陽，制度未備，而宗廟主祏祏音石。《春秋傳》曰：命我先人典司宗祏。注曰："宗廟所以藏主石室者。"皆在鄴都。暨奏請迎鄴四廟神主，建立洛陽廟，四時烝嘗，親奉粢盛。崇明正禮，廢去淫祀，多所匡正。在官八年，以疾遜位。景初二年春，詔曰："太中大夫韓暨，澡身浴德，志節高絜，年踰八十，守道彌固，可謂純篤，老而益劭者也。其以暨爲司徒。"夏四月薨，遺令斂以時服，葬爲土藏。謚曰恭侯。《楚國先賢傳》曰：暨臨終遺書曰："夫俗奢者，示之以儉，儉則節之以禮。歷見前代送終過制，失之甚矣。若爾曹敬聽吾言，斂以時服，葬以土藏，穿畢便葬，送以瓦器，慎勿有增益。"又上疏曰："生有益於民，死猶不害於民。況臣備位台司，在職日淺，未能宣揚聖德以廣益黎庶。寢疾彌留，奄即幽冥。方今百姓農務，不宜勞役，乞不令洛陽吏民供設喪具。懼國典有常，使臣私願不得展從，謹冒以聞[八]，惟蒙哀許。"帝得表嗟歎，乃詔曰："故司徒韓暨，積德履行，忠以立朝，至於黃髮，直亮不虧。既登三事，望獲毗輔之助，如何奄忽，天命不永！曾參臨沒，易簀以禮；晏嬰尚儉，遣車降制[九]。今司徒知命，遺言卹民，必欲崇約，可謂善始令終者也。其喪禮所設，皆如故事，勿有所闕。特賜溫明祕器，衣一稱，五時朝服，玉具劍佩。"子肇嗣。肇薨，子邦嗣。《楚國先賢傳》曰：邦字長林。少有才學。晉武帝時爲野王令，有稱績。爲新城太守，坐舉野王故吏爲新城計吏，武帝大怒，遂殺邦。暨次子繇，高陽太守。繇子洪，侍御史。洪子壽，字德貞〔一〇〕。《晉諸公贊》曰：自暨已下，世治素業，壽能敦尚家風，性尤忠厚。早歷清職，惠帝踐阼，爲散騎常侍，遷守河南尹。病卒，贈驃騎將軍。壽妻賈充女。充無後，以壽子謐爲嗣，弱冠爲祕書監侍中，性驕佚而才出衆〔一一〕。少子蔚〔一二〕，亦有器望，並爲趙王倫所誅。韓氏遂滅。

崔林字德儒，清河東武城人也。少時晚成〔一三〕；宗族莫知，惟從兄琰異之。太祖定冀州，召除鄔長，貧無車馬，單步之官。太祖征壺關，問長吏德政最者，并州刺史張陟以林對，於是擢爲冀州主簿，徙署別駕、丞相掾屬。魏國既建，稍遷御史中丞。

文帝踐阼，拜尚書，出爲幽州刺史。北中郎將吳質統河北軍事，涿郡太守王雄謂林別駕曰：「吳中郎將，上所親重，國之貴臣也。仗節統事，州郡莫不奉牋致敬，而崔使君初不與相聞。若以邊塞不脩斬卿〔一四〕，使君寧能護卿邪？」別駕具以白林，林曰：「刺史視去此州如脫屣，寧當相累邪？此州與胡虜接，宜鎮之以靜，擾之則動其逆心，特爲國家生北顧憂〔一五〕，以此爲寄〔一六〕。」在官一期，寇竊寢息。案《王氏譜》：雄字元伯，太保祥之宗也。《魏名臣奏》載安定太守孟達薦雄曰：「臣聞明君以求賢爲業，忠臣以進善爲效，故《易》稱'拔茅連茹'，《傳》曰'舉爾所知'。臣不自量，竊慕其義。臣昔以人乏，謬充備部職〔一七〕。時涿郡太守王雄爲西部從事，與臣同僚。雄天性良固，果而有謀，歷試三縣，政成人和〔一八〕。及在近職〔一九〕,奉宣威恩〔二〇〕,懷柔有術,清慎持法。臣往年出使,經過雍郡。自說特受陛下拔擢之恩,常勵節精心,思投命爲効。言辭激揚,情趣款惻。臣雖愚闇,不識真僞,以謂雄才兼資文武〔二一〕,忠烈之性,踰越倫輩。今涿郡領户三千,孤寡之家,參居其半,北有守兵藩衛之固,誠不足舒雄智力,展其勤幹也〔二二〕。臣受恩深厚,無以報國,不勝悽悽淺見之情,謹冒陳聞。"詔曰:"昔蕭何薦韓信,鄧禹進吳漢,惟賢知賢也。雄有膽智技能文武之姿,吾宿知之。今便以參散騎之選〔二三〕,方使少在吾門下知指歸〔二四〕,便大用之矣。天下之士,欲使皆先歷散騎,然後出據州郡,是吾本意也。"雄後爲幽州刺史。子渾,涼州刺史。次乂,平北將軍。司徒安豐侯戎,渾之子。太尉武陵侯衍、荆州刺史澄,皆乂之子。猶以不事上司,左遷河間太守,清論多爲林怨也。《魏名臣奏》載侍中辛毗奏曰:"昔桓階爲尚書令,以崔林非尚書才,遷以爲河間太守。"與此傳不同。

遷大鴻臚。龜兹王遣侍子來朝,朝廷嘉其遠至,褒賞其王甚厚。餘國各遣子來朝,間使連屬〔二五〕,林恐所遣或非真的,權取疏屬賈胡,因通使命,利得印綬,而道路護送,所損滋多。勞所養之民,資無益之事,爲夷狄所笑,此曩時之所患也。乃移書燉煌喻指,并録前世待遇諸國豐約故事,使有恒常〔二六〕。明帝即位,賜爵關内侯,轉光禄勳、司隸校尉。屬郡皆罷非法除過員吏。林爲政推誠簡存大體,是以去後每輒見思。

散騎常侍劉劭作《考課論》,制下百僚。林議曰:"案《周官》考課,其文備矣,自康王以下,遂以陵遲,此即考課之法存乎其人也。及漢之季，其失豈在乎佐吏之職不密哉？方今軍旅，或猥或卒，備之以科條，申之以內外，增減無常，固難一矣。且萬目不張舉其綱，衆毛不整振其領。皋陶仕虞，伊尹臣殷，不仁者遠。五帝三王未必如一，而各以治亂。《易》曰：'易簡，而天下之理得矣。'太祖隨宜設辟，以遺來今，不患不法古也。以爲今之制度，不爲疏闊，惟在守一勿失而已。若朝臣能任仲山甫之重，式是百辟，則孰敢不肅？"

景初元年，司徒、司空並缺，散騎侍郎孟康薦林曰："夫宰相者，天下之所瞻效，誠宜得秉忠履正，本德仗義之士，足爲海內所師表者。竊見司隸校尉崔林，稟自然之正性，體高雅之弘量。論其所長以比古人，忠直不回則史魚之儔〔二七〕，清儉守約則季文之匹也。牧守州郡，所在而治，及爲外司，萬里肅齊，誠台輔之妙器，衮職之良才也。"後年遂爲司空，封安陽亭侯，邑六百戶〔二八〕。三公封列侯，自林始也。臣松之以爲：漢封丞相邑，爲荀悅所譏。魏封三公，其失同也。頃之，又進封安陽鄉侯。

魯相上言："漢舊立孔子廟，襃成侯歲時奉祠，辟雍行禮，必祭先師，王家出穀，春秋祭祀。今宗聖侯奉嗣，未有命祭之禮，宜給牲牢，長吏奉祀，尊爲貴神。"制三府議，博士傅祇以《春秋傳》言立在祀典，則孔子是也。宗聖適足繼絕世，章盛德耳。至於顯立言，崇明德，則宜如魯相所上。林議以爲"宗聖侯亦以王命祀，不爲未有命也。周武王封黃帝、堯、舜之後，及立三恪，禹、湯之世，不列於時，復特命他官祭也。今周公已上，達於三皇，忽焉不祀，而其禮經亦存其言。今獨祀孔子者，以世近故也。以大夫之後，特受無疆之祀，禮過古帝，義踰湯、武〔二九〕，可謂崇明報德矣〔三〇〕，無復重祀於非族也。"臣松之以爲：孟軻稱宰我之辭曰："以予觀夫子，賢於堯舜遠矣。"又曰："生民以來，未有盛於孔子者也。"斯非通賢之格言，商較之定準乎！雖妙極則同，萬聖猶一，然淳薄異時，質文殊用，或當時則榮，沒則已焉，是以遺風所被，實有深淺。若乃經緯天人，立言垂制，百王莫之能違，彝倫資之以立，誠一人而已耳。周監二代，斯文爲盛。然於六經之道，未能及其精致。加以聖賢不興，曠年五百，道化陵夷，憲章殆滅，若使時無孔門，則周典幾乎息矣。夫能光明先王之道，以成萬世之功，齊天地之無窮，等日月之久照，豈不有踰於羣聖哉？林曾無史遷洞想之誠，梅真慷慨之志，而守其蓬心以塞明義，可謂多見其不知量也。

明帝又分林邑，封一子列侯。正始五年薨，諡曰孝侯。子述嗣。《晉諸公贊》曰：述弟隨，晉尚書僕射。爲人亮濟。趙王倫篡位，隨與其事。倫敗，隨亦廢錮而卒。林孫璋，性率而疏，至太子右衛率也。初，林識拔同郡王經於民伍之中，卒爲名士，世以此稱之。

高柔字文惠，陳留圉人也。父靖，爲蜀郡都尉。《陳留耆舊傳》曰：靖高祖父固，不仕王莽世，爲淮陽太守所害，以烈節垂名。固子慎，字孝甫。敦厚少華〔三一〕，有沈深之量。撫育孤兄子五人，恩義甚篤。琅邪相何英嘉其行履，以女妻焉。英即車騎將軍熙之父也。慎歷二縣令、東萊太守。老病歸家，草屋蓬户，甕缶無儲。其妻謂之曰："君累經宰守，積有年歲，何能不少爲儲畜以遺子孫乎？"慎曰："我以勤身清名爲之基，以二千石遺之，不亦可乎！"子式，至孝，常盡力供養。永初中，螟蝗爲害，獨不食式麥，圉令周彊以表州郡。太守楊舜舉式孝子，讓不行。後以孝廉爲郎。次子昌，昌弟賜，並爲刺史、郡守。式子弘，孝廉。弘生靖。柔留鄉里，謂邑中曰："今者英雄並起，陳留四戰之地也。曹將軍雖據兗州，本有四方之圖，未得安坐守也。而張府君先得志於陳留，吾恐變乘閒作也，欲與諸君避之。"衆人皆以張邈與太祖善，柔又年少，不然其言。柔從兄幹，袁紹甥也，謝承《漢書》曰：幹字元才。才志弘邈，文武秀出。父躬，蜀郡太守。祖賜，司隸校尉。案《陳留耆舊傳》及謝承書，幹應爲柔從父，非從兄也。未知何者爲誤。在河北呼柔，柔舉宗從之。會靖卒於西州，時道路艱澀，兵寇縱橫，而柔冒艱險詣蜀迎喪，辛苦荼毒，無所不嘗，三年乃還。

太祖平袁氏，以柔爲管長〔二〕。縣中素聞其名，奸吏數人，皆自引去。柔教曰："昔邴吉臨政，吏嘗有非，猶尚容之。況此諸吏，於吾未有失乎！其召復之。"咸還，皆自勵，咸爲佳吏〔三〕。高幹既降，頃之以并州叛。柔自歸太祖，太祖欲因事誅之，以爲刺奸令史；處法允當，獄無留滯，辟爲丞相倉曹屬。《魏氏春秋》曰：柔既處法平允，又夙夜匪懈，至擁膝抱文書而寢〔四〕。太祖嘗夜微出，觀察諸吏〔五〕，見柔哀之〔六〕，徐解裘覆柔而去〔七〕。自是辟焉。太祖欲遣鍾繇等討張魯，柔諫，以爲今猥遣大兵，西有韓遂、馬超，謂爲己舉〔三八〕，將相扇動作逆，宜先招集三輔，三輔苟平，漢中可傳檄而定也。繇入關，遂、超等果反。

魏國初建，爲尚書郎。轉拜丞相理曹掾，令曰："夫治定之化，以禮爲首。撥亂之政，以刑爲先。是以舜流四凶族，皋陶作士。漢祖除秦苛法，蕭何定律。掾清識年當〔三九〕，明於憲典，勉恤之哉！"鼓吹宋金等在合肥亡逃。舊法，軍征士亡，考竟其妻子〔四〇〕。太祖患猶不息，更重其刑。金有母妻及二弟皆給官，主者奏盡殺之。柔啓曰："士卒亡軍〔四一〕，誠在可疾，然竊聞其中時有悔者。愚謂乃宜貸其妻子，一可使賊中不信，二可使誘其還心。正如前科，固已絕其意望，而猥復重之，柔恐自今在軍之士，見一人亡逃，誅將及己，亦且相隨而走，不可復得殺也。此重刑非所以止亡，乃所以益走耳。"太祖曰："善。"即止不殺金母、弟，蒙活者甚衆。

遷爲潁川太守，復還爲法曹掾。時置校事盧洪、趙達等使察羣下〔四二〕，柔諫曰："設官分職，各有所司。今置校事，既非居上信下之旨〔四三〕。又達等數以憎愛擅作威福，宜檢治之。"太祖曰："卿知達等，恐不如吾也。要能刺舉而辨衆事，使賢人君子爲之，則不能也。昔叔孫通用羣盜，良有以也。"達等後奸利發，太祖殺之以謝於柔。

文帝踐阼，以柔爲治書侍御史，賜爵關内侯，轉加治書執法。民間數有誹謗妖言〔四四〕，帝疾之，有妖言輒殺，而賞告者。柔上疏曰："今妖言者必戮，告之者輒賞。既使過誤無反善之路，又將開凶狡之羣相誣罔之漸，誠非所以息奸省訟，緝熙治道也。昔周公作誥，稱殷之祖宗，咸不顧小人之怨。在漢太宗，亦除妖言誹謗之令。臣愚以爲宜除妖謗賞告之法，以隆天父養物之仁〔四五〕。"帝不即從，而相誣告者滋甚。帝乃下詔："敢以誹謗相告者，以所告者罪罪之〔四六〕。"於是遂絕。校事劉慈等，自黃初初數年之間，舉吏民奸罪以萬數〔四七〕，柔皆請懲虛實〔四八〕，其餘小小挂法者，不過罰金。四年，遷爲廷尉。

魏初，三公無事，又希與朝政。柔上疏曰："天地以四時成功，元首以輔弼興治；成湯仗阿衡之佐，文、武憑旦、望之力，逮至漢初，蕭、曹之儔並以元勛代作心膂，此皆明王聖主任臣於上，賢相良輔股肱於下也。今公輔之臣，皆國之棟梁，民所具瞻，而置之三事，不使知政，遂各偃息養高，鮮有進納，誠非朝廷崇用大臣之義，大臣獻可替否之謂也。古者刑政有疑，輒議於槐棘之下。自今之後，朝有疑議及刑獄大事，宜數以咨訪三公。三公朝朔望之日，又可特延入講論得失，博盡事情，庶有裨起天聽，弘益大化。"帝嘉納焉。

帝以宿嫌，欲枉法誅治書執法鮑勛，而柔固執不從詔命。帝怒甚，遂召柔詣臺；遣使者承指至廷尉考竟勛，勛死，乃遣柔還寺。

明帝即位，封柔延壽亭侯。時博士執經，柔上疏曰："臣聞遵道重學，聖人洪訓；襃文崇儒，帝者明義。昔漢末陵遲，禮樂崩壞，雄戰虎争〔四九〕，以戰陣爲務，遂使儒林之羣，幽隱而不顯。太祖初興，愍其如此，在於撥亂之際，並使郡縣立教學之官。高祖即位，遂闡其業，興復辟雍，州立課試，於是天下之士，復聞庠序之教，親俎豆之禮焉。陛下臨政，允迪叡哲〔五〇〕，敷弘大猷，光濟先軌，雖夏啓之承基，周成之繼業，誠無以加也。然今博士皆經明行脩，一國清選，而使遷除，限不過長，懼非所以崇顯儒術，帥勵怠惰也。孔子稱'舉善而教，不能則勸'，故楚禮申公，學士鋭精，漢隆卓茂，搢紳競慕。臣以爲博士者，道之淵藪，六藝所宗，宜隨學行優劣，待以不次之位。敦崇道教，以勸學者，於化爲弘。"帝納之。

　　後大興殿舍，百姓勞役；廣采衆女，充盈後宫；後宫皇子連夭〔五一〕，繼嗣未育。柔上疏曰："二虜狡猾，潛自講肄，謀動干戈，未圖束手；宜畜養將士，繕治甲兵，以逸待之。而頃興造殿舍，上下勞擾；若使吴、蜀知人虚實，通謀并勢，復俱送死，甚不易也。昔漢文惜十家之資，不營小臺之娱；去病慮匈奴之害，不遑治第之事。況今所損者非惟百金之費，所憂者非徒北狄之患乎？可粗成見所營立，以充朝宴之儀。乞罷作者，使得就農。二方平定，復可徐興。昔軒轅以二十五子，傳祚彌遠；周室以姬國四十，歷年滋多。陛下聰達，窮理盡性，而頃皇子連多夭逝，熊羆之祥又未感應。羣下之心，莫不悒戚。《周禮》：天子后妃以下百二十人，嬪嬙之儀，既以盛矣。竊聞後庭之數，或復過之，聖嗣不昌，殆能由此〔五二〕。臣愚以爲可妙簡淑媛，以備内官之數，其餘盡遣還家。且以育精養神，專靜爲寶。如此，則螽斯之徵，可庶而致矣。"帝報曰："知卿忠允，乃心王室，輒克昌言，他復以聞。"

時獵法甚峻。宜陽典農劉龜竊於禁内射兔，其功曹張京詣校事言之。帝匿京名，收龜付獄。柔表請告者名，帝大怒曰："劉龜當死，乃敢獵吾禁地。送龜廷尉，廷尉便當考掠，何復請告者主名，吾豈妄收龜邪？"柔曰："廷尉，天下之平也，安得以至尊喜怒而毀法乎？"重復爲奏，辭指深切。帝意寤，乃下京名。即還訊，各當其罪。

時制，吏遭大喪者，百日後皆給役。有司徒吏解弘遭父喪，後有軍事，受勑當行，以疾病爲辭。詔怒曰："汝非曾、閔，何言毀邪？"促收考竟。柔見弘信甚羸劣，奏陳其事，宜加寬貸。帝乃詔曰："孝哉弘也！其原之。"

初，公孫淵兄晃，爲叔父恭任内侍，先淵未反，數陳其變。及淵謀逆，帝不忍市斬，欲就獄殺之。柔上疏曰："《書》稱'用罪伐厥死，用德彰厥善'，此王制之明典也。晃及妻子，叛逆之類，誠應梟縣，勿使遺育。而臣竊聞晃先數自歸，陳淵禍萌，雖爲凶族，原心可恕。夫仲尼亮司馬牛之憂〔五三〕，祁奚明叔向之過，在昔之美義也。臣以爲晃信有言，宜貸其死；苟自無言，便當市斬。今進不赦其命，退不彰其罪，閉著囹圄，使自引分，四方觀國，或疑此舉也。"帝不聽，竟遣使齎金屑飲晃及其妻子，賜以棺、衣，殯斂於宅。孫盛曰：聞五帝無誥誓之文，三王無盟祝之事，然則盟誓之文，始自三季，質任之作，起於周微。夫貞夫之一，則天地可動。機心內萌，則鷗鳥不下。況信不足焉而祈物之必附，猜生於我而望彼之必懷，何異挾冰求溫，抱炭希涼者哉？且夫要功之倫，陵肆之類，莫不背情任計，昧利忘親，縱懷慈孝之愛，或慮傾身之禍。是以周、鄭交惡，漢高請羹，隗囂捐子，馬超背父，其為酷忍如此之極也，安在其因質委誠，取任永固哉？世主若能遠覽先王閑邪之至道，近鑒狡肆徇利之凶心，勝之以解網之仁。致之以來蘇之惠，耀之以雷霆之威，潤之以時雨之施，則不恭可斂衽於一朝，梟嘷可屈膝於象魏矣。何必拘厥親以來其情，逼所愛以制其命乎？苟不能然，而仗夫計術，籠之以權數，檢之以一切，雖覽一室而庶徵於四海，法生鄙局，冀或半之暫益。自不得不有不忍之刑，以遂摯戮之罰，亦猶瀆盟由乎一人，而云俾墜其師，無克遺育之言耳。豈得復引四罪不及之典，司馬牛獲宥之義乎？假令任者皆不保其父兄，輒有二三之言，曲哀其意而悉活之，則長人子危親自存之悖。子弟雖質，必無刑戮之憂，父兄雖逆，終無剿絕之慮。柔不究明此術非盛王之道，宜開張遠義，蠲此近制，而陳法內之刑，以申一人之命，可謂心存小善，非王者之體。古者殺人之中，又有仁焉。刑之於獄，未為失也。臣松之以為：辨章事理，貴得當時之宜，無為虛唱大言而終歸無用。浮誕之論，不切於實，猶若畫魑魅之象〔五四〕，而蹟於犬馬之形也。質任之興，非防近世〔五五〕，況三方鼎峙，遼東偏遠，羈其親屬以防未然，不為非矣。柔謂晃有先言之善，宜蒙原心之宥。而盛責柔不能開張遠理，蠲此近制。不達此言竟為何謂？若云猜防爲非，質任宜廢，是謂應大明先王之道，不預任者生死也。晃之爲任，歷年已久，豈得於殺活之際，方論至理之本。是何異叢棘既繁，事須判決，空論刑措之美，無聞當不之實哉〔五六〕？其爲迂闊，亦已甚矣。漢高事窮理迫，權以濟親，而總之酷忍之科，既已大有所誣。且自古已來，未有子弟妄告父兄以圖全身者，自存之悖，未之或聞。晃以兄告弟，而其事果驗。謂晃應殺，將以過防。若言之亦死，不言亦死，豈不杜歸善之心，失正刑之中哉？若趙括之母，以先請獲免，鍾會之兄，以密言全子，古今此比，蓋爲不少。晃之前言，事同斯例，而獨遇否開，良可哀哉！

是時，殺禁地鹿者身死，財產沒官，有能覺告者厚加賞賜。柔上疏曰："聖王之御世，莫不以廣農爲務，儉用爲資。夫農廣則穀積，用儉則財畜，畜財積穀而有憂患之虞者，未之有也。古者，一夫不耕，或爲之饑；一婦不織，或爲之寒。中間已來，百姓供給衆役，親田者既減，加頃復有獵禁，羣鹿犯暴，殘食生苗，處處爲害，所傷不貲。民雖障防，力不能禦。至如滎陽左右，周數百里，歲略不收，元元之命，實可矜傷。方今天下生財者甚少，而麋鹿之損者甚多。卒有兵戎之役，凶年之災，將無以待之。惟陛下覽先聖之所念，愍稼穡之艱難，寬放民間，使得捕鹿，遂除其禁，則衆庶永濟，莫不悅豫矣。"《魏名臣奏》載柔上疏曰："臣深思陛下所以不早取此鹿者，誠欲使極蕃息，然後大取以爲軍國之用。然臣竊以爲今鹿但有日耗，終無從得多也〔五七〕。何以知之？今禁地廣輪且千餘里，臣下計無慮其中有虎大小六百頭，狼有五百頭，狐萬頭。使大虎一頭三日食一鹿，一虎一歲百二十鹿，是爲六百頭虎一歲食七萬二千頭鹿也。使十狼日共食一鹿，是爲五百頭狼一歲共食萬八千頭鹿。鹿子始生，未能善走，使十狐一日共食一子，比至健走一月之間，是爲萬狐一月共食鹿子三萬頭也。大凡一歲所食十二萬頭。其鵰鶚所害，臣置不計。以此推之，終無從得多，不如早取之爲便也。"

頃之，護軍營士竇禮近出不還。營以爲亡，表言逐捕，没其妻盈及男女爲官奴婢。盈連至州府，稱冤自訟，莫有省者。乃辭詣廷尉。柔問曰："汝何以知夫不亡？"盈垂泣對曰〔五八〕："夫少單特，養一老嫗爲母，事甚恭謹，又哀兒女，撫視不離，非是輕狡不顧室家者也。"柔重問曰："汝夫不與人有怨讐乎〔五九〕？"對曰："夫良善，與人無讐。"又曰："汝夫不與人交錢財乎？"對曰："嘗出錢與同營士焦子文，求不得〔六〇〕。"時子文適坐小事繫獄，柔乃見子文，問所坐。言次〔六一〕，曰："汝頗曾舉人錢不？"子文曰："自以單貧，初不敢舉人錢物也。"柔察子文色動，遂曰："汝昔舉竇禮錢，何言不邪〔六二〕？"子文怪知事露，應對不次。柔曰："汝已殺禮，便宜早服。"子文於是叩頭，具首殺禮本末，埋藏處所。柔便遣吏卒，承子文辭往掘禮〔六三〕，即得其屍。詔書復盈母子爲平民。班下天下，以禮爲戒。

在官二十三年，轉爲太常，旬日遷司空，後徙司徒。太傅司馬宣王奏免曹爽，皇太后詔召柔假節行大將軍事據爽營。太傅謂柔曰："君爲周勃矣。"爽誅，進封萬歲鄉侯。高貴鄉公即位，進封安國侯，轉爲太尉。常道鄉公即位，增邑并前四千，前後封二子亭侯。景元四年，年九十薨，諡曰元侯。孫渾嗣。咸熙中，開建五等，以柔等著勳前朝〔六四〕，改封渾昌陸子。《晉諸公贊》曰：柔長子儁，大將軍掾。次誕，歷三州刺史、太僕〔六五〕。誕放率不倫，而決烈過人。次光，字宣茂，少習家業，明練法理〔六六〕。晉武帝世，爲黃沙御史，與中丞同〔六七〕，遷守廷尉，後即真。兄誕與光異操，謂光小節，常輕侮之，而光事誕愈謹。終於尚書令。追贈司空。

孫禮字德達〔六八〕，涿郡容城人也。太祖平幽州，召爲司空軍謀掾。初喪亂時〔六九〕，禮與母相失，同郡馬台求得禮母，禮推家財盡以與台〔七〇〕。台後坐法當死，禮私導令踰獄自首，既而曰："臣無逃亡之義〔七一〕。"徑詣刺奸主簿溫恢。恢嘉之，具白太祖，各減死一等。

後除河間郡丞，稍遷滎陽都尉。魯山中賊數百人，保固險阻，爲民作害；乃徙禮爲魯相。禮至官，出俸穀，發吏民，募首級，招納降附，使還爲間，應時平泰。歷山陽、平原平昌、琅邪太守，從大司馬曹休征吳於夾石口，禮諫以爲不可深入，不從而敗。遷陽平太守，入爲尚書。

明帝方脩宮室〔七二〕，而節氣不和，天下少穀。禮固爭罷役〔七三〕，詔曰："敬納讜言，促遣民作〔七四〕。"時李惠監作，復奏留一月，有所成訖。禮徑至作所，不復重奏，稱詔罷民，帝奇其意而不責也。

帝獵於大石山，虎趨乘輿，禮投鞭下馬，欲奮劒斫虎，詔令禮上馬。明帝於臨崩之時〔七五〕，以曹爽爲大將軍，宜得良佐，於牀下受遺詔，拜禮大將軍長史，加散騎常侍。禮亮直不撓，爽弗便也，以爲揚州刺史，加伏波將軍，賜爵關内侯。吳大將全琮帥數萬衆來侵寇，時州兵休使，在者無幾。禮躬勒衞兵禦之，戰於芍陂，自旦及暮，將士死傷過半。禮犯蹈白刃，馬被數創，手秉枹鼓，奮不顧身，賊衆乃退，詔書慰勞，賜絹七百匹。禮爲死事者設祀哭臨〔七六〕，哀號發心，皆以絹付亡者家，無以入身〔七七〕。

徵拜少府，出爲荆州刺史，遷冀州牧。太傅司馬宣王謂禮曰：「今清河、平原爭界八年，更二刺史〔七八〕，靡能決之；虞、芮待文王而了，宜善令分明。」禮曰：「訟者據墟墓爲驗，聽者以先老爲正，而老者不可加以榎楚，又墟墓或遷就高敞，或徙避仇讎。如今所聞〔七九〕，雖皋陶猶將爲難。若欲使必也無訟，當以烈祖初封平原時圖決之。何必推古問故，以益辭訟？昔成王以桐葉戲叔虞，周公便以封之。今圖藏在天府，便可於坐上斷也，豈待到州乎？」宣王曰：「是也。當別下圖。」禮到，案圖宜屬平原。而曹爽信清河言，下書云：「圖不可用，當參異同。」禮上疏曰：「管仲霸者之佐，其器又小，猶能奪伯氏駢邑，使没齒無怨言。臣受牧伯之任，奉聖朝明圖，驗地著之界〔八〇〕，界實以王翁河爲限〔八一〕；而鄃以馬丹候爲驗〔八二〕，詐以鳴犢河爲界。假虛訟訴，疑誤臺閣。竊聞衆口鑠金，浮石沈木，三人成市虎，慈母投其杼。今二郡爭界八年，一朝決之者，緣有解書圖畫，可得尋案擿校也。平原在兩河，向東上，其間有爵隄，爵隄在高唐西南，所爭地在高唐西北，相去二十餘里，可謂長歎息流涕者也。案解與圖奏而郗不受詔，此臣軟弱不勝其任，臣亦何顏尸祿素餐。"輒束帶著履，駕車待放。爽見禮奏，大怒。劾禮怨望，結刑五歲。在家期年，衆人多以爲言，除城門校尉。

時匈奴王劉靖部衆彊盛〔八三〕，而鮮卑數寇邊，乃以禮爲并州刺史，加振武將軍，使持節，護匈奴中郎將。往見太傅司馬宣王，有忿色而無言。宣王曰："卿得并州少邪？恚理分界失分乎？今當遠別，何不懽也！"禮曰："何明公言之乖細也！禮雖不德，豈以官位往事爲意邪？本謂明公齊蹤伊、呂，匡輔魏室，上報明帝之託，下建萬世之勳。今社稷將危，天下兇兇，此禮之所以不悅也。"因涕泣橫流。宣王曰："且止，忍不可忍。"爽誅後，入爲司隸校尉，凡臨七郡五州，皆有威信。遷司空，封大利亭侯，邑一百戶。禮與盧毓同郡時輩，而情好不睦。爲人雖互有長短，然名位略齊云。嘉平二年薨，諡曰景侯。孫元嗣。

王觀字偉臺，東郡廩丘人也。少孤貧厲志，太祖召爲丞相文學掾，出爲高唐、陽泉、酇、任令，所在稱治。文帝踐阼，入爲尚書郎、廷尉監，出爲南陽、涿郡太守。

涿北接鮮卑，數有寇盜，觀令邊民十家已上，屯居，築京候〔八四〕。時或有不願者，觀乃假遣朝吏，使歸助子弟，不與期會，但勑事訖各還。於是吏民相率不督自勸〔八五〕，旬日之中，一時俱成。守禦有備，寇鈔以息。明帝即位，下詔書使郡縣條爲劇、中、平者。主者欲言郡爲中平，觀教曰：「此郡濱近外虜，數有寇害，云何不爲劇邪？」主者曰：「若郡爲外劇，恐於明府有任子。」觀曰：「夫君者，所以爲民也。今郡在外劇，則於役條當有降差。豈可爲太守之私而負一郡之民乎？」遂言爲外劇郡，後送任子詣鄴。時觀但有一子而又幼弱。其公心如此。觀治身清素〔八六〕，帥下以儉，僚屬承風，莫不自勵〔八七〕。

明帝幸許昌，召觀爲治書侍御史，典行臺獄。時多有倉卒喜怒，而觀不阿意順旨。太尉司馬宣王請觀爲從事中郎，遷爲尚書，出爲河南尹，徙少府。大將軍曹爽使材官張達斫家屋材〔八八〕，及諸私用之物，觀聞知〔八九〕，皆錄奪以没官。少府統三尚方御府内藏玩弄之寶，爽等奢放，多有干求，憚觀守法，乃徙爲太僕。司馬宣王誅爽，使觀行中領軍，據爽弟羲營，賜爵關内侯，復爲尚書，加駙馬都尉。高貴鄉公即位，封中鄉亭侯。頃之，加光禄大夫，轉爲右僕射。常道鄉公即位，進封陽鄉侯，增邑千户，并前二千五百户。遷司空，固辭，不許，遣使即第拜授。就官數日，上送印綬，輒自輿歸里舍。薨於家，遺令藏足容棺，不設明器，不封不樹。謚曰肅侯。子悝嗣。咸熙中，開建五等，以觀著勳前朝，改封悝膠柬子。

評曰：韓暨處以靜居行化，出以任職流稱；崔林簡樸知能；高柔明於法理；孫禮剛斷伉厲；王觀清勁貞白：咸克致公輔。及暨年過八十，起家就列，柔保官二十年，元老終位，比之徐邈、常林，於茲爲疚矣。

【校箋】

〔一〕毛本作"魏書二十四"。

〔二〕毛本作"韓崔高孫王傳第二十四"。

〔三〕《御覽》卷四百八十一引無"呼"字，《册府》卷八百九十六引作"遂尋禽茂"。

〔四〕《册府》卷九百四十八引"亂"字作"難"。

〔五〕《册府》卷四百九十九引"功"作"工"。

〔六〕盧弼曰："黃山曰：'水排即今水碓。'"

謹案：水排乃激水以鼓橐用於冶煉者，水碓則用於舂穀磨麥，非一物也。黃說似誤。

〔七〕盧弼曰："《御覽》'七年'作'一年'。"

謹案：《官本考證》："《太平御覽》作'一年'。"此先見《官本考證》，當云"《官本考證》曰"爲得。此見《御覽》卷二百四十一引。

〔八〕郝書"冒"下有"死"字，應補，句意乃備。

〔九〕盧弼曰："事見《說苑》。"

謹案：《禮記·檀弓》："有若曰：'晏子一狐裘三十年，遣車一乘，及墓而反。國君七個，遣車七乘，大夫五個，遣車五乘。

晏子焉知禮?'"晏子尚儉，雖爲大夫，當遣車五乘，而遣一乘，故謂之降制。此本《禮記・檀弓》。而盧君云事見《說苑》，考《說苑》未載。則盧君或誤記且未事稽檢也。

〔一〇〕紹興本、毛本"貞"字作"真"，《晉書・賈謐傳》、《世說・溺惑篇》注引同。

〔一一〕盧弼曰："馮本無'衆'字，誤。"

謹案：紹興本、馮本、陳本無"衆"字，有"壽"字。"出壽"謂謐才能出其父壽也。官本作"出衆"，而盧君襲之，以作"衆"字爲是，蓋非。

〔一二〕《晉書》"子"字作"弟"。

〔一三〕盧弼曰："康發祥曰：'四字幾不成文，少時下加無名望三字，則明白矣。'"

謹案：《御覽》卷四百八十五引作"幼時宗族莫知"，無"晚成"二字，是也。崔琰謂林有"大器晚成"之語，疑或識於句側，而傳刻者因誤入正文也。康氏妄加"無名望"三字以求通，失之。

〔一四〕《書鈔》卷三十七引"塞"字作"事"。

〔一五〕《書鈔》引"特"字作"將"。

〔一六〕此句語意似未完。《書鈔》引作"故不欲致煩耳"，無"以此爲寄"四字。

〔一七〕《册府》卷六百八十八引無"充"字。

〔一八〕《册府》引"人"字作"民"。

〔一九〕《册府》引"在"字作"任"。

〔二〇〕《册府》引"恩"字作"德"。

〔二一〕《册府》引"謂"字作"爲"。

〔二二〕《册府》引"也"上有"而已"二字。

〔二三〕《册府》引"便"字作"使"。

〔二四〕《册府》引"門"字作"間"。

〔二五〕《御覽》卷二百三十二、《册府》卷六百二十四引"間"字作"問"。

〔二六〕盧弼曰:"此明於典制懷柔之法。"

謹案:《白帖》卷七十八曰"魏推恒準,選在崔林"注引本傳作"皆有恒準"。是此"常"字當爲"準"字之誤。

〔二七〕《御覽》卷二百零八引"儔"下有"也"字。

〔二八〕《書鈔》卷五十引"六"字作"三"。

〔二九〕蕭書"湯武"作"湯文"。

〔三〇〕蕭書"明"字作"本"。

〔三一〕《御覽》卷五百一十二引《陳留耆舊傳》"華"上有"文"字。

〔三二〕盧弼曰:"'管'字誤,見《司馬芝傳》。沈欽韓曰:'管當作菅,清州濟南屬縣也,此與《司馬芝傳》同誤。'趙一清曰:'《漢書·地理志》濟南郡菅。應劭曰:音姦。此管字誤。管城自隋開皇以前未嘗置縣也。'"

謹案:《御覽》卷二百六十七引"管"字作"菅"。疑此文涉形近而誤也。

〔三三〕盧弼曰:"《御覽》二百六十七'咸'作'成'。"

謹案:此已見梁章鉅書引,似應署"梁章鉅曰"爲是。考宋本《御覽》引"咸"作"誠"。張采《三國文》亦引作"誠",疑"誠"爲"成"字之誤。錢儀吉改"咸"爲"成",云"從《御覽》"。

〔三四〕《書鈔》卷二百二十九、《御覽》卷四百三十一引"寢"字作"寐"。

〔三五〕《御覽》引"觀"字作"覘"。

〔三六〕《書鈔》《御覽》引"柔"字作"而"。

〔三七〕《書鈔》《御覽》引"柔"字作"之"。

〔三八〕《册府》卷七百二十引"己"下有"而"字。

〔三九〕"年當"不詞。紹興本、馮本、毛本"年"字作"平",郝書、《三國文》亦作"平",作"平"字是也。

〔四〇〕盧弼曰:"胡三省曰:'考覈而窮竟之。'"

謹案:《釋名·釋喪制》:"獄死曰考竟。考得其情,竟其命於獄也。"胡注望文生訓,不足據。

〔四一〕《白帖》卷五十四引無"軍"字。

〔四二〕《御覽》卷二百四十一引《魏略》:"撫軍都尉秩比二千石,本校事官,始太祖欲廣耳目,使盧洪、趙達二人主刺舉。洪、達多所陷入。故於時軍中爲之語曰:'不畏曹公,但畏盧洪;盧洪尚可,趙達殺我。'後達竟爲人迫死。"

〔四三〕《御覽》卷四百五十三引"居"字作"君"。

〔四四〕《書鈔》卷五十、《治要》卷二十六、《御覽》引"民"上有"時"字,《御覽》"妖"又作"祆",下同。

〔四五〕《册府》四百七十引"父"字作"地"。

〔四六〕《治要》《御覽》引"告"下無"者"字。

〔四七〕盧弼曰:"宋本無'民'字。"

謹案:《官本考證》曰:"宋本作'舉吏奸罪'無'民'字。"盧君本之。考紹興本有"民"字。此"宋"字上當增"官本考證曰"五字。

〔四八〕盧弼曰:"'懲'疑作'徵'。"

謹案:錢儀吉:"何校:'懲疑作徵'。"盧君本何焯校語而没其名,非是。

〔四九〕郝書"戰"字作"傑"。

〔五〇〕盧弼曰："明帝名叡，柔疏何以不避？"

謹案：《尚書・舜典》："濬哲文明。"傳："濬，深；哲，智也。"《詩・商頌・長發》："濬哲維商。"疑柔疏本之作"濬"，"叡"字或後人所改。

〔五一〕郝書無"後宮"二字。

〔五二〕盧弼曰："'能'疑作'將'。嚴衍《通鑑補》改'能'作'或'。"

謹案：《册府》卷五百三十八引"能"字作"亦"。《季漢書》作"殆由於此"，蓋以臆改。盧君疑作"將"，嚴衍改爲"或"，亦無據，不可從。

〔五三〕盧弼曰："胡三省曰：'司馬牛，宋司馬桓魋之弟也。魋凶惡，牛憂之曰：人皆有兄弟，我獨亡。謂魋之積惡，將死亡無日。'錢大昕曰：'亮即諒字。然《論語》司馬牛憂無兄弟，而子夏解之。此云仲尼，未審所出。'"

謹案：《論語・顏淵篇》："司馬牛問君子。子曰：'君子不憂不懼。'曰：'不憂不懼，斯謂之君子已乎？'子曰：'内有不疚，夫何憂何懼！'"亮當爲"㿜"字之借。《説文・疒部》："㿜，事有不善，言㿜也。"則"㿜"有規箴之義，故晉庾亮字元規也（此本桂馥《説文義證》"㿜"字注）。高柔此語疑本此。

〔五四〕盧弼曰："馮本'魑'作'螭'，誤。"

謹案：《左傳・宣公三年》"螭魅罔兩"服注："螭，山神，獸形。"《一切經音義》卷六引《三蒼》"'魑'作'螭'"。則"螭"非誤字。盧君説非是。

〔五五〕盧弼曰："'眆'宋本作'防'，應作'仿'。"

謹案：趙一清曰："'防'字當作'仿'。"此襲趙氏説。

〔五六〕盧弼曰："'聞'疑作'關'。"

謹案："聞"字亦通，不煩改字。

〔五七〕《事類賦》卷二十三引"得多"二字乙。

〔五八〕《通典·刑六》引"垂"下有"涕"字。

〔五九〕《通典》引無"怨"字。

〔六〇〕盧弼曰："《御覽》六百三十九作'久不得'。"

謹案：《官本考證》曰："《太平御覽》作'久求不得'，多'久'字。"考《通典·刑六》引"文"字作"久"，《御覽》卷二百三十一、卷六百三十九引同。考證及盧君說均未明言"文"爲"久"字之誤，非是。下文"子文"之"文"字，《御覽》引均無。蓋禮同營士本名子，因"久"誤作"文"，遂於"子"字下增"文"字，當據《通典》及《御覽》刪。

〔六一〕盧弼曰："元本'坐'下多一'言'字。"

謹案：此當以"坐"字句絶，"言"字似不應重。盧君蓋以"言"字句絶，故引元本重"言"字，而未正其誤也。

〔六二〕盧弼曰："《御覽》作'何言不舉邪？'"

謹案：錢儀吉"不"下增"舉"字，云"從《御覽》"。考《御覽》卷二百三十一引有"舉"字，又卷六百三十九引無。"何言不邪"語意已足，不必增"舉"字也，錢說未的。

〔六三〕《通典》無"禮"字，是也。"往掘"句絶。

〔六四〕盧弼曰："'等'字疑誤。"

謹案：《通志》無"等"字，是。考本志《王觀傳》"以觀著勳前朝"，亦無"等"字，可證。

〔六五〕《晉書·高光傳》："歷徐、雍二州刺史。"毛本"三"字作"二"，是也。

〔六六〕《晉書》"法"字作"刑"。

〔六七〕《晉書》"與"上有"秩"字。

〔六八〕盧弼曰："錢儀吉曰：'《御覽》字德遠。'"
　　謹案：《御覽》見卷二百一十二。

〔六九〕《類聚》卷三十三、《白帖》卷四十五、《御覽》卷四百七十九、《册府》卷八百六十五引"喪"字作"荒"。

〔七〇〕《册府》引"推"上有"乃"字。

〔七一〕盧弼曰："姚範曰：'疑爲馬台之言。'"
　　謹案：上文"台後坐法當死，禮私導令踰獄自首。既而曰：'臣無逃亡之義。'"因上已云"禮私導"，句主語爲"禮"。故此"曰"字上省略主語"禮"字。若爲馬台語，則當作"既而台曰"，語意乃順。姚氏以此爲馬台語，揆之文法，或有未然。

〔七二〕盧弼曰："《御覽》'宫室'作'臺省'。"
　　謹案：《官本考證》曰："'宫室'《太平御覽》作'臺省'。"考《御覽》卷二百一十二引作"臺署"。盧君蓋本《考證》爲說也。當云"《官本考證》曰"爲是。

〔七三〕盧弼曰："《御覽》'争'下有'因'字。"
　　謹案：《官本考證》曰："《太平御覽》作'禮固争因罷役'。"錢儀吉"争"下增"因"字，"從《御覽》"。此見《御覽》卷二百一十二。

〔七四〕盧弼曰："促遣謂遣散也。"
　　謹案：盧君未釋"促"字之義。《漢書·欒布傳》"趣亨之"注："趣讀曰促。促，急也。"促遣即急遣。

〔七五〕紹興本"帝"下無"於"字，《通志》同。

〔七六〕《白帖》卷五十一"祀"字作"祭"。

〔七七〕《白帖》作"無自入己者"。

〔七八〕郝書"二"字作"三"。

〔七九〕《册府》六百九十五引"聞"字作"云"。

〔八〇〕盧弼曰："《郡國志》：'青州濟南郡著。《詩·齊風》：俟我於著乎而即此。'《一統志》：'著縣故城，今山東濟南府濟陽縣西南。'"

謹案：《淮南子·主術篇》"皆著於明堂"高注："著猶圖也。"地著猶言地圖。

〔八一〕盧弼曰："《一統志》：'古王翁河，今濟南府平原縣西南，蓋黃河支津也。'姚範曰：'王翁河疑即王莽河（錢儀吉説同）。'"

謹案：洪頤煊曰："桓譚《新論》：'王翁使都尉孟孫往泰山告祠。'又云：'余前作王翁掌教大夫。'又云：'王翁觀人五臟，無損生人，生人惡之。'王翁即王莽，王翁河即王莽河。《元和郡縣志》：'王莽枯河在平原縣南五里。'"考《深丘道里記》："王莽元城人，居近河側。祖父墳墓爲水所衝，引河入深川，此王莽河因枯也。"（《史記·高祖紀》正義引）

〔八二〕毛本"候"作"侯"。盧弼曰："宋本'侯'作'候'。《郡國志》：'冀州清河國。'《一統志》：'鄃縣故城，今平原縣西南。'"

謹案：作"候"字是。"候"或作"堠"。段玉裁《説文解字注》："鄃，今山東臨清州夏津縣東北三十里有故鄃縣城。"

〔八三〕紹興本、毛本"主"字作"王"，郝書、《通志》同。《册府》卷三百七十引亦作"王"。

〔八四〕《通志》"候"字作"堠"。

〔八五〕《通志》"勸"字作"勵"。

〔八六〕《書鈔》卷三十八引"素"字作"潔"。"潔"或作"絜"，與"素"形近致誤。《徐美人墓》"立身清絜"，可證。

〔八七〕《通志》"勵"字作"厲"。

〔八八〕盧弼曰："《宋書·百官志》：'材官將軍一人，司馬一人主工匠土木事。漢左右校令其任也。魏右校又置材官校尉，主天下材木事。'"

謹案：《御覽》卷二百四十二引《魏略》："材官校尉，黃初中置，秩比二千石。主天下材官，屬少府。"《書鈔》卷五十四、《御覽》卷二百三十六引"斫"下無"家"字。

〔八九〕《書鈔》、《册府》卷六百二十三引"知"字作"之"。

三國志校箋卷二十五

魏志卷二十五〔一〕

辛毗　楊阜　高堂隆 棧潛〔二〕

　　辛毗字佐治，潁川陽翟人也。其先建武中，自隴西東遷。毗隨兄評從袁紹。太祖爲司空，辟毗，毗不得應命。及袁尚攻兄譚於平原，譚使毗詣太祖求和。《英雄語》曰〔三〕：譚、尚戰於外門，譚軍敗奔北。郭圖説譚曰："今將軍國小兵少，糧匱勢弱，顯甫之來，久則不敵。愚以爲可呼曹公來擊顯甫。曹公至，必先攻鄴，顯甫還救。將軍引兵而西，自鄴以北皆可虜得。若顯甫軍破，其兵奔亡，又可斂取以拒曹公。曹公遠僑而來，糧餉不繼，必自逃去。比此之際，趙國以北皆我之有，亦足與曹公爲對矣。不然，不諧。"譚始不納，後遂從之。問圖："誰可使？"圖答："辛佐治可。"譚遂遣毗詣太祖。太祖將征荆州，次於西平。毗見太祖致譚意，太祖大悦。後數日，更欲先平荆州，使譚、尚自相弊。他日置酒，毗望太祖色，知有變，以語郭嘉。嘉白太祖，太祖謂毗曰："譚可信〔四〕？尚必可克不？"毗對曰："明公無問信與詐也，直當論其勢耳。袁氏本兄弟相伐，非謂他人能閒其閒〔五〕，乃謂天下可定於己也。今一旦求救於明公，此可知也。顯甫見顯思困而不能取，此力竭也。兵革敗於外，謀臣誅於內，兄弟讒鬩，國分爲二；連年戰伐，而介冑生蟣蝨，加以旱蝗，饑饉並臻，國無囷倉，行無裹糧，天災應於上，人事困於下，民無愚智，皆知土崩瓦解，此乃天亡尚之時也。兵法稱有石城湯池帶甲百萬而無粟者，不能守也。今往攻鄴，尚不還救，即不能自守。還救，即譚躡其後。以明公之威，應困窮之敵，擊疲弊之寇，無異迅風之振秋葉矣。天以袁尚與明公，明公不取而伐荊州。荊州豐樂，國未有釁。仲虺有言：'取亂侮亡。'方今二袁不務遠略而內相圖，可謂亂矣；居者無食，行者無糧，可謂亡矣。朝不謀夕，民命靡繼，而不綏之，欲待他年；他年或登，又自知亡而改脩厥德，失所以用兵之要矣。今因其請救而撫之，利莫大焉。且四方之寇，莫大於河北；河北平，則六軍盛而天下震。"太祖曰："善。"乃許譚平，次於黎陽。明年攻鄴，克之，表毗爲議郎。

久之，太祖遣都護曹洪平下辯，使毗與曹休參之，令曰："昔高祖貪財好色，而良、平匡其過失。今佐治、文烈憂不輕矣。"軍還，爲丞相長史。

文帝踐阼〔六〕，遷侍中，賜爵關內侯。時議改正朔。

毗以魏氏遵舜、禹之統，應天順民；至於湯、武，以戰伐定天下，乃改正朔。孔子曰"行夏之時"，《左氏傳》曰"夏數爲得天正"，何必期於相反。帝善而從之。

帝欲徙冀州士家十萬戶實河南[七]。時連蝗民饑[八]，羣司以爲不可，而帝意甚盛。毗與朝臣俱求見，帝知其欲諫，作色以見之[九]，皆莫敢言。毗曰："陛下欲徙士家，其計安出？"帝曰："卿謂我徙之非邪？"毗曰："誠以爲非也[一〇]。"帝曰："吾不與卿共議也。"毗曰："陛下不以臣不肖，置之左右，厠之謀議之官[一一]，安得不與臣議邪！臣所言非私也[一二]，乃社稷之慮也，安得怒臣！"帝不答，起入內；毗隨而引其裾，帝遂奮衣不還，良久乃出，曰："佐治，卿持我何太急邪？"毗曰："今徙，既失民心，又無以食也。"帝遂徙其半。嘗從帝射雉，帝曰："射雉樂哉！"毗曰："於陛下甚樂，而於羣下甚苦[一三]。"帝默然，後遂爲之稀出[一四]。

上軍大將軍曹真征朱然於江陵，毗行軍師。還，封廣平亭侯。帝欲大興軍征吳，毗諫曰："吳、楚之民，險而難禦，道隆後服，道洿先叛，自古患之，非徒今也。今陛下祚有海內，夫不賓者，其能久乎？昔尉佗稱帝，子陽僭號，歷年未幾，或臣或誅。何則，違逆之道不久全，而大德無所不服也。方今天下新定，土廣民稀。夫廟算而後出軍，猶臨事而懼，況今廟算有闕而欲用之，臣誠未見其利也。先帝屢起銳師，臨江而旋。今六軍不增於故，而復循之[一五]，此未易也。今日之計，莫若脩范蠡之養民，法管仲之寄政，則充國之屯田，明仲尼之懷遠；十年之中，彊壯未老，童齔勝戰，兆民知義，將士思奮，然後用之，則役不再舉矣。"帝曰："如卿意，更當以虜遺子孫邪？"毗對曰："昔周文王以紂遺武王，唯知時也。苟時未可，容得已乎〔一六〕！"帝竟伐吳，至江而還。

明帝即位，進封潁鄉侯，邑三百戶。時中書監劉放、令孫資見信於主，制斷時政，大臣莫不交好，而毗不與往來。毗子敞諫曰："今劉、孫用事，衆皆影附，大人宜小降意，和光同塵；不然必有謗言。"毗正色曰："主上雖未稱聰明，不爲闇劣。吾之立身，自有本末。就與劉、孫不平，不過令吾不作三公而已，何危害之有？焉有大丈夫欲爲公而毀其高節者邪〔一七〕？"冗從僕射畢軌表言："尚書僕射王思精勤舊吏，忠亮計略不如辛毗，毗宜代思〔一八〕。"帝以訪放、資。放、資對曰："陛下用思者，誠欲取其効力，不貴虛名也。毗實亮直，然性剛而專，聖慮所當深察也。"遂不用。出爲衛尉。

帝方脩殿舍，百姓勞役，毗上疏曰："竊聞諸葛亮講武治兵，而孫權市馬遼東，量其意指，似欲相左右。備豫不虞，古之善政，而今者宮室大興，加連年穀麥不收。詩云：'民亦勞止，迄可小康，惠此中國，以綏四方。'唯陛下爲社稷計。"帝報曰："二虜未滅而治宮室，直諫者立名之時也。夫王者之都，當及民勞兼辦，使後世無所復增，是蕭何爲漢規摹之略也。今卿爲魏重臣，亦宜解其大歸。"帝又欲平北芒〔一九〕,令於其上作臺觀,則見孟津〔二〇〕。毗諫曰:"天地之性,高高下下,今而反之,既非其理;加以損費人功,民不堪役。且若九河盈溢〔二一〕,洪水爲害,而丘陵皆夷,將何以禦之〔二二〕?"帝乃止〔二三〕。《魏略》曰:諸葛亮圍祁山,不克,引退。張郃追之,爲流矢所中死。帝惜郃,臨朝而歎曰:"蜀未平而郃死,將若之何!"司空陳羣曰:"郃誠良將,國所依也。"毗心以爲郃雖可惜,然已死,不當内弱主意,而示外以不大也。乃持羣曰:"陳公,是何言歟!當建安之末,天下不可一日無武皇帝也,及委國祚,而文皇帝受命。黄初之世,亦謂不可無文皇帝也,及委棄天下,而陛下龍興。今國内所少,豈張郃乎?"陳羣曰:"亦誠如辛毗言。"帝笑曰:"陳公可謂善變矣。"臣松之以爲:擬人必於其倫,取譬宜引其類,故君子於其言,無所苟而已矣。毗欲弘廣主意,當舉若張遼之疇,安有於一將之死而可以祖宗爲譬哉?非所宜言,莫過於茲。進違其類,退似諂佞,佐治剛正之體,不宜有此。《魏略》既已難信,習氏又從而載之,竊謂斯人受誣不少。

青龍二年,諸葛亮率衆出渭南。先是,大將軍司馬宣王數請與亮戰,明帝終不聽。是歲恐不能禁,乃以毗爲大將軍軍師,使持節;六軍皆肅,準毗節度,莫敢犯違。《魏略》曰:宣王數數欲進攻,毗禁不聽。宣王雖能行意,而每屈於毗。亮卒,復還爲衛尉。薨,諡曰肅侯。子敞嗣,咸熙中爲河内太守。《世語》曰:敞字泰雍,官至衛尉。毗女憲英,適太常泰山羊耽,外孫夏侯湛爲其傳曰:"憲英聰明有才鑒〔二四〕。初文帝與陳思王爭爲太子,既而文帝得立,抱毗頸而喜曰:'辛君知我喜不?'毗以告憲英,憲英歎曰:'太子代君主宗廟社稷者也。代君不可以不戚，主國不可以不懼，宜戚而喜〔二五〕，何以能久？魏其不昌乎？'弟敞為大將軍曹爽參軍。司馬宣王將誅爽，因爽出，閉城門。大將軍司馬魯芝將爽府兵，犯門斬關，出城門赴爽〔二六〕，來呼敞俱去。敞懼，問憲英曰：'天子在外，太傅閉城門，人云將不利國家，於事可得爾乎？'憲英曰：'天下有不可知，然以吾度之，太傅不得不爾〔二七〕！明皇帝臨崩，把太傅臂，以後事付之，此言猶在朝士之耳。且曹爽與太傅俱受寄託之任，而獨專權勢，行以驕奢，於王室不忠，於人道不直，此舉不過以誅曹爽耳。'敞曰：'然則事就乎？'憲英曰：'得無殆就！爽之才非太傅之偶也。'敞曰：'然則敞可以無出乎？'憲英曰：'安可不出〔二八〕。職守，人之大義也。凡人在難，猶或恤之；為人執鞭而棄其事，不祥，不可也。且為人死，為人任，親昵之職也，從眾而已。'敞遂出。宣王果誅爽。事定之後，敞歎曰：'吾不謀於姊，幾不獲於義。'逮鍾會為鎮西將軍，憲英謂從子羊祜曰：'鍾士季何故西出？'祜曰：'將為滅蜀也。'憲英曰：'會在事縱恣〔二九〕，非持久處下之道，吾畏其有他志也。'祜曰：'季母勿多言。'其後會請子琇為參軍〔三〇〕，憲英憂曰：'他日見鍾會之出，吾為國憂之矣。今日難至吾家，此國之大事，必不得止也。'琇固請司馬文王，文王不聽。憲英語琇曰：'行矣，戒之！古之君子〔三一〕，入則致孝於親，出則致節於國，在職思其所司，在義思其所立，不遺父母憂患而已。軍旅之間，可以濟者，其惟仁恕乎！汝其慎之！'琇竟以全身〔三二〕。憲英年至七十有九，泰始五年卒。"

楊阜字義山，天水冀人也。《魏略》曰：阜少與同郡尹奉次曾、趙昂偉章俱發名，偉章、次曾與阜俱為涼州從事。以州從事爲牧韋端使詣許，拜安定長史。阜還，關右諸將問袁、曹勝敗孰在，阜曰："袁公寬而不斷，好謀而少決；不斷則無威，少決則失後事，今雖彊，終不能成大業。曹公有雄才遠略，決機無疑，法一而兵精，能用度外之人，所任各盡其力，必能濟大事者也。"長史非其好，遂去官。而端徵爲太僕，其子康代爲刺史，辟阜爲別駕。察孝廉，辟丞相府，州表留參軍事。

馬超之戰敗渭南也，走保諸戎。太祖追至安定，而蘇伯反河間，將引軍東還。阜時奉使，言於太祖曰："超有信、布之勇，甚得羌、胡心，西州畏之。若大軍還，不嚴爲之備，隴上諸郡非國家之有也。"太祖善之，而軍還倉卒，爲備不周。超率諸戎渠帥以擊隴上郡縣，隴上郡縣皆應之，惟冀城奉州郡以固守。超盡兼隴右之衆，而張魯又遣大將楊昂以助之，凡萬餘人攻城〔三三〕。阜率國士大夫及宗族子弟勝兵者千餘人，使從弟岳於城上作偃月營，與超接戰，自正月至八月拒守而救兵不至。州遣別駕閻溫循水潛出求救，爲超所殺，於是刺史、太守失色，始有降超之計〔三四〕。阜流涕諫曰："阜等率父兄子弟以義相勵，有死無二；田單之守，不固於此也。棄垂成之功，陷不義之名，阜以死守之。"遂號哭。刺史、太守卒遣人請和，開城門迎超。超入，拘岳於冀，使楊昂殺刺史、太守。

阜內有報超之志，而未得其便。頃之，阜以喪妻求葬假。阜外兄姜敘屯歷城。阜少長敘家，見敘母及敘，说前在冀中時事，歔欷悲甚。敘曰："何爲乃爾？"阜曰："守城不能完，君亡不能死，亦何面目以視息於天下〔三五〕！馬超背父叛君，虐殺州將，豈獨阜之憂責，一州士大夫皆蒙其恥。君擁兵專制而無討賊心〔三六〕，此趙盾所以書弑君也。超彊而無義，多釁易圖耳。"敘母慨然，勑從阜計〔三七〕。計定，外與鄉人姜隱、趙昂、尹奉、姚瓊、孔信、武都人李俊、王靈結謀，定討超約，使從弟謨至冀語岳，并結安定梁寬、南安趙衢、龐恭等。約誓既明，十七年九月，與敘起兵於鹵城〔三八〕。超聞阜等兵起，自將出。而衢、寬等解岳，閉冀城門，討超妻子。超襲歷城，得敘母。敘母罵之曰："汝背父之逆子，殺君之桀賊，天地豈久容汝而不早死，敢以面目視人乎！"超怒，殺之。阜與超戰，身被五創，宗族兄弟死者七人〔三九〕。超遂南奔張魯〔四〇〕。

隴右平定，太祖封討超之功，侯者十一人，賜阜爵關內侯。阜讓曰："阜君存無扞難之功，君亡無死節之效，於義當絀，於法當誅；超又不死，無宜苟荷爵祿。"太祖報曰："君與羣賢共建大功，西土之人以爲美談。子貢辭賞，仲尼謂之止善。君其剖心以順國命。姜敘之母〔四一〕，勸敘早發，明智乃爾，雖楊敞之妻蓋不過此。賢哉，賢哉！良史紀錄，必不墜於地矣。"皇甫謐《烈女傳》曰：姜敘母者，天水姜伯奕之母也。建安中，馬超攻冀，害涼州刺史韋康，州人悽然，莫不感憤。敘爲撫夷將軍，擁兵屯歷。敘姑子楊阜，故爲康從事，同等十餘人，皆略屬超，陰相結爲康報仇,未有閒。會阜妻死,辭超寧歸西,因過至歷,候敘母,說康被害及冀中之難,相對泣良久。姜敘舉室感悲,敘母曰:"咄!伯奕,韋使君遇難,豈一州之恥,亦汝之負,豈獨義山哉?汝無顧我,事淹變生。人誰不死?死國,忠義之大者。但當速發,我自爲汝當之,不以餘年累汝也。"因勒敘與阜參議,許諾,分人使語鄉里尹奉、趙昂及安定梁寬等〔四二〕,令敘先舉兵叛超,超怒,必自來擊敘,寬等因從後閉門。約誓已定,敘遂進兵入鹵,昂、奉守祁山。超聞,果自出擊敘,寬等從後閉冀門,超失據。過鹵,敘守鹵。超因進至歷,歷中見超往,以爲敘軍還。又傳聞超以走奔漢中,故歷無備。及超入歷,執敘母,母怒罵超。超被罵大怒,即殺敘母及其子,燒城而去。阜等以狀聞,太祖甚嘉之,手令襃揚,語如本傳。臣松之案:謐稱阜爲敘姑子,而本傳云敘爲阜外兄,與今名内外爲不同。謐又載趙昂妻曰:趙昂妻異者,故益州刺史天水趙偉璋妻,王氏女也。昂爲羌道令,留異在西。會同郡梁雙反,攻破西城,害異兩男。異女英,年六歲,獨與異在城中。異見兩男已死,又恐爲雙所侵,引刀欲自刎,顧英而欷曰:"身死爾棄,當誰恃哉!吾聞西施蒙不潔之服,則人掩鼻,況我貌非西施乎?"乃以溷糞涅麻而被之,尠食瘠形,自春至冬。雙與州郡和,異竟以是免難。昂遣吏迎之,未至三十里止,謂英曰:"婦人無符信保傅,則不出房闈。昭姜沈流,伯姬待燒,每讀其傳,心壯其節。今吾遭亂不能死,將何以復見諸姑?所以偷生不見死,惟憐汝耳。今官舍已近,吾去汝死矣。"遂飲毒藥而絶。時適有解毒藥良湯,㧊口灌之,良久迺蘇。建安中,昂轉參軍事,徙居冀。會馬超攻冀,異躬著布韝,佐昂守備,又悉脱所佩環、黼黻以賞戰士。及超攻急,城中饑困,刺史韋康素仁,愍吏民傷殘,欲與超和。昂諫不聽,歸以語異,異曰:"君有爭臣,大夫有專利之義；專不爲非也。焉知救兵不到關隴哉？當共勉卒高勳，全節致死，不可從也。"比昂還，康與超和。超遂背約害康，又劫昂，質其嫡子月於南鄭。欲要昂以爲己用，然心未甚信。超妻楊聞異節行，請與讌終日。異欲信昂於超，以濟其謀，謂楊曰："昔管仲入齊，立九合之功；由余適秦，穆公成霸。方今社稷初定，治亂在於得人，涼州士馬，迺可與中夏爭鋒，不可不詳也。"楊深感之，以爲忠於己，遂與異重相接結。昂所以得信於超，全功免禍者，異之力也。及昂與楊阜等結謀討超，告異曰〔四三〕："吾謀如是，事必萬全，當奈月何？"異厲聲應曰："忠義立於身，雪君父之大恥，喪元不足爲重，況一子哉？夫項託、顔淵，豈復百年，貴義存耳。"昂曰："善。"遂共閉門逐超，超奔漢中，從張魯得兵還。異復與昂保祁山，爲超所圍，三十日救兵到，乃解。超卒殺異子月。凡自冀城之難，至於祁山，昂出九奇，異輒參焉。

太祖征漢中，以阜爲益州刺史。還，拜金城太守，未發，轉武都太守。郡濱蜀漢，阜請依龔遂故事，安之而已。會劉備遣張飛、馬超等從沮道趣下辯，而氐雷定等七部萬餘落反應之。太祖遣都護曹洪禦超等，超等退還。洪置酒大會，令女倡著羅縠之衣蹋鼓，一坐皆笑。阜厲聲責洪曰："男女之別，國之大節，何有於廣坐之中裸女人形體！雖桀、紂之亂，不甚於此。"遂奮衣辭出。洪立罷女樂，請阜還，坐肅然憚焉〔四四〕。

及劉備取漢中以逼下辯，太祖以武都孤遠，欲移之，恐吏民戀土。阜威信素著，前後徙民、氐，使居京兆、扶風、天水界者萬餘戶，徙郡小槐里，百姓襁負而隨之。爲政舉大綱而已，下不忍欺也。文帝問侍中劉曄等："武都太守何如人也？"皆稱阜有公輔之節。未及用，會帝崩。在郡十餘年，徵拜城門校尉。

阜常見明帝著繡，被縹綾半裦袖〔四五〕，阜問帝曰："此於禮何法服耶〔四六〕？"帝默然不答，自是不法服不以見阜〔四七〕。

遷將作大匠。時初治宮室，發美女以充後庭，數出入弋獵。秋，大雨震電，多殺鳥雀。阜上疏曰："臣聞明主在上，羣下盡辭。堯、舜聖德，求非索諫；大禹勤功，務卑宮室；成湯遭旱，歸咎責己；周文刑於寡妻，以御家邦；漢文躬行節儉，身衣弋綈：此皆能昭令聞，貽厥孫謀者也。伏惟陛下奉武皇帝開拓之大業，守文皇帝克終之元緒〔四八〕，誠宜思齊往古聖賢之善治，總觀季世放盪之惡政。所謂善治者，務儉約、重民力也；所謂惡政者，從心恣欲，觸情而發也。惟陛下稽古世代之初所以明赫，及季世所以衰弱至於泯滅，近覽漢末之變，足以動心誡懼矣。曩使桓、靈不廢高祖之法，文、景之恭儉〔四九〕，太祖雖有神武，於何所施其能邪？而陛下何由處斯尊哉？今吳、蜀未定，軍旅在外，願陛下動則三思，慮而後行，重慎出入，以往鑒來，言之若輕，成敗甚重。頃者天雨，又多卒暴，雷電非常，至殺鳥雀。天地神明，以王者為子也，政有不當，則見災譴。克己內訟，聖人所記。惟陛下慮患無形之外，慎萌纖微之初，法漢孝文出惠帝美人，令得自嫁；頃所調送小女，遠聞不令，宜為後圖。諸所繕治，務從約節。《書》曰：'九族既睦，協和萬國。'事思厥宜，以從中道，精心計謀，省息費用。吳、蜀以定，爾乃上安下樂，九親熙熙。如此以往，祖考心歡，堯舜其猶病諸。今宜開大信於天下，以安衆庶，以示遠人。"時雍丘王植怨於不齒，藩國至親，法禁峻密，故阜又陳九族之義焉〔五〇〕。詔報曰："間得密表，先陳往古明王聖主，以諷闇政，切至之辭，款誠篤實。退思補過，將順匡救，備至悉矣。覽思苦言，吾甚嘉之。"

後遷少府。是時大司馬曹真伐蜀，遇雨不進。阜上疏曰："昔文王有赤烏之符，而猶日昃不暇食；武王白魚入舟，君臣變色。而動得吉瑞，猶尚憂懼，況有災異而不戰竦者哉？今吳、蜀未平，而天屢降變，陛下宜深有以專精應答，側席而坐，思示遠以德，綏邇以儉。間者諸軍始進，便有天雨之患，稽閡山險，以積日矣。轉運之勞，擔負之苦，所費以多，若有不繼，必違本圖。《傳》曰：'見可而進，知難而退，軍之善政也。'徒使六軍困於山谷之間，進無所略，退又不得，非主兵之道也〔五一〕。武王還師，殷卒以亡，知天期也。今年凶民饑，宜發明詔損膳減服，技巧珍玩之物，皆可罷之。昔邵信臣為少府於無事之世，而奏罷浮食；今者軍用不足，益宜節度。"帝即召諸軍還。

後詔大議政治之不便於民者，阜議以為："致治在於任賢，興國在於務農。若舍賢而任所私，此忘治之甚者也。廣開宮館，高為臺榭，以妨民務，此害農之甚者也。百工不敦其器，而競作奇巧，以合上欲，此傷本之甚者也。孔子曰：'苛政甚於猛虎。'今守功文俗之吏，爲政不通治體，苟好煩苛，此亂民之甚者也。當今之急，宜去四甚，並詔公卿郡國，舉賢良方正敦樸之士而選用之，此亦求賢之一端也。"

阜又上疏欲省宮人諸不見幸者〔五二〕，乃召御府吏問後宮人數〔五三〕。吏守舊令，對曰："禁密，不得宣露。"阜怒，杖吏一百，數之曰："國家不與九卿爲密，反與小吏爲密乎〔五四〕？"帝聞而愈敬憚阜。

帝愛女淑，未期而夭，帝痛之甚，追封平原公主，立廟洛陽，葬於南陵。將自臨送，阜上疏曰："文皇帝、武宣皇后崩，陛下皆不送葬，所以重社稷、備不虞也。何至孩抱之赤子而可送葬也哉？"帝不從。

帝既新作許宮〔五五〕，又營洛陽宮殿觀閣。阜上疏曰："堯尚茅茨而萬國安其居，禹卑宮室而天下樂其業；及至殷、周，或堂崇三尺，度以九筵耳。古之聖帝明王，未有極宮室之高麗以彫弊百姓之財力者也。桀作璇室、象廊〔五六〕，紂爲傾宮、鹿臺，以喪其社稷，楚靈以築章華而身受其禍；秦始皇作阿房而殃及其子，天下叛之，二世而滅。夫不度萬民之力，以從耳目之欲，未有不亡者也。陛下當以堯、舜、禹、湯、文、武爲法則，夏桀、殷紂、楚靈、秦皇爲深誡。高高在上，實監后德。慎守天位，以承祖考，巍巍大業，猶恐失之。不夙夜敬止，允恭卹民，而乃自暇自逸，惟宮臺是侈是飾，必有顛覆危亡之禍。《易》曰：'豐其屋，蔀其家，闚其戶，闃其無人。'

王者以天下爲家，言豐屋之禍，至於家無人也。方今二虜合從，謀危宗廟，十萬之軍，東西奔赴〔五七〕，邊境無一日之娛；農夫廢業，民有饑色。陛下不以是爲憂，而營作宮室，無有已時。使國亡而臣可以獨存，臣又不言也；臣松之以爲：忠至之道，以亡己爲理。是以匡救其惡，不爲身計。而阜表云"使國亡而臣可以獨存，臣又不言也"，此則發憤爲己，豈爲國哉？斯言也。豈不傷謇烈之義，爲一表之病乎！君作元首，臣爲股肱，存亡一體，得失同之。《孝經》曰：'天子有爭臣七人，雖無道不失其天下。'臣雖駑怯，敢忘爭臣之義〔五八〕？言不切至，不足以感悟陛下〔五九〕。陛下不察臣言，恐皇祖烈考之祚，將墜於地。使臣身死有補萬一，則死之日，猶生之年也。謹叩棺沐浴，伏俟重誅。"奏御，天子感其忠言，手筆詔答。每朝廷會議，阜常侃然以天下爲己任。數諫爭，不聽，乃屢乞遜位，未許。會卒，家無餘財。孫豹嗣。

　　高堂隆字升平〔六〇〕，泰山平陽人，魯高堂生後也。少爲諸生，泰山太守薛悌命爲督郵。郡督軍與悌爭論，名悌而呵之。隆按劍叱督軍曰："昔魯定見侮，仲尼歷階〔六一〕；趙彈秦箏，相如進缶。臨臣名君，義之所討也。"督軍失色，悌驚起止之。後去吏，避地濟南。

　　建安十八年，太祖召爲丞相軍議掾〔六二〕，後爲歷城侯徽文學，轉爲相。徽遭太祖喪，不哀，反游獵馳騁；隆以義正諫，甚得輔導之節。黃初中，爲堂陽長，以選爲平原王傅。王即尊位,是爲明帝。以隆爲給事中、博士、駙馬都尉。帝初踐阼,羣臣或以爲宜饗會,隆曰:"唐、虞有遏密之哀,高宗有不言之思,是以至德雍熙,光於四海。"以爲不宜爲會,帝敬納之。遷陳留太守。犢民西牧〔六三〕,年七十餘,有至行,舉爲計曹掾;帝嘉之,特除郎中以顯焉。徵隆爲散騎常侍〔六四〕,賜爵關內侯。《魏略》曰:太史上漢歷不及天時〔六五〕,因更推步弦望朔晦,爲太和歷。帝以隆學問優深,於天文又精,乃詔使隆與尚書郎楊偉、太史待詔駱禄參共推校。偉、禄是太史,隆故據舊歷更相劾奏,紛紜數歲,偉稱禄得日蝕而月晦不盡,隆不得日蝕而月晦盡,詔從太史。隆所爭雖不得,而遠近猶知其精微也。

青龍中,大治殿舍,西取長安大鐘。隆上疏曰:"昔周景王不儀刑文、武之明德,忽公旦之聖制,既鑄大錢,又作大鐘,單穆公諫而弗聽,泠州鳩對而弗從,遂迷不反,周德以衰,良史記焉,以爲永鑒。然今之小人,好說秦、漢之奢靡以蕩聖心,求取亡國不度之器,勞役費損,以傷德政,非所以興禮樂之和,保神明之休也。"是日,帝幸上方,隆與卞蘭從。帝以隆表授蘭,使難隆曰:"興衰在政,樂何爲也?化之不明,豈鐘之罪?"隆曰:"夫禮樂者,爲治之大本也。故簫韶九成,鳳凰來儀〔六六〕,雷鼓六變,天神以降〔六七〕,政是以平,刑是以錯,和之至也。新聲發響,商辛以隕,大鐘既鑄,周景以弊,存亡之機,恒由斯作,安在廢興之不階也?君舉必書,古之道也,作而不法,何以示後?聖王樂聞其闕,故有箴規之道；忠臣願竭其節，故有匡躬之義也。"帝稱善。

遷侍中，猶領太史令。崇華殿災，詔問隆："此何咎？於禮，寧有祈禳之義乎？"隆對曰："夫災變之發[六八]，皆所以明教戒也，惟率禮脩德，可以勝之。《易傳》曰：'上不儉，下不節，孽火燒其室。'又曰：'君高其臺，天火爲災。'此人君苟飾宮室[六九]，不知百姓空竭，故天應之以旱，火從高殿起也。上天降鑒，故譴告陛下；陛下宜增崇人道，以答天意[七〇]。昔太戊有桑穀生於朝[七一]，武丁有雊雉登於鼎，皆聞災恐懼，側身修德，三年之後，遠夷朝貢，故號曰中宗、高宗。此則前代之明鑒也。今案舊占[七二]，災火之發，皆以臺榭宮室爲誡。然今宮室之所以充廣者，實由宮人猥多之故。宜簡擇留其淑懿，如周之制，罷省其餘。此則祖己之所以訓高宗，高宗之所以享遠號也。"詔問隆："吾聞漢武帝時，柏梁災，而大起宮殿以厭之，其義云何？"隆對曰："臣聞西京柏梁既災，越巫陳方，建章是經，以厭火祥[七三]；乃夷越之巫所爲，非聖賢之明訓也。《五行志》曰：'柏梁災，其後有江充巫蠱也。'衛太子事。如《志》之言，越巫建章無所厭也。孔子曰：'災者修類應行，精祲相感，以戒人君。'是以聖主覩災責躬，退而修德，以消復之。今宜罷散民役。宮室之制，務從約節，內足以待風雨，外足以講禮儀。清埽所災之處，不敢於此有所立作，蓂莢、嘉禾必生此地，以報陛下虔恭之德。豈可疲民之力，竭民之財！實非所以致符瑞而懷遠人也。"帝遂復崇華殿，時郡國有九龍見〔七四〕,故改曰九龍殿。

陵霄闕始搆〔七五〕,有鵲巢其上,帝以問隆,對曰:"《詩》云'維鵲有巢,維鳩居之'。今興宮室,起陵霄闕,而鵲巢之,此宮室未成身不得居之象也。天意若曰〔七六〕,宮室未成,將有他姓制御之,斯乃上天之戒也。夫天道無親,惟與善人,不可不深防,不可不深慮。夏、商之季,皆繼體也,不欽承上天之明命,惟讒諂是從,廢德適欲,故其亡也忽焉。太戊、武丁,覩災竦懼,祗承天戒,故其興也勃焉。今若休罷百役,儉以足用,增崇德政,動遵帝則,除普天之所患,興兆民之所利,三王可四、五帝可六,豈惟殷宗轉禍為福而已哉!臣備腹心,苟可以繁祉聖躬,安存社稷,臣雖灰身破族,猶生之年也。豈憚忤逆之災,而令陛下不聞至言乎?"於是帝改容動色。

是歲,有星孛於大辰。隆上疏曰:"凡帝王徙都立邑,皆先定天地社稷之位,敬恭以奉之。將營宮室,則宗廟為先,厩庫為次,居室為後。今圜丘、方澤、南北郊、明堂、社稷,神位未定,宗廟之制又未如禮,而崇飾居室〔七七〕,士民失業。外人咸云宮人之用,與興戎軍國之費,所盡略齊。民不堪命,皆有怨怒。《書》曰'天聰明自我民聰明,天明畏自我民明威',興人作頌,則響以五福,民怨吁嗟,則威以六極,言天之賞罰,隨民言,順民心也。是以臨政務在安民為先,然後稽古之化,格於上下,自古及今,未嘗不然也。夫采椽卑宮〔七八〕,唐、虞、大禹之所以垂皇風也；玉臺瓊室，夏癸、商辛之所以犯昊天也。今之宮室，實違禮度，乃更建立九龍，華飾過前。天彗章灼，始起於房心，犯帝坐而干紫微，此乃皇天子愛陛下，是以發教戒之象，始卒皆於尊位，殷勤鄭重，欲必覺寤陛下；斯乃慈父懇切之訓，宜崇孝子祗肅之禮〔七九〕，以率先天下，以昭示後昆，不宜有忽，以重天怒。

時軍國多事，用法深重。隆上疏曰："夫拓跡垂統，必俟聖明，轉世匡治，亦須良佐，用能庶績其凝而品物康乂也。夫移風易俗，宣明道化，使四表同風，回首面內，德教光熙，九服慕義，固非俗吏之所能也。今有司務糾刑書，不本大道，是以刑用而不措，俗弊而不敕。宜崇禮樂，班敘明堂，脩三雍、大射、養老，營建郊廟，尊儒士，舉逸民，表章制度，改正朔，易服色，布愷悌，尚儉素，然後備禮封禪，歸功天地，使雅頌之聲盈於六合，緝熙之化混於後嗣〔八○〕。期蓋至治之美事，不朽之貴業也。然九域之內，可揖讓而治〔八一〕，尚何憂哉！不正其本而救其末，譬猶棼絲，非政理也。可命群公卿士通儒，造具其事，以為典式。"隆又以為改正朔，易服色，殊徽號，異器械，自古帝王所以神明其政，變民耳目，故三春稱王，明三統也。於是敷演舊章，奏而改焉。帝從其議，改青龍五年春三月為景初元年孟夏四月，服色尚黃，犧牲用白，從地正也。

遷光祿勳。帝愈增崇宮殿，彫飾觀閣，鑿太行之石英〔八二〕，采穀城之文石，起景陽山於芳林之園，建昭陽殿於太極之北，鑄作黄龍鳳皇奇偉之獸，飾金墉、陵云臺、陵霄闕。百役繁興，作者萬數，公卿以下至於學生，莫不展力，帝乃躬自掘土以率之。而遼東不朝。悼皇后崩。天作淫雨，冀州水出，漂没民物。隆上疏切諫曰：

蓋"天地之大德曰生，聖人之大寶曰位；何以守位？曰仁；何以聚人？曰財"。然則士民者，乃國家之鎮也；穀帛者，乃士民之命也。穀帛非造化不育，非人力不成。是以帝耕以勸農，后桑以成服，所以昭事上帝，告虔報施也。昔在伊唐，世值陽九厄運之會，洪水滔天，使鯀治之，績用不成，乃舉文命，隨山刊木，前後歷年二十二載，災昏之甚，莫過於彼，力役之興，莫久於此，堯、舜君臣，南面而已。禹敷九州，庶士庸勳，各有等差，君子小人，物有服章。今無若時之急，而使公卿大夫並與廝徒共供事役，聞之四夷，非嘉聲也。垂之竹帛，非令名也。是以有國有家者，近取諸身，遠取諸物，嫗煦養育，故稱"愷悌君子，民之父母"。今上下勞役，疾病凶荒，耕稼者寡，饑饉荐臻，無以卒歲；宜加愍卹，以救其困。

臣觀在昔書籍所載，天人之際，未有不應也。是以古先哲王，畏上天之明命，循陰陽之逆順，兢兢業業，惟恐有違。然後治道用興，德與神符，災異既發，懼而脩政，未有不延期流祚者也。爰及末葉，闇君荒主，不崇先王之令軌，不納正士之直言，以遂其情志，恬忽變戒，未有不尋踐禍難，至於顛覆者也。

天道既著，請以人道論之。夫六情五性，同在於人，嗜欲廉貞，各居其一。及其動也，交爭於心。欲彊質弱，則縱濫不禁；精誠不制，則放溢無極。夫情之所在，非好則美，而美好之集，非人力不成，非穀帛不立。情苟無極，則人不堪其勞，物不充其求。勞求並至，將起禍亂。故不割情，無以相供。仲尼云："人無遠慮，必有近憂。"由此觀之，禮義之制，非苟拘分，將以遠害而興治也。

今吳、蜀二賊，非徒白地小虜、聚邑之寇，乃據險乘流，跨有士衆，僭號稱帝，欲與中國爭衡。今若有人來告，權、備並修德政，復履清儉，輕省租賦，不治玩好，動咨耆賢，事遵禮度。陛下聞之，豈不惕然惡其如此，以為難卒討滅，而為國憂乎？若使告者曰，彼二賊並為無道，崇侈無度，役其士民，重其徵賦，下不堪命，呼嗟日甚。陛下聞之，豈不勃然忿其困我無辜之民，而欲速加之誅，其次，豈不幸彼疲弊而取之不難乎？苟如此，則可易心而度，事義之數亦不遠矣。

且秦始皇不築道德之基，而築阿房之宮，不憂蕭墻之變，而修長城之役。當其君臣為此計也。亦欲立萬世之業，使子孫長有天下，豈意一朝匹夫大呼，而天下傾覆哉？故臣以爲使先代之君知其所行必將至於敗，則弗爲之矣。是以亡國之主自謂不亡，然後至於亡；賢聖之君自謂將亡，然後至於不亡。昔漢文帝稱爲賢主，躬行約儉，惠下養民，而賈誼方之，以爲天下倒縣，可爲痛哭者一，可爲流涕者二，可爲長歎息者三。況今天下彫弊，民無儋石之儲，國無終年之畜，外有彊敵，六軍暴邊，内興土功，州郡騷動，若有寇警，則臣懼版築之士不能投命虜庭矣。

又，將吏奉禄，稍見折減，方之於昔，五分居一；諸受休者又絶廩賜，不應輸者今皆出半：此爲官人兼多於舊，其所出與參少於昔〔八三〕。而度支經用，更每不足，牛肉小賦，前後相繼。反而推之，凡此諸費，必有所在。且夫禄賜穀帛，人主所以惠養吏民而爲之司命者也，若今有廢〔八四〕，是奪其命矣。既得之而又失之，此生怨之府也。《周禮》，天府掌九賦之則，以給九式之用，入有其分，出有其所，不相干乘而用各足。各足之後，乃以式貢之餘，供王玩好。又上用財，必考於司會。會音膾。今陛下所與共坐廊廟治天下者，非三司九列，則臺閣近臣，皆腹心造膝，宜在無諱。若見豐省而不敢以告，從命奔走，惟恐不勝，是則具臣非鯁輔也。昔李斯教秦二世曰："爲人主而不恣睢，命之曰天下桎梏。"二世用之，秦國以覆，斯亦滅族。是以史遷議其不正諫，而爲世誡。

書奏帝覽焉，謂中書監、令曰："觀隆此奏，使朕懼哉！"

隆疾篤〔八五〕，口占上疏曰〔八六〕：

曾子有疾，孟敬子問之。曾子曰："鳥之將死，其鳴也哀；人之將死，其言也善。"臣寢疾病，有增無損，常懼奄忽，忠款不昭。臣之丹誠，豈惟曾子，願陛下少垂省覽！渙然改往事之過謬，勃然興來事之淵塞，使神人響應，殊方慕義，四靈效珍，玉衡曜精〔八七〕，則三王可邁，五帝可越，非徒繼體守文而已也。

臣常疾世主莫不思紹堯、舜、湯、武之治，而蹈踵桀、紂、幽、厲之跡，莫不嗤笑季世惑亂亡國之主，而不登踐虞、夏、殷、周之軌。悲夫！以若所爲，求若所致〔八八〕，猶緣木求魚，煎水作冰，其不可得，明矣。尋觀三代之有天下也。聖賢相承，歷載數百，尺土莫非其有，一民莫非其臣，萬國咸寧，九有有截；鹿臺之金，鉅橋之粟，無所用之，仍舊南面，夫何爲哉！然癸、辛之徒，恃其旅力，知足以拒諫，才足以飾非，諂諛是尚，臺觀是崇，淫樂是好，倡優是説，作靡靡之樂，安濮上之音。上天不蠲，眷然回顧，宗國爲墟，不夷於隸，紂縣白旗，桀放鳴條；天子之尊，湯、武有之，豈伊異人，皆明王之胄也。且當六國之時，天下殷熾，秦既兼之，不脩聖道,乃構阿房之宮,築長城之守,矜夸中國,威服百蠻,天下震竦,道路以目;自謂本枝百葉,永垂洪暉,豈悟二世而滅,社稷崩圮哉?近漢孝武乘文、景之福,外攘夷狄,內興宮殿,十餘年間,天下囂然。乃信越巫,懟天遷怒,起建章之宮,千門萬戶,卒致江充妖蠱之變,至於宮室乖離,父子相殘,殃咎之毒,禍流數世。

臣觀黃初之際,天兆其戒,異類之鳥,育長燕巢,口爪胸赤,此魏室之大異也,宜防鷹揚之臣於蕭牆之內。可選諸王,使君國典兵,往往棊跱,鎮撫皇畿,翼亮帝室。昔周之東遷,晉、鄭是依,漢呂之亂,實賴朱虛,斯蓋前代之明鑒〔八九〕。夫皇天無親,惟德是輔。民詠德政,則延期過歷,下有怨歎,掇錄授能〔九〇〕。由此觀之,天下之天下,非獨陛下之天下也。臣百疾所鍾。氣力稍微,輒自輿出,歸還里舍,若遂沈淪,魂而有知,結草以報。

詔曰:"生廉侔伯夷,直過史魚,執心堅白,謇謇匪躬,如何微疾未除,退身里舍?昔邴吉以陰德,疾除而延壽;貢禹以守節,疾篤而濟愈。生其彊飯專精以自持。"隆卒,遺令薄葬,斂以時服。習鑿齒曰:高堂隆可謂忠臣矣。君侈每思諫其惡,將死不忘憂社稷,正辭動於昏主,明戒驗於身後,謇諤足以勵物,德音沒而彌彰,可不謂忠且智乎!《詩》云:"聽用我謀,庶無大悔。"又曰:"曾是莫聽,大命以傾。"其高堂隆之謂也。

初，太和中，中護軍蔣濟上疏曰"宜遵古封禪"。詔曰："聞濟斯言，使吾汗出流足。"事寢歷歲，後遂議脩之，使隆撰其禮儀。帝聞隆沒，歎息曰："天不欲成吾事，高堂生舍我亡也。"子琛嗣爵。

始，景初中，帝以蘇林、秦靜等並老，恐無能傳業者。乃詔曰："昔先聖既沒，而其遺言餘教，著於六藝。六藝之文，禮又爲急，弗可斯須離者也。末俗背本，所由來久。故閔子譏原伯之不學，荀卿醜秦世之坑儒〔九一〕，儒學既廢，則風化曷由興哉？方今宿生巨儒，並各年高，教訓之道，孰爲其繼？昔伏生將老，漢文帝嗣以鼂錯；《穀梁》寡疇，宣帝承以士郎。其科郎吏高才解經義者三十人，從光祿勳隆、散騎常侍林、博士靜，分受四經三禮，主者具爲設課試之法。夏侯勝有言：'士病不明經術，經術苟明，其取青紫如俯拾地芥耳。'今學者有能究極經道，則爵祿榮寵，不期而至。可不勉哉！"數年，隆等皆卒，學者遂廢。

初，任城棧潛，太祖世歷縣令，潛字彥皇，見應璩《書林》。嘗督守鄴城。時文帝爲太子，耽樂田獵，晨出夜還。潛諫曰："王公設險以固其國，都城禁衛，用戒不虞。《大雅》云：'宗子維城，無俾城壞。'又曰：'猶之未遠，是用大諫〔九二〕。'若逸於游田，晨出昏歸，以一日從禽之娛，而忘無垠之釁，愚竊惑之。"太子不悅，然自後游出差簡。黃初中，文帝將立郭貴嬪爲皇后，潛上疏諫，語在《后妃傳》。明帝時，衆役並興，戚屬疏斥，潛上疏曰："天生蒸民而樹之君，所以覆燾羣生，熙育兆庶，故方制四海匪爲天子，裂土分疆匪爲諸侯也。始自三皇，爰暨唐、虞，咸以博濟加於天下，醇德以洽，黎元賴之。三王既微降逮於漢，治日益少，喪亂弘多，自時厥後，亦罔克乂，太祖濬哲神武，芟除暴亂，克復王綱，以開帝業。文帝受天明命，廓恢皇基，踐阼七載，每事未遑。陛下聖德，纂承洪緒，宜崇晏晏，與民休息。而方隅匪寧，征夫遠戍，有事海外，縣旌萬里，六軍騷動，水陸轉運，百姓舍業，日費千金。大興殿舍，功作萬計，徂來之松，刊山窮谷，怪石玞珷，浮於河、淮，都圻之內，盡爲甸服，當供稾秸銍粟之調，而爲苑囿擇禽之府〔九三〕，盛林莽之穢，豐鹿兔之藪；傷害農功，地繁茨棘，災疫流行，民物大潰，上減和氣，嘉禾不植。臣聞文王作豐，經始勿亟，百姓子來，不日而成。靈沼、靈囿，與民共之。今宮觀崇侈，彫鏤極妙，忘有虞之總期，思殷辛之瓊室，禁地千里，舉足投網，麗擬阿房，役百乾谿〔九四〕，臣恐民力彫盡，下不堪命也。昔秦據殽函以制六合，自以德高三皇，功兼五帝，欲號謚至萬葉，而二世顛覆，願爲黔首，由枝幹既杌〔九五〕，本實先拔也。蓋聖王之御世也，克明俊德，庸勳親親；俊乂在官，則功業可隆，親親顯用，則安危同憂；深根固本，並爲幹翼，雖歷盛衰，內外有輔。昔成王幼沖，未能蒞政，周、吕、召、畢，並在左右；今既無衞侯、康叔之監，分陝所任，又非旦、奭。東宮未建，天下無副。願陛下留心關塞，永保無極，則海內幸甚。"後爲燕中尉，辭疾不就，卒。

評曰：辛毗、楊阜，剛亮公直，正諫匪躬，亞乎汲黯之高風焉。高堂隆學業修明，志在匡君〔九六〕，因變陳戒，發於懇誠，忠矣哉！及至必改正朔，俾魏祖虞，所謂意過其通者歟！

【校箋】

〔一〕毛本作"魏書二十五"。

〔二〕毛本作"辛毗楊阜高堂隆傳第二十五"。

〔三〕紹興本、馮本、陳本、毛本"語"字俱作"記"。《季漢書》同。

〔四〕《册府》卷八百九十一引"譚"下有"必"字。

〔五〕紹興本"能閒"作"能間"。

〔六〕盧弼曰："《御覽》卷二百二十七引《魏略》云：帝嘗大會殿中，御史簪白筆側階而坐。上問左右：'此爲何官？何主？'左右不對。辛毗曰（《御覽》六百八十八引此作"侍中辛毗對曰"）：'此爲御史舊持簪筆，以奏不法。今日直備官，但珥筆耳。'"

謹案：此已見《三國志旁證》，則"御"字上應補"梁章鉅曰"四字。考《御覽》卷六百八十八引徐廣《車服雜注》曰："古者貴賤皆執笏，有事則書之，常簪筆。今之白筆是其遺像。"

〔七〕《御覽》卷二百一十九引"帝"上有"於時"二字。

〔八〕《類聚》卷三十四引作"時旱蝗"，無"連"字，《通鑑·魏紀一》作"時天旱蝗"，亦無"連"字。本傳"加以旱蝗饑饉並臻"，亦以"旱蝗"二字連文。

〔九〕《通鑑》"見"字作"待"。

〔一〇〕盧弼曰："宋本'臣'作'誠'。作'臣'亦可通，然不如'誠'字之益形鯁直。"

謹案：《治要》卷二十六引作"誠"，官本同。考下文有"臣誠未見其利也"之句，疑此亦當作"臣誠"，宋本及《治要》或脱"臣"字，盧君説或未審。

〔一一〕紹興本"厠"下無"之"字。

〔一二〕紹興本"私"下無"也"字。《治要》引"言"字作"云"。

〔一三〕《治要》引"於"上無"而"字，《通鑑》同。

〔一四〕《類聚》卷九十一、《治要》、《御覽》卷四百五十三引"稀"字俱作"希"。

〔一五〕盧弼曰："《通鑑》'循'作'修'。胡三省曰：'修之謂修怨也。《左傳》曰：將修先君之怨。'"

謹案：疑作"循"字是。《淮南子·氾論》"大人作而弟子循"注："循，遵也。"此爲曹叡復循曹丕興兵伐吴之行。《通鑑》作"修"，"修"或爲"循"字之誤。"修"或作"脩"，與"循"形近，因譌爲"修"也。胡注以修怨釋之，且引左氏傳語以證，或於毗語之意未能諦審，遂失原旨矣。

〔一六〕《册府》卷五百二十六引"容"字作"庸"。庸，啓也。作"庸"字是。

〔一七〕紹興本"大"上無"有"字。

〔一八〕《御覽》卷二百四十一引"如"字作"及"，"毗宜"作"宜以毗"。

〔一九〕《御覽》卷四十二、《事類賦》卷七引"芒"作"邙"。

〔二〇〕盧弼曰："《黄圖》曰：'登之可以遠觀，故曰觀。'"

謹案：《水經‧穀水注》作"令登臺見孟津"。《類聚》卷七、《白帖》卷五引作"令登臺觀見孟津"。《御覽》卷四十二作"令登臺以觀見孟津"。又卷一百五十八引作"令登臺觀見孟津"。疑此句或作"令登臺觀以見孟津"爲是。蓋曹叡欲將北邙山削平，使能極目遠眺，非謂將北邙剗除之後，於其故址作臺也。則此似當刪"於其上作""則"五字，補"登"字。

〔二一〕《類聚》、《御覽》卷一百五十八引"盈"字作"盛"。

〔二二〕《類聚》、《御覽》卷九十四引《魏略》"何"上俱無"將"字。

〔二三〕盧弼曰："趙一清曰：'《水經‧河水注》：魏氏起玄武觀於芒垂。張景陽《玄武觀賦》所謂高樓特起，竦峙岧嶢，直亭亭之孤立，延千里之清飈也。蓋其後竟作之。傳云帝乃止，飾詞耳。'"

謹案：辛毗之諫，僅阻止曹叡欲平北邙之舉耳，與修建宮觀無涉也。曹叡乃止，謂停止其剗平北邙之計，於其他似不相涉。趙氏徵引《水經注》建玄武觀於邙垂，而謂傳文"帝乃止"爲飾詞，此或由未審"帝又欲平北芒，令於其作臺觀則見孟津"句文之有衍奪也。而於辛毗諫語，亦有誤解，故如此云者。核之史實，有殊於趙氏之所詰難者矣！

〔二四〕《晉書‧列女傳》"明"字作"朗"。

〔二五〕《御覽》卷五百一十九引《晉書》作"今宜戚而反喜"。

〔二六〕盧弼曰："'門'字疑衍。"

謹案：上文"閉城門"。此云"出城門"語正相應，"門"字疑非衍文。

〔二七〕盧弼曰："宋本、馮本'太傅'下有'殆'字。"

謹案：《晉書》"傅"字下亦有"殆"字，郝書同，疑此脱。

〔二八〕盧弼曰："宋本、馮本'可'下有'以'字。"

謹案：《晉書》亦有"以"字，郝書同。

〔二九〕《御覽》卷五百一十三引作"會所在縱恣"。

〔三〇〕盧弼曰："宋本'軍'誤作'豈'。"

謹案：《晉書》"子"上有"其"字，《御覽》卷五百一十一引同。郝書亦有"其"字，似應據增。

〔三一〕《御覽》引下文"軍旅之間"三句，接"行矣戒之"句下。

〔三二〕《御覽》引"以"下有"道"字，《晉書》同。

〔三三〕盧弼曰："《通鑑》作'攻冀城'。"

謹案："攻"下脱"冀"字。《後漢書》注、《御覽》卷三百一十五引俱有"冀"字，可證。

〔三四〕毛本"計"字作"意"。

〔三五〕盧弼曰："胡三省曰：'目之視物，一出入息之頃則一瞬。'"

謹案：蔡琰《悲憤詩》："爲復彊視息，雖生何聊賴。"又《吳志·周魴傳》載魴與曹休牋曰："雖尚視息，憂惕焦灼，未知軀命，竟在何時。"蓋"視息"當時常語，謂苟活性命也。猶今言生活。

〔三六〕《御覽》卷四百二十二引"無"上無"而"字，"賊"下有"之"字。

〔三七〕《官本考證》曰："北宋本作'勑敘從皁'。"

謹案：紹興本"勑"下有"敘"字，《御覽》卷四百二十二、卷四百四十一《册府》卷七百六十引同，應據增。

〔三八〕盧弼曰："趙一清曰：'《漢志》隴西郡有西縣。安定郡有鹵縣。《續志》漢陽郡西縣，故屬隴西。安定無鹵縣，蓋後漢省也。此當爲安定之鹵城。'弼按：趙說述《漢志》《續志》'西'與'鹵'之別是也。指楊阜起兵之鹵城爲安定之鹵城，誤也。安定之鹵城，後漢已省，則傳文當云故鹵城。且當時用兵實在天水郡（即漢陽郡）冀縣、西縣地，不在安定也。"

謹案：顧祖禹曰："鹵城在冀縣、西縣之間。或曰鹵城即西城之譌。"錢儀吉曰："'鹵'，何校改作'鹵'。"謝鍾英《補〈三國志〉疆域志》曰："鹵城又西城之譌也。《水經注》：'楊廉川東南流逕西縣故城北。'《括地志》：'故城在上邽縣西南九十里。'《一統志》：'今秦州西南。'鄒安鬯曰：'西南一百二十里。'"

〔三九〕《御覽》卷三百一十五、《册府》卷七十六、卷三百七十六引"兄"字俱作"昆"。

〔四〇〕《御覽》引"超"下有"敗"字。

〔四一〕《御覽》引句上有"魏武令曰"，考裴注云"手令褒揚，語在本傳"。疑此句上脱"令曰"二字。

〔四二〕毛本"使"字作"傳"，郝書同。

〔四三〕毛本"日"字作"曰"。

〔四四〕《白帖》卷六十二引"坐"上有"一"字，當據補。

〔四五〕盧弼曰："宋本作'阜嘗見明帝著帢被縹綾半袖'。《通鑑》作'帝嘗著帽被縹綾半袖'。何焯曰：'帢上《宋書》有繡字。'張照曰：'褎即古袖字，褎應作袤。'梁章鉅曰：'《宋書·五行志》云：魏明帝著繡帢被縹紈半袖，此脱繡字，複袖字，又誤紈爲綾耳。'李慈銘曰：'帢疑當作帽，褎即古袖字。此本用古字作褎，校者注袖於旁，遂連爲褎袖耳。'"

謹案：張宗泰云："按：袖即褎之重文。據《晉書·五行志》'帢'作'帽'，上有'繡'字。'被'作'披'，'綾'作'紈'。"

疑《楊阜傳》是上脱'繡'字，而'繡''袖'音相通，遂補'袖'字，又錯在'褒'下。按：《晉志》改'褐'之半從'巾'亦非。漢魏時尚未有帽之名（管寧白帽，不見本傳。至晉孟嘉始有落帽事）。字書無'褐'字，而有'裮'字，音昌，披衣不帶，衣不著帶亦非法服。阜云：'此於禮何法服也？'當不單指半褒言之，是字當從'昌'。《楊阜傳》已誤，而《晉志》又誤也。'褒''袖'重文，前人有正之者，而'裮'之誤爲'褐''帽'，或轉以《晉志》爲是而忽之。"考此盧君集解未加徵引，雖其説有可商，爲備一説，附録於此。

〔四六〕馮本、陳本、毛本"耶"字作"也"。

〔四七〕《蒙求注》卷八引《魏志》句下有"其欽憚如此"五字。

〔四八〕盧弼曰："胡三省曰：'元，始也；緒，絲端也。言文帝克終武帝之志，受禪易制，此絲端所從始也。'"

謹案：《漢書·董仲舒傳》："元者，辭之所謂大也。"《詩·魯頌·閟宫》："纘禹之緒。"傳："緒，業也。"是元緒猶大業。以上文有"大業"二字，故此作"元緒"，蓋變文以避複耳。胡注少迂曲。

〔四九〕盧弼曰："錢大昭曰：'法字上下疑有脱字。'弼按：《通鑑》'法'下有'度'字。"

謹案：《册府》卷五百三十八引重"法"字。疑此當作"不廢高祖之法度，法文景之恭儉"。今脱二字，語意不具。

〔五○〕盧弼曰："曹植封頓丘在黃初末年，《通鑑》編此疏於青龍三年，蓋集諸疏彙敘耳。"

謹案：本志《陳思王傳》，植封雍丘在黃初四年。盧君謂在末年，誤也。阜陳九族之義疏於曹叡時，當在太和二年，植尚爲雍丘王也。以植太和三年徙封東阿王，則不得云雍丘王矣。阜疏文不見於本傳，《通鑑》亦未載，盧君謂《通鑑》編此疏於青龍三年，似疏於考核也。

〔五一〕盧弼曰："《通鑑》'主'作'王'。胡注：'王兵，王者之兵也。'"

謹案：錢儀吉云："《通鑑》作'王兵'，注：'王者之兵也。'"考《册府》引亦作"王兵"。竊疑作"王兵"於上文義不協，句或有誤。試稽《管子·地圖篇》曰："凡兵主者必審知地圖轘轅之險，濫車之水，名山通谷，經川陵陸丘阜之所在，苴草林木蒲葦之所茂，道里之遠近，城郭之大小，名邑廢邑困殖之地，必盡知之。"注云："凡如此者，兵主所當知也。"此謂兵主必洞悉地形乃能致勝。然今"使六軍困於山谷之間，進無所略，退又不得"，是不審知地勢之失，故曰："非兵主之道也。"楊阜此言，或據《管子》，則此"主兵"似當作"兵主"爲是。或以"主兵"二字不得其解，而改作"王兵"，失其義矣。

〔五二〕《白帖》卷七十五引"欲"字作"請"。

〔五三〕《類聚》卷四十九、《御覽》卷六百五十引"吏"字作"史"。

〔五四〕《白帖》引"反"字作"乃"。

〔五五〕《治要》引"許"下有"昌"字。

〔五六〕毛本"璇"字作"琁"，《治要》引同。

〔五七〕盧弼曰："監本'赴'作'走'，誤。"

謹案：《官本考證》曰："'奔赴'，監本譌作'奔走'，今改正。"考紹興本正作"赴"。

〔五八〕盧弼曰："'爭'讀曰'諍'。"

謹案：《孝經·諫諍章》："昔者天子有爭臣七人，雖無道不失其天下。"《荀子·臣道篇》:"有能進言於君,用則可,不用則死,謂之争。"則"争"字不用曰"讀曰諍"也。盧君之説未必可從。

〔五九〕毛本"悟"字作"寤",《治要》引同。

〔六〇〕《書鈔》卷六十七、《御覽》卷二百五十三引"升"字作"叔"。二字形近易譌。

〔六一〕盧弼曰:"《史記·孔子世家》:定公十年,齊景公與魯定公會於夾谷,孔子攝相事,爲壇位,土階三等,以會遇之禮,相見揖讓而登,獻酬之禮畢,齊有司請奏四方之樂。孔子趨而進,歷階而登,不盡一等,舉袂而言曰:'吾兩君爲好會,夷狄之樂何爲於此!'"

謹案:《穀梁傳·定公十一年》:"頰谷之會,孔子相焉。兩君就壇,兩相相揖,齊人鼓噪而起,欲以執魯君。孔子歷階而上,不盡一等,而視歸乎齊侯。曰:'兩君合好,夷狄之民,何爲來爲?'命司馬止之(中略)。罷會。齊人使優施舞於魯君之幕下。孔子曰:'笑君者罪當死。'使司馬行法焉。首足異門而出。"高堂隆語或本此。

〔六二〕《册府》卷七百二十六引"議"作"謀"。

〔六三〕盧弼曰:"錢大昭曰:'犢民非縣,疑尉氏之譌。'姚範曰:'疑作民犢酉。'"

謹案:洪頤煊曰:"'犢'上當有脱字,此必鄉亭之民。《鄧艾傳》注:'艾少爲襄城典農部民。'《管輅傳》:'利漕民郭恩。'《吕虔傳》:'部民炅母。'《孫皓傳》:'西湖民景養。'皆是。"考洪説近是。犢民指養犢者。《鄧艾傳》:"爲農民養犢。"錢、姚説似非。

〔六四〕盧弼曰:"'帝嘉之'之下,監本作'特之赤水九日,隆爲散騎常侍',大誤。元本無'以顯焉'三字,'徵隆'作'以隆',均誤。"

謹案：趙一清曰："'特之赤水九日'六字誤刻。當作'除郎中以顯焉'。'隆'上當有'徵'字。"

〔六五〕《御覽》卷十六引"上"下有"言"字。

〔六六〕毛本"凰"作"皇"，《治要》引同。

〔六七〕盧弼曰："《周禮·地官·鼓人》：'以雷鼓鼓神祀。'鄭注：'雷鼓，八面鼓也。神祀，祀天神也。'"

謹案：《周禮·春官·大司樂》："雷鼓、雷鼗、孤竹之管、雲和之琴、瑟、雲門之舞，冬日至於地上之圜丘奏之。若樂六變，則天神皆降，可得而禮矣。"盧君引《地官·鼓人》以證，然於傳文"六變天神已降"之義則不協，非是。

〔六八〕盧弼曰："元本、監本、官本'發'作'法'。"

謹案："發"字是。發，起也。下文"災火之發"，語式正同。"法"字於此無義。元本、監本、官本俱誤。

〔六九〕盧弼曰："《通鑑》'苟'作'務'。"

謹案：《說文·茍部》："茍，自急敕也。從羊省，從包省，從口。"與從草句聲之苟聲義迥別。茍有急義，與務義近。

〔七〇〕盧弼曰："元本、監本'意'上多'之'字。"

謹案：《官本考證》曰："監本'意'上多'之'字。照毛本衍。"考紹興本無"之"字。此本以人道、天意相儷成文，不應於"天"字下綴"之"字，當刪。

〔七一〕《冊府》卷一百零四引"穀"作"穀"。

〔七二〕盧弼曰："元本、監本'占'作'史'。"

謹案：作"占"字是。《周禮·春官·序官》"占人"注："占，蓍龜之卦兆吉凶。"舊占如《漢書·五行志》所載《京房易傳》等是也。

〔七三〕盧弼曰："《漢書·武帝紀》：'太初元年柏梁臺災。二月起建章宮。'"文穎曰:"越巫名勇謂帝曰:'越國有火災,即復大起宮室以厭勝之。'故帝作建章宮。"

謹案:此已引見《三國志旁證》,當於"漢"字上增"梁章鉅曰"四字。

〔七四〕盧弼曰:"潘眉曰:'此九龍非一時並見。'宋《五行志》以郡國前後言龍見者九。"

謹案:《御覽》卷一百七十五引"九龍"二字乙。考《類聚》卷九十八引《漢晉春秋》:"青龍三年七月曹叡崇華殿災。時郡國有龍九見,故曰九龍殿。"據此"九龍"二字應乙正。

〔七五〕毛本"搆"作"構"。《晉書·五行志》同。

〔七六〕《晉書·五行志》"意"字作"戎"。

〔七七〕盧弼曰:"北宋本'居'作'宮'。"

謹案:《官本考證》曰:"'居室'北宋本作'宮室'。"此已見於《考證》,則應於"北"字上增"《官本考證》曰"五字。考《册府》卷五百二十九引"居"字作"宮",作"宮"字是。作"居"者蓋蒙上文"居室爲後"之"居"字而改。蓋未知"居室爲後",係《禮記·曲禮》文,而此宮室指曹叡建修殿舍而言,似不必改此以就彼也。

〔七八〕盧弼曰:"胡三省曰:'采橡即采來之木爲橡,不加斲削也。'"

謹案:《史記·太史公自序》"采椽不刮"索隱引韋昭曰:"采椽,櫟榱也。"胡氏望文生義,非也。

〔七九〕"祇"當作"祇"。《册府》引"聳"作"從"。

〔八〇〕盧弼曰:"《册府》'混'作'流'。"

謹案:《官本考證》曰:"'混'《册府》作'流'。"應於"册"字上增"《官本考證》曰"五字。此見《册府》卷五百二十六引,作"流"字是。"混"字於此無義。

〔八一〕盧弼曰："'然'上脱'夫'字。"

謹案：《册府》引"治"下有"矣"字。"然"字上無脱文。然猶然則，不必增"夫"字也。盧説無據。

〔八二〕毛本"太行"作"太山"。盧弼曰："《御覽》五十一引《魏志》'太山'作'太行'。"

謹案：《類聚》卷七作"太行山"。朱珔《文選集釋》曰："《本草經》曰：'紫石英生太山之山谷。'案：《中山經》有太山，與《東山經》之泰山爲岱宗者異。然《本草經》云：'紫白二石英俱生太山。'即《魏志》高堂隆所謂'太山之石英也'。"竊疑太山即謂太行，故《類聚》《御覽》俱作太行也。

〔八三〕盧弼曰："參，三分也。"

謹案：《廣雅‧釋詁一》云："參，分也。"《公羊傳‧莊公四年》"師喪分焉"注："分，半也。"盧君誤注。

〔八四〕《御覽》卷八百三十七引"今"字作"令"。

〔八五〕《書鈔》卷一百零三引《高堂隆集》、《御覽》卷四百五十三引"疾"上有"寢"字。

〔八六〕盧弼曰："胡三省曰：'疾篤不能自書，故口占而使人書之。'"

謹案：《文選》顔延年《陶徵士誄》"式尊遺占"注："占謂口隱度其事，令人書也。"

〔八七〕盧弼曰："《尚書‧舜典》：'在璿璣玉衡以齊七政。'孔傳：'璣衡，王者正天文之器可運轉者。'正義云：'玉衡，美玉。璣爲轉運，衡爲橫簫，往者正天文之器，漢世謂之渾天儀。'蔡邕云：'玉衡長八尺，孔徑一寸。下端望之，以視星辰。轉璣窺衡，以知星宿。'"

謹案：雷學淇《古經天象考》曰："按：璣即北辰，玉衡即北斗，此唐虞以來相傳古義。當緯書未出以前，無不作如是解者。太史公作《天官書》首敍中宮，獨詳北辰北斗，其近於辰斗者，止略及之。即虞舜在璣衡之遺義。自漢之洛下閎作渾儀，用之當時有效，於是緯書之出乃附會之。以機巧之制，上疑古聖之經，謂《書》之璣衡即儀象之器，此亦厚誣虞帝矣。"雷氏以玉衡爲北斗是也。古詩云"玉衡指孟冬"。《文選》李注："《春秋運斗樞》曰：'北斗七星第五星曰玉衡。'"《長楊賦》韋昭注："'玉衡，北斗也。'玉衡爲星名乃可曰曜精。若云爲渾天儀，則安能曜精耶？"盧君未諦審曜精之義，而貿然以渾儀釋之，祇見其疏也。

〔八八〕盧弼曰："趙一清曰：'致當依《孟子》作欲。'"

謹案：《册府》卷五百四十八引正作"欲"。此據《孟子》語，"致"當爲"欲"字之誤。

〔八九〕《治要》引"鑒"下有"也"字。

〔九〇〕盧弼曰："《通鑑》'掇'作'輟'。"

謹案：《文選·魏都賦》"欹㔉罔掇"李注："掇與輟古字通。"《廣雅·釋詁一》："掇，取也。"《治要》引"掇"上有"則"字，《季漢書》同。考上文"則延期過歷"，有"則"字與此相儷，應據補。

〔九一〕盧弼曰："姚範曰：'《荀子》篇末云：孫卿迫於亂世，鰌於嚴刑，上無賢主，下遇暴秦。'弼按：《史記·荀卿傳》：'荀卿，趙人，年五十始來游學於齊。齊襄王時，荀卿最爲老師。春申君以爲蘭陵令。春申君死而荀卿廢。'又按：《史記·春申君傳》：'春申君死，秦始皇立九年矣。'自齊襄王元年至秦始皇九年計四十六年，是時荀卿當已逾百歲。始皇坑諸生於咸陽，在三十五年，恐荀卿已不及見矣。荀卿醜秦之論，或爲魏明詔書之誤也。

或謂《荀子·議兵篇》有答李斯之問，疑荀卿至始皇時猶存。然案《李斯傳》李斯辭荀卿西入秦，在秦莊襄王時，距始皇坑儒之時相隔三十餘年，不得謂荀卿及見坑儒之事也。《荀卿傳》言李斯嘗爲弟子，已而相秦者，竟其事之辭也。姚氏引《荀子》篇末之語，乃荀卿弟子之辭，見楊倞注。"

謹案：盧君疑荀卿醜秦之論，爲魏明詔書之誤，恐未確。竊謂"坑儒"或當爲"无儒"。《荀子·彊國篇》曰："是何也？則其殆無儒耶！故曰：粹而王，駁而霸，無一焉而亡。此亦秦之所短也。"曹叡詔語或本之。若言坑儒，固荀卿所不及見也。"无""坑"蓋涉形近致誤。

〔九二〕盧弼曰："《詩·大雅·板》之章毛傳云：'猶，圖也'，鄭箋云：'王之謀不能圖遠，是故我大諫王也。'"

謹案：紹興本"諫"字作"簡"。姚鼐《惜抱軒筆記》曰："'猶之未遠，是用大簡'，與成八年《左傳》同，孫奕《示兒編》可證。今俗本乃譌作'諫'。"考《左傳·成公八年》"是用大簡"杜注："簡，諫也。"

〔九三〕盧弼曰："'擇'字疑誤。"

謹案：《呂氏春秋·驕恣篇》"其所擇而莫如己者亡"高注："擇，取也。"《漢舊儀》："天子冬射獵苑中取禽獸。"則擇禽猶取禽也。"擇"字似不誤。

〔九四〕盧弼曰："《新序》九《善謀篇》：'楚靈王起章華之臺爲乾谿之役，百姓罷勞，怨懟於下，羣臣倍畔於上。公子弃疾作亂，靈王亡逃，卒死於野。'《左傳·昭公十二年》：'楚子次於乾谿，不能自克以及於難。仲尼曰：克己復禮仁也，信善哉！楚靈王若能如是，豈其辱於乾谿。'"

謹案：《公羊傳·昭公十三年》："靈王爲無道，作乾谿之臺，三年不成。""役百乾谿"蓋謂此也。盧君引《左傳》似與疏不相應，或非。

〔九五〕盧弼曰："沈家本曰：'杋'當爲'抓'。"

謹案：沈説是。《文選》司馬長卿《上林賦》"抓紫莖"李注引郭璞曰："張揖曰：'抓，搖也。'"

〔九六〕紹興本"在"字作"存"。

三國志卷校箋二十六

魏志卷二十六〔一〕

滿寵　田豫　牽招　郭淮〔二〕

　　滿寵字伯寧，山陽昌邑人也〔三〕。年十八，爲郡督郵。時郡内李朔等各擁部曲，害於平民，太守使寵糾焉。朔等請罪，不復鈔略。守高平令。縣人張苞爲郡督郵，貪穢受取，干亂吏政。寵因其來在傳舍，率吏卒出收之，詰責所犯〔四〕，即日考竟，遂棄官歸。
　　太祖臨兗州，辟爲從事。及爲大將軍〔五〕，辟署西曹屬，爲許令。時曹洪宗室親貴，有賓客在界，數犯法，寵收治之。洪書報寵，寵不聽。洪白太祖，太祖召許主者。寵知將欲原，乃速殺之。太祖喜曰："當事不當爾邪？"故太尉楊彪收付縣獄，尚書令荀彧、少府孔融等並屬寵："但當受辭，勿加考掠。"寵一無所報，考訊如法。數日，求見太祖，言之曰："楊彪考訊無他辭語。當殺者宜先彰其罪；此人有名海內，若罪不明，必大失民望，竊爲明公惜之。"太祖即日赦出彪。初，彧、融聞考掠彪，皆怒，及因此得了，更善寵。臣松之以爲：楊公積德之門，身爲名臣，縱有愆負，猶宜保祐，況淫刑所濫，而可加其楚掠乎？若理應考訊，荀、孔二賢豈其妄有相請屬哉？寵以此爲能，酷吏之用心耳。雖有後善，何解前虐？

時袁紹盛於河朔，而汝南紹之本郡，門生賓客布在諸縣，擁兵拒守。太祖憂之，以寵爲汝南太守。寵募其服從者五百人，率攻下二十餘壁，誘其未降渠帥，於坐上殺十餘人，一時皆平。得戶二萬，兵二千人，令就田業。

建安十三年，從太祖征荆州。大軍還，留寵行奮威將軍，屯當陽。孫權數擾東陲，復召寵還爲汝南太守，賜爵關內侯。關羽圍襄陽，寵助征南將軍曹仁屯樊城拒之，而左將軍于禁等軍以霖雨水長爲羽所沒。羽急攻樊城，樊城得水，往往崩壞，衆皆失色。或謂仁曰："今日之危，非力所支。可及羽圍未合，乘輕船夜走，雖失城，尚可全身。"寵曰："山水速疾，冀其不久。聞羽遣別將已在郟下，自許以南，百姓擾擾，羽所以不敢遂進者，恐吾軍掎其後耳。今若遁去〔六〕，洪河以南，非復國家有也；君宜待之。"仁曰："善。"寵乃沈白馬，與軍人盟誓。會徐晃等救至，寵力戰有功，羽遂退。進封安昌亭侯。文帝即王位，遷揚武將軍。破吳於江陵有功，更拜伏波將軍，屯新野。大軍南征〔七〕，到精湖，寵帥諸軍在前，與賊隔水相對。寵勑諸將曰〔八〕："今夕風甚猛，賊必來燒軍〔九〕，宜爲其備〔一〇〕。"諸軍皆警。夜半，賊果遣十部伏夜來燒〔一一〕，寵掩擊破之，進封南鄉侯。黃初三年，假寵節鉞。五年，拜前將軍。明帝即位，進封昌邑侯。太和二年，領豫州刺史。三年春，降人稱吳大嚴，揚聲欲詣江北獵，孫權欲自出。寵度其必襲西陽而爲之備，權聞之退還〔一二〕。秋，使曹休從廬江南入合肥，令寵向夏口。寵上疏曰："曹休雖明果而希用兵，今所從道，背湖旁江，易進難退，此兵之窪地也〔一三〕。若入無彊口，宜深爲之備。"寵表未報，休遂深入。賊果從無彊口斷夾石，要休還路。休戰不利，退走。會朱靈等從後來斷道，與賊相遇。賊驚走，休軍乃得還。是歲休薨，寵以前將軍代都督揚州諸軍事。汝南兵民戀慕，大小相率，奔隨道路，不可禁止。護軍表上，欲殺其爲首者，詔使寵將親兵千人自隨，其餘一無所問。四年，拜寵征東將軍。其冬，孫權揚聲欲至合肥，寵表召兗、豫諸軍皆集。賊尋退還，被詔罷兵。寵以爲今賊大舉而還，非本意也。此必欲僞退以罷吾兵，而倒還乘虛，掩不備也，表不罷兵。後十餘日，權果更來，到合肥城，不克而還。其明年，吳將孫布遣人詣揚州求降，辭云："道遠不能自致，乞兵見迎。"刺史王淩騰布書〔一四〕，請兵馬迎之。寵以爲必詐，不與兵，而爲淩作報書曰："知識邪正，欲避禍就順，去暴歸道，甚相嘉尚。今欲遣兵相迎，然計兵少則不足相衛，多則事必遠聞。且先密計以成本志，臨時節度其宜。"寵會被書當入朝，勅留府長史："若淩欲往迎，勿與兵也。"淩於後索兵不得，乃單遣一督將步騎七百人往迎之。布夜掩擊，督將迸走，死傷過半。初，寵與淩共事不平，淩支黨毀寵疲老悖謬，故明帝召之。既至，體氣康彊，見而遣還。《世語》曰：王淩表寵年過耽酒，不可居方任。帝將召寵，給事中郭謀曰："寵爲汝南太守、豫州刺吏二十餘年，有勳方岳。及鎮淮南，吳人憚之。若不如所表，將爲所闞。可令還朝，問以方事以察之。"帝從之。寵既至，進見，飲酒至一石不亂。帝慰勞之，遣還。寵屢表求留，詔報曰："昔廉頗彊食，馬援據鞍，今君未老而自謂已老，何與廉、馬之相背邪？其思安邊境，惠此中國。"

明年，吳將陸遜向廬江，論者以爲宜速赴之。寵曰："廬江雖小，將勁兵精，守則經時。又賊舍船二百里來，後尾空縣，尚欲誘致，今宜聽其遂進，但恐走不可及耳。"整軍趨楊宜口。賊聞大兵東下，即夜遁。時權歲有來計。青龍元年，寵上疏曰："合肥城南臨江湖，北遠壽春〔一五〕，賊攻圍之，得據水爲勢；官兵救之，當先破賊大輩〔一六〕，然後圍乃得解。賊往其易，而兵往救之甚難，宜移城内之兵，其西三十里〔一七〕，有奇險可依，更立城以固守，此爲引賊平地〔一八〕，而掎其歸路〔一九〕，於計爲便。"護軍將軍蔣濟議，以爲："既示天下以弱，且望賊煙火而壞城，此爲未攻而自拔。一至於此，劫略無限，必以淮北爲守。"帝未許。寵重表曰："孫子言，兵者，詭道也。故能而示之以弱不能，驕之以利，示之以懼。此爲形實不必相應也。又曰'善動敵者形之'。今賊未至而移城却內，此所謂形而誘之也。引賊遠水〔二〇〕，擇利而動，舉得於外，則福生於內矣。"尚書趙咨以寵策爲長，詔遂報聽。其年，權自出，欲圍新城，以其遠水，積二十日不敢下船。寵謂諸將曰："權得吾移城，必於其衆中有自大之言，今大舉來欲要一切之功，雖不敢至，必當上岸耀兵以示有餘。"乃潛遣步騎六千伏肥城隱處以待之〔二一〕。權果上岸耀兵，寵伏軍卒起擊之，斬首數百，或有赴水死者。明年，權自將號十萬，至合肥新城。寵馳往赴，募壯士數十人，折松爲炬，灌以麻油，從上風放火，燒賊攻具，射殺權弟子孫泰〔二二〕。賊於是引退。三年春，權遣兵數千家佃於江北。至八月，寵以爲田向收熟，男女布野，其屯衛兵去城遠者數百里，可掩擊也。遣長吏督三軍循江東下〔二三〕，摧破諸屯，焚燒穀物而還。詔美之，因以所獲盡爲將士賞。

景初二年，以寵年老徵還，遷爲太尉。寵不治產業，家無餘財。詔曰："君典兵在外，專心憂公〔二四〕，有行父、祭遵之風。賜田十頃，穀五百斛，錢二十萬，以明清忠儉約之節焉。"寵前後增邑，凡九千六百户，封子孫二人亭侯。正始三年薨，諡曰景侯。子偉嗣。偉以格度知名，官至衛尉。《世語》曰：偉字公衡。偉子長武，有寵風，年二十四，爲大將軍掾。高貴鄉公之難，以掾守閶闔掖門，司馬文王弟安陽亭侯幹欲入。幹妃，偉妹也。長武謂幹曰："此門近，公且來，無有入者，可從東掖門。"幹遂從之。文王問幹入何遲，幹言其故。參軍王羨亦不得入，恨之。既而羨因王左右啓王，滿掾斷門不內人，宜推劾。壽春之役，偉從文王至許，以疾不進。子從，求還省疾，事定乃從歸，由此內見恨。收長武考死杖下，偉免爲庶人。時人冤之。偉弟子奮，晉元康中至尚書令、司隸校尉。寵、偉、長武、奮，皆長八尺。荀綽《冀州記》曰："奮性清平，有識檢。"《晉諸公贊》曰："奮體量通雅，有寵風也。"

田豫字國讓，漁陽雍奴人也。劉備之奔公孫瓚也，豫時年少，自託於備，備甚奇之。備爲豫州刺史，豫以母老求歸，備涕泣與別，曰："恨不與君共成大事也。"

公孫瓚使豫守東州令，瓚將王門叛瓚，爲袁紹將萬餘人來攻。衆懼欲降。豫登城謂門曰："卿爲公孫所厚而去，意有所不得已也；今還作賊，乃知卿亂人耳。夫挈瓶之智，守不假器，吾既受之矣；何不急攻乎？"門慙而退。瓚雖知豫有權謀而不能任也。瓚敗而鮮于輔爲國人所推，行太守事，素善豫，以爲長史。時雄傑並起，輔莫知所從。豫謂輔曰："終能定天下者，必曹氏也。宜速歸命，無後禍期。"輔從其計，用受封寵。太祖召豫爲丞相軍謀掾，除潁陰、朗陵令，遷弋陽太守，所在有治。

鄢陵侯彰征代郡，以豫爲相。軍次易北，虜伏騎擊之，軍人擾亂，莫知所爲。豫因地形，回車結圜陣，弓弩持滿於內，疑兵塞其隙。胡不能進，散去。追擊，大破之，遂前平代，皆豫策也。

遷南陽太守。先時，郡人侯音反，衆數千人在山中爲羣盜，大爲郡患。前太守收其黨與五百餘人，表奏皆當死。豫悉見諸繫囚慰喻[二五]，開其自新之路，一時破械遣之。諸囚皆叩頭，願自效，即相告語[二六]，羣賊一朝解散[二七]，郡内清靜。具以狀上[二八]，太祖善之。

文帝初，北狄彊盛，侵擾邊塞，乃使豫持節護烏丸校尉，牽招、解雋并護鮮卑。自高柳以東，濊貊以西，鮮卑數十部，比能、彌加、素利割地統御[二九]，各有分界；乃共要誓，皆不得以馬與中國市[三〇]。豫以戎狄爲一，非中國之利，乃先搆離之，使自爲讎敵，互相攻伐。素利違盟，出馬千匹與官，爲比能所攻，求救於豫。豫恐遂相兼并，爲害滋深，宜救善討惡，示信衆狄單將銳卒，深入虜庭，胡人衆多，鈔軍前後，斷截歸路。豫乃進軍，去虜十餘里結屯營，多聚牛馬糞然之[三一]，從他道引去。胡見煙火不絕，以爲尚在，去，行數十里乃知之。追豫到馬城[三二]，圍之十重，豫密嚴使司馬建旌旗[三三]，鳴鼓吹，將步騎從南門出，胡人皆屬目往赴之。豫將精銳自北門出，鼓譟而起[三四]，兩頭俱發，出虜不意，虜衆散亂，皆棄弓馬步走，追討二十餘里，僵尸蔽地。又烏丸王骨進桀黠不恭，豫因出塞案行，單將麾下百餘騎入進部。進逆拜，遂使左右斬進，顯其罪惡以令衆。衆皆怖慴不敢動，便以進弟代進。自是胡人破膽，威震沙漠。山賊高艾，衆數千人寇鈔，爲幽、冀害，豫誘使鮮卑素利部斬艾，傳首京都。封豫長樂亭侯。爲校尉九年，其御夷狄，恒摧抑兼并，乘散彊猾。凡逋亡姦宄，爲胡作計不利官者，豫皆構刺攪離，使凶邪之謀不遂，聚居之類不安。事業未究，而幽州刺史王雄支黨欲令雄領烏丸校尉，毀豫亂邊，爲國生事。遂轉豫爲汝南太守，加殄夷將軍。

太和末，公孫淵以遼東叛，帝欲征之而難其人，中領軍楊暨舉豫應選。臣松之案：暨字休先，滎陽人，事見《劉曄傳》。暨子肇，晉荆州刺史。山濤《啓事》稱肇有才能。肇子潭字道元，次歆字公嗣，潭子或字長文，次經字仲武，皆見《潘岳集》。乃使豫以本官督青州諸軍，假節，往討之。會吳賊遣使與淵相結，帝以賊衆多，又以渡海，詔豫使罷軍。豫度賊船垂還，歲晚風急，必畏漂浪，東隨無岸，當赴成山。成山無藏船之處，輒便循海，案行地勢，及諸山島，徼截險要，列兵屯守。自入成山，登漢武之觀。賊還，果遇惡風，船皆觸山沈沒，波蕩著岸，無所逃竄，盡虜其衆。初，諸將皆笑於空地待賊，及賊破，競欲與謀，求入海鉤取浪船。豫懼窮虜死戰，皆不聽。初，豫以太守督青州，青州刺史程喜內懷不服，軍事之際，多相違錯。喜知帝寶愛明珠，乃密上："豫雖有戰功而禁令寬弛，所得器仗珠金甚多，放散皆不納官。"由是功不見列。

後孫權號十萬衆攻新城，征東將軍滿寵欲率諸軍救之。豫曰："賊悉衆大舉，非徒投射小利，欲質新城以致大軍耳。宜聽使攻城，挫其銳氣，不當與爭鋒也。城不可拔，衆必罷怠；罷怠然後擊之，可大克也。若賊見計，必不攻城，勢將自走。若便進兵，適入其計。又大軍相向，當使難知，不當使自畫也。"豫輒上狀，天子從之。會賊遁走。後吳復來寇，豫往拒之，賊即退。諸軍夜驚，云："賊復來！"豫臥不起，令眾"敢動者斬"。有頃，竟無賊。

　　景初末，增邑三百，并前五百戶。正始初，遷使持節護匈奴中郎將，加振威將軍，領并州刺史。外胡聞其威名，相率來獻。州界寧肅，百姓懷之。徵爲衛尉。屢乞遜位，太傅司馬宣王以爲豫克壯〔三五〕，書喻未聽。豫書答曰："年過七十而以居位，譬猶鐘鳴漏盡而夜行不休，是罪人也。"遂固稱疾篤。拜太中大夫，食卿祿。年八十二薨。子彭祖嗣。《魏略》曰：豫罷官歸，居魏縣。會汝南遣健步詣征北，感豫宿恩，過拜之。豫爲殺雞炊黍，送詣至陌頭〔三六〕，謂之曰："罷老，苦汝來過〔三七〕。無能有益，若何？"健步愍其貧羸，流涕而去，還爲故吏民說之。汝南爲具資數千匹，遣人餉豫，豫一不受。會病亡〔三八〕，戒其妻子曰："葬我必於西門豹邊〔三九〕。"妻子難之，言〔四〇〕："西門豹古之神人，那可葬於其邊乎〔四一〕？"豫言："豹所履行與我敵等耳〔四二〕，使死而有靈，必與我善。"妻子從之。汝南聞其死也，悲之，既爲畫像，又就爲立碑銘。

　　豫清約儉素，賞賜皆散之將士。每胡、狄私遺，悉簿藏官不入家；家常貧匱。雖殊類，咸高豫節。《魏略》曰：鮮卑素利等數來客見，多以牛馬遺豫；豫轉送官〔四三〕。胡以爲前所與豫物顯露，不如持金。乃密懷金三十斤，謂豫曰："願避左右，我欲有所道。"豫從之，胡因跪曰："我見公貧，故前後遺公牛馬，公輒送官，今密以此上公，可以爲家資。"豫張袖受之，答其厚意。胡去之後，皆悉付外，具以狀聞。於是詔襃之曰："昔魏絳開懷以納戎〔四四〕，今卿舉袖以受狄金，朕甚嘉焉。"乃即賜絹五百匹〔四五〕。豫得賜，分以其半藏小府，後胡復來，以半與之。嘉平六年，下詔襃揚，賜其家錢穀。語在《徐邈傳》。

牽招字子經，安平觀津人也〔四六〕。年十餘歲，詣同縣樂隱受學。後隱爲車騎將軍何苗長史，招隨卒業。值京都亂，苗、隱見害，招俱與隱門生史路等觸蹈鋒刃，共殯斂隱屍，送喪還歸。道遇寇鈔，路等皆悉散走。賊欲斫棺取釘〔四七〕，招垂淚請赦。賊義之，乃釋而去。由此顯名。

冀州牧袁紹辟爲督軍從事，兼領烏丸突騎。紹舍人犯令，招先斬乃白，紹奇其意而不見罪也。紹卒，又事紹子尚。建安九年，太祖圍鄴。尚遣招至上黨督致軍糧，未還，尚破走，到中山。時尚外兄高幹爲并州刺史，招以并州左有恒山之險，右有大河之固，帶甲五萬，北阻彊胡，勸幹迎尚，并力觀變。幹既不能，而陰欲害招。招聞之間行而去，道隔不得追尚，遂東詣太祖。太祖領冀州，辟爲從事〔四八〕。

太祖將討袁譚，而柳城烏丸欲出騎助譚。太祖以招嘗領烏丸，遣詣柳城。到，值峭王嚴，以五千騎當遣詣譚。又遼東太守公孫康自稱平州牧，遣使韓忠齎單于印綬往假峭王。峭王大會羣長，忠亦在坐。峭王問招："昔袁公言受天子之命，假我爲單于；今曹公復言當更白天子，假我真單于；遼東復持印綬來。如此，誰當爲正？"招答曰："昔袁公承制，得有所拜假；中間違錯，天子命曹公代之，言當白天子，更假真單于，是也。遼東下郡，何得擅稱拜假也？"忠曰："我遼東在滄海之東，擁兵百萬，又有扶餘、濊貊之用；當今之勢，彊者爲右，曹操獨何得爲是也？"招呵忠曰："曹公允恭明哲，翼戴天子，伐叛柔服，寧靜四海，汝君臣頑嚚，今恃險遠，背違王命，欲擅拜假，侮弄神器，方當屠戮，何敢慢易咎毀大人？"便捉忠頭頓築，拔刀欲斬之。峭王驚怖，徒跣抱招，以救請忠，左右失色。招乃還坐，爲峭王等說成敗之效，禍福所歸。皆下席跪伏，敬受勑教，便辭遼東之使，罷所嚴騎。

太祖滅譚於南皮，署招軍謀掾，從討烏丸。至柳城，拜護烏丸校尉。還鄴，遼東送袁尚首，縣在馬市，招覩之悲感，設祭頭下。太祖義之，舉爲茂才。從平漢中，太祖還，留招爲中護軍，事罷還鄴，拜平虜校尉，將兵督青、徐州郡諸軍事，擊東萊賊，斬其渠率，東土寧靜。

文帝踐阼，拜招使持節護鮮卑校尉，屯昌平。是時，邊民流散山澤，又亡叛在鮮卑中者，處有千數。招廣布恩信，招誘降附。建義中郎將公孫集等，率將部曲，咸各歸命；使還本郡。又懷來鮮卑素利、彌加等十餘萬落，皆令款塞。

大軍欲征吳，召招還，至，值軍罷，拜右中郎將，出爲鴈門太守。郡在邊陲，雖有候望之備，而寇鈔不斷。招既教民戰陣，又表復烏丸五百餘家租調，使備鞍馬，遠遣偵候。虜每犯塞，勒兵逆擊，來輒摧破，於是吏民膽氣日鋭，荒野無虞。又搆閒離散〔四九〕，使虜更相猜疑。鮮卑大人步度根、泄歸泥等與軻比能爲隙，將部落三萬餘家詣郡附塞。勑令還擊比能，殺比能弟苴羅侯，及叛烏丸歸義侯王同、王寄等，大結怨讐。是以招自出率將歸泥等討比能於云中故郡，大破之。招通河西鮮卑附頭等十餘萬家，繕治陘北故上館城，置屯戍以鎮內外，夷虜大小，莫不歸心，諸叛亡雖親戚不敢藏匿，咸悉收送。於是野居晏閉，寇賊靜息。招乃簡選有才識者，詣太學受業，還相授教，數年中庠序大興。郡所治廣武，井水鹹苦，民皆擔輂遠汲流水，往反七里。招準望地勢，因山陵之宜，鑿原開渠，注水城內，民賴其益。

明帝即位，賜爵關內侯。太和二年，護烏丸校尉田豫出塞，爲軻比能所圍於故馬邑城，移招求救。招即整勒兵馬，欲赴救豫。并州以常憲禁招，招以爲節將見圍，不可拘於吏議，自表輒行。又並馳布羽檄，稱陳形勢，云當西北掩取虜家，然後東行，會誅虜身。檄到，豫軍踊躍。又遣一通於虜蹊要〔五〇〕，虜即恐怖，種類離散。軍到故平城，便皆潰走。比能復大合騎來。到故平州塞北。招潛行撲討，大斬首級。招以蜀虜諸葛亮數出，而比能狡猾，能相交通，表爲防備，議者以爲縣遠，未之信也。

會亮時在祁山，果遣使連結比能。比能至故北地石城，與相首尾。帝乃詔招，使從便宜討之。時比能已還漠南，招與刺史畢軌議曰："胡虜遷徙無常。若勞師遠追，則遲速不相及。若欲潛襲，則山溪艱險，資糧轉運，難以密辦。可使守新興、鴈門二牙門，出屯陘北，外以鎮撫，內令兵田，儲畜資糧，秋冬馬肥，州郡兵合，乘釁征討，計必全克。"未及施行，會病卒。招在郡十二年，威風遠振。其治邊之稱，次於田豫，百姓追思之。而漁陽傅容在鴈門有名績，繼招後，在遼東又有事功云。

招子嘉嗣。次子弘，亦猛毅有招風，以隴西太守隨鄧艾伐蜀有功，咸熙中爲振威護軍。嘉與晉司徒李胤同母，早卒。按《晉書》：弘後爲揚州、涼州刺史，以果烈死事於邊。嘉子秀，字成叔。荀綽《冀州記》曰："秀有儁才，性豪俠有氣，弱冠得美名。於太康中爲衛瓘、崔洪、石崇等所提攜，以新安令博士爲司空從事中郎。與帝舅黃門侍郎王愷素相輕侮。愷諷司隸荀愷，令都官誣奏秀夜在道中載高平國守士田興妻。秀即表訴被誣陷之由，論愷穢行，文辭尤厲[五一]。於時朝臣雖多證明，秀名譽由是而損。後張華請爲長史，稍遷至尚書。河間王以秀爲平北將軍，假節，在馮翊遇害。世人玩其辭賦，惜其材幹。"

郭淮字伯濟，太原陽曲人也。按郭氏譜：淮祖全，大司農；父蘊，鴈門太守[五二]。建安中舉孝廉，除平原府丞。文帝爲五官將，召淮署爲門下賊曹，轉爲丞相兵曹議令史，從征漢中。太祖還，留征西將軍夏侯淵拒劉備，以淮爲淵司馬。淵與備戰，淮時有疾不出。淵遇害，軍中擾擾，淮收散卒，推盪寇將軍張郃爲軍主，諸營乃定。其明日，備欲渡漢水來攻。諸將議衆寡不敵，備便乘勝[五三]，欲依水爲陣以拒之。淮曰：“此示弱而不足挫敵，非算也。不如遠水爲陣，引而致之，半濟而後擊，備可破也。”既陣，備疑不渡[五四]，淮遂堅守，示無還心。以狀聞，太祖善之，假郃節，復以淮爲司馬。文帝即王位，賜爵關內侯，轉爲鎮西長史。又行征羌護軍，護左將軍張郃、冠軍將軍楊秋討山賊鄭甘、盧水叛胡，皆破平之。關中始定，民得安業。

　　黃初元年，奉使賀文帝踐阼，而道路得疾，故計遠近爲稽留。及羣臣歡會，帝正色責之曰：“昔禹會諸侯於塗山，防風後至[五五]，便行大戮。今普天同慶而卿最留遲[五六]，何也？”淮對曰：“臣聞五帝先教，導民以德，夏后政衰，始用刑辟。今臣遭唐虞之世，是以自知免於防風之誅也[五七]。”帝悅之，擢領雍州刺史[五八]，封射陽亭侯，五年爲真。安定羌大帥辟蹏反，討破降之。每羌、胡來降，淮輒先使人推問其親理，男女多少，年歲長幼；及見，一一知其款曲[五九]，訊問周至，咸稱神明。

　　太和二年，蜀相諸葛亮出祁山，遣將軍馬謖至街亭，高詳屯列柳城。張郃擊謖，淮攻詳營，皆破之。又破隴西名羌唐蹏於枹罕，加建威將軍，五年，蜀出鹵城。是時，隴右無穀，議欲關中大運，淮以威恩撫循羌、胡，家使出穀，平其輸調，軍食用足，轉揚武將軍。青龍二年，諸葛亮出斜谷，並田於蘭坑。是時司馬宣王屯渭南；淮策亮必爭北原，宜先據之，議者多謂不然。淮曰："若亮跨渭登原，連兵北山，隔絶隴道，搖蕩民、夷〔六〇〕，此非國之利也。"宣王善之，淮遂屯北原。塹壘未成，蜀兵大至，淮逆擊之〔六一〕。後數日，亮盛兵西行，諸將皆謂欲攻西圍，淮獨以爲此見形於西，欲使官兵重應之，必攻陽遂耳。其夜果攻陽遂，有備不得上。

正始元年，蜀將姜維出隴西。淮遂進軍，追至彊中，維退，遂討羌迷當等，按撫柔氐三千餘落〔六二〕，拔徙以實關中。遷左將軍。涼州休屠胡梁元碧等，率種落二千餘家附雍州。淮奏請使居安定之高平，爲民保障，其後因置西川都尉。轉拜前將軍，領州如故。

五年，夏侯玄伐蜀，淮督諸軍爲前鋒。淮度勢不利，輒拔軍出，故不大敗。還假淮節。八年，隴西、南安、金城、西平諸羌餓何、燒戈、伐同、蛾遮塞等相結叛亂。攻圍城邑，南招蜀兵，涼州名胡治無戴復叛應之。討蜀護軍夏侯霸督諸軍屯爲翅。淮軍始到狄道，議者僉謂宜先討定枹罕，内平惡羌，外折賊謀。淮策維必來攻霸，遂入渢中，轉南迎霸。維果攻爲翅，會淮軍適至，維遁退。進討叛羌，斬餓何、燒戈，降服者萬餘落。九年，遮塞等屯河關、白土故城〔六三〕，據河拒軍。淮見形上流，密於下渡兵據白土城〔六四〕，擊，大破之。治無戴圍武威，家屬留在西海。淮進軍趨西海，欲掩取其累重，會無戴折還，與戰於龍夷之北，破走之。令居惡虜在石頭山之西,當大道止,斷絶王使。淮還過討,大破之。姜維出石營,從彊川,乃西迎治無戴,留陰平太守廖化於成重山築城,斂破羌保質。淮欲分兵取之。諸將以維衆西接彊胡,化以據險,分軍兩持,兵勢轉弱,進不制維,退不拔化,非計也,不如合而俱西,及胡、蜀未接〔六五〕,絶其内外,此伐交之兵也。淮曰:"今往取化,出賊不意,維必狼顧。比維自致,足以定化,且使維疲於奔命。兵不遠西,而胡交自離,此一舉而兩全之策也。"乃別遣夏侯霸等追維於沓中,淮自率諸軍就攻化等。維果馳還救化,皆如淮計。進封都鄉侯。

　　嘉平元年,遷征西將軍,都督雍、涼諸軍事。是歲,與雍州刺史陳泰協策,降蜀牙門將句安等於翅上。二年,詔曰:"昔漢川之役,幾至傾覆。淮臨危濟難,功書王府。在關右三十餘年〔六六〕,外征寇虜,内綏民夷。比歲以來,摧破廖化,禽虜句安,功績顯著,朕甚嘉之。今以淮爲車騎將軍、儀同三司,持節、都督如故。"進封陽曲侯,邑凡二千七百八十户,分三百户,封一子亭侯。《世語》曰:淮妻王淩之妹。淩誅,妹當從坐,御史往收〔六七〕。督將及羌、胡渠帥數千人叩頭請淮表留妻,淮不從。妻上道莫不流涕,人人扼腕,欲劫留之。淮五子叩頭流血請淮,淮不忍視,乃命左右追妻。於是追者數千騎,數日而還。淮以書白司馬宣王曰:"五子哀母,不惜其身;若無其母,是無五子〔六八〕;無五子,亦無淮也。今輒追還,若於法未通,當受罪於主者,覲展在近。"書至,宣王亦宥之〔六九〕。正元二年薨,追贈大將軍,謚曰貞侯。子統嗣。統官至荆州刺史,薨。子正嗣。咸熙中,開建五等,以淮著勳前朝,改封汾陽子。《晉諸公贊》曰:淮弟配,字仲南,有重名,位至城陽太守〔七〇〕。裴秀、賈充皆配女壻。子展,字泰舒。有器度幹用,歷職著績,終於太僕。次弟豫,字泰寧,相國參軍,知名,早卒。女適王衍。配弟鎮,字秀南,謁者僕射。鎮子奕,字泰業。山濤《啓事》稱奕高簡有雅量,歷位雍州刺史、尚書。

評曰:滿寵立志剛毅,勇而有謀。田豫居身清白,規略明練。牽招秉義壯烈,威績顯著。郭淮方策精詳,垂問秦、雍。而豫位止小州,招終於郡守,未盡其用也。

【校箋】

〔一〕毛本作"魏書二十六"。

〔二〕毛本作"滿田牽郭傳第二十六"。

〔三〕《文選・奏彈王源》:"吳郡滿璋之相承,爲是高平舊族寵奮胤胄。"是寵當爲高平人也。

〔四〕《御覽》卷二百六十六引"責"字作"其"。

〔五〕本書《武帝紀》:"建安元年九月以太祖爲大將軍。於是以袁紹爲太尉。紹恥班在公下,不肯受,公乃固辭,以大將軍讓紹。天子拜公司空行車騎將軍。"據此是操未爲大將軍也。此傳云太祖臨兗州,辟爲從事,及爲大將軍。則此大將軍疑有誤。

〔六〕盧弼曰:"各本皆作'遁',毛本作'遯'。"

謹案:《說文・辵部》:"遯,逃也。從辵從豚。""遁"爲"遯"之或體。

〔七〕《御覽》卷三百三十引"征"下有"吳"字。

〔八〕《御覽》卷二百三十引"勅"字作"令",《通典》作"謂"。

〔九〕盧弼曰:"《御覽》卷三百三十'軍'作'營'。"

謹案:《官本考證》曰:"'燒軍'《太平御覽》作'燒營'。"考《通典·兵八》"軍"亦作"營"。竊謂"軍"字亦通。《國語·晉語》注"軍猶屯也"。疑承祚原作"軍",或校者易"軍"爲"營"。故《通典》《御覽》有作"營"字者矣。

〔一〇〕《御覽》引"其"字作"之",《通典》同。

〔一一〕《御覽》引"部"下無"伏夜"二字,"燒"下有"營"字。

〔一二〕盧弼曰:"此傳滿寵於太和二年領豫州刺史,與《賈逵傳》不合。曹休進兵失利,寵上疏請備無彊口,事在太和二年。此傳云三年,亦誤。今舉證如下:按逵傳太和二年帝使逵督前將軍滿寵、東莞太守胡質等四軍從西陽直向東關。是時逵爲豫州刺史,以名刺史著稱。逵傳又明言使逵督前將軍滿寵,不言督豫州刺史滿寵也。《通鑑》太和二年前將軍滿寵上疏請備無彊口,亦書前將軍不書豫州刺史,是寵領豫州刺史或在後也。又按:《曹休傳》《賈逵傳》均言休兵之敗在太和二年,休死於是年九月,見《明帝紀》。休死寵代,亦當在是年,益證此傳三年之誤。"

謹案:洪亮吉曰:"下言歲休薨。按:明紀及休傳休敗石亭與卒,皆在太和二年,此言三年秋蓋誤。"竊謂曹休敗時豫州刺史爲賈逵。逵傳注引《魏略》曰:"休怨逵進遲,乃呵責逵,遂使主者勅豫州刺史往拾棄杖。逵恃心直謂休曰:'本爲國家作豫州刺史,不來相爲拾棄杖也。'"太和二年豫州刺史爲賈逵。逵於二年死,而後寵即繼之。故寵傳太和二年爲豫州刺史也。盧君謂寵傳寵於太和二年領豫州刺史，與《賈逵傳》不合，蓋未深思也。

〔一三〕《通鑑·魏紀》"窐"字作"絓"。考《孫子·地形篇》"（地形）有挂者"，梅堯臣注："網羅之地，往必絓結。"可以往難以反曰挂，與上文"易進難退"意同，此作"窐"，則"絓"之假借字也。

〔一四〕盧弼曰："騰，傳也，上也。"

謹案：《後漢·隗囂傳》："因數騰書隴蜀。"注："騰，傳也。"桂馥《說文義證·馬部》"騰"字注曰："謂傳遞郵驛也。"盧君云"上也"，或非。

〔一五〕《御覽》卷一百六十九引"遠"字作"達"。

〔一六〕盧弼曰："'輩'當作'軍'。"

謹案：《御覽》引"輩"字作"軍"。

〔一七〕《御覽》引作"今城西"，無"其"字。

〔一八〕《御覽》引"此爲"二字作"所謂"。

〔一九〕《御覽》引"路"下有"也"字。

〔二〇〕盧弼曰："毛本'水'作'來'，各本皆作'水'，《通鑑》同。"

謹案：下文"以其遠水，積二十日不敢下船"，則作"遠水"是。毛本蓋誤。

〔二一〕盧弼曰："各本'城'作'池'。《通鑑》作'水'。"

謹案：《官本考證》曰："'肥城'《通鑑》作'肥水'。"紹興本"城"作"池"，局本、官本俱作"城"，似不得云各本作池也。

〔二二〕《御覽》卷八百七十引無"子孫"二字。考《孫匡傳》泰爲權之弟子，非弟也。《御覽》無"子"字，非是。

〔二三〕盧弼曰："宋本'二'作'三'。"

謹案：《官本考證》曰："'遣長史督二軍'，宋本作'遣長吏督三軍'。"考紹興本仍作"史"，"二"作"三"。《册府》卷三百七十六、又卷四百二十一俱作"史"，"三"字作"二"。

〔二四〕《御覽》卷四百二十五、《册府》卷三百七十六引"公"字作"國"。《後漢書·祭遵傳》："帝每歎曰：'安得憂國奉公之臣如祭征虜乎。'"《徐邈傳》："憂國忘私。""憂國"蓋當時成語，當據改。

〔二五〕《書鈔》卷三十九、《御覽》卷六百四十四引"喻"字作"諭"。

〔二六〕《書鈔》《御覽》引"告"字作"報"。

〔二七〕《書鈔》《御覽》引"賊"下俱無"一朝"二字。

〔二八〕《御覽》卷二百六十一引"上"字作"聞"。

〔二九〕盧弼曰："《御覽》'素利'下有'等'字。"

謹案：《官本考證》曰："《太平御覽》'素利'下有'等'字。"盧君或本之，當於"御"字上增"《官本考證》曰"五字。此見《御覽》卷二百八十五。考《御覽》同卷引"鮮"字上有"時"字。

〔三○〕《御覽》引"誓"字作"盟"，下無"皆"字。

〔三一〕盧弼曰："毛本'聚'作'取'。"

謹案：紹興本仍作"聚"，《御覽》引同。《左傳·哀公十七年》"陳人恃其聚而侵楚"注："聚，積聚也。"《易·萃》"聚以正也"釋文："'聚以正'荀本作'取以正'。"是"聚""取"古通。

〔三二〕盧弼曰："弼按：《軻比能傳》作'馬城'。《牽招傳》：'軻比能圍豫於故馬邑城，移招求救。并州以常憲禁招，招以節將見圍，不可拘於吏議。'按此傳文義是并爲并州鴈門之馬邑，馬邑漢末已廢，古傳言'故馬邑城'也。然招傳下文又言'軍到故平城'，平城在今大同縣東，則又似爲幽州代郡之馬城。馬邑、馬城，地雖屬二州，相距祇數百里，虜騎出沒，忽東忽西，爲恆有之事。而馬城、馬邑又僅一字之差，故兩傳所書各異也。"

謹案：《牽招傳》："招所治廣武（《一統志》在今山西代州西十五里）。豫時被圍於故馬邑城（《一統志》故城在今山西朔平府朔州治），豫移招求救，招馳布羽檄，稱陳形勢，當西北掩取虜衆，然後東行會誅虜身。"會誅虜身，招謂與田豫合力殲滅軻比能軍也。既云東行，則豫被圍之地當在廣武之東，而馬邑與此傳所述方位不合。《豫》及《鮮卑傳》作馬城（《一統志》故城在今直隸宣化府懷安縣北），馬城在廣武之東。招由廣武西行攻鮮卑族累重，"虜即恐怖，種類離散"，即東向到故平城（《一統志》故城在大同縣東），便皆散走。似豫被圍處當在馬城也。若然則招傳之馬邑城，"邑"字或屬衍文，本傳及《鮮卑傳》作"馬城"，乃近實矣。馬邑、馬城雖僅一字之差，然究係兩地。虜騎固出沒飄忽，但豫被圍處當僅有一不得云爲二。此復非兩傳所書各異，或以傳抄而致誤耳。疑刪招傳"故馬邑城"之"邑"字爲是。

〔三三〕《御覽》引"密"下無"嚴"字。

〔三四〕《御覽》引"起"字作"赴"。《通典·兵六》亦作"赴"。

〔三五〕《御覽》引"以"下無"爲"字。

〔三六〕《御覽》卷八百一十七引無"至"字，《冊府》卷六百八十二引無"詣"字。

〔三七〕紹興本"苦"字作"若"，疑非。

〔三八〕盧弼曰："'亡'疑作'亟'。"

謹案：紹興本"亡"字作"立"。《論語·子罕篇》"子疾病"

鄭注："病，疾益困也。""會病"句，"立"字屬下。盧君不知"病"具疾益困之義，而謂"亡作巫"，無據，不可從。"立"與曹植《贈丁廙詩》"枯榮立可須"之"立"意同。

〔三九〕盧弼曰："趙一清曰：'豹下疑脫祠字。《水經·濁漳水注》：漳水東北逕西門豹祠前是也。魏武營高陵於西門豹祠西原上，豫蓋以重臣陪葬耳。故知《魏略》之言爲虛也。'錢儀吉曰：'魏武陪陵重臣尚多，必不及豫。'"

謹案：《册府》卷七百九十二引"邊"上有"墓"字。

〔四〇〕《御覽》卷五百五十四引"言"字作"曰"。下言"豫言"，《御覽》引亦作"曰"。

〔四一〕《御覽》引作"那可葬其所"。"葬"下無"於"字。

〔四二〕《御覽》引"與"上有"正"字，"我"下無"敵"字。

〔四三〕盧弼曰："《書鈔》三十八'轉'作'輀'。"

謹案：《御覽》卷八百一十七引"轉"字亦作"輀"，疑作"輀"字是。與下文"公輀送官"，語正相承。"輀""轉"或以形近而誤。

〔四四〕盧弼曰："何焯曰：'《册府》戎下有賂字。'"

謹案：此見《册府》卷四百零六。考有"賂"字者是，"戎賂""狄金"語正相儷。此奪，應據補。

〔四五〕盧弼曰："《書鈔》'絹'作'青綾'。"

謹案：此見《書鈔》卷六十一引。《治要》卷二十六引作"青縑"。

〔四六〕盧弼曰："《郡國志》：'冀州安平國觀津。'《一統志》：'觀津故城，今直隸冀州武邑縣東南。'"

謹案：梁章鉅曰："《元豐九域志》：武邑縣有觀津鎮，即故縣也，今廢。"

〔四七〕盧弼曰："趙一清曰：'釘直幾何？乃至斫棺取之，容亦有飾詞。'弼按：取釘開棺，乃可掠棺內之物。"

謹案：漢末荒亂，煉冶業廢，鐵之供應不足，曹操曾以木易鈇，則民間乏鐵可知矣。斫棺取釘，蓋欲取鐵耳。考《王淩傳》淩曾向司馬懿索棺釘，雖藉以窺測懿意，然棺釘之不易得，亦可推知。趙氏所疑，或未瞭彼時情況，故謂有飾詞，盧君謂開棺取棺中物，直與傳意違矣。

〔四八〕盧弼曰："《御覽》四百九孫楚《牽招碑》云：'初君與劉備少長河朔，英雄同契，爲刎頸之交，有橫波絕流拊翼橫飛之志。俄而委質於太祖，備遂鼎足於蜀漢。所交非常，爲時所忌，每自酌損於季孟之間。'"

謹案：此已見梁章鉅《三國志旁證》。考宋本《御覽》"絕流"作"截流"。"酌損於季孟之間"，"於"字作"乎"。盧君此本《旁證》，"御"字上應增"梁章鉅曰"四字。

〔四九〕毛本"閒"作"間"。

〔五〇〕盧弼曰："各本'移'作'遺'，毛本作'移'。"

謹案："遺"字是。《史記·孝文紀》"太僕見馬遺財足"索隱："遺猶留也。"毛本作"移"，誤。

〔五一〕盧弼曰："《晉書·牽秀傳》'尤'作'亢'。"

謹案：梁章鉅曰："陳景云曰：'尤當作亢，見《晉書·牽秀傳》。'"《廣雅·釋詁一》："亢，極也。"

〔五二〕盧弼曰："北宋本'縕'作'蘊'。"

謹案：《官本考證》曰："北宋本'縕'作'蘊'。""北"字上應增"《官本考證》曰"五字。

〔五三〕《御覽》卷二百八十五引無此四字，《季漢書》同。疑此四字當在"其明日"句下。備便乘勝欲渡漢水來攻，則上下文義方順，此或傳抄而誤也。

〔五四〕盧弼曰："《御覽》卷二百八十五'不'下有'敢'字。"

謹案：錢儀吉"不"下增"敢"字，云"從《御覽》"。考《通典·兵十三》作"先主悟之不敢"，亦有"敢"字。

〔五五〕《世説·方正篇》注引"風"下有"氏"字。

〔五六〕馮本、陳本、毛本"普"字作"溥"，《世説》注引同。

〔五七〕《世説》注引"以"下無"自"字。

〔五八〕《世説》注引"擢"字作"爲"。

〔五九〕馮本、陳本、毛本"一一"作"一二"，郝書同。

〔六〇〕紹興本"蕩"字作"盪"。

〔六一〕《御覽》卷三百三十二引"擊"下有"走"字。《通典·兵十》引同。

〔六二〕盧弼曰："'柔'字疑誤。"

謹案：《公羊傳·昭公二十五年》"而柔焉"注："柔，順。"是"柔"有順從之義。則柔氏謂服從之氏也，"柔"字似不誤。"按撫"，《季漢書》作"安撫"。

〔六三〕盧弼曰："趙一清曰：'《水經·河水注》：左南津西六十里有白土城。城在大河之北，而爲緣河濟渡之處。魏涼州刺史郭淮破羌遮塞於白土即此處。據此則淮曾爲涼州刺史，蓋傳失之。'弼按：聚珍本《水經注》案語云：'淮爲雍州刺史，此云涼州誤。'"

謹案：盧君所引案語，即戴震《水經注》校語，應注明。

〔六四〕《御覽》卷二百八十五引"城"上有"故"字，《通典・兵六》同。

〔六五〕毛本"接"作"集"。盧弼曰："宋本'集'作'接'。"

謹案：下文云"此伐交之兵也"。考《孫子・謀攻篇》"故上兵伐謀，其次伐交"曹操注："交，將令也。"杜佑注："不令合。"據此似當從宋紹興本作"接"。《禮記・喪服傳》"以時接見乎天子"注："接猶會也。"與"伐交之兵"義正相承。

〔六六〕盧弼曰："自建安末至嘉平。"

謹案：《世說》注引"三"字作"二"，疑作"二"字是。據本傳，淮於黃初元年擢領雍州刺史，至嘉平二年僅二十七八年，不得"三十餘年"也。盧君謂自建安末，考建安末淮爲張郃司馬，延康元年轉爲鎮西長史，俱在關中。此云在關右，當自領雍州刺史時始也。

〔六七〕《世說》注引"御"上有"侍"字，《御覽》卷五百二十引同。

〔六八〕《世說》注引作"五子若亡"，"五"上無"無"字。

〔六九〕《世說》注引作"宣王乃表原之"。

〔七〇〕紹興本、毛本"成"字作"城"，郝書同。

三國志校箋卷二十七

魏志卷二十七〔一〕

徐邈　胡質 子威　王昶　王基〔二〕

　　徐邈字景山，燕國薊人也。太祖平河朔，召爲丞相軍謀掾，試守奉高令，入爲東曹議令史。魏國初建，爲尚書郎。時科禁酒〔三〕，而邈私飲至於沈醉。校事趙達問以曹事，邈曰："中聖人。"達白之太祖〔四〕，太祖甚怒。度遼將軍鮮于輔進曰："平日醉客謂酒清者爲聖人〔五〕，濁者爲賢人〔六〕，邈性修慎，偶醉言耳〔七〕。"竟坐得免刑。後領隴西太守，轉爲南安。文帝踐阼，歷譙相、平陽、安平太守，潁川典農中郎將，所在著稱，賜爵關內侯。車駕幸許昌，問邈曰："頗復中聖人不？"邈對曰："昔子反斃於穀陽，御叔罰於飲酒，臣嗜同二子，不能自懲，時復中之。然宿瘤以醜見傳，而臣以醉見識。"帝大笑，顧左右曰："名不虛立。"遷撫軍大將軍軍師。

明帝以涼州絕遠，南接蜀寇，以邈爲涼州刺史，使持節領護羌校尉。至，值諸葛亮出祁山，隴右三郡反，邈輒遣參軍及金城太守等擊南安賊，破之。河右少雨，常苦乏穀，邈上脩武威、酒泉鹽池以收虜穀，又廣開水田，募貧民佃之，家家豐足，倉庫盈溢。乃支度州界軍用之餘[八]，以市金帛犬馬，通供中國之費。以漸收斂民間私杖，藏之府庫。然後率以仁義，立學明訓，禁厚葬，斷淫祀，進善黜惡，風化大行，百姓歸心焉。西域流通，荒戎入貢，皆邈勳也。討叛羌柯吾有功，封都亭侯，邑三百戶，加建威將軍。邈與羌、胡從事，不問小過；若犯大罪，先告部帥，使知，應死者乃斬以徇，是以信服畏威。賞賜皆散與將士，無入家者，妻子衣食不充；天子聞而嘉之，隨時供給其家。彈邪繩枉，州界肅清。

正始元年，還爲大司農。遷爲司隸校尉，百寮敬憚之。公事去官。後爲光祿大夫，數歲即拜司空，邈歎曰："三公論道之官，無其人則缺，豈可以老病忝之哉？"遂固辭不受。嘉平元年，年七十八，以大夫薨於家，用公禮葬，謚曰穆侯。子武嗣。六年，朝廷追思清節之士，詔曰："夫顯賢表德，聖王所重；舉善而教，仲尼所美。故司空徐邈、征東將軍胡質、衛尉田豫皆服職前朝[九]，歷事四世，出統戎馬，入贊庶政，忠清在公，憂國忘私，不營產業，身沒之後，家無餘財，朕甚嘉之。其賜邈等家穀二千斛，錢三十萬，布告天下。"邈同郡韓觀曼游，有鑒識器幹，與邈齊名，而在孫禮、盧毓先，爲豫州刺史,甚有治功,卒官。《魏名臣奏》載黄門侍郎杜恕表,稱:"韓觀、王昶信有兼才,高官重任,不但三州。"廬欽著書,稱邈曰:"徐公志高行潔,才博氣猛。其施之也,高而不狷,潔而不介,博而守約,猛而能寬。聖人以清爲難,而徐公之所易也。"或問欽:"徐公當武帝之時,人以爲通,自在涼州及還京師,人以爲介,何也?"欽答曰:"往者毛孝先、崔季珪等用事〔一〇〕,貴清素之士,於時皆變易車服以求名高,而徐公不改其常,故人以爲通。比來天下奢靡,轉相倣效,而徐公雅尚自若,不與俗同,故前日之通,乃今日之介也。是世人之無常,而徐公之有常也。"

胡質字文德,楚國壽春人也。少與蔣濟、朱績俱知名於江、淮間,仕州郡。蔣濟爲別駕,使見太祖。太祖問曰:"胡通達,長者也,寧有子孫不?"濟曰:"有子曰質,規模大略不及於父,至於精良綜事過之。"案《胡氏譜》:通達名敏,以方正徵。太祖即召質爲頓丘令。縣民郭政通於從妹,殺其夫程他,郡吏馮諒繫獄爲證。政與妹皆耐掠隱抵,諒不勝痛,自誣,當反其罪。質至官,察其情色,更詳其事,檢驗具服。

入爲丞相東曹議令史,州請爲治中。將軍張遼與其護軍武周有隙。遼見刺史温恢求請質〔一一〕,質辭以疾。遼出謂質曰〔一二〕:"僕委意於君,何以相辜如此?"質曰:"古人之交也,取多知其不貪,奔北知其不怯,聞流言而不信，故可終也。武伯南身爲雅士，往者將軍稱之不容於口，今以睚眦之恨乃成嫌隙〔一三〕。睚，五賣反。眦，士賣反。況質才薄，豈能終好？是以不願也。"遼感言〔一四〕，復與周平。虞預《晉書》曰：周字伯南，沛國竹邑人。位至光祿大夫。子陔，字元夏。陔及二弟韶、茂〔一五〕，皆總角見稱，並有器望，雖鄉人諸父，未能覺其多少。時同郡劉公榮，名知人，嘗造周。周謂曰："卿有知人之明，欲使三兒見卿，卿爲目高下，以效郭、許之聽可乎？"公榮乃自詣陔兄弟，與共言語，觀其舉動。出語周曰："君三子皆國士也。元夏器量最優，有輔佐之風，展力仕宦，可爲亞公。叔夏、季夏，不減常伯、納言也。"陔少出仕宦，歷職內外，泰始初爲吏部尚書，遷左僕射，右光祿大夫、開府儀同三司，卒於官。陔以在魏已爲大臣，本非佐命之數，懷遜讓〔一六〕，不得已而居位，故在官職，無所荷任，夙夜思恭而已。終始全潔，當世以爲美談。韶歷二官吏部郎。山濤《啓事》稱韶清白有誠。終於散騎常侍。茂至侍中、尚書。潁川荀愷，宣帝外孫，世祖姑子，自負貴戚，要與茂交。茂拒而不答〔一七〕，由是見怒。元康元年，楊駿被誅。愷時爲尚書僕射，以茂駿之姨弟，陷爲駿黨，遂枉見殺，衆咸冤痛之。

太祖辟爲丞相屬。黃初中，徙吏部郎，爲常山太守〔一八〕，遷任東莞。士盧顯爲人所殺，質曰："此士無讎而有少妻，所以死乎！"悉見其比居年少，書吏李若見問而色動，遂窮詰情狀。若即自首，罪人斯得。每軍功賞賜，皆散之於衆，無入家者。在郡九年，吏民便安，將士用命。

遷荆州刺史，加振威將軍，賜爵關內侯。吳大將朱然圍樊城，質輕軍赴之。議者皆以爲賊盛不可迫，質曰："樊城卑下，兵少，故當進軍爲之外援；不然，危矣。"遂勒兵臨圍，城中乃安。遷征東將軍，假節都督青、徐諸軍事。廣農積穀，有兼年之儲，置東征臺，且佃且守，又通渠諸郡，利舟楫，嚴設備以待敵。海邊無事。

性沉實内察，不以其節檢物，所在見思。嘉平二年薨，家無餘財，惟有賜衣書篋而已。軍師以聞，追進封陽陵亭侯，邑百戶，諡曰貞侯。子威嗣。六年，詔書褒述質清行，賜其家錢穀。語在《徐邈傳》。威，咸熙中官至徐州刺史，《晉陽秋》曰：威字伯虎。少有志尚，厲操清白。質之爲荆州也，威自京都省之。家貧，無車馬僮僕，威自驅驢單行，拜見父。停厩中十餘日，告歸[一九]。臨辭，質賜其絹一匹，爲道路糧。威跪曰："大人清白[二〇]，不審於何得此絹？"質曰："是吾俸祿之餘，故以爲汝糧耳。"威受之，辭歸。每至客舍，自放驢，取樵炊爨，食畢，復隨旅進道[二一]，往還如是[二二]。質帳下都督，素不相識，先其將歸，請假還家，陰資裝百餘里要之，因與爲伴，每事佐助經營之，又少進飲食，行數百里。威疑之，密誘問，乃知其都督也，因取向所賜絹答謝而遣之。後因他信，具以白質。質杖其都督一百，除吏名[二三]。其父子清慎如此。於是名譽著聞，歷位宰牧。晉武帝賜見[二四]，論邊事[二五]，語及平生。帝歎其父清[二六]，謂威曰："卿清孰與父清？"威對曰："臣不如也。"帝曰："以何爲不如[二七]？"對曰："臣父清恐人知[二八]，臣清恐人不知，是臣不如者遠也[二九]。"官至前將軍、青州刺史。太康元年卒，追贈鎮東將軍。威弟熊，字季象，征南將軍；威子奕，字次孫，平東將軍；並以潔行垂名。有殊績，歷三郡守，所在有名。卒於安定。

王昶字文舒，太原晉陽人也。案《王氏譜》：昶伯父柔，字叔優；父澤，字季道。《郭林宗傳》曰：叔優、季道幼少之時，聞林宗有知人之鑒，共往候之，請問才行所宜，以自處業。林宗笑曰："卿二人皆二千石才也，雖然，叔優當以仕宦顯，季道宜以經術進，若違才易務，亦不至也。"叔優等從其言。叔優至北中郎將，季道代郡太守。少與同郡王淩俱知名。淩年長，昶兄事之。文帝在東宮，昶爲太子文學，遷中庶子。文帝踐阼，徙散騎侍郎，爲洛陽典農。時都畿樹木成林，昶斫開荒萊，勤勸百姓，墾田特多。遷兗州刺史。明帝即位，加揚烈將軍，賜爵關内侯。昶雖在外任，心存朝廷，以爲魏承秦、漢之弊，法制苛碎，不大釐改國典，以準先王之風，而望治化復興，不可得也。乃著《治論》，略依古制而合於時務者二十餘篇，又著《兵書》十餘篇，言奇正之用，《孫子兵法》曰：兵以正合，以奇勝；奇正還相生，若循環之無窮。青龍中奏之。

其爲兄子及子作名字，皆依謙實〔三〇〕，以見其意，故兄子默字處靜，沈字處道，其子渾字玄沖，深字道沖。遂書戒之曰：

夫人爲子之道，莫大於寶身全行，以顯父母。此三者人知其善，而或危身破家，陷於滅亡之禍者，何也？由所祖習非其道也。夫孝敬仁義，百行之首，行之而立身之本也〔三一〕。孝敬則宗族安之，仁義則鄉黨重之，此行成於内，名著於外者矣。人若不篤於至行，而背本逐末，以陷浮華焉，以成朋黨焉；浮華則有虛偽之累，朋黨則有彼此之患。此二者之戒，昭然著明，而循覆車滋衆，逐末彌甚，皆由惑當時之譽，昧目前之利故也。夫富貴聲名，人情所樂，而君子或得而不處，何也？惡不由其道耳。患人知進而不知退，知欲而不知足，故有困辱之累，悔吝之咎。語曰："如不知足〔三二〕，則失所欲。"故知足之足常足矣。覽往事之成敗，察將來之吉凶，未有干名要利，欲而不厭，而能保身持家〔三三〕，永全福祿者也。欲使汝曹立身行已〔三四〕，遵儒者之教，履道家之言，故以玄默沖虛爲名，欲使汝曹顧名思義，不敢違越也。古者盤杅有銘，几杖有誡，俯仰察焉，用無過行；況在已名，可不戒之哉！夫物速成則疾亡，晚就則善終。朝華之草，夕而零落；松柏之茂，隆寒不衰。是以大雅君子惡速成，戒闕黨也。若范匄對秦客而武子擊之〔三五〕，折其委笄〔三六〕，惡其掩人也。《國語》曰：范文子暮退於朝，武子曰："何暮也？"對曰："有秦客廋辭於朝，大夫莫之能對也，吾知三焉。"武子怒曰："大夫非不能也，讓父兄也。爾童子而三掩人於朝，吾不在，晉國亡無日也。"擊之以杖，折其委笄。臣松之案：對秦客者，范燮也。此云范匄，蓋誤也。夫人有善鮮不自伐，有能者寡不自矜；伐則掩人，矜則陵人。掩人者人亦掩之，陵人者人亦陵之。故三郤爲戮於晉，王叔負罪於周，不惟矜善自伐好爭之咎乎？故君子不自稱，非以讓人，惡其蓋人也。夫能屈以爲伸，讓以爲得，弱以爲彊，鮮不遂矣。夫毀譽，愛惡之原而禍福之機也，是以聖人慎之。孔子曰：“吾之於人，誰毀誰譽；如有所譽；必有所試。”又曰：“子貢方人。賜也賢乎哉，我則不暇。”以聖人之德，猶尚如此，況庸庸之徒而輕毀譽哉？

昔伏波將軍馬援戒其兄子，言：“聞人之惡，當如聞父母之名；耳可得而聞，口不可得而言也。”斯戒至矣。臣松之以爲：援之此誡，可謂切至之言，不刊之訓也。凡道人過失，蓋謂居室之怨，人未之知，則由己而發者也。若乃行事，得失已暴於世，因其善惡，即以爲誡，方之於彼，則有愈焉。然援誡稱龍伯高之美，言杜季良之惡，致使事徹時主，季良以敗。言之傷人，孰大於此？與其所誡，自相違伐。人或毀己，當退而求之於身。若己有可毀之行，則彼言當矣；若己無可毀之行，則彼言妄矣。當則無怨於彼，妄則無害於身，又何反報焉？且聞人毀己而忿者，惡醜聲之加人也〔三七〕，人報者滋甚〔三八〕，不如默而自脩己也〔三九〕。諺曰：“救寒莫如重裘，止謗莫如自脩。”斯言信矣。若與是非之士，凶險之人，近猶不可，況與對校乎？其害深矣。夫虛僞之人，言不根道，行不顧言，其爲浮淺較可識別；而世人惑焉，猶不檢之以言行也〔四〇〕。近濟陰魏諷、山陽曹偉皆以傾邪敗没，熒惑當世，挾持姦慝，驅動後生。雖刑於鈇鉞，大爲烱戒，然所汙染，固以衆矣。可不愼與！《世語》曰：黄初中，孫權通章表。偉以白衣登江上，與權交書求報，欲以交結京師，故誅之。

若夫山林之士，夷、叔之倫，甘長饑於首陽，安赴火於緜山，雖可以激貪勵俗，然聖人不可爲，吾亦不願也。今汝先人世有冠冕，惟仁義爲名，守愼爲稱，孝悌於閨門，務學於師友。吾與時人從事，雖出處不同，然各有所取。潁川郭伯益，好尚通達，敏而有知。其爲人弘曠不足，輕貴有餘；得其人重之如山，不得其人忽之如草。吾以所知親之昵之，不願兒子爲之。伯益名奕，郭嘉之子。北海徐偉長，不治名高〔四一〕，不求苟得，澹然自守，惟道是務。其有所是非，則託古人以見其意，當時無所襃貶。吾敬之重之，願兒子師之。東平劉公幹，博學有高才，誠節有大意，然性行不均，少所拘忌，得失足以相補。吾愛之重之，不願兒子慕之。臣松之以爲：文舒復擬則文淵，顯言人之失。魏諷、曹偉，事陷惡逆，著以爲誡，差無可尤。至若郭伯益、劉公幹，雖其人皆往，善惡有定；然既友之於昔不宜復毀之於今，而乃形於翰墨，永傳後葉，於舊交則違久要之義，於子孫則揚人前世之惡。於夫鄙懷，深所不取。善乎東方之誡子也，以首陽爲拙，柳下爲工，寄旨古人，無傷當時。方之馬、王，不亦遠哉！樂安任昭先〔四二〕，淳粹履道，內敏外恕，推遜恭讓〔四三〕，處不避洿，怯而義勇〔四四〕，在朝忘身。吾友之善之，願兒子遵之。昭先名嘏。《別傳》曰：嘏，樂安博昌人。世爲著姓，夙智早成〔四五〕，故鄉人爲之語曰：蔣氏翁，任氏童。父旐，字子旟，以至行稱。漢末，黃巾賊起，天下饑荒，人民相食。寇到博昌，聞旐姓字，乃相謂曰："宿聞任子旟，天下賢人也。今雖作賊，那可入其鄉邪？"遂相帥而去。由是聲聞遠近，州郡並招舉孝廉，歷酸棗、祝阿令。嘏八歲喪母，號泣不絶聲，自然之哀，同於成人，故幼以至性見稱。年十四始學，疑不再問，三年中誦五經，皆究其義，兼包羣言，無不綜覽，於時學者號之神童。遂遇荒亂，家貧賣魚，會官稅魚，魚貴數倍〔四六〕，嘏取直如常。又與人共買生口，各雇八匹。後生口家來贖，時價直六十四。共買者欲隨時價取贖，嘏自取本價八匹。共買者慙，亦還取本價。比居者擅耕嘏地數十畝種之〔四七〕，人以語嘏，嘏曰："我自以借之耳。"耕者聞之，憖謝還地。及邑中急訟，皆詣嘏質之，然後意厭。其子弟有不順者，父兄竊數之曰："汝所行，豈可令任君知邪！"其禮教所化，率皆如此，會太祖創業，召海内至德，嘏應其舉，爲臨菑侯庶子、相國東曹屬、尚書郎。文帝時，爲黃門侍郎。每納忠言，輒手書懷本〔四八〕，自在禁省，歸書不封。帝嘉其淑慎，累遷東郡、趙郡、河東太守，所在化行，有遺風餘教。嘏爲人淳粹愷悌，虛己若不足，恭敬如有畏。其脩身履義〔四九〕，皆沈默潛行，不顯其美，故時人少得稱之。著書三十八篇，凡四萬餘言。嘏卒後，故吏東郡程咸、趙國劉固、河東上官崇等，録其事行及所著書奏之。詔下祕書，以貫羣言。若引而伸之，觸類而長之，汝其庶幾舉一隅耳。及其用財先九族，其施舍務周急，其出入存故老,其論議貴無貶,其進仕尚忠節,其取人務實道〔五〇〕,其處勢戒驕淫〔五一〕,其貧賤慎無戚,其進退念合宜,其行事加九思,如此而已。吾復何憂哉?

青龍四年,詔"欲得有才智文章,謀慮淵深,料遠若近,視昧而察,籌不虛運,策弗徒發,端一小心,清脩密靜,乾乾不解,志尚在公者,無限年齒,勿拘貴賤,卿校已上各舉一人"。太尉司馬宣王以昶應選。正始中,轉在徐州,封武觀亭侯,遷征南將軍,假節都督荊、豫諸軍事。昶以爲國有常衆,戰無常勝;地有常險,守無常勢。今屯苑〔五二〕,去襄陽三百餘里,諸軍散屯,船在宣池,有急不足相赴,乃表徙治新野、習水軍於二州〔五三〕,廣農墾殖,倉穀盈積。

嘉平初,太傅司馬宣王既誅曹爽乃奏博問大臣得失。昶陳治略五事:其一,欲崇道篤學,抑絕浮華,使國子入太學而脩庠序;其二,欲用考試,考試猶準繩也,未有舍準繩而意正曲直,廢黜陟而空論能否也;其三、欲令居官者久於其職,有治績則就增位賜爵;其四、欲約官實禄,勵以廉恥,不使與百姓爭利;其五,欲絕侈靡,務崇節儉,令衣服有章,上下有敘,儲穀畜帛,反民於樸。詔書褒贊。因使撰百官考課事,昶以爲唐虞雖有黜陟之文,而考課之法不垂。周制冢宰之職,大計羣吏之治而誅賞,又無校比之制。由此言之,聖主明於任賢,略舉黜陟之體,以委達官之長,而總其統紀,故能否可得而知也。其大指如此〔五四〕。

二年，昶奏："孫權流放良臣，適庶分爭，可乘釁而制吳、蜀；白帝、夷陵之間，黔、巫、秭歸、房陵皆在江北，民夷與新城郡接，可襲取也。"乃遣新城太守州泰襲巫、秭歸、房陵，荊州刺史王基詣夷陵，昶詣江陵，兩岸引竹緪爲橋，渡水擊之。賊奔南岸，鑿七道並來攻。於是昶使積弩同時俱發，賊大將施績夜遁入江陵城，追斬數百級。昶欲引至平地與合戰，乃先遣五軍案大道發還，使賊望見以喜之，以所獲鎧馬甲首，馳環城以怒之，設伏兵以待之。績果追，軍與戰，克之。績遁走，斬其將鍾離茂、許旻，收其甲首旗鼓珍寶器仗，振旅而還。王基、州泰皆有功。於是遷昶征南大將軍、儀同三司，進封京陵侯。毌丘儉、文欽作亂，引兵拒儉、欽有功，封二子亭侯、關內侯，進位驃騎將軍。諸葛誕反，昶據夾石以逼江陵，持施績、全熙使不得東。誕既誅，詔曰："昔孫臏佐趙，直湊大梁。西兵驟進，亦所以成東征之勢也。"增邑千户，并前四千七百户，遷司空，持節、都督如故。甘露四年薨，諡曰穆侯。子渾嗣，咸熙中爲越騎校尉。案《晉書》〔五五〕：渾自越騎入晉，累居方任，平吳有功，封一子江陵侯，位至司徒。渾子濟，字武子，有儁才令望，爲河南尹、太僕。早卒，追贈驃騎將軍。渾弟深，冀州刺史。深弟湛，字處沖，汝南太守。湛子承，字安期，東海內史。承子述，字懷祖，尚書令、衛將軍。述子坦之，字文度，北中郎將，徐、袞二州刺史。昶諸子中，湛最有德譽，而承亦自爲名士，述及坦之並顯重於世，爲時盛門云。自湛已下事，見《晉陽秋》也。

王基字伯輿[五六]，東萊曲城人也。少孤，與叔父翁居。翁撫養甚篤，基亦以孝稱。年十七，郡召爲吏，非其好也，遂去，入琅邪界游學。黃初中，察孝廉，除郎中。是時青土初定，刺史王淩特表請基爲別駕，後召爲祕書郎，淩復請還。頃之，司徒王朗辟基，淩不遣。朗書劾州曰："凡家臣之良，則升於公輔，公臣之良，則入於王職，是故古者侯伯有貢士之禮。今州取宿衞之臣，留祕閣之吏，所希聞也。"淩猶不遣。淩流稱青土，蓋亦由基協和之輔也[五七]。大將軍司馬宣王辟基，未至，擢爲中書侍郎。

明帝盛脩宮室，百姓勞瘁。基上疏曰："臣聞古人以水喻民，曰'水所以載舟，亦所以覆舟[五八]'。故在民上者，不可以不戒懼。夫民逸則慮易，苦則思難，是以先王居之以約儉，俾不至於生患。昔顏淵云東野子之御，馬力盡矣而求進不已，是以知其將敗。今事役勞苦，男女離曠，願陛下深察東野之弊，留意舟水之喻，息奔馹於未盡，節力役於未困。昔漢有天下，至孝文時唯有同姓諸侯，而賈誼憂之曰：'置火積薪之下而寢其上，因謂之安也。'今寇賊未殄，猛將擁兵，檢之則無以應敵，久之則難以遺後，當盛明之世，不務以除患，若子孫不競，社稷之憂也。使賈誼復起，必深切於曩時矣。"

散騎常侍王肅著諸經傳解及論定朝儀，改易鄭玄舊說，而基據持玄義，常與抗衡。遷安平太守，公事去官。大將軍曹爽請爲從事中郎，出爲安豐太守。郡接吳寇，爲政清嚴有威惠，明設防備，敵不敢犯。加討寇將軍。吳嘗大發衆集建業，揚聲欲入攻揚州，刺史諸葛誕使基策之。基曰："昔孫權再至合肥，一至江夏，其後全琮出廬江，朱然寇襄陽，皆無功而還。今陸遜等已死，而權年老，內無賢嗣，中無謀主。權自出則懼內釁卒起，癰疽發潰；遣將則舊將已盡，新將未信。此不過欲補綻支黨〔五九〕，還自保護耳。"後權竟不能出。時曹爽專柄，風化陵遲，基著《時要論》以切世事〔六〇〕。以疾徵還，起家爲河南尹，未拜，爽伏誅，基嘗爲爽官屬，隨例罷。

其年爲尚書，出爲荊州刺史，加揚烈將軍，隨征南王昶擊吳。基別襲步協於夷陵，協閉門自守。基示以攻形，而實分兵取雄父邸閣，收米三十餘萬斛，虜安北將軍譚正，納降數千口。於是移其降民，置夷陵縣。賜爵關內侯。基又表城上昶，徙江夏治之，以偪夏口，由是賊不敢輕越江。明制度，整軍農，兼脩學校，南方稱之。時朝廷議欲伐吳，詔基量進趣之宜。基對曰："夫兵動而無功，則威名折於外，財用窮於內，故必全而後用也。若不資通川聚糧水戰之備，則雖積兵江內，無必渡之勢矣。今江陵有沮、漳二水，溉灌膏腴之田以千數。安陸左右，陂池沃衍。若水陸並農，以實軍資，然後引兵詣江陵、夷陵，分據夏口，順沮、漳，資水浮穀而下。賊知官兵有經久之勢，則拒天誅者意沮，而向王化者益固。

然後率合蠻夷以攻其内,精卒勁兵以討其外,則夏口以上必拔,而江外之郡不守。如此,吴、蜀之交絶,交絶而吴禽矣。不然,兵出之利,未可必矣。"於是遂止。

司馬景王新統政,基書戒之曰:"天下至廣,萬幾至猥,誠不可不兢兢業業[六一],坐而待旦也。夫志正則衆邪不生,心静則衆事不躁,思慮審定則教令不煩,親用忠良則遠近協服。故知和遠在身,定衆在心。許允、傅嘏、袁侃、崔贊皆一時正士,有直質而無流心,可與同政事者也。"景王納其言。

高貴郷公即尊位。進封常樂亭侯。毌丘儉、文欽作亂,以基爲行監軍、假節,統許昌軍,適與景王會於許昌。景王曰:"君籌儉等何如?"基曰:"淮南之逆,非吏民思亂也,儉等誑脅迫懼,畏目下之戮,是以尚羣聚耳。若大兵臨偪,必土崩瓦解,儉、欽之首,不終朝而縣於軍門矣。"景王曰:"善。"乃令基居軍前。議者咸以儉、欽慓悍,難與争鋒。詔基停駐。基以爲:"儉等舉軍足以深入,而久不進者,是其詐僞已露,衆心疑沮也。今不張示威形以副民望,而停軍高壘,有似畏懦,非用兵之勢也。若或虜略民人,又州郡兵家爲賊所得者,更懷離心;儉等所迫脅者,自顧罪重,不敢復還,此爲錯兵無用之地,而成姦宄之源。吴寇因之,則淮南非國家之有,譙、沛、汝、豫危而不安,此計之大失也。軍宜速進據南頓,南頓有大邸閣[六二],計足軍人四十日糧。保堅城,因積穀,先人有奪人之心,此平賊之要也。"基屢請,乃聽進據㶏水。既至，復言曰："兵聞拙速，未覩工遲之久[六三]。方今外有彊寇，內有叛臣，若不時決，則事之深淺未可測也。議者多欲將軍持重。將軍持重是也，停軍不進非也。持重非不行之謂也，進而不可犯耳。今據堅城，保壁壘，以積實資虜，縣運軍糧，甚非計也。"景王欲須諸軍集到，猶尚未許。基曰："將在軍，君令有所不受。彼得則利，我得亦利，是謂爭城，南頓是也。"遂輒進據南頓，儉等從項亦爭欲往，發十餘里，聞基先到，復還保項。時兗州刺史鄧艾屯樂嘉，儉使文欽將兵襲艾。基知其勢分，進兵偪項，儉衆遂敗。欽等已平，遷鎮南將軍，都督豫州諸軍事，領豫州刺史，進封安樂鄉侯。上疏求分戶二百，賜叔父子喬爵關內侯，以報叔父拊育之德。有詔特聽。

諸葛誕反，基以本官行鎮東將軍，都督揚、豫諸軍事。時大軍在項，以賊兵精，詔基斂軍堅壘。基累啓求進討。會吳遣朱異來救誕，軍於安城。基又被詔引諸軍轉據北山，基謂諸將曰："今圍壘轉固，兵馬向集，但當精脩守備以待越逸，而更移兵守險，使得放縱，雖有智者不能善後矣[六四]。"遂守便宜上疏曰："今與賊家對敵[六五]，當不動如山。若遷移依險，人心搖蕩，於勢大損。諸軍並據深溝高壘，衆心皆定，不可傾動，此御兵之要也。"書奏，報聽。大將軍司馬文王進屯丘頭，分部圍守，各有所統。基督城東城南二十六軍，文王勑軍吏入鎮南部界，一不得有所遣[六六]。城中食盡，晝夜攻壘，基輒拒擊，破之。壽春既拔，文王與基書曰："初議者云云，求移者甚衆，時未臨履，亦謂宜然。將軍深算利害，獨秉固志，上違詔命，下拒衆議，終至制敵禽賊〔六七〕，雖古人所述，不是過也〔六八〕。"文王欲遣諸將輕兵深入，招迎唐咨等子弟，因釁有蕩覆吳之勢。基諫曰："昔諸葛恪乘東關之勝，竭江表之兵，以圍新城，城既不拔，而衆死者大半。姜維因洮上之利，輕兵深入，糧餉不繼，軍覆上邽。夫大捷之後，上下輕敵，輕敵則慮難不深。今賊新敗於外，又内患未弭〔六九〕，是其脩備設慮之時也。且兵出踰年，人有歸志，今俘馘十萬，罪人斯得，自歷代征伐，未有全兵獨克如今之盛者也。武皇帝克袁紹於官渡，自以所獲已多，不復追奔，懼挫威也。"文王乃止。以淮南初定，轉基爲征東將軍，都督揚州諸軍事，進封東武侯。基上疏固讓，歸功參佐，由是長史司馬等七人皆侯。

是歲，基母卒，詔祕其凶問，迎基父豹喪合葬洛陽，追贈豹北海太守。甘露四年，轉爲征南將軍，都督荆州諸軍事，常道鄉公即尊位，增邑千户，并前五千七百户。前後封子二人亭侯、關内侯。

景元二年，襄陽太守表吳賊鄧由等欲來歸化，基被詔，當因此震蕩江表。基疑其詐，馳驛陳狀。且曰："嘉平以來，累有内難，當今之務，在於鎮安社稷，綏寧百姓，未宜動衆以求外利。"文王報書曰："凡處事者，多曲相從順，鮮能確然共盡理實。誠感忠愛，每見規示，輒敬依來指。"後由等竟不降。司馬彪《戰略》載基此事，詳於本傳。曰："景元二年春三月，襄陽太守胡烈表上'吳賊鄧由、李光等，同謀十八屯，欲來歸化，遣將張吳、鄧生，并送質任。克期欲令郡軍臨江迎拔'。大將軍司馬文王啓聞。詔征南將軍王基部分諸軍，使烈督萬人徑造沮水，荆州、義陽南屯宜城，承書夙發。若由等如期到者，便當因此震蕩江表。基疑賊詐降，誘致官兵，馳驛止文王，説由等可疑之狀。'且當清澄，未宜便舉重兵深入應之。'又曰：'夷陵東道，當由車御，至赤岸乃得渡沮〔七〇〕，西道當出箭谿口，乃趣平土，皆山險狹〔七一〕。竹木叢蔚，卒有要害，弩馬不陳。今者筋角弩弱，水潦方降，廢盛農之務，徼難必之利，此事之危者也。昔子午之役，兵行數百里而值淋雨〔七二〕，橋閣破壞，後糧腐敗，前軍縣乏。姜維深入，不待輜重，士衆饑餓，覆軍上邽。文欽、唐咨，舉吳重兵，昧利壽春，身没不反。此皆近事之鑒戒也。嘉平以來，累有内難。當今之宜，當鎮安社稷，撫寧上下，力農務本，懷柔百姓，未宜動衆以求外利也。得之未足爲多，失之傷損咸重。'文王累得基書，意疑。尋勒諸軍已上道者，且權停住所在，須後節度〔七三〕。基又言於文王曰：'昔漢祖納酈生之説，欲封六國，寤張良之謀，而趣銷印。基謀慮淺短，誠不及留侯，亦懼襄陽有食其之謬。'文王於是遂罷軍嚴，後由等果不降。"

是歲基薨〔七四〕，追贈司空，謚曰景侯。子徽嗣，早卒〔七五〕。咸熙中，開建五等，以基著勳前朝，改封基孫廙，而以東武餘邑賜一子爵關内侯。晉室踐阼，下詔曰："故司空王基既著德立勳，又治身清素，不營產業，久在重任，家無私積，可謂身没行顯，足用勵俗者也。其以奴婢二人賜其家。"

評曰：徐邈清尚弘通，胡質素業貞粹，王昶開濟識度，王基學行堅白，皆掌統方任，垂稱著績。可謂國之良臣，時之彥士矣。

【校箋】
〔一〕毛本作"魏書二十七"。
〔二〕毛本作"徐胡二王傳第二十七"。
〔三〕《文選集注·袁彥伯〈三國名臣贊〉》引《鈔》"酒"上有"斷"字。
〔四〕《文選集注》引《鈔》"白"下無"之"字，《御覽》卷八百四十六引同。
〔五〕《文選集注》引《鈔》"酒清者"作"清酒"，無"者"字，《御覽》卷四百九十七引同。
〔六〕《御覽》引"者"字作"酒"。
〔七〕盧弼曰："趙一清曰：'《左傳·襄二十三年》：臧武仲如晉，雨，過御叔。御叔在其邑，將飲酒。曰：焉用聖人？我將飲酒而已，雨行，何以聖爲？此即景山之所謂中聖人也。鮮于輔武人，不得其說，更以清濁分聖賢耳。'"
謹案：御叔所謂聖人指臧武仲。以武仲多智，故謂之聖，與徐邈謂酒爲聖人似無涉也。《事類賦》卷十七引《魏略》曰："太祖時禁酒，人竊飲之，不敢言酒，以白酒爲賢人，清酒爲聖人。"則聖人、賢人，蓋當時謂酒優劣之讔語耳，鮮于輔本讔語言之，趙說或未確。

〔八〕《書鈔》卷五十二引"支度"二字乙。

〔九〕紹興本"職"字作"質"。

〔一〇〕《類聚》卷二十二、《御覽》卷四百二十五、卷四百四十五引俱無"等"字。

〔一一〕《御覽》卷四百一十引"見"字作"就","請"字作"交"。

〔一二〕《御覽》引"謂"字作"遇"。

〔一三〕《御覽》引"乃"字作"反"。

〔一四〕《御覽》引"感"下有"其"字。

〔一五〕《世說·賞譽篇》注引"韶"字作"歆"。

〔一六〕郝書"懷"上有"心"字。

〔一七〕紹興本無"而"字。

〔一八〕《書鈔》卷七十六引"常"字作"泰"。

〔一九〕《世說·德行篇》注引"告"上有"及"字。

〔二〇〕《世說》注引"白"字作"高",《類聚》卷五十、卷八十五、《御覽》卷二百五十、卷二百五十四、卷五百一十八、卷八百一十七引"白"字俱作"高"。

〔二一〕盧弼曰:"《晉書》'旅'作'侶'。"

謹案:《爾雅·釋詁》:"旅,眾也。""旅""侶"古通。《左傳·宣公十八年》:"楚子旅卒。"《史記·楚世家》"旅"作"侶"。是其證。

〔二二〕《世說》注引無此句。

〔二三〕《世說》注引"杖"下無"其"字,"吏"上有"其"字,應據乙。

〔二四〕《世說》注引句上有"及威爲徐州"五字。

〔二五〕《世說》注引"論"字上有"與"字。

〔二六〕《世説》注引"父"下無"清"字。

〔二七〕《世説》注引"以何"二字乙,《御覽》卷二百五十四引同。

〔二八〕盧弼曰:"或曰:清恐人知,何故杖都督一百?疑傳者過也。"

謹案:質之杖責都督,蓋以都督有私於質也,與清何涉乎?或曰所云,未審的也。

〔二九〕《世説》注引"臣"字作"以",《類聚》卷五十引同。

〔三〇〕《御覽》卷三百六十二、卷五百一十二引"皆"下俱有"一"字。

〔三一〕盧弼曰:"姚範曰:'行之二字疑衍。'"

謹案:《金樓子·戒子篇》引無"行之"二字,《治要》引亦無,姚説是,當刪去"行之"二字。

〔三二〕《治要》引無"如"字。

〔三三〕毛本"身"作"世",《治要》、《册府》卷八百一十五引同。

〔三四〕《册府》引"已"作"道"。

〔三五〕馮本、陳本"而"字作"至"。

〔三六〕盧弼曰:"委冠笄簪也。"

謹案:《國語·晉語五》"折委笄"韋昭注:"委,委貌冠。笄,簪也。"盧君注有脱字,當據補。《儀禮·士冠禮》:"皮弁笄,爵弁笄。"蓋束髮加冠插笄其中,以固冠。

〔三七〕《金樓子》引"人"字作"己"。

〔三八〕《册府》卷八百一十二引"人"字作"己"。

〔三九〕《金樓子》引無"己"字。

〔四〇〕盧弼曰:"'猶''由'同。"

謹案：《孟子・公孫丑》音義引"丁音由"。義當作"猶"，猶，如也。"猶""由"雖古通，然於此作"猶"義長。

〔四一〕蕭書作"不沽高名"，疑臆改。《鍾會傳》注亦有"不治名高"之語。《周禮・地官・旅師》"凡新甿之治皆聽之"注："治謂有所求乞也。"

〔四二〕盧弼曰："范書《鄭玄傳》注：'嘏字昭光。'未知孰是？"

謹案：《御覽》卷二百二十一引作"昭先"。又卷四百零三引作"照光"。"照"爲"昭"之形譌，"光""先"亦形近。

〔四三〕蕭書"讓"字作"謙"。

〔四四〕蕭書"義勇"作"能勇"，疑臆改。

〔四五〕盧弼曰："宋本'早'作'性'。"

謹案：錢儀吉"早"字改作"性"，云"從宋本"。《官本考證》云："宋本作'夙智性成'。"作"性"是也。

〔四六〕《御覽》卷四百零三、卷四百二十六引"稅"字作"發"，無一"魚"字。又卷四百二十六引"貴"字作"價"。

〔四七〕盧弼曰："監本脫'者'字。"

謹案：《官本考證》曰："監本脫'者'字。"盧君蓋本此，則"監"字上當增"《官本考證》曰"五字。

〔四八〕《御覽》卷二百二十六、卷四百三十引"懷"字作"壞"，是。

〔四九〕《初學記》卷十七引"身"字作"德"。

〔五〇〕盧弼曰："宋本'道實'作'實道'。"

謹案：《治要》引作"道實"，《册府》卷八百一十六引同，《季漢書》亦作"道實"。

〔五一〕盧弼曰："元本、馮本、監本'勢'作'世'。"

謹案：《治要》引"勢"亦作"世"。

〔五二〕盧弼曰："《官本考證》云：'苑疑作宛。'錢大昕曰：'苑當作宛。'"

謹案：蕭書"苑"正作"宛"，作"宛"字是。宛，即今南陽。

〔五三〕紹興本"三"字作"二"。

〔五四〕盧弼曰："《御覽》卷二百十二引王昶考課事：'尚書侍中考課：一曰掌建六材以考官人；二曰綜理萬機以考庶績，三曰進視惟允以考讜言；四曰出納王命以考典政；五曰明罰勅法以考典刑。'《書鈔》五十九亦引考課事云：'卿考課：一曰掌建邦國以考治；二曰九卿時敘以考事典；三曰經綸國體以考奏議；四曰共屬衆職以考總攝；五曰明慎用刑以考留獄。'"

謹案：杭世駿曰："《太平御覽》王昶考課事曰云云。"梁章鉅曰："按：此《御覽》卷二百十二所引王昶考課事恰亦五條，與陳治略之五事無涉。杭氏引以注上句，不知治略五事已具明文也。"又案：盧君引《書鈔》五十九引考課事五條。考《書鈔》卷五十九無之，見卷五十三諸卿總條下，盧君或誤記也。

〔五五〕依例，此上疑脫"臣松之"三字。

〔五六〕盧弼曰："范書《鄭玄傳》注作'字伯興'。"

謹案：梁章鉅曰："《後漢書·鄭康成傳》注作'字伯興'。"盧君當本之。應稱"梁章鉅曰"爲是，以梁說先見故也。

〔五七〕《書鈔》卷七十三引無"之"字，"輔"下有"相"字。

〔五八〕盧弼曰："《家語》載孔子之言也。"

謹案：《荀子·王制篇》曰："君，舟也，庶人，水也；水則載舟，水則覆舟。"基語當本此。《家語》晚出，疑非基所得見也。

〔五九〕盧弼曰："《通鑑》'定'作'掟'。"

謹案：官本"綻"作"定"。《後漢書‧崔寔傳》："期於補綻決壞。"王先謙集解引惠棟曰："古樂府：'故衣誰當補？新衣誰當綻？''補綻'漢時語。"作"綻"字是。

〔六〇〕蕭書作"譏切時政"。

〔六一〕紹興本、毛本"兢"字作"矜"。

〔六二〕紹興本無"南頓"二字。

〔六三〕盧弼曰："《通鑑》作'未睹爲巧之久也'。《孫子》作'未睹巧之久也'。"

謹案：工遲之久，"遲久"意複，且語不可通。《季漢書》無"之久"二字，疑當從之，"拙速""工遲"語正相應。或見《孫子‧作戰篇》有"之久"二字，遂妄增入，似應刪。《南史‧侯景傳》："兵聞拙速，不聞工遲。"語或本此，可證。

〔六四〕盧弼曰："《通鑑》'善'下有'其'字，《御覽》同。"

謹案：《官本考證》曰："《太平御覽》作'善其後矣'，多'其'字。"考《通典‧兵十一》、《御覽》卷二百八十五引俱有"其"字，應據補。

〔六五〕盧弼曰："《通典》《御覽》均作'今與賊交利對敵'。"

謹案：盧君所引見《通典‧兵十一》、《御覽》卷二百八十五。

〔六六〕盧弼曰："宋本'遣'作'譴'。"

謹案：作"譴"字是。《廣雅‧釋詁一》："譴，責也。"《册府》卷三百六十六引"遣"亦作"譴"。

〔六七〕《御覽》卷二百八十五引"賊"字作"寇"。

〔六八〕《御覽》引"是"字作"足"。《册府》卷三百六十二引作"不過此也"。

〔六九〕盧弼曰："馮本'弭'作'彌'。"

謹案：《左傳‧成公十六年》"憂猶未弭"注："弭，息也。"

《周禮·春官·男巫》注："杜子春讀弭如彌兵之彌。"是"弭""彌"古通。

〔七〇〕紹興本"沮"字作"坦"，疑非。

〔七一〕盧弼曰："《册府》'山'下有'路'字。"

謹案：《官本考證》曰："《册府元龜》作'山路險狹'。"錢儀吉"山"下增"路"字，云"從《册府》"。考此見《册府》卷四百零二引。

〔七二〕盧弼曰："宋本'淋'作'霖'。"

謹案：梁章鉅曰："何焯云：'宋本淋雨作霖雨。'"考《册府》卷四百零二亦作"霖"，作"霖"字是。《説文·雨部》："凡雨三日已往爲霖。"

〔七三〕盧弼曰："《通鑑》'後'作'候'。"

謹案：錢儀吉云"'後'《通鑑》作'候'。""須"字上宜增"錢儀吉曰"四字。

〔七四〕盧弼曰："周壽昌曰：'乾隆時洛陽人墾土得斷碑，錢竹汀諸人審係王基碑，考之傳多合。碑云：景元二年四月辛丑薨，年七十二。此可補史所遺。'"

謹案：洪亮吉曰："傳蒙上景元二年文，不載日月。碑則云'年七十二，景元二年四月辛丑薨'。可以補史闕略。"洪在周氏前已言之矣，當徵引《發伏》爲是。

〔七五〕盧弼曰："《御覽》二百十五引《晉太康起居注》曰：'故司空王基夙爲先帝授任。基子沖尚書郎中，雖在清途，猶未免楚撻。其以沖爲治書侍御史。'"

謹案：此已見梁章鉅引。此"御"字上應增"梁章鉅曰"四字。

三國志校箋卷二十八

魏志卷二十八〔一〕

王淩 令狐愚　毌丘儉　諸葛誕 唐咨　鄧艾 州泰　鍾會 王弼〔二〕

　　王淩字彥云，太原祁人也。叔父允，爲漢司徒，誅董卓。卓將李傕、郭汜等爲卓報仇，入長安，殺允，盡害其家。淩及兄晨，時年皆少，踰城得脱，亡命歸鄉里。淩舉孝廉，爲發干長，《魏略》曰：淩爲長〔三〕，遇事，髡刑五歲，當道掃除。時太祖車過，問此何徒，左右以狀對。太祖曰：'此子師兄子也，所坐亦公耳。'"於是主者選爲驍騎主簿〔四〕。稍遷至中山太守，所在有治〔五〕，太祖辟爲丞相掾屬。
　　文帝踐阼，拜散騎常侍，出爲兖州刺史，與張遼等至廣陵討孫權。臨江，夜大風，吴將吕範等船漂至北岸。淩與諸將逆擊，捕斬首虜，獲舟船，有功，封宜成亭侯〔六〕，加建武將軍，轉在青州〔七〕。是時海濱乘喪亂之後,法度未整。淩布政施教,賞善罰惡,甚有綱紀,百姓稱之,不容於口。後從曹休征吳,與賊遇於夾石,休軍失利,淩力戰決圍,休得免難。仍徙爲揚、豫州刺史〔八〕,咸得軍民之歡心〔九〕。始至豫州,旌先賢之後,求未顯之士,各有條教,意義甚美。初,淩與司馬朗、賈逵友善,及臨兗、豫,繼其名跡〔一〇〕。正始初,爲征東將軍,假節都督揚州諸軍事。二年,吳大將全琮數萬衆寇芍陂,淩率諸軍逆討,與賊爭塘,力戰連日,賊退走。進封南鄉侯,邑千三百五十户,遷車騎將軍,儀同三司。

是時,淩外甥令狐愚以才能爲兗州刺史,屯平阿。舅甥並典兵,專淮南之重。淩就遷爲司空。司馬宣王既誅曹爽,進淩爲太尉〔一一〕,假節鉞。淩、愚密協計,謂齊王不任天位,楚王彪長而才,欲迎立彪都許昌。嘉平元年九月,愚遣將張式至白馬,與彪相問往來。淩又遣舍人勞精詣洛陽,語子廣。廣言:"廢立大事,勿爲禍先。"《漢晉春秋》曰:淩、愚謀,以帝幼制於彊臣,不堪爲主,楚王彪長而才,欲迎立之,以興曹氏。淩使人告廣,廣曰:"凡舉大事,應本人情。今曹爽以驕奢失民,何平叔虛而不治,丁、畢、桓、鄧雖並有宿望,皆專競於世。加變易朝典,政令數改,所存雖高而事不下接,民習於舊,衆莫之從。故雖勢傾四海,聲震天下〔一二〕,同日斬戮,名士減半,而百姓安之,莫或之哀,失民故也。今懿情雖難量,事未有逆〔一三〕,而擢用賢能,廣樹勝己,修先朝之政令,副衆心之所求。爽之所以爲惡者〔一四〕,彼莫不必改〔一五〕,夙夜匪懈,以恤民爲先,父子兄弟並握兵要,未易亡也。"淩不從。臣松之以爲：如此言之類，皆前史所不載，而猶出習氏。且制言法體不似於昔，疑悉鑿齒所自造者也。其十一月，愚復遣式詣彪，未還，會愚病死。《魏書》曰：愚字公治，本名浚，黃初中，爲和戎護軍。烏丸校尉田豫討胡有功，小違節度，愚以法繩之。帝怒，械繫愚，免官治罪，詔曰："浚何愚！"遂以名之。正始中，爲曹爽長史，後出爲兗州刺史。《魏略》曰：愚聞楚王彪有智勇。初東郡有謠言云："白馬河出妖馬，夜過官牧邊鳴呼，衆馬皆應，明日見其迹，大如斛，行數里，還入河中。"又有謠言："白馬素羈西南馳，其誰乘者朱虎騎。"楚王小字朱虎，故愚與王淩陰謀立楚王。乃先使人通意於王，言"使君謝王，天下事不可知，願王自愛"！彪亦陰知其意，答言："謝使君，知厚意也。"二年，熒惑守南斗，淩謂："斗中有星，當有暴貴者。"《魏略》曰：淩聞東平民浩詳知星，呼問詳。詳疑淩有所挾，欲悅其意，不言吳當有死喪，而言淮南楚分也，今吳、楚同占，當有王者興。故淩計遂定。三年春，吳賊塞涂水。淩欲因此發〔一六〕，大嚴諸軍，表求討賊；詔報不聽。淩陰謀滋甚，遣將軍楊弘以廢立事告兗州刺史黃華〔一七〕，華、弘連名以白太傅司馬宣王。宣王將中軍乘水道討淩，先下赦淩罪，又將尚書廣東〔一八〕，使爲書喻淩，大軍掩至百尺逼淩。淩自知勢窮，乃乘船單出迎宣王，遣掾王彧謝罪，還印綬、節鉞。軍到丘頭，淩面縛水次。宣王承詔遣主簿解縛反服，見淩，慰勞之，還印綬、節鉞，遣步騎六百人送還京都。淩至項，飲藥死。《魏略》載淩與太傅書曰："辛聞神軍密發，已在百尺，雖知命窮盡，遲於相見，身首分離，不以爲恨,前後遣使有書,未得還報,企踵西望,無物以譬。昨遣書之後,便乘船來相迎,宿丘頭,旦發於浦口,奉被露布赦書,又得二十三日況,累紙誨示,聞命驚愕,五内失守,不知何地可以自處。僕久忝朝恩,歷試無效,統御戎馬,董齊東夏,事有闕廢,中心犯義,罪在二百〔一九〕,妻子同縣,無所禱矣。不圖聖恩天覆地載,橫蒙視息,復覩日月。亡甥令狐愚攜惑羣小之言,僕即時呵抑,使不得竟其語。既人已知,神明所鑒,夫非事無陰〔二〇〕,卒至發露,知此梟夷之罪也。生我者父母,活我者子也。"又重曰:"身陷刑罪〔二一〕,謬蒙赦宥。今遣掾送印綬,頃至,當如詔書自縛歸命,雖足下私之,官法有分。"及到,如書。太傅使人解其縛。凌既蒙赦,加怙舊好,不復自疑,徑乘小船自趣太傅。太傅使人逆止之,住船淮中,相去十餘丈。凌知見外,乃遙謂太傅曰:"卿直以折簡召我,我當敢不至邪〔二二〕?而乃引軍來乎!"太傅曰:"以卿非肯逐折簡者故也〔二三〕。"凌曰:"卿負我!"太傅曰:"我寧負卿,不負國家。"遂使人送來西。凌自知罪重,試索棺釘,以觀太傅意,太傅給之。凌行至項〔二四〕,夜呼掾屬與決曰:"行年八十,身名並滅邪〔二五〕!"遂自殺。干寶《晉紀》曰:凌到項,見賈逵祠在水側,凌呼曰:"賈梁道,王凌固忠於魏之社稷者,唯爾有神知之。"其年八月,太傅有疾,夢凌、逵爲厲,甚惡之,遂薨〔二六〕。宣王遂至壽春。張式等皆自首,乃窮治其事。彪賜死,諸相連者悉夷三族。《魏略》載:山陽單固,字恭夏,爲人有器實〔二七〕。正始中,兗州刺史令狐愚與固父伯龍善,辟固,欲以爲別駕。固不樂爲州吏,辭以疾。愚禮意愈厚,固不欲應。固母夏侯氏謂固曰:"使君與汝父久善,故命汝不止,汝亦固當仕進〔二八〕,自可往耳。"固不獲已,遂往,與兼治中從事楊康並爲愚腹心。後愚與王淩通謀，康、固皆知其計。會愚病[二九]，康應司徒召詣洛陽，固亦以疾解祿。康在京師露其事，太傅乃東取王淩。到壽春，固見太傅，太傅問曰："卿知其事爲邪？"固對不知。太傅曰："且置近事。問卿，令狐及乎[三〇]？"固又曰無。而楊康白[三一]，事事與固連。遂收捕固及家屬，皆繫廷尉，考實數十，固故云無有[三二]。太傅録楊康，與固對相詰[三三]。固辭窮，乃罵康曰："老傭既負使君，又滅我族，顧汝當活邪！"辭定，事上，須報廷尉，以舊皆聽得與其母妻子相見。固見其母，不仰視，其母知其憋也，字謂之曰："恭夏，汝本自不欲應州郡也，我強故耳。汝爲人吏，自當爾耳。此自門戶衰，我無恨也。汝本意與我語。"固終不仰，又不語，以至於死。初，楊康自以白其事，冀得封拜，後以辭頗參錯，亦并斬。臨刑，俱出獄，固又罵康曰："老奴，汝死自分耳。若令死者有知，汝何面目以行地下也。"朝議咸以爲《春秋》之義，齊崔杼、鄧歸生皆加追戮，陳尸斲棺，載在方策。淩、愚罪宜如舊典。乃發淩、愚冢，剖棺，暴尸於所近市三日，燒其印綬、朝服，親土埋之。干寶《晉紀》曰：兗州武吏東平馬隆，託爲愚家客，以私財更殯葬，行服三年，種植松柏。一州之士愧之。進弘、華爵爲鄉侯。廣有志尚學行，死時年四十餘。《魏氏春秋》曰：廣字公淵。弟飛梟、金虎，並才武過人。太傅嘗從容問蔣濟，濟曰："淩文武俱贍，當今無雙。廣等志力，有美於父耳。"退而悔之，告所親曰："吾此言，滅人門宗矣。"《魏末傳》曰：淩少子字明山，最知名。善書，多技藝，人得其書，皆以爲法。走向太原，追軍及之，時有飛鳥集桑樹，隨枝低卬，舉弓射之即倒，追人乃止不復進。明山投親家食，親家告吏，乃就執之。

毌丘儉字仲恭，河東聞喜人也。父興，黃初中爲武威太守，伐叛柔服，開通河右，名次金城太守蘇則。討賊張進及討叛胡有功，封高陽鄉侯。《魏名臣奏》載雍州刺史張既表曰："河右遐遠，喪亂彌久，武威當諸郡路通喉轄之要〔三四〕，加民夷雜處，數有兵難。領太守毌丘興到官〔三五〕，內撫吏民，外懷羌、胡，卒使柔附〔三六〕，爲官效用。黃華、張進初圖逆亂，扇動左右，興志氣忠烈，臨難不顧，爲將校民夷陳說禍福，言則涕泣。於時男女萬口，咸懷感激，形毀髮亂，誓心致命。尋率精兵踧脅張掖，濟拔領太守杜通、西海太守張睦。張掖番和、驪靬二縣吏民及郡雜胡棄惡詣興，興皆安卹〔三七〕，使盡力田。興每所歷，盡竭心力，誠國之良吏。殿下即位，留心萬幾，苟有毫毛之善，必有賞錄，臣伏緣聖旨，指陳其事。"入爲將作大匠。儉襲父爵爲平原侯文學〔三八〕。明帝即位，爲尚書郎，遷羽林監。以東宮之舊，甚見親待。出爲洛陽典農。時取農民以治宮室，儉上疏曰："臣愚以爲天下所急除者二賊，所急務者衣食。誠使二賊不滅，士民飢凍，雖崇美宮室，猶無益也。"遷荊州刺史。

青龍中，帝圖討遼東，以儉有幹策，徙爲幽州刺史，加度遼將軍〔三九〕，使持節，護烏丸校尉。率幽州諸軍至襄平，屯遼隧。右北平烏丸單于寇婁敦、遼西烏丸都督率衆王護留等，昔隨袁尚奔遼東者，率衆五千餘人降。寇婁敦遣弟阿羅槃等詣闕朝貢，封其渠率二十餘人爲侯、王，賜輿馬繒采各有差。公孫淵逆與儉戰，不利，引還。明年，帝遣太尉司馬宣王統中軍及儉等衆數萬討淵，定遼東。儉以功進封安邑侯，食邑三千九百户〔四〇〕。

正始中，儉以高句驪數侵叛，督諸軍步騎萬人出玄菟，從諸道討之。句驪王宮將步騎二萬人〔四一〕，進軍沸流水上〔四二〕，大戰梁口，梁音渴〔四三〕。宮連破走。儉遂束馬縣車，以登丸都〔四四〕，屠句驪所都，斬獲首虜以千數。句驪沛者名得來，數諫宮，臣松之按：《東夷傳》：沛者，句驪國之官名。宮不從其言。得來歎曰："立見此地將生蓬蒿。"遂不食而死，舉國賢之。儉令諸軍不壞其墓，不伐其樹，得其妻子，皆放遣之。宮單將妻子逃竄。儉引軍還。六年，復征之，宮遂奔買溝〔四五〕。儉遣玄菟太守王頎追之，《世語》曰：頎字孔碩，東萊人，晉永嘉中大賊王彌，頎之孫。過沃沮千有餘里，至肅慎氏南界〔四六〕，刻石紀功，刊丸都之山，銘不耐之城。諸所誅納八千餘口，論功受賞，侯者百餘人。穿山溉灌，民賴其利。

遷左將軍，假節監豫州諸軍事，領豫州刺史，轉爲鎮南將軍。諸葛誕戰於東關，不利，乃令誕、儉對換。誕爲鎮南，都督豫州。儉爲鎮東，都督揚州。吴太傅諸葛恪圍合肥新城，儉與文欽禦之，太尉司馬孚督中軍，東解圍，恪退還〔四七〕。

初，儉與夏侯玄、李豐等厚善。揚州刺史前將軍文欽，曹爽之邑人也，驍果麤猛，數有戰功，好增虜獲，以徼寵賞，多不見許，怨恨日甚，儉以計厚待欽，情好歡洽。欽亦感戴，投心無貳。正元二年正月，有彗星數十丈，西北竟天，起於吴、楚之分。儉、欽喜，以爲己祥。遂矯太后詔，罪狀大將軍司馬景王，移諸郡國，舉兵反。迫脅淮南將守諸別屯者，及吏民大小，皆入壽春城，爲壇於城西，歃血稱兵爲盟，分老弱守城，儉、欽自將五六萬衆渡淮，西至項。儉堅守，欽在外爲游兵。儉、欽等表曰："故相國懿，匡輔魏室，歷事忠貞，故烈祖明皇帝授以寄託之任。懿戮力盡節，以寧華夏。又以齊王聰明，無有穢德，乃心勤盡忠以輔上〔四八〕，天下賴之。懿欲討滅二虜以安宇内〔四九〕，始分軍糧，克時同舉，未成而薨〔五〇〕。齊王以懿有輔己大功，故遂使師承統懿業，委以大事。而師以盛年在職，無疾託病，坐擁彊兵，無有臣禮，朝臣非之，義士譏之，天下所聞，其罪一也。懿造計取賊，多春軍糧，克期有日。師爲大臣〔五一〕，當除國難，又爲人子，當卒父業。哀聲未絕而便罷息〔五二〕，爲臣不忠，爲子不孝，其罪二也。賊退過東關，坐自起衆，三征同進，喪衆敗績，歷年軍實，一旦而盡，致使賊來，天下騷動，死傷流離，其罪三也。賊舉國悉衆，號五十萬，來向壽春，圖詣洛陽，會太尉孚與臣等建計，乃杜塞要險，不與爭鋒，還固新城。淮南將士，衝鋒履刃，晝夜相守，勤瘁百日，死者塗地，自魏有軍已來〔五三〕，爲難苦甚，莫過於此。而師遂意自由，不論封賞，權勢自在，無所領錄，其罪四也。故中書令李豐等，以師無人臣節，欲議退之。師知而請豐，其夕拉殺，載尸埋棺。豐等爲大臣，帝王腹心〔五四〕，擅加酷暴，死無罪名，師有無君之心，其罪五也。懿每欺說齊王自堪人主，君臣之義定。奉事以來十有五載，始欲歸政，按行武庫，詔問禁兵不得妄出。師自知姦慝，人神所不祐，矯廢君主，加之以罪。孚，師之叔父，性甚仁孝，追送齊王，悲不自勝。羣臣皆怒而師懷忍，不顧大義，其罪六也。又故光祿大夫張緝，無罪而誅，夷其妻子，并及母后，逼恐至尊，彊催督遣，臨時哀愕，莫不傷痛；而師稱慶，反以歡喜，其罪七也。陛下踐阼，聰明神武，事經聖心，欲崇省約，天下聞之，莫不歡慶；而師不自改悔，脩復臣禮，而方徵兵募士，毀壞宮內，列侯自衛。陛下即阼，初不朝覲。陛下欲臨幸師舍以省其疾，復拒不通，不奉法度，其罪八也。近者領軍許允當為鎮北，以廚錢給賜，而師舉奏加辟，雖云流徙，道路餓殺，天下聞之，莫不哀傷，其罪九也。三方之守，一朝闕廢，多選精兵，以自營衛，五營領兵，闕而不補，多載器杖，充聚本營，天下所聞，人懷憤怨，讇言盈路，以疑海內，其罪十也。多休守兵，以占高第，以空虛四表，欲擅疆勢，以逞姦心，募取屯田，加其復賞，阻兵安忍，壞亂舊法。合聚諸藩王公以著鄴，欲悉誅之，一旦舉事廢主。天不長惡，使目腫不成，其罪十一也。臣等先人皆隨從太祖武皇帝征討凶暴，獲成大功，與高祖文皇帝即受漢禪，開國承家，猶堯舜相傳也。臣與安豐護軍鄭翼、廬江護軍呂宜、太守張休、淮南太守丁尊、督守合肥護軍王休等議，各以累世受恩，千載風塵，思盡軀命，以完全社稷安主為效，斯義苟立，雖焚妻子，吞灰漆身，死而不恨也。按師之罪，宜加大辟，以彰姦慝。《春秋》之義，一世為善，十世宥之。懿有大功，海內所書，依古典議，廢師以侯就第。弟昭，忠肅寬明，樂善好士，有高世君子之度，忠誠為國，不與師同。臣等碎首所保，可以代師輔導聖躬。太尉孚，忠孝小心，所宜親寵，授以保傅。護軍散騎常侍望，忠公親事，當官稱能，奉迎乘輿，有宿衛之功〔五五〕，可為中領軍。《春秋》之義，大義滅親，故周公誅弟，石碏戮子，季友鴆兄，上為國計，下全宗族。殛鯀用禹，聖人明典，古今所稱。乞陛下下臣等所奏，朝堂博議。臣言當道，使師遜位避賢者，罷兵去備，如三皇舊法，則天下協同。若師負勢恃衆不自退者,臣等率將所領,晝夜兼行,惟命是授。臣等今日所奏,惟欲使大魏永存,使陛下得行君意,遠絶亡之禍,百姓安全,六合一體,使忠臣義士,不愧於三皇五帝耳。臣恐兵起,天下擾亂,臣輒上事,移三征及州郡國典農,各安慰所部吏民,不得妄動,謹具以狀聞。惟陛下愛養精神,明慮危害,以寧海内。師專權用勢,賞罰自由,聞臣等舉衆,必下詔禁絶關津,使驛書不通,擅復徵調,有所收捕,此乃師詔,非陛下詔書,在所皆不得復承用。臣等道遠,懼文書不得皆通,輒臨時賞罰,以便宜從事,須定集上也。"

大將軍統中外軍討之,別使諸葛誕督豫州諸軍從安風津擬壽春,征東將軍胡遵督青、徐諸軍出於譙、宋之間,絶其歸路。大將軍屯汝陽,使監軍王基督前鋒諸軍據南頓以待之。令諸軍皆堅壁勿與戰。儉、欽進不得鬬,退恐壽春見襲,不得歸,計窮不知所爲。淮南將士,家皆在北,衆心沮散〔五六〕,降者相屬,惟淮南新附農民爲之用。大將軍遣兗州刺史鄧艾督泰山諸軍萬餘人至樂嘉,示弱以誘之,大將軍尋自洙至〔五七〕。欽不知,果夜來欲襲艾等,會明,見大軍兵馬盛,乃引還。《魏氏春秋》曰:欽中子俶,小字鴦。年尚幼,勇力絶人,謂欽曰:"及其未定,擊之可破也。"於是分爲二隊,夜夾攻軍。俶率壯士先至,大呼大將軍,軍中震擾,欽後期不應。會明,俶退,欽亦引還。《魏末傳》曰:殿中人姓尹,字大目,小爲曹氏家奴〔五八〕,常侍在帝側,大將軍將俱行。大目知大將軍一目已突出,啓云:"文欽本是明公腹心,但爲人所誤耳,又天子鄉里。大目昔爲文欽所信,乞得追解,語之令還,與公復好。"大將軍聽遣大目單身往,乘大馬,被鎧胄，追文欽[五九]，遙相與語。大目心實欲曹氏安，謬言："君侯何若，若不可復忍數日中也[六〇]！"欲使欽解其旨。欽殊不悟，乃更厲聲罵大目："汝先帝家人，不念報恩，而反與司馬師作逆；不顧上天，天不佑汝！"乃張弓傅矢欲射大目[六一]，大目涕泣曰："世事敗矣，善自努力也。"大將軍縱驍騎追擊，大破之，欽遁走。是日，儉聞欽戰敗。恐懼夜走，眾潰。比至慎縣[六二]，左右人兵稍棄儉去，儉獨與小弟秀及孫重藏水邊草中。安風津都尉部民張屬就射殺儉，傳首京都。屬封侯。秀、重走入吳。將士諸為儉、欽所迫脅者，悉歸降。欽與郭淮書曰："大將軍昭伯與太傅伯俱受顧命[六三]，登牀把臂，託付天下，此遠近所知。後以勢利，乃絕其祀，及其親黨，皆一時之俊，可為痛心，奈何奈何！公侯特與大司馬公恩親分著[六四]，義貫金石，當此之時，想益毒痛，有不可堪也。王太尉嫌其專朝，潛欲舉兵，事竟不就[六五]，復受誅夷，害及楚王，想甚追恨。太傅既亡，然其子師繼承父業，肆其虐暴，日月滋甚，放主弒后[六六]，殘戮忠良，包藏禍心，遂至篡弒。此可忍也，孰不可忍？欽以名義大故，事君有節，忠憤內發[六七]，忘寢與食，無所吝顧也。會毌丘子邦自與父書，騰說公侯，盡事主之義，欲奮白髮，同符太公，惟須東問，影響相應，聞問之日，能不慷慨！是以不顧妻孥之痛，即與毌丘鎮東舉義兵三萬餘人，西趨京師，欲扶持王室，掃除姦逆。企踵西望，不得聲問，魯望高子，不足喻急。夫當仁不讓，況救君之難，度道遠艱，故不果期要耳。然同舟共濟，安危勢同，禍痛已連[六八]，非言飾所解，自公侯所明也。共事曹氏，積信魏朝，行道之人，皆所知見。然在朝之士，冒利偷生，烈士所恥，公侯所賤，賈豎所不忍為也，況當塗之士邪？軍屯住項，小人以閏月十六日別進兵，就於樂嘉城討師[六九]，師之徒衆，尋時崩潰，其所斬截，不復訾原，但當長驅徑至京師，而流言先至，毋丘不復詳之，更謂小人爲誤，諸軍便爾瓦解。毋丘還走，追尋釋解，無所及。小人還項，復遇王基等十二軍，追尋毋丘，進兵討之，即時克破，所向全勝，要邪後無繼何[七〇]？孤軍梁昌，進退失所，還據壽春，壽春復走，狼狽躓閡，無復他計，惟當歸命大吳，借兵乞食，繼踵伍員耳。不若僕隸[七一]，如何快心，復君之讐，永使曹氏少享血食，此亦大國之所佑念也。想公侯不使程嬰、杵臼擅名於前代，而使大魏獨無鷹揚之士與？今大吳敦崇大義，深見愍悼。然僕於國大分連接，遠同一勢，日欲俱舉分分中國[七二]，不願偏取以爲己有。公侯必欲共忍師胸懷[七三]，宜廣大勢，恐秦川之卒不可孤舉。今者之計，宜屈己伸人，託命歸漢，東西俱舉爾[七四]，乃可克定師黨耳。深思鄙言，若愚計可從，宜使漢軍克制期要，使六合校考，與周、召同封，以託付兒孫。此亦非小事也，大丈夫寧處其落落，是以遠呈忠心，時望嘉應。」時郭淮已卒，欽未知故有此書。《世語》曰：毋丘儉之誅，黨與七百餘人，傳侍御史杜友治獄[七五]，惟舉首事十人[七六]，餘皆奏散。友字季子，東郡人，仕晉冀州刺史、河南尹。子默，字世玄，歷吏部郎、衛尉。

　　儉子甸爲治書侍御史，先時知儉謀將發，私出將家屬逃走新安靈山上。別攻下之，夷儉三族。《世語》曰：甸字子邦，有名京邑。齊王之廢也，甸謂儉曰：「大人居方嶽重任，國傾覆而晏然自守[七七]，將受四海之責。」儉然之。大將軍惡其爲人也。及儉起兵，問屈頑所在，云不來無能爲也[七八]。儉初起兵，遣子宗四人入吳。太康中，吳平，宗兄弟皆還中國。宗字子仁，有儉風，至零陵太守。宗子奧，巴東監軍、益州刺史。習鑿齒曰："毌丘儉感明帝之顧命，故爲此役。君子謂毌丘儉事雖不成，可謂忠臣矣。夫竭節而赴義者我也，成之與敗者時也，我苟無時，成何可必乎？忘我而不自必，乃所以爲忠也。古人有言："死者復生，生者不愧。"若毌丘儉可謂能不愧也。

欽亡入吳，吳以欽爲都護、假節、鎮北大將軍、幽州牧、譙侯。欽降吳表曰："稟命不幸，常隸魏國，兩絕於天〔七九〕。雖側伏隅都，自知無路。司馬師滔天作逆，廢害二主，辛、癸、高、莽，惡不足喻。欽累世受魏恩，烏鳥之情，竊情憤踊，在三之義，期於弊仆〔八〇〕。前與毌丘儉、郭淮等俱舉義兵，當共討師，掃除凶孽，誠臣悽悽愚管所執。智慮淺薄，微節不騁，進無所依，悲痛切心。退惟不能扶翼本朝，抱愧俛仰，靡所自厝。冒緣古義，固有所歸，庶假天威，得展萬一，僵仆之日，亦所不恨。輒相率將，歸命聖化，憖偷苟生，非辭所陳。謹上還所受魏使持節、前將軍、山桑侯印綬。臨表惶惑，伏須罪誅。"《魏書》曰：欽字仲若，譙郡人。父稷，建安中爲騎將，有勇力。欽少以名將子、材武見稱。魏諷反，欽坐與諷辭語相連，及下獄，掠笞數百，當死，太祖以稷故赦之。太和中，爲五營校督，出爲牙門將。欽性剛暴無禮，所在倨傲陵上，不奉官法，輒見奏遣，明帝抑之。後復以爲淮南牙門將，轉爲廬江太守、鷹揚將軍。王淩奏欽貪殘，不宜撫邊，求免官治罪，由是徵欽還。曹爽以欽鄉里，厚養待之，不治欽事。復遣還廬江，加冠軍將軍，貴寵踰前。欽以故益驕，好自矜伐，以壯勇高人，頗得虛名於三軍。曹爽誅後，進欽爲前將軍以安其心，後代諸葛誕爲揚州刺史。自曹爽之誅，欽常内懼，與諸葛誕相惡，無所與謀。會誕去兵〔八一〕，毌丘儉往，乃陰共結謀。戰敗走〔八二〕,晝夜間行,追者不及,遂得入吴,孫峻厚待之。欽雖在他國,不能屈節下人,自吕據、朱異等諸大將皆憎疾之,惟峻常左右之。

諸葛誕字公休,琅邪陽都人,諸葛豐後也。初以尚書郎爲滎陽令〔八三〕,《魏氏春秋》曰:誕爲郎,與僕射杜畿試船陶河,遭風覆没,誕亦俱溺。虎賁浮河救誕,誕曰:"先救杜侯。"誕飄於岸,絶而復蘇。入爲吏部郎。人有所屬託,輒顯其言而承用之〔八四〕,後有當否,則公議其得失以爲襃貶,自是羣僚莫不慎其所舉。累遷御史中丞尚書,與夏侯玄、鄧颺等相善,收名朝廷,京都翕然。言事者以誕、颺等脩浮華,合虛譽,漸不可長。明帝惡之,免誕官。《世語》曰:是時,當世俊士散騎常侍夏侯玄、尚書諸葛誕、鄧颺之徒,共相題表,以玄、疇四人爲四聰,誕、備八人爲八達〔八五〕,中書監劉放子熙〔八六〕、孫資子密、吏部尚書衛臻子烈三人,咸不及比,以父居勢位,容之爲三豫,凡十五人。帝以構長浮華,皆免官廢錮。會帝崩,正始初,玄等並任職〔八七〕。復以誕爲御史中丞尚書,出爲揚州刺史,加昭武將軍。

王淩之陰謀也,太傅司馬宣王潛軍東伐,以誕爲鎮東將軍、假節都督揚州諸軍事,封山陽亭侯。諸葛恪興東關,遣誕督諸軍討之,與戰,不利。還,徙爲鎮南將軍。

後毌丘儉、文欽反,遣使詣誕,招呼豫州士民。誕斬其使,露布天下,令知儉、欽凶逆。大將軍司馬景王東征，使誕督豫州諸軍，渡安風津向壽春。儉、欽之破也，誕先至壽春。壽春中十餘萬口，聞儉、欽敗，恐誅，悉破城門出，流迸山澤，或散走入吳。以誕久在淮南，乃復以爲鎮東大將軍、儀同三司、都督揚州。吳大將孫峻、呂據、留贊等聞淮南亂，會文欽往，乃帥衆將欽徑至壽春；時誕諸軍已至，城不可攻，乃走。誕遣將軍蔣班追擊之，斬贊，傳首，收其印節。進封高平侯，邑三千五百戶，轉爲征東大將軍。

誕既與玄、颺等至親，又王淩、毌丘儉累見夷滅，懼不自安，傾帑藏振施以結衆心，厚養親附及揚州輕俠者數千人爲死士。《魏書》曰：誕賞賜過度。有犯死罪者，虧制以活之。甘露元年冬，吳賊欲向徐堨，計誕所督兵馬足以待之，而復請十萬衆守壽春，又求臨淮築城以備寇，內欲保有淮南。朝廷微知誕有自疑心，以誕舊臣，欲入度之。二年五月，徵爲司空。誕被詔書，愈恐，遂反。召會諸將，自出攻揚州刺史樂綝，殺之。《世語》曰：司馬文王既秉朝政，長史賈充以爲宜遣參佐慰勞四征，於是遣充至壽春。充還啓文王："誕再在揚州，有威名，民望所歸。今徵，必不來，禍小事淺；不徵，事遲禍大。"乃以爲司空。書至，誕曰："我作公當在王文舒後，今便爲司空！不遣使者，健步齎書，使以兵付樂綝，此必綝所爲。"乃將左右數百人至揚州，揚州人欲閉門，誕叱曰："卿非我故吏邪！"徑入，綝逃上樓，就斬之。《魏末傳》曰：賈充與誕相見，談說時事，因謂誕曰："洛中諸賢，皆願禪代，君所知也。君以爲云何？"誕厲色曰："卿非賈豫州子？世受魏恩,如何負國,欲以魏室輸人乎?非吾所忍聞。若洛中有難,吾當死之。"充默然。誕既被徵請諸牙門置酒飲宴,呼牙門徒兵[八八],皆賜酒令醉,謂衆人曰:"前作千人鎧仗始成,欲以擊賊,今當還洛,不復得用,欲蹔出,將見人游戲,須臾還耳;諸君且止。"乃嚴鼓將士七百人出[八九]。樂綝聞之,閉州門。誕歷南門宣言曰:"當還洛邑,暫出游戲。揚州何爲閉門見備?"前至東門,東門復閉,乃使兵緣城攻門,州人悉走,因風放火,焚其府庫,遂殺綝。誕表曰:"臣受國重任,統兵在東。揚州刺史樂綝專詐,說臣與吳交通,又言被詔當代臣位,無狀日久。臣奉國命,以死自立,終無異端。愆綝不忠,輒將步騎七百人,以今月六日討綝,即日斬首,函頭驛馬傳送。若聖朝明臣,臣即魏臣;不明臣,臣即吳臣。不勝發憤有日,謹拜表陳愚,悲感泣血,哽咽斷絕,不知所如,乞朝廷察臣至誠。"臣松之以爲:《魏末傳》所言,率皆鄙陋。疑誕表言曲,不至於此也。斂淮南及淮北郡縣屯田口十餘萬官兵[九〇],揚州新附勝兵者四五萬人[九一],聚穀足一年食,閉城自守。遣長史吳綱將小子靚至吳請救。《世語》曰:黃初末,吳人發長沙王吳芮冢,以其塼於臨湘爲孫堅立廟[九二]。芮容貌如生,衣服不朽。後豫發者見吳綱曰[九三]:"君何類長沙王吳芮[九四],但微短耳。"綱瞿然曰:"是先祖也,君何由見之?"見者言所由,綱曰:"更葬否?"答曰:"即更葬矣。"自芮之卒年至冢發[九五],四百餘年,綱,芮之十六世孫矣[九六]。吳人大喜,遣將全懌、全端、唐咨、王祚等,率三萬衆,密與文欽俱來應誕。以誕爲左都護、假節、大司徒、驃騎將軍、青州牧、壽春侯。是時鎮南將軍王基始至,督諸軍圍壽春,未合。咨、欽等從城東北,因山乘險,得將其衆突入城。

六月，車駕東征，至項。大將軍司馬文王督中外諸軍二十六萬衆，臨淮討之。大將軍屯丘頭。使基及安東將軍陳騫等四面合圍，表裏再重，塹壘甚峻。又使監軍石苞、兗州刺史州泰等〔九七〕，簡銳卒爲游軍，備外寇。欽等數出犯圍，逆擊走之。吳將朱異再以大衆來迎誕等，渡黎漿水，泰等逆與戰，每摧其鋒。孫綝以異戰不進，怒而殺之。城中食轉少，外救不至，衆無所恃。將軍蔣班、焦彝，皆誕爪牙計事者也。棄誕，踰城自歸大將軍。《漢晉春秋》曰：蔣班、焦彝言於諸葛誕曰："朱異等以大衆來而不能進，孫綝殺異而歸江東，外以發兵爲名，而內實坐須成敗，其歸可見矣。今宜及衆心尚固，士卒思用，並力決死，攻其一面，雖不能盡克，猶可有全者。"文欽曰："江東乘戰勝之威久矣，未有難北方者也。況公今舉十餘萬之衆內附，而欽與全端等皆同居死地，父子兄弟俱在江表，就孫綝不欲，主上及其親戚豈肯聽乎？且中國無歲無事，軍民並疲，今守我一年，勢力已困，異圖生心，變故將起，以往準今，可計日而望也。"班、彝固勸之，欽怒，而誕欲殺班。二人懼，且知誕之必敗也，十一月，乃相攜而降。大將軍乃使反間，以奇變說全懌等，懌等率其衆數千人開門來出〔九八〕。城中震懼，不知所爲。

三年正月，誕、欽、咨等大爲攻具，晝夜五六日攻南圍，欲決圍而出。《漢晉春秋》曰：文欽曰〔九九〕："蔣班、焦彝謂我不能出而走，全端、全懌又率衆逆降，此敵無備之時也，可以戰矣。"誕及唐咨等皆以爲然，遂共悉衆出攻。圍上諸軍，臨高以發石車火箭逆燒，破其攻具，弩矢及石雨下，死傷者蔽地，血流盈壍。復還入城，城內食轉竭，降出者數萬口。欽欲盡出北方人，省食，與吳人堅守，誕不聽，由是爭恨。欽素與誕有隙，徒以計合，事急愈相疑。欽見誕計事，誕遂殺欽。欽子鴦及虎將兵在小城中，聞欽死，勒兵馳赴之，眾不爲用。鴦、虎單走，踰城出，自歸大將軍。軍吏請誅之，大將軍令曰："欽之罪不容誅，其子固應當戮，然鴦、虎以窮歸命，且城未拔，殺之是堅其心也。"乃赦鴦、虎，使將兵數百騎馳巡城，呼語城內云："文欽之子猶不見殺，其餘何懼？"表鴦、虎爲將軍，各賜爵關內侯。城內喜且擾，又日饑困，誕、咨等智力窮。大將軍乃自臨圍，四面進兵，同時鼓譟登城，城內無敢動者。誕窘急，單乘馬，將其麾下突小城門出。大將軍司馬胡奮部兵逆擊，斬誕，傳首，夷三族。誕麾下數百人，坐不降見斬，皆曰："爲諸葛公死，不恨。"其得人心如此。干寶《晉紀》曰：數百人拱手爲列，每斬一人，輒降之，竟不變，至盡〔一〇〇〕，時人比之田橫。吳將于詮曰〔一〇一〕："大丈夫受命其主，以兵救人，既不能克，又束手於敵，吾弗取也。"乃免冑冒陳而死。唐咨、王祚及諸裨將皆面縛降，吳兵萬眾，器仗軍實山積。

初圍壽春，議者多欲急攻之，大將軍以爲："城固而眾多，攻之必力屈，若有外寇，表裏受敵，此危道也。今三叛相聚於孤城之中，天其或者將使同就戮，吾當以全策縻之，可坐而制也。"誕以二年五月反，三年二月破滅。六軍按甲，深溝高壘，而誕自困，竟不煩攻而克。干寶《晉紀》曰：初，壽春每歲雨潦，淮水溢，常淹城邑。故文王之築圍也，誕笑之曰："是固不攻而自敗也。"及大軍之攻，亢旱踰月。城既陷，是日大雨，圍壘皆毀。誕子靚，字仲思，吳平還晉。靚子恢，字道明，位至尚書令，追贈左光祿大夫開府。及破壽春，議者又以爲淮南仍爲叛逆，吳兵室家在江南，不可縱，宜悉坑之。大將軍以爲古之用兵，全國爲上，戮其元惡而已。吳兵就得亡還，適可以示中國之弘耳。一無所殺，分布三河近郡以安處之。

唐咨本利城人。黃初中，利城郡反，殺太守徐箕，推咨爲主。文帝遣諸軍討破之，咨走入海，遂亡至吳，官至左將軍，封侯、持節。誕、欽屠戮，咨亦生禽，三叛皆獲，天下快焉。《傅子》曰：宋建椎牛禱賽，終自焚滅。文欽日祠祭事天，斬於人手。諸葛誕夫婦聚會神巫，淫祀求福，伏尸淮南，舉族誅夷。此天下所共見，足爲明鑒也。拜咨安遠將軍，其餘裨將咸假號位，吳衆悅服。江東感之，皆不誅其家。其淮南將吏士民諸爲誕所脅略者，惟誅其首逆，餘皆赦之。聽鴦、虎收斂欽喪，給其車牛，致葬舊墓。習鑿齒曰：自是天下畏威懷德矣。君子謂司馬大將軍於是役也，可謂能以德攻矣。夫建業者異矣，各有所尚，而不能兼併也。故窮武之雄斃於不仁，存義之國喪於懦退，今一征而禽三叛，大虜吳衆，席卷淮浦，俘馘十萬，可謂壯矣。而未及安坐，喪王基之功〔一〇二〕，種惠吳人，結異類之情，寵鴦葬欽，忘疇昔之隙，不咎誕衆，使揚士懷愧，功高而人樂其成，業廣而敵懷其德，武略既數,文算又洽,推此道也,天下其孰能當之哉?喪王基,語在《基傳》。鴛一名傲。《晉諸公贊》曰:傲後爲將軍,破涼州虜,名聞天下。太康中爲東夷校尉、假節。當之職,入辭武帝,帝見而惡之,託以他事免傲官。東安公繇,諸葛誕外孫,欲殺傲,因誅楊駿,誣傲謀逆,遂夷三族〔一〇三〕。

鄧艾字士載,義陽棘陽人也。少孤〔一〇四〕,太祖破荆州,徙汝南,爲農民養犢。年十二,隨母至潁川,讀故太丘長陳寔碑文〔一〇五〕,言"文爲世範〔一〇六〕,行爲士則",艾遂自名範,字士則。後宗族有與同者,故改焉。爲都尉學士,以口吃,不得作幹佐。爲稻田守叢草吏〔一〇七〕。同郡吏父憐其家貧,資給甚厚,艾初不稱謝〔一〇八〕。每見高山大澤,輒規度指畫軍營處所,時人多笑焉。後爲典農綱紀,上計吏,因使見太尉司馬宣王。宣王奇之,辟之爲掾,《世語》曰:鄧艾少爲襄城典農部民,與石苞皆年十二三。謁者陽翟郭玄信,武帝監軍郭誕元奕之子。建安中,少府吉本起兵許都,玄信坐被刑在家,從典農司馬求入御〔一〇九〕,以艾、苞與御,行十餘里,與語,悦之,謂二人皆當遠至爲佐相。艾後爲典農功曹,奉使詣宣王,由此見知,遂被拔擢。遷尚書郎。

時欲廣田畜穀,爲滅賊資〔一一〇〕,使艾行陳、項以東至壽春〔一一一〕。艾以爲"田良水少,不足以盡地利,宜開河渠,可以引水澆溉,大積軍糧,又通漕運之道〔一一二〕"。乃著《濟河論》以喻其指。又以爲"昔破黃巾,因爲屯田,積穀於許都以制四方。今三隅已定,事在淮南,每大軍征舉，運兵過半，功費巨億，以爲大役。陳、蔡之間，上下田良〔一三〕，可省許昌左右諸稻田，并水東下〔一四〕。令淮北屯二萬人，淮南三萬人，十二分休，常有四千人〔一五〕，且田且守。水豐常收三倍於西〔一六〕，計除衆費，歲完五百萬斛以爲軍資。六七年間，可積三千萬斛於淮上，此則十萬之衆五年食也。以此乘吳〔一七〕，無往而不克矣。"宣王善之，事皆施行。正始二年，乃開廣漕渠，每東南有事，大軍興衆〔一八〕，泛舟而下〔一九〕，達於江、淮，資食有儲而無水害，艾所建也。

出參征西軍事，遷南安太守。嘉平元年，與征西將軍郭淮拒蜀偏將軍姜維。維退，淮因西擊羌。艾曰："賊去未遠，或能復還，宜分諸軍以備不虞。"於是留艾屯白水北。三日，維遣廖化自白水南向艾結營。艾謂諸將曰："維今卒還〔二〇〕，吾軍人少，法當來渡而不作橋。此維使化持吾，令不得還。維必自東襲取洮城〔二一〕。"洮城在水北，去艾屯六十里。艾即夜潛軍徑到，維果來渡，而艾先至據城，得以不敗。賜爵關內侯，加討寇將軍，後遷城陽太守。

是時并州右賢王劉豹并爲一部，艾上言曰："戎狄獸心，不以義親，彊則侵暴，弱則内附，故周宣有玁狁之寇，漢祖有平城之困。每匈奴一盛，爲前代重患。自單于在外，莫能牽制長卑。誘而致之，使來入侍。由是羌夷失統，合散無主〔二二〕。以單于在内，萬里順軌。今單于之尊日疏，外土之威寖重，則胡虜不可不深備也。聞劉豹部有叛胡，可因叛割爲二國，以分其勢。去卑功顯前朝，而子不繼業，宜加其子顯號，使居鴈門。離國弱寇，追錄舊勳，此御邊長計也。"又陳："羌胡與民同處者，宜以漸出之，使居民表崇廉恥之教，塞姦宄之路。"大將軍司馬景王新輔政，多納用焉。遷汝南太守，至則尋求昔所厚己吏父，久已死[一二三]，遣吏祭之，重遺其母，舉其子與計吏[一二四]。艾所在，荒野開闢，軍民並豐。

諸葛恪圍合肥新城，不克，退歸。艾言景王曰："孫權已沒，大臣未附，吳名宗大族，皆有部曲，阻兵仗勢，足以建命。恪新秉國政，而內無其主，不念撫恤上下以立根基，競於外事，虐用其民，悉國之衆，頓於堅城，死者萬數，載禍而歸，此恪獲罪之日也。昔子胥、吳起、商鞅、樂毅皆見任時君，主沒而敗。況恪才非四賢，而不慮大患，其亡可待也。"恪歸，果見誅。遷兗州刺史，加振威將軍。上言曰："國之所急，惟農與戰，國富則兵彊，兵彊則戰勝。然農者，勝之本也。孔子曰'足食足兵'，食在兵前也。上無設爵之勸，則下無財穀之功。今使考績之賞，在於積粟富民，則交游之路絕，浮華之原塞矣。"

高貴鄉公即尊位，進封方城亭侯。毌丘儉作亂，遣健步齎書，欲疑惑大衆，艾斬之，兼道進軍，先趣樂嘉城，作浮橋。司馬景王至，遂據之。文欽以後大軍破敗於城下[一二五]，艾追之至丘頭。欽奔吳。吳大將軍孫峻等號十萬衆，將渡江，鎮東將軍諸葛誕遣艾據肥陽，艾以與賊勢相遠，非要害之地，輒移屯附亭，遣泰山太守諸葛緒等於黎漿拒戰，逐走之〔一二六〕。其年徵拜長水校尉。以破欽等功，進封方城鄉侯，行安西將軍。解雍州刺史王經圍於狄道，姜維退駐鍾提，乃以艾爲安西將軍，假節、領護東羌校尉。議者多以爲維力已竭，未能更出。艾曰："洮西之敗，非小失也；破軍殺將，倉廩空虛，百姓流離，幾於危亡。今以策言之，彼有乘勝之勢，我有虛弱之實，一也。彼上下相習，五兵犀利，我將易兵新，器杖未復，二也。彼以船行，吾以陸軍，勞逸不同，三也。狄道、隴西、南安、祁山，各當有守，彼專爲一，我分爲四，四也。彼南安、隴西〔一二七〕，因食羌穀，若趣祁山，熟麥千頃，爲之縣餌，五也。賊有黠數，其來必矣。"頃之，維果向祁山，聞艾已有備，乃回從董亭趣南安，艾據武城山以相持。維與艾爭險，不克，其夜，渡渭東行，緣山趣上邽，艾與戰於段谷，大破之。甘露元年詔曰："逆賊姜維連年狡黠，民夷騷動，西土不寧。艾籌畫有方，忠勇奮發，斬將十數，馘首千計；國威震於巴、蜀，武聲揚於江、岷。今以艾爲鎮西將軍、都督隴右諸軍事，進封鄧侯。分五百户封子忠爲亭侯。"二年，拒姜維於長城，維退還。遷征西將軍，前後增邑凡六千六百户。景元三年又破維於侯和，維却保沓中。四年秋，詔諸軍征蜀，大將軍司馬文王皆指授節度，使艾與維相綴連；雍州刺史諸葛緒要維，令不得歸。艾遣天水太守王頎等直攻維營，隴西太守牽弘等邀其前，金城太守楊欣詣甘松。維聞鍾會諸軍已入漢中,引退還〔一二八〕。欣等追躡於彊川口,大戰,維敗走。聞雍州已塞道,屯橋頭,從孔函谷入北道,欲出雍州後,諸葛緒聞之,却還三十里。維入北道三十餘里,聞緒軍却,尋還,從橋頭過,緒趣截維,較一日不及。維遂東引,還守劒閣。鍾會攻維未能克。艾上言:"今賊摧折,宜遂乘之,從陰平由邪徑經漢德陽亭趣涪〔一二九〕,出劒閣西百里〔一三〇〕,去成都三百餘里,奇兵衝其腹心。劒閣之守必還赴涪,則會方軌而進;劒閣之軍不還,則應涪之兵寡矣。軍志有之曰:'攻其不備,出其不意。'今掩其空虛,破之必矣。"

冬十月,艾自陰平道行無人之地七百餘里〔一三一〕,鑿山通道,造作橋閣。山高谷深,至爲艱險,又糧運將匱,頻於危殆。艾以氈自裹,推轉而下。將士皆攀木緣崖,魚貫而進。先登至江由〔一三二〕,蜀守將馬邈降。蜀衛將軍諸葛瞻自涪還緜竹,列陳待艾。艾遣子惠唐亭侯忠等出其右,司馬師纂等出其左。忠、纂戰不利,並退還,曰:"賊未可擊。"艾怒曰:"存亡之分,在此一舉,何不可之有?"乃叱忠、纂出〔一三三〕,將斬之。忠、纂馳還更戰,大破之,斬瞻及尚書張遵等首,進軍到雒。劉禪遣使奉皇帝璽綬,爲箋詣艾請降。

艾至成都,禪率太子諸王及羣臣六十餘人面縛輿櫬詣軍門〔一三四〕,艾執節解縛焚櫬,受而宥之〔一三五〕。檢御將士,無所虜略,綏納降附,使復舊業,蜀人稱焉。輒依鄧禹故事,承制拜禪行驃騎將軍,太子奉車、諸王駙馬都尉。蜀羣司各隨高下拜爲王官，或領艾官屬。以師纂領益州刺史，隴西太守牽弘等領蜀中諸郡。使於緜竹築臺以爲京觀，用彰戰功。士卒死事者，皆與蜀兵同共埋藏。艾深自矜伐，謂蜀士大夫曰："諸君賴遭某，故得有今日耳。若遇吳漢之徒，已殄滅矣。"又曰："姜維自一時雄兒也，與某相值，故窮耳。"有識者笑之。

十二月，詔曰："艾曜威奮武，深入虜庭，斬將搴旗，梟其鯨鯢，使僭號之主，稽首係頸，歷世逋誅，一朝而平。兵不踰時，戰不終日，云徹席卷，蕩定巴蜀。雖白起破彊楚，韓信克勁趙，吳漢禽子陽，亞夫滅七國，計功論美，不足比勳也〔一三六〕。其以艾爲太尉，增邑二萬戶，封子二人亭侯，各食邑千戶。"《袁子》曰：諸葛亮，重人也，而驟用蜀兵，此知小國弱民難以久存也。今國家一舉而滅蜀，自征伐之功，未有如此之速者也。方鄧艾以萬人入江由之危險，鍾會以二十萬衆留劍閣而不得進，三軍之士已饑，艾雖戰勝克將，使劉禪數日不降，則二將之軍難以反矣。故功業如此之難也。國家前有壽春之役，後有滅蜀之勞，百姓貧而倉廩虛，故小國之慮，在於時立功以自存〔一三七〕，大國之慮，在於既勝而力竭，成功之後，戒懼之時也。艾言司馬文王曰："兵有先聲而後實者，今因平蜀之勢以乘吳〔一三八〕，吳人震恐，席卷之時也〔一三九〕。然大舉之後，將士疲勞，不可便用，且徐緩之；留隴右兵二萬人，蜀兵二萬人，煮鹽興冶，爲軍農要用，並作舟船，豫順流之事〔一四〇〕，然後發使告以利害，吳必歸化，可不征而定也。今宜厚劉禪以致孫休，安士民以來遠人,若便送禪於京都,吳以爲流徙,則於向化之心不勸。宜權停留,須來年秋冬,比爾吳亦足平。以爲可封禪爲扶風王,錫其資財,供其左右。郡有董卓塢,爲之宮舍。爵其子爲公侯,食郡内縣,以顯歸命之寵。開廣陵、城陽以待吳人,則畏威懷德,望風而從矣。"文王使監軍衛瓘喻艾:"事當須報,不宜輒行。"艾重言曰:"銜命征行,奉指授之策,元惡既服;至於承制拜假,以安初附,謂合權宜。今蜀舉衆歸命,地盡南海,東接吳會,宜早鎮定。若待國命,往復道途,延引日月。《春秋》之義,大夫出疆,有可以安社稷,利國家,專之可也。今吳未賓,勢與蜀連,不可拘常以失事機。兵法,進不求名,退不避罪,艾雖無古人之節,終不自嫌以損於國也。"鍾會、胡烈、師纂等皆白艾所作悖逆,變釁以結。詔書檻車徵艾。《魏氏春秋》曰:艾仰天歎曰:"艾忠臣也,一至此乎?白起之酷,復見於今日矣!"

艾父子既囚,鍾會至成都,先送艾,然後作亂。會已死〔一四一〕,艾本營將士追出艾檻車,迎還。瓘遣田續等討艾,遇於緜竹西,斬之。子忠與艾俱死,餘子在洛陽者悉誅,徙艾妻子及孫於西域〔一四二〕。《漢晉春秋》曰:初艾之下江由也,以續不進,欲斬,既而捨之。及瓘遣續,謂曰:"可以報江由之辱矣。"杜預言於衆曰:"伯玉其不免乎!身爲名士,位望已高,既無德音,又不御下以正,是小人而乘君子之器,將何以堪其責乎?"瓘聞之,不候駕而謝〔一四三〕。《世語》曰:師纂亦與艾俱死。纂性急少恩,死之日體無完皮。

初，艾當伐蜀，夢坐山上而有流水，以問殄虜護軍爰邵。邵曰："按《易》卦，山上有水曰《蹇》。《蹇》繇曰：'《蹇》利西南，不利東北。'孔子曰：'《蹇》利西南，往有功也；不利東北，其道窮也。'往必克蜀，殆不還乎！"艾憮然不樂。荀綽《冀州記》曰：邵起自幹吏，位至衛尉。長子翰，河東太守。中子敞，大司農。少子倩，字君幼，寬厚有器局，勤於當世，歷位冀州刺史、太子右衛率。翰子俞，字世都，清貞貴素〔一四四〕，辯於論議，采公孫龍之辭以談微理。少有能名，辟太尉府，稍歷顯位，至侍中中書令，遷為監。臣松之按：《蹇》象辭云"《蹇》利西南，往得申也"〔一四五〕，不云"有功"；下云"利見大人，往有功也"。

泰始元年，晉室踐阼，詔曰："昔太尉王淩謀廢齊王，而王竟不足以守位。征西將軍鄧艾，矜功失節，實應大辟。然被書之日，罷遣人衆，束手受罪，比於求生遂為惡者，誠復不同。今大赦得還，若無子孫者聽使立後，令祭祀不絕。"三年，議郎段灼上疏理艾曰："艾心懷至忠而荷反逆之名，平定巴蜀而受夷滅之誅，臣竊悼之。惜哉，言艾之反也！艾性剛急，輕犯雅俗，不能協同朋類，故莫肯理之。臣敢言艾不反之狀。昔姜維有斷隴右之志，艾脩治備守，積穀彊兵。值歲凶旱，艾為區種〔一四六〕，身被烏衣，手執耒耜，以率將士。上下相感，莫不盡力。艾持節守邊，所統萬數，而不難僕虜之勞〔一四七〕，士民之役〔一四八〕，非執節忠勤，孰能若此？故落門、段谷之戰，以少擊多，摧破彊賊。先帝知其可任，委艾廟勝，授以長策。艾受命忘身，束馬縣車，自投死地，勇氣陵云，士衆乘勢，使劉禪君臣面縛，叉手屈膝。艾功名以成，當書之竹帛，傳祚萬世。七十老公，反欲何求！艾誠恃養育之恩，心不自疑，矯命承制，權安社稷；雖違常科，有合古義，原心定罪，本在可論。鍾會忌艾威名，搆成其事。忠而受誅，信而見疑，頭縣馬市，諸子并斬，見之者垂泣，聞之者歎息。陛下龍興，闡弘大度，釋諸嫌忌，受誅之家，不拘敘用。昔秦民憐白起之無罪，吳人傷子胥之冤酷，皆爲立祠。今天下民人爲艾悼心痛恨，亦猶是也。臣以爲艾身首分離，捐棄草土，宜收尸喪，還其田宅。以平蜀之功，紹封其孫，使閽棺定謚，死無餘恨。赦冤魂於黃泉，收信義於後世，葬一人而天下慕其行，埋一魂而天下歸其義，所爲者寡而悅者衆矣。"九年，詔曰："艾有功勳，受罪不逃刑，而子孫爲民隸〔一四九〕，朕常愍之。其以嫡孫朗爲郎中。"

艾在西時，脩治障塞，築起城塢。泰始中，羌虜大叛，頻殺刺史，涼州道斷。吏民安全者，皆保艾所築塢焉。《世語》曰：咸寧中，積射將軍樊震爲西戎牙門，得見辭，武帝問震所由進，震自陳曾爲鄧艾伐蜀時帳下將，帝遂尋問艾，震具申艾之忠，言之流涕。先是以艾孫朗爲丹水令，由此遷爲定陵令。次孫千秋有時望，光祿大夫王戎辟爲掾。永嘉中，朗爲新都太守，未之官，在襄陽失火，朗及母妻子舉室燒死，惟子韜子行得免。千秋先卒，二子亦燒死。

艾州里時輩南陽州泰，亦好立功業，善用兵，官至征虜將軍、假節都督江南諸軍事。景元二年薨，追贈衛將軍，謚曰壯侯。《世語》曰：初，荆州刺史裴潛以泰爲從事，司馬宣王鎮宛，潛數遣詣宣王，由此爲宣王所知。及征孟達，泰又導軍，遂辟泰。泰頻喪考、妣、祖，九年居喪，宣王留缺待之，至三十六日，擢爲新城太守。宣王爲泰會，使尚書鍾繇調泰[一五〇]："君釋褐登宰府，三十六日擁麾蓋，守兵馬郡[一五一]；乞兒乘小車，一何駛乎？"泰曰："誠有此。君，名公之子，少有文采，故守吏職；獼猴騎土牛[一五二]，又何遲也[一五三]？"衆賓咸悅。後歷兗、豫州刺史，所在有籌算績效。

鍾會字士季，潁川長社人，太傅繇小子也[一五四]。少敏慧夙成[一五五]。會爲其母傳曰："夫人張氏，字昌蒲，太原玆氏人[一五六]，太傅定陵成侯之命婦也。世長吏二千石。夫人少喪父母，充成侯家，脩身正行，非禮不動，爲上下所稱述。貴妾孫氏，攝嫡專家，心害其賢，數讒毀無所不至。孫氏辨博有智巧，言足以飾非成過，然竟不能傷也。及妊娠，愈更嫉妬，乃置藥食中，夫人中食，覺而吐之，瞑眩者數日。或曰：'何不向公言之？'答曰：'嫡庶相害，破家危國，古今以爲鑒誡。假如公信我，衆誰能明其事？彼以心度我，謂我必言，固將先我；事由彼發，顧不快邪！'遂稱疾不見。孫氏果謂成侯曰：'妾欲其得男，故飲以得男之藥，反謂毒之！'成侯曰：'得男藥佳事，闇於食中與人，非人情也。'遂訊侍者具服，孫氏由是得罪出。成侯問夫人何能不言，夫人言其故，成侯大驚，益以此賢之。黃初六年，生會，恩寵愈隆。成侯既出孫氏，更納正嫡賈氏。"臣松之按：鍾繇於時老矣，而方納正室。蓋《禮》所云宗子雖七十無無主婦之義也。《魏氏春秋》曰：會母見寵於繇，繇爲之出其夫人。下太后以爲言，文帝詔繇復之。繇恚憤，將引鴆，弗獲，餐椒致噤，帝乃止。中護軍蔣濟著論，謂"觀其眸子，足以知人"。會年五歲，繇遣見濟，濟甚異之〔一五七〕，曰："非常人也。"及壯，有才數技藝而博學精練名理，以夜續晝，由是獲聲譽。正始中，以爲祕書郎〔一五八〕，遷尚書中書侍郎〔一五九〕。《世語》曰：司馬景王命中書令虞松作表〔一六〇〕，再呈輒不可意，命松更定。以經時，松思竭不能改，心存之，形於顔色。會察其有憂〔一六一〕，問松，松以實答。會取視，爲定五字。松悦服〔一六二〕，以呈景王，王曰："不當爾邪，誰所定也？"松曰："鍾會。向亦欲啓之，會公見問，不敢饕其能。"王曰："如此，可大用，可令來。"會問松王所能，松曰："博學明識，無所不貫。"會乃絶賓客，精思十日，平旦入見，至鼓二乃出〔一六三〕。出後，王獨拊手歎息曰："此真王佐材也！"松字叔茂，陳留人〔一六四〕，九江太守邊讓外孫。松弱冠有才，從司馬宣王征遼東，宣王命作檄，及破賊，作露布。松從還，宣王辟爲掾，時年二十四，遷中書郎，遂至太守。松子濬，字顯弘，晉廷尉。臣松之以爲：鍾會名公之子，聲譽夙著，弱冠登朝，已歷顯位〔一六五〕，景王爲相，何容不悉，而方於定虞松表然後乃蒙接引乎？設使先不相識，但見五字而便知可大用，雖聖人其猶病諸，而況景王哉？高貴鄉公即尊位，賜爵關内侯。

毌丘儉作亂，大將軍司馬景王東征，會從，典知密事，衛將軍司馬文王爲大軍後繼。景王薨於許昌，文王總統六軍，會謀謨帷幄。時中詔勅尚書傅嘏，以東南新定，權留衛將軍屯許昌爲内外之援，令嘏率諸軍還。會與嘏謀，使嘏表上，輒與衛將軍俱發，還到雒水南屯住。

於是朝廷拜文王爲大將軍、輔政，會遷黃門侍郎，封東武亭侯，邑三百戶。

甘露二年，徵諸葛誕爲司空，時會喪寧在家，策誕必不從令〔一六六〕，馳白文王。文王以事已施行，不復追改。會時遭所生母喪。其母傳曰："夫人性矜嚴，明於教訓，會雖童稚，勤見規誨〔一六七〕。年四歲授《孝經》，七歲誦《論語》，八歲誦《詩》，十歲誦《尚書》，十一誦《易》，十二誦《春秋左氏傳》《國語》，十三誦《周禮》《禮記》，十四誦成侯《易記》，十五使入太學問四方奇文異訓。謂會曰：'學猥則倦，倦則意怠；吾懼汝之意怠，故以漸訓汝，今可以獨學矣。'雅好書籍，涉歷衆書，特好《易》《老子》，每讀《易》孔子說鳴鶴在陰、勞謙君子、藉用白茅、不出戶庭之義，每使會反覆讀之，曰：'《易》三百餘爻，仲尼特說此者，以謙恭慎密，樞機之發，行己至要，榮身所由故也，順斯術以往，足爲君子矣。'正始八年，會爲尚書郎，夫人執會手而誨之曰：'汝弱冠見敘，人情不能不自足，則損在其中矣，勉思其戒！'是時大將軍曹爽專朝政，日縱酒沉醉，會兄侍中毓宴還，言其事。夫人曰：'樂則樂矣，然難久也。居上不驕，制節謹度，然後乃無危溢之患。今奢僭若此，非長守富貴之道。'嘉平元年，車駕朝高平陵，會爲中書郎，從行。相國宣文侯始舉兵，衆人恐懼，而夫人自若。中書令劉放、侍郎衛瓘、夏侯和等家皆怪問：'夫人一子在危難之中，何能無憂？'答曰：'大將軍奢僭無度，吾常疑其不安。太傅義不危國，必爲大將軍舉耳。吾兒在帝側何憂？聞且出兵無他重器，其勢必不久戰。'果如其言，一時稱明。會歷機密十餘年，頗豫政謀。夫人謂曰：'昔范氏少子爲趙簡子設伐邢之計，事從民悅，可謂功矣。然其母以爲乘僞作詐，末業鄙事，必不能久。其識本深遠,非近人所言,吾常樂其爲人。汝居心正,吾知免矣〔一六八〕。但當脩所志以輔益時化,不悉先人耳。常言人誰能皆體自然,但力行不倦,抑亦其次。雖接鄙賤,必以言信。取與之間,分畫分明。'或問:'此無乃小乎?'答曰:'君子之行,皆積小以致高大,若以小善爲無益而弗爲,此乃小人之事耳。希通慕大者,吾所不好。'會自幼少〔一六九〕,衣不過青紺,親營家事,自知恭儉。然見得思義,臨財必讓。會前後賜錢帛數百萬計,悉送供公家之用,一無所取。年五十有九,甘露二年二月暴疾薨。比葬,天子有手詔,命大將軍高都侯厚加賵贈,喪事無巨細,一皆供給。議者以爲公侯有夫人,有世婦,有妻,有妾,所謂外命婦也。依《春秋》成風、定姒之義,宜崇典禮,不得總稱妾名,於是稱成侯命婦。殯葬之事,有取於古制,禮也。"及誕反,車駕住項,文王至壽春,會復從行。

初,吳大將全琮,孫權之婚親重臣也,琮子懌、孫静、從子端、翩、緝等〔一七〇〕,皆將兵來救誕。懌兄子輝、儀留建業,與其家内爭訟,攜其母,將部曲數十家渡江,自歸文王。會建策,密爲輝、儀作書,使輝、儀所親信齎入城告懌等,説吳中怒懌等不能拔壽春,欲盡誅諸將家,故逃來歸命。懌等恐懼,遂將所領開東城門出降,皆蒙封寵,城中由是乖離。壽春之破,會謀居多,親待日隆,時人謂之子房〔一七一〕。軍還,遷爲太僕,固辭不就。以中郎在大將軍府管記室事,爲腹心之任。以討諸葛誕功,進爵陳侯,屢讓不受。詔曰:"會典綜軍事,參同計策,料敵制勝,有謀謨之勳,而推寵固讓,辭指款實,前後累重，志不可奪。夫成功不處，古人所重，其聽會所執，以成其美。"遷司隷校尉。雖在外司，時政損益，當世與奪，無不綜典〔一七二〕。嵇康等見誅，皆會謀也。

文王以蜀大將姜維屢擾邊陲，料蜀國小民疲，資力單竭，欲大舉圖蜀。惟會亦以爲蜀可取，豫共籌度地形，考論事勢。景元三年冬，以會爲鎮西將軍、假節都督關中諸軍事。文王勑青、徐、兗、豫、荊、揚諸州，並使作船，又令唐咨作浮海大船，外爲將伐吳者。四年秋，乃下詔使鄧艾、諸葛緒各統諸軍三萬餘人，艾趣甘松、沓中連綴維，緒趣武街、橋頭絶維歸路。會統十餘萬衆，分從斜谷、駱谷入。先命牙門將許儀在前治道，會在後行，而橋穿，馬足陷〔一七三〕，於是斬儀。儀者，許褚之子，有功王室，猶不原貸。諸軍聞之，莫不震竦〔一七四〕。蜀令諸圍皆不得戰，退還漢、樂二城守。魏興太守劉欽趣子午谷，諸軍數道平行，至漢中。蜀監軍王含守樂城，護軍蔣斌守漢城，兵各五千。會使護軍荀愷、前將軍李輔各統萬人，愷圍漢城，輔圍樂城。會徑過，西出陽安口，遣人祭諸葛亮之墓。使護軍胡烈等行前，攻破關城，得庫藏積穀。姜維自沓中還，至陰平，合集士衆，欲赴關城。未到，聞其已破，退趣白水，與蜀將張翼、廖化等合守劍閣拒會。會移檄蜀將吏士民曰：

往者漢祚衰微，率土分崩，生民之命，幾於泯滅。太祖武皇帝神武聖哲，撥亂反正，拯其將墜，造我區夏。高祖文皇帝應天順民，受命踐阼。烈祖明皇帝奕世重光，恢拓洪業。然江山之外，異政殊俗，率土齊民，未蒙皇化〔一七五〕，此三祖所以顧懷遺恨也。今主上聖德欽明，紹隆前緒，宰輔忠肅明允，劬勞王室，布政垂惠而萬邦協和，施德百蠻而肅慎致貢。悼彼巴蜀，獨爲匪民，愍此百姓，勞役未已。是以命授六師，龔行天罰，征西、雍州、鎮西諸軍，五道並進。古之行軍，以仁爲本，以義治之；王者之師，有征無戰；故虞舜舞干戚而服有苗，周武有散財、發廩、表閭之義。今鎮西奉辭銜命，攝統戎重〔一七六〕，庶弘文告之訓，以濟元元之命，非欲窮武極戰，以快一朝之政，故略陳安危之要，其敬聽話言。

益州先主以命世英才，興兵朔野〔一七七〕，困躓冀、徐之郊，制命紹、布之手，太祖拯而濟之，與隆大好。中更背違，棄同即異，諸葛孔明仍規秦川，姜伯約屢出隴右，勞動我邊境，侵擾我氐、羌，方國家多故，未遑修九伐之征也。今邊境又清，方内無事，蓄力待時，并兵一向，而巴蜀一州之衆，分張守備，難以御天下之師。段谷、侯和沮傷之氣，難以敵堂堂之陣〔一七八〕。比年以來，曾無寧歲，征夫勤瘁，難以當子來之民。此皆諸賢所親見也〔一七九〕。蜀相牡見禽於秦，公孫述授首於漢，九州之險，是非一姓。此皆諸賢所備聞也。明者見危於無形，智者窺禍於未萌〔一八〇〕，是以微子去商，長爲周賓，陳平背項，立功於漢。豈晏安酖毒，懷禄而不變哉？今國朝隆天覆之恩，宰輔弘寬恕之德，先惠後誅，好生惡殺。往者吳將孫壹舉衆內附，位爲上司，寵秩殊異。文欽、唐咨爲國大害，叛主讐賊，還爲戎首。咨困逼禽獲，欽二子還降，皆將軍、封侯；咨與聞國事。壹等窮踧歸命，猶加盛寵，況巴蜀賢知見機而作者哉！誠能深鑒成敗，邈然高蹈，投跡微子之蹤，錯身陳平之軌〔一八一〕，則福同古人，慶流來裔，百姓士民，安堵舊業，農不易畝，市不回肆，去累卵之危，就永安之福，豈不美歟！若偷安旦夕，迷而不反，大兵一發，玉石皆碎，雖欲悔之，亦無及已。其詳擇利害，自求多福，各具宣布，咸使聞知。

鄧艾追姜維到陰平，簡選精銳，欲從漢德陽入江由、左儋道詣綿竹，趣成都，與諸葛緒共行。緒以本受節度邀姜維〔一八二〕，西行非本詔，遂進軍前向白水，與會合。會遣將軍田章等從劍閣西，徑出江由。未至百里，章先破蜀伏兵三校，艾使章先發〔一八三〕。遂長驅而前。會與緒軍向劍閣，會欲專軍勢，密白緒畏懦不進，檻車徵還。軍悉屬會，按《百官名》：緒入晉爲太常崇禮衛尉。子沖，廷尉。荀綽《兗州記》曰：沖子銓，字德林，玫字仁林，並知名顯達。詮，兗州刺史。玫，侍中御史中丞。進攻劍閣，不克，引退，蜀軍保險拒守。艾遂至綿竹，大戰，斬諸葛瞻。維等聞瞻已破，率其衆東入於巴〔一八四〕。會乃進軍至涪，遣胡烈、田續、龐會等追維。艾進軍向成都，劉禪詣艾降，遣使勅維等令降於會。維至廣漢郪縣，令兵悉放器仗，送節傳於胡烈，便從東道詣會降。會上言曰："賊姜維、張翼、廖化、董厥等逃死遁走，欲趣成都。臣輒遣司馬夏侯咸、護軍胡烈等，徑從劍閣，出新都、大渡截其前，參軍爰彰、將軍句安等躡其後，參軍皇甫闓、將軍王買等從涪南出衝其腹，臣據涪縣爲東西勢援〔一八五〕。維等所統步騎四五萬人，擐甲厲兵，塞川填谷，數百里中首尾相繼，憑恃其衆，方軌而西。臣勅咸、闓等令分兵據勢，廣張羅罔，南杜走吳之道，西塞成都之路，北絶越逸之徑，四面云集，首尾並進，蹊路斷絶，走伏無地。臣又手書申喻，開示生路，羣寇困逼，知命窮數盡，解甲投戈，面縛委質，印綬萬數，資器山積。昔舜舞干戚，有苗自服；牧野之師，商旅倒戈：有征無戰，帝王之盛業。全國爲上，破國次之；全軍爲上，破軍次之：用兵之令典。陛下聖德〔一八六〕，侔蹤前代，翼輔忠明，齊軌公旦，仁育羣生，義征不譓，殊俗向化，無思不服，師不踰時，兵無血刃，萬里同風，九州共貫。臣輒奉宣詔命，導揚恩化，復其社稷，安其閭伍，舍其賦調，弛其征役，訓之德禮，以移其風，示之軌儀，以易其俗，百姓欣欣，人懷逸豫，后來其蘇，義無以過。"會於是禁檢士衆不得鈔略，虛己誘納，以接蜀之羣司，與維情好歡甚。《世語》曰：夏侯霸奔蜀，蜀朝問："司馬公如何德？"霸曰："自當作家門。"京師俊士有曰〔一八七〕："鍾士季，其人管朝政，吳、蜀之憂也。"《漢晉春秋》曰：初，夏侯霸降蜀，姜維問之曰："司馬懿既得彼政，當復有征伐之志不？"霸曰："彼方營立家門，未遑外事。有鍾士季者，其人雖少，終爲吳、蜀之憂，然非非常之人亦不能用也。"後十五年而會果滅蜀。按：習鑿齒此言，非出他書，故采用《世語》而附益也。十二月詔曰："會所向摧弊，前無彊敵，緘制衆城，罔羅迸逸。蜀之豪帥，面縛歸命，謀無遺策，舉無廢功。凡所降誅，動以萬計，全勝獨克，有征無戰，拓平西夏，方隅清晏。其以會爲司徒，進封縣侯，增邑萬户。封子二人亭侯，邑各千户。"

會內有異志，因鄧艾承制專事，密白艾有反狀，《世語》曰：會善效人書，於劍閣要艾草表白事〔一八八〕，皆易其言，令辭指悖傲〔一八九〕，多自矜伐。又毁文王報書，手作以疑之也。於是詔書檻車徵艾。司馬文王懼艾或不從命，勅會並進軍成都，監軍衞瓘在會前行，以文王手筆令宣喻艾軍，艾軍皆釋仗，遂收艾入檻車。會所憚惟艾，艾既禽而會尋至，獨統大衆，威震西土。自謂功名蓋世，不可復爲人下，加猛將銳卒皆在己手，遂謀反。欲使姜維等皆將蜀兵出斜谷，會自將大衆隨其後。既至長安，令騎士從陸道，步兵從水道順流浮渭入河，以爲五日可到孟津，與騎會洛陽，一旦天下可定也。會得文王書云："恐鄧艾或不就徵，今遣中護軍賈充將步騎萬人徑入斜谷，屯樂城，吾自將十萬屯長安，相見在近。"會得書，驚呼所親語之曰："但取鄧艾，相國知我能獨辦之；今來大重，必覺我異矣，便當速發。事成，可得天下；不成，退保蜀漢，不失作劉備也。我自淮南以來，畫無遺策，四海所共知也。我欲持此安歸乎〔一九〇〕！"會以五年正月十五日至，其明日，悉請護軍、郡守、牙門騎督以上及蜀之故官，爲太后發喪於蜀朝堂。矯太后遺詔，使會起兵廢文王，皆班示坐上人，使下議訖，書版署置，更使所親信代領諸軍。所請羣官，悉閉著益州諸曹屋中，城門宮門皆閉，嚴兵圍守。會帳下督丘建本屬胡烈，烈薦之文王，會請以自隨，任愛之。建愍烈獨坐，啓會，使聽内一親兵出取飲食，諸牙門隨例各内一人。烈紿語親兵及疏與其子曰："丘建密説消息，會已作大坑，白棓梧與棒同。數千，欲悉呼外兵入，人賜白帢，苦洽反。拜爲散騎〔一九一〕，以次棓殺坑中〔一九二〕。"諸牙門親兵亦咸説此語，一夜傳相告，皆徧。或謂會："可盡殺牙門騎督以上。"會猶豫未決。十八日日中，烈軍兵與烈兒雷鼓出門，諸軍兵不期皆鼓譟出，曾無督促之者，而爭先赴城。時方給與姜維鎧仗，白外有匈匈聲，似失火，有頃，白兵走向城。會驚謂維曰："兵來似欲作惡，當云何？"維曰："但當擊之耳。"會遣兵悉殺所閉諸牙門郡守，内人共舉机以柱門，兵斫門，不能破。斯須，門外倚梯登城，或燒城屋，蟻附亂進，矢下如雨，牙門、郡守各緣屋出，與其卒兵相得。姜維率會左右戰，手殺五六人，衆既格斬維，爭赴殺會。會時年四十，將士死者數百人。《晉諸公贊》曰：胡烈兒名淵，字世元，遵之孫也。遵，安定人，以才兼文武，累居藩鎮，至車騎將軍。子奮，字玄威，亦歷方任。女爲晉武帝貴人，有寵。太康中，以奮爲尚書僕射，加鎮軍大將軍、開府。弟廣，字宣祖，少府。次烈，字玄武，秦州刺史。次岐，字玄嶷，并州刺史。廣子喜，涼州刺史。淵小字鷗鶵，時年十八，既殺會救父，名震遠近。後趙王倫篡位，三王興義，倫使淵與張泓將兵禦齊王，屢破齊軍。會成都戰克，淵乃歸降，伏法。

初，艾爲太尉，會爲司徒，皆持節、都督諸軍如故，咸未受命而斃。會兄毓，以四年冬薨，會竟未知問。會兄子邕，隨會，與俱死會所。養兄子毅及峻、辿勃連反。等下獄〔一九三〕，當伏誅。司馬文王表天子，下詔曰："峻等祖父繇，三祖之世，極位台司，佐命立勳，饗食廟庭。父毓，歷職內外，幹事有績。昔楚思子文之治，不滅鬬氏之祀。晉錄成宣之忠，用存趙氏之後。以會、邕之罪，而絕繇、毓之類，吾有愍然！峻、辿兄弟特原，有官爵者如故。惟毅及邕息伏法。"或曰，毓曾密啓司馬文王，言會挾術難保，不可專任，故宥峻等〔一九四〕。《漢晉春秋》曰：文王嘉其忠亮，笑答毓曰："若如卿言，必不以及宗矣。"

初，文王欲遣會伐蜀，西曹屬邵悌求見曰："今遣鍾會率十餘萬衆伐蜀，愚謂會單身無重任，不若使餘人行。"文王笑曰："我寧當復不知此邪？蜀爲天下作患，使民不得安息，我今伐之如指掌耳，而衆人皆言蜀不可伐。夫人心豫怯則智勇並竭，智勇並竭而彊使之，適爲敵禽耳。惟鍾會與人意同，今遣會伐蜀，必可滅蜀。滅蜀之後，就如卿所慮，當何所能一辨邪〔一九五〕？凡敗軍之將不可以語勇，亡國之大夫不可與圖存，心膽以破故也。若蜀以破，遺民震恐，不足與圖事；中國將士各自思歸，不肯與同也。若作惡，祇自族滅耳。卿不須憂，此慎莫使人聞也。"及會白鄧艾不軌，文王將西，悌復曰："鍾會所統，五六倍於鄧艾，但可勅會取艾，不足自行〔一九六〕。"文王曰："卿忘前時所言邪，而更云可不須行乎？雖爾，此言不可宣也。我要自當以信義待人〔一九七〕，但人不當負我，我豈可先人生心哉！近日賈護軍問我，言：'頗疑鍾會不？'我答言：'如今遣卿行，寧可復疑卿邪？'賈亦無以易我語也。我到長安，則自了矣。"軍至長安，會果已死，咸如所策。按：《咸熙元年百官名》：邵悌字元伯，陽平人。《漢晉春秋》曰：文王聞鍾會功曹向雄之收葬會也，召而責之曰："往者王經之死，卿哭於東市而我不問〔一九八〕，今鍾會躬爲叛逆而又輒收葬，若復相容，其如王法何！"雄曰："昔先生掩骼埋胔，仁流枯骨〔一九九〕，當時豈先卜其功罪而後收葬哉〔二〇〇〕？今王誅既加，於法已備，雄感義收葬，教亦無闕。法立於上，教弘於下，以此訓物，雄曰可矣！何必使雄背死違生〔二〇一〕，以立於時。殿下讐對枯骨〔二〇二〕，捐之中野，百歲之後，爲臧獲所笑，豈仁賢所掩哉？"王悦，與宴談而遣之。習鑿齒曰：向伯茂可謂勇於蹈義也〔二〇三〕，哭王經而哀感市人，葬鍾會而義動明主，彼皆忠烈奮勁，知義而往〔二〇四〕，非存生也。若使經、會處世，或身在急難，而有不赴者乎？故尋其奉死之心，可以見事生之情，覽其忠貞之節，足以愧背義之士矣。王加禮而遣可謂明達也〔二〇五〕。

會嘗論《易》無互體、才性同異。及會死後，於會家得書二十篇，名曰《道論》，而實刑名家也，其文似會。初，會弱冠與山陽王弼並知名。弼好論儒道，辭才逸辯，注《易》及《老子》，爲尚書郎，年二十餘卒。弼字輔嗣。何劭爲其傳曰：弼幼而察慧，年十餘〔二〇六〕，好《老氏》，通辯能言。父業，爲尚書郎。時裴徽爲吏部郎〔二〇七〕，弼未弱冠，往造焉。徽一見而異之，問弼曰："夫無者誠萬物之所資也，然聖人莫肯致言，而老子申之無已者何〔二〇八〕？"弼曰："聖人體無，無又不可以訓，故不說也。老子是有者也，故恒言無所不足〔二〇九〕。"尋亦爲傅嘏所知。於時何晏爲吏部尚書，甚奇弼，歎之曰〔二一〇〕："仲尼稱後生可畏，若斯人者，可與言天人之際乎！"正始中，黃門侍郎累缺，晏既用賈充、裴秀、朱整，又議用弼。時丁謐與晏爭衡，致高邑王黎於曹爽，爽用黎。於是以弼補臺郎。初除，覲爽，請間，爽爲屏左右，而弼與論道，移時無所他及，爽以此嗤之。時爽專朝政，黨與共相進用，弼通儻不治名高。尋黎無幾時病亡，爽用王沈代黎，弼遂不得在門下，晏爲之歎恨。弼在臺既淺，事功亦雅非所長，益不留意焉。淮南人劉陶善論縱橫，爲當時所稱〔二一一〕。每與弼語，嘗屈弼。弼天才卓出〔二一二〕，當其所得，莫能奪也。性和理，樂游宴，解音律，善投壺。其論道傅會文辭〔二一三〕，不如何晏，自然有所拔得，多晏也，頗以所長笑人，故時爲士君子所疾〔二一四〕。弼與鍾會善，會論議以校練爲家，然每服弼之高致。何晏以爲聖人無喜怒哀樂，其論甚精，鍾會等述之。弼與不同，以爲聖人茂於人者神明也，同於人者五情也，神明茂故能體沖和以通無，五情同故不能無哀樂以應物，然則聖人之情，應物而無累於物者也。今以其無累，便謂不復應物，失之多矣。弼注《易》，潁川人荀融難弼《大衍義》。弼答其意，白書以戲之曰："夫明足以尋極幽微，而不能去自然之性。顏子之量，孔父之所預在〔二一五〕，然遇之不能無樂，喪之不能無哀。又常狹斯人〔二一六〕,以爲未能以情從理者也,而今乃知自然之不可革。是足下之量,雖已定乎胸懷之内,然而隔踰旬朔,何其相思之多乎?故知尼父之於顏子,可以無大過矣。"弼註《老子》,爲之指略,致有理統。著《道略論》,註《易》,往往有高麗言。太原王濟好談,病《老》《莊》,嘗云:"見弼《易註》,所悟者多。"然弼爲人淺而不識物情,初與王黎、荀融善〔二一七〕,黎奪其黃門郎,於是恨黎,與融亦不終〔二一八〕。正始十年,曹爽廢,以公事免〔二一九〕。其秋遇癘疾亡,時年二十四,無子絶嗣。弼之卒也,晉景王聞之〔二二〇〕,嗟歎者累日,其爲高識所惜如此〔二二一〕。孫盛曰:《易》之爲書,窮神知化,非天下之至精,其孰能與於此?世之注解,殆皆妄也。況弼以傅會之辨而欲籠統玄旨者乎?故其敘浮義則麗辭溢目,造陰陽則妙賾無間〔二二二〕,至於六爻變化,羣象所效,日時歲月,五氣相推,弼皆擯落,多所不關。雖有可觀者焉,恐將泥夫大道。《博物記》曰:初,王粲與族兄凱俱避地荆州,劉表欲以女妻粲,而嫌其形陋而用率〔二二三〕,以凱有風貌,乃以妻凱。凱生業〔二二四〕,業即劉表外孫也。蔡邕有書近萬卷,末年載數車與粲。粲亡後,相國掾魏諷謀反,粲子與焉,既被誅,邕所與書悉入業。業字長緒,位至謁者僕射。子弘字正宗〔二二五〕,司隸校尉。弘,弼之兄也。《魏氏春秋》曰:文帝既誅粲,二子,以業嗣粲。

評曰:王淩風節格尚,毌丘儉才識拔幹,諸葛誕嚴毅威重,鍾會精練策數,咸以顯名,致兹榮任,而皆心大志迂,不慮禍難,變如發機,宗族塗地,豈不謬惑邪!鄧艾矯然彊壯,立功立事,然闇於防患,咎敗旋至,豈遠知乎諸葛恪而不能近自見,此蓋古人所謂目論者也。

《史記》曰：越王無疆與中國爭疆，當楚威王時，越北伐齊，齊威王使人說越云，越王不納。齊使者曰："幸也，越之不亡也。吾不貴其用智之如目，目見豪毛而不自見其睫也。今王知晉之失〔二二六〕，而不自知越之失〔二二七〕，是目論也。"

【校箋】

〔一〕毛本作"魏書二十八"。

〔二〕毛本作"王毌丘諸葛鄧鍾傳第二十八"。

〔三〕《御覽》卷六百四十二引"長"上有"發干"二字。

〔四〕盧弼曰："蓋驍騎校尉之主簿也。董卓表曹操爲驍騎校尉，不就拜。見《武紀》卷首。"

謹案：凌爲驍騎主簿在任發干長被刑之後，與董卓表曹操爲驍騎校尉，計其時前後相去約十餘年，安能徵引以實之？疑凌爲驍騎主，恐非驍騎校尉之主簿也。洪飴孫《三國職官表》謂凌爲驍騎將軍之主簿，或是。曹仁建安十八年行驍騎將軍，凌蓋爲其主簿。盧君説不足據。

〔五〕盧弼曰："或曰'治'下疑脱字。"

謹案：《冊府》卷七百二十六引"治"下有"迹"字，疑有"迹"字是。《通志》作"治聲"，蓋以臆改。

〔六〕郝書"成"字作"城"。

〔七〕盧弼曰："趙一清曰：'在當作任。'馬倩云説同。弼按：當作'在'。《王昶傳》'轉在徐州'，與此同例。"

謹案："馬倩云"，錢儀吉引作"馬巽倩"。郝書及《通志》"在"字作"任"，或趙、馬二氏所本，然當以盧君説爲允。如《蜀志‧陳震傳》"轉在犍爲"，《王連傳》"轉在廣都"，皆其證。

〔八〕蕭書無"揚"字，郝書無"仍"字。

〔九〕郝書此句在"意義甚美"句下。

〔一〇〕盧弼曰："逵屯兵夾石，救曹休之敗，會逵病死，以凌繼任。"

謹案：本志《賈逵傳》，逵死於太和二年曹休夾石之敗後。《滿寵傳》：太和二年領豫州刺史。則凌爲豫州，當在寵後。盧君云逵病死，以凌繼任，非是。

〔一一〕盧弼曰："《通鑑》：'嘉平元年十二月辛卯即拜王凌爲太尉。'胡注：'即拜者，就壽春拜爲太尉。'弼按：當時之遷司空進太尉者，欲解其兵柄耳。甘露元年徵諸葛誕爲司空，此猶是也。"

謹案：徐紹楨曰："據《三少帝紀》，凌進太尉在嘉平元年十二月辛卯，而此傳下文尚載嘉平元年九月及十一月之事，則似進太尉尚在九月之前，此書法次序所當校正者。"盧君説未及，故補錄之。

〔一二〕紹興本"震"字作"振"。

〔一三〕紹興本"未"字作"名"，疑非。

〔一四〕《册府》卷八百四十九引"惡"字作"患"，蓋形近之誤。

〔一五〕盧弼曰："胡三省曰：'必當作畢。'"

謹案：錢儀吉云："志祖按：《通鑑》注：'必當作畢。'"考郝書"必"亦作"畢"。當據改。

〔一六〕盧弼曰："《通鑑》作'欲因此發兵'。"

謹案：錢儀吉曰："《通鑑》'發'下有'兵'字。"考郝書亦作"發兵"。此奪"兵"字，應據增。

〔一七〕蕭書"告"上有"密"字。

〔一八〕盧弼曰："即凌子廣也，將之東行。"

謹案：張宗泰曰："'廣東'二字費解。按：《高貴鄉公紀》甘露二年六月甲子詔昔相國大司馬征討，皆與尚書俱行，當即指此。是'廣東'二字爲'俱行'之誤。然字體不類，未得致誤之由。"考盧君以此"廣"字即謂凌子廣，然廣是否爲尚書，史無明據，或應存疑爲得。

〔一九〕盧弼曰："宋本'二'作'三'。"

謹案：《尚書·呂刑》："大辟之罰，其屬二百。"此"罪在二百"，猶言罪在大辟也。故下文云"妻子同縣"，縣猶梟首。宋本"二"字作"三"，則宋本誤也。

〔二〇〕《册府》卷四百五十二"非"字作"罪"。

〔二一〕毛本"罪"字作"戮"。

〔二二〕《世說·方正篇》注引無"敢"字。

〔二三〕《世說》注引無"故"字。

〔二四〕《世說》注引"項"下有"城"。

〔二五〕《世說》注引"並"字作"俱"，"滅"下有"命"字。

〔二六〕盧弼曰："顏之推曰：'《還冤記》云：宣王有疾，白日見凌來，並賈逵爲祟。因呼字曰：彥云緩我！宣王身亦有打處，少日遂薨。'"

謹案：梁章鉅曰："杭世駿曰：'顏之推《還冤記》云：宣王有疾云云。'"此先爲杭世駿所稱引，見《三國志補注》，梁氏從而載之於《旁證》，故曰"杭世駿曰"，以明其所自。今盧君復采入《集解》，亦應如梁氏著杭氏名，然竟乾没不言，非是。考《還冤記》，《隋志》作《冤魂記》，顏之推撰。《集解》於"推"字下加"曰"字，是以《還冤記》非顏之推撰，而顏氏引之也。杭氏書無"曰"字，而盧君妄增之，致此謬誤，是乃盧君稽檢不審之失矣。

〔二七〕《册府》卷七百二十六引"實"字作"識"。

〔二八〕盧弼曰:"宋本'固'作'故'。"

謹案:《季漢書》亦作"故"。《禮記·哀公問》"固民是盡"注:"固猶故也。"

〔二九〕郝書"病"下有"卒"字,是。

〔三〇〕盧弼曰:"各本'反'皆作'及'。局本作'反'。盧明楷曰:'及字當爲反字之誤,蓋謂令狐愚與王淩通謀之事,單固知情也。'"

謹案:《册府》卷七百六十四引"及"字作"反",郝書亦作"反"。"反"字是。"反""及"形近而譌。

〔三一〕《册府》引"而"字作"以"。

〔三二〕盧弼曰:"《通鑑》作'固固云無有'。胡注:'上固其名,下固固執也。'"

謹案:錢儀吉曰:"按:《通鑑》作'固固',注云:'上固其名,下固固執也。'"此既先見於《證聞》,則"通"字上應增"錢儀吉曰"四字。

〔三三〕《册府》引"對"上有"同"字。

〔三四〕《册府》卷六百八十八引"通"字作"道"。郝書同。

〔三五〕盧弼曰:"元本'領'作'頃'。"

謹案:此已見《官本考證》,則"元"字上應增"《官本考證》曰"五字。

〔三六〕《册府》引作"士卒柔附"。

〔三七〕毛本"岬"作"恤"。盧弼曰:"馮本'岬'作'恤'。"

謹案:"岬"爲"恤"之借。

〔三八〕郝書"侯"字作"王"。考《晉書·閻纘傳》:"及至明帝，因母得罪，廢爲平原侯，爲置家臣庶子，師友文學，皆取正人，共相匡矯。兢兢慎罰，事父以孝，父没，事母以謹，聞於天下，於今稱之。"則叡曾降爲平原侯。"侯"字不誤，郝書作"王"，蓋失考也。

〔三九〕紹興本、毛本"度"字作"渡"，《御覽》卷二百七十八引同。

〔四〇〕毛本無"食"字，《册府》卷三百七十六、《通志》引俱同。《通志》"三"又作"二"。

〔四一〕《御覽》引"二"字作"三"。

〔四二〕《御覽》卷二百七十八、三百一十二引"進"字作"逆"。

〔四三〕盧弼曰："趙一清曰：'梁口，《册府》作渦口。注云：渦音過，是也。此並譌。《水經·濡水注》：新河又東至九濄口，枝分南注海。即是此地。'錢大昕曰：'梁字不當有渴音，疑誤。'"

謹按：吳承仕《經籍舊音辨證》曰："梁無渴音。且字誠作'梁'，亦不煩作音也。尋《册府元龜》引作'灂口'，云'灂音過。''梁''灂''渴'皆以形近致譌。《水經·濡水注》：'新河又東至九濄口，其地與高句麗相近。'則灂口即九濄口也。"《册府》見卷三百四十九，《通志》"渴"作"過"。

〔四四〕《御覽》引"都"下有"山"字，《太平寰宇記》引同。

〔四五〕《寰宇記》"買溝"作"沃沮"。本志《烏丸鮮卑東夷傳·東沃沮傳》："宮奔北沃沮，北沃沮一名置溝婁。"又《高句麗傳》："今胡猶名此城爲幘溝漊，溝漊者，句麗名城也。""置溝婁"當作"買溝漊"。疑此"溝"下脱"漊"字。

〔四六〕《寰宇記》引無"氏"字。

〔四七〕《通志》"退"下有"軍"字。

〔四八〕盧弼曰:"'盡'應作'蓋'。"

謹案:《荀子·榮辱篇》"則農以力盡田,賈以察盡財,百工以巧盡械器"注:"盡,謂精於事。""盡"字自通,不煩易"盡"爲"蓋"字也。

〔四九〕郝書"安"字作"一"。

〔五〇〕郝書"成"字作"行"。

〔五一〕郝書"大"字作"人"。

〔五二〕郝書"哀"字作"哭"。

〔五三〕郝書"有"字作"興"。

〔五四〕郝書"王"字作"主"。

〔五五〕紹興本"功"字作"舊"。

〔五六〕毛本"散"字作"喪"。

〔五七〕盧弼曰:"'洙'疑'許'之誤。弼案:'洙'當作'汝'。上文'大將軍屯汝陽'是也。《晉書·景帝紀》:'帝屯汝陽,潛軍銜枚,徑造樂嘉。'"

謹案:"洙疑許之誤",盧君未言爲何人所說,疑有闕文。"洙"作"汝"是。郝書作"師自汝陽至"。"洙"字作"汝",而下多"陽"字,蓋此脫。

〔五八〕《册府》卷四百五十二、卷七百六十八引"小"字作"少"。

〔五九〕盧弼曰:"宋本'及'作'文'。"

謹案:作"及"字是。此云追及,故下文乃云"遥相與語"也,"及""文"或涉形近而譌。

〔六〇〕盧弼曰:"《册府》作'何苦',無下'若'字。"

謹案:《官本考證》曰:"《册府》作'何苦',無下'若'

字。"此本《考證》，則"冊"字上當增"《官本考證》曰"五字。見《冊府》卷四百五十二、又卷七百六十引。蕭書、郝書同，當據改。

〔六一〕盧弼曰："傅讀曰附。"

謹案：《漢書·王莽傳》"當出入者傅籍"注："傅猶著也。"《周禮·地官·小司寇》"附於刑"注："附猶著也。"是"傅""附"義同。《漢書·高帝紀》"從陳以東傅海與齊王信"注："傅讀曰附。"案：師古注"傅讀曰附"者《漢書》凡二十餘見，此盧君所本。

〔六二〕郝書作"北走至慎縣"。

〔六三〕盧弼曰："陳浩曰：'昭伯，曹爽字。太傅伯字疑衍，或爲昔字之譌也。'"

謹案：太傅伯之"伯"字，蓋蒙上文"昭伯"之"伯"而衍。《季漢書》"傅"下無"伯"字，是也。"或爲昔字之譌"則非。

〔六四〕盧弼曰："'恃'疑作'特'。"

謹案：官本"恃"字作"特"，或盧君所據。考紹興本、毛本俱作"恃"，郝書、《季漢書》同，作"恃"字是。

〔六五〕盧弼曰："監本、官本'捷'作'就'。"

謹案：紹興本"竟"字作"克"，"捷"字作"就"。郝書作"事不克捷"，疑是。

〔六六〕紹興本、毛本"弒"字作"殺"。

〔六七〕紹興本、毛本"忠"字作"忿"，非。郝書仍作"忠"。

〔六八〕郝書"連"字作"受"。

〔六九〕郝書"就"下無"於"字。

〔七〇〕郝書"要"字作"而"。

〔七一〕郝書作"不若是"，無"隸"字。

〔七二〕郝書"舉"字作"與",下不重"分"字。

〔七三〕郝書"師"字作"帥"。

〔七四〕郝書無"爾"字。

〔七五〕郝書無"傳"字,下有"獄"二字。

〔七六〕郝書"舉"字作"誅"。

〔七七〕郝書"國"下有"家"字。

〔七八〕此句疑有奪文,詞意不明。考蕭書云"司馬師問旬所在,知其不行,曰旬不來,儉無能爲也"。郝書"來"下亦有"曰"字。

〔七九〕盧弼曰:"馮本、陳本'兩'作'雨',誤。"

謹案:作"雨絕"是。"雨絕"蓋漢晉時常語。《文選》陳孔璋《檄吳將校部曲文》云:"雨絕於天。"《吳志·虞翻傳》注引《翻別傳》:"翻上書:'罪棄雨絕。'"潘岳《述哀詩》:"雨絕無還云。"或不識"雨絕"之義,妄改"雨"爲"兩",盧君反以誤者爲是,蓋未深思也。郝書、《季漢書》亦俱作"雨"。

〔八〇〕郝書"弊"字作"斃"。

〔八一〕郝書"去"下無"兵"字。

〔八二〕郝書"戰"字作"及"。

〔八三〕盧弼曰:"《太平御覽》卷十三引曹嘉之《晉紀》:'誕以氣邁稱,嘗倚柱讀書,霹靂震其柱,誕自若。'"

謹案:此事已見梁章鉅《旁證》,"太"字上應增"梁章鉅曰"四字。《書鈔》卷一百五十二引曹嘉之《晉紀》"讀書"作"作書","霹靂"作"雷","誕自若"作"誕書自若",與《御覽》卷十三引微異。考《世說·雅量篇》以此爲夏侯太初事,劉孝標注云:"見顧愷之書贊(中略),臧榮緒又以爲諸葛誕也。"此由傳聞不同,故紀錄有異。

〔八四〕盧弼曰："《御覽》'承'作'亟'。"

謹案：《世說·品藻篇》注引"承"字作"亟"，《御覽》卷二百一十六引同。考本志《明帝紀》太和四年二月壬午詔云"擢其高第者亟用"。亟，急也。作"亟"字是。

〔八五〕盧弼曰："《通鑑》'誕備'作'誕輩'。"

謹案：錢儀吉"備"改"輩"，郝書"備"作"等"。

〔八六〕毛本"監"字作"令"。郝書"監"下有"令"字。

〔八七〕紹興本"任"字作"在"。

〔八八〕盧弼曰："馮本'從'作'徒'。"

謹案：官本作"徒"，與馮本同。紹興本仍作"從"，《册府》卷三百七十引同。"從"字疑是。

〔八九〕《御覽》卷三百五十五引"將"下無"士"字。

〔九〇〕郝書"口"上有"户"字。

〔九一〕郝書無"四"字。

〔九二〕《御覽》卷五百五十八引"塼"字作"材"。《水經·湘水注》引作"木"。

〔九三〕《水經注》作"後與發冢人於壽春"，"與"《御覽》引作"預"。

〔九四〕《水經注》"芮"下有"乎"字。

〔九五〕《御覽》引"卒"下無"年"字，《水經注》引同。

〔九六〕《御覽》引"矣"字作"也"。

〔九七〕毛本"吏"字作"史"。

〔九八〕郝書作"開門出降"。

〔九九〕郝書作"文欽謂誕曰"，多"謂誕"二字。

〔一〇〇〕《御覽》卷二百八十引作"皆云爲諸葛公死無恨，以至於盡"。

〔一〇一〕《御覽》引"吳"下有"戍"字。

〔一〇二〕盧弼曰："《通鑑》'喪'作'賞'。"

謹案：錢儀吉曰："'喪'從《通鑑》改'賞'字。"竊疑"喪"或爲"襃"字形近之誤。"襃"一作"衺"(《造橋碑》"一以衺賢君"，是其證)。《玉篇·衣部》："襃，揚美也。"《類篇·衣部》："獎飾也。"若作"賞"，賞爲賜有功義，裴松之云："喪王基，語在基傳。"考《王基傳》所載語，乃襃揚非賞賜也，則此二"喪"字似均應作"襃"。

〔一〇三〕盧弼曰："姚範曰：'晉元康元年，賈后誅楊駿，以文鴦爲駿黨誅之。胡三省以爲即此文鴦也。'"

謹案：《御覽》卷七百七十五引《晉諸公讚》云："文俶破虜之後，名聞天下。當爲東夷校尉，入辭，世祖見而惡之。恐居邊不信，密諷監司奏俶作陽遂四望車，僭飾過制，免官。"裴注引此語有刪節。

〔一〇四〕《御覽》卷四百四十九引"孤"下有"貧"字。

〔一〇五〕毛本"實"字作"寔"，《御覽》卷三百六十二、卷五百八十九引同。

〔一〇六〕《世説·言語篇》注引作"曰言爲世範"，"言"上有"曰"字，無"文"字。

〔一〇七〕《御覽》卷四百八十五引"守"下無"叢"字。

〔一〇八〕《御覽》、《册府》卷八百五十六引"稱"字作"稍"，《通志》同。

〔一〇九〕盧弼曰："'入'古'人'字。"

謹案：梁章鉅曰："《晉書·石苞傳》亦載此事，'求入御'作'求入爲御'。"考《白帖》卷四十三引"入"字作"人"，《御覽》卷四百四十二引徐廣《晉書》"入"亦作"人"，郝書同，應據改。

"入""人"形近致誤,盧君云"'入'古'人'字"不知所據。

〔一一〇〕《玉海》卷二十一引"賊"下有"之"字。《晉書》作"爲兼併之計"。

〔一一一〕《册府》卷四百九十六、卷四百九十八、《玉海》引"項"字作"潁",是也。

〔一一二〕毛本"漕運"二字乙,《晉書·食貨志》同。

〔一一三〕毛本"上"字作"土",《御覽》卷八百二十一引同。《晉書》、《通志》、《通典》、蕭書、郝書"上"均作"土",當據改。

〔一一四〕盧弼曰:"汝水、潁水、浪蕩渠水、渦水皆經陳蔡之間,而東入淮。"

謹案:"水"字或誤,疑當作"兵"。上文"可省許昌左右諸稻田",謂省許昌屯田卒,與兵東下,故下文乃承以"淮北三萬人,淮南二萬人"。若作"水",則上下文意乖牾難通矣。鍾會《檄蜀文》"并兵一向",《蜀志·諸葛亮傳》注引郭沖三事云"亮屯於陽平,遣魏延諸軍并兵東下",語式相似。盧君所釋,究嫌迂曲難通,恐非。

〔一一五〕紹興本、馮本、陳本、毛本"千"字俱作"萬"。《白帖》卷五十七、《御覽》卷一百二十一引同。蕭書、《通考》亦作"萬"。考作"萬"者是也。上文"令淮北屯二萬人,淮南三萬人"。計淮南北兵共五萬人,十二分休,言十分之二分休,以五萬言之,則恰爲四萬也。應據正。

〔一一六〕盧弼曰:"'水'疑作'歲',《御覽》作'小'。"

謹案:《御覽》卷三百三十三作"小",又卷八百二十一引仍作"水"。水豐謂灌溉饒足也。盧君謂"水疑作歲",無據,或非。

〔一一七〕《御覽》、《册府》卷五百零三"吳"字作"敵",與

《晉書》同。

〔一一八〕《通志》"興衆"作"興擧"。《册府》卷四百八十三引"興"字作"與"。《御覽》引"興衆"作"出征"。

〔一一九〕毛本"泛"字作"汎",《御覽》、《册府》卷四百九十八引同。

〔一二〇〕馮本、陳本"今"字作"軍"。

〔一二一〕《册府》卷四百二十八引"東"字作"來",是也。"東""來"形近易誤。下文"維果來渡"正承此而言。

〔一二二〕《册府》卷四百零二引"合"字作"分"。

〔一二三〕《册府》卷八百八十五作"父已久死"。郝書無"久"字。

〔一二四〕盧弼曰:"'與'字疑誤。"

謹案:郝書"與"字作"爲",《通志》同。

〔一二五〕《通志》"以後"二字乙。

〔一二六〕盧弼曰:"'逐'疑作'遂'。"

謹案:紹興本正作"遂"。盧君失檢。《册府》卷三百七十六引、郝書、《通志》俱作"遂"。

〔一二七〕毛本"彼"字作"從",《册府》卷四百一十八、郝書同。《通志》"彼"下有"從"字,此脱,當據補。

〔一二八〕郝書無"退"字,"退還"語意複,似應據删。

〔一二九〕《通典·兵八》引"漢"上有"廣"字。

〔一三〇〕盧弼曰:"'百里'《御覽》作'四百里'。"

謹案:《官本考證》曰:"《太平御覽》作'四百里'。"此見《考證》,考《御覽》卷三百一十五引有"四"字,應據補。《通典》引同。

〔一三一〕《類聚》卷五十九、《御覽》卷一百六十六、卷三百零四、卷三百一十五、卷四百四十九、卷七百零八引"平"下俱無"道"字。《通典》同。

〔一三二〕盧弼曰:"《通鑑》'由'作'油'。"

謹案:《御覽》卷三百一十五引作"由"。

〔一三三〕盧弼曰:"宋本無'出'字,北宋本'出'作'等'。"

謹案:此見《官本考證》,應增"《官本考證》曰"五字。郝書"出"作"等"。

〔一三四〕《御覽》引"門"下有"降"字。

〔一三五〕盧弼曰:"《通鑑》作'延請相見'。"

謹案:"受而宥之",此陳壽原語。《通鑑》作"延請相見",蓋改易舊文。以其時代不同,處境有別故爾,非司馬光所見本異也。

〔一三六〕郝書無"勸"字。

〔一三七〕郝書苟注引"時"上有"乘"字。

〔一三八〕《通志》"吳"下有"人"。

〔一三九〕《通志》"席"上有"此"字。

〔一四〇〕盧弼曰:"元本'豫'下有'備'字,《通鑑》'豫'下有'爲'字。"

謹案:《官本考證》曰:"'豫'下元本多'備'字。"錢儀吉"豫"下增"備"字,云"從宋本"。

〔一四一〕郝書無"已"字。

〔一四二〕盧弼曰:"《通鑑》作'徙其妻及孫西城',與本傳作'西域'異。"

謹案:郝書及《通志》俱作"西城","域"蓋"城"之形誤,非《通鑑》與本傳文有異也。

〔一四三〕盧弼曰："宋本'候'作'俟'。"

謹案：《晉書·衛瓘傳》亦作"俟"，《册府》卷七百九十六引同。《論語·鄉黨篇》："不俟駕行矣。"

〔一四四〕紹興本"貞"字作"真"，郝書苟注引同。

〔一四五〕毛本"申"字作"中"。

〔一四六〕盧弼曰："吴士鑑《晉書斠注》云：'孫玉庭《區種五種氾勝之遺書序》曰：世傳區田之法始於伊尹，顧商周之世，書多不傳。傳者見於氾勝之《農書》，《漢書·藝文志》農家氾勝之書十八篇。留心民事，講求實用，於農政言之特詳。故《周禮·草人》疏稱：漢時農書數家，氾勝爲上。隋、唐二《志》並著於録。其時尚有傳本，自唐以後，遂至散佚，蓋樹藝之術不講久矣。'"

謹案："艾"爲"又"字之誤。《晉書》段灼追理鄧艾表云："是歲少雨，又爲區種之法。"《御覽》卷四百三十一、卷八百七十四、郝書"艾"字俱作"又"。盧君校未及，爲補之。

〔一四七〕《晉書·段灼傳》"難"字作"離"。

〔一四八〕《晉書》作"親執士卒之役"。

〔一四九〕盧弼曰："馮本'民'作'萌'。"

謹案："萌"古文"氓"同，見《一切經音義》卷一。《詩·衛風·氓》"氓之蚩蚩"傳："氓，民也。"

〔一五〇〕盧弼曰："《御覽》'繇'作'毓'。弼按：泰從司馬懿征孟達，在太和初。除去居喪九年，適在青龍之際，是泰典郡時，毓尚未踐入座也。作'毓'、作'會'俱可通。"

謹案：《初學記》卷二十九、《御覽》卷二百五十九、卷九百一十引"繇"俱作"毓"，則作"毓"字是。考毓傳云"機捷談笑有父風"，則調泰者實毓也。盧君云"作'毓'、作'會'俱可通"，爲此調停之説，非也。當從《初學記》《御覽》訂正。

〔一五一〕盧弼曰："《御覽》'郡'上有'典'字。"

謹案：見《御覽》卷二百九十五引。

〔一五二〕《初學記》引"土"作"上"，疑作"上"字是。牛喻毓憑借名公之子又有文學也。"土牛"於此無義。

〔一五三〕《初學記》《御覽》引"又"字作"一"。

〔一五四〕盧弼曰："梁章鉅曰：'按：黃初六年會始生，時繇已老矣。小子當作少子。'"

謹案：《世説·言語篇》注引《魏志》正作"少子"。

〔一五五〕《世説·德行篇》注引"慧"字作"惠"。《御覽》卷三百八十四引同。"慧""惠"二字通用。

〔一五六〕紹興本、馮本、陳本"玆"字俱作"兹"，毛本作"玆"，同。

〔一五七〕盧弼曰："《御覽》作'濟大奇之也'。下有'賜官郎中'四字。"

謹案：《御覽》卷二百三十三引作"濟大奇之"，無"也"字。又卷三百八十四作"甚異之"，與今本同。則《御覽》所引録固有分歧，不如盧君所録引也。盧君云下有"賜官郎中"四字，考《御覽》卷二百三十三引曰："正始中以賜官郎中，爲祕書郎。"今惟云"下有"，"下"何所指？殊不明白。若謂在"奇之"句下，是盧君未曾覆檢原書也。

〔一五八〕《書鈔》卷五十七引無"以爲"二字，有"除"字。《御覽》卷二百三十三引作"正始中以賜官郎中爲祕書郎"，多"以賜官郎中"五字。疑此脱。

〔一五九〕裴注引鍾會爲其生母傳云："嘉平元年，車駕朝高平陵，會爲中書郎從行。"疑無此"侍"字。

〔一六〇〕裴注引《世語》云："時年二十四，遷爲中書郎，遂至太守。"《初學記》卷十一引亦作"中書郎"，此"令"字似誤。

〔一六一〕《初學記》引"憂"下有"色"字。

〔一六二〕《書鈔》卷一百零三、《御覽》卷二百二十引"松"下有"深"字。

〔一六三〕《御覽》卷五百九十四、《册府》卷五百五十一引作"至二鼓"。"鼓二"二字應乙。

〔一六四〕毛本"人"下有"也"字。

〔一六五〕紹興本"位"字作"仕"。

〔一六六〕紹興本"令"字作"命"。

〔一六七〕紹興本"勤"字作"觀"，疑非。

〔一六八〕紹興本"知"作"能"。

〔一六九〕《書鈔》卷一百二十九、《御覽》卷六百八十九引作"夫人自幼少"，無"會"字，是也。

〔一七〇〕趙一清曰："'端'字當在'懌'字下。《吳志·全夫人傳》全懌、全端、全禕、全儀等降魏。《諸葛誕傳》亦作全懌、全端可證。下文'懌兄子輝'即是全禕，《晉書·文帝紀》亦作'禕'。又《吳志》孫靜子侄無名翩、緝者，《晉紀》作孫彌、孫蔓，二人皆靜次子瑜之子，故以孫系祖，若其從子，則彼祖父自有名字，何緣稱靜也。《晉書》爲得。"

盧弼曰："弼按：趙說誤。此傳所言孫靜者，謂全琮之孫名靜也。從子端、翩、緝者，謂全琮之從子也。趙氏誤以孫靜之孫爲姓，遂穿鑿不可通。又誤以端爲琮子，遂謂端字當在懌字下，此皆未細閱上下文，遂有此誤。按：《吳志·全琮傳》：'琮尚公主，子懌嗣。救諸葛誕於壽春，出城先降。懌兄子禕、儀、靜等亦降魏.'是靜爲琮孫可證。又按:《晉書・文帝紀》:'全懌母孫權女也,得罪於吴。全端兄子禕及儀奉其母來奔。儀兄靜時在壽春,用鍾會計作禕、儀書以譎靜,靜兄弟五人帥其衆來降。'此又可爲孫靜之孫非姓之證。"

謹案:錢儀吉曰:"按:孫靜者,全琮之孫名靜,下云從子亦琮之從子也,與吴宗室孫靜無涉,東潛此説大誤。《全琮傳》:'懌兄子禕、儀、靜等亦降魏。'懌之兄子固琮之孫也。又按:全靜在此,東潛何以自解?"盧君考證蓋本錢氏説而敷演之,了無新意,不如直録錢氏説之爲愈也。張燿曰:"按:《晉書・文帝紀》:'全端兄子禕及儀。'然則懌與端、翩、禕皆從兄弟也。此云從子,蓋就琮而言,《通鑑》誤以端爲懌之兄子,緣止據此傳,未參考《晉書》耳。"

〔一七一〕《書鈔》卷六十九、《御覽》卷二百四十九引"時人謂之子房"句在"爲腹心之任"句下。《世説・言語篇》注引《魏志》此句在"會謀居多"句下。

〔一七二〕盧弼曰:"宋本'典'作'與'。"

謹案:《通志》亦作"與",疑作"與"字是。"與"與"預"同。

〔一七三〕《白帖》卷九引作"陷馬足"。

〔一七四〕毛本"竦"字作"悚"。

〔一七五〕紹興本、馮本、陳本"皇"字俱作"王",與《文選》同。

〔一七六〕盧弼曰:"《文選》'重'作'車'。"

謹案:見《文選・檄蜀文》。丘希範《與陳伯之書》"兹戎衆"李注:"《晉中興書》:'桓温檄曰:幕府不才,忝荷戎重。'"是"戎重"魏晉間恒言。"重"亦車也。

〔一七七〕盧弼曰:"《文選》'朔'作'新'。"

謹案:胡克家《文選考異》曰:"何校'新'作'朔'。案:《魏志·鍾會傳》所載正作'朔',朔謂涿郡是也。'新'字善無注,傳寫誤耳。"

〔一七八〕紹興本"陣"字作"陳"。

〔一七九〕《類聚》卷五十八引"所"下有"共"字,"見"下無"也"字。

〔一八〇〕紹興本"窺"字作"規"。

〔一八一〕《類聚》引"錯"字作"措"。

〔一八二〕《册府》卷三百四十九引"本"字作"奉"。

〔一八三〕紹興本"發"字作"登"。

〔一八四〕盧弼曰:"'東'字疑'南'字之誤。巴西郡在劍閣之南。"

謹案:"東"字是。閬中在劍閣之東,不在南也。

〔一八五〕紹興本"東"字作"取"。

〔一八六〕《册府》卷四百三十四引"聖"字作"盛"。

〔一八七〕盧弼曰:"'京師'上當有'問'字。"

謹案:《御覽》卷四百四十二引孫盛《魏氏春秋》曰:"蜀人問太傅之德,霸對曰:'彼自爲家,非人臣也。'問京師儁士,對曰:'有鍾會者,若管朝政,吳蜀之憂也!'"考作家即爲家,見《蜀志·季漢輔臣贊》裴注引《襄陽記》。"家"字句絶。"門"字疑爲"問"字之殘譌,非另有"問"字也。盧君説蓋非。

〔一八八〕紹興本、毛本"草"字作"章",《治要》引同。《通志》同。

〔一八九〕《御覽》卷四百九十四引"悖"字作"倨"。

〔一九〇〕《世説·德行篇》注引作"我持此欲安歸乎?"《通

志》同。

〔一九一〕紹興本、毛本"散騎"作"散將",《通志》同。

〔一九二〕盧弼曰:"《通鑑》'坑'上有'内'字。"

謹案:《官本考證》曰:"《通鑑》作'内坑中',多'内'字。"考《書鈔》卷一百二十四引作"投坑中",《通志》同。《御覽》卷三百五十七引作"投置坑中",多"置"字。疑《魏志》本傳作"投",《通鑑》改作"内"也。

〔一九三〕紹興本"峻"字作"逡",下同。《通志》同。

〔一九四〕紹興本、毛本"等"字下有"云"字,《通志》同。

〔一九五〕盧弼曰:"《通鑑》作'何憂其不能辨邪?'"

謹案:此已見於《官本考證》,則應於"通"字上增"《官本考證》曰"五字。

〔一九六〕盧弼曰:"《通鑑》'足'作'須'。"

謹案:下文"而更云可不須行乎"句,正承此而言。疑"足"字當從《通鑑》作"須"爲是。

〔一九七〕紹興本"義"字作"意",《通志》同。

〔一九八〕《治要》、《册府》卷八百零二引"問"下有"也"字。

〔一九九〕《書鈔》卷六十八、《治要》、《册府》引"枯"字作"朽"。

〔二〇〇〕《册府》引"葬"下有"之"字。

〔二〇一〕《白帖》卷六十五引"違"字作"遺"。

〔二〇二〕盧弼曰:"監本'殿'作'吾',誤。《通鑑》'殿下'作'明公'。"

謹案:梁章鉅曰:"一本'吾'作'殿'是也。《晉書》本作'殿下'。"考紹興本作"殿下",《治要》、《御覽》卷四百二十引同。《通鑑》作"明公",蓋纂修者所改,陳壽原本固作"殿下"也。

〔二〇三〕盧弼曰:"《晉書》雄傳作'字茂伯',此作'字伯茂',未詳孰是?"

謹案:《書鈔》引亦作"茂伯",與《晉書》同,疑是。

〔二〇四〕毛本"義"字作"死",《治要》引同。

〔二〇五〕紹興本無"也"字。《治要》引"也"字作"矣"。

〔二〇六〕《世說·文學篇》注引作"十餘歲"。《册府》卷七百七十三引同。

〔二〇七〕盧弼曰:"《永嘉流人名》曰:'徽字文季,河東聞喜人,太常潛少弟也。仕至冀州刺史。'"

謹案:裴徽生卒已見本志《裴潛傳注》,較此爲詳。似可云見《裴潛傳注》,引此反嫌重贅,似可不引。

〔二〇八〕《世說》注引"何"下有"耶"字,郝書作"也"。

〔二〇九〕《世說》注引"無"字作"其"。

〔二一〇〕《世說》注引"歎"字作"題"。

〔二一一〕紹興本、馮本、陳本"稱"字作"推",《册府》卷八百二十三引同。郝書、《通志》亦作"推"。

〔二一二〕蕭書"卓"字作"傑"。

〔二一三〕紹興本、馮本、陳本"傅"字作"賦"。《論語·公冶長》"可使治其賦也"釋文:"孔云兵賦也。鄭云軍賦。梁武云《魯論》作傅。"《廣雅·釋詁三》:"賦,布也。"

〔二一四〕《世說》注引作"故爲時士所嫉",郝書"疾"亦作"嫉"。

〔二一五〕紹興本"在"字作"注",郝書同。《廣雅·釋詁二》:"注,識也。"

〔二一六〕郝書"狹"字作"挾"。

〔二一七〕《御覽》卷四百四十引"善"上有"友"字。

〔二一八〕《世説》注引"終"下有"好"字。

〔二一九〕《世説》注引作"正始中以公事免",無"十年曹爽廢"五字,有"中"字。

〔二二〇〕《世説》注引"王"字作"帝"。

〔二二一〕《世説》注引"所"字作"悼",句上有"曰天喪予"四字。

〔二二二〕"間"爲"聞"字之形誤。

〔二二三〕《博物志》卷四"用"字作"周",無上兩"而"字。

〔二二四〕《博物志》引"業"字作"葉"。下同。

〔二二五〕紹興本"弘"字作"玄"。

〔二二六〕紹興本"失"下有"計"字。

〔二二七〕紹興本"失"字作"過"。

三國志校箋卷二十九

魏志卷二十九〔一〕

華佗 吳普 樊阿　杜夔　朱建平　周宣　管輅〔二〕

華佗字元化〔三〕，沛國譙人也，一名旉〔四〕。臣松之案：古"敷"字與"旉"相似，寫書者多不能別。尋佗字元化，其名宜爲旉也〔五〕。游學徐土，兼通數經〔六〕。沛相陳珪舉孝廉，太尉黃琬辟，皆不就。曉養性之術，時人以爲年且百歲而貌有壯容〔七〕。又精方藥，其療疾，合湯不過數種，心解分劑，不復稱量，煮熟便飲，語其節度，舍去輒愈。若當灸，不過一兩處，每處七八壯〔八〕，病亦應除。若當鍼，亦不過一兩處，下鍼言"當引某許，若至，語人"。病者言"已到"，應便拔鍼，病亦行差。若病結積在內，鍼藥所不能及，當須刳割者，便飲其麻沸散，須臾便如醉死無所知，因破取。病若在腸中，便斷腸湔洗，縫腹膏摩，四五日差，不痛，人亦不自寤，一月之間，即平復矣。

故甘陵相夫人有娠六月，腹痛不安，佗視脉，曰："胎已死矣。"使人手摸知所在，在左則男，在右則女。人云"在左"，於是爲湯下之，果下男形，即愈。

縣吏尹世苦四支煩，口中乾，不欲聞人聲，小便不利。佗曰："試作熱食，得汗則愈；不汗，後三日死。"即作熱食而不汗出[九]，佗曰："藏氣已絶於內，當嘔泣而絶。"果如佗言。

府吏兒尋[一〇]、李延共止，俱頭痛身熱，所苦正同。佗曰："尋當下之，延當發汗。"或難其異[一一]，佗曰："尋外實，延內實[一二]，故治之宜殊。"即各與藥，明旦並起。

鹽瀆嚴昕與數人共候佗，適至，佗謂昕曰："君身中佳否？"昕曰："自如常。"佗曰："君有急病見於面，莫多飲酒。"坐畢歸，行數里，昕卒頭眩墮車，人扶將還，載歸家，中宿死。

故督郵頓子獻得病已差，詣佗視脉，曰："尚虛，未得復，勿爲勞事，御內即死。臨死，當吐舌數寸。"其妻聞其病除，從百餘里來省之，止宿交接，中間三日發病，一如佗言。

督郵徐毅得病，佗往省之。毅謂佗曰："昨使醫曹吏劉租鍼胃管訖[一三]，便苦欬嗽，欲臥不安[一四]。"佗曰："刺不得胃管，誤中肝也，食當日減，五日不救。"遂如佗言。

東陽陳叔山小男二歲得疾〔一五〕，下利常先啼，日以羸困。問佗，佗曰：「其母懷軀，陽氣內養，乳中虛冷，兒得母寒，故令不時愈。」佗與四物女宛丸〔一六〕，十日即除。

彭城夫人夜之厠，蠆螫其手，呻呼無賴〔一七〕。佗令溫湯近熱，漬手其中，卒可得寐，但旁人數爲易湯，湯令煖之〔一八〕，其旦即愈。

軍吏梅平得病，除名還家，家居廣陵，未至二百里，止親人舍。有頃，佗偶至主人許，主人令佗視平，佗謂平曰：「君早見我，可不至此〔一九〕。今疾已結，促去可得與家相見〔二〇〕，五日卒〔二一〕。」應時歸，如佗所刻。

佗行道，見一人病咽塞，嗜食而不得下，家人車載欲往就醫。佗聞其呻吟，駐車往視，語之曰：「向來道邊有賣餅家蒜齏大酢〔二二〕，從取三升飲之，病自當去。」即如佗言，立吐虵一枚，縣車邊，欲造佗。佗尚未還，小兒戲門前，逆見，自相謂曰：「似逢我公，車邊病是也。」疾者前入坐〔二三〕，見佗北壁縣此虵輩約以十數。

又有一郡守病，佗以爲其人盛怒則差，乃多受其貨而不加治〔二四〕，無何棄去，留書罵之。郡守果大怒〔二五〕，令人追捉殺佗。郡守子知之，屬使勿逐。守瞋恚既甚，吐黑血數升而愈。

又有一士大夫不快〔二六〕，佗云〔二七〕：「君病深〔二八〕，當破腹取〔二九〕。然君壽亦不過十年，病不能殺君，忍病十歲〔三〇〕，壽俱當盡，不足故自刳裂〔三一〕。」士大夫不耐痛癢，必欲除之〔三二〕。佗遂下手，所患尋差，十年竟死。

廣陵太守陳登得病，胷中煩懣，面赤不食。佗脉之曰[三三]："府君胃中有蟲數升，欲成內疽，食腥物所爲也。"即作湯二升，先服一升，斯須盡服之。食頃，吐出三升許蟲，赤頭皆動，半身是生魚膾也[三四]，所苦便愈。佗曰："此病後三期當發，遇良醫乃可濟救[三五]。"依期果發動[三六]，時佗不在，如言而死。

太祖聞而召佗[三七]，佗常在左右[三八]。太祖苦頭風，每發，心亂目眩，佗鍼鬲，隨手而差。《佗別傳》曰：有人病兩脚躄不能行，轝詣佗，佗望見云："已飽鍼灸服藥矣，不復須看脉。"便使解衣，點背數十處，相去或一寸，或五寸，縱邪不相當。言灸此各十壯[三九]，灸創愈即行。後灸處夾脊一寸，上下行端直均調，如引繩也。

李將軍妻病甚，呼佗視脉，曰："傷娠而胎不去。"將軍言："聞實傷娠，胎已去矣。"佗曰："案脉，胎未去也。"將軍以爲不然。佗舍去，婦稍小差。百餘日復動，更呼佗，佗曰："此脉故事有胎。前當生兩兒，一兒先出，血出甚多，後兒不及生。母不自覺，旁人亦不寤，不復迎，遂不得生。胎死，血脉不復歸，必燥著母脊，故使多脊痛。今當與湯，并鍼一處，此死胎必出。"湯鍼既加，婦痛急如欲生者。佗曰："此死胎久枯，不能自出，宜使人探之。"果得一死男，手足完具，色黑，長可尺許。

佗之絕技，凡此類也。然本作士人，以醫見業，意常自悔，後太祖親理，得病篤重，使佗專視。佗曰："此近難濟，恒事攻治，可延歲月。」佗久遠家思歸，因曰：「當得家書，方欲暫還耳。」到家，辭以妻病，數乞期不反。太祖累書呼〔四〇〕，又勑郡縣發遣。佗恃能厭食事〔四一〕，猶不上道〔四二〕。太祖大怒，使人往檢〔四三〕。若妻信病〔四四〕，賜小豆四十斛，寬假限日；若其虛詐，便收送之。於是傳付許獄，考驗首服。荀彧請曰：「佗術實工，人命所縣，宜含宥之。」太祖曰：「不憂天下當無此鼠輩邪？」遂考竟佗。佗臨死，出一卷書與獄吏，曰：「此可以活人。」吏畏法不受，佗亦不彊，索火燒之。佗死後，太祖頭風未除。太祖曰：「佗能愈此。小人養吾病，欲以自重，然吾不殺此子，亦終當不爲我斷此根原耳。」及後愛子倉舒病困，太祖歎曰：「吾悔殺華佗，令此兒彊死也。」

初，軍吏李成苦欬嗽，晝夜不寤〔四五〕，時吐膿血，以問佗。佗言：「君病腸癰，咳之所吐，非從肺來也。與君散兩錢〔四六〕，當吐二升餘膿血訖，快自養一月，可小起，好自將愛，一年便健。十八歲當一小發，服此散，亦行復差〔四七〕。若不得此藥，故當死。」復與兩錢散。成得藥，去五六歲，親中人有病如成者，謂成曰：「卿今彊健，我欲死〔四八〕，何忍無急去藥〔四九〕，臣松之案：古語以藏爲去。以待不祥？先持貸我〔五〇〕，我差，爲卿從華佗更索。」成與之。已故到譙〔五一〕，適值佗見收〔五二〕，匆匆不忍從求。後十八歲，成病竟發，無藥可服，以至於死。《佗別傳》曰：人有在青龍中見山陽太守廣陵劉景宗，景宗說中平日數見華佗，其治病手脉之候，其驗若神。琅邪劉勳爲河內太守，有女年幾二十，左脚膝裏上有瘡，癢而不痛。瘡愈數十日復發，如此七八年，迎佗使視，佗曰："是易治之。當得稻糠黃色犬一頭，好馬二匹。"以繩繫犬頸，使走馬牽犬，馬極輒易，計馬走三十餘里，犬不能行〔五三〕，復令步人拖曳，計向五十里，乃以藥飲女，女即安臥不知人。因取大刀斷犬腹近後脚之前，以所斷之處向瘡口，令去二三寸。停之須臾，有若虵者從瘡中而出，便以鐵椎橫貫虵頭。虵在皮中動搖良久，須臾不動，乃牽出，長三尺許，純是虵，但有眼處而無童子，又逆鱗耳。以膏散著瘡中，七日愈。又有人苦頭眩，頭不能舉，目不能視〔五四〕，積年。佗使悉解衣倒懸，令頭去地一二寸，濡布拭身體，令周帀，候視諸脉，盡出五色。佗令弟子數人以鈹刀決脉，五色血盡，視赤血乃下〔五五〕，以膏摩被覆，汗自出周帀〔五六〕，飲以亭歷犬血散，立愈。又有婦人長病經年，世謂寒熱注病者。冬十一月中，佗令坐石槽中，平旦用寒水汲灌，云當滿百。始七八灌，會戰欲死〔五七〕，灌者懼，欲止。佗令滿數。將至八十灌，熱氣乃蒸出，囂囂高二三尺。滿百灌，佗乃使然火溫床，厚覆，良久汗洽出，著粉，汗燥便愈。又有人病腹中半切痛，十餘日中，鬚眉墮落。佗曰："是脾半腐，可剖腹養治也〔五八〕。"使飲藥令臥，破腹就視，脾果半腐壞。以刀斷之，刮去惡肉，以膏傅瘡，飲之以藥，百日平復。

廣陵吳普、彭城樊阿皆從佗學。普依準佗治〔五九〕，多所全濟。佗語普曰："人體欲得勞動，但不當使極耳。動搖則穀氣得消，血脉流通，病不得生，譬猶戶樞不朽是也。是以古之仙者爲導引之事，熊頸鴟顧〔六○〕，引輓腰體，動諸關節，以求難老。吾有一術，名五禽之戲，一曰虎，二曰鹿，三曰熊，四曰猨，五曰鳥，亦以除疾，並利蹏足，以當導引。體中不快，起作一禽之戲，沾濡汗出，因上著粉，身體輕便[六一]，腹中欲食。"普施行之，年九十餘，耳目聰明，齒牙完堅。阿善鍼術。凡醫咸言背及智藏之間不可妄鍼，鍼之不過四分，而阿鍼背入一二寸，巨闕智藏鍼下五六寸，而病輒皆瘳。阿從佗求可服食益於人者，佗授以漆葉青黏散。漆葉屑一升，青黏屑十四兩，以是為率，言久服去三蟲，利五藏，輕體，使人頭不白。阿從其言，壽百餘歲。漆葉處所而有，青黏生於豐、沛、彭城及朝歌云。《佗別傳》曰：青黏者，一名地節，一名黃芝，主理五藏，益精氣。本出於迷入山者，見仙人服之，以告佗。佗以為佳，輒語阿，阿又祕之。近者人見阿之壽而氣力彊盛，怪之，遂責阿所服[六二]，因醉亂誤道之[六三]。法一施，人多服者，皆有大驗。文帝《典論》論郤儉等事曰："潁川郤儉能辟穀，餌伏苓。甘陵甘始亦善行氣，老有少容。廬江左慈知補導之術。並為軍吏。初，儉之至，市伏苓價暴數倍。議郎安平李覃學其辟穀，餐伏苓，飲寒水，中泄利[六四]，殆至隕命。後始來，眾人無不鴟視狼顧，呼吸吐納。軍謀祭酒弘農董芬為之過差，氣閉不通，良久乃蘇。左慈到，又競受其補導之術，至寺人嚴峻，往從問受。閹豎真無事於斯術也，人之逐聲，乃至於是。光和中，北海王和平亦好道術，自以當仙。濟南孫邕少事之，從至京師。會和平病死，邕因葬之東陶，有書百餘卷，藥數囊，悉以送之。後弟子夏榮言其尸解。邕至今恨不取其寶書仙藥。劉向惑於《鴻寶》之說，君游眩於子政之言，古今愚謬，豈唯一人哉！"東阿王作《辯道論》曰："世有方士，吾王悉所招致[六五]，甘陵有甘始，廬江有左慈，陽城有郤儉。始能行氣導引，慈曉房中之術，儉善辟穀，悉號三百歲〔六六〕。卒所以集之於魏國者，誠恐斯人之徒，接奸宄以欺衆，行妖慝以惑民，豈復欲觀神仙於瀛洲，求安期於海島〔六七〕，釋金輅而履云輿，棄六驥而羡飛龍哉？自家王與太子及余兄弟咸以為調笑，不信之矣〔六八〕。然始等知上遇之有恒，奉不過於員吏，賞不加於無功，海島難得而游，六驥難得而佩，終不敢進虛誕之言，出非常之語。余常試郤儉絕穀百日，躬與之寢處，行步起居自若也。夫人不食七日則死，而儉乃如是〔六九〕。然不必益壽，可以療疾而不憚饑饉焉。左慈善脩房內之術〔七〇〕，差可終命〔七一〕，然自非有志至精，莫能行也。甘始者老而有少容〔七二〕，自諸術士咸共歸之。然始辭繁寡實，頗有怪言。余常辟左右，獨與之談，問其所行，溫顏以誘之，美辭以導之，始語余：‘吾本師姓韓字世雄，嘗與師於南海作金，前後數四，投數萬斤金於海。’又言：‘諸梁時，西域胡來獻香罽、腰帶、割玉刀，時悔不取也。’又言：‘車師之西國。兒生，擘背出脾，欲其食少而努行也。’又言：‘取鯉魚五寸一雙，令其一煮藥〔七三〕，俱投沸膏中，有藥者奮尾鼓鰓，游行沉浮，有若處淵，其一者已熟而可噉。’余時問：‘言率可試不？’言：‘是藥去此逾萬里，當出塞；始不自行不能得也。’言不盡於此，頗難悉載，故粗舉其巨怪者。始若遭秦始皇、漢武帝，則復為徐巿、欒大之徒也。"

杜夔字公良，河南人也。以知音為雅樂郎，中平五年，疾去官。州郡司徒禮辟，以世亂奔荊州。荊州牧劉表令與孟曜為漢主合雅樂，樂備，表欲庭觀之，夔諫曰："今將軍號不為天子合樂〔七四〕，而庭作之，無乃不可乎！"

表納其言而止。後表子琮降太祖，太祖以夔爲軍謀祭酒，參太樂事，因令創制雅樂。

夔善鐘律，聰思過人[七五]，絲竹八音，靡所不能，惟歌舞非所長。時散郎鄧靜、尹齊善詠雅樂[七六]，歌師尹胡能歌宗廟郊祀之曲，舞師馮肅、服養曉知先代諸舞，夔總統研精，遠考諸經，近采故事，教習講肄，備作樂器，紹復先代古樂[七七]，皆自夔始也。

黃初中，爲太樂令、協律都尉。漢鑄鐘工柴玉巧有意思[七八]，形器之中，多所造作，亦爲時貴人見知。夔令玉鑄銅鐘[七九]，其聲韻清濁多不如法[八〇]，數毀改作。玉甚厭之，謂夔清濁任意，頗拒捍夔。夔、玉更相白於太祖，太祖取所鑄鐘，雜錯更試，然知夔爲精而玉之妄也[八一]，於是罪玉及諸子，皆爲養馬士。文帝愛待玉，又嘗令夔與左願等於賓客之中吹笙鼓琴，夔有難色，由是帝意不悦。後因他事繫夔，使願等就學，夔自謂所習者雅[八二]，仕宦有本，意猶不滿[八三]，遂黜免以卒。

弟子河南邵登、張泰、桑馥，各至太樂丞，下邳陳頏司律中郎將。自左延年等雖妙於音，咸善鄭聲，其好古存正莫及夔。時有扶風馬鈞，巧思絕世。傅玄序之曰："馬先生，天下之名巧也，少而游豫，不自知其爲巧也。當此之時，言不及巧焉，可以言知乎？爲博士居貧，乃思綾機之變，不言而世人知其巧矣。舊綾機五十綜者五十躡，六十綜者六十躡，先生患其喪功費日[八四]，乃皆易以十二躡。其奇文異變，因感而作者，猶自然之成形，陰陽之無窮，此輪扁之對不可以言言者，又焉可以言校也。先生爲給事中，與常侍高堂隆、驍騎將軍秦朗争論於朝，言及指南車，二子謂古無指南車，記言之虛也，先生曰：'古有之，未之思耳，夫何遠之有！'二子哂之曰：'先生名鈞字德衡，鈞者器之模，而衡者所以定物之輕重；輕重無準而莫不模哉！'先生曰：'虛争空言，不如試之易效也。'於是二子遂以白明帝，詔先生作之，而指南車成。此一異也，又不可以言者也，從是天下服其巧矣。居京都，城內有地，可爲園，患無水以灌之〔八五〕，乃作翻車〔八六〕，令童兒轉之〔八七〕，而灌水自覆，更入更出，其巧百倍於常〔八八〕。此二異也。其後人有上百戲者，能設而不能動也，帝以問先生：'可動否？'對曰：'可動。'帝曰：'其巧可益否？'對曰：'可益。'受詔作之。以大木彫構，使其形若輪，平地施之，潛以水發焉。設爲歌樂舞象〔八九〕，至令木人擊鼓吹簫；作山嶽，使木人跳丸擲劍〔九〇〕，緣絙倒立，出入自在；百官行署，舂磨鬭雞，變巧百端。此三異也。先生見諸葛亮連弩，曰：'巧則巧矣，未盡善也。'言作之可令加五倍〔九一〕。又患發石車，敵人之於樓邊縣濕牛皮，中之則墮，石不能連屬而至。欲作一輪，縣大石數十，以機鼓輪爲常，則以斷縣石飛擊敵城〔九二〕，使首尾電至。嘗試以車輪縣瓴甓數十，飛之數百步矣。有裴子者，上國之士也，精通見理，聞而哂之。乃難先生，先生口屈不對〔九三〕。裴子自以爲難得其要，言之不已。傅子謂裴子曰：'子所長者言也，所短者巧也。馬氏所長者巧也，所短者言也。以子所長，擊彼所短，則不得不屈。以子所短，難彼所長，則必有所不解者矣。夫巧，天下之微事也，有所不解而難之不已，其相擊刺，必已遠矣。心乖於內，口屈於外，此馬氏所以不對也。'傅子見安鄉侯，言及裴子之論，安鄉侯又與裴子同。傅子曰：'聖人具體備物，取人不以一揆也：有以神取之者，有以言取之者，有以事取之者。有以神取之者，不言而誠心先達，德行顏淵之倫是也。以言取之者，以變辯是非，言語宰我、子貢是也。以事取之者，若政事冉有、季路，文學子游、子夏。雖聖人之明盡物，如有所用，必有所試，然則試冉、季以政，試游、夏以學矣。游、夏猶然，況自此而降者乎！何者？懸言物理，不可以言盡也，施之於事，言之難盡而試之易知也。今若馬氏所欲作者，國之精器，軍之要用也。費十尋之木，勞二人之力，不經時而是非定。難試易驗之事而輕以言抑人異能，此猶以己智任天下之事，不易其道以御難盡之物，此所以多廢也。馬氏所作，因變而得，是則初所言者不皆是矣。其不皆是，因不用之，是不世之巧無由出也。夫同情者相妬，同事者相害，中人所不能免也。故君子不以人害人，必以考試爲衡石；廢衡石而不用，此美玉所以見誣爲石，荆和所以抱璞而哭之也。'於是安鄉侯悟，遂言之武安侯，武安侯忽之，不果試也。此既易試之事，又馬氏巧名已定，猶忽而不察，況幽深之才，無名之樸乎？後之君子其鑒之哉！馬先生之巧，雖古公輸般、墨翟、王爾，近漢世張平子，不能過也。公輸般、墨翟皆見用於時，乃有益於世。平子雖爲侍中，馬先生雖給事省中，俱不典工官，巧無益於世。用人不當其才，聞賢不試以事，良可恨也。"裴子者，裴秀。安鄉侯者，曹羲也。武安侯者，曹爽也。

朱建平，沛國人也。善相術，於閭巷之間，效驗非一。太祖爲魏公，聞之，召爲郎。文帝爲五官將，坐上會客三十餘人，文帝問己年壽，又令徧相衆賓。建平曰："將軍當壽八十，至四十時當有小厄，願謹護之。"謂夏侯威曰："君四十九位爲州牧，而當有厄，厄若得過，可年至七十，致位公輔。"謂應璩曰："君六十二位爲常伯，而當有厄，先此一年，當獨見一白狗，而旁人不見也。"謂曹彪曰："君據藩國，至五十七當厄於兵，宜善防之〔九四〕。"

初，潁川荀攸、鍾繇相與親善〔九五〕。攸先亡，子幼。繇經紀其門户，欲嫁其妾〔九六〕。與人書曰："吾與公達曾共使朱建平相，建平曰：'荀君雖少，然當以後事付鍾君。'吾時啁之曰：'惟當嫁卿阿鶩耳。'何意此子竟早隕没，戲言遂驗乎！今欲嫁阿鶩，使得善處〔九七〕。追思建平之妙，雖唐舉、許負何以復加也〔九八〕！"

文帝黄初七年，年四十，病困，謂左右曰："建平所言八十，謂晝夜也，吾其決矣。"頃之，果崩。夏侯威爲兖州刺史，年四十九，十二月上旬得疾，念建平之言，自分必死，豫作遺令及送喪之備，咸使素辦。至下旬轉差，垂以平復。三十日日昃，請紀綱大吏設酒，曰："吾所苦漸平，明日鷄鳴，年便五十，建平之戒，真必過矣。"威罷客之後，合瞑疾動，夜半遂卒。璩六十一爲侍中，直省内〔九九〕，欻見白狗，問之衆人，悉無見者。於是數聚會，并急游觀田里，飲宴自娱，過期一年，六十三卒〔一〇〇〕。曹彪封楚王，年五十七，坐與王淩通謀，賜死。凡説此輩，無不如言，不能具詳，故粗記數事。惟相司空王昶、征北將軍程喜、中領軍王肅有蹉跌。云肅年六十二，疾篤，衆醫並以爲不愈。肅夫人問以遺言，肅云："建平相我踰七十，位至三公，今皆未也，將何慮乎！"而肅竟卒。

建平又善相馬。文帝將出，取馬外入〔一〇一〕，建平道遇之，語曰〔一〇二〕："此馬之相，今日死矣。"帝將乘馬，馬惡衣香，驚齧文帝膝〔一〇三〕，帝大怒，即便殺之〔一〇四〕。建平黃初中卒。

周宣字孔和，樂安人也。爲郡吏。太守楊沛夢人曰："八月一日曹公當至，必與君杖，飲以藥酒。"使宣占之。是時黃巾賊起，宣對曰："夫杖起弱者〔一〇五〕，藥治人病，八月一日，賊必除滅。"至期賊果破〔一〇六〕。

後東平劉楨夢蚺生四足，穴居門中，使宣占之，宣曰："此爲國夢，非君家之事也。當殺女子而作賊者。"頃之，女賊鄭、姜遂俱夷討，以蚺女子之祥，足非蚺所宜故也〔一〇七〕。

文帝問宣曰："吾夢殿屋兩瓦墮地，化爲雙鴛鴦〔一〇八〕，此何謂也〔一〇九〕？"宣對曰："後宮當有暴死者。"帝曰："吾詐卿耳！"宣對曰："夫夢者意耳，苟以形言，便占吉凶。"言未畢〔一一〇〕，而黃門令奏宮人相殺〔一一一〕。無幾，帝復問曰："我昨夜夢青氣自地屬天。"宣對曰："天下當有貴女子冤死。"是時，帝已遣使賜甄后璽書，聞宣言而悔之，遣人追使者不及。帝復問曰："吾夢摩錢文〔一一二〕，欲令滅而更愈明〔一一三〕，此何謂邪？"宣悵然不對。帝重問之〔一一四〕，宣對曰："此自陛下家事〔一一五〕，雖意欲爾而太后不聽，是以文欲滅而明耳〔一一六〕。"時帝欲治弟植之罪，偪於太后，但加貶爵。以宣爲中郎，屬太史〔一一七〕。

嘗有問宣曰〔一八〕："吾昨夜夢見芻狗，其占何也？"宣答曰："君欲得美食耳！"有頃，出行，果遇豐膳。後又問宣曰："昨夜復夢見芻狗，何也？"宣曰："君欲墮車折脚，宜戒慎之。"頃之，果如宣言。後又問宣："昨夜復夢見芻狗，何也？"宣曰："君家欲失火，當善護之。"俄遂火起。語宣曰〔一九〕："前後三時，皆不夢也。聊試君耳，何以皆驗邪？"宣對曰："此神靈動君使言，故與真夢無異也。"又問宣曰："三夢芻狗而其占不同，何也？"宣曰："芻狗者，祭神之物。故君始夢，當得飲食也。祭祀既訖，則芻狗為車所轢，故中夢當墮車折脚也。芻狗既車轢之後，必載以為樵，故後夢憂失火也。"宣之敘夢，凡此類也。十中八九，世以比建平之相矣。其餘效故不次列。明帝末卒。

管輅字公明，平原人也。容貌粗醜〔一二〇〕，無威儀而嗜酒，飲食言戲，不擇非類，故人多愛之而不敬也。《輅別傳》曰：輅年八九歲，便喜仰視星辰，得人輒問其名，夜不肯寐。父母常禁之，猶不可止。自言："我年雖小〔一二一〕，然眼中喜視天文。"嘗云〔一二二〕："家雞野鵠，猶尚知時，況於人乎？"與鄰比兒共戲土壤中〔一二三〕，輒畫地作天文及日月星辰〔一二四〕。每答言說事，語皆不常，宿學者人不能折之，皆知其當有大異之才。及成人，果明《周易》，仰觀、風角、占、相之道，無不精微。體性寬大，多所含受；憎己不讐，愛己不褒，每欲以德報怨。常謂："忠孝信義，人之根本，不可不厚；廉介細直，士之浮飾，不足為務也。"自言："知我者稀，則我貴矣，安能斷江漢之流，爲激石之清？樂與季主論道，不欲與漁父同舟，此吾志也。"其事父母孝，篤兄弟，順愛士友，皆仁和發中，終無所闕。臧否之士，晚亦服焉。父爲琅邪即丘長，時年十五，來至官舍讀書。始讀《詩》《論語》及《易本》，便開淵布筆，辭義斐然。於時黌上有遠方及國內諸生四百餘人，皆服其才也。琅邪太守單子春雅有材度〔一二五〕，聞輅一黌之雋，欲得見，輅父即遣輅造之。大會賓客百餘人，坐上有能言之士，輅問子春〔一二六〕："府君名士，加有雄貴之姿，輅既年少，膽未堅剛，若欲相觀，懼失精神，請先飲三升清酒〔一二七〕，然後而言之〔一二八〕。"子春大喜，便酌三升清酒，獨使飲之。酒盡之後，問子春："今欲與輅爲對者，若府君四座之士邪〔一二九〕？"子春曰："吾欲自與卿旗鼓相當〔一三〇〕。"輅言："始讀《詩》《論》《易本》，學問微淺，未能上引聖人之道，陳秦漢之事，但欲論金木水火土鬼神之情耳！"子春言："此最難者，而卿以爲易邪？"於是唱大論之端，遂經於陰陽〔一三一〕，文采葩流〔一三二〕，枝葉橫生，少引聖籍，多發天然。子春及眾士互共攻劫〔一三三〕，論難鋒起〔一三四〕，而輅人人答對，言皆有餘。至日向暮，酒食不行。子春語眾人曰："此年少盛有材氣〔一三五〕，聽其言論，正似司馬犬子游獵之賦，何其磊落雄壯，英神以茂〔一三六〕，必能明天文地理變化之數，不徒有言也。"於是發聲徐州，號之神童〔一三七〕。

父爲利漕，利漕民郭恩兄弟三人，皆得躄疾〔一三八〕，使輅筮其所由。輅曰："卦中有君本墓，墓中有女鬼，非君伯母，當叔母也。昔饑荒之世，當有利其數升米者，排著井中，噴噴有聲，推一大石，下破其頭，孤魂冤痛，自訴於天。"於是恩涕泣服罪。《輅別傳》曰：利漕民郭恩，字義博，有才學，善《周易》《春秋》，又能仰觀。輅就義博讀《易》，數十日中，意便開發，言難踰師。於此分蓍下卦，用思精妙，占覺上諸生疾病死亡貧富喪衰，初無差錯，莫不驚怪，謂之神人也。又從義博學仰觀，三十日中通夜不臥，語義博："君但相語墟落處所耳，至於推運會，論災異，自當出吾天分。"學未一年，義博反從輅問《易》及天文事要。義博每聽輅語，未嘗不推机慷慨〔一三九〕，自言："登聞君至論之時，忘我篤疾，明闇之不相逮，何其遠也？"義博設主人，獨請輅，具告辛苦，自說："兄弟三人俱得躄疾，不知何故？試相爲作卦，知其所由。若有咎殃者，天道赦人，當爲吾祈福於神明，勿有所愛。兄弟俱行，此爲更生。"輅便作卦，思之未詳。會日夕，因留宿，至中夜，語義博曰："吾以此得之。"既言其事，義博悲涕沾衣，曰："皇漢之末，實有斯事。君不名主，諱也。我不得言，禮也。兄弟躄來三十餘載，脚如棘子，不可復治，但願不及子孫耳。"輅言火形不絕，水形無餘，不及後也。廣平劉奉林婦病困，已買棺器。時正月也，使輅占，曰："命在八月辛卯日日中之時。"林謂必不然，而婦漸差，至秋發動，一如輅言。《輅別傳》曰：鮑子春爲列人令，有明思才理，與輅相見，曰："聞君爲劉奉林卜婦死亡日，何其詳妙！試爲論其意義。"輅論爻象之旨，說變化之義，若規圓矩方，無不合也。子春自言："吾少好譚《易》，又喜分蓍，可謂盲者欲視白黑，聾者欲聽清濁，苦而無功也。聽君語後，自視體中，真爲憒憒者也。"

輅往見安平太守王基，基令作卦，輅曰："當有賤婦人，生一男兒，墮地便走入竈中死。又牀上當有一大蛇銜筆，小大共視，須臾便去也〔一四〇〕。又烏來入室中，與鷰共鬭，鷰死，烏去。有此三怪。"基大驚，問其吉凶。輅曰："直官舍久遠，魑魅魍魎爲怪耳。兒生便走，非能自走，直宋無忌之妖將其入竈也。大虵銜筆，直老書佐耳。烏與鷰鬭，直老鈴下耳。今卦中見象而不見其凶，知非妖咎之徵，自無所憂也。"後卒無患。《輅別傳》曰：基與輅共論《易》，數日中，大以爲喜樂，語輅言："俱相聞善卜，定共清論。君一時異才，當上竹帛也。"輅爲基出卦，知其無咎。因謂基曰："昔高宗之鼎，非雉所鴝，殷之階庭，非木所生，而野鳥一鴝，武丁爲高宗，桑穀暫生，太戊以興焉。知三事不爲吉祥，願府君安身養德，從容光大，勿以知神奸汙累天真。"

時信都令家婦女驚恐[一四一]，更互疾病，使輅筮之。輅曰："君此堂西頭[一四二]，有兩死男子，一男持矛，一男持弓箭，頭在壁內，脚在壁外。持矛者主刺頭，故頭重痛不得舉也。持弓箭者主射胷腹，故心中縣痛不得飲食也。晝則浮游，夜來病人，故使驚恐也。"於是掘徙骸骨，家中皆愈。《輅別傳》曰：王基即遣信都令還掘其室中[一四三]，入地八尺，果得二棺[一四四]，一棺中有矛，一棺中有角弓及箭[一四五]，箭久遠，木皆消爛，但有鐵及角完耳。及徙骸骨，去城一十里埋之，無復疾病。基曰："吾少好讀《易》，玩之已久，不謂神明之數，其妙如此。"便從輅學《易》，推論天文。輅每開變化之象，演吉凶之兆，未嘗不纖微委曲，盡其精神。基曰："始聞君言，如將可得[一四六]，終以皆亂，此自天授，非人力也。"於是藏《周易》，絕思慮，不復學卜筮之事。輅鄉里乃太原問輅："君往者爲王府君論怪，云老書佐爲虵，老鈴下爲烏，此本皆人，何化之微賤乎？爲見於爻象，出君意乎？"輅言："苟非性與天道，何由背爻象而任心臆者乎？夫萬物之化，無有常形，人之變異，無有常體，或大爲小，或小爲大，固無優劣。夫萬物之化，一例之道也。是以夏鯀，天子之父，趙王如意，漢祖之子，而鯀爲黃能，如意爲蒼狗，斯亦至尊之位而爲黔喙之類也。況虵者協辰巳之位，烏者栖太陽之精，此乃騰黑之明象，白日之流景，如書佐、鈴下，各以微軀化爲虵、烏，不亦過乎！"

清河王經去官還家，輅與相見。經曰："近有一怪，大不喜之，欲煩作卦。"卦成，輅曰："爻吉，不爲怪也。君夜在堂戶前，有一流光如燕爵者，入君懷中[一四七]，殷殷有聲，內神不安，解衣彷徉，招呼婦人，覓索餘光。"經大笑曰："實如君言。"輅曰："吉，遷官之徵也，其應行至。"頃之，經爲江夏太守。《輅別傳》曰：經欲使輅卜，而有疑難之言。輅笑而答之曰："君僃州里達人[一四八]，何言之鄙！昔司馬季主有言，夫卜者必法天地，象四時，順仁義。伏羲作八卦，周文王三百八十四爻[一四九]，而天下治。病者或以愈，且死或以生，患或以免，事或以成，嫁女娶妻或以生長，豈直數千錢哉？以此推之，急務也。苟道之明，聖賢不讓，況吾小人，敢以爲難！"彥緯斂手謝輅："前言戲之耳。"於是輅爲作卦，其言皆驗。經每論輅，以爲得云龍之精，能養和通幽者，非徒合會之才也。

輅又至郭恩家，有飛鳩來在梁頭，鳴甚悲。輅曰："當有老翁從東方來，攜豚一頭，酒一壺。主人雖喜，當有小故。"明日果有客，如所占。恩使客節酒、戒肉、慎火，而射雞作食[一五〇]，箭從樹間激中數歲女子手，流血驚怖。《輅別傳》曰：義博從輅學鳥鳴之候，輅言君雖好道，天才既少，又不解音律，恐難爲師也。輅爲說八風之變，五音之數，以律吕爲衆鳥之商,六甲爲時日之端,反覆譴曲,出入無窮。義博靜然沈思,馳精數日,卒無所得。義博言:"才不出位,難以追徵於此。"遂止。

輅至安德令劉長仁家,有鳴鵲來在閣屋上,其聲甚急。輅曰:"鵲言東北有婦昨殺夫,牽引西家人夫離婁〔一五一〕,候不過日在虞淵之際,告者至矣。"到時,果有東北同伍民來告,鄰婦手殺其夫,詐言西家人與夫有嫌〔一五二〕,來殺我壻。《輅別傳》曰:勃海劉長仁有辯才,初雖聞輅能曉鳥鳴,後每見難輅曰:"夫生民之音曰言,鳥獸之聲曰鳴,故言者則有知之貴靈,鳴者則無知之賤名,何由以鳥鳴爲語,亂神明之所異也?孔子曰'吾不與鳥獸同羣',明其賤也。"輅答曰:"夫天雖有大象而不能言,故運星精於上,流神明於下,驗風雲以表異,役鳥獸以通靈。表異者必有浮沈之候,通靈者必有宮商之應,是以宋襄失德,六鶂並退,伯姬將焚,鳥唱其災,四國未火,融風已發,赤烏夾日,殃在荆楚。此乃上天之所使,自然之明符。考之律吕則音聲有本,求之人事則吉凶不失。昔在秦祖,以功受封,葛盧聽音,著在《春秋》,斯皆典謨之實,非聖賢之虛名也。商之將興,由一燕卵也。文王受命,丹鳥銜書,此乃聖人之靈祥,周室之休祚,何賤之有乎?夫鳴鳥之聽〔一五三〕,精在鶉火,妙在八神〔一五四〕,自非斯倫,猶子路之於死生也。"長仁言:"君辭雖茂,華而不實,未之敢信。"須臾有鳴鵲之驗,長仁乃服。

輅至列人典農王弘直許,有飄風高三尺餘,從申上來,在庭中幢幢回轉〔一五五〕,息以復起,良久乃止。直以問輅,輅曰:"東方當有馬吏至〔一五六〕,恐父哭子,如何!"明日膠東吏到,直子果亡。直問其故,輅曰:"其日乙卯,則長子之候也。木落於申,斗建申,申破寅,死喪之候也。日加午而風發,則馬之候也。離爲文章,則吏之候也。申未爲虎,虎爲大人,則父之候也。"有雄雉飛來,登直内鈴柱頭〔一五七〕,直大以不安,令輅作卦,輅曰:"到五月必遷。"時三月也,至期,直果爲渤海太守。《輅別傳》曰:輅又曰:"夫風以時動,爻以象應〔一五八〕,時者神之驅使,象者時之形表,一時其道,不足爲難。"王弘直亦大學問,有道術,皆不能精。問輅:"風之推變,乃可爾乎?"輅言:"此但風之毛髮,何足爲異?若夫列宿不守,衆神亂行,八風横起,怒氣電飛,山崩石飛,樹木摧傾,揚塵萬里,仰不見天,鳥獸藏竄,兆民駭驚,於是使梓慎之徒,登高臺,望風氣,分災異,刻期日,然後知神思遐幽,靈風可懼。"

館陶令諸葛原遷新興太守〔一五九〕,輅往祖餞之,賓客並會。原自起取燕卵、蠭窠、蜘蛛著器中,使射覆。卦成,輅曰:"第一物,含氣須變,依乎宇堂〔一六〇〕,雄雌以形〔一六一〕,翅翼舒張〔一六二〕,此燕卵也。第二物,家室倒縣,門户衆多,藏精育毒,得秋乃化,此蠭窠也。第三物,觳觫長足〔一六三〕,吐絲成羅,尋網求食,利在昏夜,此蜘蛛也。"舉坐驚喜〔一六四〕。《輅別傳》曰:諸葛原字景春,亦學士。好卜筮,數與輅共射覆,不能窮之。景春與輅有榮辱之分,因輅餞之,大有高譚之客。諸人多聞其善卜、仰觀,不知其有大異之才,於是先與輅共論聖人著作之原,又敘五帝、三王受命之符。輅解景春微旨,遂開張戰地,示以不固,藏匿孤虚,以待來攻。景春奔北,軍師摧衂,自言吾觀卿旌旗,城池已壞也。其欲戰之士,於此鳴鼓角,舉云梯,弓弩大起,牙旗雨集。然後登城曜威,門開受敵,上論五帝,如江如漢,下論三王,如翻如翰;其英者若春華之俱發,其攻者若秋風之落葉。聽者眩惑,不達其義,言者收聲,莫不心服,雖白起之坑趙卒,項羽之塞濉水,無以尚之。於時客皆欲面縛銜璧,求束手於軍鼓之下。輅猶總干山立,未便許之。至明日,離別之際,然後有腹心始終。一時海內俊士八九人矣。蔡元才在朋友中最有清才,在眾人中言:"本聞卿作狗,何意為龍?"輅言:"潛陽未變,非卿所知,焉有狗耳得聞龍聲乎!"景春言:"今當遠別,後會何期?且復共一射覆。"輅占既皆中。景春大笑:"卿為我論此卦意,紓我心懷。"輅為開爻散理,分賦形象,言微辭合,妙不可述。景春及眾客莫不言聽後論之美,勝於射覆之樂。景春與輅別,戒以二事,言:"卿性樂酒,量雖溫克,然不可保,寧當節之。卿有水鏡之才〔一六五〕,所見者妙,仰觀雖神,禍如膏火,不可不慎。持卿睿才,遊於云漢之間,不憂不富貴也。"輅言:"酒不可極,才不可盡,吾欲持酒以禮,持才以愚,何患之有也?"

輅族兄孝國,居在斥丘,輅往從之〔一六六〕,與二客會。客去後,輅謂孝國曰:"此二人天庭及口耳之間同有凶氣,異變俱起〔一六七〕,雙魂無宅,《輅別傳》曰:輅又曰:"厚味臘毒,天精幽夕〔一六八〕,坎為棺槨,兌為喪車。"流魂於海〔一六九〕,骨歸於家,少許時當並死也。"復數十日,二人飲酒醉,夜共載車,牛驚下道入漳河中〔一七〇〕,皆即溺死也。

當此之時,輅之鄉里,外戶不閉,無相偷竊者。清河太守華表,召輅為文學掾。安平趙孔曜薦輅於冀州刺史裴徽曰:"輅雅性寬大,與世無忌,仰觀天文則同妙甘公、石申,俯覽《周易》則齊思季主。今明使君方垂神幽藪，留精九皋，輅宜蒙陰和之應，得及羽儀之時。"徽於是辟爲文學從事，引與相見，大善友之。徙部鉅鹿[一七一]，遷治中別駕。

初應州召，與弟季儒共載，至武城西，自卦吉凶，語儒云："當在故城中見三狸，爾者乃顯。"前到河西故城角，正見三狸共踞城側，兄弟並喜。正始九年舉秀才。《輅別傳》曰：輅爲華清河所召，爲北冀文學，一時士友無不歎慕。安平趙孔曜，明敏有思識，與輅有管、鮑之分，故從發干來，就郡黌上與輅相見，言："卿腹中汪汪，故時死人半，今生人無雙，當去俗騰飛，翱翔昊蒼，云何在此？聞卿消息，使吾食不甘味也。冀州裴使君才理清明，能釋玄虛，每論《易》及老、莊之道，未嘗不注精於嚴、瞿之徒也。又眷吾意重，能相明信者。今當故往，爲卿陳感虎開石之誠。"輅言："吾非四淵之龍，安能使白日晝陰？卿若能動東風，興朝云，吾志所不讓也。"於是遂至冀州見裴使君。使君言："君顏色何以消減於故邪[一七二]？"孔曜言："體中無藥石之疾[一七三]，然見清河郡內有一騏驥，拘縶後厩歷年，去王良、伯樂百八十里，不得騁天骨，起風塵[一七四]，以此憔悴耳。"使君言："騏驥今何在也？"孔曜言："平原管輅字公明，年三十六，雅性寬大，與世無忌，可謂士雄。仰觀天文則能同妙甘公、石申，俯覽《周易》則能思齊季主，游步道術，開神無窮，可謂士英。抱荆山之璞，懷夜光之寶，而爲清河郡所錄北冀文學，可爲痛心疾首也。使君方欲流精九皋[一七五]，垂神幽藪，欲令明主不獨治，逸才不久滯，高風遐被，莫不草靡，宜使輅特蒙陰和之應，得及羽儀之時，必能翼宣隆化，揚聲九圍也。"裴使君聞言，則慷慨曰："何乃爾邪！雖在大州，未見異才可用釋人鬱悶者，思還京師，得共論道耳，況草間自有清妙之才乎？如此便相爲取之，莫使騏驥更爲凡馬，荆山反成凡石。"即檄召輅爲文學從事。一相見，清論終日，不覺罷倦。天時大熱，移牀在庭前樹下，乃至鷄向晨〔一七六〕，然後出。再相見，便轉爲鉅鹿從事。三見，轉治中〔一七七〕。四見，轉爲別駕。至十月，舉爲秀才。輅辭裝使君，使君言："丁、鄧二尚書〔一七八〕，有經國才略，於物理不精也〔一七九〕。何尚書神明精微，言皆巧妙，巧妙之志，殆破秋毫，君當慎之！自言不解《易》九事〔一八〇〕，必當以相問。比至洛，宜善精其理也。"輅言："何若巧妙，以攻難之才，游形之表，未入於神。夫入神者，當步天元，推陰陽，探玄虛，極幽明，然後覽道無窮，未暇細言。若欲差次老、莊而參爻、象，愛微辯而興浮藻，可謂射侯之巧，非能破秋毫之妙也。若九事皆至義者，不足勞思也。若陰陽者，精之已久〔一八一〕。輅去之後，歲朝當有時刑大風，風必摧破樹木。若發於乾者，必有天威，不足共清譚者。"

十二月二十八日，吏部尚書何晏請之，鄧颺在晏許。晏謂輅曰："聞君著爻神妙，試爲作一卦，知位當至三公不？"又問："連夢見青蠅數十頭，來在鼻上，驅之不肯去，有何意故？"輅曰："夫飛鴞，天下賤鳥，及其在林食椹，則懷我好音，況輅心非草木，敢不盡忠？昔元、凱之弼重華，宣慈惠和，周公之翼成王，坐而待旦，故能流光六合，萬國咸寧。此乃履道休應〔一八二〕，非卜筮之所明也。今君侯位重山嶽，勢若雷電〔一八三〕，而懷德者鮮，畏威者衆，殆非小心翼翼多福之仁〔一八四〕。又鼻者艮，此天中之山〔一八五〕，臣松之案：相書謂鼻之所在爲天中。鼻有山象,故曰"天中之山"也。高而不危,所以長守貴〔一八六〕。今青蠅臭惡〔一八七〕,而集之焉。位峻者顛,輕豪者亡,不可不思虛盈之數〔一八八〕,盛衰之期。是故山在地中曰謙,雷在天上曰壯;謙則裒多益寡,壯則非禮不履。未有損己而不光大,行非而不傷敗。願君侯上追文王六爻之旨〔一八九〕,下思尼父彖象之義,然後三公可決,青蠅可驅也。"颺曰:"此老生之常譚。"輅答曰:"夫老生者見不生,常譚者見不譚。"晏曰:"過歲更當相見。"《輅別傳》曰:輅爲何晏所請,果共論《易》九事,九事皆明。晏曰:"君論陰陽,此世無雙。"時鄧颺與晏共坐,颺言:"君見謂善《易》,而語初不及《易》中辭義,何故也?"輅尋聲答之曰:"夫善《易》者不論《易》也。"晏含笑而讚之:"可謂要言不煩也。"因請輅爲卦。輅既稱引鑒戒,晏謝之曰:"知幾其神乎,古人以爲難;交疏而吐其誠,今人以爲難。君今一面而盡二難之道,可謂明德惟馨。《詩》不云乎,'中心藏之,何日忘之'!"輅還邑舍,具以此言語舅氏,舅氏責輅言太切至。輅曰:"與死人語,何所畏邪?"舅大怒,謂輅狂悖。歲朝,西北大風,塵埃蔽天,十餘日,聞晏、颺皆誅,然後舅乃服〔一九〇〕。《輅別傳》曰:舅夏大夫問輅:"前見何、鄧之日,爲已有凶氣未也?"輅言:"與禍人共會,然後知神明交錯;與吉人相近,又知聖賢求精之妙。夫鄧之行步,則筋不束骨,脉不制肉,起立傾倚,若無手足,謂之鬼躁。何之視候,則魂不守宅,血不華色,精爽煙浮,容若槁木,謂之鬼幽。故鬼躁者爲風所收,鬼幽者爲火所燒,自然之符,不可以蔽也。"輅後因得休,裴使君問:"何平叔一代才名,其實何如?"輅曰:"其才若盆盎之水,所見者清,不見者濁。神在廣博，志不務學，弗能成才。欲以盆盎之水，求一山之形，形不可得，則智由此惑。故說老、莊則巧而多華，說《易》生義則美而多偽；華則道浮，偽則神虛；得上才則淺而流絕，得中才則游精而獨出，輅以爲少功之才也。"裴使君曰："誠如來論。吾數與平叔共說老、莊及《易》，常覺其辭妙於理，不能折之。又時人吸習，皆歸服之焉，益令不了。相見得清言，然後灼灼耳。"

始輅過魏郡太守鍾毓，共論《易》義，輅因言"卜可知君生死之日"。毓使筮其生日月，如言無蹉跌。毓大愕然，曰："君可畏也，死以付天〔一九一〕，不以付君。"遂不復筮。毓問輅："天下當太平否？"輅曰："方今四九天飛，利見大人，神武升建，王道文明，何憂不平？"毓未解輅言，無幾，曹爽等誅，乃覺寤云。《輅別傳》云：魏郡太守鍾毓，清逸有才，難輅《易》二十餘事，自以爲難之至精也。輅尋聲投響，言無留滯，分張爻象，義皆殊妙。毓即謝輅。輅卜知毓生日月，毓愕然曰："聖人運神通化，連屬事物，何聰明乃爾！"輅言："幽明同化，死生一道，悠悠太極，終而復始。文王損命，不以爲憂，仲尼曳杖，不以爲懼，緒煩蓍筮，宜盡其意。"毓曰："生者好事，死者惡事，哀樂之分，吾所不能齊，且以付天，不以付君也。"石苞爲鄴典農，與輅相見，問曰："聞君鄉里翟文耀能隱形，其事可信乎？"輅言："此但陰陽蔽匿之數，苟得其數，則四岳可藏，河海可逃。況以七尺之形，游變化之內，散云霧以幽身，布金水以滅迹，術足數成，不足爲難。"苞曰："欲聞其妙，君且善論其數也。"輅言："夫物不精不爲神，數不妙不爲術，故精者神之所合，妙者智之所遇，合之幾微，可以性通，難以言論。是故魯班不能說其手，離朱不能說其目。非言之難，孔子曰'書不盡言',言之細也,'言不盡意',意之微也,斯皆神妙之謂也。請舉其大體以驗之。夫白日登天,運景萬里,無物不照,及其入地,一炭之光,不可得見。三五盈月,清耀燭夜,可以遠望,及其在畫,明不如鏡。今逃日月者必陰陽之數,陰陽之數通於萬類,鳥獸猶化,況於人乎!夫得數者妙,得神者靈,非徒生者有驗,死亦有徵。是以杜伯乘火氣以流精,彭生託水變以立形。是故生者能出亦能入,死者能顯亦能幽,此物之精氣,化之游魂,人鬼相感,數使之然也。"苞曰:"目見陰陽之理,不過於君,君何以不隱?"輅曰:"夫陵虛之鳥,愛其清高,不願江、漢之魚;淵沼之魚,樂其濡濡,不易騰風之鳥:由性異而分不同也。僕自欲正身以明道,直己以親義,見數不以爲異,知術不以爲奇,夙夜研幾,孳孳溫故,而素隱行怪,未暇斯務也。"

平原太守劉邠取印囊及山雞毛著器中,使筮〔一九二〕。輅曰:"內方外圓,五色成文,含寶守信,出則有章,此印囊也。高嶽巖巖,有鳥朱身,羽翼玄黃,鳴不失晨,此山雞毛也。"邠曰:"此郡官舍,連有變怪,使人恐怖,其理何由?"輅曰:"或因漢末之亂,兵馬擾攘,軍尸流血,污染丘山,故因昏夕,多有怪形也。明府道德高妙,自天祐之,願安百祿,以光休寵。"《輅別傳》曰:故郡將劉邠字令元,清和有思理,好《易》而不能精。與輅相見,意甚喜歡,自說注《易》向訖也。輅言:"今明府欲勞不世之神,經緯大道,誠富美之秋。然輅以爲注《易》之急,急於水火;水火之難,登時之驗,《易》之清濁,延於萬代,不可不先定其神而後垂明思也。自旦至今,聽采聖論,未有《易》之一分,《易》安可注也!輅不解古之聖人,何以處乾位於西北,坤位於西南。夫乾坤者天地之象，然天地至大，爲神明君父，覆載萬物，生長無首[一九三]，何以安處二位與六卦同列？乾之象彖曰：'大哉乾元，萬物資始，乃統天。'夫統者，屬也，尊莫大焉，何由有別位也？"邠依《易繫詞》，諸爲之理以爲注，不得其要。輅尋聲下難，事皆窮析。曰："夫乾坤者，易之祖宗，變化之根源，今明府論清濁者有疑，疑則無神，恐非注《易》之符也。"輅於此爲論八卦之道及爻象之精，大論開廓，衆化相連。邠所解者，皆以爲妙，所不解者，皆以爲神。自說："欲注《易》八年，用思勤苦，歷載靡寧，定相得至論[一九四]，此才不及《易》，不愛久勞，喜承雅言，如此相爲高枕偃息矣。"欲從輅學射覆，輅言："今明府以虛神於注《易》，亦宜絕思於靈蓍。靈蓍者，二儀之明數，陰陽之幽契，施之於道則定天下吉凶，用之於術則收天下毫纖。纖微，未可以爲《易》也。"邠曰："以爲術者《易》之近數，欲求其端耳。若如來論，何事於斯？"留輅五日，不遑恤官，但共清譚。邠自言："數與何平叔論《易》及老莊之道，至於精神遐流，與化周旋，清若金水，鬱若山林，非君侶也。"邠又曰："此郡官舍，連有變怪，變怪多形，使人怖恐，君似當達此數者，其理何由也？"輅言："此郡所以名平原者，本有原，山無木石，與地自然；含陰不能吐雲，含陽不能激風，陰陽雖弱，猶有微神；微神不真，多聚凶姦，以類相求，魍魎成羣。或因漢末兵馬擾攘，軍尸流血，汙染丘岳[一九五]，殭魂相感，變化無常，故因昏夕之時，多有怪形也。昔夏禹文明，不怪於黃龍，周武信時，不惑於暴風，今明府道德高妙，神不懼妖，自天祐之，吉無不利，願安百祿以光休寵也。"邠曰："聽雅論爲近其理，每有變怪，輒聞鼓角聲音，或見弓劍形象。夫以土山之精，伯有之魂，實能合會，干犯明靈也。"邠問輅，"《易》言剛健篤實，輝光日新，斯爲同不也？"輅曰："不同之名，朝旦爲輝，日中爲光。"《晉諸公讚》曰：邠本名炎，犯晉太子諱，改爲邠。位至太子僕。子粹，字純嘏，侍中。次宏，字終嘏，太常。次漢，字仲嘏，光禄大夫。漢清沖有貴識，名亞樂廣。宏子咸，徐州刺史。次耽，晉陵内史。耽子恢，字真長，尹丹陽，爲中興名士也。

清河令徐季龍使人行獵，令輅筮其所得。輅曰："當獲小獸，復非食禽，雖有爪牙，微而不彊，雖有文章，蔚而不明，非虎非雉，其名曰貍。"獵人暮歸，果如輅言。季龍取十三種物，著大篋中，使輅射。云："器中籍籍有十三種物。"先說雞子，後道蠶蛹，遂一一名之，惟以梳爲枇耳。《輅别傳》曰：清河令徐季龍，字開明，有才機。與輅相見，共論龍動則景云起，虎嘯則谷風至，以爲火星者龍，參星者虎，火出則云應，參出則風到，此乃陰陽之感化，非龍虎之所致也。輅言："夫論難當先審其本，然後求其理，理失則機謬，機謬則榮辱之主。若以參星爲虎，則谷風更爲寒霜之風，寒霜之風非東風之名。是以龍者陽精，以潛爲陰〔一九六〕，幽靈上通，和氣感神，二物相扶，故能興云。夫虎者〔一九七〕，陰精而居於陽，依木長嘯，動於巽林，二氣相感〔一九八〕，故能運風。若磁石之取鐵，不見其神而金自來，有徵應以相感也。況龍有潛飛之化，虎有文明之變，招云召風，何足爲疑？"季龍言："夫龍之在淵，不過一井之底，虎之悲嘯，不過百步之中，形氣淺弱，所通者近，何能測景云而馳東風？"輅言："君不見陰陽燧在掌握之中，形不出手〔一九九〕，乃上引太陽之火，下引太陰之水，噓吸之間，煙景以集。苟精氣相感，縣象應乎二燧；苟不相感，則二女同居，志不相得。自然之道，無有遠近。"季龍言："世有軍事，則感雞雉先鳴，其道何由？復有他占，惟在雞雉而已？"輅言："貴人有事，其應在天，在天則日月星辰也。兵動民憂，其應在物，在物則山林鳥獸也。夫雞者兑之畜，金者兵之精，雉者離之鳥，獸者武之神，故太白揚輝則雞鳴，熒惑流行則雉驚，各感數而動。又兵之神道，布在六甲，六甲推移，其占無常。是以晉樞牛呴，果有西軍，鴻嘉石鼓，鳴則有兵，不專近在於雞雉也。"季龍言："魯昭公八年，有石言於晉，師曠以爲作事不時，怨讟動於民，則有非言之物而言，於理爲合不？"輅言："晉平奢泰，崇飾宮室，斬伐林木，殘破金石，民力既盡，怨及山澤，神痛人感，二精並作，金石同氣，則兑爲口舌，口舌之妖，動於靈石。傅曰輕百姓，飾城郭，則金不從革，此之謂也。"季龍欽嘉，留輅經數日。輅占獵既驗，季龍曰："君雖神妙，但不多藏物耳，何能皆得之？"輅言："吾與天地參神，蓍龜通靈，抱日月而游杳冥，極變化而覽未然，況兹近物，能蔽聰明？"季龍大笑："君既不謙，又念窮在近矣。"輅言："君尚未識謙言，焉能論道？夫天地者乾坤之卦，蓍龜者則卜筮之數，日月者離坎之象，變化者陰陽之交，杳冥者神化之源，未然者幽冥之先〔二〇〕，此皆《周易》之紀綱，何僕之不謙？"季龍於是取十三種物，欲以窮之，輅射之皆中。季龍乃歎曰："作者之謂聖，述者之謂明，豈此之謂乎！"

輅隨軍西行，過毌丘儉墓下〔二〇一〕，倚樹哀吟〔二〇二〕，精神不樂。人問其故，輅曰："林木雖茂，無形可久；碑誄雖美，無後可守〔二〇三〕。玄武藏頭，蒼龍無足，白虎銜尸，朱雀悲哭，四危以備，法當滅族。不過二載〔二〇四〕，其應至矣。"卒如其言。後得休，過清河倪太守。時天旱〔二〇五〕，倪問輅雨期，輅曰："今夕當雨。"是日晹燥，晝無形似，府丞及令在坐，咸謂不然。到鼓一中，星月皆没，風雲並起，竟成快雨。於是倪盛脩主人禮，共爲歡樂。《輅別傳》曰：輅與倪清河相見，既刻雨期，倪猶未信。輅曰："夫造化之所以爲神，不疾而速，不行而至。十六日壬子，直滿，畢星中已有水氣，水氣之發，動於卯辰，此必至之應也。又天昨檄召五星，宣布星符，刺下東井，告命南箕，使召雷公、電父、風伯、雨師，羣嶽吐陰，衆川激精，雲漢垂澤，蛟龍含靈，爗爗朱電，吐咀杳冥，殷殷雷聲，噓吸雨靈，習習谷風，六合皆同，欨唾之間，品物流形。天有常期，道有自然，不足爲難也。"倪曰："譚高信寡，相爲憂之。"於是便留輅，往請府丞及清河令[二〇六]。若夜雨者當爲啖二百斤犢肉，若不雨當住十日。輅曰："言念費損！"至日向暮，了無雲氣，衆人並嗤輅。輅言："樹上已有少女微風，樹間又有陰鳥和鳴。又少男風起，衆鳥和翔[二〇七]，其應至矣。"須臾，果有艮風鳴鳥。日未入，東南有山雲樓起。黃昏之後，雷聲動天。到鼓一中，星月皆没，風雲並興，玄氣四合[二〇八]，大雨河傾[二〇九]。倪調輅言："誤中耳，不爲神也。"輅曰："誤中與天期，不亦工乎！"

正元二年，弟辰謂輅曰："大將軍待君意厚，冀當富貴乎？"輅長歎曰："吾自知有分直耳，然天與我才明[二一〇]，不與我年壽，恐四十七八間，不見女嫁兒娶婦也。若得免此，欲作洛陽令，可使路不拾遺，枹鼓不鳴。但恐至太山治鬼，不得治生人，如何！"辰問其故，輅曰："吾額上無生骨，眼中無守精，鼻無梁柱，脚無天根，背無三甲，腹無三壬，此皆不壽之驗。又吾本命在寅，加月食夜生。天有常數，不可得諱，但人不知耳。

吾前後相當死者過百人，略無錯也。"是歲八月，爲少府丞。明年二月卒，年四十八。《輅別傳》曰：既有明才，遭朱陽之運，於時名勢赫奕，若火猛風疾。當塗之士，莫不枝附葉連。賓客如云，無多少皆爲設食。賓無貴賤，候之以禮。京城紛紛，非徒歸其名勢而已，然亦懷其德焉。向不夭命，輅之榮華，非世所測也。弟辰嘗欲從輅學卜及仰觀事，輅言："卿不可教耳。夫卜非至精不能見其數，非至妙不能覩其道，《孝經》《詩》《論》，足爲三公，無用知之也。"於是遂止。子弟無能傳其術者。辰敘曰："夫晉、魏之士，見輅道術神妙，占候無錯，以爲有隱書及象甲之數。辰每觀輅書傳，惟有《易林》《風角》及《鳥鳴》仰觀星書三十餘卷，世所共有。然輅獨在少府官舍，無家人子弟隨之，其亡没之際，好奇不哀喪者，盜輅書，惟餘《易林》《風角》及《鳥鳴書》還耳。夫術數有百數十家，其書有數千卷，書不少也。然而世鮮名人，皆由無才，不由無書也。裴冀州、何、鄧二尚書及鄉里劉太常、潁川兄弟，以輅稟受天才，明陰陽之道，吉凶之情，一得其源，遂涉其流，亦不爲難，常歸服之。輅自言與此五君共語使人精神清發，昏不暇寐〔一一〕。自此以下，殆白日欲寢矣。又自言當世無所願，欲得與魯梓慎、鄭裨竈、晉卜偃、宋子章、楚甘公、魏石申共登靈臺，披神圖，步三光，明災異，運蓍龜，決孤疑，無所復恨也。辰不以聞淺，得因孔懷之親〔一二〕，數與輅有所諮論。至於辯人物〔一三〕，析臧否，説近義，彈曲直，拙而不工也。若敷皇、羲之典，揚文、孔之辭，周流五曜，經緯三度，口滿聲溢，微言風集，若仰眺飛鴻，漂漂兮景没，若俯臨深溪，杳杳兮精絶；儞以攻難，而失其端，欲受學求道，尋以迷昏，無不扼腕椎指，追響長歎也。昔京房雖善卜及風律之占，卒不免禍，而輅自知四十八當亡，可謂明哲相殊。又京房目見讒諂之黨，耳聽青蠅之聲，面諫不從，而猶道路紛紜。輅處魏、晉之際，藏智以樸，卷舒有時，妙不見求，愚不見遺，可謂知機相邈也。京房上不量萬乘之主，下不避佞諂之徒，欲以天文、洪範，利國利身，困不能用，卒陷大刑，可謂枯龜之餘智，膏燭之末光[二一四]，豈不哀哉！世人多以輅疇之京房，辰不敢許也。至於仰察星辰，俯定吉凶，遠期不失年歲，近期不失日月，辰以甘、石之妙不先也。射覆名物，見術流速，東方朔不過也。觀骨形而審貴賤，覽形色而知生死，許負、唐舉不超也。若夫疏風氣而探微候，聽鳥鳴而識神機，亦一代之奇也。向使輅官達，爲宰相大臣，膏腴流於明世，華曜列乎竹帛，使幽驗皆舉，祕言不遺，千載之後，有道者必信而貴之，無道者必疑而怪之；信者以妙過真，夫妙與神合者，得神則無所惑也。恨輅才長命短，道貴時賤，親賢遐潛，不宣於良史，而爲鄙弟所見追述，既自闇濁，又從來久遠，所載卜占事，雖不識本卦，捃拾殘餘，十得二焉。至於仰觀靈曜，說魏、晉興衰，及五運浮沉，兵甲災異，十不收一。無源何以成河？無根何以垂榮？雖秋菊可采，不及春英，臨文慷慨，伏用哀懃。將來君子，幸以高明求其義焉。往孟荊州爲列人典農，嘗問亡兄，昔東方朔射覆得何卦，正知守宮、蜥蜴二物者。亡兄於此爲安卦生象，辭喻交錯，微義豪起，變化相推，會於辰巳，分別龍蛇，各使有理。言絕之後，孟荊州長歎息曰：'吾聞君論，精神騰躍，殆欲飛散，何其汪汪乃至於斯邪！'"臣松之案：辰所稱鄉里劉太常者，謂劉寔也。辰撰輅傳，實時爲太常，潁川則寔弟智也。寔、智並以儒學爲名，無能言之。《世語》稱寔博辯，猶不足以並裴、何之流也。又案輅自說，云"本命在寅"，則建安十五年生也。至正始九年，應三十九，而傳云三十六，以正元三年卒，應四十七，傳云四十八,皆爲不相應也。近有閻纘伯者,名纘,該微通物,有良史風。爲天下補綴遺脫,敢以所聞列於篇左。皆從受之於大人先哲,足以取信者,冀免虛誣之譏云爾。嘗受辰傳所謂劉太常者曰:"輅始見聞,由於爲鄰婦卜亡牛,云當在西面窮牆中,縣頭上向。教婦人令視諸丘冢中,果得牛。婦人因以爲藏已牛,告官案驗,乃知以術知,故裴冀州遂聞焉。"又云:"路中小人失妻者[二一五],輅爲卜教使明旦於東陽城門中伺擔豚人牽與共鬭[二一六]。具如其言,豚逸走,即共追之。豚入人舍,突破主人甕,婦從甕中出。"劉侯云甚多此類,辰所載纔十一二耳。劉侯云:"辰,孝廉才也。"中書令史紀玄龍,輅鄉里人,云:"輅在田舍[二一七],嘗候遠鄰,主人患數失火。輅卜,教使明日於南陌上,伺當有一角巾諸生,駕黑牛故車,必引留[二一八],爲設賓主,此能消之。即從輅戒。諸生有急求去,不聽,遂留當宿,意大不安,以爲圖己。主人罷入,生乃把刀出門,倚兩薪積間,側立假寐。欻有一小物直來過前,如獸,手中持火[二一九],以口吹之。生驚,舉刀斫,正斷腰,視之則狐[二二○]。自此主人不復有災[二二一]。"前長廣太守陳承祐口受城門校尉華長駿語云[二二二]:"昔其父爲清河太守時,召輅作吏,駿與少小,後以鄉里,遂加恩意,常與同載周旋,具知其事。云諸要驗,三倍於傳。辰既短才,又年縣小,又多在田舍,故益不詳。辰仕宦至州主簿、部從事,太康之初物故。"駿又云:"輅卜亦不悉中,十得七八,駿問其故,輅云:'理無差錯,來卜者或言不足以宣事實,故使爾。'華城門夫人者,魏故司空涿郡盧公女也,得疾,連年不差。華家時居西城下南纏里中,三厩在其東南。輅卜當有師從東方來,自言能治,便聽使之,必得其力。後無何,有南征厩騶,當充甲卒,來詣盧公,占能治女郎[二二三]。公即表請留之,專使其子將詣華氏療疾,初用散藥,後復用丸治,尋有效，即奏除騶名，以補太醫。"又云："隨輅父在利漕時，有治下屯民捕鹿者，其晨行還，見毛血，人取鹿處來詣厩告輅〔二二四〕，輅爲卦語云：'此有盜者，是汝東巷中第三家也。汝徑往門前，伺無人時，取一瓦子，密發其碓屋東頭第七椽，以瓦著下，不過明日食時，自送還汝。'其夜，盜者父病頭痛，壯熱煩疼，然亦來詣輅卜。輅爲發祟，盜者具服。輅令擔皮肉藏還著故處，病當自愈。乃密教鹿主往取。又語使復往如前，舉椽棄瓦。盜父亦差。又都尉治内史有失物者，輅使明晨於寺門外看，當逢一人，使指天畫地，舉手四向，自當得之。暮果獲於故處矣。"

評曰：華佗之醫診，杜夔之聲樂，朱建平之相術，周宣之相夢，管輅之術筮，誠皆玄妙之殊巧，非常之絕技矣。昔史遷著扁鵲、倉公、日者之傳，所以廣異聞而表奇事也。故存錄云爾。

【校箋】

〔一〕毛本作"魏書二十九"。

〔二〕毛本作"方技傳第二十九"。《世說·尤悔篇》注引《魏志》亦作"方技傳"。

〔三〕《御覽》卷七百二十二引"佗"字作"他"，《博物志》同。

〔四〕盧弼曰："李賢曰：'夒音孚。'"

謹案：《册府》卷八百一十一引"音敷"。

〔五〕盧弼曰："毛本'夒'作'孚'。"

謹案：家大人曰："一名夒，本作'專'，因'專'誤爲

'專',故裴辯之如此。若本作'專',則無煩贅説也。又注當云:'一曰專字',與'專'相似,其名宜爲'專'也。""孚"宜作"專",《説文·寸部》:"專,布也。"

〔六〕《御覽》卷七百二十二引與今本文辭前後不同,特抄録於下:"兼通數經,曉養性之術,年且百歲,而猶有壯容,時人以爲仙(今本無此句,《類聚》卷七十五引亦有此五字)。沛相陳珪舉孝廉,太尉黄琬辟皆不就。精於方藥,處劑不過數種(《類聚》引同),心分銖(《類聚》引"心"下有"識"字),不假稱量。針不過數處,裁七八壯。若疾發結於内,針藥所不能及者,乃令先以酒服麻沸散,既醉無所覺,因刳破腸背(《類聚》引"腸背"字作"腹背")抽割。積聚若在腸胃,則截斷洗除(《類聚》引"洗"上有"湔"字),去疾穢,既而縫合,傅以神膏,四五日瘡愈,一月之間皆平復。"

〔七〕盧弼曰:"《册府》'以爲'下有'仙'字。范書《華佗傳》亦作'時人以爲仙'。周壽昌曰:'無仙字是。蓋時人不知其確歲約略計之,當有百歲,而以有壯容爲異也。'"

謹案:《官本考證》曰:"《册府》'以爲'下有'仙'字。"考《類聚》、《御覽》、《册府》卷八百五十六俱有"仙"字,疑本之范曄《後漢書》。陳壽此傳自無"仙"字,當如周氏説,似不得引彼以證此有奪文也。

〔八〕盧弼曰:"《内經素問》卷十四《鍼解篇》:'手如握虎者,欲其壯也。'注云:'壯爲持鍼堅定也。'《廣雅·釋詁二》:'壯,箴也。'又《釋詁四》:'壯,傷也。'《方言》:'凡草木刺人者,北燕朝鮮之間謂之壯。'馬融、虞翻注《易·大壯》並云:'壯,傷也。'郭璞曰:'淮南呼壯爲傷。又醫用艾灸一灼謂之壯。'弼按:壯專就灸言,見下引王氏説。"

謹案：朱駿聲《説文通訓定聲》曰："壯借爲灼。醫經以艾灸體曰壯。壯者，灼聲之轉。"

〔九〕《御覽》引"不汗"二字乙。

〔一〇〕《御覽》引"兒"字作"倪"。

〔一一〕《御覽》引作"或難其病同療異"。

〔一二〕《御覽》引"外""内"二字互易。

〔一三〕盧弼曰："《官本考證》：'北宋本作劉祖。'《御覽》七百七十二亦作劉祖。"

謹案：錢儀吉曰："按《太平御覽》卷七百二十二亦引作'劉祖'。"盧君抄録卷數有誤。考《白帖》卷三十二、《册府》卷八百五十八引俱作"祖"。

〔一四〕《白帖》《御覽》引無"欲"字。

〔一五〕《御覽》引"二"字作"三"。

〔一六〕盧弼曰："或曰：'宛丸疑作紫苑。'元本、吳本'丸'作'九'。"

謹案：《御覽》引作"四物紫苑丸"。盧君引或曰疑誤録，當云"女宛疑作紫苑"也。元本、吳本"丸"作"九"，誤。

〔一七〕盧弼曰："《漢高帝紀》：九年，'上曰：始大人常以臣亡賴'應劭曰：'賴，恃也。'周壽昌曰：'亡賴無所恃以資生，如今游手白徒也。'弼按：此傳言病痛呻呼無所恃也。"

謹案：盧説有誤。錢繹《方言箋疏》曰："《史記·高帝本紀》：'始大人常以臣無賴。'《漢書》作'亡賴'。又《季布傳贊》：'感概而自殺，非能勇也，其畫無俚之至耳！'晉灼注引《方言》曰：'俚，聊也。'許慎曰：'賴也。'案：俚、聊、賴一聲之轉。"則無賴猶言無聊耳。

〔一八〕《御覽》引作"常令煖"，無"之"字。

〔一九〕《御覽》引作"不應至此"。

〔二〇〕《御覽》引"家"下有"人"字。

〔二一〕《御覽》引"卒"字作"平",是。

〔二二〕盧弼曰:"范書佗傳作'蓱齏甚酸'。沈欽韓曰:'陶弘景《醫總訣》云:虀店蒜齏,乃下蛇之藥。'即是指此。云蓱齏誤。"

謹案:《御覽》卷七百二十二、卷七百四十一引俱作"蒜","蒜"爲"蒜"之俗體。則作"蒜"字是。

〔二三〕《册府》引"疾"字作"病"。

〔二四〕《白帖》《御覽》引"治"字作"功",疑作"功"字是。楊泉《物理論》:"此加良醫不能加功焉。""加功"蓋古語。

〔二五〕《御覽》引無"郡"字,下同。

〔二六〕《御覽》引作"患體中不快",多"患體中"三字。

〔二七〕《御覽》引句上有"詣佗"二字。《後漢書·華佗傳》"詣佗求療",亦有"詣佗"二字可證,應據補。

〔二八〕盧弼曰:"監本、官本'深'作'甚'。"

謹案:梁章鉅曰:"《太平御覽》卷七百二十二引作'君病至深。'"蜀覆官本仍作"深"。

〔二九〕《御覽》引"取"下有"之"字。

〔三〇〕盧弼曰:"《御覽》作'君忍痛十年'。"

謹案:此見《御覽》卷七百二十二,"歲"不作"年"。《册府》引"歲"字作"載"。

〔三一〕《御覽》引"裂"下有"也"字。

〔三二〕盧弼曰:"《御覽》作'士大夫曰:余不耐痛,必欲除之'。"

謹案:《御覽》卷七百二十二引作"士大夫曰:余不耐痛,必請治之"。與盧君所引文字少異，或盧君檢之未審也。

〔三三〕《御覽》卷七百二十二、卷七百四十一引"脉"字上有"診"字，下無"也"字。

〔三四〕盧弼曰："《御覽》'是'上有'猶'字，范史同，此奪。"

謹案：《御覽》卷七百二十二、卷七百四十一、卷八百六十一引"是"上俱有"猶"字。考《博物志》曰："頭皆成蟲，尾猶是膾。"則"是"上應補"猶"字。

〔三五〕《御覽》卷七百二十二引無"救"字。

〔三六〕《御覽》引無"動"字。

〔三七〕《御覽》引"而"下有"異之"二字。

〔三八〕《御覽》引無"佗"字。

〔三九〕《後漢書·華佗傳》注引作"言灸此各七壯"。

〔四〇〕《御覽》卷八百四十七引"呼"下有"佗"字。《後漢書》作"呼之"。

〔四一〕《御覽》引無"食"字，《後漢書》亦無"食"字。

〔四二〕《御覽》引句上有"妻疾"三字，疑此奪，否則下文意不相承。

〔四三〕《御覽》引作"使往檢視"。無"人"字，增"視"字。

〔四四〕《御覽》引"病"字作"疾"。

〔四五〕《御覽》卷七百二十二引"瘖"字作"瘝"，《後漢書》亦作"瘝"。

〔四六〕《御覽》引句下有"己巳服"三字。

〔四七〕《御覽》引無"散"字、"行"字。

〔四八〕《御覽》引"我"下有"見"字。

〔四九〕《御覽》引無"無"字。

〔五〇〕《御覽》引"持"字作"特",《册府》卷八百五十引作"將"。

〔五一〕《御覽》引有"從索藥"三字。

〔五二〕《御覽》引"適"下有"會"字。"適會"複語。

〔五三〕《初學記》卷二十引"犬"下有"困"字。

〔五四〕《册府》引"能"字作"得"。

〔五五〕《御覽》卷七百四十一引"血"下有"出"字,是。語意方足。《後漢書》注引亦有"出"字。

〔五六〕《御覽》引作"以膏摩之,覆被汗出"。增"之"字,無"自周帀"三字。

〔五七〕《御覽》卷七百二十二引"會"字作"冷"。

〔五八〕《御覽》引無"養"字。

〔五九〕《册府》卷八百五十六引"治"下有"療"字。

〔六〇〕《册府》卷八百三十六引"頸"字作"經",且云:"熊經者,熊之攀枝自懸,鴟顧,身不動而回顧也。"

〔六一〕《御覽》引作"輕身益氣"。

〔六二〕《御覽》引"服"下有"食"字,《後漢書》注引同。

〔六三〕《御覽》引"因"上有"阿"字,"道"字作"説"。

〔六四〕《博物志》卷七云:"飲水中不寒洩痢。"疑此"中"字下脱"水寒"二字,《博物志》"不寒"當作"水寒","不""水"形近致誤。

〔六五〕《博物志》引《辯命論》作"吾王悉招至之"。

〔六六〕《博物志》引"歲"下有"人"字。

〔六七〕《曹子建集》"島"字作"邊",《類聚》卷七十八引同。

〔六八〕《博物志》引作"不全信之"。

〔六九〕《博無志》引"乃"下有"敢"字。

〔七〇〕《博物志》引"内"字作"中"。

〔七一〕《博物志》引作"善可以終命"。

〔七二〕《博物志》引無"者"字。

〔七三〕盧弼曰："官本'合'作'令',范書同。"

謹案：《御覽》卷九百三十六引《辯道論》作"令一者含藥"。《抱朴子》云："取一把礬丸納一活魚口（今本《抱朴子》無此句）。"與此意同。疑"煮"爲"著"字之譌,著猶置也。"合"字似應據《御覽》作"令"。

〔七四〕盧弼曰："何焯曰：'不字衍。'弼按：有'不'字亦可通。"

謹案：李慈銘亦云"不"字應衍,是也。號不爲天子合樂而庭作之,語意矛盾。盧君云"有不字亦可通",蓋未之深思也。

〔七五〕盧弼曰："《册府》'聰思'作'聰慧'。"

謹案：《官本考證》曰："'聰思'《册府》作'聰慧'。"此本《考證》,則"册"字上應增"《官本考證》曰"五字,考此見《册府》卷八百五十六。然《御覽》卷五百六十四引仍作"思"。

〔七六〕盧弼曰："《晉書·樂志》云'散騎侍郎鄧靜、尹商,善訓雅樂',《宋志》同,此作'尹齊',疑誤。"

謹案：錢儀吉曰："從晉《樂志》校增'騎侍'二字。從宋《樂志》校改'商''訓'二字。"潘眉曰："晉、宋《樂志》作'尹商',此作'齊'字誤。"考《隋書》牛弘奏作"散騎常侍鄧靜"。《御覽》卷五百六十四引作"散騎侍郎鄧靜、尹商"。《册府》卷五百六十五引"散"下有"騎"字,"齊"作"商","詠"作"訓",與宋《樂志》同。應據補。

〔七七〕《御覽》卷五百六十四引"古"字作"之"。

〔七八〕《白帖》卷六十一、《御覽》卷五百七十五引"漢"上有"初"字。

〔七九〕《白帖》《御覽》引俱無"銅"字。

〔八〇〕毛本"韻"字作"均"。盧弼曰:"宋、元本、馮本、吳本'均'作'鈞',監本作'韵',毛本作'均',官本作'韻'。梁章鉅曰:'均即古韻字。《宋志》無均字。'"

謹案:潘眉曰:"'鈞'當作'均'。"考"均""韵""韻"義同,"鈞"爲"均"之借。

〔八一〕盧弼曰:"《宋書》卷十一《律志序》作'然後知夔爲精,於是罪玉及諸子皆爲養馬主'。潘眉曰:'當從《宋志》作然後。'"

謹案:《白帖》引"然"下有"後"字,"爲精"作"之精",《御覽》引亦有"後"字,當據補。

〔八二〕蕭書"雅"下有"樂"字。

〔八三〕蕭書作"意尤不樂"。"猶"當爲"尤"字之誤。

〔八四〕盧弼曰:"《御覽》八百二十五作'遺日喪功'。"

謹案:此見嚴可均《全晉文·馬先生傳》校語。盧君襲之,不署嚴氏名,殊非。

〔八五〕盧弼曰:"《傅子》'灌'作'溉'。"

謹案:嚴氏校語:"'溉'本作'灌',依《意林》《御覽》改。"考《御覽》卷七百五十二引作"溉"。盧君不稱嚴氏校語而輒云《傅子》,蓋非,下同。

〔八六〕盧弼曰:"《傅子》此句上有'先生'二字。"

謹案:嚴氏校語:"'先生'此二字,依《御覽》加。"考《御覽》卷七百五十二引有"先生"二字,卷八百二十四引無。

〔八七〕盧弼曰:"翻車即桔槔也。范書《宦官傳》:'又作翻車渴烏，施於橋西，用灑南北郊路。'章懷注：'翻車設機車以引水，渴烏爲曲筒以氣引水上也。'"

謹案：翻車即今農家之水車，或以足踏，或用手搖。且下文云"令兒童轉之而灌水自覆，更入更出"，顯然非桔橰也。盧說誤。

〔八八〕盧弼曰："《傅子》'巧'作'功'。"

謹案：嚴氏校語："本作'巧'。依《意林》《御覽》改。"

〔八九〕紹興本"歌"字作"女"，《御覽》卷七百五十二引同。

〔九〇〕毛本"丸"字作"瓦"。盧弼曰："宋本'瓦'作'丸'。"

謹案：宋本作"丸"是，當據改。張衡《西京賦》："跳丸劍之揮霍。"作"跳丸"可證，"丸""瓦"多涉形近而譌。

〔九一〕盧弼曰："《御覽》無'五'字。"

謹案：《御覽》卷七百五十二引有"五"字，盧君云無，未知所據也。

〔九二〕《御覽》卷三百三十六引無"以斷"二字。

〔九三〕盧弼曰："《傅子》'不'下有'能'字。"

謹案：嚴氏校語："'能'字依《御覽》七百五十二加。"

〔九四〕《御覽》卷七百二十九引此句下接"文帝黃初七年"，"文"上又有"後"字。

〔九五〕此段《御覽》引無"初"字，接"善相術"句下。

〔九六〕《御覽》引"妾"字作"女"。

〔九七〕《御覽》引"處"下有"焉"字。

〔九八〕《御覽》引"也"字作"耶"。

〔九九〕《御覽》卷八百八十五引"璩"下有"年"字。"省内"卷九百零四引作"内省",應據乙。

〔一〇〇〕《御覽》卷九百零四引"六"上有"年"字。

〔一〇一〕《白帖》卷九十六引無"外"字。《類聚》卷九十三、《御覽》卷八百九十四引俱無"外入"二字。

〔一〇二〕《御覽》引"語"下有"人"字。

〔一〇三〕《類聚》《御覽》引無"驚"字、"文"字,作"嚙帝膝"。

〔一〇四〕《白帖》、《御覽》卷三百七十二引"便"字作"使"。

〔一〇五〕《御覽》卷六百五十、卷七百一十引無"者"字。《事類賦》卷十四引"杖"下有"以"字,"弱"下亦無"者"字。

〔一〇六〕《御覽》卷七百一十、《事類賦》引"期"作"時","破"作"敗"。

〔一〇七〕盧弼曰:"《白孔六帖》:'劉楨字公幹,嘗夢蛇生四足,以不敬伏誅。'"

謹案:劉楨於建安二十二年以疫疾死,見曹丕《與吳質書》,非以不敬伏誅。其平視甄后,不敬,僅輸作耳。《白帖》所引非是。

〔一〇八〕《類聚》卷九十一、《御覽》卷一百八十八、卷四百引俱無"雙"字。

〔一〇九〕《類聚》卷九十二、《御覽》卷一百八十八、卷四百引俱無"此謂"二字。又"也"字卷四百引作"耶"。

〔一一〇〕《類聚》、《御覽》卷四百、卷九百二十五引"畢"字俱作"卒"。

〔一一一〕《類聚》、《御覽》卷九百二十五引俱無"而"字。

〔一一二〕盧弼曰:"《卞后傳》作'磨錢文'。"

謹案：徐紹楨曰："《説文》：'摩，研也。'段氏玉裁以爲凡《毛詩‧小雅》'如琢如摩'，《周禮》'刮摩'，字皆從'手'，俗石作磨，不可通。余考州輔碑云'所摩而不磷'，《張公神碑》云'刊鑿琢摩'，暨此傳云'摩錢'亦皆從'手'，猶有古義。蕭書、郝書則直改作'磨'矣。"

〔一一三〕《御覽》卷三百九十九、《事類賦》卷十引無"愈"字。

〔一一四〕《世説‧尤悔篇》注引"重"字作"固"。

〔一一五〕本志《卞皇后傳》裴注引無"自"字。

〔一一六〕《世説》注引"欲"上無"文"字，"而"下有"更"字。《御覽》引亦有"更"字。

〔一一七〕盧弼曰："太史與中郎同爲六百石，中郎屬太史可疑。太史令屬官亦無中郎也。'屬'字或爲'兼'字之誤。"

謹案：《御覽》卷三百九十七引無"中郎屬"三字。洪飴孫《三國職官表》曰："太史令員吏有監候郎二十人，候部吏十五人，掌候天文。見《册府元龜》。《周宣傳》爲中郎屬太史，即是。"竊疑洪説未得。盧君謂"屬"爲"兼"字之誤，臆説無據，非是也。疑當據《御覽》删"中郎屬"三字。

〔一一八〕《御覽》引"問"上有"者"字。

〔一一九〕《御覽》引"語"上有"已而"二字。

〔一二〇〕盧弼曰："宋本、元本'貌'作'皃'。"

謹案："皃"古"貌"字。

〔一二一〕《册府》卷七百七十五引"小"字作"少"。

〔一二二〕紹興本"甞"字作"常"。

〔一二三〕《御覽》卷三百八十五引"鄰比"二字乙。

〔一二四〕《御覽》引"天"下無"文"字。

〔一二五〕盧弼曰："琅邪國漢末建安二十一年爲郡,魏太和六年復爲國。子春爲太守,蓋在太和六年前也。"

謹案:管輅建安十五年生,年十五來至官舍讀書,其時當在黃初五六年,亦子春任太守於此時也。盧説非。

〔一二六〕《御覽》卷三百七十六引"春"下有"曰"字。

〔一二七〕《類聚》卷十七"升"字作"斗"。《抱朴子·酒戒篇》:"管輅傾仰三斗而清辯綺粲。"作"斗"是。下同。

〔一二八〕盧弼曰："'而'字疑衍。"

謹案:《季漢書》無"而"字。考《類聚》引作"然後而言",《御覽》卷三百八十五引無"而""之"二字,有"與"字。竊疑"而""與"同義,作"而"字是,非衍文也。

〔一二九〕《御覽》卷六百一十七引"君"下有"耶"字。

〔一三〇〕《御覽》卷三百八十五、卷六百一十七引"欲自"二字乙。

〔一三一〕《御覽》卷六百一十七引"經"字作"造",無"於"字。

〔一三二〕《御覽》引"葩"字作"汎"。

〔一三三〕盧弼曰："《册府》'劫'作'詰'。"

謹案:《官本考證》曰:"'攻劫'《册府》作'攻詰'。"錢儀吉"劫"作"詰",云"從《册府》校改"。考此見《册府》卷七百七十三引。盧君本《考證》,"册"字上應增"《官本考證》曰"五字。

〔一三四〕《御覽》卷三百八十五、卷六百一十七引"論"字作"請"。

〔一三五〕毛本"材氣"作"才器",《御覽》卷三百八十五、《册府》卷七百七十三引"氣"亦作"器"。

〔一三六〕《御覽》卷三百八十五"以"字作"秀"。

〔一三七〕《世説·規箴篇》注引"之"字作"曰"。

〔一三八〕盧弼曰："《御覽》此下有'不知何故'四字。注引《輅別傳》有此四字。"

謹案：《官本考證》曰："《太平御覽》引'躄疾'下有'不知何故'四字。"梁章鉅曰："按：注引《輅別傳》有此四字。"此盧君録自《旁證》，似不應没其名也。此句見《御覽》卷七百二十七引。

〔一三九〕盧弼曰："宋本'推'作'椎'。毛本'机'作'機'。"

謹案：梁章鉅曰："機，一本作机，與几同。"竊謂"推机"當作"椎几"。考《吴志·孫策傳》注引《吴曆》"椎几大奮"，椎几猶拍案也。"几"或作"机"，遂誤作"機"耳。

〔一四〇〕毛本作"去之"。盧弼曰："《御覽》'去之'作'便去'。"

謹案：此見《御覽》卷七百二十七引。蜀覆官本作"便去"。《事類賦》卷十五引作"失之"。竊以作"失之"爲是。須臾失之，猶言少時即不見，似與情勢相應，"去"或"失"字之譌。

〔一四一〕《書鈔》卷二十三引《輅別傳》"家"下有"内"字。"女"下有"善"字，"驚"下無"恐"字。《御覽》卷三百四十七引"内"字作"中"，"善"作"盡"，亦無"恐"字。

〔一四二〕盧弼曰："宋本'此'作'北'。"

謹案：《書鈔》引《輅別傳》"此堂"作"北室"，下多"床"字，《御覽》引同。《季漢書》"此"字亦作"北"。當據《書鈔》《御覽》引訂補。

〔一四三〕紹興本"還"字作"遷"，誤。

〔一四四〕《御覽》引作"果得兩楸棺"。

〔一四五〕《御覽》引"及"下有"數"字。

〔一四六〕毛本"將"作"何"。

〔一四七〕毛本"君"字作"居"。盧弼曰:"宋本、馮本'居'作'君'。"

謹案:作"君"字是,應據改。蜀覆官本亦作"君"。

〔一四八〕盧弼曰:"元本'備'作'侯'。"

謹案:《官本考證》曰:"元本'君備'作'君侯'。"案:此本《考證》,應於"元"字上增"《官本考證》曰"五字。考郝書亦作"侯",則南宋所見本作"侯"也。

〔一四九〕紹興本"八"字作"六"。

〔一五〇〕盧弼曰:"'鷄'或作'鳩'。"

謹案:《御覽》卷七百六十二引作"射鳩,中鄰女"。此或盧君所本也。

〔一五一〕盧弼曰:"'人夫離婁',字疑有誤。"

謹案:高似孫《緯略》引《別傳》作"牽引西家父離婁"。此"人夫"二字當爲"父"字之譌。離婁,老父之名也。今本誤。

〔一五二〕《白帖》卷就十六引"言"作"訟"。

〔一五三〕毛本"鳴鳥"二字乙。

〔一五四〕毛本"八"字作"入"。

〔一五五〕盧弼曰:"張平子《東京賦》'樹羽幢幢'薛注:'幢幢,羽貌。'"

謹案:"幢幢"疑當作"憧憧"。《易·咸》九四"憧憧往來"釋文王肅云:"往來不絕貌。"與回轉意相應。盧君引《東京賦》薛注以釋,或失傳意。

〔一五六〕毛本無"當"字,《白帖》卷三十一引同。

〔一五七〕盧弼曰："吳本'鈴'作'鈐'。"

謹案：吳本作"鈐"，誤。鈴即前所謂鈴下。"鈐"字於此無義。

〔一五八〕盧弼曰："馮本'又'作'爻'。"

謹案：作"爻"字是。官本作"爻"。

〔一五九〕《類聚》卷二十九、《初學記》卷十八、《御覽》卷四百八十九引"原"字俱作"樂"，注同。

〔一六〇〕盧弼曰："《御覽》'乎'作'於'。"

謹案：《御覽》卷七百二十七、卷九百二十二引"乎"字作"於"。《事類賦》卷十九引仍作"乎"，《呂氏春秋·貴信篇》"又況乎人事"高注："乎，於也。"

〔一六一〕盧本"雌"作"雉"。盧弼曰："'以''已'古通。"

謹案："雉"諸本俱作"雌"，此作"雉"，或覆刊致誤。《御覽》卷九百二十二引"形"作"分"。

〔一六二〕盧弼曰："《御覽》'翅翼'作'分翅'。"

謹案：《官本考證》曰："《太平御覽》作'分翅舒張'。"考《御覽》卷七百二十七作"雄雌以形，分翼翅舒張"，卷九百二十二作"翅未舒張"。此卷乃宋刊，七百二十七係聚珍本，字有衍譌。疑《考證》本之，故誤以上句之"分"字屬下讀也。竊惟鳥雖未孵出，然其為雄為雌已具於卵中矣，僅翅翼尚不能舒張耳。今作"翅翼舒張"，誠不符物情，即作"分翅"，亦未得，當從《御覽》卷九百二十二宋刊所引以資訂正。盧君不知《考證》之疏謬，復不覆檢原書，且不言出自《考證》，殊違著述之正則也。

〔一六三〕盧弼曰："縠音斛，觫音速，縠觫，恐懼貌。《孟子》'吾不忍其縠觫'。"

謹案：盧君以恐懼釋縠觫，本之《孟子》注。然以形容長足，若不加闡述,則或致誤解。考恐懼貌,形容顫動之狀。《一切經音義》卷十四:"斗擻,縠觫也。江南言斗擻,北人言縠觫。"斗擻有戰抖之意,縠觫亦當同之,則與長足之義相應矣。

〔一六四〕盧弼曰:"《御覽》'喜'作'歎'。"

謹案:《官本考證》曰:"《太平御覽》作'驚歎'。"考此見《御覽》卷七百二十七引。

〔一六五〕《御覽》卷三百八十引"鏡"字作"鑒"。

〔一六六〕蕭書"從"字作"候"。

〔一六七〕《御覽》卷二百七十九引"異"字作"黑"。

〔一六八〕馮本、陳本、毛本"夭"字作"天",《御覽》卷七百二十九引同。

〔一六九〕《御覽》卷三百九十六、卷七百二十九引"魂"字作"魄"。

〔一七〇〕盧弼曰:"《御覽》'驚'作'渴'。"

謹案:此見《御覽》卷三百九十六、卷七百二十九引。

〔一七一〕盧弼曰:"《續百官志》:'諸州常以八月巡行所部郡國。''徙部鉅鹿'當即巡行所部至鉅鹿也。又按:冀州刺史初治鄴,黃初中徙治信都,無徙治鉅鹿之事。徙部當作行部解。《宋書‧百官志》:'前漢世刺史乘傳周行郡國,無適所治。後漢世所治始有定處止,八月行部。官屬有別駕從事一人,主財穀簿書。'此傳言冀州刺史裴徽行部至鉅鹿郡,遷管輅為治中別駕,即從刺史行部也。"

謹案:《後漢書‧橋玄傳》:"時豫州刺史周景行部到梁國。玄謁景,因伏地言陳相羊昌罪惡,乞為部陳從事。"李賢注:"部猶領也。""徙部鉅鹿"謂管輅自文學從事調任部鉅鹿從事也。《通典‧職官十四》刺史屬官有"部郡國從事史,每郡國各一人,主督促文書,舉非法"。鉅鹿屬冀州,冀州刺史屬官則當有部鉅鹿從事也。考傳注引《輅別傳》云："再相見，便轉爲鉅鹿從事（《世說》注引作'部鉅鹿從事'）。"洪飴孫《三國職官表》於刺史僚佐有云"管輅爲冀州部鉅鹿從事"，是也。盧君不知部鉅鹿爲部鉅鹿從事之簡稱，因不得其解，乃臆釋之爲"巡行所部至鉅鹿"，復以"徙部當作行部解"，妄引《續志》《宋志》以實之，是由稽檢不周且不按上下文義細尋繹之故，而存此疏謬之説也。

〔一七二〕《御覽》卷六百三十二引"消"字作"清"。

〔一七三〕《御覽》引"中"字作"本"。

〔一七四〕《御覽》作"騁其足以起風塵"。

〔一七五〕"流"字當從正文作"留"，於義乃恰。

〔一七六〕《御覽》卷二百六十三、卷六百三十二引"鷄"下有"鳴"字。

〔一七七〕《世説·文學篇》注引"轉"下有"爲"字。

〔一七八〕《世説·規箴篇》注引"丁"字作"何"。

〔一七九〕《世説》注引"不"上有"無"字。

〔一八〇〕《世説》注引"易"下有"中"字。

〔一八一〕《世説》注引作"精之久矣"。

〔一八二〕盧弼曰："《御覽》'道'下有'之'字，《世説》注同。"

謹案：此見《御覽》卷七百二十七引。

〔一八三〕盧弼曰："《世説》注'雷'作'霆'。"

謹案：作"霆"字是，與下文"畏威者衆"意相承。《御覽》卷四百五十八引亦作"霆"。

〔一八四〕盧弼曰："'仁'作'人'，《世説》注作'士'。"

謹案：《御覽》卷四百八十五、卷七百二十七引俱作"人"。

〔一八五〕盧弼曰："《世説》注'艮'下有'也'字。"

謹案：《御覽》卷四百引"此"字作"也"，疑是。本傳及《世說》注之"此"字，蓋衍文，可刪。

〔一八六〕馮本、陳本"貴"下有"也"字。《世說·規箴篇》注引同。《御覽》卷三百六十七、卷七百二十七引"貴"下亦有"也"字。

〔一八七〕《世說》注引"惡"下有"之物"二字。

〔一八八〕紹興本、馮本、陳本、毛本"虛"字作"害"。盧弼曰："《册府》'害'作'虛'。"

謹案：此見《册府》卷八百二十九。蜀覆官本亦作"虛"。

〔一八九〕《世說》注引"追"字作"尋"，義較勝。

〔一九〇〕紹興本、馮本、陳本、毛本"舅"下有"氏"字，郝書同。

〔一九一〕盧弼曰："《御覽》作'君可畏人也，命以付天'。"

謹案：此見《官本考證》。當補"《官本考證》曰"五字。見《御覽》卷七百二十七引。

〔一九二〕《御覽》卷六百八十三引作"使管輅筮之"。疑此有脫文。

〔一九三〕毛本"無首"作"撫育"。

〔一九四〕盧弼曰："'寧定'二字疑衍一。"

謹案：此以"寧"字絕句。"定"字屬下爲句。"定"猶今語之的確一詞，此魏晉人常語。盧君不明"定"字之義，輒謂二字當衍其一，非是。

〔一九五〕馮本、陳本"丘"字作"山"。考本文作"汙染丘山"。

〔一九六〕唐鈔本《文選集注·聖主得賢臣頌》注引"爲"字作"於"。

〔一九七〕《文選集注》注引無"夫"字。

〔一九八〕《文選集注》注引"氣"字作"數"。

〔一九九〕《淮南子·天文篇》："故陽燧見日則然而爲火，方諸見月則津而爲水。"高注："陽燧，金也。取金杯無緣者，熟摩令熱，日中時以當日下，以艾承之，則然得火也。方諸，陰燧，大蛤也。熟摩令熱，月盛時以向月下，則水生，以銅盤受之，下水數滴。"管輅謂陰陽燧皆鏡屬，故曰"在掌握之中，形不出手"也。

〔二〇〇〕紹興本"幽"上有"則"字。盧弼曰："'則'字衍。"

謹案：蜀覆官本無"則"字。

〔二〇一〕盧弼曰："趙一清曰：'儉下當有父字。'周壽昌曰：'墓上疑脱一先字。'弼按：毌丘儉死於正元三年，儉死數月，安有林木之茂；三族誅夷，安有碑誄之美。且儉死族滅，事已顯著，有何豫言之驗。本傳卒如其言，殊爲不經。如作'過儉父墓下'，則得之矣。《水經·穀水注》作'過毌丘興墓'。興，儉父也。"

謹案：姚範曰："《水經·穀水注》云：'穀水又東，逕魏將作大將毌丘興墓南二里，碑存焉，儉父也。'下引《管輅別傳》云云與此同。則此'墓'上脱'父'字。"張熷曰："案：文'墓'上當有'祖'字。"考《季漢書》有"祖"字。徐紹楨曰："蕭書'墓'上有'先'字，蓋其所據《國志》如此，後乃奪也。"考《御覽》卷三十七引干寶《晉紀》作"過毌丘氏墓下"。《雕玉集》卷十二引《晉書》同。竊疑《國志》本作"父"字，《水經·穀水注》引可證。蕭書增"先"字，《季漢書》增"祖"字，蓋各以文義增，致分歧如此。

〔二〇二〕《書鈔》卷九十四引"樹"字作"松"。《類聚》卷十九引"樹"上有"松"字。

〔二〇三〕《書鈔》、《類聚》卷八十八引"後"字作"復"。

〔二〇四〕《雕玉集》引《晉書》"二"字作"三"。

〔二〇五〕《書鈔》卷一百五十、《御覽》卷九、《事類賦》卷二、《錦繡萬花谷》卷一、《歲華紀麗》卷二引"天"字俱作"大"。

〔二〇六〕盧弼曰:"'往'疑作'住',屬上句。下文有'當住十日'之語可證。"

謹案:疑當以"輅"字句絕。"往"字屬下句,"往請",遣人去請也。盧君謂"往疑作住,屬上句",且引"當住十日"以證,未審原語之本意也,蓋非。

〔二〇七〕《類聚》卷二、《初學記》卷一"和"字作"亂"。

〔二〇八〕《書鈔》引"氣"字作"雲","合"作"集"。《初學記》卷一引"合"亦作"集"。

〔二〇九〕《書鈔》《類聚》《初學記》引"河"字俱作"注"。

〔二一〇〕蕭書"天"下有"雖"字。裴注引《管輅別傳》"既有明才",則此"才明"當作"明才"爲是。

〔二一一〕盧弼曰:"'暇'疑作'假'。《晉書·劉寔傳》作'使人神思清發,昏不假寐'。"

謹案:"暇""假"古通。《詩·大雅·長發》"昭假遲遲"箋:"假,暇。"是其證。

〔二一二〕盧弼曰:"《詩·小雅·棠棣》之章'死喪之威,兄弟孔懷'毛傳云:'威,畏。懷,思也。'鄭箋:'死喪可畏怖之事,維兄弟之親,甚相思念。'"

謹案:盧君引《小雅·棠棣》以徵"孔懷"是也,然未闡明此句"孔懷"之義。竊謂"孔懷"爲兄弟之代詞,與《詩》義無涉。若引毛傳、鄭箋以釋，反浮泛不切矣。

〔二一三〕毛本"辯"字作"辨"。

〔二一四〕毛本"光"作"景"。盧弼曰："馮本'景'作'光'。"

謹案：《説文·日部》："景，光也。"

〔二一五〕盧弼曰："《御覽》七百二十五'路'作'洛'，'妻'作'婢'。"

謹案："路"爲"洛"字之誤，當據《御覽》改正。説見下。

〔二一六〕盧弼曰："《漢書·地理志》：'清河郡東陽。'王先謙曰：'《續志》：後漢省。'《一統志》：'東陽故城，今山東東昌府恩縣西北六十里衛河南岸。'"

謹案：楊衒之《洛陽伽藍記》曰："洛陽東面有三門，次南曰東陽門，漢曰東中（中東）門，魏晉曰東陽門。"此東陽城門即洛陽城門也。與上文"洛中"正相應。盧君未審上文"路"爲"洛"字之譌，遂以此東陽城門爲清河郡東陽縣之城門，然《續志》明云"後漢省"，未聞復置，則魏安得有東陽縣也。此東陽城門當爲洛陽城南門，無可疑矣。盧君未加尋繹，驟以清河東陽釋之，殊失審諦矣！

〔二一七〕《御覽》卷七百二十五引"舍"下有"時"字。

〔二一八〕《御覽》引"留"下有"宿"字。

〔二一九〕《初學記》卷二十九引無"中"字。

〔二二〇〕《初學記》引"之"下無"則"字，"狐"下有"也"字，《御覽》引亦無"則"字。

〔二二一〕《初學記》《御覽》引"災"字上有"火"字。

〔二二二〕盧弼曰："《晉書·地理志》：'青州長廣郡，咸寧三年置。'李兆洛曰：'今山東登州府萊陽縣東。'"

謹案：吳增僅《三國郡縣表附考證》曰："《陳壽傳》：'字承祚，遷長廣太守，以母死不就。'則此'承祐'爲'承祚'之譌。"吳說是也。盧君稽檢未及，故補錄之。

〔二二三〕盧弼曰："郝經《續漢書》'占'作'言'。"

謹案："《續漢書》"當作"《續後漢書》"，此奪"後"字。考作"占"字是。《文選·思玄賦》"占水火而妄訊"舊注："占謂自隱度而言也。"與上文"自言能治"義承。郝書改"占"爲"言"，雖意較明顯，然非舊文如是也。

〔二二四〕盧弼曰："疑有脫字。或云'處疑作去'。"

謹案：句似無脫字。疑"還見毛血人取鹿處"爲句。取鹿處猶取鹿之處，與下文"令皮肉還著故處"相應。或疑"處"作"去"，似於語意有所不瞭而妄說也，不可從。

三國志校箋卷三十

魏志卷三十〔一〕

烏丸　鮮卑　東夷 夫餘　高句麗　東沃沮　挹婁　濊　馬韓　辰韓　弁辰　倭人〔二〕

《書》載"蠻夷猾夏"，《詩》稱"玁狁孔熾"，久矣其爲中國患也。秦漢以來，匈奴久爲邊害。孝武雖外事四夷，東平兩越、朝鮮，西討貳師、大宛，開邛筰、夜郎之道，然皆在荒服之外，不能爲中國輕重。而匈奴最逼於諸夏，胡騎南侵則三邊受敵，是以屢遣衛、霍之將，深入北伐，窮追單于，奪其饒衍之地。後遂保塞稱藩，世以衰弱。建安中，呼厨泉南單于入朝，遂留内侍，使右賢王撫其國，而匈奴折節，過於漢舊。然烏丸、鮮卑稍更彊盛，亦因漢末之亂，中國多事，不遑外討，故得擅漢南之地〔三〕，寇暴城邑，殺略人民，北邊仍受其困。會袁紹兼河北，乃撫有三郡烏丸，寵其名王而收其精騎。

其後尚、熙又逃於蹋頓。蹋頓又驍武,邊長老皆比之冒頓,恃其阻遠,敢受亡命,以控百蠻〔四〕。太祖潛師北伐,出其不意,一戰而定之,夷狄懾服,威振朔土。遂引烏丸之眾,服從征討,而邊民得用安息。後鮮卑大人軻比能復制御羣狄,盡收匈奴故地,自雲中、五原以東抵遼水,皆為鮮卑庭。數犯塞寇邊,幽、并苦之。田豫有馬城之圍,畢軌有陘北之敗。青龍中,帝乃聽王雄,遣劒客刺之。然後種落離散,互相侵伐,彊者遠遁,弱者請服。由是邊陲差安,漢南少事,雖時頗鈔盜,不能復相扇動矣。烏丸、鮮卑即古所謂東胡也。其習俗前事,撰漢記者已錄而載之矣。故但舉漢末魏初以來,以備四夷之變云。《魏書》曰:烏丸者,東胡也。漢初,匈奴冒頓滅其國,餘類保烏丸山,因以為號焉。俗善騎射,隨水草放牧,居無常處,以穹廬為宅,皆東向日。弋獵禽獸,食肉飲酪,以毛毳為衣。貴少賤老,其性悍驁,怒則殺父兄,而終不害其母,以母有族類,父兄以己為種,無復報者故也。常推募勇健能理決鬭訟相侵犯者為大人,邑落各有小帥,不世繼也。數百千落自為一部,大人有所召呼,刻木為信,邑落傳行,無文字,而部眾莫敢違犯。氏姓無常,以大人健者名字為姓。大人以下,各自畜牧治產,不相徭役。其嫁娶皆先私通,略將女去,或半歲百日,然後遣媒人送馬牛羊以為聘娶之禮。壻隨妻歸見,妻家無尊卑,旦起皆拜,而不自拜其父母。為妻家僕役二年,妻家乃厚遣送女,居處財物,一出妻家。故其俗從婦人計,至戰鬭時,乃自決之。父子男女,相對蹲踞,悉髡頭以為輕便。婦人至嫁時乃養髮,分為髻,著句決,飾以金碧,猶中國有冠步搖也。父兄死,妻後母執嫂;若無執嫂者，則己子以親之次妻伯叔焉，死則歸其故夫。俗識鳥獸孕乳，時以四節，耕種常用布穀鳴爲候。地宜青穄、東牆，東牆似蓬草，實如葵子，至十月熟〔五〕。能作白酒，而不知作麴蘖。米常仰中國。大人能作弓矢鞍勒，鍛金鐵爲兵器，能刺韋作文繡，織縷氈毼。有病知以艾灸，或燒石自熨，燒地臥上，或隨痛病處，以刀決脉出血，及祝天地山川之神，無鍼藥。貴兵死，斂屍有棺，始死則哭，葬則歌舞相送。肥養犬，以采繩嬰牽，并取亡者所乘馬、衣物、生時服飾，皆燒以送之。特屬累犬，使護死者神靈歸乎赤山。赤山在遼東西北數千里，如中國人以死之魂神歸泰山也。至葬日，夜聚親舊員坐，牽犬馬歷位，或歌哭者，擲肉與之，使二人口誦呪文〔六〕，使死者魂神徑至，歷險阻，勿令橫鬼遮護，達其赤山，然後殺犬馬、衣物燒之。敬鬼神，祠天地日月星辰山川，及先大人有健名者，亦同祠以牛羊，祠畢皆燒之。飲食必先祭。其約法，違大人言死，盜不止死。其相殘殺，令部落自相報，相報不止，詣大人平之，有罪者出牛羊以贖死命，乃止。自殺其父兄無罪。其亡叛爲大人所捕者，諸邑落不肯受，皆逐使至雍狂地。地無山，有沙漠、流水、草木，多蝮虵，在丁令之西南，烏孫之東北，以窮困之。自其先爲匈奴所破之後，人衆孤弱，爲匈奴臣服，常歲輸牛馬羊，過時不具，輒虜其妻子。至匈奴壹衍鞮單于時，烏丸轉彊，發掘匈奴單于冢，將以報冒頓所破之恥。壹衍鞮單于大怒，發二萬騎以擊烏丸。大將軍霍光聞之，遣度遼將軍范明友將三萬騎出遼東追擊匈奴。比明友兵至，匈奴已引去。烏丸新被匈奴兵，乘其衰弊，遂進擊烏丸，斬首六千餘級，獲三王首還。後數復犯塞，明友輒征破之。至王莽末，並與匈奴爲寇。光武定天下，遣伏波將軍馬援將三千騎，從五原關出塞征之，無利，而殺馬千餘匹。烏丸遂盛，鈔擊匈奴，匈奴轉徙千里，漠南地空。

建武二十五年，烏丸大人郝旦等九千餘人率衆詣闕〔七〕，封其渠帥爲侯王者八十餘人，使居塞內，布列遼東屬國、遼西、右北平、漁陽、廣陽、上谷、代郡、鴈門、太原、朔方諸郡界，招來種人，給其衣食，置校尉以領護之，遂爲漢偵備，擊匈奴、鮮卑。至永平中，漁陽烏丸大人欽志賁帥種人叛，鮮卑還爲寇害，遼東太守祭肜募殺志賁，遂破其衆。至安帝時，漁陽、右北平、鴈門烏丸率衆王無何等復與鮮卑、匈奴合，鈔略代郡、上谷、涿郡、五原，乃以大司農何熙行車騎將軍，左右羽林五營士，發緣邊七郡黎陽營兵合二萬人擊之，匈奴降。鮮卑、烏丸各還塞外。是後，烏丸稍復親附，拜其大人戎末廆爲都尉。至順帝時，戎末廆率將王侯咄歸、去延等從烏丸校尉耿曄出塞擊鮮卑有功，還皆拜爲率衆王，賜束帛。

漢末，遼西烏丸大人丘力居，衆五千餘落，上谷烏丸大人難樓，衆九千餘落，各稱王〔八〕，而遼東屬國烏丸大人蘇僕延，衆千餘落，自稱峭王，右北平烏丸大人烏延，衆八百餘落，自稱汗魯王，皆有計策勇健。中山太守張純叛入丘力居衆中，自號彌天安定王，爲三郡烏丸元帥〔九〕，寇略青、徐、幽、冀四州，殺略吏民。靈帝末，以劉虞爲幽州牧，募胡斬純首，北州乃定。後丘力居死，子樓班年小，從子蹋頓有武略，代立，總攝三王部衆，皆從其教令。袁紹與公孫瓚連戰不決，蹋頓遣使詣紹求和親，助紹擊瓚，破之。紹矯制賜蹋頓、峭王、汗魯王印綬，皆以爲單于。《英雄記》曰：紹遣使即拜烏丸三王爲單于，皆安車、華蓋、羽旄〔一〇〕、黃屋、左纛。版文曰："使持節大將軍督幽、青、并，領冀州牧阮鄉侯紹〔一一〕，承制詔遼東屬國率衆王頒下、烏丸、遼西率衆王蹋頓、右北平率衆王汗盧：維乃相慕義遷善〔二〕，款塞内附，北捍獫狁，東拒濊貊，世守北陲，爲百姓保障，雖時侵犯王略，命將徂征厥罪，率不旋時，悔愆變改，方之外夷，最又聰惠者也〔三〕。始有千夫長、百夫長以相統領，用能悉乃心，克有勳力於國家，稍受王侯之命。自我王室多故〔四〕，公孫瓚作難，殘夷厥土之君，以侮天慢主，是以四海之内〔五〕，並執干戈以衛社稷。三王奮氣裔土，忿姦憂國，控弦與漢兵爲表裏，誠甚忠孝，朝所嘉焉。然而虎兕長虵，相隨塞路，王官爵命，否而無聞。夫有勳不賞，俾勤者怠。今遣行謁者楊林，齎單于璽綬車服，以對爾勞。其各綏静部落，教以謹慎，無使作凶作慝。世復爾祀位，長爲百蠻長。厥有咎有不臧者，泯於爾禄，而喪於乃庸，可不勉乎！烏丸單于都護部衆，左右單于受其節度，他如故事。"

後樓班大，峭王率其部衆奉樓班爲單于，蹋頓爲王。然蹋頓多畫計策。廣陽閻柔，少没烏丸、鮮卑中，爲其種所歸信〔六〕。柔乃因鮮卑衆，殺烏丸校尉邢舉代之，紹因寵柔以安北邊〔七〕。後袁尚敗奔蹋頓，憑其勢〔八〕，復圖冀州。會太祖平河北，柔帥鮮卑、烏丸歸附，遂因以柔爲校尉，猶持漢使節，治廣寧如舊。建安十一年〔九〕，太祖自征蹋頓於柳城，潛軍詭道，未至百餘里，虜乃覺。尚與蹋頓將衆逆戰於凡城，兵馬甚盛。太祖登高望虜陳，柳軍未進〔一〇〕，觀其小動，乃擊破其衆，臨陳斬蹋頓首，死者被野。速附丸、樓班、烏延等走遼東，遼東悉斬，傳送其首。其餘遺迸皆降〔二一〕。及幽州、并州柔所統烏丸萬餘落，悉徙其族居中國，帥從其侯王大人種衆與征伐。

由是三郡烏丸爲天下名騎。《魏略》曰：景初元年秋，遣幽州刺史毌丘儉率衆軍討遼東。右北平烏丸單于寇婁敦、遼西烏丸都督率衆王護留葉[二二]，昔隨袁尚奔遼西[二三]，聞儉軍至，率衆五千餘人降。寇婁敦遣弟阿羅槃等詣闕朝貢[二四]，封其渠帥三十餘爲王[二五]，賜輿馬繒采各有差。

鮮卑《魏書》曰：鮮卑亦東胡之餘也，別保鮮卑山，因號焉。其言語習俗與烏丸同。其地東接遼水，西當西城。常以季春大會，作樂水上[二六]，嫁女娶婦，髡頭飲宴。其獸異於中國者，野馬、羱羊、端牛。端牛角爲弓，世謂之角端者也。又有貂、豽、鼲子，皮毛柔蠕[二七]，故天下以爲名裘。鮮卑自爲冒頓所破，遠竄遼東塞外，不與餘國爭衡，未有名通於漢，而由自與烏丸相接。至光武時，南北單于各相攻伐[二八]，匈奴損耗，而鮮卑遂盛。建武三十年，鮮卑大人於仇賁率種人詣闕朝貢，封於仇賁爲王。永平中，祭肜爲遼東太守，誘賂鮮卑，使斬叛烏丸欽志賁等首，於是鮮卑自燉煌、酒泉以東邑落大人，皆詣遼東受賞賜，青、徐二州給錢，歲二億七千萬以爲常。和帝時，鮮卑大都護校尉廆帥部衆從烏丸校尉任常擊叛者，封校尉廆爲率衆王。殤帝延平中，鮮卑乃東入塞，殺漁陽太守張顯。安帝時，鮮卑大人燕荔陽入朝，漢賜鮮卑王印綬，赤車參駕，止烏丸校尉所治寧下[二九]。通胡市，築南北兩部質宮，受邑落質者二十部[三〇]。是後或反或降，或與匈奴、烏丸相攻擊。安帝末，發緣邊步騎二萬餘人，屯列衝要。後鮮卑八九千騎穿代郡及馬城塞入害長吏，漢遣度遼將軍鄧遵、中郎將馬續出塞追破之。鮮卑大人烏倫、其至鞬等七千餘人詣遵降，封烏倫爲王，其至鞬爲侯，賜采帛。遵去後，其至鞬復反，圍烏丸校尉於馬城，度遼將軍耿夔及幽州刺史救解之。其至鞬遂盛，控弦數萬騎，數道入塞，趨五原寧貊，攻匈奴南單于，殺左奧鞬日逐王。順帝時，復入塞，殺代郡太守。漢遣黎陽營兵屯中山，緣邊郡兵屯塞下，調五營弩帥令教戰射，南單于將步騎萬餘人助漢擊却之。後烏丸校尉耿曄將率衆王出塞擊鮮卑，多斬首虜，於是鮮卑三萬餘落，詣遼東降。匈奴及北單于遁逃後，餘種十餘萬落，詣遼東雜處，皆自號鮮卑兵。投鹿侯從匈奴軍三年，其妻在家，有子。投鹿侯歸，怪欲殺之。妻言："嘗晝行聞雷震，仰天視而電入其口，因吞之，遂妊身，十月而產此子，必有奇異，具長之。"投鹿侯固不信。妻乃語家，令收養焉，號檀石槐，長大勇健，智略絶衆。年十四五，異部大人卜賁邑鈔取其外家牛羊，檀石槐策騎追擊，所向無前，悉還得所亡。由是部落畏服，施法禁曲直〔三一〕，莫敢犯者，遂推以爲大人。檀石槐既立，乃爲庭於高柳北三百餘里彈汙山啜仇水上，東西部大人皆歸焉。兵馬甚盛，南鈔漢邊，北拒丁令，東却夫餘，西擊烏孫，盡據匈奴故地，東西萬二千餘里，南北七千餘里，網羅山川、水澤、鹽池甚廣。漢患之，桓帝時使匈奴中郎將張奐征之，不克。乃更遣使者齎印綬，即封檀石槐爲王，欲與和親。檀石槐拒不肯受，寇鈔滋甚。乃分其地爲中東西三部。從右北平以東至遼，遼接夫餘、貊爲東部〔三二〕，二十餘邑，其大人曰彌加、闕機、素利、槐頭。從右北平以西至上谷爲中部，十餘邑，其大人曰柯最、闕居、慕容等，爲大帥。從上谷以西至燉煌，西接烏孫爲西部，二十餘邑，其大人曰置鞬落羅、日律推演、宴荔游等，皆爲大帥，而制屬檀石槐。至靈帝時，大鈔略幽、并二州。緣邊諸郡，無歲不被其毒。嘉平六年〔三三〕，遣護烏丸校尉夏育，破鮮卑中郎將田晏，匈奴中郎將臧旻與南單于出鴈門塞，三道並進，徑二千餘里征之。檀石槐帥部衆逆擊,旻等敗走,兵馬還者什一而已。鮮卑衆日多,田畜射獵,不足給食。後檀石槐乃案行烏侯秦水,廣袤數百里,停不流〔三四〕,中有魚而不能得。聞汙人善捕魚〔三五〕,於是檀石槐東擊汙國,得千餘家,徙置烏侯秦水上,使捕魚以助糧。至於今,烏侯秦水上有汙人數百户。檀石槐年四十五死,子和連代立。和連材力不及父,而貪淫,斷法不平,衆叛者半。靈帝末年數爲寇鈔,攻北地,北地庶人善弩射者射中和連〔三六〕,和連即死。其子騫曼小,兄子魁頭代立。魁頭既立後,騫曼長大,與魁頭爭國,衆遂離散。魁頭死,弟步度根代立。自檀石槐死後,諸大人遂世相襲也。步度根既立,衆稍衰弱,中兄扶羅韓亦別擁衆數萬爲大人〔三七〕。建安中,太祖定幽州,步度根與軻比能等因烏丸校尉閻柔上貢獻。後代郡烏丸能臣氐等叛,求屬扶羅韓,扶羅韓將萬餘騎迎之。到桑乾,氐等議,以爲扶羅韓部威禁寬緩,恐不見濟,更遣人呼軻比能。比能即將萬餘騎到,當共盟誓。比能便於會上殺扶羅韓,扶羅韓子泄歸泥及部衆悉屬比能。比能自以殺歸泥父,特又善遇之〔三八〕。步度根由是怨比能。文帝踐阼,田豫爲烏丸校尉,持節并護鮮卑,屯昌平。步度根遣使獻馬,帝拜爲王。後數與軻比能更相攻擊,步度根部衆稍寡弱,將其衆萬餘落保太原、鴈門郡。步度根乃使人招呼泄歸泥曰:"汝父爲比能所殺,不念報仇,反屬怨家。今雖厚待汝,是欲殺汝計也。不如還我,我與汝是骨肉至親,豈與仇等〔三九〕?"由是歸泥將其部落逃歸步度根,比能追之弗及。至黃初五年,步度根詣闕貢獻,厚加賞賜。是後一心守邊，不爲寇害，而軻比能衆遂强盛。明帝即位，務欲綏和戎狄，以息征伐，羈縻兩部而已。至青龍元年，比能誘步度根深結和親，於是步度根將泄歸泥及部衆悉保比能〔四〇〕，寇鈔并州，殺略吏民。帝遣驍騎將軍秦朗征之，歸泥叛比能，將其部衆降，拜歸義王，賜幢麾、曲蓋、鼓吹，居并州如故。步度根爲比能所殺。

軻比能本小種鮮卑，以勇健斷法平端，不貪財物，衆推以爲大人。部落近塞，自袁紹據河北，中國人多亡叛歸之，教作兵器鎧楯，頗學文字。故其勒御部衆，擬則中國，出入弋獵，建立旌麾〔四一〕，以鼓節爲進退。建安中，因閻柔上貢獻。太祖西征關中，田銀反河間，比能將三千餘騎隨柔擊破銀〔四二〕。後代郡烏丸反，比能復助爲寇害，太祖以鄢陵侯彰爲驍騎將軍，北征，大破之。比能走出塞，後復通貢獻。延康初，比能遣使獻馬，文帝亦立比能爲附義王。黃初二年，比能出諸魏人在鮮卑者五百餘家，還居代郡。明年，比能帥部落大人小子代郡烏丸修武盧等三千餘騎，驅牛馬七萬餘口交市，遣魏人千餘家居上谷。後與東部鮮卑大人素利及步度根三部爭鬬，更相攻擊。田豫和合〔四三〕，使不得相侵。五年，比能復擊素利，豫帥輕騎徑進掎其後。比能使別小帥瑣奴拒豫，豫進討，破走之，由是懷貳。乃與輔國將軍鮮于輔書曰："夷狄不識文字，故校尉閻柔保我於天子。我與素利爲讎，往年攻擊之，而田校尉助素利。我臨陣使瑣奴往，聞使君來，即便引軍退。步度根數數鈔盜，又殺我弟，而誣我以鈔盜。我夷狄雖不知禮義，兄弟子孫受天子印綬，牛馬尚知美水草[四四]，況我有人心邪！將軍當保明我於天子。"輔得書以聞帝，帝復使豫招納安慰。比能衆遂彊盛，控弦十餘萬騎。每鈔略得財物，均平分付，一決目前，終無所私，故得衆死力，餘部大人皆敬憚之，然猶未能及檀石槐也。

太和二年，豫遣譯夏舍詣比能女壻鬱築鞬部，舍爲鞬所殺。其秋，豫將西部鮮卑蒲頭、泄歸泥出塞討鬱築鞬，大破之。還至馬城，比能自將三萬騎圍豫七日。上谷太守閻志，柔之弟也，素爲鮮卑所信。志往解喻，即解圍去。後幽州刺史王雄并領校尉，撫以恩信。比能數款塞，詣州奉貢獻。至青龍元年，比能誘納步度根，使叛并州，與結和親，自勒萬騎迎其累重於陘北。并州刺史畢軌遣將軍蘇尚、董弼等擊之，比能遣子將騎與尚等會戰於樓煩，臨陣害尚、弼。至三年中，雄遣勇士韓龍刺殺比能，更立其弟。

素利、彌加、厥機皆爲大人，在遼西、右北平、漁陽塞外，道遠初不爲邊患，然其種衆多於比能。建安中，因閻柔上貢獻，通市，太祖皆表寵以爲王。厥機死，又立其子沙末汗爲親漢王。延康初，又各遣使獻馬。文帝立素利、彌加爲歸義王。素利與比能更相攻擊。太和二年，素利死。子小，以弟成律歸爲王，代攝其衆。

《書》稱"東漸于海，西被于流沙"。其九服之制，可得而言也。然荒域之外，重譯而至，非足跡車軌所及，未有知其國俗殊方者也。自虞暨周，西戎有白環之獻，東夷有肅慎之貢，皆曠世而至，其遐遠也如此。及漢氏遣張騫使西域，窮河源，經歷諸國，遂置都護以總領之，然後西域之事具存，故史官得詳載焉。魏興，西域雖不能盡至，其大國龜茲、于寘、康居、烏孫、疏勒、月氏、鄯善、車師之屬，無歲不奉朝貢，略如漢氏故事。而公孫淵仍父祖三世有遼東，天子為其絕域，委以海外之事，遂隔斷東夷，不得通於諸夏。景初中，大興師旅，誅淵，又潛軍浮海，收樂浪帶方之郡，而後海表謐然，東夷屈服。其後高句麗背叛，又遣偏師致討，窮追極遠，踰烏丸、骨都，過沃沮，踐肅慎之庭，東臨大海。長老說有異面之人，近日之所出，遂周觀諸國，采其法俗，小大區別，各有名號，可得詳紀。雖夷狄之邦，而俎豆之象存。中國失禮，求之四夷猶信。故撰次其國，別其同異，以接前史之所未備焉。

夫餘在長城之北，去玄菟千里，南與高句麗，東與挹婁，西與鮮卑接，北有弱水，方可二千里〔四五〕。戶八萬，其民土著，有宮室、倉庫、牢獄〔四六〕。多山陵、廣澤，於東夷之域最平敞。土地宜五穀，不生五果。其人麤大，性彊勇謹厚，不寇鈔。國有君王，皆以六畜名官，有馬加、牛加、豬加、狗加、犬使、大使者、使者〔四七〕。邑落有豪民，名下戶皆為奴僕〔四八〕。諸加別主四出，道大者主數千家，小者數百家。食飲皆用俎豆，會同、拜爵、洗爵、揖讓升降〔四九〕。以殷正月祭天，國中大會，連日飲食歌舞，名曰迎鼓，於是時斷刑獄，解囚徒。在國衣尚白，白布大袂，袍、袴，履革鞜。出國則尚繒繡錦罽，大人加狐狸、狖白、黑貂之裘，以金銀飾帽〔五〇〕。譯人傳辭，皆跪，手據地竊語。用刑嚴急，殺人者死，沒其家人爲奴婢。竊盜一責十二。男女淫，婦人妬，皆殺之。尤憎妬，已殺，尸之國南山上，至腐爛。女家欲得，輸牛馬乃與之。兄死妻嫂，與匈奴同俗。其國善養牲，出名馬、赤玉、貂狖〔五一〕、美珠。珠大者如酸棗。以弓矢刀矛爲兵，家家自有鎧仗。國之耆老自說古之亡人。作城柵皆員，有似牢獄。行道晝夜，無老幼皆歌，通日聲不絶。有軍事亦祭天，殺牛觀蹄以占吉凶，蹄解者爲凶，合者爲吉。有敵，諸加自戰，下戶俱擔糧飲食之〔五二〕。其死，夏月皆用冰。殺人殉葬，多者百數〔五三〕。厚葬有棺無槨〔五四〕。《魏略》曰：其俗停喪五月，以久爲榮。其祭亡者，有生有熟。喪主不欲速而他人彊之，常諍引以此爲節。其居喪，男女皆純白，婦人著布面衣，去環珮，大體與中國相彷彿也。

夫餘本屬玄菟。漢末，公孫度雄張海東，威服外夷，夫餘王尉仇台更屬遼東〔五五〕。時句麗、鮮卑彊，度以夫餘在二虜之間，妻以宗女。尉仇台死，簡位居立。無適子，有孽子麻余。位居死，諸加共立麻余。牛加兄子名位居，爲大使，輕財善施，國人附之，歲歲遣使詣京都貢獻。正始中，幽州刺史毌丘儉討句麗，遣玄菟太守王頎詣夫餘，位居遣大加郊迎〔五六〕，供軍糧。季父牛加有二心，位居殺季父父子，籍没財物，遣使薄斂送官[五七]。舊夫餘俗，水旱不調，五穀不熟，輒歸咎於王，或言當易，或言當殺。麻余死，其子依慮年六歲，立以爲王。漢時，夫餘王葬用玉匣，常豫以付玄菟郡，王死則迎取以葬。公孫淵伏誅，玄菟庫猶有玉匣一具。今夫餘庫有玉璧、珪、瓚數代之物，傳世以爲寶，耆老言先代之所賜也。《魏略》曰：其國殷富，自先世以來，未嘗破壞[五八]。其印文言"濊王之印"[五九]，國有故城名濊城[六〇]，蓋本濊貊之地，而夫餘王其中，自謂"亡人"，抑有似也[六一]。《魏略》曰：舊志又言，昔北方有橐離之國者[六二]，其王者侍婢有身[六三]，王欲殺之，婢云："有氣如鷄子來下，我故有身。"後生子，王捐之於溷中，猪以喙嘘之[六四]，徙置馬閑，馬以氣嘘之，不死。王疑以爲天子也[六五]，乃令其母收畜之，名曰東明，常令牧馬。東明善射，王恐奪其國也，欲殺之。東明走，南至施掩水，以弓擊水，魚鱉浮爲橋，東明得度，魚鱉乃解散，追兵不得渡。東明因都王夫餘之地。

高句麗在遼東之東千里，南與朝鮮、濊貊，東與沃沮，北與夫餘接。都於丸都之下，方可二千里[六六]，戶三萬。多大山深谷，無原澤。隨山谷以爲居，食澗水。無良田，雖力佃作，不足以實口腹。其俗節食，好治宮室，於所居之左右立大屋，祭鬼神，又祀靈星、社稷。其人性凶急，喜寇鈔。其國有王，其官有相加、對盧、沛者、古雛加[六七]、主簿、優台丞、使者、皁衣先人，尊卑各有等級。東夷舊語，以爲夫餘別種。言語諸事多與夫餘同，其性氣衣服有異，本有五族，有涓奴部[六八]、絶奴部、順奴部、灌奴部、桂婁部。本涓奴部爲王，稍微弱，今桂婁部代之[六九]。漢時賜鼓吹技人，常從玄菟郡受朝服衣幘，高句麗令主其名籍。後稍驕恣，不復詣郡，於東界築小城，置朝服衣幘其中，歲時來取之，今胡猶名此城爲幘溝漊。溝漊者，句麗名城也。其置官，有對盧則不置沛者，有沛者則不置對盧。王之宗族，其大加皆稱古雛加。涓奴部本國主，今雖不爲王，適統大人，得稱古雛加，亦得立宗廟，祀靈星、社稷。絶奴部世與王婚，加古雛之號。諸大加亦自置使者、皂衣先人，名皆達於王。如卿大夫之家臣，會同坐起，不得與王家使者、皂衣先人同列。其國中大家不佃作，坐食者萬餘口，下戶遠擔米糧魚鹽供給之。其民喜歌舞，國中邑落，暮夜男女羣聚，相就歌戲。無大倉庫，家家自有小倉，名之爲桴京[七〇]。其人潔清自喜，善藏釀。跪拜申一腳，與夫餘異，行步皆走。以十月祭天，國中大會，名曰東盟。其公會，衣服皆錦繡金銀以自飾。大加主簿頭著幘，如幘而無後，其小加著折風，形如弁。其國東有大穴，名隧穴[七一]，十月國中大會，迎隧神還於國東上祭之，置木隧於神坐。無牢獄，有罪諸加評議，便殺之，沒入妻子爲奴婢。其俗作婚姻，言語已定，女家作小屋於大屋後，名壻屋[七二]，壻暮至女家戶外，自名跪拜，乞得就女宿，如是者再三，女父母乃聽，使就小屋中宿，傍頓錢帛，至生子已長大，乃將婦歸家。其俗淫[七三]。男女已嫁娶，便稍作送終之衣。厚葬〔七四〕，金銀財幣，盡於送死，積石爲封，列種松柏。其馬皆小，便登山。國人有氣力，習戰鬬，沃沮、東濊皆屬焉。又有小水貊。句麗作國，依大水而居〔七五〕，西安平縣北有小水，南流入海，句麗別種依小水作國，因名之爲小水貊。出好弓，所謂貊弓是也。

至莽初發高句麗兵以伐胡〔七六〕，不欲行，彊迫遣之，皆亡出塞爲寇盜。遼西大尹田譚追擊之，爲所殺。州郡縣歸咎於句麗侯騶〔七七〕，嚴尤奏言："貊人犯法，罪不起於騶，且宜安慰，今猥被之大罪，恐其遂反。"莽不聽，詔尤擊之。尤誘期句麗侯騶至而斬之，傳送其首詣長安。莽大悅，布告天下，更名高句麗爲下句麗。當此時爲侯國，漢光武帝八年〔七八〕，高句麗王遣使朝貢，始見稱王。

至殤、安之間，句麗王宮數寇遼東，更屬玄菟。遼東太守蔡風〔七九〕、玄菟太守姚光以宮爲二郡害，興師伐之。宮詐降請和，二郡不進。宮密遣軍攻玄菟，焚燒候城，入遼隧，殺吏民。後宮復犯遼東，蔡風輕將吏士追討之，軍敗沒。

宮死，子伯固立〔八〇〕。順、桓之間，復犯遼東，寇新安、居鄉，又攻西安平，於道上殺帶方令，略得樂浪太守妻子。靈帝建寧二年，玄菟太守耿臨討之，斬首虜數百級，伯固降，屬遼東。嘉平中〔八一〕，伯固乞屬玄菟。公孫度之雄海東也，伯固遣犬加優居、主簿然人等助度擊富山賊，破之。

伯固死，有二子，長子拔奇，小子伊夷模。拔奇不肖，國人便共立伊夷模爲王。自伯固時，數寇遼東，又受亡胡五百餘家。建安中，公孫康出軍擊之，破其國〔八二〕，焚燒邑落。拔奇怨爲兄而不得立，與涓奴加各將下户三萬餘口詣康降〔八三〕，還住沸流水。降胡亦叛伊夷模，伊夷模更作新國，今日所在是也。拔奇遂往遼東，有子留句麗國，今古雛加駁位居是也。其後復擊玄菟，玄菟與遼東合擊，大破之。

伊夷模無子，淫灌奴部，生子名位宮。伊夷模死，立以爲王，今句麗王宮是也。其曾祖名宮〔八四〕，生能開目視，其國人惡之，及長大，果凶虐，數寇鈔，國見殘破。今王生墮地〔八五〕，亦能開目視人〔八六〕，句麗呼相似爲位，似其祖，故名之爲位宮。位宮有力勇〔八七〕，便鞍馬，善獵射。景初二年，太尉司馬宣王率衆討公孫淵，宮遣主簿大加將數千人助軍〔八八〕。正始三年，宮寇西安平，其五年，爲幽州刺史毌丘儉所破〔八九〕。語在《儉傳》。

東沃沮在高句麗蓋馬大山之東，濱大海而居〔九〇〕。其地形東北狹，西南長〔九一〕，可千里，北與挹婁、夫餘，南與濊貊接。戶五千，無大君王，世世邑落，各有長帥〔九二〕。其言語與句麗大同，時時小異。漢初燕亡人衛滿王朝鮮，時沃沮皆屬焉。漢武元封二年，伐朝鮮，殺滿孫右渠，分其地爲四郡，以沃沮城爲玄菟郡〔九三〕。後爲夷貊所侵，徙郡句麗西北，今所謂玄菟故府是也。沃沮還屬樂浪。漢以土地廣遠，在單單大領之東，分置東部都尉，治不耐城，別主領東七縣，時沃沮亦皆爲縣。漢光武六年,省邊郡,都尉由此罷〔九四〕。其後皆以其縣中渠帥爲縣侯,不耐、華麗、沃沮諸縣皆爲侯國。夷狄更相攻伐,唯不耐濊侯至今猶置功曹、主簿諸曹,皆濊民作之。沃沮諸邑落渠帥,皆自稱三老,則故縣國之制也。國小,迫於大國之間,遂臣屬句麗。句麗復置其中大人爲使者,使相主領,又使大加統責其租賦〔九五〕,貊布、魚、鹽、海中食物〔九六〕,千里擔負致之,又送其美女以爲婢妾,遇之如奴僕。

其土地肥美,背山向海,宜五穀,善田種。人性質直彊勇,少牛馬,便持矛步戰。食飲居處,衣服禮節,有似句麗。《魏略》曰:其嫁娶之法,女年十歲,已相設許〔九七〕。壻家迎之,長養以爲婦。至成人,更還女家。女家責錢,錢畢,乃復還壻。其葬作大木槨〔九八〕,長十餘丈,開一頭作戶。新死者皆假埋之,才使覆形,皮肉盡,乃取骨置槨中〔九九〕。舉家皆共一槨,刻木如生形〔一〇〇〕,隨死者爲數。又有瓦鑑〔一〇一〕,置米其中,編縣之於槨戶邊。

毌丘儉討句麗,句麗王宮奔沃沮〔一〇二〕,遂進師擊之。沃沮邑落皆破之〔一〇三〕,斬獲首虜三千餘級,宮奔北沃沮。北沃沮一名置溝婁,去南沃沮八百餘里,其俗南北皆同,與挹婁接。挹婁喜乘船寇鈔,北沃沮畏之,夏月恒在山巖深穴中爲守備,冬月冰凍,船道不通,乃下居村落。王頎別遣追討宮,盡其東界。問其耆老"海東復有人不",耆老言國人嘗乘船捕魚,遭風見吹數十日,東得一島,上有人〔一〇四〕,言語不相曉〔一〇五〕,其俗常以七月取童女沈海。又言有一國亦在海中，純女無男。又説得一布衣，從海中浮出，其身如中國人衣[一〇六]，其兩袖長三丈。又得一破船隨波出在海岸邊，有一人項中復有面[一〇七]，生得之，與語不相通[一〇八]，不食而死。其域皆在沃沮東大海中[一〇九]。

挹婁在夫餘東北千餘里，濱大海[一一〇]，南與北沃沮接，未知其北所極[一一一]。其土地多山險。其人形似夫餘，言語不與夫餘、句麗同。有五穀、牛、馬、麻布[一一二]。人多勇力，無大君長，邑落各有大人。處山林之間，常穴居，大家深九梯，以多爲好。土氣寒劇於夫餘。其俗好養猪，食其肉，衣其皮。冬以猪膏塗身，厚數分，以御風寒。夏則裸袒，以尺布隱其前後，以蔽形體。其人不潔[一一三]，作溷在中央，人圍其表居。其弓長四尺，力如弩，矢用楛，長尺八寸，青石爲鏃，古之肅慎氏之國也[一一四]。善射，射人皆入因[一一五]。矢施毒，人中皆死[一一六]。出赤玉、好貂，今所謂挹婁貂是也。自漢以來[一一七]，臣屬夫餘，夫餘責其租賦重，以黃初中叛之。夫餘數伐之，其人衆雖少，所在山險，鄰國人畏其弓矢，卒不能服也。其國便乘船寇盜[一一八]，鄰國患之。東夷飲食類皆用俎豆，唯挹婁不法[一一九]，俗最無綱紀也。

濊南與辰韓，北與高句麗、沃沮接，東窮大海，今朝鮮之東皆其地也。戶二萬[一二〇]。昔箕子既適朝鮮，作八條之教以教之[一二一]，無門戶之閉而民不爲盜。其後四十餘世，朝鮮侯准僭號稱王。陳勝等起，天下叛秦。燕、齊、趙民避地朝鮮數萬口〔一二二〕。燕人衞滿，魋結夷服，復來王之。漢武帝伐滅朝鮮，分其地爲四郡。自是之後，胡、漢稍別。無大君長，自漢已來，其官有侯邑君、三老，統主下戶。其耆老舊自謂與句麗同種〔一二三〕。其人性愿愨〔一二四〕，少嗜欲，有廉恥，不請句麗〔一二五〕。言語法俗大抵與句麗同，衣服有異。男女衣皆著曲領，男子繫銀花廣數寸以爲飾。自單單大山領以西屬樂浪〔一二六〕，自領以東七縣，都尉主之，皆以濊爲民。後省都尉，封其渠帥爲侯，今不耐濊皆其種也。漢末更屬句麗。其俗重山川，山川各有部分，不得妄相涉入。同姓不婚。多忌諱，疾病死亡輒捐棄舊宅，更作新居。有麻布，蠶桑作緜〔一二七〕。曉候星宿〔一二八〕，豫知年歲豐約。不以珠玉爲寶。常用十月節祭天，晝夜飲酒歌舞，名之爲舞天，又祭虎以爲神。其邑落相侵犯，輒相罰責生口牛馬，名之爲責禍〔一二九〕。殺人者償死。少寇盜。作矛長三丈，或數人共持之〔一三〇〕，能步戰〔一三一〕。樂浪檀弓出其地。其海出班魚皮，土地饒文豹，又出果下馬，漢桓時獻之〔一三二〕。臣松之按：果下馬高三尺，乘之可於果樹下行，故謂之果下。見《博物志》《魏都賦》。

　　正始六年，樂浪太守劉茂、帶方太守弓遵以領東濊屬句麗，興師伐之，不耐侯等舉邑降。其八年〔一三三〕，詣闕朝貢，詔更拜不耐濊王。居處雜在民間，四時詣郡朝謁。二郡有軍征賦調，供給役使，遇之如民。

　　韓在帶方之南，東西以海爲限，南與倭接，方可四千里。有三種，一曰馬韓，二曰辰韓，三曰弁韓。辰韓者，古之辰國也。馬韓在西[一三四]。其民土著，種植，知蠶桑，作綿布。各有長帥，大者自名爲臣智，其次爲邑借，散在山海間，無城郭。有爰襄國、牟水國、桑外國、小石索國、大石索國、優休牟涿國、臣濆活國[一三五]、伯濟國、速盧不斯國、日華國、古誕者國、古離國、怒藍國、月支國、咨離牟盧國、素謂乾國、古爰國、莫盧國、卑離國、占離卑國[一三六]、臣釁國、支侵國、狗盧國、卑彌國、監奚卑離國、古蒲國、致利鞠國、冉路國、兒林國、駟盧國、內卑離國、感奚國、萬盧國、辟卑離國、臼斯烏旦國、一離國、不彌國、支半國[一三七]、狗素國、捷盧國、牟盧卑離國、臣蘇塗國、莫盧國、古臘國、臨素半國、臣云新國、如來卑離國、楚山塗卑離國、一難國、狗奚國、不云國、不斯濆邪國、爰池國、乾馬國、楚離國，凡五十餘國。大國萬餘家，小國數千家，總十餘萬戶。辰王治月支國。臣智或加優呼臣云遣支報安邪踧支濆臣離兒不例拘邪秦支廉之號。其官有魏率善、邑君、歸義侯、中郎將、都尉、伯長。

侯淮既僭號稱王，爲燕亡人衛滿所攻奪，《魏略》曰：昔箕子之後朝鮮侯，見周衰，燕自尊爲王，欲東略地，朝鮮侯亦自稱爲王，欲興兵逆擊燕以尊周室。其大夫禮諫之，乃止。使禮西說燕，以止之，不攻[一三八]。後子孫稍驕虐，燕乃遣將秦開攻其西方，取地二千餘里，至滿潘汗爲界，朝鮮遂弱。及秦并天下，使蒙恬築長城，到遼東。時朝鮮王否立畏秦襲之，略服屬秦不肯朝會。否死，其子準立。二十餘年而陳、項起，天下亂，燕、齊、趙民愁苦，稍稍亡往準，準乃置之於西方。及漢以盧綰爲燕王，朝鮮與燕界於溴水〔一三九〕。及綰反，入匈奴，燕人衛滿亡命，爲胡服，東度溴水，詣準降，説準求居西界，收中國亡命爲朝鮮藩屏。準信寵之，拜爲博士，賜以圭，封之百里，令守西邊。滿誘亡黨衆稍多〔一四〇〕，乃詐遣人告準，言漢兵十道至，求入宿衞，遂還攻準。準與滿戰，不敵也。將其左右宮人走入海，居韓地，自號韓王。《魏略》曰：其子及親留在國者〔一四一〕，因冒姓韓氏。準王海中，不與朝鮮相往來。其後絶滅，今韓人猶有奉其祭祀者。漢時屬樂浪郡，四時朝謁。《魏略》曰：初，右渠未破時，朝鮮相歷谿卿以諫右渠不用，東之辰國，時民隨出居者二千餘户，亦與朝鮮貢蕃不相往來〔一四二〕。至王莽地皇時廉斯鑡爲辰韓右渠帥，聞樂浪土地美，人民饒樂，亡欲來降。出其邑落，見田中驅雀男子一人，其語非韓人。問之，男子曰：“我等漢人，名户來，我等輩千五百人伐材木，爲韓所擊得，皆斷髮爲奴，積三年矣。”鑡曰：“我當降漢樂浪，汝欲去不？”户來曰：“可。”辰鑡因將户來來出詣含資縣，縣言郡，郡即以鑡爲譯，從芩中乘大船入辰韓，逆取户來。降伴輩尚得千人，其五百人已死。鑡時曉謂辰韓：“汝還五百人。若不者，樂浪當遣萬兵乘船來擊汝。”辰韓曰：“五百人已死，我當出贖直耳。”乃出辰韓萬五千人，弁韓布萬五千匹〔一四三〕，鑡收取直還。郡表鑡功義，賜冠幘、田宅。子孫數世至安帝延光四年時，故受復除。

　　桓、靈之末〔一四四〕，韓濊彊盛，郡縣不能制，民多流入韓國。建安中，公孫康分屯有縣以南荒地爲帶方郡〔一四五〕，遣公孫模、張敞等收集遺民〔一四六〕，興兵伐韓滅，舊民稍出，是後倭韓遂屬帶方。景初中〔一四七〕，明帝密遣帶方太守劉昕、樂浪太守鮮于嗣越海定二郡，諸韓國臣智加賜邑君印綬，其次與邑長。其俗好衣幘，下戶詣郡朝謁，皆假衣幘，自服印綬衣幘千有餘人。部從事吳林以樂浪本統韓國，分割辰韓八國以與樂浪，吏譯轉有異同，臣智激韓忿〔一四八〕，攻帶方郡崎離營。時太守弓遵、樂浪太守劉茂興兵伐之，遵戰死，二郡遂滅韓。

其俗少綱紀，國邑雖有主帥，邑落雜居，不能善相制御。無跪拜之禮。居處作草屋土室，形如冢，其戶在上，舉家共在中〔一四九〕，無長幼男女之別。其葬有棺無槨，不知乘牛馬，牛馬盡於送死。以瓔珠爲財寶，或以綴衣爲飾，或以縣頸垂耳〔一五〇〕，不以金銀錦繡爲珍〔一五一〕。其人性彊勇，魁頭露紒，如炅兵，衣布袍，足履革蹻蹋〔一五二〕。其國中有所爲及官家使築城郭，諸年少勇健者，皆鑿脊皮，以大繩貫之，又以丈許木鍤之，通日嚾呼作力〔一五三〕，不以爲痛，既以勸作，且以爲健。常以五月下種訖，祭鬼神，羣聚歌舞，飲酒晝夜無休。其舞，數十人俱起相隨，踏地低昂，手足相應，節奏有似鐸舞。十月農功畢，亦復如之。信鬼神，國邑各立一人主祭天神，名之天君。又諸國各有別邑，名之爲蘇塗。立大木，縣鈴鼓，事鬼神。諸亡逃至其中〔一五四〕，皆不還之，好作賊。其立蘇塗之義〔一五五〕，有似浮屠，而所行善惡有異，其北方近郡諸國差曉禮俗，其遠處直如囚徒奴婢相聚。無他珍寶。禽獸草木略與中國同。出大栗，大如梨。又出細尾鷄，其尾皆長五尺餘〔一五六〕。其男子時時有文身。又有州胡在馬韓之西海中大島上，其人差短小，言語不與韓同，皆髡頭如鮮卑，但衣韋，好養牛及猪。其衣有上無下〔一五七〕，略如裸勢〔一五八〕。乘船往來，市買中韓〔一五九〕。

辰韓在馬韓之東，其耆老傳世，自言古之亡人避秦役來適韓國〔一六〇〕，馬韓割其東界地與之。有城柵。其言語不與馬韓同，名國爲邦，弓爲弧，賊爲寇，行酒爲行觴。相呼皆爲徒，有似秦人，非但燕、齊之名物也。名樂浪人爲阿殘；東方人名我爲阿，謂樂浪人本其殘餘人。今有名之爲秦韓者。始有六國，稍分爲十二國。

弁辰亦十二國〔一六一〕，又有諸小別邑，各有渠帥，大者名臣智，其次有險側，次有樊濊，次有殺奚，次有借邑〔一六二〕。有已柢國〔一六三〕、不斯國、弁辰彌離彌凍國、弁辰接塗國、勤耆國、難彌離彌凍國、弁辰古資彌凍國、弁辰古淳是國、冉奚國、弁辰半路國、弁樂奴國、軍彌國、弁軍彌國、弁辰彌烏邪馬國、如湛國、弁辰甘路國、户路國〔一六四〕、州鮮國、馬延國〔一六五〕、弁辰狗邪國、弁辰走漕馬國、弁辰安邪國、馬延國、弁辰瀆盧國、斯盧國〔一六六〕、優由國。弁辰韓合二十四國，大國四五千家，小國六七百家，總四五萬户。其十二國屬辰王。辰王常用馬韓人作之，世世相繼。辰王不得自立爲王。《魏略》曰：明其爲流移之人，故爲馬韓所制。土地肥美，宜種五穀及稻，曉蠶桑〔一六七〕，作縑布〔一六八〕，乘駕牛馬。嫁娶禮〔一六九〕，俗男女有別〔一七〇〕。以大鳥羽送死，其意欲使死者飛揚〔一七一〕。《魏略》曰：其國作屋，橫累木爲之，有似牢獄也。國出鐵，韓、濊、倭皆從取之〔一七二〕。諸市買皆用鐵，如中國用錢，又以供給二郡。俗喜歌舞飲酒。有瑟，其形似筑，彈之亦有音曲。兒生，便以石壓其頭，欲其褊〔一七三〕。今辰韓人皆褊頭〔一七四〕。男女近倭，亦文身。便步戰，兵仗與馬韓同。其俗，行者相逢，皆住讓路。

弁辰與辰韓雜居，亦有城郭。衣服居處與辰韓同。言語法俗相似，祠祭鬼神有異，施竈皆在户西。其瀆盧國與倭接界。十二國亦有王，其人形皆大。衣服絜清，長髮。亦作廣幅細布。法俗特嚴峻。

倭人在帶方東南大海之中〔一七五〕，依山島爲國邑。舊百餘國，漢時有朝見者，今使譯所通三十國。從郡至倭，循海岸水行，歷韓國乍南乍東，到其北岸狗邪韓國〔一七六〕，七千餘里，始度一海，千餘里至對馬國〔一七七〕。其大官曰卑狗，副曰卑奴毋離〔一七八〕。所居絶島，方可四百餘里〔一七九〕，土地山險，多深林〔一八〇〕，道路如禽鹿徑。有千餘户，無良田，食海物自活，乘船南北市糴。又南渡一海千餘里，名曰瀚海，至一大國，官亦曰卑狗，副曰卑奴毋離。方可三百里〔一八一〕，多竹木叢林，有三千許家，差有田地，耕田猶不足食，亦南北市糴，又渡一海，千餘里至末盧國〔一八二〕，有四千餘户，濱山海居，草木茂盛，行不見前。人好捕魚鰒〔一八三〕，水無深淺，皆沈没取之。東南陸行五百里，到伊都國，官曰爾支，副曰泄謨觚、柄渠觚。有千餘户，世有王，皆統屬女王國郡使往來常所駐。東南至奴國百里，官曰兕馬觚[一八四]，副曰卑奴毋離，有二萬餘戶。東行至不彌國百里[一八五]，官曰多模[一八六]，副曰卑奴毋離，有千餘家。南至投馬國，水行二十日[一八七]，官曰彌彌[一八八]，副曰彌彌那利，可五萬餘戶。南至邪馬壹國[一八九]，女王之所都，水行十日，陸行一月。官有伊支馬[一九〇]，次曰彌馬升[一九一]，次曰彌馬獲支，次曰奴佳鞮，可七萬餘戶[一九二]。自女王國以北[一九三]，其戶數道里可略載[一九四]，其餘旁國遠絕，不可得詳。次有斯馬國，次有已百支國，次有伊邪國，次有都支國，次有彌奴國，次有好古都國，次有不呼國，次有姐奴國，次有對蘇國，次有蘇奴國，次有呼邑國，次有華奴蘇奴國，次有鬼國，次有爲吾國，次有鬼奴國，次有邪馬國，次有躬臣國，次有巴利國，次有支惟國，次有烏奴國，次有奴國，此女王境界所盡。其南有狗奴國，男子爲王，其官有狗[一九五]，古智卑狗[一九六]，不屬女王[一九七]。自郡至女王國萬二千餘里。

　　男子無大小，皆黥面文身[一九八]。自古以來[一九九]，其使詣中國，皆自稱大夫。夏后少康之子封於會稽，斷髮文身以避蛟龍之害。今倭水人好沈沒捕魚蛤，文身亦以厭大魚水禽，後稍以爲飾。諸國文身各異，或左或右，或大或小；尊卑有差。計其道里，當在會稽、東冶之東。其風俗不淫，男子皆露紒，以木緜招頭。其衣橫幅，但結束相連，略無縫[二〇〇]。婦人被髮屈紒，作衣如單被，穿其中央，貫頭衣之。種禾稻、紵麻，蠶桑、緝績，出細紵、縑緜。其地無牛馬虎豹羊鵲。兵用矛、楯、木弓。木弓短下長上〔二〇一〕，竹箭或鐵鏃或骨鏃，所有無與儋耳、朱崖同。倭地温暖，冬夏食生菜〔二〇二〕，皆徒跣。有屋室，父母兄弟臥息異處，以朱丹塗其身體，如中國用粉也。食飲用籩豆，手食。其死，有棺無槨，封土作冢。始死停喪十餘日，當時不食肉，喪主哭泣，他人就歌舞飲酒。已葬，舉家詣水中澡浴，以如練沐。其行來渡海詣中國，恒使一人，不梳頭，不去蟣蝨，衣服垢污，不食肉，不近婦人，如喪人，名之爲持衰。若行者吉善，共顧其生口財物；若有疾病，遭暴害，便欲殺之〔二〇三〕，謂其持衰不謹。出真珠、青玉。其山有丹，其木有柟、杼〔二〇四〕、豫樟、楺櫪〔二〇五〕、投橿、烏號、楓香，其竹篠簳、桃支。有薑、橘、椒、蘘荷，不知以爲滋味。有獼猿〔二〇六〕、黑雉。其俗舉事行來，有所云爲，輒灼骨而卜，以占吉凶，先告所卜，其辭如令龜法〔二〇七〕，視火坼占兆。其會同坐起，父子男女無別，人性嗜酒〔二〇八〕。《魏略》曰：其俗不知正歲四時〔二〇九〕，但記春耕秋收爲年紀。見大人所敬，但搏手以當跪拜。其人壽考，或百年，或八九十年。其俗，國大人皆四五婦〔二一〇〕，下户或二三婦。婦人不淫，不妒忌。不盜竊，少爭訟。其犯法，輕者沒其妻子，重者滅其門户。及親族尊卑，各有差序，足相臣服。收租賦。有邸閣國，國有市，交易有無，使大倭監之。自女王國以北，特置一大率，檢察諸國，諸國畏憚之。常治伊都國，於國中有如刺史。王遣使詣京都、帶方郡、諸韓國，及郡使倭國，皆臨津搜露，傳送文書賜遺之物詣女王，不得差錯。下戶與大人相逢道路，逡巡入草；傳辭説事，或蹲或跪，兩手據地，爲之恭敬[二一]。對應聲曰噫比[二二]，如然諾。

其國本亦以男子爲王，住七八十年[二三]，倭國亂，相攻伐[二四]，歷年[二五]，乃共立一女子爲王，名曰卑彌呼，事鬼道，能惑衆，年已長大[二六]，無夫壻，有男弟佐治國。自爲王以來，少有見者。以婢千人自侍，唯有男子一人給飲食傳辭，出入居處[二七]。宮室樓觀，城柵嚴設[二八]，常有人持兵守衛[二九]。

女王國東渡海千餘里，復有國，皆倭種。又有侏儒國在其南[三〇]，人長三四尺，去女王四千餘里。又有裸國、黑齒國復在其東南，船行一年可至。參問倭地，絕在海中洲島之上，或絕或連，周旋可五千餘里。

景初二年六月，倭女王遣大夫難升米等詣郡，求詣天子朝獻[三一]，太守劉夏遣吏將送詣京都。其年十二月，詔書報倭女王曰："制詔親魏倭王卑彌呼：帶方太守劉夏遣使送汝大夫難升米、次使都市牛利，奉汝所獻男生口四人，女生口六人，班布二匹二丈，以到。汝所在踰遠，乃遣使貢獻，是汝之忠孝，我甚哀汝[三二]。今以汝爲親魏倭王，假金印紫綬，裝封付帶方太守假授。汝其綬撫種人，勉爲孝順。汝來使難升米、牛利涉遠，道路勤勞，今以難升米爲率善中郎將，牛利爲率善校尉，假銀印青綬，引見勞賜遣還。今以絳地交龍錦五匹、臣松之以爲：

地應爲綈,漢文帝著皁衣謂之弋綈是也。此字不體,非魏朝之失,則傳寫者誤也〔二二三〕。絳地縐粟罽十張、蒨絳五十匹、紺青五十匹,答汝所獻貢直。又特賜汝紺地句文錦三匹,細班華罽五張,白絹五十匹,金八兩,五尺刀二口,銅鏡百枚,真珠、鉛丹各五十斤,皆裝封付難升米、牛利還到録受。悉可以示汝國中人,使知國家哀汝,故鄭重賜汝好物也。"

正始元年,太守弓遵遣建中校尉梯儁等奉詔書印綬詣倭國,拜假倭王,并齎詔賜金、帛、錦罽、刀、鏡、采物,倭王因使上表答謝恩詔〔二二四〕。其四年,倭王復遣使大夫伊聲耆、掖邪狗等八人,上獻生口、倭錦、絳青縑、緜衣、帛布、丹木、犾、短弓矢。掖邪狗等壹拜率善中郎將印綬。其六年,詔賜倭難升米黃幢,付郡假授。其八年,太守王頎到官。倭女王卑彌呼與狗奴國男王卑彌弓呼素不和,遣倭載斯、烏越等詣郡説相攻擊狀。遣塞曹掾史張政等因齎詔書、黃幢,拜假難升米爲檄告喻之。卑彌呼以死〔二二五〕,大作冢,徑百餘步,殉葬者奴婢百餘人。更立男王,國中不服,更相誅殺,當時殺千餘人〔二二六〕。復立卑彌呼宗女壹與〔二二七〕,年十三爲王,國中遂定。政等以檄告喻壹與,壹與遣倭大夫率善中郎將掖邪狗等二十人送政等還,因詣臺,獻上男女生口三十人,貢白珠五千孔,青大句珠二枚,異文雜錦二十匹。

評曰:《史》《漢》著朝鮮、兩越,東京撰録西羌。

魏世匈奴遂衰，更有烏丸、鮮卑，爰及東夷，使譯時通，記述隨事，豈常也哉！《魏略·西戎傳》曰：氐人有王，所從來久矣。自漢開益州，置武都郡，排其種人，分竄山谷間，或在福祿[二二八]，或在汧、隴左右。其種非一，稱槃瓠之後，或號青氐，或號白氐，或號蚺氐，此蓋蟲之類而處中國，人即其服色而名之也。其自相號曰盍稚，各有王侯，多受中國封拜。近去建安中[二二九]，興國氐王阿貴、白項氐王千萬各有部落萬餘，至十六年，從馬超爲亂。超破之後，阿貴爲夏侯淵所攻滅，千萬西南入蜀，其部落不能去，皆降。國家分徙其前後兩端者，置扶風、美陽，今之安夷、撫夷二部護軍所典是也。其本守善[二三〇]，分留天水、南安界，今之廣平魏郡所守是也。其俗、語不與中國同，及羌雜胡同[二三一]，各自有姓，姓如中國之姓矣。其衣服尚青絳。俗能織布，善田種，畜養豕牛馬驢騾。其婦人嫁時著袿襠，其緣飾之制有似羌，袿襠有似中國袍。皆編髮。多知中國語，由與中國錯居故也。其自還種落間，則自氐語。其嫁娶有似於羌，此蓋乃昔所謂西戎在於街、冀、獂道者也。今雖都統於郡國，然故自有王侯在其虛落間。又故武都地陰平街左右，亦有萬餘落[二三二]。貲虜，本匈奴也，匈奴名奴婢爲貲[二三三]。始建武時，匈奴衰，分去其奴婢，亡匿在金城、武威、酒泉北黑水、西河東西，畜牧逐水草，抄盜涼州，部落稍多，有數萬，不與東部鮮卑同也。其種非一，有大胡，有丁令，或頗有羌雜處，由本亡奴婢故也[二三四]。當漢、魏之際，其大人有檀柘，死後，其枝大人南近在廣魏、令居界，有禿瑰來數反，爲涼州所殺。今有劭提，或降來，或遁去，常爲西州道路患也。燉煌西域之南山中[二三五]，從婼羌西至蔥嶺數千里，有月氏餘種蔥茈羌、白馬、黃牛羌[二三六]，各有酋豪，北與諸國接，不知其道里廣狹。傳聞黃牛羌各有種類[二三七]，孕身六月生[二三八]，南與白馬羌鄰。西域諸國，漢初開其道，時有三十六，後分爲五十餘。從建武以來，更相吞滅，於今有二十道。從燉煌玉門關入西域，前有二道，今有三道。從玉門關西出，經婼羌轉西，越葱嶺，經縣度，入大月氏，爲南道。從玉門關西出，發都護井，回三隴沙北頭，經居盧倉，從沙西井轉西北[二三九]，過龍堆，到故樓蘭，轉西詣龜玆，至葱嶺，爲中道。從玉門關西北出，經橫坑，辟三隴沙及龍堆，出五船北，到車師界戊己校尉所治高昌轉西，與中道合龜玆，爲新道[二四〇]。凡西域所出，有前史已具詳，今故略說。南道西行，且志國、小宛國、精絕國、樓蘭國[二四一]皆并屬鄯善也。戎盧國、扞彌國[二四二]、渠勒國、皮冗國皆並屬于寘。罽賓國、大夏國、高附國、天竺國皆並屬大月氏。臨兒國，《浮屠經》云其國王生浮屠。浮屠，太子也。父曰屑頭邪，母云莫邪。浮屠身服色黃[二四三]，髮青如青絲，乳青毛，蛉赤如銅[二四四]。始莫邪夢白象而孕，及生從母左脅出[二四五]，生而有結[二四六]，墮地能行七步。此國在天竺城中[二四七]。天竺又有神人，名沙律。昔漢哀帝元壽元年，博士弟子景盧[二四八]，受大月氏王使伊存口受《浮屠經》[二四九]，曰復立者其人也[二五〇]。《浮屠》所載臨蒲塞、桑門、伯聞[二五一]、疏問[二五二]、白疏聞[二五三]、比丘、晨門，皆弟子號也。《浮屠》所載與中國老子經相出入，蓋以爲老子西出關，過西域之天竺教胡[二五四]。浮屠屬弟子，別號合有二十九，不能詳載，故略之如此。車離國一名禮惟特，一名沛隸王，在天竺東南三千餘里，其地卑溼暑熱[二五五]。其三治沙奇城[二五六]，有別城數十[二五七]，人民怯弱，月氏天竺擊服之，其地東西南，北數千里，人民男女皆長一丈八尺，乘象、橐駝以戰，今月氏役稅之。盤越國一名漢越王在天竺東南數千里，與益部相近，其人小與中國人等〔二五八〕,蜀人賈似至焉。南道而西極轉東南盡矣。中道西行尉梨國、危須國、山王國皆并屬焉耆,姑墨國、温宿國、尉頭國皆并屬龜茲也。楨中國、莎車國、竭石國〔二五九〕、渠沙國、西夜國、依耐國、滿犂國、億若國、榆令國、捐毒國、休脩國、琴國皆并屬疏勒。自是以西,大宛、安息、條支、烏弋。烏弋一名排持,此四國次在西,本國也,無增損。前世謬以爲條支在大秦西,今其實在東。前世又謬以爲彊於安息,今更役屬之,號爲安息西界,前世又以爲弱水在條支西,今弱水在大秦西。前世又謬以爲從條支西行二百餘日,近日所入,今從大秦西近日所入。大秦國一號犂靬,在安息、條支西大海之西,從安息界安谷城乘船,直截海西,遇風利二月到,風遲或一歲,無風或三歲。其國在海西,故俗謂之海西。有河出其國西,又有大海,海西有遲散城,從國下直北至烏丹城,西南又渡一河,乘船一日乃過。西南又渡一河,一日乃過。凡有大都三,却從安谷城陸道直北行之海北,復直西行之海西,復直南行經之烏遲散城,渡一河,乘船一日乃過。周迴繞海,凡當渡大海六日乃到其國。國有小城邑合四百餘,東西南北數千里。其王治濱側河海,以石爲城郭。其土地有松、柏、槐、梓、竹、葦、楊柳、梧桐、百草〔二六〇〕。民俗田種五穀,畜乘有馬、騾、驢、駱駝。桑蠶。俗多奇幻,口中出火,自縛自解,跳十二九巧妙〔二六一〕。其國無常主,國中有災異輒更立賢人以爲王,而生放其故王〔二六二〕,王亦不敢怨。其俗人長大平正,似中國人而胡服。自云本中國一別也,常欲通使於中國,而安息圖其利,不能得過。其俗能胡書。其制度,公私宫室爲重屋,旌旗擊鼓,白蓋小車,郵驛亭置如中國。從安息繞海北到其國,人民相屬,十里一亭,三十里一置,終無盜賊。但有猛虎、獅子爲害,行道不羣則不得過。其國置小王數十,其王所治城周回百餘里,有官曹文書。王有五宮，一宮間相去十里[二六三]，其王平旦之一宮聽事，至日暮一宿[二六四]，明日復至一宮[二六五]，五日一周。置三十六將，每議事，一將不至則不議也。王出行，常使從人持一章囊自隨，有白言者[二六六]，受其辭投囊中，還宮乃省爲決理[二六七]。以水晶作宮柱及器物[二六八]。作弓矢。其別枝封小國，曰澤散王，曰驢分王，曰且蘭王，曰賢督王，曰氾復王，曰於羅王，其餘小王國甚多，不能一一詳之也。國出細絺。作金銀錢，金錢一當銀錢十[二六九]。有織成細布，言用水羊毳，名曰海西布。此國六畜皆出水，或云非獨用羊毛也，亦用木皮或野繭絲作，織成氍毹[二七〇]、毾㲪、罽帳之屬皆好，其色又鮮于海東諸國所作也[二七一]。又常利得中國絲[二七二]，解以爲胡綾[二七三]，故數與安息諸國交市於海中。海水苦不可食，故往來者希到其國中。山出九色次玉石，一曰青，二曰赤，三曰黃，四曰白，五曰黑，六曰綠，七曰紫，八曰紅，九曰紺。今伊吾山中有九色石，即其類。陽嘉三年時[二七四]，疏勒王臣槃獻海西青石、金帶各一。又今《西域舊圖》云罽賓、條支諸國出琦石，即次玉石也。大秦多金、銀、銅、鐵、鉛、錫、神龜、白馬、朱髦[二七五]、駭雞犀、瑇瑁、玄熊、赤螭、辟毒鼠、大貝、車渠、瑪瑙、南金、翠爵、羽翮、象牙、符采玉、明月珠、夜光珠、真白珠、虎珀、珊瑚、赤白黑綠黃青紺縹紅紫十種琉離、璆琳、琅玕、水精、玫瑰、雄黃、雌黃、碧、五色玉、黃白黑綠紫紅絳紺金黃驃留黃十種氍毹[二七六]、五色毾㲪[二七七]、五色九色首下毾㲪、金縷繡、雜色綾、金塗布、緋持布、發陸布、緋持渠布、火浣布、阿羅得布、巴則布、度伐布[二七八]、溫宿布、五色桃布、絳地金織帳[二八〇]、五色斗帳、一微木、二蘇合、狄提、迷迭[二八一]、兜納、白附子、薰陸、鬱金、芸膠、薰草木十二種香[二八二]。大秦道既從海北陸通，又循海而南，與交阯七郡外夷北，又有水道通益州、永昌，故永昌出異物。前世但論有水道，不知有陸道，今其略如此，其人民户數不能備詳也。自蔥領西，此國最大，置諸小王甚多，故録其屬大者矣。澤散王屬大秦，其治在海中央，北至驢分，水行半歲，風疾時一月到，最與安息安谷城相近，西南詣大秦都不知里數。驢分王屬大秦，其治去大秦都二千里。從驢分城西之大秦渡海，飛橋長二百三十里〔二八三〕，渡海道西南行，繞海直西行〔二八四〕。且蘭王屬大秦。從思陶國直南渡河，乃直西行之且蘭三千里。道出河南，乃西行，從且蘭復直西行之汜復國六百里。南道會汜復，乃西南之賢督國。且蘭、汜復直南，乃有積石，積石南乃有大海，出珊瑚、真珠。且蘭、汜復、斯賓阿蠻北有一山東西行，大秦、海東東各有一山，皆南北行。賢督王屬大秦，其治東北去汜復六百里。汜復王屬大秦，其治東北去於羅三百四十里渡海也。於羅屬大秦，其治在汜復東北，渡河，從於羅東北又渡河，斯羅東北又渡河。斯羅國屬安息，與大秦接也。大秦西有海水，海水西有河水，河水西南北行有大山，西有赤水，赤水西有白玉山，白玉山有西王母，西王母西有脩流沙，流沙西有大夏國、堅沙國、屬繇國、月氏國，四國西有黑水，所傳聞西之極矣。北新道西行，東至且彌國、西且彌國、單桓國、畢陸國、蒲陸國〔二八五〕、烏貪國，皆并屬車師後部王。王治於賴城，魏賜其王壹多雜守魏侍中，號大都尉，受魏王印。轉西北則烏孫、康居，本國無增損也。北烏伊別國在康居北，又有柳國，又有巖國，又有奄蔡國一名阿蘭，皆與康居同俗。西與大秦東南與康居接。其國多名貂，畜牧逐水草，臨大澤，故時羈屬康居，今不屬也。呼得國在蔥嶺北，烏孫西北，康居東北，勝兵萬餘人，隨畜牧〔二八六〕，出好馬，有貂〔二八七〕。堅昆國在康居西北〔二八八〕，勝兵三萬人〔二八九〕，隨畜牧〔二九〇〕，亦多貂，有好馬。丁令國在康居北，勝兵六萬人，隨畜牧。出名鼠皮、白昆子、青昆子皮。此上三國，堅昆中央，俱去匈奴單于庭安習水七千里，南去車師六國五千里，西南去康居界三千里〔二九一〕，西去康居王治八千里。或以爲此丁令即匈奴北丁令也，而北丁令在烏孫西，似其種別也〔二九二〕。又匈奴北有渾窳國，有屈射國，有丁令國，有隔昆國，有新黎國〔二九三〕，明北海之南〔二九四〕，自復有丁令〔二九五〕，非此烏孫之西丁令也〔二九六〕。烏孫長老言北丁令有馬脛國〔二九七〕，其人音聲似鴈鶩，從膝以上身頭〔二九八〕，人也，膝以下生毛，馬脛馬蹄，不騎馬而走疾馬〔二九九〕，其爲人勇健敢戰也。短人國在康居西北，男女皆長三尺，人衆甚多，去奄蔡諸國甚遠。康居長老傳聞常有商度此國，去康居可萬餘里〔三〇〇〕。魚豢議曰：俗以爲營廷之魚不知江海之大，浮游之物不知四時之氣，是何也？以其所在者小與其生之短也。余今氾覽外夷大秦諸國，猶尚曠若發蒙矣，況夫鄒衍之所推出，《大易》《太玄》之所測度乎！徒限處牛蹄之涔，又無彭祖之年，無緣託景風以迅游，載驖裹以遐觀，但勞眺乎三辰，而飛思乎八荒耳。

【校箋】

〔一〕毛本作"魏書三十"。

〔二〕毛本作"烏丸鮮卑東夷傳第三十"。

〔三〕盧弼曰："'漢南'疑當作'漠南'，蓋就彼言之漠以南也。下文'漢南少事'誤同。"

謹案：《册府》卷一千引"漢"字作"漠"，郝書同。"漢""漠"形近致誤。下文"漢南少事"，郝書"漢"亦作"漠"。

〔四〕盧弼曰："宋本、馮本'控'作'雄'。"

謹案：陳本亦作"雄"。《册府》、郝書亦俱作"雄"。

〔五〕《御覽》卷八百四十二引作"東薔"注云："東薔似蓬草，實如葵子，子十月熟也。"疑"東墻似蓬草"等十三字，當作雙行小注。

〔六〕盧弼曰："馮本'誦'作'頌'。"

謹案：陳本"誦"亦作"頌"。考《華嶽碑》"刊石作誦"，"頌"作"誦"。《漢書·揚雄傳》"登乎頌祇之堂"注："頌，歌也。"

〔七〕紹興本、馮本、陳本、毛本"旦"字作"且"。

〔八〕《册府》引"各"字作"皆"。

〔九〕郝書無"元"字。

〔一〇〕紹興本、馮本、陳本"羽旄"作"羽覆"。

〔一一〕馮本、陳本"阮"字作"邡"，郝書同。

〔一二〕紹興本、毛本"相"字作"祖"，郝書同。

〔一三〕盧弼曰："郝經《續後漢書》'又'作'爲'。弼按：'惠'疑作'慧'。"

謹案：盧君謂"惠"疑作"慧"。考《論語·衛靈公篇》"好行小慧"鄭注："魯讀'慧'爲'惠'。"是"惠""慧"古通，不煩改字。

〔一四〕郝書"室"字作"家"。

〔一五〕盧弼曰："宋本'海'作'方'。"

謹案：郝書"海"亦作"方"，"內"字作"士"，疑是。

〔一六〕盧弼曰："范書'種'下有'人'字。"

謹案：錢儀吉曰："'種'下何增'人'字。"

〔一七〕盧弼曰："范書'尉'作'慰'。"

謹案：《漢書·車千秋傳》"尉安衆庶"注："尉安之字，本無

‘心’也。"作"尉"字是。郝書"尉"下多"柔"字。

〔一八〕郝書作"憑仗其兵力"，疑此"勢"下奪"力"字。

〔一九〕盧弼曰："本志《武帝紀》在建安十二年夏，此作十一年誤。"

謹案：徐紹楨曰："據《武紀》在建安十二年。《後漢書·烏丸傳》亦作'十二年'，此傳當是傳寫之誤，郝書亦與《後漢書》同也。"

〔二〇〕盧弼曰："《官本考證》云：'柳疑作抑。'"

謹案：郝書正作"抑"，抑軍猶言按兵。"柳""抑"當以形近而誤。

〔二一〕《册府》引無"餘"字。

〔二二〕《册府》卷九百八十三引"葉"字作"等"，郝書同，是。當據改。

〔二三〕郝書"西"字作"東"。作"東"字是。《後漢書·烏桓傳》："袁尚與樓班、烏延等皆走遼東，遼東太守公孫康並斬送之。"

〔二四〕盧弼曰："《毌丘儉傳》作'阿羅槃'。"

謹案：《册府》引亦作"槃"，作"槃"爲是。

〔二五〕盧弼曰："'餘'下應有'人'字。"

謹案：《毌丘儉傳》作"封其渠率二十餘人爲侯王"，《册府》引同。此"餘"下脱"人"字，"王"上脱"侯"字，應據增。

〔二六〕《後漢書·東夷傳》作"於饒樂水上"。

〔二七〕盧弼曰："范書'蠕'作'蝡'。章懷注：'貀音女滑反，貕音胡昆反，貀、貕並鼠屬。貀，猴屬也。'黃山曰：'《説文》：蝡，動也。於義欠合，疑煖之誤。'"

謹案："蝡"當爲"輭"字之譌。《類聚》卷九十六作"軟"，

"軟"爲"輭"之俗體。黃山疑"燠"之譌，非是。

〔二八〕紹興本、毛本"各"字作"更"。

〔二九〕盧弼曰："范書《鮮卑傳》作'寧城下'。寧城見前'廣寧'注。"

謹案：李慈銘曰："按：'寧'字下當有'城'字。"《後漢書》有"城"字，上《烏丸傳》注亦作"寧城"。

〔三〇〕盧弼曰："范書作'築南北兩部質館，鮮卑邑落二千部各遣入質'。"

謹案：《官本考證》曰："'質宮'元本作'質館'。"梁章鉅曰："按：《後漢書》'宮'本作'館'，'二十部'作'百二十部'。"盧君本《旁證》而隱没不言，非是。

〔三一〕盧弼曰："范書作'乃施法禁，平曲直'。"

謹案：錢儀吉據《後漢書》校增"平"字。

〔三二〕毛本"遼遼"作"遼東"。盧弼曰："'遼東'各本均作'遼遼'。范書、《通鑑》作'遼東'。'貊'，范書、《通鑑》俱作'濊貊'。"

謹案：梁章鉅曰："《後漢書》'遼遼'作'遼東'，'貊'作'濊貊'，此謁脱。"李慈銘説同。考毛本、局本作"遼東"，與范書、《通鑑》合。

〔三三〕盧弼曰："范書作'熹平'是。各本均誤作'嘉平'。"

謹案：《官本考證》盧明楷曰："按：'嘉平'疑當作'熹平'，此敘靈帝時事。熹平乃本書齊王芳年號也。"

〔三四〕《册府》卷一千引"淳"上有"水"字。《後漢書》同。當據補。

〔三五〕紹興本、毛本"汙"作"汗"。

〔三六〕盧弼曰："范書'庶'作'廉'。章懷注：'廉，縣名，屬北地郡。'"

謹案：梁章鉅曰："《後漢書》'庶人'作'廉人'。注：'廉，縣名，屬北地郡。'"此已見於《旁證》，則當曰"梁章鉅曰"爲是。

〔三七〕《册府》引無"數"字，"萬"下有"人"字。

〔三八〕《册府》引無"又"字，郝書同。

〔三九〕《册府》引"仇"字作"他"。

〔四〇〕盧弼曰："'保'疑作'從'。"

謹案：《莊子·列禦寇篇》："人將保汝矣。"注："保，附也。"則悉保猶言悉附。"保"非誤字，盧君説非。

〔四一〕"旌麾"毛本作"旌旗"，郝書同。

〔四二〕《通志》"三"字作"二"。

〔四三〕《御覽》卷八百零一引作"和之"，無"合"字。《通志》"合"下有"之"字。

〔四四〕《册府》九百九十五引"美"字作"羑"，卷八百零一引亦作"美"。

〔四五〕《晉書·四夷傳》作"地方二千里"，無"可"字，《寰宇記》、郝書、《通志》同。

〔四六〕《寰宇記》引此句在下文"不生五果"句下。

〔四七〕毛本"大"字作"犬"，郝書、《通志》同。

〔四八〕毛本"名"字作"民"。

〔四九〕《寰宇記》句下有"有似中國"四字。

〔五〇〕《晉書》"帽"作"腰"。

〔五一〕《類聚》卷九十五引"狄"作"貊"，蓋從《後漢書》，《晉書》亦作"貊"。不必據以改此。

〔五二〕《寰宇記》"俱"字作"但"，無"飲"字。

〔五三〕《册府》引"數"字作"餘"。

〔五四〕盧弼曰："范書作'有椁無棺'。"

謹案：《御覽》卷七百八十一、《册府》卷九百五十九引"棺椁"二字互易。《寰宇記》、《通志》、郝書均同。

〔五五〕《寰宇記》"台"下有"立"字。

〔五六〕馮本、陳本、毛本"大"字作"犬"，《寰宇記》同。

〔五七〕盧弼曰："馮本、官本'簿'作'薄'。"

謹案：作"簿"是。《漢書·張釋之傳》"問上林尉禽獸簿"注："簿謂簿書。""簿斂送官"，謂將財物登記入册，聚集而納交官府也。"薄"字於此無義。

〔五八〕紹興本"壞"下有"也"字。

〔五九〕《晉書》"其"下有"王"字。

〔六〇〕《寰宇記》"國"下有"中"字。

〔六一〕盧弼曰："何焯曰：'似當作以。'"

謹案：《御覽》引正作"以"。

〔六二〕"槀"毛本作"豪"。盧弼曰："'豪'宋本作'高'，元本、馮本作'槀'，范書作'索'，章懷注：'索或作橐，音度洛反。'《御覽》作'膏'。"

謹案：梁章鉅曰："《後漢書》'橐離'作'索離'。章懷注：'索或作橐。'此作'槀'，蓋'橐'之譌。"考《類聚》卷九十六、《御覽》卷三百六十引作"高"，與宋本同。又卷三百四十七、卷九百三十二引則作"橐"，未見引有作"膏"字者，盧君説誤。

〔六三〕《類聚》、《御覽》卷三百四十七、卷三百六十引"王"下俱無"者"字。

〔六四〕《類聚》引"喙"字作"氣"。

〔六五〕盧弼曰："《御覽》'子'作'生'。"

謹案：《官本考證》曰："《太平御覽》'天子'作'天生'。"此見《御覽》卷三百四十七、卷三百六十。

〔六六〕《御覽》卷七百八十三引《魏略》作"地方二千里"，郝書、《通志》同。

〔六七〕《後漢書》"雖"下有"大"字，《寰宇記》同。郝書亦有"大"字。

〔六八〕《後漢書》、《南史》、《寰宇記》、郝書"涓"字俱作"消"。

〔六九〕《寰宇記》"之"字作"立"。

〔七〇〕郝書"桴"字作"稃"。

〔七一〕盧弼曰："范書'隧'作'襚'。"

謹案：《後漢書·東夷傳》作"隧神"，《唐書》同。《寰宇記》"隧"字作"襚"，郝書同。考《白帖》卷六："高麗國左有大穴曰神隧，每十月王皆自祭。"竊疑此傳或本作"神隧"。此隧神所居，故稱之爲神隧，而神遂呼之爲隧神。下文"迎隧神還於國東上祭之"。"襚"字《說文·衣部》："衣死人也。"於此無義。字當作"隧"，"隧""穴"義近。"穴"字蓋蒙上大穴之"穴"而誤。

〔七二〕《御覽》引"後"上有"之"字，"名"下有"爲"字。

〔七三〕《御覽》引《魏略》句下有"多相奔誘"四字。

〔七四〕《御覽》引《魏略》"厚"上有"好"字。

〔七五〕《書鈔》卷一百二十五、《御覽》卷三百四十七引"依"字作"居"。

〔七六〕《後漢書》《御覽》引"至"字作"王"。

〔七七〕盧弼曰："范書'駒'作'驕'，下同。"

謹案：錢大昭曰："'駒'當作'驕'。下同。"郝書亦作"驕"。

〔七八〕盧弼曰："范書《光武紀》：'建武八年十一月，高句麗王遣使奉貢。'"

謹案：《寰宇記》、郝書俱有"建武"二字，疑此脫。

〔七九〕盧弼曰："范書'風'作'諷'，下同。"

謹案：梁章鉅曰："《後漢書》'蔡風'作'蔡諷'，下同。"

〔八〇〕盧弼曰："范書：'宫死，子遂成立。遂成死，子伯固立。'丁謙曰：'朝鮮史載宫年老讓位於弟遂成，稱次大王，以暴戾爲國人所弑，因立其弟伯國稱新大王。即傳中伯固。傳言：宫死，子伯固立。不獨脫却遂成，而以弟爲子亦誤。'弼按：下文位宫爲宫之曾孫，則伯固爲宫之子，其世系不誤。然與范書及朝鮮史均不合。又按：惠棟曰：'《蔡邕集》云：東夷高勾麗嗣子伯固逆謀發。亦可爲遂成被弑之證。'"

謹案：梁章鉅曰："按：《漢書》：'宫死子遂成立。遂成死，子伯固立。'此疑有脫誤。"洪頤煊曰："傳言：'宫死，子伯固立。伯固死，小子伊夷模立，生子名位宫。伊夷模死，立以爲王。今句麗王宫是也。其曾祖宫生能開目視，今王生墜地，亦能開目視人。句麗呼相似爲位。故名之爲位宫。'位宫稱宫爲曾祖，伯固上不得有遂成一代。"竊以從朝鮮史則遂成爲宫之弟，則世系無差誤也。洪氏所疑，可以釋矣！

〔八一〕盧弼曰："此敘靈帝時事，當作熹平。"

謹案：郝書作"嘉平"。"熹"之作"嘉"，蓋傳寫致誤。

〔八二〕《北史》"破"上有"大"字。

〔八三〕《寰宇記》"涓"字作"消"，"加"作"部"。

〔八四〕毛本無"名"字。

〔八五〕盧弼曰："錢大昕曰：'承祚作志之時，位宫久已破亡，不應云今王，蓋承舊史之文。'"

謹案：《御覽》卷三百九十六引《魏志》作"曾孫位生，亦能開目視。句麗呼相似爲位，以似其曾祖，故名曰位。"與今本文字有異。

〔八六〕《御覽》引無"人"字。

〔八七〕盧弼曰："趙一清曰：'力勇當依《寰宇記》作勇力。'"

謹案：錢儀吉曰："從《御覽》乙。"此見《御覽》卷七百八十三引。考《梁書》、《北史》、郝書亦俱作"勇力"。

〔八八〕"宮"上疑脫"位"字，下文"宮寇西安平"，郝書"宮"上正有"位"字。

〔八九〕盧弼曰："儉傳：'正始中，儉督諸軍討高句麗，六年復征之。'《齊王紀》：'七年討高句麗，破之。'蓋用兵數年，此傳記其始，《齊王紀》記其終也。"

謹案：郝書無"其"字，"五"字作"七"。王國維《觀堂集林·魏毌丘儉丸都山紀功碑石刻跋》云："毌丘儉征句麗歲月，傳聞異辭。《魏書·少帝紀》：'正始七年二月，幽州刺史毌丘儉討高句麗，夏五月討濊貊皆破之。'《高句麗傳》則云：'正始三年，宮寇西安平。其五年爲幽州刺史毌丘儉所破。'儉傳則於儉初討句麗但渾言正始中，而復討則云六年。《北史》則以初討在五年，復討在六年。今據此殘刻則第一行云'正始三年高句麗反'以下當闕毌丘儉銜名。第二行'督七牙門討句麗六'，'六'下所闕當是'年'字。第三行'復遣寇，六年五月旋'。'復'上所闕，當是'無'字。'旋'下所闕，當是'師'字。據此則儉伐句麗實以四年會師，五年出兵，六年旋師，而無復遣寇之文。繫於五年，則《魏志·高句麗傳》所紀，獨得其實。《少帝紀》繫之正始七年二月，儉傳及《北史》以爲六年復伐，皆失之。"

〔九〇〕《後漢書·東夷列傳》作"東濱大海，北與挹婁、夫餘接，南與濊貊接”。

〔九一〕《後漢書》作"東西狹，南北長"。《通志》同。

〔九二〕《御覽》卷七百八十四引作"世世有邑長"，無"落""各""有長帥"五字。

〔九三〕《御覽》引無"城"字。

〔九四〕"光武六年"疑脫年號，或"光"字爲"建"字之譌。《通志》"由"字上有"東郡都尉"四字。

〔九五〕"又使犬加統"《御覽》引作"又置大加統以統之"，《通志》作"又使大加統之"，疑此"統"下脫"之"字。又紹興本"賦"字作"稅"，《御覽》引"賦"亦作"稅"，《通志》同。

〔九六〕盧弼曰："范書作'責其租稅貊布'。"

謹案：梁章鉅曰："'貊市'《後漢書》作'貊布'，又一本作'貊布'。"考"市"字當爲"布"字之形誤。

〔九七〕《御覽》引無"設"字。

〔九八〕《御覽》引"葬"下有"送之法"三字。

〔九九〕《御覽》引作"須肌肉盡，聚置槨中"。

〔一〇〇〕《御覽》引無"形"字。

〔一〇一〕《御覽》引作"又爲瓦鬲"。

〔一〇二〕《通志》作"位宮"。

〔一〇三〕"皆破之"《通志》作"皆爲所破"。

〔一〇四〕《御覽》作"其上有人"，多"其"字。

〔一〇五〕《御覽》引"相"字作"可"。

〔一〇六〕盧弼曰："范書作'形如中人衣'，'國'字衍。"

謹案：梁章鉅曰："《後漢書》作'其形如中人衣'，'國'字蓋衍。"考《初學記》卷二十六引劉敬叔《異苑》作"身如中人衣"。《御覽》卷六百九十三引《異苑》乃有"國"字，是"國"

字蓋在宋時始增也。

〔一〇七〕盧弼曰："范書'項'作'頂'。"

謹案：《書鈔》卷一百三十七、《御覽》卷三百六十八引俱作"項"。作"頂"字誤。

〔一〇八〕《書鈔》、《御覽》卷三六十八、卷七百八十四引"通"字俱作"曉"。

〔一〇九〕《博物志》卷三"域"字皆作"地"。

〔一一〇〕《後漢書·東夷傳》《晉書·四夷傳》"濱"上有"東"字，《通志》同。

〔一一一〕《晉書》《寰宇記》句下有"廣袤數千里"五字。

〔一一二〕《寰宇記》、《御覽》卷七百八十四引下文"出赤玉好貂，今所謂挹婁貂是也"十三字在此句下。

〔一一三〕《後漢書》"潔"下有"臭穢"二字。

〔一一四〕《御覽》卷七百四十四引"古"下無"之"字。

〔一一五〕盧弼曰："范書作'又善射，發能入人目'。'因'字誤。"

謹案：梁章鉅曰："'因'字誤，《後漢書》作'目'。"考《書鈔》卷一百二十五引作"目"，《御覽》引《魏志》同，《通志》亦作"目"。

〔一一六〕《後漢書》"人中"二字乙，"皆"字作"即"。

〔一一七〕《後漢書》"漢"下有"興"字。

〔一一八〕《後漢書》"寇"上有"好"字。

〔一一九〕《後漢書》"不"字作"無"，《寰宇記》同。

〔一二〇〕《御覽》卷七百八十引"萬"下有"餘"字。

〔一二一〕《御覽》引無"以教之"三字。

〔一二二〕郝書"民"字作"代"，下有"之"字。又《御覽》

引"朝"字上有"東入"二字，郝書"鮮"下有"者"字。

〔一二三〕《御覽》引無"老"字，《後漢書》同。

〔一二四〕《御覽》引"愿愨"二字乙。

〔一二五〕《後漢書》作"不請匃"，無"麗"字，是也。蓋"匄"字譌爲"句"，下又誤增"麗"字也，應據刪正。

〔一二六〕盧弼曰："丁謙曰：'單大領即江陵西面一帶南北行大山。'弼按：此作'大山領'，或'嶺'字析而爲二耳！"

謹案：《御覽》引作"大嶺"，盧君謂爲"嶺"字析而爲二，而作"山領"是也。郝書作"大領"無"山"字，尤可證。又"西"字，《後漢書》作"東"。

〔一二七〕《後漢書》作"知種麻養蠶作緜布"，考本卷《韓傳》云："知蠶桑作緜布。"疑此"緜"下有"布"字。

〔一二八〕《御覽》引句上有"飲食亦有俎豆"六字。

〔一二九〕《御覽》引"爲"字作"曰"。

〔一三〇〕《御覽》引無"或"字，上有"至戰時"三字。

〔一三一〕《御覽》引"戰"字作"鬥"。

〔一三二〕《類聚》卷九十三引作"漢時恒獻之"，《寰宇記》同。《白帖》卷七十九引作"嘗"，《通典》卷一百八十五引作"常"，"嘗""常""恒"義同。

〔一三三〕《御覽》、《册府》卷九百九十引無"其"字，是也，當刪。

〔一三四〕《通志》"在"下有"其"字。

〔一三五〕盧弼曰："北宋本'活'作'沽'。"

謹案：《官本考證》曰："'活'宋本作'沽'。"紹興本亦作"沽"，《通志》同。

〔一三六〕《通志》"離卑"二字乙。

〔一三七〕盧弼曰："宋本'支'作'犮'。"

謹案：《官本考證》曰："宋本'支'作'犮'。"考紹興本亦作"犮"。

〔一三八〕盧弼曰："毛本下'燕'字作'以'，'攻'疑作'改'。"

謹案：官本亦作"以"，作"以"字是。此以"止之"爲句，不攻謂燕不攻也。上文"燕自尊爲王，欲東略地"，是欲攻朝鮮也。禮使燕，燕乃不攻，則"攻"非誤字。盧君疑"攻"當作"改"，蓋未細繹文義而然，殊未得！

〔一三九〕毛本"溴"字作"溴"，《史記》作"浿"。

〔一四〇〕盧弼曰："'亡'字下似少一字。"

謹案："亡"下疑脫"命"字，上文"收中國亡命"可證。

〔一四一〕紹興本"及"字作"友"。

〔一四二〕盧弼曰："'貢'疑作'真'。"

謹案："貢"當作"真"，"蕃"當作"番"。"真番"見《漢書·朝鮮傳》。

〔一四三〕盧弼曰："毛本'弁'作'牟'，誤。"

謹案：錢儀吉曰："何焯'牟'校改'弁'。"

〔一四四〕《御覽》引句上有"馬韓漢"三字。

〔一四五〕盧弼曰："兩《漢志》：'樂浪郡屯有縣。'"

謹案：梁章鉅曰："沈欽韓曰：'《通典》引此作分屯有、有鹽縣。《方輿紀要》引《通典》作分屯有、昭明二縣。按：《晉志》屯有屬遼西郡，有鹽地無考，疑此志脫二字，而《通典》有鹽亦傳寫之誤。'考《寰宇記》亦作'分屯有、有鹽二縣'，而《通典》注云：'屯有、有鹽漢遼東屬縣，今並爲東夷地。'是'有鹽'又非譌字也，惟其地望不可考耳。"

〔一四六〕《寰宇記》"遺"上有"因"字。

〔一四七〕《御覽》引"景"上有"魏"字，《通典》《通志》同。

〔一四八〕《通志》"智激"作"活"。

〔一四九〕《晉書》"在"下有"其"字。

〔一五〇〕《御覽》卷八百零二句下有"至於袂"三字。

〔一五一〕《御覽》引"繡"字作"罽"。

〔一五二〕《後漢書》《晉書》"革"字作"草"，乃是譌字。

〔一五三〕《晉書》"作力"二字乙。

〔一五四〕《通志》"亡逃"二字乙。

〔一五五〕《册府》卷五百九十五無"其立"二字。《通典》卷一百八十五引此作雙行小注，是也。

〔一五六〕盧弼曰："范書作'長尾雞'。"

謹案：《初學記》卷三十引作"尾細而長，長五尺餘"。《類聚》卷九十一引與今本同，惟無"皆"字。

〔一五七〕《後漢書》"其衣有上無下"，在"好養牛及猪"句上，正與上文"但衣韋"義相承，疑此二句誤倒，當據《後漢書》乙正。《御覽》"衣"上無"其"字。《通典》引作"衣有上無下，好養牛馬"，《寰宇記》同。

〔一五八〕《御覽》引無此句。

〔一五九〕盧弼曰："范書作'乘船往來，貨市韓中'。"

謹案：錢儀吉曰："《後漢書》作'韓中'。"考《寰宇記》《御覽》《册府》引俱作"韓中"，此誤乙。

〔一六〇〕《通志》作"其耆老相傳自言"，無"世"字。

〔一六一〕《通志》"辰"字作"韓"。

〔一六二〕盧弼曰："宋本作'邑借'。范書同。章懷注：'皆其官名也。'"

謹案：錢大昭曰："上文敘馬韓作邑借，范史同。"梁章鉅曰："明監本亦作'邑借'。"考《通志》亦同。

〔一六三〕《通志》"柢"字作"祇"。

〔一六四〕盧弼曰："馮本'户'作'尸'。"

謹案：《通志》亦作"尸"。

〔一六五〕《通志》"延"字作"邪"。

〔一六六〕盧弼曰："斯盧即新羅，乃譯音之轉。"

謹案：丁謙《東夷列傳考證》曰："即後之新羅。"考《通典·邊防一》"新羅"注："初曰新盧，宋曰新羅，或曰斯羅。"

〔一六七〕《晉書》"曉"字作"饒"。

〔一六八〕《晉書》"作"上有"善"字。

〔一六九〕《後漢書》"禮"上有"以"字。

〔一七〇〕《御覽》引"俗"上有"其"字，《寰宇記》同。

〔一七一〕《寰宇記》"飛"上有"神魂"二字。

〔一七二〕《御覽》卷八百一十三引"取"字作"市"。

〔一七三〕《册府》卷九百五十九引"欲"作"令"，《寰宇記》同。又《類聚》卷十七、《御覽》卷五十一引"褊"字作"扁"。《晉書》同。

〔一七四〕《御覽》卷三百六十三引《魏志》"今"上有"故"字。

〔一七五〕《御覽》卷七百八十二引"中"上無"之"字。

〔一七六〕盧弼曰："范書'狗'作'拘'。"

謹案：梁章鉅曰："《後漢書》'狗'作'拘'。"考朝鮮史籍作"伽邪國"，日本史籍作"加羅國"，疑"狗"字當作"拘"。"拘""加"音近，即今朝鮮金海地方。據白鳥庫吉説。

〔一七七〕《御覽》引句下有"戶千餘"。

〔一七八〕毛本"毋"字作"母",《御覽》引同,下同。

〔一七九〕《御覽》引無"可"字。

〔一八〇〕《御覽》引作"地多山林",無"土""險""深"三字。

〔一八一〕《御覽》引作"地方三百里"。

〔一八二〕《御覽》引"末"作"未"。

〔一八三〕《御覽》引"好"字作"善","魚"下無"鰒"字,《通志》同。

〔一八四〕《御覽》引"官"上有"置"字,"兕"字作"先"。

〔一八五〕《御覽》引作"又東行至不彌國"。今本"國"下"百里"二字應刪。

〔一八六〕《御覽》引句上有"戶千餘置"四字。

〔一八七〕《御覽》引作"又南水行二十日,至投馬國"。

〔一八八〕《御覽》引句上有"戶五萬置"四字。如此則下文"可五萬餘戶"五字當刪。

〔一八九〕盧弼曰:"范書作'邪馬臺國'。邪馬臺即日本語太和二字之譯音,此作'壹'誤。"

謹案:梁章鉅曰:"'壹'《後漢書》作'臺'。《隋書·倭國傳》:'都於邪靡堆,蓋即《魏志》所謂邪馬臺也。'"考《通典·邊防一》"倭"條云:"邪馬臺國或云邪摩堆。"白鳥庫吉謂在今九州築前之宇瀰地方之南。《御覽》卷七百八十二引《魏志》作"臺"。"壹"蓋傳寫之誤。

〔一九〇〕《御覽》引作"其置官曰伊支馬"。

〔一九一〕《御覽》引"升"字作"叔"。

〔一九二〕《御覽》引無此句,有"戶七萬"三字,在"女王之所都"句上。

〔一九三〕《御覽》引句上有"其屬小國有二十一，皆統之"十一字。

〔一九四〕紹興本"略"上有"得"字，《通志》同。

〔一九五〕《御覽》引"有"字作"曰"。

〔一九六〕《御覽》引"古"字作"石"，"狗"字下有"者"字。

〔一九七〕《御覽》引句上有"其俗"二字，"王"下有"也"字。

〔一九八〕盧弼曰："沈家本曰：'《御覽》文身下有聞其舊語，自謂太伯之後十字。'"

謹案：此見《御覽》卷七百八十二。考《通典》引《魏略》云"倭人自謂太伯之後"。

〔一九九〕《御覽》引"古"上有"上"字，《晉書》同。

〔二〇〇〕《晉書》"縫"下有"綴"字。《册府》卷九百五十九引作"略而無縫"。

〔二〇一〕《册府》引作"弓形短下長上"。

〔二〇二〕《類聚》卷八十二引"暖"字作"和"。《漢書·西域傳》："罽賓地平，溫和，冬食生菜。"疑此"夏"字當衍。

〔二〇三〕《通典》"欲"字作"共"。

〔二〇四〕《册府》引"杼"作"梓"，是也。

〔二〇五〕《册府》引"楺"字作"櫟"。

〔二〇六〕毛本"猿"字作"猴"，《册府》引同。

〔二〇七〕《册府》引"令"字作"今"。

〔二〇八〕《後漢書》"人"上有"其"字。

〔二〇九〕毛本"時"字作"節"，《册府》引同。

〔二一〇〕《後漢書》"國"下有"多女子"三字。

〔二一一〕《御覽》引"爲"字作"謂",是。

〔二一二〕《御覽》引無"對"字,有"其呼"二字,"比"字作"噫"。疑此當作"噫"。古重文多作"匕",因譌爲"比"也。

〔二一三〕盧弼曰:"沈家本曰:'《御覽》作漢靈帝光和中六字。范書作桓靈間。'"

謹案:見《御覽》卷七百八十二引。"住"字疑爲"往"字之誤。往七八十年,猶言過去七八十年也。范書作"桓靈間",桓靈至景初約七八十年。作"住"字不可解。

〔二一四〕《後漢書》作"倭國大亂,自相攻伐"。多"大""自"二字。

〔二一五〕《後漢書》下有"無定"二字,《御覽》引同。

〔二一六〕《御覽》引"年"上有"自謂"二字。

〔二一七〕《御覽》引"入"下有"其"字。

〔二一八〕《後漢書》"嚴設"作"嚴峻",上有"法俗"二字。《御覽》引"設"亦作"峻"。疑此脫"法俗"二字。

〔二一九〕《後漢書》作"皆持兵守衛,法俗嚴峻"。疑上文"法俗嚴峻"句當乙。

〔二二〇〕盧弼曰:"丁謙曰:'據西書印度東南有安達曼島,其土番身度恒不滿四尺,爲世界人類中最短小者。'"

謹案:希勒格《中國史籍中未詳諸國考證》:"謂侏儒散布於鄂霍次克海、日本海沿岸。如黑龍江流域、朝鮮、日本北海道、千島、勘察加、庫頁等地。"則此國似不在南洋羣島也。

〔二二一〕《册府》引"詣"字作"見"。

〔二二二〕盧弼曰:"毛本'哀'作'衰'。"

謹案:《釋名·釋言語》:"哀,愛也。愛乃思念之也。"毛本作"衰"誤。

〔二二三〕盧弼曰："潘眉曰：'裴説是也。考《説文》：綈，厚繒。《管子‧輕重訓》：魯梁之民者善爲綈，注：繒之厚者謂之綈。《急就章》：綈絡縑練素帛蟬。注：綈，厚繒之華澤者也。《鄴中記》：錦或青綈，或白綈，或黃綈，或綠綈，或蜀綈，蓋即錦之地字皆作綈，不作地也。'"

謹案：姚鼐《惜抱軒筆記》曰："裴松之以'地'應爲'綈'，疑傳寫之誤，非也。地者，質也。孫興公道曹輔佐才如白地光明錦，是魏晉時故有是語。"沈濤《銅熨斗齋隨筆》曰："濤按：'地'猶言質，今人猶以錦繡之本質爲地，其語蓋古。裴世期以爲'地'應作'綈'者，非也。"盧君引周壽昌、姚範説同。考諸説均以"地"爲質地，是也。然松之以"地"爲"綈"者，蓋謂"地"爲"絁"字之誤。《史記‧范雎傳》索隱云："綈，厚繒也，蓋今之絁也。""絁"作"地"，故謂之不體。

〔二二四〕毛本"恩詔"二字乙，《冊府》卷一百七十引同。

〔二二五〕《御覽》引無"以"字。

〔二二六〕《御覽》引作"更相殺數千人"，無"誅""當時"三字。

〔二二七〕盧弼曰："《寰宇記》'與'作'輿'。"

謹案：錢儀吉"與"作"輿"，云"從《寰宇記》校"。考《梁書》作"與"，《通典》作"輿"，《御覽》引作"舉"，則此傳"壹"字或爲"臺"字之誤耳。

〔二二八〕盧弼曰："宋本作'福祿'。丁謙曰：'福祿，酒泉屬縣。漢《地理志》作祿福縣，地當在今甘肅肅州西南洮賴河濱。'弼按：漢《地理志》：'武都郡有上祿縣。'《郡國志》同。章懷注：'仇池山在今成州上祿縣南。'《一統志》：'上祿故城，今成縣西南。''福祿'或爲'上祿'之誤。合以下文隴左右皆在今陝甘交界地，若酒泉郡之祿福縣，則遠在今甘肅之西北邊界。然據范書《西南夷傳》有'分徙酒泉郡'之語，則又當作'福祿'也。"

謹案：《通典・邊防五》"氐"條作"或在上祿"，注："今同谷郡。"作"上祿"是也。盧君據范書"分徙酒泉"一語，便謂當作"福祿"。考漢武置武都郡在元鼎六年，分徙酒泉則在元封三年。時既不同，事亦有異，何能混而爲一，仍當作"上祿"爲是。

〔二二九〕盧弼曰："'去'疑作'至'。或'近去'作'而去'，屬上句讀。胡玉縉曰：'近疑迺之誤。'姚範曰：'去字疑譌。'"

謹案："去"字不誤。盧君又謂作"而去"屬上句，亦非。胡氏疑"近"爲"迺"字之誤，亦未的。

〔二三〇〕紹興本、毛本"本"字作"太"。盧弼曰："'太'疑作'本'。"

謹案：官本"太"作"本"。考《集解》所云"某疑作某"，類多出自官本，如《鄭渾傳》注"權勇"，盧君云"'權'疑作'強'"，而官本正作"強"也。然往往云"疑作"，而不質言官本作某，何也？

〔二三一〕盧弼曰："或曰：'上同字疑衍。'弼按：上'同'字爲句，或不誤。'及'字或爲'與'字之誤。胡玉縉曰：'《爾雅・釋詁》：及，與也。經傳中及訓與者不一而足，及字似不誤。'"

謹案：上"同"字應衍，《通典》正無"同"字。或說是也。此本作一句讀。盧君以上"同"字句絕，非是。"及"有與義，不必改爲"與"，胡氏之說是也。

〔二三二〕《册府》卷九百五十六引"萬"上有"一"字。

〔二三三〕盧弼曰："丁謙曰：'貲，貨財也。匈奴以奴婢爲貲財，可隨時市易，故名。然其人多由他部虜掠而來，故種類不一。'"

謹案：此有脫文，盧君未及校補。考《御覽》卷七百九十七引作"匈奴之奴也"。是今本"匈奴"下脫"之奴"二字，當增。則上下語意完整矣。

〔二三四〕盧弼曰："宋本作'由本亡奴婢故也'。官本作'由本匈奴婢故也'。《御覽》七百九七作'由本匈奴亡奴婢故也'。"

謹案：蜀覆官本作"由本亡奴婢故也"，《御覽》卷七百九十七引作"並本亡奴婢也"。盧君所引或誤，蓋未檢原書故爾。

〔二三五〕盧弼曰："弼按：'西域'當作'西南方'，與上文'敦煌'二字相接。否則'西'字之上疑有脫簡。"

謹案：《御覽》卷七百九十六引《通典》作"敦煌西西城之南山中"，今本《通典》"城"字作"域"與此同。疑作"城"字者是。《魏略》原文作"敦煌西城之南山中"。"域"字於此無義。盧君以"城"當作"南方"，且謂有脫簡，恐不足據。

〔二三六〕《御覽》引《通典》"種"下有"曰"字，今本無。

〔二三七〕《御覽》引《通典》無"各有"二字，今本同。疑此"各有"二字，蓋涉上文"各有酋長"之"各有"而衍。《通志》無此四字。

〔二三八〕《通志》"孕"上有"婦人"二字。

〔二三九〕《通志》無"井轉西"三字。

〔二四〇〕毛本"新"字作"西"，郝書同。

〔二四一〕郝書無此三字，《通志》亦無。

〔二四二〕前、後《漢書》"扞"字作"拘"，《通典》作"杅"，《寰宇記》作"扜"。此作"扞"，疑爲"扜"字之誤。

〔二四三〕《御覽》卷七百九十七引"色黃"二字乙。

〔二四四〕盧弼曰："'乳青'宋本無'青'字。《官本考證》引《世說》注云：'髮如青絲，爪如銅。'《御覽》七百九七'蛉'作'冬'。或曰：'蛉疑作睛'。"

謹案：湯用彤《漢魏兩晉南北朝佛教史》曰："'乳青毛蛉'《世說》注缺此四字。《正義》作'乳有青色，爪赤如銅'。《御覽》作'乳有青色，毛冬赤'。按：乳青毛蛉，螟蛉色青，疑謂'乳青如蛉'。爪如銅，乃八十種好之一。或謂'蛉疑作睛'，臆説無據，不可從。"

〔二四五〕盧弼曰："《御覽》'左'作'右'。"

謹案：《御覽》見卷七百九十七。湯用彤曰："《世說》注、《辨命論》、《正義》、《御覽》作'右'，餘作'左'。依釋典應作'右'字。"

〔二四六〕盧弼曰："'結'與'髻'通。《世說》注作'髻'。"

謹案：湯用彤曰："佛典稱菩薩頂有肉髻。"《楚辭·宋玉〈招魂〉》"《激楚》之結"注："結，頭髻也。"

〔二四七〕盧弼曰："《史記·大宛列傳》正義引《浮圖經》云：'臨兒國王生隱屠太子。父曰屠頭邪，母曰莫邪屠。身色黃，髮如青絲，乳有青色，爪赤如銅。始莫邪夢白象而孕，及生從母右脅出。生有髮，墜地能行七步。'又云：'太子生時，有二龍王夾左右吐水。一龍水暖，一龍水冷，遂成二池，今猶一冷一暖。初行七步處琉璃上，有太子脚跡。見在生處名祇洹精舍，在舍衛國南四十里。是長者須達所起。又有阿輸迦樹是夫人所攀生太子樹也。'丁謙曰：'浮屠即釋迦文佛。《佛國記》言：迦維羅衛城有白淨王故宮，佛生處也。考其地在故烏德國境内，今爲英屬西北部哥拉普爾城。'"

謹案：湯用彤曰："浮屠即佛陀。佛爲迦毘羅衛國人，釋迦其族姓也。父名屑頭達那，巨富，擁大田産（謂父爲國王，浮屠爲太子，皆誤。然似爲迦毘羅衛之酋長）。母曰莫邪，家於迦毘羅衛城，城在尼泊爾國南部希馬拉雅山麓。佛未生時。母歸寧省親，途間生佛於林中，林近蘭毘尼村。"

〔二四八〕盧弼曰："李慈銘曰：'《魏書·釋老志》作秦景憲。然明帝時又有博士秦景。'弼按：惠棟引《牟子》云：'遣羽林將軍秦景博士弟子王遵等十二人之大月氏國，寫取佛經四十二部，在蘭臺石室。'與李氏云博士秦景不合。"

謹案：沙畹《魏略西戎傳箋證》（馮承均譯）曰："法琳撰《辨證論》，陳子良引《魏略·西域傳》曰：'前漢哀帝時，秦景至月氏國，其王令太子口授浮屠經還漢。'《辨證論》又引《魏略》及《西域傳》曰：'前漢哀帝時，秦景使月氏國，王令太子口授於景。所以浮圖經教前漢早行，六十三年之後，明帝方感瑞夢也。'此文並見道宣撰《廣弘明集》、彥琮撰《集沙門不應拜俗等事》。玄嶷撰《甄正論》曰：'至哀帝元壽六年（按：元壽只二年，六當爲元字之誤），博士景憲受大月氏王使伊存口授浮圖之經。'《隋書》卷三十五曰：'哀帝時，博士弟子秦景使伊存口授浮屠之經。'費長房《歷代三寶記》曰：'哀帝時元壽年中，景憲使於大月氏國，受得浮圖經。'《破邪論》《釋迦方志》《法苑珠林》並云：'漢哀帝元壽元年，使景憲往大月氏國，因誦浮屠（圖）經還漢。'"如上所述，則此"景盧"或當作"秦景"，而"盧"或爲"憲"字傳寫之譌也。

〔二四九〕《御覽》引上"受"字作"從"，下"受"字作"授"，《通典》同，《世説·文學篇》引作"傳"。

〔二五〇〕盧弼曰："《官本考證》云：'《世説》注復立作復豆。'丁謙曰：'復豆即浮屠之轉音。'"

謹案：湯用彤曰："'復立'《世説》注等均作'復豆'。《西陽雜俎》卷二：'漢所獲大月氏復豆經。'"考《通典·邊防九》"天竺"條亦作"復豆"。

〔二五一〕《通典》引"聞"字作"開"。

〔二五二〕《通典》引"問"作"間"，郝書同。

〔二五三〕"聞"紹興本、毛本作"間"。《通志》、郝書同。

〔二五四〕盧弼曰："《御覽》'教胡'下有'爲'字。"

謹案：湯用彤曰："《御覽》'教胡'下有'爲'字。《廣川書跋》引《晉中經》作'之天竺，教爲浮屠。屬弟子其名二十有九'。襄楷亦謂入夷狄爲浮屠，則《魏略》'教胡'下原有'爲'字。"考《通典·邊防》"天竺"條下注引亦有"爲"字。

〔二五五〕《後漢書》作"風氣物類，與天竺同"。

〔二五六〕紹興本、毛本"三"字作"王"。《後漢書》、郝書同。

〔二五七〕《册府》卷九百八十五引作"列城數十"，無"有別"二字。

〔二五八〕《御覽》引"小"下有"大"字，"等"字作"同"。

〔二五九〕盧弼曰："丁謙曰：'無考。'"

謹案：沙畹曰："竭石至唐爲怯沙、迦師，即今之喀什噶爾。今名尚有古之Kack之音。"

〔二六〇〕紹興本"梧"字作"胡"。"百草"當作"白草"。《漢書·西域傳》"多葭葦、檉柳、胡桐、白草"師古注："白草似莠而細，無芒，其乾熟時正白色，牛馬所嗜也。"

〔二六一〕《後漢書》李注引《魏略》"巧妙"下有"非常"二字。

〔二六二〕毛本無"生"字。

〔二六三〕《類聚》卷六十二引作"相去各五十里",《御覽》卷七百零四引亦有"各"字,無"五"字。《晉書》同。

〔二六四〕《御覽》引"一"字作"止"。

〔二六五〕《書鈔》卷一百三十六、《御覽》引"日"字俱作"旦"。

〔二六六〕《御覽》引"白"字作"上"。

〔二六七〕《書鈔》《御覽》引"省"下有"之"字。

〔二六八〕紹興本"晶"字作"精"。《類聚》卷六十二、《御覽》卷八百零八引作"宮室皆以水晶爲柱,食器亦然"。《御覽》卷一百七十三"及器物"亦作"食器亦然"。

〔二六九〕紹興本無下"錢"字,毛本無"銀錢"二字。

〔二七〇〕《書鈔》卷一百三十四引"毹"字作"毲",疑作"毲"字是。《書鈔》卷一百三十三引《聲類》:"氍毹,織毛爲之席也。"《御覽》卷七百零八引《通俗文》:"織毛褥謂之氍毹。"

〔二七一〕盧弼曰:"《書鈔》百三十四引《魏略》'其色'下有'織具以五色,毛六七寸,中屈采相次,爲鳥獸、人物、草木、云氣,千奇萬變,唯意所作。上有鸚鵡,遠望軒軒若飛。云云'。"此本無之。

謹案:《御覽》卷七百零八引此作《南州異物志》,不云《魏略》也。

〔二七二〕《類聚》卷八十五引"又"下有"金縷雜色綾,其國利得中國絲素"。《御覽》卷八百一十五引有"金縷繡色綾,其國利得中國絲素"。卷八百一十六引有"金縷繡雜色綾","絲"下亦有"素"字,疑此句有譌脱。

〔二七三〕《册府》卷九百六十引"解"下有"之"字。

〔二七四〕《御覽》卷六百二十六、卷六百九十六、《册府》卷九百六十引"陽"上有"漢"字,"年"下無"時"字。

〔二七五〕《御覽》卷七百九十二引"髦"下有"馬"字。

〔二七六〕《書鈔》卷一百三十四引句上有"以野繭織成"。《北户錄》卷三、《御覽》卷七百零八引同。又《册府》卷九百六十引"紫"上有"青"字。

〔二七七〕"驃",毛本作"縹",《書鈔》卷一百三十四、《册府》卷九百六十引同。"種",《書鈔》作"色"。

〔二七八〕"伐",毛本作"代",《册府》引同。又《御覽》卷八百二十引"度"字作"鹿"。

〔二七九〕《書鈔》《御覽》引"桃"字作"枕"。

〔二八〇〕《御覽》卷八百一十引"織"下有"成"字。卷八百一十六引《魏國傳》云:"大秦、天竺國皆出金縷織成。"疑此"金"下脱"縷"字,"織"下脱"成"字。

〔二八一〕紹興本、毛本"迭"字作"迷"。盧弼曰:"官本作'迷迭'。《御覽》九百八二引《魏略》云:'大秦出迷迭。'《廣志》曰:'迷迭出西海中。'魏文帝、應瑒、陳琳均有《迷迭香賦》。"

謹案:《御覽》作"《迷迭香賦》"。盧君引作"迷迭",或傳抄之誤。《曹植集》有《迷迭香賦》。《册府》引作"迷迭",與今本同。

〔二八二〕"木"字上疑脱"青"字。《南州異物志》:"青木香出天竺,是草根狀如甘草。"

〔二八三〕《通典》引"三"字作"四"。

〔二八四〕《通典》引作"繞海道直西行至焉"。

〔二八五〕《漢書》作"卑陸國、蒲類國"。

〔二八六〕《通典》引"隨"下有"水草"二字。

〔二八七〕《御覽》卷七百九十六引《通典》作"出名馬,多貂鼠"。

〔二八八〕《通典》引無"北"字。

〔二八九〕《通典》引"三"字作"二"。

〔二九〇〕《通典》引"隨"下有"水草"二字。

〔二九一〕《通典》引"三"字作"二",魏收《魏書》同。

〔二九二〕郝書"種別"二字乙。

〔二九三〕《通典》引"黎"字作"犁",郝書同。

〔二九四〕《通典》引作"自北之南",無"明"字、"海"字。

〔二九五〕《通典》引"自"字作"又"。

〔二九六〕《通典》引無"此"字。

〔二九七〕《魏書》作"丁令北有馬腦國",《通典》亦作"馬腦國"。

〔二九八〕盧弼曰:"《文獻通考·四裔門》引《魏略》'身'下有'至'字。"

謹案:《魏書》"身"下有"至"字,《通典》同。

〔二九九〕盧弼曰:"《寰宇記》卷一百八十五'疾'下有'於'字。"

謹案:《通典》"疾"下有"於"字,《御覽》卷三百七十二、卷七百九十六引同。

〔三〇〇〕盧弼曰:"《寰宇記》云:'常有商旅行北方,迷惑失道,而到斯國,中甚多真珠、夜光、明月珠。見者不知此國名號,以意商度,此國去康居可萬餘里。'"

謹案:《通典·邊防》"短人"條引"常"字作"嘗","以"上有"言"字。《御覽》卷三百七十八、卷七百九十六引"斯"字作"此",重"國"字。"此國",《御覽》卷七百九十六作"其國",餘俱同。

三國志校箋卷三十一

蜀志卷一〔一〕

二牧 劉焉 子璋〔二〕

劉焉字君朗〔三〕，江夏竟陵人也。漢魯恭王之後裔，章帝元和中，徙封竟陵，支庶家焉。焉少仕州郡，以宗室拜中郎，後以師祝公喪去官。臣松之案：祝公，司徒祝恬也〔四〕。居陽城山，積學教授，舉賢良方正，辟司徒府，歷雒陽令、冀州刺史、南陽太守、宗正、太常。焉覩靈帝政治衰缺，王室多故，乃建議言："刺史、太守，貨賂爲官，割剥百姓，以致離叛。可選清名重臣以爲牧伯，鎮安方夏。"焉内求交阯牧，欲避世難。議未即行，侍中廣漢董扶私謂焉曰："京師將亂，益州分野有天子氣。"焉聞扶言，意更在益州。會益州刺史郤儉賦斂煩擾，謠言遠聞，儉，郤正祖也。而并州殺刺史張益，梁州殺刺史耿鄙〔五〕，焉謀得施。出爲監軍使者，領益州牧，封陽城侯，當收儉治罪。《續漢書》曰：是時用劉虞爲幽州，劉焉爲益州，劉表爲荆州，賈琮爲冀州。虞等皆海内清名之士，或從列卿尚書以選爲牧伯，各以本秩居任。舊典：傳車參駕，施赤爲帷裳。臣松之案：靈帝崩後，義軍起，孫堅殺荆州刺史王叡，然後劉表爲荆州，不與焉同時也。《漢靈帝紀》曰：帝引見焉，宣示方略，加以賞賜，勑焉爲益州刺史。前刺史劉儁、郗儉皆貪殘放溢〔六〕，取受狼籍，元元無聊，呼嗟充野。焉到，便收攝行法，以示萬姓，勿令漏露，使癰疽決潰，爲國生梗。焉受命而行，以道路不通，住荆州東界。扶亦求爲蜀郡西部屬國都尉。及太倉令會巴西趙韙棄官〔七〕，俱隨焉。陳壽《益部耆舊傳》曰：董扶字茂安。少從師學，兼通數經，善歐陽《尚書》，又事聘士楊厚，究極圖讖。遂至京師，游覽太學，還家講授，子弟自遠而來〔八〕。永康元年，日有蝕之，詔舉賢良方正之士，策問得失。左馮翊趙謙等舉扶，扶以病不詣，遥於長安上封事，遂稱疾篤歸家。前後宰府十辟，公車三徵，再舉賢良方正、博士、有道，皆不就，名稱尤重。大將軍何進表薦扶曰：“資游、夏之德，述孔氏之風，内懷焦、董消復之術。方今并、涼騷擾，西戎蠢叛，宜勑公車特詔，待以異禮，諮謀奇策。”於是靈帝徵扶，即拜侍中。在朝稱爲儒宗，甚見器重〔九〕。求爲蜀郡屬國都尉。扶出一歲而靈帝崩，天下大亂。後去官，年八十二卒於家。始扶發辭抗論，益部少雙，故號曰致止，言人莫能當，所至而談止也。後丞相諸葛亮問秦宓以扶所長，宓曰：“董扶襃秋毫之善，貶纖芥之惡。”

是時涼州逆賊馬相、趙祇等於緜竹縣自號黄巾〔一〇〕，合聚疾疫之民〔一一〕，一二日中得數千人，先殺緜竹令李升，吏民翕集，合萬餘人。便前破雒縣，攻益州，殺儉，又到蜀郡犍爲。旬月之間，破壞三郡。相自稱天子，衆以萬數〔一二〕。州從事賈龍素領兵數百人〔一三〕，在犍爲東界，攝斂吏民，得千餘人，攻相等，數日破走，州界清靜。龍乃選吏卒迎焉。焉徙治緜竹，撫納離叛，務行寬惠，陰圖異計。張魯母始以鬼道，又有少容，常往來焉家，故焉遣魯爲督義司馬，住漢中，斷絕谷閣，殺害漢使。焉上書言米賊斷道，不得復通，又託他事殺州中豪強王咸、李權等十餘人，以立威刑。《益部耆舊雜記》曰〔一四〕：李權字伯豫，爲臨邛長。子福。見犍爲楊戲《輔臣贊》。犍爲太守任岐及賈龍由此反攻焉，焉擊殺岐、龍。《英雄記》曰：劉焉起兵，不與天下討董卓，保州自守。犍爲太守任岐自稱將軍，與從事陳超舉兵擊焉，焉擊破之。董卓使司徒趙謙將兵向州，說校尉賈龍，使引兵還擊焉，焉出青羌與戰，故能破殺。岐、龍等皆蜀郡人。

焉意漸盛，造作乘輿車具千餘乘〔一五〕。荆州牧劉表表上焉有似子夏在西河疑聖人之論。時焉子範爲左中郎將，誕治書御史，璋爲奉車都尉，皆從獻帝在長安，《英雄記》曰：範聞父焉爲益州牧，董卓所徵發皆不至，收範兄弟三人，鏁械於郿塢，爲陰獄以繫之。惟小子別部司馬瑁素隨焉〔一六〕。獻帝使璋曉諭焉，焉留璋不遣。《典略》曰：時璋爲奉車都尉，在京師。焉託疾召璋，璋自表省焉，焉遂留璋不還。時征西將軍馬騰屯郿而反，焉及範與騰通謀，引兵襲長安。範謀泄，奔槐里，騰敗，退還涼州，範應時見殺，於是收誕行刑。《英雄記》曰：範從長安亡之馬騰營，從焉求兵。焉使校尉孫肇將兵往助之，敗於長安。議郎河南龐羲與焉通家，乃募將焉諸孫入蜀。時焉被天火燒城，車具蕩盡，延及民家。焉徙治成都，既痛其子，又感祅災，興平元年，癰疽發背而卒。州大吏趙韙等貪璋溫仁，共上璋爲益州刺史。詔書因以爲監軍使者，領益州牧，以韙爲征東中郎將，率衆擊劉表。《英雄記》曰：焉死，子璋代爲刺史。會長安拜潁川扈瑁爲刺史，入漢中。荊州別駕劉闔，璋將沈彌、婁發、甘寧反，擊璋不勝，走入荊州。璋使趙韙進攻荊州，屯朐䏰。上蠢，下如振反。

璋，字季玉，既襲焉位，而張魯稍驕恣，不承順璋，璋殺魯母及弟，遂爲讐敵。璋累遣龐羲等攻魯，所破魯部曲多在巴西，故以羲爲巴西太守，領兵禦魯。《英雄記》曰：龐羲與璋有舊，又免璋諸子於難，故璋厚德羲，以羲爲巴西太守，遂專權勢。後羲與璋情好攜隙，趙韙稱兵內向，衆散見殺，皆由璋明斷少而外言入故也〔一七〕。《英雄記》曰：先是，南陽、三輔人流入益州數萬家，收以爲兵，名曰東州兵。璋性寬柔，無威略。東州人侵暴舊民，璋不能禁，政令多闕，益州頗怨。趙韙素得人心，璋委任之。韙因民怨謀叛，乃厚賂荊州請和，陰結州中大姓，與俱起兵還擊璋。蜀郡、廣漢、犍爲皆應韙。璋馳入成都城守，東州人畏韙，咸同心并力助璋，皆殊死戰，遂破反者，進攻韙於江州。韙將龐樂、李異反，殺韙軍，斬韙。《漢獻帝春秋》曰：漢朝聞益州亂，遣五官中郎將牛亶爲益州刺史，徵璋爲卿，不至。璋聞曹公征荊州，已定漢中〔一八〕，遣河內陰溥致敬於曹公。加璋振威將軍，兄瑁平寇將軍〔一九〕。瑁狂疾物故。臣松之案：魏臺訪"物故"之義，高堂隆答曰："聞之先師：物，無也。故，事也。言無復所能於事也。"
璋復遣別駕從事蜀郡張肅送叟兵三百人并雜御物於曹公，曹公拜肅爲廣漢太守。璋復遣別駕張松詣曹公，曹公時已定荆州，走先主，不復存録松，松以此怨。會曹公軍不利於赤壁，兼以疫死。松還，疵毁曹公，勸璋自絕。
《漢晉春秋》曰：張松見曹公，曹公方自矜伐，不存録松。松歸，乃勸璋自絕。習鑿齒曰：昔齊桓一矜其功而叛者九國，曹操暫自驕伐而天下三分，皆勤之於數十年之内，而棄之於俯仰之頃，豈不惜乎！是以君子勞謙日昃，慮以下人，功高而居之以讓，勢尊而守之以卑。情近於物，故雖貴而人不厭其重；德洽羣生，故業廣而天下愈欣其慶。夫然，故能有其富貴〔二〇〕，保其功業，隆顯當時，傳福百世，何驕矜之有哉！君子是以知曹操之不能遂兼天下者也。因說璋曰："劉豫州，使君之肺腑，可與交通。"璋皆然之，遣法正連好先主，尋又令正及孟達送兵數千助先主守禦，正遂還。後松復說璋曰："今州中諸將龐羲、李異等皆恃功驕豪，欲有外意，不得豫州，則敵攻其外，民攻其内，必敗之道也。"璋又從之，遣法正請先主。璋主簿黃權陳其利害，從事廣漢王累自倒縣於州門以諫，璋一無所納，勅在所供奉先主，先主入境如歸。先主至江州，北由墊江水墊音徒協反。詣涪，音浮。去成都三千六十里〔二一〕。是歲建安十六年也。璋率步騎三萬餘人，車乘帳幔，精光曜日，往就與會。先主所將將士更相之適，歡飲百餘日。璋資給先主，使討張魯，然後分別。《吴書》曰：璋以米二十萬斛、騎千匹、車千乘、繒絮錦帛，以資送劉備。

　　明年，先主至葭萌，還兵南向，所在皆克。十九年，進圍成都數十日，城中尚有精兵三萬人，穀帛支三年〔二二〕，吏民咸欲死戰〔二三〕。璋言："父子在州二十餘年，無恩德以加百姓。攻戰三年〔二四〕，肌膏草野者，以璋故也，何心能安！"遂開城出降，羣下莫不下淚〔二五〕。遂遷璋於南郡公安〔二六〕，盡歸其財物及故佩振威將軍印綬〔二七〕。孫權殺關羽，取荊州，以璋爲益州牧，駐秭歸。璋卒，南中豪率雍闓據益州反〔二八〕，附於吳。權復以璋子闡爲益州刺史，處交、益界首。丞相諸葛亮平南土，闡還吳，爲御史中丞。《吳書》曰：闡一名緯，爲人恭恪，輕財愛義，有仁讓之風，後疾終於家。初，璋長子循妻，龐羲女也。先主定蜀，羲爲左將軍司馬，璋時從羲啓留循，先主以爲奉車中郎將。是以璋二子之後分在吳、蜀。

　　評曰：昔魏豹聞許負之言，則納薄姬於室；孔衍《漢魏春秋》曰：許負，河內溫縣之婦人，漢高祖封爲明雌亭侯。臣松之以爲：今東人呼母爲負，衍以許負爲婦人，如爲有似，然漢高祖時，封皆列侯，未有鄉亭之爵，疑此封爲不然。劉歆見圖讖之文，則名字改易，終於不免其身，而慶鍾二主。此則神明不可虛要，天命不可妄冀，必然之驗也。而劉焉聞董扶之辭，則心存益土；聽相者之言，則求婚吳氏，遽造輿服，圖竊神器，其惑甚矣。璋才非人雄，而據土亂世，負乘致寇，自然之理。其見奪取，非不幸也。張璠曰：劉璋愚弱而守善言，斯亦宋襄公、徐偃王之徒，未爲無道之主也。張松、法正，雖君臣之義不正，然固已委名附質，進不顯陳事勢，若韓嵩、劉光之説劉表；退不告絶奔亡，若陳平、韓信之去項羽〔二九〕，而兩端攜貳，爲謀不忠，罪之次也。

【校箋】

〔一〕毛本作"蜀書一"。

〔二〕毛本作"劉二牧傳第一"。

〔三〕紹興本、馮本、陳本、毛本"朗"俱作"郎"。盧弼曰："《官本考證》云：'一本作君朗。'趙一清曰：'《後漢書》作君郎。'錢儀吉曰：'《華陽國志》作君朗。'"

謹案：《御覽》卷二百四十一引作"郎"。徐紹楨曰："君郎當從《華陽國志》作'君朗'。"

〔四〕盧弼曰："范書《桓帝紀》：'延熹二年八月，光禄大夫中山祝恬爲司徒。三年六月，司徒祝恬薨。'章懷注：'恬字伯休，盧奴人。'"

謹案：此已見《三國志旁證》，則"范書"上當補"梁章鉅曰"四字。

〔五〕盧弼曰："《華陽國志》'益'作'壹'，'梁'作'涼'，此誤。《官本考證》曰：'張益，宋本作張壹，《後漢書》作張懿。梁州，《後漢書》作涼州。'錢大昕曰：'《後漢書·靈帝紀》：中平五年，休屠各胡攻殺并州刺史張懿。此作張益，蓋避晉宣帝諱改之。紀又稱：中平四年，涼州刺史耿鄙討金城賊韓遂，鄙兵大敗。不言被殺，與此傳異。漢時無梁州，此稱梁者，音之譌也。'錢儀吉曰：'先主穆皇后之兄吳壹，《華陽國志》作懿。'潘眉曰：'書中懿、師、昭、炎字皆不諱，不應獨改此名，當是傳寫之誤。'"

謹案：紹興本"梁州"作"涼州"。趙一清曰："'益'宋本作'壹'。《後漢書·靈帝紀》及焉傳俱作'懿'，蓋'壹'得'懿'之半，又聲訛爲'益'耳。"

〔六〕紹興本、馮本、陳本、毛本"溢"俱作"濫"，郝書同。

〔七〕盧弼曰："《官本考證》云：'會字疑衍。'錢大昕曰：'《華陽國志》無會字，以太倉令屬下，當從之。'"

謹案：張熷曰："'會'字衍，與上文不接。《通鑑》作'太倉令趙趄'。"徐紹楨説同。

〔八〕紹興本"子弟"作"弟子"，"來"作"至"。考上文"還家講授"，則作"弟子"爲得，當據乙。

〔九〕《御覽》卷三百一十九引"重"字作"用"。

〔一〇〕盧弼曰："潘眉曰：'范書作益州。下云於緜竹合聚，則在益州矣。涼州誤。'"

謹案：洪頤煊曰："《後漢書·劉焉傳》作'益州賊馬相'。以下文'破壞三郡'皆在益州界證之，馬相當是益州賊。"張熷説同。

〔一一〕紹興本"疾疫"作"疲役"，《華陽國志》同。

〔一二〕盧弼曰："沈家本曰：'范書作衆至十餘萬人。'案：馬相破壞三郡，衆必不止萬數，恐此文有譌奪。"

謹案：《周禮·地官·廩人》"以歲之上下數邦用"鄭注："數猶計也。"則"萬數"猶云"萬計"也。今誤解爲萬餘，遂云文有訛奪，疏矣！

〔一三〕盧弼曰："《華陽國志》作'領家兵'。"

謹案：《官本考證》曰："'領兵'《華陽國志》作'領家兵'。"此已見《考證》，則"華"字上應增"官本考證曰"五字。

〔一四〕盧弼曰："沈家本曰：'《新唐志》載是書雜傳二字誤倒。《楊戲傳》末云：《益部耆舊雜記》載王嗣、常播、衛繼三人，皆劉氏王蜀時人，故錄於篇。據此則《雜記》在陳壽之先，故壽得采之，疑即陳術書也。'弼按：沈說是。蓋承祚《楊戲傳》既引用此書，決非常寬續作之《梁益篇》也。"

謹案：沈氏以《楊戲傳》末引《益部耆舊雜記》王嗣、常播、衛繼三人事，謂爲陳壽所采錄者。考何焯、錢大昕、潘眉、姚範、李慈銘均有考辨，訂爲裴注，則沈氏說不足據可知。盧君已詳列諸家語於《輔臣贊·益部耆舊雜記》下，且引劉咸炘駁尚鎔謂此爲陳壽原文之說，而未著一語以事詰難，似亦以諸家之說爲可信也。然於此則從沈氏之意，亦謂之爲承祚所錄。是前後辭意背戾，而是非莫別。若斯之注，蓋未得也。

〔一五〕《華陽國志》"具"字作"服"，"餘"下無"乘"字。

〔一六〕本書《劉璋傳》"兄瑁平寇將軍"，《華陽國志》作"叔子別部司馬隨焉"。疑此"小"字當從《華陽國志》作"叔"。

〔一七〕盧弼曰："《華陽國志》：'義懼，遣吏程郁（《通鑑》"郁"作"祁"）宣旨於郁父漢昌令畿，索益寶兵'云云。"

謹案：此已見《蜀志·楊戲〈季漢輔臣贊〉》贊程季然條下，似不必徵引《華陽國志》爲說也。

〔一八〕盧弼曰："何焯曰：'已定漢中四字不可曉，疑有脫文。'梁章鉅曰：'曹定漢中，張魯遁走，是建安二十年，尚在此後數年也。'王鳴盛說同。錢儀吉曰：'是時，劉琮降曹公，曹公追先主於當陽，濟漢至赤壁，敗而逃命，無緣得至漢中。'"

謹案：徐紹楨曰："按下文'璋復遣別駕張松詣曹公，曹公時已定荆州'，據此則遣陰溥時，荆州猶未定。若定漢中，則建安二十年之事，此時相去數載，尤不得預言之。《華陽國志》但作'璋聞曹公將征荆州，遣中郎將河内陰溥致敬'。疑此傳'已定漢中'四字，爲傳錄衍文也。"

〔一九〕盧弼曰:"潘眉曰:'焉四子範、誕、璋及小子瑁。瑁乃璋弟,稱兄瑁誤。'沈家本曰:'璋字季玉,則璋乃焉季子,似不得遽謂瑁爲璋弟也。范史亦稱兄瑁。其稱小子者,或是庶孼之子。'"

謹案:張燨曰:"據焉傳言小子,瑁非璋兄。"考潘、張說俱誤。沈説近是,而以小子爲庶孼之子則非。"小子瑁"《華陽國志》作"叔子瑁"。則此傳之小子乃"叔"字殘缺而誤也。志作"兄瑁","兄"非誤字。

〔二〇〕紹興本"其"字作"以",誤。

〔二一〕李慈銘曰:"'三千'當作'二百'。兩漢之涪縣,今之綿州也。去成都二百六十里。"

謹案:紹興本、毛本"千"字作"百",是。

〔二二〕馮本、陳本、毛本"三"字作"二"。盧弼曰:"宋本'二'作'一',范書、《通鑑》同,《華陽國志》作'穀支二年'。"

謹案:何焯曰:"宋本'二'作'一'。"《册府》卷六百九十八引同。馮本等作"二",《季漢書》同。是宋時本作"一",明時始改爲"二"也。

〔二三〕《册府》引"死"字作"拒"。

〔二四〕紹興本"攻"上有"百姓"二字。

〔二五〕紹興本、馮本、陳本、毛本"下淚"俱作"流涕"。《册府》引同。

〔二六〕馮本、陳本、毛本作"先主遷璋於南郡公安"。此脱"先主"二字。

〔二七〕盧弼曰:"監本、官本'故'上有'及'字。"

謹案:錢儀吉曰:"趙從北宋本'財物'下增'及'字。"

〔二八〕馮本、陳本、毛本"益州"作"益郡"。

〔二九〕紹興本"若"上有"不"字。

三國志校箋卷三十二

蜀志卷二〔一〕

先主 劉備〔二〕

先主姓劉，諱備，字玄德，涿郡涿縣人，漢景帝子中山靖王勝之後也。勝子貞，元狩六年封涿縣陸城亭侯，坐酎金失侯，因家焉。《典略》曰：備本臨邑侯枝屬也〔三〕。先主祖雄，父弘，世仕州郡。雄舉孝廉，官至東郡范令。

先主少孤，與母販履織席爲業。舍東南角籬上有桑樹生，高五丈餘，遥望見童童如小車蓋〔四〕，往來者皆怪此樹非凡，或謂當出貴人。《漢晉春秋》曰：涿人李定云："此家必出貴人〔五〕。"先主少時，與宗中諸小兒於樹下戲〔六〕，言："吾必當乘此羽葆蓋車〔七〕。"叔父子敬謂曰："汝勿妄語，滅吾門也〔八〕！"年十五，母使行學，與同宗劉德然、遼西公孫瓚俱事故九江太守同郡盧植。德然父元起常資給先主，與德然等。元起妻曰："各自一家，何能常爾邪！"起曰〔九〕："吾宗中有此兒，非常人也。"而瓚深與先主相友。瓚年長，先主以兄事之。先主不甚樂讀書，喜狗馬、音樂、美衣服。身長七尺五寸，垂手下膝〔一〇〕，顧自見其耳。少語言，善下人，喜怒不形於色。好交結豪俠，年少爭附之。中山大商張世平、蘇雙等貲累千金，販馬周旋於涿郡，見而異之，乃多與之金財。先主由是得用合徒衆。

靈帝末，黃巾起，州郡各舉義兵，先主率其屬從校尉鄒靖討黃巾賊〔一一〕，有功，除安喜尉。《典略》曰：平原劉子平知備有武勇，時張純反叛，青州被詔，遣從事將兵討純。過平原，子平薦備於從事，遂與相隨。遇賊於野，備中創陽死，賊去後，故人以車載之得免。後以軍功爲中山安喜尉。督郵以公事到縣，先主求謁，不通，直入縛督郵〔一二〕，杖二百，解綬繫其頸著馬柳〔一三〕，弃葬反。棄官亡命。《典略》曰：其後州郡被詔書，其有軍功爲長吏者，當沙汰之，備疑在遣中。督郵至縣，當遣備，備素知之，聞督郵在傳舍，備欲求見督郵。督郵稱疾不肯見備，備恨之，因還治，將吏卒更詣傳舍〔一四〕，突入門，言"我被府君密教收督郵"。遂就牀縛之，將出到界，自解其綬以繫督郵頸，縛之著樹，鞭杖百餘下，欲殺之。督郵求哀，乃釋去之。頃之，大將軍何進遣都尉毌丘毅詣丹陽募兵，先主與俱行。至下邳，遇賊，力戰有功，除爲下密丞〔一五〕。復去官。後爲高唐尉，遷爲令。《英雄記》云：靈帝末年，備嘗在京師，復與曹公俱還沛國〔一六〕，募召合衆。會靈帝崩，天下大亂，備亦起軍從討董卓。爲賊所破，往奔中郎將公孫瓚，瓚表爲別部司馬，使爲青州刺史田楷以拒冀州牧袁紹〔一七〕。數有戰功〔一八〕，試守平原令，後領平原相。郡民劉平素輕先主，恥爲之下，使客刺之。客不忍刺，語之而去。其得人心如此。《魏書》曰：劉平結客刺備，備不知而待客甚厚，客以狀語之而去。是時人民飢饉，屯聚鈔暴。備外禦寇難，內豐財施，士之下者〔一九〕，必與同席而坐，同簋而食，無所簡擇。衆多歸焉。

袁紹攻公孫瓚，先主與田楷東屯齊。曹公征徐州，徐州牧陶謙遣使告急於田楷〔二〇〕，楷與先主俱救之。時先主自有兵千餘人〔二一〕，及幽州烏丸雜胡騎，又略得飢民數千人。既到，謙以丹陽兵四千益先主〔二二〕，先主遂去楷歸謙。謙表先主爲豫州刺史，屯小沛。謙病篤，謂別駕麋竺曰：「非劉備不能安此州也。」謙死，竺率州人迎先主，先主未敢當。下邳陳登謂先主曰：「今漢室陵遲，海內傾覆，立功立事，在於今日。彼州殷富〔二三〕，戶口百萬，欲屈使君撫臨州事。」先主曰：「袁公路近在壽春，此君四世五公〔二四〕，海內所歸，君可以州與之。」登曰：「公路驕豪，非治亂之主。今欲爲使君合步騎十萬，上可以匡主濟民，成五霸之業，下可以割地守境，書功於竹帛。若使君不見聽許，登亦未敢聽使君也。」北海相孔融謂先主曰：「袁公路豈憂國忘家者邪？冢中枯骨，何足介意。今日之事，百姓與能，天與不取，悔不可追。」先主遂領徐州。《獻帝春秋》曰：陳登等遣使詣袁紹曰：「天降災沴〔二五〕，禍臻鄙州，州將殂殞，生民無主，恐懼姦雄一旦乘隙，以貽盟主日昆之憂,輒共奉故平原相劉備府君以爲宗主,永使百姓知有依歸。方今寇難縱橫,不遑釋甲,謹遣下吏奔告於執事。"紹答曰:"劉玄德弘雅有信義,今徐州樂戴之,誠副所望也。"袁術來攻先主〔二六〕,先主拒之於盱眙、淮陰。曹公表先主爲鎮東將軍,封宜城亭侯。是歲建安元年也。先主與術相持經月,呂布乘虛襲下邳。下邳守將曹豹反,間迎布。布虜先主妻子,先主轉軍海西。《英雄記》曰:備留張飛守下邳,引兵與袁術戰於淮陰石亭,更有勝負。陶謙故將曹豹在下邳,張飛欲殺之。豹衆堅營自守,使人招呂布。布取下邳,張飛敗走。備聞之,引兵還,北至下邳〔二七〕,兵潰。收散卒東取廣陵,與袁術戰,又敗。楊奉、韓暹寇徐、揚間,先主邀擊,盡斬之。先主求和於呂布,布還其妻子。

　　先主遣關羽守下邳。先主還小沛〔二八〕,《英雄記》曰:備軍在廣陵,飢餓困敗〔二九〕,吏士大小自相啖食,窮餓侵偪,欲還小沛,遂使吏請降布。布令備還州,并勢擊術。具刺史車馬童僕,發遣備妻子部曲家屬於泗水上,祖道相樂。《魏書》曰:諸將謂布曰:"備數反覆難養,宜早圖之。"布不聽,以狀語備。備心不安而求自託,使人說布求屯小沛,布乃遣之。復合兵得萬餘人,呂布惡之〔三〇〕,自出兵攻先主〔三一〕,先主敗,走歸曹公。曹公厚遇之〔三二〕,以爲豫州牧。將至沛收散卒,給其軍糧,益與兵使東擊布。布遣高順攻之,曹公遣夏侯惇往,不能救,爲順所敗,復虜先主妻子送布。曹公自出東征,《英雄記》曰:建安三年春,布使人齎金欲詣河內買馬,爲備兵所鈔。布由是遣中郎將高順、北地太守張遼等攻備。九月,遂破沛城，備單身走，獲其妻息〔三三〕。十月，曹公自征布，備於梁國界中與曹公相遇，遂隨公俱東征。助先主圍布於下邳，生禽布。先主復得妻子，從曹公還許。表先主爲左將軍，禮之愈重，出則同輿，坐則同席。袁術欲經徐州北就袁紹，曹公遣先主督朱靈、路招要擊術〔三四〕。未至，術病死。

先主未出時，獻帝舅車騎將軍董承，臣松之案：董承，漢靈帝母董太后之姪，於獻帝爲丈人。蓋古無丈人之名，故謂之舅也〔三五〕。辭受帝衣帶中密詔，當誅曹公。先主未發〔三六〕。是時曹公從容謂先主曰〔三七〕："今天下英雄〔三八〕，惟使君與操耳。本初之徒，不足數也。"先主方食，失匕箸。《華陽國志》云：於時正當雷震，備因謂操曰："聖人云'迅雷風烈必變'，良有以也。一震之威，乃可至於此也！"遂與承及長水校尉种輯、將軍吳子蘭、王子服等同謀〔三九〕。會見使，未發。事覺，承等皆伏誅。《獻帝起居注》曰：承等與備謀未發，而備出。承謂服曰："郭多有數百兵，壞李傕數萬人，但足下與吾同不耳！昔呂不韋之門，須子楚而後高，今吾與子由是也。"服曰："惶懼不敢當，且兵又少。"承曰："舉事訖，得曹公成兵，顧不足邪？"服曰："今京師豈有所任乎？"承曰："長水校尉种輯、議郎吳碩是吾腹心辦事者。"遂定計。

先主據下邳。靈等還，先主乃殺徐州刺史車冑，留關羽守下邳，而身還小沛。胡沖《吳曆》曰：曹公數遣親近密覘諸將，有賓客酒食者，輒因事害之。備時閉門將人種蕪菁，曹公使人闚門。既去，備謂張飛、關羽曰："吾豈種菜者乎？曹公必有疑意,不可復留。"其夜開後棚[四〇],與飛等輕騎俱去,所得賜遺衣服,悉封留之,乃往小沛收合兵衆。臣松之案:魏武帝遣先主統諸將要擊袁術,郭嘉等並諫,魏武不從,其事顯然非因種菜遁逃而去。如胡沖所云,何乖僻之甚乎!東海昌霸反[四一],郡縣多叛曹公爲先主,衆數萬人,遣孫乾與袁紹連和,曹公遣劉岱、王忠擊之,不克。五年,曹公東征先主,先主敗績。《魏書》曰:是時,公方有急於官渡,乃分留諸將屯官渡,自勒精兵征備。備初謂公與大敵連,不得東,而候騎卒至,言曹公自來。備大驚,然猶未信。自將數十騎出望公軍,見麾旌,便棄衆而走。曹公盡收其衆,虜先主妻子,并禽關羽以歸。

先主走青州。青州刺史袁譚,先主故茂才也,將步騎迎先主。先主隨譚到平原,譚馳使白紹。紹遣將道路奉迎[四二],身去鄴二百里[四三],與先主相見。《魏書》曰:備歸紹,紹父子傾心敬重。駐月餘日[四四],所失亡士卒稍稍來集。曹公與袁紹相拒於官渡,汝南黃巾劉辟等叛曹公應紹。紹遣先主將兵與辟等略許下。關羽亡歸先主。曹公遣曹仁將兵擊先主[四五],先主還紹軍,陰欲離紹,乃説紹南連荊州牧劉表。紹遣先主將本兵復至汝南,與賊龔都等合,衆數千人。曹公遣蔡陽擊之[四六],爲先主所殺。

曹公既破紹,自南擊先主。先主遣麋竺、孫乾與劉表相聞。表自郊迎,以上賓禮待之,益其兵,使屯新野。荊州豪傑歸先主者日益多,表疑其心,陰禦之。《九州春秋》曰:備住荊州數年[四七],嘗於表坐起至廁,見髀裏肉生,慨然流涕。還坐,表怪問備,備曰:"吾常身不離鞍[四八],髀肉皆消。今不復騎，髀裏肉生。日月若馳，老將至矣，而功業不建，是以悲耳。"《世語》曰：備屯樊城，劉表禮焉，憚其爲人，不甚信用。曾請備宴會，蒯越、蔡瑁欲因會取備，備覺之，僞如廁，潛遁出。所乘馬名的盧，騎的盧走，墮襄陽城西檀溪水中〔四九〕，溺不得出。備急曰："的盧，今日厄矣〔五〇〕，可努力〔五一〕！"的盧一踊三丈〔五二〕，遂得過，乘桴渡河。中流而追者至，以表意謝之曰："何去之速乎！"孫盛曰〔五三〕：此不然之言。備時羈旅，客主勢殊，若有此變，豈敢晏然終表之世而無釁故乎〔五四〕？此皆世俗妄說〔五五〕，非事實也。使拒夏侯惇、于禁等於博望。久之，先主設伏兵，一旦自燒屯僞遁，惇等追之，爲伏兵所破。

十二年，曹公北征烏丸，先主說表襲許，表不能用。《漢晉春秋》曰：曹公自柳城還，表謂備曰："不用君言，故爲失此大會。"備曰："今天下分裂，日尋干戈，事會之來，豈有終極乎？若能應之於後者，則此未足爲恨也。"曹公南征表，會表卒〔五六〕，《英雄記》曰：表病，上備領荊州刺史。《魏書》曰：表病篤，託國於備，顧謂曰："我兒不才，而諸將並零落，我死之後，卿便攝荊州。"備曰："諸子自賢，君其憂病〔五七〕。"或勸備宜從表言，備曰："此人待我厚，今從其言，人必以我爲薄，所不忍也〔五八〕。"臣松之以爲：表夫妻素愛琮，捨適立庶，情既久定〔五九〕，無緣臨終舉荊州以授備，此亦不然之言。子琮代立，遣使請降。先主屯樊，不知曹公卒至，至宛乃聞之，遂將其衆去。過襄陽，諸葛亮說先主："攻琮，荊州可有。"先主曰："吾不忍也。"孔衍《漢魏春秋》曰：劉琮乞降，不敢告備，備亦不知，久之乃覺，遣所親問琮。琮令宋忠詣備宣旨〔六〇〕，是時曹公在宛，備乃大驚駭，謂忠曰："卿諸人作事如此，不早相語，今禍至方告我，不亦太劇乎〔六一〕！"引刀向忠曰："今斷卿頭，不足以解忿，亦恥大丈夫臨別復殺卿輩〔六二〕！"遣忠去，乃呼部曲議。或勸備劫將琮及荊州吏士逕南到江陵，備答曰："劉荊州臨亡託我以孤遺，背信自濟，吾所不爲，死何面目以見劉荊州乎！"乃駐馬呼琮，琮懼不能起。琮左右及荊州人多歸先主。
《典略》曰：備過辭表墓，遂涕泣而去。比到當陽，衆十餘萬，輜重數千兩，日行十餘里，別遣關羽乘船數百艘，使會江陵。或謂先主曰："宜速行保江陵，今雖擁大衆，被甲者少，若曹公兵至，何以拒之？"先主曰："夫濟大事〔六三〕，必以人爲本〔六四〕，今人歸吾，吾何忍棄去〔六五〕！"習鑿齒曰：先主雖顛沛險難而信義愈明，勢偪事危而言不失道。追景升之顧，則情感三軍；戀赴義之士，則甘與同敗。觀其所以結物情者，豈徒投醪撫寒、含蓼問疾而已哉！其終濟大業，不亦宜乎！

曹公以江陵有軍實，恐先主據之，乃釋輜重，輕軍到襄陽。聞先主已過，曹公將精騎五千急追之，一日一夜行三百餘里，及於當陽之長坂。先主棄妻子，與諸葛亮、張飛、趙雲等數十騎走，曹公大獲其人衆輜重。先主斜趣漢津，適與羽船會，得濟沔。遇表長子江夏太守琦衆萬餘人，與俱到夏口。先主遣諸葛亮自結於孫權。
《江表傳》曰：孫權遣魯肅弔劉表二子，并令與備相結。肅未至而曹公已濟漢津。肅故進前，與備相遇於當陽。因宣權旨，論天下事勢，致殷勤之意，且問備曰："豫州今欲何至？"備曰："與蒼梧太守吳臣有舊〔六六〕，欲往投之。"肅曰："孫討虜聰明仁惠，敬賢禮士，江表英豪，咸歸附之，已據有六郡，兵精糧多，足以立事。今爲君計，莫若遣腹心使自結於東，崇連和之好，共濟世業〔六七〕，而云欲投吴臣。臣是凡人，偏在遠郡，行將爲人所併，豈足託乎？"備大喜，進住鄂縣，即遣諸葛亮隨肅詣孫權，結同盟誓。權遣周瑜、程普等水軍數萬，與先主并力，《江表傳》曰：備從魯肅計，進住鄂縣之樊口。諸葛亮詣吳未還，備聞曹公軍下，恐懼，日遣邏吏於水次候望權軍。吏望見瑜船，馳往白備〔六八〕，備曰："何以知之非青徐軍邪〔六九〕？"吏對曰："以船知之。"備遣人慰勞之〔七〇〕。瑜曰："有軍任，不可得委署〔七一〕，儻能屈威，誠副其所望。"備謂關羽、張飛曰："彼欲致我，我今自結託於東而不往〔七二〕，非同盟之意也。"乃乘單舸往見瑜，問曰："今拒曹公〔七三〕，深爲得計。戰卒有幾？"瑜曰："三萬人。"備曰："恨少。"瑜曰："此自足用，豫州但觀瑜破之。"備欲呼魯肅等共會語，瑜曰："受命不得妄委署，若欲見子敬，可別過之。又孔明已俱來，不過三兩日到也。"備雖深愧異瑜，而心未許之能必破北軍也，故差池在後，將二千人與羽、飛俱，未肯係瑜，蓋爲進退之計也。孫盛曰："劉備雄才，處必亡之地，告急於吳，而獲奔助，無緣復顧望江渚而懷後計。《江表傳》之言，當是吳人欲專美之辭。"與曹公戰於赤壁，大破之，焚其舟船。先主與吳軍水陸並進，追到南郡，時又疾疫，北軍多死，曹公引歸。《江表傳》曰：周瑜爲南郡太守，分南岸地以給備。備別立營於油江口，改名爲公安。劉表吏士見堤北軍〔七四〕，多叛來投備。備以瑜所給地少，不足以安民，後從權借荊州數郡。

先主表琦爲荆州刺史，又南征四郡。武陵太守金旋、長沙太守韓玄、桂陽太守趙範、零陵太守劉度皆降。《三輔決錄注》曰：金旋字元機，京兆人，歷位黃門郎、漢陽太守，徵拜議郎，遷中郎將，領武陵太守，爲備所攻劫死。子禕〔七五〕，事見《魏武本紀》。廬江雷緒率部曲數萬口稽顙。琦病死,羣下推先主爲荆州牧,治公安〔七六〕。《江表傳》曰:備立營於油口,改名公安。權稍畏之,進妹固好。先主至京,見權,綢繆恩紀。《山陽公載記》曰:備還,謂左右曰:"孫車騎長上短下,其難爲下,吾不可以再見之。"乃晝夜兼行。臣松之案:《魏書》載劉備與孫權語,與《蜀志》述諸葛亮與權語正同。劉備未破魏軍之前,尚未與孫權相見,不得有此説。故知《蜀志》爲是〔七七〕。權遣使云欲共取蜀,或以爲宜報聽許,吴終不能越荆有蜀,蜀地可爲已有。荆州主簿殷觀進曰:"若爲吴先驅,進未能克蜀,退爲吴所乘,即事去矣。今但可然贊其伐蜀,而自説新據諸郡,未可與動〔七八〕,吴必不敢越我而獨取蜀。如此進退之計〔七九〕,可以收吴、蜀之利。"先主從之,權果輟計。遷觀爲別駕從事。《獻帝春秋》曰:孫權欲與備共取蜀,遣使報備曰:"米賊張魯據王巴、漢〔八〇〕,爲曹操耳目,規圖益州。劉璋不武,不能自守。若操得蜀,則荆州危矣。今欲先攻取璋,進討張魯,首尾相連,一統吴、楚,雖有十操,無所憂也。"備欲自圖蜀,拒答不聽,曰:"益州民富彊〔八一〕,上地險阻〔八二〕,劉璋雖弱,足以自守。張魯虛僞,未必盡忠於操。今暴師於蜀、漢,轉運於萬里,欲使戰克攻取,舉不失利,此吴起不能定其規,孫武不能善其事也。曹操雖有無君之心,而有奉主之名,議者見操失利於赤壁,謂其力屈,無復遠志也。今操三分天下已有其二,將欲飲馬於滄海,觀兵於吴會〔八三〕,何肯守此坐須老乎?今同盟無故自相攻伐,借樞於操,使敵乘其隙〔八四〕,非長計也。"權不聽,遣孫瑜率水軍住夏口。備不聽軍過,謂瑜曰:"汝欲取蜀,吾當被髮入山,不失信於天下也。"使關羽屯江陵，張飛屯秭歸，諸葛亮據南郡，備自住潺陵〔八五〕。權知備意，因召瑜還。

十六年，益州牧劉璋遙聞曹公將遣鍾繇等向漢中討張魯，內懷恐懼。別駕從事蜀郡張松說璋曰："曹公兵彊，無敵於天下，若因張魯之資以取蜀土，誰能禦之者乎？"璋曰："吾固憂之，而未有計。"松曰："劉豫州，使君之宗室，而曹公之深讎也，善用兵〔八六〕，若使之討魯，魯必破。魯破則益州彊，曹公雖來，無能爲也。"璋然之，遣法正將四千人迎先主，前後賂遺以巨億計。正因陳益州可取之策。《吳書》曰：備前見張松，後得法正，皆厚以恩義接納〔八七〕，盡其慇勤之歡。因問蜀中闊狹，兵器府庫人馬衆寡，及諸要害道里遠近，松等具言之，又畫地圖山川處所，由是盡知益州虛實也。先主留諸葛亮、關羽等據荊州，將步卒數萬人入益州。至涪，璋自出迎，相見甚歡。張松令法正白先主及謀臣龐統進說，便可於會所襲璋。先主曰："此大事也，不可倉卒。"璋推先主行大司馬，領司隸校尉；先主亦推璋持鎮西大將軍〔八八〕，領益州牧。璋增先主兵，使擊張魯，又令督白水軍。先主并軍三萬餘人，車甲器械資貨甚盛。是歲，璋還成都。先主北到葭萌，未即討魯，厚樹恩德，以收衆心。

明年，曹公征孫權，權呼先主自救。先主遣使告璋曰："曹公征吳，吳憂危急。孫氏與孤本爲脣齒，又樂進在青泥與關羽相拒，今不往救羽〔八九〕，進必大克，轉侵州界，其憂有甚於魯。魯自守之賊，不足慮也。"乃從璋求萬兵及資寶，欲以東行。璋但許兵四千，其餘皆給半。《魏書》曰：備因激怒其衆曰："吾爲益州征強敵，師徒勤瘁，不遑寧居；今積帑藏之財而悋於賞功，望士大夫爲出死力戰，其可得乎！"張松書與先主及法正曰："今大事垂可立，如何釋此去乎！"松兄廣漢太守肅，懼禍及己〔九〇〕，白璋發其謀。於是璋收斬松，嫌隙始搆矣。《益部耆舊雜記》曰：張肅有威儀，容貌甚偉。松爲人短小〔九一〕，放蕩不治節操，然識達精果，有才幹。劉璋遣詣曹公，曹公不甚禮松；主簿楊脩深器之，白公辟松，公不納。脩以公所撰兵書示松，松宴飲之間一看便闇誦〔九二〕。脩以此益奇之〔九三〕。璋勑關戍諸將文書勿復關通先主。先主大怒，召璋白水軍督楊懷，責以無禮，斬之。乃使黄忠、卓膺勒兵向璋。先主徑至關中〔九四〕，質諸將并士卒妻子，引兵與忠、膺等進到涪，據其城。璋遣劉璝、冷苞、張任、鄧賢等拒先主於涪，《益部耆舊雜記》曰：張任，蜀郡人，家世寒門。少有膽勇，有志節〔九五〕，仕州爲從事。皆破敗，退保緜竹。璋復遣李嚴督緜竹諸軍，嚴率衆降先主。先主軍益強，分遣諸將平下屬縣，諸葛亮、張飛、趙雲等將兵泝流定白帝、江州、江陽，惟關羽留鎮荆州。先主進軍圍雒。時璋子循守城，被攻且一年。

十九年夏，雒城破，《益部耆舊雜記》曰：劉璋遣張任、劉璝率精兵拒捍先主於涪，爲先主所破，退與璋子循守雒城。任勒兵出於鴈橋，戰復敗。禽任。先主聞任之忠勇，令軍降之，任厲聲曰："老臣終不復事二主矣！"乃殺之。先主歎息焉〔九六〕。進圍成都數十日，璋出降。《傅子》曰：初，劉備襲蜀，丞相掾趙戩曰："劉備其不濟乎？拙於用兵，每戰必敗，奔亡不暇，何以圖人？蜀雖小區，險固四塞，獨守之國，難卒并也。"徵士傅幹曰〔九七〕："劉備寬仁有度，能得人死力。諸葛亮達治知變，正而有謀，而爲之相；張飛、關羽勇而有義，皆萬人之敵，而爲之將。此三人者，皆人傑也，以備之略，三傑佐之，何爲不濟也〔九八〕？"《典略》曰：趙戩字叔茂，京兆長陵人也〔九九〕。質而好學，言稱《詩》《書》，愛恤於人〔一○○〕，不論疏密。辟公府，入爲尚書選部郎。董卓欲以所私並充臺閣，戩拒不聽，卓怒，召戩欲殺之，觀者皆爲戩懼，而戩自若。及見卓，引辭正色〔一○一〕，陳説是非，卓雖凶戾，屈而謝之。遷平陵令。故將王允被害，莫敢近者，戩棄官收斂之。三輔亂，戩客荆州，劉表以爲賓客〔一○二〕。曹公平荆州，執戩手曰："何相見之晚也！"遂辟爲掾。後爲五官將司馬，相國鍾繇長史，年六十餘卒。蜀中殷盛豐樂，先主置酒大饗士卒，取蜀城中金銀分賜將士〔一○三〕，還其穀帛。先主復領益州牧，諸葛亮爲股肱，法正爲謀主，關羽、張飛、馬超爲爪牙，許靖、麋竺、簡雍爲賓友。及董和、黃權、李嚴等本璋之所授用也，吳壹、費觀等又璋之婚親也〔一○四〕，彭羕又璋之所排擯也，劉巴者宿昔之所忌恨也〔一○五〕，皆處之顯任，盡其器能。有志之士，無不競勸。

二十年，孫權以先主已得益州，使使報欲得荆州。先主言："須得涼州，當以荆州相與。"權忿之，乃遣呂蒙襲奪長沙、零陵、桂陽三郡。先主引兵五萬下公安，令關羽入益陽。是歲，曹公定漢中，張魯遁走巴西。先主聞之，與權連和，分荆州江夏、長沙、桂陽東屬；南郡、零陵、武陵西屬，引軍還江州。遣黃權將兵迎張魯，張魯已降曹公。曹公使夏侯淵、張郃屯漢中，數數犯暴巴界。先主令張飛進兵宕渠，與郃等戰於瓦口，破郃等，收兵還南鄭〔一〇六〕。先主亦還成都。

二十三年，先主率諸將進兵漢中〔一〇七〕。分遣將軍吳蘭、雷銅等入武都〔一〇八〕，皆爲曹公軍所沒。先主次於陽平關，與淵、郃等相拒。

二十四年春，自陽平南渡沔水，緣山稍前，於定軍山勢作營〔一〇九〕。淵將兵來爭其地，先主命黃忠乘高鼓譟攻之，大破淵軍，斬淵、郃及曹公所署益州刺史趙顒等〔一一〇〕。曹公自長安舉衆南征，先主遙策之曰："曹公雖來，無能爲也，我必有漢川矣。"及曹公至，先主斂衆拒險，終不交鋒。積月不拔〔一一一〕，亡者日多〔一一二〕。夏，曹公果引軍還，先主遂有漢中。遣劉封、孟達、李平等攻申耽於上庸。

秋，羣下上先主爲漢中王，表於漢帝曰："平西將軍都亭侯臣馬超、左將軍領長史鎮軍將軍臣許靖、營司馬臣龐羲、議曹從事中郎軍議中郎將臣射援、《三輔決錄注》曰：援字文雄，扶風人也。其先本姓謝，與北地諸謝同族。始祖謝服爲將軍出征，天子以謝服非令名，改爲射，子孫氏焉。兄堅，字文固，少有美名，辟公府爲黃門侍郎。獻帝之初，三輔饑亂，堅去官，與弟援南入蜀依劉璋，璋以堅爲長史。劉備代璋，以堅爲廣漢、蜀郡太守。援亦少有名行，太尉皇甫嵩賢其才而以女妻之，丞相諸葛亮以援爲祭酒，遷從事中郎，卒官。軍師將軍臣諸葛亮、盪寇將軍漢壽亭侯臣關羽、征虜將軍新亭侯臣張飛、征西將軍臣黃忠、鎮遠將軍臣賴恭、揚武將軍臣法正、興業將軍臣李嚴等一百二十人上言曰：昔唐堯至聖而四凶在朝，周成仁賢而四國作難，高后稱制而諸呂竊命，孝昭幼沖而上官逆謀，皆馮世寵，藉履國權，窮凶極亂，社稷幾危。非大舜、周公、朱虛、博陸，則不能流放禽討，安危定傾。伏惟陛下誕姿聖德〔一一三〕，統理萬邦，而遭厄運不造之艱。董卓首難，蕩覆京畿，曹操階禍，竊執天衡；皇后太子，鴆殺見害，剝亂天下，殘毀民物。久令陛下蒙塵憂厄，幽處虛邑。人神無主，遏絕王命，厭昧皇極，欲盜神器。左將軍領司隸校尉，豫、荊、益三州牧，宜城亭侯備，受朝爵秩，念在輸力，以殉國難。覩其機兆，赫然憤發，與車騎將軍董承同謀誅操，將安國家，克寧舊都。會承機事不密，令操游魂得遂長惡，殘泯海內。臣等每懼王室大有閻樂之禍，小有定安之變，趙高使閻樂殺二世。王莽廢孺子以為定安公。夙夜惴惴，戰慄累息。昔在《虞書》，敦序九族，周監二代，封建同姓，《詩》著其義，歷載長久。漢興之初，割裂疆土，尊王子弟，是以卒折諸呂之難，而成太宗之基。臣等以備肺腑枝葉，宗子藩翰，心存國家，念在弭亂。自操破於漢中，海內英雄望風蟻附，而爵號不顯，九錫未加，非所以鎮衛社稷，光昭萬世也。奉辭在外，禮命斷絕。昔河西太守梁統等值漢中興，限於山河，位同權均，不能相率，咸推竇融以為元帥，卒立效績，摧破隗囂。

今社稷之難,急於隴、蜀,操外吞天下,内殘羣寮,朝廷有蕭墻之危,而禦侮未建,可爲寒心。臣等輒依舊典,封備漢中王,拜大司馬,董齊六軍,糾合同盟,埽滅凶逆。以漢中、巴、蜀、廣漢、犍爲爲國,所署置依漢初諸侯王故典。夫權宜之制,苟利社稷,專之可也。然後功成事立,臣等退伏矯罪〔一四〕,雖死無恨。"遂於沔陽設壇場,陳兵列衆,羣臣陪位,讀奏訖,御王冠於先主。

先主上言漢帝曰:"臣以具臣之才,荷上將之任,董督三軍,奉辭於外,不能埽除寇難,靖匡王室,久使陛下聖教陵遲,六合之内,否而未泰,惟憂反側,疢如疾首。曩者董卓造爲亂階,自是之後,羣凶縱横,殘剝海内。賴陛下聖德威靈,人臣同應〔一五〕,或忠義奮討,或上天降罰,暴逆並殪,以漸冰消。惟獨曹操,久未梟除,侵擅國權,恣心極亂。臣昔與車騎將軍董承圖謀討操〔一六〕,機事不密,承見陷害,臣播越失據,忠義不果。遂得使操窮凶極逆,主后戮殺,皇子鴆害。雖糾合同盟,念在奮力,懦弱不武,歷年未效。常恐殞没,孤負國恩,寤寐永歎,夕惕若厲。今臣羣寮以爲在昔《虞書》敦敍九族〔一七〕,庶明勵翼,鄭玄注曰:庶,衆也;勵,作也;敍,次序也。序九族而親之,以衆明作羽翼之臣也。五帝損益,此道不廢。周監二代,並建諸姬,實賴晉、鄭夾輔之福。高祖龍興,尊王子弟,大啓九國,卒斬諸吕,以安太宗〔一八〕。今操惡直醜正,實繁有徒,包藏禍心,篡盜已顯。既宗室微弱〔一九〕,帝族無位,斟酌古式,依假權宜,上臣大司馬漢中王。臣伏自三省，受國厚恩，荷任一方，陳力未效，所獲已過，不宜復忝高位，以重罪謗。羣寮見逼，迫臣以義。臣退惟寇賊不梟〔一二〇〕，國難未已，宗廟傾危，社稷將墜，成臣憂責碎首之負〔一二一〕。若應權通變，以寧靖聖朝，雖赴水火，所不得辭，敢慮常宜，以防後悔。輒順衆議，拜受印璽，以崇國威。仰惟爵號，位高寵厚，俯思報效，憂深責重，驚怖累息〔一二二〕，如臨於谷。盡力輸誠，獎厲六師，率齊羣義，應天順時，撲討凶逆，以寧社稷，以報萬分。謹拜章。"因驛上還所假左將軍、宜城亭侯印綬。於是還治成都。拔魏延爲都督，鎮漢中。《典略》曰：備於是起館舍，築亭障，從成都至白水關，四百餘區。時關羽攻曹公將曹仁，禽于禁於樊。俄而孫權襲殺羽，取荊州。

二十五年，魏文帝稱尊號，改年曰黃初。或傳聞漢帝見害，先主乃發喪制服，追諡曰孝愍皇帝。是後在所並言衆瑞〔一二三〕，日月相屬，故議郎陽泉侯劉豹、青衣侯向舉、偏將軍張裔、黃權、大司馬屬殷純、益州別駕從事趙莋、治中從事楊洪、從事祭酒何宗、議曹從事杜瓊、勸學從事張爽、尹默、譙周等上言："臣聞《河圖》《洛書》，五經讖緯，孔子所甄，驗應自遠。謹案《洛書甄曜度》曰：'赤三日〔一二四〕，德昌九世，會備合爲帝際。'《洛書寶號命》曰：'天度帝道備稱皇，以統握契，百成不敗。'《洛書録運期》曰：'九侯七傑爭命，民炊骸，道路籍籍履人頭，誰使主者玄且來。'《孝經鉤命決録》曰：

'帝三建九會備。'臣父羣未亡時,言西南數有黃氣,直立數丈,見來積年,時時有景雲祥風,從璿璣下來應之,此爲異瑞。又二十一年中[一二五],數有氣如旗,從西竟東,中天而行,《圖》《書》曰:'必有天子出其方。'加是年太白、熒惑、塡星常從歲星相追。近漢初興,五星從歲星謀;歲星主義,漢位在西、義之上方,故漢法常以歲星候人主。當有聖主起於此州,以致中興。時許帝尚存,故羣下不敢漏言。頃者熒惑復追歲星,見在胃昴畢。昴畢爲天綱,《經》曰:'帝星處之,衆邪消亡。'聖諱豫覩,推揆期驗,符合數至,若此非一。臣聞聖王先天而天不違,後天而奉天時,故應際而生[一二六],與神合契。願大王應天順民,速即洪業,以寧海內。"

　　太傅許靖、安漢將軍糜竺、軍師將軍諸葛亮、太常賴恭、光祿勳黃權[一二七]、少府王謀等上言:"曹丕篡弒,湮滅漢室,竊據神器,劫迫忠良,酷烈無道。人鬼忿毒,咸思劉氏。今上無天子,海內惶惶,靡所式仰。羣下前後上書者八百餘人[一二八],咸稱述符瑞,圖、讖明徵。間黃龍見武陽赤水,九日乃去。《孝經援神契》曰:'德至淵泉則黃龍見。'龍者,君之象也。《易·乾》九五'飛龍在天',大王當龍升,登帝位也。又前關羽圍樊、襄陽,襄陽男子張嘉、王休獻玉璽,璽潛漢水,伏於淵泉,暉景燭燿,靈光徹天[一二九]。夫漢者,高祖本所起定天下之國號也,大王襲先帝軌跡,亦興於漢中也。今天子玉璽神光先見,璽出襄陽,漢水之末,明大王承其下流,授與大王以天子之位〔一三〇〕，瑞命符應，非人力所致。昔周有烏魚之瑞，咸曰休哉。二祖受命，《圖》《書》先著，以爲徵驗。今上天告祥，羣儒英俊，並進《河》《洛》，孔子讖記〔一三一〕，咸悉具至。伏惟大王出自孝景皇帝中山靖王之冑〔一三二〕，本支百世，乾祇降祚，聖姿碩茂〔一三三〕，神武在躬，仁覆積德，愛人好士，是以四方歸心焉。考省《靈圖》，啓發讖緯，神明之表，名諱昭著。宜即帝位，以篡二祖，紹嗣昭穆，天下幸甚。臣等謹與博士許慈、議郎孟光建立禮儀，擇令辰，上尊號。"即皇帝位於成都武擔之南。《蜀本紀》曰〔一三四〕：武都有丈夫化爲女子，顏色美好，蓋山精也。蜀王娶以爲妻，不習水土，疾病欲歸國，蜀王留之，無幾物故。蜀王發卒之成都〔一三五〕，擔土於成都郭中葬〔一三六〕，蓋地數畝，高七丈〔一三七〕，號曰武擔也。臣松之案：武擔，山名，在成都西北，蓋以乾位在西北，故就之以即阼。爲文曰："惟建安二十六年四月丙午，皇帝備敢用玄牡〔一三八〕，昭告皇天上帝、后土神祇：漢有天下，歷數無疆。曩者王莽篡盜，光武皇帝震怒致誅，社稷復存。今曹操阻兵安忍，戮殺主后，滔天泯夏，罔顧天顯。操子丕，載其凶逆，竊居神器。羣臣將士以爲社稷墮廢，備宜脩之，嗣武二祖，龔行天罰。備雖否德〔一三九〕，懼忝帝位。詢於庶民，外及蠻夷君長，僉曰'天命不可以不答，祖業不可以久替，四海不可以無主'。率土式望，在備一人。備畏天明命，又懼漢邦將湮於地〔一四〇〕，謹擇元日，與百寮登壇，受皇帝璽綬。脩燔瘞，告類於天神，惟神饗祚於漢家，永綏四海！"《魏書》曰：備聞曹公薨，遣掾韓冉奉書弔〔一四一〕，并致賻贈之禮。文帝惡其因喪求好，勑荆州刺史斬冉，絶使命。《典略》曰：備遣軍謀掾韓冉齎書弔，并貢錦布。冉稱疾住上庸，上庸致其書。適會受終，有詔報答以引致之。備得報書，遂稱制。

　　章武元年夏四月，大赦，改年。以諸葛亮爲丞相，許靖爲司徒。置百官，立宗廟，袷祭高皇帝以下。臣松之以爲：先主雖云出自孝景，而世數悠遠，昭穆難明，既紹漢祚，不知以何帝爲元祖以立親廟。於時英賢作輔，儒生在官，宗廟制度，必有憲章，而載記闕略，良可恨哉！五月，立皇后吳氏，子禪爲皇太子。六月，以子永爲魯王，理爲梁王。車騎將軍張飛爲其左右所害。初，先主忿孫權之襲關羽，將東征，秋七月，遂帥諸軍伐吳。孫權遣書請和，先主盛怒不許。吳將陸議、李異、劉阿等屯巫、秭歸，將軍吳班、馮習自巫攻破異等，軍次秭歸，武陵五谿蠻夷遣使請兵。

　　二年春正月，先主軍還秭歸，將軍吳班、陳式水軍屯夷陵，夾江東西岸。二月，先主自秭歸率諸將進軍〔一四二〕，緣山截嶺，於夷道猇許交反。亭駐營，自佷音恒。山通武陵〔一四三〕，遣侍中馬良安慰五谿蠻夷，咸相率響應。鎮北將軍黃權督江北諸軍，與吳軍相拒於夷陵道。夏六月，黃氣見自秭歸，十餘里中廣數十丈。後十餘日，陸議大破先主軍於猇亭，將軍馮習、張南等皆没。先主自猇亭還秭歸，收合離散兵，遂棄船舫，由步道還魚復，改魚復縣曰永安。吳遣將軍李異、劉阿等蹹躡先主軍，屯駐南山。秋八月，收兵還巫。司徒許靖卒。冬十月，詔丞相亮營南北郊於成都。孫權聞先主住白帝[一四四]，甚懼，遣使請和。先主許之，遣太中大夫宗瑋報命。冬十二月，漢嘉太守黃元聞先主疾不豫[一四五]，舉兵拒守。

　　三年春二月，丞相亮自成都到永安。三月，黃元進兵攻臨邛縣。遣將軍陳曶音笏。討元，元軍敗，順流下江，爲其親兵所縛，生致成都，斬之。先主病篤，託孤於丞相亮，尚書令李嚴爲副。夏四月癸巳，先主殂於永安宮，時年六十三。《諸葛亮集》載先主遺詔勑後主曰："朕初疾但下痢耳，後轉雜他病，殆不自濟。人五十不稱夭[一四六]，年已六十有餘[一四七]，何所復恨，不復自傷[一四八]，但以卿兄弟爲念[一四九]。射君到，説丞相歎卿智量甚大，增修過於所望，審能如此，吾復何憂？勉之勉之！勿以惡小而爲之，勿以善小而不爲。惟賢惟德[一五〇]，能服於人。汝父德薄，勿效之。可讀《漢書》《禮記》，閒暇歷觀諸子及《六韜》《商君書》，益人意智。聞丞相爲寫《申》《韓》《管子》《六韜》一通已畢，未送，道亡，可自更求聞達。"臨終時，呼魯王與語："吾亡之後[一五一]，汝兄弟父事丞相，令卿與丞相共事而已。"

　　亮上言於後主曰："伏惟大行皇帝邁仁樹德，覆燾無疆，昊天不弔，寢疾彌留，今月二十四日奄忽升遐，臣妾號咷，若喪考妣。乃顧遺詔，事惟太宗[一五二]，動容損益[一五三]；百寮發哀，滿三日除服，到葬期復如禮[一五四]；其郡國太守、相、都尉、縣令長，三日便除服。臣亮親受勅戒,·震畏神靈〔一五五〕,不敢有違。臣請宣下奉行。"五月,梓宮自永安還成都,諡曰昭烈皇帝。秋八月,葬惠陵。葛洪《神仙傳》曰:仙人李意其,蜀人也。傳世見之,云是漢文帝時人。先主欲伐吳,遣人迎意其。意其到,先主禮敬之,問以吉凶。意其不答而求紙筆,畫作兵馬器仗數十紙,已,便一一以手裂壞之,又畫作一大人,掘地埋之,便徑去。先主大不喜。而自出軍征吳,大敗還,忿恥發病死,衆人乃知意其畫作大人而埋之者,即是言先主死意。

評曰:先主之弘毅寬厚,知人待士,蓋有高祖之風,英雄之器焉。及其舉國託孤於諸葛亮,而心神無貳,誠君臣之至公,古今之盛軌也。機權幹略,不逮魏武,是以基宇亦狹。然折而不撓,終不爲下者,抑揆彼之量必不容己,非唯競利,且以避害云爾。

【校箋】

〔一〕毛本作"蜀書二"。

〔二〕毛本作"先主傳"。

〔三〕《御覽》卷一百一十七引"屬"下無"也"字。

〔四〕《類聚》卷八十八、《御覽》、《事類賦》卷二十五引俱無"見"字。又《事類賦》引"如"下無"小"字。《華陽國志》亦無"見"字、"小"字。

〔五〕《御覽》引"人"下有"也"字。

〔六〕《類聚》《御覽》《事類賦》引"諸"下俱無"小"字,《華陽國志》、蕭書、郝書亦無"小"字。又《事類賦》引作"戲於樹下"，蕭書、郝書作"戲桑下"。

〔七〕盧弼曰："《續漢志·輿服志》：'羽蓋華蚤。'徐廣曰：'翠羽蓋黃裏，所謂黃屋車也。'《東京賦》曰：'樹翠羽之高蓋。'薛綜曰：'樹翠羽如蓋如雲龍矣。'"

謹案：蕭書音義："合聚五采羽名爲葆車。上建羽葆，故曰羽葆車。"考《類聚》《御覽》《事類賦》引作"車蓋"。疑作"車蓋"是，承上"童童如小車蓋"而言。

〔八〕《御覽》引"也"字作"矣"。

〔九〕蕭書、郝書"起"上有"元"字。盧弼曰："宋本、馮本、吳本、毛本無'元'字。"

謹案：錢儀吉曰："頤谷孫氏曰：'起曰上脱元字。'"徐紹楨曰："按下'起曰'宋蕭氏、元郝氏《續後漢書》作'元起曰'。疑此傳有脱文。然《華陽國志》亦無'元'字也。"

〔一〇〕盧弼曰："《華陽國志》'手'作'臂'。"

謹案：《類聚》卷十七、《御覽》卷一百一十七、卷三百六十六、卷三百六十八引"手"俱作"臂"。

〔一一〕《御覽》卷一百一十七、卷三百五十九、卷三百六十八引無"黃巾"二字，《文選》鍾季士《檄蜀文》李注、郝書亦俱無此二字。蓋上文已言"黃巾起"，此無緣重出"黃巾"二字也，當删。

〔一二〕《御覽》卷三百五十九引"直"上有"乃"字，"入"下有"傳"字。

〔一三〕盧弼曰："《説文》：'繫馬柱也。'"

謹案：《説文·木部》："柳，馬柱也。"段注："謂繫馬之柱也。"盧君混同《説文》正文與段注，非是。

〔一四〕郝書"更"字作"徑"。

〔一五〕《御覽》卷一百一十七引無"爲"字，《華陽國志》、蕭書、郝書亦同。

〔一六〕紹興本"復"字作"後"，郝書同。

〔一七〕毛本"爲"字作"與"。盧弼曰："各本'與'皆作'爲'。錢大昕曰：'爲字誤，當是助字之訛。'弼按：下文'先主與田楷東屯齊'，此亦當作'與'字。郝經《續後漢書》：'初平二年夏六月，袁紹逐冀州牧韓馥，自領州。攻瓚所置青州刺史田楷。冬十月，瓚表昭烈爲別部司馬，使爲楷拒紹。'仍作'爲'字。"

謹案：徐紹楨曰："'爲'本有助義。《詩·鳧鷖》'福禄來爲'箋，《論語·述而》'夫子爲衛君乎'集解引鄭注，又皇疏、朱注並云：'爲，猶助也。'《國策·魏策》'臣問王之爲魏'注：'爲，助也。'皆是其證（下文'郡縣多叛曹公爲先主'，亦言助先主也）。錢氏以爲訛字，殆未審矣！"考《通鑑》、蕭書均作"與"，《御覽》、《册府》卷一百八十三引同。下文"楷與先主俱救之"，亦作"與"。"爲"蓋"與"字之殘訛，錢、徐説或非。

〔一八〕《御覽》引無"戰"字。

〔一九〕蕭書"下"字作"至"。

〔二〇〕《御覽》引無"田"字。

〔二一〕《御覽》引"主"下無"自"字。

〔二二〕陳本、毛本"陽"字作"楊"。《御覽》引"千"下有"人"字。

〔二三〕毛本"彼"字作"鄙"。盧弼曰："各本'鄙州'皆作'彼州'。《華陽國志》作'鄙州'。錢大昕曰：'作鄙州是。登下邳人，下邳屬徐州，故云鄙州也。彼字誤。'"

謹案：錢儀吉曰："宋本作'鄙州'。"徐紹楨曰："錢説是也。裴注載《獻帝春秋》陳登等遣使詣紹曰：'天降災沴，禍臻鄙州。'

此可舉爲稱'鄙州'之證。蕭書《陳登傳》、郝書《昭烈紀》載此語，並作鄙州，其所據陳志尚未誤也。蕭書《昭烈紀》又作'此州殷富'，不應前后互異，此則後人以意易之耳。"

〔二四〕郝書"此君"作"此家"。

〔二五〕盧弼曰："官本'沴'作'殄'。"

謹案：作"沴"字是。《漢書·匡張孔馬傳》"又曰'六沴之作'"顏注："沴音戾。""沴"與"戾"通。《漢書·食貨志》"天降災戾"顏注："戾，惡氣也。"

〔二六〕《御覽》《册府》引俱無"先主"二字。

〔二七〕盧弼曰："《通鑑》'北'作'比'。"

謹案：《官本考證》云："'北至'《通鑑》作'比至'。"考《通鑑》及郝書亦俱作"比"。備與袁術戰於淮陰，布襲取下邳，乃引軍還。由淮陰反下邳，不得云北至也，作"比"字是。比，及也。

〔二八〕盧弼曰："《通鑑考異》曰：'遣關羽守下邳，此在布敗後，備傳誤也。'弼按：《魏志·呂布傳》云：'備東擊術，布襲取下邳。備還歸布，布遣備屯小沛。布自稱徐州刺史。'布既據有下邳，必不容關羽同城共守。若關羽守下邳，則與下文曹公助先主圍下邳之語相矛盾，且與後文先主殺徐州刺史車胄留關羽守下邳，而身還小沛之語相複，其誤無疑。若云布還其妻子，遣先主還小沛，於當日情勢方合。"

謹案：盧說是。稽之本傳裴注引《魏書》亦僅云"備心不安，而求自託使人說布，求屯小沛，布乃遣之"，未涉及羽守下邳事也。《御覽》引無"先主遣關羽守下邳"一句，而云"遣先主還小沛"。疑陳壽原文如此，"遣關羽守下邳"或傳寫妄增也。

〔二九〕盧弼曰："宋本'敗'作'踧'。"

謹案：梁章鉅曰："何校'敗'宋本作'蹙'。"考郝書字作"踧"，"踧"亦作"蹙"。《釋名·釋姿容》："蹙，遒也，遒迫之也。"是"踧"有窘迫之義，"蹙"爲"踧"之借字。

〔三〇〕《御覽》引"布"上無"吕"字。

〔三一〕《御覽》引"出"下無"兵"字。

〔三二〕盧弼曰："監本'厚'作'後'，誤。"

謹案：此已見《官本考證》，則"建"字上應增"《官本考證》曰"五字。

〔三三〕紹興本無"其"字，"獲"下有"將士"二字。

〔三四〕《御覽》引"招"下有"等"字。

〔三五〕盧弼曰："何焯曰：'按：此則古人凡外家大人行通謂之舅。'趙一清曰：'董承故董卓婿牛輔部曲將。皇甫酈謂李傕曰：近董公内有董旻、承、璜以爲鯁毒。旻卓弟，璜亦卓兄子，則承必其支屬。其後有功獻帝，又以其女爲貴人，故謂之舅邪？裴以承爲董太后之姪，恐非。'（趙氏又有說，見《董卓傳》注，與此說異。）錢儀吉曰：'曹操之弑伏后，范書《伏后紀》中備載其事。其殺董承，夷三族，《董后紀》不書，蓋承非后族也。'弼按：范書《伏后紀》：'董承女爲貴人，操誅承，而求貴人殺之。帝以貴人有妊，累爲請不能得。'本傳稱舅者，蓋以女爲貴人也。至云'承爲董后之姪，董卓之支屬'，均未知何據。"

謹案：宋周煇《清波雜志》曰："《漢書·匈奴傳》且鞮侯單于云'漢天子，我丈人行'。若曰此語止爲尊老言，非專指妻之父則可。若謂古無丈人之名，後學竊有疑焉。"此亦訂正裴注，盧君未及，故附著於此。

〔三六〕盧弼曰："劉咸炘曰：'辭字當删。先主未發四字亦贅。'"

謹案："辭"字應屬上爲句。《廣韵》引《説文》："辭，説也。"《漢書‧王吉傳》"慎毋有所發"注："發謂興舉衆事。"是未發猶言尚未舉動。然劉氏以此句爲贅者，蓋誤以與上文未出之意同或然耳。考此節云先主未出擊袁術之時，董承向之宣述接奉獻帝密詔，當誅曹操。先主雖知，然尚未有所舉動，故曰未發。及聞曹操天下英雄之論，疑懼遂生，乃與董承等合謀。層次明晰，非有衍文贅語糅雜其間，劉説或未審。

〔三七〕《御覽》卷八百四十七引"時"下有"與"字，"謂"上有"曹公"二字。

〔三八〕《御覽》引無"今"字。

〔三九〕盧弼曰："范書作'偏將軍王服'。趙一清曰：'武侯表任用李服而李服圖之，服豈別姓李邪？'"

謹案：徐紹楨曰："《後漢書‧獻帝紀》云：'車騎將軍董承、偏將軍王服、越騎校尉种輯受密詔誅曹操。'此云王子服與彼不符。當是蒙上'吳子蘭'而衍'子'字耳！觀裴注引《獻帝起居注》屢云'服曰'，蕭氏《續後漢書》亦云'偏將軍王服（按：蕭氏據范書，似未本《蜀志》也）'。可知必無'子'字。郝書於《昭烈帝紀》作'王子服'，蓋所據《三國志》業已誤衍。其於曹操傳仍云'偏將軍王服'，則據范書增入，而未訂其異同也。'長水校尉'《後漢書》作'越騎'。"

〔四〇〕盧弼曰："宋本'棚'作'栅'。"

謹案：《官本考證》曰："'棚'宋本作'栅'。"郝書亦作"栅"。作"棚"蓋傳寫之誤。

〔四一〕盧弼曰："昌霸即昌豨，見《魏志‧武帝紀》建安五年。"

謹案：洪頤煊曰："《武帝紀》《于禁傳》《張遼傳》《臧霸傳》

俱作'昌豨'。"

〔四二〕《册府》卷一百八十三引作"紹遣人將騎道路奉迎",此脱"人""騎"二字。

〔四三〕盧弼曰:"《御覽》'二'作'三'。"

謹案:《御覽》卷一百一十七引作"二",盧君云作"三",不審何據。

〔四四〕郝書"餘"下無"日"字。

〔四五〕《御覽》引"兵"字作"騎",考《曹仁傳》:"道使將騎擊先主,破走之。"則作"騎"者是也。

〔四六〕盧弼曰:"《魏志·武紀》'龔'作'共','陽'作'揚'。"

謹案:梁章鉅曰:"《魏武帝紀》'龔都'作'共都','龔''共'字同。"《官本考證》曰:"'陽'宋本作'揚'。"考紹興本"陽"作"揚",《華陽國志》、郝書同。

〔四七〕盧弼曰:"自建安六年至十三年,住荆州八年。"

謹案:《御覽》引"住"字作"在"。郝書同。疑作"在"字是,"住""在"形近,或傳寫之誤。

〔四八〕盧弼曰:"宋本'吾'作'平',《通鑑》同。"

謹案:《御覽》卷一百一十七、卷一百八十九、《册府》卷一百八十三、郝書、《蒙求注》引"吾"字俱作"平"。

〔四九〕馮本、陳本、毛本"墮"字俱作"渡"。盧弼曰:"宋本'渡'作'墮'。"

謹案:錢儀吉曰:"趙從宋本'渡'改作'墮'。"考《類聚》卷九十三、《草堂詩箋》卷一引亦作"墮"。《水經·沔水注》引作"墜"。"墜""墮"義同。則作"墮"字是,且與下文"一踊三丈"情勢相應。

〔五〇〕《御覽》卷八十九引《襄沔記》"厄"字作"危"，郝書同。"厄""危"形近。

〔五一〕紹興本、毛本"弩"字作"努"，郝書同。《類聚》卷九十三、《白帖》卷九十六引作"何不弩力"。《事類賦》卷二十一引"何"作"可"，餘均同。

〔五二〕紹興本"一"字上有"乃"字，《草堂詩箋》卷一引同。"踊"，《草堂詩箋》作"躍"，郝書同。

〔五三〕郝書苟注引"曰"字下有"檀溪之事"四字。

〔五四〕郝書苟注引"敢"字作"能"。

〔五五〕郝書苟注引無"皆"字。

〔五六〕盧弼曰："《官本考證》：'盧明楷曰：《武帝紀》建安十三年秋七月公南征劉表，八月表卒。此云南征表，繫於十二年，誤，恐上更有脱文也。'"

謹案：此盧明楷襲取何氏說，非說同也。考《御覽》卷一百一十七引作"及曹公南征，會表死"。此脱"及"字，與上詞意不接，何氏謂有脱文是也，當補"及"字。

〔五七〕盧弼曰："馮本'病'作'疾'。"

謹案：陳本"病"亦作"疾"。盧君於陳本，頗致譏彈，陳本固多可疵，然其是者亦不徵錄，則違擇善從長之義矣。

〔五八〕馮本、陳本"忍"字作"爲"。

〔五九〕毛本"既"字作"計"。

〔六〇〕《御覽》卷三百四十五引"旨"字作"白"。

〔六一〕盧弼曰："胡三省曰：'劇，甚也。'"

謹案：桂馥《説文解字義證》曰："恩，多劇恩恩也，即恩促之義。"則太劇猶言太恩促耳。胡注似未確。

〔六二〕《御覽》引"輩"下有"也"字。

〔六三〕《御覽》卷一百一十七引"事"下有"者"字。

〔六四〕《御覽》引無"必"字,《華陽國志》同。

〔六五〕《御覽》引"何"上無"吾"字,《華陽國志》同。

〔六六〕"吳臣",《吳志·士燮傳》《步騭傳》均作"吳巨",是也。郝書同,下同。

〔六七〕盧弼曰:"胡三省曰:'世業猶言世事。'"

謹案:世有大義,則世業即大業也。

〔六八〕《類聚》卷七十一、《御覽》卷七百七十引"往"字俱作"還"。

〔六九〕盧弼曰:"何焯曰:'之字衍。'"

謹案:《類聚》《御覽》引"知"下無"之"字,何校是也。

〔七〇〕《類聚》《御覽》引"之"字俱作"瑜"。

〔七一〕盧弼曰:"胡三省曰:'委,棄也;署,置也。'"

謹案:徐灝《説文解字注箋》曰:"《左傳·文六年》:'委之常秩。'杜注:'委,任也。'成二年傳:'王使委于三吏。'注:'委,屬也。'即委置之引申者。今到官任事謂之委任,是其義。"則此"委"字不得以棄義釋之也。胡注誤。

〔七二〕《類聚》《御覽》引"自"下俱無"結"字。

〔七三〕《類聚》引"公"字作"氏"。

〔七四〕馮本、陳本、毛本"堤"字俱作"從",《季漢書》同。

〔七五〕馮本、陳本"偉"字作"書",郝書同。毛本作"禕"。

〔七六〕紹興本"名"下有"爲"字。

〔七七〕毛本"是"字作"實"。

〔七八〕馮本、陳本、毛本"與"字俱作"興"。盧弼曰:"宋本'興'作'與'。"

謹案：疑作"興"字是。《左傳·哀公十六年》"使興國人以攻白公"注："興，發也。"則興動猶發動。郝書亦作"興"。

〔七九〕郝書作"如此進退在我"。疑郝君臆改。

〔八〇〕紹興本、馮本、陳本"據"作"居"。盧弼曰："郝經書作'據巴蜀漢'。"

謹案：《張魯傳》："雄據巴漢垂三十年。"蜀時爲劉璋所保據，則張魯不得云據巴蜀漢地也。郝書誤。此"居"字疑爲"據"字之誤。"據"俗作"据"，因誤爲"居"也。

〔八一〕郝書"州"下無"民"字，疑是，此以四字成文也。

〔八二〕紹興本"上"字作"土"。郝書同。應據改。

〔八三〕盧弼曰："胡三省曰：'吳會謂吳地爲一都會。會讀如字。一説吳會爲吳會稽二郡之地。會音工外翻。'"

謹案：胡紹煐曰："施宿《會稽郡志》曰：'《三國志》吳郡、會稽爲吳會二郡。'顧氏炎武據《後漢書》謂東漢順帝永建四年始分會稽郡之地爲吳郡，而《史記·吳王濞傳》已有'吳會輕悍'之語，是西漢已稱吳會可見。吳會云者，猶言吳都云爾。因歷舉魏晉諸文所稱吳會者，皆當讀都會之會，不得作會稽之會。趙氏翼則謂：西漢時會稽郡治本在吳縣，時俗以郡縣連稱，故云吳會，觀《漢書·地理志》便自了然。其尤顯然可證者。魏文帝詩：'惜哉時不遇，適與飄風會。吹我東南行，行行至吳會。'吳會字讀若都會之會，豈有兩韵接連而重若此者？孟浩然《留別詩》：'朝乘汴河流，夕次譙縣界。幸值西風吹，得與故人會。君學梅福隱，余從伯鸞邁。別後能相思，浮雲在吳會。'上會晤之會，下會稽之會，故可分協。然唐人猶以吳會作會稽讀矣。紹煐按：顧説詳見《日知錄》，其言甚辨。今觀趙氏所駁，知顧説無一而可。又得魏唐二詩，確據益信吳會爲吳郡會稽。余又得一佐證。《後漢書·蔡邕傳》'乃亡命江海，遠跡吳會'章懷注引張騭《文士傳》邕告吳人曰'吾嘗經會稽'云云，亦以吳會爲吳郡、會稽也。"

〔八四〕馮本、陳本"乘"字作"承"，郝書同。

〔八五〕盧弼曰："'潺'當作'孱'。孱陵見《劉璋傳》'公安'注。"

謹案：錢儀吉曰："何本'潺'作'孱'。"考郝書亦作"孱"。

〔八六〕蕭書"善"上有"且"字。

〔八七〕紹興本、毛本"義"字作"意"。盧弼曰："元本'意'作'義'。馮本作'遇'。《通鑑考異》作'德'。"

謹案：郝書、《册府》卷八百一十三引俱作"義"。陳本作"遇"。疑作"義"字是。

〔八八〕盧弼曰："宋本'持'作'行'，《通鑑》同。潘眉曰：'持下當有節字。'沈家本曰：'持節之稱起於魏晉，蜀中未必效魏制。'"

謹案：《官本考證》曰："'持'《通鑑》作'行'，宋本同。"徐紹楨曰："《華陽國志》'持'作'行'。"考《御覽》卷一百一十七、《册府》卷一百八十三、蕭書、郝書俱作"行"。作"行"字是也。行者猶今代理之意。

〔八九〕《御覽》卷四百六十八引"救"下無"羽"字，《華陽國志》同。

〔九〇〕紹興本"及"字作"逮"。《册府》引同。《御覽》卷六百四十六引作"退"，疑"退"爲"逮"字之形誤。

〔九一〕《御覽》卷三百八十九引"松"上有"弟"字。

〔九二〕《御覽》引作"一省即便闇誦"。疑是。

〔九三〕盧弼曰："宋本'奇'作'異'。"

謹案：《御覽》、《册府》卷七百九十八引作"以此異之"。

〔九四〕盧弼曰："《通鑑》作'關頭'。胡三省曰：'即白水關頭也。'"

謹案：時張魯據有漢中，先主無緣徑至關中也，當作"關頭"爲是。郝書亦作"關頭"。《龐統傳》"各據彊兵，據守關頭"是其證。

〔九五〕郝書苟注引"勇"下無"有"字。疑此當作"少膽勇，有志節"，"少"下"有"字當刪。

〔九六〕盧弼曰："宋本'息'作'惜'。"

謹案：錢儀吉曰："趙從宋本'息'改'惜'。"

〔九七〕《草堂詩箋》卷三十引"徵"字作"處"。

〔九八〕紹興本"濟"下無"也"字，郝書同。《御覽》卷四百四十四引"爲"下有"而"字。

〔九九〕紹興本無"也"字。

〔一〇〇〕馮本、陳本"恤"俱作"惜"。

〔一〇一〕盧弼曰："《御覽》'引'作'列'。"

謹案：《官本考證》曰："'引'《太平御覽》作'列'。"此已見於《考證》，則"御"上應有"《官本考證》曰"五字。《御覽》見卷二百一十六引。疑作"列辭"是，列辭猶言陳辭。《廣雅·釋詁二》："列，陳也。"

〔一〇二〕句下《御覽》卷四百四十五引有"是時禰衡來游京師，詆訾朝士。及南見戩，歎之曰：'劔即干將莫耶，木則椅桐梓漆，人則顏冉仲弓也。'建安中，丞相南取荆州，執戩手曰"云云。

〔一〇三〕盧弼曰："毛本'蜀'作'出'。《通鑑》作'蜀'。"

謹案：《書鈔》卷一百二十八引袁希之《漢（江）表傳》："先主圍成都，劉璋垂出濟（此有訛奪），先主大會作樂，乃取金寶玉以賜功臣。"

〔一〇四〕盧弼曰："胡三省曰：'璋兄瑁娶吳懿妹。璋母費氏。'"

謹案：徐紹楨曰："蕭書、郝書凡'吳壹'皆作'吳懿'。《說文》：'懿，專久而美也。'吳字子遠，故名懿矣。陳志作'壹'，蓋避晉宣帝諱改之也（《華陽國志》亦作'吳懿'，然常氏於上文并州刺史'張懿'已改作'張壹'，則此吳懿亦當一例。或後人傳刻改還爲懿，未可知也）。"

〔一〇五〕盧弼曰："先主奔江南，劉巴北詣曹公，先主深以爲恨。見巴傳。"

謹案：《華陽國志》"巴"下無"者"字，《草堂詩箋》卷三十引同。考上文彭羕下無"者"字，於此何緣獨著？似應刪。

〔一〇六〕盧弼曰："'收兵'上當有'郃'字。《張郃傳》'郃進軍宕渠，爲備將張飛所拒，引還南鄭'可證。是時漢中南鄭爲夏侯淵、張郃屯兵之地。《通鑑》亦云'郃還走南鄭'。"

謹案：《季漢書》"破"下有"之"字。考《張飛傳》："飛遂破郃，郃棄馬緣山，獨與麾下十餘人從間道退，引軍還南鄭。"則"破"字下或當從《季漢書》增"之"字。

〔一〇七〕盧弼曰："《法正傳》二十三年'正說先主曰：曹操定漢中，身遽北還，必有內憂，今策淵、郃才略，舉衆往討，必可克之'。"

謹案：徐紹楨曰："案《魏武紀》：'二十二年劉備遣張飛、馬超、吳蘭等屯下辯，遣曹洪拒之。'下辯即武都郡屬縣。然則此役不始於二十三年矣。《法正傳》亦以先主進兵漢中，繫之二十二年也。"盧君引《法正傳》"二"字作"三"，蓋誤。

〔一〇八〕毛本"銅"作"同"。《華陽國志》、蕭書同。盧弼曰：" 宋本 ' 同 ' 作 ' 銅 '。官本 ' 武 ' 作 ' 成 '，誤。錢大昕曰：' 《周羣傳》作雷銅。' 錢大昭曰：' 《魏武紀》有任夔而無雷同。' "

謹案：錢儀吉曰："趙氏曰：' 成都字有誤。' 儀吉案：《華陽國志》作 ' 武都 ' 是也。武都至建寧七年始入蜀，見《後主傳》。"

〔一〇九〕毛本"山勢"作"興勢"，蕭書同。

〔一一〇〕盧弼曰："何焯曰：' 《華陽國志》云：斬夏侯淵，張郃率吏民內徙。則此郃及曹公所署益州刺史趙顒等之下，為有脫字，郃字非衍也。《通鑑》刪郃字，而以斬淵屬下及字讀，亦誤。' 潘眉曰：' 郃字當為等字。《法正傳》大破淵軍，淵等授首。' 沈家本曰：' 下文既云趙顒等，則上文不得云淵等。潘以《法正傳》推之，則郃字自是衍文。何說亦未必是。承祚之書不必與常璩同。' "

謹案：《華陽國志》於《漢中志》又云："淵、郃、顒來戰，大為先主所破，將軍黃忠斬淵、顒首。"以此證之，則《通鑑》無"郃"字，而以"斬淵"屬下"及"字讀也。竊疑溫公所據陳志本如此，後人傳錄乃衍"郃"字耳。若早有訛衍，則溫公必當作《考異》辨之，此《通鑑》全書之例也。何義門未細考，而遽譏其誤，何其疏邪！考《通典·兵十二》引亦無"郃"字，《御覽》卷三百三十一引同。蕭書、郝書、《季漢書》亦俱無"郃"字。

〔一一一〕《御覽》卷三百三十一引"月"字作"日"，《通典》引同，又"拔"字作"戰"。

〔一一二〕《御覽》引作"士亡者日多"。《通典》引作"兵士亡者多"。

〔一一三〕蕭書"姿"字作"資"。

〔一一四〕蕭書作"矯制之罪"。

〔一一五〕《後漢紀》"臣"字作"神"，張采《三國文》同，與下文"或上天降罰"義相承，是也。

〔一一六〕《後漢紀》"圖"字作"同"，《三國文》同。

〔一一七〕《後漢紀》"在昔"二字互乙，《三國文》同，考諸葛亮等《上獻帝書》亦作"昔在《虞書》"。

〔一一八〕盧弼曰："'太'當作'大'。"

謹案：上文載諸臣上言有云："是以卒折諸呂之難，而成大宗之基。"盧君注云："宋本'大'作'太'，是。漢文帝廟號太宗。"今此句與之語意正同，而盧君則曰"'太'當作'大'"，前後注釋不同如此，蓋未思也。

〔一一九〕《後漢紀》《三國文》"宗"字作"王"。

〔一二〇〕《後漢紀》《三國文》"退"字作"追"。

〔一二一〕盧弼曰："郝經《續後漢書》'成'字作'誠'。"

謹案：《後漢紀》《季漢書》《三國文》俱作"誠"，作"誠"字是。

〔一二二〕《後漢紀》《三國文》"怖"字作"悸"。

〔一二三〕盧弼曰："劉家立曰：'在所似是所在。'"

謹案：《華陽國志》正作"所在"。

〔一二四〕《續漢書·郊祀志》引無"日"字，與《宋志》同。

〔一二五〕紹興本、毛本"一"字俱作"二"，郝書同，《御覽》卷十五引同。

〔一二六〕《華陽國志》作"今大王"三字，無"故"字。

〔一二七〕蕭書"權"字作"柱"。

〔一二八〕盧弼曰："潘眉曰：'前載一百二十人，後十二人及此六人而已。考《太平御覽》十五引《蜀志》云：劉毅、白攀等上言，建安二十二年必有天子出其方。今《蜀志》無此文，然則訛脫不少矣。'"

謹案：《御覽》卷十五所引劉毅、白攀上言，即本傳上文故議郎陽泉侯劉豹、青衣侯向舉等所上書也。所云"建安二十二年必有天子出其方"，即書中所云"又二十二年中，數有氣如旗，從西竟東，中天而行，《圖》《書》曰：必有天子出其方"。蓋《御覽》誤劉豹、向舉爲劉毅、白攀，而文復有節錄，潘氏遂以《蜀志》有脫，蓋考之未審，所言非實論也。

〔一二九〕《初學記》卷七、《御覽》卷六十二引"靈"字俱作"璽"。

〔一三〇〕《書鈔》卷一百三十一引"授"下無"與"字，蕭書同。

〔一三一〕蕭書、郝書"洛"字俱作"雒"。

〔一三二〕盧弼本"惟"作"爲"云："宋本'爲'作'惟'。"
謹案："爲"當作"惟"，"伏惟"恒言。

〔一三三〕盧弼曰："元本'姿'作'哲'。"
謹案：紹興本作"姿"。《釋名·釋姿容》："姿，資也。"《漢書·張良傳》"宜縞素爲資"注引晉灼曰："資，質也。"則聖姿猶聖質，碩茂大美之義，當作"姿"字是。元本作"哲"，或屬臆改。

〔一三四〕盧弼曰："侯康曰：'《蜀志·秦宓傳》注引譙周《蜀本紀》曰：禹本汶山廣柔縣人也。生於石紐，其地名刳兒坪。《先主傳》注亦引之，其文與揚雄《蜀王本紀》同，則無以定其必爲譙書也。'沈家本曰：'《蜀本紀》，隋、唐《志》不著錄，別有《蜀王本紀》一卷。'"

謹案：《書鈔》卷九十四、《類聚》卷七十引此作《蜀王本紀》。《初學記》卷五作"揚雄《蜀本記》"，或"蜀"下脫"王"字也。若此可信，則非譙周書，而當屬之揚雄所撰述者。

〔一三五〕盧弼曰："宋本作'武都'。"

謹案：紹興本作"武都"。錢儀吉曰："趙從宋本作'武都'。"考《華陽國志》作"武都"。《類聚》、《御覽》卷八百八十八引同。則"成"爲"武"之形誤。

〔一三六〕《書鈔》、《初學記》、《類聚》、《御覽》、《事類賦》卷七引"葬"下俱有"之"字。

〔一三七〕盧弼曰："宋本作'十丈'。"

謹案：《官本考證》曰："宋本作'十丈'。"郝書同。

〔一三八〕盧弼曰："趙一清曰：'備上當依《宋書・禮志三》校增臣字。'"

謹案：《宋志》"四"上有"夏"字。蕭書"備"上亦有"臣"字，"四"上有"夏'字，應據增。

〔一三九〕盧弼曰："'雖'字，《宋書・禮志》作'惟'。"

謹案：錢儀吉曰："趙從宋本'雖'改'惟'。"蕭書亦作"惟"。"惟"或作"唯"，因誤爲"雖"也。應據正。

〔一四〇〕盧弼曰："《官本考證》曰：'邦疑作祚。'周壽昌曰：'高祖諱邦，此必不稱漢邦，應是室字之誤。'"

謹案："邦"與"室"字形聲俱遠，無緣致誤，周說非是。考班固《東都賦》"漢祚中缺"李注："祚，位也。"朱駿聲《說文通訓定聲》曰："按天子踐阼臨祭祀，故國運曰阼。阼，位也。今字亦作'祚'。""邦"或爲"祚"之形誤。《官本考證》曰"'邦'疑作'祚'"，是也。

〔一四一〕毛本"弔"下有"之"字。

〔一四二〕蕭書"率"字作"勑"。

〔一四三〕盧弼曰："原注：'佷音恒。'孟康曰：'佷音恒，出藥草，今世以銀爲音也。'"

謹案：吴承仕《經籍舊音辨證》曰："汲古閣本'音恒'，南監本'音桓'。按：'音恒'是也。《地理志》'武陵郡佷山'孟康：'音恒。'《類篇》《集韵》'佷'字止有'胡登切'是其證。"

〔一四四〕《華陽國志》"住"字作"在"。

〔一四五〕盧弼曰："'疾'字疑衍。"

謹案：《尚書·金縢》"王有疾弗豫"釋文："馬本作'有疾不豫'。"《漢書·韋玄成傳》："今皇帝有疾，不豫。"《曲禮》疏引《白虎通》曰："天子病曰不豫，言不復豫政也（今本《白虎通》佚此語）。"《説文·疒部》："病，疾加也。"《論語·子罕篇》鄭注："病謂疾益困也。"此謂疾由輕而重，故曰疾不豫。本志《楊洪傳》"聞先主疾病"，意同。則此"疾"字非衍文，盧君説誤。

〔一四六〕《治要》卷二十七引"人"下有"年"字。

〔一四七〕郝書"年"上有"朕"字。

〔一四八〕《治要》引"傷"下有"也"字。

〔一四九〕《治要》引"但"字作"更"，"念"字下郝書有"爾"字。

〔一五〇〕《治要》引"惟"字俱作"唯"。

〔一五一〕《治要》引"亡"上有"終"字。

〔一五二〕盧弼曰："郝經《續後漢書》作'大宗'。或曰：'太宗當作大宗，謂後主也。'章學誠曰：'漢昭烈皇帝號太宗，見本傳諸葛亮《請宣遺詔表》，人多習而不察。按：孝文帝廟號太宗，不嫌重邪？'見《章氏遺書·知非日札》。弼按：章説似不足據。如廟號太宗，本傳無不書之理。"

謹案：章説似非。盧君雖辯之，似亦未得其解也。考太宗謂孝文帝，此當連下"動容損益"四字爲句。《漢書·孝文紀》載遺詔："其令天下吏民，令到，出臨三日皆除服。"昭烈遺詔云"其郡國太守、相、都尉、縣令長,三日便除服"即本孝文遺制也。則此太宗,必謂孝文無可疑矣。

〔一五三〕盧弼曰:"或曰:'動容句未詳。'"

謹案:《說文·手部》:"搈,動搈也。"段氏曰:"動搈,漢時語。《廣雅》曰:'搈,動也。'"是動搈爲複義詞。動容即動搈,猶從容也。漢承秦制,天下爲天子服喪三年。孝文見其不可久行,遂令天下吏民服喪三日。大功十五日,小功十四日,緦麻七日。昭烈謂孝文減損喪期,得禮損益之義,故遺詔令遵之,而曰"事惟太宗動容損益"也。盧君分爲二句,復以太宗爲後主,自難明其意矣。

〔一五四〕《華陽國志》"復"下有"服"字。

〔一五五〕紹興本"畏"字作"威"。

三國志校箋卷三十三

蜀志卷三〔一〕

後主 劉禪〔二〕

後主諱禪，字公嗣，先主子也。建安二十四年，先主爲漢中王，立爲王太子。及即尊號，册曰："惟章武元年五月辛巳，皇帝若曰：太子禪，朕遭漢運艱難，賊臣篡盜，社稷無主，格人羣正，以天明命，朕繼大統。今以禪爲皇太子，以承宗廟，祗肅社稷。使使持節丞相亮授印綬，敬聽師傅，行一物而三善皆得焉，可不勉與！"《禮記》曰：行一物而三善者，惟世子而已，其齒於學之謂也。鄭玄曰：物猶事也。三年夏四月，先主殂於永安宮。五月，後主襲位於成都，時年十七。尊皇后曰皇太后，大赦，改元。是歲魏黃初四年也。《魏略》曰：初備在小沛，不意曹公卒至，遑遽棄家屬，後奔荆州。禪時年數歲，竄匿，隨人西入漢中，爲人所賣。及建安十六年，關中破亂，扶風人劉括避亂入漢中，買得禪，問知其良家子，遂養爲子，與娶婦，生一子。初禪與備相失時，識其父字玄德。比舍人有姓簡者，及備得益州而簡爲將軍，備遣簡到漢中，舍都邸。禪乃詣簡，簡相檢訊，事皆符驗。簡喜，以語張魯，魯乃洗沐送詣益州〔三〕，備乃立以爲太子。初，備以諸葛亮爲太子太傅，及禪立，以亮爲丞相，委以諸事，謂亮曰：「政由葛氏，祭則寡人。」亮亦以禪未閑於政，遂總内外。臣松之案：《二主妃子傳》曰「後主生於荆州」，《後主傳》云「初即帝位，年十七」，則建安十二年生也。十三年敗於長阪，備棄妻子走。《趙雲傳》曰「雲身抱弱子以免」，即後主也。如此，備與禪未嘗相失也。又諸葛亮以禪立之明年領益州牧，其年與主簿杜微書曰「朝廷今年十八」，與禪傳相應，理當非虚。而魚豢云「備敗於小沛，禪時年始生，及奔荆州，能識其父字玄德」，計當五六歲。則備敗於小沛時〔四〕，建安五年也，至禪初立，首尾二十四年，禪應過三十矣。以事相驗，理不得然。此則《魏略》之妄説，乃至二百餘言，異也！又案諸書記及《諸葛亮集》，亮亦不爲太子太傅。

建興元年夏，牂牁太守朱褒擁郡反。《魏氏春秋》曰：初，益州從事常房行部，聞褒將有異志〔五〕，收其主簿按問，殺之。褒怒，攻殺房，誣以謀反。諸葛亮誅房諸子，徙其四弟於越巂，欲以安之。褒猶不悛改〔六〕，遂以郡叛應雍闓。臣松之案〔七〕：以爲房爲褒所誣，執政所宜澄察，安有妄殺不辜以悦奸慝？斯殆妄矣！先是，益州郡有大姓雍闓反，流太守張裔於吳，據郡不賓，越巂夷王高定亦背叛。是歲，立皇后張氏。遣尚書郎鄧芝固好於吳〔八〕，吳王孫權與蜀和親使聘，是歲通好。

二年春，務農殖穀，閉關息民。

三年春三月，丞相亮南征四郡，四郡皆平〔九〕。改益州郡爲建寧郡，分建寧、永昌郡爲雲南郡，又分建寧、牂牁爲興古郡。十二月，亮還成都。

四年春，都護李嚴自永安還住江州，築大城。今巴郡故城是。

五年春，丞相亮出屯漢中，營沔北陽平石馬。《諸葛亮集》載禪三月下詔曰："朕聞天地之道，福仁而禍淫。善積者昌，惡積者喪，古今常數也。是以湯、武修德而王，桀、紂極暴而亡。曩者漢祚中微，綱漏凶慝，董卓造難，震蕩京畿。曹操階禍，竊執天衡，殘剝海內，懷無君之心。子丕孤豎，敢尋亂階，盜據神器，更姓改物，世濟其凶。當此之時，皇極幽昧，天下無主，則我帝命隕越於下。昭烈皇帝體明叡之德，光演文武；應乾坤之運，出身平難。經營四方，人鬼同謀，百姓與能，兆民欣戴。奉順符讖，建位易號，丕承天序，補弊興衰。存復祖業，膺誕皇綱，不墜於地。萬國未靜〔一〇〕，早世遐徂。朕以幼沖，繼統鴻基，未習保傅之訓，而嬰祖宗之重。六合壅否，社稷不建，永惟所以，念在匡救，光載前緒，未有攸濟，朕甚懼焉。是以夙興夜寐，不敢自逸，每從菲薄以益國用〔一一〕，勸分務穡以阜民財，授方任能，以參其聽，斷私降意，以養將士，欲奮劍長驅，指討凶逆。朱旗未舉，而丕復隕喪，斯所謂不燃我薪而自焚也。殘類餘醜，又支天禍，恣睢河、洛，阻兵未弭。諸葛丞相弘毅忠壯，忘身憂國，先帝託以天下，以勖朕躬。今授之以旄鉞之重，付之以專命之權，統領步騎二十萬眾，董督元戎，龔行天伐〔一二〕，除患寧亂，克復舊都，在此行也。昔項籍總一彊眾，跨州兼土，所務者大，然卒敗垓下，死於東城，宗族如焚[一三]，爲笑千載，皆不以義，陵上虐下故也。今賊傲尤，天人所怨，奉時宜速，庶憑炎精祖宗威靈相助之福，所向必克。吳王孫權同恤災患，潛軍合謀，掎角其後。涼州諸國王各遣月支、康居胡侯支富、康植等二十餘人詣受節度，大軍北出，便欲率將兵馬，奮戈先驅。天命既集，人事又至，師貞勢并，必無敵矣。夫王者之兵，有征無戰，尊而且義，莫敢抗也，故鳴條之役，軍不血刃，牧野之師，商人倒戈。今旍麾首路，其所經至，亦不欲窮兵極武。有能棄邪從正，簞食壺漿以迎王師者，國有常典，封寵大小，各有品限。及魏之宗族、枝葉，中外有能規利害、審逆順之數，來詣降者，皆原除之。昔輔果絕親於智氏，而蒙全宗之福；微子去殷，項伯歸漢，皆受茅土之慶。此前世之明驗也。若其迷沈不反，將助亂人[一四]，不式王命，戮及妻孥，罔有攸赦。廣宣恩威，貸其元帥[一五]，弔其殘民。他如詔書律令，丞相其露布天下，使稱朕意焉。"

六年春，亮出攻祁山，不克。冬，復出散關，圍陳倉，糧盡退。魏將王雙率軍追亮，亮與戰，破之，斬雙，還漢中。

七年春，亮遣陳式攻武都、陰平，遂克定二郡。冬，亮徙府營於南山下原上，築漢、樂二城。是歲孫權稱帝，與蜀約盟，共交分天下。

八年秋，魏使司馬懿由西城，張郃由子午，曹真由斜余奢反。谷[一六]，欲攻漢中。丞相亮待之於城固、赤阪，大雨道絕，真等皆還。是歲，魏延破魏雍州刺史郭淮於陽谿。徙魯王永爲甘陵王，梁王理爲安平王，皆以魯、梁在吳分界故也。

九年春二月，亮復出軍圍祁山，始以木牛運。魏司馬懿、張郃救祁山。夏六月，亮糧盡退軍，郃追至青封，與亮交戰，被箭死。秋八月，都護李平廢徙梓潼郡。《漢晉春秋》曰：冬十月，江陽至江州有鳥從江南飛渡江北，不能達，墮水死者以千數。

十年，亮休士勸農於黃沙，作流馬木牛畢，教兵講武。

十一年冬，亮使諸軍運米，集於斜谷口，治斜谷邸閣。是歲，南夷劉冑反，將軍馬忠破平之。

十二年春二月，亮由斜谷出，始以流馬運。秋八月，亮卒於渭濱。征西大將軍魏延與丞相長史楊儀爭權不和，舉兵相攻，延敗走，斬延首。儀率諸軍還成都，大赦。以左將軍吳壹爲車騎將軍，假節督漢中。以丞相留府長史蔣琬爲尚書令，總統國事。

十三年春正月，中軍師楊儀廢，徙漢嘉郡。夏四月，進蔣琬位爲大將軍。

十四年夏四月，後主至湔，臣松之案：湔，縣名也〔一七〕，屬蜀郡，音翦。登觀阪，看汶水之流。旬日還成都。徙武都氐王苻健及氐民四百餘戶於廣都。

十五年夏六月，皇后張氏薨。

延熙元年春正月，立皇后張氏。大赦，改元。立子璿爲太子，子瑤爲安定王。冬十一月，大將軍蔣琬出屯漢中。

二年春三月，進蔣琬位爲大司馬。

三年春，使越巂太守張嶷平定越巂郡。

四年冬十月，尚書令費禕至漢中，與蔣琬諮論事計，歲盡還。

五年春正月，監軍姜維督偏軍，自漢中還屯涪縣。

六年冬十月，大司馬蔣琬自漢中還住涪。十一月，大赦。以尚書令費禕爲大將軍。

七年閏月〔一八〕，魏大將軍曹爽、夏侯玄等向漢中，鎮北大將軍王平拒興勢圍，大將軍費禕督諸軍往赴救，魏軍退。夏四月，安平王理卒。秋九月，禕還成都。

八年秋八月，皇太后薨。十二月，大將軍費禕至漢中，行圍守。

九年夏六月，費禕還成都。秋，大赦。冬十一月，大司馬蔣琬卒。《魏略》曰：琬卒，禪乃自攝國事。

十年，涼州胡王白虎文、治無戴等率衆降，衛將軍姜維迎逆安撫，居之於繁縣。是歲，汶山平康夷反，維往討，破平之。

十一年夏五月，大將軍費禕出屯漢中。秋，涪陵屬國民夷反，車騎將軍鄧芝往討，皆破平之。

十二年春正月，魏誅大將軍曹爽等，右將軍夏侯霸來降。夏四月，大赦。秋，衛將軍姜維出攻雍州，不克而還。將軍句安、李韶降魏。

十三年，姜維復出西平，不克而還。

十四年夏，大將軍費禕還成都。冬，復北駐漢壽。大赦。

十五年，吴王孫權薨。立子琮爲西河王。

十六年春正月，大將軍費禕爲魏降人郭脩所殺於漢壽〔一九〕。夏四月，衛將軍姜維復率衆圍南安，不克而還。

十七年春正月，姜維還成都。大赦。夏六月，維復率衆出隴西。冬，拔狄道、河間、臨洮三縣民〔二〇〕，居於緜竹、繁縣。

十八年春，姜維還成都。夏，復率諸軍出狄道，與魏雍州刺史王經戰於洮西，大破之。經退保狄道城，維却住鍾題。

十九年春，進姜維位爲大將軍，督戎馬，與鎮西將軍胡濟期會上邽〔二一〕，濟失誓不至〔二二〕。秋八月，維爲魏大將軍鄧艾所破於上邽。維退軍還成都。是歲，立子瓚爲新平王。大赦。

二十年，聞魏大將軍諸葛誕據壽春以叛，姜維復率衆出駱谷，至芒水。是歲大赦。

景耀元年，姜維還成都。史官言景星見，於是大赦，改年。宦人黃皓始專政。吴大將軍孫綝廢其主亮，立琅邪王休。

二年夏六月，立子諶爲北地王，恂爲新興王，虔爲上黨王。

三年秋九月，追諡故將軍關羽、張飛、馬超、龐統、黃忠。

四年春三月，追諡故將軍趙雲。冬十月，大赦。

五年春正月，西河王琮卒。是歲，姜維復率衆出侯和，爲鄧艾所破，還住沓中。

六年夏，魏大興徒衆，命征西將軍鄧艾、鎮西將軍鍾會、雍州刺史諸葛緒數道並攻〔二三〕。於是遣左右車騎將軍張翼、廖化、輔國大將軍董厥等拒之。大赦，改元爲炎興。冬，鄧艾破衛將軍諸葛瞻於緜竹。用光禄大夫譙周策，降於艾，奉書曰："限分江漢，遇值深遠，偕緣蜀土〔二四〕，斗絕一隅，干運犯冒，漸苒歷載，遂與京畿攸隔萬里。每惟黃初中，文皇帝命虎牙將軍鮮于輔，宣溫密之詔，申三好之恩，開示門户，大義炳然。而否德暗弱，竊貪遺緒，俛仰累紀，未率大教。天威既震，人鬼歸能之數〔二五〕，怖駭王師，神武所次，敢不革面，順以從命！輒勅羣帥投戈釋甲，官府帑藏一無所毀。百姓布野，餘糧棲畝，以俟后來之惠，全元元之命。伏惟大魏，布德施化，宰輔伊周，含覆藏疾。謹遣私署侍中張紹、光禄大夫譙周、駙馬都尉鄧良奉齎印綬，請命告誡，敬輸忠款，存亡勅賜，惟所裁之。輿櫬在近，不復縷陳。"是日，北地王諶傷國之亡，先殺妻子，次以自殺。《漢晉春秋》曰：後主將從譙周之策，北地王諶怒曰："若理窮力屈〔二六〕，禍敗必及，便當父子君臣背城一戰，同死社稷，以見先帝可也！"後主不納，遂送璽綬。是日，諶哭於昭烈之廟，先殺妻子，而後自殺〔二七〕。左右無不爲涕泣者。紹、良與艾相遇於雒縣。艾得書大喜，即報書，王隱《蜀記》曰：艾報書云："王綱失道，羣英並起，龍戰虎争，終歸真主，此蓋天命去就之道也。自古聖帝，爰逮漢、魏，受命而王者，莫不在乎中土。河出《圖》，洛出

《書》，聖人則之，以興洪業，其不由此，未有不顛覆者也。隗囂憑隴而亡，公孫述據蜀而滅，此皆前世覆車之鑒也。聖上明哲，宰相忠賢，將比隆黃軒，侔功往代。銜命來征，思聞嘉響，果煩來使，告以德音，此非人事，豈天啓哉！昔微子歸周，實爲上賓，君子豹變，義存《大易》。來辭謙沖，以禮輿櫬，皆前哲歸命之典也。全國爲上，破國次之，自非通明智達〔二八〕，何以見王者之義乎！"禪又遣太常張峻、益州別駕汝超受節度，遣太僕蔣顯銜命勑姜維。又遣尚書郎李虎送士民簿，領戶二十八萬，男女口九十四萬，帶甲將士十萬二千，吏四萬人，米四十餘萬斛，金銀各二千斤，錦綺綵絹各二十萬疋，餘物稱此。遣紹、良先還。艾至城北，後主輿櫬自縛，詣軍壘門〔二九〕。艾解縛焚櫬，延請相見。《晉諸公贊》曰：劉禪乘騾車詣艾，不具亡國之禮。因承制拜後主爲驃騎將軍。諸圍守悉被後主勑，然後降下。艾使後主止其故宮，身往造焉。資嚴未發，明年春正月，艾見收。鍾會自涪至成都作亂。會既死，蜀中軍衆鈔略，死喪狼藉，數日乃安集。

後主舉家東遷，既至洛陽，策命之曰："惟景元五年三月丁亥，皇帝臨軒，使太常嘉命劉禪爲安樂縣公。於戲，其進聽朕命！蓋統天載物，以咸寧爲大；光宅天下，以時雍爲盛。故孕育羣生者，君人之道也，乃順承天者，坤元之義也。上下交暢，然後萬物協和，庶類獲乂。乃者漢氏失統，六合震擾。我太祖承運龍興，弘濟八極，是用應天順民，撫有區夏。於時乃考因羣傑虎爭，九服不靜，乘間阻遠，保據庸蜀，遂使西隅殊封，方外壅隔。

自是已來，干戈不戢，元元之民，不得保安其性，幾將五紀。朕永惟祖考遺志，思在綏緝四海，率土同軌，故爰整六師，耀威梁、益。公恢崇德度，深秉大正，不憚屈身委質，以愛民全國爲貴，降心回慮，應機豹變，履信思順，以享左右無疆之休，豈不遠歟！朕嘉與君公長饗顯祿，用考咨前訓，開國胙土，率遵舊典，錫兹玄牡，苴以白茅，永爲魏藩輔，往欽哉！公其祗服朕命，克廣德心，以終乃顯烈。"食邑萬户，賜絹萬匹，奴婢百人，他物稱是。子孫爲三都尉，封侯者五十餘人。尚書令樊建、侍中張紹、光祿大夫譙周、祕書令郤正、殿中督張通並封列侯。《漢晉春秋》曰：司馬文王與禪宴，爲之作故蜀技〔三〇〕，旁人皆爲之感愴，而禪喜笑自若〔三一〕。王謂賈充曰："人之無情，乃可至於是乎〔三二〕！雖使諸葛亮在，不能輔之久全，而况姜維耶〔三三〕？"充曰："不如是，殿下何由并之〔三四〕。"他日，王問禪曰："頗思蜀否？"禪曰："此間樂，不思蜀〔三五〕。"郤正聞之，求見禪曰〔三六〕："若王後問，宜泣而答曰'先人墳墓遠在隴、蜀，乃心西悲〔三七〕，無日不思'，因閉其目〔三八〕。"會王復問，對如前，王曰："何乃似郤正語邪！"禪驚視曰："誠如尊命。"左右皆笑。公太始七年薨於洛陽〔三九〕。《蜀記》云：謚曰思，公子恂嗣。

評曰：後主任賢相則爲循理之君，惑閹豎則爲昏闇之后，傳曰："素絲無常，唯所染之。"信矣哉！禮：國君繼體，踰年改元。而章武之三年〔四〇〕，則革稱建興，考之古義，體理爲違。又國不置史，注記無官，是以行事多遺，災異靡書。諸葛亮雖達於爲政，凡此之類，猶有未周焉。然經載十二而年名不易，軍旅屢興而赦不妄下，不亦卓乎！自亮沒後，茲制漸虧，優劣著矣。《華陽國志》曰：丞相亮時，有言公惜赦者，亮答曰："治世以大德，不以小惠，故匡衡、吳漢不願爲赦。先帝亦言吾周旋陳元方、鄭康成間，每見啓告，治亂之道悉矣，曾不語赦也。若劉景升、季玉父子〔四一〕，歲歲赦宥，何益於治！"臣松之以爲："赦不妄下"，誠爲可稱；至於"年名不易"，猶所未達。案建武、建安之號，皆久而不改，未聞前史以爲美談。"經載十二"，蓋何足云？豈別有他意，求之未至乎！亮沒後，延熙之號，數盈二十，"茲制漸虧"，事又不然也。

【校箋】

〔一〕毛本作"蜀書三"。

〔二〕毛本作"後主傳第三"。

〔三〕盧弼曰："元本'乃'作'爲'。"

謹案：《官本考證》曰："宋本作'乃爲沐浴'。"

〔四〕盧弼曰："趙一清曰：'"則"字疑衍。'"

謹案：馮本無"則"字。

〔五〕郝書苟注引"裒"字下無"將"字。

〔六〕郝書苟注"猶"字作"尚"。

〔七〕依裴注例，"案"字宜刪。

〔八〕盧弼曰："《鄧芝傳》'入爲尚書'，'郎'字衍。"

謹案：《季漢書》無"郎"字。

〔九〕盧弼曰："弼按：終亮之世，夷不復反，遠謀碩畫，复乎不可及已!"

謹案:本傳:"建興十一年南夷劉胄反,將軍馬忠破平之。"《張翼傳》:"建興九年爲庲降都督、綏南中郎將,翼性持法嚴,不得殊俗之歡心。耆率劉胄背叛作亂,翼舉兵討胄。"而《馬忠傳》亦云:"十一年南夷豪帥劉胄反,擾亂諸郡。徵庲降都督張翼還,以忠代翼。忠遂斬胄,平南土。"考亮卒於建興十二年八月,劉胄之反在亮死前,安得云"終亮之世,夷不復反"乎?且《李恢傳》曰:"後軍還,南夷復叛,殺害守將。恢身往撲討,鉏盡惡類,徙其豪帥於成都。"據此匪可云"終亮之世,夷不復反",即軍退已反矣(此本林國贊《三國志裴注述》)!盧君所云,殊違史實。

〔一〇〕盧弼曰:"宋本'靜'作'定'。"

謹案:《忠武侯集》載張栻《別傳》"靜"作"靖",《季漢書》同。"靜""靖"古通。《廣雅·釋詁一》:"靖,安也。"郝書作"定",與宋本同。考《説文·宀部》:"定,安也。"是"靖""定"義亦相同。

〔一一〕郝書"從"字作"崇"。

〔一二〕盧弼曰:"宋本'伐'作'罰'。"

謹案:錢儀吉"伐"改"罰",云"從宋本"。考《册府》卷二百一十七引亦作"罰"。《尚書·甘誓》:"今予惟龔行天之罰。"班固《東都賦》:"龔行天罰。"《先主傳》:"嗣武二祖,龔行天罰。"段玉裁曰:"凡言'共行天罰'者,皆謂奉行天罰。《史記》《漢書》皆作'共',或作'龔'以別之。龔者,給也,與'供'皆得訓奉。'共'可讀爲供與龔,而不可讀爲恭也。"説詳《古文尚書撰異》。胡紹煐曰:"此用今文《尚書》也,古文作'共',今《尚書》作'恭',衛包所改。'龔'爲正字。'共'爲省文。""伐"爲"罰"之誤,當改正。

〔一三〕盧弼曰："或曰：'如焚疑作焚如。'"

謹案：或曰即錢儀吉説。錢氏曰："疑作焚如，焚如見《易》。"盧君不逕稱錢氏，而曰或曰，是讀者不知其爲誰氏説也。竊疑作"如焚"是，言宗族如火焚以俱盡也。

〔一四〕盧弼曰："郝書'將'作'獎'。"

謹案：作"獎"字是。《武帝紀》注載曹操《祭橋玄文》有"皆由獎助"之語。《左傳·僖公二十八年》"皆獎王室"注："獎，助也。""獎助"複語。

〔一五〕盧弼曰："郝書作'誅其元惡'。"

謹案：蕭書作"誅其渠魁"。《忠武侯集》載張栻《別傳》作"誅其元帥"。此作"貸"，與"誅"字意違，疑"貸"爲"賊"字之形訛。"賊"與"誅"意同。

〔一六〕毛本"余"上有"斜"字。

〔一七〕郝書苟注引"名"下無"也"字。

〔一八〕毛本作"閏二月"。盧弼曰："宋本作'閏月'，誤。"

謹案：潘眉曰："此年閏七月。"考郝書此作"春三月"，"閏月"移於"大將軍費禕"句上。《魏志·三少帝紀》："五年春二月詔大將軍曹爽率衆征西蜀。"

〔一九〕紹興本、馮本、陳本、毛本"脩"字俱作"循"，蕭書同。

〔二〇〕《續漢書·郡國志》隴西郡有河關無河間，"間"是"關"字之誤。

〔二一〕紹興本、毛本"鎮"字俱作"征"。

〔二二〕《華陽國志》"誓"字作"期"。

〔二三〕《書鈔》卷四十二引"徒衆"作"兵"，"命"字作"令"。

〔二四〕毛本"偕"字作"階"。盧弼曰:"宋本'階'作'偕'。"

謹案:作"階"字是。《晉書·王敦傳》:"階緣際會。""階緣",魏晉恒言。《文選》韋弘嗣《博弈論》李注引《廣雅》佚文:"階,因也。"階緣猶因緣。

〔二五〕郝書無"之數"二字。

〔二六〕《御覽》卷四百二十八引"理"字作"數"。

〔二七〕《御覽》引"而"字作"然"。

〔二八〕紹興本"智達"作"達智"。

〔二九〕盧弼曰:"《通鑑》作'面縛輿櫬詣軍門'。胡三省曰:'杜預云:面縛,縛手於後,唯見其面也。示將受死。'"

謹案:《漢書·項籍傳》"馬童面之"顏注:"面謂背之,不面向也。面縛亦謂反背而縛之。杜元凱以爲但見其面,非也。"此作"自縛",當從《通鑑》作"面"爲是。胡注據杜氏説非也。顏注允當可從。

〔三〇〕《御覽》卷一百一十七引"作"下有"樂"字,"技"字作"伎"。卷五百六十八引作"伎樂",是也。

〔三一〕《御覽》卷五百六十八引《漢晉春秋》作"笑語自若"。

〔三二〕盧弼曰:"'可'字疑衍。"

謹案:《御覽》卷一百一十七、卷五百六十八引俱無"可"字。

〔三三〕《御覽》卷一百一十七引"不"上有"亦"字,"之"下無"久全而"三字。卷五百六十八引作"不能輔之久全,況姜維耶",與郝書同。

〔三四〕《御覽》卷五百六十八引"之"下有"哉"字。

〔三五〕《御覽》卷一百一十七、卷四百八十八引"蜀"下有

"也"字。

〔三六〕盧弼曰："'求'疑作'來'。一曰：禪在晉爲囚虜，防護必嚴，豈能輕見，當作'求'。"

謹案：《御覽》卷一百一十七引作"求見，語禪曰"。仍作"求見"，且有"語"字，疑此奪。或曰"求"作"來"，無據，"一曰"亦迂曲。

〔三七〕《類聚》卷五十五、《御覽》卷四百八十八引"悲"字作"望"。

〔三八〕《御覽》引"閉"下無"其"字。

〔三九〕盧弼曰："'太'當作'泰'。"

謹案：錢儀吉曰："'太'何改'泰'。"考郝書正作"泰"。泰始晉武帝司馬炎年號，"太"字誤。

〔四〇〕毛本"三"字作"二"。

〔四一〕《類聚》卷五十二、《初學記》卷二十引無"季玉"二字。

三國志校箋卷三十四

蜀志卷四〔一〕

先主甘后　穆后　後主敬哀后　張后　劉永　劉理　後主太子璿〔二〕

先主甘皇后，沛人也。先主臨豫州，住小沛，納以爲妾。先主數喪嫡室，常攝內事。隨先主於荆州，產後主。值曹公軍至，追及先主於當陽長阪，於時困偪，棄后及後主，賴趙雲保護，得免於難。后卒，葬於南郡。章武二年，追諡皇思夫人，遷葬於蜀，未至而先主殂隕。丞相亮上言：“皇思夫人履行修仁，淑慎其身。大行皇帝昔在上將，嬪配作合，載育聖躬，大命不融。大行皇帝存時，篤義垂恩，念皇思夫人神柩在遠飄颻，特遣使者奉迎。會大行皇帝崩，今皇思夫人神柩以到，又梓宮在道，園陵將成，安厝有期。臣輒與太常臣賴恭等議：《禮記》曰：‘立愛自親始，教民孝也；立敬自長始，教民順也。'不忘其親，所由生也。《春秋》之義，母以子貴。昔高皇帝追尊太上昭靈夫人爲昭靈皇后，孝和皇帝改葬其母梁貴人，尊號曰恭懷皇后，孝愍皇帝亦改葬其母王夫人，尊號曰靈懷皇后。今皇思夫人宜有尊號，以慰寒泉之思，輒與恭等案諡法，宜曰昭烈皇后。《詩》曰：'穀則異室，死則同穴。'禮云：上古無合葬，中古後因時方有。故昭烈皇后宜與大行皇帝合葬。臣請太尉告宗廟，布露天下，具禮儀別奏〔三〕。"制曰可。

先主穆皇后，陳留人也。兄吳壹，少孤，壹父素與劉焉有舊，是以舉家隨焉入蜀。焉有異志，而聞善相者相后當大貴。焉時將子瑁自隨，遂爲瑁納后。瑁死，后寡居。先主既定益州，而孫夫人還吳，《漢晉春秋》曰：先主入益州，吳遣迎孫夫人。夫人欲將太子歸吳，諸葛亮使趙雲勒兵斷江留太子，乃得止。羣下勸先主聘后。先主疑與瑁同族，法正進曰："論其親疏，何與晉文之於子圉乎？"於是納后爲夫人。習鑿齒曰：夫婚姻，人倫之始，王化之本，匹夫猶不可以無禮，而況人君乎？晉文廢禮行權，以濟其業，故子犯曰：有求於人，必先從之，將奪其國，何有於妻。非無故而違禮教者也。今先主無權事之偪，而引前失以爲譬，非導其君以堯、舜之道者。先主從之，過矣。建安二十四年，立爲漢中王后。章武元年夏五月，策曰："朕承天命，奉至尊，臨萬國。今以后爲皇后，遣使持節承相亮授璽綬〔四〕，承宗廟，母天下，皇后其敬之哉！"建興元年五月，後主即位，尊后爲皇太后，稱長樂宮，壹官至車騎將軍，封縣侯。延熙八年，后薨，合葬惠陵。孫盛《蜀世譜》曰：壹孫喬，没李雄中三十年，不爲雄屈也。

後主敬哀皇后，車騎將軍張飛長女也。章武元年，納爲太子妃，建興元年，立爲皇后。十五年薨，葬南陵。

後主張皇后，前后敬哀之妹也。建興十五年，入爲貴人。延熙元年春正月，策曰："朕統承大業，君臨天下，奉郊廟社稷。今以貴人爲皇后，使行丞相事左將軍向朗持節授璽綬。勉修中饋，恪肅禋祀，皇后其敬之哉！"咸熙元年，隨後主遷於洛陽。《漢晉春秋》曰：魏以蜀宮人賜諸將之無妻者，李昭儀曰："我不能二三屈辱。"乃自殺。

劉永字公壽，先主子，後主庶弟也。章武元年六月，使司徒靖立永爲魯王，策曰："少子永，受兹青土〔五〕。朕承天序〔六〕，繼統大業，遵修稽古〔七〕，建爾國家，封於東土，奄有龜蒙，世爲藩輔。嗚呼，恭朕之詔。惟彼魯邦，一變適道，風化存焉〔八〕。人之好德，世兹懿美。王其秉心率禮，綏爾士民，是饗是宜，其戒之哉！"建興八年，改封爲甘陵王。初，永憎宦人黃皓，皓既信任用事，譖構永於後主。後主稍疏外永〔九〕，至不得朝見者十餘年。咸熙元年，永東遷洛陽，拜奉車都尉，封爲鄉侯。

劉理字奉孝，亦後主庶弟也，與永異母。章武元年六月，使司徒靖立理爲梁王，策曰："小子理，朕統承漢序，祇順天命，遵修典秩，建爾於東，爲漢藩輔。惟彼梁土，畿甸之邦，民狎教化，易導以禮。往悉乃心，懷保黎庶，以永爾國，王其敬之哉！"建興八年，改封理爲安平王。延熙七年卒，謚曰悼王。子哀王胤嗣，十九年卒。子殤王承嗣，二十年卒。景耀四年詔曰："安平王，先帝所命。三世早夭，國嗣頹絕〔一〇〕，朕用傷悼。其以武邑侯輯襲王位。"輯，理子也。咸熙元年，東遷洛陽，拜奉車都尉，封鄉侯。

後主太子璿，字文衡。母王貴人，本敬哀張皇后侍人也。延熙元年正月策曰："在昔帝王，繼體立嗣，副貳國統，古今常道。今以璿爲皇太子，昭顯祖宗之威命，使行丞相事左將軍朗持節授印綬。其勉修茂質，祗恪道義，諮詢典禮，敬友師傅，斟酌衆善，翼成爾德，可不務修以自勖哉！"時年十五。景耀六年冬，蜀亡。咸熙元年正月，鍾會作亂於成都，璿爲亂兵所殺〔一一〕。孫盛《蜀世譜》曰：璿弟瑤、琮、瓚、諶、恂、璩六人〔一二〕。蜀敗，諶自殺，餘皆內徙。值永嘉大亂，子孫絕滅。唯永孫玄奔蜀，李雄僞署安樂公以嗣禪後。永和三年討李勢，盛參戎行，見玄於成都也。

評曰：《易》稱：有夫婦然後有父子。夫人倫之始，恩紀之隆，莫尚於此矣。是故紀錄，以究一國之體焉。

【校箋】

〔一〕毛本作"蜀書四"。

〔二〕毛本作"二主妃子傳第四"。

〔三〕蕭書"具"上有"太常"二字。

〔四〕紹興本、毛本"承"字作"丞",蕭書、郝書同,當據改。

〔五〕馮本、陳本、毛本"少"字作"小",蕭書、郝書同。"土"馮本、陳本作"社",郝書同。案:"土"應作"社",《曹植傳》有"受茲青社"之語。

〔六〕蕭書"序"字作"緒"。

〔七〕蕭書作"遵道稽古"。

〔八〕郝書"風"字作"治"。

〔九〕郝書無"後主"二字。

〔一○〕郝書"嗣"字作"世"。

〔一一〕盧弼曰:"宋本'殺'作'害'。"

謹案:《官本考證》曰:"'殺'宋本作'害'。"

〔一二〕蕭書、郝書苟注引"詢"字俱作"恂"。

三國志校箋卷三十五

蜀志卷五〔一〕

諸葛亮 子喬　瞻　董厥　樊建〔二〕

　　諸葛亮字孔明，琅邪陽都人也〔三〕。漢司隸校尉諸葛豐後也。父珪，字君貢，漢末爲太山郡丞。亮早孤，從父玄爲袁術所署豫章太守，玄將亮及亮弟均之官。會漢朝更選朱皓代玄。玄素與荆州牧劉表有舊，往依之。《獻帝春秋》曰：初，豫章太守周術病卒，劉表上諸葛玄爲豫章太守，治南昌。漢朝聞周術死，遣朱皓代玄。皓從揚州太守劉繇求兵擊玄，玄退屯西城，皓入南昌。建安二年正月，西城民反，殺玄，送首詣繇〔四〕。此書所云，與本傳不同。玄卒，亮躬畊隴畝，好爲《梁父吟》〔五〕。《漢晉春秋》曰：亮家於南陽之鄧縣，在襄陽城西二十里，號曰隆中〔六〕。身長八尺，每自比於管仲、樂毅，時人莫之許也。惟博陵崔州平、潁川徐庶元直與亮友善〔七〕，謂爲信然。按《崔氏譜》：州平，太尉烈子，均之弟也。《魏略》曰：亮在荆州，以建安初與潁川石廣元、徐元直、汝南孟公威等俱游學，三人務於精熟，而亮獨觀其大略。每晨夜從容，常抱膝長嘯，而謂三人曰："卿三人仕進〔八〕，可至刺史、郡守也〔九〕。"三人問其所至〔一〇〕，亮但笑而不言。後公威思鄉里，欲北歸，亮謂之曰："中國饒士大夫〔一一〕，遨遊何必故鄉邪？"臣松之以爲：《魏略》此言，謂諸葛亮爲公威計者可也，若謂兼爲己言，可謂未達其心矣。老氏稱知人者智，自知者明。凡在賢達之流，固必兼而有焉。以諸葛亮之鑒識，豈不能自審其分乎？夫其高吟俟時，情見乎言，志氣所存，既已定於其始矣。若使游步中華，騁其龍光，豈夫多士所能沈翳哉！委質魏氏，展其器能，誠非陳長文、司馬仲達所能頡頏，而況於餘哉！苟不患功業不就，道之不行，雖志恢宇宙而終不北向者，蓋以權御已移，漢祚將傾，方將翊贊宗傑〔一二〕，以興微繼絶克復爲己任故也。豈其區區利在邊鄙而已乎！此相如所謂"鵾鵬已翔於遼廓，而羅者猶視於藪澤"者矣。公威名建，在魏亦貴達。

時先主屯新野。徐庶見先主，先主器之，謂先主曰："諸葛孔明者〔一三〕，卧龍也，將軍豈願見之乎？"《襄陽記》曰〔一四〕：劉備訪世事於司馬德操。德操曰："儒生俗士，豈識時務〔一五〕？識時務者，在乎俊傑。此間自有伏龍、鳳雛。"備問爲誰，曰："諸葛孔明、龐士元也。"先主曰："君與俱來。"庶曰："此人可就見，不可屈致也。將軍宜枉駕顧之〔一六〕。"由是先主遂詣亮，凡三往，乃見。因屏人曰："漢室傾頹，姦臣竊命，主上蒙塵。孤不度德量力，欲信大義於天下，而智術淺短〔一七〕，遂用猖獗〔一八〕，至於今日。然志猶未已，君謂計將安出〔一九〕？"亮答曰："自董卓已來，豪傑並起，跨州連郡者不可勝數。曹操比於袁紹，則名微而衆寡，然操遂能克紹，以弱爲彊者[二〇]，非惟天時，抑亦人謀也。今操已擁百萬之衆，挾天子以令諸侯[二一]，此誠不可與爭鋒[二二]。孫權據有江東，已歷三世，國險而民附，賢能爲之用，此可與爲援而不可圖也。荊州北據漢、沔，利盡南海，東連吳會[二三]，西通巴蜀，此用武之國[二四]，而其主不能守，此殆天所以資將軍[二五]，將軍豈有意乎[二六]？益州險塞，沃野千里，天府之土，高祖因之以成帝業。劉璋闇弱，張魯在北，民殷國富而不知存恤[二七]，智能之士思得明君。將軍既帝室之胄，信義著於四海，總攬英雄，思賢如渴，若跨有荊、益，保其巖阻，西和諸戎，南撫夷越，外結好孫權[二八]，內修政理[二九]；天下有變，則命一上將將荊州之軍以向宛、洛，將軍身率益州之衆以出秦川[三〇]，百姓孰敢不簞食壺漿以迎將軍者乎[三一]？誠如是，則霸業可成[三二]，漢室可興矣。"先主曰："善！"於是與亮情好日密。關羽、張飛等不悅，先主解之曰："孤之有孔明，猶魚之有水也。願諸君勿復言。"羽、飛乃止。《魏略》曰：劉備屯於樊城。是時曹公方定河北，亮知荊州次當受敵，而劉表性緩，不曉軍事。亮乃北行見備，備與亮非舊，又以其年少，以諸生意待之。坐集既畢，衆賓皆去，而亮獨留，備亦不問其所欲言。備性好結毦，時適有人以髦牛尾與備者，備因手自結之。亮乃進曰："明將軍當復有遠志，但結毦而已邪！"備知亮非常人也，乃投毦而答曰："是何言與！我聊以忘憂耳。"亮遂言曰："將軍度劉鎮南孰與曹公邪？"備曰：

"不及。"亮又曰:"將軍自度何如也?"備曰:"亦不如。"曰:"今皆不及,而將軍之衆不過數千人,以此待敵,得無非計乎!"備曰:"我亦愁之,當若之何〔三三〕?"亮曰:"今荆州非少人也,而著籍者寡,平居發調,則人心不悦;可語鎮南,令國中凡有游户,皆使自實,因録以益衆可也。"備從其計,故衆遂強。備由此知亮有英略〔三四〕,乃以上客禮之。《九州春秋》所言亦如之。臣松之以爲:亮表云"先帝不以臣卑鄙,猥自枉屈,三顧臣於草廬之中,諮臣以當世之事",則非亮先詣備明矣。雖聞見異辭,各生彼此,然乖背至是,亦良爲可怪。

劉表長子琦,亦深器亮。表受後妻之言,愛少子琮,不悦於琦。琦每欲與亮謀自安之術,亮輒拒塞,未與處畫。琦乃將亮游觀後園,共上高樓,飲宴之間,令人去梯,因謂亮曰:"今日上不至天,下不至地,言出子口,入於吾耳,可以言未?"亮答曰:"君不見申生在内而危,重耳在外而安乎?"琦意感悟〔三五〕,陰規出計。會黄祖死,得出,遂爲江夏太守。俄而表卒,琮聞曹公來征〔三六〕,遣使請降。先主在樊聞之,率其衆南行,亮與徐庶並從,爲曹公所追破,獲庶母。庶辭先主而指其心曰:"本欲與將軍共圖王霸之業者,以此方寸之地也。今已失老母,方寸亂矣,無益於事,請從此別〔三八〕。"遂詣曹公。《魏略》曰:庶先名福,本單家子,少好任俠擊劍。中平末,嘗爲人報讐,白堊突面〔三九〕,被髮而走,爲吏所得,問其姓名〔四〇〕,閉口不言。吏乃於車上立柱維磔之,擊鼓以令於市廛,莫敢識者。而其黨伍共篡解之,得脱。於是感激,棄其刀戟,更疏布單衣〔四一〕,折節學問。始詣精舍,諸生聞其前作賊,不肯與共止。福乃卑躬早起,常獨埽除，動靜先意，聽習經業，義理精熟。遂與同郡石韜相親愛。初平中，中州兵起，乃與韜南客荆州，到，又與諸葛亮特相善。及荆州內附，孔明與劉備相隨去，福與韜俱來北。至黃初中，韜仕歷郡守、典農校尉，福至右中郎將、御史中丞。逮太和中，諸葛亮出隴右，聞元直、廣元仕財如此，歎曰："魏殊多士邪！何彼二人不見用乎？"庶後數年病卒，有碑在彭城，今猶存焉。

先主至於夏口〔四二〕，亮曰："事急矣，請奉命求救於孫將軍。"時權擁軍在柴桑〔四三〕，觀望成敗。亮說權曰："海內大亂，將軍起兵據有江東，劉豫州亦收衆漢南，與曹操並爭天下。今操芟夷大難，略已平矣，遂破荆州，威震四海。英雄無所用武，故豫州遁逃至此。將軍量力而處之：若能以吳、越之衆與中國抗衡〔四四〕，不如早與之絕；若不能當，何不案兵束甲，北面而事之！今將軍外託服從之名，而內懷猶豫之計，事急而不斷，禍至無日矣！"權曰："苟如君言，劉豫州何不遂事之乎？"亮曰："田橫，齊之壯士耳，猶守義不辱，況劉豫州王室之冑，英才蓋世，衆士慕仰，若水之歸海。若事之不濟，此乃天也，安能復爲之下乎！"權勃然曰："吾不能舉全吳之地，十萬之衆，受制於人。吾計決矣！非劉豫州莫可以當曹操者，然豫州新敗之後，安能抗此難乎？"亮曰："豫州軍雖敗於長阪，今戰士還者及關羽水軍精甲萬人，劉琦合江夏戰士亦不下萬人。曹操之衆，遠來疲弊，聞追豫州，輕騎一日一夜行三百餘里，此所謂'彊弩之末，勢不能穿魯縞'者也。故兵法忌之，曰'必蹶上將軍'〔四五〕。且北方之人，不習水戰；又荆州之民附操者，偪兵勢耳，非心服也。今將軍誠能命猛將統兵數萬，與豫州協規同力，破曹軍必矣〔四六〕。操軍破，必北還，如此則荆、吳之勢彊，鼎足之形成矣。成敗之機，在於今日。"權大悦，即遣周瑜、程普、魯肅等水軍三萬，隨亮詣先主，并力拒曹公。《袁子》曰：張子布薦亮於孫權，亮不肯留。人問其故，曰："孫將軍可謂人主，然觀其度，能賢亮而不能盡亮，吾是以不留。"臣松之以爲：袁孝尼著文立論〔四七〕，甚重諸葛之爲人，至如此言，則失之殊遠。觀亮君臣相遇，可謂希世一時，終始之分，誰能間之？寧有中違斷金，甫懷擇主，設使權盡其量，便當翻然去就乎？葛生行己，豈其然哉！關羽爲曹公所獲，遇之甚厚，可謂能盡其用矣，猶義不背本，曾謂孔明之不若雲長乎！曹公敗於赤壁，引軍歸鄴。先主遂收江南〔四八〕，以亮爲軍師中郎將，使督零陵、桂陽、長沙三郡，調其賦税，以充軍實。《零陵先賢傳》云：亮時住臨蒸〔四九〕。

建安十六年，益州牧劉璋遣法正迎先主，使擊張魯。亮與關羽鎮荆州。先主自葭萌還攻璋，亮與張飛、趙雲等率衆泝江，分定郡縣，與先主共圍成都。成都平，以亮爲軍師將軍，署左將軍府事。先主外出，亮常鎮守成都，足食足兵。二十六年，羣下勸先主稱尊號，先主未許，亮說曰："昔吳漢、耿弇等初勸世祖即帝位，世祖辭讓，前後數四，耿純進言曰：'天下英雄喁喁，冀有所望。如不從議者，士大夫各歸求主，無爲從公也。'世祖感純言深至，遂然諾之。今曹氏篡漢，天下無主，大王劉氏苗族，紹世而起，今即帝位，乃其宜也。士大夫隨大王久勤苦者，亦欲望尺寸之功如純言耳。"先主於是即帝位，策亮爲丞相，曰："朕遭家不造，奉承大統，兢兢業業，不敢康寧，思靖百姓，懼未能綏。於戲！丞相亮其悉朕意〔五〇〕，無怠輔朕之闕，助宣重光，以照明天下，君其勖哉！"亮以丞相録尚書事，假節。張飛卒後，領司隸校尉。《蜀記》曰：晉初扶風王駿鎮關中，司馬高平劉寶、長史滎陽桓隰諸官屬士大夫共論諸葛亮，於時譚者多譏亮託身非所，勞困蜀民，力小謀大，不能度德量力。金城郭沖以爲：亮權智英略，有踰管、晏，功業未濟，論者惑焉，條亮五事隱没不聞於世者，寶等亦不能復難。扶風王慨然善沖之言。臣松之以爲：亮之異美，誠所願聞，然沖之所說，實皆可疑，謹隨事難之如左。其一事曰：亮刑法峻急，刻剥百姓，自君子小人，咸懷怨歎。法正諫曰："昔高祖入關，約法三章，秦民知德。今君假借威力，跨據一州，初有其國，未垂惠撫；且客主之義，宜相降下，願緩刑弛禁，以慰其望。"亮答曰："君知其一，未知其二。秦以無道，政苛民怨，匹夫大呼，天下土崩，高祖因之，可以弘濟〔五一〕。劉璋暗弱〔五二〕，自焉以來有累世之恩，文法羈縻〔五三〕，互相承奉〔五四〕，德政不舉，威刑不肅。蜀士人〔五五〕，每專權自恣〔五六〕，君臣之道，漸以陵替；寵之以位，位極則賤，順之以恩，恩竭則慢。所以致弊，實由於此。吾今威之以法，法行則知恩；限之以爵，爵加則知榮。榮恩並濟，上下有節，爲治之要，於斯而著。"難曰：案法正在劉主前死，今稱法正諫，則劉主在也。諸葛職爲股肱，事歸元首，劉主之世，亮又未領益州〔五七〕，慶賞刑政，不出於己。尋沖所述，亮答專自有其能，有違人臣自處之宜。以亮謙順之體，殆必不然。又云亮刑法峻急,刻剝百姓,未聞善政以刻剝爲稱。其二事曰:曹公遣刺客見劉備,方得交接,開論伐魏形勢,甚合備計。稍欲新近,刺者尚未得便會,既而亮入,魏客神色失措。亮因而察之,亦知非常人。須臾,客如厠,備謂亮曰:"向得奇士,足以助君補益。"亮問所在,備曰:"起者其人也。"亮徐歎曰:"觀客色動而神懼,視低而忤數,姦形外漏,邪心内藏,必曹氏刺客也。"追之,已越牆而走。難曰:凡爲刺客,皆暴虎馮河,死而無悔者也。劉主有知人之鑒,而惑於此客,則此客亦一時之奇士也〔五八〕。又語諸葛云"足以助君補益"〔五九〕,則亦諸葛之流亞也。凡如諸葛之儔,鮮有爲人作刺客者矣,時主亦當惜其器用,必不投之死地也。且此人不死,要應顯達爲魏,竟是誰乎?何其寂蔑而無聞?

章武三年春,先主於永安病篤,召亮於成都,屬以後事。謂亮曰:"君才十倍曹丕,必能安國,終定大事〔六〇〕。若嗣子可輔,輔之;如其不才,君可自取。"亮涕泣曰:"臣敢竭股肱之力,效忠貞之節,繼之以死!"先主又爲詔勑後主曰:"汝與丞相從事,事之如父。"孫盛曰:夫杖道扶義〔六一〕,體存信順,然後能匡主濟功,終定大業。語曰:弈者舉棋不定,猶不勝其偶,況量君之才否而二三其節,可以摧服強鄰〔六二〕、囊括四海者乎?備之命亮,亂孰甚焉!世或有謂備欲以固委付之人〔六三〕,且以一蜀人之志。君子曰:不然。苟所寄忠賢,則不須若斯之誨,如非其人,不宜啓簒逆之塗。是以古之顧命,必貽話言;詭僞之辭,非託孤之謂。幸值劉禪闇弱,無猜險之性〔六四〕,諸葛威略,足以檢衛異端,故使異同之心無由自起耳。不然,殆生疑隙不逞之釁。謂之爲權,不亦惑哉!建興元年,封亮武鄉侯,開府治事。頃之,又領益州牧。政事無巨細[六五]，咸決於亮。南中諸郡[六六]，並皆叛亂，亮以新遭大喪，故未便加兵。且遣使聘吳，因結和親，遂爲與國。《亮集》曰：是歲，魏司徒華歆、司空王朗、尚書令陳羣、太史令許芝、謁者僕射諸葛璋各有書與亮，陳天命人事，欲使舉國稱藩。亮遂不報書[六七]，作《正議》曰："昔在項羽，起不由德，雖處華夏，秉帝者之勢，卒就湯鑊，爲後永戒。魏不審鑒，今次之矣；免身爲幸，戒在子孫。而二三子各以耆艾之齒，承僞指而進書，有若崇、竦稱莽之功，亦將偏於元禍苟免者邪！昔世祖之創迹舊基[六八]，奮羸卒數千，摧莽彊旅四十餘萬於昆陽之郊。夫據道討淫，不在衆寡。及至孟德，以其譎勝之力，舉數十萬之師，救張郃於陽平，勢窮慮悔，僅能自脫，辱其鋒銳之衆，遂喪漢中之地，深知神器不可妄獲，旋還未至[六九]，感毒而死。子桓淫逸，繼之以簒。縱使二三子多逞蘇、張詭靡之説，奉進騅兜滔天之辭，欲以誣毀唐帝，諷解禹、稷，所謂徒喪文藻、煩勞翰墨者矣。夫大人君子之所不爲也。又《軍誡》曰：'萬人必死，橫行天下。'昔軒轅氏整卒數萬，制四方，定海内，況以數十萬之衆，據道而臨有罪[七〇]，可得干擬者哉！"

三年春，亮率衆南征，詔賜亮金鈇鉞一具，曲蓋一，前後羽葆鼓吹各一部，虎賁六十人。事在《亮集》。其秋悉平。軍資所出，國以富饒，《漢晉春秋》曰：亮在南中[七一]，所在戰捷。聞孟獲者，爲夷、漢並所服[七二]，募生致之。既得，使觀於營陣之間，問曰："此軍何如？"獲對曰："向者不知虛實，故敗。今蒙賜觀看營陣[七三]，若祇如此，即定易勝耳。"亮笑，縱使更戰。七縱七禽，而亮猶遣獲。獲止不去，曰："公，天威也，南人不復反矣。"遂至滇池。南中平，皆即其渠率而用之。或以諫亮，亮曰："若留外人，則當留兵，兵留則無所食，一不易也；加夷新傷破，父兄死喪，留外人而無兵者，必成禍患，二不易也；又夷累有廢殺之罪[七四]，自嫌釁重，若留外人。終不相信，三不易也。今吾欲使不留兵，不運糧，而綱紀粗定，夷、漢粗安故耳。"乃治戎講武，以俟大舉。

五年，率諸軍北駐漢中，臨發，上疏曰：

先帝創業未半，而中道崩殂，今天下三分，益州疲弊，此誠危急存亡之秋也。然侍衛之臣不懈於內，忠志之士忘身於外者，蓋追先帝之殊遇，欲報之於陛下也。誠宜開張聖聽，以光先帝遺德，恢弘志士之氣；不宜妄自菲薄，引喻失義，以塞忠諫之路也。宮中府中，俱爲一體，陟罰臧否，不宜異同。若有作奸犯科及爲忠善者，宜付有司，論其刑賞，以昭陛下平明之理；不宜偏私，使內外異法也。侍中、侍郎郭攸之、費禕、董允等，此皆良實，志慮忠純，是以先帝簡拔以遺陛下。愚以爲宮中之事[七五]，事無大小，悉以咨之，然後施行，必能裨補闕漏，有所廣益。將軍向寵，性行淑均，曉暢軍事，試用於昔日，先帝稱之曰能，是以衆議舉寵爲督。愚以爲營中之事，悉以咨之，必能使行陣和睦，優劣得所。親賢臣，遠小人，此先漢所以興隆也；親小人，遠賢臣[七六]，此後漢所以傾頹也。先帝在時，每與臣論此事，未嘗不歎息痛恨於桓、靈也。侍中、尚書、長史、參軍，此悉貞良死節之臣[七七]，願陛下親之信之，則漢室之隆，可計日而待也。臣本布衣，躬耕於南陽〔七八〕，苟全性命於亂世，不求聞達於諸侯。先帝不以臣卑鄙，猥自枉屈〔七九〕，三顧臣於草廬之中，諮臣以當世之事，由是感激，遂許先帝以驅馳。後值傾覆，受任於敗軍之際，奉命於危難之間，爾來二十有一年矣。臣松之案：劉備以建安十三年敗，遣亮使吳，亮以建興五年抗表北伐，自傾覆至此，整二十年。然則備始與亮相遇，在敗軍之前一年時也〔八〇〕。先帝知臣謹慎，故臨崩寄臣以大事也。受命以來，夙夜憂勤〔八一〕，恐託付不效，以傷先帝之明。故五月渡瀘，深入不毛〔八二〕。《漢書・地理志》曰：瀘津水出牂柯郡句町縣。今南方已定，兵甲已足，當獎率三軍〔八三〕，北定中原，庶竭駑鈍，攘除姦凶，興復漢室，還於舊都。此臣所以報先帝，而忠陛下之職分也。至於斟酌損益，進盡忠言，則攸之、禕、允之任也。願陛下託臣以討賊興復之效；不效，則治臣之罪，以告先帝之靈。責攸之、禕、允等之慢，以彰其咎。陛下亦宜自謀，以諮諏善道，察納雅言，深追先帝遺詔。臣不勝受恩感激。今當遠離，臨表涕零，不知所言。

遂行，屯於沔陽。郭沖三事曰：亮屯於陽平，遣魏延諸軍并兵東下，亮惟留萬人守城。晉宣帝率二十萬衆拒亮，而與延軍錯道，徑至前，當亮六十里所。偵候白宣帝，說亮在城中，兵少力弱。亮亦知宣帝垂至，已與相偪，欲前赴延軍，相去又遠，回迹反追，勢不相及，將士失色，莫知其計。亮意氣自若，勅軍中皆卧旗息鼓，不得妄出菴幔[八四]；又令大開四城門，埽地卻灑。宣帝常謂亮持重[八五]，而猥見勢弱，疑其有伏兵，於是引軍北趨山。明日食時，亮謂參佐拊手大笑曰："司馬懿必謂吾怯，將有彊伏，循山走矣。"候邏還白，如亮所言。宣帝後知，深以爲恨。難曰：案陽平在漢中。亮初屯陽平，宣帝尚爲荊州都督，鎮宛城，至曹真死後，始與亮於關中相抗禦耳。魏嘗遣宣帝自宛由西城伐蜀，值霖雨，不果。此之前後，無復有於陽平交兵事。就如沖言，宣帝既舉二十萬衆，已知亮兵少力弱，若疑其有伏兵，正可設防持重，何至便走乎？案《魏延傳》云："延每隨亮出，輒欲請精兵萬人，與亮異道會於潼關，亮制而不許。延常謂亮爲怯，歎己才用之不盡也。"亮尚不以延爲萬人別統，豈得如沖言，頓使將重兵在前，而以輕弱自守乎？且沖與扶風王言，顯彰宣帝之短，對子毀父，理所不容，而云"扶風王慨然善沖之言"，故知此書舉引皆虛[八六]。

六年春，揚聲由斜谷道取郿，使趙雲、鄧芝爲疑軍，據箕谷。魏大將軍曹真舉衆拒之。亮身率諸軍攻祁山，戎陣整齊，賞罰肅而號令明。南安、天水、安定三郡叛魏應亮，關中響震。《魏略》曰：始，國家以蜀中惟有劉備，備既死，數歲寂然無聞，是以略無備預。而卒聞亮出，朝野恐懼，隴右、祁山尤甚，故三郡同時應亮。魏明帝西鎮長安，命張郃拒亮，亮使馬謖督諸軍在前，與郃戰於街亭。謖違亮節度，舉動失宜，大爲郃所破[八七]。亮拔西縣千餘家，還於漢中。郭沖四事曰：亮出祁山，隴西、南安二郡應時降，圍天水，拔冀城，虜姜維[八八]，驅略士女數千人還蜀。人皆賀亮，亮顏色愀然有戚容，謝曰："普天之下，莫非漢民，國家威力未舉，使百姓困於豺狼之吻。一夫有死，皆亮之罪，以此相賀，能不爲愧。"於是蜀人咸知亮有吞魏之志，非惟拓境而已。難曰：亮有吞魏之志久矣，不始於此衆人方知也，且於時師出無成，傷缺而反者衆，三郡歸降而不能有。姜維，天水之匹夫耳，獲之則於魏何損，拔西縣千家，不補街亭所喪，以何爲功，而蜀人相賀乎？戮謖以謝衆。上疏曰："臣以弱才，叨竊非據，親秉旄鉞，以厲三軍，不能訓章明法，臨事而懼，至有街亭違命之闕，箕谷不戒之失，咎皆在臣授任無方。臣明不知人，恤事多闇，《春秋》責帥，臣職是當[八九]。請自貶三等，以督厥咎。"於是以亮爲右將軍，行丞相事，所總統如前。《漢晉春秋》曰：或勸亮更發兵者，亮曰："大軍在祁山、箕谷皆多於賊，而不能破賊，爲賊所破者，則此病不在兵少也，在一人耳。今欲減兵省將，明罰思過，校變通之道於將來。若不能然者，雖兵多何益！自今已後，諸有忠慮於國，但勤攻吾之闕，則事可定，賊可死[九〇]，功可蹻足而待矣。"於是考微勞，甄烈壯，引咎責躬，布所失於天下，厲兵講武，以爲後圖，戎士簡練，民忘其敗矣。亮聞孫權破曹休，魏兵東下，關中虛弱，十一月，上言曰："先帝慮漢、賊不兩立，王業不偏安，故託臣以討賊也。以先帝之明，量臣之才，故知臣伐賊才弱敵強也。然不伐賊，王業亦亡，惟坐待亡[九一]，孰與伐之？是故託臣而弗疑也。臣受命之日，寢不安席，食不甘味，思惟北征，宜先入南，故五月渡瀘，深入不毛，并日而食。臣非不自惜也，顧王業不可得偏全於蜀都[九二]，故冒危難以奉先帝之遺意也。而議者謂爲非計。今賊適疲於西，又務於東，兵法乘勞[九三]，此進趨之時也。謹陳其事如左：高帝明並日月，謀臣淵深，然涉險被創，危然後安。今陛下未及高帝，謀臣不如良、平，而欲以長計取勝，坐定天下，此臣之未解一也。劉繇、王朗各據州郡，論安言計，動引聖人，羣疑滿腹，衆難塞胷，今歲不戰，明年不征，使孫策坐大，遂并江東[九四]，此臣之未解二也。曹操智計殊絶於人，其用兵也，髣髴孫吳，然困於南陽，險於烏巢[九五]，危於祁連，偪於黎陽，幾敗北山[九六]，殆死潼關，然後僞定一時耳。況臣才弱，而欲以不危而定之，此臣之未解三也。曹操五攻昌霸不下，四越巢湖不成，任用李服而李服圖之，委夏侯而夏侯敗亡[九七]，先帝每稱操爲能，猶有此失，況臣駑下，何能必勝？此臣之未解四也。自臣到漢中，中間期年耳，然喪趙雲、陽羣、馬玉、閻芝、丁立、白壽、劉郃、鄧銅等及曲長屯將七十餘人，突將無前。賨叟、青羌散騎、武騎一千餘人，此皆數十年之内所糾合四方之精銳，非一州之所有，若復數年，則損三分之二也，當何以圖敵？此臣之未解五也。今民窮兵疲，而事不可息，事不可息，則住與行勞費正等，而不及今圖之[九八]，欲以一州之地與賊持久，此臣之未解六也。夫難平者，事也。昔先帝敗軍於楚，當此時，曹操拊手，謂天下以定，然後先帝東連吳越，西取巴蜀，舉兵北征，夏侯授首。此操之失計，而漢事將成也。然後吳更違盟[九九]，關羽毁敗，秭歸蹉跌，曹丕稱帝。凡事如是，難可逆見。臣鞠躬盡力，死而後已，至於成敗利鈍，非臣之明所能逆覩也。"於是有散關之役。此表《亮集》所無，出張儼《默記》。

　　冬，亮復出散關，圍陳倉。曹真拒之，亮糧盡而還。魏將王雙率騎追亮，亮與戰，破之，斬雙。七年，亮遣陳式攻武都、陰平[一〇〇]。魏雍州刺史郭淮率衆欲擊式，亮自出至建威，淮退還，遂平二郡。詔策亮曰："街亭之役〔一〇一〕，咎由馬謖，而君引愆，深自貶抑，重違君意，聽順所守。前年燿師，馘斬王雙；今歲爰征，郭淮遁走；降集氐羌，興復二郡，威震凶暴，功勳顯然。方今天下騷擾，元惡未梟，君受大任，幹國之重，而久自抑損，非所以光揚洪烈矣。今復君丞相，君其勿辭。"《漢晉春秋》曰：是歲，孫權稱尊號，其羣臣以並尊二帝來告。議者咸以爲交之無益，而名體弗順，宜顯明正義，絕其盟好。亮曰："權有僭逆之心久矣，國家所以略其釁情者，求掎角之援也。今若加顯絕，讎我必深，便當移兵東戍，與之角力，須并其土，乃議中原。彼賢才尚多，將相緝穆〔一〇二〕，未可一朝定也。頓兵相持，坐而須老，使北賊得計，非算之上者。昔孝文卑辭匈奴，先帝優與吳盟〔一〇三〕，皆應權通變，弘思遠益，非匹夫之爲忿者比〔一〇四〕。今議者咸以權利在鼎足，不能并力，且志望以滿，無上進之情〔一〇五〕，推此，皆似是而非也。何者？其智力不侔，故限江自保；權之不能越江，猶魏賊之不能渡漢，非力有餘而利不取也。若大軍致討，彼上當分裂其地〔一〇六〕，以爲後規，下當略民廣境，示武於内，非端坐者也。若就其不動而睦於我，我之北伐，無東顧之憂，河南之衆不得盡西，此之爲利，亦已深矣。權僭之罪〔一〇七〕，未宜明也。"乃遣衛尉陳震慶權正號。

九年，亮復出祁山，以木牛運。《漢晉春秋》曰：亮圍祁山，招鮮卑軻比能，比能等至故北地石城以應亮。於是魏大司馬曹真有疾，司馬宣王自荊州入朝。魏明帝曰："西方事重，非君莫可付者。"乃使西屯長安，督張郃、費曜、戴陵、郭淮等〔一〇八〕。宣王使曜、陵留精兵四千守上邽，餘衆悉出，西救祁山。郃欲分兵駐雍、郿〔一〇九〕，宣王曰："料前軍能獨當之者，將軍言是也；

若不能當而分爲前後，此楚之三軍所以爲黥布禽也。"遂進〔一一〇〕。亮分兵留攻，自逆宣王於上邽。郭淮、費曜等徼亮，亮破之，因大芟刈其麥〔一一一〕，與宣王遇於上邽之東。斂兵依險，軍不得交，亮引而還〔一一二〕。宣王尋亮至於鹵城。張郃曰："彼遠來逆我，我請戰不得〔一一三〕，謂我利在不戰，欲以長計制之也。且祁山知大軍以在近，人情自固，可止屯於此，分爲奇兵，示出其後，不宜進前而不敢偪，坐失民望也。今亮縣軍食少，亦行去矣。"宣王不從，故尋亮。既至，又登山掘營，不肯戰。賈詡、魏平數請戰，因曰："公畏蜀如虎，奈天下笑何！"宣王病之。諸將咸請戰。五月辛巳，乃使張郃攻無當監何平於南圍〔一一四〕，自案中道向亮〔一一五〕。亮使魏延、高翔、吳班赴拒，大破之，獲甲首三千級，衣鎧五千領〔一一六〕，角弩三千一百張，宣王還保營。糧盡退軍，**與魏將張郃交戰，射殺郃**。郭沖五事曰：魏明帝自征蜀，幸長安，遣宣王督張郃諸軍，雍、涼勁卒三十餘萬，潛軍密進，規向劍閣。亮時在祁山，旌旗利器，守在險要，十二更下，在者八萬。時魏軍始陳，幡兵適交，參佐咸以賊衆強盛〔一一七〕，非力不制〔一一八〕，宜權停下兵一月，以并聲勢。亮曰："吾統武行師〔一一九〕，以大信爲本，得原失信，古人所惜；去者束裝以待期〔一二〇〕，妻子鶴望而計日，雖臨征難，義所不廢。"皆催遣令去〔一二一〕。於是去者感悅，願留一戰，住者憤踊，思致死命〔一二二〕，相謂曰："諸葛公之恩，死猶不報也。"臨戰之日，莫不拔刃爭先，以一當十。殺張郃，却宣王，一戰大尅，此信之由也。難曰：臣松之案：亮前出祁山，魏明帝身至長安耳，此年不復自來。且亮大軍在關、隴，魏人何由得越亮逕向劍閣？亮既出戰場〔一二三〕，本無久住之規，而方休兵還蜀，皆非經通之言。孫盛、習鑿齒搜求異同，罔有所遺，而並不多載沖言，知其乖剌多矣〔一二四〕。十二年春，亮悉大衆由斜谷出，以流馬運，據武功五丈原，與司馬宣王對於渭南。亮每患糧不繼〔一二五〕，使己志不伸，是以分兵屯田，爲久駐之基。耕者雜於渭濱居民之間，而百姓安堵，軍無私焉。《漢晉春秋》曰：亮自至，數挑戰。宣王亦表固請戰。使衛尉辛毗持節以制之。姜維謂亮曰：「辛佐治仗節而到，賊不復出矣。」亮曰：「彼本無戰情，所以固請戰者，以示武於其衆耳。將在軍，君命有所不受，苟能制吾，豈千里而請戰邪！」《魏氏春秋》曰：亮使至，問其寢食及其事之煩簡，不問戎事。使對曰：「諸葛公夙興夜寐，罰二十以上，皆親覽焉〔一二六〕，所噉食不至數升。」宣王曰：「亮將死矣。」相持百餘日。其年八月，亮疾病，卒於軍，時年五十四。《魏書》曰：亮糧盡勢窮，憂恚嘔血〔一二七〕，一夕燒營遁走入谷，道發病卒。《漢晉春秋》曰：亮卒於郭氏塢。《晉陽秋》曰：有星赤而芒角，自東北西南流，投於亮營，三投再還，往大還小。俄而亮卒。臣松之以爲：亮在渭濱，魏人躡跡，勝負之形，未可測量，而云嘔血，蓋因亮自亡而自誇大也〔一二八〕。夫以孔明之略，豈爲仲達嘔血乎？及至劉琨喪師，與晉元帝箋亦云「亮軍敗嘔血」，此則引虛記以爲言也。其云入谷而卒，緣蜀人入谷發喪故也。及軍退，宣王案行其營壘處所，曰：「天下奇才也！」《漢晉春秋》曰：楊儀等整軍而出，百姓奔告宣王，宣王追焉。姜維令儀反旗鳴鼓，若將向宣王者，宣王乃退，不敢偪。於是儀結陣而去，入谷然後發喪。宣王之退也，百姓爲之諺曰：「死諸葛走生仲達。」或以告宣王，宣王曰：「吾能料生，不便料死也。」

亮遺命葬漢中定軍山，因山爲墳，冢足容棺，斂以時服，不須器物。詔策曰："惟君體資文武，明叡篤誠，受遺託孤，匡輔朕躬，繼絕興微，志存靖亂，爰整六師，無歲不征，神武赫然，威震八荒，將建殊功於季漢，參伊、周之巨勳。如何不弔，事臨垂克，遘疾隕喪。朕用傷悼，肝心若裂。夫崇德序功，紀行命諡，所以光昭將來，刊載不朽。今使使持節左中郎將杜瓊，贈君丞相武鄉侯印綬，諡君爲忠武侯，魂而有靈，嘉茲寵榮。嗚呼哀哉！嗚呼哀哉！"初，亮自表後主曰："成都有桑八百株，薄田十五頃，子弟衣食〔一二九〕，自有餘饒。至於臣在外任，無別調度，隨身衣食，悉仰於官。不別治生，以長尺寸。若臣死之日〔一三〇〕，不使內有餘帛，外有贏財，以負陛下。"及卒，如其所言。

亮性長於巧思，損益連弩，木牛流馬，皆出其意；推演兵法，作八陣圖，咸得其要云。《魏氏春秋》曰：亮作八務、七戒、六恐、五懼，皆有條章，以訓厲臣子〔一三一〕。又損益連弩，謂之元戎，以鐵爲矢，矢長八寸，一弩十矢俱發。《亮集》載作木牛流馬法曰："木牛者，方腹曲頭，一腳四足，頭入領中，舌著於腹。載多而行少，宜可大用，不可小使；特行者數十里，羣行者二十里也。曲者爲牛頭，雙者爲牛腳，橫者爲牛領，轉者爲牛足，覆者爲牛背，方者爲牛腹，垂者爲牛舌，曲者爲牛肋，刻者爲牛齒，立者爲牛角，細者爲牛鞅，攝者爲牛鞦軸。牛仰雙轅，人行六尺，牛行四步，載一歲糧，日行二十里，而人不大勞〔一三二〕。流馬尺寸之數，肋長三尺五寸，廣三寸，厚二寸二分，左右同。前軸孔分墨去頭四寸，徑中二寸，前腳孔分墨二寸，去前軸孔四寸五分〔一三三〕，廣一寸〔一三四〕。前杠孔去前脚孔分墨二寸七分，孔長二寸，廣一寸。後軸孔去前杠分墨一尺五分〔一三五〕，大小與前同。後脚孔分墨去後軸孔三寸五分〔一三六〕，大小與前同。後杠孔去後脚孔分墨二寸七分，後載趐去後杠孔分墨四寸五分。前杠長一尺八寸，廣二寸，厚一寸五分。後杠與等板方囊二枚，厚八分，長二尺七寸，高一尺六寸五分，廣一尺六寸，每枚受米二斛三斗。從上杠孔去肋下七寸，前後同。上杠孔去下杠孔分墨一尺三寸，孔長一寸五分，廣七分，八孔同。前後四脚，廣二寸，厚一寸五分。形制如象，靬長四寸，徑面四寸三分。孔徑中三脚杠長二尺一寸〔一三七〕，廣一寸五分，厚一寸四分，同杠耳。"亮言教書奏多可觀，別爲一集。

景耀六年春，詔爲亮立廟於沔陽。《襄陽記》曰：亮初亡，所在各求爲立廟，朝議以禮秩不聽〔一三八〕，百姓遂因時節私祭之於道陌上。言事者或以爲可聽立廟於成都者。後主不從。步兵校尉習隆、中書郎向充等共上表曰："臣聞周人懷召伯之德，甘棠爲之不伐；越王思范蠡之功，鑄金以存其像。自漢興已來，小善小德而圖形立廟者多矣。況亮德範遐邇，勳蓋季世，興王室之不壞〔一三九〕，實斯人是賴，而烝嘗止於私門，廟像闕而莫立〔一四〇〕，使百姓巷祭，戎夷野祀，非所以存德念功，述追在昔者也。今若盡順民心，則瀆而無典，建之京師，又偪宗廟，此聖懷所以惟疑也。臣愚以爲宜因近其墓，立之於沔陽〔一四一〕，使所親屬以時賜祭〔一四二〕，凡其臣故吏欲奉祠者，皆限至廟。斷其私祭〔一四三〕，以崇正禮。"於是始從之。秋，魏鎭西將軍鍾會征蜀，至漢川，祭亮之廟，令軍士不得於亮墓所左右芻牧樵採。亮弟均，官至長水校尉。亮子瞻，嗣爵。《襄陽記》曰：黃承彥者，高爽開列,爲沔南名士,謂諸葛孔明曰:"聞君擇婦,身有醜女,黃頭黑色,而才堪相配。"孔明許〔一四四〕,即載送之。時人以爲笑樂,鄉里爲之諺曰:"莫作孔明擇婦,止得阿承醜女〔一四五〕。"

諸葛氏集目錄

開府作牧第一　　權制第二　　　南征第三
北出第四　　　　計算第五　　　訓厲第六
綜覈上第七　　　綜覈下第八　　雜言上第九
雜言下第十　　　貴和第十一　　兵要第十二
傳運第十三　　　與孫權書第十四　與諸葛瑾書第十五
與孟達書第十六　廢李平第十七　法檢上第十八
法檢下第十九　　科令上第二十　科令下第二十一
軍令上第二十二　軍令中第二十三　軍令下第二十四

右二十四篇,凡十萬四千一百一十二字。

臣壽等言:臣前在著作郎,侍中領中書監濟北侯臣荀勖、中書令關內侯臣和嶠奏,使臣定故蜀丞相諸葛亮故事。亮毗佐危國,負阻不賓〔一四六〕,然猶存錄其言,恥善有遺,誠是大晉光明至德,澤被無疆,自古以來,未之有倫也。輒刪除複重,隨類相從,凡爲二十四篇,篇名如右。

亮少有逸羣之才,英霸之器,身長八尺,容貌甚偉,時人異焉。遭漢末擾亂,隨叔父玄避難荊州,躬耕於野,不求聞達。時左將軍劉備以亮有殊量,乃三顧亮於草廬之中。亮深謂備雄姿傑出,遂解帶寫誠,厚相結納。及魏武帝南征荊州，劉琮舉州委質，而備失勢衆寡，無立錐之地。亮時年二十七，乃建奇策，身使孫權，求援吳會。權既宿服仰備，又覩亮奇雅，甚敬重之，即遣兵三萬人以助備。備得用與武帝交戰，大破其軍，乘勝克捷，江南悉平。後備又西取益州。益州既定，以亮爲軍師將軍。備稱尊號，拜亮爲丞相，錄尚書事。及備殂沒，嗣子幼弱，事無巨細，亮皆專之。於是外連東吳，內平南越，立法施度，整理戎旅，工械技巧，物究其極，科教嚴明，賞罰必信，無惡不懲，無善不顯，至於吏不容奸，人懷自厲，道不拾遺，彊不侵弱，風化肅然也。當此之時，亮之素志，進欲龍驤虎視，苞括四海，退欲跨陵邊疆，震蕩宇內。又自以爲無身之日，則未有能蹈涉中原、抗衡上國者，是以用兵不戢，屢耀其武。然亮才於治戎爲長，奇謀爲短，理民之幹，優於將略。而所與對敵，或値人傑，加衆寡不侔，攻守異體，故雖連年動衆，未能有克。昔蕭何薦韓信，管仲舉王子城父，皆忖己之長，未能兼有故也。亮之器能政理，抑亦管、蕭之亞匹也，而時之名將無城父、韓信，故使功業陵遲，大義不及邪？蓋天命有歸，不可以智力爭也。

青龍二年春，亮帥衆出武功，分兵屯田，爲久駐之基，其秋病卒，黎庶追思，以爲口實。至今梁、益之民，咨述亮者，言猶在耳，雖《甘棠》之詠召公，鄭人之歌子產，無以遠譬也。孟軻有云：「以逸道使民，雖勞不怨；以生道殺人，雖死不忿。」信矣！論者或怪亮文彩不黷，而過於丁寧周至。臣愚以爲咎繇大賢也，周公聖人也，考之《尚書》，咎繇之謨略而雅，周公之誥煩而悉。何則？咎繇與舜、禹共談，周公與羣下矢誓故也〔一四七〕。亮所與言，盡衆人凡士，故其文指不得及遠也〔一四八〕。然其聲教遺言，皆經事綜物，公誠之心，形於文墨，足以知其人之意理，而有補於當世。

伏惟陛下邁蹤古聖〔一四九〕，蕩然無忌，故雖敵國誹謗之言，咸肆其辭而無所革諱，所以明大通之道也。謹錄寫上詣著作。臣壽誠惶誠恐，頓首頓首，死罪死罪。泰始十年二月一日癸巳，平陽侯相臣陳壽上。

喬字伯松，亮兄瑾之第二子也，本字仲慎。與兄元遜俱有名於時，論者以爲喬才不及兄，而性業過之。初，亮未有子，求喬爲嗣，瑾啓孫權，遣喬來西，亮以喬爲己適子〔一五〇〕，故易其字焉。拜爲駙馬都尉，隨亮至漢中。亮與兄瑾書曰："喬本當還成都，今諸將子弟皆得傳運，思惟宜同榮辱。今使喬督五六百兵，與諸子弟傳於谷中。"書在《亮集》。年二十五，建興元年卒。子攀，官至行護軍翊武將軍，亦早卒。諸葛恪見誅於吳，子孫皆盡，而亮自有胄裔，故攀還復爲瑾後。

瞻字思遠。建興十二年，亮出武功，與兄瑾書曰："瞻今已八歲，聰慧可愛〔一五一〕，嫌其早成，恐不爲重器耳。"年十七，尚公主，拜騎都尉。其明年，爲羽林中郎將，屢遷射聲校尉、待中、尚書僕射，加軍師將軍。瞻工書畫，彊識念，蜀人追思亮，咸愛其才敏。每朝廷有一善政佳事，雖非瞻所建倡，百姓皆傳相告曰："葛侯之所爲也。"是以美聲溢譽，有過其實。景耀四年，爲行都護衛將軍，與輔國大將軍南鄉侯董厥並平尚書事。六年冬，魏征西將軍鄧艾伐蜀，自陰平由景谷道旁入。瞻督諸軍至涪停住〔一五二〕，前鋒破退，還住綿竹。艾遺書誘瞻曰〔一五三〕："若降者必表爲琅邪王。"瞻怒，斬艾使。遂戰，大敗，臨陣死，時年三十七。衆皆離散，艾長驅至成都。瞻長子尚與瞻俱没。干寶曰：瞻雖智不足以扶危，勇不足以拒敵，而能外不負國，內不改父之志，忠孝存焉。《華陽國志》曰：尚歎曰："父子荷國重恩，不早斬黃皓，以致傾敗，用生何爲！"乃馳赴魏軍而死。次子京及攀子顯等，咸熙元年內移河東。案《諸葛氏譜》云：京字行宗〔一五四〕。《晉泰始起居注》載詔曰："諸葛亮在蜀，盡其心力，其子瞻臨難而死義，天下之善士也〔一五五〕。"其孫京，隨才署吏，後爲郿令。尚書僕射山濤《啓事》曰：郿令諸葛京，祖父亮，遇漢亂分隔，父子在蜀，雖不達天命，要爲盡心所事。京治郿自復有稱，臣以爲宜以補東宮舍人，以明事人之理〔一五六〕，副梁、益之論。"京位至廣州刺史〔一五七〕。

董厥者，丞相亮時爲府令史，亮稱之曰："董令史，良士也。吾每與之言，思慎宜適。"徙爲主簿。亮卒後，稍遷至尚書僕射，代陳祗爲尚書令，遷大將軍，平臺事〔一五八〕，而義陽樊建代焉。案《晉百官表》：董厥字龔襲，亦義陽人。建字長元。延熙二十四年，以校尉使吴，值孫權病篤，不自見建。權問諸葛恪曰："樊建何如宗預也？"

恪對曰:"才識不及預,而雅性過之。"後爲侍中,守尚書令[一五九]。自瞻、厥、建統事,姜維常征伐在外,宦人黃皓竊弄機柄,咸共將護,無能匡矯。孫盛《異同記》曰:瞻、厥等以維好戰無功,國内疲弊,宜表後主,召還爲益州刺史,奪其兵權;蜀長老猶有瞻表以閻宇代維故事。晉永和三年,蜀史常璩説長老云[一六〇]:"陳壽嘗爲瞻吏,爲瞻所辱,故因此事歸惡黃皓,而云瞻不能匡矯也。"然建特不與皓和好往來。蜀破之明年,厥、建俱詣京都,同爲相國參軍,其秋並兼散騎常侍,使蜀慰勞。《漢晉春秋》曰:樊建爲給事中,晉武帝問諸葛亮之治國,建對曰:"聞惡必改,而不矜過,賞罰之信,足感神明。"帝曰:"善哉!使我得此人以自輔[一六一],豈有今日之勞乎!"建稽首曰:"臣竊聞天下之論,皆謂鄧艾見枉,陛下知而不理,此豈馮唐之所謂'雖得頗、牧而不能用'者乎[一六二]?"帝笑曰:"吾方欲明之[一六三],卿言起我意。"於是發詔治艾焉[一六四]。

評曰:諸葛亮之爲相國也,撫百姓,示儀軌,約官職,從權制,開誠心,布公道。盡忠益時者雖讎必賞,犯法怠慢者雖親必罰,服罪輸情者雖重必釋,游辭巧飾者雖輕必戮。善無微而不賞,惡無纖而不貶。庶事精練,物理其本,循名責實,虛僞不齒,終於邦域之内,咸畏而愛之,刑政雖峻而無怨者,以其用心平而勸戒明也。可謂識治之良才,管、蕭之亞匹矣。然連年動衆,未能成功,蓋應變將略,非其所長歟。《袁子》曰:或問諸葛亮何如人也?袁子曰:張飛、關羽與劉備俱起,爪牙腹心之臣,而武人也。晚得諸葛亮，因以爲佐相，而羣臣悦服，劉備足信、亮足重故也。及其受六尺之孤，攝一國之政，事凡庸之君，專權而不失禮，行君事而國人不疑，如此即以爲君臣百姓之心欣戴之矣。行法嚴而國人悦服，用民盡其力而下不怨。及其兵出入如賓，行不寇，芻蕘者不獵，如在國中。其用兵也，止如山，進退如風，兵出之日，天下震動，而人心不憂。亮死至今數十年，國人歌思，如周人之思召公也。孔子曰"雍也可使南面"，諸葛亮有焉。又問：諸葛亮始出隴右，南安、天水、安定三郡人反應之，若亮速進，則三郡非中國之有也。而亮徐行不進；既而官兵上隴，三郡復，亮無尺寸之功，失此機，何也？袁子曰：蜀兵輕鋭〔一六五〕，良將少，亮始出，未知國中彊弱〔一六六〕，是以疑而嘗之。且大會者不求近功，所以不進也。曰：何以知其疑也？袁子曰：初出遲重，屯營重複，後轉降未進兵欲戰，亮勇而能鬭，三郡反而不速應，此其疑徵也。曰：何以知其勇而能鬭也？袁子曰：亮之在街亭也，前軍大破，亮屯去數里，不救；官兵相接，又徐行，此其勇也。亮之行軍，安靜而堅重；安靜則易動，堅重則可以進退。亮法令明，賞罰信，士卒用命，赴險而不顧，此所以能鬭也。曰：亮帥數萬之衆，其所興造，若數十萬之功，是其奇者也。所至營壘、井竈、圊溷、藩籬、障塞皆應繩墨，一月之行，去之如始至，勞費而徒爲飾好，何也？袁子曰：蜀人輕脱，亮故堅用之。曰：何以明其然也〔一六七〕？袁子曰：亮治實而不治名，志大而所欲遠，非求近速者也。曰：亮好治官府、次舍、橋梁、道路，此非急務，何也？袁子曰：小國賢才少，故欲其尊嚴也。亮之治蜀，田疇辟，倉廩實，器械利，蓄積饒，朝會不譁〔一六八〕，路無醉人。夫本立故末治，有餘力而後及小事，此所以勸其功也。曰：子之論諸葛亮，則有證也。以亮之才而少其功，何也？袁子曰：亮，持本者也[一六九],其於應變,則非所長也,故不敢用其短。曰:然則吾子美之,何也?袁子曰:此固賢者之遠矣,安可以備體責也。夫能知所短而不用,此賢者之大也;知所短則知所長矣。夫前識與言而不中,亮之所不用也,此吾之所謂可也。

吳大鴻臚張儼作《默記》,其《述佐篇》論亮與司馬宣王書曰:漢朝傾覆,天下崩壞[一七〇],豪傑之士,竞希神器。魏氏跨中土,劉氏據益州,並稱兵海內,爲世霸主。諸葛、司馬二相,遭值際會,託身盟主[一七一],或收功於蜀漢,或册名於伊、洛[一七二]。丕、備既殁,後嗣繼統,各受保阿之任,輔翼幼主,不負然諾之誠,亦一國之宗臣[一七三],霸王之賢佐也。歷前世以觀近事,二相優劣,可得而詳也。孔明起巴、蜀之地,蹈一州之土,方之大國,其戰士人民,蓋有九分之一也,而以貢贄大吳,抗對北敵,至使耕戰有伍,刑法整齊,提步卒數萬,長驅祁山,慨然有飲馬河、洛之志。仲達據天下十倍之地,仗兼并之衆,據牢城,擁精銳,無禽敵之意,務自保全而已,使彼孔明自來自去。若此人不亡,終其志意,連年運思,刻日興謀,則凉、雍不解甲,中國不釋鞍,勝負之勢[一七四],亦已決矣。昔子產治鄭,諸侯不敢加兵,蜀相其近之矣。方之司馬,不亦優乎!或曰,兵者凶器,戰者危事也。有國者不務保安境內,綏靜百姓[一七五],而好開闢土地,征伐天下,未爲得計也。諸葛丞相誠有匡佐之才,然處孤絕之地,戰士不滿五萬,自可閉關守險,君臣無事。空勞師旅,無歲不征,未能進咫尺之地,開帝王之基,而使國內受其荒殘,西土苦其役調。魏司馬懿才用兵衆[一七六],未易可輕[一七七];量敵而進,兵家所慎,若丞相必有以策之[一七八],則未見坦然之勳,若無策以裁之,則非明哲之謂,海內歸向之意也。余竊疑焉,請聞其說[一七九]。答曰:蓋聞湯以七十里、文王以百里之地而有天下,皆用征伐而定之。

揖讓而登王位者〔一八〇〕，惟舜、禹而已。今蜀、魏爲敵戰之國，勢不俱王，自操、備時，彊弱縣殊，而備猶出兵陽平，禽夏侯淵。羽圍襄陽，將降曹仁，生獲于禁，當時北邊大小憂懼，孟德身出南陽，樂進、徐晃等爲救，圍不即解，故蔣子通言彼時有徙許渡河之計，會國家襲取南郡，羽乃解軍。玄德與操，智力多少，士衆衆寡，用兵行軍之道，不可同年而語，猶能暫以取勝，是時又無大吳掎角之勢也。今仲達之才，減於孔明，當時之勢，異於曩日，玄德尚與抗衡，孔明何以不可出軍而圖敵邪？昔樂毅以弱燕之衆，兼從五國之兵，長驅彊齊，下七十餘城。今蜀漢之卒，不少燕軍，君臣之接，信於樂毅，加以國家爲脣齒之援，東西相應，首尾如蛇，形勢重大，不比於五國之兵也，何憚於彼而不可哉？夫兵以奇勝，制敵以智，土地廣狹，人馬多少，未可偏恃也。余觀彼治國之體，當時既肅整，遺教在後，及其辭意懇切，陳進取之圖，忠謀謇謇，義形於主，雖古之管、晏，何以加之乎？

　　《蜀記》曰：晉永興中，鎮南將軍劉弘至隆中，觀亮故宅，立碣表閭，命太傅掾犍爲李興爲文曰：「天子命我，於沔之陽，聽鼓鞞而永思，庶先哲之遺光。登隆山以遠望，軾諸葛之故鄉。蓋神物應機，大器無方，通人靡滯，大德不常。故谷風發而驎虞嘯〔一八一〕，雲雷升而潛鱗驤。摯解褐於三聘，尼得招而褰裳。管豹變於受命，貢感激以回莊〔一八二〕。異徐生之摘寶，釋卧龍於深藏。偉劉氏之傾蓋，嘉吾子之周行。夫有知己之主，則有竭命之良。固所以三分我漢鼎〔一八三〕，跨帶我邊荒，抗衡我北面，馳騁我魏疆者也。英哉吾子，獨含天靈。豈神之祇，豈人之精？何思之深，何德之清！異世通夢，恨不同生。推子八陣，不在孫、吳〔一八四〕。木牛之奇，則亦般模〔一八五〕。神弩之功，一何微妙！千井齊甃，又何祕要！昔在顛夭，有名無迹。孰若吾儕〔一八六〕，良籌妙畫？臧文既没，以言見稱。又未若子，言行並徵。夷吾反坫，樂毅不終。奚比於爾，明哲守沖。臨終受寄，讓過許由。負扆蒞事，民言不流。刑中於鄭，教美於魯。蜀民知恥，河渭安堵。匪皋則伊，寧彼管、晏[一八七]。豈徒聖宣，慷慨屢歎！昔爾之隱，卜惟此宅，仁智所處，能無規廓。日居月諸，時殞其夕，誰能不沒，貴有遺格。惟子之勳，移風來世，詠歌餘典，懦夫將厲。遐哉邈矣，厥規卓矣。凡若吾子，難可究已。疇昔之乖，萬里殊塗。今我來思，覯爾故墟。漢高歸魂於豐沛，太公五世而反周。想魍魎以髣髴，冀影響之有餘。魂而有靈，豈其識諸！"王隱《晉書》云：李興，密之子，一名安。

【校箋】

〔一〕毛本作"蜀書五"。

〔二〕毛本作"諸葛亮傳第五"。

〔三〕盧弼曰："'也'字衍。"

謹案：郝書、《季漢書》俱無"也"字，是也。

〔四〕紹興本"繇"上有"劉"字，郝書同。

〔五〕盧弼曰："弼按：《藝文類聚》十九引《陳武別傳》曰：'陳武字國本，休屠胡人。常騎驢牧羊，諸家牧豎十數人。或有知歌謠者，武遂學太山《梁父吟》、幽州《馬客吟》及《行路難》之屬。'是《梁父吟》本為古歌謠，諸葛吟之遣興耳。"

謹案：桂馥《晚學集》曰："說者謂亮所歌即'步出齊城門'一篇，馥疑其非也。篇中所云'二桃殺三士'，何與武侯事？按《陳武別傳》：'武休屠人，常牧羊，牧豎十數人。或有和歌者，武遂學太山《梁父吟》及《行路難》之屬。'若然則《梁父吟》乃古歌曲之一調。武侯好歌此調，而歌詞何止一篇。或武侯自為詞而自歌之，今皆不傳，所傳者惟'步出齊城門'一篇耳。"考《草堂詩箋》曰："《梁父吟》者，山東之音也。"諸葛亮琅邪人，或以鄉里曲調作歌，而抒寫情懷也。若求之愈深，恐反失之鑿矣。

〔六〕盧弼曰："《元和志》：'諸葛亮宅在襄陽縣西北二十里。'"

謹案：《御覽》卷一百一十七引盛弘之《荊州記》："襄陽西北十里許名爲隆中，有諸葛孔明宅。宅西有三間，屋基跡極高，云是孔明避水臺。先有人姓董居之，滅門後，無復敢有住者。齊建武中，有人修井得一石枕，高一尺二寸，長九寸，獻晉安王。習鑿齒又爲《宅銘》，今宅院見在。"

〔七〕《白帖》卷四十四、《御覽》卷六百三十一引無"庶"字。《後漢紀》、《世説·方正篇》注、《文選》袁彦伯《三國名臣序贊》李注引俱同。

〔八〕紹興本"三人"作"諸人"，《御覽》卷三百七十二引同。

〔九〕紹興本作"郡守刺史"。

〔一〇〕盧弼曰："宋本'至'作'志'。"

謹案：梁章鉅曰："何焯曰：'宋本至作志。'"疑作"至"字是。"至"字承上文"卿三（《御覽》卷三百七十二、《册府》卷八百三十六引俱作"諸"）人仕進可至刺史郡守也"之"至"而言。古"至""志"二字多誤。《文選》嵇叔夜《幽憤詩》李注引《莊子》"真者精誠之志也"，《考異》曰："袁本'志'作'至'。是也。茶陵本亦誤'志'。"是其證。

〔一一〕盧弼本"大"作"丈"曰："'丈'宋本作'大'。"

謹案："丈"字誤，非異文也。各本俱作"大"，可證。

〔一二〕紹興本"翊"字作"翼"。

〔一三〕《世說》注無"者"字，《文選》諸葛孔明《出師表》李注同。

〔一四〕《御覽》卷四百四十四引作"襄陽耆舊記"。

〔一五〕《御覽》引"務"下有"哉"字。

〔一六〕《後漢紀》"宜"字作"且"。

〔一七〕紹興本作"短淺"。

〔一八〕盧弼曰："《通鑑》'獗'作'蹶'。胡注：'猖披，猖蹶，顛蹶。'"

謹案：趙翼《陔餘叢考》曰："今人見人恣橫不可制者輒曰猖獗，史傳亦多用之，然更有別義。王彪之謂殷浩曰：'無故忽忽，先自猖獗。'皆有傾覆之意，與常解不同。"考"猖獗"或作"倡蹶"。朱駿聲《説文通訓定聲》謂"倡"爲"倀"之借。《説文‧人部》："倀，仆也。""獗"疑爲"蹶"之借。《淮南子‧精神篇》"形勢而不休則蹶"高注："蹶，顛也。"是"猖獗"即"倀蹶"，猶顛仆之義，與《論語》"顛沛"之意同也，若以"猖披"釋之，或有違乎古義矣！

〔一九〕《御覽》卷一百一十七引"謂"字作"爲"，與《後漢紀》同。

〔二〇〕《御覽》引"彊"下無"者"字，《華陽國志》、道藏本《諸葛忠武侯別傳》同。

〔二一〕盧弼曰："宋本'以'作'而'，《通鑑》同。"

謹案：《後漢紀》《華陽國志》《通志》"以"俱作"而"，《御覽》、《册府》卷三百零八引同。

〔二二〕《御覽》引"鋒"下有"也"字，《華陽國志》同。

〔二三〕盧弼曰："胡三省曰：'吳會者，言吳爲東南一都會也。'"

謹案："吳會"已見《先主傳》，兹不重贅。

〔二四〕《御覽》引"國"下有"也"字，《通志》同。

〔二五〕《御覽》引"殆"上無"此"字，"軍"下有"也"字，《華陽國志》《後漢紀》同。

〔二六〕《御覽》《後漢紀》均無此六字。

〔二七〕《御覽》引無"存"字，《華陽國志》同。

〔二八〕《御覽》引無"外"字，《華陽國志》同。

〔二九〕盧弼曰："《通鑑》'理'作'治'。"

謹案：《御覽》引'理'作'事'。疑當作"治"，唐人避高宗諱改作"理"。

〔三〇〕盧弼曰："宋本作'出於秦川'。"

謹案：《後漢紀》、《華陽國志》、蕭書、郝書、《通志》與宋本同。《御覽》、《册府》、《玉海》卷十九引亦作"出於"，應據改。

〔三一〕《御覽》引無"敢"字，《後漢紀》、《華陽國志》、道藏本《諸葛忠武侯集》同。

〔三二〕道藏本《諸葛忠武侯集》"霸"字作"王"。

〔三三〕《册府》引"當"字作"將"。

〔三四〕《册府》引無"備"字。

〔三五〕紹興本"悟"字作"寤"。

〔三六〕唐鈔本《文選集注》及《文選》嵇叔夜《與山巨源絶交書》李注引"來"字俱作"東"。"東""來"二字形近易誤。本志《費禕傳》"終不負來顧"，今本誤"來"爲"東"。

〔三七〕《御覽》卷三百七十六引"今"下無"已"字，《蒙求》注引同，《後漢紀》同。

〔三八〕《類聚》卷二十、《御覽》引"從"字俱作"於"。

〔三九〕盧弼曰："堊音惡，塗飾也。"

謹案："白堊突面"，語不可解。《説文・土部》："堊，白塗也。"段注:"以白物涂白之也。"則"白堊面"爲以白色物涂面也。"突"字疑在"走"字上,蓋誤乙。"被突走"語意乃順,突言疾走。

〔四〇〕紹興本"名"字作"字"。

〔四一〕紹興本"疏"字作"疎"。毛本"布"字作"巾"。《册府》卷八百九十七引作"疏巾",《御覽》卷三百五十二引作"絹巾"。疑此本作"疏巾"。疏巾者,謂以疏布作巾也。道藏本《諸葛忠武侯集》亦作"巾"。

〔四二〕《通志》無"於"字,道藏本亦無"於"字。

〔四三〕《御覽》卷四百六十二引無"擁""在"二字。

〔四四〕盧弼曰:"胡三省曰:'横以取平,上下相當無所卑屈曰抗。'"

謹案:《史記·酈生陸賈列傳》"與天子抗衡"索隱:"崔浩云:'抗,對也。横,車軛上横木。抗横言兩横相對拒,言不相避下。'"

〔四五〕盧弼曰:"元本、馮本'蹶'作'厥'。兵法:'百里而趨利者蹶上將。'"

謹案:作"厥"字者誤。《戰國策·齊策》:"兵法:'百里而趨利者蹶上將軍。'"高誘注:"蹶猶挫也。"

〔四六〕毛本"曹"字作"操",《御覽》卷四百六十二、《册府》卷三百零八引同。《後漢紀》、郝書、《通志》亦作"操",道藏本同。

〔四七〕盧弼曰:"元本、監本'尼'作'居',誤。論見本傳末。"

謹案:《官本考證》曰:"監本訛作孝居,今改正。"考《袁焕傳》注引《袁氏世紀》曰:"準字孝尼,著書十餘萬言,論治世之務。"

〔四八〕郝書"江南"二字下有"諸郡"二字。

〔四九〕郝書苟注"蒸"字作"烝"。

〔五〇〕盧弼本"其"字作"是"曰："宋本'是'作'其'。"

謹案：作"其"字是。"其"發語詞，古籍中多見之。如《尚書·金縢》"其新迎"，《左傳·成公十三年》"其承寧諸侯以退"是也。"是"字於此無義。

〔五一〕《後漢紀》作"以成帝業"。

〔五二〕郝書"暗"字作"闇"。

〔五三〕《後漢紀》"文法"作"支柱"。

〔五四〕《後漢紀》"互"作"示"。

〔五五〕紹興本、馮本、陳本、毛本俱作"蜀土人士"，郝書同，道藏本《諸葛忠武侯集》同。

〔五六〕紹興本、馮本、陳本無"每"字，郝書、《季漢書》、道藏本《諸葛忠武侯集》同。

〔五七〕郝書苟注引"亮"下無"又"字。

〔五八〕盧弼曰："宋本'亦'作'必'。"

謹案：《官本考證》云："'亦'元本作'必'。"作"必"字是。

〔五九〕郝書苟注引作"又謂亮云"。

〔六〇〕《文選·出師表》李注引"事"字作"業"。

〔六一〕郝書苟注引"杖"字作"仗"。

〔六二〕盧弼本"可"作"何"曰："宋本'何'作'可'。"

謹案：郝書苟注引作"何以"，此詰問語，疑作"何"字是。

〔六三〕盧弼曰："宋本'人'作'誠'。"

謹案：錢儀吉曰："宋本'人'作'誠'。"考郝書苟注引亦作"誠"，作"誠"字是。

1363

〔六四〕紹興本"性"字作"情",郝書茍注引同。

〔六五〕郝書"政"下無"事"字。

〔六六〕《文選·出師表》李注"郡"字作"部"。

〔六七〕郝書"亮"下無"遂"字。

〔六八〕蕭書、郝書"祖"下無"之"字。

〔六九〕盧弼曰:"或曰:'還疑作轅。'"

謹案:蕭書"還"作"軍",或疑作"轅",皆無據。疑仍作"旋還"爲是。《小爾雅·廣言》:"旋,還也。""旋還"複語。

〔七〇〕盧弼曰:"宋本'道'上有'正'字。"

謹案:《册府》卷三百一十五引"道"上有"正"字。蕭書、郝書同。應據補。

〔七一〕盧弼曰:"宋本'在'作'至'。"

謹案:《官本考證》曰:"'在'宋本作'至'。"紹興本作"在"。"在"字上應增"官本考證曰"五字。考《白帖》卷五十六及《蒙求》注俱作"至"。《通典·邊防三》"滇"條下引亦作"至"。當從之。

〔七二〕盧弼曰:"宋本無'並'字。劉家立曰:'疑作所並服,非衍文。'"

謹案:《書鈔》卷一百一十八、《册府》卷三百九十一引無"並"字。《通典》、郝書、《蒙求》注亦俱無之,疑宋本是也。劉氏謂作"所並服",恐非是。爲夷漢所服,語意已足,無需贅此"並"字也。

〔七三〕盧弼曰:"《通鑑》無'看'字。"

謹案:今蒙賜觀營陣,意已賅備,"看"字蓋衍文。蕭書、郝書俱無"看"字,應據删。

〔七四〕盧弼曰:"宋本、馮本'吏'作'夷'。元本、毛本作

'吏'。"

謹案：作"夷"字是。觀上文可知，元本、毛本作"吏"，蓋傳寫之誤。考官本"吏"亦作"夷"。可證。

〔七五〕《華陽國志》"中"字作"省"。

〔七六〕《華陽國志》"親"字作"昵"，"遠"字作"疎"。

〔七七〕盧弼曰："《文選》'良'作'亮'。"

謹案：《楚辭》："招貞良與明智。"曹大家《東征賦》："祐貞良而輔信。"作"貞良"是也。《漢書·吳王濞傳》"誅罰良重"注："良，實也，信也。"

〔七八〕蕭書、《季漢書》無"於"字，《册府》卷三百一十六引亦無"於"字。

〔七九〕盧弼曰："李善曰：'猥猶曲也。言己曲蒙先帝自枉屈而來也。'"

謹案：李注迂曲。朱駿聲《說文通訓定聲》曰："《出師表》'猥自枉屈'，注訓曲，實亦發聲之詞也。"朱說是也。

〔八〇〕馮本、陳本注文"一"字作"二"，非。李善注引無"之"字、"時"字，《册府》引"時"字作"是"。

〔八一〕紹興本、馮本、陳本"勤"字作"歎"。《册府》卷三百一十九引同，蕭書、《通志》、《華陽國志》、《文選》、道藏本《諸葛忠武侯集》同，郝書作"慮"，恐以臆改。曹植《謝妻改封表》："夙夜憂歎，念報罔極。"

〔八二〕盧弼曰："《御覽》卷六十五引《十道記》'不毛'下有'之地'二字。"

謹案：此已見《三國志旁證》，當云"梁章鉅曰"爲是。

〔八三〕《華陽國志》"獎帥"二字乙，《文選》六臣注本作"帥將"。

〔八四〕盧弼曰:"草蓋曰菴,布帳曰幔。"

謹案:《通典·兵六》"菴幔"作"卷幔"。《御覽》卷二百九十四引《通典》亦作"卷幔"。

〔八五〕郝書苟注引"常"字作"嘗"。

〔八六〕盧弼曰:"'舉引'一校作'衆引'。"

謹案:"舉"字不誤。舉引猶言稱引。若作"衆","衆"與下"皆"字意複,疑不足據。

〔八七〕郝書"破"字作"敗"。

〔八八〕道藏本《諸葛忠武侯集》"虜"字作"獲"。疑作"獲"字是,下文"獲之則於魏何損",此"獲"字正與上文相應,作"虜"者非是。

〔八九〕盧弼曰:"《華陽國志》作'職臣是當'。蓋本'職汝之由'。"

謹案:梁章鉅曰:"《華陽國志》作'職臣是當'。"考本書《蔣琬傳》"臣職是掌"與此同,疑作"臣職"是。《周禮·天官·序官》"設官分職"孫詒讓正義曰:"職謂所主之事。"猶今云職責也。盧君謂此本《左傳·襄公十四年傳》"職汝之由"。馬瑞辰《毛詩傳箋通釋》曰:"職汝之由,猶言則汝之由。""職"字語詞,與此義遠,疑非本之也,盧說似未審。

〔九〇〕蕭書"死"字作"滅"。

〔九一〕盧弼曰:"《通鑑》'坐'下有'而'字。"

謹案:《通志》"坐"下亦有"而"字。

〔九二〕《水經·若水注》"偏全"作"偏安",蕭書同。

〔九三〕《通志》"勞"字作"虛"。

〔九四〕盧弼曰:"何焯曰:'遂并江東下有脱文,當是指斥孫權之語,吳臣諱而削之。'"

謹案：章大來《後甲集》云："古文有遺句，不可不知。如《出師表》中專言劉繇、王朗不征不戰，無一語及蜀漢。竊謂未解上必有'今舉朝君臣思欲效之'九字。此《翠微集》中語，良有理。"

〔九五〕郝書"險"字作"陒"。

〔九六〕紹興本、馮本、陳本、毛本"北"俱作"伯"，《册府》卷三百一十二引同。郝書、《通志》、《通鑑》亦作"伯"。胡三省謂與烏桓戰於白狼山時也。

〔九七〕郝書"委"下有"任"字。

〔九八〕馮本、陳本、毛本"今"字俱作"虛"。盧弼曰："官本'及虛'作'及今'。本集作'及蚤'。胡三省曰：'亮意欲及魏與吳連兵未解，乘虛圖之也。'"

謹案：《官本考證》曰："'及今'毛本作'及虛'。本集作'及蚤'。"《册府》卷一百三十二引作"虛"，郝書、《通志》、《季漢書》同。

〔九九〕盧弼曰："胡三省曰：'此兩然後之然，轉語之辭，與他文然後之義不同。'"

謹案："然後"蕭書作"其後"，義較勝。"其"指上文"西取巴蜀，舉兵北征，夏侯授首"事也。胡注牽強，似非。

〔一〇〇〕紹興本"式"作"戒"，郝書、《通志》同。

〔一〇一〕《華陽國志》"役"字作"敗"。

〔一〇二〕《册府》卷二百一十五引"穆"作"睦"。《諸葛忠武侯集》附張栻《別傳》同。

〔一〇三〕盧弼曰："胡三省曰：'優，饒也。今人猶謂寬假爲優饒。'"

謹案：《別傳》"優"字作"復"。

〔一〇四〕毛本"比"作"也"。盧弼曰:"官本'也'作'比'。《通鑑》作'非若匹夫之忿者也'。胡三省曰:'言所計者大也。'"

謹案:《官本考證》曰:"《册府》'分'作'忿','比'毛本作'也'。"考此見《册府》卷二百一十五。蕭書、郝書"分"字作"忿","比"《季漢書》作"也"。應據改。

〔一〇五〕紹興本、毛本"進"字作"岸"。盧弼曰:"官本'岸'作'進'。胡三省曰:'謂孫權之志在保江,不能上岸而北向也。'"

謹案:《册府》引"進"字作"岸"。蕭書、郝書、《季漢書》同,官本作"進"誤。

〔一〇六〕紹興本"上"作"高"。《册府》引同。

〔一〇七〕蕭書"僭"下有"逆"字,無"之"字。郝書作"權僭逆之罪"。

〔一〇八〕蕭書"等"下有"拒王師"三字,郝書作"拒亮",疑此奪"拒亮"二字。

〔一〇九〕《御覽》卷二百九十三引《通典》"郿"下有"爲後鎮"三字。

〔一一〇〕《御覽》引《通典》"進"下有"軍糜"三字。

〔一一一〕《御覽》卷二百九十一引"芝"下無"刈"字,郝書同。

〔一一二〕《御覽》引"而"上有"兵"字。

〔一一三〕盧弼曰:"《通鑑》無下'我'字,是。"

謹案:《御覽》卷二百七十九引亦無下"我"字,"我"字複,應據刪。

〔一一四〕毛本"平"字作"千"。盧弼曰:"宋本'千'作

'平'，《通鑑》同。"

謹案：趙一清云："'何千'當作'何平'。"考《御覽》卷二百九十一引"千"作"平"。《王平傳》："王平字子均，巴西宕渠人也，本養外家何氏，後復姓王。"即此何平也。

〔一一五〕盧弼曰："胡三省曰：'案，據也。懿分道進兵，欲以解祁山之圍。自據中道，與亮旗鼓相向也。'"

謹案：《漢書·衛青傳》"案榆谿舊塞"注引如淳曰："案，尋也。"當從之。

〔一一六〕紹興本、馮本、陳本、毛本"衣"字作"玄"，蕭書、郝書、《別傳》同。

〔一一七〕《御覽》卷二百七十九、卷四百三十引"盛"字作"多"。

〔一一八〕《御覽》引"不"字俱作"所"，《別傳》同。是宋時所見本作"所"字，當據改。

〔一一九〕《御覽》卷四百三十引"吾"下有"聞"字，"統"字作"用"，《通典·兵四》同。

〔一二〇〕盧弼曰："郝經《續後漢書》'去者'作'更者'。"

謹案：蕭書亦作"更者"，《別傳》同。《方言》三："更，代也。"

〔一二一〕蕭書、郝書俱無"皆"字，"催遣"作"督遣"。《別傳》同。《御覽》引作"勑速"二字，《通典》同。

〔一二二〕《御覽》卷二百七十九、卷四百三十引作"咸思致命"。

〔一二三〕盧弼曰："宋本'出'作'在'。"

謹案：《官本考證》曰："'既出'宋本作'既在'。"考郝書亦作"在"。

〔一二四〕"刾"當作"剌"。《別傳》正作"剌",無"多"字。

〔一二五〕郝書"糧"下有"餉"字,蕭書作"糧運"。

〔一二六〕盧弼曰:"何焯曰:'罰二十以上,豈無參佐可以平之,孔明雖蹇蹇夙夜,不若是之不諳政體也。'"

謹案:何說失考。本志《季漢輔臣贊》注引《襄陽記》曰:"亮嘗自校簿書。顗直入諫曰:'爲治有體,上下不可相侵(中略)。今明公爲治乃躬自校簿書,流汗竟日,不亦勞乎!'亮謝之。"則"罰二十以上皆親覽",以此例之,非譽言也。

〔一二七〕紹興本"嘔"字作"歐",是。

〔一二八〕郝書"自亡"作"身亡"。

〔一二九〕《類聚》卷二十"弟"字作"孫",《別傳》同。

〔一三〇〕《治要》卷二十七引無"臣"字。

〔一三一〕《白帖》卷十八"父子"條作"以誡厲諸子弟"。考《晉書‧涼武昭王李暠傳》云"於是寫諸葛亮訓誡以勖諸子",則今《蜀志》作"臣子","臣"實誤字,當據《白帖》改正。

〔一三二〕郝書苟注引"勞"下有"也"字。

〔一三三〕《通典‧漕運》引"墨"字下作"玄頭四寸,徑中二寸,前脚孔分墨去前軸四寸五分"。此脫"玄頭四寸,徑中前脚孔分墨"十一字。

〔一三四〕《通典》引句上有"長一寸五分"。

〔一三五〕毛本"杠"下有"孔"字。《通典》、蕭書音義引同。《通典》下"分"字作"寸"。

〔一三六〕《通典》引"脚"字作"杠"。

〔一三七〕蕭書音義引"三脚"作"二脚"。

〔一三八〕《書鈔》卷八十八、《御覽》卷五百二十六引"聽"字作"合"。

〔一三九〕郝書、《通典・禮十二》俱無"興"字。

〔一四〇〕《通典・禮十三》"像"字作"貌"。

〔一四一〕《白帖》卷六十九"之"字作"祠",郝書作"廟"。

〔一四二〕《册府》卷五百九十六引"賜"字作"祀"。

〔一四三〕紹興本"祭"字作"祀"。《白帖》、《册府》卷五百九十六、卷八百二十引同,郝書、《通志》、《别傳》亦作"祀",當據改。

〔一四四〕《初學記》卷十八、《御覽》卷三百八十二引"許"下俱有"焉"字。

〔一四五〕盧弼曰:"元本'止'作'正'。陳本'止得'作'正謂'。"

謹案:《初學記》、《御覽》卷三百八十二、卷四百九十六、《册府》卷八百五十三、卷九百三十九"止"俱作"正"。《别傳》亦作"正"。

〔一四六〕盧弼曰:"《論衡》'化不賓爲齊民'。"

謹案:《國語・楚語》曰:"其不賓也久矣。"韋注:"賓,服也。"

〔一四七〕紹興本"下"字作"臣"。

〔一四八〕盧弼曰:"馮本作'不得及遠也'。"

謹案:潘眉云:一本作'不得及遠也',誤。考《左傳・襄公二十五年》:"仲尼曰:'《志》有之,言以足志,文以足言。不言,誰知其志,言之無文,行而不遠。'"此句本之。竊疑此"得"字或"行"字之誤。不及行遠猶言不能行遠也。

〔一四九〕盧弼本"蹤"字作"縱",曰:"宋本'縱'作'蹤'。"

謹案:"縱""蹤"古通用。漢《石門頌》"君其繼縱",《夏承碑》"紹縱先軌","蹤"俱作"縱"。潘眉以"縱"爲誤字，或非。

〔一五〇〕《御覽》卷五百一十二引無"已"字。

〔一五一〕紹興本"聰"上有"而"字，《御覽》卷一百五十四、卷三百八十四引"慧"字作"惠"，"惠""慧"古通用。

〔一五二〕毛本"停"字作"亭"，是。

〔一五三〕郝書"遺"字作"遺"。

〔一五四〕盧弼曰："元本'行'作'仲'。"

謹案：錢儀吉"行"改"仲"，云："從元本。"

〔一五五〕紹興本、馮本、陳本、毛本"土"字俱作"一"。郝書同。

〔一五六〕紹興本"理"字作"禮"。

〔一五七〕盧弼曰："宋本'廣'作'江'。"

謹案：《官本考證》曰："'廣州'宋本作'江州'。"錢儀吉"廣"改作"江"，云："從宋本。"

〔一五八〕盧弼曰："錢大昭曰：'大將軍上當有輔國二字。'"

謹案：徐紹楨曰："蕭書《董厥傳》正作'遷輔國大將軍平臺事'，蓋其所據陳志猶未誤也。"

〔一五九〕盧弼曰："錢儀吉曰：'史傳董厥忽入樊建使吳事，語似不倫。且上文稱厥代陳祗爲尚書令，此景耀元年祗卒而厥代也。又云遷大將軍平臺事，而義陽樊建代焉。此景耀四年樊遷輔國大將軍平尚書事而建代厥爲尚書令也。既言建代厥爲尚書令，此又言建後爲侍中守尚書令，前後重出，必非承祚本書，疑此五十字（弼按：應作五十四字）本在注建字長元之下，而誤爲正文者。惟他書引晉《百官表》但有名字爵里，而此獨記事，或延熙以上更有脱文。'"

謹案：徐紹楨曰："上言樊建代董厥，下即接延熙二十四年以校尉使吳，人將疑爲董厥使吳矣，文義不順。'延熙'上當有'建字元長'四字。蓋後人傳寫誤入裴注耳。蕭、郝之書'延熙'上均有此四字，是其所據陳志猶未誤也。"

〔一六〇〕紹興本、毛本"説"下有"蜀"字，郝書同。

〔一六一〕《治要》引"輔"字作"補"。

〔一六二〕《治要》引"唐"下無"之"字。

〔一六三〕《治要》引"方"字作"乃"。

〔一六四〕盧弼曰："元本'治'作'理'。"

謹案：《治要》引作"理"，作"理"字是。理謂申理，治謂懲處，二義相違。蓋唐諱治後，人見"理"字輒回改爲"治"，遂致此誤耳。

〔一六五〕盧弼曰："'鋭'當作'脱'。"

謹案：《文選・西京賦》"輕鋭儦狡"李善注引薛綜曰："輕鋭謂便利。"此言蜀兵捷利善戰。盧君因下文有"蜀人輕脱"之語，便謂此"鋭"字當作"脱"，而不知其義之有別也，蓋誤。

〔一六六〕盧弼曰："'國中'宋本作'中國'。"

謹案：《官本考證》曰："'國中'宋本作'中國'。"錢儀吉據宋本乙，是也。郝書亦作"中國"，中國指魏。

〔一六七〕盧弼曰："宋本'明'作'知'。"

謹案：郝書苟注引亦作"知"。

〔一六八〕盧弼曰："宋本、元本'譁'作'華'。"

謹案：作"譁"字是。《説文・言部》："譁，讙也。""華"字於此無義，蓋誤。

〔一六九〕郝書苟注引"持"字作"治"。

〔一七〇〕盧弼曰："《御覽》作'天下分崩'。"

謹案：《御覽》見卷四百四十五引。

〔一七一〕盧弼曰："《册府》'盟'作'明'。"

謹案：《官本考證》曰："'盟主'《册府》作'明主'。""册"字上應補"《官本考證》曰"五字，此見《册府》卷八百二十七引。

〔一七二〕《御覽》引"册"字作"聞"，《册府》引同。

〔一七三〕盧弼曰："《御覽》'宗'作'守'。"

謹案：此見《御覽》卷四百四十五。《左傳·僖公十二年》"有天子之二守國、高在"杜注："國子、高子，天子所命，爲齊守臣，皆上卿也。"疑作"守臣"爲是。

〔一七四〕《御覽》《册府》引"勢"字作"策"。

〔一七五〕郝書苟注"靜"字作"靖"。

〔一七六〕《書鈔》卷一百一十三引作"掄才用衆"，無"兵"字。

〔一七七〕《書鈔》引作"未可輕易"。

〔一七八〕盧弼曰："宋本'策'作'筴'，下同。"

謹案：郝書苟注引亦作"筴"。《儀禮·既夕》"請讀賵執筴"注："古文'算'皆作'筴'。'筴'即'策'字。是'策'與'筴'同。"

〔一七九〕郝書苟注引"聞"字作"問"。

〔一八〇〕郝書苟注引"讓"字作"遜"。

〔一八一〕盧弼曰："《詩·邶風·谷風》之章：'習習谷風，以陰以雨。'毛傳云：'東風謂之谷風。陰陽合而谷風至。'《詩·召南·騶虞》之章：'于嗟乎騶虞。'毛傳云：'騶虞，義獸也。白虎黑文，不食生物，有至信之德則應之。'鄭箋云：'于嗟，美之也。'"

謹案：《淮南子·天文篇》："虎嘯而谷風至，龍舉而景雲屬。"

騶虞，白虎；下句潛鱗謂龍。《易·乾卦》象辭："雲從龍，風從虎。"正義云："龍是水畜，雲是水氣，故龍吟則景雲出。虎是威猛之獸，風是震動之氣。此亦是同類相感，故虎嘯則谷風生，是風從虎也。此二句明有識之物感無識，故以言之，漸就有識而言也。"竊謂二句象徵諸葛亮之應機變化，出佐劉備，如騶虞、潛鱗憑風雲而騰驤也。盧君徵引，於文義無涉。

〔一八二〕盧弼曰："《漢書·貢禹傳》：'禹字少翁，琅邪人。'上書曰：'臣禹犬馬之齒八十一，願乞骸骨及身歸鄉里。'天子報曰：'傳曰亡懷土，何必思故鄉。'後以禹爲御史大夫，列於三公。"

謹案：盧説疑非，貢謂子貢。《史記·仲尼弟子列傳》："子貢請行，孔子許之，道行至齊。"

〔一八三〕盧弼曰："宋本'漢鼎'作'九鼎'。"

謹案：錢儀吉"漢"從宋本改作"九"。

〔一八四〕盧弼曰："或校改'在'作'亞'。"

謹案：《説文·土部》："在，存也。"或校改作"亞"，疑非。

〔一八五〕盧弼曰："弼按：上舉孫吳爲二人，此云般模亦當爲二人。般模，未詳。"

謹案：盧説未確。魏晉之際，遣詞綴句，其對偶尚未如盧君説之綿密者，當如《官本考證》"言非前之規也"爲是。模，規模之義，恐非人名。

〔一八六〕盧弼曰："'儕'字疑作'侯'。"

謹案："儕"與"侯"形聲俱不相近。《宅銘》前后後俱稱"吾子"，似不得於此驟易曰"吾侯"也。

〔一八七〕毛本"彼"字作"比"。

三國志校箋卷三十六

蜀志卷六〔一〕

關羽　張飛　馬超　黃忠　趙雲〔二〕

關羽字雲長，本字長生〔三〕，河東解人也。亡命奔涿郡。先主於鄉里合徒衆，而羽與張飛爲之禦侮。先主爲平原相，以羽、飛爲别部司馬，分統部曲。先主與二人寢則同牀，恩若兄弟。而稠人廣坐，侍立終日，隨先主周旋，不避艱險。《蜀記》曰：曹公與劉備圍呂布於下邳，關羽啓公，布使秦宜禄行求救，乞娶其妻，公許之。臨破，又屢啓於公。公疑其有異色，先遣迎看，因自留之，羽心不自安。此與《魏氏春秋》所説異也〔四〕。先主之襲殺徐州刺史車冑，使羽守下邳城〔五〕，行太守事，《魏書》云：以羽領徐州。而身還小沛。

建安五年，曹公東征，先主奔袁紹。曹公禽羽以歸，拜爲偏將軍，禮之甚厚。紹遣大將軍顔良〔六〕，攻東郡太守劉延於白馬，曹公使張遼及羽爲先鋒擊之。羽望見良麾蓋，策馬刺良於萬衆之中，斬其首還，紹諸將莫能當者，遂解白馬圍。曹公即表封羽爲漢壽亭侯[七]。初，曹公壯羽爲人，而察其心神無久留之意，謂張遼曰："卿試以情問之。"既而遼以問羽，羽歎曰："吾極知曹公待我厚，然吾受劉將軍厚恩[八]，誓以共死，不可背之。吾終不留，吾要當立效以報曹公乃去[九]。"遼以羽言報曹公，曹公義之。《傅子》曰：遼欲白太祖，恐太祖之殺羽[一〇]，不白，非事君之道，乃歎曰："公，君父也，羽，兄弟耳。"遂白之。太祖曰："事君不忘其本，天下義士也。度何時能去[一一]？"遼曰："羽受公恩，必立效報公而後去也[一二]。"及羽殺顏良，曹公知其必去[一三]，重加賞賜。羽盡封其所賜[一四]，拜書告辭，而奔先主於袁軍。左右欲追之，曹公曰："彼各爲其主[一五]，勿追也[一六]。"臣松之以爲：曹公知羽不留而心嘉其志，去不遣追以成其義，自非有王霸之度[一七]，孰能至於此乎？斯實曹氏之休美。

　　從先主就劉表。表卒，曹公定荊州，先主自樊將南渡江，別遣羽乘船數百艘會江陵。曹公追至當陽長阪，先主斜趣漢津，適與羽船相值，共至夏口。《蜀記》曰：初，劉備在許，與曹公共獵。獵中，衆散，羽勸備殺公，備不從。及至夏口，飄颻江渚，羽怒曰："往日獵中，若從羽言，可無今日之困[一八]！"備曰："是時亦爲國家惜之耳[一九]。若天道輔正，安知此不爲福邪[二〇]！"臣松之以爲：備後與董承等結謀，但事泄不克諧耳，若爲國家惜曹公，其如此言何！羽若果有此勸而備不肯從者,將以曹公腹心親戚,實繁有徒;事不宿構,非造次所行;曹雖可殺,身必不免,故以計而止,何惜之有乎?既往之事,故託爲雅言耳。孫權遣兵佐先主拒曹公,曹公引兵退歸。先主收江南諸郡,乃封拜元勳,以羽爲襄陽太守、盪寇將軍,駐江北。先主西定益州,拜羽董督荆州事[二一]。羽聞馬超來降,舊非故人[二二],羽書與諸葛亮,問超人才可誰比類。亮知羽護前[二三],乃答之曰:"孟起兼資文武,雄烈過人,一世之傑,黥、彭之徒,當與益德並驅争先,猶未及髯之絶倫逸羣也[二四]。"羽美鬚髯,故亮謂之髯。羽省書大悦,以示賓客。

羽嘗爲流矢所中,貫其左臂[二五],後創雖愈,每至陰雨,骨常疼痛[二六]。醫曰:"矢鏃有毒,毒入於骨,當破臂作創,刮骨去毒,然後此患乃除耳。"羽便伸臂令醫劈之[二七]。時羽適請諸將飲食相對,臂血流離,盈於盤器,而羽割炙引酒,言笑自若。

二十四年,先主爲漢中王,拜羽爲前將軍,假節鉞。是歲,羽率衆攻曹仁於樊。曹公遣于禁助仁。秋大霖雨,漢水汎溢,禁所督七軍皆没。禁降羽,羽又斬將軍龐悳。梁、郟、陸渾羣盗或遥受羽印號,爲之支黨,羽威震華夏。曹公議徙許都以避其鋭[二八],司馬宣王、蔣濟以爲,關羽得志,孫權必不願也,可遣人勸權躡其後,許割江南以封權,則樊圍自解。曹公從之。先是,權遣使爲子索羽女,羽罵辱其使,不許婚,權大怒。《典略》曰:羽圍樊,權遣使求助之,勑使莫速進,又遣主簿先致命於羽。羽忿其淹遲，又自已得于禁等，乃罵曰："狢子敢爾！如使樊城拔，吾不能滅汝邪？"權聞之，知其輕已，偽手書以謝羽，許以自往。臣松之以爲：荊、吳雖外睦，而内相猜防，故權之襲羽，潛師密發。按《呂蒙傳》云：伏精兵於艡艫之中，使白衣搖櫓，作商賈服。以此言之，羽不求助於權，權必不語羽當往也。若許相援助，何故匿其形迹乎？又南郡太守麋芳在江陵，將軍傅士仁屯公安，素皆嫌羽自輕已。羽之出軍，芳、仁供給軍資，不悉相救。羽言"還當治之"，芳、仁咸懷懼不安。於是權陰誘芳、仁，芳、仁使人迎權。而曹公遣徐晃救曹仁，《蜀記》曰：羽與晃宿相愛[二九]，遙共語，但説平生，不及軍事。須臾，晃下馬宣令："得關雲長頭，賞金千斤！"羽驚怖，謂晃曰："大兄是何言邪？"晃曰："此國之事耳。"羽不能克，引軍退還。權已據江陵，盡虜羽士衆妻子，羽軍遂散。權遣將逆擊羽，斬羽及子平於臨沮。《蜀記》曰：權遣將軍擊羽，獲羽及子平。權欲活羽以敵劉、曹，左右曰："狼子不可養，後必爲害。曹公不即除之，自取大患，乃議徙都。今豈可生！"乃斬之。臣松之按：《吳書》：孫權遣將潘璋逆斷羽走路，羽至即斬，且臨沮去江陵二三百里，豈容不時殺羽，方議其生死乎？又云"權欲活羽以敵劉、曹"，此書不然[三〇]，可以絶智者之口。《吳曆》曰：權送羽首於曹公，以諸侯禮葬其屍骸。

追諡羽曰忠義侯[三一]。《蜀記》曰：羽初出軍圍樊，夢豬嚙其足，語子平曰："吾今年衰矣，然不得還[三二]！"《江表傳》曰：羽好《左氏傳》，諷誦略皆上口。子興嗣。興字安國，少有令問[三三]，丞相諸葛亮深器異之。弱冠爲侍中、中監軍，數歲卒。子統嗣，尚公主，官至虎賁中郎將。卒，無子，以興庶子彝續封。《蜀記》曰：龐惠子會，隨鍾、鄧伐蜀，蜀破，盡滅關氏家。

張飛字益德，涿郡人也，少與關羽俱事先主。羽年長數歲，飛兄事之。先主從曹公破呂布，隨還許，曹公拜飛爲中郎將。先主背曹公依袁紹、劉表。表卒，曹公入荆州，先主奔江南。曹公追之一日一夜，及於當陽之長阪。先主聞曹公卒至，棄妻子走，使飛將二十騎拒後。飛據水斷橋，瞋目橫矛曰：「身是張益德也〔三四〕，可來共決死〔三五〕！」敵皆無敢近者〔三六〕，故遂得免。先主既定江南，以飛爲宜都太守、征虜將軍，封新亭侯〔三七〕，後轉在南郡。先主入益州，還攻劉璋，飛與諸葛亮等泝流而上〔三八〕，分定郡縣。至江州，破璋將巴郡太守嚴顏，生獲顏。飛呵顏曰：「大軍至，何以不降而敢拒戰？」顏答曰：「卿等無狀，侵奪我州，我州但有斷頭將軍，無有降將軍也〔三九〕！」飛怒，令左右牽去斫頭，顏色不變〔四〇〕，曰：「斫頭便斫頭〔四一〕，何爲怒邪！」飛壯而釋之，引爲賓客。《華陽國志》曰：初，先主入蜀，至巴郡，顏拊心歎曰〔四二〕：「此所謂獨坐窮山，放虎自衛也〔四三〕！」飛所過戰克，與先主會於成都。益州既平，賜諸葛亮、法正、飛及關羽金各五百斤，銀千斤，錢五千萬，錦千匹，其餘頒賜各有差，以飛領巴西太守。

曹公破張魯，留夏侯淵、張郃守漢川。郃別督諸軍下巴西，欲徙其民於漢中，進軍宕渠、蒙頭、蕩石，與飛相拒五十餘日。飛率精卒萬餘人，從他道邀郃軍交戰，山道迮狹，前後不得相救，飛遂破郃。郃棄馬緣山，獨與麾下十餘人從間道退，引軍還南鄭，巴土獲安。先主爲漢中王，拜飛爲右將軍、假節。章武元年，遷車騎將軍，領司隷校尉，進封西鄉侯，策曰：「朕承天序，嗣奉洪業〔四四〕，除殘靖亂，未燭厥理。今寇虜作害，民被荼毒，思漢之士，延頸鶴望。朕用怛然，坐不安席，食不甘味，整軍誥誓，將行天罰。以君忠毅，侔蹤召虎，名宣遐邇，故特顯命高墉進爵，兼司于京。其誕將天威，柔服以德，伐叛以刑，稱朕意焉。《詩》不云乎：『匪疚匪棘，王國來極。肇敏戎功，用錫爾祉。』可不勉歟！」

初，飛雄壯威猛，亞於關羽〔四五〕，魏謀臣程昱等咸稱羽、飛萬人之敵也。羽善待卒伍而驕於士大夫〔四六〕，飛愛敬君子而不恤小人〔四七〕。先主常戒之曰：「卿刑殺既過差〔四八〕，又日鞭撾健兒，而令在左右，此取禍之道也。」飛猶不悛。先主伐吳，飛當率兵萬人，自閬中會江州。臨發，其帳下將張達、范彊殺飛〔四九〕，持其首，順流而奔孫權。飛營都督表報先主〔五〇〕，先主聞飛都督之有表也，曰：「噫！飛死矣。」追諡飛曰桓侯。長子苞，早夭。次子紹嗣，官至侍中、尚書僕射。苞子遵爲尚書，隨諸葛瞻於緜竹，與鄧艾戰，死。

馬超字孟起，右扶風茂陵人也。父騰，靈帝末與邊章、韓遂等俱起事於西州。初平三年，遂、騰率衆詣長安。漢朝以遂爲鎮西將軍，遣還金城，騰爲征西將軍，遣屯郿。後騰襲長安，敗走，退還涼州。司隸校尉鍾繇鎮關中，移書遂、騰，爲陳禍福。騰遣超隨繇討郭援、高幹於平陽，超將龐悳親斬援首。後騰與韓遂不和，求還京畿。於是徵爲衛尉，以超爲偏將軍，封都亭侯，領騰部曲。《典略》曰：騰字壽成，馬援後也。桓帝時，其父字子碩，嘗爲天水蘭于尉〔五一〕。後失官，因留隴西，與羌錯居。家貧無妻，遂娶羌女，生騰。騰少貧無產業，常從彰山中斫材木，負販詣城市，以自供給。騰爲人長八尺餘，身體洪大〔五二〕，面鼻雄異，而性賢厚〔五三〕，人多敬之。靈帝末，涼州刺史耿鄙任信奸吏，民王國等及氐、羌反叛。州郡募發民中有勇力者，欲討之。騰在募中，州郡異之，署爲軍行事〔五四〕，典領部衆。討賊有功，拜軍司馬，後以功遷偏將軍，又遷征西將軍，常屯汧、隴之間。初平中，拜征東將軍。是時，西州少穀，騰自表軍人多乏，求就穀於池陽，遂移屯長平岸頭。而將王承等恐騰爲己害，乃攻騰營。時騰近出無備，遂破走西上。會三輔亂，不復來東，而與鎮西將軍韓遂結爲異姓兄弟，始甚相親，後轉以部曲相侵，又更爲讎敵。騰攻遂，遂走，合衆還攻騰，殺騰妻子，連兵不解。建安之初，國家綱紀殆弛〔五五〕，乃使司隸校尉鍾繇、涼州牧韋端和解之。徵騰還屯槐里，轉拜爲前將軍，假節，封槐里侯。北備胡寇，東備白騎〔五六〕，待士進賢，矜救民命，三輔甚安愛之。十五年，徵爲衛尉。騰自見年老，遂入宿衛。初，曹公爲丞相，辟騰長子超，不就。超後爲司隸校尉督軍從事，討郭援，爲飛矢所中，乃以囊囊其足而戰，破斬援首。詔拜徐州刺史，後拜諫議大夫。及騰之入，因詔拜爲偏將軍，使領騰營。又拜超弟休奉車都尉，休弟鐵騎都尉，徙其家屬皆詣鄴，惟超獨留。

超既統衆，遂與韓遂合從，及楊秋、李堪、成宜等相結，進軍至潼關。曹公與遂、超單馬會語，超負其多力，陰欲突前捉曹公〔五七〕。曹公左右將許褚瞋目盼之，超乃不敢動。曹公用賈詡謀，離間超、遂，更相猜疑，軍以大敗。《山陽公載記》曰：初，曹公軍在蒲阪，欲西渡，超謂韓遂曰："宜於渭北拒之，不過二十日，河東穀盡，彼必走矣。"遂曰："可聽令渡，躄於河中，顧不快耶！"超計不得施。曹公聞之曰："馬兒不死，吾無葬地也。"超走保諸戎，曹公追至安定，會北方有事，引軍東還。楊阜說曹公曰："超有信、布之勇，甚得羌、胡心。若大軍還，不嚴為其備，隴上諸郡非國家之有也。"超果率諸戎以擊隴上郡縣，隴上郡縣皆應之，殺涼州刺史韋康，據冀城，有其衆。超自稱征西將軍，領并州牧，督涼州軍事。康故吏民楊阜、姜敘、梁寬、趙衢等，合謀擊超。阜、敘起於鹵城，超出攻之，不能下。寬、衢閉冀城門，超不得入。進退狼狽，乃奔漢中依張魯。魯不足與計事，內懷於邑，聞先主圍劉璋於成都，密書請降。《典略》曰：建安十六年，超與關中諸將侯選、程銀、李堪、張橫、梁興、成宜、馬玩、楊秋、韓遂等，凡十部俱反，其衆十萬，同據河、潼，建列營陣〔五八〕。是歲，曹公西征，與超等戰於河、渭之交，超等敗走。超至安定，遂奔涼州。詔收滅超家屬。超復敗於隴上。後奔漢中，張魯以為都講祭酒，欲妻之以女，或諫魯曰："有人若此，不愛其親，焉能愛人？"魯乃止。初，超未反時，其小婦弟种留三輔，及超敗，种先入漢中。正旦，种上壽於超，超搥胷吐血曰："闔門百口，一旦同命，今二人相賀邪？"後數從魯求兵，欲北取涼州，魯遣往，無利。又魯將楊白等[五九]，欲害其能[六〇]，超遂從武都逃入氐中，轉奔往蜀。是歲建安十九年也。

先主遣人迎超，超將兵徑到城下，城中震怖。璋即稽首，《典略》曰：備聞超至，喜曰："我得益州矣。"乃使人止超，而潛以兵資之。超到，令引軍屯城北，超至未一旬而成都潰。以超爲平西將軍，督臨沮，因爲前都亭侯[六一]。《山陽公載記》曰：超因見備待之厚，與備言，常呼備字，關羽怒，請殺之。備曰："人窮來歸我，卿等怒以呼我字，故而殺之，何以示於天下也！"張飛曰："如是，當示之以禮。"明日大會，請超入，羽、飛並杖刀立直，超顧坐席，不見羽、飛，見其直也，乃大驚，遂一不復呼備字[六二]。明日歎曰："我今乃知其所以敗。爲呼人主字，幾爲關羽、張飛所殺。"自後乃尊事備。臣松之按以爲：超以窮歸備[六三]，受其爵位，何容傲慢而呼備字？且備之入蜀，留關羽鎮荊州，羽未嘗在益土也。故羽聞馬超歸降，以書問諸葛亮"超人才可誰比類"，不得如書所云，羽焉得與張飛立直乎？凡人行事，皆謂其可也，知其不可，則不行之矣。超若果呼備字，亦謂於理宜爾也。就令羽請殺超，超不應聞，但見二子立直，何由便知以呼字之故，云幾爲關、張所殺乎？言不經理，深可忿疾也。袁暐、樂資等諸所記載，穢雜虛謬，若此之類，殆不可勝言也。先主爲漢中王，拜超爲左將軍，假節。章武元年，遷驃騎將軍，領涼州牧，進封斄鄉侯，策曰："朕以不德，獲繼至尊，奉承宗廟。曹操父子，世載其罪，朕用慘怛，疢如疾首。海内怨憤，歸正反本，暨於氐、羌率服，獯粥慕義。以君信著北土，威武並昭，是以委任授君，抗飇虓虎，兼董萬里，求民之瘼。其明宣朝化，懷保遠邇[六四]，肅慎賞罰，以篤漢祜，以對于天下。"二年卒，時年四十七。臨沒上疏曰："臣門宗二百餘口[六五]，爲孟德所誅略盡，惟有從弟岱，當爲微宗血食之繼，深託陛下，餘無復言。"追諡超曰威侯，子承嗣。岱位至平北將軍，進爵陳倉侯。超女配安平王理。《典略》曰：初超之入蜀，其庶妻董及子秋，留依張魯。魯敗，曹公得之，以董賜閻圃，以秋付魯，魯自手殺之。

黃忠字漢升[六六]，南陽人也。荆州牧劉表以爲中郎將，與表從子磐共守長沙攸縣。及曹公克荆州，假行裨將軍，仍就故任，統屬長沙太守韓玄。先主南定諸郡，忠遂委質[六七]，隨從入蜀。自葭萌受任，還攻劉璋，忠常先登陷陣，勇毅冠三軍。益州既定，拜爲討虜將軍。建安二十四年，於漢中定軍山擊夏侯淵。淵衆甚精，忠推鋒必進[六八]，勸率士卒，金鼓振天，歡聲動谷，一戰斬淵，淵軍大敗。遷征西將軍。是歲，先主爲漢中王，欲用忠爲後將軍，諸葛亮說先主曰："忠之名望，素非關、馬之倫也。而今便令同列[六九]，馬、張在近，親見其功，尚可喻指，關遥聞之[七〇]，恐必不悦，得無不可乎！"先主曰："吾自當解之。"遂與羽等齊位[七一]，賜爵關內侯。明年卒，追諡剛侯。子敘，早没，無後。

趙雲字子龍，常山真定人也。本屬公孫瓚，瓚遣先主爲田楷拒袁紹[七二]，雲遂隨從，爲先主主騎。《雲別傳》曰：雲身長八尺，姿顏雄偉，爲本郡所舉，將義從吏兵詣公孫瓚。時袁紹稱冀州牧，瓚深憂州人之從紹也，善雲來附[七三]，嘲雲曰："聞貴州人皆願袁氏，君何獨迴心，迷而能反乎？"雲答曰："天下訩訩，未知孰是，民有倒縣之厄，鄙州論議，從仁政所在，不爲忽袁公私明將軍也。"遂與瓚征討。時先主亦依託瓚，每接納雲，雲得深自結託。雲以兄喪，辭瓚暫歸，先主知其不反，捉手而別，雲辭曰："終不背德也。"先主就袁紹，雲見於鄴。先主與雲同床眠臥，密遣雲合募得數百人，皆稱劉左將軍部曲，紹不能知。遂隨先主至荆州。及先主爲曹公所追於當陽長阪，棄妻子南走，雲身抱弱子，即後主也，保護甘夫人，即後主母也，皆得免難。遷爲牙門將軍。先主入蜀，雲留荆州。《雲別傳》曰：初，先主之敗，有人言雲已北去者，先主以手戟擿之曰："子龍不棄我走也。"頃之，雲至。從平江南，以爲偏將軍，領桂陽太守，代趙範。範寡嫂曰樊氏，有國色，範欲以配雲。雲辭曰："相與同姓，卿兄猶我兄。"固辭不許。時有人勸雲納之，雲曰："範迫降耳，心未可測；天下女不少。"遂不取。範果逃走，雲無纖介。先是，與夏侯惇戰於博望，生獲夏侯蘭。蘭是雲鄉里人，少小相知，雲白先主活之，薦蘭明於法律，以爲軍正。雲不用自近，其慎慮類如此。先主入益州，雲領留營司馬。此時先主孫夫人以權妹驕豪，多將吳吏兵，縱橫不法。先主以雲嚴重，必能整齊，特任掌內事。權聞備西征，大遣舟船迎妹，而夫人內欲將後主還吳，雲與張飛勒兵截江，乃得後主還。

先主自葭萌還攻劉璋，召諸葛亮。亮率雲與張飛等俱泝江西上，平定郡縣。至江州，分遣雲從外水上江陽，與亮會於成都。成都既定，以雲爲翊軍將軍。《雲別傳》曰：益州既定，時議欲以成都中屋舍及城外園地桑田分賜諸將[七四]。雲駁之曰："霍去病以匈奴未滅，無用家爲，今國賊非但匈奴，未可求安也。須天下都定，各反桑梓[七五]，歸耕本土，乃其宜耳。益州人民，初罹兵革，田宅皆可歸還，令安居復業，然後可役調，得其歡心。"先主即從之。夏侯淵敗[七六]，曹公爭漢中地，運米北山下，數千萬囊。黃忠以爲可取，雲兵隨忠取米[七七]。忠過期不還，雲將數十騎輕行出圍[七八]，迎視忠等。值曹公揚兵大出，雲爲公前鋒所擊，方戰，其大衆至[七九]，勢偪，遂前突其陣，且鬬且卻。公軍散，已復合，雲陷敵，還趣圍。將張著被創，雲復馳馬還營迎著。公軍追至圍，此時沔陽長張翼在雲圍內，翼欲閉門拒守，而雲入營，更大開門，偃旗息鼓。公軍疑雲有伏兵[八○]，引去。雲擂鼓震天[八一]，惟以戎弩於後射公軍，公軍驚駭，自相蹂踐[八二]，墮漢水中死者甚多。先主明旦自來，至雲營圍視昨戰處，曰："子龍一身都是膽也。"作樂飲宴至暝。軍中號雲爲虎威將軍。孫權襲荊州，先主大怒，欲討權。雲諫曰："國賊是曹操[八三]，非孫權也，且先滅魏，則吳自服。操身雖斃[八四]，子丕篡盜，當因衆心，早圖關中，居河、渭上流以討凶逆，關東義士必裹糧策馬以迎王師。不應置魏，先與吳戰；兵勢一交，不得卒解也。"先主不聽[八五]，遂東征，留雲督江州。先主失利於秭歸，雲進兵至永安，吳軍已退。建興元年，爲中護軍、征南將軍，封永昌亭侯，遷鎮東將軍。五年，隨諸葛亮駐漢中。明年，亮出軍，揚聲由斜谷道[八六]，曹真遣大衆當之。亮令雲與鄧芝往拒，而身攻祁山。雲、芝兵弱敵彊，失利於箕谷,然斂衆固守,不至大敗。軍退[八七],貶爲鎮軍將軍。《雲別傳》曰:亮曰:"街亭軍退,兵將不復相録,箕谷軍退,兵將初不相失,何故?"芝答曰:"雲身自斷後,軍資什物,略無所棄,兵將無緣相失。"雲有軍資餘絹,亮使分賜將士,雲曰:"軍事無利,何爲有賜?其物請悉入赤岸府庫,須十月爲冬賜。"亮大善之。七年卒,追謚順平侯。

　　初先主時,惟法正見謚。後主時,諸葛亮功德蓋世,蔣琬、費禕荷國之重,亦見謚。陳祗寵待,特加殊獎,夏侯霸遠來歸國,故復得謚。於是關羽、張飛、馬超、龐統、黃忠及雲乃追謚[八八],時論以爲榮。《雲別傳》載後主詔曰:"雲昔從先帝,功績既著,朕以幼沖,涉塗艱難,賴恃忠順,濟於危險。夫謚所以敘元勳也,外議雲宜謚。"大將軍姜維等議,以爲雲昔從先帝,勞績既著,經營天下,遵奉法度,功效可書。當陽之役,義貫金石。忠以衛上,君念其賞;禮以厚下,臣忘其死。死者有知,足以不朽;生者感恩,足以殞身。謹按謚法,柔賢慈惠曰順,執事有班曰平[八九],克定禍亂曰平,應謚雲曰順平侯。雲子統嗣[九○],官至虎賁中郎,督行領軍。次子廣,牙門將,隨姜維沓中,臨陣戰死。

　　評曰:關羽、張飛皆稱萬人之敵,爲世虎臣。羽報效曹公,飛義釋嚴顏,並有國士之風。然羽剛而自矜,飛暴而無恩,以短取敗,理數之常也。馬超阻戎負勇,以覆其族,惜哉!能因窮致泰,不猶愈乎!黃忠、趙雲彊摯壯猛,並作爪牙,其灌、滕之徒歟?

【校箋】

〔一〕毛本作"蜀書六"。

〔二〕毛本作"關張馬黃趙傳第六"。

〔三〕盧弼曰："梁章鉅曰：'王棠《知新錄》云：當時有范長生，亦事昭烈，至李特時猶存，年一百三十歲。羽先字長生，豈因同范而改邪？'"

謹案：范長生事迹不見於《蜀書》。即云曾事昭烈，然與羽究尊卑有殊，則羽何致因范名而改易其字乎？此理之不可通者，王說蓋臆測也。

〔四〕紹興本"異"上有"無"字，是也。

〔五〕《治要》卷二十七引無"城"字，郝書同，是。

〔六〕盧弼曰："《官本考證》曰：'軍字疑衍。'"

謹案：徐紹楨曰："是時紹方爲大將軍，其將豈得亦稱大將軍？據蕭書但云：'紹遣大將顏良。'以是知今本陳志必衍'軍'字也。《袁紹傳》云：'顏良、文醜爲將軍。'又云：'再戰禽紹大將。'此皆非大將軍之證。"

〔七〕《治要》引無"即"字。

〔八〕《治要》、《御覽》卷四百二十、《册府》卷八百零二引俱無"厚"字。

〔九〕《治要》《御覽》《册府》引"乃去"作"而後乃歸"，無"去"字。

〔一〇〕毛本"祖"下無"之"字，《季漢書》同。

〔一一〕《御覽》卷四百二十、《册府》引無"能"字。

〔一二〕《御覽》《册府》引作"必效力"，無"立""報公"三字。

〔一三〕《治要》引"去"下有"也"字。

〔一四〕《治要》引"封"下無"其"字,《通志》同。

〔一五〕《御覽》《册府》引無"各"字。

〔一六〕《治要》引"也"字作"之",《通志》同。

〔一七〕郝書苟注引"度"下有"量"字。

〔一八〕郝書苟注引無"之困"二字。

〔一九〕郝書苟注引無此句,有"造次失之耳"五字,疑此以臆改,不可從。

〔二〇〕郝書苟注引"福"下有"也"字。

〔二一〕《御覽》卷四百三十五引作"先主入益州,留羽董督荆州軍事"。無"西定""拜"三字,增"入""留""軍"三字,考《先主傳》:"先主留諸葛亮、關羽等據荆州。"

〔二二〕《華陽國志》作"素非知故"。

〔二三〕盧弼曰:"《吴志·朱桓傳》:'桓性護前,恥爲人下。'"

謹案:"護前",盧君惟引證,未事解説。考"護前"之義即《江表傳》所云"性頗自負,好陵人"之意歟?

〔二四〕《御覽》卷三百七十四引無"猶"字,"及"字作"若"。《册府》卷四十三引亦作"若"。

〔二五〕盧弼曰:"《魏志·龐悳傳》:'悳親與羽交戰,射羽中額。'當在建安二十四年。"

謹案:羽矢貫左臂傳列於二十四年前。與龐悳戰中額,而此中臂,則顯非樊城之役可知。盧君説疑誤。

〔二六〕郝書"疼"字作"内"。

〔二七〕《御覽》卷四百三十五作"令鑿骨劈之"。卷八百四十七引"劈"作"鑿",餘與今本同。

〔二八〕《御覽》卷四百三十五引作"曹公議遷都"。

〔二九〕《白帖》卷五句下有"及爲將相距"五字。

〔三〇〕陳本、毛本"書"字作"之"，郝書苟注引同。

〔三一〕紹興本、馮本、陳本、毛本俱作"壯繆侯"。

〔三二〕《御覽》卷四百引作"果尋被殺"，郝書作"果不得還"，疑"然"字誤，《通志》"然"字作"恐"。

〔三三〕蕭書、郝書、《通志》"問"字作"聞"。

〔三四〕盧弼曰："胡三省曰：'自此迄於梁、陳，士大夫率自謂曰身。'"

謹案：《初學記》卷十七、《御覽》卷三百五十三、卷四百一十七、《册府》卷三百九十四引俱無"是"字。《華陽國志》作"我張翼德也"。"身""我"義同，亦無"是"字，應據刪。

〔三五〕《御覽》卷三百五十三引無"共"字，《華陽國志》同。

〔三六〕《初學記》引無"敵皆"二字，《御覽》引同，郝書無"皆"字。

〔三七〕盧弼曰："《古今刀劍錄》曰：'張飛初拜新亭侯，自命匠鍊赤朱山鐵爲一刀，銘曰新亭侯蜀大將也。後被范彊所殺，彊將此刀入吳。'弼按：益德鑄刀爲銘，當自署漢將，必不曰蜀將。濛山勒石自書漢將可證。"

謹案：飛封新亭侯，如傳所述在備入蜀之前。飛鑄刀豈能預銘爲蜀大將乎？即此可知《刀劍錄》之妄，無用論書"漢"或"蜀"也。

〔三八〕蕭書"而上"作"西上"，是也。考《趙雲傳》云："俱泝江西上。"《劉封傳》云："泝流西上。"語正同，應據改。

〔三九〕《御覽》卷三百六十三、卷四百一十七、《册府》卷八百七十七引俱無"有"字，蕭書、郝書、《華陽國志》同。

〔四〇〕《治要》引重"顔"字，《白帖》卷五十六引作"顔容色不變"。

〔四一〕《華陽國志》作"斫頭便斫",無下"頭"字。

〔四二〕《白帖》卷九十六引"心"下有"而"字。

〔四三〕《華陽國志》"衛"下有"者"字。

〔四四〕蕭書"奉"字作"守"。

〔四五〕《御覽》卷四百三十五引作"名亞關羽"。

〔四六〕《御覽》引無"於"字,《華陽國志》同。

〔四七〕《通鑑·魏紀》"敬"字作"禮","小人"作"軍人"。

〔四八〕盧弼曰:"胡三省曰:'差,次也。過差猶今人言過次也。'"

謹案:《吕氏春秋·君守篇》"智差自亡也"高注:"差,過也。"《太玄·廓》"或生之差"注:"差,過差也。"則"過""差"義同,"過差"複語。

〔四九〕蕭書"將"字作"督"。

〔五〇〕《華陽國志》"營"下有"軍"字。

〔五一〕紹興本"于"字作"干",郝書、《季漢書》同。作"干"字是也。《後漢書·董卓傳》注引《獻帝紀》:"騰父平,扶風人,爲天水蘭干尉,失官,遂留隴西,與羌雜居,家貧無妻,遂娶羌女,生騰。"可證。

〔五二〕郝書"大"字作"壯"。

〔五三〕郝書"賢"字作"仁"。

〔五四〕盧弼曰:"宋本、馮本'從'作'行',誤。"

謹案:《官本考證》曰:"'軍行事'元本作'軍從事'。"

〔五五〕馮本、陳本"殆"字作"始"。

〔五六〕盧弼曰:"姚範曰:'《十六國春秋·前秦錄》云:秦人呼鮮卑爲白虜。'"

謹案:白騎即張白騎,非謂鮮卑也。《魏志·龐悳傳》:"後張白騎叛於弘農,惡復隨騰征之,破白騎於兩殽間。"騰時屯槐里,弘農在槐里之東,故曰東備。盧君引姚說非。

〔五七〕《琱玉集》卷十二引《魏志》"捉"作"提"。

〔五八〕郝書苟注引"列"字作"立"。

〔五九〕郝書"白"字作"昂"。考《魏志‧武帝紀》作"楊昂",《霍峻傳》作"楊帛"。

〔六〇〕《通鑑》、郝書"欲"字作"數"。

〔六一〕盧弼曰:"錢大昕曰:'前字疑衍。《先主傳》亦稱都亭侯。'趙一清曰:'超本封都亭侯,入蜀後不更封,故云爲都亭侯。此與關壯繆之漢壽亭侯,但改俸邑,而不別封,可以互證,爲前二字訛倒。'梁章鉅曰:'上已云以超爲偏將軍封都亭侯,此或當作因前爲都亭侯也。'"

謹案:葉廷琯《吹網錄》曰:"疑本作'因前爲都亭侯'。因前者,仍舊之謂,而刻本誤倒'前爲'二字作'爲前'耳!若去'前'字,則'因'字亦無意。《考異》以'前'字屬'都亭侯',誤爲前後左右之前,故有此辨,而以爲衍文,實非也。"洪頤煊、徐紹楨亦以"前"非衍文,說同,不贅錄。

〔六二〕紹興本"一"字作"止",郝書苟注引同。

〔六三〕郝書苟注"備"下有"矣"字。

〔六四〕蕭書"保"字作"柔"。

〔六五〕《華陽國志》"門宗"二字乙。

〔六六〕盧弼曰:"《官本考證》曰:'《御覽》升作叔。'"

謹案:此見《御覽》卷二百三十八。"叔"或作"朩","升"或作"升",形近而誤。劉表字景升,《白帖》卷五十引作"景叔"。《後漢書‧周章傳》"字次叔"章懷注:"'叔'或作'升'。"漢人多以"叔"爲字,疑作"叔"字是也。

〔六七〕盧弼曰："《左傳・僖公二十三年》杜注：'名書於所臣之策，屈膝而君事之，則不可以貳。辟，罪也。'"

謹案："質"與"贄"通。《國語・晉語九》"未委質於晉之鼓也"韋注："質，贄也。士贄以雉，委質而退。"古人相見必以質，示敬於君，則委贄於地，以明服事之義也。

〔六八〕盧弼曰："宋本、毛本'摧'作'推'。"

謹案：作"推"字是。推鋒猶《公羊》之推刃。《一切經音義》："推，前也。"謂執刃向前也。

〔六九〕《御覽》引"便"字作"使"。

〔七〇〕《御覽》引"關"下有"羽"字。

〔七一〕《御覽》引"齊"字作"同"。

〔七二〕盧弼曰："'與'各本皆作'爲'。趙一清曰：'爲字誤。'沈家本曰：'爲讀去聲。《詩・鳧鷖》箋：爲，助也。此言助楷拒紹，非誤字也。'弼按：公孫瓚以田楷爲青州。袁紹破瓚，乃以長子譚爲青州。"

謹案：錢儀吉曰："'爲'字誤，今校正，改作'與'。"餘詳《先主傳》，茲不復贅。

〔七三〕盧弼曰："元本'善'作'喜'。"

謹案：《官本考證》曰："'善'元本作'喜'。"此已見《考證》，則"元"字上應增"《官本考證》曰"五字。

〔七四〕蕭書"地"作"池"，"桑田"二字乙。

〔七五〕盧弼曰："胡三省曰：'桑梓謂其故鄉祖父之所樹者。《詩》云：維桑與梓，必恭敬止。'"

謹案：馬瑞辰《毛詩傳箋通釋》曰："桑梓懷父母，睹其樹因思其人也。故上言'必恭敬止'，下即繼以'靡瞻匪父，靡依匪母'。《記》所云'見似目瞿'也。至後世以桑梓爲故里之稱。崔應榴曰：'張衡《南都賦》：永世克孝，懷桑梓焉！真人南巡，睹舊里焉！後人相沿，遂以桑梓爲故里。案：范寧《穀梁傳》古者公田爲居，注：損其廬舍，家作一園，以種五菜，外種楸桑，以備養生送死。《舊五代史》王建立曰：桑以養生，梓以送死。此桑梓必恭之義也。今按《南都賦》永世克孝，懷桑梓焉，其義仍本毛傳。以桑梓爲父母所樹，故有永世克孝之文。而父母樹桑梓必在鄉里所居之宅，此又可以義推，故通以爲鄉里之稱。《後漢書‧宣秉傳》父母之國，所宜盡禮，注引《詩》：維桑與梓，必恭敬止。正以桑梓爲父母之國。'"

〔七六〕蕭書"敗"上有"之"字。

〔七七〕盧弼曰："《官本考證》曰：'《御覽》作雲遣兵，多遣字。'"

謹案：此見《御覽》卷三百零九引。

〔七八〕《書鈔》卷一百一十六、《御覽》卷三百零九、卷三百七十六引"騎"字作"人"。

〔七九〕蕭書作"其大衆奄至"。

〔八〇〕《書鈔》引"公"下無"軍"字，有"至"字，"疑"下無"云"字。《御覽》卷三百零九作"公軍至疑有伏兵"，卷三百七十六無"軍"字。疑此應據《書鈔》删。

〔八一〕紹興本"擂"字作"雷"。

〔八二〕《御覽》卷三百七十六引"自"字作"因"。

〔八三〕《通鑑‧魏紀》"賊"下無"是"字。

〔八四〕《通鑑》"操"上有"今"字。

〔八五〕盧弼曰："元本'聽'作'應'。"

謹案：各本俱作"聽"。《廣雅‧釋詁一》："聽，從也。"作"聽"於義爲長。

〔八六〕蕭書"道"字作"出"。

〔八七〕蕭書作"軍還"。

〔八八〕《册府》卷五百九十五引"乃"下有"皆"字。

〔八九〕蕭書"班"字作"恪"。《諡法解》："執事有制曰平。"

〔九〇〕蕭書無"雲"字。

三國志校箋卷三十七

蜀志卷七〔一〕

龐統　法正〔二〕

　　龐統字士元，襄陽人也〔三〕。少時樸鈍，未有識者。潁川司馬徽清雅，有知人鑒〔四〕，統弱冠往見徽。徽採桑於樹上〔五〕，坐統在樹下〔六〕，共語自晝至夜。徽甚異之，稱統當爲南州士之冠冕〔七〕，由是漸顯。《襄陽記》曰：諸葛孔明爲卧龍，龐士元爲鳳雛，司馬德操爲水鏡，皆龐德公語也。德公襄陽人。孔明每至其家，獨拜牀下，德公初不令止。德操嘗造德公，值其渡沔，上祀先人墓，德操徑入其室，呼德公妻子，使速作黍："徐元直向云有客當來就我與龐公譚。"其妻子皆羅列拜於堂下，奔走供設。須臾德公還，直入相就，不知何者是客也。德操年小德公十歲，兄事之，呼作龐公，故世人遂謂龐公是德操名，非也。德公字山民，亦有令名，娶諸葛孔明小姊，爲魏黃門吏部郎，早卒。子渙，字世文，晉太康中爲牂柯太守。統，德公從子也，少未有識者〔八〕，惟德公重之，年十八，使往見德操。德操與語，既而歎曰："德公誠知人，此實盛德也。"後郡命爲功曹[九]。性好人倫，勤於長養。每所稱述，多過其才[一〇]，時人怪而問之[一一]。統答曰："當今天下大亂，雅道陵遲，善人少而惡人多。方欲興風俗，長道業，不美其譚即聲名不足慕企，不足慕企而爲善者少矣。今拔十失五，猶得其半，而可以崇邁世教，使有志者自勵，不亦可乎？"吳將周瑜助先主取荊州，因領南郡太守。瑜卒，統送喪至吳。吳人多聞其名，及當西還[一二]，並會昌門，陸勣、顧劭、全琮皆往。統曰："陸子可謂駑馬有逸足之力[一三]，顧子可謂駑牛能負重致遠也[一四]。"張勃《吳錄》曰：或問統曰："如所目，陸子爲勝乎？"統曰："駑馬雖精[一五]，所致一人耳。駑牛一日行三百里[一六]，所致豈一人之重哉[一七]！"劭就統宿，語，因問："卿名知人，吾與卿孰愈？"統曰："陶冶世俗，甄綜人物，吾不及卿；論帝王之秘策[一八]，攬倚伏之要最[一九]，吾似有一日之長。"劭安其言而親之[二〇]。謂全琮曰："卿好施慕名，有似汝南樊子昭。蔣濟《萬機論》云許子將褒貶不平，以拔樊子昭而抑許文休。劉曄曰[二一]："子昭拔自賈豎，年至耳順[二二]，退能守靜，進能不苟[二三]。"濟答曰："子昭誠自長幼[二四]，完潔[二五]，然觀其舌齒牙[二六]，樹頰胲[二七]，吐脣吻，自非文休敵也。"胲音改。雖智力不多，亦一時之佳也[二八]。"績、劭謂統曰："使天下太平，當與卿共料四海之士。"深與統相結而還。

先主領荊州，統以從事守耒陽令，在縣不治，免官。吳將魯肅遺先主書曰："龐士元非百里才也[二九]，使處治中、別駕之任，始當展其驥足耳。"諸葛亮亦言之於先主。先主見，與善譚，大器之，以爲治中從事。《江表傳》曰：先主與統從容宴語，問曰："卿爲周公瑾功曹，孤到吳，聞此人密有白事，勸仲謀相留，有之乎？在君爲君，卿其無隱。"統對曰："有之。"備歎息曰〔三〇〕："孤時危急，當有所求，故不得不往，殆不免周瑜之手！天下智謀之士，所見略同耳。時孔明諫孤莫行，其意獨篤，亦慮此也。孤以仲謀所防在北，當賴孤爲援，故決意不疑。此誠出於險塗，非萬全之計也〔三一〕。"親待亞於諸葛亮，遂與亮並爲軍師中郎將。《九州春秋》曰：統說備曰："荆州荒殘，人物殫盡，東有吳孫，北有曹氏，鼎足之計，難以得志。今益州國富民彊，戶口百萬，四部兵馬〔三二〕，所出必具〔三三〕，寶貨無求於外，今可權借以定大事。"備曰："今指與吾爲水火者，曹操也，操以急，吾以寬；操以暴，吾以仁；操以譎，吾以忠；每與操反，事乃可成耳。今以小故而失信義於天下者〔三四〕，吾所不取也。"統曰："權變之時，固非一道所能定也。兼弱攻昧，五伯之事。逆取順守，報之以義，事定之後，封以大國，何負於信？今日不取，終爲人利耳〔三五〕。"備遂行〔三六〕。亮留鎮荆州。統隨從入蜀〔三七〕。

益州牧劉璋與先主會涪，統進策曰："今因此會，便可執之，則將軍無用兵之勞，而坐定一州也。"先主曰："初入他國，恩信未著，此不可也。"璋既還成都，先主當爲璋北征漢中，統復說曰："陰選精兵，晝夜兼道，徑襲成都，璋既不武，又素無預備，大軍卒至，一舉便定，此上計也。楊懷、高沛，璋之名將，各仗彊兵〔三八〕，據守關頭，聞數有牋諫璋〔三九〕，使發遣將軍還荆州〔四〇〕。將軍未至〔四一〕，遣與相聞，說荆州有急，欲還救之，並使裝束〔四二〕，外作歸形〔四三〕。此二子既服將軍英名，又喜將軍之去，計必乘輕騎來見〔四四〕，將軍因此執之，進取其兵，乃向成都，此中計也。退還白帝，連引荆州，徐還圖之，此下計也。若沈吟不去，將致大困，不可久矣。"先主然其中計，即斬懷、沛，還向成都，所過輒克。於涪大會，置酒作樂，謂統曰："今日之會，可謂樂矣。"統曰："伐人之國而以爲歡，非仁者之兵也。"先主醉，怒曰："武王伐紂，前歌後舞，非仁者邪？卿言不當，宜速起出！"於是統逡巡引退。先主尋悔，請還。統復故位，初不顧謝，飲食自若。先主謂曰："向者之論，阿誰爲失？"統對曰："君臣俱失。"先主大笑，宴樂如初。習鑿齒曰：夫霸王者，必體仁義以爲本，仗信順以爲宗，一物不具，則其道乖矣。今劉備襲奪璋土，權以濟業，負信違情，德義俱愆〔四五〕，雖功由是隆，宜大傷其敗，譬斷手全軀，何樂之有？龐統懼斯言之泄宣，知其君之必悟，故衆中匡其失，而不脩常謙之道，矯然太當，盡其謇諤之風。夫上失而能正〔四六〕，是有臣也，納勝而無執，是從理也；有臣則陛隆堂高，從理則羣策必擧；一言而三善兼明，暫諫而義彰百代，可謂達乎大體矣。若惜其小失而廢大益〔四七〕，矜此過言，自絶遠讜，能成業濟務者，未之有也。臣松之以爲：謀襲劉璋，計雖出於統，然違義成功，本由詭道，心既内疚，則歡情自戢，故聞備稱樂之言，不覺率爾而對也。備宴酣失時，事同樂禍，自比武王，曾無愧色，此備有非而統無失，其云"君臣俱失"，蓋分謗之言耳。習氏所論，雖大旨無乖，然推演之辭，近爲流宕也。

進圍雒縣，統率衆攻城，爲流矢所中，卒，時年三十六〔四八〕。先主痛惜，言則流涕。拜統父議郎，遷諫議大夫，諸葛亮親爲之拜。追賜統爵關內侯，諡曰靖侯。統子宏，字巨師，剛簡有臧否，輕傲尚書令陳祗，爲祗所抑，卒於涪陵太守。統弟林，以荊州治中從事參鎮北將軍黃權征吳，值軍敗，隨權入魏，魏封列侯，至鉅鹿太守。《襄陽記》曰：林婦，同郡習禎妹。禎事在楊戲《輔臣贊》。曹公之破荊州，林婦與林分隔，守養弱女十有餘年，後林隨黃權降魏，始復集聚。魏文帝聞而賢之，賜牀帳衣服，以顯其義節。

法正字孝直，右扶風郿人也〔四九〕。祖父真，有清節高名。《三輔決錄注》曰：真字高卿，少明《五經》，兼通讖緯，學無常師，名有高才。常幅巾見扶風守〔五〇〕，守曰："哀公雖不肖，猶臣仲尼〔五一〕，柳下惠不去父母之邦，欲相屈爲功曹，何如？"真曰："以明府見待有禮，故四時朝覲，若欲吏使之，真將在北山之北，南山之南矣。"扶風守遂不敢以爲吏。初，真年未弱冠，父在南郡，步往候父，已欲去，父留之待正旦，使觀朝吏會。會者數百人，真於窗中闚其與父語。畢，問真孰賢，真曰："曹掾胡廣有公卿之量。"其後廣果歷九卿三公之位，世以服真之知人。前後徵辟，皆不就，友人郭正美之〔五二〕，號曰"玄德先生"。年八十九，中平五年卒。正父衍，字季謀，司徒掾、廷尉左監。建安初，天下饑荒，正與同郡孟達俱入蜀依劉璋，久之，爲新都令，後召署軍議校尉。既不任用，又爲其州邑俱僑客者所謗無行，志意不得。益州別駕張松與正相善，忖璋不足與有爲，常竊歎息。松於荆州見曹公，還，勸璋絶曹公而自結先主。璋曰："誰可使者？"松乃舉正，正辭讓，不得已而往。正既還，爲松稱説先主有雄略，密謀協規，願共戴奉，而未有緣。後因璋聞曹公欲遣將征張魯之有懼心也〔五三〕，松遂説璋宜迎先主，使之討魯，復令正銜命。正既宣指〔五四〕，陰獻策於先主曰："以明將軍之英才，乘劉牧之懦〔五五〕。張松，州之股肱，以響應於内〔五六〕。然後資益州之殷富，馮天府之險阻，以此成業，猶反掌也。"先主然之，泝江而西，與璋會涪。北至葭萌，南還取璋。

鄭度説璋曰：《華陽國志》曰：度，廣漢人，爲州從事。"左將軍縣軍襲我，兵不滿萬，士衆未附，野穀是資，軍無輜重。其計莫若盡驅巴西、梓潼民内涪水以西，其倉廩野穀，一皆燒除，高壘深溝，静以待之。彼至請戰，忽許，久無所資，不過百日，必將自走。走而擊之，則必禽耳。"先主聞而惡之，以問正。正曰："終不能用，無可憂也。"璋果如正言，謂其羣下曰："吾聞拒敵以安民，未聞動民以避敵也〔五七〕。"於是黜度，不用其計。及軍圍雒城，正牋與璋曰："正受性無術，盟好違損，懼左右不明本末，必並歸咎，蒙恥没身，辱及執事，是以損身於外，不敢反命。恐聖聽穢惡其聲，故中間不有牋敬，顧念宿遇，瞻望恨恨。然惟前後披露腹心，自從始初以至於終，實不藏情，有所不盡，但愚闇策薄，精誠不感，以致於此耳。今國事已危，禍害在速，雖捐放於外，言足憎尤，猶貪極所懷，以盡餘忠。明將軍本心，正之所知也，實爲區區不欲失左將軍之意，而卒至於是者，左右不達英雄從事之道，謂可違信黷誓〔五八〕，而以意氣相致，日月相遷〔五九〕，趨求順耳悅目，隨阿遂指，不圖遠慮，爲國深計故也。事變既成，又不量彊弱之勢，以爲左將軍縣遠之衆，糧穀無儲，欲得以多擊少，曠日相持。而從關至此，所歷輒破，離宮別屯，日自零落。雒下雖有萬兵，皆壞陣之卒，破軍之將，若欲爭一旦之戰，則兵將勢力，實不相當。各欲遠期計糧者，今此營守已固，穀米已積，而明將軍土地日削，百姓日困，敵對遂多，所供遠曠。愚意計之，謂必先竭，將不復以持久也。空爾相守，猶不相堪，今張益德數萬之衆，已定巴東，入犍爲界，分平資中、德陽，三道並侵，將何以禦之？本爲明將軍計者，必謂此軍縣遠無糧，餽運不及，兵少無繼。今荊州道通，衆數十倍，加孫車騎遣弟及李異、甘寧等爲其後繼。若爭客主之勢，以土地相勝者，今此全有巴東，廣漢、犍爲，過半已定，巴西一郡，復非明將軍之有也。計益州所仰惟蜀，蜀亦破壞；三分亡二，吏民疲困，思爲亂者十戶而八；若敵遠則百姓不能堪役，敵近則一旦易主矣。廣漢諸縣，是明比也。又魚復與關頭實爲益州福禍之門，今二門悉開，堅城皆下，諸軍並破，兵將俱盡，而敵家數道並進，已入心腹，坐守都、雖,存亡之勢,昭然可見。斯乃大略,其外較耳,其餘屈曲,難以辭極也。以正下愚,猶知此事不可復成,況明將軍左右明智用謀之士,豈當不見此數哉?旦夕偷幸,求容取媚,不慮遠圖,莫肯盡心獻良計耳。若事窮勢迫,將各索生,求濟門户,展轉反覆,與今計異,不爲明將軍盡死難也,而尊門猶當受其憂。正雖獲不忠之謗,然心自謂不負聖德,顧惟分義,實竊痛心。左將軍從本舉來,舊心依依,實無薄意。愚以爲可圖變化,以保尊門。"

十九年,進圍成都,璋蜀郡太守許靖將踰城降,事覺不果。璋以危亡在近,故不誅靖。璋既稽服,先主以此薄靖不用也。正説曰:"天下有獲虛譽而無其實者,許靖是也。然今主公始創大業,天下之人不可户説,靖之浮稱,播流四海,若其不禮,天下之人以是謂主公爲賤賢也。宜加敬重,以眩遠近,追昔燕王之待郭隗。"先主於是乃厚待靖。孫盛曰:夫禮賢崇德,爲邦之要道,封墓式閭,先王之令軌,故必以體行英邈,高義冠世〔六〇〕,然後可以延視四海,振服羣黎。苟非其人,道不虛行。靖處室則友于不穆,出身則受位非所,語信則夷險易心,論識則殆爲豐首,安在其可寵先而有以感致者乎!若乃浮虛是崇,偷薄斯榮,則秉直仗義之士〔六一〕,將何以禮之?正務眩惑之術,違貴尚之風,譬之郭隗,非其倫矣。臣松之以爲:郭隗非賢,猶以權計蒙寵,況文休名聲夙著,天下謂之英偉,雖末年有瑕,而事不彰徹,若不加禮,何以釋遠近之惑乎?法正以靖方隗,未爲不當,而盛以封墓式閭爲難，何其迂哉！然則燕昭亦非，豈唯劉翁？至於友于不穆，失由子將，尋蔣濟之論，知非文休之尤。盛又譏其受任非所，將謂仕於董卓。卓初秉政，顯擢賢俊，受其策爵者森然皆是。文休爲選官，在卓未至之前，後遷中丞，不爲超越。以此爲貶，則荀爽、陳紀之儔，皆應擯棄於世矣。以正爲蜀郡太守、揚武將軍，外統都畿，內爲謀主。一飡之德，睚眦之怨，無不報復，擅殺毀傷己者數人。或謂諸葛亮曰："法正於蜀郡太縱橫，將軍宜啓主公，抑其威福。"亮答曰："主公之在公安也，北畏曹公之彊，東憚孫權之逼，近則懼孫夫人[六二]，生變於肘腋之下[六三]。當斯之時，進退狼跋，法孝直爲之輔翼，令翻然翱翔，不可復制，如何禁止法正[六四]，使不得行其意邪[六五]！"初，孫權以妹妻先主，妹才捷剛猛，有諸兄之風[六六]，侍婢百餘人，皆親執刀侍立，先主每入，衷心常懍懍[六七]；亮又知先主雅愛信正，故言如此。孫盛曰：夫威福自下，亡家害國之道，刑縱於寵，毀政亂理之源，安可以功臣而極其陵肆，嬖幸而藉其國柄者哉？故顛頡雖勤，不免違命之刑，楊干雖親，猶加亂行之戮，夫豈不愛，王憲故也。諸葛氏之言，於是乎失政刑矣。

　　二十二年，正說先主曰："曹操一舉而降張魯，定漢中，不因此勢以圖巴、蜀，而留夏侯淵、張郃屯守，身遽北還，此非其智不逮而力不足也，必將內有憂偪故耳。今策淵、郃才略，不勝國之將帥，舉衆往討，則必可克。之克之日[六八]，廣農積穀，觀釁伺隙，上可以傾覆寇敵，尊獎王室，中可以蠶食雍、涼，廣拓境土，下可以固守要害，爲持久之計。此蓋天以與我，時不可失也。"先主善其策，乃率諸將進兵漢中，正亦從行。二十四年，先主自陽平南渡沔水，緣山稍前，於定軍興勢作營。淵將兵來爭其地。正曰："可擊矣。"先主命黃忠乘高鼓譟攻之，大破淵軍，淵等授首。曹公西征，聞正之策，曰："吾故知玄德不辦有此〔六九〕，必爲人所教也。"臣松之以爲：蜀與漢中，其由脣齒也。劉主之智，豈不及此？將計略未展〔七〇〕，正先發之耳。夫聽用嘉謀以成功業，霸王之主，誰不皆然？魏武以爲人所教，亦豈劣哉！此蓋恥恨之餘辭，非測實之常言也〔七一〕。

先主立爲漢中王，以正爲尚書令、護軍將軍。明年卒，時年四十五。先主爲之流涕者累日。諡曰翼侯。賜子邈爵關內侯，官至奉車都尉、漢陽太守。諸葛亮與正，雖好尚不同，以公義相取，亮每奇正智術。先主既稱尊號，將東征孫權以復關羽之恥，羣臣多諫，一不從〔七二〕。章武二年，大軍敗績，還住白帝。亮歎曰："法孝直若在，則能制主上，令不東行；就復東行，必不傾危矣〔七三〕。"

評曰：龐統雅好人流〔七四〕，經學思謀，於時荊、楚謂之高俊。法正著見成敗，有奇畫策算，然不以德素稱也。擬之魏臣，統其荀彧之仲叔，正其程、郭之儔儷邪？先主與曹公爭，勢有不便，宜退，而先主大怒不肯退，無敢諫者。矢下如雨，正乃往當先主前，先主云："孝直避箭！"正曰："明公親當矢石，況小人乎？"先主乃曰："孝直，吾與汝俱去。"遂退。

【校箋】

〔一〕毛本作"蜀書七"。

〔二〕毛本作"龐統法正傳第七"。

〔三〕《世説·言語篇》注引"人"下無"也"字。

〔四〕《世説》注引"人"下有"之"字。

〔五〕《世説》注引"桑"下無"於"字。《御覽》卷三百九十、卷四百四十二引亦俱無"於"字。

〔六〕《世説》注引無"在"字。《御覽》引同。

〔七〕盧弼曰:"《世説·言語篇》注引此'士'下有'人'字。"

謹案:錢儀吉"士"下增"人"字云:"以《世説》注校。"考《御覽》卷四百四十二引亦有"人"字,應據補。

〔八〕《世説》注引"少"下有"年"字。

〔九〕《世説·品藻篇》注引作"周瑜領南郡,士元爲功曹"。考《荆州先德傳》:"周瑜領南郡,以龐士元名重,州里所信,乃逼爲功曹(見《御覽》卷二百六十四引)。"則郡命爲功曹,定在周瑜領郡時,疑此句應移在下文"因領南郡太守"句下爲得。

〔一〇〕《文選》任彦昇《爲范尚書讓吏部封侯第一表》李注引"才"字作"中"。

〔一一〕《文選集注》引《鈔》"怪"下無"而"字,《治要》卷二十七引同。

〔一二〕《世説》注引"西還"二字乙。

〔一三〕《世説》注引"可"字作"所","力"字作"用"。

〔一四〕《世説》注引"可"字亦作"所","能"字無,有"所以"二字。

〔一五〕《世説》注引"精"下有"速"字。

〔一六〕《世説》注引"行"下無"三"字。

〔一七〕《世說》注引無"之重"二字。

〔一八〕《世說》注引"帝王"作"王霸","秘"字作"餘"。

〔一九〕《世說》注引"最"字作"害"。

〔二〇〕《世說》注引"而"字作"更"。

〔二一〕《世說》注引"曄"下有"難"字。

〔二二〕《世說》注引"耳順"作"七十"。

〔二三〕《世說》注引作"進不苟競",蕭書"不苟"作"守敬"。

〔二四〕《世說》注引作"子昭誠自幼至長"。

〔二五〕紹興本"完"字作"趙"。《世說》注引作"容貌完潔"。

〔二六〕盧弼曰:"潘眉曰:'《東方朔傳》舌齒牙。'"

謹案:《御覽》卷三百六十七引"舌"字作"搖",疑是。

〔二七〕《世說》注引"胲"字作"頦",考《玉篇·頁部》:"頦,頤下。"

〔二八〕蕭書"佳"下有"士"字。

〔二九〕《御覽》卷二百六十三、卷四百四十九引"才"上有"之"字,下無"也"字,蕭書亦無"也"字。

〔三〇〕《册府》卷一百九十引"備"字作"先主",是也。與上文稱"先主"相應。

〔三一〕《御覽》卷四百四十九引"計"字作"勢"。

〔三二〕《御覽》引"部"字作"郡"。

〔三三〕《御覽》引"必"字作"畢"。

〔三四〕《御覽》引"故"字作"國","下"字下無"者"字。

〔三五〕《御覽》引"利"字作"制"。

〔三六〕《御覽》引"備"下有"後"字。

〔三七〕《御覽》引"隨"下無"從"字。

〔三八〕《文選集注》引《鈔》"仗"字作"將"。

〔三九〕《文選集注》引《鈔》"聞數"二字乙。

〔四〇〕《文選集注》引《鈔》"發"上無"使"字。

〔四一〕《文選》袁彥伯《三國名臣序贊》李注引"至"字作"去"。

〔四二〕《華陽國志》"裝束"作"速裝"。

〔四三〕《文選集注》引《鈔》"形"字作"荆",作"荆"字是。

〔四四〕《文選》李注引"必"上無"計"字。

〔四五〕紹興本"具"字作"俱"。

〔四六〕紹興本"能"字作"下"。

〔四七〕紹興本"廢"下有"其"字。

〔四八〕《世說·言語篇》注引《華陽國志》"六"字作"八"。

〔四九〕蕭書"扶"上無"右"字。

〔五〇〕郝書"常"字作"嘗"。

〔五一〕盧弼曰:"《左傳·哀公十一年》:'魯人以幣召,孔子乃歸。'《史記·孔子世家》:'魯終不能用孔子,孔子亦不求仕。'《莊子》:'哀公告閔子曰:吾與孔丘非君臣也,德友而已矣。'《左傳·哀公十六年》:'孔子卒,哀公誄之。子貢曰:生不能用,死而誄之,非禮也。'是皆與扶風守所言不合。"

謹案:《韓非子·五蠹篇》:"魯哀公下主也,南面君國,境內之民,莫敢不臣。民者,固服於勢,勢誠易以服人。故仲尼反爲臣,而哀公顧爲君。仲尼非懷其義,服其勢也。故以義則仲尼不服於哀公,乘勢則哀公臣仲尼。"此蓋扶風守語所本,不能謂其不合也,盧君失考。

〔五二〕紹興本"正"下有"等"字,郝書同。

〔五三〕盧弼曰："毛本'將'下脫'征'字，誤。"

謹案：梁章鉅曰："毛本'將'下脫'征'字，今殿本已改正。"

〔五四〕郝書"指"字作"旨"。

〔五五〕盧弼曰："宋本'懦'下有'弱'字，《通鑑》同。"

謹案：《官本考證》曰："宋本'懦'下有'弱'字。"考《華陽國志》、蕭書、郝書、《通志》亦俱有"弱"字。《許靖傳》注引《益州耆舊傳》："而璋懦弱多疑。"此脫"弱"字，應據補。

〔五六〕蕭書無"以"字。

〔五七〕郝書"動"字作"勤"。

〔五八〕紹興本"謂"下無"可"字。

〔五九〕盧弼曰："各本'遷'作'選'，誤。"

謹案：梁章鉅曰："明監本'相遷'作'相選'，誤。今殿本已改正。"考郝書、《通志》亦俱作"選"，是宋時所見《國志》字作"選"。則"選"似非誤字也。《説文·辵部》："選，遣也。"《禮記·檀弓》釋文："遣本作遷。"是"選""遷"義近，不必改字。

〔六〇〕盧弼曰："宋本'冠'作'蓋'。"

謹案：郝書"冠"亦作"蓋"。《釋名·釋言語》："蓋，加也。加物上也。"

〔六一〕紹興本"仗"字作"杖"。

〔六二〕《御覽》二百五十九引"懼"字作"慮"，《華陽國志》同。

〔六三〕《御覽》引無"之下"二字。

〔六四〕郝書無"法正"二字。

〔六五〕盧弼曰："《通鑑》'得'下有'少'字。"

謹案：《華陽國志》"邪"字作"也"，《御覽》引同。

〔六六〕《類聚》卷六十、《御覽》卷三百四十五、卷四百六十九引俱無"之"字,《華陽國志》同。

〔六七〕盧弼曰:"康發祥曰:'衷字義內也。'先主每入衷,入閫內也。此以衷字屬上句,別爲一解。"

謹案:《類聚》《御覽》引俱無"衷"字。《華陽國志》《季漢書》亦同。疑"衷"字蓋衍文。"先主每入,心懷懵懵",語意已足,不必重贅"衷"字也。

〔六八〕郝書作"必可克之,既克之日"。"必"上無"克"字,多"既"字。

〔六九〕《御覽》卷四百四十九引"辦"下無"有"字。《華陽國志》"故"字作"固",亦無"有"字。

〔七〇〕盧弼曰:"元本'將'作'特'。"

謹案:錢儀吉"將"改作"特",云"從元本"。特,但也。作"特"字是。

〔七一〕盧弼曰:"宋本'常'作'當'。"

謹案:《官本考證》曰:"'常'宋本作'當'。"竊疑"當"借爲"讜"。《書·益稷傳》"亦陳當言"釋文:"'當'本作'讜'。"《後漢書·班彪傳》注:"讜,直言也。"

〔七二〕郝書"不"上無"一"字。

〔七三〕《華陽國志》"傾"作"顛"。

〔七四〕盧弼曰:"或曰:'人流猶人倫也。'謂流敘人物也。"

謹案:《漢書·外戚傳》"託長信之末流"注:"流,謂等列也。"則"人流"謂品第人物高下。

三國志校箋卷三十八

蜀志卷八〔一〕

許靖　麋竺　孫乾　簡雍　伊籍　秦宓〔二〕

　　許靖字文休，汝南平輿人〔三〕。少與從弟劭俱知名，並有人倫臧否之稱，而私情不協。劭爲郡功曹，排擯靖不得齒敘，以馬磨自給。潁川劉翊爲汝南太守，乃舉靖計吏，察孝廉，除尚書郎，典選舉。靈帝崩，董卓秉政，以漢陽周毖爲吏部尚書，與靖共議謀，進退天下之士，沙汰穢濁，顯拔幽滯。進用潁川荀爽、韓融、陳紀等爲公、卿、郡守，拜尚書韓馥爲冀州牧，侍中劉岱爲兗州刺史，潁川張咨爲南陽太守，陳留孔伷爲豫州刺史，東郡張邈爲陳留太守，而遷靖巴郡太守，不就，補御史中丞。馥等到官，各舉兵還向京都，欲以誅卓。卓怒毖曰："諸君言當拔用善士，卓從君計，不欲違天下人心。而諸君所用人，至官之日，還來相圖。卓何用相負！"叱毖令出,於外斬之。靖從兄陳相瑒,又與佗合規,靖懼誅,奔佗。《蜀記》云:靖後自表曰:"黨賊求生,情所不忍,守官自危,死不成義。竊念古人當難詭常,權以濟其道。"佗卒,依揚州刺史陳禕。禕死,吳郡都尉許貢〔四〕、會稽太守王朗素與靖有舊,故往保焉。靖收卹親理〔五〕,經紀振贍,出於仁厚。

孫策東渡江,皆走交州以避其難。靖身坐岸邊,先載附從,疏親悉發,乃從後去,當時見者,莫不歎息。既至〔六〕,交阯太守士燮厚加敬待。陳國袁徽以寄寓交州,徽與尚書令荀彧書曰:"許文休英才偉士,智略足以計事。自流宕已來,與羣士相隨〔七〕,每有患急〔八〕,常先人後己,與九族中外同其饑寒。其紀綱同類,仁恕惻怛〔九〕,皆有效事,不能復一二陳之耳。"鉅鹿張翔《萬機論》云:翔字元鳳。銜王命使交部,乘勢募靖,欲與誓要,靖拒而不許。靖與曹公書曰:

世路戎夷〔一〇〕,禍亂遂合〔一一〕,駑怯偷生,自竄蠻貊,成闊十年〔一二〕,吉凶禮廢。昔在會稽,得所貽書,辭旨款密,久要不忘。迫於袁術方命圯族〔一三〕,扇動羣逆,津塗四塞。雖縣心北風,欲行靡由。正禮師退,術兵前進,會稽傾覆,景興失據,三江五湖,皆爲虜庭。臨時困厄,無所控告。便與袁沛、鄧子孝等浮涉滄海,南至交州。經歷東甌、閩、越之國,行經萬里,不見漢地,漂薄風波,絕糧茹草,饑殍薦臻,死者大半。既濟南海,與領守兒孝悳相見,知足下忠義奮發,整勅元戎〔一四〕,西迎大駕,巡省中嶽。承此休問,且悲且喜〔一五〕,即與袁沛及徐元賢復共嚴裝,欲北上荆州。會蒼梧諸縣夷、越蠭起,州府傾覆,道路阻絶,元賢被害,老弱並殺。靖尋循渚岸五千餘里〔一六〕,復遇疾癘〔一七〕,伯母隕命,并及羣從,自諸妻子,一時略盡。復相扶持,前到此郡,計爲兵害及病亡者,十遺一二。生民之艱,辛苦之甚,豈可具陳哉!臣松之以爲:孔子稱"賢者避世,其次避地",蓋貴其識見安危,去就得所也。許靖羈客會稽,閭閻之士,孫策之來,於靖何爲?而乃泛萬里之海,入疫癘之鄉,致使尊弱塗炭,百罹備經,可謂自貽矣。謀臣若斯,難以言智,孰若安時處順,端拱吴、越,與張昭、張紘之儔同保元吉者哉?懼卒顛仆,永爲亡虜,憂瘁慘慘,忘寢與食。欲附奉朝貢使,自獲濟通,歸死闕庭,而荆州水陸無津,交部驛使斷絶。欲上益州,復有峻防,故官長吏,一不得入。前令交阯太守士威彦,深相分託於益州兄弟,又靖亦自與書,辛苦懇惻,而復寂寞,未有報應。雖仰瞻光靈,延頸企踵,何由假翼自致哉?

知聖主允明,顯授足下專征之任,凡諸逆節,多所誅討,想力競者一心,順從者同規矣。又張子雲昔在京師,志匡王室,今雖臨荒域,不得參與本朝,亦國家之藩鎮,足下之外援也。子雲名津,南陽人,爲交州刺史,見《吴志》。若荆、楚平和,王澤南至，足下忽有聲命於子雲，勤見保屬，令得假途由荆州出，不然，當復相紹介於益州兄弟，使相納受。儻天假其年，人緩其禍，得歸死國家，解逋逃之負，泯軀九泉，將復何恨！若時有險易，事有利鈍，人命無常，隕没不達者，則永銜罪責，入於裔土矣。

昔營丘翼周，杖鉞專征，博陸佐漢，虎賁警蹕。《漢書・霍光傳》曰：光出都肆郎羽林，道上稱警蹕。未詳虎賁所出也。今日足下扶危持傾，爲國柱石，秉師望之任，兼霍光之重，五侯九伯，制御在手，自古及今，人臣之尊未有及足下者也。夫爵高者憂深，禄厚者責重。足下據爵高之任，當責重之地，言出於口，即爲賞罰，意之所存，便爲禍福。行之得道，即社稷用寧；行之失道，即四方散亂。國家安危，在於足下；百姓之命，縣於執事。自華及夷，顒顒注望。足下任此，豈可不遠覽載籍廢興之由，榮辱之機，棄忘舊惡，寬和羣司，審量五材，爲官擇人？苟得其人，雖讐必舉；苟非其人，雖親不授，以寧社稷，以濟下民。事立功成，則繫音於管絃，勒勳於金石。願君勉之，爲國自重，爲民自愛。

翔恨靖之不自納，搜索靖所寄書疏，盡投之於水。

後劉璋遂使使招靖，靖來入蜀。璋以靖爲巴郡、廣漢太守。南陽宋仲子於荆州與蜀郡太守王商書曰："文休倜儻瑰瑋，有當世之具，足下當以爲指南。"《益州耆舊傳》曰：商字文表，廣漢人，以才學稱，聲問著於州里。劉璋辟爲治中從事。是時王塗隔絶，州之牧伯猶七國之諸侯也，而璋懦弱多疑，不能黨信大臣〔一八〕。商奏記諫璋，璋頗感悟。初，韓遂與馬騰作亂關中，數與璋父焉交通，信至，騰子超復與璋相聞，有連蜀之意〔一九〕。商謂璋曰：「超勇而不仁，見得不思義〔二〇〕，不可以爲脣齒。《老子》曰：『國之利器，不可以示人。』今之益部，土美民豐，寶物所出，斯乃狡夫所欲傾覆，超等所以西望也。若引而近之，則由養虎〔二一〕，將自遺患矣。」璋從其言，乃拒絶之。荆州牧劉表及儒者宋忠咸聞其名，遺書與商敘致殷勤〔二二〕。許靖號爲臧否，至蜀，見商而稱之曰：「設使商生於華夏，雖王景興無以加也。」璋以商爲蜀郡太守。成都禽堅，有至孝之行，商表其墓，追贈孝廉。又與嚴君平、李弘立祠作銘，以旌先賢，修學廣農，百姓便之。在郡十載，卒於官，許靖代之。建安十六年，轉在蜀郡。《山陽公載記》曰：建安十七年，漢立皇子熙爲濟陰王，懿爲山陽王，敦爲東海王。靖聞之曰：「『將欲歙之，必固張之；將欲取之，必固與之』，其孟德之謂乎！」十九年，先主克蜀，以靖爲左將軍長史。先主爲漢中王，靖爲太傅。及即尊號，策靖曰：「朕獲奉洪業，君臨萬國，夙宵惶惶〔二三〕，懼不能綏。百姓不親，五品不遜，汝作司徒，其敬敷五教在寬〔二四〕。君其勖哉！秉德無怠，稱朕意焉。」

靖雖年逾七十，愛樂人物，誘納後進〔二五〕，清談不倦。丞相諸葛亮皆爲之拜。章武二年卒。子欽，先靖夭没。欽子游，景耀中爲尚書。始，靖兄事潁川陳紀，與陳郡袁焕〔二六〕、平原華歆、東海王朗等親善，歆、朗及紀并子羣，魏初爲公輔大臣，咸與靖書，申陳舊好，情義款至，文多故不載。《魏略》：王朗與文休書曰："文休足下：消息平安，甚善甚善。豈意脫別三十餘年而無相見之緣乎！詩人比一日之別於歲月，豈況悠悠歷累紀之年者哉！自與子別，若没而復浮，若絕而復連者數矣。而今而後，居升平之京師，攀附於飛龍之聖主；儕輩略盡，幸得老與足下並為遺種之叟，而相去數千里，加有遭寒之隔，時聞消息於風聲，託舊情於思想，眇眇異處，與異世無以異也。往者隨軍到荆州，見鄧子孝、桓元將，粗聞足下動靜，云夫子既在益州，執職領郡，德素規矩，老而不憚。是時侍宿武皇帝於江陵劉景升聽事之上，共道足下於通夜〔二七〕，拳拳饑渴〔二八〕，誠無已也。自天子在東宫，及即位之後，每會羣賢，論天下髦雋之見在者，豈獨人盡易為英士〔二九〕，鮮易取最，故乃猥以原壞之朽質，感夫子之情聽。每敘足下，以為謀首，豈其注意，乃復過於前世。《書》曰'人惟求舊'，《易》稱'同聲相應，同氣相求'，劉將軍之與大魏，兼而兩之，總此二義。前世邂逅，以同為暌，非武皇帝之旨；頃者蹉跌，其泰而否，亦非足下之意也。深思《書》《易》之義，利結分於宿好，故遣降者送吳所獻致名馬、貂、罽，得因無嫌。道初開通，展敘舊情，以達聲問。久闊情慉，非夫筆墨所能寫陳，亦想足下同其志念。今者，親生男女凡有幾人？年並幾何？僕連失一男一女，今有二男，大男名肅，年二十九〔三〇〕，生於會稽；小兒裁歲餘。臨書愴恨〔三一〕，有懷緬然。"又曰："過聞'受終於文祖'之言於《尚書》，又聞'歷數在躬，允執其中'之文於《論語》。豈自意得於老耄之齒，正值天命受於聖主之會，親見三讓之弘辭，觀衆瑞之總集，覿升堂穆穆之盛禮，瞻燔燎焜曜之青烟；於時忽自以為處唐、虞之運，際於紫微之天庭也。徒慨不得攜子之手，共列於世有二子之數，以聽有唐'欽哉'之命也。子雖在裔土,想亦極目而迴望[三二],側耳而遐聽,延頸而鶴立也。昔汝南陳公初拜,不依故常,讓上卿於李元禮。以此推之,吾宜退身以避子位也。苟得避子以竊讓名,然後綬帶委質[三三],游談於平、勃之間,與子共陳往時避地之艱辛,樂酒酬讌,高談大噱,亦足遺憂而忘老。捉筆陳情,隨以喜笑。"又曰:"前夏有書而未達,今重有書,而并致前問。皇帝既深悼劉將軍之早世,又愍其孤之不易,又惜使足下孔明等士人氣類之徒,遂沈溺於羌夷異種之間,永與華夏乖絶,而無朝聘中國之期緣,瞻睎故土桑梓之望也。故復運慈念而勞仁心,重下明詔以發德音,申勑朗等,使重爲書與足下等。以足下聰明,揆殷勤之聖意,亦足悟海岱之所常在,知百川之所宜注矣。昔伊尹去夏而就殷,陳平違楚而歸漢,猶曜德於阿衡,著功於宰相。若足下能弼人之遺孤,定人之猶豫,去非常之僞號,事受命之大魏,客主兼不世之榮名,上下蒙不朽之常耀,功與事並,聲與勳著,考績效,足以超越伊、呂矣。既承詔直,且服舊之情,情不能已。若不言足下之所能,陳足下之所見,則無以宣明詔命,弘光大之恩,敍宿昔夢想之思。若天啓衆心,子導蜀意,誠此意有攜手之期。若險路未夷,子謀不從,則懼聲問或否,復面何由!前後二書,言每及斯,希不切然有動於懷。足下周游江湖[三四],以暨南海,歷觀夷俗,可謂徧矣;想子之心,結思華夏,可謂深矣。爲身擇居,猶願中土;爲主擇居安,豈可以不繫意於京師,而持疑於荒裔乎?詳思愚言,速示還報也。"

麋竺字子仲[三五],東海朐人也。祖世貨殖[三六],僮客萬人[三七],貲産鉅億。《搜神記》曰:竺嘗從洛歸,未達家數十里〔三八〕,路傍見一婦人〔三九〕,從竺求寄載。行可數里〔四〇〕,婦謝去〔四一〕,謂竺曰:"我天使也,當往燒東海麋竺家,感君見載,故以相語。"竺因私請之〔四二〕。婦曰:"不可得不燒〔四三〕。如此,君可馳去,我當緩行,日中火當發〔四四〕。"竺乃還家〔四五〕,遽出財物,日中而火大發〔四六〕。後徐州牧陶謙辟為別駕從事。謙卒,竺奉謙遺命,迎先主於小沛。建安元年,呂布乘先主之出拒袁術,襲下邳,虜先主妻子,先主轉軍廣陵海西。竺於是進妹於先主為夫人,奴客二千,金銀貨幣以助軍資〔四七〕,於時困匱,賴此復振。後曹公表竺領嬴郡太守,《曹公集》載公表曰:"泰山郡界廣遠,舊多輕悍,權時之宜,可分五縣為嬴郡,揀選清廉以為守將。偏將軍麋竺,素履忠貞,文武昭烈,請以竺領嬴郡太守,撫慰吏民。"竺弟芳為彭城相。皆去官,隨先主周旋。先主將適荊州,遣竺先與劉表相聞,以竺為左將軍從事中郎。益州既平〔四八〕,拜為安漢將軍,班在軍師將軍之右。竺雍容敦雅,而幹翮非所長〔四九〕,是以待之以上賓之禮,未嘗有所統御。然賞賜優寵,無與為比。

芳為南郡太守,與關羽共事,而私好攜貳,叛迎孫權,羽因覆敗〔五〇〕。竺面縛請罪,先主慰諭以兄弟罪不相及,崇待如初〔五一〕。竺慙恚發病,歲餘卒。子威,官至虎賁中郎將。威子照,虎騎監。自竺至照,皆便弓馬,善射御云。

孫乾字公祐,北海人也。先主領徐州,辟為從事,

《鄭玄傳》云：玄薦乾於州。乾被辟命，玄所舉也。後隨從周旋。先主之背曹公，遣乾自結袁紹，將適荆州，乾又與麋竺俱使劉表，皆如意指。後表與袁尚書，説其兄弟分爭之變，曰：“每與劉左將軍、孫公祐共論此事，未嘗不痛心入骨，相爲悲傷也。”其見重如此。先主定益州，乾自從事中郎爲秉忠將軍，見禮次麋竺〔五二〕，與簡雍同等〔五三〕。頃之，卒。

簡雍字憲和，涿郡人也。少與先主有舊，隨從周旋。先主至荆州，雍與麋竺、孫乾同爲從事中郎，常爲談客，往來使命。先主入益州，劉璋見雍，甚愛之。後先主圍成都，遣雍往説璋，璋遂與雍同輿而載，出城歸命。先主拜雍爲昭德將軍。優游風議，性簡傲跌宕，在先主坐席，猶箕踞傾倚，威儀不肅，自縱適；諸葛亮已下則獨擅一榻〔五四〕，項枕卧語，無所爲屈。時天旱〔五五〕，禁酒，釀者有刑。吏於人家索得釀具，論者欲令與作酒者同罰。雍與先主游觀〔五六〕，見一男女行道〔五七〕，謂先主曰：“彼人欲行淫〔五八〕，何以不縛？”先主曰：“卿何以知之？”雍對曰：“彼有其具〔五九〕，與欲釀者同〔六〇〕。”先主大笑，而原欲釀者〔六一〕。雍之滑稽〔六二〕，皆此類也。或曰：雍本姓耿，幽州人語謂耿爲簡，遂隨音變之。

伊籍字機伯，山陽人也〔六三〕。少依邑人鎮南將軍劉表。先主之在荆州，籍常往來自託。表卒，遂隨先主南渡江，從入益州。益州既定，以籍爲左將軍從事中郎，見待亞於簡雍、孫乾等。遣東使於吳[六四]，孫權聞其才辯，欲逆折以辭。籍適入拜，權曰："勞事無道之君乎？"籍即對曰："一拜一起，未足爲勞。"籍之機捷，類皆如此，權甚異之。後遷昭文將軍，與諸葛亮、法正、劉巴、李嚴共造《蜀科》。《蜀科》之制，由此五人焉。

秦宓字子勑[六五]，廣漢緜竹人也。少有才學，州郡辟命，輒稱疾不往。奏記州牧劉焉，薦儒士任定祖曰[六六]："昔百里、蹇叔以耆艾而定策[六七]，甘羅、子奇以童冠而立功，故《書》美黃髮，而《易》稱顏淵，固知選士用能，不拘長幼，明矣。乃者以來，海內察舉，率多英儁而遺舊齒，衆論不齊，異同相半，此乃承平之翔步，非亂世之急務也。夫欲救危撫亂，修己以安人，則宜卓犖超倫，與時殊趣，震驚鄰國，駭動四方，上當天心，下合人意。天人既和，内省不疚，雖遭凶亂，何憂何懼！昔楚葉公好龍，神龍下之，好僞徹天，何況於真？今處士任安[六八]，仁義直道，流名四遠，如今見察[六九]，則一州斯服。昔湯舉伊尹，不仁者遠；何武貢二龔，雙名竹帛[七〇]。故貪尋常之高而忽萬仞之嵩，樂面前之飾而忘天下之譽，斯誠往古之所重慎也。甫欲鑿石索玉，剖蚌求珠，今乃隨、和炳然，有如皎日，復何疑哉！誠知晝不操燭，日有餘光[七一]，但愚情區區[七二]，貪陳所見。"《益部耆舊傳》曰：安，廣漢人。少事聘士楊厚，究極圖籍，游覽京師,還家講授,與董扶俱以學行齊聲。郡請功曹,州辟治中別駕,終不久居。舉孝廉茂才,太尉載辟,除博士,公車徵,皆稱疾不就。州牧劉焉表薦安味精道度,歷節高邈,揆其器量,國之元寶,宜處彌疑之輔,以消非常之咎。玄纁之禮,所宜招命。王塗隔塞,遂無聘命。年七十九,建安七年卒,門人慕仰,爲之碑銘[七三]。後丞相亮問秦宓以安所長,宓曰:"記人之善,忘人之過。"

劉璋時,宓同郡王商爲治中從事,與宓書曰:"貧賤困苦,亦何時可以終身!卞和銜玉以燿世,宜一來,與州尊相見。"宓答書曰:"昔堯優許由,非不弘也,洗其兩耳;楚聘莊周,非不廣也,執竿不顧。《易》曰'確乎其不可拔',夫何銜之有?且以國君之賢,子爲良輔[七四],不以是時建蕭、張之策,未足爲智也。僕得曝背乎隴畝之中,誦顏氏之簞瓢,詠原憲之蓬户,時翱翔於林澤,與沮、溺之等儔,聽玄猿之悲吟,察鶴鳴於九皋,安身爲樂,無憂爲福,處空虛之名,居不靈之龜,知我者希,則我貴矣。斯乃僕得志之秋也,何困苦之戚焉!"後商爲嚴君平、李弘立祠,宓與書曰:"疾病伏匿,甫知足下爲嚴、李立祠,可謂厚黨勤類者也。觀嚴文章,冠冒天下,由、夷逸操,山嶽不移,使揚子不歟,固自昭明。如李仲元不遭《法言》,令名必淪,其無虎豹之文故也,可謂攀龍附鳳者矣。如揚子雲潛心著述,有補於世,泥蟠不滓,行參聖師,於今海內,談詠厥辭。邦有斯人,以燿四遠,怪子替茲,不立祠堂。蜀本無學士,文翁遣相如東受七經,還教吏民,於是蜀學比於齊、魯。故《地里志》曰：'文翁倡其教，相如爲之師。'漢家得士，盛於其世；仲舒之徒，不達封禪，相如制其禮。夫能制禮造樂，移風易俗，非禮所秩有益於世者乎！雖有王孫之累，猶孔子大齊桓之霸，公羊賢叔術之讓。僕亦善長卿之化，宜立祠堂，速定其銘。"

先是，李權從宓借《戰國策》，宓曰："戰國從橫，用之何爲？"權曰："仲尼、嚴平，會聚衆書，以成《春秋》《指歸》之文，故海以合流爲大，君子以博識爲弘。"宓報曰："書非史記周圖，仲尼不采；道非虛無自然，嚴平不演。海以受淤，歲一蕩清；君子博識，非禮不視。今戰國反覆，儀、秦之術，殺人自生，亡人自存，經之所疾。故孔子發憤作《春秋》，大乎居正，復制《孝經》，廣陳德行。杜漸防萌，預有所抑，是以老氏絶禍於未萌，豈不信邪！成湯大聖，覩野魚而有獵逐之失〔七五〕，定公賢者，見女樂而棄朝事，臣松之案：書傳魯定公無善可稱。宓謂之賢者，淺學所未達也。若此輩類〔七六〕，焉可勝陳。道家法曰：'不見所欲〔七七〕，使心不亂。'是故天地貞觀〔七八〕，日月貞明；其直如矢，君子所履。《洪範》記災，發於言貌，何戰國之譎權乎哉！"

或謂宓曰："足下欲自比於巢、許、四皓，何故揚文藻見瓌穎乎？"宓答曰："僕文不能盡言，言不能盡意〔七九〕，何文藻之有揚乎〔八〇〕？昔孔子三見哀公，言成七卷〔八一〕，事蓋有不可嘿嘿也。劉向《七略》曰：孔子三見哀公，作《三朝記》七篇，今在《大戴禮》。臣松之案：《中經部》

有《孔子三朝》八卷，一卷目録，餘者所謂七篇。接輿行且歌，論家以光篇；漁父詠滄浪，賢者以耀章。此二人者，非有欲於時者也。夫虎生而文炳，鳳生而五色，豈以五采自飾畫哉？天性自然也。蓋《河》《洛》由文興，六經由文起，君子懿文德，采藻其何傷。以僕之愚，猶恥革子成之誤，況賢於己者乎！"臣松之案：今《論語》作棘子成。子成曰："君子質而已矣，何以文爲！"屈於子貢之言，故謂之誤也。

先主既定益州〔八二〕，廣漢太守夏侯纂請宓爲師友祭酒〔八三〕，領五官掾，稱曰仲父。宓稱疾，卧在茅舍〔八四〕，纂將功曹古樸〔八五〕、主簿王普，厨膳即宓第宴談，宓卧如故。纂問樸曰："至於貴州養生之具，實絶餘州矣，不知士人何如餘州也？"樸對曰："乃自先漢以來，其爵位者或不如餘州耳，至於著作爲世師式，不負於餘州也。嚴君平見黄、老作《指歸》，揚雄見《易》作《太玄》，見《論語》作《法言》，司馬相如爲武帝制封禪之文，於今天下所共聞也。"纂曰："仲父何如？"宓以簿擊頰，簿，手版也。曰："願明府勿以仲父之言假於小草，民請爲明府陳其本紀。蜀有汶阜之山，江出其腹，帝以會昌，神以建福，故能沃野千里。《河圖括地象》曰：岷山之地〔八六〕，上爲東井絡〔八七〕，帝以會昌〔八八〕，神以建福，上爲天井。左思《蜀都賦》曰：遠則岷山之精，上爲井絡，天地運期而會昌，景福肸蠁而興作。淮、濟四瀆，江爲其首。此其一也。禹生石紐，今之汶山郡是也。《帝王世紀》曰：鯀納有莘氏女曰志，是爲修己。上山行，見流星貫昴，夢接意感，又吞神珠，臆圮胷坼[八九]，而生禹於石紐。譙周《蜀本紀》曰[九〇]：禹本汶山廣柔縣人也，生於石紐，其地名刳兒坪，見《世帝紀》。昔堯遭洪水，鯀所不治，禹疏江決河，東注於海，爲民除害，生民已來，功莫先者。此其二也。天帝布治房心，決政參伐，參伐則益州分野[九一]，三皇乘祇車出谷口，今之斜谷是也。《蜀記》曰：三皇乘祇車出谷口。未詳宓所由知爲斜谷也。此便鄙州之阡陌，明府以雅意論之，何若於天下乎？"於是縯逡巡無以復答。

益州辟宓爲從事祭酒[九二]。先主既稱尊號，將東征吳，宓陳天時必無其利，坐下獄幽閉，然後貸出。建興二年，丞相亮領益州牧，選宓迎爲別駕，尋拜左中郎將、長水校尉。吳遣使張溫來聘，百官皆往餞焉。衆人皆集而宓未往，亮累遣使促之，溫曰："彼何人也？"亮曰："益州學士也。"及至，溫問曰："君學乎？"宓曰："五尺童子皆學，何必小人[九三]！"溫復問曰："天有頭乎？"宓曰："有之。"溫曰："在何方也[九四]？"宓曰："在西方[九五]。《詩》曰：'乃眷西顧。'以此推之[九六]，頭在西方。"溫曰："天有耳乎？"宓曰："天處高而聽卑，《詩》云：'鶴鳴九皋[九七]，聲聞於天。'若其無耳，何以聽之？"溫曰："天有足乎？"宓曰："有[九八]。《詩》云：'天步艱難，之子不猶[九九]。'若其無足，何以步之？"溫曰："天有姓乎？"宓曰："有。"溫曰："何姓[一〇〇]？"宓曰："姓劉。"溫曰："何以知之？"答曰："天子姓劉[一〇一]，故以此知之〔一〇二〕。"温曰:"日生於東乎?"宓曰:"雖生於東而没於西。"答問如響,應聲而出,於是温大敬服。宓之文辯,皆此類也。遷大司農,四年卒。初,宓見帝系之文,五帝皆同一族,宓辯其不然之本。又論皇帝王霸養龍之説,甚有通理。譙允南少時數往諮訪,紀録其言於《春秋然否論》,文多故不載。

評曰:許靖夙有名譽,既以篤厚爲稱,又以人物爲意,雖行事舉動,未悉允當,蔣濟以爲"大較廊廟器"也。《萬機論》論許子將曰:許文休者,大較廊廟器也,而子將貶之。若實不貴之,是不明也;誠令知之,蓋善人也。麋竺、孫乾、簡雍、伊籍,皆雍容風議,見禮於世。秦宓始慕肥遯之高,而無若愚之實。然專對有餘,文藻壯美,可謂一時之才士矣。

【校箋】

〔一〕毛本作"蜀書八"。

〔二〕毛本作"許麋孫簡伊秦傳第八"。

〔三〕盧弼曰:"《郡國志》:'豫州汝南治平輿。'"

謹案:《廣韵·御韵》:"輿,羊如切。漢汝南平輿。裴松之注《三國志》音豫。"今裴注遺此音。《御覽》卷五百一十三引"人"下有"也"字。

〔四〕盧弼曰:"《孫策傳》作'吳郡太守許貢'。"

謹案:此已見《三國志旁證》,則此"孫"字上當補"梁章鉅曰"四字。

〔五〕蕭書"理"字作"黨"。

〔六〕紹興本"至"下有"交阯"二字。

〔七〕蕭書"羣"字作"郡"。

〔八〕《册府》卷七百九十一引"患"字作"援"，疑爲"緩"字之誤。

〔九〕盧弼曰："宋本'怛'作'隱'。"錢儀吉"怛"改"隱"，云"從宋本"。考《册府》引作"隱"。蕭書同，當據以訂正。

〔一〇〕《御覽》引"戎"字作"威"。薛君《韓詩章句》："威夷，險也。"此與劉孝標《廣絶交論》"世路險巇"義同。"戎夷"爲"威夷"之形誤。

〔一一〕《御覽》引"合"字作"尒"，"尒"即"爾"字。

〔一二〕蕭書"成闊"作"契闊"。

〔一三〕盧弼曰："《尚書·堯典》'方命圮族'僞孔傳云：'圮，毀族類也。言鯀性狠戾，好此方名命，而行事輒毀敗善類。'蔡沈曰：'方命者，逆命而不行也，王氏曰：圓則行，方則止。方命猶今言廢閣詔令也。蓋鯀之爲人悻戾自用，不從上令也。'"

謹案：孫星衍《尚書今古文注疏》曰："《孟子·梁惠王》'方命虐民'注：'方猶逆也。'《漢書·傅喜傳》傅太后詔曰：'放命圮族。'應劭曰：'放棄教令，毀其族類。''族''類'同義。《漢書·敘傳》集注孟康引此經而說之，言'鯀之惡壞其族類'。韋昭《楚語》注云：'類，善也。'是言敗善。"

〔一四〕盧弼曰："宋本'勑'作'飭'。"

謹案：《册府》卷九百零四、卷九百四十八引亦作"飭"。"勑"或作"飭"。《史記·五帝本紀》"信飭百官"集解引徐廣曰："'飭'古'勑'字。"是'勑''飭'同。《家語·五刑》注："飭，整齊也。""整""勅"義同。

〔一五〕紹興本"喜"字作"熹"。

〔一六〕《御覽》引無"尋"字,有"涉南海"三字。

〔一七〕《御覽》引"疾癘"作"疫癘",疑是。裴注有"入疫癘之鄉"句。

〔一八〕盧弼曰:"'黨'字疑誤。"

謹案:《禮記·雜記》"其黨也食之"鄭注:"黨猶親也。""黨"字不誤,盧君説非。

〔一九〕盧弼曰:"何焯校改'蜀'爲'屬'。"

謹案:《季漢書》正作"屬",作"屬"字是。

〔二〇〕《册府》卷七百一十七引"得"下有"而"字。

〔二一〕盧弼曰:"'由'當作'猶'。"

謹案:《册府》引正作"猶",盧君失據。

〔二二〕紹興本"敍"字作"切"。

〔二三〕《御覽》卷二百零七引"惶惶"作"徨徨"。

〔二四〕紹興本重"五教"二字,《御覽》、《册府》卷一百九十九引同。

〔二五〕紹興本"誘納"二字乙,《御覽》引同。

〔二六〕盧弼曰:"《魏志》本傳作'涣'。"

謹案:作"焕"字是,説詳《魏志·袁涣傳》。

〔二七〕《御覽》卷一百八十五引"於"上有"至'字。

〔二八〕紹興本"饑"字作"飢"。《御覽》引無"拳拳"二字,有"不寐忘倦"四字。

〔二九〕紹興本"爲"上無"易"字。

〔三〇〕盧弼曰:"以肅生年計之,此書當在黄初四年。"

謹案:吴承仕《經典釋文敍録疏證》曰:"王朗初平、興平之際，爲會稽太守，建安元年降孫策。肅生於興平二年，朗與許靖書，則黃初四年也。"吳、盧說俱未允。說見《王肅傳》"甘露元年薨"條下，茲不贅。

〔三一〕盧本"悢"作"恨"。盧弼曰："'恨'疑作'悢'。"

謹案：官本正作"悢"。官本盧君固習見，何不逕言"官本作'悢'"，而云"疑作"耶？《文選》班叔皮《北征賦》："游子悲其故鄉，心愴悢以傷懷。"又曹大家《東征賦》："遂去故而就新，志愴悢而懷悲。"《北征賦》李注："《廣雅》：'愴愴悢悢，悲也。'"作"悢"字是。

〔三二〕盧弼曰："《册府》'迥'作'面'。"

謹案："面望"不詞，"迥望"與下文"遐聽"義不相應，疑字當作"迴"。《説文・辵部》："迴，遠也。"《爾雅・釋詁》："迴，遐也。"許靖在蜀，時曹丕在洛即位，故朗謂之爲迴望遐聽也。"迴""迥"形近致誤。《册府》卷九百零四引作"面"，當亦"迴"字之訛。

〔三三〕盧弼曰："《册府》'綏'作'緩'。"

謹案：梁章鉅曰："何焯曰：'綏帶，《册府元龜》作緩帶。'"李慈銘曰："綏當作緩。"《穀梁傳・文公十八年》"三人緩帶"注："緩帶者，優游之稱也。"

〔三四〕《草堂詩箋補遺》卷十引"游"字作"流"。

〔三五〕《御覽》卷四百九十三引"仲"字作"真"。

〔三六〕《御覽》引作"世殖貨財"。

〔三七〕盧弼曰："僮，家僮。客，客作也。"

謹案：《漢書・賈誼傳》"今民賣僮者"注引如淳曰："僮謂隸妾也。"《司馬相如傳》"卓王孫僮客八百人"注："僮謂奴。"下文"竺於是進妹於先主爲夫人，奴客二千"，即僮客也。

〔三八〕《類聚》卷八十、《御覽》卷八百六十八、卷八百八十四引"達"字俱作"至"。

〔三九〕《類聚》、《御覽》卷八百六十八引俱作"路次有好新婦",卷八百八十四引無"好"字,餘均同。

〔四〇〕《類聚》、《御覽》卷八百六十八、卷八百八十四引俱作"行二十餘里"。

〔四一〕《類聚》、《御覽》卷八百六十八引"婦"上俱有"新"字。

〔四二〕《類聚》、《御覽》卷八百六十八、卷八百八十四引俱無"私"字。

〔四三〕《御覽》引俱無"可"字。

〔四四〕《類聚》、《御覽》卷八百六十八引作"日中必火發",卷八百八十四引作"日中必發火"。

〔四五〕《白帖》卷三引作"竺乃急歸",《類聚》、《御覽》卷八百六十八引作"竺乃急行達家",卷八百八十四引"達"字作"至",餘均同。

〔四六〕《類聚》"遽"字作"便",《御覽》卷八百八十四引同,惟"出"下有"其"字,"日"上有"明日"二字,"而"字作"果"。

〔四七〕《御覽》卷四百九十三引"銀"字作"帛","資"字作"實"。

〔四八〕盧弼曰:"《御覽》'平'作'定'。"

謹案:《官本考證》曰:"'既平'《太平御覽》作'既定'。"見《御覽》卷二百四十引,此"御"字上應增"《官本考證》曰"五字。

〔四九〕盧弼曰:"《御覽》'幹'作'翰'。"

謹案：梁章鉅曰："'幹'《太平御覽》作'翰'。"此"御"字上應增"梁章鉅曰"四字。見《御覽》卷二百四十引，《册府》卷七百六十五引同。

〔五〇〕《御覽》卷五百一十五引"因"字作"用"。

〔五一〕《御覽》引"待"字作"寵"。

〔五二〕郝書句上有"雍容風議"四字。

〔五三〕郝書"等"字作"列"。

〔五四〕《書鈔》卷一百三十三、《御覽》卷七百零六引"諸"上俱有"自"字。

〔五五〕蕭書"天"字作"大"，《白帖》卷三十九引同。

〔五六〕《類聚》卷二十四、《治要》卷二十七、《白帖》、《御覽》卷四百五十三、卷八百四十四、《事類賦》卷十七引"與"字俱作"從"。

〔五七〕《類聚》《治要》《白帖》《御覽》《事類賦》引"女"字俱作"子"。又《御覽》卷八百四十四、《事類賦》引"行"下有"於"字。

〔五八〕《類聚》、《御覽》卷四百五十三引"欲"下無"行"字，又卷八百四十四引"彼"下無"人"字。

〔五九〕《類聚》、《治要》、《白帖》、《御覽》卷四百五十三引"其"字俱作"淫"。

〔六〇〕《白帖》引"釀"下有"具"字，《事類賦》引作"與有釀具者同"。

〔六一〕《事類賦》引作"而原有釀具者"。

〔六二〕蕭書句下有"諷諫"二字。

〔六三〕《御覽》卷四百六十三引"機"字作"幾"。馮本、陳本無"也"字。

〔六四〕蕭書無"遣"字。

〔六五〕《御覽》卷一、卷三百六十三引"宓"字俱作"密"。

〔六六〕蕭書"士"字作"生","定"下無"祖"字,疑非。

〔六七〕紹興本"定"字作"治"。

〔六八〕盧弼曰:"不應州郡辟命曰處士。"

謹案:《後漢書·劉寬傳》"輒引學官祭酒及處士諸生,執經對議"注:"處士,有道藝而在家者。"

〔六九〕盧弼曰:"毛本'令'作'今'。"

謹案:錢儀吉"今"改"令",云:"從《册府》。"見《册府》卷八百二十八引。作"令"字是,"令"有使義。

〔七〇〕蕭書"雙"字作"垂"。

〔七一〕盧弼曰:"宋本、毛本'自'作'日'。"

謹案:作"日"字是。此承上"晝不換燭"而言,蜀覆官本亦作"日"。

〔七二〕盧本"愚"作"餘"。盧弼曰:"宋本'餘'作'愚'。"

謹案:趙一清曰:"'餘'當作'愚'。""愚"秦宓自謂也。蜀覆官本亦作"愚"。

〔七三〕盧弼曰:"宋本'之'作'立'。"

謹案:梁章鉅曰:"何焯曰:'宋本之作立。'"

〔七四〕蕭書"良"字作"之"。

〔七五〕《御覽》卷六百一十八引"魚"字作"漁"。

〔七六〕蕭書"輩"字作"等"。

〔七七〕《御覽》引"所"字作"可"。

〔七八〕《御覽》引"是故"下有"君子無以懿文德也"八字。

〔七九〕盧弼曰:"《官本考證》曰:'《册府》作僕聞書不能盡

言，言不能盡意。'或曰：'本文自佳，《册府》反失其義。'"

謹案：《册府》見卷八百三十三引。《易・繫辭》曰："書不盡言，言不盡意。"宓蓋本之。今本有訛脱，《册府》所引是也。或曰云者，蓋未知句之所本，遂謂《册府》反失其意，疏矣！

〔八〇〕蕭書"之"下無"有"字。

〔八一〕《册府》引"卷"字作"篇"。

〔八二〕蕭書無此句。疑此句應移在"益州辟爲從事祭酒"句上。

〔八三〕《類聚》卷四十六、《御覽》卷三百九十三引"夏"字下無"侯"字。

〔八四〕盧弼曰："宋本'茅'作'第'。"

謹案：《後漢書・方術傳》"忘人之過云"注引"茅"字作"第"，與宋本同，考下文"即宓第宴談"，正承此而言。"第""茅"蓋涉形近而誤。

〔八五〕《元和姓纂》卷六、《廣韵・姥韵》、《通志・氏族略》"朴"字俱作"牧"。

〔八六〕"地"當作"籍"，《水經・江水注》引正作"籍"。

〔八七〕《蜀都賦》李注引劉淵林注無"東"字。

〔八八〕《事類賦》卷七引《河圖》"帝"字作"天"，誤。《蜀都賦》李注引劉淵林注："昌，慶也。言天帝於此會慶建福也。"又引《河圖括地象》正作"帝"。

〔八九〕盧弼曰："毛本'坼'作'折'。"

謹案：《史記・夏本紀》"名曰文命"正義：《帝王紀》云："父鯀，妻脩己，見流星貫昴，夢接意感，又吞神珠薏苡，胸坼而生禹。"《御覽》卷八十二引"臆圮"亦作"薏苡"。疑此"臆圮"爲"薏苡"之形誤。坼，《説文・土部》："坼裂也。"作"坼"字是,毛本作"折"誤。

〔九〇〕《御覽》引作《蜀王本紀》。

〔九一〕盧弼曰:"何焯曰:'《漢書·地理志》:蜀系秦分,統於輿鬼東井。參伐乃魏地星也。此地云參伐則益州分野,未詳。'"

謹案:《開元占經·西方七宿占》引《黃帝占》云:"參中央三小星曰伐。"鄭注《周禮·考工記》謂"伐屬白虎宿",白虎在西,益州在中原之西,故宓遂謂參伐為益州分野也。

〔九二〕蕭書作"昭烈定益州,辟為從事祭酒"。疑"昭烈"當作"先主"。

〔九三〕《華陽國志》"必"字作"況"。

〔九四〕《類聚》卷一、《初學記》卷一引"方"下俱無"也"字。

〔九五〕《類聚》無此句,《華陽國志》同。

〔九六〕《御覽》卷一、《事類賦》卷一此句下有"天若無頭,何以顧之"八字。

〔九七〕紹興本"九"上有"於"字,《御覽》卷四百六十三引同。

〔九八〕《類聚》《初學記》引俱無"有"字,《華陽國志》同。

〔九九〕《類聚》《初學記》引俱無此句。

〔一〇〇〕《類聚》《初學記》引無此上七字,《華陽國志》同。

〔一〇一〕《類聚》、《初學記》、《御覽》卷一、《事類賦》引"天"字作"其",《華陽國志》同。

〔一〇二〕《類聚》《初學記》引俱無"故"字。

三國志校箋卷三十九

蜀志卷九〔一〕

董和　劉巴　馬良 弟謖　陳震　董允 陳祇　黃皓
呂乂〔二〕

　　董和字幼宰，南郡枝江人也，其先本巴郡江州人。漢末，和率宗族西遷，益州牧劉璋以爲牛鞞、音髀。江原長、成都令。蜀土富實〔三〕，時俗奢侈，貨殖之家，侯服玉食，婚姻葬送，傾家竭產。和躬率以儉，惡衣蔬食，防遏踰僭，爲之軌制，所在皆移風變善，畏而不犯。然縣界豪彊憚和嚴法，說璋轉和爲巴東屬國都尉。吏民老弱相攜乞留和者數千人，璋聽留二年，還遷益州太守，其清約如前。與蠻夷從事，務推誠心，南土愛而信之。
　　先主定蜀，徵和爲掌軍中郎將，與軍師將軍諸葛亮並署左將軍大司馬府事，獻可替否，共爲歡交〔四〕。自和居官食祿，外牧殊域〔五〕，內幹機衡〔六〕，二十餘年，死之日,家無儋石之財〔七〕。亮後爲丞相,教與羣下曰:"夫參署者,集衆思廣忠益也。若遠小嫌,難相違覆,曠闕損矣〔八〕。違覆而得中,猶棄弊蹻而獲珠玉〔九〕。然人心苦不能盡,惟徐元直處兹不惑,又董幼宰參署七年,事有不至,至於十反,來相啓告。苟能慕元直之十一〔一〇〕,幼宰之殷勤〔一一〕,有忠於國〔一二〕,則亮可少過矣。"又曰:"昔初交州平,屢聞得失,後交元直,勤見啓誨,前參事於幼宰,每言則盡,後從事於偉度,數有諫止;雖姿性鄙暗〔一三〕,不能悉納,然與此四子終始好合,亦足以明其不疑於直言也。"其追思和如此。偉度者,姓胡,名濟,義陽人〔一四〕。爲亮主簿,有忠蓋之效,故見襃述。亮卒,爲中典軍,統諸軍,封成陽亭侯,遷中監軍前將軍,督漢中,假節,領兗州刺史,至右驃騎將軍。濟弟博,歷長水校尉、尚書。

劉巴字子初,零陵烝陽人也。少知名,《零陵先賢傳》曰:巴祖父曜,蒼梧太守。父祥,江夏太守、盪寇將軍。時孫堅舉兵討董卓,以南陽太守張咨不給軍糧,殺之。祥與同心,南陽士民由此怨祥,舉兵攻之,與戰,敗亡。劉表亦素不善祥,拘巴,欲殺之,數遣祥故所親信人密詐謂巴曰:"劉牧欲相危害,可相隨逃之。"如此再三,巴輒不應,且以報表〔一五〕。表乃不殺巴。年十八,郡署户曹史主記主簿〔一六〕。劉先主欲遣周不疑就巴學〔一七〕,巴答曰:"昔游荆北,時涉師門,記問之學,不足紀名,内無楊朱守靜之術,外無墨翟務時之風,猶天之南箕,虚而不用。賜書乃欲令賢甥摧鷙鳳之艷,遊燕雀之宇,將何以啓明之哉?愧於'有若無，實若虛'，何以堪之！"荆州牧劉表連辟及舉茂才，皆不就。表卒，曹公征荆州，先主奔江南，荆、楚羣士從之如雲，而巴北詣曹公〔一八〕。曹公辟爲掾，使招納長沙、零陵、桂陽。《零陵先賢傳》曰：曹公敗於烏林，還北時，欲遣桓階，階辭不如巴。巴謂曹公曰："劉備據荆州，不可也。"公曰："備如相圖，孤以六軍繼之也。"會先主略有三郡，巴不得反使，遂遠適交阯，《零陵先賢傳》云：巴往零陵，事不成，欲游交州，道還京師。時諸葛亮在臨烝，巴與亮書曰："乘危歷險，到值思義之民〔一九〕，自與之衆，承天之心，順物之性，非余身謀所能勸動。若道窮數盡，將託命於滄海，不復顧荆州矣。"亮追謂曰〔二〇〕："劉公雄才蓋世，據有荆土，莫不歸德，天人去就，已可知矣。足下欲何之〔二一〕？"巴曰："受命而來，不成當還，此其宜也〔二二〕。足下何言邪！"先主深以爲恨。

巴復從交阯至蜀。《零陵先賢傳》曰：巴入交阯，更姓爲張。與交阯太守士燮計議不合，乃由牂牁道去〔二三〕，爲益州郡所拘留。太守欲殺之，主簿曰："此非常人，不可殺也。"主簿請自送至州，見益州牧劉璋。璋父焉昔爲巴父祥所舉孝廉，見巴驚喜，每大事輒以咨訪。臣松之案：劉焉在漢靈帝時已經宗正、太常，出爲益州牧，祥始以孫堅作長沙時爲江夏太守，不得舉焉爲孝廉，明也。俄而先主定益州，巴辭謝罪負，先主不責。《零陵先賢傳》曰：璋遣法正迎劉備，巴諫曰："備，雄人也，入必爲害，不可内也。"既入，巴復諫曰："若使備討張魯，是放虎於山林也。"璋不聽。巴閉門稱疾。備攻成都，令軍中曰："其有害巴者，誅及三族〔二四〕。"及得巴，甚喜。而諸葛孔明數稱薦之〔二五〕，先主辟爲左將軍西曹掾。《零陵先賢傳》曰：張飛嘗就巴宿，巴不與語,飛忿恚〔二六〕。諸葛亮謂巴曰:"張飛雖實武人,敬慕足下。主公今方收合文武〔二七〕,以定大事,足下雖天素高亮〔二八〕,宜少降意也。"巴曰:"大丈夫處世,當交四海英雄,如何與兵子共語乎?"備聞之,怒曰:"孤欲定天下,而子初專亂之。其欲還北,假道於此,豈欲成孤事邪?"備又曰:"子初才智絕人,如孤可任用之,非孤者難獨任也。"亮亦曰:"運籌策於帷幄之中,吾不如子初遠矣!若提枹鼓,會軍門,使百姓喜勇,當與人議之耳。"初攻劉璋,備與士衆約:"若事定,府庫百物,孤無預焉。"及拔成都,士衆皆捨干戈,赴諸藏競取寶物〔二九〕。軍用不足,備甚憂之。巴曰:"易耳,但當鑄直百錢,平諸物賈,令吏爲官市。"備從之,數月之間,府庫充實。建安二十四年,先主爲漢中王,巴爲尚書,後代法正爲尚書令。躬履清儉,不治產業,又自以歸附非素,懼見猜嫌,恭默守靜,退無私交,非公事不言。《零陵先賢傳》曰:是時中夏人情未一,聞備在蜀,四方延頸。而備銳意欲即真,巴以爲如此示天下不廣,且欲緩之,與主簿雍茂諫備。備以他事殺茂,由是遠人不復至矣。先主稱尊號,昭告於皇天上帝后土神祇,凡諸文誥策命,皆巴所作也。章武二年卒。卒後,魏尚書僕射陳羣與丞相諸葛亮書,問巴消息,稱曰劉君子初,甚敬重焉。《零陵先賢傳》曰:輔吳將軍張昭嘗對孫權論巴褊阨〔三〇〕,不當拒張飛太甚。權曰:"若令子初隨世沈浮,容悅玄德,交非其人,何足稱爲高士乎?"

馬良字季常,襄陽宜城人也。兄弟五人,並有才名,鄉里爲之諺曰:"馬氏五常,白眉最良。"良眉中有白毛,故以稱之。先主領荊州，辟爲從事。及先主入蜀，諸葛亮亦從後往。良留荊州，與亮書曰："聞雒城已拔，此天祚也。尊兄應期贊世，配業光國，魄兆見矣[三一]。臣松之以爲：良蓋與亮結爲兄弟，或相與有親，亮年長，良故呼亮爲尊兄耳。夫變用雅慮，審貴垂明，於以簡才，宜適其時。若乃和光悅遠，邁德天壤[三二]，使時閑於聽[三三]，世服於道，齊高妙之音，正鄭、衛之聲，並利於事，無相奪倫，此乃管絃之至，牙、曠之調也。雖非鍾期，敢不擊節！"先主辟良爲左將軍掾。

後遣使吳[三四]，良謂亮曰："今銜國命，協穆二家，幸爲良介於孫將軍。"亮曰："君試自爲文。"良即爲草曰[三五]："寡君遣掾馬良通聘繼好，以紹昆吾、豕韋之勳。其人吉士[三六]，荊楚之令，鮮於造次之華，而有克終之美，願降心存納，以慰將命。"權敬待之。

先主稱尊號，以良爲侍中。及東征吳，遣良入武陵招納五溪蠻夷，蠻夷渠帥皆受印號，咸如意指。會先主敗績於夷陵，良亦遇害。先主拜良子秉爲騎都尉。

良弟謖，字幼常，以荊州從事隨先主入蜀，除緜竹、成都令，越巂太守。才器過人，好論軍計，丞相諸葛亮深加器異。先主臨薨謂亮曰："馬謖言過其實，不可大用，君其察之！"亮猶不然[三七]，以謖爲參軍，每引見談論，自晝達夜。《襄陽記》曰：建興三年，亮征南中，謖送之數十里。亮曰："雖共謀之歷年，今可更惠良規。"謖對曰："南中恃其險阻[三八]，不服久矣，雖今日破之，明日復反耳。今公方傾國北伐以事彊賊。彼知官勢内虛，其叛亦速。若殄盡遺類〔三九〕，以除後患，既非仁者之情，且又不可倉卒也。夫用兵之道，攻心爲上，攻城爲下；心戰爲上，兵戰爲下，願公服其心而已。"亮納其策，赦孟獲以服南方。故終亮之世，南方不敢復反。

建興六年，亮出軍向祁山，時有宿將魏延、吳壹等，論者皆言以爲宜令爲先鋒〔四〇〕。而亮違衆拔謖，統大衆在前，與魏將張郃戰於街亭，爲郃所破，士卒離散。亮進無所據，退軍還漢中。謖下獄物故，亮爲之流涕。良死時年三十六，謖年三十九。《襄陽記》曰：謖臨終與亮書曰："明公視謖猶子，謖視明公猶父，願深惟殛鯀興禹之義，使平生之交不虧於此，謖雖死無恨於黃壤也〔四一〕。"於時十萬之衆爲之垂泣〔四二〕。亮自臨祭，待其遺孤若平生〔四三〕。蔣琬後詣漢中，謂亮曰："昔楚殺得臣，然後文公喜可知也。天下未定而戮智計之士，豈不惜乎！"亮流涕曰："孫武所以能制勝於天下者，用法明也。是以楊干亂法，魏絳戮其僕。四海分裂，兵交方始，若復廢法，何用討賊邪！"習鑿齒曰：諸葛亮之不能兼上國也，豈不宜哉！夫晉人規林父之後濟，故廢法而收功；楚成闇得臣之益己，故殺之以重敗。今蜀僻陋一方，才少上國，而殺其俊傑，退收駑下之用，明法勝才，不師三敗之道，將以成業，不亦難乎！且先主誡謖之不可大用，豈不謂其非才也？亮受誡而不獲奉承，明謖之難廢也。爲天下宰匠，欲大收物之力，而不量才節任，隨器付業；知之大過，則違明主之議〔四四〕，裁之失中，即殺有益之人〔四五〕，難乎其可與言智者也。

陳震字孝起，南陽人也。先主領荆州牧，辟爲從事，部諸郡，隨先主入蜀。蜀既定，爲蜀郡北部都尉，因易郡名，爲汶山太守，轉在犍爲。建興三年，入拜尚書，遷尚書令，奉命使吳。七年，孫權稱尊號，以震爲衛尉，賀權踐阼。諸葛亮與兄瑾書曰："孝起忠純之性，老而益篤，及其贊述東西，歡樂和合，有可貴者。"震入吳界，移關候曰："東之與西，驛使往來，冠蓋相望，申盟初好〔四六〕，日新其事。東尊應保聖祚，告燎受符，剖判土宇，天下響應，各有所歸。於此時也，以同心討賊，則何寇不滅哉！西朝君臣，引領欣賴。震以不才，得充下使，奉聘叙好，踐界踊躍，入則如歸。獻子適魯，犯其山諱，《春秋》譏之。望必啓告，使行人睦焉。即日張旍誥衆，各自約誓。順流漂疾，國典異制，懼或有違，幸必斟誨〔四七〕，示其所宜。"震到武昌，孫權與震升壇歃盟〔四八〕，交分天下：以徐、豫、幽、青屬吳，并、涼、冀、兗屬蜀，其司州之土，以函谷關爲界。震還，封城陽亭侯。九年，都護李平坐誣罔廢；諸葛亮與長史蔣琬、侍中董允書曰："孝起前臨至吳，爲吾說正方腹中有鱗甲，鄉黨以爲不可近。吾以爲鱗甲者但不當犯之耳，不圖復有蘇、張之事出於不意。可使孝起知之。"十三年，震卒。子濟嗣。

董允字休昭，掌軍中郎將和之子也。先主立太子，允以選爲舍人，徙洗馬。後主襲位，遷黃門侍郎。丞相亮將北征，住漢中，慮後主富於春秋，朱紫難別，以允秉心公亮，欲任以宮省之事。上疏曰："侍中郭攸之、費禕、侍郎董允等，先帝簡拔以遺陛下，至於斟酌規益，進盡忠言，則其任也。愚以爲宮中之事，事無大小，悉以咨之，必能裨補闕漏，有所廣益。若無興德之言，則戮允等以彰其慢。"亮尋請禕爲參軍，允遷爲侍中，領虎賁中郎將，統宿衛親兵。攸之性素和順，備員而已。《楚國先賢傳》曰：攸之，南陽人，以器業知名於時。獻納之任，允皆專之矣。允處事爲防制，甚盡匡救之理。後主常欲采擇以充後宮，允以爲古者天子后妃之數不過十二，今嬪嬙已具，不宜增益，終執不聽。後主益嚴憚之。尚書令蔣琬領益州刺史，上疏以讓費禕及允，又表"允内侍歷年，翼贊王室，宜賜爵土，以褒勳勞"。允固辭不受。後主漸長大，愛宦人黃皓。皓便僻佞慧，欲自容入。允常上則正色匡主，下則數責於皓。皓畏允，不敢爲非。終允之世，皓位不過黃門丞。

允嘗與尚書令費禕、中典軍胡濟等共期游宴，嚴駕已辦，而郎中襄陽董恢詣允脩敬。恢年少官微，見允停出，逡巡求去，允不許，曰："本所以出者，欲與同好游談也，今君已自屈，方展闊積，捨此之談，就彼之宴，非所謂也。"乃命解驂，禕等罷駕不行。其守正下士，凡此類也。《襄陽記》曰：董恢字休緒，襄陽人。入蜀，以宣信中郎副費禕使吳[四九]。孫權嘗大醉，問禕曰："楊儀、魏延，牧豎小人也。雖嘗有鳴吠之益於時務，然既已任之，勢不得輕，若一朝無諸葛亮，必爲禍亂矣。諸君憒憒，曾不知防慮於此，豈所謂貽厥孫謀乎？"禕愕然四顧視，不能即答。恢目禕曰："可速言儀、延之不協，起於私忿耳，而無黥、韓難御之心也。今方埽除彊賊，混一區夏〔五〇〕，功以才成，業由才廣，若捨此不任，防其後患，是猶備有風波而逆廢舟楫，非長計也。"權大笑樂。諸葛亮聞之，以爲知言。還未滿三日，辟爲丞相府屬，遷巴郡太守。臣松之案：《漢晉春秋》亦載此語，不云董恢所教，辭亦小異。此二書俱出習氏而不同若此。本傳云"恢年少官微"，若已爲丞相府屬，出作巴郡，則官不微矣。以此疑習氏之言爲不審的也。延熙六年，加輔國將軍。七年，以侍中守尚書令，爲大將軍費禕副貳。九年，卒。《華陽國志》曰：時蜀人以諸葛亮、蔣琬、費禕及允爲四相，一號四英也。

陳祗代允爲侍中，與黃皓互相表裏，皓始預政事。祗死後，皓從黃門令爲中常侍、奉車都尉，操弄威柄，終至覆國。蜀人無不追思允。及鄧艾至蜀，聞皓姦險，收閉，將殺之，而皓厚賂艾左右，得免。

祗字奉宗，汝南人，許靖兄之外孫也。少孤，長於靖家。弱冠知名，稍遷至選曹郎，矜厲有威容。多技藝，挾數術，費禕甚異之，故超繼允內侍。呂乂卒，祗又以侍中守尚書令，加鎮軍將軍。大將軍姜維雖班在祗上，常率衆在外，希親朝政。祗上承主指，下接閹豎，深見信愛，權重於維。景耀元年卒，後主痛惜，發言流涕，乃下詔曰："祗統職一紀，柔嘉維則，幹肅有章，和義利物，庶績允明。命不融遠，朕用悼焉。夫存有令問，則亡加美諡，諡曰忠侯。"賜子粲爵關內侯，拔次子裕爲黃門侍郎。自祗之有寵，後主追怨允日深，謂爲自輕，由祗媚茲一人，皓搆間浸潤故耳。允孫宏，晉巴西太守。臣松之以爲：陳羣子泰，陸遜子抗，傳皆以子繫父，不別載姓，及王肅、杜恕、張承、顧劭之流，莫不皆然，惟董允獨否，未詳其意。當以允名位優重，事跡踰父故邪？夏侯玄、陳表並有騂角之美，而亦如泰者，《魏書》總名此卷云《諸夏侯曹傳》，故不復稍加品藻。陳武與表俱至偏將軍，以位不相過故也。

呂乂字季陽，南陽人也。父常，送故將軍劉焉入蜀，值王路隔塞，遂不得還。乂少孤，好讀書鼓琴。初，先主定益州，置鹽府校尉，較鹽鐵之利，後校尉王連請乂及南陽杜祺、南鄉劉幹等並爲典曹都尉。又遷新都、綿竹令，乃心隱卹，百姓稱之，爲一州諸城之首。遷巴西太守。丞相諸葛亮連年出軍，調發諸郡，多不相救〔五一〕，乂募取兵五千人詣亮，慰喻檢制，無逃竄者。徙爲漢中太守，兼領督農，供繼軍糧〔五二〕。亮卒，累遷廣漢、蜀郡太守。蜀郡一都之會〔五三〕，户口衆多，又亮卒之後，士伍亡命，更相重冒，姦巧非一。乂到官，爲之防禁，開喻勸導，數年之中，漏脱自出者萬餘口。後入爲尚書，代董允爲尚書令，衆事無留，門無停賓。又歷職内外，治身儉約，謙靖少言〔五四〕，爲政簡而不煩，號爲清能；然持法刻深，好用文俗吏，故居大官，名聲損於郡縣〔五五〕。延熙十四年卒。子辰，景耀中爲成都令。辰弟雅，謁者。雅清厲有文才，著《格論》十五篇。

杜祺歷郡守、監軍、大將軍司馬，劉幹官至巴西太守，皆與乂親善，亦有當時之稱，而儉素守法，不及於乂。

評曰：董和蹈羔羊之素，劉巴履清尚之節，馬良貞實，稱爲令士；陳震忠恪，老而益篤，董允匡主，義形於色，皆蜀臣之良矣。呂乂臨郡則垂稱，處朝則被損，亦黃、薛之流亞矣。

【校箋】

〔一〕毛本作"蜀書九"。

〔二〕毛本作"董劉馬陳董呂傳第九"。

〔三〕盧弼曰："毛本'實'作'貴'。"

謹案：《晉書·袁喬傳》："蜀土富實，號稱天府。"富實謂物資充牣也，富貴於此無義。

〔四〕蕭書句下有"尋卒"二字。

〔五〕蕭書"域"字作"俗"。

〔六〕盧弼曰："'幹'疑作'榦'。"

謹案：蕭書"幹"作"榦"。考《後漢書·竇憲傳》"內幹機密"注："幹，主也。"或曰："古管字"。則"幹""榦"義同，似不必改"幹"作"榦"也。

〔七〕《治要》卷二十七引"財"字作"貯"，《册府》卷四百零六引作"儲"，蕭書同。疑"財""儲"形近致誤。《吳志·華覈傳》"內無儋石之儲"，與此句同。

〔八〕蕭書"損"字作"多"。

〔九〕《治要》引"玉"下有"也"字。

〔一〇〕郝書作"苟能慕幼宰之十反"。

〔一一〕郝書作"元直之殷勤"。

〔一二〕蕭書"有"字作"納"。

〔一三〕《治要》引"暗"字作"闇"。

〔一四〕《治要》引"人"下有"也"字。

〔一五〕盧弼曰："監本'具'作'且'。"

謹案：郝書、《季漢書》均作"具"，是也。

〔一六〕郝書無"主記"二字。

〔一七〕郝書"先"下無"主"字，周上有"其甥"二字。考《魏志·劉表傳》注引《零陵先賢傳》"先甥同郡周不疑"可證，應據補正。

〔一八〕蕭書、郝書"巴"下俱有"獨"字。

〔一九〕郝書"到"字作"則"。

〔二〇〕郝書"謂"字作"答"。

〔二一〕郝書"欲"上有"更"字。

〔二二〕郝書"宜"字作"義"。

〔二三〕盧弼曰："元本'道'作'遁'。"

謹案：《官本考證》曰："'道去'元本作'遁去'。""元"上當補"《官本考證》曰"五字。"遁去"疑當作"道去"爲是，謂從牂牁至蜀之路而去也。

〔二四〕盧弼曰："毛本'誅'作'夷'。"

謹案：《御覽》卷四百六十七引仍作"誅"。

〔二五〕盧弼曰："潘眉曰：'史例宜稱名，此非是。'"

謹案：蕭書、郝書均作"諸葛亮"，或所見本如是，此疑後人所妄改也。

〔二六〕紹興本"飛"下有"遂"字，馮本、陳本作"飛遂恚"，《御覽》卷三百九十、卷四百一十亦俱有"遂"字，郝書同。

〔二七〕盧弼曰："馮本'合'作'拾'。"

謹案：陳本"合"亦作"拾"，《季漢書》同。

〔二八〕盧弼曰："《官本考證》曰：'元本作天分素高亮，多分字。'"

謹案：《文選》班叔皮《北征賦》："皓爾太素，曷渝色兮。"李注引曹大家曰："皓，白也。素，質也。渝，變也。言人能篤信好學，守死善道，不漸染於流俗，是爲白爾天質，何有渝變之色。"桂馥《晚學集》卷五："案：魏王基碑：'稟天素皓爾之質。'《零陵先賢傳》：'足下雖天素高亮。'因悟'太素'本作'天素'，故注言'天質'，後傳寫爲'太'爾。"桂說是。天素猶今言天資。元本作"天分素高亮"，疑讀者以"分"釋"素"而注於側，傳抄者誤入正文也。

〔二九〕《御覽》卷八百三十五引"藏"上有"庫"字。

〔三〇〕郝書"陁"字作"隘"。

〔三一〕盧弼曰："《尚書・武成篇》'旁死魄'，又曰'既生魄'。《康誥》曰：'惟三月哉生魄。'陸德明音義云：'月始生魄然貌。'"

謹案：魄兆複語。《國語・晉語三》"其魄兆於民矣"韋注："魄，形也。"兆亦形也。魄兆猶言朕兆。盧君所釋與上下文義俱格難通，殆誤。

〔三二〕蕭書"壤"字作"相"。

〔三三〕郝書"聽"字作"德"。

〔三四〕《御覽》卷二百四十九引"後"下無"遣"字，蕭書同。

〔三五〕《御覽》、《册府》卷六百五十八引無"爲"字。

〔三六〕盧弼曰:"宋、元本'其'作'奇'。"

謹案:《册府》卷六百五十八引亦作"奇",郝書、《通志》同。

〔三七〕紹興本"猶"下有"謂"字。盧弼曰:"毛本、官本無'謂'字,宋本有之。"

謹案:《官本考證》曰:"宋本作'亮猶謂不然',多'謂'字。"考《書鈔》卷九十八、《册府》卷二百四十、卷八百九十七引俱有"謂"字,郝書、《通志》同,官本脱,當據補。

〔三八〕盧弼曰:"宋本'阻'作'遠',《通鑑》同。"

謹案:《册府》卷七百二十引"阻"作"遠",郝書苟注引同。

〔三九〕郝書苟注引"若"上有"公"字。

〔四〇〕《册府》卷九百八十七引作"論者皆言宜以爲先鋒","宜"字在"以"字上,無"令爲"二字。

〔四一〕《御覽》卷四百零七、卷六百四十三引"壤"字俱作"泉"。

〔四二〕《御覽》卷四百零七引"泣"字作"涕",郝書同。

〔四三〕郝書"若"上有"恩"字。

〔四四〕馮本、陳本"議"字俱作'誠',郝書同。

〔四五〕郝書苟注引"有益"作"益己"。

〔四六〕《書鈔》卷四十、《初學記》卷二十引"初"字俱作"載"。

〔四七〕《書鈔》《初學記》引"斟"字俱作"斯",誤。

〔四八〕《御覽》卷二百零一引"盟"字作"血"。

〔四九〕《册府》卷六百五十九引"郎"下有"將"字。

〔五〇〕紹興本"區"字作"函",蕭書同。《册府》引同。

〔五一〕蕭書"救"字作"應",疑非。《廣雅·釋詁二》:

"救，助也。"《梁傳‧僖公元年》"言次，非救也"注："救，赴急之意。"

〔五二〕句下蕭書有"未嘗乏絕"四字。

〔五三〕《書鈔》卷七十五引"一都"作"一郡"，蕭書作"一大都會"。

〔五四〕《書鈔》卷五十九、《御覽》卷二百一十引"靖"字俱作"靜"。

〔五五〕《書鈔》《御覽》引"縣"字下俱有"時"字。

三國志校箋卷四十

蜀志卷十〔一〕

劉封　彭羕　廖立　李嚴　劉琰　魏延　楊儀〔二〕

劉封者，本羅侯寇氏之子，長沙劉氏之甥也。先主至荆州，以未有繼嗣，養封爲子。及先主入蜀，自葭萌還攻劉璋，時封年二十餘，有武藝，氣力過人，將兵俱與諸葛亮、張飛等泝流西上，所在戰克。益州既定，以封爲副軍中郎將。

初，劉璋遣扶風孟達副法正，各將兵二千人，使迎先主。先主因令達并領兵衆〔三〕，留屯江陵。蜀平後，以達爲宜都太守。建安二十四年，命達從秭歸北攻房陵，房陵太守蒯祺爲達兵所害。達將進攻上庸，先主陰恐達難獨任，乃遣封自漢中乘沔水下統達軍，與達會上庸。上庸太守申耽舉衆降〔四〕，遣妻子及宗族詣成都。先主加耽征北將軍，領上庸太守，員鄉侯如故。以耽弟儀爲建信將軍、西城太守，遷封爲副軍將軍。自關羽圍樊城、襄陽，連呼封、達，令發兵自助。封、達辭以山郡初附，未可動搖，不承羽命。會羽覆敗，先主恨之。又封與達忿爭不和，封尋奪達鼓吹。達既懼罪，又忿恚封，遂發表辭先主，率所領降魏。《魏略》載達辭先主表曰："伏惟殿下將建伊、呂之業，追桓、文之功，大事草創，假勢吳、楚，是以有爲之士深覩歸趣。臣委質已來，愆戾山積，臣猶自知，況於君乎！今王朝以興，英俊鱗集，臣內無輔佐之器，外無將領之才，列次功臣，誠自愧也。臣聞范蠡識微，浮於五湖；咎犯謝罪，逡巡於河上〔五〕。夫際會之間，請命乞身，何則？欲潔去就之分也。況臣卑鄙，無元功巨勳自繫於時。竊慕前賢，早思遠恥。昔申生至孝，見疑於親，子胥至忠，見誅於君，蒙恬拓境而被大刑，樂毅破齊而遭讒佞，臣每讀其書，未嘗不慷慨流涕，而親當其事，益以傷絕。何者？荊州覆敗，大臣失節，百無一還。惟臣尋事，自致房陵、上庸，而復乞身，自放於外。伏想殿下，聖恩感悟，愍臣之心，悼臣之舉。臣誠小人，不能始終，知而爲之，敢謂非罪！臣每聞交絕無惡聲，去臣無怨辭，臣過奉教於君子〔六〕，願君王勉之也。"魏文帝善達之姿才容觀，以爲散騎常侍、建武將軍，封平陽亭侯。合房陵、上庸、西城三郡，達領新城太守。遣征南將軍夏侯尚、右將軍徐晃與達共襲封。達與封書曰：

古人有言："疏不間親，新不加舊。"此謂上明下直，讒慝不行也。若乃權君譎主、賢父慈親，猶有忠臣蹈功以羅禍，孝子抱仁以陷難。種、商、白起、孝己、伯奇,皆其類也。其所以然,非骨肉好離,親親樂患也。或有恩移愛易,亦有讒間其間,雖忠臣不能移之於君,孝子不能變之於父者也。勢利所加,改親爲讎,況非親親乎!故申生、衛伋、禦寇、楚建,稟受形之氣,當嗣立之正[七],而猶如此。今足下與漢中王,道路之人耳,親非骨血而據勢權[八],義非君臣而處上位,征則有偏任之威,居則有副軍之號,遠近所聞也。自立阿斗爲太子已來,有識之人,相爲寒心。如使申生從子輿之言,必爲太伯[九];衛伋聽其弟之謀,無彰父之譏也[一〇]。且小白出奔,入而爲霸;重耳踰垣,卒以克復。自古有之,非獨今也。

夫智貴免禍,明尚夙達。僕揆漢中王慮定於内,疑生於外矣。慮定則心固,疑生則心懼,亂禍之興作,未曾不由廢立之間也[一一]。私怨人情,不能不見,恐左右必有以間於漢中王矣。然則疑成怨聞,其發若踐機耳。今足下在遠,尚可假息一時,若大軍遂進,足下失據而還,竊相爲危之。昔微子去殷,智果別族,違難背禍,猶皆如斯。《國語》曰:智宣子將以瑶爲後,智果曰:"不如霄也。"宣子曰:"霄也很。"對曰:"霄也很在面,瑶之賢於人者五,其不逮者一也:美鬚長大則賢[一二],射御足力則賢,技藝畢給則賢,巧文辯惠則賢,彊毅果敢則賢,如是而甚不仁。以五者賢陵人,而不仁行之,其誰能待之!若果立瑶也,智宗必滅。"不聽。智果别族於太史氏爲輔氏〔一三〕。及智氏亡，惟輔果在焉。今足下棄父母而爲人後，非禮也；知禍將至而留之，非智也；見正不從而疑之，非義也。自號爲丈夫，爲此三者，何所貴乎？以足下之才，棄身來東，繼嗣羅侯，不爲背親也；北面事君，以正綱紀，不爲棄舊也；怒不致亂，以免危亡，不爲徒行也。加陛下新受禪命，虛心側席，以德懷遠，若足下翻然内向，非但與僕爲倫，受三百户封，繼統羅國而已，當更剖符大邦，爲始封之君。陛下大軍，金鼓以震，當轉都宛、鄧；若二敵不平，軍無還期。足下宜因此時早定良計。《易》有"利見大人"，《詩》有"自求多福"，行矣。今足下勉之〔一四〕，無使狐突閉門不出。封不從達言。

申儀叛封，封破，走還成都。申耽降魏，魏假耽懷集將軍，徙居南陽；儀魏興太守，封真鄉侯〔一五〕，屯洵口。《魏略》曰：申儀兄名耽，字義舉。初在西平、上庸間聚衆數千家，後與張魯通，又遣使詣曹公，曹公加其號爲將軍，因使領上庸都尉。至建安末，爲蜀所攻，以其郡西屬。黄初中，儀復來還，詔即以兄故號加儀，因拜魏興太守，封列侯。太和中，儀與孟達不和，數上言達有貳心於蜀。及達反，儀絕蜀道，使救不到。達死後，儀詣宛見司馬宣王，宣王勸使來朝。儀至京師，詔轉儀拜樓船將軍，在禮請中。封既至，先主責封之侵陵達，又不救羽。諸葛亮慮封剛猛，易世之後終難制御，勸先主因此除之。於是賜封死，使自裁。封歎曰："恨不用孟子度之言!"先主爲之流涕。達本字子敬,避先主叔父敬,改之。封子林爲牙門將,咸熙元年內移河東。達子興議督軍〔一六〕,是歲徙還扶風。

彭羕字永年,廣漢人。身長八尺,容貌甚偉。姿性驕傲,多所輕忽,惟敬同郡秦子勑,薦之於太守許靖曰:"昔高宗夢傅說,周文求吕尚,爰及漢祖,納食其於布衣,此乃帝王之所以倡業垂統〔一七〕,緝熙厥功也。今明府稽古皇極,允執神靈,體公劉之德〔一八〕,行勿翦之惠〔一九〕,《清廟》之作,於是乎始,褒貶之義,於是乎興,然而六翮未之備也。伏見處士綿竹秦宓,膺山甫之德,履儁生之直,枕石漱流,吟詠緼袍,偃息於仁義之途,恬惔於浩然之域,高概節行,守貞不虧〔二〇〕,雖古人潛遁〔二一〕,蔑以加旃。若明府能招致此人,必有忠讜落落之譽,豐功厚利,建跡之勳〔二二〕。然後紀功於王府,飛聲於來世,不亦美哉!"

羕仕州不過書佐,後又爲衆人所謗毁於州牧劉璋,璋髡鉗羕爲徒隸。會先主入蜀,泝流北行。羕欲納說先主,乃往見龐統。統與羕非故人,又適有賓客,羕徑上統牀臥,謂統曰:"須客罷當與卿善談。"統客既罷,往就羕坐,羕又先責統食,然後共語,因留信宿,至於經日。統大善之,而法正宿自知羕,遂並致之先主。先主亦以爲奇,數令羕宣傳軍事,指授諸將。奉使稱意,識遇日加。成都既定,先主領益州牧,拔羕爲治中從事。

羕起徒步〔二三〕，一朝處州人之上〔二四〕，形色囂然，自矜得遇滋甚。諸葛亮雖外接待羕，而内不能善，屢密言先主，羕心大志廣，難可保安。先主既敬信亮，加察羕行事，意以稍疏〔二五〕，左遷羕爲江陽太守。

羕聞當遠出，私情不悦，往詣馬超。超問羕曰："卿才具秀拔，主公相待至重，謂卿當與孔明、孝直諸人齊足並驅，寧當外授小郡，失人本望乎？"羕曰："老革荒悖，可復道邪！"揚雄《方言》曰："㓕、鮐、乾、都、耇、革，老也。"郭璞注曰：皆老者皮色枯瘁之形也。臣松之以爲：皮去毛曰革。古者以革爲兵，故語稱兵革，革猶兵也。羕罵備爲老革，猶言老兵也〔二六〕。又謂超曰："卿爲其外，我爲其内，天下不足定也。"超羈旅歸國，常懷危懼，聞羕言大驚，默然不答。羕退，具表羕辭，於是收羕付有司。

羕於獄中與諸葛亮書曰："僕昔有事於諸侯，以爲曹操暴虐，孫權無道，振威闇弱，其惟主公有霸王之器，可與興業致治，故乃翻然有輕舉之志。會公來西，僕因法孝直自衒鬻，龐統斟酌其間，遂得詣公於葭萌，指掌而談〔二七〕，論治世之務，講霸王之義〔二八〕，建取益州之策，公亦宿慮明定，即相然贊，遂舉事焉。僕於故州不免凡庸，憂於罪罔，得遭風雲激矢之中，求君得君，志行名顯，從布衣之中擢爲國士，盜竊茂才。分子之厚，誰復過此。臣松之以爲："分子之厚"者，羕言劉主分兒子厚恩〔二九〕，施之於己，故其書後語云"負我慈父，罪有百死"也。羕一朝狂悖，自求葅醢，爲不忠不義之鬼乎〔三〇〕？先民有言：左手據天下之圖，右手刎咽喉，愚夫不爲也。況僕頗別菽麥者哉！所以有怨望意者，不自度量，苟以爲首興事業，而有投江陽之論，不解主公之意，意卒感激，頗以被酒，倪失'老'語[三一]。此僕之下愚薄慮所致，主公實未老也。且夫立業豈在老少，西伯九十，寧有衰志？負我慈父，罪有百死。至於内外之言，欲使孟起立功北州，戮力主公，共討曹操耳，寧敢有他志邪？孟起説之是也，但不分别其間，痛人心耳。昔每與龐統共相誓約，庶託足下末蹤，盡心於主公之業，追名古人，載勳竹帛。統不幸而死，僕敗以取禍。自我墮之[三二]，將復誰怨！足下當世伊、吕也，宜善與主公計事，濟其大猷。天明地察，神祇有靈，復何言哉！貴使足下明僕本心耳。行矣努力，自愛，自愛！"羲竟誅死，時年三十七。

廖音理救反立字公淵，武陵臨沅人。先主領荆州牧，辟爲從事，年未三十，擢爲長沙太守。先主入蜀，諸葛亮鎮荆土，孫權遣使通好於亮，因問士人皆誰相經緯者。亮答曰："龐統、廖立，楚之良才，當贊興世業者也。"建安二十年，權遣吕蒙奄襲南三郡，立脱身走，自歸先主。先主素識待之，不深責也，以爲巴郡太守。二十四年，先主爲漢中王，徵立爲侍中。後主襲位，徙長水校尉。

立本意自謂才名宜爲諸葛亮之貳，而更游散在李嚴等下，常懷怏怏。後丞相掾李邵、蔣琬至，立計曰[三三]：

"軍當遠出,卿諸人好諦其事。昔先主不取漢中[三四],走與吳人爭南三郡[三五],卒以三郡與吳人,徒勞役吏士,無益而還。既亡漢中,使夏侯淵、張郃深入於巴,幾喪一州。後至漢中,使關侯身死無子遺[三六],上庸覆敗,徒失一方。是羽怙恃勇名,作軍無法,直以意突耳,故前後數喪師衆也。如向朗、文恭,凡俗之人耳。恭作治中無綱紀;朗昔奉馬良兄弟,謂爲聖人,今作長史,素能合道[三七]。中郎郭演長,從人者耳,不足以經大事,而作侍中。今弱世也,欲任此三人,爲不然也。王連流俗,苟作掊克,使百姓疲弊,以致今日。"郃、琬具白其言於諸葛亮。亮表立曰:"長水校尉廖立,坐自貴大,臧否羣士,公言國家不任賢達而任俗吏,又言萬人率者皆小子也;誹謗先帝,疵毀衆臣。人有言國家兵衆簡練[三八],部伍分明者,立舉頭視屋,憤咤作色曰:'何足言!'凡如是者[三九],不可勝數。羊之亂羣,猶能爲害,況立託在大位,中人以下,識真僞邪[四〇]?"《亮集》有亮表曰:"立奉先帝無忠孝之心,守長沙則開門就敵,領巴郡則有闇昧闒茸其事[四一],隨大將軍則誹謗譏訶,侍梓宮則挾刃斷人頭於梓宮之側。陛下即位之後,普增職號,立隨比爲將軍,面語臣曰:'我何宜在諸將軍中,不表我爲卿,上當在五校[四二]。'臣答:'將軍者,隨大比耳。至於卿者,正方亦未爲卿也。且宜處五校。'自是之後,怏怏懷恨。"詔曰:"三苗亂政,有虞流宥,廖立狂惑,朕不忍刑,亟徙不毛之地[四三]。"於是廢立爲民,徙汶山郡。立躬率妻子耕殖自守,聞諸葛亮卒,垂泣歎曰:"吾終爲左袵矣!"

後監軍姜維率偏軍經汶山，往詣立〔四四〕，稱立意氣不衰，言論自若。立遂終於徙所。妻子還蜀。

李嚴字正方，南陽人也。少爲郡職吏，以才幹稱。荆州牧劉表使歷諸郡縣。曹公入荆州，時嚴宰秭歸，遂西詣蜀。劉璋以爲成都令，復有能名。建安十八年，署嚴爲護軍，拒先主於緜竹。嚴率衆降先主〔四五〕，先主拜嚴裨將軍。成都既定，爲犍爲太守、興業將軍。二十三年，盜賊馬秦、高勝等起事於郪，音淒。合聚部伍數萬人〔四六〕，到資中縣。時先主在漢中，嚴不更發兵，但率將郡士五千人討之，斬秦、勝等首。枝黨星散，悉復民籍。又越嶲夷率高定遣軍圍新城縣〔四七〕，嚴馳往赴救，賊皆破走。加輔漢將軍，領郡如故。章武二年，先主徵嚴詣永安宮，拜尚書令。三年，先主疾病，嚴與諸葛亮並受遺詔輔少主。以嚴爲中都護，統內外軍事，留鎮永安。建興元年，封都鄉侯，假節，加光祿勳。四年，轉爲前將軍。以諸葛亮欲出軍漢中，嚴當知後事，移屯江州，留護軍陳到駐永安，皆統屬嚴。嚴與孟達書曰："吾與孔明俱受寄託，憂深責重，思得良伴。"亮亦與達書曰："部分如流，趣捨罔滯，正方性也。"其見貴重如此。《諸葛亮集》有嚴與亮書，勸亮宜受九錫，進爵稱王。亮答書曰："吾與足下相知久矣，可不復相解〔四八〕！足下方誨以光國，戒之以勿拘之道，是以未得默已。吾本東方下士，誤用於先帝，位極人臣，祿賜百億，今討賊未效，知己未答，而方寵齊、晉，坐自貴大，非其義也。

若滅魏斬叡，帝還故居，與諸子並升〔四九〕，雖十命可受，況於九邪！"八年，遷驃騎將軍。以曹真欲三道向漢川，亮命嚴將二萬人赴漢中。亮表嚴子豐為江州都督督軍，典嚴後事。亮以明年當出軍，命嚴以中都護署府事。嚴改名為平。

九年春，亮軍祁山，平催督運事。秋夏之際，值天霖雨，運糧不繼，平遣參軍狐忠、督軍成藩喻指呼亮來還。亮承以退軍。平聞軍退，乃更陽驚，說"軍糧饒足，何以便歸"，欲以解己不辦之責，顯亮不進之愆也。又表後主，說"軍偽退，欲以誘賊與戰"。亮具出其前後手筆書疏本末，平違錯章灼。平辭窮情竭，首謝罪負。於是亮表平曰："自先帝崩後，平所在治家，尚為小惠，安身求名，無憂國之事。臣當北出，欲得平兵以鎮漢中，平窮難縱橫，無有來意，而求以五郡為巴州刺史。去年臣欲西征，欲令平主督漢中，平說司馬懿等開府辟召。臣知平鄙情，欲因行之際偪臣取利也〔五〇〕，是以表平子豐督主江州，隆崇其遇，以取一時之務。平至之日，都委諸事，羣臣上下皆怪臣待平之厚也。正以大事未定，漢室傾危，伐平之短，莫若褒之。然謂平情在於榮利而已，不意平心顛倒乃爾。若事稽留，將致禍敗，是臣不敏，言多增咎。"亮公文上尚書曰："平為大臣，受恩過量，不思忠報，橫造無端，危恥不辦〔五一〕，迷罔上下，論獄棄科，導人為姦，狹情志狂，若無天地。自度奸露，嫌心遂生，聞軍臨至，西嚮託疾還沮、漳〔五二〕，軍臨至沮，復還江陽，平參軍狐忠勤諫乃止[五三]。今篡賊未滅，社稷多難，國事惟和，可以克捷，不可苞含，以危大業。輒與行中軍師車騎將軍都鄉侯臣劉琰、使持節前軍師征西大將軍領涼州刺史南鄭侯臣魏延、前將軍都亭侯臣袁綝、左將軍領荊州刺史高陽鄉侯臣吳壹、督前部右將軍玄鄉侯臣高翔、督後部後將軍安樂亭侯臣吳班、領長史綏軍將軍臣楊儀、督左部行中監軍揚武將軍臣鄧芝、行前監軍征南將軍臣劉巴、行中護軍偏將軍臣費禕、行前護軍偏將軍漢成亭侯臣許允、行左護軍篤信中郎將臣丁咸、行右護軍偏將軍臣劉敏、行護軍征南將軍當陽亭侯臣姜維、行中典軍討虜將軍臣上官雝、行中參軍昭武中郎將臣胡濟、行參軍建義將軍臣閻晏、行參軍偏將軍臣爨習、行參軍裨將軍臣杜義、行參軍武略中郎將臣杜祺、行參軍綏戎都尉臣盛勃、領從事中郎武略中郎將臣樊岐等議，輒解平任，免官祿、節傳、印綬、符策，削其爵土。”乃廢平爲民，徙梓潼郡。諸葛亮又與平子豐教曰：“吾與君父子戮力以獎漢室，此神明所聞，非但人知之也。表都護典漢中，委君於東關者，不與人議也。謂至心感動，終始可保，何圖中乖乎！昔楚卿屢絀，亦乃克復，思道則福應，自然之數也。願寬慰都護，勤追前闕。今雖解任，形業失故，奴婢賓客百數十人，君以中郎參軍居府，方之氣類，猶爲上家。若都護思負一意，君與公琰推心從事者，否可復通，逝可復還也。詳思斯戒，明吾用心，臨書長歎，涕泣而已。”十二年，平聞亮卒，發病死。平常冀亮當自補，復策後人不能，故以激憤也。習鑿齒曰：昔管仲奪伯氏駢邑三百，沒齒而無怨言，聖人以爲難。諸葛亮之使廖立垂泣，李平致死，豈徒無言而已哉[五四]！夫水至平而邪者取法，鏡至明而醜者亡怒[五五]，水鏡之所以能窮物而無怨者[五六]，以其無私也。水鏡無私，猶以免謗，況大人君子懷樂生之心,流矜恕之德,法行於不可不用,刑加乎自犯之罪,爵之而非私,誅之而不怒〔五七〕,天下有不服者乎〔五八〕!諸葛亮於是可謂能用刑矣,自秦、漢以來未之有也。豐官至朱提太守。蘇林《漢書音義》曰:朱音銖;提音如北方人名匕曰提也〔五九〕。

劉琰字威碩,魯國人也。先主在豫州,辟爲從事,以其宗姓,有風流善談論,厚親待之,遂隨從周旋,常爲賓客。先主定益州,以琰爲固陵太守〔六〇〕。後主立,封都鄉侯,班位每亞李嚴,爲衛尉中軍師後將軍,遷車騎將軍。然不豫國政,但領兵千餘,隨丞相亮諷議而已。車服飲食,號爲侈靡,侍婢數十,皆能爲聲樂,又悉教誦讀《魯靈光殿賦》。建興十年,與前軍師魏延不和,言語虛誕,亮責讓之。琰與亮牋謝曰:"琰稟性空虛,本薄操行,加有酒荒之病,自先帝以來,紛紜之論,殆將傾覆。頗蒙明公本其一心在國,原其身中穢垢,扶持全濟,致其祿位,以至今日。間者迷醉,言有違錯,慈恩含忍,不致之於理,使得全完,保育性命。雖必克己責躬,改過投死,以誓神靈;無所用命,則靡寄顏。"於是亮遣琰還成都,官位如故。

琰失志慌惚。十二年正月,琰妻胡氏入賀太后〔六一〕,太后令特留胡氏,經月乃出。胡氏有美色,琰疑其與後主有私,呼卒五百撾胡〔六二〕,至於以履搏面,而後棄遣。胡具以告言琰〔六三〕,琰坐下獄。有司議曰:"卒非撾妻之人,面非受履之地。"琰竟棄市。自是大臣妻母朝慶遂絕。

魏延字文長，義陽人也。以部曲隨先主入蜀[六四]，數有戰功，遷牙門將軍。先主爲漢中王，遷治成都[六五]，當得重將以鎮漢川，衆論以爲必在張飛，飛亦以心自許。先主乃拔延爲督漢中鎮遠將軍，領漢中太守。一軍盡驚。先主大會羣臣，問延曰："今委卿以重任，卿居之欲云何？"延對曰："若曹操舉天下而來，請爲大王拒之；偏將十萬之衆至，請爲大王吞之。"先主稱善，衆咸壯其言。先主踐尊號，進拜鎮北將軍。建興元年，封都亭侯。五年，諸葛亮駐漢中，更以延爲督前部，領丞相司馬、涼州刺史。八年，使延西入羌中。魏後將軍費瑤、雍州刺史郭淮與延戰於陽谿，延大破淮等，遷爲前軍師征西大將軍，假節，進封南鄭侯。

延每隨亮出，輒欲請兵萬人，與亮異道會於潼關，如韓信故事，亮制而不許。延常謂亮爲怯，歎恨己才用之不盡。《魏略》曰：夏侯楙爲安西將軍，鎮長安。亮於南鄭與羣下計議，延曰："聞夏侯楙，少主壻也[六六]，怯而無謀。今假延精兵五千，負糧五千[六七]，直從襃中出，循秦嶺而東，當子午而北，不過十日可到長安。楙聞延奄至，必乘船逃走。長安中惟有御史、京兆太守耳，橫門邸閣與散民之穀，足周食也。比東方相合聚，尚二十許日，而公從斜谷來，必足以達。如此，則一舉而咸陽以西可定矣。"亮以爲此縣危，不如安從坦道，可以平取隴右，十全必克而無虞，故不用延計。延既善養士卒，勇猛過人，又性矜高，當時皆避下之。唯楊儀不假借延，延以爲至忿，有如水火。十二年，亮出北谷口，延爲前鋒，出亮營十里。延夢頭上生角，以問占夢趙直，直詐延曰："夫麒麟有角而不用﹝六八﹞，此不戰而賊欲自破之象也﹝六九﹞。"退而告人曰："角之爲字，刀下用也；頭上用刀，其凶甚矣。"

秋，亮病，因密與長史楊儀﹝七〇﹞、司馬費禕、護軍姜維等作身殁之後退軍節度，令延斷後，姜維次之，若延或不從命，軍便自發。亮適卒，秘不發喪，儀令禕往揣延意指。延曰："丞相雖亡，吾自見在。府親官屬，便可將喪還葬，吾自當率諸軍擊賊，云何以一人死廢天下之事邪？且魏延何人，當爲楊儀所部勒，作斷後將乎！"因與禕共作行留部分，令禕手書與己連名告下諸將。禕紿延曰："當爲君還解楊長史。長史文吏，稀更軍事，必不違命也。"禕出門馳馬而去，延尋悔，追之已不及矣。延遣人覘儀等，遂使欲案亮成規﹝七一﹞，諸營相次引軍還。延大怒，攙儀未發﹝七二﹞，率所領徑先南歸，所過燒絶閣道。延、儀各相表叛逆，一日之中，羽檄交至。後主以問侍中董允、留府長史蔣琬，琬、允咸保儀疑延。儀等槎山通道﹝七三﹞，晝夜兼行，亦繼延後。延先至，據南谷口，遣兵逆擊儀等，儀等令何平在前禦延。平叱延先登曰："公亡，身尚未寒，汝輩何敢乃爾！"延士衆知曲在延，莫爲用命，軍皆散。延獨與其子數人逃亡，奔漢中。儀遣馬岱追斬之，致首於儀，儀起自踏之，曰："庸奴，復能作惡不﹝七四﹞？"遂夷延三族。初，蔣琬率宿衛諸營赴難北行，行數十里，延死問至，乃旋。原延意不北降魏而南還者，但欲除殺儀等。平日諸將素不同，冀時論必當以代亮。本指如此，不便背叛。《魏略》曰：諸葛亮病，謂延等云："我之死後，但謹自守，慎勿復來也。"令延攝行己事，密持喪去。延遂匿之，行至襃口，乃發喪。亮長史楊儀宿與延不和，見延攝行軍事，懼爲所害，乃張言延欲舉衆北附，遂率其衆攻延。延本無此心，不戰軍走，追而殺之。臣松之以爲：此蓋敵國傳聞之言，不得與本傳爭審。

楊儀字威公，襄陽人也。建安中，爲荆州刺史傅羣主簿，背羣而詣襄陽太守關羽。羽命爲功曹，遣奉使西詣先主。先主與語論軍國計策，政治得失，大悦之，因辟爲左將軍兵曹掾。及先主爲漢中王，拔儀爲尚書。先主稱尊號，東征吳，儀與尚書令劉巴不睦，左遷，遥署弘農太守。建興三年，丞相亮以爲參軍，署府事，將南行。五年，隨亮漢中。八年，遷長史，加綏軍將軍。亮數出軍，儀常規畫分部，籌度糧穀，不稽思慮，斯須便了〔七五〕。軍戎節度，取辦於儀。亮深惜儀之才幹，憑魏延之驍勇〔七六〕，常恨二人之不平，不忍有所偏廢也。十二年，隨亮出屯谷口。亮卒於敵場，儀既領軍還，又誅討延，自以爲功勳至大，宜當代亮秉政，呼都尉趙正以《周易》筮之，卦得《家人》，默然不悦〔七七〕。而亮平生密指，以儀性狷狹，意在蔣琬，琬遂爲尚書令、益州刺史。儀至，拜爲中軍師，無所統領，從容而已。

初，儀爲先主尚書，琬爲尚書郎，後雖俱爲丞相參軍長史，儀每從行，當其勞劇，自惟年官先琬〔七八〕，才能踰之，於是怨憤形於聲色，歎咤之音發於五內。時人畏其言語不節，莫敢從也，爲後軍師費禕往慰省之〔七九〕。儀對禕恨望，前後云云，又語禕曰："往者丞相亡没之際，吾若舉軍以就魏氏，處世寧當落度如此邪〔八〇〕！令人追悔，不可復及。"禕密表其言。十三年，廢儀爲民，徙漢嘉郡。儀至徙所，復上書誹謗，辭指激切，遂下郡收儀。儀自殺，其妻子還蜀。《楚國先賢傳》云：儀兄巋，字咸方。少有德行，爲江南冠冕。州郡禮召，諸公辟請，皆不能屈。年十七夭，鄉人宗貴，號曰德行楊君〔八一〕。

評曰：劉封處嫌疑之地，而思防不足以自衛。彭羕、廖立以才拔進，李嚴以幹局達，魏延以勇略任，楊儀以當官顯，劉琰舊仕，並咸貴重。覽其舉措，迹其規矩，招禍取咎，無不自己也。

【校箋】

〔一〕毛本作"蜀書十"。
〔二〕毛本作"劉彭廖李劉魏楊傳第十"。
〔三〕盧弼曰："宋本'兵'作'其'。郝書作'正'。"
　　謹案：錢儀吉曰："元本作'其'。"蕭書同。郝書作"正"謂法正，疑臆改。
〔四〕郝書"梟"字作"郡"。

〔五〕蕭書、郝書"巡"下俱無"於"字。

〔六〕盧弼曰："或疑'過'作'故'。"

謹案：《史記·樂毅傳》曰："臣雖不佞，數奉教於君子。"達書或襲之。《呂氏春秋·貴當篇》"田獵之獲常過人矣"高注："過猶多也。"多與數義近。盧君疑"過"作"故"，無據，蓋非。

〔七〕盧弼曰："馮本'正'作'政'。"

謹案：作"正"字是。太子固當嗣立之正也。作"政"字誤。

〔八〕紹興本"骨血"作"骨肉"，郝書同。

〔九〕盧弼曰："《左傳·閔公元年》：'晉使太子城曲沃。士蒍曰：太子不得立矣！不如逃之，無使罪至，爲吳太伯，不亦可乎。'士蒍字子輿。"

謹案：《國語·晉語一》："士蒍出語人曰：'太子不得立矣！改其制而不患其難，輕其位而不憂其危，君有異心，又焉得立！行之克也，將以害之；若其不克，其因以辜之，雖克與否，無以避罪。與其勤而不入，不如逃之。君得其欲，太子遠死，且有令名，爲吳太伯，不亦可乎！'太子聞之曰：'子輿之爲我謀，忠矣。'"韋昭注："子輿，士蒍字。"

〔一〇〕盧弼曰："伋弟壽告之使行，伋不從。"

謹案：盧君未著書名，且不詳述其事。《詩·邶風·二子乘舟》毛傳："宣公爲伋取於齊女而美，公奪之，生壽及朔。朔與其母愬伋於公。公令伋之齊，使賊先待於隘而殺之。壽知之以告伋，使去之。伋曰：'君命也，不可以逃。'壽竊其節而先往，賊殺之。伋至曰：'君命殺我，壽有何罪？'賊又殺之。"事亦見《左傳·桓公六年》及《史記·衛世家》。

〔一一〕郝書"曾"作"嘗"。

〔一二〕盧弼曰："《國語》'鬚'作'鬘'。韋注：'鬘，髮穎也。"

　　謹案：《官本考證》曰："'鬚'宋本作'鬢'。"

〔一三〕盧弼曰："《國語》無上'氏'字。韋注：'太史掌氏姓。'"

　　謹案：《官本考證》曰："宋本'太史'下無'氏'字。"

〔一四〕郝書無"今"字。

〔一五〕盧弼曰："一清案：'儀襲兄封員鄉侯。真字爲誤。'"

　　謹案：錢儀吉曰："趙氏按：'真'當作'員'，即長利之鄖鄉也。"考《華陽國志》作鄖鄉侯，"鄖"或作"員"，亦見《華陽國志》。

〔一六〕紹興本"議"上有"爲"字。

〔一七〕郝書"倡"字作"創"。

〔一八〕盧弼曰："鄭箋：'公劉，后稷之曾孫也，有居民之道。'"

　　謹案：《詩·大雅·公劉》毛傳："公劉者，后稷之曾孫也。夏之始衰，見迫逐遷於豳而有居民之道。"此乃毛傳，而盧君謂爲鄭箋，且不記詩篇名，殊誤。

〔一九〕盧弼曰："《詩·召南》：'蔽芾甘棠，勿翦勿伐，召伯所茇。'"

　　謹案：體公劉之德，行勿翦之惠，系一事。盧君於此句引《召南·甘棠》以證，則與上句意不相承，誤矣！考趙長君《吳越春秋》曰："公劉慈仁，行不履生草，運車一避葭葦。"《潛夫論·議邊》："公劉仁德，廣被行葦。"孔廣森曰："'翦'與'踐'同通。《玉藻》：'翦，踐也。鄭讀爲翦。'"則此"勿翦"即"勿踐"也，與《甘棠》"勿翦"之義無涉。盧君不知"翦"之通"踐"，遂將一事割裂爲二，蓋失之未細考也。

〔二〇〕盧弼曰："宋本'貞'作'真'。郝書作'守直'。"

謹案：馮本亦作"真"，《册府》卷八百二十八引同。《通志》《季漢書》俱作"真"，疑作"真"字是。《文選·古詩十九首》："識曲聽其真。"注："猶正也。"郝書作"守直"，"真""直"義同，《詩·魏風·碩鼠》"爰得我直"鄭箋："直猶正也。"可證。

〔二一〕盧弼曰："宋本'遁'作'道'，郝書作'遯'。"

謹案：《說文·辵部》："遯，逃也，從辵，從豚。""遁"爲"遯"之或體。"道"爲"遁"之形誤。潛遁猶潛隱也。

〔二二〕盧本"之"作"立"。盧弼曰："宋本'立'作'之'。"

謹案：《官本考證》曰："'之勳'元本作'立勳'。"考作"立勳"爲是。跡，《文選》陸士衡《弔魏武帝文》"遠跡頓於促路"李注："跡，功業也。"建跡立勳，語正相儷。"之"或以形近而訛。

〔二三〕《書鈔》卷七十三引"起"下有"自"字。

〔二四〕《書鈔》引"一朝"二字作"既"。

〔二五〕郝書"以"字作"亦"，《册府》卷三百二十一引"以"字作"似"。

〔二六〕盧弼曰："周壽昌曰：'老革非但如松之言罵爲老兵也。《易》云：鞏用黃牛之革。傳曰：殺老牛莫之敢尸，而況君乎！蓋直以老牛詈其主矣。觀下文羕與諸葛亮書，以主公未老自解，不敢承受革字之失也。'周樹模曰：'松之謂革爲兵，殊失之鑿。下文羕獄中書有被酒脫失老語，主公殊未老也，立業豈在老少等語。以訓革爲老爲是，不得謂革爲兵。'沈均瑢曰：'革從方言訓老爲是。'"

謹案：洪頤煊曰："老滷猶言老極而皮色皺急也。《管子·樞言篇》：'吾畏事，不欲爲事；吾畏言，不欲爲言。故行年六十而老吃也。'吃，極也。《三國志·彭羕傳》：'老革荒悖，可復道耶！'革，急也。其音義並同。"考周壽昌釋老革爲老牛，洪頤煊解老革爲老急，恐皆違原旨。《隋書·裴蘊傳》曰："老革多姦，將賊脅我。"是老革猶言老兵，詈人之語，仍當從裴注爲得，餘說則失之鑿矣。

〔二七〕蕭書、郝書"指"字俱作"抵"。又"談"下蕭書無"論"字。

〔二八〕郝書"義"字作"業"。

〔二九〕毛本"恩"字作"惠"。盧弼曰："宋本'惠'作'恩'。"

謹案：官本亦作"恩"，蕭書同。

〔三〇〕蕭書"義"字作"孝"。

〔三一〕盧弼曰："元本'悅'作'脱'。"

謹案：朱珔《文選集釋》："'悅'爲'脱'之假借字。"《荀子·正名篇》"說故喜怒哀樂愛惡欲以心異"注："説讀爲脱，誤也。"

〔三二〕盧弼曰："宋本'墮'作'惰'。"

謹案：馮本、陳本、毛本俱作"惰"。《晉書音義》："'惰'本作'墮'。"《戰國策·秦策》注："墮，壞也。"

〔三三〕盧弼曰："盧明楷曰：'楊戲《輔臣贊注》云：李邵，字永南。建興元年丞相亮辟爲西曹掾。此作李郃，未詳孰是？'趙一清曰：'作邵是。觀其字永南知之。下文郃琬亦應改邵。'李慈銘有説，見《輔臣贊注》。"

謹案：蕭書作"李郃、蔣琬嘗詣立計事，立謂曰"。疑此句當作"至立許，立曰"。"郃"字似應從趙一清説改作"邵"。"邵""郃"或涉形近而訛。

〔三四〕盧弼曰："劉咸炘曰：'主當作帝，他處亦多誤。'"

謹案：蕭書、郝書俱作"先帝"。諸葛亮表中皆稱劉備曰"先帝"，則廖立不能對邵、琬而稱先主也。此"主"字蓋後人所改。

〔三五〕蕭書"走"字作"而"，郝書無"走"字。

〔三六〕蕭書"無"上有"人"字。

〔三七〕蕭書"素"字作"豈"。

〔三八〕《文選集注》引《鈔》"練"字作"實"。

〔三九〕《文選集注》引《鈔》"是"字作"此"。

〔四〇〕《文選集注》引《鈔》作"識虛真耶"。

〔四一〕李慈銘曰："'有'疑當作'又'。"

謹案：郝書茍注引"有"字作"尤"。

〔四二〕李慈銘曰："'上'疑當作'止'。"

謹案：蕭書"上"字作"尚"，郝書茍注無"上"字。

〔四三〕蕭書"亟"字作"其"。

〔四四〕馮本、陳本無"往"字。

〔四五〕郝書"降"下無"先主"二字。

〔四六〕郝書"聚"下無"部伍"二字。

〔四七〕紹興本"城"字作"道"。《册府》卷六百九十三引同，蕭書、郝書、《季漢書》同。

〔四八〕郝書"可"字作"何"。

〔四九〕郝書無"諸"字。

〔五〇〕《文選集注》引《鈔》"行"下有"止"字，"偪"字作"迫"。

〔五一〕"辦"字應作"辨"。

〔五二〕盧弼曰："沮漳疑誤。下文'沮'字同。此時沮漳皆爲吳地，李平安能還至沮漳也？"

謹案："漳"字疑衍。下文"軍臨至沮"，止曰沮，不曰沮漳。

而此作沮漳，或由習見沮漳連文而誤增。且亮出軍祁山，而平催督運事，安能至沮漳邪？沮，縣名。武侯表曰："祁山去沮現五百里，有民萬戶，矚其丘墟，信爲殷矣。"《郡國志》："武都郡沮縣。"《一統志》："在今略陽縣東。"此謂李嚴聞軍將至西縣（原"西"下有"嚮"字，疑亦爲衍文。《一統志》：西縣故城，今秦州西南二十里），託疾還沮。及軍將至沮縣，復還江陽，情勢昭顯。盧君謂沮漳疑誤，又以下文"沮"字亦誤，未事剖析，遂以是爲非矣。

〔五三〕盧弼曰："'勤'疑作'勸'。"

謹案：郝書、《季漢書》"勤"俱作"勸"。

〔五四〕郝書"言"上有"怨"字，當據補，與上文"没齒而無怨言"語氣正相承。

〔五五〕紹興本"亡"字作"無"，《御覽》卷四百二十九引同。《考證》云："元本作'忘'。"

〔五六〕《御覽》引"無"字作"不"。

〔五七〕《御覽》引"不"字作"非"。

〔五八〕《御覽》引"有"上有"豈"字，"者乎"作"也哉"。

〔五九〕盧本"匕"作"士"。盧弼曰："宋本'士'作'匕'。姚範曰：'《地理志》蘇林曰：提音時，北方人名匕曰匙。何炘瞻以如字爲句，非。又也字上疑脫提音時三字。'"

謹案：作"匕"字是。朱翌《猗覺寮雜記》引此注作"'朱'音銖，'提'音如蜀（疑誤）人謂匕曰提。"是宋人所見本無"時"字。吳承仕《經籍舊音辨證》曰："按：注文應云：'提音北方人名匕曰提。'各本'音'下誤衍'時'字，文不成義。且漢魏人比況作音，亦無此例也。蓋俗人以'時''匙'音近，故誤擬匙音，而妄羼一時字。不知古音是聲屬支，時聲屬之，非同部也。"

〔六〇〕《御覽》卷四百九十三引"固陵"作"涪陵"。涪陵,建安六年劉璋分巴郡置,而《吳志·潘璋傳》云孫權分宜都至秭歸二縣爲固陵郡。《續漢書·郡國志》劉昭補注:"《魏氏春秋》:建安二十四年吳分巫、秭歸爲固陵郡。"則以作"涪陵"爲得。

〔六一〕《御覽》卷三百六十五、卷六百五十、卷六百五十七引"胡"下俱無"氏"字。下同。

〔六二〕《御覽》卷三百五十六引無"五百"二字,卷六百五十引"五"字作"伍",下無"百"字。《後漢書·宦者曹節傳》"越騎營五百"注曰:"今俗呼引杖人爲伍百。韋昭曰:'五百'字本爲'伍佰'。伍,當也;佰,道也。使之導引當道陌中以驅除也。"則作"伍百"爲是。

〔六三〕盧弼曰:"疑作'胡具以琰言告'。郝書無'言琰'二字。姚範曰:'琰下疑有脱字。'"

謹案:蕭書亦無"言琰"二字,《御覽》卷六百九十七引作"胡具以言告",疑是。

〔六四〕《御覽》卷二百一十引"曲"下有"將"字,蕭書同。

〔六五〕盧本"遷"作"還"。盧弼曰:"'還'各本均作'遷'。《官本考證》曰:'當作還。'"

謹案:蕭書作"徙治",則作"還"字疑非。"遷"字是,"遷""徙"義同。

〔六六〕盧弼曰:"楙爲魏武婿,尚清河公主,見《夏侯惇傳》,當以'少'字爲句。《通鑑》無'少'字,惟誤作夏侯淵子。陳本以'少主婿也'爲句,誤。"

謹案:楙爲曹操之婿,不得云少主婿也。當從《通鑑》去"少"字,而此句作一句讀。

〔六七〕《册府》卷四百零二引"千"下有"斛"字。

〔六八〕《御覽》卷六百四十六引"麟"上無"麒"字。

〔六九〕《御覽》卷四百、《册府》卷八百九十二引俱無"欲"字。

〔七〇〕盧弼曰："宋本'因'作'困',《通鑑》同。"

謹案：《册府》卷四百五十七引"因"字亦作"困",蕭書同。作"困"字是。

〔七一〕蕭書："遂使"二字作"皆"。

〔七二〕盧弼曰："《通鑑》'毚'作'攙'。胡三省曰：'攙,初銜翻。自後爭前曰攙,今人猶曰攙先。'"

謹案："毚"當作"儳"。蕭書亦作"攙",疑爲"儳"之後出字。

〔七三〕蕭書"槎"字作"刊"。

〔七四〕《御覽》卷三百六十三引"復能"二字乙。

〔七五〕盧弼曰："胡三省曰：'斯,此也。須,待也。言即此待之,便可辦事。'"

謹案：《文選》曹子建《與楊德祖書》："曾不斯須,少留思慮。"《禮記·祭義》"禮樂不可斯須去身"鄭注："斯須猶須臾也。"胡注誤。

〔七六〕蕭書無"憑"字。

〔七七〕《家人》彖辭："家人有嚴君焉,父母之謂也。"儀本思代亮,而《家人》彖辭"有嚴君焉",則不得代亮可知,故默然不悦。

〔七八〕紹興本"官"字作"宦",蕭書同,有"惟"字作"謂"。《説文·宀部》："宦,任也。"《禮記·曲禮》鄭注同。

〔七九〕《官本考證》曰："'爲'宋本作'惟'。"紹興本、蕭書同。

〔八〇〕盧弼曰："《史記·酈食其傳》：'家貧落魄,無以爲衣食業。'應劭曰:'落魄,志行衰惡之貌也。'晉灼曰:'落薄、落託義同。'胡三省曰:'度,徒洛翻。落度,失意也。'李慈銘曰:'度當讀鐸。落度猶落拓,即落魄也。'"

謹案:蕭書音義曰:"落度讀作落魄,音薄,又音託。又如字,言不自振也。"郝懿行《證俗文》曰:"《揚雄傳‧解嘲》曰:'何爲官之拓落也。'師古曰:'拓落,不耦也。'拓音託。是知拓落猶落拓矣,又爲落度(度音鐸)。落度即落拓,音聲相近。又轉爲潦倒,謂舉止跌宕而不自儉攝者爲潦倒,亦近落拓之義也。"

〔八一〕盧弼曰:"楊慮事又見《魏志‧呂布傳》注。"

謹案:檢《呂布傳》注未見載楊慮事,疑盧君說有誤。

三國志校箋卷四十一

蜀志卷十一〔一〕

霍峻　王連　向朗 兄子寵　張裔　楊洪　費詩〔二〕

　　霍峻字仲邈，南郡枝江人也。兄篤，於鄉里合郡曲數百人〔三〕。篤卒，荊州牧劉表令峻攝其衆。表卒，峻率衆歸先主，先主以峻爲中郎將，先主自葭萌南還襲劉璋，留峻守葭萌城。張魯遣將楊帛誘峻，求共守城，峻曰："小人頭可得，城不可得。"帛乃退去。後璋將扶禁、向存等帥萬餘人由閬水上，攻圍峻且一年，不能下。峻城中兵纔數百人，伺其怠隙，選精銳出擊，大破之，即斬存首。先主定蜀，嘉峻之功，乃分廣漢爲梓潼郡，以峻爲梓潼太守、裨將軍。在官三年，年四十，卒，還葬成都。先主甚悼惜，乃詔諸葛亮曰："峻既佳士，加有功於國，欲行酹。"遂親率羣僚臨會弔祭，因留宿墓上，當時榮之。

子弋，字紹先，先主末年爲太子舍人。後主踐阼，除謁者。丞相諸葛亮北駐漢中，請爲記室，使與子喬共周旋游處。亮卒，爲黃門侍郎。後主立太子璿，以弋爲中庶子。璿好騎射，出入無度，弋援引古義，盡言規諫，甚得切磋之體。後爲參軍庲降屯副貳都督，又轉護軍，統事如前。時永昌郡夷獠恃險不賓，數爲寇害，乃以弋領永昌太守，率偏軍討之，遂斬其豪帥，破壞邑落，郡界寧靜。遷監軍翊軍將軍，領建寧太守，還統南郡事〔四〕。景耀六年，進號安南將軍。是歲，蜀并於魏。弋與巴東領軍襄陽羅憲各保全一方，舉以內附，咸因仍前任，寵待有加。《漢晉春秋》曰：霍弋聞魏軍來，弋欲赴成都，後主以備敵既定，不聽。及成都不守，弋素服號哭，大臨三日。諸將咸勸宜速降，弋曰："今道路隔塞，未詳主之安危，大故去就，不可苟也。若主上與魏和，見遇以禮，則保境而降，不晚也。若萬一危辱，吾將守死拒之〔五〕，何論遲速邪！"得後主東遷之問，始率六郡將守上表曰："臣聞人生於三，事之如一〔六〕，惟難所在，則致其命。今臣國敗主附，守死無所，是以委質，不敢有二〔七〕。"晉文王善之，又拜南中都督，委以本任。後遣將兵救援呂興，平交阯、日南、九真三郡，功封列侯，進號崇賞焉。弋孫彪，晉越巂太守。《襄陽記》曰：羅憲字令則〔八〕。父蒙，避亂於蜀，官至廣漢太守。憲少以才學知名，年十三能屬文。後主立太子，爲太子舍人，遷庶子、尚書吏部郎，以宣信校尉再使於吳，吳人稱美焉〔九〕。時黃皓預政，衆多附之，憲獨不與同〔一〇〕，皓恚〔一一〕，左遷巴東太守。時右大將軍閻宇都督巴東，爲領軍〔一二〕，後主拜憲爲宇副貳〔一三〕。魏之伐蜀，召宇西還，留宇二千人，令憲守永安城〔一四〕。尋聞成都敗，城中擾動，江邊長吏皆棄城走，憲斬稱成都亂者一人，百姓乃定。得後主委質問至，乃帥所統臨於都亭三日。吳聞蜀敗，起兵西上，外託救援，內欲襲憲。憲曰："本朝傾覆，吳爲脣齒，不恤我難而徼其利，背盟違約。且漢已亡，吳何得久，寧能爲吳降虜乎！"保城繕甲，告誓將士，屬以節義，莫不用命。吳聞鍾、鄧敗，百城無主，有兼蜀之志，而巴東固守，兵不得過，使步協率衆而西。憲臨江拒射，不能禦，遣參軍楊宗突圍北出，告急安東將軍陳騫，又送文武印綬、任子詣晉王。協攻城，憲出與戰，大破其軍。孫休怒，復遣陸抗等帥衆三萬人增憲之圍。被攻凡六月日而救援不到〔一五〕，城中疾病大半。或説憲奔走之計，憲曰："夫爲人主，百姓所仰，危不能安，急而棄之，君子不爲也，畢命於此矣。"陳騫言於晉王，遣荆州刺史胡烈救憲，抗等引退。晉王即委前任，拜憲凌江將軍，封萬年亭侯。會武陵四縣舉衆叛吳，以憲爲武陵太守、巴東監軍。泰始元年改封西鄂縣侯。憲遣妻子居洛陽，武帝以子襲爲給事中。三年冬入朝，進位冠軍將軍，假節。四年三月，從帝宴於華林園，詔問蜀大臣子弟，後問先輩宜時敍用者，憲薦蜀郡常忌、杜軫、壽良、巴西陳壽、南郡高軌、高陽呂雅〔一六〕、許國、江夏費恭、琅邪諸葛京、汝南陳裕，即皆敍用，咸顯於世。憲還，襲取吳之巫城，因上伐吳之策。憲方亮嚴正，待士不倦，輕財好施，不治産業。六年薨，贈安南將軍，諡曰烈侯。子襲，以陵江將軍領部曲〔一七〕，早卒，追贈廣漢太守。襲子徵，順陽內史，永嘉五年爲王如所殺。此作"獻"，名與本傳不同，未詳孰是也。

王連字文儀，南陽人也。劉璋時入蜀，爲梓潼令。

先主起事葭萌,進軍來南,連閉城不降,先主義之,不彊偪也。及成都既平,以連爲什邡令,轉在廣都,所居有績。遷司鹽校尉,較鹽鐵之利,利入甚多,有裨國用,於是簡取良才以爲官屬[一八]。若呂乂、杜祺、劉幹等,終皆至大官,自連所拔也。遷蜀郡太守、興業將軍,領鹽府如故。建興元年,拜屯騎校尉,領丞相長史,封平陽亭侯。時南方諸郡不賓,諸葛亮將自征之,連諫以爲此不毛之地,疫癘之鄉,不宜以一國之望,冒險而行。亮慮諸將才不及己,意欲必往,而連言輒懇至,故停留者久之。會連卒。子山嗣,官至江陽太守。

向朗字巨達,襄陽宜城人也。《襄陽記》曰:朗少師事司馬德操,與徐元直、韓德高、龐士元皆親善。荊州牧劉表以爲臨沮長。表卒歸先主。先主定江南,使朗督秭歸、夷道、巫山、夷陵四縣軍民事。蜀既平,以朗爲巴西太守,頃之轉任牂牁,又徙房陵。後主踐阼,爲步兵校尉,代王連領丞相長史。丞相亮南征,朗留統後事。五年,隨亮漢中[一九]。朗素與馬謖善,謖逃亡,朗知情不舉,亮恨之[二〇],免官還成都。數年,爲光祿勳,亮卒後徙左將軍,追論舊功,封顯明亭侯,位特進。初,朗少時雖涉獵文學[二一],然不治素檢,以吏能見稱。自去長史,優游無事垂三十年,臣松之案:朗坐馬謖免長史,則建興六年中也。朗至延熙十年卒,整二十年耳,此云"三十",字之誤也[二二]。乃更潛心典籍,孜孜不倦。年踰八十,猶手自校書,刊定謬誤，積聚篇卷，於時最多。開門接賓，誘納後進，但講論古義，不干時事，以是見稱。上自執政，下及童冠，皆敬重焉。延熙十年卒。《襄陽記》曰：朗遺言戒子曰："《傳》稱師克在和不在衆，此言天地和則萬物生，君臣和則國家平，九族和則動得所求，靜得所安，是以聖人守和，以存以亡也。吾，楚國之小子耳，而早喪所天，爲二兄所誘養，使其性行不隨禄利以墮。今但貧耳；貧非人患，惟和爲貴，汝其勉之！"子條嗣，景耀中爲御史中丞。《襄陽記》曰：條字文豹，亦博學多識，入晉爲江陽太守、南中軍司馬。

朗兄子寵，先主時爲牙門將。秭歸之敗，寵營特完。建興元年封都亭侯，後爲中部督，典宿衛兵。諸葛亮當北行，表與後主曰："將軍向寵，性行淑均，曉暢軍事，試用於昔，先帝稱之曰能，是以衆論舉寵爲督。愚以爲營中之事，悉以咨之，必能使行陣和睦，優劣得所也。"遷中領軍。延熙三年，征漢嘉蠻夷，遇害。寵弟充，歷射聲校尉、尚書。《襄陽記》曰：魏咸熙元年六月，鎮南將軍衛瓘至於成都〔二三〕，得璧玉印各一枚，文似"成信"字，魏人宣示百官，藏於相國府。充聞之曰："吾聞譙周之言，先帝諱備，其訓具也，後主諱禪，其訓授也，如言劉已具矣，當授與人也。今中撫軍名炎，而漢年極於炎興，瑞出成都，而藏之於相國府，此殆天意也。"是歲，拜充爲梓潼太守，明年十二月而晉武帝即尊位，炎興於是乎徵焉。孫盛曰：昔公孫述自以起成都，號曰成氏，二玉之文，殆述所作乎！

張裔字君嗣，蜀郡成都人也。治《公羊春秋》，博涉《史》《漢》。汝南許文休入蜀，謂裔幹理敏捷，是中夏鍾元常之倫也。劉璋時，舉孝廉，爲魚復長，還州署從事，領帳下司馬。張飛自荆州由墊江入，璋授裔兵，拒張飛於德陽陌下，軍敗，還成都。爲璋奉使詣先主，先主許以禮其君而安其人也，裔還，城門乃開。先主以裔爲巴郡太守，還爲司金中郎將，典作農戰之器。先是益州郡殺太守正昂，耆率雍闓恩信著於南土，使命周旋，遠通孫權。乃以裔爲益州太守，徑往至郡。闓遂趑趄不賓，假鬼教曰：“張府君如瓠壺，外雖澤而内實麤，不足殺，令縛與吳。”於是遂送裔於權。

會先主薨，諸葛亮遣鄧芝使吳，亮令芝言次可從權請裔。裔自至吳數年，流徙伏匿，權未之知也，故許芝遣裔。裔臨發，權乃引見，問裔曰：“蜀卓氏寡女，亡奔司馬相如，貴土風俗何以乃爾乎？”裔對曰：“愚以爲卓氏之寡女〔二四〕，猶賢於買臣之妻。”權又謂裔曰：“君還，必用事西朝，終不作田父於閻里也〔二五〕，將何以報我？”裔對曰：“裔負罪而歸，將委命有司。若蒙徼倖得全首領，五十八已前〔二六〕，父母之年也，自此已後，大王之賜也。”權言笑歡悅，有器裔之色。裔出閤，深悔不能陽愚，即便就船，倍道兼行。權果追之，裔已入永安界數十里，追者不能及。

既至蜀，丞相亮以爲參軍，署府事，又領益州治中從事。亮出駐漢中，裔以射聲校尉領留府長史，常稱曰：

"公賞不遺遠，罰不阿近，爵不可以無功取，刑不可以貴勢免，此賢愚之所以僉忘其身者也。"其明年，北詣亮諮事，送者數百，車乘盈路，裔還書與所親曰："近者涉道，晝夜接賓，不得寧息，人自敬丞相長史，男子張君嗣附之，疲倦欲死。"其談啁流速，皆此類也。臣松之以爲：談啁貴於機捷，書疏可容留意。今因書疏之巧，以著談啁之速，非其理也。少與犍爲楊恭友善，恭早死，遺孤未數歲〔二七〕，裔迎留，與分屋而居，事恭母如母。恭之子息長大，爲之娶婦，買田宅產業，使立門户。撫恤故舊，振贍衰宗，行義甚至。加輔漢將軍，領長史如故。建興八年卒。子毣嗣，毣音忙角反，見《字林》，曰："毣，思貌也。"〔二八〕歷三郡監軍〔二九〕。毣弟郁，太子中庶子。

楊洪字季休，犍爲武陽人也。劉璋時歷部諸郡。先主定蜀〔三〇〕，太守李嚴命爲功曹。嚴欲徙郡治舍，洪固諫不聽，遂辭功曹，請退。嚴欲薦洪於州〔三一〕，爲蜀郡從事〔三二〕。先主爭漢中，急書發兵，軍師將軍諸葛亮以問洪，洪曰："漢中則益州咽喉〔三三〕，存亡之機會〔三四〕，若無漢中，則無蜀矣，此家門之禍也。方今之事，男子當戰，女子當運，發兵何疑？"時蜀郡太守法正從先主北行，亮於是表洪領蜀郡太守，衆事皆辦，遂使即真。頃之，轉爲益州治中從事。

先主既稱尊號，征吳不克，還住永安。漢嘉太守黃元素爲諸葛亮所不喜〔三五〕，聞先主疾病，懼有後患〔三六〕，舉郡反，燒臨邛城。時亮東行省疾，成都單虛，是以元益無所憚。洪即啓太子，遣其親兵，使將軍陳曶、鄭綽討元。衆議以爲元若不能圍成都，當由越巂據南中。洪曰："元素性凶暴，無他恩信，何能辦此？不過乘水東下，冀主上平安，面縛歸死；如其有異，奔吳求活耳。勑曶、綽但於南安峽口遮，即便得矣〔三七〕。"曶、綽承洪言，果生獲元。洪建興元年賜爵關内侯〔三八〕，復爲蜀郡太守、忠節將軍，後爲越騎校尉，領郡如故。

五年，丞相亮北住漢中，欲用張裔爲留府長史，問洪何如？洪對曰："裔天姿明察，長於治劇，才誠堪之，然性不公平，恐不可專任，不如留向朗。朗情偏差少，裔隨從目下〔三九〕，效其器能〔四〇〕，於事兩善。"初，裔少與洪親善。裔流放在吳，洪臨裔郡，裔子郁給郡吏，微過受罰，不特原假。裔後還聞之，深以爲恨，與洪情好有損。及洪見亮出，至裔許，具說所言。裔答洪曰："公留我了矣〔四一〕，明府不能止。"時人或疑洪意自欲作長史，或疑洪知裔自嫌，不願裔處要職，典後事也。後裔與司鹽校尉岑述不和，至於忿恨。亮與裔書曰："君昔在柏下〔四二〕，營壞，吾之用心，食不知味；後流迸南海，相爲悲歎，寢不安席；及其來還，委付大任，同獎王室，自以爲與君古之石交也。石交之道，舉讐以相益，割骨肉以相明，猶不相謝也，況吾但委意於元儉，而君不能忍邪？"論者由是明洪無私。

洪少不好學問，而忠清款亮，憂公如家，事繼母至孝。六年卒官。始，洪爲李嚴功曹，嚴未至犍爲〔四三〕，而洪已爲蜀郡。洪迎門下書佐何祗〔四四〕，有才策功幹，舉郡吏，數年爲廣漢太守，時洪亦尚在蜀郡。是以西土咸服諸葛亮能盡時人之器用也。《益部耆舊傳雜記》曰〔四五〕：每朝會，祗次洪坐。嘲祗曰：「君馬何馵？」祗曰：「故吏馬不敢馵，但明府未著鞭耳。」衆傳之以爲笑。祗字君肅，少寒貧，爲人寬厚通濟，體甚壯大，又能飲食，好聲色，不持節儉〔四六〕，故時人少貴之者。嘗夢井中生桑〔四七〕，以問占夢趙直，直曰：「桑非井中之物，會當移植；然桑字四十下八〔四八〕，君壽恐不過此。」祗笑言「得此足矣」。初往郡〔四九〕，後爲督軍從事。時諸葛亮用法峻密，陰聞祗游戲放縱，不勤所職，嘗奄往錄獄〔五〇〕。衆人咸爲祗懼。祗密聞之，夜張燈火見囚，讀諸解狀。諸葛晨往，祗悉已闇誦，答對解釋，無所凝滯，亮甚異之。出補成都令，時郫縣令缺，以祗兼二縣。二縣戶口猥多，切近都治，饒諸奸穢，每比人，常眠睡，值其覺寤，輒得奸詐，衆咸畏祗之發摘，或以爲有術，無敢欺者。使人投算，祗聽其讀而心計之，不差升合，其精如此〔五一〕。汶山夷不安，以祗爲汶山太守，民夷服信。遷廣漢。後夷反叛，辭令：「得前何府君，乃能安我耳！」時難屈祗，拔祗族人爲〔五二〕，汶山復得安。轉祗爲犍爲。年四十八卒，如直所言。後有廣漢王離，字伯元，亦以才幹顯。爲督軍從事，推法平當，稍遷，代祗爲犍爲太守，治有美績，雖聰明不及祗，而文采過之也。

費詩字公舉，犍爲南安人也。劉璋時爲緜竹令，先主攻緜竹時，詩先舉城降。成都既定，先主領益州牧，以詩爲督軍從事，出爲牂牁太守，還爲州前部司馬。先主爲漢中王，遣詩拜關羽爲前將軍，羽聞黃忠爲後將軍，羽怒曰[五三]："大丈夫終不與老兵同列！"不肯受拜[五四]。詩謂羽曰："夫立王業者，所用非一。昔蕭、曹與高祖少小親舊，而陳、韓亡命後至，論其班列，韓最居上，未聞蕭、曹以此爲怨[五五]。今漢王以一時之功[五六]，隆崇於漢室[五七]，然意之輕重，寧當與君侯齊乎！且王與君侯，譬猶一體，同休等戚，禍福共之，愚爲君侯，不宜計官號之高下，爵祿之多少爲意也。僕一介之使，銜命之人[五八]，君侯不受拜，如是便還，但相爲惜此舉動，恐有後悔耳！"羽大感悟，遽即受拜。

後羣臣議欲推漢中王稱尊號，詩上疏曰："殿下以曹操父子偪主篡位，故乃羈旅萬里，糾合士衆，將以討賊。今大敵未克，而先自立，恐人心疑惑。昔高祖與楚約，先破秦者王[五九]。及屠咸陽，獲子嬰，猶懷推讓，況今殿下未出門庭，便欲自立邪！愚臣誠不爲殿下取也。"由是忤指，左遷部永昌從事。習鑿齒曰：夫創本之君，須大定而後正己[六〇]，纂統之主，須速建以係衆心[六一]，是故惠公朝虜而子圉夕立，更始尚存而光武舉號，夫豈忘主徼利，社稷之故也。今先主糾合義兵，將以討賊。賊彊禍大，主沒國喪，二祖之廟，絕而不祀，苟非親賢，孰能紹此？嗣祖配天，非咸陽之譬，杖正討逆，何推讓之有？於此時也，不知速尊有德以奉大統[六二]，使民欣反正，世覩舊物，杖順者齊心，附逆者同懼，可謂闇惑矣。其黜降也宜哉！臣松之以爲：鑿齒論議，惟此議最善。

建興三年，隨諸葛亮南行[六三]，歸至漢陽縣，降人李鴻來詣亮，亮見鴻，時蔣琬與詩在坐。鴻曰："間過孟達許，適見王沖從南來，言往者達之去就，明公切齒，欲誅達妻子，賴先主不聽耳[六四]。達曰：'諸葛亮見顧有本末，終不爾也。'盡不信沖言，委仰明公，無復已已。"亮謂琬、詩曰："還都當有書與子度相聞。"詩進曰："孟達小子，昔事振威不忠，後又背叛先主[六五]，反覆之人，何足與書邪！"亮默然不答。亮欲誘達以為外援，竟與達書曰："往年南征，歲未及還，適與李鴻會於漢陽，承知消息，慨然永歎，以存足下平素之志，豈徒空託名榮，貴為華離乎[六六]！嗚呼孟子，斯實劉封侵陵足下，以傷先主待士之義[六七]。又鴻道王沖造作虛語，云足下量度吾心，不受沖說。尋表明之言，追平生之好，依依東望，故遣有書。"達得亮書，數相交通，辭欲叛魏。魏遣司馬宣王征之，即斬滅達。亮亦以達無款誠之心，故不救助也。蔣琬秉政，以詩為諫議大夫，卒於家。

王沖者，廣漢人也。為牙門將，統屬江州督李嚴。為嚴所疾，懼罪降魏。魏以沖為樂陵太守。孫盛《蜀世譜》曰：詩子立，晉散騎常侍。自後益州諸費有名位者，多是詩之後也。

評曰：霍峻孤城不傾，王連固節不移，向朗好學不倦，張裔膚敏應機，楊洪乃心忠公，費詩率意而言，皆有可紀焉。以先主之廣濟，諸葛之準繩，詩吐直言，猶用陵遲，況庸后乎哉！

【校箋】

〔一〕毛本作"蜀書十一"。

〔二〕毛本作"霍王向張楊費傳第十一"。

〔三〕紹興本"郡"字作"部",盧弼曰:"各本'部'皆作'郡'誤。宋、元本不誤。"

謹案:錢儀吉"郡"改作"部",云:"從宋本。"考《御覽》卷二百四十一、卷七百六十五引作"部",蕭書、《季漢書》引同,作"部"字是也。

〔四〕盧弼曰:"趙一清曰:'南郡字誤。蜀稱益州爲南中,非漢荊州之南郡。或是南中郡縣,史省文。'"

謹案:洪頤煊曰:"南郡謂南中六郡。注《漢晉春秋》曰:'弋得後主東遷之問,始率六郡將守上表,晉文王善之。'是也。考蕭書音義曰:'陳壽作南郡。南郡屬吳,無還統之理。時弋領永昌,復領建寧,故曰兩郡。'竊謂蕭説是,'南'字或爲'兩'字之形誤,趙、洪説未得。"盧君《集解補》雖已引,然未有所刊正,非是。

〔五〕紹興本、馮本、陳本"守"字俱作"以",《册府》卷三百七十引同。

〔六〕盧弼曰:"胡三省曰:'無父母烏生,無君烏以爲生,所謂人生在三也。'"

謹案:《國語·晉語一》曰:"民生於三,事之如一。父生之,師教之,君食之。"胡注誤。盧君《集解補》於《譙周傳》"在三之節"引此文,然於此注未加刊正,何也?

〔七〕紹興本"二"字作"貳"。

〔八〕《御覽》卷三十七引《荊州先德傳》"憲"字作"獻",卷三百五十七、卷四百一十七引《襄陽耆舊傳》亦俱作"獻"。

〔九〕紹興本"羡"字作"美"。

〔一〇〕郝書"同"字作"交"。

〔一一〕郝書"恚"下有"之"字。

〔一二〕郝書"爲領軍"在下文"後主拜憲"句下。

〔一三〕郝書"副"下無"貳"字。

〔一四〕郝書"留"下無"宇"字,"安"下無"城"字。

〔一五〕郝書"月"下無"日"字。

〔一六〕盧弼曰:"宋本'高'作'南'。"

謹案:梁章鉅曰:"何焯曰:'元本高陽作南陽。'"考《册府》卷四百一十三引"高"字亦作"南",郝書同。

〔一七〕郝書"陵"字作"淩"。考本傳注"拜憲淩江將軍",字正作"淩"。

〔一八〕郝書"取"字作"拔"。

〔一九〕蕭書"亮"下有"至"字。

〔二〇〕盧弼曰:"何焯曰:'謖逃亡之事,本傳無之。此又不詳,只一及耳。'朱邦衡曰:'此即街亭之役,謂謖違命致敗,朗不諫故耳。若在官私逸,中材所不屑爲,況謖素負才名爲丞相器異者乎!此非文有脫誤,即承祚屬辭晦澀故也。'周壽昌曰:'街亭之敗在建興六年,若五年則武侯駐軍漢中,馬謖正參軍事,不容無故逃亡。若軍敗後事,何以諸葛公傳及謖傳俱未敘及,又何誤作五年耶?'"

謹案:徐紹楨曰:"王氏鳴盛曰:'謖傳但言其敗於街亭,下獄物故,竝無逃亡事。而此傳乃云五年隨亮漢中,朗素與馬謖善,謖逃亡,朗知情不舉,亮恨之。意謖逃而被獲,故下獄死。若然則罪所應得，而習鑿齒尚譏亮殺謖爲非，何也？其事殊未明悉！'"
洪亮吉曰："觀此則謖兵敗逃亡後復得，乃下獄死也。謖言過其實，本無足取。又違亮節度，以致喪師，不甘心伏罪，而尚遠竄，違有罪不逃刑之訓，亮戮之甚當。習鑿齒等譏亮失刑，過矣！"

〔二一〕蕭書"文學"作"儒學"。

〔二二〕盧弼曰："何焯曰：'二十年之功，何書不可讀。朗去長史已六十餘。老而好學，正吾儕過時者所宜師法也。雖公淵之口，終能以凡俗批詆邪！'弼按：廖立，字公淵，論向朗凡俗，見立傳。"

謹案：洪亮吉曰："按：張皇后及子璿傳俱云'使行丞相事左將軍向朗持節授璽綬'，事在延熙元年。則朗後復任事可知。"竊謂盧君喜輯空泛之說以爲注。如何氏此語，於傳文何所發明？殊失之矣！

〔二三〕盧弼曰："宋本'南'作'西'，《晉書‧衛瓘傳》同。"

謹案：《官本考證》盧明楷曰："《魏志‧衛覬傳》云：'子瓘，咸熙中爲鎮西將軍。'此作'鎮南'，字誤。"

〔二四〕《御覽》卷四百六十三引"女"上無"寡"字。

〔二五〕《御覽》引"不"上有"必"字。

〔二六〕《御覽》引"十"下無"八"字。

〔二七〕蕭書、郝書"孤"下俱無"未"字。

〔二八〕盧弼曰："翟音木。"

謹案：郝書苟注引作："《字林》曰：'翟，忙角反，思貌。'"疑此有衍誤。

〔二九〕蕭書"郡"下有"太守"二字，郝書有"守"字，《季漢書》同。

〔三〇〕蕭書作"定益州"，本志或稱"定蜀"，或稱"定益州"。

〔三一〕盧弼曰："劉家立曰：'此欲字乃涉上文欲字而誤衍者，當刪去。'"

謹案：徐紹楨曰："此蓋因洪辭功曹，而嚴遂薦之於州，乃爲蜀部從事耳。蕭氏所據陳志必當作'遂'，不誤。郝書亦作'欲'，則已沿陳志訛本矣。"

〔三二〕紹興本、馮本、陳本、毛本"郡"字作"部"，蕭書、郝書、道藏本《諸葛忠武侯集》亦俱作"部"。盧弼曰："'蜀'疑作'益'，或曰'部疑作郡'。"

謹案：官本"部"作"郡"，似或曰所本。郁松年《續後漢書札記》曰："《續漢志》：州刺史屬每州一部從事。郡太守屬亦有從事。"嚴薦洪於州，則洪爲益州從事，主蜀部，非郡從事明矣。盧君謂"蜀"疑作"益"，非是。洪主蜀部，故稱蜀部從事。或謂"部"作"郡"，亦非。

〔三三〕《華陽國志》、蕭書俱無"則"字，"咽"上有"之"字。

〔三四〕《華陽國志》"機"下無"會"字。

〔三五〕紹興本"喜"作"善"，《册府》卷七百二十引同。蕭書、郝書亦俱作"善"。

〔三六〕《華陽國志》"懼"字作"慮"。

〔三七〕盧弼曰："'即'疑作'擊'。"

謹案："即"與"擊"形聲俱遠，無緣致誤。郝書無"即"字，竊疑"即便"爲複語。

〔三八〕盧弼以"洪"字屬上句，引趙一清曰："此'洪'字是史羡文。"

謹案：蕭書、《季漢書》俱無"洪"字，是也。

〔三九〕蕭書、郝書"裔"上俱有"使"字。蕭書無"目下"

二字,增"行"字。

〔四〇〕蕭書"效"上有"得"字。

〔四一〕郝書無"矣"字。

〔四二〕盧本"栢"字作"柏"。盧弼曰:"'柏'宋本作'栢',元本作'栢'。趙一清曰:'當作陌下,即《張裔傳》所謂德陽陌下也。'"

謹案:《官本考證》曰:"宋本作'栢下'。"李慈銘曰:"'柏''陌'音近,宋本作'栢',乃字誤。"

〔四三〕盧弼曰:"錢大昭曰:'至疑當作去。'弼按:《通鑑》作'去'。"

謹案:《通典·選舉二》引"至"作"去"。蕭書、郝書亦作"去"。《華陽國志》云:"已爲蜀郡,嚴猶在官。"足徵"至"實誤字也。

〔四四〕盧弼曰:"'迎'字疑衍,《通鑑》作'舉'。"

謹案:蕭書"迎"作"辟"。《杜微傳》:"所迎皆妙簡舊德。""迎",蕭書亦作"辟"。疑作"辟"字是。《文選》阮嗣宗《奏記詣蔣公》注:"辟猶召也。"

〔四五〕《類聚》卷八十八、《御覽》卷三百九十三、卷四百三十二、卷八百四十九引俱無"雜記"二字。

〔四六〕盧弼曰:"何焯曰:'儉疑作檢。'"

謹案:何説是。考《御覽》卷八百四十九引"持"作"治",唐人避高宗諱改"治"作"持"。此"持"字當作"治"。《向朗傳》"不治素檢",語意正同。應訂正。

〔四七〕《御覽》卷四百引"常"字作"嘗"。

〔四八〕《御覽》引"八"上有"有"字。

〔四九〕紹興本"往"字作"仕",蕭書同。盧弼曰:"毛本

'仕'作'往'。"

　　謹案：毛本誤。

〔五〇〕馮本"嘗"字作"當"。疑作"嘗"字是，"當"蓋"嘗"字之誤。

〔五一〕蕭書"精"下有"敏"字。

〔五二〕盧弼曰："《御覽》二百六十一'辭'下有'曰'字，'難'下有'復'字，'爲'下有'之'字。"

　　謹案：此已見梁章鉅書，則此"御"字上應增"梁章鉅曰"四字。此有脫文，語意不瞭，當據《御覽》引補。

〔五三〕盧弼曰："《御覽》'怒'上無'羽'字。"

　　謹案：《官本考證》曰："《太平御覽》無下'羽'字。"錢儀吉曰："《御覽》無'羽'字，當從之。"考此見《御覽》卷二百三十八引。

〔五四〕《白帖》卷七十引無"受"字，蕭書同。

〔五五〕《御覽》引"怨"下有"也"字。

〔五六〕《御覽》引"漢"下有"中"字，《華陽國志》作"今王"，無"漢"字。

〔五七〕何焯曰："'室'當作'升'，黃忠字也。《御覽》作'漢叔'，'叔'字草書似'升'字耳。"

　　謹案：《御覽》引"室"字作"叔"，說見《黃忠傳》。《華陽國志》引作"漢升"。

〔五八〕《御覽》引"人"字作"臣"。

〔五九〕《通鑑·魏紀》"王"下有"之"字。

〔六〇〕紹興本、馮本、陳本"俟"字作"須"。

〔六一〕紹興本、馮本、陳本"須"字作"俟"。

〔六二〕紹興本"知"字作"如"。

〔六三〕《華陽國志》"行"字作"征"。《册府》卷四百二十引同。

〔六四〕郝書"先主"作"先帝"。

〔六五〕《華陽國志》"先主"作"先帝"。

〔六六〕盧弼曰："宋本'華'作'乖',《通志》《册府》同。"

謹案：《官本考證》曰："'華離'《册府》作'乖離'。"錢儀吉"華"改作"乖"，云"從元本"。郝書、《季漢書》均作"乖"，《册府》卷四百二十六引同。考作"華離"者是。《周禮·大司馬·形方氏》："無有華離之地。"諸葛亮蓋承用之。孫詒讓《周禮正義》曰："《玉篇·乑部》蓛訓蓛斜。蓛斜者，猶佤邪云爾。《廣韵》十三佳釋'菙'字云'菙雜斜絶'，即佤邪離絶也。詒讓案：《玉篇》《廣韵》以'華'爲'菙'者，以其形近，誤合爲一字，似亦本唐以前舊詁。然鄭讀、陸音，則皆無此義。《玉篇·丅部》有'䓝'字，'苦蛙切，不正也'。《廣韵》十三佳載'菙''葵'二字，'菙'即'菙'之譌。'華''華'又合'乖''乑'二字爲之。《説文·乑部》：'丅亦讀若菙。'戴侗《六書故》引唐本《説文》'乑'作'奊'，是其證也。此皆展轉訛俗不體之字，與此經'華'字絶不相涉。《大司徒·保章氏》有'乖'字，並不作'華'。注'佤'字亦《説文》所無，依賈疏'兩頭寬中狹'之説，惠（士奇）謂'佤'即'窊'，近是。《梓人》注釋'哨'爲傾小。傾即佤衺，小猶虧損，亦即佤狹之義。《廣韵》九麻釋'佤'云：'佤邪離絶之貌。'亦即本此注。然鄭本以'佤邪'訓'華'，'離絶'訓'離'，'華''佤'並無絶訓，斯又修韵者之誤也。"如孫説，宋本作"乖"，蓋爲"華"字之訛，或由六朝俗體而誤也。

〔六七〕"先主"疑亦當作"先帝"。

三國志校箋卷四十二

蜀志卷十二〔一〕

杜微　周羣 張裕　杜瓊　許慈　孟光　來敏　尹默
李譔　譙周　郤正〔二〕

　　杜微字國輔，梓潼涪人也。少受學於廣漢任安。劉璋辟爲從事，以疾去官。及先主定蜀，微常稱聾，閉門不出。建興二年，丞相亮領益州牧，選迎皆妙簡舊德〔三〕，以秦宓爲別駕，五梁爲功曹，微爲主簿。微固辭，輿而致之。既至，亮引見微，微自陳謝。亮以微不聞人語〔四〕，於坐上與書曰〔五〕："服聞德行〔六〕，饑渴歷時，清濁異流，無緣咨覯。王元泰、李伯仁、王文儀、楊季休、丁君幹、李永南兄弟、文仲寶等，每歎高志，未見如舊〔七〕。猥以空虛，統領貴州，德薄任重，慘慘憂慮。朝廷主公今年始十八〔八〕，天姿仁敏，愛德下士。天下之人思慕漢室，欲與君因天順民，輔此明主，以隆季興之功，著勳於竹帛也。以謂賢愚不相爲謀，故自割絕，守勞而已，不圖自屈也。"微自乞老病求歸，亮又與書答曰〔九〕："曹丕篡弒，自立爲帝，是猶土龍芻狗有名也。欲與羣賢因其邪偽，以正道滅之。怪君未有相誨，便欲求還於山野。丕又大興勞役〔一〇〕，以向吳、楚。今因丕多務，且以閉境勤農〔一一〕，育養民物，並治甲兵〔一二〕，以待其挫，然後伐之，可使兵不戰民不勞而天下定也。君但當以德輔時耳，不責君軍事，何爲汲汲欲求去乎！"其敬微如此。拜爲諫議大夫，以從其志。

五梁者，字德山，犍爲南安人也，以儒學節操稱。從議郎遷諫議大夫、五官中郎將。

周羣字仲直，巴西閬中人也。父舒，字叔布，少學術於廣漢楊厚，名亞董扶、任安。數被徵，終不詣。時人有問："《春秋讖》曰代漢者當塗高，此何謂也？"舒曰："當塗高者，魏也。"鄉黨學者私傳其語。羣少受學於舒，專心候業。於庭中作小樓，家富多奴，常令奴更直於樓上視天災〔一三〕，纔見一氣，即白羣，羣自上樓觀之，不避晨夜。故凡有氣候，無不見之者，是以所言多中。州牧劉璋，辟以爲師友從事。《續漢書》曰：建安七年，越巂有男子化爲女人，時羣言哀帝時亦有此，將易代之祥也。至二十五年，獻帝果封於山陽。十二年十月，有星孛於鶉尾，荊州分野，羣以爲荊州牧將死而失土。明年秋，劉表卒，曹公平荊州。十七年十二月，星孛於五諸侯，羣以爲西方專據土地者皆將失土。

是時，劉璋據益州，張魯據漢中，韓遂據涼州，宋建據枹罕。明年冬，曹公遣偏將擊涼州。十九年，獲宋建，韓遂逃於羌中，被殺。其年秋，璋失益州。二十年秋，曹公攻漢中，張魯降。先主定蜀，署儒林校尉。先主欲與曹公爭漢中，問羣，羣對曰："當得其地，不得其民也。若出偏軍，必不利，當戒慎之！"時州後部司馬蜀郡張裕亦曉占候，而天才過羣，裕字南和。諫先主曰："不可爭漢中，軍必不利。"先主竟不用裕言，果得地而不得民也。遣將軍吳蘭、雷銅等入武都，皆沒不還，悉如羣言。於是舉羣茂才。

裕又私語人曰："歲在庚子，天下當易代，劉氏祚盡矣。主公得益州，九年之後，寅卯之間當失之。"人密白其言。初，先主與劉璋會涪時，裕爲璋從事，侍坐。其人饒鬚，先主嘲之曰："昔吾居涿縣，特多毛姓，東西南北皆諸毛也，涿令稱曰'諸毛繞涿居乎〔一四〕'！"裕即答曰："昔有作上黨潞長，遷爲涿令。涿令者〔一五〕，去官還家，時人與書，欲署潞則失涿，欲署涿則失潞，乃署曰'潞涿君'。"先主無鬚，故裕以此及之〔一六〕。先主常銜其不遜，加忿其漏言，乃顯裕諫爭漢中不驗，下獄，將誅之。諸葛亮表請其罪，先主答曰："芳蘭生門，不得不鉏〔一七〕。"裕遂棄市。後魏氏之立，先主之薨，皆如裕所刻。又曉相術，每舉鏡視面，自知刑死，未嘗不撲之於地也。羣卒，子巨頗傳其術。

杜瓊字伯瑜，蜀郡成都人也。少受學於任安，精究安術。劉璋時辟爲從事。先主定益州，領牧，以瓊爲議曹從事。後主踐阼，拜諫議大夫，遷左中郎將、大鴻臚、太常。爲人靜默少言，閉門自守，不與世事。蔣琬、費禕等皆器重之。雖學業入深，初不視天文，有所論說。後進通儒譙周常問其意，瓊答曰："欲明此術甚難，須當身視，識其形色，不可信人也。晨夜苦劇，然後知之，復憂漏泄，不如不知，是以不復視也。"周因問曰："昔周徵君以爲當塗高者魏也〔一八〕，其義何也？"瓊答曰："魏，闕名也，當塗而高，聖人取類而言耳。"又問周曰："寧復有所怪邪？"周曰："未達也。"瓊又曰："古者名官職不言曹。始自漢已來，名官盡言曹，吏言屬曹，卒言侍曹，此殆天意也。"瓊年八十餘，延熙十三年卒。著《韓詩章句》十餘萬言，不教諸子，内學無傳業者。周緣瓊言，乃觸類而長之曰："《春秋傳》著晉穆侯名太子曰仇，弟曰成師。師服曰：'異哉君之名子也！嘉耦曰妃，怨耦曰仇，今君名太子曰仇，弟曰成師，始兆亂矣，兄其替乎？'其後果如服言。及漢靈帝名二子曰史侯、董侯，既立爲帝，後皆免爲諸侯，與師服言相似也。先主諱備，其訓具也，後主諱禪，其訓授也，如言劉已具矣，當授與人也；意者甚於穆侯、靈帝之名子。"後宦人黃皓弄權於内，景耀五年，宮中大樹無故自折，周深憂之，無所與言，乃書柱曰："衆而大，期之會，具而授，若何復？"言曹者衆也，魏者大也，衆而大，天下其當會也，具而授，如何復有立者乎？蜀既亡，咸以周言爲驗。周曰："此雖己所推尋，然有所因，由杜君之辭而廣之耳，殊無神思獨至之異也。"

許慈字仁篤，南陽人也。師事劉熙，善鄭氏學，治《易》《尚書》《三禮》《毛詩》《論語》。建安中，與許靖等俱自交州入蜀。時又有魏郡胡潛，字公興，不知其所以在益土。潛雖學不沾洽，然卓犖彊識，祖宗制度之儀，喪紀五服之數，皆指掌畫地，舉手可采。先主定蜀，承喪亂歷紀，學業衰廢，乃鳩合典籍，沙汰衆學，慈、潛並爲博士，與孟光、來敏等典掌舊文。值庶事草創，動多疑議，慈、潛更相克伐，謗讟忿爭，形於聲色；書籍有無，不相通借，時尋楚撻，以相震攇。攇，虛晚反。其矜己妬彼，乃至於此。先主愍其若斯，羣僚大會，使倡家假爲二子之容，傚其訟鬩之狀，酒酣樂作，以爲嬉戲，初以辭義相難，終以刀杖相屈，用感切之。潛先沒，慈後主世，稍遷至大長秋，卒。孫盛曰：蜀少人士，故慈、潛等並見載述。子勛傳其業，復爲博士。

孟光字孝裕，河南洛陽人，漢太尉孟郁之族。《續漢書》曰：郁，中常侍孟賁之弟。靈帝末爲講部吏。獻帝遷都長安，遂逃入蜀，劉焉父子待以客禮。博物識古，無書不覽，尤銳意三史[一九]，長於漢家舊典。好《公羊春秋》而譏呵《左氏》，每與來敏爭此二義，光常譊譊譁咋。譊音奴交反。譁音休袁反。咋音俎格反[二〇]。先主定益州，拜爲議郎，與許慈等並掌制度。後主踐阼，爲符節令、屯騎校尉、長樂少府，遷大司農。延熙九年秋，大赦，光於衆中責大將軍費禕曰："夫赦者，偏枯之物，非明世所宜有也。衰弊窮極，必不得已，然後乃可權而行之耳。今主上仁賢，百僚稱職，有何旦夕之危，倒縣之急，而數施非常之恩，以惠姦宄之惡乎？又鷹隼始擊，而更原宥有罪，上犯天時，下違人理。老夫耄朽，不達治體，竊謂斯法難以經久，豈具瞻之高美，所望於明德哉。"禕但顧謝踧踖而已〔二〕。光之指摘痛癢，多如是類，故執政重臣，心不能悅，爵位不登。每直言無所回避，爲代所嫌〔二二〕。太常廣漢鐔承、《華陽國志》曰：承字公文，歷郡守少府。光祿勳河東裴儁等，年資皆在光後，而登據上列，處光之右，蓋以此也。傅暢《裴氏家記》曰：儁字奉先，魏尚書令潛弟也。儁姊夫爲蜀中長史，儁送之，時年十餘歲，遂遭漢末大亂，不復得還。既長知名，爲蜀所推重也。子越，字令緒，爲蜀督軍，蜀破，遷還洛陽，拜議郎。

後進文士祕書郎郤正數從光諮訪，光問正太子所習讀，并其情性好尚，正答曰："奉親虔恭，夙夜匪懈，有古世子之風。接待羣僚，舉動出於仁恕。"光曰："如君所道，皆家户所有耳。吾今所問，欲知其權略智調何如也〔二三〕。"正曰："世子之道，在於承志竭歡，既不得妄有所施爲，且智調藏於胸懷，權略應時而發，此之有無，焉可豫設也？"光解正慎宜〔二四〕，不爲放談，乃曰："吾好直言，無所回避，每彈射利病，爲世人所譏嫌。疑省君意〔二五〕，亦不甚好吾言，然語有次。今天下未定，智意爲先，智意雖有自然，然不可力彊致也〔二六〕。此儲君讀書，寧當傚吾等竭力博識以待訪問，如博士探策講試以求爵位邪？當務其急者！"正深謂光言爲然。後光坐事免官，年九十餘卒。

來敏字敬達，義陽新野人，來歙之後也。父豔，爲漢司空。華嶠《後漢書》曰：豔好學下士，開館養徒衆。少歷顯位〔二七〕，靈帝時位至司空。漢末大亂，敏隨姊夫奔荆州，姊夫黃琬是劉璋祖母之姪，故璋遣迎琬妻，敏遂俱與姊入蜀，常爲璋賓客。涉獵書籍，善《左氏春秋》，尤精於《倉》《雅》訓詁，好是正文字。先主定益州，署敏典學校尉，及立太子，以爲家令。後主踐阼，爲虎賁中郎將。丞相亮住漢中，請爲軍祭酒、輔軍將軍，坐事去職。《亮集》有教曰："將軍來敏對上官顯言：'新人有何功德，而奪我榮資與之邪？諸人共憎我，何故如是？'敏年老狂悖，生此怨言。昔成都初定，議者以爲來敏亂羣，先帝以新定之際，故遂含容，無所禮用。後劉子初選以爲太子家令，先帝不悦而不忍拒也。後主即位〔二八〕，吾闇於知人，遂復擢爲將軍祭酒，違議者之審見，背先帝所疏外，自謂能以敦屬薄俗，帥之以義。今既不能，表退職，使閉門思愆。"亮卒，後還成都，爲大長秋，又免，後累遷爲光禄大夫，復坐過黜。前後數貶削，皆以語言不節，舉動違常也。時孟光亦以樞機不慎，議論干時，然猶愈於敏，俱以其耆宿學士見禮於世。而敏荆楚名族，東宮舊臣，特加優待，是故廢而復起。後以敏爲執慎將軍，欲令以官重自警戒也。年九十七，景耀中卒。子忠，亦博覽經學，有敏風，與尚書向充等並能協贊大將軍姜維。維善之，以爲參軍。

尹默字思潛，梓潼涪人也。益部多貴今文而不崇章句，默知其不博，乃遠游荆州，從司馬德操、宋仲子等受古學。皆通諸經史，又專精於《左氏春秋》，自劉歆條例，鄭衆、賈逵父子、陳元方、服虔注說，咸略誦述，不復按本。先主定益州，領牧，以爲勸學從事。及立太子，以默爲僕射，以《左氏傳》授後主[二九]。後主踐阼，拜諫議大夫。丞相亮住漢中，請爲軍祭酒。亮卒，還成都，拜太中大夫，卒。子宗傳其業，爲博士。宋仲子後在魏。《魏略》曰：其子與魏諷謀反，伏誅。魏太子答王朗書曰："昔石厚與州吁游，父碏知其與亂；韓子昵田蘇，穆子知其好仁：故君子游必有方，居必就士，誠有以也。嗟乎！宋忠無石子先識之明，老罹此禍。今雖欲願行滅親之誅，立純臣之節，尚可得邪！"

李譔字欽仲，梓潼涪人也。父仁，字德賢，與同縣尹默俱游荆州，從司馬徽、宋忠等學。譔具傳其業，又從默講論義理，五經、諸子，無不該覽，加博好技藝，算術、卜數、醫藥、弓弩、機械之巧，皆致思焉。始爲州書佐、尚書令史。延熙元年，後主立太子，以譔爲庶子，遷爲僕射。轉中散大夫、右中郎將，猶侍太子。太子愛其多知，甚悅之。然體輕脫，好戲啁，故世不能重也。著古文《易》《尚書》《毛詩》《三禮》《左氏傳》《太玄》指歸，皆依準賈、馬，異於鄭玄。與王氏殊隔，初不見其所述，而意歸多同。景耀中卒。時又有漢中陳述〔三〇〕，字申伯，亦博學多聞，著《釋問》七篇、《益部耆舊傳》及《志》〔三一〕，位歷三郡太守〔三二〕。

譙周字允南，巴西西充國人也。父㟟，字榮始，治《尚書》，兼通諸經及圖、緯。州郡辟請，皆不應，州就假師友從事。周幼孤，與母兄同居。既長，耽古篤學，家貧未嘗問產業〔三三〕，誦讀典籍，欣然獨笑，以忘寢食。研精《六經》，尤善書札。頗曉天文，而不以留意；諸子文章，非心所存，不悉徧視也。身長八尺，體貌素朴，性推誠不飾，無造次辯論之才，然潛識內敏。

建興中，丞相亮領益州牧，命周爲勸學從事。《蜀記》曰：周初見亮，左右皆笑。既出，有司請推笑者，亮曰："孤尚不能忍，況左右乎！"亮卒於敵庭，周在家聞問，即便奔赴，尋有詔書禁斷，惟周以速行得達。大將軍蔣琬領刺史，徙爲典學從事，總州之學者。

後主立太子，以周爲僕，轉家令。時後主頗出游觀，增廣聲樂。周上疏諫曰：

昔王莽之敗，豪傑並起，跨州據郡，欲弄神器〔三四〕，於是賢才智士思望所歸，未必以其勢之廣狹,惟其德之薄厚也。是故於時更始、公孫述及諸有大衆者多已廣大,然莫不快情恣欲,怠於爲善,游獵飲食,不恤民物。世祖初入河北,馮異等勸之曰:"當行人所不能爲。"遂務理冤獄,節儉飲食,動遵法度,故北州歌歎,聲布四遠。於是鄧禹自南陽追之,吳漢、寇恂未識世祖,遥聞德行,遂以權計舉漁陽、上谷突騎迎於廣阿。其餘望風慕德者,邳肜、耿純、劉植之徒,至於輿病齎棺,繩負而至者〔三五〕,不可勝數。故能以弱爲彊,屠王郎,吞銅馬,折赤眉而成帝業也。及在洛陽,嘗欲小出,車駕已御,銚期諫曰:"天下未寧,臣誠不願陛下細行數出。"即時還車。及征隗囂,潁川盜起,世祖還洛陽,但遣寇恂往,恂曰:"潁川以陛下遠征,故姦猾起叛,未知陛下還,恐不時降。陛下自臨潁川,賊必即降。"遂至潁川,竟如恂言。故非急務,欲小出不敢,至於急務,欲自安不爲,故帝者之欲善也如此!故《傳》曰"百姓不徒附",誠以德先之也。今漢遭厄運,天下三分,雄哲之士思望之時也。陛下天姿至孝,喪踰三年,言及隕涕,雖曾、閔不過也。敬賢任才,使之盡力,有踰成、康。故國内和一,大小戮力,臣所不能陳。然臣不勝大願,願復廣人所不能者。夫輓大重者,其用力苦不衆,拔大艱者,其善術苦不廣,且承事宗廟者,非徒求福祐,所以率民尊上也。至於四時之祀,或有不臨,池苑之觀,或有仍出，臣之愚滯，私不自安。夫憂責在身者，不暇盡樂，先帝之志，堂構未成，誠非盡樂之時。願省減樂官、後宮所增造，但奉修先帝所施，下爲子孫節儉之教。

徙爲中散大夫，猶侍太子。

於時軍旅數出，百姓彫瘁，周與尚書令陳祗論其利害，退而書之，謂之《仇國論》。其辭曰：

因餘之國小，而肇建之國大，並爭於世而爲仇敵。因餘之國有高賢卿者，問於伏愚子曰："今國事未定，上下勞心，往古之事，能以弱勝彊者，其術何如？"伏愚子曰："吾聞之，處大無患者恒多慢，處小有憂者恒思善。多慢則生亂，思善則生治，理之常也。故周人養民，以少取多，勾踐卹衆，以弱斃彊。此其術也。"賢卿曰："曩者項彊漢弱，相與戰爭，無日寧息，然項羽與漢約分鴻溝爲界，各欲歸息民。張良以爲民志既定，則難動也，尋帥追羽，終斃項氏，豈必由文王之事乎？肇建之國方有疾疢，我因其隙，陷其邊陲，覬增其疾而斃之也。"伏愚子曰："當殷、周之際，王侯世尊，君臣久固，民習所專，深根者難拔，據固者難遷。當此之時，雖漢祖安能杖劍鞭馬而取天下乎？當秦罷侯置守之後，民疲秦役，天下土崩，或歲改主，或月易公，鳥驚獸駭，莫知所從。於是豪彊並爭，虎裂狼分，疾搏者獲多，遲後者見吞。今我與肇建皆傳國易世矣，既非秦末鼎沸之時，實有六國並據之勢，故可爲文王，難爲漢祖。夫民疲勞則騷擾之兆生，上慢下暴則瓦解之形起。諺曰：'射幸數跌，不如審發。'是故智者不爲小利移目，不爲意似改步，時可而後動，數合而後舉，故湯、武之師不再戰而克，誠重民勞而度時審也。如遂極武黷征，土崩勢生，不幸遇難，雖有智者，將不能謀之矣。若乃奇變縱橫，出入無間，衝波截轍，超谷越山，不由舟楫而濟盟津者，我愚子也，實所不及。"

後遷光祿大夫，位亞九列。周雖不與政事，以儒行見禮，時訪大議，輒據經以對，而後生好事者，亦咨問所疑焉。

景耀六年冬，魏大將軍鄧艾克江由，長驅而前。而蜀本謂敵不便至，不作城守調度，及聞艾已入陰平，百姓擾擾，皆迸山野，不可禁制。後主使羣臣會議，計無所出。或以爲蜀之與吳，本爲和國，宜可奔吳；或以爲南中七郡，阻險斗絕，易以自守，宜可奔南。惟周以爲："自古以來，無寄他國爲天子者也，今若入吳，固當臣服。且政理不殊，則大能吞小，此數之自然也。由此言之，則魏能并吳，吳不能并魏明矣。等爲小稱臣，孰與爲大？再辱之恥，何與一辱？且若欲奔南，則當早爲之計，然後可果；今大敵以近，禍敗將及，羣小之心，無一可保，恐發足之日，其變不測，何至南之有乎！"羣臣或難周曰："今艾以不遠，恐不受降，如之何？"周曰：

"方今東吳未賓,事勢不得不受之,受之後不得不禮。若陛下降魏,魏不裂土以封陛下者,周請身詣京都,以古義爭之。"衆人無以易周之理。

後主猶疑於入南,周上疏曰:

或說陛下以北兵深入,有欲適南之計,臣愚以爲不安。何者?南方遠夷之地,平常無所供爲,猶數反叛,自丞相亮南征,兵勢偪之,窮乃幸從。是後供出官賦,取以給兵,以爲愁怨,此患國之人也。今以窮迫,欲往依恃,恐必復反叛,一也。北兵之來,非但取蜀而已,若奔南方,必因人勢衰,及時赴追,二也。若至南方,外當拒敵,內供服御,費用張廣,他無所取,耗損諸夷必甚[三六],甚必速叛,三也。昔王郎以邯鄲僭號,時世祖在信都,畏偪於郎,欲棄還關中。邳肜諫曰:"明公西還,則邯鄲城民不肯捐父母,背城主而千里送公,其亡叛可必也。"世祖從之,遂破邯鄲。今北兵至,陛下南行,誠恐邳肜之言復信於今,四也。願陛下早爲之圖,可獲爵土。若遂適南,勢窮乃服,其禍必深。《易》曰:"亢之爲言,知得而不知喪,知存而不知亡。知得失存亡而不失其正者,其惟聖人乎!"言聖人知命而不苟必也。故堯、舜以子不善,知天有授,而求授人。子雖不肖,禍尚未萌,而迎授與人,況禍以至乎!故微子以殷王之昆,面縛銜璧而歸武王,豈所樂哉,不得已也。

於是遂從周策。劉氏無虞，一邦蒙賴，周之謀也。孫綽評曰：譙周說後主降魏[三七]，可乎？曰：自爲天子而乞降請命[三八]，何恥之深乎！夫爲社稷死則死之，爲社稷亡則亡之。先君正魏之篡，不與同天矣。推過於其父，俛首而事讐，可謂苟存[三九]，豈大居正之道哉[四〇]！孫盛曰：《春秋》之義，國君死社稷，卿大夫死位，况稱天子而可辱於人乎！周謂萬乘之君偷生苟免，亡禮希利[四一]，要冀微榮[四二]，惑矣。且以事勢言之，理有未盡。何者[四三]？禪雖庸主，實無桀、紂之酷[四四]，戰雖屢北，未有土崩之亂，縱不能君臣固守，背城借一，自可退次東鄙以思後圖[四五]。是時羅憲以重兵據白帝，霍弋以彊卒鎮夜郎。蜀土險狹，山水峻隔，絕巘激湍，非步卒所涉。若悉取舟楫，保據江州，徵兵南中[四六]，乞師東國，如此則姜、廖五將自然雲從，吴之二師承命電赴[四七]，何投寄之無所而慮於必亡邪？魏師之來，襃國大舉，欲追則舟楫靡資[四八]，欲留則師老多虞。且屈伸有會，情勢代起，徐因思奮之民，以攻驕惰之卒，此越王所以敗闔閭，田單所以摧騎劫也，何爲匆匆遽自囚虜，下堅壁於敵人，致斫石之至恨哉？葛生有云："事之不濟則已耳，安能復爲之下！"壯哉斯言，可以立懦夫之志矣[四九]。觀古燕、齊、荆、越之敗，或國覆主滅，或魚縣鳥竄，終能建功立事[五〇]，康復社稷[五一]，豈曰天助[五二]，抑人謀也[五三]。向使懷苟存之計，納譙周之言，何邦基之能構，令名之可獲哉？禪既闇主[五四]，周實駑臣，方之申包、田單、范蠡、大夫種，不亦遠乎！

時晉文王爲魏相國，以周有全國之功，封陽城亭侯[五五]。又下書辟周，周發至漢中，困疾不進。咸熙二年夏，巴郡文立從洛陽還蜀，過見周。周語次，因書板示立曰："典午忽兮，月酉没兮。"典午者謂司馬也，月酉者謂八月也，至八月而文王果崩。《華陽國志》曰：文立字廣休，少治《毛詩》《三禮》，兼通羣書。刺史費禕命爲從事，入爲尚書郎，復辟爲大將軍東曹掾〔五六〕，稍遷尚書。蜀并於魏，梁州建，首爲別駕從事，舉秀才。晉泰始二年，拜濟陰太守，遷太子中庶子。立上言："故蜀大官及盡忠死事者子孫，雖仕郡國，或有不才，同之齊民爲劇；又諸葛亮、蔣琬、費禕等子孫流徙中畿，各宜量才敘用，以慰巴、蜀之心，傾吳人之望。"事皆施行。轉散騎常侍，獻可替否，多所補納，稍遷衛尉。中朝服其賢雅，爲時名卿。咸寧末卒。立章奏詩賦論頌凡數十篇。晉室踐阼，累下詔所在發遣周，周遂輿疾詣洛。泰始三年至，以疾不起，就拜騎都尉。周乃自陳無功而封，求還爵土，皆不聽許。

五年，予嘗爲本郡中正，清定事訖，求休還家，往與周別。周語予曰："昔孔子七十二〔五七〕，劉向、揚雄七十一而没，今吾年過七十，庶慕孔子遺風，可與劉、揚同軌，恐不出後歲，必便長逝，不復相見矣。"疑周以術知之，假此而言也。六年秋，爲散騎常侍，疾篤不拜，至冬卒。《晉陽秋》載詔曰："朕甚悼之，賜朝服一具，衣一襲，錢十五萬。"周息熙上言，周臨終屬熙曰："久抱疾，未曾朝見，若國恩賜朝服衣物者，勿以加身。當還舊墓，道險行難，豫作輕棺。殯斂已畢，上還所賜。"詔曰："還衣服，給棺直〔五八〕。"凡所著述，撰定《法訓》《五經論》《古史考》書之屬百餘篇。《益部耆舊傳》曰：益州刺史董榮圖畫周像於州學，命從事李通頌之曰："抑抑譙侯，好古述儒。寶道懷真，鑒世盈虛。雅名美迹,終始是書。我后欽賢,無言不譽。攀諸前哲,丹青是圖。嗟爾來葉,鑒茲顯模。"

周三子,熙、賢、同。少子同頗好周業,亦以忠篤質素爲行,舉孝廉,除錫令、東宮洗馬,召不就。周長子熙。熙子秀,字元彦。《晉陽秋》曰:秀性清靜,不交於世,知將大亂〔五九〕,豫絶人事,從兄弟及諸親里不與相見。州郡辟命,及李雄盜蜀,安車徵秀,又雄叔父驤、驤子壽辟命,皆不應。常冠鹿皮,躬耕山藪。永和三年,安西將軍桓溫平蜀,表薦秀曰:"臣聞大朴既虧,則高尚之標顯;道喪時昏,則忠貞之義彰。故有洗耳投淵以振玄邈之風,亦有秉心騳迹以惇在三之節。是以上代之君,莫不崇重斯軌,所以篤俗訓民,靜一流競。伏惟大晉,應符御世,運無常通,時有屯蹇,神州丘墟,三方圮裂,兔罝絶響於中林,白駒無聞於空谷。斯有識之所悼心,大雅之所歎息者也。陛下聖德嗣興,方恢天緒。臣昔奉役,有事西土,鯨鯢既縣,思宣大化;訪諸故老,搜揚潛逸,庶武羅於羿、浞之墟〔六〇〕,想王蠋於亡齊之境。竊聞巴西譙秀,植操貞固,抱德肥遯,揚清渭波。於時皇極遘道消之會,羣黎蹈顛沛之艱,中華有顧瞻之哀,幽谷無遷喬之望;凶命屢招,姦威仍偪,身寄虎吻,危同朝露,而能抗節玉立,誓不降辱,杜門絶迹,不面僞庭,進免龔勝亡身之禍,退無薛方詭對之譏;雖園、綺之棲商、洛,管寧之默遼海,方之於秀,殆無以過。於今西土,以爲美談。夫旌德禮賢,化道之所先;崇表殊節,聖哲之上務。方今六合未康,豺狼當路,遺黎偷薄,義聲弗聞,益宜振起道義之徒,以敦流遁之弊。若秀蒙蒲帛之徵,足以鎮靜頹風,軌訓囂俗;幽遐仰流,九服知化矣。"及蕭敬叛亂,避難宕渠川中,鄉人宗族馮依者以百數。秀年八十,衆人以其篤老，欲代之負擔，秀拒曰："各有老弱，當先營救。吾氣力自足堪此，不以垂朽之年累諸君也。"後十餘年，卒於家。

郤正字令先，河南偃師人也。祖父儉，靈帝末爲益州刺史，爲盜賊所殺。會天下大亂，故正父揖因留蜀。揖爲大將軍孟達營都督，隨達降魏，爲中書令史。正本名纂。少以父死母嫁，單煢隻立，而安貧好學，博覽墳籍[六一]。弱冠能屬文，入爲祕書吏[六二]，轉爲令史，遷郎，至令。性澹於榮利，而尤耽意文章[六三]，自司馬、王、揚、班、傅、張、蔡之儔，遺文篇賦，及當世美書善論，益部有者，則鑽鑿推求，略皆寓目。自在內職，與宦人黃皓比屋周旋，經三十年。皓從微至貴，操弄威權，正既不爲皓所愛，亦不爲皓所憎，是以官不過六百石，而免於憂患。依則先儒，假文見意，號曰《釋譏》，其文繼於崔駰《達旨》。其辭曰：

或有譏余者曰："聞之前記，夫事與時竝，名與功偕，然則名之與事，前哲之急務也。是故創制作範，匪時不立，流稱垂名，匪功不記，名必須功而乃顯，事亦俟時以行止，身没名滅，君子所恥。是以達人研道，探賾索微，觀天運之符表，考人事之盛衰，辯者馳說，智者應機，謀夫演略，武士奮威，雲合霧集，風激電飛，量時揆宜，用取世資，小屈大申，存公忽私，雖尺枉而尋直，終揚光以發輝也。今三方鼎跱，九有未乂，悠悠四海，嬰丁禍敗，嗟道義之沈塞，愍生民之顛沛，此誠聖賢拯救之秋，烈士樹功之會也。吾子以高朗之才，珪璋之質，兼覽博闚，留心道術，無遠不致，無幽不悉；挺身取命，幹茲奧祕，躊躇紫闥，喉舌是執，九考不移，有入無出，《尚書》曰：三載考績，三考黜陟幽明。九考則二十七年。究古今之真偽，計時務之得失。雖時獻一策，偶進一言，釋彼官責，慰此素飡，固未能輸竭忠款，盡瀝胷肝，排方入直，惠彼黎元，俾吾徒草鄙並有聞焉也。盍亦綏衡緩轡，回軌易塗，輿安駕肆，思馬斯徂，審厲揭以投濟，要夷庚之赫憮，播秋蘭以芳世，副吾徒之彼圖〔六四〕，不亦盛與！"

余聞而歎曰："嗚呼，有若云乎邪！夫人心不同，實若其面，子雖光麗，既美且豔，管闚筐舉，守厥所見，未可以言八紘之形埒，信萬事之精練也。"

或人率爾，仰而揚衡曰："是何言與！是何言與！"

余應之曰："虞帝以面從為戒，孔聖以悅己為尤，若子之言，良我所思，將為吾子論而釋之。昔在鴻荒，矇昧肇初，三皇應籙，五帝承符，爰暨夏、商，前典攸書。姬衰道缺，霸者翼扶，嬴氏慘虐，吞嚼八區，於是從橫雲起，狙詐如星，奇衺蠢動，智故萌生。或飾真以讎偽，或挾邪以干榮，或詭道以要上，或鬻技以自矜。背正崇邪〔六五〕，棄直就佞，忠無定分，義無常經。故鞿法窮而慝作，斯義敗而姦成，呂門大而宗滅，韓辯立而身刑。夫何故哉？利回其心，寵耀其目，赫赫龍章，鑠鑠車服，媮幸苟得，如反如仄，淫邪荒迷，恣睢自極，和鸞未調而身在轅側，庭宁未踐而棟折榱覆。天收其精，地縮其澤，人弔其躬，鬼芟其領。初升高岡，終隕幽壑，朝含榮潤，夕爲枯魄。是以賢人君子，深圖遠慮，畏彼咎戾，超然高舉，寧曳尾於塗中，穢濁世之休譽。彼豈輕主慢民，而忽於時務哉？蓋《易》著行止之戒，《詩》有靖恭之歎，乃神之聽之而道使之然也。

自我大漢，應天順民，政治之隆，皓若陽春。俯憲坤典，仰式乾文，播皇澤以熙世，揚茂化之醲醇，君臣履度，各守厥真[六六]。上垂詢納之弘，下有匡救之責，士無虛華之寵，民有一行之迹，粲乎亹亹，尚此忠益。然而道有隆窊，物有興廢，有聲有寂，有光有翳。朱陽否於素秋，玄陰抑於孟春，羲和逝而望舒係，運氣匿而耀靈陳。沖、質不永，桓、靈墜敗，英雄雲布，豪傑蓋世，家挾殊議，人懷異計，故從橫者歘披其胷，狙詐者暫吐其舌也。

今天綱已綴，德樹西鄰，丕顯祖之宏規，縻好爵於士人，興五教以訓俗，豐九德以濟民，肅明祀以衍祭，幾皇道以輔真。雖跱者未一，僞者未分，聖人垂戒，蓋均無貧。故君臣協美於朝，黎庶欣戴於野，動若重規，靜若疊矩。濟濟偉彥，元凱之倫也，有過必知，顔子之仁也，侃侃庶政，冉、季之治也，鷹揚鷟騰，伊、望之事也。總羣俊之上略，含薛氏之三計，敷張、陳之祕策，故力征以勤世，援華英而不遑，豈暇修枯籜於榛穢哉！

然吾不才，在朝累紀，託身所天，心焉是恃。樂滄海之廣深，歎嵩嶽之高跱[六七]，聞仲尼之贊商，感鄉校之益己。彼平仲之和羹，亦進可而替否，故曚冒瞽説，時有攸獻。譬逌人之有采於市間，游童之吟詠乎疆畔，庶以增廣福祥，輸力規諫。若其合也，則以闇協明，進應靈符；如其違也，自我常分，退守己愚。進退任數，不矯不諛，循性樂天，夫何恨諸？此其所以既入不出，有而若無者也。狹屈氏之常醒，濁漁父之必醉，溷柳季之卑辱，褊夷叔之高慭。合不以得，違不以失，得不充詘，失不慘悷；不樂前以顧軒，不就後以慮軺，不粥譽以干澤，不辭愆以忌絀。何責之釋？何殗之郵？何方之排？何直之入？九考不移，固其所執也。

方今朝士山積，髦俊成羣，猶鱗介之潛乎巨海，毛羽之集乎鄧林，游禽逝不爲之尟，浮魸臻不爲之殷。且陽靈幽於唐葉，陰精應爲商時，陽盱請而洪災息，桑林禱而甘澤滋。《淮南子》曰：禹爲水，以身請於陽盱之河，湯苦旱，以身禱於桑林之際，聖人之憂民如此其明矣[六八]。《吕氏春秋》曰：昔殷湯克夏桀而天下大旱，三年不收[六九]，湯乃以身禱於桑林曰："余一人有罪，無及萬方，萬方有罪，在余一人。無以一人之不敏，使上帝毀傷民之大命[七〇]。"湯於是翦其髮，攤其爪，自以爲犧牲，用祈福於上帝。民乃甚悦，雨乃大至。行止有道，啓塞有期。我師遺訓，不怨不尤，委命恭己，我又何辭？辭窮路單，將反初節，綜墳典之流芳，尋孔氏之遺藝，綴微辭以存道，憲先軌而投制，韙叔肸之優游，美疏氏之遐逝，收止足以言歸，汎浩然以容裔，欣環堵以恬娱，免咎悔於斯世，顧兹心之未泰，懼末塗之泥滯，仍求激而增憤，肆中懷以告誓。昔九方考精於至貴，秦牙沈思於殊形；《淮南子》曰：秦穆公謂伯樂曰："子之年長矣，子姓有可使求馬者乎？"對曰："良馬者，可以形容筋骨相也。相天下之馬者，若滅若没，若失若亡，其一若此馬者，絶塵却轍[七一]。臣之子皆下才也，可告以良馬而不可告以天下之馬。天下之馬，臣有所與共儋纏采薪九方堙[七二]，此其相馬，非臣之下也，請見之。"穆公見之，使之求馬，三月而反，報曰："已得馬矣，在於沙丘。"穆公曰："何馬也？"對曰："牝而黄。"使人往取之，牡而驪。穆公不悦，召伯樂而問之曰："敗矣，子之所使求馬者也！毛物牝牡尚弗能知，又何馬之能知？"伯樂喟然太息曰："一至此乎！是乃所以千萬里臣而無數者也[七三]。若堙之所觀者天機也，得其精而忘其麤，在其内而忘其外，見其所見而不見其所不見，視其所視而遺其所不視，若彼之所相者[七四]，乃有貴乎馬者。"馬至而果天下之馬也[七五]。《淮南子》又曰：伯樂、寒風、秦牙、葛青[七六]，所相各異，其知馬一也；蓋九方觀其精，秦牙察其形。薛燭察寶以飛譽，《越絶書》

曰：昔越王句踐有寶劒五枚[七七]，聞於天下。客有能相劒者名薛燭，王召而問之：「吾有寶劒五，請以示子。」乃取其豪曹、巨闕，薛燭曰：「皆非也。」又取純鉤、湛盧，燭曰：「觀其劒鈔[七八]，爛爛如列宿之行，觀其光，渾渾如水之將溢於塘，觀其文，渙渙如冰將釋，此所謂純鉤邪？」王曰：「是也。」王曰：「客有直之者，有市之鄉三，駿馬千匹，千户之都二，可乎？」薛燭曰：「不可。當造此劒之時，赤堇之山破而出錫，若邪之溪涸而出銅，雨師掃灑，雷公擊鼓[七九]，太一下觀，天精下之，歐冶乃因天之精，悉其伎巧，一曰純鉤，二曰湛盧。今赤堇之山已合，若邪之溪深而不測，歐冶子已死，雖傾城量金，珠玉竭河，獨不得此一物[八〇]。有市之鄉三，駿馬千匹，千户之都二，亦何足言與！」**瓠梁託弦以流聲**；《淮南子》曰：瓠巴鼓瑟而鱏魚聽之。又曰：瓠梁之歌可隨也，而以歌者不可爲也。**齊隷拊髀以濟文**，臣松之曰[八一]：按此謂孟嘗君田文下坐客，能作雞鳴以濟其厄者也。凡作雞鳴，必先拊髀，以傚雞之拊翼也。**楚客潛寇以保荆**；《淮南子》曰：楚將子發好求技道之士。楚有善爲偷者，往見曰：「聞君求技道之士，臣偷也，願以技備一卒[八二]。」子發聞之，衣不及帶，冠不暇正，出見而禮之。左右諫曰：「偷者，天下之盜也，何爲禮之？」君曰：「此非左右之所得與。」後無幾何，齊興兵伐楚。子發將師以當之，兵三却。楚賢大夫皆盡其計而悉其誠[八三]，齊師愈強。於是卒偷進請曰[八四]：「臣有薄技，願爲君行之。」君曰：「諾。」偷即夜出，解齊將軍之帳[八五]，而獻之子發。子發使人歸之[八六]，曰：「卒有出採薪者，得將軍之帳，使使歸於執事[八七]。」明日又復往取枕，子發又使歸之[八八]。明日又復往取簪[八九]，子發又使歸之。齊師聞之大駭，將軍與軍吏謀曰："今日不去，楚軍恐取吾頭矣！"即旋師而去。**雍門援琴而挾説**，桓譚《新論》曰：雍門周以琴見孟嘗君，曰[九〇]："先生鼓琴，亦能令文悲乎？"對曰："臣之所能令悲者，先貴而後賤，昔富而今貧，擯壓窮巷，不交四鄰；不若身材高妙，懷質抱真，逢讒罹謗，怨結而不得信；不若交歡而結愛[九一]，無怨而生離，遠赴絶國，無相見期；不若幼無父母，壯無妻兒，出以野澤爲鄰，入用堀坎爲家[九二]，困於朝夕，無所假貸。若此人也[九三]，但聞飛鳥之號，秋風鳴條，則傷心矣，臣一爲之援琴而長太息，未有不悽惻而涕泣者也。今若足下，居則廣廈高堂，連闥洞房[九四]，下羅帷，來清風，倡優在前，詼諛侍側，揚激楚，舞鄭妾[九五]，流聲以娯耳，練色以淫目。水戲則舫龍舟[九六]，建羽旗鼓[九七]，鈞乎不測之淵[九八]。野游則登平原[九九]，馳廣囿，强弩下高鳥，勇士格猛獸，置酒娯樂，沈醉忘歸。方此之時，視天地曾不若一指，雖有善鼓琴，未能動足下也。"孟嘗君曰："固然！"雍門周曰："然臣竊爲足下有所常悲。夫角帝而困秦者君也，連五國而伐楚者又君也。天下未嘗無事，不從即衡，從成則楚王，衡成則秦帝。夫以秦、楚之彊而報弱薛，猶磨蕭斧而伐朝菌也，有識之士，莫不爲足下寒心。天道不常盛，寒暑更進退，千秋萬歲之後，宗廟必不血食。高臺既已傾，曲池又已平，墳墓生荆棘，狐狸穴其中，游兒牧豎躑躅其足而歌其上曰：'孟嘗君之尊貴，亦猶若是乎！'"於是孟嘗君喟然太息，涕淚承睫而未下。雍門周引琴而鼓之，徐動宫徵，叩角羽，終而成曲，孟嘗君遂歠歠而就之曰："先生鼓琴，令文立若亡國之人也。"韓哀秉轡而馳名；《呂氏春秋》曰：韓哀作御。王褒《聖主得賢臣頌》曰：及至駕齧膝，參乘旦[一〇〇]，王良執靶，韓哀附輿，縱馳騁騖，忽如景靡，過都越國，蹶如歷塊，追奔電，逐遺風，周流八極，萬里一息，何其遼哉！人馬相得也。盧敖翱翔乎玄闕，若士竦身於雲清。《淮南子》曰：盧敖游乎北海，經乎太陰，入乎玄闕，至於蒙穀之上。見一士焉，深目而玄準[一〇一]，庡頸而鳶肩[一〇二]，豐上而殺下，軒軒然方迎風而舞，顧見盧敖，慢然下其臂，遯逃乎碑下。盧敖俯而視之，方卷龜殼而食合梨[一〇三]。盧敖乃與之語曰："惟敖爲背羣離黨，窮觀於六合之外者，非敖而已乎！敖幼而好游，長不喻解[一〇四]，周行四極，惟北陰之不闚[一〇五]，今卒睹夫子於是，子殆可與敖爲交乎！"若士者齤然而笑曰[一〇六]："嘻乎！子中州民[一〇七]，寧肯而遠至此？此猶光乎日月而戴列星[一〇八]，陰陽之所行，四時之所生，此其比夫不名之地，猶突奧也[一〇九]。若我南遊乎岡閬之野，北息於沈墨之鄉，西窮冥冥之黨[一一〇]，東貫鴻濛之光，此其下無地而上無天，聽焉無聞，視焉則眴，此其外猶有沈沈之汜[一一一]，其餘一舉而千萬里，吾猶未能之在。今子游始至於此，乃語窮觀，豈不亦遠哉！然子處矣，吾與汗漫期於九垓之外[一一二]，吾不可以久。"若士舉臂而竦身[一一三]，遂入雲中。盧敖仰而視之，弗見乃止，曰："吾比夫子也，猶黃鵠之與壤蟲，終日行不離咫尺，自以爲遠[一一四]，不亦悲哉！"余實不能齊技於數子，故乃靜然守己而自寧。"

景耀六年，後主從譙周之計，遣使請降於鄧艾，其書，正所造也。明年正月，鍾會作亂成都，後主東遷洛陽，時擾攘倉卒，蜀之大臣無翼從者，惟正及殿中督汝南張通，捨妻子單身隨侍。後主賴正相導宜適，舉動無闕，乃慨然歎息，恨知正之晚。時論嘉之。賜爵關內侯。泰始中，除安陽令，遷巴西太守。泰始八年詔曰："正昔在成都，顛沛守義，不違忠節，及見受用，盡心幹事，有治理之績，其以正爲巴西太守。"咸寧四年卒。凡所著述詩論賦之屬，垂百篇。

評曰：杜微修身隱靜，不役當世，庶幾夷、皓之槩。周羣占天有徵，杜瓊沈默慎密，諸生之純也。許、孟、來、李，博涉多聞，尹默精於《左氏》，雖不以德業爲稱，信皆一時之學士。譙周詞理淵通，爲世碩儒，有董、揚之規；郤正文辭粲爛，有張、蔡之風，加其行止，君子有取焉。二子處晉事少，在蜀事多，故著於篇。張璠以爲譙周所陳降魏之策，蓋素料劉禪懦弱，心無害庋，故得行也。如遇恣肆之人，雖無他算，然矜殉鄙恥，或發怒妄誅，以立一時之威，快其斯須之意者，此亦夷滅之禍云。

【校箋】

〔一〕毛本作"蜀書十二"。
〔二〕毛本作"杜周杜許孟來尹李譙郤傳第十二"。
〔三〕蕭書"迎"字作"辟"。
〔四〕《御覽》卷二百六十五引"語"字作"言"。

〔五〕《御覽》引作"於坐上作書與之曰"。

〔六〕《册府》卷三百二十一引"服"字作"伏"。

〔七〕蕭書"如舊"作"爲恨"。

〔八〕盧弼曰："朱邦衡曰：'主公二字疑衍。'亭林云'《武侯集》中凡稱先主本稱先帝，傳入中原，魏人追改'是也。此處既有'朝廷'字，則此二字定屬衍文。"

謹案：朱說是。本書《後主傳》裴松之引此文作"朝廷今年十八"，無"主公"二字，是裴氏所見本如是。《後漢書·王允傳》"朝廷幼少"注："朝廷謂天子也。"則"主公"一詞乃贅矣，或爲後人妄加，應删去。

〔九〕蕭書"曰"上無"答"字。道藏本《諸葛忠武侯集》同。

〔一〇〕蕭書"丕"上有"聞"字。

〔一一〕盧弼曰："元本'勤'作'勸'。"

謹案：此已見《官本考證》。"元"字上當增"《官本考證》曰"五字。

〔一二〕蕭書"並"字作"繕"。

〔一三〕《御覽》卷一百七十六引無"災"字，當删。

〔一四〕《册府》卷九百四十七引無"乎"字。《說文·馬部》"驒"篆段注："《蜀志·周羣傳》：諸毛繞涿居，署曰'潞涿君'，語相戲謔，'涿'亦州豚同音字也。"《爾雅·釋畜》："州，竅也。"

〔一五〕《類聚》卷二十五、《册府》引不重"涿令"二字。

〔一六〕盧弼曰："何焯曰：'及字當作反。'"

謹案：《御覽》卷三百七十四、卷四百六十六引俱仍作"及"，《後漢書·宋弘傳》"弘推進賢士馮翊桓榮三十餘人，或相及爲公卿者"注："及猶繼也。""及"字或不誤。

〔一七〕盧弼曰："或曰：'昭烈以蜀方新造，恐其煽惑人心，俾無固志，誅之是也。裕知數而不知慎密之義，未聞道耳！善術者當以杜瓊爲法。'"

謹案：《類聚》卷八十一、《初學記》卷九、《白帖》卷一百引"生"字俱作"當"。此謂蘭雖芳香，但當門前，礙人出入，故必鉏去而後已。先主之殺裕，其因以此，非不知其才能也。

〔一八〕《類聚》卷六十二引"君"下有"羣"字，誤。據本傳當作"舒"，舒，羣父也。數被徵，終不詣，故曰徵君。

〔一九〕盧弼曰："沈家本曰：'此文稱長於漢家舊典，則所謂三史者，皆屬漢史。惟《後漢書》云魏晉以後人所作，必不在三史之數，豈馬、班之外，兼數《東觀漢紀》歟？'"

謹案：《初學記》卷二十一："魏晉以迄隋唐，均以《史記》《漢書》《東觀漢紀》爲三史。"沈説是也。

〔二〇〕《文選》劉峻《辨命論》李注引作"裴松之曰：'譊音奴交切，讙音詡袁切，咋音祖格切。'"

〔二一〕盧弼曰："《論語》：'君在，踧踖如也。'何晏集解引馬融曰：'踧踖，恭敬之貌。'"

謹案：踧踖猶局促，逴逴不安之貌。盧君引馬融説以釋之，疑未的。

〔二二〕"代"疑爲"世"字之誤，改避唐太宗諱所致也。

〔二三〕盧弼曰："《通鑑》'調'作'謀'。"

謹案：《册府》卷八百零七引亦作"謀"。唐庚評諸葛亮以《六韜》、《管子》、申、韓之書教劉禪，曾曰："後主寬厚仁義，襟量有餘，而權略智謀，是其所短。"楊慎論孔明寫申韓書，引本傳亦作"智謀"。是唐、楊二氏所見本尚不作"智調"耳。"調"是"謀"字之誤，應據正。

〔二四〕盧弼曰:"《官本考證》曰:'宜疑作密。'(本何焯説。)胡三省曰:'慎宜者,謹言語擇其所宜言乃言也。'周壽昌曰:'從慎字斷句,言光解郤正之慎,下云宜不爲放談,言職分宜爾也。'"

謹案:《易·繫辭》子曰:"亂之所生也,則言語以爲階。"又曰:"是以君子慎密而不出也。"此或本之,當從何焯説作"慎密"爲是。且古人多以"慎密"連文。本傳評即曰:"杜瓊沈默慎密。"《晉書·羊祜傳》:"或謂祜慎密太過者。"皆其證。胡注既非,周氏破句以釋,亦未得。

〔二五〕蕭書"省"上無"疑"字。郝書"意"字作"言"。

〔二六〕盧弼曰:"李光地曰:'可下有不字。'李慈銘曰:'不疑作亦。'"

謹案:蕭書無"力"字。竊疑此句當作"然亦可彊致也"。則與上文"智意雖有自然"意正相承。若如今本,則文意不相聯屬矣。似非。

〔二七〕蕭書"位"字作"仕"。

〔二八〕諸葛亮不應稱劉禪爲"後主",當係後人妄改。張采《三國文》作"今上",疑是。

〔二九〕《冊府》卷七百一十引"後主"作"太子",注:"太子,後主也。"

〔三〇〕紹興本"述"字作"術"。

〔三一〕盧弼曰:"陳術《益部耆舊傳》亦見《劉焉傳》注引陳壽《益部耆舊傳》。"

謹案:盧君此注,語意不明。沈濤《銅熨斗齋隨筆》曰:"按:《隋書·經籍志》'《益部耆舊傳》十四卷,陳長壽撰。'長壽疑亦術之一字。又云'《續益部耆舊傳》二卷'。即承祚之書歟?"

〔三二〕盧弼曰:"《華陽國志》云:'陳術字申伯,作《耆舊傳》。失其行事。歷新城、魏興、上庸三郡太守。'"

謹案：侯康《三國志補注續》曰："《華陽國志》：'歷新城、魏興、上庸三郡太守。'"此已見侯氏書，當著其姓名乃得。

〔三三〕《御覽》卷六百一十一引"問"字作"營"。

〔三四〕《御覽》卷二百四十七、《册府》卷七百一十三引"弄"字作"併"。

〔三五〕盧弼曰："局本'繃'作'褞'。"

謹案：顔師古《匡謬正俗》曰："繃負，謂以繩絡而負之。"朱駿聲《說文通訓定聲》曰："褞者，蘇俗謂抱被；繃者，繩也。謂以繃束兒亦可，謂'褞'即'繃'非也。"據此則作"繃"字爲是。

〔三六〕盧本"耗"字作"秏"。盧弼曰："'秏'宋本作'耗'。"

謹案："耗"，"秏"之俗體。

〔三七〕《御覽》卷四百四十七引《孫子》"說"字作"勸"。

〔三八〕《御覽》引《孫子》"爲"字作"謂"，"而"下無"乞降"二字，"命"下有"於人"二字。

〔三九〕郝書苟注引作"阿諛苟存"。

〔四〇〕蕭書音義句下有"良可慨也"四字。

〔四一〕蕭書音義引"亡"字作"違"。

〔四二〕蕭書音義引"要冀"作"徼覬"。

〔四三〕蕭書音義引"者"字作"也"。

〔四四〕蕭書音義引"酷"字作"惡"。

〔四五〕蕭書音義引"思"字作"須"。

〔四六〕蕭書音義引"中"字作"方"。

〔四七〕盧弼曰："宋本'二'作'三'。"

謹案：蕭書音義引"二"作"三"，曰："三帥，謂丁奉、施績、丁封也。"

〔四八〕蕭書音義引"靡"字作"無"。

〔四九〕蕭書音義引"志"字作"氣"。

〔五〇〕蕭書作"立功定事"。

〔五一〕蕭書音義引"康"字作"紹"。

〔五二〕蕭書音義引"助"字作"時"。

〔五三〕紹興本"抑"下有"亦"字，蕭書音義引"抑"字作"亦"。

〔五四〕蕭書音義引"闇"字作"庸"，考上文"禪雖庸主"，則此亦當作"庸"爲是，如此上下文義乃承。

〔五五〕《華陽國志》"陽城"二字乙。

〔五六〕紹興本"爲"字作"禪"，馮本、陳本同。

〔五七〕盧弼曰："趙一清曰：'《春秋·哀公十六年》：夏四月乙丑孔丘卒。杜注：魯襄二十二年生，至今七十二也。陸氏釋文：本或作魯襄二十三年生，至今七十二，則與《孔子世家》異，非也。《五代史·馮道傳》：卒年七十三，時以與孔子同壽。而此言七十二，蓋誤以魯襄公二十三年生也。'"

謹案：洪頤煊曰："《史記·孔子世家》：'孔子年七十三，以魯哀公十六年四月乙丑卒。'《漢書·劉向傳》：'年七十二卒，卒後十三歲而王氏代漢。'皆與比差一年。"考《白帖》卷九十引"二"作"三"，疑今本誤也。竊謂泰始五年譙周自謂年過七十，六年冬卒，則其死時已七十二歲矣。而曰"慕孔子之遺風（《白帖》引作"躅"，疑是），可與劉揚同軌"，是其謂孔子卒年爲七十三，劉揚爲七十二也。今本"三"字作"二"，而"二"字作"一"，恐後人所改，譙周語蓋不如是。《白帖》"二"字正作"三"，尤爲明證。

〔五八〕盧弼曰："'曰'字衍。"

謹案："還衣服"蓋詔中語，故曰"詔曰"。盧君謂爲衍文，疑非。

〔五九〕《御覽》卷五百零三引王隱《晉書》作"知天下將大亂"。

〔六〇〕盧弼曰："《左傳》：'羿棄武羅伯，因熊髡、龍圉而用寒浞。'"

謹案：事見《左傳·襄公四年》。胡紹煐曰："《釋名·釋親屬》：'庶，摭也。謂摭拾微陋，待遇之也。'可爲此'庶'字之確詁。"盧君注未及，爲補錄之。

〔六一〕盧弼曰："《御覽》'覽'作'涉'。"

謹案：見《御覽》卷二百三十三引。此已見錢儀吉書。當出之。

〔六二〕盧弼曰："《御覽》'吏'作'史'。"

謹案：錢儀吉"吏"改作"史"，云："從《御覽》。"此見《御覽》卷二百三十三。

〔六三〕《御覽》引無"意"字。耽，樂也。

〔六四〕盧弼曰："《官本考證》曰：'彼《册府》作披。'"

謹案：見《册府》卷七百七十引。

〔六五〕郝書"崇"字作"從"。

〔六六〕毛本"真"作"貞"。

〔六七〕郝書"跱"字作"峙"。

〔六八〕《册府》卷七百七十引"憂"字作"愛"。

〔六九〕盧弼曰："今本《吕氏春秋》作'五年'，《説苑》作'七年'。"

謹案：紹興本"三"字作"五"，與《吕氏春秋》同。

〔七〇〕紹興本作“使上帝思神傷民之命”。

〔七一〕盧弼曰：“今本《淮南子》‘却’作‘弭’。高誘注：‘絶塵，不及也；弭轍，引迹疾也。’”

謹案：郝書荀注引“却”亦作“弭”。

〔七二〕盧弼曰：“今本《淮南子》‘薪’下有‘者’字，高誘注：‘纏，索也；九方堙，人姓名。’”

謹案：錢儀吉據元修宋本補“者”字。郝書引“薪”下亦有“者”字。王念孫《讀淮南子雜志》曰：“‘纏’當爲‘纆’，索也。”

〔七三〕紹興本“臣”字作“馬”。

〔七四〕《淮南子·道應篇》“相”下無“者”字。

〔七五〕郝書荀注“天下”作“千里”，《淮南子·道應篇》同。

〔七六〕《淮南子·齊俗篇》“寒”字作“韓”，“葛”字作“管”。

〔七七〕明刊本《越絶書》無“枚”字，《白帖》卷十三、《册府》卷七百七十引同。

〔七八〕《越絶書》作“觀其鋠”，無“劍鈔”二字。

〔七九〕盧弼曰：“沈家本曰：‘今本《越絶》鼓作槖。’”

謹案：《白帖》卷十三、卷十六引作“槖”，《文選》張景陽《七命》李注同。擊槖猶鼓槖。《淮南子·本經篇》：“鼓槖吹埵，以銷銅鐵。”《文選》陸士衡《文賦》李注：“冶鑄者用以吹火，使炎熾。”

〔八〇〕盧弼曰：“沈家本曰：‘今本《越絶》獨作猶。’”

謹案：《類聚》卷六十、《白帖》卷十三引《吴越春秋》“獨”亦作“猶”，《文選》張景陽《七命》李注引亦作“猶”，疑作“猶”字是。

〔八一〕依裴注例“曰”字應删。

〔八二〕盧弼曰："《御覽》作'臣楚市偷也，願以技該一卒'。注：'該，備也。卒一人。'"

謹案：見《御覽》卷四百七十五，又見卷四百九十九引。

〔八三〕盧弼曰："今本《淮南子》'賢'下有'良'字。"

謹案：錢儀吉云："元修本有'良'字。"郝書苟注引同。

〔八四〕盧弼曰："今本《淮南子》'卒'作'市'。"

謹案：錢儀吉曰："元修本'卒'字作'市'。"考《御覽》卷四百七十五、卷四百九十九引俱無"進"字。

〔八五〕盧弼曰："今本《淮南子》作'幬帳'。"

謹案：《官本考證》曰："元本作解齊將軍之幬帳。"考《御覽》卷四百九十九引同。《御覽》卷四百九十九引"綢帳"，疑"綢"爲"裯"之誤。紹興本亦有"幬"字。《文選》潘安仁《寡婦賦》注引《纂要》："單帳曰幬。"

〔八六〕郝書苟注引"發"下有"因"字，與《淮南子·道應篇》合。

〔八七〕郝書苟注引作"使歸之於執事"，與《淮南子》合。

〔八八〕《淮南子》"使"下有"人"字，下同。

〔八九〕《御覽》卷四引"明日又"亦作"明夕"，"簪"上有"其"字。

〔九〇〕《册府》卷七百七十、卷八百五十六引"曰"上有"君"字。

〔九一〕紹興本"愛"字作"髮"。

〔九二〕紹興本、馮本作"掘穴爲家"，陳本作"掘穴"。

〔九三〕紹興本、馮本、陳本"也"字作"者"，郝書苟注引同。

〔九四〕盧弼曰："陸士衡《日出東南隅行》注：'闥'作

'邃'。《説苑・書説篇》亦作'邃'。"

謹案：盧君此注録自嚴可均《全後漢文》。考嚴氏於"洞"字下引陸士衡詩注及《説苑》，謂"洞"字二書作"邃"，而盧君誤謂"闠"作"邃"，且不檢原書，遂成此失。

〔九五〕郝書苟注引"妾"字作"音"，非是。

〔九六〕《説苑・善説篇》："水遊則連方舟。""舫"字疑當作"方"。

〔九七〕《宋書・樂志》"鼓"下有"吹"字。

〔九八〕紹興本"鉤"字作"釣"，郝書苟注引同。

〔九九〕《册府》卷八百五十六引"登"字作"獵"。

〔一〇〇〕盧弼曰："張晏曰：'齧膝、乘旦，皆良馬名，駕則旦至，故以爲名。'"

謹案：王念孫《讀書雜志》曰："'乘旦'當作'乘且'，字之誤也。且與駔同。駔者，駿馬之名，《説文》：'駔，牡馬也。'《楚辭》：'同駕贏而乘駔兮。'王注：'乘駔，駿馬也。''乘駔'即'乘且'。《爾雅》：'奘，駔也。'樊光、孫炎本作'將且'。此頌内多用韵之文，'乘且'之'且'，古讀如苴，與'興'爲韵，作'旦'則失其韵矣。"

〔一〇一〕《淮南子・道應篇》"準"字作"鬢"。

〔一〇二〕《淮南子》"戾頸"作"淚注"，王念孫謂爲"渠頸"二字之誤。

〔一〇三〕《淮南子》"卷"作"倦"，高注："楚人謂倨爲倦。""合梨"作"蛤梨"，高注："海蚌也。"

〔一〇四〕盧弼曰："今本《淮南子》作'至長不渝'。莊逵吉曰：'《御覽》此下有注：渝，解也。'劉家立曰：'應有解字。'"

謹案：《官本考證》曰："宋本作'至長不渝'。"錢儀吉引元修本同。"至長不隅"言至長不解也。今本作"喻解"，蓋"解"以釋"渝"，而誤入正文者。劉説未確。

〔一〇五〕《淮南子》"不"字作"未"。

〔一〇六〕《説文・齒部》"齤"篆，段玉裁注："謂露其齒病而笑也。"

〔一〇七〕《淮南子》"嘻"下無"乎"字，"州"下有"之"字，《類聚》卷七十八引"州"下亦有"之"字。

〔一〇八〕《淮南子》"光乎"二字乙。

〔一〇九〕盧弼曰："'突'音要。今本《淮南子》'突'作'窔'。"

謹案："突"無要音，字當作"窔"。"窔"音要，嘯韵字。馮本正作"窔"。《漢書・敍傳》"守窔奧之熒燭"注："窔奧，室中之二隅也。"

〔一一〇〕《淮南子》"冥冥"作"窅冥"。

〔一一一〕《淮南子》"沈沈"作"汰沃"，高注："汰沃，四海與天際之水流聲也。"

〔一一二〕馮本、陳本"外"字俱作"上"，郝書苟注引同。《册府》卷七百七十引同。

〔一一三〕《册府》引"若士"作"於是"。

〔一一四〕《淮南子》"自"上有"而"字。

三國志校箋卷四十三

蜀志卷十三〔一〕

黄權　李恢　吕凱　馬忠　王平　張嶷〔二〕

　　黄權字公衡，巴西閬中人也。少爲郡吏〔三〕，州牧劉璋召爲主簿。時别駕張松建議，宜迎先主，使伐張魯。權諫曰："左將軍有驍名，今請到〔四〕，欲以部曲遇之，則不滿其心，欲以賓客禮待〔五〕，則一國不容二君。若客有泰山之安，則主有累卵之危〔六〕。可但閉境以待河清〔七〕。"璋不聽，竟遣使迎先主，出權爲廣漢長。及先主襲取益州，將帥分下郡縣，郡縣望風景附〔八〕，權閉城堅守，須劉璋稽服〔九〕，乃詣降先主〔一〇〕。先主假權偏將軍。徐衆評曰：權既忠諫於主，又閉城拒守，得事君之禮。武王下車，封比干之墓，表商容之閭，所以大顯忠賢之士，而明示所貴之旨。先主假權將軍，善矣，然猶薄少，未足彰忠義之高節，而大勸爲善者之心。及曹公破張魯，魯走入巴中，權進曰："若失漢中，則三巴不振，此爲割蜀之股臂也。"於是先主以權爲護軍，率諸將迎魯。魯已還南鄭，北降曹公，然卒破杜濩、朴胡，殺夏侯淵，據漢中，皆權本謀也。

先主爲漢中王，猶領益州牧，以權爲治中從事。及稱尊號，將東伐吳，權諫曰："吳人悍戰，又水軍順流〔一〕，進易退難，臣請爲先驅以嘗寇〔二〕，陛下宜爲後鎮。"先主不從，以權爲鎮北將軍，督江北軍以防魏師，先主自在江南〔三〕。及吳將軍陸議乘流斷圍〔四〕，南軍敗績，先主引退。而道隔絶，權不得還，故率將所領降於魏。有司執法，白收權妻子。先主曰："孤負黃權，權不負孤也。"待之如初。臣松之以爲：漢武用虛罔之言，滅李陵之家，劉主拒憲司所執，宥黃權之室，二主得失，縣邈遠矣〔五〕。《詩》云："樂只君子，保艾爾後〔六〕。"其劉主之所謂也〔七〕。

魏文帝謂權曰："君捨逆効順，欲追蹤陳、韓邪？"權對曰："臣過受劉主殊遇〔八〕，降吳不可，還蜀無路〔九〕，是以歸命。且敗軍之將，免死爲幸，何古人之可慕也！"文帝善之，拜爲鎮南將軍，封育陽侯〔一〇〕，加侍中，使之陪乘。蜀降人或云誅權妻子，權知其虛言，未便發喪，《漢魏春秋》曰：文帝詔命發喪，權答曰："臣與劉、葛推誠相信，明臣本志。疑惑未實，請須後問。"後得審問，果如所言。及先主薨問至魏，羣臣咸賀而權獨否。文帝察權有局量，欲試驚之，遣左右詔權，未至之間，累催相屬，馬使奔馳交錯於道，官屬侍從莫不碎魄，而權舉止顔色自若。後領益州刺史，徙占河南。大將軍司馬宣王深器之，問權曰："蜀中有卿輩幾人？"權答曰〔二〕："不圖明公見顧之重也！"宣王與諸葛亮書曰："黃公衡，快士也，每坐起歎述足下，不去口實。"景初三年，蜀延熙二年，權遷車騎將軍、儀同三司。《蜀記》曰：魏明帝問權："天下鼎立，當以何地爲正？"權對曰："當以天文爲正。往者熒惑守心而文皇帝崩，吳、蜀二主平安，此其徵也。"明年卒，諡曰景侯。子邕嗣。邕無子，絕。

權留蜀子崇，爲尚書郎，隨衛將軍諸葛瞻拒鄧艾。到涪縣，瞻盤桓未進，崇屢勸瞻宜速行據險，無令敵得入平地〔二二〕。瞻猶豫未納〔二三〕，崇至於流涕。會艾長驅而前，瞻卻戰至緜竹，崇帥厲軍士，期於必死，臨陣見殺。

李恢字德昂，建寧俞元人也。任郡督郵〔二四〕，姑夫爨習爲建伶令，有違犯之事〔二五〕，恢坐習免官。太守董和以習方土大姓，寢而不許。《華陽國志》曰：習後官至領軍。後貢恢於州，涉道未至，聞先主自葭萌還攻劉璋。恢知璋之必敗，先主必成〔二六〕，乃託名郡使，北詣先主，遇於緜竹。先主嘉之。從至雒城，遣恢至漢中交好馬超，超遂從命。成都既定，先主領益州牧，以恢爲功曹書佐主簿。後爲亡虜所誣，引恢謀反，有司執送，先主明其不然，更遷恢爲別駕從事。章武元年，庲降都督鄧方卒，先主問恢："誰可代者？"恢對曰："人之才能，各有長短，故孔子曰：'其使人也器之。'且夫明主在上，則臣下盡情，是以先零之役〔二七〕，趙充國曰：'莫若老臣。'臣竊不自揆[二八]，惟陛下察之。"先主笑曰："孤之本意，亦已在卿矣。"遂以恢爲庲降都督，使持節領交州刺史，住平夷縣。臣松之訊之蜀人，云庲降，地名，去蜀二千餘里，時未有寧州，號爲南中，立此職以總攝之。晉泰始中，始分爲寧州。

先主薨，高定恣睢於越雟，雍闓跋扈於建寧，朱褒反叛於牂牁。丞相亮南征，先由越雟，而恢案道向建寧。諸縣大相糾合，圍恢軍於昆明。時恢衆少敵倍，又未得亮聲息，紿謂南人曰："官軍糧盡，欲規退還，吾中間久斥鄉里[二九]，乃今得旋，不能復北，欲還與汝等同計謀，故以誠相告。"南人信之，故圍守怠緩。於是恢出擊，大破之，追奔逐北，南至槃江，東接牂牁，與亮聲勢相連。南土平定，恢軍功居多[三〇]，封漢興亭侯，加安漢將軍。後軍還，南夷復叛，殺害守將。恢身往撲討，鉏盡惡類，徙其豪帥於成都，賦出叟、濮耕牛戰馬金銀犀革，充繼軍資，於時費用不乏。

建興七年，以交州屬吳，解恢刺史。更領建寧太守，以還居本郡[三一]。徙居漢中，九年卒。子遺嗣。恢弟子球，羽林右部督，隨諸葛瞻拒鄧艾，臨陣授命，死於緜竹。

呂凱字季平，永昌不韋人也。孫盛《蜀世譜》曰：初，秦徙呂不韋子弟宗族於蜀漢[三二]。漢武帝時，開西南夷，置郡縣，徙呂氏以充之，因曰不韋縣。仕郡五官掾功曹。時雍闓等聞先主薨於永安，驕黠滋甚。都護李嚴與闓書六紙，解喻利害，闓但答一紙，曰："蓋聞天無二日，土無二王，今天下鼎立，正朔有三，是以遠人惶惑，不知所歸也。"其桀慢如此。闓又降於吳，吳遙署闓爲永昌太守。永昌既在益州郡之西，道路壅塞，與蜀隔絕，而郡太守改易[三三]，凱與府丞蜀郡王伉帥屬吏民，閉境拒闓。闓數移檄永昌，稱說云云。凱答檄曰："天降喪亂，奸雄乘釁，天下切齒，萬國悲悼，臣妾大小，莫不思竭筋力，肝腦塗地，以除國難。伏惟將軍世受漢恩，以爲當躬聚黨衆，率先啓行，上以報國家，下不負先人，書功竹帛，遺名千載。何期臣僕吳越，背本就末乎？昔舜勤民事，殞於蒼梧，書籍嘉之，流聲無窮。崩於江浦，何足可悲！文、武受命，成王乃平。先帝龍興，海內望風，宰臣聰睿，自天降康。而將軍不覩盛衰之紀，成敗之符，譬如野火在原，蹈履河冰，火滅冰泮，將何所依附？曩者將軍先君雍侯，造怨而封，竇融知興，歸志世祖，皆流名後葉，世歌其美。今諸葛丞相英才挺出，深覩未萌，受遺託孤，翊贊季興，與衆無忌，錄功忘瑕[三四]。將軍若能翻然改圖，易跡更步，古人不難追，鄙土何足宰哉！蓋聞楚國不恭，齊桓是責[三五]；夫差僭號，晉人不長，況臣於非主，誰肯歸之邪？竊惟古義，臣無越境之交，是以前後有來無往。重承告示，發憤忘食，故略陳所懷，惟將軍察焉。"凱威恩內著，爲郡中所信，故能全其節。

及丞相亮南征討闓，既發在道，而闓已爲高定部曲所殺。亮至南，上表曰："永昌郡吏呂凱、府丞王伉等，執忠絕域，十有餘年，雍闓、高定偪其東北，而凱等守義，不與交通。臣不意永昌風俗敦直乃爾！"以凱爲雲南太守，封陽遷亭侯。會爲叛夷所害，子祥嗣。而王伉亦封亭侯，爲永昌太守。《蜀世譜》曰：呂祥後爲晉南夷校尉，祥子及孫世爲永昌太守。李雄破寧州，諸呂不肯附，舉郡固守。王伉等亦守正節。

馬忠字德信，巴西閬中人也。少養外家，姓狐，名篤，後乃復姓，改名忠。爲郡吏。建安末舉孝廉，除漢昌長。先主東征，敗績猇亭，巴西太守閻芝發諸縣兵五千人以補遺闕，遣忠送往。先主已還永安，見忠與語，謂尚書令劉巴曰："雖亡黃權，復得狐篤，此爲世不乏賢也。"建興元年，丞相亮開府，以忠爲門下督。三年，亮入南，拜忠牂牁太守。郡丞朱褒反〔三六〕。叛亂之後，忠撫育卹理，甚有威惠。八年，召爲丞相參軍。副長史蔣琬署留府事。又領州治中從事。明年，亮出祁山，忠詣亮所，經營戎事。軍還，督將軍張嶷等討汶山郡叛羌。十一年，南夷豪帥劉冑反，擾亂諸郡。徵庲降都督張翼還，以忠代翼。忠遂斬冑，平南土。加忠監軍奮威將軍，封博陽亭侯。初，建寧郡殺太守正昂〔三七〕，縛太守張裔於吳，故都督常駐平夷縣。至忠，乃移治味縣，處民夷之間。又越巂郡亦久失土地〔三八〕，忠率將太守張嶷〔三九〕，開復舊郡，由此就加安南將軍，進封彭鄉亭侯〔四〇〕。延熙五年還朝，因至漢中，見大司馬蔣琬，宣傳詔旨，加拜鎮南大將軍。七年春，大將軍費禕北禦魏敵，留忠成都，平尚書事。禪還,忠乃歸南。十二年卒,子修嗣。修弟恢。恢子義,晉建寧太守。

忠爲人寬濟有度量,但誎啁大笑,忿怒不形於色〔四一〕。然處事能斷,威恩並立,是以蠻夷畏而愛之。及卒,莫不自致喪庭,流涕盡哀,爲之立廟祀〔四二〕,迄今猶在。

張表,時名士〔四三〕,清望踰忠。閻宇,宿有功幹,於事精勤。繼踵在忠後,其威風稱績,皆不及忠。《益部耆舊傳》曰:張表,肅子也。《華陽國志》云〔四四〕:表,張松子,未詳。閻宇字文平,南郡人也。

王平字子均,巴西宕渠人也。本養外家何氏,後復姓王。隨杜濩、朴胡詣洛陽,假校尉,從曹公征漢中,因降先主,拜牙門將、裨將軍。建興六年,屬參軍馬謖先鋒。謖舍水上山,舉措煩擾,平連規諫謖,謖不能用,大敗於街亭。衆盡星散,惟平所領千人,鳴鼓自持,魏將張郃疑其伏兵,不往偪也。於是平徐徐收合諸營遺迸,率將士而還。丞相亮既誅馬謖及將軍張休、李盛,奪將軍黃襲等兵,平特見崇顯,加拜參軍,統五部兼當營事,進位討寇將軍〔四五〕,封亭侯。九年,亮圍祁山,平別守南圍。魏大將軍司馬宣王攻亮,張郃攻平,平堅守不動,郃不能克。十二年,亮卒於武功,軍退還,魏延作亂,一戰而敗,平之功也。遷後典軍、安漢將軍,副車騎將軍吳壹住漢中,又領漢中太守。十五年,進封安漢侯,代壹督漢中。延熙元年,大將軍蔣琬住沔陽,平更爲前護軍，署琬府事。六年，琬還住涪，拜平前監軍、鎮北大將軍，統漢中。

七年春，魏大將軍曹爽率步騎十餘萬向漢川，前鋒已在駱谷。時漢中守兵不滿三萬，諸將大驚。或曰：「今力不足以拒敵，聽當固守漢、樂二城，遇賊令入，比爾間涪軍足得救關。」平曰：「不然。漢中去涪垂千里，賊若得關，便爲禍也。今宜先遣劉護軍、杜參軍據興勢，平爲後拒；若賊分向黃金，平率千人下自臨之，比爾間涪軍行至〔四六〕，此計之上也。」惟護軍劉敏與平意同，即便施行。涪諸軍及大將軍費禕自成都相繼而至，魏軍退還，如平本策。是時，鄧芝在東，馬忠在南，平在北境，咸著名迹。

平生長戎旅，手不能書，其所識不過十字〔四七〕，而口授作書〔四八〕，皆有意理。使人讀《史》《漢》諸記傳〔四九〕，聽之備知其大義，往往論說不失其指。遵履法度，言不戲謔，從朝至夕，端坐徹日，慨無武將之體〔五〇〕，然性狹侵疑〔五一〕，爲人自輕〔五二〕，以此爲損焉。十一年卒，子訓嗣。

初，平同郡漢昌句句古侯反。扶忠勇寬厚，數有戰功，功名爵位亞平〔五三〕，官至左將軍，封宕渠侯。《華陽國志》曰：後張翼、廖化並爲大將軍，時人語曰：「前有王、句，後有張、廖。」

張嶷字伯岐，巴西郡南充國人也〔五四〕。《益部耆舊傳》

曰：嶷出自孤微，而少有通壯之節。弱冠爲縣功曹。先主定蜀之際，山寇攻縣，縣長捐家逃亡，嶷冒白刃，攜負夫人，夫人得免。由是顯名，州召爲從事。時郡内士人龔禄、姚伷位二千石〔五五〕，當世有聲名，皆與嶷友善。建興五年，丞相亮北住漢中，廣漢、緜竹山賊張慕等鈔盗軍資，劫略吏民，嶷以都尉將兵討之。嶷度其烏散，難以戰禽，乃詐與和親，克期置酒。酒酣，嶷身率左右，因斬慕等五十餘級，渠帥悉殄。尋其餘類〔五六〕，旬日清泰。後得疾病困篤，家素貧匱，廣漢太守蜀郡何祗，名爲通厚，嶷宿與疏闊，乃自輿詣祗，託以治疾。祗傾財醫療，數年除愈〔五七〕。其黨道信義皆此類也。拜爲牙門將，屬馬忠，北討汶山叛羌，南平四郡蠻夷，輒有籌畫戰克之功。
《益部耆舊傳》曰：嶷受兵馬三百人，隨馬忠討叛羌。嶷別督數營在先，至他里。邑所在高峻，嶷隨山立上四五里。羌於要厄作石門，於門上施牀，積石於其上，過者下石槌擊之，無不糜爛。嶷度不可得攻，乃使譯告曉之曰〔五八〕："汝汶山諸種反叛，傷害良善，天子命將討滅惡類。汝等若稽顙過軍，資給糧費，福禄永隆，其報百倍。若終不從，大兵致誅，雷擊電下，雖追悔之，亦無益也。"耆帥得命，即出詣嶷，給糧過軍。軍前討餘種，餘種聞他里已下，悉恐怖失所，或迎軍出降，或奔竄山谷，放兵攻擊，軍以克捷。後南夷劉胄又反，以馬忠爲督庲降討胄，嶷復屬焉。戰鬪常冠軍首，遂斬胄。平南事訖，牂牁興古獠種復反，忠令嶷領諸營往討，嶷内招降得二千人，悉傳詣漢中。十四年，武都氐王苻健請降，遣將軍張尉往迎。過期不到，大將軍蔣琬深以爲念。嶷平之曰[五九]："苻健求附款至，必無他變。素聞健弟狡黠，又夷狄不能同功，將有乖離，是以稽留耳。"數日問至，健弟果將四百户就魏，獨健來從。

初，越巂郡自丞相亮討高定之後，叟夷數反，殺太守龔祿、焦璜，是後太守不敢之郡，只住安定縣[六〇]，去郡八百餘里，其郡徒有名而已。時論欲復舊郡，除嶷爲越巂太守，嶷將所領往之郡，誘以恩信，蠻夷皆服，頗來降附。北徼捉馬最驍勁，不承節度，嶷乃往討，生縛其帥魏狼，又解縱告喻，使招懷餘類。表拜狼爲邑侯，種落三千餘户皆安土供職。諸種聞之，多漸降服，嶷以功賜爵關內侯。

蘇祁邑君冬逢、逢弟隗渠等已降復反，嶷誅逢。逢妻，旄牛王女，嶷以計原之。而渠逃入西徼。渠剛猛捷悍，爲諸種深所畏憚，遣所親二人詐降嶷，實取消息。嶷覺之，許以重賞，使爲反間，二人遂合謀殺渠。渠死，諸種皆安。又斯都耆帥李求承[六一]，昔手殺龔祿[六二]，嶷求募捕得，數其宿惡而誅之。

始嶷以郡郛宇頹壞，更築小塢。在官三年，徙還故郡，繕治城郭，夷種男女莫不致力。

定莋、臺登、卑水三縣去郡三百餘里，舊出鹽鐵及漆，而夷徼久自固食。嶷率所領奪取，署長吏焉。嶷之到定莋，定莋率豪狼岑[六三]，槃木王舅，甚爲蠻夷所信任，忿嶷自侵[六四]，不自來詣。嶷使壯士數十直往收致，撻而殺之，持尸還種，厚加賞賜，喻以狼岑之惡，且曰：

"無得妄動,動即殄矣!"種類咸面縛謝過。嶷殺牛饗宴,重申恩信,遂獲鹽鐵,器用周贍。

漢嘉郡界旄牛夷種類四千餘户,其率狼路,欲爲姑墵冬逢報怨,遣叔父離將逢衆相度形勢。嶷逆遣親近齎牛酒勞賜〔六五〕,又令離姊逆逢妻宣暢意旨〔六六〕。離既受賜,并見其姊,姊弟歡悦,悉率所領將詣嶷〔六七〕,嶷厚加賞待,遣還。旄牛由是輒不爲患。郡有舊道,經旄牛中至成都,既平且近;自旄牛絶道,已百餘年,更由安上,既險且遠。嶷遣左右齎貨幣賜路,重令路姑喻意,路乃率兄弟妻子悉詣嶷,嶷與盟誓,開通舊道,千里肅清,復古亭驛。奏封路爲旄牛昫毗王,遣使將路朝貢。後主於是加嶷撫戎將軍,領郡如故。

嶷初見費禕爲大將軍〔六八〕,姿性汎愛〔六九〕,待信新附太過。嶷書戒之曰:"昔岑彭率師,來歙杖節,咸見害於刺客〔七〇〕,今明將軍位尊權重,宜鑒前事,少以爲警。"後禕果爲魏降人郭修所害。

吳太傅諸葛恪以初破魏軍,大興兵衆以圖攻取。侍中諸葛瞻,丞相亮之子,恪從弟也,嶷與書曰:"東主初崩,帝實幼弱,太傅受寄託之重〔七一〕,亦何容易!親以周公之才〔七二〕,猶有管、蔡流言之變,霍光受任,亦有燕、蓋、上官逆亂之謀,賴成、昭之明,以免斯難耳。昔每聞東主殺生賞罰〔七三〕,不牟下人〔七四〕,又今以垂没之命,卒召太傅,屬以後事,誠實可慮。加吳、楚剽急,乃昔所記,而太傅離少主,履敵庭,恐非良計長算之術也。

雖云東家綱紀肅然，上下輯睦，百有一失，非明者之慮邪？取古則今，今則古也，自非郎君進忠言於太傅，誰復有盡言者也！旋軍廣農，務行德惠，數年之中，東西並舉，實爲不晚，願深採察。"恪竟以此夷族。嶷識見多如是類。

在郡十五年，邦域安穆。屢乞求還，乃徵詣成都。民夷戀慕，扶轂泣涕。過旄牛邑，邑君襁負來迎，及追尋至蜀郡界〔七五〕，其徬督率隨嶷朝貢者百餘人〔七六〕。嶷至，拜盪寇將軍，慷慨壯烈，士人咸多貴之。然放蕩少禮，人亦以此譏焉。《益部耆舊傳》曰：時車騎將軍夏侯霸謂嶷曰："雖與足下疏闊，然託心如舊，宜明此意。"嶷答曰："僕未知子，子未知我，大道在彼，何云託心乎！願三年之後徐陳斯言。"有識之士以爲美談。是歲延熙十七年也。魏狄道長李簡密書請降，衛將軍姜維率嶷等因簡之資以出隴西。《益部耆舊傳》曰：嶷風濕固疾〔七七〕，至都寖篤，扶杖然後能起。李簡請降，衆議狐疑，而嶷曰必然。姜維之出，時論以嶷初還，股疾不能在行中，由是嶷自乞肆力中原，致身敵庭。臨發，辭後主曰："臣當值聖明，受恩過量，加以疾病在身，常恐一朝隕沒，辜負榮遇。天不違願，得豫戎事。若涼州克定，臣爲藩表守將；若有未捷，殺身以報。"後主慨然爲之流涕。既到狄道，簡悉率城中吏民出迎軍。軍前與魏將徐質交鋒，嶷臨陳隕身，然其所殺傷亦過倍。既亡，封長子瑛西鄉侯，次子護雄襲爵。南土越巂民夷聞嶷死，無不悲泣，爲嶷立廟，四時水旱輒祀之。《益部耆舊傳》曰：余觀張嶷儀貌辭令，不能駭人,而其策略足以入算,果烈足以立威,爲臣有忠誠之節,處類有亮直之風,而動必顧典,後主深崇之。雖古之英士,何以遠踰哉!《蜀世譜》曰:巍孫奕,晉梁州刺史。

評曰:黃權弘雅思量,李恢公亮志業,呂凱守節不回,馬忠擾而能毅,《尚書》曰:擾而毅。鄭玄注曰:擾,馴也。致果曰毅。王平忠勇而嚴整,張嶷識斷明果,咸以所長,顯名發迹,遇其時也。

【校箋】

〔一〕毛本作"蜀書十三"。

〔二〕毛本作"黃李呂馬王張傳第十三"。

〔三〕馮本、陳本"吏"字作"史"。紹興本作"吏",以作"吏"爲是。

〔四〕《册府》卷七百二十三引無"請到"二字。

〔五〕《文選集注・袁彦伯〈三國名臣〉》引《鈔》"客"下無"禮"字,"待"下有"之"字,《治要》卷二十七、《華陽國志》引同。《册府》引無"禮"字。

〔六〕《治要》引"危"下有"也"字。

〔七〕《文選集注》引《鈔》作"請閉境以待"。

〔八〕《後漢書・劉焉傳》注引"郡縣"作"諸縣",《治要》引同。

〔九〕盧弼曰:"胡三省曰:'稽音啓,言稽顙服從也。'"

謹案:《册府》卷二百一十五引無"須"字,郝書同。

〔一〇〕盧弼曰:"章懷注引此無'降'字。"

謹案：《治要》引亦無"降"字，或唐時所見本如是也。

〔一一〕盧弼曰："《通鑑》'順流'作'沿流'。"

謹案：《華陽國志》"順"字作"泝"，《文選集注》引《鈔》同。考《爾雅・釋水》："順流而下曰泝游。"泝游即泝流也。

〔一二〕盧弼曰："《通鑑》'嘗寇'作'當寇'。"

謹案：《文選集注》引《鈔》"嘗"字作"當"。《文選》袁彥伯《三國名臣贊》李注、郝書亦俱作"當"，《晉書・載記》："黃權願以萬人當寇。"則作"當"字爲是。

〔一三〕郝書"在"字作"軍"。

〔一四〕盧弼曰："章懷注引此'流'作'虛'。"

謹案：《書鈔》卷六十七、《文選集注》引《鈔》、《文選》李注"流"均作"虛"。則唐人所見本"流"固作"虛"也，似應據以訂正。

〔一五〕盧弼曰："'遠'字疑衍。"

謹案：此"縣遠"一詞，蓋以形容遠狀，則"遠"字似非衍字也。

〔一六〕紹興本"艾"字作"乂"。

〔一七〕盧弼曰："宋本無'所'字。"

謹案：郝書茍注無"所"字，與宋本同，"所"字或應删。

〔一八〕《御覽》卷四百六十三、《文選集注》引《鈔》、《文選》李注引"主"字俱作"氏"。又《御覽》卷四百八十六、《後漢書》注引"殊"字俱作"厚"。

〔一九〕《白帖》卷二十三引"還"作"歸"，與《文選》李注同。

〔二〇〕盧弼曰："胡三省曰：'自此已後皆名號侯，不復注其國邑。'"

謹案：郝書作"淯陽"。《漢書·地理志》："南陽郡育陽。"《一統志》："在河南南陽縣南六十里。"然則育陽非名號侯也，盧君引胡注疑非。

〔二一〕紹興本作"權笑而答曰"。《御覽》卷三百八十九引作"笑而不答曰"，疑"不"字當刪，蕭書、郝書亦有"笑而"二字。

〔二二〕盧弼曰："元本無'地'字。"

謹案：《官本考證》曰："元本無'地'字。"考《御覽》卷七百六十三引無"地"字，《華陽國志》"平"作"坪"，亦無"地"字，則"地"字實衍文也。

〔二三〕紹興本"豫"字作"與"。"猶豫""猶與"古通用。

〔二四〕盧弼曰："'任'宋本作'仕'。"

謹案：《册府》卷七百六十五引"任"作"仕"。蕭書、郝書、《通志》亦俱作"仕"，當據以訂正。

〔二五〕盧弼曰："宋本'犯'作'法'。"

謹案：郝書亦作"法"，疑作"法"字是。

〔二六〕紹興本"成"下有"也"字。

〔二七〕紹興本"先"字作"西"。古音"西"讀若"先"。

〔二八〕盧弼曰："宋本'揆'作'量'。"

謹案：蕭書、郝書亦俱作"量"。《周禮·夏官·序官》"量人"注："量猶度也。"《説文·手部》："揆，度也。"是"量""揆"同義。

〔二九〕盧弼曰："斥，音尺，遠也。"

謹案：《漢書·曹參傳》"吏言文刻深，欲務聲名，輒斥去之"注："斥，却也。"

〔三〇〕蕭書、郝書"恢"下無"軍"字。

〔三一〕蕭書、郝書俱無"以"字。

〔三二〕《通志》無"漢"字，是也。《史記》："其與家屬徙蜀。"

〔三三〕張采《三國文》"改"字作"數"。

〔三四〕蕭書"忘"字作"棄"。疑此作"棄"字是。《吳志·陸瑁傳》陸瑁與暨豔書曰："此乃漢高棄暇録用之時也。"

〔三五〕盧弼曰："《左傳·僖公四年》：齊侯伐楚。管仲曰：'爾貢包茅不入，王祭不共，無以縮酒，寡人是徵。'"

謹案：此作"恭"，《左傳》作"共"。考《詩·大雅·韓奕》"虔共爾位"鄭箋曰："古之'恭'字或作'共'。"《周禮·夏官·羊人》"共其羊牲"注："共猶給也。"此"恭"字當爲"共"之借。

〔三六〕盧弼曰："《後主傳》：'建興元年牂柯太守朱褒擁郡反。'此傳云郡丞，未知孰是。官本'丞'作'承'。趙一清曰：'承即丞也，音同通用。'林國贊曰：'反字衍，蓋謂忠承褒叛亂之後，能撫育耳。'弼按：當作'郡承朱褒叛亂之後'。"

謹案：郝書作"郡丞朱褒叛亂之後"。《漢書·百官公卿表上》"丞相"注引應劭曰："丞者承也。"林説衍"反"字，是。

〔三七〕盧弼曰："此建寧郡應作益州郡，説見《李恢傳》。錢大昕曰：'《後主傳》《張裔傳》俱作益州郡。考益州郡之改建寧，在丞相亮南征以後，此時不當云建寧也。'"

謹案：洪頤煊曰："《後主傳》：'建興元年，先是益州郡有大姓雍闓反，流太守張裔於吴，據郡不賓。''三年丞相亮南征，改益州郡爲建寧郡。'"此所稱述，在建興十一年，故即據改後郡名言之。

〔三八〕蕭書"土地"作"故地"。

〔三九〕蕭書、郝書"率"下無"將"字。

〔四〇〕盧弼曰："錢大昭曰：'亭字衍文。'潘眉曰：'常《志》作彭鄉侯。'"

謹案：衍"亭"字是也。忠前已封博陽亭侯，此曰"進封"不當復曰"亭侯"，"亭"字當刪改去。志中此例甚多，不枚舉。

〔四一〕《御覽》卷三百九十一引"色"上有"顔"字。

〔四二〕《册府》卷八百二十引無"祀"字。

〔四三〕盧弼曰："趙一清曰：'時上有脱文。'錢儀吉改作'時名士張表'。"

謹案：蕭書作"時之名士"。郝書作"一時名士"。

〔四四〕郝書苟注引句上有"裴松之曰"四字。考此當脱"臣松之案"，應據補。

〔四五〕《册府》卷三百四十九引"寇"作"虜"。

〔四六〕蕭書"行"字作"亦"。

〔四七〕盧弼曰："宋本'其'作'而'。"

謹案：《書鈔》卷一百零三引"十"字作"數"。

〔四八〕《類聚》卷五十八、《御覽》卷三百九十三、卷五百九十五引"口"字俱作"占"。

〔四九〕蕭書"記"字作"紀"。

〔五〇〕盧弼曰："周壽昌曰：愖，《廣韻》《集韻》並音忽麥切。《玉篇》：'乖戾也，頑也。'"

謹案：《説文·心部》無"愖"字，疑字當作"嬚"，古從"心"從"女"之字多通，如"慊"之或作"嫌"也。《説文·女部》："嬚，靜好也。"與上文"端坐徹日"，意正相應。若釋之爲乖戾或頑，則上下文意難通矣。周説或非。

〔五一〕盧弼曰："毛本'狹'作'狡'，誤。或改'侵'作'猜'。"

謹案：或改作"猜"，無據。考《吴志·王蕃傳》："俗士挾（狹）侵。"此以"侵"字句絶，"疑"字似應刪。

〔五二〕盧弼曰："此語疑有誤，與上文言不相戲謔相反。"

謹案：《吳志·王蕃傳》："謂蕃自輕。""自輕"疑爲當時恒言，與上文"狹侵"義相承也。

〔五三〕蕭書"亞"下有"於"字。

〔五四〕盧弼曰："錢大昭曰：'郡、國二字疑皆衍文。'沈家本曰：'疑國字爲衍文者，非也。'"

謹案：蕭書無"郡"字是也。《譙周傳》："巴西西充國人也。"亦無"郡"字可證，沈說是。

〔五五〕蕭書"位"下有"至"字。

〔五六〕盧弼曰："朱邦衡曰：'尋下脫散字，或討字。'"

謹案：《國語·周語中》："夫三軍之所尋。"韋注："尋，討也。""尋其餘類"，猶討其餘類也。朱氏偶忘"尋"有討義，遂謂有脫文，恐非。

〔五七〕《白帖》卷二十六引"除"字作"乃"。

〔五八〕《册府》卷九百八十四引"告"字作"先"。

〔五九〕盧弼曰："潘眉曰：'平同評，高誘《淮南子·時則訓》注：平正讀評議之評。又同辯，《堯典》平章，今文《尚書》作辯章。又可作料字解，武侯表曰：夫難平者事也。'"

謹案：蕭書"平"字作"策"。

〔六〇〕《華陽國志》"定"字作"上"，當從之。本傳後云"更由安上"可證。

〔六一〕《華陽國志》無"求"字。

〔六二〕《華陽國志》作"乃手煞焦璜、龔禄者也"。蕭書"禄"下有"者"字，應據補，語意乃足。

〔六三〕蕭書"率豪"二字乙。

〔六四〕蕭書"自"字作"見"，是。

〔六五〕蕭書"巋"下有"廉知之"三字。

〔六六〕盧弼曰："潘眉曰：'姊字衍文，逢妻即離姊。不當更有姊字在逆字上也。下文離既受賜，并見其姊，姊弟歡悦可見。'"

謹案：蕭書"逆"字作"冬"，是也。如潘説衍"姊"字，則令離逆逢妻。考上文："其率狼路欲爲姑婿，冬逢報怨，遣叔父離將逢衆相度形勢。"張巋何能令離迎逢妻乎？此文本云"遣離姊冬逢往見離，宣暢意旨"，語本明顯，但以"冬"字誤作"逆"，遂不得其解矣。潘説不可從。

〔六七〕蕭書"領"下無"將"字。

〔六八〕蕭書"巋初"二字乙。

〔六九〕紹興本、馮本、陳本"姿"字俱作"恣"。

〔七〇〕《書鈔》卷一百二十六、《御覽》卷三百五十九引《江表傳》句下俱有"不鎮重也"四字。

〔七一〕紹興本重"寄託之重"四字，蕭書同。

〔七二〕蕭書作"夫以周公之親之才"。

〔七三〕蕭書"殺生"二字乙，當從之。

〔七四〕紹興本"牟"字作"任"，《册府》卷四百零二引同，蕭書同。

〔七五〕蕭書無"及"字，"尋"字作"送"。《御覽》卷二百四十引"及"字作"反"。

〔七六〕盧弼曰："宋本作'其督相率'，朱邦衡曰：'督率乃耆率之誤，蠻夷君長曰耆率，不名督也。'"

謹案：《册府》卷六百八十二引作"其相隨巋朝貢者百餘人"，無"偕督"二字，有"相"字。蕭書作"其督長相率隨巋朝貢者百餘人"，疑今本有奪，不得如朱氏説。

〔七七〕"固"字疑當作"錮"。

三國志校箋卷四十四

蜀志卷十四〔一〕

蔣琬 子斌　斌弟顯　劉敏　費禕　姜維〔二〕

　　蔣琬字公琰，零陵湘鄉人也。弱冠與外弟泉陵劉敏俱知名。琬以州書佐隨先主入蜀，除廣都長。先主嘗因游觀，奄至廣都。見琬衆事不理〔三〕，時又沈醉〔四〕，先主大怒，將加罪戮。軍師將軍諸葛亮請曰〔五〕："蔣琬，社稷之器，非百里之才也。其爲政以安民爲本〔六〕，不以修飾爲先，願主公重加察之〔七〕。"先主雅敬亮，乃不加罪，倉卒但免官而已〔八〕。琬見推之後，夜夢有一牛頭在門前，流血滂沲，意甚惡之，呼問占夢趙直。直曰："夫見血者，事分明也。牛角及鼻，'公'字之象〔九〕，君位必當至公〔一〇〕，大吉之徵也〔一一〕。"頃之，爲什邡令。先主爲漢中王，琬入爲尚書郎。建興元年，丞相亮開府，辟琬爲東曹掾，舉茂才。琬固讓劉邕、陰化、龐延、廖淳。亮教答曰:"思惟背親捨德,以殄百姓,衆人既不隱於心,實又使遠近不解其義〔一二〕,是以君宜顯其功舉〔一三〕,以明此選之清重也。"遷爲參軍。五年,亮住漢中,琬與長史張裔統留府事。八年,代裔爲長史,加撫軍將軍。亮數外出,琬常足食足兵以相供給。亮每言:"公琰託志忠雅,當與吾共贊王業者也。"密表後主曰:"臣若不幸,後事宜以付琬。"

亮卒,以琬爲尚書令〔一四〕,俄而加行都護,假節,領益州刺史,遷大將軍,録尚書事,封安陽亭侯。時新喪元帥,遠近危悚〔一五〕。琬出類拔萃,處羣僚之右,既無戚容,又無喜色,神守舉止〔一六〕,有如平日,由是衆望漸服。延熙元年,詔琬曰:"寇難未弭,曹叡驕凶,遼東三郡,苦其暴虐,遂相糾結,與之離隔。叡大興衆役,還相攻伐。曩秦之亡,勝、廣首難,今有此變,斯乃天時。君其治嚴,總帥諸軍屯住漢中,須吳舉動,東西掎角,以乘其釁。"又命琬開府,明年,就加爲大司馬。

東曹掾楊戲素性簡略,琬與言論,時不應答。或欲構戲於琬曰:"公與戲語而不見應,戲之慢上,不亦甚乎!"琬曰:"人心不同,各如其面;面從後言,古人之所誡也。戲欲贊吾是邪,則非其本心,欲反吾言,則顯吾之非,是以默然。是戲之快也。"又督農楊敏曾毁琬曰:"作事憒憒,誠非及前人。"或以白琬,主者請推治敏,琬曰:"吾實不如前人,無可推也。"主者重據聽不推〔一七〕,則乞問其憒憒之狀。琬曰:"苟其不如,則事不當理，事不當理，則憒憒矣。復何問邪？"後敏坐事繫獄，衆人猶懼其必死，琬心無適莫，得免重罪。其好惡存道，皆此類也。

琬以爲昔諸葛亮數闚秦川，道險運艱，竟不能克，不若乘水東下。乃多作舟船，欲由漢、沔襲魏興、上庸。會舊疾連動，未時得行。而衆論咸謂如不克捷，還路甚難，非長策也。於是遣尚書令費禕、中監軍姜維等喻指。琬承命上疏曰："芟穢弭難，臣職是掌。自臣奉辭漢中，已經六年，臣既闇弱，加嬰疾疢，規方無成，夙夜憂慘。今魏跨帶九州，根蒂滋蔓，平除未易。若東西并力，首尾掎角，雖未能速得如志，且當分裂蠶食[一八]，先摧其枝黨。然吳期二三，連不克果，俯仰惟艱，實忘寢食。輒與費禕等議，以涼州胡塞之要，進退有資，賊之所惜；且羌、胡乃心思漢如渴，又昔偏軍入羌，郭淮破走，算其長短，以爲事首，宜以姜維爲涼州刺史。若維征行，銜持河右，臣當帥軍爲維鎮繼。今涪水陸四通，惟急是應，若東北有虞，赴之不難[一九]。"由是琬遂還住涪。疾轉增劇，至九年卒，謚曰恭。

子斌嗣，爲綏武將軍、漢城護軍。魏大將軍鍾會至漢城，與斌書曰："巴蜀賢智文武之士多矣，至於足下、諸葛思遠，譬諸草木，吾氣類也。桑梓之敬，古今所敦。西到欲奉瞻尊大君公侯墓[二〇]，當洒埽墳塋，奉祠致敬。願告其所在！"斌答書曰："知惟臭味意眷之隆，雅託通流，未拒來謂也。亡考昔遭疾疢，亡於涪縣，卜云其吉，遂安厝之。知君西邁，乃欲屈駕修敬墳墓。視子猶父〔二一〕，顏子之仁也。聞命感愴，以增情思。"會得斌書報，嘉歎意義，及至涪，如其書云。後主既降鄧艾，斌詣會於涪，待以交友之禮。隨會至成都，爲亂兵所殺。

斌弟顯，爲太子僕，會亦愛其才學，與斌同時死。

劉敏，左護軍、揚威將軍〔二二〕，與鎮北大將軍王平俱鎮漢中。魏遣大將軍曹爽襲蜀，時議者或謂但可守城，不出拒，敵必自引退。敏以爲男女布野，農穀栖畝，若聽敵入，則大事去矣。遂帥所領與平據興勢，多張旗幟，彌亘百餘里。會大將軍費禕從成都至，魏軍即退〔二三〕，敏以功封雲亭侯。

費禕字文偉，江夏鄳人也。鄳音盲。少孤，依族父伯仁。伯仁姑，益州牧劉璋之母也。璋遣使迎仁〔二四〕，仁將禕遊學入蜀。會先主定蜀，禕遂留益土，與汝南許叔龍、南郡董允齊名。時許靖喪子，允與禕欲共會其葬所。允白父和請車，和遣開後鹿車給之。允有難載之色，禕便從前先上。及至喪所，諸葛亮及諸貴人悉集，車乘甚鮮，允猶神色未泰，而禕晏然自若。持車人還，和問之，知其如此，乃謂允曰："吾常疑汝於文偉優劣未別也，而今而後，吾意了矣。"

先主立太子，禕與允俱爲舍人，遷庶子。後主踐位，爲黃門侍郎。丞相亮南征還，羣寮於數十里逢迎，年位多在禕右，而亮特命禕同載，由是衆人莫不易觀。亮以初從南歸，以禕爲昭信校尉使吳。孫權性既滑稽，嘲啁無方；諸葛恪、羊衜等，才博果辯，論難鋒至。禕辭順義篤，據理以答，終不能屈。《禕別傳》曰：孫權每別酌好酒以飲禕，視其已醉，然後問以國事，并論當世之務，辭難累至。禕輒辭以醉，退而撰次所問，事事條答，無所遺失。權甚器之，謂禕曰："君天下淑德，必當股肱蜀朝，恐不能數來也。"《禕別傳》曰：權乃以手中常所執寶刀贈之，禕答曰："臣以不才〔二五〕，何以堪明命？然刀所以討不庭、禁暴亂者也，但願大王勉建功業，同獎漢室，臣雖闇弱，終不負東顧〔二六〕。"還，遷爲侍中。亮北住漢中，請禕爲參軍。以奉使稱旨，頻煩至吳。建興八年，轉爲中護軍，後又爲司馬。值軍師魏延與長史楊儀相憎惡，每至並坐爭論〔二七〕，延或舉刃擬儀，儀泣涕橫集，禕常入其坐間，諫喻分別。終亮之世，各盡延、儀之用者〔二八〕，禕匡救之力也。亮卒，禕爲後軍師。頃之，代蔣琬爲尚書令。《禕別傳》曰：於時軍國多事〔二九〕，公務煩猥〔三〇〕，禕識悟過人，每省讀書記，舉目暫視，已究其意旨，其速數倍於人，終亦不忘。常以朝晡聽事，其間接納賓客，飲食嬉戲，加之博弈，每盡人之歡，事亦不廢。董允代禕爲尚書令，欲斅禕之所行，旬日之中，事多愆滯。允乃歎曰："人才力相縣若此甚遠，此非吾之所及也。聽事終日，猶有不暇爾。"琬自漢中還涪，禕遷大將軍，錄尚書事。

延熙七年，魏軍次於興勢，假禕節，率衆往禦之。光祿大夫來敏至禕許〔三一〕，別求共圍棊。於時羽檄交馳，人馬擐甲，嚴駕已訖，禕與敏留意對戲〔三二〕，色無厭倦。

敏曰:"向聊觀試君耳!君信可人,必能辦賊者也。"禕至,敵遂退,封成鄉侯。殷基《通語》曰:司馬懿誅曹爽,禕設甲乙論平其是非。甲以爲曹爽兄弟凡品庸人,苟以宗子枝屬,得蒙顧命之任,而驕奢僭逸,交非其人,私樹朋黨,謀以亂國。懿奮誅討,一朝殄盡,此所以稱其任,副士民之望也。乙以爲懿感曹仲付己不一,豈爽與相干?事勢不專,以此陰成疵瑕。初無忠告侃爾之訓,一朝屠戮,讒其不意〔三三〕,豈大人經國篤本之事乎!若爽信有謀主之心,大逆已構,而發兵之日,更以芳委爽兄弟。懿父子從後閉門,舉兵廱而向芳,必無悉,寧忠臣爲君深慮之謂乎?以此推之,爽無大惡明矣。若懿以爽奢僭,廢之刑之可也,滅其尺口,被以不義,絕子丹血食,及何晏子魏之親甥,亦與同戮,爲僭濫不當矣。琬固讓州職,禕復領益州刺史。禕當國功名,略與琬比。《禕別傳》曰:禕雅性謙素,家不積財。兒子皆令布衣素食,出入不從車騎,無異凡人。十一年,出住漢中。自琬及禕,雖自身在外,慶賞威刑,皆遥先諮斷,然後乃行,其推任如此。後十四年夏,還成都。成都望氣者云,都邑無宰相位,故冬復北屯漢壽。延熙十五年,命禕開府。十六年歲首大會,魏降人郭脩在坐。禕歡飲沈醉,爲脩手刃所害,謚曰敬侯。子承嗣,爲黄門侍郎。承弟恭,尚公主。《禕別傳》曰:恭爲尚書郎,顯名當世,早卒。禕長女配太子璿爲妃。

姜維字伯約,天水冀人也。少孤,與母居。好鄭氏學。《傅子》曰:維爲人好立功名,陰養死士,不修布衣之業。

仕郡上計掾，州郡爲從事[三四]。以父囧昔爲郡功曹，值羌、戎叛亂，身衞郡將，没於戰場，賜維官中郎[三五]，參本郡軍事。建興六年，丞相諸葛亮軍向祁山，時天水太守適出案行，維及功曹梁緒、主簿尹賞、主記梁虔等從行。太守聞蜀軍垂至，而諸縣響應，疑維等皆有異心[三六]，於是夜亡保上邽。維等覺太守去，追遲，至城門，城門已閉，不納。維等相率還冀，冀亦不入維[三七]。維等乃俱詣諸葛亮。會馬謖敗於街亭，亮拔將西縣千餘家及維等還，故維遂與母相失。《魏略》曰：天水太守馬遵將維及諸官屬隨雍州刺史郭淮偶自西至洛門案行，會聞亮已到祁山，淮顧遵曰：「是欲不善！」遂驅東還上邽。遵念所治冀縣界乎西偏[三八]，又恐吏民樂亂，遂亦隨淮去。時維謂遵曰：「明府當還冀。」遵謂維等曰：「卿諸人回復信皆賊也[三九]。」各自行。維亦無如遵何，而家在冀，遂與郡吏上官子脩等還冀。冀中吏民見維等大喜，便令見亮[四〇]。二人不獲已，乃共詣亮。亮見大悦，未及遣迎冀中人，會亮前鋒爲張郃、費繇等所破[四一]，遂將維等却縮。維不得還，遂入蜀。諸軍攻冀，皆得維母妻子，亦以維本無去意，故不没其家[四二]，但繫保官以延之。此語與本傳不同。亮辟維爲倉曹掾，加奉義將軍，封當陽亭侯。時年二十七。亮與留府長史張裔、參軍蔣琬書曰：「姜伯約忠勤時事，思慮精密，考其所有，永南、季常諸人不如也。其人，涼州上士也。」又曰：「須先教中虎步兵五六千人。姜伯約甚敏於軍事，既有膽義，深解兵意。此人心存漢室，而才兼於人，畢教軍事，當遣詣宫，覲見主上。」孫盛《雜記》

曰〔四三〕:初,姜維詣亮,與母相失,復得母書〔四四〕,令求當歸〔四五〕。維曰:"良田百頃,不在一畝,但有遠志,不在當歸也〔四六〕。"後遷中監軍、征西將軍。

十二年,亮卒,維還成都,爲右監軍、輔漢將軍,統諸軍,進封平襄侯。延熙元年,隨大將軍蔣琬住漢中。琬既遷大司馬,以維爲司馬,數率偏軍西入。六年,遷鎮西大將軍,領涼州刺史。十年,遷衛將軍,與大將軍費禕共錄尚書事。是歲,汶山平康夷反,維率衆討定之。又出隴西、南安、金城界,與魏大將軍郭淮、夏侯霸等戰於洮西〔四七〕。胡王治無戴等舉部落降,維將還安處之。十二年,假維節,復出西平,不克而還。維自以練西方風俗〔四八〕,兼負其才武,欲誘諸羌、胡以爲羽翼,謂自隴以西可斷而有也。每欲興軍大舉,費禕常裁制不從,與其兵不過萬人。《漢晉春秋》曰:費禕謂維曰:"吾等不如丞相亦已遠矣,丞相猶不能定中夏,況吾等乎!且不如保國治民,敬守社稷,如其功業,以俟能者,無以爲希冀徼倖而決成敗於一舉。若不如志,悔之無及。"

十六年春,禕卒。夏,維率數萬人出石營,經董亭,圍南安。魏雍州刺史陳泰解圍至洛門,維糧盡退還。明年,加督中外軍事。復出隴西,守狄道。狄道長李簡舉城降〔四九〕。進圍襄武,與魏將徐質交鋒,斬首破敵,魏軍敗退。維乘勝多所降下,拔河間、狄道、臨洮三縣民還〔五〇〕。後十八年,復與車騎將軍夏侯霸等俱出狄道,大破魏雍州刺史王經於洮西,經衆死者數萬人。經退保狄道城，維圍之。魏征西將軍陳泰進兵解圍，維却住鍾題。

十九年春，就遷維爲大將軍。更整勒戎馬，與鎮西大將軍胡濟期會上邽，濟失誓不至，故維爲魏大將鄧艾所破於段谷，星散流離，死者甚衆。衆庶由是怨讟，而隴已西亦騷動不寧。維謝過引負，求自貶削。爲後將軍，行大將軍事。

二十年，魏征東大將軍諸葛誕反於淮南，分關中兵東下。維欲乘虛向秦川，復率數萬人出駱谷，徑至沈嶺。時長城積穀甚多，而守兵乃少，聞維方到，衆皆惶懼。魏大將軍司馬望拒之，鄧艾亦自隴右，皆軍於長城。維前住芒水，皆倚山爲營。望、艾傍渭堅圍，維數下挑戰，望、艾不應。景耀元年，維聞誕破敗，乃還成都。復拜大將軍。

初，先主留魏延鎮漢中，皆實兵諸圍以禦外敵，敵若來攻，使不得入。及興勢之役，王平捍拒曹爽，皆承此制。維建議，以爲錯守諸圍，雖合《周易》"重門"之義，然適可禦敵，不獲大利。不若使聞敵至，諸圍皆斂兵聚穀，退就漢、樂二城，使敵不得入平，且重關鎮守以捍之。有事之日，令游軍並進以伺其虛。敵攻關不克，野無散穀，千里縣糧，自然疲乏。引退之日，然後諸城並出，與游軍并力搏之，此殄敵之術也。於是令督漢中胡濟却住漢壽，監軍王含守樂城，護軍蔣斌守漢城，又於西安、建威、武衛、石門、武城、建昌、臨遠皆立圍守。

五年，維率衆出漢、侯和[五一]，爲鄧艾所破，還住沓中。維本羈旅託國，累年攻戰，功績不立，而宦官黃皓等弄權於內，右大將軍閻宇與皓協比，而皓陰欲廢維樹宇。維亦疑之，故自危懼，不復還成都。《華陽國志》曰：維惡黃皓恣擅，啓後主欲殺之。後主曰："皓趨走小臣耳，往董允切齒，吾常恨之，君何足介意！"維見皓枝附葉連，懼於失言，遜辭而出。後主勑皓詣維陳謝。維說皓求沓中種麥，以避內逼耳。六年，維表後主："聞鍾會治兵關中，欲規進取，宜並遣張翼、廖化督諸軍分護陽安關口、陰平橋頭以防未然。"皓徵信鬼巫，謂敵終不自致，啓後主寢其事，而羣臣不知。及鍾會將向駱谷，鄧艾將入沓中，然後乃遣右車騎廖化詣沓中爲維援，左車騎張翼、輔國大將軍董厥等詣陽安關口以爲諸圍外助。比至陰平，聞魏將諸葛緒向建威，故住待之。月餘，維爲鄧艾所摧，還住陰平。鍾會攻圍漢、樂二城，遣別將進攻關口，蔣舒開城出降，傅僉格鬭而死。《漢晉春秋》曰：蔣舒將出降，乃詭謂傅僉曰："今賊至不擊而閉城自守，非良圖也。"僉曰："受命保城，惟全爲功，今違命出戰，若喪師負國，死無益矣。"舒曰："子以保城獲全爲功，我以出戰克敵爲功，請各行其志。"遂率衆出。僉謂其戰也，至陰平，以降胡烈。烈乘虛襲城，僉格鬭而死，魏人義之。《蜀記》曰：蔣舒爲武興督，在事無稱。蜀命人代之，因留舒助漢中守。舒恨，故開城出降。會攻樂城，不能克，聞關口已下，長驅而前。翼、厥甫至漢壽，維、化亦舍陰平而退，適與翼、厥合，皆還保劒閣以拒會。會與維書曰："公侯以文武之德，懷邁世之略，功濟巴、漢，聲暢華夏，遠近莫不歸名。每惟疇昔，嘗同大化，吳札、鄭僑，能喻斯好。"維不答書，列營守險。會不能克，糧運縣遠，將議還歸。

而鄧艾自陰平由景谷道傍入，遂破諸葛瞻於緜竹。後主請降於艾，艾前據成都。維等初聞瞻破，或聞後主欲固守成都，或聞欲東入吳，或聞欲南入建寧，於是引軍由廣漢郪道以審虛實〔五二〕。尋被後主勑令，乃投戈放甲，詣會於涪軍前，將士咸怒，拔刀斫石。干寶《晉紀》云：會謂維曰："來何遲也？"維正色流涕曰："今日見此為速矣！"會甚奇之。

會厚待維等，皆權還其印號節蓋。會與維出則同輿，坐則同席，謂長史杜預曰："以伯約比中土名士，公休、太初不能勝也。"《世語》曰：時蜀官屬皆天下英俊，無出維右。會既構鄧艾，艾檻車徵，因將維等詣成都，自稱益州牧以叛。《漢晉春秋》曰〔五三〕：會陰懷異圖，維見而知其心，謂可構成擾亂，以圖克復也，乃詭說會曰〔五四〕："聞君自淮南以來，算無遺策，晉道克昌，皆君之力。今復定蜀，威德振世〔五五〕，民高其功，主畏其謀〔五六〕，欲以此安歸乎！夫韓信不背漢於擾攘，以見疑於既平，大夫種不從范蠡於五湖，卒伏劍而妄死，彼豈闇主愚臣哉？利害使之然也。今君大功既立，大德已著，何不法陶朱公泛舟絕迹，全功保身，登峨嵋之嶺，而從赤松游乎？"會曰："君言遠矣，我不能行。且為今之道〔五七〕，或未盡於此也。"維曰："其他則君智力之所能，無煩於老夫矣。"由是情好歡甚。《華陽國志》曰：維教會誅北來諸將，諸將既死，徐欲殺會，盡坑魏兵，還復蜀祚，密書與後主曰："願陛下忍數日之辱〔五八〕，臣欲使社稷危而復安，日月幽而復明。"孫盛《晉陽秋》曰：盛以永和初從安西將軍平蜀，見諸故老〔五九〕，及姜維既降之後密與劉禪表疏，說欲偽服事鍾會，因殺之以復蜀土，會事不捷，遂至泯滅，蜀人於今傷之。盛以爲古人云，非所困而困焉名必辱，非所據而據焉身必危，既辱且危，死期將至，其姜維之謂乎！鄧艾之入江由，士衆鮮少，維進不能奮節綿竹之下，退不能總帥五將，擁衛蜀主，思後圖之計，而乃反覆於逆順之間，希違情於難冀之會，以衰弱之國，而屢觀兵於三秦，已滅之邦，冀理外之奇舉，不亦闇哉！臣松之以爲：盛之譏維，又爲不當。於時鍾會大衆既造劍閣，維與諸將列營守險，會不得進，已議還計，全蜀之功，幾乎立矣。但鄧艾詭道傍入，出於其後，諸葛瞻既敗，成都自潰。維若回兵救內，則會乘其背。當時之勢，焉得兩濟？而責維不能奮節綿竹，擁衛蜀主，非其理也。會欲盡坑魏將以舉大事，授維重兵，使爲前驅。若令魏將皆死，兵事在維手，殺會復蜀，不爲難也。夫功成理外，然後爲奇，不可以事有差牙〔六〇〕，而抑謂不然。設使田單之計，邂逅不會〔六一〕，復可謂之愚闇哉！欲授維兵五萬人，使爲前驅。魏將士憤發，殺會及維，維妻子皆伏誅。《世語》曰：維死時見剖，膽如斗大。

郤正著論論維曰："姜伯約據上將之重，處羣臣之右，宅舍弊薄，資財無餘，側室無妾媵之褻，後庭無聲樂之娛，衣服取供，輿馬取備，飲食節制，不奢不約，官給費用，隨手消盡。察其所以然者，非以激貪厲濁，抑情自割也，直謂如是爲足，不在多求。凡人之談，常譽成毀敗，扶高抑下，咸以姜維投厝無所，身死宗滅，以是貶削，不復料摘，異乎《春秋》褒貶之義矣。如姜維之樂學不倦，清素節約，自一時之儀表也。"孫盛曰：異哉郤氏之論也！夫士雖百行，操業萬殊，至於忠孝義節，百行之冠冕也。姜維策名魏室，而外奔蜀朝，違君徇利，不可謂忠；捐親苟免，不可謂孝；害加舊邦，不可謂義；敗不死難，不可謂節。且德政未敷而疲民以逞，居禦侮之任而致敵喪守，於夫智勇，莫可云也。凡斯六者，維無一焉。實有魏之逋臣，亡國之亂相，而云人之儀表，斯亦惑矣。縱維好書而微自藻潔，豈異夫盜者分財之義，而程鄭降階之善也〔六二〕？臣松之以爲：郤正此論，取其可稱，不謂維始終行事皆可準則也。所云"一時儀表"，止在好學與儉素耳。本傳及《魏略》皆云維本無叛心，以急逼歸蜀。盛相譏貶，惟可責其背母。餘既過苦，又非所以難郤正也。

維昔所俱至蜀，梁緒官至大鴻臚，尹賞執金吾，梁虔大長秋，皆先蜀亡没。

評曰：蔣琬方整有威重，費禕寬濟而博愛，咸承諸葛之成規，因循而不革，是以邊境無虞，邦家和一，然猶未盡治小之宜，居靜之理也。臣松之以爲：蔣、費爲相，克遵畫一，未嘗徇功妄動，有所虧喪，外却駱谷之師，内保寧緝之實，治小之宜，居靜之理，何以過於此哉！今譏其未盡而不著其事，故使覽者不知所謂也。姜維粗有文武，志立功名，而翫衆黷旅，明斷不周，終致隕斃。《老子》有云："治大國者猶烹小鮮。"況於區區蕞爾，而可屢擾乎哉？干寶曰：姜維爲蜀相，國亡主辱弗之死，而死於鍾會之亂，惜哉！非死之難，處死之難也。是以古之烈士，見危授命，投節如歸，非不愛死也，固知命之不長而懼不得其所也。

【校箋】

〔一〕毛本作"蜀書十四"。

〔二〕毛本作"蔣琬費禕姜維傳第十四"。

〔三〕《文選集注·袁彥伯〈三國名臣贊〉》引《鈔》無"見琬"二字，《御覽》卷二百六十六引無"見"字。

〔四〕盧弼曰："胡三省曰：'沈醉言爲酒所沈滯也。'"

謹案：沈醉猶深醉，《莊子·外物篇》"慰暋沈屯"釋文引司馬云："沈，深也。"

〔五〕《文選集注》引《鈔》無"將軍"二字。

〔六〕《文選集注》引《鈔》"爲"上無"其"字。

〔七〕《治要》卷二十七引"公"下無"主"字。

〔八〕《文選集注》引《鈔》無"倉卒"二字。

〔九〕《文選集注》引《鈔》"象"下有"也"字。

〔一〇〕《文選集注》引《鈔》"必"字作"卒"，《御覽》卷三百九十八引同。卒，終也。

〔一一〕《文選集注》引《鈔》"吉"下無"之"字。

〔一二〕《文選集注》引《鈔》"實"下無"又"字。

〔一三〕《文選集注》引《鈔》"功"字作"初"。

〔一四〕《治要》引"琬"上無"以"字。

〔一五〕《治要》引"悚"字作"竦"。

〔一六〕《書鈔》卷五十九、《册府》卷三百二十一引"守"字作"宇"，疑作"宇"者是。《世說·雅量篇》"以此定二王神宇"

可證。

〔一七〕郝書"據"字作"舉"。

〔一八〕《華陽國志》"且"字作"但"。

〔一九〕《華陽國志》"應"字、"赴"字互易。

〔二〇〕盧弼曰："'公'疑作'恭'，琬諡曰恭。"

謹案：公稱其官，侯謂其爵，故曰公侯。會與姜維書亦曰"公侯以文武之德"，盧君謂琬諡恭，故疑"公"當作"恭"，今稱維亦曰"公侯"，則何以釋之乎？是"公"不應作"恭"，明矣。

〔二一〕盧弼曰："宋本'子'作'予'，是。此《論語》孔子之辭。"

謹案：《册府》卷四百一十三引"子"作"予"。郝書、《季漢書》俱作"予"。"子"蓋後人未審，句連下爲義而妄改也。

〔二二〕蕭書"敏"下有"者爲"二字。

〔二三〕郝書"即"字作"既"。

〔二四〕盧弼曰："錢大昭曰：'上言伯仁，下單言仁，非史例也。'"

謹案：徐紹楨曰："據上文云依族父伯仁，則此兩'仁'字上皆當有'伯'字。郝書亦無之，蓋元時陳志已訛奪矣。"

〔二五〕《白帖》卷十五、《御覽》卷三百四十五、卷四百七十八引"臣"下無"以"字，郝書同。

〔二六〕《白帖》、《御覽》卷三百四十五引"東"字作"來"，疑作"來"字是。管寧答桓範書云"不勝來顧"，《御覽》卷四百七十八作"采"，亦"來"字之形誤。

〔二七〕《御覽》卷三百九十一、卷四百九十六引"每"下俱無"至"字。

〔二八〕《華陽國志》"用"上有"器"字。

〔二九〕盧弼曰："宋本'軍'作'戰',《通鑑》同。胡三省曰：'戰國者，謂國日有戰爭也。'"

謹案："軍"字不誤。《魏書・荀彧傳》："太祖雖征伐在外，軍事皆與彧籌焉。"《吳書・陸遜傳》："董督軍國。"軍國謂軍事與政務也。宋本與《通鑑》作"戰"字，或誤；胡注傅會以釋，亦非。

〔三〇〕《書鈔》卷五十九、《御覽》卷二百一十、卷四百三十二引"公"字作"衆"。

〔三一〕《白帖》卷二十七引"至"字作"詣"。《册府》卷三百二十一引同，無"許"字。

〔三二〕《白帖》引作"竟日對戲"。

〔三三〕盧弼曰："'讒'當作'攙'。"

謹案："讒"疑當作"儳"，説見《魏延傳》。

〔三四〕盧弼曰："宋本'郡'作'辟'。"

謹案：《官本考證》云："'州郡'疑作'州辟'。"考蕭書、郝書及《通志》均作"辟"，作"辟"字是。《文選》阮嗣宗《詣蔣公奏記》李注："辟猶召也。"

〔三五〕《御覽》卷二百一十五引《魏略》云："郡欲表維以爲將，維家本衣冠，不願爲將，郡因表拜郎中。"

〔三六〕《册府》卷七百二十六引"心"字作"志"。

〔三七〕馮本、陳本"維"下有"等"字。

〔三八〕盧弼曰："宋本'乎'作'在'。"

謹案：錢儀吉"乎"改"在"，云"從宋本"。考郝書苟注引亦作"在"，當據正。

〔三九〕盧弼曰："宋本'回'作'囘'。"

謹案："回"字於此無義，字當作"囘"。《一切經音義》引

《三蒼》曰："叵，不可也。""叵""回"形近致譌，當據宋本訂正。

〔四〇〕紹興本"令"上有"推"字，郝書荀注引同。

〔四一〕盧弼曰："'繇'當作'瑤'。"

謹案：錢儀吉曰："'繇'何改'瑤'。"梁章鉅曰："'繇'字誤，當作'瑤'，見後《漢輔臣贊·吳壹》注。"考郝書荀注引作"曜"。

〔四二〕盧弼曰："宋本'没'作'殺'。"

謹案：作"没"字是，謂不没入其家屬爲官奴婢也。

〔四三〕郝書荀注引在前注"此語與本傳不同"。句下，是也。今誤入"覲見主上"句下。

〔四四〕《通鑑考異》引"復"字作"後"，郝書荀注引同。

〔四五〕《晉書·五行志》"令"字作"并"。《御覽》卷三百一十引同。

〔四六〕《御覽》引"在"字作"見"。

〔四七〕盧弼曰："'大'字衍，或衍'軍'字。"

謹案：郝書無"大"字。

〔四八〕《册府》卷三百二十引"練"下有"習"字。

〔四九〕盧弼曰："'守'字疑誤，宋本無下'狄道'二字。"

謹案：紹興本作"守狄道長李簡舉城降"，是也。"守"下當衍"狄道"二字，"守"字不誤。《戰國策·秦策》"守，相假也"。猶今云代理之義。

〔五〇〕盧弼曰："'河間'當作'河關'。"

謹案：梁章鉅曰："'河間'字誤，當作'河關'。《後漢書·郡國志》：'隴西河關，故屬金城。'"

〔五一〕蕭書"侯"上無"漢"字。

〔五二〕盧弼曰："或曰：'審虛實已有去就之意矣，與諸葛緜竹之師不同。'"

謹案：或説殊違史實。維以傳言紛紜，不知何者爲信，故引軍由廣漢郪道，思欲辨其真僞耳，不得如或説之所揣儗也。

〔五三〕《御覽》卷四百六十二引作"《魏氏春秋》"。

〔五四〕《類聚》卷二十五、《御覽》引"乃"下無"詭"字，"會"字作"之"。

〔五五〕《類聚》《御覽》引"振"字作"震"。

〔五六〕《類聚》《御覽》引"主"上有"而"字。

〔五七〕《類聚》《御覽》引"今"字作"全"，《御覽》下有"身"字。

〔五八〕《册府》卷七百六十引"忍"上有"暫"字。

〔五九〕《册府》引"老"下有"言"字。

〔六〇〕"牙"當爲"互"字之形誤。

〔六一〕盧弼曰："元本'會'作'集'。"

謹案：錢儀吉"會"改"集"，云："從元本。"考《詩·小雅·黍苗》"我行既集"鄭箋："集猶成也。"作"集"字是。

〔六二〕盧弼曰："《史記·貨殖傳》：'程鄭，山東遷虜也，亦冶鑄，賈椎髻之民，富埒卓氏，俱居臨邛。'"

謹案：盧君引《史記》以證，殊妄。考《左傳·襄公二十四年》曰："晉侯嬖程鄭，使佐下軍。鄭行人公孫揮如晉聘，程鄭問焉曰：'敢問降階何由？'"杜注："問自降之道。"孫盛以程鄭雖嬖人而爲卿，然猶意存謙退，有止足之心，故謂之善也。

三國志校箋卷四十五

蜀志卷十五〔一〕

鄧芝　張翼　宗預 廖化　楊戲 王嗣　常播　衛繼〔二〕

　　鄧芝字伯苗，義陽新野人，漢司徒禹之後也。漢末入蜀，未見知待。時益州從事張裕善相，芝往從之，裕謂芝曰："君年過七十，位至大將軍，封侯。"芝聞巴西太守龐羲好士，往依焉。先主定益州，芝爲郫邸閣督。先主出至郫，與語，大奇之，擢爲郫令，遷廣漢太守。所在清嚴有治績，入爲尚書。

　　先主薨於永安。先是，吳王孫權請和，先主累遣宋瑋、費禕等與相報答〔三〕。丞相諸葛亮深慮權聞先主殂隕，恐有異計，未知所如。芝見亮曰："今主上幼弱，初在位，宜遣大使重申吳好。"亮答之曰："吾思之久矣，未得其人耳，今日始得之。"芝問其人爲誰？亮曰："即使君也。"乃遣芝修好於權。權果狐疑，不時見芝，芝乃自表請見權曰:"臣今來亦欲爲吳,非但爲蜀也。"權乃見之,語芝曰:"孤誠願與蜀和親,然恐蜀主幼弱,國小勢偪,爲魏所乘,不自保全,以此猶豫耳。"芝對曰:"吳、蜀二國,四州之地,大王命世之英,諸葛亮亦一時之傑也。蜀有重險之固,吳有三江之阻,合此二長,共爲脣齒,進可并兼天下,退可鼎足而立,此理之自然也。大王今若委質於魏,魏必上望大王之入朝,下求太子之内侍,若不從命,則奉辭伐叛,蜀必順流,見可而進,如此,江南之地非復大王之有也。"權默然良久曰:"君言是也。"遂自絕魏,與蜀連和,遣張溫報聘於蜀。蜀復令芝重往,權謂芝曰:"若天下太平,二主分治,不亦樂乎!"芝對曰:"夫天無二日,土無二王,如并魏之後,大王未深識天命者也〔四〕,君各茂其德,臣各盡其忠,將提枹鼓,則戰争方始耳。"權大笑曰:"君之誠款,乃當爾邪!"權與亮書曰:"丁厷掞張,掞音夷念反〔五〕,或作豔。臣松之案:《漢書・禮樂志》曰"長離前掞光耀明"。左思《蜀都賦》"摛藻掞天庭"。孫權蓋謂丁厷之言多浮掞也。陰化不盡〔六〕;和合二國,唯有鄧芝。"及亮北住漢中,以芝爲中監軍、揚武將軍。亮卒,遷前軍師前將軍,領兖州刺史,封陽武亭侯,頃之爲督江州。權數與芝相聞,餽遺優渥。延熙六年,就遷爲車騎將軍,後假節。十一年,涪陵國人殺都尉反叛,芝率軍征討,即梟其渠帥,百姓安堵。《華陽國志》曰:芝征涪陵,見玄猿緣山。芝性好弩,手自射猿,中之。猿拔其箭,卷木葉塞其創。芝曰:"嘻,吾違物之性,其將死矣〔七〕!"一日芝見猿抱子在樹上〔八〕，引弩射之，中猿母，其子爲拔箭，以木葉塞創〔九〕。芝乃歎息，投弩水中，自知當死。十四年卒。

芝爲大將軍二十餘年〔一〇〕，賞罰明斷〔一一〕，善卹卒伍。身之衣食，資仰於官，不苟素儉，然終不治私産〔一二〕，妻子不免饑寒〔一三〕，死之日，家無餘財。性剛簡，不飾意氣，不得士類之和。於時人少所敬貴，唯器異姜維云。子良，襲爵，景耀中爲尚書左選郎，晉朝廣漢太守。

張翼字伯恭，犍爲武陽人也。高祖父司空浩，曾祖父廣陵太守綱，皆有名迹。《益部耆舊傳》曰：浩字叔明，治律、《春秋》，游學京師，與廣漢鐔粲、漢中李郃、蜀郡張霸共結爲友善。大將軍鄧騭辟浩，稍遷尚書僕射，出爲彭城相，薦隱士閭丘邈等，徵拜廷尉。延光三年，安帝議廢太子，唯浩與太常桓焉、太僕來歷議以爲不可。順帝初立，拜浩司空，年八十三卒。《續漢書》曰：綱字文紀，少以三公子經明行脩舉孝廉，不就；司徒辟，以高第爲侍御史。漢安元年，拜光祿大夫，與侍中杜喬等八人同日受詔，持節分出，案行天下貪廉，墨綬有罪便收，刺史二千石以驛表聞，威惠清忠，名振郡國，號曰八儁。是時，大將軍梁冀侵擾百姓，喬等七人皆奉命四出，唯綱獨埋車輪於洛陽都亭不去，曰："豺狼當路，安問狐狸？"遂上書曰："大將軍梁冀、河南尹不疑，蒙外戚之援，荷國厚恩，以芻蕘之姿，安居阿保，不能敷揚五教，翼贊日月，而專爲封豕長蛇，肆其貪饕，甘心好貨，縱恣無厭，多樹諂諛以害忠良，誠天威所不赦，大辟所宜加也。謹條其無君之心十五事於左,皆忠臣之所切齒也。"書奏御,京師震悚。時冀妹爲皇后,內寵方盛,冀兄弟權重於人主,順帝雖知綱言不誣,然無心治冀。冀深恨綱。會廣陵賊張嬰等衆數萬人殺刺史二千石,冀欲陷綱,乃諷尚書以綱爲廣陵太守;若不爲嬰所殺,則欲以法中之。前太守往,輒多請兵,及綱受拜,詔問當得兵馬幾何,綱對曰無用兵馬,遂單車之官,徑詣嬰壘門,示以禍福。嬰大驚懼,走欲閉門。綱又於門外罷遣吏兵,留所親者十餘人,以書語其長老素爲嬰所信者,請與相見,問以本變,因示以詔恩,使還請嬰。嬰見綱意誠,即出見綱。綱延置上坐,問其疾苦,禮畢,乃謂之曰:"前後二千石,多非其人,杜塞國恩,肆其私求。鄉郡遠,天子不能朝夕聞也,故民人相聚以避害。二千石信有罪矣,爲之者乃非義也。忠臣不欺君以自榮,孝子不損父以求福〔一四〕,天子聖人〔一五〕,欲文德以來之,故使太守來,思以爵祿相榮,不願以刑也。今誠轉禍爲福之時也。若聞義不服,天子赫然發怒,大兵雲合,豈不危乎!宜深計其利害。"嬰聞泣曰:"荒裔愚人,數爲二千石所侵枉,不堪其困,故遂相聚偷生。明府仁及草木,乃嬰等更生之澤,但恐投兵之日,不免孥戮耳。"綱曰:"豈其然乎!要之以天地,誓之以日月,方當相顯以爵位,何禍之有乎?"嬰曰:"苟赦其罪,得全首領以就農畝,則抱戴沒齒,爵祿非所望也。"嬰雖爲大賊,起於狂暴,自以爲必死,及得綱言,曠然開明,乃辭還營。明日,遂將所部萬餘人,與妻子面縛詣綱降。綱悉釋縛慰納,謂嬰曰:"卿諸人一旦解散,方垂滒然,當條名上之,必受封賞。"嬰曰:"乞歸故業,不願以穢名汙明時也。"綱以其至誠,乃各從其意,親爲安處居宅。子弟欲爲吏者,隨才任職,欲爲民者,勸以農桑,田業並豐〔一六〕,南州晏然。論功綱當封,爲冀所遏絕,故不得侯。天子美其功,徵欲用之。嬰等上書乞留，在郡二歲。建康元年，病卒官，時年三十六。嬰等三百餘人，皆衰杖送綱喪至雒陽，葬訖，爲起冢立祠，四時奉祭，思慕如喪考妣。天子追念不已，下詔襃揚，除一子爲郎。先主定益州，領牧，翼爲書佐。建安末，舉孝廉，爲江陽長，徙涪陵令，遷梓潼太守，累遷至廣漢、蜀郡太守。建興九年，爲庲降都督、綏南中郎將。翼性持法嚴〔一七〕，不得殊俗之歡心。耆率劉胄背叛作亂，翼舉兵討胄。胄未破，會被徵當還，羣下咸以爲宜便馳騎即罪，翼曰："不然。吾以蠻夷蠢動，不稱職故還耳，然代人未至，吾方臨戰場，當運糧積穀，爲滅賊之資，豈可以黜退之故而廢公家之務乎？"於是統攝不懈，代到乃發。馬忠因其成基以破珍胄，丞相亮聞而善之。亮出武功，以翼爲前軍都督，領扶風太守。亮卒，拜前領軍，追論討劉胄功，賜爵關內侯。延熙元年，入爲尚書，稍遷督建威，假節，進封都亭侯，征西大將軍。

十八年，與衞將軍姜維俱還成都。維議復出軍，唯翼庭争，以爲國小民勞，不宜黷武。維不聽，將翼等行，進翼位鎮南大將軍。維至狄道，大破魏雍州刺史王經，經衆死於洮水者以萬計。翼曰："可止矣，不宜復進，進或毀此大功。"維大怒，曰："爲蛇畫足。"維竟圍經於狄道，城不能克。自翼建異論，維心與翼不善〔一八〕，然常牽率同行，翼亦不得已而往。景耀二年，遷左車騎將軍，領冀州刺史。六年，與維咸在劍閣，共詣降鍾會於涪。明年正月，隨會至成都，爲亂兵所殺。《華陽國志》曰：翼子微，篤志好學，官至廣漢太守。

宗預字德豔，南陽安衆人也。建安中，隨張飛入蜀。建興初，丞相亮以爲主簿，遷參軍右中郎將。及亮卒，吳慮魏或承衰取蜀〔一九〕，增巴丘守兵萬人，一欲以爲救援，二欲以事分割也。蜀聞之，亦益永安之守，以防非常。預將命使吳，孫權問預曰："東之與西，譬猶一家，而聞西更增白帝之守，何也？"預對曰："臣以爲東益巴丘之戍，西增白帝之守，皆事勢宜然，俱不足以相問也。"權大笑，嘉其抗直〔二〇〕，甚愛待之，見敬亞於鄧芝、費禕。遷爲侍中，徙尚書。延熙十年，爲屯騎校尉。時車騎將軍鄧芝自江州還，來朝，謂預曰："禮，六十不服戎，而卿甫受兵，何也？"預答曰："卿七十不還兵，我六十何爲不受邪〔二一〕？"臣松之以爲：芝以年啁預，是不自顧。然預之此答，觸人所忌〔二二〕。載之記牒，近爲煩文。芝性驕傲，自大將軍費禕等皆避下之，而預獨不爲屈。預復東聘吳，孫權捉預手，涕泣而別曰："君每銜命結二國之好，今君年長，孤亦衰老，恐不復相見！"遺預大珠一斛，《吳曆》曰：預臨別，謂孫權曰："蜀土僻小，雖云鄰國，東西相賴，吳不可無蜀，蜀不可無吳，君臣憑恃，唯陛下重垂神慮。"又自說"年老多病，恐不復得奉聖顏"。孫盛曰：夫帝王之保〔二三〕，唯道與義，道義既建，雖小可大，殷、周是也。苟任詐力，雖彊必敗，秦、項是也。況乎居偏鄙之城，恃山水之固，而欲連橫萬里，永相資賴哉？昔九國建合從之計，而秦人卒併六合；囂、述營輔車之謀,而光武終兼隴、蜀。夫以九國之彊,隴、漢之大,莫能相救,坐觀屠覆。何者?道德之基不固,而彊弱之心難一故也。而云"吳不可無蜀,蜀不可無吳",豈不諂哉!乃還。遷後將軍,督永安,就拜征西大將軍,賜爵關內侯。景耀元年,以疾徵還成都。後爲鎮軍大將軍,領兗州刺史。時都護諸葛瞻初統朝事,廖化過預,欲與預共詣瞻許。預曰:"吾等年踰七十,所竊已過,但少一死耳,何求於年少輩而屑屑造門邪?"遂不往。

廖化字元儉,本名淳,襄陽人也〔二四〕。爲前將軍關羽主簿,羽敗,屬吳。思歸先主,乃詐死,時人謂爲信然,因攜持老母晝夜西行。會先主東征,遇於秭歸。先主大悅,以化爲宜都太守。先主薨,爲丞相參軍,後爲督廣武〔二五〕,稍遷至右車騎將軍,假節,領并州刺史,封中鄉侯,以果烈稱。官位與張翼齊,而在宗預之右。《漢晉春秋》曰:景耀五年,姜維率眾出狄道,廖化曰:"'兵不戢,必自焚',伯約之謂也。知不出敵〔二六〕,而力少於寇,用之無厭,何以能立〔二七〕《詩》云'不自我先,不自我後',今日之事也〔二八〕。"

咸熙元年春,化、預俱內徙洛陽,道病卒。

楊戲字文然,犍爲武陽人也。少與巴西程祁公弘、巴郡楊汰季儒、蜀郡張表伯達並知名。戲每推祁以爲冠首,丞相亮深識之〔二九〕。戲年二十餘,從州書佐爲督軍從事,職典刑獄,論法決疑,號爲平當,府辟爲屬主簿。亮卒,爲尚書右選部郎,刺史蔣琬請爲治中從事史。琬以大將軍開府,又辟爲東曹掾,遷南中郎參軍,副貳庲降都督,領建寧太守。以疾徵還成都,拜護軍監軍,出領梓潼太守,入爲射聲校尉,所在清約不煩。延熙二十年,隨大將軍姜維出,軍至芒水。戲素心不服維,酒後言笑,每有傲弄之辭。維外寬內忌,竟不能堪〔三〇〕,軍還,有司承旨奏戲,免爲庶人〔三一〕。後景耀四年卒。

戲性雖簡惰省略,未嘗以甘言加人,過情接物,書符指事,希有盈紙。然篤於舊故,居誠存厚。與巴西韓儼、黎韜童幼相親厚,後儼痼疾廢頓,韜無行見捐,戲經紀振卹,恩好如初。又時人謂譙周無當世才,少歸敬者,唯戲重之,嘗稱曰:"吾等後世,終自不如此長兒也。"有識以此貴戲。

張表有威儀風觀,始名位與戲齊,後至尚書,督庲降後將軍,先戲沒。祁、汰各早死。戲同縣後進有李密者,字令伯。《華陽國志》曰:密祖父光,朱提太守。父早亡。母何氏,更適人。密見養於祖母。治《春秋左氏傳》,博覽多所通涉,機警辨捷。事祖母以孝聞,其侍疾則泣涕側息〔三二〕,日夜不解帶,膳飲湯藥,必自口嘗。本郡禮命不應,州辟從事尚書郎,大將軍主簿,太子洗馬,奉使聘吳。吳主問蜀馬多少,對曰:"官用有餘,人間自足。"吳主與羣臣汎論道義,謂寧爲人弟,密曰:"願爲人兄矣〔三三〕。"吳主曰:"何以爲兄?"密曰:"爲兄供養之日長。"吳主及羣臣皆稱善。蜀平後,征西將軍鄧艾聞其名,請爲主簿,及書招欲與相見,皆不往。以祖母年老,心在色養。晉武帝立太子,徵爲太子洗馬,詔書累下,郡縣偪遣,於是密上書曰:

"臣以險釁，夙遭閔凶，生孩六月，慈父見背，行年四歲，舅奪母志。祖母劉，愍臣孤弱，躬見撫養。臣少多疾病，九歲不行，零丁孤苦，至於成立。既無伯叔，終鮮兄弟，門衰祚薄，晚有兒息。外無期功強近之親，內無應門五尺之童，煢煢孑立，形影相弔。而劉早嬰疾病，常在牀蓐，臣侍湯藥，未曾廢離。逮奉聖朝，沐浴清化，前太守臣逵察臣孝廉，後刺史臣榮舉臣秀才，臣以供養無主，辭不赴命。詔書特下，拜臣郎中，尋蒙國恩，除臣洗馬，猥以微賤，當侍東宮，非臣隕首所能上報。臣具表聞〔三四〕，辭不就職。詔書切峻，責臣逋慢，郡縣偪迫，催臣上道，州司臨門，急於星火。臣欲奉詔奔馳，則劉病日篤，苟順私情，則告訴不許，臣之進退，實爲狼狽。伏惟聖朝以孝治天下，凡在故老，猶蒙矜愍，況臣孤苦，特爲尤甚。且臣少仕僞朝，歷職郎署，本圖宦達，不矜名節。今臣亡國賤俘，至微至陋，猥蒙拔擢，寵命優渥，豈敢盤桓，有所希冀？但以劉日薄西山，氣息奄奄，人命危淺，朝不慮夕。臣無祖母，無以至今日，祖母無臣，亦無以終餘年，母孫二人，更相爲命，是以區區不敢廢遠。臣今年四十有四，祖母劉今年九十有六，是臣盡節於陛下之日長，報養劉之日短也。烏鳥私情，願乞終養。臣之辛苦，非徒蜀之人士及二州牧伯所見明知〔三五〕，皇天后土，實所共鑒〔三六〕。願陛下矜愍愚誠，聽臣微言〔三七〕，庶劉僥倖，保卒餘年。臣生當隕首，死當結草，臣不勝犬馬怖懼之情！"武帝覽表曰："密不空有名也。"嘉其誠款，賜奴婢二人，下郡縣供養其祖母奉膳。及祖母卒，服終，從尚書郎爲河內溫縣令，政化嚴明。中山諸王每過溫縣，必責求供給，溫吏民患之〔三八〕。及密至，中山王過縣〔三九〕，欲求芻茭薪蒸，密牋引高祖過沛，賓禮老幼，桑梓之供，一無煩擾，"伏維明王孝思維則，動識先戒，本國望風，式歌且舞，誅求之碎，所未聞命"。自後諸王過，不敢有煩。隴西王司馬子舒深敬友密，而貴勢之家憚其公直。密去官，爲州大中正，性方直，不曲意勢位。後失荀勖、張華指，左遷漢中太守，諸王多以爲冤。一年去官，年六十四卒。著《述理論》十篇，安東將軍胡熊與皇甫士安並善之〔四〇〕。

戲以延熙四年著《季漢輔臣贊》，其所頌述，今多載於《蜀書》，是以記之於左。自此之後，卒者則不追諡，故或有應見稱紀而不在乎篇者也。其戲之所贊而今不作傳者，余皆注疏本末於其辭下，可以粗知其髣髴云爾。

昔文王歌德，武王歌興，夫命世之主，樹身行道，非唯一時，亦由開基植緒，光於來世者也。自我中漢之末，王綱棄柄，雄豪並起，役殷難結，生人塗地。於是世主感而慮之，初自燕、代則仁聲洽著，行自齊、魯則英風播流，寄業荊、郢則臣主歸心，顧援吳、越則賢愚賴風，奮威巴、蜀則萬里肅震，厲師庸、漢則元寇斂迹，故能承高祖之始兆，復皇漢之宗祀也。然而姦凶黠險，天征未加，猶孟津之翔師，復須戰於鳴條也。天祿有終，奄忽不豫。雖攝歸一統，萬國合從者，當時儔乂扶攜翼戴，明德之所懷致也，蓋濟濟有可觀焉。遂乃並述休風，勒於後聽。其辭曰：

皇帝遺植，爰滋八方，別自中山，靈精是鍾，順期挺生，傑起龍驤。始於燕、代，伯豫君荊，吳、越憑賴，望風請盟，挾巴跨蜀，庸漢以并。乾坤復秩，宗祀惟寧，躡基履迹，播德芳聲。華夏思美，西伯其音，開慶來世，歷載攸興。　贊昭烈皇帝忠武英高，獻策江濱，攀吳連蜀，權我世真。受遺阿衡，整武齊文，敷陳德教，理物移風，賢愚競心，僉忘其身。誕靜邦內，四裔以綏，屢臨敵庭，實耀其威，研精大國，恨於未夷。　　贊諸葛丞相

司徒清風，是咨是臧，識愛人倫，孔音鏘鏘。
贊許司徒

關、張赳赳，出身匡世，扶翼儜上，雄壯虎烈。藩屏左右，翻飛電發，濟於艱難，贊主洪業，侔迹韓、耿，齊聲雙德。交待無禮，並致姦慝，悼惟輕慮，隕身匡國。
贊關雲長、張益德

驃騎奮起，連橫合從，首事三秦，保據河、潼。宗計於朝，或異或同，敵以乘釁，家破軍亡。乖道反德，託鳳攀龍。　　贊馬孟起

翼侯良謀，料世興衰，委質於主，是訓是諮，暫思經算，覩事知機。　　贊法孝直

軍師美至，雅氣曄曄，致命明主，忠情發臆，惟此義宗，亡身報德。　　贊龐士元

將軍敦壯，摧鋒登難，立功立事，於時之幹。
贊黃漢升

掌軍清節，亢然恆常，讜言惟司，民思其綱。
贊董幼宰

安遠彊志，允休允烈，輕財果壯，當難不惑，以少禦多，殊方保業。　　贊鄧孔山

孔山名方，南郡人也。以荊州從事隨先主入蜀。

蜀既定，爲犍爲屬國都尉，因易郡名，爲朱提太守〔四一〕，選爲安遠將軍〔四二〕、庲降都督，住南昌縣。章武二年卒。失其行事，故不爲傳。

揚威才幹，歆歆文武，當官理任，衎衎辯舉，圖殖財施，有義有敘。　　贊費賓伯

賓伯名觀，江夏鄳人也。劉璋母，觀之族姑，璋又以女妻觀。觀建安十八年參李嚴軍，拒先主於綿竹，與嚴俱降。先主既定益州，拜爲裨將軍，後爲巴郡太守、江州都督。建興元年，封都亭侯，加振威將軍。觀爲人善於交接。都護李嚴性自矜高，護軍輔匡等年位與嚴相次，而嚴不與親褻；觀年少嚴二十餘歲，而與嚴通狎如時輩云。年三十七卒。失其行事，故不爲傳。

屯騎主舊，固節不移，既就初命，盡心世規，軍資所恃，是辨是裨。　　贊王文儀

尚書清尚，勑行整身，抗志存義，味覽典文，倚其高風，好侔古人。　　贊劉子初

安漢雍容，或婚或賓，見禮當時，是謂循臣。贊糜子仲

少府修慎，鴻臚明真，諫議隱行，儒林天文，宣班大化，或首或林。　　贊王元泰、何彥英、杜輔國、周仲宣〔四三〕

王元泰名謀，漢嘉人也。有容止操行。劉璋時，爲巴郡太守，還爲州治中從事。先主定益州，領牧，

以爲別駕。先主爲漢中王，用荊楚宿士零陵賴恭爲太常，南陽黃柱爲光祿勳〔四四〕，謀爲少府。建興初，賜爵關內侯，後代賴恭爲太常。恭、柱、謀皆失其行事，故不爲傳。恭子厷，爲丞相西曹令史，隨諸葛亮於漢中。早夭，亮甚惜之，與留府長史參軍張裔、蔣琬書曰："令史失賴厷、掾屬喪楊顒，爲朝中損益多矣。"顒亦荊州人也。後大將軍蔣琬問張休曰："漢嘉前輩有王元泰，今誰繼者？"休對曰："至於元泰，州里無繼，況鄙郡乎！"其見重如此。《襄陽記》曰：楊顒字子昭，楊儀宗人也。入蜀，爲巴郡太守，丞相諸葛亮主簿。亮嘗自校簿書，顒直入諫曰："爲治有體，上下不可相侵，請爲明公以作家譬之。今有人使奴執耕稼〔四五〕，婢典炊爨，雞主司晨，犬主吠盜，牛負重載，馬涉遠路，私業無曠，所求皆足，雍容高枕，飲食而已〔四六〕。忽一旦盡〔四七〕，欲以身親其役，不復付任，勞其體力，爲此碎務，形疲神困，終無一成。豈其智之不如奴婢雞狗哉？失爲家主之法也。是故古人稱坐而論道，謂之王公〔四八〕，作而行之，謂之士大夫。故邴吉不問橫道死人而憂牛喘，陳平不言知錢穀之數〔四九〕，云自有主者，彼誠達於位分之體也。今明公爲治，乃躬自校簿書，流汗竟日，不亦勞乎！"亮謝之。後爲東曹屬典選舉。顒死，亮垂泣三日。

何彥英名宗，蜀郡郫人也。事廣漢任安學，精究安術，與杜瓊同師而名問過之。劉璋時，爲犍爲太守。先主定益州，領牧，辟爲從事祭酒。後援引圖讖，勸先主即尊號。踐阼之後，遷爲大鴻臚。建興中卒。失其行事，故不爲傳。子雙，字漢偶。滑稽談笑，有淳于髡、東方朔之風。爲雙柏長。早卒。
車騎高勁，惟其汎愛，以弱制强，不陷危墜。　贊吳子遠

子遠名壹，陳留人也。隨劉焉入蜀。劉璋時，爲中郎將，將兵拒先主於涪，詣降。先主定益州，以壹爲護軍討逆將軍，納壹妹爲夫人。章武元年，爲關中都督。建興八年，與魏延入南安界，破魏將費瑤，徙亭侯，進封高陽鄉侯，遷左將軍。十二年，丞相亮卒，以壹督漢中，車騎將軍，假節，領雍州刺史，進封濟陽侯。十五年卒。失其行事，故不爲傳。壹族弟班，字元雄，大將軍何進官屬吳匡之子也。以豪俠稱，官位常與壹相亞。先主時爲領軍。後主世，稍遷至驃騎將軍，假節，封綿竹侯。

安漢宰南，奮擊舊鄉，翦除蕪穢，惟刑以張，廣遷蠻、濮，國用用强。　贊李德昂

輔漢惟聰，既機且惠，因言遠思，切問近對，贊時休美，和我業世。　贊張君嗣

鎮北敏思，籌畫有方，導師襄穢〔五〇〕，遂事成章。偏任東隅，永命不祥〔五一〕，哀悲本志，放流殊疆。　贊黃公衡

越騎惟忠，厲志自祗，職於內外，念公忘私。　贊楊季休

征南厚重，征西忠克，統時選士，猛將之烈。
贊趙子龍、陳叔至

　　叔至名到，汝南人也。自豫州隨先主，名位常亞趙雲，俱以忠勇稱。建興初，官永安都督、征西將軍，封亭侯。

鎮南粗强，監軍尚篤，並豫戎任，任自封裔。
贊輔元弼、劉南和

　　輔元弼名匡，襄陽人也。隨先主入蜀。益州既定，爲巴郡太守。建興中，徙鎮南，爲右將軍，封中鄉侯。

　　劉南和名邕，義陽人也。隨先主入蜀。益州既定，爲江陽太守。建興中，稍遷至監軍後將軍，賜爵關內侯。卒，子式嗣。少子武，有文，與樊建齊名，官亦至尚書。

司農性才，敷述允章，藻麗辭理，斐斐有光。
贊秦子敕

正方受遺，豫聞後綱，不陳不斂，造此異端，斥逐當時，任業以喪。　　贊李正方

文長剛粗，臨難受命，折衝外禦，鎮保國境。不協不和，忘節言亂，疾終惜始，實惟厥性。　　贊魏文長

威公狷狹，取異衆人；閑則及理，逼則傷侵，舍順入凶，大《易》之云。　　贊楊威公

季常良實，文經勤類，士元言規，處仁聞計，孔休、文祥，或才或臧，播播述志，楚之蘭芳。　　贊馬季常、

衛文經、韓士元、張處仁、殷孔休、習文祥

　　文經、士元，皆失其名實、行事、郡縣。處仁本名存，南陽人也。以荆州從事隨先主入蜀，南攻至雒，以爲廣漢太守。存素不服龐統，統中矢卒，先主發言嘉歎，存曰："統雖盡忠可惜，然違大雅之義。"先主怒曰："統殺身成仁，更爲非也？"免存官。頃之，病卒。失其行事，故不爲傳。

　　孔休名觀，爲荆州主簿別駕從事，見《先主傳》。失其郡縣。文祥名禎，襄陽人也。隨先主入蜀，歷雒、郫令，南廣漢太守〔五二〕。失其行事。子忠，官至尚書郎。《襄陽記》曰：習禎有風流，善談論，名亞龐統，而在馬良之右。子忠，亦有名。忠子隆，爲步兵校尉，掌校祕書。

國山休風，永南耽思；盛衡、承伯，言藏言時；孫德果鋭，偉南篤常；德緒、義彊，志壯氣剛〔五三〕。濟濟修志，蜀之芬香。　　贊王國山、李永南、馬盛衡、馬承伯、李孫德、李偉南、龔德緒、王義彊

　　國山名甫，廣漢郪人也。好人流言議。劉璋時，爲州書佐。先主定蜀後，爲緜竹令，還爲荆州議曹從事。隨先主征吳，軍敗於秭歸，遇害。子祐，有父風，官至尚書右選郎。

　　永南名邵，廣漢郪人也。先主定蜀後，爲州書佐部從事。建興元年，丞相亮辟爲西曹掾。亮南征，留邵爲治中從事，是歲卒。《華陽國志》曰：邵兄邈，字

漢南，劉璋時爲牛鞞長。先主領牧，爲從事，正旦命行酒，得進見，讓先主曰："振威以將軍宗室肺腑，委以討賊，元功未效，先寇而滅；邈以將軍之取鄪州，甚爲不宜也。"先主曰："知其不宜，何以不助之？"邈曰："匪不敢也[五四]，力不足耳。"有司將殺之，諸葛亮爲請，得免。久之，爲犍爲太守、丞相參軍、安漢將軍。建興六年，亮西征[五五]，馬謖在前敗績，亮將殺之，邈諫以"秦赦孟明，用伯西戎，楚誅子玉，二世不競"，失亮意，還蜀。十二年，亮卒，後主素服發哀三日，邈上疏曰："呂祿、霍禹未必懷反叛之心，孝宣不好爲殺臣之君，直以臣懼其偪，主畏其威[五六]，故姦萌生。亮身杖强兵[五七]，狼顧虎視，五大不在邊，臣常危之。今亮殞没，蓋宗族得全，西戎靜息，大小爲慶。"後主怒，下獄，誅之。

盛衡名勳，承伯名齊，皆巴西閬中人也。勳，劉璋時爲州書佐，先主定蜀，辟爲左將軍屬，後轉州別駕從事，卒。齊爲太守張飛功曹。飛貢之先主，爲尚書郎。建興中，從事丞相掾[五八]，遷廣漢太守，復爲飛參軍。亮卒，爲尚書。勳、齊皆以才幹自顯見，歸信於州黨，不如姚伷。伷字子緒，亦閬中人。先主定益州，後爲功曹書佐[五九]。建興元年，爲廣漢太守。丞相亮北駐漢中，辟爲掾。並進文武之士，亮稱曰："忠益者莫大於進人，進人者各務其所尚；今姚掾並存剛柔，以廣文武之用，可謂博雅矣，願諸掾各希此事，以屬其望。"遷爲參軍。亮卒，稍遷爲尚書僕射。時人服其真誠篤粹。延熙五年卒，在作贊之後。

孫德名福，梓潼涪人也。先主定益州後，爲書佐、西充國長、成都令。建興元年，徙巴西太守，爲江州督、揚威將軍，入爲尚書僕射，封平陽亭侯。延熙初，大將軍蔣琬出征漢中，福以前監軍領司馬，卒。《益部耆舊雜記》曰：諸葛亮於武功病篤，後主遣福省侍，遂因諮以國家大計。福往具宣聖旨，聽亮所言，至別去數日，忽馳思未盡其意，遂却騎馳還見亮。亮語福曰：「孤知君還意。近日言語，雖彌日有所不盡，更來一決耳[六〇]。君所問者，公琰其宜也。」福謝：「前實失不諮請公，如公百年後，誰可任大事者？故輒還耳。乞復請蔣琬後，誰可任者？」亮曰：「文偉可以繼之。」又復問其次，亮不答。福還，奉使稱旨。福爲人精識果銳，敏於從政。子驥，字叔龍，亦有名，官至尚書郎、廣漢太守。

偉南名朝，永南兄。郡功曹，舉孝廉，臨邛令，入爲別駕從事。隨先主東征吳，章武二年卒於永安。《益部耆舊雜記》曰：朝又有一弟，早亡，各有才望，時人號之李氏三龍。《華陽國志》曰：羣下上先主爲漢中王，其文朝所造也。臣松之案：《耆舊》所記，以朝、邵及早亡者爲三龍。邈之狂直，不得在此數。

德緒名祿，巴西安漢人也。先主定益州，爲郡從事牙門將。建興三年，爲越嶲太守，隨丞相亮南征，爲蠻夷所害，時年三十一。弟衡，景耀中爲領軍。義彊名士，廣漢郪人，國山從兄也。從先主入蜀，後舉孝廉，爲符節長，遷牙門將，出爲宕渠太守，徙在犍爲。會丞相亮南征，轉爲益州太守，將南行，爲蠻夷所害。

休元輕寇，損時致害，文進奮身，同此顛沛，患生一人，至於弘大。　　贊馮休元、張文進

休元名習，南郡人。隨先主入蜀。先主東征吳，習爲領軍，統諸軍，大敗於猇亭。

文進名南，亦自荆州隨先主入蜀，領兵從先主征吳，與習俱死。時又有義陽傅肜，先主退軍，斷後拒戰，兵人死盡，吳將語肜令降，肜罵曰："吳狗！何有漢將軍降者！"遂戰死。拜子僉爲左中郎，後爲關中都督，景耀六年〔六一〕，又臨危授命。論者嘉其父子奕世忠義。《蜀記》載晉武帝詔曰："蜀將軍傅僉〔六二〕，前在關城，身拒官軍，致死不顧。僉父肜，復爲劉備戰亡。天下之善一也，豈由彼此以爲異？"僉息著、募，後沒入奚官，免爲庶人。

江陽剛烈，立節明君，兵合遇寇，不屈其身，單夫隻役，隕命於軍。　　贊程季然

季然名畿，巴西閬中人也。劉璋時爲漢昌長。縣有賨人，種類剛猛，昔從高祖以定關中。巴西太守龐羲以天下擾亂，郡宜有武衛，頗招合部曲。有譖於璋，說羲欲叛者，璋陰疑之。羲聞甚懼，將謀自守，遣畿子郁宣旨，索兵自助。畿報曰："郡合部曲，本不爲叛，雖有交構，要在盡誠；若必以懼，

遂懷異志，非畿之所聞。"并勑郁曰："我受州恩，當爲州牧盡節。汝爲郡吏，當爲太守効力，不得以吾故有異志也。"義使人告畿曰："爾子在郡，不從太守，家將及禍！"畿曰："昔樂羊爲將，飲子之羹，非父子無恩，大義然也。今雖復羹子，吾必飲之。"義知畿必不爲己，厚陳謝於璋，以致無咎。璋聞之，遷畿江陽太守。先主領益州牧，辟爲從事祭酒。後隨先主征吴，遇大軍敗績，泝江而還，或告之曰："後追已至，解船輕去，乃可以免。"畿曰："吾在軍，未曾爲敵走，況從天子而見危哉！"追人遂及畿船，畿身執戟戰，敵船有覆者。衆大至，共擊之，乃死。

公弘後生，卓爾奇精，夭命二十，悼恨未呈。

贊程公弘

　　公弘，名祁，季然之子也。

古之奔臣，禮有來偪，怨興同官〔六三〕，不顧大德。靡有匡救〔六四〕，倍成奔北，自絶於人，作笑二國。　　麋芳、士仁、郝普、潘濬

　　麋芳字子方，東海人也，爲南郡太守。士仁字君義，廣陽人也，爲將軍，住公安，統屬關羽。與羽有隙，叛迎孫權。郝普字子太，義陽人。先主自荆州入蜀，以普爲零陵太守。爲吴將吕蒙所譎，開城詣蒙。潘濬字承明，武陵人也。先主入蜀，以爲荆州治中，典留州事，亦與關羽不穆。孫權襲羽，

遂入吴。普至廷尉，濬至太常，封侯。《益部耆舊雜記》載王嗣、常播、衛繼三人，皆劉氏王蜀時人，故錄於篇。王嗣字承宗，犍爲資中人也。其先延熙世以功德顯著。舉孝廉，稍遷西安圍督、汶山太守，加安遠將軍。綏集羌、胡，咸悉歸服，諸種素桀惡者皆來首降，嗣待以恩信，時北境得以寧靜。大將軍姜維每出北征，羌、胡出馬牛羊氈毦及義穀裨軍糧，國賴其資。遷鎮軍，故領郡。後從維北征，爲流矢所傷，數月卒。戎夷會葬，贈送數千人號呼涕泣。嗣爲人美厚篤至，衆所愛信。嗣子及孫，羌、胡見之如骨肉，或結兄弟，恩至於此。常播字文平，蜀郡江原人也。播仕縣主簿功曹。縣長廣都朱游，建興十五年中被上官誣劾，以逋没官穀，當論重罪。播詣獄訟爭，身受數千杖，肌膚刻爛，毒痛慘至，更歷三獄，幽閉二年有餘。每將考掠，吏先驗問，播不答，言"但急行罰，無所多問"。辭終不撓，事遂分明。長免刑戮。時唯主簿楊玩亦證明其事，與播辭同〔六五〕。衆咸嘉播忘身爲君，節義抗烈。舉孝廉，除鄭長，年五十餘卒。書於《舊德傳》，後縣令潁川趙敦圖其像，贊頌之。衛繼字子業，漢嘉嚴道人也。兄弟五人。繼父爲縣功曹。繼爲兒時，與兄弟隨父游戲庭寺中，縣長蜀郡成都張君無子，數命功曹呼其子省弄〔六六〕，甚憐愛之。張因言宴之間，語功曹欲乞繼，功曹即許之，遂養爲子。繼敏達夙成，學識通博，進仕州郡，歷職清顯。而其餘兄弟四人，各無堪當世者，父恒言己之將衰，張明府將盛也。時法禁以異姓爲後，故復爲衛氏。屢遷拜奉車都尉、大尚書〔六七〕，忠篤信厚，爲衆所敬。鍾會之亂，遇害成都。

評曰：鄧芝堅貞簡亮，臨官忘家，張翼亢姜維之銳，宗預禦孫權之嚴，咸有可稱。楊戲商略〔六八〕，意在不羣，然智度有短，殆罹世難云。

【校箋】

〔一〕毛本作"蜀書十五"。

〔二〕毛本作"鄧張宗楊傳第十五"。

〔三〕蕭書、郝書"宋"字作"宗"。

〔四〕《類聚》卷二十五引"命"下無"者也"二字。

〔五〕郝書引"惔"字上有"裴松之曰"四字。《冊府》卷六百五十三引"惔音夷念反，或作豔"在"多浮豔也"句下。疑下文"裴松之案"四字當移在"惔"字上。

〔六〕《華陽國志》"盡"字作"實"。

〔七〕《晉書·五行志》引下有"俄而卒"三字。

〔八〕紹興本"日"字作"曰"，《晉書》同。

〔九〕《晉書》"以"字作"取"。

〔一〇〕盧弼曰："錢大昕曰：'芝止爲車騎將軍，未嘗爲大將軍，大字衍。'沈家本曰：'芝以建興五年爲揚武將軍，十二年遷前將軍，延熙六年遷車騎將軍，十四年卒。凡爲將軍二十五年，未嘗爲大將軍也。'"

謹案：《類聚》卷五十九、《御覽》卷二百七十五、卷二百八十引俱無"軍"字，作"大將"，錢說或未確。

〔一一〕《類聚》《御覽》引俱無"斷"字，疑非，有"斷"字是。

〔一二〕《冊府》卷四百零六引"然"上有"脩"字。

〔一三〕《類聚》卷二百八十引"饑"字作"飢",郝書同。

〔一四〕盧弼曰:"馮本'捐'作'損'。"

謹案:袁宏《後漢紀》"捐"字亦作"損","福"作"富"。

〔一五〕何焯"人"作"仁"。

謹案:《後漢紀》"聖人"作"仁聖"。

〔一六〕《後漢紀》"豐"作"典"。

〔一七〕《華陽國志》無"性"字。

〔一八〕蕭書"與"上有"雖"字。

〔一九〕《册府》卷六百五十九引"承"字作"乘"。

〔二〇〕盧弼曰:"《御覽》'直'作'盡'。《通鑑》作'盡',胡三省曰:'謂抗言不爲吳屈,又盡情無所隱也。'"

謹案:《官本考證》曰:"《太平御覽》作'蓋直',《通鑑》作'盡直'。"考《御覽》卷二百一十九引作"蓋",紹興本"直"作"盡",《册府》卷六百五十九引同。郝書亦作"盡"。

〔二一〕郝書"何爲"二字乙。

〔二二〕紹興本"忌"字作"能"。

〔二三〕盧弼曰:"元本'保'作'寶'。"

謹案:《官本考證》曰:"'保'元本作'寶'。"紹興本同。《禮記·檀弓》"仁親以爲寶"注:"寶謂善道可守者。""保"與"寶"通,《易·繫辭》釋文:"'寶'孟嘉本作'保'。"郝書苟注作"保國",或以臆增。

〔二四〕《襄陽耆舊傳》作"中盧人"。

〔二五〕蕭書作"廣武督"。

〔二六〕紹興本"知"字作"智",郝書同。

〔二七〕盧弼曰:"《通鑑》作'何將以存'。"

謹案:紹興本"何"上有"將"字。蕭書"立"字作"久"。

〔二八〕蕭書"事"字作"謂"。

〔二九〕《册府》卷七百七十六引"識"字作"器"。

〔三〇〕盧弼曰："宋本'竟'作'意'。"

謹案：錢儀吉"竟"改作"意"，云"從元本"。郝書亦作"意"，作"意"字是。

〔三一〕盧弼曰："或校改作'奏免戲爲庶人'。"

謹案：句意謂有司承奉維之意旨，奏戲惡於劉禪，於是詔免戲爲庶人。語意明白，如或説乙"戲免"二字，且作一句讀，恐非。

〔三二〕紹興本"側"字作"惻"。

〔三三〕《册府》卷六百五十九引無"矣"字。

〔三四〕《册府》卷七百五十二引"具"下有"以"字。

〔三五〕《册府》引"徒"字作"但"，"所"上有"之"字，無"見"字。

〔三六〕《册府》引"鑒"下有"見伏"二字。

〔三七〕紹興本"言"字作"志"，郝書同，《册府》引亦同。

〔三八〕郝書苟注引無"温"字。

〔三九〕郝書苟注無"中山"二字，有"諸"字。

〔四〇〕郝書"胡熊"作"胡烈"。

〔四一〕郝書"提"下有"方爲"二字。

〔四二〕盧弼曰："宋本'選'作'遷'，是。"

謹案：郝書亦作"遷"，是南宋時尚未誤也。

〔四三〕紹興本"宣"字作"直"。

〔四四〕盧弼曰："宋本'王'作'黄'。"

謹案：蕭書作"黄柱"。"黄"之作"王"，蓋以聲近而誤。

〔四五〕《治要》卷二十七引"人"下有"於此"二字。

〔四六〕《御覽》卷四百五十七引"枕"字作"拱"，"已"下有"矣"字。

〔四七〕《御覽》引無"盡"字，有"捐棄"二字。

〔四八〕盧弼曰："何焯校改'王'作'三'。"

謹案：《周禮·考工記》作"王公"，鄭注："天子諸侯。"孫詒讓《周禮正義》曰："阮元云：'注以天子釋王，諸侯釋公也。'按：阮說是也。《北堂書鈔·職官部》引《五經異義》：'古《周禮》說天子立三公，曰太師、太傅、太保，無官屬，與王同職，故曰坐而論道，謂之王公。'今本《書鈔》引《異義》古《周禮》說'王公'誤作'三公'。古《周禮》說因說三公與王同職，故引此經爲證，則當作'王公'無疑。"如孫說，何氏校改"王"字作"三"字，蓋非也。考葉夢得《石林燕語》："周官坐而論道謂之王公者，非人臣也。王乃天子，公五等諸侯，至三公而下皆卿大夫爾。"此本《周禮》，則當作"王公"爲是。

〔四九〕紹興本"言"字作"肯"，郝書同，《治要》、《册府》卷七百二十三引"言"字亦作"肯"。

〔五〇〕紹興本"攘"字作"穰"，疑爲"攮"字之誤，當改作"攮"。

〔五一〕紹興本"永"字作"末"，郝書同。

〔五二〕盧弼曰："錢大昕曰：'蜀有南廣郡，延熙中置，無南廣漢郡。'潘眉曰：'南廣漢誤，廣漢本漢郡，後主延熙中分四縣置東廣漢郡，則南廣漢當是東廣漢。又漢犍爲郡有南廣縣，後主延熙中即南廣縣置南廣郡，則南廣漢當作南廣，衍漢字，或漢字乃郡字之誤。'謝鍾英曰：'按：《水經注》：南廣郡後主延熙中置，先主時無之，承祚注衍南字耳，錢氏說非。'"

謹案：徐紹楨云："蕭書作'廣漢太守'，無'南'字。"謝說是也。

〔五三〕紹興本"剛"字作"彊"。

〔五四〕蕭書、郝書"匪"字作"非"。

〔五五〕蕭書、郝書"西"字作"北"。

〔五六〕蕭書"臣""主"二字互易。

〔五七〕蕭書"杖"字作"擁"。

〔五八〕郝書"從事"二字作"爲"。

〔五九〕蕭書、郝書無"後"字。

〔六〇〕盧弼曰："宋本、馮本'一'作'亦'，誤。《册府》'來'作'求'。《通鑑》作'更來求決耳'。"

謹案：見《册府》卷六百五十三。《忠武侯集》引作"更來求決耳"，與《通鑑》同，疑是。

〔六一〕《初學記》、《御覽》卷四百一十八引"耀"字俱作"曜"。

〔六二〕《治要》引"將"下無"軍"字。

〔六三〕紹興本"同"字作"司"。盧弼曰："'司'疑作'同'。"

謹案：官本正作"同"。盧君若以作"同"爲是，則當逕據官本訂正，不應云"疑作"也。竊謂作"司"字是。司，主也。主官謂關羽，諸人與關羽俱有怨也。

〔六四〕紹興本"救"字作"正"，郝書同。

〔六五〕紹興本"辭"字作"言"。

〔六六〕《册府》卷八百六十三引"呼其"作"撫"。

〔六七〕郝書無"大"字。

〔六八〕盧弼曰："'略'疑作'摧'。"

謹案："摧""略"義同。《一切經音義》卷八十一引《考聲》曰："摧，略也。"是"商略"即"商摧"，不煩改字。竊謂商略具討論品藻之意。承祚此語蓋指戲作《季漢輔臣贊》而言，如以脫略釋之，或誤矣。

三國志校箋

（晉）陳壽 著
（南朝宋）裴松之 注
趙幼文 校箋
趙振鐸 鄢先覺 黃峰 趙開 整理

下

巴蜀書社

三國志校箋卷四十六

吴志卷一〔一〕

孫堅 孫策〔二〕

孫堅字文臺，吴郡富春人，蓋孫武之後也。《吴書》曰：堅世仕吴，家於富春，葬於城東。冢上數有光怪，雲氣五色，上屬於天，曼延數里〔三〕。衆皆往觀視。父老相謂曰："是非凡氣，孫氏其興矣〔四〕！"及母懷姙堅，夢腸出繞吴昌門〔五〕，寤而懼之，以告鄰母。鄰母曰："安知非吉徵也。"堅生容貌不凡，性闊達，好奇節。少爲縣吏。年十七，與父共載船至錢唐，會海賊胡玉等從匏里上掠取賈人財物，方於岸上分之，行旅皆住，船不敢進。堅謂父曰："此賊可擊，請討之。"父曰："非爾所圖也。"堅行操刀上岸，以手東西指麾，若分部人兵以羅遮賊狀。賊望見，以爲官兵捕之，即委財物散走。堅追，斬得一級以還，父大驚。由是顯聞，府召署假尉。會稽妖賊許昌起於句章，自稱陽明皇帝，《靈帝紀》

曰：昌以其父爲越王也。與其子韶扇動諸縣，衆以萬數〔六〕。堅以郡司馬募召精勇得千餘人，與州郡合討破之。是歲熹平元年也。刺史臧旻列上功狀，詔書除堅鹽瀆丞。數歲徙盱眙丞，又徙下邳丞。《江表傳》曰：堅歷佐三縣，所在有稱，吏民親附。鄉里知舊、好事少年，往來者常數百人，堅接撫待養，有若子弟焉。

中平元年，黃巾賊帥張角起於魏郡，託有神靈，遣八使以善道教化天下，而潛相連結，自稱黃天泰平。三月甲子，三十六萬一旦俱發〔七〕，天下響應，燔燒郡縣，殺害長吏。《獻帝春秋》曰：角稱天公將軍，角弟寶稱地公將軍，寶弟梁稱人公將軍。漢遣車騎將軍皇甫嵩、中郎將朱儁將兵討擊之〔八〕。儁表請堅爲佐軍司馬，鄉里少年隨在下邳者皆願從堅。又募諸商旅及淮、泗精兵合千許人，與儁并力奮擊，所向無前。《吳書》曰〔九〕：堅乘勝深入，於西華失利。堅被創墮馬，臥草中。軍衆分散，不知堅所在。堅所騎驄馬馳還營，踣地呼鳴，將士隨馬於草中得堅。堅還營〔一○〕，十數日，創少愈，乃復出戰。汝、潁賊困迫，走保宛城。堅身當一面，登城先入，衆乃蟻附，遂大破之。儁具以狀聞，上拜堅別部司馬〔一一〕。《續漢書》曰：儁字公偉，會稽人，少好學，爲郡功曹，察孝廉，舉進士。漢朝以討黃巾功，拜車騎將軍，累遷河南尹。董卓見儁外甚親納，而心忌之，儁亦陰備焉。關東兵起，卓議移都，儁輒止卓。卓雖憚儁，然貪其名重，乃表拜太僕以自副。儁被召不肯受拜，因進曰："國不宜遷，必孤天下望，成山東之結，臣不見其可也。"有司詰曰："召君受拜而君拒之，不問從事而君陳之，何也？"儁曰："副相國非臣所堪也。遷都非計，臣之所急也。辭所不堪，進臣所急〔一二〕，臣之所宜也。"有司曰："遷都之事，初無此計也，就有未露，何所受聞？"儁曰："相國董卓爲臣說之，臣聞之於相國。"有司不能屈，朝廷稱服焉。後爲太尉。李傕、郭汜相攻，劫質天子公卿，儁性剛，即發病而卒。

邊章、韓遂作亂涼州，中郎將董卓拒討無功。中平三年，遣司空張溫行車騎將軍西討章等。溫表請堅與參軍事〔一三〕，屯長安。溫以詔書召卓，卓良久乃詣溫。溫責讓卓，卓對應不順〔一四〕。堅時在坐前，耳語謂溫曰："卓不怖罪〔一五〕，而鴟張大語，宜以召不時至，陳軍法斬之。"溫曰："卓素著威名於隴蜀之間，今日殺之，西行無依。"堅曰："明公親率天兵〔一六〕，威震天下，何賴於卓？觀卓所言，不假明公，輕上無禮，一罪也。章、遂跋扈經年，當以時進討，而卓云未可，沮軍疑衆，二罪也。卓受任無功，應召稽留，而軒昂自高，三罪也。古之名將仗鉞臨衆，未有不斷斬以示威者也，是以穰苴斬莊賈，魏絳戮楊干。今明公垂意於卓，不即加誅，虧損威刑，於是在矣。"溫不忍發舉，乃曰："君且還，卓將疑人。"堅因起出。章、遂聞大兵向至〔一七〕，黨衆離散，皆乞降。軍還，議者以軍未臨敵，不斷功賞，然聞堅數卓三罪，勸溫斬之，無不歎息。拜堅議郎。時長沙賊區星自稱將軍，衆萬餘人，攻圍城邑，乃以堅爲長沙太守。到郡親率將士，施設方略，旬月之間，克破星等。

《魏書》曰：堅到郡，郡中震服，任用良吏。勑吏曰："謹遇良善，治官曹文書，必循治，以盜賊付太守。"周朝、郭石亦帥徒衆起於零、桂，與星相應。遂越境尋討，三郡肅然。漢朝錄前後功，封堅烏程侯。《吳錄》曰：是時廬江太守陸康從子作宜春長，爲賊所攻，遣使求救於堅。堅整嚴救之。主簿進諫，堅答曰："太守無文德以征伐爲功，越界攻討，以全異國。以此獲罪，何愧海內乎？"乃進兵往救，賊聞而走。

靈帝崩，卓擅朝政，橫恣京城。諸州郡並興義兵，欲以討卓。《江表傳》曰：堅聞之，拊膺歎曰："張公昔從吾言，朝廷今無此難也。"堅亦舉兵。荊州刺史王叡素遇堅無禮，堅過殺之。案《王氏譜》：叡字通耀，晉太保祥伯父也。《吳錄》曰：叡先與堅共擊零、桂賊，以堅武官，言頗輕之。及叡舉兵欲討卓，素與武陵太守曹寅不相能，揚言當先殺寅。寅懼，詐作案行使者光祿大夫溫毅檄，移堅，說叡罪過，令收行刑訖，以狀上。堅即承檄勒兵襲叡。叡聞兵至，登樓望之，遣問欲何爲，堅前部答曰："兵久戰勞苦，所得賞不足以爲衣服，詣使君更乞資直耳。"叡曰："刺史豈有所吝？"便開庫藏，使自入視之，知有所遺不。兵進及樓下，叡見堅，驚曰："兵自求賞，孫府君何以在其中[一八]？"堅曰："被使者檄誅君。"叡曰："我何罪？"堅曰："坐無所知。"叡窮迫，刮金飲之而死。比至南陽，衆數萬人。南陽太守張咨聞軍至，晏然自若。《英雄記》：咨字子議，潁川人，亦知名。《獻帝春秋》曰：袁術表堅假中郎將。堅到南陽，移檄太守請軍糧。咨以問綱紀，綱紀曰："堅鄰郡二千石，不應調發。"咨遂不與。堅以牛酒禮咨，咨明日亦答詣堅。酒酣，長沙主簿入白堅："前移南陽，而道路不治，軍資不具，請收主簿推問意故。"咨大懼欲去,兵陳四周,不得出。有頃主簿復入白堅:"南陽太守稽停義兵,使賊不時討,請收出案軍法從事。"便牽咨於軍門斬之。郡中震慄,無求不獲。《吳曆》曰:初堅至南陽,咨既不給軍糧,又不肯見堅〔一九〕。堅欲進兵,恐有後患,乃詐得急疾,舉軍震惶,迎呼巫醫,禱祀山川。遣所親人說咨,言病困,欲以兵付咨。咨聞之,心利其兵,即將步騎五六百人詣營省堅〔二○〕。堅臥與相見。無何,卒然而起,按劍罵咨,遂執斬之。此語與本傳不同。前到魯陽,與袁術相見。術表堅行破虜將軍,領豫州刺史。遂治兵於魯陽城。當進軍討卓,遣長史公仇稱將兵從事還州督促軍糧〔二一〕。施帳幔於城東門外祖道送稱,官屬並會。卓遣步騎數萬人逆堅,輕騎數十先到。堅方行酒談笑,勅部曲整頓行陣,無得妄動。後騎漸益,堅徐罷坐,導引入城,乃謂左右曰:"向堅所以不即起者,恐兵相蹈藉,諸君不得入耳。"卓兵見堅士衆甚整,不敢攻城,乃引還。《英雄記》曰:初堅討董卓,到梁縣之陽人。卓亦遣兵步騎五千迎之,陳郡太守胡軫爲大督護,呂布爲騎督,其餘步騎將校都督者甚衆。軫字文才,性急,預宣言曰:"今此行也,要當斬一青綬,乃整齊耳。"諸將聞而惡之。軍到廣成,去陽人城數十里。日暮,士馬疲極,當止宿,又本受卓節度宿廣成,秣馬飲食,以夜進兵,投曉攻城。諸將惡憚軫,欲賊敗其事,布等宣言"陽人城中賊已走,當追尋之;不然失之矣",便夜進軍。城中守備甚設,不可掩襲。於是吏士饑渴,人馬甚疲,且夜至,又無塹壘。釋甲休息,而布又宣言相驚,云"城中賊出來"。軍衆擾亂奔走,皆棄甲,失鞍馬。行十餘里,定無賊〔二二〕,會天明,便還,拾取兵器,欲進攻城。城守已固，穿塹已深，軫等不能攻而還。堅移屯梁東，大爲卓軍所攻，堅與數十騎潰圍而出。堅常著赤罽幘，乃脫幘令親近將祖茂著之。卓騎爭逐茂，故堅從間道得免。茂困迫下馬，以幘冠冢間燒柱[二三]，因伏草中。卓騎望見，圍繞數重，定近覺是柱乃去。堅復相收兵合戰於陽人，大破卓軍，梟其都督華雄等[二四]。是時，或間堅於術，術懷疑，不運軍糧。《江表傳》曰：或謂術曰"堅若得洛，不可復制，此爲除狼而得虎也"，故術疑之。陽人去魯陽百餘里，堅夜馳見術，畫地計校曰："所以出身不顧，上爲國家討賊，下爲將軍家門之私讎。堅與卓非有骨肉之怨也，而將軍受譖潤之言，還相嫌疑！"《江表傳》載堅語曰："大勳垂捷，而軍糧不繼，此吳起所以歎泣於西河[二五]，樂毅所以遺恨於垂成也。願將軍深思之。"術踧踖，即調發軍糧。堅還屯。卓憚堅猛壯，乃遣將軍李傕等來求和親[二六]，令堅列疏子弟任刺史、郡守者，許表用之。堅曰："卓逆天無道，蕩覆王室，今不夷汝三族，縣示四海[二七]，則吾死不瞑目，豈將與乃和親邪[二八]？"復進軍大谷，拒雒九十里[二九]。《山陽公載記》曰：卓謂長史劉艾曰："關東軍敗數矣，皆畏孤，無能爲也。惟孫堅小戇，頗能用人，當語諸將使知忌之。孤昔與周愼西征，愼圍邊、韓於金城。孤語張溫，求引所將兵爲愼作後駐。溫不聽。孤時上言其形勢，知愼必不克。臺今有本末，事未報，溫又使孤討先零叛羌，以爲西方可一時蕩定。孤皆知其不然，而不得止，遂行，留別部司馬劉靖將步騎四千屯安定，以爲聲勢。叛羌便還，欲截歸道，孤小擊輒開，畏安定有兵故也。虜謂安定當數萬人,不知但靖也。時又上章言狀,而孫堅隨周愼行,謂愼求將萬兵造金城,使愼以二萬作後駐,邊、韓城中無宿穀,當於外運,畏愼大兵,不敢輕與堅戰,而堅兵足以斷其運道,兒曹用必還羌谷中,涼州或能定也。溫旣不能用孤,愼又不用堅,自攻金城,壞其外垣,馳使語溫,自以克在旦夕,溫時亦自以計中也。而渡遼兒果斷蔡圍[三〇],愼棄輜重走,果如孤策。臺以此封孤都鄉侯。堅以佐軍司馬,所見與人同,自爲可耳。"艾曰:"堅雖時見計,故自不如李傕、郭汜。聞在美陽亭北,將千騎步與虜合,殆死,亡失印綬,此不爲能也。"卓曰:"堅時烏合義從,兵不如虜精,且戰有利鈍。但當論山東大勢,終無所至耳。"艾曰:"山東兒驅略百姓,以作寇逆,其鋒不如人,堅甲利兵彊弩之用,又不如人,亦安得久?"卓曰:"然,但殺二袁、劉表、孫堅,天下自服從孤耳。"卓尋徙都,西入關,焚燒雒邑。堅乃前入至雒,修諸陵,平塞卓所發掘。《江表傳》曰:舊京空虛,數百里中無煙火。堅前入城,惆悵流涕。《吳書》曰:堅入洛,埽除漢宗廟,祠以太牢。堅軍城南甄官井上[三一],旦有五色氣[三二],舉軍驚怪[三三],莫有敢汲[三四]。堅令人入井[三五],探得漢傳國璽,文曰"受命於天,旣壽永昌",方圓四寸,上紐交五龍,上一角缺[三六]。初,黃門張讓等作亂,劫天子出奔,左右分散,掌璽者以投井中。《山陽公載記》曰:袁術將僭號,聞堅得傳國璽,乃拘堅夫人而奪之。《江表傳》曰:案《漢獻帝起居注》云"天子從河上還,得六璽於閣上[三七]",又太康之初,孫晧送金璽六枚,無有玉,明其僞也。虞喜《志林》曰:天子六璽者,文曰"皇帝之璽""皇帝行璽""皇帝信璽""天子之璽""天子行璽""天子信璽"。此六璽所封事異,故文字不同[三八]。《獻帝起居注》云"從河上還,得六玉璽於閣上",此之謂也。傳國璽者,乃漢高祖所佩秦皇帝璽,世世傳受,號曰傳國璽。案傳國璽不在六璽之數,安得總其説乎?應氏《漢官》〔三九〕、皇甫《世紀》,其論六璽,文義皆符。《漢官》傳國璽文曰"受命於天,既壽且康"。"且康""永昌",二字爲錯,未知兩家何者爲得。金玉之精,率有光氣,加以神器祕寶,輝耀益彰,蓋一代之奇觀,將來之異聞,而以不解之故,彊謂之僞,不亦誣乎!陳壽爲《破虜傳》亦除此説,俱惑《起居注》不知六璽殊名,與傳國爲七者也。吳時無能刻玉,故天子以金爲璽。璽雖以金,於玉文不異。吳降而送璽者送天子六璽,曩所得玉璽,乃古人遺印,不可施用。天子之璽,今以無有爲難,不通其義者耳。臣松之以爲:孫堅於興義之中最有忠烈之稱,若得漢神器而潛匿不言,此爲陰懷異志,豈所謂忠臣者乎?吳史欲以爲國華,而不知損堅之令德。如其果然,以傳子孫,縱非六璽之數,要非常人所蓄,孫皓之降,亦不得但送六璽,而寶藏傳國也。受命於天,奚取於歸命之堂,若如喜言,則此璽今尚在孫門。匹夫懷璧,猶曰有罪,而況斯物哉!訖,引軍還住魯陽。《吳録》曰:是時關東州郡,務相兼并,以自彊大。袁紹遣會稽周喁爲豫州刺史,來襲取州。堅慨然歎曰:"同舉義兵,將救社稷。逆賊垂破而各若此,吾當誰與勠力乎!"言發涕下。喁字仁明,周昕之弟也。《會稽典録》曰:初曹公興義兵,遣人要喁,喁即收合兵衆,得二千人,從公征伐,以爲軍師。後與堅爭豫州,屢戰失利。會次兄九江太守昂爲袁術所攻,喁往助之。軍敗,還鄉里,爲許貢所害。

初平三年,術使堅征荆州擊劉表。表遣黃祖逆於樊、鄧之間。堅擊破之,追渡漢水,遂圍襄陽,單馬行峴山,爲祖軍士所射殺。《典略》曰：堅悉其衆攻表，表閉門，夜遣將黄祖潛出發兵。祖將兵欲還，堅逆與戰。祖敗走，竄峴山中。堅乘勝夜追祖，祖部兵從竹木間暗射堅，殺之。《吳錄》曰：堅時年三十七。《英雄記》曰：堅以初平四年正月七日死。又云：劉表將呂公將兵緣山向堅〔四〇〕，堅輕騎尋山討公。公兵下石，中堅頭，應時腦出物故。其不同如此也。兄子賁，帥將士衆就術〔四一〕，術復表賁爲豫州刺史。

堅四子：策、權、翊、匡。權既稱尊號，謚堅曰武烈皇帝〔四二〕。《吳錄》曰：尊堅廟曰始祖，墓曰高陵。《志林》曰：堅有五子：策、權、翊、匡，吳氏所生；少子朗，庶生也，一名仁。

策字伯符。堅初興義兵，策將母徙居舒，與周瑜相友，收合士大夫，江、淮間人咸向之。《江表傳》曰：堅爲朱儁所表，爲佐軍，留家著壽春。策年十餘歲，已交結知名，聲譽發聞。有周瑜者，與策同年，亦英達夙成〔四三〕，聞策聲聞，自舒來造焉。便推結分好，義同斷金，勸策徙居舒，策從之。堅薨，還葬曲阿。已乃渡江居江都。《魏書》曰：策當嗣侯，讓與弟匡。

徐州牧陶謙深忌策。策舅吳景，時爲丹陽太守〔四四〕，策乃載母徙曲阿，與呂範、孫河俱就景，因緣召募得數百人。興平元年，從袁術。術甚奇之，以堅部曲還策〔四五〕。《吳曆》曰：初策在江都時，張紘有母喪。策數詣紘，咨以世務曰："方今漢祚中微，天下擾攘，英雄俊傑各擁衆營私，未有能扶危濟亂者也。先君與袁氏共破董卓,功業未遂,卒爲黄祖所害。策雖暗稚,竊有微志,欲從袁揚州求先君餘兵,就舅氏於丹陽,收合流散,東據吴會,報讐雪恥,爲朝廷外藩。君以爲何如?"紘答曰:"既素空乏,方居衰絰之中,無以奉贊盛略。"策曰:"君高名播越,遠近懷歸。今日事計決之於君,何得不紓慮啓告,副其高山之望?若微志得展,血讐得報,此乃君之勳力,策心所望也。"因涕泣横流,顔色不變。紘見策忠壯内發,辭令慷慨,感其志言〔四六〕,乃答曰:"昔周道陵遲,齊、晉並興;王室已寧,諸侯貢職。今君紹先侯之軌,有驍武之名,若投丹陽,收兵吴會,則荆、揚可一,讐敵可報。據長江,奮威德,誅除羣穢,匡輔漢室,功業侔於桓、文,豈徒外藩而已哉?方今世亂多難,若功成事立,當與同好俱南濟也。"策曰:"一與君同符合契,同有永固之分,今便行矣,以老母弱弟委付於君,策無復回顧之憂。《江表傳》曰:策徑到壽春見袁術,涕泣而言曰:"亡父昔從長沙入討董卓,與明使君會於南陽,同盟結好;不幸遇難,勳業不終。策感惟先人舊恩,欲自憑結,願明使君垂察其誠。"術甚貴異之,然未肯還其父兵。術謂策曰:"孤始用貴舅爲丹陽太守,賢從伯陽爲都尉,彼精兵之地,可還依召募。"策遂詣丹陽依舅,得數百人,而爲涇縣大帥祖郎所襲,幾至危殆。於是復往見術,術以堅餘兵千餘兵人還策。太傅馬日磾杖節安集關東,在壽春以禮辟策,表拜懷義校尉,術大將喬蕤、張勳皆傾心敬焉。術常歎曰:"使術有子如孫郎,死復何恨!"策騎士有罪,逃入術營,隱於内廐。策指使人就斬之,訖詣術謝。術曰:"兵人好叛,當共疾之,何爲謝也?"由是軍中益畏憚之。術初許策爲九江太守,已而更用丹陽陳紀。後術欲攻徐州，從廬江太守陸康求米三萬斛。康不與，術大怒。策昔曾詣康，康不見，使主簿接之。策常銜恨。術遣策攻康，謂曰：“前錯用陳紀，每恨本意不遂。今若得康，廬江真卿有也。”策攻康，拔之，術復用其故吏劉勳爲太守，策益失望。先是，劉繇爲揚州刺史，州舊治壽春。壽春術已據之，繇乃渡江治曲阿。時吳景尚在丹陽，策從兄賁又爲丹陽都尉，繇至，皆迫逐之。景、賁退舍歷陽。繇遣樊能、于麋、陳横屯江津，張英屯當利口以距術〔四七〕。術自用故吏琅邪惠衢爲揚州刺史，更以景爲督軍中郎將，與賁共將兵擊英等，連年不克。策乃説術乞助景等平定江東。《江表傳》曰：策説術云：“家有舊恩在東，願助舅討横江；横江拔，因投本土召募，可得三萬兵，以佐明使君匡濟漢室。”術知其恨，而以劉繇據曲阿，王朗在會稽，謂策未必能定，故許之。術表策爲折衝校尉行殄寇將軍，兵財千餘〔四八〕，騎數十匹，賓客願從者數百人。比至歷陽，衆五六千。策母先自曲阿徙於歷陽，策又徙母阜陵，渡江轉鬭，所向皆破，莫敢當其鋒，而軍令整肅，百姓懷之。《江表傳》曰：策渡江攻繇牛渚營，盡得邸閣糧穀、戰具，是歲興平二年也。時彭城相薛禮、下邳相笮融，依繇爲盟主，禮據秣陵城，融屯縣南。策先攻融，融出兵交戰，斬首五百餘級，融即閉門不敢動。因渡江攻禮，禮突走，而樊能、于麋等復合衆襲奪牛渚屯。策聞之，還攻破能等，獲男女萬餘人。復下攻融，爲流矢所中，傷股，不能乘馬，因自輿還牛渚營。或叛告融曰：“孫郎被箭已死。”融大喜，即遣將於兹鄉策〔四九〕。策遣步騎數百挑戰，設伏於後，賊出擊之，鋒刃未接而偽走，賊追入伏中，乃大破之，斬首千餘級。策因往到融營下，令左右大呼曰："孫郎竟云何！"賊於是驚怖夜遁。融聞策尚在，更深溝高壘，繕治守備。策以融所屯地勢險固，乃舍去，攻破䌥別將於海陵〔五〇〕，轉攻湖孰、江乘，皆下之。

策爲人美姿顏，好笑語，性闊達聽受，善於用人，是以士民見者，莫不盡心，樂爲致死。劉繇棄軍遁逃，諸郡守皆捐城郭奔走〔五一〕。《江表傳》曰：策時年少，雖有位號，而士民皆呼爲孫郎。百姓聞孫郎至，皆失魂魄；長吏委城郭，竄伏山草。及至，軍士奉令，不敢虜略，雞犬菜茹，一無所犯，民乃大悦，競以牛酒詣軍。劉繇既走，策入曲阿，勞賜將士，遣將陳寶詣阜陵迎母及弟。發恩布令，告諸縣："其劉繇、笮融等故鄉部曲來降首者，一無所問；樂從軍者，一身行，復除門戶；不樂者，勿彊也。"旬日之間，四面雲集，得見兵二萬餘人，馬千餘匹，威震江東，形勢轉盛。吳人嚴白虎等衆各萬餘人，處處屯聚。吳景等欲先擊破虎等，乃至會稽。策曰："虎等羣盜，非有大志，此成禽耳。"遂引兵渡浙江，據會稽，屠東冶，乃攻破虎等。《吳錄》曰：時有烏程鄒他、錢銅及前合浦太守嘉興王晟等，各聚衆萬餘或數千。引兵撲討，皆攻破之。策母吳氏曰："晟與汝父有升堂見妻之分，今其諸子兄弟皆已梟夷，獨餘一老翁，何足復憚乎？"乃舍之，餘咸族誅。策自討虎，虎高壘堅守，使其弟輿請和。許之。輿請獨與策會面約。既會，策引白刃斫席〔五二〕，輿體動，策笑曰："聞卿能坐躍，勤捷不常，聊戲卿耳！"輿曰："我見刃乃然。"策知其無能也，乃以手戟投之，立死。輿有勇力，虎衆以其死也，甚懼。進攻破之。虎奔餘杭，投許昭於虜中。程普請擊昭，策曰："許昭有義於舊君，有誠於故友，此丈夫之志也。"乃舍之。臣松之案：許昭有義於舊君，謂濟盛憲也，事見後注。有誠於故友，則受嚴白虎也。盡更置長吏，策自領會稽太守，復以吳景爲丹陽太守，以孫賁爲豫章太守；分豫章爲廬陵郡，以賁弟輔爲廬陵太守，丹陽朱治爲吳郡太守。彭城張昭、廣陵張紘、秦松、陳端等爲謀主。《江表傳》曰：策遣奉正都尉劉由、五官掾高承奉章詣許，拜獻方物。時袁術僭號，策以書責而絕之。《吳錄》載策使張紘爲書曰："蓋上天垂司過之星，聖王建敢諫之鼓，設非謬之備，急箴闕之言，何哉？凡有所長，必有所短也。去冬傳有大計，無不悚懼；旋知供備貢獻，萬夫解惑。項聞建議，復欲追遵前圖，即事之期，便有定月。益使憮然，想是流妄；設其必爾，民何望乎？曩日之舉義兵也，天下之士所以響應者，董卓擅廢置，害太后、弘農王，略烝宮人，發掘園陵，暴逆至此，故諸州郡雄豪聞聲慕義。神武外振，卓遂內殫。元惡既斃，幼主東顧，俾保傅宣命，欲令諸軍振旅於河北，通謀黑山，曹操放毒東齊[五三]，劉表稱亂南荆，公孫瓚怎忲北幽，劉繇決力江滸，劉備爭盟淮隅：是以未獲承命櫜弓戢戈也。今備、繇既破，操等饑餒，謂當與天下合謀，以誅醜類。捨而不圖，有自取之志，非海內所望，一也。昔成湯伐桀，稱有夏多罪；武王伐紂，曰殷有罪罰重哉。此二主者，雖有聖德，宜當君世；如使不遭其時，亦無由興矣。幼主非有惡於天下，徒以春秋尚少，脅於疆臣，若無過而奪之，懼未合於湯、武之事，二也。卓雖狂狡，至廢主自與[五四]，亦猶未也，而天下聞其桀虐，攘臂同心而疾之，以中土希戰之兵，當邊地勁悍之虜，所以斯須游魂也。今四方之人，皆玩敵而便戰鬭矣，可得而勝者，以彼亂而我治，彼逆而我順也。見當世之紛若，欲大舉以臨之，適足趣禍，三也。天下神器，不可虛干，必須天贊與人力也。殷湯有白鳩之祥，周武有赤烏之瑞，漢高有星聚之符，世祖有神光之徵，皆因民困悴於桀、紂之政，毒苦於秦、莽之役，故能芟去無道，致成其志。今天下非患於幼主，未見受命之應驗，而欲一旦卒然登即尊號，未之或有，四也。天子之貴，四海之富，誰不欲焉？義不可，勢不得耳。陳勝、項籍、王莽、公孫述之徒，皆南面稱孤，莫之能濟。帝王之位，不可橫冀，五也。幼主岐嶷，若除其偪，去其鯁，必成中興之業。夫致主於周成之盛，自受旦、奭之美，此誠所望於尊明也。縱使幼主有他改異，猶望推宗室之譜屬，論近親之賢良，以紹劉統，以固漢宗。皆所以書功金石，圖形丹青，流慶無窮，垂聲管絃。捨而不爲，爲其難者，想明明之素，必所不忍，六也。五世爲相，權之重，勢之盛，天下莫得而比焉。忠貞者必曰宜夙夜思惟，所以扶國家之蹎頓，念社稷之危殆，以奉祖考之志，以報漢室之恩。其忽履道之節而彊進取之欲者，將曰天下之人，非家吏則門生也，孰不從我？四方之敵，非吾匹則吾役也，誰能違我？盍乘累世之勢，起而取之哉？二者殊數，不可不詳察，七也。所貴於聖哲者，以其審於機宜，慎於舉措。若難圖之事，難保之勢，以激羣敵之氣，以生衆人之心，公義既不可，私計又不利，明哲不處，八也。世人多惑於圖緯，而牽非類，比合文字以悅所事，茍以阿上惑衆，終有後悔者，自往迄今，未嘗無之，不可不深擇而熟思，九也。九者，尊明所見之餘耳，庶備起予，補所遺忘。忠言逆耳，幸留神聽！"《典略》云張昭之辭。臣松之以爲：張昭雖名重，然不如紘之文也，此書必紘所作。曹公表策爲討逆將軍，封爲吳侯。《江表傳》曰：

建安二年夏，漢朝遣議郎王輔奉戊辰詔書曰〔五五〕："董卓逆亂，凶國害民。先將軍堅，念在平討，雅意未遂，厥美著聞。策遵善道，求福不回。今以策爲騎都尉，襲爵烏程侯，領會稽太守。"又詔勅曰："故左將軍袁術不顧朝恩，坐創凶逆，造合虛僞，欲因兵亂詭詐百姓，聞其言以爲不然。定得使持節平東將軍領徐州牧溫侯布上術所造惑衆妖妄，知術鴟梟之性，遂其無道〔五六〕，修治王宮，署置公卿，郊天祀地，殘民害物，爲禍深酷。布前后上策乃心本朝，欲還討術，爲國効節，乞加顯異。夫懸賞俟功，惟勤是與，故便寵授承襲前邑，重以大郡，榮耀兼至，是策輸力竭命之秋也。其亟與布及行吳郡太守安東將軍陳瑀戮力一心，同時赴討。"策自以統領兵馬，但以騎都尉領郡爲輕，欲得將軍號，乃使人諷輔〔五七〕，輔便承制假策明漢將軍。是時，陳瑀屯海西，策奉詔治嚴，當與布、瑀參同形勢。行到錢塘，瑀陰襲圖策〔五八〕，遣都尉萬演等密渡江，使持印傳三十餘細賊〔五九〕，與丹陽、宣城、涇、陵陽、始安、黟、歙諸險縣大帥祖郎、焦已及吳郡烏程嚴白虎等，使爲內應，伺策軍發，欲攻取諸郡。策覺之，遣呂範、徐逸攻瑀於海西，大破瑀，獲其吏士妻子四千人。《山陽公載記》曰：瑀單騎走冀州，自歸袁紹，紹以爲故安都尉。《吳錄》載策上表謝曰："臣以固陋，孤持邊陲〔六〇〕。陛下廣播高澤，不遺細節，以臣襲爵，兼典名郡。仰榮寵顧〔六一〕，所不克堪。興平二年十二月二十日，於吳郡曲阿得袁術所呈表，以臣行殄寇將軍；至被詔書，乃知詐擅。雖輒捐廢，猶用悚悸。臣年十七，喪失所怙，懼有不任堂構之鄙，以忝析薪之戒，誠無去病十八建功，世祖列將弱冠佐命。臣初領兵，年未弱冠，雖鴛懦不武，然思竭微命。惟術狂惑，爲惡深重。臣憑威靈，奉辭罰罪〔六二〕，庶必獻捷，以報所授〔六三〕。"臣松之案：本傳云孫堅以初平三年卒，策以建安五年卒，策死時年二十六,計堅之亡,策應十八,而此表云十七,則為不符。張璠《漢記》及《吳曆》[六四]並以堅初平二年死[六五],此為是而本傳誤也。《江表傳》曰:建安三年,策又遣使貢方物,倍於元年所獻。其年,制書轉拜討逆將軍,改封吳侯。後術死,長史楊弘、大將張勳等將其眾欲就策,廬江太守劉勳要擊,悉虜之,收其珍寶以歸。策聞之,偽與勳好盟。勳新得術眾,時豫章上繚宗民萬餘家在江東,策勸勳攻取之。勳既行,策輕軍晨夜襲拔廬江,勳眾盡降,勳獨與麾下數百人自歸曹公。《江表傳》曰:策被詔勑,與司空曹公、衛將軍董承、益州牧劉璋等并力討袁術、劉表。軍嚴當進,會術死,術從弟胤、女壻黃猗等畏懼曹公,不敢守壽春,乃共舁術棺柩,扶其妻子及部曲男女,就劉勳於皖城。勳糧食少,無以相振,乃遣從弟偕告糴於豫章太守華歆。歆郡素少穀,遣吏將偕就海昏上繚,使諸宗帥共出三萬斛米以與偕。偕往歷月[六六],纔得數千斛。偕乃報勳,具說形狀,使勳來襲取之。勳得偕書,便潛軍到海昏邑下。宗帥知之,空壁逃匿,勳了無所得。時策西討黃祖,行及石城,聞勳輕身詣海昏,便分遣從兄賁、輔率八千人於彭澤待勳,自與周瑜率二萬人步襲皖城,即克之,得術百工及鼓吹部曲三萬餘人,并術、勳妻子。表用汝南李術為廬江太守[六七],給兵三千人以守皖,皆徙所得人東詣吳。賁、輔又於彭澤破勳。勳走入楚江,從尋陽步上到置馬亭,聞策等已克皖,乃投西塞。至沂,築壘自守,告急於劉表,求救於黃祖。祖遣太子射船軍五千人助勳。策復就攻,大破勳。勳與偕北歸曹公,射亦遁走。策收得勳兵二千餘人,船千艘,遂前進夏口攻黃祖。時劉表遣從子虎、南陽韓晞將長矛五千,來為黃祖前鋒。策與戰,大破之。《吳錄》載策表曰：臣討黃祖，以十二月八日到祖所屯沙羨縣。劉表遣將助祖，並來趣臣。臣以十一日平旦部所領江夏太守行建威中郎將周瑜、領桂陽太守行征虜中郎將呂範、領零陵太守行蕩寇中郎將程普、行奉業校尉孫權[六八]、行先登校尉韓當、行武鋒校尉黃蓋等同時俱進。身跨馬櫟陳，手擊急鼓，以齊戰勢。吏士奮激，踊躍百倍，心精意果，各競用命。越渡重壍，迅疾若飛。火放上風，兵激煙下，弓弩並發，流矢雨集，日加辰時，祖乃潰爛。鋒刃所截，焱火所焚[六九]，前無生寇，惟祖迸走。獲其妻息男女七人，斬虎、狼韓晞已下二萬餘級，其赴水溺者一萬餘口[七〇]，船六千餘艘，財物山積。雖表未禽，祖宿狡猾，為表腹心，出作爪牙，表之鴟張，以祖氣息，而祖家屬部曲，埽地無餘，表孤特之虜，成鬼行尸。誠皆聖朝神武遠振，臣討有罪，得効微勤。"是時袁紹方彊，而策并江東[七一]，曹公力未能逞，且欲撫之。《吳曆》曰：曹公聞策平定江南，意甚難之，常呼"猘兒難與爭鋒也"。乃以弟女配策小弟匡，又為子章取賁女[七二]，皆禮辟策弟權、翊，又命揚州刺史嚴象舉權茂才。建安五年，曹公與袁紹相拒於官渡，策陰欲襲許[七三]，迎漢帝，《吳錄》曰：時有高岱者，隱於餘姚，策命出使會稽丞陸昭逆之，策虛己候焉。聞其善《左傳》，乃自玩讀，欲與論講。或謂之曰[七四]："高岱以將軍但英武而已，無文學之才，若與論《傳》而或云不知者，則某言符矣。"又謂岱曰："孫將軍為人，惡勝己者，若每問[七五]，當言不知，乃合意耳。如皆辨義[七六]，此必危殆。"岱以為然，及與論《傳》，或答不知[七七]。策果怒，以為輕己，乃囚之。知交及時人皆露坐為請[七八]。策登樓，望見數里中填滿。策惡其收眾心，遂殺之。岱字孔文，吳郡人也，受性聰達，輕財貴義。其友士拔奇〔七九〕，取於未顯，所友八人，皆世之英偉也。太守盛憲以爲上計，舉孝廉。許貢來領郡〔八〇〕，岱將憲避難於許昭家，求救於陶謙。謙未卽救，岱憔悴泣血，水漿不入口。謙感其忠壯，有申包胥之義，許爲出軍，以書與貢。岱得謙書以還，而貢已囚其母。吳人大小皆爲危竦，以貢宿忿，往必見害。岱言在君則爲君，且母在牢獄，期於當往〔八一〕，若得入見，事自當解〔八二〕。遂通書自白，貢卽與相見。才辭敏捷〔八三〕，好自陳謝。貢登時出其母。岱將見貢，語友人張允、沈曆令豫具船，以貢必悔，當追逐之。出便將母乘船易道而逃。貢須臾遣人追之，令追者若及於船，江上便殺之〔八四〕，已過則止〔八五〕。使與岱錯道，遂免。被誅時，年三十餘。《江表傳》曰：時有道士琅邪于吉，先寓居東方，往來吳會，立精舍，燒香，讀道書，制作符水以治病，吳會人多事之。策嘗於郡城門樓上，集會諸將賓客，吉乃盛服杖小函，漆畫之，名爲仙人鏵，趨度門下。諸將賓客三分之二下樓迎拜之，掌賓者禁呵不能止。策卽令收之。諸事之者，悉使婦女入見策母，請救之。母謂策曰：“于先生亦助軍作福，醫護將士，不可殺之。”策曰：“此子妖妄，能幻惑衆心，遠使諸將不復相顧君臣之禮，盡委策下樓拜之，不可不除也。”諸將復連名通白事陳乞之，策曰：“昔南陽張津爲交州刺史，舍前聖典訓，廢漢家法律，常著絳帕頭〔八六〕，鼓琴燒香，讀邪俗道書，云以助化，卒爲南夷所殺。此甚無益，諸君但未悟耳。今此子已在鬼籙，勿復費紙筆也。”卽催斬之，縣首於市。諸事之者，尚不謂其死，而云尸解焉，復祭祀求福。《志林》曰：初順帝時，琅邪宮崇詣闕上師于吉所得神書於曲陽泉水上，白素朱界，號《太平青領道》，凡百餘卷。順帝至建安中，五六十歲，于吉是時近已百年，年在耄悼，禮不加刑。又天子巡狩問百年者，就而見之，敬齒以親愛，聖王之至敎也。吉罪不及死，而暴加酷刑，是乃謬誅，非所以爲美也。喜推考桓王之薨，建安五年四月四日。是時曹、袁相攻，未有勝負。案夏侯元讓與石威則書，袁紹破後也。書云："授孫賁以長沙，業張津以零、桂。"此爲桓王於前亡，張津於後死，不得相讓，譬言津之死意矣。臣松之案：太康八年，廣州大中正王範上《交廣二州春秋》。建安六年，張津猶爲交州牧。《江表傳》之虛如《志林》所云。《搜神記》曰：策欲渡江襲許，與吉俱行。時大旱，所在熇厲。策催諸將士使速引船，或身自早出督切，見將吏多在吉許，策因此激怒，言："我爲不如于吉邪，而先趨務之？"便使收吉。至，呵問之曰："天旱不雨，道塗艱澀，不時得過，故自早出，而卿不同憂戚，安坐船中作鬼物態，敗吾部伍，今當相除。"令人縛置地上暴之，使請雨，若能感天日中雨者，當原赦，不爾行誅。俄而雲氣上蒸，膚寸而合，比至日中，大雨總至，溪澗盈溢。將士喜悅，以爲吉必見原，並往慶慰，策遂殺之。將士哀惜，共藏其尸。天夜，忽更興雲覆之；明旦往視，不知所在。案《江表傳》《搜神記》于吉事不同，未詳孰是。密治兵，部署諸將。未發，會爲故吳郡太守許貢客所殺[八七]。先是，策殺貢，貢小子與客亡匿江邊。策單騎出，卒與客遇，客擊傷策。《江表傳》曰：廣陵太守陳登治射陽，登即瑀之從兄子也。策前西征，登陰復遣間使以印綬與嚴白虎餘黨，圖爲後害，以報瑀見破之辱。策歸，復討登。軍到丹徒，須待運糧。策性好獵，將步騎數出。策驅馳逐鹿，所乘馬精駿，從騎絕不能及。初，吳郡太守許貢上表於漢帝曰："孫策驍雄，與項籍相似，宜加貴寵，召還京邑。若被詔不得不還，若放於外，必作世患[八八]。"策候吏得貢表，以示策。策請貢相見，以責讓貢。貢辭無表，策即令武士絞殺之。貢奴客潛民間,欲爲貢報讎。獵日〔八九〕,卒有三人即貢客也。策問:"爾等何人?"答云:"是韓當兵,在此射鹿耳。"策曰:"當兵吾皆識之,未嘗見汝等。"因射,一人應弦而倒,餘二人怖急,便舉弓射策,中頰。後騎尋至,皆刺殺之。《九州春秋》曰:策聞曹公北征柳城,悉起江南之衆,自號大司馬,將北襲許,恃其勇,行不設備,故及於難。孫盛《異同評》曰:凡此數書,各有所失。孫策雖威行江外,略有六郡,然黃祖乘其上流,陳登間其心腹,且深險彊宗,未盡歸復,曹、袁虎爭,勢傾山海,策豈暇遠師汝潁,而遷帝於吳越哉?斯蓋庸人之所鑒見,況策達於事勢者乎?又案:袁紹以建安五年至黎陽,而策以四月遇害,而《志》云策聞曹公與紹相拒於官渡,謬矣。伐登之言,爲有證也。又《江表傳》說策悉識韓當軍士,疑此爲詐,便射殺一人。夫三軍將士或有新附,策爲大將,何能悉識?以所不識,便射殺之,非其論也。又策見殺在五年,柳城之役在十二年,《九州春秋》乖錯尤甚矣。臣松之案:《傅子》亦云曹公征柳城,將襲許。記述若斯,何其疏哉!然孫盛所譏,未爲悉是。黃祖始被策破,魂氣未反,但劉表君臣本無兼并之志,雖在上流,何辦規擬吳會?策之此舉,理應先圖陳登,但舉兵所在,不止登而已。於時彊宗驍帥,祖郎、嚴虎之徒,禽滅已盡,所餘山越,蓋何足慮?然則策之所規,未可謂之不暇也。若使策志獲從,大權在手,淮、泗之間,所在皆可都,何必畢志江外,其當遷帝於揚、越哉?案《魏武紀》,武帝以建安四年已出屯官渡,策未死之前,久與袁紹交兵,則《國志》所云不爲謬也。許貢客無聞之小人,而能感識恩遇,臨義忘生,卒然奮發,有侔古烈矣。《詩》云:"君子有徽猷,小人與屬。"貢客其有焉。創甚,請張昭等謂曰〔九〇〕:"中國方亂，夫以吳越之衆，三江之固，足以觀成敗。公等善相吾弟！"呼權佩以印綬，謂曰："舉江東之衆，決機於兩陳之間，與天下爭衡，卿不如我；舉賢任能，各盡其心，以保江東，我不如卿。"至夜卒，時年二十六。《吳曆》曰：策既被創，醫言可治，當好自將護，百日勿動。策引鏡自照，謂左右曰："面如此，尚可復建功立事乎？"推几大奮[九一]，創皆分裂，須臾卒[九二]。《搜神記》曰：策既殺于吉，每獨坐，彷彿見吉在左右，意深惡之[九三]，頗有失常。後治創方差，而引鏡自照，見吉在鏡中，顧而弗見，如是再三，因撲鏡大叫[九四]，創皆崩裂[九五]，須臾而死。

權稱尊號，追諡策曰長沙桓王，封子紹爲吳侯，後改封上虞侯。紹卒，子奉嗣。孫晧時，訛言謂奉當立，誅死。

評曰：孫堅勇摯剛毅，孤微發迹，導溫戮卓，山陵杜塞，有忠壯之烈。策英氣傑濟，猛銳冠世，覽奇取異，志陵中夏。然皆輕佻果躁，隕身致敗。且割據江東，策之基兆也，而權尊崇未至，子止侯爵，於義儉矣。孫盛曰：孫氏兄弟皆明略絕羣。創基立事，策之由也，且臨終之日，顧命委權。夫意氣之閒，猶有刎頸，況天倫之篤愛，豪達之英鑒，豈吝名號於既往，違情本之至實哉？抑將遠思虛盈之數，而慎其名器者乎？夫正本定名，爲國之大防；杜絕疑貳，消釁之良謨。是故魯隱矜義，終致羽父之禍；宋宣懷仁，卒有殤公之哀。皆心存小善，而不達經綸之圖；求譽當年，而不思貽厥之謀。可謂輕千乘之國，蹈道則未也。孫氏因擾攘之際，得奮其縱橫之志[九六]，業非積德之基，邦無磐石之固，勢一則祿祚可終，情乖則禍亂塵起，安可不防微於未兆，慮難於將來？壯哉！策爲首事之君，有吳開國之主；將相在列，皆其舊也，而嗣子弱歹，析薪弗荷，奉之則魯桓、田市之難作，崇之則與夷、子馮之禍興。是以正名定本，使貴賤殊邈，然後國無陵肆之責，後嗣罔猜忌之嫌，羣情絕異端之論，不逞杜覬覦之心；於情雖違，於事雖儉，至於括囊遠圖，永保維城，可謂爲之於其未有，治之於其未亂者也。陳氏之評，其未達乎！

【校箋】

〔一〕毛本作"吳書一"。

〔二〕毛本作"孫破虜討逆傳第一"。

〔三〕《類聚》卷十引《吳錄》"怪"字作"如"，"曼"下有"下"字。

〔四〕《類聚》引"矣"字作"乎"。

〔五〕《類聚》、《御覽》卷三百六十引《吳錄》"腸"下俱無"出"字，《宋書·符瑞志》有。

〔六〕盧弼曰："何焯曰：'許生'《吳志》作'許昌'，'許昭'作'許韶'。惠棟曰：'《天文志》《臧洪傳》皆作許生，晉諱昭，故作韶。'潘眉曰：'昌、韶字誤。《討逆傳》注嚴白虎投許昭於虞中，亦不作韶可證。'弼按：范書《朱儁傳》'會稽太守尹端討許昭失利'亦作'許昭'。"

謹案：錢儀吉曰："古人避諱之字曰某，皆取義同。陳氏改韋昭之名曰曜，以昭、曜俱訓明也。若以昭爲昌義，義不侔矣。范書《靈帝紀》引《東觀漢紀》曰：'會稽許昭聚衆自稱大將軍，立父生爲越王。'尋本書下文謂昌與其子韶扇動諸縣，是許昌爲許生，而昭即韶也。昭、韶皆從召聲，古字通用。故晉武以其父名昭，改爲韶音。"沈濤《銅熨斗齋隨筆》卷五曰："范書《靈帝紀》章懷注，《東觀漢記》（詳前引，此略）與此皆不相應，世期所引當是華嶠等書。昭之作韶，疑承祚避晉諱改。然《東觀》以生爲昭之父，而此則以爲昭之祖，亦不相應。陽明乃昌僭用之年號也。"

〔七〕盧弼曰："何焯曰：'三十六方，不知何自沿寫爲万。'惠棟曰：'袁宏《漢紀》作坊。方與坊古字通。蓋張角列部署爲三十六坊，各有甲乙以別之也。'"

謹案：徐紹楨曰："《後漢書·皇甫嵩傳》：'遂置三十六方，方猶將軍號也。大方萬餘人，小方六七千，各立渠帥。'據此則三十六自非言其人數，不當作'萬'。《靈帝紀》亦云：'其部師有三十六萬。'此與《吳志》皆訛字也。《隸續》載建平五年郫縣有貫二万五千語。蓋自漢人即以十千爲万（《廣韵》：万，十千。無販切)，其字與'方'形近，此遂誤'方'爲'万'，復傳寫作'萬'耳。《賈詡傳》注引《九州春秋》：'屠三十六萬方，夷黃巾之師。'則又因傳寫之誤而衍'萬'字。《魏文帝紀》注引《魏書》'少府謝奐万潛'，南監本作'萬潛'。《水經·汝水注》'萬城'或作'方城'，'方'與'萬'致誤之由，均與此同也。"考《魏書·釋老志》："泰常八年十月戊戌，有牧土上師來臨嵩岳，云：'老君之玄孫，昔居代郡桑乾，以漢武之世得道，爲牧土宮主，領治三十六土人鬼之政。'"蓋道教分天下爲三十六土，張角之三十六方則本之，以組織人民反抗暴政也。

〔八〕《御覽》卷二百一十八引無"漢"字。

〔九〕《類聚》卷九十三引作"《吳錄》"。

〔一〇〕《類聚》引"堅還營"作"扶還營"。

〔一一〕盧弼曰："'上'字當屬上句讀，如後注引《吳錄》'以狀上'是也。'拜堅別部司馬'如下文'拜堅議郎'是也。陳本'上'字屬下句讀，誤。"

謹案：盧君謂陳本讀誤是也，然有未盡。考此句疑當作"僞具以狀上聞"，"上聞"謂以聞於天子也，當以"聞"字句絕。"聞上"二字似應乙。

〔一二〕盧弼曰："范書作'言非所急'。"

謹案：錢大昭曰："當從《後漢書》作'言非所急'。"此本錢氏，應注明所自。

〔一三〕《御覽》卷一百一十八引"堅"下無"與"字。

〔一四〕盧弼曰："宋本'對應'作'應對'。"

謹案：《官本考證》曰："宋本'對應'作'應對'。"《御覽》、《册府》卷一百九十引與宋本同。蕭書同。"不順"，《後漢書·董卓傳》作"不遜"。

〔一五〕《册府》引"怖"字作"悔"。

〔一六〕盧弼曰："宋本'天'作'王'。《通鑑》同。"

謹案：《官本考證》曰："宋本'天兵'作'王兵'。"《册府》卷一百一十八引與宋本同。范書作"王師"。

〔一七〕《册府》卷一百九十引無"向"字。

〔一八〕毛本"府"作"使"。盧弼曰："馮本'使'作'府'，誤。"

謹案：漢魏制稱刺史爲使君，太守爲府君。堅時爲長沙太守，不可稱使君也。當從馮本作"府君"爲是。盧君説誤。

〔一九〕《御覽》卷四百六十六引"咨"上有"太守"二字，下無"既"字，"見"上無"肯"字。

〔二〇〕毛本"堅"字作"望"，非，當作"堅"字。紹興本正作"堅"。《廣雅·釋詁一》:"省,視也。"

〔二一〕《册府》卷一百八十三引"仇"字作"孫"。

〔二二〕周壽昌曰:"'定無賊'三字詞意不足,疑'定'上有'驚'字也。"

謹案:"定"字猶今語確實之義。"定無賊"言確實無賊。語意已足,不必妄增"驚"字,周説未允。

〔二三〕盧弼曰:"馮本'柱'作'著',誤。或曰:'燒柱'疑'華柱'之誤。"

謹案:《御覽》卷一百八十七引作"因脱幘著柱上"。此作"冠冢間燒柱","冠""著"義同。燒柱爲燒毁之柱也。"華柱"無據,似不可從。

〔二四〕潘眉曰:"'督'當作'尉','華'當作'葉'。《廣韵》二十九葉引《吴志·孫堅傳》有都尉葉雄。知宋本如此,今本誤也。宜從《廣韵》。"

謹案:《通志·氏族略》曰:"葉,舊音攝。《風俗通》楚沈尹戍生諸梁,食采於葉,因氏焉。吴有都尉葉雄。"尤可證。

〔二五〕盧弼曰:"吴本'泣'作'息'。《史記·吴起傳》:'吴起衛人也。魏文侯以起善用兵,以爲西河守,秦兵不敢東鄉,韓趙賓從。公叔爲相,害吴起,起懼得罪,遂去之楚。'"

謹案:《吕氏春秋·長見篇》:"吴起治西河之外,王錯譖之於魏武侯。武侯使人召之,吴起至於岸門,止車而立,望西河,泣數行而下。其僕謂吴起曰:'竊觀公之意,視天下若釋躧,今去西河而泣,何也?'吴起抿泣而應之曰:'子不識。君知我而使我畢能,西河可以王。今君聽讒人之議,而不知我,西河之爲秦取不久矣,魏從此削矣!'吴起果去魏入楚。有間,西河畢入秦。"盧君引《史記》以證,似於傳文"歎泣"之意了不相涉,非是。

〔二六〕《御覽》卷一百一十八引無"來"字。

〔二七〕盧弼曰:"'縣'讀曰懸。"

謹案:"縣""懸"古今字,不得云"讀曰"也,説見段玉裁《周禮漢讀考》。《説文·県部》:"縣,繫也。从系持県。"《漢書·高帝紀》"縣隔千里"注:"此本古之懸字耳,後人轉用爲州縣字,乃更加'心'以別之。"是也。盧注非。

〔二八〕《御覽》引作"豈與汝和邪"。

〔二九〕《御覽》《册府》引"拒"字作"距",當從之。

〔三〇〕馮本、陳本、毛本"圍"字作"園"。考《後漢書·董卓傳》作"葵園狹",《通鑑·魏紀》作"葵園峽"。疑"蔡圍"二字當作"葵園"爲得。

〔三一〕《書鈔》卷一百三十一引"軍"上有"頓"字,"官"上有"署有"二字,無"上"字。

〔三二〕盧弼曰:"《官本考證》曰:'《文選》作每旦有五色氣。'"

謹按:《文選》張士然《爲吳令謝詢求爲諸孫置守冢人表》李注引《吳書》"旦"上亦有"每"字。《書鈔》引亦有"每"字,似應據增。

〔三三〕《書鈔》、《御覽》卷十五、卷六百八十二引句上有"從井中出"四字,此脱。應補此四字語意乃具。

〔三四〕《文選》李注引無"有"字。

〔三五〕《書鈔》引作"及便人浚",《御覽》卷十五引作"堅命浚井",卷六百八十三引亦作"浚",《文選》李注引作"堅命人浚",俱無"入井"二字,則作"浚"者是也。《漢書·王莽傳》"浚井得白石"注:"浚,抒治之也。"

〔三六〕盧弼曰:"《文選》注'上'字上有'龍'字。"

謹案：《書鈔》引"交"下有"盤"字。《御覽》卷六百八十二引"盤"字作"蟠"。《廣雅·釋詁一》："蟠，曲也。""盤""蟠"義同。許嵩《建康實錄》（以下省稱"《實錄》"）卷一重"龍"字。"龍"字應重，今本脫。

〔三七〕此所引《漢獻帝起居注》與下文虞喜所引略同。而《江表傳》多敘史實，未見有引他書爲說者，疑此蓋傳抄之誤，姑志所疑於此。

〔三八〕盧弼曰："下文《獻帝起居注》與應氏《漢官》二條，馮本俱空一格，宋本俱接連不空格。沈均瑄曰：'按：文義前後相連，以駁《江表傳》無玉璽之說，裴注俱指爲喜言，三者似止《志林》一條，而刻本誤分之。'"

謹案：沈說是。考裴注可見，宋本不空格，是也。餘均誤。

〔三九〕盧弼曰："馮本、官本'官'作'宮'，下同。《隋書·經籍志》：'《漢官》五卷，應劭注。《漢官儀》十卷，應劭撰。'見《魏志·王粲傳》注。"

謹案：《漢官儀》曰："皇帝六璽，皆白玉螭虎紐，文曰'皇帝行璽''皇帝之璽''皇帝信璽''天子行璽''天子之璽''天子信璽'，凡六璽。皇帝行璽賜諸侯王書，信璽發兵徵大臣。天子行璽外國事，天子之璽事天地鬼神。璽皆以武都紫泥封，青布囊，白素裹，量端尺一，櫃中約署。"

〔四〇〕盧弼曰："《後漢書·劉表傳》注'公'作'介'，下同。"

謹案：盧君此本《官本考證》，當於"後"字上增"《官本考證》曰"五字。

〔四一〕《御覽》卷一百一十八引"衆"下有"還"字。

〔四二〕《御覽》引無"權既稱尊號"五字，"謚"上有

"追"字。

〔四三〕《册府》卷三百四十二引"達"字作"邁"。

〔四四〕盧弼曰："《郡國志》：'揚陽州丹陽郡，治宛陵。'本志《吕範傳》：'孫權破關羽，還都武昌，封範宛陵侯，領丹陽太守，治建業。'建業本漢秣陵縣，屬丹陽郡，其地本名金陵，秦始皇改，見劉昭注，又見《張紘傳》注引《江表傳》。建安十七年孫權改秣陵爲建業，見權傳。沈約曰：'秣陵其地本名金陵，本治去京邑六十里，今故城邨是也。'"

謹案：姚鼐《惜抱軒筆記》曰："漢丹楊本治宛陵，漢末始徙曲阿。孫策舅吴景爲丹楊太守，策載母徙曲阿是也。吴雖以建業爲都，而太守猶居曲阿。孫休徙居丹楊，太守李衡數以事侵休，休乞徙郡，是其居不在建業者。至晉以後，丹楊太守乃居建業。然俗沿舊呼太守治曰曲阿，以逮宋文帝欲以庾炳之爲丹楊尹，何尚之云'曲阿近在水南'是也。《吴志·孫韶傳》言孫翊爲丹陽遇害，孫何馳赴宛陵，此宛陵乃曲阿之誤。蓋沿漢舊稱，猶何尚之之稱曲阿矣。當時殺翊者嬀覽、戴員，乃吴郡守盛憲所舉，曲阿近吴，故翊禮致之，若宛陵則太遠矣。孫河爲京城督，比近曲阿，故聞亂即至。又覽、員北迎揚州刺史劉馥，令住歷陽，曲阿故可與歷陽應，宛陵則形勢不接矣。此足證當時翊亡在曲阿，非宛陵也。又孫堅死，葬於曲阿，後謂之高陵。孫權太元元年'大風，高陵松柏斯拔，郡城南門飛落'，此亦足見當時郡治實在曲阿。"

〔四五〕《御覽》引"堅"下有"舊"字。

〔四六〕《册府》卷一百八十三引"言"字作"意"。

〔四七〕《御覽》引無"口"字。

〔四八〕《御覽》引"財"字作"纔"。

〔四九〕紹興本"鄉"下無"策"字。

〔五〇〕紹興本"海"字作"梅",與《通鑑》合。

〔五一〕《御覽》引"城"下無"郭"字。

〔五二〕盧弼曰:"《御覽》'斫'作'削'。"

謹案:《官本考證》曰:"'白刃'《太平御覽》作'白削'。"考此見《御覽》卷三百五十二。盧君謂"斫"作"削"實誤。《尚書·顧命》正義引《吳錄》:"吳人嚴白虎聚衆反,遣弟興治孫策(《校勘記》:宋板、閩本同,毛本'治'作'詣','治'字誤)。策引白削斫虎(《校勘記》:宋板閩本同,毛本'虎'誤作'席'。'席'字形近之訛也。案:'虎'字誤,當作'席',毛本是也)。興體動,曰:我見刃爲然。"然白刃爲白削,是削爲刀之別名明矣。《周禮·考工記·築氏》云:"築氏爲削,合六而成規。"鄭注:"曲刃刀也。"又云:"長尺博寸,合六而成規。"注:"今之書刀。"

〔五三〕紹興本"齊"字作"徐",是。《魏志·陶謙傳》:"初平四年,太祖征謙,攻拔十餘城,至彭城大戰。謙兵敗走,死者萬數,泗水爲之不流。"故毒東徐指此。時謙爲徐州牧也。

〔五四〕毛本及《通鑑》"與"字作"興",誤。紹興本、馮本作"與"。《詩·邶風·旄丘》"必有與也"正義:"與者,從彼於我之稱。"

〔五五〕《官本考證》曰:"宋本'王輔'作'王誧'。"考《册府》卷六百六十二引作"誧",《通鑑考異》卷三引同。

〔五六〕盧弼曰:"'遂'疑作'逞'。"

謹案:《廣雅·釋詁一》:"遂,行也。""遂"字自通,似不必改作"逞"也。

〔五七〕毛本、《季漢書》"乃"字作"及"。盧弼曰:"'及'疑作'乃'。"

謹案：官本"及"正作"乃"。

〔五八〕紹興本、毛本"襲圖"二字乙，應據正。

〔五九〕盧弼曰："郝書'細'作'紐'。沈家本曰：'細賊二字疑有誤。'"

謹案：紹興本"細"字作"紐"。《説文・金部》："鈕，印鼻也。"字或作"紐"。《淮南子・説林篇》："龜紐之璽。""紐""細"形近而誤。"三十餘紐"猶言三十餘方印也。"賊"字疑衍。

〔六〇〕《册府》卷一百八十三引"持"字作"特"。

〔六一〕紹興本"寵顧"作"顧寵"，是，應據乙。

〔六二〕紹興本、毛本"罰"作"伐"，《册府》引同，《季漢書》亦作"伐"。

〔六三〕紹興本"授"作"受"，《册府》引同。

〔六四〕《通鑑考異》引"及"下有"胡沖"二字，是，疑此脱。

〔六五〕錢儀吉曰："何云：'以二爲三，並傳寫之誤。'"

謹案：作"二年"乃與表所云"十七"相應，作"三"字者誤也。

〔六六〕《册府》引"往"字作"住"。

〔六七〕紹興本"表"字作"上"。

〔六八〕《孫權傳》"業"字作"義"。

〔六九〕毛本"焱"字作"猋"。盧弼曰："宋本、馮本'猋'作'焱'。"

謹案："猋"，《説文》："犬走貌。""焱，火華也。""焱""火"聯文，作"焱"字是。

〔七〇〕《御覽》卷三百九十六引"溺"下有"死"字，無"者"字，"一"作"二"。《册府》卷一百八十二引"一"亦作"二"。

〔七一〕盧弼曰："策是時亦未有江夏郡全部。"

謹案：《文選》阮元瑜《爲曹公作書與孫權》李注引《吳志》"夏"字作"東"，今官本亦作"東"，作"東"字是。盧君未審"夏"係誤字，從而爲之説，未得。

〔七二〕毛本"章"字作"彰"。

〔七三〕《御覽》卷一百一十八、《文選》陸士衡《辨亡論》、又張士然《爲吳令謝詢求爲諸孫置守冢人表》李注"欲"字俱作"謀"。

〔七四〕郝書"之"字作"策"。

〔七五〕郝書"若"下無"每"字。

〔七六〕郝書作"如遂辯義"。

〔七七〕郝書"或"字作"輒"。

〔七八〕紹興本"交"字作"友"。郝書作"其親友及州人"。

〔七九〕郝書"友士"作"甄英"。

〔八〇〕郝書此句下有"欲害憲"三字，似應補，方與下文相應。

〔八一〕郝書作"義當必往"。

〔八二〕《册府》卷九百四十六引"事"上有"則"字。

〔八三〕郝書"才"上有"岱"字。

〔八四〕盧弼曰："或校改作'若及船於江上'。"

謹案：錢儀吉曰："'於'字删。"郝書無"江"字，疑此"若及"逗，"於船上便殺之"句。或校疑非。船自於江上行，"及船於江上"反不詞矣。

〔八五〕郝書"過"下有"江"字。

〔八六〕盧弼曰："胡三省曰：'項安世《家説》：頭巾，一名幁，音鴞，一名帕。'陸游曰：袙頭者，巾幘之類，猶今言幞頭。

韓文公云'以紅帕首',已爲失之。東坡云'絳帕蒙頭讀道書',增一'蒙'字,其誤尤甚。"

謹案:《後漢書·向栩傳》:"少爲書生,性卓詭不倫,恒讀《老子》,狀如學道。又似狂生,好被髮,著絳綃頭。"鄭玄《儀禮·士喪禮》"主人髺髮袒"注引《喪服小記》曰:"如今著幓頭,自項中而前,交額上,却繞髻也。"《釋名·釋首飾》:"綃頭,綃,鈔也,鈔髮使上從也。或謂之陌頭,言從後橫陌而前也。"

〔八七〕《御覽》引無"殺"字,有"刺傷"二字。

〔八八〕《册府》卷一百八十三引"世"字作"後"。

〔八九〕《御覽》卷三百六十七引作"策出獵",無"日"字。

〔九〇〕盧弼曰:"《通鑑》'請'作'召'。案:'請'字是。"

謹案:《御覽》卷一百一十八引作"謂張昭等曰"。"請"字作"謂","等"下無"謂"字。

〔九一〕紹興本"推"作"椎"。《御覽》卷七百一十七、卷七百四十二引"奮"字作"呼"。

〔九二〕紹興本"須臾"作"其夜"。《御覽》卷七百四十二引亦作"其夜"。

〔九三〕《書鈔》卷一百三十六引"深"字作"殊"。

〔九四〕《書鈔》、《御覽》卷七百一十七引"撲"俱作"掊"。

〔九五〕《書鈔》《御覽》引俱無"崩"字。

〔九六〕紹興本"縱"字作"從"。

三國志校箋卷四十七

吴志卷二〔一〕

孫權〔二〕

孫權字仲謀。兄策既定諸郡，時權年十五，以爲陽羨長。《江表傳》曰：堅爲下邳丞時，權生，方頤大口，目有精光，堅異之，以爲有貴象〔三〕。及堅亡，策起事江東，權常隨從。性度弘朗，仁而多斷，好俠養士，始有知名〔四〕，侔於父兄矣。每參同計謀〔五〕，策甚奇之，自以爲不及也。每請會賓客，常顧權曰："此諸君，汝之將也〔六〕。"郡察孝廉，州舉茂才，行奉義校尉。漢以策遠修職貢〔七〕，遣使者劉琬加錫命。琬語人曰："吾觀孫氏兄弟雖各才秀明達，然皆禄祚不終，惟中弟孝廉，形貌奇偉，骨體不恒，有大貴之表，年又最壽，爾試識之。"

建安四年，從策征廬江太守劉勳。勳破，進討黃祖於沙羨。

五年,策薨,以事授權,權哭未及息。策長史張昭謂權曰:"孝廉,此寧哭時邪?且周公立法而伯禽不師,非欲違父,時不得行也。臣松之按:《禮記·曾子問》子夏曰:"三年之喪,金革之事,無避也者,禮與?初有司與?"孔子曰:"吾聞諸老聃曰,昔者魯公伯禽有爲爲之也。"鄭玄注曰:"周人卒哭而致事。時有徐戎作難,伯禽卒哭而征之,急王事也。"昭所云"伯禽不師",蓋謂此也。況今姦宄競逐,豺狼滿道,乃欲哀親戚,顧禮制,是猶開門而揖盜,未可以爲仁也。"乃改易權服,扶令上馬,使出巡軍〔八〕。是時惟有會稽、吴郡、丹陽、豫章、廬陵,然深險之地猶未盡從,而天下英豪在州郡〔九〕,賓旅寄寓之士,以安危去就爲意,未有君臣之固。張昭、周瑜等謂權可與共成大業,故委心而服事焉。曹公表權爲討虜將軍,領會稽太守,屯吴,使丞之郡行文書事。待張昭以師傅之禮,而周瑜、程普、吕範等爲將率。招延俊秀,聘求名士,魯肅、諸葛瑾等始爲賓客。分部諸將,鎮撫山越,討不從命。《江表傳》曰:初策表用李術爲廬江太守,策亡之後,術不肯事權,而多納其亡叛。權移書求索,術報曰:"有德見歸,無德見叛,不應復還。"權大怒,乃以狀白曹公曰:"嚴刺史昔爲公所用,又是州舉將,而李術凶惡,輕犯漢制,殘害州司,肆其無道,宜速誅滅,以懲醜類。今欲討之,進爲國朝埽除鯨鯢,退爲舉將報塞怨讐,此天下達義,夙夜所甘心。術必懼誅,復詭説求救。明公所居阿衡之任,海内所瞻,願勒執事,勿復聽受。"是歲舉兵攻術於皖城。術閉門自守,求救於曹公。曹公不救。糧食乏盡,婦女或丸泥而吞之〔一〇〕。

遂屠其城,梟術首,徙其部曲三萬餘人〔一一〕。

七年,權母吳氏薨。

八年,權西伐黃祖,破其舟軍,惟城未克,而山寇復動。還過豫章,使呂範平鄱陽、會稽,程普討樂安,太史慈領海昏,韓當、周泰、呂蒙等爲劇縣令長。

九年,權弟丹陽太守翊爲左右所害,以從兄瑜代翊。《吳録》曰:是時權大會官寮,沈友有所是非,令人扶出,謂曰:"人言卿欲反。"友知不得脱,乃曰:"主上在許,有無君之心者,可謂非反乎?"遂殺之。友字子正,吳郡人。年十一〔一二〕,華歆行風俗,見而異之,因呼曰:"沈郎可登車語乎?"友逡巡却曰:"君子講好,會宴以禮。今仁義陵遲,聖道漸壞,先生銜命,將以裨補先王之教,整齊風俗,而輕脱威儀,猶負薪救火,無乃更崇其熾乎!"歆憩曰:"自桓靈以來,雖多英彦,未有幼童若此者。"弱冠博學,多所貫綜,善屬文辭。兼好武事,注《孫子兵法》。又辯於口,每所至,衆人皆默然,莫與爲對,咸言其筆之妙,舌之妙,刀之妙,三者皆過絶於人。權以禮聘,既至,論王霸之略,當時之務,權斂容敬焉。陳荆州宜并之計,納之。正色立朝,清議峻厲,爲庸臣所譖,誣以謀反。權亦以終不爲己用,故害之,時年二十九。

十年,權使賀齊討上饒,分爲建平縣。

十二年,西征黃祖,虜其人民而還。

十三年春,權復征黃祖,祖先遣舟兵拒軍,都尉呂蒙破其前鋒,而凌統、董襲等盡鋭攻之,遂屠其城。祖挺身亡走,騎士馮則追梟其首,虜其男女數萬口。是歲,使賀齊討黟、歙,黟音伊。歙音攝。分歙爲始新、新定、

《吴録》曰：晉改新定爲遂安。犁陽、休陽縣〔一三〕，《吴録》曰：晉改休陽爲海寧。以六縣爲新都郡。荆州牧劉表死，魯肅乞奉命弔表二子，且以觀變。肅未到而曹公已臨其境，表子琮舉衆以降。劉備欲南濟江，肅與相見，因傳權旨，爲陳成敗。備進住夏口，使諸葛亮詣權。權遣周瑜、程普等行。是時曹公新得表衆，形勢甚盛，諸議者皆望風畏懼，多勸權迎之。《江表傳》載曹公與權書曰："近者奉辭伐罪，旌麾南指〔一四〕，劉琮束手〔一五〕。今治水軍八十萬衆，方與將軍會獵於吴。"權得書以示羣臣，莫不嚮震失色〔一六〕。惟瑜、肅執拒之議〔一七〕，意與權同。瑜、普爲左右督〔一八〕，各領萬人，與備俱進，遇於赤壁，大破曹公軍。公燒其餘船引退，士卒饑疫，死者大半。備、瑜等復追至南郡，曹公遂北還，留曹仁、徐晃於江陵，使樂進守襄陽。時甘寧在江陵〔一九〕，爲仁黨所圍，用吕蒙計，留淩統以拒仁，以其半救寧〔二〇〕，軍以勝反。權自率衆圍合肥，使張昭攻九江之當塗。昭兵不利，權攻城踰月不能下。曹公自荆州還，遣張喜將騎赴合肥。未至，權退。

十四年，瑜、仁相守歲餘，所殺傷甚衆。仁委城走。權以瑜爲南郡太守。劉備表權行車騎將軍，領徐州牧。備領荆州牧，屯公安。

十五年，分豫章爲鄱陽郡，分長沙爲漢昌郡〔二一〕，以魯肅爲太守，屯陸口。

十六年，權徙治秣陵。明年，城石頭，改秣陵爲建業。聞曹公將來侵，作濡須塢。

十八年正月，曹公攻濡須，權與相拒月餘。曹公望權軍，歎其齊肅，乃退。《吳曆》曰：曹公出濡須[二二]，作油船，夜渡洲上。權以水軍圍取[二三]，得三千餘人，其没溺者亦數千人。權數挑戰，公堅守不出。權乃自來，乘輕船從濡須口入公軍[二四]。諸將皆以爲是挑戰者，欲擊之。公曰："此必孫權欲身見吾軍部伍也[二五]。"勅軍中皆精嚴，弓弩不得妄發。權行五六里，迴還作鼓吹。公見舟船器仗[二六]，軍伍整肅[二七]，喟然歎曰："生子當如孫仲謀[二八]，劉景升兒子若豚犬耳[二九]！"權爲牋與曹公，説："春水方生，公宜速去。"别紙言："足下不死，孤不得安。"曹公語諸將曰："孫權不欺孤。"乃徹軍還。《魏略》曰[三〇]：權乘大船來觀軍[三一]，公使弓弩亂發[三二]，箭著其船，船偏重將覆，權因迴船，復以一面受箭，箭均船平，乃還。初，曹公恐江濱郡縣爲權所略，徵令内移。民轉相驚，自廬江、九江、蘄春、廣陵户十餘萬皆東渡江，江西遂虚，合肥以南惟有皖城。

十九年五月，權征皖城。閏月，克之，獲廬江太守朱光及參軍董和男女數萬口。是歲劉備定蜀。權以備已得益州，令諸葛瑾從求荆州諸郡。備不許，曰："吾方圖涼州，涼州定，乃盡以荆州與吳耳。"權曰："此假而不反，而欲以虚辭引歲。"遂置南三郡長吏，關羽盡逐之。權大怒，乃遣吕蒙督鮮于丹、徐忠、孫規等兵二萬取長沙、零陵、桂陽三郡，使魯肅以萬人屯巴丘，巴丘今日巴陵。以禦關羽。權住陸口，爲諸軍節度。蒙到，二郡皆服，惟零陵太守郝普未下。會備到公安，使關羽將三萬兵至益陽，權乃召蒙等使還助肅。蒙使人誘普，普降，盡得三郡將守，因引軍還，與孫皎、潘璋并魯肅兵並進，拒羽於益陽。未戰，會曹公入漢中，備懼失益州，使使求和。權令諸葛瑾報，更尋盟好。遂分荆州長沙、江夏、桂陽以東屬權，南郡、零陵、武陵以西屬備。備歸，而曹公已還。權反自陸口，遂征合肥。合肥未下，徹軍還。兵皆就路。權與淩統、甘寧等在津北爲魏將張遼所襲，統等以死扞權，權乘駿馬越津橋得去。《獻帝春秋》曰：張遼問吳降人〔三三〕："向有紫髯將軍，長上短下，便馬善射，是誰？"降人答曰："是孫會稽。"遼及樂進相遇，言不早知之，急追自得，舉軍歎恨。《江表傳》曰：權乘駿馬上津橋，橋南已見徹，丈餘無版。谷利在馬後，使權持鞍緩控〔三四〕，利於後著鞭，以助馬勢，遂得超度。權既得免，即拜利都亭侯。谷利者，本左右給使也，以謹直爲親近監，性忠果亮烈，言不苟且，權愛信之。

二十一年冬，曹公次於居巢，遂攻濡須。

二十二年春，權令都尉徐詳詣曹公請降，公報使修好，誓重結婚。

二十三年十月，權將如吳，親乘馬射虎於庱亭。庱音攄陵反〔三五〕。馬爲虎所傷，權投以雙戟，虎卻廢，常從張世擊以戈，獲之。

二十四年，關羽圍曹仁於襄陽，曹公遣左將軍于禁救之。會漢水暴起，羽以舟兵盡虜禁等步騎三萬送江陵，惟城未拔。權內憚羽，外欲以爲己功，牋與曹公，乞以討羽自效〔三六〕。曹公且欲使羽與權相持以鬬之，驛傳權書，使曹仁以弩射示羽。羽猶豫不能去。閏月，權征羽，先遣呂蒙襲公安，獲將軍士仁。蒙到南郡，南郡太守麋芳以城降。蒙據江陵，撫其老弱，釋于禁之囚。陸遜別取宜都，獲秭歸、枝江、夷道，還屯夷陵，守峽口以備蜀。關羽還當陽，西保麥城。權使誘之。羽僞降，立幡旗爲象人於城上，因遁走，兵皆解散，尚十餘騎。權先使朱然、潘璋斷其徑路。十二月，璋司馬馬忠獲羽及其子平、都督趙累等於章鄉，遂定荆州。是歲大疫，盡除荆州民租稅。曹公表權爲驃騎將軍，假節領荆州牧，封南昌侯。權遣校尉梁寓奉貢於漢，及令王惇市馬，又遣朱光等歸。《魏略》曰：梁寓字孔儒，吳人也。權遣寓觀望曹公，曹公因以爲掾，尋遣南還〔三七〕。

二十五年春正月，曹公薨，太子丕代爲丞相、魏王，改年爲延康。秋，魏將梅敷使張儉求見撫納。南陽陰、酇、筑陽、筑音逐。山都、中廬五縣民五千家來附〔三八〕。冬，魏嗣王稱尊號，改元爲黄初。二年四月，劉備稱帝於蜀。《魏啓》曰〔三九〕：權聞魏文帝受禪而劉備稱帝，乃呼問知星者，己分野中星氣何如，遂有僭意。而以位次尚少，無以威衆，又欲先卑而後踞之，爲卑則可以假寵，後踞則必致討，致討然後可以怒衆，衆怒然後可以自大，故深絶蜀而專事魏。權自公安都鄂，改名武昌，以武昌、下雉、尋陽、陽新、柴桑、沙羨六縣爲武昌郡。五月，建業言甘露降。八月，城武昌，下令諸將曰："夫存不忘亡，安必慮危，古之善教。昔雋不疑漢之名臣，於安平之世而刀劒不離於身，蓋君子之於武備，不可以已。況今處身疆畔，豺狼交接，而可輕忽不思變難哉〔四〇〕？頃聞諸將出入，各尚謙約，不從人兵，甚非備慮愛身之謂〔四一〕。夫保己遺名，以安君親，孰與危辱？宜深警戒，務崇其大，副孤意焉。"自魏文帝踐阼，權使命稱藩，及遣于禁等還。十一月，策命權曰："蓋聖王之法，以德設爵，以功制祿；勞大者祿厚，德盛者禮豐。故叔旦有夾輔之勳，太公有鷹揚之功，並啓土宇，并受備物，所以表章元功，殊異賢哲也。近漢高祖受命之初，分裂膏腴以王八姓，斯則前世之懿事，後王之元龜也。朕以不德，承運革命，君臨萬國，秉統天機，思齊先代，坐而待旦。惟君天資忠亮，命世作佐，深覩曆數，達見廢興，遠遣行人，浮于潛漢。《禹貢》曰：沱、潛既道。注曰："水自江出爲沱，漢爲潛。"望風影附，抗疏稱藩，兼納纖絺南方之貢，普遣諸將來還本朝，忠肅內發，款誠外昭，信著金石，義蓋山河，朕甚嘉焉。今封君爲吳王，使使持節太常高平侯貞授君璽綬策書、金虎符第一至第五、左竹使符第一至第十，以大將軍使持節督交州領荊州牧事，錫君青土，苴以白茅，對揚朕命，以尹東夏。其上故驃騎將軍南昌侯印綬符策。今又加君九錫，其敬聽後命。以君綏安東南，綱紀江外，民夷安業，無或攜貳，是用錫君大輅、戎輅各一，玄牡二駟。君務財勸農，倉庫盈積，是用錫君袞冕之服，赤舄副焉。君化民以德，禮教興行，是用錫君軒縣之樂。君宣導休風，懷柔百越，是用錫君朱戶以居。君運其才謀，官方任賢，是用錫君納陛以登。君忠勇並奮，清除姦慝，是用錫君虎賁之士百人。君振威陵邁，宣力荊南，梟滅凶醜，罪人斯得，是用錫君鈇鉞各一。君文和於內，武信於外，是用錫君彤弓一、彤矢百、玈弓十、玈矢千。君以忠肅爲基，恭勤爲德，是用錫君秬鬯一卣，圭瓚副焉。欽哉！敬敷訓典，以服朕命，以勗相我國家〔四二〕，永終爾顯烈。"
《江表傳》曰：權羣臣議，以爲宜稱上將軍九州伯，不應受魏封。權曰："九州伯，於古未聞也。昔沛公亦受項羽拜爲漢王〔四三〕，此蓋時宜耳，復何損邪？"遂受之。孫盛曰："昔伯夷、叔齊不屈有周，魯仲連不爲秦民。夫以匹夫之志，猶義不辱，況列國之君，三分天下，而可二三其節，或臣或否乎？余觀吳、蜀，咸稱奉漢，至於漢代，莫能固秉臣節，君子是以知其不能克昌厥後，卒見吞於大國也。向使權從羣臣之議，終身稱漢將，豈不義悲六合，仁感百世哉！"是歲，劉備帥軍來伐，至巫山、秭歸，使使誘導武陵蠻夷，假與印傳，許之封賞。於是諸縣及五谿民皆反爲蜀。權以陸遜爲督，督朱然、潘璋等以拒之。遣都尉趙咨使魏〔四四〕。魏帝問曰："吳王何等主也？"咨對曰："聰明仁智雄略之主也。"帝問其狀，咨曰："納魯肅於凡品，是其聰也；拔呂蒙於行陣，是其明也〔四五〕；獲于禁而不害，是其仁也；取荊州而兵不血刃〔四六〕，是其智也；據三州虎視於天下〔四七〕，是其雄也；屈身於陛下，是其略也。"《吳書》〔四八〕：咨字德度，南陽人，博聞多識，應對辯捷，權爲吳王，擢中大夫，使魏〔四九〕。魏文帝善之，嘲咨曰："吳王頗知學乎？"咨曰："吳王浮江萬艘，帶甲百萬，任賢使能，志存經略〔五〇〕，雖有餘閒，博覽書傳歷史，籍採奇異〔五一〕，不效書生尋章摘句而已〔五二〕。"帝曰:"吳可征不?"咨對曰:"大國有征伐之兵,小國有備禦之固。"又曰:"吳難魏不?"咨曰:"帶甲百萬,江漢爲池,何難之有?"又曰:"吳如大夫者幾人?"咨曰:"聰明特達者八九十人,如臣之比,車載斗量不可勝數。"咨頻載使北,人敬異〔五三〕。權聞而嘉之,拜騎都尉。咨言曰:"觀北方終不能守盟〔五四〕,今日之計,朝廷承漢四百之際〔五五〕,應東南之運,宜改年號,正服色,以應天順民。"權納之。帝欲封權子登,權以登年幼,上書辭封,重遣西曹掾沈珩陳謝并獻方物。《吳書》曰:珩字仲山,吳郡人,少總經藝〔五六〕,尤善《春秋》內、外傳。權以珩有智謀,能專對,乃使至魏。魏文帝問曰:"吳嫌魏東向乎?"珩曰:"不嫌〔五七〕。"曰:"何以〔五八〕?"曰:"信恃舊盟,言歸於好,是以不嫌。若魏渝盟,自有豫備。"又問:"聞太子當來,寧然乎?"珩曰:"臣在東朝,朝不坐,宴不與,若此之議,無所聞也。"文帝善之,乃引珩自近,談語終日。珩隨事響應,無所屈服。珩還言曰:"臣密參侍中劉曄,數爲賊設姦計,終不久愨。臣聞兵家舊論,不恃敵之不我犯,恃我之不可犯,今爲朝廷慮之〔五九〕。且當省息他役,惟務農桑,以廣軍資;修繕舟車,增作戰具,令皆兼盈;撫養兵民,使各得其所;覽延英俊〔六〇〕,獎勵將士〔六一〕,則天下可圖矣。"以奉使有稱,封永安鄉侯,官至少府。立登爲王太子。《江表傳》曰:是歲魏文帝遣使求雀頭香、大貝、明珠、象牙、犀角、瑇瑁、孔雀、翡翠、鬬鴨、長鳴雞〔六二〕。羣臣奏曰:"荊、揚二州,貢有常典,魏所求珍玩之物,非禮也,宜勿與。"權曰:"昔惠施尊齊爲王,客難之曰:'公之學去尊,今王齊,何其倒也?'惠子曰:'有人於此,欲擊其愛子之頭,而石可以代之,子頭所重而石所輕也,以輕代重,何爲不可乎〔六三〕?'方有事於西北,江表元元,恃主爲命,非我愛子邪?彼所求者,於我瓦石耳,孤何惜焉?彼在諒闇之中〔六四〕,而所求若此,寧可與言禮哉!」皆具以與之〔六五〕。

黃武元年春正月,陸遜部將軍宋謙等攻蜀五屯〔六六〕,皆破之,斬其將。三月,鄱陽言黃龍見。蜀軍分據險地,前後五十餘營,遜隨輕重以兵應拒,自正月至閏月〔六七〕,大破之,臨陣所斬及投兵降首數萬人。劉備奔走,僅以身免。《吳曆》曰:權以使聘魏,具上破備獲印綬及首級、所得土地,并表將吏功勤,宜加爵賞之意〔六八〕。文帝報使,致鼲子裘、明光鎧、騑馬,又以素書所作《典論》及詩賦與權。《魏書》載詔答曰〔六九〕:「老虜邊窟,越險深入,曠日持久,内迫罷弊,外困智力,故見身於難頭,分兵擬西陵,其計不過謂可轉是前迹〔七〇〕,以搖動江東。根未著地,摧折其支,雖未刳備五藏,使身首分離,其所降誅,亦足使虜部衆兇懼。昔吳漢先燒荊門,後發夷陵,而子陽無所逃其死;來歙始襲略陽,文叔喜之,而知隗囂無所施其巧。今討此虜,正似其事,將軍勉建方略,務全獨克。」

初,權外託事魏,而誠心不款。魏欲遣侍中辛毗、尚書桓階往與盟誓,并徵任子,權辭讓不受。秋九月,魏乃命曹休、張遼、臧霸出洞口,曹仁出濡須,曹真、夏侯尚、張郃、徐晃圍南郡。權遣呂範等督五軍以舟軍拒休等,諸葛瑾、潘璋、楊粲救南郡,朱桓以濡須督拒仁。時揚、越蠻夷多未平集,内難未弭,故權卑辭上書求自改厲,「若罪在難除,必不見置,當奉還土地民人,乞寄命交州,以終餘年」。文帝報曰:「君生於擾攘之際,本有從橫之志，降身奉國，以享茲祚。自君策名已來，貢獻盈路。討備之功，國朝仰成。埋而掘之，古人之所恥。《國語》曰：狸埋之，狸掘之，是以無成功。朕之與君，大義已定，豈樂勞師遠臨江漢？廊廟之議，王者所不得專；三公上君過失，皆有本末。朕以不明，雖有曾母投杼之疑，猶冀言者不信，以爲國福。故先遣使者犒勞，又遣尚書、侍中踐修前言，以定任子。君遂設辭，不欲使進，議者怪之。《魏略》載魏三公奏曰："臣聞枝大者披心，尾大者不掉，有國有家之所慎也。昔漢承秦弊，天下新定，大國之王，臣節未盡，以蕭、張之謀不備錄之，至使六王前後反叛，已而伐之，戎車不輟。又文、景守成，忘戰戢役，驕縱吳、楚，養虺成蛇，既爲社稷大憂，蓋前事之不忘，後事之師也。吳王孫權，幼豎小子〔七一〕，無尺寸之功，遭遇兵亂，因父兄之緒，少蒙翼卵昫伏之恩〔七二〕，長含鴟梟反逆之性，背棄天地〔七三〕，罪惡積大。復與關羽更相覘伺，逐利見便，挾爲卑辭。先帝知權姦以求用，時以于禁敗於水災，等當討羽〔七四〕，因以委權。先帝委裘下席，權不盡心，誠在惻怛〔七五〕，欲因大喪，寡弱王室，希託董桃傳先帝令，乘未得報許，擅取襄陽，及見驅逐，乃更折節。邪辟之態，巧言如流，雖重驛累使，發遣禁等，內包隈嵒顧望之姦，外欲緩誅，支仰蜀賊。聖朝含弘，既加不忍，優而赦之，與之更始，猥乃割地王之，使南面稱孤，兼官累位，禮備九命，名馬百駟，以成其勢，光寵顯赫，古今無二。權爲犬羊之姿，橫被虎豹之文，不思靖力致死之節〔七六〕，以報無量不世之恩。臣每見所下權前後章表，又以愚意採察權旨〔七七〕，自以阻帶江湖，負固不服，狃挾累世〔七八〕，詐僞成功，上有尉佗、英布之計，下誦伍被屈彊之辭,終非不侵不叛之臣。以爲鼂錯不發削弱王侯之謀[七九],則七國同衡禍久而大;蒯通不決襲歷下之策,則田橫自慮罪深變重。臣謹考之《周禮》九伐之法,平權凶惡,逆節萌生[八〇],見罪十五。昔九黎亂德,黃帝加誅;項羽罪十,漢祖不捨。權所犯罪釁明白,非仁恩所養,宇宙所容。臣請免權官,鴻臚削爵土,捕治罪。敢有不從,移兵進討,以明國典好惡之常,以靜三州元元之苦。"其十五條,文多不載。又前都尉浩周勸君遣子,乃實朝臣交謀,以此卜君,君果有辭,外引隗囂遣子不終,內喻竇融守忠而已。世殊時異,人各有心。浩周之還,口陳指麾,益令議者發明衆嫌終始之本,無所據杖,故遂俛仰從羣臣議。今省上事,款誠深至,心用慨然,悽愴動容。即日下詔,勅諸軍但深溝高壘,不得妄進。若君必效忠節,以解疑議,登身朝到,夕召兵還。此言之誠,有如大江!"《魏略》曰:浩周字孔異,上黨人。建安中仕爲蕭令,至徐州刺史。後領護于禁軍,軍沒,爲關羽所得。權襲羽,并得周,甚禮之。及文帝即王位,權乃遣周爲牋魏王曰[八一]:"昔討關羽,獲于將軍,即白先王,當發遣之。此乃奉款之心,不言而發。先王未深留意,而謂權中間復有異圖,愚情悽悽,用未果決。遂值先王委離國祚,殿下承統,下情始通。公私契闊,未獲備舉,是令本誓未即昭顯[八二]。梁㝢傳命,委曲周至,深知殿下以爲意望。權之赤心,不敢有他,願垂明恕,保權所執。謹遣浩周、東里袞,至情至實,皆周等所具。"又曰:"權本性空薄,文武不昭,昔承父兄成軍之緒,得爲先王所見獎飾,遂因國恩,撫綏東土。而中間寡慮,庶事不明,畏威忘德,以取重戾。先王恩仁,不忍遐棄,既釋其宿罪,且開明信。雖致命虜廷,梟獲關羽,功效淺薄,未報萬一。事業未究,先王即世。殿下踐阼〔八三〕,威仁流邁,私懼情願未蒙昭察〔八四〕。梁寓來到,具知殿下不遂疏遠,必欲撫錄,追本先緒。權之得此,欣然踊躍,心開目明,不勝其慶。權世受寵遇,分義深篤,今日之事,永執一心,惟察悾悾,重垂含覆。"又曰:"先王以權推誠已驗,軍當引還,故除合肥之守,著南北之信,今權長驅不復後顧。近得守將周泰、全琮等白事,過月六日,有馬步七百,徑到橫江,又篤將馬和復將四百人進到居巢〔八五〕,琮等聞有兵馬渡江,視之,爲兵馬所擊,臨時交鋒,大相殺傷。卒得此問,情用恐懼。權實在遠,不豫聞知,約勒無素,敢謝其罪。又聞張征東、朱橫海今復還合肥,先王盟要,由來未久,且權自度未獲罪釁,不審今者何以發起〔八六〕,牽軍遠次〔八七〕?事業未訖,甫當爲國討除賊備,重聞斯問,深使失圖。凡遠人所恃,在於明信,願殿下克卒前分,開示坦然,使權誓命得卒本規。凡所願言,周等所當傳也。"初,東里袞爲于禁軍司馬,前與周俱没,又俱還到,有詔皆見之。帝問周等,周以爲權必臣服,而東里袞謂其不可必服。帝悦周言,以爲有以知之。是歲冬,魏王受漢禪,遣使以權爲吳王,詔使周與使者俱往。周既致詔命,時與權私宴,謂權曰:"陛下未信王遣子入侍也,周以闔門百口明之。"權因字謂周曰:"浩孔異〔八八〕,卿乃以舉家百口保我,我當何言邪?"遂流涕沾襟。及與周別,又指天爲誓。周還之後,權不遣子而設辭,帝乃久留其使。到八月權上書謝,又與周書曰:"自道路開通,不忘修意。既新奉國命加知起居,假歸河北,故使情問不獲果至。望想之勞,曷云其已。孤以空闊,分信不昭,中間招罪,以取棄絕,幸蒙國恩,復見赦宥,喜乎與君克卒本圖〔八九〕。傳不云乎,雖不能始,善終可也。"又曰:"昔君之來,欲令遣子入侍,於時傾心歡以承命,徒以登年幼,欲假年歲之間耳。而赤情未蒙昭信[九〇]，遂見討責，常用懟怖。自頃國恩，復加開導，忘其前愆，取其後效，喜得因此尋竟本誓。前已有表具說遣子之意，想君假還，已知之也。"又曰："今子當入侍，而未有妃耦，昔君念之，以爲可上連綴宗室若夏侯氏，雖中間自棄，常奉戢在心。當垂宿念，爲之先後，使獲攀龍附驥，永自固定。其爲分惠，豈有量哉！如是欲遣孫長緒與小兒俱入，奉行禮聘，成之在君。"又曰："小兒年弱，加教訓不足，念當與別，爲之緬然，父子恩情，豈有已邪！又欲遣張子布追輔護之。孤性無餘，凡所欲爲，今盡宣露。惟恐赤心不先暢達[九一]，是以具爲君說之，宜明所以。"於是詔曰："權前對浩周自陳不敢自遠，樂委質長爲外臣[九二]，又前後辭旨，頭尾擊地，此鼠子自知不能保爾許地也。又今與周書，請以十二月遣子，復欲遣孫長緒、張子布隨子俱來，彼二人皆權股肱心腹也。又欲爲子於京師求婦，此權異心之明效也[九三]。"帝既信權甘言，且謂周爲得其真，而權但華僞[九四]，竟無遣子意。自是之後，帝既彰權罪，周亦見疏遠，終身不用。權遂改年，臨江拒守。冬十一月，大風，範等兵溺死者數千，餘軍還江南[九五]。曹休使臧霸以輕船五百、敢死萬人襲攻徐陵，燒攻城車，殺略數千人。將軍全琮、徐盛追斬魏將尹盧，殺獲數百。十二月，權使太中大夫鄭泉聘劉備於白帝，始復通也。《江表傳》曰：權云："近得玄德書，已深引咎，求復舊好。前所以名西爲蜀者，以漢帝尚存故耳，今漢已廢，自可名爲漢中王也。"《吳書》曰：鄭泉字文淵，陳郡人。博學有奇志，而性嗜酒，其閒居每曰[九六]："願得美酒滿五百斛船，以四時甘脆置兩頭[九七]，反覆沒飲之，憊即住而噉肴膳[九八]。酒有斗升減，隨即益之，不亦快乎！"權以爲郎中。嘗與之言：

"卿好於衆中面諫，或失禮敬，寧畏龍鱗乎[九九]？"對曰："臣聞君明臣直，今值朝廷上下無諱[一〇〇]，實恃洪恩，不畏龍鱗。"後侍讌，權乃怖之[一〇一]，使提出付有司促治罪。泉臨出屢顧，權呼還，笑曰："卿言不畏龍鱗，何以臨出而顧乎[一〇二]？"對曰："實恃恩覆，知無死憂；至當出閤，感惟威靈，不能不顧耳。"使蜀，劉備問曰："吳王何以不答吾書，得無以吾正名不宜乎[一〇三]？"泉曰："曹操父子陵轢漢室，終奪其位。殿下既爲宗室[一〇四]，有維城之責，不荷戈執殳爲海內率先，而於是自名[一〇五]，未合天下之議，是以寡君未復書耳。"備甚慙恧。泉臨卒，謂同類曰[一〇六]："必葬我陶家之側[一〇七]，庶百歲之後化而成土，幸見取爲酒壺，實獲我心矣。"然猶與魏文帝相往來，至後年乃絶。是歲改夷陵爲西陵。

二年春正月，曹真分軍據江陵中州。是月，城江夏山。改四分，用乾象曆。《江表傳》曰：權推五德之運，以爲土行用未祀辰臘[一〇八]。《志林》曰：土行以辰臘，得其數矣。土盛於戌[一〇九]，而以未祀，其義非也。土生於未，故未爲坤初。是以《月令》建未之月，祖黃精於郊[一一〇]，祖用其盛。今祖用其始，豈應運乎？三月，曹仁遺將軍常雕等，以兵五千乘油船晨渡濡須中州[一一一]。仁子泰因引軍急攻朱桓，桓兵拒之，遣將軍嚴圭等擊破雕等。是月，魏軍皆退。夏四月，權羣臣勸即尊號，權不許。《江表傳》曰：權辭讓曰："漢家堙替，不能存救，亦何心而競乎？"羣臣稱天命符瑞，固重以請。權未之許，而謂將相曰："往年孤以玄德方向西鄙，故先命陸遜選衆以待之。聞北部分[一一二]，欲以助孤，孤內嫌其有挾，若不受其拜，是相折辱而趣其速發，便當與西俱至，二處受敵，於孤爲劇〔一三〕，故自抑按，就其封王。低屈之趣，諸君似未之盡，今故以此相解耳。"劉備薨於白帝。《吳書》曰：權遣立信都尉馮熙聘於蜀，弔備喪也。熙字子柔，潁川人，馮異之後也。權之爲車騎，熙歷東曹掾，使蜀還，爲中大夫。後使於魏，文帝問曰："吳王若欲修宿好，宜當屬兵江關，縣旍巴蜀，而聞復遣修好，必有變故。"熙曰："臣聞西使直報問，且以觀釁，非有謀也。"又曰："聞吳國比年災旱，人物彫損，以大夫之明，觀之何如？"熙對曰："吳王體量聰明，善於任使，賦政施役，每事必咨，敬養賓旅，親賢愛士，賞不擇怨仇，而罰必加有罪，臣下皆感恩懷德，惟忠與義。帶甲百萬，穀帛如山，稻田沃野，民無饑歲，所謂金城湯池，彊富之國也。以臣觀之，輕重之分，未可量也。"帝不悅，以陳羣與熙同郡，使羣誘之，啗以重利。熙不爲迴。送至摩陂，欲困苦之。後又召還，未至，熙懼見迫不從，必危身辱命，乃引刀自刺〔一四〕。御者覺之，不得死〔一五〕。權聞之，垂涕曰："此與蘇武何異？"竟死於魏。五月，曲阿言甘露降。先是，戲口守將晉宗殺將王直〔一六〕，以衆叛如魏，魏以爲蘄春太守，數犯邊境。六月，權令將軍賀齊督糜芳、劉邵等襲蘄春，邵等生虜宗。十一月〔一七〕，蜀使中郎將鄧芝來聘。《吳曆》曰：蜀致馬二百匹，錦千端及方物。自是之後，聘使往來以爲常。吳亦致方土所出，以答其厚意焉。

三年夏，遣輔義中郎將張溫聘於蜀。秋八月，赦死罪。九月，魏文帝出廣陵，望大江，曰"彼有人焉，未可圖也"，乃還。干寶《晉紀》曰：魏文帝之在廣陵，吳大駭〔一八〕，乃臨江爲疑城，自石頭至於江乘，車以木櫃，衣以葦席，加采飾焉，一夕而成。魏人自江西望，甚憚之，遂退軍。權令趙達算之，曰："曹丕走矣！雖然，吳衰庚子歲。"權曰："幾何？"達屈指而計之，曰："五十八年。"權曰："今日之憂，不暇及遠，此子孫事也。"《吳錄》曰：是歲蜀主又遣鄧芝來聘，重結盟好。權謂芝曰："山民作亂，江邊守兵多徹，慮曹丕乘空弄態，而反求和。議者以爲內有不暇，幸來求和，於我有利，宜當與通，以自辨定。恐西州不能明孤赤心，用致嫌疑。孤土地邊外，間隙萬端，而長江巨海，皆當防守。丕觀釁而動，惟不見便，寧得忘此，復有他圖。"

四年夏五月，丞相孫邵卒[一一九]。《吳錄》曰：邵字長緒，北海人，長八尺。爲孔融功曹，融稱曰"廊廟才也"[一二〇]。從劉繇於江東。及權統事，數陳便宜，以爲應納貢聘，權即從之。拜廬江太守，遷車騎長史。黃武初爲丞相，威遠將軍，封陽羨侯。張溫、暨豔奏其事，邵辭位請罪，權釋令復職，年六十三卒。《志林》曰：吳之創基，邵爲首相，史無其傳，竊嘗怪之。嘗問劉聲叔。聲叔，博物君子也，云："推其名位，自應立傳。項峻、吳孚時已有注記，此云與張惠恕不能[一二一]。後章氏作史，蓋惠恕之黨，故不見書。"六月，以太常顧雍爲丞相。《吳書》曰：以尚書令陳化爲太常。化字元耀，汝南人，博覽衆書，氣幹剛毅，長七尺九寸，雅有威容。爲郎中令使魏[一二二]，魏文帝因酒酣，嘲問曰："吳、魏峙立，誰將平一海內者乎？"化對曰："《易》稱帝出乎震，加聞先哲知命[一二三]，舊說紫蓋黃旗，運在東南。"帝曰："昔文王以西伯王天下，豈復在東乎？"化曰："周之初基，太伯在東，是以文王能興於西。"帝笑，無以難，心奇其辭。使畢當還，禮送甚厚。權以化奉命光國，拜犍爲太守，置官屬。頃之，遷太常，兼尚書令。正色立朝，勸子弟廢田業[一二四]，絕治産，仰官廩祿，不與百姓爭利。妻早亡，化以古事爲鑒，乃不復娶。權聞而貴之，以其年壯，勑宗正妻以宗室女，化固辭以疾，權不違其志。年出七十，乃上疏乞骸骨，遂爰居章安〔一二五〕，卒於家。長子熾，字公熙，少有志操，能計算。衛將軍全琮表稱熾任大將軍〔一二六〕，赴召，道卒。皖口言木連理。冬十二月，鄱陽賊彭綺自稱將軍，攻没諸縣，衆數萬人。是歲地連震。《吳錄》曰：是冬魏文帝至廣陵，臨江觀兵，兵有十餘萬，旌旗彌數百里，有渡江之志。權嚴設固守。時大寒冰，舟不得入江。帝見波濤洶涌，歎曰：“嗟乎！固天所以隔南北也！”遂歸。孫韶又遣將高壽等率敢死之士五百人於徑路夜要之，帝大驚，壽等獲副車羽蓋以還。

五年春，令曰：“軍興日久，民離農畔，父子夫婦，不能相卹，孤甚愍之。今北虜縮竄，方外無事，其下州郡，有以寬息。”是時陸遜以所在少穀，表令諸將增廣農畝。權報曰：“甚善。今孤父子親自受田，車中八牛以爲四耦〔一二七〕，雖未及古人，亦欲與衆均等其勞也。”秋七月，權聞魏文帝崩，征江夏，圍石陽，不克而還。蒼梧言鳳皇見。分三郡惡地十縣置東安郡〔一二八〕，《吳錄》曰：郡治富春也。以全琮爲太守，平討山越。冬十月，陸遜陳便宜，勸以施德緩刑，寬賦息調。又云：“忠讜之言，不能極陳，求容小臣，數以利聞。”權報曰：“夫法令之設，欲以遏惡防邪，儆戒未然也，焉得不有刑罰以威小人乎？此爲先令後誅，不欲使有犯者耳。君以爲太重者，孤亦何利其然，但不得已而爲之耳。今承來意，當重諮謀，務從其可。且近臣有盡規之諫，親戚有補察之箴，所以匡君正主,明忠信也。《書》載'予違汝弼,汝無面從',孤豈不樂忠言以自裨補邪?而云'不敢極陳',何得爲忠讜哉?若小臣之中有可納用者,寧得以人廢言而不採擇乎?假但諂媚取容〔一二九〕,雖闇亦所明識也。至於發調者,徒以天下未定,事以衆濟。若徒守江東,修崇寬政,兵自足用,復用多爲?顧坐自守可陋耳。若不豫調,恐臨時未可便用也。又孤與君分義特異,榮戚實同,來表云不敢隨衆容身苟免,此實甘心所望於君也。"於是令有司盡寫科條,使郎中褚逢齎以就遜及諸葛瑾,意所不安,令損益之。是歲,分交州置廣州,俄復舊。《江表傳》曰:權於武昌新裝大船,名爲長安,試泛之釣臺圻〔一三〇〕。時風大盛,谷利令柂工取樊口。權曰:"當張頭取羅州。"利拔刀向柂工曰:"不取樊口者斬〔一三一〕。"工即轉柂入樊口,風遂猛不可行〔一三二〕,乃還。權曰:"阿利畏水何怯也?"利跪曰:"大王萬乘之主,輕於不測之淵,戲於猛浪之中,船樓裝高,邂逅顛危,奈社稷何?是以利輒敢以死爭。"權於是貴重之,自此後不復名之,常呼曰谷〔一三三〕。

六年春正月,諸將獲彭綺。閏月,韓當子綜以其衆降魏〔一三四〕。

七年春三月,封子慮爲建昌侯。罷東安郡。夏五月,鄱陽太守周魴僞叛,誘魏將曹休。秋八月,權至皖口,使將軍陸遜督諸將大破休於石亭。大司馬呂範卒。是歲,改合浦爲珠官郡。《江表傳》曰:是歲將軍翟丹叛如魏。權恐諸將畏罪而亡,乃下令曰:"自今諸將有重罪三,然後議。"

黃龍元年春，公卿百司皆勸權正尊號。夏四月，夏口、武昌並有黃龍、鳳皇見。丙申，南郊即皇帝位〔一三五〕，《吳錄》載權告天文曰：「皇帝臣權敢用玄牡昭告於皇皇后帝：漢享國二十有四世，歷年四百三十有四，行氣數終，祿祚運盡，普天弛絕，率土分崩。孽臣曹丕遂奪神器，丕子叡繼世作慝，淫名亂制。權生於東南，遭值期運，承乾秉戎，志在平世，奉辭行罰〔一三六〕，舉足為民。羣臣將相，州郡百城，執事之人，咸以為天意已去於漢，漢氏已絕祀於天，皇帝位虛，郊祀無主。休徵嘉瑞，前後雜沓，曆數在躬，不得不受。權畏天命，不敢不從，謹擇元日，登壇燎祭，即皇帝位。惟爾有神饗之，左右有吳，永終天祿。」是日大赦，改年。追尊父破虜將軍堅為武烈皇帝，母吳氏為武烈皇后，兄討逆將軍策為長沙桓王。吳王太子登為皇太子。將吏皆進爵加賞。初，興平中，吳中童謠曰：「黃金車，班蘭耳。閶昌門〔一三七〕，出天子。」昌門，吳西郭門，夫差所作。五月，使校尉張剛、管篤之遼東。六月，蜀遣衛尉陳震慶權踐位。權乃參分天下〔一三八〕，豫、青、徐、幽屬吳，兗、冀、并、涼屬蜀。其司州之土，以函谷關為界，造為盟曰：「天降喪亂，皇綱失敘，逆臣乘釁，劫奪國柄，始於董卓，終於曹操，窮凶極惡，以覆四海，至令九州幅裂，普天無統，民神痛怨，靡所戾止。及操子丕，桀逆遺醜，薦作姦回，偷取天位。而叡么麼，尋丕凶蹟，阻兵盜土，未伏厥誅。昔共工亂象而高辛行師，三苗干度而虞舜征焉〔一三九〕。今日滅叡，禽其徒黨，非漢與吳，將復誰任〔一四〇〕？夫討惡翦暴，必聲其罪，宜先分裂，奪其土地，使士民之心各知所歸。是以《春秋》晉侯伐衛，先分其田以畀宋人，斯其義也。且古建大事必先盟誓，故《周禮》有司盟之官，《尚書》有告誓之文，漢之與吳，雖信由中，然分土裂境，宜有盟約。諸葛丞相德威遠著，翼戴本國，典戎在外，信感陰陽，誠動天地，重復結盟，廣誠約誓，使東西士民咸共聞知。故立壇殺牲，昭告神明，再歃加書，副之天府。天高聽下，靈威棐諶，司慎司盟，羣神羣祀〔一四一〕，莫不臨之。自今日漢、吳既盟之後，勠力一心，同討魏賊，救危恤患，分災共慶，好惡齊之，無或攜貳。若有害漢，則吳伐之；若有害吳，則漢伐之。各守分土，無相侵犯。傳之後葉，克終若始。凡百之約，皆如載書。信言不豔，實居於好。有渝此盟，創禍先亂，違貳不協，慆慢天命，明神上帝，是討是督，山川百神，是糾是殛，俾墜其師，無克祚國。於爾大神，其明鑒之！"秋九月，權遷都建業，因故府不改館，徵上大將軍陸遜輔太子登，掌武昌留事。

　　二年春正月，魏作合肥新城〔一四二〕。詔立都講祭酒以教學諸子〔一四三〕。遣將軍衞温、諸葛直將甲士萬人浮海求夷洲及亶洲〔一四四〕。亶洲在海中，長老傳言秦始皇帝遣方士徐福將童男童女數千人入海，求蓬萊神山及仙藥〔一四五〕，止此洲不還。世相承有數萬家〔一四六〕，其上人民，時有至會稽貨布〔一四七〕，會稽東縣人海行亦有遭風流移至亶洲者〔一四八〕。所在絶遠，卒不可得至，但得夷洲數千人還。

　　三年春二月，遣太常潘濬率衆五萬討武陵蠻夷。衞温、諸葛直皆以違詔無功，下獄誅。夏，有野蠶成繭，大如卵〔一四九〕。由拳野稻自生〔一五〇〕，改爲禾興縣。中郎將孫布詐降以誘魏將王淩，淩以軍迎布。冬十月，權以大兵潛伏於阜陵俟之，淩覺而走。會稽南始平言嘉禾生〔一五一〕。十二月丁卯，大赦，改明年元也。

嘉禾元年春正月，建昌侯慮卒。三月，遣將軍周賀、校尉裴潛乘海之遼東。秋九月，魏將田豫要擊斬賀於成山。冬十月，魏遼東太守公孫淵遣校尉宿舒、閬中令孫綜稱藩於權〔一五二〕，并獻貂馬。權大悅，加淵爵位。《江表傳》曰：是冬，羣臣以權未郊祀，奏議曰："頃者嘉瑞屢臻〔一五三〕，遠國慕義，天意人事，前後備集，宜修郊祀，以承天意。"權曰："郊祀當於土中〔一五四〕，今非其所，於何施此？"重奏曰："普天之下，莫非王土；王者以天下爲家。昔周文、武郊於酆、鎬，非必土中。"權曰："武王伐紂，即祚於鎬京，而郊其所也。文王未爲天子，立郊於酆，見何經典？"復書曰〔一五五〕："伏見《漢書·郊祀志》，匡衡奏從甘泉河東，郊於酆〔一五六〕。"權曰："文王性謙讓〔一五七〕，處諸侯之位，明未郊也。經傳無明文，匡衡俗儒意說〔一五八〕，非典籍正義，不可用也。"《志林》曰：吳王糾駁郊祀之奏〔一五九〕，追貶匡衡，謂之俗儒。凡在見者，莫不慨然以爲統盡物理〔一六〇〕，達於事宜。至於稽之典籍，乃更不通。毛氏之說云："堯見天因邰而生后稷，故國之於邰，命便事天〔一六一〕。"故《詩》曰："后稷肇祀，庶無罪悔，以迄于今。"言自后稷以來皆得祭天，猶魯人郊祀也。是以《棫樸》之作，有積燎之薪。文王郊酆，經有明文，匡衡宣俗，而枉之哉？文王雖未爲天子，然三分天下而有其二，伐崇戡黎〔一六二〕，祖伊奔告。天既棄殷，乃眷西顧，太伯三讓，以有天下。文王爲王，於義何疑？然則匡衡之奏，有所未盡。按世宗立甘泉、汾陰之祠，皆出方士之言，非據經典者也。方士以甘泉、汾陰黃帝祭天地之處，故孝武因之，遂立二畤。漢治長安，而甘泉在北，謂就乾位，而衡云"武帝居甘泉，祭於南宮"〔一六三〕，此既誤矣。祭汾陰在水之脽〔一六四〕，呼爲澤中，而匡衡云"東之少陽"〔一六五〕，失其本意。此自吴事，於傳無非，恨無辯正之辭，故矯之云。脽，音誰，見《漢書音義》。

二年春正月，詔曰："朕以不德，肇受元命，夙夜兢兢，不遑假寢。思平世難，救濟黎庶，上答神祇，下慰民望。是以眷眷勤求俊傑，將與戮力共定海内。苟在同心，與之偕老。今使持節督幽州領青州牧遼東太守燕王，久噲賊虜〔一六六〕，隔在一方，雖乃心於國，其路靡緣。今因天命，遠遣二使，款誠顯露，章表殷勤，朕之得此，何喜如之。雖湯遇伊尹，周獲吕望，世祖未定而得河右，方之今日，豈復是過？普天一統，於是定矣。《書》不云乎，'一人有慶，兆民賴之'。其大赦天下，與之更始，其明下州郡，咸使聞知。特下燕國，奉宣詔恩令普天率土，備聞斯慶。"三月，遣舒、綜還，使太常張彌、執金吾許晏、將軍賀達等將兵萬人，金寶珍貨九錫備物，乘海授淵。《江表傳》載權詔曰："故魏使持節車騎將軍遼東太守平樂侯：天地失序，皇極不建，元惡大憨，作害於民，海内分崩，羣生堙滅，雖周餘黎民，靡有孑遺，方之今日，亂有甚焉〔一六七〕。朕受曆數，君臨萬國，夙夜戰戰，念在弭難，若涉淵水，罔知攸濟。是以把旄仗鉞，翦除凶虐，自東徂西，靡遑寧處，苟力所及，民無災害，雖賊虜遺種，未伏辜誅，猶繫囚枯木，待時而斃。惟將軍天姿特達，兼包文武，觀時覩變，審於去就，踰越險阻，顯致赤心，肇建大計，爲天下先，元勳巨績，侔於古人。雖昔竇融背棄隴右，卒占西河〔一六八〕，以定光武〔一六九〕，休名美實，豈復是過？欽嘉雅尚，朕實欣之。自古聖帝明王，建化垂統，以爵襃德，以祿報功；功大者祿厚，德盛者禮崇。故周公有夾輔之勞，太師有鷹揚之功，並啓土宇，兼受備物。今將軍規萬年之計，建百世之略〔一七〇〕，絕僭逆之虜，順天人之肅，濟成洪業，功無與比，齊魯之事，奚足言哉！《詩》不云乎，'無言不讎，無德不報'。今以幽、青二州十七郡七十縣，封君爲燕王，使持節守太常張彌授君璽綬策書、金虎符第一至第五、竹使符第一至第十。錫君玄土，苴以白茅，爰契爾龜，用錫冢社。方有戎事，典統兵馬，以大將軍曲蓋麾幢督幽州青州牧、遼東太守如故。今加君九錫，其敬聽後命。以君三世相承，保綏一方，寧集四郡，訓及異俗，民夷安業，無或攜貳，是用錫君大輅、戎輅、玄牡二駟。君務在勸農，嗇人成功，倉庫盈積，官民俱豐，是用錫君袞冕之服，赤舄副焉。君正化以德，敬下以禮，敦義崇謙，內外咸和，是用錫君軒縣之樂。君宣導休風，懷保邊遠，遠人迴面，莫不影附，是用錫君朱戶以居。君運其才略，官方任賢，顯直錯枉，羣善必舉，是用錫君虎賁之士百人。君戎馬整齊，威震遐方，糾虔天刑，彰厥有罪，是用錫君鈇鉞各一。君文和於內，武信於外，禽討逆節，折衝掩難，是用錫君彤弓一、彤矢百、玈弓十、玈矢千。君忠勤有効，溫恭爲德，明允篤誠，感於朕心，是用錫君秬鬯一卣，珪瓚副焉。欽哉！敬茲訓典，寅亮天工，相我國家，永終爾休。"舉朝大臣，自丞相雍已下皆諫，以爲淵未可信，而寵待太厚，但可遣吏兵數百護送舒、綜，權終不聽。臣松之以爲權愎諫違衆，信淵肯了，非有攻伐之規，重複之慮。宣達錫命，乃用萬人，是何不愛其民，昏虐之甚乎？此役也，非惟闇塞，實爲無道。淵果斬彌等，送其首於魏，没其兵資。權大怒，欲自征淵，《江表傳》載權怒曰："朕年六十〔一七一〕，世事難易，靡所不嘗，近爲鼠子所前卻〔一七二〕，令人氣涌如山〔一七三〕。不自截鼠子頭以擲於海，無顔復臨萬國。就令顛沛，不以爲恨。"尚書僕射薛綜等切諫，乃止。是歲，權向合肥新城，遣將軍全琮征六安，皆不克還。《吴書》曰：初，張彌、許晏等俱到襄平，官屬從者四百許人。淵欲圖彌、晏，先分其人衆置遼東諸縣，以中使秦旦、張羣、杜德、黄彊等及吏兵六十人置玄菟郡〔一七四〕。玄菟郡在遼東北，相去二百里，太守王贊領户二百，兼重可三四百人。旦等皆舍於民家，仰其飲食。積四十許日，旦與彊等議曰："吾人遠辱國命〔一七五〕，自棄於此，與死亡何異，今觀此郡，形勢甚弱。若一旦同心，焚燒城郭，殺其長吏，爲國報恥，然後伏死，足以無恨。孰與偷生苟活，長爲囚虜乎？"彊等然之。於是陰相約結，當用八月十九日夜發。其日中時爲部中張松所告〔一七六〕，贊便會士衆閉城門。旦、羣、德、彊等等皆踰城得走。時羣病疽創著膝，不及輩旅，德常扶接與俱，崎嶇山谷。行六七百里，創益困，不復能前，卧草中，相守悲泣〔一七七〕。羣曰："吾不幸創甚，死亡無日，卿諸人宜速進道，冀有所達。空相守俱死於窮谷之中，何益也？"德曰："萬里流離，死生共之，不忍相委〔一七八〕。"於是推旦、彊使前，德獨留守羣，捕菜果食之〔一七九〕。旦、彊別數日，得達句驪王宫，因宣詔於句驪王宫及其主簿，詔言有賜爲遼東所攻奪。宫等大喜，即受詔，命使人隨旦還迎羣、德。其年，宫遣皂衣二十五人送旦等還，奉表稱臣，貢貂皮千枚，鶡雞皮十具。旦等見權，悲喜不能自勝。權義之，皆拜校尉。間一年，遣使者謝宏、中書陳恂拜宮爲單于〔一八〇〕，加賜衣服珍寶。恂等到安平口，先遣校尉陳奉前見宮，而宮受魏幽州刺史諷旨，令以吳使自效。奉聞之，到還〔一八一〕。宮遣主簿笮咨、帶固等出安平，與宏相見。宏即縛得三十餘人質之，宮於是謝罪，上馬數百匹。宏乃遣咨、固奉詔書賜物歸與宮〔一八二〕。是時宏船小，載馬八十匹而還。

三年春正月，詔曰："兵久不輟，民困於役，歲或不登。其寬諸逋，勿復督課。"夏五月，權遣陸遜、諸葛瑾等屯江夏、沔口，孫韶、張承等向廣陵、淮陽，權率大衆圍合肥新城。是時蜀相諸葛亮出武功，權謂魏明帝不能遠出，而帝遣兵助司馬宣王拒亮，自率水軍東征。未至壽春，權退還，孫韶亦罷。秋八月，以諸葛恪爲丹陽太守，討山越。九月朔，隕霜傷穀。冬十一月，太常潘濬平武陵蠻夷，事畢還武昌。詔復曲阿爲雲陽，丹徒爲武進。廬陵賊李桓、羅厲等爲亂。

四年夏，遣呂岱討桓等。秋七月，有雹〔一八三〕。魏使以馬求易珠璣、翡翠、瑇瑁，權曰："此皆孤所不用，而可得馬，何苦而不聽其交易〔一八四〕？"

五年春，鑄大錢，一當五百。詔使吏民輸銅，計銅畀直。設盜鑄之科。二月，武昌言甘露降於禮賓殿。輔吳將軍張昭卒〔一八五〕。中郎將吾粲獲李桓，將軍唐咨獲羅厲等。自十月不雨至於夏。冬十月，彗星見於東方。鄱陽賊彭旦等爲亂。

六年春正月，詔曰："夫三年之喪，天下之達制，人情之極痛也；賢者割哀以從禮，不肖者勉而致之[一八六]。世治道泰，上下無事，君子不奪人情，故三年不逮孝子之門。至於有事，則殺禮以從宜，要經而處事。故聖人制法，有禮無時則不行。遭喪不奔非古也，蓋隨時之宜，以義斷恩也。前故設科，長吏在官，當須交代，而故犯之，雖隨糾坐[一八七]，猶已廢曠。方事之殷，國家多難，凡在官司，宜各盡節，先公後私，而不恭承，甚非謂也。中外羣僚，其更平議，務令得中，詳爲節度。"顧譚議，以爲："奔喪立科，輕則不足以禁孝子之情，重則本非應死之罪，雖嚴刑益設，違奪必少。若偶有犯者，加其刑則恩所不忍，有減則法廢不行。愚以爲長吏在遠，苟不告語，勢不得知。比選代之間，若有傳者，必加大辟，則長吏無廢職之負，孝子無犯重之刑。"將軍胡綜議，以爲："喪紀之禮，雖有典制，苟無其時，所不得行。方今戎事軍國異容，而長吏遭喪，知有科禁，公敢干突，苟念聞憂不奔之恥，不計爲臣犯禁之罪，此由科防本輕所致。忠節在國，孝道立家，出身爲臣，焉得兼之？故爲忠臣不得爲孝子。宜定科文，示以大辟，若故違犯，有罪無赦。以殺止殺，行之一人，其後必絕。"丞相雍奏從大辟。其後吳令孟宗喪母奔赴，已而自拘於武昌以聽刑[一八八]。陸遜陳其素行，因爲之請，權乃減宗一等，後不得以爲比，因此遂絕[一八九]。二月，陸遜討彭旦等，其年皆破之。冬十月，遣衛將軍全琮襲六安，不克。諸葛恪平山越事畢，北屯廬江。

赤烏元年春，鑄當千大錢。夏，呂岱討廬陵賊畢，還陸口。秋八月，武昌言麒麟見〔一九〇〕。有司奏言，麒麟者，太平之應，宜改年號。詔曰：“間者赤烏集於殿前，朕所親見，若神靈以爲嘉祥者，改年宜以赤烏爲元。”羣臣奏曰：“昔武王伐紂，有赤烏之祥，君臣觀之，遂有天下，聖人書策載述最詳者，以爲近事既嘉，親見又明也〔一九一〕。”於是改年。步夫人卒，追贈皇后。初，權信任校事呂壹，壹性苛慘，用法深刻。太子登數諫，權不納，大臣由是莫敢言。後壹姦罪發露伏誅，權引咎責躬，乃使中書郎袁禮告謝諸大將〔一九二〕，因問時事所當損益。禮還，復有詔責數諸葛瑾、步騭、朱然、呂岱等曰：“袁禮還，云與子瑜、子山、義封、定公相見，並以時事當有所先後，各自以不掌民事，不肯便有所陳，悉推之伯言、承明。伯言、承明見禮，泣涕懇惻，辭旨辛苦，至乃懷執危怖，有不自安之心。聞此悵然，深自刻怪〔一九三〕。何者？夫惟聖人能無過行，明者能自見耳。人之舉厝，何能悉中，獨當已有，以傷拒衆意，忽不自覺，故諸君有嫌難耳；不爾，何緣乃至於此乎？自孤興軍五十年〔一九四〕，所役賦凡百皆出於民。天下未定，孼類猶存，士民勤苦，誠所貫知。然勞百姓，事不得已耳。與諸君從事，自少至長，髮有二色，以謂表裏足以明露，公私分計，足用相保。盡言直諫，所望諸君；拾遺補闕，孤亦望之。昔衛武公年過志壯，勤求輔弼，每獨歎責。《江表傳》曰：權又云:"天下無粹白之狐,而有粹白之裘,衆之所積也。夫能以駁致純,不惟積乎?故能用衆力,則無敵於天下矣;能用衆智,則無畏於聖人矣。"且布衣韋帶,相與交結,分成好合,尚污垢不異。今日諸君與孤從事,雖君臣義存,猶謂骨肉不復是過。榮福喜戚,相與共之。忠不匿情,智無遺計,事統是非,諸君豈得從容而已哉!同船濟水,將誰與易?齊桓,諸侯之霸者耳,有善,管子未嘗不歎,有過未嘗不諫,諫而不得,終諫不止。今孤自省無桓公之德,而諸君諫諍未出於口,仍執嫌難。以此言之,孤於齊桓良優,未知諸君於管子何如耳?久不相見,因事當陳。共定大業,整齊天下,當復有誰?凡百事要所當損益,樂聞異計,匡所不逮。"

二年春《江表傳》載權正月詔曰:"郎吏者,宿衛之臣,古之命士也。間者所用頗非其人。自今選三署,皆依四科,不得以虛辭相飾。"三月,遣使者羊衜、鄭冑、將軍孫怡之遼東,擊魏守將張持、高慮等,虜得男女。《文士傳》曰:冑字敬先,沛國人。父札[一九五],才學博達,權爲驃騎將軍,以札爲從事中郎,與張昭、孫邵共定朝儀。冑其少子,有文武姿局[一九六],少知名,舉賢良,稍遷建安太守。呂壹賓客於郡犯法,冑收付獄,考竟。壹懷恨,後密譖冑。權大怒,召冑還,潘濬、陳表並爲請,得釋。後拜宣信校尉,往救公孫淵,已爲魏所破,還遷執金吾。子豐,字曼季,有文學操行,與陸雲善,與雲詩相往反[一九七]。司空張華辟,未就,卒。臣松之聞孫怡者,東州人,非權之宗也。零陵言甘露降。夏五月,城沙羨。冬十月,將軍蔣祕南討夷賊。祕所領都督廖式殺臨賀太守嚴綱等，自稱平南將軍，與弟潛共攻零陵、桂陽，及搖動交州、蒼梧、鬱林諸郡，衆數萬人。遣將軍呂岱、唐咨討之，歲餘皆破。

三年春正月，詔曰：「蓋君非民不立，民非穀不生。頃者以來，民多征役，歲又水旱，年穀有損而吏不良〔一九八〕，侵奪民時，以致饑困。自今以來，督軍郡守，其謹察非法，當農桑時，以役事擾民者，舉正以聞。」夏四月，大赦，詔諸郡縣治城郭，起譙樓，穿塹發渠以備盜賊。冬十一月，民饑，詔開倉廩以賑貧窮〔一九九〕。

四年春正月，大雪，平地深三尺，鳥獸死者大半。夏四月，遣衛將軍全琮略淮南，決芍陂，燒安城邸閣，收其人民。威北將軍諸葛恪攻六安。琮與魏將王淩戰於芍陂，中郎將秦晃等十餘人戰死。車騎將軍朱然圍樊，大將軍諸葛瑾取柤中。《漢晉春秋》曰：零陵太守殷札言於權曰〔二〇〇〕：「今天棄曹氏，喪誅累見，虎爭之際，而幼童荏事。陛下身自御戎，取亂侮亡，宜滌荆、揚之地，舉疆羸之數，使彊者執戟，羸者轉運，西命益州軍於隴右，授諸葛瑾、朱然大衆指事襄陽〔二〇一〕，陸遜、朱桓別征壽春，大駕入淮揚〔二〇二〕，歷青、徐。襄陽、壽春困於受敵，長安以西務對蜀軍，許、洛之衆勢必分離；犄角瓦解，民必内應，將帥對向，或失便宜〔二〇三〕；一軍敗績，則三軍離心，便當秣馬脂車，陵蹈城邑，乘勝逐北，以定華夏。若不悉軍動衆，循前輕舉，則不足大用，易於屢退。民疲威消，時往力竭，非出兵之策也。」權弗能用之。五月，太子登卒。是月，魏太傅司馬宣王救樊。六月，軍還。閏月，大將軍瑾卒。秋八月，陸遜城邾。

五年春正月，立子和爲太子，大赦，改禾興爲嘉興。百官奏立皇后及四王，詔曰："今天下未定，民物勞瘁，且有功者或未錄，饑寒者尚未恤，猥割土壤，以豐子弟，崇爵位以寵妃妾，孤甚不取。其釋此議。"三月，海鹽縣言黃龍見。夏四月，禁進獻御，減太官膳。秋七月，遣將軍聶友、校尉陸凱以兵三萬討珠崖、儋耳。是歲大疫，有司又奏立后及諸王。八月，立子霸爲魯王。

六年春正月，新都言白虎見。諸葛恪征六安，破魏將謝順營，收其民人。冬十一月，丞相顧雍卒。十二月，扶南王范旃遣使獻樂人及方物。是歲，司馬宣王率軍入舒，諸葛恪自皖遷於柴桑。

七年春正月，以上大將軍陸遜爲丞相。秋，宛陵言嘉禾生。是歲，步騭、朱然等各上疏云："自蜀還者，咸言欲背盟與魏交通[一〇四]，多作舟船，繕治城郭。又蔣琬守漢中[一〇五]，聞司馬懿南向，不出兵乘虛以掎角之，反委漢中，還近成都。事已彰灼，無所復疑，宜爲之備。"權揆其不然，曰："吾待蜀不薄，聘享盟誓，無所負之，何以致此？又司馬懿前來入舒，旬日便退，蜀在萬里，何知緩急而便出兵乎？昔魏欲入漢川，此間始嚴，亦未舉動，會聞魏還而止，蜀寧可復以此有疑邪？又人家治國，舟船城郭，何得不護[一〇六]？今此間治軍，寧復欲以禦蜀邪？人言若不可信[一〇七]，朕爲諸君破家保之[一〇八]。"蜀竟自無謀，如權所籌[一〇九]。《江表傳》載權詔曰："督將亡叛而殺其妻子，是使妻去夫，子棄父，甚傷義教，自今勿殺也。」

八年春二月，丞相陸遜卒。夏，雷霆犯宮門柱，又擊南津大橋楹。茶陵縣鴻水溢出，流漂居民二百餘家。秋七月，將軍馬茂等圖逆，夷三族。《吳曆》曰：茂本淮南鍾離長，而爲王淩所失，叛歸吳，吳以爲征西將軍、九江太守、外部督〔二一〇〕，封侯，領千兵。權數出苑中，與公卿諸將射。茂與兼符節令朱貞、無難督虞欽、牙門將朱志等合計，伺權在苑守〔二一一〕，公卿諸將在門未入，令貞持節稱詔，悉收縛之；茂引兵入苑擊權，分據宮中及石頭〔二一二〕，遣人報魏。事覺，皆族之。八月，大赦。遣校尉陳勳將屯田，及作士三萬人鑿句容中道，自小其至雲陽西城，通會市，作邸閣。

九年春二月，車騎將軍朱然征魏柤中，斬獲千餘。夏四月，武昌言甘露降。秋九月，以驃騎步騭爲丞相，車騎朱然爲左大司馬，衛將軍全琮爲右大司馬，鎮南呂岱爲上大將軍〔二一三〕，威北將軍諸葛恪爲大將軍。《江表傳》曰：是歲，權詔曰：「謝宏往日陳鑄大錢，云以廣貨，故聽之。今聞民意不以爲便，其省息之，鑄爲器物，官勿復出也。私家有者，勑以輸藏，計畀其直，勿有所枉也。」

十年春正月，右大司馬全琮卒。《江表傳》曰：是歲權遣諸葛壹僞叛以誘諸葛誕，誕以步騎一萬迎壹於高山〔二一四〕。權出涂中，遂至高山，潛軍以待之。誕覺而退。二月，權適南宮。三月，改作太初宮，諸將及州郡皆義作。《江表傳》載權詔曰：「建業宮乃朕從京來所作將軍府寺耳，材柱率細，皆以腐朽，常恐損壞。今未復西，可徙武昌宮材瓦，更繕治之。」有司奏言曰:"武昌宫已三十八歲〔二一五〕,恐不堪用,宜下所在通更伐致。"權曰:"大禹以卑宫爲美,今軍事未已,所在多賦,若更通伐,妨損農桑。徙武昌材瓦,自可用也。"夏五月,丞相步騭卒。冬十月,赦死罪。

十一年春正月,朱然城江陵。二月,地仍震。《江表傳》載權詔曰:"朕以寡德,過奉先祀,莅事不聰,獲譴靈祇,夙夜祇戒,若不終日。羣僚其各屬精,思朕過失,勿有所諱。"三月,宮成。夏四月,雨雹,雲陽言黄龍見。五月,鄱陽言白虎仁。《瑞應圖》曰:白虎仁者,王者不暴虐,則仁虎不害也。詔曰:"古者聖王積行累善,修身行道,以有天下,故符瑞應之,所以表德也。朕以不明,何以臻兹?《書》云'雖休勿休',公卿百司,其勉修所職,以匡不逮。"

十二年春三月,左大司馬朱然卒。四月,有兩烏銜鵲墮東館〔二一六〕。丙寅,驃騎將軍朱據領丞相,燎鵲以祭。《吴録》曰:六月戊戌,寶鼎出臨平湖〔二一七〕。八月癸丑,白鳩見於章安。

十三年夏五月,日至,熒惑入南斗,秋七月,犯魁第二星而東。八月,丹陽、句容及故鄣、寧國諸山崩,鴻水溢。詔原逋責,給貸種食。廢太子和處故鄣。魯王霸賜死。冬十月,魏將文欽僞叛以誘朱異,權遣吕據就異以迎欽。異等持重,欽不敢進。十一月,立子亮爲太子。遣軍十萬作堂邑涂塘以淹北道。十二月,魏大將軍王昶圍南郡,荆州刺史王基攻西陵,遣將軍戴烈、陸凱往拒之,皆引還。庾闡《揚都賦》注曰:烽火以炬置孤山頭〔二八〕，皆緣江相望〔二九〕，或百里，或五十、三十里〔二二〇〕，寇至則舉以相告，一夕可行萬里。孫權時令暮舉火於西陵〔二二一〕，鼓三竟，達吳郡南沙。是歲，神人授書，告以改年、立后。

太元元年夏五月，立皇后潘氏，大赦，改年。初，臨海羅陽縣有神，自稱王表。《吳錄》曰：羅陽今安固縣。周旋民間，語言飲食〔二二二〕，與人無異，然不見其形。又有一婢，名紡績。是月，遣中書郎李崇齎輔國將軍羅陽王印綬迎表。表隨崇俱出，與崇及所在郡守令長談論，崇等無以易。所歷山川，輒遣婢與其神相聞。秋七月，崇與表至，權於蒼龍門外爲立第舍，數使近臣齎酒食往。表説水旱小事，往往有驗。孫盛曰：盛聞國將興，聽於民；國將亡，聽於神。權年老志衰，讒臣在側，廢嫡立庶，以妾爲妻，可謂多涼德矣。而偏設符命，求福妖邪，將亡之兆，不亦顯乎！秋八月朔，大風，江海涌溢，平地深八尺〔二二三〕，吳高陵松柏斯拔，郡城南門飛落〔二二四〕。冬十一月，大赦。權祭南郊還，寢疾。《吳錄》曰：權得風疾。十二月，驛徵大將軍恪，拜爲太子太傅。詔省繇役，減征賦，除民所患苦。

二年春正月，立故太子和爲南陽王，居長沙；子奮爲齊王，居武昌；子休爲琅邪王，居虎林。二月，大赦，改元爲神鳳。皇后潘氏薨。諸將吏數詣王表請福，表亡去。夏四月，權薨，時年七十一，謚曰大皇帝。秋七月，葬蔣陵。《傅子》曰：孫策爲人明果獨斷，勇蓋天下，以父堅戰死，少而合其兵，將以報讐，轉鬭千里，盡有江南之地，誅其名豪，威行鄰國。及權繼其業，有張子布以爲腹心，有陸議、諸葛瑾、步騭以爲股肱，有吕範、朱然以爲爪牙，分任授職，乘間伺隙，兵不妄動，故戰少敗而江南安。

評曰：孫權屈身忍辱，任才尚計，有句踐之英、奇人之傑矣〔二五〕。故能自擅江表，成鼎峙之業。然性多嫌忌，果於殺戮，暨臻末年，彌以滋甚。至於讒説殄行，胤嗣廢斃，馬融注《尚書》曰：殄，絕也，絕君子之行。豈所謂貽厥孫謀以燕翼子者哉〔二六〕？其後葉陵遲，遂致覆國，未必不由此也。臣松之以爲：孫權横廢無罪之子，雖爲兆亂，然國之傾覆，自由暴晧。若權不廢和，晧爲世適，終至滅亡，有何異哉？此則喪國由於昏虐，不在於廢黜也。設使亮保國祚，休不早死，則晧不得立；晧不得立，則吴不亡矣。

【校箋】

〔一〕毛本作"吴書二"。

〔二〕毛本作"吴主傳第二"。

〔三〕《類聚》卷十三、《御覽》卷三百六十七引俱無"有"字。

〔四〕《御覽》卷一百一十八引無"有"字。

〔五〕《御覽》引"同"字作"問"。

〔六〕盧弼曰："趙一清曰：'此言未實。策之英武，何遽不及權？且亦未便自料年只二十六，倉卒爲人所害也。'"

謹案：《實録》卷一作"常顧權謂衆曰：此真諸君之將也"。《御覽》引此作"此諸君之將軍也"。與今本語正相反。

〔七〕《類聚》《御覽》引"職貢"俱作"貢職"，應據乙。

〔八〕《實録》引"出"下有"行"字，"軍"下有"伍"字。

《文選》袁彦伯《三國名臣贊》李注引"軍"下有"士"字。

〔九〕馮本、陳本、毛本"在"上俱有"布"字,《實錄》同。

〔一〇〕盧弼曰:"宋本'泥'作'土'。"

謹案:《御覽》卷三十七、《册府》卷一百八十三引俱作"土"。

〔一一〕盧弼曰:"《通鑑》'三'作'二'。"

謹案:《實錄》"三"字亦作"二"。

〔一二〕盧弼曰:"沈友死於建安九年,時年二十九歲,則年十一當在靈帝中平三年。是時靈帝猶存,華歆決無自桓靈已來之語。又按:《華歆傳》靈帝時亦無行風俗至吳郡之事。《吳錄》所云,前後矛盾如此。"

謹案:洪亮吉曰:"歆爲豫章太守,行風俗安得至吳?若屬歆離郡客吳之時,則事在興平二年之後,時友年止十一。則下至建安九年爲權所害,亦止二十年,安得二十九乎?種種謬妄,而松之采之,可謂無識。"考《御覽》卷三百八十四引"友"字上有"《吳書》曰"三字,疑此本脱之。是則此或非出自《吳錄》,蓋"書"字傳寫而誤作"錄"矣。

〔一三〕蕭書"歆"上有"黟"字。"犂陽",《賀齊傳》作"黎陽",《實錄》同。

〔一四〕盧弼曰:"《通鑑》'旄'作'旌'。"

謹案:《官本考證》曰:"北宋本作'旌麾南指'。"《册府》引同。作"旌麾"是。

〔一五〕毛本"束"作"朿",是。

〔一六〕"嚮"當作"響"。

〔一七〕蕭書"拒"下有"操"字,應補,語意乃足。

〔一八〕蕭書"瑜"上有"乃使"二字。

〔一九〕盧弼曰:"宋本'江陵'作'夷陵'。吳改口西陵。

《甘寧傳》：'寧建計先逆進取夷陵，往即得其城。曹仁乃令五六千人圍寧。'《呂蒙傳》：'周瑜使甘寧前據夷陵，曹仁分衆攻寧。'據此二傳，自以作'夷陵'爲是。各本作'江陵'誤。"

謹案：《官本考證》曰："'江陵'宋本作'夷陵'。"錢儀吉曰："何改'夷'。按：《宋志》'夷陵今舊縣，吳改爲西陵，晉太康九年復舊'。疑此本爲西陵，傳寫誤爲'江'也。"錢氏以"江"本"西"字傳寫之誤，恐非。時吳甫據有之，尚未易其名。江陵之誤，蓋沿上文"留曹仁、徐晃於江陵"而然也。蕭書亦作"夷陵"，《周瑜傳》"瑜即遣甘寧前據夷陵"俱不曰"西陵"，可證。

〔二〇〕蕭書"半"上有"兵"字。

〔二一〕盧弼曰："錢大昕曰：'是時長沙爲劉備所據。建安十九年，權始得長沙三郡，漢昌仍併入長沙，不別立郡矣。'弼按：《魯肅傳》：'肅建安二十二年卒。'《呂蒙傳》：'魯肅卒，蒙屯陸口，肅軍屬蒙，又拜漢昌太守。'是漢昌未併入長沙也。竹汀說誤。"

謹案：洪頤煊曰："《周瑜傳》：'領南郡太守。以下雋、漢昌、瀏陽、州陵爲奉邑。'《魯肅傳》：'代瑜領兵，奉邑四縣皆屬焉，令程普領南郡太守，肅拜漢昌太守。魯肅卒，呂蒙拜漢昌太守。食下雋、瀏陽、漢昌、州陵。'則四縣皆漢昌郡之屬縣也。《續漢志》：'州陵屬南郡，下雋屬長沙郡。'《宋書·州郡志》：'長沙郡有瀏陽，吳立吳昌，後漢立漢昌，吳更名，皆長沙郡也。'"

〔二二〕《書鈔》卷一百三十、《類聚》卷六十六引"須"下有"口"字。

〔二三〕蕭書"取"下有"之"字。

〔二四〕《書鈔》引無"自"字、"來"字，《類聚》卷十三、卷六十八、《御覽》引俱無"來"字、"輕"字，《御覽》卷七百七十引亦無"來"字,則"來"字似應刪。

〔二五〕《册府》卷二百一十四引"也"字作"耳"。

〔二六〕《書鈔》引"公"上有"曹"字,《芥隱筆記》引同,惟"見"下有"孫權"二字。

〔二七〕《類聚》卷六十八、《御覽》卷一百一十八、卷七百七十引"軍伍"俱作"法伍",考《甘寧傳》有"軍無法伍"之語。

〔二八〕《類聚》卷十三、《御覽》引"仲謀"作"權"。《實錄》同。

〔二九〕《御覽》引俱無"子"字。

〔三〇〕《實錄》作"《魏書》"。

〔三一〕《御覽》卷三百四十九、《事類賦》卷十三引"軍"上俱有"魏"字。

〔三二〕《書鈔》卷一百一十六、《初學記》卷九、《御覽》引"公"上俱有"曹"字,《實錄》同。《事類賦》引作"曹操",疑臆改。

〔三三〕《書鈔》卷一百一十五、《御覽》卷一百一十八引"人"下俱有"曰"字。

〔三四〕盧弼曰:"控即馬控。"

謹案:《初學記》卷九、《御覽》卷三百八十五、卷三百五十九、卷八百九十四、《事類賦》卷二十二引"控"字俱作"鞚",《實錄》同。《埤蒼》曰:"鞚,馬勒也。"

〔三五〕毛本"庱"下無"音"字,《御覽》卷三百五十二引作"攄陵切"。

〔三六〕《御覽》引無"以"字。

〔三七〕紹興本"南還"作"還南"。

〔三八〕《實錄》"南"上有"以"字。"五千"毛本作"三千"。

〔三九〕紹興本、毛本俱作"《魏略》","啟"實誤字。

〔四〇〕《御覽》卷六百三十七引"不"下有"豫"字。

〔四一〕《御覽》引"慮"字作"虜"。

〔四二〕紹興本、毛本"勘"字俱作"勖"。

〔四三〕《通鑑·魏紀一》"拜"字作"封"。

〔四四〕本傳裴注引《吳書》"權聞而嘉之，拜騎都尉"。《御覽》卷二百四十一引"都"上有"騎"字，似此宜增"騎"字。

〔四五〕盧弼曰："李光地曰：'此聰明二字何別？'何焯曰：'此特取給一時，然聰字對品字言，凡品指衆口所見凡愚，故曰聰也。張昭訾毀魯肅，謂其年少麤疏，其不爲品藻所歸。'"

謹案：《尚書·洪範》正義："視能清審，則照了物情，故視明致照晢也。聽聰則知其是非，從其是爲謀必當，故聽聰致善謀也。"此聰明二字之別。《說文》："品，衆庶也。"則凡品猶言庸衆。謂納魯肅於常人之中也。何氏所釋，疑乖本意。

〔四六〕《御覽》卷四百六十三引"州"下無"而"字。考《文選》李注、《實錄》、《通鑑》、郝書俱無"而"字，應據刪。

〔四七〕盧弼曰："《御覽》'州'下有'而'字。"

謹案：《御覽》引見卷二百十一，但無"於"字。又卷四百六十三引與今本同。

〔四八〕紹興本、毛本"書"下俱有"曰"字，當據補。

〔四九〕紹興本"中"上有"至"字，《書鈔》卷四十、《御覽》卷三百三十引同。

〔五〇〕《御覽》引"存"字作"在"，《實錄》、郝書"存"字亦俱作"在"。

〔五一〕《書鈔》引作"博覽經傳"，無"歷史籍採奇異"六字。《實錄》作"博覽史籍而採奇異"。疑此"歷"蓋衍字也。

〔五二〕盧弼曰："'摘'蜀本作'擿'。"

謹案：蜀覆官本亦作"摘"，盧君云"作'擿'"，恐誤。

〔五三〕盧弼曰："朱邦衡曰：'北下疑脫魏字。'或作'頻載奉使，北人敬異'。"

謹案：《册府》卷八百五十九引作"咨頻載使魏，北人敬異"。今本"使"下脫"魏"字。或作蓋臆改，不可從。

〔五四〕《實錄》"觀"上有"臣"字。疑此脫，應據補。

〔五五〕《實錄》"際"字作"餘"。"際"字當"餘"字之形訛。

〔五六〕盧弼曰："宋本'總'作'綜'。"

謹案：《書鈔》卷四十、《御覽》卷六百六十七引"總"作"綜"，郝書同。

〔五七〕《書鈔》、《御覽》卷四百六十三、《文選》陸士衡《辨亡論》李注引"嫌"下俱有"也"字，應據增，語意方足。

〔五八〕《御覽》引"以"下有"言之"二字，似應據增。《文選》李注引作"何以知之"，似有奪文。

〔五九〕郝書"慮"下無"之"字。

〔六〇〕紹興本、毛本"覽"字俱作"擥"。盧弼曰："馮本'擥'作'覽'。"

謹案：作"覽"字誤。《季漢書》作"攬"，與"擥"同。《漢書・五行志》"是以擥伸舒"注："'擥'字與'擥'同，謂引取之。"

〔六一〕紹興本"勵"字作"歷"。

〔六二〕盧弼曰："胡三省曰：'長鳴雞者，其鳴聲長也。'"

謹案：周去非《嶺外代答》曰："長鳴雞，自南詔諸蠻來，一雞直銀一兩。形矮而大，羽毛甚澤，音聲圓長，一鳴半刻。"

〔六三〕《册府》卷一百九十引"乎"字作"予"。

〔六四〕《通鑑》"彼"上有"且"字。

〔六五〕《御覽》卷六百八十八引《江表傳》作"皆備以付使"。

〔六六〕盧弼曰:"何焯曰:'軍字疑衍。'"

謹案:《季漢書》無"軍"字。

〔六七〕盧弼曰:"潘眉曰:'是年閏六月。'"

謹案:張熷曰:"《蜀書·先主傳》:'章武二年（即黃武元年）夏六月陸議大破先主軍於猇亭。'則非閏月也。"

〔六八〕《册府》卷二百一十五引"意"字作"恩"。

〔六九〕毛本"《魏書》"作"《魏略》"。

〔七〇〕盧弼曰:"宋本'是'作'足'。"

謹案:《官本考證》曰:"'轉是'宋本作'轉足'。"《册府》卷二百一十五引亦作"足",作"足"字是。

〔七一〕紹興本"豎"字作"竪"。

〔七二〕紹興本"昫"字作"煦"。

〔七三〕盧弼曰:"宋本'地'作'施'。"

《官本考證》曰:"宋本作'背棄天施'。"郝書亦作"施"。《國語·晉語》"夫齊侯好示務施"注:"施,惠也。"則"天施"猶言天惠。

〔七四〕盧弼曰:"'等'疑作'本'。郝書作'分'。何曰:'宋本作'籌'。"

謹案:宋本作"籌"是。"籌"俗作"筹",與"等"形似,因致誤也。《荀子·正論篇》"故至賢疇四海"楊注:"'疇'與'籌'同,謂計度也。"盧君疑作"本",非是。郝書作"分",或臆改。

〔七五〕盧弼曰:"'誠'字疑誤,郝書作'不'。"

謹案:郝書作"誠不惻怛",盧君謂郝書"誠"作"不",或誤記。"誠"古與"情"字義同,則"誠"或非誤字也。

〔七六〕紹興本、毛本"靖"俱作"靜"。盧弼曰:"'靜'疑作'盡',何焯曰:'宋本作靖。'"

謹案:"靜""靖"古通用。《書·堯典》"靜言庸回",《漢書·王尊傳》"靜"作"靖",是其證。盧氏云"靜"疑作"盡",非是。

〔七七〕盧弼曰:"'旨'疑作'指'。"

謹案:"旨""指"古通用。《荀子·大略篇》:"《詩》曰:'物其指矣。'"楊注:"指與旨同。"《漢書·李廣傳》"豈朕之指哉"注:"指,意也。"

〔七八〕盧弼曰:"宋本'挾'作'忕'。"

謹案:《官本考證》曰:"'狃挾'宋本作'狃忕'。"《後漢書·西羌傳》"狃忕邊利"章懷注:"狃忕,慣習也。"《爾雅·釋言》:"狃,復也。"孫注:"狃前事而復爲也。"宋本作"忕",或作"忕"。此"挾"字當爲"忕"字之誤,應據正。

〔七九〕毛本"以"上有"臣"字。

〔八〇〕盧弼曰:"馮本'節'作'罪'。"

謹案:"節"字是。《文選》陸子諒《覽古詩》李注:"節猶操也。"節猶今言行爲。

〔八一〕郝書"魏"上有"上"字。

〔八二〕郝書"是"作"故"。

〔八三〕《册府》卷二百一十四引"殿下"作"陛下",是也。王稱殿下,帝稱陛下,是時曹丕已即帝位,無緣再稱殿下。應據《册府》訂正。

〔八四〕紹興本無"情願"二字。

〔八五〕陳本、毛本"篤"俱作"督"。盧弼曰："宋本、馮本'督'作'篤'。"

謹案：《官本考證》曰："'篤將'疑作'督將'。"作"督"字是也。郝書正作"督"，宋本、馮本誤也。

〔八六〕《册府》引"起"字作"兵"。

〔八七〕郝書"牽軍"作"率軍"。

〔八八〕郝書無"浩"字。疑此"浩"字當乙在"周"字上。

〔八九〕郝書無"乎"字。

〔九〇〕《册府》引"情"字作"心"。

〔九一〕盧弼曰："《官本考證》曰：'《册府》先作克。'"

謹案：《册府》引作"克"。"克"字是，克，能也。

〔九二〕《册府》引"樂"下有"於"字。

〔九三〕毛本"權"下有"無"字，《册府》同。是也。

〔九四〕郝書"華"字作"飾"。

〔九五〕《册府》卷二百一十七引無"餘"字。

〔九六〕紹興本"閒"字作"閑"。《御覽》卷八百四十六同。《實録》"閒"亦作"閑"。

〔九七〕《琱玉集》卷十四引《吳書》"脆"字作"臑"。"置"下有"於"字。

〔九八〕《實録》"膳"字作"饌"。

〔九九〕《類聚》卷二十五、《御覽》卷四百五十七引"畏"上俱有"不"字，郝書同。

〔一〇〇〕《御覽》卷三百五十七引"上下"作"與下"，是也。

〔一〇一〕蕭書"乃"字作"欲"。

〔一〇二〕蕭書作"何以臨出而屢反顧乎"。

〔一〇三〕《實錄》"得"字作"將",於義爲長。

〔一〇四〕紹興本"既"字作"託",《實錄》作"託以宗室"。則"既"爲"託"字之誤。

〔一〇五〕《實錄》"於是"作"因是"。

〔一〇六〕《琱玉集》引《吳書》作"勑其子曰"。

〔一〇七〕《御覽》卷八百三十三引"我"下有"於"字,《琱玉集》、《實錄》、郝書同,應據增。

〔一〇八〕紹興本、馮本、陳本、毛本"祀"字俱作"祖"。應據改,下同。

〔一〇九〕馮本、金陵翻毛本"戌"字作"戍",以下"土生於未"推之,則作"戌"者是也。

〔一一〇〕紹興本"祖"字作"祀",是也。

〔一一一〕盧弼曰:"胡三省曰:'油船,蓋以牛皮爲之,外施油以扞水。'"

謹案:此注已見前"曹公出濡須作油船"句下。一句之中,不應重出,此盧君複沓不檢之失也。

〔一一二〕《實錄》"分"下有"兵"字。

〔一一三〕《實錄》"孤"字作"國"。

〔一一四〕盧弼曰:"《官本考證》曰:'《御覽》自刺下多中乳房三字。'"

謹案:《書鈔》卷四十、《御覽》卷三百七十一、卷四百三十八引"刺"字下俱有"中乳房"三字,此脫,應據補。

〔一一五〕《書鈔》引"不得"二字乙,蕭書、郝書俱作"得不死",應據乙。

〔一一六〕《册府》卷二百一十七引"王直"上有"主"字。

〔一一七〕盧弼曰:"宋本'十一月'上有'冬'字。"

謹案：《官本考證》曰："宋本'十一月'上有'冬'字。"《實錄》亦有"冬"字。

〔一一八〕紹興本、毛本"吳"下俱有"人"字。《御覽》卷一百九十二、《册府》卷二百一十四引同，應據增。

〔一一九〕《書鈔》卷七十七引"邵"字作"劭"，《白帖》卷七十七引作"紹"。

〔一二〇〕《書鈔》《白帖》引"才"上有"之"字。《實錄》同。

〔一二一〕盧弼曰："或曰：'云疑作公。'"

謹案：或曰疑誤。此云蓋指《吳錄》所云"張溫、暨豔奏其事，邵辭位請罪"而言。能，善也。見《漢書·百官公卿表》注。作"公"字無據，且不瞭此爲虞喜語而非劉聲叔語也。

〔一二二〕盧弼曰："此即本傳所謂'猶與魏文帝往來'也。"

謹案：洪飴孫《三國職官表》："郎中令二千石，第三品。"據下文云"權以其奉命光國，拜犍爲太守，置官屬"，考《職官表》"太守二千石，第五品"，化以中二千石第三品改爲二千石第五品，是有功於國而官品反降抑，於理難通，則郎中令句必有訛。《實錄》無"令"字，作"郎中"。《職官表》："郎中四百石，第六品。"蓋化以郎中使魏，歸拜太守，復遷太常。太常中二千石第三品，據此可知今本"令"字實衍文，當刪。盧君校未及，乃以空泛之語爲注，非是。

〔一二三〕《御覽》卷四百六十三引"加"作"化"。

〔一二四〕盧弼曰："宋本'勸'作'勑'。"

謹案：《册府》卷四百六十二引作"勑"。《實錄》、蕭書、郝書俱作"勑"。"勑"本作"敕"，《説文·攴部》："敕，誡也。"作"勑"字是。

〔一二五〕盧弼曰："或曰：'爰者，爰居爰處之義邪？抑直取爰居避風之義邪？'弼按：《鍾離牧傳》：'少爰居永興。'"

謹案：《鍾離牧傳》盧君引錢大昕曰："爰，易也。"則爰居猶今日僑寓。然於此引"或曰"云云，考"爰居爰處"之"爰"，爲發語詞，於此無義；而引"爰居避風"之"爰居"爲海鳥，於此尤無關。何盧君對此妄説不事辨正也？抑將以爲信然乎？殊非。

〔一二六〕盧弼曰："'大將軍'三字疑誤。"

謹案：郝書"軍"下有"掾"字，疑此誤脱，應據增。

〔一二七〕盧弼曰："趙一清曰：'《宋書·禮志》犢車，駢車之流也。孫權云車中八牛，即犢車也。'"

謹案：《御覽》卷七百七十三引《袁子正書》曰："孫權車中八牛，即犢車也。江左御出，則載儲供之物。"

〔一二八〕盧弼曰："《全琮傳》：'丹陽、吳、會山民復爲寇，攻没屬縣，權分三郡險地爲東安郡。'胡三省曰：'吳會，吳郡、會稽也。三郡，豫章、丹陽、新都也。或曰：三郡，丹陽、吳、會稽也。'弼按：豫章、丹陽、新都三郡相距太遠，以丹陽、吳郡、會稽三郡爲是。趙一清曰：'《方輿紀要》卷九十：東安城在杭州富陽縣北十八里，郡守全琮築城。一清案：十縣之名不可考。《宋書·州郡志》以吳郡之新城爲吳立，又建德、桐廬、壽昌三縣皆是吳分富春立，疑皆屬東安，後罷郡以縣屬吳也。'"

謹案：洪頤煊曰："三郡，《全琮傳》作丹陽、吳、會稽。《宋書·州郡志》：'吳郡建德、桐廬、壽昌皆吳分富春立。新城，吳立爲縣，後并桐廬。'《太平寰宇記》：'建德、桐廬俱黄武四年分富春置。黄武五年於富春縣置臨武縣，又析富春置新城縣。'則東安郡十縣有建德、桐廬、壽昌、臨武、新城、富春而六也。"

〔一二九〕"但"毛本作"若"，"詔"紹興本作"謡"，非。

〔一三〇〕《季漢書》"沂"字作"圻"。盧弼曰:"宋本'圻'作'沂'。趙一清曰:'當作圻。'"

謹案:錢儀吉"沂"改"圻"。考《書鈔》卷一百二十三"沂"作"圻","圻"與"碕"同。《埤蒼》曰:"碕,曲岸頭也。"庾仲雍《江水記》云:"谷里袁口。江津南入,歷樊山上下三百里;樊口之北有灣,昔孫權裝大船。"

〔一三一〕《書鈔》引"取"字作"移"。

〔一三二〕蕭書"遂"作"愈"。

〔一三三〕盧弼曰:"趙一清曰:'《寰宇記》卷百十二:敗舶灣,在武昌縣西北,水路七里。《武昌記》:權與羣臣泛船中流,值風,至樊口十餘里便敗,因名敗舶灣。《水經注》:江水北樊口之北有灣,昔孫權裝大船,名之曰長安,亦曰大舶,載坐直之士三千人。與羣臣泛舟江津,屬值風起,權欲西取蘆洲,谷利不從,令取樊口薄舶,船至岸而敗,故名其處爲敗舶灣。因鑿樊山爲路以上,人即名其處爲吳造峴。在樊口上一里。今厥處尚存。'"

謹案:《江夏記》:"敗舶灣在縣西北七里。案《吳志》云:孫權與羣臣泛觴於大船江中,西上逢惡風。權遣柂上張頜取灕洲。谷利拔劍擬柂工,急取樊口,未及至口灣中,船破,因名敗舶灣。權至岸謂谷利曰:'何怯於水也?'谷利曰:'大王萬乘之主,欲涉不測之淵,一旦傾危,社稷何寄!'因登陸路而歸。"見《御覽》卷七十五引。

〔一三四〕毛本"琮"作"綜",是。蕭書同。本志《三嗣主傳》及《韓當傳》"琮"字俱作"綜"。

〔一三五〕《初學記》卷九、《御覽》卷一百一十八引作"祭南郊",此"南"上奪"祭"字。

〔一三六〕馮本、陳本"辭"字俱作"時"。

〔一三七〕盧弼曰："《宋書‧符瑞志》'閶'作'開'。"

謹案：錢儀吉曰："'閶'《宋‧符瑞志》作'開'。"考《初學記》作"開昌門"，《實錄》亦作"開"。《説文‧門部》："閶，開也。"閶、開義同。

〔一三八〕盧弼曰："潘眉曰：'參分者，參酌以分天下，與世所稱三分異，《蜀志》謂之交分天下也。'"

謹案：《穀梁傳‧桓公五年》"不正父在子代仕之辭也"注"蓋參議之"疏："參者，交互之意。"《史記‧樂書》"四暢交於中"正義："交，互也。"是參分即交分也。潘云"參酌以分"，疑未的。

〔一三九〕盧弼曰："《尚書‧舜典》：'竄三苗于三危。'孔傳：'三苗，國名。縉雲氏之後，爲諸侯，號饕餮。三危，西裔。'"

謹案：盧君徵引《尚書‧舜典》與傳意無涉。考《淮南子‧兵略》："舜伐有苗。"高誘注："有苗，三苗也。"《帝王世紀》："（舜）使禹攝政，攝五年，有苗氏叛，南征，崩於鳴條。"所謂干度，指三苗反對禹之統治。

〔一四〇〕盧弼曰："宋本、毛本'任'作'在'。"

謹案：馮本、陳本俱作"在"。《類聚》卷二十三、《册府》卷二百一十五引同。《爾雅‧釋詁》："在，終也。"朱駿聲《説文通訓定聲‧頤部》"在"篆曰："按繼續猶牵就之意。"則作"在"字疑是。

〔一四一〕盧弼曰："宋本'臣'作'神'。"

謹案：《左傳‧襄公十一年》作"羣神羣祀"，此本《左傳》，當從之。

〔一四二〕盧弼曰："合肥新城，今安徽合肥縣西北三十里，見《魏志‧明帝紀》青龍二年及《滿寵傳》。是年吳築東興堤，見

《諸葛恪傳》。"

謹案：徐紹楨曰："新城之作，議自滿寵。據寵傳，魏青龍元年寵始上疏請作合肥新城，是時當在吳嘉禾二年。此書於黃龍二年，歲月不符矣！蕭氏《魏曹叡載記》於建興八年下，書是年作合肥新城，蓋亦循《吳志》之誤，書此以傅會之也。"

〔一四三〕《實錄》作"詔立國學，置都講祭酒"。

〔一四四〕《實錄》"遣"字上有"二月"二字。

〔一四五〕盧弼曰："毛本'山'作'仙'。"

謹案：《御覽》卷六十九引《吳志》作"仙"，作"仙"字是。

〔一四六〕《御覽》引作"世世相承"，重"世"字，《實錄》同。

〔一四七〕《御覽》引"布"字作"市"。

〔一四八〕盧弼曰："錢大昭曰：'東縣當作東冶。'見《魏志·王朗傳》。"

謹案：《後漢書·東夷傳》"東"下有"冶"字，錢說是。

〔一四九〕《實錄》作"夏五月，建業有野蠶成繭，大如鳥卵"。

〔一五〇〕盧弼曰："'由拳'見《孫策傳》，今浙江嘉興府嘉興縣南五里。"

謹案：《宋書·符瑞志》："初，秦始皇東巡，濟江。望氣者云：'五百年後，江東有天子氣出於吳，而金陵之地，有王者之勢。'於是秦始皇乃改金陵曰秣陵，鑿北山以絕其勢。至吳，又令囚徒十餘萬人掘汙其地，表以惡名，故曰囚卷縣，今嘉興縣也。"（《方輿紀要》云："今嘉興府城南五里。"）

〔一五一〕《御覽》卷八百三十九引無"南"字，《實錄》同。

〔一五二〕梁章鉅曰："案：遼東無閬中，《公孫淵傳》注作'郎中令'。"

謹案：毛本"閭"作"郎"，是。

〔一五三〕盧弼曰："馮本'臻'作'徵'。"

謹案：作"臻"字是。《說文·至部》："臻，至也。"

〔一五四〕《御覽》卷五百二十七引"土中"作"中土"。

〔一五五〕盧弼曰："宋本作'復奏曰'。"

謹案《宋書·禮志》"書"字作"奏"，《御覽》引同。

〔一五六〕毛本"從"字作"徙"，是。《御覽》引同。又"於"字下毛本有"長安言文王郊於"七字，《御覽》引亦同，似應據增。

〔一五七〕毛本"性"上有"德"字，《御覽》引同。

〔一五八〕《御覽》引"意"字作"臆"。

〔一五九〕《御覽》引"王"字作"主"。

〔一六〇〕《御覽》引"統"字作"妙"。

〔一六一〕《御覽》引"便"字作"使"。

〔一六二〕《御覽》引"戡"字作"龕"。

〔一六三〕《御覽》引"南宮"作"宮南"。

〔一六四〕《御覽》引"祭"下有"地"字。

〔一六五〕紹興本、馮本、陳本"衡"上俱無"匡"字。

〔一六六〕盧弼曰："噞音脅。"

謹案：《莊子·天運篇》"予口張而不能噞"釋文："噞，合也。""噞"實誤字。盧君云"噞音脅"，非。考紹興本正作"脅"，《冊府》卷二百零七引同。《禮記·禮運篇》"是謂脅君"注："脅，劫也。"

〔一六七〕《冊府》卷四百五十二引"有"字作"又"。

〔一六八〕盧弼曰："'卒占'或改作'率先'。'河西'宋本、馮本、毛本皆作'西河'。"

謹案：《後漢書・明帝紀》"及流人無名數欲自占者人一級"注："占謂自歸首也。"宋、馮、毛諸本作"西河"誤。事見《後漢書・竇融傳》。或説不明"占"字之義，臆改"卒占"爲"率先"，殊非。

〔一六九〕盧弼曰："'定'字疑誤。"

謹案：定，安也。似不誤。

〔一七〇〕紹興本、馮本、陳本、毛本"百"字俱作"不"。《册府》引同。

〔一七一〕盧弼曰："權是時年五十二，不得六十。"

謹案：徐紹楨曰："此時爲嘉禾二年，權已六十，當生於熹平三年，距至建安五年，二十七歲矣。其兄策卒於建安五年，本傳以爲年二十六，權安得長之？且上文云'兄策既定諸郡，時權年十五'，則此年斷無六十可知。郝書亦云'朕年六十'，蓋亦沿《江表傳》之誤也。"

〔一七二〕盧弼曰："胡三省曰：'謂稱臣以誘吳使同前，既又斬其使以却之也。'"

謹案：前却猶言進退，謂爲公孫淵所支配，而遂失自主之義。胡注似迂曲。

〔一七三〕紹興本"湧"字作"踴"。

〔一七四〕蕭書"疆"字作"彊"。

〔一七五〕蕭書"人"字作"等"。

〔一七六〕蕭書作"其日日中"，無"時"字。

〔一七七〕毛本"守"字作"與"。

〔一七八〕蕭書"不"上有"誠"字。

〔一七九〕菜果不得云捕，蕭書"捕"字作"採"，是也。

〔一八〇〕《實錄》"書"下有"郎"字，"拜"上有"往"字。

疑"宫"上脱"位"字。

〔一八一〕紹興本"到"字作"倒"。

〔一八二〕《實錄》"固"下有"等令"二字。

〔一八三〕錢儀吉"有雹"作"雨雹",云從《宋書·五行志》校。

謹案:作"雨"字是,毛本"有"字正作"雨"。

〔一八四〕《御覽》卷八百零二引作"何若",卷八百零七引作"若何",疑作"若何"者爲得。

〔一八五〕《實錄》"輔"字上有"秋七月"三字。

〔一八六〕《御覽》卷五百四十六引"之"下有"也"字。

〔一八七〕《册府》卷六百一十引"糾"字作"科"。

〔一八八〕《御覽》引"刑"下有"戮"字。

〔一八九〕《御覽》引"因"字作"自"。

〔一九〇〕紹興本"麒麟"作"騏驎",下同。

〔一九一〕《册府》卷一百八十八引"又"字作"文"。

〔一九二〕《治要》引無"大"字,《實錄》"將"字作"臣"。

〔一九三〕盧弼曰:"胡三省曰:'刻,怪也。'"

謹案:刻無怪義。《後漢書·申屠剛傳》"懼然自刻者也"注:"刻猶責也。"胡注疑非。

〔一九四〕盧弼曰:"是時權年五十七,亦不得云興軍五十年。"

謹案:洪亮吉曰:"自建安四年從征劉勳至此年,若舉大數言之,亦止可云四十,不得有五十也。"

〔一九五〕《張昭傳》注"札"字作"禮","禮"或省作"礼",與"札"形近,因以致誤。

〔一九六〕紹興本"資"字作"姿",郝書同。

〔一九七〕紹興本、馮本、陳本、毛本"詞"字作"相",是。

郝書同。金陵翻毛本仍作"詞",誤。

〔一九八〕紹興本"吏"下有"或"字。

〔一九九〕紹興本"賑"字作"振"。

〔二〇〇〕紹興本、毛本"札"字俱作"禮",是也。

〔二〇一〕《官本考證》曰:"《通鑑》作'直指襄陽'。"

謹案:毛本"指事"作"直指",蕭書同,應據改。

〔二〇二〕紹興本、馮本、陳本"揚"字俱作"陽"。

〔二〇三〕盧弼曰:"毛本'宜'作'益'。"

謹案:作"宜"字是。

〔二〇四〕紹興本無"欲"字。《御覽》卷一百一十八引"言"下有"蜀"字,《實錄》同,應據補。

〔二〇五〕《實錄》"又"下有"前"字。

〔二〇六〕紹興本、馮本、陳本"護"字作"獲",疑非。毛本作"護"。

〔二〇七〕紹興本、毛本"若"字作"苦"。

〔二〇八〕盧弼曰:"沈家本曰:'《御覽》作券。案:破家非權所肯言,當從《御覽》作破券爲長。'"

謹案:《御覽》卷一百一十八引作"券"。《説文》曰:"券別之書,以刀判契其旁。"段玉裁注云:"判,分也。契,刻也。兩家各一之書牘,分刻其旁,使可兩合以爲信。"即此破券之義。

〔二〇九〕盧弼曰:"或曰:'孫權所言,可謂恕己而亮人,人能每事即己平觀,自然不至有忿悁,而人世亦可以無怨尤矣。'"

謹案:傳載權言蓋以步騭、朱然聞流言而驟自驚疑,美權能剖析事理,曲盡物情,而得其實也。或説所云似失之空衍。空衍之語,盧君喜錄之;於文中衍字脱字,忽而不見察。考《實錄》"竟"下無"自"字,《御覽》引同。"蜀竟無謀",語意已足,著

"自"字實贅矣。

〔二一〇〕盧弼曰："洪飴孫曰：'吳於瀕江要地置都督，權輕者稱督。'弼按：下文無難督同。"

謹案：無難督似與瀕江要地所置之督，其職有別。無難督所率皆壯悍善戰之士，駐守京邑，觀《陳武傳》可知。盧君謂以駐防邊疆之督相同，其實非也。

〔二一一〕《官本考證》曰："宋本作'伺權在苑中'。"

謹案：紹興本、毛本"苑守"俱作"苑中"，是也。考上文"權數出苑中"可證，若作"苑守"，則不詞矣。

〔二一二〕紹興本"頭"下有"塢"字。

〔二一三〕盧弼曰："錢大昭曰：'此篇雖爲列傳，當從本紀例，不可不謹嚴齊整。驃騎、車騎、鎮南下皆當有將軍二字。'弼按：《通鑑》有'將軍'二字。"

謹案：《實錄》"驃騎""車騎"下俱有"大將軍"三字。"鎮南"下有"將軍"二字，疑今本蓋以傳鈔而誤刪也。

〔二一四〕紹興本"一萬"作"二萬"。

〔二一五〕紹興本、馮本、陳本、毛本"三"字俱作"二"，《御覽》卷一百七十三引同。應據改。

〔二一六〕《御覽》卷九百二十一、《事類賦》卷十九引"館"字作"觀"，《實錄》同。下云"東觀典校之府"，疑作"東觀"爲得。

〔二一七〕《初學記》卷九引作"寶鼎見於平湖中"。

〔二一八〕《御覽》卷三百三十五引無"炬"字，"置"下有"於"字。

〔二一九〕《御覽》引無"皆"字。

〔二二〇〕盧弼曰："《類聚》《御覽》作'或五十里，或三十里'。"

謹案：嚴可均《全晉文》據《類聚》卷八十、《御覽》卷三百三十五引校此注。而"里或"二字，惟《御覽》有之。盧君此語似出自嚴氏，既不言所自，且不覆檢原書，而逕謂《類聚》亦有此二字，與《御覽》同。如是作注，難以言審諦矣！

〔二二一〕紹興本、馮本、陳本、毛本"令"字俱作"合"，《御覽》引同，應據改。

〔二二二〕《白帖》卷九十引作"飲食言語"，《實錄》"語言"亦作"言語"，應據改。

〔二二三〕《晉書·五行志》"深"上有"水"字。《實錄》作"水一丈"。

〔二二四〕《晉書》"南"作"兩"，"門"下有"瓦"字。《實錄》同。

〔二二五〕紹興本、馮本、陳本、毛本"英奇"二字乙，《御覽》卷一百一十八引同，《實錄》亦同，應據乙。

〔二二六〕《御覽》引"燕"字作"宴"。

三國志校箋卷四十八

吳志卷三〔一〕

孫亮　孫休　孫晧〔二〕

　　孫亮字子明，權少子也。權春秋高而亮最少，故尤留意。姊全公主嘗譖太子和，子母心自不安〔三〕，因倚權意，欲豫自結，數稱述全尚女，勸爲亮納〔四〕。赤烏十三年，和廢，權遂立亮爲太子，以全氏爲妃。
　　太元元年夏，亮母潘氏立爲皇后。冬，權寢疾，徵大將軍諸葛恪爲太子太傅，會稽太守滕胤爲太常，並受詔輔太子。明年四月，權薨，太子即尊號，大赦，改元〔五〕。是歲，於魏嘉平四年也。
　　閏月，以恪爲帝太傅，胤爲衛將軍領尚書事，上大將軍呂岱爲大司馬，諸文武在位皆進爵班賞，冗官加等。冬十月，太傅恪率軍遏巢湖，巢音祖了反〔六〕。城東興，使將軍全端守西城，都尉留略守東城。十二月朔丙申，大風雷雹〔七〕，魏使將軍諸葛誕、胡遵等步騎七萬圍東興，將軍王昶攻南郡，毌丘儉向武昌。甲寅，恪以大兵赴敵。戊午，兵及東興，交戰，大破魏軍，殺將軍韓綜、桓嘉等。是月，雷雨天災武昌端門；改作端門，又災內殿。臣松之案：孫權赤烏十年，詔徙武昌宮材瓦以繕治建康宮，而此猶有端門內殿。《吳錄》云：諸葛恪有遷都意，更起武昌宮。今所災者恪所新作。

二年春正月丙寅，立皇后全氏，大赦。庚午，王昶等皆退。二月，軍還自東興，大行封賞。三月，恪率軍伐魏。夏四月，圍新城，大疫，兵卒死者大半。秋八月，恪引軍還。冬十月，大饗。武衛將軍孫峻伏兵殺恪於殿堂。大赦。以峻爲丞相，封富春侯。十一月，有大鳥五見於春申，明年改元。

五鳳元年夏，大水。秋，吳侯英謀殺峻，覺，英自殺。冬十一月，星茀於斗、牛。《江表傳》曰：是歲交阯稗草化爲稻。

三年春正月〔八〕，魏鎮東將軍毌丘儉、前將軍文欽以淮南之衆西入，戰於樂嘉。閏月壬辰，峻及驃騎將軍呂據、左將軍留贊率兵襲壽春，軍及東興，聞欽等敗。壬寅，兵進於橐皋，欽詣峻降，淮南餘衆數萬口來奔。魏諸葛誕入壽春，峻引軍還。二月，及魏將軍曹珍遇於高亭〔九〕，交戰，珍敗績。留贊爲誕別將蔣班所敗於菰陂，贊及將軍孫楞、蔣修等皆遇害。三月，使鎮南將軍朱異襲安豐，不克。秋七月，將軍孫儀、張怡、林恂等謀殺峻，發覺，儀自殺，恂等伏辜。陽羨離里山大石自立〔一〇〕。使衛尉馮朝城廣陵，拜將軍吳穰爲廣陵太守，留略爲東海太守。是歲大旱。十二月，作太廟。以馮朝爲監軍使者，督徐州諸軍事，民饑，軍士怨畔。

太平元年春《吳曆》曰：正月，爲權立廟〔一一〕，稱太祖廟。二月朔，建業火。峻用征北大將軍文欽計將征魏。八月，先遣欽及驃騎呂據、車騎劉纂、鎮南朱異、前將軍唐咨軍自江都入淮、泗。九月丁亥，峻卒，以從弟偏將軍綝爲侍中、武衞將軍，領中外諸軍事，召還據等。聞綝代峻〔一二〕，大怒。己丑，大司馬呂岱卒。壬辰，太白犯南斗。據、欽、咨等表薦衞將軍滕胤爲丞相，綝不聽。癸卯，更以胤爲大司馬，代呂岱駐武昌。據引兵還，欲討綝。綝遣使以詔書告喻欽、咨等，使取據。冬十月丁未，遣孫憲及丁奉、施寬等以舟兵逆據於江都，遣將軍劉丞督步騎攻胤。胤兵敗夷滅。己酉，大赦，改元。辛亥，獲呂據於新州。十一月，以綝爲大將軍、假節，封永康侯。孫憲與將軍王惇謀殺綝，事覺，綝殺惇，迫憲令自殺。十二月，使五官中郎將刁玄告亂於蜀。

二年春二月甲寅，大雨，震電。乙卯，雪，大寒。以長沙東部爲湘東郡，西部爲衡陽郡，會稽東部爲臨海郡，豫章東部爲臨川郡。夏四月，亮臨正殿，大赦，始親政事。綝所表奏，多見難問，又科兵子弟年十八已下十五已上，得三千餘人，選大將子弟年少有勇力者爲之將帥。亮曰：「吾立此軍，欲與之俱長。」日於苑中習焉。

《吳曆》曰：亮數出中書視孫權舊事〔一三〕，問左右侍臣："先帝數有特制，今大將軍問事〔一四〕，但令我書可邪！"亮後出西苑〔一五〕，方食生梅，使黃門至中藏取蜜漬梅，蜜中有鼠矢，召問藏吏，藏吏叩頭。亮問吏曰："黃門從汝求蜜邪？"吏曰："向求，實不敢與。"黃門不服，侍中刁玄、張邠啓："黃門、藏吏辭語不同，請付獄推盡〔一六〕。"亮曰："此易知耳。"令破鼠矢，矢裏燥。亮大笑謂玄、邠曰："若矢先在蜜中〔一七〕，中外當俱濕，今外濕裏燥〔一八〕，必是黃門所爲〔一九〕。"黃門首服，左右莫不驚悚。《江表傳》曰：亮使黃門以銀椀并蓋就中藏吏取交州所獻甘蔗餳〔二〇〕。黃門先恨藏吏，以鼠矢投餳中，啓言藏吏不謹。亮呼吏持餳器入，問曰："此器既蓋之，且有掩覆，無緣有此，黃門將有恨於汝邪？"吏叩頭曰："嘗從某求宮中莞席，宮席有數，不敢與。"亮曰："必是此也。"覆問黃門，具首伏。即於目前加髡鞭，斥付外署。臣松之以爲：鼠矢新者，亦表裏皆濕。黃門取新矢則無以得其奸也，緣遇燥矢，故成亮之慧。然猶謂《吳曆》此言，不如《江表傳》爲實也。

五月，魏征東大將軍諸葛誕以淮南之衆保壽春城，遣將軍朱成稱臣上疏，又遣子靚、長史吳綱諸牙門子弟爲質。六月，使文欽、唐咨、全端等步騎二萬救誕〔二一〕。朱異自虎林率衆襲夏口，夏口督孫壹奔魏。秋七月，綝率衆救壽春，次於鑊里，朱異至自夏口，綝使異爲前部督，與丁奉等將介士五萬解圍。八月，會稽南部反，殺都尉。鄱陽、新都民爲亂，廷尉丁密、步兵校尉鄭胄、將軍鍾離牧率軍討之。朱異以軍士乏食引還，綝大怒，九月朔己巳，殺異於鑊里。辛未，綝自鑊里還建業。甲申,大赦。十一月,全緒子禕、儀以其母奔魏。十二月,全端、懌等自壽春城詣司馬文王。

三年春正月,諸葛誕殺文欽。三月,司馬文王克壽春,誕及左右戰死,將吏已下皆降。秋七月,封故齊王奮爲章安侯。詔州郡伐宮材〔二二〕。自八月沈陰不雨四十餘日。亮以綝專恣,與太常全尚,將軍劉丞謀誅綝〔二三〕。九月戊午,綝以兵取尚,遣弟恩攻殺丞於蒼龍門外,召大臣會宮門,黜亮爲會稽王,時年十六。

孫休字子烈,權第六子〔二四〕。年十三,從中書郎射慈、郎中盛沖受學〔二五〕。太元二年正月,封琅邪王,居虎林。四月,權薨,休弟亮承統,諸葛恪秉政,不欲諸王在濱江兵馬之地,徙休於丹陽郡。太守李衡數以事侵休,休上書乞徙他郡,詔徙會稽。居數歲,夢乘龍上天,顧不見尾,覺而異之。孫亮廢,己未,孫綝使宗正孫楷與中書郎董朝迎休。休初聞問,意疑,楷、朝具述綝等所以奉迎本意,留一日二夜,遂發。十月戊寅,行至曲阿,有老公于休叩頭曰〔二六〕:“事久變生,天下喁喁〔二七〕,願陛下速行。”休善之,是日進及布塞亭。武衛將軍恩行丞相事,率百僚以乘輿法駕迎於永昌亭,築宮,以武帳爲便殿,設御座。己卯,休至,望便殿止住,使孫楷先見恩。楷還,休乘輦進,羣臣再拜稱臣。休升便殿,謙不即御坐,止東廂。戶曹尚書前即階下讚奏,丞相奉璽符。休三讓,羣臣三請。休曰:“將相諸侯咸推寡人,寡人敢不承受璽符。"羣臣以次奉引，休就乘輿，百官陪位，綝以兵千人迎於半野[二八]，拜於道側，休下車答拜。即日御正殿，大赦，改元。是歲於魏甘露三年也。

永安元年冬十月壬午，詔曰："夫褒德賞功，古今通義。其以大將軍綝爲丞相、荆州牧，增食五縣。武衛將軍恩爲御史大夫、衛將軍、中軍督，封縣侯。威遠將軍據爲右將軍、縣侯。偏將軍幹雜號將軍、亭侯。長水校尉張布輔導勤勞，以布爲輔義將軍，封永康侯。董朝親迎，封爲鄉侯。"又詔曰："丹陽太守李衡，以往事之嫌，自拘有司。夫射鉤斬袪，在君爲君，遣衡還郡[二九]，勿令自疑。"《襄陽記》曰：衡字叔平，本襄陽卒家子也，漢末入吳爲武昌庶民[三〇]。聞羊衜有人物之鑒，往干之，衜曰："多事之世，尚書劇曹郎才也。"是時校事郎吕壹操弄權柄[三一]，大臣畏偪，莫有敢言[三二]，衡曰："非李衡無能困之者。"遂共薦爲郎。權引見，衡口陳壹姦短數千言，權有愧色。數月，壹被誅，而衡大見顯擢。後常爲諸葛恪司馬，幹恪府事。恪被誅，求爲丹陽太守[三三]。時孫休在郡治，衡數以法繩之。妻習氏每諫衡，衡不從。會休立，衡擾懼，謂妻曰："不用卿言，以至於此。"遂欲奔魏。妻曰："不可。君本庶民耳，先帝相拔過重[三四]，既數作無禮，而復逆自猜嫌，逃叛求活，以此北歸，何面見中國人乎？"衡曰："計何所出？"妻曰："琅邪王素好善慕名，方欲自顯於天下，終不以私嫌殺君明矣。可自囚詣獄，表列前失，顯求受罪。如此，乃當逆見優饒，非但直活而已。"衡從之，果得無患，又加威遠將軍，授以棨戟。衡每欲治家，妻輒不聽，後密遣客十人於武陵龍陽汎洲上作宅[三五]，種甘橘千株[三六]。臨死，勑兒曰："汝母惡吾治家，故窮如是。然吾州里有千頭木奴，不責汝衣食，歲上一匹絹，亦可足用耳〔三七〕。"衡亡後二十餘日〔三八〕，兒以白母〔三九〕，母曰："此當是種甘橘也，汝家失十戶客來七八年〔四〇〕，必汝父遣爲宅。汝父恒稱太史公言，'江陵千樹橘，當封君家'。吾答曰：'且人患無德義，不患不富，若貴而能貧〔四一〕，方好耳，用此何爲！'"吳末，衡甘橘成，歲得絹數千匹，家道殷足。晉咸康中，其宅上枯樹猶在〔四二〕。己丑，封孫晧爲烏程侯，晧弟德錢唐侯，謙永安侯。《江表傳》曰：羣臣奏立皇后、太子，詔曰："朕以寡德，奉承洪業，莅事日淺，恩澤未敷，加后妃之號，嗣子之位，非所急也。"有司又固請，休謙虛不許。

十一月甲午，風四轉五復，蒙霧連日。綝一門五侯皆典禁兵，權傾人主，有所陳述，敬而不違〔四三〕，於是益恣。休恐其有變，數加賞賜。丙申，詔曰："大將軍忠款内發〔四四〕，首建大計以安社稷，卿士内外，咸贊其議，並有勳勞。昔霍光定計，百僚同心，無復是過。亟案前日與議定策告廟人名，依故事應加爵位者，促施行之。"戊戌，詔曰："大將軍掌中外諸軍事，事統煩多，其加衛將軍御史大夫恩侍中，與大將軍分省諸事。"壬子詔曰："諸吏家有五人三人兼重爲役，父兄在都，子弟給郡縣吏，既出限米，軍出又從，至於家事無經護者，朕甚愍之。其有五人三人爲役，聽其父兄所欲留，爲留一人，除其米限，軍出不從。"又曰："諸將吏奉迎陪位在永昌亭者，皆加位一級。"頃之，休聞綝逆謀，陰與張布圖計。十二月戊辰臘，百僚朝賀，公卿升殿，詔武士縛綝，即日伏誅。己巳，詔以左將軍張布討奸臣，加布爲中軍督，封布弟惇爲都亭侯，給兵三百人，惇弟恂爲校尉。

詔曰："古者建國，教學爲先，所以道世治性，爲時養器也。自建興以來，時事多故，吏民頗以目前趨務，去本就末，不循古道。夫所尚不淳，則傷化敗俗。其案古置學官，立五經博士，核取應選，加其寵祿；科見吏之中及將吏子弟有志好者，各令就業。一歲課試，差其品第，加以位賞。使見之者樂其榮，聞之者羨其譽。以敦王化，以隆風俗〔四五〕。"

二年春正月，震電。三月，備九卿官，詔曰："朕以不德，託於王公之上，夙夜戰戰，忘寢與食。今欲偃武修文，以崇大化。推此之道，當由士民之贍〔四六〕，必須農桑。《管子》有言：'倉廩實，知禮節；衣食足，知榮辱。'夫一夫不耕，有受其饑，一婦不織，有受其寒；饑寒並至，而民不爲非者，未之有也。自頃年已來，州郡吏民及諸營兵，多違此業，皆浮船長江，賈作上下，良田漸廢，見穀日少，欲求大定，豈可得哉？亦由租入過重，農人利薄，使之然乎！今欲廣開田業，輕其賦稅，差科彊羸〔四七〕，課其田畝，務令優均，官私得所，使家給户贍，足相供養，則愛身重命，不犯科法，然後刑罰不用，風俗可整。以羣僚之忠賢，若盡心於時，雖太古盛化，未可卒致，漢文升平，庶幾可及。及之，則臣主俱榮，不及，則損削侵辱，何可從容俯仰而已？諸卿尚書可共咨度，務取便佳。田桑已至，不可後時。事定施行，稱朕意焉。"

三年春三月，西陵言赤烏見。秋，用都尉嚴密議，作浦里塘。會稽郡謠言王亮當還爲天子，而亮宮人告亮使巫禱祠有惡言。有司以聞，黜爲候官侯〔四八〕，遣之國。道自殺，衛送者伏罪。《吳錄》曰：或云休鴆殺之。至晉太康中，吳故少府丹陽戴顒迎亮喪，葬之賴鄉。以會稽南郡爲建安郡〔四九〕，分宜都置建平郡。《吳曆》曰：是歲得大鼎於建德縣。

四年夏五月，大雨，水泉涌溢。秋八月，遣光禄大夫周奕、石偉巡行風俗，察將吏清濁，民所疾苦，爲黜陟之詔。《楚國先賢傳》曰：石偉字公操，南郡人。少好學，修節不怠，介然獨立，有不可奪之志。舉茂才、賢良方正，皆不就。孫休即位，特徵偉，累遷至光禄勳。及晧即位，朝政昏亂，偉乃辭老耄痼疾乞身，就拜光禄大夫。吳平，建威將軍王戎親詣偉。太康二年，詔曰："吳故光禄大夫石偉，秉志清白，皓首不渝，雖處危亂，廉節可紀。年已過邁，不堪遠涉，其以偉爲議郎，加二千石秩，以終厥世。"偉乃陽狂及盲，不受晉爵。年八十三，太熙元年卒。九月，布山言白龍見。是歲，安吳民陳焦死，埋之，六日更生，穿土中出〔五〇〕。

五年春二月，白虎門北樓災。秋七月，始新言黃龍見。八月壬午，大雨震電，水泉涌溢。乙酉，立皇后朱氏。戊子，立子瑾爲太子，大赦。《吳錄》載休詔曰："人之有名，以相紀別，長爲作字，憚其名耳。禮，名子欲令難犯易避，五十稱伯仲，古或一字。今人競作好名好字，又令相配，所行不副，此瞽字伯明者也，孤常哂之。或師友父兄所作，或自己爲；

師友尚可,父兄猶非,自爲最不謙。孤今爲四男作名字:太子名𩅦,𩅦音如湖水灣澳之灣,字莔[五一],莔音如迓今之迓;次子名䧳,䧳音如枳䧳之䧳,字奡,奡音如玄礥首之礥;次子名壾,壾音如草莽之莽,字㽿,㽿音如舉物之舉;次子名宛,宛音如襄衣下寬大之襄,字褜,褜音如有所擁持之擁。此都不與世所用者同,故鈔舊文會合作之。夫書八體損益,因事而生,今造此名字,既不相配,又字但一,庶易棄避,其普告天下,使咸聞知。"臣松之以爲:《傳》稱"名以制義,義以出禮,禮以體政,政以治民[五二]。是以政成而民則[五三],易則生亂"。斯言之作,豈虛也哉!然欲令難犯[五四],何患無名,而乃造無況之字,制不典之音,違明誥於前修,垂嗤騃於後代,不亦異乎!是以墳土未乾而妻子絶滅[五五]。師服之言,於是乎徵矣。冬十月,以衞將軍濮陽興爲丞相,廷尉丁密、光祿勳孟宗爲左右御史大夫。休以丞相興及左將軍張布有舊恩,委之以事,布典宫省,興關軍國。休鋭意於典籍,欲畢覽百家之言,尤好射雉,春夏之間,常晨出夜還,唯此時舍書。休欲與博士祭酒韋曜、博士盛沖講論道藝,曜、沖素皆切直,布恐入侍,發其陰失,令已不得專,因妄飾説以拒遏之。休答曰:"孤之涉學,羣書略徧,所見不少也;其明君闇主,奸臣賊子,古今賢愚成敗之事,無不覽也。今曜等入,但欲與講論書耳,不爲從曜等始更受學也。縱復如此,亦何所損?君特當以曜等恐道臣下奸變之事,以此不欲令入耳。如此之事,孤已自備之[五六],不須曜等然後乃解也。此都無所損,君意特有所忌故耳。"布得詔陳謝,重自序述，又言懼妨政事。休答曰："書籍之事，患人不好，好之無傷也。此無所爲非，而君以爲不宜，是以孤有所及耳。王務學業[五七]，其流各異，不相妨也。不圖君今日在事，更行此於孤也，良所不取。"布拜表叩頭，休答曰："聊相開悟耳，何至叩頭乎！如君之忠誠，遠近所知。往者所以相感，今日之巍巍也。《詩》云：'靡不有初，鮮克有終。'終之實難，君其終之。"初，休爲王時，布爲左右將督，素見信愛，及至踐阼，厚加寵待，專擅國勢，多行無禮，自嫌瑕短，懼曜、沖言之，故尤患忌。休雖解此旨，心不能悦，更恐其疑懼，竟如布意，廢其講業，不復使沖等入。是歲使察戰到交阯調孔爵、大豬[五八]。臣松之案：察戰吳官號，今揚都有察戰巷[五九]。

六年夏四月，泉陵言黃龍見。五月，交阯郡吏吕興等反，殺太守孫諝。諝先是科郡上手工千餘人送建業，而察戰至，恐復見取，故興等因此扇動兵民，招誘諸夷也。冬十月，蜀以魏見伐來告。癸未，建業石頭小城火，燒西南百八十丈。甲申，使大將軍丁奉督諸軍向魏壽春，將軍留平別詣施績於南郡，議兵所向，將軍丁封、孫異如沔中，皆救蜀。蜀主劉禪降魏，問至然後罷。吕興既殺孫諝，使使如魏，請太守及兵。丞相興建取屯田萬人以爲兵。分武陵爲天門郡。《吳曆》曰[六〇]：是歲青龍見於長沙，白燕見於慈胡，赤雀見於豫章。

七年春正月，大赦。二月，鎮軍陸抗、撫軍步協、征西將軍留平、建平太守盛曼，率衆圍蜀巴東守將羅憲。

夏四月，魏將新附督王稚浮海入句章，略長吏賞林及男女二百餘口。將軍孫越徼得一船，獲三十人。秋七月，海賊破海鹽，殺司鹽校尉駱秀。使中書郎劉川發兵廬陵。豫章民張節等爲亂，衆萬餘人。魏使將軍胡烈步騎二萬侵西陵以救羅憲，陸抗等引軍退。復分交州置廣州。壬午，大赦。癸未，休薨，《江表傳》曰：休寢疾，口不能言[六一]，乃手書呼丞相濮陽興入，令子𩅦出拜之。休把興臂，而指𩅦以託之。時年三十，謚曰景皇帝。葛洪《抱朴子》曰：吳景帝時，戍將於廣陵掘諸冢[六二]，取版以治城，所壞甚多。復發一大冢，內有重閣，户扇皆樞轉可開閉，四周爲徼道通車，其高可以乘馬。又鑄銅爲人數十枚，長五尺，皆大冠朱衣，執劍列侍。靈座皆刻銅人，背後石壁，言殿中將軍，或言侍郎、常侍。似公王之冢。破其棺，棺中有人，髮已班白，衣冠鮮明，面體如生人[六三]。棺中雲母厚尺許，以白玉璧三十枚藉尸。兵人輩共舉出死人，以倚冢壁。有一玉長一尺許，形似冬瓜，從死人懷中透出墮地。兩耳及鼻孔中，皆有黃金如棗許大，此則骸骨有假物而不朽之効也[六四]。

孫皓字元宗，權孫，和子也[六五]，一名彭祖，字皓宗。孫休立，封皓爲烏程侯，遣就國。西湖民景養相皓當大貴，皓陰喜而不敢泄。休薨，是時蜀初亡，而交阯攜叛，國內震懼，貪得長君。左典軍萬彧昔爲烏程令，與皓相善，稱皓才識明斷，是長沙桓王之疇也，又加之好學，奉遵法度，屢言之於丞相濮陽興、左將軍張布。

興、布說休妃太后朱，欲以晧爲嗣。朱曰："我寡婦人，安知社稷之慮，苟吳國無隕，宗廟有賴可矣。"於是遂迎立晧，時年二十三。改元，大赦。是歲，於魏咸熙元年也。

元興元年八月，以上大將軍施績、大將軍丁奉爲左右大司馬，張布爲驃騎將軍，加侍中，諸增位班賞，一皆如舊。九月，貶太后爲景皇后，追諡父和曰文皇帝，尊母何爲太后。十月，封休太子𩅦爲豫章王，次子汝南王，次子梁王，次子陳王。立皇后滕氏。《江表傳》曰：晧初立，發優詔，恤士民，開倉廩，振貧乏，科出宮女〔六六〕以配無妻〔六七〕，禽獸擾於苑者皆放之。當時翕然稱爲明主〔六八〕。晧既得志，麤暴驕盈，多忌諱，好酒色，大小失望。興、布竊悔之。或以譖晧〔六九〕，十一月，誅興、布。十二月，孫休葬定陵。封后父滕牧爲高密侯，《吳曆》曰：牧本名密，避丁密，改名牧，丁密避牧，改名爲固。舅何洪等三人皆列侯。是歲，魏置交阯太守之郡，晉文帝爲魏相國，遣昔吳壽春城降將徐紹、孫彧銜命齎書，陳事勢利害，以申喻晧。《漢晉春秋》載晉文王與晧書曰："聖人稱有君臣然後有上下禮義，是故大必字小，小必事大，然後上下安服，羣生獲所。逮至末塗，純德既毀，剿民之命，以爭疆於天下，違禮順之至理，則仁者弗由也。方今主上聖明，覆幬無外，僕備位宰輔，屬當國重，唯華夏乖殊，方隅圮裂，六十餘載，金革亟動，無年不戰，暴骸喪元，困悴周定，每用悼心，坐以待旦。將欲止戈興仁，爲百姓請命，故分命偏師，平定蜀漢，役未經年，全軍獨克。於時猛將謀夫，朝臣庶士，咸以奉天時之宜，就既征之軍，藉吞敵之勢，宜遂回旗東指，以臨吳境。舟師泛江，順流而下，陸軍南轅，取徑四郡[七〇]，兼成都之械，漕巴漢之粟，然後以中軍整旅，三方雲會[七一]，未及浹辰，可使江表厎平，南夏順軌。然國朝深惟伐蜀之舉，雖有靜難之功，亦悼蜀民獨罹其害，戰於綿竹者，自元帥以下並受斬戮，伏尸蔽地，血流丹野。一之於前，猶追恨不忍，況重之於後乎？是故旋師按甲，思與南邦共全百姓之命。夫料力忖勢，度資量險，遠考古昔廢興之理，近鑒西蜀安危之効，隆德保祚，去危即順，屈己以寧四海者，仁哲之高致也；履危偷安，隕德覆祚，而不稱於後世者，非智者之所居也。今朝廷遣徐紹、孫彧獻書喻懷，若書御於前，必少留意，回慮革算，結歡弭兵，共爲一家，惠矜吳會，施及中土，豈不泰哉！此昭心之大願也，敢不承受。若不獲命，則普天率土，期於大同，雖重干戈，固不獲已也[七二]。"

甘露元年三月，晧遣使隨紹、彧報書曰："知以高世之才，處宰輔之任，漸導之功，勤亦至矣。孤以不德，階承統緒，思與賢良共濟世道，而以壅隔未有所緣，嘉意允著，深用依依。今遣光禄大夫紀陟、五官中郎將弘璆宣明至懷。"《江表傳》曰：晧書兩頭言白，稱名言而不著姓。《吳錄》曰：陟字子上[七三]，丹陽人。初爲中書郎，孫峻使詰南陽王和，令其引分。陟密使令正辭自理，峻怒。陟懼，閉門不出。孫休時[七四]，父亮爲尚書令[七五]，而陟爲中書令[七六]，每朝會，詔以屏風隔其座。出爲豫章太守。干寶《晉紀》曰：陟、璆奉使如魏，入境而問諱，入國而問俗。壽春將王布示之馬射，既而問之曰："吳之君子亦能斯乎？"陟曰："此軍人騎士肆業所及，士大夫君子未有爲之者矣。"布大慙。既至，魏帝見之，使儐問曰："來時吳王何如[七七]？"陟對曰："來時皇帝臨軒[七八]，百寮陪位，御膳無愆。"晉文王饗之，百寮畢會，使儐者告曰："某者安樂公也，某者匈奴單于也。"陟曰："西王失土[七九]，爲君王所禮，位同三代，莫不感義，匈奴邊塞難羈之國，君王懷之，親在坐席，此誠威恩遠著。"又問："吳之戎備幾何？"對曰："自西陵以至江都，五千七百里[八〇]。"又問曰："道里甚遠，難爲堅固？"對曰："疆界雖遠，而其險要必爭之地[八一]，不過數四，猶人雖有八尺之軀，靡不受患，其護風寒亦數處耳[八二]。"文王善之，厚爲之禮。臣松之以爲：人有八尺之體靡不受患[八三]，防護風寒豈唯數處？取譬若此，未足稱能。若曰譬如金城萬雉，所急防者四門而已。方陟此對，不猶愈乎！《吳錄》曰：晧以諸父與和相連及者[八四]，家屬皆徙東冶，唯陟以有密旨，特封孚都亭侯。孚弟瞻，字思遠，入仕晉驃騎將軍。弘璆，曲阿人，弘咨之孫，權外甥也。璆後至中書令、太子少傅。紹行到濡須，召還殺之，徙其家屬建安，始有白紹稱美中國者故也。夏四月，蔣陵言甘露降，於是改元大赦。秋七月，晧逼殺景后朱氏，亡不在正殿，於苑中小屋治喪，衆知其非疾病，莫不痛切。又送休四子於吳小城，尋復追殺大者二人。九月，從西陵督步闡表，徙都武昌，御史大夫丁固、右將軍諸葛靚鎮建業。陟、璆至洛，遇晉文帝崩，十一月乃遣還。晧至武昌，又大赦。以零陵南部爲始安郡，桂陽南部爲始興郡。十二月，晉受禪。

寶鼎元年正月，遣大鴻臚張儼、五官中郎將丁忠弔祭晉文帝。及還，儼道病死。《吳錄》曰：儼字子節，吳人也。弱冠知名，歷顯位[八五]，以博聞多識，拜大鴻臚。使於晉，晧謂儼曰："今南北通好，以君爲有出境之才，故相屈行。"對曰："皇皇者華，蒙其榮耀，無古人延譽之美[八六]，磨厲鋒鍔，思不辱命。"既至，車騎將軍賈充、尚書令裴秀、侍中荀勖等欲傲以所不知，而不能屈。尚書僕射羊祜、尚書何禎並結縞帶之好[八七]。忠說晧曰："北方守戰之具不設，弋陽可襲而取。"晧訪羣臣，鎮西大將軍陸凱曰："夫兵不得已而用之耳，且三國鼎立已來，更相侵伐，無歲寧居。今彊敵新并巴蜀，有兼土之實，而遣使求親，欲息兵役，不可謂其求援於我。今敵形勢方彊，而欲徼幸求勝，未見其利也。"車騎將軍劉纂曰："天生五才，誰能去兵？譎詐相雄，有自來矣。若其有闕，庸可棄乎？宜遣間諜以觀其勢[八八]。"晧陰納纂言，且以蜀新平，故不行，然遂自絕。八月，所在言得大鼎，於是改年，大赦。以陸凱爲左丞相，常侍萬彧爲右丞相。冬十月，永安山賊施但等聚衆數千人。《吳錄》曰：永安今武康縣也。劫晧庶弟永安侯謙，出烏程，取孫和陵上鼓吹曲蓋。比至建業，衆萬餘人。丁固、諸葛靚逆之於牛屯，大戰，但等敗走。獲謙，謙自殺。《漢晉春秋》曰：初，望氣者云荆州有王氣破揚州，而建業宮不利，故晧徙武昌，遣使者發民掘荆州界大臣名家冢與山岡連者以厭之。既聞但反，自以爲徙土得計也[八九]。使數百人鼓譟入建業，殺但妻子[九〇]，云天子使荆州兵來破揚州賊，以厭前氣。分會稽爲東陽郡，分吳、丹陽爲吳興郡。晧詔曰："古者分土建國，所以襃賞賢能，廣樹藩屏。秦毀五等爲三十六郡，漢室初興，閒立乃至百五〔九一〕，因事制宜，蓋無常數也。今吳郡陽羨、永安、餘杭、臨水及丹陽故鄣、安吉、原鄉、於潛諸縣，地勢水流之便，悉注烏程，既宜立郡以鎮山越，且以藩衛明陵，奉承大祭，不亦可乎！其亟分此九縣爲吳興郡，治烏程。"以零陵北部爲邵陵郡。十二月，晧還都建業，衛將軍滕牧留鎮武昌。

二年春，大赦。右丞相萬彧上鎮巴丘。夏六月，起顯明宮，《太康三年地記》曰：吳有太初宮，方三百丈，權所起也。昭明宮方五百丈，晧所作也。避晉諱，故曰顯明。《吳曆》云：顯明在太初之東。《江表傳》曰：晧營新宮，二千石以下皆自入山督攝伐木。又破壞諸營，大開園囿〔九二〕，起土山樓觀，窮極伎巧，功役之費以億萬計。陸凱固諫，不從。冬十二月，晧移居之。是歲，分豫章、廬陵、長沙爲安成郡。

三年春二月，以左右御史大夫丁固、孟仁爲司徒、司空。《吳書》曰〔九三〕：初，固爲尚書。夢松樹生其腹上，謂人曰："松字十八公也〔九四〕，後十八歲〔九五〕，吾其爲公乎〔九六〕！"卒如夢焉〔九七〕。秋九月，晧出東關，丁奉至合肥。是歲，遣交州刺史劉俊、前部督修則等入擊交阯〔九八〕，爲晉將毛炅等所破，皆死，兵散還合浦。

建衡元年春正月，立子瑾爲太子，及淮陽、東平王。冬十月，改年，大赦。十一月，左丞相陸凱卒。遣監軍虞汜、威南將軍薛珝、蒼梧太守陶璜由荊州，監軍李勖、督軍徐存從建安海道，皆就合浦擊交阯。

二年春，萬彧還建業。李勖以建安道不通利，殺導將馮斐，引軍還。三月天火〔九九〕，燒萬餘家，死者七百人。夏四月，左大司馬施績卒。殿中列將何定白："少府李勗枉殺馮斐，擅徹軍退還。"勗及徐存家屬皆伏誅。秋九月，何定將兵五千人上夏口獵。都督孫秀奔晉。是歲大赦。

三年春正月晦，晧舉大衆出華里，晧母及妃妾皆行，東觀令華覈等固爭，乃還。《江表傳》曰：初，丹陽刁玄使蜀，得司馬徽與劉廙論運命曆數事。玄詐增其文以誑國人曰："黃旗紫蓋見於東南，終有天下者，荆、揚之君乎〔一〇〇〕！"又得國中降人〔一〇一〕，言壽春下有童謠曰"吳天子當上〔一〇二〕"。晧聞之，喜曰："此天命也！"即載其母妻子及後宮數千人，從牛渚陸道西上，云青蓋入洛陽〔一〇三〕，以順天命。行遇大雪，道塗陷壞，兵士被甲持仗，百人共引一車，寒凍殆死。兵人不堪，皆曰："若遇敵便當倒戈耳！"晧聞之，乃還。是歲，汜、璜破交阯，禽殺晉所置守將，九真、日南皆還屬。《漢晉春秋》曰：初，霍弋遣楊稷、毛炅等戍〔一〇四〕，與之誓曰："若賊圍城，未百日而降者，家屬誅；若過百日而城沒者〔一〇五〕，刺史受其罪。"稷等日未滿而糧盡〔一〇六〕，乞降於璜。璜不許，而給糧使守。吳人並諫，璜曰："霍弋已死，無能來者，可須其糧盡〔一〇七〕，然後乃受，使彼來無罪，而我取有義，内訓吾民，外懷鄰國，不亦可乎！"稷、炅糧盡，救不至〔一〇八〕，乃納之。《華陽國志》曰：稷，犍爲人。炅，建寧人。稷等城中食盡，死亡者半，將軍王約反降，吳人得入城，獲稷、炅，皆囚之。孫晧使送稷下都，稷至合浦，歐血死。晉追贈交州刺史。初，毛炅與吳軍戰，殺前部督修則。陶璜等以炅壯勇，欲赦之。而則子允固求殺炅，炅亦不爲璜等屈，璜等怒，面縛炅詰之，曰："晉兵賊〔一〇九〕！"炅厲聲曰："吳狗，何等爲賊？"

吳人生剖其腹,允割其心肝,罵曰:"庸復作賊?"炅猶罵不止,曰:"尚欲斬汝孫晧,汝父何死狗也!"乃斬之。晉武帝聞而哀矜,即詔使炅長子襲爵,餘三子皆關內侯。此與《漢晉春秋》所說不同。大赦,分交阯爲新昌郡。諸將破扶嚴,置武平郡。以武昌督范慎爲太尉。右大司馬丁奉、司空孟仁卒。《吳錄》曰:仁字恭武,江夏人也,本名宗,避晧字易焉。少從南陽李肅學[一〇]。其母爲作厚褥大被[一一],或問其故,母曰:"小兒無德致客,學者多貧,故爲廣被[一二],庶可得與氣類接也[一三]。"其讀書夙夜不懈,肅奇之,曰:"卿宰相器也。"初爲驃騎將軍朱據軍吏,將母在營。既不得志,又夜雨屋漏,因起涕泣,以謝其母,母曰:"但當勉之,何足泣也?"據亦稍知之,除爲鹽池司馬[一四]。自能結網[一五],手以捕魚,作鮓寄母,母因以還之,曰:"汝爲魚官,而以鮓寄我,非避嫌也。"遷吳令。時皆不得將家之官,每得時物,來以寄母[一六],常不先食。及聞母亡,犯禁委官,語在權傳。特爲減死一等,復使爲官,蓋優之也。《楚國先賢傳》曰:宗母嗜笋,冬節將至[一七]。時笋尚未生,宗入竹林哀歎[一八],而笋爲之出[一九],得以供母,皆以爲至孝之所致感[二〇]。累遷光禄勳,遂至公矣[二一]。西苑言鳳皇集,改明年元。

鳳皇元年秋八月,徵西陵督步闡。闡不應,據城降晉。遣樂鄉都督陸抗圍取闡,闡衆悉降。闡及同計數十人皆夷三族。大赦。是歲右丞相萬彧被譴憂死,徙其子弟於廬陵。《江表傳》曰:初晧游華里,彧與丁奉、留平密謀曰:"此行不急,若至華里不歸,社稷事重,不得不自還。"此語頗泄。晧聞知,以彧等舊臣,且以計忍而陰銜之。後因會,以毒酒飲彧,傅酒人私減之。又飲留平，平覺之，服他藥以解，得不死。或自殺。平憂懣，月餘亦死。何定奸穢發聞〔一二二〕，伏誅。晧以其惡似張布，追改定名爲布。《江表傳》曰：定，汝南人，本孫權給使也，後出補吏。定侫邪僭媚，自表先帝舊人，求還內侍，晧以爲樓下都尉，典知酤糴事，專爲威福。而晧信任，委以衆事。定爲子求少府李勖女，不許。定挾忿譖勖於晧，晧尺口誅之，焚其尸。定又使諸將各上好犬，皆千里遠求，一犬至直數千匹。御犬率具纓，直錢一萬。一犬一兵，養以捕兔供厨。所獲無幾。吳人皆歸罪於定，而晧以爲忠勤，賜爵列侯。《吳曆》曰：中書郎奚熙譖宛陵令賀惠。惠，邵弟也。遣使者徐粲訊治，熙又譖粲顧護不即決斷。晧遣使就宛陵斬粲，收惠付獄。會赦得免。

二年春三月，以陸抗爲大司馬。司徒丁固卒。秋九月，改封淮陽爲魯，東平爲齊，又封陳留、章陵等九王，凡十一王，王給三千兵。大赦。晧愛妾或使人至市劫奪百姓財物〔一二三〕，司市中郎將陳聲，素晧幸臣也，恃晧寵遇，繩之以法。妾以愬晧，晧大怒，假他事燒鋸斷聲頭，投其身於四望之下。是歲，太尉范慎卒。

三年，會稽妖言章安侯奮當爲天子。臨海太守奚熙與會稽太守郭誕書，非論國政。誕但白熙書，不白妖言，送付建安作船。《會稽邵氏家傳》曰：邵疇字溫伯，時爲誕功曹。誕被收，惶遽無以自明。疇進曰：“疇今自在，疇之事〔一二四〕，明府何憂？”遂詣吏自列，云不白妖言，事由於己，非府君罪。吏上疇辭，晧怒猶盛。疇慮誕卒不免，遂自殺以證之。臨亡，置辭曰：“疇生長邊陲，不閑教道，得以門資，厠身本郡，踰越儕類，位極朝右，不能贊揚盛化，養之以福。今妖訛橫興，干國亂紀，疇以噂𠴲之語，本非事實，雖家誦人詠，不足有慮[一二五]。天下重器，而匹夫橫議，疾其醜聲，不忍聞見，欲含垢藏疾，不彰之翰筆，鎮躁歸靜，使之自息。愚心勤勤，每執斯旨，故誕屈其所是，默以見從。此之爲怨，實由於疇。謹不敢逃死，歸罪有司，唯乞天鑒，特垂清察。"吏收疇喪，得辭以聞，晧乃免誕大刑，送付建安作船。疇亡時，年四十[一二六]。晧嘉疇節義，詔郡縣圖形廟堂。遣三郡督何植收熙，熙發兵自衛，斷絕海道。熙部曲殺熙，送首建業，夷三族。秋七月，遣使者二十五人分至州郡，科出亡叛。大司馬陸抗卒。自改年及是歲連大疫。分鬱林爲桂林郡。

天册元年，吳郡言掘地得銀，長一尺，廣三分，刻上有年月字，於是大赦，改年[一二七]。

天璽元年，吳郡言臨平湖自漢末草穢壅塞[一二八]，今更開通。長老相傳[一二九]，此湖塞，天下亂，此湖開，天下平。又於湖邊得石函，中有小石[一三〇]，青白色，長四寸，廣二寸餘，刻上作皇帝字[一三一]，於是改年，大赦。會稽太守車浚、湘東太守張詠不出算緡，就在所斬之，徇首諸郡。《江表傳》曰：浚在公清忠，值郡荒旱，民無資糧，表求振貸。晧謂浚欲樹私恩，遣人梟首。又尚書熊睦見晧酷虐，微有所諫，晧使人以刀環撞殺之，身無完肌。秋八月，京下督孫楷降晉。鄱陽言歷陽山石文理成字[一三二]，凡二十，云"楚九州渚，吳九州都，揚州士[一三三]，作天子，四世治，太平始"。《江表傳》曰：歷陽縣有石山臨水[一三四]，高百丈，其三十丈所，有七穿駢羅[一三五]，穿中色黃赤，不與本體相似，俗相傳謂之石印。又云，石印封發，天下當太平。下有祠屋，巫祝言石印神有三郎。時歷陽長表上言石印發[一三六]，晧遣使以太牢祭歷山[一三七]。巫言[一三八]，石印三郎說"天下方太平"。使者作高梯，上看印文[一三九]，詐以朱書石作二十字，還以啟晧[一四〇]。晧大喜曰："吳當爲九州作都、渚乎[一四一]！從大皇帝及孤四世矣，太平之主，非孤復誰？"重遣使，以印綬拜三郎爲王，又刻石立銘，襃贊靈德，以答休祥。又吳興陽羨山有空石[一四二]，長十餘丈，名曰石室，在所表爲大瑞[一四三]。乃遣兼司徒董朝、兼太常周處至陽羨縣[一四四]，封禪國山。明年改元，大赦，以協石文。

天紀元年夏，夏口督孫慎出江夏、汝南，燒略居民。初，驃子張俶多所譖白，累遷爲司直中郎將，封侯，甚見寵愛，是歲奸情發聞，伏誅。《江表傳》曰：俶父，會稽山陰縣卒也，知俶不良，上表云："若用俶爲司直，有罪乞不從坐。"晧許之。俶表立彈曲二十人[一四五]，專糾司不法，於是愛惡相攻，互相謗告。彈曲承言，收繫囹圄，聽訟失理，獄以賄成。人民窮困，無所措手足。俶奢淫無厭，取小妻三十餘人[一四六]，擅殺無辜，衆奸並發，父子俱見車裂。

二年秋七月，立成紀、宣威等十一王，王給三千兵，大赦。

三年夏，郭馬反。馬本合浦太守修允部曲督。允轉桂林太守，疾病，住廣州，先遣馬將五百兵至郡安撫諸夷。允死，兵當分給，馬等累世舊軍，不樂離別。晧時又科實廣州戶口，馬與部曲將何典、王族、吳述、殷興等因此恐動兵民，合聚人衆，攻殺廣州督虞授。馬自號都督交、廣二州諸軍事、安南將軍，興廣州刺史，述南海太守。典攻蒼梧，族攻始興。《漢晉春秋》曰：先是，吳有說識者曰："吳之敗，兵起南裔，亡吳者，公孫也。"晧聞之，文武職位至於卒伍[一四七]，有姓公孫者，皆徙於廣州，不令停江邊。及聞馬反，大懼曰："此天亡也"。八月，以軍師張悌爲丞相，牛渚都督何植爲司徒。執金吾滕循爲司空，未拜，轉鎮南將軍，假節領廣州牧，率萬人從東道討馬，興族遇於始興[一四八]，未得前。馬殺南海太守劉略[一四九]，逐廣州刺史徐旗。晧又遣徐陵督陶濬將七千人從西道，命交州牧陶璜部伍所領及合浦、鬱林諸郡兵，當與東西軍共擊馬。

有鬼目菜生工人黃耇家[一五〇]，依緣棗樹，長丈餘，莖廣四寸，厚三分[一五一]。又有買菜生工人吳平家[一五二]，高四尺，厚三分，如枇杷形，上廣尺八寸，下莖廣五寸，兩邊生菜綠色[一五三]。東觀案圖，名鬼目作芝草，買菜作平慮草，遂以耇爲侍芝郎，平爲平慮郎，皆銀印青綬。

冬[一五四]，晉命鎮東大將軍司馬伷向涂中，安東將軍王渾、揚州刺史周浚向牛渚[一五五]，建威將軍王戎向武昌，平南將軍胡奮向夏口，鎮南將軍杜預向江陵[一五六]，龍驤將軍王濬、廣武將軍唐彬浮江東下，太尉賈充爲大都督，量宜處要，盡軍勢之中。陶濬至武昌，聞北軍大出，停駐不前。

初，晧每宴會羣臣，無不咸令沈醉。置黃門郎十人，特不與酒，侍立終日，爲司過之吏。宴罷之後，各奏其闕失，迕視之咎，謬言之愆，罔有不舉。大者即加威刑，小者輒以爲罪[一五七]。後宮數千而采擇無已。又激水入宮，宮人有不合意者，輒殺流之。或剝人之面，或鑿人之眼。岑昏險諛貴幸[一五八]，致位九列，好興功役，衆所患苦[一五九]。是以上下離心，莫爲晧盡力[一六〇]，蓋積惡已極[一六一]，不復堪命故也。吳平后，晉侍中庚峻等問晧侍中李仁曰："聞吳主披人面，刖人足，有諸乎？"仁曰："以告者過也。君子惡居下流，天下之惡皆歸焉。蓋此事也，若信有之，亦不足能怪。昔唐、虞五刑，三代七辟，肉刑之制，未爲酷虐。晧爲一國之主，秉殺生之柄，罪人陷法，加之以懲，何足多罪！夫受堯誅者不能無怨，受桀賞者不能無慕，此人情也。"又問曰："云歸命侯乃惡人橫睛逆視，皆鑿其眼，有諸乎？"仁曰："亦無此事，傳之者謬耳。《曲禮》曰視天子由袷以下，視諸侯由頤以下，視大夫由衡，視士則平面，得游目五步之內；視上於衡則傲，下於帶則憂，旁則邪[一六二]。以禮視瞻，高下不可不慎，況人君乎哉？視人君相迕，是乃禮所謂傲慢；傲慢則無禮，無禮則不臣，不臣則犯罪，犯罪則陷不測矣。正使有之，將有何失？"凡仁所答，峻等皆善之，文多不悉載。

四年春，立中山、代等十一王，大赦。濬、彬所至，則土崩瓦解，靡有禦者。預又斬江陵督伍延，渾復斬丞相張悌、丹陽太守沈瑩等，所在戰克。干寶《晉紀》曰：吳丞相軍師張悌、護軍孫震、丹陽太守沈瑩帥衆三萬濟江，圍成陽都尉張喬於楊荷橋[一六三]，衆才七千，閉柵自守，舉白接告降。吳副軍師諸葛靚欲屠之，悌曰："彊敵在前，不宜先事其小；且殺降不祥。"靚曰："此等以救兵未至而力少，故且偽降以緩我，非來伏也〔一六四〕。因其無戰心而盡阬之，可以成三軍之氣。若舍之而前，必爲後患。"悌不從，撫之而進。與討吳護軍張翰、揚州刺史周浚成陣相對。沈瑩領丹陽銳卒刀楯五千，號曰青巾兵，前後屢陷堅陣，於是以馳淮南軍，三衝不動。退引亂，薛勝、蔣班因其亂而乘之〔一六五〕，吳軍以次土崩，將帥不能止，張喬又出其後，大敗吳軍於版橋〔一六六〕，獲悌、震、瑩等。《襄陽記》曰：悌字巨先，襄陽人，少有名理，孫休時爲屯騎校尉。魏伐蜀，吳人問悌曰："司馬氏得政以來，大難屢作，智力雖豐，而百姓未服也。今又竭其資力，遠征巴蜀，兵勞民疲而不知恤，敗於不暇，何以能濟？昔夫差伐齊，非不克勝，所以危亡，不憂其本也，況彼之爭地乎〔一六七〕！"悌曰："不然。曹操雖功蓋中夏，威震四海，崇詐杖術，征伐無已，民畏其威，而不懷其德也。丕、叡承之，係以慘虐〔一六八〕，內興宮室，外懼雄豪〔一六九〕，東西馳驅，無歲獲安，彼之失民，爲日久矣。司馬懿父子，自握其柄，累有大功，除其煩苛而布其平惠，爲之謀主而救其疾〔一七〇〕，民心歸之，亦已久矣。故淮南三叛而腹心不擾，曹髦之死，四方不動，摧堅敵如折枯，蕩異同如反掌〔一七一〕，任賢使能，各盡其心，非智勇兼人，孰能如之？其威武張矣，本根固矣，羣情服矣，姦計立矣。今蜀閹宦專朝，國無政令，而玩戎黷武，民勞卒弊，競於外利，不修守備。彼疆弱不同，智算亦勝，因危而伐，殆其克乎〔一七二〕！若其不克，不過無功，終無退北之憂，覆軍之慮也，何爲不可哉？昔楚劍利而秦昭懼，孟明用而晉人憂，彼之得志，故我之大患也〔一七三〕。"吳人笑其言，而蜀果降於魏。晉來伐吳，皓使悌督沈瑩、諸葛靚，帥衆三萬渡江逆之。至牛渚，沈瑩曰："晉治水軍於蜀久矣，今傾國大舉，萬里齊力，必悉益州之衆，浮江而下。我上流諸軍，無有戒備，名將皆死，幼少當任，恐邊江諸城，盡莫能禦也〔一七四〕。

晉之水軍必至於此矣！宜畜衆力，待來一戰。若勝之日，江西自清，上方雖壞，可還取之。今渡江逆戰，勝不可保，若或摧喪，則大事去矣。"悌曰："吳之將亡，賢愚所知，非今日也。吾恐蜀兵來至此[一七五]，衆心必駭懼[一七六]，不可復整。今宜渡江[一七七]，可用決戰力爭。若其敗喪，則同死社稷，無所復恨。若其克勝，則北敵奔走[一七八]，兵勢萬倍，便當乘威南上，逆之中道，不憂不破也。若如子計，恐行散盡，相與坐待敵到，君臣俱降，無復一人死難者，不亦辱乎！"遂渡江戰，吳軍大敗。諸葛靚與五六百人退走，使過迎悌，悌不肯去，靚自往牽之，謂曰："且夫[一七九]，天下存亡有大數，豈卿一人所知[一八〇]，如何故自取死爲？"悌垂涕曰[一八一]："仲思，今日是我死日也。且我作兒童時，便爲卿家丞相所拔，常恐不得其死，負名賢知顧。今以身徇社稷，復何遁邪[一八二]？莫牽曳之如是。"靚流涕放之，去百餘步，已見爲晉軍所殺。《吳錄》曰：悌少知名，及處大任，希合時趣，將護左右，清論譏之。《搜神記》曰：臨海松陽人柳榮從悌至揚州[一八三]，榮病死船中二日，時軍已上岸，無有埋之者[一八四]，忽然大呼，言'人縛軍師！人縛軍師！'聲激揚，遂活。人問之，榮曰："上天北斗門下卒見人縛張悌，意中大愕，不覺大呼，言'何以縛張軍師'。門下人怒榮，叱逐使去，榮便去怖懼[一八五]，口餘聲發揚耳。"其日，悌戰死。榮至晉元帝時猶在。

三月丙寅，殿中親近數百人叩頭請晧殺岑昏，晧惶懅從之。干寶《晉紀》曰：晧殿中親近數百人叩頭謂晧曰[一八六]："北軍日近，而兵不舉刃，陛下將如之何！"晧曰："何故？"對曰："坐岑昏。"晧獨言："若爾，當以奴謝百姓。"衆因曰："唯！"遂並起收昏。晧駱驛追止，已屠之也。

戊辰，陶濬從武昌還，即引見，問水軍消息，對曰："蜀船皆小，今得二萬兵，乘大船戰，自足擊之。"於是合衆，授濬節鉞。明日當發，其夜衆悉逃走。而王濬順流將至，司馬伷、王渾皆臨近境。晧用光祿勳薛瑩、中書令胡沖等計，分遣使奉書於濬、伷、渾曰："昔漢室失統，九州分裂，先人因時，略有江南，遂分阻山川，與魏乖隔。今大晉龍興，德覆四海。闇劣偷安，未喻天命。至於今者，猥煩六軍，衡蓋路次，遠臨江渚，舉國震惶，假息漏刻。敢緣天朝含弘光大，謹遣私署太常張夔等奉所佩印綬，委質請命，惟垂信納，以濟元元。"《江表傳》載晧將敗，與舅何植書曰："昔大皇帝以神武之略，奮三千之卒，割據江南，席卷交、廣，開拓洪基，欲祚之萬世。至孤末德，嗣守成緒，不能懷集黎元，多爲咎闕，以違天度。闇昧之變，反謂之祥，致使南蠻逆亂，征討未克。聞晉大衆，遠來臨江，庶竭勞瘁，衆皆摧退，而張悌不反，喪軍過半。孤甚愧悵，於今無聊。得陶濬表云武昌以西，並復不守。不守者，非糧不足，非城不固，兵將背戰耳〔一八七〕。兵之背戰，豈怨兵邪？孤之罪也。天文縣變於上，士民憤歎於下，觀此事勢，危如累卵，吳祚終訖，何其局哉！天匪亡吳，孤所招也。瞑目黃壤，當復何顏見四帝乎〔一八八〕！公其勖勉奇謨，飛筆以聞。"晧又遺羣臣書曰："孤以不德，忝繼先軌。處位歷年，政教凶悖，遂令百姓久困塗炭，至使一朝歸命有道，社稷傾覆，宗廟無主，慙愧山積，沒有餘罪。自惟空薄，過偷尊號，才瑣質穢，任重王公，故《周易》有折鼎之誡，詩人有彼其之譏。自居宮室，仍抱篤疾，計有不足，思慮失中，多所荒替。邊側小人，因生酷虐，虐毒橫流，忠順被害。闇昧不覺，尋其壅蔽,孤負諸君,事已難圖,覆水不可收也。今大晉平治四海,勞心務於擢賢,誠是英俊展節之秋也。管仲極讐,桓公用之,良、平去楚,入爲漢臣,舍亂就理,非不忠也。莫以移朝改朔,用損厥志。嘉勗休尚,愛敬動靜。夫復何言,投筆而已!"

壬申,王濬最先到,於是受晧之降,解縛焚櫬,延請相見。《晉陽秋》曰:濬收其圖籍,領州四,郡四十二〔一八九〕,縣三百一十三〔一九〇〕,戶五十二萬三千,吏三萬二千,兵二十三萬,男女口二百三十萬,米穀二百八十萬斛,舟船五千餘艘,後宮五千餘人。佃以晧致印綬於己,遣使送晧。晧舉家西遷,以太康元年五月丁亥集於京邑〔一九一〕。四月甲申,詔曰:"孫晧窮迫歸降,前詔待之以不死,今晧垂至,意猶愍之,其賜號爲歸命侯。進給衣服車乘〔一九二〕,田三十頃,歲給穀五千斛,錢五十萬,絹五百匹,綿五百斤。"晧太子瑾拜中郎〔一九三〕,諸子爲王者〔一九四〕,拜郎中。《搜神記》曰:吳以草創之國,信不堅固,邊屯守將,皆質其妻子,名曰保質。童子少年,以類相與嬉遊者,日有十數。永安二年三月,有一異兒,長四尺餘,年可六七歲,衣青衣,來從羣兒戲,諸兒莫之識也。皆問曰:"爾誰家小兒,今日忽來?"答曰:"見爾羣戲樂,故來耳。"詳而視之,眼有光芒,爚爚外射。諸兒畏之,重問其故。兒乃答曰:"爾惡我乎?我非人也,乃熒惑星也。將有以告爾:三公鉏,司馬如。"諸兒大驚,或走告大人,大人馳往觀之。兒曰:"舍爾去乎!"竦身而躍,即以化矣。仰面視之,若引一匹練以登天〔一九五〕。大人來者,猶及見焉,飄飄漸高,有頃而沒。時吳政峻急,莫敢宣也。後五年而蜀亡〔一九六〕,六年而晉興,至是而吳滅,司馬如矣。干寶《晉紀》曰:王濬治船於蜀,吾彥取其流林以呈孫晧[一九七]，曰："晉必有攻吳之計，宜增建平兵。建平不下，終不敢渡江[一九八]。"晧弗從。陸抗之克步闡，晧意張大，乃使尚廣筮并天下，遇《同人》之《頤》，對曰："吉。庚子歲，青蓋當入洛陽。"故晧不修其政，而恒有窺上國之志。是歲也，實在庚子。五年，晧死於洛陽。《吳錄》曰：晧以四年十二月死，時年四十二，葬河南縣界。

評曰：孫亮童孺而無賢輔，其替位不終，必然之勢也。休以舊愛宿恩，任用興、布，不能拔進良才，改絃易張，雖志善好學[一九九]，何益救亂乎？又使既廢之，亮不得其死，友于之義薄矣。晧之淫刑所濫，隕斃流黜者蓋不可勝數。是以羣下人人惴恐，皆日日以冀，朝不謀夕。其熒惑、巫祝，交致祥瑞，以爲至急。昔舜、禹躬稼，至聖之德，猶或矢誓衆臣，予違女弼，或拜昌言，常若不及。況晧凶頑，肆行殘暴，忠諫者誅，讒諛者進，虐用其民，窮淫極侈，宜腰首分離，以謝百姓。既蒙不死之詔，復加歸命之寵，豈非曠蕩之恩，過厚之澤也哉！
孫盛曰：夫古之立君，所以司牧羣黎，故必仰協乾坤，覆燾萬物；若乃淫虐是縱，酷彼羣生，則天人殛之[二〇〇]，剿絕其祚，奪其南面之尊，加其獨夫之戮。是故湯、武抗鉞，不犯不順之譏；漢高奮劒，而無失節之議。何者？誠四海之酷譬，而人神之所擯故也。況晧罪爲逋寇，虐過辛、癸，梟首素旗，猶不足以謝冤魂，泠室薦社，未足以紀暴迹，而乃優以顯命，寵錫仍加，豈冀行天罰[二〇一]，伐罪弔民之義乎？是以知僣逆之不懲，而凶酷之莫戒。《詩》云："取彼譖人，投畀豺虎。"聊譖猶然，矧僭虐乎？且神旗電埽,兵臨偽窟,理窮勢迫,然後請命,不赦之罪既彰,三驅之義又塞,極之權道,亦無取焉。陸機著《辨亡論》,言吳之所以亡,其上篇曰:"昔漢氏失御,奸臣竊命,禍基京畿,毒徧宇內,皇綱弛紊,王室遂卑。於是羣雄蜂駭,義兵四合,吳武烈皇帝慷慨下國,電發荆南,權略紛紜,忠勇伯世。威稜則夷羿震蕩,兵交則醜虜授馘,遂埽清宗祊,蒸禋皇祖。於時雲興之將帶州,飆起之師跨邑,哮䦧之羣風驅,熊羆之族霧集,雖兵以義合,同盟戮力,然皆包藏禍心,阻兵怙亂,或師無謀律,喪威稔寇,忠規武節,未有若此其著者也。武烈既沒,長沙桓王逸才命世,弱冠秀發,招擥遺老,與之述業。神兵東驅,奮寡犯衆,攻無堅城之將,戰無交鋒之虜。誅叛柔服而江外厎定,飾法修師而威德翕赫〔二〇二〕,賓禮名賢而張昭爲之雄,交御豪俊而周瑜爲之傑。彼二君子,皆弘敏而多奇,雅達而聰哲,故同方者以類附,等契者以氣集,而江東蓋多士矣。將北伐諸華,誅鉏干紀,旋皇輿於夷庚,反帝座於紫闥,挾天子以令諸侯,清天步而歸舊物。戎車既次,羣凶側目,大業未就,中世而隕。用集我大皇帝,以奇蹤襲於逸軌,叡心發乎令圖〔二〇三〕,從政咨於故實,播憲稽乎遺風,而加之以篤固,申之以節儉,疇咨俊茂,好謀善斷,束帛旅於丘園,旌命交於塗巷〔二〇四〕。故豪彥尋聲而響臻,志士希光而影騖,異人輻輳,猛士如林。於是張昭爲師傅,周瑜、陸公、魯肅、呂蒙之疇入爲腹心,出作股肱;甘寧、凌統、程普、賀齊、朱桓、朱然之徒奮其威,韓當、潘璋、黃蓋、蔣欽、周泰之屬宣其力;風雅則諸葛瑾、張承、步騭以聲名光國,政事則顧雍、潘濬、呂範、呂岱以器任幹職,奇偉則虞翻、陸績、張溫、張惇以諷議舉正,奉使則趙咨、沈珩以敏達延譽,術數則吳範、趙達以機祥協德,董襲、陳武殺身以衛主,駱統、劉基彊諫以補過,謀無遺算〔二〇五〕,

舉不失策。故遂割據山川，跨制荆、吳，而與天下爭衡矣。魏氏常藉戰勝之威，率百萬之師，浮鄧塞之舟，下漢陰之衆，羽楫萬計，龍躍順流，銳騎千旅，虎步原隰，謀臣盈室，武將連衡，喟然有吞江滸之志，一宇宙之氣。而周瑜驅我偏師，黜之赤壁，喪旗亂轍，僅而獲免，收迹遠遁。漢王亦馮帝王之號，率巴、漢之民，乘危騁變，結壘千里，志報關羽之敗，圖收湘西之地。而我陸公亦挫之西陵，覆師敗績，困而後濟，絕命永安。續以濡須之寇，臨川摧銳，蓬籠之戰，子輸不反。由是二邦之將，喪氣摧鋒[二〇六]，勢衄財匱，而吳藐然坐乘其弊，故魏人請好，漢氏乞盟，遂躋天號，鼎峙而立。西屠庸蜀之郊，北裂淮漢之涘，東苞百越之地，南括羣蠻之表。於是講八代之禮，蒐三王之樂，告類上帝，拱揖羣后。虎臣毅卒，循江而守；長戟勁鍛[二〇七]，望飆而奮。庶尹盡規於上，四民展業於下，化協殊裔，風衍遐圻。乃俾一介行人，撫巡外域，巨象逸駿，擾於外閑，明珠瑋寶，輝於内府，珍瑰重跡而至，奇玩應響而赴，輶軒騁於南荒，衝輣息於朔野，齊民免干戈之患，戎馬無晨服之虞，而帝業固矣。大皇既殁，幼主蒞朝，姦回肆虐。景皇聿興，虔修遺憲，政無大闕，守文之良主也。降及歸命之初，典刑未滅，故老猶存。大司馬陸公以文武熙朝，左丞相陸凱以謇諤盡規，而施績、范慎以威重顯，丁奉、鍾離斐以武毅稱[二〇八]，孟宗、丁固之徒爲公卿，樓玄、賀邵之屬掌機事，元首雖病，股肱猶良。爰及末葉，羣公既喪，然後黔首有瓦解之志，皇家有土崩之釁，歷命應化而微，王師躡運而發，卒散於陣，民奔於邑，城池無藩籬之固，山川無溝阜之勢，非有工輸雲梯之械，智伯灌激之害，楚子築室之圍，燕人濟西之隊，軍未浹辰而社稷夷矣。雖忠臣孤憤[二〇九]，烈士死節，將奚救哉？夫曹、劉之將非一世之選[二一〇]，向時之師無曩日之衆，戰守之道抑有前符,險阻之利俄然未改,而成敗貿理,古今詭趣,何哉?彼此之化殊,受任之才異也。」其下篇曰:「昔三方之王也[二一一],魏人據中夏,漢氏有岷、益,吳制荆、揚而有交、廣[二一二]。曹氏雖功濟諸華,虐亦深矣,其民怨矣。劉翁因險飾知[二一三],功已薄矣,其俗陋矣。吳桓王基之以武,太祖成之以德,聰明睿達,懿度深遠矣。其求賢如不及[二一四],恤民如稚子,接士盡盛德之容,親仁罄丹府之愛。拔呂蒙於戎行,識潘濬於係虜[二一五]。推誠信士,不恤人之我欺;量能授器,不患權之我逼。執鞭鞠躬,以重陸公之威;悉委武衛,以濟周瑜之師。卑宮菲食,以豐功臣之賞;披懷虛己,以納謨士之算。故魯肅一面而自託,士燮蒙險而效命。高張公之德而省游田之娛,賢諸葛之言而割情欲之歡,感陸公之規而除刑政之煩,奇劉基之議而作三爵之誓,屏氣踢躅以伺子明之疾,分滋損甘以育淩統之孤,登壇慷慨歸魯肅之功,削投惡言信子瑜之節。是以忠臣競盡其謀,志士咸得肆力,洪規遠略,固不厭夫區區者也。故百官苟合,庶務未遑。初都建業,羣臣請備禮秩,天子辭而不許,曰:『天下其謂朕何!』宮室輿服,蓋慊如也。爰及中葉,天人之分既定,百度之缺粗修[二一六],雖醲化懿綱,未齒乎上代,抑其體國經民之具,亦足以爲政矣。地方幾萬里,帶甲將百萬,其野沃,其民練,其財豐,其器利[二一七],東負滄海,西阻險塞,長江制其區宇,峻山帶其封域,國家之利,未見有弘於茲者矣[二一八]。借使中才守之以道,善人御之有術,敦率遺憲[二一九],勤民謹政,循定策,守常險,則可以長世永年,未有危亡之患。或曰,吳、蜀脣齒之國,蜀滅則吳亡,理則然矣。夫蜀蓋藩援之與國,而非吳人之存亡也。何則?其郊境之接,重山積險,陸無長轂之徑;川阨流迅,水有驚波之艱。雖有銳師百萬,啓行不過千夫;舳艫千里,前驅不過百艦。故劉氏之伐,陸公喻之長虵，其勢然也。昔蜀之初亡，朝臣異謀，或欲積石以險其流，或欲機械以禦其變。天子總羣議而諮之大司馬陸公，陸公以四瀆天地之所以節宣其氣，固無可遏之理，而機械則彼我之所共，彼若棄長技以就所屈，卽荊、揚而爭舟楫之用，是天贊我也，將謹守峽口以待禽耳。逮步闡之亂，憑保城以延彊寇〔二二〇〕，重資幣以誘羣蠻。於是大邦之衆〔二二一〕，雲翻電發〔二二二〕，縣旌江介，築壘遵渚，襟帶要害，以止吳人之西，而巴漢舟師，沿江東下。陸公以偏師三萬，北據東坑，深溝高壘，案甲養威。反虜踡跡待戮，而不敢北闚生路，彊寇敗績宵遁，喪師大半，分命銳師三千〔二二三〕，西禦水軍，東西同捷，獻俘萬計。信哉賢人之謀，豈欺我哉！自是烽燧罕警〔二二四〕，封域寡虞。陸公沒而潛謀兆，吳釁深而六師駭。夫太康之役，衆未盛乎！曩日之師，廣州之亂，禍有愈乎向時之難，而邦家顚覆，宗廟爲墟。嗚呼！人之云亡，邦國殄悴〔二二五〕，不其然與！《易》曰'湯武革命順乎天'，或曰'亂不極則治不形'〔二二六〕，言帝王之因天時也。古人有言，曰'天時不如地利'，《易》曰'王侯設險以守其國'，言爲國之恃險也。又曰'地利不如人和'，'在德不在險'，言守險之由人也。吳之興也，參而由焉，孫卿所謂合其參者也〔二二七〕。及其亡也，恃險而已，又孫卿所謂合其參者也。夫四州之氓非無衆也，大江之南非乏俊也，山川之嶮易守也，勁利之器易用也，先政之業易循也，功不興而禍遘者何哉〔二二八〕？所以用之者失也。故先王達經國之長規，審存亡之至數，恭己以安百姓〔二二九〕，敦惠以致人和，寬沖以誘俊乂之謀，慈和以結士民之愛。是以其安也，則黎元與之同慶；及其危也，則兆庶與之同患。安與衆同慶，則其危不可得也〔二三〇〕；危與下同患〔二三一〕，則其難不足卹也。夫然，故能保其社稷而固其土宇，麥秀無悲殷之思，黍離無愍周之感矣。"

【校箋】

〔一〕毛本作"吳書三"。

〔二〕毛本作"三嗣主傳第三"。

〔三〕盧弼曰："宋本作'心不自安'。"

謹案：《御覽》卷一百一十八引與宋本同，應據乙。

〔四〕《御覽》引作"勸權爲亮納焉"。

〔五〕《御覽》引句下有"建興元年"四字，蕭書句下有"建興"二字。

〔六〕盧弼曰："原注：'巢音祖了反。'潘眉曰：'《郡縣志》：巢湖，在巢縣西五十里，周迴五百里，南出於東關口合肥界。東南有石渠，鑿山通水，是名關口，一號東興。其地高峻險狹，實守陑之所，天下有事，是必爭之地。'"

謹案：《文選》阮元瑜《爲曹公作書與孫權》注引裴松之《吳志注》："澡，祖了切。""巢"作"澡"。無"音"字。姚鼐《惜抱軒筆記》曰："孫權赤烏十二年，作堂邑涂塘，以淹北道；孫亮即位，諸葛恪率軍遏巢湖；是皆以水害鄰之計，猶蕭衍之遏淮也。又孫權時作濡須塢，塢是小城，當正在江口。若恪之東興城，當在今巢縣，當湖水將出之地。"

〔七〕紹興本、馮本、陳本、毛本"雹"字俱作"電"。下《孫休傳》"永安二年正月，震電"。

〔八〕紹興本、馮本、陳本、毛本"三年"俱作"二年"，《册府》卷二百一十七、卷四百二十七引同，應據改。

〔九〕《册府》卷二百一十七引"及"上有"孫峻"二字。

〔一〇〕沈勒《荆溪外紀》曰："孫亮五鳳二年，離墨山大石自立。"是"里"爲"墨"字之誤。《實錄》卷二"里"作"黑"，蓋"黑"爲"墨"之殘體也。

〔一一〕馮本、陳本"權"字作"鍾"。

〔一二〕《孫綝傳》："綝始爲偏將軍，及峻死，爲侍中武衛將軍，領中外諸軍事，代知朝政。吕據聞之大恐。"則此"聞"上疑脱"據"字。

〔一三〕《實錄》"視"上有"省"字。

〔一四〕盧弼曰："胡三省曰：'問事，猶言奏事；不言奏者，自卑抑之意。'"

謹案：《實錄》"問事"作"關事"，疑是也。《史記·佞幸傳》："公卿皆因關説。"索隱："關，通也。謂公卿因之而通其詞説。"則管教猶言告白其事，胡注疑非。

〔一五〕《御覽》、《事類賦》卷二十六引俱無"後"字。

〔一六〕《御覽》引無"盡"字，《事類賦》引"盡"字作"問"。

〔一七〕《御覽》卷一百一十八、卷八百五十七引無"矢先"二字，有"久"字。

〔一八〕《御覽》卷一百一十八、《事類賦》卷二十六引俱無"外濕"二字。

〔一九〕《御覽》《事類賦》引俱無"是"字。

〔二〇〕盧弼曰："何焯曰：'此時已有甘蔗餳，而言唐時始自蜀僧作之，何其謬也。'"

謹案：《吴錄·地理志》："交阯句漏縣，甘蔗大數寸，其味醇美，異於他處。笮以爲餳，暴之凝如冰，破如博棋，入口消釋。"《一切經音義》："蔗餳，以甘蔗爲餳餹也。今沙糖是也。"

〔二一〕紹興本、毛本"二"俱作"三"，蕭書同。

〔二二〕陳本、金陵翻毛本"宫"字俱作"官"，蕭書同。

〔二三〕盧弼曰："《孫綝傳》作'劉承'，《通鑑》作'丞'。"

謹案：《實錄》作"承"，《御覽》卷一百一十八引同。梁章鉅曰："《孫綝傳》作'劉承'。"

〔二四〕《治要》卷二十七、《御覽》引"子"下俱有"也"字，《文選》陸士衡《辨亡論》李注引亦同。

〔二五〕盧弼曰："陳景雲曰：'射慈疑謝慈，見《孫奮傳》。裴注：慈爲碩儒，故休從受學。'錢大昭曰：'《孫奮傳》：傅相謝慈，疑即此射慈也。射、謝古字通用。'李慈銘曰：'《經典釋文·敘錄》：射慈字孝宗，彭城人。吳中書侍郎、齊王傅。著《禮記音》一卷。而《孫奮傳》云：傅相謝慈等諫奮，奮殺之。注云：慈字孝宗，彭城人，見禮論，撰《喪服圖》及變除行於世。奮初封齊王。是射慈、謝慈爲一人矣。陳氏景雲謂射氏系出北地，當孫吳之世，不聞有并涼舊姓仕於江東者，當依《孫奮傳》作謝慈爲是。然陸氏何以作射慈？此當闕疑。'弼按：改'謝'爲'射'見《蜀志·先主傳》建安二十四年注，互見《孫奮傳》注。"

謹案：《廣韻·昔韻》作"謝慈"，《御覽》一百一十八、卷一百九十三引亦俱作"謝"，當依李説作"謝"字爲是。

〔二六〕盧弼曰："康發祥曰：'今人以閹人之老者爲老公，其本於此乎！'"

謹案：《方言》第六："（凡尊老）周晉秦隴謂之公，或謂之翁。"則老公猶老翁也。是與後世宦者之稱老公有何聯繫耶？豈康氏謂于休老公爲宦者乎？恐非。盧君不考而載之於篇，亦其疏也。

〔二七〕盧弼曰："師古曰：'喁喁，衆口向上也。又相應和聲。'"

謹案：師古注見《漢書・司馬相如傳》，《莊子・齊物論》"前者唱于而隨者唱喁"釋文李云："于喁，聲之相和也。"於此無義，盧君引之，非是。

〔二八〕《實錄》"於"下有"土山之"三字。

〔二九〕蕭書"遣"上有"其"字。

〔三〇〕《御覽》卷四百四十四引"庶民"作"渡民"，《實錄》作"渡長"。

〔三一〕紹興本、陳本、毛本俱無"郎"字。盧弼曰："監本、官本作'校事郎'，'郎'字衍。"

謹案：《季漢書》亦無"郎"字。

〔三二〕《實錄》"言"下有"者"字。

〔三三〕紹興本"陽"字作"揚"。

〔三四〕《實錄》"相"字作"賞"，"重"字作"量"。

〔三五〕《類聚》卷六十四、《北戶錄》卷三、《御覽》卷八百一十七、卷九百六十六引"陽"下俱無"氾"字，《實錄》、蕭書同。《御覽》卷六十九引《水經注》亦無"氾"字。

〔三六〕《水經・沅水注》、《北戶錄》、《御覽》卷八百一十七、《事類賦》卷二十七引俱無"橘"字。"株"，《北戶錄》《事類賦》引俱作"樹"。

〔三七〕《類聚》《實錄》"可"字俱作"當"。《北戶錄》《御覽》《事類賦》引俱無"可"字。

〔三八〕紹興本"十"下無"餘"字。《類聚》引《襄陽記》"十"下有"餘"字。

〔三九〕《類聚》引無"以"字。

〔四〇〕《類聚》引作"七八年汝家失十戶客"，無"來"字。《實錄》作"七八年來失十戶客"，疑此句誤倒，當據兩書乙正，語氣乃順。

〔四一〕"貴"字疑當作"富"。

〔四二〕毛本"上"作"址",郝書同,是也。馮本、陳本俱誤作"上"。《類聚》引"在"作"存",《實錄》、郝書同,"存"下有"焉"字。

〔四三〕《實錄》"敬"上有"帝"字,疑此奪"休"字,否則語意不完。

〔四四〕盧弼曰:"馮本'款'作'敬'。"

謹案:《廣雅·釋詁一》:"款,誠也。"作"款"字是。

〔四五〕《通典·禮十三》"隆"字作"正"。

〔四六〕《册府》卷一百九十八引作"當由士民。士民之贍"。

〔四七〕盧弼曰:"'科'疑作'料'。"

謹案:"科"字是,《廣雅·釋言》:"科,品也。"品謂高下之品。

〔四八〕毛本"候"字作"侯"。盧弼曰:"侯官,見《魏志·王朗傳》'東冶'注。"

謹案:"侯官"紹興本作"候官",是也。官本亦作"候官"。作"侯"字者誤。

〔四九〕毛本"南郡"作"南部"。盧弼曰:"'南部'各本皆作'南郡',誤。"

謹案:《官本考證》曰:"'南郡'宜作'南部'。"趙一清校"郡"字作"部"。蕭書亦作"部"。

〔五〇〕《晉書·五行志》作"穿冢出"。

〔五一〕紹興本"商"字作"酋",《御覽》卷三百六十二引同。馮本、陳本俱作"酋",疑爲"商"之形誤。

〔五二〕盧弼曰:"宋本'治'作'正'。"

謹案：蕭書亦作"正"。《左傳・桓公二年》："師服曰：'政以正民。'"此語本之，字當作"正"爲得。

〔五三〕盧弼曰："宋本'則'作'聽'。"

謹案：蕭書亦作"聽"，此本《左傳》，不容有歧字，字當作"聽"字爲是。

〔五四〕盧弼曰："宋本'然'作'休'。"

謹案：蕭書亦作"休"，作"休"字是。"休"謂孫休。

〔五五〕紹興本、毛本"絶"字俱作"夷"。

〔五六〕郝書作"朕已備知"。疑此"之"字當作"知"。下文"不須曜等然後乃解也"，則"之"應改作"知"，上下文義乃相承。

〔五七〕陳本、毛本"王"字俱作"政"。盧弼曰："宋本'政'作'王'，《通鑑》同，胡注：'王務猶言王事也。'"

謹案：上文張布以"懼妨政事"諫休，休此語正承之而言，疑作"政"字爲是，政事即政務也。《治要》引亦作"政"，《季漢書》作"正"，馮本亦作"正"。宋本與《通鑑》作"王"，疑或誤，胡注疑非。

〔五八〕盧弼曰："王鳴盛曰：'沈約《宋書》作蔡戰，或遂疑爲人名。但《孫奮傳》注引《江表傳》：孫晧遣察戰齎藥賜奮死。未必察戰一人，至晧時又受此使，《宋書》特傳寫誤耳！'潘眉曰：'是年所使察戰，其人爲鄧荀也。見《晉書・陶璜傳》。調孔雀三千頭，荀在交阯，爲呂興所殺。'汪繼熊曰：'吴之察戰，中使也。觀《孫奮傳》注及《晉書・五行志》所載，當是以奄宦爲之。'弼按：《通鑑》作'察戰鄧荀'，蓋亦以察戰爲官名也。"

謹案：沈濤《銅熨斗齋隨筆》卷五曰："察戰當是人名。《元和姓纂》十四黠云：'察姓見《姓苑》。'是當時木有此姓。若書官而不書人姓名，承祚書無此例，它史亦無此例也。《孫奮傳》注引《江表傳》曰'晧遣察戰齎藥賜奮'，當即其人。《晉書·五行志》云：'吳孫休嬖人張布專擅國勢，韋昭、盛沖終斥不用，兼遣察戰等爲内史，驚擾州郡。'是察戰乃休之幸臣，世期以爲官名，當是傳寫有誤。《宋書·五行志》作'蔡戰'，乃淺人疑察非姓，遂爾妄改，非隱侯原文如此。又案：《晉書·陶璜傳》云云，則察戰似是鄧荀起官名矣！然考呂興之叛，《晉志》在孫休永安六年，而《晉書》則在孫晧時，且但言殺諝，不言殺荀，或爾時與荀二人均至交阯，荀被殺而戰逃歸，故至孫晧時復令賜奮耳。"沈説甚辯。考《御覽》卷九百二十四引"察戰"作"察獸"。又引《晉書》有"察獸鄧荀"，疑"察獸"或爲"察戰"之形訛，察戰蓋官名，而鄧荀任此職者。又考《孫休朱夫人傳》注引《搜神記》云："使察鑒之。"《實錄》四作"使察戰監之"，則察戰誠如汪繼熊所謂蓋吳之中使爲帝所親信者，則世期以爲官號蓋不誣也。

〔五九〕盧弼曰："康發祥曰：'俗呼爲夾剪巷。'"

謹案：沈濤《銅熨斗齋隨筆》曰："《御覽》一百九十五居處部引《丹陽記》曰：'七戰巷者，庾亮與蘇峻戰宣陽門外，峻初小退，尋復來攻，交戰者七，亮乃南奔，故有此名。'然則察戰成巷者七戰巷之誤。"考《實錄》曰："在今縣城南二里禪衆寺前。或云晉庾亮據蘇峻七戰於此巷，亦名七戰巷也。"是察戰之名七戰，蓋出於後之傳説。世期宋人，所云足徵。"察"或音訛爲"七"也。康發祥云今呼爲夾剪巷亦察戰之音變也。

〔六〇〕《御覽》卷九百二十二引作"《吳錄》曰"。

〔六一〕盧弼曰："宋本'口'作'日'，誤。"

謹案：《官本考證》曰："監本訛作'日不能言'，今改正。"考馮本、陳本"口"俱作"日"。《御覽》卷一百一十八引同。《季漢書》亦作"日"。疑"口"當作"日"字,句絕。

〔六二〕盧弼曰:"一作'江陵'。"

謹案:《御覽》卷五百五十八引作"江陵",又卷八百零六引仍作"廣陵"。

〔六三〕《御覽》卷八百一十引無"體""人"二字。

〔六四〕《御覽》引"不"上無"而"字。

〔六五〕《御覽》卷一百一十八引"子"上有"之"字。

〔六六〕盧弼曰:"胡三省曰:'科,條也。'"

謹案:《治要》引"科"字作"料",《季漢書》同,疑作"料"字是。

〔六七〕《實錄》"妻"下有"者"字,疑此奪。

〔六八〕《治要》引"主"下有"矣"字。

〔六九〕《御覽》引"譖"字作"語"。

〔七〇〕《册府》卷二百一十五引"取徑"二字乙。

〔七一〕毛本"三"字作"二"。

〔七二〕盧弼曰:"潘眉曰:'《孫楚傳》載文王與晧書與此不同。又云劭等至吳不爲通,然則文王令楚所作之書,至吳未通,其所通者又是一篇,此《漢晉春秋》所載者是也。此書不知何人所作。'弼按:《孫楚傳》'將軍石苞令楚作書遺孫晧'。是孫楚爲石苞作,非爲晉文王作。《文選》載孫子荆《爲石仲容與孫晧書》是也。潘説誤。又按《荀勗傳》:'時發使聘吳,並遺當時文士作書與孫晧,帝用勗所作。晧既報命和親,帝謂勗曰:君前作書,使吳思順,勝十萬之衆也。'是此書爲荀勗所作。潘説又誤。"

謹案:嚴可均《全晉文》訂此書爲荀勗作,盧君從而證之,語至精確可信,惜潘氏未能博稽,而盧君復不稱述嚴氏,似俱未得。

〔七三〕《初學記》卷十一、《御覽》卷七百零一引"陟"俱作"騭"。

〔七四〕盧弼曰:"《官本考證》曰:'孫休時,《御覽》作景皇時。'"

謹案:《初學記》、《御覽》卷二百二十引作"景皇時",《類聚》卷六十九、《御覽》卷七百一十引作"景帝時"。今作"孫休時",蓋後所追改,非《吳錄》舊文如是也。

〔七五〕《初學記》、《御覽》卷二百二十引"父"上俱有"騭"字。

〔七六〕盧弼曰:"趙一清曰:'《隋書·經籍志》有吳中書令《紀騭集》三卷,騭疑即陟也。'"

謹案:《初學記》、《御覽》卷二百二十、卷七百零一引俱作"騭",是陟即騭也。

〔七七〕郝書"來"上有"卿"字。

〔七八〕郝書"來"上有"臣"字。

〔七九〕毛本"王"字作"主",《册府》卷六百五十九引同。

〔八〇〕盧弼曰:"齊召南《水道提綱·江水篇》云:'江自夔府始東南流,至岳州巴陵凡千二百里,自岳州東北流至武昌徑五百數十里,自武昌東南流至江西湖口計六百餘里;大江至此,其勢遂向東北,自江西湖口東北流至江都徑一千二百里。'弼按:據齊氏所推算,自夔府至江都按江流曲折(非由鳥道)計三千六百里。而夔府尚在西陵之上數百里,是自西陵至江都不過三千里,此云五千七百里,似言大而誇。"

謹案:閻若璩《潛丘劄記》曰:"《水經》'江水東過夷陵縣南'。注說宜昌縣流頭灘,而引袁山松曰:'自蜀至此五千餘里。'干寶《晉紀》:'吳使紀陟如魏。司馬昭問吳戍備幾何,對曰:西陵至江都五千七百里。'宜昌今宜都縣，在西陵之東，自江發源松潘至此四千四五百里。西陵今宜昌府，治東湖縣，自此至江都不過四千里。山松與陟言皆誇。"

〔八一〕《實錄》"要"字作"惡"，疑是。

〔八二〕《實錄》作"至於防護風寒"，是也。下文"防護風寒"正承此句而言。疑當據增。

〔八三〕《實錄》"體"字作"軀"，與本傳注上文合。

〔八四〕此句疑有誤，或"父與"二字當乙，"父""和"連文。

〔八五〕盧弼曰："何焯曰：'《御覽》歷上有早字。'"

謹案：見《御覽》卷二百三十二。《册府》卷六百二十引亦有"早"字，此脱，應據補。

〔八六〕盧弼曰："何焯曰：'《御覽》蒙上有臣字，耀作懼。'"

謹案：此亦見《御覽》卷二百三十二。《書鈔》卷四十引同。《實錄》亦有"臣"字，"耀"字亦作"懼"。《國語·晉語七》"使張老延君譽於四方"韋注："延，陳也。陳君之稱譽於四方。"

〔八七〕毛本"禎"字作"楨"，是。

〔八八〕《册府》卷四百零三引無"諜"字。

〔八九〕盧弼曰："宋本'土'作'上'。"

謹案：武昌居建業上流，故曰"徙上"，"土"字疑誤。

〔九〇〕《實錄》"但"字作"謙"。

〔九一〕盧弼曰："閻未詳。馮本'五'作'王'。"

謹案：《廣雅·釋詁三》："閻，開也。"閻立猶開立。《續漢書·郡國志》："《漢書·地理志》承秦三十六郡，縣邑數百，後稍分析，至於孝平，凡郡國百三。"疑此"五"字或爲"三"字之誤。閻土百三，謂置郡百三也。

〔九二〕盧弼曰："《通鑑》無'攝'字，'園'作'苑'。"

謹案：毛本"營"字作"瑩"。《御覽》卷七十三引《吳志》曰："後主二年六月起新宮於太初之東，制度尤廣。二千石已下皆自入山督攝伐木。又壞諸地，大開苑囿。起土山，作樓觀，加飾珠玉，製以奇石，右臨硎，左彎碕。又開城北渠，引後湖水激流入宮內，巡繞堂殿，窮極伎巧，功費萬計。"較注引《江表傳》為詳。"《吳志》"或"《吳錄》"之誤。

〔九三〕《初學記》卷十一、《御覽》卷二百零七、卷三百七十一、卷三百九十八、《事類賦》卷二十四引此俱作"《吳錄》"，《文選・辨亡論》李注引同。

〔九四〕《御覽》卷三百七十一、卷三百九十八、《事類賦》引"公"下俱無"也"字。

〔九五〕《初學記》、《御覽》卷三百九十八、《事類賦》引"歲"字俱作"年"。

〔九六〕《初學記》、《御覽》卷三百七十一引"其"字作"當"。《文選・辨亡論》李注引作："當為三公乎！"

〔九七〕《初學記》、《御覽》卷三百七十一、卷三百九十八、《事類賦》引"卒"字作"遂"。

〔九八〕盧弼曰："《通鑑》作'大都督修則'。"

謹案：《晉書・陶璜傳》作"大都督修則"。

〔九九〕《晉書・五行志》"天"字作"大"。

〔一〇〇〕《御覽》卷四十六引"揚"字作"楊"，《實錄》同。

〔一〇一〕盧弼曰："宋本'國中'作'中國'。"

謹案：《季漢書》亦作"中國"，則所據本尚未誤也。《實錄》作"魏人"疑臆改。

〔一〇二〕《御覽》引"當"下有"西"字，似應據增。下文"從牛渚陸道西上"，正承此而言，《實錄》亦有"西"字。

〔一〇三〕《實錄》"云"上有"呼"字。

〔一〇四〕《通鑑考異》卷三引"戍"下有"交阯"二字。

〔一〇五〕《晉書·陶璜傳》及《通鑑考異》引"百日"下有"救兵不至"四字。

〔一〇六〕"日"上疑有奪文，語意不完。《晉書·陶璜傳》及《通鑑考異》作"守未百日"，則此句"日"字上奪"百"字，與上文"未過百日"義正相承也。

〔一〇七〕《通鑑考異》"糧盡"作"日滿"。

〔一〇八〕《晉書·陶璜傳》、《通鑑考異》"救"下有"兵"字。

〔一〇九〕盧弼曰："趙一清曰：'兵字衍。'弼按：《陶璜傳》引正無'兵'字。"

謹案：《册府》卷三百七十引亦無"兵"字。

〔一一〇〕《御覽》卷四百七十四引環濟《吳紀》"肅"字作"恭"。

〔一一一〕毛本"褥"字作"蓐"。盧弼曰："馮本'蓐'作'褥'。"

謹案：《後漢書·趙歧傳》"卧蓐七年"注："蓐，寢蓐也。"是"蓐"與"褥"同。《白帖》卷十二謂爲十二幅被，即所謂大被也。

〔一一二〕《御覽》卷七百零八引"被"下有"大褥"二字。

〔一一三〕《御覽》卷七百七十四、卷五百一十一引"接"上有"相"字，《實錄》同。

〔一一四〕盧弼曰："馮本'鹽'作'監'。趙一清曰：'作監是也。孟宗時爲雷池監司馬。'"

謹案：《書鈔》卷一百四十六、《類聚》卷七十二、《白帖》卷十六引俱作"監魚池司馬"。考下文"汝爲魚官"之語，則作"監魚池司馬"爲是。今本有訛奪，應據以訂補。《世說‧賢媛篇》注作"雷池監"，《御覽》卷六十五、卷四百一十三引同，則以所在地名名之也。

〔一一五〕《實錄》"自能"二字乙。

〔一一六〕《實錄》"來"字作"未"，是。

〔一一七〕《類聚》卷八十九引句上有"及母亡"三字。

〔一一八〕《御覽》卷九百六十三、《草堂詩箋補遺》卷八引作"宗入林中哀號"。

〔一一九〕《草堂詩箋補遺》引"出"字作"生"，《實錄》同。

〔一二〇〕《類聚》、《御覽》卷九百六十三引作"時人皆以爲孝感所致"，《册府》卷五百五十七引作"皆以爲至孝所感"，無"之""致"二字。

〔一二一〕《册府》引作"遂至三公焉"，《文選‧辨亡論》李注引作"遂至三公"，無"焉"字。

〔一二二〕盧弼曰："胡三省曰：'聞音問。'"

謹案：《淮南子‧主術篇》"而臣情得上聞"高注："聞猶達也。"此謂定奸穢被揭發而上達也。胡注讀曰問，似未確。

〔一二三〕《御覽》卷四百九十一、卷七百六十三、卷八百二十七引"劫"字俱作"賤"。

〔一二四〕蕭書作"疇今日資任其事"，郝書作"疇今自在"。疑此當作"疇今自任其事"。"在"爲"任"字之訛，"疇之"二字當衍。

〔一二五〕郝書"慮"字作"累"。

〔一二六〕蕭書"十"下有"九"字。

〔一二七〕《初學記》卷二十引作"改年大赦"。

〔一二八〕《水經‧漸江水注》"言"上有"上"字。《初學記》、《御覽》卷六十六、卷六百五十二引"壅"字俱作"擁"。

〔一二九〕《御覽》卷六十六引"傳"下有"云"字，《實錄》同。又卷八百七十三引"云"字作"言"。

〔一三〇〕《御覽》卷六十六引"中"上有"函"字。《水經注》《實錄》同。

〔一三一〕《初學記》、《御覽》卷六百五十二引"刻"字下俱無"上"字。《水經注》同。

〔一三二〕盧弼曰："胡三省曰：'《晉志》鄱陽郡無歷陽縣，有歷陵縣，陽當作陵。今《饒州圖經》亦載鄱陽歷陵縣有石印山。'"

謹案：《宋書·五行志》作"歷陵"。《御覽》卷四十八引"陽"字作"陵"，"石"下有"有"字。又卷六百八十三引"陽"亦作"陵"，作"陵"字是，胡注允當可從。

〔一三三〕盧弼曰："趙一清曰：'士即土字，古字通。'"

謹案：錢儀吉曰："《寰宇記》'士'作'土'。""士"之爲"土"，蓋涉形近而誤，非古相通也。

〔一三四〕盧弼曰："沈欽韓曰：'石下當脫印字。'"

謹案：《御覽》卷四十八引有"印"字，沈説是。

〔一三五〕盧弼曰："《官本考證》曰：'宋本七作土。'"

謹案：《實錄》"其"下有"上"字。《御覽》卷六百八十三引同。疑今本脱"上"字。"七"宋本作"土"，疑爲"七"之形誤。七穿猶七孔也。

〔一三六〕《御覽》卷六百八十三引"陽"字作"陵"，"印"下有"文"字。《實錄》"印"字下亦有"文"字。下文"上看印文"，疑當有也。

〔一三七〕盧弼曰："沈欽韓曰：'歷下脱陵字。'"

謹案：《御覽》引"歷"下有"陵"字，沈説是。

〔一三八〕《御覽》卷四十八引"巫"下無"祝"字，《實錄》同。

〔一三九〕《御覽》引"看"字作"省"，《實錄》亦作"省"，下又有"其"字。

〔一四〇〕《御覽》引"以"下有"印文"二字。

〔一四一〕盧弼曰："《官本考證》曰：'宋本無爲字。'"

謹案：《實錄》"州"下無"作"字，有"爲"字。

〔一四二〕《晉書》"空石"作"石穴"。

〔一四三〕盧弼曰："馮本'大'作'人'。"

謹案：《類聚》卷三十九引作"天瑞"。

〔一四四〕盧弼曰："潘眉曰：'碑稱大司空董朝。考建衡三年司空孟仁卒，朝當以是年爲司空。鳳凰二年司徒丁固卒，朝當以司空兼司徒。故碑稱大司空，而史稱兼司徒也。'"

謹案：碑文載大司徒爕、大司空朝，以司徒自有其人任之，董朝固不能兼攝也。考《梁書·許懋傳》曰："孫晧遣兼司空董朝。"朝兼攝者乃司空，而非司徒也。當以碑爲正。

〔一四五〕盧弼曰："宋本'立'作'正'。《通鑑》作'置'。"

謹案：《官本考證》曰："'表立'監本訛作'表正'。"考作"立"字是。《通鑑》作"置"，《廣雅·釋詁四》："置，立也。"立、置義同。宋本作"正"，蓋"立"字之訛。

〔一四六〕盧弼曰："宋本'三十'作'二十'。"

謹案：紹興本作"三十"。《官本考證》曰："宋本'三十'作'二十'。"此本考證，則"宋"上當增"《官本考證》曰"五字。

〔一四七〕《實錄》"文"上有"自"字。

〔一四八〕毛本"興族"作"與族"。

〔一四九〕"劉"當作"留"。本志《孫峻傳》注引《吳書》留贊二子略、平並爲大將。是"劉略"當爲"留略"，以音近致訛。

〔一五〇〕《御覽》卷九百九十八引"者"作"苟"，《實錄》同。

〔一五一〕《齊民要術》卷十引"莖"字作"葉"。"厚三分"《晉書》作"厚二分"。

〔一五二〕紹興本、馮本、毛本、陳本"賣"字俱作"買"，《實錄》同。

〔一五三〕紹興本、毛本"菜"字俱作"葉"，《晉書》、《實錄》、《北户錄》卷二俱同。

〔一五四〕《實錄》"冬"上有"十月"二字。

〔一五五〕《御覽》卷十八引"揚"字作"楊"，《實錄》同。

〔一五六〕《晉書·武帝紀》"南"下有"大"字。

〔一五七〕《御覽》卷一百一十八、卷二百二十一引"輒"俱作"咸"。

〔一五八〕蕭書"詍"字作"詖"。

〔一五九〕盧弼曰："周壽昌曰：'《初學記·居處部》引環濟《吴紀》天紀二年衛尉岑氏表修百府。'"

謹案：《初學記》卷二十四環濟《吴紀》曰："天紀二年，衛尉岑昏表修百府，自宫門至朱雀橋，夾路作府舍。又開大道，使男女異行。夾道築高墻瓦覆，或作竹藩。"《御覽》卷一百七十引《吴志》："岑昏鑿丹徒至雲陽，而杜野小辛間，皆斬絶陵襲，功力艱辛。"故爲衆所患苦也。

〔一六〇〕《治要》引無"晧"字。

〔一六一〕《御覽》卷一百一十八引"極"字作"熟"。

〔一六二〕盧弼曰："今本《禮記·曲禮篇》云：'天子視不上於袷，不下於帶。國君綏視，大夫衡視，士視五步。凡視，上於面則敖，下於帶則憂，傾則姦'。鄭注：'袷，交領也。'天子至尊，臣視之，目不過此。視國君彌高。綏讀爲妥，妥視，謂視上於袷。視大夫又彌高。衡，平也。平視，謂視面也。士視，得旁游目五步之中也。視大夫以上，上下游目不得旁。敖則仰，憂則低，辟頭旁視，心不正也。傾，或爲側。"

謹案：徐紹楨曰："《禮・曲禮》與此注文句多不相同，蓋李仁引禮對，庾峻等以意繹之，非《曲禮》原本如是也。"

〔一六三〕紹興本作"楊荷橋"，毛本作"楊倚橋"。

〔一六四〕盧弼曰："胡三省曰：'伏，屈伏也。或曰：伏當作服。'"

謹案：《易・繫辭》釋文引孟京"伏，服也"。《文選》陸士衡《吳王郎中從梁陳詩》李注："服與伏同。"古字通。《史記・曆書》"其後三苗服九黎之德"正義曰："服，從也。"是胡注與或説疑未得。

〔一六五〕紹興本、馮本、陳本、毛本"將"俱作"蔣"，郝書同。

〔一六六〕《御覽》卷三百零四引王隱《晉書》"版"字作"板"，《實錄》、郝書同。

〔一六七〕馮本、陳本"爭"俱作"事"，《實錄》同，郝書亦作"事"，惟下無"地"字。

〔一六八〕"係"毛本作"繼"。

〔一六九〕《實錄》"懼"作"拒"。

〔一七〇〕《通鑑・晉紀》"疾"下有"苦"字。

〔一七一〕《實錄》"同"字作"國"，是也。《册府》卷四百零三引同。

〔一七二〕《實錄》"其"下有"必"字。

〔一七三〕《實錄》無"故"字，郝書"故"字作"固"。

〔一七四〕郝書無"盡"字。

〔一七五〕郝書無"來"字。

〔一七六〕《實錄》"心"下無"必"字。

〔一七七〕《實錄》"渡江"二字作"及"。

〔一七八〕《實錄》"北"字作"此"，《册府》卷三百零七引同。

〔一七九〕蕭書、郝書俱無此二字，《實錄》無"且"字。

〔一八〇〕蕭書、郝書"知"字俱作"支"，《通鑑·晉紀》同。

〔一八一〕《御覽》卷四百一十七引"涕"字作"泣"，《文選·辨亡論》李注引亦同，郝書同。

〔一八二〕《御覽》引"何"下有"所"字。

〔一八三〕紹興本、馮本、陳本、毛本"州"字俱作"府"。盧弼曰："'揚府'一本校改作'揚州'。弼按：張悌經行之地，皆揚州也，恐非。揚府未詳。"

謹案：官本"楊府"作"揚州"。《御覽》卷八百八十七引作"拒晉軍"，無"至揚府"三字。又案："揚"字疑作"楊"。《晉書·地理志》松楊屬臨海郡。

〔一八四〕《御覽》引"無"下無"有"字。

〔一八五〕《御覽》引"榮"下無"便去"二字，"怖懼"二字乙。

〔一八六〕盧弼曰："宋本'謂'作'請'。"

謹案：梁章鉅曰："正文本是'請皓'，當從之，此筆誤耳。"考《實錄》亦作"請"，是其證。

〔一八七〕《實錄》"兵"上有"乃"字。

〔一八八〕盧弼曰："孫堅謚曰武烈皇帝，權謚曰大皇帝，亮廢爲侯官侯，休謚曰景皇帝，不得稱四帝也。或以晧父和追尊爲文皇帝，故稱帝乎？"

謹案：晧所謂四帝，蓋指堅、策、權、休而言，是吳開國守成之君。觀陸機《辨亡論》所述，可以知之，故不必牽拘於帝稱也。如盧君説，或失之泥矣。

〔一八九〕潘眉曰："當作四十三，《初學記》八引《括地志》云：'平吳得郡四十三。'《晉書·武帝紀》及《通鑑》皆同。"

謹案：紹興本"二"字作"三"，《御覽》卷三百二十四引《晉陽秋》同。"

〔一九○〕《御覽》引"一"字作"二"。

〔一九一〕《御覽》卷一百一十八引"五月"作"三月"。

〔一九二〕《御覽》引無"進"字。

〔一九三〕《實錄》"郎"下有"將"字。

〔一九四〕《御覽》卷二百一十五引"者"下有"皆"字。《實錄》"皆"字作"並"。

〔一九五〕《初學記》卷一、《册府》卷八百九十四引"引"字作"曳"，《晉書·五行志》同。

〔一九六〕《晉書》"五"字作"四"。

〔一九七〕紹興本、馮本、陳本"吾"字作"吳"，"林"作"柿"。《晉書·王濬傳》同，《册府》卷六百九十六引亦同。

〔一九八〕《晉書》《册府》引俱無"江"字。

〔一九九〕馮本、陳本作"雖志好善學"。

〔二○○〕紹興本無"人"字，郝書同。

〔二○一〕馮本、陳本"龔"字作"恭"。

〔二○二〕《類聚》卷十一引"而"字作"則"。

〔二〇三〕《類聚》引"發"字作"因"。

〔二〇四〕《類聚》引"於"字作"乎"。

〔二〇五〕《類聚》引"算"字作"筲",《文選》同,《晉書·陸機傳》作"計"。

〔二〇六〕《晉書》"摧"字作"挫"。

〔二〇七〕《類聚》引"戟"字作"棘"。

〔二〇八〕盧弼曰:"'鍾離斐'《文選》作'離斐'。李善注:'魏將諸葛誕據壽春降,魏人圍之。使奉與黎斐解圍,奉爲先登,黎斐力戰有功,拜左將軍。''黎'與'離'音相近,是一人,但字不同。弼按:本志《丁奉傳》'奉爲先登,屯於黎漿,力戰有功,拜左將軍'云云。是'黎漿'爲地名,力戰有功拜作將軍者丁奉也。李注以黎漿爲黎斐,誤。何焯曰:'李注所見之本,必可徵信,但此斐字恐牧字之訛。鍾離牧爲武陵太守,以少衆討五谿事,在蜀并於魏之後,作牧爲得也。'(陳浩說本此。)潘眉曰:'此即《丁奉傳》之黎斐也。《孫綝傳》亦云丁奉、黎斐。《史記》秦後有終黎氏。《世本》作終離氏,黎、離古字通。'弼按:何、潘二說均可通。《晉書》亦作'鍾離斐',此文非衍'鍾'字,即誤'斐'字也。"

謹案:徐紹楨曰:"鍾離牧領武陵太守,《吳志》但稱其平五谿夷,即裴松之注亦未一言拒魏之事。而且牧但爲前將軍,未嘗爲左將軍也。李善本《辨亡論》無'鍾'字。何既謂其必可徵信,而又引鍾離牧以易之,是自相矛盾矣。蒙考《孫綝傳》云:'復遣異率丁奉、黎斐等五萬人攻魏。'據此則吳自有黎斐其人。古音'黎''離'相同,故或通用作'離'。(《禮·少儀》'犁而不提心',釋文'犁本作離'。《詩·七月》傳:'倉庚,離黃也。'釋文:'離本作鸝。'黎均劦聲,犁、鸝可與離通,黎自可與離通矣。)淺人疑離非姓，遂妄加'鍾'字耳。《晉書》及六臣本《文選》均作'鍾離斐'，亦相沿誤衍'鍾'字也。"

〔二〇九〕《類聚》引"孤"字作"發"。

〔二一〇〕《類聚》引"之"字作"所"。

〔二一一〕《類聚》引"王"字作"士"，下無"也"字，疑非。

〔二一二〕《類聚》引"有"字作"掩"。《文選》作"奄"。

〔二一三〕《類聚》引"翁"字作"公"。毛本"知"字作"智"。

〔二一四〕《類聚》引"不"字作"弗"。

〔二一五〕《類聚》引"識"字作"擢"，"濬"字作"璿"。《晉書·陸機傳》"識"字作"試"。

〔二一六〕紹興本"修"字作"精"，與《文選》五臣本同。

〔二一七〕《類聚》引二句乙。

〔二一八〕《類聚》引"見"字作"巨"，與《文選》合。

〔二一九〕《類聚》引"憲"字作"典"，與《晉書》《文選》合。

〔二二〇〕盧弼曰："《晉書》《文選》'保'作'寶'。胡克家曰：'保城與資幣偶句，蓋保即今之堡字，保是，寶非也。'"

謹案：胡紹煐曰："'寶'與'保'古字通，此借'寶'爲'保'。保，小城也。《禮記·月令》'四鄙入保'注'小城曰保'，是也。俗作'堡'。"

〔二二一〕毛本"於是"作"於時"，《文選》同。

〔二二二〕紹興本、毛本"翻"字作"翔"，《文選》同，宋本《晉書》同。

〔二二三〕紹興本"三"字作"五"，《文選》及宋本《晉書》同。

〔二二四〕《晉書》"警"字作"驚"。

〔二二五〕毛本"悴"字作"瘁"，《晉書》同。

〔二二六〕《類聚》引"或"字作"玄",《文選》同。

〔二二七〕紹興本、毛本"合"字俱作"舍",《類聚》引"合"字作"捨",與五臣本《文選》合,是也。《荀子·天論篇》:"天有其時,地有其財,人有其治,夫是之謂能參。舍其所以參,而願其所參,則惑矣!"

〔二二八〕《類聚》引無"者"字,與五臣本《文選》合。

〔二二九〕《類聚》引"恭"字作"謙",與《文選》合,《晉書》亦作"謙"。

〔二三〇〕《類聚》引"則"下無"其"字。

〔二三一〕紹興本"同"字作"共",《類聚》引同,《文選》亦同。

三國志校箋卷四十九

吳志卷四〔一〕

劉繇 子基　太史慈　士燮 子徽　燮弟壹　䵋　壹子匡〔二〕

劉繇字正禮，東萊牟平人也。齊孝王少子封牟平侯，子孫家焉。繇伯父寵爲漢太尉。《續漢書》曰：繇祖父本，師受經傳，博學羣書，號爲通儒。舉賢良方正，爲般長，卒官。寵字祖榮〔三〕，受父業，以經明行脩，舉孝廉，光禄大夫察四行〔四〕，除東平陵令〔五〕。視事數年，以母病棄官，百姓士民〔六〕，攀輿拒輪〔七〕，充塞道路，車不得前，乃止亭，輕服潛遁，歸脩供養。後辟大將軍府，稍遷會稽太守，正身率下，郡中大治。徵入爲將作大匠。山陰縣民去治數十里有若邪中在山谷間五六老翁〔八〕，年皆七八十，聞寵遷，相率共送寵，人齎百錢。寵見，勞來曰："父老何乃自苦遠來！"皆對曰："山谷鄙老，生未嘗至郡縣〔九〕。他時吏發求不去，民間或夜不絕狗吠〔一〇〕，竟夕民不得安。自明府下車以來，狗不夜吠，吏稀至民間〔一一〕，年老遭值聖化，今聞當見棄去，故勉力來送。"寵謝之，爲選受一大錢，故會稽〔一二〕號寵爲取一錢太守〔一三〕。其清如是。寵前後歷二郡，八居九列〔一四〕，四登三事。家不藏賄，無重寶器，恒菲飲食，薄衣服，弊車羸馬，號爲窶陋。三去相位，輒歸本土。往來京師，常下道脫驂過，人莫知焉。寵嘗欲止亭，亭吏止之曰："整頓傳舍，以待劉公，不可得止。"寵因過去。其廉儉皆此類也。以老病卒於家。繇兄岱，字公山，歷位侍中，兗州刺史。《續漢書》曰：繇父輿，一名方，山陽太守。岱、繇皆有儁才。《英雄記》稱岱孝悌仁恕，以虛己受人。

繇年十九，從父韙爲賊所劫質，繇篡取以歸，由是顯名。舉孝廉，爲郎中，除下邑長。時郡守以貴戚託之，遂棄官去。州辟部濟南，濟南相中常侍子，貪穢不循〔一五〕，繇奏免之。平原陶丘洪薦繇，欲令舉茂才。刺史曰："前年舉公山，奈何復舉正禮乎？"洪曰："若明使君用公山於前，擢正禮於後，所謂御二龍於長途，騁騏驥於千里，不亦可乎！"會辟司空掾，除侍御史，不就。避亂淮浦，詔書以爲揚州刺史。時袁術在淮南，繇畏憚，不敢之州。欲南渡江，吳景、孫賁迎置曲阿。術圖爲僭逆，攻沒諸郡縣。繇遣樊能、張英屯江邊以拒之，以景、賁術所授用，乃迫逐使去。於是術乃自置揚州刺史，與景、賁并力攻英、能等，歲餘不下。漢命加繇爲牧，振武將軍，衆萬餘人〔一六〕。孫策東渡，破英、能等。繇奔丹徒，袁宏《漢紀》曰：劉繇將奔會稽，許子將曰："會稽富實，策之所貪，且窮在海隅，不可往也。不如豫章，北連豫壤，西接荊州。若收合吏民，遣使貢獻，與曹兗州相聞，雖有袁公路隔在其間,其人豺狼,不能久也。足下受王命,孟德、景升必相救濟。"繇從之。遂泝江南保豫章,駐彭澤。笮融先至,殺太守朱晧〔一七〕,笮音壯力反。《獻帝春秋》曰:是歲,繇屯彭澤,又使融助晧討劉表所用太守諸葛玄。許子將謂繇曰:"笮融出軍,不顧命名義者也〔一八〕。朱文明善推誠以信人,宜使密防之。"融到,果詐殺晧,代領郡事。入居郡中。繇進討融,爲融所破,更復招合屬縣攻破融。融敗走入山,爲民所殺。繇尋病卒,時年四十二。

笮融者,丹陽人,初聚衆數百,往依徐州牧陶謙。謙使督廣陵、彭城運漕,遂放縱擅殺,坐斷三郡委輸以自入。乃大起浮圖祠,以銅爲人,黃金塗身,衣以錦采,垂銅槃九重,下爲重樓閣道,可容三千餘人,悉課讀佛經,令界內及旁郡人有好佛者聽受道,復其他役以招致之,由此遠近前後至者五千餘人户。每浴佛,多設酒飯,布席於路,經數十里,民人來觀及就食且萬人,費以巨億計〔一九〕。曹公攻陶謙,徐土騷動,融將男女萬口,馬三千匹,走廣陵,廣陵太守趙昱待以賓禮。先是,彭城相薛禮爲陶謙所偪,屯秣陵。融利廣陵之衆,因酒酣殺昱,放兵大略,因載而去〔二〇〕。過殺禮,然後殺晧。

後策西伐江夏〔二一〕,還過豫章,收載繇喪,善遇其家。王朗遺策書曰:"劉正禮昔初臨州,未能自達,實賴尊門爲之先後,用能濟江成治,有所處定。踐境之禮,感分結意,情在終始。後以袁氏之嫌,稍更乖刺〔二二〕。更以同盟,還爲讐敵,原其本心,實非所樂。康寧之後,常念渝平更成，復踐宿好。一爾分離，款意不昭，奄然殂隕，可爲傷恨！知敦以厲薄，德以報怨，收骨育孤，哀亡愍存，捐既往之猜，保六尺之託，誠深恩重分，美名厚實也。昔魯人雖有齊怨，不廢喪紀，《春秋》善之，謂之得禮，誠良史之所宜藉，鄉校之所歎聞。正禮元子，致有志操，想必有以殊異。威盛刑行，施之以恩，不亦優哉！"

繇長子基，字敬輿，年十四，居繇喪盡禮，故吏餽餉，皆無所受。《吳書》曰：基遭多難〔二三〕，嬰丁困苦，潛處味道，不以爲戚。與羣弟居，常夜卧早起，妻妾希見其面。諸弟敬憚，事之猶父。不妄交游，門無雜賓。姿容美好，孫權愛敬之。權爲驃騎將軍，辟東曹掾，拜輔義校尉、建忠中郎將。權爲吳王，遷基大農〔二四〕。權嘗宴飲，騎都尉虞翻醉酒犯忤，權欲殺之，威怒甚盛，由基諫爭，翻以得免。權大暑時，嘗於船中宴飲，於船樓上值雷雨，權以蓋自覆，又命覆基，餘人不得也。其見待如此。徙郎中令。權稱尊號，改爲光祿勳，分平尚書事〔二五〕。年四十九卒。後權爲子霸納基女，賜第一區，四時寵賜，與全、張比。基二弟，鑠、尚，皆騎都尉。

太史慈字子義，東萊黃人也。少好學，仕郡奏曹史。會郡與州有隙，曲直未分，以先聞者爲善。時州章已去，郡守恐後之，求可使者。慈年二十一，以選行，晨夜取道，到洛陽，詣公車門，見州吏始欲求通。慈問曰〔二六〕：

"君欲通章邪?"吏曰:"然。"問:"章安在?"曰:"車上。"慈曰:"章題署得無誤邪?取來視之。"吏殊不知其東萊人也,因爲取章。慈已先懷刀,便截敗之。吏踴躍大呼,言"人壞我章"!慈將至車間與語曰:"向使君不以章相與,吾亦無因得敗之,是爲吉凶禍福等耳,吾不獨受此罪。豈若默然俱出去〔二七〕,可以存易亡,無事俱就刑辟。"吏言:"君爲郡敗吾章,已得如意,欲復亡爲?"慈答曰:"初受郡遣,但來視章通與未耳。吾用意太過,乃相敗章。今還,亦恐以此見譴怒,故俱欲去爾。"吏然慈言,即日俱去。慈既與出城,因遁還通郡章。州家聞之,更遣吏通章,有司以格章之故,不復見理,州受其短。由是知名,而爲州家所疾。恐受其禍,乃避之遼東。

　　北海相孔融聞而奇之,數遣人訊問其母,并致餉遺。時融以黃巾寇暴,出屯都昌,爲賊管亥所圍。慈從遼東還,母謂慈曰:"汝與孔北海未嘗相見〔二八〕,至汝行後,贍恤殷勤,過於故舊,今爲賊所圍,汝宜赴之。"慈留三日,單步徑至都昌。時圍尚未密,夜伺間隙,得入見融,因求兵出斫賊。融不聽,欲待外救,外救未有至者,而圍日偪。融欲告急平原相劉備,城中人無由得出,慈自請求行〔二九〕。融曰:"今賊圍甚密,衆人皆言不可,卿意雖壯,無乃實難呼?"慈對曰:"昔府君傾意於老母,老母感遇,遣慈赴府君之急,固以慈有可取,而來必有益也。今衆人言不可,慈亦言不可,豈府君愛顧之義,老母遣慈之意邪?事已急矣,願府君無疑。"融乃然之。於是嚴行蓐食，須明，便帶鞭攝弓上馬，將兩騎自隨，各作一的持之，開門直出。外圍下左右人並驚駭，兵馬互出。慈引馬至城下塹內，植所持的各一，出射之，射之畢[三〇]，徑入門。明晨復如此[三一]，圍下人或起或臥，慈復植的射之，畢，復入門。明晨復出如此，無復起者[三二]，於是下鞭馬直突圍中馳去[三三]。比賊覺，知慈行已過，又射殺數人，皆應弦而倒，故無敢追者。遂到平原，說備曰：「慈，東萊之鄙人也，與孔北海親非骨肉，比非鄉黨，特以名志相好，有分災共患之義。今管亥暴亂，北海被圍，孤窮無援，危在旦夕。以君有仁義之名，能救人之急，故北海區區，延頸恃仰，使慈冒白刃，突重圍，從萬死之中自託於君，惟君所以存之。」備斂容答曰：「孔北海知世間有劉備邪！」即遣精兵三千人隨慈。賊聞兵至，解圍散走。融既得濟，益奇貴慈，曰：「卿吾之少友也。」事畢，還啓其母，母曰：「我喜汝有以報孔北海也。」

揚州刺史劉繇與慈同郡，慈自遼東還，未與相見，暫渡江到曲阿，見繇未去，會孫策至。或勸繇可以慈為大將軍[三四]，繇曰：「我若用子義，許子將不當笑我邪？」但使慈偵視輕重。時獨與二騎卒遇策[三五]。策從騎十三，皆韓當、宋謙、黃蓋輩也。慈便前鬬[三六]，正與策對。策刺慈馬，而攬得慈項上手戟，慈亦得策兜鍪。會兩家兵騎並各來赴，於是解散。

慈當與繇俱奔豫章[三七]，而遁於蕪湖，亡入山中，稱丹陽太守。是時，策已平定宣城以東，惟涇以西六縣未服。慈因進住涇縣，立屯府，大爲山越所附。策躬自攻討，遂見囚執。策即解縛，捉其手曰：“寧識神亭時邪？若卿爾時得我云何？”慈曰：“未可量也。”策大笑曰：“今日之事，當與卿共之。”《吳曆》云：慈於神亭戰敗，爲策所執。策素聞其名，即解縛請見，咨問進取之術。慈答曰：“破軍之將，不足與論事。”策曰：“昔韓信定計於廣武，今策決疑於仁者，君何辭焉？”慈曰：“州軍新破〔三八〕，士卒離心，若儻分散，難復合聚；欲出宣恩安集，恐不合尊意。”策長跪答曰：“誠本心所望也。明日中〔三九〕，望君來還。”諸將皆疑，策曰：“太史子義，青州名士，以信義爲先，終不欺策。”明日，大請諸將〔四〇〕，豫設酒食，立竿視影。日中而慈至，策大悅，常與參論諸軍事。臣松之按：《吳曆》云慈於神亭戰敗，爲策所得，與本傳大異，疑爲謬誤。《江表傳》曰：策問慈曰：“聞卿昔爲太守劫州章，赴文舉，請詣玄德〔四一〕，皆有烈義，天下智士也，但所託未得其人〔四二〕。射鉤斬袪，古人不嫌。孤是卿知己，勿憂不如意也。”出教曰：“龍欲騰蕃，先階尺木者也。”即署門下督，還吳授兵，拜折衝中郎將。後劉繇亡於豫章，士衆萬餘人未有所附，策命慈往撫安焉〔四三〕。《江表傳》曰：策謂慈曰：“劉牧往責吾爲袁氏攻廬江，其意頗狷，理恕不足。何者？先君手下兵數千餘人，盡在公路許。孤志在立事，不得不屈意於公路，求索故兵，再往繞得千餘人耳。仍令孤攻廬江〔四四〕，爾時事勢，不得不爲行。但其後不達臣節〔四五〕，自棄作邪僭事，諫之不從。丈夫義交，苟有大故，不得不離，孤交求公路及絶之本末如此。今劉繇喪亡〔四六〕，恨不及其生時與共論辯〔四七〕。今兒子在豫章〔四八〕，不知華子魚待遇何如，其故部曲復依隨之否？卿則州人，昔又從事，寧能往視其兒子，並宣孤意於其部曲？部曲樂來者便與俱來，不樂來者且安慰之。并觀察子魚所以牧禦方規何似，視廬陵、鄱陽人民親附之否[四九]？卿手下兵宜將多少，自由意。"慈對曰："慈有不赦之罪，將軍量同桓、文，待遇過望。古人報生以死[五〇]，期於盡節，沒而後已。今並息兵，兵不宜多，將數十人，自足以往還也。"左右皆曰："慈必北去不還。"策曰："子義捨我，當復與誰？"餞送昌門，把腕別曰："何時能還？"答曰："不過六十日。"果如期而反。《江表傳》曰：策初遣慈也，議者紛紜，謂慈未可信，或云與華子魚州里，恐留彼爲籌策，或疑慈西託黃祖，假路還北[五一]，多言遣之非計。策曰："諸君語皆非也，孤斷之詳矣。太史子義雖氣勇有膽烈，然非縱橫之人。其心有士謨[五二]，志經道義；貴重然諾，一以意許知己，死亡不相負，諸君勿復憂也。"慈從豫章還，議者乃始服。慈見策曰："華子魚良德也，然非籌略才[五三]，無他方規，自守而已[五四]。又丹陽僮芝自擅廬陵，詐言被詔書爲太守。鄱陽民帥別立宗部，阻兵守界，不受子魚所遣長吏，言"我以別立郡，須漢遣真太守來，當迎之耳"。子魚不但不能諧廬陵、鄱陽，近自海昏有上繚壁，有五六千家相結聚作宗伍[五五]，惟輸租布於郡耳，發召一人遂不可得，子魚亦覩視之而已。策拊掌大笑，仍有兼并之志矣[五六]。頃之，遂定豫章。

劉表從子磐，驍勇，數爲寇於艾、西安諸縣[五七]。策於是分海昏、建昌左右六縣[五八]，以慈爲建昌都尉，治海昏，并督諸將拒磐。磐絕跡不復爲寇。

慈長七尺七寸，美鬚髯，猨臂善射，弦不虛發。嘗從策討麻保賊，賊於屯裏緣樓上行詈，以手持樓棼，慈引弓射之，矢貫手著棼〔五九〕，圍外萬人莫不稱善。其妙如此。曹公聞其名，遺慈書，以篋封之，發省無所道，而但貯當歸。孫權統事，以慈能制磐，遂委南方之事。年四十一，建安十一年卒。《吳書》曰：慈臨亡，歎息曰："丈夫生世，當帶七尺之劍，以升天子之階。今所志未從，奈何而死乎！"權甚悼惜之。子享〔六〇〕，官至越騎校尉。《吳書》曰：享字元復，歷尚書、吳郡太守。

士燮字威彥〔六一〕，蒼梧廣信人也。其先本魯國汶陽人，至王莽之亂，避地交州。六世至燮。父賜，桓帝時爲日南太守。燮少游學京師，事潁川劉子奇，治《左氏春秋》。察孝廉，補尚書郎，公事免官。父賜喪闋後〔六二〕，舉茂材〔六三〕，除巫令，遷交阯太守。

弟壹，初爲郡督郵。刺史丁宮徵還京都，壹侍送勤恪，宮感之，臨別謂曰："刺史若待罪三事，當相辟也。"後宮爲司徒，辟壹。比至，宮已免，黃琬代爲司徒，甚禮遇壹。董卓作亂，壹亡歸鄉里。《吳書》曰：琬與卓相害，而壹盡心於琬，甚有聲稱。卓惡之，乃署教曰："司徒掾士壹，不得除用。"故歷年不遷。會卓入關〔六四〕，壹乃亡歸。交州刺史朱符爲夷賊所殺，州郡擾亂。燮乃表壹領合浦太守，次弟徐聞令䵋領九真太守，䵋音于鄙反，見《字林》。䵋弟武，領海南太守〔六五〕。

燮體器寬厚，謙虛下士，中國士人往依避難者以百數[六六]。耽玩《春秋》，爲之注解。陳國袁徽與尚書令荀彧書曰：＂交阯士府君既學問優博，又達於從政，處大亂之中，保全一郡，二十餘年疆場無事[六七]，民不失業，羈旅之徒，皆蒙其慶，雖竇融保河西，曷以加之？官事小闋，輒玩習書傳，《春秋左氏傳》尤簡練精微，吾數以咨問傳中諸疑，皆有師說，意思甚密。又《尚書》兼通[六八]，古今大義詳備。聞京師古今之學，是非忿爭，今欲條《左氏》《尚書》長義上之。＂其見稱如此。

燮兄弟並爲列郡，雄長一州，偏在萬里，威尊無上。出入鳴鐘磬，備具威儀[六九]，笳簫鼓吹，車騎滿道，胡人夾轂焚燒香者[七〇]，常有數十[七一]。妻妾乘輜軿，子弟從兵騎，當時貴重，震服百蠻，尉他不足踰也。葛洪《神仙傳》曰：燮嘗病死，已三日，仙人董奉以一丸藥與服，以水含之，捧其頤搖稍之[七二]，食頃，即開目動手，顏色漸復，半日能起坐，四日復能語，遂復常。奉字君異，候官人也[七三]。武先病沒。

朱符死後，漢遣張津爲交州刺史，津後又爲其將區景所殺，而荆州牧劉表遣零陵賴恭代津。是時蒼梧太守史璜死，表又遣吳巨代之，與恭俱至。漢聞張津死，賜燮璽書曰：＂交州絕域，南帶江海，上恩不宣，下義壅隔，知逆賊劉表又遣賴恭闚看南土，今以燮爲綏南中郎將，董督七郡，領交阯太守如故。＂後燮遣吏張旻奉貢詣京都，是時天下喪亂，道路斷絕，而燮不廢貢職，特復下詔拜安遠將軍，封龍度亭侯。

後巨與恭相失，舉兵逐恭，恭走還零陵。建安十五年，孫權遣步騭爲交州刺史，騭到，燮率兄弟奉承節度。而吳巨懷異心〔七四〕，騭斬之。權加燮爲左將軍。建安末年，燮遣子廞入質，權以爲武昌太守，燮、壹諸子在南者，皆拜中郎將。燮又誘導益州豪姓雍闓等，率郡人民使遙東附，權益嘉之，遷衛將軍，封龍編侯，弟壹偏將軍，都鄉侯。燮每遣使詣權，致雜香細葛，輒以千數，明珠、大貝、流離、翡翠、瑇瑁、犀、象之珍，奇物異果，蕉、邪、龍眼之屬，無歲不至。壹時貢馬凡數百匹。權輒爲書，厚加寵賜，以答慰之。燮在郡四十餘歲，黃武五年，年九十卒。

權以交阯縣遠，乃分合浦以北爲廣州，呂岱爲刺史；交阯以南爲交州，戴良爲刺史；又遣陳時代燮爲交阯太守。岱留南海，良與時俱前行到合浦，而燮子徽自署交阯太守，發宗兵拒良。良留合浦。交阯桓鄰，燮舉吏也，叩頭諫徽使迎良，徽怒，笞殺鄰，鄰兄治子發又合宗兵擊徽，徽閉門城守〔七五〕，治等攻之數月不能下，乃約和親，各罷兵還。而呂岱被詔誅徽，自廣州將兵，晝夜馳入過合浦，與良俱前。壹子中郎將匡與岱有舊，岱署匡師友從事，先移書交阯，告喻禍福，又遣匡見徽説令服罪，雖失郡守，保無他憂。岱尋匡後至，徽兄祗，弟幹、頌等六人肉袒奉迎。岱謝，令復服，前至郡下。明旦早施帳幔〔七六〕，請徽兄弟以次入，賓客滿坐。岱起，擁節讀詔書，數徽罪過，左右因反縛以出，即皆伏誅，傳首詣武昌。孫盛曰：夫柔遠能邇，莫善於信；保大定功，莫善於義。

故齊桓創基，德彰於柯會；晉文始伯，義顯於伐原。故能九合一匡，世主夏盟，令問長世〔七七〕，貽範百王。呂岱師友士匡，使通信誓，徵兄弟肉袒，推心委命，岱因滅之，以要功利，君子是以知孫權之不能遠略，而呂氏之祚不延者也。壹、䘏、匡後出，權原其罪，及燮質子廞，皆免爲庶人。數歲，壹、䘏坐法誅。廞病卒，無子，妻寡居，詔在所月給俸米，賜錢四十萬。

評曰：劉繇藻厲名行，好尚臧否，至於擾攘之時，據萬里之土，非其長也。太史慈信義篤烈，有古人之分。士燮作守南越，優游終世，至子不慎，自貽凶咎，蓋庸才玩富貴而恃阻險，使之然也。

【校箋】

〔一〕毛本作"吳書四"。

〔二〕紹興本無"子基"二字。毛本作"劉繇太史慈士燮傳第四"。盧弼曰："康發祥曰：'劉繇、太史慈、士燮三傳，若從《魏志》董卓、袁紹之例，亦應列在嬪妃傳之後，不應列之於前。且劉繇爲劉岱之弟，與袁術、陶謙等一時並見，當載在《魏志》公孫瓚、陶謙之下，不入《吳志》可也。太史慈、士燮皆臣於吳，即與張昭、顧雍等同傳可也。三人同傳而列於嬪妃之上，是所不解。'劉咸炘曰：'梁章鉅云：《魏志》於三少帝後繼以后妃，《蜀志》亦於後主即列二主妃子。而《吳志》於嗣主後，獨爲劉、太史、士三傳，然後述妃嬪、宗室，不知於例若何也？尚曰：慈、燮皆仕吳，自當入《吳志》。繇則不可，且列於嬪妃之前，尤爲非體。'案：二說皆非也。斷代書必先書所因。劉繇、士燮之於孫氏，猶袁、劉之於曹氏，焉、璋之於季漢也。太史慈則以繇將連書，後此諸傳皆本孫氏之臣僚，惟慈本敵人，故附此耳。《魏志》后妃用王朝例，故不在董、袁後。《吳志》則變以示降。若蜀之二牧則全境授昭烈，又與紹、表、繇、燮殊，故列於首，雖其用意未善，要非隨手無例也。凡一代所因先驅之人，例不在后妃皇子之後，馬、班本然。然自后妃立紀始，在所因前耳。或曰：三人或爲之驅除，或委質未純，故傳列妃嬪之先。"

謹案：劉說精審，然尚有未盡。《吳志》於三嗣主傳後繼之以劉、太史、士傳，蓋諸人受命漢室，先於孫氏，據有交、揚，故承祚列之於妃嬪傳前，以示有別於吳國諸臣也，斯其編次微旨之所存。《魏志》以后妃傳置於董、二袁、劉傳前，則與是編次之旨有違矣！考董卓、二袁及劉表，與曹操比肩事漢，而據地自雄，後雖破滅，原非臣服，安能與魏氏諸臣并列？其理至明也。據《羣書治要》卷二十五所錄《魏志》列董卓、劉諸傳於后妃傳之前，是正與《吳志》編次之例合，疑承祚舊式故如此，而今本已亂之矣。

〔三〕盧弼曰："范書作'榮祖'。"

謹案：梁章鉅曰："《後漢書·劉寵傳》'祖榮'作'榮祖'。"考《文選》沈休文《齊安陸昭王碑》李注引《續漢書》作"榮祖"，然《後漢書·靈帝紀》作"祖榮"。北魏《檀賓墓志》曰："一錢之錢，祖榮愧其清。"是北魏人所見本固作"祖榮"也。疑范書及李注或以傳寫而誤乙。

〔四〕《御覽》卷二百六十七引《續漢書》句下有"是時民俗奢汰，寵到官躬儉"十一字。

〔五〕《書鈔》卷七十八引句下有"訓民以禮，上下有序"

八字。

〔六〕《書鈔》《御覽》引"民"字俱作"女"。

〔七〕《書鈔》《御覽》引"輿"字俱作"車"。

〔八〕盧弼曰："趙一清曰：'中字疑衍。'"

謹案：《文選》李注引作"有若邪山，中有五六老公，年皆七八十"。無"在""谷間"三字。《御覽》卷八百三十五引"中"字作"水"，語意不順，疑有訛誤。

〔九〕紹興本"至"字作"到"，《後漢紀》、《文選》李注、《御覽》引同。

〔一〇〕《白帖》卷四十一引"求"下有"至"字，無"不去"二字。《御覽》引"夜"下有"行"字。

〔一一〕《文選》李注、《御覽》引"稀"字作"希"。

〔一二〕《文選》李注、《御覽》引"故"下有"寵在"二字。

〔一三〕《文選》李注引作"號爲一錢太守"，郝書作"故號一錢太守"。俱無"寵""取"二字。

〔一四〕毛本"八"字作"入"，郝書同。

〔一五〕盧弼曰："《官本考證》曰'《册府》循作脩。'弼案：作'循'亦可通。沈均璿曰：'郝書作貪穢不法。《通志》循下法字。'"

謹案：《册府》卷七百一十九、卷八百二十八引俱作"脩"。本志《潘濬傳》"臧穢不脩"，與此意近，疑作"脩"字是。《廣雅·釋詁三》："脩，治也。""脩"與"修"同，盧君謂"'循'亦可通"，似非。

〔一六〕紹興本作"衆數萬人"，《通志》、郝書同。

〔一七〕盧弼曰："范書《朱儁傳》：儁子皓亦有才行，官至豫章太守。"

謹案：《牟子·理惑論》謂"皓爲交州刺史朱符之弟"。

〔一八〕盧弼曰："《官本考證》曰：'《册府》無命字。'弼按：《通鑑》亦無'命'字。"

謹案：此見《册府》卷八百七十八。郝書亦無"命"字，"命名"意複，似應刪。

〔一九〕《御覽》卷八百四十四引"億"字作"萬"。

〔二〇〕盧弼曰："或曰：'因載疑困載之誤。'"

謹案："困載"固可通，然古籍未見"困戴"連文爲詞者。竊考《說文·禾部》："稇，絭束也。"《國語·齊語》："稇載而歸。"韋昭注："稇，絭也。"疑作"稇載"爲是。"因"或爲"稇"之殘脱而誤。

〔二一〕盧弼曰："監本誤作'路住江夏'。"

謹案：此已見《官本考證》，則"監"字上應增"《官本考證》曰"五字。

〔二二〕盧弼曰："顧千里曰：'剌音辣，與刺字不同。'"

謹案："剌""刺"二字迥異。《廣雅·釋訓》："斁憞，乖剌也。"王念孫曰："乖剌猶乖戾，語之轉耳。"《漢書·劉向傳》"膠戾乖剌"注："言志意不和，各相違背。"

〔二三〕《御覽》卷五百一十六引"遭"下有"家"字。

〔二四〕《文選》陸士衡《辨亡論》李注引"大"下有"司"字。

〔二五〕盧弼曰："或曰：'分平尚書事若後之同平章事。'"

謹案：《通典·職官》曰："大唐侍中、中書令是真宰相，其餘以他官參掌者，無定員，但加同中書門下三品及平章事、知政事、參知機務、參與政及平章軍國重事之名者，並爲宰相，亦漢行丞相事之例也。"又曰："漢武帝時，左右曹諸吏分平尚書奏事，知樞要者始領尚書事。"則二者職位有別，或曰混而爲一，疑非。

〔二六〕盧弼曰："'馮本"慈"作"態"。孫志祖曰："言其狀始欲求通也。"弼按：以作"慈"爲是。"

謹案：《御覽》卷五百九十四引"欲"下無"求"字，"通"下有"章"字。據下文"君欲通章邪"正承此句而言。疑《御覽》是也。當刪"求"字，增"章"字。孫說或非。盧君謂"作'慈'爲是"，是也。

〔二七〕《白帖》卷三十九引無"出"字，下文"故俱欲去爾"，亦無"出"字。

〔二八〕《御覽》卷四百四十七引"見"字作"識"。

〔二九〕《册府》卷八百六十五引無"求"字。

〔三〇〕《御覽》卷七百四十四引"射"下無"之"字，郝書同。

〔三一〕郝書"復"下有"出"字。

〔三二〕盧弼曰："康發祥曰：'此段序事中著徑入門句，又著復入門句，又兩著明晨復如此句，以故圍者不疑。時或起或卧，旋無復起者，而慈得以鞭馬突圍馳去也。慈固妙人，而承祚敘事亦復有雕起鶻落之觀，洵是妙文。'"

謹案：康氏闡述承祚敘事之妙，然未知此段中猶存衍文奪字也。考郝書"明晨復如此"作"明晨復出如此"，而下文之"明晨復出如此"句則無"如此"二字，郝書是也。此謂慈復出時圍者無復起，因乘時鞭馬突圍馳去，未再如前之立的以射矣。若有"如此"二字，似謂慈於射後乃去，恐與當時情勢未符，且於語爲贅，而慈之機警敏捷，亦不若刪此二字之尤能具體體現也。

〔三三〕《御覽》引"是"下無"下"字，郝書同。

〔三四〕盧弼曰："'大'字疑衍，或衍'軍'字。《通鑑》作'或勸繇可以慈爲大將'。"

謹案：作"大將"是。蕭書、郝書俱無"軍"字。

〔三五〕紹興本、毛本"二"字作"一"。《册府》卷八四十七、《通志》、蕭書、郝書同。《實録》作"單騎"。

〔三六〕《實録》"前"下有"獨"字。

〔三七〕盧弼曰："'當'字疑誤。"

謹案：蕭書無"當"字，郝書"當"字作"乃"。

〔三八〕《御覽》卷四百六十七引"軍"字作"郡"。

〔三九〕《御覽》卷四百三十、卷四百六十七引作"明日日中"，重"日"字，蕭書同。

〔四〇〕《御覽》引"請"字作"會"，蕭書同。

〔四一〕紹興本"詣"上無"請"字，《册府》卷二百一十二引同。郝書亦無"請"字。

〔四二〕紹興本"人"下有"耳"字，《册府》引同。郝書"耳"字作"爾"。應補，語意方足。

〔四三〕《類聚》卷二十九引"焉"字作"之"，郝書同。

〔四四〕《實録》"仍"字作"乃"。

〔四五〕盧弼曰："宋本'達'作'遵'。《通鑑》同。"

謹案：錢儀吉曰："宋本'達'作'遵'。"考《册府》引亦作"遵"，《實録》、郝書亦作"遵"，作"遵"字是。

〔四六〕郝書"繇"字作"牧"，是也。上文稱"劉牧"，此無緣直呼其名，仍作"牧"字爲得。

〔四七〕郝書"辯"下有"也"字。

〔四八〕郝書"今"字作"其"，是。《實録》作"且"，疑爲"其"字之形誤。本注下文云"寧能往視其兒子"，正承此而言。

〔四九〕《册府》引"盧"上無"視"字，郝書同。

〔五〇〕毛本"生"字作"主"。盧弼曰："馮本'主'誤作

'生'。"

謹案：紹興本作"生"，局本作"主"。

〔五一〕郝書"還北"作"北還"。

〔五二〕郝書無此句。

〔五三〕《實錄》"才"上有"之"字。

〔五四〕《實錄》"自"上有"但"字。

〔五五〕《實錄》"五"上無"有"字。

〔五六〕盧弼曰："《通鑑》'仍'作'遂'，《册府》作'乃'。"
謹案：錢儀吉改"仍"作"乃"，云"從《册府》"。考《册府》卷二百零四引作"乃"，郝書同，作"乃"字是。

〔五七〕盧弼曰："《宋書‧州郡志》：'豫章太守，豫寧侯相，漢獻帝建安中立，吳曰要安（弼按：要當作西），晉武帝太康元年更名。'"
謹案：錢儀吉曰："宋《州郡志》豫章太守領豫寧侯相，漢獻帝建安中立，吳曰要安，晉太康元年改名。"按："要安"，史皆作"西安"，《豫章記》亦作"西安"，則《宋志》"要"字誤也。

〔五八〕盧弼曰："《郡國志》：'豫章郡建昌，永元十六年分海昏置。'王先謙曰：'《寰宇記》有太史城，在奉新縣西四十里，太史慈剏置，周迴三里。西南有城角山，東南有盤山，北枕江水，其地險固，基阯尚存。'蓋即建昌故城也。"
謹案：洪頤煊曰："《元和郡縣志》：'新吳，後漢靈帝中平中分海昏縣立。'《宋書‧州郡志》：'吳平、望蔡、永修皆漢靈帝中平中立，疑即此所分之六縣也。'"盧君未註所分六縣爲何，故引洪氏説補之。

〔五九〕盧弼曰："潘眉曰：'許慎解棼，複屋棟也。徐鍇讀若曾參之參。'"

謹案：錢大昭《廣雅疏義》："芬，屋簷下棟。"

〔六〇〕盧弼曰："馮本、監本'亨'作'享'，注同。"

謹案：紹興本、陳本亦俱作"享"。《官本考證》曰："監本'亨'作'享'，今改正。"考"享"實誤字。亨字元復，名與字正相應也。蕭書、郝書、《季漢書》俱作"亨"，尤可證。

〔六一〕馮本、陳本"孌"字又作"變"。

〔六二〕《册府》卷六百五十引"賜"字作"死"。

〔六三〕馮本、陳本、毛本"材"字俱作"才"。《册府》引同。

〔六四〕盧弼曰："宋本'闕'作'關'。"

謹案：作"關"字是。入關，謂入函谷關也。郝書亦作"關"。"闕""關"蓋以形近致誤。

〔六五〕《官本考證》曰："宋本'海南'作'南海'，是也。"潘眉曰："交州無海南郡，或是日南耳。"

謹案：毛本"海南"作"南海"，《實錄》、《通志》、郝書俱同。應據乙。《晉書·地理志》：吳黃武五年，分州之南海、蒼梧、鬱林、高梁四郡立廣州，則南海當漢末屬交州也。潘説非。

〔六六〕盧弼曰："《蜀志·許靖傳》：'孫策東渡江，皆走交州以避其難。'《魏志·袁渙傳》：'渙從弟徽以儒素稱，遭天下亂，避難交州。'本志《薛綜傳》：'少依族人，避地交州。'"

謹案：《實錄》作"避難多往依之"，蕭書作"避難往依者"，郝書作"避難依之者"。疑此本作"避難往依者"，而今本誤乙之也。

〔六七〕紹興本、毛本"場"字作"塲"，郝書同。

〔六八〕蕭書、郝書俱作"兼通《尚書》"，是也。應據乙正。

〔六九〕《白帖》卷九十一、《御覽》卷四百七十引"備"下無"具"字。考《諸葛恪傳》"命恪備威儀"，亦有此語。

〔七〇〕《白帖》、《御覽》卷四百七十、卷九百八十一引無"燒"字，《實錄》、郝書同。

〔七一〕《實錄》"十"下有"人"字。郝書無"有"字，"十"下有"百人"二字。

〔七二〕盧弼曰："李龍官曰：'搖稍二字不可解，稍疑作捎。《廣韵》：搖，捎動也。蓋謂捧其頭搖動之也。'李慈銘曰：'稍當作消，搖消即消搖也。'"

謹案：紹興本"稍"字作"捎"。《册府》卷八百七十六引及郝書均作"捎"，作"捎"字是，李慈銘説疑非。

〔七三〕紹興本、毛本"候"字作"侯"，誤。

〔七四〕郝書作"而吳巨獨懷異志"。

〔七五〕郝書無"門"字。

〔七六〕郝書無"早"字。

〔七七〕郝書"問"字作"間"。

三國志校箋卷五十

吴志卷五〔一〕

孫破虜吴夫人 夫人弟景　吴主權謝夫人　權徐夫人 祖父真　真子琨　權步夫人　權王夫人　權王夫人　權潘夫人　孫亮全夫人　孫休朱夫人　孫和何姬　孫晧滕夫人〔二〕

孫破虜吴夫人，吴主權母也。本吴人，徙錢塘〔三〕，早失父母，與弟景居。孫堅聞其才貌，欲娶之。吴氏親戚嫌堅輕狡，將拒焉，堅甚以慙恨，夫人謂親戚曰："何愛一女以取禍乎？如有不遇，命也。"於是遂許爲婚，生四男一女。《搜神記》曰：初，夫人孕而夢月入其懷，既而生策。及權在孕，又夢日入其懷，以告堅曰："昔妊策，夢月入我懷，今也又夢日入我懷，何也？"堅曰："日月者陰陽之精，極貴之象，吾子孫其興乎！"

景常隨堅征伐有功，拜騎都尉。袁術上景領丹陽太守，討故太守周昕，遂據其郡。孫策與孫河、呂範依景，合衆共討涇縣山賊祖郎，郎敗走。會景爲劉繇所迫，復北依術，術以爲督軍中郎將，與孫賁共討樊能、于麋於橫江，又擊笮融、薛禮於秣陵。時策被創牛渚，降賊復反，景攻討，盡禽之。從討劉繇，繇奔豫章，策遣景、賁到壽春報術。術方與劉備爭徐州，以景爲廣陵太守。術後僭號，策以書喻術，術不納，便絕江津不與通，使人告景。景即委郡東歸，策復以景爲丹陽太守。漢遣議郎王誧音普。銜命南行，表景爲揚武將軍，領郡如故。

及權少年統業，夫人助治軍國〔四〕，甚有補益。《會稽典錄》曰：策功曹魏騰以迕意見譴，將殺之，士大夫憂恐，計無所出。夫人乃倚大井而謂策曰〔五〕："汝新造江南，其事未集，方當優賢禮士，捨過錄功。魏功曹在公盡規，汝今日殺之，則明日人皆叛汝〔六〕。吾不忍見禍之及〔七〕，當先投此井中耳。"策大驚，遽釋騰。夫人智略權譎，類皆如此。建安七年臨薨，引見張昭等，屬以後事，合葬高陵。《志林》曰：案會稽貢舉簿，建安十二年到十三年闕，無舉者，云府君遭憂，此則吳后以十二年薨也。八年九年皆有貢舉，斯甚分明。

八年，景卒官，子奮授兵爲將，封新亭侯，卒。《吳書》曰：權征荊州，拜奮吳郡都督，以鎮東方。子安嗣，安坐黨魯王霸死。奮弟祺〔八〕，《吳書》曰：祺與張溫、顧譚友善，權令闞澤辭訟事。封都亭侯，卒。子纂嗣。纂妻即滕胤女也，胤被誅，并遇害。

吴主權謝夫人，會稽山陰人也。父煚，漢尚書郎、徐令。煚子承撰《後漢書》，稱煚幼以仁孝爲行，明達有令才。煚弟貞，履蹈法度，篤學尚義，舉孝廉，建昌長，卒官。權母吳，爲權聘以爲妃，愛幸有寵。後權納姑孫徐氏，欲令謝下之，謝不肯，由是失志，早卒。後十餘年，弟承拜五官郎中，稍遷長沙東部都尉、武陵太守，撰《後漢書》百餘卷。《會稽典錄》曰：丞字偉平，博學洽聞，嘗所知見，終身不忘。子崇揚威將軍，崇弟勖吳郡太守，並知名。

吳主權徐夫人，吳郡富春人也。祖父真，與權父堅相親，堅以妹妻真，生琨。琨少仕州郡，漢末擾亂，去吏隨堅，征伐有功，拜偏將軍。堅薨，隨孫策討樊能、于麋等於橫江，擊張英於當利口，而船少，欲駐軍更求。琨母時在軍中，謂琨曰："恐州家多發水軍來逆人，則不利矣，如何可駐邪？宜伐蘆葦以爲泭，佐船渡軍。"泭音敷。郭璞注《方言》曰："泭，水中簿也。"琨具啓策，策即行之，衆悉俱濟，遂破英，擊走笮融、劉繇，事業克定。策表琨領丹陽太守，會吳景委廣陵來東，復爲丹陽守，《江表傳》曰：初，袁術遣從弟胤爲丹陽，策令琨討而代之。會景還，以景前任仕丹陽〔九〕，寬仁得衆，吏民所思，而琨手下兵多，策嫌其太重，且方攻伐，宜得琨衆，乃復用景，召琨還矣〔一〇〕。琨以督軍中郎將領兵，從破廬江太守李術，對廣德侯，遷平虜將軍，後從討黃祖，中流矢卒。

琨生夫人，初適同郡陸尚。尚卒，權爲討虜將軍在吴，聘以爲妃，使母養子登。後權遷移，以夫人妬忌，廢處吴。積十餘年，權爲吴王，及即尊號，登爲太子，羣臣請立夫人爲后，權意在步氏，卒不許。後以疾卒。兄矯，嗣父琨侯，討平山越，拜偏將軍，先夫人卒，無子。弟祚襲封，亦以戰功至於蕪湖督、平魏將軍。

吴主權步夫人，臨淮淮陰人也，與丞相騭同族。漢末，其母攜將徙廬江，廬江爲孫策所破，皆東渡江，以美麗得幸於權，寵冠後庭〔一〕。生二女，長曰魯班，字大虎，前配周瑜子循，後配全琮；少曰魯育，字小虎，前配朱據，後配劉纂。《吴曆》曰：纂先尚權中女，早卒，故又以小虎爲繼室。

夫人性不妬忌〔二〕，多所推進，故久見愛待〔三〕。權爲王及帝，意欲以爲后，而羣臣議在徐氏，權依違者十餘年，然宫内皆稱皇后，親戚上疏稱中宫。及薨，臣下緣權指〔四〕，請追正名號，乃贈印綬，策命曰："惟赤烏元年閏月戊子，皇帝曰：嗚呼皇后，惟后佐命，共承天地。虔恭夙夜，與朕均勞。内教脩整，禮義不愆。寬容慈惠，有淑懿之德。民臣縣望，遠近歸心。朕以世難未夷，大統未一，緣后雅志，每懷謙損。是以於時未授名號，亦必謂后降年有永，永與朕躬，對揚天休。不寤奄忽，大命近止。朕恨本意，不早昭顯，傷后殂逝，不終天禄。愍悼之至，痛於厥心。今使使持節丞相醴陵亭侯雍，奉策授號，配食先后。魂而有靈，嘉其寵榮。嗚呼哀哉！"葬於蔣陵。

吴主權王夫人，琅邪人也。《吴書》曰：夫人父名盧九。夫人以選入宫，黄武中得幸，生孫和[一五]，寵次步氏。步氏薨後，和立爲太子。權將立夫人爲后，而全公主素憎夫人，稍稍譖毁。及權寢疾，言有喜色，由是權深責怒。以憂死。和子晧立，追尊夫人曰大懿皇后，封三弟皆列侯。

吴主權王夫人，南陽人也，以選入宫，嘉禾中得幸，生孫休。及和爲太子，和母貴重，諸姬有寵者皆出居外。夫人出公安[一六]，卒，因葬焉。休即位，遣使追尊曰敬懷皇后，改葬敬陵。王氏無後，封同母弟文雍爲亭侯。

吴主權潘夫人，會稽句章人也。父爲吏，坐法死。夫人與姊俱輸織室，權見而異之，召充後宫。得幸有娠[一七]，夢有以龍頭授己者[一八]，己以蔽膝受之，遂生孫亮。赤烏十三年，亮立爲太子，請出嫁夫人之姊，權聽許之。明年，立夫人爲皇后。性險妒容媚[一九]，自始至卒，譖害袁夫人等甚衆。《吴録》曰：袁夫人者，袁術女也，有節行而無子。權數以諸姬子與養之，輒不育。及步夫人薨，權欲立之。夫人自以無子，固辭不受。權不豫，夫人使問中書令孫弘吕后專制故事。侍疾疲勞，因以羸疾，諸宫人伺其昏卧，共縊殺之，託言中惡。後事泄，坐死者六七人〔二〇〕。權尋薨，合葬蔣陵。孫亮即位，以夫人姊壻譚紹爲騎都尉，授兵。亮廢，紹與家屬送本郡廬陵。

　　孫亮全夫人，全尚女也。尚從祖母公主愛之，每進見輒與俱。及潘夫人母子有寵，全主自以與孫和母有隙，乃勸權爲潘氏男亮納夫人，亮遂爲嗣。夫人立爲皇后，以尚爲城門校尉，封都亭侯，代滕胤爲太常、衛將軍，進封永平侯，錄尚書事。時全氏侯有五人，並典兵馬，其餘爲侍郎、騎都尉，宿衛左右，自吳興外戚，貴盛莫及。及魏大將諸葛誕以壽春來附，而全懌、全端、全禕、全儀等並因此際降魏〔二一〕，全熙謀泄見殺，由是諸全衰弱。會孫綝廢亮爲會稽王，後又黜爲候官侯，夫人隨之國〔二二〕，居候官，尚將家屬徙零陵，道見殺〔二三〕。《吳錄》曰：亮妻惠解有容色，居候官，吳平乃歸，永寧中卒。

　　孫休朱夫人，朱據女，休姊公主所生也。臣松之以爲：休妻其甥，事同漢惠。荀悦譏之已當，故不復廣言。赤烏末，權爲休納以爲妃。休爲琅邪王，隨居丹陽〔二四〕。建興中，孫峻專政，公族皆患之。全尚妻即峻姊，故惟全主祐焉。初，孫和爲太子時，全主譖害王夫人，欲廢太子立魯王，朱主不聽，由是有隙。五鳳中，孫儀謀殺峻，事覺被誅。全主因言朱主與儀同謀，峻枉殺朱主。休懼，遣夫人還建業，執手泣別。既至，峻遣還休。太平中，孫亮知朱主爲全主所害〔二五〕，問朱主死意。全主懼曰：“我實不知，皆據二子熊、損所白。"亮殺熊、損。損妻是峻妹也〔二六〕，孫綝益忌亮，遂廢亮，立休。永安五年，立夫人爲皇后。休卒，羣臣尊夫人爲皇太后。孫晧即位，月餘，貶爲景皇后，稱安定宮。甘露元年七月，見逼薨，合葬定陵。《搜神記》曰：孫峻殺朱主，埋於石子岡。歸命即位，將欲改葬之。冢墓相亞，不可識別，而宮人頗識主亡時所著衣服，乃使兩巫各住一處以伺其靈〔二七〕，使察鑒之〔二八〕，不得相近。久時，二人俱白：見一女人年可三十餘，上着青錦束頭，紫白裌裳，丹綈絲履，從石子岡上半岡〔二九〕，而以手抑膝長太息，小住須叟，進一冢上便止〔三〇〕，徘徊良久，奄然不見。二人之言，不謀而同，於是開冢，衣服如之。

孫和何姬，丹陽句容人也。父遂，本騎士。孫權嘗游幸諸營，而姬觀於道中〔三一〕，權望見異之，命宦者召入，以賜子和。生男，權喜，名之曰彭祖，即晧也〔三二〕。太子和既廢，後爲南陽王，居長沙。孫亮即位，孫峻輔政。峻素媚事全主，全主與和母有隙，遂勸峻徙和居新都，遣使賜死，嫡妃張氏亦自殺。何姬曰："若皆從死，誰當養孤？"遂拊育晧及其三弟。晧即位，尊和爲昭獻皇帝，《吴錄》曰：晧初尊和爲昭獻皇帝，俄改曰文皇帝。何姬爲昭獻皇后，稱升平宮，月餘進爲皇太后。封弟洪永平侯，蔣溧陽侯，植宜城侯〔三三〕。洪卒，子邈嗣，爲武陵監軍，爲晉所殺。植官至大司徒。吴末昏亂〔三四〕，何氏驕僭，子弟橫放，百姓患之。故民謠言"晧久死，立者何氏子"

云。《江表傳》曰：晧以張布女爲美人，有寵，晧問曰："汝父所在？"答曰："賊以殺之。"晧大怒，棒殺之。後思其顔色，使巧工刻木作美人形象，恒置座側。問左右："布復有女否？"答曰："布大女適故衛尉馮朝子純。"即奪純妻入宮，大有寵，拜爲左夫人，晝夜與夫人房宴，不聽朝政，使尚方以金作華燧、步摇、假髻以千數。令宮人著以相撲，朝成夕敗，輒出更作〔三五〕，工匠因緣偷盜，府藏爲空。會夫人死，晧哀愍思念，葬於苑中，大作冢，使工匠刻柏作木人〔三六〕，内冢中以爲兵衛，以金銀珍玩之物送葬，不可稱計。已葬之後，晧治喪於内，半年不出。國人見葬太奢麗，皆謂晧已死，所葬者是也。晧舅子何都顔狀似晧，云都代立〔三七〕。臨海太守奚熙信譌言，舉兵欲還誅都〔三八〕，都叔父信時爲備海督〔三九〕，擊殺熙，夷三族，譌言乃息，而人心猶疑。

孫晧滕夫人，故太常胤之族女也。胤夷滅，夫人父牧，以疏遠徙邊郡。孫休即位，大赦得還，以牧爲五官中郎。晧既封烏程侯，聘牧女爲妃。晧即位，立爲皇后，封牧高密侯，拜衛將軍録尚書事。後朝士以牧尊戚，頗推令諫爭。而夫人寵漸衰，晧滋不悦，晧母何恒左右之。又太史言，於運曆，后不可易，晧信巫覡，故得不廢，常供養升平宮。牧見遣居蒼梧郡，雖爵位不奪，其實裔也〔四〇〕，遂道路憂死。長秋官僚〔四一〕，備員而已，受朝賀表疏如故。而晧内諸寵姬，佩皇后璽綬者多矣〔四二〕。《江表傳》曰：晧又使黄門備行州郡，科取將吏家女。其二千石大臣子女，皆當歲歲言名，年十五六一簡閲，簡閲不中，乃得出嫁。後宮千數，而採擇無已。天紀四年，隨晧遷於洛陽。

評曰：《易》稱"正家而天下定"。《詩》云："刑于寡妻，至于兄弟，以御于家邦。"誠哉是言也！遠觀齊桓，近察孫權，皆有識士之明，傑人之志，而嫡庶不分，閨庭錯亂，遺笑古今，殃流後嗣。由是論之，惟以道義爲心、平一爲主者，然後克免斯累邪！

【校箋】

〔一〕毛本作"吳書五"。

〔二〕毛本作"妃嬪傳第五"。本志《吳範傳》注引作"妃嬪傳"。

〔三〕毛本"塘"字作"唐"。

〔四〕《御覽》卷一百四十二引作"助理國政"。

〔五〕錢儀吉"謂"改"語"。

謹案：《御覽》卷一百八十九引"而"字作"召"，卷二百六十四引"謂"字作"語"。

〔六〕《御覽》卷一百八十九引作"他人明日皆叛汝矣"，卷二百六十四引作"則人明日叛汝"，《實錄》作"則他人明日皆叛汝矣"。疑此當作"則他人明日皆叛汝"，應據補"他"字，乙正。

〔七〕《御覽》卷一百八十九、卷二百六十四引"禍"下俱無"之"字。

〔八〕陳本"祺"下有"嗣"字，誤。

〔九〕盧弼曰："宋本'任'字作'在'。'仕'字當衍文。"

謹案：宋本作"在"，是。"任"爲"在"字之形誤。錢儀吉曰："何衍'任'，趙云：'宜衍仕。'"考《季漢書》無"仕"字，與紹興本同，是何説誤而趙説是也。

〔一〇〕紹興本"矣"字作"吳"，是。

〔一一〕盧弼曰："《御覽》'庭'作'宫'。"

謹案：《御覽》卷一百四十二卷"庭"字作"宫"，又卷三百八十仍作"庭"。

〔一二〕盧弼曰："《御覽》'忌'作'嫉'。"

謹案：《御覽》卷一百四十二引作"性不嫉妒"，"妒"即"妬"字。

〔一三〕盧弼曰："監本'待'作'侍'。誤。"

謹案：《御覽》引無"待"字。

〔一四〕盧弼曰："《御覽》'指'作'旨'。"

謹案："指""旨"古通用。

〔一五〕盧弼曰："'孫'字衍。"

謹案："孫"疑當作"子"字。下《王夫人傳》"生孫休"，《潘夫人傳》"生孫亮"，"孫"字俱當作"子"。

〔一六〕《御覽》引"出"下有"在"字。

〔一七〕盧弼曰："《御覽》'娠'作'身'。"

謹案：《御覽》卷一百四十二、卷三百九十八引俱作"身"。《詩·大雅·大明》"大任有身"毛傳曰："身，重也。"箋："重，謂懷孕也。"《國語·晉語四》"臣聞昔者大任娠文王不變"韋注："娠，有身也。"《漢書·高帝紀》"已而有身"注："孟康曰：'《漢史》身多作娠，古今字也。'"竊疑此傳本作"身"，後易爲"娠"也。

〔一八〕紹興本、馮本、陳本、毛本"以"字俱作"似"。盧弼曰："元本、官本'似'作'以'。劉家立曰：'以、似古字通。'"

謹案：《御覽》卷一百四十二引作"以"，《通志》同。卷三百九十八引則作"似"，"以"與"似"雖古同，然疑此傳當作"以"。以，用也。本常訓。

〔一九〕《實錄》作"性陰妬，善容媚"。

〔二〇〕盧弼曰："胡三省曰：'斯事也，實吳用事之臣所爲也。潘后欲求稱制，左右小人正當相與從臾爲之，安有不勝其虐而縊殺之之理？吳史緣飾，後人遂因而書之云爾。'"

謹案：《御覽》卷一百四十二引作"坐死者六七十人"。疑今本奪"十"字也。竊謂潘氏之被殺，以爲其譖害者甚衆，故宫人毒恨之而莫由爲報。及權不豫而潘氏羸疾，遂乘勢而縊殺之，以雪宿怨也。胡注謂其欲求稱制，左右小人當從臾爲之，此由未究縊之者爲諸宫人，宫人或恐其稱制更事殘虐而殺之。胡氏論似未的。

〔二一〕紹興本"禕"字作"煒"，毛本作"禕"。

〔二二〕《御覽》引"隨"下有"亮"字。

〔二三〕紹興本"道"字作"追"，馮本、陳本、毛本"道"字俱作"迫"。盧弼曰："宋本'迫'作'追'，官本作'道'。"

謹案：《通志》作"追"，與宋本同，疑"追"字是。

〔二四〕盧弼曰："'隨'疑作'徙'。《孫休傳》：'諸葛恪不欲諸王在濱江兵馬之地，徙休於丹陽郡。'"

謹案：隨居丹陽，謂朱夫人隨休居丹陽也。如作"徙"，則謂休徙，與夫人無預也。疑盧君誤。

〔二五〕《實錄》"害"上有"譖"字。

〔二六〕《建康實錄》"妻"下無"是"字。

〔二七〕盧弼曰："陳本'伺'作'祠'。"

謹案："祠"字於此無義。"伺"，《晉書音義》："候也。"觀下文可知，陳本誤。

〔二八〕《實錄》作"事察戰監之"，此有脫誤，當據補正。"察戰"當作"察獸"，説見《孫休傳》。

〔二九〕紹興本無"上半岡"三字。

〔三〇〕紹興本"便止"作"便住"，毛本"冢"下無"上"字。

〔三一〕盧弼曰："《御覽》'姬'上有'何'字。"

謹案：《御覽》引有"何"字。

〔三二〕《御覽》引句上重"彭祖"二字。

〔三三〕盧弼曰："錢大昕曰：'宜成當作宣城。'"

謹案：《通志》作"宣城"，錢説是。

〔三四〕《通志》"吴"字作"晧"。

〔三五〕《御覽》卷七百一十五引"出"字作"命"。

〔三六〕《實錄》"柏"字作"桐"，疑作"柏"者誤。

〔三七〕《通鑑考異》無"云"字，有"故民間謡言"五字，應補。乃與下文"謡言乃息"語正相承。

〔三八〕盧弼曰："宋本'還'下有'秣陵'二字。"

謹案：《通鑑考異》亦有"秣陵"二字，今本奪，應據補。

〔三九〕盧弼曰："宋本'信'作'植'。"

謹案：《通鑑考異》亦作"植"，《孫晧傳》："遣三郡督何植收熙。"作"植"字是，應據改。

〔四〇〕盧弼曰："宋本'裔'疑作'謫'。"

謹案：《通志》"裔"作"謫"。考《國語·晉語四》曰："以賓裔土。"韋昭注："裔，荒裔。"牧見遣居蒼梧，蒼梧於吴爲荒裔，此語或本之，則"裔"字疑不誤。

〔四一〕《通志》"官"字作"宫"。

〔四二〕《通志》"紱"字作"綏"。

三國志卷五十一

吳志卷六〔一〕

孫靜 子瑜 皎 奐 孫賁 子鄰 孫輔 孫翊 孫匡 孫韶 孫桓〔二〕

孫靜字幼臺，堅季弟也。堅始舉事，靜糾合鄉曲及宗室五六百人以為保障〔三〕，衆咸附焉。策破劉繇，定諸縣，進攻會稽，遣人請靜，靜將家屬與策會於錢唐。是時太守王朗拒策於固陵，策數度水戰不能克。靜說策曰："朗負阻城守，難可卒拔。查瀆南去此數十里〔四〕，而道之要徑也，宜從彼據其內，所謂攻其無備、出其不意者也。吾當自帥衆為軍前隊，破之必矣。"策曰："善。"乃詐令軍中曰："頃連雨水濁，兵飲之多腹痛，令促具甖缶數百口澄水〔五〕。"至昏暮，四維然火誑朗〔六〕，便分軍夜投查瀆道，襲高遷屯。臣松之案：今永興縣有高遷橋。查音祖加反。朗大驚，遣故丹陽太守周昕等帥兵前戰。策破昕等，斬之，遂定會稽。《會稽典錄》曰：昕字大明。少游京師，師事太傅陳蕃，博覽羣書，明於風角，善推災異。辟太尉府，舉高第，稍遷丹陽太守。曹公起義兵，昕前後遣兵萬餘人助公征伐。袁術之在淮南也，昕惡其淫虐，絕不與通。《獻帝春秋》曰：袁術遣吳景攻昕，未拔，景乃募百姓敢從周昕者死不赦。昕曰："我則不德，百姓何罪？"遂散兵還本郡。表拜靜爲奮武校尉，欲授之重任，靜戀墳墓宗族，不樂出仕[七]，求留鎮守。策從之。權統事，就遷昭義中郎將，終於家。有五子，暠、瑜、皎、奐、謙。暠三子：綽、超、恭。超爲偏將軍。恭生峻。綽生綝。

瑜字仲異，以恭義校尉始領兵衆。是時賓客諸將多江西人，瑜虛心綏撫，得其歡心。建安九年，領丹陽太守，爲衆所附，至萬餘人。加綏遠將軍。十一年，與周瑜共討麻、保二屯，破之。後從權拒曹公於濡須，權欲交戰，瑜說權持重，權不從，軍果無功。遷奮威將軍，領郡如故，自溧陽徙屯牛渚。瑜以永安人饒助爲襄安長，無錫人顏連爲居巢長，使招納廬江二郡，各得降附。濟陰人馬普篤學好古，瑜厚禮之，使二府將吏子弟數百人就受業，遂立學宮[八]，臨饗講肄。是時諸將皆以軍務爲事，而瑜好樂墳典，雖在戎旅，誦聲不絕。年三十九，建安二十年卒。瑜五子：彌、熙、燿、曼、紘。曼至將軍，封侯。

孫皎字叔朗[九]，始拜護軍校尉，領衆二千餘人。是時曹公數出濡須，皎每赴拒，號爲精銳。遷都護征虜將軍，代程普督夏口。黃蓋及兄瑜卒，又并其軍。賜沙羨、雲杜、南新市、竟陵爲奉邑，自置長吏。輕財能施，善於交結，與諸葛瑾至厚，委廬江劉靖以得失，江夏李允以衆事，廣陵吳碩、河南張梁以軍旅，而傾心親待，莫不自盡。皎嘗遣兵候，獲魏邊將吏美女以進皎，皎更其衣服送還之，下令曰：「今所誅者曹氏，其百姓何罪？自今以往，不得擊其老弱[一〇]。」由是江淮間多歸附者。嘗以小故與甘寧忿爭，或以諫寧，寧曰：「臣子一例，征虜雖公子，何可專行侮人邪！吾值明主，但當輸效力命[一一]，以報所天，誠不能隨俗屈曲矣。」權聞之，以書讓皎曰：「自吾與北方爲敵，中間十年，初時相持[一二]，年小[一三]，今者且三十矣[一四]。孔子言『三十而立』，非但謂五經也，授卿以精兵，委卿以大任，都護諸將於千里之外，欲使如楚任昭奚恤，揚威於北境，非徒相使逞私志而已。近聞卿與甘興霸飲，因酒發作，侵陵其人，其人求屬呂蒙督中。此人雖麤豪，有不如人意時，然其較略，大丈夫也。吾親之者，非私之也。吾親愛之，卿疏憎之；卿所爲每與吾違，其可久乎？夫居敬而行簡，可以臨民；愛人多容，可以得衆。二者尚不能知，安可董督在遠，禦寇濟難乎？卿行長大，特受重任，上有遠方瞻望之觀[一五]，下有部曲朝夕從事，何可恣意有盛怒邪？人誰無過，貴其能改，宜追前愆，深自咎責。今故煩諸葛子瑜重宣吾意。臨書摧愴，心悲淚下。」皎得書，上疏陳謝，遂與寧結厚[一六]。後呂蒙當襲南郡，權欲令皎與蒙爲左右部大督，蒙説權曰："若至尊以征虜能，宜用之；以蒙能，宜用蒙。昔周瑜、程普爲左右部督，共攻江陵，雖事決於瑜，普自恃久將[一七]，且俱是督，遂共不睦[一八]，幾敗國事，此目前之戒也。"權寤[一九]，謝蒙曰："以卿爲大督，命皎爲後繼。"禽關羽，定荆州，皎有力焉。建安二十四年卒。權追錄其功，封子胤爲丹陽侯。胤卒，無子。弟晞嗣，領兵，有罪自殺，國除。弟咨、彌、儀皆將軍，封侯。咨羽林督，儀無難督。咨爲滕胤所殺，儀爲孫峻所害。

孫奐字季明[二〇]。兄皎既卒，代統其衆，以揚武中郎將領江夏太守。在事一年，遵皎舊迹，禮劉靖、李允、吳碩、張梁及江夏閭舉等，並納其善。奐訥於造次而敏於當官，軍民稱之。黃武五年，權攻石陽，奐以地主使所部將軍鮮于丹帥五千人先斷淮道，自帥吳碩、張梁五千人爲軍前鋒，降高城，得三將。大軍引還，權詔使在前住，駕過其軍，見奐軍陣整齊，權歎曰："初吾憂其遲鈍，今治軍，諸將少能及者，吾無憂矣。"拜揚威將軍，封沙羨侯。吳碩、張梁皆裨將軍，賜爵關內侯。《江表傳》曰：初權在武昌，欲還都建業，而慮水道泝流二千里，一旦有警，不相赴及，以此懷疑。及至夏口[二一]，於塢中大會百官議之，詔曰："諸將吏勿拘位任，其有計者，爲國言之。"諸將或陳宜立柵夏口[二二]，或言宜重設鐵鎖者，權皆以爲非計。時梁爲小將，未有知名[二三]，乃越席而進曰："臣聞香餌引泉魚，重幣購勇士，今宜明樹賞罰之信，遣將入沔，與敵爭利，形勢既成，彼不敢干也。

使武昌有精兵萬人，付智略者任將，常使嚴整。一旦有警，應聲相赴。作甘水城，輕艦數千，諸所宜用，皆使備具。如此開門延敵，敵自不來矣。"權以梁計爲最得，即超增梁位。後稍以功進至沔中督。奐亦愛樂儒生，復命部曲子弟就業，後仕進朝廷者數十人。年四十，嘉禾三年卒。子承嗣，以昭武中郎將代統兵，領郡。赤烏六年卒，無子，封承庶弟壹奉奐後，襲業爲將。孫峻之誅諸葛恪也，壹與全熙、施績攻恪弟公安督融。融自殺。壹從鎮南遷鎮軍，假節督夏口。及孫綝誅滕胤、呂據，據、胤皆壹之妹夫也，壹弟封又知胤、據謀，自殺。綝遣朱異潛襲壹。異至武昌，壹知其攻己，率部曲千餘口過將胤妻奔魏。魏以壹爲車騎將軍儀同三司封吳侯，以故主芳貴人邢氏妻之。邢美色妒忌，下不堪命，遂共殺壹及邢氏。壹入魏，黃初三年死。

孫賁字伯陽。父羌字聖壹，堅同產兄也。賁早失二親，弟輔嬰孩，賁自贍育，友愛甚篤。爲郡督郵守長〔二四〕。堅於長沙舉義兵，賁去吏從征伐。堅薨，賁攝帥餘衆，扶送靈柩。後袁術徙壽春，賁又依之。術從兄紹用會稽周昂爲九江太守，紹與術不協，術遣賁攻破昂於陰陵。術表賁領豫州刺史，轉丹陽都尉，行征虜將軍，討平山越。爲揚州刺史劉繇所迫逐，因將士衆還住歷陽。頃之，術復使賁與吳景共擊樊能、張英等，未能拔。及策東渡，助賁、景破英、能等，遂進擊劉繇。繇走豫章。策遣賁、景還壽春報術，值術僭號，署置百官，除賁九江太守。賁不就，棄妻孥還江南。《江表傳》曰：袁術以吳景守廣陵，策族兄香亦為術所用，作汝南太守，而令賁為將軍，領兵在壽春。策與景等書曰："今征江東，未知二三君意云何耳?"景即棄守歸，賁因而獲免〔二五〕，香以道遠獨不得還。《吳書》曰：香字文陽。父儒〔二六〕，字仲孺，堅再從弟也，仕郡主簿功曹。香從堅征伐有功，拜郎中。後為袁術驅馳，加征南將軍，死於壽春。

時策已平吳、會二郡，賁與策征廬江太守劉勳、江夏太守黃祖，軍旋，聞繇病死，過定豫章，上賁領太守，《江表傳》曰：時丹陽僮芝自署廬陵太守，策留賁弟輔領兵住南昌，策謂賁曰："兄今據豫章，是扼僮芝咽喉而守其門戶矣。但當伺其形便，因令國儀杖兵而進，使公瑾為作勢援，一舉可定也。"後賁聞芝病，即如策計。周瑜到巴丘，輔遂得進據廬陵。後封都亭侯。建安十三年，使者劉隱奉詔拜賁為征虜將軍，領郡如故。在官十一年卒。子鄰嗣。

鄰年九歲，代領豫章，進封都鄉侯。《吳書》曰：鄰字公達，雅性精敏，幼有令譽。在郡垂二十年，討平叛賊，政績修理。召還武昌，為繞帳督。時太常潘濬掌荊州事，重安長陳留舒燮有罪下獄，濬嘗失燮，欲寘之於法。論者多有為言〔二七〕，濬猶不釋。鄰謂濬曰："舒伯膺兄弟爭死，海內義之，以為美譚，仲膺又有奉國舊意。今君殺其子弟，若天下一統，青蓋北巡，中州士人必問仲膺繼嗣，答者云潘承明殺燮，於事何如?"濬意即解，燮用得濟。《博物志》曰：仲膺名邵。初伯膺親友為人所殺，仲膺為報怨。事覺，兄弟爭死，皆得免。袁術時，邵為阜陵長。亦見《江表傳》。鄰遷夏口沔中督、威遠將軍，所居任職。赤烏十二年卒。子苗嗣。苗弟旅及叔父安、熙、績，皆歷列位。《吳曆》曰：鄰又有子曰述，爲武昌督，平荊州事。震，無難督。諧，城門校尉。歆，樂鄉督。震後禦晉軍，與張悌俱死。賁曾孫惠，字德施。《惠別傳》曰：惠好學有才智，晉永寧元年，赴齊王冏義，以功封晉興侯，辟大司馬賊曹屬。冏驕矜僭侈，天下失望。惠獻言於冏，諷以五難、四不可，勸令委讓萬機，歸藩青岱，辭甚深切。冏不能納，頃之果敗。成都王穎召爲大將軍參軍。是時穎將有事於長沙，以陸機爲前鋒都督。惠與機鄉里親厚，憂其致禍，謂之曰："子盍讓都督於王粹乎？"機曰："將謂吾避賊首鼠，更速其害。"機尋被戮，二弟雲、耽亦見殺，惠甚傷恨之。永興元年，乘輿幸鄴，司空東海王越治兵下邳，惠以書干越，詭其姓名，自稱南岳逸民秦祕之，勉以勤王匡世之略，辭義甚美。越省其書，牓題道衢推求其人。惠乃出見，越即以爲記室參軍，專掌文疏，豫參謀議。每造書檄，越或驛馬催之，應命立成，皆有辭旨。累遷顯職，後爲廣武將軍、安豐內史。年四十七卒。惠文翰凡數十首。

孫輔字國儀，賁弟也，以揚武校尉佐孫策平三郡。策討丹陽七縣，使輔西屯歷陽以拒袁術，并招誘餘民，鳩合遺散。又從策討陵陽，生得祖郎等。《江表傳》曰：策既平定江東，逐袁胤。袁術深怨策，乃陰遣間使齎印綬與丹陽宗帥陵陽祖郎等，使激動山越，大合衆圖共攻策。策自率將士討郎，生獲之。策謂郎曰："爾昔襲擊孤，斫孤馬鞍，今創軍立事，除棄宿恨，惟取能用，與天下通耳。非但汝，汝莫恐怖。"郎叩頭謝罪。即破械，賜衣服，署門下賊曹。及軍還，郎與太史慈俱在前導，軍人以爲榮。策西襲廬江太守劉勳，輔隨從，身先士卒，有功。策立輔爲廬陵太守，撫定屬城，分置長吏。遷平南將軍，假節領交州刺史。遣使與曹公相聞，事覺，權幽繫之〔二八〕。《典略》曰：輔恐權不能保守江東，因權出行東冶，乃遣人齎書呼曹公。行人以告，權乃還，僞若不知，與張昭共見輔，權謂輔曰："兄厭樂邪，何爲呼他人？"輔云無是。權因投書與昭，昭示輔〔二九〕，輔惶無辭。乃悉斬輔親近，分其部曲，徙輔置東〔三〇〕。數歲卒。子興、昭、偉、昕，皆歷列位。

孫翊字叔弼，權弟也，驍悍果烈，有兄策風。太守朱治舉孝廉，司空辟。《典略》曰：翊名儼，性似策。策臨卒，張昭等謂策當以兵屬儼，而策呼權，佩以印綬。建安八年，以偏將軍領丹陽太守，時年二十。後卒爲左右邊鴻所殺〔三一〕，鴻亦即誅。《吳曆》載翊妻徐節行，宜與嫣覽等事相次，故列於後孫韶傳中。

子松爲射聲校尉、都鄉侯。《吳錄》曰：松善與人交，輕財好施。鎮巴丘，數咨陸遜以得失。嘗有小過，遜面責松，松意色不平，遜觀其少釋，謂曰："君過聽不以某鄙〔三二〕，數見訪及，是以承來意進盡言，便變色何也？"松笑曰："屬亦自忿行事有此，豈有望邪！"黃龍三年卒。蜀丞相諸葛亮與兄瑾書曰："既受東朝厚遇，依依於子弟。又子喬良器，爲之惻愴。見其所與亮器物，感用流涕。"其悼松如此，由亮養子喬咨述故云。

孫匡字季佐，翊弟也。舉孝廉茂才，未試用，卒，時年二十餘。《江表傳》曰：曹休出洞口，呂範率軍禦之。時匡爲定武中郎將，遣範令放火燒損茅芒，以乏軍用，範即啓送匡還吳。權別其族爲丁氏，禁固終身。臣松之案：本傳曰："匡未試用，卒，時年二十餘。"而《江表傳》云呂範在洞口，匡爲定武中郎將。既爲定武，非爲未試用。且孫堅以初平二年卒，洞口之役在黃初三年，堅卒至此合三十一年，匡時若尚在，本傳不得云卒時年二十餘也。此蓋權別生弟朗，《江表傳》誤以爲匡也。朗之名位見《三朝錄》及虞喜《志林》也。子泰，曹氏之甥也，爲長水校尉。嘉禾三年，從權圍新城，中流矢死。泰子秀爲前將軍、夏口督。秀公室至親，握兵在外，晧意不能平。建衡二年，晧遣何定將五千人至夏口獵。先是，民間僉言秀當見圖，而定遠獵，秀遂驚，夜將妻子親兵數百人奔晉。晉以秀爲驃騎將軍、儀同三司，封會稽公。《江表傳》曰：晧大怒，追改秀姓曰厲。干寶《晉紀》曰：秀在晉朝，初聞晧降，羣臣畢賀，秀稱疾不與，南向流涕曰："昔討逆弱冠以一校創業，今後主舉江南而棄之，宗廟山陵，於此爲墟。悠悠蒼天，此何人哉！"朝廷美之。《晉諸公贊》曰：吳平，降爲伏波將軍，開府如故。永寧中卒，追贈驃騎、開府。子儉，字仲節，給事中。

孫韶字公禮。伯父河，字伯海，本姓俞氏，亦吳人也。孫策愛之，賜姓爲孫，列之屬籍。《吳書》曰：河，堅族子也，出後姑俞氏，後復姓爲孫。河質性忠直，訥言敏行，有氣幹，能服勤。少從堅征討，常爲前驅，後領左右兵，典知內事，待以腹心之任。又從策平定吳、會，從權討李術，術破，拜威寇中郎將，領廬江太守。後爲將軍，屯京城。

初，孫權殺吳郡太守盛憲，《會稽典錄》曰：憲字孝章，器量雅偉，舉孝廉，補尚書郎，稍遷吳郡太守〔三三〕，以疾去官。孫策平定吳、會，誅其英豪，憲素有高名，策深忌之。初，憲與少府孔融善，融憂其不免禍，乃與曹公書曰："歲月不居，時節如流，五十之年，忽焉已至。公爲始滿，融又過二，海内知識，零落殆盡，惟會稽盛孝章尚存。其人困於孫氏，妻孥湮没，單子獨立，孤危愁苦，若使憂能傷人，此子不得復永年矣〔三四〕。《春秋傳》曰：'諸侯有相滅亡者，桓公不能救，則桓公恥之。'今孝章實丈夫之雄也，天下譚士，依以揚聲，而身不免於幽執，命不期於旦夕，是吾祖不當復論損益之友，而朱穆所以絶交也。公誠能馳一介之使，加咫尺之書，則孝章可致，友道可宏也。今之少年，喜謗前輩，或能譏平皮柄反。孝章；孝章要爲有天下大名，九牧之民所共稱歎。燕君市駿馬之骨，非欲以騁道里，乃當以招絶足也。惟公匡復漢室，宗社將絶，又能正之，正之之術，實須得賢。珠玉無脛而自至者，以人好之也，况賢者之有足乎？昭王築臺以尊郭隗，隗雖小才，而逢大遇，竟能發明主之至心，故樂毅自魏往，劇辛自趙往，鄒衍自齊往。嚮使郭隗倒縣而王不解，臨溺而王不拯，則士亦將高翔遠引，莫有北首燕路者矣。凡所稱引，自公所知，而有云者，欲公崇篤斯義也，因表不悉。"由是徵爲騎都尉。制命未至，果爲權所害。子匡奔魏，位至征東司馬。憲故孝廉媯覽、戴員，亡匿山中，孫翊爲丹陽，皆禮致之。覽爲大都督督兵，員爲郡丞。及翊遇害，河馳赴宛陵，責怒覽、員，以不能全權令使奸變得施。二人議曰："伯海與將軍疏遠,而責我乃耳。討虜若來,吾屬無遺矣。"遂殺河,使人北迎揚州刺史劉馥,令住歷陽,以丹陽應之。會翊帳下徐元、孫高、傅嬰等殺覽、員。《吳曆》曰:媯覽、戴員親近邊鴻等〔三五〕,數爲翊所困,常欲叛逆,因吳主出征,遂其奸計。時諸縣令長並會見翊,翊以妻徐氏頗曉卜〔三六〕,翊入語徐:"吾明日欲爲長吏作主人,卿試卜之。"徐言:"卦不能佳,可須異日。"翊以長吏來久,宜速遣,乃大請賓客〔三七〕。翊出入常持刀,爾時有酒色,空手送客,鴻從後斫翊,郡中擾亂,無救翊者,遂爲鴻所殺,迸走入山〔三八〕。徐氏購募追捕,中宿乃得,覽、員歸罪殺鴻。諸將皆知覽、員所爲,而力不能討。覽入居軍府中〔三九〕,悉取翊嬪妾及左右侍御,欲復取徐。恐逆之見害,乃紿之曰:"乞須晦日設祭除服。"時月垂竟,覽聽須祭畢。徐潛使所親信語翊親近舊將孫高、傅嬰等,説覽已虜略婢妾,今又欲見偪,所以外許之者,欲安其意以免禍耳。欲立微計,願二君哀救。高、嬰涕泣答言:"受府君恩遇,所以不即死難者,以死無益,欲思惟事計,事計未立,未敢啓夫人耳。今日之事,實夙夜所懷也。"乃密呼翊時侍養者二十餘人,以徐意語之,共盟誓合謀。到晦日,設祭,徐氏哭泣盡哀畢,乃除服,薰香沐浴,更於他室,安施幃帳,言笑歡悦,示無戚容。大小悽愴,怪其如此。覽密覘視,無復疑意。徐呼高、嬰與諸婢羅住户内,使人報覽,説已除凶即吉,惟府君勅命。覽盛意入,徐出户拜。覽適得一拜,徐便大呼:"二君可起!"高、嬰俱出,共得殺覽,餘人即就外殺員。夫人乃還縗絰,奉覽、員首以祭翊墓。舉軍震駭,以爲神異。吳主績至,悉族誅覽、員餘黨,擢高、嬰爲牙門,其餘皆加賜金帛,殊其門户。

韶年十七,收河餘衆,繕治京城,起樓櫓,修器備以禦敵。權聞亂，從椒丘還，過定丹陽，引軍歸吳。夜至京城下營，試攻驚之，兵皆乘城傳檄備警，讙聲動地，頗射外人，權使曉喻乃止。明日見韶，甚器之，即拜承烈校尉，統河部曲，食曲阿、丹徒二縣，自置長吏，一如河舊。後爲廣陵太守、偏將軍。權爲吳王，遷揚威將軍，封建德侯。權稱尊號，爲鎮北將軍。韶爲邊將數十年，善養士卒，得其死力。常以警疆埸遠斥堠爲務，先知動靜而爲之備，故鮮有負敗。青、徐、汝、沛頗來歸附，淮南濱江屯候皆撤兵遠徙，徐、泗、江、淮之地不居者各數百里。自權西征還，都武昌，韶不進見者十餘年。權還建業，乃得朝覲。權問青、徐諸屯要害遠近，人馬衆寡，魏將帥姓名，盡具識之，所問咸對。身長八尺，儀貌都雅。權歡悅曰："吾久不見公禮，不圖進益乃爾。"加領幽州牧、假節。赤烏四年卒。子越嗣，至右將軍。越兄楷武衛大將軍、臨成侯〔四〇〕，代越爲京下督。楷弟異至領軍將軍，弈宗正卿，恢武陵太守。天璽元年，徵楷爲宮下鎮驃騎將軍。初永安賊施但等劫晧弟謙，襲建業，或白楷二端不即赴討者，晧數遣詰楷。楷常惶怖，而卒被召，遂將妻子親兵數百人歸晉，晉以爲車騎將軍，封丹陽侯。《晉諸公贊》曰：吳平，降爲渡遼將軍，永安元年卒。《吳錄》曰：楷處事嚴整不如孫秀，而人間知名過也。

孫桓字叔武，河之子也。《吳書》曰：河有四子。長助，曲阿長。次誼，海鹽長。並早卒。次桓，儀容端正，器懷聰朗〔四一〕，博學彊記，能論議應對，權常稱爲宗室顔淵，擢爲武衛都尉。從討關羽於華容，誘羽餘黨，得五千人，牛馬器械甚衆。年二十五，拜安東中郎將，與陸遜共拒劉備。備軍衆甚盛，彌山盈谷，桓投刀奮命〔四二〕，與遜勠力，備遂敗走。桓斬上兜道〔四三〕，截其徑要。備踰山越險，僅乃得免，忿恚歎曰："吾昔初至京城，桓尚小兒，而今迫孤乃至此也！"桓以功拜建武將軍，封丹徒侯，下督牛渚，作橫江塢，會卒。《吳書》曰：桓弟俊，字叔英，性度恢宏，才經文武，爲定武中郎將，屯戍薄落，赤烏十三年卒。長子建襲爵，平虜將軍。少子慎，鎮南將軍。慎子丞〔四四〕，字顯世。《文士傳》曰：丞好學，有文章，作《螢火賦》行於世，爲黃門侍郎，與顧榮俱爲侍臣。歸命世，内侍多得罪尤〔四五〕，惟榮、丞獨獲全〔四六〕。常使二人記事，丞答顧問〔四七〕，乃下詔曰："自今已後，用侍郎皆當如今宗室丞、顧榮疇也〔四八〕。"吳平赴洛，爲范陽涿令，甚有稱績。永安中，陸機爲成都王大都督，請丞爲司馬，與機俱被害。

評曰：夫親親恩義，古今之常。宗子維城，詩人所稱。況此諸孫，或贊興初基，或鎮據邊陲，克堪厥任，不忝其榮者乎！故詳著云。

【校箋】

〔一〕毛本作"吳書六"。

〔二〕毛本作"宗室傳第六"。

〔三〕《册府》卷八百一十三引無"以"字。

〔四〕《水經注·漸江水》引"查"字作"柤"。

〔五〕盧弼補曰："顧炎武曰：'《史記・淮陰侯傳》：從夏陽以木罌缻渡軍。服虔曰：以木押縛罌缻以渡是也。古文簡，不言縛爾。孫策詐令軍中，促具罌缶數百口，分軍夜投査瀆，亦此法也。其狀圖於喻龍德《兵衡》，謂之甕筏。'"

謹案：《通典・兵十三》"行渡水附條"曰："軍行，遇大水、河渠、溝澗，無津梁舟栧，以木甕渡。縛瓮爲筏，受二石，力勝一人。瓮間闊五寸，底以繩勾聯，編槍於其上，形長勿方，前置拔頭，後置稍，左右置棹。"此即甕筏之遺制也。

〔六〕盧弼曰："宋本'四維'作'羅'。"

謹案：紹興本作"羅以然火"，蕭書同。《史記・五帝本紀》"旁羅日月星辰水波"索隱："羅，廣布也。"

〔七〕紹興本"仕"字作"身"。

〔八〕紹興本、馮本、陳本"宮"字俱作"官"。盧弼曰："何校本'官'作'宮'。朱邦衡曰：'漢時無學宮之稱，學官是。'"

謹案：諸本俱作"官"，《册府》卷三百八十八引同。惟官本從何氏校改作"宮"，誤。朱説是也。

〔九〕紹興本"皎"上無"孫"字，蕭書同。

〔一〇〕《白帖》卷五十二引"擊"字作"繫"，蕭書同。

〔一一〕蕭書作"輸力効死"，疑此"効力"二字當乙。

〔一二〕紹興本"持"字作"遲"。《易・歸妹》"遲歸有時"釋文引陸注："遲，待也。"

〔一三〕蕭書作"年少"。

〔一四〕盧弼曰："建安五年孫權統事，時年二十歲，此書蓋作於建安十五年。"

謹案：三十蓋謂皎之年，非孫權自謂也。上文："兄瑜卒，又并其軍。"據瑜傳，"瑜卒於建安二年"，則此書作於二十年後可知。又下文"皎得書，上疏陳謝，遂與寧結厚。後呂蒙當襲南郡"，呂蒙襲南郡在二十四年，據本傳皎以是年卒，則權書不得後於此年。考權書云："自吾與北方爲敵，中間十年。"建安十三年權始與曹操交兵，至此十年，故權與皎書必作於二十三年也。盧君謂作於建安十五年，或稽考未至也，實誤。

〔一五〕毛本"觀"字作"視"。盧弼曰："宋本'視'作'觀'。"

謹案：作"觀"字是。《釋名·釋姿容》："觀，翰也，望之延頸翰翰也。"

〔一六〕蕭書作"厚相結"。

〔一七〕蕭書"久"字作"宿"。

〔一八〕蕭書"共"字作"至"。

〔一九〕《册府》卷四百零二引"寤"字作"悟"，是。

〔二〇〕蕭書"免"上無"孫"字。

〔二一〕蕭書"及"字作"乃"，是。

〔二二〕紹興本重"栅"字。

〔二三〕蕭書無"有"字。

〔二四〕盧弼曰："郡督郵，吴郡之督郵也。'守長'二字疑誤。"

謹案："守長"疑不誤，此謂以郡督郵而兼攝縣長也。

〔二五〕盧弼曰："宋本'因'作'困'。"

謹案：錢儀吉："'因'作'困'。"作"困"是，"因"字於此不詞。馮本、陳本、毛本俱作"因"，誤。

〔二六〕紹興本"父儒"字作"孺"。

〔二七〕紹興本、馮本、陳本、毛本俱作"多爲有言"。盧弼曰："官本作'多有爲言'，郝經《續（後）漢書》作'多爲言之'。"

謹案：《册府》卷八百七十引無"有"字。蕭書作"論者多爲燮言",亦無"有"字。

〔二八〕《文選》阮元瑜《爲曹公作書與孫權》李注引"繫"字作"繄"。

〔二九〕《文選》陳孔璋《檄吳將校部曲文》李注引"昭"下有"以"字。

〔三〇〕盧弼曰:"胡三省曰:'置之吳東也。'趙一清曰:'東下有疑冶字。'"

謹案:《文選》李注引"東"下有"吳"字,應據補。

〔三一〕盧弼曰:"宋本'卒'作'年'。"

謹案:錢儀吉作"後年卒"云:"從宋本增。"考《吳主傳》:"翊以建安九年爲邊鴻所殺,此敘在建安八年後,不可云爲後年也。"錢說非。卒,終也。則作"年"字亦誤。

〔三二〕馮本、陳本"某"字俱作"其"。盧弼曰:"官本'其'作'某'。按:作'其'亦通。"

謹案:紹興本亦作"某",作"某"字是。《廣雅・釋詁三》"某,名也",王念孫疏證曰:"某者,《金縢》云:'惟爾玄孫某。'凡言某者,皆所以代名也。""其"當爲"某"字之誤,盧君云其亦可通,蓋非。

〔三三〕《文選》孔文舉《論盛孝章書》李注引"遷"上無"稍"字。

〔三四〕郝書無"復"字,《文選》同。

〔三五〕馮本、陳本、毛本"鴻"字俱作"洪",郝書同。

〔三六〕蕭書、郝書"卜"下俱有"筮"字。

〔三七〕蕭書、郝書"請"字俱作"會"。

〔三八〕蕭書作"鴻走入山"。

〔三九〕《御覽》卷四百八十一引作"《吳志》"。其文與《吳曆》有異，兹撮録之："孫翊之妻徐氏甚美，賊嬀覽殺翊，悉取其嬪妾，而復欲逼徐氏，恐違逆之，見害。時月垂竟，乃使人謂覽乞至晦日設祭除服，覽許之，徐氏遂潛使所親信者語翊舊所委任將孫高、傅嬰二人，具白逼己之狀，欲徵立計以求助焉。高、嬰等聞之，涕泣言舊蒙翊恩，許之。乃密結翊平時所侍養二十餘人，以徐氏之言語之，仍皆盟誓合謀。至晦日，徐氏遂設祭除服薰衣沐浴，内施幃帳，以候覽焉。大小怪其如此，無不悽愴。覽密遣偵之，無復疑慮。徐氏乃命高、嬰輩羅住户外，使人報覽，言已除凶畢矣。覽遂盛飾而入，徐氏出拜户外，覽纔下拜，徐氏即呼'二君可起'，高、嬰等齊出，即時殺覽。徐氏却服，縗絰，使持覽首以祭墓。"

〔四〇〕"成"疑當作"城"。

〔四一〕《初學記》卷十八、《御覽》卷三百七十九引"朗"字作"明"。

〔四二〕盧弼曰："《陸遜傳》：'孫桓别討備前鋒於夷道，爲備所圍，求救於遜。遜曰：安東得士衆心，不救自解。備果奔潰。'"

謹案："刀"字疑有誤，字當作"身"。《周泰傳》："投身衛權。"《方言》："凡揮棄物，淮汝之間謂之投。"投身猶言舍身。《季漢書》作"拔刀"，或以臆改。

〔四三〕盧弼曰："趙一清曰：'兜當作㙙。'沈欽韓曰：'上當是土，謂削土填道耳。'"

謹案："兜"當作"㙙"，"上"當作"土"，俱是也。惟以斬土爲削土，似非。疑"斬土"二字爲"塹"字之誤，猶《魏志·濊傳》"單單大嶺"之作"單單大山領"，本志《孫静傳》"羅以然火"之作"四維然火"耳。《左傳·襄公十八年》："塹防門而守之。"杜預注："於門外作塹。"此謂桓於㙙道掘土爲塹，以阻備兵也。

〔四四〕盧弼曰："何焯曰：'丞當從《晉書》本傳作拯，下同。'丁國均《晉書校文》曰：'《通鑑考異》引《晉春秋》作承。'《文館詞林》（百五十六）載有孫承贈陸機詩及機答詩，當即一人。三字形聲都近，不知孰是？"

謹案：《通典·職官三》"侍郎"條引作"孫丞"，《御覽》卷二百二十一引作"承"。

〔四五〕《御覽》引"罪"下無"尤"字。

〔四六〕《御覽》引"全"字作"免"。

〔四七〕錢儀吉"丞"作"承"，云："以意改。"

謹案：《御覽》、《册府》卷四百六十一引"丞"字作"承"。

〔四八〕盧弼曰："'如今'，《御覽》作'令如'。"

謹案：《通典》引無"令"字，"疇"字作"儔"。疑《通典》有脱字，餘當據三書訂補。

三國志校箋卷五十二

吴志卷七〔一〕

張昭 子承　休　奮　顧雍 子邵　邵子譚 承　諸葛瑾 少子融　步騭 少子闡〔二〕

　　張昭字子布，彭城人也。少好學，善隸書〔三〕，從白侯子安受《左氏春秋》〔四〕，博覽眾書，與琅邪趙昱、東海王朗俱發名友善。弱冠察孝廉，不就，與朗共論舊君諱事，州里才士陳琳等皆稱善之。時汝南主簿應劭議，宜為舊君諱，論者皆互有異同，事在《風俗通》。昭著論曰："客有見大國之議，士君子之論，云起元建武已來，舊君名諱五十六人〔五〕，以為後生不得協也。取乎經論，譬諸行事，義高辭麗，甚可嘉美。愚意褊淺，竊有疑焉。蓋乾坤剖分，萬物定形，肇有父子君臣之經。故聖人順天之性，制禮尚敬，在三之義，君實食之，在喪之哀，君親臨之，厚莫重焉，恩莫大焉，誠臣子所尊仰，萬夫所天恃，焉得而同之哉？然親親有衰〔六〕，尊尊有殺，故禮服上不盡高祖，下不盡元孫。又傳記四世而緦麻，服之窮也；五世袒免，降殺同姓也；六世而親屬竭矣。又《曲禮》有不逮事之義則不諱，不諱者，蓋名之謂，屬絕之義，不拘於協，況乃古君五十六哉！邾子會盟，季友來歸，不稱其名，咸書字者，是時魯人嘉之也。何解臣子爲君父諱乎？周穆王諱滿，至定王時有王孫滿者，其爲大夫，是臣協君也。又厲王諱胡，及莊王之子名胡，其比衆多。夫類事建議，經有明據，傳有徵案，然後進攻退守，萬無奔北，垂示百世，永無咎失。今應劭雖上尊舊君之名，而下無所斷齊，猶歸之疑云。《曲禮》之篇，疑事無質，觀省上下，闕義自證，文辭可爲，倡而不法，將來何觀？言聲一放，猶拾瀋也〔七〕，過辭在前，悔其何追！”刺史陶謙舉茂才，不應，謙以爲輕己，遂見拘執。昱傾身營救，方以得免。漢末大亂，徐方士民多避難揚土，昭皆南渡江〔八〕。孫策創業，命昭爲長史、撫軍中郎將，升堂拜母，如比肩之舊，文武之事，一以委昭。《吳書》曰：策得昭甚悅，謂曰：“吾方有事四方，以士人賢者上吾〔九〕，於子不得輕矣。”乃上爲校尉，待以師友之禮。昭每得北方士大夫書疏，專歸美於昭，昭欲嘿而不宣，則懼有私，宣之〔一〇〕，則恐非宜，進退不安。策聞之，歡笑曰：“昔管仲相齊，一則仲父，二則仲父，而桓公爲霸者宗〔一一〕。今子布賢，我能用之，其功名獨不在我乎！”

策臨亡，以弟權託昭，昭率羣僚立而輔之。《吳曆》曰：策謂昭曰：“若仲謀不任事者，君便自取之。正復不克捷，緩步西歸，亦無所慮。”上表漢室，下移屬城，中外將校，各令奉職。權悲感未視事，昭謂權曰：“夫爲人後者，貴能負荷先軌,克昌堂構,以成勳業也。方今天下鼎沸,羣盜滿山〔一二〕,孝廉何得寢伏哀戚,肆匹夫之情哉?"乃身自扶權上馬,陳兵而出,然後衆心知有所歸。昭復爲權長史,授任如前。《吳書》曰:是時天下分裂,擅命者衆。孫策涖事日淺,恩澤未洽,一旦傾隕,士民狼狽,頗有同異。及昭輔權,綏撫百姓,諸侯賓旅寄寓之士,得用自安。權每出征,留昭鎮守,領幕府事。後黃巾賊起,昭討平之。權征合肥,命昭別討匡琦,又督領諸將攻破豫章賊率周鳳等於南城。自此希復將帥,常在左右爲謀謨臣。權以昭舊臣,待遇尤重。後劉備表權行車騎將軍,昭爲軍師〔一三〕。權每田獵,常乘馬射虎,虎常突前〔一四〕,攀持馬鞍。昭變色而前曰:"將軍何有當爾?夫爲人君者,謂能駕御英雄,驅使羣賢,豈謂馳逐於原野,校勇於猛獸者乎?如有一旦之患,奈天下笑何?"權謝昭曰:"年少慮事不遠,以此慚君。"然猶不能已,乃作射虎車,爲方目,間不置蓋,一人爲御,自於中射之。時有逸羣之獸,輒復犯車,而權每手擊以爲樂。昭雖諫爭,常笑而不答。魏黃初二年,遣使者邢貞拜權爲吳王。貞入門不下車。昭謂貞曰:"夫禮無不敬,故法無不行〔一五〕。而君敢自尊大,豈以江南寡弱,無方寸之刃故乎!"貞即遽下車。拜昭爲綏遠將軍,封由拳侯。《吳錄》曰:昭與孫紹、滕胤、鄭禮等,採周、漢〔一六〕,撰定朝儀。權於武昌,臨釣臺,飲酒大醉〔一七〕。權使人以水灑羣臣曰〔一八〕:"今日酣飲,惟醉墮臺中乃當止耳。"昭正色不言,出外車中坐。權遣人呼昭還,謂曰:"爲共作樂耳〔一九〕,公何爲怒乎〔二〇〕?"昭對曰:"昔紂爲糟丘酒池長夜之飲,當時亦以爲樂,不以爲惡也。"權默然,有慙色,遂罷酒。初,權當置丞相,衆議歸昭。權曰:"方今多事,職統者責重,非所以優之也。"後孫邵卒〔二一〕,百寮復舉昭,權曰:"孤豈爲子布有愛乎?領丞相事煩〔二二〕,而此公性剛,所言不從,怨咎將興,非所以益之也。"乃用顧雍。

權既稱尊號,昭以老病,上還官位及所統領。《江表傳》曰:權既即尊位,請會百官,歸功周瑜。昭舉笏欲褒贊功德,未及言,權曰:"如張公之計〔二三〕,今已乞食矣。"昭大慙,伏地流汗。昭忠謇亮直,有大臣節,權敬重之,然所以不相昭者,蓋以昔駮周瑜、魯肅等議爲非也。臣松之以爲:張昭勸迎曹公,所存豈不遠乎?夫其揚休正色,委質孫氏,誠以厄運初遘,塗炭方始,自策及權,才略足輔,是以盡誠匡弼,以成其業,上藩漢室,下保民物;鼎峙之計,本非其志也。曹公仗順而起,功以義立,冀以清一諸華,拓平荆郢,大定之機,在於此會。若使昭議獲從,則六合爲一,豈有兵連禍結,遂爲戰國之弊哉!雖無功於孫氏,有大當於天下矣。昔竇融歸漢,與國升降;張魯降魏,賞延于世。況權舉全吳,望風順服,寵靈之厚,其可測量哉!然則昭爲人謀,豈不忠且正乎!更拜輔吳將軍,班亞三司,改封婁侯,食邑萬戶。在里宅無事,乃著《春秋左氏傳解》及《論語注》〔二四〕。權嘗問衛尉嚴畯:"寧念小時所闇書不?"畯因誦《孝經》"仲尼居"。昭曰:"嚴畯鄙生,臣請爲陛下誦之。"乃誦"君子之事上",咸以昭爲知所誦。

昭每朝見,辭氣壯厲〔二五〕,義形於色,曾以直言逆旨〔二六〕，中不進見。後蜀使來，稱蜀德美，而羣臣莫拒，權歎曰："使張公在坐，彼不折自廢〔二七〕，安復自誇乎〔二八〕？"明日，遣中使勞問，因請見昭。昭避席謝，權跪止之。昭坐定，仰曰〔二九〕："昔太后、桓王不以老臣屬陛下，而以陛下屬老臣，是以思盡臣節，以報厚恩，使泯没之後，有可稱述，而意慮淺短〔三〇〕，違逆盛旨，自分幽淪，長棄溝壑，不圖復蒙引見，得奉帷幄。然臣愚心所以事國〔三一〕，志在忠益，畢命而已。若乃變心易慮〔三二〕，以偸榮取容，此臣所不能也。"權辭謝焉。

權以公孫淵稱藩，遣張彌、許晏至遼東，拜淵爲燕王，昭諫曰："淵背魏懼討，遠來求援〔三三〕，非本志也。若淵改圖，欲自明於魏，兩使不反，不亦取笑於天下乎？"權與相反覆，昭意彌切。權不能堪，案刀而怒曰："吳國士人，入宮則拜孤，出宮則拜君，孤之敬君，亦爲至矣，而數於衆中折孤，孤嘗恐失計〔三四〕。"昭熟視權曰："臣雖知言不用〔三五〕，每竭愚忠者〔三六〕，誠以太后臨崩，呼老臣於牀下，遺詔顧命之言故在耳〔三七〕。"因涕泣橫流〔三八〕。權擲刀致地〔三九〕，與昭對泣。然卒遣彌、晏往。昭忿言之不用，稱疾不朝〔四〇〕。權恨之，土塞其門，昭又於内以土封之。淵果殺彌、晏。權數慰謝昭，昭固不起〔四一〕，權因出過其門呼昭〔四二〕，昭辭疾篤〔四三〕。權燒其門，欲以恐之〔四四〕，昭更閉户。權使人滅火〔四五〕，住門良久〔四六〕，昭諸子共扶昭起，權載以還宮，深自克責。昭不得已，然後朝會。習鑿齒曰：張昭於是乎不臣矣！夫臣人者，三諫不從，則奉身而退，身苟不絕，何惫懟之有？且秦穆違諫，卒霸西戎。晉文暫怒，終成大業。遺誓以悔過見録，狐偃無怨絕之辭，君臣道泰，上下俱榮。今權悔往之非而求昭，後益迴慮降心，不遠而復，是其善也。昭爲人臣，不度權得道〔四七〕，匡其後失，夙夜匪懈，以延來譽，乃追忿不用，歸罪於君，閉戶拒命，坐待焚滅，豈不悖哉！

昭容貌矜嚴，有威風，權常曰：「孤與張公言，不敢妄也。」舉邦憚之。年八十一，嘉禾五年卒。遺令幅巾素棺，斂以時服。權素服臨弔，諡曰文侯。《典略》曰：余襄聞劉荆州嘗自作書，欲與孫伯符，以示禰正平，正平蚩之，言：「如是爲，欲使孫策帳下兒讀之邪，將使張子布見乎？」如正平言，以爲子布之才高乎？雖然，猶自蘊藉典雅，不可謂之無筆迹也。加聞吳中稱謂之仲父，如此，其人信一時之良幹，恨其不於嵩岳等資，而乃播殖於會稽。長子承已自封侯，少子休襲爵。

昭弟子奮年二十〔四八〕，造作攻城大攻軍，爲步騭所薦。昭不願曰：「汝年尚少，何爲自委於軍旅乎？」奮對曰：「昔童汪死難，子奇治阿，奮實不才耳，於年不爲少也。」遂領兵爲將軍，連有功效，至平州都督，封樂鄉亭侯。

承字仲嗣，少以才學知名，與諸葛瑾、步騭、嚴畯相友善。權爲驃騎將軍，辟西曹掾，出爲長沙西部都尉。討平山寇，得精兵萬五千人。後爲濡須都督、奮威將軍〔四九〕，封都鄉侯，領部曲五千人。承爲人壯毅忠讜〔五〇〕，能甄識人物，拔彭城蔡款、南陽謝景於孤微童幼,後並爲國士,款至衛尉,景豫章太守。《吳錄》曰:款字文德,歷位内外,以清真顯於當世[五一]。後以衛尉領中書令,封留侯。二子,條、機。條孫晧時位至尚書令、太子少傅。機爲臨川太守。謝景事在《孫登傳》。又諸葛恪年少時,衆人奇其英才,承言終敗諸葛氏者元遜也。勤於長進,篤於物類,凡在庶幾之流[五二],無不造門。年六十七,赤烏七年卒,謚曰定侯。子震嗣。初,承喪妻,昭欲爲索諸葛瑾女,承以相與有好,難之,權聞而勸焉,遂爲婚。臣松之案:承與諸葛瑾同以赤烏中卒,計承年小瑾四歲耳。生女,權爲子和納之。權數令和修敬於承,執子壻之禮。震諸葛恪誅時亦死。

休字叔嗣,弱冠與諸葛恪、顧譚等俱爲太子登僚友,以《漢書》授登。《吳書》曰:休進授指摘文義,分別事物,並有章條。每升堂宴飲,酒酣樂作,登輒降意與同歡樂。休爲人解達,登甚愛之,常在左右。從中庶子轉爲右弼都尉。權嘗游獵,迫暮乃歸,休上疏諫戒,權大善之,以示於昭。及登卒,後爲侍中,拜羽林都督,平三典軍事[五三],遷揚武將軍。爲魯王霸友黨所譖,與顧譚、承俱以芍陂論功事,休、承與典軍陳恂通情,詐增其伐,並徙交州。中書令孫弘佞僞險詖,休素所忿。《吳錄》云:弘,會稽人也。弘因是譖訴,下詔書賜休死,時年四十一。

顧雍字元歎,吳郡吳人也。《吳錄》曰:雍曾祖父奉,字季鴻,潁川太守。蔡伯喈從朔方還,嘗避怨於吳,雍從學琴書。《江表傳》曰：雍從伯喈學[五四]，專一清靜，敏而易教。伯喈貴異之[五五]，謂曰："卿必成致[五六]，今以吾名與卿。"故雍與伯喈同名由此也。《吳錄》曰：雍字元歎，言爲蔡雍之所歎[五七]，因以爲字焉。州郡表薦，弱冠爲合肥長，後轉在婁、曲阿、上虞，皆有治迹。孫權領會稽太守，不之郡，以雍爲丞，行太守事，討除寇賊，郡界寧靜，吏民歸服。數年，入爲左司馬。權爲吳王，累遷大理奉常，領尚書令，封陽遂鄉侯，拜侯還寺[五八]，而家人不知，後聞乃驚。

黃武四年，迎母於吳。既至，權臨賀之，親拜其母於庭，公卿大臣畢會，後太子又往慶焉。雍爲人不飲酒，寡言語，舉動時當。權嘗歎曰："顧君不言，言必有中。"至飲宴歡樂之際，左右恐有酒失，而雍必見之，是以不敢肆情。權亦曰："顧公在坐，使人不樂。"其見憚如此。是歲，改爲太常，進封醴陵侯，代孫邵爲丞相，平尚書事。其所選用文武將吏，各隨能所任[五九]，心無適莫[六〇]。時訪逮民間，及政職所宜，輒密以聞。若見納用，則歸之於上，不用，終不宣泄。權以此重之。然於公朝有所陳及，辭色雖順而所執者正。權嘗咨問得失，張昭因陳聽采聞，頗以法令太稠，刑罰微重，宜有所蠲損。權默然，顧問雍曰："君以爲何如？"雍對曰："臣之所聞，亦如昭所陳。"於是權乃議獄輕刑。《江表傳》曰：權常令中書郎詣雍[六一]，有所咨訪。若合雍意，事可施行，即與相反覆究而論之[六二]，爲設酒食。如不合意[六三]，雍即正色改容，默然不言，無所施設，即退告[六四]。權曰[六五]："顧公歡悅，是事合宜也；其不言者，是事未平也〔六六〕，孤當重思之。"其見敬信如此。江邊諸將，各欲立功自效，多陳便宜，有所掩襲。權以訪雍，雍曰〔六七〕："臣聞兵法戒於小利，此等所陳，欲邀功名而爲其身，非爲國也，陛下宜禁制〔六八〕。苟不足以曜威損敵，所不宜聽也〔六九〕。"權從之。軍國得失，行事可不，自非面見，口未嘗言之〔七〇〕。久之，呂壹、秦博爲中書，典校諸官府〔七一〕，及州郡文書〔七二〕。壹等因此漸作威福。遂造作權酤障管之利，舉罪糾奸，纖介必聞，重以深案醜誣，毀短大臣，排陷無辜，雍等皆見舉白，用被譴讓。後壹姦罪發露，收繫廷尉。雍往斷獄，壹以囚見，雍和顏色，問其辭狀，臨出，又謂壹曰："君意得無欲有所道？"壹叩頭無言。時尚書郎懷敘面詈辱壹，雍責敘曰："官有正法，何至於此！"《江表傳》曰：權嫁從女，女顧氏甥，故請雍父子及孫譚〔七三〕，譚時爲選曹尚書，見任貴重。是日，權極歡〔七四〕。譚醉酒，三起舞，舞不知止〔七五〕。雍内怒之。明日，召譚，訶責之曰："君上以含垢爲德〔七六〕，臣下以恭謹爲節。昔蕭何、吳漢並有大功，何每見高帝，似不能言；漢奉光武，亦信恪勤。汝之於國，寧有汗馬之勞，可書之事邪？但階門户之資，遂見寵任耳，何有舞不復知止？雖爲酒後，亦由恃恩忘敬，謙虛不足。損吾家者，必爾也〔七七〕。"因背向壁卧，譚立過一時，乃見遣。徐衆評曰：雍不以呂壹見毁之故，而和顏悦色，誠長者矣。然開引其意，問所欲道，此非也。壹姦險亂法，毀傷忠賢，吳國寒心，自太子登、陸遜已下，切諫不能得，是以潘濬欲同手劍之〔七八〕，以除國患，疾惡忠主，義形於色，而今乃發起令言。若壹稱枉邪，不申理，則非録獄本旨；若承辭而奏之，吳主儻以敬丞相所言，而復原宥，伯言、承明不當悲慨哉！懷敘本無私恨，無所爲嫌，故詈辱之，疾惡意耳，惡不仁者，其爲仁也。季武子死，曾點倚其門而歌；子晳創發，子產催令自裁。以此言之，雍不當責懷敘也。

雍爲相十九年，年七十六，赤烏六年卒。初疾微時，權令醫趙泉視之，拜其少子濟爲騎都尉。雍聞，悲曰："泉善別死生，吾必不起，故上欲及吾目見濟拜也〔七九〕。"權素服臨弔，諡曰肅侯。長子邵早卒，次子裕有篤疾，少子濟嗣，無後，絕。永安元年，詔曰："故丞相雍，至德忠賢，輔國以禮，而侯統廢絕，朕甚愍之。其以雍次子裕襲爵爲醴陵侯，以明著舊勳。"《吳錄》曰：裕一名穆，終宜都太守。裕子榮。《晉書》曰：榮字彥先，爲東南名士，仕吳爲黃門郎，在晉歷顯位。元帝初鎮江東，以榮爲軍司馬，禮遇甚重。卒，表贈侍中、驃騎將軍、儀同三司。榮兄子禺，字孟著，少有名望，爲散騎侍郎，早卒。《吳書》曰：雍母弟徽。字子歎〔八〇〕，少游學，有脣吻。孫權統事，聞徽有才辯，召署主簿。嘗近出行，見營軍將一男子至市行刑，問之何罪，云盜百錢，徽語使住。須臾，馳詣闕陳啓："方今畜養士衆，以圖北虜，視此兵丁壯健兒〔八一〕，且所盜少，愚乞哀原。"權許而嘉之。轉東曹掾。或傳曹公欲東，權謂徽曰："卿孤腹心，今傳孟德懷異意，莫足使揣之，卿爲吾行。"拜輔義都尉，到北與曹公相見。公具問境內消息，徽應對婉順，因說江東大豐，山藪宿惡，皆慕化爲善，義出作兵。公笑曰："孤與孫將軍一結婚姻，共輔漢室，義如一家，君何爲道此？"徽曰："正以明公與主將義固磐石，休戚共之，必欲知江表消息，是以及耳。"公厚待遣還。權問定云何，徽曰："敵國隱情，卒難探察，然徽潛采聽，方與袁譚交爭〔八二〕，未有他意。"乃拜徽巴東太守,欲大用之,會卒。子裕,字季則,少知名,位至鎭東將軍[八三]。雍族人悌,字子通,以孝悌廉正聞於鄉黨[八四]。年十五爲郡吏,除郎中,稍遷偏將軍。權末年,嫡庶不分,悌數與驃騎將軍朱據共陳禍福,言辭切直,朝廷憚之。待妻有禮,常夜入晨出,希見其面。嘗疾篤,妻出省之,悌命左右扶起[八五],冠幘加襲,起對,趨令妻還,其貞潔不瀆如此[八六]。悌父向歷四縣令,年老致仕,悌每得父書,常灑掃,整衣服,更設几筵[八七],舒書其上,拜跪讀之,每句應諾,畢復再拜。若父有疾耗之問至,則臨書垂涕[八八],聲語哽咽。父以壽終,悌飲漿不入口五日[八九]。權爲作布衣一襲,皆摩絮著之,強令悌釋服。悌雖以公議自割[九〇],猶以不見父喪,常畫壁作棺柩象,設神座於下,每對之哭泣,服未闋而卒。悌四子:彥、禮、謙、祕。祕,晉交州刺史。祕子衆,尚書僕射。

邵字孝則[九一],博覽書傳,好樂人倫。少與舅陸績齊名,而陸遜、張敦[九二]、卜靜等皆亞焉。《吳錄》曰:敦字叔方,靜字玄風,並吳郡人。敦德量淵懿,清虛淡泊,又善文辭。孫權爲車騎將軍,辟西曹掾,轉主簿,出補海昏令,甚有惠化,年三十一卒。卜靜終於剡令。自州郡庶幾及四方人士,往來相見,或言議而去,或結厚而別[九三],風聲流聞,遠近稱之。權妻以策女。年二十七[九四],起家爲豫章太守。下車祀先賢徐孺子之墓[九五],優待其後;禁其淫祀非禮之祭者[九六]。小吏資質佳者[九七],輒令就學[九八],擇其先進,擢置右職,舉善以教,風化大行。初,錢唐丁諝出於役伍,陽羨張秉生於庶民[九九],烏程吾粲[一〇〇]、雲陽殷禮起乎微賤,邵皆拔而友之,爲立聲譽。秉遭大喪,親爲制服結絰。邵當之豫章，發在近路，值秉疾病，時送者百數，邵辭賓客曰："張仲節有疾，苦不能來別，恨不見之，暫還與訣，諸君少時相待〔一〇一〕。"其留心下士，惟善所在，皆此類也。諝至典軍中郎〔一〇二〕，秉雲陽太守，禮零陵太守，禮子基作《通語》曰：禮字德嗣，弱不好弄，潛識過人。少爲郡吏，年十九，守吳縣丞。孫權爲王，召除郎中。後與張溫俱使蜀，諸葛亮甚稱歎之。稍遷至零陵太守，卒官。《文士傳》曰：禮子基，無難督，以才學知名，著《通語》數十篇。有三子。巨字元大，有才器，初爲吳偏將軍，統家部曲，城夏口，吳平後，爲蒼梧太守。少子祐，字慶元，吳郡太守。粲太子少傅。世以邵爲知人。在郡五年，卒官，子譚、承云。

　　譚字子默，弱冠與諸葛恪等爲太子四友，從中庶子轉輔正都尉〔一〇三〕。陸機爲譚傳曰：宣太子正位東宮，天子方隆訓導之義，妙簡俊彥，講學左右。時四方之傑畢集，太傅諸葛恪等雄奇蓋衆〔一〇四〕，而譚以清識絶倫，獨見推重。自太尉范慎、謝景、羊衜之徒，皆以秀稱其名，而悉在譚下〔一〇五〕。赤烏中，代恪爲左節度。《吳書》曰：譚初踐官府，上疏陳事，權輒食稱善，以爲過於徐詳。雅性高亮，不修意氣，或以此望之。然權鑒其能，見待甚隆，數蒙賞賜，特見召請。每省簿書，未嘗下籌，徒屈指心計，盡發疑謬，下吏以此服之。加奉車都尉。薛綜爲選曹尚書，固讓譚曰："譚心精體密，貫道達微，才照人物〔一〇六〕，德允衆望〔一〇七〕，誠非愚臣所可越先。"後遂代綜。祖父雍卒數月，拜太常，代雍平尚書事。是時魯王霸有盛寵，與太子和齊衡，譚上疏曰："臣聞有國有家者，必明嫡庶之端，異尊卑之禮，使高下有差，階級踰邈，如此則骨肉之恩生，覬覦之望絕。昔賈誼陳治安之計，論諸侯之勢，以為勢重雖親，必有逆節之累，勢輕雖疏，必有保全之祚。故淮南親弟，不終饗國，失之於勢重也；吳芮疏臣，傳祚長沙，得之於勢輕也。昔漢文帝使慎夫人與皇后同席，袁盎退夫人之座，帝有怒色，及盎辨上下之儀，陳人彘之戒，帝既悅懌，夫人亦悟。今臣所陳，非有所偏，誠欲以安太子而便魯王也。"由是霸與譚有隙。時長公主壻衛將軍全琮子寄為霸賓客，寄素傾邪，譚所不納。先是，譚弟承與張休俱北征壽春，全琮時為大都督，與魏將王淩戰於芍陂，軍不利，魏兵乘勝，陷沒五營將秦晃軍，休、承奮擊之，遂駐魏師。時琮羣子緒、端亦並為將，因敵既住，乃進擊之，淩軍用退。時論功行賞，以為駐敵之功大，退敵之功小，休、承並為雜號將軍，緒、端偏裨而已。寄父子益恨，共構會譚。《吳錄》曰：全琮父子屢言芍陂之役為典軍陳恂詐增張休、顧承之功，而休、承與恂通情。休坐繫獄，權為譚故，沉吟不決，欲令譚謝而釋之。及大會以問譚，譚不謝而曰："陛下，讒言其興乎！"《江表傳》曰：有司奏譚誣罔大不敬，罪應大辟。權以雍故，不致法，皆徙之。譚坐徙交州，幽而發憤著《新言》二十篇。其《知難篇》蓋以自悼傷也。見流二年，年四十二，卒於交阯。

　　承字子直，嘉禾中與舅陸瑁俱以禮徵。權賜丞相雍書曰："貴孫子直，令問休休，至與相見，過於所聞，為君嘉之。"拜騎都尉，領羽林兵。後爲吳郡西部都尉，與諸葛恪等共平山越，別得精兵八千人，還屯軍章阬〔一〇八〕，拜昭義中郎將，入爲侍中。芍陂之役，拜奮威將軍〔一〇九〕，出領京下督。數年，與兄譚、張休等俱徙交州，年三十七卒。

諸葛瑾字子瑜，琅邪陽都人也。《吳書》曰：其先葛氏，本琅邪諸縣人，後徙陽都。陽都先有姓葛者，時人謂之諸葛，因以爲氏。瑾少游京師，治《毛詩》《尚書》《左氏春秋》。遭母憂，居喪至孝，事繼母恭謹，甚得人子之道。《風俗通》曰：葛嬰爲陳涉將軍〔一一〇〕，有功而誅，孝文帝追錄，封其孫諸縣侯，因并氏焉。此與《吳書》所說不同。漢末避亂江東。值孫策卒，孫權姊壻曲阿弘咨見而異之，薦之於權，與魯肅等並見賓待，後爲權長史，轉中司馬。建安二十年，權遣瑾使蜀，通好劉備，與其弟亮俱公會相見〔一一一〕，退無私面〔一一二〕。

與權談說諫喻，未嘗切愕，微見風采，粗陳指歸，如有未合，則捨而及他，徐復託事造端，以物類相求，於是權意往往而釋。吳郡太守朱治，權舉將也，權曾有以望之，而素加敬，難自詰讓，忿忿不解。瑾揣知其故，而不敢顯陳，乃乞以意私自問〔一一三〕，遂於權前爲書，泛論物理，因以己心遙往忖度之。畢，以呈權，權喜，笑曰："孤意解矣。顏氏之德，使人加親，豈謂此邪？"權又怪校尉殷模〔一一四〕，罪至不測。羣下多爲之言，權怒益甚，與相反覆，惟瑾默然，權曰："子瑜何獨不言？"瑾避席曰:"瑾與殷模等遭本州傾覆,生類殄盡。棄墳墓,攜老弱,披草萊,歸聖化,在流隸之中,蒙生成之福,不能躬相督厲〔一五〕,陳答萬一,至令模孤負恩惠〔一六〕,自陷罪戾。臣謝過不暇〔一七〕,誠不敢有言。"權聞之愴然,乃曰:"特爲君赦之。"

後從討關羽,封宣城侯,以綏南將軍代呂蒙領南郡太守住公安〔一八〕。劉備東伐吳,吳王求和,瑾與備牋曰:"奄聞旗鼓來至白帝,或恐議臣以吳王侵取此州,危害關羽,怨深禍大,不宜答和,此用心於小,未留意於大者也。試爲陛下論其輕重,及其大小。陛下若抑威損忿,蹔省瑾言者,計可立决,不復咨之於羣后也。陛下以關羽之親何如先帝?荆州大小孰與海内?俱應仇疾,誰當先後?若審此數〔一九〕,易於反掌。"臣松之云:以爲劉后以庸蜀爲關河,荆楚爲維翰,關羽揚兵沔、漢,志陵上國,雖匡主定霸,功未可必,要爲威聲遠震,有其經略。孫權潛包禍心,助魏除害,是爲翦宗子勤王之師,紆曹公移都之計,拯漢之規,於兹而止。義旗所指,宜其在孫氏矣。瑾以大義責備,答之何患無辭;且備、羽相與,有若四體,股肱横虧,憤痛已深,豈此奢闊之書所能迴駐哉?載之於篇,寔爲辭章之費。時或言瑾別遣親人與備相聞,權曰:"孤與子瑜有死生不易之誓,子瑜之不負孤,猶孤之不負子瑜也。"《江表傳》曰:瑾之在南郡,人有密讒瑾者。此語頗流聞於外,陸遜表保明瑾無此〔二〇〕,宜以散其意〔二一〕。權報曰:"子瑜與孤從事積年,恩如骨肉,深相明究,其爲人非道不行,非義不言。玄德昔遣孔明至吴,孤嘗語子瑜曰：'卿與孔明同產，且弟隨兄，於義爲順，何以不留孔明？孔明若留從卿者，孤當以書解玄德，意自隨人耳。'子瑜答孤言：'弟亮以失身於人，委質定分，義無二心。弟之不留，猶瑾之不往也。'其言足貫神明。今豈當有此乎？孤前得妄語文疏，即封示子瑜，并手筆與子瑜，即得其報，論天下君臣大節一定之分。孤與子瑜，可謂神交，非外言所閒也〔一二二〕。知卿意至，輒封來表，以示子瑜，使知卿意。"黃武元年，遷左將軍，督公安，假節，封宛陵侯。《吳錄》曰：曹真、夏侯尚等圍朱然於江陵，又分據中州，瑾以大兵爲之救援。瑾性宏緩，推道理，任計畫，無應卒倚伏之術，兵久不解，權以此望之。及春水生，潘璋等作水城於上流，瑾進攻浮橋，真等退走。雖無大勳，亦以全師保境爲功。

虞翻以狂直流徙，惟瑾屢爲之説。翻與所親書曰："諸葛敦仁，則天活物，比蒙清論〔一二三〕，有以保分〔一二四〕。惡積罪深，見忌殷重，雖有祁老之救，德無羊舌，解釋難冀也。"

瑾爲人有容貌思度，於時服其弘雅〔一二五〕。權亦重之〔一二六〕，大事咨訪。又別咨瑾曰："近得伯言表，以爲曹丕已死，毒亂之民，當望旌瓦解，而更靜然。聞皆選用忠良，寬刑罰，布恩惠，薄賦省役，以悦民心，其患更深於操時。孤以爲不然。操之所行，其惟殺伐，小爲過差，及離間人骨肉，以爲酷耳。至於御將，自古少有。比之於操〔一二七〕，萬不及也。今叡之不如丕，猶丕不如操也。其所以務崇小惠，必以其父新死，自度衰微，恐困苦之民一朝崩沮，故彊屈曲以求民心，欲以自安住耳，寧是興隆之漸邪！聞任陳長文、曹子丹輩，或文人諸生，或宗室戚臣，寧能御雄才虎將以制天下乎？夫威柄不專，則其事乖錯，如昔張耳、陳餘，非不敦睦，至於秉勢，自還相賊，乃事理使然也。又長文之徒，昔所以能守善者，以操笮其頭，畏操威嚴，故竭心盡意，不敢爲非耳。逮丕繼業，年已長大，承操之後，以恩情加之，用能感義。今叡幼弱，隨人東西，此曹等輩必當因此弄巧行態，阿黨比周，各助所附。如此之日，奸讒並起，更相陷懟，轉成嫌貳。自爾已往，羣下爭利，主幼不御，其爲敗也，焉得久乎？所以知其然者，自古至今，安有四五人把持刑柄，而不離刺轉相蹉跌者也〔一二八〕！彊當陵弱，弱當求援，此亂亡之道也。子瑜，卿但側耳聽之，伯言常長於計校，恐此一事小短也。"臣松之以爲：魏明帝一時明主，政自己出，孫權此論，竟爲無徵，而史載之者，將以主幼國疑，威柄不一，亂亡之形，有如權言，宜其存錄以爲鑒戒。或當以雖失之於明帝，而事著於齊王，齊王之世，可不謂驗乎！不敢顯斥，抑足表之微辭。

權稱尊號，拜大將軍、左都護，領豫州牧。及呂壹誅，權又有詔切磋瑾等，語在權傳。瑾輒因事以答，辭順理正。瑾子恪，名盛當世，權深器異之；然瑾常嫌之，謂非保家之子，每以憂戚。《吳書》曰：初，瑾爲大將軍，而弟亮爲蜀丞相，二子恪、融皆典戎馬，督領將帥，族弟誕又顯名於魏，一門三方爲冠蓋，天下榮之〔一二九〕。瑾才略雖不及弟，而德行尤純。妻死不改娶，有所愛妾生子不舉，其篤慎皆如此。赤烏四年，年六十八卒，遺命令素棺〔一三〇〕，斂以時服，事從省約。恪已自封侯，故弟融襲爵攝兵業，駐公安，《吳書》曰：融字叔長，生於寵貴，少而驕樂，學爲章句，博而不精，性寬容，多技藝，數以巾褐奉朝請，後拜騎都尉。赤烏中，諸郡出部伍，新都都尉陳表、吳郡都尉顧承各率所領人會佃毗陵，男女各數萬口。表病死，權以融代表，後代父瑾領攝。融部曲吏士親附之，疆外無事〔一三一〕。秋冬則射獵講武，春夏則延賓高會，休吏假卒，或不遠千里而造焉。每會輒歷問賓客，各言其能，乃合榻促席，量敵選對，或有博弈，或有摴蒲，投壺弓彈，部別類分，於是甘果繼進〔一三二〕，清酒徐行，融周流觀覽，終日不倦。融父兄質素，雖在軍旅，身無采飾；而融錦罽文繡，獨爲奢綺。孫權薨，徙奮威將軍。後恪征淮南，假融節，令引軍入沔，以擊西兵。恪既誅，遣無難督施寬就將軍施績、孫壹、全熙等取融。融卒聞兵士至〔一三三〕，惶懼猶豫，不能決計，兵到圍城，飲藥而死，三子皆伏誅。《江表傳》曰：先是，公安有靈鼉鳴〔一三四〕，童謠曰：「白鼉鳴，龜背平，南郡城中可長生，守死不去義無成。」及恪被誅，融果刮金印龜，服之而死。

步騭字子山，臨淮淮陰人也。《吳書》曰：晉有大夫楊食采於步，後有步叔，與七十子師事仲尼。秦漢之際有爲將軍者，以功封淮陰侯，騭其後也。世亂，避難江東，單身窮困，與廣陵衛旌同年相善〔一三五〕，俱以種瓜自給，晝勤四體，夜誦經傳。《吳書》曰：騭博研道藝，靡不貫覽，性寬雅沉深，能降志辱身。

會稽焦征羌,郡之豪族,《吳錄》曰:征羌名矯,嘗爲征羌令。人客放縱。騭與旌求食其地,懼爲所侵,乃共修刺,奉瓜以獻征羌。征羌方在内臥,駐之移時,旌欲委去,騭止之曰:"本所以來,畏其彊也;而今舍去,欲以爲高,祇結怨耳。"良久,征羌開牖見之,身隱几坐帳中,設席致地,坐騭、旌於牖外,旌愈恥之[一三六],騭辭色自若[一三七]。征羌作食,身享大案[一三八],殽膳重沓,以小盤飯與騭、旌,惟菜茹而已。旌不能食,騭極飯致飽,乃辭出。旌怒騭曰:"何能忍此[一三九]?"騭曰:"吾等貧賤,是以主人以貧賤遇之,固其宜也,當何所恥?"《吳錄》曰:衛旌字子旗,官至尚書。

孫權爲討虜將軍,召騭爲主記,《吳書》曰:歲餘,騭以疾免,與琅邪諸葛瑾、彭城嚴畯俱游吳中,並著聲名,爲當時英俊。除海鹽長,還辟車騎將軍東曹掾。《吳書》曰:權爲徐州牧,以騭爲治中從事,舉茂才。建安十五年,出領鄱陽太守。歲中,徙交州刺史、立武中郎將,領武射吏千人,便道南行。明年,追拜使持節征南中郎將。劉表所置蒼梧太守吳巨,陰懷異心,外附内違。騭降意懷誘,請與相見,因斬徇之,威聲大震。士燮兄弟相率供命,南土之賓,自此始也。益州大姓雍闓等殺蜀所署太守正昂,與燮相聞,求欲内附。騭因承制遣使宣恩撫納,由是加拜平戎將軍,封廣信侯。

延康元年,權遣呂岱代騭,騭將交州義士萬人出長沙。會劉備東下，武陵蠻夷蠢動，權遂命騭上益陽。備既敗績，而零、桂諸郡猶相驚擾，處處阻兵，騭周旋征討，皆平之。黃武二年，遷右將軍左護軍，改封臨湘侯。五年，假節，徙屯漚口。

權稱尊號，拜驃騎將軍，領冀州牧。是歲，都督西陵，代陸遜撫二境，頃以冀州在蜀，分解牧職。時權太子登駐武昌，愛人好善，與騭書曰："夫賢人君子所以興隆大化佐理時務者也。受性闇蔽，不達道數，雖實區區欲盡心於明德，歸分於君子，至於遠近士人，先後之宜，猶或緬焉，未之能詳。《傳》曰：'愛之能勿勞乎？忠焉能勿誨乎？'斯其義也，豈非所望於君子哉！"騭於是條於時事在荊州界者〔一四〇〕，諸葛瑾、陸遜、朱然、程普〔一四一〕、潘濬、裴玄、夏侯承、衛旌、李肅、《吳書》曰：肅字偉恭，南陽人。少以才聞，善論議，臧否得中，甄奇錄異，薦述後進，題目品藻，曲有條貫，眾人以此服之。權擢以爲〔一四二〕，選舉號爲得才。求出補吏，爲桂陽太守，吏民悅服。徵爲卿。會卒，知與不知，並痛惜焉。周條、石幹十一人，甄別行狀，因上疏獎勸曰："臣聞人君不親小事，百官有司各任其職。故舜命九賢，則無所用心，彈五弦之琴，詠南風之詩，不下堂廟而天下治也。齊桓用管仲，被髮載車，齊國既治，又致匡合。近漢高祖寧三傑以興帝業，西楚失雄俊以喪成功。汲黯在朝，淮南寢謀；郅都守邊，匈奴竄迹。故賢人所在，折衝萬里，信國家之利器，崇替之所由也。方今王化未被於漢北，河、洛之濱尚有僭逆之醜,誠擥英雄拔俊任賢之時也〔一四三〕。願明太子重以經意,則天下幸甚。"

後中書呂壹典校文書,多所糾舉,騭上疏曰:"伏聞諸典校擿抉細微,吹毛求瑕,重案深誣,趨欲陷人〔一四四〕,以成威福;無罪無辜,橫受大刑〔一四五〕,是以使民跼天蹐地〔一四六〕,誰不戰慄?昔之獄官,惟賢是任,故皋陶作士,呂侯贖刑,張、于廷尉,民無冤枉,休泰之祚,實由此興。今之小臣,動與古異,獄以賄成,輕忽人命,歸咎於上,爲國速怨。夫一人吁嗟,王道爲虧,甚可仇疾。明德慎罰,哲人惟刑,書傳所美。自今蔽獄都下則宜諮顧雍,武昌則陸遜、潘濬,平心專意,務在得情,騭黨神明,受罪何恨?"又曰:"天子父天母地,故宮室百官,動法列宿。若施政令欽順時節,官得其人,則陰陽和平,七曜循度。至於今日,官寮多闕,雖有大臣,復不信任,如此天地焉得無變?故頻年枯旱亢陽之應也。又嘉禾六年五月十四日,赤烏二年正月一日及二十七日,地皆震動。地陰類,臣之象,陰氣盛故動,臣下專政之故也。夫天地見異,所以警悟人主,可不深思其意哉!"又曰:"丞相顧雍、上大將軍陸遜、太常潘濬,憂深責重,志在竭誠,夙夜兢兢,寢食不寧,念欲安國利民,建久長之計,可謂心膂股肱社稷之臣矣。宜各委任,不使他官監其所司,責其成效〔一四七〕,課其負殿。此三臣者,思慮不到則已〔一四八〕,豈敢專擅威福欺負所天乎?"又曰:"縣賞以顯善,設刑以威奸,任賢而使能,審明於法術,則何功而不成，何事而不辨，何聽而不聞，何視而不覩哉？若今郡守百里，皆各得其人，共相經緯，如是，庶政豈不康哉！竊聞諸縣並有備吏，吏多民煩，俗以之弊。但小人因緣銜命，不務奉公而作威福，無益視聽，更爲民害，愚以爲可一切罷省。"權亦覺悟，遂誅呂壹。騭前後薦達屈滯，救解患難，書數十上。權雖不能悉納，然時采其言，多蒙濟賴。《吳錄》云：騭表言曰："北降人王潛等說，北相部伍[一四九]，圖以東向，多作布囊，欲以盛沙塞江[一五〇]，以大向荊州。夫備不豫設，難以應卒，宜爲之防。"權曰："此曹衰弱，何能有圖？必不敢來。若不如孤言，當以牛千頭，爲君作主人。"後有呂範、諸葛恪爲說騭所言[一五一]，云："每讀步騭表，輒失笑[一五二]。此江與開闢俱生[一五三]，寧有可以沙囊塞埋也[一五四]！"

赤烏九年，代陸遜爲丞相，猶誨育門生，手不釋書[一五五]，被服居處有如儒生。然門内妻妾服飾奢綺，頗以此見譏。在西陵二十年，鄰敵敬其威信。性寬弘得衆，喜怒不形於聲色，而外内肅然。

十一年卒，子協嗣，統騭所領，加撫軍將軍[一五六]。協卒，子璣嗣侯。協弟闡，繼業爲西陵督，加昭武將軍，封西亭侯。鳳皇元年，召爲繞帳督。闡累世在西陵，卒被徵命，自以失職，又懼有讒禍，於是據城降晉。遣璣與弟璿詣洛陽爲任，晉以闡爲都督西陵諸軍事、衛將軍、儀同三司，加侍中，假節領交州牧，封宜都公；璣監江陵諸軍事、左將軍，加散騎常侍，領廬陵太守，改封江陵侯；璿給事中、宜威將軍，封都鄉侯。命車騎將軍羊祜、荊州刺史楊肇往赴救闡。孫晧使陸抗西行，祜等遁退。抗陷城，斬闡等，步氏泯滅，惟璿紹祀。

潁川周昭著書稱步騭及嚴畯等曰："古今賢士大夫所以失名喪身，傾家害國者，其由非一也，然要其大歸，總其常患，四者而已。急論議一也，爭名勢二也，重朋黨三也，務欲速四也。急論議則傷人，爭名勢則敗友，重朋黨則蔽主，務欲速則失德，此四者不除，未有能全也[一五七]。當世君子能不然者，亦比有之，豈獨古人乎！然論其絕異，未若顧豫章、諸葛使君、步丞相、嚴衞尉、張奮威之爲美也。《論語》言'夫子恂恂然善誘人[一五八]'，又曰'成人之美，不成人之惡'，豫章有之矣。'望之儼然，即之也溫，聽其言也厲'，使君體之矣。'恭而安，威而不猛'，丞相履之矣。學不求祿，心無苟得，衞尉、奮威蹈之矣。此五君者，雖德實有差，輕重不同，至於趨舍大檢[一五九]，不犯四者，俱一揆也。昔丁諝出於孤家，吾粲由於牧豎，豫章揚其善以並陸、全之列[一六〇]，是以人無幽滯，而風俗厚焉。使君、丞相、衞尉三君，昔以布衣，俱相友善，諸論者因各敘其優劣[一六一]。初，先衞尉，次丞相，而後有使君也[一六二]；其後並事明主，經營世務，出處之才有不同[一六三]，先後之名須反其初，此世常人所決勤薄也[一六四]。至於三君分好，卒無虧損，豈非古人交哉[一六五]！又魯橫江昔杖萬兵屯據陸口，當世之美業也，能與不能，孰不願焉？而橫江既亡，衞尉應其選，自以才非將帥，深辭固讓，終於不就。後徙九列，遷典八座，榮不足以自曜，祿不足以自奉。至於二君，皆位爲上將，窮富極貴。衞尉既無求欲，二君又不稱薦，各守所志，保其名好。孔子曰：'君子矜而不爭，羣而不黨。'斯有風矣。又奮威之名，亦三君之次也，當一方之成，受上將之任，與使君、丞相不異也。然歷國事，論功勞，實有先後，故爵位之榮殊焉。而奮威將處此決能明其部分，心無失道之欲，事無充詘之求，每升朝堂，循禮而動，辭氣謇謇，罔不惟忠。叔嗣雖親貴，言憂其敗，蔡文至雖疏賤，談稱其賢。女配太子，受禮若弔，慷愾之趨，惟篤人物，成敗得失，皆如所慮，可謂守道見幾，好古之士也。若乃經國家，當軍旅，於馳騖之際，立霸王之功，此五者未爲過人〔一六六〕。至其純粹履道，求不苟得，升降當世，保全名行，邈然絕俗，實有所師〔一六七〕。故粗論其事，以示後之君子。"周昭者字恭遠，與韋曜、薛瑩、華覈並述《吳書》，後爲中書郎，坐事下獄，覈表救之，孫休不聽，遂伏法云。

評曰：張昭受遺輔佐，功勳克舉，忠謇方直，動不爲己；而以嚴見憚，以高見外，既不處宰相，又不登師保，從容閭巷，養老而已，以此明權之不及策也。顧雍依杖素業，而將之智局，故能究極榮位。諸葛瑾、步騭并以德度規檢見器當世，張承、顧邵虛心長者，好尚人物，周昭之論，稱之甚美，故詳錄焉。譚獻納在公，有忠貞之節。休、承修志，咸庶爲善。愛惡相攻，流播南裔，哀哉！

【校箋】

〔一〕毛本作"吳書七"。

〔二〕毛本作"張顧諸葛步傳第七"。

〔三〕《實録》作"善談論，能隸書"。

〔四〕《文選集注》引《鈔》無"春秋"二字，有"傳"字。

〔五〕盧弼曰："自光武至東漢末，舊君不得有五十六人。"

謹案：下文"況乃古君五十六哉"既曰古君，則非從光武始也。盧君説疑未確。

〔六〕《册府》卷五百七十二引"衰"字作"等"。

〔七〕盧弼曰："瀋，汁也。"

謹案：《左傳·哀公三年》富父槐語。杜注："瀋，汁也。"釋文："北土呼汁爲瀋。"汁不可指取，拾瀋蓋謂不可得也。

〔八〕盧弼曰："何焯校改'皆'作'偕'。"

謹案：《文選》袁彦伯《三國名臣贊》李注引無"皆"字。

〔九〕盧弼曰："謂表上也。"

謹案：盧君謂上爲表上，疑非。《方言》第十二："上，重也。"則上吾猶重吾。故下文有"於子不得輕矣"，"輕"字蓋承此而言。

〔一〇〕《治要》卷二十七引"宣"下有"也"字。

〔一一〕盧弼曰："《新序》曰云云。"

謹案：梁章鉅曰引《韓非子·難篇》爲證。又見《吕氏春秋·任數篇》。盧君引《新序》，非其朔也，未得。

〔一二〕《文選集注》引《鈔》"山"字作"道"。

〔一三〕《實錄》作"軍師將軍"。

〔一四〕《御覽》卷三百五十八、卷四百五十八、卷八百三十一、《册府》卷二百零五引"常"字俱作"嘗"。

〔一五〕《通鑑·魏紀》"法"上無"故"字。

〔一六〕《實錄》"漢"下有"故事"二字,疑是,當據增。

〔一七〕《御覽》卷一百一十七引無"醉"字,有"忻歡"二字。《文選》謝玄暉《和伏武昌登孫權故城》李注引《吳志》作"飲酒大歡",則唐人所見本作"大歡"。作"大醉"者或後人傳抄所誤。

〔一八〕《御覽》、《册府》卷五百四十八、《事類賦》卷十七引俱無"權"字,《實錄》同。

〔一九〕《通鑑》"謂"上有"人"字。

〔二〇〕《御覽》卷八百四十四、《事類賦》引"公"下有"亦"字。

〔二一〕《御覽》引"邵"字作"劭"。

〔二二〕盧弼曰:"《官本考證》曰:'《通鑑》領作顧。'弼案:《通鑑》亦作領,《官本考證》誤。"

謹案:《御覽》卷二百零四引"領"字作"顧"。《實錄》作"但","顧""但"義同,當作"顧"字爲得。

〔二三〕《文選集注》引《鈔》、《文選》李注引"公"下無"之"字。

〔二四〕《實錄》"《論語注》"下有"《孝經》"二字。

〔二五〕《文選集注》引《鈔》、《治要》、《御覽》卷四百二十七引"辭"上俱有"言論"二字。

〔二六〕《治要》引"曾"字作"會"。

〔二七〕馮本、陳本"自"字俱作"則",《御覽》引同。

〔二八〕《御覽》引"安"下有"得"字。

〔二九〕《實錄》"仰曰"作"仰而言曰"。

〔三〇〕《文選集注》引《鈔》"淺短"作"愚淺",《實錄》同。

〔三一〕《治要》引無"心"字。

〔三二〕《御覽》引作"變易思慮"。

〔三三〕《文選集注》引《鈔》"遠"字作"遂"。

〔三四〕《文選集注》引《鈔》、《御覽》卷三百四十五引"嘗"字俱作"常",是。

〔三五〕《文選集注》引《鈔》《御覽》引"不"下俱有"見"字。《實錄》作"誠知言不見用","不"下亦有"見"字。當據補。

〔三六〕《文選集注》引《鈔》作"而欲竭愚忠者",《書鈔》卷一百二十三、《御覽》引"每"字俱作"而"。當據《鈔》所引增刪。

〔三七〕《文選集注》引《鈔》、《治要》、《御覽》引俱無"在"字。

〔三八〕《書鈔》《御覽》引"涕泣"二字俱乙。

〔三九〕《文選集注》引《鈔》、《御覽》引"致"俱作"置","致""置"二字通用。

〔四〇〕《實錄》句上有"杜門"二字。

〔四一〕《文選集注》引《鈔》、《事類賦》卷八引俱無"昭"字。

〔四二〕《御覽》卷一百八十二引"因"字作"自",蓋形近致誤。

〔四三〕《文選集注》引《鈔》、《御覽》卷八百六十八引"疾"字作"病"。

〔四四〕《御覽》引"權"下有"使"字,"欲"下無"以"字。

〔四五〕《文選集注》引《鈔》、《御覽》卷一百八十二引"使"下無"人"字。

〔四六〕《文選集注》引《鈔》"住"字作"往",《御覽》卷八百六十八引"住門"作"往問"。

〔四七〕郝書"得"字作"德"。郁松年曰:"'道'當是'德',誤爲'得',後人又誤增'道'字。"郁説是。

〔四八〕《書鈔》卷一百三十九、《白帖》卷二十一、卷五十四引"年"下有"未"字,"二"字作"三"。

〔四九〕《文選》陸士衡《辨亡論》李注引"督"上無"都"字。本志《魯肅傳》"濡須督張承"亦無"都"字。

〔五〇〕《御覽》卷四百四十二引"讜"字作"謹",《實錄》同。

〔五一〕紹興本"真"字作"貞"。

〔五二〕盧弼曰:"錢大昕曰:'王弼以庶幾爲慕聖。何晏解《論語》亦云庶幾聖道。王充《論衡》云:孔子之門,講習五經,五經皆習,庶幾之才也。《顧邵傳》:自州郡庶幾及四方人士,往來相見。《王羲之傳》:母兄鞠育,得漸庶幾。蓋魏晉人好用庶幾字。'"

謹案:徐紹楨曰:"《易・繫辭下》:'其殆庶幾乎!'虞注:'幾者,神妙也。'然則'庶幾'蓋謂其近於神妙,猶言入道入神耳。或解'庶''幾'俱爲近,不知'庶'可訓近,'幾'不可訓近也。"

〔五三〕盧弼曰:"吴置中、左、右三典軍。左典軍萬彧見《孫晧傳》。"

謹案:洪飴孫《三國職官表》:"吴置中、左、右三典軍。左典軍萬彧。孫晧、濮陽興傳。"考《孫晧傳》未載彧爲左典軍,而彧爲左典軍惟見《濮陽興傳》。盧君據洪書而不加覆檢,乃云見

《孫晧傳》，非是。

〔五四〕《御覽》卷三百六十二引"伯"上有"蔡"字。卷五百七十七引"從"上有"少"字，"伯"上亦有"蔡"字；"學"下有"鼓琴"二字。《事類賦》卷十一與《御覽》卷五百七十七引同，惟"琴"上無"鼓"字。

〔五五〕《世説·雅量篇》注引"貴"字作"賞"。

〔五六〕《册府》卷八百二十四引"致"字作"器"。

〔五七〕《御覽》卷三百三十六引"歎"下有"也"字。

〔五八〕林暢園曰："漢九卿謂之九等。時雍累遷大理奉常，職在九卿，故曰還寺。"

謹案：《世説》注引"寺"字作"第"。寺謂官府，第謂私宅。考下文"而家人不知"，則雍是還第，非還寺也。《實錄》"寺"字作"家"，尤可證林説非是。

〔五九〕《文選》陸士衡《辨亡論》李注引"隨"上無"各"字。

〔六〇〕盧弼曰："胡三省曰：'適音的，心之所主爲適，心之所否爲莫。'"

謹案：《論語·里仁篇》"無適也，無莫也"義疏引范寧曰："適、莫，猶厚、薄也。君子與人無有偏頗厚薄，唯仁義是親也。"胡注本朱熹注爲説，於此似不如范氏所釋爲碻也。

〔六一〕《文選集注》引《鈔》、《御覽》卷二百零四引"令"字作"遣"，是。

〔六二〕《文選集注》引《鈔》"即"上有"雍"字，是。

〔六三〕《文選集注》引《鈔》、《御覽》引"如"下俱有"有"字，是。

〔六四〕《御覽》卷八百四十四引"即"字作"郎"，"郎"即上文所言中書郎也，作"郎"字是。

〔六五〕《文選集注》引《鈔》、《御覽》卷二百零四引"曰"上俱有"權"字，是。

〔六六〕《文選集注》引《鈔》《御覽》引"事"字俱作"意"。

〔六七〕《文選集注》引《鈔》"雍"下有"對"字，是。

〔六八〕《文選集注》引《鈔》"制"下有"之"字，是。

〔六九〕《文選集注》引《鈔》"聽"下無"也"字，是。

〔七〇〕《文選集注》引《鈔》"言之"作"言也"，是。

〔七一〕馮本、陳本、毛本"官"字俱作"宮"。

〔七二〕紹興本"郡"字作"部"。

〔七三〕《册府》卷八百一十六、《事類賦》卷十一引"請"字作"召"。

〔七四〕《事類賦》引"權"下有"飲"字。

〔七五〕《御覽》卷五百七十四、《事類賦》引"舞"下有"又"字。

〔七六〕馮本、陳本"上"字俱作"王"。盧弼曰："'王'疑作'上'。"

謹案：官本"王"字作"上"。考《御覽》《册府》引俱作"王"。《左傳·宣公十五年》："伯宗曰：'國君含垢，天之道也。'"

〔七七〕《御覽》《事類賦》引"爾"字作"汝"。

〔七八〕紹興本作"是以潘濬欲因會同手劍之"，此奪"因會"二字，句意不明，應據補。

〔七九〕《御覽》卷四百八十八引"目"字作"自"。

〔八〇〕《册府》卷七百二十六引"歎"字作"欽"。

〔八一〕《册府》卷七百一十七引無"壯"字。

〔八二〕郝書"方"上有"曹公"二字。

〔八三〕郝書"鎮"字作"安"。

〔八四〕《御覽》卷四百一十二引"正"字作"直"。

〔八五〕盧弼曰："《御覽》'右'下有'自'字。"

謹案：《御覽》見卷四百三十二，又見卷六百八十七。

〔八六〕《御覽》卷六百八十七引"瀆"字作"黷"。

〔八七〕《類聚》卷二十、《白帖》卷二十三引"筵"字俱作"案"。

〔八八〕《類聚》、《白帖》卷十八、卷二十三引"涕"字俱作"泣"。

〔八九〕《類聚》、《御覽》卷四百一十二引"飲"字作"水"，是。

〔九〇〕《類聚》、《御覽》、《册府》卷七百五十一引"議"字俱作"義"。

〔九一〕盧弼曰："《官本考證》曰：'《御覽》作孝時。'弼按：《詩·大雅·下武》之章云'永言孝思，孝思維則'與'邵'字義亦相應，自以作'則'爲是。顧裕字季則，可爲'則'字之證。《御覽》刊本多誤字，《官本考證》亦多疏漏也。"

謹案：《御覽》卷二百六十一引"則"字作"時"，而卷四百四十二仍作"則"，《官本考證》未及之，其疏漏可知矣！而盧君亦未嘗檢《御覽》以自刊正，其失與《考證》同。復云"孝則"與"邵"字義相應，試檢字書，未見的證，而竟如此云，竊有所未喻也。考《世說》注引環濟《吳紀》："劭字孝則。"作"則"字是也。

〔九二〕《文選》李注引《吳錄》"敦"字作"惇"。

〔九三〕盧弼曰："《世說·品藻篇》注引此作'或諷議而去，或結友而別'。"

謹案：錢儀吉"言"改作"諷"，"厚"改作"友"，云"從宋本"。考本志《孫皎傳》："遂與寧結厚。"則"結厚"蓋當時習語也。

〔九四〕《御覽》卷四百七十四引無"七"字。

〔九五〕《御覽》引"祀"字作"禮"。

〔九六〕《御覽》卷二百六十一引無"者"字。

〔九七〕《册府》卷六百七十六引"質"下有"有"字。

〔九八〕盧弼曰:"《御覽》'令'作'獎'。"

謹案:《御覽》卷四百四十二引作"獎",然卷二百六十一引仍作"令",疑作"令"字是。

〔九九〕盧弼曰:"《御覽》作'民庶'。"

謹案:《官本考證》曰:"《太平御覽》作'生於民庶'。"此見《御覽》卷四百四十二引。

〔一〇〇〕紹興本"吾"字作"吳",《御覽》引同。

〔一〇一〕《御覽》卷四百七十五引"少"下無"時"字。

〔一〇二〕蕭書"郎"下有"將"字。

〔一〇三〕盧弼曰:"太子四友及輔正都尉,解見《張昭傳》。"

謹案:《通典‧職官十二》"中庶子"條引"張溫言於孫權曰:'中庶子官最親密,切問近對,宜用雋選。'由是以顧譚爲之。"

〔一〇四〕盧弼曰:"宋本'等'作'以'。"

謹案:《官本考證》曰:"'等',宋本作'以'。"考《册府》卷七百七十六引亦作"以","以"字是。

〔一〇五〕盧弼曰:"'而'字疑衍。"

謹案:"而"字疑非衍文,盧說不足據,"而"者語之轉也。

〔一〇六〕《書鈔》卷六十、《御覽》卷四百二是引"照"字作"昭"。

〔一〇七〕《書鈔》、《類聚》、《御覽》卷二百一十四、卷四百二十四引"允"字俱作"服"。

〔一〇八〕紹興本"章阮"作"章阮",錢儀吉曰:"陸機《辨亡論》作'東坑'。"是。

〔一〇九〕《初學記》卷十八引《吳先賢傳》奮武將軍顧承讚曰:"於鑠奮武,奕奕全德,在家必聞,鴻飛高陟。"疑此"奮武"似當作"奮威"。

〔一一〇〕盧弼曰:"《史記‧陳涉世家》:'陳勝自立爲將軍,令符離人葛嬰將兵徇齊以東。葛嬰至東城,立襄彊爲楚王。嬰後聞陳王已立,因殺襄彊,還報。至陳,陳王誅殺葛嬰。'"

謹案:《廣韻‧魚韻》"諸"字注引"將"下無"軍"字,疑是。

〔一一一〕《文選集注》袁彥伯《三國名臣贊》注引《鈔》、《書鈔》卷三十七、《文選》李注、《御覽》卷五百一十五引"俱"字皆作"但",是。

〔一一二〕《文選集注》引《鈔》"退"字作"從"。案:《類聚》卷二十二引《燕書》:"(梁)琛語有司曰:'昔諸葛亮兄弟各處三國,及其聘集公朝相見,退無私面。'"作"退"字是。

〔一一三〕蕭書"意私"二字互乙。

〔一一四〕蕭書"怪"字作"憒"。

〔一一五〕《文選集注》引《鈔》"厲"字作"屬"。

〔一一六〕《文選集注》引《鈔》"至"下無"令"字,"恩惠"作"恩遇",疑是。

〔一一七〕《文選集注》引《鈔》"臣"字作"瑾",是。

〔一一八〕《文選集注》引《鈔》"綏"上無"以"字。

〔一一九〕蕭書"數"下有"者"字。

〔一二〇〕《通鑑》"無"上有"必"字,是。

〔一二一〕《通鑑》"宜"下有"有"字,是。

〔一二二〕蕭書"所"下有"能"字。

〔一二三〕《册府》卷八百七十引"論"字作"諭"。

〔一二四〕盧弼曰："《官本考證》曰：'保分，《册府》作保全。'"

謹案：見《册府》卷八百七十引。

〔一二五〕《世説・品藻篇》注引"雅"字作"量"。

〔一二六〕《文選集注》引《鈔》"亦"字作"甚"。

〔一二七〕盧弼曰："何校改'比'作'丕'。"

謹案：郝書"比"字作"丕"，作"丕"字是。丕爲曹丕。

〔一二八〕紹興本"刺"字作"剌"，是也。剌，戾也。

〔一二九〕盧弼曰："《世説・品藻篇》云：'瑾弟亮及從弟誕，並有盛名，各在一國。於時以爲蜀得其龍，吴得其虎，魏得其狗。'弼按：以公休之忠，不得謂之狗，《世説》之評，未允當也。"

謹案：何法盛《晉中興書》曰："諸葛氏之先，出自葛國。漢司隸校尉諸葛豐，以忠强立名，子孫代居二千石。三國之興，蜀有丞相亮，吴有大將軍瑾，魏有司空誕，名並蓋海内，爲天下盛族。"是未有所軒輊也。

〔一三〇〕《御覽》卷五百五十引無"命"字，《實録》同。"遺令"語意已足，無緣重贅"命"字，《張昭傳》"遺令幅巾素棺"，亦作"遺令"。

〔一三一〕盧弼曰："何焯曰：'融部曲以下十二字，疑承祚本文，連下秋冬。'弼按：此十二字作正文，當衍'融'字。"

謹案：《册府》卷四百三十六引"部曲親吏士附之，疆外無事"接"駐公安"句下。是今本誤混入注也，當據以訂正。盧君謂"部"上衍"融"字，衍"融"字是也，《册府》引無"融"

字。然此十一字既屬正文,而猶依違莫決,則非。

〔一三二〕毛本"繼"字作"經"。盧弼曰:"宋本'經'作'繼'。"

謹案:《實錄》亦作"繼"。作"繼"字爲是。

〔一三三〕《實錄》"兵"下無"士"字。

〔一三四〕《御覽》卷九百三十二、《册府》卷八百九十四引"靈"字作"白",與下文相應,《晉書・五行志》同。

〔一三五〕《事類賦》卷二十七引"善"字作"友"。

〔一三六〕《御覽》卷三百九十三引作"旌忿恥",下無"之"字。

〔一三七〕《御覽》引"辭"字作"神"。

〔一三八〕《御覽》卷八百四十七引作"身自享大案",《册府》卷九百引無"大"字,亦有"自"字。

〔一三九〕《御覽》引作"寧能忍此乎"。

〔一四〇〕盧弼曰:"宋、元本'事'下有'業'字,《通鑑》同。"

謹案:《實錄》作"騭於是條於時建業人物在荆州界者",疑"事業"當作"建業",且奪"人物"二字,致語意不明。

〔一四一〕盧弼曰:"陳景雲曰:'騭所條上諸臣,皆當時有聲績於荆州者。程普之卒,在吳主稱尊號前,不應亦列其中,恐傳錄誤也!時呂岱在荆州,其名迹亦葛、陸之儔,騭獨遺之,爲不可曉。或程普乃呂岱之訛,如《夏侯惇傳》中以雲長爲呂布也。'"

謹案:陳氏以程普爲誤,是也。而謂爲呂岱之訛,則非據。上文:"頃以冀州在蜀,分解牧職。時權太子登駐武昌與騭書。"考吳、蜀交分天下在黄龍元年,是年九月權遷建業,留登武昌,則登與騭書,當在是年。據《呂岱傳》,岱延康元年代步騭爲交州刺史，黃龍三年以南土清定召岱還，是騭條諸葛瑾十一人甄別行狀時，岱猶在交州，故騭未及之。又考《實錄》"程普"作"程秉"，據秉傳，秉時爲太子太傅，與登居武昌，則作"程秉"爲得。作"程普"者，蓋傳寫者習見程普而妄改也。陳說疑非。

〔一四二〕《書鈔》引作"權擢爲選曹尚書加騎都尉知選舉"，《御覽》引無"加騎都尉"四字，餘均同。似此有脫文，當據二書補刪。

〔一四三〕《實錄》"英"下無"雄"字。

〔一四四〕盧弼曰："馮本'趣'作'趣'。錢儀吉曰：'從宋《五行志》校作輒欲陷人。'"

謹案：宋本《宋書·五行志》作"趣"，宋本《晉書》亦作"趣"，錢校作"輒"，與官本《宋書》同。蓋"趣"誤作"輒"（曹植《求通親親表》"趣得一號"，宋本作"輒"），因改爲"輒"也。

〔一四五〕《晉書·五行志》"大"字作"重"。

〔一四六〕《治要》引"使"字作"吏"。

〔一四七〕《册府》卷五百三十九引"成"字作"功"。

〔一四八〕《治要》引"到"字作"至"。

〔一四九〕紹興本"北"字作"此"，《類聚》卷八引無"北"字。

〔一五〇〕《類聚》、《御覽》卷六十引"江"上有"大"字。

〔一五一〕盧弼曰："《官本考證》曰：'有疑作與。'何校本改作'向'。"

謹案：《御覽》卷六十、卷七百零四引有"見"字。《類聚》、《初學記》卷六、《御覽》卷六十、《錦繡萬花谷》卷五引"吕範"俱作"吕岱"，作"吕岱"是。

〔一五二〕《類聚》、《御覽》卷七百零四引"輒"下有"獨"字。

〔一五三〕《類聚》、《初學記》卷八、《御覽》卷六十引"與"字俱作"自","俱生"俱作"以來"。

〔一五四〕《類聚》《御覽》引"寧"下俱無"有"字。紹興本、馮本、陳本"埋"字作"理"。

〔一五五〕《實錄》、《文選·辨亡論》李注引"書"字俱作"卷"。

〔一五六〕蕭書"加"上有"累"字。

〔一五七〕盧弼曰："《文類》'也'上有'者'字。"

謹案：錢儀吉增"者"字，是也。《御覽》卷四百四十五引有"者"字。

〔一五八〕盧弼曰："今本《論語》'恂恂'作'循循'，次序貌。誘，進也。"

謹案：《後漢書·趙壹傳》"失恂恂善誘之德"注："恂恂，恭順貌。"阮元《論語校勘記》曰："蓋作'循'者古論，作'恂'者魯論。"

〔一五九〕盧弼曰："宋本'大'作'太'。"

謹案："太"字疑誤。

〔一六〇〕《御覽》引"善"字作"美"。

〔一六一〕《御覽》引"論"上無"諸"字，"各"字作"名"。

〔一六二〕《御覽》引"後"下無"有"字。

〔一六三〕盧弼曰："《御覽》'才'下有'儀'字。"

謹案：見《御覽》卷四百四十五引。

〔一六四〕盧弼曰："《御覽》'勤'下無'薄'字。"

謹案：《御覽》引"此"字作"比"，無"薄"字。

〔一六五〕《史記·蘇秦列傳》："此所謂棄仇讎而得石交者也。"疑"人"下脱"石"字。

〔一六六〕盧弼曰："何焯校'五'下增'君'字。"

謹案：《御覽》引"五"下有"君"字。

〔一六七〕盧弼曰："'所'疑作'可'。"

謹案：《史記·淮陰侯列傳》："非信無所與計事者。"《漢書》"所"字作"可"。王念孫謂"所""可"古字通。蓋謂二字用法有相同之處，不煩改字也。

三國志校箋卷五十三

吳志卷八〔一〕

張紘 子玄　玄子尚　　嚴畯 裴玄　　程秉 徵崇　　闞澤 唐固
薛綜 子翊　瑩〔二〕

　　張紘字子綱，廣陵人〔三〕。少游學京都〔四〕，《吳書》曰：紘入太學，事博士韓宗，治京氏《易》、歐陽《尚書》，又於外黃從濮陽闓受《韓詩》及《禮記》《左氏春秋》。還本郡，舉茂才，公府辟，皆不就，《吳書》曰：大將軍何進、太尉朱儁、司空荀爽三府辟爲掾，皆稱疾不就。避難江東。孫策創業，遂委質焉。表爲正議校尉，《吳書》曰：紘與張昭並與參謀〔五〕，常令一人居守，一人從征討。後呂布襲取徐州，因爲之牧，不欲令紘與策從事。追舉茂才〔六〕，移書發遣紘。紘心惡布，恥爲之屈。策亦重惜紘，欲以自輔，答記不遣，曰："海產明珠，所在爲寶，楚雖有才，晉實用之。英偉君子，所游見珍，何必本州哉？"從討丹陽。策身臨行陣，紘諫曰："夫主將乃籌謨之所自出，三軍之所繫命也，不宜輕脫，自敵小寇。願麾下重天授之姿，副四海之望，無令國內上下危懼。"

建安四年，策遣紘奉章至許宮〔七〕，留爲侍御史。少府孔融等皆與親善。《吳書》曰：紘至，與在朝公卿及知舊，述策材略絕異，平定三郡，風行草偃，加以忠敬款誠，乃心王室。時曹公爲司空，欲加恩厚，以悅遠人，至乃優文褒崇，改號加封，辟紘爲掾，舉高第，補侍御史，後以紘爲九江太守。紘心戀舊恩，思還反命，以疾固辭。曹公聞策薨，欲因喪伐吳。紘諫〔八〕，以爲乘人之喪，既非古義，若其不克〔九〕，成讎棄好〔一〇〕，不如因而厚之。曹公從其言，即表權爲討虜將軍，領會稽太守。曹公欲令紘輔權內附，出紘爲會稽東部都尉。《吳書》曰：權初承統，春秋方富，太夫人以方外多難，深懷憂勞，數有優令辭謝，付屬以輔助之義。紘輒拜牋答謝〔一一〕，思惟補察。每有異事密計及章表書記，與四方交結，常令紘與張昭草創撰作。紘以破虜有破走董卓，扶持漢室之勳；討逆平定江外，建立大業，宜有紀頌，以昭公義〔一二〕。既成，呈權，權省讀悲感，曰："君真識孤家門閥閱也。"乃遣紘之部。或以紘本受北任，嫌其志趣不止於此，權不以介意。初，琅邪趙昱爲廣陵太守，察紘孝廉，昱後爲笮融所殺，紘甚傷憤，而力不能討。昱門戶絕滅，及紘在東部，遣主簿至琅邪設祭，并求親戚爲之後，以書屬琅邪相臧宣，宣以趙宗中五歲男奉昱祀，權聞而嘉之。及討江夏，以東部少事，命紘居守，遙領所職。孔融遺紘書曰："聞大軍西征，足下留鎮。不有居者，誰守社稷？深固折衝，亦大勳也。無乃李廣之氣，循髮益怒〔一三〕，樂一當單于，以盡餘憤乎？南北並定，世將無事，叔孫投戈〔一四〕，絳、灌俎豆，亦在今日，但用離析，無緣會面,爲愁歎耳。道直途清,相見豈復難哉?"權以紘有鎮守之勞,欲論功加賞。紘厚自挹損,不敢蒙寵,權不奪其志。每從容侍燕,微言密指,常有以規諷。《江表傳》曰:初,權於羣臣多呼其字,惟呼張昭曰張公,紘曰東部,所以重二人也。

後權以紘爲長史,從征合肥。《吳書》曰:合肥城久不拔,紘進計曰:"古之圍城,開其一面,以疑衆心。今圍之甚密,攻之又急,誠懼并命戮力。死戰之寇,固難卒拔,及救未至,可小寬之,以觀其變。"議者不同。會救騎至,數至圍下,馳騁挑戰。權率輕騎將往突敵,紘諫曰:"夫兵者凶器,戰者危事也。今麾下恃盛壯之氣,忽彊暴之虜,三軍之衆,莫不寒心,雖斬將搴旗,威震敵場,此乃偏將之任,非主將之宜也。願抑賁、育之勇,懷霸王之計。"權納紘言而止。既還,明年將復出軍,紘又諫曰:"自古帝王受命之君,雖有皇靈佐於上,文德播於下,亦賴武功以昭其勳。然而貴於時動,乃後爲威耳。今麾下值四百之厄,有扶危之功〔一五〕,宜且隱息師徒,廣開播殖,任賢使能,務崇寬惠,順天命以行誅,可不勞而定也。"於是遂止不行。紘建計宜出都秣陵,權從之。《江表傳》曰:紘謂權曰:"秣陵,楚武王所置〔一六〕,名爲金陵。地勢岡阜連石頭,訪問故老,云昔秦始皇東巡會稽經此縣,望氣者云金陵地形有王者都邑之氣,故掘斷連岡,改名秣陵。今處所具存〔一七〕,地有其氣,天之所命〔一八〕,宜爲都邑〔一九〕。"權善其議,未能從也。後劉備之東,宿於秣陵,周觀地形,亦勸權都之。權曰:"智者意同。"遂都焉。《獻帝春秋》云:劉備至京,謂孫權曰:"吳去此數百里,即有警急〔二〇〕,赴救爲難,將軍無意屯京乎?"權曰:"秣陵有小江百餘里，可以安大船，吾方理水軍，當移據之。"備曰："蕪湖近濡須，亦佳也。"權曰："吾欲圖徐州，宜近下也。"臣松之以爲：秣陵之與蕪湖，道里所校無幾[二一]，於北侵利便，亦有何異？而云欲闚徐州，貪秣陵近下，非其理也。諸書皆云劉備勸都秣陵，而此獨云權自欲都之，又爲虛錯。令還吳迎家，道病卒。臨困，授子靖留牋曰："自古有國有家者，咸欲修德政以比隆盛世，至於其治，多不馨香。非無忠臣賢佐，闇於治體也[二二]，由主不勝其情，弗能用耳。夫人情憚難而趨易，好同而惡異，與治道相反。《傳》曰'從善如登，從惡如崩'，言善之難也。人君承奕世之基，據自然之勢，操八柄之威，甘易同之歡，《周禮》太宰職曰：以八柄詔王馭羣臣。一曰爵以馭其貴。二曰祿以馭其富。三曰予以馭其幸。四曰置以馭其行。五曰生以馭其福。六曰奪以馭其貧。七曰廢以馭其罪。八曰誅以馭其過。無假取於人；而忠臣挾難進之術，吐逆耳之言，其不合也，不亦宜乎！雖則有釁，巧辯緣閒，眩於小忠，戀於恩愛，賢愚雜錯，長幼失敘，其所由來情亂之也。故明君悟之，求賢如饑渴，受諫而不厭，抑情損欲，以義割恩，上無偏謬之授，下無希冀之望。宜加三思，含垢藏疾，以成仁覆之大。"時年六十卒[二三]。權省書流涕。

　　紘著詩賦銘誄十餘篇。《吳書》曰：紘見柟榴枕，愛其文，爲作賦[二四]。陳琳在北見之[二五]，以示人曰[二六]："此吾鄉里張子綱所作也。"後紘見陳琳作《武庫賦》《應機論》[二七]，與琳書深歎美之。琳答曰："自僕在河北，與天下隔，此間率少於文章，易爲雄伯〔二八〕，故使僕受此過差之譚，非其實也。今景興在此，足下與子布在彼，所謂小巫見大巫，神氣盡矣。"紘既好文學，又善楷篆書〔二九〕，與孔融書，自書〔三〇〕。融遺紘書曰："前勞手筆，多篆書。每舉篇見字，欣然獨笑，如復覿其人也。"子玄，官至南郡太守、尚書。《江表傳》曰〔三一〕：玄清介有高行，而才不及紘。玄子尚，《江表傳》曰稱尚有俊才。孫晧時爲侍郎，以言語辯捷見知，擢爲侍中、中書令。晧使尚鼓琴，尚對曰："素不能。"勅使學之。後宴言次説琴之精妙〔三二〕，尚因道"晉平公使師曠作清角，曠言吾君德薄，不足以聽之"。晧意謂尚以斯喻己，不悦。後積他事下獄，皆追以此爲詰，環氏《吳紀》曰：晧嘗問："《詩》云'汎彼柏舟'，惟柏中舟乎?"尚對曰："《詩》言'檜楫松舟'，則松亦中舟也。"又問："鳥之大者惟鶴〔三三〕，小者惟雀乎?"尚對曰："大者有秃鶖〔三四〕，小者有鷦鷯。"晧性忌勝己，而尚談論每出其表，積以致恨。後問："孤飲酒以方誰〔三五〕?"尚對曰："陛下有百觚之量。"晧云："尚知孔丘之不王，而以孤方之!"因此發怒收尚。尚書岑昏率公卿已下百餘人，詣宮叩頭請罪，尚得減死〔三六〕。送建安作船。久之，又就加誅。

初，紘同郡秦松字文表，陳端字子正，並與紘見待於孫策，參與謀謨。各早卒。

嚴畯字曼才，彭城人也。少耽學，善《詩》《書》《三禮》，又好《説文》。避亂江東，與諸葛瑾、步騭齊名友善。性質直純厚，其於人物，忠告善道〔三七〕，志存補益。張昭進之於孫權，權以爲騎都尉、從事中郎。及橫江將軍魯肅卒，權以畯代肅，督兵萬人，鎮據陸口。衆人咸爲畯喜，畯前後固辭："樸素書生，不閑軍事〔三八〕，非才而據，咎悔必至〔三九〕。"發言慷慨，至於流涕，《志林》曰：權又試畯騎，上馬墮鞍。權乃聽焉。世嘉其能以實讓。權爲吳王，及稱尊號，畯嘗爲衛尉使至蜀，蜀相諸葛亮深善之。不蓄祿賜，皆散之親戚知故，家常不充。廣陵劉穎與畯有舊，穎精學家巷，權聞徵之，以疾不就。其弟略爲零陵太守，卒官，穎往赴喪，權知其詐病，急驛收錄。畯亦馳語穎，使還謝權。權怒廢畯，而穎得免罪。久之，以畯爲尚書令，後卒。《吳書》曰：畯時年七十八，二子凱、爽。凱官至升平少府。

畯著《孝經傳》《潮水論》，又與裴玄、張承論管仲、季路，皆傳於世。玄字彥黃，下邳人也，亦有學行，官至太中大夫。問子欽齊桓、晉文、夷、惠四人優劣，欽答所見，與玄相反覆，各有文理。欽與太子登游處，登稱其翰采。

程秉字德樞，汝南南頓人也〔四〇〕。逮事鄭玄〔四一〕，後避亂交州〔四二〕，與劉熙考論大義，遂博通五經。士燮命爲長史。權聞其名儒，以禮徵；秉既到，拜太子太傅。黃武四年，權爲太子登娉周瑜女，秉守太常，迎妃於吳，權親幸秉船，深見優禮。既還，秉從容進説登曰："婚姻人倫之始,王教之基,是以聖王重之,所以率先衆庶,風化天下,故《詩》美《關雎》,以爲稱首。願太子尊禮教於閨房,存《周南》之所詠,則道化隆於上,頌聲作於下矣。"登笑曰:"將順其美,匡救其惡,誠所賴於傅君也。"

病卒官。著《周易摘》《尚書駁》《論語弼》,凡三萬餘言。秉爲傅時,率更令河南徵崇亦篤學立行云。《吴録》曰:崇字子和,治《易》《春秋左氏傳》,兼善内術。本姓李,遭亂更姓,遂隱於會稽,躬耕以求其志。好尚者從學,所教不過數人輒止,欲令其業必有成也。所交結如丞相步騭等咸親焉。嚴畯薦崇行足以厲俗,學足以爲師。初見太子登,以疾賜不拜。東宫官僚皆從諮詢。太子數訪以異聞。年七十而卒。

闞澤字德潤,會稽山陰人也。家世農夫,至澤好學,居貧無資,常爲人傭書,以供紙筆,所爲既畢,誦讀亦遍〔四三〕。追師論講,究覽羣籍,兼通曆數,由是顯名。察孝廉,除錢唐長,遷郴令。孫權爲驃騎將軍,辟補西曹掾;及稱尊號,以澤爲尚書。嘉禾中,爲中書令,加侍中。赤烏五年,拜太子太傅,領中書如故。

澤以經傳文多,難得盡用,乃斟酌諸家,刊約《禮》文及諸注説,以授二宫,爲制行出入及見賓儀,又著《乾象曆注》以正時日。每朝廷大議,經典所疑,輒諮訪之。以儒學勤勞,封都鄉侯。性謙恭篤慎,官府小吏,呼召對問,皆爲抗禮。人有非短,口未嘗及,容貌似不足者,然所聞少窮。權嘗問:"書傳篇賦,何者爲美〔四四〕?"澤欲諷喻以明治亂,因對賈誼《過秦論》最善〔四五〕,權覽讀焉。初,以呂壹姦罪發聞,有司窮治,奏以大辟,或以爲宜加焚裂,用彰元惡。權以訪澤,澤曰:"盛明之世,不宜復有此刑。"權從之。又諸官司有患疾,欲增重科防,以檢御臣下,澤每曰"宜依禮、律",其和而有正,皆此類也。《吳錄》曰:虞翻稱澤曰:"闞生矯傑,蓋蜀之楊雄。"又曰:"闞子儒術德行,亦今之仲舒也。"初,魏文帝即位,權嘗從容問羣臣曰:"曹丕以盛年即位,恐孤不能及之,諸卿以爲何如?"羣臣未對,澤曰:"不及十年,丕其没矣,大王勿憂也。"權曰:"何以知之?"澤曰:"以字言之,不十爲丕,此其數也。"文帝果七年而崩。臣松之計孫權年大文帝五歲,其爲長幼也微矣〔四六〕。六年冬卒,權痛惜感悼,食不進者數日。

澤州里先輩丹陽唐固亦修身積學,稱爲儒者,著《國語》《公羊》《穀梁傳》注,講授常數十人。權爲吴王,拜固議郎,自陸遜、張温、駱統等皆拜之。黄武四年爲尚書僕射,卒。《吳錄》曰:固字子正,卒時年七十餘矣。

薛綜字敬文〔四七〕,沛郡竹邑人也。《吳錄》曰:其先齊孟嘗君封於薛。秦滅六國,而失其祀,子孫分散。漢祖定天下,過齊,求孟嘗後,得其孫陵、國二人,欲復其封。陵、國兄弟相推,莫適受,乃去之竹邑,因家焉,故遂氏薛。自國至綜,世典州郡〔四八〕,爲著姓。綜少明經,善屬文,有秀才。少依族人避地交州,從劉熙學。士燮既附,孫權召綜爲五官中郎〔四九〕,除合浦、交阯太守。時交土始開,刺史吕岱率師討伐,綜與俱行,越海南征,及到九真。事畢還都,守謁者僕射。西使張奉於權前列尚書闞澤姓名以嘲澤〔五〇〕,澤不能答。綜下行酒,因勸酒曰:"蜀者何也?有犬爲獨,無犬爲蜀,横目苟身,虫入其腹。"臣松之見諸書本,"苟身"或作"句身",以爲既云"横目",則宜曰"句身"。奉曰:"不當復列君吴邪〔五一〕?"綜應聲曰:"無口爲天,有口爲吴,君臨萬邦,天子之都。"於是衆坐喜笑,而奉無以對。其樞機敏捷,皆此類也。《江表傳》曰:費禕聘於吴,陛見,公卿侍臣皆在坐。酒酣,禕與諸葛恪相對嘲難,言及吴、蜀。禕問曰:"蜀字云何?"恪曰:"有水者濁,無水者蜀。横目苟身,虫入其腹。"禕復問:"吴字云何?"恪曰:"無口者天,有口者吴,下臨滄海,天子帝都〔五二〕。"與本傳不同。

吕岱從交州召出,綜懼繼岱者非其人,上疏曰:"昔帝舜南巡,卒於蒼梧。秦置桂林、南海、象郡,然則四國之内屬也,有自來矣。趙佗起番禺,懷服百越之君,珠官之南是也。漢武帝誅吕嘉,開九郡,設交阯刺史以鎮監之。山川長遠,習俗不齊,言語同異,重譯乃通,民如禽獸,長幼無别,椎結徒跣,貫頭左衽,長吏之設,雖有若無。自斯以來,頗徙中國罪人雜居其間,稍使學書,粗知言語,使驛往來,觀見禮化。及後錫光爲交阯,任延爲九真太守,乃教其耕犂,使之冠履;爲設媒官,始知聘娶;建立學校,導之經義。由此已降,四百餘年,頗有似類〔五三〕。自臣昔客始至之時,珠崖除州縣嫁娶,皆須八月引户，人民集會之時，男女自相可適，乃爲夫妻，父母不能止。交阯麊泠、九真都龐二縣，皆兄死弟妻其嫂，世以此爲俗，長吏恣聽，不能禁制。日南郡男女倮體，不以爲羞。由此言之，可謂蟲豸，有靦面目耳。然而土廣人衆，阻險毒害，易以爲亂，難使從治。縣官羈縻，示令威服，田户之租賦裁取供辦，貴致遠珍名珠、香藥、象牙、犀角、瑇瑁、珊瑚、琉璃、鸚鵡、翡翠、孔雀、奇物，充備寶玩，不必仰其賦入以益中國也。然在九甸之外，長吏之選，類不精覈。漢時法寬，多自放恣，故數反違法。珠崖之廢起於長吏覩其好髮〔五四〕，髠取爲髲，及臣所見南海黄蓋爲日南太守〔五五〕，下車以供設不豐，撾殺主簿，仍見驅逐。九真太守儋萌爲妻父周京作主人〔五六〕，并請大吏，酒酣作樂，功曹番歆起舞屬京，京不肯起，歆猶迫彊，萌忿杖歆，亡於郡內。歆弟苗帥衆攻府，毒矢射萌，萌至物故。交阯太守士燮遣兵致討，卒不能克。又故刺史會稽朱符，多以鄉人虞褒、劉彥之徒分作長吏〔五七〕，侵虐百姓，彊賦於民，黃魚一枚收稻一斛，百姓怨叛，山賊並出，攻州突郡。符走入海，流離喪亡。次得南陽張津與荆州牧劉表爲隙，兵弱敵彊，歲歲興軍，諸將厭患，去留自在。津小檢攝，威武不足，爲所陵侮，遂至殺没。後得零陵賴恭先輩，仁謹不曉時事。表又遣長沙吳巨爲蒼梧太守。巨武夫輕悍，不爲恭服，所取相怨恨〔五八〕，逐出恭求步騭。是時津故將夷廖、錢博之徒尚多〔五九〕，騭以次鉏治，綱紀適定，會仍召出。

呂岱既至，有士氏之變。越軍南征，平討之日，改置長吏，章明王綱，威加萬里，大小承風。由此言之，綏邊撫裔，實有其人。牧伯之任，既宜清能，荒流之表，禍福尤甚。今日交州雖名粗定，尚有高涼宿賊；其南海、蒼梧、鬱林、珠官四郡界未綏，依作寇盜，專爲亡叛逋逃之藪。若岱不復南，新刺史宜得精密檢攝八郡，方略智計，能稍稍以漸能治高涼者，假其威寵，借之形勢〔六〇〕，責其成效，庶幾可補復。如但中人，近守常法，無奇數異術者，則羣惡日滋，久遠成害。故國之安危在於所任，不可不察也。竊懼朝廷忽輕其選，故敢竭愚情以廣聖思。"

黃龍三年，建昌侯慮爲鎮軍大將軍屯半州，以綜爲長史，外掌衆事，内授書籍〔六一〕。慮卒，入守賊曹尚書，遷尚書僕射。時公孫淵降而復叛，權盛怒欲自親征。綜上疏諫曰："夫帝王者，萬國之元首，天下之所繫命也。是以居則重門擊柝以戒不虞，行則清道案節以養威嚴，蓋所以存萬安之福，鎮四海之心。昔孔子疾時，託乘桴浮海之語，季由斯喜，拒以無所取才。漢元帝欲御樓船，薛廣德請刎頸以血染車。何則？水火之險至危，非帝王所宜涉也。諺曰：'千金之子，坐不垂堂。'況萬乘之尊乎？今遼東戎貊小國，無城池之固，備禦之術，器械銖鈍，犬羊無政，往必禽克，誠如明詔。然其方土寒埆，穀稼不殖，民習鞍馬，轉徙無常。卒聞大軍之至，自度不敵，鳥驚獸駭，長驅奔竄，一人匹馬，不可得見，雖獲空城[六二]，守之無益，此不可一也。加又洪流滉瀁，有成山之難，海行無常，風波難免，倏忽之間，人船異勢。雖有堯舜之德，智無所施[六三]，賁育之勇，力不得設，此不可二也。加以鬱霧冥其上，鹹水蒸其下，善生流腫，轉相洿染，凡行海者，稀無斯患，此不可三也。天生神聖，顯以符瑞，當乘平喪亂，康此民物；嘉祥日集，海內垂定，逆虜凶虐，滅亡在近。中國一平，遼東自斃，但當拱手以待耳。今乃違必然之圖，尋至危之阻，忽九州之固，肆一朝之忿，既非社稷之重計，又開闢以來所未嘗有，斯誠羣僚所以傾身側息，食不甘味，寢不安席者也。惟陛下抑雷霆之威，忍赫斯之怒，遵乘橋之安，遠履冰之險，則臣子賴祉，天下幸甚。"時羣臣多諫，權遂不行。

正月乙未，權勅綜祝祖不得用常文，綜承詔卒造文義，信辭粲爛。權曰："復爲兩頭使滿三也。"綜復再祝，辭令皆新，衆咸稱善。赤烏三年，徙選曹尚書。五年，爲太子少傅，領選職如故。《吳書》曰：後權賜綜紫綬囊，綜陳讓紫色非所宜服[六四]，權曰："太子年少，涉道日淺，君當博之以文，約之以禮，茅土之封，非君而誰？"是時綜以名儒居師傅之位，仍兼選舉，甚爲優重。六年春，卒。凡所著詩賦難論數萬言，名曰《私載》，又定《五宗圖述》《二京解》，皆傳於世。

子珝，官至威南將軍，征交阯還，道病死。《漢晉春秋》曰：孫休時，珝爲五官中郎將，遣至蜀求馬。及還，休問蜀政得失，對曰："主闇而不知其過，臣下容身以求免罪，入其朝不聞正言，經其野民皆菜色。臣聞燕雀處堂，子母相樂，自以爲安也，突決棟焚，而燕雀怡然不知禍之將及[六五]，其是之謂乎！"珝弟瑩，字道言，初爲祕府中書郎，孫休即位，爲散騎中常侍。數年，以病去官。孫皓初，爲左執法，遷選曹尚書，及立太子，又領少傅。建衡三年，皓追歎瑩父綜遺文，且命瑩繼作。瑩獻詩曰："惟臣之先，昔仕於漢。奕世縣縣，頗涉臺觀[六六]。曁臣父綜，遭時之難。卯金失御，邦家毀亂。適茲樂土，庶存孑遺。天啓其心，東南是歸。厥初流隸，困於蠻垂。大皇開基，恩德遠施。特蒙招命，拯擢泥汙。釋放巾褐，受職剖符。作守合浦，在海之隅。遷入京輦，遂升機樞。枯瘁更榮，絕統復紀。自微而顯，非願之始。亦惟寵遇，心存足止。重值文皇，建號東宮。乃作少傅，光華益隆。明明聖嗣，至德謙崇。禮遇兼加，惟渥惟豐。哀哀先臣，念竭其忠。洪恩未報，委世以終。嗟臣蔑賤，惟昆及弟。幸生幸育，託綜遺體。過庭既訓，頑蔽難啓。堂構弗克，志存耦耕。豈悟聖朝，仁澤流盈。追錄先臣，愍其無成。是濟是拔，被以殊榮。珝忝千里，受命南征。旌旗備物，金革揚聲。及臣斯陋，實闇實微。既顯前軌，人物之機。復傅東宮，繼世荷輝。才不逮先，是忝是違。乾德博好，文雅是貴。追悼亡臣，冀存遺類。如何愚胤，曾無髣髴！瞻彼舊寵，顧此頑虛。孰能忍媿，臣實與居。夙夜反側，克心自論。父子兄弟，累世蒙恩。死惟結草，生誓殺身[六七]。雖則灰隕，無報萬分。"

是歲，何定建議鑿聖谿以通江淮，晧令瑩督萬人往，遂以多盤石難施功〔六八〕，罷還，出爲武昌左部督。後定被誅，晧追聖谿事，下瑩獄，徙廣州。右國史華覈上疏曰："臣聞五帝三王皆立史官，敘錄功美，垂之無窮。漢時司馬遷、班固咸命世大才，所撰精妙，與六經俱傳。大吳受命，建國南土。大皇帝末年，命太史令丁孚、郎中項峻始撰《吳書》。孚、峻俱非史才，其所撰作，不足紀錄。至少帝時，更差韋曜、周昭、薛瑩、梁廣及臣五人，訪求往事，所共撰立，備有本末。昭、廣先亡，曜負恩蹈罪，瑩出爲將，復以過徙，其書遂委滯，迄今未撰奏。臣愚淺才劣，適可爲瑩等記注而已，若使撰合，必襲孚、峻之跡，懼墜大皇帝之元功，損當世之盛美。瑩涉學既博，文章尤妙，同寮之中，瑩爲冠首。今者見吏雖多，經學記述之才如瑩者少，是以悽悽爲國惜之。實欲使卒垂成之功，編於前史之末。奏上之後，退填溝壑，無所復恨。"晧遂召瑩還爲左國史。頃之，選曹尚書同郡繆禕以執意不移，爲羣小所疾，左遷衡陽太守。既拜，又追以職事見詰責，拜表陳謝。因過詣瑩，復爲人所白，云禕不懼罪，多將賓客會聚瑩許。乃收禕下獄，徙桂陽，瑩還廣州。未至，召瑩還復職。是時法政多謬，舉措煩苛，瑩每上便宜，陳緩刑簡役以濟育百姓，事或施行。遷光祿勳。天紀四年，晉軍征晧，晧奉書於司馬伷、王渾、王濬請降，其文，瑩所造也。瑩既至洛陽，特先見敘，爲散騎常侍，答問處當皆有條理。干寶《晉紀》曰：武帝從容問瑩曰："孫晧之所以亡者何也？"瑩對曰："歸命侯臣晧之君吴也，昵近小人，刑罰妄加，大臣大將，無所親信，人人憂恐，各不自保，危亡之釁，實由於此。"帝遂問吴士存亡者之賢愚，瑩各以狀對。太康三年卒。著書八篇，名曰《新議》。王隱《晉書》曰：瑩子兼，字令長，清素有器宇資望，故如上國，不似吴人。歷位二宮丞相長史。元帝踐阼，累遷丹陽尹、尚書，又爲太子少傅。自綜至兼，三世傅東宮。

評曰：張紘文理意正，爲世令器，孫策待之，亞於張昭，誠有以也。嚴、程、闞生，一時儒林也。至峻辭榮濟舊，不亦長者乎！薛綜學識規納，爲吴良臣。及瑩纂蹈，允有先風，然於暴酷之朝，屢登顯列，君子殆諸。

【校箋】

〔一〕毛本作"吴書八"。

〔二〕毛本作"張嚴程闞薛傳第八"。

〔三〕《治要》卷二十七、《御覽》卷二百二十七引"人"下俱有"也"字。

〔四〕盧弼曰："宋本無'少'字。"

謹案：少表時間，不能删，宋本誤也。蕭書亦有"少"字，是也。

〔五〕蕭書作"並參謀議"，無"與"字。

〔六〕《書鈔》卷七十九引張勃《吴録》"追"字作"遥"。

〔七〕《御覽》卷四百五十三引"至"字作"詣"，是也。《通鑑考異》引作"遣紘奉章詣許"。足證司馬光所見本正作"詣"。

〔八〕《御覽》引"諫"下有"曰"字。

〔九〕《御覽》引"其"字作"有"。

〔一〇〕《御覽》引作"棄好成讎"。

〔一一〕《册府》卷二百引"牋"字作"版"。

〔一二〕盧弼曰："宋本'義'作'美'。"

謹案：錢儀吉從元本"義"字作"美"。考《册府》卷一百八十九引亦作"美"。

〔一三〕紹興本、馮本、陳本"循"字作"倉"，郝書同，《册府》卷九百零三引亦作"倉"。

〔一四〕盧弼曰："何焯校改作'叔孫投戈'。"

謹案：何校改是也。叔孫謂叔孫通，爲漢高祖制朝儀者。

〔一五〕《册府》卷五百三十九引"危"字作"傾"。

〔一六〕《實錄》《六朝遺事類編》俱作"楚威王"，《御覽》卷一百五十六引《江表傳》作"楚成王"。

〔一七〕《御覽》引"具"字作"見"，《實錄》同。

〔一八〕《御覽》引"天"上有"象"字，"命"字作"會"，《實錄》同。

〔一九〕《御覽》引"宜"上有"今"字，《實錄》同。

〔二〇〕紹興本"警"字作"驚"。

〔二一〕毛本"里"字作"理"。盧弼曰："朱邦衡曰：'理當作里。'"

謹案：官本"理"正作"里"。

〔二二〕盧弼曰："《官本考證》曰：'閻疑作諳。'"

謹案：蕭書"閻"正作"諳"。《說文・言部》："諳，悉也。"

〔二三〕《實錄》作"時年六十一卒"。

〔二四〕盧弼曰："嚴可均曰：'諸書所引有《懷材枕賦》，未知即《柟榴枕賦》否？俟考。'"

謹案：《文選》左太沖《吳都賦》"楠榴之木"李注引劉淵林曰："南榴，木之盤結者。其盤節文尤好，可以作器。建安所出最大長也。"朱琦《文選集釋》曰："案：胡氏《考異》云：'楠當如作南，蓋五臣作楠而亂之。南榴複二字爲一木名，與柟之别體作楠無涉，五臣誤。'段氏謂：'楠字不誤，特柟之俗耳。榴乃瘤之誤，傳寫失之。柟瘤之木，猶今云癭木也。癭木多柟樹所生，故曰柟瘤。四川癭木器物，皆出於柟，想建安亦多有此也。古有爲《楠榴枕賦》者，有爲《楠榴枕銘》者，瘤皆誤榴。瘤者腫也，癭者頸瘤也，木之瘤似人之贅疣。庾子山《枯樹賦》云：戴癭銜瘤。淵林云：建安所出大長，爲其癭瘤最長大也。章樵云：木結成癭瘤，大如栲栳、車輪者，割之有文。今乃欲改柟爲南，合二字爲一木名，臆爲之説。'余謂《本草綱目》言楠樹其近根年深而向陽者，結成草木山川之狀，俗呼爲骰柏柟，宜作器，正此，段説是也。"考《御覽》卷五百八十七引"榴"字作"瘤"，則作"瘤"字爲是。

〔二五〕《御覽》卷七百零七引"見"字作"得"。

〔二六〕《御覽》引"示"下有"士"字。

〔二七〕盧弼曰："《類聚》《御覽》作'《武軍賦》'。"

謹案：《類聚》見卷五十九。《御覽》卷五百八十七引"琳"下無"作"字，疑是。"庫"不作"軍"，則盧君誤也。《左傳·宣公十二年》"君何築武軍"杜注："築軍營以章武功。"武軍之義本此。《抱朴子·鈞世篇》曰："而《出軍（當作車）》《六月》之作，何如陳琳《武軍》之壯乎。"據此，作"庫"字誤也。

〔二八〕《草堂詩箋》卷二引"易"上有"而"字。

〔二九〕盧弼曰："宋本無'書'字。"

謹案：《册府》卷八百六十一、《御覽》引俱無"書"字。

〔三〇〕毛本"與"字上有"嘗"字。盧弼曰："馮本無'嘗'字。"

謹案：《官本考證》曰："元本作'嘗與孔融書自書'。"考此二句當作"又善楷篆，嘗與孔融書，自書"。紹興本無"書"字，有"嘗"字，《册府》卷八百六十一引同。疑"嘗"字以傳録而誤作"書"字也。

〔三一〕盧弼曰："'曰'字疑衍。"

謹案：此已見《官本考證》，當注明。

〔三二〕郝書"後"下有"侍宴之次"四字。

〔三三〕《蒙求》卷十六引"鶴"字作"鵠"。

〔三四〕盧弼曰："《詩》：'有鶖在梁。'《説文》曰：'鶖，禿鶖也。'"

謹案：《古今注》："扶老，禿鶖也。狀如鶴而大，大者頸高八尺，善與人鬭，好啖蛇。"

〔三五〕郝書"以"上有"可"字，是也。

〔三六〕《官本考證》曰："宋本作'叩頭請尚罪，得減死'。"

謹案：紹興本正作"叩頭請尚罪，得減死"。郝書同，《册府》卷二百一十八引同，當據乙。

〔三七〕《御覽》卷二百四十九引"道"字作"導"。

〔三八〕盧弼曰："胡三省曰：'閑，習也。'"

謹案：《類聚》卷二十一、《御覽》卷四百二十四、《册府》卷四百零八、卷八百一十四引俱作"曰僕素書生"，是也。今本脱"曰"字，"樸"作"僕"，當據以訂補。《陸遜傳》："僕雖書生。"亦可證。

〔三九〕《御覽》、《册府》卷四百零八引作"殃咎必至"。

〔四〇〕紹興本"人"下無"也"字。

〔四一〕紹興本"逮"上有"後"字。

〔四二〕《御覽》引無"後"字。

〔四三〕《御覽》卷六百一十六引"讀"字作"之",《實錄》同。

〔四四〕《册府》卷五百二十六引無"篇賦"二字。

〔四五〕《御覽》卷二百四十四引"善"字作"美"。

〔四六〕紹興本、馮本、陳本"矣"字俱作"耳"。

〔四七〕《御覽》卷四百六十三引"敬"字作"仲"。

〔四八〕毛本"典"字作"與"。盧弼曰："宋本'與'作'典'。"

謹案：作"典"字是。"與"字於此無義。《廣雅·釋詁三》："典,主也。"

〔四九〕盧弼曰："《官本考證》曰：'元本中郎下有將字。'"

謹案：蕭書"郎"下亦有"將"字,此奪,應據補。

〔五〇〕《類聚》卷二十五、《御覽》、《册府》卷八百引"西"字作"蜀",《實錄》同,當據改。

〔五一〕《御覽》引"列"字作"別","吴"上無"君"字,《實錄》同。

〔五二〕《册府》引"帝"字作"之",是也。傳文"帝"亦作"之",可證。

〔五三〕盧弼曰："郝經《續（後）漢書》'似'作'士'。"

謹案：《詩·小雅·斯干》"似續妣祖"毛傳："似,嗣也。"《廣雅·釋詁二》："似,續也。""似"字或不誤。

〔五四〕《御覽》卷七百一十五引"其"下有"人"字。

〔五五〕《書鈔》卷七十六引"蓋"字作"孟"。

〔五六〕盧弼曰："毛本'萌'作'明'，下仍作'明'。"

謹案：錢大昭曰："以下文證之，'萌'當作'明'。"

〔五七〕《御覽》卷四百九十二、《冊府》卷四百零七引"吏"字俱作"史"。

〔五八〕盧弼曰："《官本考證》曰：'《冊府》所字衍，取作輒。'"

謹案：見《冊府》卷四百七十引。

〔五九〕盧弼曰："《吕岱傳》：'高涼賊帥錢博乞降，岱承制以博爲都尉。'"

謹案：《御覽》卷一百七十一引《南越志》："高涼本合浦縣也。吳建安十六年衛毅、錢博拒步騭於高安峽，毅投水死，博與其屬屯於高涼。吕岱爲刺史，博既請降。制以博爲高涼都尉，於是置郡焉。"

〔六〇〕盧弼曰："或曰：'宋本借作備。'"

謹案：紹興本仍作"借"，不審或曰所據何本也？疑作"借"字是。

〔六一〕蕭書"書籍"作"經籍"。

〔六二〕馮本、陳本"城"字作"地"，《冊府》卷五百三十九引作"雖獲其地"。

〔六三〕《冊府》引"智"字作"計"。

〔六四〕盧弼曰："何焯曰：'《左傳》：渾良夫紫衣狐裘。杜注：紫衣，君服。'"

謹案：權賜綜乃紫綬囊，非紫衣也。考董巴《輿服志》："公侯將軍紫綬。"《漢舊儀》："丞相、列侯、將軍，金印紫綢綬。"綜爲太子少傅，未受封爵，故辭曰"非所宜服"。權曰："茅土之封，非君而誰!"蓋賜綜綬囊以示即將予之爵位之意也。何氏引杜注"紫衣君服"以釋,殊乖本旨,盧君據以爲說,似誤。

〔六五〕《實錄》"怡"字作"恬"。

〔六六〕盧弼曰:"《官本考證》曰:'涉疑作陟。'"

謹案:"涉"字不誤。《梁傳·襄公二十七年》"與之涉公事矣"疏引徐邈曰:"涉猶歷也。"

〔六七〕盧弼曰:"宋本'殺'作'投'。"

謹案:《論語·衛靈公篇》:"殺身以成仁。""殺"字不誤。

〔六八〕蕭書無"遂"字。

三國志校箋卷五十四

吳志卷九〔一〕

周瑜　魯肅　呂蒙〔二〕

　　周瑜字公瑾，廬江舒人也。從祖父景，景子忠，皆爲漢太尉。謝承《後漢書》曰：景字仲嚮，少以廉能見稱，以明學察孝廉，辟公府。後爲豫州刺史，辟汝南陳蕃爲別駕，潁川李膺、荀緄、杜密、沛國朱㝢爲從事，皆天下英俊之士也。稍遷至尚書令，遂登太尉。張璠《漢紀》曰：景父榮，章、和世爲尚書令。初，景歷位牧守，好善愛士，每歲舉孝廉，延請入，上後堂，與家人宴會，如此者數四。及贈送既備，又選用其子弟，常稱曰："移臣作子，於政何有？"先是，司徒韓縯爲河內太守，在公無私，所舉一辭而已，後亦不及其門户，曰："我舉若可矣，不令恩偏稱一家也。"當時論者，或兩譏焉。父異，洛陽令。

　　瑜長壯有姿貌〔三〕。初，孫堅興義兵討董卓，徙家於舒。堅子策與瑜同年，獨相友善〔四〕，瑜推道南大宅以舍策,升堂拜母,有無通共〔五〕。瑜從父尚爲丹陽太守,瑜往省之。會策將東渡,到歷陽,馳書報瑜,瑜將兵迎策。策大喜曰:"吾得卿諧也〔六〕!"遂從攻橫江、當利,皆拔之。乃渡擊秣陵〔七〕,破笮融、薛禮,轉下湖孰、江乘,進入曲阿,劉繇奔走,而策之衆已數萬矣。因謂瑜曰:"吾以此衆取吳會平山越已足,卿還鎮丹陽。"瑜還。頃之,袁術遣從弟胤代尚爲太守,而瑜與尚俱還壽春。術欲以瑜爲將,瑜觀術終無所成,故求爲居巢長,欲假塗東歸,術聽之。遂自居巢還吳。是歲,建安三年也。策親自迎瑜,授建威中郎將,即與兵二千人,騎五十匹。《江表傳》曰:策又給瑜鼓吹,爲治館舍,贈賜莫與爲比。策令曰:"周公瑾英雋異才〔八〕,與孤有總角之好,骨肉之分。如前在丹陽〔九〕,發衆及船糧以濟大事,論德酬功,此未足以報者也。"瑜時年二十四,吳中皆呼爲周郎。以瑜恩信著於廬江〔一〇〕,出備牛渚,後領春穀長。頃之,策欲取荊州,以瑜爲中護軍,領江夏太守,從攻皖,拔之。時得橋公兩女,皆國色也。策自納大橋,瑜納小橋。《江表傳》曰:策從容戲瑜曰〔一一〕:"橋公二女雖流離,得吾二人作壻,亦足爲歡。"復進尋陽,破劉勳,討江夏,還定豫章、廬陵,留鎮巴丘。臣松之案:孫策於時始得豫章、廬陵,尚未能得定江夏。瑜之所鎮,應在今巴丘縣也,與後所平巴丘處不同〔一二〕。

五年,策薨,權統事。瑜將兵赴喪,遂留吳,以中護軍與長史張昭共掌衆事。《江表傳》曰:曹公新破袁紹,兵威日盛,建安七年,下書責權質任子。權召羣臣會議,張昭、秦松等猶豫不能決，權意不欲遣質，乃獨將瑜詣母前定議。瑜曰：「昔楚國初封於荆山之側，不滿百里之地，繼嗣賢能，廣土開境，立基於郢，遂據荆陽〔一三〕，至於南海，傳業延祚，九百餘年。今將軍承父兄餘資，兼六郡之衆〔一四〕，兵精糧多，將士用命，鑄山爲銅，煮海爲鹽，境内富饒，人不思亂，汎舟舉帆，朝發夕到，士風勁勇〔一五〕，所向無敵，有何偪迫，而欲送質？質一入，不得不與曹氏相首尾，與相首尾，則命召不得不往，便見制於人也。極不過一侯印，僕從十餘人，車數乘，馬數匹，豈與南面稱孤同哉？不如勿遣，徐觀其變。若曹氏能率義以正天下，將軍事之未晚。若圖爲暴亂，兵猶火也，不戢將自焚。將軍韜勇抗威，以待天命，何送質之有！」權母曰：「公瑾議是也。公瑾與伯符同年，小一月耳，我視之如子也，汝其兄事之。」遂不送質。十一年，督孫瑜等討麻、保二屯，梟其渠帥，因俘萬餘口，還備官亭〔一六〕。江夏太守黄祖遣將鄧龍將兵數千人入柴桑，瑜追討擊，生虜龍送吴。十三年春，權討江夏，瑜爲前部大督。

其年九月，曹公入荆州，劉琮舉衆降，曹公得其水軍船步兵數十萬，將士聞之皆恐懼。延見羣下〔一七〕，問以計策，議者咸曰：「曹公豺虎也，然託名漢相，挾天子以征四方，動以朝廷爲辭，今日拒之，事更不順。且將軍大勢可以拒操者，長江也。今操得荆州，奄有其地，劉表治水軍，蒙衝鬭艦乃以千數，操悉浮以沿江，兼有步兵，水陸俱下，此爲長江之險，已與我共之矣。而勢力衆寡，又不可論。愚謂大計不如迎之。」瑜曰：「不然。

操雖託名漢相，其實漢賊也。將軍以神武雄才，兼仗父兄之烈，割據江東，地方數千里[一八]，兵精足用，英雄樂業[一九]，尚當橫行天下[二〇]，爲漢家除殘去穢。況操自送死，而可迎之邪？請爲將軍籌之：今使北土已安，操無内憂，能曠日持久，來爭疆場，又能與我校勝負於船楫間乎[二一]？今北土既未平安，加馬超、韓遂尚在關西，爲操後患。且舍鞍馬，杖舟楫[二二]，與吴越爭衡，本非中國所長。又今盛寒，馬無藁草，驅中國士衆遠涉江湖之間，不習水土，必生疾病。此數四者[二三]，用兵之患也，而操皆冒行之。將軍禽操，宜在今日。瑜請得精兵三萬人，進住夏口[二四]，保爲將軍破之。"權曰："老賊欲廢漢自立矣[二五]，徒忌二袁、吕布、劉表與孤耳。今數雄已滅[二六]，惟孤尚存，孤與老賊，勢不兩立。君言當擊，甚與孤合，此天以君授孤也。"《江表傳》曰：權拔刀斫前奏案曰："諸將吏敢復有言當迎操者，與此案同！"及會罷之夜，瑜請見曰："諸人徒見操書，言水步八十萬，而各恐懼，不復料其虛實[二七]，便開此議，甚無謂也。今以實校之，彼所將中國人，不過十五六萬，且軍已久疲，所得表衆，亦極七八萬耳，尚懷狐疑。夫以疲病之卒，御狐疑之衆，衆數雖多，甚未足畏。得精兵五萬自足制之，願將軍勿慮。"權撫背曰："公瑾，卿言至此，甚合孤心。子布、文表諸人[二八]，各顧妻子，挾持私慮，深失所望，獨卿與子敬與孤同耳，此天以卿二人贊孤也。五萬兵難卒合，已選三萬人，船糧戰具俱辦，卿與子敬、程公便在前發，孤當續發人衆，多載資糧，爲卿後援。卿能辦之者誠決[二九]，邂逅不如意，便還就孤，孤當與孟德決之。"臣松之以爲：建計拒曹公，實始魯肅。於時周瑜使鄱陽，肅勸權呼瑜，瑜使鄱陽還，但與肅闇同，故能共成大勳。本傳直云權延見羣下，問以計策，瑜擺撥衆人之議，獨言抗拒之計，了不云肅先有謀，殆爲攘肅之善也。

時劉備爲曹公所破，欲引南渡江，與魯肅遇於當陽，遂共圖計，因進住夏口，遣諸葛亮詣權。權遂遣瑜及程普等與備併力逆曹公，遇於赤壁。時曹公軍衆已有疾病[三〇]，初一交戰，公軍敗退[三一]，引次江北[三二]。瑜等在南岸。瑜部將黃蓋曰："今寇衆我寡，難與持久。然觀操軍方連船艦，首尾相接，可燒而走也。"乃取蒙衝鬪艦數十艘[三三]，實以薪草，膏油灌其中[三四]，裹以帷幕，上建牙旗[三五]，先書報曹公，欺以欲降[三六]。《江表傳》載蓋書曰："蓋受孫氏厚恩，常爲將帥，見遇不薄。然顧天下事有大勢，用江東六郡山越之人，以當中國百萬之衆，衆寡不敵，海内所共見也。東方將吏，無有愚智，皆知其不可，惟周瑜、魯肅偏懷淺戇，意未解耳。今日歸命，是其實計。瑜所督領自易摧破。交鋒之日，蓋爲前部，當因事變化，效命在近。"曹公特見行人密問之，口勅曰："但恐汝詐耳。蓋若信實，當授爵賞，超於前後也。"又豫備走舸，各繫大船後，因引次俱前。曹公軍吏士皆延頸觀望，指言蓋降。蓋放諸船同時發火[三七]。時風盛猛[三八]，悉延燒岸上營落[三九]。頃之，煙炎漲天[四〇]，人馬燒溺死者甚衆，軍遂敗退，還保南郡。《江表傳》曰：至戰日，蓋先取輕利艦十舫，載燥荻枯柴積其中，灌以魚膏，赤幔覆之，建旌旗龍幡於艦上。時東南風急，因以十艦最著前，中江舉帆，蓋舉火白諸校[四一]，使衆兵齊聲大叫曰："降焉[四二]！"操軍人皆出營立觀。去北軍二里餘，同時發火，火烈風猛，往船如箭，飛埃絙爛〔四三〕，燒盡北船，延及岸邊營砦〔四四〕。瑜等率輕銳繼其後，雷鼓大進〔四五〕，北軍大壞，曹公退走。備與瑜等復共追〔四六〕。曹公留曹仁等守江陵城，徑自北歸。

瑜與程普又進南郡，與仁相對，各隔大江。兵未交鋒，《吳錄》曰：備謂瑜云：“仁守江陵城，城中糧多，足爲疾害。使張益德將千人隨卿，卿分二千人追我，相爲從夏水入截仁後，仁聞吾入必走。”瑜以二千人益之。瑜即遣甘寧前據夷陵。仁分兵騎別攻圍寧。寧告急於瑜。瑜用呂蒙計，留凌統以守其後，身與蒙上救寧。寧圍既解，乃渡屯北岸，克期大戰。瑜親跨馬擽陣〔四七〕，會流矢中右脅，瘡甚，便還。後仁聞瑜卧未起〔四八〕，勒兵就陣。瑜乃自興〔四九〕，案行軍營，激揚吏士，仁由是遂退。

權拜瑜偏將軍，領南郡太守。以下雋、漢昌、瀏陽、州陵爲奉邑，屯據江陵。劉備以左將軍領荆州牧，治公安。備詣京見權，瑜上疏曰：“劉備以梟雄之姿，而有關羽、張飛熊虎之將，必非久屈爲人用者。愚謂大計宜徙備置吳，盛爲築宮室，多其美女玩好，以娛其耳目，分此二人，各置一方，使如瑜者得挾與攻戰，大事可定也。今猥割土地，以資業之，聚此三人俱在疆場，恐蛟龍得雲雨，終非池中物也。”權以曹公在北方，當廣攬英雄，又恐備難卒制，故不納。

是時劉璋爲益州牧，外有張魯寇侵，瑜乃詣京見權曰：“今曹操新折衂，方憂在腹心，未能與將軍連兵相事也。乞與奮威俱進取蜀[五〇]，得蜀而并張魯，因留奮威固守其地，好與馬超結援[五一]。瑜還與將軍據襄陽以蹙操，北方可圖也。"權許之。瑜還江陵，爲行裝，而道於巴丘病卒，臣松之案：瑜欲取蜀，還江陵治嚴，所卒之處，應在今之巴陵，與前所鎮巴丘名同處異也。時年三十六。權素服舉哀，感慟左右。喪當還吳，又迎之蕪湖，衆事費度，一爲供給。後著令曰："故將軍周瑜、程普，其有人客，皆不得問。"初，瑜見友於策，太妃又使權以兄奉之。是時權位爲將軍，諸將賓客爲禮尚簡，而瑜獨先盡敬，便執臣節。性度恢廓大率爲得人，惟與程普不睦。《江表傳》曰：普頗以年長，數陵侮瑜。瑜折節容下，終不與校[五二]。普後自敬服而親重之，乃告人曰："與周公瑾交，若飲醇醪，不覺自醉。"時人以其謙讓服人如此。初曹公聞瑜年少有美才，謂可游説動也，乃密下揚州，遣九江蔣幹往見瑜。幹有儀容，以才辯見稱，獨步江、淮之間，莫與爲對。乃布衣葛巾，自託私行詣瑜。瑜出迎之，立謂幹曰："子翼良苦，遠涉江湖爲曹氏作説客邪？"幹曰："吾與足下州里，中間別隔，遥聞芳烈，故來敍闊，并觀雅規，而云説客，無乃逆詐乎？"瑜曰："吾雖不及夔、曠，聞弦賞音，足知雅曲也。"因延幹入，爲設酒食。畢，遣之曰："適吾有密事，且出就館，事了，别自相請。"後三日，瑜請幹與周觀營中[五三]，行視倉庫軍資器仗訖，還宴飲，示之侍者服飾珍玩之物，因謂幹曰："丈夫處世，遇知己之主，外託君臣之義，内結骨肉之恩，言行計從，禍福共之，假使蘇張更生，酈叟復出[五四]，猶撫其背而折其辭[五五]，豈足下幼生所能移乎？"幹但笑，終無所言。幹還，稱瑜雅量高致，非言辭所閒[五六]。中州之士，亦以此多之。劉備之自京還也,權乘飛雲大船,與張昭、秦松、魯肅等十餘人共追送之,大宴會敘別。昭、肅等先出,權獨與備留語,因言次,欷瑜曰:"公瑾文武籌略,萬人之英,顧其器量廣大,恐不久爲人臣耳。"瑜之破魏軍也,曹公曰:"孤不羞走。"後書與權曰:"赤壁之役,值有疾病[五七],孤燒船自退,橫使周瑜虛獲此名。"瑜威聲遠著,故曹公、劉備咸欲疑譖之。及卒,權流涕曰:"公瑾有王佐之資,今忽短命,孤何賴哉!"後權稱尊號,謂公卿曰:"孤非周公瑾,不帝矣。"

瑜少精意於音樂,雖三爵之後,其有闕誤,瑜必知之,知之必顧,故時人謠曰:"曲有誤[五八],周郎顧。"

瑜兩男一女。女配太子登。男循尚公主,拜騎都尉,有瑜風,早卒。循弟胤,初拜興業都尉,妻以宗女,授兵千人屯公安。黄龍元年,封都鄉侯,後以罪徙廬陵郡。赤烏二年,諸葛瑾、步騭連名上疏曰:"故將軍周瑜子胤,昔蒙粉飾,受封爲將,不能養之以福,思立功效,至縱情欲,招速罪辟。臣竊以瑜昔見寵任,入作心膂,出爲爪牙,銜命出征,身當矢石,盡節用命,視死如歸,故能摧曹操於烏林,走曹仁於郢都,揚國威德,華夏是震,蠢爾蠻荆,莫不賓服,雖周之方叔,漢之信、布,誠無以尚也。夫折衝扞難之臣,自古帝王莫不貴重,故漢高帝封爵之誓曰'使黄河如帶,太山如礪,國以永存,爰及苗裔';申以丹書,重以盟詛,藏於宗廟,傳於無窮,欲使功臣之后,世世相踵,非徒子孫,乃關苗裔,報德明功,勤勤懇懇,如此之至,欲以勸戒後人,用命之臣，死而無悔也。況於瑜身没未久，而其子胤降爲匹夫，益可悼傷。竊惟陛下欽明稽古，隆於與繼，爲胤歸訴，乞匄餘罪，還兵復爵，使失旦之雞，復得一鳴，抱罪之臣，展其後效。"權答曰："腹心舊勳，與孤協事，公瑾有之，誠所不忘。昔胤年少，初無功勞，横授精兵，爵以侯將[五九]，蓋念公瑾以及於胤也。而胤恃此，酗淫自恣，前後告喻，曾無悛改。孤於公瑾，義猶二君，樂胤成就，豈有已哉？迫胤罪惡，未宜便還，且欲苦之，使自知耳。今二君勤勤援引漢高河山之誓，孤用惡然。雖德非其疇，猶欲庶幾，事亦如爾，故未順旨。以公瑾之子而二君在中間，苟使能改，亦何患乎！"瑾、駱表比上，朱然及全琮亦俱陳乞，權乃許之。會胤病死。

瑜兄子峻，亦以瑜元功爲偏將軍，領吏士千人。峻卒，全琮表峻子護爲將。權曰："昔走曹操，拓有荆州，皆是公瑾，常不忘之。初聞峻亡，仍欲用護，聞護性行危險，用之適爲作禍，故便止之。孤念公瑾，豈有已乎？"

魯肅字子敬，臨淮東城人也。生而失父，與祖母居。家富於財，性好施與。爾時天下已亂，肅不治家事，大散財貨，摽賣田地[六〇]，以賑窮弊結士爲務[六一]，甚得鄉邑歡心。

周瑜爲居巢長，將數百人故過候肅[六二]，并求資糧。肅家有兩囷米，各三千斛，肅乃指一囷與周瑜，瑜益知其奇也，遂相親結，定僑、札之分。袁術聞其名，就署東城長。肅見術無綱紀，不足與立事，乃攜老弱將輕俠少年百餘人，南到居巢就瑜。瑜之東渡，因與同行，《吳書》曰：肅體貌魁奇，少有壯節，好爲奇計。天下將亂，乃學擊劍騎射，招聚少年，給其衣食，往來南山中射獵，陰相部勒，講武習兵。父老咸曰：「魯氏世衰，乃生此狂兒！」後雄傑並起，中州擾亂，肅乃命其屬曰：「中國失綱，寇賊橫暴，淮、泗間非遺種之地，吾聞江東沃野萬里，民富兵彊，可以避害，寧肯相隨俱至樂土，以觀時變乎？」其屬皆從命。乃使細弱在前，彊壯在後，男女三百餘人行。州追騎至，肅等徐行，勒兵持滿，謂之曰：「卿等丈夫，當解大數。今日天下兵亂，有功弗賞，不追無罰，何爲相偪乎？」又自植盾，引弓射之，矢皆洞貫。騎既嘉肅言，且度不能制，乃相率還。肅渡江往見策，策亦雅奇之。留家曲阿。會祖母亡，還葬東城。

　　劉子揚與肅友善，遺肅書曰：「方今天下豪傑並起，吾子姿才，尤宜今日。急還迎老母，無事滯於東城。近鄭寶者，今在巢湖，擁衆萬餘，處地肥饒，廬江閒人多依就之〔六三〕，況吾徒乎？觀其形勢，又可博集，時不可失，足下速之。」肅答然其計。葬畢還曲阿，欲北行。會瑜已徙肅母到吳，肅具以狀語瑜。時孫策已薨，權尚住吳，瑜謂肅曰：「昔馬援答光武云『當今之世，非但君擇臣，臣亦擇君』。今主人親賢貴士，納奇錄異，且吾聞先哲秘論，承運代劉氏者，必興於東南，推步事勢，當其曆數，終構帝基，以協天符，是烈士攀龍附鳳馳騖之秋。

吾方達此〔六四〕,足下不須以子揚之言介意也。"肅從其言。瑜因薦肅才宜佐時,當廣求其比以成功業,不可令去也。

權即見肅〔六五〕,與語甚悦之。衆賓罷退,肅亦辭出,乃獨引肅還,合榻對飲。因密議曰:"今漢室傾危,四方雲擾,孤承父兄餘業〔六六〕,思有桓文之功。君既惠顧,何以佐之?"肅對曰:"昔高帝區區欲尊事義帝而不獲者,以項羽爲害也。今之曹操,猶昔項羽〔六七〕,將軍何由得爲桓文乎?肅竊料之〔六八〕,漢室不可復興,曹操不可卒除〔六九〕。爲將軍計,惟有鼎足江東,以觀天下之釁。規模如此,亦自無嫌。何者?北方誠多務也。因其多務,勦除黃祖,進伐劉表,竟長江所極,據而有之,然後建號帝王,以圖天下,此高帝之業也。"權曰:"今盡力一方,冀以輔漢耳,此言非所及也。"張昭非肅謙下不足,頗訾毀之,云肅年少麤疏,未可用。權不以介意,益貴重之,賜肅母衣服幃帳,居處雜物,富擬其舊。

劉表死,肅進說曰:"夫荆楚與國鄰接〔七〇〕,水流順北〔七一〕,外帶江漢,内阻山陵,有金城之固,沃野萬里,士民殷富,若據而有之,此帝王之資也。今表新亡,二子素不輯睦,軍中諸將,各有彼此。加劉備天下梟雄,與操有隙,寄寓於表,表惡其能而不能用也。若備與彼協心,上下齊同,則宜撫安與結盟好;如有離違,宜別圖之,以濟大事。肅請得奉命弔表二子,并慰勞其軍中用事者,及說備使撫表衆〔七二〕,同心一意,共治曹操,備必喜而從命。如其克諧,天下可定也。今不速往,恐爲操所先。"權即遣肅行。到夏口,聞曹公已向荆州,晨夜兼道。比至南郡,而表子琮已降曹公,備惶遽奔走,欲南渡江。肅徑迎之,到當陽長阪與備會,宣騰權旨,及陳江東彊固,勸備與權併力。備甚歡悦。時諸葛亮與備相隨,肅謂亮曰"我子瑜友也",即共定交。備遂到夏口,遣亮使權,肅亦反命。臣松之案:劉備與權併力,共拒中國,皆肅之本謀。又語諸葛亮曰"我子瑜友也",則亮已亟聞肅言矣。而《蜀書·亮傳》云:"亮以連横之略説權,權乃大喜。"如似此計始出於亮。若二國史官,各記所聞,競欲稱揚本國容美,各取其功。今此二書,同出一人,而舛互若此,非載述之體也。

會權得曹公欲東之問,與諸將議,皆勸權迎之,而肅獨不言。權起更衣,肅追於宇下,權知其意,執肅手曰:"卿欲何言?"肅對曰〔七三〕:"向察衆人之議,專欲誤將軍,不足與圖大事。今肅可迎操耳,如將軍不可也。何以言之?今肅迎操,操當以肅還付鄉黨,品其名位,猶不失下曹從事,乘犢車,從吏卒,交游士林,累官故不失州郡也。將軍迎操,欲安所歸〔七四〕?願早定大計,莫用衆人之議也。"權歎息曰:"此諸人持議,甚失孤望;今卿廓開大計,正與孤同,此天以卿賜我也。"《魏書》及《九州春秋》曰:曹公征荆州,孫權大懼,魯肅實欲勸權拒曹公,乃激説權曰:"彼曹公者,實嚴敵也,新并袁紹,兵馬甚精,乘戰勝之威,伐喪亂之國,克可必也。不如遣兵助之,且送將軍家詣鄴;不然,將危。"權大怒,欲斬肅,肅因曰:"今事已急,即有他圖,何不遣兵助劉備,而欲斬我乎?"權然之,乃遣周瑜助備。

孫盛曰：《吳書》及《江表傳》，魯肅一見孫權便說拒曹公而論帝王之略，劉表之死也，又請使觀變，無緣方復激說勸迎曹公也。又是時勸迎者衆，而云獨欲斬肅，非其論也。

時周瑜受使至鄱陽，肅勸追召瑜還。遂任瑜以行事，以肅爲贊軍校尉，助畫方略。曹公破走，肅即先還，權大請諸將迎肅。肅將入閤拜，權起禮之，因謂曰〔七五〕：子敬，孤持鞍下馬相迎，足以顯卿未？肅趨進曰："未也。"衆人聞之，無不愕然。就坐，徐舉鞭言曰〔七六〕："願至尊威德加乎四海，總括九州，克成帝業，更以安車軟輪徵肅〔七七〕，始當顯耳。"權撫掌歡笑〔七八〕。

後備詣京見權，求都督荊州，惟肅勸權借之，共拒曹公。《漢晉春秋》曰：呂範勸留備，肅曰："不可。將軍雖神武命世，然曹公威力實重，初臨荊州，恩信未洽，宜以借備，使撫安之。多操之敵，而自爲樹黨，計之上也。"權即從之。曹公聞權以土地業備〔七九〕，方作書，落筆於地。

周瑜病困上疏曰〔八〇〕："當今天下，方有事役，是瑜乃心夙夜所憂，願至尊先慮未然，然後康樂。今既與曹操爲敵，劉備近在公安，邊境密邇，百姓未附，宜得良將以鎮撫之。魯肅智略足任，乞以代瑜。瑜隕踣之日，所懷盡矣。"《江表傳》載初瑜疾困與權牋曰："瑜以凡才，昔受討逆殊特之遇，委以腹心，遂荷榮任，統御兵馬，志執鞭弭，自效戎行。規定巴蜀，次取襄陽，憑賴威靈，謂若在握。至以不謹，道遇暴疾，昨自醫療，日加無損。人生有死，脩短命矣，誠不足惜，但恨微志未展，不復奉教命耳。方今曹公在北，疆場未靜，劉備寄寓，有似養虎，天下之事，尚未知終始[八一]，此朝士旰食之秋，至尊垂慮之日也。魯肅忠烈，臨事不苟，可以代瑜。人之將死，其言也善，儻或可採，瑜死不朽矣。"案此牋與本所載[八二]，意旨雖同，其辭乖異矣[八三]。即拜肅奮武校尉[八四]，代瑜領兵。瑜士衆四千餘人，奉邑四縣，皆屬焉。令程普領南郡太守。肅初住江陵，後下屯陸口，威恩大行，衆增萬餘人[八五]，拜漢昌太守、偏將軍。十九年，從權破皖城，轉橫江將軍。

先是，益州牧劉璋綱維頹弛，周瑜、甘寧並勸權取蜀，權以咨備，備內欲自規，乃僞報曰："備與璋託爲宗室，冀憑英靈，以匡漢朝。今璋得罪左右，備獨竦懼，非所敢聞，願加寬貸。若不獲請，備當放髮歸於山林。"後備西圖璋，留關羽守，權曰："猾虜乃敢挾詐！"及羽與肅鄰界，數生狐疑，疆場紛錯，肅常以歡好撫之。備既定益州，權求長沙、零、桂，備不承旨，權遣呂蒙率衆進取。備聞，自還公安，遣羽爭三郡。肅住益陽，與羽相拒。肅邀羽相見，各駐兵馬百步上，但請將軍單刀俱會。肅因責數羽曰："國家區區，本以土地借卿家者，卿家軍敗遠來，無以爲資故也。今已得益州，既無奉還之意，但求三郡，又不從命。"語未究竟，坐有一人曰："夫土地者，惟德所在耳，何常之有！"肅厲聲呵之，辭色甚切。羽操刀起謂曰："此自國家事，是人何知！"目使之去。《吳書》曰：肅欲與羽會語[八六]，諸將疑恐有變，議不可往。肅曰："今日之事，宜相開譬。劉備負國，是非未決，羽亦何敢重欲干命!"乃趨就羽。羽曰:"烏林之役,左將軍身在行間,寢不脫介,戮力破魏[八七],豈得徒勞,無一塊壤,而足下來欲收地邪?"肅曰:"不然。始與豫州觀於長阪[八八],豫州之眾不當一校,計窮慮極,志勢摧弱,圖欲遠竄,望不及此。主上矜愍豫州之身,無有處所,不愛土地士人之力,使有所庇廕以濟其患,而豫州私獨飾情,愆德隳好。今已藉手於西州矣,又欲翦并荊州之土,斯蓋凡夫所不忍行,而況整領人物之主乎!肅聞貪而棄義,必為禍階。吾子屬當重任,曾不能明道處分,以義輔時,而負恃弱眾[八九],以圖力爭,師曲為老,將何獲濟?"羽無以答。備遂割湘水為界,於是罷軍。

肅年四十六,建安二十二年卒。權為舉哀,又臨其葬。諸葛亮亦為發哀。《吳書》曰:肅為人方嚴,寡於玩飾,內外節儉,不務俗好。治軍整頓,禁令必行,雖在軍陣,手不釋卷[九〇]。又善談論,能屬文辭,思度弘遠,有過人之明。周瑜之後,肅為之冠[九一]。權稱尊號,臨壇,顧謂公卿曰:"昔魯子敬嘗道此,可謂明於事勢矣。"

肅遺腹子淑既壯,濡須督張承謂終當到至[九二]。永安中,為昭武將軍、都亭侯、武昌督。建衡中,假節,遷夏口督。所在嚴整,有方幹。鳳皇三年卒。子睦襲爵,領兵馬[九三]。

呂蒙字子明,汝南富陂人也。少南渡[九四],依姊夫鄧當。當為孫策將,數討山越。蒙年十五六,竊隨當擊賊,當顧見大驚,呵叱不能禁止[九五]。歸以告蒙母,母恚欲罰之[九六]，蒙曰："貧賤難可居，脱誤有功[九七]，富貴可致。且不探虎穴，安得虎子？"母哀而舍之。時當職吏以蒙年小，輕之曰："彼豎子何能爲？此欲以肉餧虎耳。"他日與蒙會，又蚩辱之。蒙大怒，引刀殺吏，出走，逃邑子鄭長家。出因校尉袁雄自首，承間爲言，策召見奇之。引置左右。

數歲，鄧當死，張昭薦蒙代當，拜別部司馬。權統事，料諸小將兵少而用薄者，欲并合之。蒙陰賒貰爲兵作絳衣行縢，及簡日，陳列赫然，兵人練習，權見之大悦，增其兵。從討丹陽，所向有功，拜平北都尉，領廣德長。

從征黄祖，祖令都督陳就逆以水軍出戰。蒙勒前鋒，親梟就首，將士乘勝進攻其城。祖聞就死，委城走，兵追禽之。權曰："事之克，由陳就先獲也。"以蒙爲横野中郎將，賜錢千萬[九八]。

是歲，又與周瑜、程普等西破曹公於烏林，圍曹仁於南郡。益州將襲肅舉軍來附[九九]，瑜表以肅兵益蒙，蒙盛稱肅有膽用，且慕化遠來，於義宜益不宜奪也。權善其言，還肅兵。瑜使甘寧前據夷陵，曹仁分衆圍寧，寧困急，使使請救。諸將以兵少不足分，蒙謂瑜、普曰："留淩公績，蒙與君行解圍釋急，勢亦不久，蒙保公績能十日守也。"又説瑜分遣三百人柴斷險道，賊走可得其馬。瑜從之。軍到夷陵，即日交戰，所殺過半。敵夜遁去，行過柴道，騎皆舍馬步走。兵追蹙擊[一〇〇]，獲馬三百匹〔一〇一〕,方船載還。於是將士形勢自倍,乃渡江立屯,與相攻擊,曹仁退走,遂據南郡,撫定荆州。還,拜偏將軍,領尋陽令。

魯肅代周瑜,當之陸口,過蒙屯下。肅意尚輕蒙,或說肅曰:"呂將軍功名日顯,不可以故意待也,君宜顧之。"遂往詣蒙。酒酣,蒙問肅曰:"君受重任,與關羽爲鄰,將何計略,以備不虞?"肅造次應曰:"臨時施宜。"蒙曰:"今東西雖爲一家,而關羽實熊虎也,計安可不豫定?"因爲肅畫五策〔一〇二〕。肅於是越席就之,拊其背曰:"呂子明,吾不知卿才略所及,乃至於此也。"遂拜蒙母,結友而別〔一〇三〕。《江表傳》曰:初,權謂蒙及蔣欽曰:"卿今並當塗掌事,宜學問以自開益。"蒙曰:"在軍中常苦多務,恐不容復讀書。"權曰:"孤豈欲卿治經爲博士邪?但當令涉獵見往事耳〔一〇四〕。卿言多務,孰若孤,孤少時歷《詩》《書》《禮記》《左傳》《國語》〔一〇五〕,惟不讀《易》。至統事以來,省三史、諸家兵書,自以爲大有所益。如卿二人,意性朗悟,學必得之,寧當不爲乎?宜急讀《孫子》《六韜》《左傳》《國語》及三史。孔子言'終日不食〔一〇六〕,終夜不寢,以思無益,不如學也。'光武當兵馬之務,手不釋卷。孟德亦自謂老而好學。卿何獨不自勉勖邪?"蒙始就學,篤志不倦,其所覽見,舊儒不勝。後魯肅上代周瑜,過蒙言議,常欲受屈。肅拊蒙背曰:"吾謂大弟但有武略耳,至於今者〔一〇七〕,學識英博,非復吳下阿蒙。"蒙曰:"士別三日,即更刮目相待。大兄今諭〔一〇八〕,何一稱穰侯乎〔一〇九〕?兄今代公瑾,既難爲繼,且與關羽爲鄰。斯人長而好學,讀《左傳》略皆上口,梗亮有雄氣,然性頗自負,好陵人。今與爲對,當有單複以卿待之〔一一〇〕。"密爲肅陳三策，肅敬受之，祕而不宣。權常歎曰："人長而進益，如吕蒙、蔣欽，蓋不可及也。富貴榮顯，更能折節好學，耽悦書傳，輕財尚義，所行可跡〔一一一〕，並作國士，不亦休乎！"

時蒙與成當、宋定、徐顧屯次比近，三將死，子弟幼弱，權悉以兵并蒙。蒙固辭，陳啓顧等皆勤勞國事，子弟雖小，不可廢也。書三上，權乃聽。蒙於是又爲擇師，使輔導之，其操心率如此〔一一二〕。

魏使廬江謝奇爲蘄春典農〔一一三〕，屯皖田鄉〔一一四〕，數爲邊寇。蒙使人誘之，不從，則伺隙襲擊，奇遂縮退，其部伍孫子才、宋豪等，皆攜負老弱，詣蒙降。後從權拒曹公於濡須，數進奇計，又勸權夾水口立塢，所以備御甚精，《吴録》曰：權欲作塢，諸將皆曰："上岸擊賊，洗足入船，何用塢爲？"吕蒙曰："兵有利鈍，戰無百勝，如有邂逅。敵步騎蹙人，不暇及水，其得入船乎？"權曰："善。"遂作之。曹公不能下而退。

曹公遣朱光爲廬江太守，屯皖，大開稻田，又令閒人招誘鄱陽賊帥，使作内應。蒙曰："皖田肥美，若一收孰，彼衆必增，如是數歲，操態見矣，宜早除之。"乃具陳其狀。於是權親征皖，引見諸將，問以計策。《吴書》曰：諸將皆勸作土山，添攻具，蒙趨進曰："治攻具及土山，必歷月乃成〔一一五〕，城備既修，外救必至，不可圖也。且乘雨水以入，若留經日，水必向盡，還道艱難，蒙竊危之。今觀此城，不能甚固，以三軍銳氣，四面並攻，不移時可拔，及水以歸，全勝之道也。"權從之。蒙乃薦甘寧爲升城督，督攻在前，蒙以精銳繼之。侵晨進攻，蒙手執枹鼓，士卒皆騰踊自升，食時破之。既而張遼至夾口〔一六〕，聞城已拔，乃退。權嘉其功，即拜廬江太守，所得人馬皆分與之，別賜尋陽屯田六百户，官屬三十人。蒙還尋陽，未期而廬陵賊起，諸將討擊不能禽，權曰："鷙鳥累百，不如一鶚〔一七〕。"復令蒙討之。蒙至，誅其首惡，餘皆釋放，復爲平民。

是時劉備令關羽鎮守，專有荆土，權命蒙西取長沙、零、桂三郡。蒙移書二郡，望風歸服，惟零陵太守郝普城守不降。而備自蜀親至公安，遣羽爭三郡。權時住陸口，使魯肅萬人屯益陽拒羽〔一八〕，而飛書召蒙，使捨零陵急還助肅。初，蒙既定長沙，當之零陵，過酃，載南陽鄧玄之，玄之者郝普之舊也，欲令誘普。及被書當還，蒙祕之，夜召諸將，授以方略，晨當攻城，顧謂玄之曰："郝子太聞世間有忠義事，亦欲爲之，而不知時也。左將軍在漢中，爲夏侯淵所圍。關羽在南郡，今至尊身自臨之。近者破樊本屯〔一九〕，求酃，逆爲孫規所破。此皆目前之事，君所親見也。彼方首尾倒懸，救死不給，豈有餘力復營此哉？今吾士卒精銳，人思致命，至尊遣兵相繼於道。今子以旦夕之命，待不可望之救，猶牛蹄中魚，冀賴江漢，其不可恃亦明矣。若子太必能一士卒之心，保孤城之守，尚能稽延旦夕，以待所歸者，可也。今吾計力度慮而以攻此，曾不移日而城必破，城破之後，身死何益於事，而令百歲老母戴白受誅，豈不痛哉？度此家不得外問，謂援可恃，故至於此耳。君可見之，爲陳禍福。"玄之見普，具宣蒙意，普懼而聽之。玄之先出報蒙，普尋後當至。蒙豫勅四將，各選百人，普出，便入守城門〔一二〇〕。須臾普出，蒙迎執其手，與俱下船。語畢，出書示之，因拊手大笑。普見書，知備在公安，而羽在益陽，慙恨入地。蒙留孫河，委以後事，即日引軍赴益陽。劉備請盟，權乃歸普等，割湘水，以零陵還之。以尋陽、陽新爲蒙奉邑。

師還，遂征合肥〔一二一〕，既徹兵，爲張遼等所襲，蒙與淩統以死扞衛。後曹公又大出濡須，權以蒙爲督，據前所立塢，置彊弩萬張於其上，以拒曹公。曹公前鋒屯未就，蒙攻破之，曹公引退。拜蒙左護軍、虎威將軍。

魯肅卒，蒙西屯陸口，肅軍人馬萬餘盡以屬蒙。又拜漢昌太守，食下雋、劉陽、漢昌、州陵。與關羽分土接境，知羽驍雄，有并兼心，且居國上流，其勢難久。初，魯肅等以爲曹公尚存，禍難始構，宜相輔協，與之同仇，不可失也。蒙又密陳計策曰〔一二二〕："今征虜守南郡，潘璋住白帝，蔣欽將游兵萬人循江上下，應敵所在，蒙爲國家前據襄陽，如此，何憂於操，何賴於羽？且羽君臣矜其詐力，所在反覆，不可以腹心待也。今羽所以未便東向者，以至尊聖明，蒙等尚存也。今不於彊壯時圖之，一旦僵仆，欲復陳力，其可得邪？"權深納其策，又聊復與論取徐州意，蒙對曰："今操遠在河北，新破諸袁〔一二三〕，撫集幽、冀，未暇東顧。徐土守兵〔一二四〕，聞不足言〔一二五〕，往自可克〔一二六〕。然地勢陸通，驍騎所騁，至尊今日得徐州，操後旬必來爭，雖以七八萬人守之，猶當懷憂。不如取羽，全據長江，形勢益張。"權尤以此言爲當。及蒙代肅，初至陸口，外倍脩恩厚，與羽結好。

後羽討樊，留兵將備公安、南郡。蒙上疏曰："羽討樊而多留備兵，必恐蒙圖其後故也。蒙常有病，乞分士衆還建業，以治疾爲名〔一二七〕。羽聞之，必撤備兵，盡赴襄陽。大軍浮江，晝夜馳上，襲其空虛，則南郡可下，而羽可禽也。"遂稱病篤，權乃露檄召蒙還，陰與圖計。羽果信之，稍撤兵以赴樊〔一二八〕。魏使于禁救樊，羽盡禽禁等人馬數萬，託以糧乏，擅取湘關米。權聞之，遂行，先遣蒙在前。蒙至尋陽，盡伏其精兵艛䑦中〔一二九〕，使白衣搖櫓，作商賈人服〔一三〇〕，晝夜兼行，至羽所置江邊屯候，盡收縛之，是故羽不聞知。遂到南郡，士仁、糜芳皆降。《吳書》曰：將軍士仁在公安拒守，蒙令虞翻說之。翻至城門，謂守者曰："吾欲與汝將軍語。"仁不肯相見。乃爲書曰："明者防禍於未萌，智者圖患於將來，知得知失，可與爲人，知存知亡，足別吉凶。大軍之行，斥候不及施，烽火不及舉，此非天命，必有內應。將軍不先見時，時至又不應之，獨守縈帶之城而不降，死戰則毀宗滅祀，爲天下譏笑。呂虎威欲徑到南郡，斷絕陸道，生路一塞，案其地形，將軍爲在箕舌上耳〔一三一〕，奔走不得免，降則失義，竊爲將軍不安，幸熟思焉。"仁得書，流涕而降。翻謂蒙曰："此譎兵也，當將仁行，留兵備城。"遂將仁至南郡。南郡太守糜芳城守，蒙以仁示之，遂降。《吳錄》曰：初，南郡城中失火，頗焚燒軍器。羽以責芳，芳內畏懼，權聞而誘之，芳潛相和。及蒙攻之，乃以牛酒出降[一三二]。蒙入據城，盡得羽及將士家屬，皆撫慰[一三三]，約令軍中不得干歷人家，有所求取。蒙麾下士，是汝南人，取民家一笠，以覆官鎧，官鎧雖公[一三四]，蒙猶以爲犯軍令，不可以鄉里故而廢法，遂垂涕斬之。於是軍中震慄，道不拾遺。蒙旦暮使親近存恤耆老，問所不足，疾病者給醫藥，饑寒者賜衣糧，羽府藏財寶，皆封閉以待權至。羽還，在道路，數使人與蒙相聞，蒙輒厚遇其使，周游城中[一三五]，家家致問，或手書示信。羽人還，私相參訊，咸知家門無恙[一三六]，見待過於平時，故羽吏士無鬬心。會權尋至，羽自知孤窮，乃走麥城，西至漳鄉，眾皆委羽而降。權使朱然、潘璋斷其徑路，即父子俱獲，荊州遂定。

以蒙爲南郡太守，封孱陵侯，《江表傳》曰：權於公安大會，呂蒙以疾辭，權笑曰："禽羽之功，子明謀也，今大功已捷，慶賞未行，豈邑邑邪？"乃增給步騎鼓吹，勒選虎威將軍官屬，并南郡、廬江二郡，威儀拜畢還營，兵馬導從，前後鼓吹，光耀於路。賜錢一億，黃金五百斤。蒙固辭金錢，權不許。封爵未下，會蒙疾發，權時在公安，迎置內殿[一三七]，所以治護者萬方，募封內有能愈蒙疾者，賜千金。時有鍼加[一三八]，權爲之慘感，欲數見其顏色[一三九]，又恐勞動[一四〇]，常穿壁瞻之[一四一]，見小能下食則喜，顧左右言笑，不然則咄唶，夜不能寐。病中瘳[一四二]，爲下赦令，羣臣畢賀。後更增篤，權自臨視，命道士於星辰下爲之請命〔一四三〕。年四十二，遂卒於內殿。時權哀痛甚，爲之降損。蒙未死時，所得金寶諸賜盡付府藏，勅主者命絕之日，皆上還，喪事務約。權聞之，益以悲感。

蒙少不脩書傳，每陳大事，常口占爲牋疏。常以部曲事爲江夏太守蔡遺所白〔一四四〕，蒙無恨意。及豫章太守顧邵卒，權問所用，蒙因薦遺奉職佳吏，權笑曰：「君欲爲祁奚耶？」於是用之。甘寧麤暴好殺，既嘗失蒙意〔一四五〕，又時違權令，權怒之，蒙輒陳請〔一四六〕：「天下未定，鬭將如寧難得，宜容忍之。」權遂厚寧，卒得其用。

蒙子霸襲爵，與守冢三百家〔一四七〕，復田五十頃。霸卒，兄琮襲侯。琮卒，弟睦嗣。

孫權與陸遜論周瑜、魯肅及蒙曰：「公瑾雄烈，膽略兼人，遂破孟德，開拓荊州，邈焉難繼〔一四八〕，君今繼之。公瑾昔要子敬來東〔一四九〕，致達於孤，孤與宴語，便及大略帝王之業〔一五〇〕，此一快也。後孟德因獲劉琮之勢，張言方率數十萬衆水步俱下。孤普請諸將〔一五一〕，咨問所宜，無適先對，至子布、文表，俱言宜遣使脩檄迎之，子敬即駁言不可，勸孤急呼公瑾，付任以衆，逆而擊之，此二快也。且其決計策意，出張蘇遠矣；後雖勸吾借玄德地，是其一短，不足以損其二長也〔一五二〕。周公不求備於一人，故孤忘其短而貴其長〔一五三〕，常以比方鄧禹也。又子明少時，孤謂不辭劇易，果敢有膽而已；及身長大，學問開益，籌略奇至〔一五四〕，可以次於公瑾，但言議英發不及之耳。圖取關羽，勝於子敬。子敬答孤書云：'帝王之起，皆有驅除，羽不足忌。'此子敬内不能辦，外爲大言耳，孤亦恕之，不苟責也。然其作軍，屯營不失，令行禁止，部界無廢負〔一五五〕，路無拾遺，其法亦美也。"

評曰：曹公乘漢相之資，挾天子而掃羣桀，新盪荆城，仗威東夏，於時議者莫不疑貳。周瑜、魯肅建獨斷之明，出衆人之表，實奇才也〔一五六〕。呂蒙勇而有謀，斷識軍計，譎郝普，禽關羽，最其妙者。初雖輕果妄殺，終於克己，有國士之量，豈徒武將而已乎！孫權之論，優劣允當，故載錄焉。

【校箋】

〔一〕毛本作"吳書九"。

〔二〕毛本作"周瑜魯肅呂蒙傳第九"。

〔三〕《文選集注》袁彥伯《三國名臣贊》引《鈔》"貌"字作"容"。

〔四〕《初學記》卷二十四引無"獨"字。

〔五〕《實錄》作"有無與同"。

〔六〕盧弼曰："各本皆作'吾得卿諧也'。《通鑑》同。惟元本有'事'字。"

謹案：《官本考證》曰："元本作'吾得卿事諧也'。"《御覽》卷四百六十七引張勃《吳錄》曰："長沙桓王在歷陽，遣書呼周瑜。瑜將兵五百人，舡糧器仗星夜馳赴。王大喜，執瑜手曰：'卿至諧矣！'"亦無"事"字。

〔七〕錢儀吉據元板"渡"下增"江"字。盧弼曰："各本皆無'江'字，誤。"

謹案：紹興本無"江"字，《冊府》卷二百四十引亦無"江"字。竊疑"乃渡"逗，"擊秣陵"句絕，語意已足，增"江"字反贅矣。上文"會策將東渡"，亦無"江"字，可證。

〔八〕盧弼曰："宋本'俊'作'雋'。"

謹案：《晉書音義》曰："'雋'與'俊'同。"《說文·人部》："俊，材千人也。"或作"儁"，省作"雋"。

〔九〕《類聚》卷六十八引"前"上無"如"字。

〔一〇〕蕭書"以"上有"策"字。

〔一一〕《實錄》"策"下有"嘗"字。

〔一二〕《通鑑·魏紀》"平"字作"屯"，是。

〔一三〕紹興本"陽"字作"揚"，《冊府》卷四百零三引同。《通鑑》作"楊"。

〔一四〕《冊府》引"郡"字作"府"。

〔一五〕紹興本、馮本、陳本"土"字俱作"士"，蕭書同。

〔一六〕盧弼曰："趙一清曰：'官亭當作宮亭，即宮亭湖也。'"

謹案：《冊府》引正作"宮"，趙說是也。《初學記》卷七引《荊州記》："宮亭即彭蠡澤也，謂之彭澤湖，一名匯澤。"

〔一七〕毛本"延"上有"權"字。盧弼曰："'懼'字衍。馮本、官本無'權'字，誤。據後注引傳文當有'權'字。"

謹案：《官本考證》曰："毛本'恐懼'下有'權'字，宋本、元本並無'懼'字。"考《文選集注》引《鈔》、《通典·兵三》"料敵制勝"條引與宋、元本同。《冊府》卷二百一十二引作"皆恐，帝延見羣下"，又卷三百六十二引作"大帝延見羣下"，卷三百八十九作"權延見羣下",俱無"懼"字,則"懼"實爲"權"之形誤。毛本"懼"下有"權"字,蓋"權"誤作"懼",校者識"權"字於側,而傳刻者誤併入正文也。應據以訂正。

〔一八〕《御覽》卷二百九十引《通典》無"數"字。

〔一九〕紹興本無"業"字,蕭書作"樂附"。"英雄",《文選集注》引《鈔》、《御覽》俱作"英豪",《後漢紀》同。考《韓當傳》注引《吳書》有"分爲英豪"之語,疑陳氏舊作"英豪"也。

〔二〇〕《通鑑》無"尚"字。

〔二一〕毛本"間"字作"可"。盧弼曰:"李安溪校改'可'作'間'。李慈銘曰:'乎疑作也。'"

謹案:《通典》引作"可也"。考《册府》卷二百一十二、卷三百八十九引俱作"可",疑作"可也"者是也。《後漢書·皇甫規傳》"今之立號雖尊可也"注:"可猶宜也。"此言操無內憂,則與我校勝負於船楫宜也。今官本改作"間",誤。李慈銘"乎"疑作"也",與《通典》同,是也。

〔二二〕《册府》引"杖"字作"仗"。

〔二三〕《通典》、《通鑑》、蕭書俱無"四"字,考本傳注引張璠《漢紀》"如此者數四",《是儀傳》"或一人以罪聞者數四",則"數四"當時恒言,猶今語言幾樣也。《册府》卷三百八十九引"四"字作"事"。

〔二四〕《通典》作"徑進夏口",《草堂詩箋》卷三十六引"住"字作"往"。

〔二五〕盧弼曰:"宋本'立'下有'久'字。"

《通典》、《草堂詩箋》卷二十六、《册府》卷三百八十九引俱有"久"字。《後漢紀》、蕭書、《季漢書》俱同,應據增。

〔二六〕《通典》"數"字作"諸"。

〔二七〕《文選》陸士衡《辨亡論》李注引"懾"字作"懼","料"字作"斷","虛實"作"事實"。

〔二八〕《册府》卷二百一十二引"文"字作"元"。

〔二九〕盧弼曰："胡三省曰：'謂能辨操，則誠爲能決勝也。'"

謹案：胡注望文生義，不可從。"決"，"快"之形誤。説見後《朱異傳》。

〔三〇〕《文選集注》引《鈔》"時"下無"曹"字。

〔三一〕《文選》李注、《文選集注》引《鈔》"敗"字俱作"披"，《通典·兵十三》引同。又《文選·辨亡論》李注引作"破"，疑爲"披"字之誤，《廣雅·釋詁二》："披，散也。"本志《徐盛傳》有"敵披退走"之語，可證。

〔三二〕《文選集注》引《鈔》作"引次北岸"。

〔三三〕盧弼曰："《通鑑》無'數'字。"

謹案：《類聚》卷七十一引亦無"數"字，與《通鑑》同。而《書鈔》卷一百三十八、《御覽》卷二百八十五、《事類賦》卷十六引則俱有"數"字。

〔三四〕盧弼曰："《通鑑》作'載燥荻枯柴，灌油其中'。"

謹案：《類聚》、《白帖》卷五十三、《御覽》卷三百二十一、卷四百四十九、卷七百七十引俱無"油"字，《通典·兵十三》"火攻"條引同。疑此應删"油"字。《通鑑》作"油"，蓋易"膏"爲"油"也。

〔三五〕盧弼曰："《通鑑》作'上建旌旗'。"

謹案：《書鈔》卷一百三十八引"牙"字作"旌"，《實録》同，疑唐時所見本有作"旌"者。《御覽》卷二百八十五、卷四百九十四、卷七百七十引俱作"牙"。《文選》張平子《東京賦》李注引薛綜曰："《兵書》：牙旗者，將軍之旌，竿上以象牙飾之。故云牙旗。"

〔三六〕《御覽》卷四百四十九引"欺"字作"期",《通典》同。

〔三七〕《御覽》引"放"字作"令"。

〔三八〕《類聚》卷七十一、《御覽》卷七百七十引作"風猛火盛"。此奪"火"字。

〔三九〕《文選集注》引《鈔》"落"字作"幕"。

〔四〇〕盧弼曰:"宋本'漲'作'張',《通鑑》同。胡注:'炎與焰同,以贍翻。張,知亮翻。'何焯曰:'煙,《御覽》作熛,熛是飛火,作煙誤。'"

謹案:《文選集注》引《鈔》作"熛炎張天"。《通典》作"熛煙張天",注:"熛音剽,火飛也。""煙"疑爲"熛"之形誤。《御覽》卷二百八十五引作"熛炎張天",卷三百二十一、卷四百四十九引"炎"作"焰",是"炎"即"焰"也。

〔四一〕盧弼曰:"或曰:'白字可疑。'"

謹案:"白"字不誤,白猶示也。

〔四二〕《册府》卷三百六十二引"焉"字作"降"。

〔四三〕毛本"烖"作"絕"。盧弼曰:"官本'絕'作'烖'。何焯曰:'埃字從安溪改。焃言火之飛煨,極其爛熳。'或言:'飛揚之灰,絕滅之火也。'"

謹案:《册府》卷三百六十二作"絕燼"。《類聚》引《續搜神記》亦有"飛埃絕爛"之句。或説誤。

〔四四〕盧弼曰:"宋本'砦'作'柴'。"

謹案:《册府》引作"栅",疑作"栅"字是。《説文‧木部》:"栅,編樹木也。"魏收《魏書‧廣陽王傳》:"連營立栅。"

〔四五〕盧弼曰:"《通鑑》'雷'作'靁',胡注:'靁,盧對翻，疾擊鼓也。'"

謹案：篆文"雷"作"靁"，今隸作"雷"。《説文·雨部》："靁，黔昜薄生物者也。"薄，段玉裁注："迫也。"引申有擊義，故古樂府云"官家出游雷大鼓"，俗作"擂"。

〔四六〕《草堂詩箋》引"追"下有"之"字。

〔四七〕盧弼曰："宋本'櫟'作'擽'。潘眉曰：'櫟當從手旁作擽，與掠通。擽陣猶言擊陣也。《唐書·胡證傳》：證膂力絶人，取鐵鐙槊擽合其跗，横膝上。即此擽字。從木旁誤。'"

謹案："擽"與"掠"同。《唐韵》："掠或作擽。"與略義近。《御覽》卷三百七十一引"擽"字作"略"。《左傳·隱公五年》"吾將略地焉"注："略，總攝巡行之名。"潘氏釋"擽"爲擊，雖本古訓，然與傳義不相應。上文方云"克期大戰"矣，此時自無擊陣之舉也。當以總攝巡行之義解之爲得。

〔四八〕《御覽》引"卧"下有"瘡"字。

〔四九〕《御覽》、《册府》卷三百九十四引"興"字作"輿"，《實録》作"瑜乃自起輿"。

〔五〇〕本志《周泰傳》："後權破關羽，欲進圖蜀，拜泰漢中太守、奮威將軍。"此奮威即周泰也。《實録》"奮威"作"魯肅"，疑有誤。

〔五一〕《通鑑》、蕭書"與"上俱無"好"字。《實録》"好"字作"北"。

〔五二〕《初學記》卷十八引作"終不之校"，《御覽》卷四百零九引"不"下有"之"字。

〔五三〕蕭書"周觀"作"周旋"。

〔五四〕《御覽》卷四百六十二引"出"字作"在"。《實録》作"存"。

〔五五〕《實錄》"猶"上有"吾"字。

〔五六〕蕭書"所"下有"能"字。

〔五七〕《御覽》卷七百七十、《事類賦》卷十六引"病"字俱作"疫",《實錄》同。

〔五八〕《類聚》卷十九、《御覽》卷五百六十四引《吳錄》"有"字俱作"復"。

〔五九〕盧弼曰:"胡三省曰:'橫,户孟翻。謂既受侯爵,又將兵也。'"

謹案:《後漢書·酷吏傳》"至於重文橫入"章懷注:"橫猶枉也。"則橫受猶枉受。胡注誤。

〔六〇〕盧弼曰:"《孟子·萬章下》'摽使者出諸大門之外'注:'摽,麾也。'"

謹案:《後漢書·崔寔傳》"剽賣田宅"章懷注:"削也。"一作"摽"。朱駿聲《說文通訓定聲·小部》"剽"字下曰:"愚案:分也。今俗語有剽分,字當作'瓢',俗作'俵'。"

〔六一〕《文選集注》引《鈔》"賑"字作"振","弊"字作"貧"。

〔六二〕《册府》卷八百一十二、《草堂詩箋補遺》卷八引俱無"故"字。

〔六三〕《册府》卷三百四十三引"閒"字作"間"。

〔六四〕《文選集注》引《鈔》無"此"字,有"足下"二字。

〔六五〕《文選集注》引《鈔》"即"下無"見"字,有"引"字。《御覽》卷六百三十一引"即"下有"召"字,與《文選》李注引正同。

〔六六〕《文選集注》引《鈔》"餘"字作"遺",《册府》引同,《實錄》亦同。

〔六七〕蕭書"猶"下有"之"字，《實錄》同。

〔六八〕《文選集注》引《鈔》"料"字作"斷"。

〔六九〕《文選集注》引《鈔》"曹"上有"猶"字。

〔七〇〕《通鑑》"楚"字作"州"。

〔七一〕《文選集注》引《鈔》"北"字作"比"。比，接近也。

〔七二〕《文選集注》引《鈔》"及"下無"説"字，"撫"下多"導"字。

〔七三〕《文選集注》引《鈔》無"肅"字。

〔七四〕《通鑑》"歸"下有"乎"字，應據補，語意乃足。

〔七五〕《御覽》卷三百五十八、卷三百五十九引俱無"因"字。

〔七六〕《御覽》卷三百五十八、卷三百五十九、卷四百六十七引俱無"言"字。

〔七七〕《御覽》卷三百五十八、卷四百六十七引"軟"字俱作"蒲"，蕭書同。

〔七八〕《御覽》引"歡"字作"欣"。

〔七九〕《御覽》卷六百零五、《事類賦》卷十五引作"以荆州資劉備"，《實錄》同。

〔八〇〕盧弼曰："宋本'因'作'困'。"

謹案：《册府》卷三百四十三引"因"字作"困"。考裴注引《江表傳》"初瑜疾困與權牋"，亦作"困"。則作"困"字是也。

〔八一〕紹興本"尚"字作"而"。

〔八二〕《册府》卷四百一十三引"本"下有"傳"字，此脱。語意不完，當據補。

〔八三〕毛本"矣"字作"耳"。盧弼曰："《册府》'乖'作'微'。官本'耳'作'矣'。"

謹案：《官本考證》曰："'乖'《册府》作'微'。"見《册府》

卷四百一十三引。

〔八四〕《册府》卷三百七十七引"校尉"作"將軍",《實録》同。

〔八五〕蕭書"增"下有"至"字。

〔八六〕紹興本"與"下無"羽"字。

〔八七〕紹興本"戮"字作"自"。

〔八八〕盧弼曰:"宋本'觀'作'覲'。《通鑑》同。"

謹案:《官本考證》曰:"'觀'宋本作'覲'。"《華嚴經音義》引《珠叢》:"覲謂就見尊老也。"作"覲"字是。

〔八九〕盧弼曰:"元本'弱'作'彊'。"

謹案:《官本考證》曰:"'弱衆',元本作'强衆'。"作"彊"字是。

〔九〇〕盧弼曰:"《御覽》'卷'作'書'。"

謹案:《書鈔》卷一百一十五、《類聚》卷五十九、《御覽》卷二百七十七引"卷"字俱作"書",惟卷六百一十一引作"卷"。漢魏人謂"釋書"不曰"釋卷",當以作"書"字者爲是。

〔九一〕《御覽》卷二百七十七引"冠"下有"也"字。

〔九二〕盧弼曰:"'到'上疑脱一'遠'字。"

謹案:盧君所疑是。蕭書作"終當遠到",無"至"字,"到""至"義同。然考《魏志·崔琰傳》"終必遠至",《吳志·虞翻傳》注引《會稽典録》有"終皆遠致"("致"疑爲"至"之誤)之句,疑此當作"遠至",而"到"字或衍文也。

〔九三〕紹興本、馮本"馬"字作"焉",陳本、毛本作"馬"。

〔九四〕蕭書"少"下有"隨母"二字。

〔九五〕《白帖》卷三、《册府》卷八百四十八引無"禁"字。

〔九六〕《白帖》卷五十四引"母"下有"怒"字,無"恚"字,《御覽》引"恚"下有"怒"字。

〔九七〕《白帖》、《御覽》卷四百八十三引無"脱"字,"誤"字作"設",《實錄》同。考"脱"字通,《後漢書·劉寬傳》:"事容脱誤。"正"脱誤"連文,不煩據改。

〔九八〕盧弼曰:"元本'千'作'十'。"

謹案:《官本考證》曰:"元本作'十萬'。"《册府》卷三百七十七引同,蕭書亦作"十"。

〔九九〕盧弼曰:"元本'襲'作'龑'。《通鑑》作'襲'。"

謹案:《官本考證》曰:"'襲肅'元本作'龑肅'。"考《册府》卷四百零三引亦作"龑肅"。

〔一〇〇〕《御覽》卷二百八十五引"兵"上有"蒙"字,《通典·兵十四》同。

〔一〇一〕《通典》"匹"上有"餘"字。

〔一〇二〕本傳裴注引《江表傳》作"三策"。

〔一〇三〕《册府》卷四百二十一引"友"字作"交"。

〔一〇四〕《白帖》卷五十一、《御覽》卷六百零七引"但"下無"當"字。

〔一〇五〕蕭書"歷"下有"讀"字。

〔一〇六〕《御覽》引"言"字作"曰","終"上有"吾嘗"二字。

〔一〇七〕《御覽》引"今者"下有"見卿"二字。

〔一〇八〕紹興本"諭"字作"論",《册府》卷一百九十六引同。

〔一〇九〕盧弼曰:"或曰:'穰侯句未詳。'"

謹案:穰侯魏冉,秦昭王母宣太后弟。昭王立,四登相位,封穰侯。舉白起爲將。蒙作此語蓋欲肅效穰侯爲之薦引也。

〔一一〇〕盧弼曰："'卿'當作'鄉',同'嚮'。各本皆誤。"

謹案：李慈銘曰："'卿'當作'鄉',同'嚮'。"盧君當本之,則此"卿"字上應增"李慈銘曰"四字。

〔一一一〕《册府》引"跡"字作"述",蕭書同。考《呂岱傳》有"所在可述",句意正同。

〔一一二〕《册府》卷四百一十七引"率"下有"直"字。

〔一一三〕《御覽》卷一百六十九引"奇"字作"寄","春"下有"郡"字。

〔一一四〕蕭書"田"下無"鄉"字。

〔一一五〕紹興本"月"字作"日",蕭書同。

〔一一六〕紹興本"口"字作"石",蕭書同。

〔一一七〕紹興本"鶚"字作"鸮"。《册府》卷一百九十九引同。考鄒陽上書吳王曰："臣聞鷙鳥累百,不如一鶚。"是也。蕭書同。《草堂詩箋補遺》卷十引"鶚"作"鸮","鸮"與"鶚"形近,遂誤爲"鸮"也。《芥隱筆記》引孫權云"不如一鶚"。足見宋時正作"鶚"。應據改。

〔一一八〕盧弼據《通鑑》"肅"下增"將"字。曰："各本皆作'使普肅萬人',誤。元本作'使魯肅萬人',亦誤。《通鑑》作'使魯肅將萬人',是。"

謹案：何焯曰："宋本作'使魯肅將萬人',考蕭書作'使肅將萬人','肅'下脫'將'字,則語意不完。應據增。"

〔一一九〕《册府》卷三百六十二引"樊"字作"焚"。

〔一二〇〕《册府》引"守城"二字乙。

〔一二一〕蕭書"遂"字作"從"。考張紘、蔣欽、凌統等傳俱云"從征合肥",《甘寧傳》作"從攻合肥",可證。

〔一二二〕紹興本"又"字作"乃"。

〔一二三〕《御覽》卷四百五十二、《冊府》卷四百零七引"諸"字俱作"二"。

〔一二四〕《御覽》《冊府》引作"今徐州將守"。

〔一二五〕《御覽》《冊府》引作"惡足言也"。

〔一二六〕《御覽》《冊府》引作"往必克"。

〔一二七〕《御覽》卷三百一十五、《冊府》卷四百二十引"疾"字作"病"。

〔一二八〕《御覽》《冊府》引"兵"上有"備"字。

〔一二九〕《御覽》卷七百七十、卷七百七十一引"盡"字俱作"晝"。

〔一三〇〕《類聚》卷七十七、《御覽》引"賈"下俱無"人"字。

〔一三一〕盧弼曰："《詩·小雅·大東篇》：'維南有箕，載翕其舌。'鄭箋：'翕猶引也。引舌者，謂上星相近。'"

謹案：《禮記·曲禮》正義："箕踞，謂舒展兩足，狀如箕舌也。"則"在箕舌上"猶今所謂在鉗形包圍之中。故下文云"奔走不得免"也。盧君引鄭箋以注，違失原意，當非。

〔一三二〕《冊府》卷四百三十六引"降"下有"焉"字。

〔一三三〕《冊府》卷三百四十三、卷四百零一引"慰"下有"之"字。

〔一三四〕《御覽》卷二百九十六、《冊府》卷四百零一引作"鎧雖公物"。無"官"字。

〔一三五〕《御覽》卷三百二十四引"游"字作"旋"。

〔一三六〕《御覽》、《冊府》卷三百九十七引"門"字作"問"。

〔一三七〕《御覽》卷七百三十八引"迎"字作"延"。蕭書作"輿"。

〔一三八〕盧弼補曰："嚴衍曰：'病勢若鍼綫之加也。《通鑑》作加鍼，誤。'"

謹案：鍼加謂鍼刺次數增加也。嚴氏增字以釋，非是。

〔一三九〕《文選·辨亡論》李注引無"其"字，《白帖》卷三十八引同。

〔一四〇〕《治要》卷二十七、《御覽》卷四百四十七、卷七百三十八引"恐"下俱有"其"字。《實錄》作"恐其起動"，亦有"其"字。疑此奪，當據補。

〔一四一〕《文選》李注引"穿"下有"鑿"字，《御覽》卷七百三十八引同。

〔一四二〕《文選》李注引"中"字作"小"，《御覽》卷六百五十二引作"有瘳"。

〔一四三〕《册府》卷三百七十七引"士"下有"壇"字。

〔一四四〕"常"疑當作"嘗"，"嘗"猶今語曾經。

〔一四五〕馮本、陳本"嘗"俱作"常"，蕭書同。

〔一四六〕蕭書作"蒙輒開說曰"。疑此"請"字下多"曰"字。

〔一四七〕《實錄》作"置守冢三十家"。

〔一四八〕盧弼曰："《通鑑》作'貌焉寡儔'。"

謹案：《廣雅·釋詁一》："邈，遠也。""貌"疑當作"藐"。《漢書·嚴助傳》"藐然甚慙"注："藐，遠也。""藐"與"邈"同。見《漢書·韋賢傳》"既藐下臣"顏注。

〔一四九〕《御覽》卷四百四十五引"來東"二字乙。

〔一五〇〕《實錄》"業"字作"策"。

〔一五一〕《御覽》引"孤"下無"普"字。

〔一五二〕《御覽》引"損"下無"其"字,《實錄》同,蕭書亦同。

〔一五三〕《御覽》引作"故孤忘其短而不遺其長",疑此脱"不"字,"貴"爲"遺"字殘脱。

〔一五四〕《實錄》"至"字作"正",疑是。

〔一五五〕盧弼曰:"胡三省曰:'謂部界之内無有廢職以爲罪負也。'或曰:'負疑作務。'"

謹案:《吕氏春秋・壹行》"王者行之廢"高注:"廢,壞也。"《後漢書・馮衍傳》"負義於時"注:"負猶失也。"或謂"負疑作務",臆説無據,不可從。

〔一五六〕《文選集注》引《鈔》"才"字作"士"。

三國志校箋卷五十五

吴志卷十〔一〕

程普　黄蓋　韓當　蔣欽　周泰　陳武 子脩　董襲　甘寧　淩統　徐盛　潘璋　丁奉〔二〕

程普字德謀，右北平土垠人也。初爲州郡吏〔三〕，有容貌計略，善於應對。從孫堅征伐，討黄巾於宛、鄧，破董卓於陽人，攻城野戰，身被創夷。

堅薨，復隨孫策在淮南，從攻廬江，拔之，還俱東渡。策到横江、當利，破張英、于麋等，轉下秣陵、湖孰〔四〕、句容、曲阿，普皆有功，增兵二千，騎五十四〔五〕。進破烏程、石木、波門、陵傳、餘杭，普功爲多。策入會稽，以普爲吴郡都尉，治錢唐。後徙丹陽都尉，居石城〔六〕。復討宣城、涇、安吴、陵陽、春穀諸賊，皆破之。策嘗攻祖郎，大爲所圍，普與一騎共蔽扞策，驅馬疾呼，以矛突賊，賊披，策因隨出。後拜盪寇中郎將，領零陵太守，從討劉勳於尋陽，進攻黃祖於沙羨，還鎮石城。

策薨，與張昭等共輔孫權，遂周旋三郡，平討不服。又從征江夏，還過豫章，別討樂安。樂安平定，代太史慈備海昏與周瑜爲左右督，破曹公於烏林，又進攻南郡，走曹仁。拜裨將軍，領江夏太守，治沙羨，食四縣。

先出諸將，普最年長，時人皆呼程公。性好施與，喜士大夫。周瑜卒，代領南郡太守。權分荆州與劉備，普復還領江夏，遷盪寇將軍，卒。《吳書》曰：普殺叛者數百人，皆使投火，即日病癘〔七〕，百餘日卒。權稱尊號，追論普功，封子咨爲亭侯〔八〕。

黃蓋字公覆，零陵泉陵人也。《吳書》曰：故南陽太守黃子廉之後也，枝葉分離，自祖遷於零陵，遂家焉。蓋少孤，嬰丁凶難，辛苦備嘗，然有壯志，雖處貧賤，不自同於凡庸，常以負薪餘閒，學書疏，講兵事。初爲郡吏，察孝廉，辟公府。孫堅舉義兵，蓋從之。堅南破山賊，北走董卓〔九〕，拜蓋別部司馬。堅薨，蓋隨策及權，擐甲周旋，蹈刃屠城。

諸山越不賓，有寇難之縣，輒用蓋爲守長。石城縣吏，特難檢御，蓋乃署兩掾，分主諸曹。教曰："令長不德，徒以武功爲官，不以文吏爲稱。今賊寇未平，有軍旅之務，一以文書委付兩掾，當檢攝諸曹，糾摘謬誤。兩掾所署，事入諸出，若有姦欺，終不加以鞭杖，宜各盡心，無爲衆先。"初皆怖威，夙夜恭職，久之，吏以蓋不視文書〔一〇〕，漸容人事。蓋亦嫌外懈怠，時有所省，各得兩掾不奉法數事。乃悉請諸掾吏，賜酒食，因出事詰問。兩掾辭屈，皆叩頭謝罪。蓋曰："前已相勑，終不以鞭杖相加，非相欺也。"遂殺之。縣中震慄。後轉春穀長，尋陽令。凡守九縣，所在平定。遷丹陽都尉，抑彊扶弱，山越懷附。

蓋姿貌嚴毅，善於養衆，每所征討，士卒皆爭爲先。建安中，隨周瑜拒曹公於赤壁，建策火攻，語在瑜傳。《吴書》曰：赤壁之役，蓋爲流矢所中，時寒墮水，爲吴軍人所得，不知其蓋也，置厠牀中。蓋自彊以一聲呼韓當，當聞之，曰："此公覆聲也。"向之垂涕，解易其衣，遂以得生。拜武鋒中郎將。武陵蠻夷反亂，攻守城邑〔一一〕，乃以蓋領太守。時郡兵才五百人，自以不敵，因開城門，賊半入，乃擊之，斬首數百，餘皆奔走，盡歸邑落。誅討魁帥，附從者赦之。自春訖夏，寇亂盡平，諸幽邃巴、醴、由、誕邑侯君長，皆改操易節，奉禮請見，郡境遂清。後長沙益陽縣爲山賊所攻，蓋又平討。加偏將軍，病卒於官。

蓋當官決斷，事無留滯，國人思之〔一二〕。《吴書》曰：又圖畫蓋形，四時祠祭。及權踐祚，追論其功，賜子柄爵關內侯。

韓當字義公，遼西令支人也。令音郎定反。支音巨兒反。以便弓馬，有膂力，幸於孫堅，從征伐周旋，數犯危難，陷敵禽虜，爲別部司馬。《吴書》曰：當勤苦有功，以軍旅陪隸，分於英豪，故爵位不加。終於堅世，爲別部司馬。及孫策東渡，從討三郡〔一三〕，遷先登校尉，授兵二千，騎五十匹，從征劉勳，破黃祖，還討鄱陽，領樂安長，山越畏服。後以中郎將與周瑜等拒破曹公，又與呂蒙襲取南郡，遷偏將軍，領永昌太守。宜都之役，與陸遜、朱然等共攻蜀軍於涿鄉，大破之，徙威烈將軍，封都亭侯。曹眞攻南郡，當保東南。在外爲帥〔一四〕，厲將士同心固守，又敬望督司，奉尊法令，權善之。黃武二年，封石城侯。遷昭武將軍，領冠軍太守，後又加都督之號。將敢死及解煩兵萬人，討丹陽賊，破之。會病卒，子綜襲侯，領兵。

其年，權征石陽，以綜有憂，使守武昌，而綜淫亂不軌。權雖以父故不問，綜内懷懼，《吳書》曰：綜欲叛，恐左右不從，因諷使劫略，示欲饒之，轉相放效，爲行旅大患。後因詐言被詔，以部曲爲寇盜見詰讓，云"將吏以下，當並收治"，又言恐罪自及。左右因曰："惟當去耳。"遂共圖計，以當葬父，盡呼親戚姑姊，悉以嫁將吏，所幸婢妾，皆賜與親近，殺牛飲酒歃血，與共盟誓。載父喪，將母家屬部曲男女數千人奔魏。魏以爲將軍，封廣陽侯。數犯邊境，殺害人民，權常切齒。東興之役，綜爲前鋒，軍敗身死，諸葛恪斬送其首，以白權廟。

蔣欽字公奕，九江壽春人也。孫策之襲袁術，欽隨從給事。及策東渡，拜別部司馬，授兵。與策周旋，平定三郡，又從定豫章。調授葛陽尉，歷三縣長，討平盜賊，遷西部都尉。會稽冶賊呂合、秦狼等爲亂，欽將兵討擊，遂禽合、狼，五縣平定，徙討越中郎將，以經拘、昭陽爲奉邑。賀齊討黟賊[一五]，欽督萬兵，與齊并力，黟賊平定。從征合肥，魏將張遼襲權於津北，欽力戰有功，遷盪寇將軍，領濡須督。後召還都，拜右護軍[一六]，典領辭訟。

權嘗入其堂內，母疏帳縹被[一七]，妻妾布裙。權歎其在貴守約，即勑御府爲母作錦被[一八]，改易帷帳，妻妾衣服悉皆錦繡。

初，欽屯宣城，嘗討豫章賊。蕪湖令徐盛收欽屯吏，表斬之，權以欽在遠，不許，盛由是自嫌於欽。曹公出濡須，欽與呂蒙持諸軍節度。盛常畏欽因事害己，而欽每稱其善，盛既服德，論者美焉。《江表傳》曰：權謂欽曰："盛前白卿，卿今舉盛，欲慕祁奚邪？"欽對曰："臣聞公舉不挾私怨，盛忠而勤彊，有膽略器用，好萬人督也。今大事未定，臣當助國求才，豈敢挾私恨以蔽賢乎！"權嘉之。

權討關羽，欽督水軍入沔，還道病卒。權素服舉哀，以蕪湖民二百户、田二百頃，給欽妻子。子壹封宣城侯，領兵拒劉備，有功，還赴南郡，與魏交戰，臨陣卒。壹無子，弟休領兵，後有罪失業。

周泰字幼平，九江下蔡人也。與蔣欽隨孫策爲左右，服事恭敬，數戰有功。策入會稽，署別部司馬，授兵。權愛其爲人，請以自給[一九]。策討六縣山賊，權住宣城，使士自衛[二〇]，不能千人，意尚忽略，不治圍落，而山賊數千人卒至。權始得上馬，而賊鋒刃已交於左右，或斫中馬鞍，衆莫能自定。惟泰奮擊[二一]，投身衛權，膽氣倍人，左右由泰並能就戰。賊既解散，身被十二創，良久乃蘇。是日無泰，權幾危殆。策深德之，補春穀長。後從攻皖，及討江夏，還過豫章，復補宜春長，所在皆食其征賦。

從討黃祖有功。後與周瑜、程普拒曹公於赤壁，攻曹仁於南郡。荊州平定，將兵屯岑。曹公出濡須，泰復赴擊，曹公退，留督濡須，拜平虜將軍。時朱然、徐盛等皆在所部，並不伏也，權特爲案行至濡須塢，因會諸將，大爲酣樂，權自行酒，到泰前，命泰解衣，權手自指其創痕[二二]，問以所起。泰輒記昔戰鬭處以對，畢，使復服，歡讌極夜。其明日，遣使者授以御蓋。《江表傳》曰：權把其臂，因流涕交連，字之曰："幼平，卿爲孤兄弟戰如熊虎，不惜軀命，被創數十，膚如刻畫，孤亦何心不待卿以骨肉之恩，委卿以兵馬之重乎！卿吳之功臣，孤當與卿同榮辱，等休戚。幸平意快爲之[二三]，勿以寒門自退也。"即勑以己常所用御幘青縑蓋賜之。坐罷，住駕，使泰以兵馬導從出，鳴鼓角，作鼓吹。於是盛等乃伏。

後權破關羽，欲進圖蜀，拜泰漢中太守、奮威將軍，封陵陽侯。黃武中卒。

子邵以騎都尉領兵。曹仁出濡須，戰有功，又從攻破曹休，進位裨將軍，黃龍二年卒。弟承領兵襲侯。

陳武字子烈，廬江松滋人〔二四〕。孫策在壽春，武往脩謁，時年十八，長七尺七寸，因從渡江，征討有功，拜別部司馬。策破劉勳，多得廬江人，料其精銳，乃以武爲督，所向無前。及權統事，轉督五校。仁厚好施，鄉里遠方客，多依託之。尤爲權所親愛，數至其家。累有功勞，進位偏將軍。建安二十年，從擊合肥，奮命戰死。權哀之，自臨其葬〔二五〕。《江表傳》曰：權命以其愛妾殉葬，復客二百家。孫盛曰：昔三良從穆，秦師以之不征；魏妾既出，杜回以之僵仆。禍福之報，如此之效也。權杖計任術，以生從死，世祚之促，不亦宜乎！

子脩有武風，年十九，權召見獎厲，拜別部司馬，授兵五百人。時諸將新兵多有逃叛，而脩撫循得意，不失一人。權奇之，拜爲校尉。建安末，追錄功臣後，封脩都亭侯，爲解煩督。黃龍元年卒。

弟表，字文奧，武庶子也，少知名，與諸葛恪、顧譚、張休等並侍東宮，皆共親友。尚書暨豔亦與表善，後豔遇罪，時人咸自營護，信厚言薄，表獨不然，士以此重之。徙太子中庶子，拜翼正都尉。兄脩亡後，表母不肯事脩母，表謂其母曰：“兄不幸早亡，表統家事，當奉嫡母。母若能爲表屈情，承順嫡母者，是至願也；若母不能，直當出別居耳。”表於大義公正如此，由是二母感寤雍穆。表以父死敵場，求用爲將，領兵五百人。表欲得戰士之力，傾意接待，士皆愛附，樂爲用命。時有盜官物者，疑無難士施明。明素壯悍，收考極毒，惟死無辭〔二六〕，廷尉以聞。權以表能得健兒之心，詔以明付表，使自以意求其情實。表便破械沐浴，易其衣服，厚設酒食，歡以誘之〔二七〕。明乃首服，具列支黨。表以狀聞。權奇之，欲全其名，特爲赦明，誅戮其黨。遷表爲無難右部督，封都亭侯，以繼舊爵。表皆陳讓，乞以傳脩子延，權不許。嘉禾三年，諸葛恪領丹陽太守，討平山越，以表領新安都尉〔二八〕，與恪參勢。初，表所受賜復人得二百家〔二九〕，在會稽新安縣。表簡視其人，皆堪好兵，乃上疏陳讓，乞以還官，充足精銳。詔曰："先將軍有功於國，國家以此報之，卿何得辭焉？"表乃稱曰："今除國賊，報父之仇，以人爲本。空枉此勁銳以爲僮僕，非表志也。"皆輒料取〔三〇〕，以充部伍。所在以聞，權甚嘉之。下郡縣料正户羸民以補其處。表在官三年，廣開降納，得兵萬餘人。事捷當出，會鄱陽民吳遽等爲亂，攻没城郭，屬縣搖動，表便越界赴討，遽以破敗，遂降。陸遜拜表偏將軍，進封都鄉侯，北屯章阬。年三十四卒。家財盡於養士，死之日，妻子露立，太子登爲起屋宅。子敖年十七，拜別部司馬，授兵四百人。敖卒，脩子延復爲司馬代敖。延弟永，將軍，封侯。始施明感表〔三一〕，自變行爲善，遂成健將，致位將軍。

董襲字元代〔三二〕，會稽餘姚人〔三三〕，長八尺〔三四〕，武力過人。謝承《漢書》稱襲志節慷慨，武毅英烈。孫策入郡，襲迎於高遷亭，策見面偉之，到署門下賊曹。時山陰宿賊黃龍羅、周勃聚黨數千人，策自出討，襲身斬羅、勃首，還拜別部司馬，授兵數千，遷揚武都尉。從策攻皖，又討劉勳於尋陽，伐黃祖於江夏。

策薨，權年少，初統事，太妃憂之，引見張昭及襲等，問江東可保安不，襲對曰："江東地勢，有山川之固，而討逆明府，恩德在民。討虜承基，大小用命，張昭秉衆事，襲等爲爪牙，此地利人和之時也，萬無所憂。"衆皆壯其言。

鄱陽賊彭虎等衆數萬人〔三五〕，襲與淩統、步騭、蔣欽各別分討。襲所向輒破，虎等望見旌旗，便散走，旬日盡平，拜威越校尉，遷偏將軍。

建安十三年，權討黃祖。祖橫兩蒙衝挾守沔口〔三六〕，以栟閭大絏繫石爲矴〔三七〕，上有千人，以弩交射，飛矢雨下，軍不得前。襲與淩統俱爲前部，各將敢死百人，人被兩鎧，乘大舸船〔三八〕，突入蒙衝裏。襲身以刀斷兩絏，蒙衝乃橫流，大兵遂進。祖便開門走，兵追斬之。明日大會，權舉觴屬襲曰："今日之會，斷絏之功也。"

曹公出濡須〔三九〕，襲從權赴之，使襲督五樓船住濡須口〔四〇〕。夜卒暴風，五樓船傾覆〔四一〕，左右散走舸，乞使襲出。襲怒曰："受將軍任在此備賊，何等委去也，敢復言此者斬！"於是莫敢干。其夜船敗，襲死。權改服臨喪〔四二〕，供給甚厚。

甘寧字興霸，巴郡臨江人也。《吳書》曰：寧本南陽人，其先客於巴郡。寧爲吏舉計掾，補蜀郡丞，頃之，棄官歸家。少有氣力，好游俠，招合輕薄少年，爲之渠帥，羣聚相隨〔四三〕，挾持弓弩，負毦帶鈴，民聞鈴聲，即知是寧。《吳書》曰：寧輕俠殺人，藏舍亡命，聞於郡中。其出入，步則陳車騎，水則連輕舟，侍從被文繡，所如光道路，住止常以繒錦維舟〔四四〕，去或割棄〔四五〕，以示奢也〔四六〕。人與相逢，及屬城長吏，接待隆厚者，乃與交歡；不爾，即放所將，奪其資貨，於長吏界中，有所賊害，作其發負〔四七〕，至二十餘年。止不攻劫，頗讀諸子，乃往依劉表，因居南陽，不見進用，後轉託黃祖，祖又以凡人畜之。《吳書》曰：寧將僮客八百人就劉表。表儒人，不習軍事。時諸英豪各各起兵，寧觀表事勢，終必無成，恐一朝土崩，并受其禍，欲東入吳。黃祖在夏口，軍不得過，乃留依祖，祖三年不禮之。權討祖，祖軍敗奔走，追兵急，寧以善射，將兵在後，射殺校尉淩操。祖既得免，軍罷還營，待寧如初。祖都督蘇飛數薦寧，祖不用，令人化誘其客，客稍亡。寧欲去，恐不獲免，獨憂悶不知所由〔四八〕。飛知其意，乃要寧，爲之置酒，謂曰："吾薦子者數矣，主不能用〔四九〕。日月逾邁，人生幾何，宜自遠圖，庶遇知己。"寧良久乃曰："雖有其志，未知所由。"飛曰："吾欲白子爲邾長，於是去就，孰與臨版轉丸乎〔五〇〕？"寧曰："幸甚。"飛白祖，聽寧之縣。招懷亡客并義從者，得數百人。

於是歸吳。周瑜、呂蒙皆共薦達，孫權加異，同於舊臣。寧陳計曰："今漢祚日微，曹操彌憍，終爲篡盜。南荊之地，山陵形便，江川流通，誠是國之西勢也。寧已觀劉表，慮既不遠，兒子又劣，非能承業傳基者也。

至尊當早規之,不可後操圖之。圖之之計,宜先取黄祖。祖今年老,昏耄已甚,財穀並乏,左右欺弄,務於貨利,侵求吏士,吏士心怨,舟船戰具,頓廢不脩,怠於耕農,軍無法伍。至尊今往,其破可必。一破祖軍,鼓行而西,西據楚關,大勢彌廣,即可漸規巴蜀。"權深納之。張昭時在坐,難曰:"吳下業業,若軍果行,恐必致亂。"寧謂昭曰:"國家以蕭何之任付君,君居守而憂亂,奚以希慕古人乎?"權舉酒屬寧曰:"興霸,今年行討,如此酒矣,決以付卿。卿但當勉建方略,令必克祖,則卿之功,何嫌張長史之言乎?"權遂西,果禽祖,盡獲其士衆。遂授寧兵,屯當口。《吳書》曰:初,權破祖[五一],先作兩函,欲以盛祖及蘇飛首。飛令人告急於寧,寧曰:"飛若不言,吾豈忘之?"權爲諸將置酒,寧下席叩頭,血涕交流,爲權言:"飛疇昔舊恩,寧不值飛,固已捐骸於溝壑,不得致命於麾下。今飛罪當夷戮,特從將軍乞其首領。"權感其言,謂曰:"今爲君致之[五二],若走去何[五三]?"寧曰:"飛免分裂之禍,受更生之恩,逐之尚必不走,豈當圖亡哉[五四]!若爾,寧頭當代入函。"權乃赦之。

後隨周瑜拒破曹公於烏林。攻曹仁於南郡,未拔,寧建計先徑進取夷陵,往即得其城,因入守之。時手下有數百兵,并所新得,僅滿千人。曹仁乃令五六千人圍寧。寧受攻累日,敵設高樓,雨射城中,士衆皆懼,惟寧談笑自若。遣使報瑜,瑜用吕蒙計,帥諸將解圍。後隨魯肅鎮益陽,拒關羽。羽號有三萬人,自擇選鋭士五千人,投縣上流十餘里淺瀨[五五],云欲夜涉渡。肅與諸將議。寧時有三百兵，乃曰：「可復以五百人益吾，吾往對之，保羽聞吾欬唾〔五六〕，不敢涉水，涉水即是吾禽〔五七〕。」肅便選千兵益寧，寧乃夜往。羽聞之，住不渡，而結柴營，今遂名此處爲關羽瀨〔五八〕。權嘉寧功，拜西陵太守，領陽新、下雉兩縣。

後從攻皖，爲升城督。寧手持練，身緣城，爲吏士先，卒破獲朱光。計功，呂蒙爲最，寧次之，拜折衝將軍。

後曹公出濡須，寧爲前部督，受勅出斫敵前營。權特賜米酒衆殽〔五九〕，寧乃料賜手下百餘人食。食畢，寧先以銀盌酌酒〔六〇〕，自飲兩盌，乃酌與其都督。都督伏，不肯時持。寧引白削置膝上〔六一〕，呵謂之曰〔六二〕：「卿見知於至尊，孰與甘寧？甘寧尚不惜死，卿何以獨惜死乎？」都督見寧色厲，即起拜持酒，通酌兵各一銀盌〔六三〕。至二更時，銜枚出斫敵。敵驚動，遂退。寧益貴重，增兵二千人。《江表傳》曰：「曹公出濡須，號步騎四十萬，臨江飲馬。權率衆七萬應之，使寧領三千人〔六四〕，爲前都督〔六五〕。權密勅寧，使夜入魏軍。寧乃選手下健兒百餘人，徑詣曹公營下，使拔鹿角，踰壘入營，斬得數十級。北軍驚駭鼓譟，舉火如星，寧已還入營，作鼓吹，稱萬歲。因夜見權，權喜曰：『足以驚駭老子否？聊以觀卿膽耳。』即賜絹千疋，刀百口。權曰：『孟德有張遼，孤有興霸，足相敵也。』停住月餘，北軍便退〔六六〕。

寧雖麤猛好殺，然開爽有計略，輕財敬士，能厚養健兒，健兒亦樂爲用命。建安二十年，從攻合肥，會疫疾，軍旅皆已引出，唯車下虎士千餘人，并呂蒙、蔣欽、凌統及寧，從權逍遙津北。張遼覘望知之，即將步騎奄至。寧引弓射敵，與統等死戰。寧厲聲問鼓吹何以不作，壯氣毅然，權尤嘉之。《吳書》曰：凌統怨寧殺其父操，寧常備統[六七]，不與相見[六八]。權亦命統不得讎之。嘗於呂蒙舍會，酒酣，統乃以刀舞。寧起曰："寧能雙戟舞。"蒙曰："寧雖能，未若蒙之巧也。"因操刀持楯[六九]，以身分之[七〇]。後權知統意，因令寧將兵，遂徙屯於半州[七一]。

寧厨下兒曾有過，走投呂蒙。蒙恐寧殺之，故不即還。後寧齎禮禮蒙母[七二]，臨當與升堂，乃出厨下兒還寧。寧許蒙不殺。斯須還船，縛置桑樹，自挽弓射殺之。畢，勅船人更增舸纜，解衣臥船中。蒙大怒，擊鼓會兵，欲就船攻寧。寧聞之，故臥不起。蒙母徒跣出諫蒙曰："至尊待汝如骨肉，屬汝以大事，何有以私怒而欲攻殺甘寧？寧死之日，縱至尊不問，汝是為臣下非法。"蒙素至孝，聞母言，即豁然意釋，自至寧船，笑呼之曰："興霸，老母待卿食，急上！"寧涕泣歔欷曰："負卿！"與蒙俱還見母，歡宴竟日。

寧卒，權痛惜之。子瓌，以罪徙會稽，無幾死。

凌統字公績，吳郡餘杭人也。父操，輕俠有膽氣，孫策初興，每從征伐，常冠軍履鋒。守永平長，平治山越，姦猾斂手，遷破賊校尉。及權統軍[七三]，從討江夏。入夏口，先登，破其前鋒，輕舟獨進，中流矢死。

統年十五，左右多稱述者，權亦以操死國事，拜統別部司馬，行破賊都尉，使攝父兵。後從擊山賊，權破保屯先還，餘麻屯萬人，統與督張異等留攻圍之，克日當攻。先期，統與督陳勤會飲酒，勤剛勇任氣，因督祭酒[七四]，陵轢一坐，舉罰不以其道。統疾其侮慢，面折不為用[七五]。勤怒詈統，及其父操，統流涕不答，衆因罷出。勤乘酒凶悖，又於道路辱統，統不忍[七六]，引刀斫勤，數日乃死[七七]。及當攻屯，統曰：「非死無以謝罪。」乃率厲士卒，身當矢石，所攻一面，應時披壞，諸將乘勝，遂大破之。還，自拘於軍正。權壯其果毅，使得以功贖罪。

後權復征江夏，統為前鋒，與所厚健兒數十人共乘一船，常去大兵數十里[七八]。行入右江，斬黃祖將張碩，盡復船人[七九]。還以白權，引軍兼道，水陸並集。時呂蒙敗其水軍，而統先搏其城，於是大獲。權以統為承烈都尉，與周瑜等拒破曹公於烏林，遂攻曹仁，遷為校尉。雖在軍旅，親賢接士，輕財重義，有國士之風。

又從破皖，拜盪寇中郎將，領沛相。與呂蒙等西取三郡，反自益陽，從往合肥[八〇]，為右部督[八一]。時權徹軍[八二]，前部已發，魏將張遼等奄至津北。權使追還前兵，兵去已遠，勢不相及，統率親近三百人陷圍，扶扞權出。敵已毀橋，橋之屬者兩版，權策馬驅馳，統復還戰，左右盡死，身亦被創，所殺數十人，度權已免，乃還。橋敗路絕，統被甲潛行。權既御船，見之驚喜。統痛親近無反者，悲不自勝。權引袂拭之，謂曰[八三]："公績，亡者已矣，苟使卿在，何患無人？"《吳書》曰：統創甚，權遂留統於舟，盡易其衣服。其創賴得卓氏良藥，故得不死。拜偏將軍，倍給本兵。

時有薦同郡盛暹於權者，以爲梗槩大節，有過於統，權曰："且令如統足矣[八四]。"後召暹夜至，時統已臥，聞之，攝衣出門，執其手以入。其愛善不害如此。

統以山中人尚多壯悍，可以威恩誘也，權令東占且討之，命勒屬城，凡統所求，皆先給後聞。統素愛士，士亦慕焉。得精兵萬餘人，過本縣，步入寺門[八五]，見長吏懷三版[八六]，恭敬盡禮，親舊故人，恩意益隆。事畢當出，會病卒，時年四十九[八七]。權聞之，拊牀起坐[八八]，哀不能自止，數日減膳，言及流涕，使張承爲作銘誄。

二子烈[八九]、封，年各數歲，權內養於宮，愛待與諸子同，賓客進見，呼示之曰："此吾虎子也。"及八九歲，令葛光教之讀書[九〇]，十日一令乘馬，追錄統功[九一]，封烈亭侯，還其故兵。後烈有罪免，封復襲爵領兵。孫盛曰：觀孫權之養士也，傾心竭思，以求其死力，泣周泰之夷，殉陳武之妾，請呂蒙之命，育淩統之孤，卑曲苦志，如此之勤也。是故雖令德無聞，仁澤罔著，而能屈彊荊吳，僭儗年歲者，抑有由也。然霸王之道，期於大者遠者，是以先王建德義之基，恢信順之宇，制經略之綱，明貴賤之序，易簡而其親可久，體全而其功可大，豈委璅近務，邀利於當年哉？《語》曰"雖小道，必有可觀者焉，致遠恐泥"，其是之謂乎！

徐盛字文嚮，琅邪莒人也。遭亂，客居吳，以勇氣聞[九二]。孫權統事，以爲別部司馬，授兵五百人，守柴桑長，拒黃祖。祖子射，嘗率數千人下攻盛。盛時吏士不滿二百，與相拒擊，傷射吏士千餘人。已乃開門出戰，大破之。射遂絕迹，不復爲寇[九三]。權以爲校尉、蕪湖令[九四]。復討臨城南阿山賊有功[九五]，徙中郎將，督校兵。

曹公出濡須，從權禦之。魏嘗大出橫江，盛與諸將俱赴討。時乘蒙衝，遇迅風，船落敵岸下[九六]，諸將恐懼，未有出者。盛獨將兵，上突斫敵，敵披退走，有所傷殺[九七]，風止便還，權大壯之。

及權爲魏稱藩，魏使邢貞拜權爲吳王。權出都亭候貞，貞有驕色，張昭既怒，而盛忿憤，顧謂同列曰：“盛等不能奮身出命，爲國家并許洛，吞巴蜀，而令吾君與貞盟，不亦辱乎！”因涕泣橫流。貞聞之，謂其旅曰：“江東將相如此，非久下人者也。”

後遷建武將軍，封都亭侯，領廬江太守，賜臨城縣爲奉邑。劉備次西陵，盛攻取諸屯，所向有功。曹休出洞口，盛與呂範、全琮渡江拒守，遭大風，船人多喪，盛收餘兵，與休夾江。休使兵將就船攻盛，盛以少禦多，敵不能克，各引軍退。遷安東將軍，封蕪湖侯。

後魏文帝大出，有渡江之志，盛建計從建業築圍作薄落[九八]，圍上設假樓，江中浮船。諸將以爲無益，盛不聽，固立之。文帝到廣陵，望圍愕然，彌漫數百里，而江水盛長，便引軍退。諸將乃伏〔九九〕。干寶《晉紀》所云疑城，已注《孫權傳》。《魏氏春秋》云：文帝歎曰："魏雖有武騎千羣，無所用也。"

黃武中卒。子楷，襲爵領兵。

潘璋字文珪，東郡發干人也。孫權爲陽羨長，始往隨權。性博蕩嗜酒，居貧，好賒酤，債家至門，輒言後豪富相還。權奇愛之，因使召募，得百餘人，遂以爲將。討山賊有功，署別部司馬。後爲吳大市刺奸，盜賊斷絕，由是知名，遷豫章西安長。劉表在荆州，民數被寇，自璋在事，寇不入境。比縣建昌起爲賊亂，轉領建昌，加武猛校尉，討治惡民，旬月盡平，召合遺散，得八百人，將還建業。

合肥之役，張遼奄至，諸將不備，陳武鬭死，宋謙、徐盛皆披走，璋身次在後，便馳進橫馬，斬謙、盛兵走者二人，兵皆還戰。權甚壯之，拜偏將軍，遂領百校〔一〇〇〕，屯半州。

權征關羽，璋與朱然斷羽走道，到臨沮，住夾石。璋部下司馬馬忠禽羽，并羽子平、都督趙累等。權即分宜都至、秭歸二縣爲固陵郡〔一〇一〕，拜璋爲太守、振威將軍，封溧陽侯。甘寧卒，又并其軍。劉備出夷陵，璋與陸遜并力拒之，璋部下斬備護軍馮習等，所殺傷甚衆，拜平北將軍、襄陽太守。

魏將夏侯尚等圍南郡，分前部三萬人作浮橋渡百里洲上，諸葛瑾、楊粲並會兵赴救，未知所出，而魏兵日渡不絕。璋曰："魏勢始盛，江水又淺，未可與戰。"便將所領，到魏上流五十里，伐葦數百萬，束縛作大筏，欲順流放火，燒敗浮橋。作筏適畢，伺水長當下，尚便引退。璋下備陸口。權稱尊號，拜右將軍。

璋爲人麤猛，禁令肅然，好立功業[一〇二]，所領兵馬不過數千，而其所在常如萬人。征伐止頓，便立軍市，他軍所無，皆仰取足。然性奢泰[一〇三]，末年彌甚，服物僭擬。吏兵富者，或殺取其財物，數不奉法。監司舉奏，權惜其功而輒原不問。嘉禾三年卒。子平，以無行徙會稽。璋妻居建業，賜田宅，復客五十家。

丁奉字承淵，廬江安豐人也。少以驍勇爲小將，屬甘寧、陸遜、潘璋等。數隨征伐，戰鬬常冠軍。每斬將搴旗，身被創夷。稍遷偏將軍。孫亮即位，爲冠軍將軍，封都亭侯。

魏遣諸葛誕、胡遵等攻東興，諸葛恪率軍拒之。諸將皆曰："敵聞太傅自來，上岸必遁走[一〇四]。"奉獨曰："不然。彼動其境內，悉許、洛兵大舉而來，必有成規，豈虛還哉？無恃敵之不至，恃吾有以勝之。"及恪上岸，奉與將軍唐咨、呂據、留贊等，俱從山西上。奉曰："今諸軍行遲，若敵據便地，則難與爭鋒矣。"乃辟諸軍使下道，帥麾下三千人徑進。時北風[一〇五]，奉舉帆二日至，遂據徐塘[一〇六]。天寒雪[一〇七]，敵諸將置酒高會[一〇八]，奉見其前部兵少，相謂曰："取封侯爵賞，正在今日！"乃使兵解鎧著胄，持短兵。敵人從而笑焉，不爲設備。奉縱兵斫之，大破敵前屯。會據等至〔一〇九〕，魏軍遂潰。遷滅寇將軍，進封都亭侯〔一一〇〕。

魏將文欽來降，以奉爲虎威將軍，從孫峻至壽春迎之，與敵追軍戰於高亭。奉跨馬持矛，突入其陣中，斬首數百，獲其軍器。進封安豐侯。

太平二年，魏大圍之〔一一一〕。遣朱異、唐咨等往救，復使奉與黎斐解圍。奉爲先登，屯於黎漿，力戰有功，拜左將軍〔一一二〕。

孫休即位，與張布謀，欲誅孫綝，布曰："丁奉雖不能吏書〔一一三〕，而計略過人，能斷大事。"休召奉告曰："綝秉國威，將行不軌，欲與將軍誅之。"奉曰："丞相兄弟友黨甚盛〔一一四〕，恐人心不同，不可卒制，可因臘會，有陛下兵以誅之也。"休納其計，因會請綝〔一一五〕，奉與張布目左右斬之。遷大將軍，加左右都護〔一一六〕。永安三年，假節領徐州牧。六年，魏伐蜀，奉率諸軍向壽春，爲救蜀之勢。蜀亡，軍還。

休薨，奉與丞相濮陽興等從萬彧之言共迎立孫皓，遷右大司馬左軍師。寶鼎三年，皓命奉與諸葛靚攻合肥。奉與晉大將石苞書，構而間之，苞以徵還。建衡元年，奉復帥衆治徐塘，因攻晉穀陽。穀陽民知之，引去，奉無所獲。皓怒，斬奉導軍。三年，奉貴而有功，漸以驕矜，或有毀之者，皓追以前出軍事，徙奉家於臨川。奉弟封，官至後將軍，先奉死。

評曰：凡此諸將，皆江表之虎臣，孫氏所厚待也。以潘璋之不修，權能忘過記功，其保據東南，宜哉！陳表將家支庶，而與胄子名人，比翼齊衡，拔萃出類，不亦美乎！

【校箋】

〔一〕毛本作"吳書十"。

〔二〕毛本作"程黃韓蔣周陳董甘淩徐潘丁傳第十"。

〔三〕《册府》卷三百四十三引無"州"字。

〔四〕馮本、陳本"孰"字作"熟"。

〔五〕潘眉曰："當爲五十匹。《韓當傳》'授兵二千，騎五十匹'，《吕範傳》'增範兵二千，騎五十匹'可證。"

謹案：紹興本"四"字作"匹"，《册府》引同。潘說是也。

〔六〕盧弼曰："《元和志》云：'吳大帝封韓當爲石埭城侯，因置石埭縣，本漢丹陽郡地。有兩橫石壅江如埭，因名。'潘眉曰：'石埭是縣名，當爲石埭侯，不爲城侯，封制無城侯。'周壽昌曰：'吳時尚未有石埭名。又石城本縣名，非城名。'謝鍾英曰：'丹陽郡無石埭縣，《元和志》誤。'吳增僅曰：'丹陽都尉治石城，韓當封此。當卒，子綜降魏，國除，於縣境置虎林督爲重鎮。'楊守敬曰：'《寰宇記》：石埭本吳石城。韓當爲石城侯遂置石埭場。乃知《元和志》石下衍埭字，下縣字爲場字之誤。'"

謹案：《御覽》卷一百七十引《圖經》曰："池州池陽郡，《禹貢》楊州之域。春秋及秦漢爲鄣郡之地。吳爲石城縣。隋爲秋浦縣。唐武德中置池州。"《輿地志》曰："梁大同二年置石埭,因貴池源有兩小石埭堰溪水,遂以爲名。"是石埭乃梁世所置,不得謂吳時便有此名也。

〔七〕《白帖》卷五十六引"瘂"字作"瘖",《御覽》卷七百四十引《兵書》同。《説文・疒部》:"瘖,不能言也。"

〔八〕蕭書作"岐亭侯",無"爲"字。

〔九〕蕭書"北"字作"西"。

〔一〇〕蕭書"視"字作"治"。

〔一一〕《册府》引無"守"字。

〔一二〕蕭書"國"字作"郡"。

〔一三〕蕭書"討"字作"定"。

〔一四〕《册府》卷三百九十九引無"在外爲"三字,是也。"在外爲"三字與上下文意俱不屬。

〔一五〕《官本考證》曰:"'黝賊'疑作'黟賊'。"盧弼曰:"'黟'各本均作'黝',誤。元本作'黟',是。"

謹案:《季漢書》正作"黟"。《元和志》卷二十九:"江南道歙州黟縣本漢舊縣。理在黟川因以爲名。按:縣南有墨嶺,出黑石。又昔貢柿心木,縣由此得名。"《説文》"黟"字從"黑",旁"多",後漢誤寫"黝"。《説文・黑部》:"黟,黑木也,丹陽有黟縣。"段注:"《地理志》本作'黟',師古所據作'黝',乃誤本耳。今安徽徽州府黟縣是其地。"

〔一六〕盧弼曰:"'津'字疑衍。吳置中、左、右護軍各一人。"

謹案:《御覽》卷六百九十九、卷八百一十五引無"津"字。《文選》陸士衡《辨亡論》李注、《通鑑》亦無"津"字。蓋蒙上文"津北"而誤衍也。

〔一七〕《白帖》卷四十引"疏"字作"練",《御覽》卷八百一十五引同。《玉篇·絲部》"練"字下引《吳志》作"練帳縹被",《册府》卷四百零六、《事類賦》卷十引作"疎",蕭書同。蓋"疏""疎"同字,"練"爲後出字。"練"或爲"練"字之誤。

〔一八〕《御覽》《事類賦》引母"上"有"其"字。

〔一九〕蕭書"給"字作"隨"。

〔二〇〕《書鈔》卷一百二十六引"使"字作"吏"。作"吏"者是,"吏士"常見,"使"當爲"吏"字之誤。

〔二一〕盧弼曰:"《官本考證》曰:'監本訛作奮激没身。今改正。'弼按:馮本亦'擊'誤作'激'。"

謹案:紹興本亦誤作"激",作"擊"字是。

〔二二〕蕭書無"手"字。

〔二三〕何焯曰:"'威平'當爲'幼平',周泰字也。"盧弼曰:"各本皆作'威平',誤。"

謹案:潘眉曰:"'威平'當作'幼平',因'幼'上有'戚'字,遂訛'幼'爲'威'。""意快"疑當作"快意",《史記·李斯列傳》"快意當前",此或誤乙。

〔二四〕盧弼曰:"弼按:'人'下少'也'字,《董襲傳》同。"

謹案:《文選》李注引"人"下有"也"字,此脱。

〔二五〕《文選》陸士衡《辨亡論》李注引"葬"字作"喪"。

〔二六〕盧弼曰:"元本'惟'作'雖'。"

謹案:此見《官本考證》。考《白帖》卷四十五、《册府》卷四百一十二引"惟"字俱作"雖",作"雖"字是。

〔二七〕《白帖》卷四十四引作"誘勸之"。

〔二八〕陳景雲曰:"'安'當作'都'。是時新都猶未改新安。

又《諸葛瑾傳》注引《吳書》亦云'新安都尉陳表',尤明證也。"

謹案:《册府》卷五百零三引"安"字正作"都"。

〔二九〕蕭書"人"字作"户"。

〔三〇〕《册府》卷七百五十八引"料"字作"科",下"下郡縣料正户羸民以補其處"亦引作"料"。

〔三一〕蕭書"表"字下有"全巳"二字。

〔三二〕《文選》李注引"代"字作"世"。

〔三三〕《文選》李注引"人"下有"也"字。

〔三四〕《實錄》"長"上有"身"字,疑是。

〔三五〕《册府》卷三百四十三引"萬"字作"千"。

〔三六〕《書鈔》、《類聚》卷七十一、《白帖》卷五十四、《御覽》卷七百七十引"挾"字俱作"夾"。

〔三七〕《類聚》、《白帖》、《御覽》卷三百一十二引"間"字俱作"欄"。

〔三八〕《類聚》《白帖》《類聚》引無"船"字,《御覽》引無"舸"字,疑"舸""船"二字當衍其一。

〔三九〕《文選》李注引"須"下有"口"字。

〔四〇〕《書鈔》卷一百三十六、《册府》卷三百七十、引"住"字作"往",《文選》李注引同。《事類賦》卷十六引句上有"往會戰"三字。疑此"住"爲"往"字之誤。

〔四一〕《文選》李注引無"五"字。

〔四二〕馮本、陳本"喪"字作"殯"。《册府》卷三百七十、卷三百七十七引同。

〔四三〕《册府》卷八百九十七引"聚"字作"衆"。

〔四四〕《御覽》卷四百三十五引"常"字作"嘗",《草堂詩箋》卷八引同。

〔四五〕《初學記》卷二十五、卷二十七、《事類賦》卷十、卷十六、《草堂詩箋》引"或"俱作"輒"。

〔四六〕《初學記》卷二十七、《事類賦》卷十六引俱無"也"字。

〔四七〕盧弼曰："或曰：'發疑作廢。''廢負'見《呂蒙傳》。"

謹案："發負"即"廢負"。胡承珙《小爾雅義證》曰："'發'與'廢'聲近而義同。"不煩改字。

〔四八〕紹興本、馮本、陳本"由"字俱作"出"。

〔四九〕李龍官曰："各本皆作'王不能用'，誤。"

謹案：紹興本正作"主不能用"。

〔五〇〕紹興本"版"字作"阪"，是。

〔五一〕蕭書"破"字作"攻"。

〔五二〕蕭書"致"字作"置"，《御覽》卷四百七十九引《吳錄》"致"亦作"置"。

〔五三〕馮本、陳本"去"字作"云"。盧弼曰："《官本考證》曰：'若走去何，監本訛作若走云何。今改正。'"

謹案：《册府》卷八百七十引同。《季漢書》亦同。疑"云"字不誤。王念孫《讀書雜志》曰："余謂云何，如何也。如、云語之轉。"《御覽》卷四百七十九引《吳錄》正作"若走如何"可證，王説是也。《官本考證》改"云"爲"去"，反以是者爲非矣，盧君不辨，又從而采之，殊誤。

〔五四〕紹興本"豈"下無"當"字。《御覽》引《吳錄》作"豈圖去"，亦無"當"字。

〔五五〕《御覽》卷四百二十五引"投"字作"從"。

〔五六〕《御覽》引"唾"下有"聲必"二字。

〔五七〕盧弼曰："宋本'爲'作'是'。"

謹案：《册府》卷三百九十四引"是"字作"爲"，蕭書同。

〔五八〕盧弼曰："趙一清曰：'《水經·資水注》：益陽縣有關羽瀨，所謂關羽灘也。南對甘寧故壘。昔關羽屯軍水北，孫權令魯肅、甘寧拒之於是。甘寧謂肅曰：羽聞吾欬唾之聲，不敢渡也，渡則成禽矣。羽夜聞寧處分，曰：興霸聲也。遂不渡。'"

謹案：《御覽》卷四十九引《長沙圖經》曰："關羽屯軍資水北岸，即一名茱萸江也。吳甘寧拒之云：'聞吾咳唾，羽即不敢過江。'是此處今號爲關羽瀨。"考《御覽》三百九十四引"後名其處爲關羽瀨"作雙行小字。因疑此句或非承祚舊文，蓋屬裴注。且句有佚落，而傳寫誤入正文也。

〔五九〕《類聚》卷七十三、《御覽》卷四百三十五、卷七百六十、卷八百四十四、《册府》引"殽"字俱作"肴"。

〔六〇〕《類聚》、《御覽》卷七百六十引"先"字俱作"乃"。又《御覽》卷三百五十七引梁祚《國統》"先"亦作"乃"。

〔六一〕盧弼曰："削有二義。一爲簡札之義（中略），一爲劍削之義（中略），弼按：甘寧引白削置膝上，二義皆可通，以後義爲近是。"

謹案：《御覽》卷八百四十四引作"引刀置膝上"，此作"白削"，是白削猶刀。《漢書音義》引晉灼曰："舊時蜀郡工官作金馬書刀者，似佩刀形，金錯其拊。"甘寧引置膝上者，即此物也。盧君所云"二義俱可通，以後義爲近是"，如晉說，則盧釋誠非矣。當訂正其誤。

〔六二〕《類聚》、《御覽》卷七百六十引俱無"謂"字。

〔六三〕盧弼曰："宋本作'即起拜待酒，次通酌兵各一銀盌'。"

謹案：《官本考證》曰："毛本作'即起拜持酒',《太平御覽》作'次通酌兵各一銀盌',多'次'字。"宋本"待"字作"持",形之誤也。考《御覽》卷四百三十五、卷七百六十、《册府》引俱有"次"字,《類聚》引作"通次",疑誤乙。蕭書"通"上亦有"次"字。

〔六四〕《御覽》卷四百三十六引"三"字作"二",蕭書同。

〔六五〕本傳"都"字作"部",蕭書、《御覽》引同。《册府》引作"部都督"。

〔六六〕《御覽》引"便"字作"乃"。

〔六七〕《御覽》卷四百八十一、卷五百七十四引"備"字作"避"。

〔六八〕《書鈔》卷百二十三、《初學記》卷二十二、《白帖》卷十三引"不"下俱有"得"字。

〔六九〕盧弼曰："元本'楯'作'矟'。"

謹案：《官本考證》曰："元本作'操刀持矟'。"《御覽》卷三百四十五、卷五百七十四引俱作"楯",疑作"楯"字是。故下文云"以身分（疑為"介"字之誤）之",《通俗文》："矛丈八者謂之矟。"作"矟"字似與當時情勢不合。

〔七〇〕《御覽》卷五百七十四、《事類賦》卷十一引"分"字俱作"蔽"。

〔七一〕《御覽》引作"屯於中州"。

〔七二〕《白帖》卷五十三上"禮"字作"酒"。

〔七三〕《册府》卷三百四十三引"軍"字作"事",是也。考《董襲傳》"權年少知統事",《陳武傳》"及權統事",《朱然傳》"至權統事",《徐盛傳》《呂岱傳》亦俱作"孫權統事",無作"統軍"者,則"軍"字為"事"字之誤。

〔七四〕盧弼曰："何焯校改'祭'作'察'。"

謹案：錢儀吉曰："儀吉案：似未然也。"考《御覽》卷八百四十六引作"因督酒際"，"際"誤"祭"。何校似非。《白帖》卷十五引作"自督酒"。

〔七五〕《御覽》卷八百四十六引作"面折不爲具酒"。

〔七六〕《實錄》"不"下有"能"字。

〔七七〕《御覽》引"死"上無"乃"字。

〔七八〕蕭書"兵"字作"軍"。

〔七九〕盧弼曰："宋本'復'作'獲'，或曰：'疑作覆。'"

謹案：《册府》卷三百九十四引亦作"獲"，作"獲"字是。或曰"疑作覆"，臆說無據。

〔八〇〕盧弼曰："何焯校改'往'作'征'。"

謹案：《御覽》卷七十三、《册府》引"往"字俱作"征"，考本志《張紘傳》《蔣欽傳》俱有"從征合肥"之語，則作"征"字爲得。

〔八一〕《御覽》卷七十三、卷四百三十五引"部"下有"都"字，蕭書同。

〔八二〕盧弼曰："何焯校改'徹'作'撤'。"

謹案：《儀禮·士冠禮》"徹筮席"注："徹，去也，斂也。"徹軍猶斂軍，不必改爲"撤"，何說非是。考《御覽》卷七十三、卷四百三十五引"軍"下有"還"字，蕭書同，疑今本脫，似應增。

〔八三〕《册府》引"謂"字作"呼其字"。

〔八四〕《御覽》卷六百三十一引"且"字作"但"，"統"字作"公績"。

〔八五〕盧弼曰："官寺門也。"

謹案：《後漢書·張堪傳》"告歸平陵，望寺門而步"章懷注："寺門即馮陵縣門也。"則此之寺門謂餘杭縣門也。

〔八六〕盧弼曰："蔡質《漢儀》曰：'三署郎見光祿，執版拜。'本志《朱治傳》：'執版交拜。'"

謹案："懷"疑爲"袞"字之借。《說文·衣部》："袞，夾也。""三"疑爲"手"字之誤。《左傳·桓公二年》"袞冕黻珽"正義引徐廣《車服儀制》曰："古者貴賤皆執笏，即今手板也。"《禮記·玉藻》曰："凡有指畫於君前，用笏；造受命於君前，則書於笏。"後則惟持之以示敬，不必記事於其上矣。

〔八七〕盧弼曰："陳景雲曰：'統父操以建安八年戰没，統時年十五。及十一年預討麻屯之捷，至年十九，則吳赤烏中也。統自攝領父兵，屢立戰功，若赤烏中尚在，則從合肥還二十年間，統之宣力行間多矣，何更無功可錄乎？據《駱統傳》：凌統死，復領其兵，在隨陸遜破蜀以前，計統之年殆未逾三十。此四字當是二字之誤。'"

謹案：《實錄》曰："建安二十二年卒，時年二十九。"考《書鈔》卷一百三十三、《御覽》卷四百八十八引俱作"二十九"，與《實錄》同，陳說是也。

〔八八〕《御覽》引作"拊牀而起"。蕭書同。

〔八九〕《文選》陸士衡《辨亡論》李注引"烈"字作"列"，《實錄》、郝書同，《蒙求》卷二引亦作"列"。

〔九〇〕《實錄》"葛光"作"葛先"。

〔九一〕《白帖》卷十八引"追"上有"及長"二字。

〔九二〕《御覽》卷四百三十七引劉義慶《徐州先賢讚》曰："以敦直勇氣聞。"

〔九三〕盧弼曰："元本'復'作'敢'。"

謹案：《官本考證》曰："元本作'不敢爲寇'。"

〔九四〕《御覽》卷三百七十七引"尉"下有"領"字，蕭書同。《程普傳》"拜裨將軍，領江夏太守"。《韓當傳》"遷偏將軍，領永昌太守"。此似脱"領"字，應據補。

〔九五〕盧弼曰："'成'當作'城'，臨城見《孫韶傳》。"

謹案：趙一清曰："'成'當作'城'。《宋書·州郡志》：'宣城太守領縣有臨城。'"《季漢書》"成"字正作"城"。

〔九六〕蕭書"落"字作"漂"。考《御覽》引《徐州先賢讚》亦作"落"。

〔九七〕蕭書作"多所殺傷"。考《御覽》引《徐州先賢讚》作"所傷殺甚衆"，則"有"字或爲"多"之誤字。

〔九八〕盧弼曰："康發祥曰：'草叢生曰薄。落，藩也。蓋以叢草爲藩籬也。'"

謹案：薄落即藩籬，疊韵連語。本志《孫權傳》注引干寶《晉紀》所謂"乘以木槙，衣以葦席"也。康氏謂以叢草爲藩籬，恐不確。

〔九九〕蕭書"伏"字作"服"，是也。

〔一〇〇〕潘眉曰："'百校'當爲'五校'。"

謹案：潘説是，《陳武傳》"轉督五校"可證。

〔一〇一〕紹興本無"歸二"二字，非是。考《魏氏春秋》建安二十四年吴分秭歸爲固陵郡，蓋巫與秭歸原屬宜都郡，今分之別立固陵，則"至"字實"巫"字之誤也。

〔一〇二〕盧弼曰："官本'功夫'作'功業'。《官本考證》云：'各本皆誤，今改正。'何焯曰：'夫字疑。'"

謹案：《册府》卷四百一十八引作"功名"。官本作"業"，不審何據？竊考《魏志·王肅傳》"泰極已前，功夫尚大"，《衞覬傳》"不益於好，而糜費功夫"，而華嶠《漢書》亦有"功夫不難"之句，是則"功夫"一詞蓋魏晉間恒言，何焯云"夫字疑"，蓋未深考也。

〔一○三〕蕭書"泰"字作"汰"。《荀子·仲尼篇》"般樂奢汰"楊注："汰，侈也。""泰"與"汰"同。

〔一○四〕蕭書作"敵聞太傅自來必遁走"，當從之。疑"上岸"二字蓋涉下文"及恪上岸"而衍。

〔一○五〕《御覽》卷三百二十二、《册府》卷三百九十八引俱無"北"字，"風"下有"便"字。

〔一○六〕《御覽》《册府》引俱無"徐"字，考"徐"爲"涂"字之誤，《通典·兵十》作"涂塘"。

〔一○七〕《通典》"雪"上有"大"字。

〔一○八〕《御覽》《册府》引"敵"字作"魏"，上有"時"字，《通典》同。

〔一○九〕蕭書"至"上有"亦"字。

〔一一○〕盧弼曰："陳景雲曰：'亭當作鄉。奉已封亭侯，更封鄉侯，斯爲進耳。如陳武、是儀進封都鄉侯是也。'潘眉曰：'前已封都亭侯，此則都鄉侯也。亭字誤。'"

謹案："亭"爲"鄉"字之誤。陳、潘說是。考《册府》卷三百七十七引正作"鄉"。《實錄》、蕭書亦作"鄉"，是其證。

〔一一一〕盧弼曰："各本皆脱'將軍諸葛誕據壽春來降魏人'十二字，惟元本有之。《官本考證》及王鳴盛云'元修宋本有此十二字'，非也。"

謹案：《册府》卷三百四十九引有此十二字，蕭書同（蕭氏改"魏人"爲"敵兵"），是其所見本尚未佚也。盧君豈以紹興本脱此句，便謂惟元本有之，而元修宋本即盧君所云元本，何可逕斥

《官本考證》及王鳴盛所云爲非邪？如此之言，得無失之於孟浪乎！

〔一一二〕盧弼曰："王鳴盛曰：'各本太平二年下作魏大圍之，似所圍者即奉也。下文何云復使奉解圍乎？元修宋板魏大下有將軍諸葛誕據壽春來降魏人凡十二字，然後接圍之云云，此脱去，故不可解。《文選》陸機《辨亡論》李善注引《吳志》正與宋板同。而善所引於奉爲先登之下，即云黎斐力戰有功云云，此作史者因黎斐無傳，故於《丁奉傳》中帶敘黎斐事耳。俗刻誤衍屯於二字，又誤斐爲漿，遂以黎漿爲地名，而力戰有功，拜左將軍，似皆爲奉事矣！豈知上文奉先爲偏將軍、冠軍將軍、滅寇將軍，封都亭侯矣。又爲虎威將軍，進封安豐侯，何待此時方拜左將軍乎？下文敘建衡元年戰事畢，即云三年卒，其下乃又説奉有功驕矜云云。俗刻脱卒字，又不可讀矣。'侯康曰：'王氏據宋本及《文選》注補十二字是矣。至以屯於二字爲衍文，改黎漿爲黎斐，則恐不然。《通鑑》亦作進屯黎漿。《水經·肥水注》：芍陂瀆水東注黎漿水。黎漿東逕黎漿亭南。文欽之叛，吳軍北入，諸葛緒拒之於黎漿，即此水也（案：此事載《鄧艾傳》）。東注肥水，謂之黎漿水口也。是黎漿實有其地。又《諸葛誕傳》稱誕等渡黎漿水。《晉書·石苞傳》：諸葛誕舉兵淮南，吳遣大將朱異、丁奉等來迎誕等，留輜重於都陸，輕兵渡黎水。黎水即黎漿水之省文。諸葛誕所以渡此者，正以丁奉屯黎漿水故也。參考諸傳，佐證顯明，《選》注乃涉上文黎斐而誤，爲可據彼單詞輕改舊史也（《孫晧傳》注引《辨亡論》及《晉書·陸機傳》皆作鍾離斐，何焯疑爲鍾離牧之訛）。'弼按：王氏據元本補脱文，侯氏辨正王説之誤，均是。惟於王氏云所拜左將軍事未論及。按前後左右將軍在各雜號將軍之上。丁奉又虎威將軍因力戰有功，進拜左將軍，史文無誤，王氏失辭矣。黎漿見《魏志・諸葛誕傳》。沈家本曰：'侯氏之考黎漿也詳矣，然謂《選》注爲誤，恐又不然！李善因黎斐而引《吳志》，則所云力戰有功者，自謂黎斐，非謂丁奉也。恐今本屯於黎漿之下尚有奪文爾！'"

謹案：徐紹楨曰："王說可謂詳矣，而未盡也。蒙考《水經注》云：'肥水北入芍陂，又北分爲二水：一水東注黎漿，黎漿水東逕黎漿亭南。文欽之叛，吳軍北入，諸葛緒拒之於黎漿，即此水也。'據此則黎漿自是地名（《通鑑》亦作"進屯黎漿"）。竊疑當時奉與黎斐往解魏人之圍，奉先屯於黎漿，以爲掎角之勢，黎斐乃進而力戰。《陳志》'屯於黎漿'之下，當有'黎斐'二字，後人傳錄奪去耳。李氏注《文選》但云'奉爲先登，黎斐力戰有功'，而不引'屯於黎漿'四字，此亦注家求省之恒例，未必盡屬訛衍也。"

〔一一三〕《册府》卷六百二十七引"吏"字作"史"。

〔一一四〕《册府》引"友"字作"支"，"盛"字作"衆"。蕭書"友"亦作"支"。《陸遜傳》"機支黨多"，"支黨"蓋當時常語。

〔一一五〕蕭書"緲"下有"即至"二字。

〔一一六〕蕭書"護"字作"督"。

三國志校箋卷五十六

吳志卷十一〔一〕

朱治　朱然 子績　吕範 子據　朱桓 子異〔二〕

　　朱治字君理，丹陽故鄣人也。初爲縣吏，後察孝廉，州辟從事，隨孫堅征伐。中平五年，拜司馬，從討長沙、零、桂等三郡賊周朝、蘇馬等有功，堅表治行都尉。從破董卓於陽人，入洛陽。表治行督軍校尉，特將步騎東助徐州牧陶謙討黃巾。

　　會堅薨，治扶翼策，依就袁術，後知術政德不立，乃勸策還平江東。時太傅馬日磾在壽春，辟治爲掾，遷吳郡都尉。是時吳景已在丹陽，而策爲術攻廬江，於是劉繇恐爲袁、孫所并，遂構嫌隙。而策家門盡在州下，治乃使人於曲阿迎太妃及權兄弟，所以供奉輔護，甚有恩紀。治從錢唐欲進到吳，吳郡太守許貢拒之於由拳，治與戰，大破之。貢南就山賊嚴白虎，治遂入郡，領太守事。策既走劉繇，東定會稽。

權年十五，治舉爲孝廉。後策薨，治與張昭等共尊奉權。建安七年，權表治爲九真太守[三]，行扶義將軍，割婁、由拳、無錫、毗陵爲奉邑，置長吏。征討夷越，佐定東南，禽截黃巾餘類陳敗、萬秉等。黃武元年，封毗陵侯，領郡如故。二年，拜安國將軍，金印紫綬，徙封故鄣。

權歷位上將，及爲吳王，治每進見，權常親迎，執版交拜，饗宴贈賜，恩敬特隆，至從行吏，皆得奉贊私覿，其見異如此。

初，權弟翊，性峭急，喜怒快意，治數責教，諭以道義。權從兄豫章太守賁女爲曹公子婦，及曹公破荆州，威震南土，賁畏懼，欲遣子入質。治聞之，求往見賁，爲陳安危，《江表傳》載治說賁曰："破虜將軍昔率義兵入討董卓，聲冠中夏，義士壯之。討逆繼世，廓定六郡，特以君侯骨肉至親，器爲時生，故表漢朝，剖符大郡，兼建將校，仍關綜兩府，榮冠宗室，爲遠近所瞻。加討虜聰明神武，繼承洪業，攬結英雄，周濟世務，軍衆日盛，事業日隆，雖昔蕭王之在河北，無以加也，必克成王基，應運東南。故劉玄德遠布腹心，求見拯救，此天下所共知也。前在東聞道路之言，云將軍有異趣，良用憮然。今曹公阻兵，傾覆漢室，幼帝流離，百姓元元未知所歸。而中國蕭條，或百里無煙，城邑空虛，道殣相望，士歎於外，歸怨乎室，加之以師旅，因之以饑饉，以此料之，豈能越長江與我爭利哉？將軍當斯時也，而欲背骨肉之親，違萬安之計，割同氣之膚，啖虎狼之口,爲一女子,改慮易圖,失機毫釐,差以千里,豈不惜哉!"賁由此遂止。

權常歎治憂勤王事。性儉約,雖在富貴,車服惟供事〔四〕。權優異之,自令督軍御史典屬城文書,治領四縣租稅而已。然公族子弟及吳四姓,多出仕郡,郡吏常以千數,治率數年一遣詣王府,所遣數百人,每歲時獻御,權答報過厚。是時丹陽深地,頻有奸叛,亦以年向老,思戀土風,自表屯故鄣,鎮撫山越。諸父老故人莫不詣門,治皆引進,與共飲宴,鄉黨以爲榮。在故鄣歲餘還吳。黃武三年卒,在郡三十一年,年六十九。

子才,素爲校尉領兵,既嗣父爵,遷偏將軍。《吳書》曰:才字君業,爲人精敏,善騎射,權愛異之,常侍從游戲。少以父任爲武衛校尉,領兵隨從征伐,屢有功捷。本郡議者以才少處榮貴,未留意於鄉黨,才乃歎曰:"我初爲將,謂跨馬蹈敵,當身履鋒,足以揚名,不知鄉黨復追迹其舉措乎!"於是更折節爲恭,留意於賓客,輕財尚義,施不望報,又學兵法,名聲始聞於遠近。會疾卒。才弟紀,權以策女妻之,亦以校尉領兵。紀弟緯、萬歲,皆早夭。才子琬,襲爵爲將,至鎮西將軍。

朱然字義封,治姊子也,本姓施氏。初治未有子,然年十三,乃啓策乞以爲嗣。策命丹陽郡以羊酒召然,然到吳,策優以禮賀。

然嘗與權同書學〔五〕,結恩愛。至權統事,以然爲餘姚長，時年十九。後遷山陰令，加折衝校尉，督五縣。權奇其能，分丹陽爲臨川郡，然爲太守，臣松之案：此郡尋罷，非今臨川郡。授兵一千人〔六〕。會山賊盛起，然平討，旬月而定。曹公出濡須，然備大塢及三關屯，拜偏將軍。建安二十四年，從討關羽，別與潘璋到臨沮禽羽，遷昭武將軍，封西安鄉侯。

虎威將軍呂蒙病篤，權問曰："卿如不起，誰可代者？"蒙對曰："朱然膽守有餘，愚以爲可任。"蒙卒，權假然節，鎮江陵。黃武元年，劉備舉兵攻宜都，然督五千人與陸遜并力拒備。然別攻破備前鋒，斷其後道，備遂破走。拜征北將軍，封永安侯。

魏遣曹真、夏侯尚、張郃等攻江陵，魏文帝自住宛，爲其勢援，連屯圍城。權遣將軍孫盛督萬人備州上，立圍塢，爲然外救。郃渡兵攻盛，盛不能拒，即時却退，郃據州上圍守，然中外斷絶。權遣潘璋、楊粲等解而圍不解〔七〕。時然城中兵多腫病，堪戰者裁五千人。真等起土山，鑿地道〔八〕，立樓櫓臨城〔九〕，弓矢雨注，將士皆失色，然宴如而無恐意，方厲吏士，伺間隙攻破兩屯。魏攻圍然凡六月日〔一〇〕，未退。江陵令姚泰領兵備城北門，見外兵盛，城中人少，穀食欲盡，因與敵交通，謀爲內應。垂發，事覺，然治戮泰。尚等不能克，乃撤攻退還。由是然名震於敵國，改封當陽侯。

六年，權自率衆攻石陽，及至旋師，潘璋斷後。夜出錯亂，敵追擊璋，璋不能禁。然即還住拒敵，使前船得引極遠〔一〕，徐乃後發。黃龍元年，拜車騎將軍、右護軍，領兗州牧。頃之，以兗州在蜀分，解牧職。

嘉禾三年，權與蜀克期大舉，權自向新城，然與全琮各受斧鉞，爲左右督。會吏士疾病，故未攻而退。

赤烏五年，征柤中，《襄陽記》曰：柤音如租税之租。柤中在上黃界，去襄陽一百五十里。魏時夷王梅敷兄弟三人，部曲萬餘家屯此，分布在中廬宜城西山鄢〔一二〕、沔二谷中，土地平敞，宜桑麻，有水陸良田，沔南之膏腴沃壤，謂之柤中。魏將蒲忠、胡質各將數千人，忠要遮險隘，圖斷然後，質爲忠繼援。時然所督兵將先四出，聞問不暇收合，便將帳下見兵八百人逆掩。忠戰不利，質等皆退。孫氏《異同評》曰：《魏志》及《江表傳》云，然以景初元年、正始二年再出爲寇，所破胡質、蒲忠在景初元年。《魏志》承《魏書》，依違不説質等爲然所破，而直云然退耳。《吳志》説赤烏五年，於魏爲正始三年，魏將蒲忠與朱然戰，忠不利，質等皆退。按《魏少帝紀》及《孫權傳》，是歲並無事，當是陳壽誤以吳嘉禾六年爲赤烏五年耳。九年，復征柤中，魏將李興等聞然深入，率步騎六千斷然後道，然夜出逆之，軍以勝反。先是，歸義馬茂懷姦，覺誅，權深忿之。然臨行上疏曰：「馬茂小子，敢負恩養。臣今奉天威，事蒙克捷，欲令所獲，震耀遠近，方舟塞江，使足可觀，以解上下之忿。惟陛下識臣先言，責臣後效。」權時抑表不出。然既獻捷，羣臣上賀，權乃舉酒作樂，而出然表曰：「此家前初有表，孤以爲難必，今果如其言，可謂明於見事也。」遣使拜然爲左大司馬、右軍師〔一三〕。

然長不盈七尺，氣候分明，內行脩潔，其所文采，惟施軍器，餘皆質素。終日欽欽，常在戰場〔一四〕，臨急膽定，尤過絕人，雖世無事，每朝夕嚴鼓，兵在營者，咸行裝就隊〔一五〕，以此玩敵，使不知所備，故出輒有功。諸葛瑾子融，步騭子協，雖各襲任〔一六〕，權特復使然總爲大督。又陸遜亦本功臣名將存者惟然，莫與比隆。寢疾二年，後漸增篤，權晝爲減膳，夜爲不寐〔一七〕，中使醫藥口食之物，相望於道。然每遣使表疾病消息，權輒召見，口自問訊，入賜酒食，出送布帛。自創業功臣疾病，權意之所鍾，呂蒙、淩統最重，然其次矣。年六十八，赤烏十二年卒，權素服舉哀，爲之感慟。子績嗣。

績字公緒，以父任爲郎，後拜建忠都尉。叔父才卒，績領其兵，隨太常潘濬討五溪，以膽力稱。遷偏將軍營下督，領盜賊事，持法不傾。魯王霸注意交績，嘗至其廨，就之坐，欲與結好，績下地住立，辭而不當。然卒，績襲業，拜平魏將軍，樂鄉督。明年，魏征南將軍王昶率衆攻江陵城，不克而退。績與奮威將軍諸葛融書曰：「昶遠來疲困，馬無所食，力屈而走，此天助也。今追之，力少，可引兵相繼，吾欲破之於前，足下乘之於後，豈一人之功哉，宜同斷金之義。」融答許績。績便引兵及昶於紀南，紀南去城三十里，績先戰勝而融不進，績後失利。權深嘉績，盛責怒融，融兄大將軍恪貴重，故融得不廢。初績與恪、融不平，及此事變，爲隙益甚。建興元年，遷鎮東將軍。二年春，恪向新城，要績并力，而留置半州，使融兼其任。冬，恪、融被害，績復還樂鄉，假節。太平二年，拜驃騎將軍。孫綝秉政，大臣疑貳，績恐吳必擾亂，而中國乘釁，乃密書結蜀，使爲并兼之慮。蜀遣右將軍閻宇將兵五千，增白帝守，以須績之後命。永安初，遷上大將軍、都護督，自巴丘上迄西陵。元興元年，就拜左大司馬。初，然爲治行喪竟，乞復本姓，權不許，績以五鳳中表還爲施氏，建衡二年卒。

呂範字子衡，汝南西陽人也〔一八〕。少爲縣吏，有容觀姿貌〔一九〕。邑人劉氏，家富女美，範求之。女母嫌〔二〇〕，欲勿與，劉氏曰：「觀呂子衡寧當久貧者邪〔二一〕？」遂與之婚〔二二〕。後避亂壽春，孫策見而異之，範遂自委昵，將私客百人歸策。時太妃在江都，策遣範迎之。徐州牧陶謙謂範爲袁氏覘候，諷縣掠考範，範親客健兒篡取以歸。時唯範與孫河常從策跋涉，辛苦危難不避，策亦親戚待之，每與升堂飲宴於太妃前。

後從策攻破廬江，還俱東渡，到橫江、當利，破張英、于麋，下小丹陽〔二三〕、湖熟，領湖熟相。策定秣陵、曲阿，收笮融、劉繇餘衆，增範兵二千，騎五十匹。後領宛陵令，討破丹陽賊，還吳，遷都督〔二四〕。《江表傳》曰：策從容獨與範棊，範曰：「今將軍事業日大，士衆日盛，範在遠，聞綱紀猶有不整者，範願蹔領都督，佐將軍部分之。」策曰：「子衡，卿既上大夫〔二五〕，加手下已有大衆，立功於外，豈宜復屈小職，知軍中細碎事乎！"範曰："不然。今捨本土而託將軍者，非爲妻子也，欲濟世務[二六]。猶同舟涉海，一事不牢，即俱受其敗。此亦範計，非但將軍也。"策笑，無以答。範出，便釋褠，著袴褶，執鞭，詣閤下啓事曰，稱領都督[二七]，策乃授傳，委以衆事。由是軍中肅睦，威禁大行。

是時下邳陳瑀自號吳郡太守，住海西，與彊族嚴白虎交通。策自將討虎，別遣範與徐逸攻瑀於海西，梟其大將陳牧。《九州春秋》曰：初平三年，揚州刺史陳禕死，袁術使瑀領揚州牧。後術爲曹公所敗於封丘，南人叛瑀，瑀拒之。術走陰陵，好辭以下瑀，瑀不知權，而又怯，不即攻術。術於淮北集兵向壽春。瑀懼，使其弟公琰請和於術。術執之而進，瑀走歸下邳。又從攻祖郞於陵陽，太史慈於勇里。七縣平定，拜征虜中郞將，征江夏，還平鄱陽。

策薨，奔喪於吳。後權復征江夏，範與張昭留守。

曹公至赤壁，與周瑜等俱拒破之，拜裨將軍，領彭澤太守，以彭澤、柴桑、歷陽爲奉邑。劉備詣京見權，範密請留備。後遷平南將軍，屯柴桑。

權討關羽，過範館，謂曰："昔早從卿言，無此勞也。今當上取之，卿爲我守建業。"權破羽還，都武昌，拜範建威將軍，封宛陵侯，領丹陽太守，治建業，督扶州以下至海，轉以溧陽、懷安、寧國爲奉邑。

曹休、張遼、臧霸等來伐，範督徐盛、全琮、孫韶等，以舟師拒休等於洞口。遷前將軍，假節，改封南昌侯。時遭大風，船人覆溺，死者數千，還軍[二八]，拜揚州牧。

性好威儀[二九]，州民如陸遜、全琮及貴公子，皆脩敬虔肅，不敢輕脱[三〇]。其居處服飾[三一]，於時奢靡，然勤事奉法，故權悅其忠，不怪其侈。《江表傳》曰：人有白範與賀齊奢麗夸綺，服飾僭擬王者，權曰："昔管仲踰禮，桓公優而容之，無損於霸。今子衡、公苗，身無夷吾之失，但其器械精好，舟車嚴整耳，此適足作軍容[三二]，何損於治哉？"告者乃不敢復言。

初策使範典主財計，權時年少，私從有求，範必關白，不敢專許，當時以此見望。權守陽羨長，有所私用，策或料覆，功曹周谷輒爲傳著簿書，使無譴問。權臨時悅之，及後統事，以範忠誠，厚見信任，以谷能欺更簿書，不用也。

黃武七年，範遷大司馬，印綬未下，疾卒。權素服舉哀，遣使者追贈印綬。及還都建業，權過範墓呼曰："子衡！"言及流涕，祀以太牢。《江表傳》曰：初，權移都建業，大會將相文武，時謂嚴畯曰[三三]："孤昔歎魯子敬比鄧禹，呂子衡方吳漢，聞卿諸人未平此論，今定云何？"畯退席曰："臣未解指趣，謂肅、範受饒，褒歎過實。"權曰："昔鄧仲華初見光武，光武時受更始使，撫河北，行大司馬事耳，未有帝王志也[三四]。禹勸之以復漢業，是禹開初議之端矣。子敬英爽有殊略，孤始與一語，便及大計，與禹相似，故比之。呂子衡忠篤亮直，性雖好奢，然以憂公爲先，不足爲損，避袁術自歸於兄，兄作大將[三五]，別領部曲，故憂兄事，乞爲都督[三六]，辦護脩整，加之恪勤，與吳漢相類，故方之。皆有旨趣，非孤私之也。"畯乃服。

範長子先卒，次子據嗣。據字世議，以父任爲郎，後範寢疾，拜副軍校尉，佐領軍事。範卒，遷安軍中郎將。數討山賊，諸深惡劇地，所擊皆破。隨太常潘濬討五谿，復有功。朱然攻樊，據與朱異破城外圍，還拜偏將軍，入補馬閑右部督，遷越騎校尉。太元元年，大風，江水溢流〔三七〕，漸淹城門，權使視水，獨見據使人取大船以備害〔三八〕。權嘉之，拜盪魏將軍。權寢疾，以據爲太子右部督。太子即位，拜右將軍。魏出東興〔三九〕，據赴討有功。明年，孫峻殺諸葛恪，遷據爲驃騎將軍，平西宮事。五鳳二年，假節，與峻等襲壽春，還遇魏將曹珍，破之於高亭。太平元年，帥師侵魏，未及淮，聞孫峻死，以從弟綝自代，據大怒，引軍還，欲廢綝。綝聞之，使中書奉詔，詔文欽、劉纂、唐咨等使取據，又遣從兄慮以都下兵逆據於江都。左右勸據降魏，據曰：“恥爲叛臣。”遂自殺。夷三族。

朱桓字休穆，吳郡吳人也。孫權爲將軍，桓給事幕府，除餘姚長。往遇疫癘，穀食荒貴，桓分部良吏，隱親醫藥，飡粥相繼，士民感戴之。遷盪寇校尉，授兵二千人，使部伍吳、會二郡，鳩合遺散，期年之間，得萬餘人。後丹陽、鄱陽山賊蜂起，攻沒城郭，殺略長吏，處處屯聚。桓督領諸將，周旋赴討，應皆平定〔四〇〕。稍遷裨將軍，封新城亭侯。

後代周泰爲濡須督。黃武元年，魏使大司馬曹仁步騎數萬向濡須〔四一〕，仁欲以兵襲取州上，僞先揚聲欲東攻羨溪。桓分兵將赴羨溪，既發，卒得仁進軍拒濡須七十里問。桓遣使追還羨溪兵〔四二〕，兵未到而仁奄至〔四三〕。時桓手下及所部兵在者五千人〔四四〕，諸將業業，各有懼心，桓喻之曰："凡兩軍交對〔四五〕，勝負在將，不在衆寡。諸君聞曹仁用兵行師，孰與桓邪？兵法所以稱客倍而主人半者，謂俱在平原，無城池之守，又謂士衆勇怯齊等故耳。今仁既非智勇，加其士卒甚怯〔四六〕，又千里步涉，人馬罷困，桓與諸軍共據高城〔四七〕，南臨大江，北背山陵，以逸待勞，爲主制客，此百戰百勝之勢也。雖曹丕自來，尚不足憂，況仁等邪！"桓因偃旗鼓〔四八〕，外示虛弱，以誘致仁。仁果遣其子泰攻濡須城，分遣將軍常雕督諸葛虔、王雙等，乘油船別襲中洲。中洲者，部曲妻子所在也。仁自將萬人留橐皋，復爲泰等後拒。桓部兵將攻取油船，或別擊雕等。桓等身自拒泰〔四九〕，燒營而退〔五〇〕，遂梟雕，生虜雙，送武昌，臨陣斬溺，死者千餘〔五一〕。權嘉桓功，封嘉興侯，遷奮武將軍，領彭城相。

黃武七年，鄱陽太守周魴譎誘魏大司馬曹休，休將步騎十萬至皖城以迎魴。時陸遜爲元帥，全琮與桓爲左右督，各督三萬人擊休。休知見欺，當引軍還，自負衆盛，邀於一戰。桓進計曰："休本以親戚見任，非智勇名將也。今戰必敗，敗必走，走當由夾石、挂車，此兩道皆險阨，若以萬兵柴路，則彼衆可盡，而休可生虜，臣請將所部以斷之。若蒙天威，得以休自效，便可乘勝長驅，進取壽春，割有淮南，以規許、洛，此萬世一時，不可失也。"權先與陸遜議，遜以爲不可，故計不施行。

黃龍元年，拜桓前將軍，領青州牧，假節。嘉禾六年，魏廬江主簿呂習請大兵自迎，欲開門爲應。桓與衛將軍全琮俱以師迎。既至，事露，軍當引還。城外有溪水，去城一里所，廣三十餘丈，深者八九尺，淺者半之，諸軍勒兵渡去，桓自斷後。時廬江太守李膺整嚴兵騎，欲須諸軍半渡，因迫擊之。及見桓節蓋在後，卒不敢出，其見憚如此。

是時全琮爲督，權又令偏將軍胡綜宣傳詔命，參與軍事。琮以軍出無獲，議欲部分諸將，有所掩襲。桓素氣高〔五二〕，恥見部伍，乃往見琮，問行意，感激發怒，與琮校計。琮欲自解，因曰："上自令胡綜爲督，綜意以爲宜爾〔五三〕。"桓愈恚恨，還乃使人呼綜。綜至軍門，桓出迎之，顧謂左右曰："我縱手，汝等各自去。"有一人旁出，語綜使還。桓出，不見綜，知左右所爲，因斫殺之。桓佐軍進諫，刺殺佐軍，遂託狂發詣建業治病。權惜其功能，故不罪。孫盛曰：《書》云臣無作威作福，作威作福，則凶于而家，害于而國。桓之賊忍，殆虎狼也，人君且猶不可，況將相乎？語曰，得一夫而失一國，縱罪虧刑，失孰大焉！使子異攝領部曲，令醫視護〔五四〕，數月復遣還中洲。權自出祖送，謂曰："今寇虜尚存，王塗未一，孤當與君共定天下，欲令君督五萬人專當一面，以圖進取，想君疾未復發也。"桓曰："天授陛下聖姿，當君臨四海，猥重任臣，以除奸逆[五五],臣疾當自愈。"《吴録》曰:桓奉觴曰:"臣當遠去,願一抒陛下鬚,無所復恨[五六]。"權馮几前席,桓進前抒鬚曰[五七]:"臣今日真可謂抒虎鬚也。"權大笑。

桓性護前,恥爲人下,每臨敵交戰,節度不得自由,輒嗔恚憤激。然輕財貴義,兼以彊識,與人一面,數十年不忘,部曲萬口,妻子盡識之。愛養吏士,贍護六親,俸祿產業,皆與共分。及桓疾困,舉營憂慼。年六十二,赤烏元年卒。吏士男女,無不號慕。又家無餘財,權賜鹽五千斛以周喪事。子異嗣。

異字季文,以父任除郎,《文士傳》曰:張惇子純與張儼及異俱童少,往見驃騎將軍朱據。據聞三人才名,欲試之,告曰:"老鄙相聞,饑渴甚矣。夫驥騄以迅驟爲功,鷹隼以輕疾爲妙,其爲吾各賦一物,然後乃坐。"儼乃賦犬曰:"守則有威,出則有獲,韓盧、宋鵲,書名竹帛。"純賦席曰:"席以冬設[五八],簟爲夏施,揖讓而坐,君子攸宜。"異賦弩曰:"南嶽之幹[五九],鍾山之銅,應機命中,獲隼高墉[六〇]。"三人各隨其目所見而賦之,皆成而後坐,據大歡悦。後拜騎都尉,代桓領兵。赤烏四年,隨朱然攻魏樊城,建計破其外圍,還拜偏將軍。魏廬江太守文欽營住六安,多設屯砦[六一],置諸道要,以招誘亡叛,爲邊寇害。異乃身率其手下二千人[六二],掩破欽七屯,斬首數百,遷揚武將軍。權與論攻戰,辭對稱意。權謂異從父驃騎將軍據曰:"本知季文,猶定見之復過所聞[六三]。"十三年,文欽詐降,密書與異,欲令自迎。異表呈欽書,因陳其僞,不可便迎。權詔曰:"方今北土未一,欽云欲歸命,宜且迎之。若嫌其有譎者,但當設計網以羅之,盛重兵以防之耳。"乃遣吕據督二萬人,與異并力,至北界,欽果不降。建興元年,遷鎮南將軍。是歲魏遣胡遵、諸葛誕等出東興,異督水軍攻浮梁,壞之,魏軍大破。《吴書》曰:異又隨諸葛恪圍新城,城既不拔,異等皆言宜速還豫章,襲石頭城,不過數日可拔。恪以書曉異,異投書於地曰:"不用我計,而用侯子言〔六四〕!"恪大怒,立奪其兵,遂廢還建業。太平二年,假節,爲大都督,救壽春圍,不解。還軍,爲孫綝所枉害。《吴書》曰:綝要異相見,將往,恐陸抗止之〔六五〕,異曰:"子通〔六六〕,家人耳,當何所疑乎!"遂往。綝使力人於坐上取之。異曰:"我吴國忠臣,有何罪乎?"乃拉殺之。

評曰:朱治、吕範以舊臣任用,朱然、朱桓以勇烈著聞,吕據、朱異、施績咸有將領之才,克紹堂構。若範、桓之越隘,得以吉終,至於據、異無此之尤而反罹殃者,所遇之時殊也。

【校箋】

〔一〕毛本作"吴書十一"。

〔二〕毛本作"朱治朱然吕範朱桓傳第十一"。

〔三〕盧弼曰:"潘眉曰:'此九真太守當爲吴郡太守。初孫策以治爲吴郡太守,尚未表於漢帝,至是權始表聞。下云割婁、由拳、無錫、毗陵爲奉邑,皆吴郡屬城,證一也。又云:權優異之,自令督軍御史典屬城文書,治領四縣租稅而已。明是吳郡太守,非九真太守,證二也。又云:思戀土風,自表屯故鄣(治丹陽故鄣人),歲餘還吳。既云還吳,則始自吳移屯故鄣可知。歲餘即還,又非交州所能往返,證三也。又云:在郡三十一年。考《後漢書·獻帝紀》孫策以興平元年據江東,是歲策即以朱治爲吳郡太守。自興平元年至黃武三年(治以黃武三年卒),正得三十一年。則治始終爲吳郡太守,未嘗遷轉,四證也。況是時吳止有會稽、吳郡、丹陽、豫章、廬陵、廬江六郡,未得九真。士燮弟䵋方爲九真太守,證五也。'沈家本曰:'治前以吳郡都尉領太守事,至是始表爲真太守。傳文衍一九字耳,不必改九真爲吳郡也。'弼按:《孫賁傳》'過定豫章,上賁領太守',此孫策上賁領豫章太守也。《吳夫人傳》'策復以吳景爲丹陽太守。漢遣議郎王誧銜命南行,表景爲揚武將軍,領郡如故',是孫策渡江所更置長吏,皆已表聞矣,不必待權始表也。或其時漢已命陳瑀行吳郡太守(見《孫策傳》注引《江表傳》),策與瑀相攻,故未及表聞歟?"

謹案:洪頤煊曰:"此遙領也。是時權未得有九真,治仍在吳郡,故下文云'割婁、由拳、無錫、毘陵爲奉邑','黃武元年封毘陵侯,領郡如故'。"考《諸葛瑾傳》:"建安二十年(中略)吳郡太守朱治,權舉將也。"而本傳云"在郡三十一年",似其間未曾遙領九真,潘說或是。又策定江東自領會稽太守。治以破許貢,得入郡,故以治領之,似未表聞於漢帝也。故漢朝乃以陳瑀行吳郡太守(見《孫策傳》注引《江表傳》建安二年詔書),住海西,而治當在吳。及孫策破走瑀,治雖領郡,或亦未表上,及建安七年權始表治也。盧君謂策渡所更置長吏皆已表聞,恐非史實。復云與瑀相攻,未及表聞,乃意必之詞,亦未可據。沈氏謂衍"九"字,然史籍似未有以"真太守"爲詞者,説或未的。

〔四〕盧弼曰："'供'字上下，疑有脱字。"

謹案：《蜀志·姜維傳》"衣服取供，輿馬取備"，疑"供"上脱"取"字。

〔五〕《册府》卷三百四十三引"書學"二字乙。

〔六〕紹興本"一"字作"二"。《册府》卷三百四十三、卷三百四十九、卷三百七十七引同。

〔七〕盧弼曰："錢儀吉曰：'解下脱圍字。'弼按：無'圍'字亦可通。"

謹案：蕭書"解"下有"圍"字，是也。無"圍"字語失完整。盧君説或非。

〔八〕毛本"地"作"池"。盧弼曰："宋本'池'作'地'，《通鑑》同。

謹案：《御覽》卷三百三十六引《吳書》作"鑿地突"，作"地"字是。《通典·兵十三》"攻城戰具"條："鑿地爲道，行於城下，用攻其城。往往建柱，積薪於其柱間而燒之，柱折城摧。"是鑿地道攻城之用也。

〔九〕《實録》"臨"上有"日夕"二字。

〔一〇〕蕭書"月"下無"日"字。

〔一一〕蕭書"極"字作"既"。

〔一二〕紹興本"鄢"字作"鄏"。

〔一三〕《文選》陸士衡《辨亡論》李注引"師"子作"帥"。

〔一四〕蕭書"常"下有"若"字。《御覽》卷三百七十六引"在"字作"存"。

〔一五〕蕭書"行"下有"束"字。

〔一六〕紹興本"各"字作"名"，是。

〔一七〕《文選》沈休文《齊故安陸昭王碑文》李注引"瘵"

字作"寑"。

〔一八〕紹興本"西"字作"細",《御覽》卷五百四十一、《册府》卷三百四十一、卷八百五十三引同,《實錄》、蕭書亦俱作"細"。考細陽,漢魏俱屬汝南;西陽漢屬江夏,魏屬弋陽。此當作"細陽"爲是。

〔一九〕《實錄》句下有"而家貧"三字,與下文"觀吕子衡寧當久貧者邪"義正相承,疑此脱。

〔二〇〕《白帖》卷二十、《御覽》卷四百八十五、卷五百四十一、《册府》卷八百五十三引"母"上俱無"女"字。

〔二一〕《白帖》卷十七引"觀"上有"吾"字。

〔二二〕《御覽》卷五百四十一、《册府》引"與"字作"爲",下無"之"字。《實錄》作"遂與爲婚"。

〔二三〕蕭書無"小"字。

〔二四〕"遷"字疑誤。考傳注引《江表傳》"策曰:豈宜復屈小職。"既曰"屈",則不得曰"遷"也,當據注改作"領",與下文"領都督"正相應。

〔二五〕紹興本"上"字作"士"。

〔二六〕《實錄》作"欲與將軍共濟世務"。

〔二七〕錢儀吉從宋本增"自"字。

謹案:紹興本"曰"字作"自",《白帖》卷四十一引同。"自""曰"形近而訛,應據改。

〔二八〕蕭書"還軍"二字乙。

〔二九〕《實錄》作"性耿介,有威儀"。

〔三〇〕《御覽》卷二百五十引"脱"下有"也"字。

〔三一〕《御覽》引"處"字作"家"。

〔三二〕盧弼曰:"或曰:'作疑作壯。'"

謹案：《爾雅·釋言》："作、造，爲也。""作"字或不誤。《文選·左太沖〈吳都賦〉》李注："軍容，軍之容表，言矛劍等也。"

〔三三〕盧弼曰："宋本'時'作'特'。"

謹案：《官本考證》曰："'時'，《册府》作'特'。"見《册府》卷二百零四。

〔三四〕蕭書"王"下有"之"字。

〔三五〕《實錄》"兄"字作"已"，是也。已作大將，指呂範。範是時已增兵二千騎五十匹爲大將矣。此作"兄"與上下文義不協，"兄""已"形近又蒙上"兄"字而誤，應據改。

〔三六〕《實錄》"乞"下有"降"字。

〔三七〕《御覽》卷二百四十引作"江水盛溢泛流"，此奪"盛""泛"二字。

〔三八〕盧弼曰："《官本考證》曰：'《御覽》害作宫。'"

謹案：《御覽》見卷二百四十，《實錄》作"備宫内"。《册府》卷三百九十、郝書俱作"害"，與今本同。

〔三九〕郝書"魏"下有"軍"字。

〔四〇〕蕭書"皆"字作"時"。

〔四一〕《御覽》三百二十二引"仁"下有"將"字，是，應據補。

〔四二〕《御覽》引"桓"下有"聞"字，無"遣使""還"三字。

〔四三〕《御覽》引"仁"下有"兵"字，蕭書同，此脱。

〔四四〕蕭書"五"上有"才"字。

〔四五〕《御覽》引"交"字作"相"。

〔四六〕蕭書"其"字作"以"。

〔四七〕"軍"錢儀吉疑作"君"。盧弼曰："宋本'君'作'軍'。"

謹案：《御覽》卷二百九十引亦作"軍"，與宋本同。竊疑作"君"字是。此桓對諸將語，當作"諸君"爲是。且上文有"諸君聞曹仁用兵行師"，此句正承之。蕭書亦作"君"字，則宋本疑誤。

〔四八〕蕭書"鼓"上有"仆"字。

〔四九〕《御覽》引無"等身"二字，《實錄》、蕭書俱作"身自拒泰"，是也。此"桓等"二字蓋蒙上文而衍。

〔五〇〕《御覽》引"燒"上有"泰"，《實錄》、蕭書同，當據補。

〔五一〕《御覽》引"斬"字作"及"，"餘"下有"人"字，蕭書同。

〔五二〕《御覽》卷七百三十九引作"高氣"，蕭書作"尚氣"。

〔五三〕盧弼曰："劉家立曰：'綜疑作琮。'"

謹案：上文"琮欲自解"，遂推諉此出胡綜之意，故桓還乃使人呼綜，則作"綜"字是。劉說似未審。

〔五四〕蕭書"視護"二字乙。

〔五五〕蕭書作"猥委重任，任臣以除奸逆"。

〔五六〕《類聚》卷二十九、《御覽》卷三百七十四引俱無"所"字。

〔五七〕《類聚》、《白帖》卷三十一、《御覽》卷三百七十四、卷四百八十九引俱無"前"字，是也。"進前"於文義複，似應據刪。

〔五八〕《類聚》卷六十七、《初學記》卷十七、《御覽》卷三百八十五引"以"字俱作"爲"。

〔五九〕《初學記》、《册府》卷七百七十三引"幹"字作"榦"。

〔六〇〕盧弼曰:"《詩·大雅·皇矣篇》'以伐崇墉'毛傳云:'墉,城也。'"

謹案:《周易·解卦》爻辭上六:"公用射隼於高墉之上。"正義:"隼者,貪殘之鳥,鸇鷂之屬。墉,墻也。"此本《周易》,盧君引《詩》以説,似未詳所出也。

〔六一〕盧弼曰:"砦音寨,蒲落也,又壘也。通作柴、寨。"

謹案:《集韵·夬韵》:"砦,籬落也。"盧君作"蒲落",疑誤。

〔六二〕郝書作"其部二千人",《册府》卷四百二十引同,俱無"手下"二字。

〔六三〕紹興本、毛本"獪"字作"憎"。盧弼曰:"趙一清曰:'唐人詩有乖覺字,即憎也,乖、憎同音。今人習用之。蓋吴語也。'李龍官曰:'憎訓悶,訓惡,與語義不合,應作獪。言其狡獪也。'弼按:'憎'字疑爲'膽'字之誤,'定'字屬上句讀。《朱然傳》'臨急膽定,尤過絶人',本傳上文孫權'與論攻戰,辭對稱意',當亦謂其膽定也。《顧承傳》孫權與顧雍書曰:'貴孫子直,令問休休,至於相見,過於所聞。'與此傳'見之復過所聞'語意相同。若'定'字屬下句,似不成語。孫權所以告朱據者,乃獎李文之詞。若云狡獪,恐不然也。"

謹案:盧文弨《龍城札記》曰:"《吴志·朱桓傳》'本知李文憎,定見之復過所聞(定疑是近之訛)',何氏焯云:'疑是快字。'案:何説是也。陸雲《與盧典書》云:'此君公私並憎,年長而志新,齒邁而曾勤,家宗美者也。'近人文中用'憎定'二字,'定'字必是誤字,不當連上'憎'字讀。又官本《吴志》徑改'憎'

爲'獪',謂其狡獪,則與上文辭意對稱,語意全失。蓋'快'自是吳人贊美常語。張承《與呂岱書》稱'其事事快',顧榮薦甘卓謂其'膽幹殊快',則知'憎'亦正與'快'字同。且字之從'口'作'噲'者,亦有快義。《詩‧小雅‧斯干》'噲噲其正'箋:'噲噲猶快快也。'《淮南子‧精神訓》:'噲然得卧。'《宋書‧樂志四》吳鼓吹曲從曆數篇:'覽往以察今,我皇多噲事。''噲''憎'音皆與'快'同,而義亦隨之,古人所以多通用也。"考《册府》卷二百零三引正作"快",盧説是。惟以"定"爲"近"字之誤,則非。此"定"字猶今語的確之義。本志《孫堅傳》注引《英雄記》"定無賊",《鍾離牧傳》注引羊衜與滕允書"定見其在南海",《華覈傳》"定聞陸抗表至",皆是。盧君謂"憎"疑"膽"字之誤,且以"定"字屬上句讀,皆非也。

〔六四〕盧弼曰:"宋本'俟'作'傒'。江右人曰傒。或曰《異苑》云:'諸葛恪爲丹陽太守,獵西山之閒,有物如小兒,伸手引人。恪令民去故地。參佐問之。恪曰:此事在白澤圖曰:西山之閒,有神如小兒,名傒。'此所云'傒子',疑即用此。"

謹案:郝書亦作"傒"。考《後漢書‧南蠻傳》章懷注引干寶《晉紀》曰:"武陵、長沙、廬江郡夷,槃瓠之後也,雜處五溪之内。"即所謂溪族也。《晉書‧温嶠傳》:"溪狗我所悉。"字或作"傒"。《實録》"始興傒子,拳捷善鬬",是也。丁奉廬江安豐人,廬江爲溪族所居,則此傒子疑指奉。諸葛恪於此役或從奉計而不用異言,故異情憤然斥奉爲傒子。陳浩以此爲詈恪之辭,或失原旨。

〔六五〕郝書無"恐"字。

〔六六〕錢儀吉"通"改作"遠",云:"孫峻字子遠。"

謹案:子通,孫綝字。上文云"綝要異相見",與孫峻無涉。錢改"通"爲"遠",實誤。

三國志校箋卷五十七

吴志卷十二〔一〕

虞翻 子汜 忠 聳 昺　陸績　張温　駱統　陸瑁
吾粲　朱據〔二〕

　　虞翻字仲翔，會稽餘姚人也，《吴書》曰：翻少好學，有高氣。年十二，客有候其兄者，不過翻，翻追與書曰："僕聞虎魄不取腐芥，磁石不受曲鍼，過而不存，不亦宜乎！"客得書奇之，由是見稱。太守王朗命爲功曹。孫策征會稽，翻時遭父喪，衰絰詣府門，朗欲就之，翻乃脱衰入見，勸朗避策。朗不能用，拒戰敗績，亡走浮海。翻追隨營護，到東部侯官，侯官長閉城不受，翻往説之，然後見納。《吴書》曰：翻始欲送朗到廣陵，朗惑王方平訊〔三〕，言"疾來邀我，南岳相求"，故遂南行。既至侯官，又欲投交州，翻諫朗曰："此妄書耳，交州無南岳，安所投乎？"乃止。朗謂翻曰："卿有老母，可以還矣。"《翻别傳》曰：朗使翻見豫章太守華歆，圖起義兵。翻未至豫章,聞孫策向會稽,翻乃還。會遭父喪,以臣使有節,不敢過家,星行追朗至侯官。朗遣翻還,然後奔喪。而傳云孫策之來,翻衰絰詣府門,勸朗避策,則爲大異。翻既歸,策復命爲功曹,待以交友之禮,身詣翻第。《江表傳》曰:策書謂翻曰:"今日之事,當與卿共之,勿謂孫策作郡吏相待也。"

策好馳騁游獵,翻諫曰:"明府用烏集之衆,驅散附之士,皆得其死力,雖漢高帝不及也。至於輕出微行,從官不暇嚴,吏卒長苦之〔四〕。夫君人者不重則不威,故白龍魚服,困於豫且,白虵自放,劉季害之,願少留意。"策曰:"君言是也。然時有所思,端坐悒悒,有裨諶草創之計,是以行耳。"《吳書》曰:策討山越〔五〕,斬其渠帥,悉令左右分行逐賊。獨騎與翻相得山中。翻問左右安在,策曰:"悉行逐賊。"翻曰:"危事也!"令策下馬:"此草深,卒有驚急,馬不及縈策,但牽之,執弓矢以步。"翻善用矛,請在前行。得平地,勸策乘馬。策曰:"卿無馬奈何?"答曰:"翻能步行,日可二百里〔六〕,自征討以來,吏卒無及翻者,明府試躍馬,翻能疏步隨之。"行一大道〔七〕,得一鼓吏,策取角自鳴之,部曲識聲,小大皆出,遂從周旋,平定三郡。《江表傳》曰:策討黃祖,旋軍欲過取豫章,特請翻語曰:"華子魚自有名字,然非吾敵也。加聞其戰具甚少,若不開門讓城,金鼓一震,不得無所傷害,卿便在前具宣孤意。"翻即奉命辭行,徑到郡,請被褠葛巾與敵相見,謂歆曰:"君自料名聲之在海內,孰與鄙郡故王府君?"歆曰:"不及也。"翻曰:"豫章資糧多少,器仗精否,士民勇果孰與鄙郡?"又曰:"不如也。"翻曰:"討逆將軍智略超世,用兵如神,前走劉揚州,君所親見,南定鄙郡,亦君所聞也。今欲守孤城,自料資糧,已知不足，不早爲計，悔無及也。今大軍已次椒丘，僕便還去，明日日中迎檄不到者，與君辭矣。」翻既去，歆明旦出城，遣吏迎策。策既定豫章，引軍還吳，饗賜將士，計功行賞，謂翻曰：「孤昔再至壽春，見馬日磾，及與中州士大夫會，語我東方人多才耳，但恨學問不博，語議之間，有所不及耳。孤意猶謂未耳。卿博學洽聞，故前欲令卿一詣許，交見朝士，以折中國妄語兒。卿不願行，便使子綱；恐子綱不能結兒輩舌也。」翻曰：「翻是明府家寶，而以示人，人倘留之〔八〕，則去明府良佐，故前不行耳。」策笑曰：「然。」因曰：「孤有征討事，未得還府，卿復以功曹爲吾蕭何，守會稽耳。」後三日，便遣翻還郡。臣松之以爲：王、華二公於擾攘之時，抗猛鋭之鋒，俱非所能。歆之名德，實高於朗，而《江表傳》述翻説華云「海内名聲，孰與於王」，此言非也。然王公拒戰，華逆請服，寔由孫策初起，名微衆寡，故王能舉兵，豈武勝哉？策後威力轉盛，勢不可敵，華量力而止，非必用仲翔之説也。若使易地而居，亦華戰王服耳。按《吳曆》載翻謂歆曰：「竊聞明府與王府君齊名中州，海内所宗，雖在東垂，常懷瞻仰。」歆答曰：「孤不如王會稽。」翻復問：「不審豫章精兵何如會稽？」對曰：「大不如也。」翻曰：「明府言不如王會稽，謙光之譚耳；精兵不如會稽，實如尊教。」因述孫策才略殊異，用兵之奇，歆乃答云當去。此説爲勝也。翻出，歆遣吏迎策。二説有不同。

　　翻出爲富春長。策薨，諸長吏並欲出赴喪，翻曰：「恐鄰縣山民或有姦變，遠委城郭，必致不虞。」因留制服行喪。諸縣皆效之，咸以安寧。《吳書》曰：策薨，權統事。定武中郎將暠，策之從兄也，屯烏程，整帥吏士，欲取會稽。會稽聞之，使民守城，以俟嗣主之命，因令人告諭暠。《會稽典錄》載翻説嵩曰:"討逆明府,不竟天年。今攝事統衆,宜在孝廉,翻已與一郡吏士,嬰城固守,必欲出一旦之命,爲孝廉除害,執事圖之〔九〕。"於是嵩退。臣松之案:此二書所説策亡之時,翻猶爲功曹,與本傳不同。後翻州舉茂才,漢召爲侍御史,曹公爲司空,辟皆不就。《吴書》曰:翻聞曹公辟,曰:"盜跖欲以餘財污良家邪?"遂拒不受。

翻與少府孔融書,并示以所著《易注》。融答書曰:"聞延陵之理《樂》〔一〇〕,覩吾子之治《易》〔一一〕,乃知東南之美者,非徒會稽之竹箭也〔一二〕。又觀象雲物,察應寒温,原其禍福,與神合契,可謂探賾窮通者也〔一三〕。"會稽東部都尉張紘又與融書曰:"虞仲翔前頗爲論者所侵,美寶爲質,彫摩益光,不足以損。"

孫權以爲騎都尉。翻數犯顔諫爭,權不能悦,又性不協俗,多見謗毁〔一四〕,坐徙丹陽涇縣。吕蒙圖取關羽,稱疾還建業,以翻兼知醫術,請以自隨,亦欲因此令翻得釋也。後蒙舉軍西上,南郡太守麋芳開城出降。蒙未據郡城而作樂沙上,翻謂蒙曰:"今區區一心者麋將軍也,城中之人豈可盡信,何不急入城持其管籥乎?"蒙即從之。時城中有伏計,賴翻謀不行。關羽既敗〔一五〕,權使翻筮之,得《兑》下《坎》上,《節》,五爻變之《臨》,翻曰:"不出二日〔一六〕,必當斷頭。"果如翻言。權曰:"卿不及伏羲,可與東方朔爲比矣。"

魏將于禁爲羽所獲,繫在城中,權至釋之,請與相見。他日,權乘馬出,引禁併行,翻呵禁曰:"爾降虜,何敢與吾君齊馬首乎！"欲抗鞭擊禁，權呵止之。後權於樓船會羣臣飲，禁聞樂流涕，翻又曰："汝欲以僞求免邪？"權悵然不平。《吳書》曰：後權與魏和，欲遣禁還歸北，翻復諫曰："禁敗數萬衆，身爲降虜，又不能死，北習軍政〔一七〕，得禁，必不如所規。還之雖無所損，猶爲放盜。不如斬以令三軍，示爲人臣有二心者。"權不聽。羣臣送禁，翻謂禁曰："卿勿謂吳無人，吾謀適不用耳。"禁雖爲翻所惡，然猶盛歎翻，魏文帝常爲翻設虛坐〔一八〕。

權既爲吳王，歡宴之末，自起行酒，翻伏地陽醉，不持〔一九〕。權去，翻起坐。權於是大怒，手劍欲擊之〔二〇〕，侍坐者莫不遑遽〔二一〕，惟大司農劉基起抱權諫曰〔二二〕："大王以三爵之後，手殺善士，雖翻有罪，天下孰知之？且大王以能容賢畜衆，故海內望風，今一朝棄之，可乎？"權曰："曹孟德尚殺孔文舉，孤於虞翻何有哉？"基曰："孟德輕害士人，天下非之。大王躬行德義，欲與堯、舜比隆，何得自喻於彼乎〔二三〕？"翻由是得免。權因勑左右自今酒後言殺〔二四〕，皆不得殺。

翻嘗乘船行，與麋芳相逢，芳船上人多，欲令翻自避，先驅曰："避將軍船！"翻厲聲曰："失忠與信，何以事君？傾人二城，而稱將軍，可乎？"芳闔戶不應，而遽避之。後翻乘車行，又經芳營門，吏閉門，車不得過。翻復怒曰："當閉反開，當開反閉，豈得事宜邪？"芳聞之，有慙色。

翻性疏直，數有酒失。權與張昭論及神仙，翻指昭曰："彼皆死人而語神仙[二五]，世豈有仙人也[二六]！"權積怒非一，遂徙翻交州。雖處罪放，而講學不倦，門徒常數百人[二七]。《翻別傳》曰：權即尊號，翻因上書曰："陛下膺明聖之德，體舜、禹之孝，歷運當期，順天濟物，奉承策命[二八]，臣獨抃舞。罪棄兩絕[二九]，拜賀無階，仰瞻宸極，且喜且悲。臣伏自刻省，命輕雀鼠，性輶毫氂，罪惡莫大，不容於誅，昊天罔極，全宥九載[三〇]，退當念戮，頻受生活，復偷視息。臣年耳順，思咎憂憤，形容枯悴，髮白齒落，雖未能死，自悼終没，不見宫闕百官之富，不覩皇輿金軒之飾，仰觀巍巍衆民之謠，傍聽鐘鼓侃然之樂，永隕海隅[三一]，棄骸絕域，不勝悲慕，逸豫大慶，悅以忘罪。"又爲《老子》《論語》《國語》訓注，皆傳於世。《翻別傳》曰：翻初立《易注》，奏上曰："臣聞六經之始，莫大陰陽，是以伏羲仰天縣象，而建八卦，觀變動六爻爲六十四，以通神明，以類萬物。臣高祖父故零陵太守光，少治孟氏《易》，曾祖父故平輿令成，纘述其業，至臣祖父鳳爲之最密。臣先考故日南太守歆[三二]，受本於鳳[三三]，最有舊書[三四]，世傳其業，至臣五世。前人通講，多玩章句，雖有祕説，於經疏闊。臣生遇世亂，長於軍旅，習經於枹鼓之間，講論於戎馬之上，蒙先師之説，依經立注。又臣郡吏陳桃夢臣與道士相遇，放髮被鹿裘，布《易》六爻，撓其三以飲臣[三五]，臣乞盡吞之。道士言《易》道在天[三六]，三爻足矣。豈臣受命，應當知經！所覽諸家解不離流俗，義有不當實，輒悉改定，以就其正。孔子曰：'乾元用九而天下治。'聖人南面，蓋取諸離，斯誠天子所宜協陰陽，致麟鳳之道矣。謹正書副上，惟不罪戾。"翻又奏曰："經之大者，莫過於《易》。自漢初以來，海内英才，其讀《易》者，解之率少。至孝靈之際，潁川荀諝號爲知《易》，臣得其注，有愈俗儒，至所說西南得朋，東北喪朋，顛倒反逆，了不可知。孔子歎《易》曰：'知變化之道者，其知神之所爲乎！'以美大衍四象之作，而上爲章首，尤可怪笑。又南郡太守馬融，名有俊才，其所解釋，復不及諝。孔子曰'可與共學，未可與適道'，豈不其然！若乃北海鄭玄，南陽宋忠，雖各立注，忠小差玄，而皆未得其門，難以示世。"又奏鄭玄解《尚書》違失事因〔三七〕："臣聞周公制禮〔三八〕以辨上下〔三九〕，孔子曰'有君臣然後有上下，有上下然後禮義有所錯'，是故尊君卑臣，禮之大司也。伏見故徵士北海鄭玄所注《尚書》，以《顧命》康王執瑁，古'冃'似'同'，從誤作'同'，既不覺定，復訓爲杯，謂之酒杯；成王疾困，憑几，洮頮爲濯，以爲澣衣成事，'洮'字虛更作'濯'，以從其非；又古大篆'卯'字讀當爲'柳'〔四〇〕，古'柳''卯'同字，而以爲昧；'分北三苗'，'北'古'別'字，又訓北，言北猶別也。若此之類，誠可怪也。《玉人職》曰：天子執瑁以朝諸侯，謂之酒杯；天子頮面，謂之澣衣；古篆'卯'字，反以爲昧。甚違不知蓋闕之義。於此數事，誤莫大焉，宜命學官定此三事。又馬融訓注，亦以爲同者大同天下，今經益'金'就作'銅'字，詁訓言天子副璽，雖皆不得，猶愈於玄。然此不定，臣沒之後，而奮乎百世，雖世有知者，懷謙莫或奏正。又玄所注五經，違義尤甚者百六十七事，不可不正。行乎學校，傳乎將來，臣竊恥之。"翻放棄南方，云："自恨疏節〔四一〕，骨體不媚，犯上獲罪，當長沒海隅，生無可與語，死以青蠅爲弔客，使天下一人知己者〔四二〕，足以不恨。"以典籍自慰，依《易》設象，以占吉凶。又以宋氏解玄頗有繆錯，更爲立法〔四三〕，并著《明楊》《釋宋》以理其滯。臣松之案：翻云"古大篆'卯'字讀當言'柳'，古'柳''卯'同字"，竊謂翻言爲然。故

"劉""留""聊""柳"同用此字,以從聲故也,與日辰"卯"字字同音異。然《漢書・王莽傳》論卯金刀,故以爲日辰之"卯",今未能詳正。然世多亂之,故翻所說云〔四四〕。荀諝,荀爽之別名。

初,山陰丁覽、太末徐陵,或在縣吏之中,或衆所未識,翻一見之,便與友善,終成顯名。《會稽典錄》曰:覽字孝連,八歲而孤,家又單微,清身立行,用意不苟,推財從弟,以義讓稱。仕郡至功曹,守始平長。爲人精微潔淨,門無雜賓。孫權深貴待之,未及擢用,會病卒,甚見痛惜,殊其門户。覽子固,字子賤,本名密,避滕密,改作固。固在襁褓中,闞澤見而異之,曰:"此兒後必至公輔。"固少喪父,獨與母居,家貧守約,色養致敬,族弟孤弱,與同寒温。翻與固同僚書曰:"丁子賤塞淵好德,堂構克舉,野無遺薪,斯之爲懿,其美優矣。令德之後,惟此君嘉耳。"歷顯位,孫休時固爲左御史大夫,孫晧即位,遷司徒。晧悖虐,固與陸凱、孟宗同心憂國,年七十六卒。子彌字欽遠,仕晉,至梁州刺史,孫潭,光禄大夫。徐陵字元大,歷三縣長,所在著稱,遷零陵太守。時朝廷俟以列卿之位〔四五〕,故翻書曰〔四六〕:"元大受上卿之遇,叔向在晉,未若於今。"其見重如此。陵卒,僮客土田或見侵奪,駱統爲陵家訟之,求與丁覽、卜清等爲比〔四七〕,權許焉。陵子平,字伯先,童齓知名,翻甚愛之,屢稱歎焉。諸葛恪爲丹陽太守,討山越,以平威重思慮,可與効力,請平爲丞,稍遷武昌左部督,傾心接物,士卒皆爲盡力。初,平爲恪從事,意甚薄,及恪輔政,待平益疏。恪被害,子建亡走,爲平部曲所得,平使遣去,別爲佗軍所獲。平兩婦歸宗,敬奉情過乎厚。其行義敦篤,皆此類也。

在南十餘年,年七十卒。《吴書》曰:翻雖在徙棄,心不忘國,常憂五谿宜討,以遼東海絕〔四八〕,聽人使來屬,尚不足取,今去入財以求馬〔四九〕,既非國利,又恐無獲。欲諫不敢,作表以示呂岱,岱不報,爲愛憎所白,復徙蒼梧猛陵。《江表傳》曰:後權遣將士至遼東,於海中遭風,多所没失,權悔之,乃令曰:"昔趙簡子稱諸君之唯唯,不如周舍之諤諤。虞翻亮直,善於盡言,國之周舍也。前使翻在此,此役不成。"促下問交州,翻若尚存者,給其人船,發遣還都;若以亡者,送喪還本郡,使兒子仕宦〔五〇〕。會翻已終。**歸葬舊墓,妻子得還**。《會稽典録》曰:孫亮時,有山陰朱育,少好奇字,凡所特達,依體象類,造作異字千名以上。仕郡門下書佐。太守濮陽興正旦宴見掾吏,言次問:"太守昔聞朱潁川問士於鄭召公,韓吳郡問士於劉聖博,王景興問士於虞仲翔,嘗見鄭、劉二答而未覩仲翔對也。欲聞國賢,思覩盛美有日矣,書佐寧識之乎?"育對曰:"往過習之。昔初平末年,王府君以淵妙之才,超遷臨郡,思賢嘉善,樂采名俊,問功曹虞翻曰:'聞玉出崑山,珠生南海,遠方異域,各生珍寶。且曾聞士人歎美貴邦,舊多英俊,徒以遠於京畿,含香未越耳。功曹雅好博古,寧識其人邪?'翻對曰:'夫會稽上應牽牛之宿,下當少陽之位,東漸巨海,西通五湖,南暢無垠,北渚浙江,南山攸居,實爲州鎮,昔禹會羣臣,因以命之。山有金木鳥獸之殷,水有魚鹽珠蚌之饒,海嶽精液,善生俊異,是以忠臣繼踵,孝子連閭,下及賢女,靡不育焉。'王府君笑曰:'地勢然矣,士女之名可悉聞乎?'翻對曰:'不敢及遠,略言其近者耳。往者孝子句章董黯,盡心色養,喪致其哀,單身林野,鳥獸歸懷,怨親之辱,白日報讎,海内聞名,昭然光著。太中大夫山陰陳嚻,漁則化盗,居則讓鄰,感侵退藩,遂成義里,攝養車嫗,行足屬俗,自揚子雲等上書薦之，粲然傳世。太尉山陰鄭公，清亮質直，不畏彊禦。魯相山陰鍾離意，稟殊特之姿，孝家忠朝，宰縣相國，所在遺惠，故取養有君子之譽，魯國有丹書之信。及陳宮、費齊皆上契天心，功德治狀，記在漢籍。有道山陰趙曄，徵士上虞王充，各洪才淵懿，學究道源，著書垂藻，駱驛百篇，釋經傳之宿疑，解當世之槃結，或上窮陰陽之奧祕，下據人情之歸極〔五一〕。交阯刺史上虞綦母俊〔五二〕，拔濟一郡，讓爵土之封。決曹掾上虞孟英，三世死義。主簿句章梁宏，功曹史餘姚駟勳，主簿句章鄭雲，皆敦終始之義，引罪免居〔五三〕。門下督盜賊餘姚伍隆、鄭莫候反主簿任光〔五四〕，章安小吏黃他，身當白刃，濟君於難。揚州從事句章王脩，委身授命，垂聲來世。河內太守上虞魏少英，遭世屯塞，忘家憂國，列在八俊，爲世英彥。尚書烏傷楊喬，桓帝妻以公主，辭疾不納。近故太尉上虞朱公，天姿聰亮，欽明神武，策無失謨，征無遺慮，是以天下義兵，思以爲首。上虞女子曹娥，父溺江流，投水而死，立石碑紀，炳然著顯。’王府君曰：‘是既然矣，潁川有巢、許之逸軌，吳有太伯之三讓，貴郡雖士人紛紜，於此足矣。’翻對曰：‘故先言其近者耳〔五五〕，若乃引上世之事，及抗節之士，亦有其人。昔越王翳讓位，逃於巫山之穴，越人薰而出之，斯非太伯之儔邪？且太伯外來之君，非其地人也。若以外來言之，則大禹亦巡於此而葬之矣。鄞大里黃公，潔己暴秦之世，高祖即阼，不能一致，惠帝恭讓，出則濟難。徵士餘姚嚴遵，王莽數聘，抗節不行，光武中興，然後俯就，矯手不拜，志陵雲日。皆著於傳籍，較然彰明，豈如巢、許，流俗遺譚，不見經傳者哉？’王府君笑曰：‘善哉話言也！賢矣，非君不著。太守未之前聞也。”濮陽府君曰：“御史所云，既聞其人，亞斯已下，書佐寧識之乎？”育曰：“瞻仰景行，敢不議之〔五六〕？近者太守上虞陳業，潔身清行，志懷霜雪，貞亮之信，同操柳下，遭漢中微，委官棄祿，遁迹黔歙，以求其志，高邈妙蹤，天下所聞，故桓文遺之尺牘之書，比竟三高。其聰明大略，忠直塞諤〔五七〕，則侍御史餘姚虞翻、偏將軍烏傷駱統。其淵懿純德，則太子少傅山陰闞澤，學通行茂，作帝師儒。其雄姿武毅，立功當世，則後將軍賀齊，勳成績著。其探極祕術，言合神明，則太史令上虞吳範。其文章之事〔五八〕，立言粲盛，則御史中丞句章任爽〔五九〕，鄱陽太守章安虞翔，各馳文檄，曄若春榮。處士鄧盧敘，弟犯公憲，自殺乞代。吳寧斯敦、山陰祁庚、上虞樊正，咸代父死罪。其女則松楊柳朱、永寧瞿素〔六〇〕，或一醮守節，喪身不顧，或遭寇劫賊，死不虧行。皆近世之事，尚在耳目。"府君曰："皆海內之英也。吾聞秦始皇二十五年，以吳越地爲會稽郡，治吳。漢封諸侯王，以何年復爲郡，而分治於此？"育對曰："劉賈爲荆王，賈爲英布所殺，又以劉濞爲吳王。景帝四年，濞反誅，乃復爲郡，治於吳。元鼎五年，除東越，因以其地爲治，并屬於此，而立東部都尉，後徙章安。陽朔元年，又徙治鄞，或有寇害，復徙句章。到永建四年，劉府君上書，浙江之北，以爲吳郡，會稽還治山陰。自永建四年歲在己巳，以至今年，積百二十九歲。"府君稱善。是歲，吳之太平三年，歲在丁丑。育後仕朝，常在臺閣，爲東觀令，遙拜清河太守，加位侍中，推剌占射〔六一〕，文藝多通。

翻有十一子〔六二〕，第四子汜最知名，永安初，從選曹郎爲散騎中常侍，後爲監軍使者，討扶嚴，病卒。《會稽典錄》曰：汜字世洪，生南海，年十六，父卒，還鄉里。孫綝廢幼主，迎立琅邪王休。休未至，綝欲入宮〔六三〕，圖爲不軌，召百官會議，皆惶怖失色，徒唯唯而已。汜對曰："明公爲國伊周，處將相之位,擅廢立之威勢〔六四〕,上安宗廟,下惠百姓,大小踴躍,自以伊霍復見。今迎王未至,而欲入宮,如是,輦下搖蕩,衆聽疑惑,非所以永終忠孝,揚名後世也。"綝不懌,竟立休。休初即位,汜與賀邵、王蕃、薛瑩俱爲散騎中常侍。以討扶嚴功,拜交州刺史、冠軍將軍、餘姚侯,尋卒。汜弟忠,宜都太守;《會稽典錄》曰:忠字世方,翻第五子。貞固幹事,好識人物,造吳郡陸機於童齔之年〔六五〕,稱上虞魏遷於無名之初,終皆遠致〔六六〕,爲著聞之士。交同縣王岐於孤宦之族,仕進先至宜都太守,忠乃代之。晉征吳,忠與夷道監陸晏、晏弟中夏督京堅守不下〔六七〕,城潰被害。忠子譚〔六八〕,字思奥。《晉陽秋》稱譚清貞有檢操,外如退弱,內堅正有膽幹。仕晉,歷位內外,終於衛將軍,追贈侍中左光禄大夫,開府儀同三司。聳,越騎校尉,累遷廷尉,湘東、河間太守〔六九〕;《會稽典錄》曰:聳字世龍,翻第六子也。清虛無欲,進退以禮,在吳歷清官,入晉,除河間相,王素聞聳名,厚敬禮之。聳抽引人物,務在幽隱孤陋之中,時王岐難聳,以高士所達,必合秀異,聳書與族子察曰:"世之取士,曾不招未齒於丘園,索良才於總猥,所譽依已成,所毀依已敗,此吾所以歎息也。"聳疾俗喪祭無度,弟昺卒,祭以少牢,酒飯而已,當時族黨並遵行之。昺,廷尉尚書〔七〇〕,濟陰太守。《會稽典錄》曰:昺字子文〔七一〕,翻第八子也。少有倜儻之志,仕吳黃門郎,以捷對見異,超拜尚書侍中。晉軍來伐,遣昺持節都督武昌已上諸軍事,昺先上還節蓋印綬,然後歸順。在濟陰抑強扶弱,甚著威風。

陸績字公紀,吳人也〔七二〕。父康,漢末爲廬江太守。

謝承《後漢書》曰：康字季寧，少惇孝悌，勤脩操行，太守李肅察孝廉。肅後坐事伏法，康斂尸送喪還潁川，行服，禮終，舉茂才，歷三郡太守，所在稱治，後拜廬江太守。績年六歲，於九江見袁術。術出橘，績懷三枚，去[七三]，拜辭墮地，術謂曰："陸郎作賓客而懷橘乎[七四]？"績跪答曰："欲歸遺母。"術大奇之。孫策在吳，張昭、張紘、秦松爲上賓[七五]，共論四海未泰，須當用武治而平之[七六]，績年少末坐，遙大聲言曰："昔管夷吾相齊桓公，九合諸侯，一匡天下，不用兵車。孔子曰：'遠人不服，則脩文德以來之。'今論者不務道德懷取之術，而惟尚武[七七]，績雖童蒙，竊所未安也。"昭等異焉。

績容貌雄壯，博學多識，星曆算數，無不該覽。虞翻舊齒名盛，龐統荊州令士，年亦差長，皆與績友善。孫權統事，辟爲奏曹掾，以直道見憚，出爲鬱林太守，加偏將軍，給兵二千人。績既有躄疾，又意在儒雅，非其志也。雖有軍事，著述不廢，作《渾天圖》，注《易》釋《玄》，皆傳於世。豫自知亡日，乃爲辭曰："有漢志士吳郡陸績，幼敦《詩》《書》，長玩《禮》《易》，受命南征，遘疾遇厄，遭命不幸[七八]，嗚呼悲隔！"又曰："從今已去，六十年之外，車同軌，書同文，恨不及見也。"年三十二卒。長子宏，會稽南部都尉，次子叡，長水校尉。績於鬱林所生女，名曰鬱生，適張溫弟白。《姚信集》有表稱之曰："臣聞唐、虞之政，舉善而教，旌德擢異，三王所先，是以忠臣烈士，顯名國朝，淑婦貞女，表迹家閭。蓋所以闡崇化業，廣殖清風，使苟有令性[七九]，幽明俱著，苟懷懿姿，士女同榮。故王蠋建寒松之節，而齊王表其里；義姑立殊絕之操，而魯侯高其門。臣切見故鬱林太守陸績女子鬱生[八〇]，少履貞特之行，幼立匪石之節，年始十三，適同郡張白。侍廟三月，婦禮未卒，白遭罹家禍，遷死異郡。鬱生抗聲昭節，義形於色，冠蓋交橫，誓而不許，奉白姊妹煢嫠之中，蹈履水火，志懷霜雪，義心固於金石，體信貫於神明，送終以禮，邦士慕則。臣聞昭德以行[八一]，顯行以爵，苟非名爵，則勸善不嚴，故士之有誄，魯人志其勇，杞婦見書，齊人哀其哭。乞蒙聖朝，斟酌前訓，上開天聰，下垂坤厚，褒鬱生以義姑之號，以屬兩髦之節，則皇風穆暢，士女改視矣[八二]。"

張溫字惠恕，吳郡人也[八三]。父允，以輕財重士，名顯州郡，爲孫權東曹掾，卒。溫少脩節操，容貌奇偉。權聞之，以問公卿曰："溫當今與誰爲比？"大司農劉基曰[八四]："可與全琮爲輩。"太常顧雍曰："基未詳其爲人也。溫當今無輩。"權曰："如是，張允不死也。"徵到延見[八五]，文辭占對，觀者傾竦，權改容加禮。罷出，張昭執其手曰："老夫託意，君宜明之。"拜議郎、選曹尚書，徙太子太傅，甚見信重。

時年三十二，以輔義中郎將使蜀。權謂溫曰："卿不宜遠出，恐諸葛孔明不知吾所以與曹氏通意，以故屈卿行[八六]。若山越都除，便欲大構於蜀[八七]。行人之義，受命不受辭也。"溫對曰："臣入無腹心之規，出無專對之用，懼無張老延譽之功，又無子產陳事之效。然諸葛亮達見計數，必知神慮屈申之宜，加受朝廷天覆之惠，推亮之心，必無疑貳。」溫至蜀，詣闕拜章曰：「昔高宗以諒闇昌殷祚於再興，成王以幼沖隆周德於太平，功冒溥天，聲貫罔極。今陛下以聰明之姿，等契往古，總百揆於良佐，參列精之炳燿，遐邇望風，莫不欣賴。吳國勤任旅力，清澄江滸，願與有道平一宇內〔八八〕，委心協規，有如河水，軍事興煩〔八九〕，使役乏少，是以忍鄙倍之羞，使下臣溫通致情好。陛下敦崇禮義，未便恥忽。臣自入遠境〔九〇〕，及即近郊，頻蒙勞來，恩詔輒加，以榮自懼，悚怛若驚。謹奉所齎函書一封。」蜀甚貴其才。還，頃之，使入豫章部伍出兵，事業未究。

權既陰銜溫稱美蜀政〔九一〕，又嫌其聲名大盛，眾庶炫惑，恐終不為己用，思有以中傷之，會暨豔事起，遂因此發舉。豔字子休，亦吳郡人也，溫引致之，以為選曹郎，至尚書。豔性狷厲〔九二〕，好為清議〔九三〕，見時郎署混濁淆雜〔九四〕，多非其人，欲臧否區別賢愚異貫。彈射百僚〔九五〕，覈選三署，率皆貶高就下，降損數等，其守故者十未能一，其居位貪鄙，志節污卑者，皆以為軍吏，置營府以處之。而怨憤之聲積〔九六〕，浸潤之譖行矣。競言豔及選曹郎徐彪，專用私情憎愛〔九七〕，不由公理。《吳錄》曰：彪字仲虞，廣陵人也〔九八〕。豔、彪皆坐自殺。溫宿與豔、彪同意，數交書疏，聞問往還，即罪溫。權幽之有司，下令曰：「昔令召張溫，虛己待之，既至顯授，有過舊臣,何圖凶醜,專挾異心。昔曁豔父兄附於惡逆,寡人無忌,故進而任之,欲觀豔何如。察其中間,形態果見。而溫與之結連死生,豔所進退,皆溫所爲頭角,更相表裏,共爲腹背,非溫之黨,即就疵瑕,爲之生論。又前任溫董督三郡,指撝吏客及殘餘兵,時恐有事,欲令速歸,故授棨戟,獎以威柄。乃便到豫章,表討宿惡,寡人信受其言,特以繞帳、帳下、解煩兵五千人付之。後聞曹丕自出淮、泗,故豫勑溫有急便出,而溫悉内諸將,布於深山,被命不至。賴丕自退,不然,已往豈可深計。又殷禮者,本占候召,而溫先後乞將到蜀,扇揚異國,爲之譚論。又禮之還,當親本職,而令守尚書户曹郎,如此署置,在溫而已。又溫語賈原,當薦卿作御史,語蔣康,當用卿代賈原,專衒賈國恩,爲己形勢。揆其奸心,無所不爲。不忍暴於市朝,今斥還本部〔九九〕,以給厮吏。嗚呼溫也,免罪爲幸!"

將軍駱統表理溫曰:"伏惟殿下,天生明德,神啓聖心,招髦秀於四方,署俊乂於宫朝。多士既受普篤之恩,張溫又蒙最隆之施。而溫自招罪譴,孤負榮遇,念其如此,誠可悲疚。然臣周旋之間,爲國觀聽,深知其狀,故密陳其理。溫實心無他情,事無逆迹,但年紀尚少,鎮重尚淺,而戴赫烈之寵,體卓偉之才,亢臧否之譚,効褒貶之議。於是務勢者妬其寵,爭名者嫉其才,玄默者非其譚,瑕釁者諱其議,此臣下所當詳辨,明朝所當究察也。昔賈誼至忠之臣也,漢文大明之君也,然而絳、灌一言，賈誼遠退。何者？疾之者深，譖之者巧也。然而誤聞於天下，失彰於後世，故孔子曰'爲君難，爲臣不易'也〔一〇〇〕。溫雖智非從橫，武非虎虎，然其弘雅之素，英秀之德，文章之采，論議之辨〔一〇一〕，卓躒冠羣，煒曄曜世，世人未有及之者也。故論溫才即可惜，言罪則可恕。若忍威烈以赦盛德〔一〇二〕，宥賢才以敦大業，固明朝之休光，四方之麗觀也。國家之於曁豔，不内之忌族，猶等之平民，是故先見用於朱治，次見舉於衆人，中見任於明朝，亦見交於溫也〔一〇三〕。君臣之義，義之最重，朋友之交，交之最輕者也。國家不嫌於豔爲最重之義〔一〇四〕，是以溫亦不嫌與豔爲最輕之交也。時世寵之於上，溫竊親之於下也。夫宿惡之民，放逸山險，則爲勁寇，將置平土，則爲健兵，故溫念在欲取宿惡，以除勁寇之害，而增健兵之銳也。但自錯落，功不副言。然計其送兵，以比許晏，數之多少，溫不減之，用之彊羸，溫不下之，至於遲速，溫不後之，故得及秋冬之月，赴有警之期，不敢忘恩而遺力也。溫之到蜀，共譽殷禮，雖臣無境外之交，亦有可原也。境外之交，謂無君命而私相從，非國事而陰相聞者也；若以命行，既脩君好，因敘己情，亦使臣之道也。故孔子使鄰國，則有私覿之禮；季子聘諸夏，亦有燕譚之義也〔一〇五〕。古人有言，欲知其君，觀其所使，見其下之明明，知其上之赫赫。溫若譽禮，能使彼歎之，誠所以昭我臣之多良，明使之得其人，顯國美於異境，揚君命於他邦。是以晉趙文子之盟於宋也,稱隨會於屈建;楚王孫圉之使於晉也,譽左史於趙鞅。亦向他國之輔,而歎本邦之臣,經傳美之以光國,而不譏之以外交也。王靖内不憂時,外不趨事,溫彈之不私,推之不假,於是與靖,遂爲大怨,此其盡節之明驗也。靖兵衆之勢,幹任之用,皆勝於賈原、蔣康,溫尚不容私以安於靖,豈敢賣恩以協原、康邪?又原在職不勤,當事不堪,溫數對以醜色,彈以急聲;若其誠欲賣恩作亂,則亦不必貪原也。凡此數者,校之於事既不合,參之於衆亦不驗。臣竊念人君雖有聖哲之姿,非常之智,然以一人之身,御兆民之衆,從層宮之內〔一〇六〕,瞰四國之外,照羣下之情,求萬機之理,猶未易周也,固當聽察羣下之言,以廣聰明之烈。今者人非溫既殷勤,臣是溫又契闊,辭則俱巧,意則俱至,各自言欲爲國,誰其言欲爲私,倉卒之間,猶難即別。然以殿下之聰叡,察講論之曲直,若潛神留思,纖粗研核,情何嫌而不宣,事何昧而不昭哉?溫非親臣〔一〇七〕,臣非愛溫者也。昔之君子,皆抑私忿以增君明。彼獨行之於前,臣恥廢之於後,故遂發宿懷於今日,納愚言於聖德〔一〇八〕,實盡心於明朝,非有念於溫身也。"權終不納。

後六年,溫病卒。二弟祗、白,亦有才名,與溫俱廢。《會稽典錄》曰:餘姚虞俊歎曰:"張惠恕才多智少,華而不實,怨之所聚,有覆家之禍,吾見其兆矣。"諸葛亮聞俊憂溫,意未之信,及溫放黜,亮乃歎俊之有先見。亮初聞溫敗,未知其故〔一〇九〕,思之數日,曰:"吾已得之矣,其人於清濁太明,善惡太分。"臣松之以爲：莊周云"名者公器也，不可以多取"，張溫之廢，豈其取名之多乎！多之爲弊，古賢既知之矣。是以遠見之士，退藏於密，不使名浮於德，不以華傷其實，既不能被褐韞寶，挫廉逃譽，使才映一世，聲蓋人上，沖用之道，庸可暫替！溫則反之，能無敗乎？權既疾溫名盛，而駱統方騃言其美，至云"卓躒冠羣，煒曄曜世，世人未有及之者也"。斯何異燎之方盛，又擣膏以熾之哉！《文士傳》曰：溫姊妹三人皆有節行，爲溫事，已嫁者皆見録奪。其中妹先適顧承，官以許嫁丁氏，成婚有日，遂飲藥而死。吳朝嘉歎，鄉人圖畫，爲之贊頌云。

駱統字公緒，會稽烏傷人也。父俊，官至陳相，爲袁術所害。謝承《後漢書》曰：俊字孝遠，有文武才幹，少爲郡吏，察孝廉，補尚書郎，擢拜陳相。值袁術僭號，兄弟忿爭，天下鼎沸，羣賊並起。陳與比界〔一一〇〕，奸慝四布，俊厲威武，保疆境，賊不敢犯。養濟百姓，災害不生，歲獲豐稔。後術軍眾饑困，就俊求糧。俊疾惡術，初不應答。術怒，密使人殺俊。統母改適，爲華歆小妻，統時八歲〔一一一〕，遂與親客歸會稽〔一一二〕。其母送之，拜辭上車，面而不顧，其母泣涕於後。御者曰："夫人猶在也。"統曰："不欲增母思，故不顧耳。"事適母甚謹〔一一三〕。時饑荒，鄉里及遠方客多有困乏〔一一四〕，統爲之飲食衰少〔一一五〕。其姊仁愛有行，寡居無子〔一一六〕，見統甚哀之，數問其故。統曰："士大夫糟糠不足，我何心獨飽！"姊曰："誠如是，何不告我，而自苦若此？"乃自以私粟與統，又以告母，母亦賢之，遂使分施,由是顯名。

孫權以將軍領會稽太守,統年二十,試爲烏程相,民户過萬,咸歎其惠理。權嘉之,召爲功曹,行騎都尉,妻以從兄輔女。統志在補察,苟所聞見,夕不待旦。常勸權以尊賢接士,勤求損益,饗賜之日,可人人別進,問其燥溼,加以密意,誘諭使言,察其志趣,令皆感恩戴義,懷欲報之心。權納用焉。出爲建忠郎將,領武射吏三千人。及凌統死,復領其兵。

是時徵役繁數,重以疫癘,民户損耗,統上疏曰:"臣聞君國者,以據疆土爲彊富,制威福爲尊貴,曜德義爲榮顯,永世胤爲豐祚。然財須民生,彊賴民力,威恃民勢,福由民殖,德俟民茂,義以民行,六者既備,然後應天受祚,保族宜邦。《書》曰:'衆非后無能胥以寧,后非衆無以辟四方〔一七〕。'推是言之,則民以君安,君以民濟,不易之道也。今彊敵未殄,海内未乂,三軍有無已之役,江境有不釋之備,徵賦調數,由來積紀,加以殀疫死喪之災,郡縣荒虛,田疇蕪曠,聽聞屬城,民户浸寡,又多殘老,少有丁夫,聞此之日,心若焚燎。思尋所由,小民無知,既有安土重遷之性,且又前後出爲兵者,生則困苦無有温飽,死則委棄骸骨不反,是以尤用戀本畏遠,同之於死。每有徵發,羸謹居家重累者,先見輸送。小有財貨,傾居行賂,不顧窮盡。輕剽者則迸入險阻,黨就羣惡。百姓虛竭,嗷然愁擾,愁擾則不營業,不營業則致窮困,致窮困則不樂生,故口腹急,則奸心動而攜叛多也。又聞民間，非居處小能自供〔一八〕，生產兒子，多不起養；屯田貧兵〔一九〕，亦多棄子。天則生之，而父母殺之，既懼干逆和氣，感動陰陽。且惟殿下開基建國，乃無窮之業也，彊鄰大敵，非造次所滅，疆場常守，非期月之戍，而兵民減耗，後生不育，非所以歷遠年，致成功也。夫國之有民，猶水之有舟，停則以安，擾則以危，愚而不可欺，弱而不可勝，是以聖王重焉，禍福由之，故與民消息，觀時制政。方今長吏親民之職，惟以辦具爲能，取過目前之急，少復以恩惠爲治，副稱殿下天覆之仁，勤恤之德者。官民政俗，日以彫弊，漸以陵遲，勢不可久。夫治疾及其未篤，除患貴其未深，願殿下少以萬機餘閑，留神思省，補復荒虛，深圖遠計，育殘餘之民，阜人財之用，參曜三光，等崇天地。臣統之大願，足以死而不朽矣。」權感統言，深加意焉。

以隨陸遜破蜀軍於宜都，遷偏將軍。黃武初，曹仁攻濡須，使別將常雕等襲中洲，統與嚴圭共拒破之，封新陽亭侯，後爲濡須督。數陳便宜，前後書數十上，所言皆善，文多故不悉載。尤以占募在民間，長惡敗俗，生離叛之心，急宜絕置，權與相反覆，終遂行之。年三十六，黃武七年卒。

陸瑁字子璋，丞相遜弟也。少好學篤義。陳國陳融、陳留濮陽逸、沛郡蔣纂、廣陵袁迪等，皆單貧有志，就瑁遊處,迪孫曄,字思光,作《獻帝春秋》云:迪與張紘等俱過江,迪父綏爲太傅掾,張超之討董卓,以綏領廣陵事。瑁割少分甘,與同豐約。及同郡徐原[一二〇],爰居會稽,素不相識,臨死遺書[一二一],託以孤弱,瑁爲起立墳墓,收導其子[一二二]。又瑁從父績早亡,一男一女[一二三],皆數歲以還,瑁迎攝養,至長乃別。州郡辟舉,皆不就。

時尚書暨豔盛明臧否,差斷三署,頗揚人闇昧之失[一二四],以顯其謫。瑁與書曰:"夫聖人嘉善矜愚,忘過記功,以成美化。加今王業始建,將一大統,此乃漢高棄瑕録用之時也,若令善惡異流,貴汝潁月旦之評,誠可以厲俗明教,然恐未易行也。宜遠模仲尼之汎愛,中則郭泰之弘濟,近有益於大道也。"豔不能行,卒以致敗。

嘉禾元年,公車徵瑁,拜議郎、選曹尚書。孫權忿公孫淵之巧詐反覆[一二五],欲親征之,瑁上疏諫曰:"臣聞聖王之御遠夷,羈縻而已,不常保有,故古者制地謂之荒服,言慌惚無常,不可保也。今淵東夷小醜,屏在海隅,雖託人面,與禽獸無異。國家所爲不愛貨寶遠以加之者[一二六],非嘉其德義也,誠欲誘納愚弄[一二七],以規其馬耳。淵之驕黠,恃遠負命,此乃荒貊常態,豈足深怪?昔漢諸帝亦嘗鋭意以事外夷,馳使散貨,充滿西域,雖時有恭從,然其使人見害,財貨并没,不可勝數。今陛下不忍悁悁之忿,欲越巨海,身踐其土,羣臣愚議,竊謂不安。何者?北寇與國壤地連接,苟有間隙,應機而至。夫所以越海求馬，曲意於淵者，爲赴目前之急，除腹心之疾也，而更棄本追末，捐近治遠[一二八]，忿以改規，激以動衆，斯乃獪虜所願聞，非大吴之至計也。又兵家之術，以功役相疲，勞逸相待，得失之間，所覺輒多。且沓渚去淵，道里尚遠，今到其岸，兵勢三分，使彊者進取，次當守船，又次運糧，行人雖多，難得悉用；加以單步負糧，經遠深入，賊地多馬，邀截無常。若淵狙詐，與北未絶，動衆之日，脣齒相濟。若實子然無所憑賴[一二九]，其畏怖遠迸，或難卒滅。使天誅稽於朔野，山虜承間而起，恐非萬安之長慮也。"權未許。

　　瑁重上疏曰："夫兵革者，固前代所以誅暴亂，威四夷也，然其役皆在姦雄已除[一三〇]，天下無事，從容廟堂之上，以餘議議之耳。至於中夏鼎沸，九域槃牙之時[一三一]，率須深根固本，愛力惜費，務自休養[一三二]，以待鄰敵之闕，未有正於此時[一三三]，舍近治遠，以疲軍旅者也，昔尉佗叛逆，僭號稱帝，於時天下乂安，百姓殷阜，帶甲之數，糧食之積，可謂多矣，然漢文猶以遠征不易，重興師旅，告喻而已。今凶桀未殄，疆埸猶警[一三四]，雖蚩尤、鬼方之亂，政當以緩急差之[一三五]，未宜以淵爲先。願陛下抑威住計[一三六]，暫寧六師，潛神嘿規，以爲後圖，天下幸甚。"權再覽瑁書，嘉其詞理端切，遂不行。

　　初，瑁同郡聞人敏見待國邑，優於宗脩，惟瑁以爲不然，後果如其言。

赤烏二年，瑁卒。子喜亦涉文籍，好人倫，孫晧時爲選曹尚書。《吳錄》曰：喜字文仲，瑁第二子也，入晉爲散騎常侍。瑁孫曄，字士光，至車騎將軍、儀同三司。曄弟玩，字士瑤。《晉陽秋》稱玩器量淹雅，位至司空，追贈太尉。

吾粲字孔休，吳郡烏程人也。《吳錄》曰：粲生數歲，孤城嫗見之，謂其母曰："是兒有卿相之骨。"孫河爲縣長，粲爲小吏，河深奇之。河後爲將軍，得自選長吏，表粲爲曲阿丞，遷爲長史，治有名迹。雖起孤微，與同郡陸遜、卜靜等比肩齊聲矣。孫權爲車騎將軍，召爲主簿，出爲山陰令，還爲參軍校尉。

黃武元年，與呂範、賀齊等俱以舟師拒魏將曹休於洞口。值天大風，諸船綆紲斷絕〔一三七〕，漂没著岸〔一三八〕，爲魏軍所獲，或覆没沈溺，其大船尚存者，水中生人皆攀緣號呼，他吏士恐船傾没，皆以戈矛撞擊不受。粲與黃淵獨令船人以承取之〔一三九〕，左右以爲船重必敗，粲曰："船敗，當俱死耳！人窮，奈何棄之。"粲、淵所活者百餘人。

還，遷會稽太守，召處士謝譚爲功曹，譚以疾不詣，粲教曰："夫應龍以屈伸爲神，鳳皇以嘉鳴爲貴〔一四〇〕，何必隱形於天外，潛鱗於重淵者哉？"粲募合人衆，拜昭義中郎將，與呂岱討平山越，入爲屯騎校尉、少府，遷太子太傅。遭二宮之變，抗言執正，明嫡庶之分，欲使魯王霸出駐夏口〔一四一〕，遣楊竺不得令在都邑。又數以消息語陸遜，遜時駐武昌，連表諫爭。由此爲霸、竺等所譖害，下獄誅。

朱據字子範，吳郡吳人也。有姿貌膂力〔一四二〕，又能論難。黃武初，徵拜五官郎中〔一四三〕，補侍御史。是時選曹尚書暨豔，疾貪汙在位，欲沙汰之。據以爲天下未定，宜以功覆過，棄瑕取用，舉清厲濁，足以沮勸，若一時貶黜，懼有後咎。豔不聽，卒敗。

權咨嗟將率，發憤歎息，追思呂蒙、張溫，以爲據才兼文武，可以繼之，由是拜建義校尉，領兵屯湖孰〔一四四〕。黃龍元年，權遷都建業，徵據尚公主〔一四五〕，拜左將軍，封雲陽侯。謙虛接士，輕財好施，祿賜雖豐而常不足用。嘉禾中，始鑄大錢，一當五百。後據部曲應受三萬，緡工王遂詐而受之，典校呂壹疑據實取，考問主者，死於杖下，據哀其無辜，厚棺斂之。壹又表據吏爲據隱，故厚其殯。權數責問據，據無以自明，藉草待罪數月。典軍吏劉助覺〔一四六〕，言王遂所取，權大感寤，曰："朱據見枉，況吏民乎？"乃窮治壹罪，賞助百萬。

赤烏九年，遷驃騎將軍。遭二宮構爭，據擁護太子，言則懇至，義形於色，守之以死，殷基《通語》載據爭曰："臣聞太子國之本根，雅性仁孝，天下歸心，今卒責之，將有一朝之慮〔一四七〕。昔晉獻用驪姬而申生不存，漢武信江充而戾太子冤死。臣竊懼太子不堪其憂，雖立思子之宮，無所復及矣。"遂左遷新都郡丞。未到，中書令孫弘譖潤據，因權寢疾，弘爲詔書追賜死，時年五十七。孫亮時，二子熊、損各復領兵，爲全公主所譖，皆死。永安中，追録前功，以熊子宣襲爵雲陽侯，尚公主。孫晧時，宣至驃騎將軍。

評曰：虞翻古之狂直，固難免乎末世，然權不能容，非曠宇也。陸績之於揚《玄》，是仲尼之左丘明，老聃之嚴周矣；以瑚璉之器，而作守南越，不亦賊夫人歟！張温才藻俊茂，而智防未備，用致艱患。駱統抗明大義，辭切理至，值權方閉不開。陸瑁篤義規諫，君子有稱焉。吾粲、朱據遭罹屯蹇，以正喪身，悲夫！

【校箋】

〔一〕毛本作"吳書十二"。

〔二〕毛本作"虞陸張駱陸吾朱傳第十二"。

〔三〕盧弼曰："宋本'訊'作'記'。一作'計'。"

謹案：作"記"字是。盧君云"一作計"未詳。《後漢書·方術傳》有"北海王和平"，不識即此作"記"者否？

〔四〕盧弼曰："宋本'長'作'常'，《通鑑》同。"

謹案：《御覽》卷二百六十四引亦作"常"，《廣雅·釋詁一》："長，常也。"

〔五〕蕭書"策"下有"嘗"字。

〔六〕紹興本"二"字作"三"。盧弼曰："馮本、監本'三'作'二'。"

謹案：《御覽》卷三百五十三、卷三百九十四、《册府》卷七百二十五、卷八百四十五引亦作"三"。蕭書、郝書同，則馮本、監本作"二"誤也。

〔七〕盧弼曰:"宋本'一'作'及'。"

謹案:《御覽》卷三百九十四、《册府》卷七百二十五、卷八百四十五引俱作"及",蕭書同。

〔八〕紹興本"倘"字作"儻"。

〔九〕盧弼曰"宋本'執事'上有'惟'字。"

謹案:《册府》卷七百二十五引同。

〔一〇〕《類聚》卷五十五引"聞"上有"曩"字。

〔一一〕《類聚》引"睹"上有"今"字。

〔一二〕竹箭即箭竹。《爾雅·釋地》:"東南之美者有會稽之竹箭焉。"戴凱之《竹譜》:"箭竹高者不過一丈,節間三尺,堅勁中矢,江南諸山皆有之,會稽所生最精好。"

〔一三〕《類聚》引"通"字作"道","也"字作"已"。

〔一四〕《文選》陸士衡《辨亡論》李注引"謗毀"二字乙。

〔一五〕《御覽》卷三百六十四引"敗"下有"走"字。

〔一六〕《御覽》卷七百二十七引"二"字作"三"。《實錄》同。

〔一七〕盧弼曰:"元本'北'作'比'。"

謹案:作"北"字是,北指魏國。元本誤。

〔一八〕《御覽》卷三百九十三引無"常"字。

〔一九〕《類聚》卷二十四引"持"字作"待"。

〔二〇〕盧弼曰:"胡三省曰:'手劍,手援劍也。《記》曰:子手弓。'"

謹案:《公羊傳·莊公十二年》:"手劍而叱之。"何休解詁:"手劍,持拔劍。"陳立義疏曰:"《説文》:'手,拳也。'因之凡以手持物謂之手。下十三年《傳》'曹子手劍而從之',亦謂持劍也。

《檀弓》'子手弓',而可謂手持弓也。"

〔二一〕《類聚》引"遑"字作"惶",《文選》李注引同。《白帖》卷三十九引作"惶懼",疑是。

〔二二〕盧弼曰:"《劉繇傳》'權爲吳王,遷基大農',不作大司農。近人某氏藏敦煌出土舊鈔《吳志》殘卷,自'惟大農'以下至《張溫傳》'臣自遠境'止,凡七十九行。某氏歷舉'大司農'爲刊本之誤,已於《劉繇傳》及《魏志·文紀》黃初元年辨正。舊鈔所舉,多不足據。如本傳'手殺善士',即指權手劍欲擊翻之事,鈔本無'手'字。'雖翻有罪,天下孰知之',此言天下無人知翻之罪也。鈔本作'天下誰不知之',則語意相反矣!又如'曹孟德尚殺孔文舉,孤於虞翻何有哉'本極明顯,鈔本刪去'尚'字、'有'字,則語氣索然矣!其他多類是。好古敏求則可,佞古而爲古愚,則不可也。"

謹案:盧君所云近人某氏,是謂海鹽張元濟。張著《校史隨筆》,曾以新疆鄯善出土古寫本《國志》以校今本,頗有異同。張氏云"寫本略有舛誤,然大都勝於宋本",是張氏固未謂寫本全是也。寫本雖有錯誤,亦不能謂其盡非,如盧君所言者。茲就盧君所舉,聊試爲辨證之。如"大司農劉基",寫本作"大農",盧君於《劉繇傳》已斥其非。然考《御覽》卷四百八十三、《册府》卷二百一十二引無"司"字,與《劉繇傳》作"大農"合。則不僅寫本作"大農"也。"手殺善士",《類聚》卷二十四、《册府》引無"手"字,與寫本同。"大王以三爵之後殺善士",語義已足,若著"手"字,是謂已殺之,與上文"欲殺之"意觸迕矣。竊疑"手"字或由傳録者未細繹語義,見上文有"手劍"字而妄加也。至若"天下孰知之",盧君謂鈔本作"天下誰不知之",按:寫本作"□誰不知之"。"曹孟德尚殺孔文舉",《治要》、《御覽》卷四百八十三、卷八百四十六俱無"尚"字，亦不獨寫本爲然也。此蓋盧君矜氣之隆，未能博事鉤稽，詳審得失，驟斥張氏爲古所愚，是非平允之論也。

〔二三〕古寫本"得"字作"曾"，《御覽》卷四百八十三引"何得"作"曾何"，《册府》引無"得"字。

〔二四〕《册府》引"殺"下有"者"字，是也。

〔二五〕蕭書"語"字作"謂"。

〔二六〕古寫本"也"字作"邪"。

〔二七〕古寫本"百"字作"十"。

〔二八〕盧弼曰："宋本'策'作'革'。"

謹案：《官本考證》曰："'策命'宋本作'革命'。"考《册府》卷八百九十七引"策"字作"革"，《易·革卦》彖辭："湯武革命，順乎天而應乎人。"則當作"革命"爲是。

〔二九〕盧弼曰："馮本'兩'作'雨'，誤。"

謹案：盧説非是。説詳《魏志·文欽傳》，兹不贅述。

〔三〇〕盧弼曰："姚振宗曰：'權稱尊號，翻上書言全宥九載。則被放在魏文帝黄初二年。又言臣年耳順，至年七十，當卒於吳赤烏二年。在南凡十九年也。'弼按：鈔本作'年七十九卒'，果如所言，則在南二十九年矣，與上文'在南十餘年'不合，不問而知其誤矣！"

謹案：古寫本作"在南十餘年，□十九卒"。"十"字上一字已漫滅，不審盧君何據而遽作"七"字也，所言殊非。

〔三一〕《册府》引"隕"字作"殞"。

〔三二〕紹興本"先"字作"亡"，《册府》卷五百九十七引同。

〔三三〕盧弼曰："所謂有本之學。"

謹案：本謂書籍。《蜀志・尹默傳》："咸略誦述，不復按本。"與此"本"字意同。盧君不識此句"本"字之義，而以有本之學釋之，則與傳意不合，恐誤。

〔三四〕《册府》引"舊"字作"故"。

〔三五〕《御覽》卷三百九十九引"撓"字作"燒"。

〔三六〕《御覽》引"言"字作"曰"。

〔三七〕盧弼曰："'因'疑'曰'字之誤。宋本'因'作'目'。"

謹案：作"目"字是。"目""因"或以形近致誤。《魏志・挹婁傳》"射人皆入目"，而今本"目"訛作"因"，是其證。《文選》陸士衡《五等諸侯論》李注："目，綱目也。"盧君謂"目"爲"曰"字之誤，臆説無據，疑非。

〔三八〕紹興本"因"字作"曰"。

〔三九〕紹興本"辨"字作"辯"。

〔四〇〕蕭書"卯"字作"夘"，"柳"作"栁"。下同。

〔四一〕《類聚》卷四十引"節"字作"斥"。

〔四二〕蕭書"一"上有"人"字。

〔四三〕紹興本"法"字作"注"，蕭書同。

〔四四〕盧弼曰："何焯曰：'丣即大篆酉字，與卯不同，古文作非，裴謂字同音異誤矣！説詳《説文》第十五卷。'"

謹案：段玉裁《説文解字注》"昴"篆下云："'丣'古音讀如某，'丣'古文酉字，字别而音同在三部。雖同在三部而不同紐，是以'丣'聲之'劉''留''聊''柳''珋''駵''鎦''茆''寣'爲一紐，'卯'聲之'昴'爲一紐，古今音讀皆有分别，'丣'聲之不讀爲'莫飽切'，猶'卯'聲之不讀爲'力九切'也。"

〔四五〕《册府》卷七百六十七引"俟"字作"待"。

〔四六〕《册府》引"翻"下有"與"字，是也。

〔四七〕盧弼曰："'清'疑作'靜'。卜靜見《顧邵傳》。"

謹案：錢儀吉"清"改"靜"，云："卜靜見《顧雍傳》。"考裴注引《吳錄》"靜字玄風"，《吾粲傳》"與同郡陸遜、卜靜等比肩齊聲矣"，"清"字俱作"靜"，應據正。

〔四八〕盧弼曰："《官本考證》曰：'海絕疑作絕海。'"

謹案：《荀子‧王制篇》"北海則有走馬吠犬焉"注："海謂荒晦絕遠之地。"則海絕或作荒絕釋也。《官本考證》乙作"絕海"，疑非。

〔四九〕盧弼曰："宋本'入'作'人'。吳嘉禾元年孫權加公孫淵爵位。"

謹案：《册府》卷二百零九引亦作"人"，作"人"字是。考《吳志‧孫權傳》："黃龍元年五月使校尉張剛、管篤之遼東。"《呂岱傳》："黃龍三年以南土清定，召岱還屯長沙漚口。"則翻示呂岱當在黃龍元二年時也。盧君徵引嘉禾元年權加公孫淵爵位以證，未得其實。蓋嘉禾元年岱已去交州，翻安能有表示之乎？

〔五○〕《册府》引"宦"字作"官"。

〔五一〕盧弼曰："宋本'據'作'攄'。"

謹案：《册府》卷八百三十三引同。《廣雅‧釋詁四》："攄，舒也。"作"攄"字是。

〔五二〕紹興本"母"字作"毋"。

〔五三〕紹興本"居"字作"官"，郝書同。郁松年以"居"字爲"君"之形誤。

〔五四〕紹興本、馮本、陳本"鄮"字俱作"鄸"。考《續漢志》會稽縣，作"鄸"者誤也。

〔五五〕《册府》卷八百三十三引"故"字在"者"字下。

〔五六〕《册府》引作"議"字作"識"。

〔五七〕紹興本"寋"字作"謇"。《文選》潘安仁《笙賦》"終嵬峩以寋愕"李注："正直之貌，字亦作'謇'。"

〔五八〕紹興本"事"字作"士"，是。郝書同。

〔五九〕馮本、陳本"爽"字作"奕"，毛本作"爽"。

〔六〇〕潘眉曰："松楊當作松陽，說見《賀齊傳》。"

謹案：紹興本"楊"字作"陽"。《御覽》卷一百七十一引《輿地志》："松陽本章安南鄉，漢末立爲縣。"則"楊"字當作"陽"。

〔六一〕紹興本"刺"字作"剌"，誤。《漢書·丙吉傳》"馭吏因隨驛騎至公車刺取"注："刺，謂探候之也。"

〔六二〕古寫本作"有子十一人"。

〔六三〕《實錄》"綝"下有"悔"字。

〔六四〕紹興本"勢"字作"將"。盧弼曰："各本'將'作'勢'，屬上句讀，誤。宋本作'將'，《通鑑》同。"

謹案：《實錄》"威"作"權"，無"將"字。

〔六五〕蕭書"造"字作"識"。

〔六六〕盧弼曰："元本'致'作'敢'，一作'到'。"

謹案：元本作"敢"誤，作"到"亦非。"致"當爲"至"，《魏志·崔琰傳》"終必遠至"，是其證。

〔六七〕《册府》卷六百八十五引作"堅壁不降"。

〔六八〕盧弼曰："宋本'譚'作'潭'，《晉書》本傳同。"

謹案：梁章鉅曰："《晉書》本傳及《顧衆傳》'譚'作'潭'。又《列女傳》'虞潭母孫氏，孫權族孫女也'。"《官本考證》曰："北宋本'譚'作'潭'。"考《類聚》卷六十三、《御覽》卷五百五十五、《册府》卷七百八十三引亦俱作"潭"，則作"潭"字是也。

〔六九〕古寫本無"累遷"以下十字。

〔七〇〕古寫本無"尚書"以下六字。

〔七一〕盧弼曰："宋本作'世文'。"

謹案：《官本考證》曰："北宋本作'世文'。"考《册府》卷八百引作"世"，蕭書同，作"世"字是。

〔七二〕紹興本作"吳郡吳人也"，馮本、陳本同。盧弼曰："監本、官本奪'吳郡'二字，誤。"

謹案：古寫本作"吳郡吳人也"。《文選》李注、《季漢書》俱有"吳郡"二字。監本、官本實誤。

〔七三〕《初學記》卷十七、《御覽》卷九百六十六、《事類賦》卷二十七引俱無"去"字，蕭書同。

〔七四〕《初學記》引"郎"下有"何乃"二字。

〔七五〕蕭書"賓"字作"客"，與《御覽》卷二百六十四引《陸績別傳》同。

〔七六〕古寫本"須"字作"惟"。

〔七七〕《御覽》引《陸績別傳》作"而惟當用武"，是也。與上"惟當用武"句相應。

〔七八〕古寫本"幸"字作"永"，是也。

〔七九〕郝書"使"下無"苟"字。

〔八〇〕郝書"切"字作"竊"。

〔八一〕郝書郁松年《札記》謂"行"當作"名"，是也。下文"苟非名爵"，"名"正與此相承，當據改。

〔八二〕紹興本"視"下無"矣"字，郝書同。

〔八三〕古寫本、紹興本、馮本、陳本、毛本俱作"吳郡吳人也"。《御覽》卷二百四十四引同。蕭書、郝書"郡"下亦有

"吳"字。

〔八四〕古寫本無"司"字。

〔八五〕盧弼曰："《御覽》'延'作'廷'。"

謹案：《官本考證》曰："'延見'《太平御覽》作'廷見'。"考《御覽》卷二百四十四、卷四百四十二引俱作"延"。郝書"延"字作"廷"，作"廷"字是。

〔八六〕古寫本無"以"字，郝書同。

〔八七〕盧弼曰："鈔本'蜀'作'丕'。某氏謂孫權當日和蜀圖魏之策略，得此一字正之，瞭然在心目間，所云誠是。鈔本亦惟此一字可取。然猶有疑者。張溫使蜀在吳黃武三年，自黃武三年曹丕三路進兵，孫權改元，臨江拒守江陵、洞浦，苦戰連年，已大構矣，何謂'便欲'？惟吳蜀初通，舊嫌未釋，公瑾遺謀，西規涼益，行人覘國，授以密謀，證以仲謀之反覆操縱，亦爲情理中應有之事，則作'蜀'字亦可通。後見諸葛治國有經，專主聯吳攻魏，遂寢斯議，亦在意中。據此推論，似亦不得謂'蜀'字爲誤也。"

謹案：張元濟《校史隨筆》曰："張溫使蜀，爲吳黃武三年。是時魏以兵力迫吳，曹休、曹仁、曹真等先後進擊。權以揚越蠻夷，多未平集，內難未弭，不得不屈意求和，然外託事魏而非誠服也。故與蜀釋嫌修好，先以鄭泉往聘，逮蜀以鄧芝來報，邦交漸復，吳是時實有聯蜀圖魏之意。故於後來黃龍元年與蜀所立盟辭痛斥操丕，且有'今日滅叡，禽其徒黨，非漢與吳，將誰復任'之語。若如宋本原文，便欲大構於蜀，則與前後事實均不相應。且果欲構蜀，權何必'恐諸葛孔明不知吾所以與曹氏通意'之語語溫。溫到蜀後，又何敢爲稱美蜀政之辭。是可知宋本'蜀'字實訛，而寫本'丕'字爲正，誠可謂一字千金矣！"盧君排擊張説，便謂吳蜀"舊嫌未釋，公瑾遺謀，西規涼益，行人覘國，授以密謀"，遂以"蜀"字可通，殆不然也。如盧君言，權將大構於蜀，勢將臣服於魏，則魏欲權之來朝，徵子登之内侍，若不從命，則奉辭伐叛，而蜀自順流而下。上下受敵，難以應戰，故權欲拒魏，勢必與蜀結盟，況黃武三年即與魏絕乎！其無構蜀之意可知矣。且是年鄧芝報聘，權復重申與魏聯結之意以釋蜀疑（見《孫權傳》注引《吳錄》）。復語芝曰："若天下太平，二主分治，不亦樂乎（《蜀志·鄧芝傳》）！"寧有構蜀之意存乎其間哉？盧君不考情實，妄事推論，殊無當也。

〔八八〕古寫本"一"字作"壹"，《册府》卷六百五十八引同。

〔八九〕《册府》引作"軍事繁興"。

〔九〇〕古寫本無"入"字。

〔九一〕盧弼曰："銜，憾也。"

謹案：《漢書·義縱傳》"銜之"注："銜，含也，苞含在心，以爲過也。"

〔九二〕盧弼曰："《御覽》'狷'作'峭'。"

謹案：《官本考證》曰："《太平御覽》作'峭厲'。"考此見《御覽》卷二百一十四引。《通典·職官五》"尚書"條引亦作"峭"。

〔九三〕《御覽》引無"爲"字，《通典》同。

〔九四〕《御覽》引"見"字作"當"，《通典》同。

〔九五〕盧弼曰："《御覽》'彈'作'指'。"

謹案：此見《御覽》卷二百一十四。

〔九六〕《通典》"怨"字作"惋"。

〔九七〕《御覽》卷四百一十四引"憎愛"二字乙，《通典》、郝書同。

〔九八〕《册府》卷八百七十四引"人"下無"也"字,郝書同。

〔九九〕《治要》《册府》引"部"字作"郡",郝書同。考溫吳人,則本郡謂吳郡,作"郡"字是。

〔一〇〇〕《治要》引"易"下無"也"字。

〔一〇一〕《治要》《册府》引"辨"字作"辯",郝書同。

〔一〇二〕郝書"赦"字作"赫"。赫,明也。作"赫"者是也。"赦"字於此無義,"赫""赦"蓋形近致誤。

〔一〇三〕紹興本"溫"字作"義"。

〔一〇四〕《治要》引"於"字作"與"。

〔一〇五〕盧弼曰:"吳季札歷聘諸國。"

謹案:事見《左傳·襄公二十九年》。盧君所云意不具,未申燕譚之義。此謂季札聘問魯、齊、鄭、衛、晉諸國,皆與其執政諸卿私論得失也。《儀禮·聘禮》注:"燕私樂之禮,崇恩殺敬也。"

〔一〇六〕紹興本、馮本、陳本"層"字俱作"曾",《治要》引同。

〔一〇七〕《治要》引"臣"下有"也"字。

〔一〇八〕盧弼曰:"宋本'德'作'聽'。"

謹案:《治要》《册府》引亦作"聽",《季漢書》同。"德"字於此無義,蓋爲"聽"字之形誤。

〔一〇九〕盧弼曰:"李安溪曰:'未之信者,以蜀待吳也。未知其故者,欲絶之於天也。'"

謹案:諸葛亮之於張溫,歎其才美,聞虞俊憂溫之語,心不謂然,故曰"未之信"也。及溫被放黜,未即瞭其放黜之由,思之數日,乃究其故。語本明顯,若如李氏所釋,未能發明傳意,反令其意晦澀難知矣。

〔一一〇〕紹興本"比"字作"北"。盧弼曰："何焯校改'北'作'比'。"

謹案：何校是也。考《御覽》卷二百四十八引《會稽典録》作"陳與接境"。接境猶比界。"北"蓋"比"之形誤。

〔一一一〕《御覽》卷四百七十六引作"時年八歲"。

〔一一二〕《御覽》卷三十五、卷四百七十六引俱無"遂"字。

〔一一三〕馮本、陳本"適"字作"嫡"，《御覽》卷三十五引同。"適""嫡"古今字通。

〔一一四〕蕭書"客"下有"至者"二字。

〔一一五〕《白帖》卷三十五引"爲"字作"與"。

〔一一六〕盧弼曰："宋本'居'作'歸'，故私粟得自主也。"

謹案：《御覽》卷二百四十一、卷四百七十六引亦作"歸"，歸謂來歸。而卷三十五引作"婦"，疑爲傳録之訛。

〔一一七〕盧弼曰："或曰：'統所引《書》，非後出古文也。'"

謹案：此語見《禮記·表記》。《表記》云"太甲曰"。鄭注："太甲，湯孫也，《書》以名篇。"正義："此《尚書·太甲》之篇。太甲，湯孫，大丁之子。湯崩，太甲立，伊尹作書訓之，故曰'太甲'。后，君也。胥，相也。伊尹言民若無君，無能相匡正以自安居也。君若無民，無以君領四方。引之者證君之與民上下各以其事相報，是相報答之義也。"考《太甲》三篇，鄭玄未見，而云亡，則統所引當出自《表記》。後出古文，見於宋元嘉之後（詳見程延祚《晚書訂疑》），必非統所可見。盧君引或曰謂此非後出古文，語涉籠統，致意失明豁矣。

〔一一八〕《册府》卷四百零七引"小"字作"不"。

〔一一九〕《册府》引"兵"字作"夫"。

〔一二〇〕《御覽》卷四百二十引"原"字作"愿"。《吕岱傳》

作"徐原"。

〔一二一〕《白帖》卷二十六、《御覽》引"遺"下有"瑉"字。

〔一二二〕《白帖》、《册府》卷八百零二引"收"字作"教"。

〔一二三〕盧弼曰:"宋本作'二男一女',各本皆誤。"

謹案:《册府》引同,蕭書亦作"二"。

〔一二四〕蕭書"昧"作"曖昧"。

〔一二五〕《册府》卷五百三十九引"巧"字作"狙",是也。下文"若淵狙詐",可證。

〔一二六〕《册府》引"爲"字作"謂","以"下有"爵命"二字。

〔一二七〕紹興本"弄"字作"箄"。《册府》引同。

〔一二八〕紹行本"近"字作"古",疑非。

〔一二九〕盧弼曰:"《通鑑》作'了然'。胡三省曰:'了然猶言曉然也。'蜀本作孑然,文義尤長。孑,孤孑也。謂淵孤立孑然無援也。"

謹案:"了"爲"孑"字之誤。各本俱作"孑",不作"了"也。

〔一三○〕紹興本"雄"字作"事"。

〔一三一〕毛本"牙"字作"乎"。盧弼曰:"宋本'乎'作'牙'。《通鑑》作'盤互'。胡注:'謂各盤據而互爲敵也。'劉家立曰:'古互字俱作牙。《漢書·谷永傳》百官盤互,顏注:盤結而交互也。'弼按:《後漢書·滕撫傳》'磐牙連歲'。章懷注:'盤牙謂相連結。'惠棟曰:'孫恓云:互俗作乎。前書《劉向傳》宗族盤互。《易·大畜》豕之牙,鄭康成讀爲互,易說互體亦作牙,音吾。'"

謹案:《實錄》作"牙"。吳曾《能改齋漫錄》曰:"唐人書互作乎,乎似牙字,因轉爲牙也。"盤互當如章懷所釋,胡注非。

〔一三二〕紹興本"休"字作"將",《册府》卷五百三十九引同。《實錄》亦作"將"。

〔一三三〕《實錄》作"未有遠征於此時"。

〔一三四〕紹興本"場"字作"塲","警"字作"驚"。

〔一三五〕紹興本"政"字作"故","政當"亦通。

〔一三六〕盧弼曰:"宋本'住'作'任'。"

謹案:《册府》卷五百三十九引與宋本同。本志《張紘傳》"願抑賁、育之勇,懷霸王之計",語意相近,作"任"字是。

〔一三七〕盧弼曰:"《通鑑》作'綆纜悉斷'。"

謹案:蕭書"斷"上有"皆"字。"悉""皆"義同。疑今本《國志》有奪文。

〔一三八〕蕭書作"漂著北岸"。《册府》卷四百一十七引作"漂没渚岸"。

〔一三九〕蕭書"承"上無"以"字。

〔一四〇〕蕭書"嘉"字作"時"。

〔一四一〕《御覽》卷二百四十四引無"霸"字,"駐"作"住"。下文"由此爲霸、竺等所譖害",此"霸"字亦衍。

〔一四二〕《御覽》卷四百七十六引"力"下有"絶人"二字。《實錄》作"少有姿貌,膂力絶人"。蕭書作"過人",似應增"絶人"二字。

〔一四三〕《御覽》卷三百七十九引作"五官中郎將",應據以乙補。

〔一四四〕《御覽》卷二百四十二引"湖"字作"姑"。

〔一四五〕紹興本無"公"字。

〔一四六〕蕭書"覺"下有"之"字。

〔一四七〕《實錄》"慮"字作"患"。

三國志校箋卷五十八

吳志卷十三〔一〕

陸遜 子抗〔二〕

陸遜字伯言，吳郡吳人也。本名議，世江東大族〔三〕。《陸氏世頌》曰：遜祖紆，字叔盤，敏淑有思學，守城門校尉。父駿，字季才，淳懿信厚，爲邦族所懷，官至九江都尉。遜少孤，隨從祖廬江太守康在官。袁術與康有隙，將攻康，康遣遜及親戚還吳。遜年長於康子績數歲，爲之綱紀門户。

孫權爲將軍，遜年二十一〔四〕，始仕幕府，歷東西曹令史，出爲海昌屯田都尉，并領縣事。《陸氏祠堂像贊》曰：海昌，今鹽官縣也。縣連年亢旱〔五〕，遜開倉穀以振貧民，勸督農桑，百姓蒙賴。時吳、會稽、丹陽多有伏匿，遜陳便宜，乞與募焉〔六〕。會稽山賊大帥潘臨，舊爲所在毒害，歷年不禽。遜以手下召兵〔七〕，討治深險，所向皆服，部曲已有二千餘人。鄱陽賊帥尤突作亂，復往討之，拜定威校尉，軍屯利浦。

權以兄策女配遜，數訪世務，遜建議曰："方今英雄棊跱，豺狼闚望，克敵寧亂，非衆不濟。而山寇舊惡，依阻深地。夫腹心未平，難以圖遠，可大部伍，取其精銳[八]。"權納其策，以爲帳下右部督[九]。會丹陽賊帥費棧[一〇]，受曹公印綬，扇動山越，爲作内應，權遣遜討棧。棧支黨多而主兵少[一一]，遜乃益施牙幢，分布鼓角，夜潛山谷間[一二]，鼓譟而前，應時破散[一三]。遂部伍東三郡，彊者爲兵，羸者補户，得精卒數萬人，宿惡盪除，所過肅清，還屯蕪湖。

會稽太守淳于式表遜枉取民人，愁擾所在[一四]。遜後詣都，言次，稱式佳吏[一五]，權曰："式白君而君薦之，何也？"遜對曰："式意欲養民，是以白遜。若遜復毀式以亂聖聽，不可長也。"權曰："此誠長者之事[一六]，顧人不能爲耳。"

呂蒙稱疾詣建業，遜往見之，謂曰："關羽接境，如何遠下，後不當可憂也？"蒙曰："誠如來言，然我病篤。"遜曰："羽矜其驍氣，陵轢於人。始有大功，意驕志逸，得務北進[一七]，未嫌於我，兼相聞病[一八]，必益無備。今出其不意，自可禽制。若見至尊[一九]，宜好爲計。"蒙曰："羽素勇猛，既難爲敵，且已據荆州，恩信大行，兼始有功，膽勢益盛，未易圖也。"蒙至都，權問："誰可代卿者？"蒙對曰："陸遜意思深長，才堪負重，觀其規慮，終可大任。而未有遠名，非羽所忌，無復是過。

若用之，當令外自韜隱，內察形便，然後可克。"權乃召遜，拜偏將軍右部督，代蒙。

遜至陸口，書與羽曰："前承觀釁而動，以律行師，小舉大克，一何巍巍！敵國敗績，利在同盟，聞慶拊節，想遂席卷，共獎王綱。近以不敏，受任來西，延慕光塵，思稟良規。"又曰："于禁等見獲，遐邇欣歎，以爲將軍之勳足以長世，雖昔晉文城濮之師，淮陰拔趙之略，蔑以尚茲。聞徐晃等步騎駐旌，闚望麾葆。操猾虜也，忿不思難，恐潛增衆，以逞其心。雖云師老，猶有驍悍。且戰捷之後，常苦輕敵，古人杖術，軍勝彌警，願將軍廣爲方計，以全獨克。僕書生疏遲，忝所不堪，喜鄰威德，樂自傾盡，雖未合策，猶可懷也。儻明注仰，有以察之。"羽覽遜書，有謙下自託之意，意大安，無復所嫌。遜具啓形狀，陳其可禽之要。權乃潛軍而上，使遜與呂蒙爲前部，至即克公安、南郡。遜徑進，領宜都太守，拜撫邊將軍，封華亭侯。備宜都太守樊友委郡走，諸城長吏及蠻夷君長皆降。遜請金銀銅印，以假授初附。是歲建安二十四年十一月也。

遜遣將軍李異、謝旌等將三千人，攻蜀將詹晏、陳鳳。異將水軍，旌將步兵，斷絶險要，即破晏等，生降得鳳。又攻房陵太守鄧輔、南鄉太守郭睦，大破之。秭歸大姓文布〔二〇〕、鄧凱等合夷兵數千人，首尾西方。遜復部旌討破布、凱。布、凱脫走，蜀以爲將。遜令人誘之，布帥衆還降。前後斬獲招納，凡數萬計。權以遜爲右護軍、鎮西將軍,進封婁侯。《吳書》曰:權嘉遜功德,欲殊顯之,雖爲上將軍列侯,猶欲令歷本州舉命,乃使揚州牧呂範就辟別駕從事,舉茂才。

時荆州士人新還,仕進或未得所,遜上疏曰:"昔漢高受命,招延英異,光武中興,羣俊畢至,苟可以熙隆道教者,未必遠近。今荆州始定,人物未達,臣愚慺慺。乞普加覆載,抽拔之恩,令並獲自進,然後四海延頸,思歸大化。"權敬納其言。

黃武元年,劉備率大衆來向西界,權命遜爲大都督、假節,督朱然、潘璋、宋謙、韓當、徐盛、鮮于丹、孫桓等五萬人拒之。備從巫峽、建平連圍至夷陵界,立數十屯,以金錦爵賞,誘動諸夷,使將軍馮習爲大督,張南爲前部,輔匡、趙融、廖淳、傅彤等各爲別督,先遣吳班將數千人於平地立營,欲以挑戰。諸將皆欲擊之,遜曰:"此必有譎[二一],且觀之。"《吳書》曰:諸將並欲迎擊備,遜以爲不可,曰:"備舉軍東下,銳氣始盛,且乘高守險,難可卒攻,攻之縱下,猶難盡克,若有不利,損我大勢,非小故也。今但且獎厲將士[二二],廣施方略,以觀其變。若此間是平原曠野,當恐有顛沛交馳之憂,今緣山行軍,勢不得展,自當罷於木石之間[二三],徐制其弊耳。"諸將不解,以爲遜畏之,各懷憤恨。備知其計不可[二四],乃引伏兵八千[二五],從谷中出。遜曰:"所以不聽諸君擊班者,揣之必有巧故也。"遜上疏曰:"夷陵要害,國之關限[二六],雖爲易得,亦復易失。失之非徒損一郡之地[二七],荆州可憂[二八]。今日爭之,當令必諧。備干天常，不守窟穴，而敢自送。臣雖不材，憑奉威靈，以順討逆，破壞在近。尋備前後行軍，多敗少成，推此論之，不足爲戚。臣初嫌之，水陸俱進，今反舍船就步，處處結營，察其布置，必無他變。伏願至尊高枕，不以爲念也。"諸將並曰："攻備當在初，今乃令入五六百里，相銜持經七八月，其諸要害皆以固守，擊之必無利矣。"遜曰："備是猾虜，更嘗事多，其軍始集，思慮精專，未可干也。今住已久，不得我便，兵疲意沮，計不復生，掎角此寇，正在今日。"乃先攻一營，不利。諸將皆曰："空殺兵耳。"遜曰："吾已曉破之之術。"〔二九〕乃勅各持一把茅，以火攻拔之。一爾勢成，通率諸軍同時俱攻〔三〇〕，斬張南、馮習及胡王沙摩柯等首，破其四十餘營。備將杜路、劉寧等窮逼請降。備升馬鞍山，陳兵自繞。遜督促諸軍四面蹙之〔三一〕，土崩瓦解，死者萬數。備因夜遁，驛人自擔燒鐃鎧斷後，僅得入白帝城。其舟船器械，水步軍資，一時略盡，尸骸漂流，塞江而下。備大慚恚，曰："吾乃爲遜所折辱，豈非天邪！"

初，孫桓別討備前鋒於夷道，爲備所圍，求救於遜。遜曰："未可。"諸將曰："孫安東公族，見圍已困，奈何不救？"遜曰："安東得士衆心，城牢糧足，無可憂也。待吾計展，欲不救安東，安東自解。"及才略大施〔三二〕，備果奔潰。桓後見遜曰："前實怨不見救，定至今日〔三三〕，乃知調度自有方耳。"

當禦備時，諸將軍或是孫策時舊將，或公室貴戚，各自矜恃，不相聽從。遜案劍曰："劉備天下知名，曹操所憚，今在境界，此彊對也〔三四〕。諸君並荷國恩，當相輯睦，共翦此虜，上報所受，而不相順，非所謂也。僕雖書生，受命主上。國家所以屈諸君使相承望者，以僕有尺寸可稱，能忍辱負重故也。各任其事，豈復得辭！軍令有常，不可犯矣。"及至破備，計多出遜，諸將乃服。權聞之，曰："君何以初不啓諸將違節度者邪？"遜對曰："受恩深重，任過其才。又此諸將或任腹心，或堪爪牙，或是功臣，皆國家所當與共克定大事者〔三五〕。臣雖駑懦，竊慕相如、寇恂相下之義，以濟國事。"權大笑稱善，加拜遜輔國將軍，領荊州牧，即改封江陵侯。

又備既住白帝〔三六〕，徐盛、潘璋、宋謙等各競表言備必可禽，乞復攻之。權以問遜，遜與朱然、駱統以爲曹丕大合士衆，外託助國討備，內實有姦心，謹決計輒還。無幾，魏軍果出，三方受敵也。《吳錄》曰：劉備聞魏軍大出，書與遜云："賊今已在江陵，吾將復東，將軍謂其能然不？"遜答曰："但恐軍新破，創痍未復，始求通親，且當自補，未暇窮兵耳。若不推算〔三七〕，欲復以傾覆之餘，遠送以來者，無所逃命。"

備尋病亡，子禪襲位，諸葛亮秉政，與權連和。時事所宜，權輒令遜語亮〔三八〕，并刻權印，以置遜所。權每與禪、亮書，常過示遜，輕重可否，有所不安，便令改定，以印封行之。

七年，權使鄱陽太守孫魴誘譎魏大司馬曹休〔三九〕，休果舉衆入皖，乃召遜假黃鉞，爲大都督，逆休。陸機爲遜《銘》曰：魏大司馬曹休侵我北鄙，乃假公黃鉞，統御六師及中軍禁衛而攝行王事，主上執鞭，百司屈膝。《吳錄》曰：假遜黃鉞，吳王親執鞭以見之〔四〇〕。休既覺知，恥見欺誘，自恃兵馬精多，遂交戰〔四一〕。遜自爲中部，令朱桓、全琮爲左右翼，三道俱進，果衝休伏兵〔四二〕，因驅走之，追亡逐北，徑至夾石，斬獲萬餘，牛馬騾驢車乘萬兩。軍資器械略盡。休還，疽發背死。諸軍振旅過武昌，權令左右以御蓋覆遜，入出殿門，凡所賜遜，皆御物上珍，於時莫與爲比。遣還西陵。

黃龍元年，拜上大將軍〔四三〕、右都護。是歲，權東巡建業，留太子、皇子及尚書九官，徵遜輔太子，并掌荆州及豫章三郡事，董督軍國。時建昌侯慮於堂前作鬥鴨欄，頗施小巧，遜正色曰：“君侯宜勤覽經典以自新益，用此何爲？”慮即時毀徹之。射聲校尉松於公子中最親，戲兵不整〔四四〕，遜對之，髡其職吏。南陽謝景善劉廙之先刑後禮之論，遜呵景曰：“禮之長於刑久矣，廙以細辯而詭先聖之教，皆非也。君今侍東宫，宜遵仁義以彰德音〔四五〕，若彼之談，不須講也。”

遜雖身在外，乃心於國，上疏陳時事曰：“臣以爲科法嚴峻，下犯者多。頃年以來，將吏罹罪，雖不慎可責，然天下未一，當圖進取〔四六〕，小宜恩貸，以安下情。且世務日興，良能爲先，自不姦穢入身〔四七〕，難忍之過，乞復顯用，展其力效。此乃聖王忘過記功，以成王業〔四八〕。昔漢高舍陳平之愆，用其奇略，終建勳祚，功垂千載。夫峻法嚴刑，非帝王之隆業；有罰無恕，非懷遠之弘規也。"

權欲遣偏師取夷州及珠崖，皆以諮遜，遜上疏曰："臣愚以爲四海未定，當須民力，以濟時務。今兵興歷年，見衆損減，陛下憂勞聖慮，忘寢與食，將遠規夷州，以定大事，臣反覆思惟，未見其利，萬里襲取，風波難測，民易水土，必致疾疫，今驅見衆，經涉不毛，欲益更損，欲利反害。又珠崖絕險〔四九〕，民猶禽獸，得其民不足濟事，無其兵不足虧衆。今江東見衆，自足圖事，但當畜力而後動耳。昔桓王創基，兵不一旅，而開大業。陛下承運，拓定江表。臣聞治亂討逆，須兵爲威，農桑衣食，民之本業，而干戈未戢，民有饑寒。臣愚以爲宜育養士民，寬其租賦，衆克在和，義以勸勇，則河渭可平，九有一統矣。"權遂征夷州，得不補失。

及公孫淵背盟，權欲往征，遜上疏曰："淵馮險恃固，拘留大使，名馬不獻，實可讎忿。蠻夷猾夏，未染王化，鳥竄荒裔，拒逆王師，至令陛下爰赫斯怒，欲勞萬乘汎輕越海，不慮其危而涉不測。方今天下雲擾，羣雄虎爭，英豪踊躍，張聲大視。陛下以神武之姿，誕膺期運，破操烏林，敗備西陵，禽羽荊州，斯三虜者，當世雄傑，皆摧其鋒。聖化所綏，萬里草偃，方蕩平華夏，總一大猷。今不忍小忿，而發雷霆之怒，違垂堂之戒，輕萬乘之重，此臣之所惑也。臣聞志行萬里者，不中道而輟足；圖四海者，匪懷細以害大。彊寇在境，荒服未庭，陛下乘桴遠征[五〇]，必致闚窬，感至而憂，悔之無及。若使大事時捷，則淵不討自服；今乃遠惜遼東衆之與馬，奈何獨欲捐江東萬安之本業而不惜乎？乞息六師，以威大虜，早定中夏，垂耀將來。"權用納焉。

嘉禾五年，權北征[五一]，使遜與諸葛瑾攻襄陽。遜遣親人韓扁齎表奉報，還，遇敵於沔中，鈔邏得扁。瑾聞甚懼，書與遜云："大駕已旋，賊得韓扁，具知吾闊狹。且水乾宜當急去。"遜未答，方催人種葑豆，與諸將弈棊射戲如常。瑾曰："伯言多智略，其當有以。"自來見遜，遜曰："賊知大駕以旋，無所復感，得專力於吾。又已守要害之處，兵將意動，且當自定以安之，施設變術，然後出耳。今便示退，賊當謂吾怖，仍來相蹙，必敗之勢也。"乃密與瑾立計，令瑾督舟船，遜悉上兵馬以向襄陽城。敵素憚遜，遽還赴城。瑾便引船出，遜徐整部伍，張拓聲勢，步趨船[五二]，敵不敢干。軍到白圍，託言住獵[五三]，潛遣將軍周峻、張梁等擊江夏新市、安陸、石陽，石陽市盛，峻等奄至，人皆捐物入城。城門噎不得關，敵乃自斫殺己民，然後得闔。斬首獲生凡千餘人。臣松之以爲：遜慮孫權已退，魏得專力於己，既能張拓形勢，使敵不敢犯，方舟順流，無復怵惕矣，何爲復潛遣諸將，奄襲小縣，致令市人駭奔，自相傷害？俘馘千人，未足損魏，徒使無事之民橫罹荼酷，與諸葛渭濱之師，何其殊哉！用兵之道既違，失律之凶宜應，其祚無三世，及孫而滅，豈此之餘殃哉！其所生得，皆加營護，不令兵士干擾侵侮。將家屬來者，使就料視。若亡其妻子者，即給衣糧，厚加慰勞，發遣令還，或有感慕相攜而歸者，鄰境懷之。臣松之以爲：此無異殘林覆巢而全其遺鷇，曲惠小仁，何補大虐？江夏功曹趙濯、弋陽備將裴生及夷王梅頤等，並帥支黨來附遜。遜傾財帛周贍經恤。

又魏江夏太守逯式逯音錄。兼領兵馬，頗作邊害，而與北舊將文聘子休宿不協。遜聞其然，即假作答式書云："得報懇惻，知與休久結嫌隙，勢不兩存，欲來歸附，輒以密呈來書表聞，撰衆相迎。宜潛速嚴，更示定期。"以書置界上，式兵得書以見式，式惶懼，遂自送妻子還洛。由是吏士不復親附，遂以免罷。臣松之以爲：邊將爲害，蓋其常事，使逯式得罪，代者亦復如之，自非狡焉思肆，將成大患，何足虧損雅慮，尚爲小詐哉？以斯爲美，又所不取。

六年，中郎將周祗乞於鄱陽召募，事下問遜。遜以爲此郡民易動難安，不可與召，恐致賊寇。而祗固陳取之〔五四〕，郡民吳遽等果作賊殺祗，攻没諸縣。豫章、廬陵宿惡民，並應遽爲寇。遜自聞輒討，即破，遽等相率降遜，料得精兵八千餘人，三郡平。

時中書典校呂壹，竊弄權柄，擅作威福，遜與太常潘濬同心憂之，言至流涕。後權誅壹，深以自責，語在權傳。

時謝淵、謝厷等各陳便宜，欲興利改作，《會稽典錄》曰：謝淵字休德，少修德操，躬秉耒耜，既無慍容，又不易慮，由是知名。舉孝廉,稍遷至建武將軍,雖在戎旅,猶垂意人物。駱統子名秀,被門庭之謗,衆論狐疑,莫能證明,淵聞之歎息曰:"公緒早夭,同盟所哀。聞其子志行明辯,而被闇昧之謗,望諸夫子烈然高斷,而各懷遲疑,非所望也。"秀卒見明,無復瑕玷,終爲顯士,淵之力也。《吴曆》稱云,謝厷才辯有計術。以事下遜。遜議曰:"國以民爲本,彊由民力,財由民出。夫民殷國弱,民瘠國彊者,未之有也。故爲國者,得民則治,失之則亂,若不受利,而令盡用立效,亦爲難也。是以《詩》歎'宜民宜人,受祿于天'。乞垂聖恩,寧濟百姓,數年之間,國用少豐,然後更圖。"

赤烏七年,代顧雍爲丞相,詔曰〔五五〕:"朕以不德,應期踐運,王塗未一,姦宄充路,夙夜戰懼,不遑鑒寐〔五六〕。惟君天資聰叡,明德顯融,統任上將,匡國弭難。夫有超世之功者,必膺光大之寵,懷文武之才者,必荷社稷之重。昔伊尹隆湯〔五七〕,吕尚翼周,內外之任,君實兼之。今以君爲丞相,使使持節守太常傅常授印綬〔五八〕。君其茂昭明德,脩乃懿績,敬服王命,綏靖四方。於乎總司三事,以訓羣寮,可不敬與,君其勖之!其州牧都護領武昌事如故。"

先是,二宫並闕,中外職司多遣子弟給侍。全琮報遜,遜以爲子弟苟有才,不憂不用,不宜私出以要榮利;若其不佳,終爲取禍。且聞二宫勢敵,必有彼此,此古人之厚忌也。琮子寄,果阿附魯王,輕爲交構。遜書與琮曰:"卿不師日磾而宿留阿寄〔五九〕,終爲足下門户致禍矣。"琮既不納,更以致隙。及太子有不安之議,遜上疏陳:"太子正統,宜有盤石之固[六〇]。魯王藩臣,當使寵秩有差,彼此得所,上下獲安。謹叩頭流血以聞。"書三四上,及求詣都欲口論適庶之分,以匡得失。既不聽許,而遜外生顧譚[六一]、顧承、姚信,並以親附太子,枉見流徙。太子太傅吾粲坐數與遜交書,下獄死。權累遣中使責讓遜,遜憤恚致卒,時年六十三,家無餘財。

初,暨豔造營府之論,遜諫戒之,以爲必禍。又謂諸葛恪曰:"在我前者,吾必奉之同升;在我下者,則扶持之。今觀君氣陵其上,意蔑乎下,非安德之基也。"又廣陵楊竺少獲聲名,而遜謂之終敗,勸竺兄穆令與別族。其先覩如此[六二]。長子延早夭,次子抗襲爵。孫休時,追諡遜曰昭侯。

抗字幼節,孫策外孫也。遜卒時,年二十,拜建武校尉,領遜衆五千人,送葬東還,詣都謝恩。孫權以楊竺所白遜二十事問抗,禁絕賓客,中使臨詰,抗無所顧問,事事條答,權意漸解。赤烏九年,遷立節中郎將,與諸葛恪換屯柴桑。抗臨去,皆更繕完城圍,葺其牆屋[六三],居廬桑果,不得妄敗。恪入屯,儼然若新。而恪柴桑故屯,頗有毀壞,深以爲慙。太元元年,就都治病。病差當還,權涕泣與別,謂曰:"吾前聽用讒言,與汝父大義不篤,以此負汝。前後所問,一焚滅之,莫令人見也。"建興元年,拜奮威將軍。太平二年,魏將諸葛誕舉壽春降,拜抗爲柴桑督,赴壽春,破魏牙門將偏將軍,遷征北將軍。永安二年，拜鎮軍將軍，都督西陵，自關羽至白帝。三年，假節。孫皓即位，加鎮軍大將軍，領益州牧。建衡二年，大司馬施績卒，拜抗都督信陵、西陵、夷道、樂鄉、公安諸軍事，治樂鄉。

抗聞都下政令多闕，憂深慮遠，乃上疏曰："臣聞德均則衆者勝寡，力侔則安者制危，蓋六國所以兼并於彊秦，西楚所以北面於漢高也。今敵跨制九服，非徒關右之地；割據九州，豈但鴻溝以西而已。國家外無連國之援，内非西楚之彊，庶政陵遲，黎民未乂，而議者所恃，徒以長川峻山，限帶封域，此乃守國之末事，非智者之所先也。臣每遠惟戰國存亡之符，近覽劉氏傾覆之釁，考之典籍，驗之行事，中夜撫枕，臨餐忘食。昔匈奴未滅，去病辭館；漢道未純，賈生哀泣。況臣王室之出，世荷光寵，身名否泰，與國同感，死生契闊，義無苟且，夙夜憂怛，念至情慘。夫事君之義犯而勿欺，人臣之節，匪躬是殉，謹陳時宜十七條如左。"十七條失本，故不載。

時何定弄權，閹官預政；抗上疏曰："臣聞開國承家，小人勿用，靖譖庸回，唐書攸戒[六四]，是以雅人所以怨刺，仲尼所以歎息也[六五]。春秋已來，爰及秦、漢，傾覆之釁，未有不由斯者也。小人不明理道，所見既淺，雖使竭情盡節，猶不足任，況其姦心素篤，而憎愛移易哉？苟患失之，無所不至。今委以聰明之任，假以專制之威，而冀雍熙之聲作，肅清之化立，不可得也。方今見吏，殊才雖少，然或冠冕之胄，少漸道教，或清苦自立，資能足用，自可隨才授職，抑黜羣小，然後俗化可清，庶政無穢也。"

鳳皇元年，西陵督步闡據城以叛，遣使降晉。抗聞之，日部分諸軍〔六六〕，令將軍左奕、吾彥、蔡貢等徑赴西陵，勅軍營更築嚴圍〔六七〕，自赤谿至故市，內以圍闡，外以禦寇，晝夜催切，如敵已至，眾甚苦之。諸將咸諫曰："今及三軍之銳，亟以攻闡，比晉救至，闡必可拔。何事於圍，而以弊士民之力乎？"抗曰："此城處勢既固，糧穀又足，且所繕脩備禦之具，皆抗所宿規。今反身攻之，既非可卒克，且北救必至，至而無備，表裏受難，何以禦之？"諸將咸欲攻闡，抗每不許。宜都太守雷譚言至懇切，抗欲服眾，聽令一攻。攻果無利，圍備始合。晉車騎將軍羊祜率師向江陵，諸將咸以抗不宜上，抗曰："江陵城固兵足，無所憂患。假令敵沒江陵，必不能守，所損者小。如使西陵槃結，則南山羣夷皆當擾動，則所憂慮，難可而言也。吾寧棄江陵而赴西陵，況江陵牢固乎？"初，江陵平衍，道路通利，抗勅江陵督張咸作大堰遏水，漸漬平中，以絕寇叛。祜欲因所遏水，浮船運糧，揚聲將破堰以通步軍。抗聞，使咸亟破之。諸將皆惑，屢諫不聽。祜至當陽，聞堰敗，乃改船以車運，大費損功力。晉巴東監軍徐胤率水軍詣建平，荊州刺史楊肇至西陵。抗令張咸固守其城；公安督孫遵巡南岸禦祜；水軍督留慮、鎮西將軍朱琬拒胤；身率三軍，憑圍對肇。

將軍朱喬、營都督俞贊亡詣肇。抗曰:"贊軍中舊吏。知吾虛實者,吾常慮夷兵素不簡練,若敵攻圍,必先此處。"即夜易夷民,皆以舊將充之。明日,肇果攻故夷兵處,抗命旋軍擊之,矢石雨下,肇衆傷死者相屬。肇至經月〔六八〕,計屈夜遁。抗欲追之,而慮闡畜力項領,伺視閒隙,兵不足分,於是但鳴鼓戒衆,若將追者。肇衆兇懼,悉解甲挺走,抗使輕兵躡之〔六九〕,肇大破敗,祜等皆引軍還。抗遂陷西陵城,誅夷闡族及其大將吏,自此以下,所請赦者數萬口。修治城圍,東還樂鄉,貌無矜色,謙沖如常,故得將士歡心。《晉陽秋》曰:抗與羊祜推僑、札之好。抗嘗遺祜酒,祜飲之不疑。抗有疾,祜饋之藥,抗亦推心服之。於時以爲華元、子反復見於今。《漢晉春秋》曰:羊祜既歸,增修德信,以懷吳人。陸抗每告其邊戍曰:"彼專爲德,我專爲暴,是不戰而自服也。各保分界,無求細益而已。"於是吳、晉之間,餘糧栖畝而不犯,牛馬逸而入境,可宣告而取也。沔上獵,吳獲晉人先傷者,皆送而相還。抗嘗疾,求藥於祜,祜以成合與之,曰:"此上藥也,近始自作,未及服,以君疾急,故相致。"抗得而服之,諸將或諫,抗不答。孫皓聞二境交和,以詰於抗,抗曰:"夫一邑一鄉,不可以無信義之人,而況大國乎?臣不如是,正足以彰其德耳,於祜無傷也。"或以祜、抗爲失臣節,兩譏之。習鑿齒曰:夫理勝者天下之所保,信順者萬人之所宗,雖大猷既喪,義聲久淪,狙詐馳於當塗,權略周乎急務,負力從橫之人,臧獲牧豎之智,未有不憑此以創功,捨兹而獨立者也。是故晉文退舍,而原城請命;穆子圍鼓,訓之以力;冶夫獻策,而費人斯歸;樂毅緩攻,而風烈長流。觀其所以服物制勝者,豈徒威力相詐而已哉！自今三家鼎足四十有餘年矣，吳人不能越淮、沔而進取中國，中國不能陵長江以爭利者，力均而智侔，道不足以相傾也。夫殘彼而利我，未若利我而無殘；振武以懼物，未若德廣而民懷。匹夫猶不可以力服，而況一國乎？力服猶不如以德來，而況不制乎？是以羊祜恢大同之略，思五兵之則，齊其民人，均其施澤，振義網以羅疆吳，明兼愛以革暴俗，易生民之視聽，馳不戰乎江表。故能德音悅暢，而褆負雲集，殊鄰異域，義讓交弘，自吳之遇敵，未有若此者也。抗見國小主暴，而晉德彌昌，人積兼己之善，而己無固本之規，百姓懷嚴敵之德，閫境有棄主之慮，思所以鎮定民心，緝寧外內，奮其危弱，抗權上國者，莫若親行斯道，以侔其勝。使彼德靡加吾，而此善流聞，歸重邦國，弘明遠風，折衝於枕席之上，校勝於帷幄之內，傾敵而不以甲兵之力，保國而不浚溝池之固，信義感於寇讎，丹懷體於先日。豈設狙詐以危賢，徇己身之私名，貪外物之重我！闇服之而不備者哉！由是論之，苟守局而保疆〔七〇〕，一卒之所能；協數以相危，小人之近事，積詐以防物，臧獲之餘慮；威勝以求安，明哲之所賤。賢人君子所以拯世垂範〔七一〕，舍此而取彼者，其道良弘故也。

加拜都護。聞武昌左部督薛瑩徵下獄，抗上疏曰："夫俊乂者，國家之良寶，社稷之貴資，庶政所以倫敘，四門所以穆清也。故大司農樓玄、散騎中常侍王蕃、少府李勖，皆當世秀穎，一時顯器，既蒙初寵，從容列位，而並旋受誅殄，或圮族替祀，或投棄荒裔。蓋《周禮》有赦賢之辟〔七二〕，《春秋》有宥善之義。《書》曰：'與其殺不辜，寧失不經。'而蕃等罪名未定，大辟以加，心經忠義，身被極刑，豈不痛哉！且已死之刑，固無所識，至乃焚爇流漂,棄之水濱,懼非先王之正典,或甫侯之所所戒也。是以百姓哀聳,士民同感。蕃、勖永已,悔亦靡及,誠望陛下赦召玄出,而頃聞薛瑩卒見逮録。瑩父綜納言先帝,傅弼文皇,及瑩承基,内厲名行,今之所坐,罪在可宥。臣懼有司未詳其事,如復誅戮,益失民望,乞垂天恩,原赦瑩罪,哀矜庶獄,清澄刑網,則天下幸甚!"

時師旅仍動,百姓疲弊,抗上疏曰:"臣聞《易》貴隨時,《傳》美觀釁,故有夏多罪而殷湯用師,紂作淫虐而周武授鉞。苟無其時,玉臺有憂傷之慮〔七三〕,孟津有反旆之軍。今不務富國強兵,力農畜穀,使文武之才效展其用,百揆之署無曠厥職,明黜陟以厲庶尹,審刑罰以示勸沮〔七四〕,訓諸司以德,而撫百姓以仁,然後順天乘運,席卷宇内,而聽諸將徇名,窮兵黷武,動費萬計,士卒彫瘁,寇不爲衰〔七五〕,而我已大病矣!今爭帝王之資〔七六〕,而昧十百之利,此人臣之姦便〔七七〕,非國家之良策也。昔齊魯三戰,魯人再克而亡不旋踵。何則?大小之勢異也。況今師所克獲,不補所喪哉?且阻兵無衆,古之明鑒,誠宜蹔息進取小規,以畜士民之力,觀釁伺隙,庶無悔吝。"

二年春,就拜大司馬、荆州牧。三年夏,疾病,上疏曰:"西陵、建平,國之蕃表,既處下流,受敵二境。若敵汎舟順流,舳艫千里,星奔電邁,俄然行至,非可恃援他部,以救倒縣也。此乃社稷安危之機,非徒封疆侵陵小害也。臣父遜昔在西垂，陳言以爲西陵國之西門，雖云易守，亦復易失。若有不守，非但失一郡，則荊州非吳有也[七八]。如其有虞，當傾國爭之。臣往在西陵，得涉遜迹，前乞精兵三萬，而至者循常[七九]，未肯差赴。自步闡以後，益更損耗。今臣所統千里，受敵四處，外禦彊對，內懷百蠻，而上下見兵，財有數萬，羸弊日久，難以待變。臣愚以爲諸王幼沖，未統國事，可且立傅相，輔導賢姿，無用兵馬以防要務。又黃門豎官[八〇]，開立占募[八一]，兵民怨役，逋逃入占。乞特詔簡閱，一切料出，以補疆場受敵常處，使臣所部，足滿八萬，省息衆務，信其賞罰，雖韓、白復生，無所展巧。若兵不增，此制不改，而欲克諧大事，此臣之所深慼也。若臣死之後，乞以西方爲屬。願陛下思覽臣言，則臣死且不朽。"

秋，遂卒，子晏嗣。晏及弟景、玄、機、雲，分領抗兵。晏爲裨將軍、夷道監。天紀四年，晉軍伐吳，龍驤將軍王濬順流東下，所至輒克，終如抗慮。景字士仁，以尚公主拜騎都尉，封毗陵侯，既領抗兵，拜偏將軍、中夏督，澡身好學，著書數十篇也[八二]。《文士傳》曰：陸景母張承女，諸葛恪外生[八三]。恪誅，景母坐見黜，景少爲祖母所育養，及祖母亡，景爲之心喪三年。二月壬戌，晏爲王濬別軍所殺。癸亥，景亦遇害，時年三十一。景妻，孫晧適妹，與景俱張承外孫也。景弟機，字士衡，雲字士龍。《機雲別傳》曰：晉太康末，俱入洛，造司空張華，華一見而奇之，曰："伐吳之後，利在獲二儁。"遂爲之延譽，薦之諸公。太傅楊駿辟機爲祭酒，轉太子洗馬、尚書著作郎。雲爲吳王郎中令，出宰浚儀，甚有惠政，吏民懷之，生爲立祠。後並歷顯位。機天才綺練，文藻之美，獨冠於時。雲亦善屬文，清新不及機，而口辯持論過之。於時朝廷多故，機、雲並自結於成都王穎。穎用機爲平原相，雲清河內史，尋轉雲右司馬，甚見委仗。無幾而與長沙王構隙，遂舉兵攻洛，以機行後將軍，督王粹[八四]、牽秀等諸軍二十萬，士龍著《南征賦》以美其事。機吳人，羈旅單宦，頓居羣士之右，多不厭服。機屢戰失利，死散過半。初，宦人孟玖，穎所嬖幸，乘寵豫權，雲數言其短，穎不能納，玖又從而毀之。是役也，玖弟超亦領衆配機，不奉軍令。機繩之以法，超宣言曰陸機將反。及牽秀等譖機於穎，以爲持兩端，玖又構之於內，穎信之，遣收機，并收雲及弟耽，並伏法。機兄弟既江南之秀，亦著名諸夏，並以無罪夷滅，天下痛惜之。機文章爲世所重，雲所著亦傳於世。初，抗之克步闡也，誅及嬰孩，識道者尤之曰：「後世必受其殃！」及機之誅，三族無遺，孫惠與朱誕書曰：「馬援擇君，凡人所聞，不意三陸相攜暴朝，殺身傷名，可爲悼歎。」事亦並在《晉書》。

評曰：劉備天下稱雄，一世所憚，陸遜春秋方壯，威名未著，摧而克之，罔不如志。予既奇遜之謀略，又歎權之識才，所以濟大事也。及遜忠誠懇至，憂國亡身，庶幾社稷之臣矣。抗貞亮籌幹，咸有父風，奕世載美，具體而微，可謂克構者哉！

【校箋】

〔一〕毛本作"吳書十三"。

〔二〕毛本作"陸遜傳第十三"。

〔三〕《實錄》"世"下有"爲"字。

〔四〕盧弼曰："遜卒於吳赤烏八年，年六十三。當生於漢光和六年。年二十一，當在建安八年也。"

謹案：洪頤煊曰："遜以赤烏八年卒，卒年六十三。年二十一當建安八年，是時孫權爲將軍已四年矣。《吳主傳》：'是歲，使韓當、周泰、呂蒙等爲劇縣令長。'遜出爲海昌屯田都尉，并領縣事，亦當即在此年。"

〔五〕《册府》卷七百零三引"宂"字作"荒"。

〔六〕盧弼曰："'與募焉'三字疑有誤。"

謹案："與募"不可解，疑當作"占募"。"占"與"与"形相近。"占"誤作"与"，因改爲"與"矣。本志《駱統傳》"尤以占募在民間"，《陸抗傳》"又黃門豎宦，開立占募"。《文選》鮑明遠《東武吟》"始隨張校尉，占募到河源"李注："占謂自隱度而應募爲占募也。《吳志》中郎將周祇乞於鄱陽占募。"皆其證。

〔七〕盧弼曰："'召'字疑誤。"

謹案："召"爲"占"字之誤。"占兵"即上所云占募之兵也。

〔八〕盧弼曰："或曰：'取疑作收。'"

謹案：或曰："'取'疑作'收'。"蓋本《魏志·武帝紀》"收其精銳者，號爲青州兵"而言。考"取"字自可通。《漢書·賈誼傳》"取舍之極定於内"注："取謂所擇用也。"《廣雅·釋詁一》："收，取也。""收""取"義同，不煩改字，"或曰"蓋非。

〔九〕《文選集注》袁彦伯《三國名臣贊》引《鈔》"右"字作"左"。

〔一〇〕《御覽》卷六百八十一引句上有"授榮戟,督會稽、鄱陽、丹陽三郡"十二字。謹案:下文"遂部伍東三郡",疑此十二字當有。

〔一一〕馮本、陳本"主"字作"往",《類聚》卷六十、《御覽》卷三百三十九、《册府》卷三百六十二引同。應據改。

〔一二〕《類聚》《御覽》引"山"字作"出",蕭書同,應據改。

〔一三〕《類聚》《御覽》引"時"字作"即"。

〔一四〕盧弼曰:"或曰:當是'所在愁擾',傳寫者訛倒耳。"謹案:原句自可解,非有誤乙也。或曰未確。

〔一五〕盧弼曰:"胡三省曰:'言次,謂言論之次,猶今言語次。'"

謹案:《莊子·田子方》"喜怒哀樂不入胸次"釋文引李注:"次,中也。"則言次猶今云談話中。蓋謂談話中涉及而稱之,非專言之也。

〔一六〕蕭書"事"字作"言"。

〔一七〕盧弼曰:"宋本'得'作'但'。《通鑑》同。"

謹案:《册府》卷四百一十三引亦作"但",蕭書同。此"得"字疑爲"特"字之誤。"特""但"意同。

〔一八〕紹興本"兼"字作"有",馮本、陳本、毛本亦俱作"有"。

〔一九〕毛本"若"字作"不"。盧弼曰:"宋本'不'作'下',《通鑑》同。"

謹案:《册府》引作"下",作"下"字是。時遜屯蕪湖,吕蒙稱疾詣建業。建業在蕪湖下游,故云"下見"。作"不"字非。

〔二〇〕毛本"艾"字作"文"。《册府》卷三百七十七引同。《通志》亦作"文"。

〔二一〕《文選集注》引《鈔》"譎"下有"兵"字。

〔二二〕《册府》卷四百零三引"厲"字作"勵"。《通典·兵八》"堅壁持久候隙破之"條引同。

〔二三〕《通典》引"罷"下有"頓"字。

〔二四〕盧弼曰："《通鑑》'不可'作'不行'。"

謹案：《官本考證》曰："《太平御覽》'不可'作'不行'。"見《御覽》卷三百三十引。《文選集注》引《鈔》"可"字作"行"，《通典》引同。

〔二五〕《文選集注》引《鈔》"千"下有"人"字，《御覽》引同。《通典》同。

〔二六〕《御覽》卷一百六十七引作"實國家之關限"。

〔二七〕《御覽》引作"若失之非損一郡"。"失"上增"若"字，下無"徒""一""地"三字。

〔二八〕《御覽》引作"荆州亦可憂也"。

〔二九〕《文選集注》引《鈔》作"吾知所以破之之術"。

〔三〇〕《御覽》卷三百三十引"通"字作"遂"，《通典》同。

〔三一〕《文選集注》引《鈔》"諸"下有"將"字。

〔三二〕盧弼曰："宋本'才'作'方'，《通鑑》同。"

謹案：《官本考證》曰："'才略'，本作'方略'。"《册府》卷三百六十二引亦作"方"，《通志》同。作"方"字是。方略猶言規劃也。

〔三三〕盧弼曰："胡三省曰：'言至今日而事始定。'"

謹案：胡說非。"定"字已詳本志《朱桓子異傳》，兹不贅。

〔三四〕《册府》卷四百零三引"對"字作"敵"，《通志》同。

〔三五〕"當"，《通志》作"嘗"，是。

〔三六〕《册府》卷四百二十八引"既"下有"入"字。

〔三七〕盧弼曰："宋本'推'作'惟'。"

謹案：朱駿聲《說文通訓定聲·履部》"推"篆注："《管子》'以重相推'注：'推，猶度也。'""惟"爲"推"字之誤。則作"推"字是，"推"有思度義。

〔三八〕《御覽》卷六百八十三引"語"上有"報"字，下無"亮"字。

〔三九〕紹興本"孫"字作"周"。《文選集注》引《鈔》亦作"周"，《册府》卷三百七十七引亦作"周"，蕭書、《通志》同。

〔四〇〕《御覽》卷三百四十一、《册府》引"吴王"作"吴主"。

〔四一〕《文選集注》引《鈔》"交"字作"共"。

〔四二〕《文選集注》引《鈔》"休"下無"伏"字。

〔四三〕盧弼曰："周壽昌曰：'此官似是吴爲陸遜創置，遜卒惟吕岱一拜之，不聞有他人也。或謂魏曹真拜此官，考真傳是拜上軍大將軍，後轉中軍大將軍，非此官也。'弼按：施績於永安初遷上大將軍，見績傳。"

謹案：《通典·職官十一》"大將軍"條：魏黃初中，又有上大將軍，以曹真爲之（吴亦以陸遜爲上大將軍）。周說或非也。

〔四四〕《白帖》卷五十一引"戲"下有"下"字，《通志》同。"戲下"即"麾下"，《史記·淮陰侯列傳》"居戲下"集解引徐廣曰："'戲'一作'麾'。"

〔四五〕蕭書"遵"字作"道"。

〔四六〕《文選集注》引《鈔》"當"上有"有"字。

〔四七〕盧弼曰："《官本考證》曰：'自不元本作自非。'"

謹案：《册府》卷四百零七引"不姦"字亦作"非姦"，作"非"字是。

〔四八〕《治要》卷二十八引"業"下有"也"字。

〔四九〕《文選集注》引《鈔》"險"字作"遠"。

〔五〇〕盧弼曰："胡三省曰：'桴，芳無翻。編竹木渡水，大者曰栰，小者曰桴。'"

謹案：《論語・公冶長篇》"乘桴浮於海"馬注："桴，編竹木也，大者曰筏，小者曰桴。"此胡注所本。然竊疑於此乘桴之義，蓋爲浮海之代詞，非謂權果乘桴而遠征也。若以本義釋之則意有躓矣。

〔五一〕"五"字疑爲"三"字之誤。考《孫權傳》："三年夏六月，權遣陸遜、諸葛瑾等屯江夏、沔口。"五年無此征事。

〔五二〕蕭書"步"下有"騭"字。

〔五三〕《册府》卷三百六十二引"住"字作"往"。

〔五四〕《白帖》卷五十四引"陳"下有"可"字。

〔五五〕《文選集注》引《鈔》"詔"字作"策"。

〔五六〕盧弼曰："《官本考證》曰：'鑒寐元本作假寐。'"

謹案：錢大昕曰："'鑒寐'猶'假寐'，'鑒''假'聲相近。"説詳《魏志・武帝紀》，不贅述。

〔五七〕《文選集注》引《鈔》"隆"字作"相"。

〔五八〕《文選集注》引《鈔》無"傅常"二字，有"侍中尚書"四字。

〔五九〕盧弼曰："胡三省曰：'宿音秀。留音溜。阿，相傳從安入聲。'"

謹案：《後漢書・韋義傳》"子其宿留乎"注："宿留，待也。"集解引惠棟曰："司馬貞曰：'宿留，遲待之意。'若依字讀，則言宿而留，亦是有所待。並通。"劉淇《助字辨略》曰："阿者，助語之辭，南人稱阿，猶北人稱老。"

〔六〇〕盧弼曰："趙一清曰：'盤當作磐'。"

謹案：《聲類》曰："磐，大石也。"假借爲"盤"。《荀子·富國篇》"安於磐石"，是其證。

〔六一〕《文選集注》引《鈔》"生"字作"甥"。《治要》、《册府》卷二百零九引同。

〔六二〕《册府》卷八百四十二引"覯"字作"見"。

〔六三〕蕭書"其"字作"理"。

〔六四〕盧弼曰："《左傳·文公十八年》：'少皥氏有不才子，毀信廢忠，崇飾惡言，靖譖庸回，服讒蒐慝，以誣盛德。'杜注：'崇，聚也。靖，安也。庸，用也。回，邪也。服，行也。蒐，隱也。慝，惡也。盛德，賢人也。'"

謹案：傳文曰"唐書攸戒"，則此句當出自唐書。今本《堯典》作"靜言庸違"，與此文字有異。段玉裁《古文尚書撰異》謂"靖"之作"靜"，衛包所改。《史記·五帝本紀》作"善言"，是以"善"釋"靖"也。以"安"釋之，誤。回，邪也。古"回""違"通用。則此之"靖譖庸回"即《堯典》之"靖言庸違"矣。盧君徵引《左傳》以釋證之，未明此自出《堯典》，則與傳文"唐書攸戒"違戾矣，似未得也。

〔六五〕《治要》引"以"字作"爲"。

〔六六〕《文選》潘安仁《楊荆州誄》李注引"日"字作"因"。

〔六七〕蕭書"軍"上有"諸"字，下無"營"字。

〔六八〕《文選》李注引作"肇攻至月餘"。

〔六九〕《文選》李注引"兵"字作"騎"。

〔七〇〕紹興本"局"字作"扃"。《說文·户部》："扃，外閉之關也。"段注："關者，以木拱持門户也。"作"扃"字是，"局"蓋"扃"字之形誤。

〔七一〕紹興本"拯"字作"極"。

〔七二〕蕭書"赦"字作"議"。

〔七三〕盧弼曰："《新序》：'紂作瑤臺，罷民力，殫民財。'"

謹案：盧君引《新序》語爲證，然與"憂傷之慮"義不相應。考皇甫謐《帝王世紀》曰："及夏桀無道，湯使人哭之，桀囚湯於夏臺而後釋之，諸侯由是咸叛桀附湯，同日貢職者五百國，三年而天下悉服。"所謂"憂傷之慮"，疑謂湯被囚於夏臺也。

〔七四〕紹興本"罰"字作"賞"。盧弼曰："各本'賞'作'罰'。宋本作'賞'。"

謹案：《官本考證》曰："北宋本'罰'作'賞'。"考《册府》卷四百零七引同。作"賞"字是。

〔七五〕《册府》引"爲"字作"少"。

〔七六〕《六朝事迹類編》引"今"字作"夫"。

〔七七〕《六朝事迹類編》引"便"字作"謀"。

〔七八〕蕭書"吳"字作"吾"。

〔七九〕盧弼曰："《通鑑》作'主者'。胡注：'主者，謂居本兵之職者也。'"

謹案：作"主者"是。主者，謂朝廷主持軍事之官吏，胡注少迂。

〔八〇〕毛本"官"字作"宦"。盧弼曰："宋本'豎宦'作'豎官'。《通鑑》作'宦官'。"

謹案：蕭書作"宦豎"。

〔八一〕蕭書"立"字作"列"。

〔八二〕"篇"下"也"字疑衍。

〔八三〕"外生"疑當作"外甥"。

〔八四〕紹興本"椊"字作"粹"。

三國志校箋卷五十九

吴志卷十四〔一〕

孫登　孫慮　孫和　孫霸　孫奮〔二〕

　　孫登字子高，權長子也。魏黄初二年，以權爲吴王，拜登東中郎將，封萬户侯，登辭侯不受〔三〕。是歲，立登爲太子，選置師傅，銓簡秀士，以爲賓友，於是諸葛恪、張休、顧譚、陳表等以選，入侍講《詩》《書》〔四〕，出從騎射。權欲登讀《漢書》，習知近代之事，以張昭有師法，重煩勞之，乃令休從昭受讀，還以授登，登待接寮屬〔五〕，略用布衣之禮，與恪、休、譚等或同輿而載，或共帳而寐。太傅張温言於權曰："夫中庶子官最親密，切問近對，宜用雋德〔六〕。"於是乃用表等爲中庶子。後又以庶子禮拘，復令整巾侍坐。黄龍元年，權稱尊號，立爲皇太子，以恪爲左輔，休右弼，譚爲輔正，表爲翼正都尉，是爲四友，而謝景、范慎、刁玄、羊衜等衜音道。皆爲賓客，於是東宮號爲多士。《吳錄》曰：慎字孝敬，廣陵人，竭忠知己之君，纏綿三益之友，時人榮之。著論二十篇，名曰《矯非》。後爲侍中，出補武昌左部督，治軍整頓。孫晧移都，甚憚之，詔曰：「慎勳德俱茂，朕所敬憑，宜登上公，以副衆望。以爲太尉〔七〕。」慎自恨久爲將，遂託老耄。軍士戀之，舉營爲之隕涕。鳳皇三年卒，子曜嗣。玄，丹陽人。衞，南陽人。《吳書》曰：衞初爲中庶子，年二十。時廷尉監隱蕃交結豪傑，自衞將軍全琮等皆傾心敬待，惟衞及宣詔郎豫章楊迪拒絕不與通，時人咸怪之。而蕃後叛逆，衆乃服之。《江表傳》曰：登使侍中胡綜作《賓友目》曰：「英才卓越，超踰倫匹，則諸葛恪。精識時機〔八〕，達幽究微，則顧譚。凝辨宏達〔九〕，言能釋結，則謝景。究學甄微，游夏同科，則范慎。」衞乃私駮綜曰：「元遜才而疏，子嘿精而很，叔發辯而浮，孝敬深而狹。」所言皆有指趣。而衞卒以此言見咎，不爲恪等所親。後四人皆敗，吳人謂衞之言有徵。位至桂陽太守，卒。

權遷都建業，徵上大將軍陸遜輔登鎮武昌，領宮府留事。登或射獵，當由徑道，常遠避良田〔一〇〕，不踐苗稼，至所頓息，又擇空閑之地，其不欲煩民如此。嘗乘馬出，有彈丸過〔一一〕，左右求之。有一人操彈佩丸，咸以爲是，辭對不服，從者欲捶之，登不聽，使求過丸，比之非類，乃見釋。又失盛水金馬盂〔一二〕，覺得其主左右所爲，不忍致罰，呼責數之，長遣歸家，勅親近勿言。後弟慮卒，權爲之降損，登晝夜兼行到賴鄉，自聞，即時召見。見權悲泣，因諫曰：「慮寢疾不起，此乃命也。方今朔土未一，四海喁喁，天戴陛下，而以下流之念，減損太官殽饌，過於禮制，臣竊憂惶。"權納其言，爲之加膳。住十餘日，欲遣西還，深自陳乞，以久離定省，子道有闕，又陳陸遜忠勤，無所顧憂，權遂留焉。嘉禾三年，權征新城，使登居守，總知留事。時年穀不豐，頗有盜賊，乃表定科令，所以防禦，甚得止姦之要。

初，登所生庶賤，徐夫人少有母養之恩，後徐氏以妬廢處吳，而步夫人最寵。步氏有賜，登不敢辭，拜受而已。徐氏使至，所賜衣服必沐浴服之。登將拜太子，辭曰："本立而道生，欲立太子，宜先立后。"權曰："卿母安在？"對曰："在吳。"權默然。《吳書》曰：弟和有寵於權，登親敬，待之如兄，常有欲讓之心。

立凡二十一年，年三十三卒。臨終，上疏曰："臣以無狀，嬰抱篤疾，自省微劣，懼卒隕斃。臣不自惜念，當委離供養，埋骸后土，長不復奉望宮省，朝覲日月，生無益於國，死貽陛下重感，以此爲哽結耳。臣聞死生有命，長短自天，周晉、顏回有上智之才，而尚夭折，況臣愚陋，年過其壽，生爲國嗣，没享榮祚，於臣已多，亦何悲恨哉！方今大事未定，逋寇未討，萬國嗷嗷，係命陛下，危者望安，亂者仰治。願陛下棄忘臣身，割下流之恩，修黃老之術，篤養神光，加羞珍膳，廣開神明之慮，以定無窮之業，則率土幸賴，臣死無恨也。皇子和仁孝聰哲，德行清茂，宜早建置，以繫民望。諸葛恪才略博達，器任佐時。張休、顧譚、謝景，皆通敏有識斷，入宜委腹心，出可爲爪牙。范慎、華融矯矯壯節，有國士之風。羊衜辯捷，有專對之材。刁玄優弘，志履道真。裴欽博記，翰采足用。蔣脩、虞翻，志節分明。凡此諸臣，或宜廊廟，或任將帥〔一三〕，皆練時事，明習法令，守信固義，有不可奪之志。此皆陛下日月所照，選置臣宮，得與從事，備知情素，敢以陳聞。臣重惟當今方外多虞，師旅未休，當厲六軍，以圖進取。軍以人爲衆，衆以財爲寶，竊聞郡縣頗有荒殘，民物凋弊，姦亂萌生，是以法令繁滋，刑辟重切。臣聞爲政聽民，律令與時推移，誠宜與將相大臣詳擇時宜，博采衆議，寬刑輕賦，均息力役，以順民望。陸遜忠勤於時，出身憂國，謇謇在公，有匪躬之節。諸葛瑾、步騭、朱然、全琮、朱據、吕岱、吾粲、闞澤、嚴畯、張承、孫怡忠於爲國，通達治體。可令陳上便宜，蠲除苛煩，愛養士馬，撫循百姓。五年之外，十年之内，遠者歸復〔一四〕，近者盡力，兵不血刃，而大事可定也。臣聞'鳥之將死，其鳴也哀，人之將死，其言也善'，故子囊臨終，遺言戒時，君子以爲忠，豈況臣登，其能已乎？願陛下留意聽采，臣雖死之日，猶生之年也。"既絕而後書聞，權益以摧感，言則隕涕。是歲，赤烏四年也。謝景時爲豫章太守，不勝哀情，棄官奔赴，拜表自劾。權曰："君與太子從事，異於他吏。"使中使慰勞，聽復本職，發遣還郡。諡登曰宣太子。《吳書》曰：初葬句容，置園邑，奉守如法，後三年改葬蔣陵。

　　子璠、希，皆早卒，次子英，封吳侯。五鳳元年，英以大將軍孫峻擅權,謀誅峻,事覺自殺,國除。《吳曆》曰:孫和以無罪見殺,衆庶皆懷憤歎,前司馬桓慮因此招合將吏,欲共殺峻立英,事覺,皆見殺,英實不知。

謝景者字叔發,南陽宛人。在郡有治迹,吏民稱之,以爲前有顧劭,其次即景。數年卒官。

孫慮字子智,登弟也。少敏惠有才藝,權器愛之。黃武七年,封建昌侯。後二年,丞相雍等奏慮性聰體達,所尚日新,北方近漢〔一五〕,宜進爵稱王,權未許。久之,尚書僕射存上疏曰:"帝王之興,莫不襃崇至親,以光羣后。故魯衛於周,寵冠諸侯,高帝五王,封列於漢,所以藩屏本朝,爲國鎮衛。建昌侯慮稟性聰敏,才兼文武,於古典制,宜正名號。陛下謙光,未肯如舊,羣寮大小,咸用於邑。方今奸寇恣睢,金鼓未弭,腹心爪牙,惟親與賢。輒與丞相雍等議,咸以慮宜爲鎮軍大將軍,授任偏方,以光大業。"權乃許之,於是假節開府,治半州。《吳書》載權詔曰:"期運擾亂,凶邪肆虐,威罰有序,干戈不戢。以慮氣志休懿,武略夙昭,必能爲國佐定大業,故授以上將之位,顯以殊特之榮,寵以兵馬之勢,委以偏方之任。外欲威振敵虜,厭難萬里,內欲鎮撫遠近,慰卹將士,誠慮建功立事竭命之秋也。慮其內修文德,外經武訓,持盈若沖,則滿而不溢。敬慎乃心,無忝所受。"慮以皇子之尊,富於春秋,遠近嫌其不能留意。及至臨事,遵奉法度,敬納師友,過於衆望。年二十,嘉禾元年卒。無子,國除。

孫和字子孝,慮弟也。少以母王有寵見愛,年十四,爲置宮衞,使中書令闞澤教以書藝。好學下士,甚見稱述。赤烏五年,立爲太子,時年十九。闞澤爲太傅,薛綜爲少傅,而蔡穎、張純、封俌、嚴維等皆從容侍從。《吳書》曰:和少岐嶷有智意,故權尤愛幸,常在左右,衣服禮秩雕玩珍異之賜,諸子莫得比焉。好文學,善騎射,承師涉學,精識聰敏,尊敬師傅,愛好人物。穎等每朝見進賀,和常降意,歡以待之。講校經義,綜察是非,及訪諸朝臣,考績行能,以知優劣,各有條貫。後諸葛豐偽叛以誘魏將諸葛誕,權潛軍待之。和以權暴露外次,又戰者凶事,常憂勞憯怛,不復會同飲食,數上諫,戒令持重,務在全勝,權還,然後敢安。張純字元基,敦之子〔一六〕。《吳錄》曰:純少厲操行,學博才秀,切問捷對〔一七〕,容止可觀。拜郎中〔一八〕,補廣德令,治有異績,擢爲太子輔義都尉。

是時有司頗以條書問事,和以爲奸妄之人,將因事錯意,以生禍心,不可長也,表宜絕之。又都督劉寶白庶子丁晏,晏亦白寶,和謂晏曰:"文武在事,當能幾人,因隙構薄,圖相危害,豈有福哉?"遂兩釋之,使之從厚。常言當世士人宜講修術學〔一九〕,校習射御,以周世務,而但交游博弈,以妨事業,非進取之謂〔二〇〕。後羣寮待宴,言及博弈,以爲妨事費日而無益於用,勞精損思而終無所成〔二一〕,非所以進德修業,積累功緒者也〔二二〕。且志士愛日惜力,君子慕其大者,高山景行,恥非其次。夫以天地長久,而人居其間,有白駒過隙之喻,年齒一暮,榮華不再。凡所患者,其於人情所不能絕,誠能絕無益之欲，以奉德義之塗，棄不急之務，以修功業之基，其於名行，豈不善哉？夫人情猶不能無嬉娛，嬉娛之好，亦在於飲宴琴書射御之間，何必博弈，然後爲歡〔二三〕。乃命侍坐者八人，各著論以矯之。於是中庶子韋曜退而論奏〔二四〕，和以示賓客。時蔡穎好弈〔二五〕，直事在署者頗敩焉，故以此諷之。

　　是後王夫人與全公主隙〔二六〕。權嘗寢疾，和祠祭於廟，和妃叔父張休居近廟，邀和過所居。全公主使人覘視，因言太子不在廟中，專就妃家計議；又言王夫人見上寢疾，有喜色。權由是發怒，夫人憂死，而和寵稍損〔二七〕，懼於廢黜。魯王霸覬覦滋甚，陸遜、吾粲、顧譚等數陳適庶之義，理不可奪，全寄、楊竺爲魯王霸支黨〔二八〕，譖愬日興。粲遂下獄誅，譚徙交州。權沈吟者歷年，殷基《通語》曰：初，權既立和爲太子，而封霸爲魯王，初拜猶同宮室，禮秩未分。羣公之議，以爲太子、國王上下有序，禮秩宜異，於是分宮別僚，而隙端開矣。自侍御賓客造爲二端，仇黨疑貳，滋延大臣。丞相陸遜、大將軍諸葛恪、太常顧譚、驃騎將軍朱據、會稽太守滕胤、大都督施績、尚書丁密等奉禮而行，宗事太子，驃騎將軍步騭、鎮南將軍呂岱、大司馬全琮、左將軍呂據、中書令孫弘等附魯王，中外官僚將軍大臣舉國中分〔二九〕。權患之，謂侍中孫峻曰："子弟不睦，臣下分部，將有袁氏之敗，爲天下笑。一人立者，安得不亂？"於是有改嗣之規矣。臣松之以爲：袁紹、劉表謂尚、琮爲賢，本有傳後之意，異於孫權既以立和而復寵霸，坐生亂階，自構家禍，方之袁、劉，昏悖甚矣。步騭以德度著稱,爲吳良臣,而阿附於霸,事同楊竺,何哉?和旣正位,適庶分定,就使才德不殊,猶將義不黨庶,況霸實無聞,而和爲令嗣乎?夫邪僻之人,豈其舉體無善,但一爲不善,衆美皆亡耳。騭若果有此事,則其餘不足觀矣!呂岱、全琮之徒,蓋所不足論耳。後遂幽閉和。於是驃騎將軍朱據、尚書僕射屈晃率諸將吏泥頭自縛〔三〇〕,連日詣闕請和。權登白爵觀見,甚惡之,勑據、晃等無事忿忿〔三一〕。權欲廢和立亮,無難督陳正、五營督陳象上書,稱引晉獻公殺申生,立奚齊,晉國擾亂,又據、晃固諫不止。權大怒,族誅正、象,據、晃牽入殿,杖一百〔三二〕,《吳曆》曰:晃入,口諫曰:"太子仁明,顯聞四海。今三方鼎跱,實不宜搖動太子,以生衆心。願陛下少垂聖慮,老臣雖死,猶生之年。"叩頭流血,辭氣不撓。權不納晃言〔三三〕,斥還田里。孫晧卽位,詔曰:"故僕射屈晃,志匡社稷,忠諫亡身。封晃子緖爲東陽亭侯,弟幹、恭爲立義都尉。"緖後亦至尚書僕射。晃,汝南人,見胡沖《答問》。《吳書》曰:張純亦盡言極諫,權幽之,遂棄市。竟徙和於故鄣,羣司坐諫誅放者十數。衆咸冤之。《吳書》曰:權寢疾,意頗感寤,欲徵和還立之,全公主及孫峻、孫弘等固爭之,乃止。

太元二年正月,封和爲南陽王,遣之長沙。《吳書》曰:和之長沙,行過蕪湖,有鵲巢於帆檣〔三四〕,故官寮聞之皆憂慘,以爲檣末傾危,非久安之象。或言《鵲巢》之詩有"積行累功,以致爵位"之言,今王至德茂行,復授國土〔三五〕,儻神靈以此告寤人意乎?四月,權薨,諸葛恪秉政。恪卽和妃張之舅也。妃使黃門陳遷之建業,上疏中宮,并致問於恪。臨去,恪謂遷曰:"爲我達妃,期當使勝他人。"此言頗泄。又恪有徙都意，使治武昌宮，民閒或言欲迎和。及恪被誅，孫峻因此奪和璽綬，徙新都，又遣使者賜死。和與妃張辭別，張曰："吉凶當相隨，終不獨生活也。"亦自殺，舉邦傷焉。

孫休立，封和子晧爲烏程侯，自新都之本國。休薨，晧即阼，其年追謚父和曰文皇帝，改葬明陵，置園邑二百家，令、丞奉守。後年正月，又分吳郡、丹陽九縣爲吳興郡，治烏程，置太守，四時奉祠。有司奏言宜立廟京邑。寶鼎二年七月，使守太匠薛珝營立寢堂，號曰清廟。十二月〔三六〕，遣守丞相孟仁、太常姚信等備官僚中軍步騎二千人，以靈輿法駕，東迎神於明陵。晧引見仁〔三七〕，親拜送於庭。《吳書》曰：比仁還，中使手詔，日使相繼〔三八〕，奉問神靈起居動止。巫覡言見和被服，顏色如平生日〔三九〕，晧悲喜涕淚，悉召公卿尚書詣闕門下受賜。靈輿當至〔四〇〕，使丞相陸凱奉三牲祭於近郊，晧於金城外露宿〔四一〕。明日，望拜東門之外〔四二〕。其翌日，拜廟薦祭，歔欷悲感。比七日三祭〔四三〕，倡技晝夜娛樂。有司奏言"祭不欲數，數則黷，宜以禮斷情"，然從止。《吳曆》曰：和四子：晧、德、謙、俊。孫休即位，封德錢塘侯，謙永安侯，俊拜騎都尉。晧在武昌，吳興施但因民之不堪命，聚萬餘人，劫謙，將至秣陵，欲立之。未至三十里住，擇吉日，但遣使以謙命詔丁固、諸葛靚。靚即斬其使。但遂前到九里，固、靚出擊，大破之。但兵裸身無鎧甲，臨陣皆披散。謙獨坐車中，遂生獲之。固不敢殺，以狀告晧，晧酖之，母子皆死。俊，張承外孫，聰明辨惠〔四四〕，爲遠近所稱，晧又殺之。

孫霸字子威，和同母弟也。和爲太子，霸爲魯王，寵愛崇特，與和無殊。頃之，和、霸不穆之聲，聞於權耳，權禁斷往來，假以精學。督軍使者羊衜上疏曰："臣聞古之有天下者，皆先顯別適庶，封建子弟，所以尊重祖宗，爲國藩表也。二宮拜授，海內稱宜，斯乃大吳興隆之基。頃聞二宮並絕賓客，遠近悚然，大小失望。竊從下風，聽採衆論，咸謂二宮智達英茂，自正名建號，於今三年，德行內著，美稱外昭，西北二隅，久所服聞。謂陛下當副順遐邇，所以歸德，勤命二宮，賓延四遠，使異國聞聲，思爲臣妾。今既未垂意於此，而發明詔，省奪備衞，抑絕賓客，使四方禮敬，不復得通，雖實陛下敦尚古義，欲令二宮，專志於學，不復顧慮觀聽小宜〔四五〕，期於溫故博物而已，然非臣下傾企喁喁之至願也。或謂二宮不遵典式，此臣所以寢息不寧。就如所嫌，猶宜補察，密加斟酌，不使遠近得容異言。臣懼積疑成謗，久將宣流，而西北二隅，去國不遠，異同之語，易以聞達。聞達之日，聲論當興，將謂二宮有不順之愆，不審陛下何以解之？若無以解異國，則亦無以釋境內。境內守疑，異國興謗，非所以育巍巍鎮社稷也。願陛下早發優詔，使二宮周旋，禮命如初，則天清地晏，萬國幸甚矣。"

時全寄、吳安、孫奇、楊竺等陰共附霸，圖危太子。譖毀既行，太子以敗，霸亦賜死。流竺屍於江，兄穆以数谏戒竺，得免大辟，犹徙南州。霸赐死后，又诛寄、安、奇等，咸以党霸构和故也。

霸二子，基、壹。五凤中，封基为吴侯，壹宛陵侯。基侍孙亮在内，太平二年，盗乘御马，收付狱。亮问侍中刁玄曰："盗乘御马罪云何？"玄对曰："科应死。然鲁王早终，惟陛下哀原之。"亮曰："法者，天下所共，何得阿以亲亲故邪？当思惟可以释此者，奈何以情相迫乎〔四六〕？"玄曰："旧赦有大小，或天下亦有千里、五百里赦，随意所及。"亮曰："解人不当尔邪！"乃赦宫中，基以得免。孙晧即位，追和、霸旧隙，削基、壹爵土，与祖母谢姬俱徙会稽乌伤县。

孙奋字子扬，霸弟也，母曰仲姬。太元二年立为齐王，居武昌。权薨，太傅诸葛恪不欲诸王处江滨兵马之地，徙奋于豫章。奋怒，不从命，又数越法度。恪上笺谏曰："帝王之尊，与天同位，是以家天下，臣父兄，四海之内，皆为臣妾。仇雠有善，不得不举，亲戚有恶，不得不诛，所以承天理物，先国后身，盖圣人立制，百代不易之道也。昔汉初兴，多王子弟，至于太彊，辄为不轨，上则几危社稷，下则骨肉相残，其后惩戒，以为大讳。自光武以来，诸王有制，惟得自娱于宫内，不得临民，干与政事，其与交通，皆有重禁，遂以全安各保福祚。此则前世得失之验也。近袁绍、刘表各有国土，土地非狭，人众非弱，以适庶不分，遂灭其宗祀。此乃天下愚智所共嗟痛。大行皇帝覽古戒今，防芽遏萌，慮於千載。是以寢疾之日，分遣諸王，各早就國，詔策殷勤，科禁嚴峻，其所戒勅，無所不至，誠欲上安宗廟，下全諸王，使百世相承，無凶國害家之悔也。大王宜上惟太伯順父之志，中念河間獻王、東海王彊恭敬之節，下當裁抑驕恣荒亂〔四七〕，以為警戒。而聞頃至武昌以來，多違詔勅，不拘制度，擅發諸將兵治護宮室。又左右常從有罪過者，當以表聞，公付有司，而擅私殺，事不明白。大司馬呂岱親受先帝詔勅，輔導大王，既不承用其言，令懷憂怖。華錡，先帝近臣，忠良正直，其所陳道，當納用之，而聞怒錡有收縛之語。又中書楊融，親受詔勅，所當恭肅，云'正自不聽禁，當如我何？'聞此之日，大小驚怪，莫不寒心。里語曰：'明鏡所以照形，古事所以知今。'大王宜深以魯王為戒，改易其行，戰戰兢兢，盡敬朝廷，如此則無求不得。若棄忘先帝法教，懷輕慢之心，臣下寧負大王，不敢負先帝遺詔，寧為大王所怨疾，豈敢忘尊主之威，而令詔勅不行於藩臣邪？此古今正義，大王所照知也。夫福來有由，禍來有漸，漸生不憂，將不可悔。向使魯王早納忠直之言，懷驚懼之慮，享祚無窮，豈有滅亡之禍哉？夫良藥苦口，惟疾者能甘之。忠言逆耳，惟達者能受之。今者恪等悾悾欲為大王除危殆於萌牙，廣福慶之基原，是以不自知言至，願蒙三思。"

奮得牋懼，遂移南昌，游獵彌甚，官屬不堪命。及恪誅，奮下住蕪湖，欲至建業觀變。傅相謝慈等諫奮，奮殺之。慈字孝宗，彭城人，見《禮論》，撰《喪服圖》及《變除》行於世。坐廢爲庶人，徙章安縣。太平三年，封爲章安侯。《江表傳》載亮詔曰："齊王奮前坐殺吏，廢爲庶人，連有赦令，獨不見原，縱未宜復王，何以不侯？又諸孫兄弟作將列在江渚，孤有兄獨爾云何？"有司奏可，就拜爲侯。

建衡二年，孫晧左夫人王氏卒〔四八〕。晧哀念過甚，朝夕哭臨，數月不出。由是民間或謂晧死，訛言奮與上虞侯奉當有立者。奮母仲姬墓在豫章，豫章太守張俊疑其或然，掃除墳塋。晧聞之，車裂俊，夷三族，誅奮及其三子〔四九〕，國除。《江表傳》曰：豫章吏十人乞代俊死，晧不聽。奮以此見疑，本在章安，徙還吳城禁錮，使男女不得通婚，或年三十四十不得嫁娶。奮上表乞自比禽獸，使男女自相配偶。晧大怒，遣察戰齎藥賜奮，奮不受藥，叩頭千下〔五○〕，曰："老臣自將兒子治生求活，無豫國事，乞丐餘年。"晧不聽，父子皆飲藥死。臣松之案：建衡二年至奮之死，孫晧即位，尚猶未久〔五一〕。若奮未被疑之前，兒女年二十左右，至奮死時，不得年三十四十也。若先已長大，自失時未婚娶，則不由晧之禁錮矣。此雖欲增晧之惡，然非實理。

評曰：孫登居心所存，足爲茂美之德。慮、和並有好善之姿，規自砥礪，或短命早終，或不得其死，哀哉！霸以庶干適，奮不遵軌度，固取危亡之道也。然奮之誅夷，橫遇飛禍矣。

【校箋】

〔一〕毛本作"吳書十四"。

〔二〕毛本作"吳主五子傳第十四"。

〔三〕盧弼曰："宋本'侯'作'疾'。"

謹案：本志《吳主傳》："帝欲封權子登。權以登年幼，上書辭封。"非稱疾不受也。疑作"侯"字是。

〔四〕《御覽》卷四百七十四引《吳紀》"講"上有"誦"字。

〔五〕《書鈔》卷一百四十、《御覽》引"登"下有"善"字，無"接"字。

〔六〕《御覽》卷二百四十五、《冊府》卷七百零八引"德"字作"彥"。

〔七〕《御覽》卷二百零七引"以"字作"可"。

〔八〕盧弼曰："《官本考證》曰：'《御覽》時作知。'"

謹案：見《御覽》卷四百四十五引《魏氏春秋》。

〔九〕盧弼曰："何焯曰：'《魏氏春秋》凝作淑。'弼按：《通鑑》'辨'作'辯'。"

謹案：《御覽》引作"淑辯"。《冊府》卷八百二十七引亦作"辯"。

〔一〇〕《類聚》卷十六引"遠避"二字乙。

〔一一〕《實錄》"過"下有"其側"二字。

〔一二〕盧弼曰："或曰：'水盂於時已有。'"

謹案：《儀禮·既夕禮》"雨杅"鄭注："杅盛酒漿。""杅"即"盂"之假借字。蕭書音義曰："馬盂，言其大也。"

〔一三〕《實錄》"任"字作"堪"。

〔一四〕蕭書"復"字作"附"。

〔一五〕紹興本"北"字作"比"，郝書同。

〔一六〕本志《朱異傳》注引《文士傳》云："張惇子純。"此作"敦"，疑非。説見《顧雍傳》。

〔一七〕《御覽》卷二百一十五引"切"上有"而"字。

〔一八〕《御覽》引"拜"上有"擢"字。

〔一九〕《御覽》卷七百五十三引"常"字作"嘗"，蕭書同。

〔二〇〕《御覽》引"謂"下有"也"字。

〔二一〕《御覽》引"成"字作"紀"。

〔二二〕《治要》卷二十八、《御覽》引"緒"下無"者"字。

〔二三〕《治要》引無"然"字，"後"字作"以"。《御覽》引作"可以爲歡"。

〔二四〕盧弼曰："曜論見本傳。"

謹案："論奏"疑當作"奏論"。《御覽》引此作"奏論"，《小爾雅·廣詁》："奏，進也。"奏論謂進《博弈論》也。今本誤乙，當據正。

〔二五〕《御覽》引"穎"字作"款"，是。

〔二六〕盧弼曰："宋本'隙'上多'有'字。"

謹案：《治要》引亦多"有"字。蕭書亦有"有"字。

〔二七〕《治要》引"和"上無"而"字。

〔二八〕《治要》引無"魯王"二字。

〔二九〕《治要》引"軍"字作"相"。

〔三〇〕《御覽》卷一百七十四引"頭"字作"首"，《實録》同。

〔三一〕《實録》"忿忿"作"忽忽"。

〔三二〕盧弼曰："潘眉曰：'此陳正、陳象、朱據、屈晃四人當以象字絕句。言族誅陳正、陳象，牽據、晃入殿，杖各一百。'弼按：《通鑑》作'族誅正、象，牽據、晃猶口諫，杖之各一百'。"

謹案:《治要》、《册府》卷二百一十八引作"牽晃入殿，杖一百"，無"據"字，是據未被杖也。《御覽》卷四百五十二引則"牽據、晃入殿"，與《通鑑》同。考裴注引《吳曆》"晃入口諫"，未有據也。《通鑑》謂"據、晃猶口諫"，不審所據？《朱據傳》未記此事。

〔三三〕《治要》引作"權諱晃言"。

〔三四〕《御覽》卷七百七十一引"鵲"下有"含薪"二字。

〔三五〕《御覽》卷一百五十一引作"當復國"，無"授""土"二字。

〔三六〕《實錄》作"冬十月"。

〔三七〕《實錄》"仁"下有"等"字。

〔三八〕紹興本"使"字作"夜"。盧弼曰："'日夜'各本皆作'日使'。"

謹案:《實錄》作"日夜"，《册府》卷一百八十九引同。

〔三九〕盧弼曰："《宋書‧禮志》無'生'字。"

謹案:《官本考證》曰："《宋書‧禮志》無'生'字。"何焯校删"生"字。考《實錄》《册府》引無"曰"字。

〔四〇〕《實錄》句上有"十二月"三字。

〔四一〕《實錄》"城"下有"門"字。

〔四二〕《實錄》作"拜於東閣"。

〔四三〕《實錄》"比"下有"至"字。

〔四四〕"辨惠"疑當作"辯慧"。

〔四五〕盧弼曰："何焯校本以'聽'字爲句。一本以'宜'字爲句。弼按:'宜'字疑誤。"

謹案:"宜"字絕句。《禮記‧内則》"子甚宜其妻"鄭注:

"宜猶善也。"觀聽小善，蓋承上文"賓延四遠，使異國聞聲，思爲臣妾"而言。"宜"字不誤。盧君説非。

〔四六〕《册府》卷二百零七引"迫"字作"逭"。

〔四七〕盧弼曰："宋本'裁'作'存'。《通鑑》作'下存前世驕恣荒亂之王'。"

謹案：《御覽》引"裁"字作"存"。作"存"字是。存有思念意，見《禮記·祭義》"致愛則存"鄭注。與上文之"惟"字、"念"字意正相協。

〔四八〕盧弼曰："錢大昭曰：'《妃嬪傳》注引《江表傳》則以左夫人爲張布女，即所奪衛尉馮朝子純妻也，此云王氏，爲不同矣。'"

謹案：張熷曰："《江表傳》：'皓以張布女爲左夫人。及死，皓哀愍思念，半年不出。國人皆謂皓死。'然則左夫人非王氏也。"徐紹楨曰："郝書作'張氏'。"考《實錄》作"張氏"，似《吳志》本作"張"，以傳寫而誤作"王"也。

〔四九〕《實錄》"三"字作"五"。《通鑑考異》同。

〔五〇〕盧弼曰："'千'或改作'於'。"

謹案："千"字不誤。本志《韋曜傳》有"叩頭五百下"之句。或改"千"字作"於"，蓋妄也。説詳俞正燮《癸巳存稿》，《集解補》已錄。

〔五一〕《通鑑考異》無"猶"字。

三國志校箋卷六十

吳志卷十五〔一〕

賀齊　全琮　呂岱　周魴　鍾離牧〔二〕

　　賀齊字公苗，會稽山陰人也。虞預《晉書》曰：賀氏本姓慶氏。齊伯父純，儒學有重名，漢安帝時爲侍中、江夏太守，去官，與江夏黃瓊、漢中楊厚俱公車徵。避安帝父孝德皇帝諱，改爲賀氏。齊父輔，永寧長。少爲郡吏，守剡長。縣吏斯從輕俠爲奸，齊欲治之，主簿諫曰："從，縣大族，山越所附，今日治之，明日寇至。"齊聞大怒，便立斬從。從族黨遂相糾合，衆千餘人，舉兵攻縣。齊率吏民開城門突擊，大破之，威震山越。後太末、豐浦民反，轉守太末長，誅惡養善，期月盡平。

　　建安元年，孫策臨郡，察齊孝廉。時王朗奔東冶，候官長商升爲朗起兵。策遣永寧長韓晏領南部都尉，將兵討升，以齊爲永寧長。晏爲升所敗，齊又代晏領都尉事。升畏齊威名，遣使乞盟。齊因告喻爲陳禍福，升遂送上印綬，出舍求降。賊帥張雅、詹彊等不願升降，反共殺升，雅稱無上將軍，彊稱會稽太守。賊盛兵少，未足以討，齊住軍息兵。雅與女壻何雄爭勢兩乖，齊令越人因事交構，遂致疑隙，阻兵相圖。齊乃進討，一戰大破雅，彊黨震懼，率衆出降。

候官既平，而建安、漢興、南平復亂，齊進兵建安，立都尉府，是歲八年也。郡發屬縣五千兵，各使本縣長將之，皆受齊節度。賊洪明、洪進、苑御、吳免、華當等五人，率各萬戶，連屯漢興，吳五姓吳名五。六千戶別屯大潭，鄒臨六千戶別屯蓋竹，大潭同出餘汗音干〔三〕。軍討漢興，經餘汗。齊以爲賊衆兵少，深入無繼，恐爲所斷，令楊松長丁蕃留備餘汗〔四〕。蕃本與齊鄰城，恥見部伍，辭不肯留，齊乃斬蕃，於是軍中震慄，無不用命。遂分兵留備，進討明等，連大破之。臨陣斬明，其免、當、進、御皆降。轉擊蓋竹，軍向大潭，三將又降。凡討治斬首六千級，名帥盡禽，復立縣邑，料出兵萬人，拜爲平東校尉。十年，轉討上饒，分以爲建平縣。

十三年，遷威武中郎將，討丹陽、黟、歙。時武彊、葉鄉、東陽、豐浦四鄉先降，齊表言以葉鄉爲始新縣。而歙賊帥金奇萬戶屯安勤山，毛甘萬戶屯烏聊山，黟帥陳僕、祖山等二萬戶屯林歷山。林歷山四面壁立，高數十丈，徑路危狹，不容刀楯〔五〕，賊臨高下石，不可得攻。軍住經日，將吏患之。齊身出周行，觀視形便，陰募輕捷士爲作鐵戈[六]，密於隱險賊所不備處，以戈拓斬山爲緣道[七]，夜令潛上，乃多縣布以援下人，得上百數人[八]，四面流布，俱鳴鼓角，齊勒兵待之。賊夜聞鼓聲四合，謂大軍悉已得上，驚懼惑亂，不知所爲，守路備險者皆走還依衆。大軍因是直上[九]，大破僕等，其餘皆降，凡斬首七千[一〇]。《抱朴子》曰：昔吳遣賀將軍討山賊，賊中有善禁者，每當交戰，官軍刀劒不得拔[一一]，弓弩射矢皆還自向，輒致不利。賀將軍長情有思，乃曰："吾聞金有刃者可禁，蟲有毒者可禁，其無刃之物，無毒之蟲，則不可禁。彼必是能禁吾兵者也[一二]，必不能禁無刃物矣。"乃多作勁木白梧[一三]，選有力精卒五千人爲先登[一四]，盡捉梧。彼山賊恃其有善禁者，了不嚴備。於是官軍以白梧擊之，彼禁者果不復行[一五]，所擊殺者萬計。齊復表分歙爲新定、黎陽、休陽，并黟、歙凡六縣，權遂割爲新都郡，齊爲太守，立府於始新，加偏將軍。

十六年，吳郡餘杭民郎稚合宗起賊[一六]，復數千人，齊出討之，即復破稚，表言分餘杭爲臨水縣。《吳錄》曰：晉改爲臨安。被命詣所在，及當還郡，權出祖道，作樂舞象。《吳書》曰：權謂齊曰："今定天下，都中國，使殊俗貢珍，狡獸率舞，非君誰與[一七]？"齊曰："殿下以神武應期，廓開王業，臣幸遭際會，得驅馳風塵之下，佐助末行，效鷹犬之用，臣之願也。若殊俗貢珍，狡獸率舞，宜在聖德，非臣所能[一八]。"賜齊軿車駿馬，罷坐住駕，使齊就車。齊辭不敢，權使左右扶齊上車，令導吏卒兵騎，如在郡儀。權望之笑曰："人當努力，非積行累勤，此不可得。"去百餘步乃旋。

十八年，豫章東部民彭材、李玉、王海等起爲賊亂，衆萬餘人。齊討平之，誅其首惡，餘皆降服。揀其精健爲兵，次爲縣户。遷奮武將軍。

二十年，從權征合肥[一九]。時城中出戰，徐盛被創失矛，齊引兵拒擊，得盛所失[二〇]。《江表傳》曰：權征合肥還，爲張遼所掩襲於津北，幾至危殆。齊時率三千兵在津南迎權。權既入大船，會諸將飲晏，齊下席涕泣而言曰："至尊人主，常當持重。今日之事，幾至禍敗，羣下震怖[二一]，若無天地，願以此爲終身誡[二二]。"權自前收其淚曰："大慙[二三]！謹以剋心[二四]，非但書諸紳也。"

二十一年，鄱陽民尤突受曹公印綬，化民爲賊，陵陽、始安、涇縣皆與突相應。齊與陸遜討破突，斬首數千，餘黨震服，丹陽三縣皆降，料得精兵八千人。拜安東將軍，封山陰侯，出鎮江上，督扶州以上至皖。

黄武初，魏使曹休來伐，齊以道遠後至，因住新市爲拒。會洞口諸軍遭風流溺，所亡中分，將士失色，賴齊未濟，偏軍獨全，諸將倚以爲勢。

齊性奢綺，尤好軍事，兵甲器械極爲精好，所乘船雕刻丹鏤，青蓋絳襜，干櫓戈矛，葩瓜文畫[二五]，弓弩矢箭，咸取上材，蒙衝鬬艦之屬，望之若山。休等憚之，遂引軍還。遷後將軍，假節，領徐州牧。

初，晉宗爲戲口將，以衆叛如魏，還爲蘄春太守，圖襲安樂[二六]，取其保質。權以爲恥忿[二七]，因軍初罷，六月盛夏，出其不意，詔齊督麋芳、鮮于丹等襲蘄春，遂生虞宗。後四年卒,子達及弟景皆有令名,爲佳將。
《會稽典錄》曰:景爲滅賊校尉,御衆嚴而有恩,兵器精飾,爲當時冠絕,早卒。達頗任氣,多所犯迕,故雖有征戰之勞,而爵位不至,然輕財貴義,膽烈過人。子質,位至虎牙將軍。景子邵,別有傳。

全琮字子璜,吳郡錢唐人也。父柔,漢靈帝時舉孝廉,補尚書郎右丞[二八],董卓之亂,棄官歸[二九],州辟別駕從事,詔書就拜會稽東部都尉。孫策到吳[三〇],柔舉兵先附,策表柔爲丹陽都尉。孫權爲車騎將軍,以柔爲長史,徙桂陽太守。柔嘗使琮齎米數千斛到吳,有所市易。琮至皆散用[三一],空船而還。柔大怒,琮頓首曰:"愚以所市非急,而士大夫方有倒懸之患,故便振贍,不及啓報。"柔更以奇之[三二]。徐衆評曰:《禮》子事父無私財,又不敢私施,所以避尊上也。棄命專財而以邀名,未盡父子之禮。臣松之以爲:子路問"聞斯行諸",子曰"有父兄在"。琮輒散父財,誠非子道,然士類縣命,憂在朝夕,權其輕重,以先人急,斯亦馮讙市義、汲黯振救之類,全謂邀名,或負其心。是時中州士人避亂而南,依琮居者以百數,琮傾家給濟,與共有無,遂顯名遠近。後權以爲奮威校尉,授兵數千人,使討山越。因開募召[三三],得精兵萬餘人,出屯牛渚,稍遷偏將軍。

建安二十四年,劉備將關羽圍樊、襄陽,琮上疏陳羽可討之計,權時已與呂蒙陰議襲之,恐事泄,故寢琮表不答。及禽羽，權置酒公安，顧謂琮曰："君前陳此，孤雖不相答，今日之捷，抑亦君之功也。"於是封陽華亭侯〔三四〕。

黃武元年，魏以舟軍大出洞口，權使呂範督諸將拒之，軍營相望。敵數以輕船鈔擊，琮常帶甲仗兵，伺候不休。頃之，敵數千人出江中，琮擊破之，梟其將軍尹盧。遷琮綏南將軍，進封錢唐侯。四年，假節領九江太守。

七年，權到皖，使琮與輔國將軍陸遜擊曹休，破之於石亭。是時丹陽、吳、會山民復爲寇賊，攻没屬縣，權分三郡險地爲東安郡，琮領太守。《吳錄》曰：琮時治富春。至，明賞罰，招誘降附，數年中，得萬餘人。權召琮還牛渚，罷東安郡。《江表傳》曰：琮還，經過錢唐，修祭墳墓，麾幢節蓋，曜於舊里，請會邑人平生知舊、宗族六親，施散惠與，千有餘萬，本土以爲榮。黃龍元年，遷衞將軍、左護軍、徐州牧，《吳書》曰：初，琮爲將甚勇決，當敵臨難，奮不顧身。及作督帥，養威持重，每御軍，常任計策，不營小利。《江表傳》曰：權使子登出征，已出軍，次於安樂，羣臣莫敢諫。琮密表曰："古來太子未嘗偏征也，故從曰撫軍，守曰監國。今太子東出，非古制也，臣竊憂疑。"權即從之，命登旋軍，議者咸以爲琮有大臣之節也。尚公主。

嘉禾二年，督步騎五萬征六安，六安民皆散走，諸將欲分兵捕之。琮曰："夫乘危徼倖，舉不百全者，非國家大體也。今分兵捕民，得失相半，豈可謂全哉？縱有所獲，猶不足以弱敵而副國望也。如或邂逅，虧損非小，與其獲罪，琮寧以身受之，不敢徼功以負國也。"

赤烏九年，遷右大司馬、左軍師。爲人恭順，善於承顏納規，言辭未嘗切迕。初，權將圍珠崖及夷州[三五]，皆先問琮，琮曰："以聖朝之威，何向而不克？然殊方異域，隔絕障海，水土氣毒，自古有之，兵入民出，必生疾病[三六]，轉相污染，往者懼不能反，所獲何可多致？猥虧江岸之兵，以冀萬一之利，愚臣猶所不安[三七]。"權不聽。軍行經歲，士衆疾疫死者十有八九，權深悔之。後言次及之，琮對曰："當是時，羣臣有不諫者，臣以爲不忠。"

琮既親重，家族子弟並蒙寵貴[三八]，賜累千金，然猶謙虛接士，貌無驕色。十二年卒[三九]，子懌嗣。後襲業領兵，救諸葛誕於壽春，出城先降，魏以爲平東將軍，封臨湘侯。懌兄子禕、儀、靜等亦降魏，皆歷郡守列侯。《吳書》曰：琮長子緒，幼知名，奉朝請，出授兵，稍遷揚武將軍、牛渚督。孫亮即位，遷鎮北將軍。東關之役，緒與丁奉建議引兵先出，以破魏軍。封一子亭侯，年四十四卒。次子寄，坐阿黨魯王霸賜死。小子吳，孫權外孫，封都鄉侯。

呂岱字定公，廣陵海陵人也，爲郡縣吏，避亂南渡。孫權統事[四〇]，岱詣幕府，出守吳丞。權親斷諸縣倉庫及囚繫，長丞皆見責，岱處法應問，甚稱權意，召署錄事，出補餘姚長，召募精健，得千餘人。會稽東冶五縣賊呂合、秦狼等爲亂,權以岱爲督軍校尉,與將軍蔣欽等將兵討之,遂禽合、狼,五縣平定,拜昭信中郎將。《吳書》曰:建安十六年,岱督郎將尹異等,以兵二千人西誘漢中賊帥張魯到漢興塞城,魯嫌疑斷道,事計不立,權遂召岱還。

建安二十年,督孫茂等十將從取長沙三郡。又安成、攸、永新、茶陵四縣吏共入陰山城,合衆拒岱,岱攻圍,即降,三郡克定。權留岱鎮長沙。安成長吳碭及中郎將袁龍等首尾關羽,復爲反亂。碭據攸縣,龍在醴陵。權遣橫江將軍魯肅攻攸,碭得突走。岱攻醴陵,遂禽斬龍,遷廬陵太守。

延康元年,代步騭爲交州刺史。到州,高涼賊帥錢博乞降,岱因承制,以博爲高涼西郡都尉〔四一〕。又鬱林夷賊攻圍郡縣,岱討破之。是時桂陽湞陽賊王金合衆於南海界上,首亂爲害,權又詔岱討之,生縛金,傳送詣都,斬首獲生凡萬餘人。遷安南將軍,假節,封都鄉侯。

交阯太守士燮卒,權以燮子徽爲安遠將軍,領九真太守,以校尉陳時代燮。岱表分海南三郡爲交州,以將軍戴良爲刺史,海東四郡爲廣州,岱自爲刺史。遣良與時南入,而徽不承命,舉兵戍海口以拒良等。岱於是上疏請討徽罪,督兵三千人晨夜浮海。或謂岱曰:"徽藉累世之恩,爲一州所附,未易輕也。"岱曰:"今徽雖懷逆計,未虞吾之卒至,若我潛軍輕舉,掩其無備,破之必也。稽留不速,使得生心,嬰城固守,七郡百蠻,雲合響應,雖有智者,誰能圖之?"遂行,過合浦,與良俱進。徽聞岱至，果大震怖，不知所出，即率兄弟六人肉袒迎岱。岱皆斬送其首。徽大將甘醴、桓治等率吏民攻岱，岱奮擊大破之，進封番禺侯。於是除廣州，復爲交州如故。岱既定交州，復進討九真，斬獲以萬數。又遣從事南宣國化，暨徼外扶南、林邑、堂明諸王，各遣使奉貢〔四二〕。權嘉其功，進拜鎮南將軍。

黃龍三年，以南土清定，召岱還屯長沙漚口。王隱《交廣記》曰〔四三〕：吳後復置廣州〔四四〕，以南陽滕修爲刺史。或語修蝦鬚長一丈〔四五〕，修不信，其人後故至東海，取蝦鬚長四丈四尺〔四六〕，封以示修，修乃服之〔四七〕。會武陵蠻夷蠢動，岱與太常潘濬共討定之。嘉禾三年〔四八〕，權令岱領潘璋士衆，屯陸口，後徙蒲圻。四年，廬陵賊李桓、路合、會稽東冶賊隨春、南海賊羅厲等一時並起。權復詔岱督劉纂、唐咨等分部討擊，春即時首降，岱拜春偏將軍，使領其衆，遂爲列將，桓、厲等皆見斬獲，傳首詣都。權詔岱曰："厲負險作亂，自致梟首；桓凶狡反覆，已降復叛。前後討伐，歷年不禽，非君規略，誰能梟之？忠武之節，於是益著。元惡既除，大小震懾，其餘細類，掃地族矣。自今已去，國家永無南顧之虞，三郡晏然，無怵惕之驚，又得惡民以供賦役，重用歎息。賞不踰月，國之常典，制度所宜，君其裁之。"

潘濬卒，岱代濬領荆州文書，與陸遜並在武昌，故督蒲圻。頃之，廖式作亂，攻圍城邑，零陵、蒼梧、鬱林諸郡騷擾，岱自表輒行，星夜兼路。權遣使追拜岱交州牧，及遣諸將唐咨等駱驛相繼，攻討一年破之，斬式及遣諸所僞署臨賀太守費楊等，并其支黨，郡縣悉平，復還武昌。時年已八十，然體素精勤〔四九〕，躬親王事。奮威將軍張承與岱書曰："昔旦、奭翼周，《二南》作歌，今則足下與陸子也。忠勤相先，勞謙相讓，功以權成，化與道合，君子歎其德，小人悅其美。加以文書鞅掌，賓客終日，罷不舍事，勞不言倦，又知上馬輒自超乘不由跨躡，如此足下過廉頗也，何其事事快也。《周易》有之，禮言恭，德言盛，足下何有盡此美耶！"及陸遜卒，諸葛恪代遜，權乃分武昌爲兩部，岱督右部，自武昌上至蒲圻。遷上大將軍，拜子凱副軍校尉，監兵蒲圻。孫亮即位，拜大司馬。

岱清身奉公，所在可述。初在交州，歷年不餉家〔五〇〕，妻子飢乏。權聞之歎息，以讓羣臣曰："呂岱出身萬里，爲國勤事，家門內困〔五一〕，而孤不早知。股肱耳目，其責安在？"於是加賜錢米布絹，歲有常限。

始，岱親近吳郡徐原〔五二〕，慷慨有才志〔五三〕，岱知其可成，賜巾褠〔五四〕，與共言論，後遂薦拔，官至侍御史。原性忠壯，好直言，岱時有得失，原輒諫諍，又公論之，人或以告岱，岱歎曰〔五五〕："是我所以貴德淵者也。"及源死，岱哭之甚哀，曰："德淵，呂岱之益友，今不幸，岱復於何聞過？"談者美之。

太平元年，年九十六卒，子凱嗣。遺令殯以素棺，疏巾布褠，葬送之制，務從約儉，凱皆奉行之。

周魴字子魚，吳郡陽羨人也。少好學，舉孝廉，爲寧國長，轉在懷安。錢唐大帥彭式等蟻聚爲寇，以魴爲錢唐侯相，旬月之間，斬式首及其支黨，遷丹陽西部都尉。黃武中，鄱陽大帥彭綺作亂，攻没屬城，乃以魴爲鄱陽太守，與胡綜戮力攻討〔五六〕，遂生禽綺，送詣武昌，加昭義校尉。被命密求山中舊族名帥爲北敵所聞知者，令譎挑魏大司馬揚州牧曹休。魴答，恐民帥小醜不足杖任，事或漏泄，不能致休，乞遣親人齎牋七條以誘休：

其一曰："魴以千載徼幸，得備州民，遠隔江川，敬恪未顯，瞻望雲景，天實爲之。精誠微薄，名位不昭，雖懷焦渴，曷緣見明？狐死首丘，人情戀本，而逼所制，奉覿禮違。每獨矯首西顧，未嘗不寤寐勞歎，展轉反側也。今因隙穴之際，得陳宿昔之志，非神啓之，豈能致此！不勝翹企，萬里託命。謹遣親人董岑、邵南等託叛奉牋。時事變故，列於別紙，惟明公君侯垂日月之光，照遠民之趣，永令歸命者有所戴賴。"

其二曰："魴遠在邊隅，江氾分絶〔五七〕，恩澤教化，未蒙撫及，而於山谷之間，遙陳所懷，懼以大義，未見信納。夫物有感激，計因變生，古今同揆。魴仕東典郡，始願已獲，銘心立報，永矣無貳〔五八〕。豈圖頃者中被橫譴，禍在漏刻，危於投卵，進有離合去就之宜，退有誣罔柱死之咎，雖志行輕微，存没一節，顧非其所，能不悵然！敢緣古人，因知所歸，拳拳輸情，陳露肝膈。乞降春天之潤，哀拯其急，不復猜疑，絕其委命。事之宣泄，受罪不測，一則傷慈損計，二則杜絕向化者心，惟明使君遠覽前世，矜而愍之，留神所質，速賜祕報。紡當候望舉動，俟須嚮應[五九]。"

其三曰："紡所代故太守廣陵王靖，往者亦以郡民爲變，以見譴責，靖勤自陳釋，而終不解，因立密計，欲北歸命，不幸事露，誅及嬰孩。紡既目見靖事，且觀東主一所非薄，嬕不復厚[六〇]，雖或蹔舍，終見翦除。今又令紡領郡者，是欲責後效，必殺紡之趣也。雖尚視息，憂惕焦灼，未知軀命，竟在何時。人居世間，猶白駒過隙，而常抱危怖，其可言乎！推當陳愚[六一]，重自披盡，懼以卑賤，未能采納。願明使君小垂詳察，忖度其言。今此郡民雖外名降首，而故在山草，看伺空隙，欲復爲亂，爲亂之日，紡命訖矣。東主頃者潛部分諸將，圖欲北進。呂範、孫韶等入淮，全琮、朱桓趨合肥，諸葛瑾、步騭、朱然到襄陽，陸議、潘璋等討梅敷。東主中營自掩石陽，別遣從弟孫奐治安陸城，修立邸閣，輦貲運糧，以爲軍儲，又命諸葛亮進指關西，江邊諸將無復在者，才留三千所兵，守武昌耳。若明使君以萬兵從皖南首江渚，紡便從此率屬吏民以爲內應。此方諸郡，前後舉事，垂成而敗者，由無外援使其然耳；若北軍臨境，傳檄屬城，思詠之民誰不企踵？願明使君上觀天時，下察人事，中參蓍龜，則足昭往言之不虛也。"

其四曰："所遣董岑、邵南少長家門，親之信之，有如兒子，是以特令齎牋，託叛爲辭，目語心計，不宣脣齒，骨肉至親，無有知者。又已勑之到州，當言往降，欲北叛來者，得傳之也。魴建此計，任之於天，若其濟也，則有生全之福；邂逅泄漏，則受夷滅之禍。常中夜仰天，告誓星辰。精誠之微，豈能上感，然事急孤窮，惟天是訴耳。遣使之日，載生載死，形存氣亡，魄爽悅惚。私恐使君未深保明，岑、南二人可留其一，以爲後信。一齎教還，教還故當言悔叛還首。東主有常科，悔叛還者皆自原罪。如是彼此俱塞，永無端原。縣命西望，涕筆俱下。"

其五曰："鄱陽之民，實多愚勁，帥之赴役，未即應人，倡之爲變，聞聲響抃。今雖降首，盤節未解，山栖草藏，亂心猶存，而今東主圖興大衆，舉國悉出，江邊空曠，屯塢虛損，惟有諸刺姦耳。若因是際，而騷動此民，一旦可得便會，然要恃外援，表裏機牙〔六二〕，不爾以往無所成也。今使君若從皖道進住江上，魴當從南對岸歷口爲應。若未徑到江岸，可住百里上，令此間民知北軍在彼，即自善也。此間民非苦飢寒而甘兵寇，苦於征討，樂得北屬，但窮困舉事，不時見應，尋受其禍耳。如使石陽及青、徐諸軍首尾相銜，牽綴往兵，使不得速退者，則善之善也。魴生在江、淮，長於時事，見其便利，百舉百捷，時不再來，敢布腹心。"

其六曰："東主致恨前者不拔石陽，今此後舉，大合新兵，并使潘濬發夷民人數甚多，聞豫設科條，當以新贏兵置前，好兵在後，攻城之日，云欲以贏兵填塹，使即時破，雖未能然，是事大趣也。私恐石陽城小，不能久留往兵，明使君速垂救濟，誠宜疾密。王靖之變，其鑒不遠。今魴歸命，非復在天，正在明使君耳。若見救以往，則功可必成，如見救不時，則與靖等同禍。前彭綺時聞旌麾在逢龍，此郡民大小歡喜，並思立効。若留一月日間，事當大成，恨去電速，東得增衆專力討綺，綺始敗耳。願使君深察此言。”

其七曰：“今舉大事，自非爵號無以勸之，乞請將軍、侯印各五十紐，郎將印百紐，校尉、都尉印各二百紐，得以假授諸魁帥，獎厲其志，并乞請幢麾數十，以爲表幟，使山兵吏民目瞻見之〔六三〕，知去就之分已決，承引所救畫定。又彼此降叛，日月有人，闊狹之間，輒得聞知。今之大事，事宜神密，若省魴牋，乞加隱秘。伏知智度有常，防慮必深，魴懷憂震灼，啓事蒸仍〔六四〕，乞未罪怪。”

魴因別爲密表曰：“方北有逋寇，固阻河洛，久稽王誅，自擅朔土〔六五〕，臣曾不能吐奇舉善，上以光贊洪化，下以輸展萬一，憂心如擣，假寐忘寢。聖朝天覆，含臣無効，猥發優命，勑臣以前誘致賊休，恨不如計。令於郡界求山谷魁帥爲北賊所聞知者，令與北通。臣伏思惟，喜怖交集，竊恐此人不可卒得，假使得之，懼不可信，不如令臣譎休，於計爲便。此臣得以經年之冀願，逢值千載之一會，輒自督竭〔六六〕，竭盡頑蔽，撰立牋草，以誑誘休者如別紙。臣知無古人單複之術，加卒奉大略，伀矇狼狽〔六七〕，懼以輕愚，忝負特施，豫懷憂灼。臣聞唐堯先天而天弗違，博詢芻蕘以成盛勳。朝廷神謨欲必致休於步度之中，靈贊聖規，休必自送，使六軍囊括，虜無孑遺，威風電邁，天下幸甚。謹拜表以聞，并呈牋草，懼於淺局，追用悚息。"被報施行。休果信魴，帥步騎十萬，輜重滿道，徑來入皖。魴亦合衆，隨陸遜橫截休，休幅裂瓦解〔六八〕，斬獲萬計。

魴初建密計時，頻有郎官奉詔詰問諸事，魴乃詣部郡門下，因下髮謝，故休聞之，不復疑慮。事捷軍旋，權大會諸將，歡宴酒酣，謂魴曰："君下髮載義，成孤大事，君之功名，當書之竹帛。"加裨將軍，賜爵關內侯。徐衆評曰：夫人臣立功効節，雖非一塗，然各有分也。爲將執桴鼓，則有必死之義，志守則有不假器之義，死必得所，義在不苟。魴爲郡守，職在治民，非君所命，自占誘敵，髡剔髮膚，以徇功名，雖事濟受爵，非君子所美。

賊帥董嗣負阻劫鈔，豫章、臨川並受其害。臣松之案：孫亮太平二年始立臨川郡，是時未有臨川〔六九〕。吾粲、唐咨嘗以三千兵攻守連月不能拔。魴表乞罷兵，得以便宜從事。魴遣間諜，授以方策，誘狙殺嗣。嗣弟怖懼，詣武昌降於陸遜，乞出平地，自改爲善，由是數郡無復憂惕。

魴在郡十三年卒，賞善罰惡，威恩並行。子處，亦有文武材幹，天紀中爲東觀令、無難督。虞預《晉書》曰：處入晉，爲御史中丞，多所彈糾，不避彊禦。齊萬年反，以處爲建威將軍，西征，衆寡不敵，處臨陣慷慨，奮不顧命，遂死於戰場，追贈平西將軍。處子玘、札，皆有才力，中興之初，並見寵任。其諸子姓悉處列位〔七〇〕，爲揚土豪右，而札凶淫放恣，爲百姓所苦。泰寧中，王敦誅之，滅其族。

　　鍾離牧字子幹，會稽山陰人，漢魯相意七世孫也。《會稽典錄》曰：牧父緒，樓船都尉。兄駰，上計吏，少與同郡謝贊、吳郡顧譚齊名。牧童齔時號爲遲訥，駰常謂人曰："牧必勝我，不可輕也。"時人皆以爲不然。少爱居永興〔七一〕，躬自墾田，種稻二十餘畞。臨熟，縣民有識認之〔七二〕，牧曰："本以田荒，故墾之耳。"遂以稻與縣人〔七三〕。縣長聞之，召民繫獄，欲繩以法，牧爲之請。長曰："君慕承宮，自行義事，《續漢書》曰：宮字少子，琅邪人，嘗在蒙陰山中耕種，禾黍臨熟，人就認之，宮便推與而去，由是發名，位至左中郎將、侍中。僕爲民主，當以法率下，何得寢公憲而從君邪〔七四〕？"牧曰："此是郡界，緣君意顧，故來甄住。今以少稻而殺此民，何心復留？"遂出裝，還山陰，長自往止之，爲釋繫民。民慙懼，率妻子舂所取稻，得六十斛米，送還牧，牧閉門不受。民輸置道旁，莫有取者。牧由此發名。徐衆評曰：牧蹈長者之規。問者曰："如牧所行，犯而不校，又從而救之，直而不有，又還而不受，可不謂之仁讓乎哉？"答曰："異乎吾所聞。原憲之問於孔子曰：'克伐怨欲不行焉，可以爲仁乎？'孔子曰：'可以爲難矣，仁則吾不知也。''惡不仁者，其爲仁矣。'今小民不展四體，而認人之稻，不仁甚矣，而牧推而與之,又救其罪,斯爲讓非其義,所救非人,非所謂惡不仁者。苟不惡不仁,安得爲仁哉!蒼梧嬈娶妻而美,讓於其兄〔七五〕;尾生篤信,水至不去而死;直躬好直,證父攘羊;申鳴奉法,盡忠於君而執其父。忠信直讓,此四行者,聖賢之所貴也。然不貴蒼梧之讓,非讓道也;不取尾生之信,非信所也;不許直躬之直,非直體也;不嘉申鳴之忠,非忠意也。今牧犯而不校,還而不取,可以爲難矣,未得爲仁讓也。夫聖人以德報德,以直報怨,而牧欲以德報怨,非也。必不得已,二者何從?吾從孔子也。"

赤烏五年,從郎中補太子輔義都尉,遷南海太守。《會稽典錄》曰:高涼賊率仍弩等破歛百姓,殘害吏民,牧越界撲討,旬日降服。又揭陽縣賊率曾夏等衆數千人〔七六〕,歷十餘年,以侯爵雜繒千匹,下書購募,絕不可得。牧遣使慰譬,登皆首服〔七七〕,自改爲良民。始興太守羊衜與太常滕胤書曰:"鍾離子幹吾昔知之不熟,定見其在南海,威恩部伍,智勇分明,加操行清純,有古人之風。"其見貴如此。在郡四年,以疾去職。還爲丞相長史,轉司直,遷中書令。會建安、鄱陽、新都三郡山民作亂,出牧爲監軍使者,討平之。賊帥黃亂、常俱等出其部伍,以充兵役。封秦亭侯〔七八〕,拜越騎校尉。

永安六年,蜀并于魏,武陵五谿夷與蜀接界,時論懼其叛亂,乃以牧爲平魏將軍,領武陵太守,往之郡。魏遣漢復縣長郭純試守武陵太守,率涪陵民入蜀遷陵界,屯於赤沙,誘致諸夷邑君或起應純,又進攻酉陽縣,郡中震懼。牧問朝吏曰〔七九〕:"西蜀傾覆,邊境見侵,何以禦之?"皆對曰:"今二縣山險,諸夷阻兵,不可以軍驚擾〔八〇〕,驚擾則諸夷盤結。宜以漸安,可遣恩信吏宣教慰勞。"牧曰:"不然。外境內侵,誑誘人民,當及其根柢未深而撲取之,此救火貴速之勢也。"勑外趣嚴,掾史沮議者便行軍法[八一]。撫夷將軍高尚說牧曰:"昔潘太常督兵五萬,然後以討五谿夷耳。又是時劉氏連和,諸夷率化,今既無往日之援,而郭純已據遷陵,而明府以三千兵深入,尚未見其利也。"牧曰:"非常之事,何得循舊?"即率所領,晨夜進道,緣山險行垂二千里,從塞上,斬惡民懷異心者魁帥百餘人及其支黨凡千餘級,純等散,五谿平。遷公安督、陽武將軍[八二],封都鄉侯,徙濡須督。《會稽典錄》曰:牧之在濡須,深以進取可圖,而不敢陳其策,與侍中東觀令朱育宴,慨然歎息。育謂牧恨於策爵未副,因謂牧曰[八三]:"朝廷諸君,以際會坐取高官亭侯,功無與比,不肯在人下[八四],見顧者猶以於邑,況於侯也[八五]!"牧笑而答曰:"卿之所言,未獲我心也。馬援有言,人當功多而賞薄。吾功不足錄,而見寵已過當,豈以爲恨?國家不深相知,而見害朝人,是以默默不敢有所陳。若其不然,當建進取之計,以報所受之恩,不徒自守而已,憤歎以此也。"育復曰:"國家已自知侯,以侯之才,無爲不成。愚謂自可陳所懷。"牧曰:"武安君謂秦王云:'非成業難,得賢難;非得賢難,用之難;非用之難,任之難。'武安君欲爲秦王并兼六國,恐授事而不見任,故先陳此言。秦王既許而不能,卒隕將成之業,賜劍杜郵。今國家知吾不如秦王之知武安,而害吾者有過范雎。太皇帝時,陸丞相討鄱陽,以二千人授吾,潘太常討武陵,吾又有三千人,而朝廷下議,棄吾於彼,使江渚諸督,不復發兵相繼。蒙國威靈自濟,今日何爲常[八六]。向使吾不料時度宜,苟有所陳,至見委以事,不足兵勢,終有敗績之患，何無不成之有？"復以前將軍，假節，領武陵太守。卒官。家無餘財，士民思之。子禪嗣，代領兵。《會稽典錄》曰：牧次子盛，亦履恭讓，爲尚書郎。弟徇領兵爲將，拜偏將軍，戍西陵，與監軍使者唐盛論地形勢，謂宜城、信陵爲建平援，若不先城，敵將先入。盛以施績、留建平，智略名將，屢經於彼，無云當城之者，不然徇計。後半年，晉果遣將修信陵城。晉軍平吳，徇領水軍督，臨陣戰死也〔八七〕。

評曰：山越好爲叛亂，難安易動，是以孫權不遑外禦，卑詞魏氏。凡此諸臣，皆克寧內難，綏靜邦域者也。呂岱清恪在公；周魴譎略多奇；鍾離牧蹈長者之規；全琮有當世之才，貴重於時，然不檢奸子，獲譏毀名云。

【校箋】

〔一〕毛本作"吳書十五"。

〔二〕毛本作"賀全呂周鍾離傳第十五"。

〔三〕盧弼曰："謝鍾英曰：'按當時兵勢，當在今建寧府松溪西，非鄱陽郡之餘汗縣。'"

謹案：孫志祖《讀書脞錄》曰："餘汗之所以得名，以玉山縣有二溪名上下干故（見《蘆蒲筆記》）。《漢書·地理志》作'餘汗，屬豫章郡'。餘汗即餘干。應劭曰：'汗音干。'"

〔四〕盧弼曰："'楊松'宋本作'松陽'。松陽見《孫晧傳》天紀四年。潘眉曰：'楊松，晉、宋《志》皆作松陽。李吉甫云：縣有大松樹，因以爲名，後分章安縣立。時齊爲永寧長。永寧亦分章安縣東甌鄉立，故云鄰城。'梁章鉅曰：'《虞翻傳》注引《會稽典錄》有節女松楊柳朱，古字楊、陽通用。益證此楊松爲誤倒也。'"

謹案：洪頤煊曰："當作松楊長。《晉書·地理志》'松陽屬臨海郡'。《三嗣主傳》注《搜神記》曰：'臨海松楊人柳榮。'"考《册府》卷三百六十二引亦作"松楊"，應據乙。

〔五〕《通典·兵十四》、《元和郡縣志》卷二十八"江南道""刀"字俱作"方"，疑當作"方"，《儀禮·鄉射禮》"不足方"注："方猶併也。"

〔六〕《御覽》卷三百三十七引《吳書》"戈"字作"弋"。下同。《水經·漸江水注》作"以鐵杙椓山"。疑當作"弋"，說詳下。

〔七〕盧弼曰："何焯曰：'戈當作杙，杙所以緣而上也。舊刻譌戈，今以《水經注》校正。斬山字亦誤，當作塹，以杙拓塹。不然拓斬二字連文，義可通乎？'《官本考證》曰：'杙音亦，所以緣而上也。《新安志》作鐵弋。以戈拓斬山作以弋拓塹，無山字。緣道下《太平御覽》有道成二字。'潘眉曰：'兩戈字俱是弋字，今本譌爲戈。考《太平御覽》三百三十七引韋昭《吳書》云，乃作鐵弋。又云以弋拓山爲道，字正作弋。收弋部不收戈部，蓋弋本是攻具。《說文》：樴，弋也。《左傳·襄公十七年》以弋抉其傷，即此。'"

謹案：桂馥《說文解字義證》"弋"字注云："馥案：二'戈'字當作'弋'，弋可賴以上也。'斬山'當是'塹'字誤分爲二。釋典：東天竺去蜀不遠，有山限之，渡徼外者，四更代插石壁間爲梯山具。"亦見所著《札樸》七。考《御覽》卷二百八十五引無"斬"字。

〔八〕盧弼曰："《通鑑》作'得上者百餘人'。"

謹案：歐陽忞《輿地廣記》作"得上者百餘"。《御覽》引作"得上百數十人"，多"十"字。

〔九〕《御覽》引"直"字作"得"，《通志》、蕭書同。

〔一〇〕《册府》卷三百六十二引"千"下有"餘級"二字，是。疑今本脱，應據補。

〔一一〕《御覽》卷七百三十七引"劍"下有"皆"字。

〔一二〕《白帖》卷五十三引"必"下無"是"字，《御覽》卷二百八十五引作"彼必無爲也"，亦無"是"字。

〔一三〕盧弼曰："《魏志・鍾會傳》云：'已作白棓。'裴注云：'棓與棒同。'"

謹案：吴凌雲《經説》云："《説文》：'棓，梲也。'步項切。即今棒字。"

〔一四〕《御覽》卷七百三十七引"有"字作"勇"。

〔一五〕蕭書作"果不能施行"。

〔一六〕盧弼曰："趙一清曰：'宗，宗賊也。此言合宗起賊，蓋合宗起共作賊。而章懷《後漢書・劉表傳》注以宗黨共爲賊解之，非矣！'"

謹案：合宗起賊，句實齟齬，疑有脱誤。如下文"豫章東部民彭材、李玉、王海等起爲賊亂。衆萬餘人"，則此"起"字下或脱"爲"字。

〔一七〕《類聚》卷九十五引"君"字下有"而"字。

〔一八〕《册府》卷三百七十七引"能"下有"也"字。

〔一九〕《書鈔》卷一百二十、《御覽》卷三百三十九引"征"字作"討"。

〔二〇〕盧弼曰："《官本考證》曰：'《御覽》引此作徐盛被創失牙，齊引兵拒擊，得盛所失牙。'潘眉曰：'《御覽》引入牙部，不入矛部，今本作矛誤。趙一清曰：牙謂牙旗也。權作黃龍大牙，見《胡綜傳》。'"

謹案：《書鈔》《御覽》引"矛"字俱作"牙"。"失"下亦有"牙"字。應據以訂補。

〔二一〕《御覽》卷四百五十八引"怖"字作"悑"。悑，悲也。

〔二二〕蕭書作"願以此爲終身之誡"。

〔二三〕盧弼曰："胡三省曰：'權慙謝賀齊也。'"

謹案：《御覽》引"收"字作"拭"，蕭書同。疑作"拭"字是。本志《潘濬傳》注引《江表傳》："濬伏面著牀席不起，涕泣交橫，哀咽不能自勝（中略）。使親近以手巾拭其面。"亦作"拭"字，是其證。

〔二四〕盧弼曰："《通鑑》作'謹以刻心'。"

謹案：《御覽》、《册府》卷三百七十七引俱作"刻"，蕭書同。作"刻"字是。刻心猶泐銘泐於心也。

〔二五〕盧弼曰："宋本'瓜'作'爪'。"

謹案：《文選》張平子《東京賦》"苞曲莖"李注引薛注："苞爪悉以金作華形。"《漢書·王莽傳》"金瑵羽葆"注："瑵讀爲爪，謂蓋弓頭爲爪形。"據此當從宋本作"爪"，作"瓜"字非。

〔二六〕《御覽》卷一百六十九引"安樂"作"樂安"，是。考《晉書·地理志》鄱陽郡有樂安縣，漢末置樂平，吳改樂安。

〔二七〕《御覽》引"恥"下無"忿"字，蕭書同。

〔二八〕蕭書"右"上無"郎"字。

〔二九〕盧弼曰："歸揚州也。"

謹案：盧君斷句有誤。此當以"歸"字句絕，"州"字屬下"辟别駕從事"爲句。若以"州"屬"歸"字爲句，其誰辟柔爲别駕從事乎？則意失完整矣。

〔三〇〕《册府》卷三百四十三引"到"字作"至"。

〔三一〕《實録》句上有"屬吳中饑荒"五字,蕭書"用"字作"之"。

〔三二〕《類聚》卷七十二引"更"字作"便",蕭書無"以"字。

〔三三〕"募召"當作"召募"。本志《陸遜傳》:"中郎將周祗乞於鄱陽召募,事下問遜。"《吕岱傳》:"召募精健。"《陸凱傳》:"又黄門豎官,聞立召募。"俱作"召募"。

〔三四〕《御覽》卷一百九十九、《册府》引無"陽"字,《實録》作"當陽亭侯"。

〔三五〕盧弼曰:"'圍'疑作'圖'。"

謹案:蕭書正作"圖"。作"圖"字是。《詩·小雅·常棣》"是究是圖"毛傳:"圖,謀也。"

〔三六〕"病"字疑當作"疫"。本傳下云:"士衆疾疫死者十有八九。"正承此而言。《陸遜傳》:"民易水土,必致疾疫。"與此語意正同。

〔三七〕《册府》卷五百二十六引"猶"字作"有"。蕭書"猶"字作"竊"。

〔三八〕馮本、陳本"家"字作"宗",蕭書同。

〔三九〕盧弼曰:"《孫權傳》:'赤烏十年正月,全琮卒。'錢大昭曰:'二字疑誤。'"

謹案:錢大昭曰:"琮卒於赤烏十年正月,見《吳主傳》,'二'字疑衍。"徐紹楨説同。盧君徵引錢氏説字有佚誤。

〔四〇〕《册府》卷三百四十三引"孫"上有"會"字。

〔四一〕紹興本"郡"字作"部",是。

〔四二〕蕭書"奉"字作"來"。

〔四三〕《北戶錄》卷二引作"王隱《晉書》"。《水經·浪水注》引作"王氏《交春秋》"。

〔四四〕《北戶錄》引無"後"字，《水經注》作"吳平"。

〔四五〕《水經注》引裴淵《廣州記》作"蝦鬚長一赤"。

〔四六〕《水經注》引《廣州記》無"四丈"二字。

〔四七〕紹興本"乃"字作"用"。《北戶錄》引"之"字作"也"。

〔四八〕紹興本"三"字作"二"。

〔四九〕蕭書作"體力精強"。

〔五〇〕《書鈔》卷三十八引作"歷年不饋，家無餘貲"。

〔五一〕盧弼曰："《官本考證》曰：'《御覽》無門字。'"

謹案：見《御覽》卷二百五十六引。

〔五二〕紹興本、馮本、陳本、毛本"源"字俱作"原"。《書鈔》卷一百二十七、《類聚》卷三十四、《御覽》卷二百二十七、《冊府》卷八百八十一引同。蕭書亦作"原"，下同。《陸瑁傳》亦作"原"。

〔五三〕蕭書"志"字作"智"。

〔五四〕《書鈔》引"賜"下有"之"字。

〔五五〕《御覽》引"歎"字作"笑"。

〔五六〕紹興本"攻"字作"致"。盧弼曰："《官本考證》曰：'《御覽》綜下有等字。'官本'致'作'攻'。"

謹案：《御覽》卷二百五十九引有"等"字，官本作"攻"疑誤。《御覽》及《冊府》卷六百九十二引俱作"致"，蕭書同。

〔五七〕《冊府》卷四百一十一引"氾"字作"汜"，是也。

〔五八〕盧弼曰："'矣'疑作'矢'。"

謹案：作"矢"爲是。《詩·衛風·考槃》"永矢弗諼"鄭箋：

"矢，誓也。"與此義同。

〔五九〕盧弼曰："'俟'疑作'事'。'嚮'當作'響'。"

謹案：《詩·邶風·靜女》"俟我於城隅"傳："俟，待也。"俟須複語。盧君疑作"事"，未確。《册府》引"嚮"作"響"，作"響"字是。

〔六○〕盧弼曰："或曰：'嬪，呼麥、乎麥二切。《說文》云：靜好也。'"

謹案：《册府》引"嬪"字作"燼"，疑"嬪"蓋"燼"字之誤。《廣雅·釋詁四》："燼，餘也。"盧君引或曰與"不復厚"意不承接，非是。

〔六一〕紹興本"推"字作"惟"。

〔六二〕馮本、陳本"牙"字作"互"。

〔六三〕紹興本無"之"字。

〔六四〕盧弼曰："'蒸仍'未詳。"

謹案：蒸仍疊韵謰語，有重沓頻繁之義。魴上七牋於休，故曰"啓事蒸仍"。

〔六五〕《册府》引作"自擅正朔"，謂魏稱帝也。

〔六六〕《册府》引"竭"字作"勵"。

〔六七〕盧弼曰："潘眉曰：'伀與忪同。《廣雅·釋詁》：伀，懼也。揚子《方言》：潤沭、征伀，遑遽也。'"

謹案：伀矇猶征伀。《廣雅·釋訓》："屏營，征伀也。"王念孫疏證曰："屏營、征伀皆驚惶失據之貌。"是也。

〔六八〕蕭書"休"下有"衆"字。

〔六九〕盧弼曰："弼按：裴注不誤。《朱然傳》之臨川太守，分丹陽郡置也。《孫亮傳》之臨川郡，分豫章東部置也。吳云名同地異是也。惟以朱然、周魴兩傳之臨川同指爲丹陽郡所分，則似不然。《周魴傳》所指之豫章、臨川，地勢相連，故史云'並受其害'。其地與丹陽隔絕，亦惟鄱陽太守足以控制，史文遂連類而書。不必以置郡在後，遂疑其地爲丹陽所分之臨川也。"

謹案：沈濤《銅熨斗齋隨筆》卷五曰："亮分豫章東部都尉立臨川郡，見《三嗣主傳》。然《朱然傳》曰：'權分丹陽爲臨川郡，然爲太守。'裴世期以爲'此郡尋罷，非今臨川'。則孫權時別有臨川郡矣。此傳所云，當即此郡時尚未罷耳。"考沈氏以此臨川爲孫權分丹陽所立，時尚未罷。據裴注云此郡尋罷，則不得至黃武七年時猶存也。盧君謂此即後分豫章所置者，史文遂連類而書耳。如盧君説，則史抑將何以求信邪？細繹裴注，孫權所立臨川已罷後，後之臨川孫亮太平二年始立，故於此傳注曰："是時未有臨川。"期以存疑，是遵蓋闕之旨也。

〔七〇〕馮本、陳本"姓"字俱作"姪"。

〔七一〕盧弼曰："錢大昕曰：'爰，易也。《春秋傳》：晉於是作爰田。《説文》爰作𧽯。𧽯田，易居也。《陸瑁傳》：同郡徐原，爰居會稽。'"

謹案：蕭書作"僑居"，蓋以"僑"易"爰"也。《列子‧説符篇》"昔有異技干僑人者"釋文："僑，寄也。"則爰居猶言寄居。

〔七二〕《類聚》卷八十五、《御覽》卷四百零三、卷八百三十九引"縣"上有"而"字，"民"下無"有"字、"識"字。

〔七三〕《類聚》、《御覽》卷八百三十九引"人"作"民"。

〔七四〕盧弼曰："馮本、官本'寑'作'寢'。誤。"

謹案："寑"爲"寢"字之或體，非誤也。《大戴禮‧曾子制言》"無席則寑其趾"注："寑猶止也。"

〔七五〕盧弼曰："蒼梧澆事未詳。"

謹案：《淮南子・氾論訓》："昔蒼吾繞娶妻而美，以讓兄，此所謂忠愛而不可行也。"高注："蒼吾繞，孔子時人。以妻美好，推與其兄，兄則愛矣，而違親迎曲顧之誼，故曰不可行也。"考《家語・六本》作"蒼梧嬈"。則"澆""嬈"俱因形近而誤。

〔七六〕紹興本無"縣"字。

〔七七〕盧弼曰："'登'字疑誤。"

謹案：《册府》卷六百九十二引"皆"字作"時"，是也。《文選》任彥昇《奏彈劉整》"苟奴登時欲捉取"，"登時"魏晉六朝常語，猶今語立刻之意。

〔七八〕盧弼曰："各地志無秦縣，當闕疑。"

謹案：秦亭乃亭名，而非秦縣之亭也。盧説有誤。

〔七九〕蕭書"朝"字作"府"。

〔八〇〕《册府》卷三百六十二引無"軍"字。

〔八一〕盧弼曰："趙一清曰：'史當作吏。'弼按：'史'字不誤。"

謹案：蕭書"史"字正作"吏"。疑趙説是。

〔八二〕盧弼曰："宋本'陽'作'揚'，各本皆誤。"

謹案：錢儀吉"陽"改作"揚"。考《册府》卷三百四十九、卷三百六十二、卷三百七十七引俱作"揚"，蕭書同。

〔八三〕盧弼曰："宋本'爲'作'謂'。"

謹案：《册府》卷四百零三引亦作"謂"，作"謂"字是。

〔八四〕盧弼曰："或曰：'肯字疑誤。'"

謹案：《詩・邶風・終風》"惠然肯來"箋："肯，可也。"不肯猶言不可。或曰未知肯有可義，遂謂字誤，非是。

〔八五〕盧弼曰："宋本'沈'作'況'。"

謹案："沈"字於此無義。"沈""況"形近，當從宋本作

"況"。《册府》引亦作"況",局本誤也。

〔八六〕盧弼曰:"《官本考證》曰:'句内疑有脱字。'"

謹案:此何焯校語。考《册府》引作"今日何可爲常"。"何"下有"可"字,是也。《魏志·武帝紀》注引《曹瞞傳》曰:"故不可以爲常",與此語義正相類,亦有"可"字。當補,語意乃明。

〔八七〕紹興本"死"下無"也"字。

三國志校箋卷六十一

吳志卷十六〔一〕

潘濬　陸凱 弟胤〔二〕

　　潘濬字承明，武陵漢壽人也。弱冠從宋仲子受學。《吳書》曰：濬爲人聰察，對問有機理，山陽王粲見而貴異之。由是知名，爲郡功曹。年未三十，荆州牧劉表辟爲部江夏從事。時沙羨長贓穢不修，濬按殺之，一郡震竦。後爲湘鄉令，治甚有名。劉備領荆州，以濬爲治中從事。備入蜀，典留州事〔三〕。
　　孫權殺關羽，并荆土，拜濬輔軍中郎將，授以兵。《江表傳》曰：權克荆州，將吏悉皆歸附，而濬獨稱疾不見。權遣人以牀就家輿致之，濬伏面著牀席不起〔四〕，涕泣交横，哀咽不能自勝〔五〕。權慰勞與語〔六〕，呼其字曰："承明，昔觀丁父，鄀俘也，武王以爲軍師〔七〕；彭仲爽，申俘也，文王以爲令尹。此二人，卿荆國之先賢也，初雖見囚，後皆擢用，爲楚名臣。卿獨不然，未肯降意，將以孤異古人之量耶〔八〕？"使親近以手巾拭其面〔九〕，濬起下地拜謝。即以爲治中，荆州諸軍事一以諮之。武陵部從事樊伷誘導諸夷，圖以武陵屬劉備，外白差督督萬人往討之。權不聽，特召問濬，濬答："以五千兵往，足可以擒伷〔一〇〕。"權曰："卿何以輕之？"濬曰："伷是南陽舊姓，頗能弄脣吻〔一一〕，而實無辯論之才。臣所以知之者，伷昔嘗爲州人設饌，比至日中，食不可得，而十餘自起，此亦侏儒觀一節之驗也。"權大笑而納其言，即遣濬將五千往，果斬平之。遷奮威將軍，封常遷亭侯〔一二〕。《吴書》曰：芮玄卒，濬并領玄兵，屯夏口。玄字文表，丹陽人。父祉，字宣嗣，從孫堅征伐有功，堅薦祉爲九江太守，後轉吴郡，所在有聲。玄兄良，字文鷥，隨孫策平定江東，策以爲會稽東部都尉，卒，玄領良兵，拜奮武中郎將，以功封溧陽侯。權爲子登揀擇淑媛，羣臣咸稱玄父祉兄良並以德義文武顯名三世，故遂娉玄女爲妃焉。黄武五年卒，權甚愍惜之。權稱尊號，拜爲少府，進封劉陽侯〔一三〕，《江表傳》曰：權數射雉，濬諫權，權曰："相與別後，時時蹔出耳，不復如往日之時也〔一四〕。"濬曰："天下未定，萬機務多，射雉非急，弦絶括破〔一五〕，皆能爲害，乞特爲臣故息置之。"濬出，見雉翳故在〔一六〕，乃手自撤壞之。權由是自絶〔一七〕，不復射雉。遷太常。五谿蠻夷叛亂盤結，權假濬節督諸軍討之。信賞必行〔一八〕，法不可干，斬首獲生，蓋以萬數，自是羣蠻衰弱，一方寧靜〔一九〕。《吴書》曰：驃騎將軍步騭屯漚口，求召募諸郡以增兵。權以問濬，濬曰："豪將在民間，耗亂爲害，加騭有名勢，在所所媚〔二〇〕，不可聽也。"權從之。中郎將豫章徐宗，有名士也，嘗到京師，與孔融交結，然儒生誕節，部曲寬縱，不奉節度，爲衆作殿，濬遂斬之。其奉法不憚私議,皆此類也。歸義隱蕃,以口辯爲豪傑所善,濬子翥亦與周旋,餽餉之。濬聞大怒,疏責翥曰:"吾受國厚恩,志報以命,爾輩在都,當念恭順,親賢慕善,何故與降虜交,以糧餉之?在遠聞此,心震面熱,惆悵累旬。疏到,急就往使受杖一百,促責所餉。"當時人咸怪濬,而蕃果圖叛誅夷,衆乃歸服。《江表傳》曰:時濬姨兄零陵蔣琬爲蜀大將軍[二一],或有閒濬於武陵太守衛旌者,云濬遣密使與琬相聞[二二],欲有自託之計。旌以啓權,權曰:"承明不爲此也。"即封旌表以示於濬,而召旌還,免官。

先是,濬與陸遜俱駐武昌,共掌留事,還復故。時校事呂壹操弄威柄,奏按丞相顧雍、右將軍朱據等,皆見禁止。黄門侍郎謝厷語次問壹:"顧公事何如?"壹答:"不能佳[二三]。"厷又問:"若此公免退,誰當代之?"壹未答厷,厷曰:"得無潘太常得之乎?"壹良久曰:"君語近之也。"厷謂曰:"潘太常常切齒於君,但道遠無因耳[二四]。今日代顧公,恐明日便擊君矣。"壹大懼,遂解散雍事。濬求朝詣建業,欲盡辭極諫。至,聞太子登已數言之,而不見從,濬乃大請百寮,欲因會手刃殺壹,以身當之,爲國除患。壹密聞知[二五],稱疾不行。濬每進見[二六],無不陳壹之姦險也。由此壹寵漸衰,後遂誅戮。權引咎責躬,因誚讓大臣,語在權傳。

赤烏二年,濬卒,子翥嗣。濬女配建昌侯孫慮。《吳書》曰:翥字文龍,拜騎都尉,後代領兵,早卒。翥弟祕,權以姊陳氏女妻之,調湘鄉令。《襄陽記》曰:襄陽習溫爲荆州大公平。大公平,今之州都[二七]。祕過辭於溫,問曰:"先君昔因君侯當爲州里議主〔二八〕,今果如其言,不審州里誰當復相代者?"溫曰:"無過於君也。"後祕爲尚書僕射,代溫爲公平,甚得州里之譽。

陸凱字敬風,吳郡吳人也〔二九〕,丞相遜族子也。黃武初爲永興、諸暨長,所在有治迹,拜建武都尉,領兵。雖統軍衆,手不釋書。好《太玄》,論演其意,以筮輒驗。赤烏中,除儋耳太守,討珠崖,斬獲有功,遷爲建武校尉。五鳳二年,討山賊陳毖於零陵,斬毖克捷,拜巴丘督、偏將軍,封都鄉侯,轉爲武昌右部督。與諸將共赴壽春,還,累遷盪魏、綏遠將軍。孫休即位,拜征北將軍,假節,領豫州牧。孫皓立,遷鎮西大將軍,都督巴丘,領荆州牧,進封嘉興侯。孫皓與晉平,使者丁忠自北還,說皓弋陽可襲,凱諫止,語在皓傳。寶鼎元年,遷左丞相。

皓性不好人視己,羣臣侍見,皆莫敢迕〔三〇〕。凱說皓曰:"夫君臣無不相識之道,若卒有不虞,不知所赴。"皓聽凱自視。

皓時徙都武昌,揚土百姓泝流供給〔三一〕,以爲患苦,又政事多謬,黎元窮匱。凱上疏曰:

臣聞有道之君,以樂樂民;無道之君,以樂樂身。樂民者,其樂彌長;樂身者,不久而亡。夫民者,國之根也,誠宜重其食,愛其命。民安則君安,民樂則君樂。自頃年以來,君威傷於桀紂,君明闇於奸雄，君惠閉於羣孽〔三二〕。無災而民命盡，無爲而國財空，辜無罪，賞無功，使君有謬誤之愆，天爲作妖。而諸公卿媚上以求愛，困民以求饒，導君於不義，敗政於淫俗，臣竊爲痛心。今鄰國交好，四邊無事，當務息役養士，實其廩庫，以待天時。而更傾動天心，騷擾萬姓，使民不安〔三三〕，大小呼嗟〔三四〕，此非保國養民之術也〔三五〕。

臣聞吉凶在天，猶影之在形，響之在聲也，形動則影動，形止則影止，此分數乃有所繫，非在口之所進退也。昔秦所以亡天下者，但坐賞輕而罰重，政刑錯亂，民力盡於奢侈，目眩於美色，志濁於財寶，邪臣在位，賢哲隱藏，百姓業業，天下苦之，是以遂有覆巢破卵之憂。漢所以彊者，躬行誠信，聽諫納賢，惠及負薪，躬請巖穴，廣采博察，以成其謀。此往事之明證也。

近者漢之衰末，三家鼎立，曹失綱紀，晉有其政。又益州危險，兵多精彊，閉門固守，可保萬世，而劉氏與奪乖錯，賞罰失所，君恣意於奢侈，民力竭於不急，是以爲晉所伐，君臣見虜。此目前之明驗也。

臣闇於大理，文不及義，智惠淺劣，無復冀望，竊爲陛下惜天下耳。臣謹奏耳目所聞見，百姓所爲煩苛，刑政所爲錯亂，願陛下息大功，損百役，務寬盪，忽苛政。

又武昌土地，實危險而塉确，非王都安國養民之處，船泊則沈漂，陵居則峻危，且童謠言〔三六〕："寧飲建業水，不食武昌魚；寧還建業死，不止武昌居。"臣聞翼星爲變，熒惑作妖，童謠之言，生於天心〔三七〕，乃以安居而比死，足明天意，知民所苦也。

臣聞國無三年之儲，謂之非國，而今無一年之畜，此臣下之責也。而諸公卿位處人上，禄延子孫，曾無致命之節，匡救之術，苟進小利於君，以求容媚，荼毒百姓，不爲君計也。自從孫弘造義兵以來，耕種既廢，所在無復輸入，而分一家父子異役，廩食日張，畜積日耗，民有離散之怨，國有露根之漸，而莫之恤也。民力困窮，鬻賣兒子，調賦相仍，日以疲極，所在長吏，不加隱括，加有監官，既不愛民，務行威勢，所在騷擾，更爲煩苛，民苦二端，財力再耗，此爲無益而有損也。願陛下一息此輩，矜哀孤弱，以鎮撫百姓之心。此猶魚鼈得免毒螫之淵，鳥獸得離羅網之綱，四方之民繦負而至矣。如此，民可得保，先王之國存焉。

臣聞五音令人耳不聰，五色令人目不明，此無益於政，有損於事者也。自昔先帝時，後宮列女，及諸織絡，數不滿百，米有畜積，貨財有餘。先帝崩後，幼、景在位，更改奢侈，不蹈先迹。伏聞織絡及諸徒坐，乃有千數，計其所長，不足爲國財，然坐食官廩，歲歲相承，此爲無益，願陛下料出賦嫁，給與無妻者。如此，上應天心，下合地意，天下幸甚。

臣聞殷湯取士於商賈，齊桓取士於車轅，周武取士於負薪，大漢取士於奴僕。明王聖主取士以賢，不拘卑賤，故其功德洋溢，名流竹素，非求顏色而取好服、捷口、容悅者也。臣伏見當今內寵之臣，位非其人，任非其量，不能輔國匡時，羣黨相扶，害忠隱賢。願陛下簡文武之臣，各勤其官，州牧督將，藩鎮方外，公卿尚書，務修仁化，上助陛下，下拯黎民，各盡其忠，拾遺萬一，則康哉之歌作，刑錯之理清。願陛下留神思臣愚言。

時殿上列將何定佞巧便辟，貴幸任事，凱面責定曰：「卿見前後事主不忠，傾亂國政，寧有得以壽終者邪〔三八〕！何以專爲姦邪〔三九〕，穢塵天聽？宜自改厲。不然，方見卿有不測之禍矣。」定大恨凱，思中傷之，凱終不以爲意，乃心公家，義形於色，表疏皆指事不飾，忠懇內發。

建衡元年，疾病，晧遣中書令董朝問所欲言，凱陳：「何定不可任用，宜授外任，不宜委以國事。奚熙小吏，建起浦里田，欲復嚴密故迹，亦不可聽。姚信、樓玄、賀邵、張悌、郭逴、薛瑩、滕修及族弟喜、抗，或清白忠勤，或姿才卓茂，皆社稷之楨幹，國家之良輔，願陛下重留神思，訪以時務，各盡其忠，拾遺萬一。」遂卒，時年七十二。

子禕，初爲黃門侍郎，出領部曲，拜偏將軍。凱亡後，入爲太子中庶子。右國史華覈表薦禪曰："禪體質方剛，器幹彊固，董率之才，魯肅不過。及被召當下，徑還赴都，道由武昌，曾不迴顧，器械軍資，一無所取，在戎果毅，臨財有節。夫夏口，賊之衝要，宜選名將以鎮戍之，臣竊思惟，莫善於禪。"

初，晧常銜凱數犯顏忤旨，加何定譖構非一，既以重臣，難繩以法，又陸抗時爲大將在疆場，故以計容忍。抗卒後，竟徙凱家於建安。

或曰寶鼎元年十二月，凱與大司馬丁奉、御史大夫丁固謀，因晧謁廟，欲廢晧立孫休子。時左將軍留平領兵先驅，故密語平，平拒而不許，誓以不泄，是以所圖不果。太史郎陳苗奏晧久陰不雨，風氣迴逆，將有陰謀，晧深警懼云。《吳錄》曰：舊拜廟，選兼大將軍領三千兵爲衛，凱欲因此兵以圖之〔四〇〕，令選曹白用丁奉，晧偶不欲，曰："更選。"凱令執據，雖暫兼，然宜得其人。晧曰："用留平。"凱令其子禪以謀語平。平素與丁奉有隙，禪未及得宣凱旨，平語禪曰："聞野猪入丁奉營，此凶徵也。"有喜色。禪乃不敢言，還，因具啓凱，故輒止。

予連從荆〔四一〕、揚來者得凱所諫晧二十事，博問吳人，多云不聞凱有此表。又按其文殊甚切直，恐非晧之所能容忍也。或以爲凱藏之篋笥，未敢宣行，病困，晧遣董朝省問欲言，因以付之。虛實難明，故不著於篇，然愛其指摘晧事，足爲後戒，故鈔列於凱傳左云。

晧遣親近趙欽口詔報凱前表曰："孤動必遵先帝〔四二〕，

有何不平？君所諫非也。又建業宮不利，故避之，而西宮室宇摧朽〔四三〕，須謀移都，何以不可徙乎？"凱上疏曰：

臣竊見陛下執政以來，陰陽不調，五星失晷，職司不忠，姦黨相扶，是陛下不遵先帝之所致〔四四〕。《江表傳》載凱此表曰："臣拜受明詔，心與氣結。陛下何心之難悟，意不聰之甚也！"夫王者之興，受之於天，修之由德，豈在宮乎？而陛下不諮之公輔，便盛意驅馳，六軍流離悲懼，逆犯天地，天地以災，童歌其謠。縱令陛下一身得安，百姓愁勞，何以用治？此不遵先帝一也。

臣聞有國以賢爲本，夏殺龍逢，殷獲伊摯，斯前世之明效，今日之師表也。中常侍王蕃黃中通理，處朝忠謇，斯社稷之重鎮，大吳之龍逢也，而陛下忿其苦辭，惡其直對，梟之殿堂，尸骸暴棄。邦內傷心，有識悲悼，咸以吳國夫差復存。先帝親賢，陛下反之，是陛下不遵先帝二也。

臣聞宰相，國之柱也，不可不彊，是故漢有蕭、曹之佐，先帝有顧、步之相。而萬彧瑣才凡庸之質，昔從家隸，超步紫闥，於彧已豐，於器已溢，而陛下愛其細介，不訪大趣，榮以尊輔，越尚舊臣。賢良憤惋，智士赫咤，是不遵先帝三也。

先帝憂民過於嬰孩〔四五〕，民無妻者以妾妻之，見單衣者以帛給之，枯骨不收而取埋之〔四六〕。而陛下反之，是不遵先帝四也。

昔桀紂滅由妖婦，幽厲亂在嬖妾，先帝鑒之，以爲身戒，故左右不置淫邪之色，後房無曠積之女。今中宮萬數，不備嬪嬙，外多鰥夫，女吟於中〔四七〕。風雨逆度，正由此起，是不遵先帝五也。

先帝憂勞萬機，猶懼有失。陛下臨阼以來〔四八〕，游戲後宮，眩惑婦女，乃令庶事多曠，下吏容姦，是不遵先帝六也。

先帝篤尚朴素，服不純麗，宮無高臺，物不彫飾〔四九〕，故國富民充，姦盜不作。而陛下徵調州郡，竭民財力，土被玄黃，宮有朱紫，是不遵先帝七也。

先帝外仗顧、陸、朱、張，內近胡綜、薛綜，是以庶績雍熙，邦內清肅。今者外非其任，內非其人，陳聲、曹輔，斗筲小吏，先帝之所棄，而陛下幸之，是不遵先帝八也。

先帝每宴見羣臣〔五〇〕，抑損醇醲，臣下終日無失慢之尤，百寮庶尹，並展所陳。而陛下拘以視瞻之敬，懼以不盡之酒。夫酒以成禮，過則敗德，此無異商辛長夜之飲也，是不遵先帝九也。

昔漢之桓、靈，親近宦豎，大失民心。今高通、詹廉、羊度，黃門小人，而陛下賞以重爵，權以戰兵。若江渚有難，烽燧互起，則度等之武，不能禦侮明也〔五一〕，是不遵先帝十也。

今宮女曠積，而黃門復走州郡，條牒民女，有錢則舍，無錢則取，怨呼道路，母子死訣，是不遵先帝十一也。

先帝在時，亦養諸王太子[五二]，若取乳母，其夫復役，賜與錢財，給其資糧，時遣歸來，視其弱息。今則不然，夫歸生離，夫故作役，兒從後死，家爲空户，是不遵先帝十二也。

先帝歎曰：「國以民爲本，民以食爲天，衣其次也，三者，孤存之於心。」今則不然，農桑並廢，是不遵先帝十三也。

先帝簡士，不拘卑賤，任之鄉閭，效之於事，舉者不虛，受者不妄。今則不然，浮華者登，朋黨者進，是不遵先帝十四也。

先帝戰士，不給他役，使春惟知農，秋惟收稻，江渚有事，責其死效。今之戰士，供給衆役，廩賜不贍，是不遵先帝十五也。

夫賞以勸功，罰以禁邪，賞罰不中，則士民散失[五三]。今江邊將士，死不見哀，勞不見賞，是不遵先帝十六也。

今在所監司，已爲煩猥，兼有内使，擾亂其中，一民十吏，何以堪命？昔景帝時，交阯反亂，實由兹起，是爲遵景帝之闕，不遵先帝十七也。

夫校事[五四]，吏民之仇也[五五]。先帝末年，雖有吕壹、錢欽，尋皆誅夷，以謝百姓。今復張立校曹，縱吏言事，是不遵先帝十八也。

先帝時，居官者咸久於其位，然後考績黜陟。

今州郡職司〔五六〕，或莅政無幾，便徵召遷轉，迎新送舊，紛紜道路，傷財害民，於是爲甚，是不遵先帝十九也。

先帝每察竟解之奏，常留心推按〔五七〕，是以獄無冤囚，死者吞聲。今則違之，是不遵先帝二十也。

若臣言可錄，藏之盟府；如其虛妄，治臣之罪。願陛下留意。《江表傳》曰：晧所行彌暴，凱知其將亡，上表曰："臣聞惡不可積，過不可長；積惡長過，喪亂之源也。是以古人懼不聞非，故設進善之旌，立敢諫之鼓。武公九十，思聞警戒，詩美其德，士悅其行。臣察陛下無思警戒之義，而有積惡之漸，臣深憂之，此禍兆見矣。故略陳其要，寫盡愚懷。陛下宜克己復禮，述履前德〔五八〕，不可損棄臣言〔五九〕，而放奢意。意奢情至〔六〇〕，吏日欺民；民離則上不信下，下當疑上，骨肉相克〔六一〕，公子相奔〔六二〕。臣雖愚，聞於天命，以心審之，敗不過二十稔也。臣常忿亡國之人夏桀、殷紂，亦不可使後人復忿陛下也。臣受國恩，奉朝三世，復以餘年，值遇陛下，不能循俗，與衆沈浮。若比干、伍員，以忠見戮，以正見疑，自謂畢足，無所餘恨，灰身泉壤，無負先帝，願陛下九思，社稷存焉。"初，晧始起宮，凱上表諫，不聽，凱重表曰："臣聞宮功當起，夙夜反側，是以頻煩上事，往往留中，不見省報，於邑歎息，企想應罷。昨食時，被詔曰：'君所諫〔六三〕，誠是大趣，然未合鄙意如何？此宮殿不利，宜當避之，乃可以妨勞役長，坐不利宮乎？父之不安，子亦何倚？'臣拜紙詔，伏讀一周，不覺氣結於胸，而涕泣雨集也。臣年已六十九，榮祿已重，於臣過望,復何所冀?所以勤勤數進苦言者,臣伏念大皇帝創基立業,勞苦勤至,白髮生於鬢膚,黃耇被於甲冑。天下始靜,晏駕早崩,自含息之類,能言之倫,無不歔欷,如喪考妣。幼主嗣統,柄在臣下,軍有連征之費,民有彫殘之損。賊臣干政,公家空竭。今彊敵當塗,西州傾覆,孤罷之民,宜當畜養,廣力肆業,以備有虞。且始徙都,屬有軍征,戰士流離,州郡騷擾,而大功復起,徵召四方,斯非保國致治之漸也。臣聞爲人主者,攘災以德〔六四〕,除咎以義。故湯遭大旱,身禱桑林,熒惑守心,宋景退殿,是以旱魃銷亡,妖星移舍。今宮室之不利,但當克已復禮,篤湯、宋之至道〔六五〕,愍黎庶之困苦,何憂宮之不安,災之不銷乎?陛下不務修德,而務築宮室,若德之不修,行之不貴〔六六〕,雖殷辛之瑤臺,秦皇之阿房,何止而不喪身覆國,宗廟作墟乎?夫興土功,高臺榭,既致水旱,民又多疾,其不疑也。爲父長安,使子無倚,此乃子離於父,臣離於陛下之象也。臣子一離,雖念克骨〔六七〕,茅茨不翦,復何益焉?是以大皇帝居於南宮,自謂過於阿房。故先朝大臣,以爲宮室宜厚,備衛非常,大皇帝曰:'逆虜游魂,當愛育百姓,何聊趣於不急?'然臣下懇惻,由不獲已,故裁調近郡,苟副衆心,比當就功,猶豫三年。當此之時,寇鈔懾威,不犯我境,師徒奔北,且西阻岷、漢,南州無事,尚猶沖讓,未肯築宮,況陛下危側之世,又乏大皇帝之德,可不慮哉〔六八〕?願陛下留意,臣不虛言〔六九〕。"

胤字敬宗,凱弟也。始爲御史、尚書選曹郎,太子和聞其名,待以殊禮。會全寄、楊竺等阿附魯王霸,與和分争,陰相譖構,胤坐收下獄,楚毒備至,終無他辭。《吴録》曰:太子自懼黜廢,而魯王覬覦益甚。權時見楊竺,辟左右而論霸之才,竺深述霸有文武英姿,宜爲嫡嗣,於是權乃許立焉。有給使伏於牀下,具聞之,以告太子。胤當至武昌,往辭太子。太子不見,而微服至其車上,與共密議,欲令陸遜表諫。既而遜有表極諫,權疑竺泄之,竺辭不服。權使竺出尋其由,竺白項惟胤西行,必其所道。又遣問遜何由知之,遜言胤所述。召胤考問,胤爲太子隱曰:"楊竺向臣道之。"遂共爲獄。竺不勝痛毒,服是所道。初權疑竺泄之,及服,以爲果然,乃斬竺。

後爲衡陽督軍都尉。赤烏十一年,交阯九真夷賊攻没城邑,交部騷動。以胤爲交州刺史、安南校尉。胤入南界,喻以恩信,務崇招納,高涼渠帥黄吴等支黨三千餘家皆出降。引軍而南,重宣至誠,遺以財幣。賊帥百餘人,民五萬餘家,深幽不羈,莫不稽顙,交域清泰。就加安南將軍。復討蒼梧建陵賊,破之,前後出兵八千餘人,以充軍用。

永安元年,徵爲西陵督,封都亭侯,後轉左虎林。中書丞華覈表薦胤曰:"胤天姿聰朗,才通行潔,昔歷選曹,遺迹可紀。還在交州,奉宣朝恩,流民歸附,海隅肅清。蒼梧、南海,歲有舊風障氣之害,風則折木,飛砂轉石,氣則霧鬱,飛鳥不經。自胤至州,風氣絶息,商旅平行,民無疾疫,田稼豐稔。州治臨海,海流秋鹹〔七〇〕,胤又畜水,民得甘食。惠風横被,化感人神,遂憑天威,招合遺散。至被詔書當出,民感其恩,以忘戀土，負老攜幼，甘心景從，衆無攜貳，不煩兵衞。自諸將合衆，皆脅之以威，未有如胤結以恩信者也。銜命在州，十有餘年，賓帶殊俗，寶玩所生，而內無粉黛附珠之妾，家無文甲犀象之珍，方之今臣，實難多得。宜在輦轂，股肱王室，以贊唐虞康哉之頌。江邊任輕，不盡其才。虎林選督，堪之者衆。若召還都，寵以上司，則天工畢修，庶績咸熙矣。"

胤卒，子式嗣，爲柴桑督、揚武將軍。天策元年，與從兄禕俱徙建安。天紀二年，召還建業，復將軍、侯。

評曰：潘濬公清割斷，陸凱忠壯質直，皆節槩梗梗，有大丈夫格業。胤身潔事濟，著稱南土。可謂良牧矣。

【校箋】

〔一〕毛本作"吳書十六"。
〔二〕毛本作"潘濬陸凱傳第十六"。
〔三〕盧弼曰："互見《蜀志》楊戲《季漢輔臣傳》注。"
謹案：馮本、陳本"典留"二字乙，蕭書同。此誤，應據正。
〔四〕《文選》陸士衡《辨亡論》李注引"席"上無"牀"字。
〔五〕盧弼曰："宋本'咽'作'哽'，《通鑑》同。"
謹案：《文選》李注引"咽"字作"哽"，蕭書同。
〔六〕《御覽》卷二百六十三引"權"下有"至"字。
〔七〕紹興本"師"字作"帥"，《文選》李注引同。
〔八〕《文選》李注引"異"字作"無"，應據改，於義爲長。

〔九〕此疑當從《文選》李注引作"便親以巾拭其面"。"使"爲"便"字之誤,"近"字、"手"字爲衍文。

〔一〇〕《白帖》卷五十二、《御覽》八百四十七、《册府》卷七百七十一引俱無"可"字。

〔一一〕《册府》引"頗"字作"徒"。

〔一二〕盧弼曰:"或曰:'常疑作高。'弼按:高遷爲屯名非縣名,見《宗室傳·孫靜傳》。常遷見《宋志》寧州南廣郡,江左立。當時無此縣,作高遷、常遷均非。"

謹案:史載有非以縣名爲亭名者,觀《地理志》《郡國志》可見。且亭自有名,何能謂非冠以縣名則不可也?高遷之爲亭名,見《後漢書·蔡邕傳》注引張騭《文士傳》。盧君云爲屯名,非縣名。然則後漢會稽有高遷縣乎?何以仍名亭爲高遷也。盧君不考,而以臆決之,祇見疏也。則常遷之爲亭名,固可信矣。

〔一三〕蕭書"劉"字作"瀏"。

〔一四〕《類聚》卷九十一引無"之時"二字,《御覽》卷九百一十七引無"之時也"三字,蕭書同。《治要》引無"也"字。

〔一五〕盧弼曰:"矢末曰括。"

謹案:《釋名·釋兵器》:"(矢)其末曰栝。栝,會也,與弦會也。"

〔一六〕盧弼曰:"凡隱蔽之物曰翳。"

謹案:《文選》潘安仁《射雉賦》徐爰注:"翳者,所隱以射者也。"又曰:"翳上加木枝,衣之以葉。"又曰:"翳外觀密緻,與草木無別。内視洞澈,多所睹見也。"盧君所釋,似嫌浮泛不切。

〔一七〕《類聚》《御覽》引"自"字俱作"遂"。

〔一八〕蕭書作"賞罰必行"。

〔一九〕盧弼曰："趙一清曰：'《方輿紀要》卷八十：常德府武陵縣有臨沅城。三國吳潘濬以郡城大，難固，又築障城，移郡治之。《水經・沅水注》：酉水東逕沅陵縣北，又東南逕潘承明壘西。承明討五谿蠻，營軍所築。'"

謹案：《長沙圖經》："五溪山在縣西北五十八里，高二里，北入朗州界。昔吳黃龍三年潘濬將兵五萬討武陵五谿蠻，在此山下立營，截除黨徒，因以爲名。"

〔二〇〕盧弼曰："《官本考證》張照曰：'在所言驚身所在也。猶言所到之處，人皆媚之云耳。'"

謹案：《官本考證》曰："宋本'在所'下闕一字。"考《册府》卷六百二十四引同，則此似有脫文也。紹興本作"在所所媚"，句意不顯，疑有誤字。

〔二一〕盧弼曰："胡三省曰：'同出爲姨，母之姊妹曰姨，妻之姊妹亦曰姨。若母之兄弟則當呼爲舅。此蓋妻之兄弟也。'"

謹案：《爾雅・釋親》："母之姊妹爲從母。"《釋名・釋親屬》："母之姊妹曰姨。"袁準《正論》："從母時俗所謂姨母者也。"則此姨兄蓋謂母之姊妹所生之子也。胡注謂爲妻之兄弟，或未確。

〔二二〕蕭書"密使"二字乙。

〔二三〕盧弼曰："或曰：'佳疑作解。'"

謹案："佳"字自通，非誤字。或蓋以下文有"解散雍事"之句，便謂"佳"疑作"解"，似未細審語意之失也，蓋非。

〔二四〕盧弼曰："《通鑑》無'遠'字。胡注：'謂欲奏舉其罪，而非太常之職，故其道無因也。'"

謹案：道遠謂武昌與建業道路遙遠，無因謂無陳述機會耳。故下文"濬求朝詣建業，欲盡辭極諫"可證。胡注謂奏舉其罪，非太常之職，然傳文云"濬每進見無不陳壹之奸險"，時濬猶任太常,是胡注爲無徵矣。疑《通鑑》脱"遠"字,胡氏強爲之説,不知上下語意扞格難通矣。

〔二五〕《册府》卷六百二十三引"知"字作"之",是。

〔二六〕紹興本"每"字作"乃"。

〔二七〕盧弼曰:"潘眉曰:'當作大公平,今之州都中正。'周壽昌曰:'晉承其制,遂有大中正之設。'"

謹案:孫詒讓《籀廎述林·吳九真太守谷朗碑跋》云:"'今之州都',此句疑爲裴氏注中之注。州中正晉時俗稱州都,大公平之名它書不經見,故特釋之。"考《通典·職官十四》"總論州佐"條:"魏司空陳羣以天臺選用,不盡人才,擇州之才優有昭鑒者,除爲中正,自拔人才,銓定九品,州郡皆置。吳有大公平,亦其任也(吳習温爲荆州大公平,大公平即州都也。後潘祕爲尚書僕射,代温爲公平,甚得州里之稱)。"然《傅子》曰:"魏司空陳羣始立九品之制。郡置中正,平人才之高下,各爲輩目。州置州都,而摠其義。"而《册府》卷六百三十九引曰:"又置州都總其事。應據所謂'百郡立中正,九州置都士'。"則州都非晉宋時俗稱矣!孫説疑誤。"今之州都",《御覽》卷二百六十五引作"即州都",與《通典》注同,或是也。

〔二八〕盧弼曰:"宋本'因'作'日'。何焯校改'因'作'目'。"

謹案:《御覽》卷四百四十四引《襄陽耆舊記》:"潘濬見習温十數歲時。曰:'此兒名士,必爲吾州里議主。'勑子弟與善。温後果爲荆州大公平。"據此則"因"字當爲"曰"字之誤。宋本作"日",蓋傳刻致誤也。何校作"目",疑非。

〔二九〕盧弼曰:"宋本無'也'字。"

謹案:宋本是。"也"字當删去。

〔三〇〕盧弼曰:"《通鑑》作'莫敢舉目'。"

謹案:紹興本"皆"字作"精"。《御覽》卷二百零四、《册府》卷三百二十六引俱作"睛",蕭書同。"精"即"睛"字。"精莫敢迕"謂不敢正視。下文陸凱曰:"君臣無不相識之道。晧聽凱自視。"尤足證"皆"爲"精"字之誤。或以不識"精"字之義而妄改也。《通鑑》易其文,意較明顯。

〔三一〕《治要》、《御覽》卷一百五十六、《册府》卷三百二十六引"揚"字俱作"楊"。

〔三二〕紹興本"閉"字作"閑"。

〔三三〕《實錄》作"民吏不安"。

〔三四〕《册府》引"呼"字作"吁"。

〔三五〕《治要》引"非"上有"實"字。

〔三六〕《册府》引"言"字作"云",《實錄》同。

〔三七〕《六朝遺事類編》"生"字作"本"。

〔三八〕《治要》引"者"下無"邪"字。疑此"邪"字衍文。

〔三九〕紹興本"姦"字作"佞"。《孫晧傳》:"定佞邪僭媚。"作"佞"字疑是。

〔四〇〕紹興本"兵"下無"以"字。

〔四一〕盧弼曰:"郝經續書'予'作'子'。"

謹案:連,姻親也。《史記·南越列傳》"及蒼梧秦王有連"集解引《漢書音義》曰:"連,親婚也。"索隱:"連者,連姻也。"可證。予連之義猶言我之姻親,郝書妄改作"子"。且曰:"晧惡其直,留中不下,故史不得而載。没後子連始出其藁爾。"是直以"連"爲人名也,殊謬。盧君於此未加辨證,豈以郝説爲可信乎?

〔四二〕《治要》引"動"下無"必"字。

〔四三〕《治要》引作"而宮室衰耗"。《實錄》作"而宮室衰耗"。

〔四四〕《治要》引"致"下有"也"字。

〔四五〕紹興本"憂"字作"愛"。《治要》《册府》引同。《實錄》字亦作"愛"。

〔四六〕盧弼曰："何焯校改作'取而埋之'。"

謹案：《實錄》正作"取而埋之"。

〔四七〕《實錄》"中"字作"内"。内謂宮内。

〔四八〕《治要》《册府》引"阼"字作"祚"，《實錄》同。

〔四九〕《治要》引"不"字作"無"，《實錄》同。

〔五〇〕《實錄》無"見"字。

〔五一〕《治要》引"也"字作"矣"，《實錄》同。

〔五二〕《治要》引無"在"字、"亦"字。

〔五三〕《實錄》無"失"字。

〔五四〕《實錄》"事"下有"之"字。

〔五五〕《治要》引無"也"字，《實錄》"也"字作"雠"。

〔五六〕紹興本"郡"字作"縣"。

〔五七〕盧弼曰："馮本、毛本'按'作'接'。"

謹案：作"按"字是。按，察之也。

〔五八〕紹興本"履"字作"脩"。

〔五九〕紹興本"損"字作"捐"。《册府》引同。郝書亦作"捐"。

〔六〇〕盧弼曰："'情'疑作'惰'。"

謹案：《治要》引作"意日奢，情日至，吏日欺，民日離"。此有奪文，致語不可解。盧君疑"情"當作"惰"。《禮記·坊記》"無事而行情則民争"注："情主利欲也。""情日至"謂利欲日至也。若作"惰",則失其意矣,當非。

〔六一〕《治要》引"克"字作"刻","克"與"刻"通。

〔六二〕《治要》引"相"字作"將"。

〔六三〕《治要》引"諫"字作"陳"。

〔六四〕盧弼曰:"各本'襀'作'攘',誤。"

謹案:《官本考證》曰:"'攘'疑當作'襀'。"《周禮·女祝》注:"却變異曰襀。襀,攘也。""攘"爲"襀"之借,非誤字也。

〔六五〕《治要》引"湯宋"作"祖宗"。

〔六六〕《册府》引"貴"字作"義"。

〔六七〕《治要》引"念"下有"刮"字。

〔六八〕《治要》引句上有"可不思哉"四字。

〔六九〕《治要》引"言"下有"也"字。

〔七〇〕盧弼曰:"或曰:'秋字疑誤。'"

謹案:《廣雅·釋詁四》"秋,愁也"。"秋"字不誤。

三國志校箋卷六十二

吳志卷十七〔一〕

是儀　胡綜 徐詳〔二〕

是儀字子羽，北海營陵人也〔三〕。本姓氏，初爲縣吏，後仕郡，郡相孔融嘲儀，言"氏"字"民"無上，可改爲"是"，乃遂改焉〔四〕。徐衆評曰：古之建姓，或以所生，或以官號，或以祖名，皆有義體，以明氏族。故曰胙之以土而命之氏，此先王之典也，所以明本重始，彰示功德，子孫不忘也。今離文析字，橫生忌諱，使儀易姓，忘本誣祖，不亦謬哉！教人易姓，從人改族，融既失之，儀又不得也〔五〕。後依劉繇，避亂江東。繇軍敗，儀徙會稽。

孫權承攝大業，優文徵儀。到見親任，專典機密，拜騎都尉。

呂蒙圖襲關羽，權以問儀，儀善其計，勸權聽之。從討羽，拜忠義校尉。儀陳謝〔六〕，權令曰："孤雖非趙簡子，卿安得不自屈爲周舍邪？"

既定荆州，都武昌，拜裨將軍，後封都亭侯，守侍中。欲復授兵，儀自以非材，固辭不受。黃武中，遣儀之皖，就將軍劉邵欲誘致曹休。休到，大破之，遷偏將軍，入闕省尚書事[七]，外總平諸官兼領辭訟，又令教諸公子書學。

大駕東遷，太子登留鎮武昌，使儀輔太子。太子敬之，事先諮詢，然後施行。進封都鄉侯。後從太子還建業，復拜侍中、中執法，平諸官事、領辭訟如舊。典校郎呂壹誣白故江夏太守刁嘉謗訕國政，權怒，收嘉繫獄，悉驗問時同坐，人皆怖畏壹，並言聞之，儀獨云無聞。於是見窮詰累日，詔旨轉厲，羣臣爲之屏息。儀對曰："今刀鋸已在臣頸，臣何敢爲嘉隱諱，自取夷滅，爲不忠之鬼！顧以聞知，當有本末。"據實答問，辭不傾移。權遂舍之，嘉亦得免。徐衆評曰：是儀以羈旅異方，客仕吳朝，值讒邪殄行，當嚴毅之威，命縣漏刻，禍急危機，不雷同以害人，不苟免以傷義，可謂忠勇公正之士，雖祁奚之免叔向，慶忌之濟朱雲，何以尚之？忠不諂君，勇不懾聲，公不存私，正不黨邪，資此四德，加之以文敏，崇之以謙約，履之以和順，保傅二宮，存身愛名，不亦宜乎！

蜀相諸葛亮卒，權垂心西州，遣儀使蜀申固盟好。奉使稱意，後拜尚書僕射。

南、魯二宮初立，儀以本職領魯王傅。儀嫌二宮相近切，乃上疏曰："臣竊以魯王天挺懿德，兼資文武，當今之宜,宜鎮四方,爲國藩輔。宣揚德美,廣耀威靈,乃國家之良規,海内所瞻望。但臣言辭鄙野,不能究盡其意。愚以二宮宜有隆殺〔八〕,正上下之序,明教化之本。"書三四上。爲傅盡忠,動輒規諫;事上勤,與人恭。

不治産業,不受施惠,爲屋舍財足自容〔九〕。鄰家有起大宅者,權出望見,問起大室者誰,左右對曰:"似是儀家也。"權曰:"儀儉,必非也。"問果他家。其見知信如此。

服不精細,食不重膳,拯贍貧困,家無儲畜。權聞之,幸儀舍,求視蔬飯〔一〇〕,親嘗之,對之歎息,即增俸賜,益田宅。儀累辭讓,以恩爲戚。

時時有所進達,未嘗言人之短。權常責儀以不言事,無所是非,儀對曰:"聖主在上,臣下守職,懼於不稱,實不敢以愚管之言,上干天聽。"

事國數十年,未嘗有過。吕壹歷白將相大臣,或一人以罪聞者數四,獨無以白儀。權歎曰:"使人盡如是儀,當安用科法爲〔一一〕?"

及寢疾,遺令素棺,斂以時服,務從省約,年八十一卒。

胡綜字偉則〔一二〕,汝南固始人也。少孤,母將避難江東〔一三〕。孫策領會稽太守,綜年十四,爲門下循行〔一四〕,留吴,與孫權共讀書。策薨,權爲討虜將軍,以綜爲金曹從事，從討黃祖，拜鄂長。權爲車騎將軍，都京〔一五〕，召綜還，爲書部，與是儀、徐詳俱典軍國密事。劉備下白帝，權以見兵少，使綜料諸縣，得六千人，立解煩兩部，詳領左部、綜領右部督。吳將晉宗叛歸魏，魏以宗爲蘄春太守，去江數百里，數爲寇害。權使綜與賀齊輕行掩襲，生虜得宗，加建武中郎將。魏拜權爲吳王，封綜、儀、詳皆爲亭侯。

黃武八年夏，黃龍見夏口〔一六〕，於是權稱尊號，因瑞改元。又作黃龍大牙〔一七〕，常在中軍〔一八〕，諸軍進退，視其所向，命綜作賦曰：

乾坤肇立，三才是生。狼弧垂象〔一九〕，實惟兵精。聖人觀法，是效是營。始作器械，爰求厥成。黃、農創代，拓定皇基。上順天心，下息民災。高辛誅共〔二〇〕，舜征有苗。啓有甘師，湯有鳴條。周之牧野，漢之垓下。靡不由兵，克定厥緒。明明大吳，實天生德。神武是經，惟皇之極。乃自在昔〔二一〕，黃、虞是祖。越歷五代，繼世在下。應期受命，發迹南土。將恢大繇，革我區夏。乃律天時，制爲神軍。取象太一〔二二〕，五將三門。疾則如電，遲則如雲。進止有度，約而不煩。四靈既布，黃龍處中〔二三〕。周制日月，實曰太常〔二四〕。桀然特立，六軍所望。仙人在上，鑒觀四方。神實使之，爲國休祥。軍欲轉向，黃龍先移。金鼓不鳴，寂然變施。闇謨若神，可謂祕奇。在昔周室，赤烏銜書。今也大吳，黃龍吐符。合契河洛，動與道俱。天贊人和，僉曰惟休。

蜀聞權踐阼，遣使重申前好。綜爲盟文，文義甚美，語在權傳。

權下都建業，詳、綜並爲侍中，進封鄕侯，兼左右領軍。時魏降人或云魏都督河北振威將軍吳質，頗見猜疑，綜乃僞爲質作降文三條：

其一曰："天綱弛絕，四海分崩，羣生憔悴，士人播越，兵寇所加，邑無居民，風塵烟火[二五]，往往而處，自三代以來，大亂之極，未有若今時者也。臣質志薄，處時無方，繫於土壤，不能翻飛，遂爲曹氏執事戎役，遠處河朔，天衢隔絕，雖望風慕義，思託大命，媿無因緣，得展其志。每往來者，竊聽風化，伏知陛下齊德乾坤，同明日月，神武之姿，受之自然，敷演皇極，流化萬里，自江以南，戶受覆燾。英雄俊傑，上達之士，莫不心歌腹詠，樂在歸附者也。今年六月末，奉聞吉日，龍興踐阼，恢弘大繇[二六]，整理天綱，將使遺民覩見定主。昔武王伐殷，殷民倒戈；高祖誅項，四面楚歌。方之今日，未足以喩。臣質不勝昊天至願，謹遣所親同郡黃定恭行奉表，及託降叛，間關求達，其欲所陳，載列於左。"

其二曰："昔伊尹去夏入商，陳平委楚歸漢，書功竹帛，遺名後世，世主不謂之背誕者，以爲知天命也。臣昔爲曹氏所見交接，外託君臣，內如骨肉，恩義綢繆，有合無離，遂受偏方之任，總河北之軍。當此之時，志望高大〔二七〕，永與曹氏同死俱生，惟恐功之不建，事之不成耳。及曹氏之亡，後嗣繼立，幼沖統政，讒言彌興。同儕者以勢相害〔二八〕，異趣者得間其言，而臣受性簡略，素不下人，視彼數子，意實迫之，此亦臣之過也。遂爲邪議所見構會，招致猜疑，誣臣欲叛。雖識真者保明其心，世亂讒勝，餘嫌猶在，常懼一旦橫受無辜，憂心孔疚，如履冰炭。昔樂毅爲燕昭王立功於齊，惠王即位，疑奪其任，遂去燕之趙，休烈不虧。彼豈欲二三其德，蓋畏功名不建，而懼禍之將及也。昔遣魏郡周光以賈販爲名，託叛南詣，宣達密計。時以倉卒，未敢便有章奏〔二九〕，使光口傳而已。以爲天下大歸可見，天意所在，非吳復誰？此方之民，思爲臣妾，延頸舉踵，惟恐兵來之遲耳。若使聖恩少加信納，當以河北承望王師，款心赤實〔三〇〕，天日是鑒。而光去經年，不聞咳唾，未審此意竟得達不？瞻望長歎，日月以幾，魯望高子，何足以喻！又臣今日見待稍薄，蒼蠅之聲，緜緜不絕，必受此禍，遲速事耳。臣私度陛下未垂明慰者，必以臣質貫穿仁義之道，不行若此之事，謂光所傳，多虛少實，或謂此中有他消息，不知臣質構讒見疑，恐受大害也。且臣質若有罪之日，自當奔赴鼎鑊，束身待罪，此蓋人臣之宜也。今日無罪，橫見譖毀，將有商鞅、白起之禍。尋惟事勢，去亦宜也。死而弗義，不去何爲！樂毅之出，吳起之走，君子傷其不遇，未有非之者也。願陛下推古況今，不疑怪於臣質也。又念人臣獲罪，當如伍員奉己自效，不當徼幸因事爲利。然今與古,厥勢不同,南北悠遠,江湖隔絕,自不舉事,何得濟免!是以忘志士之節,而思立功之義也。且臣質又以曹氏之嗣,非天命所在,政弱刑亂,柄奪於臣,諸將專威於外,各自爲政,莫或同心,士卒衰耗,帑藏空虛,綱紀毁廢,上下並昏,想前後數得降叛,具聞此問。兼弱攻昧,宜應天時,此實陛下進取之秋,是以區區敢獻其計。今若内兵淮、泗,據有下邳,荆、揚二州,聞聲響應,臣從河北席卷而南,形勢一連,根牙永固。關西之兵繫於所衛,青、徐二州不敢徹守,許、洛餘兵衆不滿萬,誰能來東與陛下爭者?此誠千載一會之期,可不深思而熟計乎!及臣所在,既自多馬,加諸羌胡常以三四月中美草時〔三一〕,驅馬來出,隱度今者,可得三千餘匹。陛下出軍,當投此時,多將騎士來就馬耳。此皆先定所一二知。凡兩軍不能相究虛實,今此間實贏,易可克定,陛下舉動,應者必多。上定洪業,使普天一統,下令臣質建非常之功,此乃天也。若不見納,此亦天也。願陛下思之,不復多陳。"

其三曰:"昔許子遠舍袁就曹,規劃計較,應見納受,遂破袁軍,以定曹業。向使曹氏不信子遠,懷疑猶豫,不決於心,則今天下袁氏有也。願陛下思之。間聞界上將閻浮、趙楫欲歸大化,唱和不速,以取破亡。今臣款款,遠授其命,若復懷疑,不時舉動,令臣孤絕,受此厚禍,即恐天下雄夫烈士欲立功者,不敢復託命陛下矣。願陛下思之。皇天后土,實聞其言。"

此文既流行，而質已入爲侍中矣。

二年，青州人隱蕃歸吳，上書曰：「臣聞紂爲無道，微子先出；高祖寬明，陳平先入。臣年二十二，委棄封域，歸命有道，賴蒙天靈，得自全致。臣至止有日，而主者同之降人，未見精別，使臣微言妙旨，不得上達。於邑三歎，曷惟其已。謹詣闕拜章，乞蒙引見。」權即召入。蕃謝答問及陳時務，甚有辭觀。綜時侍坐，權問何如，綜對曰：「蕃上書大語，有似東方朔，巧捷詭辯，有似禰衡，而才皆不及。」權又問可堪何官，綜對曰：「未可以治民，且試以都輦小職。」權以蕃盛論刑獄，用爲廷尉監。左將軍朱據、廷尉郝普稱蕃有王佐之才，普尤與之親善，常怨歎其屈。後蕃謀叛，事覺伏誅，《吳錄》曰：蕃有口才，魏明帝使詐叛如吳，令求作廷尉職，重案大臣以離間之。既爲廷尉監，衆人以據、普與蕃親善，常車馬雲集，賓客盈堂。及至事覺，蕃亡走，捕得，考問黨與，蕃無所言。吳主使將入，謂曰：「何乃以肌肉爲人受毒乎？」蕃曰：「孫君，丈夫圖事，豈有無伴！烈士死，不足相牽耳。」遂閉口而死。《吳曆》曰：權問普：「卿前盛稱蕃，又爲之怨望朝廷，使蕃反叛，皆卿之由。」普見責自殺。據禁止，歷時乃解。拜綜偏將軍，兼左執法，領辭訟。遼東之事，輔吳將軍張昭以諫權，言辭切至，權亦大怒，其和協彼此，使之無隙，綜有力焉。

性嗜酒，酒後歡呼極意〔三二〕，或推引杯觴，搏擊左右。權愛其才，弗之責也〔三三〕。

凡自權統事，諸文誥策命，鄰國書符，略皆綜之所造也。初以内外多事，特立科，長吏遭喪，皆不得去，而數有犯者。權患之，使朝臣下議。綜議以爲宜定科文，示以大辟，行之一人，其後必絶。遂用綜言，由是奔喪乃斷。

赤烏六年卒，子沖嗣。沖平和有文幹，天紀中爲中書令。《吴錄》曰：沖後仕晉尚書郎、吴郡太守。

徐詳者字子明〔三四〕，吴郡烏程人也，先綜死。

評曰：是儀、徐詳、胡綜，皆孫權之時幹興事業者也。儀清恪貞素，詳數通使命，綜文采才用，各見信任，辟之廣夏，其榱椽之佐乎！

【校箋】

〔一〕毛本作"吴書十七"。
〔二〕毛本作"是儀胡綜傳第十七"。
〔三〕《實錄》"人"下無"也"字。
〔四〕《通志·氏族略》引無"乃"字。
〔五〕盧弼曰："何焯曰：'古之氏族本出上賜，漢吏皆成君臣。未足深責。'錢大昕曰：'氏、是本一字，猶如與弋、嬴與盈、姞與郅可以互用。徐衆譏其忘本誣祖，由於未通古文。'"

謹案：徐紹楨曰："錢説是也。'氏''是'古者互用多矣！《儀禮·士昏禮》'惟是三族之不虞'，《白虎通·宗族篇》作'惟氏三族之不虞'。《覲禮》'太史是右'，鄭注：'古文是爲氏。'《周禮》注亦引作'太史氏右'。《漢書·地理志》'非子至元孫氏爲莊公'師古曰：'氏與是同。'又《韓非子·難三》'庞稠氏'，《論衡‧非韓》作'厄擱是'。漢張遷碑'張是輔漢',亦以'是'爲'氏',皆其證也。"

〔六〕《御覽》卷二百四十二引"儀"下有"上表"二字。

〔七〕盧弼曰:"元本'闕'作'關',誤。"

謹案:《官本考證》曰:"'闕'元本作'關'。"梁章鉅曰:"元本'闕'作'關',誤。"盧君承梁氏説,而不審"關"字之非誤也。《書‧金縢》"管叔",《墨子》作"關叔"。是"關""管"相通之證。《史記‧范雎蔡澤傳》索隱:"管,典也。"是關省猶典省矣。《釋名‧釋言語》:"入,内也。"與下文"外"字正相應,梁説非。

〔八〕《御覽》卷二百四十八引"隆"字作"降",蕭書同。

〔九〕《御覽》引"財"字作"纔",蕭書作"才"。

〔一〇〕《御覽》卷四百三十一引"飯"字作"食"。

〔一一〕蕭書無"當"字。

〔一二〕《實錄》"偉"字作"緯",疑當從之。

〔一三〕《實錄》作"將母避亂江東",蕭書作"隨母"。疑此當從《實錄》乙正。

〔一四〕《實錄》"門"下有"客"字。

〔一五〕《册府》卷七百六十五引"京"下有"口"字。

〔一六〕紹興本、馮本、陳本、毛本"夏口"並作"舉口",《書鈔》卷一百二十、《御覽》卷三百三十九引俱作"樊口"。

〔一七〕盧弼曰:"《文選》張衡《東京賦》'牙旗繽紛'薛綜注引《兵書》曰:'牙旗者將軍之旌,謂古者天子出,建大牙旗竿,上以象牙飾之,故云牙旗。'弼按:據此,則吾國龍旗由來已久。"

謹案:胡紹煐《文選箋證》曰:"姜皋曰:'《禮》注及阮氏、

梁正等圖並無用象牙爲飾之説。《後漢書・袁紹傳》"拔其牙門"章懷注引《真人水鏡經》云：凡軍始出，立牙旗，必令完堅。有折，將軍不利。牙門旗竿，軍之精也。即《周禮・司常》職云軍旅會同置旌門是也。此當爲牙旗之注。'紹煐按：姜説最覈。門立牙竿，故曰牙門，即今所謂衙門，古'牙'與'衙'通。以建旌旗於其上，亦曰旌門。即《周禮》所云旌門。本書《關中詩》'高牙乃建'善注：'牙，牙旗也。'又《御覽》三百三十九引《兵書》云'有所攻伐，作五采牙幢，青牙旗引住東，赤牙旗引住南，白牙旗引住西，黑牙旗引住北，黄牙旗引住中'。牙旗有五采，亦證牙非象牙矣。"胡氏説是。龍旗自古有之，不始於此也。《周禮・春官・司常》"交龍爲旂"，《考工記》曰"龍九旂"，則已見於先秦故書矣，似不能以孫權黄龍大牙乃爲龍旗之始也，盧君説誤。

〔一八〕《書鈔》、《類聚》卷六十、《初學記》卷二十二、《廣韻・麻韻》引俱作"軍中"。當乙正。

〔一九〕《御覽》引"象"字作"曜"。

〔二〇〕盧弼曰："《史記・五帝本紀》：'帝嚳高辛者，黄帝之曾孫也。帝嚳生放勋，是爲帝堯。驩兜進言共工。堯曰：不可。而試之工師，共工果淫辟，舜言於帝，流共工於幽陵。'"

謹案：盧君引《史記》以釋，與句意殊不應，非也。考《國語・周語下》"昔共工棄此道也"韋注引賈侍中曰："共工，諸侯，炎帝之後，姜姓也。顓頊氏衰，共工侵陵諸侯。與高辛氏争而王也。"《淮南子・原道訓》："共工與高辛氏争，宗族殘滅，繼嗣絶祀。"

〔二一〕盧弼曰："元本'自'作'聞'。"

謹案：《官本考證》曰："'乃自'元本作'乃聞'。"此已見於《考證》，故當作"《官本考證》曰"爲是，没其名則非也。

〔二二〕《實錄》"一"字作"乙"。

〔二三〕《實錄》"處中"作"中央"，疑是。

〔二四〕盧弼曰："《續漢志·輿服志》：'天子建太常十有二斿，九仞曳地，日月升龍，象天明也。'劉昭注引鄭衆曰：'太常，九旗之畫日月者。'鄭玄曰：'七尺爲仞，天子之旗高六丈三尺。'"

謹案：《周禮·春官·司常》："日月爲常。"其曰周制者，謂周代之制度也。《釋名·釋兵》曰："日月爲常，畫日月於端，天子所建，言常明也。"

〔二五〕《册府》卷四百一十一引"烟"字作"土"。

〔二六〕《册府》引"繇"字作"猷"。

〔二七〕《册府》引作"志高望大"。

〔二八〕紹興本"儕"字作"濟"。

〔二九〕《册府》引"奏"字作"表"。

〔三〇〕盧弼曰："《册府》'疑'作'款'。"

謹案：《册府》卷四百一十一引作"款"。《廣雅·釋詁一》："款，誠也。"

〔三一〕盧弼曰："何焯校改'諸'作'以'。"

謹案：紹興本"諸"字正作"以"，應據正。

〔三二〕《御覽》卷八百四十六引"歡"字作"讙"。

〔三三〕《御覽》引作"不備責也"。

〔三四〕《御覽》卷六十九引"詳"字作"祥"，《實錄》同。

三國志校箋卷六十三

吳志卷十八〔一〕

吳範　劉惇　趙達〔二〕

　　吳範字文則，會稽上虞人也。以治曆數，知風氣，聞於郡中〔三〕。舉有道，詣京都，世亂不行。會孫權起於東南，範委身服事，每有災祥，輒推數言狀，其術多效，遂以顯名。

　　初，權在吳，欲討黃祖，範曰："今茲少利，不如明年。明年戊子，荆州劉表亦身死國亡。"權遂征祖，卒不能克。明年，軍出，行及尋陽，範見風氣，因詣船賀，催兵急行，至即破祖，祖得夜亡〔四〕。權恐失之，範曰："未遠，必生禽祖。"至五更中〔五〕，果得之。劉表竟死，荆州分割。

　　及壬辰歲，範又白言："歲在甲午，劉備當得益州。"後呂岱從蜀還，遇之白帝〔六〕，說備部衆離落，死亡且半，事必不克。權以難範,範曰:"臣所言者天道也,而岱所見者人事耳。"備卒得蜀。

權與呂蒙謀襲關羽,議之近臣,多曰不可。權以問範,範曰:"得之。"後羽在麥城,使使請降。權問範曰:"竟當降否?"範曰:"彼有走氣,言降詐耳。"權使潘璋邀其徑路,覘候者還,白羽已去。範曰:"雖去不免。"問其期,曰:"明日日中。"權立表下漏以待之。及中不至[七],權問其故,範曰:"時尚未正中也。"頃之,有風動帷,範拊手曰:"羽至矣。"須臾,外稱萬歲,傳言得羽。

後權與魏爲好,範曰:"以風氣言之,彼以貌來,其實有謀,宜爲之備。"劉備盛兵西陵,範曰:"後當和親。"終皆如言。其占驗明審如此。

權以範爲騎都尉,領太史令,數從訪問,欲知其決[八]。範祕惜其術,不以至要語權。權由是恨之。《吳錄》曰:範獨心計所以見重者術,術亡則身棄矣,故終不言。

初,權爲將軍時,範嘗白言江南有王氣,亥子之間有大福慶。權曰:"若終如言,以君爲侯。"及立爲吳王,範時侍宴,曰:"昔在吳中,嘗言此事,大王識之邪?"權曰:"有之。"因呼左右以侯綬帶範。範知權欲以厭當前言,輒手推不受。及後論功行封,以範爲都亭侯。詔臨當出,權恚其愛道於己也,削除其名。

範爲人剛直,頗好自稱,然與親故交接有終始。素與魏滕同邑相善[九]。滕嘗有罪,權責怒甚嚴,敢有諫者死,範謂滕曰:"與汝偕死。"滕曰:"死而無益,何用死爲?"範曰:"安能慮此坐觀汝邪?"乃髠頭自縛詣門下,使鈴下以聞〔一〇〕。鈴下不敢,曰:"必死,不敢白〔一一〕。"範曰:"汝有子邪?"曰:"有。"曰:"使汝爲吴範死,子以屬我。"鈴下曰:"諾。"乃排閤入。言未卒,權大怒,欲便投以戟〔一二〕。逡巡走出〔一三〕,範因突入,叩頭流血,言與涕並。良久,權意釋,乃免滕。滕見範謝曰:"父母能生長我,不能免我於死。丈夫相知,如汝足矣,何用多爲!"《會稽典録》曰:滕字周林,祖父河内太守朗,字少英,列在八俊。滕性剛直,行不苟合,雖遭困僻,終不迴撓。初亦迕策,幾殆,賴太妃救得免,語見妃嬪傳。歷歷山、潘陽、山陰三縣令,鄱陽太守。

黄武五年,範病卒。長子先死,少子尚幼,於是業絶。權追思之,募三州有能舉知術數如吴範、趙達者,封千户侯,卒無所得。《吴録》曰:範先知其死日,謂權曰:"陛下某日當喪軍師。"權曰:"吾無軍師,焉得喪之?"範曰:"陛下出軍臨敵,須臣言而後行,臣乃陛下之軍師也。"至其日果卒。臣松之案:範死時,權未稱帝,此云陛下,非也。

劉惇字子仁,平原人也。遭亂避地,客游廬陵,事孫輔。以明天官達占數,顯於南土。每有水旱寇賊,皆先時處期,無不中者。輔異焉,以爲軍師,軍中咸敬事之,號曰神明。

建安中,孫權在豫章,時有星變,以問惇,惇曰:

"災在丹陽。"權曰:"何如?"曰:"客勝主人,到某日當得聞〔一四〕。"是時邊鴻作亂,卒如惇言。

惇於諸術皆善,尤明太乙,皆能推演其事,窮盡要妙,著書百餘篇,名儒刁玄稱以爲奇。惇亦寶愛其術,不以告人,故世莫得而明也。

趙達,河南人也。少從漢侍中單甫受學,用思精密,謂東南有王者氣,可以避難,故脫身渡江。治九宮一算之術,究其微旨,是以能應機立成,對問若神,至計飛蝗〔一五〕,射隱伏,無不中效。或難達曰:"飛者固不可校,誰知其然,此殆妄耳。"達使其人取小豆數斗〔一六〕,播之席上,立處其數,驗覆果信。嘗過知故,知故爲之具食。食畢,謂曰〔一七〕:"倉卒乏酒,又無嘉肴,無以敘意,如何?"達因取盤中隻箸,再三從橫之,乃言:"卿東壁下有美酒一斛,又有鹿肉三斤,何以辭無?"時坐有他賓〔一八〕,内得主人情,主人憨曰:"以卿善射有無〔一九〕,欲相試耳〔二〇〕,竟效如此。"遂出酒酣飲。又有書簡上作千萬數,著空倉中封之,令達算之。達處如數,云:"但有名無實。"其精微若是。

達寶愛其術〔二一〕,自闞澤、殷禮皆名儒善士,親屈節就學,達祕而不告〔二二〕。太史丞公孫滕少師事達,勤苦累年,達許教之者有年數矣,臨當喻語,而輒復止。滕他日齎酒具,候顏色,拜跪而請,達曰:"吾先人得此術,欲圖爲帝王師,至仕來三世〔二三〕,不過太史郎,誠不欲復傳之。且此術微妙，頭乘尾除，一算之法，父子不相語。然以子篤好不倦，今真以相授矣[二四]。"飲酒數行，達起取素書兩卷，大如手指，達曰："當寫讀此，則自解也。吾久廢，不復省之[二五]，今欲思論一過，數日當以相與。"滕如期往[二六]，至乃陽求索書，驚言失之，云："女壻昨來，必是渠所竊。"遂從此絕。

初，孫權行師征伐，每令達有所推步，皆如其言，權問其法，達終不語[二七]，由此見薄，祿位不至。《吳書》曰：初，權即尊號，令達算作天子之後，當復幾年？達曰："高祖建元十二年，陛下倍之。"權大喜，左右稱萬歲。果如達言。

達常笑謂諸星氣風術者曰："當迴算帷幕，不出戶牖以知天道，而反晝夜暴露以望氣祥[二八]，不亦難乎[二九]？"閒居無爲，引算自校，乃歎曰："吾算訖盡某年月日其終矣[三〇]。"達妻數見達效，聞而哭泣。達欲弭妻意，乃更步算，言："向者謬誤耳，尚未也。"後如期死。權聞達有書，求之不得，乃録問其女，及發達棺[三一]，無所得[三二]，法術絕焉。《吳錄》曰：皇象字休明，廣陵江都人。幼工書。時有張子並、陳梁甫能書。甫恨遲，並恨峻，象斟酌其間，甚得其妙，中國善書者不能及也。嚴武字子卿，衛尉畯再從子也，圍棊莫與爲輩[三三]。宋壽占夢，十不失一。曹不興善書，權使畫屏風，誤落筆點素，因就以作蠅，既進御，權以爲生蠅，舉手彈之。孤城鄭嫗能相人，及範、惇、達八人，世皆稱妙，謂之八絕云。《晉陽秋》曰：吳有葛衡字思真，明達天官，能爲機巧，作渾天[三四]，使地居於中，以機動之，天轉而地止，以上應晷度。

評曰：三子各於其術精矣，其用思妙矣。然君子算役心神〔三五〕，宜於大者遠者，是以有識之士，舍彼而取此也。孫盛曰：夫玄覽未然，逆鑒來事，雖神竈、梓慎其猶病諸，況術之下此者乎？《吳史》書達知東南當有王氣，故輕舉濟江。魏承漢緒，受命中幾，達不能豫覩兆萌，而流竄吳越，又不知吝術之鄙，見薄於時，安在其能逆覩天道而審帝王之符瑞哉？昔聖王觀天地之文，以畫八卦之象，故亹亹成於蓍策，變化形乎六爻，是以三《易》雖殊，卦繇理一，安有迴轉一籌，可以鉤深測隱，意對逆占，而能遂知來物者乎？流俗好異，妄設神奇，不幸之中，仲尼所棄，是以君子志其大者，無所取諸。臣松之以爲：盛云"君子志其大者，無所取諸"，故評家之旨，非新聲也。其餘所譏，則皆爲非理。自中原酷亂，至於建安，數十年間，生民殆盡，比至小康，皆百死之餘耳。江左雖有兵革，不能如中國之甚也，焉知達不算其安危，知禍有多少，利在東南，以全其身乎？而責不知魏氏將興，流播吳越，在京房之籌〔三六〕，猶不能自免刑戮，況達但以祕術見薄，在悔吝之間乎！古之道術，蓋非一方，探賾之功，豈惟六爻，苟得其要，則可以易而知之矣，迴轉一籌，胡足怪哉？達之推算，窮其要妙以知幽測隱，何愧於古！而以禪、梓限之，謂達爲妄，非篤論也。《抱朴子》曰：時有葛仙公者，每飲酒醉，常入人家門前陂水中臥，竟日乃出。曾從吳主別，到洌洲，還遇大風，百官船多沒，仙公船亦沈淪〔三七〕，吳主甚悵恨。明日使人鉤求公船，而登高以望焉。久之，見公步從水上來，衣履不沾，而有酒色。既見而言曰："臣昨侍從，而伍子胥見請，暫過設酒，忽忽不得，即委之。"又有姚光者，有火術。吳主身臨試之，積荻數千束，使光坐其上，又以數千束荻裹之，因猛風而燔之。

获了盡,謂光當以化爲爐,而光端坐灰中,振衣而起,把一卷書。吴主取其書視之,不能解也。又曰:吴景帝有疾,求覡視者〔三八〕,得一人。景帝欲試之,乃殺鵝而埋於苑中,築小屋〔三九〕,施牀几,以婦人屐履服物著其上,乃使覡視之。告曰:"若能說此冢中鬼婦人形狀者〔四〇〕,當加賞而即信矣〔四一〕。"竟日盡夕無言,帝推問之急〔四二〕,乃曰:"實不見有鬼,但見一頭白鵝立墓上,所以不即白之〔四三〕,疑是鬼神變化作此相〔四四〕,當候其真形而定。無復移易,不知何故,不敢不以實上聞。"景帝乃厚賜之。然則鵝死亦有鬼也。葛洪《神仙傳》曰:仙人介象,字元則,會稽人,有諸方術。吴主聞之,徵象到武昌,甚敬貴之,稱爲介君,爲起宅,以御帳給之,賜遺前後累千金,從象學蔽形之術。試還後宫,及出殿門,莫有見者。又使象作變化,種瓜菜百果,皆立生可食。吴主共論鱠魚何者最美〔四五〕,象曰:"鯔魚爲上〔四六〕。"吴主曰:"論近道魚耳,此出海中,安可得邪?"象曰:"可得耳。"乃令人於殿庭中作方埳,汲水滿之,并求鉤。象起餌之,垂綸於埳中。須臾,果得鯔魚。吴主驚喜,問象曰:"可食不?"象曰:"故爲陛下取以作生鱠〔四七〕,安敢取不可食之物!"乃使厨下切之。吴主曰:"聞蜀使來,得蜀薑作齏甚好〔四八〕,恨爾時無此〔四九〕。"象曰:"蜀薑豈不易得,願差所使者,可付值〔五〇〕。"吴主指左右一人,以錢五十付之。象書一符〔五一〕,以著青竹杖中,使行人閉目騎杖,杖止,便買薑,訖,復閉目。此人承其言騎杖,須臾止,已至成都,不知是何處,問人,人言是蜀市中〔五二〕,乃買薑。於時吴使張温先在蜀,既於市中相識〔五三〕,甚驚,便作書寄其家〔五四〕。此人買薑畢,捉書負薑,騎杖閉目,須臾已還到吴〔五五〕,厨下切鱠適了〔五六〕。臣松之以爲:葛洪所記,近爲惑衆,其書文頗行世,故撮取數事,載之篇末也。神仙之術,詎可測量,臣之臆斷,以爲惑衆,所謂夏蟲不知冷冰耳。

【校箋】

〔一〕毛本作"吳書十八"。

〔二〕毛本作"吳範劉惇趙達傳第十八"。

〔三〕《文選》陸士衡《辨亡論》李注引"郡"字作"部",是。

〔四〕《御覽》卷七百二十九引無"得"字。

〔五〕《御覽》引無"中"字。

〔六〕盧弼曰:"何焯曰:'先主入蜀自葭萌還攻璋,無緣復在白帝與岱相遇。承祚蜀人,宜知道里違錯,故載之以見吳人偽妄耳!'劉咸炘曰:'此是承祚之疏耳!如何氏言,則凡史之謬皆可云故載之以見妄乎?'"

謹案:《呂岱傳》注引《吳書》:"建安十六年,岱督郎將尹異等以兵二千人西,誘漢中賊帥張魯到漢興寒城。魯嫌疑斷道,事計不立,權遂召岱還。"竊疑呂岱欲與張魯交通,時曹魏據有襄樊,勢不得過。或假道於巴,與魯相聞。及權召岱還時,先主方泝江西上,相遇於白帝,非無因也。承祚時代與之相接,聞見較真,若云吳人記載虛妄,固將屏而不錄。然猶記之於此傳者,似不可驟必其無也。惜記錄簡略,莫由知其詳矣!

〔七〕《實錄》"及"下有"曰"字。

〔八〕盧弼曰:"《官本考證》曰:'《御覽》決作訣。'"

謹案:《御覽》卷二百三十五引作"訣"。考《說文新附》:"訣,一曰法也。"

〔九〕《御覽》卷六百四十九引《會稽典錄》作"少相友善"。

〔一〇〕盧弼曰:"《晉書·羊祜傳》:'鈴閣之下,侍衛者不過十數人。'蓋公府閤有繩鈴以傳呼，鈴下有吏者也。"

　　謹案：《御覽》引《會稽典錄》"門下"作"閤下"，是也。據盧君所引亦可證。

　〔一一〕《御覽》卷四百零七、卷六百四十九引作"必死不可"，無"敢白"二字。

　〔一二〕《御覽》引"欲"下無"便"字。

　〔一三〕《御覽》卷四百零七、《册府》卷八百零二引"走出"二字乙。

　〔一四〕紹興本、馮本、陳本、毛本"聞"字俱作"問"，蕭書、郝書同。

　〔一五〕《蒙求》卷十六引"至"字作"能"。

　〔一六〕《類聚》卷八十五引"斗"字作"升"，《御覽》卷八百四十七引"斗"字亦作"升"。"使"下無"其"字，《册府》卷八百六十九引亦無"其"字，蕭書同。

　〔一七〕《册府》引"謂"下有"之"字。

　〔一八〕《册府》引"時"下有"適"字。

　〔一九〕《御覽》卷七百五十引無"有無"二字，蕭書同。

　〔二〇〕蕭書作"故相戲耳"。

　〔二一〕《御覽》引"愛"字作"惜"，蕭書同。"愛"有惜義，不煩改。

　〔二二〕《御覽》引"告"下有"也"字。

　〔二三〕《實錄》作"至予三世"，蕭書"至"字作"自"。

　〔二四〕《册府》卷八百七十六引"真"字作"直"。

　〔二五〕蕭書"省"下無"之"字。

　〔二六〕蕭書無"往"字。

　〔二七〕《御覽》引"語"字作"言"。蕭書同。

〔二八〕盧弼曰："'氣'疑作'氛'。"

謹案：錢儀吉曰："何焯校改'氣'作'氛'。"是也。《國語・晉語一》"見翟柤之氛"韋注："凶曰氛，吉曰祥。"《御覽》引正作"氛"，郝書同。

〔二九〕《實錄》、蕭書"難"字俱作"勞"。

〔三〇〕《御覽》引無"訖"字。

〔三一〕盧弼曰："宋本無'達'字。劉家立曰：'達字疑在下法字上，傳寫誤倒。'"

謹案：錢儀吉曰："何去'達'字。"考郝書無"達"字。"法術"，《御覽》引作"法遂"。《禮記・月令》"審端徑術"注："'術'《周禮》作'遂'。"《左傳・僖公三十三年》"西乞術"，《公羊傳・文公十二年》作"西乞遂"，是"術""遂"通用之證。《廣雅・釋詁三》："遂，竟也。"劉氏謂當作"達法術絕焉"，語贅，疑非。

〔三二〕《御覽》引"無"上有"一"字。《實錄》作"竟無所得"。

〔三三〕《實錄》"莫"上有"時"字。

〔三四〕《御覽》卷七百五十二引作"故作渾天儀"。

〔三五〕盧弼曰："宋本'算'作'等'。或改作'專'。"

謹案：梁章鉅曰："何焯曰：'算役宜從宋本作等役。'"疑作"等"字是。蓋"等"字誤作"筭"，因改爲"算"也。《淮南子・主術訓》"與無法等"高注："等，同也。"或改作"專"，臆說無據，不可從。

〔三六〕紹興本"籌"字作"儔"。

〔三七〕紹興本"淪"字作"没"。

〔三八〕《御覽》卷七百三十四引無"覷"字，"視"下有

"鬼"字。卷九百一十九引"覡"字作"巫","者"字作"鬼"。

〔三九〕《御覽》卷七百三十四、卷九百一十九引"築"字作"架"。

〔四〇〕《御覽》卷七百四十三引無"婦人"二字。

〔四一〕《御覽》卷七百三十四、卷九百一十九引作"即信,當厚賜加賞"。

〔四二〕《御覽》卷九百一十九引"推"字作"催"。

〔四三〕《御覽》卷七百三十四引"之"下有"者"字。

〔四四〕《御覽》引"相"字作"想"。

〔四五〕《御覽》卷九百七十七引"鱠"字作"膾"。《論語》"膾不厭細"釋文:"膾又作鱠。"是"鱠"與"膾"通,《説文·肉部》:"膾,細切肉也。"

〔四六〕盧弼曰:"或曰:'法帖作鱸。'"

謹案:"鱸"乃"鱛"字之形誤,如"菑"亦誤書作"薔",非異文也。説見朱駿聲《説文通訓定聲·頤部》"菑"字注。

〔四七〕《御覽》引無"以作生鱠"四字。

〔四八〕《御覽》引"甚好"作"至佳"。下有"此間薑永不及也"七字。

〔四九〕《御覽》引作"恨時無此薑耳"。

〔五〇〕盧弼曰:"宋本'可'作'并'。"

謹案:《御覽》卷八百六十二、《册府》卷八百七十六引"可"字作"并"。又《御覽》卷九百七十七引作"并付以直",多"以"字,"使"下有"行"字。

〔五一〕《御覽》卷九百七十七引"象"下有"自"字。

〔五二〕《御覽》卷八百六十二、卷九百七十七引俱無"中"字。

〔五三〕《御覽》卷九百七十七引"中"字下有"見之問,曰,與帝買薑於是"十字,無"相識"二字。

〔五四〕《御覽》引無"便"字、"其"字。

〔五五〕《御覽》引"須"上有"復"字。

〔五六〕《御覽》卷八百六十二、卷九百七十七引"鱠"下有"亦"字。

三國志校箋卷六十四

吴志卷十九〔一〕

諸葛恪　滕胤　孫峻 留贊　孫綝　濮陽興〔二〕

諸葛恪字元遜，瑾長子也。少知名。《江表傳》曰：恪少有才名，發藻岐嶷，辯論應機，莫與爲對。權見而奇之，謂瑾曰：「藍田生玉，眞不虛也。」《吴録》曰：恪長七尺六寸，少鬚眉，折頞廣額〔三〕，大口高聲。弱冠拜騎都尉，與顧譚、張休等侍太子登講論道藝，並爲賓友。從中庶子轉爲左輔都尉。

恪父瑾面長似驢，孫權大會羣臣，使人牽一驢入，長檢其面，題曰諸葛子瑜。恪跪曰：「乞請筆益兩字。」因聽與筆。恪續其下曰「之驢」。舉坐歡笑，乃以驢賜恪。他日復見，權問恪曰：「卿父與叔父孰賢？」對曰：「臣父爲優。」權問其故，對曰：「臣父知所事，叔父不知，以是爲優。」權又大噱。命恪行酒，至張昭前，昭先有酒色,不肯飲〔四〕,曰:"此非養老之禮也。"權曰:"卿其能令張公辭屈,乃當飲之耳。"恪難昭曰:"昔師尚父九十,秉旄仗鉞,猶未告老也。今軍旅之事,將軍在後,酒食之事,將軍在先,何謂不養老也?"昭卒無辭,遂爲盡爵。後蜀使至,羣臣並會,權謂使曰:"此諸葛恪,雅好騎乘,還告丞相,爲致好馬。"恪因下謝,權曰:"馬未至而謝何也?"恪對曰:"夫蜀者陛下之外廐,今有恩詔,馬必至也,安敢不謝?"恪之才捷,皆此類也。《恪別傳》曰:權嘗饗蜀使費禕,先逆勑羣臣:"使至,伏食勿起。"禕至,權爲輟食,而羣下不起。禕嘲之曰〔五〕:"鳳皇來翔,騏驎吐哺。驢騾無知,伏食如故。"恪答曰:"爰植梧桐,以待鳳皇,有何燕雀,自稱來翔?何不彈射,使還故鄉!"禕停食餅,索筆作《麥賦》,恪亦請筆作《磨賦》,咸稱善焉。權嘗問恪:"頃何以自娛,而更肥澤?"恪對曰:"臣聞富潤屋,德潤身,臣非敢自娛,修己而已。"又問:"卿何如滕胤?"恪答曰:"登陛躡履,臣不如胤;迴籌轉策,胤不如臣。"恪嘗獻權馬,先鏨其耳。范慎時在坐,嘲恪曰:"馬雖大畜〔六〕,稟氣於天,今殘其耳,豈不傷仁?"恪答曰:"母之於女,恩愛至矣〔七〕,穿耳附珠,何傷於仁?"太子嘗嘲恪:"諸葛元遜可食馬矢。"恪曰:"願太子食雞卵。"權曰:"人令卿食馬矢,卿使人食雞卵何也?"恪曰:"所出同耳。"權大笑。《江表傳》曰:曾有白頭鳥集殿前〔八〕,權曰:"此何鳥也〔九〕?"恪曰:"白頭翁也〔一〇〕。"張昭自以坐中最老,疑恪以鳥戲之〔一一〕,因曰:"恪欺陛下,未嘗聞鳥名白頭翁者,試使恪復求白頭母〔一二〕。"恪曰:"鳥名鸚母〔一三〕,未必有對,試使輔吳復求鸚父〔一四〕。"昭不能答,坐中皆歡笑。權甚異之,欲試以事,令守節度。節度掌軍糧穀，文書繁猥，非其好也。《江表傳》曰：權爲吳王，初置節度官，使典掌軍糧，非漢制也。初用侍中偏將軍徐詳，詳死，將用恪[一五]。諸葛亮聞恪代詳，書與陸遜曰：“家兄年老，而恪性疏，今使典主糧穀，糧穀軍之要最，僕雖在遠，竊用不安。足下特爲啓至尊轉之。”遜以白權，即轉恪領兵。

恪以丹陽山險，民多果勁，雖前發兵，徒得外縣平民而已，其餘深遠，莫能禽盡，屢自求乞爲官出之，三年可得甲士四萬。衆議咸以丹陽地勢險阻，與吳郡、會稽、新都、鄱陽四郡鄰接，周旋數千里，山谷萬重，其幽邃民人，未嘗入城邑，對長吏，皆仗兵野逸，白首於林莽。逋亡宿惡，咸共逃竄。山出銅鐵，自鑄甲兵。俗好武習戰，高尚氣力，其升山赴險，抵突叢棘，若魚之走淵[一六]，猨狖之騰木也。時觀間隙，出爲寇盜，每致兵征伐，尋其窟藏。其戰則蠭至[一七]，敗則鳥竄，自前世以來，不能羈也，皆以爲難。恪父瑾聞之，亦以事終不逮[一八]，歎曰：“恪不大興吾家，將大赤吾族也。”恪盛陳其必捷。權拜恪撫越將軍，領丹陽太守，授棨戟武騎三百。拜畢，命恪備威儀，作鼓吹，導引歸家，時年三十二。

恪到府，乃移書四部屬城長吏[一九]，令各保其疆界，明立部伍，其從化平民，悉令屯居。乃分内諸將[二〇]，羅兵幽阻，但繕藩籬，不與交鋒，候其穀稼將熟，輒縱兵芟刈，使無遺種。舊穀既盡，新田不收，平民屯居，略無所入，於是山民饑窮，漸出降首。恪乃復勅下曰：“山民去惡從化,皆當撫慰,徙出外縣,不得嫌疑,有所執拘。"曰陽長胡伉得降民周遺[二一],遺舊惡民,困迫暫出,內圖叛逆,伉縛送言府[二二]。恪以伉違教,遂斬以徇,以狀表上。民聞伉坐執人被戮,知官惟欲出之而已,於是老幼相攜而出,歲期,人數皆如本規。恪自領萬人,餘分給諸將。

權嘉其功,遣尚書僕射薛綜勞軍。綜先移恪等曰:"山越恃阻,不賓歷世,緩則首鼠,急則狼顧。皇帝赫然,命將西征,神策內授,武師外震。兵不染鍔,甲不沾汗。元惡既梟,種黨歸義,蕩滌山藪,獻戎十萬。野無遺寇,邑罔殘姦。既埽兇慝,又充軍用。藜蓧稂莠,化為善草。魑魅魍魎,更成虎士。雖寔國家威靈之所加,亦信元帥臨履之所致也。雖《詩》美執訊,《易》嘉折首[二三],周之方、召,漢之衛、霍,豈足以談?功軼古人,勳超前世。主上歡然,遙用歎息。感《四牡》之遺典,思飲至之舊章。故遣中臺近官,迎致犒賜,以旌茂功,以慰劬勞。"拜恪威北將軍,封都鄉侯。恪乞率眾佃廬江、皖口,因輕兵襲舒,掩得其民而還。復遠遣斥候,觀相徑要,欲圖壽春,權以為不可。

赤烏中,魏司馬宣王謀欲攻恪,權方發兵應之,望氣者以為不利,於是徙恪屯於柴桑。與丞相陸遜書曰:"楊敬叔傳述清論,以為方今人物彫盡,守德業者不能復幾,宜相左右,更為輔車,上熙國事,下相珍惜。又疾世俗好相謗毀,使已成之器,中有損累。將進之徒,意不歡笑。聞此喟然，誠獨擊節。愚以爲君子不求備於一人，自孔氏門徒大數三千，其見異者七十二人〔二四〕，至於子張、子路、子貢等七十之徒，亞聖之德，然猶各有所短，師辟由喭，賜不受命，豈況下此而無所闕？且仲尼不以數子之不備而引以爲友，不以人所短棄其所長也。加以當今取士，宜寬於往古，何者？時務從橫，而善人單少，國家職司，常苦不充。苟令性不邪惡，志在陳力，便可獎就，騁其所任。若於小小宜適，私行不足〔二五〕，皆宜闊略，不足繩責。且士誠不可纖論苛克〔二六〕，苛克則彼賢聖猶將不全，況其出入者邪？故曰以道望人則難，以人望人則易，賢愚可知。自漢末以來，中國士大夫如許子將輩，所以更相謗訕，或至於禍，原其本起，非爲大讎，惟坐克己不能盡如禮，而責人專以正義。夫己不如禮〔二七〕，則人不服。責人以正義，則人不堪。內不服其行，外不堪其責，則不得不相怨。相怨一生，則小人得容其間。得容其間，則三至之言，浸潤之譖，紛錯交至，雖使至明至親者處之，猶難以自定，況已爲隙，且未能明者乎？是故張、陳至於血刃，蕭、朱不終其好〔二八〕，本由於此而已。夫不舍小過，纖微相責，久乃至於家戶爲怨，一國無復全行之士也。”恪知遜以此嫌己，故遂廣其理而贊其旨也。會遜卒，恪遷大將軍，假節，駐武昌，代遜領荊州事。

久之，權不豫，而太子少，乃徵恪以大將軍領太子太傅，中書令孫宏領少傅。權疾困，召恪、宏及太常滕胤、將軍呂據、侍中孫峻，屬以後事。《吳書》曰：權寢疾，議所付託。時朝臣咸皆注意於恪，而孫峻表恪器任輔政，可付大事。權嫌恪剛很自用〔二九〕，峻以當今朝臣皆莫及，遂固保之，乃徵恪。後引恪等見卧內，受詔牀下，權詔曰："吾疾困矣，恐不復相見，諸事一以相委。"恪歔欷流涕曰："臣等皆受厚恩，當以死奉詔，願陛下安精神，損思慮，無以外事爲念。"權詔有司諸事一統於恪，惟殺生大事然後以聞。爲治第館，設陪衛。羣官百司拜揖之儀，各有品序。諸法令有不便者，條列以聞，權輒聽之。中外翕然，人懷歡欣。

翌日，權薨。宏素與恪不平，懼爲恪所治，祕權死問，欲矯詔除恪。峻以告恪，恪請宏咨事，於坐中誅之，乃發喪制服。與弟公安督融書曰："今月十六日乙未，大行皇帝委棄萬國，羣下大小，莫不傷悼。至吾父子兄弟，並受殊恩，非徒凡庸之隸，是以悲慟，肝心圮裂。皇太子以丁酉踐尊號，哀喜交并，不知所措。吾身受顧命，輔相幼主，竊自揆度，才非博陸而受姬公負圖之託〔三〇〕，懼忝丞相輔漢之效，恐損先帝委付之明，是以憂慙惶惶，所慮萬端。且民惡其上，動見瞻觀，何時易哉？今以頑鈍之姿，處保傅之位，艱多智寡，任重謀淺，誰爲脣齒？近漢之世，燕、蓋交遘，有上官之變，以身值此，何敢怡豫邪？又弟所在，與賊犬牙相錯，當於今時，整頓軍具，率屬將士，警備過常，念出萬死，無顧一生，以報朝廷，無忝爾先。又諸將備守各有境界，猶恐賊虜聞諱恣睢，寇竊邊邑，諸曹已別下約勑，所部督將，不得妄委所戍，徑來奔赴。雖懷愴怛不忍之心，公義奪私，伯禽服戎，若苟違戾，非徒小故。以親正疏，古人明戒也。"恪更拜太傅。於是罷視聽〔三一〕，息校官，原逋責，除關稅，事崇恩澤，衆莫不悅。恪每出入，百姓延頸，思見其狀。

初，權黃龍元年遷都建業，二年築東興隄遏湖水。後征淮南，敗以內船，由是廢不復修。恪以建興元年十月會衆於東興，更作大隄，左右結山俠築兩城，各留千人，使全端、留略守之，引軍而還。魏以吳軍入其疆土，恥於受侮，命大將胡遵、諸葛誕等率衆七萬欲攻圍兩塢，圖壞隄遏。恪興軍四萬晨夜赴救。遵等勅其諸軍作浮橋渡〔三二〕，陣於隄上，分兵攻兩城。城在高峻〔三三〕，不可卒拔。恪遣將軍留贊、呂據、唐咨、丁奉爲前部。時天寒雪，魏諸將會飲，見贊等兵少，而解置鎧甲，不持矛戟。但兜鍪刀楯，倮身緣隄〔三四〕，大笑之，不即嚴兵。兵得上〔三五〕，便鼓譟亂斫。魏軍驚擾散走，爭渡浮橋，橋壞絕，自投於水，更相蹈藉。樂安太守桓嘉等同時并沒，死者數萬。故叛將韓綜爲魏前軍督，亦斬之。獲車乘牛馬驢騾各數千，資器山積，振旅而歸。進封恪陽都侯，加荊、揚州牧，督中外諸軍事，賜金一百斤，馬二百匹，繒布各萬匹。

恪遂有輕敵之心，以十二月戰克，明年春，復欲出軍。《漢晉春秋》曰：恪使司馬李衡往蜀說姜維令同舉，曰："古人有言，聖人不能爲時〔三六〕，時至亦不可失也。今敵政在私門，外內猜隔,兵挫於外,而民怨於內,自曹操以來,彼之亡形,未有如今者也〔三七〕。若大舉伐之,使吳攻其東,漢入其西〔三八〕,彼救西則東虛,重東則西輕,以練實之軍,乘虛輕之敵,破之必矣。」維從之。諸大臣以爲數出罷勞,同辭諫恪,恪不聽。中散大夫蔣延或以固爭,扶出。

恪乃著論諭衆,意曰:「夫天無二日,土無二王,王者不務兼并天下,而欲垂祚後世,古今未之有也。昔戰國之時,諸侯自恃兵彊地廣,互有救援,謂此足以傳世,人莫能危。恣情從懷,憚於勞苦,使秦漸得自大,遂以并之,此既然矣。近者劉景升在荆州,有衆十萬,財穀如山,不及曹操尚微,與之力競,坐觀其彊大,吞滅諸袁。北方都定之後,操率三十萬衆來向荆州,當時雖有智者,不能復爲畫計,於是景升兒子,交臂請降,遂爲囚虜。凡敵國欲相吞,即仇讎欲相除也。有讎而長之,禍不在己,則在後人,不可不爲遠慮也〔三九〕。昔伍子胥曰:『越十年生聚,十年教訓,二十年之外,吳其爲沼乎!』夫差自恃彊大,聞此邈然,是以誅子胥而無備越之心,至於臨敗悔之,豈有及乎?越小於吳,尚爲吳禍,況其彊大者邪?昔秦但得關西耳,尚以并吞六國,今賊皆得秦、趙、韓、魏、燕、齊九州之地,地悉戎馬之鄉,士林之藪。今以魏比古之秦,土地數倍;以吳與蜀比古六國,不能半之。然今所以能敵之,但以操時兵衆,於今適盡,而後生者未悉長大,正是賊衰少未盛之時。加司馬懿先誅王淩,續自隕斃,其子幼弱,而專彼大任,雖有智計之士，未得施用。當今伐之，是其厄會。聖人急於趨時，誠謂今日若順衆人之情，懷偸安之計，以爲長江之險可以傳世，不論魏之終始，而以今日遂輕其後，此吾所以長歎息者也。自本以來〔四〇〕，務在産育，今者賊民歲月繁滋，但以尚小，未可得用耳。若復十數年後，其衆必倍於今，而國家勁兵之地，皆已空盡，唯有此見衆可以定事。若不早用之，端坐使老，復十數年，略當損半，而見子弟數不足言。若賊衆一倍，而我兵損半，雖復使伊、管圖之，未可如何。今不達遠慮者，必以此言爲迂。夫禍難未至而豫憂慮，此固衆人之所迂也。及於難至，然後頓顙，雖有智者，又不能圖。此乃古今所病，非獨一時。昔吳始以伍員爲迂，故難至而不可救。劉景升不能慮十年之後，故無以詒其子孫。今恪無具臣之才，而受大吳蕭、霍之任，智與衆同，思不經遠，若不及今日爲國斥境，俛仰年老，而讎敵更彊，欲刎頸謝責，寧有補邪？今聞衆人或以百姓尚貧，欲務閑息，此不知慮其大危，而愛其小勤者也。昔漢祖幸已自有三秦之地，何不閉關守險，以自娛樂，空出攻楚，身被創痍，介冑生蟣蝨，將士厭困苦，豈甘鋒刃而忘安寧哉？慮於長久不得兩存者耳！每覽荆邯説公孫述以進取之圖，近見家叔父表陳與賊争競之計，未嘗不喟然歎息也。夙夜反側，所慮如此，故聊疏愚言，以達二三君子之末。若一朝隕歿，志畫不立〔四一〕，貴令來世知我所憂，可思於後。"衆皆以恪此論欲必爲之辭，然莫敢復難。

丹陽太守聶友素與恪善，書諫恪曰："大行皇帝本有遏東關之計，計未施行。今公輔贊大業，成先帝之志，寇遠自送，將士憑賴威德，出身用命，一旦有非常之功，豈非宗廟神靈社稷之福邪！宜自案兵養銳〔四二〕，觀釁而動。今乘此勢，欲復大出，天時未可。而苟任盛意，私心以爲不安。"恪題論後，爲書答友曰："足下雖有自然之理，然未見大數。熟省此論，可以開悟矣。"於是違衆出軍。大發州郡二十萬衆，百姓騷動，始失人心。

恪意欲曜威淮南，驅略民人，而諸將或難之曰："今引軍深入，疆場之民，必相率遠遁，恐兵勞而功少，不如止圍新城。新城困，救必至，至而圖之，乃可大獲。"恪從其計，迴軍還圍新城。攻守連月，城不拔。士卒疲勞，因暑飲水，泄下流腫，病者大半，死傷塗地。諸營吏日白病者多，恪以爲詐，欲斬之，自是莫敢言。恪內惟失計，而恥城不下，忿形於色。將軍朱異有所是非，恪怒，立奪其兵。都尉蔡林數陳軍計，恪不能用，策馬奔魏。魏知戰士罷病，乃進救兵。恪引軍而去。士卒傷病，流曳道路，或頓仆坑壑，或見略獲，存亡忿痛，大小呼嗟。而恪晏然自若。出住江渚一月，圖起田於潯陽，詔召相銜，徐乃旋師。由此衆庶失望，而怨黷興矣。

秋八月軍還，陳兵導從，歸入府館。即召中書令孫嘿，厲聲謂曰："卿等何敢妄數作詔〔四三〕！"嘿惶懼辭出，因病還家。恪征行之後，曹所奏署令長職司，一罷更選，愈治威嚴，多所罪責，當進見者，無不竦息。又改易宿衛，用其親近，復勑兵嚴，欲向青、徐。

孫峻因民之多怨，衆之所嫌，構恪欲爲變，與亮謀，置酒請恪。恪將見之夜，精爽擾動，通夕不寐。明將盥漱，聞水腥臭，侍者授衣，衣服亦臭〔四四〕。恪怪其故，易衣易水，其臭如初，意惆悵不悅。嚴畢趨出，犬銜引其衣，恪曰：「犬不欲我行乎？」還坐頃刻，乃復起，犬又銜其衣，恪令從者逐犬，遂升車。

初，恪將征淮南，有孝子著縗衣入其閤中，從者白之，令外詰問，孝子曰：「不自覺入。」時中外守備，亦悉不見，衆皆異之。出行之後，所坐廳事屋棟中折。自新城出住東興〔四五〕，有白虹見其船，還拜蔣陵，白虹復繞其車。

及將見，駐車宮門，峻已伏兵於帷中，恐恪不時入，事泄，自出見恪曰：「使君若尊體不安，自可須後，峻當具白主上。」欲以嘗知恪〔四六〕。恪答曰〔四七〕：「當自力入。」散騎常侍張約、朱恩等密書與恪曰〔四八〕：「今日張設非常，疑有他故。」恪省書而去。未出路門，逢太常滕胤，恪曰：「卒腹痛不任入。」胤不知峻陰計〔四九〕，謂恪曰：「君自行旋，未見〔五〇〕，今上置酒請君。君已至門，宜當力進。」恪躊躇而還，劍履上殿，謝亮，還坐。設酒，恪疑未飲，峻因曰：「使君病未善平，當有常服藥酒，自可取之。」恪意乃安，別飲所齎酒。《吳曆》曰：張約、朱恩密疏告恪，恪以示滕胤，胤勸恪還，恪曰：「峻小子何能爲邪！但恐因酒食中人耳。」乃以藥酒入。孫盛評曰：恪與胤親厚，約等疏，非常大事,勢應示胤,共謀安危。然恪性彊梁,加素侮峻,自不信,故入,豈胤微勸,便爲之冒禍乎?《吳曆》爲長。酒數行,亮還內[五一]。峻起如厠,解長衣,著短服,出曰:"有詔收諸葛恪!"《吳錄》曰:峻提刀稱詔收恪,亮起立曰:"非我所爲!非我所爲!"乳母引亮還內。《吳曆》云:峻先引亮入,然后出稱詔。與本傳同。臣松之以爲:峻欲稱詔,宜如本傳及《吳曆》,不得如《吳錄》所云。恪驚起,拔劍未得,而峻刀交下。張約從旁斫峻,裁傷左手,峻應手斫約,斷右臂。武衛之士皆趨上殿,峻云:"所取者恪也,今已死。"悉令復刃,乃除地更飲。《搜神記》曰:恪入,已被殺,其妻在室,使婢語曰[五二]:"汝何故血臭?"婢曰:"不也。"有頃愈劇,又問婢曰:"汝眼目視瞻,何以不常?"婢攦然起躍,頭至於棟,攘臂切齒而言曰:"諸葛公乃爲孫峻所殺!"於是大小知恪死矣,而吏兵尋至。《志林》曰:初權病篤,召恪輔政。臨去,大司馬呂岱戒之曰:"世方多難,子每事必十思。"恪答曰:"昔季文子三思而後行,夫子曰'再思可矣[五三]',今君令恪十思,明恪之劣也。"岱無以答,當時咸謂之失言。虞喜曰:夫託以天下至重也,以人臣行主威至難也,兼二至而管萬機,能勝之者鮮矣。自非採納羣謀,詢于芻蕘,虛己受人,恒若不足,則功名不成,勳績莫著。況呂侯國之元耆,智度經遠,而甫以十思戒之,而便以示劣見拒,此元遜之疏,乃機神不俱者也。若因十思之義,廣諮當世之務,聞善速於雷動,從諫急於風移,豈得隕首殿堂,死凶豎之刃?世人奇其英辯,造次可觀,而哂呂侯無對爲陋,不思安危終始之慮,是樂春藻之繁華,而忘秋實之甘口也。昔魏人伐蜀,蜀人禦之,精嚴垂發[五四],六軍雲擾,士馬擐甲,羽檄交馳,費禕時爲元帥,荷國任重，而與來敏圍棊，意無厭倦。敏臨別謂禕："君必能辦賊者也。"言其明略内定，貌無憂色，況長寧以爲君子臨事而懼，好謀而成者。且蜀爲叢爾之國，而方向大敵，所規所圖，唯守與戰，何可矜己有餘，晏然無戚？斯乃性之寬簡，不防細微，卒爲降人郭脩所害，豈非兆見於彼而禍成於此哉？往聞長寧之甄文偉[五五]，今觀元遜之逆呂侯，二事體同，故並而載之，可以鏡誡於後[五六]，永爲世鑒。

先是，童謠曰："諸葛恪，蘆葦單衣篾鉤落，於何相求成子閣[五七]。"成子閣者，反語石子岡也。建業南有長陵，名曰石子岡，葬者依焉。鉤落者，校飾革帶，世謂之鉤絡帶。恪果以葦席裹其身而篾束其腰[五八]，投之於此岡。《吳錄》曰：恪時年五十一。

恪長子綽，騎都尉，以交關魯王事，權遣付恪，令更教誨，恪鴆殺之。中子竦，長水校尉。少子建，步兵校尉。聞恪誅，車載其母而走。峻遣騎督劉承追斬竦於白都。建得渡江，欲北走魏，行數十里，爲追兵所逮。恪外甥都鄉侯張震及常侍朱恩等，皆夷三族。

初，竦數諫恪，恪不從，常憂懼禍。及亡，臨淮臧均表乞收葬恪曰："臣聞震雷電激[五九]，不崇一朝；大風衝發[六〇]，希有極日。然猶繼以雲雨，因以潤物，是則天地之威，不可經日浹辰，帝王之怒，不宜訖情盡意。臣以狂愚，不知忌諱，敢冒破滅之罪，以邀風雨之會。伏念故太傅諸葛恪，得承祖考風流之烈，伯叔諸父遭漢祚盡，九州鼎立，分託三方，並履忠勤，熙隆世業。爰及於恪，生長王國，陶育聖化，致名英偉，服事累紀，禍心未萌，先帝委以伊、周之任，屬以萬機之事。恪素性剛愎，矜己陵人，不能敬守神器，穆靜邦內，興功暴師，未期三出，虛耗士民，空竭府藏，專擅國憲，廢易由意，假刑劫眾，大小屏息。侍中武衛將軍都鄉侯俱受先帝囑寄之詔，見其姦虐，日月滋甚，將恐蕩搖宇宙，傾危社稷，奮其威怒，精貫昊天，計慮先於神明，智勇百於荆、聶，躬持白刃，梟恪殿堂，勳超朱虛，功越東牟。國之元害，一朝大除，馳首徇示，六軍喜踊，日月增光，風塵不動，斯實宗廟之神靈，天人之同驗也。今恪父子三首，縣市積日〔六一〕。觀者數萬，罵聲成風〔六二〕。國之大刑，無所不震，長老孩幼，無不畢見。人情之於品物，樂極則哀生，見恪貴盛，世莫與貳，身處台輔，中間歷年，今之誅夷，無異禽獸，觀訖情反，能不憯然！且已死之人，與土壤同域，鑿掘斫刺，無所復加。願聖朝稽則乾坤，怒不極旬，使其鄉邑若故吏民，收以士伍之服〔六三〕，惠以三寸之棺。昔項籍受殯葬之施，韓信獲收斂之恩，斯則漢高發神明之譽也。惟陛下敦三皇之仁，垂哀矜之心，使國澤加於辜戮之骸，復受不已之恩，於以揚聲遐方，沮勸天下，豈不弘哉！昔欒布矯命彭越，臣竊恨之，不先請主上，而專名以肆情，其得不誅，實為幸耳。今臣不敢章宣愚情，以露天恩，謹伏手書，冒昧陳聞，乞聖朝哀察。"於是亮、峻聽恪故吏斂葬，遂求之於石子岡。《江表傳》曰：朝臣有乞為恪立碑以銘其勳績者，博士盛沖以爲不應。孫休曰:"盛夏出軍,士卒傷損,無尺寸之功,不可謂能;受託孤之任,死於豎子之手,不可謂智,沖議爲是。"遂寢。

始恪退軍還,聶友知其將敗,書與滕胤曰:"當人彊盛,河山可拔〔六四〕,一朝羸縮,人情萬端,言之悲歎。"恪誅後,孫峻忌友,欲以爲鬱林太守,友發病憂死。友字文悌,豫章人也。《吳錄》曰:友有脣吻,少爲縣吏。虞翻徙交州,縣令使友送之,翻與語而奇焉,爲書與豫章太守謝斐,令以爲功曹。郡時見有功曹,斐見之,問曰:"縣吏聶友,可堪何職?"對曰:"此人縣間小吏耳,猶可堪曹佐〔六五〕。"斐曰:"論者以爲宜作功曹,君其避之。"乃用爲功曹。使至都,諸葛恪友之。時論謂顧子嘿、子真〔六六〕,其間無所復容,恪欲以友居其間,由是知名。後爲將,討儋耳,還拜丹陽太守,年三十二卒〔六七〕。

滕胤字承嗣,北海劇人也。伯父耽,父胄,與劉繇州里通家,以世擾亂,渡江依繇。孫權爲車騎將軍,拜耽右司馬,以寬厚稱,早卒,無嗣。胄善屬文,權待以賓禮,軍國書疏,常令損益潤色之,亦不幸短命。權爲吳王,追錄舊恩,封胤都亭侯。少有節操,美容儀。《吳書》曰〔六八〕:胤年十二,而孤單煢立〔六九〕,能治身屬行。爲人白皙,威儀可觀〔七〇〕。每正朔朝賀〔七一〕,修勤在位〔七二〕,大臣見者,無不歎賞。弱冠尚公主。年三十,起家爲丹陽太守,徙吳郡、會稽,所在見稱。《吳書》曰:胤上表陳及時宜,及民間優劣,多所匡弼。權以胤故,增重公主之賜,屢加存問。胤每聽辭訟,斷罪法,察言觀色,務盡情理。人有窮冤悲苦之言,對之流涕。

太元元年，權寢疾，詣都留爲太常，與諸葛恪等俱受遺詔輔政。孫亮即位，加衛將軍。恪將悉衆伐魏，胤諫恪曰："君以喪代之際，受伊、霍之託，入安本朝，出摧強敵，名聲振於海内，天下莫不震動，萬姓之心，冀得蒙君而息。今猥以勞役之後，興師出征，民疲力屈，遠主有備。若攻城不克，野略無獲，是喪前勞而招後責也。不如案甲息師，觀隙而動。且兵者大事，事以衆濟，衆苟不悅，君獨安之？"恪曰："諸云不可者，皆不見計算懷居苟安者也，而子復以爲然，吾何望乎？夫以曹芳闇劣，而政在私門，彼之臣民，固有離心。今吾因國家之資，藉戰勝之威，則何往而不克哉！"以胤爲都下督，掌統留事。胤白日接賓客，夜省文書，或通曉不寐〔七三〕。《吳書》曰：胤寵任彌高，接士愈勤〔七四〕，表奏書疏，皆自經意，不以委下。

孫峻字子遠，孫堅弟靜之曾孫也。靜生暠。暠生恭，爲散騎侍郎。恭生峻。少便弓馬，精果膽決。孫權末，徙武衛都尉，爲侍中。權臨薨，受遺輔政，領武衛將軍，故典宿衛，封都鄉侯。既誅諸葛恪，遷丞相、大將軍，督中外諸軍事，假節，進封富春侯。滕胤以恪子竦妻父辭位，峻曰："鯀禹罪不相及，滕侯何爲？"峻、胤雖內不沾洽，而外相包容，進胤爵高密侯，共事如前。《吳錄》曰：羣臣上奏，共推峻爲太尉，議胤爲司徒。時有媚峻者，以爲大統宜在公族，若滕胤爲亞公，聲名素重，衆心所附，不可貳也。乃表以峻爲丞相，又不置御史大夫，士人皆失望矣。

峻素無重名，驕矜險害，多所刑殺，百姓囂然。又姦亂宮人，與公主魯班私通。五鳳元年，吳侯英謀殺峻，英事泄死。

二年，魏毌丘儉〔七五〕、文欽以衆叛，與魏人戰於樂嘉，峻帥驃騎將軍呂據、左將軍留贊襲壽春，會欽敗降，軍還。《吳書》曰：留贊字正明，會稽長山人。少爲郡吏，與黃巾賊帥吳桓戰，手斬得桓。贊一足被創，遂屈不伸。然性烈〔七六〕，好讀兵書及三史〔七七〕，每覽古良將戰攻之勢，輒對書獨歎，因呼諸近親謂曰〔七八〕：“今天下擾亂，英豪並起，歷觀前世，富貴非有常人，而我屈躄在閭巷之間〔七九〕，存亡無以異。今欲割引吾足，幸不死而足伸，幾復見用，死則已矣。”親戚皆難之。有間，贊乃以刀自割其筋，血流滂沱，氣絶良久。家人驚怖，亦以既爾，遂引申其足。足申創愈，以得蹉步。淩統聞之，請與相見，甚奇之，乃表薦贊，遂被試用。有戰功〔八〇〕，稍遷屯騎校尉。時事得失，每常規諫〔八一〕，好直言，不阿旨，權以此憚之。諸葛恪征東興，贊爲前部，合戰先陷陣，大敗魏師，遷左將軍。孫峻征淮南，授贊節，拜左護軍。未至壽春，道路病發，峻令贊將車重先還。魏將蔣班以步騎四千追贊。贊病困，不能整陣，知必敗，乃解曲蓋印綬付弟子以歸，曰：“吾自爲將，破敵搴旗，未嘗負敗。今病困兵羸，衆寡不敵，汝速去矣〔八二〕，俱死無益於國，適所以快敵耳。”弟子不肯受，拔刀欲斫之，乃去。初，贊爲將，臨敵必先被髮叫天，因抗音而歌〔八三〕，左右應之，畢，乃進戰，戰無不克。及敗，歎曰：“吾戰有常術，今病困若此，固命也！”遂被害，時年七十三，衆庶痛惜焉。二子略、平，並爲大將。是歲，蜀使來聘，將軍孫儀、孫邵、緔恂等欲因會殺峻。事泄，儀等自殺，死者數十人，并及公主魯育。

峻欲城廣陵，朝臣知其不可城，而畏之莫敢言。唯滕胤諫止，不從，而功竟不就。其明年，文欽説峻征魏，峻使欽與吕據、車騎劉纂、鎮南朱異、前將軍唐咨自江都入淮、泗以圖青、徐。峻與胤至石頭，因餞之，領從者百許人入據營。據御軍齊整，峻惡之，稱心痛去，遂夢爲諸葛恪所擊，恐懼發病死，時年三十八，以後事付綝。

孫綝字子通，與峻同祖。綝父綽爲安民都尉。綝始爲偏將軍，及峻死，爲侍中武衛將軍，領中外諸軍事，代知朝政。吕據聞之大恐〔八四〕，與諸督將連名共表薦滕胤爲丞相，綝更以胤爲大司馬，代吕岱駐武昌。據引兵還，使人報胤，欲共廢綝。綝聞之，遣從兄慮將兵逆據於江都〔八五〕，使中使勑文欽、劉纂、唐咨等合衆擊據，遣侍中左將軍華融、中書丞丁晏告胤取據，并喻胤宜速去意。胤自以禍及，因留融、晏，勒兵自衛，召典軍楊崇、將軍孫咨，告以綝爲亂，迫融等使有書難綝。綝不聽，表言胤反，許將軍劉丞以封爵，使率兵騎急攻圍胤。胤又劫融等使詐詔發兵。融等不從，胤皆殺之。《文士傳》曰：華融字德蕤，廣陵江都人。祖父避亂，居山陰蕊山下。時皇象亦寓居山陰，吳郡張溫來就象學，欲得所舍。或告溫曰："蕊山下有華德蕤者，雖年少美，有令志，可舍也。"溫遂止融家，朝夕談講。俄而溫爲選部尚書，乃擢融爲太子庶子，遂知名顯達。融子謂，黃門郎，與融并見害，次子譚，以才辯稱，晉祕書監。胤顔色不變，談笑若常。或勸胤引兵至蒼龍門，將士見公出，必委綝就公〔八六〕。時夜已半，胤恃與據期，又難舉兵向宮，乃約令部曲説吕侯以在近道，故皆爲胤盡死，無離散者。時大風，比曉，據不至。綝兵大會，遂殺胤及將士數十人，夷胤三族。臣松之以爲：孫綝雖凶虐，與滕胤宿無嫌隙，胤若且順綝意，出鎮武昌，豈徒免當時之禍，仍將永保元吉，而犯機觸害，自取夷滅，悲夫！

綝遷大將軍，假節，封永寧侯，負貴倨傲，多行無禮。初，峻從弟慮與誅諸葛恪之謀，峻厚之，至右將軍、無難督，授節蓋，平九官事。綝遇慮薄於峻時，慮怒〔八七〕，與將軍王惇謀殺綝。綝殺惇，慮服藥死。

魏大將軍諸葛誕舉壽春叛，保城請降。吴遣文欽、唐咨、全端、全懌等帥三萬人救之。魏鎮南將軍王基圍誕，欽等突圍入城。魏悉中外軍二十餘萬增誕之圍。朱異帥三萬人屯安豐城，爲文欽勢。魏兖州刺史州泰拒異於陽淵，異敗退，爲泰所追，死傷二千人。綝於是大發卒出屯鑊里，復遣異率將軍丁奉、黎斐等五萬人攻魏，留輜重於都陸。異屯黎漿，遣將軍任度、張震等募勇敢六千人，於屯西六里爲浮橋夜渡，築偃月壘。爲魏監軍石苞及州泰所破，軍却退就高。異復作車箱圍趣五木城。苞、泰攻異，異敗歸，而魏太山太守胡烈以奇兵五千詭道襲都陸，盡焚異資糧。綝授兵三萬人使異死戰，異不從，綝斬之於鑊里，而遣弟恩救，會誕敗引還。綝既不能拔出誕，而喪敗士眾，自戮名將，莫不怨之。

綝以孫亮始親政事，多所難問，甚懼。還建業，稱疾不朝，築室於朱雀橋南，使弟威遠將軍據入蒼龍宿衛，弟武衛將軍恩、偏將軍幹、長水校尉閬分屯諸營，欲以專朝自固。亮內嫌綝，乃推魯育見殺本末，責怒虎林督朱熊、熊弟外部督朱損不匡正孫峻，乃命丁奉殺熊於虎林〔八八〕，殺損於建業。綝入諫不從，亮遂與公主魯班、太常全尚、將軍劉承議誅綝。亮妃，綝從姊女也〔八九〕，以其謀告綝。綝率眾夜襲全尚，遣弟恩殺劉承於蒼龍門外，遂圍宮。《江表傳》曰：亮召全尚息黃門侍郎紀密謀，曰：「孫綝專勢，輕小於孤。孤見勅之，使速上岸，爲唐咨等作援，而留湖中，不上岸一步。又委罪朱異，擅殺功臣，不先表聞，築第橋南，不復朝見。此爲自任〔九〇〕，無復所畏，不可久忍。今規取之，卿父作中軍都督，使密嚴整士馬，孤當自出臨橋，帥宿衛虎騎、左右無難一時圍之。作版詔勅綝所領皆解散，不得舉手〔九一〕，正爾自得之。無卿去〔九二〕，但當使密耳。卿宣詔語卿父，勿令卿母知之，女人既不曉大事，且綝同堂姊，邂逅泄漏，誤孤非小也。」紀承詔，以告尚，尚無遠慮，以語紀母。母使人密語綝。綝夜發嚴兵廢亮，比明，兵已圍宮。亮大怒，上馬，帶鞬執弓欲出，曰：「孤大皇帝之適子，在位已五年，誰敢不從者？」侍中近臣及乳母共牽攀止之，乃不得出，歎咤二日不食，罵其妻曰：「爾父憒憒，敗我大事！」又呼紀，紀曰：「臣父奉詔不謹，負上，無面目復見。」因自殺。孫盛曰：亮傳稱亮少聰惠，勢當先與紀謀，不先令妻知也。《江表傳》說漏泄有由，於事爲詳矣。使光禄勳孟宗告廟廢亮，召羣司議曰："少帝荒病昏亂，不可以處大位，承宗廟，以告先帝廢之〔九三〕。諸君若有不同者，下異議。"皆震怖，曰："唯將軍令。"綝遣中書郎李崇奪亮璽綬，以亮罪狀班告遠近〔九四〕。尚書桓彝不肯署名，綝怒殺之。《漢晉春秋》曰：彝，魏尚書令階之弟。《吴録》曰：晉武帝問薛瑩吴之名臣，瑩對稱彝有忠貞之節。

典軍施正勸綝徵立琅邪王休，綝從之，遣宗正楷奉書於休曰："綝以薄才，見授大任，不能輔導陛下。頃月以來，多所造立，親近劉承，悦於美色，發吏民婦女，料其好者，留於宮内，取兵子弟十八已下三千餘人，習之苑中，連日續夜，大小呼嗟。敗壞藏中矛戟五千餘枚，以作戲具〔九五〕。朱據先帝舊臣，子男熊、損皆承父之基，以忠義自立，昔殺小主，自是大主所創，帝不復精其本末，便殺熊、損，諫不見用，諸下莫不側息。帝於宮中作小船三百餘艘，成以金銀〔九六〕，師工晝夜不息。太常全尚，累世受恩，不能督諸宗親，而全端等委城就魏。尚位過重，曾無一言以諫陛下，而與敵往來，使傳國消息，懼必傾危社稷。推案舊典，運集大王，輒以今月二十七日禽尚斬承。以帝爲會稽王，遣楷奉迎。百寮喁喁，立住道側。"

綝遣將軍孫耽送亮之國，徙尚於零陵，遷公主於豫章。綝意彌溢，侮慢民神，遂燒大橋頭伍子胥廟〔九七〕，又壞浮屠祠〔九八〕，斬道人。休既即位，稱草莽臣，詣闕上書曰："臣伏自省，才非幹國，因緣肺腑[九九]，位極人臣，傷錦敗駕[一〇〇]，罪負彰露，尋愆惟闕，夙夜憂懼。臣聞天命棐諶，必就有德，是以幽、厲失度，周宣中興，陛下聖德，纂承大統，宜得良輔，以協雍熙，雖堯之盛，猶求稷、契之佐，以協明聖之德。古人有言：'陳力就列，不能者止。'臣雖自展竭，無益庶政，謹上印綬節鉞，退還田里，以避賢路。"休引見慰喻。又下詔曰："朕以不德，守藩於外，值茲際會，羣公卿士，暨於朕躬，以奉宗廟。朕用憮然，若涉淵冰[一〇一]。大將軍忠計內發，扶危定傾，安康社稷，功勳赫然。昔漢孝宣踐阼，霍光尊顯，襃德賞功，古今之通義也。其以大將軍爲丞相、荆州牧，食五縣。"恩爲御史大夫、衛將軍，據右將軍，皆縣侯。幹雜號將軍、亭侯。闓亦封亭侯。綝一門五侯，皆典禁兵，權傾人主，自吳國朝臣未嘗有也。

綝奉牛酒詣休，休不受，齎詣左將軍張布；酒酣，出怨言曰："初廢少主時，多勸吾自爲之者。吾以陛下賢明，故迎之。帝非我不立，今上禮見拒，是與凡臣無異，當復改圖耳[一〇二]。"布以言聞休，休銜之，恐其有變，數加賞賜，又復加恩待中，與綝分省文書。或有告綝懷怨侮上欲圖反者，休執以付綝，綝殺之，由是愈懼，因孟宗求出屯武昌，休許焉，盡勅所督中營精兵萬餘人，皆令裝載，所取武庫兵器，咸令給與。《吳曆》曰：綝求中書兩郎，典知荆州諸軍事[一〇三]，主者奏中書不應外出，休特聽之，其所請求，一皆給與。將軍魏邈說休曰"綝居外必有變"，武衛士施朔又告"綝欲反有徵"。休密問張布,布與丁奉謀於會殺綝。

永安元年十二月丁卯,建業中謠言明會有變,綝聞之,不悅。夜大風發木揚沙,綝益恐,戊辰臘會,綝稱疾。休彊起之,使者十餘輩,綝不得已,將入,衆止焉。綝曰:"國家屢有命,不可辭。可豫整兵,命府內起火,因是可得速還。"遂入,尋而火起,綝求出,休曰:"外兵自多,不足煩丞相也。"綝起離席,奉、布目左右縛之。綝叩首曰:"願徙交州。"休曰:"卿何以不徙滕胤、呂據?"綝復曰:"願沒爲官奴。"休曰:"何不以胤、據爲奴乎!"遂斬之。以綝首令其衆曰:"諸與綝同謀皆赦。"放仗者五千人。閎乘船欲北降,追殺之。夷三族,發孫峻棺,取其印綬,斲其木而埋之,以殺魯育等故也。

綝死時年二十八。休恥與峻、綝同族,特除其屬籍,稱之曰故峻、故綝云。休又下詔曰:"諸葛恪、滕胤、呂據蓋以無罪爲峻〔一〇四〕、綝兄弟所見殘害,可爲痛心,促皆改葬,各爲祭奠。其罹恪等事見遠徙者,一切召還。"

濮陽興字子元,陳留人也。父逸,漢末避亂江東,官至長沙太守。逸事見陸瑁傳。興少有士名〔一〇五〕,孫權時除上虞令,稍遷至尚書左曹,以五官中郎將使蜀,還爲會稽太守。時琅邪王休居會稽。興深與相結,及休即位,徵興爲太常、衛將軍、平軍國事,封外黃侯。

永安三年,都尉嚴密建丹陽湖田,作浦里塘。詔百官會議，咸以爲用功多而田不保成，唯興以爲可爲成。遂會諸兵民就作，功傭之費，不可勝數，士卒死亡，或自賊殺，百姓大怨之。

興遷爲丞相，與休寵臣左將軍張布共相表裏，邦內失望。

七年七月，休薨。左典軍萬彧素與烏程侯孫晧善，乃勸興、布，於是興、布廢休適子而迎立晧。晧既踐阼，加興侍郎〔一〇六〕，領青州牧。俄彧譖興、布追悔前事。十一月朔入朝，晧因收興、布，徙廣州，道追殺之，夷三族。

評曰：諸葛恪才氣幹略，邦人所稱，然驕且吝，周公無觀，況在於恪？矜己陵人，能無敗乎！若躬行所與陸遜及弟融之書，則悔吝不至，何尤禍之有哉？滕胤厲脩士操，遵蹈規矩，而孫峻之時，猶保其貴，必危之理也。峻、綝凶豎盈溢，固無足論者。濮陽興身居宰輔，慮不經國，協張布之邪，納萬彧之說，誅夷其宜矣。

【校箋】

〔一〕毛本作"吳書十九"。

〔二〕毛本作"諸葛滕二孫濮陽傳第十九"。《御覽》卷八百四十四引此在《顧雍傳》後，《甘寧傳》前。

〔三〕《御覽》卷三百六十七、《册府》卷八百三十五引"額"字作"頯"。

〔四〕《御覽》卷四百六十三引"飲"上有"復"字。

〔五〕紹興本"嘲"字作"啁"。

〔六〕盧弼曰:"何焯校改'大'作'六'。"

謹案:《册府》卷八百引"大"字作"六",或何氏所據也。

〔七〕《書鈔》卷一百二十五、《御覽》卷七百一十八引俱作"天下至親",無此四字。

〔八〕《北户錄》卷一引作"孫權曾大會,有白頭鳥集前殿",疑今本有奪文。

〔九〕《北户錄》、《御覽》卷九百二十四引"鳥"下俱無"也"字。

〔一○〕《北户錄》引"翁"字作"公",下無"也"字。《御覽》引亦無"也"字。

〔一一〕《御覽》引"鳥"下有"名"字。

〔一二〕《北户錄》引"試"字作"請","求"字作"索","母"字作"姥"。《御覽》引"求"字亦作"索"。

〔一三〕盧弼曰:"元本'鸚'作'鶯',何校改作'嬰'。"

謹案:《禮記·曲禮》"鸚鵡能言"釋文:"'嬰'本或作'鸚',厄耕反。'母'本或作'鵡',同音武,諸葛恪茂后反。"吳承仕《經籍舊音辨證》曰:"舊音作母,雙聲旁轉作武。猶'侮''每'聲(每從母聲),《詩》韵並讀入侯部,而相承音文甫切,此'母''武'音近之證。"

〔一四〕《北户錄》引"試"字作"請"。《御覽》引"父"下有"也"字。

〔一五〕《實錄》"詳"字作"祥","將"字作"特"。

〔一六〕蕭書"魚"字作"獺"。

〔一七〕《册府》卷四百二十六引"則"上有"勝"字。

〔一八〕盧弼曰："胡三省曰：'逮，及也。謂恪所出山民終不能及四萬之數也。'"

謹案："事終不逮"猶言事終不成也。胡注增字以釋，失原旨矣。

〔一九〕盧弼曰："胡三省曰：'四部當作四郡，謂吳郡、會稽、新都、鄱陽皆與丹陽接，山越依阻出沒，故令各保其疆界也。或曰：四部，謂東、西、南、北四部都尉也。'"

謹案：胡注謂"部"當作"郡"，是也。考《御覽》卷二百六十一、《册府》引俱作"郡"，《實錄》作"移書丹楊，吳郡、會稽、新都、壽陽（壽陽疑為鄱陽之誤）等四郡屬城長吏"，尤可證"部"實誤字。"或曰"非是。

〔二〇〕蕭書"內"字作"部"。

〔二一〕盧弼曰："胡三省曰：'曰陽既置長，必以為縣，其地當在丹陽郡，而今無所考。'錢大昕曰：'丹陽舊郡無曰陽縣，恐有訛字。'吳增僅曰：'《漢志》無曰陽，疑漢末孫氏立。'楊守敬曰：'曰陽，蕭常《續漢書》作丹陽，或蕭書所見古善本如是。'楊文蓀曰：'漢、晉《志》無曰陽，未知蕭氏何據。'"

謹案：《册府》卷六百九十一引作"越陽"。《程普傳》："復討宣城、涇、安吳、陵陽、春穀諸賊，皆破之。"則陵陽亦山越屯聚之所。"越陽"或"陵陽"傳抄之誤。

〔二二〕盧弼曰："何焯校改'言'作'官'。或曰：'縛送而言其舊惡於府也。'"

謹案：何校改作"官"，無據。且官府非當時語，疑非。"或曰"增字以釋，亦不可從。考《册府》引無"言"字，"伉縛送府"語意顯明，疑是也。

〔二三〕盧弼曰："《易》：'有嘉折首，獲非其醜。'劉向疏：

'言誅首惡之人，而諸不順者皆來從也。'"

謹案：《易·離卦》上九爻辭。正義曰："以出征罪人，事必尅獲，固有嘉美之功。所（折）斷罪人之首，獲得匪其醜類，乃得無咎也。"盧君引劉向疏，不注所自，殊誤。

〔二四〕紹興本"其見"二字乙。

〔二五〕蕭書"私"字作"細"。

〔二六〕蕭書作"且士誠不可以苛刻論"，無"纖"字，"苛刻"乙在"論"字上。

〔二七〕蕭書、郝書"己"上俱有"克"字。考此承上文"克己"言，與"責人"對舉。應據補。

〔二八〕盧弼曰："《漢書·蕭望之傳》：'望之欲自殺，其夫人止之，以為非天子意。望之問門下生朱雲。雲者好節士，勸望之自裁。'"

謹案：盧君引蕭望之朱雲事，與傳言"不終其好"意無關聯，殊非。《漢書·蕭望之子育傳》曰："育為人嚴猛尚威，居官數免，稀遷。少與陳咸朱博為友，著聞當世（中略）。育與博後有隙，不能終，故世以交為難。"此云蕭朱，謂蕭育、朱博也。

〔二九〕"很"疑當作"愎"，形近致誤。本傳臧均表云"恪素性剛愎"，是其證。

〔三〇〕盧弼曰："《荀子》：'武王崩，成王幼。周公屏成王而及武王，履天子之籍，負扆而坐，諸侯趨走堂下。'《禮記·明堂位篇》：'昔者周公朝諸侯於明堂之位，天子負斧依南鄉而立。'鄭玄注：'周公攝王位，以明堂之禮儀朝諸侯也。不於宗廟，避王也。天子，周公也。負之言背也。斧依，為斧文屏風於戶牖之間，周公於前立焉。'"

謹案：《漢書·霍光傳》："上迺使黃門畫者畫周公負成王朝諸

侯以賜光。後元二年春，上游五柞宮，病篤。光涕泣問曰：'如有不諱，誰當嗣者？'上曰：'君未諭前畫意邪？立少子，君行周公之事！'"所謂"受姬公負圖之託"，即謂此也。盧君不按上文"才非博陸"之意，且誤以"負圖"爲"負扆"，雜引《荀子》《禮記》爲之詮釋，如此其疏也。

〔三一〕盧弼曰："胡三省曰：'吳主權置校官，典校諸官府及州郡文書，專任以爲耳目。今息校官，即所謂罷視聽也。'周壽昌曰：'視聽即聲色也。'弼按：罷視聽以胡義爲長。二語相連屬，與下文二語相類也。"

謹案：視聽之義，周說爲近。胡注謂視聽即息校官，於語爲複，恐非。盧君從之，或未之思也。

〔三二〕《實錄》"勑"下無"其"字。

〔三三〕蕭書"在"字作"居"。

〔三四〕蕭書"遏"下有"而上"二字。

〔三五〕蕭書作"兵既得上"。

〔三六〕《册府》卷八百九十一引"爲"字作"違"。

〔三七〕蕭書"今"下有"日"字。

〔三八〕盧弼曰："此爲稱蜀爲漢之證。"

謹案：上文"恪使司馬李衡往蜀"。《實錄》作"蜀人其西"。疑此"漢"字或後人所妄改，則不得爲稱蜀爲漢之證也。

〔三九〕紹興本"爲"字作"謂"。

〔四〇〕盧弼曰："王曰：'本疑作丕。'趙一清曰：'本字疑誤。'梁章鉅曰：'下文云：今者賊民。則本字疑是古字之誤。'"

謹案：本志《闞澤傳》注引《吳錄》："澤曰：'以字言之，不十爲丕。'"則"丕"或作"乑"，與"本"字形近。《武帝紀》漢太醫令吉本，《後漢書》作"吉丕"。《後漢書·循吏傳》劉寵父丕，而《續漢書》"丕"作"本"。是"丕""本"易訛之證。丕謂曹丕。考上文云："但以操時兵衆，於今適盡。"此云："自丕以來，務在養育。"下文云："今者賊民歲月繁滋。"今者，指曹芳時也。文意相承。王氏疑作"丕"字，是也。梁氏謂當作"古"字，蓋未細繹傳文而誤耳！

〔四一〕《册府》卷四百三十七引"盡"字作"或"。

〔四二〕紹興本"自"字作"且"，蕭書同。

〔四三〕《實錄》"卿"下無"等"字。

〔四四〕《册府》卷七百五十引無"服"字。

〔四五〕《書鈔》卷一百五十一、《御覽》卷十五、《册府》卷九百五十引"住"字俱作"往"。《御覽》卷七百六十八引"住"字作"征"，《實錄》卷三"出住"作"往來"。

〔四六〕盧弼曰："《通鑑》'恪'下有'意'字，胡注：'嘗，試也。'"

謹案：《御覽》卷四百九十四引"恪"下亦有"意"字。疑今本奪。

〔四七〕《御覽》引無"恪"字。

〔四八〕《御覽》引"恩"字作"思"，《實錄》同。

〔四九〕《御覽》引無"陰"字。

〔五〇〕《通鑑考異》"見"下有"上"字，是。當據補。

〔五一〕《御覽》引"内"上有"入"字。

〔五二〕盧弼曰："疑作'語使婢曰'。"

謹案：《宋書・五行志》作"使婢沃盥，語曰"。此脱"沃盥"二字，語意不完。又《類聚》卷三十五、《御覽》卷五百引作"問婢曰"，無"使""語"二字，增"問"字乃與下文"又問婢曰"語氣正相承，當據正。

〔五三〕蕭書"思"字作"斯"。

〔五四〕盧弼曰："'精'疑作'整'，音相近故訛也。"

謹案：本志《吳主傳》注引《吳曆》："勑軍中皆精嚴，弓弩不得妄發。"或以爲"整"字之誤，蓋見《華覈傳》有"整嚴未辨"之語故也。竊疑"精"借作"警"。《說文・言部》："警，戒也。"

〔五五〕盧弼曰："甄，別也。"

謹案：《文選》木玄虛《海賦》李注引《書緯》鄭注："甄，表也。"表有正義，見《淮南子・本經訓》"抱表懷繩"高注。

〔五六〕毛本"誡"字作"譏"。盧弼曰："'譏'疑作'機'。一作'誡'。"

謹案：鏡誡猶鑒誡，鑒機不辭。盧君疑"譏"爲"機"字之誤，或非。

〔五七〕盧弼曰："潘眉曰：'成當讀若常。范蠡曰：得時不成，反受其殃。'古成、常字同音。《晉書・五行志》'於何相求常子閣'，竟作常字，亦通。讀成爲常，反語乃爲岡。《宋書・五行志》'於何相求楊子閣'，又作楊。蓋童謠本無正字也。石子岡，'岡'字《晉志》作'堈'。"

謹案：《御覽》一千引"恪"下有"何若若"三字。《宋書・五行志》作"吁汝恪，何若若"，《實錄》作"何弱弱"。又"落"字作"絡"，《實錄》同。《御覽》引"成"字作"常"，《實錄》作"城"。今本童謠有訛奪，應據補。"堈"爲"岡"之俗體。盧氏未及補正，爰附識之。

〔五八〕《冊府》卷八百九十四引作"及恪死"，此脫"及""死"二字，當據補。《晉書・五行志》"及諸葛恪死"，亦有"及""死"二字。

〔五九〕《御覽》卷三百六十四引作"雷電奮激"。

〔六〇〕《册府》卷八百零二引"衝"字作"衡"。

〔六一〕《御覽》卷三百六十四、卷四百六十六引"市"字作"示"。

〔六二〕紹興本"罵"字作"詈",《御覽》卷三百六十四引同。

〔六三〕盧弼曰:"胡三省曰:'秦漢之制,奪官爵者爲士伍。'"

謹案:《漢書·景帝紀》"奪爵爲士伍,免之"注:"謂奪其爵,令爲士伍,又免其官職,即令律所謂除名也。謂士伍者,言從士卒之伍也。"此言"士伍之服",即兵士之衣也。

〔六四〕蕭書"河"字作"丘",是也。河不可拔。

〔六五〕盧弼曰:"'佐'上《御覽》有'吏'字。"

謹案:見《御覽》卷二百六十四。

〔六六〕紹興本"真"字作"直",是也。考《顧承傳》作"字子直"。

〔六七〕紹興本"二"字作"三",蕭書作"一"。

〔六八〕《御覽》卷三百九十八引作"《吳錄》"。

〔六九〕《御覽》引"立"字作"獨"。

〔七〇〕《實錄》作"爲人白晳,有威儀,容止可觀"。

〔七一〕《實錄》"賀"字作"會"。

〔七二〕《御覽》引"勤"字作"觀"。

〔七三〕《册府》卷四百四十四引"通"字作"至"。

〔七四〕紹興本"勤"字作"下"。

〔七五〕紹興本、馮本、陳本"魏"下有"將"字。

〔七六〕《御覽》卷六百一十六引"性"下有"果"字。蕭書作"剛烈",郝書作"壯烈"。

〔七七〕盧弼曰："元本'史'作'略'。"

謹案：《官本考證》曰："'三史'元本作'《三略》'。"三史謂《史記》《漢書》《東觀漢記》也。《隋書·經籍志·兵部》："黃石公《三略》，下邳神人撰，成氏注。梁又有《黃石公記》三卷，《黃石公略注》三卷。"然《御覽》引作"及史傳"，無"三"字。下文"每覽古良將戰攻（《御覽》作"攻伐"）之勢"，疑作"史"字爲是。蓋後人見上文有"兵書"字，或臆改爲"《三略》"耳。

〔七八〕郝書"近親"二字乙。

〔七九〕蕭書"在"字作"居"。

〔八〇〕盧弼曰："宋本作'累有戰功'。"

謹案：錢儀吉從宋本增"累"字。《官本考證》曰："《册府》作'累有戰功'。"考郝書"有"上亦有"累"字，今本脱，應據補。

〔八一〕郝書作"每進規諫"。

〔八二〕蕭書、郝書"去"下俱無"矣"字。

〔八三〕《御覽》卷三百七十三、卷五百零七引"因"字俱作"自"。

〔八四〕盧弼曰："'恐'當作'怒'。《吕據傳》：'太平元年，帥師侵魏，未及淮，聞孫峻死，以從弟綝自代。據大怒，引軍還，欲廢綝。'《通鑑》亦云'吕據聞孫權（綝）代孫峻輔政，大怒'。"

謹案：本志《三少主傳》云："聞綝代峻，大怒。"亦作"怒"字。盧君校改，是也。

〔八五〕郝書"慮"字作"憲"，是。應據改。

〔八六〕盧弼曰："宋本'必'下有'皆'字。"

謹案：《官本考證》曰："宋本作'必皆委綝就公'。"錢儀吉據宋本增"皆"字。錢校是。

〔八七〕紹興本無"怒"字。

〔八八〕馮本、陳本"命"字俱作"令"。

〔八九〕《實錄》作"全紀母，公主從姊也"。

〔九〇〕紹興本、馮本、陳本"任"字俱作"在"。

〔九一〕馮本、陳本"舉"字作"奉"。

〔九二〕盧弼曰："'無'字衍。"

謹案：郝書無"無"字。

〔九三〕紹興本無"以告先帝"四字。

〔九四〕紹興本無"班"字，郝書同。

〔九五〕《御覽》卷三百五十二引"作"字作"爲"。

〔九六〕《御覽》卷七百七十引《江表傳》"成"字作"飾"。

〔九七〕盧弼曰："《史記·伍子胥列傳》：'吳人憐之，爲立祠於江上。'《吳地記》曰：'越軍於蘇州東南三十里三江口，又向下三里，臨江北岸立壇，殺白馬祭子胥，杯動酒盡。後因立廟於此江上。今其側有浦，名上壇浦。至晉會稽太守糜豹移廟吳郭東門內道南。今廟見在。'《一統志》：《吳郡志》：伍子胥廟有二，一在胥口胥江上，一在盤門內城西隅。"

謹案：孫綝所焚之伍子胥廟，在建業大橋頭。盧君徵引《吳地記》《一統志》所載，俱在吳縣，與此無關，似可刪去。

〔九八〕盧弼曰："梁章鉅曰：'《法苑珠林·舍利篇》云：吳孫權赤烏四年，有外國沙門康僧會創達江表，設像行道，吳人以爲妖異。權召會問：佛有何靈瑞？曰：佛晦靈迹，遺骨舍利，應現無方，神迹感通，祈求可獲。權曰：若得舍利，當爲興寺。經三七日，至誠求請，遂獲瓶中。旦呈於權，光照宮殿。權使力者盡力擊之，椎砧俱陷，舍利不損。又以火燒，騰光上涌。權大發信，乃爲立寺，名曰建初。改所住地名佛陀里。孫綝所壞，當即此寺矣。又云：孫晧虐政，欲屛除佛法，燔經夷塔。按：晧事不見史，疑即綝也。"

謹案：《梁書・扶南傳》："先是，三年八月，高祖改造阿育王寺塔，出舊塔下舍利及佛爪髮（中略）。吳時有尼居其地，爲小精舍。孫綝尋毀除之，塔亦同泯。吳平後，諸道人復於舊處建立焉。"是綝壞浮屠祠之證也，梁説不足據。

〔九九〕盧弼曰："宋本'肺'作'胏'，是。各本皆誤。"

謹案：《史記・惠景間侯者年表序》索隱："胏音柿，腑音附。柿，木札也。附，木皮也。以喻人主疏末之親，如木札出於木，樹皮附於樹也。"王念孫《讀書雜志》曰："《史記》今本'附'作'腑'，因'肺'字而誤。古書藏府亦無作'腑'者。"王説是也。

〔一○○〕盧弼曰："《左傳》子產謂子皮曰：'子有美錦，不使人學製焉，大官大邑，身之所庇，而使學者製焉，其爲美錦，不亦重乎！'范書《劉玄傳》軍師將軍李淑諫曰：'敗材傷錦，所宜致慮。'《晉書・庾冰傳》：'策敗駕之駟，以冀萬里之功，非天之眷之隆，將何以至此？'"

謹案：盧君引《左氏傳》子產語以明"傷錦"之義，誠是矣。然於"敗駕"乃徵引范書與《晉書》以申證之，則誤也。考"敗駕"亦出子產語，俱見《左傳・襄公三十一年》。子產曰："譬如田獵，射御貫則能獲禽。若未嘗登車射御，則敗績厭覆是懼，何暇思獲！"敗績、厭覆即敗駕之意。傷錦敗駕，俱載一篇之中，前後相次。盧君知"傷錦"之原於《左傳》，而於"敗駕"反徵引他書，失之於眉睫，或未細繹《傳》語而使之然乎？

〔一○一〕馮本、陳本"冰"字作"水"。

〔一○二〕《實錄》"復"字作"須"。

〔一〇三〕《御覽》卷二百二十引無"軍"字。

〔一〇四〕《實録》作"等並無罪",無"蓋以"二字。疑"等""並"二字殘并而爲"蓋"耳。

〔一〇五〕《實録》無"士"字,"名"下有"理"字。

〔一〇六〕紹興本"郎"字作"中"。

三國志校箋卷六十五

吳志卷二十〔一〕

王蕃　樓玄　賀邵　韋曜　華覈〔二〕

　　王蕃字永元，廬江人也。博覽多聞，兼通術藝。始爲尚書郎，去官。孫休即位，與賀邵、薛瑩、虞汜俱爲散騎中常侍，皆加駙馬都尉，時論清之〔三〕。遣使至蜀，蜀人稱焉，還爲夏口監軍。

　　孫晧初〔四〕，復入爲常侍，與萬彧同官。彧與晧有舊，俗士挾侵〔五〕，謂蕃自輕〔六〕。又中書丞陳聲，晧之嬖臣，數譖毁蕃。蕃體氣高亮，不能承顏順旨，時或迕意，積以見責。

　　甘露二年，丁忠使晉還，晧大會羣臣，蕃沈醉頓伏〔七〕，晧疑而不悦，輿蕃出外。頃之請還，酒亦不解。蕃性有威嚴〔八〕，行止自若，晧大怒，呵左右於殿下斬之。衛將軍滕牧、征西將軍留平請〔九〕，不能得。《江表傳》曰：

皓用巫史之言，謂建業宮不利，乃西巡武昌，仍有遷都之意，恐羣臣不從，乃大請會，賜將吏〔一〇〕。問蕃"射不主皮，爲力不同科，其義云何"？蕃思維未答〔一一〕，即於殿上斬蕃。出登來山〔一二〕，使親近將跳蕃首〔一三〕，作虎跳狼爭咋嚙之，頭皆碎壞，欲以示威，使衆不敢犯也。此與本傳不同。《吳錄》曰：皓每於會，因酒酣，輒令侍臣嘲謔公卿以爲笑樂。萬彧既爲左丞相〔一四〕，蕃嘲彧曰："魚潛於淵，出水煦沫。何則？物有本性，不可橫處非分也。或出自谿谷，羊質虎皮，虛受光赫之寵，跨越三九之位，犬馬尤能識養〔一五〕，將何以報厚施乎？"或曰："唐虞之朝，無謬舉之才，造父之門，無駑蹇之質，蕃上訕明選，下訕楨幹，亦何傷於日月，適多見其不知量耳〔一六〕。"臣松之案：本傳云丁忠使晉還，皓爲大會，於會中殺蕃，檢忠從北還在此年之春，或時尚未爲丞相，至秋乃爲相耳，《吳錄》所言爲乖互不同。

丞相陸凱上疏曰："常侍王蕃，黃中通理，知天知物，處朝忠蹇〔一七〕，斯社稷之重鎮，大吳之龍逢也。昔事景皇，納言左右，景皇欽嘉，歎爲異倫。而陛下忿其苦辭，惡其直對，梟之殿堂，尸骸暴棄，郡內傷心〔一八〕，有識悲悼。"其痛蕃如此。蕃死時年三十九，皓徙蕃家屬廣州。二弟著、延皆作佳器〔一九〕，郭馬起事，不爲馬用，見害。

樓玄字承先，沛郡蘄人也。孫休時爲監農御史。孫皓即位，與王蕃、郭逴〔二〇〕、萬彧俱爲散騎中常侍，出爲會稽太守，入爲大司農。舊禁中主者自用親近人作之，或陳親密近職，宜用好人〔二一〕，皓因勅有司，求忠清之士，以應其選，遂用玄爲宮下鎮禁中侯〔二二〕，主殿中事。玄從九卿持刀侍衞，正身率衆〔二三〕，奉法而行，應對切直，數迕皓意，漸見責怒。後人誣白玄與賀邵相逢，駐共耳語大笑〔二四〕，謗訕政事，遂被詔詰責，送付廣州。

東觀令華覈上疏曰：「臣竊以治國之體，其猶治家。主田野者皆宜良信。又宜得一人，總其條目，爲作維綱，衆事乃理。《論語》曰：『無爲而治者其舜也與！恭己正南面而已。』言所任得其人，故優游而自逸也。今海內未定，天下多事，事無大小，皆當關聞，動經御坐，勞損聖慮。陛下既垂意博古，綜極藝文，加勤心好道，隨節致氣，宜得閑靜以展神思，呼翕清淳，與天同極。臣夙夜思惟，諸吏之中，任幹之事，足委仗者，無勝於樓玄。玄清忠奉公，冠冕當世，衆服其操，無與爭先。夫清者則心平而意直，忠者惟正道而履之，如玄之性，終始可保，乞陛下赦玄前愆，使得自新，擢之宰司，責其後效，使爲官擇人，隨才授任，則舜之恭己，近亦可得。」皓疾玄名聲，復徙玄及子據，付交阯將張奕，使以戰自效，陰別勑奕令殺之。據到交阯，病死。玄一身隨奕討賊，持刀步涉，見奕輒拜，奕未忍殺〔二五〕。會奕暴卒〔二六〕，玄殯斂奕，於器中見勑書，還便自殺。《江表傳》曰：皓遣將張弈追賜玄鴆，弈以玄賢者，不忍即宣詔致藥，玄陰知之，謂弈曰：「當早告玄，玄何惜邪？」即服藥死。臣松之以玄之清高，必不以安危易操，無緣驟拜張弈，以虧其節。且禍機既發，豈百拜所免？《江表傳》所言，於理爲長。

賀邵字興伯，會稽山陰人也。《吳書》曰：邵，賀齊之孫，景之子〔二七〕。孫休即位，從中郎爲散騎中常侍，出爲吳郡太守。孫皓時，入爲左典軍，遷中書令，領太子太傅。皓兇暴驕矜，政事日弊。邵上疏諫曰：

古之聖王，所以潛處重闈之内，而知萬里之情，垂拱袵席之上，明照八極之際者〔二八〕，任賢之功也。陛下以至德淑姿，統承皇業，宜率身履道，恭奉神器，旍賢表善，以康庶政。自頃年以來，朝列紛錯，真偽相貿〔二九〕，上下空任，文武曠位，外無山嶽之鎮，内無拾遺之臣；佞諛之徒，附翼天飛，干弄朝威，盜竊榮利，而忠良排墜，信臣被害。是以正士摧方，而庸臣苟媚，先意承旨，各希時趣，人執反理之評，士吐詭道之論，遂使清流變濁，忠臣結舌。陛下處九天之上，隱百重之室，言出風靡，令行景從，親洽寵媚之臣〔三〇〕，日聞順意之辭，將謂此輩實賢，而天下已平也。臣心所不安，敢不以聞。

臣聞興國之君，樂聞其過，荒亂之主，樂聞其譽；聞其過者過日消而福臻，聞其譽者譽日損而禍至。是以古之人君，揖讓以進賢，虛己以求過，譬天位於乘犇〔三一〕，以虎尾爲警戒。至於陛下，嚴刑法以禁直辭，黜善士以逆諫臣，眩燿毀譽之實，沈淪近習之言。昔高宗思佐，夢寐得賢，而陛下求之如忘，忽之如遺。故常侍王蕃忠恪在公，才任輔弼，以醉酒之間加之大戮〔三二〕。近鴻臚葛奚，先帝舊臣，偶有逆迕，昏醉之言耳，三爵之後，禮所不諱，陛下猥發雷霆，謂之輕慢，飲之醇酒，中毒隕命。自是之後，海內悼心，朝臣失圖，仕者以退爲幸，居者以出爲福，誠非所以保光洪緒，熙隆道化也。

又何定本趨走小人，僕隸之下，身無錙銖之行，能無鷹犬之用，而陛下愛其佞媚，假其威柄，使定恃寵放恣，自擅威福，口正國議，手弄天機，上虧日月之明，下塞君子之路。夫小人求入，必進姦利，定間妄興事役，發江邊戍兵以驅麋鹿，結罝山陵，芟夷林莽，殫其九野之獸，聚於重圍之內，上無益時之分，下有損耗之費。而兵士罷於運送，人力竭於驅逐，老弱飢凍，大小怨歎。臣竊觀天變，自比年以來，陰陽錯謬，四時逆節，日食地震，中夏隕霜，參之典籍，皆陰氣陵陽、小人弄勢之所致也。臣嘗覽書傳，驗諸行事，災祥之應，所爲寒慄〔三三〕。昔高宗修己以消鼎雉之異，宋景崇德以退熒惑之變，願陛下上懼皇天譴告之誚，下追二君攘災之道〔三四〕，遠覽前代任賢之功，近寤今日謬授之失，清澄朝位，旌敘俊乂，放退佞邪，抑奪姦勢，如是之輩，一勿復用，廣延淹滯，容受直辭，祗承乾指，敬奉先業，則大化光敷，天人望塞也。

《傳》曰：「國之興也，視民如赤子；其亡也，以民爲草芥。」陛下昔韜神光，潛德東夏，以聖哲茂姿，龍飛應天，四海延頸，八方拭目，以成康之化必隆於旦夕也。自登位以來，法禁轉苛，賦調益繁；中宮內豎，分布州郡，橫興事役，競造姦利；百姓罹杼軸之困，黎民罷無已之求，老幼飢寒，家戶菜色，而所在長吏，迫畏罪負，嚴法峻刑，苦民求辦〔三五〕。是以人力不堪，家戶離散，呼嗟之聲，感傷和氣。又江邊戍兵，遠當以拓土廣境，近當以守界備難，宜時優育〔三六〕，以待有事，而徵發賦調，煙至雲集，衣不全裋褐〔三七〕，食不贍朝夕，出當鋒鏑之難，入抱無聊之慼。是以父子相棄，叛者成行。願陛下寬賦除煩，振恤窮乏，省諸不急，盪禁約法，則海內樂業，大化普洽〔三八〕。夫民者國之本〔三九〕，食者民之命也，今國無一年之儲，家無經月之畜，而後宮之中坐食者萬有餘人〔四〇〕。內有離曠之怨，外有損耗之費，使庫廩空於無用，士民飢於糟糠。

又北敵注目，伺國盛衰，陛下不恃己之威德，而怙敵之不來，忽四海之困窮，而輕虜之不為難，誠非長策廟勝之要也〔四一〕。昔大皇帝勤身苦體，創基南夏，割據江山，拓土萬里，雖承天贊，實由人力也〔四二〕。餘慶遺祚，至於陛下，陛下宜勉崇德器，以光前烈，愛民養士，保全先軌，何可忽顯祖之功勤，輕難得之大業，忘天下之不振，替興衰之巨變哉？臣聞否泰無常，吉凶由人，長江之限不可久恃，苟我不守，一葦可航也。昔秦建皇帝之號，據殽函之阻，德化不修，法政苛酷，毒流生民，忠臣杜口，是以一夫大呼，社稷傾覆。近劉氏據三關之險，守重山之固，可謂金城石室，萬世之業，任授失賢，一朝喪沒，君臣係頸，共為羈僕。此當世之明鑒，目前之炯戒也。願陛下遠考前事，近覽世變，豐基彊本，割情從道，則成康之治興，而聖祖之祚隆矣〔四三〕。

書奏，晧深恨之。邵奉公貞正，親近所憚，乃共譖邵與樓玄謗毀國事，俱被詰責。

玄見送南州，邵原復職。後邵中惡風，口不能言，去職數月，晧疑其託疾，收付酒藏，掠考千所〔四四〕，邵卒無一語，竟見殺害，家屬徙臨海。并下詔誅玄子孫，是歲天册元年也，邵年四十九。邵子循，字彥先。虞預《晉書》曰：循丁家禍，流放海濱，吳平，還鄉里。節操高厲，童齓不羣，言行舉動，必以禮讓。好學博聞，尤善《三禮》。舉秀才，除陽羨、武康令。顧榮、陸機、陸雲表薦循曰：“伏見吳興武康令賀循德量邃茂，才鑒清遠，服膺道素，風操凝峻，歷踐三城，刑政肅穆，守職下縣，編名凡萃，出自新邦，朝無知己，恪居遐外，志不自營，年時倐忽，而邈無階緒，寔州黨愚智所為悵然。臣等並以凡才，累授飾進，被服恩澤，忝豫朝末，知良士後時，而守局無言，懼有蔽賢之咎，是以不勝愚管，謹冒死表聞。”久之，召為太子舍人。石沐破揚州，循亦合衆，事平，杜門不出。陳敏作亂，以循為丹陽內史，循稱疾固辭，敏不敢逼。於是江東豪右無不受敏爵位，惟循與同郡朱誕不挂賊網。後除吳國內史，不就。元皇帝爲鎭東將軍，請循爲軍司馬，帝爲晉王，以循爲中書令，固讓不受，轉太常，領太子太傅。時朝廷初建，動有疑議，宗廟制度皆循所定，朝野諮詢，爲一時儒宗。年六十，太興二年卒。追贈司空，諡曰穆。循諸所著論，並傳於世。子熙，臨海太守。

韋曜字弘嗣，吳郡雲陽人也。曜本名昭，史爲晉諱，改之。少好學，能屬文，從丞相掾，除西安令，還爲尚書郎，遷太子中庶子。

時蔡穎亦在東宮，性好博弈，太子和以爲無益，命曜論之。其辭曰：

蓋聞君子恥當年而功不立，疾没世而名不稱，故曰學如不及，猶恐失之。是以古之志士，悼年齒之流邁，而懼名稱之不立也，故勉精厲操，晨興夜寐，不遑寧息，經之以歲月，累之以日力，若寧越之勤，董生之篤，漸漬德義之淵，棲遲道藝之域。且以西伯之聖，姬公之才，猶有日昃待旦之勞，故能興隆周道〔四五〕，垂名億載，況在臣庶，而可以已乎？歷觀古今立功名之士〔四六〕，皆有累積殊異之迹〔四七〕，勞身苦體，契闊勤思，平居不墮其業〔四八〕，窮困不易其素，是以卜式立志於耕牧，而黃霸受道於囹圄，終有榮顯之福，以成不朽之名。故山甫勤於夙夜，而吳漢不離公門，豈有游惰哉？

今世之人〔四九〕，多不務經術，好翫博弈，廢事棄業，忘寢與食，窮日盡明，繼以脂燭。當其臨局交争,雌雄未決,專精銳意,心勞體倦,人事曠而不修,賓旅闕而不接,雖有太牢之饌,《韶》《夏》之樂,不暇存也。至或賭及衣物,徙棊易行,廉恥之意弛,而忿戾之色發,然其所志[五〇],不出一枰之上,所務不過方罫之間,勝敵無封爵之賞,獲地無兼土之實。技非六藝,用非經國;立身者不階其術,徵選者不由其道。求之於戰陣[五一],則非孫、吳之倫也;考之於道藝,則非孔氏之門也;以變詐爲務,則非忠信之事也;以劫殺爲名,則非仁者之意也;而空妨日廢業,終無補益。是何異設木而擊之,置石而投之哉!且君子之居室也,勤身以致養,其在朝也,竭命以納忠,臨事且猶旰食,而何博弈之足耽[五二]?夫然,故孝友之行立,貞純之名彰也。

方今大吳受命,海內未平,聖朝乾乾,務在得人,勇略之士則受熊虎之任,儒雅之徒則處龍鳳之署,百行兼苞,文武並騖,博選良才,旌簡髦俊,設程試之科,垂金爵之賞,誠千載之嘉會,百世之良遇也。當世之士,宜勉思至道,愛功惜力,以佐明時,使名書史籍,勳在盟府,乃君子之上務,當今之先急也。

夫一木之枰,孰與方國之封?枯棊三百,孰與萬人之將?袞龍之服,金石之樂,足以兼棊局而貿博弈矣。假令世士移博弈之力[五三],而用之於《詩》《書》,是有顏、閔之志也;用之於智計,是有良、平之思也；用之於資貨，是有猗頓之富也；用之於射御，是有將帥之備也。如此則功名立而鄙賤遠矣。

和廢後，爲黃門侍郎。孫亮即位，諸葛恪輔政，表曜爲太史令，撰《吳書》，華覈、薛瑩等皆與參同。孫休踐阼，爲中書郎〔五四〕、博士祭酒。命曜依劉向故事，校定衆書。又欲延曜侍講，而左將軍張布近習寵幸，事行多玷，憚曜侍講儒士，又性精確，懼以古今警戒休意，固爭不可。休深恨布，語在《休傳》。然曜竟止不入。

孫晧即位，封高陵亭侯，遷中書僕射〔五五〕，職省爲侍中，常領左國史。時所在承指數言瑞應。晧以問曜，曜答曰：“此人家筐篋中物耳〔五六〕。”又晧欲爲父和作紀，曜執以和不登帝位，宜名爲傳。如是者非一，漸見責怒。曜益憂懼，自陳衰老，求去侍、史二官，乞欲成所造書，以後業別有所付，晧終不聽。時有疾病，醫藥監護，持之愈急。

晧每饗宴，無不竟日，坐席無能否〔五七〕，率以七升爲限，雖不悉入口〔五八〕，皆澆灌取盡。曜素飲酒不過三升〔五九〕，初見禮異時，常爲裁減，或密賜茶荈以當酒〔六〇〕，至於寵衰，更見偪彊，輒以爲罪。又於酒後使侍臣難折公卿，以嘲弄侵克〔六一〕，發摘私短以爲歡〔六二〕。時有愆過，或誤犯晧諱，輒見收縛，至於誅戮。曜以爲外相毀傷，内長尤恨，使不濟濟，非佳事也，故但示難問經義言論而已。晧以爲不承用詔命，意不忠盡〔六三〕，遂積前後嫌忿，收曜付獄，是歲鳳皇二年也。

曜因獄吏上辭曰："囚荷恩見哀，無與爲比，曾無芒氂，有以上報，孤辱恩寵，自陷極罪。念當灰滅，長棄黃泉，愚情悽悽，竊有所懷，貪令上聞。囚昔見世間有古歷注，其所紀載，紀多虛無[六四]，在書籍者亦復錯謬。囚尋按傳記，考合異同，采摭耳目所及，以作《洞紀》，起自庖犧，至於秦、漢，凡爲三卷，當起黃武以來，別作一卷，事尚未成。又見劉熙所作《釋名》，信多佳者，然物類衆多，難得詳究，故時有得失，而爵位之事，又有非是。愚以官爵今之所急，不宜乖誤。囚自忘至微，又作《官職訓》及《辯釋名》各一卷，欲表上之。新寫始畢，會以無狀，幽囚待命，泯沒之日，恨不上聞，謹以先死列狀，乞上言祕府，於外料取，呈内以聞。追懼淺蔽，不合天聽，抱怖雀息[六五]，乞垂哀省。"

曜冀以此求免，而晧更怪其書之垢故[六六]，又以詰曜。曜對曰："囚撰此書，實欲表上，懼有誤謬，數數省讀，不覺點污。被問寒戰，形氣呐吃。謹追辭叩頭五百下，兩手自搏。"而華覈連上疏救曜曰："曜運值千載[六七]，特蒙哀識[六八]，以其儒學，得與史官，貂蟬内侍，承合天問[六九]，聖朝仁篤，慎終追遠，迎神之際，垂涕勑曜。曜愚惑不達，不能敷宣陛下大舜之美，而拘繫史官，使聖趣不敍，至行不彰，實曜愚蔽當死之罪。然臣悽悽，見曜自少勤學，雖老不倦，探綜墳典，溫故知新，及意所經識古今行事，外吏之中少過曜者。昔李陵爲漢將軍，敗不還而降匈奴[七○]，司馬遷不加疾惡，爲陵游説，漢武帝以遷有良史之才，欲使畢成所撰，忍不加誅，書卒成立，垂之無窮。今曜在吳，亦漢之史遷也。伏見前後符瑞彰著，神指天應，繼出累見，一統之期，庶不復久。事平之後，當觀時設制，三王不相因禮，五帝不相沿樂，質文殊塗，損益異體，宜得曜輩依準古義，有所改立。漢氏承秦，則有叔孫通定一代之儀，曜之才學亦漢通之次也。又《吳書》雖已有頭角，敘贊未述。昔班固作《漢書》，文辭典雅，後劉珍、劉毅等作《漢記》，遠不及固，敘傳尤劣。今《吳書》當垂千載，編次諸史，後之才士論次善惡，非行良才如曜者，實不可使闕不朽之書〔七一〕。如臣頑蔽，誠非其人。曜年已七十，餘數無幾，乞赦其一等之罪，爲終身徒，使成書業，永足傳示，垂之百世。謹通進表，叩頭百下。"晧不許，遂誅曜，徙其家零陵。子隆，亦有文學也。

　　華覈字永先，吳郡武進人也。始爲上虞尉、典農都尉，以文學入爲祕府郎，遷中書丞。

　　蜀爲魏所并，覈詣宮門發表曰："間聞賊衆蟻聚向西境，西境報險〔七二〕，謂當無虞。定聞陸抗表至〔七三〕，成都不守，臣主播越，社稷傾覆。昔衛爲翟所滅而桓公存之，今道里長遠，不可救振，失委附之土，棄貢獻之國，臣以草芥，竊懷不寧。陛下聖仁，恩澤遠撫，卒聞如此，必垂哀悼。臣不勝忡悵之情，謹拜表以聞。"

　　孫晧即位，封徐陵亭侯。寶鼎二年，晧更營新宮，制度弘廣，飾以珠玉，所費甚多。是時盛夏興工[七四]，農守並廢，皪上疏諫曰：

　　臣聞漢文之世，九州晏然，秦民喜去慘毒之苛政，歸劉氏之寬仁，省役約法，與之更始，分王子弟以藩漢室，當此之時，皆以爲泰山之安、無窮之基也。至於賈誼，獨以爲可痛哭及流涕者三，可爲長歎息者六[七五]。乃曰當今之勢[七六]，何異抱火於積薪之下而寢其上[七七]，火未及然，而謂之安。其後變亂，皆如其言。臣雖下愚，不識大倫，竊以曩時之事，揆今之勢。

　　誼云復數年間，諸王方剛，漢之傅相，稱疾罷歸，欲以此爲治，雖堯舜不能安。今大敵據九州之地[七八]，有大半之衆，習攻戰之餘術，乘戎馬之舊勢，欲與中國爭相吞之計，其猶楚漢勢不兩立，非徒漢之諸王淮南、濟北而已。誼之所欲痛哭，比今爲緩，抱火卧薪之喻，於今而急[七九]。大皇帝覽前代之如彼，察今勢之如此，故廣開農桑之業，積不訾之儲，恤民重役，務養戰士，是以大小感恩，各思竭命。期運未至，早棄萬國。自是之後，彊臣專政，上詭天時，下違衆議，忘安存之本，邀一時之利，數興軍旅，傾竭府藏，兵勞民困，無時獲安。今之存者，乃創夷之遺衆[八〇]，哀苦之餘民耳。遂使軍資空匱，倉廩不實，布帛之賜，寒暑不周，重以失業，家戶不贍。而北積穀養民[八一]，專心東向，無復他警。蜀爲西藩，土地險固，加承先主統御之術，謂其守御足以長久，不圖一朝，奄至傾覆。脣亡齒寒，古人所懼。交州諸郡，國之南土，交阯、九眞二郡已没，日南孤危，存亡難保，合浦以北，民皆搖動，因連避役，多有離叛，而備成減少，威鎮轉輕，常恐呼吸復有變故。昔海虜窺窬東縣，多得離民，地習海行，狃於往年，鈔盜無日。今胸背有嫌，首尾多難，乃國朝之厄會也。誠宜住建立之役，先備豫之計，勉墾殖之業，爲飢乏之救。惟恐農時將過，東作向晚，有事之日，整嚴未辦。若舍此急，盡力功作，卒有風塵不虞之變，當委版築之役，應烽燧之急，驅怨苦之衆，赴白刃之難，此乃大敵所因爲資也。如但固守，曠日持久，則軍糧必乏，不待接刃而戰士已困矣。

昔太戊之時，桑穀生庭〔八二〕，懼而修德，怪消殷興。熒惑守心，宋以爲災，景公下從瞽史之言，而熒惑退舍，景公延年。夫修德於身而感異類，言發於口而通神明，臣以愚蔽，誤忝近署，不能翼宣仁澤以感靈祇，仰慚俯愧，無所投處。退伏思惟，熒惑桑穀之異，天示二主，至如他餘錙介之妖〔八三〕，近是門庭小神所爲，驗之天地，無有他變。而徵祥符瑞，前後屢臻，明珠既覿，白雀繼見，萬億之祚，實靈所挺，以九域爲宅〔八四〕，天下爲家，不與編戶之民轉徙同也。又今之宮室〔八五〕，先帝所營，卜土立基，非爲不祥。又楊市土地，與宮連接，若大功畢竟，輿駕遷住[八六]，門行之神，皆當轉移，猶恐長久，未必勝舊。屢遷不可，留則有嫌，此乃愚臣所以夙夜爲憂灼也。臣省《月令》，季夏之月，不可以興土功，不可以會諸侯，不可以起兵動衆，舉大事必有天殃[八七]。今雖諸侯不會，諸侯之軍與會無異。六月戊己，土行正王，既不可犯，加又農月，時不可失。昔魯隱公夏城中丘，《春秋》書之，垂爲後戒。今築宮爲長世之洪基，而犯天地之大禁，襲《春秋》之所書，廢敬授之上務，臣以愚管，竊所未安。

又恐所召離民，或有不至[八八]，討之則廢役興事，不討日月滋慢[八九]。若悉並到，大衆聚會，希無疾病。且人心安則念善[九〇]，苦則怨叛。江南精兵，北土所難，欲以十卒當東一人。天下未定，深可憂惜之。如此宮成，死叛五千[九一]，則北軍之衆更增五萬，若到萬人，則倍益十萬，病者有死亡之損，叛者傳不善之語，此乃大敵所以歡喜也。今當角力中原，以定彊弱，正於際會，彼益我損，加以勞困，此乃雄夫智士所以深憂[九二]。

臣聞先王治國無三年之儲，曰國非其國。安寧之世，戒備如此，況敵彊大而忽農忘畜。今雖頗種殖，間者大水沈没，其餘存者當須耘穫，而長吏怖期，上方諸郡身涉山林，盡力伐材，廢農棄務，士民妻挐羸小[九三],墾殖又薄,若有水旱,則永無所獲。州郡見米,當待有事,冗食之衆,仰官供濟。若上下空乏,運漕不供,而北敵犯疆,使周、召更生,良、平復出,不能爲陛下計明矣。臣聞君明者臣忠,主聖者臣直,是以慺慺,昧犯天威,乞垂哀省。

書奏,晧不納。後遷東觀令,領右國史,曜上疏辭讓,晧答曰:"得表,以東觀儒林之府,當講校文藝,處定疑難,漢時皆名學碩儒乃任其職,乞更選英賢聞之[九四]。以卿研精墳典,博覽多聞,可謂悅禮樂敦詩書者也。當飛翰騁藻,光贊時事,以越楊、班、張、蔡之疇,怪乃謙光,厚自菲薄,宜勉修所職,以邁先賢,勿復紛紛。"

時倉廩無儲,世俗滋侈,曜上疏曰:"今寇虜充斥,征伐未已,居無積年之儲,出無應敵之畜,此乃有國者所宜深憂也。夫財穀所生,皆出於民,趨時務農,國之上急。而都下諸官,所掌別異,各自下調,不計民力,輒與近期。長吏畏罪,晝夜催民,委舍佃事[九五],遑赴會日,定送到都[九六],或蘊積不用,而徒使百姓消力失時。到秋收月,督其限入,奪其播殖之時,而責其今年之稅,如有逋懸,則籍没財物,故家户貧困,衣食不足。宜暫息衆役,專心農桑[九七],古人稱一夫不耕,或受其飢[九八],一女不織,或受其寒,是以先王治國,惟農是務。軍興以來,已向百載[九九],農人廢南畝之務,女工停機杼之業。推此揆之,則蔬食而長飢,薄衣而履冰者,固不少矣。臣聞主之所求於民者二〔一〇〇〕，民之所望於主者三。二謂求其爲己勞也，求其爲己死也。三謂飢者能食之，勞者能息之，有功者能賞之。民以致其二事〔一〇一〕，而主失其三望者，則怨心生而功不建。今帑藏不實，民勞役猥，主之二求已備，民之三望未報。且飢者不待美饌而後飽，寒者不俟狐貉而後溫，爲味者口之奇〔一〇二〕，文繡者身之飾也。今事多而役繁，民貧而俗奢，百工作無用之器，婦人爲綺靡之飾，不勤麻枲，並繡文黼黻，轉相倣效，恥獨無有。兵民之家，猶復逐俗，内無擔石之儲〔一〇三〕，而出有綾綺之服，至於富賈商販之家，重以金銀，奢恣尤甚。天下未平，百姓不贍，宜一生民之原〔一〇四〕，豐穀帛之業，而棄功於浮華之巧，妨日於侈靡之事，上無尊卑等級之差，下有耗財費力之損。今吏士之家，少無子女，多者三四，少者一二，通令戶有一女，十萬家則十萬人，人織績一歲一束，則十萬束矣。使四疆之内，同心戮力，數年之間，布帛必積。恣民五色，惟所服用，但禁綺繡無益之飾。且美貌者不待華采以崇好，豔姿者不待文綺以致愛，五采之飾，足以麗矣。若極粉黛，窮盛服，未必無醜婦；廢華采，去文繡，未必無美人也。若實如論〔一〇五〕，有之無益，廢之無損者，何愛而不暫禁以充府藏之急乎？此救乏之上務，富國之本業也，使管、晏復生，無以易此。漢之文、景，承平繼統，天下已定，四海無虞，猶以彫文之傷農事，錦繡之害女工，開富國之利，杜飢寒之本。況今六合分乖，豺狼充路,兵不離疆,甲不解帶,而可以不廣生財之原,充府藏之積哉?"

晧以覈年老,勒令草表,覈不敢。又勒作草文,停立待之。覈爲文曰:"咨覈小臣,草芥凡庸。遭眷值聖,受恩特隆。越從朽壤,蟬蛻朝中。熙光紫闥,青瑣是憑。忝抱清露,沐浴凱風。効無絲氂,負闕山崇。滋潤含垢,恩貸累重。穢質被榮,局命得融。欲報罔極,委之皇穹。聖恩雨注,哀棄其尤。猥命草對,潤被下愚。不敢違勅,懼速罪誅。冒承詔命,魂逝形留。"

覈前後陳便宜,及貢薦良能,解釋罪過,書百餘上,皆有補益,文多不悉載。天册元年以微譴免,數歲卒。曜、覈所論事章疏,咸傳於世也。

評曰:薛瑩稱王蕃器量綽異,弘博多通;樓玄清白節操,才理條暢〔一〇六〕;賀邵厲志高潔〔一〇七〕,機理清要;韋曜篤學好古,博見羣籍,有記述之才。胡沖以爲玄、邵、蕃一時清妙,略無優劣。必不得已,玄宜在先,邵當次之。華覈文賦之才,有過於曜,而典誥不及也。予觀覈數獻良規,期於自盡,庶幾忠臣矣。然此數子,處無妄之世,而有名位,强死其理,得免爲幸耳。

【校箋】

〔一〕毛本作"吳書二十"。

〔二〕毛本作"王樓賀邵韋華傳第二十"。

〔三〕陳本"清"字作"稱"。《册府》卷四百五十六引"清"字作"推"。

〔四〕紹興本無"初"字，郝書作"孫晧立"。

〔五〕盧弼曰："宋本'士'作'王'。"

謹案："挾"疑當作"狹"。《蜀志·王平傳》："然性狹侵。"是其證。説詳《蜀志·王平傳》。

〔六〕盧弼曰："郁松年曰：'《通志》作狹主自尊，謂蕃輕己。語較明晰。'"

謹案：《蜀志·王平傳》"爲人自輕"，説見彼傳。鄭樵或以此語難解，輒變其文，蓋非承祚原旨如是也，或不可從。

〔七〕《御覽》卷四百九十七引"沈"字作"沉"，是。

〔八〕盧弼曰："《通鑑》作'蕃好治威嚴'。"

謹案：《御覽》引"不"字作"小"，疑是也。酒亦小解者，謂醉意亦少解也。若作"不"字，則前既以沈醉而輿出，雖蕃性有威嚴，何能行止自如乎？故知"不"字實誤字也。

〔九〕蕭書"請"上有"爲"字。

〔一〇〕《御覽》卷四百九十二引作"乃大會將吏"，無"請""賜"二字。

〔一一〕郝書"維"字作"惟"。

〔一二〕盧弼曰："胡三省曰：'《水經注》：武昌城南有來（袁）山，即樊山也。吳孫晧登之，使親近擲王蕃首而虎爭之。'"

謹案：錢儀吉曰："何云來山，《水經注》作袁山，即樊山也。"考《御覽》引作"袁山"，"來"字當屬"袁"字之誤。《江夏圖經》曰："樊山西陸路去州一百七十三里。山東數十步有岡，岡上甚平敞。"

〔一三〕盧弼曰："《通鑑》'跳'作'擲'，無'將'字。《官本考證》曰：'跳字疑衍。'或作'挑'。"

謹案：《御覽》引無"跳"字，郝書亦無"跳"字，有"擲"字，與《通鑑》同。"挑"字疑非。

〔一四〕《御覽》卷二百零四引"左"字作"右"，是。考《孫皓傳》"萬或爲右丞相"，此作"左"，應據改。

〔一五〕《御覽》卷引"尤"字作"猶"，郝書同。

〔一六〕盧弼曰："《論語》'人雖欲自絕，其何傷於日月乎？多見其不知量也！'"

謹案：見《論語·子張篇》。何晏集解："適足自見其不知量也。"正義曰："注意似訓多爲適。所以多得爲適者，古人多、祇同音。多見其不知量猶襄二十九年《左傳》云'多見疏也'。服虔本作'祇見'，疏解云'祇，適也'。"考郝書無"多"字。疑或語本作"適見"，校者見《論語》作"多"，遂識於側而誤入正文也。

〔一七〕本志《陸凱傳》"蹇"字作"謇"，《實錄》作"謇謂"。

〔一八〕《陸凱傳》"郡"字作"邦"，郝書同。作"邦"字是。

〔一九〕盧弼曰："'作'字疑衍。"

謹案：錢儀吉曰："'作'字疑衍。"則此"作"字上應增"錢儀吉曰"四字，郝書正無"作"字，錢說是也。

〔二〇〕盧弼曰："宋本'連'作'逴'，《陸凱傳》亦作'逴'。"

謹案：《官本考證》曰："'郭連'宋本作'郭逴'。"梁章鉅曰："按：作'逴'是也，見《陸凱傳》。疏曰：姚信、樓元、賀邵、張悌、郭逴、薛瑩、滕脩及族弟喜、抗。"

〔二一〕蕭書"人"字作"士"。

〔二二〕盧弼曰："沈欽韓曰：'侯當作候，蓋與漢北軍中候同名。此誤。'"

謹案：張熷曰："《通鑑》無'禁中侯'三字。"考《文選》陸士衡《辨亡論》李注引正作"禁中候"，《季漢書》同。沈説是也。

〔二三〕《册府》卷二百一十八引"衆"字作"下"。

〔二四〕蕭書作"駐車耳語大笑"。

〔二五〕《御覽》卷六百四十七引"未"字作"不"。

〔二六〕《御覽》卷五百四十二、卷六百四十七引"暴"下俱有"疾"字。

〔二七〕盧弼曰："按：《賀齊傳》云'子達及弟景'者，謂爲達之弟名景也。何、盧二説皆誤。"

謹案：錢儀吉曰："何云：景，齊之弟，邵乃從子，非孫也。《吴書》誤。志祖按：《賀齊傳》'子達及弟景皆有令名，爲佳將'，似謂景爲達弟，非齊也。義門自誤會耳！"盧君承孫氏之説而敷演之，非有新意也，何不逕録孫氏語以正何、盧之誤乎？

〔二八〕《治要》卷二十八引"明"上有"而"字。

〔二九〕盧弼曰："貿音茂。貿猶亂也，交互之義。"

謹案：此已見《魏志‧明帝紀》注，兹不重贅。

〔三〇〕《治要》引"親洽"作"媾近"。《御覽》卷四百五十三引作"媟近"。疑作"媟近"爲是。"媾"爲"媟"之形訛。

〔三一〕盧弼曰："《尚書‧五子之歌》：'予臨兆民，懍乎若朽索之馭六馬。'"

謹案：《五子之歌》本晚書，非賀邵所得見，盧君引之以證，蓋非。《淮南子‧説林訓》曰："君子之居民上，若以腐索御奔馬。"疑邵本之以爲説。

〔三二〕《治要》引"醉"字作"醒"。

〔三三〕《治要》引"所"字作"可"。

〔三四〕《册府》卷五百三十九引"攘"字作"穰"。

〔三五〕《治要》引"苦"字作"麊"。

〔三六〕盧弼曰:"宋本'時'作'特'。"

謹案:《册府》引亦作"特",作"特"字是。

〔三七〕馮本、陳本"裋"字作"短",《治要》《册府》引同。

〔三八〕《册府》引"洽"下有"矣"字。

〔三九〕《治要》引"本"下有"也"字。

〔四〇〕《治要》引無"之中"二字。

〔四一〕《治要》引"策"字作"筞"。

〔四二〕《治要》引"力"下無"也"字。

〔四三〕紹興本無"而"字,"祖"字作"主"。

〔四四〕盧弼曰:"《通鑑》'所'作'數'。"

謹案:《世說・紕漏篇》注作"考掠千數"。竊謂所猶許也,千許猶言千數。

〔四五〕馮本、陳本"興隆"二字乙。

〔四六〕《治要》引"今"下無"立"字。

〔四七〕《治要》引"累積"二字乙。

〔四八〕《治要》引"墮"字作"惰"。

〔四九〕《治要》引作"而今之人",無"世"字。

〔五〇〕《治要》引"其"上無"然"字。

〔五一〕《治要》引"陣"字作"陳",古今字也。

〔五二〕《治要》引"耽"下有"乎"字。

〔五三〕《治要》引"假"字作"設"。

〔五四〕《實錄》"書"下有"侍"字。

〔五五〕《實錄》"中"字作"尚"。

〔五六〕盧弼曰:"'人家'《通鑑》作'家人'。胡三省曰:'言祥瑞而謂之家人筐篋中物者,蓋稱引圖緯以言祥瑞之應,故謂其書爲家人筐篋中物也。'"

謹案：蕭書作"家人"，與《通鑑》同，疑此誤乙。《漢書·董賢傳》"此豈家人子所能堪邪"注："家人猶庶人也。"此謂瑞應不過尋常習見之物，如百姓家筐篋中所貯者。《魏書·崔浩傳》："袁生所謂家人筐篋中物，不可揚於王庭也。"其意正同。胡注以圖緯爲家人筐篋中物釋之，語涉附會，説轉迂曲，或違傳意矣。

〔五七〕蕭書"無"下有"問"字。

〔五八〕《實錄》作"若不入口"。

〔五九〕盧弼曰："宋本'三'作'二'。"

謹案：馮本、陳本亦作"二"。《書鈔》卷一百四十四、《類聚》卷八十二、《治要》、《御覽》卷八百四十四、卷八百六十七、《事類賦》卷十七引俱作"二"，與宋本同。

〔六〇〕盧弼曰："梁章鉅曰：'陸羽《茶經》云：茶，周公云：檟，苦荼。揚執戟雄云：蜀西南人謂荼曰蔎。郭弘農云：早采者爲茶，晚取者爲茗。一名曰荈。案：《古文苑》王襃《僮約》云武陽買茶，則茶已見漢世。陸氏《茶經》所未盡志也。'"

謹案：《書鈔》卷一百四十八、《類聚》、《治要》、《御覽》卷八百四十四、卷八百六十六、《實錄》"荈"俱作"茗"。"當"，《事類賦》引作"代"。是當猶代也。

〔六一〕《治要》引"克"字作"刻"。

〔六二〕《御覽》引"歡"下有"笑"字。

〔六三〕《治要》、《册府》卷二百一十八引"蓋"字作"盡"。

〔六四〕紹興本"紀"字作"既"。盧弼曰："各本'既'作'紀'，誤。宋本不誤。"

謹案：錢儀吉"紀"改作"既"，云："從元板。"考《册府》卷五百五十五引亦作"既"，蕭書同，作"既"字是。

〔六五〕盧弼曰："《北史·高麗傳》：'高麗王左右皆雀息。'"

謹案：《高麗傳》云："崔柳張目叱之，拳擊成墜於牀下。成左右雀息不敢動。"盧君引文有删易。

〔六六〕《實錄》"故"字作"汗"。

〔六七〕紹興本無"運"字。

〔六八〕紹興本"哀"字作"表"。

〔六九〕盧弼曰："宋本'合'字作'答'。或云'天'作'大'。"

謹案：《册府》卷八百七十引亦作"答"。《左傳·宣公二年》注："合猶答也。"或云"天作大"，誤。天爲皇帝之代稱，故天問猶言帝問也，大字無此義。

〔七〇〕《册府》引"敗"上有"兵"字。

〔七一〕盧弼曰："元本'闕'作'關'。"

謹案：《官本考證》曰："'闕'元本作'關'。"考作"關"字是，説見本志《是儀傳》。

〔七二〕紹興本"報"字作"艱"。郝書作"難"。

〔七三〕盧弼曰："李慈銘曰：'定疑作旋。'"

謹案："定"字不誤。説見本志《朱桓子異傳》，李説非。

〔七四〕《治要》引"工"字作"功"。

〔七五〕《治要》引"歎"字作"太"。

〔七六〕《治要》引"當"字作"方"。

〔七七〕《治要》引"火"下有"措之"二字，無"於"字。

〔七八〕《治要》"今"上有"而"字。

〔七九〕盧弼曰："《官本考證》曰：'而急《册府》作爲急。'"

謹案：見《册府》卷五百三十九引。《治要》引亦作"爲"。

〔八〇〕《册府》引"遺"字作"餘"。

〔八一〕《册府》引"北"下有"方"字。

〔八二〕謹案:"穀"字當作"穀"。

〔八三〕盧弼曰:"宋本'如'字作'於'。"

謹案:錢儀吉"如"作"於",云:"從《册府》。"考此見《册府》卷五百三十九引。郝書、《季漢書》"如"俱作"於"。

〔八四〕《治要》引句上有"王者"二字。

〔八五〕《治要》引"今"上無"又"字。

〔八六〕郝書"住"字作"往"。

〔八七〕《治要》引"天殃"作"大凶"。郝書"天"字亦作"大",馮本、陳本同。

〔八八〕《册府》引"至"下有"者"字。

〔八九〕盧弼曰:"宋本'不討'下有'則'字。《册府》'慢'作'蔓'。"

謹案:《册府》見卷五百三十九,《治要》、蕭書亦俱作"蔓",作"蔓"字是。《左傳·隱公元年》"無使滋蔓"正義:"草之滋長引蔓,則難可芟除。"

〔九〇〕《治要》引"念"字作"思"。

〔九一〕《册府》引作"死叛十五"。

〔九二〕《治要》引"憂"下有"也"字。

〔九三〕紹興本"拏"字作"孥",《册府》引同,郝書亦作"孥"。

〔九四〕盧弼曰:"趙一清曰:'聞字疑誤。'或曰:按文義似當作典。"

謹案:"典"與"聞"形聲俱遠,無緣致誤,或曰蓋非。竊疑"聞"當作"間"。《儀禮·聘禮》"乃間歌《魚麗》"注:"間猶代也。"

〔九五〕《治要》引"佃"字作"田"。

〔九六〕《册府》引"定"字作"促"。

〔九七〕《治要》引"專"字作"壹"。

〔九八〕《治要》引"飢"字作"饑"。

〔九九〕《册府》引"載"字作"戰"。

〔一〇〇〕《御覽》卷四百五十三引"主之"二字乙。

〔一〇一〕《御覽》引"民"上有"今"字。

〔一〇二〕盧弼曰："《通志》'爲味'作'滋味'。《官本考證》曰：'爲字疑誤。'"

謹案：《册府》引亦作"滋味"，作"滋"字是。《文選》張銑注："厚味，滋味也。"

〔一〇三〕盧弼曰："宋本'擔'作'儋'，《通鑑》作'甀'。胡注：'齊人名小甕曰甀，受二斛。晉灼曰：石，斗石也。師古曰：甀音都濫翻。'"

謹案：《册府》引作"儋"，郝書同。

〔一〇四〕《册府》"一"字作"益"，《治要》作"壹"。疑"壹"字爲"益"字之誤。"益"與"豐"詞意相儷。

〔一〇五〕《治要》引"論"上有"所"字。

〔一〇六〕《御覽》卷四百四十五引言"才"字作"文"。

〔一〇七〕盧弼曰："何焯曰：'《御覽》高作貞。'"

謹案：見《御覽》卷四百四十五引。

附錄一

上三國志注表

　　臣松之言：臣聞智周則萬理自賓，鑒遠則物無遺照，雖盡性窮微，深不可識，至於緒餘所寄，則必接乎麤迹。是以體備之量，猶曰好察邇言；畜德之厚，在於多識往行。伏惟陛下道該淵極，神超妙物，暉光日新，郁哉彌盛。雖一貫墳典，怡心玄賾，猶復降懷近代，博觀興廢。將以總括前蹤，貽誨來世。

　　臣前被詔，使采三國異同以注陳壽《國志》。壽書銓敘可觀，事多審正，誠遊覽之苑囿，近世之嘉史。然失在於略，時有所脫漏。臣奉旨尋詳，務在周悉。上搜舊聞，傍摭遺逸。按三國雖歷年不遠，而事關漢、晉，首尾所涉，出入百載。注記紛錯，每多舛互。其壽所不載，事宜存錄者，則罔不畢取以補其闕。或同說一事而辭有乖雜，或出事本異，疑不能判，並皆抄內以備異聞。若乃紕繆顯然，言不附理，則隨違矯正以懲其妄。其時事當否及壽之小失，頗以愚意有所論辯。自就撰集，已垂期月。寫校始訖，謹封上呈。

竊惟繢事以衆色成文，蜜蠭以兼采爲味，故能使絢素有章，甘踰本質。臣寔頑乏，顧慚二物。雖自罄勵，分絕藻繢，既謝淮南食時之敏，又微狂簡斐然之作。淹留無成，祇穢翰墨，不足以上酬聖旨，少塞愆責。愧懼之深，若墜淵谷。謹拜表以聞，隨用流汗。臣松之誠惶誠恐頓首頓首死罪謹言。

元嘉六年七月二十四日，中書侍郎西鄉侯臣裴松之上。

四庫全書總目提要

《三國志》六十五卷，晉陳壽撰，宋裴松之注。壽事蹟具《晉書》本傳，松之事蹟具《宋書》本傳。凡《魏志》三十卷，《蜀志》十五卷，《吳志》二十卷。其書以魏爲正統，至習鑿齒作《漢晉春秋》始立異議。自朱子以來，無不是鑿齒而非壽。然以理而論，壽之謬萬萬無辭；以勢而論，則鑿齒帝漢順而易，壽欲帝漢逆而難。蓋鑿齒時晉已南渡，其事有類乎蜀，爲偏安者爭正統，此孚於當代之論者也。壽則身爲晉武之臣，而晉武承魏之統，僞魏是僞晉矣，其能行於當代哉？此猶宋太祖篡立近於魏，而北漢、南唐蹟近於蜀，故北宋諸儒皆有所避而不僞魏。高宗以後，偏安江左，近於蜀，而中原魏地全入於金，故南宋諸儒乃紛紛起而帝蜀。此皆當論其世，未可以一格繩也。惟其誤沿《史記》周、秦本紀之例，不託始於魏文，而託始曹操，實不及《魏書·敘記》之得體，是則誠可已不已耳。

宋元嘉中，裴松之受詔爲注，所注雜引諸書，亦時下己意。綜其大致約有六端：一曰引諸家之論，以辨是非；一曰參諸書之說，以核譌異；一曰傳所有之事，詳其委曲；一曰傳所無之事，補其闕佚；一曰傳所有之人，詳其生平；一曰傳所無之人，附以同類。其中往往嗜奇愛博，頗傷蕪雜。如《袁紹傳》中之胡母班，本因爲董卓使紹而見，乃注曰"班嘗見太山府君及河伯，事在《搜神記》，語多不載"，斯已贅矣。《鍾繇傳》中乃引陸氏《異林》一條，載繇與鬼婦狎昵事；《蔣濟傳》中引《列異傳》一條，載濟子死爲泰山伍伯，迎孫阿爲泰山令事。此類鑿空語怪，凡十餘處，悉與本事無關，而深於史法有礙，殊爲瑕纇。又其初意似亦欲如應劭之注《漢書》，考究訓詁，引證故實。故於《魏志·武帝紀》沮授字則注"沮音菹"，獷平字則引《續漢書·郡國志》注"獷平縣名屬漁陽"，甬道字則引《漢書》"高祖二年與楚戰築甬道"，贅旒字則引《公羊傳》，先正字則引《文侯之命》，釋位字則引《左傳》，致屆字則引《詩》，綏爰字、率俾字、昏作字則皆引《書》，糾虔天刑字則引《國語》。至《蜀志·郤正傳·釋誨》一篇，句句引古事爲注，至連數簡。又如《彭羕傳》之革不訓老，《華佗傳》之勇本似專，《秦宓傳》之棘革異文，

《少帝紀》之叟更異字,亦間有所辨證,其他傳文句則不盡然。然如《蜀志·廖立傳》首忽注其姓曰補救切,《魏志·涼茂傳》中忽引《博物記》注一繩字之類,亦間有之。蓋欲爲之而未竟,又惜所已成,不欲刪棄,故或詳或略,或有或無,亦頗爲例不純。然網羅繁富,凡六朝舊籍今所不傳者,尚一一見其匡略。又多首尾完具,不似酈道元《水經注》、李善《文選注》皆剪裁割裂之文。故考證之家,取材不竭,轉相引據者,反多於陳壽本書焉。

華陽國志陳壽傳

　　陳壽字承祚,巴西安漢人也。少受學於散騎常侍譙周,治《尚書》《三傳》,銳精《史》《漢》,聰警敏識,屬文富豔。初應州命衛將軍主簿、東觀祕書郎、散騎黃門侍郎,大同後察孝廉,爲本郡中正。

　　益部自建武後,蜀郡鄭伯邑、太尉趙彥信及漢中陳申伯、祝元靈、廣漢王文表皆以博學洽聞,作《巴蜀耆舊傳》。壽以爲不足經遠,乃并巴、漢撰爲《益部耆舊傳》十篇。散騎常侍文立表呈其傳,武帝善之,再爲著作郎。吳平後,壽乃鳩合三國史,著魏、吳、蜀三書六十五篇,號《三國志》。又著《古國志》五十篇,品藻典雅，中書監荀勖、令張華深愛之，以班固、史遷不足方也。出爲平陽侯相。華又表令次定《諸葛亮故事集》爲二十四篇，時壽良亦集，故頗不同。復入爲著作郎。鎮南將軍杜預表爲散騎侍郎，詔曰："昨適用蜀人壽良具員，且可以爲侍御史。"上《官司論》七篇，依據典故，議所因革。又上《釋諱》《廣國論》。華表令兼中書郎，而壽《魏志》有失勖意，勖不欲其處內，表爲長廣太守。繼母遺令不附葬，以是見譏。數歲，除太子中庶子。太子轉徙後，再兼散騎常侍。惠帝謂司空張華曰："壽才宜真，不足久兼也。"華表欲登九卿，會受誅，忠賢排擯，壽遂卒洛下，位望不充其才，當時冤之。

兄子符，字長信，亦有文才，繼壽著作佐郎，上廉令。符弟莅，字叔度，梁州別駕，驃騎將軍齊王辟掾，卒洛下。莅從弟階，字達芝，州主簿，察孝廉，褒中令、永昌西部都尉、建寧興古太守。皆辭章粲麗，馳名當世。凡壽所述作二百餘篇，符、莅、階各數十篇。二州先達及華夏文士多爲作傳，大較如此。

時梓潼李驤叔龍亦雋逸器，知名當世，舉秀才，尚書郎，拜建平太守，以疾辭不就，意在州里，除廣漢太守。初與壽齊望，又相昵友，後與壽情好攜隙，還相誣攻，有識以是短之。

晉書陳壽傳

陳壽字承祚，巴西安漢人也。少好學，師事同郡譙周。仕蜀爲觀閣令史。宦人黃皓專弄威權，大臣皆曲意附之，壽獨不爲之屈，由是屢被譴黜。

遭父喪，有疾，使婢丸藥，客往見之，鄉黨以爲貶議。及蜀平，坐是沉滯者累年。司空張華愛其才，以壽雖不遠嫌，原情不至貶廢，舉爲孝廉，除佐著作郎，出補陽平令。撰蜀相諸葛亮集，奏之，除著作郎，領本郡中正。撰魏、吳、蜀三國志，凡六十五篇，時人稱其善敘事，有良史之才。夏侯湛時著《魏書》，見壽所作，便壞己書而罷。張華深善之，謂壽曰："當以《晉書》相付耳。"其爲時所重如此。或云丁儀、丁廙有盛名於魏，壽謂其子曰："可覓千斛米見與，當爲尊公作佳傳。"丁不與之，竟不爲立傳。壽父爲馬謖參軍，謖爲諸葛亮所誅，壽父亦坐被髡，諸葛瞻又輕壽，壽爲亮立傳謂"亮將略非長，無應敵之才"，言"瞻惟工書，名過其實"。議者以此少之。

張華將舉壽爲中書郎，荀勖忌華而疾壽，遂諷吏部，遷壽爲長廣太守。辭母老不就。杜預將之鎮，復薦之於帝，宜補黃散，由是授御史治書，以母憂去職。母遺言令葬洛陽，壽遵其志。又坐不以母歸葬，竟被貶議。初，譙周嘗謂壽曰："卿必以才學成名，當被損折，亦非不幸也，宜深慎之。"壽至此再致廢辱，皆如周言。後數歲，起爲太子中庶子，未拜。元康七年病卒，時年六十五。

梁州大中正尚書郎范頵等上表曰："昔漢武帝詔曰'司馬相如病甚，可遣悉取其書'，使者得其遺書，言封禪事，天子異焉。臣等按故治書侍御史陳壽作《三國志》，辭多勸誡，明乎得失，有益風化。雖文豔不若相如，而質直過之。原垂採錄。"於是詔下河南尹、洛陽令就家寫其書。壽又撰《古國志》五十篇、《益都耆舊傳》十篇，餘文章傳於世。

宋書裴松之傳

裴松之字世期，河東聞喜人也。祖昧，光禄大夫。父珪正，員外郎。松之年八歲，學通《論語》《毛詩》。博覽墳籍，立身簡素。年二十，拜殿中將軍。此官直衛左右，晉孝武太元中，革選名家以參顧問，始用琅邪王茂之、會稽謝輶，皆南北之望。舅庾楷在江陵，欲得松之西上，除新野太守，以事難不行，拜員外散騎侍郎。義熙初，爲吴興故鄣令。在縣有績，入爲尚書祠部郎。

松之以世立私碑有乖事實，上表陳之曰："碑銘之作，以明示後昆，自非殊功異德，無以允應茲典，大者道動光遠，世所宗推；其次節行高妙，遺烈可紀；若乃亮采登庸，績用顯著，敷化所苞，惠訓融遠，述詠所寄，有賴鐫勒。非斯族也，則幾乎僭黷矣。俗敝僞興，華煩已久。是以孔悝之銘，行是人非；蔡邕制文，每有愧色。而自時厥後，其流彌多。預有臣吏，必爲建立，勒銘寡取信之實，刊石成虛僞之常，眞假相蒙，殆使合美者不貴。但論其功費，又不可稱，不加禁裁，其敝無已。以爲諸欲立碑者，宜悉令言上，爲朝議所許，然後聽之。庶可以防遏無徵，顯彰茂實，使百世之下知其不虛，則義信於仰止，道孚於來葉。”由是並斷。高祖北伐，領司州刺史，以松之爲州主簿，轉治中從事史。既克洛陽，高祖勑之曰：“裴松之廊廟之才，不宜久尸邊務，今召爲世子洗馬，與殷景仁同，可令知之。”於時議立五廟樂，松之以妃臧氏廟樂亦宜與四廟同。除零陵內史，徵爲國子博士。

太祖元嘉三年，誅司徒徐羨之等，分遣大使巡行天下。通直散騎常侍袁渝、司徒左司掾孔邈使揚州，尚書三公郎陸子眞、起部甄法崇使荆州，員外散騎常侍范雍、司徒主簿龐遵使南兖州，前尚書右丞孔默使南北二豫州，撫軍參軍王歆之使徐州，冗從僕射車宗使青、兖州，松之使湘州，尚書殿中郎阮長之使雍州，前竟陵太守殷道鸞使益州，員外散騎常侍李祐之使廣州，郎中殷斌使梁州、南秦州，前員外散騎侍郎阮園客使交州，駙馬都尉奉朝請潘思先使寧州，並兼散騎常侍。班宣詔書曰："昔王者巡功，羣后述職，不然則有存省之禮，聘頫之規，所以觀民立政，命事考績，上下偕通，遐邇咸被，故能功昭長世，道歷遠年。朕以寡闇，屬承洪業，兢畏在位，昧於治道，夕惕惟憂，如臨淵谷。懼國俗陵頹，民風凋僞，眚厲違和，水旱傷業，雖勤躬庶事，思弘攸宜，而機務惟殷，顧循多闕，政刑乖謬，未獲具聞。豈誠素弗孚，使羣心莫盡，納隍之愧，在予一人。以歲時多難，王道未壹，卜征之禮，廢而未修，眷被氓庶，無忘欽恤。今使兼散騎常侍渝等申令四方，周行郡邑，親見刺史二千石官長，申述至誠，廣詢治要，觀察吏政，訪求民隱，旌舉操行，存問所疾，禮俗得失，一依周典，每各爲書，還具條奏，俾朕昭然若親覽焉。大夫君子其各悉心敬事，無惰乃力！其有咨謀遠圖，謹言中誠，陳之使者，無或隱遺。方將敬納良規，以補其闕，勉哉勖之。稱朕意焉！"

松之反使，奏曰："臣聞天道以下濟光明，君德以廣運爲極，古先哲后，因心溥被。是以文思在躬，則時雍自洽，禮行江漢，而美化斯遠。故能垂大哉之休詠，廓造周之盛則。伏惟陛下神叡玄通，道契曠代，冕旒華堂，垂心八表，咨敬敷之未純，慮明揚之靡暢，清問下民，哀此鰥寡，渙焉大號，周爰四達，遠猷形於雅誥，惠訓播乎遐陬。是故率土仰詠，重譯咸說，莫不謳吟踴躍，式銘皇風，或有扶老攜幼，稱歡路左。誠由亭毒既流，故忘其自至,千載一時,於是乎在。臣謬蒙銓任,忝厠顯列,猥以短乏,思純八表,無以宣暢聖旨,肅明風化,黜陟無序,搜揚寡聞,憼懼屏營,不知所措。奉二十四條,謹隨事爲牒。伏見癸卯詔書,禮俗得失,一依周典,每各爲書,還具條奏,謹依事爲書以繫之後。"松之甚得奉使之義,論者美之。轉中書侍郎,司、冀二州大中正。

上使注陳壽《三國志》,松之鳩集傳記,增廣異聞,既成,奏上。上善之,曰:"此爲不朽矣。"出爲永嘉太守,勤恤百姓,吏民便之。入補通直,爲常侍,復領二州大中正,尋出爲南琅邪太守。十四年致仕,拜中散大夫。尋領國子博士,進大中大夫,博士如故。續何承天國史,未及撰述,二十八年卒,時年八十。

子駰,南中郎參軍。松之所著文論及《晉紀》,駰注司馬遷《史記》,並行於世。

附錄二

主要引用書目

一

《三國志》　武英殿刻本　同治十年成都書局翻刻本　馮夢禎刻本　陳仁錫刻本　毛氏汲古閣刻本　百衲本

二

《三國志補注》　清杭世駿撰　粵雅堂叢書第二十五集
《三國志注補》　清趙一清撰　1935年北京大學影印廣雅書局本附補遺
《三國志辨疑》　清錢大昭撰　廣雅書局刻本
《三國志旁證》　清梁章鉅撰　廣雅書局刻本
《三國志考證》　清潘眉撰　廣雅書局刻本
《三國志辨微》　清尚鎔撰　同治七年成都刊重訂本
《三國志補注續》　清侯康撰　廣雅書局刻本
《三國志證聞》　清錢儀吉撰　光緒十一年江蘇書局刻本

《三國志補義》　清康發祥撰　咸豐十年自刻本
《三國志注證遺》　清周壽昌撰　廣雅書局刻本
《三國志雜志》　清林國贊撰　史籍叢刊本
《三國志札記》　清李慈銘撰　1929年北京圖書館鉛印本
《三國志考證校語》　清周星詒撰　國粹學報六三期
《三國志質疑》　徐紹楨撰　學壽堂叢書本
《三國志集解》　盧弼撰　古籍出版社1957年鉛印本
《三國職官表》　清洪飴孫撰　廣雅書局刻本
《三國藝文志》　清姚振宗撰　浙江圖書館鉛印本
《補三國藝文志》　清侯康撰　廣雅書局刻本
《補三國疆域志》　清洪亮吉撰　廣雅書局刻本
《三國郡縣表》　清吳增僅撰　二十五史補編重印楊守敬重刊補正本
《三國志烏桓鮮卑東夷傳附魚豢〈魏略·西域傳〉地理考證》　清丁謙撰　浙江圖書館叢書第一本
《四史發伏》　清洪亮吉撰　光緒八年顧氏小石山房刊本
《讀史舉正》　清張燧撰　廣雅書局刻本
《十七史商榷》　清王鳴盛撰　廣雅書局刻本
《廿二史劄記》　清趙翼撰　廣雅書局刻本
《廿二史考異》　清錢大昕撰　潛研堂全書本
《諸史考異》　清洪頤煊撰　廣雅書局刻本
《校史隨筆》　張元濟撰　商務印書館1929年鉛印本

三

《周易》 魏王弼 晉韓康伯注 唐孔穎達正義 十三經注疏本

《尚書》 漢孔安國傳（偽） 唐孔穎達正義 十三經注疏本

《古文尚書撰異》 清段玉裁撰 清經解本

《尚書今古文注疏》 清孫星衍撰 平津館叢書本

《詩經》 漢毛亨傳 鄭玄箋 唐孔穎達正義 十三經注疏本

《毛詩傳疏》 清陳奐撰 續清經解本

《韓詩章句》 玉函山房輯佚書本

《儀禮》 漢鄭玄注 唐賈公彥疏 十三經注疏本

《禮記》 漢鄭玄注 唐孔穎達疏 十三經注疏本

《周禮》 漢鄭玄注 唐賈公彥疏 十三經注疏本

《周禮漢讀考》 清段玉裁撰 清經解本

《周禮正義》 清孫詒讓撰 孫氏自刊本

《左傳》 晉杜預注 唐孔穎達疏 十三經注疏本

《春秋左傳詁》 清洪亮吉撰 續清經解本

《公羊傳》 漢何休解詁 唐徐彥疏 十三經注疏本

《公羊義疏》 清陳立撰 續清經解本

《穀梁傳》 晉范甯注 唐楊士勛疏 十三經注疏本

《論語》 魏何晏集解 宋邢昺疏 十三經注疏本

《孝經》 唐太宗注 宋邢昺疏 十三經注疏本

《爾雅》　　晉郭璞注　　宋邢昺疏　　十三經注疏本
《爾雅義疏》　　清郝懿行撰　　郝氏家刻本
《孟子》　　漢趙岐注　　宋孫奭疏　　十三經注疏本
《尚書大傳》　　四部叢刊影印左海文集本
《大戴禮記》　　四部叢刊影印明袁氏嘉趣堂本
《逸周書集解》　　清朱右曾撰　　續清經解本
《白虎通疏證》　　清陳立撰　　續清經解本
《經典釋文》　　唐陸德明撰　　四部叢刊影印通志堂本
《經典釋文敘錄疏證》　　吳承仕撰　　中國大學排印本
《經籍舊音辨證》　　吳承仕撰　　中國大學排印本
《經義述聞》　　清王引之撰　　王氏家刻本
《經傳釋詞》　　清王引之撰　　王氏家刻本
《經説》　　清吳凌雲撰　　廣雅書局本
《古經天象考》　　清雷學淇撰　　聚學軒叢書第一集
《學禮質疑》　　清萬斯大撰　　清經解本
《蒼頡篇》　　清孫星衍輯　　岱南閣叢書本
《急就篇》　　漢史游撰　　四部叢刊影印明鈔本
《説文》　　漢許慎撰　　清陳昌治刻大徐本
《説文解字注》　　清段玉裁撰　　經韵樓本
《説文解字義證》　　清桂馥撰　　連筠簃叢書本
《説文通訓定聲》　　清朱駿聲撰　　臨嘯閣刻本
《説文解字注箋》　　清徐灝撰　　徐氏自刻本
《説文新附考》　　清鄭珍撰　　㟰進齋叢書本
《方言》　　漢揚雄撰　　晉郭璞注　　四部叢刊影宋本

《釋名疏證補》　清王先謙撰　光緒二十三年刻本
《小爾雅》　陽山顧氏文房本
《三蒼》　龍璋輯　小學蒐佚上編
《埤蒼》　龍璋輯　小學蒐佚上編
《玉篇》　梁顧野王撰　澤存堂本
《干禄字書》　唐顏元孫撰　夷門廣牘
《廣韵》　宋陳彭年撰　古逸叢書本
《集韵》　宋丁度撰　曹楝亭五種本
《韵補》　宋吳棫撰　音韵學叢書本
《證俗文》　清郝懿行撰　郝氏遺書本

四

《史記》　漢司馬遷撰　宋裴駰集解　唐司馬貞索隱　張守節正義　百衲本
《史記志疑》　清梁玉繩撰　史學叢書本
《漢書》　漢班固撰　唐顏師古集注　百衲本
《後漢書》　南朝宋范曄撰　唐李賢注　百衲本
《晉書》　唐房玄齡撰　百衲本
《宋書》　南朝梁沈約撰　百衲本
《陳書》　唐姚思廉撰　百衲本
《魏書》　北齊魏收撰　百衲本
《南史》　唐李延壽撰　百衲本
《北史》　唐李延壽撰　百衲本
《隋書》　唐魏徵撰　百衲本

《國語》　　三國吳韋昭注　四部叢刊影印明嘉靖翻宋本

《戰國策》　　漢高誘注　士禮居刻本

《前漢紀》　　漢荀悅撰　四部叢刊影印明翻宋刻本

《後漢紀》　　晉袁宏撰　四部叢刊影印明嘉靖刊本

《東觀漢記》　　漢劉珍撰　聚珍版叢書本

《吳越春秋》　　漢趙曄撰　四部叢刊影印本

《越絕書》　　漢袁康撰　四部叢刊影印明萬曆刻本

《魏略》　　晉魚豢撰　清王仁俊輯　玉函山房輯佚書補編本

《續後漢書》　　宋蕭常撰　四庫全書本

《續後漢書》　　元郝經撰　郁松年札記　宜稼堂叢書本

《建康實錄》　　宋許嵩撰　四庫全書本

《季漢書》　　明謝陛撰　明萬曆刻本

《晉中興書》　　南朝宋何法盛撰　湯球輯　廣雅書局本

《資治通鑑》　　宋司馬光撰　元胡三省注　中華書局排印本

《通鑑考異》　　宋司馬光撰　明嘉靖二十三年孔天胤刻本

《漢官儀》　　漢應劭撰　清孫星衍輯　平津館叢書本

《史通》　　唐劉知幾撰　四部叢刊影印明萬曆刻本

《通典》　　唐杜佑撰　清浙江局刊九通全書本

《通志》　　宋鄭樵撰　清浙江局刊九通全書本

《文獻通考》　　元馬端臨撰　清浙江局刊九通全書本

《水經注》　　北魏酈道元撰　清楊守敬疏　科學出版社影印本　1957年

《洛陽伽藍記》　　北魏楊衒之撰　　四部叢刊三編影印明如隱堂刊本

《元和郡縣圖志》　　唐李吉甫撰　　中華書局排印本　1984年

《太平寰宇記》　　宋樂史撰　　四庫全書本

《輿地廣記》　　宋歐陽忞撰　　武英殿聚珍版

《南州異物志》　　三國吳萬震撰　　清陳應溶輯　　麓山精舍叢書第二輯

《歲華記麗》　　唐韓鄂撰　　津逮祕書本

《元和姓纂》　　唐林寶撰　　玉函山房輯佚書本

《金石錄》　　宋趙明誠撰　　四部叢刊續編影印呂無寅手鈔本

《史諱舉例》　　陳垣撰　　中華書局排印本

《漢魏兩晉南北朝佛教史》　　湯用彤撰　　商務印書館

五

《老子》　　四部叢刊影印宋刻本

《莊子》　　四部叢刊影印世德堂本

《墨子》　　清孫詒讓間詁　　涵芬樓影印本

《管子》　　四部叢刊影印宋刊本

《孫子》　　孫武撰　　四部叢刊影印明嘉靖刊本

《荀子》　　古逸叢書本

《韓非子》　　四部叢刊影印錢氏述古堂影宋鈔本

《文子》　　墨海金壺本

《呂氏春秋》　　戰國呂不韋撰　　漢高誘注　　四部叢刊影印

　　　　明雲間宋邦乂刊本

《淮南子》　　漢劉安撰　　高誘注　　四部叢刊影印影宋鈔本

《鹽鐵論》　　漢桓寬撰　　四部叢刊影印明刻本

《太玄》　　漢揚雄撰　　四部叢刊影印明萬玉堂翻刻本

《法言》　　漢揚雄撰　　四部叢刊影印石硯齋翻宋治平監本

《說苑》　　漢劉向撰　　龍谿精舍叢書本

《新序》　　漢劉向撰　　龍谿精舍叢書本

《白虎通》　　漢班固撰　　清陳立疏證　　續清經解本

《風俗通》　　漢應劭撰　　四部叢刊影印元大德刊本

《牟子》　　漢牟融撰　　平津館叢書本

《家語》　　四部叢刊影印明翻宋本

《孔叢子》　　四部叢刊影印明翻宋本

《列子》　　戰國列御寇撰（僞）　　湖海樓叢書本

《正論》　　晉袁準撰　　清王仁俊輯　　玉函山房輯佚書續編本

《博物志》　　晉張華撰　　秘册彙函本

《古今注》　　晉崔豹撰　　顧氏文房小說本

《抱朴子》　　晉葛洪撰　　平津館叢書本

《世說新語》　　南朝宋劉義慶撰　　梁劉孝標注　　四部叢刊影印明袁氏嘉趣堂刊本

《新論》　　南朝齊劉晝撰　　畿輔叢書本

《金樓子》　　南朝梁元帝撰　　知不足齋叢書本

《齊民要術》　　北魏賈思勰撰　　漸西村舍彙刊本

《顏氏家訓》　　北齊顏之推撰　　四部叢刊影印明遼陽傅氏

刊本

《還冤記》 北齊顏之推撰 增訂漢魏叢書本

《玉燭寶典》 隋杜臺卿撰 古逸叢書本

《北堂書鈔》 隋虞世南纂 光緒十四年南海孔廣陶刊本

《羣書治要》 唐魏徵纂 粵雅堂叢書本

《易林》 唐馬總纂 粵雅堂叢書本

《藝文類聚》 唐歐陽詢纂 成都宏達堂刻本

《初學記》 唐徐堅纂 成都刻本

《太平御覽》 宋李昉等纂 四部叢刊三編影宋本

《册府元龜》 中華書局影印明刻本

《事類賦注》 宋吳淑纂 清乾隆二十九年劍光閣刊本

《敦煌古類書》 敦煌古籍叢殘本

《翰苑新書》 宋佚名纂 四庫全書本

《琱玉集》 古逸叢書本

《白氏六帖》 傅增湘影印宋刻本

《匡謬正俗》 唐顏師古撰 小學彙函本

《北户錄》 唐段公路撰 十萬卷樓叢書二編本

《蒙求》 後晉李翰撰 學津討原本

《猗覺寮雜記》 宋朱翌撰 知不足齋叢書本

《能改齋漫錄》 宋吳曾撰 墨海金壺本

《文房四譜》 宋蘇易簡撰 學海類編本

《江鄰幾雜志》 宋江休復撰 寶顏堂秘笈本

《石林燕語》 宋葉夢得撰 石林遺書本

《玉海》 宋王應麟撰 清嘉慶十一年康基田刊本

《嶺外代答》　宋周去非撰　知不足齋叢書本

《清波雜志》　宋周煇撰　四部叢刊續編影印宋刊本

《本草衍義》　宋寇宗奭撰　十萬卷樓叢書初編本

《合璧事類》　宋謝維新撰　明刻本

《援鶉堂筆記》　清姚範撰　清刻本

《惜抱軒筆記》　清姚鼐撰　惜抱軒全集本

《九耀齋筆記》　清惠棟撰　聚學軒叢書本

《癸巳存稿》　清俞正燮撰　安徽叢書第三期本

《通藝錄》　清程瑤田撰　清經解本

《潛丘劄記》　清閻若璩撰　四庫全書本

《履園叢話》　清錢泳撰　清代筆記叢刊本

《陔餘叢考》　清趙翼撰　甌北全書本

《讀書脞錄》　清孫志祖撰　清嘉慶四年刻本

《吹網錄》　清葉廷琯撰　清代筆記叢刊

《後甲集》　清章大來撰　式訓堂叢書本

《銅熨斗齋隨筆》　清沈濤撰　式訓堂叢書本

《訂訛雜錄》　清胡鳴玉撰　湖海樓叢書本

《籀𢈔述林》　清孫詒讓撰　民國五年刻本

《觀堂集林》　王國維撰　中華書局影印本

六

《楚辭》　漢王逸注　宋洪興祖補注　惜陰軒叢書本

《文心雕龍》　南朝梁劉勰撰　四部叢刊影印明嘉靖刊本

《曹子建集》　三國魏曹植撰　古逸叢書續編本

《文選》　南朝梁蕭統選　唐李善注　附胡克家考異　清鄱陽胡克家刻本

《文選李注補正》　清孫志祖撰　讀畫齋叢書本

《文選箋證》　清胡紹煐撰　聚學軒叢書本

《文選集釋》　清朱珔撰　上海受古書店影印本

《文選集注殘卷》　唐陸善經等注　嘉草堂叢書本

《文館詞林》　唐許敬宗編　粵雅堂叢書本

《廣弘明集》　唐釋道宣編　四部叢刊本

《草堂詩箋》附補遺　宋蔡夢弼撰　古逸叢書本

《漢魏百三名家集》　明張溥集　汲古閣刻本

《全上古三代秦漢六朝文》　清嚴可均輯　清光緒二十年黃岡王氏刊本

《經韻樓集》　清段玉裁撰　經韻樓叢書本

《晚學集》　清桂馥撰　式訓堂叢書本

《寰宇訪碑錄》　清孫星衍撰　平津館叢書本

《匋齋藏石記》　清端方撰　宣統元年石印本

附録三

武英殿本三國志刊誤自序

　　《三國志》流行於今世者，以武英殿本爲最。館臣校讎，隨有所考證，然不能無差迕〔一〕。暨嘉慶四年，以版多漫漶，爰命修補，淺夫臆改，而訛奪以是益滋多矣。

　　考劉宋元嘉之世，裴氏作注，已見異本〔二〕。歷宋訖今，傳寫覆刊，瑕瑜互見。至其犖犖巨失，如卷帙之移易〔三〕，傳注之淆互〔四〕，已有異乎唐宋類書之所甄錄者。況乎正統論張，貶魏尊蜀，異説紛紜；紀傳之目，復事更易。試稽之傳注，信而有徵〔五〕。若其文字衍脱，或甲是而乙非，或彼失而此得，自非參伍讎校，正其異同，而欲籀繹無礙，豈易得哉！

　　宋元舊刊，屢經兵燹，傳世者稀；即有存者，又多藏乎私室〔六〕。寒畯之士，若求假讀，蓋抑難矣！明人刻書，常詭更舊文，雖毛氏精刊，亦囿於時尚，莫能革也〔七〕。清代治《三國志》者，固不如《史》《漢》之勤，補苴遺聞，世有成書；是正文字，實鮮專籍。何義門號爲精審，覈其所發正，或有未罄者乎。

一九四七年秋爲西北大學諸生講授是書，苦無善本，以資誦習。乃取蜀覆殿本爲主，鈎稽裴注以糾其謬；參伍舊刊以正其違，博采類書以辨其失，傍徵古注以明其誤。若先儒舊説非是者，則援書以匡之；其致疑而無顯徵者，則舉證以實之；宋元諸本，文字訛誤，則據羣書所引以訂之；羣書靡徵，而違失章灼，則稽本書義例以正之。舊説精確者，有諸家之書在，不備録也。

竊思校讎之術，非僅校勝負於文字而已矣，必洞其史實，通其文律，悉其詞例，庶幾可乎。歲月遷訛，作輟無恒。然其違失有可得而言者。如脱〔八〕、衍〔九〕、訛誤〔一〇〕，屢有刊正，疑詞奧義，間爲疏釋〔一一〕。斟定所得，已逾千條，釐爲六卷，命曰"刊誤"。雖陳氏舊本，固未克悉復，如衡以宋刊，或少勝之矣。思誤自適，敢云造述；且聞見囿蔽，探索未周，糾彈謬譽，敬以期於明哲。成都趙幼文序。

【注釋】

〔一〕竊怪清宮所藏宋元舊刊甚富，而武英殿本不資之以事校讎，疑莫能釋，遂以詢耆儒祝彦和先生。先生云：曩在清川道黎庶昌幕中，聞耆老言，清乾隆帝弘曆命刊二十四史，其臣以《史記》紅樣進，弘曆偶見書之奪文誤字，輒以朱識其側而降旨訶譴，蓋以自矜炫也。其臣窺其志，爰思有以媚之，乃故誤諸史之字其顯然可見者，用博其歡心且爲貢諛之資。歷時少久，弘曆倦讀，凡所呈進者，不復再審視矣，而其臣謂書經"御覽"，雖明知其誤，固不敢更易，因是殿本諸史其謬訛叠見，非無故也。館臣考證，亦多有誤者。如《魏志·鄧艾傳》句云"常有四萬人"。李龍官改"萬"字爲"千"且云："按淮北二萬，淮南三萬，共五萬人。以十二分休之，正應四千有奇，不得四萬也，今正。"考李氏改"萬"字爲"千"，蓋由未識十二分休之義。十二分休，其意謂十分之二分休也。五萬十分之二，正得四萬，何得逕易原文乎！宋明諸本俱作"四萬"，是可證也。

〔二〕《魏志·國淵傳》"剛斷英跱"裴注云："'跱'或作'特'。"《吳志·薛綜傳》"橫目苟身"裴注云："諸書'苟身'或作'句身'。"

〔三〕考《吳志·三主傳》後繼以《劉太史士傳》，蓋諸人受命漢室先於孫氏，據有江東，故陳氏列之於《嬪妃傳》前，以示有別於吳國諸臣也。斯乃陳氏編次之微旨。而《魏志》以《后妃傳》置於《董二袁劉傳》之前，則與其編次之例有違矣。董卓二袁及劉表與魏武同時崛起，比肩事漢，後雖破滅，原非臣服，安可與魏氏諸臣並列？其理至明也。按日本刊本《羣書治要》卷二十五所錄《國志》列董袁諸傳於《后妃傳》之前，正與《吳志》編次之例合，似較今本爲勝也。又《吳志·諸葛恪傳》，《太平御覽》卷八百四十四引在《顧雍傳》後、《甘寧傳》前，與今本異。由是以知承祚之書有爲後世所竄亂，斯或明徵也。

〔四〕考《蜀志·郤正傳》云："泰始中除安陽令，遷巴西太守。泰始八年詔曰：正昔在成都，顛沛守義，不違忠節，及見受用，盡心幹事，有治理之績，其以正爲巴西太守。"竊疑"泰始八年詔曰"至"其以正爲巴西太守"，意裴注竄入正文者。陳氏文章簡峻，而下文云"泰始中遷巴西太守"，語意已足，無緣重贅，"泰始八年詔曰"諸句，可不必也。餘例見《十駕齋養新錄》《廿二史考異》

《三國志證聞》及李慈銘《三國志札記》諸書，茲不具錄。

〔五〕如今本《魏志》標目曰："武帝操""齊王芳""高貴鄉公髦""陳留王奐"。按：《鮑勛傳》云"事見《武紀》"，《倉慈傳》云"見《三少帝紀》"，此陳氏之標目也。考諸裴注，其例尤多，不具引。

〔六〕據葉昌熾《緣督廬日記》云："宋單行本《魏志》藏於孫遷伯家，宋大字監本《三國志》藏於劉氏嘉業堂。"章太炎《易校三國志序》云："明影鈔北宋本及宋咸平本藏於易培基處。"又《天一閣書目》有元大德本及明嘉靖衢州參軍蔡宙重刊本。

〔七〕丁晏有校本，藏浙江圖書館。

〔八〕其脫文，如《魏志·武帝紀》"果爲賊所殺"，殿本"爲"下脫"賊"字。《明帝紀》"豈朕訓導未洽"，今本"豈"下奪"朕"字，則語意不完。有脫至數字者，如《吳志·孫權傳》"詔立國學，置都講祭酒"，殿本脫"國學置"三字。又傳注"匡衡奏從甘泉河東郊於長安，言文王郊於鄷"，殿本奪"長安言文王郊於"七字。或以字脫而誤者，《魏志·明帝紀》"泰山茌縣言黃龍見"，殿本"山"上脫"泰"字，而"茌"又誤作"茬"，不知泰山乃郡名，茌爲其屬縣也。又《陸瑁傳》"未有遠征於此時"，殿本"有"下脫"遠"字，"征"字又誤作"正"，則與上下文意不相屬矣。或不審語意而誤脫者，如《魏志·三少帝紀》"賊謂整曰：諸葛公欲活汝"，殿本脫"賊謂"二字，遂謂此語爲整語，則上下文意遂不相連貫矣。

〔九〕如不識借字而妄增者，《吳志·張昭傳》"不度權得"，後人不識"得"之可通乎"德"，因於"得"下加"道"字以足其意，則於文反贅矣。或蒙上文而衍者，《魏志·曹爽傳》"臣言二祖亦屬臣以後事"，殿本"事"下有"爲念"二字，蓋蒙上文"深以後事爲念"而衍也。或涉下文而衍者,《魏志·劉曄傳》注"渡江襲之",殿本作"渡江襲其内",蓋涉下文"我襲其内"而衍也。或不審句意而妄增者,《蜀志·劉琰傳》"胡具以告",殿本"告"下增"言琰"二字,則文意反贅矣。或因字誤而妄增者,《魏志·張傳》注"圍城必闕",殿本"闕"字誤作"開",因於其下加"出路"二字。又《四夷傳》"不請匃",殿本"匃"字誤作"句",因於其下加"麗"字,失原意矣。或失句讀而妄增者,《魏志·何夔傳》"太傅入見,太子正法服而禮焉",殿本以"太傅入見太子"爲句,遂於下句上妄增"太子"二字,句有贅矣。或不顧文理而妄增者,《魏志·明帝紀》"明帝即拜淵揚烈將軍",殿本於"即"下妄增"位"字,謂明帝即位拜淵揚烈將軍,然上文明言太和二年,是明帝即位已二年,焉能於此復言即位乎？或不考史實而妄增者,《蜀志·先祖傳》"先祖遣關羽守下邳,先祖還小沛",按《太平御覽》卷一百一十七引無"先祖遣關羽守下邳"八字是也。或有後人旁識而誤並入正文者,《魏志·楊阜傳》"阜常見明帝著帽被縹綾半褎",殿本"褎"下有"袖"字,此蓋後人用"袖"以釋"褎"誤並入正文也。

〔一〇〕或以音近而誤者,如《魏志·文帝紀》注"土水之母也",殿本"母"字作"牡"。《蜀志·楊儀傳》"惟後將軍費禕往省之",殿本"惟"誤作"爲"。或以形近而誤者,《魏志·桓階傳》"太子仁冠子",殿本"仁"字作"位"。或以字形殘脱而誤者,《魏志·武帝紀》"將士皆惶懼",殿本"惶"字作"恒"。《吳志·孫亮傳》"陽羡離墨山大石自立",殿本"墨"字作"里"。或以重文而誤者,《魏志·四夷傳》"對應聲曰噫噫",殿本作"噫比"。蓋古人遇重文輒書"二"以之,因誤爲"比"也。或以事不經見而誤者,《蜀志·先祖傳》"光祿黄柱",而殿本"柱"誤作

"權"。《吴志·嚴峻傳》注"程秉",而殿本"秉"字作"普"。蓋黄權、程普人所熟知而致誤。或因字誤而誤改者,《吴志·孫堅傳》"三十六方,一旦俱發","方"字誤作"万",因改爲"萬"矣。或以俗書易本字者,《蜀志·諸葛亮傳》注"憂恚歐血",殿本"歐"作"嘔"。或一字分爲二字者,《魏志·四夷傳》"自單單大嶺已西",殿本作"大山領以西"是也。或二字合爲一字者,《魏志·曹爽傳》注"如此者一二",殿本作"如此者三"是也。或不審史實而誤改者,《蜀志·先祖傳》"先祖至關頭",謂白水關也,殿本"關頭"誤作"關中",則與史實違戾矣。或原爲裴氏子注今混入正文者,《魏志·四夷傳》:"地宜青稞東墻。東墻似蓬草,實似葵子,十月熟也。"而殿本直以爲注文,不知其爲子注也。其錯簡,如《魏志·梁習傳》"政治常爲天下最,太和二年徵拜大司農,習在州二十餘年",考羣書所引"習在州二十餘年"在"政治常爲天下最"句上是也。餘例不備録。

〔一一〕説詳見各傳,兹不重出。

三國志集解獻疑初稿序

清世諸儒精研經子,旁及乙部。治《三國志》者固不如《史》《漢》之勤,然甄覈異同,發正疑誤,其裒輯成帙者,亦不減三十家;而散見於文集札記者,尤爲繁賾。訖未有鳩聚羣言,勒爲一編,祛稽檢之煩,求省覽之易,如王先謙《漢書補注》者。沔陽盧君慎之昔游楊惺吾之門,習沿革地理之學。垂老去官，發憤著述，纂成《三國志集解》六十五卷。蓽路藍縷，程功固非易也。蒙以餘閑，得事研習，籀繹數通，乃知是編或鈎稽靡周，燭照未遍，斯蓋千慮之一失，爰有可得而商兑者焉。

考《集解》爲書，周衍是尚。盧君比次舊聞，搜集殷勤，而泛覽所及，猶略其病。如洪亮吉之《發伏》，洪頤煊之《考異》，徐紹楨之《質疑》，李澄宇之《蠡測》，李寶淦之《平議》，鄒樹榮之《條辨》，楊晨之《札記》，史珥之《勘説》，林國贊之《裴注述》，周星詒之《潘眉考證校語》，諸書雖醇疵有別，而均未見徵録。又如盧文弨《龍城札記》、桂馥《札樸》、張宗泰《質疑删存》、沈濤《銅熨斗齋隨筆》、姚鼐《惜抱軒筆記》、葉廷琯《吹網録》、梁玉繩《瞥記》、吴承仕《檢齋讀書記》，則亦不少概見。

若其訓釋，類多抄撮《後漢書》李賢注、《文選》李善注、《通鑑》胡三省注。段王諸君精究訓詁，成就卓然，其足以申明故訓、闡發意藴者，復未採擇。是爲書不備，從可知矣。

《國志》成書，踰越千禩，傳録覆刻，衍訛滋多。盧君博考舊本，依據精校，爲之理董。顧事墨守，罕觀會通，是以於傳世諸本，或頻寄諆訶，或莫見譏彈。夷考其實，雖稱精刊，難云盡善，故需溥徵而審取也。

夫校讎之術，非僅較是非於文字而已。必明史實、通文律、悉詞例，莫違乎是，庶寡愆尤。《魏志·毌丘儉傳》注"兩絶於天"，"兩"本"雨"訛，而以"兩"爲正，則以非爲是矣。《鄭渾傳》注"且天下之權勇"，"權"爲"拳"借，謂"權"當作"强"，則以是爲非矣。其校勘所未及者：《魏志·夏侯玄傳》"官長所第，中正輩，比擬隨次，率而用之"，考《通典》《通考》引"正"下多"所"字，是奪字也。《王朗傳》注"不能效君昔在會稽折秔米飯也"，據《南齊書·崔祖恩傳》："王景興以淅米見誚。""淅"誤作"折"，是形訛也。《陳泰傳》"因泰市匈奴婢"，按：《書鈔》《類聚》《御覽》《册府》俱無"匈"字，是衍文也。諸如此比，俱存篇中，尚猶有待於補苴焉。

盧君作注，雖言審諦，然其疏誤，可得而論者：《魏志·王朗傳》"相如陳猛獸以戒漢武"，輒舉游獵之賦以實之，蓋忘相如之有諫獵書也。《韓暨傳》注"遣車降制"，竟云"事見《說苑》"，是未檢《禮記·檀弓》而妄說也。《高堂隆傳》"玉衡耀精"，釋"玉衡"爲渾天儀之窺管，則與"耀精"之義不相承應矣。《蜀志·姜維傳》注"程鄭降階之善也"，本見《左氏傳》，誤引《史記·貨殖列傳》之程鄭以證之也。

至於音釋，或有闕略：《魏志·劉放傳》之"導諛"，《王朗傳》之"感概"，《蜀志·諸葛亮傳》之"遁逃"，《郤正傳》之"智故"，丘蓋不言，詮解未加。前哲疏釋，簡策具存，苟少參稽，彌縫實易，然闕而不注，遺義遂多，豈不暇存心而棄之乎？

盧君正曹植登臺造賦之年，辨致孫晧書爲荀勖之作，解惑釋疑，功在不刊。然如他説，或未稱是。如《魏志·王朗傳》注引引"袁宏曰"竟言出自宏集，遂欺嚴氏《全文》采輯之疏，實不知此録自《後漢紀·獻帝紀》也。《袁涣傳》注引《九州記》，"九"乃"兖"字殘訛，仍承沈氏之臆説，而莫能是正其失也。

若夫空衍之語，點涴篇翰，爰引成説，不著所出，徵驗的然，難爲諱矣！嘗觀盧君抨擊諸家之失，信允當矣，不圖能言而躬復蹈之，豈所謂匪知難而行之難歟？

昔戴君東原有言：學有三難，謂淹博、識斷、精審也。無淹博則識斷有所囿，始斷蔽固，其將何以致精審焉！是蓋如輔車之相依而互爲制約者矣。管蠡一得，私筆簡端，歲月既多，寖及千事，署曰"集解獻疑"。凡盧君所未及，雖有考釋，屏而不録。自審賦性頑蒙，識罕通方，寧能輕議前修，以自表襮；亦非敢故爲異同，奪彼與此。竊惟治學準的，期求其是，亦用此謹以自課耳。方今人皆背私，藏籍多出，儻以《集解》爲質，沙汰蕪雜，匡正違失，補詮釋之闕漏，拾校讎之遺奪，是非此戔戔短書所可任，兹惟發其凡焉。成都趙幼文。

作者自述

幼年時期，在家塾誦讀四書五經，選讀《荀》《韓》

《莊子》和《昭明文選》、王湘綺《八代詩選》。十一歲後，家父趙少咸先生授以《爾雅》《說文解字》，皆令成誦。及入成屬聯合中學，從林山腴師學詞章，祝屺懷師學《史記》《漢書》，余蒼一師學《經傳釋詞》，擴大了對我國古代學術的視野。

二九年夏，負笈東下，欲從柳詒謀先生學習歷史學。比抵達上海，得濕溫病，臥床三月，錯過了考期。次年，以四川軍閥橫徵暴斂，家庭經濟支絀，不能供給學習費用，客觀條件的制約，拋棄升學的願望。每天到上海市圖書館看書，夜間寫稿，投寄報刊，藉稿費收入維持生計。延續到三五年，時得家父老友資助，乃返故里。

三六年起，在四川各中學擔任教學工作，生活安定，利用過去收集的資料，課餘之暇，寫成《韓詩外傳疏證》三冊，而將其中部分校釋署名《韓詩外傳識小》，付《金陵大學學報》發表。又續寫《鍾嶸詩品新探》一書，錄出"聲律""隸事""品第"三章，交成都《志學》月刊發表（上述兩稿在十年浩劫中以"破四舊"被取走）。

四三年，受四川大學中文系講師聘。川大藏書豐富，又聘請專業學者任教，而我每周只有九課時，授課多暇，借閱藏書，復得向學界前輩請益的機會。正當我國抗日戰爭進入艱苦的階段，某大學教授講《史記》，用日本學者瀧川龜太郎《史記會注考證》作教材，講授諸子弟；又用日本學人武內義雄《諸子概說》作講義。同時讀到日本學人木田成之所編《中國哲學史》，他曾在編後寫下了中國人要研究中國學術，二十年後只有向他們學習的話。因此在暑假中寫了"讀武內義雄諸子概説"一文，在《川大中文系文學集刊》發表。

四六年晉升爲副教授，得到西北大學教授聘約，因未取得系内同意，不能立去西安。四七年初乃赴西大就聘擔任"羣經概論""諸子概論"、專書（《三國志》）導讀等課程，寫了《三國志敘錄》《三國志裴注述義》二文，限於當時印刷條件，只油印二三十份（原稿被劫去無存）。

四九年一月，川大舊友緘催返川，遂辭去西大教職，返家後，向仙喬院長介任西康師專國文科主任，我考慮道路艱澀，物價飛騰，不願遠行。而在西大收集有關《三國志》的資料，必須整理，銘章中學邀任語文教師，聞居室清靜，課時不多，遂將資料攜往，寫成《殿本三國志刊誤》一書，勘定殿本衍脱字五千條，自感缺漏尚多，未敢出以問世。先是友人知道我研究《三國志》，南京大學教授程千帆，河南大學教授高石齋等，他們在研究工作中發現有關的資料，都不自私地抄示給我，我没有見過的書也代爲購寄。這些珍貴的資料和書籍，也在浩劫中蕩然無存了。

解放後，我被調到成都二師擔任語文教師。五六年得成都市教育局通知，中國科學院歷史研究所調我去工作，到所後，分配在漢魏六朝研究室，室主任是著名史學家賀昌羣先生。五七年寫出了《曹魏屯田制述論》一文，刊載《歷史研究》五八年第四期。這年下期，蘇聯副博士別列羅莫夫來所撰寫《秦帝國》博士論文，尹達同志派我擔任輔導，同時幫助他翻譯《商君書》。五九年上期，此項工作結束，即轉入所內有關封建前期史料的搜集。下期蘇聯東方學研究所副所長越特金來所校訂他所翻譯的《史記》，所內成立了一個小組指導他，成員有顧頡剛、胡厚宣、張政烺和我，胡厚宣指導《今上本紀》以前各篇，我負責校閱工作。每周討論一次，顧、張二先生參加。在校訂工作中，我發現中華書局標點本《史記》的十二本紀中，標點錯誤有一百多處，學術祕書楊尚奎讓我把這些意見整理出來交中華書局參考訂正。六一年，郭老主編《中國史稿》，我協助第二室同志撰編該書的第二冊。對其中存在的一些問題：如讓步政策等進行了討論。這段時間還參加了農民戰爭史料的搜集工作。六四年，根據上級下達的任務，尹達同志決定由胡厚宣、張政烺、孫毓棠、高志辛和我組成東北史研究小組，姚家積同志領導，先編成資料三冊，後撰寫論文。分配我探索先秦古籍所載地名的今譯工作，寫成了《滿潘漢考》《浿水考》《王險城考》三篇，附帶考釋燕、秦及漢長城的今地所在。對國外學者歪曲的言論則進行辨證。這項任務花了一年多時間才完成。休整一段時間後，所領導部署編寫多卷本中國通史，由於別的原因，沒有繼續下去，而"文化大革命"發動了。

七九年，我調回四川省社會科學院歷史研究所，這時"四人幫"已經被粉碎,我國的歷史進入了一個新的時期。學術活動熱烈地開展起來,我也恢復了研究情緒,將舊稿《三國志集解獻疑》校訂一遍,並選取了其中一部分交《中華文史論叢》,於八三年第三期發表。中華書局編輯部要求我在這個基礎上再收集近代學者的研究成果,仿效王先謙《漢書補注》的體例,寫成《三國志裴注疏證》,因爲過去三十餘年購求和抄錄有關《三國志》著述資料,全部喪失,無力承應。在要離開北京的時候,人民文學出版社通過尹達同志要我撰寫《曹子建集校注》,回到四川後,以一年多時間完成定稿,該書已於八四年出版。

今後天假以年,我將以最後的一點時間集中畢生精力,投入這部百萬言巨著《三國志疏證》的撰寫工作中去,以就正於當今學術界。

附注:先父這篇自述後面還有"鑽研業務個人小結",看來是在什麼會上的彙報發言。從涉及的内容看,時間當在八十年代初期。它比較如實客觀地敍述了先父一生治學的情況,對於了解先父的一生很有幫助,所以把它附在書的最後。

振鐸恭録 一九九五年八月十日